戴村镇志

戴村镇志编纂委员会 编

方志出版社
Publishing House of Local Records

戴花的村庄

钱建隆 词
莫若铭 曲

1 = G 转 1= E 2/4 Tempo=55

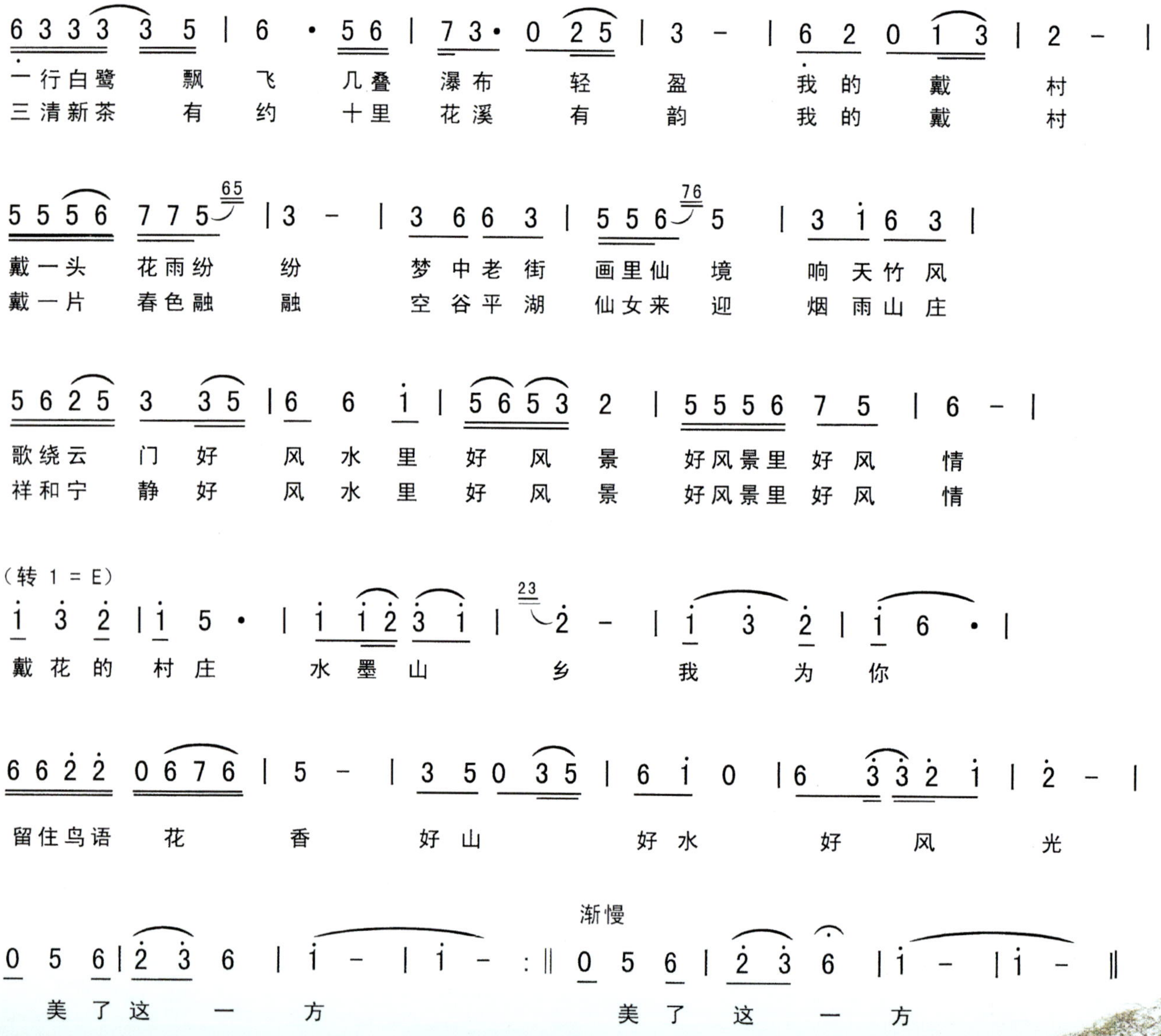

戴村镇人民政府行政大楼

戴村镇党委、人大、政府班子成员

2008年5月26日，省长吕祖善到华东钢业集团视察、了解为救援“5·12”汶川大地震生产活动板房情况

2002年7月26日，杭州市委书记王国平、萧山区委书记王建满等市、区领导到戴村视察萧山区民兵训练基地施工现场

2006年11月7日，杭州市委副书记余辉达一行在区委副书记王珠瑛陪同下，调研戴村综治中心

2006年11月3日，萧山区委书记王金财到戴村调研华瑞·锦鸿苑房产

2012年10月13日，萧山区委书记俞志宏等领导到戴村考察杭州云石生态旅游度假区。

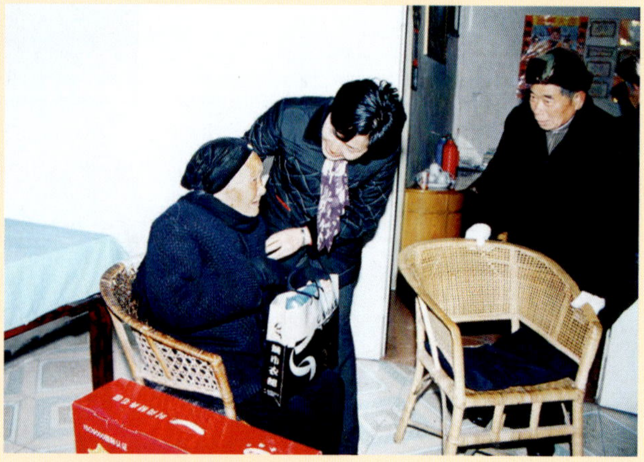

2005年1月27日，萧山区委副书记王珠瑛（中）到戴村镇增丰村慰问103岁老人鲍茶英

2005年12月1日，副区长张爱莲陪同市爱卫会领导，对戴村镇创建省卫生镇工作进行考核

2000年12月31日，萧山市委、市政府领导参加中油广场、萧山第六高级中学迁建奠基仪式

2000年9月30日，萧山市有关领导到戴村镇参加工人路开通暨商贸区建设启动仪式

2005年1月17日，区委宣传部及有关部门领导验收东周村创建一级文化村

2009年4月14日，北京老前辈后代一行到戴村镇考察

中国共产党戴村镇第十二次代表大会（2006 年）

戴村镇第十五届人民代表大会第一次会议（2007 年）

戴村镇创建省级生态镇、卫生镇动员大会（2005 年）

戴村镇第十届人民代表大会第一次会议（1990 年）

戴村镇第十三次妇女代表大会（2007 年）

共青团戴村镇第十七次代表大会（2006 年）

戴村镇镇标

商业一条街

锦鸿苑住宅小区

茗香庭住宅小区

凌桥老街

古镇小巷

戴村老街

戴村综合农贸市场

大型超市（富佳）

戴村小商品市场

联华超市

郭记家电

水果市场

03 省道戴村段

集镇锦绣路

戴尖公路

集镇人民路

村道（东风村）

集镇凌溪路

03 省道、桥戴线交汇处

骆家舍村

尖山下村

沈村村

顾家溪村

青山村

佛山村

方溪村

枫桥村

半山村

马谷村

三头村

八都村

戴村村

南三村

大石盖村

上董村

石马头村

河杨湖村

张家弄村

东风村

郁家山下村

永富村

村委会会议室（尖山下村）

戴村镇中心社区

杭州云石生态休闲旅游项目开发指挥部办公楼

大瀑水

亿年火山喷发遗址

三清寨

竹林深处

上董晋代越窑遗址

出土的青瓷小碗和残片

道教圣地三清殿

女娲殿遗址

响天岭高山水库

千年古刹云门寺

仙女湖

钟阿马烈士墓

首届三清茶文化节开幕式暨生态旅游项目启动仪式

九曲十八盘

三清茶园

月亮湾景区

云门山庄

建设中的三泉湾度假区

卫士生态园

华东钢业集团戴村厂区

华东钢业集团生产车间

中球冠集团云石山庄

中球冠加油站

浙江卫士控股集团有限公司

卫士集团产品

杭州联发电化有限公司车间外景

杭州富时特化工有限公司

杭州九龙厨具型钢建材制造有限公司

杭州华康钙塑包装有限公司

杭州华诚机械有限公司

杭州华诚机械有限公司产品

杭州蓝达工艺制品有限公司

杭州萧山南方建筑工程有限公司在建工地

杭州业新钢结构有限公司

杭州伟峰电子有限公司生产车间

杭州杭天布艺有限公司

杭州小球星儿童用品有限公司产品

杭州萧山戴兴包装有限公司

杭州宏成纺织整理有限公司

杭州环宇冲件有限公司

杭州中原汽车变速器有限公司生产车间

土纸生产

土法烧酒

棉被胎加工

打铁铺

劈竹编建筑脚手片

劈篾加工竹制品

圆木加工（箍桶）

晚稻收割

戴村镇南三村粮食生产功能区

农业部（单季晚稻）万亩高产创建示范片

著名的凌山红头萝卜种植基地

大棚蔬菜基地

杭州萧山云门寺生态茶场是浙江名茶“三清茶”品牌股东，是“云石三清茶”的专业生产企业，是浙江省农业厅命名的首批“浙江省标准化名茶厂”，曾荣获“萧山区农业龙头企业”、“萧山区价格诚信单位”。

杭州萧山云门寺生态茶场

浙江省示范茶厂杭州九清农业开发有限公司

浙江名茶三清茶产品

佛山村钟岭杨梅基地

铁皮石斛培育基地

铁皮石斛

精品园艺场

大坞山林场

山农伐竹下山

兴荣生猪养殖（三头村）

灰天鹅养殖场（河杨湖村）

国玲鸽子专业合作社（大石盖村）

养鸭专业户（东风村）

来红农庄
水产养殖场
（郁家山下村）

萧山第一
高山水库响天
岭水库大坝

七都溪标准塘

三面光渠道

村级排灌机埠

茅蓬机埠排涝站

戴村司法所

戴村派出所

戴村土管所

农村合作银行戴村支行

城管执法戴村中队

戴村供电营业所

萧山区民兵训练基地

戴村邮政支局

永兴变电所

戴村电信支局

天伞加油站

人寿保险萧山支公司戴村营业部

萧山南片自来水厂

山区行政村供水工程

20 世纪 80 年代
戴村自来水厂水塔

戴村影剧院

云石农民文化宫

马谷村文化广场

东风村电化教育中心

沈村村灯光球场

戴村镇首届全民运动会暨文化艺术节开幕式

夜间跳排舞（戴村村）

戴村镇国庆篮球邀请赛（明堂球场）

运动会大型广场舞

马灯盛会闹新春（尖山下村）

中球冠艺术团演出剧照

戴村镇中老年书画作品展

杭州市"欢乐农家"大行动参赛节目第三名得主沈华家庭（2006年）

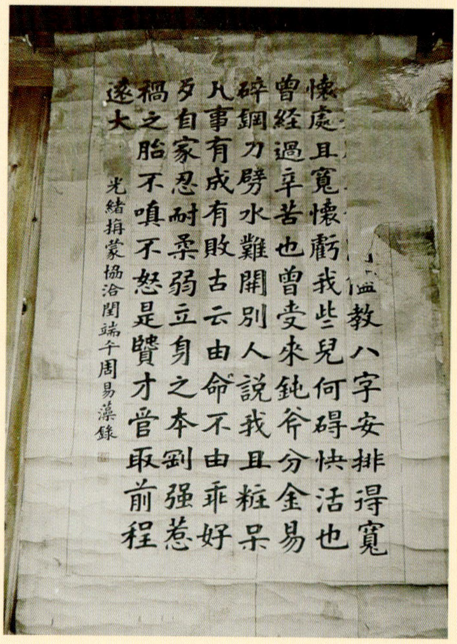

周易藻书法作品

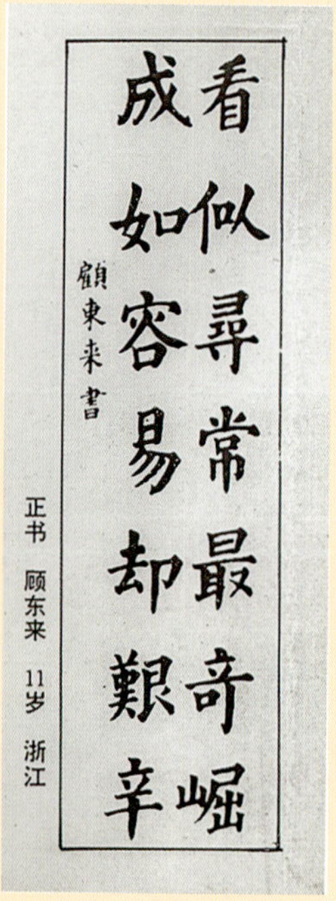

顾东来参加全国少儿书法赛获奖作品

沈建荣书画作品

镇志办举办老干部座谈会

《戴村镇志》评审会

戴村镇志办获 2008 年度
杭州市萧山区委、区政府党
史地方志工作先进集体

萧山经济技术开发区南部配套园区揭牌仪式

杭州市萧山区戴村生态镇建设规划评审会

云石生态休闲旅游开发指挥部成立大会揭牌仪式

萧山南片供水工程开工典礼

戴村镇中心小学教学楼

戴村镇永兴中心小学

戴村镇云石中心小学

戴村镇初级中学

萧山第六高级中学

戴村镇中心幼儿园

杭州萧山
云石机动车驾
驶员培训学校

戴村成人学校

义和学馆旧址（枫桥村）

萧山区中医骨伤科医院、萧山区第六人民医院

戴村骨伤科创始人李汝安铜像

骨伤治疗科室

戴村镇社区卫生服务中心

戴村茶亭伤科医院

戴村镇云石社区卫生服务站

村卫生室（上董村）

戴村镇垃圾中转站

集镇生态厕所

村公共厕所（石马头村）

戴村镇污水处理厂

凌山新桥

里横桥

杨家桥

石盖桥

云石桥（老桥）

东吴桥（建于清代）

响石桥（清同治九年重建）

万寿桥（建于明代）

山区卵石古道（方家塘）

山区古村道（青山村）

古村小巷（顶山村）

云许公路翻越狼岭路段

通往响天岭水库栈道

小黄岭古道

清代民居

民国时期民居

20 世纪 60 年代民居

20 世纪 90 年代民居

20 世纪 80 年代民居

21 世纪初民居（大石盖）

21 世纪初民居（骆家舍）

21 世纪初民居（八都村）

双子墙门（何童埠）

旗杆墙门
（顾家溪）

大墙门（佛山）

山林幽趣墙门
（马谷）

走马楼（张家弄）

石砌高基（骆家舍）

辰居星楼
（石牛山）

陈氏家庙（方溪村顶山）

周氏家庙（马谷）

洪氏家庙（石马头）

郑氏宗祠楹联（戴村村后郑）

郭氏家庙（张家弄）

萧山长潭陈氏宗谱（方溪村顶山）

陈氏家庙（八都村麦园）

古越萧南丁氏宗谱（半山村丁村）　李维松 摄

白云庵（小黄岭）

上董土地庙

公田庙（沈村）

怡颜亭（尖山下）

镇龙庵（茅蓬庵）（大湖头）

旧时山区凉亭（下门桥）

静安寺（马鞍山）

萧山千年树王—古银杏（半山村丁村）

500 年树龄古樟（南三村戴家山）

300 年树龄古樟（东风村何童埠）

500 年树龄古樟（八都村中潭）

古银杏（半山村凌山）

200 年树龄古枫（佛山村）

古式农家厅堂（方溪村顶山）

古衣架

清道光十五年（1835）文魁匾（方溪村顶山）

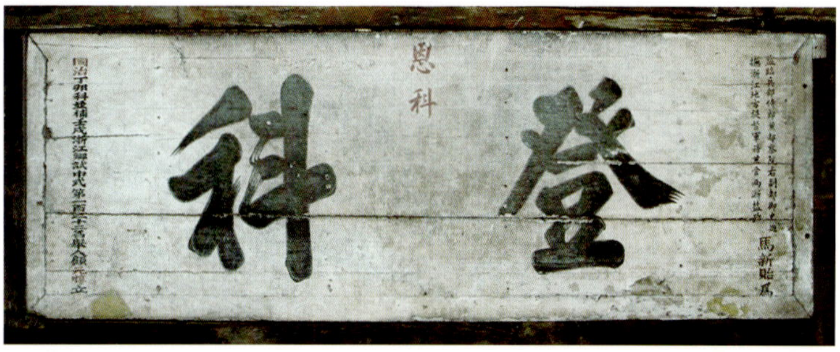

清同治丁卯科（1867）登科匾（顾家溪村）

清光绪二十年（1894）节孝匾（顾家溪村）

古眠床

荷花缸

旧时农具：稻桶

旧时农具：白篮

武举人陈篤生练武石（方溪村顶山）

旧时年糕捣臼

原顶山大队大会堂（方溪村）

原船山大队大会堂（骆家舍村）

古建筑构件（三头村）

古民居砖墨线刻（尖山下村）

古民居砖雕台门（半山村丁村）

古建筑构件护栏（方溪村顶山）

古建筑构件涤环板组雕（半山村丁村）

古建筑构件牛腿（三头村）

古建筑构件牛腿（佛山村）

古建筑构件花窗（马谷村）

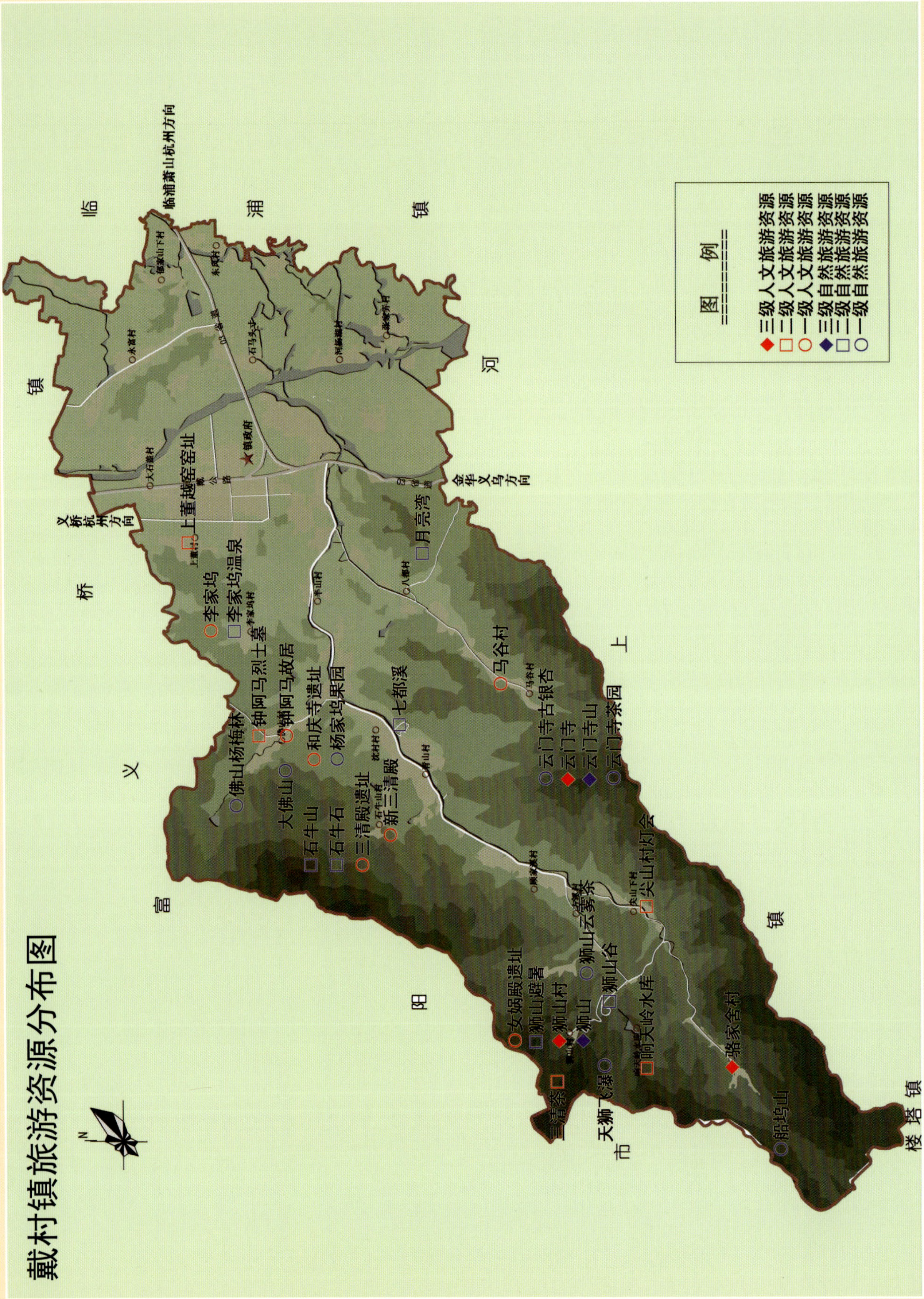
戴村镇旅游资源分布图
图例
三级人文旅游资源
二级人文旅游资源
一级人文旅游资源
三级自然旅游资源
二级自然旅游资源
一级自然旅游资源
临浦镇
临浦萧山杭州方向
河上镇
金华义乌方向
义桥镇
义桥杭州方向
富阳市
楼塔镇
镇政府
上董越窑窑址
月亮湾
李家坞
李家坞温泉
马谷村
钟阿马烈士墓
钟阿马故居
和庆寺遗址
杨家坞果园
七都溪
佛山杨梅林
大佛山
石牛山
石牛石
三清殿遗址
新三清殿
云门寺古银杏
云门寺
云门寺山
云门寺茶园
尖山村灯会
狮山云雾茶
狮山谷
女娲殿遗址
狮山避暑
狮山村
狮山
天狮飞瀑
三清茶
响天岭水库
骆家舍村
船坞山

《戴村镇志》编纂委员会及办公室人员名单

《戴村镇志》编纂委员会

顾　　问：孙建平　陈尧根　陈仲华　汤　卫　毛夏云　汤叶英

主　　任：夏利明

副 主 任：来惠民　赵建芳

委　　员：周明荼　华小平　陈红丹　徐　翀　叶建华　肖　锋

屠杭钢　邵银梅　丁志英　沈彩燕　俞万昌　沈　阳

韩建庆　吴浙明　莫万根　孙世祥　盛庆庆　沈遂定

施佳烈　韩晓水　高宾琪　郑望平　瞿东望　楼铁明

《戴村镇志》编纂委员会办公室

主　　任：来惠民

副 主 任：华小平　郑立涛　何礼达

办公室成员：汤永庆　田国明　田国权　钟乐君　於丽丽　洪森旗

沈金叶　叶建华　瞿水校　王伟峰　沈乐娟　莫成行

洪利明　管青松　楼军伟　陈妙金　洪文根　杨　芬

主　　编：陈志根　李维松

编　　辑：何礼达　鲍银法　鲍金成　郑祖江

摄　　影：韩赞中

序

修志以存史,知史而鉴今。承载着戴村千年历史,承载着戴村镇广大干部群众的殷殷期盼,《戴村镇志》终于功成问世,付梓出版。看到戴村第一部镇志即将呱呱坠地,心中甚感欣慰。

戴村地处萧山南部,山清水秀,土地肥沃,拥有天狮飞瀑、亿年火山遗址、晋代古窑址、古刹云门寺、道教三清殿等自然和历史遗迹。昔日,勤劳智慧的戴村人民在这片土地上辛勤耕耘,由永春和尚创立的茶亭伤科和李汝安创立的李氏伤科在戴村发扬光大,带领乡民掀起铁血团暴动的中共早期党员钟阿马集中体现了戴村人的革命精神。如今,戴村与时俱进,百业兴旺,人民自强不息,开拓创新,香气清高、滋味清醇、汤色清澈的三清茶已成为戴村的一张金名片,华东钢业与中球冠正引领戴村工企业走向卓越,走向现代工贸企业的高端。

《戴村镇志》的编修坚持科学发展观和唯物史观,融思想性、科学性、资料性于一体,还历史于本真,书时事以确凿,秉笔直书。内容兼具史地,注重人文,详今略古,纪实求真,既有横断面,又有纵切面,真实记录了戴村的历史演变。同时采取志、记、传、图、表、录等形式,记录了戴村有人类活动以来的建制沿革、民风民俗、历史人物、重要事件等诸多方面,重点记述了新中国成立后特别是中共十一届三中全会以来的史实,突出了社会主义新农村建设时期的重要事件,体现了鲜明的地方特色和时代特点。

修志不易,志在人为。《戴村镇志》的编修程序启动于2007年5月,前后历经6年,工程浩繁而艰巨。在镇志编纂过程中,编纂工作人员坚持实事求是、厚今薄古、服务当代的原则,荟萃资料,取其精华,述记志录,谋篇成章。在此,谨向为本志书编纂出版付出了辛勤劳动的全体编纂人员,各村、居委会和企事业单位提供素材的资料员,表示由衷的感谢!

一本地方志,千载乡土情。我们愿《戴村镇志》真正起到存史、资治、教化的作用,为戴村人民在开拓创新、共建和谐社会中锦上添花。

中共戴村镇委员会书记:

戴村镇人民政府镇长:

二〇一四年六月

凡　例

一、编纂原则：以马克思列宁主义、毛泽东思想、邓小平理论、三个代表和科学发展观为指导，实事求是记述戴村镇的自然环境和经济、社会发展的历史和现状。

二、本志内容：首设概述、大事记，次为镇域，生态与旅游，基础设施，农业，工业、建筑业，商业、服务业，金融、财税，党派群团，政权组织，军事、治安、司法，教育、科技，卫生，文化、体育，社会，人物和文献共16卷73章267节。以文为主，辅以表、图、照片。

三、断限：上限不限，根据现存史料，力求追溯事物发端；下限为2008年。为保持事物的连贯性，概述至2010年止。

四、记述范围：以下限时戴村镇域为范围。

五、名称：本志出现的政区、机构、组织、单位名称，均采用当时名称，一般不加引号。地名也系当时名称，括注今名。志中出现的"省""县""市""区"，系指浙江省和萧山县（市、区）。杭州市用全称。

六、纪年：民国及民国以前历史纪年采用中国历史纪年，括注公元纪年。1949年10月1日中华人民共和国成立后采用公元纪年。本志中的"解放前"、"解放后"，系指1949年5月5日萧山解放前后；"新中国成立前"、"新中国成立后"系指1949年10月1日中华人民共和国成立前后。

七、计量单位：尊重历史，采用当时的计量单位。

八、统计数字：用阿拉伯数字表述。历史数据采自文献资料，新中国成立后主要采用镇（乡）各部门、村档案，一般不注明出处。

目　　录

卷一　镇　域

卷二　生态与旅游

卷三 基础设施

卷四　农　业

卷五　工业　建筑业

卷六　商业　服务业

卷七　金融　财税

卷八　党派群团

卷九　政权组织

卷十　军事　治安　司法

卷十一 教育 科技

卷十二 卫 生

卷十三　文化　体育

卷十四 社 会

卷十五　人　物

卷十六　文　献

概　述

戴村镇是杭州市萧山区南部的主要集镇之一。位于北纬 29°56′24″～30°3′6″，东经 120°5′7″～120°13′32″。东与临浦镇接壤；南与河上镇为邻；西与富阳市的渔山乡、大源镇为界；北与义桥镇毗邻。隶属亚热带季风气候区，四季分明，光照充足，气候温和湿润。具有浦阳江河口水文特征。由于地跨山地和平原两个迥然不同的水文地质单元，地下水贮存状态、水质类型、水量大小等方面存在明显差异。全镇区域总面积62.82平方千米，辖 22 个行政村、1 个社区。村居多在永兴河、凌溪两岸及云门山、石牛山南向山坞中。境内山清水秀，环境优美，生态发展极具优势。

（一）

戴村历史悠久。北宋太平兴国三年（978），分属孝悌乡、许贤乡和新义乡，各领里五。元至元十六年（1279）改乡、里为都、图，改许贤乡为六都、七都，孝悌乡为八都、九都，新义乡为十五都、十六都，其中七都、八都和十五都部分图属于今天戴村境域。明至清末，仍沿袭元制，但图有所调整。清雍正年间为七都三图沈村庄、附四图坂里庄，八都一图戴村庄、二图张家弄庄，三图附八都。四图上河庄，五图洪家庄，十五都四图马鞍庄。清光绪三十四年（1908）和宣统元年（1909）先后公布《城乡、镇地方自治条例》和《府厅州县自治条例》，县以下设乡，现戴村境分属开明乡、浦南乡、沈村乡。民国初沿袭清制，民国 17 年（1928）推行村里制，为第四区，辖 18 个联合村。民国 19 年（1930）改编为乡镇，分属戴村镇、马鞍、永宁、五里、骆尖、沈盛、上洪、石硖、合治、长潭、凌溪、石马、沈汪等 1 镇 12 乡。民国 36 年（1947）进行乡镇编并，分属戴村乡、复兴乡与长潭乡。

1949 年 5 月，萧山解放，建立人民政权，为戴村乡、长潭乡。1950 年为凌溪乡、戴村乡、长潭乡、云石乡、振庭乡和马鞍乡。1951 年戴村区增设白墅乡，原戴村乡的部分村归属此乡。1956 年 2 月，云石乡并入长潭乡，凌溪乡、白墅乡并入戴村乡，马鞍乡并入振庭乡。1958 年 10 月，全县实现人民公社化，实行政社合一后，分别为戴村人民公社凌溪管理区和长潭管理区，部分划给桃北乡。1961 年 7 月，缩小公社行政区域，撤销管理区后，为戴村人民公社、云石人民公社和永兴桥人民公社。1969 年 2 月撤区并社，永兴桥公社、大桥公社部分和云石公社并入戴村公社。1971 年调整公社规模，仍为戴村公社、云石公社、永兴公社，但所辖生产大队略有改变。

1984 年 5 月，改变“政社合一”的体制，复称戴村乡、云石乡、永兴乡。1985 年 5 月，经省民政厅批准，戴村乡改为建制镇，乡人民政府改为镇人民政府，政府驻地不变，管辖范围不变，仍为 22 个村。1992 年 5 月，永兴乡并入戴村镇，改辖 35 个村。2001 年 7 月，云石乡并入戴村镇，改辖 51 个村。2005 年 5 月，调整行政村规模，将 51 个村调整为 22 个村、1 个居民区，共计 284 个村民小组、11294 户、37806 人。2010 年 11 月 1 日零时为标准进行的第六次人口普查，戴村镇共有常住人口 3.89 万人，其中男 1.96 万人，女 1.93 万人；除汉族 3.78 万人，其余均为少数民族。在有萧山县（市）戴村区建制的历史时期，戴村一直为区公所所在地。

戴村距离萧山区政府驻地 20 余公里。境内低山丘陵和水网平原相间，西南部为低山、丘陵，主要有云门寺山、石牛山、碛堰山、马鞍山等。云门寺山海拔597米，山上有云门古寺，浦阳江流经境域东北角。永兴河自南而北纵贯境内，向北流入浦阳江，凌溪自西向东注入永兴河。境内公路，主要有03省道、永富路、闻戴路、戴尖路，水陆交通称便。

（二）

戴村镇有着光荣的革命传统。清顺治三年（1646）五月二十九日，清军发动划江战役，随即占领萧山中、北部，后继续向南扩展，遭到了萧山人民的抵抗。清顺治五年（1648），十八都乡民石仲芳在庚青岭山头率众数百抗清。现尚存石仲芳义军当年的瞭望岗、练兵场、石头阵等遗址。

在第二次国内革命战争时期，云石人民在中共萧山县委的领导下，广泛开展农民革命斗争。1927年3月，中共萧山县委派瞿缨云到达云石，迅速发展了钟阿马、沈炳坤等60余名农民参加党的组织，并在上堡村、沈村、顾家溪3个村建立党支部。随后又以沈村为核心，纷纷成立农民协会，云石有10个村500余名农民参加了农民协会，紧接着又建立全乡农民武装组织"铁血团"，分别由上堡村钟阿马、沈村沈步云、顾家溪顾云卿等为领导，购置土枪、梭标、马刀等武器，开展了轰轰烈烈的"二五"减租、抗租减息，组织造纸工人罢工，扣押地主恶霸阿沛、陈马清、钟礼仁等，砸捣戴村米行，进行面对面的反剥削反压迫反封建的斗争。时农民协会和铁血团提出"打倒地主恶霸""打倒土豪劣绅""实行减租减息"等口号。这是萧山继衙前农民运动之后的又一次农民运动高潮。

这场斗争为时3年多，有力打击和动摇了反动势力，引起国民党政府的恐惧。1928年8月，在浙江省保安队和萧山警察局的血腥镇压下，钟阿马等被杀害，党组织和农民协会受到破坏，被迫解散。1987年5月，杭州市民政局批准佛山村、沈村为革命老区村；1989年4月，又批准南坞、明堂、石牛山、响石桥、枫树、勤工、平山、增丰等8个行政村为革命老区村；1989年9月，杭州市民政局再次将云石乡批准为革命老区乡。同年12月，丁村村、下方村，经杭州市民政局批准为革命老区村。

抗日战争时期，在反对日本帝国主义侵略的斗争中，出现"国而忘家"的女英雄沈佩兰，她的事迹先后在《东南日报》《大公报》《扫荡报》报道，国民党中央政府还颁发由于右任所书的匾额。戴村还是金萧支队的重要活动区域。民国34年（1945）8月7日，金萧支队抄袭了驻扎于尖山下的国民党军队；1948年夏，金萧支队捣毁了戴村警察所；1948年11月，金萧支队歼灭国民党萧山保警队一个中队；1949年1月，金萧山支队二百余人，直奔戴村，火烧戴村警察所；1949年5月5日，金萧支队从富阳大章村出发，连续行军，横扫河上和戴村残敌。这些战斗的胜利，打击了敌人的反动气焰，鼓舞了群众斗志，为萧山的解放奠定了基础。不少戴村籍人还参加金萧支队，如陈商、郑振庭、洪志华、何培哉、沈省吾、盛觉非等。陈商还担任金萧支队萧富区武工队队长，参加不少战斗，并多次立功。陈振庭也多次参加金萧支队的战斗，经常出没于楼塔、戴村一带。解放初，在剿匪反霸中，因遭土匪袭击而牺牲。

戴村不仅有着光荣的革命斗争传统，还有着浓厚孝悌文化。孝是中华民族的传统美德。它流行于战国，后慢慢在历史长河中孕育、洗礼、发育，形成了内涵深刻的孝伦理体系，并形成了中国特有的孝文化。戴村作为历史悠久的地域，也出现了全国著名的孝悌人物，从而被记入了正史。被记入《宋书》和《南史》的郭世通、郭原平父子孝绩突出。郭世通生而母亡，事父及后母至孝。年十四父亡，家贫，卖佣养继母。曾在山阴买物误收一千钱，当时不觉，后追送归还钱主。仁厚之风，化于乡邻。郭世通子郭原平，家也很贫，为人佣赁养母。若家无粮，则竟日不食，须取工值买粮与父母同食。照看父病，整年衣不解带，不尝盐菜。父亡，自营墓室。每于市卖物，才收半钱；见人牵船过埭，则停船相助。会稽太守蔡兴宗以私米馈赠，坚辞不受。与人居处几十年，未尝见其喜怒之色。由于郭世通之孝，所以戴村历史上曾由"独枫里"改为"孝行里"。新中国成立后，特别改革开放新时期以来，这种孝文化，得到了进一步发扬光大。表现为亲亲、尊祖、敬宗、睦族的文化得到增强，同时与现代文明相协调，敬老爱幼，弘扬传统美德，将孝文化推向一个新的高度。

（三）

农业是戴村的传统产业，历史悠久，资源丰富。主要种植水稻、大麦、小麦、油菜等，山区种植番薯、玉米、蚕豆、马铃薯、高粱等杂粮。但旧时农业生产力低下，农民收入微薄，长期停留在自给自足的水平。中华人民共和国成立后，多次进行了生产关系方面的改革，于1950年10月开始，至1951年上半年结束的土改运动，经过宣传教育、划分阶级成分、没收土地财产和分配土地四个阶段，农业产量普遍有了提高，农民生活有所改善。1951年7月，开始在境内试办互助组；1953年秋，贯彻社会主义过渡时期总路线，逐步实现了农业社会主义改造，农民组织起来，建社124个，入社户数达2699户。1956年，办起19个具有社会主义性质的高级农业生产合作社。1958年10月，根据中共中央《关于在农村建立人民公社问题的决议》，戴村农村实行了人民公社化，走上了集体化道路。但后由于受"文化大革命"极左思潮影响，农业生产徘徊不前。中共十一届三中全会后，贯彻农村和农业改革一系列方针政策，实行家庭联产承包责任制和二轮土地承包责任制。以市场为导向，调整、优化农村和农业产业结构，由单一的种植业向农林牧副渔业全面发展，由单一的农业经济向一、二、三产业协调发展转变。1985年，全镇有耕地10271亩，总产粮食6585吨、油菜籽80.65吨。

1992年永兴乡并入，耕地增至17962亩，总产粮食13681吨、油菜籽133吨。粮食种植由双季稻逐渐改变为单季晚稻，种植面积也逐年下降。2000年，耕地面积18180亩，总产粮食10727吨；油菜籽106吨。随着农业种植结构的调整，全镇逐步形成蔬菜、花卉苗木、水产、禽畜、林特五大产业。2000年，种植蔬菜，瓜类2060亩，总产量3498吨；种植花卉苗木2000亩，且品种增多；淡水养殖产量256吨，珍珠产量470千克；全年生猪出栏2万头；家禽出栏28万羽，产蛋163吨。是年，全镇林业用地面积18587亩，木材积蓄量18470立方米，毛竹积蓄量12.45万株，采伐量6万株，木材采伐量233立方米。林产品收入和竹木采伐收入97.58万元，竹制品加工188万元。有梨园228亩、桃园20亩、杨梅园100亩，总产水果26吨。2000年，全镇农业总产值5749万元。

2001年云石乡并入，耕地增加2206亩。至2003年，全镇农业四大特色基地有了新的发展，全年新发展花卉苗木蔬菜基地5000亩，林特基地完成5300亩，家禽出栏120万羽，生猪出栏32040头，稳定水产基地4000亩，并充分发挥本地资源优势，积极扶持农业龙头企业，云石"三清茶"被评为省绿色农产品，进入杭州市十大名牌绿茶行列。永达木业、卫士生态、山友生物、永晟竹木等农业企业已初具规模。特别是"三清茶"种植面积逐年扩大，改进炒制技术，以质量取胜，严格控制茶叶干燥度，平均含水量低于国家标准3.1个百分点，声誉越来越高。

历史上，戴村的传统手工业有土纸业、木器业、竹器业、铁器业、纺织业、缝纫业、锡箔业等，都较为发达，特别是土纸业，南宋时已有生产，明洪武初生产的日历纸已作为贡品，清代发展较快。中华人民共和国成立后，更有着长足的发展，如2000年，利用青竹生产四六屏纸的槽产，萧山有近30家，而大多在云石乡，直至20世纪90年代中期才完全被机纸业所替代。

戴村的乡镇企业始于20世纪60年代初，历经数十年的风雨，至1985年全镇工业总产值640.68万元，利税总额133.44万元。后深化企业改革，进一步完善经营承包责任制。1992年，全镇有镇村企业118家、工业总产值9086万元，出口交货值500万元，利税747万元。自1994年起，镇村企业开始以产权制度变更为核心的企业改革，至2000年，全镇130家镇村集体企业全部转制。全镇以转制为契机，抓科技、增投入、重管理、促强队，形成以集团企业为龙头，股份制企业为中坚，个私企业为基础的工业发展格局。同时，戴村工业园区建立，有9个项目落户园区，总投资3亿元。是年全镇实现工业总产值9.84亿元，出口交货值5418万元，利税5410万元。2001年9月，戴村工业园区已有20多个项目相继开发建设。是年，全镇实现工业产值18.9亿元，利税9000万元，出口交货值10675万元，所有者权益4.35亿元。全镇已形成重点骨干企业为龙头，股份企业为中坚，个私企业为基础的工业发展格局和以化工塑料、钢构、五金机械为特色的行业优势。

2008 年，全镇工企业实现产值 93.85 亿元，其中工业产值 56.27 亿元，利润 2.8 亿元，税金 1.84 亿元，出口交货值 10.32 亿元，所有者权益 16.3 亿元，资产总值达 46.57 亿元。30 家镇重点企业实现销售额 65 亿元，利润 1.75 亿元，税金 9007 万元。

戴村的商业历史早，也堪称发达。因其老街货物的吞吐通过老街东头的蒋家埠头，民国时期，诸暨的次坞、富阳的章村、萧山的河上楼塔等地的物资吞吐，都在此转运，过塘行有沈公记等 4 家，以船运为业者不下数百人。过往商旅亦多在此搭乘班船去杭州等地，商业颇称繁荣。特别是纸行，比较有名的有墙头村的任合大，大湖头的何海记，凌桥头的戴合兴等。

米业是戴村的第二大业。自民国初至抗日战争前，米店有 10 多家。其中丁介丰设店较早，还与俞生扬合资开设俞合记碾米厂。棉布百杂店有久丰、华兴、复昌、同裕泰、丁瑞兴等，南货有韩源盛、协和等 4 家。茧行 1 家，设有茧灶。药店有培生堂、万春堂 2 家。商店大都由附近农村的富户开设，其特点是“淡季以家(田)养店，旺季以店养家”。抗日战争期间，戴村处于日伪占领的边缘，破坏惨重。后又遭严重火灾，故抗日战争胜利后，店屋仍以平房为主，且以小店为多。唯米业一度繁荣，有碾米厂 2 家。米店相继复业或新设者有 10 多家。纸行仍以任合大等几家有名。

中华人民共和国成立后，私营商业进行社会主义改造，成为公私合营、合作商店。1956 年 6 月，戴村区供销社建立，几经变更，至 1984 年 12 月，戴村供销社固定资产原值 49 万元，自有流动资金 61 万元。是年，生产、生活用品零售额 315 万元，农副产品、废品收购额 108 万元。改革开放后，个体私营商业迅速发展。1994 年，占地 1200 平方米的农贸市场建成并投入使用，内设商店 46 家，固定摊位 55 个，临时摊位 150 个。2006 年 5 月，向西扩展的综合农贸市场营业，面积 2516 平方米，共拥有摊位 254 个，经营户 180 户，当年成交额为 2600 万元。1995 年，占地 1536 平方米的小商品市场建成并投入使用，全镇共有大小商业零售单位 490 家，从业人员 619 人。同时，借助于优越的地理环境，以汽车加油、餐饮业为主的第三产业发展迅猛。2000 年，三产增加值为 7500 万元。2008 年，三产增加值为 27642 万元，比 2007 年增长 21.3%。

在发展集镇商业的同时，农村集市也日益活跃，商业网点主要分布于公路两旁，尤以 03 省道和戴云公路居多，有商业、服务业近 400 家，其次是距集镇较远的行政村都有小集市，经营蔬菜、鲜肉、水产、禽蛋等农副产品及小贩运来的日用百货。大湖头村因临近工业园区，外来民工较多，为便利民工购物，逐渐形成夜市。

(四)

戴村集镇原只有狭长老街一条。后沿公路两侧块状分布。1995 年，人民路与老街贯通，初步形成工业区、生活区、商业区、文化区。接着，按照“改造旧街镇，建设新集镇”的思路，全面加快以新区为重点的集镇建设，投资 200 万元，浇铺世纪路及配套工程，启动世纪路两边的商住楼。2000 年年末，凌溪路、人民路、老街路、南塘路、世纪路构成镇上的道路网，道路总长 6 千米，排水管道长 4 千米，新建改建桥梁 6 座，公共建筑 2.23 万平方米，住宅建筑 18.73 万平方米，装有路灯 180 盏，集镇建成区面积 0.72 平方千米，一个新兴的现代化集镇基本形成。

其他基础设施也日趋配套完善。水利设施配套齐全，公路四通八达，电力供给充足、电信邮政畅通。20 世纪 80 年代末，有日供水 5000 立方米的戴村自来水厂，受益人口 2.1 万人。1991 年 9 月，开通程控电话，1997 年，电信与邮政分离，各自独立经营。2000 年，全镇广播馈线长 45 千米、入户喇叭 6300 只，有线电视主干线电缆 40 千米，用户 4414 户。电话装机用户 3524 户，还有手机 1276 只。

戴村素有重视文化建设的优良传统。中华人民共和国成立后，特别是改革开放以来，戴村的文化配套设施日趋完善。八九十年代，文化站、文化中心、图书馆、影剧院、影像室相继建立，群众性体育活动在全镇广泛开展。1995 年，戴村镇获杭州市体育先进乡镇。1997 年，获浙江省体育先进乡镇。1999 年，为庆祝建国 50 周年，举办大型文艺晚会。2000 年，又举办大型文艺活动，特邀著名歌唱家蒋大为演出，还多次开展书法比赛和形式多样的文艺汇演，获杭州市东海文化明珠称号。除积极组队参加全区文艺汇演或体育赛事外，各种各样的节庆文化演出、文化广场活动，以及新兴的镇文化艺术节、三清茶文化节、全民运动会等，活跃和丰富了群众的文化生活。现有杭州市级文物保护单位2处，杭州市文物保护点6处。

戴村素来尊师重教，耕读家风相传。明清时期，就办有家塾、村塾等。中华人民共和国成立后，特别是在中共十一届三中全会以后，教育事业发展突飞猛进。1984年就实现了“基本普及初等教育”和“基本扫除文盲”。1995年，实现了“基本普及九年制义务教育”，1998年，被授予“浙江省教育强镇”和“杭州市教育强镇”称号。戴村镇小被授予“杭州市级农村示范学校”。1999年，戴村初中获“杭州市级农村示范学校”荣誉。至2008年，全镇有幼教点16个，幼儿班35个，入园幼儿1161人；小学3所，在校学生2084人；初中2所，在校学生942人；高中1所，2008年在校学生2364人。

中华人民共和国成立前，戴村公共卫生很差，地方病、传染病流行，百姓缺医少药，患病得不到治疗，人均寿命只有36岁。中华人民共和国成立后，党和政府重视医疗卫生工作，加大对医疗卫生事业的投入，组织民间医生成立乡村诊所，发动群众开展爱国卫生运动。贯彻“预防为主”的卫生工作方针，加强疾病防控，促进妇女、儿童、老年保健，人民健康水平进一步提高，1978年人均期望寿命上升至男性68.9岁，女性70.3岁。至2008年，有区级第六人民医院（骨伤科医院）、杭州萧山茶亭伤科医院、云石卫生院3家医院。全镇有22个村卫生室（点）。进入新世纪以来，于2000年实现人人享有初级卫生保健目标。2005年12月，顺利通过省级卫生镇的考核验收。2008年，戴村成为“杭州市级卫生强镇”。

骨伤科医疗很具特色，远近闻名。经过几十年的临床实践与不断探索，使李氏伤科形成了一套牵、拉、折、顶、抖的梳筋正骨法。在跌打损伤方面有传统的中药处方，外敷的膏药有传统的中药秘方，医疗效果显著。随着科技的发展，不断吸收新的医疗技术元素和增添先进的医疗仪器，骨伤科医院的知名度由此而提高。2002年11月，通过二级乙等中医院验收，省卫生厅授予“文明中医院”称号，并通过ISO 9001:2000版质量管理体系论证。2006年1月，成为浙江省中医大学实习医院，并通过二级甲等中医骨伤科医院评审。2008年，被评为杭州市级名中医院创建单位。同年12月，茶亭骨伤科医院被批准为杭州市级非物质文化遗产保护单位。

（五）

戴村山水资源丰富，乡村景色宜人。全镇拥有山林面积5.4万亩，森林覆盖率为65%，有耕地2万亩和水面4000亩，有着优越的生态基础。戴村镇党委、政府按照科学发展观的要求，坚持“生态立镇”战略，于2002年提出创建生态镇的思路，2003年编制《戴村镇生态建设规划》，2004年提出创建省级生态镇的口号。为此，加大了对生态基础设施的投入，翌年全镇用于这方面的资金就达2000万元。特别是一期投资150万元，建造了全区第一个生态垃圾填埋场，以后，许多村也相继制订了生态村建设规划，至2010年年底，全镇共建造公共厕所261座，垃圾箱771只，垃圾中转站34座。同时加强对水资源的生态保护，围绕新农村建设的总体目标，按照新一轮生态人居建设规划要求，在全镇22个行政村中，全面启动和大力推进新农村建设，大规模开展宅基地专项清理，对镇主干道实行绿化、亮化，村级主要道路进行硬化、绿化，亮化，并实现村村通公路，村村通有线电视、自来水；建成了6.4万平方米的“锦鸿苑”高档生态住宅小区；在发展工业上，用生态的理念，坚持严格的项目准入制度，坚决杜绝污染企业进入，引进了一批科技含量高、投资规模大、资源消耗小、环境污染少的项目，并积极开展工业污染治理工作，对原云石生态旅游区内的污染企业，实行集中治理；继续坚持不懈进行生态农业建设；积极开发生态旅游。云石乡于2000年6月，被浙江省林业厅批准为“生态乡”，石牛山森林公园被批准为“省级森林公园”。2007年8月，由中球冠集团投资15亿元参与开发的杭州云石生态休闲旅游度假区建设项目，被列入省服务业重大建设项目、杭州市重点打造100个城市综合体和萧山区旅游“1010”重点项目名录。该项目规划面积44.8平方千米，区域内生态环境优美，人文景观遍布，拥有萧山最高的山、最高的茶基地、最高的山庄、最高的水库。2008 年,镇政府提出了“决策围绕生态定、产业围绕生态转、村民围绕生态富、山水围绕生态靓”的发展战略,制订了《戴村镇旅游发展总体规划》《杭州山泉湾旅游度假区总体规划》《杭州仙女湖旅游度假区总体规划》。为保证规划顺利实施,党委政府及时出台旅游业扶持政策,并在每年的财政预决算中拨出一定比例用于旅游基础设施建设。2009 年 4 月,成功举办了首届中国·杭州萧山三清茶文化节。

经过数年的生态建设,近年来戴村镇相继取得不少荣誉。2006 年 4 月,被浙江省生态建设工作领导小组命名为“省级生态镇”,成为萧山区首个生态镇;2007 年 1 月,被国家环境保护总局命名为“全国环境优美镇”;2009 年 1 月,被浙江省旅游局命名为“浙江省旅游强镇”。同时旅游亮点纷呈。省级休闲旅游胜地石牛山森林公园,有奇峰、异石、潭瀑、烟云、森林、古迹六大景观特色,让游人目不暇接,有“人在山中走,似在仙境游”之感;海拔 659 米的石牛山竹林茂盛,峰峦叠翠,风景秀丽,让人心旷神怡;狮山古村落植被葱茏,竹木成林,成为游人的避暑胜地。还有云门寺和三清殿、上董晋代越窑遗址、钟阿马烈士墓、火山遗存等都是吸人眼球的景观。

随着科学发展观的进一步落实,戴村的经济将一定会更加发展,文化更加繁荣,社会将更加和谐,人民的福祉将更加美好。戴村的明天将一定会成为浦阳江下流的一个更令人瞩目的亮点。

大　事　记

清及清代以前

南朝宋时(420～479),张家弄村已有村民居住,时属会稽郡永兴县独枫里。

由南朝梁史学家沈约修于齐永明五年至六年间(487～488)的《宋书》,将戴村人郭世通、郭原平两人载入该书的人物传。这是萧山历史上最早被载入《二十四史》的人物。

唐朝史学家李延寿所撰的《南史》,再次将戴村人郭世通、郭原平两人载入该史人物传。

唐朝黄巢起义期间(875～884),淮南节度使丁璞,字良玉,临淄(今属山东)人,携眷南来,隐居萧山凌溪之南,为丁村之始。

南宋初期,伊洛(今河南洛阳)人沈文锡出任秘书省正字,把家眷迁来与京师临安(今杭州)仅一江之隔的萧山许贤乡境内的一个幽僻的山村隐居,为今沈村之始。

南宋建炎三年(1129),鲍文显、鲍仁德兄弟俩为避兵乱,从余杭移居尖山下村。

南宋嘉熙元年(1237),任定翁由山阴桑盆里迁萧山北干山南麓昭明乡,其子由昭明徙渔浦,再由渔浦迁埭湖(今大湖头自然村),定居成村。

元朝时,余杭梁朱(今作"良渚")人郁明笙,经商路过萧山燕窝山,便"卜居其麓",即成今郁家山下村之始。

元大德年间(1297～1307),诸暨人周牧,字崇谦,始迁今戴村镇马谷发族。

明朝初期,钟家坦(今属临浦)人钟世绶"始居上堡"发族。

明洪武年间(1368～1398),姜姓安三公携子从富阳方家墩迁居尖山下村。

明永乐年间(1403～1424),诸暨善溪人何良五,迁萧山锦山之阳卜居,为铜埠村(今何童埠自然村)之始。

明永乐年间,诸暨南屏村人杨姓忠直公见尖山下风光秀丽,乐而忘返,定居尖山下。

明弘治年间(1488～1506),萧山朱村桥廊岭下邵姓良八公入赘于上门闻氏,后繁衍为大族。

明宣德年间(1426～1435),东阳卢宅人卢顺三入赘萧山七都邵氏。天启年间(1621～1627)卢顺三第六世孙卢思启迁至溪河村发族。

明朝时,俞武五由黄岭(今属楼塔)迁居石盖坞,为石盖坞村之始。

明朝后期,方纮第五十三世孙方魁,自高湖(今属诸暨)迁至萧山晾网山麓、八都溪畔(今名前方村)安家。

清顺治五年(1648),石仲芳在庚青岭山头率众数百抗清。是年,石仲芳被清军所执。八年(1651),石仲芳余部散。

宣统三年(1911),沈村乡议会成立。

民国时期

民国 16 年(1927)

云石上堡村钟阿马团结广大贫雇农,建立上堡农民协会。

是年,创办石硖小学。

民国 17 年(1928)

春,钟阿马在上堡、沈村、丁村等村以党员为核心成立铁血团,有团员 20 余人,推钟阿马为总指挥。10 月,中共萧山县委秘密召开党的代表会议,决定以上堡、沈村作为萧山开展革命斗争的中心区域,指示钟阿马以铁血团为核心开展大规模的武装暴动。会上,钟阿马当选为县委委员。后钟阿马等党员领导"铁血团"和当地群众进行"砍竹暴动"。其间,中共浙江省委书记罗学瓒到上堡一带视察,并主持召开县委扩大会议,研究斗争方案。

民国 18 年(1929)

4 月 19 日,浙江省保安队和萧山县警察 70 余人奔赴上堡剿捕"铁血团",钟阿马率领铁血团团员退至乌龟山山庄。经过激战,终因寡不敌众,钟阿马等 10 人被捕。1930 年 8 月 30 日,钟阿马在临浦峙山下被敌枪杀,年仅 37 岁。

民国 19 年(1930)

2 月,由恽逸群主持,在云石上堡村召开全县党的代表会议,重建中共萧山县委,恽当选为代理书记兼组织部长。会议决定,要大力发动群众,开展各种斗争,以迎接革命高潮。

8 月,中共萧山县委在云石上堡村再次召开党员代表会议,中共杭州市委派员参加指导。会议再次推选恽逸群当选萧山县委书记。

是年,县政府制订县道修建计划,至民国 24 年,西兴——县城——临浦——楼塔县道建成,通行客货黄包车。该路经过戴村境域。

民国 26 年(1937)

戴村老街镗叉墙门内开设电话局。

民国 28 年(1939)

9 月 11 日,《萧山日报》报道:戴村区各乡田稻灾情奇重,螟虫滋蔓尽成白穗。

民国 29 年(1940)

2 月,日军数千在进犯浦阳江西岸之许贤、朱村桥等地的同时,窜扰戴村、大桥等地,被中国军队击退。

2 月中旬,日本侵略军侵占浦阳江口,数千日军从西岸登陆,窜犯许贤、朱村桥等地,中国军队一九二师为了阻击日军强行南下,在日军必经之地党旗岭预设埋伏。日军进入埋伏圈后,遭到迎头痛击,当地百姓也积极投入战斗。这次战斗打死打伤日军数十人,战马 3 匹,俘获 1 人,极大地打击了日本侵略军的嚣张气焰,鼓舞了当地军民抗击日本侵略军的信心和决心,在萧山的抗战史上留下了辉煌的一页。

9 月 14 日,日本侵略军从富阳小源翻响天岭至方家塘,次日早晨烧毁民房 50 余间。

9 月 15 日,日本兵在杨家溪纵火,烧毁曹姓 5 间 2 弄房子 1 座。

9 月 16 日上午,日本兵在征山村纵火,烧毁房子 72 间,并用机关枪扫射逃难村民,无故女孩鲍杏梅被枪杀。哀声遍野,惨不忍睹。

是年,干旱及螟虫成灾,田禾减收八成。

民国 30 年(1941)

11 月 1 日,长潭乡造纸同业公会成立,出席会员 55 人,通过章程 48 条。同日下午召开第一次执行委员会议,选出顾士江为常务委员。2 日上午召开第一次监察委员会会议,选出姜雨田为常务委员。

是年，民众抗日热情高涨，掀起投军热潮，仅戴村、沈村、西乡投军青年就有152人。

是年，沈村乡早晚两季绝收，树皮草根食尽，民大饥。

是年，拆造永兴桥及建造新桥（云襄桥）。

民国31年（1942）

5月15日，日军从尖山、义桥、河西嘴3处渡过浦阳江经戴村进犯河上。

5月29日，日军从义桥渡江占领石马头前山。

9月21日，县政府在沈村召开最后一次乡镇会议，与各乡镇长、保长作患难后的再见。

民国36年（1947）

8月，戴村成立电话管理所，由3人组成，隶属萧山电话管理局。

10月，中共路西县萧富区委及区政府（后改名河上区）成立，章文英、陈商先后任书记兼区长，辖萧山、富阳交界处诸乡。

11月，金萧支队在戴村凌桥消灭国民党萧山县自卫队1个连。

是年，顾家溪村顾氏家族重修《萧山长潭顾氏宗谱》。谱中所载《日寇流窜记略》一文，叙述了从“七七事变”到日军投降止的历史。同时叙述了毁学纾难的沈佩兰的事迹，文后列有“殉职殉难者”“应征及自动投军抗敌者”“房屋被焚者”3份名单。

是年秋，“天花”流行，仅开明四保学校传染天花的学生有26名，继而流行，迅速遍及邻近各保，死亡达20余人。

民国37年（1948）

5月22日，戴村乡各校举行联合运动会，历时3天，比赛项目主要为田径。

7月6日，狂风暴雨整日夜，山洪暴发，境内河流决口数处，各畈被淹，庄稼绝收。

8月28日，金萧支队武工队袭击戴村警察所，缴获步枪12支、枪弹70发、电话交换机1架，生俘警察10余名。

11月4日，浙东人民解放军金萧游击支队政委张凡率金萧支队一部，在戴村墙头村歼灭国民党萧山保警队1个中队，伤敌、俘敌50余名，缴获机枪1挺、步枪30余支、子弹2箱。接着部队乘胜直捣戴村，再次捣毁戴村警察所，烧毁了所内所有文件档案。

民国38年（1949）

1月14日，金萧支队袭击戴村警察分驻所石马头前山庙，俘获警长马志芳，警察11人，焚毁前山庙及临近后郑村窑头“施棺会”的敌军粮仓。

是月，金萧支队路西县大队攻破戴村警察所，解散全部警察。

5月4日，金萧支队萧山办事处170余名指战员在主任蒋谷川带领下，奉命从富阳大章村出发，于当晚露宿戴村，于5日下午2时左右进入县城。下午3时许，中国人民解放军第三野战军七兵团21军先遣部队抵达萧山，两军胜利会合，宣告萧山解放。

5月，成立沈村乡和长潭乡。

5月，由陶乐乐负责组建戴村电话管理所，安装了电话设施。

6月5日，萧山县人民政府建立，下设秘书室、财粮科等科室。后在戴村、城北、长河、临浦、河上、坎山、义蓬、城郊和城厢镇建立粮库。

8月13日，复兴乡乡长郑振庭和文书蔡琳夜宿上董时，遭吴小水股匪袭击，惨遭杀害。为纪念烈士，县人民政府将复兴乡更名为振庭乡。

中华人民共和国

1949 年

9 月，一天夜里，区中队叛变，土匪包围了长潭乡公所，民兵施阿吾被连刺数刀，鲍志山房屋后门被烧，后各村民赶到，土匪逃上山去，才未酿成大患。

10 月，成立戴村乡政府。

10 月，县委在长潭乡开展秘密建党工作，并建立党支部。

是年，戴村区在长潭乡建立由代表会议选举产生乡长的乡人民政府的基础上，至年底先后建立了长潭乡、许贤乡、复兴乡、戴村乡、桃源乡、桃北乡人民政府。

1950 年

年初，各村成立农民协会。

2 月，创办戴村联合诊所（萧山中医骨伤科医院前身）。

6 月 21 日，建立戴村区供销合作社，社址戴村，经理郭锦芳。

6 月 23 日，绍兴地委转发《中共中央关于萧山县长潭乡在反封建斗争中损害手工业利益情况的批示》。萧山县委在反对封建剥削的斗争中，将长潭乡的一些土纸业主作为封建地主对待，引起了部分造纸户的不满，联名向中央反映。对此，中共中央给华东局作了批示，指出："萧山县此种破坏手工业行为，严重地破坏了我党恢复和发展生产时期的根本方针。"6 月 24 日，绍兴地委责成萧山县委"作进一步调查了解，作出深刻检讨"。

6 月，剿匪任务基本完成。

7 月，土改运动开始，在凌溪乡试点，10～11 月全面展开，至次年 3 月基本结束。

7 月，成立戴村卫生所，开展保健、防疫、妇幼卫生等工作。

9 月，戴村乡分设为戴村、凌溪两乡。

1951 年

年初，戴村区委在凌溪乡召开"抗美援朝"千人动员大会，会后，"抗美援朝、保家卫国"运动蓬勃展开。

年初，沈村乡和长潭乡合并为长潭乡。

3 月 20 日，中共绍兴地委就戴村区的长潭、云石两乡在土改中出现划分阶级偏差情况，向省委作了汇报。省委批示县委迅速给予纠正。

12 月，戴村区增设白墅乡。

1952 年

春，各村开始成立各种形式的互助组。

5 月，戴村、复兴、长潭等数乡的 11 名中共党员成立党小组。

是年秋，戴村乡石马头村的洪炳堂，办起了现镇区域内第一个初级农业生产合作社。

8 月 6 日，台湾国民党飞机窜扰临浦、戴村等区乡，空投反动传单及大批苍蝇、死老鼠等有毒物品。县卫生院立即派出机动队与当地防疫队一起，赴现场清除、消毒。

9 月 11 日，省人民政府监察委员会就萧山戴村区长潭乡纸工顾××因检举被迫害致重伤事件，经调查核实后，于 10 月 20 日，中共浙江省纪律检查委员会发文，对有关失职党员干部作出严肃处理。此案为当时全省反官僚主义的三大案件之一。

是年，戴村供销合作社形成一定规模，设置 3 大商店，即生产资料商店、生活资料商店、采购商店及 1 个市场合作小组。

1953 年

年初，各手工业者建立了手工业联合社。

1月25日，省委民主建政工作队在长河、戴村等10个乡的试点工作基本结束。

2月，原长潭乡分开为云石乡和长潭乡。

3月，云石、长潭两乡进行第一次选民登记和普选工作，分别召开了第一次人民代表大会，产生了乡长、副乡长，建立了人民委员会。

7月，进行首次人口普查，时间以7月1日零时为标准。

8月，开始建设电话网络。

秋，建立木作社、建筑队、竹器社、缝纫社4个社。

10月，戴村乡、凌溪乡进行第一次普选，并于次年3月成立戴村乡、凌溪乡人民代表大会。

11月16日，开始实行粮食统购统销。

是年下半年，对私营商店进行社会主义改造，丁瑞兴布店、丁荣兴食品店、朱荣泰豆腐店、朱仁泰酱园店等一批商店成为公私合营的商店。

1954年

4月，正式建立戴村乡人民委员会。

5月，成立戴村、云石两个信用社。

6月，成立云石乡党支部和长潭乡党支部。

11月，全县各级学校加强劳动教育，并由省教育厅在戴村等地搞点，动员中、小学毕业生参加农业生产。

是年，成立戴村乡、凌溪乡两个党支部。

是年，石牛山灯塔社率先把几个互助组合并为一个低级社。

是年，在全镇开展严重危害人民身体健康和寄生虫病——血吸虫病的综合性防治工作，建立赤脚医生队伍，开展大范围查螺灭螺综合性防治。

1955年

3月，成立了云石供销站。

6月22日，受台风、暴雨侵袭，洪水猛涨，临浦水位高达10.53米（吴淞标高），戴村永兴河两岸堤塘除皇天畈外全部倒坍，受涝农田7.8万亩。

是年下半年，以后郑村为试点，建立新华高级农业生产合作社，至1956年全面铺开。

1956年

3月，凌溪乡并入戴村乡。

4月，云石乡和长潭乡合并为长潭乡，并成立长潭乡党总支。

6月，进行第二次普选，10月结束。

8月1～2日，十二号台风过境，风力12级，并有海啸，损失严重。

11月，召开戴村乡第一届党员代表大会。

年底，全镇所有工商业均完成社会主义改造。

是年，在中央《农业发展纲要》的指引下，掀起由低级社向高级社转化的高潮，至年底全部完成高级社的组建工作，并且产生了高级社社长。

是年，成立“戴村初级中学”（六中前身）和3所小学，文教事业开始发展。

是年，临楼公路重新恢复成路。

1957年

6月，整风反右运动在全镇展开，开展了“大鸣大放、大字报、大辩论”。

是年，戴村区增设白马乡。

1958年

4月29日，萧山县委召开“学习汪顺仙”广播大会，县委组织部部长宋昆秀讲了话。次日，县委发出“开展学习汪顺仙活动”的通知。

6 月 1 日，在萧山县第三届人民代表大会第一次会议上，汪顺仙被选为萧山人民委员会委员。

夏季，大跃进开始，妇女劳力也必须下田，实行男女平等，同工同酬。同时，开始出现高指标、瞎指挥等浮夸风，搞移苗并丘、放卫星、虚报产量等。

8 月，掀起大办钢铁、大办粮食为主要内容的“大跃进”运动和以“一大二公”为特征的人民公社化运动。并在以后的三个月时间里抽调大批劳动力大办钢铁，至 10 月建起了许多土高炉，不少家庭拆窗铁栅，砸铁饭锅等支援“钢铁元帅升帐”。

9 月，实行“政社合一”“工农商学兵”五位一体，生活上推行伙食供给制，大办食堂，放开肚皮吃饱饭。

10 月 1 日，正式成立长潭联合诊所。

10 月，戴村区 4 个乡的范围建立起戴村人民公社，辖凌溪管理区和长潭管理区，原振庭乡改为振庭管理区，戴村人民公社管辖。永兴乡内建立白墅管理区和马鞍管理区，归浦阳江人民公社管辖。原来的行政村改为生产大队。

是月，掀起了改良农具的突击运动，涌现出象墙头村汪顺仙这样用“双轮双铧犁”耕田的标兵。

是年，成立云石邮电所，建立云石临时广播站。

是年，各行政村基本上建立起党支部。

是年，受大跃进运动影响，掀起兴办企业高潮，几十天时间，办起了“废花厂”“九二〇农药厂”2 家企业。

是年，杭金公路浇制完成，开通了从萧山到戴村公交班车。

是年，各村、单位都装上电话，实现村村通电话。

1959 年

年初，总结大跃进以来的经验教训，开始纠正“左”的行为，生产资料所有制由基本社所有制改为基本队所有制。

年初，人民公社进行编并和更名，今戴村镇属戴村人民公社，辖云石、凌溪、振庭、白墅、马安、许贤 6 个管理区。办公地点戴村。

5 月 1 日，戴村公社 89 名热血青年(其中男 61 人，女 28 人)奔赴宁夏，支援宁夏回族自治区的社会主义建设。

7 月 5 日 15 时 ~ 17 时，遭受雹灾，历时 10 ~ 20 分钟。

8 月，戴村人民公社在七都溪凌桥村口处筑坝拦溪建造小型水力发电站，同年 10 月 1 日发电。后由于水力资源有限，发电量小，于 1962 年下半年停止发电。

是年，云石历史上第一辆内燃客车开到方家塘。

是年，戴村人民公社引入电话线广播，并建立广播站。

1960 年

2 月，自上年始，棉百日用工业品货源不足，戴村出现抢购商品现象，致使库存空虚，为确保人民基本生活消费需要，从本月起，日用工业品和棉纺织品一律凭证限量供应。

3 月，临楼公路延伸，东连萧山、杭州，南接诸暨、金华，全线贯通，始称杭金公路。

4 月 15 日 ~ 27 日，云石公社沈村大队民兵连长沈水田赴北京参加全国第一次民兵代表大会。

是年，由于遭受严重自然灾害等原因，至 1962 年，出现国民经济困难。

1961 年

4 月，调整人民公社规模，撤销管理区，以原来的乡为基础建立公社，生产大队的规模也相应作了调整。

是月，在凌桥村试点的基础上，开始以生产小队为基本核算单位和实物按劳分配加照顾的政策，以及实行“包工、包产、包成本”三包到小队的政策。

7 月，恢复区一级建置，缩小原公社范围，原凌溪管理区改为戴村人民公社，原长潭管理区改为云石人民公社。

10月3日~4日,受二十六号台风影响暴雨成灾,本镇戴村外畈塘倒坍,张家弄、杨家桥、河上桥、下方、溪河等村,许多房屋被淹,农田严重受灾。

是月,开始进行改变农村人民公社基本核算单位的工作,到次年7月,全部实行以生产队为基本核算单位。

深秋,山间包棕子的剑箬突然抽穗,穗形如稻,可磨粉煮熟充饥,剑箬米的出现减少了因饥饿而造成死亡的人数。

1962年

6月,为加强反空投斗争,在云门寺、船山、石牛山组织戴村、云石、永兴桥3个公社的武装民兵进行紧急集合、封村、搜山等演习。

9月6日,受14号台风影响,严重受灾,墙头、凌桥一带冲毁堤塘200余米,冲毁农田80亩。戴村外畈全部受淹,面积达6000余亩,有300余亩因排水困难绝收。全镇10多个大队社员家中进水。

12月17日~18日,中国共产党云石人民公社第一次代表大会在平山会堂召开,48名党代表参加了大会。

1964年

1月28日,整治永兴河。由于受台风和洪水侵袭,永兴河两岸被毁严重,同时大范围的水利纠纷时有发生。为使永兴河两岸减轻洪涝灾害的威胁,县委、县人委研究决定采取退塘分洪,开掘东河、南河,以整治水患。工程得到群众的积极拥护。于是日起每天出动上万劳力投入开掘工程,至次年3月底全面竣工。

2月17日起,连续降雪9天,造成公路交通停止4天~5天,山区大量毛竹被压断。

下半年,省委嘉兴工作组进驻戴村,县委派出工作组进驻云石公社,帮助开展"四清"运动,成立贫农、下中农协会,实行"一切权力归贫协"。

是年,计划生育工作开始逐步纳入议事日程,提倡晚婚晚育,力求生育率控制在2.5%以内。

是年,农户开始逐步安装电灯,但要实行时间段管理制度。水泵、电动机等先进农具也开始应用。

1965年

年初,戴村公社在社会主义教育运动结束的基础上,召开戴村镇第二届党代会,之后不久召开贫下中农代表会议,成立公社贫协委员会。

3月,县委"四清"工作队60余人进驻云石公社16个大队,运动于年底结束。

7月13日至16日,在社教工作队支持下,云石公社召开了"二届党代会""五届二次人代会""第一届贫下中农代表大会""第三届团代会""第二届妇代会"(称之为五个代表大会)。

是年,云石山区开始通电,结束了用煤油照明的时代。

是年,建立云石粮站,站址在沈村井沿弄堂。

是年,开始试办半农半读的云石农业中学。

1966年

7月,临浦"横扫四旧会议"后,各单位组织成立红卫兵炮打司令部,掀起"横扫四旧""红海洋""大串联""大字报"的高潮,逐步发展到揪斗各级领导干部和已定性的"四类分子"等极"左"行动。

8月,各学校普遍成立"红卫兵"组织,接着各村、机关团体也相继成立"红卫兵"组织。

10月,各学校提出"停课闹革命"口号,掀起"大串联"热潮,广大师生奔赴全国各地串联,进行所谓的"新的长征"。

12月,各项各业成立"战斗队""踢开党委闹革命""揪斗走资派",冲击政府机关,各级党组织陷于瘫痪。

是年,建立云石公社广播站。

1967年

2月,在省"联总""红暴"两派以及县"联总""县总指"两派的影响下,戴村也成立了相应的组织,从文斗发展到武斗。

8 月 26 日，省、市造反派和"县总指"武装攻打萧山，动用现代化武器，造成大规模武斗，并攻占了城厢镇，戴村于 8 月 28 日受"县总指"（时称造反派）控制。

1968 年

5 月，县革委会召开"三忠于"活动誓师大会，此后戴村也掀起了"跳忠字舞""唱忠字歌"和"早请示，晚汇报"的热潮。

是月，戴村公社革命委员会成立，各村、单位也相继也成立革委会或革命领导小组，公社、村的党政机构全部由革委会或革命领导小组替代。

7 月 15 日，戴村供销社成立革命领导小组，黄庆林任组长。

9 月，各学校进驻"贫下中农毛泽东思想宣传队"（简称贫宣队），时称为"贫下中农管理学校"。

是年，正式开办云石初级中学。

1969 年

2 月，进行撤区并社，云石公社以及原大桥公社的沙河、板桥、祥里、大桥、紫东、麻园、六房头、强农、娄家园 9 个大队并入戴村公社。原永兴公社白墅片的石盖坞、石马头、河上桥、杨家桥、九峰、后马湖、何童埠、东周、西周、光明 10 个大队划归浦南公社，建民、马鞍、冗里 3 个大队划归义桥公社。

6 月，建立中共戴村公社革命委员会核心小组。

8 月，戴村供销社成立革命委员会，主任沈水忠（公社干部兼）。

9 月 1 日，响天岭水库动工兴建，由增丰、征山、尖山下、金星、勤工、胜利、前进 7 个村出资出力共同建造，至 1976 年 7 月水库工程竣工，共投入劳力 100 多万工，可蓄水 25.5 万立方米。1980 年 1 月建电站，至是年年底，响天岭水库电站竣工发电。

12 月，云石公社 13 个大队参加围垦，共围土地 2550 亩。戴村公社 6 个大队共 1200 多人参加围垦，共围垦土地 1130 亩。

是年，丁村大队首先开始实行农村合作医疗，后全镇逐步推广合作医疗制度，并建立起一支赤脚医生队伍。

1970 年

1 月，县成立夺煤指挥部，开展"夺煤大会战"。本镇也招工到煤矿参加会战。

2 月，开展一打三反运动（打击现行反革命、反对贪污盗窃、投机倒把、铺张浪费运动）。

是年，召开中共戴村公社第四次党代会。

1971 年

2 月，调整公社规模，全县将 27 个公社分设为 54 个公社，并设 6 个区联络组，本镇范围时设戴村、永兴、云石 3 个人民公社。

2 月 10 日，县委抽调机关干部、工人、解放军战士共 202 人组成 9 个毛泽东思想宣传队，由 5 名县委常委带队，进驻戴村、径游、靖江、东方红等 9 个公社的 27 个大队，帮助进行路线教育、整顿领导班子、促进"农业学大寨"运动的开展。

2 月 11 日，全县 29 个公社调整为 54 个公社，并设立戴村、临浦、城南、城北、瓜沥、义蓬 6 个区，建立区革命领导小组。

是年，杭州江干区 100 名知识青年到云石各大队插队落户，至 1978 年陆续返杭。

是年，建立云石公社农技站。

是年，首次开展计划生育工作，县卫生局工作组进驻云石公社，并实施了育龄妇女结扎手术。

1972 年

1 月 21 日，县委决定：临浦、戴村、头蓬、瓜沥、城南、城北等 6 个区建立区委，并任命各区区委书记。

1973 年

2 月 17 日，县委工作组进驻戴村，进行基层思想路线教育试点。

2月，响天岭水电站动力渠道开始施工，时有云石“红旗渠”之称。翌年，竣工通水。

3月，开展党的基本路线教育活动，联系实际深入开展批林整风运动。

1974年

8月19日，遭受13号台风袭击，由于暴雨夹天文大潮，江河水位猛涨，大片农田受淹。

是年，建立云石公社农机站。

是年，云石公社开始集体购置手扶拖拉机，交通运输有了零的突破。

1975年

5月30日，本镇遭受冰雹袭击约20分钟，积雹寸余，农作物遭到大面积的严重损害。

是年，掀起“批邓，反击右倾翻案风”。

是年，为贯彻落实党中央提出的“全党动员、大办农业，为普及大寨县而奋斗”的号召，本镇也掀起农业学大寨的新高潮。

是年，云石沿溪公路修成。

1976年

1月8日，周恩来总理逝世。戴村、云石、永兴三公社干部、群众自发佩戴黑纱白花，举行各种悼念活动。

7月6日，朱德委员长逝世，各公社干部、群众举行悼念活动。

9月9日，毛泽东主席逝世，机关、各单位、各大队进行悼念活动，并于18日下午组织收听北京召开的追悼大会实况。

10月，党中央一举粉碎了祸国殃民的“江青反革命集团”后，戴村人民纷纷敲锣打鼓集会游行及各种庆祝活动，愤怒声讨“江青反革命集团”反革命集团的滔天大罪。

1977年

1月1日~5日，连降大雪，时间长、雪量大、温度低，为萧山历史上雪灾之最。镇域内高压电线、电话线压断多处，经济作物损失严重。

年初，联系各公社实际，掀起揭批“江青反革命集团”的群众运动。

1978年

10月11日，萧山至方家塘长途客车开通运行，从此结束了步行到戴村乘车的历史。

12月，中共中央召开了十一届三中全会。一个贯彻十一届三中全会精神和真理标准大讨论热潮在戴村迅速掀起，以解放思想、实事求是的精神，开始了拨乱反正、正本清源的一系列工作。

是年，戴村收茧站设立。

1979年

1月20日，在云石中学操场举行声势浩大的平反昭雪群众大会，先后分两批为云石公社的沈宗武等6名右派摘帽。

1月，民主选举产生云石公社第三届妇代会和云石公社第七届团代会。

2月，戴村公社党委组织干部群众学习贯彻十一届三中全会精神，逐步把工作重心转移到以经济建设上来。拨乱反正，正本清源，果断地做好调整社会关系的一系列工作，平反了一批冤假错案，落实政策，改正了错划右派，摘掉了“四类分子”帽子，重新给予公民权力。

3月24日，根据中央〔1979〕5号文件精神，经群众评审、公社审查，经县革委会批准，决定对方炳林等54人分别摘掉地富反坏分子帽子，给予农村人民公社社员（工人）待遇。

6月12日，泰国农村卫生考察代表团一行3人，到戴村卫生院考察。

1980年

1月1日起，戴村粮管所进行扩大经营管理自主权的试点，实行以经营责任与经济效益相结合的经营责任制。这是全县3个改革试点单位之一（另两个为萧山县食品公司、党山供销社），试点主要内容有基金提取、利润留成、增收分成、亏损包干等，并相应改进职工奖金分配办法，全年奖金额控制在不超过两个月标准工资。

4 月，县食品公司、戴村粮管所、党山供销社等 3 个单位进行扩大企业自主权的试点工作。

11 月，按照“选举法”规定和县人大常委会的统一部署，在云石公社开展了直接选举县、社两级人民代表工作。

是年，响天岭水电站竣工发电。

1981 年

6 月 27 日至 29 日，召开了云石公社第六届人民代表大会第一次会议，选举产生公社管委会委员 7 名。

6 月，召开了戴村人民公社第七届人民代表大会。

上半年，云石公社外片沈村、南坞等大队，贯彻中央〔1979〕4 号文件精神，开始了对大田承包责任制的落实工作，将原生产队体制分割为 2 个至 3 个小小队（即组），包产到组，承包经营。

7 月，建立戴村人民公社管理委员会。

12 月，县府派工作组到云石公社搞山林踏界定权发证试点工作，解决了长期以来大队与大队、大队与周边公社之间，与富阳县毗邻社队之间长期存在的山界纠葛问题，为以后山林责任制做好了基础性工作。

是年，开始开展党内“争当先进共产党员，争创先进党支部”活动。

1982 年

2 月 17 日，县委组织 13 个工作队共 232 人，进驻临浦区浦南等 6 个公社，戴村区戴村等 7 个公社，下乡帮助社队健全完善生产责任制。

4 月 16 日，县委、县府召开支援戴村、临浦两区在浦阳江南边的 13 个公社全面发展农村经济会议。

7 月，进行第三次人口普查。以 7 月 1 日零时为标准时间，3 个公社人口分别为：戴村公社 15038 人、云石公社 12351 人、永兴公社 10098 人。

下半年，云石公社深入贯彻落实中央〔1980〕75 号和〔1981〕13 号文件精神，展开山林生产责任制的完善工作，全社 16 个村的毛竹山、茶树山全部承包到户，签订承包合同，15 年不变，稳定了人心。

是年，戴村公社按“二不变，三兼顾”的原则，在石盖、溪河等 9 个村作试点的基础上，“大包干”逐步推行，开始有小段包工、定额计酬，包干到户、包干到组、包干到劳力，既包干到组又包干到户等 5 种形式，后逐渐发展为家庭联产承包责任制。

是年，粮食丰收，亩产高的已达到 750 多公斤，还涌现出了一批粮食重点户。同时，还积极发展多种经营，涌现出一批种养殖专业户。

1983 年

3 月中旬，县委、县府组织第一期财贸工作队进驻戴村供销社，进行改革试点工作。

5 月 29 日 ~30 日，连日暴雨，本镇农田受灾严重。

8 月，在县委工作组指导下，进行完善山林责任制工作，并颁发山林所有权证。

9 月，建造戴村自来水厂，至次年 6 月完工，解决了集镇的喝水问题。

是年，县府拨款，为云石公社修建电视差转（播）台。

是年，永兴公社被评为杭州市计划生育先进集体。

是年，上董晋代越窑址公布为萧山县重点文物保护单位。

1984 年

是年年初，召开戴村乡第五次党代会。

1 月，云石发生历史上罕见的雪灾，积雪达 30 公分之厚，不少房屋压塌，竹木压断不计其数，成片竹林夷为平地，损失惨重，国家给予了一定救助。

4 月底，召开戴村乡第八届人民代表大会，提出了以经济建设为中心的工作方针。

5 月 8 日，云石乡第七届人民代表大会第一次会议召开，选举产生乡长、副乡长和经济联合社主任。

5 月，改变人民公社“政社合一”体制，实行政社分设，撤销人民公社，建立乡一级行政建制，并实行财政到乡,税收分成政策,乡建立财政办公室,撤销各大队管委会,建立村民委员会。

10月1日,投资54万元,内设1138个座位的戴村影剧院落成,并举行落成典礼。

是年,建立爱国卫生运动委员会。

是年,枫树村一学生一举考入中国著名高等学校——清华大学。

1985年

1月1日,县委、县政府在总结云石乡试点的基础上,开始在戴村、临浦两个区的22个乡镇,对农民实行"独女户"照顾生育两胎的政策。

4月30日,经省民政厅批准,戴村乡改为戴村建制镇。

6月30日,县邮电局3000门纵横制自动电话开通使用,戴村邮电所开始使用5位数制电话号码。

7月,云石乡党委、政府发出〔1985〕10号文件,作出建造云石中学教学大楼的决定。

8月,开展整党活动,提出十条整改措施,促使社会风气好转。

10月1日,在云石乡进行建立乡级财政试点,实行县、乡"分灶吃饭"的财政管理体制。

是年,戴村镇总体规划评审通过。

是年,戴村卫生院增挂"戴村骨伤科医院"牌子,增加投入,改善医疗条件和设施,成为戴村片的中心医院。

1986年

元宵节,受戴村区公所和萧山市政府的邀请,云石马灯盛会去戴村集镇和城厢镇作表演,受到群众的热烈欢迎和高度赞扬。

3月1日,在北京召开的全国计划生育先进集体、先进个人表彰大会上,云石乡被授予"全国计划生育先进集体"称号。

8月18日~23日,云石乡党委组织开展乡村二级整党工作。

10月至12月,戴村供销社换届,改革供销社理事会、监事会管理体制,在供销社召开社员代表大会,选举产生社务委员会。

是年,居民身份证发放工作开始。

1987年

1月14日,下午13时许,楼塔、河上、云石三乡镇交界处的山林起火,大火燃烧了13个小时,烧毁山林1000多亩,造成重大损失。

2月28日,中共云石乡第四次代表大会召开,民主选举产生新党委领导班子;选举出席县第八次党代会代表2名。

2月,戴村镇第六次党代会召开,选举产生新一届党委领导班子。

3月底,召开戴村镇第九届人民代表大会。

4月14日~15日,召开云石乡第八届人民代表大会第一次会议,选举产生新一届政府领导班子。

5月28日,杭州市民政局批准云石乡佛山村(上堡村)、沈村为革命老根据地村。

12月20日,石马头村东03省道始至富阳的永富公路竣工通车,戴村段长2.5公里。

1988年

10月,尖山下村与日本佳友化学株式会社合作的杭州江南电热蚊香厂建成投产。

年底,开展治理整顿经济秩序的活动。

是年,建立了戴村镇党校。

是年,萧山无线电材料厂生产的缘纶丝包线第一个走向国际市场。

是年,建成了简易人民大道,次年浇制了柏油面,使新集镇初具规模。

1989年

2月21日,永兴乡杭州江南纺织厂厂长郁金虎,犯有贪污、受贿罪,市检察院决定立案侦查,于3月22

日逮捕。同年9月28日，杭州市中级人民法院一审判决郁金虎死刑，剥夺政治权利终身。

4月，杭州市民政局批准云石乡南坞、明堂、石牛山、响石桥、枫树、勤工、平山、增丰8个村为革命老根据地村。

5月，云石乡投资20万元，新建云石卫生院门诊楼。

8月24日，省民政厅批准云石乡为革命老根据地乡。

9月16日~17日，本镇普降大雨，有时暴雨和特大暴雨，致使山洪暴发、山体滑坡、江塘塌陷，大片农田受淹，林木受损，部分房屋倒塌，水利设施损坏严重。

11月3日，召开云石乡第八届人代会第四次会议，接受原乡长辞职并补选新乡长。

12月18日，戴村镇丁村、下方村，经杭州市民政局批准为革命老根据地村。

是年，尖山下村建立地面卫生接收站前端，周围12村首先开始享受清晰明亮的有线电视。

是年，戴村初中基本建成，改善了教学环境。

1990年

1月10日，召开中共云石乡第五次代表大会，66名正式代表出席大会。大会选举产生了新一届党委班子；选举出席市第九次党代会代表。

2月，召开中共戴村镇第七次代表大会。

3月11日至12日，召开云石乡九届人大一次会议，56名代表出席大会。

6月，建立乡村二级老龄工作机构。

7月，进行第四次人口普查。以7月1日零时为标准时间，戴村镇为4543户，15751人；云石乡为3535户，11570人；永兴乡为2839户，10136人。

8月25日，召开云石乡第九次妇代会。

1991年

1月1日，云石公路浇注柏油马路全线竣工，正式举行剪彩通车仪式。从此结束了云石公路"晴天一身灰，雨天一身泥"的局面。

3月，召开戴村镇第十届人民代表大会。

6月，建立了中共戴村镇纪律检查委员会。

8月20日，萧山市首座新型独柱悬臂梁板斜桥——云石桥动工建造。

8月，尖山下村成为萧山市第一个广播电视共缆传输村。

12月30日，云石乡政府发文决定投资3.5万元，在方家塘建造里片农贸市场，解决了里片农民买菜难的问题。

是年，戴村集镇第一幢商品房建成并出售，标志着集镇建设正式启动。

是年，永兴乡全面实行九年制义务教育。

是年，云石"三清茶"获国家旅游局、浙江省人民政府、91中国国际茶文化节组委会颁发的"名茶新秀"一等奖之荣誉。

是年，戴村镇被评为"杭州市级村镇建设先进单位"。

1992年

3月12日，由云石乡浪潮实业公司资助冠名的"浪潮杯"全国古典式摔跤锦标赛在萧山体育馆举行，共有35支代表队的372名运动员参加角逐。比赛于17日结束。

5月，全市开展撤区扩镇并乡工作，永兴乡并入戴村镇，云石乡维持原行政区划。

9月22日~23日，19号台风影响本镇，灾情较重。

10月，根据市委要求，对机关部门人员实行定岗定员、人员分流。

是年，建成云石乡敬老院，使一些孤寡老人有了归宿之处。

是年，云石中心小学在全市率先推行普通话。

是年,“三清茶”在首届全国农业博览会上与西湖龙井并列为铜质奖,并被省人民政府授予“一类名茶”,获农业部名优茶品质鉴定认可书。

1993 年

2 月 15 日,召开中共云石乡第六次代表大会,选举产生新的乡党委领导班子。

2 月 26 日,召开云石乡第十届人民代表大会第一次会议。

2 月,召开中共戴村镇第八次代表大会,选举产生新一届镇党委班子。

8 月,洪雅英编撰的《尖山下村志》,由团结出版社出版发行。这是戴村历史上第一本村志。

9 月 1 日,萧山首期万门程控电话开通,戴村电话号码由 5 位数升至 6 位数。

12 月 11 日,萧山市人大、政府、政协领导一行到云石乡狮山村,为狮山村集体搬迁下山事项,就相关问题进行商讨。

是年,云石建造邮电大楼,同年 12 月由半自动电话更换为 1000 门程控电话,改变了山区的通讯条件。

是年,云石乡政法办公室被评为杭州市综合治理先进单位。

是年,云石乡被评为杭州市基础教育先进乡。

1994 年

1 月,萧山与杭州电话联网,戴村电话号码由 6 位升至 7 位。

2 月,戴村镇获杭州市计划生育先进集体。

3 月,召开了云石乡第十届人民代表大会第二次会议。

10 月 26 日,在市乡二级人大代表和乡、村二级干部群众的共同努力下,狮山旧村第一批 18 户农户成功搬迁到南坞茶场新居。

是年,萧山第二化工塑料厂成功拍卖了原萧山树脂厂,开创了全市乡镇企业兼并国营企业先河。

是年,戴村镇成立了城建开发公司。

是年,戴村镇在凌溪路西新建农贸市场。

是年,云石乡被评为杭州市基础教育先进乡。

1995 年

1 月 12 日,萧山市委书记、市长一行到云石乡,调研狮山村搬迁进度情况。

3 月,召开云石乡第十届人民代表大会第三次会议。

5 月,国家语委主任许嘉璐(时任全国人大常委会副委员长)到云石乡视察。

是年,成立戴村镇环卫所和城管中队,使集镇管理有了常设机构。

是年,云石乡连续三年被评为杭州市基础教育先进乡。

是年,集镇内长 500 米、宽 19 米的人民大道主干线与老街贯通,占地 1536 平方米的小商品市场建成并投入使用。

是年,省卫生厅正式命名“戴村骨伤科医院”为“萧山中医骨伤科医院”。

1996 年

1 月,召开中共戴村镇第九次代表大会。同月,召开中共云石乡第七次代表大会。

2 月 28 日,召开云石乡第十一届人民代表大会第一次会议。

4 月 4 日,由云石乡浪潮实业公司资助冠名的“浪潮杯”第十一届亚洲摔跤锦标赛在萧山体育馆举行,有 20 多个国家和地区参加比赛。

是年,戴村全镇 98 家企业全部进行机制转换。

是年,建立全镇第一家中外合资企业——萧山联发电化有限公司。

是年,云石农民文化宫建成。

是年,云石乡被命名为杭州市东海文化明珠和浙江省群众文化先进集体、浙江省体育先进乡。

是年,在原戴方公路基础上加固拓宽,并浇成沥青路面。云石至许贤乡柏油公路开通。云石段 3.165 公里,投资80万元。

是年,政府号召殡葬改革,实行火葬,定点建造公墓。

1997年

7月,连日暴雨,使永兴河水位高涨,超过警戒水位线1米以上。戴村境内5公里江塘堤岸全线吃紧,10多处堤塘、江塘发生渗漏、滑坡。全镇干部群众奋战在抗洪救灾第一线。

9月,投资1100万元的萧山中医骨伤科医院,落成并搬迁,使医院的医疗环境和设施有了明显的改善。

9月,戴村镇中心幼儿园建立。

是年,完成戴村全镇土地利用总体规划编制。

是年,投资800万元建造戴村镇中学,实现了戴村、永兴两初中合并。

是年,云石乡再次被命名为杭州市东海文化明珠和浙江省群众文化先进集体、浙江省体育先进乡。戴村镇同时获浙江省体育先进乡镇。

是年,闻戴公路竣工。该线戴村段长2.5公里。

1998年

5月,云石乡省级生态旅游区总体规划通过省级评审。

10月,云石乡有线电视网和市网合并成功。

11月30日,云石乡人民政府向萧山市政府提交《关于要求创建云石乡为我市生态示范区的请示》,并根据云石实际,提出具体方案,制订了《浙江省云石生态示范区建设规划》。

年末,戴村镇33个建置村和1个居民区的5000多农户(住户)安装了有线电视,使山区、半山区的70%以上村民能收看到全市联网的有线电视。

是年,投资1200万元,集加油、汽配、餐饮、百货于一体的杭州球冠实业公司、天伞加油广场建成并投入使用。

是年,戴村镇获浙江省教育强镇及体育强镇称号。

是年,投资6.5万元,建造下东风畈公路桥1座,桥长23米,宽3.4米。

1999年

1月5日,中共云石乡第八次代表大会召开;21日,云石乡第十二届人代会第一次会议召开。

同月,中共戴村镇第十次党代会召开。

2月1日,萧山市人民政府批复,同意云石乡要求创建生态示范区的请示,同时,萧山市政府决定成立萧山市云石生态示范区建设领导小组。

2月9日,云石乡被命名为省体育先进乡镇。

4月7日,副市长许岳荣在云石乡政府会议室主持召开云石生态示范区建设领导小组第一次工作会议。

9月30日,结合国庆五十周年庆典,举行工人路开通暨商贸区启动仪式。

是年,进行第二轮家庭联产承包责任制的延包发证工作。

是年,全镇开展"洁美家园"活动,全年投入资金100余万元,建造垃圾箱100余只,公共厕所32座,组建了由125人组成的村级保洁员。

是年,云石乡投资95万元,完成狮山公路水泥路面浇注和云石桥段拓宽工程。投资35万元,建筑面积700平方米的教工宿舍建成使用。投资25万元的乡农贸市场迁建工程完工。

是年,云石乡创建为省级生态乡并被命名授牌。同时又获"省级体育乡""杭州市村民自治模范乡镇""杭州市级土地管理三无乡镇"。

2000年

1月,中共戴村镇党员代表大会、中共云石乡党员代表大会和云石乡十二届人大二次会议相继召开。

4月,破例提前召开云石乡十二届人大三次会议,主要议题是接受原乡长辞职和补选新乡长。

5月,云石乡"石牛山森林公园"被浙江省林业厅批准为省级森林公园。

11 月,进行第五次人口普查。以 11 月 1 日零时为标准时间,戴村全镇为 7246 户,24016 人;云石全乡为 3491 户,9731 人。

12 月 31 日,举行较大规模的“迎接新世纪,建设新戴村”系列活动。

是年,市级文物保护单位钟阿马烈士墓迁建。

是年,戴村镇第三产业增加值达到 7500 万元,扩建了镇自来水厂,扩大自来水覆盖率达 80% 以上。

是年,戴村镇先后吸引各类投资项目 11 个,用地 609 亩,总投资额 3 亿元,为戴村镇经济的跨越式发展奠定了基础。

是年,戴村镇被评为萧山市经济发展优胜乡镇。

是年,戴村镇投资 200 万元,浇制了世纪路及配套工程,启动了世纪路两边的商住楼。

是年,萧山第六高级中学和萧山登峰集团合作投资 8000 万元,正式迁建学校至戴村新区,规模为 48 个班。

是年,为纪念郑振庭烈士,区财政局发动全体干部职工捐款 3.5 万元,将郑振庭烈士墓扩建并修葺一新。戴村镇把烈士墓定为革命传统和爱国主义教育基地。

2001 年

5 月 18 日零时始,戴村电话号码与全区一起由 7 位数升至 8 位数。

7 月 28 日,省政府批准,萧山区行政区划调整为 22 个镇、4 个街道。云石乡并入戴村镇。新建立的戴村镇,全镇人口 3.86 万人,面积 62.8 平方公里,辖 51 个村,1 个居委会。

8 月 28 日,“萧山南片供水工程开工典礼”在戴村举行,区委、区人大、区政府、区政协四套班子领导参加仪式。该工程设计总供水规模为每日 30 万立方米。翌年 12 月 31 日完成一期工程,规模为每日 10 万立方米。

10 月 1 日,戴村镇举行“国庆篮球邀请赛”,沈村、南坞、萧山六中教工、马鞍、明堂等 6 个村和单位参加。

11 月 1 日,戴村镇工业园区被区政府命名为“萧山经济技术开发区南部配套园区”。1 日上午在园区举行揭牌仪式,镇党委、人大、政府领导,区经济技术开发区领导金志桥等及各村、单位负责人参加。

12 月 20 日,萧山区委宣传部、区文化局组织举办的区首届小戏、曲艺汇演在红山农场文娱中心举行,戴村镇文化站选送的《唱唱新戴村》获创作二等奖、表演三等奖。

12 月 27 日,戴村镇商会第二届会员大会在镇四楼会堂召开。

12 月 31 日,戴村镇第十二次妇代会召开,瞿霞萍代表上届妇代会作工作报告。

12 月,投资 5000 万元的萧山华东轻钢建材有限公司彩色涂层钢板项目试车成功。时为浙江省最大的彩色涂层钢板生产基地。

2002 年

1 月 10 日~11 日,中共戴村镇第十一次代表大会召开,陈兴康代表第十届党委作工作报告,汤叶英作纪委工作报告。

1 月 16 日,戴村镇第十四届人民代表大会第一次会议召开,吴国祥作政府工作报告,沈国兴作人大主席团工作报告,韩建庆作财政预决算报告。

3 月 6 日,戴村镇纪念“三八”妇女节暨表彰大会在镇四楼会堂召开,全镇 200 余名妇女参加大会。

4 月 4 日,戴村镇党委、政府召开创建区级卫生镇动员大会,各系统干部 400 余人参加。

4 月 26 日,戴村镇计划生育协会第五次会员代表大会召开,130 余名代表参加。

4 月 29 日,戴村镇村级组织换届选举工作动员大会在镇四楼会堂召开,各村三委干部和企事业单位党支部书记参加。

5 月,区中医骨伤科医院正式增挂区第六人民医院牌子。

7 月 24 日,戴村镇党委、政府在萧山六中报告厅举办村级新任三委干部培训班。

7 月 26 日,省委常委、杭州市委书记王国平、萧山区委书记王建满等市区领导视察戴村镇人武工作,镇党委书记陈兴康等陪同。

12 月 4 日，召开选举工作动员大会。

12 月 4 日，戴村镇召开机关扶贫济困献爱心捐款活动，镇班子成员每人捐款 500 元及以上，一般干部每人捐款 300 元及以上。

12 月 13 日，戴村镇举行慈善募捐仪式，全镇机关、各村、企事业单位共计捐款 447625 元。

12 月 23 日，召开中共戴村镇党员代表大会。

12 月 27 日，戴村镇创建区级卫生镇验收通过。

是年，外资企业杭州美利景服饰有限公司到戴村落户，戴村外资引进实现了零的突破。

是年，公交 6 路车延伸至戴村。

是年，三清茶被评为省优质农产品银质奖和杭州市农产品金质奖，成为杭州市十大名牌绿茶。

是年，区中医骨伤科医院为该院创始人李汝安先生树像立传。

2003 年

2 月，戴村镇被区政府命名为区级文明镇。

3 月 25 日～26 日，戴村镇第十四届人代会第二次会议召开。

4 月 8 日，召开十四届人代会第三次会议，会议接受陈兴康辞去戴村镇人大主席团主席职务。

4 月 10 日，共青团戴村镇第十六次代表大会召开，华小平担任新一届团委书记。

6 月开始，中央电视台举行全国《欢乐之家》观众最喜爱的节目展评。9 月 14 日晚，中央电视台公布全国 16 万名观众的评选结果，任吾校（墙头自然村出生）家庭以 95.66 分获得歌舞组第一名。

8 月，在 2003 年高考中，萧山中学的戴村籍学生方丹以文科总分浙江省第二名、杭州市第一名的成绩被北京大学录取。

9 月 17 日，戴村镇残疾人联合会第五次代表大会召开。

9 月 23 日，戴村镇首届全民运动会暨文化艺术节在萧山第六高级中学举行，来自全镇各行政村、企事业等 80 个单位组成的 75 支代表队共 2100 名运动员、教练员、裁判员和武警部队、萧山六中选送的各种礼仪队参加开幕式；900 名中小学生、省军区文工团、六中特色班作了广场文化艺术表演。萧山区委、区人大、区政府、区政协领导及区有关部门领导到会祝贺。

12 月 18 日，通过杭州市级卫生镇验收。

是年，镇属企业杭州富时特化工有限公司被列入国家级高新技术企业。

是年，被杭州市政府命名为 2002 年度“社会治安综合治理先进镇”。

2004 年

2 月 18 日～19 日，召开戴村镇第十四届人民代表大会第四次会议，大会接受吴国祥辞去镇长职务，补选陈仲华为戴村镇镇长。

4 月，杭州市政协主席虞荣仁在副区长蒋金梁陪同下，视察增丰村。

10 月 25 日，由镇文化站选送的自创节目“都是网吧惹的祸”参加区法制宣传文艺汇演，获得创作二等奖，表演三等奖；男生独唱“月亮代表我的心”获演唱三等奖；集体获组织奖。

11 月 28 日，市、区环保局在萧山宾馆召开《戴村镇生态建设规划论证会》，并顺利通过省市有关专家评审，副区长朱党其发表讲话。省、市环保局、区人大常委会等领导参加论证会。这是全区首个通过评审的镇级生态规划。

12 月 1 日，戴村镇创建“浙江省东海文化明珠工程”，通过省文化厅、省创建验收领导小组的验收。翌年 1 月 7 日，浙江省文化厅授予戴村镇“浙江省东海文化明珠”称号。

12 月 9 日，镇政府号召开展无偿献血活动，机关和各村、企事业单位共 139 人参加本次献血活动。

12 月 29 日，戴村镇老年活动中心开业典礼暨文艺演出（萧山文化馆组合演出）在戴村影剧院举行，镇党委副书记汤叶英致辞。

12月29日,投资300万元改建敬老院工程竣工,全镇52位孤寡老人搬入新居,集中供养。

12月,对集镇64亩商贸用地进行招标拍卖,每亩价格为68.68万元。

是年,浙江华东钢业集团工业产值突破10亿元大关,成为戴村历史上第一个超10亿的集团企业。

是年,投资370万元的6条道路基本建成。投资70万元、日产5000吨的污水处理站竣工并投入使用。

2005年

1月27日,区委副书记王珠英带领区四套班子部分领导看望、慰问增丰村104岁老人鲍茶英,镇党委、政府领导陪同慰问。

1月30日,戴村镇第十四届人民代表大会第五次会议召开。

2月28日,省直机关文体协会"禧玛诺杯"自行车山地赛在尖山下村—狮山度假山庄举行。

5月9日,省委宣传部"钱江浪花艺术团"下乡到后郑村操场演出。

5月22日,区委、区政府批准村规模调整方案,由原来51个村调整为22个,平均人口从原756人调整为1680人,村平均区域面积从原1.23平方千米扩大到2.86平方千米。5月27日,镇党委、人大、政府对村规模调整后新成立的15个村举行授牌、授印仪式,并宣布了新村领导班子成员名单。

8月24日,杭州市环保局副局长刘国才,带领杭州市县市区环保局长和省市有关专家一行20余人,对本镇创建市级生态镇工作进行初验,刘国才对本镇创建工作给予充分肯定。

9月1日,杭州市萧山区爱卫会领导到本镇初验创省级卫生镇工作情况。

11月22日,中国少年先锋队戴村镇第二次代表大会召开。

11月28日,杭州市"戴村杯"能源生态建设知识竞赛在萧山六中举行,省、市、区有关领导莅临指导。西湖区、萧山区、余杭区及富阳、桐庐、临安、建德、淳安等市县区代表队参加本次知识竞赛。余杭代表队获一等奖,萧山代表队获二等奖。

12月1日,顺利通过市爱卫办考核组对戴村镇创省级卫生镇的考核验收。

12月20日,杭州华诚机械有限公司被杭州市科学技术局认定为第六批杭州市高新技术企业。

12月25日,萧山生态区建设领导小组办公室命名戴村镇区级生态村11个:东风村、方溪村(增丰)、尖山下村、永富村、三头村、南三村、戴村村、半山村、沈村村、青山村、河杨湖村。

12月28日,举行戴村镇创建省级生态镇工作检查汇报会,省、市、区环保局领导验收创建工作情况并察看了垃圾填埋场。

是年,浙江省首个教育后勤农业供应基地到镇落户。

是年,率先在全区进行区矫正工作交接仪式,24位矫正对象由派出所管理转为社区、派出所、司法所共同管理。

是年,全区首个镇级生态垃圾填埋场正式投入使用。

2006年

1月7日,"立三新,作奉献"萧山区先进性教育文艺巡回演出在戴村云石文化宫作专场演出。

1月11日,戴村镇"献爱心,送温暖"捐款捐物大型"春风行动"在戴村影剧院举行。

2月13日,闹元宵,区文广新局组织13辆彩车巡游戴村镇,镇文化站组织广大群众观看。

2月16日,戴村镇第十四届人民代表大会第六次会议召开。

3月8日,镇人民政府举行"农业生产与环境保护、社会治安综合治理、信访工作、计划生育等各线的目标管理责任书"签订仪式。

4月18日,三头村基层工会联合会成立暨首届会员代表大会召开。

4月20日,浙江生态省建设领导小组办公室授予戴村镇2005年度"省级生态乡镇"称号。

6月27日,镇文化站组织沈华一家参加杭州市"欢乐农家"复赛,荣获第三名。

6月,杭州富时特化工有限公司被科学技术部火炬高技术产业开发中心认定为国家火炬计划重点高新技术企业。

7 月 7 日，中国共产主义青年团戴村镇第十七次代表大会召开，大会选举产生新一届团委委员。

9 月 8 日，戴村镇山林延包工作动员大会召开。

9 月 26 日 ~27 日，中共戴村镇第十二次代表大会召开，选举产生新一届党委、纪委班子。

10 月 11 日，戴村镇篮球队参加区 15 届全运会“华欣杯”篮球赛，获第三名。

10 月 12 日，戴村镇新型农村合作医疗工作会议召开，镇长陈仲华与各村村主任签订责任书。

11 月 1 日，全区海拔最高村骆家舍开通公交车。

11 月 3 日，杭州市委常委、萧山区委书记王金财调研“华瑞. 锦鸿苑”房产、蓝达、卫士等公司和三头等村。

11 月 7 日，杭州市委副书记余辉达一行在区委副书记王珠瑛、镇主要领导陪同下调研镇“综治中心”。

12 月 5 日，中国共产党戴村镇代表大会召开，选举出席区党代会代表。

是年，全区首个镇级污水处理厂在该镇投入使用，日处理污水能力达 3000 吨。

是年，黄海标高 25 米以下的 9 个自然村的改水工程全面完成。

2007 年

1 月 8 日，“区老龄会书画协会戴村分会”成立。

1 月 11 日，国家环境保护总局命名戴村镇为全国环境优美乡镇。系全区首个全国环境优美镇。

1 月 18 日 ~19 日，戴村镇第十五届人民代表大会第一次会议召开，大会选举产生新的人大、政府班子，汤卫当选新一届镇长。

2 月 25 日，萧山区区长郑荣胜率区四套班子领导抵达华东钢业集团有限公司，授予该公司“工业销售首次超十亿”的匾。

3 月 7 日，戴村镇企业职工“三八”妇女节拔河友谊赛在派出所操场举行，11 支代表队参赛，蓝达公司队获第一名。

3 月 8 日，区委书记洪航勇、副区长蒋金梁抵镇调研，党委书记陈仲华向区领导汇报工作。

3 月 23 日，戴村镇第十三次妇女代表大会召开，莫成行作工作报告，大会选举产生新一届妇代会班子。

4 月 13 日，戴村镇计划生育协会第六次会员代表大会召开。

5 月 15 日，村级资产融合工作动员大会在镇四楼会堂召开。

5 月 17 日，镇党委、政府决定编纂《戴村镇志》，并成立《戴村镇志》编纂委员会及镇志编纂办公室，开始编纂工作。

8 月 13 日，杭州云石生态休闲旅游度假区被列入区旅游“1010”工程重点项目之一。

8 月，杭州云石生态旅游度假区被列入区级“1010”工程。

11 月，投资 88.5 万元的永富线、戴尖线一期完工。

12 月 8 日，成立杭州云石生态休闲旅游开发指挥部和领导小组，为下步深度推进生态旅游开发奠定基础。

12 月 20 日，杭州伟峰电子有限公司被萧山区科学技术局认定为 2007 年萧山区高新技术企业。

12 月 28 日，“华东钢构”被认定为中国驰名商标称号，成为戴村镇第一个国家级品牌。同时全镇各企业 2007 年新申报专利项目 75 只，创下戴村镇企业单年度专利申报之最。

12 月，顺利通过省级平安农机镇的复验及全国平安农机镇的验收。

12 月，上董、郁家山下、佛山、八都、河杨湖等 5 个村成功创建为区级农村整治村。

是年，全镇 15 个分级核算村率先在全区完成集体资产融合工作，实现了财力的集中利用。

是年，“千企结百村，共建新农村”活动稳步实施，全镇 30 家重点骨干企业与 15 个村结对共建，签约资金达 194 万元，到位资金 156 万元，村级经济直接受益。

是年，全镇 22 个行政村全部完成广播网络升级改造（其中最早为三头村于 2006 年 10 月完成，最后为永富村，完成时间是 2007 年 10 月）。

是年,方溪村成功创建为市级生态村。青山村、尖山下村、南三村成功创建为区级生态村。戴村镇成人学校被列为杭州市唯一的联合国教科文组织社区教育项目实验点。

是年,全镇实现工企业总产值73.43亿元,实现利润2.75亿元,分别比上年增长33%和21.7%;财政总收入8222.06万元,农民人均收入达9597元。

2008年

1月1日起,在全镇范围内实行骨灰跟踪管理:投资近420万元建成容量达8000穴的生态公墓2片,一期建成5200穴;迁坟平坟顺利完成,治理"三沿五区"范围内坟墓1553穴。

1月7日,全国人大常委会原副委员会长、中国红十字会会长彭珮云到戴村视察。

1月,戴村镇小被评为"全国红十字模范学校",系杭州市唯一的学校。

2月,上董村成功创建为区级生态村。

2月,区人民政府授予戴村镇为2007年度萧山区农村连锁经营发展工作先进集体。

4月3日,《戴村镇旅游发展总体规划》通过评审,成为全镇旅游开发的总纲。仙女湖、山泉湾两个区块详细规划也顺利通过评审。

5月10日,位于南三村的面积为1026亩的杭州市级粮食生产功能区,获区级粮食生产先进镇荣誉称号。

5月12日,顺利通过省科普示范镇复验。

5月26日,省长吕祖善到华东钢业集团生产厂区考察慰问,对该企业积极参与救灾工作给予高度肯定。

6月,全镇上下积极参加抗震救灾,共募集140多万元抗震救灾款和价值40万元的物资及时送往灾区;华东钢业集团承担9000套过渡安置房生产任务,为灾区重建贡献力量。

7月起,推行集镇环卫市场化操作,实行农村垃圾集中运输机制。

8月,戴村镇中小企业担保服务公司成立,吸纳19家企业入股,注册资金880万元。

9月,旅游景点"响天竹风"顺利入围萧山十景,提升了戴村旅游的知名度和美誉度。

12月,镇档案室顺利通过省一级档案室验收。

12月,南三村新创建为区级新农村建设竞赛优胜村,三头村成功创建为省级文明村;三头、石马头、上董、东风等村成功创建为杭州市级文明村,枫桥、郁家山下、河杨湖、永富等村创建为区级文明村,郁家山下村创建为区级文化村。

12月,顾家溪手工造纸术成功申报为杭州市物质文化遗产,茶亭伤科被列入区第二批非物质文化遗产名录。

12月,三头村成功创建为省级文明村,三头村、石马头村、上董村、东风村创建为杭州市级文明村;枫桥村、郁家山下村、河杨湖村、永富村创建为区级文明村;郁家山下村同时创建为区级文明村。

是年,戴村镇积极探索与实践村级集体资产股份制改革,12月,骆家舍村成为戴村首个股份制村。

是年,投入3750万元,完成方家塘至云石桥全长4.36千米的七都溪整治。

是年,中球冠集团实现销售额52亿元,列全国民营企业第389位,12月20日,获2008年中国民营石油企业十大最具影响力企业称号。董事长任文达被评为中国民营石油行业十大杰出人物之一。

是年,全镇卫生服务机构覆盖率达到100%,顺利通过卫生强镇验收,全镇22个行政村实现区级卫生村全覆盖,其中方溪、沈村、上董、尖山下、郁家山下、顾家溪、八都、青山等8个村创建为杭州市级卫生村。骆家舍村创建为区级农村整治村。

是年,投入138万元创建信息化示范镇,全镇范围内实行免费通话,使群众普得实惠。

是年,农村居民参加养老保险达2422人,完成区政府下达指标的545.5%,位列全区第一。出资600多万元对全镇退休教师兑现货币化住房补贴。

是年,全镇平稳有序地完成了22个行政村的换届选举工作。

是年,戴村镇被萧山区委、区政府评为2008年度萧山区党史地方志工作先进集体。

卷一　镇　域

第一章　建　置

第一节　建置沿革

县以下行政区划,唐时始有记载,称乡、里。宋熙宁时改乡、里为都、保,元丰时废都、保而复乡、里。元时改乡、里为都、图。明清沿袭元制,清末改设区、乡。民国期间一度推行村里制和试办自治会,后即改为区、乡、镇,下设保、甲。

中华人民共和国成立后,废除保、甲制,改为区、乡(镇)、村。1958 年建立人民公社,实行政社合一,县以下设区、镇、公社、管理区、生产大队、生产队。1984 年恢复乡、镇、村建制。

宋元明清时期

戴村镇地域乡、里名称,今见于记载的始于宋代。宋太平兴国三年(978)萧山有 15 乡、110 里(有名称记载的只有 94 里)。

今戴村镇地分属许贤乡、新义乡、孝悌乡。

许贤乡邻里五:开善里、三基里、谢山里、马阁里、簉村里。

新义乡邻里五:前壕里、莫浦里、峡山里、冗村里、何由里。

孝悌乡邻里五:白墅里、香桥里、郑村里、兔沙里、盛村里。

元至元十六年(1279)改乡、里为都图。全县为 24 都、157 图。

改许贤乡为六都(辖图 4)、七都(辖图 7)

改孝悌乡为八都(辖图 5)、九都(辖图 4)

改新义乡为十五都(辖图 5)、十六都(辖图 3)

其中七都、八都和十五都部分图属于今戴村镇地域,据民国《萧山县志稿》具体如下:

七都三图:上堡、石牛山、夏家溪、丁村、盛家溪、洪村、坦庄坞、沈村。

七都四图、五图:上董、大瀑水、里石溪、外石溪、尖山下、骆家舍、杨家溪、上门庄、下门庄、袁家庄、顾家溪、方家庄。

八都一图:石马头、溪下庄、戴村、陆家庄、畈里余、永兴桥、后郑、孙寓。

八都二图:后马湖、张家庄、前陶庄、上河庄。

八都五图:何由庄、西周、东周、戴家山、下方庄、中潭庄、盛家庄、麦园、前方、马谷村。

十五都一图:石盖。

十五都二图:山坎头、谭圩里。

十五都三图:黄洞岭、郁家山、庙山头。

十五都四图:冗里、冗村、东坞庄、姚家山。

明至清末,仍沿元制,但图有所调整;明嘉靖元年(1522)为 120 图,清顺治三年(1646)为 140 图,康熙十一年(1672)复为 120 图,雍正七年(1729),总督李卫革里长、柱头各名目,将原差役法一百二十里改编顺庄一百二戴村镇地有七都三图沈村庄,附七都四图坂里庄。八都一图戴村庄,二图张家弄庄,三图附八都四图上河庄,五图洪家庄,十五都四图马鞍庄。

光绪三十四年(1908)、宣统元年(1909),曾先后公布《城乡、镇地方自治章程》《府厅、州、县自治章程》,

规定县以下设乡。今戴村镇地域有浦南乡、开明乡、沈村乡。

民国时期

民国初沿袭清制。民国 17 年(1928),公布县组织法,推行村里制,县以下设区及村里,百户以上乡村为一村,不满百户者,联合数村为一联合村;以百户以上市镇为一里。今戴村镇地域为第四区,辖骆家村、中潭、下沈王、沈盛、郭村、五里、尖山、上洪、永宁、凌溪、洪溪、云溪、浦一、浦二、浦六、浦九、浦十、浦三共 18 个联合村。

民国 19 年(1930)将村里改编为乡镇。乡镇以下为闾邻。

民国 19 年(1930)今戴村镇地域分乡情况表

表 1－1－1

乡　名	驻　地	乡　名	驻　地
马　鞍	马鞍小学	石　硖	石硖小学
永　宁	平山小学	合　治	孙陆庙
五　里	五里小学	云　潭	云潭小学
骆　尖	姜氏宗祠	凌　溪	任大庆纸行
沈　盛	沈村小学	石　马	石马小学
上　洪	上洪小学	沈　汪	沈村小学
戴村镇	戴村中山堂		

民国 23 年(1934)推行保甲制,乡镇以下为保甲。民国 28 年(1939)设立联保,数保联合办公,设联保主任一名。

民国 28 年(1939)沈村乡联保情况表

表 1－1－2

联　保	办公地点	保别(个)	甲数(个)	户数(户)
		1	7	74
1—4	塘　坞	2	10	96
		3	11	133
		4	9	97
		5	11	139
		6	9	90
5—10	沈　村	7	10	105
		8	9	91
		9	9	100
		10	13	129
10—13	沈　村	11	13	128
		12	12	112
		13	9	88

续表 1－1－2

联　　保	办公地点	保别(个)	甲数(个)	户数(户)
14—17 23—24	顾家溪	14	10	110
		15	9	93
		16	11	123
		17	11	137
		23	12	112
		24	13	132
18—22	尖山下	18	6	56
		19	9	90
		20	10	104
		21	10	110
		22	9	103

民国28年(1939)戴村乡联保情况表

表 1－1－3

联　　保	办公地点	保别(个)	甲数(个)	户数(户)
1—3	何童埠	1	10	102
		2	7	73
		3	11	144
4—7	张家弄	4	14	144
		5	10	106
		6	10	101
		7	9	96
8—12	戴　村	8	9	110
		9	12	120
		10	11	135
		11	11	149
		12	7	70

续表 1-1-3

联　保	办公地点	保别(个)	甲数(个)	户数(户)
13—18	墙　头	13	9	110
		14	12	153
		15	11	114
		16	11	109
		17	10	107
		18	8	95
19—23	中　潭	19	9	134
		20	8	87
		21	10	120
		22	8	83
		23	8	83

民国28年(1939)浦南乡联保情况表

表 1-1-4

联　保	办公地点	保别(个)	甲数(个)	户数(户)
1—5	石　盖	1	9	94
		2	9	107
		3	8	113
		4	10	110
		5	12	142
6—10	石马头	6	1	123
		7	11	127
		8	10	137
		9	10	123
		10	10	120
11—15	徐童山下	11	10	118
		12	9	102
		13	10	103
		14	8	77
		15	10	154

民国30年(1941)实行新县制,调整乡镇编制,萧山将原有44乡镇改划为52乡镇,时在抗战时期,全县52乡镇中,被日军侵占19个乡镇,半沦陷6个乡镇,受日军控制12个乡镇,民国政府可以行使职权的仅15个乡镇。今戴村镇地域有长潭乡、沈村乡、戴村乡、开明乡、浦南乡,属半沦陷乡镇(当时县政府驻地在河上凤坞,日军则占据石马头前山)。

民国36年(1947)进行乡镇编并,全县划为36个乡镇。民国37年专设河上区,此次编并直至解放。

民国36年(1947)戴村乡属保与现村名对照表

表1－1－5

保　别	保属自然村	现村名	备　　注
1－2	东　周 西　周	东风村	石盖坞原属复兴乡8保
3	何童埠		
4—5	石马头 石盖坞	石马头村	
6	后　郑	戴村村	
7—8	戴　村		
9	溪　河 下　方 戴家山头	南三村	
10	河上桥 杨家桥	河杨湖村	
11－12	后马湖 张家弄	张家弄村	
13	凌桥头	三头村	
14	大湖头		
15	墙　头		
16	李家坞	半山村	
17	丁　村 后　宅 夏家溪 东厢头 后　溪 杨树下		
18	盛　家 前　方	八都村	
19	麦　园		
20	中　潭		
21	马　谷	马谷村	

民国36年(1947)复兴乡属保与现村名对照表

表1－1－6

保别	保属自然村	现村名	备注
4	小东坞 大东坞 姚家山下 山坎头 谭圩里	永富村	
6	里黄洞岭 盛家 上蔡 新宅 独山头 冗里		
5	郁家山下 河由里 庙山头 外黄洞岭	郁家山下村	
7	大石盖	大石盖村	
8	孙家 陆家		
9	畈里 上董	上董村	

民国36年(1947)长潭乡属保与现村名对照表

表1－1－7

保别	保属自然村	现村名	备注
1	上保 洪村	佛山村	大瀑水原属8保
2	沈村 汪家山下	沈村村	
3	明堂 南坞 (大瀑水)	青山村	

续表 1－1－7

<table>
<tr><th>保 别</th><th>保属自然村</th><th>现村名</th><th>备 注</th></tr>
<tr><td rowspan="2">4</td><td rowspan="2">石牛山
坦庄坞</td><td></td><td rowspan="8"></td></tr>
<tr><td rowspan="2">枫桥村</td></tr>
<tr><td rowspan="3">5</td><td rowspan="3">响石桥
袁家山下
顾家溪
下门桥
方家塘</td></tr>
<tr><td>顾家溪村</td></tr>
<tr><td rowspan="2">方溪村</td></tr>
<tr><td>8</td><td>里石板溪
外石板溪
杨家溪</td></tr>
<tr><td>6</td><td>尖山下
上门桥</td><td>尖山下村</td></tr>
<tr><td>7</td><td>骆家舍</td><td>骆家舍村</td></tr>
</table>

中华人民共和国成立后

1949 年 5 月，建立人民政权。今戴村镇地域分属长潭乡、戴村乡、复兴乡。

1950 年 10 月，戴村镇地域乡、村情况如下：

长潭乡：袁家山下、顾家溪、方家塘、外石板溪、里石板溪、尖山下、骆家舍、大瀑水。

云石乡：响石桥、石牛山、坦庄坞、明堂、沈村、南坞、上堡。

凌溪乡：李家坞、丁村、后宅、东厢头、后溪、杨树下、墙头、大湖头、凌桥头、前方、盛家、麦园、中潭、马谷。

戴村乡：戴家山、下方、溪下、戴村、后郑、石马头、河上桥、杨家桥、张家弄、后马湖、何童埠、东周、西周。

振庭乡：上董、石盖、畈里、陆家、孙家、石盖坞。

马鞍乡：冗里、新宅、上蔡、盛家、独山头、里黄洞、小东坞、大东坞、姚家山下、山坎头、谭家头、郁家山下、何由里、庙山头、

1951 年，戴村区增设白墅乡。原属戴村乡的石马头、河上桥、杨家桥、张家弄、后马湖、何童埠、东周、西周划出，归属白墅乡。

1956 年 2 月，云石乡并入长潭乡；凌溪乡、白墅乡并入戴村乡；马鞍乡并入振庭乡。乡辖村如下：

长潭乡：袁家山下、顾家溪、方家塘、外石板溪、里石板溪、尖山下、骆家舍、大瀑水、响石桥、石牛山、坦庄坞、明堂、沈村、上堡、南坞。

戴村乡：李家坞、丁村、后宅、东厢头、后溪、杨树下、墙头、大湖头、凌桥头、前方、盛家、麦园、中潭、马谷、戴家山、下方、溪下、戴村、后郑、石马头、河上桥、杨家桥、张家弄、后马湖、何童埠、东周、西周。

振庭乡：上董、石盖、畈里、陆家、孙家、石盖坞、冗里、新宅、上蔡、盛家、独山头、里黄洞、小东坞、大东坞、姚家山下、山坎头、潭家头、郁家山下、外黄洞、庙山头、河由里。

1957 年戴村区增设白马乡。从戴村乡划出 8 个村，从振庭乡划出 16 个村组建白马乡。辖村如下：

石马头、河上桥、杨家桥、张家弄、后马湖、何童埠、东周、西周、（以上 8 个村从戴村乡划出）石盖坞、冗

里、新宅、上蔡、盛家、独山头、里黄洞、小东坞、大东坞、姚家山下、山坎头、潭家头、郁家山下、外黄洞、庙山头、河由里(以上16个村从振庭乡划出)。

1958年全县实现人民公社化,实行政、社合一。今戴村镇地域的戴村乡、长潭乡归并为戴村人民公社;原白马乡、振庭乡与今属浦阳镇的原桃北乡,今属临浦镇的原浦南乡和今属义桥镇的原许贤乡归并为浦阳江人民公社。

1959年年初,戴村公社和浦阳江公社的白马、振庭、许贤片合并为戴村人民公社,辖长潭、凌溪、振庭、许贤、白墅、马鞍六个管理区。今戴村镇地管理区情况如下:

长潭管理区:狮山大队(大瀑水)、船山大队(骆家舍)、尖山大队(尖山下)、顶山大队(里石板溪)、跃进大队(征丰、征山、平山)、

东山大队(勤工、枫树、响石桥)、云石大队(石牛山、坦庄坞、明堂、南坞、沈村、上堡、洪村)。

凌溪管理区:一中队(马谷、中潭、麦园、前方、盛家)、二中队(丁村、后宅)、三中队(凌山、李家坞)、四中队(墙头、大湖头、凌桥头)、五中队(戴村、后郑)、六中队(溪河、下方、戴家山)。

振庭管理区:振庭大队:(孙家、陆家、石盖、畈里、上董)。

白墅管理区:石马头大队(石马头、石盖坞、河上桥)、九峰大队(张家弄、杨家桥、后马湖)、东风大队(何童埠、东周、西周)、光明大队(郁家山下)。

马鞍管理区:马鞍大队(一中队、二中队、三中队)

1961年7月恢复区建制,缩小公社行政区域,并撤销管理区。今戴村镇地域为:云石、戴村、永兴桥人民公社。下辖生产大队。

1961年7月云石公社下辖生产大队、生产队情况

表1-1-8　　单位:个

大　　队	生产队数	自　然　村
响石桥	4	响石桥、盛家溪、坦庄坞、沙田头
佛　山	10	上　堡、洪　村
南　坞	4	
沈　村	9	沈　村、汪家山下
明　堂	6	
石牛山	大队核算	
枫　树	大队核算	袁家山下、叶潘桥
勤　工	大队核算	顾家溪
平　山	2	上　顾
增　丰	3	方家塘、下门桥
征　山	3	外石板溪、杨家溪
顶　山	5	里石板溪
狮　山	5	大瀑水
尖山下	8	尖山下、上门、洪团桥、长爿田
光　明	4	下骆家舍
船　山	4	上骆家舍

1961年7月戴村公社下辖生产大队、生产队情况

表1-1-9 单位:个

大队	生产队数	山林队	自然村
凌桥	7	1	
戴村	6		
溪下	4	1	
下方	4	1	
凌山	4	1	杨树下、东厢头、后溪
李家坞	3	1	
丁村	6	1	丁村、夏家溪
后宅	3	1	
前方	2	1	
盛家	2	1	盛家、安山庙
麦园	5	1	麦园、山下金、瓦窑头、大山坪、庄里
中潭	6	1	
马谷	4	1	
大湖头	9	1	大湖头、镇龙庵
墙头	5	1	墙头、梓树下、茶亭
戴家山	4	1	戴家山、兔沙何
后郑	6		后郑、窑头
陆家	2		
孙家	3		
畈里	2		
石盖	8	2	
上董	12	1	

1961年7月永兴公社下辖生产大队、生产队情况

表1－1－10　　单位:个

大　队	生产队数	自　然　村
石马头	9	石马头、永兴桥头
石盖坞	3	
河上桥	4	河上桥、前陶
杨家桥	5	
九　峰	18	张家弄、杨家、安山
后马湖	4	后马湖、塘郎徐
何童埠	7	
西　周	3	
东　周	3	
光　明	12	郁家山下、庙山头、黄洞岭、河由里、花女庙
建　民	9	小东坞、大东坞、姚家山下、山坎头、谭家头
马　鞍	8	新宅、上蔡、盛家、黄洞岭、独山头
冗　里	5	冗里、新庵

1969年2月实行撤区并社,戴村公社、云石公社、大桥公社南片9个大队合并为戴村人民公社。永兴公社10个大队划归浦南公社,3个大队划归义桥公社。戴村人民公社辖47个大队如下:

沙河、板桥、祥里、大桥、紫东、麻园、强农、六房头、娄家园、戴家山、下方、溪下、戴村、后郑、孙家、陆家、石盖、畈里、上董、李家坞、后宅、丁村、凌山、墙头、大湖头、凌桥、前方、盛家、麦园、中潭、马谷、狮山、船山、骆村、尖山下、顶山、征山、增丰、平山、勤工、枫树、响石桥、石牛山、明堂、南坞、沈村、佛山。

划归义桥的有3个大队:冗里、马鞍、建民。

划归浦南公社的有10个大队:石盖坞、石马头、河上桥、杨家桥、九峰、后马湖、何童埠、东周、西周、光明。

1971年2月,调整公社规模,自1969年2月从大桥公社划入戴村公社的9个大队划归大桥公社,从原永兴公社划给浦南公社的10个大队和划给义桥公社的3个大队,组建永兴人民公社。今戴村镇地域至此恢复到1961年7月以后的建制范围。即戴村人民公社辖22个生产大队169个生产队;云石人民公社辖16个生产大队89个生产队;永兴人民公社辖13个生产大队102个生产队。

1984年5月,改变"政社合一"的体制,设立乡政权;乡以下为村,建立乡政府、村民委员会。今戴村镇地域分乡、村情况如下:

云石乡:狮山村、船山村、骆村、尖山下村、顶山村、征山村、增丰村、平山村、勤工村、枫树村、响石桥村、石牛山村、明堂村、南坞村、沈村村、佛山村。

戴村乡:后宅村、李家坞村、丁村村、凌山村、墙头村、前方村、盛家村、麦园村、中潭村、马谷村、大湖头村、凌桥村、戴家山村、下方村、溪河村、戴村村、后郑村、陆家村、孙家村、石盖村、畈里村、上董村。

永兴乡:石盖坞村、石马头村、河上桥村、杨家桥村、张家弄村、后马湖村、何童埠村、东周村、西周村、郁家山下村、积堰山村、马鞍村、冗里村。

1985 年 5 月,经省民政厅批准,戴村乡改为建制镇,乡人民政府改为镇人民政府,政府驻地和管辖范围不变。

1992 年 5 月 17 日,萧山市委、市政府发出《关于撤销区建制和调整镇乡行政区划的通知》,将永兴乡划入戴村镇。新戴村镇辖 35 个村,驻地戴村。辖村如下:

后宅村、李家坞村、丁村村、凌山村、墙头村、前方村、盛家村、麦园村、中潭村、马谷村、大湖头村、凌桥村、戴家山村、下方村、戴村村、后郑村、溪河村、陆家村、孙家村、石盖村、畈里村、上董村、石盖坞村、石马头村、河上桥村、杨家桥村、张家弄村、后马湖村、何童埠村、东周村、西周村、郁家山下村、积堰山村、马鞍村、冗里村。

2001 年 7 月 30 日,根据萧山区委、区政府决定,将云石乡划入戴村镇,至此今戴村镇辖区形成,面积 62.8平方公里,镇政府驻地戴村,辖 51 个村,距离区政府驻地 15 公里,东与临浦镇接壤;北与义桥镇毗邻;西与富阳市渔山乡、大源镇以中岭、鸡心岭、响天岭山界为界;南与河上镇祥里、沙河村为邻。

51 个村如下:

狮山村、船山村、骆村、尖山下村、顶山村、征山村、增丰村、平山村、勤工村、枫树村、响石桥村、石牛山村、明堂村、南坞村、沈村村、佛山村、后宅村、李家坞村、丁村村、凌山村、墙头村、前方村、盛家村、麦园村、中潭村、马谷村、大湖头村、凌桥村、戴家山村、下方村、溪河村、戴村村、后郑村、陆家村、孙家村、石盖村、畈里村、上董村、石盖坞村、石马头村、河上桥村、杨家桥村、张家弄村、后马湖村、何童埠村、东周村、西周村、郁家山下村、积堰山村、马鞍村、冗里村。

2005 年 5 月 22 日,经区委、区政府批准,调整行政村规模,将 51 个村调整为 22 个村、1 个居民区,284 个村民小组,计 11294 户、37806 人。

2005 年 5 月行政村规模调整情况

表 1-1-11

现村名	调整前村名	自然村名	办公地点
骆家舍	船山、骆村	骆家舍上、下舍	上舍
尖山下	尖山下	尖山下、上门、洪团桥、长爿田	尖山下
方　溪	顶山、征山、增丰	里石板溪、外石板溪、杨家溪、方家塘、下门桥	方家塘
顾家溪	勤工、平山	上、下顾家溪	原东平小学
枫　桥	枫树、响石桥	响石桥、盛家溪、坦庄坞、沙田头、袁家山下、叶潘桥	响石桥
青　山	石牛山、明堂、狮山、南坞	石牛山、明堂、南坞、大瀑水	明堂
沈　村	沈村	沈村、汪家山下	沈村
佛　山	佛山	上堡、洪村	上堡
半　山	李家坞、后宅、丁村、凌山	杨树下、东厢头、后溪、李家坞、丁村、夏家溪、后宅	杨树下
马　谷	马谷	马谷	马谷
八　都	前方、盛家、麦园、中潭	前方、盛家、安山庙、麦园、山下金、大山坪、瓦窑头、庄里、中潭	麦园

续表 1－1－11

现村名	调整前村名	自然村名	办公地点
三　头	墙头、大湖头、凌桥	大湖头、镇龙庵、墙头、茶亭、梓树下、凌桥	大湖头
南　三	溪下、下方、戴家山	溪下、下方、戴家山、兔沙河、陶家	溪河
戴　村	戴村、后郑	戴村、后郑、窑头	戴村
石　盖	石盖、畈里、陆家、孙家	石盖、畈里、陆家、孙家	石盖
上　董	上董	上董	上董
石马头	石马头、石盖坞	石马头、永兴桥头、石盖坞	石马头
河杨湖	河上桥、杨家桥、后马湖	河上桥、前陶、杨家桥、后马湖、塘郎徐	前陶
东　风	东周、西周、何童埠	东周、西周、何童埠	东周
张家弄	张家弄	张家弄、杨家、安山	张家弄
郁家山下	郁家山下	郁家山下、庙山头、外黄洞、河由里、花女庙	郁家山下
永　富	积堰山 马鞍 冗里	小东坞、大东坞、姚家山下、山坎头、谭家头、里黄洞、独山头、盛家、上蔡、新宅、冗里、新庵	盛家

第二节　境　域

宋太平兴国三年(978),今戴村镇境域分属许贤乡、新义乡、孝悌乡。

元至元十六年(1279)改乡、里为都图。许贤乡为六都、七都;孝悌乡为八都、九都;新义乡为十五都、十六都。据民国《萧山县志稿》记载,今戴村镇域所辖:七都三图、四图、五图;八都一图、二图、五图;十五都一图、二图、三图、四图。

清光绪三十四年(1908),县以下设乡。今戴村镇境域有浦南乡、开明乡、沈村乡。

民国17年(1928),县以下设区及村里。今戴村镇境域为第四区。辖18个联合村。民国19年,将村、里改为乡镇,今戴村镇境域辖马鞍、永宁、五里、骆兴、沈盛、上洪、戴村镇、石硖、合治、云潭、凌溪、石马、沈汪等13个乡镇。民国28年为保甲制,设联保。今戴村镇境域为沈村乡24个联保,戴村乡23个联保,浦南乡15个联保。民国30年调整乡镇编制,今戴村镇境域有长潭乡、沈村乡、戴村乡、开明乡、浦南乡。民国36年,乡镇编并。民国37年设立河上区,今戴村镇境域为戴村乡21个保,复兴乡6个保,长潭乡8个保。

1949年5月建立人民政权,今戴村镇境域分属长潭乡、戴村乡、复兴乡。1950年10月有长潭乡、云石乡、凌溪乡、振庭乡、马鞍乡。1951年,今镇域范围内增设白墅乡。1956年2月,云石乡并入长潭乡;凌溪乡、白墅乡并入戴村乡;马鞍乡并入振庭乡。1957年,从戴村乡划出8个村,从振庭乡划出16个村,新组建了白马乡。

1958年,实现人民公社化,今戴村镇境域的原戴村乡、长潭乡合并建立戴村人民公社,原白马乡、振庭乡并入浦阳江人民公社。

1959年,人民公社境域范围重新调整,戴村公社和浦阳江公社的白马片、振庭片、许贤片合并为戴村人民公社,人民公社以下建立6个管理区,分别为长潭管理区,辖7个大队;凌溪管理区,辖6个中队;振庭管理区,辖2个大队;白墅管理区辖4个大队;马鞍管理区,辖3个中队。

1961年,恢复区建制,人民公社行政区域缩小,撤销管理区。今戴村镇境域为云石人民公社、戴村人民公社、永兴桥人民公社。云石人民公社辖16个生产大队,其四至:东与戴村人民公社接壤,南与河上人民公社,北与朱村桥人民公社、许贤人民公社交界,西与富阳县的渔山、大源两人民公社的山界相连;戴村人民公社辖22个生产大队,四至为:东北面紧靠永兴河,与永兴人民公社隔河相望,南与大桥人民公社、西与云石人民公社、北与朱村桥人民公社交界;永兴桥人民公社辖13个生产大队,四至为:东南与浦南人民公社交界,东北角濒临浦阳江,西南紧靠永兴河,与戴村人民公社隔河相望,北与朱村桥公社相连。

1969年2月,撤区并社,原戴村人民公社、云石人民公社以及原大桥人民公社南片9个大队合并为戴村人民公社,辖47个大队。原永兴桥人民公社的冗里、马鞍、建民3个大队(即今戴村镇的永富村)划归义桥人民公社,其余10个大队划归浦南人民公社。

1971年2月,再次调整人民公社规模,戴村镇境域仍恢复到1961年7月以后的建制范围。

1984年5月,设立乡政权,乡以下辖行政村。今戴村镇境域为云石、戴村、永兴3个乡。云石乡下辖16个行政村,27个自然村、1个林场,共2973户、12300人,面积28平方公里;戴村乡下辖22个行政村、35个自然村、1个自然镇,有3501户、15000人,面积20.5平方公里。永兴乡辖13个行政村、31个自然村,有农户2459户、10184人,面积10.62平方公里。

1992年5月17日,萧山市委、市政府发出了《关于撤销区建制和调整镇乡行政区划的通知》,永兴乡与戴村镇合并为新的戴村镇,辖35个行政村、66个自然村。此时戴村镇四至为:东与临浦镇交界;东北角濒临浦阳江;南与河上镇接壤,西与云石乡相连,北与许贤乡毗邻。此范围一直延续到2001年6月。

2001年7月30日,乡镇区域再次调整,云石乡并入戴村镇,形成今戴村镇境域。全镇辖51个行政村、93个自然村,总面积62.8平方公里。东与临浦镇接壤;南与河上镇的祥里、沙河村为邻;西与富阳市的渔山乡、大源镇的山为界;北与义桥镇毗邻。

第三节　集镇变迁

戴村集镇形成已有500多年历史,是萧山南片的主要集镇之一。此地原为松树坟头(金姓)、仙坛里(谭姓)、董高园(董姓)、高墩头(高姓)四个小村。至明代,戴姓家族迁此繁衍成村,前四姓逐渐衰落,后来戴氏家族把四村并为一村,遂名戴村并自然形成街市。清雍正年间为戴村庄,民国《萧山县志稿》浦南乡有该村事记载。

戴村集镇东靠永兴河,原来只有狭长老街一条,全长约400米,从上街西池头起到下街五王庙止,宽2.5米到5米不等,均系石板路街道,后改为水泥路。现存老街仍保持清末民初格局,临街二层楼房,下店上宅,前楼板壁大多挑出0.5米左右,既增加楼上住宅面积,又使楼下店铺有"廊"之感觉。1940年农历9月26日,日本侵略军进入戴村集镇,杀人抢东西一直从上街到下街,然后放火烧店面房,从下街烧到上街,店铺和民房被烧掉200余间,包括下街三进当铺屋,戴村老街遭到严重破坏,损失惨重。日军撤退后,店主们抹干眼泪,清理被烧毁的房子,临时搭起草舍重新开业。当年,戴村街几乎成了草舍街,后来再逐渐从草舍改为平房、二层楼房。

旧时,因戴村陆路、水路交通便捷,尤其是永兴桥水运码头可直达诸暨、富阳、桐庐、杭州等地,因此,戴村街市比较兴旺,到民国时期,戴村集市发展到全盛时期,从西池头到下街,店铺林立,市场十分兴旺。当时,商店的行业齐全,有米店、南货店、杂货店、布店、饭店、药店、茶店等20多个行业门类,再加上沿街小摊遍地都是。早上赶集时,整条老街人流滚滚,挤得水泄不通。

中华人民共和国建国初期,戴村集镇发展缓慢,基本保持原有的老集镇格局。1950年,成立了戴村义务卫生站(戴村卫生院前身)。同年6月21日,在私营工商业和手工业的社会主义改造的基础上,建立了戴村供销社。1953年,建立了手工业联社,同年秋建立木作社、建筑社、竹器社、缝纫社等4个社。1954年,建立了戴村农村信用社,1956年办起了戴村初级中学(萧山第六中学前身)等。1957年3月,临浦至楼塔(临楼公路)完工,7月1日行驶客车,1962年下半年,萧金公路全线通车。交通事业的发展为集镇的发展奠定了基础。在完成生产资料所有制的社会主义改造到"文化大革命"前的十年,戴村集镇的商业和手工业,以供销社为主体,相继发展了水果、副食品、国药、建筑社等集体性质的工业企业。

1983年,集镇建设开始起步,制订规划,设立领导机构,并提出改造旧街镇、建设新集镇目标。是年,动工建造戴村影剧院,于1984年建成并于10月1日举行落成典礼。1985年5月,戴村镇批准为建制镇。是年,在凌溪路以东,石河池西面建成1500平方米的农贸市场,解决了老街集市拥挤不堪的现象。实现戴村的商业商铺、农贸集市开始从老街逐渐向凌溪路转移。是年,戴村镇总体规划评审通过。1987年,戴村镇编制了第一部《集镇总体规划》,规划确定了集镇性质为戴村镇的政治、经济、文化中心,规划近期至2000年,集镇人口规模0.6万人,用地规模4.6平方公里;远期至2010年,集镇人口规模为0.8万人,用地规模87公顷。规划出台后,戴村集镇建设的步伐开始加快,一方面实施旧镇改造,另一方面,把集镇重心规划向西北拓展。

1988年,建立了简易人民大道(后改称人民路),1989年,简易人民大道开始浇制柏油路面。从此,戴村由老集镇向新集镇发展迈出了第一步。

1991年,戴村集镇第一幢商品房建成并出售。自此起,人民路两边的商住楼逐渐建成并投入使用。

1992年,乡镇实施撤并,永兴乡与戴村镇合并,为适应新形势发展的需要,新一届党委、政府把加快集镇建设工作列入议事日程,并制订了新的规划,建设步子明显加快。

1993年,杭金公路即03省道改道新建,原杭金公路戴村段(溪河—石马头)改称为凌溪路。是年,人民路全线完工,该路东起凌溪路口,西接03省道,总宽19米,全长515米。两路的建成,为拓展戴村城镇建设扩大了建设空间。

1994年,在凌溪路西的商业区内,由萧山市工商行政管理局开发新建农贸综合市场,面积达3800平方米,设摊位138个,店面房42间。是年,戴村镇成立了城建开发公司。

1995年,新建农贸市场启用后,将老农贸市场改建成"戴村小商品市场"并投入使用,总面积1536平方米。至此,全镇共有大小商业零售单位490家,从业人员619人。是年,将人民路与原老街贯通,使集镇初步形成工业区、生活区、商业区、文化区。在此基础上,戴村集镇借助于优越的地理环境,以加油、餐饮业为主的第三产业迅猛发展。同时镇政府为了规范集镇管理,成立了"戴村镇环卫所"和"戴村镇城管中队"。

1997年3月11日,在戴村镇十二届二次人代会上,明确提出要加快集镇建设步伐,启动和开发杭金线商贸区和民营经济区。是年投资1100万元的新的萧山中医骨伤医院在戴村镇中心落成并搬迁使用,医院占地面积22437平方米,建筑面积10788平方米。该医院的落成为提高戴村集镇的知名度起到较大的作用。是年,戴村镇中在集镇新区易地新建并交付使用,并实现了戴村镇中和永兴初中两中合一。是年闻戴公路竣工,该线过戴村集镇段长2.5公里。9月,戴村镇中心幼儿园建立。

1999年,建造工人路(后改世纪路,现称锦绣路),该路东起凌溪路,西接03省道,宽32米,全长641米,于当年完工并投入使用。是年1月20日,戴村镇十三届一次人代会召开,大会提出要按照"改造旧街镇、建设新集镇"的思路,全面加快以新区为重点的集镇建设,9月30日,结合国庆50周年庆典,举行工人路开通暨商贸区启动仪式。

2000年,投资200万元,浇制了世纪路路面(现称锦绣路)完成了该路的配套工程,启动了世纪路两边的商住楼。是年,南起人民路,北接世纪路的新甸路建成,该路长320米,宽13米,主路面9米。同时还浇铺了集镇停车场,至年末,戴村集镇的主要道路,东西向的有老集镇的南塘路、老街路,新集镇的人民路、世纪路。南北向的有凌溪路、新甸路和03省道戴村集镇段,构成集镇道路网。集镇内道路总长6000米,排水管道长4000米,公共建筑2.23万平方米,住宅建筑18.73万平方米,装有路灯180盏,集镇建成区面积0.72平方公里,新兴的现代化集镇基本形成。由此开始,戴村的集镇建设始终围绕"创南部经济强镇,建生态旅游名镇"

这个中心目标进行。是年，调整了集镇总体规划，区域面积由原来的1.72平方公里，扩大到3.77平方公里，新区和工业小区建设全面启动。至年末，先后吸引各类投资项目11个，用地609亩，总投资额3亿元。

2001年2月22日，戴村镇十三届三次人代会召开，大会提出要完成五件有关集镇建设的实事：一是积极启动1962亩工业园区建设，当年建成面积380亩；二是完成世纪路（现锦绣路）三期工程及商住楼的开发建设任务，加大中心区块的形成；三是完成凌溪路、世纪路、人民路的亮灯工程，提高集镇品位；四是连接人民路、世纪路，开通新甸路，加快新老区块的联动开发；五是征集和建造镇碑。是年，为适应经济发展，集镇建成区规划重新调整，由3.77平方公里扩大至5.09平方公里。11月1日，在集镇新区举行占地2.14平方公里的萧山经济技术开发区南部配套园区揭牌仪式。至年末，共有20多个项目落户园区。是年，在集镇周边的主要道路及03省道戴村段安装了路灯，亮化了戴村，美化了集镇。

2002年，萧山公交K6路车延伸到戴村集镇，设立K6路公交车站，占地1.2亩。同时，区重点工程——南片供水工程于年底在集镇新区顺利竣工通水。集镇新区的六中大道（东起闻戴公路，西接环镇西路）和环镇西路北段（南起六中大道，此至自来水厂）建成并交付使用。

2003年，加快集镇新区的道路建设。校前大道（南起镇中路，北接六中大道）、华诚南路（东起闻戴公路，西接环镇西路）、恒达北路（东起闻戴公路、西接环镇西路）、腾飞路（东起闻戴公路、西接环镇西路）等4条道路建成并交付使用。

2004年3月18日，在中油广场南角绿化带中心建成一座城雕，该城雕基座直径为12米、柱基为4米、铜柱直径为1.5米、柱高21米的“双龙戏珠”青铜浮雕柱。城雕象征戴村文明古镇向上升腾、张扬的力量，表达一种锐意进取、势不可挡的昂杨斗志，上下齐心、工农贸并进，共促戴村发展。是年，对集镇64亩商贸用地进行招标拍卖。并完善集镇工业区块“六路一站”的基础设施建设，投资370万元的6条道路基本建成；投资70万元，日产5000吨的污水处理工程竣工。12月，03省道亮灯工程全部完工。在集镇西区建成生态公厕1座，共投入资金23万元，占地1.7亩。同时又在集镇内建造公厕58座，并落实专人维护。

2005年，64亩商业房地产开发项目“华瑞锦鸿苑”开盘销售。是年，集镇内邮电路（东起凌溪路，西接戴兴路）、锦绣路东伸段（西起凌溪路，东至永兴塘）完工并交付使用，此两路的建成，使戴村集镇道路更加完善。是年，加强对城郊结合部和以农贸市场为主的集镇环境整治。总投资近100万元，新建垃圾中转站，新设果壳箱，实现集镇街道一日多扫，全天候保洁。增加了集镇周边的绿化，使建成区绿地总面积达78.64万平方米，改善了集镇环境。

2006年8月，位于新农贸市场北大门外的戴兴路南段（南起新农贸市场，北接锦绣路）建成并投入使用。该路长202米，宽29米，面积5858平方米。5月，引入镇外资金，在原农贸市场西侧建成占地8.72亩，建筑面积9030平方的二层新型农贸市场，上层为大型超市，下层为农副产品的主要集散场地。新农贸市场的建成使用，提高了戴村集镇商贸区的品位。是年，戴村镇加强了城管队伍建设，落实市场化管理机制，有效提升了集镇管理水平。

是年9月，戴村镇人民政府综合楼迁建工程正式开始填土施工。该项目经批准，择地工业园区后郑畈，占地10亩，总建筑面积7998平方米。综合楼主体工程四层，局部五层，总审核投资2400万元。项目于2007年4月27日主体结顶，2008年1月1日搬迁办公。

2007年，扎实推进“最清洁城乡”的创建活动，做到集中整治与日常保洁相结合，卫生设施进一步完善，集镇卫生面貌明显改善。还按照专业规划和功能分区，局部调整集镇规划和村庄布点规划，为集镇下一步规模扩张奠定了良好的软环境。是年，集镇工业功能区块累计投入基础设施建设资金1800万元，实现了水、电、路、讯四配套。

2008年，集镇环境改善继续加大力度，整修城郊结合部，投资42万元对戴尖线路口溪河三角区块实施了绿化。投资50万元实施了集镇污水管网整修。投资16.1万元对集镇70盏路灯进行移装。经公开招标，于是年7月起开始推行集镇环卫市场化操作，实行农村垃圾集中运输机制，有效提升了集镇面貌。并开始筹建戴村镇社区卫生服务中心大楼，完成地质勘察、土地变更、施工设计等前期工作。

第二章　行政村(社区)简介

骆家舍村

骆家舍村地处戴村镇西南部。东北角与尖山下村接壤,南侧与河上镇以山为界,西北两侧与富阳市隔山相连。整个村庄坐落在山间狭长的低谷处,前后总长1500余米,四周群山环抱,环境优美,为典型的山区村落。相传唐朝骆宾王为避战乱在下麻田用竹木搭建草房居住,故名“骆家舍”。

全村占地面积5.34平方公里,有山林6841亩,茶园400亩,果园300亩,围垦土地400亩。村内的山顶海拔大部分超过600米,其中通天凸海拔744米,船坞山海拔736米,为萧山区最高的两座山峰,故有“石牛山高高,还是骆家舍的道地高”之说。村东北有戴云公路与杭金公路(03省道)相连,萧山城区737公交车直达村里,交通比较方便。

宋太平兴国三年(978),骆家舍属许贤马阁里。元至元十六年(1279),骆家舍为七都五图,清雍正七年(1729)属七都坂里庄居地,光绪三十四年(1908)为骆家舍村,属沈村乡。民国30年(1941)属戴村区长潭乡。民国37年隶属河上区长潭乡。中华人民共和国成立后,1950年7月,属戴村区长潭乡,称骆家舍村。1956年7月,建立长潭乡骆家舍高级农业生产合作社。1958年9月,成立人民公社,属戴村人民公社。1961年7月成立骆家舍生产大队,属河上区云石人民公社。1961年11月,骆家舍分为船山、光明两个生产大队,属云石公社。1967年光明生产大队改名为骆村生产大队,船山生产大队名称不变。1984年5月改为乡、村建制,船山、骆村两个生产大队分别改名为船山村和骆村村,并各自成立村民委员会。2001年7月云石乡与戴村镇合并为戴村镇,船山村和骆村村均属戴村镇。2005年5月,行政村规模调整,船山村和骆村村合并为骆家舍村。

2008年止,骆家舍村共有农户474户,人口1472人。共有姓氏89个,其中李姓人口最多,有499人,占总人口的33.89%;其次是杨姓457人和沈姓123人,分别占总人口的31.05%和8.36%。据记载,南宋末年,李氏万五太公为避兵乱,从萧山所前移居骆家舍,后发族;明朝嘉靖年间,杨氏会九公从云石尖山下移居骆家舍,后发族;明朝嘉靖年间,沈氏洪方、洪达兄弟俩,由其母用竹篮从云石明堂挑来到骆家舍定居后发族。

农业以种植蕃薯、玉米、马铃薯等杂粮和蔬菜等为主。经济作物以笋竹、茶叶生产为主。因全村土地大部分分布在海拔400米以上的高山上,所以,种植发展受到限制,产量不高,经济效益低。1974年,为了保护环境,造福子孙,实行退农还林,农业土地减少;1982年实行分山到户后,土地由农户自主经营。

工业历来以手工造纸和竹制品加工的手工业为主,20世纪60年代至80年代,传统手工业也曾经给村带来一段辉煌的历史,连续十多年列入萧山县村级经济收入最高的行列。后因机械造纸替代了手工造纸,手工竹制品加工也难以适应市场需求,逐渐衰落。70年代开始,该村也陆续办过“农机修理厂”“塑料厂”“灯炮厂”“腊线厂”等7家村办集体企业,后均因交通、信息、管理等多种原因而停办。改革开放以后,随着村民经营观念的转变,个私企业逐步兴起,村民经济收入逐年提高。2008年,全村工业收入2704万元,农民人均收入8688元,比上年增加1198元。

历届村三委班子对村的基础设施建设都很重视,努力为村民办了不少实事。首先是道路建设,从1977年开始建造拓宽尖山下村大会堂至村口的道路,至1989年道路基本形成,汽车可直达村中;1992年浇铺好水泥路面,并安装路灯80多盏,改变了原来村民进出行走、运输困难的状况。90年代中期,村在外棉花、后山坞、白潭头、下直坞里分别建造蓄水池,把自来水安装到各家各户,让村民能吃用清洁卫生的自来水。近几年,村对环境卫生也进行了整治,清除粪坑,建造公共厕所8座,垃圾箱42只,还配备了6名专职清洁工负责打扫和清理,使全村的环境卫生状况得到明显改善。

骆家舍村的杨氏宗祠尚存。杨氏宗祠建造于1917年,房屋共三间,曾经有过几次修理,现保存完好。现存李氏宗祠建于1948年,房屋共五间,两边系看楼,现个私企业用作厂房。该村现存的古迹有始建于唐代的小黄岭白云庵,此庵曾年久失修,明末重修,民国21年(1932)再次重修。每年的农历2月19日、6月19日到小黄岭烧香的香客络绎不绝,平时也有不少游客到此旅游。此外,还有建于明代的“万寿桥”,建造讲究,刻在桥上的字迹至今清晰可见。

1956~2008年骆家舍村历届党支部书记名录

表1-2-1

村名	姓名	任职时间	村名	姓名	任职时间
骆村	杨仁清	1956.12~1958.2	船山	李连根	1961.12~1968.5
	李见林	1958.3~1959.4		李海仁	1970.6~1973.11
	杨关华	1959.5~1961.11		李连根	1973.12~1977.8
	杨仁清	1961.12~1971.6		曹为成	1977.9~1979.3
	杨尚田	1971.7~1977.8		李连根	1979.4~1980.6
	杨李兴	1977.9~1980.6		李尧祥	1980.7~1986.8
	杨仁良	1980.7~1983.3		陈观兴	1986.8~1987.12
	杨云华	1983.4~1984.6		李沈祥	1988.1~1991.8
	杨李兴	1984.7~1991.10		李水增	1991.9~2005.5
	杨金年	1991.10~2005.5	骆家舍	李水增	2005.5~2008.12

1950~2008年骆家舍村历届行政主要领导人名录

表1-2-2

村　名	姓　名	行政职务	任职时间
骆家舍	沈善根	村长	1950.6~1951.2
	李绍千	村长	1951.3~1953.12
	杨仁清	人民代表第七选区代表主任	1954.1~1956.7
	李海仁	人民代表第七选区代表主任	1954.1~1956.7
	李海仁	高级农业生产合作社社长	1956.7~1958.10
	俞方方	生产队管委会队长	1958.10~1961.11
骆　村	杨信良	大队管委会大队长	1961.12~1964.1
	杨尚田	大队管委会大队长	1964.2~1968.5

续表 1－2－2

村　名	姓　名	行政职务	任职时间
	杨海明	大队革命领导小组组长	1968.5～1973.12
	杨丁乔	大队管委会大队长	1974.1～1974.5
	杨仁安	大队革命领导小组组长	1974.5～1978.5
	杨仁安	大队管委会大队长	1978.5～1980.5
	杨尚田	大队管委会大队长	1980.5～1983.6
	杨仁安	大队管委会大队长	1983.6～1984.6
	曹培祥	村民委员会主任	1984.7～1995.11
	杨李兴	村民委员会主任	1995.11～2002.6
	杨兴宝	村民委员会主任	2002.6～2005.5
船　山	李海仁	大队管委会大队长	1961.12～1968.5
	李见林	大队革命领导小组组长	1968.5～1973.12
	李海仁	大队管委会大队长	1974.1～1974.5
	李海仁	大队革命领导小组组长	1974.5～1979.5
	陈观兴	大队管委会大队长	1979.5～1984.6
	陈观兴	村民委员会主任	1984.7～1986.8
	李水增	村民委员会主任	1986.8～1991.8
	李观良	村民委员会主任	1991.9～2005.5
骆家舍村	杨金年	村务工作领导小组组长	2005.5～2005.10
	杨仁云	村民委员会主任	2005.10～2008.12

尖山下村

尖山下村位于萧山区西南部，浦阳江以南的低山丘陵区，距戴村集镇8公里。因村驻地尖山山麓而得名。由尖山下、上门、洪潭桥、长爿田4个自然村组成。村东有庚青岭，西接蜈蚣山，南绵梧桐岭，北连下石岭。村有公路直通03省道，蜿蜒曲折的凌溪沿山道由西南向东北穿村而过，村区南北全长1800米，宽约200米，占地面积约3.6平方公里。

尖山下村历史悠久，据家谱记载，早在南宋建炎三年（1129），金兵南侵时，鲍文显、鲍仁德兄弟为避战乱，从余杭移居尖山下。亦有吴氏、闻氏随宋南渡定居上闻（俗称上门）。继后，明洪武、永乐、宣德、弘治年间和清乾隆年间，先后有姜、杨、朱、邵、葛等姓氏迁居于此，逐渐形成上门、尖山下、洪潭桥、长爿田4个自然村落。至2006年年底，全村共有农户376户，人口1282人，其中非农人口42人。共有姓氏79个，其中姜姓人口最多，有474人，占总人口的36.97%；其次是杨姓225人，鲍姓140人，分别占总人口的17.55%和10.

92%。相传明洪武年间(1368～1398),有姜姓安三公爱尖山下山川秀丽,携子从富阳方家墩迁至尖山下落户,繁衍发族。杨姓忠直公于明永乐年间(1403～1424),从诸暨南屏村迁至尖山下定居。

宋太平兴国三年(978),尖山下属许贤乡马阁里;元至元十六年(1279)为七都五图属地。明承元制,仍为七都五图;清雍正七年(1729),改图为庄,属七都坂里庄;清光绪三十四年(1908),县以下设乡,始有尖山下村名记载,属沈村乡。民国17年(1928)推行村里制,名为尖山联合村,属萧山县第四区;民国19年属长潭乡;民国23年推行保甲制,全村由十八、十九、二十3个保合成一个联保,属沈村乡;民国30年(1941),为长潭乡第五、第六保;民国36年为长潭乡第六保,民国37年属河上区长潭乡,仍设一个保。

中华人民共和国成立后,1950年7月,尖山下村属戴村区长潭乡;1955年春,组建5个初级农业生产合作社;1956年7月,中共尖山下村支部委员会成立,不久成立尖山下高级农业生产合作社。1958年实现人民公社化,村属戴村人民公社,名为长潭生产大队(后改尖山下生产大队);1959年调整公社规模,下设管理区,村属戴村公社长潭管理区,名为尖山大队;1961年恢复区建制,缩小公社行政区域并撤销管理区,尖山下属河上区云石人民公社,为尖山下生产大队;1969年2月撤区并社,村属戴村人民公社;1971年2月重新调整公社规模,村隶属云石人民公社;1984年5月建立乡村建制,为云石乡尖山下村;2001年7月云石乡与戴村镇合并为戴村镇,尖山下村隶属戴村镇至今。

尖山下村有光荣的革命历史,第一次国内革命战争时期,在中国共产党领导下,许多村民与当时云石其他村的农民一起,掀起震惊四乡的"铁血团"砍竹暴动。抗日战争时期,有许多热血青年逃荒到安吉孝丰参加了新四军,打击日本侵略者。解放战争时期,中国共产党领导的金萧支队、萧富区武工队也经常在村内活动。因此,该村于1989年9月被浙江省民政厅批准为革命老区村。

全村耕地较少,只有20多亩,1968年到1970年,大队发动改地造田,从长爿田、洪段桥、新塘到上门溪坑边,一直到下石岭沙地、桑园等,共改旱坡地为水田57亩。1968年12月,参加围垦,16足岁以上劳动力共300多人参加,围得土地310亩,现经营的土地中,耕地132亩、渔塘36亩、笋竹园70亩、塘地40亩,由种养殖专业大户承包经营。全村海拔在100～600米间的林业用地5382亩。

尖山下村四面环山,开门便见毛竹林,因此,曾经以青竹为原料的土纸生产成了村民主要经济来源,相传距今已有300多年历史。后随着机械造纸业的发展,传统手工造纸逐渐被淘汰。1962年开始,聘请竹匠师傅来村指导竹制品生产,村民开始学做竹制用品。村于1969年办起了竹制品加工厂,系尖山下村村办企业的开端。以后相继办过多家企业,如1975年的"尖山滤纸厂"、1988年与日商合作创办"杭州江南电热蚊香厂"、1991年6月成立"杭州浪潮实业公司"、1992年5月和意大利卡迪罗莱公司谈成合资意向后,办起"杭州浪潮迪诺卫生用品有限公司"。从1992年起,"杭州浪潮实业公司"开始走向鼎盛时期,先后被评为萧山市一级企业,重点骨干企业等。1995年产值达到8218.33万元,利润177.35万元,税金246.77万元。至1997年,由于多种原因企业开始衰落,于1998年转制。以后,随着形势的发展,个私企业逐步兴起,到2008年止,全村共有个私企业9家,其中如:"杭州伟业蚊香有限公司""杭州家家蚊香实业有限公司""杭州萧山姜氏热缩制品厂"等已初具规模。11家企业共有从业人员392人,2006年全村工业收入4594万元,村民人均收入7672元。2008年全村工业收入5560万元,村民人均收入10406元。

改革开放以来,尖山下村以经济建设为中心,抢抓机遇,与时俱进,按照"村美、民富、班子强"的要求,努力加快现代化新农村建设,经过20多年的艰苦创业,基本实现农村工业化、村庄城建化、生活现代化,先后被命名为萧山市标兵村、萧山区卫生村、花园式单位、三级文化村、安全文明村、治安安全示范村、区级生态村等。

尖山下村历史悠久,古迹遗存较多,庾青岭有石仲芳聚义抗清遗址;有发生在1亿多年前的"仔牛山火山喷发遗迹"。另有清乾隆年间的上门旗杆弄,鲍家墙门上方的"丈夫志"横额等。

1956～2008年尖山下村历任党支部书记名录

表1-2-3

姓　名	任职时间	姓　名	任职时间
姜礼坤	1956.7～1957.6	邵伟成	1985.9～1997.10
姜云清	1957.6～1958.9	鲍永甫	1997.11～2005.8
姜安坤	1958.9～1965.9	邵伟成	2005.8～2008.4
盛善根	1965.10～1978.5	朱红鑫	2008.5～2010.7
姜望明	1978.5～1985.9	姜建云	2010.8～

1950～2008年尖山下村历任行政主要领导人名录

表1-2-4

村　名	姓　名	行政职务	任职时间
	姜望根	村长	1950.6～1953.12
	鲍雅根	主任	1954.1～1956.7
	姜云清	主任	1956.7～1957.7
	姜安坤	社长	1957.7～1958.10
	杨茂堂	队长	1958.10～1961.8
	邵观水	大队长	1961.8～1965.10
	姜林章	大队长	1965.10～1968.10
	盛善根	组长	1968.10～1973.12
	姜云清	大队长	1974.1～1974.5
	盛善根	组长	1974.5～1978.5
	姜云清	大队长	1978.5～1984.6
	鲍永甫	主任	1984.6～1998.12
	姜其中	主任	1998.12～2005.8
	华国荣	主任	2005.8～2009.9

方溪村

方溪村位于萧山区西南部丘陵地带，三面环山，东北距戴村集镇7公里，与顾家溪相连，南与尖山下村、骆家舍村接壤，西北与富阳市以山为界。2005年5月，行政村规模调整时，由增丰村（方家塘自然村）、征山村（外石板溪自然村）、顶山村（里石板溪自然村）三村合并，名为方溪村。

全村区域占地面积4.75平方公里，至2008年，全村有农户553户，总人口1548人，其中非农人口83

人。共有姓氏88姓,其中“陈”姓人口最多,有334人,占总人口的21.58%;其次是“鲍”姓和“顾”姓,均为244人,各占总人口的15.76%,“丁”姓134人,占总人口8.66%。陈姓先祖从义乌大陈迁居本镇马谷村,后又分居麦园村。明朝嘉靖中叶,陈氏明五公及明十二公从麦园村迁居里石板溪。鲍姓先祖约于明朝弘治年间,为避倭寇侵扰,迁居外石板溪。顾姓村民,相传于南宋时,先祖节幹公落户顾家溪繁衍发族,后分支析居到方家塘。丁氏先祖由丁村分支析居到方家塘。

元至元十六年(1279)属七都四图、五图。明至清末,仍沿元制。民国《萧山县志稿》有方家庄、外石板溪、里石板溪村名记载。民国20年(1931)间原增丰村(方家塘)属二都十八图,原征山村(外石板溪)、顶山村(里石板溪)属二都二十九图。民国36年属长潭乡,增丰村(方家塘)为第五保,征山村(外石板溪)、顶山村(里石板溪)为第八保。中华人民共和国建国初属长潭乡,农业合作化时曾建有增丰、永丰、顶山3个农业生产合作社。人民公社化时增丰、征山与平山村合并成立跃进生产大队,顶山为顶山生产大队,均隶属戴村人民公社长潭管理区。1961年7月缩小公社行政区域,现村属云石人民公社。1969年2月实行撤区并社,现村属戴村人民公社。1971年2月,调整公社规模,村仍属云石人民公社。1984年5月,设立乡政权、建立乡政府,乡以下为村,现村属云石乡,分别为增丰村、征山村、顶山村,并各自建立村民委员会。2001年7月30日,云石乡与戴村镇合并为戴村镇,村属戴村镇。2005年5月,行政村规模调整,增丰、征山、顶山三个村合并建立方溪村。

方溪村山多耕地少,除围垦156亩耕地外,内地杂地仅50亩,种植以玉米、番薯、豆类为主,也种有部分蔬菜。全村有山林面积5220亩,以培育竹、木为主,也有少量的水果和茶园基地。毛竹资源极为丰富,故以青竹为原料的土纸生产这一传统手工业,历来是农户家庭的主导产业。长期以来,造纸业解决大部分村民的就业问题,使家庭生活有了来源。后来由于多种原因,传统的土纸生产逐渐衰落。村民们开始从砍嫩竹造纸转向养老竹进行竹制品加工。农户家庭把毛竹加工成蚕扁、建筑用脚手片、竹椅、竹梯等销往外地。时男劳力劈篾,女劳力打簟,制作竹制品成为主导产业。

20世纪80年代开始,各地村办工业兴起,方溪村也办过多家村办集体企业,如:“滤油纸厂”“竹筷厂”“西湖调压电器厂萧山分厂”“工艺鞋厂”“球拍厂”“立绒厂”,等等,后因资金、销路、管理等多种原因停办或转制。随着改革开放的深入,个私企业逐步兴起。到2008年止,共有个私企业16家。工业总收入4623万元,村级总收入5558万元,农民人均收入8239元,比2007年增1338元。

方溪村对村容村貌、环境卫生的整治工作历来很重视,如原顶山自然村,早在1965年就拆除私人粪坑,设立公厕,村大路卫生清扫实行分段包干。1967年,该村设立第一只三隔式无害公坑,1968年被评为杭州市农村卫生先进单位,1979年获浙江省卫生先进集体。征山村、增丰村从2000年以来,投入资金,消灭露天粪坑,建造公共厕所及垃圾箱,并落实专职卫生人员负责村内卫生工作。各自然村都建造蓄水池、标准化自来水站,让村民能饮用清洁卫生的自来水。2002年原增丰、顶山两村被评为萧山区级卫生村,2003年原征山村被评为萧山区级卫生村。目前,全村道路全部硬化,主要道路两旁都装上路灯,路边及村中空余地建造花坛进行绿化。2006年,方溪村通过验收批准为戴村镇第一个杭州市级生态村。

萧山最高的高山水库——响天岭水库就在方溪村境内。该水库始建于1969年9月1日,由7个生产大队联合建造,于1976年年底竣工,历时7年,总投工近100万个工。建成后坝高25米,坝顶长104米,蓄水容量26万立方米,库水落差130余米。1977年,开始配套建造响天岭发电站,装机容量125千瓦。响天岭水库、发电站的建成对下游防汛、抗旱,各受益村的生产、生活用水等起到不可低估的作用,今成为戴村镇生态旅游的一个亮点。

方溪村尚存古迹较多,如:陈氏宗祠,堂名“孝思堂”,建于1846年,四合院式,大殿设神龛。正中匾名“孝思堂”,左边文魁匾,右匾敦履朴仁,前殿上下山门,正中大门处设有戏台,西侧为看楼。现存永丰庵,原名宋神庙,属千年古迹。具体建造年代失考,曾于1947年修缮,该庵为四合院,单边山门,无正大门,前后两殿各三间,中有戏台,两侧看楼,旁边有小庙,原名五王庙。又有始建于明朝初期、重建于光绪年间的方家塘庙,前后两排,前排一字形五间与凉亭相连,后排分四间为正殿,中间戏台至今完好无损,两边看楼,现为个体商店所用。现存古迹还有:清道光十五年(1835)原顶山村的陈谷旦中举时的“旗杆墙门”;清光绪二十一年(1895),原增丰村顾耀已,光绪甲午科举人,中举时在住宅旁立过旗杆,后称旗杆弄,还有建于明清时期的古民宅多处。此外,有古树多处,最早的为梨头山湾古樟,有1600年左右树龄,系鲍氏二世祖仁厚公墓树,现存半株,直径在1.6米以上。

1956~2008年方溪村历届党支部书记名录

表1-2-5

村名	姓名	任职时间	村名	姓名	任职时间
增丰	丁渭祥	1956~1958	征山	鲍如堂	1977.7~1983.12
	沈子奇	1959		鲍金雪	1984.1~1989.5
	顾雪庆	1960~1962		鲍长兴	1990.6~1995.5
	黄火根	1963~1965		鲍银法	1995.5~2005.5
	丁雪全	1966	顶山	陈成兴	1957~1968
	丁水兴	1970~1988		陈顺兴	1968~1969
	蒋松勤	1989~1998		陈成兴	1970~1977
	丁水兴	1998~2005		陈友余	1978(代)
征山	顾雪庆	1960~1962		陈巨祥	1979~1981
	鲍全根	1963~1966.4		陈宪法	1982~2005.5
	蒋士铨	1966.5~1973.4	方溪村	陈宪法	2005.5~2008
	鲍吾成	1973.5~1977.6			

1949~2008年方溪村历届行政主要领导人名录

表1-2-6

村　名	姓　名	行政职务	任职时间
增丰	鲍关金	农会主任	1949
	丁渭祥	农会主任	1950~1952
	丁渭祥	高级社社长	1956~1958
	沈子奇	生产大队大队长	1959
	丁美和	跃进生产社社长	1960~1962
	沈子奇	生产大队大队长	1962~1964
	丁水兴	生产大队大队长	1965~1967
	丁水兴	革命领导小组组长	1968~1974

续表 1－2－6

村　名	姓　名	行政职务	任职时间
	顾纪安	管理委员会大队长	1975～1978
	顾雪根	管理委员会大队长	1979～1983
	鲍灿林	村委会主任	1984～1985
	朱华云	村委会主任	1986～1989
	丁渭祥	村委会代主任	1990
	沈国佳	村委会代主任	1991
	朱渭荣	村委会主任	1993～1999
	徐尧明	村委会主任	2002～2005
征山	鲍甫山	农会主任	1950.1～1950.12
	鲍云庄	农会主任	1951.1～1952.12
	鲍吾根(小)	农会主任	1953.1～1953.12
	鲍吾根	代表主任	1954.1～1956.7
	鲍伏山	高级社长	1956.8～1959.12
	丁美和	跃进大队大队长	1960～1962
	鲍全根	大队长	1963～1966.4
	蒋士铨	大队长	1966.5～1974.4
	鲍全根	大队长	1974.5～1976.8
	鲍金良	大队长	1976.8～1978.1
	鲍茂贤	大队长	1978.2～1980.1
	鲍晓法	大队长	1980.2～1983.12
	鲍志明	村委会主任	1984.1～1986.1
	鲍成兴	村委会主任	1986.7～1990.4
	鲍银法	村委会主任	1990.5～1995.9
	鲍亚明	村委会主任	1995.10～1996.5
	鲍明明	村委会主任	1996.6～2005.9
顶山	陈善瑞	村长	1949～1950
	陈凤生	农会主任	1949～1950
	丁永华	农会主任	1950～1953
	陈成兴	农会主任	1953～1955

续表 1－2－6

村　名	姓　名	行政职务	任职时间
	陈关根	低级社长	1955～1956
	陈成兴	高级社长	1956～1958
	陈徐林	生产大队长	1958～1969
	陈友湖	生产大队长	1969～1970
	陈徐林	生产大队长	1970～1984
	陈银灿	村委会主任	1984～1985
	陈巨祥	村委会主任	1985～1988
	陈照富	村委会主任	1988～1989
	陈天富	村委会主任	1989～1995
	陈国荣	村委会主任	1995～1998
	陈晓荣	村委会主任	1998～2005
方溪村	丁贤明	村委会主任	2005～2008

顾家溪村

顾家溪村位于萧山区西南部丘陵地带，离戴村集镇 7.5 公里，三面环山，东西倚山，南连方溪村，北邻枫桥村。戴云公路傍村而过。2005 年 5 月，行政村规模调整时由平山村、勤工村两村合并为顾家溪村。

全村区域面积 2.25 平方公里。有农户 388 户，总人口 1269 人，共有姓氏 84 姓，其中“顾”姓人口最多，有 849 人，占总人口的 66.9%。相传南宋年间，廷美曾孙顾炳、顾煜、顾焕及曾侄孙顾杉渡过钱塘江各自择地肇族。顾炳迁居萧山许贤乡的洪村（今佛山村），垦荒种地繁衍子孙。后顾炳的孙子节幹又从洪村迁居到长潭里，发族后以顾家溪为村名，节幹之子又迁居桥西，逐渐扩大，分上顾、中顾、下顾。

元至元十六年（1279），顾家溪属七都五图。清宣统元年属沈村乡。民国 20 年（1931）属二都二十八图。民国 36 年（1947）属长潭乡第五保。中华人民共和国成立后，村属长潭乡（原勤工村曾与枫树村合并为东山村）。1956 年农业合作化时，平山建立金星高级农业生产合作社，勤工建立勤工高级农业生产合作社。1958 年全县实现人民公社化后，金星、增丰、永丰 3 个高级农业生产合作社合并组建为跃进生产大队；勤工、枫树（时为胜利农业生产合作社）、响石桥合并组建为东山生产大队。均隶属戴村人民公社长潭管理区。1961 年 7 月，现村属河上区云石人民公社，跃进生产大队改为金星生产大队（下属金星、增丰、永丰三个大队）；撤销东山大队，勤工单独建立生产大队（下设四个小队）。1969 年 2 月，现村属戴村人民公社。1971 年 2 月，现村仍属云石人民公社。1984 年 5 月，改变“政社合一”体制，设立乡政权，乡以下为村，现村仍属云石乡，金星大队改为平山村，勤工大队改为勤工村，分别建立村民委员会。2001 年 7 月 30 日，云石乡与戴村镇合并为戴村镇，村属戴村镇。2005 年 5 月，行政村规模调整，平山村与勤工村合并为顾家溪村。

全村有耕地 266 亩，其中围垦 170 亩、山林 2983 亩、竹林 1876 亩。村内地耕地较少，农作物以种植杂粮、蔬菜、笋竹等为主。围垦土地有专业户承包经营，以水产养殖为主。村内大部分是山林，村民们利用丰富的毛竹资源加工为竹制品，把竹箬加工成箬丝以及以青竹为原料的传统土纸生产，成为全村村民收入的主要来源。后来随着机械造纸业的兴起以及各种产品的不断更新，手工造纸和手工竹制品加工逐渐被淘汰。

20 世纪 60 年代末 70 年代初，顾家溪大队开始创办大队集体企业，先后创办了“金星尼龙袜厂”“平山腊线厂”“杭州萧山定时器厂”等3家企业。勤工大队先后创办了“勤工箬丝厂”“勤工地毯厂”“勤工造纸厂”“勤工养鱼场”等10家企业，后由于销路、产品质量、资金、管理等原因先后停办或转制。随着形势的发展，个私企业逐渐兴起，“杭州家韵纺织有限公司”“亿达五金厂”“杭州天金伞厂”“杭州伟珂服装厂”等企业初具规模。到2008年年底止，全村共有个私企业11家，从业人员598人，创工业收入8530万元，村级集体经济收入29万元，村民人均收入达到10367元，比2007年增1274元。

顾家溪村重视公益事业的兴办，到2000年为止，全村大小道路全部浇制水泥路面，道路硬化率达到100%，并在村旁路口安装路灯，在路边零星余地建造花坛，种上花草树木进行绿化。2005年，在区农水局的大力支持下，原勤工村将已有50年历史的危桥——劳动桥，重新拆建，改名为“顾家溪桥”。2004年10月，原平山村拆除原来破旧的跨溪石拱桥，投资37万元，重新建造钢筋水泥平面桥，同年12月竣工，桥长18米，宽8米，取名为“平山桥”。2000年，平山、勤工分别对村庄卫生进行综合治理，拆除填平了随处可见的露天粪坑，新建公共厕所9座、垃圾箱9只，并落实专职保洁员进行清洗打扫，改变了村里脏乱差的状况。2004年原勤工村在前后山建造了2个能蓄水240立方米的蓄水池，再在平地打水井1口，把自来水管网装进每户村民家内，让村民能用上清洁卫生的自来水。2006年，原平山村投资28万元，修建能蓄水300立方米的大型蓄水池，同时建造能蓄水180立方米的备用水池，彻底解决村民的自来水源问题。由于全村干部村民的共同努力，近几年来，村也获得了不少荣誉，如1999年被萧山市人民政府命名为“村民自治模范村”，被萧山市爱国卫生运动委员会命名为“卫生村”，被萧山市社会治安综合治理委员会命名为“安全文明村”，2001年被萧山区委区政府命名为“文明村”。

顾家溪村现存的古迹尚有：方家塘庙，始建于明初，光绪年间重建，现存宗庙朝东，前后两排，前排与凉亭相连。前排一字型五间，中间有戏台，至今完好无损，后排四间正殿，供奉佛象数十尊，两边看戏楼，现为个体户开商店用。还保存古井两口，距今180余年。现保存的文物有两块匾额，一块是清光绪帝钦旌的顾祖潮之妻袁氏“節孝匾”，另一块是同治年间顾元惇考上武举人后所立的“登科匾”。

1954～2008年顾家溪村历届党支部书记名录

表1－2－7

村名	姓名	任职时间	村名	姓名	任职时间
平山	顾雪庆	1954～1964	勤工	顾金仙	1962～1964
	顾马德	1964～1968		顾水发	1965～1976
	顾定夫	1969		顾金尧	1977～1979
	顾尧松	1970～1984		顾永根	1980～1982
	顾仲文	1985～2003.10		顾华光	1983～1992
	顾云明	2003.11～2005.5		顾山祥	1992～1994
勤工	顾锐铣	1956～1957		顾永根	1995～2005.5
	鲍勇耀	1958	顾家溪	顾录平	2005.6～2008.4
	袁成桂	1959～1960 与胜利合并为东山大队		鲍金灿	2008.5～
	顾仙根	1961			

1958～2008 年顾家溪村历届行政主要领导人名录

表 1－2－8

村　名	姓　名	行政职务	任职时间
平山	丁美和	大队长（金星、增丰、永丰三社合并）	1958～1960
	顾兴根	大队长	1960～1964
	顾尧松	大队长	1964～1968
	顾兴根	大队长	1968～1982
	顾仲文	大队长	1982～1984
	顾子才	村委会主任	1984～1995
	顾定法	村委会主任	1995～1998
	顾云明	村委会主任	1998.12～2002.6
	顾李靖	村委会主任	2002.6～2005.5
勤工	顾永和	村长	1949
	顾银铨	农会主任	1949
	顾关兴	村长、农会主任	1950
	顾锐铣	村长、农会主任	1951～1956
	顾锐铣	高级社社长	1956～1958
	顾仙根	大队长	1958～1960
	顾宣树	大队长	1960～1961
	顾松才	大队长	1962～1964
	顾金先	大队长	1965～1976
	顾松才	大队长	1977～1979
	顾金先	村委会主任	1980～1984
	顾可会	村委会主任	1985～1986
	顾永根	村委会主任	1987～1992
	顾土根	村委会主任	1993～1994
	顾录平	村委会主任	1995～2005.5
顾家溪	顾云明	村委会主任	2005.6～2008.4
	顾文法	村委会主任	2008.5～

枫桥村

枫桥村位于萧山区西南丘陵地带，东北距戴村集镇6公里，东面是十里长溪，西面是林木郁葱、环境优美的石牛山森林公园，南接顾家溪村，北连青山村。2005年5月，行政村规模调整时，由响石桥村和枫树村合并建立枫桥村。响石桥自然村原为云石乡政府驻地，原乡农民文化中心、邮电所、电管站等均设立在该村区域内。

全村地域面积3.5平方公里，2008年止，全村有农户396户，总人口1218人，其中非农人口78人，共有姓氏83姓，其中"沈"姓人口最多，有241人，占总人口比例的19.60%。其次为袁姓203人，陈姓137人，朱姓126人等。沈氏祖先是从义乌陈家落脚沈村，所生两子，次子从沈村迁居到此后发族，已有300余年历史。袁姓始祖本姓孙，名方山，富阳龙门孙权后裔。明嘉靖年间，在明将戚继光部下任要职，因不满朝廷怂恿倭寇奸掠行为，杀死两名倭寇使者，朝廷下令通缉孙方山，无奈之下逃难到此隐姓埋名，改姓为"袁"，发族至今。陈姓从义乌大塘迁徙于此，已有400余年历史。朱姓，是清乾隆年间萧山黄阁河始祖朱得公做盐生意居此发族。

元至元十六年(1279)，袁家庄、坦庄坞(响石桥)属七都四、五图。民国20年(1931)属二都二十七、二十八图。民国36年(1947)属长潭乡第五保，解放初属长潭乡。1956年农业合作化时枫树村建立胜利农业生产合作社，响石桥村建立赤联农业生产合作社。人民公社化时期属戴村人民公社长潭管理区，枫树曾与勤工合并为东山大队，坦庄坞(响石桥)与石牛山、明堂、南坞等合并为云石大队。1961年属云石人民公社。1984年设立乡政权，乡以下为村建制，现村域分别建立响石桥村村民委员会和枫树村村民委员会，属云石乡。2001年7月，云石乡与戴村镇合并为戴村镇，响石桥、枫树两村均隶属戴村镇。2005年5月，行政村规模调整，两村合并建立枫桥村。

村有农田421亩，其中村区域内191亩，围垦230亩，山林2237亩，池塘水面3亩，有水库2座，蓄水量18000立方米。农业以种植水稻为主，部分旱地种植蔬菜、笋竹等，围垦土地由大户承包经营。山林有三分之一为毛竹林。村民历来从事以毛竹为原料生产土纸的传统手工业，同时还有竹制品加工和箬丝生产曾为全村的大宗副业。后随着村办企业的兴起，传统手工业逐渐被淘汰。村办企业共办过十几家，其中"萧山县胜利大队造纸厂"和"杭州市萧山建筑涂料厂"办得较好。尤其是造纸厂，创办于1967年，为萧山第一家造纸厂，年产值曾达到100多万元，利润20多万元，有职工80多人，当年年终决算全云石公社排行第一。后来由于产品质量、资金运作等原因被市场淘汰，于1975年停办。涂料厂及其他村办企业也由于各方面原因停办或转制，随着改革开放的深入，个私企业开始兴起。到2008年止，全村个私企业有"朱磊服装厂""杭州云峰涂料厂""萧山竹木器厂"等10家，共有从业人员220人。2006年，创工业产值3900万元，利润96万元，2008年工业利润达到110万元，村民人均收入9307元，比2007年增加了1099元。

村重视对公益事业的建设，村内道路于1995年及2006年分两次硬化，硬化率已达95%以上。在区、镇的大力支持下共投资120万元，把高山的自流水通过截流、消毒、蓄水等程序转化为自来水，使村民用上清洁卫生的自来水。又在溪流筑堰建池塘，作为村民的洗涤用水，并经常清除沉淀物，保证池塘清洁。1995年开始，村清除全部露天粪坑，建造公厕10座、垃圾箱15只，落实专职卫生清洁工打扫卫生和清运垃圾。2006年，拆除了破旧棚房，清理了卫生死角，对村庄进一步绿化。

现存古迹有：响石桥(原坦庄坞)，位于珠山南侧东岳庙前，明代建筑，为单孔石梁桥，相传桥上长年有水滴声响，故名，现存桥梁为清同治九年重建，桥长一丈八尺，宽八尺，两侧护栏设置独特，由两块石板上下砌叠而成，桥姿甚为壮观。沧桑百年，响石桥雄姿依旧，为萧山古石梁桥中所罕见，2004年被列为区级文物保护点。另有古迹珠山道院——祖始庙，坐落在原响石桥村北侧与明堂村交界处，始建于光绪五年(1879)，内设正殿，两边侧屋正墙门，中间宽阔道地，设立坛基、香房、厨房等，于2004年由各方赞助进行重修，珠山道院旧貌重现。还有建于清代初的道坛基地近水坞寺庙，建筑面积约2000多平方米，内设香房、厨房、大殿、坛房等。雄伟壮丽，可容纳500多和尚坐坛、念经，时名扬江南。大殿正中"阴阳福址"一匾为近水坞寺庙法师亲书。其他还有建于清康熙年间的老庙、响石桥庙（又称东岳庙），建于清乾隆年间的新庙、旗杆墙门，建于清代的古砖瓦窑遗址等。

枫桥村的坦庄坞自然村原是个很小的村庄，但从清道光三十年（1850）以来先后出了15位影响较大的人物，可谓人才辈出。他们中有13岁中秀才的沈同峰，他当时进出骑马坐轿，设上马石和落马石，并在屋前道地竖立一对旗杆，故称旗杆墙门；还有连任湖南三届省长的沈培因，曾任广东澳门海关总督的沈晋惠，上海煤炭公司总裁的沈草农，上海造币厂厂长的沈美斯、台湾轮船公司总裁的沈果能，还有留学英国玛丽研究学院，被英国皇室招为驸马的沈阴孙等。

1966～2008年枫桥村历届党支部书记名录

表1－2－9

村名	姓名	任职时间	村名	姓名	任职时间
响石桥	俞火根	～1966	枫树	袁成桂	1958～1965
	盛子源	1966～1968		陈海金	1965～1966
	俞仁坑	1969～1970		陈世荣	1966～1979
	盛子源	1971～1975		陈海龙	1979～1980
	俞仁坑	1976～1985		顾兴春	1981～1982
	田士根	1986～1989		陈关仙	1982～1985
	俞尧根	1990～1992		陈海龙	1985～1986
	田国富	1993～1996.3		顾兴春	1986～1987
	俞国全	1996.3～2005.5		陈关仙	1987～1994.9
				袁先进	1994.9～2005.5
			枫桥村	俞国泉	2005.5～

1950～2008年枫桥村历届行政主要领导人名录

表1－2－10

村　名	姓　名	行政职务	任职时间
响石桥	苏云海	贫协主任	1950～1953
	来韩贵	贫协主任	1954～1963
	沈士江	贫协主任	1964～1965
	俞火根	初级社社长	1954～1955
	苏云海	高级社社长	1956～1958
	俞仁坑	大队长	1959～1961
	苏云海	大队长	1960～1963

续表 1－2－10

村 名	姓 名	行政职务	任职时间
	沈雪斋	大队长	1964～1975
	沈丁兴	大队长	1976～1984
	沈成火	村委会主任	1985～1993.9
	沈金法	村委会主任	1993.10～1994
	吴富贵	村委会主任	1995～2002.5
	沈茂林	村委会主任	2002.5～2005.5
枫树	袁钱浩	贫协主任	1950～1953
	林渭根	初级社社长	1954～1955
	林渭根	高级社社长	1956～1958
	林渭根	大队长	1959～1962
	袁仙庆	贫协主任	1963～1965
	陈世荣	革命领导小组组长	1966～1976
	袁增夫	大队长	1965～1973
	袁世桥	大队长	1974～1981
	陈海龙	大队长	1982～1983
	袁校千	大队长、村委会主任	1983～1986
	陈关仙	村委会主任	1986～1987
	朱银春	村委会主任	1987～1990
	朱利明	村委会主任	1991～1993
	袁兴法	村委会主任	1994～1996
	袁友林	村委会主任	1996～1998
	袁士兴	村委会主任	1998～2002
	朱金荣	村委会主任	2002～2005.5
枫桥村	袁先进	村务工作领导小组组长	2005.5～2005.10
	顾巨法	村委会主任	2005.10～2008.5
	袁贤兴	村委会主任	2008.5～

青山村

青山村地处戴村镇西部,2005 年由原明堂、石牛山、南坞、狮山 4 个自然村合并而成。东与沈村相连,南与马谷村以山为界,西与枫桥村接壤,北与富阳市里山镇以山岗埋石为界。区域总面积 5.71 平方公里。2008 年止,全村有农户 818 户,人口 2414 人,共有姓氏 114 个,沈姓人口最多,有 1433 人,占总人口数的 59.36%;其次是蒋姓 219 人,金姓 52 人,分别占总人口的 9% 和 2.15%。

相传,南宋初有沈氏随朝廷南迁避居沈村。后沈氏先祖亡故葬于卢家坎青山,并在月亮池头附近建造一座大厅,命名为"明堂"。后沈氏分居至此,便将村名定为"明堂"村。石牛山自然村形成于明嘉靖年间,由沈村人分居于此,繁衍成村。南坞自然村形成于南宋初年,先祖从河南嵩山迁居到此繁衍发族。狮山自然村于清康熙年间由本镇征山村蒋家坎一位老人为管理山庄搬迁至此发族。

宋太平兴国三年(978),青山属许贤乡;元至元十六年(1279)为七都三图;清雍正七年(1729)属七都三图沈村庄。光绪三十四年(1908)县以下设乡,青山村属沈村乡。民国 20 年(1931)原明堂村、石牛山村属二都二十七图,原南坞村属二都二十六图,原狮山自然村属二都二十九图。民国 36 年属长潭乡,明堂、南坞为第三保,狮山为第八保,石牛山为第四保。民国 37 年(1948)属河上区长潭乡。

中华人民共和国成立后,1950 年 7 月明堂与南坞合并为青山村,石牛山与响石桥合并,狮山单独命名。农业合作化时建有联盟、黎明和狮山 3 个农业生产合作社。1958 年 9 月成立人民公社,村属戴村人民公社。戴村人民公社下辖六个管理区,现村属戴村人民公社长潭管理区,时狮山为狮山大队,石牛山、明堂、南坞与坦庄坞、沈村上堡等村合并为云石大队。1961 年 7 月,缩小公社行政区域,撤销管理区,现村分别为明堂生产大队、石牛山生产大队、南坞生产大队和狮山生产大队,隶属云石人民公社。1969 年 2 月,实行撤区并社,村属戴村人民公社。1971 年 2 月,调整公社规模,村仍归属云石人民公社。1984 年 5 月改为乡、村建制,分别为明堂村、南坞村、石牛山村和狮山村,并各成立村民委员会,隶属云石乡。2001 年 7 月,云石乡与戴村镇合并为戴村镇,村属戴村镇。2005 年 5 月 4 个自然村合并成为青山村。

2008 年止,全村有农田 985.5 亩,其中围垦 680 亩,杂地 131 亩,山林 6623 亩。有 3 个万立方米以上蓄水量的标准水库。农田以种植水稻为主,高山杂地种植蕃薯、玉米、茶树等,但杂地大部分都在海拔 400 多米以上,故劳动强度大、产量不高,且经济效益较低。1974 年,为了保护环境、造福子孙,部分土地实行退农还林,农业种植土地减少。1982 年,实行分山到户,土地开始由农户自主经营。

村工业从传统的手工造纸发展到 20 世纪 80 年代的箬壳丝、竹勾心、竹制油压板,再发展到 90 年代以来的沙发制作、五金冲压、轻纺、制伞、粉末冶金等。村办集体企业开始创办于农业学大寨运动后期,先后办过"红卫箬丝厂""综合厂""石牛山垫板厂"等。80 年代明堂自然村手工制作的箬壳丝亦曾红极一时,远销河南、河北、山东、东北各地,供不应求时,客户用大汽车上门将半湿不干的箬丝抢购装车。改革开放后,个私企业的兴起如雨后春笋。到 2008 年止,全村有个私企业 70 家,从业人员 210 人,其中石牛山自然村就有 34 家,并以粉末冶金行业居多。全村固定资产 50 万元以上的企业 12 家。2008 年,全村工业利润 3646 万元,村当年总收入 16513 万元,村民人均收入 11487 元,比 2007 年增 1496 元。

村级经济的发展,带动了集体公益事业的兴办,2006 年村里投资 200 多万元对村庄进行了全面整治,经有关部门验收,达到整治村标准。是年,村投资 90 多万元在青山桥头新建 520 平方米的文化活动中心,各种活动器具及配套设施齐全。近年来,村还建有健身苑 2 处、灯光球场 3 处,极大地活跃了村民的业余文体生活,提高了生活质量。村也先后获得"萧山区文明村""萧山区卫生村""一级文化村""社会治安安全村"和"村民自治模范村"等荣誉。

青山村历史绵远,古迹遗存较多。在海拔 659 米的石牛山上有道教建筑"三清殿",还有"大瀑水""女娲殿""上坞庙""祖师庙"等遗址及美丽传说。

该村历来人才辈出,早在清道光年间就有沈雅斋、沈校庚父子两秀才名扬四方,其墙门上方"耕读家风"四字出自清举人周易藻手迹。现存金家墙门上方"正德厚生"四个大字为金水清先生所题,是金氏家庭的座右铭。现该家族里成为人民教师的就有18人,桃李满天下。现任杭州市政协委员的金雅成先生等也是金氏家族的成员。该村还有现任萧山区委常委、副区长蒋金梁等。

1958～2008年青山村历届党支部书记名录

表1－2－11

村名	姓名	任职时间	村名	姓名	任职时间
南坞	沈曹祥	1958.1～1961.10	狮山	蒋妙贤	1997～2005
	沈丙福	1961.11～1965.8	明堂	沈荣德	1958～1963
	沈荣兴	1965.9～1970.8		屠乔生	1964～1965
	沈荣根	1970.9～1977.6		沈荣德	1966～1972
	沈利民	1977.7～1979.8		沈友根	1973～1974
	丁寅山	1979.9～1981.7		沈祖汉	1975～1980
	沈祖良	1981.8～1982.7		沈利成	1981～1983
	沈荣根	1982.8～1987.7		沈钜法	1984～1986.7
	陈招夫	1987.8～1989.4		沈丙方	1986.8～1994.10
	李尧祥	1989.5～1991.4		沈建达	1994.11～2005.6
	沈锡寅	1991.5～2000.7	石牛山	沈水良	1961.12～1963.4
	俞汉明	2000.7～2005.6		沈月校	1963.5～1964
狮山	蒋关根	1955～1964		沈虎高	1965～1980.10
	蒋德兴	1965～1966		沈维龙	1980.10～1991.11
	蒋关富	1966～1968		沈贵兴	1991.11～1995.9
	蒋忠根	1968～1977		沈文龙	1995.9～2002.6
	蒋吾源	1977～1986		沈吾康	2002.6～2005.6
	蒋根夫	1986～1996	青山村	沈建达	2005.6～2008
	蒋健恒	1996～1997			

1958～2008年青山村历届行政主要领导人名录

表1－2－12

村　名	姓　名	行政职务	任职时间
南坞	沈文林	大队长	1958.1～1961.10
	沈曹祥	大队长	1961.11～1965.8
	沈传兴	大队长	1965.9～1969.8
	沈利民	大队长	1969.9～1980.7
	沈顺兴	大队长	1980.8～1983.4
	沈玉桥	大队长、村主任	1983.5～1985.7
	沈春云	村委会主任	1985.8～1986.10
	何国顺	村委会主任	1986.11～1987.10
	沈锡寅	村委会主任	1987.11～1989.8
	沈志法	村委会主任	1989.9～1992.10
	沈利民	村委会主任	1992.11～1997.10
	沈志法	村委会主任	1997.10～2000.7
	张金法	村委会主任	2003.10～2005.6
狮山	蒋召沅	大队长	1953～1956
	蒋顺法	大队长	1957～1960
	蒋忠根	大队长	1961～1970
	蒋吾源	大队长	1971～1977
	蒋妙贤	大队长	1978～1983
	蒋根夫	村委会主任	1984～1985
	蒋健恒	村委会主任	1986～1997
	蒋健明	村委会主任	1998～2000
	蒋国平	村委会主任	2001～2002
	蒋健恒	村主任	2002～2005.5
明堂	鲍行斋	大队长	1957～1958
	沈利和	大队长	1959.1～1959.12
明堂	沈樵松	大队长	1960.1～1960.9
	沈妙林	大队长	1960.10～1962.10

续表 1-2-12

村 名	姓 名	行政职务	任职时间
	屠乔生	大队长	1962.11~1965
	沈祖康	大队长	1966~1967
	沈观金	大队长	1968~1970
	沈利成	大队长	1971~1978.10
	沈正华	大队长	1978~1982
	沈祖伟	大队长、村委会主任	1983~1984
	沈正华	村委会主任	1985~1986
	沈贤芳	村委会主任	1987~1992
	沈火成	村委会主任	1993~1996.5
	沈建达	村委会主任	1996.6~1996.10
	沈校海	村委会主任	1996.11~1998.10
	沈建达	村委会主任	1998.11~2009.9
	冯火儿	村委会主任	2002.10~2005.5
石牛山	沈关洪	大队长	1956
	沈月校	大队长	1957~1958
	沈万铨	大队长	1959~1960
	沈杨水	大队长	1961~1962
	沈月校	大队长	1962~1964
	沈银水	大队长	1965~1979
	沈万占	大队长	1980~1982
	沈银水	村委会主任	1984.6~1990.5
	沈文龙	村委会主任	1990.6~1993.1
	沈吾康	村委会主任	1993.1~2002.8
	沈林源	村委会主任	2002.8~2005.6
青山村	郦月表	村委会主任	2005.6~2008

沈村村

沈村村位于浦阳江以南的半山区，离萧山城区30公里，距杭金公路(03省道)、戴村集镇4.5公里，下有沈村、汪家山下2个自然村。东与半山村相邻，南、西与青山村相连，北面与佛山村接壤。云石溪依村而过，戴云公路傍村而过，有公路直通义桥，交通便利。相传沈氏祖先于南宋初年从河南嵩县迁居杭州，后隐居此地繁衍成村，故名沈村。

沈村是云石的门户，一直是长潭乡、云石公社驻地，原来云石粮站、云石供销社、公交车站等都设在村区，是原云石乡的政治、经济、文化中心。全村占地面积1.87平方公里，2008年止有农户433户，总人口1347人，其中非农人口95人。共有姓氏92姓，其中沈姓人口最多，有705人，占总人口的52.34%。

元至元十六年(1279)属七都三图，清雍正七年(1729)为沈村庄仍属七都三图。民国20年(1931)属二都二十六图。民国36年属长潭乡，为第二保。新中国成立初属长潭乡，1950年10月属云石乡。1956年2月，云石乡并入长潭乡，村属长潭乡。农业合作化时曾成立建华农业生产合作社，人民公社化时改为建华大队，属戴村人民公社；1959年属戴村人民公社长潭管理区，属云石大队；1961年改名为沈村大队，属云石人民公社；1984年实行乡村建制，建立沈村村民委员会，隶属于云石乡；2001年7月云石乡与戴村镇合并为戴村镇，村隶属戴村镇。

2008年，全村有耕地577.5亩，杂地90亩，水面66亩，山林1481亩。经济以传统农业为主，主要种植水稻等粮食作物和蔬菜。自从村对农田水利设施进行改造后，基本上旱涝保收，粮食产量大幅度提高。1969年，全村出动大批劳力在宏图围海造田230亩，进行种植及水产养殖。在内地村干部带领村民改造低丘缓坡地种植茶叶、水果等经济作物，经过几年努力，取得较好的经济效益。21世纪以来，又开发“三清茶”、杨梅、梨等一大批名优农产品。尤其是“三清茶”获得中国上海国际茶文化节名茶金奖；1999年获浙江省名茶等荣誉。2008年，沈村有“三清茶”基地250亩，年产值250万元。

沈村的手工业，最早是以青竹为原料的手工造纸业，主要是生产土纸，产品销往杭州、苏州、上海、山东等地。解放初期，靠手工造纸业为生的人占全村人口的70%以上。后随着机械造纸的发展，手工造纸逐渐被淘汰。20世纪70年代，村开始创办集体企业，如服装厂、箬丝厂、垫毯厂、绸厂、汽化炉厂、五金厂、纺织厂、机械配件厂、光缆厂等，对解决村里剩余劳动力，发展村级集体经济起到很大的作用，产值最高的一年达2000万元。但后来由于市场销售、产品质量、内部管理等一系列原因，村办集体企业停办或转制。改革开放以后，个私企业兴起，成了农村经济的主力军。2006年共有个私企业28家，全村70%以上劳动力在个私企业工作。是年产值达到7000万元，创利润400万元。2008年有企业26家，从业人员422人，当年企业利润417万元，村当年总收入9146.97万元，村民人均收入13524元，比2007年增长1501元。

村级经济的发展，促进了村各项社会事业的发展。21世纪以来，村容村貌发生了巨变，村内道路四通八达，全部浇上水泥路硬化，并安装路灯实现亮化。建造自来水塔，家家户户都用上安全卫生的自来水，新规划区还建造了生活污水处理池，对农户生活污水进行处理。消灭了所有的露天粪坑，建造了公共厕所11座，其中3座为“生态公厕”。全村共建垃圾箱36只，落实专职卫生员6人，垃圾运输员1人，村民卫生意识普遍提高。2006年，村被评为“区级生态村”“杭州市级卫生示范村”。2008年，全村现有变压器11台，容量2060千伏安，其中工业专用变5台，容量920千伏安。

沈村村是戴村镇的革命老区村之一，有着光荣的革命传统。1927年7月，中国共产党萧山县委批准沈步蟾、沈水良等入党，后成立了沈村党支部。不久，发展党员10多人，同年秋，因斗争的需要，在沈步蟾、沈步云、沈子堂等领导下，把沈村周边的石牛山、南坞等村的贫苦农民组织起来，成立了沈村农民协会。在党支部领导下，发动劳苦大众与不法地主、黑心槽户进行斗争，实施“三七.五”及“二五”减租，受到广大贫苦农民的热烈拥护。1930年8月30日，上堡钟阿马光荣就义后，沈村党支部负责人也暂避他乡，与上级党组织失去联系，革命斗争被迫暂停。

沈村其排山麓有抗日将士坟墓遗址。1940年2月，日本侵略军从富春江上岸，向浙赣铁路进犯，路经塘坞村时停留，中国军队62师、192师驻扎在沈村、南坞、明堂等地，得悉日本侵略军暂停塘坞后立即奋起进攻，战斗十分激烈，久攻不下。后由沈村嫁到塘坞的沈佩兰“舍家为国”，把敌指挥所设在她家的情报送给192师，炮轰自家才打垮日本侵略军，她的家虽毁了，但歼敌200余，战斗大获全胜。沈佩兰受到当时国民政府的嘉奖。此次战斗中，192师伤亡32人，沈村村民兴以大义，主动帮助192师把阵亡将士遗体运回，持棺入殓，安葬于沈村其排山麓，并立碑铭志。

1954～2008 年沈村村历任书记名录

表 1－2－13

姓　名	任职时间	姓　名	任职时间
沈兴浩	1954.4～1959	沈水田	1973.5～1976.4(代理)
沈水田	1961.4～1964.11	沈田根	1976.5～1980.9
沈兴浩	1964.12～1969.11	徐仁兴	1980.10～2008
沈田根	1969.12～1973.4		

1954～2008 年沈村村历届行政领导人名录

表 1－2－14

姓　名	行政职务	任职时间
沈妙法	建华社负责人	1954～1957
沈兴浩	三联社负责人	1954～1957
沈妙法	建华社社长	1957～1959
沈妙法	大队长	1961～1964
丁连兴	大队长	1964～1968
沈雪桥	大队革命生产领导小组组长	1968.5.5～1968.10.17
徐仁兴	大队革命领导小组组长	1968.10.17～1970.1
沈兴浩	大队革命领导小组组长	1970.1～1973
徐仁兴	大队长	1973～1974.6.15
徐仁兴	革命委员会主任	1974.6.15～1978
沈妙法	大队长	1978～1979.3.13
徐仁兴	大队长	1979.3.13～1982.6
沈静良	大队长	1982.7～1984.6
王银法	村民委员会主任	1984.6.23～1990.3
沈静良	村民委员会主任	1990.4.1～1995
沈正泉	村民委员会主任	1995～2002
王银法	村民委员会主任	2002～2005.5
沈静良	村民委员会主任	2005.5～2008

佛山村

佛山村位于萧山区西南的丘陵地带，东距戴村集镇4公里，辖洪村、上堡两个自然村。东与半山村后宅相连，南与沈村村接壤，西与富阳渔山乡隔山相邻，北与义桥镇的狼岭为界。因村中有三座大佛山组成，故名佛山村。2.5公里长的溪流贯穿全村，云许公路穿村而过，交通比较便利。

全村地域面积为3.6平方公里，全村有农户379户，11个村民小组，2008年时人口1267人，共有姓氏72姓，其中"钟"姓人口最多，有488人，占总人口的38.04%；其次为吴、洪等姓。据家谱记载，南宋年间，江西尧洲钟姓人为避战乱，迁居浦南钟家坦，后分支析居佛山村，后又有洪、吴、沈、陈等姓氏陆续迁居上堡和洪村，生息繁衍。

佛山村历史悠久，村落形成距今已有800多年历史。元至元十六年(1279)属七都三图。明至清末仍沿袭元制。民国20年(1931)属二十五图，民国36年为长潭乡第一保。中华人民共和国成立后属长潭乡，1950年10月起属云石乡，1956年2月云石乡并入长潭乡，村属长潭乡，建立佛山农业生产合作社。1958年人民公社化后成立佛山大队管理委员会，隶属戴村人民公社。1959年年初属戴村人民公社长潭管理区云石大队。1961年7月起为云石公社佛山大队。1969年2月实行撤区并社，佛山大队属戴村人民公社(文化大革命期间曾改名为新农大队，1981年恢复为佛山大队)。1984年5月设立乡政权，村建立佛山村民委员会，属云石乡。2001年7月，云石、戴村合并为戴村镇，佛山村隶属戴村镇。

村有农田250亩，杂地100亩，有围垦土地210亩，山林面积为3602亩。农业种植主要以水稻为主的粮食作物，围垦由专业户承包搞种植和养殖。该村于20世纪60年代建造了一座库容量30万立方米的"钟岭水库"，使全村内地农田的粮食生产旱涝保收。山林种植品种比较丰富，除毛竹、杉木林外，还种植茶树、杨梅、板栗等经济林，杂地还种植蔬菜、笋竹等。除了搞种植、养殖外，村民曾经以青竹为原料生产土纸，作为一大经济支柱，后来因产品质量、销路等原因逐渐淘汰。

工业比较兴旺，曾办过3家集体企业："佛山村农机厂""佛山村校办厂""佛山地毯厂"。后来，随着改革开放的深入，3家集体企业均已转制，个私企业逐渐红火起来。到2006年止，共有个私企业11家，从业人员807人。如"杭州蓝达工艺制品有限公司""杭州自强静电喷塑厂""杭州萧山大鹏五金铸造厂""杭州萧山河上新河制伞厂"等，其中规模最大的是"杭州蓝达工艺制品有限公司"，为全镇30家重点骨干企业之一。全村2008年工业收入4185万元，农、林、牧、渔收入514万元，村民人均收入10998元，比2007年增1435元。

工农业生产的发展，带动了集体公益事业的兴办，村里原来弯弯曲曲、崎岖不平的石子小道，于2003年拆除部分小屋，扩建成村中大道并浇制沥青或水泥路面，村口、路边露天粪坑已全部拆除，建起了公共厕所，路边建起了垃圾箱，目前的佛山村，村容村貌已焕然一新。

佛山村村民有光荣的革命历史，是革命烈士钟阿马的故乡。钟阿马曾经在这里带领农民武装"铁血团"举行"砍竹暴动"，沉重地打击了那些横行乡里的地主、槽户。杭州市民政局杭民〔1987〕局字第137号批准佛山村为革命老区村。该村干部、村民发扬光荣传统，努力建设社会主义新农村，进入21世纪以来获得不少荣誉。1999年被评为萧山市村民自治模范村，2002年度被评为戴村镇综合先进村、计划生育、村级财务先进集体，萧山市社会治安综合治理委员会安全文明村，2003年被评为萧山区文明单位。该村的钟兴华当选为萧山区第十二届、第十三届、第十四届人大代表。钟观铨于1987、1988年两年被评为杭州市优秀党员。

1964～2008年佛山村历届党支部书记名录

表1－2－15

村名	姓名	任职时间	村名	姓名	任职时间
	钟吾亭	1964～1967		钟宝如	1983.1～1986.1
	钟凤浩	1967～1970		钟观铨	1986.1～1996.7
	钟吾亭	1970～1971		钟建芳	1996.7～2002.6
	钟凤飞	1971～1980		钟立祥	2002.6～2006.7
	钟观铭	1981～1982		钟观铨	2006.7～2008

1950～2008年佛山村历届行政主要领导名录

表1－2－16

村　名	姓　名	行政职务	任职时间
	吴浩潮	农会主任	1950～1953
	钟凤见	农会主任	1953～1956
	陈沈源	农会主任	1956～1957
	钟凤浩	农会主任	1957～1964
	吴松潮	大队长	1964～1967
	钟观铭	贫协主任	1967～1970
	钟宝如	大队长	1971～1983.12
	钟云海	村委会主任	1984.1～1986.1
	钟兴良	村委会主任	1986.1～1988.5
	钟靖明	村委会主任	1988.6～1995.10
	钟立祥	村委会主任	1995.10～2002.6
	钟兴华	村委会主任	2002.6～2005
	钟少文	村委会主任	2005～

半山村

半山村位于戴村镇西面，距镇中心2公里。东连三头村，北邻上董村，西与沈村村接壤，南与八都村以山为界。2005年行政村规模调整时由丁村、后宅、凌山、李家坞4个村合并建立半山村。因并村前现村域范围为半山片，故名。戴云公路穿村而过，737路公交车经过该村，交通便利。云石溪绕村而过，山清水秀，人居环境较佳。

村区域面积5平方公里，2008年止全村有农户670户，总人口2220人，共有姓氏100姓，其中"丁"姓人口最多，有526人，占总人口的23.69%；其次为“李”姓361人，“周”姓329人，分别占总人口的16.26%和14.82%。据丁氏宗谱记载，丁氏祖先丁璞，山东淄博人，官居唐朝淮南节度使，后告老返乡到临淄。又因兵乱，于唐朝光化年间，携家属迁居丁村，聚居发族。后来，丁璞第三子分支析居后，名为“后宅”，又有子孙迁居凌山，称东厢，迁居夏家溪居住的称“西园”。村中“李”姓，由义桥镇何家桥李氏到郑家坞郑家入赘为婿，后因郑氏衰落，李氏发族，村改为李家坞。村中周姓，由先祖周乐光从马谷村分支析居到此后发族。

该村民国20年（1931）属二都二十三图。民国36年（1947）属戴村乡，李家坞为十六保，丁村、后宅、凌山为十七保。新中国成立初属凌溪乡，农业合作化时分别为丁村高级农业生产合作社、后宅高级农业生产合作社、凌山高级农业生产合作社、李家坞高级农业生产合作社。1956年属戴村乡。人民公社化时属戴村人民公社。时，丁村、后宅两村为凌溪管理区二中队，凌山、李家坞两村为凌溪管理区三中队。1961年，缩小公社规模，撤销管理区，仍属戴村人民公社，分别为丁村大队、凌山大队、李家坞大队。1963年2月28日，丁村大队向上级政府递交要求分队的报告，是年4月24日，萧山县人民委员会下发了《关于丁村大队调整规模的批复》（萧办字第248号），同意划分为丁村、后宅两个大队。1984年5月，设立乡村建制，现村属戴村乡，时为丁村村、后宅村、凌山村、李家坞村，并分别设村民委员会。1985年起属戴村镇。2005年5月，行政村规模调整，四村合并建立半山村。

半山村有农田1468亩，其中内地1268亩，围垦200亩，山林2944亩，杂地200亩，水面70亩，有万立方米以上水库6座，其中标准水库3座。村农业一直以种植水稻等粮食作物和发展山林竹木、蚕桑、茶叶为主，尤其是茶叶产量较高，质地优良，闻名远近。

工业于20世纪70年代初开始兴起，先后创办了好几家村办集体企业，如“丁村箬丝厂”“后宅缝纫机配件厂”“凌山玻璃安瓶厂”“凌山电子开关厂”等，一时办得比较红火，成为当时村级经济的主要支柱。后来，随着形势的发展集体企业受各种因素的制约，停办或转制。1995年，在区人大的支持下，投资100多万元在原李家坞创办了一家红砖厂，并承包给个人经营，每年能为集体增收50万元～60万元。随着改革开放的深入，个私企业发展迅速，如“杭州桑田汽车配件有限公司”“杭州市萧山灵龙机械有限公司”“制伞配件厂”“杭州深蓝汽车零部件有限公司”等企业都具一定规模，至2008年止全村共有个私企业40家，从业人员455人。2008年，全村工业收入11000万元，农、林、牧、渔总收入350万元，村级集体经济收入130万元，农民人均收入9898元，比2006年增1657元。

村级经济的发展，促进了公益事业建设。进入21世纪以来，村容村貌、环境卫生等得到了彻底的改善。原来遍及全村的露天粪坑全部清除，建造起24座公共厕所，60只垃圾箱，并落实了专职保洁员7名。安装上自来水，使村民能吃用清洁卫生的自来水。全村道路全部硬化，路边绿化。

其中丁村自然村，为革命老区村（杭州市民政局1989年第205号文件批准），1927年春到1930年年底，以书记丁文樵为首的丁村地下党支部在中共萧山县委的领导下，发展16名党员。联系上堡地下党负责人钟阿马，成立铁血团，开展抗租抗息斗争，并经常在丁村庙、石滨庙、后宅太公庙秘密集会，与上堡钟阿马等人策划砍竹暴动，捣毁菩萨神像等一系列革命活动，受到贫苦农民的拥护。1929年，由于叛徒告密，农民革命运动遭到国民党警察局的血腥镇压，地下党支部活动被迫停止。

丁村的丁氏宗祠尚存，位于凌溪后山之阳，三进三间，为明代建筑，堂名“思本堂”。祠旁还有一株千年古银杏树，相传由丁氏祖先丁璞亲手栽于唐朝光化年间，如今已历尽一千余年仍枝繁叶茂，树高约30多米，胸围6米多，树冠呈宽卵形，造型古朴典雅。

半山村历史绵长，名人辈出，有官居唐朝淮南节度使的丁璞；有编纂《萧山湘湖志》的周易藻；有曾任职浙江省机械工业厅厅长的周象泰；曾任中共江山市委副书记、市政府常务副市长的丁吾权等。

1952～2008年半山村历任党支部书记名录

表1－2－17

原村名	姓名	任职时间	原村名	姓名	任职时间
李家坞	李仁球	1952～1956	凌山	汤纪兰	1984～1986
	李子庆	1957～1967		赵桂江	1987～1996
	李松年	1968～1970		丁钊兴	1997～2002.6
	李子庆	1971～1979.2	凌山	汤祖晓	2002.7～2005.5
	李林年	1979.2～1981.10	丁村	丁永兴	1956～1963
	李兴洪	1983.5～1984.2		顾渭林	1963～1965
	李国军	1984.2～1992.8		丁永兴	1965～1967
	李来兴	1993～2002.2		丁吾传	1968～1978
	李国林	2002.5～2005.5		丁杏根	1979～1989.5
后宅	丁志忠	1956～1989		周建民	1983～1987
	丁海标	1990～1995		丁杏根	1987～1989.5
	丁灿贤	1996～2005.5		沈云龙	1989.5～1990
凌山	丁利法	1956～1963		周亮	1990～1991
	丁观千	1964～1970		丁杏根	1991～1993
	汤长芳	1971～1973		周利春	1993～1996
	周沈彪	1974～1979		丁杏根	1996～1999
	丁尧法	1980		周杨秋	1999～2002
	陈关兴	1981		周烈秋	2002～2005.5
	丁国根	1982～1983	半山村	汤祖晓	2005.6～

1952～2008年半山村历届行政主要领导人名录

表1－2－18

村 名	姓 名	行政职务	任职时间
李家坞	李春和	大队长	1952～1967
	李永明	大队长	1968～1974
	李春和	大队长	1975～1979
	李兴洪	大队长、村委会主任	1980～1985.8
	李来兴	村委会主任	1985.9～1991

续表 1－2－18

村　名	姓　名	行政职务	任职时间
	李加明	村委会主任	1992 ~ 1999.8
	丁慧芳	村委会主任	1999.9 ~ 2002.7
	李加明	村委会主任	2002.7 ~ 2005.5
后宅	丁观尧	大队长	1963 ~ 1979
	丁灿贤	大队长	1980 ~ 1982
	丁连兴	大队长、村委会主任	1983 ~ 1985
	丁志忠	村委会主任	1986 ~ 1992
	丁世来	村委会主任	1993 ~ 1995
	俞建成	村委会主任	1996 ~ 2005.5
凌山	丁吾兴	大队长	1971 ~ 1974
	丁定云	大队长	1974 ~ 1976
	丁和兴	大队长	1976 ~ 1982
	丁尧法	大队长	1982 ~ 1983
	丁钊兴	村委会主任	1984 ~ 1990
	孙夫根	村委会主任	1990 ~ 1993
	丁钊兴	村委会主任	1993 ~ 1996
	余国祥	村委会主任	1996 ~ 2002
	丁钊兴	村委会主任	2002 ~ 2005.5
丁村	顾渭林	大队长	1960 ~ 1963
	周象松	大队长	1963 ~ 1964
	丁吾传	大队长	1965 ~ 1967
	丁金法	大队长	1978 ~ 1982
	顾兴祥	大队长、村委会主任	1983 ~ 1991
	周关金	村委会主任	1991 ~ 1995
	周杨秋	村委会主任	1995 ~ 2000
	周烈秋	村委会主任	2000 ~ 2002
	丁伟樵	村委会主任	2003 ~ 2005.5
半山村	李国林	村委会主任	2005.5 ~ 2008

马谷村

马谷村位于戴村镇西南5公里。坐落于云门寺山东北麓，三面环山，东北面与八都村（中潭自然村）接壤，南与河上镇以山为界。历史悠久、山清水秀、谷深峰雄，村中古老民宅较多，为风景独特的山区古村庄。相传元朝末年，朝廷腐败，民不聊生，各地义军风起云涌，曾在本山谷里孕育马匹，以备战用。"马谷"由此得名。

全村占地面积约2.5平方公里，2008年止，有农田348亩，其中围垦190亩，杂地48亩，山林面积3523亩。到2008年年底止，有农户403户，人口1238人，设9个村民小组。马谷村共有姓氏78姓，其中"陈"姓人口最多，有463人，占总人口的37.4%；其次是"周"姓314人和"来"姓124人，分别占总人口的25.36%和10.02%。相传陈氏先祖于南宋初从义乌大陈迁居到此，已传32世，至明季时，周姓由临浦的周家湖迁居马谷。来姓由萧山的长河迁居至此。三姓祖先都以蔑业为生计，相互间能宽容待人、和睦相处、勤恳劳作，留下了许多感人的故事和动人的佳话；重德行、守诚信、讲孝义的优秀品德更为后辈所传承。

元至元十六年（1279）马谷村属八都五图，明至清末仍袭元制，民国20年（1931）属二都二十四图。中华人民共和国成立初属凌溪乡，1952年成立互助组。1954年12月底成立戴村第二竹器供销生产合作社。1956年成立正义高级农业生产合作社。人民公社化时属戴村人民公社凌溪管理区，为一中队。1961年后为戴村人民公社马谷生产大队。1984年设立乡村建制，为戴村乡马谷村并成立马谷村村民委员会。1985年5月，戴村撤乡建镇，村属戴村镇。

马谷村属低山丘陵地区，田少山多，内地水田人均不到0.2亩，大部分都在外畈（戴家山自然村东面的茅村畈），离村较远，管理不便。种植一直以水稻等粮食作物为主。围垦土地由专业户承包经营。山林以培育竹木茶叶为主，尤其是毛竹资源极其丰富。利用毛竹资源进行竹制品加工和手工造纸，历来是村民们主要经济来源。该村对山林管理严格，20世纪60～70年代曾获得过不少荣誉，评为省级林业生产先进村。1962、1963年连续两年被萧山县委、县人民政府、浙江省人民委员会评为农业先进单位。时任村党支部书记的来甫贤多次被评为省、县级先进生产者。

村手工业较有特色，利用丰富的毛竹资源加工竹制品和以青竹为原料的造纸业。尤其是竹制品加工业，男人劈篾，女人做簟（俗称笒皮），多数村民都从事这一手艺。1954年12月底，以马谷村为主成立了戴村第二竹器供销生产合作社。20世纪60年代开始，本村竹制品生产热火朝天，相当一部分篾工、编工到外乡（云石、进化、河上、楼塔）、外县（富阳、临安、昌化、龙游）等地传授手艺，为生产队和自己家庭争得了"外资"，村级集体经济不断增强，村民收入不断提高，在以后的十多年里，马谷村成为富裕村。当时有句顺口溜："以前有囡若许（嫁）马谷里，宁可溺死马桶里；如今是有囡若许（嫁）马谷里，好比老鼠跳进谷仓里"。

随着时代的发展，劈篾从原来的纯手工到开始用手工摇篾机，再到电动摇篾机。这不但降低了劳动强度，而且提高了作业效率。改革开放以来，原始的竹制品生产逐渐减少，2008年只有少量的村民仍传承着古老的竹制品生产手艺。

利用青竹为原料的造纸业，一直来也是马谷村民的一项主要经济来源之一，最鼎盛时，全村开过4个槽产。后来随着科学技术的发展，单一用青竹做原料的手工纸不适应社会的需求，逐渐被淘汰。马谷村先后也办过几家村办企业，如1975年办的"马谷胶木厂"，主要产品是电器闸刀胶木盖等；又如1997年办了一个"伟丽绣花厂"，但规模都较小，全年产值不过几万元，后因管理、效益等原因停办。

改革开放以后，村民们解放思想、各显神通，个私企业逐渐兴起，有几家已初具规模，如陈胜飞在所前办的"五金机械厂"，陈海峰在安徽办的造纸厂，陈胜和在萧山办的服装厂等。据2006年年底统计，全村有个私企业9家，企业职工348人，工业收入1225万元。2008年村级集体经济总收入19万元，村民人均收入9975元，比2007年增1236元。

马谷村重视村里基础设施建设和环境卫生整治，到2008年止，全村的主要大路都浇成水泥路面。2000年起先后消灭了村中近一百只露天粪坑，建造起4座公厕、30只垃圾箱，并配有专职保洁员和专职清理垃圾的运输员。2004年投入20多万元资金，建造蓄水池、净水池，增改原水管管道，使村民能吃、用洁净卫生的自来水。

该村历史久远，古迹遗存较多，闻名区内外的千年古刹云门寺坐落在马谷云门寺山巅。村内保存有300～400年桥龄的古桥7座；2002年被萧山区定为“古树名木”的古银杏树1株，树龄500多年；保存古民宅3处：老墙门、前墙门、后墙门，每个庭院正屋都有五间二弄，两厢侧屋，庭院基本保持完好。建于清嘉庆十八年（1813）的周家祠堂（堂名爱莲堂）2进5间，20年前被一场大火，烧去后厅及两侧厢房，仅存5间前厅。

1958～2008年马谷村历届党支部书记名录

表1－2－19

村名	姓名	任职时间	村名	姓名	任职时间
马谷	来甫贤	1958.1～1972.6		周林生	2000.1～2002.5
	陈善家	1972.7～1990.3		陈凤美	2002.6～2005.8
	来妙水	1990.4～1992.11		陈国庆	2005.8～2008.3
	陈先华	1992.12～1994.9		陈建华	2008.4～
	陈　康	1994.9～1999.12			

1961～2008年马谷村历届行政主要领导人名录

表1－2－20

村　名	姓　名	行政职务	任职时间
马谷	韩吾乔	大队长、村委会主任	1961～1977
	周鲁庆	村委会主任	1977.1～1980.2
	周吾安	村委会主任	1980.2～1984.6
	陈先华	村委会主任	1984.6～1993.2
	陈永根	村委会主任	1993.2～1996.4
	陈哲明	村委会主任	1996.5～2002.5
	来周明	村委会主任	2002.6～2005.9
	陈召兴	村委会主任	2005.9～

八都村

八都村位于戴村集镇西南部，西南与马谷村接壤，北濒七都溪，村大部分三面环山。因八都溪经过村中，故名。村民住房建造在溪流两边，村级公路与戴尖公路相连，公交875路车穿村而过直达马谷终点站，交通比较方便。2005年5月，行政村规模调整，原中潭、麦园、盛家、前方4个村合并为八都村。

全村地域面积3.8平方公里。2008年止有农田1080亩，其中围垦124亩，杂地63亩。村有山林3864亩。全村有农户678户，总人口2317人，共有姓氏90姓，其中沈姓最大，有851人，占总人口的36.73%。其次为陈姓296人，方姓286人，周姓167人，盛姓141人。相传沈氏祖先于明嘉靖年间由云石沈村分支析居到此，繁衍发族。本村陈氏于明朝万历年间从马谷村分支析居到此。村民中方姓，于南宋初从北方迁居诸暨白门,传至8世后,又迁居到此后发族。周姓系元朝大德年间从诸暨迁临浦,至明季时移居马谷村,后又析居本村。盛姓村民原由义桥义一村分支析居本村。

元至元十六年(1279)设都图,该村属八都五图;明至清末,仍沿袭元制;民国20年(1931),属二都二十四图,民国36年(1947),隶属戴村乡,为十八、十九、二十保。新中国成立初期属凌溪乡。农业合作化时,中潭为中兴高级农业生产合作社,麦园为晨兴高级农业生产合作社,盛家为新民高级农业生产合作社,前方为前方高级农业生产合作社。人民公社化时属戴村人民公社,分别为中潭大队、麦园大队、盛家大队、前方大队。1959年,属戴村人民公社凌溪管理区,现八都村与马谷村合并为一中队。1961年起,属戴村人民公社,仍分为马谷、中潭、麦园、盛家、前方5个大队。1984年设立乡、村建制,现八都村属戴村乡,时为中潭村、麦园村、盛家村、前方村,并分别建立村民委员会。2005年5月,4村合并为"八都村"。

八都村的农业,水田主要是种植以水稻为主的粮食作物。山林面积较大,以培育竹、木、茶树等为主。竹主要为开发竹、笋两用林。男人劈篾,女人打簟的传统竹制品生产及以青竹为原料的土纸生产等家庭副业,历来为该村村民的主要经济支柱。后来随着形势的发展,竹制品生产及土纸生产逐渐萎缩,20世纪70年代开始,村办工业逐渐兴起,八都村先后办过纸箱厂、五金厂、翻砂厂、地毯箬丝厂、塑料厂、鞋厂等多家企业,尤其是中潭纸箱厂,是原戴村镇最早兴办的村办工业。这些企业后因经营、市场销售、资金等多方面因素停办或转制。改革开放以来,村民的经营观念开始转变,经商、外出务工、办企业广开门路,特别是个私企业如雨后春笋般地兴起,有的目前已初具规模,如"杭州康龙铝塑材料公司""杭州萧山胜达电磁线厂""杭州萧山中潭五金配件厂""杭州萧山伟迪电声器材厂"等,到2008年年底止,共有个私企业48家,从业人员211人,工业收入10263万元,农民人均收入10004元,比2007年增1230元。

工农业生产的发展,带动了集体公益事业的兴办,各自然村都清除了露天粪坑,建造起公共厕所,村中道路全部硬化,两旁绿化,公共卫生落实专人管理打扫,环境卫生今非昔比。从前方大溪桥到马谷村的主干道,原是弯弯曲曲高低不平的石子路,由政府支持、村民集资,已取直扩建为镇级公路,并浇制成柏油路。2006年1月开通了马谷至临浦的875路公交车,实现了村民梦寐以求的愿望。

村内古迹较多,保存比较完整的陈氏宗祠,建于清代,名"聚星堂",坐南朝北,前后两进各4间,中间有参堂,两边看楼,正门中央设有龙头直匾,上书"恩进义门"四字。1942年,杭州官巷口奎元馆老板陈锡芬赠予金匾一块(此匾于"文化大革命"期间被毁掉)。中潭沈氏宗祠,堂名"永义堂",建于清康熙年间,正厅5间,二侧看楼,有戏台,现作个私企业厂房用。盛家村安山庙(建造年代不详),原有里、外大殿,东西两边有小屋,曾经香火较旺。1958年办牧场时拆除里大殿及小屋,现存3间外大殿。此外,建造于清乾隆五十六年(1791)四月的安寿桥,桥梁石刻等均保存完好。

1956~2008年八都村历任党支部书记名录

表1-2-21

原村名	姓名	任职时间	原村名	姓名	任职时间
中潭	沈利章	1956~1958	盛家	盛炳山	1956~1965.12
	陈吾林	1958~1961		盛水尧	1966.1~1967.1(代书记)
	沈利章	1961~1981		陈校金	1967.2~1985.6
	沈绍昌	1981~1990		周象康	1985.7~1990.10
	沈绍裕	1990~1995		周建春	1990.11~1993.12
	沈鹤松	1995~1996		周象康	1994.1~2002.12

续表 1－2－21

原村名	姓名	任职时间	原村名	姓名	任职时间
	沈迪青	1996～1999		周正兴	2003.1～2005.5
	沈妙祥	1999～2005.5	前方	方才兴	1961～1968
麦园	陈吾林	1953～1963		方小堂	1968～1984
	陈浩坤	1964～1971		方松兴	1984～1989
	沈钊庭	1972～1982		朱元杰	1989～1991(镇政府下派)
	陈吾妙	1983～1991		方妙兴	1991～1993.2
	许仲洋	1991～1993(宣传部下派)		方吾潮	1993.3～1995
	陈妙根	1993～1995		方力山	1995～2005.5
	沈柏鲁	1996～2005.5	八都村	沈柏鲁	2005.5～2008

1958～2008 年八都村历届行政主要领导人名录

表 1－2－22

原村名	姓　名	行政职务	任职时间
中潭	沈海铿	大队长	1958～1961
	沈绍昌	中队长	1961～1971
	沈见堂	大队长	1971～1977
	沈子高	大队长	1977～1984
	沈立平	村民委员会主任	1984～1995
	沈妙祥	村民委员会主任	1995～1999
	沈伟春	村民委员会主任	1999～2005.5
麦园	沈海见	大队长	1953～1963
	陈松田	大队长	1966～1980
	陈巨文	大队长	1981～1983
	陈泉法	村民委员会主任	1984～1987
	陈成明	村民委员会主任	1988～1989
	沈吾田	村民委员会主任	1989～1997
	何月桥	村民委员会主任	1997～2002
	陈月祥	村民委员会主任	2002～2005.5

续表 1－2－22

原村名	姓 名	行政职务	任职时间
盛家	盛才明	大队长	1962.1～1978.7
	周象川	大队长	1978.8～1984.2
	周象贤	村民委员会主任	1984.3～1990.3
	盛马仁	村民委员会主任	1990.4～1999.2
	周正兴	村民委员会主任	1999.3～2002.3
	周祖春	村民委员会主任	2002.4～2005.5
前方	方吾康	大队长	1961～1972
	方吾津	大队长	1972～1983
	方妙兴	大队长、村委会主任	1983～1989
	方力山	村民委员会主任	1989～1995
	方伟贤	村民委员会主任	1995～1998
	方水明	村民委员会主任	1998～2001
	方中夫	村民委员会主任	2001～2005.5
八都村	陈月祥	村民委员会主任	2005.5～2008

三头村

三头村地处戴村集镇西南。南傍八都山，与八都村隔溪相望，西与半山村接壤，北面与上董村、大石盖村相邻。云石溪依村流入永兴河。戴闻公路、戴尖公路傍村而过，公交K6路车起点站设于村口，交通十分便利。2005年行政村规模调整时，大湖头、凌桥（头）、墙头三村合并建立三头村。

全村区域面积2.18平方公里，到2008年年底止，共有农户668户，总人口2403人，姓氏91个，其中“任”姓最大，有人口831人，占总人口的34.58%，其次是戴姓、丁姓、何姓等。始祖讳钥，籍贯河南。登北宋建中进士，除左司言，忤权贵落职，后起知山阴县卒于署，葬于桑盆里，子孙家焉。至五世全心公奉公宋承值郎绪衡公柩葬北干山麓，子孙徒家昭明里。弟渊翁守高祖墓仍居桑盆，六世应珍公昭赐长者，幼弟本初由昭明再迁埭湖，后繁衍发族，至今已有25世。

三头村民国20年（1931）属二都二十三图，民国36年属戴村乡。时凌桥村为十三保，大湖头村为十四保，墙头村为十五保。中华人民共和国成立后，废除保甲制，成立乡政府。1950年10月，村属凌溪乡。1956年凌溪乡并入戴村乡，村属戴村乡。1958年实现人民公社化，村属戴村人民公社凌溪大队。是年3个村合并成立东风农场，为一个核算单位，共404户，1567人，田1998亩、地52亩。曾被评为公社和县级的先进农场。1959年，公社行政区域扩大，村属戴村公社凌溪管理区，为第四中队。1961年恢复区建制，缩小公社行政区域，并撤销管理区，该村属戴村人民公社，分别为凌桥生产大队、大湖头生产大队、墙头生产大队。1984年5月改变“政社合一”体制，建立乡政府，乡以下村建立村民委员会，分别为凌桥村、大湖头村、墙头村，属戴村乡。2005年5月，行政村规模调整，三个村合并建立三头村。

全村2008年止有耕地797亩，其中水田664亩、旱地133亩、山林917亩，主要农作物一直以来以种植水稻为主，还有大、小麦、蚕豆、油菜等。改革开放以后，土地承包到户，农作物改种一季单季稻为主，村民们解放思想，广开门路，大力发展二三产业，村里涌现出不少上规模的种植、养殖专业户，也有不少村民从事经商、务工、办企业等多种行业，使村民逐步走上致富路。

三头村历来重视水利建设，如大湖头自然村的先辈们，为了使农田旱涝保收，设计建造了一套科学的水利灌溉系统。这套灌溉系统为四河、一潭、二闸，既能自流灌溉，又能蓄水，在当地称之一绝。

解放前该村就有传统的手工造纸行业，村民们用稻草作原料加工成草纸（当地又称毛纸），作卫生纸用。产品近的销往临浦及本县东片各集镇，远的销往绍兴、宁波等地区，有不少村民在宁波开了纸行，当起小老板。这一手工造纸行业已成为三头村村民当时的主要经济来源之一。直到20世纪70年代，高质量的机械造纸业发展较快，技术、质量较差的手工草纸逐渐被淘汰。

20世纪70年代中期开始，三头村村民不甘心背朝黄天面朝土的纯农业经济，开始尝试工业强村之路，先后办过不少村办集体企业，如大湖头的半机械化“造纸厂”“水泥瓦片厂”“制钉厂”，墙头的“拼线厂”“丝绸厂”；凌桥的“铝箔厂”“石料厂”等。但后来均因原料、销售、资金、管理等多种原因停业或转制。改革开放以后，三头村的个私企业发展较快，到2008年止，有个私企业30多家，其中进入全镇30强企业的有5家。2008年工业总收入10425万元，农、林、牧、渔总收入500万元，村级集体经济收入187万元，村民人均收入10153元，比2007年增16.7%。

随着三头村村民生活水平的提高，村内的基础设施建设也逐渐完善，三个自然村均完成了整治村。至2008年年底，村内主要道路硬化率达到90%以上，路灯亮化率达到90%，村级道路两侧均实行绿化，全村绿化率超过30%。投资3万多元，对云石溪该村范围段进行堰坝加固加高。村内环境卫生进行彻底整治及规范管理，村内有封闭式垃圾箱39只，消灭了所有的露天粪坑，建造18座公共厕所，并都建有三格式化粪池，落实6名专职保洁员，负责全村的卫生工作。

三头村宗祠尚存两处，一是大湖头自然村的任氏宗祠，堂名“怡怡堂”，建于清代，坐北朝南，整个建筑画栋雕梁，丹墀粉壁，楼台俊雅，前厅建有戏台，其上方称“鸡笼顶”，造型独特，今毁；二是凌桥自然村的戴氏宗祠，堂名“源远堂”，建于清道光乙丑年，为五开间连进二幢砖木结构，内有翰林匾额，拔贡匾额，金殿传卢直笃匾额各一块。另有古迹“镇龙庵”（又称茅蓬），始建于元代，供有圣帝、观音、韦陀等佛象，村民特信奉韦陀菩萨，旱天迎韦陀救庄稼为大湖头盛传已久的民俗。村中茶亭伤科，原址静修庵，于清同治九年（1871）由永春和尚（又名柳溪）从绍兴迁此，僧有武术，精于伤科，著名于时，又在庵前建有亭子，广施茶汤，故名茶亭伤科，现已有第四代传人陈锦昌将茶亭伤科医院迁址在人民路北端（原凌桥自然村）。原茶亭伤科旧址，于2004年已定为文物保护点。

该村的凌桥自然村，原有一条凌桥老街，东起戴氏宗祠，西至码头，长约200米。现存房屋系明清建筑，上宅下店，临街为挂廊。凌桥老街是旧时七、八两都进出的必经之路。民国时期，商业甚为发达。

该村墙头自然村于20世纪50年代曾出过一名萧山、杭州及省级女劳动模范汪顺仙，当时，为了宣传她的事迹，萧山绍剧团、杭州滑稽剧团把她的事迹编写成剧本《汪顺仙》，在杭州、上海等地演出。2003年9月14日墙头自然村任吾校一家三口在中央电视台《神州大舞台》栏目中获得歌舞组演出第一名。

行政村调整以来，三头村多次荣获各级嘉奖。先后被授予浙江省文明村、浙江省生态村、杭州市文明村、杭州市四星级民主法制村、萧山区生态村、萧山区卫生村、萧山区村民模范自治村、萧山区社会治安安全村、萧山区一级文化村、萧山区社会治安村。2005年被评为萧山区人口和计划生育先进集体，是年被评为第一次全国经济普查先进集体、萧山区规范化人民调解委员会。

1958～2008年三头村历任党支部书记名录

表1－2－23

村名	姓名	任职时间	村名	姓名	任职时间
东风农场	任田金	1958	墙头	丁吾根	1957～1964
大湖头	任田金	1959～1980		汪顺仙	1965～1969
	任周善	1980～1984		任先法	1970～1977
	任方根	1984～1985		任妙法	1978～1980
	任周善	1985～1997		任兴法	1981～1983
	任妙良	1997～2005.5		任来法	1984～1989.5
凌桥	郭临深	1954～1957		任晓根(下派)	1989.5～1991
	戴企法	1958～1979		鲍吾虎	1991～1993
	戴正明	1980～1993		何友根	1993～1998
	戴松波	1994		任文泓	1998～2005.5
	戴培华	1995～2002	三头村	任妙良	2005.5～2008
	丁金良	2002～2005.5			

1949～2008年三头村历届行政主要领导人名录

表1－2－24

原村名	姓　名	行政职务	任职时间
大湖头	任芝校	农民协会主任(第一届)	1949
	任阿文	农民协会主任(第二届)	1950
	任锡炮	农民协会主任(第三届)	1951
东风农场	任吾贤	场长	1958
大湖头	任吾贤	大队长	1959～1963
	任秀康	大队长	1964～1965
	任祥林	革命委员会主任	1966～1968
	任秀康	大队长	1969～1979
	任吾来	大队长	1980～1983
	任子和	村民委员会主任	1984
	方吾桥	村民委员会主任	1985～1990

续表 1-2-24

原村名	姓　名	行政职务	任职时间
	任妙良	村民委员会主任	1991～1996
	任金贤	村民委员会主任	1997～2005.5
凌桥	戴友云	村长	1949～1957
	戴友云	大队长	1958～1980
	戴浩然	大队长	1980～1983
	戴忠法	村民委员会主任	1984～1993
	丁加明	村民委员会主任	1994～2002
	戴鑫源	村民委员会主任	2002～2005.5
墙头	丁夫林	村长	1949
	任芝法	农民协会主任	1949
	丁安仙	农民协会主任	1950
	任妙法	农民协会主任	1951
	丁吾根	农民协会主任	1952
	任子根	大队长	1952
	任妙法	社长	1957
	丁吾根	大队长	1958～1964
	任先法	大队长	1965～1969
	何吾江	大队长	1970～1977
	任来法	大队长	1978～1980
	鲍吾虎	大队长、村委会主任	1981～1986
	何友根	村民委员会主任	1987～1992
	任文华	村民委员会主任	1993～1995
	任文泓	村民委员会主任	1996～1998
	丁鲍云	村民委员会主任	1999～2005.5
三头村	戴鑫源	村民委员会主任	2005.5～2008

南三村

南三村地处低山丘陵区，紧靠戴村集镇中心。东与河杨湖村隔畈相连，南与河上镇祥河桥村相邻，西与三头村毗邻，北与集镇人民路接壤。七都溪经过村中流入永兴河，杭金公路(03 省道)穿村而过，交通十分便利。2005 年行政村规模调整时，由溪河、戴家山、下方三个村合并建立南三村，因三个自然村位于戴村镇最南面，故取名为“南三村”。

全村区域面积2.5平方公里。至2008年止,有水田1026亩、山林1574亩、旱杂地65亩。全村共有农户495户,总人口1678人,共有姓氏85姓,其中"戴"姓人口最多,有293人,占总人口的17.64%;其次是卢姓243人、丁姓200人、方姓145人、何姓125人等。相传戴氏祖先绵公原居河南谯郡鹿邑,为宋节度使,宋室南迁时随驾南渡,后隐居萧山西兴,越二世太初公分支析居戴家山自然村,已传32世。卢姓先祖由沈村卢家坎迁居到溪河自然村,丁姓由丁村、萧山城厢镇等地分支析居下方自然村发族。方姓由前方分支析居下方自然村,何姓由戴家山兔沙何迁居溪河自然村。

元至元十六年(1279),溪河自然村名为溪河庄,属八都一图;戴家山庄、下方庄属八都五图。民国20年(1931)3个村都属二都二十二图。民国36年,属戴村乡第九保。中华人民共和国成立后,现村域属戴村乡。1949年属凌溪乡,原3个村分别成立农民协会。1951年开始到1955年,先后成立互助组、低级社、高级社。人民公社化时,溪河、戴家山、下方3村合并为一个核算单位,为戴村人民公社凌溪管理区第六中队。1961年撤销管理区,各自然村单独核算,分别为溪河大队管理委员会、戴家山大队管理委员会、下方大队管理委员会,属戴村人民公社。1984年5月,改变"政社合一"的体制,撤销人民公社,成立乡政府,村成立村民委员会,分别为溪河村、戴家山村、下方村,属戴村乡。2005年5月,行政村规模调整,溪河、戴家山、下方三个村合并为"南三村"至今,属戴村镇。

农业生产以种植粮食作物为主,主要的农作物有水稻、大小麦、蚕豆、黄豆、莱豆等,也曾少量种植油菜、络麻等经济作物。农业产业结构调整后,大田以种植单季晚稻为主。一直以来,村民们精耕细作,除病虫、抗灾害,收成较高,粮食基本自给有余。山林主要种植松树、杉树、毛竹等,也有一定数量的苗木基地、茶叶基地和果树基地。养殖业,家禽以鸡、鸭、鹅为主,家畜有猪、牛、羊、狗等,基本上为零散的家庭养殖,也有少量农户搞规模养殖,经济效益较好。2008年,戴村镇在南三村成功创建了面积为1026亩的杭州市级粮食生产功能区,获得区级粮食生产先进镇荣誉称号。

历史上该村村民曾用稻草作原料,手工生产家用卫生纸(又称毛纸),销往附近各村以及临浦、绍兴等地,从业人员较多,为村民的主要经济来源之一。后来随着机器造纸业的发展,高级卫生纸的问世,手工毛纸逐渐淘汰。村办企业掀起后,村也办过几家集体企业,一时比较红火。如"萧山市戴村下方工艺品加工厂""萧山市五金电镀厂""萧山市戴村纸箱厂""萧山市戴村镇戴家山五金厂"等。后来由于市场销售、资金、管理等原因停办或转制。随着改革开放的不断深入,个私企业迅速发展,到2008年止,全村共有个私企业30多家,办在村内的有"杭州南方电镀有限公司""杭州萧山新力机械有限公司""杭州政健五金车把厂""杭州天地人和休闲用品有限公司"等。办在镇工业园区及外村外地的也有多家企业。如"萧山天新机械有限公司""杭州志凌机械有限公司""杭州萧山恒达塑胶机械有限公司"等。其中,挤入镇20强企业行列的有3家,个私企业总共有从业人员340人。2008年,工业总收入165727万元,村级集体经济收入64万元,村民人均收入11156元,比2007年增10%。

村级经济的不断发展,促进了村庄基础设施建设及各项社会事业的发展,南三村重点在改善人居环境,优化环境布局上狠下功夫。到2006年止,已全部清除露天粪坑,建造公共厕所18座,垃圾箱48只,落实专职清洁工,做到责任到人。对生活垃圾集中回收,送到镇垃圾填埋场统一处理,彻底改变了原来垃圾到处可见的脏乱现象。全村主要道路全部硬化,道路两侧均已绿化。2005年修建了03省道至下方自然村的道路,改善了下方自然村交通不便的状况。

村内新建了灯光球场、公园、老年活动室等。3个自然村先后投入450万元进行了村庄整治工作,使村庄真正达到了布局优化、道路硬化、村内绿化、路灯亮化、卫生洁化、河道净化。几年来,先后获得"杭州市文明村""萧山区一级文化村"、萧山区卫生先进村、萧山区先进党支部、萧山区综合先进村、萧山区信用村、萧山区村级财务先进集体、萧山区计划生育先进集体等荣誉。2008年,又创建为区级新农村建设竞赛优胜村。

1956～2008年南三村历届党支部书记名录

表1－2－25

村　名	姓　名	任职时间	村　名	姓　名	任职时间
溪河	何志铨	1956～1977.9	戴家山	戴荣桥	2004～2005.5
	卢吾仙	1977.10～1981.2	下方	戚吾水	1955～1956
	卢兴德	1981.3～1988.4		韩文焕	1956～1958
	卢吾仙	1988.5～1990.3		方校庭	1959～1961
	卢建庭	1990.4～1991.7		戚吾水	1962～1979
	卢沈康	1991.8～1995.3		丁国相	1979～1984
	何礼达	1995.4～1997.4		韩文焕	1984～1985
	何忠法	1997.5～2004.5		戚吾海	1985～1992
	何礼达	2004.8～2005.5		丁国相	1992～1994
戴家山	戴吾庭	1955～1963		丁亚龙	1994～1996
	王吾贤	1964～1971		丁金仁	1996～1998
	戴吾庭	1972～1985		韩益明	1998～2005
	戴吾水	1986～2003	南三村	韩益明	2005.5～2008

1960～2008年南三村历任行政主要领导人名录

表1－2－26

村　名	姓　名	行政职务	任职时间
溪河	卢兴德	大队长	1960.4～1975.4
	王吾水	大队长	1975.5～1982.3
	何吾然	大队长	1982.3～1984.4
	卢降洲	村委会主任	1984.4～1990.4
	卢吾友	村委会主任	1990.5～1995.9
	卢建松	村委会主任	1995.10～1998.12
	卢吾友	村委会主任	1998.12～2002.6
	卢仁杰	村委会主任	2002.6～2005.10
戴家山	戴观德	大队长	1958～1964
	戴子法	贫协主任	1964～1966

续表 1-2-26

村　名	姓　名	行政职务	任职时间
	王吾贤	革命领导小组组长	1966～1971
	戴明德	革命领导小组组长	1972～1976
	戴吾木	村委会主任	1976～1984
	陶吾东	村委会主任	1985～1987
	戴吾潮	村委会主任	1988～1997.3
	戴荣桥	村委会主任	1997.3～2005.5
下方	戚忠根	大队长、村委会主任	1961～1985
	方吾仁	村委会主任	1986～1994
	丁亚龙	村委会主任	1994～1996
	金岳标	村委会主任	1996～1997.4
	韩益明	村委会主任	1997.4～1998
	戚友祥	村委会主任	1998～2005
南三村	戴建庭	村委会主任	2005～2008

戴村村

戴村村为戴村老集镇所在地，东与河杨湖村相邻，南与南三村以集镇人民路为界，西与三头村相连，北与大石盖村接壤。杭金公路(03省道)傍村而过，村区域内有人民路、凌溪路、新甸路、锦绣路等纵横交错，交通十分便捷。萧山区中医骨伤科医院、戴村农村合作银行、戴村影剧院、戴村综合农贸市场等单位均在村区域内。

戴村村属永兴河河谷平原区，整个村庄地势平坦。村域总面积1.5平方公里，2008年止，全村总户数549户，人口1899人，共有姓氏101个，人口较多的姓氏有："郑""丁""方""鲍"等，其中"郑"姓人口最多，有509个，占总人口的26.80%，其次是"丁"姓，有人口246人，占总人口的12.95%。相传郑氏祖先善三公于明成化年间，从浦江郑宅来戴村方家(今为后郑村)做长工，后入赘方家为婿，繁衍发族。丁姓村民一部分由本镇丁村迁来，房族称丁家丰，另一部分由义桥镇丁家庄迁来，房族称丁方兴。

元至元十六年(1279)，村属八都一图。明至清末，仍沿袭元制。民国20年(1931)属二都二十二图。民国36年，隶属戴村乡，后郑为第六保，戴村为第七、第八保。中华人民共和国成立后属凌溪乡。1950年改属戴村乡，农业合作化时期，戴村成立戴村高级农业生产合作社，后郑成立新华高级农业生产合作社。人民公社化时隶属戴村人民公社凌溪管理区。时，戴村、后郑两村合并为第五中队。1961年属戴村人民公社，分别为戴村大队、后郑大队。1984年5月，改变"政社合一"体制，设立乡村建制，现村属戴村乡，戴村、后郑两村分别成立村民委员会。2005年5月，行政村规模调整，戴村、后郑两村合并建立新的戴村村。

至2008年，戴村村共有农田928亩，其中内畈764亩，围垦164亩。有杂地61亩，水面10亩，山林5亩。农业上，内畈历来以种植水稻、大小麦、蚕豆等粮食作物为主，也种有少量的蔬菜等经济作物，以种植单季晚稻为主。围垦土地由专业户承包经营。由于地处集镇所在地，从事三产服务业的村民较多，约占总劳动力的36.5%。改革开放以后，三产服务业发展迅速，主要有餐饮、住宿、短途返销、肉类、水产、日用小商品等。

20世纪70年代开始，戴村村也曾办过几家村集体企业，如塑料厂、五金机械厂、纸带厂、打油作坊、尼仑补袜厂、塑料编织厂等,为发展村级经济奠定基础。随着改革开放的不断深入,村办集体企业受到各种因素制约而停办或转制,个私企业迅速掀起。据2008年统计,全村共有个私企业11家,从业人员187人,比较上规模的企业如"杭州萧山万达塑胶有限公司""杭州永久五金制品有限公司""乌市利祥塑料厂""杭州兆达塑料包装厂"等。2008年工业收入为3963万元,村民人均收入达到9105元,比2007年增1106元。

2005年以来,戴村村领导班子充分利用地理优势,配合集镇整体规划,提高土地利用率,在重视集镇配套设施建设上狠下功夫。2005年引入镇外资金,在原农贸市场西侧建成占地10亩的二层新型现代化农贸市场,总投资1200万元,上层为大型超市,下层为农副产品的主要集散场地。2006年、2007年在凌溪路东、戴村派出所南面先后建造2幢综合楼(商贸办公用房),投资340多万元,总建筑面积3000多平方米。其既为发展村级经济夯实了基础,也为繁荣市场经济,提升集镇品位起到较大的作用。

村级经济的发展,促进了集体公益事业的兴办。村先后投入资金30多万元,消灭露天粪坑,建造11座公共厕所,设置53只垃圾箱,并落实固定清洁工,每天冲洗厕所、清扫道路、运送垃圾等,环境卫生基本实行规范化管理。同时,又对村内的池塘进行清淤,周边砌石并绿化,村内主次道路全部硬化,路灯达到亮化,空余地做到绿化。

历年来,村先后获得戴村镇综合先进集体、戴村镇水利建设先进集体、戴村镇村务公开先进集体、戴村镇信访工作先进集体、戴村镇民兵工作先进集体、戴村镇环境卫生整治先进集体、戴村镇村级财务先进集体、戴村镇政法工作先进集体、戴村镇统战宗教工作先进集体等荣誉。

该村丁彩英(原在嘉兴绢纺厂工作),曾获全国劳动模范,1956年、1959年两次受到周恩来总理接见;丁谔士(曾用名丁勉初),在浙江省化工厅工作期间,于1963年3月参加全国省、市、自治区化工厅局长会议时,受到毛泽东、刘少奇、朱德等党和国家领导人接见并合影,1978年1月12日受到邓小平等党和国家领导人接见并合影留念。

1962~2008年戴村村历届党支部书记名录

表1-2-27

村　名	姓　名	任职时间	村　名	姓　名	任职时间
戴村	鲍算法	1962~1969	后郑	郑关法	1967~1978
	郑吾伦	1970~1978		郑志庭	1978~1979
	郑法根	1979~1983		郑关法	1979~1981
	方雪忠	1984~1992		郑柏桥	1981~1983
	周幼军	1993~1995		郑银水	1983~1995.10
	郑法根	1995~2003		方焕根	1995.10~1998.8
	周幼军	2003~2005		方寿法	1998.8~1999.6
				方良仁	1999.6~2003
后郑	丁加兴	1959~1963		郑海波	2003~2005.5
	方吾仁	1963~1967	戴村村	丁建	2005.5~2008.12

1959～2008年戴村村历届行政主要领导人名录

表1-2-28

村　名	姓　名	行政职务	任职时间
戴村	丁惠坤	第五中队负责人	1959～1961.7
	鲍吾常	第五中队负责人	1959～1961.7
	丁早兴	大队长	1962～1965
	丁水昌	大队长	1966～1978
	方雪忠	大队长	1979～1983
	丁灿祥	村委会主任	1984～1995
	丁小祥	村委会主任	1995～
	丁百凡	村委会主任	～2003
	丁建	村委会主任	2003～2005.5
后郑	方吾仁	初级社、高级社社长	
	郑仁定	大队长	1961～1963
	郑吾得	大队长	1963～1967
	郑袄吾	大队长	1967～1978
	郑志庭	大队长、村委会主任	1978～1988
	郑汉成	村委会主任	1988～1993
	郑公达	村委会主任	1993～1997
	方月宝	村委会主任	1997～1998
	郑纪根	村委会主任	1998～2002
	郑行忠	村委会主任	2002～2005.5
戴村村	郑立明	村委会主任	2005.5～2008.12

上董村

上董村位于戴村集镇西北2.5公里，坐落在和尚山山脚，村庄主体坐西朝东，东与闻戴公路接壤，南与三头村毗邻，北与义桥镇以茅蓬塘为界。相传该村已有900多年历史，北宋末年，金兵大举南侵，有董氏祖先从甘肃陇西南徙，在此定居繁衍成村。村区域总面积1.71平方公里。

民国20年(1931)属二都十六图，民国36年(1947)属复兴乡第九保。1949年8月13日，时任复兴乡乡长的郑振庭烈士在上董村北面园盘庵(后改为振庭小学)英勇就义。中华人民共和国成立后属复兴乡，1950年10月起属振庭乡，1956年农业合作化时成立晨光高级农业生产合作社，隶属振庭乡。人民公社化时，属戴村人民公社振庭管理区，为上董生产大队。1961年恢复区建制，缩小公社行政区域并撤销管理区，为上董大队，仍属戴村人民公社。1984年5月，改变“政社合一”的体制，设立乡政权，乡以下为村建制，时为戴村乡上董村，并建立村民委员会。1985 年 4 月戴村乡改为建制镇，村属戴村镇。

全村有村民小组 12 个，2008 年止，有农户 289 户，总人口 1048 人，其中农业人口 885 人，非农人口 163 人（其中失地农转非 130 人）。全村有姓氏 81 个，其中董姓人口最多，有 643 人，占总人口的 61.35%，其他姓氏如吴、许、沈、周、余等人数都比较少。

至 2008 年，上董村共有耕地 713 亩，其中水田 627 亩，自留地 86 亩，山林 889 亩，其中自留山 675 亩，统管山 214 亩，有水面 10 亩。农业以种植水稻、大小麦、蚕豆等粮食作物为主，多数农户依靠种植粮食为生计，也有少量农户种植经济作物，搞养殖业等。

上董村也曾办过 2 家集体企业。1991 年办起上董五金塑料厂，因资金、业务、管理等多种原因于 3 年后停办；又于 1995 年办起了上董砖瓦厂，一年后承包给个人经营，于 2001 年转制。2006 年止，上董村的个私企业共 5 家。如“杭州萧山上董砖瓦厂”“杭州名城电动车有限公司”等企业都有一定的规模，5 家企业共有从业人员 170 人。全村工业收入 2567 万元，村级集体经济收入 71 万元，村民人均收入 8201 元，比 1987 年增长了近 2 倍。至 2008 年，有企业 9 家，从业人员 111 人。全村经济总收入 5271 万元，村级集体经济收入 68 万元，村民人均收入 11419 元，比 2007 年增 1497 元。

上董村重视公益事业的兴办，并加大了对基础设施建设的投入，1998 年耗资 16 万元建造了从村北口到村南笃底全长 900 余米的村东大路，另外又浇制水泥道路 800 余米。2005 年又实施了规模较大的浇制村中路工程，基本达到全村路面硬化。至 2007 年 10 月，初步完成全村六横六纵 12 条道路扩建、整治的硬件建设工程，总长 5110 米，耗资 250 万元。环境卫生也得到整治，20 世纪末，消灭所有露天粪坑，建造公共厕所 8 座，垃圾箱 22 只。确立固定保洁员 3 名，负责全村的卫生工作。农户基本上都有三格式卫生户厕。村还建造了“文化园”，内设灯光篮球场，多种娱乐活动器具，健身活动器具等，成为村民休闲活动的好场所。

上董村历史悠久，尚存古迹不少。村北有萧山区级重点文物保护单位“上盖越窑青瓷窑址”。村中的董氏宗祠尚存，坐西朝东，落成于前清年间，前后殿各 3 间，正中天井，南北两边为看楼。2002 年秋修缮后作为村老年活动室。位于村北偏东庙山中的上董庙，坐北向南，前后两进，始建于明代，晚清进行了大整修。此庙为整个长潭七都的总庙。

1958～2008 年上董村历任干部名录

表 1－2－29

历任党支部书记名录		历任行政领导人名录		
董浪成	1958.10～1981.12	吴锡尧	大队长	1958.4～1968.9
董望高	1982.1～1986.9	董生宝	贫协主任	1964.5～1965.12
董浪成	1986.9～1991.7	董子标	革命领导小组组长	1969.10～1970.12
董金法	1991.8～1993.9	吴锡尧	大队长	1971.1～1981.12
董汉华	1993.10～2005.8	董兴华	大队长	1982.1～1984.12
许小明	2005.8～2008.12	董马康	村主任	1985.1～1986.12
		董汉华	村主任	1987.1～1995.8
		余迪江	村主任	1995.9～2002.9
		董生维	村主任	2002.10～2005.9
		董联昌	村主任	2005.10～2008.12

大石盖村

大石盖村位于戴村集镇北1.5公里,东侧以马鞍山为界,南邻戴村村,西与上董村相连,北接义桥镇复兴村的河口自然村。永兴河穿村而过,闻戴公路傍村而建。村庄依山傍水,环境优美,水陆交通十分便捷。因村中永兴河上有座石盖桥,故名。2005年5月行政村规模调整时,原石盖、畈里、孙家、陆家4个自然村合并成立大石盖村。

全村占地面积2.6平方公里。2008年止,全村土地总面积1968亩,其中耕地面积1007亩、杂地88亩、山林822亩、水面51亩。全村共有农户577户,人口2016人。其中农业人口1686人。有107个姓氏,其中周姓最多有600人,占总人口的29.76%;其次是孙姓254人、陆姓177人、余姓130人、张姓123人、蔡姓95人等。相传石盖周氏由诸暨三踏埠移居义桥周家坞,后分支析居到此;孙氏原由富阳市龙门镇移居璇山下,后分支析居孙家村;陆氏祖先由江苏吴江移居富阳东洲沙陆家浦,南宋时分支析居到陆家村;余氏祖先原是从诸暨高湖迁居畈里村,已有400多年历史。

元至元十六年(1279)陆家庄、坂里余、孙寓属八都一图,石盖属十五都一图。民国20年(1931)属二都十六图。民国23年属浦南乡第四保、第五保。民国36年(1947)属复兴乡,为第七、第八保,畈里自然村属第九保。新中国成立初属复兴乡。1950年10月后,复兴乡改为振庭乡,现村属振庭乡。1958年实现人民公社化,原振庭乡划归浦阳江人民公社,村归属浦阳江人民公社。1959年年初,隶属戴村人民公社振庭管理区,称为振庭大队。1961年恢复区建制,缩小公社行政区域并撤销管理区,现村范围分别建立石盖大队、畈里大队、孙家大队、陆家大队,属戴村人民公社。1984年5月,设立乡政权,乡以下为村,现村属戴村乡,分别为石盖村、畈里村、孙家村、陆家村,并各自成立村民委员会。2005年5月,行政村规模调整,4个村合并为大石盖村。

石盖村的农业,历来以种植水稻、大小麦、蚕豆等粮食作物为主。从20世纪70年代开始实行科学种田,引进良种,重视病虫害防治,实行科学管理,粮食产量逐年上升。1973年,原石盖村第三生产队早稻一季上纲要,亩产量达到400余公斤,受到公社的表彰。20世纪70年代中期,大搞农田基本建设,把大小不一、高低不平、排灌不畅的田块进行改造,基本达到沟、渠、路配套的标准园田化,为今后的粮食生产打下旱涝保收的坚实基础,1981年粮食亩产达到638公斤。

工业从20世纪70年代起步,首先,村利用马鞍山矿石资源丰富,永兴河水运条件优越,于1974年办起了石盖石料厂。石料船运到杭州水运码头,销往上海。后来由于缺乏管理经验,经济效益欠佳,数年后承包给个人经营。1995年与登峰集团公司联营,双方签订了合同,石盖村占60%,登峰集团占40%。改名为南方道路材料有限公司,经营效益逐年提高。2005年集体经济收入达270余万元。至2006年起,经营单位每年上交石盖村25万元。由于矿山停止开采,原合同终止,后租赁给杭州坚塔商砼构件有限公司,从2007年始,每年上缴村租金35万元。1984年创办了石盖预制场,专业生产多孔预制板、窗、门等天盘。预制场用地由村负责,投资款项由创办人自理,合同约定,由创办人自主经营3年,而后资产归村集体所有,实行个人承包经营。

改革开放后,大石盖村民解放思想,充分发挥各自的才能,走南闯北,外出务工经营。个私企业发展迅速,如"杭州灵龙机械有限公司""杭州明华电机五金厂""杭州明桥电镀五金有限公司"等企业,固定资产都在100万元以上。到2006年年底止,全村共有个私企业24家,从业人员313人,工业总收入3629万元,人均收入8100元,是1981年人均收入的66.4倍,1991年人均收入的9.3倍。至2008年,全村经济总收入661万元,工业收入4677万元,工业净利619万元,村级集体收入187万元,村民人均收入11295元,比2007年增1475元。

村级经济的发展,为改善公益事业提供了保证。1995年,村安装了自来水,彻底改变了饮用河水、池水的状况。1996年,村中的每条道路浇制了水泥路,实现了道路硬化,汽车能开到家门口,主干道还直通闻戴线,并安装了路灯,实现了亮化工程。村中的卫生设施一应俱全。

石盖桥已经过多次重建。2001 年，由萧山区政府投资，农水部门负责施工，建成了一座长 70 米，宽 6 米，跨五孔的钢筋混凝土大桥，使永兴河两岸的来往行人，大小车辆能顺畅通行。

2007 年，村对管理难度较大，效益较差的青梅基地进行整改，并报请上级有关部门列入低丘缓坡改造项目。经过努力，当年完成了改造项目，于次年建成 50 亩茶树基地。2008 年，为解决石盖自然村新农村住宅区道路差、村民行路难的状况，村里投入资金 40 余万元，硬化道路 7000 余平方米，改变了村容村貌，又使行人、车辆来往畅通。对孙家、陆家、畈里各自然村也投入相应资金，完善道路硬化工程，并全部实施亮灯工程。是年，村为了解决老年人的活动场所，修缮了原石盖村的老年活动室。在孙家自然村投入资金 12 万元新建了老年活动室，使孙家、陆家两个自然村的老年人也有了较好的活动场所。

大石盖村的下周宗祠，堂名“爱莲堂”，始建于清代，坐东朝西，为上下两大殿，并连建两侧看楼，前殿建有戏台，顶上装有塔式鸡笼顶。民国后期成为复兴乡乡公所，1952 年作为戴村粮管所粮库，现已卖给个私企业作厂房用。陆家宗祠尚存，始建于清嘉庆元年（1796），已经两次修缮，有《积孝堂》匾 1 块。除此以外，村尚有古窑址两处，一处是坐落于永兴河东的石灰窑群，祖辈们利用永兴河水运便利，马鞍山石灰石资源丰富，建窑生产石灰。第一只窑建于明代，称老窑；第二只窑建于清朝末年；其余 3 只建于民国时期，息业于 1954 年。另一处为马鞍山下王家山址的青瓷窑址，与上董晋代青瓷窑址的产品基本一致。石盖古窑址于 2004 年列为杭州市文物保护点。

行政村调整以来，大石盖村也获得了不少荣誉：2007 年获杭州市萧山区人民政府农业和农村工作“信用村”称号，2008 年获杭州市“农机示范村”等荣誉称号。

1954 ~ 2008 年大石盖村历届党支部书记名录

表 1 - 2 - 30

原村名	姓　名	任职时间	原村名	姓　名	任职时间
石盖	周校炳	1954 ~ 1955	孙家	孙生荣	1962 ~ 1983
	周五康	1956 ~ 1958		孙宝潮	1984 ~ 1986
	周马根	1960 ~ 1961		孙火木	1987 ~ 1992
	蔡先荣	1962 ~ 1971		孙正明	1993 ~ 1998
	周马根	1972 ~ 1977		孙叶明	1999 ~ 2005.5
	张东芳	1978 ~ 1982	陆家	陆贵兴	1956 ~ 1965
	郑五江	1983 ~ 1984		陆浩金	1966 ~ 1971
	张东芳	1985 ~ 1989		孙志明	1972 ~ 1983
	周友法	1990 ~ 1991		陆浩金	1984 ~ 1986
	周银其	1992 ~		陆妙根	1987 ~ 1989
	周祖权	1993 ~ 1994		陆岳荣	1990 ~ 1992
	周友法	1995 ~ 1998		陆兆荣	1993 ~ 1998
	周灿红	1999 ~ 2001		陆观仁	1999 ~ 2001
	周五春	2002 ~ 2005.5		陆明华	2002 ~ 2005.5
畈里	余柏康	1962 ~ 1983	大石盖	周灿明	2005.5 ~ 2008.4
	余五桥	1984 ~ 1994		李来娟	2008.4 ~ 2008.12
	余妙祥	1995 ~ 2005.5			

1962～2008年大石盖村历届行政主要领导人名录

表1－2－31

村 名	姓 名	行政职务	任职时间
石盖	周五康	大队长	1962～1963
	周校炳	大队长	1964～1971
	张东芳	大队长	1972～1977
	周友法	大队长	1978～1980
	周宝根	大队长	1981～1983
	蔡王夫	村委会主任	1984～1986
	王龙岳	村委会主任	1987～1992
	周柏林	村委会主任	1993～1994
	周五春	村委会主任	1995～2001
	周祖荣	村委会主任	2002～2005.5
畈里	余五桥	大队长	1962～1983
	余水祥	村委会主任	1984～1986
	余妙祥	村委会主任	1987～1994
	余柏龙	村委会主任	1995～1998
	余国民	村委会主任	1999～2001
	余志平	村委会主任	2002～2005
孙家	孙友金	大队长	1962～1972
	孙宝潮	大队长	1973～1983
	孙法兴	村委会主任	1984～1986
	孙小龙	村委会主任	1987～1988
	孙叶明	村委会主任	1989～1990
	孙兴华	村委会主任	1991～1995
	孙海桥	村委会主任	1996～1997
	孙兴华	村委会主任	1999～2004
陆家	陆浩金	大队长	1962～1965
	陆兆荣	大队长	1966～1971
	陆友兴	大队长	1972～1986
	陆永高	村委会主任	1987～1992
	陆观仁	村委会主任	1993～1998
	陈明华	村委会主任	1999～2001
	陆柏林	村委会主任	2002～2005
大石盖村	周祖荣	村委会主任	2005.5～2008

石马头村

石马头村位于戴村集镇东北1公里。东与东风村接壤，南与河杨湖村相邻，西濒永兴河，与戴村村隔河相望，北靠马安山。区域面积1.5平方公里。2005年5月行政村规模调整时，由原石马头村、石盖坞村合并为新的石马头村。03省道穿村而过，公交车站有南北两站，交通便捷。

至2008年，全村总户数612户，总人口1963人，其中非农人口77人。共有姓氏91姓，其中“洪”姓人口最多，有893人，占总人口的45.49%；其次是“方”姓172人，“俞”姓166人等。相传洪氏家族发源于甘肃省瓜州，后分支于江西鄱阳湖，先祖于南宋建炎三年(1129)任礼部尚书之职，赐宅杭州葛岭，后迁于萧山西河路陶唐弄，洪禹本公入赘石马头青龙山王金相为婿，王氏之女生育六子，繁衍发族。俞姓相传于康熙四十九年(1710)由楼塔岩上水阁俞又生公来石盖坞村，居住发族。方姓相传于乾隆二十二年(1757)方朝柏公从后郑为管理坟地，来石盖坞村安家落户，后发族。

元至元十六年(1279)，属八都一图。清雍正七年，属八都五图，民国28年(1939)属浦南乡六~十联保。民国36年(1947)属戴村乡第四~第五保。中华人民共和国成立后，原石马头村属戴村乡，石盖坞村属振庭乡。1957年，戴村区增设白马乡，现村隶属白马乡。1958年，实现人民公社化，白马乡划入浦阳江人民公社，现村属浦阳江人民公社。1959年调整公社规模，下设管理区，浦阳江人民公社的白马、振庭、许贤等并入戴村人民公社，现村隶属戴村人民公社白墅管理区。1961年7月恢复区建制，缩小公社行政区域并撤销管理区，新建立永兴桥人民公社，当时的石马头生产大队、石盖坞生产大队均属永兴桥人民公社。1969年2月，实行撤区并社，永兴桥人民公社有10个大队划归浦南人民公社，现村原2个大队又归属浦南人民公社。1971年2月，调整公社规模，重新组建永兴人民公社，现村又隶属永兴人民公社。1984年5月，建立乡政府，下设村民委员会，村属永兴乡，分别为石马头村、石盖坞村，并各自成立村民委员会。1992年5月，实行撤区扩镇并乡，永兴乡并入戴村镇，村属戴村镇。2005年5月，调整行政村规模，两村合并建立新的石马头村。

2008年，全村有农田1273亩，水面160亩，山林430亩。农业以种植水稻等粮食作物为主，是萧山区重点产粮村之一。农业产业结构调整以后，大田以种植单季晚稻为主，其他经济作物种植、家禽家畜的规模养殖、淡水水产养殖等项目蓬勃兴起，农业经济效益普遍提高。

工业起步较早，村办集体企业共办过8家(石马头5家、石盖坞3家)，从20世纪50年代起，村利用石灰石资源丰富的特点，于1973年创办了“石马头砖灰厂”，于1961年在石盖坞创办了“永兴公社石矿”。此外，还办过“杭州棉纺配件厂萧机分厂”“联办永兴耐火砖厂”“永兴纸箱厂”等企业。后由于受多种因素的制约，村办集体企业转制或停办。随着改革开放形势的发展，个私企业开始兴起，到2008年止，全村共有个体、私营企业18家，从业人员1500人。是年工业总收入9950万元，村民人均收入11267元，比2007年增1469元。

改革开放以来，村党支部、村委会带领全村党员、群众，抢抓机遇，努力加快现代化新农村建设。到2008年为止，全村主要道路全部硬化，有线电视入户率达96%，自来水入户率达100%，卫生设施日趋完善，消灭露天粪坑，建造了公共厕所，设立了垃圾箱，并落实了专职保洁人员负责全村卫生工作。村民的生活质量不断提高。由于全村干部群众的共同努力，历年来也获得了不少荣誉，如“萧山区文明村”“萧山区卫生村”“社会综合治理安全村”等，2005年被戴村镇党委评为先进党组织。

石马头村曾有著名的永兴桥航船埠，原是萧山南部水上运输口岸，埠头生意较旺，诗人孙表海到过埠并题词：“石马奇峰永兴道，一江芦荻浦阳秋。”原03省道横跨永兴河上的两座公路桥“永兴桥”和“云襄桥”在该村境内。始建于清代的洪氏宗祠，名“三瑞堂”，现经修缮后作为老年活动室用。

1957～2008年石马头村历届党支部书记名录

表1－2－32

村　名	姓　名	任职时间	村　名	姓　名	任职时间
石马头	洪志校	1957～1958		洪金传	1996～2005
	洪树根	1959～1965.7	石盖坞	方金坑	1961～1979
	洪照兴	1966.8～1977		方永康	1979～2004
	洪金详	1978～1987		方灿良	2004～2005
	洪金土	1988～1989	石马头	洪金传	2005～2008.4
	洪成根	1990～1992		洪旭明	2008.4～
	洪金祥	1993～1995			

1958～2008年石马头村历届行政主要领导人名录

表1－2－33

村　名	姓　名	行政职务	任职时间
石马头	洪五祥	大队长	1958～1965
	洪树根	大队长	1966～1977
	洪龙兴	大队长	1978～1983
	洪召法	村委会主任	1984～1985
	俞水洋	村委会主任	1986～1989
	洪金祥	村委会主任	1990～1992
	洪成根	村委会主任	1993～1995
	洪水其	村委会主任	1996～2002
	洪灿良	村委会主任	2002～2005.5
石盖坞	方毛人	大队长	1959～1975
	周马根	大队长	1975～1978
	方凤祥	大队长、村委会主任	1978～2002
	方明亮	村委会主任	2002～2005.5
石马头村	洪灿良	村委会主任(并村后)	2005.5～2008

河杨湖村

河杨湖村位于戴村东南一公里，东与临浦镇浦二村接壤，南与张家弄村相连，西濒永兴河，北与石马头村毗邻。村区域面积1.47平方公里。2005年行政村规模调整后，河上桥、杨家桥、后马湖3个自然村合并，各取一字，故名为“河杨湖”。

至2008年止，村总户数为476户，其中农业户473户，非农3户，总人口1540人，其中非农30人。全村共有姓氏91姓，其中何姓人口最多有339人，占总人口的22.01%；其余依次为喻姓213人、郭姓167人、陶姓130人。相传原后马湖村的何氏于明成化年间由始祖何梁武从诸暨牌轩何迁居何童埠，传五世后权五公分居后马湖。原河上桥村的何氏，由始祖何厚高从萧山南阳迁居于此，至今已传六世。郭氏村民由张家弄分支析居河上桥、杨家桥。喻氏祖籍桐庐，相传有一喻氏先祖于1790年来杨家桥教书，后入赘杨姓人家为婿，繁衍发族，后又分支析居河上桥。陶姓村民，于明万历年间从绍兴陶家堰迁入河上桥定居，至今传二十八世。

元至元十六年(1279)，村属八都二图，明至清末沿袭元制，民国36年(1947)属戴村乡，河上桥、杨家桥为第十保，后马湖与张家弄合并为第十一、十二保。中华人民共和国成立以后，属戴村乡。1951年戴村区增设白墅乡，村属白墅乡。1956年2月，乡区域调整，凌溪乡、白墅乡并入戴村乡，村又属戴村乡。1957年戴村区增设白马乡，村归属白马乡。1959年实现人民公社化，村随白马乡划归浦阳江人民公社。1958年年初，公社区域调整，并下设管理区，村属戴村人民公社白墅管理区，原河上桥与石盖坞、石马头合并建立石马头大队，原杨家桥、后马湖与张家弄合并建立九峰大队。1961年7月，恢复区建制，缩小公社行政区域，并撤销管理区，村属永兴桥人民公社。1969年实行撤区并社，永兴桥公社10个大队划归浦南公社，村归属浦南人民公社。1971年2月，又调整公社规模，组建永兴人民公社，村属永兴人民公社。1984年5月，设立乡政权，建立乡政府，乡以下为村，村隶属永兴乡，时为河上桥村、杨家桥村及后马湖村，并分别成立村民委员会。1992年5月，实行撤区、扩镇、并乡，永兴乡与戴村镇合并为戴村镇，村属戴村镇。2005年5月22日，行政村规模调整，三村合并建立河杨湖村。

全村有农田1053亩、杂地57亩、山林316亩、水面47亩。农业种植以水稻、大小麦等粮食作物为主，改革开放来，随着产业结构调整，多种经营发展，大田种粮以种植单季晚稻为主，也种有少量的蔬菜、苗木等。部分村民广开门路，发展水产养殖和畜禽养殖，取得了较好的经济效益。

村工业兴起于20世纪70年代，先后曾创办过10家村级集体企业，如河上桥的“服装厂”“电珠厂”“金桥纸箱厂”，杨家桥的“塑料厂”“永兴塑料包装材料厂”“鞋厂”等，后马湖的“综合制绳厂”、“联办塑料厂”等。后来由于形势发展及各种因素制约，除3家企业转制外，其余均停办。随着改革开放形势的发展，个私企业发展较快，到2008年止，全村共有个私企业60家，从业人员289人。个体经营塑料行业，是河杨湖村一大特色，曾冠名“塑料之村”，全村从事塑料行业的个体户多达50多家，从业人员254人。2008年，全村工业总产值17300万元，村民人均收入11191元，比2006年增2953元。

河杨湖村对公益事业的建设比较重视，到2008年，全村主要道路已基本硬化，有线电视入户率达95%，自来水入户率达100%。村内卫生设施也逐步得到改善，消灭了所有露天粪坑，各自然村都建造起公共厕所，落实专职清洁工打扫卫生，使村庄环境优美，村民生活质量不断提高。2005年村党支部被评为镇级先进党组织，是年还被批准为萧山区级生态村。

有“白墅寺”遗址古迹1处，该寺原为南朝梁武帝时白敏将军的别墅，后白敏将军阵亡后，他儿子白珩把别墅改为寺院，名白墅寺。原寺已毁，现寺为2005年原址重建。

民国时期，族人喻守真(1897—1949)为河杨湖杨家桥自然村人。28岁时任上海中华书局编辑，参编《辞海》等。抗战时期，任上海沪江大学教授，著有《唐诗三百首详析》等9种著作，特别是《唐诗三百首详析》，是一本深受读者欢迎的好书。

1956～2008年河杨湖村历届党支部书记名录

表1－2－34

村　名	姓　名	任职时间	村　名	姓　名	任职时间
河上桥	何樟根	1956～1966.10	后马湖	何关根	1967～1969
	喻妙金	1966.10～1977		何仁昌	1970～1973
	陶汉仁	1977～1998.10		何来根	1974～1976
	陶百平	1998.10～2005.5		何关根	1977～1978
杨家桥	郭鲍富	1962～1966		何友祥	1979～1987
	喻坑先	1967～1988		何仁昌	1988～1990
	杨兴华	1988.10～1998.10		华淮海	1991～2001
	喻建红	1998.10～2005.5		何百明	2002～2005
杨家桥、后马湖合并支部	郭鲍富	1956～1957	河杨湖	何百明	2005.8～2008.3
九峰核算单位	郭仁庆	1958～1960		喻忠法	2005.4～2008.12
后马湖	何仁昌	1961～1966			

1949～2008年河杨湖村历届行政主要领导人名录

表1－2－35

村　名	姓　名	行政职务	任职时间
河上桥	洪吾金	农会主任	1949.5～1949.11
	陶吾坑	农会主任	1949.11～1951
	洪吾金	农会主任	1951～1953
	喻妙金	人民代表负责行政	1951～1958
	陶水标	连长(大跃进期间)	1958～1959
	何阿午	大队长	1960～1966
	陶五坑	革命领导小组组长	1967～1977
	何阿午	大队长	1977～1983.5
	郭和清	大队长、村委会主任	1983.6～1995.10
	陶萍川	村委会主任	1995.10～1998.10
	喻水木	村委会主任	1998.10～2005.6

续表 1－2－35

村　名	姓　名	行政职务	任职时间
杨家桥	喻天祥	初级社社长	1954～1955
	喻坑先	高级社社长	1956～1958
	郭子灿	大队长(时为张家弄、杨家桥、后马湖合并)	1958～1961.6
	喻坑先	大队长	1961.7～1966
	郭鲍富	革命领导小组组长	1967～1973
	喻坑先	革命领导小组组长	1974～1976
	郭鲍富	大队长	1977～1979
	郭吾金	大队长、村委会主任	1980～1989
	喻坑先	村委会主任	1989.12～1993.1
	喻伟国	村委会主任	1993.2～1995.10
	喻建红	村委会主任	1995.10～1998.12
	喻孟忠	村委会主任	1998.12～2005.5
后马湖	郭子灿	大队(时为张家弄、杨家桥、后马湖合并)	1958～1961.6
	何宝山	大队长	1961.7～1976
	何来根	大队长	1977～1978
	华国昌	大队长、村委会主任	1979～1984
	华淮海	村委会主任	1985～1990
	何百明	村委会主任	1991～2001
	何中江	村委会主任	2002～2005.5
河杨湖	喻建红	村委会主任	2005.5～2008.5
	何傅红	村委会主任	2008.5～

张家弄村

张家弄村位于戴村镇东南部,距戴村集镇1.5公里。东临临浦镇周家坂自然村,南接河上镇祥河桥村,西与本镇南三村毗邻,北与河杨湖村相接。永兴河从村西流过,张家河绕村而过,杨家河、后马河紧靠村北。又与郭母峰对峙。因南临石峡山,故曾名石峡村,又曾为张姓聚居,且村中小弄甚多,故名张家弄。山、水、田融洽成一方美丽富饶的土地。

行政村辖张家弄、杨家、安山3个自然村,区域面积2.2平方公里。2008年止,共有农户547户,人口1769人,其中非农37人。共有姓氏113姓,其中郭姓人口最多,有1142人,占总人口的64.56%。郭姓先祖曾十一公(名完,号九二),于南宋淳熙年间从诸暨马坞只身来到萧山,入赘九都卜氏,后迁居本村发族,已有800多年历史。

南朝宋时属会稽郡永兴县,称独枫里。南朝宋元嘉四年(427)改称孝行里。北宋太平兴国三年(978)属萧山县孝悌乡白墅里。元至元十六年(1279)改都图制,村属八都二图。清光绪三十四年(1908)属萧山县浦南乡。民国初沿袭清制。民国17年(1928)推行村里制,为浦南乡浦二联合村。民国20年(1931),更名为石峡村,属二都二十图;民国23年(1934)改保甲制,属戴村乡第五、第六、第七3个保。民国36年(1947)属戴村乡,村与后马湖合并为第十一~十二保。中华人民共和国成立后属戴村乡。1951年,戴村区增设白墅乡,村属白墅乡。1956年2月,白墅乡并入戴村乡,村仍属戴村乡。1957年,戴村区增设白马乡,村属白马乡。1958年,全县实现人民公社化,村属浦阳江人民公社。1959年年初,调整公社规模,村属戴村公社白墅管理区,名为九峰大队。1961年7月缩小公社行政区域,撤销管理区,村属永兴桥公社名九峰大队。1969年2月,撤区并社,村划归浦南公社管辖。1971年2月,调整公社规模,组建永兴人民公社,村属永兴公社。1984年,设立乡政权,建立乡政府,村建立村民委员会,村名为张家弄村,隶属永兴乡。1992年5月17日,撤销区建制,调整乡镇规模,永兴乡与戴村镇合并,建立新的戴村镇,村属戴村镇。

2008年止,张家弄村有水田1213亩,旱地88亩,水面130亩,山林456亩。农业历来以种植水稻、大小麦、蚕豆等粮食作物为主,为萧山区主要产粮大村之一。农村产业结构调整后,大田以种植单季晚稻为主。不少村民利用该村水面资源丰富的特点,搞畜禽养殖和淡水养殖,有的已具一定规模,获得较高的经济效益。此外,蔬菜种植和水果基地也占一定的比重,如小有名气的"玉峰牌蜜梨"就是该村专业户郭玉林培育的优良品种,已在国家商标局注册。

工业兴起于20世纪70年代后期,先后办过几家村办集体企业,如"九峰纸箱厂""张家弄电珠厂""永兴胶鞋厂"等,后来因技术、质量、资金、管理等多方面原因停办或转制。改革开放以后,个私企业发展较快,至2008年止共有个私企业11家,主要行业有服装、纸箱、纸制品、鞋业和机械五金配件等,共有从业人员233人。2008年,全村工业利润87万元,村当年总收入5833万元,村民人均收入10041元,比2007年增1235元。

经济实力的增强,推动了村级各项事业的发展。1992年,新建可容纳六个班级的完小1所,总占地面积为400平方米的三层教学大楼,还配备了运动场地和生活设施。1994年,全村装了自来水,彻底改善了村民饮用水条件。1999年度废除了全部露天粪坑,建造了公共厕所和垃圾箱,落实了专职保洁员,并建立村保洁员制度。1997年到2005年,村主要道路硬化,路旁绿化,村容村貌大有改观。2003年实行了农村合作医疗制度。

该村农田水利基本建设逐年开展,在八都畈进行低产畈改造,拓宽所有机耕路,建造三面光渠道,新建打水灌溉机埠3座。新建门前沿山环村公路,做到路路相通。新规划建村批准住宅小区,可解决村民宅基地70户。

张家弄村历史久远,遗存的古迹有郭氏宗祠,建于康熙四十三年(1704),前厅、侧屋已拆除,现仅存正堂。杨霄桥,又名高湖桥,建造年代不详,清宣统三年(1911)重修,现存。走马楼,民国初期建造,为郭雨生民宅,房屋结构为五间两弄四檐,楼上楼下四边均有走廊,现保存完好,但已失于整修。此外还有石硖桥,原是一座三孔木桥,是通往大桥、河上的主要桥梁,建在永兴河上,因兴修水利几经修建,现成为一座钢筋混凝土公路桥。张家弄村是一个文化古村,历来人才辈出。在科举时代曾培育出数十名举人和秀才,清乾隆时历史学家郭伦,当代戏曲理论家、原中国艺术研究院副院长、党委书记郭汉成,原浙江省交通厅副厅长、公路管理局局长郭连潮等。

1956～2008年张家弄村历届党支部书记名录

表1－2－36

姓名	性别	任职时间	姓名	性别	任职时间
郭忠水	男	1956.2～1958.10	郭祖贤	男	1990.11～1997.8
郭仁清	男	1958.11～1976.8	郭介华	男	1997.9～2002.6
郭友法	男	1976.9～1979.2	郭明祥	男	2002.7～2005.8
郭来标	男	1979.3～1979.9	郭建平	女	2005.9～2007.4
金吾根	男	1979.10～1990.7	郭岳祥	男	2007.4～2008.12
郭沫源	男	1990.8～1990.11			

1952～2008年张家弄村历届行政主要领导人名录

表1－2－37

姓名	行政职务	任职时间
郭嘉兴	村长	1952.8～
郭子灿	生产大队长	1958.11～1984.7
郭祖贤	村委会主任	1984.8～1989.11
郭善祥	村委会主任	1989.12～1995.10
郭关江	村委会主任	1995.11～1998.12
金玉龙	村委会主任	1998.12～2001.10
郭水桥	村委会主任	2001.12～2002.5
郭　芳	村委会主任	2002.6～2005.10
郭满仙	村委会主任	2005.11～2008.5
郭芳	村委会主任	2008.5～2008.12

东风村

东风村距临浦镇西南3公里，东与临浦镇戚家、蒲山韩两自然村为邻，南与临浦镇后倪、上倪两自然村接壤，西与本镇石马头村毗邻，北面杭金公路（03省道）傍村而过，与郁家山下村隔路相望。陶家河、陈家河串村而过，是一个交通便捷、经济发达、环境优美的村庄。

到2008年，全村占地面积1.25平方公里，14个村民小组，有农户402户，总人口1335人，其中非农41人。共有姓氏89姓，其中人口最多为“何”姓，有453人，占总人口的39.93%；其次是“周”姓440人，占总人口的32.96%。何氏相传明朝成化年间从诸暨檀溪牌轩何迁居到该村繁衍发族。周氏400多年前由临浦周家湖周文正入赘东周原陶家为婿。周公生有4个儿子，大儿子迁住浦南周家畈，老二老三2个儿子住在陶家河之东，后发族称东周，小儿子住在陶家河之西，后发族称西周。

元至元十六年(1279),实行都图制,村属八都五图。明至清末仍沿元制。民国36年(1947),属戴村乡,东周、西周为第一保,何童埠为第三保。中华人民共和国成立后属戴村乡。1951年,戴村区增设白墅乡村归属白墅乡。1956年2月,白墅乡又并入戴村乡,村隶属戴村乡。1957年戴村区增设白马乡,村隶属白马乡。1958年实现人民公社化,白马乡划入浦阳江人民公社,村属浦阳江人民公社。1959年年初,调整公社规模,公社以下成立管理区,村属戴村人民公社白墅管理区,名为东风大队。1961年7月恢复区建制,缩小公社规模,撤销管理区,组建永兴桥人民公社,村属永兴桥人民公社,时为西周、东周、何童埠3个大队。1969年2月撤区并社,现村域划归浦南公社管辖。1971年2月,调整公社规模,组建永兴人民公社,村隶属永兴人民公社。1984年5月,设立乡、村建制,村属永兴乡,时为西周村、东周村、何童埠村,并分别成立村民委员会。1992年5月,撤销区建制,调整镇乡规模,永兴乡与戴村镇合并为新的戴村镇,村属戴村镇。2005年5月22日,调整行政村规模,3村合并建立"东风村",办公地点在东周自然村。

全村有农田896.5亩,杂地73亩,山林266亩,水面107亩,该村农业以种植水稻为主,农业产业结构调整后,农户种粮以单季晚稻为主。同时利用水面,发展水产养殖,还有不少农户搞畜禽专业养殖,取得较好的经济效益。

工业兴起于20世纪70年代,各自然村均办起村办集体企业,如"东周五金电器厂""萧山冲压摸架厂""原达加油站""西周涂料厂""何童埠、西周联办石料厂""何童埠酒厂"等企业,后随着形势的发展均停办或转制。集体企业转制后,个私企业得到迅猛发展。村以培育龙头,发挥优势,带动千家为发展方向,形成特色重抓工业经济。2008年以"杭州萧山康跃铸造有限公司""杭州金龙锻压机械有限公司""杭州萧山冲压模架厂"3家龙头企业和"天伞加油广场",基本形成了以五金机械制造、加工为特色的工业企业。到2008年止,全村已有工业企业43家,共有从业人员487人,当年工业总收入13459万元,村民人均收入13705元,比上年增1058元。

经济实力的增强,推动了社会各项事业的发展。全村道路已全部硬化,自来水、有线电视安装入户。对空心村进行了改造,拆除旧房达到99%,空心村拆旧后复耕面积25亩。同时,扩建道路,建造公园、亭子。为提高村民的身体素质,村里还安装健身器材。各自然村都清除了露天粪坑、建造了公共厕所和垃圾箱,并落实专职清洁工负责村内卫生。村内还埋设污水管网,建造污水净化池,处理生活污水。各自然村都建有老年活动室。为丰富村民的业余文化生活和党员干部的思想教育,2002年,东周自然村建造160平方米现代化电化教室,并配备相应的音响投影设备和远程教育设备,为萧山区第一个村级电化教育中心。2004年1月,东周自然村被命名为"浙江省全面小康建设示范村"。2005年,3个自然村合并建村后,3条主干道全部浇上柏油路面,总长3000米,宽6米~10米。2006年投资60多万元,建造了长30米,宽8.5米的东风桥,方便了3个自然村之间的人行、交通。

1952~2008年东风村历届党支部书记名录

表1-2-38

村 名	姓 名	任职时间	村 名	姓 名	任职时间
东周	周全根	1952~1959		周宜金	1984~1992
	周炳荣	1959~1962		周炜楠	1993.1~2005
	周全根	1962~1971	西周	周曹根	1961~1965
	周炳荣	1971~1973		周五定	1969~1970
	周宜金	1973~1980		周五川	1971~1978
	周吾法	1980~1984		周玉安	1979~1987

续表 1－2－38

村　名	姓　名	任职时间	村　名	姓　名	任职时间
西周	周文根	1988		何吾传	1965～1972
	周五法	1989～1990		董浩千	1972～1978
	周佳明	1991～1992		何义田	1979～1980
	周五龙	1993～1999		何关兴	1980～1988
	周五成	2000～2001		何兴安	1988～1997
	周五海	2002～2005		何国良	1997～1999
何童埠	何吾明	1958～1960		何国林	1999～2005.5
	董浩千	1961～1964	东风村	周国校	2005.6～2008

1958～2008 年东风村历届行政主要领导人名录

表 1－2－39

村　名	姓　名	行政职务	任职时间
东风大队	周吾川	大队长（时为东周、西周、何童埠合并）	1958～1961
东周	周来有	大队长	1961～1964
	周志超	大队长	1964～1970
	周宜金	大队长	1970～1974
	周吾祥	大队长、村委会主任	1974～1986
	周国良	村委会主任	1986～1988
	周伟成	村委会主任	1988～1992
	周国校	村委会主任	1992～2005
西周	周五高	大队长	1962～1971
	周五定	大队长	1972～1977
	周志安	大队长	1978
	周五海	大队长	1979～1982
	周五其	大队长、村委会主任	1983～1985
	周先欢	村委会主任	1986～1988
	周五川	村委会主任	1989～1991
	周国良	村委会主任	1992～1994
	周柏海	村委会主任	1995～1997

续表 1－2－39

村　名	姓　名	行政职务	任职时间
	周五成	村委会主任	1998～2001
	周柏海	村委会主任	2002～2005
何童埠	何成校	大队长	1960～1976
	何关兴	大队长	1977
	何成校	大队长	1978～1983
	何国良	村委会主任	1984～1998
	何晓桥	村委会主任	1998～2002
	何玉根	村委会主任	2002～2005
东风村	何玉根	村委会主任	2005～2008

郁家山下村

郁家山下村位于戴村镇东北面，距临浦镇 3 公里。东与临浦镇桥里戚家自然村接壤，南以 03 省道为界，与东风村隔路相望，西傍永富公路和前山山脉，西北面连永富村，东北与临浦镇临一村为邻。区域总面积1.5 平方公里。

2008 年止，共有农户 381 户，总人口 1327 人，其中非农人口 36 人。全村有姓氏 92 姓，郁姓人口最多，有 627 人，占总人口的 47.25%。相传南宋初年，节度使郁绵随宋室南迁，初居杭州，后居良诸，其曾孙经商，路过萧山燕窝山（今名郁家山），见山灵水奇，便择此而居，繁衍发族。因村内原以郁氏聚居，又坐落在山脚下，故村以此得名。

元至元十六年（1279），村为十五都三图。明至清末，仍沿元制，民国 20 年（1931）属二都二十图；民国 36 年属复兴乡，为第五保。中华人民共和国成立后属复兴乡。1950 年 10 月村属马鞍乡。1956 年 2 月，调整乡规模，马鞍乡并入振庭乡，村属振庭乡。1957 年戴村区增设白马乡，村隶属白马乡。1958 年，实现人民公社化，白马乡划归浦阳江人民公社，村属浦阳江人民公社。1959 年年初，浦阳江人民公社白马片划入戴村人民公社，村属戴村人民公社白墅管理区，时名为光明大队。1961 年 7 月，恢复区建制，缩小公社行政区域，并撤销管理区，建立永兴桥人民公社，村隶属于永兴桥人民公社。1969 年 2 月，实行撤区并社，划归浦南人民公社管辖。1971 年 2 月，调整公社规模，组建永兴人民公社，属永兴人民公社。1984 年 5 月，改变“政社合一”体制，撤销人民公社，建立乡政府，原大队改名为郁家山下村，并成立村民委员会，属永兴乡。1992 年 5 月，撤区扩镇并乡，永兴乡与戴村镇合并为新的戴村镇，郁家山下村隶属戴村镇。

全村有农田 712 亩、杂地 40 亩、水面 130 亩、有山林 246 亩。农业历来以种植水稻等粮食作物为主。农业产业结构调整以后，大田粮食作物以单季晚稻为主，各农户充分发挥自己的特长，搞规模种植、养殖。种植方面有蔬菜、西瓜和花卉、苗木基地等；养殖方面有淡水珍珠养殖 80 亩，鱼虾等其它水产养殖 60 亩，还有休闲垂钓中心 1 处，供观光、游览、餐饮等。此外，还有年饲养量在 3 万羽以上的养禽专业户 3 户。

工业兴起于 20 世纪 70 年代初，如 1973 年创办的“永兴光明石料厂”，1977 年创办的“永兴光明扇厂”，以后又陆续创办“光明塑料厂”“光明洗涤剂厂”等，村办企业曾经红火一时，尤其是石料厂和扇厂，曾是村级集体经济的主要来源。随着形势的发展，村级集体企业均停办或转制，取而代之的是逐渐兴起的个私企业。到 2006 年止，全村共有工业企业 11 家，从业人员 98 人，当年工业总收入 4131 万元，村民人均收入 8305 元，比 2005 年增 868 元。2008 年，全村工农业生产总收入 6865 万元，村民人均收入达到 11289 元，比 2006 年增 2984 元。

随着经济形势的好转，村重视公益事业的兴办，加大了对基础设施建设的投入，清除了全部露天粪坑，建造公共厕所10座，垃圾箱23只；1990年，全村装上自来水。2008年，全村总长3000米、宽6米的主干道都浇上柏油路面。村中其他道路已全部硬化，总面积达7000平方米。全村已安装路灯33盏；河流、池塘已砌石1500米，占应砌石面积的40%左右。

1958～2008年郁家山下村历届党支部书记名录

表1－2－40

姓　名	性　别	任职时间	姓　名	性　别	任职时间
郁雪根	男	1958.11～1962.3	郁志明	男	1985.7～1992.8
郁培荣	男	1962.4～1974.11	郁金根	男	1992.9～1993.9
郁国良	男	1974.12～1984.5	郁荣根	男	1993.10～2004.3
郁培成	男	1984.6～1985.6	郁月芳	女	2004.3～

1950～2008年郁家山下村历届行政主要领导人名录

表1－2－41

姓　名	行政职务	任职时间
郁玉仁	村农会主任	1950～1951
郁鉴荣	村农会主任	1952～1953
施毛头	村农会主任	1954～1957
郁雪根	光明大队大队长	1958～1964
郁培成	光明大队大队长	1965～1975
郁志明	光明大队大队长	1976～1977
温吾传	光明大队大队长	1978～1982
郁五良	光明大队大队长 郁家山下村主任	1983～1991
郁妙根	郁家山下村村主任	1992～2002
郑来红	郁家山下村村主任	2003～2008.3
郁吾莫	郁家山下村村主任	2008.4～

永富村

永富村距戴村集镇东北3公里。东与临浦镇临一村毗邻，南与本镇郁家山下村、石马头村接壤，西与大石盖村以山为界，北濒浦阳江，与义桥镇徐童山下村相连。2005年行政村规模调整时，马鞍村、积堰山村、冗里村三村合并为永富村。因永富公路穿村而过得名。村区域面积3.06平方公里，全村有11个自然村组成。

全村有17个村民小组，2008年止，有农户706户，总人口2405人，其中非农78人。全村有姓氏113姓，其中"徐"姓人口最多，有394人，占总人口的16.38%；其次，人口较多的有"施"姓180人，"洪"姓164人，"谭"姓119人。相传徐姓先祖，于元至正六年（1346）从建德迁居到此定居，繁衍发族。

元至元十六年(1279)为都、图制,村区域各自然村属十五都二图、三图、四图。明至清末,仍沿元制。民国20年,属二都十八图。民国36年,属复兴乡,原积堰山各自然村为第四保,马安村、冗里村各自然村为第六保。中华人民共和国成立后属复兴乡。1950年10月隶属马鞍乡,1956年2月,调整乡规模,马鞍乡并入振庭乡,属振庭乡。1957年,戴村区增设白马乡,现村隶属白马乡。1958年,实现人民公社化,白马乡划归浦阳江人民公社,村归属浦阳江人民公社。1959年年初,扩大公社规模,下设管理区,浦阳江人民公社的白马片划入戴村人民公社,现村隶属戴村人民公社马鞍管理区。1961年7月,恢复区建制,缩小公社行政区域并撤销管理区,建立永兴桥人民公社,现村属永兴桥人民公社,时名为建民生产大队(即后来的积堰山村)、马鞍生产大队、冗里生产大队。1969年2月撤区并社,现村划归义桥人民公社。1971年2月,再次调整公社规模,组建永兴人民公社,现村三个大队隶属永兴人民公社。1984年5月,建立乡政府,下设村民委员会,现村隶属永兴乡,分别为积堰山村、马鞍村、冗里村,并各成立村民委员会。1992年5月,萧山市撤区扩镇并乡,永兴乡并入戴村镇,村属戴村镇。2005年5月调整行政村规模,3村合并建立永富村。

全村有耕地面积2054.4亩、杂地125亩、水面85亩、山林面积1011亩。农业历来以种植水稻等粮食作物为主,是萧山的主要产粮村之一。农业产业结构调整后,村民们大力发展种植、养殖业。花卉、苗木种植面积不断增加,家禽家畜的养殖日趋规范化,专业户不断增多。此外,还有淡水珍珠养殖户及其他水产养殖户也具有一定的规模,农业经济效益不断提高。

工业起步较早,尤其是马鞍、积堰山的石料行业,20世纪50年代就已创办石料场,以后也陆续办过几家村办集体企业,如冗里的"毛线厂""贝贝糖果厂",马安的"工艺鞋厂""化工厂",积堰山的"绸厂"等,后来由于多种原因停办或转制,随后个私企业开始兴起,到2006年止,全村共有工业企业17家,从业人员165人,是年全村工农业总产值10067万元,村级集体经济收入91万元,村民人均收入8400元。2008年,工业企业增至34家,从业人员247人,企业当年获利580万元。村民人均收入达到11200元,比2006年增2800元。

在经济逐步发展的同时,永富村坚持物质文明、精神文明、生态文明协调发展,努力加快现代化新农村建设。至2008年,村中道路已基本硬化,总硬化面积达38809平方米,消灭露天粪坑,建造公共厕所16座,建造垃圾箱38只。村中主干道基本做到路边绿化,路灯亮化。有线电视入户率达99%,自来水入户率达100%,卫生户厕达99.5%。村还投入100多万元新建了文化综合大楼,内设老年活动室、合作医疗、幼儿园、图书阅览室、大型会议室等。为了增强村民体质,为村民提供体育锻炼场地,村建造了灯光篮球场,2个休闲公园,并设置了各类运动器械,使村民的生活质量不断提高。

1950~2008年永富村历届党支部书记名录

表1-2-42

村名	姓名	任职时间	村名	姓名	任职时间
冗里	施春潮	1950.3~1955.6	马安	俞纪平	1989~1990(下派)
	钱东仁	1955.7~1957		洪建良	1990~2002.5
	施春潮	1957~1964		王新民	2002.6~2005.8
	徐子法	1964~1972	积堰山	钱东仁	1955.7~1957
	徐国荣	1972~1984		施春潮	1958.9~1961
	徐志忠	1984~1990		钱小毛	1961~1962.6
	徐凡球	1990~1993		姜幼仙	1962.7~1962.12
	施志芹(女)	1993~2005.8		钱东仁	1963~1977

续表 1－2－42

村　名	姓　名	任职时间	村　名	姓　名	任职时间
马鞍	钱东仁	1955.7～1957		韩仁根	1978～1981.3
	施春潮	1958.9～1961		姜毛宁	1981.4～1994.12
	孔祥生	1961～1963		鲍金成	1995～2002
	鲁阿吾	1964～1975		钱浩	2002～2005.8
	洪吾法	1976～1985	永富村	王新民	2005.9～2007
	韩樟兴	1986～1989		郁吾高	2008.1～2008.12

1949～2008 年永富村历届行政主要领导人名录

表 1－2－43

村　名	姓　名	行政职务	任职时间
冗里	徐渭根	村长	1949～1952
	徐裕兴	村长	1952～1955
	徐水祥	社长	1955～1957
	钱小毛	大队长	1958～1961
	施关然	大队长	1961～1981
	施吾祥	大队长	1981～1984
	施志芹(女)	村委会主任	1984～1993
	孟仁法	村委会主任	1993～2002.5
	徐伟兵	村委会主任	2002.5～2005.5
马鞍	徐水镜	农会主任	1950.1～1950.6
	韩召堂	农会主任	1950.7～1955.6
	徐水祥	马鞍高级社社长	1955.7～1957
马鞍	钱小毛	大队长	1958～1961.3
	徐小芳	大队长	1961.4～1963
	孔祥生	大队长	1964～1968
	洪幼根	革命领导小组组长	1969～1970
	孔祥生	大队长	1971～1975
	韩樟兴	大队长、村委会主任	1976～1985
	洪吾刚	村委会主任	1985～1986.5
	蒋子兴	村委会主任	1986～1988

续表 1-2-43

村 名	姓 名	行政职务	任职时间
	王新民	村委会主任	1989~1998.10
	盛汉金	村委会主任	1998.11~2002.8
	洪秀明	村委会主任	2002.9~2005.5
积堰山	鲍吾仙	六联村农会主任	1949~1950.10
	郁金泉	六联村农会主任	1950.11~1951.5
	徐水祥	马鞍高级社社长	1955~1957
	钱小毛	马鞍大队大队长	1958~1961
	姜吾桥	大队长(建民大队)	1961
	韩仁根	大队长(建民大队)	1962~1977
	钱吾炎	大队长(建民大队)	1976~1981
	姜毛宁	大队长(建民大队)	1977~1981
	贺国良	大队长(建民大队)	1982~1984
	郁振华	积堰山村村委会主任	1985
	郁吾高	村委会主任	1985~1994
	韩吾林	村委会主任	1995~1998
	谭春法	村委会主任	1999~2001
	倪利平	村委会主任	2002~2005.5
永富村	徐伟兵	村委会主任	2005.6~2008.5
	钱利荣	村委会主任	2008.5~

镇中心社区

戴村镇中心社区,前身是1997年建立的戴村镇居民集体户,负责人席兰贞。2000年11月,戴村镇中心居委会成立,办公地点在原戴村供销社大楼后面城建监察中队一楼,工作人员2名,都是退休人员。2000年11月以前,戴村集镇的居民(非农户)只有一个居民集体户,由粮管所户籍管理员席兰珍兼管。中心居委会成立时有居民870人,其中中共党员7人。当时以集体户为单位设组,分为供销社、粮管所、二轻系统、机关、六中、镇中、镇小、永兴小学、骨伤科医院共9个居民组。居委会由陈秋元(原戴村粮管所退休)任党支部书记兼任居委会主任,分管党务及全面工作;丁利荣(原萧山树脂厂退休)任党支部副书记,分管治保调解工作;潘玉琴(原戴村供销社退休)任居委会副主任,分管妇联、计划生育工作。

2004年7月,根据萧政办发〔2004〕64号文件精神,为进一步推进城镇社区建设,经萧山区人民政府批准将原戴村镇中心居委会整合后成立戴村镇中心社区。社区东至凌溪路,南至人民路,西至03省道线,北至工人路(后改为"锦绣路"),办公地址不变。中心社区成立后,领导班子仍由原班子三名人员担任,直至2008年4月。

2006年3月,因社区工作需要,办公场地搬迁至戴村镇影剧院一楼。2007年,锦鸿苑住宅小区开始交付,社区开始办理锦鸿苑购房户的入户工作,居民354户,商铺109户。

2008 年 5 月，戴村镇中心社区举行换届选举。经差额选举产生新一届领导班子：周豪放任中心社区党支部书记，分管党务工作及治保、调解工作；钟沙洁任中心社区主任，分管行政、户籍、老龄统战、宣传等工作；郑红玲任委员、妇女主任，分管劳动保障、妇联、计划生育等工作。

2008 年 11 月，戴村镇中心社区为有利于云石片非农居民工作管理，根据镇人民政府的决定，将云石片集体户居民划入中心社区管理，至是年年底，戴村镇中心社区共有居民 852 人，在册党员 24 名，社区根据单位性质划分为镇机关、萧山区中医骨伤科医院（含茶亭伤科医院）、萧山区第六中学、戴村镇中、戴村镇小、戴村镇永兴小学、原戴村供销社、原戴村粮管所、原二轻系统、戴村镇云石初中、戴村镇云石小学、云石卫生院、购房户共 13 个居民小组和 1 个退休人员小组，并建立以社区干部、居民组长、妇女工作联系员、楼道组长的一套社区管理网络。

2008 年 12 月，戴村中心社区办公地址搬迁至新甸路 54 号（锦鸿苑西大门旁）。中心社区在萧山乡镇社区中首创“一站式”服务窗口，设有党建、劳动保障、计划生育、民政福利、户籍管理、治保调解等服务窗口，设立专人负责，让居民办事有窗口可寻，遇事有责任人可问，大小事宜均可在“一站式”服务窗口得到受理和帮助解决，方便了居民办事，赢得广大居民的信任与支持。

戴村镇中心社区成立以来，开展关爱困难儿童行动。展开以“情系困难儿童，快乐共同成长”为主题的爱心捐款活动，动员社区居民尽自己的微薄之力参与公益募捐，“捐献一元钱，捐助一本书，送上一份爱”，为困难家庭子女送上社会大家庭的温暖，营造全社会关心和爱护未成年人健康成长的良好风尚；开展远程教育活动，对社区的党员进行爱国主义教育；开展安全防范教育，提高居民安全防范意识；开展禁毒宣传，共同携手，远离毒品，拒绝毒品，珍爱生命，珍爱家庭，以“小家”促“大家”，积极创建“无毒社区”。

2008 年 5 月，中心社区组织成立了腰鼓队，人员逐步发展到 30 多人，并配置了统一的服装。戴村镇搞活动，单位搞庆典总是邀请腰鼓队去助兴演出。6 月，原戴村镇中心社区“老年艺术团”在中球冠集团公司支持下，并以“中球冠”冠名，成立了中球冠艺术团，共有在册人员 27 名，拥有一流的音响设备和配套的艺术装备。成立以来在戴村影剧院和全镇各村（单位）演出，丰富了戴村人民的业余文化生活，深受广大干部群众的欢迎。

镇中心社区成立以来，赢得了不少荣誉。2007 年度，被评为萧山区“三星级民主法制社区”；2008 年，积极打造社区品牌，创建为杭州市和谐社区、萧山区充分就业社区；2009 年，创建为萧山区文明社区、萧山区卫生社区、萧山区综合治理规范化建设示范社区、萧山区平安社区、萧山区充分就业社区、萧山区党员远程教育五好示范点、萧山区示范志愿者服务站。

第三章　自然环境

戴村镇位于杭州市萧山区南部。西与富阳市大源乡接壤，东连临浦镇，南依河上镇，北靠许贤乡，面积 62.82 平方千米。隶属亚热带季风气候区，四季分明，光照充足，气候温和湿润。境内交通便捷，自然经济地理条件十分优越。

第一节　地质　地貌

地　质

戴村镇区域地质构造位置处于扬子准地台，钱江台褶带，常山芳村——河上隆褶东北东端，地质构造复杂，中生代岩浆活动强烈。第四纪以来，西部山地一直处于缓慢间歇性抬升侵蚀、剥蚀之中，阶梯地形发育；东部平原则持续缓慢振荡沉降，屡遭海浸、海退，接受第四系沉积。

地层　境内分布最广、厚度最大的地层单位为中生代晚侏罗世黄尖组火山岩和新生代第四系松散沉积层，元古代、古生代地层被掩埋于第四系盖层之下，出露零星，连续性差。

1. 震旦系灯影组（Z2dn）：为浅灰至深灰色白云岩夹少量钙质粉砂岩、泥质页岩和硅质岩，地层出露厚度大于90米。分布于浦南乡横山至戴村镇张家弄门前山一带孤丘中，呈北东南西向展布，是戴村镇出露最古老的地层单位。沉积地质年代为晚元古代晚震旦世，距今约570万年前。

2. 寒武系荷塘组（1h）：为灰黑色含碳质硅质岩、硅质粉砂岩、泥质页岩，夹少量透镜状灰岩和白云岩，地层出露厚度大于30米。分布于临浦镇浦南横山至戴村镇张家弄门前山一带孤丘中，沉积地质年代为古生代早寒武世，距今约500万年前。

3. 寒武系华严寺组（3y）：为深灰色、灰黑色中至厚层状泥质条带灰岩、饼条状灰岩，间夹瘤状灰岩和泥质白云质灰岩，产腕足类、三叶虫和牙形刺化石，出露地层厚度大于42米。分布于施家闸至郁家山一带，沉积地质年代为古生代晚寒武世，距今约500万年前。

4. 寒武系西阳山组（3x）：为深灰色、灰黑色薄至中层状灰质泥岩、灰质页岩夹饼条状灰岩、瘤状灰岩和少量白云质灰岩，产三叶虫化石，地层出露厚度大于200米。分布于郁家山至黄洞岭一带，沉积地质年代为古生代晚寒武世，距今约500万年前。

5. 奥陶系印渚埠组（O1y）：上部为深灰色薄至中层状泥质灰岩夹白云质灰岩；中部为浅灰白色厚层块状含白云质灰岩夹薄层瘤状灰岩；下部为灰黑色、深灰色灰质页岩夹薄层条带状灰岩和瘤状灰岩，产粘克虫、环孔虫化石，地层出露厚度大于200米。分布于小石盖山至前山一带，沉积地质年代为古生代早奥陶世，距今约435万年前。

6. 侏罗系黄尖组（J3h）：为一套巨厚的酸性、中酸性陆相火山喷发岩，岩性多变，分布于西部山地和平原孤丘中。按岩性组合特征，可划分为上、中、下三个岩性段。

（1）黄尖组下段（J3h1）：为灰紫色、灰绿色、灰白色流纹质玻屑凝灰岩、晶屑玻屑凝灰岩、多屑凝灰岩，夹少量熔结凝灰岩、沉凝灰岩和凝灰质砂泥岩，产苏铁类植物化石碎片和孢粉化石，地层出露厚度大于1000米。分布于戴家山、后马山、马鞍山和积圳山等地。

（2）黄尖组中段（J3h2）：为深灰色、灰紫色流纹英安质晶屑玻屑熔结凝灰岩、多屑凝灰岩，夹少量沉凝灰岩、凝灰质砂泥岩，局部夹英安质含集块角砾凝灰岩，地层厚度大于500米。分布于沈村、丁村、李家坞、郭村一带。

（3）黄尖组上段（J3h3）：为灰黑色、深灰色、紫灰色英安质晶屑玻屑熔结凝灰岩、食品屑玻屑凝灰岩、多屑凝灰岩，夹少量沉凝灰岩、凝灰质粉砂岩、粉砂质泥岩，普遍含火山角砾和集块，地层出露厚度240～660米。分布于庵基山、石牛山、船尾巴山一带。

戴村镇黄尖组火山岩与进化镇青化山火山岩、义桥镇天照山火山岩、临浦镇大庄木尖山火山岩同属浙西寿昌——萧山火山喷发带的北东延伸部分。火山喷发强度大，持续时间长，火山岩层堆积厚度大。火山喷发地质年代为中生代晚侏罗世至早白垩世，距今约137万年。

7. 第四系上更新统（Q3）：分布于西部山地沟谷中，有坡—洪积三处，洪—冲积一处。

坡—洪积（Qdl－pl）：为棕红色、棕黄色黏土碎砾石、含砾亚黏土。砾石呈尖棱角状、次浑园状，砾径数公分至数十公分，分布无序，土体密度，透水性差，地层厚度大于2.5米。分布于沈村、丁村、佛山、李家坞一带坡麓、谷口，为坡上片流和涧溪的晚更新世堆积。

洪—冲积（Q3dl－al）：为棕黄色、褐黄色含砾亚黏土、砂砾石。砾石含量大于20%，砾径0.5～10公分，少数大于20公分，浑圆、次浑圆状，透水性好，地层厚度2～4米。分布于洪村南至后溪谷口地带，为涧溪之晚更新世堆积。

8. 第四系全新世（Q4）：广泛分布于山地、孤丘和平原地带，岩性因地而易，地层厚度各处不一。

残—坡积(Q4dl-pl):分布在岗、丘和坡麓地带。岩性为棕黄色、黄白色发育不完全的岩屑、岩屑砂和亚砂土、单元和近源堆积,厚数厘米至数米。庵基山、石牛山、船坞山一带剥夷面坳谷中,有富含有机质亚黏土停积,厚2~3米。

洪—冲积(Q4dl-al):为云石溪及其支流之涧溪堆积。岩性为灰黄色砂砾石和亚砂土,结构松散,含水丰富,地下水位高,地层厚度1~3米。顺云石溪及其支流呈带状分布。

冲—湖积(Q4al-l):分布于永兴河河谷地带,为洪冲积、湖沼积类型,表部岩性为黄褐色、灰黄色粉砂、亚砂土、黏土,普遍含铁锰质斑点,粒度由上游往下游变细,黏土增多,地层厚度0.5~3米。紧靠临浦镇浦南戚家里村,曾于20世纪80年代在第四系中打过一个钻孔,钻孔深54.5米,在深45.1米~48.6米处为上新统(Q3)砂砾石层,富含地下水,单井涌水量340立方米/日,为孔隙承压水,水质含固形物340毫克/升,游离CO2(10.71毫克/升),可溶性SiO226毫克/升,PH值7.9,总硬度15.14德国度,为咸水、微硬水。

第四系沉积地质年代始于距今200万年的早更新世,湘湖跨湖桥全新世沉积层(新石器时代遗址)距今9000~7000年。

岩石 戴村镇境内仅见有沉积岩和岩浆岩。

1.沉积岩:有硅质粉砂岩、碳质硅质页岩、硅质岩,灰质页岩,石灰岩和白云岩。分布于张家弄、石盖山、郁家山等孤丘中,为海湾湖泊沼泽相和海相沉积。石灰岩分布面积最大,岩性多样,主要有灰质白云岩,白云岩、灰质页岩、灰质泥岩,岩石呈薄至中原层状,泥质、白云质含量高,岩性垂向递变快。石盖山、前山奥陶系印渚埠组含白云质灰岩,质量较好,层厚30余米。岩石厚层块状,细晶、隐晶结构,矿物成分以方解石为主,含微量白云石,伴有陆源碎屑物和硅质生物介克混入,SiO2含量高;黄洞岭至郁家山上寒武统石灰岩,岩石深灰至灰黑色,泥质、白云质含量更高,有较多陆源碎屑物和硅质生物介壳混入,SiO2含量在17%以上。岩石风化残积物为棕黄色或棕红色碎屑黏土。

白云岩为灯影组夹层,灰白色,厚层块状,细晶结构。矿物成分以白云石、方解石为主,伴有少量黏土矿物混入。岩性坚脆,岩面有刀砍状裂隙,MgO含量大于20%。白云岩出露少,量不多。

2.岩浆岩:为大面积分布的火山碎屑岩和火山喷发同源脉岩。

火山喷发碎屑岩岩性杂,岩石种类多、分布面广、堆积厚度大。主要有火山碎屑凝灰岩、熔结火山碎屑岩和沉火山碎屑岩。

火山碎屑凝灰岩:由火山爆发空落火山灰(晶屑、玻屑、岩屑)单独或混合堆积成岩。岩石以灰白色、浅灰色、灰紫色多见,厚层块状构造,凝灰碎屑结构。常见岩石有晶屑凝灰岩、玻屑凝灰岩、晶屑玻屑凝灰岩和多屑凝灰岩,普遍含火山角砾和集块。分布于船尾巴山、石牛山地区和新阳岗东至戴家山一带。凌桥采石场玻屑凝灰岩,岩石呈浅灰白色、角砾、集块含量增多,具强烈硅化。

熔结火山碎屑岩:主要为熔结凝灰岩,岩石呈深灰色,紫灰色、灰紫色,厚层块状,塑变凝灰结构,熔结条带发育。由塑变玻屑、石英、长石和云母等品屑组成,岩石緻密坚脆,强熔结凝灰岩外貌似火山熔岩。熔结凝灰岩单层厚度大者可达百余米,是境内最常见的一种火山岩。分布于船尾巴山、石牛山和丁村、新农、沈村至顾家淡一带。

沉火山碎屑岩:主要为沉凝灰岩,岩石以浅色多见,厚层块状,沉凝灰碎屑结构,由火山喷发碎屑物空落在水体环境中堆积成岩。岩石中火山碎屑含量60%~80%,正常陆源碎屑含量20%~40%。具分选性,层理清晰,层面平整,为火山绕发岩之夹层,分布不稳定,在火山岩地区均可见及,在黄尖组下段中多见。

脉岩:由火山熔浆顺着早先喷出的火山岩和其他岩石裂隙贯入冷凝成岩,境内已见及的有丁村花岗斑岩($\nu\pi$),戴家山、前方村流纹斑岩($\lambda\pi$)、马鞍山、陈家坞霏细岩(V)、积圳山霏细斑岩($\nu\pi$)等。脉宽5~10米,长数十至百余米,岩石为浅灰色、微肉红色,霏细结构,细粒斑状结构,块状构造,岩性緻密坚脆。

黄光组火山岩累计堆积厚度大于1500米,火山喷发活动经历了弱喷发——强喷发——弱喷发的演化过程。早期火山喷发岩浆为酸性(流纹质),晚期火山喷发岩浆为中酸性(英安质),从早期到晚期岩浆中SiO2含量逐渐减少,AC2O3、Na2O、CaO含量逐渐增多。

构造 戴村镇区域构造位置,位于河上镇元古界——古生界组成的北东向倾伏背斜北西翼。西部山地为由上侏罗统黄尖组火山岩组成的单斜构造层,岩层倾向南东,倾斜角 10°~26°;东部平原第四系盖层以下的元古界——古生界褶皱遭后期断裂破坏。区内断裂发育,节理、劈理等小型构造多见,规模较大的断裂有:

1. 沈村—朱村桥断裂:南起戴村响石桥,北至义桥镇许贤朱村桥,长度大于 8000 米,北端被第四系掩盖。断裂走向北 30°东,倾向北 305°西,倾斜角 50°~80°,断裂破碎带宽 10 米左右,顺断裂有安山岩脉充填,为压性断裂。

2. 沈村—华家里断裂:南起沈村,北至义桥镇许贤华家里,长度大于 10000 米,华家里以北被第四系掩盖。断裂北北东走向,断面陡立,断裂破碎带宽 10~25 米,发育有构造透镜体和片状构造岩,为压性断裂。

3. 庚青岭断裂:南起河上镇桥头王村,向北经杨家、石桥溪至庚青岭,长度大于 6000 米。断裂石倾向北东,倾斜角大于 75°,断层角砾岩宽 5 米左右,顺断裂有霏细斑岩岩脉贯入,紧靠断裂两侧岩石普遍硅化、黄侏矿化,为张性断裂。

4. 中岭断裂:南起黄泥岗,向西延伸至富阳市石马头,长度大于 7000 米。断裂走向北西西,倾向北北东,倾斜角 85°,为压扭性断裂。

东部平原第四系下伏基岩中,发育有规模较大的北东走向和北西走向两组断裂,呈格子状展布。在何童埠后马山、张家弄、郁家山、石盖山、郑家坞等孤丘中,均可见上述两组断裂行踪,断裂性质为压性、压扭性。郑家坞南顺北西向断裂贯入的霏细岩脉,遭挤压破碎,挤压破碎带宽度大于 35 米,是该区构造应力再次迭加的结果。

区内节理发育普遍,以走向北 40°东和走向北 310°西两组多见,裂面一般光滑、平整,延伸长,具压扭性质。劈理多沿断裂带发育,顺断裂两侧呈带状分布。

西部山地地势陡峻,沟谷深切,构造破裂面发育,岩石破碎,在适应的地形地貌条件和地表水的作用下,极易发生崩塌、滑坡和泥石流等地质灾害,应重视做好防治工作。

采掘、运输方便。其中熔结凝灰岩、玻屑凝灰岩储量最大。

熔结凝灰岩:石质坚密、吸水率低,抗压强度大,耐风化性能好,可用于作混凝土骨料、砌筑块石、条石和板材石料。义桥镇许贤思姑湾同类熔结凝灰岩经省建筑材料研究所物性测定,岩石容重 2.65 克/立方公分,自然抗压强度 2539 公斤/立方公分,水饱和抗压强度 2235 公斤/立方公分。石质之佳,素受沪、杭建筑业界之青睐。熔结凝灰岩主要产出于黄光组中段和上段层位,储藏量极大,分布于船坞山和沈村至李家坞一带。

玻屑凝灰岩:岩石色泽好,以灰白色、灰绿色居多,厚层块状,裂隙不发育,岩石块度大,成材率高,适用于作房舍基石,道路基石和堤塘护面,也可加工成条石,护面石料,直接用于砌筑墙体或作墙体之贴面石料,美观大方。河上镇大桥祥里至戴村凌桥一带矿层厚度大于 30 米,沈村至尖山下一带晶屑玻屑凝灰岩厚度在百米以上。

石灰岩:分布于石盖坞前山奥陶系中部层位石灰岩质量较好,矿层厚 30 米,矿石为灰白色,含 CaO44.69%、SiO29.41%、MgO1.38%、AO2O31.39%、Fe2O30.14%,烧失量 38.38%,地质储量 1200 万吨。20 世纪 50 年代初开始断续开采,主要用于作混凝土骨料。

瓷(土)石:分布于何童埠后马山,由上侏罗纹流质玻屑凝灰岩风化成矿。矿体呈似层状,长度大于 200 米,厚 5~10 米,矿石为黄白色土块状。矿石矿物主要为高岭石、伊利石、蒙脱石和少量长石,石英。化学成分含 SiO274.87~76.24%、AL2O313.72~14.49%、K2O3.80~6.00%、Na2O1.34~3.42%、Fe2O30.39~0.69%,地质储量 50 万吨左右。矿石熔剂含量高,烧成性能好,是烧制墙地砖的较好原料。

地 貌

戴村地貌部位处于闽浙丘陵龙门山支脉北沿。西部是山地,东部为平原,地貌类型单调,地貌界线清晰。

低山丘陵 西部山地山岭迭起,地形破碎,溪涧纵横,与楼塔镇、河上镇低山丘陵连成一体。山体近南北向展布,山势高峻,西高东低,呈阶梯状层层降落,山顶高程 35.8 米~925.2 米。

1. 低山:分布于与富阳市接壤地带,海拔大于500米的主要山峰有船坞山(主峰海拔744米),船尾巴山(主峰海拔592.8米)、螺石山(主峰海拔692.8为)、狮山(主峰海拔641米)、石牛山(主峰海拔653米)。其上发育有三级剥夷面和三级侵蚀阶地,一、二级剥夷面分布面广,面上残存有众多坳谷。低山岗脊平缓起伏,山顶浑圆、次尖顶状,山坡坡陡、缓相间,坡度陡者大于30°,缓者25°居多,谷坡平直,沟谷"V"形,残坡积层脊薄,谷中有堕积物,坳谷中有富含有机质黏土堆积。山体由中生界黄尖组火山碎屑岩组成。

2. 丘陵:毗连于低山东侧;与低山紧密相连,两者无明显地貌界线,山体亦呈南北向展布。

高丘分布于响天岭、骆家舍、尖山下、佛山至黄泥岗一带,山峰海拔346米~475米。其上有阶梯地形,山顶多数浑圆,山坡坡度21°~25°,沟谷"V"形居多,岗脊平缓起伏。

低丘断裂续分布于高丘外侧,东与浦阳江平原连接,山峰海拔53米~241米。地形破碎,沟谷宽浅,丘顶浑圆,山坡坡度15°~25°居多,其上有阶地发育。丘陵山体亦均由黄尖组火山岩组成,唯岩性较杂。

低山丘陵林木披盖,火山地质景观奇特。夷平面上村舍散布,有响天岭高山水库和千年古刹"云门寺",道教胜地"三清寺"、狮山"女娲殿"等人文景观。

云石溪纵贯西部山地,全长14.35千米,流水深远。尖山下村以上河段河床比降大,谷地"V"形,谷底多堕积物;尖山下村以下河段,河床比降小,谷地开阔,为砂砾石河床,宽30~60米。

3. 孤丘:兀立于东部平原,由石灰岩、火山岩组成,丘顶海拔38.3~132米。

马鞍山孤丘:主丘顶海拔130.3米,山体呈北西向延伸,由古生界石灰岩和中生界火山岩组成,坡积层厚度大于3米。

郑家坞孤丘:主丘顶海拔82.9米,山体呈北北东向展布,由古生界石灰岩和中生界火山岩组成,残坡积层脊薄。

后马山孤丘:主丘顶海拔88米,山体呈东向展布,由中生界火山岩组成,残坡积层脊薄。

门前山孤丘:主丘顶海拔36.4米,与临浦镇浦南横山连成一体,山体呈北东向展布,由寒武系碎屑岩和震旦系白云岩组成,坡积层原处大于4米。

张家弄孤丘:丘顶海拔35.8米,由中生界火山岩组成。残坡积层不发育。

孤丘丘顶浑圆,岗脊起伏平缓,山坡坡度小于20°。

平原　有洪冲积平原和冲湖积平原。

1. 洪—冲积平原:分布于尖山下以下至凌桥村云石溪谷地,略呈东西向展布,宽80~500米,为云石溪的全新世砂砾石、亚砂土堆积,组成河漫滩和阶地。平原表面平整,微向下游倾斜,坡度小于3°,其上村舍密布,昔日河谷的微地貌景观已不复存在。

2. 冲—湖积平原:分布于永兴河谷地,东接浦阳江平原,南连河上镇大桥平原,北依义桥镇许贤平原。南北长约4000米,东西宽2~4.5千米,面积约13平方千米,由钱塘江、浦阳江、永兴河和云石溪共同作用下形成。平原表面平展,微向北东倾斜,高程6米以下,永兴河以西上董至孙家村,地面稍微高起,高程5.4~5.9米;永兴河以东石马头、河上桥至后马湖一带,地面高程5.5米左右,是戴村镇较为低洼的区块。

永兴河流经戴村镇东部平原,河面宽60~100米,水深3.3米,河床比降1/2000,边滩发育,其上芦苇和杂草众生,枯水期河床宽度仅在30米左右。

戴村平原水系纵横,公路交织,学校、工厂、新兴商业街区和居民住宅楼群拔地而起,呈现一派欣欣向荣的繁华景象。

西部山地和东部平原的现存地貌格局和地貌景观,是长期来地球内外动力综合作用的结果,这种作用永远不会终结,地貌景观也将得到不断的改造。

第二节　土　壤

戴村镇域的山地土壤大多数发源于各类岩石的风化原积、坡积残积体，以黄壤为主，海拔200米以下的有黄壤、红黄壤混杂，红壤分布面积较少；溪谷河滩地土壤系河溪冲积物，普遍带有砂性。从山脚到溪滩主要分布有卵石滩—清水砂—石砂土—黄泥沙土—黄泥沙田—黄粉泥田。永兴河两岸有石块冲积平原形成，由于长期的耕种管理，现已形成水稻土，主要为潴育型水稻土。

第三节　气　候

四季特征

戴村镇属北亚热带季风气候区，四季分明，温和湿润，雨量充沛，光照充足。境内冬、夏季风交替变化，光温同步，雨热同季，配匹良好。

镇内冬夏长，春秋短。春季始于3月27日，终于6月2日，长68天；夏季始于6月3日，终于9月21日，长111天；秋季始于9月22日，终于11月25日，长65天；冬季始于11月26日，终于翌年3月26日，长121天。其主要特征为：春季，冬季风渐趋减弱，南方暖湿气流较为活跃，气温回升，降水、光照增多；夏季盛行偏南风，为光温水高峰时期，初夏梅雨降水集中，梅雨结束后降水量较前期减少，进入高温伏旱季节，夏末至初秋时有台风影响，暑热渐消；秋季光温同步下降，冷空气开始南下，冬季风逐渐代替夏季风，多秋高气爽天气；冬季盛行偏北风，寒冷、干燥，时有冰冻和暴雪，为一年中光、温、水最低（少）时期。

气温

境内气温以冬冷、夏热为特色，年平均气温17.3℃。一年中，月平均气温以1月5.5℃为最低，7月28.9℃为最高，气温年较差23.4℃。境内极端最高气温为41.9℃，出现于2009年7月20日。高温主要出现在6~9月，每年6月底至7月初梅汛期结束后，即出现高温期，日最高气温在35℃以上天数，平均45天。境内极端最低气温为-15.0℃，出现于1977年1月5日。平均冰冻日数25.5天。

戴村镇常年各月平均温度

表1-3-1　（单位：℃）

要素		1月	2月	3月	4月	5月	6月	7月	8月	9月	10月	11月	12月	年
气温	平均	5.5	8.8	10.7	15.7	22.1	25.3	28.9	27.7	25.6	19.0	11.6	6.8	17.3
	最高	14.5	22.6	26.2	28.1	33.6	35.5	39.1	36.5	35.3	27.5	22.6	18.0	28.3
	最低	-5.3	1.2	0.7	7.7	13.8	19.2	23.1	21.0	20.2	11.4	3.6	-2.1	9.5

说明：按戴村、方溪自动气象站资料统计。

降　水

境内年平均降水量1406.5毫米≥0.1毫米，降水日数年均168天。≥50.0毫米降水日数年均3.0天。

一日最大降水量103.0毫米,出现于2010年9月131日。降水的月、季变化明显,3月前后为春汛多雨时期;6∽7月为梅汛阶段,常年梅雨持续,易出现强降水;8月盛夏伏旱,降水以午后雷阵雨天气为主,相对减少;9月前后为台风天气影响期,易出现降水高峰期;11月至次年1月为冬干期,冬雨较少。

戴村镇常年各月平均降水

表1-3-2　　(单位:毫米)

要素			1月	2月	3月	4月	5月	6月	7月	8月	9月	10月	11月	12月	年
降水	降水量(毫米)		29.4	197.2	205.7	118.7	88.2	115.6	144.2	104.4	140.7	103.8	90.8	67.8	1406.5
	雨日	≥0.1毫米	12.5	16.5	16.5	14.0	16.0	16.0	13.0	15.0	16.5	8.5	11.5	12.0	168.0
		≥50.0毫米	0	0.5	0.5	0	0	0.5	0	0.5	0.5	0.5	0	0	3.0

第四节　日　照

戴村镇为萧山南部低丘谷地,境内平均年日照时数1870.3小时,日照百分率45%。一年中,7月日照时数最长,达231.5小时,占全年日照总量的12.4%,2月日照时数最短,为106.5小时,占全年日照总量的5.7%。

戴村镇常年各月平均日照时数及百分率

表1-3-3　　(单位:小时,%)

要素		1月	2月	3月	4月	5月	6月	7月	8月	9月	10月	11月	12月	年
日照	日照时数	113.5	106.5	116.7	148.0	169.0	153.4	231.5	227.4	159.5	155.5	144.9	144.6	1870.3
	百分率	39	36	35	38	41	39	59	61	45	48	48	47	45

第五节　初终霜期

霜主要出现在10月至翌年4月,集中在11~3月。境内平均初霜日期(最低气温≤4.0℃)为11月20日,初霜最早为1981年10月24日,最迟为2000年12月22日;平均终霜日期为3月8日,终霜最早为1981年2月11日,最迟为1961年4月16日。年平均有霜日数33.6天,无霜期(系一年中春季终霜日与秋季初霜日之间的持续天数)256.2天。无霜期最短为1958年,211天,最长为2000年,298天。

戴村镇常年初、终霜及无霜期

表1－3－4

项目	初霜日(日/月)			终霜日(日/月)			无霜期(天)		
	平均	最早	最迟	平均	最早	最迟	平均	最长	最短
日期	20/11	24/10	22/12	8/3	11/2	16/4	256.2	298	211

雪

境内降雪量和积雪深度一般均较平原为重，降雪主要出现在12月至次年3月期间。降雪平均初日在12月22日，初雪最早为1987年11月28日，终雪日平均3月4日，最迟为1998年3月22日。年降雪天数平均9.4天，最多为1976年冬天23天。积雪日数平均6.0天，最多为1983年冬天28天。年最大积雪26厘米，出现于1998年1月24日。

风和雾

境内年平均风速2.0米/秒，全年各月最大风速在12.0～20.0米/秒之间。冬、春季由于强冷空气活动易形成大风天气，风向都是西北风；夏秋季经常是雷雨、台风造成的短时大风、风向较乱。年大风天数2.8天，以1962年和1963年为最多，达17天。境内盛行风向随冬夏季风的交替而变化，明显反映出季风气候的特色。每年早春2～3月盛行西北风，4～5月顺时针转为盛行偏东风，6～7月盛行西南风，盛夏8月又转为盛行偏东风，9月份风向又恢复到冬季盛行的西北风。

境内能见度小于1000米年平均雾日43.6天，全年以秋季最多，平均13.4天，冬季次之，平均12.8天，春季为10.5天，夏季最少，平均为6.9天。多属平流雾和辐射雾，日变化规律明显，一般生成于下半夜至清晨日出之前，日出升温后1～3小时消散。

灾害天气

由于冬、夏季风交替的不稳定性，境内四季均可出现气候灾害。冬季寒潮带来的暴雪和严重冰冻，可使农作物、牲畜受冻以及交通、邮电受阻；春秋季的低温阴雨、早、晚霜冻常给农业生产带来较大影响；夏季的洪、旱、台可造成社会经济和生命财产的严重损失，春夏之交的梅雨阶段是境内主要雨季之一，常可导致较大范围洪涝；热带风暴和台风影响的主要集中时期在秋季8～9月。影响较大的有暴雨洪涝、干旱、台风等。

暴雨洪涝　暴雨洪涝是境内最重要的灾害性天气，主要发生在6～7月的梅雨季节和7～9月的台风季节，多称梅涝或台涝。由于连续降水，强度大，加上山区山高坡陡，河道狭窄，雨水一时倾泻而下，山洪暴发，江河泛滥，造成洪灾或内涝。

干旱　干旱发生频繁，一年中，主要有伏旱和秋旱。历年7～9月，是气温较高的时期，雨季结束后，处于副热带高压控制之下，气层稳定、炎热少雨，如遇少台风和地方性雷阵雨不多的年份，就会发生夏旱。秋冬季节是常年少雨期，立秋后，如这时仍受太平洋副热带高压控制或近地面层逐渐受北方干燥的气团所笼罩，台风和地方性雷雨明显减少，秋旱便开始了。

大风、台风　大风(≥17米/秒)多由强对流天气产生形成带或热带风暴(台风)影响所致。强对流雷雨大风，多在春、夏季发生，常伴随大雨而来，或先刮大风，随后倾盆大雨或伴有冰雹即刻而至，造成农作物的倒伏、脱粒、折断损坏，甚至吹毁房子等。热带风暴(台风)影响7～9月多见，因其带来狂风暴雨，毁坏农田、堤塘，造成灾害。

冰雹　小范围的雹灾几乎1～2年就可见一次，大的雹灾数年一遇。虽其出现机会不多，时间短促，范围

不大,但亦往往使一地生产造成极大损失。

寒潮、大雪冬季寒潮南下,常伴有降雪、冰冻,多出现在12月至次年2月,寒潮大雪常给经济建设带来灾害,严重时冻死牲畜和农作物,压倒树木,压坍房屋,阻塞交通,损坏电线、电话线、广播线等。

霜冻　霜冻是指作物生长期内,地面和作物表面的温度在短时间内下降到引起作物遭受冻害或死亡的现象。春、秋季冷空气过境,当地表温度下降至零度或以下时,近地面物体上的水汽就会凝结成霜,俗称“白霜”。一般霜和霜冻同时发生,有时有霜冻而没霜,但作物仍受冻害,群众称为“暗霜”。霜冻也是境内主要灾害天气之一。

第六节　水　文

地下水

戴村镇位于浦阳江及其支流永兴河的下游,萧绍平原的西端,属于钱塘江水系范畴,具有浦阳江河口水文特征。由于其地跨山地和平原二个迥然不同的水文地质单元,地下水赋存状态、水质类型、水量大小等方面存在着明显差异。

西部山地为块状火山岩组成的低山丘陵,地形切割强烈,汇水面积小,赋水受构造裂隙控制。地下水以泉的形式排泄于沟谷中,排泄量相当于迳流量,泉流量一般为0.1~0.3升/秒,矿化度<0.2克/升,为低矿化度弱酸性淡水。地下水总体贫乏,枯季迳流模数为0.8升/平方公里.秒。干旱季节大多干枯。

东部平原隶属于浦阳江河谷平原,表部沉积物为冲积、冲——湖积亚黏土,厚0.5~6.2米。浅层孔隙潜水静水位埋深0.7~3米,民井日涌水量大于5立方米,矿化度小于1克/升,为重碳酸——钙型水。永兴—临浦一带浅层孔隙潜水矿化度0.37~0.62克/升,为淡水。

永兴河谷大桥以上洪积、洪——冲积平原,静水位埋深大于50公分,民井日涌水量大于100立方米,矿化度小于1克/升,PH值5.8~7.2,水质佳。

七都溪河谷平原,静水位埋深小于50公分,矿化度小于0.5克/升,为低矿化度淡水。云石溪河谷洪积、坡——洪积平原,含水量贫乏。原沈村小学民井抽水,静水位埋深0.65米,日涌水量0.16立方米。

深部孔隙承压水,分布于浦阳江古河道中,含水层为上更新统砂砾石层,厚度3.5~7.4米,地下静水位埋深0.62~1.19。紧靠戴村郁家山的浦南后部戚家里村,饮井中上更新系统含水砂砾石层厚3.5米。砂砾石层顶板埋深45.10米,静水位埋深0.62米,日涌水量340.07立方米,矿化度2.23克/升,为淡水。

戴村镇北东侧石盖山、郁家山一带石灰岩孤丘,钙质含量低,灰岩岩溶微弱,含水量贫乏。附近分布的断裂破碎带、节理、劈理带,是地下水循环的良好通道,可形成地下水赋水带,具找水前景。

水　位

浦阳江镇境内段江面宽120~200米,常水面宽100~150米,水深3~5米,平均流量77立方米/秒,常水位6米,最高水位10.53米(1955年6月23日)。永兴河历年最高水位,永兴桥附近11.5米(1963年9月14日),最低水位4.10~4.22米(1983年8月10日)。

水资源

戴村镇水资源丰富,有江、河、溪和水库等类。浦阳江发源于浦江县,经诸暨市,于本区浦阳镇兔石岭进入萧山。于碛堰山处流经戴村镇永富村,境内长约500米。永兴河发源于富阳市常绿乡石梯山,在富阳青龙头进入萧山区,于张家弄九峰山脚流入戴村镇境内,至西址埠下注入浦阳江,境内全长约6.27千米,流域面积60.44平方千米。历史上曾发挥重要的航运作用。七都溪发源于云石船山坞小黄岭,全境流经戴村镇域,流域面积38.69平方公里,溪流长14.35公里,一般面宽10~35米,水深0.5~2米。溪水清澈,水质优良。镇内两家矿泉水厂以此水为源头活水。日产30万立方米的萧山南片自来水厂供应临浦等南边8个镇。有万立方米以上水库22座,库容95.3万立方米。其中,响天岭水库为区内最大的高山水库,蓄水量达26万立方米,在防涝、灌溉和发电方面发挥着重要作用。

本流域在溪下桥以上共有集雨面积38.60平方公里,多年平均径流深为820毫米。地表水资源为3165万立方米。现有山塘水库蓄水量104.33万立方米,河网蓄水量253.45万立方米,池塘蓄水量10.20万立方米。

第七节　野生动植物

野生动物

兽类　有金钱豹　灵猫(拖鸡豹)　柿猫　猪獾　狗獾　吭狗　貉(田鼠)　香狸　麂　乌金　兔子　野猪　豪猪　刺猬　穿山甲　松鼠　黄鼠狼　山老鼠等

禽类　有野鸭　天鹅　燕子　猫头鹰　布谷　黄莺　白头翁　麻雀　鹁鸪　稻鸡　白鹭等

鱼类　有白鲦　鳙鱼　鲢鱼　草鱼　鲤鱼　鲫鱼　黑鱼　箬鳎　土步　鲚鱼　鳊鱼　鲇鱼　青鱼　黄鳝　泥鳅　螺蛳　虾　蟹　蚌　蚬　鳗　蛏子　甲鱼等

蛇虫类　有乌梢蛇　水蛇　赤练蛇　蝮蛇　眼镜蛇　五步蛇　蜥蜴　壁虎　蝙蝠　蜈蚣　蜗牛　蚯蚓　螳螂　蜻蜓　黄蜂　水蛭　蜜蜂　斑蝥　蝉　蝴蝶　蟋蟀　蚱蜢　萤火虫　蟾蜍　青蛙　金龟子　蝼蛄　粪壳郎　蠼螋　树管虫　乌壳虫　香油虫　蜘蛛　金玲子　天牛　狗鳖虫(山客)　蛐蜒(有壳无壳均有)　剪刀虫　灰鳖虫　放屁虫　苍蝇　蚊子　蚂蚁(多种)　滚山乌　螟蛉子　壁喜　牛虻　螽斯等

野生植物

有银杏　香樟　雕樟　楝树　水构　金构　松　杉　柳杉　乌梓　粉梓　檫树　青栲　檫栲　铁头青　檏树　檀树　柏　望春　梧桐　花食果　乌牛树(夜闭树)　柞树　栗　榧(野榧)　漆树　鸡枫　红叶枫　牛脚骨(本地叫名)　野樱桃　沙婆树　牛筋朗　棕树香椿　茴香等

有桂花　草兰　九节兰　剑兰　玲兰　吊兰　木兰　牡丹(红白两种)　芙蓉(草本、木本两种)　黄紫花　夜姣姣　胭脂　腊梅　宝石花　灵霄　木槿(红白两种)　芍药　菊花(多种)　紫藤　含笑　紫荆　鹤顶红　仙人球(多种)　仙人掌(多种)　喇叭花　木笔　茶花(多种)　绣球(草本多色)　粉团(木本)荷花　水莲　杜鹃　金狮毛　芭蕉　大理菊　铁树　黄梁木(多种)白玉花　琼花　玫瑰　月季(多种)　米兰　迎春　寒天竹　凤仙(多种)　六月雪　万年青(多种)　太阳花等

有毛竹　石竹　凤尾竹　紫竹　象牙竹　早竹　雷竹　步鸡竹(多种)　苦竹(箭若竹、虎梢等多种)等

有杨梅　栗子　桃子　柿子　香泡　枇杷　桔子　石榴　梨　白果　弥猴桃　黄狗乱子　无花果(以上果子树木均零星)

第四章　人　口

1955年5月,上董青瓷窑址被浙江省文物管理委员会文物普查确认为晋代越窑址。1982年4月,杭州市暨七县文物普查工作队复查为晋—南朝越窑址,表明1700多年以前就有先民在戴村这块土地上繁衍生

息。据今保存的家谱记载,今戴村不少姓氏多由北方南迁至萧山,世代居此,繁衍发族。但因历代战乱、瘟疫、灾荒等因,致使戴村历史上人口发展曾几度出现起落,特别是太平天国后期和抗日战争期间,为避战祸,人民流离失所,人口外流现象严重。

抗日战争胜利后至中华人民共和国成立,戴村人口发展较为平衡,人口流动量亦小。20世纪50年代~70年代以来,戴村人口逐步以高出生率、低死亡率迅速增长;特别是50年代初,政府提倡"光荣妈妈",以多生子女为荣。后随计划生育的全面开展,逐步趋向稳定。同时,人口结构出现老龄化。

20世纪50年代~70年代,人口迁移主要是因婚嫁和下乡知青的迁移。改革开放后,外来女婚嫁迁入和打工、经商等因引起的外来民工增多。

第一节　数量及分布

清代

清末,今戴村镇地域分属浦南乡、开明乡和沈村乡。时,浦南乡人口为12311人,其中男6225人、女6086人;沈村乡为8666人,其中男4506人、女4160人;开明乡无记载。

民国时期

民国19年(1930)改设区、乡。戴村境域属萧山县第二区,设马安、永宁、五里、骆尖、沈盛、上洪、戴村、石硖、合沼、石马、云潭、凌溪、沈汪12乡1镇。

民国22~23年(1933~1934)戴村境域户口数量

表1-4-1

乡(镇)名	民国22年(1933)		民国23年(1934)		乡(镇)名	民国22年(1933)		民国23年(1934)	
	户	口	户	口		户	口	户	口
马安乡	143	1185	144	1189	石硖乡	376	2003	376	1962
永宁乡	225	1062	229	1074	合沼乡	503	2064	483	1334
五里乡	396	2117	398	2091	石马乡	357	1766	357	1776
骆尖乡	403	2043	408	1992	云潭乡	481	2590	499	2560
沈盛乡	282	1473	386	1187	凌溪乡	602	2910	622	2716
上洪乡			205	939	沈汪乡	353	1788	375	3172
戴村镇	490	2482	493	2477					

民国30年(1941)又进行乡镇规模调整。是年,今戴村境域属长潭、沈村、开明、戴村4乡和浦南(除丁家庄、陈家、方家、五星)大部。是年,长潭乡867户、4341人;沈村乡768户、3614人;开明乡1137户,5647人;戴村乡1583户,6993人。

民国36年(1947),进行乡镇合并,长潭乡和沈村乡合并为长潭乡,开明乡和戴村乡合为戴村乡;浦南乡和公孙乡合为复兴乡。是年,长潭乡共8保、98甲、1448户、6255人,其中男性3256人,女性2999人。戴村乡共10保、146甲、2217户、10641人,其中男性5448人;女性5193人。复兴乡共14保、147甲、2101户、9726人,其中男性4927人,女性4799人。

中华人民共和国成立

1949年5月,今戴村镇境域为长潭、戴村、复兴3乡。1956年2月,云石乡并入长潭乡,凌溪、白墅两乡并入戴村乡,马安乡并入振庭乡。

1959年年初,戴村人民公社成立,辖长潭、凌溪、振庭、许贤、白墅、马安6个管理区。

1959年戴村人民公社人口分布情况表

表1-4-2　　单位:人

管理区名称	户数	总人口	其中			
			男	女	农业人口	非农业人口
长潭管理区	2103	8455	4310	4145	8352	103
凌溪管理区	1990	8397	4165	4232	7688	709
振庭管理区	1264	4993	2532	2461	4954	39
许贤管理区	2826	11272	5814	5458	11146	126
白墅管理区	1276	5364	2688	2658	5316	30
马安管理区	1025	4264	2197	2067	4254	10

1961年7月,恢复区建制,缩小公社行政区域,撤销管理区。今戴村镇地域为云石、戴村、永兴三个人民公社,下辖生产大队(行政村),此后固定不变。1984年恢复乡镇建制。1992年,永兴乡并入戴村镇,2001年,云石乡并入戴村镇。

戴村镇域第二至五次人口普查的人口统计

表1-4-3　　单位:人

年份		1964				1982				1990				2000		
乡(镇)		戴村	云石	永兴	合计	戴村	云石	永兴	合计	戴村	云石	永兴	合计	戴村	云石	合计
总户数		2561	2271	1755	6587	3622	2956	2416	8994	4406	3867	3091	11364	7246	3491	10737
总人口	合计	11830	10017	8035	29882	15038	12351	10098	37487	15915	12897	10690	39502	26313	12384	38697
	男	6135	5104	4012	15251	7623	6079	5118	18826	8104	6404	5346	19854	13073	6146	19219
	女	5695	4913	4023	14631	7415	6272	4980	18661	7811	6493	5344	19648	13240	6238	19478

2006年年末，戴村镇户籍人口统计，全乡总人口为37809人，其中男18607人、女19202人，人口密度为602人每平方公里。

1982年第三次全国人口普查戴村、云石、永兴公社人口分布表

表1－4－4　　单位：人

公社	大队	人口数			大队	人口数		
		合计	男	女		合计	男	女
戴村公社	马谷	1243	643	600	戴家山	537	281	256
	中潭	8898	431	467	下方	576	284	292
	麦园	723	342	381	戴村	1057	519	538
	盛家	332	173	159	后郑	759	378	381
	前方	351	168	183	陆家	240	116	124
	丁村	830	420	410	孙家	353	177	176
	后宅	332	165	167	石盖	1206	604	602
	凌山	527	271	256	畈里	177	82	95
	李家坞	460	234	226	上董	1030	509	521
	墙头	533	265	268	集体单位	635	428	207
	大湖头	970	495	475	无居委会建制	30	16	14
	凌桥	744	380	364	合计	15038	7623	7415
	溪河	495	242	253				
云石公社	船山	911	459	452	枫树	706	351	355
	骆村	735	378	357	响石桥	448	219	229
	尖山下	1305	626	679	石牛山	805	403	402
	狮山	306	159	147	明堂	805	371	434
	顶山	558	274	284	沈村	1373	656	717
	征山	371	189	182	南坞	654	314	340
	增丰	750	367	383	佛山	1263	620	643
	平山	467	230	237	集体单位	132	87	45
	勤工	762	376	386	合计	12351	6079	6272
永兴公社	石盖坞	477	254	223	东周	375	190	185
	石马头	1513	729	784	郁家山下	1262	654	608
	河上桥	530	271	259	积堰山	972	495	477
	杨家桥	495	237	258	马鞍	928	450	478
	张家弄	1670	875	795	冗里	493	251	242
	后马湖	398	209	189	集体单位	88	52	36
	何童埠	635	327	308	合计	10098	5118	4980
	西周	262	124	138				

2008 年戴村镇人口分布情况表

表 1－4－5 单位:人

单位名	总户数	总人口数	其中		单位名	总户数	总人口数	其中	
			非农业人口	乡村人口				非农业人口	乡村人口
骆家舍	466	1485	60	1425	南　三	496	1759	97	1662
尖山下	375	1281	53	1228	戴　村	544	1910	168	1742
方　溪	546	1548	84	1464	上　董	289	1047	163	884
顾家溪	391	1262	68	1194	大石盖	542	2088	402	1686
枫　桥	395	1211	70	1141	石马头	610	1963	79	1884
青　山	819	2519	185	2334	河杨湖	473	1540	39	1501
沈　村	428	1332	95	1237	张家弄	546	1767	57	1710
佛　山	379	1281	60	1221	郁家山下	382	1367	44	1323
半　山	670	2221	109	2112	东　风	396	1335	45	1290
马　谷	405	1238	54	1184	永　富	717	2379	78	2301
八　都	659	2293	72	2221	集体户	16	8022	802	–
三　头	619	2394	532	1862	购房户	33	70	70	
					全镇总计	11196	38092	3486	34606

1964～2008 年戴村镇域部分年份人口变动情况统计表

表 1－4－6 单位:人

年份	总户数	总人口			出生			死亡			迁入			迁出		
		合计	男	女	合计	男	女	合计	男	女	小计	省内	省外	小计	省内	省外
1964	6587	29882	15251	14631	538	251	287	178	81	97	231			136		
1971	7174	34354	17304	17050	747			208			289			388		
1972	7203	34761	17465	17296	708			195			258			402		
1974	7726	35907	18144	17763	658			213			310			229		
1976	8402	36846	18478	18368	630			223			492			453		
1978	8860	37448	18780	18668	607			244			325			512		
1980	8933	37484	18841	18643	438			241			525			603		
1982	8994	37487	18826	18661	710			265			660	616	44	720	688	32

续表 1－4－6

年份	总户数	总人口			出生			死亡			迁入			迁出		
		合计	男	女	合计	男	女	合计	男	女	小计	省内	省外	小计	省内	省外
1984	9653	38605	19366	19239	620	299	321	256	134	122	395	371	24	472	448	24
1985	9894	38678	19482	19196	550	306	244	265	142	123	274	241	33	490	469	21
1986	10278	38807	19545	19262	554	302	252	266	149	117	263	242	21	414	369	45
1987	10528	38934	19669	19265	493	256	237	258	134	124	351	340	11	464	448	16
1988	10765	39153	19747	19406	478	247	231	282	151	131	371	346	25	351	336	15
1989	11185	39335	19799	19536	472	236	236	261	136	125	336	285	51	364	336	28
1990	11364	39502	19854	19648	553	290	263	270	154	116	238	217	21	351	340	11
1992	11325	39486	19638	19848	396			264								
1993	11325	39429	19616	19813	386	197	189	299	159	140	232	187	45	358	324	34
1994	11357	39427	19767	19660	410	215	195	297	162	135	228	167	61	357	315	42
1995	11365	39438	19792	19646	451	243	208	284	155	129	291	190	101	423	387	36
1996	11161	39494	19780	19714	477	255	222	267	138	129	592	492	100	699	667	32
1997	11338	39460	19643	19817	410	211	199	265	149	116	144	96	48	432	384	48
1998	11218	39168	19531	19637	428	224	204	303	149	154	186	124	62	578	538	40
1999	11594	38804	19282	19522	326	156	170	261	154	107	194	146	48	599	542	57
2000	11601	18571	19133	19438	401	215	186	285	161	124	234	154	80	569	512	57
2001	11526	38071	18880	19191	268	148	120	252	134	118	191	130	61	621	575	46
2002	11491	37916	18698	19218	282	140	142	270	154	116	306	154	152	353	309	44
2003	11450	37842	18647	19195	328	162	166	279	145	134	213	82	131	175	110	65
2004	11409	37681	18565	19116	321	168	153	294	161	133	206	67	139	175	113	62
2005	11365	37700	18558	19142	318	171	147	280	149	131	189	84	105	83	39	44
2006	11294	37809	18607	19202	348	177	171	273	146	127	215	102	113	68	22	46
2007	11230	37924	18656	19268	349	182	167	262	146	116	245	123	122	50	14	36
2008	11196	38092	18727	19365	342	184	158	306	177	129	268	89	179	36	12	24

说明:(1)1964～1990 年统计数字系原戴村镇(公社)与永兴乡(公社)、云石乡(公社)3 数相加;1992～2000 年统计数字系原戴村镇与永兴乡 2 数相加。

(2)2001 年后戴村镇域全为戴村镇,故各类人口数与区公安局每年统计报表相一致

1964～2000年原戴村镇(公社)部分年份人口变动情况统计表

表1－4－7　　单位:人

年份	总户数	总人口			出生			死亡			迁入			迁出		
		合计	男	女	合计	男	女	合计	男	女	小计	省内	省外	小计	省内	省外
1964	2561	11830	6135	5695	200	99	101	63	27	36	93	–	–	58	–	
1971	2817	13658	6990	6668	308	–	–	72	–	–	141	–	–	148	–	–
1972	2824	13852	7067	6785	282	–	–	64	–	–	112	–	–	172	–	–
1974	3075	14335	7370	6965	248	–	–	88	–	–	129	–	–	95	–	–
1976	3294	14653	7435	7218	249	–	–	89	–	–	200	–	–	182	–	–
1978	3459	14973	7655	7318	264	–	–	83	–	–	132	–	–	196	–	–
1981	3561	15122	7666	7456	259	–	–	96	–	–	233	222	11	270	258	12
1982	3636	15300	7770	7530	295	–	–	118	–	–	325	298	27	324	310	14
1983	3681	15420	7807	7613	268	149	119	122	69	53	216	195	21	242	234	8
1984	3722	15522	7864	7658	224	103	121	114	62	52	183	171	12	203	194	9
1985	3838	15539	7901	7638	229	129	100	102	62	40	125	120	5	235	225	10
1986	3989	15580	7926	7654	224	134	90	119	67	52	105	93	12	160	138	22
1987	4107	15681	7996	7685	223	115	108	107	65	42	187	176	11	202	186	16
1988	4188	15817	8066	7751	204	109	95	124	57	67	194	189	5	144	134	10
1989	4305	15901	8094	7807	195	91	104	114	63	51	163	140	23	160	149	11
1990	4406	15915	8104	7811	192	105	87	112	72	40	104	83	21	170	159	11
1991	4335	15918	8053	7865	184	105	79	99	63	36	85	63	22	167	154	13
1992	7408	26629	13270	13359	246	126	120	175	99	76	144	124	20	235	219	16
1993	7427	26587	13244	13343	255	127	128	193	107	86	165	136	29	247	222	25
1994	7451	26623	13371	13252	302	157	145	213	114	99	168	131	37	239	214	25
1995	7475	26683	13428	13255	323	177	146	188	93	95	198	146	52	284	261	23
1996	7299	26772	13445	13327	358	186	172	185	91	94	446	370	76	479	462	17
1997	7495	26749	13325	13424	287	147	140	177	99	78	94	62	32	325	292	33
1998	7441	26559	13261	13298	310	165	145	181	85	96	121	77	44	412	384	28
1999	7649	26334	13098	13236	223	105	118	175	105	70	155	122	33	398	364	34
2000	7654	26217	13009	13208	285	154	131	196	112	84	163	111	52	365	333	32

说明:永兴、云石两乡分别于1992年、2001年并入戴村后,两乡一镇成为新戴村镇

1964～2000年原云石乡(公社)部分年份人口变动情况统计表

表1-4-8　　单位:人

年份	总户数	总人口			出生			死亡			迁入			迁出		
		合计	男	女	合计	男	女	合计	男	女	小计	省内	省外	小计	省内	省外
1964	2271	10017	5104	4913	196	96	100	65	33	32	82	-	-	38	-	-
1965	2293	10435	5300	5135	-	-	-	-	-	-	-	-	-	-	-	-
1966	2293	10706	5406	5300	-	-	-	-	-	-	-	-	-	-	-	-
1967	2306	10850	5516	5334	-	-	-	-	-	-	-	-	-	-	-	-
1968	2319	11067	5620	5447	-	-	-	-	-	-	-	-	-	-	-	-
1969	2341	11189	5640	5549	-	-	-	-	-	-	-	-	-	-	-	-
1970	2356	11128	5546	5582	-	-	-	-	-	-	-	-	-	-	-	-
1971	2366	11278	5644	5634	231	-	-	93	-	-	81	-	-	108	-	-
1972	2374	11394	5681	5713	221	-	-	77	-	-	99	-	-	126	-	-
1973	2437	11553	5769	5784	-	-	-	-	-	-	-	-	-	-	-	-
1974	2539	11761	5867	5894	220	-	-	57	-	-	95	-	-	50	-	-
1975	2665	11939	5964	5975	-	-	-	-	-	-	-	-	-	-	-	-
1976	2774	12098	5978	6120	187	-	-	54	-	-	149	-	-	123	-	-
1978	2908	12225	6029	6196	188	-	-	83	-	-	93	-	-	177	-	-
1982	3176	12573	6159	6414	267	-	-	71	-	-	199	187	12	219	209	10
1984	3314	12793	6294	6499	263	139	124	77	39	38	103	101	2	135	132	3
1985	3423	12818	6319	6499	153	79	74	90	40	50	97	76	21	139	132	7
1986	3535	12846	6324	6522	158	73	85	83	49	34	84	77	7	132	122	10
1987	3613	12819	6359	6460	118	61	57	83	32	51	82	68	14	144	134	10
1988	3585	12834	6366	6468	133	68	65	77	51	26	65	56	9	109	106	3
1989	3836	12850	6376	6474	140	76	64	71	36	35	52	45	7	123	113	10
1990	3867	12897	6404	6493	190	99	91	91	49	42	85	61	24	127	105	22
1991	3291	12906	6882	6524	-	-	-	-	-	-	-	-	-	-	-	-
1993	3898	12842	6372	6470	131	70	61	106	52	54	67	51	16	111	102	9
1994	3906	12804	6396	6408	108	58	50	84	48	36	60	36	24	118	101	17
1995	3890	12755	6364	6391	128	66	62	96	62	34	93	44	49	139	126	13

续表 1－4－8

年份	总户数	总人口			出生			死亡			迁入			迁出		
		合计	男	女	合计	男	女	合计	男	女	小计	省内	省外	小计	省内	省外
1996	3862	12722	6335	6387	119	69	50	82	47	35	146	122	24	220	205	15
1997	3843	12711	6318	6393	123	64	59	88	50	38	50	34	16	107	92	15
1998	3777	12609	6270	6339	118	59	59	122	64	58	65	47	18	166	154	12
1999	3945	12470	6184	6286	103	51	52	86	49	37	39	24	15	201	178	23
2000	3947	12354	6124	6230	116	61	55	89	49	40	71	43	28	204	179	25

说明:2001 年 7 月后云石乡并入戴村镇

1964～1990 年原永兴乡(公社)部分年份人口变动情况统计表

表 1－4－9 单位:人

年份	总户数	总人口			出生			死亡			迁入			迁出		
		合计	男	女	合计	男	女	合计	男	女	小计	省内	省外	小计	省内	省外
1964	1755	8035	4012	4023	142	56	86	50	21	29	56	–	–	40	–	–
1971	1991	9418	4670	4748	208	–	–	43	–	–	67	–	–	132	–	–
1972	2005	9515	4717	4798	205	–	–	54	–	–	47	–	–	104	–	–
1974	2112	9811	4907	4904	190	–	–	68	–	–	86	–	–	84	–	–
1976	2334	10095	5065	5030	194	–	–	80	–	–	143	–	–	148	–	–
1978	2493	10250	5090	5160	155	–	–	78	–	–	100	–	–	144	–	–
1981	2454	10164	5157	5007	131	–	–	73	–	–	132	120	12	210	198	12
1982	2548	10195	5176	5019	148	–	–	76	–	–	136	131	5	177	169	8
1983	2533	10247	5190	5057	168	–	–	75	–	–	–	–	–	–	–	–
1984	2617	10290	5208	5082	133	57	76	65	33	32	109	99	10	134	122	12
1985	2633	10321	5262	5059	168	98	70	73	40	33	52	45	7	116	112	4
1986	2754	10381	5295	5086	172	95	77	64	33	31	74	72	2	122	109	13
1987	2808	10434	5314	5120	152	80	72	68	37	31	104	96	8	139	128	11
1988	2992	10502	5315	5187	141	70	71	87	49	38	112	101	11	98	96	2
1989	3044	10584	5329	5255	137	69	68	76	37	39	121	100	21	81	74	7
1990	3091	10690	5346	5344	171	86	85	67	33	34	95	73	22	86	71	15

第二节 人口构成

性别构成[①]

中华人民共和国成立前，戴村人重男轻女思想严重，溺杀女婴现象时有发生，致使长期男女比例失调。据民国36年(1947)乡镇合并后的长潭、戴村、复兴3乡男女性别比例资料显示为：

民国36年长潭、戴村、复兴三乡男女性别比状况

表1-4-10

乡名	总人口(人)	其中		性别比
		男性	女性	
长潭	6255	3256	2999	108.57
戴村	10641	5448	5193	104.91
复兴	9726	4927	4799	102.67

中华人民共和国成立后，提倡男女平等，同工同酬，立法保护妇女、儿童的权益，戴村总人口男女性别逐渐趋于平衡。

第二至第五次人口普查及2008年戴村镇人口男女性别比情况

表1-4-11 单位：人

时间	乡(公社、镇)	总人口	其中		性别比
			男性	女性	
第二次1964年	戴村	11830	6135	5695	107.73
	云石	10017	5104	4913	103.89
	永兴	8035	4012	4023	99.73
第三次1982年	戴村	15038	7628	7410	102.94
	云石	12351	6080	6271	96.95
	永兴	10098	5118	4980	102.77
第四次1990年	戴村	15915	8104	7811	103.75
	云石	12897	6404	6493	98.63
	永兴	10690	5346	5344	100.04
第五次2000年	戴村	26313	13073	13240	98.74
	云石	12384	6146	6238	98.53
2008	戴村	38092	18727	19365	100:103.4

① 性别比亦称“两性比例”，即在一定地区的某一时点上人口总体中男性人数与女性人数对比的相对数。计算公式为：$SR=\frac{P_m}{P_1}\times100$。其中SR代表性别比，$P_m$为某一人口总体中的男性人数；$P_1$为该人口总体中的女性人数。

以上全国第二至第五次人口普查资料显示,戴村镇(含云石、永兴)总人口中男女性别比例:1964年,第二次人口普查时为104.24;1982年,第三次人口普查时为100.88;1990年,第四次人口普查时为101.05;2000年,第五次人口普查时为98.67;2006年男女性别比为96.90。

1993年~2006年的14年间,共出生婴儿5154人,其中男婴为2682人,女婴为2472人,男女婴儿的性别比为108.49。

年龄构成

1982年、1990年、2000年三次全国人口普查时及2008年户籍人口,今戴村境域人口年龄构成情况如下:

三次人口普查及2008年戴村人口构成情况表

表1-4-12 单位:人

年份	普查时总人数	0~5岁		6~14岁		15~59岁		60岁以上	
		合计	占总人口%	合计	占总人口%	合计	占总人口%	合计	占总人口%
1982	37487	3544	9.45	6662	17.78	23550	62.82	3731	9.95

年份	普查时总人数	0~4岁		5~14岁		15~59岁		60岁以上	
		合计	占总人口%	合计	占总人口%	合计	占总人口%	合计	占总人口%
1990	37457	2548	6.80	5950	15.88	24354	65.02	4605	12.29

年份	普查时总人数	0~4岁		5~14岁		15~59岁		60岁以上	
		合计	占总人口%	合计	占总人口%	合计	占总人口%	合计	占总人口%
2000	33747	1817	5.38	4153	12.31	22548	66.81	5229	15.49

年份	普查时总人数	0~4岁		5~14岁		15~59岁		60岁以上	
		合计	占总人口%	合计	占总人口%	合计	占总人口%	合计	占总人口%
2008	38092	1385	3.64	3444	9.04	26578	69.77	6685	17.55

1982年,第三次全国人口普查时,有90岁以上老人19人;其中戴村8人、云石7人、永兴4人。1990年,第四次全国人口普查时,有90岁以上老人37人;其中戴村11人、云石15人、永兴11人,云石其中有百岁老人1人。2000年,第五次全国人口普查时,有90岁以上老人41人;其中戴村29人、云石12人。

2000 年戴村镇各年龄段性别人口统计表

表 1 – 4 – 13　　单位:人

乡(镇)别	0 ~ 4 岁			5 ~ 9 岁			10 ~ 14 岁			15 ~ 19 岁			20 ~ 24 岁		
	小计	男	女	小计	男	女	小计	男	女	小计	男	女	小计	男	女
戴　村	1334	707	627	1339	695	644	1641	839	802	1920	983	937	1120	562	558
云　石	483	251	232	554	277	277	619	301	318	594	307	287	413	166	247

乡(镇)别	25 ~ 29 岁			30 ~ 34 岁			35 ~ 39 岁			40 ~ 44 岁			45 ~ 49 岁		
	小计	男	女	小计	男	女	小计	男	女	小计	男	女	小计	男	女
戴　村	1797	869	928	2143	1019	1124	2172	1072	1100	2075	1036	1039	2276	1158	1118
云　石	602	280	322	808	384	424	908	433	475	941	465	476	1037	512	525

乡(镇)别	50 ~ 54 岁			55 ~ 59 岁			60 ~ 64 岁			65 ~ 69 岁			70 ~ 74 岁		
	小计	男	女	小计	男	女	小计	男	女	小计	男	女	小计	男	女
戴　村	1872	943	929	853	430	423	803	435	368	872	428	444	832	374	458
云　石	654	331	323	363	176	187	399	203	196	500	231	269	369	186	183

乡(镇)别	75 ~ 79 岁			80 ~ 84 岁			85 ~ 89 岁			90 ~ 94 岁			95 ~ 99 岁		
	小计	男	女	小计	男	女	小计	男	女	小计	男	女	小计	男	女
戴　村	560	265	295	268	110	158	110	35	75	23	6	17	6	0	6
云　石	262	116	146	158	59	99	55	18	37	9	4	5	3	0	3

2008 年戴村镇户籍人口中 90 岁以上人口统计表

表 1 – 4 – 14　　单位:人

村　名	小计	男	女	村　名	小计	男	女	村　名	小计	男	女
骆家舍	5	1	4	半　山	9	4	5	石马头	4	2	2
尖山下	6	1	5	马　谷	3	0	3	河杨湖	3	0	3
方　溪	10	6	4	八　都	3	1	2	张家弄	2	1	1
顾家溪	3	0	3	三　头	3	1	2	郁家山下	5	3	2
枫　桥	4	0	4	南　三	13	5	8	东　风	5	1	4
青　山	6	1	5	戴　村	1	1	0	永　富	4	0	4
沈　村	4	0	4	上　董	1	0	1	合　计	102	30	72
佛　山	4	2	2	大石盖	4	0	4				

2008年戴村镇90岁以上老人名录

表1－4－15　　单位:人

序　号	姓　名	性　别	出生年月	居住地
1	鲍茶英	女	1903.12.4	方溪村
2	孙阿芹	女	1908.12.24	马谷村
3	丁根松	男	1910.6	半山村
4	李云姑	女	1911.04.05	大石盖村
5	周杏芹	女	1911.5.27	马谷村
6	朱水芹	女	1912.2	河杨湖村
7	李金林	男	1912.3	半山村
8	韩寿花	女	1912.3	半山村
9	洪子祥	男	1912.6	石马头村
10	钟庆壮	男	1912.7	佛山村
11	王彩娥	女	1912.9.11	南三村
12	沈建夫	男	1912.10	青山村
13	金玲姑	女	1912.10	河杨湖村
14	陈月香	女	1913.3	佛山村
15	蒋杏花	女	1913.3	八都村
16	李震南	男	1913.6	半山村
17	洪阿香	女	1913.9.4	沈村村
18	黄素珍	女	1913.10.13	大石盖村
19	郭子香	女	1913.12	石马头村
20	鲍龙夫	男	1914.3.2	方溪村
21	黄水茶	女	1914.3.23	南三村
22	李秀福	女	1914.4.5	方溪村
23	董福祝	女	1914.4.5	大石盖村
24	郑先才	男	1914.4.20	戴村村
25	周金贤	男	1914.5.25	东风村
26	傅芬花	女	1914.6.15	上董村
27	戴礼根	男	1914.6	南三村

续表 1－4－15

序　号	姓　名	性　别	出生年月	居住地
28	孙娟芬	女	1914.8.20	方溪村
29	顾月球	女	1914.8.28	尖山下村
30	郁北福	男	1914.8	郁家山下村
31	陈阿香	女	1914.9	顾家溪村
32	鲍婉贞	女	1914.9	石马头村
33	骆晚香	女	1914.10.5	沈村
34	钟桂仙	女	1914.10	枫桥村
35	田阿玉	女	1915.1.10	永富村
36	杨芬芹	女	1915.1	骆家舍村
37	韩玉梅	女	1915.2.3	永富村
38	李竹仙	女	1915.3	青山村
39	赵杏花	女	1915.3	半山村
40	沈阿花	女	1915.5	青山村
41	周象堂	男	1915.5	八都村
42	骆秀凤	女	1915.8.20	南三村
43	沈正其	女	1915.8	佛山村
44	吕四保	女	1915.8	顾家溪村
45	任善花	女	1915.9	青山村
46	顾阿仙	女	1915.9	半山村
47	顾庆观	女	1915.11	枫桥村
48	方仁山	男	1915.	南三村
49	陈阿贤	男	1916.1	骆家舍村
50	鲍志刚	男	1916.1	方溪村
51	何岳莲	女	1916.1	顾家溪村
52	王爱花	女	1916.1	佛山村
53	何荷花	女	1916.2	郁家山下村
54	方春香	女	1916.2	永富村
55	李小香	女	1916.2	尖山下村
56	曹如定	男	1916.3	方溪村

续表 1－4－15

序　号	姓　名	性　别	出生年月	居住地
57	鲍松会	男	1916.4	尖山下村
58	胡仁花	女	1916.4	方溪村
59	任田兴	男	1916.5	三头村
60	吴照仙	女	1916.7	东风村
61	丁幼琴	女	1916.7	三头村
62	施水金	男	1916.9	郁家山下村
63	李子根	男	1916.9	骆家舍村
64	许凤英	女	1916.9	青山村
65	鲁阿凤	女	1916.10	河杨湖村
66	黄文云	女	1916.10	东风村
67	陈桂娟	女	1916.10	南三村
68	戴凤花	女	1916.11	三头村
69	倪阿二	女	1916.12	半山村
70	郭浩泉	男	1916.	张家弄村
71	郑东香	女	1917.1	半山村
72	郑吾芹	女	1917.1	马谷村
73	俞雪娥	女	1917.1	枫桥村
74	傅爱英	女	1917.2	东风村
75	陈爱娟	女	1917.2	骆家舍村
76	朱仙根	男	1917.2	方溪村
77	陈玉芹	女	1917.2	青山村
78	方阿岳	女	1917.3	八都村
79	郁玉珍	女	1917.3	东风村
80	洪吾止	女	1917.3	石马头村
81	胡芝冠	女	1917.6	大石盖村
82	李秋菊	女	1917.7	骆家舍村
83	丁阿花	女	1917.9.6	永富村
84	卢子安	男	1917.9	南三村
85	钟桂珍	女	1917.9	枫桥村

续表 1 – 4 – 15

序　号	姓　名	性　别	出生年月	居住地
86	戴金玉	女	1917.10	南三村
87	余彩玉	女	1917.12	郁家山下村
88	周子兴	男	1917.12	半山村
89	郭文娟	女	1917.	张家弄村
90	沈雪姣	女	1918.1	尖山下村
91	周建庭	男	1918.2	郁家山下村
92	顾友桥	男	1918.3	方溪村
93	戚子琴	女	1918.4	南三村
94	李观岳	女	1918.5	尖山下村
95	何仁花	女	1918.5	南三村
96	来幼仙	女	1918.8	沈村村
97	沈寅仙	女	1918.9	尖山下村
98	姜照香	女	1918.9	沈村村
99	鲍柏松	男	1918.10	方溪村
100	叶阿午	男	1918.10	南三村
101	戴支山	男	1918.12	南三村
102	孙葱香	女	1918.12	南三村

说明:以上 90 岁以上老人均系汉族

百岁老人

钟雪铨　男,清光绪十五年(1889)11 月 12 日生于云石乡上堡贫苦农家(今佛山村)。幼时学晒土纸,后一直以给槽户晒纸为业。他虽个子不高,但精明能干,不沾烟酒,一生勤俭。妻 80 余岁逝世,膝下一子。近百岁时,他还经常去田间地头跑上几趟,看看作物,放放田水,活动身子。他一生开朗乐观,遇事通达,儿媳孝顺,自得其乐。

百岁后,虽患轻微痴呆症,但无大碍,肠胃等功能还属正常。1992 年 1 月 2 日无疾辞世,享年 104 岁。

杨水清　男,清光绪十八年(1892)7 月 19 日生于云石乡尖山下杨家普通农家。他一生给人抄纸为业,生育一子。性格内向,待人厚道,从不与人计较,故在杨家,乃至整个尖山下村人缘极好。他生活上无过多要求,吃食不论荤素、精细,但有烟酒嗜好;香烟一直吸到百岁。百岁后,肠胃消化功能尚好,早餐喜食年糕、厌泡饭,直至 105 岁那年卧床养腿伤时还习惯照常。

他一生俭朴,关心集体。百余岁的他,看到大白天路灯亮着就会指责这是浪费现象、不负责之表现。他一生无大疾、喜活动,习惯于散步。与人聊天,不厌其烦,开朗乐观,从不过板。

1995 年下半年,因腿伤卧床,儿媳十分孝顺,精心照料。儿子为陪护老父,特地在老人房间内搭床一张,连续四月之余不离左右,村人皆赞颂。1996 年 1 月,中央"基因研究委员会"一行四人赴尖山下村看望了老人,并出题测考其大脑思维能力。经该组织鉴定:老人是全国百余位百岁老人中测试结果最佳之人,实为罕见。1996年3月13日,与世长辞,享年105岁。

李水法　男,清光绪二十一年(1895)12月生于上舍(今骆家舍村)。成年后替槽户长期抄纸,但从不干重活,极少日晒雨淋。生育一子两女,均抚养成人。他性格内向,饮食荤素不论,从不沾烟酒、不爱管闲事。夫妻和睦,相敬如宾,实属少见。老伴逝世亦近八十。

他一生极少服用补品,身体健朗。子女孝顺,生活无忧,自得其乐。1997年9月,老人安然离世,享年103岁。

106岁老人鲍茶英

(摄于2007年10月11日)

鲍茶英　女,清光绪二十九年(1903)12月4日生于云石乡方家塘鲍家。民国8年(1919)出嫁本村顾姓人家。曾生育子女5个,其中女儿成年后患疾病亡,4个儿子均长大成家。1953年,丈夫患病去世后,她便和儿媳们一起生活。由于她贤慧大方、心地善良、乐于助人,因而在方家塘一带很有人缘。看戏是她一生的爱好。年过百岁,还经常光顾戏场。2006年春节,方溪村在方家塘自然村做戏。一天晚上,已达104岁高龄的她,手执拐杖,在儿孙们陪同下,徒步数百米入场看戏数小时,不显倦意。她一生勤俭,饮食荤素不论,适量饮酒,长期喝绿茶但不过浓。她母亲、外婆分别活至94岁和90岁善终。

进入老年后,太平盛世,生活无忧;儿子孝顺、服侍周到,本人不闻杂事。她与儿孙们共同生活达半个多世纪,始终和睦相处。她一生不干重活,从无大病,甚至极少患感冒等小疾。年过百岁,仍面目清秀、手脚轻健。百岁后享受政府津贴,区委区政府领导王珠瑛、沈奔新曾亲自上门慰问。她孙辈绕膝,已达65人。2008年12月17日,善终。享年106岁。

骆茶英　女,清光绪三十一年(1905)11月20日生于富阳渔山曙光村农家。民国14年(1925)嫁至中潭村,生育1子。她一生勤劳,年轻时无论上山下地大多农活均涉足,干活不逊色于一般男人。进入暮年,亦不甘寂寞,还时常出入于房前屋后的菜园子里,村里每逢做戏,也常能见到她的身影。

她生活简朴,习惯于清茶淡饭,知足常乐,只见她笑口常开。心地善良、忠厚大方,从不与人计较,更无吵嘴历史。故村里人极喜欢与她往来,人缘颇好。

她身体健康、极少患小病。儿孙辈孝顺倍至,生活安闲。享受百岁老人津贴,受到区、镇领导上门慰问。2005年11月29日逝世,享年101岁。

民族构成

戴村世居人口均为汉族,姓氏较为集中,且源流清楚,历史悠久。1953年和1964年两次人口普查时,戴村人口还均为汉族。改革开放后,特别是20世纪80年代开始,省外打工者不断涌入浙江,给少数民族来戴村提供了客观条件。

1964年,第二次全国人口普查时还未发现少数民族,戴村、云石、永兴三公社均属汉族。

1982年,第三次全国人口普查时就有少数民族落户戴村公社,亦是定居戴村最早的两位瑶族少数民族居民。

1983年5月,广西壮族自治区武鸣县壮族女青年覃彩珠、覃美仙因婚嫁分别迁入半山村余叶权、周仁宁两村民家中落户。

1987年2月,又有广西宾阳县壮族女青年王少丽婚嫁落户郁家山下村民郑浩贤家中。

随着改革开放的深入,戴村与国内各地区各民族的交往日益增多,一些少数民族人口因工作调动、婚嫁迁入或随母申报户口等因,戴村居民中少数民族人口随之增加。

1990 年，第四次全国人口普查戴村已有少数民族 38 人，其中：壮族 35 人、瑶族 2 人、布依族 1 人，占同年全镇总人口的 9.62‰。

2000 年，第五次全国人口普查，戴村已有少数民族 251 人，其中壮族 153 人，苗族 43 人，土家族 26 人，瑶族 10 人，侗族 7 人，布依族 5 人，回族、满族、黎族、畲族、土族、仫佬族和未识别民族各 1 人。少数民族占同年全镇总人口的 6.51‰。

2006 年年底，戴村的少数民族为 202 人，占同年全镇总人口的 5.34‰，面涉 22 个行政村和 1 个社区。其中：壮族 147 人、苗族 14 人、瑶族 9 人、土家族 9 人、布依族 7 人、侗族 6 人、仡佬族 3 人、满族 2 人，以及仫佬族、哈尼族、彝族、黎族、畲族各 1 人，共有少数民族 13 个，人数最多的壮族，主要来自广西壮族自治区的宾阳、来宾等县市。

2006 年年底戴村镇少数民族人口分布情况统计表

表 1－4－16　　　　单位：人

村名	小计	壮族	苗族	瑶族	土家族	布依族	侗族	仡佬族	满族	仫佬族	哈尼族	彝族	黎族	畲族
骆家舍	6	6	0	0	0	0	0	0	0	0	0	0	0	0
尖山下	2	2	0	0	0	0	0	0	0	0	0	0	0	0
方　溪	10	10	0	0	0	0	0	0	0	0	0	0	0	0
顾家溪	8	6	1	0	0	0	1	0	0	0	0	0	0	0
枫　桥	12	10	1	0	0	1	0	0	0	0	0	0	0	0
青　山	15	8	1	2	2	1	1	0	0	0	0	0	0	0
沈　村	4	4	0	0	0	0	0	0	0	0	0	0	0	0
佛　山	2	1	0	0	0	1	0	0	0	0	0	0	0	0
半　山	10	8	0	0	1	0	0	0	0	1	0	0	0	0
马　谷	7	5	1	0	0	0	1	0	0	0	0	0	0	0
八　都	14	13	0	0	0	0	0	0	0	0	1	0	0	0
三　头	14	11	1	1	1	0	0	0	0	0	0	0	0	0
南　三	5	0	1	4	0	0	0	0	0	0	0	0	0	0
戴　村	5	4	0	0	0	0	1	0	0	0	0	0	0	0
上　董	13	10	0	0	0	1	1	0	0	0	0	1	0	0
大石盖	10	9	1	0	0	0	0	0	0	0	0	0	0	0
石马头	8	7	1	0	0	0	0	0	0	0	0	0	0	0
河杨湖	11	5	3	0	0	1	0	1	0	0	0	0	1	0
张家弄	15	9	2	0	4	0	0	0	0	0	0	0	0	0
郁家山下	6	2	0	2	0	0	1	0	0	0	0	0	0	1
东　风	8	8	0	0	0	0	0	0	0	0	0	0	0	0

续表 1－4－16

村名	小计	壮族	苗族	瑶族	土家族	布依族	侗族	仡佬族	满族	仫佬族	哈尼族	彝族	黎族	畲族
永　富	11	9	0	0	0	2	0	0	0	0	0	0	0	0
居民区	6	0	1	0	1	0	0	2	2	0	0	0	0	0
合　计	202	147	14	9	9	7	6	3	2	1	1	1	1	1

文化程度构成

长期以来，由于不同的社会制度原因，造成大多数老百姓读不起书，文盲和半文盲占总人口的极大多数。新中国成立后，人民政府狠抓少年儿童的文化普及教育，举办成人扫盲班等措施，使村民的文化程度有所提高。

1964 年全国第二次人口普查统计，戴村境域具有小学以上文化程度的人数为 11259 人，占总人口比例为 37.68%；1982 年全国第三次人口普查时为 37487 人，占总人口比的 70.60%；1990 年全国第四次人口普查时为 39502 人，占总人口的 74%；2000 年，全国第五次人口普查时 38571 人，占总人口的比例是 74.80%，其中具有高中以上文化程度由 1964 年仅占全镇人口的 0.85% 上升至 2000 年 7.17%。成人中文盲逐年减少，据 2000 年第五次人口普查资料统计，15 岁以上常住人口 27770 人，其中文盲仅 1952 人，占 7.03%。

戴村镇境域四次人口普查村民文化教育程度统计

表 1－4－17

年份	1964（全国第二次人口普查）		1982（全国第三次人口普查）		1990（全国第四次人口普查）		2000（全国第五次人口普查）	
总人口	29882		37487		39502		38571	
文化程度	人数	千人比	人数	千人比	人数	千人比	人数	千人比
合计	11259	376.78	26464	705.95	29230	739.96	28851	748.00
大学	35	1.17	43	1.15	112	2.84	232	6.01
高中	253	8.47	1673	44.63	2040	51.64	2766	71.71
初中	1290	43.17	7421	197.96	9781	247.61	11553	299.53
小学	9681	323.97	17327	462.21	17297	437.88	14300	370.74

1964 年第二次全国人口普查文化程度统计

表 1－4－18　　单位:人

地区别	合计	12 岁以下不在校儿童		不识字		初识字		初小		高小	初中	高中	大学
		小计	其中:7～12 岁	小计	其中:13～40 岁	小计	其中:13～40 岁	小计	其中:13～40 岁				
总　计	29882	8520	2524	8408	3665	1695	1047	6622	3155	3059	1290	253	35
云石公社	10017	2930	854	2902	1286	615	382	2235	1040	940	328	62	5
戴村公社	11830	3239	982	3083	1233	696	414	2689	1286	1353	62	125	25
永兴公社	8035	2351	688	2423	1146	384	251	1698	829	766	342	66	5

1982 年第三次全国人口普查文化程度统计

表 1－4－19　　单位:人

地区别	合计	男	女	大学毕业			大学肄业或在校			高　中			初　中			小　学		
				小计	男	女	小计	男	女	小计	男	女	小计	男	女	小计	男	女
总　计	26464	15070	11394	33	29	4	10	8	2	1673	1077	596	7421	4538	2883	17327	9418	7909
云石公社	8495	4786	3709	1	1	－	4	3	1	471	303	168	2461	1504	957	5558	2975	2583
戴村公社	10759	6119	4640	29	25	4	6	5	1	709	468	241	3051	1865	1186	6964	3756	3208
永兴公社	7210	4165	3045	3	3	－	－	－	－	493	306	187	1909	1169	740	4805	2687	2118

1990 年第四次全国人口普查文化程度状况

表 1－4－20　　单位:人

乡镇别	合计	大学本科	大学专科	中专	高中	初中	小学	不识字或很少识字			
								小计	12 周岁以上	12～14 周岁	0～5 岁
总　计	36976	26	86	220	1812	9770	17315	4591	4587	4	3156
云石乡	11358	2	13	44	475	2777	5344	1831	1828	3	872
戴村镇	15619	23	64	130	819	4089	7570	1562	1562	－	1362
永兴乡	9999	1	9	46	518	2904	4401	1198	1197	1	922

2000年第五次全国人口普查戴村云石人口文化程度状况

表1－4－21 单位:人

乡镇别	合计	未上过学			扫盲班			小学			初中			高中			中专			大学专科			大学本科		
		小计	男	女	小计	男	女	小计	男	女	小计	男	女	小计	男	女	小计	男	女	小计	男	女	小计	男	女
总计	31537	1956	334	1622	73	163	567	14300	6801	7499	11553	6453	5118	2568	1500	1068	198	119	79	153	109	44	79	43	36
云石乡	9137	529	99	430	387	75	312	4523	2134	2389	3072	1708	1364	521	312	209	54	33	21	41	28	13	10	6	4
戴村镇	22400	1427	235	1192	343	88	255	9777	4667	5110	8481	4727	3754	2047	1188	859	144	86	58	112	81	31	69	37	32

职业构成

解放前,戴村老百姓从事单一的农业劳动,且男女有别;大部分妇女只从事家务和家庭副业,只有山区部分女人和男人等同,不论劳动强度大小,照样干着砟柴、挑脚造纸等活。这与从事职业的地域性有着根本的联系,稻区老百姓则以种植水稻为主。此外,除极少数特殊职业外,还有小部分人在戴村集市开店经商。

中华人民共和国成立后至20世纪60年代末,戴村人还主要从事传统的农业生产,走集体化道路。70年代,由于受当时政策限制,老百姓还是摆脱不了手脚束缚,只好埋头集体生产。中共十一届三中全会后,改革开放掀大潮,社队企业开始蓬勃发展,长期沿袭下来的单一的农业生产格局被打破,从事二三产业和外出经商务工人员不断增加。据1990年人口普查统计,戴村镇外出半年以上的户籍人口520人、云石乡369人、永兴乡314人,戴村境域合计为1203人。又据2000年人口普查资料反映,戴村镇外出经商及务工等人员4347人,其中男2160人、女2187人;云石乡3258人,男1694人、女1564人,全镇共计为7605人,男女性别分别占50.68%和49.32%。

1982年,第三次全国人口普查在业人口的职业状况资料表明,从事农、林、牧、渔业职业的12883人,占在业总人数22346人的57.65%;生产、运输等有关职业的7641人,占在业总人数的34.19%;各类专业技术人员787人,占在业总人数的3.52%;商业工作及服务性职业738人,占在业总人数的3.30%;国家机关、党群组织、企事业单位负责人213人,占在业总数的9.53%。

1990年,第四次全国人口普查农、林、牧、渔劳动者12901人,占在业总人数22904人的56.33%;生产、运输工人等有关人员7156人,占在业总数的31.24%;各类专业技术人员942人,占在业总数的4.11%;商业工作人员898人,占在业总数的3.92%;服务性工作人员437人,占在业总数的1.91%;国家机关、党群组织、企事业单位负责人427人,占在业总数的1.86%。

1982 年第三次全国人口普查在业人口职业状况

表 1－4－22　　单位：人

地区别	在业人口数			各类专、技术人员			国家机关、党群组织、企事业单位负责人			办事人员和有关人员			商业工作人员			服务性工作人员			农、林、牧、渔劳动者			生产工人、运输工人、有关人员			不便分类的其他劳动者		
	合计	男	女	小计	男	女	小计	男	女	小计	男	女	小计	男	女	小计	男	女	小计	男	女	小计	男	女	小计	男	女
总　计	22346	11918	10428	787	509	278	213	199	14	81	67	14	453	331	122	285	151	134	12883	6714	6169	7641	3946	3695	3	1	2
戴村公社	8994	4878	4116	357	243	114	87	81	6	42	36	6	216	146	70	127	59	68	5934	3279	2655	2230	1034	1196	1	–	1
云石公社	7160	3724	3436	230	146	84	65	61	4	25	19	6	164	128	36	85	54	31	3159	1604	1555	3431	1711	1720	1	1	–
永兴公社	6192	3316	2876	200	120	80	61	57	4	14	12	2	73	57	16	73	38	35	3790	1831	1959	1980	1201	779	1	–	1

1990 年第四次全国人口普查在业人口职业状况

表 1－4－23　　单位：人

地区别	在业人口数			各类专业技术人员			国家机关、党群组织、企事业单位负责人			办事人员和有关人员			商业工作人员			服务性工作人员			农、林、牧、渔劳动者			生产工人、运输工人、有关人员			不便分类的其他劳动者		
	合计	男	女	小计	男	女	小计	男	女	小计	男	女	小计	男	女	小计	男	女	小计	男	女	小计	男	女	小计	男	女
总　计	22904	12563	10341	942	564	378	427	404	23	139	108	31	898	619	279	437	269	168	12901	6968	5933	7156	3628	3528	4	3	1
戴村公社	9527	5327	4200	451	272	179	156	147	9	63	51	12	402	262	140	177	106	71	6430	3571	2859	1844	915	929	4	3	1
云石公社	7004	3798	3206	271	157	114	147	142	5	44	32	12	307	229	78	161	104	57	2584	1283	1301	3490	1851	1639	–	–	–
永兴公社	6373	3438	2935	220	135	85	124	115	9	32	25	7	189	128	61	99	59	40	3887	2114	1773	1822	862	960	–	–	–

2000 年第五次全国人口普查在业人口职业状况

表 1－4－24　　单位：人

地区别	在业人口数			国家机关、党群组织、企事业单位负责人			专业技术人员			办事人员和有关人员			商业、服务人员			农、林、牧、渔水利生产人员			生产、运输、设备操作及有关人员			不便分类的其他劳动者		
	合计	男	女	小计	男	女	小计	男	女	小计	男	女	小计	男	女	小计	男	女	小计	男	女	小计	男	女
总　计	1815	1025	790	43	38	5	77	41	36	36	27	9	238	125	113	450	277	173	971	517	454	–	–	–
戴村镇	1287	736	551	23	21	2	56	29	27	23	19	4	174	93	81	367	226	141	644	348	296	–	–	–
云石乡	528	289	239	20	17	3	21	12	9	13	8	5	64	32	32	83	51	32	327	169	158	–	–	–

第三节　婚姻　家庭

婚姻构成

1982 年第三次全国人口普查人口婚姻状况，全镇 15 岁及 15 岁以上人口 27281 人，其中未婚 8200 人，占总人口 27281 人的 30.06%；有配偶 16670 人，占 61.10%；丧偶 2296 人，占 8.42%；离婚 115 人，占 4.22‰。

1982 年第三次全国人口普查人口婚姻状况

表 1－4－25　　单位：人

地区别	15 岁及 15 岁以上人口			未　婚			有配偶			丧　偶			离　婚		
	合计	男	女	小计	男	女	小计	男	女	小计	男	女	小计	男	女
总　计	27281	13524	13757	8200	4854	3346	16670	8043	8627	2296	523	1773	115	104	11
戴村公社	10936	5499	5437	3162	1915	1247	6823	3339	3484	912	211	701	39	34	5
云石公社	9010	4393	4617	2756	1572	1184	5454	2595	2859	754	185	569	46	41	5
永兴公社	7335	3632	3703	2282	1367	915	4393	2109	2284	630	127	503	30	29	1

1990 年，第四次全国人口普查婚姻状况资料表明，全镇 15 岁及 15 岁以上人口 28959 人，其中未婚 6216 人，占总人口 28959 人的 21.46%；有配偶 20334 人，占 70.22%；丧偶 2314 人，占 8%；离婚 95 人，占 3.28%。

1990 年第四次全国人口普查人口分性别的婚姻状况

表 1－4－26　　单位：人

地区别	15 岁及 15 岁以上人口			未　婚			有配偶			丧　偶			离　婚		
	合计	男	女	小计	男	女	小计	男	女	小计	男	女	小计	男	女
总　计	28959	14435	14524	6216	3877	2339	20334	9944	10390	2314	532	1782	95	82	13
戴村镇	12125	6082	6043	2582	1605	977	8590	4244	4346	926	208	718	27	25	2
云石乡	8908	4405	4503	1828	1154	674	6279	3028	3251	761	192	569	40	31	9
永兴乡	7926	3948	3978	1806	1118	688	5465	2672	2793	627	132	495	28	26	2

家庭人口构成

戴村境域的家庭人口，民国 23 年（1934）平均每户为 4.92 人，1964 年，家庭平均每户 4.54 人，2000 年为 3.32 人。说明家庭人口构成逐渐趋向小户型，并以两代人为一户者居多，历史上的大家已不复存在。据 2000 年第五次全国人口普查资料反映，戴村镇 7068 户人口中有三人一户的 2205 户，占总户数的 31.20%，二代户有 3475 户、四代户 79 户，分别占总户数的 49.17% 和 1.12%，五代户无。七人以上只有 60 户，十人以上仅 2 户；云石乡三人户 1016 户、两人户 972 户，分别占全乡 3441 户的 29.53% 和 28.25%，两代户 1578

户、四代户13户,分别占45.86%和0.38%,五代户无,七人以上仅仅只有5户,八人、九人各1户,十人以上无。

戴村境域若干年份家庭人口构成状况

表1-4-27 单位:人

要 素	民国23年(1934)	1964	1982	1990	2000	2006	2008
总户数	4975	6587	8994	11364	11601	11294	11196
总人口	24469	29882	37487	39502	38571	37809	38092
户均人口	4.92	4.54	4.17	3.48	3.32	3.35	3.40

第四节 人口迁移

迁入与迁出

人口迁移,既指外地迁入戴村境内,也指从戴村境内迁出境外。迁入的主要原因,是戴村山清水秀、人少地多、土地肥沃,适宜居住和发展农业生产。迁入最早可以追溯至唐朝末年,淮南节度使丁璞,举家南迁至戴村凌溪之南,成为丁村始祖。其余如明永乐年间,何良五从诸暨善溪迁至戴村锦山之阳,成为铜埠村之始祖;明朝后期、方纮第五十三世孙方魁,自高湖(今属诸暨)迁至戴村八都溪畔(今前方村)安家。

从戴村境内外迁境外的,主要原因是战乱、灾荒等。如晚清时,太平军进入萧山,清军、地主武装与其发生激烈的武装冲突,戴村人民深受其害,纷纷迁居外地避祸,故戴村人民也称太平军为"长毛造反"。

抗日战争期间,自萧山沦陷后,戴村一度成为国民党军队与日本侵略军对峙地区,战事不断。后日军在石马头等处设立据点,并多次出动扫荡,杀人放火,戴村百姓深受其害。特别是地处山区和半山区的云石,在国民党政府失控、社会混乱、纸业萧条、纸工失业、粮食紧缺的情况下,村民纷纷逃荒于临安、孝丰等地,使戴村人口急剧下降。

新中国成立后,社会稳定,粮食实行统购统销,户籍管理制度严格,人口流动量较小。20世纪50~70年代,人口迁移主要为婚嫁迁移、精简职工回老家落户和1959年~1960年的两次小规模支援宁夏人口变动。另外,县办大集体和国营企业招收正式和临时合同工,升学、当兵、知识青年上山下乡,等等。

进入20世纪80年代,戴村人口迁移出现了新的情况。改革开放后,外地民工和就业者不断进入戴村,据2006年戴村派出所资料统计,该年在戴村的暂住人口达14175人。外来女婚嫁迁居戴村的人口也逐年增加。据2000年第五次全国人口普查资料反映,仅少数民族人口就有251人,其中壮族占60%以上。其次是本地居民外出打工或经商,有的举家外出。1990年,第四次人口普查统计,现戴村境域在籍人口外出半年以上者1203人,2000年增至7605人,男女性别分别占50.68%和49.32%。

1964～2008年戴村镇域部分年份人口迁移情况统计表

表1－4－28　　单位:人

年份	迁入			迁出			年份	迁入			迁出		
	小计	省内	省外	小计	省内	省外		小计	省内	省外	小计	省内	省外
1964	231	–	–	136	–	–	1993	232	187	45	358	324	34
1971	289	–	–	388	–	–	1994	228	167	61	357	315	42
1972	258	–	–	402	–	–	1995	291	190	101	423	387	36
1974	310	–	–	229	–	–	1996	592	492	100	699	667	32
1976	492	–	–	453	–	–	1997	144	96	48	432	384	48
1978	325	–	–	512	–	–	1998	186	124	62	578	538	40
1980	525	–	–	603	–	–	1999	194	146	48	599	542	57
1982	660	616	44	720	688	32	2000	234	154	80	569	512	57
1984	395	371	24	472	448	24	2001	191	130	61	621	575	46
1985	274	241	33	490	469	21	2002	306	154	152	353	309	44
1986	263	242	21	414	369	45	2003	213	82	131	175	110	65
1987	351	340	11	464	448	16	2004	206	67	139	175	113	62
1988	371	346	25	351	336	15	2005	189	84	105	83	39	44
1989	336	285	51	364	336	28	2006	215	102	113	68	22	46
1990	238	217	21	351	340	11	2007	245	103	122	50	14	36
							2008	268	89	179	36	12	24

知识青年屋(八都村)

(摄于2011年11月24日)

知识青年上山下乡

从20世纪60年代开始,知识青年(以下简称知青是个广阔天地,在那里是可以大有作为的"号召后,广大知青积极响应,毅然离开学校、城镇奔赴农村,奔向广阔天地去锻炼自己。知识青年的插队,成为了戴村历史上接纳城镇人口最多的岁月。从1964年秋开始,接纳第一批来自县城厢镇、临浦、河上的知青105人,其中男45人、女60人。涉及落户村7个:方溪村2人、佛山村3人、三头村29人、南三村7人、大石盖村18人、石马头村3人、永富村43人。这批知青由萧山县上山下乡办公室牵头,与各公社协商落实分配名额,然后到各大队。安置下乡知青时,政府下拨每个知青180元的建房费和木材、平瓦、红砖给落户大队，由大队负责建造。知青住宅大多为平房，每人一小间。知青和大队社员一起参加生产队劳动、参加分配，生活均为自理。

"文化大革命"开始后，知识青年上山下乡一度中断。1968年12月毛主席发出"知识青年到农村去，接受贫下中农再教育"的号召后，再掀高潮。当时，社队企业正处于发展阶段，知青下乡实行厂社挂钩，即同一个社区、同一个系统挂钩。戴村镇与杭州市挂钩，系统为杭州市江干区商业局、杭州市棉纺系统。由下派方帮助公社兴办企业；如1974年的厂社挂钩重点在永兴公社，由杭州手帕厂、杭州第四织布厂、杭州第二纺织机械配件厂分别为永兴手帕厂、永兴并线厂培训技术力量，提供业务，帮助石马头大队兴办棉纺配件厂等。通过厂社挂钩，下派方为农村安排人员就业，解决剩余劳力出路、增加社员收入，受到了社队欢迎；同时，社、队对知青到来亦更加重视，照顾更为周到。因此双方皆大欢喜。

第二批知青大多来自杭州。从1971年开始持续到1977年，人数为578人，其中男274人、女304人，涉及全镇22个行政村：骆家舍村19人、尖山下村14人、方溪村32人、顾家溪村15人、枫桥村18人、青山村33人、沈村17人、佛山村8人、半山村42人、马谷村18人、八都村35人、三头村8人、南三村12人、戴村10人、上董村44人、大石盖村23人、石马头村15人、河杨湖42人、张家弄32人、郁家山下村22人、东风村36人、永富村83人。从60年代初至70年代末，戴村镇共接纳知青683人，其中男性319人、女性364人。来自杭州市513人、萧山城厢镇83人、临浦镇31人、河上镇25人、上海市16人、金华市1人、绍兴市3人、四川2人、黑龙江2人、天津市1人、江西省2人、富阳县1人、戴村居民区3人。为加强对知青的教育管理工作，厂、社双方均十分重视，杭州市江干区商业局和有关街道、企业曾派出知青带队干部进驻各公社；戴村、云石、永兴公社革委会亦配备专职干部，协助、配合知青带队干部共同做好知青接受再教育工作事宜。

知青在各大队参加生产劳动，大多能吃苦，表现十分积极。如云石公社永丰大队插队知青鲍庆和，来队前担任杭州第二高级中学团支部书记，下乡接受再教育期间，能吃苦耐劳，表现突出，数年如一日，深受村里好评。在大队（今方溪村征山片）党支部的培养下光荣地加入中国共产党。回城后，从杭州市交警大队的普通民警晋升为行政科长，拱墅区半山中队指导员，浙江省交通警察总队副总队长，省公安厅交通管理局副局长，省安邦护卫有限公司董事、副总经理。上海知青鲍云芬，1969年插队，从普通知青到大队赤脚医生，她立志扎根农村，1972年婚嫁永丰大队青年蒋仁根。1979年抽调进乡镇计划生育办公室，工作出色，不久入了党。1980年、1984年、1990年被评为萧山市（县）计划生育工作先进个人；1995年被评为杭州市计划生育工作先进个人。

知识青年在各大队白天参加劳动，晚上还是农村俱乐部的常客，他们之中好些人还是农村文艺宣传队的骨干。象现三头村的墙头、大湖头的两个大队在下乡知青姚碧华等人的参与下，文宣队演技大有提高，他们走出大队、公社，甚至受富阳县里山、渔山公社等社队的邀请，多次不辞辛劳，外出演艺。墙头俱乐部文艺宣传队至今还留有1965年12月13日参加河上区会演，部分成员留影的黑白照一张。

下乡知青中有的担任了民办教师、赤脚医生、生产队干部，有不少人在农村加入共青团，有的还入了党。20世纪70年代初，国家一方面继续动员城镇知青下乡，另一面通过国有和大集体企业招工、大中专院校招生、应征青年入伍、安排社办企业工作等途径逐步安置下乡知青就业。70年代末，为加快安置知青力度，对立志务农已在农村结婚者补给安置费，并允许15周岁以下1名子女农转非或配偶顶替招工；退伍后的下乡知青不再回大队，由劳动部门直接安排就业；扩大企业单位招工数额，提倡知青回城自谋职业；对确实无法招工就业的，实行回城待业。随着改革开放的开始，历时15年之久的知识青年上山下乡运动于70年代末结束，但安置工作相继延期至80年代中期才落下帷幕。

1964～1977 年知识青年下乡插队情况统计

表 1－4－29

村别	下乡人数	其中来自												
		杭州	萧山	临浦	河上	戴村	上海	金华	绍兴	富阳	黑龙江	四川	天津	江西
骆家舍	19	19	0	0	0	0	0	0	0	0	0	0	0	0
尖山下	14	13	0	0	0	0	1	0	0	0	0	0	0	0
方　溪	34	31	0	0	0	0	3	0	0	0	0	0	0	0
顾家溪	15	15	0	0	0	0	0	0	0	0	0	0	0	0
枫　桥	18	18	0	0	0	0	0	0	0	0	0	0	0	0
青　山	33	29	1	0	0	0	2	1	0	0	0	0	0	0
沈　村	17	15	0	0	0	0	1	0	0	0	0	0	0	1
佛　山	11	7	0	0	0	0	3	0	1	0	0	0	0	0
半　山	42	40	0	1	0	0	0	0	1	0	0	0	0	0
马　谷	18	18	0	0	0	0	0	0	0	0	0	0	0	0
八　都	35	33	1	0	0	0	0	0	1	0	0	0	0	0
三　头	37	17	13	0	5	0	0	0	0	0	0	2	0	0
南　三	19	6	2	5	1	3	2	0	0	0	0	0	0	0
戴　村	10	7	2	0	0	0	1	0	0	0	0	0	0	0
上　董	44	25	19	0	0	0	0	0	0	0	0	0	0	0
大石盖	41	19	0	4	18	0	0	0	0	0	0	0	0	0
石马头	18	8	0	6	0	0	2	0	0	1	1	0	0	0
河杨湖	42	41	1	0	0	0	0	0	0	0	0	0	0	0
张家弄	32	30	1	1	0	0	0	0	0	0	0	0	0	0
郁家山下	22	15	0	7	0	0	0	0	0	0	0	0	0	0
东　风	36	35	0	0	0	0	0	0	0	0	0	0	1	0
永　富	126	72	43	7	1	0	1	0	0	0	0	0	0	1
合　计	683	513	83	31	25	3	16	1	3	1	2	2	1	2

知识青年返城和落户农村情况统计

表 1－4－30

村别	下乡人数	返回地								落户人数
		杭州	萧山	临浦	河上	绍兴	上海	金华	天津	
骆家舍	19	19	0	0	0	0	0	0	0	0
尖山下	14	13	1	0	0	0	0	0	0	0
方　溪	34	30	0	0	0	0	1	0	0	3
顾家溪	15	14	0	0	0	0	0	0	0	1
枫　桥	18	18	0	0	0	0	0	0	0	0
青　山	33	29	2	0	0	0	1	1	0	0
沈　村	17	15	1	0	0	0	0	0	0	1
佛　山	11	7	0	0	0	0	0	0	0	4
半　山	42	40	0	1	0	1	0	0	0	0
马　谷	18	18	0	0	0	0	0	0	0	0
八　都	35	33	1	0	0	1	0	0	0	0
三　头	37	17	9	0	5	0	0	0	0	6
南　三	19	6	2	5	1	3	2	0	0	0
戴　村	10	7	3	0	0	0	0	0	0	0
上　董	44	25	19	0	0	0	0	0	0	0
大石盖	41	16	0	3	18	0	0	0	0	4
石马头	18	8	0	6	0	0	0	0	0	4
河杨湖	42	39	1	0	0	0	0	0	0	2
张家弄	32	30	1	0	0	0	0	0	0	1
郁家山下	22	15	0	7	0	0	0	0	0	0
东　风	36	35	0	0	0	0	0	0	1	0
永　富	126	72	39	6	0	0	1	0	0	8
合　计	683	506	79	28	24	5	5	1	1	34

第五节　计划生育

按照中共中央和省、市、区(县、市)对计划生育工作的一系列指示精神,今戴村所属的各乡(公社)党委、政府和村(大队)均十分重视,认真贯彻执行。戴村计划生育历程,大致分为:中华人民共和国成立初,生育完全处于无政府状态。20世纪50年代的中后期才开始有计划生育之意识,宣传避孕节育,60年代开始推广,重点是限制多胎,70年代提倡晚婚和二胎结扎,80年代则大力提倡和全面推行一对夫妇生育一个孩子。1986年,县人民政府143号文件下发,“夫妇双方均为农业户口”的独女户可按计划生育政策生育第二个孩子。90年代后,戴村的计划生育开始进入法制化、规范化的轨道。

计划生育历程

解放初期的戴村,生育完全处于无政府状态。20世纪50年代初,人民政府还一度开展“光荣妈妈”评选活动,时为戴村乡的马谷村就有两位光荣妈妈:沈茶花(夫陈马松)夫妻俩生育7子、3女,共10个子女;洪仁芹(夫陈马中)夫妻俩生育8子、1女,共9个子女。人们的普遍意识为:“子女多光荣”“人多力量大”“子女多对国家贡献大”,所以,在短期内致使人口猛增。1956年3月,卫生部发出《关于人工流产及绝育手术的通知》,规定多子女和困难家庭可以申请人工流产或施行绝育手术。是年,萧山县妇幼保健站在戴村举办避孕知识宣传展览,并免费供应避孕药具。虽然参观者较多,但真正接受避孕节育措施者还甚少。60年代初的国家经济困难期间,新生婴儿明显减少。尽管推广避孕节育和限制多胎、三胎以上绝育,但随着经济逐步复苏和发展,人民安居乐业,人口出生又趋复原状态。1964年3月,省人民委员会发布《关于实行计划生育若干问题的暂行规定》后,戴村、云石、永兴三公社分别成立了计划生育领导小组。

1964年,戴村、云石、永兴三公社出生的新生婴儿分别为200人、196人和142人,共计538人,人口出生率为18‰。以后几年,人口出生略有上升,至1971年,三公社人口出生增至747人,出生率为21.74‰,比1964年净增209人。1970年,中共中央发出49号文件,提出晚、稀、少的目标和要求:男女结婚年龄为25和23周岁;生两胎间隔不少于4周岁;一对夫妇只生二个孩子。开始动员二个孩子的夫妇做绝育手术。1971年,县计划生育小分队进驻戴村区,在县计生小分队的指导下,戴村、云石、永兴三公社党委和计划生育领导小组大力宣传中央文件精神,开始实施有两个孩子的夫妇做绝育手术;青年提倡晚婚、育龄妇女服药打针,多胎怀孕进行人工流产等综合措施。云石公社属于县计划生育小分队在戴村区的试点之一,增丰大队(今方溪村增丰自然村)是云石的“点”,通过两点带面,扩大影响。共产党员、妇女主任丁芬芹带头施行绝育手术,以自身行动为其他二胎夫妇做绝育榜样,推动全大队计划生育工作开展。1971年5月15日,丁芬芹和李美仙两人去戴村公社卫生院做绝育手术。是年年底,全公社施行绝育手术48人。1973年,根据中央〔1971〕51号文件精神,健全和建立了社、队两级计划生育领导小组,由公社党委书记和大队党支部书记任组长,公社妇联和大队妇代会主任为骨干,一级抓一级地切实抓好计划生育工作,使全戴村1974年的人口出生率从1971年的21.74‰降低到18.32‰,同年,云石公社增丰大队从1971年的人口出生率23‰降至14‰。按照中央〔1974〕32号文件精神,三公社党委切实加强对计划生育工作的领导,做到常抓不懈;各级有人抓,层层有人管。把计划生育措施落实到人,把避孕药具送上门,力争把人口出生率降至上级计生部门的要求范围内。1977年,三公社开展大规模的计划生育宣传工作,利用宣传车、定期墙报和各种大小会议进行动员。

1978年2月,国务院(国发〔1978〕28号文件)批转《关于全国计划生育工作汇报会的报告》,10月,中共中央又以(中发〔1978〕69号)文件批转了《国务院关于计划生育领导小组第一次会议的报告》。文件提出实行计划生育要“书记挂帅,全党动手,宣传教育,典型引路,加强科研,提高技术,落实措施,持之以恒”,提出了大力提倡“一对夫妇只生一个孩子,最多两个”的生育政策。1980年9月25日,中共中央发出了《关于控制我国人口增长问题致全体共产党员、全体共青团员的公开信》,从原来的提倡一胎到只能生一胎,严格控制二胎,坚决杜绝多胎。在计划生育政策的感召和乡(公社)村(大队)两级计生工作者的努力下,计划生育工作取得了明显成效。1980 年,戴村人口出生减至 438 人,人口出生率为 11.68‰,比 1964 年低 6.32‰,比 1971 年低 10.06‰,出生人数比 1971 年少 309 人。1983 年,永兴乡被评为杭州市计划生育工作先进集体。

遵照民政部、司法部、国家计划生育委员会、全国妇联、共青团中央《关于认真贯彻中共中央〔1984〕7 号文件,严禁早婚的通知》,戴村乡对过去的早婚问题,以乡民政助理员为主,会同乡妇联、计划生育干部和各村的民政小组,进行了调查清理。经检查,全乡 22 个村中有 10 个村存在早婚现象,早婚人数共计 18 对,最多的是石盖村有 5 对,大湖头村 4 对。在这 18 对早婚人中,已有 13 对生育子女,4 对怀孕。查找发生早婚的主要原因,一是法制宣传工作做得不够;二是出现早婚后,没有坚决及时地采取应有的措施,致使一些人藐视社会主义法制的行为得不到应有的处理。这种违反婚姻法现象的发生,影响极为不良,广大干部群众也提出应立即制止和处理。对这种情况,戴村乡分别研究并提出处理办法:首先是逐户到早婚人员家里宣传新《中华人民共和国婚姻法》和计划生育政策,指出他们的行为是违法的。然后按有法必依,违法必究的原则,分别向他们宣布了处理决定,惩前毖后,挽回影响。例如:对男女双方已到法定结婚年龄的,给予批评教育,责令作出检讨,而后按乡规民约处以罚款,补办结婚登记法律手续;对一方至今仍未达到法定结婚年龄的,除给予批评教育、责令检讨、按乡规民约处以罚款外,动员分居,不发结婚证;已经生育的,为了便于抚养子女同意不分居,但必须保证有节育措施,待到法定婚姻的年龄后再补办结婚登记手续;现已怀孕的,责令流产或引产,并动员分居。采取上述各种不同的清理措施后,18 对早婚人员表示坚决照办,全部落实兑现,对杜绝早婚起到良好的作用。戴村乡清理早婚问题的做法,在县民政局《萧山民政》1985 年 1 月 31 日第一期作了介绍,并加了按语:"中央关于严禁早婚的通知下达后,戴村乡人民政府立即组织力量进行清理,并针对存在的问题作出了认真严肃的处理,这是很好的。早婚是封建思想在婚姻家庭问题上的传统习俗,危害性是十分大的,应该坚决反对。这件事,对于保证新婚姻法的正确实施,维护社会主义法制的贯彻和计划生育工作的顺利开展是十分重要的。据了解,早婚现象在其它一些地方也是存在的,如不及时解决,长此下去必将影响社会风气和精神文明的建设,为此要求在春节以前,结合计划生育和法制宣传进行一次认真的检查清理,象戴村那样采取必要的措施,有效地加以制止。"

1986 年 12 月,萧山县人民政府下发了《关于完善戴村、临浦两区农村生育政策的补充通知》。通知指出:由于戴村、临浦两区对农村中"一个女儿户"照顾生育第二个孩子的政策施行时间较早,当时上述政策精神尚未明确,因此,照顾对象的范围偏宽,对夫妇一方虽系农村户口,而另一方不属农村户口的对象也照顾了。这和省、县的有关规定精神是不相符的。在上级现在已有明文规定的情况下,坚决而稳妥地求得政策的一致,是完全应该、完全必要的;由原来规定得不确、不妥到更明确、更妥善,本身也是具体政策完善过程中的正常现象。"通知"要求戴村、临浦区所属乡(镇)人民政府继续深入宣传计划生育的重要性、必要性,严格执行计划生育的有关政策,使之既照顾到部分农民群众的实际困难,又使人口出生得到有效控制。

戴村镇和云石、永兴两乡为进一步完善农村具体生育政策,在继续大力提倡一对夫妇只生一个孩子的同时,对夫妇双方均系农村户口,从事农业生产为主,确有困难的一个女儿户,可以按计划地照顾生育第二胎。通过召开会议和学习传达,乡(镇)党委和计划生育职能部门把中央和地方有关计划生育政策精神,不折不扣地和村民群众见面,公平、公正,政策全透明,凡符合再生育条件的,经夫妇双方提出申请,乡(镇)人民政府批准,签订生育合同,发给对象准生证后方可去指定医院取环,交还"一孩父母光荣证"及独生子女保险费,待两胎出生后即施行绝育手术。

1986 年,戴村区公所抽调所属乡镇计划生育小分队进驻云石。同年,云石乡各大队成立计划生育协会。云石乡人民政府还被评为 1986 年度全国计划生育先进集体。

为了既完善好农村生育政策,又避免人口出生高峰,两乡一镇严格执行人口控制计划;在执行现行政策的同时,确保人口计划指标不突破。从 1989 年开始,实行乡镇长与各村村委会主任签订计划生育目标责任书,对每年计划生育符合率、晚婚率、一孩率、上环率、结扎率等指标进行考核,并与各行政村的年终考核成绩和书记、村主任的个人利益挂起钩来,对计划生育实行"一票否决制"。

通过乡(镇)村两级的不懈努力,继续宣传和动员青年提倡晚婚,已婚的延迟生育期,可生二胎的延长间隔,一个女儿户的动员其放弃生两胎,等等,从而确保了人口出生等计划生育各项指标不突破,牢牢控制在目标责任书所要求的范围内。1986年至1989年四年里,人口出生分别为554人、493人、478人、472人,趋逐年下降之势;人口出生率分别为14.28‰、12.66‰、12.21‰和12‰;人口自然增长率分别为7.43‰、6.05‰、5.02‰和5.38‰。

1990年1月,省人大常委会颁布了新的《浙江省计划生育条例》,废除1985年2月的同名条例。为防止争抢出生现象发生,做好新老法规接替和平稳过渡,全戴村上下通过骨干培训,广泛宣传新"条例",采取必要措施,每月检查一次计划生育措施落实情况,2个月做一次尿检,3个月下村照一次节育环,同时,每季度不少于一次走访外出外来育龄妇女,摸底了解,掌握计生工作主动权。

1992年5月,永兴乡并入戴村镇,镇人民政府专门设立了计划生育办公室。副镇长黄国琴兼任计生办主任,楼飞华任副主任,计生专职干部4人。云石乡由党委委员郑方煜兼任计生办主任,专职计生工作人员3人。1993年,戴村、云石两镇乡共出生婴儿386人,人口出生率9.79‰,人口自然增长率2.21‰,比13年前的1980年减少52人,比1971年减少361人,人口出生下降48.33‰。

1994年,按照萧山市委、市府办〔1994〕40号文件批转市计生委《计划生育规范化管理办法》(试行)精神,戴村镇、云石乡主要做好一胎生育卡、二胎审批关(必须由要求生二胎的夫妇申请,村报乡镇核实后批准)。是年,戴村镇计划生育工作得到了上级党委、政府和计生工作职能部门的肯定,被评为杭州市计划生育先进集体,计生工作者鲍云芬被评为杭州市先进个人。

从1995年起,人口教育以"5个化"(指导思想服务化、宣教内容系列化、宣教形式多样化、宣教手段现代化、宣教管理规范化)为目标,由点到面地在全镇(乡)展开。1996年,戴村镇根据《中华人民共和国人口与计划生育法》《中华人民共和国村民委员会组织法》和《浙江省人口与计划生育条例》等法律法规的规定,结合各村实际,制订了《戴村镇行政村计划生育村民自治章程》。1997年,萧山市委、市政府把计划生育法规纳入"三五"普法内容,戴村掀起了学法律法规热潮,特别把《中华人民共和国行政处罚法》和《中华人民共和国母婴保健法》《浙江省计划生育条例》等与计划生育工作直接相关的法律法规作为重点,使计划生育工作人员、企业职工和广大育龄人群又一次受到人口与计划生育有关法律法规的再教育。从此"5个化"成了计划生育工作的考核内容。由于计生工作取得显著成效,1996年,尖山下村、后郑村、郁家山下村均评为萧山市计生工作先进集体。

自1998年始,萧山计划生育宣传活动的重点从宣传法律法规转向婚育观念的转变,稳定低生育水平。6月,按照《萧山市计划生育管理及实施意见的通知》,市对镇(乡)、镇(乡)对村,不再下达人口计划,不再对生育对象分配生育指标,取消一孩生育审批制度,青年男女依法办理结婚登记后,可以怀胎生育第一个子女,取消计划生育保证金和押金,依法增收计划外生育费。是年,萧山市又被省计生委确定为"婚育新风进万家"活动的试点县(市)之一。10月,市委宣传部、计生委联合发出《关于在全市开展婚育新风进万家活动的通知》。戴村镇、云石乡党委、政府结合实际,均制订出具体实施计划。分别制作宣传窗、巨幅计划生育宣传牌,灯箱广告等多种形式,大力宣传晚婚晚育,少生优生知识,牢固树立科学、进步、文明的新型生育观,在广大人民群众中造成一个良好的计划生育氛围。由于紧紧抓住提高思想认识、强化宣传教育、提供综合服务等主要环节,确保了这一活动的扎实开展。并持续至2000年。1999年,云石乡人口自然增长率为-0.32‰,是萧山市第一个人口出现负增长的乡镇。

2000年3月,中共中央、国务院作出《关于加强人口与计划生育工作,稳定低生育水平的决定》。9月25日又是《中共中央关于控制我国人口增长问题致全体共产党员、共青团员的公开信》发表20周年,为纪念这个在中国计划生育史上有重大意义的日子,中共萧山市委宣传部、市计生委等5单位在8月下旬就联合发文,对"9·25"纪念活动作精心安排。戴村结合婚育新风进万家活动,利用广播、电视、黑板报等宣传工具,采取座谈会(邀请部分村书记、计生先进工作者、独生子女家长和育龄群众代表,请他们谈"公开信"发表20年来计生工作成就和党团员发挥带头示范作用的经验和体会,并作阶段性报告)、培训辅导、知识竞赛等活动,广泛宣传"决定"精神,提高干部群众实行计划生育的自觉性。使人口和计划生育保持了良好的势头,基本步入了法律、制度、规范化的程序,实行计划生育已成为广大育龄群众的自觉行动。2000年,全镇出生401人,人口出生率和自然增长率分别为10.4‰和3.01‰。

进入新世纪,进一步贯彻落实"决定"和中央人口资源环境工作会议精神,深入开展"婚育新风进万家"活动,利用人口学校,加强对妇女"五期"教育,使广大育龄妇女增强了国策意识和执行计划生育的自觉性,全镇的计生工作出现了新的面貌。2001年,何童埠村被评为区计生工作先进集体,骆村杨伟兴被评为区计生先进个人。

2002年,全镇认真贯彻《中华人民共和国人口和计划生育法》《浙江省人口与计划生育条例》,联系实际,进一步强化宣传教育、依法管理,全面推进避孕节育方法上的"知情选择、优质技术服务和信息化建设"。宣传计划生育中的先进典型事迹,镇广播站专门增设"健康保健专题讲座"节目,举办教育培训班5期,组织不孕不育对象去区指导站就诊等,努力提高计生服务质量。

2003年,按照萧山区政府〔2003〕10号文件《杭州市萧山区实行〈浙江省人口与计划生育条例〉若干意见》的精神,建立人口与计划生育管理服务机制,推进计划生育工作稳步向前发展。区计生局和镇计生协会、计生服务站多次举办镇、村计划生育干部和计生联系员的业务培训,还两次组织参加区计划生育指导站培训班的业务学习。该年,全镇育龄妇女采取节育措施的占90%以上,人口出生率8.67‰,人口自然增长率1.2‰,计划生育率100%。

2004年,为进一步贯彻落实中央、省、市、区一系列计生工作精神,狠抓队伍建设,强化宣传教育,发挥职能作用。利用黑板报、宣传标语、咨询解答和知识问答等宣传形式,大张旗鼓地宣传"计生法""省条例""意见"精神,每个行政村设置5块以上固定宣传牌,举办计生协会骨干队伍业务知识培训班4期,参加者2639人次,参加教育培训达2283人,订阅《人生》杂志63份、《家家乐》杂志70份,下发各类计生宣传资料3.5万余份,向区电台、计生局发送信息12条,向外宣传戴村。

镇计生办、计生协会为纪念全国第七个"5·29"计生协会会员活动日,于5月27日在集镇范围内的人民路、新甸路、锦绣路等路段悬挂"我为戴村创卫做贡献,我为协会添光彩"等横幅标语12张。并组织计生办、计生协会会员上街开展咨询服务、计生知识有奖竞答,发动有一技之长的计生会员在镇影剧院门前免费为民服务:测血压,秤体重等。"5·29"期间,全镇各行政村、企事业单位发挥协会作用,共发放宣传资料11409份,张贴标语580张,黑板报22期,上街接受咨询达1230人次,营造了浓厚的宣传氛围。

11月15日至16日在萧山六中召开的村三委干部培训班上,分管副镇长孔志明作了《浅谈人口与可持续发展要求下的计划生育工作》形势报告,主题突出,内容透彻,受到协会同志一致好评。同月27日至28日,镇计生办人员杨芬在杭州市农办、市环保局等单位组织的生态杯知识竞赛中获二等奖。是年,佛山村被评为区计划生育先进集体,沈村妇女主任周桂凤被评为区计生先进个人,镇计划生育协会被评为杭州市计划生育示范协会。

由于镇村两级计生工作者团结协作,狠抓环节不松手,在"四个取"字(法治上取硬、民治上取胜、服务上取优、导向上取信)上下功夫,2005年,全镇人口出生数为318人,计生符合率99.3%,与目标相比高2.3%;一年以上放环对象的查环率93%,与目标相比高3%;流动人口已婚育龄妇女管理率达到98%,与目标相比高4%;村级实行计划生育信息数据计算机管理率达70%,与目标持平;计划生育流动人口信息化管理达100%,达到目标要求,育龄群众信息再充实率100%,达到目标要求;长效措施落实率52%,与目标相比高2%;企业协会合格率达100%以上,与目标相比高25%。

2006年4月19日至21日,为了达到村级计划生育信息化建设要求,提高计划生育工作的管理水平,在云石初中举办村级计生联系员计算机培训班。6月28日在镇中阶梯教室邀请医院妇科医师讲课,参加对象为1958年后出生的妇女,内容为"关心更年期育龄妇女健康"。9月5日上午,对服药5年以上的育龄妇女进行身体检查等等。

5月31日,镇纪念"5·29"全国会员集中活动日知识竞赛在萧山六中举行。来自青山村、佛山村、戴村村、半山村和华东集团、卫士集团的6支代表队参加了竞赛。市计生协会相关领导、区计生局局长高宜乔、镇党委领导汤叶英、分管副镇长孔志明等到现场观摩指导。竞赛内容涉及计生法律法规、婚育新风、妇女保健、奖励扶助制度等。分必答题、抢答题、风险题三个环节。经过紧张角逐,卫士集团代表队以优异成绩获得一等奖。

2006年,全镇出生人口348人,计划生育率98.35%,一孩率69.64%,计划外怀孕1.46%,综合措施落实率88.48%,当年长效措施落实率56%,男女出生婴儿性别比102:100。全面完成当年的各项工作指标和区政府的考核要求。

自2000年至2006年的7年时间里,戴村平均年出生人口为323.71人,人口出生率8.53‰,其中最少的2001年人口出生只有268人,属1964年至2006年40余年来戴村历史上出生人口最少的一年。总之,经历届党委、政府认真贯彻执行党的一系列计划生育方针、政策,依靠乡(公社)镇、村(大队)两级广大计生工作者的辛勤工作,使戴村计划生育取得了显著成效,得到了上级党委、政府和计生职能部门的认可。据2008年4月,萧山区人口和计划生育局统计数据表明,戴村镇2007年年内出生349人,年内死亡262人,年平均人口数为37924人,2007年戴村镇人口自然增长率为2.3‰。2008年戴村镇年内出生342人,年内死亡262人,年平均人口数为38092人,人口自然增长率为0.95‰。

计划生育协会

1986年10月,戴村镇成立由农村"五老"(老党员、老干部、老职工、老长辈、老模范)为骨干,育龄群众积极分子组成的计划生育协会。第一届计划生育协会会长俞观潮,专职常务副会长俞惠敏,秘书长陈妙林,共有理事7名、会员128名。同月,云石、永兴两乡也相继成立计生协会。此后换届的乡、镇计生协会会长和名誉会长均由党委、政府主要领导担任。至2006年年底止,已换届6次。戴村镇第六届计生协会会长由汤叶英担任,汤卫镇长受聘任名誉会长,常务副会长郁尧英、常务理事杨芬、莫成行等共15人。基层计生协会39个,计生协会会员414名,会员联系户499户。计生协会的成立,有力地推动了全镇计生工作向前迈进,开创新局面。

2004年10月16日,镇计生协会向镇党委提出了"关于在全镇大中型企业建立计划生育协会"的请示。经党委研究,及时下达了〔2004〕46号文件《关于转发镇计划生育协会〈关于在全镇大中型企业建立计划生育协会的请求〉的通知》,要求镇属各大中型企业按文件要求,认真贯彻落实。"蓝达"公司率先于2004年12月成立协会,镇计生协会亲临成立现场会。"蓝达"计生协会制订了切实可行的规章制度,使协会工作经常化、制度化、规范化。公司保证计划生育经费开支,并实行独生子女奖励费发放;全厂168个协会会员还实行了会员交纳会费制度,专款专用,用于扶贫帮急,困难救助等。后,其他大中型企业也纷纷成立计生协会,至2005年1月5日止,全镇已有12家重点骨干企业创建了计划生育协会组织,在全区领先。企业计划生育协会的成立,达到了计划生育工作企业自治之目的。

镇计生协会依靠社会力量,组织了对特困学生开展扶贫帮困献爱心活动。2003年至2006年间,投入帮扶资金50余万元。"球冠"集团2003年至2006年为特困学生资助24.8万元;"蓝达"公司2004年为特困生资助20万元;2005年3月,6家企业协会的常务副会长带着6000元慰问金走访困难户,11月"华东"公司协会带资5000元,看望青山村特困户,把温暖送给残疾人。

镇计生协会长期坚持协会"月会"制度,以每月下旬26日至28日之间的1天作为召开协会会议时间,一般由各村、企业单位协会副会长参加,内容为汇报、学习,交流计生工作的情况和经验等。以会代训,规范管理水平。各协会基本做到年初有计划,年终有总结,建立健全工作台账资料,记录完整,及时履行民主参与、民主监督制度,在计划生育村民自治、企业自治中充分发挥作用,维护广大育龄群众的合法权益,帮助她们排忧解难,在提供生活、生产、生育服务上做了不少工作,为控制人口数量,提高人口素质作出了积极贡献。

2007年,召开镇计生协会第六次会员代表大会暨计生协会换届选举工作会议,为本镇计生协会工作开展奠定了良好的基础;积极开展百人以上职工的企业计生协会创建工作,2007年新建企业协会2家,创建率达100%,其中华东集团被评为杭州市先进计生协会;开展"5·29"专题宣传活动,举办幼儿期、更年期、女性生殖健康等各类培训班,参加培训人数达500人;同时,积极发挥协会作用,认真组织开展"百能扶百贫"活动、生育关怀行动和"生殖健康进企业"活动,在华东、卫士等4家企业落实独生子女父母奖励费,全年共举办企业生殖健康讲座3场,受惠人数达到200多人。

2008年,注重实效,多种形式开展计生协会工作。一是开展各类宣传服务活动。结合各种节日,开展"5·29"协会纪念日、"7·11"世界人口日专题宣传活动,举办幼儿期、更年期、女性生殖健康等各类培训班,参加培训人数达600余人;同时,积极发挥协会作用,继续认真组织开展"百能扶百贫"活动、生育关怀行动和"生殖健康进企业"活动,全年共举办企业生殖健康讲座3场,受惠人数达到200多人。二是完成首次独生子女平安保险参保工作,全镇共2400多个独生子女参加了由政府买单的平安保险,10月份李家坞一独生子女意外死亡,家庭得到了3万元的赔偿,这是萧山区实施的首例独生子女平安保险赔付。三是完善计划生育村民自治工作。以村级计生协会换届为契机,充实完善各村计划生育村民自治章程,提高了村级对四项手术的补贴,兑现村级独生子女父母奖励费,并增加了"超生子女不能享受村级集体经济分红"这一重要内容。

计划生育服务

1989年9月,戴村镇建立计划生育服务站。10月,云石、永兴两乡也相继建立。计生服务站主要任务是帮助各村、厂、企事业单位的计生管理员检查本单位计划生育避孕措施的落实情况,如:每年3月B超下村照环(育龄妇女放环1年以上的每年照1次,放环1年以内的每季照1次);服药人员5年以上的每年体检1次;更年期、育儿期、孕产期、新婚期、青春期"五期"培训每年不少于1次;主动与外出育龄妇女进行异地"三查"(查孕、查环、查病),送药具上门,使计划生育从管理型转为服务型。

镇计划生育服务站共有B超4台,手术床4张,并配有血压机、手术器械等,先后投资于服务站建设的资金共为50余万元。至2006年年底止,55%的行政村均建立了计划生育服务室(有一间整洁的房子,一张B超检查床,一块牌子、一只药箱,一台体重秤、一只血压器)。为优质服务于基层计划生育工作,镇计划生育服务站建立以来,共有780人去卫校和区指导站接受业务培训,至2006年,镇计生服务站的门诊和各种咨询、检查人次已达12960人,接受门诊及治疗的对象8560人次,为育龄妇女B超透环66345人次,放置宫内节育器6849例,举办育龄夫妇各类培训班650期,受教育人数达20475人次。

2006年,对初、高中的学生也开展性与生殖健康知识教育,不断深化婚育新风进万家活动,受教育人数为670人次。青春健康项目在企业中有序推开,也成为人口与计划生育宣传、教育、服务的重要内容。全面完成农村部分计划生育家庭奖扶政策落实工作,有107名对象领到每人每年720元的奖励扶助金,还申报了放弃生育二孩对象、独生子女意外死亡家庭和独生子女考上大学特困家庭的公益金享受对象。年内,建立戴村镇流动人口综合管理服务站,实行"二证合一"管理;实行同宣传、同服务,同管理,提升流动人口优质服务水平。

2008年,加强服务措施。认真组织春秋两季三查服务。3月份开展了大规模的下村三查及妇科病普查工作,把妇科病普查作为为广大育龄妇女办实事、办好事的重要工作,在检查中做到"四个一":多问一句、多查一处、多说一句、给一个建议。对全镇6000余名育龄妇女进行了健康检查,普查妇科病员145人次,为患病育龄妇女提供治疗建议,并为每名育妇建立了健康档案。在秋季三查中,结合农民健康体检,与萧山第六人民医院、云石卫生院进行衔接,增加了妇科B超检查项目,对育妇环位、孕情及妇科病进行了检查,既节省了时间与精力,又达到了预期的效果。还进一步拓展服务内容。积极开展计划生育手术、咨询、随访、查孕查环查病及免费婚检,免费孕前优生检测、生殖健康检查等温馨化、人性化、个性化服务工作,积极推进避孕方法知情选择,尽力满足育龄人员对计划生育保健的需求。全年,全镇共接受上门查询120人次,开展电话随访580人次,免费发放避孕药具1405人次,免费孕前优生检测180人次,完成放、取环等计划生育手术564例。组织病残儿鉴定2例、计划生育手术并发症鉴定4例,为全镇80名育妇进行服药5年以上健康体检。

1992～2006年戴村镇人口出生与计划生育工作情况

表1－4－31　　单位:人

年份	全镇总人口	出生情况										死亡情况		人口自然增长率‰	计划生育手续情况		女性结婚情况			独生子女情况		
		出生人数	其中								人口出生率‰	死亡人数	死亡率‰		绝育人数	放环人数	初婚人数	其中晚婚人数	女性晚婚率%	一孩夫妇对数	领取独生证人数	领证率%
			计划内出生				计划外出生															
			一孩	二孩	政策内多孩	小计	一孩	二孩	多孩	小计												
1992	39486	396	289	105	1	395	1	0	0	1	10.3	264	6.69	3.34	116	392	323	220	68.11	3793	1400	36.91
1993	39429	386	288	96	0	384	2	0	0	2	9.79	299	7.58	2.21	99	420	304	216	71.05	3943	1477	37.46
1994	39427	410	298	110	1	409	1	0	0	1	10.40	297	7.53	2.87	109	382	301	239	79.40	4071	1446	35.52
1995	39438	451	330	117	0	447	4	0	0	4	11.44	284	7.20	4.23	115	450	341	250	73.31	4288	1203	28.06
1996	39494	477	352	124	1	477	0	0	0	0	12.08	267	6.76	5.32	123	496	412	299	72.57	4533	824	18.18
1997	39460	410	317	87	2	406	4	0	0	4	10.39	265	6.72	3.67	97	571	306	234	76.47	4749	887	18.68
1998	39168	428	321	96	0	417	10	0	0	11	10.93	303	7.74	3.19	89	528	289	208	71.97	4951	1080	21.81
1999	38804	326	256	64	2	322	4	0	0	4	8.40	261	6.73	1.68	79	432	305	219	71.80	5065	1056	20.85
2000	38571	401	310	87	0	397	4	0	0	4	10.40	285	7.39	3.01	82	441	322	228	70.81	5190	1079	20.79
2001	38071	268	193	74	0	267	1	0	0	1	7.04	252	6.62	0.42	51	359	274	197	71.90	5358	1052	19.63
2002	37916	282	218	63	0	281	1	0	0	1	7.44	270	7.12	0.32	7	427	238	157	65.97	5484	1031	18.80
2003	37842	328	262	65	0	327	1	0	0	1	8.67	279	7.37	1.29	21	369	243	162	66.67	5389	947	17.58
2004	37681	321	270	48	0	318	3	0	0	3	8.52	294	7.80	0.72	7	333	325	235	72.31	5372	910	16.94
2005	37700	318	274	42	1	317	1	0	0	1	8.44	280	7.43	1.01	6	365	213	153	71.83	5484	902	16.45
2006	37809	348	244	102	0	346	2	0	0	2	9.20	273	7.22	1.98	6	343	270	199	73.70	5507	918	16.67
2007	37924	349	262	80	0	342	1	4	2	7	9.20	262	6.93	2.3	8	373	247	169	68.42	5520	1286	23.30
2008	38092	342	245	92	1	338	0	4	0	4	8.98	306	8.03	0.95	7	307	247	186	75.3	5487	2620	44.75

戴村镇各行政村计生协会会长、联系人员情况

表1－4－32

行政村	担任计生协会会长姓名	历年来的计生联系员姓名
骆家舍	李水增、杨金年	郭素仙、李仁招、姜凤云等9人
尖山下	邵伟成	瞿启红、孔玉英等8人
方　溪	丁水兴、陈宪法等	丁芬芹、戴阿岳、丁芬娟等8人
顾家溪	顾录平、顾仲文	顾幼娟、顾婉芬
枫　桥	朱银春、沈成火	丁祥姑、沈芹仙等6人
青　山	蒋健恒、沈志法、沈银水、沈贤方等	周利珍、王秀平、沈菊香、陈凤仙等
沈　村	沈静良	沈吾仙等2人
佛　山	钟立祥	李竹梅
半　山	周杨秋、赵桂江、李来兴、丁海标等	郑亚芹、丁招明、楼桂凤、倪文娟
马　谷	陈先华	郑亚香等5人
八　都		瞿芬娟等
三　头	何友根、方吾桥	钟岳芳、郭临深、郭妙凤等5人
南　三	陈国英、周小凤	瞿亚文、方文化等8人
戴　村	郑汉成、方雪忠	丁爱华、郭连娣等5人
上　董	董朗成	周春观等4人
大石盖	周吾春、余妙祥、孙招萍、陆岳荣	俞竹仙、金芬仙、俞幼美、孙招萍
石马头	洪金传	洪阿玉等4人
河杨湖	郭和清、俞坑先、何顺昌	郭招芹、郭吾华、鲍凤珍
张家弄	郭祖贤等	郭叶娟
郁家山下	郁妙根等	孔利凤
东　风	何国良、周五其、周宜金	何水芳、戚亚仙、陈珠珠
永　富	洪冬花、徐国荣、鲁阿吾	倪田芬、田荷香、方爱玉等9人

戴村镇节育和独生子女情况统计表

表 1－4－33

行政村	绝育	放环	药具	独生子女领证户数	第一批领取独生子女证的户	已享受独生子女补贴户
骆家舍	199	305	272	262	李吾法、杨关标	10
尖山下	174	249	168	87	姜林夫、鲍树相、杨华兴	4
方　溪	190	217	176	340	陈巨祥、顾健明、鲍关桥	6
顾家溪	115	208	121	261	顾贤法、顾秋会	6
枫　桥	119	228	128	282	顾水荣、盛子康	4
青　山	224	373	442	371	蒋吾忠、沈文龙、沈宗华、沈水祥	22
沈　村	95	244	179	159	徐仁兴	3
佛　山	125	181	188	244	沈雪章	9
半　山	188	322	570	552	周法林、周来仁、李关丙、丁仁法	10
马　谷	131	163	159	262	周双秋	11
八　都	189	307	304	454	盛庆丰、沈利章、陈吾杰、方冬凤	9
三　头	181	326	318	273	洪志祥、任吾仁	11
南　三	159	253	285	382	何忠法、何关才、方叶芹	2
戴　村	191	197	209	259	郑友权、郑品荣	7
上　董	88	186	193	166	董天根、董成夫	5
大石盖	203	277	309	357	周祖源、沈文芹、孙法兴、陆小龙	12
石马头	207	213	204	446	俞土根、俞吾林	6
河杨湖	157	199	153	259	孔子雅、陶汉仁、俞兴康	4
张家弄	144	159	144	183	郭灿云	6
郁家山下	79	210	107	236	郁吾才	6
东　风	140	285	148	236	王爱娟、何利祥、何国良、周玉安	9
永　富	169	431	359	376	施吾法、贺吾云、史利娟	6

说明:此表时间为 2008 年止

镇(乡)村集体和个人获得区(市)级以上计生荣誉情况

表 1-4-34

名　　称	荣　　　　誉
乡　　镇	永兴乡人民政府被评为1983年度杭州市计生工作先进集体。云石乡被评为1986年度全国计生工作先进集体。戴村镇人民政府被评为1994年度杭州市计生工作先进集体。戴村镇计划生育协会被评为杭州市2005年度、2007年度计划生育示范协会
骆家舍村	2001年度杨伟兴被评为萧山区计生先进个人。姜凤云被评为萧山市“八五”期间计划生育先进个人
尖山下村	1996年度被评为萧山市计划生育先进集体
方溪村	鲍云芬被评为1980、1984、1990三年萧山市计生先进个人;1995年杭州市计划生育先进个人。鲍银法被评为萧山市“八五”期间计生先进个人
青山村	1985年,石牛山村被评为萧山县计划生育先进集体
沈村村	2005年,周桂凤被评为区计划生育先进个人
佛山村	2005年度被评为区计划生育先进集体
八都村	1993年,麦园村被评为萧山市计划生育先进集体,瞿芬娟获萧山市“八五”期间计生先进个人
戴村村	1996年,后郑村被评为萧山市计划生育先进集体
上董村	2006年,被评为区计划生育先进集体
张家弄村	郭叶娟获萧山市“八五”期间计划生育先进个人
郁家山下村	1996年被评为萧山市计划生育先进集体
东风村	2001年,何童埠村被评为区计划生育先进集体
华东钢业集团	2007年,被评为杭州市先进计生协会
戴村镇	2008年,被评为杭州市级计生协会先进
三头村、佛山村、上董村、东风村	被评为2006~2008年度区级人口和计划生育先进集体单位
南三村王玲华、沈村村周桂凤、永富村杨文娟	被评为2006~2008年度区级人口和计划生育先进个人
三头村、方溪村、永富村、上董村、戴村村、华东钢业集团	被评为2008年杭州市示范计生协会

附录一：

戴村镇行政村计划生育村民自治章程*（节选）

第一章　总　则

第一条　根据《中华人民共和国人口与计划生育法》、《村民委员会组织法》和《浙江省人口与计划生育条例》等法律法规的规定，结合本村实际，制定本自治章程。

第二条　本自治章程适用于本村村民和本村居住的公民。

第三条　计划生育村民自治必须遵循依法自治、民主自治、分类指导、综合治理的原则。

实行计划生育工作的民主参与、民主决策、民主管理和民主监督。

实现村民在计划生育过程中的自我教育、自我管理、自我服务。

第四条　保障村民在按有关法律法规规定的条件下，自主安排生育和知情选择避孕节育措施。

第五条　村民委员会在镇人民政府的指导和村党支部的领导下，组织实施计划生育村民自治工作，确保计划生育各项目标任务的完成。

第二章　目　　标

第六条　树立科学、文明、进步的婚育观，在村民中形成晚婚晚育、少生优生、生男生女一个样、计划生育丈夫有责的新风尚。

第七条　规范村民的生育行为和管理工作，确保本村无违法生育、无大月份引产、无早婚早育、无溺婴弃婴、无非法收养、无违法管理行为、无重大突发事件和恶性事件。

第八条　提供计划生育全程优质服务，实现村民计划生育参与率、计划生育和生殖健康科普知识知晓率、避孕节育方法知情选择率、对计划生育工作满意率、现居住地流动人口计划生育验发证率及出租房屋的房东计划生育管理合同签订率均在90%以上。

第九条　实行计划生育与发展经济相结合，与帮助村民勤劳致富奔小康相结合，与建立文明幸福家庭相结合，使90%以上的家庭成为"少生优生、富裕文明、健康幸福"的新型家庭。

第三章　权利与义务

第十条　村民有获得人口与计划生育基础知识教育的权利，也有积极参加镇、村组织的各类培训和活动的义务。

第十一条　村民有依法自主安排生育的权利，也有严格按国家有关政策，自觉实行计划生育的义务。

第十二条　村民享有计划生育优质服务和知情选择避孕方法的权利，也有自觉落实避孕节育措施、接受孕环情检测和避孕失败后主动采取补救措施中止妊娠的义务。

第十三条　村民享有参与计划生育管理、监督和评议的权利，也有关心、支持计划生育工作，积极举报违反计划生育行为人的义务。

第六章　附　　则

第二十八条　本自治章程自公布之日起施行。

第二十九条　本自治章程由村民委员会负责解释。

---

* 此章程制订于1996年

附录二：

戴村镇行政村计划生育工作民主监督制度

一、监督内容

1. 对二孩生育实行监督。有否弄虚作假。

2. 对统计数据的上报实行监督。有否瞒报、虚报、漏报违法生育情况。

3. 对病残儿童鉴定实行监督。有否弄虚作假。

4. 对依法怀孕妇女引产实行监督。有否进行胎儿性别鉴定，有否弄虚作假、骗取证明；有否选择性引产。

5. 对计划生育手术实行监督。有否擅自为他人取环，擅自为他人作假手术，有否骗取计划生育假证明。

6. 对执行计划生育激励政策进行监督。有否应奖励而不落实，有否应补助而不补助。

7. 对村干部执行计划生育政策实行监督。有否不公平、不公正的行为。

二、实施监督的途径

1. 在村民代表大会上进行质询。

2. 在计划生育协会会议上提出问题。

3. 向计划生育协会会员反映，由协会组织逐级反映。

4. 向镇政府反映。

5. 向区计生局反映。

附录三：

萧山县人民政府关于完善戴村、临浦两区农村生育政策的补充通知

萧政〔1986〕143 号

戴村、临浦区公所及所属各乡（镇）人民政府：

浙江省人民政府〔1986〕41 号文件，即《关于多胎和超计划的二胎得到有效控制的市县农村完善具体生育政策的通知》规定，在继续大力提倡和鼓励一对夫妇只生育一个孩子的同时，在按政策规定农村中“一个女儿户”照顾再生一孩对象时，一个必不可少的重要前提是夫妇必须是“对方均系农村户口”。在省委、省人民政府《关于进一步加强对计划生育工作的领导的通知》中，再对明确规定，对“一个女孩户”照顾再生一孩的对象，限于夫妇双方为“渔民”、“农民”。县人民政府在〔1986〕99 号文件，即《关于义蓬、瓜沥、城北、城南四区农村完善具体生育政策的通知》中，体现了上述政策精神，作了相应的具体规定。

由于戴村、临浦两区对农村中“一个女儿户”照顾生育第二个孩子的政策施行时间较早，当时上述政策精神尚未明确，因此，照顾对象的范围偏宽，对夫妇一方虽系农村户口，而另一方不属农村户口的对象也照顾了。这和省、县的有关规定精神是不相符的。在上级现在已有明文规定的情况下，坚决而稳妥地求得政策的一致，是完全应该、完全必要的；由原来规定得不确、不妥到更明确、更妥善，本身也是具体政策完善过程中的正常现象。为了严肃政策，更有效地控制人口增长，县人民政府对戴村、临浦两区农村完善政策作如下补充规定：

一、两区二胎生育间隔期仍按原规定（四十八个月）执行，即被照顾对象第一个孩子满四周岁始得孕育。

二、两区所属各乡（镇），在安排农村“一个女儿户”照顾生育第二个孩子对象时，对下列五种现象，不再予以照顾：

1. 夫妇一方为国家干部、招聘干部、在编民办教师者；

2. 夫妇一方为全民或大集体所有制单位职工者；

3. 夫妇双方户粮关系虽在农村，但其中一方经县或县以上批准为正式工、长期合同工的；

4. 夫妇一方户粮关系在农村,另一方为吃商品粮的居民;

5. 夫妇双方进县及县以上城镇自理口粮落户者。

三、鉴于生育的生理特性和政策规定的前后衔接,在本通知下达前已经乡(镇)政府批准照顾生育,第二个孩子已出生的,可不重新处理;已怀孕的,可不动员终止妊娠,仍承认其为计划内生育。个别已到间隔期,经做工作后仍坚持要求再生一孩的,经区批准和县计生委备案,在一九八七年三月底前怀孕,一九八七年底前出生的,也可作计划内生育对待。

县人民政府要求戴村、临浦区公所和所属乡(镇)人民政府继续深入宣传计划生育的重要性、必要性,严格执行计划生育的有关政策,使之既照顾到部分农民群众的实际困难,又使人口出生得到有效控制。

萧山县人民政府
一九八六年十二月八日

附录四:

戴村镇打好计划生育主动仗

戴村镇对全镇3354名妇女,开展以"B超、妇科检查"为主的查环、查孕、查病工作,发现患病妇女800多名,累计患病人数占普查人数的27.4%。该镇对发现的病患及时开出健康处方,使疾病得到及时的治疗。

据悉,该镇为扣清计划生育的底子,打好计划生育主动仗,出年以来,戴村镇计生办抓住外出育龄妇女返家之际,为她们提供尿检、B超、送计生宣传资料等服务,为全年计划生育工作打好良好的基础。

说明:原为无标题新闻,现标题为编者所加。

(原载《萧山日报》2005年4月4日)

第六节　外来人口计划生育管理

随着全镇经济建设的迅速发展,戴村镇外来打工人员不断增加,管理外来育龄妇女计划生育已成为全镇计生工作的一项重要内容。为切实做好流动人口计划生育工作,1993年2月20日,省政府发布第30号令《浙江省流动人口计划生育管理实施办法》,萧山市政府批转市计生委《关于萧山市流动人口计划生育管理职责分工意见的通知》,戴村、云石两镇、乡人民政府为加强流动人口计划生育管理,从下半年起分别成立了计生流动人口管理机构,在辖区内开展了对外出、外来流动人口查验《流动人口计划生育证明》的工作。

外来流动人口计划生育的政策要求与本地区基本一致,一对夫妇生育一个孩子,农村户籍的独生女,经批准后可以生育第二胎,按所在户籍地签发的"准生证"为依据。2004年年底开始,全镇进一步建立和健全外来流动人口的宣传教育、网络建设和规范的档案制度。除各村以前已建立计划生育协会外,"蓝达"等12个大中型企业于2004年年底开始亦均建立计生协会组织,在每年年初进行一次有派出所、联防队、企业管理协会共同加入的流动人口计划生育证明查验工作,并按季复查,牢牢掌握计生工作主动权。

全镇的外来流动人口自改革开放后呈直线型上升,从1993年的数十人到1997年的500余人,2003年5155人,2004年7132人,2005年7358人。

2006年,全镇外来流动人口14175人,已婚育龄妇女7095人。2008年,全镇外来流动人口12862人,已婚育龄妇女7930人,均采取了上环等节育措施,做到计生工作内外无别。

第七节　户籍管理

民国期间，乡、镇以保为户口管理辖区。民国 19 年(1930)，戴村境域乡、镇公所设户籍股，作为管理镇乡人口的专职机构，民国 36 年，实施《中华民国户籍法》，明确户籍行政主管机关为各级政府，乡、镇设户籍干事。

中华人民共和国成立初，由于当时百废待兴，匪患严重，社会治安情况复杂，城乡人员流动量较大，故人员外出一度施行“通行证”制度。1951 年，公安部公布《城市户口管理暂行条例》，开始户口大登记，并进行整顿，农村由乡政府建立户口簿。1956 年 3 月，农村户口管理工作，由民政部门移交公安机关。1958 年 1 月，实施《中华人民共和国户口登记条例》，户口登记工作由公安机关主管。不设公安派出所的乡，以乡辖为户口管理辖区，乡人民政府为户口登记机关。

1959 年人民公社化后，建立了公社和生产大队两级户口簿册，分别由公社文书和大队会计为户籍员，1992 年撤扩并后，户籍管理工作移交戴村派出所，并日趋正规化、制度化。

卷二　生态与旅游

戴村镇的山水资源十分丰富，乡村景色宜人。生态文化、村落文化、宗教文化、农林文化和红色文化都具有较强的特色。生态旅游开发潜力巨大。全镇拥有山林面积5.4万亩，森林覆盖率为65%，有2万亩耕地和4000亩水面，具有山区、平原、水域等丰富的地形景观和生态旅游开发的优越基础。戴村镇党委、政府按照科学发展观的要求，坚持“生态立镇”战略，于2002年提出创建生态镇的思路，2004年提出创建省级生态镇的口号。2006年4月，被浙江省生态建设工作领导小组命名为“省级生态镇”，是萧山区首个省级生态镇；2007年1月，被国家环境保护总局命名为“全国环境优美镇”；2008年1月，被浙江省旅游局命名为“浙江省旅游强镇”。

第一章　生态规划的制订与实施

第一节　生态规划编制

乡镇级生态规划编制

云石生态示范区建设规划编制云石乡人民政府早在没有划入戴村镇前就开始了此项工作。1998年11月30日，云石乡人民政府向萧山市政府提交了《关于要求创建云石乡为我市生态示范区的请示》，并根据云石乡实际，提出了“要围绕一个目标、突出两个重点、抓好三大工程、促进四方面提高，扎扎实实抓好云石生态示范区建设”的具体方案，制订了《浙江省云石生态示范区建设规划》。

1999年2月1日，为加快云石生态示范区建设的步伐，萧山市政府决定成立萧山市云石生态示范区建设领导小组。由市政府许岳荣任组长，市政府办公室洪松法、市环保局傅关寿、云石乡政府俞观潮任副组长，朱党其等15位市属委、局有关领导为成员。4月7日，副市长许岳荣在云石乡政府会议室主持召开云石生态示范区建设领导小组第一次工作会议，与会人员实地踏勘了云石乡自然生态环境，听取了乡党委书记魏小芳关于创建生态示范区的工作汇报，纷纷建言献计。会议认为，云石乡创建生态示范区，填补了萧山的空白，对萧山城市化进程有积极的推进作用，对萧山市环保模范城市的创建具有现实意义。会议要求市级机关有关职能部门，在云石生态示范区建设过程中，既要当好参谋，又要参与支持。并根据各部门的工作职能，提出了具体要求。11月6日下午，浙江省云石生态乡验收会在杭州水晶大厦召开。省政府办公厅、省计经委、省林业厅、省水利厅、省环保局、省环科院、杭州市环保局、煤科院杭州环保所、萧山市环保局、云石乡政府等10家单位的专家和领导参加。会议听取云石乡关于创建省级生态乡的工作情况汇报，查阅了档案资料，观看了创建工作录像。经过认真审查，验收组认为云石乡制订的《浙江省云石生态示范区建设规划》指导思想正确、规划起点高、目标清晰、重点突出，注重长短建设结合。规划在经济上可靠、技术上可行，符合生态产业发展纲要要求；提供的档案资料齐全，内容丰富，数据可靠，基本达到了《浙江省生态村(镇)的基本标准》，一致同意通过验收。1999年11月10日，萧山市环境保护局报请省环保局审核批复，11月16日，浙江省环境保护局经审核，批准萧山市云石乡为省级“生态示范区”(试点乡)，成为萧山市第一个生态示范区。

云石乡在编制生态规划的同时，大力开展生态宣传，特别是在云石乡中小学校开设了生态教育课程，成为萧山市第一个在中小学学生中开展生态教育的乡镇。全市第一本自编自写的具有乡土气息的生态读本——《蓝天，碧水总相伴》在云石问世。

同年11月，云石乡为了让“青山绿水永绕家园”，开展了整治环境的全民运动，乡、村两级共出动劳动力6000余人，彻底清除了“十里长溪”和村庄的各类垃圾，告别了脏、乱、差的面貌。

戴村生态镇建设规划编制2002年,戴村镇提出了创建生态镇的思路,并得到了省、市、区环境部门的大力支持。2003年,戴村提出争创杭州市级生态镇目标。为此,镇政府采取向村民发放公开信、张贴标语,设立宣传牌等方式加强宣传力度。同时,组织志愿者服务队4000多人,发动全镇党员干部开展洁美家园清障大行动,在全镇上下形成了保护生态、美化环境、洁美家园、整洁污染的良好氛围。镇、村两级在基础设施建设、改善硬件环境上狠下功夫,至是年11月,全镇95%的村级主干道路已全部实现硬化,拆除棚厕8700只,建公厕256座,建垃圾箱480只。

2003年,戴村镇邀请浙江大学环境与资源学院编制《戴村生态镇建设规划》,镇党委政府专门成立由镇长陈仲华任组长的规划编制领导小组,下设办公室和生态镇建设规划编制组。结合集镇总体规划做好生态镇创建规划编制工作。2004年11月28日,杭州市环保局在萧山区主持召开《萧山区戴村生态镇建设规划》论证会,出席论证会的有省环境保护局、浙江大学、省环境保护科学设计研究院、杭州市经济建设设计院和萧山区人大、政府、政协、区生态办、区环保局、区发展计划局、区建设局、区城乡一体办、区农业局等有关部门的代表、专家和领导共40余人。与会人员在听取编制单位对规划主要内容介绍的基础上,对规划进行认真的讨论,并形成论证意见,同意该规划通过专家论证。此规划共有9章37条。规划时段,近期为2004~2007年;中期为2008年~2012年;远期为2013年~2020年。

村级生态规划编制

2005年,在编制生态镇建设总体规划的同时,戴村镇还将生态村规划编制延伸至村级,形成镇村两级生态规划体系,使生态建设规划得到了很好的细化和发展。至年底,已有方溪、尖山下、东风、河杨湖等4个村完成生态村规划的编制工作。2006年村级生态规划进一步扩大,又有永富村、戴村村、三头村、沈村村、青山村、半山村、南三村、骆家舍村等8个村制订了生态村建设规划,共投入资金80.45万元。3月23日,戴村镇人民政府与全镇各行政村、企事业单位签订生态建设目标责任书。2008年,上董村又完成生态村建设规划编制工作。至此,戴村全镇有13个村完成生态村建设规划的编制。

第二节　生态规划宣传与实施

2005年1月30日,《萧山区戴村生态镇建设规划》经镇人大十四届五次会议通过,报请萧山区人民政府批准。2月25日,杭州市萧山区人民政府正式批复,同意戴村生态镇建设规划。规划范围为戴村镇行政区域内,面积62.8平方公里,规划期限,近期到2007年,远期到2020年。该规划是萧山区第一个通过专家评审并得到区政府批准的生态镇建设规划。为了确保生态镇建设规划的顺利实施,镇党委于3月28日成立戴村镇生态建设办公室。

是年,按照《萧山区戴村镇生态建设规划》内容,镇党委、政府进行了目标分解和任务落实。建立健全了生态引导机制、激励机制、宣传教育机制、科学决策机制和建设投入机制。进一步健全了组织,强化了宣传,使生态镇创建工作真正落到实处。

“生态立镇”宣传

《萧山区戴村生态镇建设规划》报请萧山区人民政府批准后,戴村进行了大张旗鼓的宣传,还别开生面进行了一些与之有关生态建设知识竞赛和建议征集活动。2005年11月28日,戴村镇成功承办了杭州市“戴村杯”能源生态建设知识现场竞赛活动。竞赛活动在戴村镇境内的萧山六中举行。杭州市委、市政府农业和农村工作办公室副主任徐纪林、黄幼钧,杭州市生态办副主任、杭州市环保局副局长刘国才,浙江省农村能源办公室副主任应华莘等领导和承办单位领导、群众代表,萧山六中的教师、学生共300余人参加本次活动。来自杭州市西湖区、萧山区、余杭区、富阳市、桐庐县、临安市、建德市、淳安县共八支代表队参加了现场竞赛。浙江电视台经济生活频道、钱江都市频道等省市新闻媒体进行了宣传。

2008 年,戴村团委为了积极响应镇党委、政府提出的“生态立镇”战略,配合“生态戴村”城镇品牌的打造,动员广大团员青年开展“我为生态戴村献计策”建议征集活动。于 4 月 25 日发出征集活动通知,主要内容:按照“决策围绕生态定、产业围绕生态转、百姓围绕生态富”总纲,结合戴村人文地理资源实际,提出构建生态戴村、发展生态经济的好思路、好点子、好建议。通知发出后,得到各基层团组织、各级团员青年的大力支持和参与,共收到稿件 40 余篇。经过评委评选,共有 12 篇优秀文章获奖,其中一等奖 1 名、二等奖 2 名、三等奖 3 名、优秀奖 6 名。

这些活动扩大了“生态戴村”的知名度,也使全镇上下对生态镇创建有了进一步认识。

生态规划实施

为实现生态规划,镇政府对生态基础设施建设加大投入。2005 年全镇用于基础设施建设和生态环境整治工作上的资金达 2000 多万元。特别是一期投资 150 多万元的生态垃圾填埋场,作为全区第一个乡镇生态垃圾填埋场,通过了省市有关部门专家评审,于 10 月底投入使用。该填埋场有效容积 4988 立方米,同时建造了垃圾中转站,占地面积 0.8 亩,采用 100 吨立式垃圾压缩机,将垃圾压实成块后运入垃圾填埋场。至此,戴村的生活垃圾采用户投、村收、镇运及处理的流转方式。这些设施的建设,使戴村生态镇建设的整体面貌有了进一步改善。2006 年,镇对生态环境基础建设继续加大投入,实施对村新建 1 座公厕实行补贴 2000 元。到 2006 年年底,22 个行政村,已有公共厕所 249 座,垃圾箱 655 只,垃圾中转站 41 座。2007 年,为了保障《戴村生态镇建设总体规划》和《萧山区村镇旅游发展总体规划》的顺利实施,镇财政拨出 969.55 万元专项资金用于生态、旅游基础设施的建设,占戴村镇当年财政总预算的 11.93%。至 2008 年年底,戴村镇、村、企业共投入生态建设资金近 8 亿元。

由于党委和政府的重视,生态立镇不断取得成绩。2005 年,杭州市级生态镇通过了考核验收,省有关专家对戴村镇创建省级生态镇进行了初验。12 月 25 日,萧山生态区建设领导小组办公室〔2005〕08 号文件,命名戴村镇 11 个村为 2005 年度区级生态村,11 个村分别为东风村、方溪村(增丰)、尖山下村、永富村、三头村、南三村、戴村村、半山村、沈村村、青山村、河杨湖村。

2006 年 4 月 20 日,浙江生态省建设领导小组办公室下发《关于命名 2005 年度省级生态镇的决定》,授予萧山区戴村镇为 2005 年度“省级生态乡镇”的称号。

2008 年 2 月 14 日,萧山生态区建设领导小组办公室〔2008〕03 号文件,命名戴村镇的青山村、尖山下村、南三村为该年度区级生态村。方溪村成功创建为杭州市级生态村。戴村镇还顺利通过了“全国环境优美镇”和“省级生态镇”的验收。至此,戴村镇 22 个行政村已完成市、区级生态村创建 12 个村,完成区级环境整治村的有 16 个村。获得省级全面小康建设示范村 1 个(东周自然村)、区级卫生村 19 个、市区级文明村 14 个。

是年,戴村团委为了积极响应镇党委、政府提出的“生态立镇”战略,配合“生态戴村”城镇品牌的打造,动员广大团员青年开展“我为生态戴村献计策”建议征集活动。于 4 月 25 日发出征集活动通知,主要内容:按照“决策围绕生态定、产业围绕生态转、百姓围绕生态富”总纲,结合戴村人文地理资源实际,提出构建生态戴村、发展生态经济的好思路、好点子、好建议。通知发出后,得到各基层团组织、各级团员青年的大力支持和参与,共收到稿件 40 余篇。经过评委评选,共有 12 篇优秀文章获奖,其中一等奖 1 名、二等奖 2 名、三等奖 3 名、优秀奖 6 名。

戴村镇生态建设专项资金补助情况一览表

表 2－1－1

序号	单位	2005 年			2006 年			2007 年			补助金额合计（万元）
		补助项目	补助金额（万元）	批准文件号	补助项目	补助金额（万元）	批准文件号	补助项目	补助金额（万元）	批准文件号	
1	戴村镇人民政府	镇生态垃圾填埋场	40	萧环保〔2006〕2 号 萧财预〔2006〕17 号	省级生态镇奖励	10	萧环保〔2007〕4 号 萧财行〔2007〕31 号	全国环境优美镇奖励	10	杭环发〔2007〕202 号 杭财基〔2007〕850 号	203
		垃圾中转站	20	萧环保〔2006〕2 号 萧财预〔2006〕17 号	污水处理厂二期工程	54	萧环保〔2007〕8 号 萧财行〔2007〕49 号	全国环境优美镇奖励	20	萧环保〔2008〕2 号 萧财行〔2008〕19 号	
		一期生活污水处理厂	46	萧环保〔2006〕2 号 萧财预〔2006〕17 号							
		生态公厕	3	萧环保〔2006〕2 号 萧财预〔2006〕17 号							
2	东风村	东周　生态建设规划	5	萧环保〔2006〕1 号 萧财预〔2006〕16 号	西周　生活污水处理	15	萧环保〔2007〕8 号 萧财行〔2007〕49 号	西周　生活污水处理	10	市农办〔2007〕104 号 杭环发〔2007〕184 号 杭财基〔2007〕797 号	75
		东周　生活污水处理	19	萧环保〔2006〕2 号 萧财预〔2006〕17 号	西周　生态公厕 2 座	4	萧环保〔2007〕8 号 萧财行〔2007〕49 号	东周　生活污水处理	10	市农办〔2007〕133 号 杭环发〔2007〕255 号 杭财基〔2007〕1107 号	
		东周　生态公厕	3	萧环保〔2006〕2 号 萧财预〔2006〕17 号				东风村区级生态村奖励	3	萧环保〔2008〕2 号 萧财行〔2008〕19 号	
		东周　清洁能源利用	6	市农办〔2005〕128 号 杭环发〔2005〕210 号 杭财基〔2005〕1180 号							

续表 2－1－1

序号	单位	2005 年			2006 年			2007 年			补助金额合计（万元）
		补助项目	补助金额（万元）	批准文件号	补助项目	补助金额（万元）	批准文件号	补助项目	补助金额（万元）	批准文件号	
3	方溪村	（2004 年）生态村建设规划	5								51
		增丰　生活污水处理	15	萧环保〔2006〕2 号 萧财预〔2006〕17 号	〔征山、顶山〕生活污水管网	5	萧环保〔2007〕8 号 萧财行〔2007〕49 号	杭州市级生态村奖励	5	萧环保〔2008〕2 号 萧财行〔2008〕19 号	
		增丰　垃圾中转站	1	萧环保〔2006〕2 号 萧财预〔2006〕17 号	生态公厕	10	萧环保〔2007〕8 号 萧财行〔2007〕49 号	区级生态村奖励	3	萧环保〔2008〕2 号 萧财行〔2008〕19 号	
		增丰　生活污水处理	7	市农办〔2005〕128 号 杭环发〔2005〕210 号 杭财基〔2005〕1180 号							
4	永富村	马安　生活污水处理	9	萧环保〔2006〕2 号 萧财预〔2006〕17 号	（冗里）生活污水处理 22 万元生态公厕 3 座 6 万元	28	萧环保〔2007〕8 号 萧财行（2007〕49 号	马安　生活污水处理	10	市农办〔2007〕104 号 杭环发〔2007〕184 号 杭财基〔2007〕797 号	55
					马安　生态村建设规划	5	萧环保〔2007〕4 号 萧财行〔2007〕31 号	永富村区级生态村奖励	3	萧环保〔2008〕2 号 萧财行〔2008〕19 号	
5	河杨湖村	生态建设规划	5	萧环保〔2006〕1 号 萧财预〔2006〕16 号	生活污水处理　22 万元　生态公厕 6 座　18 万元	40	萧环保〔2007〕8 号 萧财行〔2007〕49 号	何氏珍禽养殖场粪尿综合治理	5.6	萧环保〔2008〕4 号 萧财行〔2008〕21 号	70.6
								小流域治理	11	萧环保〔2008〕3 号 萧财行〔2008〕20 号	
								区级生态村奖励　3 万 生活垃圾无害化处置 3 万	6	萧环保〔2008〕2 号 萧财行〔2008〕19 号	

续表 2－1－1

序号	单位	2005年			2006年			2007年			补助金额合计（万元）
		补助项目	补助金额（万元）	批准文件号	补助项目	补助金额（万元）	批准文件号	补助项目	补助金额（万元）	批准文件号	
6	三头村				生态建设规划	5	萧环保〔2007〕4 号 萧财行〔2007〕31 号	兴荣养殖场污染治理工程	9.6	萧环保〔2008〕4 号 萧财行〔2008〕21 号	32.6
					生态公厕（2 座）	4	萧环保〔2007〕8 号 萧财行〔2007〕49 号	区级生态村奖励	3	萧环保〔2008〕2 号 萧财行〔2008〕19 号	
					垃圾中转站	1	萧环保〔2007〕8 号 萧财行〔2007〕49 号				
					生活污水管网	10	萧环保〔2007〕8 号 萧财行〔2007〕49 号				
7	青山村				生态村建设规划	5	萧环保〔2007〕4 号 萧财行〔2007〕31 号	生活污水处理	22	萧环保〔2008〕3 号 萧财行〔2008〕20 号	30
								生态公厕3 座	3	萧环保〔2008〕2 号 萧财行〔2008〕19 号	
8	戴村村				生态村建设规划	5	萧环保〔2007〕4 号 萧财行〔2007〕31 号	生活污水处理	10	市农办〔2007〕104 号 杭环发〔2007〕184 号 杭财基〔2007〕797 号	25
					生活污水管网	10	萧环保〔2007〕8 号 萧财行〔2007〕49 号				

续表 2－1－1

序号	单位	2005 年			2006 年			2007 年			补助金额合计（万元）
		补助项目	补助金额（万元）	批准文件号	补助项目	补助金额（万元）	批准文件号	补助项目	补助金额（万元）	批准文件号	
9	沈村村	生态公厕 2 座	6	萧环保〔2006〕2 号 萧财预〔2006〕17 号	生态村建设规划	5	萧环保〔2007〕4 号 萧财行〔2007〕31 号	区级生态村奖励	3	萧环保〔2008〕2 号 萧财行〔2008〕19 号	44
					生活污水处理	28	萧环保〔2007〕8 号 萧财行〔2007〕49 号				
					生态公厕 1 座	2	萧环保〔2007〕8 号 萧财行〔2007〕49 号				
10	南三村				生态村建设规划	5	萧环保〔2007〕4 号 萧财行〔2007〕31 号	生活污水处理	44	萧环保〔2008〕3 号 萧财行〔2008〕20 号	55
								生态公厕 8 座	6	萧环保〔2008〕2 号 萧财行〔2008〕19 号	
11	尖山下村	（2004 年）生态村建设规划	5					生活污水处理	15	萧环保〔2008〕3 号 萧财行〔2008〕20 号	23
								生态公厕 3 座	3	萧环保〔2008〕2 号 萧财行〔2008〕19 号	
12	半山村				生态建设规划	5	萧环保〔2007〕4 号 萧财行〔2007〕31 号				5
13	骆家舍村				生态村建设规划	5	萧环保〔2007〕4 号 萧财行〔2007〕31 号				5

续表 2－1－1

序号	单位	2005 年			2006 年			2007 年			补助金额合计（万元）
		补助项目	补助金额（万元）	批准文件号	补助项目	补助金额（万元）	批准文件号	补助项目	补助金额（万元）	批准文件号	
14	卫士集团				生态农业示范园区	25	萧环保〔2007〕4 号 萧财行〔2007〕31 号				25
15	杭州五尊茶叶合作社							绿色、有机食品基地	1.5	萧环保〔2008〕2 号 萧财行〔2008〕19 号	1.5
16	永峰种养加工场							绿色、有机食品基地	6	萧环保〔2008〕2 号 萧财行〔2008〕19 号	6
17	萧山六中							市级绿色学校	0.4	萧环保〔2008〕2 号 萧财行〔2008〕19 号	0.4
18	云石农业综合发展公司	绿色、有机、无公害生产基地	6	萧环保〔2006〕1 号 萧财预〔2006〕16 号				生活垃圾无害化处置	3	萧环保〔2008〕2 号 萧财行〔2008〕19 号	6
19	云门寺生态茶场	绿色、有机、无公害生产基地	6	萧环保〔2006〕1 号 萧财预〔2006〕16 号	绿色、有机、无公害生产基地	6	萧环保〔2007〕4 号 萧财行〔2007〕31 号				12
	合计										726.6

第二章　生态保护与建设

第一节　水资源生态保护

戴村镇山清水秀，群山起伏，峡谷幽静，林木郁葱。境内山泉资源十分丰富，水质优，无污染，是戴村人民年高寿长的首要条件。云石狮山、响天岭、云门寺、石牛山、船坞山、猪鼻冲、庚青岭等山脚下的泉水尤为上乘，其特点为水清如晶无杂质，泡茶过夜杯沿无茶垢。

污水综合处理

20世纪90年代初，云石乡为了保护原生态水源，杜绝对云石溪水的污染，对当时效益较好的“萧山造纸厂”实施关停；同时，又对一些因有废水排放而污染云石溪的企业实行整顿，或改革工艺，清除了废水污染的后顾之忧。

1998年，云石乡人民政府为了加强水资源的生态保护，采取加强水涵养、水土保持等一系列措施，并开始建设饮用水资源保护区，保证村民饮用水的纯洁。

2000年，随着生态旅游事业的开发，云石山区的水资源也得到开发利用，7月，经有关部门检测、核准，首家纯净水厂——“三清泉”正式投产，年产量为50万吨。

2003年，萧山经济技术开发区南部配套园区（戴村工业园区）内，1000吨级的污水处理厂竣工并开机，该厂为萧山区首个乡镇级污水处理厂。

2006年4月，污水处理厂又投资850万元，建成投运土建设施为日处理5000吨级，设备安装当时为日处理3000吨级的综合污水处理厂，其中生活污水处理为2400吨/日，并相应建成集镇新区及工业区内的截污管网，生活污水处理率可达80%，待增加设备达到设计处理能力为5000吨/日，生活污水处理率可达95%以上，该项目的建成，成了戴村镇生态建设中的一大亮点。

同年，黄海标高25米以下的9个村全部完成改水工程，总投入资金达340万元。黄海标高25米以上的11个村有10个村基本完成改水工程，投入资金260万元。至此，全镇自来水普及率达99.47%。

2005年开始，为了解决农村生活污水净化处理的难题，萧山区农业局大力推广沼气净化技术，并将该项技术应用于农村整治村建设，并分别在戴村镇的东风村、马安村、增丰村等村进行生活污水净化技术的推广应用，取得了明显的效果。

2007年3月2日，戴村镇人民政府在戴政〔2007〕17号文件中对水资源保护专门作了规定：要执行《水污染防治法》对生活饮用水地表水源保护区内的环境要进行保护，坚决取缔保护区内的所有污水排放口，进一步清查环境污染源，集中整治对饮用水源构成重大污染事故隐患的排污企业，加强对化工、电镀、五金加工等企业的监管。同年，农村改水指标完成情况：全镇当年农村总人口统计数为37681人，全镇农村饮用安全卫生水人数为34667人，覆盖率为98.5%。

2008年，改水改厕工作稳步推进，全镇自来水普及率为99.9%，镇区域内生活污水处理率达100%，由于对水资源的生态保护工作做得扎实，是年在全国环境优美乡镇考核指标复查中，戴村镇地表水环境质量被认定为达到环境规划要求。

至2008年，市级无动力污水处理补助的村有，10年：尖山下村、青山村、上董村、佛山村；9年：沈村村、南三村、河杨湖村；7年：东风村西周、东周自然村、永富马安自然村；5年：方溪增丰自然村。

河道长效管理

2008 年 1 月，为了进一步做好有关村的主要河道的长效管理工作，有效改善水环境，努力把河道建设成为“行洪安全畅通，洁净供水水源”，戴村镇人民政府与有关村河道管理员签订了河道保洁长效管理协议。

戴村镇水资源保护工程建设情况表

表 2－2－1

单位名称	项目名称	建成年份	投资金额(万元)
镇人民政府	云石七都溪治理		4000
镇人民政府	污水处理厂	2006	542.47
永富村	冗里生活污水处理工程	2006	113.8029
永富村	马鞍清洁能源工程	2006	41.40
东风村	西周生活污水处理工程	2006	72.98
河杨湖村	生活污水处理工程	2006	83.00
戴村村	生活污水处理工程	2006	80.54
三头村	凌桥清洁能源工程	2006	18.26
三头村	生活污水工程	2006	49.2476
沈村村	清洁能源工程	2006	70.00
沈村村	生活污水处理工程	2006	115.00
方溪村	增丰清洁能源工程	2006	32.66
方溪村	顶山清洁能源工程	2006	22.93
方溪村	生活污水处理工程	2006	23.70
尖山下村	生活污水处理工程	2006～2007	225.68
尖山下村	清洁能源工程	2006	34.28
青山村	生活污水处理工程	2006～2007	160.02
南三村	下方、戴家山生活污水处理工程	2007	187.07

第二节　生态人居建设

新农村建设

2001 年 7 月，云石乡与戴村镇合并建立新的戴村镇后，全镇围绕新农村建设的总体目标，按照新一轮生态人居建设规划要求，在全镇 22 个行政村中，全面启动和大力推进新农村建设，让村村都成为整洁、美观的居住乐园。首先是大规模地开展了宅基地专项清理，当年，共拆除旧房1600余间，7万多平方米，盘活土地存量11万平方米。经多方集资，投入近千万元资金，加大了以道路为主的集镇和村级基础设施建设。对全镇的主干道实行绿化、亮化，村级主要道路也进行硬化、绿化、亮化，并实现了村村通公路，村村通有线电视、自来水。一系列生态建设措施的制订，让戴村的生态人居环境得到了进一步的改善，绿色、清静的生态人居环境初步形成。

戴村镇按照“居民集镇化、产业园区化”与工贸结合的发展战略，紧紧抓住城乡一体化这一主要目标，城镇建设力度不断加大。2004年，在戴村历史上第一次对64亩商住用地进行拍卖，建造了6.4万平方米的“锦鸿苑”高档生态住宅小区。该小区由21栋4~6层多层住宅及沿街配套商业用房组成，居民住宅354户，沿街商铺109户，总投入达1.3亿元。锦鸿苑住宅小区的建成，提升了集镇生态人居的品位，同时扎实推进生态村、集镇示范村、农村整治村的建设，做到以点带面，全面推动。2005年，围绕城乡一体化目标，着力推进农村整治村建设，有6个村建成了区级农村整治村，总投入达300多万元。2007年，该镇的青山村、尖山下村、南三村经区生态建设工作领导小组批准，被命名为区级生态村。至此，全镇已有省级小康示范村1个、杭州市级园林绿化村1个、区级整治村15个、杭州市级生态示范村1个、区级生态村12个、区级以上卫生村19个，占总村数的80%以上。生态人居建设形成镇村互动的良好局面。

2006年，沈村村的生态公厕作为萧山农村生态公共厕所的示范公厕。是年，萧山区根据建设清洁能源村的要求，在戴村镇的增丰村、尖山下村、顶山村、永富村、三头村（凌桥自然村）开展太阳能热水器利用的指导安装工作，将清洁能源推广到农户家里。至2008年，已完成生态建设规划的村有尖山下村、方溪村、青山村、沈村村、佛山村、南三村、石马头村、上董村、东风村、永富村、河杨湖村、三头村、戴村村、半山村、骆家舍村、马谷村。

村庄整治

为创建良好的生态人居环境，不断提升村民品位，各村在进行合理规划布局的基础上，积极开展村庄整治活动，着力在规则建房、道路硬化、村庄绿化、路灯亮化、环境美化、水面净化、家庭洁化上下功夫。

三头村的大湖头自然村，于2000年为了解决村民建房，建设优越的生态人居环境，党支部书记任妙良带头拆除自己近150平方米的老房子，然后说服农户拆除旧房6600平方米，完成新建村内道路2000米，2.3万平方米的道路浇制水泥路面硬化，并在路两边进行绿化、美化。行政村规模调整后，新的三头村于2006年完成整治村验收。全村自来水入户率100%，村内道路硬化和路灯亮化也达到100%，主要道路两边进行绿化。2007年，全村绿化面积已达到8000平方米。为了保证全村人居环境的优化，村还建立了生态环境管理的长效机制。至2008年，三头村已建造18座公共厕所，39只垃圾箱，村内85%以上厕所均建成三格式化粪池，95%以上农户家都建有卫生厕所，村内污水纳入管网送镇污水处理站做无害化处理。由于各项硬件设施过硬，该村的人居环境越来越好。

南三村注重村庄规划布局的合理性。在编制规划前，村委会特意请市环保研究所高级工程师许灵群等专家到村里实地勘察、调查，规划村庄布局，并对农户建房也实行统一规划、统一式样、统一外观，建成适应居住、环境优美、配套完整的生态人居格局。为了更好地改善人居环境，村积极鼓励村民在房前屋后的空地上和庭院内进行绿化，村内建造封闭式垃圾箱32只，生活垃圾做到日产日清，统一回收后送到镇垃圾填埋场。全村卫生户厕普及率100%，2002年又投入193万元新建污水处理池2个，容量为1000立方米，污水集中处理。该村自来水入户率达到100%，水质符合国家标准。

尖山下村从1977年开始重视村容村貌的建设，先后投资50余万元，扩建改建村庄道路，全村1200米长的既弯曲又高低不平的石子路被浇制成宽阔平坦的沥青路或水泥路，并在路两旁设置花坛、石椅，种植树木、花草进行生态绿化。20世纪80年代被确定为萧山村庄规划试点村，村民建房讲究外形美观，重视室内装潢。1990年，村为了提升人居环境，对村庄建设实行统一规划管理，进行合理布局，1981年至1992年，有68.2%的农户住进了新房子，全村人均住宅面积达37.2平方米。1989年，由村投资12万元，建起地面卫星接收站,免费给村民安装400余只筒圈喇叭,成为萧山第一个电视共览传输村,同时,安装100余门电话总机1台,有70家农户装上了电话,1992年建起老年乐园、青年之家和妇女活动室,置有报刊、图书、电视、录像、乒乓室、篮球场等活动器具和设施。1997年,尖山下村被确定为萧山小康型村庄建设试点单位。1998年投资32万元对全村低压线路进行整网更改。2005年,村又投入15万元,建造生态公厕3座,公厕4只,垃圾箱20只、垃圾中转站1个,落实保洁人员8名,这些卫生设施的改善,又进一步提升了生态人居环境。2006年完成了整治村工作。

佛山村原是个穷村,385户农家,1300多人口,依山而筑的民宅,延绵1.5公里。原来的佛山村,车子只能开到村庄外停下,然后只能沿溪沟边的小路步行进村,很不方便。2002年,新一届村级班子上任后,就盘算"为民办实事"的计划。为了完成村民的心愿,共筹措资金30多万元,终于建造了一条宽阔的村中大道,并浇上水泥路面,使行人车辆十分方便。村里还新建了农贸市场,同时平整了路边三个操场,拆除操场上的违建棚子,建造了三处停车场,保证进村车辆有停车去处。为了因地制宜开发休闲度假项目,吸引游客到村里观光,村干部又着重考虑改变生态人居环境工程,于2002年、2003年在全村开展整治脏乱差。清除了全村300多只露天粪坑,建造17座公共厕所,20多只垃圾箱,使村容村貌焕然一新。在村级经济十分困难情况下,佛山村还在山脚边规划了20多亩土地,准备建一处农村示范村。由此,佛山村被评为戴村镇综合先进村,后又被评为区级文明村、区级卫生村。佛山村优美的环境吸引四方来客,不断有人到村观光。中央电视台一位总策划兼导演三次到佛山村考察,有意在这里打造一个影视基地。

东风村的东周自然村改造村容村貌、建设生态人居环境起步较早。于1967年平毁村内汇头郎、陶家园、关帝庙前所有坟墓等。1997年,又拆除关帝庙平毁原出入大路,新建一条5米宽的平坦大路,方便了村民行人、车辆的进出。1986年,拆除破旧墙门两处,安排20多户农户建造新房,并清除全村露天粪坑,建造公共厕所。1990年投资40余万元建造村自来水户,埋设全村自来水管网,使村民能饮用清洁卫生的自来水。是年,全村的主要道路全部浇制水泥路面。1993年,又安排18户农户建房。1995年,拆除6间旧屋,新建150平方米的村办公楼及村老年活动室,1998年启动新农村建设区块,区块内安排30户农户建房,安排建房户拆除全部旧房。1999年新建一条10米的康庄大路并浇制柏油路面。路两边建造花坛并进行绿化。次年,路两边及村内全部安装上路灯进行亮化,又拆除4户农户的旧屋及周氏祠堂建造花园、凉亭,并安装健身器材,供村民休闲、活动。村内建造了15只垃圾箱和垃圾中转站1处。2002年,为丰富村民的业余文化生活,结合设立党员干部思想教育阵地,村建造160平方米的现代化电化教室并配备相应的音响投影设备,后又添置了远程教育设备,成为萧山区第一个村级电化教育中心。同年又新建270平方米的办公大楼。2003年,东周村按照"村美、户富、班子强"的要求,积极争创"浙江省全面小康建设示范村",在村庄规划上,实现了水泥道路配套、夜间照明路灯配套、给排水管配套、四旁绿化配套、工业厂区配套;90%的住户住上了庭院式楼房或别墅;卫生厕所普及率达到100%;幼儿园、青老年活动室、灯光球场等文化娱乐设施日益完善。2004年1月,由于东周村的村庄建设成果显著,被命名为"浙江省全面小康建设示范村"。2005年,全村配套建造了雨污分流系统,埋设生活污水管网,建造三格式污水净化池,日处理生活污水300立方米。是年,村又出资70%,农户自负30%为农户安装太阳能热水器。至此,东周村的生态人居生态环境已面貌一新。

1993年12月11日,萧山市人大、政府、政协的领导一行来到海拔626米高、交通不便、经济落后的云石乡狮山村现场办公,主要是为狮山村集体搬迁事项,并就相关问题进行商讨。至此,狮山村"下山"——这件萧山历史上的大事,进入了实质性酝酿阶段。狮山村是全萧山市地势最高的行政村,也是全市贫困村之一,村里人下山要步行9华里的盘山路,学生读书更成问题,上、下山一天要走30多里路,在萧山市、云石乡两级政府的共同努力下,在南坞村地段建立新的狮山村,新村占地35亩,共建成外形美观、结构合理的连体3层农民住宅17栋。1994年10月26日,狮山村第一批18户农户下山搬入新居,后又分2批搬迁,至2003年109户村民全部迁入新居。

2006、2007 年戴村镇新建生态公厕情况

表 2-2-2

单位名称	生态公厕(只)	建成年份	投资金额(万元)
永富村	冗里 3	2006	9.67
东风村	西周 3	2006	7.0988
三头村	2	2006	12.2973
沈村村	1	2006	3.50
方溪村	5	2006	13.20
尖山下村	2	2006	6.00
青山村	3	2006	10.50
南三村	8	2007	28.00
青山村	3	2007	10.50
尖山下村	3	2007	11.80

第三节　生态工业建设

在发展工业上，戴村镇用生态的理念，以“生态工业园、特色小城镇”为目标，对原云石生态旅游区内的10家污染企业，按照环保局等职能部门的要求实行集中治理。在引进企业过程中，坚持严格的项目准入制度，坚决杜绝污染企业进入，引进一批科技含量高、投资规模大、资源消耗小、环境污染少，能提高全镇工业经济整体水平的大项目，并积极开展工业污染治理工作。

污染企业治理

20 世纪 90 年代初，云石乡提出：“发展工业离不开保护原生态的生存环境。”为此，该乡在工业布局、项目选择等方面始终与环境保护结合起来，实行一盘棋考虑。对原来有污染的老企业，实行了关停、治理。如萧山最早的一家“萧山造纸厂”，因处在水源上游，为了杜绝对下游的污染，于 1992 年实施了关停；又如“平山腊线厂”，染色废水污染了云石溪，在环保部门的正确引导下，积极改革工艺，用干粉直接染色，消除了废水污染的后顾之忧。对新申办有污染的企业，如造纸厂、电镀厂、砖瓦厂等一律停止审批。曾有个村合伙筹建竹器加工厂，当得知生产中要烧大量焦炭，产生的浓烟将严重污浊空气时，乡领导耐心说服合伙人放弃办厂念头。有的项目虽然效益好，但仍有少量污染，乡领导及时督促企业采取有效措施遏制污染蔓延。曾有客商意向在云石投资兴建经济效益较好的“茶碱厂”“氨基酸厂”，但这些厂均存在十分严重的污染问题，乡党委、政府经再三权衡，为保护原生态的优越环境，最终还是放弃兴办。

新办企业控制

2007 年 3 月 2 日，戴村镇人民政府下发文件《关于加强环境保护、限制污染企业进入生态保护区的决定》(戴政〔2007〕17 号)，文件规定：严格控制新办企业，对于进入生态区的企业必须经过环境评估，严格控制有污染的企业进入生态区。对未履行环境影响评价审批程序即擅自投产的企业，一律责令停止建设或停

止生产。

杭州永达木业有限公司以制作木质包装为主，根据美国和欧盟规定，木质包装箱必须经过熏蒸热处理，经检疫合格才能进口。该公司抓住商机，与美国农业部和浙江省商检部门专家合作，专门为木质包装箱提供熏蒸热处理加工，生产出口货物包装木箱，成为国内同行业规模较大的企业之一，也是戴村发展高新技术产业，走低污染、低能耗、高产出之路的企业之一。

杭州富时特化工有限公司，摒弃污染产品，新开发了氟里昂替代品、电子清洗剂和气雾推进剂等，获得了多项国家专利。

南方电镀厂、明桥电镀厂共投入50多万元，建成一条自动加药污水处理线，使两家企业均能做到达标排放。杭州小球星儿童用品有限公司、杭州蓝达工艺制品有限公司、自强静电喷塑等单位共投入30多万元进行污水处理改造工程，确保污水达标排放。

方溪村有一项祖辈传下来的手工造纸工艺，一直是该村村民的主要经济来源之一，但带来的污水很难处理。过去大家只有把污水往溪流里倒，使得附近的溪流都受到污染。为了改变这一状况，方溪村采取了各种措施，村民们也自觉逐渐放弃了手工造纸这项污染较大的手工业。

2008年，华东钢业集团投入1000多万元资金用于生产设备改造，推进节能环保，该企业的"华东钢构"被认定为中国驰名商标称号，成为戴村镇唯一的国家级品牌。

走低污染、低能耗、高产出之路，是戴村众多企业的发展方向。至2008年，戴村镇已有国家、省、市、区级高新技术企业5家。

戴村镇工业污染源治理达标情况

表2-2-3

工业污染源名单	污染项目	三同时情况	废水排放量（万吨/年）	备　注
浙江华东轻钢建材有限公司	废水、废气	验收	2.304	达标
杭州信宇钢带有限公司	废水、废气	验收	0.36	达标
杭州明桥电镀五金有限公司	废水、废气	验收	0.4	达标
杭州永达五金电	废水、废气	验收	0.4	达标
杭州南方电镀有限公司	废水、废气	验收	7	达标

第四节　生态农业建设

生态农业建设，戴村起步较早，现已具备一定的规模，其中又以浙江名茶"三清茶"名气最大。处于海拔400~700多米高的狮山、石牛山之巅的"三清茶"基地，是浙江省无公害绿色农产品基地之一。"三清茶"以"香气清高、汤色清澈、滋味清醇"的特色走俏市场。2008年，戴村镇已有6个专门的茶叶产业基地，每年出产5000多公斤茶叶销往全国各地。

村民蒋国忠针对戴村丰富的毛竹资源，开办了永晟竹木制品厂，是当地最大的竹木制品厂，每年可创产值500万元~600万元，这不仅使蒋国忠自己富起来，更重要的是解决了附近村民毛竹的销路。

外地农民平水木，于2006年3月到该镇永富村承包土地搞种植，从最初的50亩，扩大到330亩，6月，牵头成立了杭州平氏蔬菜专业合作社，注册了"天畈"牌商标。与宁波三江购物俱乐部有限公司签订长期收购合同,产品90%合同收购。

2000年,在沈村村建立了400亩农业观光区块,青梅、草莓、食用笋、桃子、梨、三清茶基地等相互配套,使发展生态示范农业和生态观光农业结合起来。尤其是傅小平的草莓、蔬菜基地,被区农业局定为“无公害蔬菜示范点”。为了开发好这一农业生态园区,在与戴云公路相通的农业生态园区之间修了一条宽9米,长2公里的简易公路,并做好了沟渠配套,总投资38万元,这一公路的建成,为开发杨家坞水库打下良好的基础。

随着生态旅游业的开发,山区农副产品的特色品牌开始显现。云石“三清茶”是浙江省绿色农产品,茶叶生产基地是“浙江省无公害生产基地”。2000年,三清茶的产值就达到近3000万元,其他农副产品有迎庆桃、笋干、家养鸡、弥猴桃等,产品销售势头良好。是年,云石生态旅游开发区共有林特产基地5000多亩。云石乡政府把配套管理和促进经济效益放在第一位,主要是做好二个配套:一是林特基地的开发和生态旅游业相配套;二是职业种植和统一规划相配套。做到逐步淘汰零星、分散、小型的农产品基地,形成具有一定规模、品种统一的基地。

2003年,杭州卫士生态科技园林有限公司、杭州卫士边坡治理有限公司相继成立,投入1900万元,引进了先进的“生态复绿治理技术”应用于中国大部地区的废弃矿山的生态环境恢复治理上。公司成为“覆绿、护绿、送绿”的专业企业。公司已拥有多支从事废弃矿山治理、公路上边坡复绿的施工队。参与建设了舟山朱家尖废弃矿山治理,余姚潘家溪废弃采石场矿山等“百矿示范”工程等几十个生态复绿工程,成绩显著,连续三年被萧山区政府评选为农业培育型重点企业。

2006年5月16日,杭州卫士生态农业示范园总体规划及初步可行性研究报告评审会在宝盛宾馆召开,省市20名专家及领导参加本次评审会。经过认真讨论及审议,专家和领导一致认为:杭州卫士生态农业示范园是萧山生态区建设、戴村生态镇建设的延伸,立项是可行的,符合生态区建设的总目标。会议一致同意通过杭州市卫士生态农业示范园总体规划及初步可行性研究报告。是年,云门寺茶场投入资金320万元,建成了有机茶叶工程。杭州永达木业有限公司和萧山云石农业综合开发公司2家企业进入区级龙头企业。

2007年,杭州五尊茶叶合作社扩大生产规模,新开发200亩有机茶叶基地,共投入资金280万元,“五尊茶”已被评为国家有机茶,享誉全国。是年,戴村兴荣养殖场投入资金20万元,戴村何氏珍禽养殖扬投入资金15万元,分别建成畜禽养殖粪尿综合治理工程。是年,杭州卫士生态农业示范园区工程建成,共投入资金5000万元。

至2008年,戴村镇共注册了10只生态特色农产品商标,分别是萧山戴村永峰种养加工场的“玉峰”梨商标、萧山戴村云门农产品加工场的“顶云”笋干商标、杭州市云峰竹木加工厂的“马谷”蚕扁商标、杭州市萧山区戴村云石林场的“三清”茶商标、杭州市萧山区云门寺生态茶场的“五尊有机茶”商标、杭州市萧山区戴村金山种养园艺场的“金山”梨商标、杭州永达木业有限公司的“裘老大”木制品商标、杭州萧山戴村养鳖场的“云峰”鳖商标、萧山云石农业发展公司的“三清”草莓商标与“三清”梨商标。

2008年,生态农业“实”字坐阵,农业产业化水平有效提升。通过政策扶持,加强服务等措施,使“杭州永达木业有限公司”“萧山云石农业综合发展公司”“杭州卫士生态农业开发有限公司”等现代生态农业企业不断壮大。新增农业企业2家,至此,全镇已有各类农业企业20余家。

是年,名贵兰花、铁皮石斛等容器育苗项目落户戴村。戴村镇向上级农业部门争取到生态公益林建设、山林防火、动植物防疫等资金193万元。镇农办还积极推进信息化工程,有6个村加入乡村联网工程。

是年,杭州萧山九清农业开发有限公司,被浙江省农业厅确认为第四批浙江省示范茶厂。

第三章　生态旅游与开发

第一节　旅游开发

戴村镇生态旅游资源丰富，有著名的省级石牛山森林公园，省级生态旅游度假区——云石生态旅游度假区、中华文明的文化遗产晋代古窑址、著名的千年古刹云门寺、亿年前的火山遗迹、碧波荡漾的萧山第一高山水库——响天岭水库、道教胜地三清殿、狮山高山瀑布、坐落在高山上的古村落——骆家舍村，以及爱国主义教育基地钟阿马烈士墓、郑振庭烈士墓等。厚重的人文景观资源，为戴村镇创建旅游品牌打下坚实的基础。

1998 年 8 月，《浙江云石生态旅游区总体规划》论证会在云石乡召开。萧山市有关领导、省旅游局、中国美术学院风景建筑设计院、浙江大学和杭州大学的负责人和专家教授参加了论证会。专家们对总体规划的各项内容进行了论证，并提出了新的修改意见。

云石乡人民政府还向萧山市人民政府提出要求创建云石乡生态示范区的请求，萧山市人民政府专门召开市长办公会议，并于 1999 年 2 月 3 日下发萧政发〔1999〕8 号文件，批复同意。2000 年 6 月，云石乡被浙江省林业厅批准为"生态乡"，石牛山森林公园被批准为"省级森林公园"。是年，云石乡政府又投资 100 多万元，建造了云石休闲度假山庄，开业后，吸引了各方游客，从是年 8 月份开业至年底，共接待游客 3 万余人次，营业额达到 50 万元。2001 年，最高日客流量近 300 人，全年营业额达到 300 万元。

2006 年，旅游事业进一步发展，戴村的山水美景吸引了各方游客，全年到戴村旅游的客流量达 20 万人次，总收入达到 1500 万元。

2007 年 8 月 22 日，浙江省地质调查院地质遗迹中心主任许红根一行，来到戴村仔牛山火山喷发遗址。在村民的带领下，对仔牛山上的"河蚌壳"进行了实地探察，测定这些岩石属于 1 亿多年前的火山喷发遗迹。

同年，浙江省茗苑旅游规划设计中心的专家们，在戴村经过 5 个月的实地调查，勘察分析后作出了正确的评价：戴村镇山水资源丰富，乡村景色宜人，生态文化、村落文化、宗教文化、农林文化和红色文化都具有一定的特色，这些优良的旅游资源具备了开发成旅游精品的潜力。旅游专家们为戴村描绘了一张全新的戴村镇生态旅游发展"路线图"。这张地图，也是戴村镇行政规划调整后的首个集生态经济、人文、旅游、度假于一体的旅游业发展蓝图。

正在建设中的"三泉湾旅游度假区"

（摄于 2011 年 12 月 3 日）

2007 年 8 月，由中球冠集团投资 15 亿元负责开发的杭州云石生态休闲旅游度假区建设项目，被列入省服务业重大建设项目、杭州市重点打造 100 个城市综合体和萧山区旅游"1010"重点项目名录。该项目规划面积 44.8 平方公里，区域内生态环境优美，人文景观遍布，拥有萧山四大最高资源，即最高的山、最高的茶基地、最高的山庄、最高的水库。此外,区域内还拥有狮山古村落、亿年火山遗存、青代古窑址、石牛卧山岗、古刹云门寺、道教三清殿等历史遗迹,天然构筑起一个具有独特风光和文化内涵的度假旅游胜地。为全力配合项目开发需要,12 月 18 日,杭州云石生态休闲旅游指挥部正式揭牌,12 月 28 日,成立杭州云石生态休闲旅游开发指挥部,由镇长亲自挂帅,各副镇长任副总指挥,成员由各职能部门主任及相关工作人员组成。领导班子下设办公室,形成了党委统一领导、党政领导亲自抓、各单位全力抓的领导体制和工作机制。指挥部成立后,省委副秘书长、省农办主任王良仟,省国土资源厅原厅长王松林,杭州市委常委、萧山区委书记洪航勇,杭州市政协副主席张鸿铭等领导均到指挥部调研指导。

按照规划,整个度假区将主要围绕“一轴、两翼、三品、五区”的整体布局结构进行开发。其中:“一轴”指沿山谷溪水形成的十里滨水长廊,由东向西横贯整个景区;“两翼”指由横向轴线自然划分的南北两大区块;“三品”指具有浓郁地方特色的三清茶、三清水和三清笋干;“五区”指五大特色景区:云湖避暑山庄(狮山区块)、石牛山森林公园、云门寺旅游景观区、山泉湾休闲度假区(李家坞区块)、月亮湾度假区,并分别用“闲、隐、养、梵、俗”五个字对五大区块进行不同的主题定位。当年,共接待游客 58.3 万余人次,门票收入已达到 150 万元。拉动三产作用明显,全镇旅游直接从业人员 1157 人,缓解了农村富余劳动力就业难问题,提高了农民收入,仅杭州清晨假日休闲山庄烤全羊特色菜,一年就能增加收入 300 多万元。

2008 年,戴村镇提出了“决策围绕生态定、产业围绕生态转、村民围绕生态富、山水围绕生态靓”的发展战略,制订了《戴村镇旅游发展总体规划》《杭州山泉湾旅游度假区总体规划》《杭州仙女湖旅游度假区总体规划》,为保障规划顺利实施推进,党委政府及时出台旅游业扶持政策,并在每年的财政预(决)算中拨出一定比例的旅游业专项资金用于旅游基础设施建设。

1 月,戴村镇正式被浙江省旅游局命名为“浙江省旅游强镇”。3 月 23 日,杭州随心车友俱乐部举办大型主题自驾——走进戴村活动。通过探秘火山遗址、刺激的寻宝活动、激情四溢的篝火晚会、吃烤全羊等一系列有趣的活动,使游客在欢声笑语中度过了难忘的一天。戴村镇符合农家乐休闲条件的农户纷纷推出农家乐,让都市游客来到戴村体验“览风光,干农活,住农家,吃土味”。“都市乡村游”的启动与发展,丰富了旅游内涵,直接带来了农民经济收入的提高,促进了旅游业发展与当地百姓致富的良性循环。

3 月 27 日,萧山区委副书记、区长郑荣胜携区委办、区交通局、土管局、发改委、农业局、农水局、旅游局等相关单位领导抵戴村调研云石生态休闲旅游项目。郑荣胜一行听取了戴村镇党委书记陈仲华、镇长汤卫及中球冠集团董事长任文达的汇报,并对李家坞、半山茶场(新农村规划点)、杨家溪、云石山等四个点进行实地踏勘。

是年,《戴村镇旅游发展总体规划》顺利通过评审,确定以云石生态旅游度假区为中心,以三清文化园、仙女湖等景点为七大功能区的旅游发展思路,建成了一个集山地度假、文化体验、康体健身于一体的生态旅游休闲基地,着力打造“游青山绿水、访人文景观、吃农家菜肴”的旅游发展格局。经济效益逐步显现,以云石山庄、清晨假日山庄、来宏垂钓农庄等第一批旅游特色餐饮发展迅速,收入达 700 余万元,新开辟杨家坞“三清寨农庄”建设完毕,有效带动都市乡村游和农家乐休闲旅游的发展。

2008 年,杭州云石生态旅游度假区被列为 2009 年浙江省服务业重大建设项目,项目一期开发的三大区块实际租用土地已达 5500 亩,完成园林苗木基地建设 600 亩。其中仙女湖区块已完成一期 500 余亩围湖工程,区块内 1500 亩林地的使用权流转工作,签约率超过 80%,山泉湾区块征租地工作基本完成,狮山道路建设正在施工。

是年 2 月,区委宣传部、区旅游局开展“品质萧山·咏十景”活动,戴村镇积极参与此次评选活动。由镇党委政府牵头,从党政办、社会事务办、生态办、镇志办等办公室抽调精干力量,成立了“‘萧山十景’参评工作小组”,制订了详细的工作议案与流程,迅速在全镇组织人员准备参选景点的文学与影像材料。在镇主要领导的重视下,邀请杭城著名主持人刘忠虎、开心茶馆的周志华两位老师分别推介该镇“仔牛山亿年火山遗迹”(后改为“火山云石”)和“狮山览胜”(后改名为“响天竹风”)两个景点。经过层层筛选,戴村的“火山云石”和“响天竹风”两个景点成功入围“萧山十景”20 强候选景点。经激烈角逐,“响天竹风”景点名列萧山十景之一。

第二节　旅游景点选介

戴村境内，旅游景点众多，不仅有千年古刹云门寺、道教活动场所三清殿、上董晋代越窑遗址和钟阿马烈士墓（详见本志《文化体育》卷中文物、古迹章）外，尚有以下自然景观和人文景观。

石牛山森林公园

为省级休闲旅游胜地。1999 年被省林业局批准为省级森林公园，规划总面积 2929.43 公顷。公园内林地面积为 2712.7 公顷，森林覆盖率为 92.2%。有奇峰、异石、潭瀑、烟云、森林、古迹六大景观特色。踏着蜿蜒小道拾级而上，沿途竹林茂盛，峰峦叠嶂。越往高走，姿态万千的奇石，云雾缭绕的瀑布，越让人目不暇接，似有“人在山中走，似在仙境游”之感。

石牛卧山岗

石牛山海拔 659 米，为萧山第三高峰。石牛山的神奇，不仅是满山的烟雾氤氲，更有那“石牛静卧山岗”的美丽传说。相传很久以前，有一年，戴村当地遇到了一场前所未有的干旱，许多村民被无情的旱灾夺去了生命。这一惨景被天上的神牛发现了，它非常同情人间这一灾难，瞒着天庭私自下凡，吸东海之水来救人间旱灾。但这事却触犯天条，玉帝大发雷霆，命令雷神立即把神牛处死，神牛无处可躲，逃到为救灾吐水的这座大山，化作一头石牛静卧于山岗。但为时已晚，被雷神发现，雷神双锤齐下，把神牛的头砸得粉碎。从此，神牛就永远是一头石牛而静卧在山岗上。人们为了纪念神牛的功德，便把这座大山取名石牛山。

当时，当地有一位叫沈三清的村民，被神牛的善心所感动，决定上山永远守护石牛。同时采集山上的草药为当地百姓治病。而石牛山上被神牛纳东海之水浇灌后，山上便长出许多神奇的茶树。住在山上的沈三清摘茶叶饮用，发现这种茶叶香气清高、汤色清澈、滋味清醇、非常独特。由于他长期饮用这种茶叶，后来竟然长生不老，升天成仙。人们为了纪念这位忠心守石牛的好心人，尊称他为“三清帝”，还为他建造了“三清殿”，并把他长年饮用的茶叶誉为“三清茶”。

石牛山上竹林茂盛，峰峦叠翠，风景秀丽。山上还有一股清泉，晶莹透彻，一年四季长流不息。当地村民们说，这股清泉，便是从神牛肚中而来，神牛临死还记着受灾老百姓，为的是让这里永不闹旱灾。而石牛山上的“三清茶”，也已在全国各地打出了知名度，“三清殿”其景观和文化，成为中国道教文化中“上善若水，厚德载物”这一精神的浓缩体现。

《萧山顾氏宗谱》中，把此处景点写作“石牛陇耕”，诗云：

千年怪石卧峰顶，头角峥嵘势俨然。
总使牛郎鞭不起，餐风吸露其长天。

《沈氏宗谱》诗云：

怪石嵯峨且自牛，岗边独立几千秋。
风吹遍体无毛动，雨打周身犹汗流。

响天竹风

在省级休闲旅游胜地石牛山森林公园内，有一座奇丽峻险的山峰名叫狮山，海拔 580 米以上，因其山势雄伟如狮而得名。这里山高树密，竹林悠悠，自然景观和人文景观十分丰富。有女娲炼石补天的遗迹，有亿年火山遗址，有古刹云门寺、三清殿，有“高峡出平湖”的响天岭水库，四周群峰嵯峨、竹木苍翠，雄伟的大坝锁住一湖碧水，一年四季碧波荡漾，鱼跃人欢，成了休闲垂钓、游泳玩耍的好去处。狮山上，以“九曲十八盘”

为主线,将云狮飞瀑、沐日亭、竹涛小筑、登云栈道、云雾天湖、狮山古村落等景点有机串联,成为一个集自然、人文于一体的景观群。蓝天白云、青山碧水、绿树修竹、怪石瀑布,构成环境幽雅休闲胜地。2008 年 9 月,“响天竹风”被评为萧山区萧山十大旅游景点之一。

高峡平湖

响天岭水库在狮山村向南约 200 米处,为萧山境内海拔最高的水库。库内蓄水 26 万立方米,数十丈高的大坝十分壮观。在这个群峰嵯峨、峻岭陡峭、林木参天的山岭上,高耸的大坝锁住了一湖碧水。一年四季碧波荡漾,山水秀丽,鱼跃人欢,是垂钓捉蟹、游泳玩耍的好去处。

九曲十八盘

位于狮山的狮山公路。始建于 20 世纪 80 年代。这里群山环抱,溪流潺潺,在通往原狮山村(又名“大白水”)的道路两旁山高势险,公路只能顺山势而建。远远望去,弯弯曲曲、盘旋而上,犹如一条蛟龙盘绕在崇山峻岭中,时起时伏,曲曲折折,历九曲经十数盘而终没于山中云雾深处,人们形象地把它称为“九曲十八盘”,成了生态旅游的一个亮点。循路而上,但见山道蜿蜒,依山一侧时时可见飞石点缀其间,浑然天成;临崖一侧则峭壁乱耸。有山涧从路边流过,时而怒流倾泻,奔放如骏马,时而涓涓细流,婉约若处子。若遇雨季,更有悬流激势而下,犹若素练直挂数十丈,此即为“云狮飞瀑”。行里许,山道忽折而向南,至山角极险处复折向北,与云门寺遥遥相望,伫足细听,似能听到袅袅梵音从对面传来,环顾四周,奇石与怪木同舞,清泉共莺燕齐歌,好一幅美仑美奂的生态美景。复行里许,有八角琉璃亭踞于飞石之上,后依山崖,在日辉下金光璀灿,秀彩欲飞,因其面向东南,故名“沐日亭”。不远外,有竹涛小筑幽雅出尘,阁外修竹成林,拂群峰而上,与山花青松映配峰际。在小筑露台凭栏而望,狮山美景尽收眼底。

杭州云石度假山庄

景区处在狮山、石牛山一带,占地 1.2 万亩,森林覆盖率为 85%。1999 年 11 月,在狮山公路上端原狮山村村口开建山庄,2000 年 8 月建成。山庄集住宿、餐饮、娱乐于一体。景区峰峦叠嶂、峡谷幽深、溪水潺潺、风景绮丽,年平均气温 18℃,夏天可避暑纳凉,冬天可观赏雪景,旧有女娲殿遗址。景区内的青山、绿水、瀑布、竹海,构筑成得天独厚的大自然景观,能让人尽情享受回归大自然的乐趣。

山庄依托天然森林奇观,建有高山垂钓、云顶茶廊、棋牌室、多功能室等休闲活动设施。是旅游观光、休闲度假、文化娱乐等功能兼具的生态型休闲、度假场所。

女娲殿遗址

位于海拔 680 米多高的狮山上。相传女娲娘娘当年就是采狮山上的五色石补天造福人类。先人为尊崇女娲炼石补天、止淫治水的壮举,在狮山上建造了女娲殿。视女娲为中国古代第一位治水神明,加以奉祀,保佑万民风调雨顺、国泰民安。

女娲殿建于狮山石崖上,阳面叫常石,阴面叫锣石。原有三进平屋,历代盛行,香火不绝。后因年久失修,尽剩遗址。女娲殿是附近地域唯一的女娲纪念基地。现已规划修复,不久便可对游人开放。

亿年火山遗存

坐落在尖山下村境内的“仔牛山”,海拔 600 余米。为雪湾大山与云石船坞山山脉延伸连接之处。风景秀丽,群山起伏,天然景色使人留连往返。顺着山涧潺潺的流水溯源而行,沿着青翠欲滴的竹林幽径拾级而上,空山鸟语,幽谷传声,沿途可见突兀的巨石,或似飞鹰展翅,或如猛虎下山,形态各异,让人心旷神怡。沿溪边竹径上行 500 米,眼前豁然开朗。在满山竹林环抱中,有一片与周边青翠山坡迥异的特殊山坡,方圆数十亩不生一竹,怪石嶙峋,层层叠叠,蔚为壮观。这个被当地村民形象地称之为“蚂蚁窝”的地方,不规则的大块石头铺满山坡，仿佛似一个巨石阵，层层叠叠，数不胜数，大的重千钧，小的似鹅卵，远远望去，如同大大小小的蚂蚁爬满山坡。石头无论大小，均岩中有岩、石中有石，五颜六色的碎石镶嵌其中，在绛红色的主色中，呈现出斑驳陆离的奇彩。这就是传说中用来补天的神秘“五彩石”，是女娲炼石补天时留下的痕迹。

地质专家多次对仔牛山进行实地勘察后断言：该遗迹形成于距今大约1亿～1.2亿年前的中生代时期，属侏罗纪晚期或白垩纪早期的火山喷发遗存。这是典型的火山喷发后的滚石遗存，山顶上还有个像“河蚌壳”一样的山凹地，疑为火山喷口。走近“火山遗存”，寻访远古时代的传说与神迹，可尽情享受原生态的自然美景。

狮山古村落

在青山村原狮山旧村，整个村坊坐落在海拔600多米高的山坳里，四面群山环抱。村中有一溪流，由西向东潺潺流水常年不断。若遇大雨，则溪水湍急，如白练挂落，故名以“大瀑水”驰名于萧山，旧称“大白水”。

狮山古村　　（2002年7月7日李维松摄）

整个村落森林植被葱茏，竹木成林，是一个空气新鲜、夏季凉爽宜人的避暑胜地。盛夏季节日均温度在25到26摄氏度之间，夜晚降低至20摄氏度左右。

相传在清康熙年间（1662～1722），从外石板溪村一蒋姓老人搬去管山庄而定居发族，至今沿袭11代。村庄沿溪构筑，分布有几十座木屋石墙的山地民居，多为土房，层层幢幢，按阶梯样式排列分布，富有江南民居的风貌。该村原有112户，308人，有住房54幢，多数以泥瓦面二楼为主，少数平房，建筑占地面积为8582平方米，有山林1717亩，其中毛竹林722亩，用材林388亩，疏林山293亩，茶园113亩，一条80年代建成的盘山公路直达村中，邮电、通讯、电力、有线广播电视设施完备。中共十一届三中全会以来，改革开放的春风吹遍了祖国大地，也吹醒了生活在高山顶上近300年的狮山人。在萧山市委、市政府的亲切关怀和大力支持下，从1994年开始，狮山村整村搬迁工程启动，到上世纪末，全村全部搬迁到位于平原的南坞村地段，建立了狮山新村。

“大瀑水”有得天独厚的地理优势和古朴的山村人文资源，为开发建立生态旅游提供了优越条件。“大瀑水”青松傲立，翠竹成林，野生动物十分丰富。一到春天，二月红、白芝花、映山红、兰花等山花烂漫，红白相衬，香气扑鼻，成为天然花园。这里气温与山下村坊相比，日差摄氏3～5度，夏天棉被不离床，无蝇无蚊甭挂帐；而冬天，由于整个村坊朝东南，日照充足，又避风霜。山上幽静无比，唯一能听到的是溪水的叮咚声和青松翠竹中的鸟语声。高山有清泉，山高出名茶，“大白水”无环境污染，是一方难得的净土，这里出产的“狮山茶”闻名遐迩。当地人有句顺口溜：“手捧杯茗口中尝，清香甘甜医心脏；人活九十九，还是小老头。”20世纪70年代，浙江省军区外宾招待所慕名特来采购狮山茶，用于招待外宾。

周围的景点有石牛山、三清殿、九曲十八盘、响天岭水库、女娲殿遗址、天狮飞瀑、初阳台、云石度假山庄等。

附录一:《顾氏宗谱》中的长潭十景

长潭十景

循七处士

长潭钓月

一抹轻烟断复连,停停素影到平川。
渔翁徐步系纶展,不待兰桡泛画船。

枫岭樵云

回峦叠嶂悒悽怆,山色苍苍树影凉。
忽尔一朝云雾起,不知樵子失家乡。

洪村市饮

旅店悠悠望草桥,无如此地泛香醪。
行人欲解穷途恨,野店无帘且自招。

和庆闻梵

迤逦行来到上方,嘹嘹钟磬韵非常。
从来古刹多摩诘,万木荫浓卧象王。

石牛陇耕

千年怪石卧峰岭,头角峥嵘势俨然。
总使牛郎鞭不起,餐风吸露共长天。

尖山晴眺

寂寂空山雨后晴,烟云缥缈望中明。
四周丽色描无限,携杖登临感慨频。

青山题竹

青青翠竹影离离,闲坐林间午不知。
节操坚刚犹耐冷,纵然妙手尚难题。

南坞问梅

南坞芬芬吐玉环,此间胜似小姑山。
不同桃李争春色,偏向严寒带雪看。

响石听泉

潺潺流过石桥东,非磬非鞶韵亦同。
夜静枕边堪洗耳,鏦鏦何假五更钟。

响铁雪行

翩翩鳞甲积高岗,腊尽春回人事忙。
高下不知行跌坐,瑶林琼树影苍苍。

注:原载《萧山长潭顾氏宗谱》(民国丁亥年重修,承厚堂珍藏)卷三。循七处士为清代顾氏先祖。

附录二:

关于建立石牛山森林公园的批复

林造批〔2000〕17 号

萧山市人民政府:

你市《关于要求申报浙江省云石石牛山森林公园的请示》(萧政发(2000)81 号)收悉。经研究,现批复如下:

一、为加速森林风景资源和人文景观的开发利用，同意你市建立石牛山森林公园，山林权属不变。

二、在市政府的统一领导下，由市政府林业主管部门主管本区域内的森林公园。

三、为了有计划地进行森林公园建设，请抓紧编制森林公园总体规划并报我厅审批。总体规划要在有利于保护和利用森林风景资源的前提下，突出自然景观，体现地方特色，注重实效，合理布局，综合开发。

四、要采取多渠道筹资的办法搞好森林公园建设。按照总体规划，在产权明确的前提下，可采取多种形式吸引其他部门、单位、个人及外商投资兴建旅游设施，联合开发，共同受益。

浙江省林业局

二〇〇〇年六月二十三日

附录三：

杭州市萧山区人民政府关于戴村生态镇建设规划的批复

萧政发〔2005〕25号

戴村镇人民政府：

你镇《关于要求批准实施戴村生态镇建设规划的请示》悉。根据萧山生态区建设要求，结合戴村镇实际，经区政府研究同意，现将有关意见批复如下：

一、原则同意此生态镇建设规划。

二、规划范围：规划范围为戴村镇行政区域内，面积62.8平方公里。

三、规划期限：近期到2007年，远期到2020年。

四、要求。你镇要根据城镇总体规划和生态镇建设规划要求，加强各项规划的衔接，加快细化生态镇建设规划，加紧组织实施。要突出重点、难点，加强投入，加快生态基础设施建设。区级有关部门要进一步加强帮助指导，共同推进戴村生态镇建设。

杭州市萧山区人民政府

二〇〇五年二月二十五日

附录四：

关于命名2005年度省级生态乡镇的决定

浙生态办发〔2006〕1号

各区市生态办：

根据各有关乡镇人民政府申请和设区市生态办初审意见，经浙江生态省建设工作领导小组办公室审定，决定授予萧山区戴村镇等68镇(乡)"省级生态乡镇"的称号。

希望被命名的乡镇认真总结经验，继续巩固创建工作成果，按照科学发展观的要求，紧密结合社会主义新农村建设，全面加强农村生态环境保护各项工作，为实现全面建设小康社会的宏伟目标作出新的贡献。

附件：2005年度省级生态镇(乡)名单(略)

浙江生态省建设工作领导小组办公室

二〇〇六年四月二十日

卷三　基础设施

旧时,戴村基础设施建设薄弱,制约了经济发展和人民生活水平的提高。中华人民共和国成立后,尤其改革开放后,历届政府重视基础设施建设,科学规划,加大投入,高起点高标准地建设,有力地促进了经济和各项社会事业的发展,加快了城镇化建设步伐。至2008年,镇内水利设施配套齐全,公路四通八达,电力供给充足,电信邮政畅通,集镇公共建筑、公用设施发展迅速,一个生态优越、环境优美、经济发达、生活富裕的萧山南部强镇正在崛起。

第一章　水　利

戴村镇地处浦阳江南岸,永兴河由南向北贯穿镇域,七都溪由西向东经溪河汇入永兴河。旧时,每遇台风暴雨、山洪暴发,再受钱塘江潮顶托,往往溃决堤防,造成灾害。

中华人民共和国成立后,人民政府重视对永兴河、七都溪的治理,先后进行了前陶湾裁弯取直,戴村外畈退堤拓河,云石溪治溪造路,永兴河、七都溪堤塘修建20年一遇防洪标准的工程,建造水库并对万立方米以上水库进行20年一遇防洪标准的建设,建造戴村畈、十五都畈、皇天畈等大畈的排涝站,提高了防洪排涝和抗旱能力,有效地控制了水旱危害,使戴村人民得以安居乐业。

镇(乡)基层水利管理机构始建于1964年前后。随着农村电网逐渐普及,机电排灌事业发展,戴村公社、云石公社、永兴公社相继建立机电站,配备亦工亦农人员2~3人,负责本公社范围内的农田水利及机电排灌工程的建设规划、施工管理和对各大队机电排灌站进行技术辅导。同时,利用当地条件,开展综合经营,以副养站。1975年建立农机管理站,机电站并入农机管理站内,经费实行事业费补贴。1980年各公社正式配备水利员1名。1984年更名为镇农机水利服务站。2006年归口镇农业办公室,有中级职称技术人员2人,担负着全镇水利工程建设的规划、管理、技术辅导等任务。为加强对全镇水利工作的领导和水利事业的管理,镇里由一名副镇长分管负责这项工作,办事机构设在镇农办。

第一节　永兴河治理

河流概况

永兴河属浦阳江支流,曾名大溪,发源于富阳常绿镇石梯山,自富阳市青龙头东流进入萧山楼塔镇萧南村田村自然村。全长52千米,集雨面积275.8平方千米。萧山境内长31.5千米,流域面积99.63平方千米,流经楼塔、河上、戴村、义桥4镇,沿途接纳毋岭、大黄岭、雪湾溪、大同溪(又称佳溪)、次坞溪、姜坞溪、高都溪、凤坞溪、鲍坞溪、七都溪(又称凌溪)、云峰溪、石门溪和里篷岭南麓之水,至义桥镇罗幕村单家自然村西址埠注入浦阳江。由河上镇经张家弄九峰山脚流入戴村境内,从河口流入义桥镇地界,镇内全长约6.27千米,流域面积60.44平方千米。对堤距离60~100米,河床比降1/2000,水深1~3.5米,历史最高水位永兴桥11.5米。

距今7000~6000年,永兴河流域的平原地区均在海水浸没之中,海岸线自富阳雁鹅山,经富春的东瓜山、西山下、仙人山、黄石垅、潘山、篷岭等山麓,往西南延伸到云石的方家塘、顾家溪、袁家山下,海岸线往南直到楼塔。发源于富阳章村的楼塔溪,在楼塔入海,源短流急。海退时,海岸线自楼塔退缩,楼塔溪跟随海退往下游延伸。距今约4000年,永兴河曲折下引至大桥沙河口附近往东进入临浦湖,沙河口是永兴河在海退过程中形成的第一个河口。当临浦湖逐渐湮废,永兴河始于张家弄的九峰分流,其次流一路经梅里、闻家塘,出黄狗吊桥汇入浦阳江,次流另一路自张家弄经后马湖,出东周,到从塘、李家流进浦阳江。永兴河主流避开临浦湖，经窑头与石马头间，接纳七都溪，至石盖，依石盖山麓，于河口入海，原朱村桥乡的河口地名由此而来，这是永兴河的第二个河口。这一期间，海岸线还在东瓜山（富春）、仙人山（吴闸西面）、潘山山麓一带，海水还时常侵袭箎岭（狼岭）山脚的坡地。随着海退和滨海冲击平原的形成，河口畈、皇天畈土地凸现，永兴河河口继续向北下移。永兴河经朱村桥以后地势平坦，在丁家庄至塘湾一带，河道弯曲呈两个S型，而后流至西址埠。由于西址埠以北受到海滨冲击平原的阻挡，永兴河便折向东南后进入义桥里河兜，穿峡山头，入渔浦（湖）接海，故永兴河的第三个河口在义桥峡山头以北的渔浦（湖）。

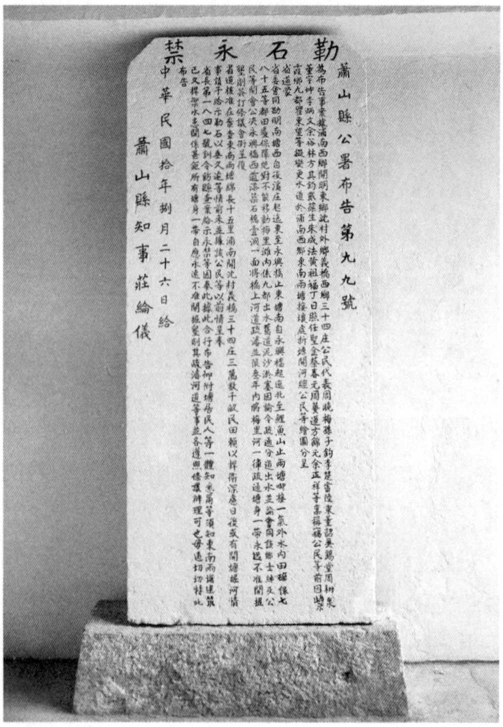

“勒令永禁碑”，存上董土地庙　　（资料图片）

永兴河原河道弯曲，宽窄不一，有“九里河道十八弯”之称。清嘉庆朝（1796～1820）以前，永兴河没有修筑堤塘，每当雨季来临，山洪暴发，再遇上天文大潮，水位猛涨，两岸易遭水灾。据民国《萧山县志稿》记载：“七都沿江者地高，无塘围，凡溉田，池水不足，继以潮汐，潘山一溪，有河口闸以节制，其江水所不及，惟赖山水灌溉而已。”永兴河下游百姓曾多次呈报官衙，要求修筑堤塘，但当局不予解决。嘉庆年间，戴村与朱村桥等地百姓再次联名向省呈报，要求修筑永兴河下游堤塘。呈文指出：“永兴河下游集三县之水（即萧山、诸暨、富阳），汇集于戴村、朱村桥田畈，自古只有江河流水，哪有民田流水，若是民田流水，如何收缴赋税？”当局采取折衷方案：允许依靠民间力量，修筑从戴村到朱村桥一线的堤塘。西侧堤塘修筑放样时，南起溪河村，绕道戴村老街南侧，将戴村集镇用堤塘包围后，在戴村五王庙东南方转北，经河口闸、河口与朱村桥两村落的堤塘对接。不久，东侧堤塘也由民间力量修筑而成。东、西侧堤塘平行。堤塘修筑时，沿途修建出水闸，以利内畈积水排除。清末及民国时期，戴村一带的百姓多次对堤塘进行培土加固。

新中国成立后，政府经过退堤与裁弯取直、培固堤塘等一系列水利工程建设，提高了防洪能力。同时，加强对堤塘的管理。1989年11月22日，萧山市农机水利局提出《关于划定水利工程管理范围和保护范围的意见》，对堤塘的管理范围提出了具体要求：浦阳江、永兴河自背水坡脚起8米以内为管理范围（护堤地），以外与护堤地相连的5米以内区域的为堤防安全保护范围。

退堤与裁弯取直

1953年11月，永兴河第一次裁弯取直工程，包括张家弄村的山头地、柴场、杨家汀等堤段。1962年冬，永兴河石盖里塘畈退堤。1987年12月～1988年3月，戴村外畈塘退堤，长度521米，拓宽河道10米～15米，完成土石方38.36万立方米，投工40万工。

西址埠河口裁弯　1953年2月，萧山县为解决永兴河河道弯曲、泄洪引潮不畅，由副县长孟庆林带队会同县建设科召开河上、戴村、临浦3区联席会议3次，作出永兴河裁弯取直决议方案，共裁弯6处（主要是永兴河西址埠河口裁弯），切滩9处（从沙河口至石盖桥），计土方15万余立方米，按3区受益农田3万亩负担。其中戴村区受益1.8万亩，应负担土方8.8万余立方米，占59.4%。工程中途又增加河上区丁家湾工程（在沙河口下），总土方扩大为17.4万余立方米，戴村区应负担增至10.43万立方米。

戴村区6个乡（其中4个半乡今属戴村镇）受益田1.8万亩，每亩应负担2立方米。其中白墅乡田4735亩，负担土方8694立方米；戴村乡田5140亩，负担土方10279立方米；振庭乡田6797.7亩，负担土方13595立方米；马鞍乡田6318.4亩，负担土方12636立方米；凌溪乡田4080.6亩，负担土方8161立方米；复兴乡田4754.7亩，负担土方9509立方米（许贤、石门二乡因田差利少，每亩负担1.3立方米；许贤乡田5580.5亩，负担土方7255立方米；石门乡田4690亩，负担土方6095立方米）。长潭、云石、云峰3乡是山区，每乡支援520立方米。加上丁家湾工程，每乡增加土方20%。

永兴河裁弯取直工程于1953年3月4日开工，同年4月完工，共用工82850工（戴村区）。工程成立了由13人组成的水利委员会（后称指挥部），其中县人民代表4人、水利及农业劳模7人、区干部2人。区长石康华任指挥，区生产干事洪叶根具体负责。

丁家庄裁弯取直　工程于1978年11月动工，至1979年1月5日开坝通水。整个工程由大桥、戴村、永兴、朱村桥、许贤等5个公社2万多民工参加，共投工50多万工，地方财政投资6.37万元，新开河道1034米，河面从原来40米拓宽至90米，江塘缩短300多米，河道过水断面从250平方米扩大到400平方米。500多亩外畈田变为塘里田。

前陶弯裁弯取直　1977年秋收冬种后，由原河上桥、杨家桥、后马湖（现为河杨湖村）、九峰（现为张家弄村）等大队为主，原永兴公社其他9个大队支持投工建筑。前陶湾裁弯取直工程废除永兴前塘湾弯曲地段，原堤塘、河道长480米，裁弯取直后河道长度和新塘长缩短为300米。堤顶高13米（吴淞标高），塘面宽4米，完成土石方10.51万立方米，投工29万工，外填塘渣垫层砌石护脚，改滩地废河30多亩为塘里。自杨家桥至河上桥开新河、建新塘，新建排灌站，开通后马河解决八都坂、十五都坂的内涝及抗旱能力。现为河杨湖村居民住宅和永兴排灌站。

清淤捞沙

20世纪60年代，遭受严重自然灾害，永兴河上游植被破坏严重，一遇大雨、山洪暴发，带来大量泥沙，河床抬高，河道淤塞。萧山县水利局于1962年成立永兴河捞沙委员会，投入3吨～5吨木船4艘，每船船工2人，常年在永兴河捞沙作业。因此永兴河河道深度良好，在建大桥砖瓦厂时（1972～1975）货船可直达沙河口。1969年，永兴河捞沙委员会并入浦阳江江塘管理所，永兴河捞沙停止。但20世纪90年代出现零星违章采沙。1998年10月，戴村镇政府会同市水政监察大队，宣传《中华人民共和国水法》，对永兴河两岸违章设置的采沙场进行全面清理。

分洪工程

西山排涝沟工程　为减轻大西畈洪水和永兴河上游沙塘压力，1955年，从河上大桥经祥里童至戴家山控制闸，开挖西山排涝沟及两岸堤塘。原戴村区的戴村、凌溪、振庭、白墅、马鞍等乡负担祥里童至戴家山控制闸的施工任务，至1956年春完工。现靠戴家山村堤塘已建为民宅。

东河、南河工程　1964年10月开始，县政府拨款25万元，动工开掘东河、南河。东河从大桥邱家开始，废除弯曲河道，另开凤山径东山畈、中西畈至石硖桥新河，长2500米，由原大桥、戴村等公社投工。南河从打弯闸开始经梅里、田头庄，麻车倪入浦阳江，长4100米，由原浦南、永兴、桃北等公社投工。两工程于1965年4月完工，共完成土石方53万立方米。

固堤培塘

旧时永兴河堤塘（包括小畈塘）都属“私“塘，一向不被历朝政府所重视，对于堤塘的培修和管理也很少记载。因此永兴河沿岸堤塘小而低，老百姓叫“泥鳅塘”，一遇洪水大潮就会出险塌塘。中华人民共和国成立后，人民政府重视水利建设，视水利是农业的命脉。20世纪五六十年代，政府在每年秋收冬种至次年春播前（农闲时间），都要发动群众固堤培塘，把兴修水利作为中心工作，老百姓叫修好“木桶箍”。

戴村外畈塘始筑于1953年，完成于1958年，东起原茅春畈塘，西至南三村下方独山，全长2911米，戴村外畈塘筑成后，使2700亩外畈田变为塘里田，使下方村变为塘里。1987年12月，为扩大永兴河排洪面退塘521米，拓宽河道10～15米，于1988年3月完成。

1954年6月洪灾后，振庭乡组织数百劳动力修补永兴河坍塘缺口。1955年6月，洪灾。是年冬，复兴、振庭、马鞍等乡组织劳动力，着力培修永兴河江堤。1956年8月1日，12号台风中穿越萧山境内，永兴河上游普降暴雨，两日内降雨395.6毫米，河水暴涨，出现塌塘。是年冬，戴村区公所调集长潭乡（云石乡）劳动力前来沿江挑土培塘。

1955年冬至1956年春兴修水利，计划完成土方355029立方米，至1956年2月6日完成培修江塘5处，正在施工48处（包括小型水利），已投工70061工，完成土方137847立方米，占计划的38%，按当时受益田近3万亩分摊，平均每亩要负担12立方米。1958年人民公社化前堤塘的培修管理、防洪抢险按受益田亩分段包干到行政村，公社化后任务落实到各生产大队，公社也有一名副主任分管水利工作，大队由一名副大队长负责水利工作。经过长达几十年的培土维修，永兴河堤塘高度普遍增高一倍以上，塘身扩大两倍以上，做到"外塘好挂鱼（迎水坡），里塘好晒谷（背水坡）"。同时政府投入大量资金，对危险堤塘段进行抛石、打桩、垫碴、灌浆、砌石等，为后来标准塘建设打好了扎实基础。

溪河塘，南三村溪河原为外畈，常遭水灾，村民自发组织，工程于1961年农历十二月初三动工，东起土地庙，西至塘址头，新塘全长560米，土方23030立方米，全村83户，每户负担土方近300立方米，损失土地28亩，于1962年4月完工。

1962年冬春，对永兴河石盖塘畈段实施移段工程，发动石盖、上董、孙家、陆家、畈里大队男女劳动力投入施工。

1992年11月开始，戴村镇动员5000余男女劳动力，投入到以永兴河堤岸加固为主要内容的冬修水利工程工地。墙头村81岁的单雪球大爷，不顾家人劝阻，执意到水利工地劳动。戴村村个体水产经营户丁幼军，放弃每天200元毛收入，到水利工地尽一份力。这次冬修水利全镇共投工18.76万工，完成15.45万立方米土石方，因工程需要动迁安置60多户。

由于1997年7月9日洪水（以下简称"7·9"洪水）的影响，造成永兴河河上桥村地段多处出现滑坡等险情，经两昼夜连续抢险，才保住了堤塘。事后经调查核实，确认陶某等4农户在堤塘下脚乱开垦，是造成这次险情的主要原因。是年8月，镇政府会同市水政执法部门依据《中华人民共和国水法》，对这起违法事件作出严肃处理，责令当事人在广播中公开检查，并予以500元~1000元的赔偿处罚。萧山市政府于部署实施永兴河堤塘全线培土，加高加大堤身。镇内实施堤长11.14千米，其中，右岸6.3千米，左岸4.84千米。完成培土方约12.5万立方米，投工约12.5万工。在是年冬修水利中，针对"7·9"洪水造成永兴河的险情，永兴河两岸张家弄、杨家桥、河上桥、石马头、石盖、小石盖、孙家、陆家、畈里等9个村的村民，户户有人参加永兴河堤塘的修筑，加上镇部门干部和一些企业职工，每天出动2000多人、3台推土机，对2300多米堤塘进行加固培土。1998年，永兴河堤塘镇内11.14千米内堤脚全线开始抛填石碴固脚，完成土石方8.4万立方米，投工12.6万工，投资250余万元。

标准塘建设

2000年上半年，根据萧山市人民政府的立项计划，永兴河下游标准塘建设的前期工作全面展开。是年12月至2001年6月，戴村镇实施第一期永兴河标准塘建设，该工程属萧山市政府实施的浦阳江流域第三期标准塘建设工程。镇内全长6.48千米，其中：左岸长2.57千米，右岸长3.91千米。完成土方17.32万立方米、石方4.21万立方米、石碴3.74万立方米、混凝土1.41万立方米，石盖村70户外滩民房拆除迁移，工程总投资近3000万元。

2001年11月~2002年5月，戴村镇实施第二期永兴河标准塘建设，属区政府实施的浦阳江流域第三期标准塘建设工程。镇内全长4.66千米，其中：左岸2.27千米，右岸2.39千米。完成土方13.5万立方米、石方3.1万立方米、石碴2.89万立方米、混凝土1.55万立方米，同时完成张家弄安山山角拓宽建路和照山机埠外移与堤塘裁弯取直。总投资2000余万元。

2004年下半年，再次对永兴河镇内全长11.14千米堤塘内脚抛碴、砌石固脚保护，当年完成石碴2.3万立方米，砌石0.24万立方米，混凝土0.03万立方米，总投资550万元。

第二节　七都溪治理

七都溪又名凌溪，为永兴河主要支流之一，发源于云石船坞山小黄岭。向东北流，汇杨家溪，流经尖山下村，又汇里、外石板溪，至下门桥。继至沈村，合石牛山坞之水，至后宅合佛山钟岭之水达凌桥，又接马谷八都溪之水，至戴村入永兴河。全长14.35千米，面宽10米~25米，水深0.5米~2米，流域面积38.69平方千米。凌桥以上为砂石河床，比降较大，凌桥以下河床较平稳。

裁弯护岸

1964年冬至1966年春，云石公社发动群众整治七都溪，自顾家溪到云石桥长3.66千米，在清溪砌石护岸的基础上固定了溪流，并修筑了沿溪公路，裁弯5处，结合造田350多亩，筑堰坝9条，挖沙井12口，建机房8处。戴村公社在七都溪下游进行丁村裁弯，使溪流顺从后宅沿山出后溪，并对两岸堤埂进行砌石保护，沙滩改地造田200多亩，下游又拓宽了墙头村阻水峡口，使七都溪得到全面治理。

治溪造路

1973年9月至1974年10月，云石公社发动全社干部群众，完成了云石历史上改造大自然的第一大综合性工程“治溪造路”。工程主要项目为：治溪，即裁弯砌石护岸；造路，即把原来的老路向东南迁移至七都溪边；改良田，即把围进溪路西北的溪滩、杂地改造成良田。工程第一阶段：1973年9月16日动工至1974年1月4日，历时3个半月，完成砌石护岸、大小桥梁、涵洞并做好路基。第二阶段：1974年9月20日至1974年10月5日，完成公路路面铺设工作。工程全长4556米，砌石护岸2700米，建大小桥梁7座，涵洞2个，完成石方10500立方米，土石方65251立方米，投工89119工，工程劳力投入按各大队人口比例分摊。从云石桥至方家塘公路雏形在此工程中形成。

整溪疏浚

由于七都溪溪床比降大，20世纪七八十年代上游水土保持工作做得不够，以及人为向溪内倾倒废土，使溪床逐年抬高，泄洪能力下降，对两岸堤塘冲刷严重。镇、乡曾多次组织人力对七都溪云石段进行疏浚。1994年冬，云石乡投资26万元，实施以七都溪整治为重点的5大水利工程。在市农水局等部门的支持下，乡政府采用机械对七都溪进行全面清障，出动大型铲车、大型汽车、翻斗车16辆、连续作业1个月，共清除土石方3万立方米，从而降低溪床，提高了抗洪泄洪能力。1998年对七都溪冬季整治中，云石乡政府再次组织动用机械化实施疏浚，出动大型挖掘机械2台、装载机械2台、汽车15辆，疏浚长度3.5千米，完成土方4.5万立方米，使溪床平均降低0.5米。同时，在原有堰坝的基础上，新增设堰坝13条，缩小比降，减缓洪水流速，抬高地下水位，使防洪抗旱能力得到提高，并且对沿溪村民生产生活提供了极大方便。1999年11~12月，云石乡综合治理七都溪，清溪1500米，培塘600米，清理土石方2万余立方米，新修3条间隔500米的拦水堰坝，既方便沿溪群众生活，又改善生态条件。2000年，新增七都溪堰坝2条，大溪护脚430米。

高标准治理

2006~2007年，在萧山区交通局实施戴尖线戴村至云石桥公路3.2千米拓宽工程中（七都溪下游段），结合七都溪高标准治理要求，对两岸进行10年一遇的防洪墙砌筑，并对墙头桥以上狭口进行拓宽和墙头桥拆建，同时拆除了多年废弃的大溪桥老桥。

2008年，萧山区实施南片溪流治理工程，七都溪上游云石老桥至方家塘下东风桥列入治理范围，全长左岸4295米、右岸4426米，主要提高七都溪堤塘抗冲刷能力及防洪标准达到10年一遇要求；拓宽山体阻水突咀,使洪水下泄更加顺畅;整修、改建、新建堰坝,增加城镇公共用水,改善城镇段水环境。并兼顾镇村公路建设和环境景观建设,促进当地社会经济发展。工程分二期实施,第一期于5月动工,长2.2千米;第二期于9月动工,长2.23千米。年底完工,总投资5000余万元,共完成石方2.93万立方米、土方20.3万立方米、混凝土方2.43万立方米。

第三节　浦阳江碛堰山治理

浦阳江碛堰山右岸东临浦镇潭家埭社区,西为义桥镇上埠村,左岸东为临浦镇临一村(潼江),西为戴村镇永富村积堰山自然村(山坎头)。1984年出版的《萧山县地名志》有永兴公社积(碛)堰山大队,因大队东北面为碛堰山,故名。1992年"撤扩并"后,戴村镇一直有积堰山村。浦阳江流经戴村镇域虽然不长,但却处在碛堰山附近,因此对浦阳江碛堰山治理成为戴村水利建设的重要组成部分。

中华人民共和国成立初期,曾对碛堰山狭口进行过拓宽。1973年,碛堰山进行一次大规模拓宽改造,工程于1973年8月26日动工,至1976年7月9日水下爆破成功宣告结束。将低水位江面堤距从原来的55米拓宽至180米,长度570米,共完成土石方230700立方米,拓宽后,碛堰山过水断面从950平方米增加到1500平方米。整个工程由大庄、浦南、义桥、永兴等公社1000余民工和500多名专业队伍及4个船队参加,国家投资270万元(以上资料数据经当时负责拓宽工作的周先球同志核实)。同时完成碛堰山上游潼江滩北的切滩工程,长821米(高程普遍在8米左右),共切除土方31.9万立方米,其中水上土方10.06万立方米,水下土方21.84万立方米。

附录:

有关浦阳江碛堰山开凿资料

有关碛堰的记载,始见于南宋嘉泰《会稽志》:"碛堰在县南三十里"。《唐律疏仪》称"激水为湍,积石为碛",碛为浅水中的沙石,堰是"壅水为埭曰堰",是一种较低的档水建筑物。碛与堰两者兼之,表明是用石块筑成的既可档水又可过水的低坝。故嘉泰《会稽志》将碛堰列入《堰》栏目中。浙江湘湖师范学校杨钧老师认为:"山脊若堰,故称脊堰,脊与碛叠韵,读音相若,士人笔之于书,乃称碛堰,义切而典雅"。(转引自陈志富《萧山水利史》)

开凿碛堰山分泄浦阳江洪水原因主要有二,一是取直道使之捷径,二是碛堰以南有一条冗河,可直接引取。民国《萧山县志稿·山川》记载,"冗水发源于冗里之马鞍山,其南麓有石马山。孙表海诗曰:'石马奇峰永兴道,一江芦荻浦阳秋',即咏此。东流北转至临浦而入浦阳江。当碛堰未通以前,冗水本由临浦镇南出麻溪,自碛堰既开,引浦阳江水自冗河出碛堰以入钱塘,而冗水入浦阳江之口遂移临浦之西矣。"冗里因水得名。碛堰未开以前,冗水东流北转至临浦入浦阳江的流向是:发源于现永富村马鞍山北麓之东庄河,经独山北、东坞畈、施家闸(现施家闸村北有听月庵,是古冗水北岸,古称听月楼,明唐寅曾游于此,留诗"听月楼高接太清,楼高听月最分明,忽然一阵天风起,吹落嫦娥笑语声,"见民国《萧山县志稿·寺观》)塘郎姚南至万家闸(花女庙西,已圮),北转至从塘,倪家闸入浦阳江,出麻溪。陈志富的《萧山水利史》记载"碛堰山开通后,成为了浦阳江北注钱塘江的通道之一。需要指出,那条流道不是现在临浦至小砾山的浦阳江江道,而是临浦西的冗河,径碛堰山,沿元宝山西麓,过新坝东、茅山头,至峡山头入渔浦出钱塘江。那时碛堰山北侧的新坝与包家塔、义桥贺家与眠犬山、渔浦与罗墓畈分别是相联的,并没有被现在这条浦阳江所分割。"

浦阳江经碛堰出钱塘江并非始于明代,早在晋代为了防洪排涝,就利用碛堰山口作为排水口,后经自然力量和人工开凿,使碛堰山口成为浦阳江西出钱塘江的主要通道。据明嘉靖《萧山县志》水利卷记载,南宋淳熙十一年(1184),邑令钱塘顾冲关于《湘湖均水利约束》记有:第五凤林穴、溉新义乡莫浦村3800亩,前豪村3829

亩，河由村7241亩，冗村5173亩，共得水一分三厘六毫四丝五忽，放四十时九刻止。说明在1184年前，湘湖水能灌到现戴村镇东北片。自南宋初开始，诸暨、山阴、萧山三县为了浦阳江的水利和航运矛盾的争端不绝于书。从农业水利上说，碛堰的开启不利于碛堰以北的萧山而利于诸暨和山阴，碛堰的堵塞则不利于诸暨和山阴，却有利于碛堰以北的萧山；从航运上说则诸暨、山阴两县均利于碛堰之堵。因此，碛堰开堵从南宋绍兴十二年（1142）堵堰开始到明嘉靖十六年（1537）开堰的近400年间，碛堰的开、堵之争达16次之多。历史上碛堰最后一次拓宽是在明代成化年间（1465～1487）时任绍兴知府的戴琥，其规模也最大，现代测量表明：碛堰山口中的河道宽度为85米（吴淞10.5米时），河床高程为吴淞负4米的深槽，推断是戴琥开碛堰所为。

（根据历代《萧山县志》等资料整理）

第四节　堰坝　桥闸　水库

旧时堰闸塘

堰　七都溪、八都溪等溪河上，早在明清时期就筑有多条堰坝，用以拦蓄溪水，水顺沟渠自流注田。七都溪一带有篁溪堰在方家塘、长潭堰在叶潘桥、青山堰在青山头、灌堰在沈村，均创于明季。坝长4丈，水高3尺始得入堰。水由下街屋底而出，过沈祠前北出干畈，灌田70亩，分为7沟，每沟10亩，每日夜轮放1沟，周而复始。桥头堰和麻车堰在洪村、吴家堰在上堡村内、望山堰和低岩堰在石牛山、棋杆堰在坦庄坞。戴村有成蓬堰。十五都何童庄（今何童埠）有堰湫堰。开明乡有汪家堰（在汪家山下）、道德堰、蒋家堰在凌桥。蒋家堰坐落在凌溪（七都溪）中段，明万历十三年（1575）七月，由凌桥、大湖头、上董三村共同建造。建成后议定分放水则例，为凌桥3天，大湖头1天，上董2天。明万历二十六年天大旱，水量不足，任姓只有1天放水量，难以放遍农田，则例规定严禁车水，但任姓强行架车车水，董姓不依遂带领族人百余人鸣金执械，用暴力殴打至任姓1死3伤，即重伤者为任璋、任淮、任沂，死者任明，皆为一家。董聪沂诉至萧山县衙，有县主亲临现场踏勘，对3村分放水仍按旧制则例处理，并增设堰长3人，戴姓戴豪，任姓任敏，董姓董宝，县设水牌，天旱缺水时有堰长到县衙领取水牌照牌放水，这一分水制度沿袭到解放初期。

附录：

宪定戴任董三姓蒋家堰放水则例碑记

萧山县新遵宪断八都蒋家堰放水则例

万历二十六年七月　日占蒙

水利道吴爷批详，依拟发落该蒋家堰水则例如议，勒石永为定例库收缴。县主沈爷亲临踏勘审祠，寂得蒋家堰之水十四年曾经批详立石，其旧制固不可紊也，一向相守无异。今年天旱，于五月廿五日戴、任、董三姓一齐兴工筑堰，廿六、廿七、廿八系戴姓放水，廿九日任姓放之，六月初一董姓轮放。初二至初九日，其水又属之戴，初五任，初六日董，亦无异说。

初七至初九日蓄而后放，故水得如常，可以灌溉，不必争竞。至初十日，适该任姓轮放，而后为以吾仅一日水势渐微，未必周偏。因驾车数具乃董元廿五等，谓旧例止许通放，未许车庠，今既若此，则次日之水必益枯涸，何以通流。因率族众百余，鸣金执械，用强聚打，以致任漳、任淮、任沂各受重伤，打碎水车四具，抢去二具，踏损田禾一十余亩。丁春祝贤二黄太一历历可审。本县亲临相尸，亦经目击，原无虚谎。夫车水原非越次，但以用车起争，何以理直？为董姓者倘以理直不从，只宜赴官告治，乃辄聚众逞强，各持凶器，将任漳等兄弟三人盖遭打。至十四日，又将任明廿七登时殴死，自顶至踵，节节重伤。任明十八几复笃疾。车具田禾尽被残卢，此非乱民也哉。任明图一时之近利，忘杀身之大祸，其车水非止一人，则状内所告似当尽疑。但甫欲车水随遭群殴，彼且救死扶伤不暇，何暇动车得水垂。且一家之中死者一人，伤者三人，犯何罪而受毒若此，若加多罪,人情何堪。止将任明拟杖以警,将来董总原名贤三,惯好刁讼,当时起祸伊实有谋,但未动手,且状内但言坝水隐起人命真情况,两家农业俱废。董姓因人命戒心不敢放水,又非任明阻绝也。董总相应并杖,再照放水则例,向有立石旧规,似无疑矣。但今之所争,止因任、董二姓,彼此一日苦无多蓄,故忘身忿斗如此,若不垂为永则,后之相争尚未已时乎。相应断令戴家仍照旧三日,次及任姓亦蓄水一日、放水一日,可放则放,可车则车,听从其便。次及董姓悉照任姓之例,则有蓄有泄,水势自溢纵车无伤即放,亦易通流矣。仍於三姓中共推一年少有行者,立为堰长。县置水牌一面,如遇天旱之时,堰长赴县具呈请示,领去水牌,然后公同筑堰,依期轮流,如某家该放,即著堰长率令该地方总甲眼同某家放之,不许私竞。至三姓索银买水之禁,又当照前申饬,勒石垂后,则三姓永永无争,即各家亦永永蒙泽,庶可不朽也。万历二十七年十月日吉旦

堰长:

董文廿九、戴豪廿六、任敏五、丁振三、任远廿二、戴杰廿九、任敏八、丁金兰、戴德、戴豪十八、任明十七、丁元中、沈见九、黄英。

人户轮流:

任明廿三、戴文正、丁宰、陈亲、任明廿六、任敏一、沈尊、徐正、董宾五十五、董贤三、丁春、娄瑞、郑元十二、陈恭、丁庆、董元。

当本年堰长:

戴豪十八、任敏一、董宾四十七

碑立本邑祇园寺山门外西首

(原载《萧山埭湖任氏宗谱》卷二,民国丁亥年重修,怡怡堂珍藏。)

闸　溪河多建闸,用以节水、泄洪、引潮。河口闸在十五都四图、节西冗河、锦山闸在十五都,汇韩塘河、湖头周河、童埠等水。永兴闸在十五都,泄陶家河、蒲山韩等处水。施家闸在姚家山下,园闻闸在上董。茅蓬闸在七都五图,一名余家闸,节余家浦水。堰其闸在八都一图,节朗河。萧闸在堰基闸西南。八马闸在后郑畈,一名星桥闸,节星河。十字塘闸在八马闸东,亦名万湫闸。杨河闸在八马闸南,节杨河。洪富闸在八都一图黄家西畈。石硖村上闸、下闸,俱在八都二图。万家闸在十五都二图,节冗水。花女闸在十五都二图。积堰下闸即响水闸,在十五都四图,节涂河。九老闸在十五都一图,节九老水。独山闸在八都。葛藤闸在十五都一图石盖,节葛溪。小石盖坞闸在石盖坞。桃山闸在石马头。

塘　溪河筑塘,以防潮御洪。方家塘(在今方溪村),罗西塘(在今枫桥村),当是戴村(亦可称萧山)历史上最早的防海塘,距今约一万年左右。十字塘从石盖到溪河塘址头,兴筑时间约为春秋时期,是永兴河下游一项重要的水利工程,筑塘取材于附近山体,均为黄泥、土质黏性很强。茅村塘在八都五图(今南山村下方附近),筑于明万历二年(1574)冬,完工于己亥年(1575)夏,有碑记(见本志从录"孝悌乡茅村筑塘记")。坳子畈塘在八都五图,又叫东塘。孙寓、后郑坂塘为抵御蒋家堰水而筑。八都坂有上塘、下塘、横塘、小八都坂塘。黄天坂塘东至积堰山,西至永兴河,南至冗里横塘泥山庙,东有姚家山下横塘、茅蓬塘、石盖塘、小石盖坞塘。戴村坂塘从茅蓬塘至凌桥土地庙。十五都坂塘,东自浦南西塘王,经蒲山韩前至何童埠锦山,南自八都坂横塘经前陶、河上桥、永兴桥至小石盖坞横塘,北自施家闸松树塘经塘郎姚,过花女庙后至西塘王。还有后溪至溪河七都溪塘。

堰坝增建(改造)

1958年,蒋家堰原土堰改造成混凝土结构,堰设3孔,用木制闸板拦水,干旱闸水,洪水来临泄洪放水,农田用水非常方便。1994年,对蒋家堰进行加固加高。

凌桥堰坝(三头村)　(2008年5月31日李维松摄)

2007 年又对堰进行改造,重新加高加宽,堤岸石砌。现在堰面宽 1 米,堰高 2 米,堰脚 4 米,并专设管理人员 1 名。

20 世纪七八十年代疏浚整治七都溪时,在原有堰坝的基础上,新增建凌桥堰、墙头下堰、墙头上堰、汪家堰、业新堰、门前山堰等 13 条堰坝,缩小了比降,减缓了洪水流速,抬高了地下水位,使防洪抗旱能力得到提高,并且为沿溪村民生产生活提供了极大方便。2003 年,为提高七都溪防洪能力,在增丰段建造堰坝 1 条、加固 2 条,并对砌石护岸用混凝土加固。

2008 年七都溪堰坝情况

表 3－1－1

管理单位	建造位置	技术参数			建造年份
		坝高(米)	坝长(米)	型式	
三头村	凌桥堰	2.0	45	一字斜坡	1966
三头村	墙头下堰	2.0	35	一字斜坡	1966
三头村	墙头上堰	2.0	35	一字斜坡	1966
半山村	汪家堰	1.5	28	一字斜坡	1966
沈村村	业新堰	1.0	30	一字斜坡	1998
沈村村	门前山堰	1.5	32	一字直立	2000
沈村村	灌沿坑堰	1.5	25	一字直立	1970
青山村	南坞菜场堰	1.0	30	一字直立	1998
青山村	狮山桥下堰	1.0	32	一字直立	2000
青山村	青山桥下堰	1.2	32	一字直立	1998
青山村	青山堰	2.0	30	一字斜坡	1970
枫桥村	沙田头堰	1.0	27	一字直立	1999
枫桥村	盛家溪堰	1.2	20	一字直立	1998
枫桥村	枫树下堰	1.0	25	一字直立	1999
枫桥村	枫树上堰	3.0	25	一字斜坡	1970
顾家溪村	勤工堰	1.0	19	一字直立	1999
顾家溪村	平山堰	1.0	18	一字直立	1998
方溪村	东风畈堰	2.0	20	一字斜坡	1970

说明:资料由镇农业办公室提供

桥梁改造

1962 年冬,永兴河云襄桥、石盖桥二处阻水桥梁扩孔拆建。

农村桥梁改造,主要集中在 1999 年至 2003 年,在实施永兴河标准塘建设的同时,分别对河上桥、里横桥、石盖桥进行了改建。2004 年开始由萧山区农机水利局负责实施的农村危桥改造工程全面启动,全镇当时上报需改造桥梁 13 座,至 2006 年用 3 年时间全部改造完成。

1999 ~2006 年戴村镇农村桥梁改造情况

表 3 -1 -2 单位:米

桥名	所属村	技术参数			改建时间
		长	宽	荷载	
河上桥	河上桥	60	5	汽 20 挂 100	1999.10
石盖桥	石盖村	-	-	汽 20 挂 100	2001.5
里横桥	戴村村	-	-	汽 20 挂 100	2003.5
九龙青山桥	青山村	25	10.5	汽 20 挂 100	2004.2
石硖桥	张家弄	78	8.5	汽 20 挂 100	2004.11
杨家桥	杨家桥	65	8.5	汽 20 挂 100	2004.11
平山桥	平山村	18	8.5	汽 20 挂 100	2004.10
黄鹂桥	顶山村	8	8.5	汽 20 挂 100	2004.10
洪潭桥	尖山下	13	7.5	汽 20 挂 100	2005.7
勤工桥	勤工村	18	7.5	汽 20 挂 100	2005.7
幸福桥	戴家山	10	6	汽 20 挂 100	2005.9
潭树里桥	积堰山	10	6	汽 20 挂 100	2005.9
施家桥	郁家山	28	8.5	汽 20 挂 100	2005.9
狮山桥	青山村	28	9.5	汽 20 挂 100	2006.10
盛家溪桥	枫桥村	25	8.5	汽 20 挂 100	2006.10
东风桥	东风村	25	8.5	汽 20 挂 100	2006.10

说明:①资料由镇农业办公室提供。

②桥梁结构形式均为钢筋混凝土平板桥

涵闸修筑

1956 年,张家弄老照山闸移位,后退 0.5 千米到杨家汀出口。1964 年,照山闸又配套新建排灌站,彻底解决了大西坂、外坂、茅村畈的排涝能量。是年,八都坂上塘水闸移位新建,比老闸加宽加高,加大了泄洪和放潮水的流量。

20 世纪五六十年代,大湖头村后站头潭建有水闸 1 座,后畈流经站头潭之水由该闸控制,能保障徐航畈近 200 亩水田的灌溉之需。在茅蓬西侧建有柿树闸,这是大湖头水利枢纽工程。农田需水时,柿树闸一关闭,能做到滴水不漏,堰水、泉水均流入排水沟渠到达下底畈、塘下畈、西边畈的每一丘田间。不需水时,打开柿树闸,水流直泻到西占河,流经大兜河,上董畈出永兴河。因此,大湖头农田若不遇旱情,基本都能做到自流灌溉。如果天旱、水源流量不能满足自流灌溉时,村民便用脚踏,手摇两种水车,车取东占河、西占河所蓄之水，以抗旱救灾。

2000 年、2001 年，在标准塘建设中分别对永兴河沿河 11 座涵闸进行改造，抗旱排涝能力明显增强。至 2008 年，永兴河沿河涵闸仍为 11 座。

2006 年永兴河沿河涵闸情况

表 3－1－3　单位：米

涵闸名称	所在村	规　格	涵闸名称	所在村	规格
下畈闸	大石盖	1.5×2	外畈闸	戴村村	1.5×3
里塘畈闸	大石盖	¢800	九丰闸	张家弄	1.5×2
狗头闸	戴　村	¢500	永兴桥闸	石马头	2.5×2
后郑闸	戴　村	2×2	茅蓬闸	戴村排灌站	4×5
戴家山排涝闸	南三村	4×5.5	茅蓬闸	戴村排灌站	3×3.4
戴家山排涝闸	南三村	1.5×3			

说明：资料由镇农业办公室提供

标准水库

全镇有万立方米以上水库 22 座，总库容 95.3 万立方米，这些水库都建于 20 世纪五六十年代。其中 10 万立方米以上水库 2 座，即响天岭水库和钟岭水库。2001 年，对杨家坞水库加高扩容，防洪标准提高到 20 年一遇。2003 年和 2005 年，先后对鹅坞、塘池、上坞、石浜坞、采岭下和小毛竹园、航坞水库，分别实施防洪标准 20 年一遇的标准水库建设。2006 年，对钟山岭水库实施标准建设，防洪标准提高到 10 年一遇。其他水库防洪能力也得到提高。

响天岭水库　位于海拔 350 多米的响天岭，是萧山区海拔最高的水库。1958 年由原戴村大公社组织劳力物资开始建造，后因故下马。1969 年 9 月 1 日开始，由增丰、永丰（现方溪村）、金星、勤工（现顾家溪村）、胜利、前进（现枫桥村）、尖山下等 7 个生产大队投资建造。前进大队由于村级经济等原因 2 年后退出。当时，戴村公社成立了由党委书记陈吾善、副书记沈满根为正副指挥的响天岭水库工程指挥部，指挥部成员有姜望明、鲍泉根、黄火根、袁小坑、沈雪斋、顾尧松等。历时 7 年，于 1976 年年底竣工。坝长 94 米，坝高 25 米，库容 27 万立方米，集雨面积 0.84 平方千米。1973～1974 年，因灌溉农田所需，从响天岭水库起，沿水沟到发电站处筑坝过坑，过紫家岭，沿山到里石板溪，过溪到紫乌石塔，又沿山到麻地、增丰过金星到顾家溪，至枫树村。沿山渠道以沙灰墙外粉水泥为主体，宽约 1 米，高约 1 米～1.3 米，长约 5 千米，灌溉 5 村农田 400 多亩，现废弃。1999 年，云石乡投资 25 万元，完成对响天岭和钟岭 2 座储水量 10 万立方米以上水库的除险加固，并新筑 3 条蓄水堰坝。2006 年，由萧山区政府投资，对水库大坝、溢洪道等进行整修，并修建进库道路，安装水位与雨量自动测报设备。

钟岭水库　位于佛山村上游，于 1971 年 12 月 26 日由佛山大队投资建造，因为是毛泽东生日破土动工，取名“红太阳水库”。库容 10.5 万立方米，集雨面积 0.7 平方千米，坝高 14.46 米。2006 年 8 月实施标准水库建设，防洪标准提高到 10 年一遇，并安装了水位与雨量自动测报设备。

杨家坞水库　位于沈村杨家坞，由沈村村于 1957 年建造，在大坝建到 8 米高度时停建，当时库容为 3.69 万立方米。1987 年冬季农田水利基本建设中，又投入资金对大坝加高 2 米，库容增至 5 万立方米左右。2000 年，云石乡完成对杨家坞水库加高加固工程的规划、立项工作，并完成杨家坞水库加高加固工程的配套工程三面光渠道 1000 米。2001 年再次投入资金，对水库进行加高扩容，防洪标准提高到 20 年一遇，库容增加至9.8万立方米。集雨面积0.63平方千米、坝长113米、坝高16.6米、坝顶宽4米。

鹅坞水库　位于征丰村,1968年8月动工建造,因坝基一边山林是尖山大队,尖山大队要求合股建造,增丰90%,尖山下村10%。水库设计坝高12米,坝长85米,库容1.2万立方米,后因建造响天岭水库,劳力、财力、精力投放响天岭水库而没有建到设计要求。2003年,鹅坞水库加高2米,安装虹吸管,建造管理房,使鹅坞水库成为20年一遇的标准水库。

2006年戴村镇1万立方米以上水库情况

表3-1-4

水库	所在村	集雨面积(平方千米)	库容(万立方米)	大坝(米)			始建年份	标准库建造年份
				长	高	宽		
鹅坞	方溪	0.70	1.20	63.3	5.50	4.0	1968	2003
张家堰	枫桥	0.70	1.10	40.7	6.50	5.7	1968	
塘池	青山	0.70	5.58	111.5	9.60	6.0	1958	2003
上坞	青山	0.70	1.20	73.5	9.10	9.0	1967	2003
小毛竹园	青山	0.50	2.82	104.0	8.50	5.0	1957	2005
陈家坞	佛山	0.08	1.52	73.6	7.04	5.0	1958	
石浜坞	半山	0.37	3.95	80.6	8.00	10.0	1955	2003
五亩池	半山	0.10	3.50	107.0	7.27	2.5	1953	
张宏岭	半山	0.10	3.10	70.0	8.64	3.0	1956	
大塘池	半山	0.15	2.05	80.0	6.20	4.0	1953	
仙人坞	半山	0.10	1.18	87.0	6.50	2.8	1967	
采岭下	半山	0.12	5.26	100.0	12.50	6.0	1958	2003
航坞	半山	0.20	4.70	140.5	8.00	5.0	1958	2005
兔沙岭	八都	0.10	2.83	130.0	6.00	7.5	1957	
刀尖坞	八都	0.10	2.30	107.0	8.74	4.5	1962	
小五亩池	八都	0.15	1.76	50.0	6.82	4.0	1967	
大池	八都	0.10	1.92	160.0	6.10	1.2	1962	
埠坞	南三	0.20	2.23	–	2.17	–	1951	
前山	郁家山下	0.04	1.60	110.0	5.40	1.6	1957	
钟岭	佛山村	0.70	10.50	–	14.46	–	1971	2006
杨家坞	沈村	0.63	9.80	113.0	16.60	4.0	1957	2000
响天岭	方溪	0.84	25.00	94.0	25.00	–	1958、1969	2006

说明:资料由镇农业办公室提供

第五节　机电排灌

20世纪五六十年代,大部分大队(村)购置柴油机抽水,用于抗旱排涝,对当时农业生产起到积极作用。戴村片、永兴片一些村(大队),添置木制机船排灌,有的以柴油为动力,有的以电能为动力。张家河、杨家河沿岸各村都建有电动机埠排灌站。1968年,因徐杭畈中的风水埂和大园在农业学大寨运动中被移入东占河,扩大了一些农田面积,同时进行园田化建设,新挖东、中、西3条南北走向的渠道,建起后畈、茅蓬、东河、西河等抽水机埠,机械灌溉代替了自流灌溉,进一步提高农业旱涝保收能力。80~90年代,张家弄村先后修建了外畈黄泥潭和上五畈、茅村畈电灌机埠。2000年12月至2001年6月,在永兴河第一期标准塘建设中,重建沿江8个抗旱排涝机埠。至2008年,全镇有大小机埠108座,采用小型机电排灌。主要排灌站4个:

戴村排灌站　位于戴村大畈灌区石盖村,1963年10月动工兴建,1964年9月竣工使用,初名"萧山县戴村公社电力排灌站"。站内设机房、管理室、控制闸、旱闸、库房等,占地2500平方米,最多时职工3人(县编制)。装70泵3台,1979年扩建机房,增加70泵3台,共装机泵6台/480千瓦,排涝能力7.68立方米/秒。配有10~25吨水闸5座(其中3座为电动启闭,2座为手动启闭。)2008年有管理员1名。担负着6.92平方千米(16个自然村)的排涝和4500亩农田的灌溉任务。

积堰山排灌站　位于建民村(现永富村)黄天畈灌区,1963年建造,装50机泵6台、303千瓦。1976年灌区搞园田化建设,为提高排涝标准,在方家村(今徐童山下村)新建白马排灌站,装70机泵2台,160千瓦。灌区的两个排灌站共装机泵8台、463千瓦,其中2台、110千瓦为排灌两用,排灌流量每秒5.8立方米,永富村受益。

下桥排灌站　位于浦南从塘村(现临一村)永兴大畈灌区,1964年建造,装70机泵6台,480千瓦。由于灌区开南河后,江塘裁弯取直、小畈塘废,形成四面临江,灌区范围扩大,遂于1979年新建永兴排灌站,装70泵两台,160千瓦,其中两台为排灌两用,排灌流量每秒7.68立方米。郁家山下,东风、石马头、河杨湖、张家弄等村受益。

昭山排灌站　建于1965年,属大西畈灌区。装50机泵6台,330千瓦,以排涝为主。马谷、八都、南三、戴村、河杨湖、张家弄等村受益。

第六节　农田水利基本建设

中华人民共和国成立后,各级政府重视农田水利基本建设,戴村镇及各村实施了一系列农田设施项目。20世纪90年代初,何童埠村采取劳动积累和"以金代工"等制度,不断完善农田水利建设。1992~1993年,该村在水利建设中投工5078工,投入资金37396元。冬季农田水利建设一开始,村两委干部精心组织,周密安排,完成长3500米的沟渠清淤,长500米机耕道路砌石、长1000米机耕路铺渣任务,并新造农用配电房1间。村劳动积累制度规定每年每亩用工3至5工,不足或超出部分采取每工5元"以金代工";同时做到年初有计划,年终有结算,政策兑现,上墙公布。至1993年全村514亩农田,建有总渠道2119米,排水沟渠3520米,机耕道路2310米。

像何童埠这样重视农田水利基本建设并卓有成效的村,在戴村镇不是少数。1993年,云石乡农田水利建设共投入资金25万元,重点用于云石大溪砌石护岸、清溪和重点山塘水库加固工程。1994年,戴村镇用于农业水利设施建设资金65万元,完成土石方12万立方米,完成8个农田水利建设工程。1996年,戴村镇用于农田水利设施资金360.79万元,其中投入永兴桥、云襄桥的水利拓宽加高工程180万元,还加固永兴河的砌石护岸和大型机埠、水库的建设维修。2002年,戴村镇5000亩标准农田建设全面完工。2003年,区、镇、村共同投入资金250万元,完成永久性渠道长17769米、机耕路长15701米、排水沟长3611米、供水机埠5座,完了8千米标准塘沥青路面的浇筑。2004年,投入资金710万元,对西山排涝河、永兴河淤塘进行内脚加固,对平山、里黄、青山桥进行危桥改造,增强抗御自然灾害的能力。

整治与开挖河流

整治河流　1955年,戴家山村在村前挖了一条长10多千米的排水沟,把村后山上的水引向永兴河。1959年建造排涝机埠,1961年建起抗旱机埠,使这一带农田生产有了保障。

1956年,张家弄村开始对门前坂、后坂2个低产坂进行改造。门前坂在沿山开挖一条排水沟,把沿山的内水排干,坂中又挖了一条从牛头山经八步池到东池河的深沟,内涝排水基本得到保证。后坂在"下大路"开了几条沟,使常年积水的烂田变为干田。杨家河至张家河之间开挖长60米、宽3米的河沟一条,沟通两河,用以排涝、抗旱和灌潮水。

西河,又称串畈河,在上董村,南与大湖头村山边河相接,北至茅篷塘,转90度弯,向东入永兴河。1973~1974年,农田园田化时建造,把蜿蜒曲折的弯河道挖掘改建成直河,南北长1500米。

西山排涝河整治工程,位于戴家山村,是永兴河支流,与杭金公路一塘之隔,堤身单薄,抗洪能力差。2004年10~11月,区、镇两级政府共同出资150万元,对全长1280米河岸进行砌石护岸,完成土方23000立方米、石方5100立方米。

开挖河流　1964年开挖东南河,于次年4月竣工。在原永兴河沙河口地段进行分洪。东河由下东山经上五坂沿山至石峡桥,开通后,水流入永兴河,全长1千米。南河由大桥邱家经下东山、梅里、田头庄到麻车倪与浦阳江汇合,全长4千米,减少了永兴河的流量。这项分流工程仅张家弄村投入劳力就达18000工。

自1963年起,随着电力排灌站的建设,原有老河因河道弯曲狭小,不能适应机电排灌要求,除比较大的河流狭口拓宽外,今镇域新开挖河道主要有:

黄天畈主河下段,现徐童山下孙家至永富村山坎头,1963年开挖,长约300米、宽4米。黄天畈支河小东坞至徐童山下孙家,长1150米、宽3米,1963年开挖完成。十五都畈河由里双孔闸至花女庙,长950米,宽4米~5米,1964年挖成。南三村下方至大西畈河,长885米,宽3.5米,1964年挖成。戴村大西畈河,自三头村大湖头至戴村排灌站长2400米,宽4米,1964年挖成。中河,石盖村畈里至三头村凌桥,长2200米,宽3米,1964年挖成。东河,南三村溪河至石盖村孙家,长1800米,宽2.5米,1964年挖成。石马头至永兴排灌站,长1700米,宽2.5米,1978年挖成。

废塘

随着一线堤塘(永兴河、浦阳江堤塘)的加高加固,小畈塘逐渐失去抗洪御潮作用,20世纪70年代,在"农业学大寨"运动和"园田化"等历次农田基本建设中,先后被平毁,改造成田地或建造村庄、厂房、道路。先后平毁的废塘有:十字塘、孙寓、后郑畈塘(何时平毁不详,应在戴村大畈塘筑成后)、戴村畈溪河老塘(1964年平毁);坳子坂塘、茅村塘、八都畈横塘、前陶弯塘(1977年平毁);小八都畈塘、十五都畈东塘、北塘(除松树塘现为路尚存)、黄天畈姚家山下横塘(现为厂房)。1970~1971年,对张家弄大队的下坂、上五坂的废弃塘埂进行平毁,1978年河墩头铲平高地并填池变田,增加土地30余亩。

筑塘

1950年,张家弄村对外坂200多亩外沙田新建围堤:南起杨家塘、东经石硖桥,北过杨家汀,西至老照山闸与大西坂塘埂连接,全长1.2千米,当年获得丰收。

1961年,溪河大队为解决水利实际问题,克服困难,征得水利部门同意后,发动群众起早贪黑,用"分球棒"的方式挑起了保卫塘。连续奋战3年,到1964年堵塞东西两端缺口,保卫塘建成,经过河流改道,该村才真正成为塘里村。从此改变了溪河村一直地处外畈,每逢大雨天和潮汛季节村子一片汪洋,连出门都要靠一扇门板撑着出去的状况。

低产畈改造

1988～1992年，对戴村大畈、坳子畈、黄天畈农田进行低产畈改造，涉及今八都、三头、南三、戴村、大石盖、上董、河杨湖、永富8个行政村农田6472亩。其中戴村大畈共有农田4900余亩，涉及戴村、后郑、溪河、凌桥、陆家、孙家、畈里、石盖、大湖头、上董、墙头11个自然村；坳子畈共有农田675亩，涉及戴家山、中潭2个村。河道砌石护岸：黄天畈长2000米、十五都畈长1500米、戴村大畈长2700米、戴村外畈长750米、茅村畈长885米、坳子畈长1100米，共计砌石护岸8935米。建造三面光渠道34546米，每米70元，共投资242万元。修筑机耕路34813米，每米90元，共315万元。机耕路硬化3200米，其中下方1500米，永富100米，张家弄500米，半山李家坞1100米。修筑排水沟15393米，每米150元，共230万元。

标准农田建设

1978年开始，全镇进行园田化建设，结合平整土地，对农田实行3亩式(80米×25米)，南北朝向，机耕路渠道统一规划，对一般高低不平的田块进行拼爿合整。

20世纪80～90年代，全面推进园田化建设，先后有马谷村190亩(茅村畈)、麦园村80亩、中潭村250亩、丁村村190亩、南三村1006亩、戴村村928亩、上董村627亩、大石盖村1007亩、石马头村1272亩、河杨湖村1053亩、张家弄村1213亩、东周村896亩、郁家山下村826亩、永富村1908亩，共计11446亩。

2000年，由杨家桥、河上桥(现属河杨湖村)、张家弄、溪河、下方、戴家山(现属南三村)、麦园、中潭(现属八都村)、戴村、张家弄、马谷等10个村对戴村外畈、茅村畈、沃子畈2700亩田块进行标准农田建设，新建三面光渠道9732米、机耕路6633米、石砌排涝沟6488米、排灌机埠6座、机耕桥16座，总投资220万元。

2003年，由河上桥(现属河杨湖村)、何童埠、东周、西周(现属东风村)、积堰山、马鞍、冗里(现属永富村)、石马头、郁家山下、石盖等10个村对黄天畈、十五都畈5000亩田块进行标准农田建设，新建三面光渠道16287米、机耕路15270米、石砌排水沟4630米、排灌机埠5座，总投资250万元。

2006年，由沈村、佛山、青山、顾家溪4个村组织对围垦1430亩田块进行了标准农田建设，新建三面光渠道、机耕路及机耕桥2座，总投资91万元。

2008年、由佛山、半山、八都、马谷等4个村对佛山溪、八都溪小流域山区中低产田实施改造，完成机耕道路7374米、U型渠道4577米、砌石排水沟3000米、新砌防洪堤3422米、防洪堤固脚6250米、堰坝52条、改建机埠5座、改建机耕桥4座、其他配套设施518套，主体工程总投资650.5万元。其中中央及省财政资金350万元、区财政180万元、镇财政120.5万元，涉及工程政策处理由各所在村解决。

围垦江涂

1969年11月30日至12月7日，由云石公社的船山、光明、尖山下、顶山、金星、勤工、胜利、红卫、石牛山、狮山、南坞、沈村、新农13个大队及戴村公社的戴村、马谷、中潭、丁村、大湖头、上董6个大队的5000余人，响应上级号召，参加萧山围垦史上首次具有全县规模性质的围涂工程，共围垦土地5.2万亩，戴村镇分得土地3000余亩(现属新湾镇范围)。

1971年1月15日至21日，有分得围垦土地的船山、光明、尖山下、顶山、金星、勤工、胜利、红卫、狮山、南坞、沈村、新农、戴村、马谷、中潭、丁村等大队等再次参加围涂，共参与围得土地10万亩，因有部队和建设兵团参加联围，俗称“军民联围十万亩”。

至2008年，戴村镇围垦土地面积为1835亩。

第七节　防汛抗旱

洪涝台风灾害

根据历代《萧山县志》记载，浦阳江下游及永兴河七都溪一带，洪涝灾害发生频繁。自公元1143年至1948年的806年间，共发生水灾59次，大旱灾25次。中华人民共和国成立后，1949年至1998年共发生干旱6次，洪涝灾害24次，洪涝灾平均每2.6年发生一次。本流域威胁最大的是洪与旱，根据不完全统计，1955年6月洪灾，造成3处决口，河口决口长60米，深5.3米；石盖决口长19米，深3米；石盖坞决口长29米，深3.5米。3处决口共用工7900工，土方11850立方米。在这次洪灾中，河上桥前陶湾再次塌塘，淹没十五都畈及浦南一大部分农田，2万多亩10多个村进水，损失五千多万元。1956年8月1日，12号台风过境，造成洪灾，戴村区除黄天畈外，所有堤塘决口，永兴河一带倒塘160多处，受涝11万多亩，全镇冲塌房屋20余间。1960年防汛抗台中，供销社抽出120人组成搬运、检查、抢险、采购4个分队，赶赴全公社15个险口江塘可能出事故堤段，共运去抢险所用草包8094只，竹篾50件，火把3480个，土箕2456双，麻袋1055只，油柴25600斤，塘桩2230个。1962年9月6日14号台风暴雨造成墙头、凌桥一带冲毁堤塘200余米，农田受淹6000亩，冲毁农田80亩、旱地122亩；1968年秋季暴雨，因当时上游植被遭破坏，山洪暴发引起泥石流130余处；1972年8月1日至4日，台风暴雨冲毁右岸堤塘410米，受淹农田850亩；1974年8月2日13号台风暴雨，造成明堂村上坞水库坍坝，冲毁房屋6间。

1990年8月30日至9月1日凌晨，15号台风肆虐时间长达30小时。日降雨量戴村227毫米、云石218毫米，永兴桥水位达11.3米，居历史第二高水位。这次台风风力强、时间长、雨量大，对全镇造成重大损失：溪河段公路及桥孔严重阻水，七都溪与西山排涝河两股洪水在31日晚18～19点，顿时涌高漫溢公路，后来水深达胸部，戴村农行、电管站进水，溪河保村埂、戴村街塘外畈塘多处出现险情，至23时洪水超越戴家山横塘公路顶，水深1米，直泻大西畈，致使内塘脚及公路东石坎冲失，无力抢护，终于酿成横塘决口。始宽26米，大西畈一片汪洋，当时的下方村整村受淹在汪洋之中达2天左右。七都溪堤坎决口13处，最长的决口达150米，交通中断；溪内堰坝基本全部冲毁。

干旱期间，主要依靠有限的水库蓄水和溪流堰坝拦水堤引水灌溉，一旦久晴无雨，则可利用水源严重不足。据记载抗旱能力达到70天的，旱涝保收田仅占总耕地的1/5左右，只有1000余亩。所以洪、旱灾害，不但严重影响了戴村农业的发展，而且也威胁着整个社会经济的持续发展。

戴村镇历年月平均降雨量及降雨量极值，根据永兴桥水文站与云石水文站建站以来至2006年统计数字显示如表。

1964～2008年戴村镇月平均降雨量

表3－1－6　　单位：毫米

月　份	永兴桥站（1964～2008年）	云石站（1971～2008年）	月　份	永兴桥站（1964～2008年）	云石站（1971～2008年）
1	66.7	86.5	7	156.6	160.2
2	101.2	131.1	8	146.3	174.4
3	102.3	85.4	9	135.8	154.5

续表 3－1－6

月　份	永兴桥站（1964～2008 年）	云石站（1971～2008 年）	月　份	永兴桥站（1964～2008 年）	云石站（1971～2008 年）
4	87.9	91.4	10	59.7	52.2
5	148.7	155.7	11	80.9	78.5
6	209.2	232.1	12	66.7	79.2

说明：1. 1964～2006 年年平均降雨量永兴桥站为 1353.2 毫米；云石站为 1406.9 毫米。

2. 资料由镇农办提供

1964～2008 年戴村镇降雨量极值

表 3－1－7　单位：毫米

永兴桥站（1964～2008 年）		云石站（1971～2008 年）	
最大降雨量日期	雨　量	最大降雨量日期	雨　量
1 天（1990－08－31）	139.4	1 天（1987－09－01）	147.0
3 天（1990－08－30～09－01）	255.5	3 天（1999－06－24～06－26）	251.0
7 天（1999－06－24～06－30）	297.0	7 天（1999－06－24～06－30）	340.3
15 天（1994－06－08～06－22）	438.8	15 天（1993－06－08～06－22）	475.5
30 天（1999－06－09～07－08）	590.1	30 天（1999－06－06～07－05）	607.6

说明：资料由镇农办提供

附录：

1954 年的洪灾情况

1954 年 5 月 7 日起连续降雨，连发 3 次大水，至 5 月 24 日日夜暴雨如注。5 月 26 日凌晨 2 时左右，白墅乡河上桥前陶湾堤塘决口，淹没白墅乡河上桥。何童埠、东周、西周；马鞍乡郁家山下；戴村乡石马头（及石盖坞部分农田）；浦南乡、桃北乡部分，共农田 1.7 万多亩，畈内村庄尽成泽国。

据戴村区统计称：淹没戴村区 7 个村已种天花落（早稻）3514 亩、秧田 4627 亩、未收春花（小麦、蚕豆）1059 亩及各种夏季作物杂粮，直接经济损失 500 万元（新币）。

灾情发生后，县、区、乡领导及时赶到，成立抢险指挥部，经过 3 天物资准备及抢险方案研究，从 5 月 31 日开始用麻袋装土筑堤堵口，至 6 月 1 日傍晚新堤（堵口）已高出水面时，突遭暴雨袭击，至夜 11 时上游洪峰到达，数百群众冒着风雨与洪水搏斗了一夜，至次日上午 9 时，潮水又到，终因新堤单薄，造成第二次决口（此时水位内外相差 1.56 米）。

第二次决口后，县、区、乡主要领导赶紧到现场，水利技术专家也已赶到，重新研究堵口方案，至 6 月 13 日完成堵口合龙。。

整个抢险堵口工程共用材料计：麻袋 9809 只（内群众支持 874 只）、木桩 45 个，竹篾 10076 根，青麻 297 斤 14 两，毛竹 709 斤，石头 100 立方米，畚箕 283 双，竹箪 14 条，铅丝 7.5 两，铁钉 1.5 斤，煤油 285 斤，总费用51497210元(旧币1∶10000)。共用民工5534工,完成土方3008.55立方米。新塘底宽43米,面宽4米,高8米。

在抢险堵口的同时,各级政府十分关心灾民生活,其间给20户灾民发放救济款91万元,银行派干部坐船下村,及时发放生产生活贷款,供销社用船下村供应米、油、盐等食物和生活必需品,组织干部下村慰问灾民,组织生产自救。

(根据镇档案室资料整理)

水库防洪

全镇有万立方米以上水库22座,其中10万立方米以上2座。水库是戴村防洪的重点,尤其是10万立方米以上的响天岭水库和钟岭水库,遇有持续强暴雨,或山体滑坡堵塞溢洪道等恶性情况,后果将不堪设想。出现各种险情皆有救治措施:

散浸渗漏　由于水库水位抬高,坝身透水性强,截渗不够,造成浸润线上移。抢险原则:“填土灌浆,导渗固脚。”抢险办法:一是上游截渗,迎水坡抛铺土料或叠压草包等,或先铺簟皮、油布,然后用土、草包装土复填;水位退落后,及时灌浆,提高抗渗能力。二是下游导渗,开导渗沟宽0.5米~0.8米,深0.6米~1米,内填砂石、塘碴;沟形式有一字、人字、Y形和拱形等,沟间隔以5米至10米为宜,坡脚有横沟集流。

裂缝　由于坡度陡,浸润线抬高,基础沉陷,新老土结合不紧,土壤含水量饱和而下沉,造成裂缝。抢险原则,“黄泥封缝,覆盖防水”。抢险方法:一是挖土填土,沿裂缝挖沟,沟比裂缝长出1米左右,如果裂缝长需加开十字结合沟,沟宽0.04米~0.80米,深0.6米~1米,沟内充分夯优质黄泥;二是黄泥浆灌浆:黄泥浆液自重灌浆裂缝,灌后裂缝处用土覆盖好。

跌窝　绕壁或绕基渗漏,或局部土体吸出而造成坍陷。抢险原则:“翻挖堵洞,反滤还土。”抢险办法:翻挖跌窝处,清除坑底杂物(如树根、石块等),寻找洞穴、裂缝,关键在于堵洞嵌缝。如果堵洞嵌缝质量好的话,则可直接回填原状土;如果洞、缝堵塞不实,或没有找到,则在坑底处铺设厚0.5米左右的砂、碎石料反滤层,然后回填优质黄泥,分层夯实,再用原状土覆盖。

对涵洞渗漏而引起的跌窝,通常是先上部开挖,在涵洞顶部处嵌缝堵漏,然后回填复坝,再对下部进行灌浆处理。

背水坡滑坡　因高水位持续时间长,大坝浸润线抬高渗透压力和渗漏量的增加,堤身土壤饱和造成边坡重力损稳而产生塌、滑。抢险原则:“排除渗水,抛碴固脚。”抢险方法:导渗、固脚、削坡、封缝、还坡。导渗:渗漏出口段回填碎石、塘碴等材料,做反滤层,防止泥土流失。固脚:脚趾处抛填块石、塘碴、防止再次滑动。削坡:消除上部悬挂的土体或自然坡,减轻倒挂压力。封缝:采用黄泥或原址土回填滑坡裂缝,以防雨水侵入催滑。还坡:自下而上新土回填至坝身2/3高度,保持坝坡稳定后,逐步恢复坝坡达1∶3。

迎水坡塌坡　水流及风浪冲刷,淘空基层,造成边坡失稳坍塌。抢险原则:“防冲护石,帮宽加固。”抢险步骤:通常在迎水面冲塌处抛置块石,叠筑草包(内装土料或石碴),防止冲塌扩大;如果险情仍在发展,应在背水面培土帮助加固坝身,增大大坝防洪能力,这样即使老坝塌失,还有新坝保护;采用“过塘索”办法,即用竹簟皮一端系上块石沉至坝外脚,另一端拉至坝顶,并用重物(如袋土、块石)网牢,这样可避免洪水直接冲刷坝身,也可采用合金钢网装石碴护坡防冲措施。

管涌漏洞　由于鼠洞蚁穴,或者搭接松土,砾石空隙,造成集中渗漏(水工建筑物绕壁渗漏等)。抢险原则:“上游截漏,下游导渗。”抢险方法:一是上游截漏,判定漏洞(管漏)进水口位置,设法将草捆、棉絮、铁锅安放在进水口,堵塞后再用土袋叠压。管涌、漏洞进水口位置难确定时,可用簟皮(或油布)铺于临水坡,然后用土袋填压,同样可获得较好的截漏效果;二是下游导渗:筑反滤层,分层铺填粗砂、小砾石、碎石、各层厚约0.2米~0.3米,或统铺石碴、砾石,起到压土滤水作用。或者筑反滤井,出水口周围用土袋筑叠做围井,然后在井内依次填铺细砂、粗砂、碎石(或卵石),厚度各为0.2米~0.3米,井高超出反滤层水面0.2米,井大小比出口大些。

漫顶 由于进水量大于溢洪道过水流量,造成库水位过坝顶而向外溢水。抢险原则:“水来土挡,就地取材。”抢险方法:在坝顶内侧设置土料、草包土(编织袋、麻袋装土等)作挡水土墙。抬高挡水高度,防止库水漫坝顶而冲毁大坝造成失事。

决口 坝身薄弱存在隐患或塌坡、管涌、漫顶等抢护不及时。抢护原则:“因地制宜,全力抢护。”抢险方法:尽快加大溢洪道和输水涵下泄流量,降低库水位,并迅速用大物体(如门板、闸板、树木)集中力量在进水口段拦截,再用草包、块石等叠挡,直至缺口修复。如果缺口不能封堵也应设法尽力减少下泄流量,延长排水下泄时间,减少下游可能造成的损失。

防御措施 一旦出现险情,村(自然村)防洪预警员向村民发布紧急转移撤退信号,并向镇防汛值班员报告。镇防汛抗旱指挥部立即全面部署防汛工作,镇、村、自然村三级联动,全力做好群众安全转移安置和抢险救灾。镇、村抢险突击队应昼夜加强巡查,贮运抢险物资,对水库下游村庄的群众做好疏散准备工作。当险情进一步严重时,镇防汛组织在区防汛指挥部的统一指挥下,一是组织抢险突击队青壮劳力、预备役官兵严防死守。二是在紧急情况时可用广播、电视、敲锣、鸣枪等措施及时提醒群众,紧急做好水库下游村庄群众撤离到安全地区,以及群众主要财产转移,并由当地公安、政法等部门做好水库下游村庄群众撤离到安全地区,以确保人民群众生命财产安全,把损失降到最低限度。

雨情、水情解除后,农水部门应立即着手水毁工程调查和修复工作。水库受益单位应本着“谁受益,谁负担”的原则,自力更生抓紧拟定修复水毁工程,邀请水利部门在调查踏看的基础上,帮助制订修复方案,分别轻重缓急,落实部分补助资金。恢复生产、生活秩序,镇组织好当地企事业单位和群众开展生产自救,积极抢修各种生活设施和生产设备,尽快恢复生产,把损失减少到最低限度,民政部门要及时调查了解灾区群众受灾情况,争取救灾物资,支援灾区重建计划。

防汛抗旱

成立抗灾指挥部 为了有效地搞好防汛防旱工作,镇里成立防汛防旱指挥部,由镇长担任指挥,分管农业的副镇长和人武部长任副指挥,镇党政办、农办、城建办、综治办、经发办、社会事务办、派出所、电管站、电信局、中心辅导学校等单位为成员单位,下设办公室,每年汛期(4月15日~10月15日)24小时值班。各行政村也相应组建防汛抗旱组织,成立20~30人不等的应急抢险队伍。对万立方以上水库配备1名巡查员,签订巡查管理责任状。汛期前,镇乡领导人都要实地巡查水库安全措施。1998年3月31日,云石乡党委书记俞永兴、人大主席沈国兴、乡长俞官朝带领有关人员,到枫树、石牛山、南坞、响石桥等村,实地检查4个蓄水量在1万立方米以上水库的安全情况。在枫树村后山水库发现大坝有一条20多厘米宽的裂缝,次日即组织人员进行抢修,确保水库安全渡汛。

制订责任制 防汛抗旱工作实行行政首长分级负责制。明确指挥长、副指挥长、重点部门负责人和相关部门负责人、各行政村主要领导、机关联村干部等的职责、处置协调权力、承担的任务等。重点水利工程,镇对村签订安全责任书,对水工程管理和巡查人员签订安全管理责任书。云石乡有高山水库和山塘水库14座,全部落实水库专管责任制。其中蓄水量在10万立方米以上的水库,由行政村村主任和水库专管员负责,村主任是直接责任人;小型山塘水库的直接责任人是水库专管员,做到管理职责、管理权限、报酬三落实。

物质保障 各种防汛物资和器材,如编织袋、草包、竹篾、铁丝、木桩、钢管、块石、石碴等,镇、村皆有适当储备。抢险需要动用上述库存物资时,须经区防汛指挥部批准,必要时在全区范围内落实调用。交通、抢险车辆:落实杭州南方建筑工程公司运输车辆和装载设备为定点单位。医疗队伍:确定萧山第六人民医院和云石卫生院为救助医疗单位。通讯、电力:落实戴村电信局、戴村电管站为责任单位,确保通信和电力畅通。镇防汛指挥部成员电话、手机在防汛时必须24小时确保开通。以保障区防汛指挥部发布的雨情通报及时通知到村委、水库管理人员和有关单位、人员,并确保水库现场运行情况随时传递至镇、区防汛机构。如遇非常情况通信中断。储备应急抢险照明设施,如应急灯、手电筒和发电机等,以保障抢险时能随时调用。

抗灾预案 为应对和防御各种自然灾害,制订全镇综合性预案《萧山区戴村镇防洪防台预案》,以及水库等主要部位的单项性预案如《戴村镇响天岭水库防御洪水预案》《戴村镇钟岭水库防御洪水预案》。假设灾情,完善措施,明确任务,落实责任。

第二章 交 通

戴村是萧山南部重镇,旧时有干道从临浦通往河上、楼塔、许贤、桃源等地,沟通了与诸暨、富阳邻县的联系。永兴河航船可通临浦、桐庐、杭州,竹排可抵达河上溪头,便捷的交通促进了戴村集镇的发展。民国25年(1936)建成的临浦至楼塔的县道,通过戴村,到20世纪60年代初这条公路改建成省道杭金线。中华人民共和国成立后,尤其是改革开放后,戴村境内公路建设发展迅速。杭金线经过拓宽改建,新建了桥戴线、云许线、戴尖线、春永线等县乡公路。村级道路普遍"硬化",实现了村村通油路。与此同时,包括永兴桥、河上桥等一批桥梁得以改建或新建。运输工具得到根本性改进,村民从旧时的肩挑手提,到拥有各种拖拉机、农用车、大货车,乃至自备轿车,一批专业从事客货交通运输的村民应运而生。随着交通基础设施的改善,交通运输进一步发展,村民尤其是山区村民出行和货物进出运输更加方便,促进了工农业生产和区域经济的发展,为戴村生态旅游立镇创造了条件。

第一节 公 路

戴村有穿镇而过的省道一条,即杭金线;有县道桥戴线、云许线、戴尖线、春永线,或穿镇而过,或均起讫于镇内;有老杭金线废弃改成的乡道石管线。至2008年年末,随着《戴村镇城建总体规划》和康庄工程的逐步实施,境内公路与纵横交叉的乡村道路相连,戴村镇域公路网更加完善,交通称便。

省道

杭金线 又叫03省道,编号S103。原为萧金公路,起点在城厢镇西城桥,终点金华。1990年全省公路普查后,起点调整到杭州,萧山境内的原104国道钱江大桥南端至西城桥段改属杭金线,与萧金线相连,称杭金公路。2000年全省公路普查中,将原杭金线西城桥至白鹿塘段改为县道,而将西城桥至通惠路环岛段县道和环岛至大通桥段城市道路改为省道杭金线,与1994年改建竣工的杭金线相接。杭金公路起点杭州,终点金华,全长184.80千米。萧山段起点城厢镇杜湖村与滨江区西兴镇交界(桩号9K+800),终点楼塔镇管村与诸暨市次坞交界处(50K+745),全长40.95千米。为二级加宽公路,高级路面,路基宽15米,路面宽12米。

杭金线萧山段前身,是民国时期临(浦)楼(塔)县道。民国23年(1934),萧山县发生旱灾,南乡尤为严重,县政府决定以工代赈修筑临浦至楼塔县道,民工就地征集,每工发给大米3升。历时2个月,投入民工2万余工,道路初具规模,至民国25年临楼县道完工。线路由临浦经郁家山下、戴村、河上至楼塔,路面宽6米。同时,招商开设人力车行,在临浦、永兴桥、河上、楼塔等处设站。民国26年12月日本侵略军侵占杭州后,为防止日军南侵,翌年掘毁临楼县道。民国29年1月,萧山县城沦陷,临楼县道被破坏殆尽。直到民国37年,县当局为了扑灭活跃于本县南乡的革命武装——金萧支队,训令"萧山县临楼县道监工督路办事处"限期修通。当时正值晚稻插秧季节,沿线百姓群起反对,除个别地段筑了一些路基和打了几根桥台木桩外,即告夭折。

中华人民共和国成立后,县人民政府为了开发山区经济,于1956年11月动工正式建筑临楼公路,沿线群众踊跃投入筑路,翌年3月完成。1957年7月1日行驶客车。1973年延伸至富阳、章村和诸暨大塘庵。

1959年11月,省人民政府批准修建萧金公路,设计标准为6级甲等。当时重点为萧山至临浦段,临浦至次坞段因已建成简易公路,只进行修整。1962年下半年,萧金公路萧山境内全线建成通车。此后,逐年进行技术改造,一些小桥桥面改为钢筋混凝土梁版。70年代,杭金线萧山段全线恢复路基至8米~8.5米宽。1975~1979年,逐年铺筑成沥青路面。80~90年代初,尽管多次进行局部改造,杭金线萧山段路面大都只有6米宽,与省道干线的交通量极不适应,经常堵车。1992年2月13日,杭金线萧山至诸暨市次坞段公路的改建方案确定,不久被列入省第一批交通基础设施建设“四自工程”。1993年6月5日开工,由萧山市交通局组织实施。戴村段改建的起点石马头村,终点戴家山,绕出戴村集镇,全长3千米,路面宽15米。其间新建永兴桥、溪河桥、戴家山桥3座桥梁,公路穿越戴家山而过。该段公路于1994年5月建成。是年10月28日,杭金线萧山段改建工程全线竣工通车。

县道

桥戴线　编号X120。初称闻戴公路。起点闻堰镇黄山村华家桥,终点戴村镇后郑村与03省道相接,全长18.17千米。为二级加宽公路,路基宽18米~19米,路面宽15米~16米,高级路面。

该公路经逐年逐段建造而成。1957年建成华家桥至东汪6.04千米;1987年建成东汪至义桥6.95千米;1995年建成义桥大桥接通许贤;1999年新建义桥至戴村公路,并对义桥至闻堰段改道新建。该线作为03省道的分流线,被省政府列入“四自工程”。2001年1月,省交通厅质量监督站等省、市公路主管部门将该工程评为优良工程。2000年年底前,起点至东汪段由萧山公路段养护、管理;东汪至戴村段原由萧山市县乡公路管理所养护、管理。2002年3月,由合并前的临浦公路管理站养护。桥戴线自义桥镇复兴村河口自然村(桩号K19+200处)进入戴村镇大石盖村畈里自然村。

云许线　编号X109。起自戴村镇沈村(原云石乡),终点义桥镇丁家桥(原许贤乡),故名云许线。全长7.25千米,三级公路,沥青路面,宽10米。戴村境内长1.85千米,在佛山村上堡自然村擂鼓山上桩号K1+850处,进入义桥镇昇光村篷岭自然村。1997年立项,云石段投资330万元,至年底公路路基建设基本完成,1998年建成通车。初为砂石路面,1999年浇注为沥青路面。

戴尖线　编号X128。起自戴村镇戴村村,途经本镇三头村、半山村、沈村村、青山村、枫桥村、顾家溪村、方溪村,终点尖山下村,全长8.58千米。四级公路,沥青路面,路基宽7.5米~8米,路面宽5米~6米。始建于1973年,当时建成戴村至云石方家塘8.19千米,称戴方线,公路沿七都溪溪边而上,初为泥结碎石路面,有凌山桥、云石桥、前进桥等桥梁3座,共142.02延米。1988年改为沥青路面,1991年延伸至尖山下村0.53千米。1992年改造新云石大桥。2006年8月,戴尖线道路拓宽一期工程列为区级重点工程,开始进行拓宽改造,先拓宽改造3千米,路面宽9米,为二级公路。与戴尖线平等的七都溪同时得到疏浚,工程于2007上半年完成,极大地改善了云石片群众出行条件。

春永线　编号X412。春江—永兴,起于富阳春江,终点萧山戴村石马头(原属永兴乡),全长30.12千米。在18k+120处由富阳进入萧山境,萧山段全长11.86千米,三级公路,沥青路面,路基宽米8~9.5米,路面宽7米,有桥梁6座,共49.29延米。1987年12月建成,初为砂石路面,当时称永富公路,是全县实现乡乡镇镇通公路的最后一条公路。1988年1月1日接养,接养里程为11.83千米。1990年改为沥青路面。该路从义桥镇徐童山下自然村进入戴村镇永富村,在石马头村叉口处衔接03省道,戴村境内长2.33千米。

乡道

石管线　编号Y119。是1994年杭金线改道后留下来的老线,建成于1957年。共计6.200千米,分4段:其中戴村镇石马头至溪河段长2.300千米,河上镇泽荣村至河上段长1.450千米,河上镇白堰至溪头村段长0.985千米,楼塔镇樟树下至管村段长1.465千米。均为三级公路,次高级路面。由萧山公路段养护、管理。

公路养护

镇内公路曾分专业养护和农工养护两种。专业养护由萧山公路段所属临浦道班(1991 年改称临浦公路管理站)实施,负责 03 省道及县道等专业公路的养护、建设及路政管理,代养非专业养护的县乡公路。专业养护长期以来由省、市公路部门实行垂直管理,每年由上级管理机构下达养护计划、拨付资金。1999 年 7 月,杭州市改革公路管理体制和养护运行机制,公路管理实行"条块结合,以块为主",公路段成建制下放萧山市交通局,名称由"杭州市公路管理处萧山公路段"改为"萧山市公路段"。专业公路的养护计划、资金渠道不变。农工养护始于 1982 年 5 月。当时公路养护实行分级管理,戴村镇内新建的县乡公路由镇乡实行农工养护,由萧山县工业交通局负责。随后,在戴村等县乡公路较多的区设公路专管员,负责辖区内县乡公路养护和管理的具体事项。养路农工由乡镇派出,属轮换制,交通部门给乡镇一定的补贴。1988 年 4 月,成立萧山市交通局公路管理所。1993 年 1 月,取消公路专管员,建立临浦公路管理站,下设云石道班,负责戴村片县乡公路的养护、管理工作。1996 年 7 月,萧山市交通局公路管理所更名为"萧山市县乡公路管理所",领导临浦公路管理站及下属云石道班的养护工作。2002 年 3 月,萧山市公路段与萧山市县乡公路管理所合并,段与所分别所属的 2 个临浦公路管理站合二为一。从此,戴村境内的所有公路,皆由临浦公路管理站养护。

临浦公路管理站　1957 年临楼简易公路通车后,萧山公路段在临浦设立养路道班,并在平水闸西侧建造 100 平方米道班房,专业养护临楼公路。后随着杭金公路全线开通,交通流量增加,养护任务加重,工作人员增多,机械化设置增添,临浦道班房不能适应需要,于 1979 年从临浦迁至戴村石马头村杭金公路(K21 + 800)处小山旁,负责杭金线溪头黄至苦竹园 31.9 千米和横章线横凉亭至章村 2.07 千米黑色路面的养护,同时负责临浦公路桥的清洁、维修。20 世纪 80 年代,临浦道班油路"圆洞方补"的经验在全省推广,被省公路局和杭州公路总段评为省、市区油路先进道班、文明道班。

1991 年年底,临浦道班改称为临浦公路管理站。有正式职工 13 名,拥有 1 辆农用汽车、2 部手扶拖拉机、小型沥青拌和场一个等机械设施。1992 年撤扩并后,萧山公路段于第二年购买原永兴乡乡政府办公楼,作为临浦公路管理站的用房。2002 年 3 月,县乡公路管理所并入萧山市公路段,县乡公路管理所所属的临浦公路管理站,与萧山公路段所属的临浦公路管理站合并,仍称临浦公路管理站。合并后的临浦公路管理站,担负萧山南片地区 222.935 千米公路管养任务,站下设 4 个养护作业道班和 1 家工程分公司。全站包括合同工在内共有职工 150 人,其中站管理人员 10 人,专业技术人员 5 人,高级养护工 18 人。2003 年经省交通厅和交通部考核验收合格后,命名该站为交通部文明公路站。

历任站(班)长丁善根(1979 ~ 1986.6)、马利明(1986.6 ~ 1989.10)、洪水根(1989.10 ~ 1994.4)、马利明(1994.4 ~ 2002.3);金尧(2002.3 ~ 2004.2)、叶利民(2004.2 ~)。

云石道班　始建于 1982 年,位于云石沈村,故名。1981 年戴方公路建成后,成立戴方公路道路维修队,由队员沈雪桥、丁龙虎、郭焕校、余宝松 4 人组成,主要管辖戴方公路养护工作。戴方公路产权归云石乡政府所有,所以维修队工资由云石乡人民政府支付。1983 年云石乡政府投资在老云石桥旁边杂地建造戴方公路管理平房 2 间,面积约 20 平方米左右。1988 年,戴方公路被萧山交通局列为县乡公路,并正式成立云石道班,对原维修队年龄偏大人员进行清退并新招人员,云石道班由丁龙虎、郭贤法、金国贤、张小伟、余叶权 5 人组成。此后,云石道班养护逐年走上正规化,工资报酬、材料及工具费用都由市交通局列支。1992 年撤扩并后,云石道班在临浦公路管理站(历任站长孙云球、金焕国)直接领导下开展工作。到 1994 年年底,戴方公路更名为戴尖公路,公路养护里程由原来的 8.25 千米增加到 8.58 千米。1996 年 7 月,萧山市交通局成立县乡公路管理所,云石道班归属县乡公路管理所领导的临浦公路管理站。2002 年 3 月,县乡公路管理所与萧山公路段合并,合并后云石道班更名戴村道班。现戴村道班管辖的养护线路有:03 省道、戴尖线、东思线、包洪线、大周线、八径线、石管线、油虎线、桃下线,总养护里程为 65.253 千米,桥梁 40 座。

2008 年临浦公路站养护的公路

表 3-2-1　单位:千米

路线编号	路线名称	管养起讫桩号	养护里程
S103	杭州—金华	K25+000~K50+745	25.745
X109-330109	云石—许贤	K0+000~K7+250	7.250
X120-330109	桥南—戴村	K4+596~K22+770	18.174
X128-330109	戴村—尖山下	K0+000~K8+580	8.580
X149-330109	东周—桃源	K0+000~K11+428	11.428
X412-330109	春江—永兴	K18+262~K30+120	11.858
Y119-330109	石码头—管村	K0+000~K6+200	6.200

说明:①合计养护里程 89.235 千米。
②资料由萧山区公路管理处提供

第二节　村　道

戴村乡村道路大多由旧时乡村老路拓宽改建而成,也有一部分是新建的。旧时山区村道一般由鹅卵石铺成,并由各村落连接成大路;外畈(平原地区)的村中大路大多由石板铺成,横铺石板的称大路,直铺的谓小路。中华人民共和国成立后,尤其改革开放后,原有乡村道路越来越不适应需要。从 20 世纪 60 年代后期起,一些有条件的村(大队)开始改造村中老路,将原来的鹅卵石、石板路面改造成泥质路面,便于车辆通行。至 80 年代,新建、改建的村道,还大多为泥石路面或砂石路面。例如 1984 年建造的征顶公路、船山公路;1988 年建造的石牛山公路等。村道的修建、养护,均由所在村(大队)负责。

90 年代,随着乡村经济的发展,一些村依靠村级集体经济以及企业、个人的捐助,新建了一批村道,或将原有村道逐渐拓宽并改成沥青或水泥路面。1990 年改建村道马谷公路,1992 年改建东周公路,1993 年改建大湖头公路,1996 年改建李家坞公路、西周公路,1998 年改建独山公路。云石乡采取政府补一点、集体挤一点、村民自愿筹一点的办法,逐年浇筑乡村道路。到 1996 年年底,全乡投资 330 多万元,在将 6 千米的云石公路浇成柏油路的基础上,又把 16 个行政村的主要道路全部浇成了水泥路。骆村、石牛山两个村早几年主干村道已浇了水泥路,可是由于自然村多,村坊中出入道路仍然是老样子,进出不便。1995 年 9 月,两个村的村民自发组织起来,在村两委会的支持下,集资修建村级道路。石牛山村筹集 5 万多元资金。在修建过程中,碰到一些墙头、屋角、自留地,村民们也都能自觉拆除。有的农户义务参加劳动,一些在企业工作的白天上班,晚上挑灯夜战,在外做工的人不能回来义务劳动,就多赞助资金。经过几个月奋战,骆村、石牛山村各数百米长的村级道路修成。

1997 年 7 月,位于永兴河旁的河上桥、杨家桥、张家弄 3 个村,在村两委的领导下,有 3000 多名村民自发组织筑路队,起早落夜地在永兴河塘上砌石铺路。资金不足,村民纷纷捐款。杨家桥村率先行动,140 户人家在短短 3 天时间里集资 12280 元。张家弄村老党员郭忠水、郭仁庆不但带头捐款,还向村民宣传集资修路。该村 80 多岁的老党员郭汉兴家并不富裕,为修路把 60 元钱送到村支书记家里。在各方面努力下,筹齐 10 多万元筑路款,将这条全长 2000 多米的泥沙塘路面改建成沥青路面。

进入 21 世纪,结合新农村“整治”要求,在区有关部门的支持下,乡村道路建设的步伐进一步加快。2002 年改建上董公路,2003 年改建后马湖、孙家公路,2004 年改建张家弄、陆家公路,2005 年改建郁家山下、何童埠、下方、大湖头公路,2006年改建积堰山、石盖坞、畈里公路公路。在上级交通部门“康庄工程”建设项目的扶持下,一些偏远山村也建成达到一定标准的由水泥路面浇成的村级康庄大道。

乡村道路选介

增顶山公路　始建于1984年,东连戴尖线,西接顶山村。道路宽6米,长1700米,面积10200平方米,沥青路面结构。由云石乡人民政府承建交付使用。

03省道至东周村段　始建于1992年,东接东周,西连03省道。道路宽7米,长500米,面积3500平方米,沥青路面结构。由戴村镇人民政府承建交付使用。

戴尖线至李家坞村段　始建于1996年,东连戴尖线,西接李家坞村。道路宽7.5米,长1198米,面积8985平方米,沥青路面结构。由李家坞村自主承建交付使用。

03省道至西周村段　始建于1996年,东接西周村,西连03省道。路基宽7米,路面宽5米,长700米,面积4900平方米,沥青路面结构。由戴村镇人民政府承建交付使用。

狮山公路　始建于1998年,南起尖山下洪团桥,西北到狮山老村。宽5米,长3160米,面积1580平方米,混凝土路面结构。由云石乡人民政府承建交付使用。

永兴塘至后马湖段　始建于2003年10月,南起永兴塘,北至后马湖。道路宽9米,主路面宽度7米,长1428米,面积12852平方米,沥青路面结构。由戴村镇人民政府承建交付使用。

永兴老桥至张家弄村段　始建于2004年10月,东起张家弄村,西至永兴老桥。道路宽7米,主路面宽度5~7米,长1300米,面积9100平方米,沥青路面结构。由戴村镇人民政府承建交付使用。

03省道至下方村段　始建于2005年12月,东接下方村,西连03省道。道路宽9米,主路面宽度为7米,长600米,面积5400平方米,沥青路面结构。由戴村镇人民政府承建交付使用。

畈里南路　始建于2006年,东起闻戴公路,西至畈里西。道路宽10米,长168米,面积1680平方米,混凝土路面结构。由戴村镇人民政府承建交付使用。

03省道至石盖坞村段　始建于2006年12月,东接03省道,西至石盖坞村。道路宽5米,长1100米,面积5500平方米,沥青路面结构。由戴村镇人民政府承建交付使用。

“康庄工程”道路

船山公路　始建于1984年,北接戴尖线,南至船山村。道路宽6米,长3788米,面积22728平方米,沥青路面结构。由云石乡人民政府承建交付使用。

戴尖线至石牛山村段　始建于1988年,东接戴尖线,西至石牛山村。道路宽7米,长1232米,面积8624平方米,沥青路面结构。由云石乡人民政府承建交付使用。

戴尖线至马谷村段　始建于1990年,北连戴尖线,南至马谷村。道路宽7.5米,长3800米,面积28500平方米,沥青路面结构。由戴村镇人民政府承建交付使用。

永富公路至积堰山村段　始建于1992年,南接永富公路,北至积堰山村。道路宽5.5米,长2250米,面积12375平方米,沥青路面结构。由戴村镇人民政府承建交付使用。

李家坞路　始建于1996年8月,东起戴尖公路,西接李家坞。道路宽7米~12米,长1198米,12米段两侧各1.5米为人行道,面积8985平方米,沥青混凝土路面结构。由戴村镇人民政府承建交付使用。

闻戴线至上董线段　始建于2002年,东接闻戴线,西连上董线。道路宽5米,长830米,面积为4150平方米,沥青路面结构。由戴村镇人民政府承建交付使用。

孙家路　始建于2003年,东起孙家村,西接闻戴公路。道路宽20米,长315米,面积6300平方米,沥青路面结构。由戴村镇人民政府承建交付使用。

陆家路　始建于2004年,东起陆家村,西接闻戴公路。道路宽20米,长488米,面积9760平方米,沥青路面结构。由戴村镇人民政府承建交付使用。

03 省道至郁家山下村段　始建于 2005 年 10 月，东接 03 省道，西至郁家山下村。道路宽 6 米，长 1213 米，面积 7278 平方米，水泥路面结构。由戴村镇人民政府承建交付使用。

03 省道至河童埠村段　始建于 2005 年 11 月，东起河童埠村，西至 03 省道。道路宽 8 米，主路面宽度 6 米，长 1100 米，面积 8800 平方米，沥青路面结构。由戴村镇人民政府承建交付使用。

2008 年戴村镇康庄公路情况

表 3－2－2

村道名称	起　讫　点(徐经)	宽度（米）	长度（米）	面积（平方米）	路面类型	建路年份
船山路	戴尖线途经骆村至船山村	6.0	3788	22728	水泥	1984
石牛山路	戴尖线途经沈村、明堂村至石牛山	7.0	1232	8624	沥青	1988
马谷路	戴尖线途经前方、麦园诸村至马谷	7.5	3800	28500	沥青	1990
李家坞路	戴尖线至李家坞村	7.5	1198	8985	沥青	1996
上董路	闻戴线至上董村	5.0	830	4150	沥青	2002
孙家路	闻戴公路至孙家村	20.0	315	6300	沥青	2003
陆家路	闻戴公路至陆家村	20.0	488	9760	沥青	2004
郁家山下路	03 省道至郁家山下村	6.0	1213	7278	水泥	20050
何童埠路	03 省道至何童埠村	8.0	1100	8800	沥青	2005
积堰山路	永富公路，途径马鞍村至积堰山	5.5	2250	12375	沥青	2006

说明：资料由镇城建办提供

2008 年戴村镇在编区专业养护乡村道路情况

表 3－2－3　单位：千米

路线编号	路线名称	里程总计	公　路　等　级				
			二级	三级	四级	准四级	等外公路
C357330109	03 省道至下方村	1.196	0	0.48	0	0.716	0
C371330109	墙头至丁村	1.898	0	0	0.385	1.513	0
C646330109	戴尖线－船山村	3.732	0	0	3.732	0	0
C647330109	洪潭桥－狮山	3.059	0	0	0	3.059	0
C648330109	老狮山路－征山村	0.631	0	0.631	0	0	0
C649330109	顶山村－方家塘	1.442	0	0	0	1.442	0
C650330109	戴尖线－响石桥	0.458	0	0	0	0	0.458
C651330109	戴尖线－石牛山村	1.074	0	0	0	1.074	0

续表 3－2－3

路线编号	路线名称	里程总计	公路等级				
			二级	三级	四级	准四级	等外公路
C653330109	戴尖线－茶厂	1.016	0	0	1.016	0	0
C654330109	戴尖线－李家坞村	1.135	0	0.518	0.617	0	0
C655330109	戴尖线－马谷村	3.531	0	2.222	0	1.309	0
C656330109	凌桥村－03 省道	0.692	0	0.692	0	0	0
C657330109	桥戴线－大湖头村	0.631	0	0	0	0.631	0
C658330109	桥戴线－上董村	1.897	1.046	0.851	0	0	0
C659330109	永兴塘－孙家	0.536	0	0	0	0	0.536
C662330109	03 省道－下方村	0.870	0	0	0	0.87	0
C663330109	永兴塘－后马湖村	1.451	0	0	1.451	0	0
C664330109	永兴塘－张家弄	0.579	0	0	0	0.579	0
C666330109	03 省道－何童埠	1.102	0	0.709	0	0.393	0
C667330109	03 省道－西周村	0.554	0	0	0	0.554	0
C668330109	03 省道－东周村	0.471	0	0.471	0	0	0
C669330109	03 省道－春永线	1.214	0	0	1.214	0	0
C670330109	春永线－马鞍村	0.536	0	0	0.536	0	0
C671330109	春永线－永兴塘	0.950	0	0	0	0.95	0
C672330109	春永线－积堰山村	2.545	0	0	2.545	0	0
C673330109	春永线－郁家山下	0.598	0	0	0	0	0.598
合　　计		33.798	1.046	6.574	11.496	13.09	1.592

说明:资料由萧山区公路管理处提供

第三节　机耕路

为农业耕作机械和农机具通行而修筑的道路统称机耕路。1958 年“大跃进”时,为推广技术革新,提高生产效率,木制独轮车在戴村农村出现。以后,人力钢丝车(有独轮手推车和双轮车两种)、农业机械和农用拖拉机日益增多,并逐步推行机械化耕作,旧时的卵石路、石板路和狭小弯曲的堤塘、田埂小路,已不适应农村发展需要。

公社化后,绝大多数地方将旧时小路取直,改建或新建仅供人力车和小型农机具通过的机耕路。同时,对土地进行平整和划片规划。农业学大寨运动中,动用大量人力、物力,掀起田块平整,沟、渠、路重新规划。以后,园田化建设使一批长 80 米、宽 25 米的“长种”田块(有的叫“脚布”田块),在一些大的田畈中整齐排列,使村与村之间的土地连片。20 世纪 80 年代土地承包到户,农户由于各自管理和耕作方式不一(有继续种水稻的,亦有种经济作物或其他旱作物的),机耕路受到一定程度损害。

1997 年,全市农村工作会议打算对南片 23 万亩农田投入 2.3 个亿,保障农业基础设施和机耕路建设达到目标要求。1998 年,萧山市政府加大对农业基础设施的投入,拨款建设标准化机耕路。戴村镇标准化农田建设以下方村为典型;新建和修建排灌机埠,修筑三面光渠道,送农电至田畈中央,每 2 块"长种"田(160 米左右)中间拓建或新建一条机耕路,要求宽度为主道 6 米,支道 4 米,路两边砌石,主道两边种树绿化,机耕路面铺上宕渣或砂石。经验收合格,每亩农田得到补助款 600 元~700 元,其他稻区村每亩补助 400 元左右。

机耕路的建设,从早期的便于田间双轮车通行和农具操作开始,后历经发展,形成路路相通、村村相连;外通村道大路、乡级公路,内连田埂支路的交通网,为村级道路建设打下了良好的基础。进入 21 世纪以来,各村的集体经济进一步发展,以往的砂石机耕路面大部分已被柏油或水泥路面覆盖。昔日机耕路,已成了乡村道路网的一部分。

至 2008 年,全镇有大小机耕路 133 条,总长 70.95 千米。其中内地 112 条,长 58.45 千米;围垦 21 条,长 12.5 千米。内地机耕路已浇筑沥青路面 1 条,长 0.36 千米;浇筑水泥路面 4 条,长 2.53 千米。

第四节　老路　岭路

老路

旧时戴村交通以陆路为主,四通八达的乡间老路,不但将境内各村与周边乡村连接起来,还能与富阳、诸暨等邻县沟通。民国《萧山乡土志》(顾士江著,杭州青白印刷所,民国 20 年(1931)初版)记载:"从义桥过西渚渡,绕行石门山,可通至富阳长岭头。过南渚渡,一路经狼岑、上堡、中岭,一路径戴村、沈村、骆家舍、小黄岭,都可通至富阳。自临浦渡江,经过大桥、河上店、楼家塔,可通富阳章村。又从河上店经官村或塘口,可通至诸暨。"中华人民共和国成立后,老路大多经过改建、扩建,已不复存在。

戴村至临浦　从戴村下街经五王庙沿塘(泥路)过云襄桥、永兴桥、石马头前山庙、穿过石马头村,往东经青龙头,过畈到庙山头,经郁家山下南、过施家河桥、河由里南、转北至花女庙、过凉亭翻塘到从家塘上塘(全为直铺石板路),沿塘经江沿上村到渡船埠头(泥路),过渡到临浦镇 5000 米。

戴村至义桥　从戴村上街往西大路从塘址头上十字塘,过孙家祠堂后上永兴河塘(部分石板路),沿塘经石盖桥南、河口、到朱村桥桥头,过朱村桥沿塘经外丁家庄、塘湾到南渚埠、过渡到义桥上埠 5000 米(泥路)。

戴村至大桥　从戴村过里横桥穿畈到下方(为石板路),过下方凉亭上茅春塘、过木桥头上坳子畈塘,过免砂岭脚、祥里童到大桥(泥路)5000 米。

戴村至富阳渔山　从戴村上街往西,经溪河西大路、凌桥土地庙,凌桥祠堂前、穿过凌桥老街、过畈到墙头,过洪家溪桥、茶亭、杨树下、东厢头、丁村、后宅、洪村、上堡(大部分为砂石路,可通独轮车),翻中岭(不规则石板路)至富阳渔山 15000 米。

戴村至方家塘　从戴村上街往西,经溪河西大路,凌桥土地庙、凌桥祠堂前、穿过凌桥老街、过畈到墙头、过洪家溪桥、茶亭、杨树下、东厢头、丁村、夏家溪(以上为砂石路)过桥头庙桥、汪家山下、沈村、明堂、珠山道院、响石桥、叶潘桥、下顾家溪、上顾家溪到方家塘 17000 米,为石子路,可通独轮车。

沈村至义桥　从沈村过畈翻枫岭、过洪村上堡、翻狼岭,经狼岭下、余村塘、何家桥、塘坞、潘山、朱村桥头,过朱村桥,沿塘经外丁家庄、塘湾,到南渚埠过渡到义桥上埠 10 千米。(从沈村至何家桥为石子路、何家桥至潘山为石板路,其余均为泥路)。

岭路

戴村境内多山，旧时交通极为不便，出门就要爬山岭。民国时期《萧山乡土志》（顾士江著，杭州青白印刷所，民国20年（1931）初版）写道：戴村"通富阳的岭路：上堡、里石溪至渔山的有钟岭、鸡心岭。杨家溪至灵桥的有响铁岭。骆家舍、黄岭脚至大源的有小黄岭、大黄岭……其中小黄岭最高，响铁岭最险。小黄岭、响铁岭、钟岭，从这边到那边足有十里路之长。第二、第三两区间的云门山脉，从尖山下通河上店的叫庚青岭，高约四里，山势壁立，十步之内，几无平地。清初山寇石仲芳，曾经占据此山，回击掳掠，官兵屡剿不平，其险峻就可想而知了。沈村至马谷，马谷至白堰，有大小张网岭。盛家至蔷薇洞的有兔砂岑。"

小黄岭　又叫小王岭，从方家塘往南过下门桥、上门、尖山下、洪潭桥、长爿田、下骆家舍、上骆家舍为石子路5000米。从上骆家舍上小黄岭为不规则石级路，宽约1米~1.5米不等，从上骆家舍至白云庵凉亭岭路为2.5千米，过岭到富阳虹赤岭下张村。

响天岭（响铁岭）　从方家塘向西经外石板溪、翻紫家岭到杨家溪，翻响天岭至富阳礼源巴家。其中方家塘至杨家溪石子路1.5千米，响天岭为不规则石级路宽约1米~1.5米不等，上岭长约2000米。

鸡心岭　从方家塘向西，经外石板溪、里石板溪翻鸡心岭至富阳渔山天老门。其中方家塘至里石板溪为石子路1.5千米，鸡心岭路为不规则石级路，宽约1米~1.5米不等，上岭长约1.25千米。

紫家岭　从外石板溪翻紫家岭长约0.5千米石子路，现为通"响天竹凤"盘山公路。

钟岭　从上堡翻钟岭至富阳渔山，上岭为不规则石级路，宽约1米~1.5米不等，长约2.5千米。

庚青岭　从尖山下翻庚青岭可达河上凤坞，上、下岭各长2.5千米，均为不规则石级路，宽约1米~1.5米。据传，清顺治二年（1645），会稽人石仲芳，因反对官绅压迫，杀掉1劣绅，潜逃至河上，顺治五年春，石仲芳率众到庚青岭山头结寨，招兵买马、垦地围粮、操练士卒，与清廷对抗，至顺治八年（1651），石仲芳被捕，其部逐渐散去，现操场等遗迹尚存。

枫岭　在沈村与洪村之间，上、下岭长1000米，石子路，现已废。是沈村至义桥古大路。

篷岭　在上堡、石子路、上、下岭1.5千米，岭上有古白云庵、观存，岭北为篷岭下村。是沈村至义桥古大路。

党旗岭　又称党岐岭，位于上董村与半山村凌山自然村之间，上、下岭长0.5千米。相传明朝戚继光招募乡勇，立乡党之旗，灭倭寇于此，将此岭称作党旗岭以为纪念。《民国萧山县志稿·山川》记有"郎岭、党旗岭昔有乡兵树旗拒冠於于此"的记载。民国29年（1940）2月16日，国民党192师在党旗岭伏击日本侵略军，打死打伤日军10余人。党旗岭虽不高，却是旧时义桥到河上、楼塔的捷径。

兔沙岭　从麦园翻岭到兔沙何，砂石路上、下1.5千米，中途有兔沙亭，岭脚曾有衍庆寺，今寺已圮。

黄洞岭　从外黄洞岭至里黄洞岭，乱石小路，长0.5千米，相传古时曾为拖船坝，今为春永公路K6+300桩号处。

绍兴岭　在姚家山下山后，岭东为塘郎姚，曾是富阳、萧山六都、七都去绍兴旱路，故名绍兴岭，今已废。

凉亭

凉亭是旧时供路人途中歇脚小憩、躲风避雨的公益性建筑，一般建在路上、桥头、渡口、山岗等地方，是路、桥、渡的附属设施。萧山民间把"修桥、铺路、造凉亭"相提并论，一样看重。戴村地处萧山南片交通要道，旧时有多条乡间干道通过，凉亭也就应运而生。

凉亭是个统称，一般建在路中央的凉亭叫路廊，建在桥头的叫桥亭，与庙（庵）建在一起的叫作庙（庵）亭，建在山上的叫山岭凉亭。夏天常有乐善好施之人在凉亭施茶汤，故又称茶亭。据乾隆《萧山县志》载，清代戴村境内有七都上坞、万载（今临浦戴村间）、河口（今义桥戴村间）、花女等处茶亭。民国时期，有静修庵茶亭、花女亭有2处凉亭施茶汤。尤其是茶亭伤科的创始人永春和尚建凉亭施香茶，亲检茶水质量，对路人关怀备至，自此茶亭之名妇幼皆知。

山岭凉亭，多建在山路的岭顶。如山路较长，还建有半山亭，像去云门寺，沿马谷溪山径而上，即遇下、中、上3个凉亭。一般依山路走向跨路而建，多采用人字形穿堂式单间建筑，面积约20平方米（3.5米×6米）左右，立柱采用石柱或木柱，两端为拱形门洞，侧墙不开亮窗，亭内设有长条石凳或方正块石，好的凉亭墙上还画有人物故事，花草虫鸟供歇脚人欣赏。山岭凉亭是供挑脚抬轿、行旅商贾、山农歇脚避风、躲雨、纳凉、用点用餐的地方，环境清静，少有乞丐落脚。境内山岭凉亭有小黄岭、庚青岭、钟岭、枫岭、狼岭等，其中小黄岭白云庵凉亭建于明末，保存完好；庚青岭北半山亭尚存，但已移作他用，其余均毁于20世纪五六十年代修路。

渡口凉亭，顾名思义建在渡口附近。境内溪河塘址头凉亭建在旧时凌桥埠相近，也属此类凉亭。渡口凉亭一般建在江滩上，视野开阔，多近街镇，专供上街、行旅等渡，要比其他凉亭大而讲究。如今已圮的南渚埠凉亭除两端开有拱形大门洞外，西侧墙上开有圆月形大窗洞，青石板铺地，两边整齐排立长条石凳，亭内粉墙上端画有人物故事，亭额题曰“东南华盖”。

庙旁凉亭，前人建庙选址多在大路旁，募集的资金建庙后或有多余，就在庙旁造一个凉亭，也算是一件善事。像下门桥土地庙（现存）、方家塘龙虎庵、沈村公田庙、汪家山下桥头庙、丁村鸳鸯庙、墙头静修庵、凌桥头关王庙、溪河土地庙、花女庙，还有小黄岭白云庵、篷岭古白云庵等都造有庙旁凉亭。因庙有香火人气较旺，庙旁凉亭又是乞丐和无家可归之人栖息的地方（住凉亭庙宇），所以庙旁凉亭一般建造较考究。

畈中凉亭，又称大路凉亭，跨路（堤塘）而建，为人字形穿堂式建筑，除两端开有拱形门洞外，两侧都有圆形大窗洞，亭内两旁置有长条石凳或块石供路人歇脚，其用途和其他凉亭不同的是，还可为附近畈中劳动的农民提供就近躲避风雨的场所，在亭中用点、用餐。旧时境内这样的凉亭有下方凉亭、郁家山下赤脚凉亭、皇天畈赤脚凉亭、冗里冗秀亭等。云石山区有石牛山凉亭（现存），响石桥凉亭、叶潘桥凉亭、顾家溪凉亭、尖山下凉亭、骆家舍凉亭，它们都建在老路上，这些凉亭的建造可能与生产和运输土纸有关。畈中凉亭造得最讲究的要算冗里畈中的冗秀亭，乡人称八角凉亭，为明处士孙进所筑，可惜毁于抗日战争前夕，亭址在农业学大寨运动中平毁。

凉亭，在历史长河中曾发挥过一定作用，路人见到凉亭就有一种安全感。有的凉亭建在县域、村域的分界处，是县界、村界的标志性建筑。旧时凉亭还是社会交往的场所，一些不便在家里办的事，相互约定时候在凉亭交接事物或商谈事情。有的凉亭里还有文人墨客的诗词对联，也有发噱的笑话，有深奥的字谜等，真是自由发挥，雅俗共赏。随着现代道路交通的发展，交通工具的日益现代化，凉亭逐渐失去其作用，不少凉亭被拆除，幸存的少数凉亭亦成为文化古迹。

兔沙亭　在南山村，位于兔沙河自然村通往前方村的山径旁，系清代建筑，今存。门面3门，畅口朝路，建筑面积30多平方米。《萧山交通志》载其名。

白云庵亭　在骆家舍村，位于小黄岭上，为过路凉亭，与白云庵连在一起，故名。清代建筑，现基本完好。

下门桥庙亭　在方溪村增丰自然村，位于下门桥畔，建于清代。庙亭合一，为下门桥庙前檐落披构成，庙门开在亭内。亭长10米，与庙宽相同，宽2.8米，内置4张石条凳，中间为大路，旧时为里石板溪通往戴村的必经要道。今存。

方家塘庙亭　在方溪村增丰自然村方家塘庙旁，始建于明代（1368～1644）。清光绪年间（1875～1909）重建。现存朝东，前后两排，凉亭与庙宇前排相连，旧时村里的主干道就从凉亭通过。

云门寺山径凉亭　在马谷村通往云门寺的古山径上，共有3个凉亭，俗称头凉亭、二凉亭、三凉亭。始建年代不详，现有建筑成于清末民初之时，屡经修葺。从马谷村溯溪沿古山径石阶而上，行数百米，便是头凉亭。亭宽5.8米，长8.6米，跨径而建。由卵石黄泥砌叠，木构框架，上盖青瓦。两端方洞门，靠山下一端方洞门上额镌镂空阴文行书“稍安毋躁”4字，当为建亭之时所书。亭内两侧靠墙置石凳，供登寺拜佛信众和上山伐竹山民小憩。登山数百米，为二凉亭。亭宽5米，长8米，结构与头凉亭一样，所不同的是内部为水泥框架，原来十多年前经过一次大修。再往上登数百米快到山脊时，便是三凉亭。亭宽5.4米，长8.米，仍为木框架，但比另两个凉亭多矗了3对6根方石柱，当为建亭之初的原物。这3个凉亭保存良好，据砍竹村民说，凉亭在这条山路上是不能少的,所以随坏随修,经费多由本村及烧香群众捐助。

茶亭　在三头村墙头自然村,北临凌溪,南靠大路,东西均为农田。清光绪年间,永春和尚在静修庵行医时,在庵前凉亭施茶,好心人建立普济茶汤会相助,茶亭之名由此叫响。亭跨大路,行人可在亭憩息喝茶。久圮,遗址可寻(参见本志卷十三第二章"文物古迹")。

公田庙亭　在沈村公田庙左旁,为过路凉亭,共3间,宽5米,长10米。始建时间无从查考,据凉亭园洞门两边石条记载,民国7年(1918)重修过一次。因年久失修开始倒塌,于1990年拆毁。

下方凉亭　在南山村下方自然村,位于旧时河上、楼塔通往临浦的必经之路。亭子南面约50米处原有一块界牌,上书:"南至大桥、河上,东至本村,北至戴村、临浦。"始建年代不详,为砖木结构,亭子两边设石条凳,有6个大石柱,上刻"任合大喜助"等字。凉亭南门上面刻有"歇歇走",北门上面刻有"坐坐去"字语。亭子东南角有一块石方桌,供施茶放茶桶用。茅村畈里有一个茶汤会,有会田1.8亩,轮着谁家种会田,谁家在凉亭里得供茶水。"文化大革命"时期被毁。

花女庙亭　在花女庙五王庙东边,依庙而建,建于清代。穿堂式砖木结构,两端拱形门洞,东墙开有圆月形大窗洞,亭内粉墙上端画有人物故事,两旁设有长条石凳,中为青石板路面,扇面形亭额隶书"花女亭"3字。旧时是楼塔、河上、戴村、七都山里去临浦的必经之地。民国时期凉亭设有茶汤,供路人饮用。毁于1956年1号台风。

附录:

民国《萧山县志稿》所载戴村镇域部分凉亭

七都上坞茶亭雍正六年,邑国子生沈鋐建。(编修何玉梁记:沈鋐,字式玉,与圣因寺僧松文为方外交。松文故高僧,功行深纯,屏绝俗缘。萧邑七都上坞,绵互数里,崖壑幽险,人莫居焉,行者视为畏途。鋐因庀工集材,建涵天庵,构茶亭十余间,以为行者憩息之所,并使恃以无恐,捐田山各十亩,延松文董其事。松文曰:吾于某年月日当化,何可复兴尘间事?鋐强委之,已而果于某年月日积薪于龛,厝火自焚。前一日曾语鋐曰:为善无近功,原子益自勉力,他日当共证龙华果也。既化,得舍利子十数枚,里人咸异之,并异鋐之相识,为独奇也。)

万载亭　在十五都黄童岭,东出临浦,西达戴村石马。清光绪间,丁以鸿重建,有亭旁田三亩作施茶烛之费。后陶耀泉又助田二亩零。

河口亭　在河渡,为义桥至戴村大路上,韩敬逊堂助田二亩作施茶费。

花女亭　在十五都新义乡庙侧,今亭毁庙存,张姓助淡字号田五亩作施茶费。

(原载民国《萧山县志稿》卷七"建置·公益")

第五节　桥　梁

桥梁建设

戴村镇地处低丘山林和平原水乡,境内永兴河、七都溪、八都溪及内畈河道纵横其中,随处可见各种石桥、钢筋混凝土公路桥横跨两岸。在众多的桥梁中,有的年代久远,饱经沧桑,几度修复,以原貌保存至今,如响石桥、马谷桥等。旧时建桥取材用各种石料,其规制以单孔洞桥为主。为防洪之需,其洞顶拱圈,高出河岸许多,两端必砌石蹬,行人过桥上下费力。坐落在方溪村顶山自然村的黄泥桥,始建于清乾隆元年(1736),就地取材用溪中卵石辅以黏性黄泥砌叠而成,故名黄泥桥,这类桥梁最具山区特色,清末民初戴村一带有上百座。有的村在溪上架木头或毛竹,称木桥或竹桥供人通行。解放前征丰村下门桥有2座用7支毛竹辅成的竹桥，一座是往下门山脚到鹅坞，一座在村民朱松权屋边，人在毛竹桥上行走，一不小心就会掉入溪中。每逢洪水暴发，村民要用棕绳把桥固定，以防洪水冲走竹桥。中华人民共和国成立后，建桥逐步运用新型建材。1969年由县水利局设计，征丰村建造一座宽3米的钢筋混凝土桥，桥梁及桥板等预制件从外地船运到永兴桥埠头，再由人工从永兴桥抬到方家塘。竣工时，由村民提议用毛主席"东风压倒西风"的名句，取名"东风桥"。20世纪八九十年代以后修建的桥梁，全采用钢梁和钢筋混凝土等新材料，工程坚固，而且跨度大，桥面平缓，车辆、行人交通称便。2006年8月，戴尖公路改建工程中的重点项目凌山桥建设工程，采用现浇连续箱梁技术，这在萧山县乡公路桥梁施工中还是首次运用。凌山桥横跨七都溪，为4孔桥，全长90米，每个桥墩跨度20米，按普通桥梁的墩柱式简支梁板技术施工，虽然方法相对简单，但不太适合当地的水文、地质要求。工程技术人员决定运用现浇连续箱梁技术。其优点是，建成后的桥梁变形小，结构刚度好，伸缩缝少，养护简易，抗震能力强。可抵御50年一遇的洪水。

旧时民间建桥所需经费主要由村民募捐，有"祠堂田"的村也有用祠堂田收入的一部分用来建桥的。对于"造桥、铺路、修凉亭"的公益行为，戴村民众向来慷慨支持。八都村盛家自然村有座建于清乾隆五十年(1785)的安乐桥，此桥为乡人抄近路翻兔沙岭通往河上店的必经之桥，初是木桥，常被溪水冲毁，该村有位叫颜文英的老人，将儿孙们为其办寿酒的钱捐献出来建造了这座桥。

中华人民共和国成立后，专业公路上的桥梁，由区(县、市)交通主管部门投资建造，乡村公路上的桥梁在区(县、市)交通主管部门支持下，由镇(乡)政府和所在村为主筹资建造。民间桥梁循俗由民间集资、村集体资助建造。坐落在永兴河上的石盖桥，相传始建于明清时期。至清朝乾隆年间，一直为木板串拼的5孔板桥。解放前夕木桥被洪水冲垮，村民土法建桥，桥桩用2根松树木固定成八字形，两岸各一组人员来回拉动绳束，将桥桩固定在河里，用5株松树架跳板便成简易桥。当时人们说："路上石盖桥，人人都发慌，走上石盖桥，心里别别跳。"1962年，时任大队党部书记蔡宪荣、大队长周校炳等5人，发动群众自力更生为主、政府补助为辅的筹款方式，建造钢筋水泥桥，桥长56米，宽3米，5孔。1962年冬开始日夜施工，到1963年8月竣工。2001年实施永兴河两岸标准塘建设，由于河面拓宽原桥梁不相配套，由萧山区政府投资，农水部门负责，新建一座长70米、宽6米的5孔钢筋混凝土桥梁。石盖桥的变迁重建，可看出戴村桥梁建设的一般情况。

桥梁选介

凌山新桥　始建于2007年1月，总投资230万元，位于七都溪流域半山村段内，桥面连戴尖公路。采用满堂支架现浇钢筋混凝土连续箱梁结构，桥长90.8米，建成的净跨度为4米×20米，断面采用单向双室，箱梁梁高1.2米、梁顶宽12米。

青山桥　始建于2004年2月，位于七都溪流域青山村段内。为钢筋混凝土平板结构，桥长25米，宽10.5米，荷载为汽车20吨，挂车100吨。由萧山区农机水利局组织设计施工并交付使用。

云石新桥　始建于1992年8月，位于七都溪流域沈村段内。为钢筋混凝土平板结构，桥长65米，宽8米。由萧山区交通局组织设计施工并交付使用。

里横桥　改建于2002年10月，位于永兴河流域戴村村段内。为钢筋混凝土平板结构，桥长74.8米，宽6.55米，荷载为汽车20吨，挂车100吨。由萧山区农机水利局组织设计施工并交付使用。

石盖桥　改建于2001年5月，位于永兴河流域石盖村段内。为钢筋混凝土平板结构，桥长70米，宽6米，荷载汽车20吨，挂车100吨。由萧山区农机水利局组织设计施工并交付使用。

石砄桥　始建于2004年11月，位于永兴河流域张家弄村段内。为钢筋混凝土平板结构，桥长78米，宽8.5米，荷载汽车20吨，挂车100吨。由萧山区农机水利局组织设计施工并交付使用。

河上桥　始建于1999年10月，位于永兴河流域河上桥村段内。为钢筋混凝土平板结构，桥长60米，宽5米，荷载汽车20吨，挂车100吨。由萧山区农机水利局组织设计施工并交付使用。

平山桥　始建于2004年10月，位于七都溪流域平山村段内。为钢筋混凝土平板结构，桥长18米，宽8.

5米，荷载汽车20吨，挂车100吨。由萧山区农机水利局组织设计施工并交付使用。

洪潭桥 始建于2005年7月，位于七都溪流域尖山下村段内。为钢筋混凝土平板结构，桥长13米，宽7.5米，荷载汽车20吨，挂车100吨。由萧山区农机水利局组织设计施工并交付使用。

杨家桥 始建于2004年11月，位于永兴河流域杨家桥村段内。为钢筋混凝土平板结构，桥长65米，宽8.5米，荷载汽车20吨，挂车100吨。由萧山区农机水利局组织设计施工并交付使用。

1977年～2008年戴村镇辖内公路桥情况

表3－2－4 单位：米

桥梁名称	路线简称	中心桩号	桥梁全长	跨径总长	桥梁全宽	上部结构形式	竣工年份
东周桥	杭金线	34.009	11.6	6.0	13.6	简支梁桥	1994
永兴桥	杭金线	36.187	68.8	68.0	15.0	简支梁桥	1994
溪河桥	杭金线	38.05	36.4	33.0	15.0	简支梁桥	1994
戴家山桥	杭金线	38.481	39.8	39.0	15.0	简支梁桥	1994
尖山下桥	戴尖线－船山村	0.663	13.5	11.5	7.5	简支梁桥	－
洪潭桥	戴尖线－船山村	1.061	12.0	10.0	7.5	简支梁桥	－
骆村下桥	戴尖线－船山村	2.868	10.5	8.5	7.5	简支梁桥	－
一号桥	洪潭桥－狮山	1.588	7.0	5.0	7.5	简支梁桥	－
黄泥桥	顶山村－方家塘	0.003	6.7	6.0	7.5	简支梁桥	－
征山桥	顶山村－方家塘	0.597	8.0	7.0	7.5	简支梁桥	－
响石桥	戴尖线－响石桥	0.299	8.5	6.5	7.5	简支梁桥	－
狮山桥	新狮山－戴尖线	0.294	33.6	33.0	7.5	简支梁桥	－
凌溪桥	戴尖线－马谷村	0.042	33.5	32.5	7.5	简支梁桥	－
前方桥	戴尖线－马谷村	0.471	12.6	12.0	7.5	简支梁桥	－
中潭桥	戴尖线－马谷村	2.557	10.0	8.0	7.5	简支梁桥	－
郁家山下桥	03省道－春永线	0.201	22.9	21.9	7.5	简支梁桥	－
潭于桥	春永线－积堰山村	2.452	11.0	10.0	7.5	简支梁桥	－
永兴桥	石码头－管村	0.521	48.2	46.0	6.5	简支梁桥	1966
溪河桥	石码头－管村	1.934	31.8	28.0	9.4	简支梁桥	1977
云襄桥	石码头－管村	0.611	32.0	31.0	6.5	简支梁桥	1982
云石桥	戴村－尖山下	3.469	70.7	65.0	8.0	简支梁桥	1992
凌山桥(老)	戴村－尖山下	1.964	39.0	35.0	7.0	简支梁桥	2004

说明：①桥梁按所在公路线排列，同一条公路上的桥梁再按竣工时间先后排列。

②资料由萧山区公路管理处提供

若干年份新建改建主要桥梁

表3－2－5

桥　　名	桥　　长	桥　　宽	结　　构	建桥(改建)时间
云石老桥	33.0	6.0	混凝土拱桥	20世纪60年代
墙头桥	26.0	4.3	平板	20世纪60年代
原杭金线溪河桥	24.0	9.0	平板	20世纪60年代
云襄桥	31.2	6.5	平板	20世纪80年代
永兴桥	47.0	6.5	平板	20世纪80年代
凌溪桥	33.3	7.5	平板	1990.1
后宅桥	30.0	5.0	平板	1991.8
南坞桥	31.5	4.5	平板	1992.8
云石新桥	65.0	8.0	平板	1992.8
永兴桥	68.8	15.0	平板	1994.6
03省道戴家山桥	39.8	15.0	平板	1994.6
新河上桥	65.0	5.0	平板	1995.10
华东桥	30.0	11.0	平板	1999.10
石盖桥	70.0	6.0	平板	2001.10
里横桥	74.8	6.55	平板	2002.10
青山桥	28.0	10.5	平板	2003.12
平山桥	18.0	8.5	平板	2004.10
凌山桥	36.0	8.0	平板	2004.12
杨家桥	60.0	8.5	平板	2005.10
石硖桥	76.0	8.5	平板	2005.10
顾家溪桥	18.0	5.5	平板	2005.10
洪谭桥	13.0	8.0	平板	2005.12
施家桥	30.0	8.5	平板	2005.12
东风桥	30.0	8.5	平板	2005.12
凌山新桥	90.08	12.6	混凝土箱梁	2007.1

说明:①资料由镇城建办提供。

②凌山桥为改造桥梁

第六节　交通工具

陆路交通工具

“挑脚抬轿打短工，抄纸椿料做长工”，这是旧时戴村山区村民的真实写照。那时村民的生活、生产资料都靠人背、肩挑、手推、畜力背驮等，与之相配套的传统运输工具有扁担、踩柱、杠棒、冲杠、独轮车，及其绳索、络索、竹夹、土(畚)箕等。旧时出行离不开轿，轿子又称“肩舆”，是戴村古老的交通工具之一，有花轿、乌篷轿、凉轿、兜子轿、眠轿等。中华人民共和国成立后，戴村逐步出现自行车、拖拉机、摩托车、汽车等交通工具。进入新世纪，戴村镇经济迅速发展，企业增多，人民生活逐渐富裕起来，生产生活都需要购车，轿车进入农民家庭不在少数。

花轿　又叫彩轿、红轿，为旧时婚庆专用。一般用竹、木制成，方形尖顶，轿身内体为木制立式长方体(三面壁一面门)，可乘坐 1 人。上有彩顶，置锡器，呈五角形，俗称“五岳朝天”。四面饰以绣有龙凤花卉之大红轿幕，四角结扎红绿彩球，轿门为帘幕。用双杠翘板，一般由 4 人抬行，考究的 8 人抬行，俗称八抬大轿。轿前挂有“喜”字的大红灯笼两盏。这些轿由轿行置备，供迎亲者租赁使用。赁金一般为 2 天 5 个银元。

乌篷轿　又称乌壳轿、小官轿。竹木制成，方形，上有拱起轿顶，漆以黑色，前有轿帘，两旁有小窗。轿形状与花轿内体相同，略小于花轿，可乘坐 1 人。由轿行置备，一为平民百姓迎亲时租用，二为绅士商贾出门代步。官绅富户也有自己置备的。一般由 2 人抬行，有急事要加快行进的，则用 3 人或 4 人轮流抬，谓之三班轿、四班轿。

凉轿　又称藤轿、椅子轿。用藤椅或竹椅改装，上加布篷，有坐式、卧式两种。轿身轻，装拆便。旧时接送老弱病残或远道请郎中(医生)出诊，多用此轿。

兜子轿　又称三板轿。木制，以两根细长轿杠中段，用绳子缀一坐板(可带二三十斤小行包)，坐板前用麻绳吊一踏脚板，坐板后装一块靠板。两人抬行，轻巧方便，适宜在山区小路使用。

眠轿　又称被笼、过山笼。用坚木制成长方形轿架，前后装有两只木制“耳环”，以杠棒贯串其中。轿架中置竹篾编成前低后高椭圆形竹筐，乘者可坐、可卧于筐内。天气寒冷时，可盖被褥。如遇刮风下雨，可盖竹帘、布篷，以遮风雨。用二人抬行，抬时笼底距地面一尺左右，重心稳。是老弱病残者求医、访友或妇女生育、探亲之交通工具，山区目前仍偶有使用。

羊角车　又名独轮车。相传源于原始工具撬(即木板底下安放圆木，以滚动代替滑动)。构造为一个轮子(外包铁皮)一副车架，两根车杠(形似羊角)一根背带，一人推挽而行，如遇载货过重或道路泥泞，前面加一人背纤。每车可装货 100 公斤～300 公斤，大、小路均能行驶。20 世纪 50 年代中期，车轮改用钢圈、钢丝，橡胶内外轮胎。车轮分两种，一种为高轮 36 寸，其钢圈、轮胎较小，钢丝较细，载重 200 公斤～300 公斤；另一种是低轮 26 寸，其钢圈轮胎较大，钢丝较粗，载重量可达 300 公斤～500 公斤。20 世纪五六十年代仍是戴村山区农家的主要运载工具。1955 年，征山村鲍柏松、鲍柏成等购置户用独轮车搞运输。20 世纪 50 年代，墙头村有 18 辆独轮车。戴村、后郑两个大队的搬运队用独轮车为粮管所搬运粮食，为供销社搬运货物。1958 年建造钟岭水库，征丰大队从肩挑人背到用独轮车拉土方，劳动强度减轻，效率大大提高，受到表扬。1964 年，戴村、云石、永兴 3 公社有独轮车 789 辆，以山区使用为主，主要运输造纸原料及成品。七八十年代后，因木轮木轴，地面阻力大，花力多、装载少，加之农村新的运输工具增多，羊角车已很少见。

双轮车　因轮子轴心用钢丝支撑，又叫钢丝车，也称胶轮手推车，20 世纪 50 年代后兴起的交通工具。车身有木结构的，有木结构加竹片或铁皮的，有全车都是钢架结构的。车身长短按使用需要而定，如石料厂拉块石，车身长仅 1 米稍多一点；纸品厂装纸制品，车身长达 2 米以上的，每辆能载量 400 公斤～500 公斤货物。50 年代末至 70 年代，在农用大中型拖拉机购进前，钢丝车是生产大队搬运队的唯一运输工具。集体装运粮食等农副产品以及化肥农药等农资时，主要使用双轮车。1962年，云石、戴村、永兴3公社有集体钢丝车443辆。购买一辆钢丝车对社员来说是一笔不小的投入，因此拥有钢丝车的只是一部分劳动力强的家庭。除自用外，还出租给别人使用。当时农村建房的大量基建材料，都是用双轮车运输，还有用钢丝车拉嫁妆的。生产队集体钢丝车不够用时，社员借给生产队用，生产队给予工分补贴，破损由生产队赔偿。80年代初实行家庭联产承包责任制后，出现了购买双轮车热，农户视为家庭必备的运输工具。运送土肥、完成粮食征购任务、搬运打稻机等大型农具都用钢丝车。社队企业的建筑材料、原辅材料、产品运输也主要依靠钢丝车，一时数量猛增。1984年，戴村、云石、永兴3镇乡有钢丝车3037辆。其中墙头村双轮车增添42辆。

自行车　俗称脚踏车。20世纪50年代，戴村很少见到自行车，即使每天往来于各村的邮递员也是步行投递邮件。60年代初，自行车仍为稀罕之物，只有少数干部和家庭经济条件较好的集镇居民开始购置自行车。那时自行车凭票供应，农民轮不到票，而且要花2头肥猪的代价。70年代初，戴村农村自行车慢慢多起来，多为28英寸加固自行车，可带人带物。当时农村青年结婚，用自行车带新娘到男方成亲。少数人家自行车作嫁妆被视作"大件"，非常体面。80年代以后，社队(乡镇)企业迅速发展，大批农村劳动力转向务工经商，自行车迅速普及，有的家庭有两三辆自行车。自行车品牌有上海永久、凤凰，杭州的海狮、安琪儿，绍兴的飞花，萧山的维纳丝等等，车型转向轻便型的26英寸为主。价格便宜起来，出售一头肥猪可买到2辆自行车。以后，连小学生也大多骑车上学。

人力三轮车　在双轮车基础上发展起来。铁架，铁皮车斗，人力踩踏，能载数百至上千斤货物。20世纪七八十年代一般为集体购置，家庭拥有者较少，在当时视为大型运输工具。以拉货为主，偶尔也拉人。

小三轮车　20世纪90年代初，戴村各村道路交通条件逐步改善，村民喜欢使用小三轮车。铁制，涂以浅蓝色油漆，轻巧灵便，每辆售价仅300元左右，未曾骑过自行车的人很快就能骑会上路。它可带人带物，且不易翻倒，很快在集镇和农村普及。这种车特别适合中老年人，有老年人的家庭几乎普及。邻村演戏，老年戏迷就骑着小三轮车前去观看；有的每天用小三轮车送、接孙辈去学校上学。

摩托车　分为二轮摩托车、三轮摩托车和轻骑摩托车。三轮摩托车有侧三轮、后三轮之别，多为机关或企业单位所用。20世纪80年代以后，戴村农村青年开始购买二轮摩托车，逐渐取代自行车作为个人交通工具。20世纪90年代后，随着村民生活水平的提高，摩托车购买者迅速增加。品牌有上海幸福、嘉陵本田、五羊本田、铃木王、奔达等，以重庆产嘉陵摩托车最多。村民结婚时，女方嫁妆中大都有摩托车一项，也有的是男方买好后预先送到女方作为嫁妆的。

助动车　助动车与自行车相比，有以汽油作动力，骑者可节省体力，还能保持均衡速度；与摩托车相比，牌照费用较省，且操作方便，使用轻巧，特别适合中老年和妇女代步需求。20世纪90年代末，购买助动车者日渐增多。至2006年年底，全镇22个行政村中已有助动车近千辆。

电瓶车　20世纪90年代末开始，戴村有少量电瓶车在行驶。因其轻巧灵便，无污染，经济实用，很受女性欢迎。至2006年，数量增加。现属于非机动车管理。

拖拉机　拖拉机可分为手扶拖拉机、方向盘式拖拉机，主要是手扶拖拉机。农业集体化时期，大队所有的拖拉机除用于机耕外，均配置挂车、拖斗，运送肥料、粮食、建材物资，社队企业的原辅材料及产品，拖拉机曾经占领了运输物资的半壁江山。1980年，云石、戴村、永兴3公社有大型拖拉机拖斗5个，手扶拖拉机拖斗53个。后来手扶拖拉机开始登记牌照，允许上路运输，纳入道路交通管理。因其低矮、灵便，对道路要求不高，从业者收入可观，数量大增。实行家庭联产承包责任制后，部分村民购置手扶拖拉机，用于农忙耕田，农闲搞运输。至2007年，全镇有拖拉机163台，其中大中型拖拉机13台、小型方拖150台，除了农用也用于家庭运输。

农用运输车　20世纪80年代，一些村开始有农用汽车。1982年，永兴公社农机水利站购置青岛产5吨农用汽车1辆，125匹马力。1986年，顶山大队陈宣荣买农用货车搞运输。1990年，云石、戴村、永兴3乡镇有农用汽车15辆。2006年，全镇有农用汽车35辆。

货运汽车　有适应不同物资运输需要的各种货运汽车，多为民营企业主购置，也有专业运输户的。一般为 3～5 吨解放、东风、黄河牌汽车，还有 2.5 吨小跃进车，以代替拖拉机和农用车。至 2007 年，全镇拥有各种货运汽车 342 辆，其中厢式货车 54 辆，普通货车 223 辆，其他货车 65 辆，总吨位 911.49 吨。

轿车　90 年代后，农家购置轿车的多了起来。多为民营企业主、办家庭作坊的，或在城里开店经商的，也有从事其他职业先富起来的人家，为业务需要或早出晚归方便，购买轿车代步。车型有奥迪 A8、桑塔纳 2000、帕萨特、东风雪铁龙、北京现代、尼桑、奇瑞旗云、奥迪 A6、马自达、别克、一汽大众等等。2006 年，沈村全村有轿车 55 辆，其他汽车 32 辆。

水路交通工具

古代，水运工具为竹木编扎之筏和桴，后逐步发展成独木船、木板船。明代浦阳江碛堰山开通后，永兴河船运可抵杭州、绍兴等地，水运逐渐发达，船只种类渐多。至清代，船筏型式增多，有航船、埠船、小划船、篷船、袒船、渔船等，永兴河上游有小尖头船和翘头竹筏。民国时期，云石山区的土纸、石盖窑生产的石灰等，主要靠水运销售。中华人民共和国成立初期，戴村、永兴片的一些临水村落，生产生活都离不开船。合作化后，为积肥和运送公粮需要，个别村（大队）购买木帆船。在人民公社时期，农用船主要为稻区各生产队拥有，如运送粮食、化肥、农药等物资，一些小船用来做河泥、捕鱼等。1970 年下半年，顶山大队购入 10 吨船 1 只，去围垦运送物资人员。1968 年以后，云石、戴村公社部分大队参加围垦，用水路往返运送物资，又添置部分用柴油机作动力的木机船。1988 年，戴村有木机船 14 只，161 匹马力，载重量 215 吨。农用船就船的类型而言，经历了由木船、水泥船到机动船为主的发展阶段；就船的数量而言，经历了由发展到衰退的阶段。

航船　也称夜航船，多于傍晚开船，次晨到达目的地，航程较远，铁路、公路未兴建前，去南星桥、西兴、临浦等地需乘航船。航船船身较大，上盖竹篷，船舱下层装货，上层载客，备有被褥，供乘客租用。因夜航，沿途停靠点较少。

埠船　临浦、闻堰、西兴等集镇为中心，往返行驶，沿途停靠主要村庄。有一天来回者，亦有一天两次来回者，后者俗称“四埭头”。船后艄竖有木牌，写起讫地点和沿途停靠村名。开船、停靠或终点时，吹海螺或敲小锣以招呼旅客上下。为快速稳当，一般用 2 支橹摇。逆风时还派人在岸上背纤。

小划船　分无篷、有篷两种，前者多为农家自备出畈、赶集之用，后者多为营业性客船。船篷油成黑色，船长 1 丈 5 尺左右，分为 3 舱，客人席地而坐，中舱 4 人，前舱 2 人，后舱坐船工。因船体小，船身轻，灵敏度高，每小时可行 10 里许，狭、浅河道亦可畅行。

乌篷船　篷按船只大小，有 6、7 片左右不等，以竹片竹丝编成，中夹竹箬，呈半圆形，为耐用，均用烟煤、桐油漆成黑色（俗称“乌”），故名。两扇固定乌篷之间，夹一扇用蛎壳薄片做成半圆形窗篷，俗称明瓦。民国时期戴村出现过乌篷船，此类最具水乡特色，人坐其中，别具情趣。

白篷船　船篷未加油漆，多用于农运。大者称“灰搭猫”，有 3 舱～5 舱，载重 8 吨～30 吨，主要装土纸、黄酒、茶叶、粮食、百货、石灰等。

翘头竹筏　系永兴河上游水运工具。用 10 根左右长 8 米～10 米大毛竹编扎而成。一般刨去竹青，净留竹筋，烘干，改成翘头。筏上装简易木架，天雨时盖篾篷，以挡雨。山区建公路前，运出山货，运进粮盐百货，均赖竹筏。

袒船　俗称赤膊船，无篷，农民运输肥料、柴草、稻谷，运输部门载运沙、石、煤炭、竹木等土货，多用此船，大小不一，载重量不同。

机动船　20 世纪 70 年代末，一些生产队购进机动船，分 3 吨 3 马力、3 吨 4 马力、4 吨 5 马力 3 种。机动船是 70 年代末至 80 年代初，戴村、永兴片的主要农用船。

第七节　交通运输

水路运输

戴村境内过去唯一的水运航道为永兴河。永兴河流经萧山境内长31.5千米,大桥凤山堰以上河面宽40米~60米,水深0.6米左右;凤山堰以下为常流河,河面宽60米~100米,水深1米~3.3米。据1963年9月14日测定最高水位:大桥附近12.55米,永兴桥附近11.5米。永兴河为旧时戴村的水上运输创造了条件。据民国《萧山县志稿》记载,早在南朝宋时(420~479),永兴河就为人们提供交通便利,独枫里(今张家弄村)郭原平运瓜到钱塘(杭州)出售,就在永兴河下船启运。民国《萧山乡土志》(顾士江著,杭州青白印刷所,民国20年初版)记载,浦阳江"支流永兴河,自义桥至戴村十里,可通船只,戴村至河上店二十里,可通竹排,每夜有装运纸货船的航船,开往杭州。凰桐江、里亭河,也有一段可以通船。迳游、尖山、临浦、新坝、义桥、闻堰和永兴桥,日夜都有航船往来钱塘、浦阳两江沿岸各埠。"又据河上溪头村《傅氏族谱》记载:"河上镇之南有溪名环河,下游三十里入浦阳江,不通舟楫。傅氏居溪头,创驶竹排,浚拓水道,下经大桥、永兴桥而至义桥,与船相衔,货运始畅。"义桥往浦阳江以南的内河运输,历史上属河上溪头的竹筏运输最著名。竹筏线路起自河上溪头,沿大溪到戴村永兴桥。下运的货物以土纸和山货为大宗,上运的主要是食盐、布匹和日用小百货。

民国37年(1948),行驶在永兴河上游的竹筏,共有83张。每张竹筏可装货500公斤,永兴桥头为当时排运的转运站;下运的货物在永兴桥头换装木帆船,再转运至义桥、新坝、临浦和杭州等地。河上店至义桥之竹筏运输历久不衰。20世纪50年代初期,从义桥新坝至永兴桥、河上店一带仍有竹筏166张,单筏载重约半吨,年货运量在8000吨左右。不论酷暑严寒,凭着这些筏(船)工们辛勤的汗水长年在永兴河上流淌,促进了城乡人民的物资交流。城里人饭桌上的竹笋、乡下人身上的布衫,均有永兴河的一份功绩。

相传,凌桥老街形成要早于戴村老街。凌桥老街是七都、八都民众进出的必经之路。旧时,水路运输航船经永兴河可入凌溪,达凌桥十字塘址头埠,有埠头凉亭,供脚班和过往行人休息。后永兴河水位逐渐降低,航船只能在戴村蒋家埠头卸货,才使戴村集市兴起。清光绪十八年(1892)十一月,为调解戴村蒋家埠头上塘货物搬运争执,戴村及周边村的戴、郑、丁、方、鲍、俞、蒋7姓曾立合同议单(据《古越萧邑戴氏宗谱》记载)。

永兴桥埠头,位于永兴桥东(靠石马头一面)。中华人民共和国成立前,河上店竹筏装来的山货、土纸、猪肉,大桥下墙门等村的竹笋等货均卸于此埠,然后再由脚班装船外运。永兴桥埠开往义桥、临浦、杭州南星桥、海月桥螺蛳埠两道桅或三道桅航船(亦称信班船)的有:石马头村洪凤森、洪泉森兄弟俩和洪水标、洪关兴、洪吾林及张家弄村郭贵耀共6艘,吨位从13.14吨到20吨不一。至解放前夕,14岁的洪忠林跟随兄弟洪吾林在信班船上往返于永兴桥与杭州间。信班船一般每日一班,白天装货,待到傍晚开船(永兴桥埠和杭州方面同时对开),故又称夜航船,第二天早上到达目的地。其班船特点是客货混装,还带有邮件、包裹之类东西。昔日的永兴桥埠脚班忙碌,人气较旺。埠头有沈公记、洪合记过塘行,周阿惠小酒店并茶水店、洪阿定茶店,倪乐勤砖灰行(砖、灰均由上江船运入,石灰有黄白之别,七都、八都在生产土纸工序中靠白灰腐蚀竹纤维)等。

新塘埠位于云襄桥西(靠后郑一面),七都、八都的山货、土纸等货物均由脚夫肩挑至此埠装船外运。在新塘埠开往义桥、临浦、杭州等地的有戴村人丁财兴的近10吨航船1艘(后由同村人丁国庆经营),朱村桥丁家庄丁关兴和桐庐方向的上江船只,亦常来此埠运货。

无论是永兴桥埠或新塘埠等永兴河埠中,外运货物均为山货、土纸、竹笋等物,运回的则是大米、食盐、咸鲞、白炭、副食、百货等类。建德、桐庐的两头尖长船(一般为10吨左右),从富春江上游进浦阳江转入永兴河，运入的以大米、甘蔗、橘子、荸荠等为多。直至解放初，永兴河埠头的装卸人员均为自发组织，故秩序较差。

解放初，戴村、后郑两村农会各有一道桅木船1艘，戴村丁满潮（后为蒋小昌、郑吾坑、周吾昌）、后郑村郑焕标分别负责两船的水上运输。当时，从永兴河驶至杭州必须在钱塘江大桥附近过夜，第二天早上去六和塔水上派出所领取准予通航的小红旗，凭此旗才能通过钱江大桥，返回时再由水警收回小旗。

1957年，所有私人和村级集体的运输船只，分别参加了杭州木帆船联运社和临浦水上运输社。从1960年开始，成立有组织的永兴河埠头搬运装卸队，人员来自戴村大公社所辖的白墅、凌溪两管理区，由大公社工业办公室统一负责管理。

1958年，戴村供销社购置6.5吨机船1艘。一般每天出船两趟，分别从临浦、瓜沥等地运入食盐、水产、副食、百货之类。永兴河水位高时在蒋家埠头起岸（蒋家埠距戴村老街最为便捷），水位低时则在永庆桥（张缄桥），直到新塘埠卸货，由埠头搬运队运入供销社自备仓库。供销社生产资料商店和仓库，设址在永兴桥埠河岸附近，故运入的化肥、农药等生产资料和煤球等物资，均在永兴桥埠上岸。由于运输任务繁忙（戴村粮管所、云石粮站在永兴桥埠河岸亦设有粮仓1处），所以，萧山航运公司等船队也不时出入在永兴河的水上运输行列之中。

人民公社化后，党和政府下拨巨资，号召戴村及周边乡村人民几经大规模的兴修水利，从根本上解除了永兴河的水患。自沙河至义桥的近10千米中，可通航20吨以下船只，永兴桥至义桥段潮汛期能通航40吨级货驳（解放前，小木船还能通至大桥乡的泥桥头）。

永兴桥埠和新塘埠是装卸货物最多且杂的河埠，解放以后，凡是装运出去的货物，新塘埠还要多于永兴桥埠。集体化时，云石公社和戴村公社的中潭、马谷等大队生产的土纸、笭皮等竹制产品，全部由戴村供销社采购商店（址设云襄桥西塘下百米处）统一收购并调拨外地，供销社收购的蚕茧、络麻，以及60~70年代大围垦高潮中云石、戴村公社山区大队的大批竹木，均在新塘埠下船外运。运往围垦的竹木，各大队除在垦区自用外，大部分在沙地市场出售，以异地高价来增加集体经济收入，作为投资垦区建设的经济支撑。云石、戴村当地土纸生产原料不足，所以戴村采购商店向土纸生产的各大队统一发放预购定金，各自去福建省及本省的龙泉、桐庐、富阳等地采办土纸原料（嫩毛竹）。大批土纸原料除临浦火车站卸货外，其余均由富春江水运进入永兴河，在新塘埠卸货。大围垦高潮时，运输频繁，不少大队都自置船只（多为水泥船）。至改革开放后，土地承包到户经营，这些船只渐渐消失在永兴河上。在新塘埠卸货的还有集体化时围垦运来的稻谷等农作物，集体和民用的红砖、黄沙等建材均在此中转。

70年代，永兴河水运除单只航船外，有一支专业的萧山航运公司临浦船队。该队拥有机头24马力，拖船4~5只，每只20吨左右。他们经常出入于杭州至沙河口砖厂之间，把闸口电厂的煤渣运入砖厂，偶尔还将红砖带运至萧山、杭州等地。还有一支云石垦种船队，拥有机头马力50匹，拖船13只，往返于永兴码头至围垦，一般每个星期来回一趟，下运垃圾肥、竹木、柴草、种子等农用品，上运围垦所产稻谷、瓜果等，随船搭乘往来人员。

地处石盖村附近的义泰埠，在60~70年代中期，主要是供当地灰窑的石灰装船之用。1974年，石盖等大队办起石料厂，石料均在此埠下船，运至杭州、上海等地，埠头一度较为忙碌。此后，石料厂转由个人承包，1995年开始与浙江登峰集团联营，至2005年矿山禁止开采而停运。1995年至2005年间，联营后的石料多为供应本地建设，所以石料大多改水运为陆运。

改革开放后，陆路交通发展迅猛，永兴河水运逐渐冷清。至80年代中期，永兴河上除了外地偶尔进来的只把黄沙或红砖船外，已很难再见到其他运输船只。

肩挑手推

旧时陆上运输主要肩挑背负手推。戴村百姓挑脚度日者以七都山区居多。七都、八都槽户雇工生产的土纸，在永兴桥装船全靠脚夫挑运，挑回来的是永兴桥灰行的石灰（土纸生产辅助原料）。缺货时，还要去诸暨石毛坞灰窑挑运，来回160华里路程，故挑脚运输十分艰难。平时，山民的粮食、油盐之类也都须从戴村、义桥等集市挑入。此外，还有一些三、五成群，靠长途挑脚贩运、做点小生意的挑脚帮头。俗话说：一分本事赚一分钱，十分本事挑私盐。这些脚夫们一般年轻体壮，肩担重担长途跋涉，既要面临路途中日晒雨淋的考验，还要对付动荡社会警匪之骚扰，一般非等闲之辈。

脚夫们贩运范围近者去萧山头蓬和周边的绍兴、富阳、桐庐等地，远时还去江西鹰潭地区。去头蓬挑盐一般是前一天出发，第二天下午到达并买好盐。为途中躲避盐警、地痞，故一般在黄昏时分开始挑运。若遇暗星黑夜，陌生者极容易在茫茫沙地中迷路，甚至发生潮水紧跟身后，一旦发觉已为时过晚，往往出现连人带盐担被吞没的惨事。无论去头蓬或富阳场口挑盐，不紧不慢需两天路程，每次重量在100市斤上下。民国30年(1941)，100斤食盐在戴村就地可换取大米3斗。脚夫也有为行商、店家专业挑运赚运费的，他们往来于绍兴夏履桥(翻进化藏山岭)、本县瓜沥塘头、所前等地，挑运的是烟叶(梗)、土布、食盐、百货之类。脚价最好时一天能赚大米2~3斗，最差时只有2~3升。

远地去江西鹰潭的脚帮少则3~5人，多则10~20人，昼行夜宿，结伴而行，便于途中相互照应。尽管翻山越岭走近路，一个单程至少一个礼拜。江西缺盐，故挑上去的是食盐等当地紧缺物资，带回来的多为姜黄，姜黄亦称洋黄，是土纸生产必需的颜料。挑运的货物重量，每担在100~130斤左右，根据各人体力强弱决定。解放后，长途肩挑背负的脚夫逐渐消失，而短途挑运要到20世纪70年代后才逐渐消失。

羊角车为旧时陆路主要交通工具。1949年，萧山全县还只有500辆，据推测戴村约20辆~30辆。羊角车由一人推行，若遇上坡或道路泥泞时需前面加一人背纤，尽管如此，也比肩挑背驮的劳动强度轻。解放初至50年代中后期，独轮车仍是农家的主要交通工具。50年代末，交通日趋发展，乡间道路不断拓宽，双轮车在农村不断增多，故独轮车开始减少。

钢丝车是解放后兴起的交通工具，有手拉二轮和脚踏三轮。二轮钢丝车在60年代末、70年代初开始大量发展，农家自备的也极为普遍。营业性的三轮钢丝车在改革开放前尚属少数，1978年以后，乡镇个体运输户迅速发展，在集镇载客和货运。后随着货运拖拉机、农用车的逐步增加，人力双轮钢丝车在农村运输工具中不再占主导地位。

汽车运输

1957年，03省道的前身萧山至楼塔段简易县道公路在原有基础上开通，有来往于萧山至楼塔、诸暨等地途经戴村的少量客运汽车，从此村民去外地即可在戴村坐车。1959年，戴村公社为建造钟山水库(尖山下村境内)，曾有以烧白炭为燃料的货车开至方家塘。20世纪60年代初，浙江省汽车运输公司萧山站开通萧山至方家塘客运班车，云石片居民去外地只到方家塘乘车即可，但开通不久即停开。1978年10月11日，又开通萧山至方家塘客运班车，每天2个班次，从此真正结束云石人民徒步到戴村乘坐汽车的历史。1984年年底，戴村汽车站为自设站，永兴、沈村、方家塘为代办站(时萧山全县有自设汽车站19个和代办站16个)。

1979年，杭州市委、市政府奖给云石公社浙江130货车1辆(载重2吨)，由顶山大队退伍军人陈云灿驾驶，归公社农机站管理。1984年，沈村俞水明购置5吨“东风”汽车跑起了运输，1985年又加6吨挂车，1987年再新购货车1辆，雇请帮工5人，办起“捷达”货运汽车队。1987年累计行程6万余千米，载货200吨，总收入77547万元，净收入23364万元，成为率先致富的万元户。云石乡政府于1985年购置17座中巴车1辆，用于机关办事需要(时南片镇乡配置公车极少)。

1987年，佛山村杜国兴和枫树村施利祥，向杭州交通客运公司租赁大客1辆，运营于云石方家塘至杭州之间(客车由客运公司在“解放”42座和“扬州”55座等40余辆大客中依次轮流排列调度，天天换车)，时称“杭州车”。杭州车初时每天一个来回，夏季早班5:30从方家塘出发，8:00左右到达杭州武林广场(时称红太阳)；下午杭州15:00发车返回，至方家塘17:30左右。大客车在方家塘过夜，为次日早班车。杭州车的运营，直接为戴村境域和周边外出者提供了方便，一般去杭州无须再换乘第二辆车子。1988年开始，除萧山市长途汽车运输公司开设的班车外，村民个体经营的小型面包车、三轮卡车、摩托车等客车直抵尖山下村内，来往交通极为便捷。

1989年4月,沈村村沈烈飞购置40座空调大客,亦运营于方家塘至杭州之间,一天2班,方家塘发车为6:00、12:00,杭州发车为9:00、15:00,为萧山第一辆个体大巴。以后,尽管"杭州车"车主和车辆几经变动,但营运班车从无间断,只是杭州停车地点有所变动(后停车点改为汽车东站、安琪儿车站等处)。90年代,顶山村陈荣灿、佛山村钟金法等人也成为个体货运户。除汽车运输外,还有不少拖拉机个体运输户,农用拖拉机除农忙季节外,大多从事货运,成为短途运输的一支重要力量。

1992年下半年,沈村村郭迪华用7万余元购入"少林"19座中巴汽车(浙AG2160),运营于方家塘至萧山间,是该线路上营运的第一辆客运中巴。至1993年上半年,方家塘站共有"少林""山花"客运中巴4辆(车主为郭迪华、袁寅山等)。这些中巴车为方便乘客沿途上下,途中招手即停,称"招手车"。至2005年年底,方家塘至萧山汽车东站的客运中巴增至17辆,不足10分钟就有一辆车出站,极大地方便了乘客,但是中巴车多了经营者的经济效益却逐年下降。2006年,方家塘至萧山汽车站的客运中巴车,由萧山"萧然"公交公司接管处理,全线由"萧然"公司新置的"307"大客接替中巴载客运营,全线设停靠站台73个,戴村境域内停靠站台39个。

随着客货运输的发展和运输车辆的增多,与之配套的驾驶员培训和维修行业应运而生。1989年,云石机动车驾驶员培训中心成立,时为萧山南片唯一正规驾培中心,建校以来为戴村和萧山南片镇乡培养近4万名合格的驾驶人员。戴村从90年代初出现汽车、摩托车个体维修户,至2007年,全镇有一类机动车维修企业4家,能从事汽车一级、二级维护和小修业务;有三类机动车维修企业16家,能从事汽车装潢、轮胎修补、摩托车修理等业务。

至2008年,全镇汽车货运从业人员1600人,拥有各种货运汽车630辆,其中厢式货车45辆,普通货车480辆,其他货车105辆,总吨位1530吨;全镇汽车客运从业人员32人,其中出租车驾驶员24人(其中5人为出租车主,拥有出租车并营运),公共交通营运从业人员8人。

附录:

2008年过境公交车在戴村停靠情况

公交737路(萧山汽车东站至云石)。在戴村境内停靠:桥里村西、郁家山下、何童埠、永富路口、石马头、石马头西、戴村镇政府、锦绣路西、戴村骨伤科医院、锦绣路东、戴村老街、戴村人民路口、戴村人民路、戴村人民路西、云石路口、凌桥头、八都村口、墙头、茶亭桥、李家坞、丁村、后宅村、华东桥、丁村叉口、汪家山下、沈村、南坞桥、沈村信用社、青山桥、响石桥北、响石桥南、盛家溪、枫树村、顾家溪北、顾家溪、顾家溪南、方溪村、方家塘、尖山下村、骆家舍村。

公交738路(萧山至楼塔),萧山6:00~20:30,楼塔5:30~19:40,票价1~4元。在戴村境内停靠:桥里村西、郁家山下、何童埠、永富路口、石马头、石马头南、永兴桥、后郑、戴村骨伤科医院、锦绣路口、戴村人民路口、戴家山、戴家山北、戴家山南。

公交728路(萧山通惠路公交站至楼塔公交站),为萧山至楼塔直通(大站线),营运时间6:05~20:00,戴村镇境内停靠:石马头、人民路口。票价4元。

公交745路(萧山东站至戴村镇政府),发车时间首班5:20末班17:45,票价2元。戴村境内停靠站:大石盖、自来水厂、六中、上董村、戴村镇政府。

公交881路(戴村至义桥),发车时间戴村6:30~18:00,义桥6:00~17:30,全程票价1元。境内停靠:戴村骨伤科医院、锦绣路口、镇政府、石马头、永富路口、敬老院、永富村、马鞍(冗里)。该线路2009年开通。

公交875路(马谷至临浦),发车时间马谷7:00~17:20,临浦6:00~17:00,全程票价2元。境内停靠:马谷、中潭、麦园、前方、戴村骨伤科医院、工人路口、后郑、永兴桥、河杨湖、张家弄村、后马湖。该线路2008年开通。

公交876路(义桥至顶山),发车时间首班5:50,末班17:10,全程票价1元。境内停靠站:佛山、云石桥、沈村、南坞桥、方家塘、顶山。

公交877路(戴村骨伤科医院至河上三联村),发车时间河上6:30~16:30,戴村6:00~17:00,票价2元。境内停靠站:戴村菜场、戴村小学、人民路口、戴家山村。

(根据萧山公交公司有关资料整理)

2007年戴村镇从事货运人员和车辆情况

表3-2-6

村　名	人数(个)	车辆类型(辆)				车辆吨位(吨)
		厢式货车	普通货车	其　他	小　计	
骆家舍	5	1	3	1	5	19.98
尖山下	4	-	3	1	4	6.68
方　溪	8	5	2	1	8	14.15
顾家溪	10	4	3	3	10	32.30
枫　桥	6	1	4	1	6	5.52
青　山	21	3	17	1	21	29.15
沈　村	9	1	6	2	9	11.40
佛　山	9	0	7	2	9	15.67
半　山	16	3	8	5	16	33.71
马　谷	11	0	11	0	11	14.97
八　都	15	0	15	0	15	22.26
三　头	29	8	18	3	29	47.17
南　三	37	2	28	7	37	133.61
戴　村	44	5	26	13	44	169.17
大石盖	20	5	6	9	20	86.53
上　董	4	0	3	0	4	5.63
石马头	21	8	8	5	21	82.52
河杨湖	16	2	14	0	16	25.86
张家弄	7	0	6	1	7	13.93
东　风	17	2	12	3	17	42.64
郁家山下	17	2	10	5	17	57.41
永　富	16	0	13	2	16	41.19
合　计	342	54	223	65	342	911.49

说明:资料由萧山区公路运输管理所提供

2007 年戴村镇出租车、公共交通从业人员情况

表 3－2－7　　单位:人

村　名	出租车营运	公交营运				总人数
		司机	乘务员	其他	小计	
骆家舍	9	3	4	0	7	16
尖山下	2	6	8	1	15	17
方　溪	4	5	2	0	7	11
顾家溪	9	1	1	1	3	12
枫　桥	4	2	2	1	5	9
青　山	4	4	1	2	7	11
沈　村	4	2	0	1	3	7
佛　山	3	1	0	0	1	4
半　山	10	4	4	0	8	18
马　谷	1	1	0	0	1	2
八　都	2	3	0	0	3	5
三　头	7	1	1	0	2	9
南　三	2	1	0	0	1	3
戴　村	2	3	1	0	4	6
大石盖	5	1	1	1	3	8
上　董	2	0	1	1	2	4
石马头	7	4	0	0	4	11
河杨湖	1	0	0	0	0	1
张家弄	2	0	0	2	3	5
东　风	9	3	1	0	4	13
郁家山下	5	3	0	1	4	9
永　富	4	3	0	1	4	8
合　计	98	51	28	12	91	189

说明:资料由萧山区公路运输管理所提供

2007 年戴村镇出租车主情况

表 3－2－8

车　号	车型	营运证业户	现车主	现车主家庭地址
浙 ALT373	索纳塔	方立飞	方立飞	戴村镇戴村后郑 3 组 7 号
浙 ALT792	索纳塔	方子茂	方子茂	戴村镇八都村前方 1 组 48 号
浙 ALT812	索纳塔	顾介平	顾介平	戴村镇顾家溪村平山 1 组 42 号
浙 ALT781	索纳塔	孔小英	孔小英	戴村镇郁家山下村
浙 ALT568	帕萨特	任永飞	任永飞	戴村镇三头村大湖头 2 组 5 号
浙 ALT377	索纳塔	沈荣华	沈荣华	戴村镇枫桥村响石桥 57 号
浙 ALT936	索纳塔	钟伟芳	钟伟芳	戴村镇佛山村
浙 ALT682	索纳塔	浙江中通萧山汽车分公司	徐校中	戴村镇永富村
浙 ALT698	索纳塔	浙江中通萧山汽车分公司	郁金达	戴村镇郁家山下村 3 组 32 号
浙 ALT268	宝来	杭州萧山安达汽车出租有限公司	沈生富	戴村镇八都村
浙 ALT109	索纳塔	杭州萧山高桥运输有限公司	陆小明	戴村镇大石盖村陆家自然村
浙 ALT126	索纳塔	杭州萧山高桥运输有限公司	郁建林	戴村镇郁家山下 9 组
浙 ALT836	索纳塔	杭州萧山汽车出租有限公司	吴建中	戴村镇大石盖村陆家自然村
浙 ALT730	索纳塔	杭州萧山汽车出租有限公司	顾云金	戴村镇顾家溪村(平山)
浙 ALT832	索纳塔	杭州萧山汽车出租有限公司	顾金仁	戴村镇顾家溪村(勤工)
浙 ALT125	索纳塔	杭州萧湘客运有限公司	俞　泽	戴村镇石马头村石盖坞 4－24

说明:资料由萧山区公路运输管理所提供

2007 年戴村镇机动车维修企业情况

表 3－2－9

类别	企业名称	法定代表人	从业项目	经营地址
一类	杭州萧山戴村继良汽车修理厂	鲁继良	汽车一级、二级维护和小修	戴村石马头村
一类	杭州萧山浦阳江汽车修理厂	钟汉东	汽车一级、二级维护和小修	戴村南三村溪河
一类	杭州萧山明华汽车修理厂	郭明华	汽车一级、二级维护和小修	戴村南三村溪河
一类	杭州萧山浦发汽车贸易有限公司	钟汉东	汽车一级、二级维护和小修	戴村南三村溪河
三类	戴村阿明汽车电瓶轮胎修理店	沈建娣	电瓶修理	戴村大石盖村畈里
三类	林凯摩托车修理	洪林凯	摩托车修理	戴村石马头村

续表 3-2-9

类别	企业名称	法定代表人	从业项目	经营地址
三类	沈吾定	沈吾定	轮胎修补	戴村南三村戴家山
三类	卢金星	卢金星	轮胎修补	戴村南三村溪河
三类	卢金良	卢金良	轮胎修补	戴村南三村溪河
三类	丁春高	丁春高	摩托车修理	戴村镇戴村村
三类	喻银兔	喻银兔	摩托车修理	戴村镇戴村村后郑
三类	裘朱恩	裘朱恩	轮胎修补	戴村东风村西周
三类	傅志明	傅志明	轮胎修补	戴村石马头村
三类	傅志桥	傅志桥	轮胎修补	戴村石马头村
三类	陈国权	陈国权	轮胎修补	戴村南三村戴家山
三类	丁　键	丁　键	摩托车修理	戴村镇戴村村
三类	戴红华	戴红华	车身清洁维护	戴村三头村
三类	丁春平	丁春平	摩托车修理	戴村三头村03省道旁
三类	丁培宏	丁培宏	汽车装潢	戴村三头村凌桥
三类	洪来友	洪来友	轮胎修补	戴村镇永富路口

说明:资料由萧山区公路运输管理所提供

第三章　邮政　电信

戴村民间信函传递始于清代,民国时期始通电话。但旧时交通闭塞,邮电事业发展缓慢。中华人民共和国成立后,尤其是改革开放以来,戴村邮电事业得到迅速发展。

第一节　机构与管理

清代,戴村民间传递书信由临浦民信局办理,以寄递信函为主,兼营代寄包裹、代客运送行李等。清光绪二十二年(1896),成立大清邮政,萧山于光绪二十八年七月设二等邮局。光绪三十三年(1907)3月设临浦邮局,亦为二等。次年4月,设义桥邮局,为三等。永兴、戴村片邮政由临浦邮局投递,云石片邮政由义桥邮局投递。清政府官办邮局后,民间民信局营业锐减。

民国时期,临浦设三等邮政局,义桥为邮寄代办所,邮件大都由轮船或埠船带运。永兴、戴村片邮政仍由临浦邮局投递,云石片邮政由义桥邮寄代办所投递。政府明令取缔民信局,至民国26年(1937),萧山民信局全部停歇。

中华人民共和国成立后最初几年,戴村邮政仍由临浦邮电局负责。1954年,设戴村邮电所。1960年升级为邮电支局,1962年又降为邮电所。支局、所营业用房建筑面积104平方米,服务范围包括戴村、云石、永兴3个人民公社。至1985年年底,戴村邮电所有职工10人(内有委办1人),全年业务收入8.71万元。

1984年,成立永兴邮电所,所主任俞银水;话务员沈红。同年下半年,东周村周伟楠花4万元从永兴乡总机房拉线装入私人电话2部。1992年5月,并入戴村邮电支局。

1953年云石沈村沈宗浩小店就设立了邮政代办;1958年,云石成立邮电所。步行投递邮件的先后有陈利祥、沈祖伟、沈水铨等,邮电所负责人陈利祥。1983年,址设云石公社大院内的新邮电办公用房投入使用(老邮电所曾设在沈村老公社的五间二弄民宅内)。2001年12月,分别并入戴村邮政分局和电信分局。

1989年10月,萧山市乡镇邮电联营站成立,统一管理各乡镇邮电代办所。1992年年初,在戴村邮电所基础上成立戴村邮电支局,局长韩宝祥。1997年年初,戴村邮电支局升等为戴村邮电中心支局,下辖楼塔、河上、大桥、许贤、云石5镇乡,局长丘晓明。

1998年8月,邮政、电信分营,撤销邮电中心支局,分别成立戴村邮政支局和戴村电信业务点。时邮政支局职工7人,其中营业员3人、投递员3人、支局领导1人。电信业务点职工12人,主要是管理程控机房、电话安装维修和营业工作人员,其中营业、线务、机务各为4人。

2001年元月和4月,戴村邮政支局和戴村电信业务点分别更名为戴村邮政分局和戴村电信分局。2004年元月和2006年年底,又更名为戴村邮政支局和戴村电信支局。

戴村邮政支局和电信支局,均设址在戴村镇人民路106号,两支局相邻,共占地面积10亩。邮政支局营业用房建筑面积240平方米,电信支局建筑面积2073.94平方米。

至2008年年底,戴村邮政支局工作人员7人,其中投递员4人、营业员3人,支局长孙晓翔。戴村电信支局工作人员9人,其中营业员4人(包括云石1人)线务员4人,支局长何柏庆。

1983年戴村联办邮电代办所人员情况

表3-3-1　　单位:元

职工姓名	性别	出生年月	是否党团员	进所年月	收入		工种性质
					基本工资	各种津贴	
李吾根	男	1935.3	党员	1963.03	47.50	15.20	投递,固定工
沈旭忠	男	1939.2	党员	1965.05	53.50	15.20	机线,固定工
丁雅芬	女	1940.10	-	1961.11	45.50	15.20	话务,固定工
蔡桂娥	女	1945.12	-	1967.11	42.50	15.20	话务,固定工
胡桂仙	女	1946.8	-	1979.05	31.00	15.20	话务,固定工
陈杏珍	女	1951.4	团员	1972.09	38.00	15.20	话务,固定工
陈秀明	女	1959.4	-	1977.04	31.00	15.20	话务,固定工
傅东霞	女	1964.2	-	1982.05	25.00	6.80	话务,学徒工
陈玉珍	女	1964.5	-	1980.03	28.00	13.30	话务,固定工
沈红兰	女	1965.5	-	1982.05	29.00	-	话务,投递固定合同工
朱岳良	男	1965.9	团员	1981.09	25.00	6.80	机线,学徒工
李　华	女	1966.11	-	1981.03	25.00	6.80	话务,学徒工

说明:①资料由戴村电信支局提供。

②户粮关系均在农村

若干年份戴村境域邮电所(支局)负责人名录

表 3－3－2

时　　间	单位名称	职　务	姓　名
1949.5～	戴村电话交换所	负责人	陶乐乐
1965～1966.12	云石邮电业务点	负责人（兼）	金志玉
1967.1～1994.6 1984.1～1994.6	戴村、云石、许贤、村桥公社联办邮电所	所主任 副主任	沈旭忠 陈杏珍、朱岳良
1979～1983.12	永兴邮电业务点	负责人（兼）	鲍金成
1984.1～1992.12	永兴邮电所	所主任	喻银水
1991.1－1992.2	戴村邮电所	所主任	陈岳廷
1992.2－1996.12	戴村邮电支局	局　长	韩宝祥
1994.7～1997.12	云石邮电所	所主任	朱岳良
1997.1－1998.8	戴村邮电中心支局	局　长	丘晓明
1998.1－2001.12	云石邮电所	所主任	何国祥
1998.8－2001.4	戴村邮政支局	局　长	陈忠华
1998.8－2001.1	戴村电信业务点	负责人	王　云
2001.4－2003.12	戴村邮政分局	局　长	俞柏明
2001.1－2001.12	戴村电信分局	局　长	陈秀明
2002.1－2003.12	戴村电信分局	局　长	何柏庆
2004.1－2008.12	戴村邮政支局	局　长	孙晓翔
2004.1－2008.12	戴村电信支局	局　长	何柏庆

说明：①资料由戴村电信支局提供。

②云石邮电业务点负责人为云石公社文书金志玉兼；永兴邮电业务点负责人为永兴公社工业办公室主任鲍金成兼；1992 年 5 月永兴乡并入戴村镇；2001 年 7 月云石乡并入戴村镇

第二节　邮　政

邮路投递

民国时期，永兴、戴村片邮政仍由临浦邮局投递，云石片邮政由义桥邮寄代办所投递。民国 25 年（1936），临浦至楼塔公路建成，戴村邮件除水路运邮外，亦可陆路委托汽车、黄包车带运。无论水陆邮路带交邮件，均须委托重信誉的商号或单位转交。民国 32 年（1943），长潭乡第 7 保国民学校（校址设骆家舍庙内），其通讯处为“长潭乡公所转”；沈村乡中心小学的通讯处为“沈村邮政代办所转”；开明乡中心学校为

“开明乡公所转”；开明乡第17、18、19保联合国民学校的通讯处为“河镇正泰布店转中潭村”；浦南乡中心学校的通讯处为“戴村孙聚隆转”（孙聚隆为商号，老板系戴村孙家人）。委托的邮件经开拆处理，大部分放入信插，或置于柜台显眼处，由过往行人、顾客认领便带。商号或代办所、乡公所附近的邮件，则由代办人员投送。交通不便，邮路单一，故邮件滞留、积压时有发生。此时的义桥代办所3日步班投递线路有3条，3日中轮到戴村段1天，投递线路经潘山、何家桥、沈村、戴村、石盖回局。临浦局的投递方式为：送戴村、沈村代办所的邮件，由自办隔日步班邮路挑运交换。

民国时期汇兑业务通汇面小，手续繁琐，汇费昂贵，最高汇率达50%（即汇1元钱收取汇费5角）。邮电网路稀疏，邮局不办理报刊发行业务，报纸由报贩向报社预购批销（从1951年开始，邮局才接收报刊发行业务）。业务寥寥，发展缓慢，乃至解放初，萧山邮政机构还没有自备的邮运工具，邮件委托火车、汽车、轮船、民船带用，称为委办邮路，邮运情况十分落后。

中华人民共和国成立初期，戴村邮件仍由临浦邮电局负责投递。1953年云石沈村沈宗浩小店设立邮政代办。1954年戴村邮电所成立，服务范围包括戴村、云石、永兴3个乡。农村投递线路4条，单长81.8千米。1958年拓展邮递线路，自人民公社管理区延伸至生产大队，现戴村境域实现了村村通邮。是年，云石邮电所成立。步行投递邮件的先后有陈利祥、沈祖伟、沈水铨等，从1958年至1963年，邮件全靠肩挑背扛，投递至最边远村一个单程就有10千米之多。因此，云石里片的方家塘至船山、方家塘至顶山线定为隔日送邮；大白水（即狮山村）的报刊、信件均送至东平小学，由学生带回村里。1963年下半年，退伍军人李吾根开始用自行车投递邮件，结束了云石徒步送邮的历史。

20世纪70年代开始有3条邮路，一为集镇，指戴村本街和永兴片的13个大队和企事业单位，投递员任方兴；二为半山区，指戴村小公社时的22个大队和企事业单位，投递员任祥；三为云石片，指原云石乡16个大队和企事业单位，投递员沈伟良。3条邮路均以邮政专用自行车投递邮件，投递员属劳务雇用临时合同工，享受养老保险、劳保用品待遇。

1978年后，乡办、村办工厂企业兴起，流动人口增多，业务交往频繁，邮件业务量上升。1982年2月云石邮电所增加临时投递员楼迪红，基本月工资29元。是年开始，戴村邮政支局邮件进出全由萧山市局邮运专车接送，一般为每天两次；上午7时半将邮件从萧山送至支局投递仓库，并随车带走转运件，第二次为下午3时半。

1983年，戴村联办邮电所（包括许贤、村桥、云石、戴村），隶属于萧山县乡村邮电联营公司领导，报刊、邮件由萧山直送所内。1986年5月，为保证邮件不积压，读者能见当天报，新增投递员沈壮友（替代临时工楼迪红。见1986年5月1日戴村、云石、许贤、村桥四公社联办邮电所与乙方沈壮友的用工协议）。从此，变邮路为2条：李吾根负责袁家山下（枫树村）至船山、顶山等10个村和学校的投递；沈壮友负责响石桥（邮电所所在村）至上堡（佛山）等6个村和乡政府、学校、单位的邮件投递工作。扩大了投递面，信报投递到户率达95%以上，投递线路为周六班（即每周投递六次），基本解决了多年来一直未能解决的农村信报投递到户的问题。至2008年，镇内仍为2条邮路。

邮政业务

邮政业务包括报刊发行、汇兑、信件包裹邮寄等。改革开放以来，邮政储蓄、快递、特种专递业务应运而生。各项业务与时俱进。

从20世纪50年代戴村、云石邮电所成立以来，一直从事报刊发行业务。1958年，出现报刊收订第一次高峰。1978年以来，报刊发行量迅速增长。从1980年的日投递800份，增加到2008年的日投递量2150份，有《人民日报》《浙江日报》《参考消息》《都市快报》《钱江晚报》《浙江科技》《每周文摘》《报刊文摘》《文汇报》《中国老年》等近100种报刊杂志。2008年，全年报刊收订费为35万元（《杭州日报》《萧山日报》属报社自办发送）。

20世纪50年代末开始，戴村、云石邮电所汇兑业务、包裹邮寄业务即面向全国。汇率统一为1%，汇1

元线收取汇费1分,是民国时期最高汇率的1/50。1980年起,每笔汇款最高限额从300元提高到5000元。2006年,每笔汇款最高限额为5万元。

1987年开始经营邮政储蓄业务,当年吸储仅10余万元。从传统手工操作逐步实现全区小联网。

1997年7月,戴村镇三头村凌桥自然村人戴加龙,在城厢镇成立"萧山市天天快递有限公司"。该公司设在戴村有许洪伟、楼毅2名业务员,在全镇范围开展快递接送业务,月业务量进入70件左右,寄出80件左右,群众上网购物、电信购物非常便利。

2002年6月,戴村所有计算机储蓄网点实现全国联网。自开展邮政储蓄业务以来,储蓄余额逐年上升,特别是邮、电分营后,更为重视邮政储蓄业务的发展,至2008年年底,存款余额1500万元,其中当年吸储450万元。

随着邮电事业的发展,邮政业务量和营业收逐年提高。例如,1983年1~6月份,戴村联办邮电所(包括许贤、村桥、云石、戴村4公社联办邮电所,邮、电尚未分开)业务总收入17426.42元,其中电信酬金1084.78元,邮政酬金527.37元,月租费6058.55元,线路维修费9755.72元;总支出11108.77元,其中支付工资4418.69元(包括临时工1304.39),机线维修4290.35元,其他支出2399.73元;结余6317.65元。2008年,戴村邮政支局业务收入110万元。信件收寄75631件,信件投递117850件;包裹收寄4500件,包裹投递5100件;汇兑开票20650余张,总付汇票19860张;特快专递收寄5400件,特种投递5600件。

附录:投递员沈壮友的用工协议

临时投递员协议

为便利于当地通信,做好邮政服务工作,戴村联办邮电所(简称甲方)委托沈壮友(简称乙方)办理信报等投递工作,经双方协议,签订临时投递员协议书如下:

一、甲方委托乙方负责办理下列投递业务:

1.投递平常和挂号邮件及快递小包以及各种领取邮件通知单。

2.投递报纸、杂志和收订规定范围内的报纸杂志。

3.在投递时出售邮票、收寄平信、开取信箱。

二、乙方应该按甲方规定的班期,由归班时间和规定的制度和手续投递,应做到不延误、不丢失、不积压、不损坏邮件报刊,按时收订报刊和收取费用,在接收和投递给据邮件,杂志时按规定手续进行签收。

三、乙方应学习政治、文化和业务,遵守劳动纪律,执行邮电业务规章制度,维护保管好通信用品和工具,开展文明生产,确保通信安全。

四、甲方每月结算工资,按每天1.25元,车贴每天0.10元发放给乙方。

五、因乙方责任造成邮件、报刊丢失,损毁或发生私拆、隐匿邮件,报刊等违法行为,甲方有权对乙方进行调查和处理,直至解雇或追究刑事责任。

六、乙方因故要求解除协议,须提前半个月向甲方提出,以使安排接替人员。

七、期满后,如甲乙双方无异议,协议继续有效,如甲方因故需解除协议,须提前一个月告诉乙方。

八、本协议自签字之日起生效,有效期壹年。

一式两份,甲、乙方各壹份。

甲方:萧山县戴村、云石、许贤、村桥公社联办邮电所

乙方:沈壮友

一九八六年五月一日

(资料来自镇档案室)

第三节　电　信

民国3年(1914),萧山始设电报局。(民国9年9月1日,中国加入国际无线电报公约,正式成为世界无线电大家庭的一员。)民国18年,萧山设长途电话支局。民国20年,临浦设电信代办所,时戴村民众去临浦办电信业务。民国25年,戴村老街镗叉墙门内设有电话局。抗日战争爆发后,萧山沦陷,戴村电话局关门停业。民国27~30年(1938~1941),由于日本侵略军侵占义桥,义桥邮局曾设局址在戴村。民国34年,萧山设电信局。民国36年5月,戴村设乡村电话交换所,隶属于萧山县乡村电话管理所。戴村乡村电话交换所通话单位有:戴村乡、复兴乡、长潭乡、许贤乡、大桥乡、河上镇、楼塔镇、河上区公所、桃源乡9个乡镇和戴村区公所。

1949年5月,萧山解放。戴村电话交换所由陶乐乐负责,改造部分电话设施,并在河上店建立代办所,设总机1只,除原开通的9个乡镇和区公所之外,岩山乡亦开通电话。戴村电话交换所隶属萧山电话管理所,由县人民政府交通建设科管辖。电话交换所使用的是磁石交换机和摇把子电话机。20世纪50年代初,戴村邮电所有磁石交换机2部,容量200门,有县内中继电路16条。

1958年,戴村大公社各核算单位均安装了电话。1965年,云石公社电话总机只有30门磁石交换机,线路是毛竹杆加烂铁丝,后逐步换成部分木杆和水泥杆。据1975年10月"萧山县公社邮电所基本情况综合调查表"反映,是年,云石公社有总机门数30门,实装29门;线路总长29.319千米;线杆总数324根,其中水泥杆17根、木杆245根、毛竹杆62根。戴村公社有总机门数30门,实装19门;线路总长22.08千米;线杆总数196根,其中水泥杆18根、木杆142根、毛竹杆36根。1976年,云石公社将毛竹线杆全部换成方形水泥杆。1978年,云石电话总机容量100门,工作人员7人。1979年,永兴公社将铁丝电话线改成塑料外壳的电话地埋线。时年,永兴公社机关、企业、大队共安装电话机29部,机房设石马头窑头永兴农技站内,话务员丁雪娟。1980年云石架设电缆,100对电缆线长13千米,线杆全是清一色圆形水泥杆。

1984年2月24日,云石公社明堂大队沈海根安装了云石公社首部私人电话(由时任萧山县戴村、云石、许贤、村桥4公社联办邮电所所主任沈旭忠提供)。1985年,云石乡架空电缆创全县前列;1986年安装半自动电话,总机容量300门,每百人中有半自动电话2.8部,超过全县的平均数;1987年,私人电话数量位列全县第一;1988~1989年,磁石电话改用"共电";至1989年,云石邮电资产值达百余万元。1993年12月25日,云石邮电网并入戴村镇,开通程控半自动电话330部。1997年,云石乡邮电办公大楼在乡政府西面竣工并使用;拥有1000门程控模块,电话机用户已达600多户,平均每百人拥有电话机5部。2000年12月止,全乡电话机总数达2034部,平均每6人拥有1部电话机。自1958年以来,先后担任云石邮电所话务员的有:沈维仙、周友坑、李吾根、蔡桂娥、胡桂仙、沈红兰、李华、沈明兰等。

1993年9月,戴村程控电话开通。随着电信事业的发展,装机用户不断增加。1996年5月,戴村全镇无电话空白村,李家坞村办公室于同年6月安装了全镇51个村最迟的办公室电话。1998年8月,戴村邮、电分营后的话机安装费和电话费均有电信营业厅委托农行戴村办事处代收。程控电话开通以来,电报业务量明显减少。1998年,电信业务点的全年电信业务收入206万元。2000年,全年进出的电报只有进来40余份,发出去的更少。2002年,不再办理电报业务。

2000年年底,戴村全镇程控电话的装机容量为11070门,实装7138门;公用电话43部,公用电话亭5处;有传呼机2805只,手机2076只。2001年12月,戴村镇开始安装宽带,当时只有10户左右,费用每年400元,很快普及全镇。2005年1月,临浦、戴村铁通分公司成立,在戴村上门服务,免收座机月租,戴村当年有3家企业、300余户个人安装了铁通固定电话。同时,手机有了虚拟网、朋友网、家庭网等。电信业务经营范围进一步减少,群众通信越来越方便。

至2008年年底,全镇程控电话装机容量扩为14000门,实装11050门,各行政村安装情况见表格,行政村电话入户率为82%;全镇公用电话增至978部,公用电话亭10处;宽带用户2380户,小灵通2100部。是年,戴村电信支局的全年业务收入为809万元。

2006年、2008年戴村镇各村、社区程控电话装机情况

表3-3-3

村别	电话门数		村别	电话门数		村别	电话门数		村别	电话门数	
	2006年	2008年		2006年	2008年		2006年	2008年		2006年	2008年
骆家舍	402	195	沈　村	418	339	南　三	493	470	张家弄	477	406
尖山下	333	288	佛　山	336	290	戴　村	497	534	东　风	372	360
方　溪	502	373	半　山	611	514	上　董	223	211	郁家山下	314	310
顾家溪	397	290	马　谷	353	235	大石盖	465	503	永　富	623	574
枫　桥	315	277	八　都	581	528	石马头	531	469	中心社区		287
青　山	792	822	三　头	623	537	河杨湖	413	374			

说明:资料由戴村电信支局提供

第四章　电力　能源

1962年9月,10千伏河上高压线由临浦铁塔过江经碛堰山、河口到戴村后郑窑头。是年11月,戴村境内部分通电,农户开始用电灯照明。1964年,浦南高压线10千伏经戴村送至云石增丰,1966年4月送到云石狮山、船山。1980年1月,建成响天岭水库电站,发电机组125千瓦,升降变压器180千伏安,年发电量20万千瓦。2002年,永兴变电所投产,出线13条,其中镇境高压出线11条。2000~2008年,境内各村均达电力线路"标准"村。有低压线路227.61千米,其中三相四线线路136.26千米、单相二线线路91.35千米。经过几十年建设,镇内电力设施逐步配套更新,供电线路遍布各行政村和企业,保证工业、农业生产和人民生活用电。

1961年秋,在戴村后郑窑头设立河上区水利机电办公室,开始规划包括戴村在内的全区水利电力建设。1980年,戴村区组建区电管站。1985年,永兴、云石、戴村3乡镇分别建立电管站。撤扩并后,永兴、云石电管站先后并入戴村电管站。2005年5月,戴村电管站改称萧山供电局戴村供电营业所。各个时期的电力管理机构,其职能是加强电力设施建设和安全用电、有序用电的管理。

第一节　电力机构与管理

电力机构

1961年秋,河上区设立水利机电办公室,开始规划全区水利电力建设。办公室主任为孔繁仁,工作人员

有周先球、汤建强等3人。办公室设在后郑窑头夏生大妈家里,后迁到区里(戴村歪墙门)办公。1962年春节后调余满云为办公室主任,工作人员增至4人,分别负责管理水利电力建设、电工、会计等工作,办公室迁至永兴桥。1963年,随着南片各电力排灌站相继建造,办公室人员增至7人,主任沈越焕,管理周先球,设计俞志超,测量楼东正,水利沈兆荣、卜吾兴,会计沈吾兰,并借调供销社韩召文负责物资采购供应。办公室受县水利电力局和河上区双重领导,办公地点仍在永兴桥,县水利电力局派陈咸放驻区指导。1966年3月,河上区撤销,辖区并入临浦区,河上区水利机电办公室同时撤销。

1976年,为加强用电管理,戴村、永兴、云石3个公社,先后招收农电工各1名,负责指导所属各大队农电工的业务和安全用电。人员由公社管理,各公社农电工分别是:戴村公社洪生荣、永兴公社方金校、云石公社顾中贤。

1980年,戴村区组建区电管站,由副区长邱吾仁兼任站长,具体工作由丁伟樵负责,工作人员有俞兴余、洪吾明、俞红伟、方利仁、丁建龙,办公室设在戴村南塘上新建的二层楼房4间,约300余平方米。

1985年,成立戴村区电力安装队,由方金校任队长,人员有郑海桥、洪中桥等,与区电管站一起办公。同年3月,按照县政府要求3乡镇先后成立乡镇电管站,由1名副乡(镇)长兼任站长,1名电工任副站长,各站有电工2~3名,受乡(镇)政府和县农电总站双重领导,负责各乡镇计划用电、安全用电、节约用电和制订辖区电力发展规划等工作。3乡镇先后任副站长的有:戴村镇来成法、方金校;永兴乡方金校、卜华水;云石乡顾中贤、洪幼涛。同时各村配备农电工1名。

1992年5月后,永兴乡电管站并入戴村镇电管站,站长任国桥,工作人员有方金校、丁建龙、顾中贤,办公室在戴村电影院旁原城建办公室房子。1994年12月,王观明接任站长。时云石站长为卜华水。

2000年3月,戴村电管站增挂"萧山供电局戴村供电营业所"牌子,一套班子,两块牌子,负责人王观明。2005年5月1日,因萧山区农电总站撤销,戴村电管站"落牌",称萧山供电局戴村营业所,所长王观明。

2006年12月,在戴村锦绣路58号,新建的萧山供电局戴村营业所和供电局南部电力仓储中心落成开业。营业所投资200万元,占地面积3333.35平方米,建筑面积2413平方米;电力仓储中心投资400万元,占地面积4666.69平方米,建筑面积3135平方米。

用电管理

1962年11月8日,戴村境内部分通电,农户开始用电灯照明。1963年冬,境内碛堰山、戴村、大桥3个电力排灌站建成,稻区各大队先后通电,照明用电和农业用电相继普及。各大队为管理用电和收费需要,都配有农电工1~2名,负责电灯、抽水机安装维修与收费外,管理大队安全用电,禁止私拉乱接电源和查处偷电。1976年,社队企业有所发展,农业推广电犁翻耕、电动脱粒,用电事故频发,为了加强对用电的管理,各公社配备农电工1名,负责全社安全用电和指导各大队农电业务。1985年前后,乡镇企业发展迅速,电力供应十分紧张。各乡镇先后建立电管站,电力实行计划供应,由县"三电办公室"分配到乡镇,再由乡镇电管站分配到村、厂。计划电量不能满足生产需要,3乡镇电管站组织村厂向县"三电办"认购加工电、议价电。同时根据县"三电办"的"死指标活调度"办法,电管站对所有用户的用电量、用电时间作出计划和安排,并借助电力定量器与供电定时器予以控制。进行调荷节电,采用"供五停二"办法,即每周供电5天,电休1天备拉1天。避峰用电,早上7时前、晚上6时后农村照明高峰时,工业避峰停电。保证重点、让电支农,每年夏收夏种大忙季节为保证农业用电,乡镇企业停电让路。为保证计划用电、调荷节电、安全用电的顺利进行,戴村区成立浦南线路管理委员会,由区工办主任兼任主任,各乡镇工办主任为委员,对浦南线正常供电进行监督与协调。

90年代中期后,国家加大对电力的投资,供电量日益充裕,用电敞开。1999年9月1日后实行同网同价。由于工业经济快速发展,2003年夏季又出现供电紧张状况,经常拉闸停电。2004年4月19日,萧山区人民政府萧政发〔2004〕60号文件规定,全区实施有序供电方案,做到"重心下移、权责一致、包干使用"的原则,鼓励企业自备柴油发电机组,并根据用电缺口大小,在保证居民用电(即"饭可烧、灯可亮、电视可看")的前提下,对企业用电实施5级预案,(A级供6停1、B级供5停2、C级供4停3、D级供3停4、E级供2停5)。镇政府成立有序用电领导小组,由副镇长韩建庆任组长、管青松、王观明任副组长,镇经济发展办公室、供电营业所及各行政村50余人组成。是年入夏以后持续高温,用电紧张矛盾突出,为确保居民生活用电,将预案升至B级至C级。镇有序用电领导小组在每日下午4时至晚上10时对企业用电进行检查,凡第一次发现违规用电,书面警告,第2次违规停电7天,第3次违规停电14天,以此类推,确保有序用电方案的实施。

随着电网整改和设备更新改造,安全用电情况大为好转,事故减少。供电营业所成立后,加强对农村电力线路和农业用电设备的安全保护,保护面达到百分之百。至2008年年底,共安装保护器125只,其中总保护器94只,分保护器31只。并对郁家山下、东风、沈村等村家用表记进行改装,配漏电保护器,其余村家电漏电保护器安装面也逾50%。

第二节　电力线路与设施

高压线路

1962年9月9日临浦变电所投产,是年10千伏河上线由临浦铁塔过江经碛堰山、河口到戴村后郑窑头。1964年浦南线10千伏经浦南、永兴、戴村送至云石增丰,1966年4月送到云石狮山、船山。

2002年,永兴变电所投产,出线13条,其中镇境高压出线10条:

下方949线,功率(KW)2334,供三头村、凌桥、南三村。

华诚951线,功率(KW)2158,供华诚机械、三头村大湖头。

云石954线,功率(KW)3275,供云石桥至骆家舍。

马谷956线,功率(KW)3065,供佛山、半山、三头村墙头、八都、马谷等村。

马鞍960线,功率(KW)2443,供上董、大石盖、永富等村。

黄洞952线,功率(KW)1346,供石马头、永富路、郁家山下。

后郑953线,功率(KW)1962,供戴村村街镇。

久峰955线,功率(KW)1083,供河扬湖、张家弄村。

华钢977专线,功率(KW)1996,供华东钢构等厂。

供水957专线,功率(KW)616,供萧山南部水厂。

低压线路

通电初期低压线路很不规范,各地因陋就简,电杆多用木杆、毛竹,甚至还有在活树上楔上瓷瓶,在屋墙上用角铁装上瓷瓶直接拉线。照明电线多采用2.73塑胶绝缘线,动力导线也在16~25之间。1976年公社配备农电工以后,加强对农村安全用电管理和低压线路改造,逐渐用水泥方杆、圆杆代替毛竹、木杆,照明导线也用16~25代替塑胶绝缘线。1992年,萧山市农电总站对戴村电力整顿情况进行验收,凡验收合格的村,补助30%的电力网路整顿所需的材料费用。从1998年开始,境内对各村的电力线路及设施进行第三次改造,凡整顿后达到电力线路标准的村,上级供电部门补助70%的电力整网工程材料费。

2000年,境内各村均达电力线路标准村。有低压线路227.61千米,其中三相四线线路136.26千米、单相二线线路91.35千米;低压电杆4897支,其中12米以上电杆554支、10米电杆1704支、8米及8米以下电杆2639支;低压导线120及以上93580米、50~95导线103890米、35及以下122720米、电缆2764米。

装机容量

1962年至1964年，是镇内电力使用普及阶段，共装有农村变压器40台、1750千伏安，其中永兴10台、480千伏安，戴村22台、1040千伏安，云石8台、230千伏安。1966年4月，云石里片通电，新增变压器4台、90千伏安。1971年，3公社开始兴办社队企业，稻区推广电犁翻耕、电动脱粒，山区土纸生产部分工序以电力代替人工。20世纪80年代乡镇工业发展迅速，用电增加。至1992年电力整顿后，境内有变压器98台、9735千伏安。其中永兴综合变16台、1180千伏安，工业专用变7台、650千伏安；戴村综合变23台、3005千伏安，工业专用变21台、2080千伏安，云石综合变18台、1280千伏安，工业专用变13台、1540千伏安。1998年至2000年进行电力线路及设施第三次改造后，到2008年全镇22个村1个社区有公变162台、38695千伏安，用户16246户，安装表记16426只，其中三相表2335只。工业专用变133台、32650千伏安，其中高配500千伏安以上12台、12840千伏安。

第三节　发　电

水力发电

钟山水电站　位于尖山下村。1959年土法上马，用8个月时间建成，配置发电机25千瓦，为部分农民装上电灯。由于电站设备简陋，水轮机均系木制，加上溪流径流量小，可供发电水量不足，时发时停。损坏时，维修管理技术力量不足，后即弃之不用。

响天岭水电站　1977年开始，在响天岭水库配套建造水电站，1980年1月建成发电，并入华东电网。该电站由增丰、永丰（现方溪）、金星、勤工（顾家溪）、胜利（枫树）、尖山下、前进（响石桥）7个大队投资建造，前进大队后退出，设备由政府投资。各大队投资比例：增丰大队为34.7%、勤工大队17.5%、胜利大队17.5%、平山大队14%、永丰大队11.65%、尖山大队4.65%。利用响天岭水库和狮山引渠之水发电，水头落差136.8米，装机容量125千瓦，升降变压器180千伏安，年发电量在15万~25万千瓦时。初期有管理和技术人员12人，今2人。响天岭水库和配套电站的建成，对下游防汛、防旱以及人民生产生活用水，起了重要作用。

自备柴油发电机

响天岭水库电站1977年动工，1980年1月建成。发电机组125千瓦时，升降变压器180千伏安，年发电量20万千瓦时，电力输入华东电网（详见本编《水利》章）。

1981年，永兴公社为解决电力紧张状况，添置沪产6135柴油机（120马力）配80千瓦发电机1台，作为自备柴油发电机供社办企业发电。后又购进宁波产4135柴油机一台配60千瓦发电机，供江南棉纺厂发电。云石浪潮实业公司自1985年始至1991年，先后购进柴油发电机组3台（套），装机容量864千瓦。部分规模较小的企业和单位，则用拖拉机引擎或小型柴油机发电，以弥补供电不足。2004年后，企业和单位自备发电机组发展较快，至2008年境内有自备柴油发电机组78台（套）、2109.8千瓦。

2008年戴村镇农村低压线路基本情况

表3－4－1

村名	出线条	低压线路(米)						接户线对	户联线(千米)	低压电杆(支)			
		导线规格			线路长度								
		120及以上	50～90	35及以下	电缆	三相四线	单相二线			12米及以上	10米	8米及以下	合计
骆家舍	2	0	3200	6300	36	3500	6000	263	1.30	21	27	94	142
尖山下	6	1600	3000	8700	80	3500	8200	292	1.30	23	46	159	228
方　溪	8	1700	9340	5990	131	9840	5490	392	1.80	27	66	159	252
顾家溪	5	0	2500	5300	74	3000	4800	268	1.30	9	45	106	159
枫　桥	5	9500	3540	5660	76	4140	5060	305	1.60	8	36	147	191
青　山	14	0	11400	20000	211	14600	16800	455	3.20	29	69	343	441
沈　村	8	13000	7000	9000	110	7500	8500	325	1.50	18	30	224	272
佛　山	8	17500	6200	9300	140	7000	8500	268	1.20	2	58	203	263
马　谷	4	400	1800	1000	32	2300	500	215	1.60	15	38	22	75
八　都	10	6300	5500	3700	117	7100	2100	462	2.25	19	106	120	245
半　山	10	1900	5500	6860	204	7700	4660	502	2.40	25	115	170	310
三　头	18	5430	5240	4800	184	6840	3200	532	2.20	26	104	95	225
大石盖	15	3400	5100	5400	188	9600	1900	396	2.55	31	119	85	235
上　董	4	5640	2000	2400	68	3000	1400	223	0.90	6	45	54	105
张家弄	7	0	7300	4500	90	10300	1500	395	2.10	53	94	29	176
石马头	6	0	2200	3500	70	4200	1500	440	1.90	24	114	117	255
河杨湖	13	2850	5220	2440	182	6420	12400	365	1.50	34	108	53	195
南　三	9	800	4200	4300	153	6020	2500	384	1.75	32	103	63	198
戴　村	12	0	3000	2500	180	4500	1000	611	2.10	87	65	63	215
东　风	8	6400	3900	4400	126	5700	5700	345	1.70	22	82	110	214
郁家山下	9	16300	1550	1700	130	2000	2000	292	1.30	15	64	99	178
永　富	15	950	5200	4950	182	7500	7500	435	2.30	28	170	125	323
合　计	196	93580	103890	122720	2764	136260	91350	8165	39.75	554	1704	2639	4897

说明:资料由萧山供电局戴村营业所提供

2008 年戴村镇农村变压器配置情况

表 3－4－2

行政村	公 变 号	户 号	变压器号	地 址	容量	户数
骆家舍村	戴村镇骆家舍村船山 1#变	1391567463	567451	骆家舍村(船山前村)	100	245
	戴村镇骆家舍村骆村 1#变	1391567464	568094	骆家舍村(骆村操场)	100	220
尖山下村	戴村镇尖山下村 1#变	1391568514	566205	尖山下村(大樟树下)	250	75
	戴村镇尖山下村 2#变	1391567465	566311	尖山下村尖山下小学里	250	132
	戴村镇尖山下村 3#变	1321000189	625585	尖山下村(下门)	250	101
	戴村镇尖山下村 4#变	1321000190	625586	尖山下村(大会堂)	250	74
	戴村镇尖山下村 5#变	1321000191	625587	尖山下村(长畈里)	250	59
方溪村	戴村镇方溪村增丰 1#变	1391567474	566315	方溪村(增丰汽车站上面)	160	167
	戴村镇方溪村增丰 2#变	1391567473	566891	方溪村(增丰村口)	100	127
	戴村镇方溪村增丰 3#变	1396000239	570638	方溪村(增丰下门桥头)	315	48
	戴村镇方溪村征山 1#变	1391567470	567085	方溪村(云石征山村雪洞里)	250	118
	戴村镇方溪村征山 2#变	1391604808	566695	方溪村(征山杨家溪)	160	25
	戴村镇方溪村征山 3#变	1396000833	569247	方溪村(征山村雪洞外)	250	9
	戴村镇方溪村顶山 1#变	1391567468	566313	方溪村(顶山村口)	160	172
顾家溪	戴村镇顾家溪村勤工 1#变	1391567476	567289	顾家溪(勤工村口)	250	177
	戴村镇顾家溪村勤工 2#变	1396000461	570836	顾家溪(勤工钢筋厂内)	200	128
	戴村镇顾家溪村平山 1#变	1391567472	566314	顾家溪(平山小学边)	160	203
	戴村镇顾家溪村平山 2#变	1321042049	1235342	顾家溪村(平山大会堂)	250	0
枫桥村	戴村镇枫桥村枫树 1#变	1391567493	566318	枫桥村(枫树老村中)	200	187
	戴村镇枫桥村枫树 2#变	1321000187	625582	枫桥村(枫桥老庙边)	250	95
	戴村镇枫桥村响石桥 1#变	1391567477	568095	枫桥村(响石桥村委边)	250	85
	戴村镇枫桥村响石桥 2#变	1321000188	625584	枫桥村(响石桥盛家溪)	250	61
	戴村镇枫桥村响石桥 3#变	1321028897	1168201	枫桥村(响石桥沙田头)	250	38
青山村	戴村镇青山村明堂 1#变	1391567482	568096	青山村(明堂球场)	160	130
	戴村镇青山村明堂 2#变	1391569060	566172	明堂桥弄里	160	79
	戴村镇青山村明堂 3#变	1396000793	570039	明堂村(风车田)	250	97
	戴村镇青山村狮山 1#	1391567991	568010	青山村狮山新村	250	107

续表 3－4－2

行政村	公　变　号	户　号	变压器号	地　　址	容量	户数
	戴村镇青山村狮山 2#	1321028900	1168219	青山村·狮山(云石小学边)	250	1
	戴村镇青山村南坞 1#	1391567484	568097	青山村(南坞茶场边)	100	159
	戴村镇青山村南坞 2#	1396000491	570484	青山村(南坞菜场边)	200	123
	戴村镇青山村石牛山 1#变	1391567479	566316	青山村(石牛山操场边)	315	168
	戴村镇青山村石牛山 2#变	1396000210	570611	青山村(石牛山村口 2)	160	51
	戴村镇青山村石牛山 3#变	1396000961	570107	青山村(石牛山下小山)	315	124
	戴村镇青山村石牛山 4#变	1396001344	570141	青山村(石牛山赵家塘)	250	27
沈村村	戴村镇沈村 1#变	1391567487	567408	沈村村(桥头)	250	207
	戴村镇沈村 2#变	1391567486	568098	沈村村(汪家山下)	160	61
	戴村镇沈村 3#变	1391568718	566203	沈村村(村委后)	160	129
	戴村镇沈村 4#变	1396000954	570100	沈村村(大池头)	250	32
	戴村镇沈村 5#变	1396001142	569424	沈村村(晒纸山)	250	40
	戴村镇沈村 6#变	1396001143	569426	沈村村(球场边)	250	57
	戴村镇沈村 7#变	1321028898	1168206	沈村村(沈村汽车站边)	250	5
佛山村	戴村镇佛山 1#变	1391567489	566317	佛山村(桥头)	250	158
	戴村镇佛山 2#变	1391567488	566892	佛山村(吴家)	250	101
	戴村镇佛山 3#变	1391568688	567997	佛山村(洪村)	160	77
	戴村镇佛山 4#变	1396000930	570079	佛山村(方家)	250	109
	戴村镇佛山 5#变	1321032996	1180215	佛山村新区	250	16
	戴村镇佛山 6#变	1321051065	1272488	佛山村(洪村峰岭))	250	
半山村	戴村镇半山村丁村 1#变	1391567309	568111	半山村(丁村陈家畈)	250	234
	戴村镇半山村丁村 2#变	1396001220	569508	半山村(丁村老年活动室前)	250	113
	戴村镇半山村后宅 1#变	1391567308	566349	半山村(后宅桥头)	250	141
	戴村镇半山村后宅 2#变	1321060750	1321322	半山村(后宅张村畈)	250	
	戴村镇半山村凌山 1#变	1391567303	567505	半山村(凌山马路边)	200	127
	戴村镇半山村凌山 2#变	1391567964	568019	半山村(凌山东厢头)	160	111
	戴村镇半山村凌山 3#变	1321060751	1321327	半山村(凌山东厢头西)	250	
	戴村镇半山村李家坞 1#变	1391567306	567244	半山村(李家坞新区)	250	135
	戴村镇半山村李家坞 2#变	1321000746	629265	半山村(李家坞村口)	250	69

续表 3－4－2

行政村	公变号	户号	变压器号	地址	容量	户数
八都村	戴村镇八都村前方 1#变	1391567297	567271	八都村（前方桥头）	315	104
	戴村镇八都村前方 2#变	1391569340	567061	八都村（前方竹园）	250	75
	戴村镇八都村盛家 1#变	1391567298	568109	八都村（盛家村口）	250	115
	戴村镇八都村麦元 1#变	1391567299	566347	八都村（麦园里）	160	151
	戴村镇八都村麦元 2#变	1396001542	569829	八都村（麦园大山坪）	200	167
	戴村镇八都村中潭 1#	1391567300	568110	八都村（中潭路边）	250	261
马谷村	戴村镇马谷村 1#变	1391567301	566348	马谷村（马谷村口）	250	211
	戴村镇马谷村 2#变	1321033245	1182195	马谷村（马谷村中）	250	157
	戴村镇马谷新村 1#变	1391568448	568000	马谷村（马谷新村）	250	42
三头村	戴村镇三头村墙头 1#变	1391567295	566883	三头村（墙头戴尖公路边）	200	85
	戴村镇三头村墙头 2#变	1391571049	567290	三头村（墙头球场边）	250	135
	戴村镇三头村墙头 3#变	1321025318	1154606	三头村（墙头茶亭）	250	26
	戴村镇三头村墙头 4#变	1321051060	1272449	三头村（墙头上畈东）	250	
	戴村镇三头村凌桥 1#变	1391567291	568128	三头村（凌桥伞厂边）	250	155
	戴村镇三头村凌桥 2#变	1391571291	567946	三头村（凌桥团池边）	100	175
	戴村镇三头村凌桥 3#变	1321051061	1272457	三头村（凌桥上畈西）	250	
	戴村镇三头村大湖头 1#变	1391567290	567210	三头村（大湖头东）	315	122
	戴村镇三头村大湖头 2#变	1391568959	566193	三头村（大湖头西）	250	191
	戴村镇三头村大湖头 3#变	1391572955	567940	三头村（田畈）	315	11
	戴村镇三头村大湖头 4#变	1321020256	1129547	三头村（大湖头施家山）	250	59
	戴村镇三头村大湖头 5#变	1321020257	1129548	三头村（大湖头学校边）	250	48
南三村	戴村镇南三村溪河 1#变	1391567279	567082	南三村（溪河外塘）	100	221
	戴村镇南三村溪河 2#变	1396001361	570167	南三村（溪河西山闸）	250	35
	戴村镇南三村戴家山 1#变	1391567277	566345	南三村（戴家山加油站对面）	250	157
	戴村镇南三村戴家山 2#变	1396000892	570134	南三村（戴家山拖沙河）	250	82
	戴村镇南三村下方 1#变	1391570779	566160	南三村（下方南）	160	124
	戴村镇南三村下方 2#变	1391567278	568123	南三村（下方北）	100	106
	戴村镇南三村下方 3#变	1396001224	569313	南三村（下方村口）	250	27

续表 3－4－2

行政村	公变号	户号	变压器号	地址	容量	户数
戴村村	戴村镇戴村村 1#变	1391567264	568122	原人民政府所在地	315	39
	戴村镇戴村村 2#变	1391567272	567383	戴村村(原电管站边)	315	273
	戴村镇戴村村 3#变	1391569843	567405	世纪路南端	315	184
	戴村镇戴村村 4#变	1391569036	567988	戴村街镇(凌溪路边)	250	385
	戴村镇戴村村 5#变	1391571312	566155	戴村五王庙	250	49
	戴村镇戴村村 6#变	1396000573	570395	戴村镇(营业所新大楼)	160	5
	戴村镇戴村村 7#变	1396000931	570080	戴村镇人民路(西)	250	53
	戴村镇戴村村 8#变	1396001204	569490	戴村镇人民路(信用社边)	315	243
	戴村镇戴村村 9#变	1321032999	1180251	戴村镇(集镇医院东)	250	130
	戴村镇戴村村外畈 1#变	1391567275	566344	戴村村(外畈)	160	14
	戴村镇戴村村后郑 1#变	1391567267	566907	戴村村(后郑操场旁)	200	210
	戴村镇戴村村后郑 2#变	1321005528	821319	戴村村(后郑西)	250	77
上董村	戴村镇上董村 1#变	1391568958	567993	上董村(村口)	250	126
	戴村镇上董村 2#变	1391567289	568127	上董村(下段)	250	201
	戴村镇上董村 3#变	1396001790	570379	上董村(村委边)	250	60
大石盖村	戴村镇大石盖村孙家 1#变	1391567282	568124	大石盖村(孙家操场)	250	106
	戴村镇大石盖村孙家 2#变	1321034579	1188826	大石盖村(孙家西)	250	33
	戴村镇大石盖村陆家 1#变	1391567281	566346	大石盖村(陆家操场边)	200	102
	戴村镇大石盖村陆家 2#变	1396001622	568914	大石盖村(陆家东山塘)	250	9
	戴村镇大石盖村畈里 1#变	1391567287	568126	大石盖村(畈里村)	250	62
	戴村镇大石盖村石盖 1#变	1391569523	567966	大石盖村(石盖北)	100	94
	戴村镇大石盖村石盖 2#变	1391567284	568125	石盖预制场边	250	70
	戴村镇大石盖村石盖 3#变	1391568259	566210	大石盖村(石盖竹园)	100	110
	戴村镇大石盖村石盖 4#变	1396001073	568796	大石盖村(石盖桥西)	250	63
	戴村镇大石盖村石盖 5#变	1321004996	768341	大石盖村(原小学边)	250	130
	戴村镇大石盖村石盖 6#变	1321025326	1154676	大石盖村(石盖塘田坂)	250	2
河杨湖村	戴村镇河杨湖村河上桥 1#变	1391567579	566283	河杨湖村(河上桥路边)	160	119
	戴村镇河杨湖村河上桥 2#变	1396001299	569364	河杨湖村(河上桥荫家桥头)	250	117
	戴村镇河杨湖村杨家桥 1#变	1391568957	567062	河杨湖村(杨家桥球场南)	250	100

续表 3－4－2

行政村	公变号	户号	变压器号	地址	容量	户数
	戴村镇河杨湖村杨家桥 2#变	1391567578	568067	河杨湖村(杨家桥工业区)	315	26
	戴村镇河杨湖村杨家桥 3#变	1396000526	570517	河杨湖村(杨家桥村新农村)	200	90
	戴村镇河杨湖村后马湖 1#变	1391567594	566895	河杨湖村(后马湖操场西)	250	81
	戴村镇河杨湖村后马湖 2#变	1396000263	570652	河杨湖村(后马湖操场北)	250	77
	戴村镇河杨湖村后马湖 3#变	1321034953	1194262	河杨湖村(后马湖何家)	250	25
	戴村镇河杨湖村后马湖 4#变	1321038462	1226046	河杨湖村(后马湖村西)	250	–
张家弄村	戴村镇张家弄村 1#变	1391567574	567334	张家弄村(杨家)	250	93
	戴村镇张家弄村 2#变	1391568070	566222	张家弄村委边	250	107
	戴村镇张家弄村 3#变	1391567575	567088	张家弄村(竹桥头久峰)	250	105
	戴村镇张家弄村 4#变	1396001300	569365	张家弄村(安山头)	250	155
	戴村镇张家弄村 5#变	1321027739	1163514	张家弄村(前梁东)	250	112
	戴村镇张家弄村 6#变	1321027741	1163518	张家弄村(大池东)	250	75
石马头村	戴村镇石马头村 1#变	1391567584	566285	永兴石马头村(木得池边)	160	137
	戴村镇石马头村 2#变	1391567585	568068	石马头新农村	250	215
	戴村镇石马头村 3#变	1396001180	569469	石马头村蚊香厂边	250	144
	戴村镇石马头村 4#变	1396001207	569491	石马头村(小官池)	250	130
	戴村镇石马头村 5#变	1321050622	1268400	石马头村(倪家山)	250	–
	戴村镇石马头村石盖坞 1#变	1391567593	566286	石马头村(石盖坞茭白池)	250	156
	戴村镇石马头村石盖坞 2#变	1391569003	566183	石马头村(石盖坞村南)	250	54
	戴村镇石马头村石盖坞 3#变	1321038696	1227355	石马头村(石盖坞大池边)	250	0
永富村	戴村镇永富村马鞍 1#变	1391567608	567171	永富村(马鞍村委边)	250	135
	戴村镇永富村马鞍 2#变	1391568201	566213	永富村(马鞍村盛家)	100	170
	戴村镇永富村马鞍 3#变	1396000776	569217	永富村(马鞍村里黄洞)	250	48
	戴村镇永富村马鞍 4#变	1321051070	1272501	永富村(马鞍兴宅里)	250	–
	戴村镇永富村建民 1#变	1391567610	568070	永富村(建明小东湖)	160	62
	戴村镇永富村建民 2#变	1391567609	566288	永富村(建明小姚家山下)	250	113
	戴村镇永富村建民 3#变	1391567612	568071	永富村(建明坎山头)	100	77
	戴村镇永富村建民 4#变	1321005587	842548	永富村(建民潭宇里)	250	51
	戴村镇永富村建民 5#变	1321005588	847146	永富村(建民大东湖)	250	52

续表 3－4－2

行政村	公变号	户号	变压器号	地址	容量	户数
	戴村镇永富村冗里 1#变	1391567611	567172	永富村(冗里球场边)	160	221
	戴村镇永富村冗里 2#变	1396001791	570380	永富村(永兴冗里西)	200	8
东风村	戴村镇东风村何童埠 1#变	1391567581	567409	东风村(何童埠村口)	160	54
	戴村镇东风村何童埠 2#变	1396000508	570501	东风村(何童埠村东面)	160	130
	戴村镇东风村何童埠 3#变	1396001588	568883	东风村(何童埠关山头)	250	102
	戴村镇东风村西周 1#变	1391567595	566287	东风村西周(村口)	250	107
	戴村镇东风村西周 2#变	1321006177	893935	东风村西周(新区)	250	16
	戴村镇东风村东周 1#变	1391567592	568069	东风村(小池边)	200	131
	戴村镇东风村东周 2#变	1396001543	569831	东风村(东周办公室边)	250	46
郁家山下村	戴村镇郁家山下村 1#变	1391567582	566284	郁家山下村(村口)	250	97
	戴村镇郁家山下村 2#变	1391568107	566219	郁家山下村(黄洞村)	160	56
	戴村镇郁家山下村 3#变	1391568108	568008	郁家山下村(何由里)	250	103
	戴村镇郁家山下村 4#变	1391569002	567980	郁家山下村委边	100	149
	戴村镇郁家山下村 5#变	1396001705	569106	郁家山下村(大池边)	250	76
	戴村镇郁家山下村 6#变	1321021494	1132358	郁家山下村(黄洞岭西)	250	55
戴村锦鸿苑	戴村镇锦鸿苑小区 1#变	1396001692	569093	锦鸿苑小区	630	194
	戴村镇锦鸿苑小区 2#变	1396001693	569094	锦鸿苑小区	630	120
	戴村镇锦鸿苑小区 3#变	1396001694	569097	锦鸿苑小区	630	107
	戴村镇锦鸿苑小区 4#变	1396001695	569096	锦鸿苑小区	630	111
	戴村镇锦鸿苑小区 5#变	1396001696	569095	锦鸿苑小区	630	131
					38785	16246

说明:资料由萧山供电局戴村营业所提供

第四节　电力供给与使用

1959 年 8 月,戴村公社党委指派任秀德在云石溪凌桥村口筑坝拦溪,建造凌溪发电站,当年 10 月 1 日建成发电。由于发电量小,只能供公社机关、戴村医院(凌桥老医院)、供销社等单位夜间照明用电。其间因水力资源不足,发电不能正常。至 1962 年年底国家电网输入戴村,凌溪发电站停止发电。

1962 年 9 月 9 日,临浦变电所建成投产,10 千伏线路经浦南、碛堰山、河口至戴村后郑窑头,安装 100 千伏变压器 1 台。同年 11 月 8 日戴村通电,机关、商店、学校及戴村、后郑、永兴桥、石马头等大队的农户始用电灯照明。1963 年,境内碛堰山、戴村、大桥电力排灌站相继建成,输电线路延伸至稻区各大队。1964 年,随着临浦变电所扩容增量,10 千伏浦南线电力输送至戴村,同年延伸至云石公社增丰大队,云石外片通电。1966 年 4 月,供电线路延伸至云石顶山(里石板溪)、狮山(大瀑水)、船山(骆家舍)等大队,至此,今境域农村全部通电。

随着工农业生产发展和人民生活用电增加,境内电力供给主要依靠临浦变电所的扩容增量,但供需矛盾仍然十分突出,部分单位用自备柴油发电机解决用电矛盾,但收效甚微。2001 年永兴变电所启动建设,在上董村征用土地 0.47 公顷。一期工程投资 2500 万元,建筑面积 3000 平方米,安装 12.5 万千伏变压器 2 台,高压出线 13 条,于 2002 年建成投产,缓解了境内电力供需矛盾。

生活用电

通电初期,境内普遍采用 1 户 1 灯,安装双联拉线开关,多用 15 支光灯泡照明。电费一般采用包干制,即定时定灯,每月每只 15 支光收费 0.5 元。改革开放后,农村经济形势普遍好转,家用电器从电视机、收录机、VCD 到电风扇、空调、淋浴器、电冰箱、电饭煲、电磁炉等普遍使用,电量日益增加,原来集体安装的表记已不适用,家庭和单位普遍安装表记,由村电工按月抄表收费,上交临浦供电营业所。

1999 年 9 月 1 日开始,电费上交戴村电管站。2000 年开始,农村电网普遍进行整网改造。整网验收合格后,电费由戴村农村合作银行存兑,上交戴村供电营业所。电费实行同网同价,生活用电每千瓦时 0.538 元。2006 年,全镇生活用电 10837250 千瓦时,2007 年为 13234602 千瓦时,2008 年为 14208250 千瓦时。

农业用电

农业用电主要为排灌、翻耕、脱粒和加工等所用。20 世纪 80 年代推广电犁,使低压电网通到田头,电动打稻机一度成为脱粒的主要工具。随着直播技术的推广应用和联合收割机使用,农业用电主要用于灌溉。90 年代以前农业用电每千瓦时电费长期保持在 0.36 元左右,跨入 21 世纪,实行同网同价,但农业用电仍然低于其他用电,每千瓦时为 0.39 元。2006 年,全镇农业用电 652842 千瓦时,2007 年为 776158 千瓦时,2008 年为 864096 千瓦时。

工业用电

1971 年,镇内始有社队企业。电力逐渐取代煤炭等热能,被社队企业广泛应用于造纸、塑料、印染、蚊香、冶炼等行业。至 20 世纪 90 年代,工业用电占全镇电力消耗的一半以上。2006 年全镇工业用电 14961524 千瓦时,2007 年为 16017653 千瓦时,2008 年为 16620965 千瓦时。

商业用电

商业用电包括商业和服务业、公用设施,主要用于加工、储存、广告、照明等。随着改革开放力度加大,商业、服务业发展迅速,戴村商业用电每年以翻番的速度增长。2006 年全镇商业用电 496294 千瓦时,2007 年为 1138590 千瓦时,比 2006 年增 129.4%;2008 年为 2130477 千瓦时,又比 2007 年增 87%。

第五节　薪柴　煤炭　石油

薪柴是戴村农村传统的燃料。改革开放后,农村普遍采用煤饼、液化气、电力等能源作炊事,薪柴已成为次要的炊事能源,约占农村能源消耗的 30%,稻麦秸秆则大部还田作肥料。煤炭、石油主要用于镇村工业、交通运输等。

薪　柴

戴村有稻区、山区、半山区。稻区历史上的主要燃料为稻麦等植物秸秆，除少量用于肥田外，大部分用于烧煮作燃料。半山区以薪柴、树枝、竹椏、稻麦秸秆为燃料，山区所用燃料主要是薪柴、树枝、竹椏等。境内居民逢年过节，春年糕做酒也用木柴作燃料。旧时生产土纸烧煏镬、烧煏，烧制土砖土瓦石灰等，也需大量薪柴。

20世纪60~70年代，由于大量开垦山地种植杂粮，山林遭到严重破坏，稻区则用稻麦秸秆粉碎作牲畜饲料，造成薪柴严重短缺。政府为解决居民燃料紧张，一度大力推广省柴灶，灶形有"五星灶""炉栅灶""风箱灶"等，收到了省柴的较好效果。20世纪90年代后，随着液化气、电能等新能源的使用，农村烧薪柴的越来越少。

煤　炭

生活用煤　20世纪70年代，燃料紧缺，部分有城市亲戚的农户开始用煤球烧茶水煮饲料，数量很少，后来改为煤饼。改革开放后，戴村供销社永兴生资部从杭州组织煤球货源，一度敞开供应。1984年煤炭供应又趋紧张，永兴生资部又改为凭票供应煤饼，但时间不长。随着煤炭供需矛盾的逐渐缓解，煤饼完全敞开供应，境内使用的煤饼货源主要是临浦和诸暨。

生产用煤　中华人民共和国建立后，戴村铁器社按计划生产的铁器农具，其生产用煤由国家计划供应，是戴村生产用煤最早的单位。1971年，戴村、永兴、云石3公社都办起农机厂，为修理和生产农具，也能分配到一些煤炭，每年每个厂约2~3吨。另外，开采水利石块的石料厂为修理炮钎需要，也能分配到一些煤炭，但数量很少。其他企业如需用煤，则要通过协作关系或向杭州等地采购"煤渣"来解决生产用煤。石马头石灰窑则用诸暨石煤作燃料。还有一些来料加工企业，来料加工必须附带燃料。如戴村公社农机厂为"杭钢"加工下水管，由对方供应焦炭，数量为5∶1，即加工5吨水管必须供应焦炭1吨。

80年代乡镇企业发展迅速，生产用煤主要是印染行业的锅炉，铸造行业的化铁炉等。1992年，萧山钙塑包装厂和萧山水泥制品实验厂相继投产，1995年，李家坞、上董2家砖瓦窑点火投产，成为境内用煤大户。2007年，全镇50家规模以上企业，用煤16家，共消耗原煤13096.87吨，其中华康实业有限公司消耗原煤3899吨，占全镇消耗原煤量的30%。是年，全镇消耗焦炭272.96吨。2008年，全镇15家规模以上企业消耗原煤11847.78吨，其中华康实业有限公司消耗原煤2981.7吨，仍居全镇第一。是年，全镇共消耗焦炭271.41吨，与上年持平。

石　油

煤油　旧时境内照明多用菜油、蜡烛，山区还有用松枝（油柴）火把照明。民国时期始用煤油（洋油）照明，工具用铜、白铁做的煤油灯，后来发展成玻璃带罩的美孚灯、气灯、风雨灯。境内通电后，照明用电灯，煤油作为照明油料退出历史舞台。

柴油　清咸丰年间（1851~1861），戴村益民米厂开始用柴油机带动碾米机碾米，是戴村最早使用柴油的加工企业。20世纪60年代，境内始用柴油机抽水、加工稻谷。70年代手扶拖拉机、大型拖拉机、柴油打稻机陆续使用，柴油由供销社供应，按作物种植面积分配到生产队。后因拖拉机农闲搞运输，柴油供应渐趋紧张，有关部门组织议价柴油供应市场或通过协作关系解决燃油不足。90年代由于电力紧缺，部分企业和单位自备柴油发电机组，柴油供应依靠议价和协作。1992年后加油站发展迅速，柴油供应敞开。

2007年，全镇50家规模以上企业其中使用柴油26家，共消耗柴油856.69吨。2008年使用柴油企业32家，消耗柴油683.25吨，主要用于汽车运输；其中消耗农用柴油53吨。

汽油　在境内农村使用较晚。改革开放后，部分企业和单位先后购进汽车搞运输，先富起来的农民和企业家、公务员陆续购进小汽车、摩托车，汽油才在境内广泛应用。2007年规模以上企业共消耗汽油159.97

吨。2008 年为 284.99 吨。主要为汽车燃油。

热力　使用热力的只有少数大厂。联发电化有限公司 2007 年消耗热力 414789 百万千焦;2008 年消耗热力 287616 百万千焦。富时特化工有限公司 2007 年消耗热力 60382 百万千焦;2008 年消耗热力 56774 百万千焦。

2007 ~ 2008 年戴村镇规模以上企业能源消耗情况

表 3 -4 -3

单位名称	原煤(吨)		焦炭(吨)		柴油(吨)		汽油(吨)		电力(万千瓦时)	
	2007 年	2008 年	2007 年	2008 年	2007 年	2008 年	2007 年	2008 年	2007 年	2008 年
业新钢构	0	0	0	0	10.86	9.75	0	23.2	116.20	177.52
华康实业	3899	2981.7	0	0	0	0	0	4.2	557.52	691.46
中原汽车变速器	0	0	0	0	0	0	0	9.88	0	33.04
凯拜克健身器材	0	0	0	0	0	0	0	0	11	14.4
康跃铸造	0	0	0	0	0	0	0	0	198.15	193.35
恒达机械塑料	0	0	0	0	23.02	12.34	0	0	35.82	23.26
派士管业	0	0	0	0	6	7	10.5	21	176.8	156
卫生实业	0	0	0	0	10	9	13.2	12.9	83.36	83.89
嘉诺德五金工具	0	0	0	0	0	6.2	0	8.13	0	183.62
杭天布艺	0	0	0	0	33.9	11	15.8	3.6	53	67
小星球	39	135		21	80	18	10.15	11	111.26	111.18
康诚汽车附件	0	0	0	0	5	6	4	5	4	5
晟泰休闲用品	0	0	0	0	2	7.5	3	9	10	31
宏成纺织整理	0	0	0	0	0	0	0	0	76.23	61.17
华诚机械	0	0	0	0	80.56	93	25.9	37	68.66	71.03
海尔希畜牧科技	835	1105	0	0	0	0	0	0	63.4	95
辉煌医疗器械	0	0	0	0	0	0	0.5	0.98	40	52.5
家歆织造	4.16	3.06	0	0	7.83	17.74	0	0	27.14	27.17
亿达五金	0	0	0	0	46	4	3	2.1	15.3	7

续表 3-4-3

单位名称	原煤(吨)		焦炭(吨)		柴油(吨)		汽油(吨)		电力(万千瓦时)	
	2007 年	2008 年	2007 年	2008 年	2007 年	2008 年	2007 年	2008 年	2007 年	2008 年
信宇钢带	346.65	296.78	167.96	151.63	0	0	0	0	83.22	75.84
冲压模架厂	0	0	0	0	0	0	0	0	100	106
永达木业	0	0	0	0	24	18.12	3	6.58	33	32
联发电化	0	0	0	0	20.52	14.05	24.49	22.47	8409.99	6757.19
新力机械	91.6	132.87	0	0	49.02	72.53	1.98	6.35	64.33	46.53
富时特化工	0	0	0	0	0	5	0	14	474	428
大鹏五金制造厂	0	0	105	76	0	0	0	0	6	5.4
九龙厨具	0	0	0	0	19.72	21.97	21.75	24.57	105.3	135.27
伟峰电子	0	0	0	0	0	12.01	0	8.04	0	184.44
环宇冲件	0	0	0	0	9.52	8.3	0	5.25	168.4	226.53
浙江建机起重机械	0	0	0	0	0	33.24	0	5.04	0	122.7
华东板材	3	0	0	0	0	0	0	0	60	85
富申日用品	1315.63	1434.8	0	0	0	0	0	0	157	178
华东轻钢建材	1743	2418	0	0	11	3	0	0	698	1347
华东钢结构制造	0	0	0	0	0	0	0	0	98.28	221.3
卫达塑业	351.68	532.25	0	0	0	0	0	0	165.76	132.03
韵庭日用品	648	586	0	0	0	0	0	0	31	43.72
汇成提花织造	0	0	0	0	0	16	12	0	0	47
萧山钙塑包装	1264	1029	0	0	7.2	7.3	0	0	121	115.6
南方电镀	0	0	0	0	10.11	11.4	0	0	197.58	165.42
江南粉末冶金厂	0	0	0	0	0	17.82	0	5.82	0	150.68
升亮服饰	0	0	0	0	0	0	0	0	27	29

续表 3－4－3

单位名称	原煤(吨)		焦炭(吨)		柴油(吨)		汽油(吨)		电力(万千瓦时)	
	2007 年	2008 年	2007 年	2008 年	2007 年	2008 年	2007 年	2008 年	2007 年	2008 年
政健车托五金厂	0	0	0	0	26.6	22.07	0	0	107.6	80.2
蓝达工艺制品	47	78.56	0	22.78	132.94	90.4	19.06	20.49	59.8	48.65
杭州办公设备	26.15	21.76	0	0	0.43	2.19	0	4.62	25.46	38.29
康龙铭塑材料	0	0	0	0	34	0.5	0	0	34	31
戴兴包装	0	0	0	0	0	0	0	0	112.42	183.90
萧山电力水泥制品实验厂	1813	580	0	0	0	0	0	0	28.91	40.42
利达塑胶制品	0	0	0	0	40.54	7.43	3.29	0.48	243.97	27.66
家家实业	670	513	0	0	3.92	5.39	0	0	32.36	31.53
萧山胜达电磁线厂	0	0	0	0	162	113	0	1.29	50.13	27.71
合　计	13096.87	11847.78	272.96	271.41	856.69	683.25	159.97	284.99	13342.35	13228.6

说明:资料来自镇政府档案室

第六节　液化气　太阳能

液化气

20 世纪 90 年代,境内部分乡村企业干部和职工家庭开始使用瓶装液化气烧。时液化气向萧山购买,使用者须集中空瓶,集体去萧山液化气站灌气,时价钢瓶每只 110 元,液化气每瓶 90 元。由于液化气使用省时省力、清洁卫生、时髦新潮,很快被广大农户采纳。2000～2008 年,镇内基本普及液化气使用。

1999 年 5 月,由石马头村村民孙吾章等人集资建造的永兴瓶装液化气站,在石马头村南面的谢山脚下落成,主要为戴村地区居民和企事业单位提供燃气服务。液化气站占地面积 7 亩,建筑面积 600 平方米,有储罐 5 只,容积 220 立方米,充装燃气机 5 台,日供燃气能力 15 吨,年供气量 5400 吨左右。至 2008 年,企业名自然数为“杭州中油高盛能源有限公司”,营业主卢国中,有工作人员 23 名。

太阳能

20 世纪 90 年代末,随着农村住房条件的改善,居室卫生设施齐全,有的家庭开始安装以电力和液化石油气为能源的淋浴器,由于在使用中费用较大,安全因素较差,在政府倡导下,太阳能作为再生清洁能源,逐渐被人们所接受,主要用于卫浴和家庭生活用热水。2008 年,沈村村和上董村申报“杭州市农村清洁可再生能源利用工程示范项目”获准实施。沈村村在原有安装 127 户(台)太阳能热水器基础上,再增加安装太阳能热水器 155 台,全村 425 户共安装太阳能热水器 282 台,入户率 66%,全村清洁能源利用率达到 92.3%。

上董村在原有安装太阳能热水器60户(台)基础上,增装太阳能热水器140台,全村292户共安装太阳能热水器200台,入户率68%,使全村清洁能源利用率达到91.9%。沈村村和上董村同时被中共杭州市委、杭州市人民政府农业和农村工作办公室、杭州市发展和改革委员会、杭州市财政局命名为“2008年度杭州市清洁能源利用特色村”。

至2008年,境内稻区太阳能热水器入户率约为20%,山区入户率约40%。

第五章　村镇建设

相传戴村镇有500余年历史。清末民初,戴村集镇已见规模,成为萧山南片的经济文化重镇。但旧时镇村建设步履维艰,发展缓慢。

中华人民共和国成立后,随着经济的发展,集市渐趋兴旺,集镇规模不断扩大。戴村一直是乡(公社、镇)政府所在地,因地处戴村区中心位置,1961年,戴村区公所由河上店迁驻戴村,为集镇发展创造有利条件。1985年4月,经省民政厅批准戴村乡改为建制镇。1992年8月,戴村镇与永兴乡合并为戴村镇。1993年,新辟长515米、宽19米的人民大道将新老街道连接,集镇开始形成生活区、工业区、商业区和文化区。1997年,随着萧山中医骨伤科医院移地新建,集镇中心开始由东向西扩展。2001年5月,戴村镇与云石乡合并为戴村镇,加快了镇村建设步伐。2003年,一个以锦绣路和闻戴公路为坐标轴线的萧山南部现代化新型城镇初具雏形。2005年5月,全镇51个行政村撤并为22个,另有1个街道社区。是年,集镇建成区面积2.78平方千米。2007年年末,镇域面积62.8平方千米,居民11233户、总人口37923人。至2008年,全镇住宅建筑面积225.5万平方米(商品房面积约6.3万平方米),其中建成区住宅建筑面积64.22万平方米。

第一节　建设规划

20世纪80年代,戴村集镇建设始编制规划。1992年萧山“撤扩并”后,镇域面积扩大,集镇规划几经调整,不断完善。戴村集镇建设规划,包括集镇建设规划、村庄建设规划。

集镇建设规划

1987年编制《戴村镇总体规划》,是为戴村首部集镇规划。确定城镇性质为戴村镇的政治、经济、文化中心,规划近期至2000年集镇人口规模0.6万人,用地规模4.6平方千米,远期至2010年人口规模0.8万人,用地规模87公顷。

1992年,永兴乡与戴村镇合并。为适应形势发展需要,加快小集镇建设列入镇党委、政府议事日程。1993年,省道杭金公路改道新建,以及集镇人民路的建成,为拓展集镇空间提供框架。镇政府着手基础调查、资料收集,为修订集镇规划作准备。经过4年努力,基本摸清情况,提供确切数据。1997年10月,重新修订《萧山市戴村镇城镇总体规划(1997年~2010)》,规划至2000年集镇人口规模1万人,用地规模94公顷;至2010年人口规模1.8万人,用地规模172公顷,城区总面积由1997年的0.39平方千米扩大到1.72平方千米;规划确定为戴村镇的政治、经济、文化中心,以塑料制品及五金加工业为特色的现代化新型城镇。1999年,因桥戴公路穿镇而过,打破了1997年编制的规划布局,就此对规划又作调整。增设了永兴河以东、03省道以北;六中路以南、桥戴线以西;及恒达路东段以南、戴兴路以东3区块计225.1公顷的工业区规划,使远期用地规模达到377公顷。

2000年9月,制订《戴村镇镇区中心区块详细规划》。规划在东起凌溪路、南至人民路、西至桥戴公路、北至杭金公路，占地为26.57公顷的商贸、居住专项规划。规划范围：西至桥戴公路、南至人民路、东至凌溪路、北至杭金公路。以青春路（今戴兴路）及工人路（今锦绣路）为南北轴线的四个组团，使商贸、居住、公建区域有机结合、合理布置。2001年，云石乡并入戴村镇。2002年，对总体规划重新调整，镇域面积扩至4.8平方千米（含萧山经济技术开发区南部配套园区2.14平方千米），规划以锦绣路和桥戴公路为坐标轴系的萧山南部环境优美的现代化新型城镇初具规模。总体规划分期实施，近期至2005年，人口规模1.5万人，用地1.5平方千米，新增建设用地0.56平方千米；远期至2020年，人口增长3万人，用地2.82平方千米，新增建设用地1.88平方千米；规划目标是戴村镇的政治、经济、文化中心，是萧山南部地区工贸结合的现代化城镇。

2003年编制的《戴村镇镇域村镇总体布点规划（2003～2020年）》中规划了戴村城镇、中心村、基层村三级职能层次，确定的城镇性质为戴村镇的政治、经济、文化中心，是萧山南部地区工贸相结合的现代化城镇；建设城镇发展规模近期人口规模达3.91万人，用地规模控制在410.6万平方米；远期建设人口规模达4.3万人，用地规模控制在451.5万平方米；2003年城镇化水平达22.5%。2005年建成区面积为2.78平方千米，2006年为2.88平方千米。

村庄建设规划

第一轮村庄规划　1984～1986年间，云石的16个村、戴村22个村、永兴13个村调整第一轮村庄规划，规划期限至2000年，人均用地控制在80平方米以内。

第二轮村庄规划　1993～1994年间，第二轮云石的16个行政村、戴村的35个行政村调整村庄规划，规划期限至2000年，人均用地控制在80平方米以内。

第三轮村庄规划　1999～2000年间，第三轮云石的15个行政村（不含狮山新村搬迁规划、戴村的35个行政村调整村庄规划，规划期限至2010年，人均用地（除工业用地之外）控制在80平方米以内。

2004年，经萧山区人民政府萧政发〔2004〕189号文件批复：戴村镇村庄布点规划安排农居点36个，安置人口38659人，其中7个集镇示范村规划涉及戴村、大湖头、上董等11个自然村，规划人口9043人，农户2574户，规划用地72.35公顷；3个农村示范村规划涉及马鞍、冗里、佛山等3个自然村，规划人口2916人，农户833户，规划用地23.46公顷；26个农村整治村规划涉及尖山下、戴家山、下方等26个自然村，规划人口26700人，农户7563户，规划用地213.67公顷。

1984～2000年戴村镇村庄规划编制情况

表3－5－1　　单位：个

年代	乡镇名	编制村数	村名
第一轮 1984～1986年	云石乡	16	船山、骆村、尖山下、顶山、征山、增丰、平山、勤工、狮山、枫树、响石桥、石牛山、明堂、南坞、沈村、佛山
	戴村镇	22	丁村、后宅、凌山、李家坞、墙头、马谷、中潭、麦园、盛家、前方、戴家山、下方、凌桥、溪河、戴村、后郑、孙家、陆家、大湖头、上董、石盖、畈里
	永兴乡	13	石马头、石盖坞、河上桥、杨家桥、张家弄、后马湖、何童埠、西周、东周、郁家山下、积堰山、马鞍、冗里

续表 3－5－1

年　代	乡镇名	编制村数	村　名
第二轮 1993～1994 年	云石乡	16	船山、骆村、尖山下、顶山、征山、增丰、平山、勤工、狮山、枫树、响石桥、石牛山、明堂、南坞、沈村、佛山
	戴村镇	35	丁村、后宅、凌山、李家坞、墙头、马谷、中潭、麦园、盛家、前方、戴家山、下方、凌桥、溪河、戴村、后郑、孙家、陆家、大湖头、上董、石盖、畈里、石马头、石盖坞、河上桥、杨家桥、张家弄、后马湖、何童埠、西周、东周、郁家山下、积堰山、马鞍、冗里
第三轮 1999～2000 年	云石乡	15	船山、骆村、尖山下、顶山、征山、增丰、平山、勤工、枫树、响石桥、石牛山、明堂、南坞、沈村、佛山
	戴村镇	35	丁村、后宅、凌山、李家坞、墙头、马谷、中潭、麦园、盛家、前方、戴家山、下方、凌桥、溪河、戴村、后郑、孙家、陆家、大湖头、上董、石盖、畈里、石马头、石盖坞、河上桥、杨家桥、张家弄、后马湖、何童埠、西周、东周、郁家山下、积堰山、马鞍、冗里

说明：资料由镇城建办提供

1993～2001 年戴村镇详细规划编制情况

表 3－5－2

详细规划名称	编制时间	规划性质	位　置	规模
云石乡工业小区规划	1993.6	工业	戴尖公路云石桥西端	10.81 公顷
云石乡狮山新村建设规划	1994.8	居住	临浦林场云石分场	2.33 公顷
戴村镇民营经济区控制性详细规划	1995.4	工业	集镇城市建设用地北部	52.91 公顷
戴村镇城镇中心区块详细规划	2000.9	商贸、居住	东起凌溪路、南至人民路、西至戴闻公路、北至杭金公路	26.57 公顷
南部配套园区控制性详细规划	2001.12	工业	城镇总体规划北侧、闻戴公路两侧	2.14 平方千米

说明：资料由镇城建办提供

第二节　集镇建设

戴村集镇历史悠久，相传在 500 余年前原有松树坟头（金姓），仙坛里（谭姓）、董高园（董姓）、高墩头（高姓）4 个小村子。后有戴氏祖先徙此创家，前 4 姓逐渐衰落，戴姓一族合并 4 村为一村，遂名戴村，逐渐形成集市。旧时因陆路、水路交通发达，所以街市兴旺。现存老街保持清末民初格局，西起西池头，东至五王庙，长约 400 余米，宽 2.5 米～5 米。临街二层楼房下店上宅，前楼板壁大多挑出 0.5 米，既增加楼上面积，又使楼下店铺有“廊”之感。沿街摆开的是被褥面盆、针头线脑、草席凉鞋、渔具渔网，还有剃头、卖药、拔牙、补鞋、修锁的。沿街墙门曾为原解放初的戴村区委办公地点。还有凌桥老街,布局风格与戴村老街一致,但现有建筑物保存比戴村老街完好,沿街尚有几个较典型的老墙门故居,街面尚有石板路。

中华人民共和国成立初期,戴村集镇建设发展缓慢,直到20世纪50~70年代末基本保持原有戴村老集镇格局。东西向的有老街路、菜市路和南塘路,路间有原戴村区委、粮管所等公共场所,夹杂在农村的鲍家弄、老当弄、粮站弄及老当西弄等,整体改观要到1980年后才有变化。改革开放后,戴村集镇建设步子明显加快,一方面旧镇改造,一方面集镇重心向西北拓展转移。1993年开始,按照上级旧镇改造结合集镇建设总体规划,分别从道路、市场、居住小区、工业园区、绿地等组织专项实施。2000年后,戴村集镇建设环绕"创南部经济强镇、建生态旅游名镇"这个中心目标进行。

集镇道路

旧时陆路从戴村去临浦有石板大路,从河上过戴村至义桥有泥石大路,戴村至云石有卵石路。从云襄桥头出发,经窑头走五王塘,过文昌阁进戴村下街到姜家埠头,走戴村老行政至西池头,走西大路达凌桥村,走凌桥老街到墙头村,经茶亭过杨树下、东厢头、丁村,过云石桥经桥头庙,经汪家山下,过沈村老街,走明堂到达响石桥(从五王塘至凌桥村都是石板路,凌桥老街至云石桥都是卵石路)。永兴河航船可通临浦、闻堰,竹排溯溪能达大桥、河上,水陆交通较为发达。

戴村镇列入规划修建的道路6条。从1993年开始,杭金公路改道拓宽后,集镇的人民路又建成。1999年年底完成锦绣路、新甸路等3条。1999年桥戴公路竣工。2005年,境内道路总长82.4千米,集镇道路17千米。至2006年完成农村康庄工程道路18条、18.06千米,施工面积21.22万平方米,总投入796.67万元。至2008年,集镇主要道路有:

人民路　始建于1993年,东起凌溪路口,西接03省道,总宽19米,全长515米。主路面9米,沥青路面结构,两侧各5米人行道。由戴村镇城乡开发有限公司投入开发,当年建成使用。1999年10月,投资350万元,将人民路与戴村商贸区开通。

锦绣路　始建于1999年,中段东起凌溪路,西接03省道,总宽32米,全长641米。双向两车道各宽9.25米,沥青路面结构,两侧各4.75米人行道,中央4米绿化带,由南方建筑公司承建,当年建成投入使用。2003年接建锦绣路东段,宽20米,长157.6米。沟通凌溪路、新甸路、03省道等。

新甸路　始建于2000年,南起人民路,北接锦绣路,道路宽度13米,长320米,主路面9米,两侧各2米人行道,面积为4160平方米,沥青路面结构,由戴村镇人民政府全额投资,戴村镇城乡开发有限公司承建。

凌溪路　始建于20世纪80年代末,南起老03省道,穿镇区沿南三村、戴村村、石马头村,北接03省道路,路宽9米,长2120米,主路面7米,两侧各1米绿化带,面积为19080平方米,沥青路面结构,萧山区交通局承建。

弘学路　始建于2003年,南起规划的锦绣路(今镇中路),北接六中路,道路宽20米,长850米,主路面15米,两侧各2.5米人行道,面积为1.7万平方米,沥青路面结构,戴村镇人民政府承建。

华诚路　始建于2003年,东起桥戴公路,北接环镇西路,道路宽20米,长527米,主路面15米,东段两侧各2.5米绿化带,西段两侧各2.5米人行道(绿化),面积为10540平方米,沥青路面结构,戴村镇人民政府承建。

六中路　始建于2002年,东起桥戴公路,北接环镇西路,道路宽24米,长531米,主路面18米,两侧各1.5米人行道,双侧绿化带宽共3米,面积为12744平方米,沥青路面结构,杭州登峰集团公司承建。

恒达路　始建于2003年,东起桥戴公路,北接环镇西路,道路宽度20米,长425米,主路面15米,两侧各2.5米人行道,面积为8500平方米,沥青路面结构,由萧山区戴村镇人民政府承建交付使用。

戴兴路南段　始建于2006年8月,南起镇农贸市场,东接邮电路,北接锦绣路,道路宽35.5米,长207米,主路面22米,东西两侧分别为7米和6.5米人行道,西面单侧绿化,面积5858平方米,混凝土路面结构,戴村镇人民政府承建。

医院南路　原名邮电路，始建于2006年8月，东起凌溪路，西接戴兴路，道路宽13.5米，长123米，主路面13.5米，面积为1660平方米，混凝土路面结构，戴村镇人民政府承建。

至2008年戴村镇集镇主要道路情况

表3－5－3

名称	起讫点	宽度（米）	长度（米）	面积（平方米）	路面类型	建路年份
凌溪路	溪河—石马头	9	2120	19080	沥青	20世纪80年代
人民路	03省道—凌溪路	19	515	9785	沥青	1993
新甸路	人民路—锦绣路	13	320	4160	沥青	1999
绵绣路	03省道—凌溪路	32	641	20512	沥青	1999
闻戴公路与03省道接线	凌桥—后郑	19.2	1100	21120	沥青	1999
六中大道	闻戴公路—环镇西路	24	531	12744	沥青	2002
环镇西路北段	六中大道—自来水厂	24	504	12096	沥青	2002
校前大道	镇中路—六中大道	20	850	17000	沥青	2003
华诚南路	闻戴公路—环镇西路	20	527	10540	沥青	2003
恒达北路	闻戴公路—环镇西路	20	425	8500	沥青	2003
腾飞路	环镇西路—闻戴路	24	457	10968	碎石	2003
邮电路	凌溪路—戴兴路	13.5	123	1660	水泥	2005
人民路西	03省道—大湖头	9	815	7335	沥青	2005
锦绣路东段	凌溪路—永兴塘	20	157	3140	水泥	2005
戴兴路南段	锦绣路—农贸市场	29	207	5858	水泥	2006

说明：资料由镇城建办提供

公用设施

中华人民共和国建立后，随着经济发展，集市渐趋兴旺，逐步建设相应的公用设施。1992年后，公用设施建设加快。相继建成文化中心、专业市场、工业小区等，新建改建了路灯、给水排水、公共厕所等设施，集镇公用设施更加配套完善。至2008年，集镇主要公用设施有：

文化中心　位于凌溪路中段的戴村镇影剧院，坐西朝东，占地5.4亩，建筑面积5040平方米。1983年动工，1984年10月建成使用。是一栋现代化、多功能的文化娱乐中心，内设标准舞台，灯光设施齐全，并设1138座位的观众大厅，附属舞厅、游戏机房、图书馆等配套设施。

云石农民文化宫　位于戴尖公路原云石乡政府旁，坐西北朝东南，占地3亩。1993年动工，1996年2月建成使用。设计美观简洁、装潢实用，是一栋多功能的文化娱乐中心，内设标准舞台，灯光设施齐全，设610个座位的观众大厅。附设舞厅、游戏机房、图书室等配套设施。

专业市场　1986年，在凌溪路以东投资50万元左右，建成钢结构棚顶的农贸市场，面积为1500平方米。解决了群众上老街拥挤的困难。1993年人民路建成后，集镇开始形成生活区、商业区和文化区。在商业区内由萧山市工商行政管理局开发新建综合农贸市场，面积3800平方米，设138个摊位。2004年，占地18.29亩、建筑面积3621平方米的浦发汽车市场建成。1995年，将老戴村农贸市场改建成面积1536平方米的小商品市场。2006年5月，引入镇外资金在农贸市场西侧建成占地8.72亩、建筑面积9030平方米的二层新型农贸市场，上层为大型超市，下层为蔬菜及其他农副产品的主要集散场地。新老农贸市场委托戴村村管理。原云石乡有两处农贸市场：增丰农贸市场占地0.8亩。南塢市场是1998年撤销沈村市场后新建，并委托青山村南坞管理，占地2亩、投入25万元，满足云石片居民生活之需。

公共厕所　20世纪70年代以前集镇农村均为农村棚厕与集粪窖为主。80年代，集镇曾建公共厕所3座。1998年云石创建生态乡时，新建生态厕所1座。2004年集镇创建省、市级卫生镇时，集镇西区建成1座生态公厕（投入23万元、占地1.7亩）。之后，集镇和22个行政村共建成公共厕所314座，其中集镇58座，做到专人维护。集镇区块的卫生由政府承担费用，集镇区块外的卫生由原行政村承担。2005年建成占地15亩的全区首个镇级生态垃圾填埋场：坐落在张家弄村南及永兴河沿塘原张家弄砖厂厂址，采用填料，污水经集中收集后送污水处理池处理达标排放，规划使用年限至2015年；投资26万元的镇垃圾压缩中转站，占地1.5亩，内设立式100吨压缩机械1台。

2008年戴村镇改厕保洁情况

表3－5－4

行政村	卫生户厕（户）	三格式户厕	卫生户厕人数（人）	普及率（%）	三格式户厕	公厕（座）	保洁员（人）
骆家舍	459	238	1496	100	51.85	4	6
尖山下	374	257	1306	100	68.72	5	9
方　溪	539	358	1609	100	66.40	19	8
顾家溪	389	280	1271	100	72.00	12	4
枫　桥	378	249	1214	100	65.87	8	3
青　山	840	690	2448	100	82.10	18	12
沈　村	435	419	1383	100	96.32	11	14
佛　山	374	275	1248	100	73.53	13	6
马　谷	286	136	1101	100	47.60	3	2
八　都	665	464	2255	100	69.77	12	11
半　山	627	413	2124	100	65.87	18	13
三　头	661	375	2338	100	56.70	18	12
南　三	489	438	1763	100	89.57	12	12

续表 3-5-4

行政村	卫生户厕（户）		卫生户厕人数（人）	普及率（%）		公厕（座）	保洁员（人）
		三格式户厕			三格式户厕		
戴　村	549	328	1810	100	59.70	11	9
上　董	292	222	995	100	76.03	10	6
大石盖	551	405	2090	100	73.50	15	5
石马头	627	387	1935	100	61.72	17	5
河杨湖	465	239	1550	100	51.40	17	6
张家弄	548	428	1762	100	78.00	8	2
东　风	397	387	1342	100	97.00	7	6
郁家山下	382	353	1348	100	92.00	16	5
永　富	698	438	2433	100	62.80	17	8
合　计	11025	7779	36821	—	—	271	164

说明：资料由镇城建办提供

路灯　2004年前，集镇基本无单独设置路灯。是年开始，投资120万元，在03省道、桥戴公路两侧安装路灯后，集镇主要街道、永富公路、戴尖公路、云许公路、马谷公路、永兴至张家弄段均设置路灯。全镇设置路灯的道路累计25.60千米，置路灯850盏。由镇专业公司负责维护，维修经费实行包干、电费全额承担。

公交车站　戴村集镇道路北通杭州、萧山城区，南达诸暨、金华、温州，03省道有过境长途汽车南来北往，20世纪80年代前有停靠点。90年代初，萧山至楼塔、萧山至云石等"招手车"经过戴村，因招手即停，不设公交车站。90年代末，K745、K737、K738路公交车从萧山直达或途经戴村镇。2007年，新增K875路、K876路、K877、K879、K881路公交车，沟通戴村云石至义桥、戴村至浦南（临浦）、戴村至河上等地。

2003年，在桥戴公路（凌桥办公室）处设立K6路公交车站，占地面积1.2亩。2005年，建成方家塘K307路起点停靠站，规划停车7辆，占地3亩。2006年，投资100余万元，在戴尖公路西侧——沈村汪家山下自然村建成占地5亩、建筑面积375平方米、可停放中型客运车辆16辆次的云石公交客运站。

停车场　集镇总体规划中有东、南两个停车场，至2008年东侧停车场建成，占地面积约3亩。

工业小区　1993年6月，原云石乡规划在戴尖公路的云石桥西端建立占地10.81公顷的工业小区，是年占地24亩的浪潮公司厂房建成投产。1995年4月，《戴村镇民营经济区控制性详细规划》出台，规划在城镇的北部建立占地52.91公顷的工业小区。2001年12月编制的《萧山经济技术开发区南部配套园区控制性详细规划》，规划在城镇总体规划北侧、桥戴公路两侧处建立占地2.14平方千米的工业园区。至2005年落户企业37家，用地897.468亩，公益事业4家、用地422.17亩，其中萧山六中253亩、日产30万立方米的萧山南部水厂200亩、110千伏变电站7亩、污水处理站8亩。

供水　戴村镇群众生活用水历来取于溪流、池塘、深井。20世纪80年代后，溪流、池塘之水不能直接饮用。1986年，集镇采取打深井取水，建成100立方米水塔供水，设置在原戴村区公所西北角，设计日供水500立方米，实际供水350立方米，供应范围为戴村、后郑、溪河等村。1992年9月，易址大湖头狮子山建设，占地面积1946平方米，取大湖头深井泉水，建造高地水塔容积800立方米，设计日供水5000立方米。其供水干管、支管22千米，现已供水1.45万人，主要供水为石盖、畈里、孙家、陆家、上董、大湖头、墙头、凌桥、溪河、戴村、后郑、下方、张家弄、杨家桥、河上桥、后马湖、何童埠、东周、西周、马鞍及冗里等自然村。1995年，沈村投资13万元建成占地150平方米、日出水1440立方米沉井，取水供应村民自来水。2005年前，全镇平原乡村以取深井及地表水为主；山村就地取溪流明水经初级过滤、消毒、沉淀后供水。

至2000年，已安装供水管道18千米，受益人口2.1万人。2002年，萧山自来水公司南片供水工程总管进村敷设供水管道29.5千米，供水范围扩大至21平方千米，入户率87.6%。总投资550万元，由区、镇两级承担，完成积堰山、石盖坞、戴家山、后宅、丁村、凌山、盛家、李家坞等9村接入南片水厂总管，喝上干净自来水。至此，全镇供水总管达134.7千米，其中建成区供水管道31.5千米。黄海标高在25米以上的山区各村自来水解决方案采用取明水或深井水，建造简易水厂处理水质后供水。经过2005、2006年的努力，投资近700万元在各自然村临近山岙低谷处建成简易水厂工程，建成规模分别为20～40吨/小时，完成供水入户率100%。

是年10月，萧山南片水厂建设经浙江省计经委批复立项，由中国市政工程西南设计研究院设计。确定水厂规模日供水30万立方米，近期按日供水20万立方米规划。一期工程日供水10万立方米，总概算1.97亿元，于2001年8月开工，2002年12月31日通水。取水泵站占地18.28亩，净水厂占地173亩、建筑面积44531平方米，绿化面积4万多平方米。净水采取常规工艺主要滤池设备、投加设备采用进口产品，并建立完善的数据采集和设备控制系统与安保系统。供水质量做到每2小时一次人工水质检测，供水设备执行24小时全天候监测，出厂水质符合国家一类水质标准。水厂建成之初日供水5000立方米左右，到2007年日供水5万～6万立方米。2008年后，原小水厂关停并网，南片水厂供水范围扩大，日供水量达10万立方米。

排水　20世纪90年代以前，集镇排水以自然方式排入溪、河。1999年，1000米的云石溪砌石护岸、修筑培塘600米及3条蓄水塘坝，提高防洪能力。2002年，境内的8.5千米永兴河标准塘竣工，塘路路面浇筑沥青，修筑永久性渠道17769米。2004年对西山排涝河、永兴河淤塘进行砌石加固。

2004年，占地4.92亩的污水处理厂投入运行，日处理能力1000吨，为全区首个镇级污水处理厂。杭州戴村综合污水处理有限公司经萧发改(2005)508号文件批准：利用原工业污水处理厂设施基础扩建5000公吨级项目。项目由杭州博华环境技术工程有限公司设计，2006年7月，由萧山南方建筑工程有限公司承接土建开工，同年10月设备由杭州环峰化工设备厂安装，建设工程由浙江宏大工程建设监理有限公司监理，12月底投入试运行，2007年1月验收合格。污水处理采用厌氧－缺氧—好氧工艺，并配套绿化面积355平方米，办公用房108平方米，工程投入630.6万元，服务范围为园区工业企业27家及5个行政村(11个自然村)、30个事业单位。2008年现状为土建5000吨级、设备3000吨级、日处理2400吨(2010年后经改造成为日处理能力5000吨；敷设排水管道24.9千米，其中建成区排水管道16.8千米)。

加油站　至2008年，镇内有加油站7个。2001年，雄师加油站由萧山市中国石化万丰石油销售公司投资建造，占地面积4.15亩，建筑面积1900平方米，有各式加油机24台套。2003年，天伞加油站由杭州中球冠实业有限公司投资建成，占地129.6亩、建筑面积38558平方米。同时建成集加油、餐饮、住宿、商场、娱乐为一体的中球冠广场，建成6000平方米的商贸楼。

2007年戴村镇域内加油站基本情况

表3－5－5

名　称	投资方	建成年份	占地面积(平方米)	建筑面积(平方米)	设备名称	设备(台套)	日加油量(吨)	年加油量(吨)
有诚加油站	中球冠集团有限公司	1998	1000	200	长吉加油机	4	10	3600
永富加油站	中石化股份有限公司	2000	3500	200	长吉加油机	2	2	720
永兴加油站	中石化股份有限公司	1999	2200	150	长吉加油机	2	2	720

续表 3－5－5

名　称	投资方	建成年份	占地面积（平方米）	建筑面积（平方米）	设备名称	设备（台套）	日加油量（吨）	年加油量（吨）
天伞加油站	中石油股份有限公司	1997	3880	3048	豪升加油机	8	6	2160
杭州凯达气体有限公司	王菊芳	1997	4133	676	储气罐	5/130 方	6	2160
老地方加油站	中石化股份有限公司	2003	25000	500	稳牌加油机	24	5	1800
戴村加油站	中石化股份有限公司	2000	2000	85	稳牌加油机	3	1	365
雄狮加油站	万丰石油公司		2333	150	长吉加油机	6	7	2500

说明：资料由镇城建办提供

供气　永兴瓶装燃气站 1999 年 5 月建于石马头村南面，建筑占地 7 亩。燃气储存量 220 立方米，日加燃气能力 15 吨。

城雕　2004 年 3 月 18 日建成，坐落在中油广场南角绿化带中心。城雕为基座直径 12 米、柱基 4 米、铜柱直径 1.5 米、柱高 21 米的"双龙戏珠"青铜浮雕，象征戴村文明古镇向上升腾、张扬的力量，表达一种锐意进取、势不可挡的昂扬斗志，上下齐心、工农贸并进共促戴村发展。

若干年份戴村镇集市建设情况

表 3－5－6

年　份	集镇名称	建成区面积（平方千米）	房屋建筑面积（万平方米）		公　建（万平方米）	市　政　工　程				
			总面积	新建		道路（米）	绿地（公顷）	桥梁（座）	排水管（千米）	路灯（盏）
1988	云石	0.21	15.87	0.57	1.25	4100	0.7	4	0	100
	戴村	0.2	10.52	1.68	2.9	4000	0.8	5	3	100
1992	云石	0.24	18.55	0.45	1.91	4500	1	4	0	160
	戴村	0.23	12.1	1.45	3.3	4500	0.8	5	3.5	130
1996	云石	0.29	21.56	0.99	2.213	5800	1.9	5	0.4	240
	戴村	0.39	17.61	0.5	4.48	4500	0.8	4	4	170
2000	云石	0.32	24.13	0.46	2.48	7800	2.55	8	1.2	300
	戴村	0.46	26.88	0.76	5.2	6000	1.3	6	7	240
2008	戴村	1.96	64.22	1.74	25.87	25290	37	8	19	495

说明：①资料由镇城建办提供。

②1949～1950 年，云石片：长潭乡驻地平山村，云石乡驻地沈村村，均无形成集镇；戴村片：戴村乡驻地戴村村，复兴乡驻地石盖村，凌溪乡驻地墙头村，均无形成集镇；永兴片：马鞍乡驻地马鞍村，白墅乡驻地杨家桥村，均无形成集镇。1965 年，云石片：云石公社驻地沈村村，无形成集镇；戴村片：戴村公社集镇范围仅戴村大队一条长约 250 米的老街，建成区约 0.03 平方千米，房屋建筑面积约 2.5 万平方米，公建（商铺）约 0.4 万平方米，无配套市政设施；永兴片均无形成集镇。1988 年，永兴乡驻地石马头村，无形成集镇。1992 年撤扩并之前，永兴驻地石马头村，无形成集镇。

③1992 年为"撤扩并"前情况

第三节　公共建筑

中华人民共和国成立前，镇村公共建筑只有寺庙、庵堂、祠堂之类，均由民间自发集资建设和维修，建造年代久远，至1949年多已破败。1949年后，农村寺庙、祠堂归各村自管，改作集会、演戏等娱乐场所，以后屡有拆建、翻建（极少数保持原样），改作集体仓库，卫生保健站，或办学校；1958年“大跃进”时期办工厂、作坊、大队食堂、供销社，机关也有利用这类房屋改建作办公室的。至20世纪70年代前，公共场所主要是修补、维护、改建，新增公共建筑很少。

1959年，萧山县第六初级中学在凌桥畈新建“工”字形教育大楼，有教室12个。后因该校舍占用良田太多等原因拆除，学校移址墙头村新建两层教学楼、办公楼等。1978年始，随着乡村经济迅速发展，各种公共建筑大量增加，区公所、镇政府办公用房改建或新建，县级派出单位新建院落。此外，戴村供销社、信用社、粮食供应站、医院、中小学几乎全部重建和新建。至2005年，戴村镇公共建筑面积32.6万平方米，其中建成公共建筑面积23.1万平方米。

文教卫生建筑

戴村卫生院　1964年，戴村卫生院在戴村大队萧金公路边征地建造医院，于1965年元旦由原址“凌桥关王庙”迁入新址。1997年萧山中医骨伤科医院迁址新建，占地22437平方米，建筑面积10788平方米，设置床位150张。2003年12月建成门诊楼2542平方米。

杭州茶亭伤科医院　2006年9月，投资640万元，建成占地7亩、建筑面积6858平方米的医疗综合楼，设置床位20张。

戴村影剧院　1984年10月，戴村影剧院竣工，占地5.4亩，建筑面积为5040平方米，设座位1138个。

戴村镇级初级中学　始建于1984年，校址在戴村中心小学北面，占地面积3.75亩，校舍面积1356平方米，使用面积1216平方米，教学楼1幢。1992年又新建1幢教学楼投入使用。1995年7月开始移地在大湖头村东面兴建校舍。1997年9月，戴村初中与永兴初中合并为戴村初中迁至新址，占地43411平方米，配绿化2300平方米，为24班。原永兴初中校舍改办综合高中。戴村初中老校址由戴村镇小迁入使用，规模为14班，占地18亩。戴村镇幼儿园与小学同址。同时，还有云石初中、1所中心小学和1所完小。2003年建成1500平方米的戴村中心小学的教工宿舍楼及食堂。2004年8月建筑面积为2500平方米的云石中心小学教育综合楼竣工。

戴村镇成人学校　1993年在凌山村建成，占地10.55亩，学校设施齐全，设置6个教室，配备电脑室、茶培训室，拥有5800平方米花卉苗木示范基地1个，设5个玻璃棚。

云石中心小学　坐落在青山村，占地面积22700平方米，建筑面积4859平方米。在历年建筑基础上，2005年建成建筑面积2700平方米的综合楼投入使用。

萧山第六高级中学　2001年，萧山第六高级中学迁址新建，规模为48个高中班。新校舍由浙江有色建筑工程有限公司勘察、萧山建筑设计院设计、由浙江汇宇、华成建筑、萧二建、杭州永翔、杭州萧峰、萧山城乡、萧山南方7家单位施工、杭州天工工程监理工程有限公司监理、萧山区质量监督站监督。校舍东临闻戴公路，西接上董村，占地257.7亩，建筑面积65093平方米，服务半径30千米、覆盖人口120万。校舍面积33468平方米，其中教学及辅助用房10736平方米（设440平方米实验室、453平方米图书室、990平方米微机室、160平方米语音室及7733平方米体育活动室），行政办公用房（四层砖混结构）4352平方米，设18380平方米生活用房（其中学生宿舍10800平方米、食堂4450平方米、教工宿舍2713平方米），设1.6万平方米运动场地（内设田径场1个、篮球场9个、排球场4个），全校绿化用地面积62800平方米，绿化率达到41%。

2001 年萧山第六高级中学各建筑基本情况

表 3－5－7

名　称	层次	面积（平方米）	高　度（米）	基　础（米）	开工时间	竣工时间	施工单位
7 号教工宿舍	六	2713	18	深	2000.9.12	2001.9.27	萧山城乡工程建筑有限公司
2 号教学楼	五	6091	18	深	2001.2.1	2001.11.5	萧山第二建筑工程有限公司
劳技楼	五	4707	18	深	2001.2.1	2001.11.5	萧山第二建筑工程有限公司
2 号女宿舍	六	3115	18	深	2001.2.1	2001.9.27	萧山城乡工程建筑有限公司
3 号女宿舍	六	3115	18	深	2001.2.1	2001.9.27	萧山城乡工程建筑有限公司
1 号教学楼	五	6903	18	深	2001.2.15	2001.8.29	浙江华成建筑实业有限公司
图书及行政楼	四	9492	16	深	2001.2.18	2001.8.20	浙江汇宇营建集团有限公司
1 号女宿舍	六	3115	18	深	2001.2.20	2001.9.27	萧山城乡工程建筑有限公司
3 号男宿舍	六	2824	18	深	2001.2.26	2001.12.18	杭州萧峰建筑工程有限公司
实验楼	五	2588	18	深	2001.3.1	2001.8.29	浙江华成建筑实业有限公司
体育馆	三	5800	16	深	2001.3.1	2002.1.16	杭州永翔建筑安装有限公司
2 号男宿舍	六	3249	18	深	2001.3.3	2001.12.18	杭州萧峰建筑工程有限公司
食堂	三	5911	12	深	2001.3.5	2001.9.14	萧山南方建筑工程有限公司
艺术楼	三	2165	12	深	2001.5.15	2001.12.18	杭州永翔建筑安装有限公司
1 号男宿舍	六	3305	18	深	2001.5.15	2001.12.18	杭州萧峰建筑工程有限公司

说明：①资料由镇城建办提供。

②建筑均为砖混结构。总建筑面积 65093 平方米

办公建筑

镇（乡）政府办公楼　解放初，戴村乡（公社）人民政府办公驻地先在墙头村，后迁址戴村村，1956 年再设在墙头村，办公用房均为民房。1968 年，戴村人民公社驻地到后郑戴村区公所旧址，1971 年迁入凌桥村新建的办公楼。1992 年 5 月迁至原戴村区公所办公楼办公。随着戴村区区级机关的撤销，区相关办公处所并入戴村镇政府办公点，区级工商所、财税所、法庭、供销社等办公场所相继撤离，原地方税务所办公楼经改装后为戴村派出所办公楼。

镇政府综合楼　位于戴村镇 03 省道以北、闻戴线以东。迁建项目 2002 年经萧山区发展计划局萧计〔2002〕170 号立项；2003 年 3 月 21 日萧计基（2003）217 号批复；2005 年 11 月 22 日萧发改投资〔2005〕527 号调整批复。批准建筑面积 7998 平方米，主体为四层，局部为五层，概算投资 1960 万元（其中土建等 1405 万元、征地 90 万元、市政 40 万元、装饰 425 万元），用地 10 亩。建筑结构为框架砖混结构，主体呈“8”字回廊结构，地下一层为汽车库，地上一至四层为办公室，中间第五层为中型会议室。历时 16 个月，于 2008 年元旦启用。

戴村镇邮政、电信支局　1998 年分设，办公同址位于人民路西端，占地 10 亩。

戴村国土资源管理所　2003年11月筹建,投资346万元,占地6亩,建筑面积2376平方米,于2004年6月建成。

村综合楼

大湖头村委会综合楼　2001年10月动工,2002年9月建成,占地面积4.95亩,建筑面积1650平方米。为集办公、幼教、老年活动于一体的村级公共建筑。

凌桥村委会综合楼　2002年3月动工,2003年12月建成。占地面积4.88亩、建筑面积1625平方米。

其他村综合楼　2005年,建成增丰800平方米、马谷240平方米、下方400平方米、戴家山400平方米、马鞍400平方米、河杨湖400平方米、沈村700平方米等一批村级办公用房。2006年,建成了八都840平方米、半山840平方米、青山600平方米、上董640平方米、永富840平方米、大石盖2300平方米、戴村2000平方米的村级办公楼及老年活动用房。2007年,建成骆家舍村200平方米、戴村2000平方米的商贸、活动用房。

其他公共建筑

戴村粮食供应站　解放初始筹建粮库,于1951年左右建成,占地面积10亩,是萧山粮食系统在南片的储存、调用仓库,最大库容量2650吨。

杭州中油老地方广场　2000年建成,占地111亩,融加油、餐饮、休闲为一体,具有接待100人餐饮、会议、住宿的接待中心。

永兴变电所　2001年建成,位于桥戴公路西侧,占地8亩,建筑面积1148平方米,为110千伏变电所,主变31500千伏安,其中110千伏进线6根,35千伏出线2路,10千伏出线10条。

戴村片防汛仓库　萧山区浦阳江水利工程管理所下辖的戴村片防汛仓库,于2003年5月动工,投资211万元,占地面积13.5亩,建筑面积4066平方米,2003年9月建成。

戴村镇敬老院　原云石敬老院与戴村敬老院合并成立,院址设在原戴村镇综合高中校舍,于2004年改建,工程投资168.25万元,有95名孤寡老人集中供养。

戴村供电营业所及区供电局南部仓储中心　2004年4月动工,2006年12月投入使用。戴村供电营业所占地面积3333.35平方米,建筑面积2413平方米,投资200万元;区供电局南部仓储中心占地面积4666.69平方米,建筑面积3135平方米,投资400万元。

戴村民兵训练基地　2006年9月,杭州市萧山区人民武装部戴村民兵训练基地落成(包括培训楼、生活楼等),占地面积157亩,建筑面积1万平方米,投入资金3100余万元。

生态公墓　2007年,建成郁家山下生态公墓,占地面积26.4亩,规划安放位置8000穴;方溪后山生态公墓,占地16.7亩,规划安放位置2200穴。

至2006年镇属及非镇属行政办公用房情况表

表3-5-8　单位:平方米

单位名称	地　址	人数(人)	总用地面积	总建筑面积	建成时间
粮管所	人民路	38	907	985	1950
医　院	凌溪路	92	20080	10332	1965
戴村镇政府	凌溪路	87	5212	3512	1983
电管站	人民路	5	26.4	52.8	1983

续表 3－5－8

单位名称	地　址	人数(人)	总用地面积	总建筑面积	建成时间
戴村农行	凌溪路	8	800	1050	1985
工商所	凌溪路	18	820	1340	1987
司法办	凌溪路	6	600	964	1987
派出所	凌溪路	13	667	760	1987
财税所	凌溪路	40	4575	2485	1988
法　庭	凌溪路	8	1134	480	1988
供销社	人民路	149	4421	7324	1992
邮电局	人民路	30	3200	2712	1993
人寿保险公司	人民路	5	48	48	1994
财产保险公司	人民路	7	302.4	756	1994
信用社	人民路	22	48	144	1994
城管中队	人民路	3	40	40	1995
环卫所	人民路	5	40	40	1995

说明:资料由镇城建办提供

第四节　村庄建设

传统民居

今戴村镇域拥有93个自然村(属22个行政村、1个中心社区)。旧时,自然村落的传统民居多以墙门为单元,也有敞开式“五间两弄”“三间两弄”“钥匙头”等民居。一般为穿架砖木结构,用料经济、结构简易。以2～3间平房为主,中为堂屋,一侧为卧房,另一侧为灶间,畜舍披屋;也有住二层楼屋的,格局相同。但一户只能住1～2间,比较拥挤。一座小墙门住上七八户人家。20世纪50年代初,上述两类住房约占总户数的85%。较贫困的农户则住草舍,约占10%。乡绅富户的大墙门营建较讲究,结构严谨规矩,有的雕梁画栋,前厅后堂,外建石阶台门,组成由一进至三、四进的封闭式深宅大院,主楼多为2层,房舍占地几百至几千平方米不等。大墙门约占总户数的5%。镇上老街商店营业房屋亦多为2层楼房,或楼下营业,楼上居住,或前店后场(作坊),前临街后沿河沟,货物进出方便。各大姓聚居的自然村中,建有宗祠、家庙,其形制一般为二进堂屋,内进供奉祖先牌位,春秋举行祭奠,较讲究的大姓巨族,祠堂内还建有厢房戏台,逢年过节雇剧团演戏,平时做族人聚会休息的公共场所。

新建住宅

中华人民共和国成立后,农民群众分到土地,生活安定而逐步改善,但农户还未能顾及建造房屋,至多是修理与建造一些披屋。1958年后,受极“左”思想影响及经济暂时困难,物资极度匮乏,农民建房几乎停顿。20世纪70年代前后,集体经济开始巩固,但各村建房仍不多,所建部分房屋大多数是“泥墙屋”(用黄泥塘碴与石灰掺和夯实成墙)。既有楼房,房梁开始用水泥桁条,上覆平瓦或本瓦,也建有少部分砖瓦平房。

1979年以来,社队企业兴起,经济迅速发展,农民收入增加,家庭积蓄首先投向迫切需解决的拥挤、破败的住房问题,农村新房拔地而起。20世纪80年代末,有半数以上农民迁入新居。有的村子已经多数翻新。新建房屋绝大部分为混合结构的2层楼房,也有少部分3层楼房,普遍使用红砖、钢筋、水泥等新型建材和水泥预制构件,屋顶有传统瓦面坡顶,也有用钢筋混凝土灌浇的新式平顶。

从90年代末起,随着商品经济的发展,各种建材和装饰材料充斥市场,一反过去农村建房以翻新为主,旧料回用率高、装饰简陋的状况,转向以异地新建为主,面积扩大,楼层越高,装修标准提高。许多村出现新房向外围扩展,老屋仍旧保留在村中心,即"空心村"现象。2000年后,建房向高层次、豪华型发展,欧式尖顶洋楼到处可见,内外装饰仿照城市标准,采用高级大理石、光学玻璃、铝合金、瓷砖等新型材料。室内电线嵌入壁梁,灯式豪华,采光明亮;外墙用马赛克或瓷砖贴面,气派非凡,同时出现面积大而不当,布局、结构不合理,与环境整体不协调,多占耕地,浪费资金等现象。至2008年,全镇人均居住面积45平方米左右,其中少数农户人均面积达100平方米左右,单门独院,园内种花卉和名贵树木,形成农村住宅"高、大、空"的特色。

村庄格局

今镇域内的自然村落,旧时多为宗姓聚族而居,规模较小,分布零散。张家弄、郁家山下、何童埠等村,建在水网密布、浅山低坡,方便生产生活的地方;麦园、马谷、李家坞等村,则建在背山、面水、向阳的山坞里。中华人民共和国成立后,尤其改革开放后,随着经济发展,新农村建设步子加快,村庄面貌发生显著变化。表现在,打破血缘村落格局,数个自然村合并,村庄联片建设,规模扩大;旧房逐渐拆除,所剩不多,旧村经改造,传统村落格局逐渐远去;住宅样式新颖时尚,村村通公路、装路灯,有的还开起超市,村庄变得集镇化。

小康型村庄建设试点 20世纪80年代,尖山下村被确定为萧山村庄规划试点村。1995年,后宅村42户农户安装上固定电话,被称为"萧山第一电话村"。1997年,下方、尖山下村被确定为萧山小康型村庄建设试点单位,启动第一轮新农村建设。对全村地形进行详细测绘,由同济大学规划院完成新农村村庄建设规划,规划建设的目标是建成适应居住、环境优美、配套完整的生态农村。

狮山新村 1994年10月26日,云石乡狮山村第一批18户农户,从海拔620多米的狮山,搬迁到大坞林场南坞茶场建造的狮山新村,后又分批整体搬迁下山安置。狮山新村占地35亩,一期工程投资200万元。至2003年,全村109户全部迁至新村定居。新村17幢连体3层农民住宅,外形一致,结构层次合理,总计建筑面积23735平方米。

联建式农民小区 随着经济和社会事业的发展,村民急需功能齐全、式样别致的小洋楼。其中东周、马鞍等村建成一批别墅式、联建式农民小区。东周利用拆旧2万平方米,整治脏乱差,建成功能齐全、面积统一、设计超前的单体别墅24幢,配套设施齐全、绿化亮化到位的新农村。2004年,东周的村庄建设成果被授予"浙江省全面小康建设示范村"荣誉称号。

新农村建设 2005年始,萧山的新农村建设被列入民生工程,由区一体化办公室联系,各级各村投入巨资,改造村庄面貌,实现"六化":村庄优化、村容美化、村貌洁化、道路硬化、河道净化、场所亮化绿化。2005年,三头村的大湖头、青山村的南坞通过农村整治村创建验收;2006年,半山村的李家坞、南三村的下方、尖山下、沈村、三头村的凌桥和墙头、方溪、顾家溪、枫桥、青山、永富通过验收;2007年,上董、郁家山下、佛山、八都、河杨湖村通过创建。是年,13个行政村(尖山下、方溪、顾家溪、枫桥、青山、沈村、佛山、八都、三头、上董、郁家山下、河杨湖、永富)累计投入各类资金3800余万元,通过改路、改村、改水、改绿、改线、改房、改卫等项目建设,提升村庄品味,优化村民生活品质,又锻炼了基层组织与村干部。

2007年戴村镇各行政村整治情况

表3-5-9

村(居委会)	道路硬化(%)	绿化面积(平方米)	公厕(只)	垃圾箱(只)	保洁员(人)	自来水入户率(%)	路灯安装(盏)
骆家舍	95	50	5	42	2	100	80
尖山下	100	2000	7	20	8	100	250
方　溪	100	2100	19	32	8	100	50
顾家溪	100	1200	12	9	4	100	41
枫　桥	100	2000	8	20	3	100	40
青　山	100	12000	18	60	12	100	80
沈　村	100	3500	11	36	7	100	135
佛　山	100	2055	13	18	6	100	47
半　山	100	6600	18	36	13	100	127
马　谷	50	1000	3	15	2	100	40
八　都	95	980	16	50	11	100	105
三　头	100	8000	18	21	12	100	114
南　三	100	6100	12	57	12	100	100
戴　村	80	1500	11	42	7	100	65
上　董	100	3500	7	28	6	100	130
大石盖	100	1000	15	28	6	100	50
石马头	100	500	18	22	5	100	70
河杨湖	100	200	6	30	3	100	43
张家弄	70	350	11	14	2	100	27
郁家山下	100	5000	10	100	5	100	170
东　风	100	7000	7	45	6	100	210
永　富	100	14615	17	50	8	100	43
合　计	95	81250	262	775	148	100	2017

说明:资料由镇城建办提供

2007 年戴村镇村庄整治成果情况

表 3－5－10　　单位：平方米

行政村	旧房拆除	新建住宅	新增道路（米）	新建污水处理站	河池清淤	新增绿化	消除赤膊墙	新建办公楼	新建活动场所	新建操场	新增自来水管网（米）	新增污水收集管网（米）	河池砌石
尖山下村	800	1650	22000	600	0	2000	5000	0	700	0	3000	2000	0
方溪村	1450	1200	18220	400	500	2100	5500	0	2000	0	1500	2000	900
顾家溪村	1361	3960	25500	0	0	1200	0	0	200	1700	0	0	0
枫桥村	1200	0	21000	0	400	2000	4000	0	0	0	0	0	600
青山村	800	13860	42000	120	0	12000	0	0	800	1800	0	1000	0
沈村村	15000	0	22000	400	0	3500	16000	400	0	1200	0	1000	300
佛山村	1200	0	1000	0	7400	2055	15000	0	0	500	0	0	1235
八都村	13000	7260	9150	0	0	980	2000	1760	600	840	0	0	200
三头村	27668	0	65000	0	0	8000	0	2128	1080	1004	0	8500	1200
上董村	9300	0	19660	0	700	3500	5000	650	300	2800	0	1000	300
永富村	2934	16830	36500	600	11000	14615	0	840	1160	1719	0	4320	3500
河杨湖村	17300	0	17600	360	9000	0	5500	560	1000	2000	0	0	400
郁家山下村	14000	0	16000	0	1000	5000	0	840	1300	150	7500	0	1500
半山（李家坞）	4000	0	35523	0	0	6600	0	0	0	0	0	0	0
东风（东周）	0	0	34700	700	0	7000	0	0	0	0	0	5000	0
南三（下方）	2000	0	36820	0	1000	6100	0	0	2000	3000	500	200	2000
	112013	44760	422673	3180	31000	76650	58000	7178	11140	16713	12500	25020	12135

说明：资料由镇城建办提供

续表 3－5－10

行政村	农户数（户）	新增公厕（个）	中转站（个）	新增垃圾箱（个）	新增路灯（盏）	道路硬化率（%）	自来水入户率（%）	三格式户厕（%）	保洁人员（人）	各级总投入（万元）	创建年度
东风（东周）	128	7	3	45	210	100	100	87	6	126	2004
尖山下村	340	5	1	20	20	100	100	50	9	193.1	2005
半山（李家坞）	154	18	3	36	127	100	100	44.6	13	191	2005

续表 3－5－10

行政村	农户数（户）	新增公厕（个）	中转站（个）	新增垃圾箱（个）	新增路灯（盏）	道路硬化率（%）	自来水入户率（%）	三格式户厕（%）	保洁人员（人）	各级总投入（万元）	创建年度
沈村村	437	11	1	35	135	100	100	80	14	248	2005
南三（下方）	197	12	1	57	100	100	100	60	12	190.6	2005
方溪村	558	19	1	32	50	100	100	60	8	212.28	2006
顾家溪村	389	12	4	10	51	100	100	54	4	183	2006
三头村	668	18	1	21	114	100	100	85	12	630	2006
枫桥村	399	8	2	20	40	100	100	30	3	185.65	2006
青山村	829	18	4	60	80	100	100	78	12	446.5	2006
永富村	718	17	2	50	43	100	100	80	8	432	2006
佛山村	379	13	1	18	47	100	100	80	6	207.6	2007
八都村	666	16	2	50	105	95	100	80	11	383.5	2007
上董村	292	7	1	28	130	100	100	100	6	439	2007
河杨湖村	477	6	1	30	43	100	100	95	3	308.2	2007
郁家山下村	382	10	1	100	170	100	100	90	5	137.7	2007
	7013	197	29	612	1465				132	4514.13	

说明：①资料由镇城建办提供。

②整治内容除表中所示之外，另有新增太阳能收集器 470 个，其中方溪村 60 个、三头村 320 个、上董村 90 个；旧村整理上董村 6400 平方米；新形成商贸区块三头村 3800 平方米。新增有线广播网八都村 95%，上董村 100%，郁家山下村 95%

第五节　房地产业

1986 年始，县级有关部门在戴村区的派出机构，如财政、医院、粮食、供销等部门，相继集资建造商住楼，初步形成人民路底层商业、二层以上居住的商住楼格局。

1994 年，配合旧镇改造，由萧山市城乡建设开发公司戴村分公司承接开发的人民路、邮电邮政楼一带的五号、六号楼两幢，建筑面积 5200 平方米。1999 年，镇城乡开发公司公开拍卖的锦绣路 15 亩商住楼项目启动，以单元地基拍卖，按规划要求统一建筑，起拍价 2 万/间成交，有 40 户农户成交竞得。建成 8 幢四层结构的商住楼群，一层为店铺、二至四层为居住楼，占地面积 6.28 亩，建筑面积 15011.50 平方米，建成后道路以北的建筑屋际线形成。

2000 年，云石教工宿舍楼竣工，建筑面积 700 平方米。是年，原云石乡被评为杭州市新农村建设镇（乡）。

2005 年，戴村镇首个纯商业房地产项目——锦鸿苑，由杭州华瑞集团房地产开发公司开发承建，位于锦绣路中段、戴兴路以西、新甸路以东，小区占地 64 亩，建筑面积 63164 平方米，容积率 1.46，绿化率 35.1%。

于2006年9月全部建成交售使用。

至2008年,全镇住宅建筑面积206.85万平方米(其中商品房面积约105175平方米),其中建成区住宅建筑面积53.88万平方米。

第六节　城建管理

管理机构

为发展村镇建设,进行建设规划和土地管理,1992年后,戴村镇、云石乡人民政府分别设置城建办公室和土地管理办公室,由一名副镇长主持工作。2001年,云石乡与戴村镇合并设立戴村镇,内设戴村镇村镇建设管理办公室。

建设用地管理

1984年,戴村撤社建乡时,曾作出行政村建设规划,当时利用旧村(自然村)适当向外延伸,但因村庄分散,建设难以管理,基础设施又负担过重,故旧村改造进展缓慢。

为加强农村私人建房的管理工作,严格控制占用耕地,集体土地的使用权由市计委、市土管局控制,农民建房用地由镇乡审核。1991～1993年间,戴村镇政府下达全年建房用地指标(耕地、非耕地),建房户必须在指标限额内,申请建房用地。同年,在全镇开发集体土地使用权的确认、发证工作,即实际测量各户住房占有土地面积,核发“使用权证”。

1996年,戴村镇人民政府贯彻落实“十分珍惜和合理利用每寸土地,切实保护耕地”的基本国策,下达《戴村镇私人建房管理实施办法(试行)》,主要内容为:村庄规划用地要相对集中,不能按自然村分散,按村总面积3%～5%留地,住宅区面积不得突破人均72平方米;私人建房必须在镇下达各村的指标内,确定对象,严格审核,张榜公布,经批准后方可动工兴建。建造中必须全程管理,实施“四到场”,即查勘、放样、基础建设直至主房竣工,土管员都必须到场。“实施办法”第九条规定,私人建房用地面积标准,首先要核实人口,以所在地农业户口为准,回乡落户的职工、干部、义务兵可计算农村人口;独生子女按2个计算,超生子女不计。用地面积标准:1～3人为小户,75平方米;4～5人为中户,110平方米;6人以上为大户,125平方米。利用非耕地建房,可照顾增加10%的用地面积。同时,对用地面积内主房和厕所、畜舍等附房,及道地水井等安排也作了规定,如小户占地总面积75平方米,其中主房63平方米,附房5平方米,道地7平方米。利用非耕地建房,则照顾10%为82.5平方米,其中主房68平方米,附房5平方米,道地9.5平方米。中户、大户按比率计算。对占用耕地的应交纳造地费及耕地占用税,分别每平方米为0.375元和4.5元。私人建房必须提出申请,经市、镇两级政府批准后,限6个月内动工,超过限期,取消建房资格。

集镇管理

戴村镇地处萧山南片农村,商贸经济不甚兴旺,主要以凌溪路、人民路、锦绣路、及03省道间形成的集镇商业区块。集镇相连的是溪河、戴村、后郑等村,形成了“镇在村中、村围镇边”的格局。1990年,成立戴村镇城管中队与环卫所,管理与整治集镇脏、乱、差面貌。

环境卫生

1986年,筹建成立镇环卫所(当时职工、管理范围及职责等)。1999～2001年,全镇新建公共厕所130座,垃圾箱624只,其中集镇区块有公共厕所32座,垃圾箱100余只,配备保洁员125名。2005年,全镇有公共厕所314只、路灯1308盏;其中集镇区块公共厕所58座、垃圾箱10只、果壳箱45只、路灯443盏、配备垃圾搬运车等环卫机械 7 辆,拥有市政人员 4 人,园林绿化人员 2 人、环卫人员 17 人。是年,建成占地 15 亩的萧山第一家镇级无害化生态填埋场及 120 平方米的管理用房;建成占地 400 平方米、建筑面积 155 平方米的镇级垃圾压缩中转站,2007 年建成 200 平方米的中转站办公附房。

卷四　农　业

农业是戴村的传统产业，历史悠久，资源丰富。旧时农业生产力低下，农民收入微薄，长期停留在自给自足的水平。中华人民共和国成立后，随着生产关系的变革，翻身农民分得土地，逐步走上集体化道路，农业生产得到发展。但由于受到“文化大革命”等“极左”思潮影响，几经折腾，农业生产徘徊不前。中共十一届三中全会后，贯彻农村和农业改革一系列方针政策，实行家庭联产承包责任制和二轮土地承包责任制。以市场为导向，调整、优化农村和农业产业结构，由单一的农业经济向一、二、三产业协调发展转变，由单一的种植业向农、林、牧、副、渔业全面发展。更新生产手段，实施科技兴农，由依靠人力、畜力为主的传统手工劳动，逐步向应用电力和机械操作的现代农业转变。创新经营方式，由农户小规模分散经营向贸、工、农一体化适度规模的农业产业化经营转变，一批农业龙头企业应运而生。注重培育以特色农业、生态农业为主的现代农业专业户，提高农业的经济效益。在党和政府的正确领导下，戴村农村社会稳定，农业基础巩固，农民收益日益提高，极大地促进了农业生产力的发展。

第一章　农村生产关系变革

中华人民共和国成立前，戴村大多数农民缺地少田，受到封建地主阶级的剥削和压迫。中华人民共和国成立后，实行土地改革，废除封建土地占有关系，贫苦农民分到了田地，并逐步走上集体化道路。20 世纪 50 年代末人民公社建立后，土地归集体所有，一度存在“吃大锅饭”现象，压抑了农业生产力的发展。改革开放之初实行家庭联产承包责任制，激发了农民的生产积极性。1985 年，适时推行“统、分”结合的双重经营体制，注重发展村级集体经济。1996 年，根据萧山市委、市政府统一安排，完善家庭联产承包责任制，建立土地使用流转机制，发展农业适度规模经营。90 年代末，开展以延长土地承包期、核发土地承包权证等为主要内容的二轮土地承包责任制，进一步稳定和完善承包机制，配套农业社会化服务。2006 年，在镇村两级的共同努力下，积极稳妥地推进了大田承包责任制和山林承包责任制延包流转工作，推进农村股份合作制改革。

第一节　解放前土地占有情况

土地作为农业的主要资源，是先民辛勤垦殖的成果，理因归垦者所有。但在封建土地所有制下，土地大量被地主阶级占有。1949 年前，佛山村有 170 多户人家，其中有财有势的有 21 户，掌握着全村 25 副槽产（造纸的工具）、95% 以上的山和田，广大村民只能长年在剥削和压迫下过着糠菜难饱的生活。

土地占有类型

至中华人民共和国成立前，今戴村镇域有以下土地占有形式：

永业田　又称自业田。多为地主、富农、上中农所拥有。可以继承、赠与、出租或自由买卖。永业田除应缴田赋外，收益归田主所有。

“大老田”又称“大买田”。是指田底权归“大老”（地主）所有，小买（小老）只有耕种权（一般也叫佃田、佃农），其租额长期固定不变，与佃田有所不同。

佃田　是佃户向地主、半地主式富农、小土地出租者租入，向公田租种，按议定契约缴租称佃田，又叫租入田。

典田　某人因置产、急用，将自己永业田典给别人耕种，应立契约，写明典期、典目等到期回赎。

公田　有祠产、祭产、庙产、校产、慈善产等。

祠产，是大姓宗祠的产业，由族人捐助，有田、地、山、荡等。多为出租与轮种，其收益按规定上缴宗祠，作为宗祠春秋二祭、宗祠修缮、演戏等费用。

祭产,也叫“清明田”。有田、地、山、荡等,是族人因年老无后,生前置有永业田,死后留作祭产,一般立有遗嘱或文契,规定族内轮种,种者轮值春秋二祭(每年清明、中元节),有的还规定祭时菜肴、纸钱若干。

庙产,是庵、观、寺、院、庙的产业,统称庙产。有田、地、山、荡等,是施主施舍的产业。庙产多为出租,大的寺院、道观也有僧人、道士自种部分,其收益除供给僧人、道士外,为日常供养神佛和修缮寺庙费用。庙产一般免赋。

校产,是为兴办学校而捐助的产业。有田、地、山、荡等。校产多为出租,也有辟为校园作学生学习、劳作基地。其出租所得为学校日常经费和教员工资。

慈善产,是为兴办慈善事业而捐的产业,有田、地、山、荡等等,出租所得为慈善经费。

土地占有数量

地主,地主占有大量土地,且多为永业田。中华人民共和国成立前,戴村区有地主 206 户①,人口 1343 人,占全区总户数的 2.81%,占总人口的 4.18%;地主占有土地(田)6277 亩,占全区总田亩的 16.35%。其中出租田 3202.821 亩,其余为自耕田,地主本身及其家属不劳动②,靠雇用长工、“忙月”、短工为其耕种,且拥有充足资金和齐全的耕畜农具。

富农,占有较多的土地,多为永业田,并有较全的耕畜农具。富农本身参加劳动,也雇用长工、短工、“忙月”。中华人民共和国成立前,戴村区有富农 109 户,人口 817 人,占全区总户数的 1.49%,占总人口的 2.48%;富农占有田地 1801 亩,占全区总田亩数的 4.69%。

中农,一般占有本地平均数稍多的土地,多系“大老田”或租入田,也有少量永业田。中农自己耕种,有农具。中华人民共和国成立前,戴村区有中农 1493 户,人口 7566 人,占全区总户数的 20.33%,占总人口的 23.53%;中农有田 10497 亩,占全区总田亩数的 27.34%。

贫农,一般无永业田,多为佃农,少有农具,靠种佃田和出卖劳力维持生活,中华人民共和国成立前,戴村区有贫农 3369 户,人口 14917 人,占全区总户数的 45.88%,占总人口的 46.39%;贫农有田 9460 亩,占全区总田亩数的 24.64%,

雇农,一般是无地或有少量佃田的农民,靠做长工、佣工或乞讨度日。中华人民共和国成立前,戴村区有雇农 1521 户,人口 5458 人,占全区总户数的 20.71%,占总人口的 16.97%;雇农有田 957 亩,占全区总田亩数的 2.49%。

此外,还有半地主式富农、小土地出租、工商业者、大佃农、工人等,这些户共 645 户,人口 2053 人,占全区总户数的 8.8%,占总人口的 7.44%;共有田 2256 亩,占全区总田亩数的 5.9%。他们所占有的土地多为永业田,大多数田出租靠租金收益,但占有数量较少、低于本地平均占有数。

公田,中华人民共和国成立前,戴村区有公田 7147 亩,占总田亩数的 18.61%,多为永业田,除轮种外,均出租。据上董村调查,解放前该村有清明田(祠堂田)200 亩左右(6 个房族均有一批公共轮流种作田);寺庙、庵田等出租田 100 亩左右(为宗教活动经费主要来源)。

第二节　土地改革

1950 年 10 月 3 日开始,戴村镇境内开展土地改革,经过宣传教育、划分阶级成份、没收地主土地财产和分配土地 4 个阶段,1951 年上半年结束。

---

① 土改前戴村区有 10 个乡,现戴村镇境内有长潭、云石、凌溪、戴村、振庭、马鞍 6 个乡,6 个乡无单独统计数字。

② 社会各阶层均按土改时所划成分。

1950年6月28日,中央人民政府颁布《中华人民共和国土地改革法》。7月,政务院下达《农民协会组织细则》,对解放后组织起来的乡、村两级农民协会进行整顿,清除了一批混入农民协会的地痞、流氓、保、甲长和贪污腐化分子,并整顿了乡、村各级组织,包括妇女会和民兵队。在完成"秋征"和搞好土地资源整理以后,迅速转入土地改革。中共戴村区委遵照中央提出的"小心谨慎、逐步开展、大胆前进"的方针和"依靠贫农、雇农,团结中农,中立富农,有步骤有分别地消灭封建剥削制度,发展农业生产"的政策,对全区土改工作进行了全面部署。从1950年10月3日起,以凌溪乡为重点,进行土改试点,除马谷、中潭、麦园3个山区村外,其余村全面展开,以戴村乡为副点,同时进行。马鞍、振庭两乡于11月30日前完成"秋征",30日开始转入土改,云石、长潭两乡和凌溪的马谷、中潭、麦园3村以"秋征"为主,翌年转入土改。

1950年12月下旬,长潭乡人民政府派陈全安到尖山下村,开展废除封建土地所有制的土地改革。由村民选举,组成土地改革小组。组长杨炳海,土改代表为:杨茂堂、邵观水、袁永仙、杨正明、杨观其、邵水增、鲍吾千,顾仁仙、陈芬芹、蒋观仙、邵兴安、姜安坤12名。根据尖山下村生产资料以山林为主的情况,土地改革的主要内容为重新分配竹山。经过学习政策、宣传教育、土地登记、调查摸底,全村划出地主3户、工商户5户、中农34户、贫农雇农户129户。按土改政策,竹山改革为:中农不动,没收地主全部竹山,然后按其家庭人口分给每人一份;征收工商户在同等一份情况下多余的竹山;将没收和征收的竹山分给没有或不足的贫、雇农。房屋改革为:地主户划出正屋楼3间1弄、侧屋楼4间、厅楼3间及部分生活用品给贫、雇农;中农、工商户不动。土改后的竹山占有情况:贫、雇农由占全村竹山的25.7%上升为52.6%;地主由占全村竹山的25.7%下降为3.6%;工商户由9%下降为4.2%。1951年5月,土地改革在尖山下村结束。土改时,溪河村有地主2户,占田约117亩;富农2户,占田约49亩;富裕中农1户,有田约9~10亩;小土地出租户1户,有田4~5亩;中农10户约8亩;贫雇农共有田约334亩(包括祭田、社头田、收租田)。

宣传教育

土地改革,首先从宣传教育开始,重点开好贫雇农大会、中农会、农民代表大会、地主会,区、乡土改干部在会上宣讲土地改革的必要性和正义性,宣传"土地改革法",着重发现和培养积极分子,启发他们的阶级觉悟,教育他们打破"命运观"和靠天吃饭的思想。然后召开村干部和积极分子大会,培养典型,组织被不法地主,恶霸残酷剥削压迫的劳苦大众上台诉苦,面对面与恶霸地主进行斗争。同时根据中央有关法令,组织人民法庭对破坏生产、破坏土改、威胁干部群众,罪大恶极的不法地主进行依法制裁,为劳苦大众撑腰壮胆。土改中,戴村全区斗了恶霸地主32人,逮捕21人。并对其余地主交民兵管制,限制他们的行动自由,为土地改革的顺利进行奠定了坚实基础。

划分阶级成份

通过清查土地,查清租佃关系,学习贯彻"土地改革法"和政务院颁发的《关于划分农村阶级成份的决定》等政策文件,使干部群众掌握中央的政策精神。在划分阶级成份中,首先找出典型户,采用对照典型户自报、公议、民主讨论评定的方法,划定地主、半地主式富农、富农、中农、贫农、雇农、小土地出租者、大佃农、工商业者、工人和其他等成份。划定阶级成份是土地改革的重要政策依据,分清了敌、我、友的关系,当时的口号是:依靠贫雇农,团结中农,中立富农,斗争地主。

据戴村区在1951年4月5日的总结中反映,戴村区土地改革时划定阶级成份的情况如下:

地主,206户,1343人;半地主式富农8户,46人;富农109户,817人;中农1493户,7566人;贫农3369户,14917人;雇农1521户,5458人;小土地出租者280户,723人;大佃户5户,29人;工商业家31户,167人;工人77户,258人;其他244户,830人。

废除封建土地所有制

1951年4月,戴村基本上废除封建土地所有制。没收地主的土地、耕畜、农具、多余的房屋、家具、粮食,地主兼工商业者没收其土地及与土地相连的房屋、财产。征收部分或全部半地主式富农出租的土地。征收祠产、祭产、庙产、校产、慈善产等公田公地。没收前召开没收大会,公开宣布。所有没收和征收的土地、耕畜、农具、房屋、家具,粮食都由农民协会接收。

在土地改革前,各乡都已搞好土地资料整理工作,根据民国时期土地所属都图田亩资料和土改时户口,按划定阶级成份进行分配,做到公开、公平、合理,使无地、少地、缺少生产资料和生活资料的雇农、贫农和其他劳动人民分到了胜利果实。地主也同样分到了一份土地,使他们逐步改造成为自食其力的劳动者。

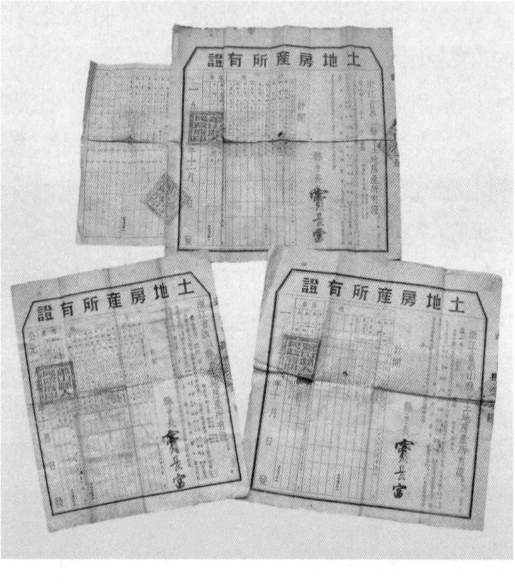

长潭乡农户1951年土地房产所有证(资料图片)

据1951年5月29日填报的戴村区土改前后土地占有变化情况统计表记录:土改后各阶层占有土地情况,雇农1521户,占有土地6192亩,比土改前增加5235亩;贫农3369户,占有土地19339亩,比土改前增加9879亩;中农1493户,占有土地12105亩,比土改前增加1608亩;富农109户,占有土地1723亩,比土改前减少78亩;半地主式富农8户,占有土地119亩,比土改前减少141亩;地主206户,占有土地1622亩,比土改前减少4655亩;小土地出租者280户,占有土地1269亩,比土改前增加159亩;大佃农5户,占有土地77亩,比土改前增加29亩;工商业家31户,占有土地66亩,比土改前减少378亩;工人77户,占有土地237亩,比土改前增加173亩;其他244户,占有土地665亩,比土改前增加335亩。公地除分配6193亩外,乡保留954亩。农民分得的土地、房屋、农具等生产、生活资料归农民个人所有,县人民政府发给土地房屋所有证。

另据戴村区1951年1月3日统计:戴村、凌溪两乡共2538户,10874人,土地(田)12662.403亩。其中地主60户,没收、征收地主田7303.339亩,房子151间(内草舍2间),耕牛14.25只,农具、家具4103件,武器17件,分到土地1668户,6558人。

第三节 农业互助合作

土地改革以后,农民分得了土地,农业产量普遍有了提高,农民生活有所改善。但部分缺乏劳力、农具、资金的农户,生产生活发生困难,特别是雇农、贫农,户与户的产量和收入相差悬殊,个别户出现了土地出租、典卖、借高利贷等情况,如继续发展下去,农村又会出现两极分化。为防止这一倾向的发展,党和政府采取贷款、贷粮、救济、以工代赈等给予扶持,同时积极引导农民在"自愿互利"的原则下,走互助合作的道路。

1951年7月开始,戴村在学习全县的典型邱关兴、胡关泉创办互助组先进做法的同时,开始在境内试办互助组。互助组办得较好的有马鞍乡郁家山下村郁来顺互助组、戴村乡石马头村洪炳堂互助组等。1952年,石马头村成立互助组7个,每个组15户左右。石盖坞村互助组3个,分别由俞五其、方毛人、方永安任互助组组长。河上桥村有帮工组1个、忙工组1个。杨家桥村有互助组6个,分别为九家互助组,组长喻天祥;四联互助组,组长卜岳芹;五桥互助组,组长杨五桥;尧宏互助组,组长郭尧宏;兆成互助组,组长傅兆成;善贤互助组,组长喻善贤。后马湖村有互助组2个,第一互助组组长傅位根,第二互助组组长何金法。墙头村成立6个互助组,组长为任吾楠、丁张夫、任庆林、任子根、何吾庆、任雪林。凌桥村成立3个互助组,组长为戴庆中、戴友荣、王炳南。互助组先是以拌工形式互助,以解决单个劳力不能完成的生产任务,如秋收割稻等农活。后来逐步发展为组内劳力、农活统一安排,农具互通有无、评工记分、年终以现金或粮食找补的常年互助组,使组内老弱病残、妇女儿童都能安排适当农活。是年年底,在典型示范的带动下,戴村互助组发展到128个,1644户。但也有个别互助组走了弯路,不欢而散。

1953 年 2 月 24 日，戴村乡对互助组发展情况进行了总结：全乡有 893 户，3498 人，有田 5140 亩，其中有常年互助组 16 个，148 户，男组员 150 人，女组员 55 人：临时季节性互助组 19 个，187 户，男组员 211 人，女组员 82 人。通过对互助组评比总结，常年互助组增加到 36 个，361 户，男组员 464 人，女组员 242 人；临时季节性互助组 19 个，217 户，男组员 331 人，女组员 181 人。全乡尚有单干 46 户，男女正半男力共 220 人。1952 年全乡双季稻亩产达到 635 斤，比 1951 年每亩增产 140.7 斤。

在云石、长潭山区，互助组建立较晚。1952 年 10 月，尖山下村本着“自愿互利”原则，组建起 8 个互助组，进行土纸生产。该村参加互助组共有农户 139 户，占全村总户数的 81%。据 1954 年 9 月 15 日，萧山县人民政府山区调查组戴村组报称：“全乡（长潭乡）至今既无山区农村生产合作社，又无常年性农业互助组，全乡只有 3 个临时摘茶叶互助组和刚在超额增产运动中组织起来的 11 个开荒互助组。组织起来的人口占总人口的 4.5%；还有造纸手工业组成的 34 个生产组。”

1953 年秋，戴村贯彻社会主义过渡时期总路线，逐步实现农业社会主义改造，把农民组织起来，走社会主义集体化道路。1954 年春，中共戴村区委根据县委提出的“发展生产，开展互助合作是农村压倒一切的中心任务”的指示，在境内开始建立“示范社”，一是把常年互助组办得较好的升格为初级农业生产合作社，如戴村乡石马头村的洪炳堂互助组升格为“前山初级农业生产合作社”，由洪炳堂任社长，为南片第一个初级农村生产合作社。二是在村干部力量较强，群众基础较好的村建立示范社。首先在区政府所在地附近的后郑村，建立“新华初级农业生产合作社”，社长方吾仁。有 9 户农民入社，有田 40.806 亩，留自留地 2%（包括园地）计 1.972 亩，规定分红比例为田底 44%，劳动分红为 52%，留公积金 4%。土肥折价，年终结算，农具折旧入社，分 3 年偿还，第一年偿还 40%，以后两年各偿还 30%，列入生产成本。在振庭乡上董村创办“晨光初级农业生产合作社”，社长董浪成。有 14 户农民入社，有田 111.465 亩（内有公田即土改时保留田 9.143 亩），规定分红比例为田底 45%，劳动 52%，公积金留 3%；公田不留田底，全部按劳分红。土肥折价、年终结算，农具折价入社，分 3 年偿还，第一年偿还 40%，其余分两年偿还，计入生产成本。入社农户有林山 100 亩，在不影响全社统一使用劳动力情况下，暂不入社，决定为社员自留。石盖坞村办起农业生产合作社 2 个，分别由俞五其、俞五福任社长。河上桥村成立的初级农业生产合作社有禾丰社、革新社，社长分别是谢张林、喻妙金。杨家桥村初级农业生产合作社叫五一社，社长喻天祥。后马湖村的初级农业生产合作社叫华丰社，社长何关根。石盖村有振庭、振华、振丰初级农业生产合作社，社长分别为周五康、周校炳、周五兴。孙家村初级农业生产合作社叫昇光社，社长孙友传。陆家村叫民主初级农业生产合作社，社长陆马千。

在示范社的典型带动下，迅速掀起办社高潮。1954 年 8 月，河上桥村成立光华高级农业生产合作社，社长喻妙金。杨家桥村成立五一高级农业生产合作社，社长喻坑先。后马湖村成立新华高级农业生产合作社，社长何关根。墙头村由五星初级农业生产合作社（社长任吾楠）和凌星初级农业生产合作社（社长任子根），合并成立新星高级农业生产合作社，社长丁吾根。凌桥村在上一年成立初级农业生产合作社基础上，于第二年成立高级农业生产合作社，社长戴企法。溪河村由 3 个初级社合并成一个高级农业生产合作社，取名东方红，社长卢吾荣。至 1954 年冬，境内除长潭乡尚无初级社外（云石已有 3 个），各自然村小则 1 个，大则 4 至 5 个，总社数发展到 77 个。入社农户 2345 户，占总户数的 53.99%，入社土地（田）12229 亩，占总田亩数的 65.27%，

办社初期，由于干部缺乏经验，管理比较混乱，加上自然灾害和生产受到一些挫折，一些富裕农民本来持有怀疑、观望、等待的态度，利用“入社自愿，退社自由”大做文章，煽动退社。

1955 年 3 月，贯彻中共浙江省委关于“全力巩固、坚决收缩”的方针，镇域内有 46 个社转为互助组；另有 31 个社巩固下来：其中云石 1 个社 16 户，戴村 7 个社 159 户，凌溪 5 个社 131 户，白墅 5 个社 128 户，振庭 8 个社 170 户，马鞍 5 个社 118 户。1955 年春，尖山下村原来的 8 个互助组除第 8 生产组外，组建为 5 个初级合作社。社员以竹山和槽具计股入社（土地仍私人耕种），合作进行土纸生产。5 个初级合作社为：建国社，社长朱子沛；建安社，社长鲍雅根；新民社，社长杨茂堂；钟山社，社长姜云清；建中社，社长姜安坤。另有生产互助组 1 个，组长姜子山。是年秋，毛泽东《关于农业合作化问题》的指示下达后，批判“坚决收缩”方针，巩

固下来的合作社由于依靠集体力量，充分发挥了集体劳力、资金、农具的优势，战胜了自然灾害，获得了丰收，户户增收，又掀起了办社高潮。至1955年11月，镇域内共有初级农业生产合作社124个，入社户数2699户。其中新建社88个，即戴村8个，白墅8个、凌溪7个、云石12个、长潭24个、马鞍19个、振庭10个，新入社户数1756户；扩社22个，扩大户数221户；原有合作社31个，722户。

1956年，根据《高级农业生产合作社示范章程》，办起一批具有社会主义性质的高级农业生产合作社。高级社取消土地分红，耕牛等大型农具折价入社，归集体所有，各生产队（组）实行劳力、土地、农具等四固定，编制一年早知道为形式的包工、包产等生产责任制，实行评工记分，男女同工同酬。是年，张家弄村成立九峰高级农业生产合作社，全社分18个生产队，实行按劳分配，单独核算。土地为集体所有，耕者只有使用权，一律不得买卖、典当和出租。尖山下村5个初级合作社、1个生产组及32户单干户组合建成长潭乡高级农业生产合作社（后改称为尖山下高级农业生产合作社），全社分8个生产队，共有5382亩林地和117亩旱地、7亩水田。至1957年，镇域内有高级农业生产合作社19个，其中长潭（云石）7个、凌溪6个、振庭1个（今大石盖、上董村、陆家、畈里）、白墅4个、马鞍1个（今永富村）。

附录：

陆家村一个互助组的跨台与教训

一、组织情况

戴村区振庭乡陆家村陆马铨互助组有31户、88人、183亩田（原有43户、135人、280亩田，成立的第6天便有12户退出），其中有中农1户、小土地出租者1户，鳏寡孤独4户，其余皆为贫雇农。组内共有男劳动力32个，女劳动力21个，小劳动力12个，老弱妇幼14个。总的由陆马铨掌握，内设技术指导员1人，计划指挥耕作；会计1人，管理收支生产果实。下分4个小组，后退出1个。各组设小组长1人，宣传员1人。分工：男劳动力负责田畈笨重劳作，女劳动力与小劳动力负责较轻便的工作，老弱妇女看管小孩及家务杂事。组内1个木匠，1个泥水，负责修理农具、家具、房子，互助组的土地、农具属于全组公有公用。互助组内成员及其他能劳动的人，由全组分配工作，谁的田需要劳动，依各人能力分工，到谁田中去做，化肥也看哪里需要施在那里。劳动果实及各户的生活资料（主要是粮食）亦由全组统一分配，10岁以上每日每人给大米一升，10岁以下每人给七合。这样的集体劳动，平均分配，农业社会主义的生活方式，却为群众所反对。互助组于1951年7月15日成立，到8月13日瓦解，先后共29日。

二、演变经过

陆家村共有47户，157人，310余亩田，分4个行政小组。1951年春耕播种时节，区乡领导号召组织互助组。陆马铨不认识互助组的好处与组织原则，而是单纯任务观点，以4个行政小组硬性划分为4个互助组，仍各自干活，在农忙时有空余的组去帮助忙碌的组，一工抵一工，秋收后算账。这种既不是自愿结合，也不等价交换，更无民主管理的互助组，却被乡干部在全乡村干部会上表扬说：陆马铨互助组全乡顶好。

当年7月初第一次洪水退去时，全村还有150亩田未下种。由于农时紧迫，必须组织力量抢种。但当时正值夏荒，陆马铨等开展自由借贷，召开余粮户会议以解决困难。陆马铨说："现在大家有困难，你们还有余粮，除自己吃到新谷好割，把多的拿出来。"强迫开展借贷。工人家属冬青大妈在这样的情况下自报借出米1石、谷1石，其他各户也跟着自报，当时共借出大米3.1石，集中于农会，按照家境贫苦、田未下种为标准，临时解决了24户的困难。由于这样自由借贷，使150亩田3天全部下种，又受到了区乡干部的表扬。陆马铨互助组本来相互帮助，抵工买账，这时起改为甲小组给乙小组帮工时，给甲小组的劳动力吃饭，并付给一定的工资，从工资中抽出一半来作农会的防洪经费。这样的情况保持到第3次防洪时，该乡上董村所属一段发生危险，乡里动员陆家村的农民去帮助抢护。结束后，陆马铨召开了参加防洪的民兵小组长会议，说："我们这样搞不下去了，索性搞集体，把大家的粮食拿来大家吃掉，将来反正可以通天。"这天下午又召开村民大会，陆马铨说："大家一定要参加互助组，如果不参加就是破坏互助组。"并当场叫大家登记余粮，写了保证书，在他的命令包办下,有35人签名盖章。

当天晚上陆马铨率领民兵,到他认为报得不确实的户去检查粮食,查到陆子明家,他自报有米1石2斗,结果查出米1石7斗至2石。被全部拿出。陆士炳家中也拿出糯米1石,谷1石3斗。

自7月15日开始过"集体生活",到第五天(19日)粮食就吃光了,由陆贵兴上乡政府借来救济米10斤。21日那天因分米问题,陆贵兴与陆马铨闹起架来。陆贵兴看看无法维持,又被父亲打击,就带了12户退出集体组。以后生活愈来愈困难,连周作良老婆做佣人的工资7万元,也拿出来用。陆小马的一丘麻,也经乡人民政府介绍到合作社去预售490斤麻换粮也吃光了。乡政府借给粮86斗,又托人去义桥借人民币30万元都用了下去,又把去诸暨割早稻的工资米2.4石吃了2天便吃完。把木匠和泥水的工资也拿到组内统一使用。总之组内无论何人,有赚来的钱全部归公,有病集体养,工作好者赏吃猪肉一餐。经费收支全由会计负责,组内提出口号:"革命、革命,革于一条命,有工大家做,有饭大家吃,革命到底,共同生活"等。如此勉强度日,到8月初天花落已快要收割了,农民看到这样"共产"过不长,纷纷要求脱离。陆圻(小组长)首先要求退出,接着周兴小组长也要求退出,陆马铨虽然强迫声言必须到区里申请,但已众叛亲离,难以支持,终在8月13日垮台,先后共29天。

三、这个互助组为什么垮台

1. 陆马铨互助组违反社会发展规律,得不到群众支持,组内矛盾日深,管理非常混乱。如陆贵兴的退出表面上看来好像是为了分米不均而吵架,其实也如他自己所说:"看到这个集体组不能维持下去,生产搞不好,又无外力支持,对农民有损失。"陆圻的退出,也因为从诸暨回来,看见人家的稻耘了2次,而自己的只耘了1次,车水也比人家少,芋艿等作物未种,心里感到很痛,所以决心退出,其他如周兴也是同样的原因。

2. 天花落快要收割,困难的人家将有收入了,一些农民感到集体化平均主义对自己有损害,原来想平分人家的,现在看到自己天花落将被平分掉,便不愿再集体下去了。如培根嫂眼看天花落有6石谷好收,怎舍得给人家分掉,便想退出。类似参加集体组的是大多数,所以这个互助组已无基础,它的垮台是必然结果。

四、严重的后果

这个互助组存在的时间虽然不长,但影响是极端恶劣的。不但造成群众思想混乱,而且直接影响了本村的生产。成立互助组后,祖员的生产便不起劲,抱等待消极态度。陆圻说:"自成立互助组后,村里生小病的特别多了。"组员32人1天只耘39亩田,而另一个村农民孙五渭半天却耘了1亩。一次大雨后,孙家村的人都忙着去放水,但陆家村的陆阿才却在闲荡,问他为什么不去放水,阿才说:"田好是好,不好也好,反正不是我一个人的。"全村的芋艿及菜园种的东西没有很好的理植,到互助组拆散后,大家再积极的去施工追肥,由于季节迟了,补救不足,使秋收普遍减产。陆马铨互助组共有180多亩田,其中除2户没有减产外,其他31户175亩左右每亩要减产1斗到2斗(约15斤至25斤)。如陆贵兴的一组虽因早退出,但同样1亩只收了2石7斗,少收2斗。陆马铨自己的最差,有一块2.7亩只收了2石谷子。这样全组175亩,以每亩减20斤算,共少收(即损失)3500斤谷子。芋艿园地的损失无法统计出来。

五、对这个问题的意见

振庭乡陆马铨这个互助组,说明对干部群众的共产主义教育太差,部分干部错误地把共产主义当作极端的平均主义,企图以平分财产来改造农村,把从高度发展生产,达到科学美满的社会主义社会与共产主义社会,理解为吃大锅饭,有活共干、有饭共吃的原始农业公社形式。不少干部不仅没有认识这是一种落后倒退的农业社会主义表现,反而表扬并支持陆马铨这样做,在当地群众中造成思想混乱,对我党的政治威信在一定的地区受到了严重的影响。

要在振庭乡及陆家村及其周围群众中,进行广泛的共产主义宣传教育,有关乡村干部作了讨论检查,使群众明确社会主义制度的优越性,认识陆马铨互助组的错误,收回政治影响,指出今后生产发展的方向,恢复农民的思想常态,破除顾虑,重新组织起来,投入正确领导的生产运动。

(根据1951年11月中共萧山县委关于《戴村区振庭乡陆家村陆马铨互助组前后》一文整理。)

第四节　人民公社

1958年10月1日,根据中共中央《关于在农村建立人民公社问题的决议》,戴村农村实行公社化。原戴村乡、长潭乡、振庭乡部分(茅蓬塘以南)归并建立戴村人民公社。原白马乡与今属浦阳镇的原桃北乡、今属临浦镇的原浦南乡、今属义桥镇的原振庭乡部分(茅蓬塘以北)和原许贤乡归并,建立浦阳江人民公社。1959年年初,调整公社规模,将原属浦阳江公社的白马、振庭公社部分及许贤划归戴村人民公社,自此戴村人民公社辖长潭、凌溪、振庭、白墅、马鞍、许贤6个管理区。

人民公社"以一大二公""政社合一"为特征,撤销区、乡建制,工、农、商、学、兵五位一体,供销合作社改属公社供销部,农村信用社改属公社信用部。组织上按军事化要求,以团、营、连、排、班编制,公社为团部,党政任职均以部队职务称呼,搞大兵团作战,做到组织军事化、行动战斗化、生产集体化、吃饭食堂化。当时收益的农产品、供销部的商品、信用部的资金等统归公社统一调用,社员分配一度实行工资制(浦阳江公社发过2个月工资,金额从2元到7元不等)。所有人员一律吃食堂饭,境内办起63个公共食堂(见附表),食堂供应要求做到"四盘一汤"。被称作"吃饭不要钱,外加零用钱"。实行供给制,取消自留地,限制饲养家禽家畜和集市贸易。以大办食堂为中心,办起畜牧场、蔬菜组、幼儿班、托儿所,统称后勤部队。以开展技术革命为中心,办起了公社农具厂、五金厂、土硝厂、推广双轮双铧犁、打稻机、插秧机、割稻器、山东大镰刀、滚珠轴承,无偿占用土地、房屋、家具、劳力。提倡高指标,提出5年赶超英国,15年赶超美国。大谈共产主义生活理想:"屋前屋后汽车包车,楼上楼下电灯电话,饭前杨梅酒、饭后水果糖。"

为了夺取粮食高产,高举"总路线""大跃进""人民公社"三面红旗,开展了大规模的积肥运动。把几十年不干的杨家河、陶家河、东庄河抽干挖河泥,把山上的青柴、树枝用来沤肥料。推广小株密植,越种越密,直至移苗并丘,放高产"卫星"。发动社员群众抢晴天,夺阴天,小雨小雪当好天,以汽油灯、"强盗灯"(一种用毛竹筒塞上破布或棉花、再灌柴油做的灯)为照明工具,夜以继日地大干,苦干加巧干。

1959年4月,改以基本社所有制为基本队所有制,以原高级社为基础建立核算单位,改原按军事编制的管理、核算、生产单位,为公社、管理区(管理单位),生产队(核算单位),生产小队(生产单位)。改编后,戴村人民公社有10484户,42727人,耕地43140亩,设6个管理区、31个生产队、310个生产小队。其中长潭管理区7个生产队,70个生产小队(其中副业生产小队30个);凌溪管理区6个生产队,51个生产小队(其中副业生产中队3个);振庭管理区3个生产队,44个生产小队;白墅管理区4个生产队,39个生产小队;马鞍管理区3个生产队,34个生产小队;许贤管理区8个生产队,72个生产小队。与此同时,贯彻县四级干部会议精神,总结"大跃进"以来的经验教训,修正不切实际的生产指标,恢复自留地政策,允许社员饲养一定数量的家禽家畜,开展以社会主义、共产主义思想为主要内容的宣传教育,开展反"五风"斗争,加强党员干部的思想建设。

1960年6月,公社党委学习贯彻中共中央《关于农村人民公社当前政策问题的紧急指示信》,对"一平二调"和"共产风"中无偿占用的土地、房屋、劳力、生产生活资料进行认真清理、算账,进行退赔。戴村公社(社级)共退赔土地512亩,折合资料金11900元;劳力145900工,计61500元。在公社清理退赔的推动下,各管理区、生产队、生产小队也都进行了清理和退赔,主要是在办食堂、牧场、烧土硝时占用、损坏社员的房屋、农具、家具进行修理和退赔(无详细资料)。

1961年7月,贯彻中共中央《农村人民公社工作条例(草案)》和《关于改变农村人民公社基本核算单位的指示》,撤销大公社和管理区,恢复区建制,调整公社规模,在今境内组建云石、戴村、永兴桥3个人民公社。确立"三级所有"(即公社、大队、生产队)制,"队为基础",以生产队为基本核算单位,使组织生产的单位和进行分配的单位统一起来,促进生产的发展。3公社所辖大队、生产队情况是:云石人民公社辖16个大队,71个生产队;戴村人民公社辖22个大队,109个生产队;永兴桥人民公社辖13个大队,96个生产队。

1962 年,张家弄大队 18 个生产队各自核算,自负盈亏,劳动实行按劳分配,采用评工计分的办法,促进了生产发展。

1964 年,开展社会主义教育运动,先在云石公社试点,次年戴村、永兴桥两公社相继展开。1966 年,“文化大革命”波及戴村农村,贯彻以粮为纲。1968 年冬天“农业学大寨”运动中,三级所有改为两级所有,实行并队升级,以大队为核算单位。石盖大队撤销生产小队建制,组成 4 个操作组。当年石盖大队晚稻亩产 300 多斤,最高组 357 斤,最低组 253 斤。

1968 年下半年开始,戴村公社 48 个生产大队取消生产队所有制,实行生产大队所有制,建立操作组 248 个。经过 2 年实践,虽有不少队显示了两级所有的优越性,特别是山区和半山区,对于发展山林生产,改田造地,发展集体经济发挥了一定的作用。但在“农业学大寨”运动中,搞政治评分,不分劳力强弱、技术高低、干活多少、质量好坏,只要出工就画上“一直头”,“只算政治账,不算经济账”,在经营管理上大队“统得过死”“管得不牢”,严重挫伤了农民的生产积极性。

1969 年 2 月,撤区并社,调整公社规模。戴村、云石两公社和大桥公社南片 9 个大队合并组建戴村人民公社;撤销永兴桥人民公社,将永兴桥公社其中 10 个大队划归浦南人民公社、另 3 个大队划归义桥人民公社。

1970 年,公社党委经过认真调查研究,社员普遍要求恢复生产队所有制,决定向县委请示,建议将大桥、祥里、板桥、紫东、麻园、强农、欢乐、下方、戴家山、戴村、溪河、后郑、凌桥、大湖头、墙头、石盖、孙家、上董、中潭、沈村、麦园、丁村、马谷 23 个大队恢复生产队所有制。尚有 25 个大队仍保留大队所有制(直到 1978 年 3 月,萧山县农村工作办公室还批准同意云石公社石牛山大队基本核算单位由生产队改为生产大队)。

1971 年 2 月,恢复戴村区建制,调整公社规模。戴村人民公社分为云石、戴村两个人民公社,自 1969 年 2 月从大桥公社划入戴村公社的 9 个大队仍划回大桥公社。以原永兴桥公社划给浦南公社的 10 个大队和划给义桥公社的 3 个大队,重新组建永兴人民公社。

1984 年 5 月,改变“政社合一”体制,恢复乡建制,乡以下为村。建立乡人民政府,村民委员会。

1959 年戴村“大办食堂”情况

表 4－1－1

管理区	生产队	食堂(个)	用膳(人)	管理区	生产队	食堂(个)	用膳(人)
振庭	振庭	5	2034	凌溪	丁村	2	989
长潭	云石	10	3633		凌山	3	656
	东山	2	1076		东风	3	1587
	跃进	3	1114		戴村	2	1310
	尖山	3	867		戴家山	3	1058
	光明	2	1081	白墅	永兴	3	1709
	顶山	1	419		九峰	3	1796
	狮山	1	224		东丰	2	925
	牧场	1	24		光明	3	911
	茶场	1	33	马鞍	马鞍	5	1622
凌溪	勤丰	5	2021	合计		63	25089

说明:资料来源于镇档案室

1960 年戴村人民公社土地面积

表 4－1－2　　　　单位：亩

队别	生产队	现有土地总面积					社员和食堂蔬菜基地						茶园	桑园
		合计	耕地		山林		合计		社员自留地		食堂菜地			
			田	地	合计	其中：竹山	田	地	田	地	田	地		
许贤	小计	24738	10888	928	12922	3736	241	593	118	486	123	107	175	4
	富春	2361	1105	166	1090	0	3	87	3	61	0	26	0	0
	西山	2199	1086	88	1025	125	5	78	5	54	0	24	5	2
	蛟山	3185	3100	85	0	0	117	85	59	85	58	0	0	0
	四桥	1591	1534	57	0	0	41	57	6	57	35	0	0	2
	罗马	1937	1862	75	0	0	56	31	45	29	11	2	0	0
	勤丰	3553	546	177	2830	941	0	77	0	55	0	22	36	0
	三村	4598	824	157	3617	1524	0	93	0	72	0	21	27	0
	北坞	5314	831	123	4360	1146	19	85	0	73	19	12	107	0
振庭	小计	12293	6496	449	5348	30	8	523	0	327	8	196	54	71
	振庭	3464	2519	145	800	0	0	242	0	121	0	121	5	15
	昇光	5280	2213	167	2900	10	8	154	0	113	8	41	48	51
	复兴	3549	1764	137	1648	20	0	127	0	93	0	34	1	5
长潭	小计	34243	1424	1378	31445	10510	0	496	0	402	0	94	274	99
	云石	12036	1326	562	10148	2779	0	268	0	199	0	69	100	46
	东山	3033	40	94	2899	1880	0	48	0	43	0	5	12	8
	跃进	2919	44	155	2724	885	0	61	0	57	0	4	23	40
	尖山	5581	12	138	5431	1245	0	48	0	44	0	4	3	5
	光明	8085	0	211	7874	2690	0	33	0	29	0	4	25	0
	丁山	2118	0	100	2018	718	0	20	0	16	0	4	15	0
	狮山	471	2	118	351	313	0	18	0	14	0	4	96	0
凌溪	小计	18948	6815	575	11558	2936	99	480	26	386	73	94	35	226
	勤丰	7117	1121	218	5778	1765	0	150	0	108	0	42	30	40
	丁村	4250	636	64	3550	1015	0	52	0	42	0	10	2	27
	凌山	2013	607	61	1345	150	0	49	0	35	0	14	2	112
	东风	2487	1993	114	380	0	28	114	0	100	28	14	0	27
	戴村	1232	1181	46	5	0	46	46	26	35	20	11	0	7
	溪河	1849	1277	72	500	6	25	69		66	25	3	1	13
白墅	小计	6504	5969	334	201	0	163	276	77	236	86	40	3	36
	永兴	2067	1878	109	80	0	80	59	50	49	30	10	0	0
	九峰	2326	2154	112	60	0	48	109	13	99	35	10	3	10
	东丰	1099	1029	50	20	0	25	50	9	44	16	6	0	0
	光明	1012	908	63	41	0	10	58	5	44	5	14	0	26
马鞍	小计	7378	6080	305	993	5	141	264	88	229	53	35	10	64
	马鞍	2702	2125	126	451	5	21	126	8	103	13	23	4	10
	五联	1909	1488	128	293	0	17	87	8	75	9	12	5	46
	凤凰	2767	2467	51	249	0	103	51	72	51	31		1	8
全社合计		104104	37672	3969	62467	17217	652	2632	309	2066	343	566	551	500B

说明：①资料来源：戴村人民公社 1961 年 3 月统计数据。

②今不属戴村镇域的村（生产队），数据照原统计在内

第五节 家庭联产承包责任制

稻区家庭联产承包责任制

1979年9月，中共十一届四中全会通过《中共中央关于加快农业发展问题的决定》。1981年起，今镇域内戴村、云石、永兴3公社，根据中共萧山县委部署，进行家庭联产承包责任制试点工作。在试点取得经验基础上，按照各队具体情况和农民意愿，采取多种形式，落实农业生产责任制。主要有包产到户、包干到户、小段包工、定额计酬、专业承包、联产计酬、统一经营、联产到组、统一经营联产到劳等形式。家庭联产承包责任制不管采用何种形式，土地仍为集体所有，必须完成农业税和国家粮食订、定购任务，按时上缴集体共同生产费用和积累。1981年10月，张家弄大队实行联产承包责任制，全队1197亩耕地由各户自愿承包到户。

1982年，云石公社尖山下大队将原来的8个生产队分成17个生产队，逐步实行田、地、山林的联产承包责任制。1983年10月，在萧山县人民政府工作队和云石人民公社党委帮助下，尖山下大队农业和山林均落实了家庭联产承包责任制。该大队除51.5亩零星山坡杂地划为农民自留地外，将村内46亩耕地和围垦地区132亩耕地，由各户自愿承包到户。1984年春，为稳定家庭承包责任制，延长土地承包期。1988年，由于实行村庄建设统一规划，承包给农户的村内46亩旱地由村收回，统一调配使用（1992年止，尚有10.5亩土地暂承包给户）。同时，围垦地区的承包田因单家独户，距离远，耕种困难，亦由村里收回，建立农业车间。

据1982年戴村、云石、永兴3个公社年报数据，3个公社农业生产责任制情况如下：戴村公社，22个生产大队，169个生产队，参加分配户数3599户，14190人，劳力8892人，其中女劳力4152人，全部三级核算。责任制形式：实行包产到户20个生产队，377户；包干到户100个生产队，2044户；小段包工定额计酬45个生产队；统一经营联产到劳4个生产队。

云石公社，16个生产大队，89个生产队，参加分配的户数有3122户，人口12051人，劳力7093人，其中女劳力3190人。有6个大队10个生产队实行二级核算，79个生产队实行三级核算。责任制形式：实行包干到户61个生产队；1067户，小段包工定额计酬13个生产队；专业承包联产计酬8个生产队；统一经营联产到组5个生产队；统一经营联产到劳1个生产队。

永兴公社，13个生产大队，102个生产队，参加分配户数2488户，9838人，劳力6072人，其中女劳力2846人。全部三级核算，责任制形式：实行包干到户82个生产队，2328户；小段包工定额计酬6个生产队；统一经营联产到组3个生产队；统一经营联产到劳11个生产队。

在完善承包责任制过程中，涌现出一批专业户、重点户和联合体。第一轮土地承包责任制经10多年发展，逐步形成家庭联产承包责任制，由于政策稳定，农民投入增多，农业生产进一步发展，粮食产量和经济作物收入提高很快，农民用粮得到基本解决，收入增加，生活改善。

山林承包责任制

在稻区搞好家庭联产承包责任制基础上，1983年8月，县委派出2个工作队分别到云石、戴村两公社，开展完善林业生产责任制工作。工作队与公社党委和队委领导一起，贯彻中央〔1983〕1号文件和省、市有关山林问题的指示，以及县委办〔1983〕24号文件，以完善林业生产责任制为中心，对两个公社山林面积实地进行了丈量，清点山上生长的各种树木、毛竹数量，计算出树木材积。把两个公社山林划分为大队统管山、责任山、社员自留山，并签订山林责任山承包合同，制订护林公约。

当时云石公社有山林面积33865亩。其中划为责任山的有17254.04亩，占51%；划为社员自留山的有8731.9亩，占25.8%；划为大队统管山的有7461亩，占22%；其他418.6亩，占1.24%。通过清点林木、毛竹，社员自留山有立标以上各种树木53469株，计1390452公斤，立标以下树木658712.5公斤，毛竹31162

株,责任山共有立标以上各种树木208742株,1708117.5公斤,立标以下树木912816公斤,毛竹1926574株。

戴村公社有山林面积13750.49亩。其中划为责任山8480.75亩,占61.70%;社员自留山3503.4亩,占25.48%;留大队统管山1203.83亩,占8.75%;其他562亩。全社共有立标以上各种树木139815株,计688379.75公斤,立标以下各种树木5329181.5公斤,毛竹424494株。

至1986年,今镇域内全部划定自留山、承包山和统管山,并颁发了山林所有权证。

尖山下大队从1982年1月起,贯彻国家森林法和执行上级关于《制止乱砍滥伐的歪风》的指示,进行山林定权发证工作。经过全面踏山定界,尖山下大队颁发了山林所有权证7张(萧字第0010－0016号)。共有山林50块,计山林面积5382亩,林山302亩承包到户,占山林总面积的41%,平均每人承包山林1.68亩(承包年限定为10年,从1982年12月16日至1992年12月15日止,后根据中央有关文件精神,延长承包期);1173亩疏林、荒山(其中疏林山96亩、荒山1077亩)按人口分摊到户为自留山,占山林总面积的21.8%,平均每人0.89亩;2004亩山林由大队山林队统一管理,占山林总面积的37.2%。为调动承包户的生产积极性,落实承包户的管理权、使用权、培育权,巩固发展全村山林生产。1991年,村委会颁布了山林制度,对承包者的责权及对全村村民在管理山林中的优劣进行处理、奖惩条款都作了明确规定(详见本志附录)。实行家庭联产承包制承包给农户的耕地、山林,采用"包干分配",即承包户包上缴国家的税金及实物派购任务,包上缴集体提留的共同生产费、公共积累,其余产品和经济收入归承包户所有。另外,负责大队(村)统管山的山林专业队员,采用基本工资加奖励。

第六节　第二轮家庭联产承包责任制

1996年8月,戴村镇、云石乡党委、政府根据萧山市委《关于完善农业大田生产责任制若干政策规定》,为建立土地使用权流转机制,实行土地适度规模经营,结合镇乡具体情况,开展完善农业大田生产责任制工作。其基本原则是"稳制活田",在家庭联产承包责任制基础上,建立土地使用权流转机制,推行适度规模经营。提倡以人分口粮田、劳分责任田的"两田制"。戴村镇"两田制"在后郑村试点,获得成功后在全镇推广。

在实施过程中,一是坚持"稳制活田"原则,坚持土地所有制不变,家庭联产承包责任制不变,双层经营体制不变的前提下,根据生产关系必须适应生产力发展的要求,搞活土地使用权,实现农业资源的优化配置。二是坚持"两权分离"原则,明确村农民集体所有制的土地与农户家庭使用之间的承包关系,村经济合作社对本村农民集体所有的土地依法行使经营、管理权,村经济合作社是本村农民集体所有土地的发包方,社员、个人、家庭或专业队(组)是承包方。如出现承包方违背有关政策或不覆行合同的行为,村经济合作社有权依法进行处理。直到收回承包土地,另行发包。三是坚持"依法有偿"原则,农户承包集体土地必须缴纳承包金,农业税和完成国家粮食定购任务,负担必要的共同生产费用和管理费。四是坚持适度规模经营原则,责任田不得均分,因地制宜采用多种形式,规模适度,必须进行资格审查、风险抵押、招标承包。五是坚持以"两田制"为主,因地制宜多种形式的土地承包责任制并存。

戴村、云石两镇乡分别制订了若干政策和实施细则,并报经萧山市人民政府批准。做到明确产权,农村集体土地属村农民集体所有,打破队(组)界限,调整完善土地承包责任制一律由村经济合作社发包和管理。合理确定人口田、责任田和村镇建设规划用地数量。人口田,戴村镇规定每个人口田在0.4亩以内,承包期限为10年,承包金每亩25元(即每人10元),承包期内增人不增地、减人不减地。云石乡规定大田人均0.2亩左右的村,实行轮种制,自愿报名轮流承包;人均0.3亩左右的村,实行自愿报名有偿承包。责任田,要集中连片,有利于适度规模经营,起包面积一般为10～50亩,承包期限为5年,承包金最低每亩为50元,同时必须缴纳风险抵押金,按先村内后村外招标承包。从紧留起村镇建设规划用地,戴村镇按总面积5%留起,未使用前由村经济合作社发包,期限为1年。

凡户口在本村的农民、现役军人(不包括军官和志愿兵),劳改劳教人员视刑期酌情处理,为本村承包人口田对象,人口计算截止日期两镇乡统一为1996年8月31日24时止。承包人口田,还必须缴纳国家农业税(代金)和承担实际支出的共同生产费用。承包责任田必须缴纳国家农业税(现粮)和完成国家粮食订购任务(定购粮任务按1996年基数确定)及共同生产费用。

在完善大田承包责任制工作中,处理了一些历史遗留问题,于9月中旬基本结束。

至是年10月底,戴村镇35个行政村,除已实行“两田制”外,其余行政村都列入这次完善调整的范围,对象是村农民集体所有的农田。山林、水面不作调整。35个行政村共有土地面积1552.2亩,其中23750个农业人口有人口田9028.6亩,人口田承包金226840元;责任田4652.2亩,承包户246户,责任田承包金266521元;规划用地672.4亩,自留地1150亩。通过完善农业大田生产责任制,使土地向专业户集中,便于适度规模经营。全镇责任田承包面积在10~29亩的154户,共承包土地面积2144.6亩;承包面积在30~49亩的5户,共承包土地面积149.5亩;承包面积在50~99亩的16户,共承包土地面积1078.2亩;承包面积在100亩的7户,共承包土地面积896.3亩。积堰山村有1户专业户承包土地192.8亩、马鞍村有1户专业户承包土地146亩、上董村有1户专业户承包土地133.5亩,土地面积位居戴村镇承包大户前3名。张家弄村全村1788人,共有土地面积1325亩,确定土地承包款人口田每亩25元,责任田每亩90元上缴集体。人口田按每人分4分全村共计715亩外,其余469亩责任田由村两委公开招标承包,承包给28户人家经营。其中承包10~29亩的19户计298亩,承包80亩的1户,全村土地承包金共计37920元。承包后多余部分土地141亩,为自留地及村发展经济和计划建房用地。

云石乡外片7个村,即佛山、明堂、南坞、响石桥、沈村、石牛山、枫桥,以调整佛山、南坞、明堂、响石桥大田为重点,同时结合进行承包地、自留地的调整;中片勤工、平山、增丰、征山4个村承包田、承包地、自留地合并一同进行调整;里片尖山下、船山、骆村、狮山、顶山5个村,以调整现有荒芜的承包地、自留地为重点,较远荒地可收归集体连片开发造林。山林一律不作调整(包括果园等经济林)。云石乡16个行政村共有土地面积2206.11亩,其中农业人口12436人,有人口田1112.71亩,人口田承包金52742元;责任田253.72亩,承包户227户,责任田承包金24162元;规划用地138.9亩,自留地740.6亩。

1999年8月,按照中央重申的“土地承包30年不变”的政策,除人口田以外的全部责任田量化到户,并办理了“中华人民共和国农村土地承包经营权证”延包发证工作,以稳定农民思想,提高生产积极性。

2006年,在镇村两级的共同努力下,积极稳妥地推进了大田承包责任制和山林承包责任制延包流转工作,山林延包签约率达99%以上。

至2008年年末,全镇有内地耕地面积18929亩,其中水田16986.5亩、旱地1942.5亩,另有围垦土地2022亩。

1996年戴村镇完善农业大田生产责任制成果统计表

表4-1-3

村名	基本情况			土地面积(亩)					承包形式							
									人口田			责任田			合计	
	户数	农业人口(人)	村民小组(个)	人口田	责任田	规划用地	自留地	合计	户数(户)	面积(亩)	承包金(元)	户数(户)	面积(亩)	承包金(元)	面积(亩)	承包金(元)
马谷	371	1280	4	179	0	18.6	52	249.6	371	179	3840	0	0	0	179	3840
中潭	258	895	6	290	0	7	39	336	258	290	7250	0	0	0	290	7250
盛家	100	366	2	133	0	0	27	160	100	133	3660	0	0	0	133	3660

续表 4－1－3

村名	基本情况			土地面积(亩)					承包形式							
									人口田			责任田			合计	
	户数	农业人口(人)	村民小组(个)	人口田	责任田	规划用地	自留地	合计	户数(户)	面积(亩)	承包金(元)	户数(户)	面积(亩)	承包金(元)	面积(亩)	承包金(元)
前方	104	404	7	153	13.6	12	20	198.6	104	153	4040	1	13.6	650	166.6	4690
丁村	231	831	12	332	81	25	52	490	231	332	8310	7	81	6341	413	14651
后宅	94	363	6	145.2	20.5	9	15	189.7	94	145.2	3630	9	20.5	1397	165.7	5027
凌山	156	541	4	216.4	80	5	19	320.4	156	216.4	5410	8	80	4000	296.4	9410
李家坞	137	491	6	196	70	7	30	303	137	196	4910	7	70	1502	266	6412
墙头	138	520	14	208	215.9	25	45	493.9	138	208	5200	14	215.9	11377	423.9	16577
大湖头	275	1027	18	410	202.6	12	63	687.6	275	410	10270	10	202.6	19882	612.6	30152
麦园	188	694	6	273.4	0	0	0	273.4	188	273.4	6940	0	0	0	273.4	6940
后郑	231	851	12	383	102	15	0	500	231	383	8510	1	117	5850	500	14360
凌桥	219	820	7	328	110	15	25	478	219	328	8200	10	110	5544	438	13744
溪河	141	552	4	221	68	14	31	334	141	221	5520	4	68	3450	289	8970
戴家山	158	598	8	239.2	64	10	32	345.2	158	239.2	5980	1	64	3650	303.2	9630
下方	177	642	8	256.8	110	12	18	396.8	177	256.8	6420	1	110	6050	366.8	12470
戴村	284	1065	12	298	0	41.6	14	353.6	284	298	10650	0	0	0	298	10650
陆家	70	263	2	108.2	91.9	9.8	14	223.9	70	108.2	2630	7	91.9	5516	200.1	8146
孙家	100	366	6	147	133	29	22	331	100	147	3660	11	133	8550	280	12210
畈里	46	157	2	62.8	43.2	9	6	121	46	62.8	1570	6	43.2	2160	106	3730

续表 4－1－3

村名	基本情况			土地面积(亩)					承包形式							
									人口田			责任田			合计	
	户数	农业人口(人)	村民小组(个)	人口田	责任田	规划用地	自留地	合计	户数(户)	面积(亩)	承包金(元)	户数(户)	面积(亩)	承包金(元)	面积(亩)	承包金(元)
石盖	317	1190	16	475.6	359.1	15	47	896.7	317	475.6	11900	15	359.1	18195	834.7	30095
上董	270	1020	12	408	472	40	86	1006	270	408	10200	23	472	20079	880	30279
石盖坞	135	496	6	198	37.7	20.7	18	274.4	135	198	4960	1	37.7	1885	235.7	6845
石马头	476	1526	9	610	291	63	60	1024	476	610	15260	16	291	26556	901	41816
河上桥	166	617	4	246.8	133.2	19.6	24	423.6	166	246.8	6170	3	133.2	10560	380	16730
杨家桥	137	523	8	209	162	20	29	420	137	209	5230	5	162	9760	371	14990
张家弄	526	1788	18	715	469	53	88	1325	526	715	17880	28	469	20040	1184	37920
后马湖	127	449	4	179.6	97.8	15	10	302.4	127	179.6	4490	1	97.8	5868	277.4	10358
何童埠	186	671	7	268.4	202.8	17.5	42	530.7	186	268.4	6710	12	202.8	12877	471.2	19587
东周	106	390	4	156	32	10	10	208	106	156	3900	3	32	1600	188	5500
西周	91	278	3	110	70	10	12	202	91	110	2780	8	70	3500	180	6280
郁家山下	350	1337	12	535	252	40	53	880	350	535	13370	9	252	11383	787	24753
马安	275	739	8	375.6	296.7	31.6	57	760.9	275	375.6	7390	11	296.7	17940	672.3	25330
冗里	139	531	5	212.4	196.1	17.5	30	456	139	212.4	5310	8	196.1	13403	408.5	18713
积堰山	310	1014	9	405.6	277.1	38.5	60	781.2	310	405.6	10140	7	277.1	14806	682.7	24946
合计	7089	25295	271	9685	4754.2	687.4	1150	16276.6	7089	9685	242290	247	4754.2	273371	14454.2	514661

说明:资料来源于镇档案室　　　　填报日期:1996 年 10 月 28 日

1996年云石乡完善农业大田生产责任制成果统计表

表4－1－4

村名	基本情况			土地面积					承包形式分类							
									人口田			责任田			合计	
	户数（户）	农业人口	村民小组（个）	人口田	责任田	规划用地	自留地	合计	户数（户）	面积（亩）	承包金（元）	户数（户）	面积（亩）	承包金（元）	面积（亩）	承包金（元）
船山	258	883	4	0	0	0	36	36	0	0	0	0	0	0	0	0
骆村	212	721	4	0	0	0	51	51	0	0	0	0	0	0	0	0
尖山下	380	1349	8	0	0	0	40	40	0	0	0	0	0	0	0	0
狮山	111	304	2	0	0	0		0	0	0	0	0	0	0	0	0
顶山	167	559	4	0	0	0	10	10	0	0	0	0	0	0	0	0
增丰	250	782	4	0	15.5	6	52	73.5	0	0	0	10	15.5	1400	15.5	1400
平山	151	510	2	0	0	6	38	44	0	0	0	0	0	0	0	0
勤工	254	296	4	0	0	13	48	61	0	0	0	0	0	0	0	0
枫树	249	762	4	0	80	7	36	103	0	0	0	60	80	4800	60	4800
响石桥	139	468	4	92.8	7	11.3	70	181.1	139	92.8	7000	13	7	1250	99.8	8250
石牛山	261	788	4	0	49	28	30	107	0	0	0	75	54.22	4330	54.22	4330
明堂	271	806	6	119.24	26.47	34.6	43	223.81	133	119.74	10862	30	61.07	6896	180.81	17758
南坞	192	670	4	238.5	19.7	10	55.6	323.8	192	238.5	5495	13	19.7	1970	258.2	6480
沈村	433	1368	8	374.27	25.73	20	92	512	376	374.27	7485	13	25.73	2256	400	9741
佛山	386	1299	11	287.4	10.5	0	100	397.9	386	287.4	21900	13	10.5	1250	297.9	23160
征山	124	371	3	0	0	3	39	42	0	0	0	0	0	0	0	0
合计	3848	12436	76	1112.71	213.9	138.9	740.6	2206.11	1226	1112.71	52742	227	253.72	24162	1366.43	75917

说明：资料来源于镇档案室　　填报日期：1996年10月28日

第二章　种植业

戴村是萧山传统粮食产区之一，主要种植水稻、大、小麦，山区种植番薯、玉米、蚕豆、马铃薯、高粱等杂粮。20世纪60年代以后，推广种植双季稻，新三熟制“麦—早稻—晚稻”的模式，种植面积扩大。80年代以来，产粮区农作物复种面积逐步减少，由一年三熟向一年二熟、一熟转变，大、小麦几乎不种，冬、春季农田抛荒面积较多。90年代以来，逐步由单一的粮食种植向多种经营发展，种植和经营蔬菜、瓜果、花卉、苗木等。实施科学耕作制度，应用高产模式栽培、设施栽培、轻型栽培，引进优质品种，提高粮食品质，做大蔬菜、花卉、苗木产业，并为水产养殖和畜牧业发展提供空间。

第一节　粮食作物

戴村镇历来以种植水稻为主，其次是大、小麦。种植的杂粮品种较多，有番薯、大豆、玉米、、荞麦、马铃薯等。山区各村田少山地多，以种杂粮为主。

中华人民共和国成立初期，粮食产量较低，1949年，平均亩产243.5公斤。1984年，粮食折实面积平均亩产936.6公斤，其中春粮264.5公斤，早稻425.5公斤，晚稻437.5公斤。杂粮260公斤。粮食平均亩产比1949年增693公斤，增长率为284.5%。1992年扩镇并乡后，全镇加大了对粮食生产扶持力度，建立了高产示范方，引进粮食新品种，推广应用农业适用技术，当年粮食平均亩产达到879公斤。1993年开始，调整农业产业结构，发展“一优两高”农业，全镇种足了早稻面积，粮食种植面积超过了市下达的种植面积任务。1996年完善农业大田承包责任制，推进了适度规模经营，全镇总耕地面积19082亩，实施规模经营7335亩，承包经营面积30亩以上的种粮大户有28户。1997～2007年的10年里，各级政府扶农、贴粮政策逐年加大，对20亩以上的粮油种植户，对缴售国家定购粮任务的大户，政府都给予补贴。从2007年开始，政府对种粮农民实行农资直补，直补资金额逐年增加。由于政府加大了扶农贴农力度，促进了粮食生产的发展。2007年，全镇粮食种植面积19217亩，粮食总产7482吨，其中晚稻种植面积13440亩，单产达到500公斤，总产6610吨。2008年，全镇粮食种植面积19655亩，粮食总产7844吨，其中晚稻种植面积13290亩，单产519公斤，晚稻总产6903吨。

种植面积

1949年，现镇域内共有耕地33684亩，其中水田32279亩，旱地1405亩。1955年统计，全镇共有可耕地面积30827.718亩，其中水田28026.475亩，旱地1454.778亩，已耕山地1346.465亩。当时的各乡情况如下：凌溪乡合计耕地面积4432.219亩，其中水田4024.720亩，旱地329.197亩，已耕山地78.302亩；戴村乡合计耕地面积5176.585亩，其中水田5079.633亩，旱地88.283亩，已耕山地8.669亩；白墅乡合计耕地面积4346.289亩，其中水田4249.243亩，旱地57.092亩，已耕山地39.954亩；振庭乡合计耕地面积6798.476亩，其中水田6529.621亩，旱地210.800亩，已耕山地58.055亩；马鞍乡合计耕地面积6387.185亩，其中水田6267.752亩，旱地14.753亩，已耕山地104.680亩；长潭乡合计耕地面积1371.530亩，其中水田208.353亩，旱地426.716亩，已耕山地736.461亩；云石乡合计耕地面积2315.434亩，其中水田1667.153亩，旱地327.937亩，已耕山地320.344亩。

1959年，人民公社化后成立戴村大公社，下辖长潭、凌溪、振庭、许贤、白墅、马鞍6个管理区，当时的耕地面积除许贤管理区外，共有30889亩，其中水田28518亩，旱地2371亩。

至2008年年末，全镇有内地耕地面积18929亩，其中水田16986.5亩、旱地1942.5亩，另有围垦土地2022亩。

1955年度戴村农业基本情况

表4－2－1

乡别	类型划分	户数（户）	人口（人）	可耕地面积（亩）			
				合计	水田	旱地	已耕山地
凌溪	半山区	1213	4804	4432.219	4024.720	329.197	78.302
戴村	半山区	1056	4154	5176.585	5079.633	88.283	8.669
白墅	平　原	808	2945	4346.289	4249.243	57.092	39.954
振庭	半山区	1010	3760	6798.476	6529.621	210.800	58.055
马鞍	平　原	1033	4061	6387.185	6267.752	14.753	104.680
长潭	山　区	1036	4617	1371.530	208.353	426.716	736.461
云石	半山区	931	3635	2315.434	1667.153	327.937	320.344
合计		7087	27976	30827.718	28026.475	1454.778	1346.465

说明：①资料来源于镇资料室。

②所列乡别为今戴村镇域范围。其中马鞍、振庭乡部分村属戴村镇

1950～1960年戴村耕地面积情况

表4－2－2　　单位：亩

乡别	田地	1950年	1951年	1952年	1953年	1954年	1955年	1956年	1957年	1958年	1959年	1960年
许贤	田	12166	12154	12127	12115	12059	12047	12122	12014	10926	11341	10740
	地	935	913	945	1106	1409	1419	1405	1405	979	904	647
	小计	13101	13067	13072	13221	13468	13466	13527	13419	11905	12245	11387
振庭	田	8593	8561	8463	8460	8402	8326	8935	8617	8179	7353	6330
	地	125	163	194	206	324	336	216	216	235	266	474
	小计	8718	8724	8657	8666	8726	8662	9151	8833	8414	7619	6804
长潭	田	1786	1804	1822	1840	1858	1875	1547	1727	1632	1458	1478
	地	950	971	986	1245	1603	1809	1823	1823	1666	1250	1282
	小计	2736	2775	2808	3085	3461	3684	3370	3550	3298	2708	2760
凌溪	田	7855	7847	7840	7833	7825	7818	7729	7556	7041	7127	6822
	地	236	244	252	324	423	451	466	406	314	399	510
	小计	8091	8091	8092	8157	8248	8269	8195	7962	7355	7526	7332

续表 4－2－2

乡别	田地	1950 年	1951 年	1952 年	1953 年	1954 年	1955 年	1956 年	1957 年	1958 年	1959 年	1960 年
白墅	田	6954	6954	6954	6945	6910	6904	6762	6674	6043	6136	580
	地	124	136	153	167	175	245	232	232	228	252	331
	小计	7078	7090	7107	7112	7085	7149	6994	6906	6271	6388	911
马鞍	田	7074	7074	7073	7064	7064	7064	6469	6287	5992	6446	6141
	地	68	76	78	80	85	105	188	188	152	204	221
	小计	7142	7150	7151	7144	7149	7169	6657	6475	6144	6650	6362
合计	田	44428	44394	44279	41221	4418	44034	43564	42869	39813	39864	37391
	地	2438	2503	2608	3128	4019	4365	4330	4470	3570	3275	3465
	总计	46866	46897	46887	44349	8437	48399	47894	47339	43383	43139	40856

说明:①资料来源于 1961 年 3 月戴村人民公社农业统计数据。

②“乡别”栏在人民公社时为管理区

2008 年戴村镇各村耕地面积

表 4－2－3　单位:亩

村别	内地年末数			围垦年末数	村名	内地年末数			围垦年末数
	合计	水田	旱地			合计	水田	旱地	
骆家舍	323	236	87	236	南　三	1086.5	1006.5	80	0
尖山下	171	132	39	132	戴　村	979	918	61	162
方　溪	161	111	50	73	上　董	713	627	86	0
顾家溪	201	75	126	126	大石盖	1052	964	88	0
枫　桥	351.5	326.5	25	160	石马头	1350.5	1272.5	78	0
青　山	1116.5	985.5	131	517	张家弄	1301	1213	88	0
沈　村	565.5	475.5	90	30	河杨湖	1110	1053	57	0
佛　山	678.5	485.5	193	162	东　风	969.5	896.5	73	0
半　山	1468	1354	114	132	郁家山下	866	826	40	0
马　谷	396	348	48	168	永　富	2054.5	1908.5	146	0
八　都	1072	962.5	109.5	124					
三　头	943	810	133	0	合　计	18929	16986.5	1942.5	2022

说明:资料由镇农办提供

水稻

戴村镇是萧山重点产粮镇之一,水稻又是戴村大田种植的主要粮食作物。

中华人民共和国成立前,戴村基本上是种植单季稻,以中稻和单季晚稻为主。中华人民共和国成立初期,随着生产关系的改变和生产力的发展,耕作制度实行了改革,复种指数相应提高,先是由单季稻逐步改为双季间作稻,即在早稻苗田中助苗后再插种生稻,生稻的收获期比后来的常规晚稻要早,早稻收割时,间作生稻已是大苗期。20 世纪 50 年代中期,各村因地制宜,逐步推广"改单季为双季,改间作稻为连作稻,改二熟制为三熟制"的三改耕作制度。通过"三改",粮食年产量有了较大幅度提高。从 50 年代后期开始,推广发展连作稻、发展多熟制、发展高产作物的耕作制度,大面积推行新三熟制,即早稻、晚稻、春粮或油菜。绿肥田面积逐年减少,复种指数一般能达到 240% 以上。60 年代以后,贯彻"以粮为纲,全面发展"的方针,以及"农业八字宪法"(即土、肥、水、种、密、保、管、工)。新三熟制面积逐渐扩大,产量逐年提高,水稻新三熟制有以下几种模式:大麦、早稻、连作晚稻或间作生稻;早熟小麦、早稻、连作晚稻或间作生稻;蚕豆、早稻、连作晚稻或间作生稻;油菜、早稻、连作晚稻或间作生稻等等。90 年代后期开始,由于种植早稻经济效益低,为了调动农民积极性,促使农业增效、农民增收,镇人民政府号召各村对农业产业结构进行调整,把一些农田改造为水果基地、花卉苗木基地,把一些低洼田改造为鱼塘,发展水产养殖业等。水稻种植面积虽然减少,但农业效益明显提高。2008 年,全镇种植水稻 13290 亩,其中围垦 550 亩,总产量 6903 吨。

水稻品种　20 世纪 50 年代,戴村镇早稻种植的主栽品种有:早稻 60 日天花落、70 日天花落、芒早粳、南特、南稻等;中稻品种有花秋、百日黄、杭州团头、温州尖等;晚稻品种则推广种植八月晚、桂花糯、杭州糯生稻等。

60 ~ 70 年代,水稻品种逐渐由长杆向矮杆发展,如迟熟高产品种广陆矮 4 号、矮脚南特、原丰早等。早熟品种有连塘早、二九青等,这些早熟品种产量不高,种植面积不多。中熟品种以种植浙辐 802 等为主。晚稻主栽品种为农垦 58、嘉湖 4 号、嘉湖 5 号、嘉湖 6 号、农虎 6 号等。

80 年代,早稻推广品种仍以广陆矮 4 号当家,搭配品种有原丰早、二九青、浙辐 802 等。晚稻主栽品种以嘉湖 4 号当家,搭配品种有嘉湖 5 号、秀水 11、秀水 48、双糯 4 号等。

90 年代,早稻推广种植品种为广陆矮 4 号、浙辐 802、加育 293 为主。晚稻主栽品种为秀水 11、嘉湖 4 号、秀水 63 等。

2000 年后,早稻主栽品种以加育 293、浙辐 802 为主。晚稻主栽品种有秀水 110、秀水 63、嘉花 1 号、嘉 991、浙粳 22、秀水 09 等。糯稻主栽品种以太湖糯为主。

种子来源　水稻种子来源主要是两条途径,一是由县种子公司或供销社农资部门从外地引进供应给农户;二是由生产队或农户自己选留水稻良种,通常有穗选和片选两种方式。农业集体化以前,农户水稻种植面积不多,种子采用穗选方式。穗选,是在水稻已经成熟,在收割前,挑选穗型整齐、谷粒饱满、且无病虫害过的稻穗,一个个地收集,收到估计自留种子足够后拿回家,然后将这些稻穗单独脱粒、单独翻晒、妥然保管。农业集体化以后,大田用种量较大,采用片选方式。片选首先是选择田块,必须选择稻秆壮实、穗型整齐、无病虫害的田块作为种子田,被入选种子的田块必须在收割前拔除高低不平的杂种稻穗、稗草等。然后,在收割过程中要把打稻用的工具,如稻桶(或打稻机)、稻桶栅、遮头等盛谷用的工具,如谷箩、麻袋,晒谷用的篰皮等彻底清理干净,同时要在专用场地翻晒,晒燥后装入专用麻袋,并在麻袋口系上标签,标签上写明品种名称、种子重量、入库时间等,然后储藏。

耕作栽培　中华人民共和国成立初期,尚无耕作机械,畜力耕作也受限制,因此农田翻耕除牛耕外,相当一部分还是用四齿铁耙翻掘。种植早稻的冬板田或绿肥田,先用牛力翻耕或用人力翻掘,灌水后人力用铁耙将泥块或泥渤掠碎,整理成垄,每一垄面宽 1 米左右,这一道工序通常称为"掠泥渤"。先灌水,水满至垄面淹没,促使泥土用水浸后疏松,同时使绿肥快速腐烂。秧苗插种前一天(或当天)再安排劳动力用铁耙将垄面沟摊平,称为"摊田"。然后用牛力耖耙,使之平整。1968 年,有许多大队用电犁翻耕农田,耕作速度明显加快,但由于电犁翻耕是单边翻耕,造成田块单边高低不平,因此很快又被淘汰。1969年开始,手扶拖拉机逐渐下田耕作,1980年开始,又增添了大、中型拖拉机。从此,除少量山田及零星杂田外,基本上摆脱了手工掘田和用牛耕作的传统耕作方法。用拖拉机翻耕农田必须分两次,插种前半个月左右第一次灌水翻耕,使绿肥、杂草腐烂于泥土中,使田土腐熟。插种前一天或当天作第二次翻耕,一般拖拉机耕作的田基本田平泥糊,但四只田角因拖拉机转弯时耕作不能到位(面积不大),因此得用铁耙翻掘并掠平。

浸种、催芽　水稻种子播种前必须浸种、催芽,一般冬闲田、绿肥田种早稻在3月底前浸种,大田用种量每亩20斤左右。春花田种早稻,浸种时间一般为4月5～10日之间。单季晚稻的浸种时间在6月5日前后,每亩用种量为8～10斤,直播单季晚稻每亩用种量为7.5斤,双季晚稻一般在6月15～25日浸种,每亩用种量为15～20斤。为防止稻瘟病、恶苗病等病害,谷子必须用农药一起浸种。浸种农药按时间先后有西力生、402、线菌清、的确灵等。谷子浸种时间一般为48小时。浸种后开始催芽,催芽的关键是要掌握好谷子的温度和湿度,以保证谷子的正常发芽。催芽方法较多,有地坑催芽,有用粪桶、缸、酒坛、脚箩等催芽。生产队集体种水稻时,因用种量较大,所以采用地坑催芽,即事先挖好地坑并开好出水沟,在地坑内垫好草包或稻草,将浸种后的谷子盛入袋中在水中洗净沥干。早稻种子催芽,要将洗净沥干的谷子再用温水浇热,水温以热而不烫手为宜(一般为摄氏40～50度),再将谷子放入地坑,用地坑中的草包或稻草包裹好。24小时以后谷子开始发芽(俗称"露白"),这时又要浇温水,水温掌握在25～30摄氏度,边浇温水边用手搅拌,使之均匀。从这开始,视情况一天隔几小时要浇一次温水,直到谷子出畈。大田承包到户后,农户用种量少,所以不用挖地坑,通常是在酒坛里、脚箩里或粪桶里放入稻草或草包,将浸好的种子放入其中,催芽方法基本相同。晚稻种子催芽,因天气较热,不用热水浇,保温也较简单。

播种、育秧　播种以前必须先做好秧田,秧田要选择排灌水方便的田块。秧田有人工用铁耙翻掘或用牛力翻耕或机械(拖拉机)翻耕,然后安排劳力用铁耙做成一垄垄的秧板,秧板实际宽度一般为1.5米左右,播种前2～3天在毛秧板上施入人粪或其他化肥作基肥,用铁耙再掠一遍,使基肥进入浅土层,播种前一天,再用铁耙掠一遍,使泥土熟糊,然后耥平秧板备用。第二天谷子出畈,在播谷子前,先把秧沟里的糊泥泼到秧板上,再用耥头耥平,然后开始播谷子。每垄秧板的播种量事先定好,种子抛撒到每垄秧板上,尽量做到均匀无空缺,再用塌谷板(把一块狭长的木板钉在一根长木柄上)把秧板上的谷子顺势压入糊泥中,俗称塌谷。俗话说"秧好半年稻",所以育好壮秧是水稻高产的关键之一。在秧苗生长期间,必须使用除草剂除草(70年代以前不使用除草剂,秧田杂草都由人工拔除)。同时,要搞好秧田的肥水管理,视秧苗生长情况施一次追肥,并在拔秧前3～5天再施一次"起身肥"。拔秧前2天喷一次农药,称为秧苗带药下田,对防病治虫效果较好。70年代,为扩大早稻种植面积,提高早稻产量,减少晚稻秧田占用面积,曾经推广晚稻旱地育秧,又称为"小苗带土移栽"。从80年代开始,早稻育秧从露地育秧逐渐改用拱棚尼龙育秧、地膜育秧、还有用塑料秧盘覆盖地膜育秧(移栽采用抛秧)等育秧方式。到90年代末期开始,引进了单季晚稻直播技术,即把催好芽的谷种直接撒播到大田。

秧苗移栽　谷子播出后到拔秧移栽这一时段称为"秧龄"。移栽的适宜秧龄,根据品种不同大约是28～35天。传统移栽,首先是拔秧,秧苗拔起后把秧根部的泥土杂质洗净,然后用稻草将两手拔起的两叉秧苗捆扎成一个。这样往复循环,待秧拔足后将一个个秧装入秧箩或秧架(装秧的架子),挑到需插种并已整理平整的田块,然后用手工插秧。1959年,曾经试用插秧机插秧,但实际操作后,人工很费,空缺较多,效益不高,所以后来没有推广。从20世纪70年代开始,也曾经推广过小苗带土移栽,后来又采用塑料秧盘育秧进行抛秧移栽,直到90年代末大田推广单季晚稻直播技术,才真正结束弯腰手工插秧的历史。

田间管理　水稻的田间管理有施肥、耘田、田水管理等环节。施肥,在未使用化肥以前,水稻的肥料一是靠绿肥耕作入土作基肥,二是靠人粪、畜禽粪、草木灰、焦泥灰等作追肥。随着化肥生产的发展,水稻施肥逐渐以化肥为主。施肥分为底肥和追肥,底肥就是在秧苗插种前施入水田中的打底肥。早稻底肥一般亩施碳铵50斤左右,磷肥50斤左右;晚稻底肥,亩施碳铵50斤左右。水稻播种后7～8天施第一次追肥(称头遍肥)。早稻头遍肥以碳铵为主,亩施量为35～40斤,晚稻头遍肥施尿素18～20斤,加钾肥10～15斤。再过

7～10天，施第二次追肥，早晚稻一样，亩施尿素20斤左右。水稻到孕穗期，可视稻苗生长均衡情况每亩补施尿素5～10斤。耘田，传统是跪地耘田。一般早晚稻各耘2次。耘田与施肥是紧密相连的田间作业，耘田能增强田土的透气性能，促进秧苗发根，加快秧苗对肥料的吸收。施第一次追肥后接着耘第一次田，耘田时把翻倒、浮起的苗补好。施第二次追肥后耘第二次田，耘田时要拔除稗草和其它的杂草。田水管理，秧苗移栽后需灌水护苗，到大苗期，每亩估计分蘖达到30万根苗时，要进行搁田，就是在稻田中横竖挖好十字沟，即将横、竖的一行稻苗连泥挖起左右交叉放于两边苗行内。挖十字沟目的便于排水搁田，搁田的目的是控制无效分蘖，促使禾苗向泥土深处扎根，保证已分蘖的苗长得壮实。搁田前必须在苗田中挖好"丰产沟"（即横、直的出水沟），以保证搁田时能排干整块田的积水。搁田后一般人走到田里脚不会陷下去时，即可灌水，按戴村的习惯，当大苗到幼穗分化期时（俗称锭子头），田间必须灌水。到收割前7～10天，要放干田水，使田土干燥不糊，方便收割。

病虫害防治　病虫害防治，是水稻田间管理非常重要的一环，水稻常见病有纹枯病、白叶枯病、稻瘟病、恶苗病、稻曲病等。水稻虫害更多，如二化螟、三化螟、稻纵卷叶螟、稻飞虱、黑尾叶蝉等。抓好病虫害防治必须经常去田头观察，做到有虫及时治，无病提早防。

部分年份戴村水稻种植情况

表4－2－4

年　份	面积（亩）	产　量（斤）	
		单　产	总　产
1948	32302	292.4	9445105
1949	32236	317.8	10244601
1950	32262	336.2	10846484
1951	32109	353.6	11353742
1952	32148	375.8	12081218
1953	31199	398.6	12435921
1954	32055	420.4	13475922
1955	31076	467.4	14524922
1956	30651	544.2	16680274
1957	30855	460.6	14211813
1958	28890	653	18865170
1974	16716	544	9087800

说明：资料来源于镇档案室

2003～2006 年戴村镇粮食种植情况

表 4－2－5

年份	农作物播种面积（亩）	粮食面积产量合计			稻谷						耕地面积（内地）（亩）				围垦面积（亩）	
					面积（亩）		亩产（公斤）		总产（万公斤）							
		面积（亩）	亩产（公斤）	总产量（万公斤）	单季粳稻	籼稻	单季粳稻	籼稻	单季粳稻	籼稻	合计	水田	旱地	农民自留地	合计	水田
2003	30124.5	17411	403	701.7	12593	547	498	418	627.13	22.9	17263.5	15414.5	1849	1849	1835	1835
2004	31013	18769	427	801.4	13610	110	531	425	722.7	4.7	17111	15262	1849	1849	1835	1835
2005	－	－	－	－	－	－	－	－	－	－	17904	－	－	－	1835	1835
2006	27079	18731	425	976.07	13540	0	532	0	720.33	0	17102.5	15253.5	1849	1849	1835	1835

说明：资料由镇农业办公室提供

2007～2008 年戴村镇粮食播种面积、产量统计

表 4－2－6

	粮食播种面积（亩）		粮食产量			
			亩产（公斤）		总产（吨）	
	2007 年	2008 年	2007 年	2008 年	2007 年	2008 年
总　计	19217	19655	389	399	7482	7844
骆家舍	308	322	289	340	88.9	109.6
尖山下	272	280	267	266	72.7	74.5
方　溪	280	291	143	129	40	45.3
顾家溪	310	290	207	220	64.3	64
枫　桥	405	422	282	284	114.2	119.7
青　山	1080	1120	369	374	398	419.3
沈　村	541	557	378	379	204.3	210.9
佛　山	600	630	370	392	221.9	246.9
马　谷	410	420	364	366	149.3	153.8
八　都	986	1013	412	417	406.6	422.8
半　山	1466	1486	427	438	626.3	650.5
三　头	1155	1150	402	420	464.4	483.5
南　三	940	980	431	440	405.3	431.2

续表 4－2－6

	粮食播种面积(亩)		粮食产量			
	2007 年	2008 年	亩产(公斤)		总产(吨)	
			2007 年	2008 年	2007 年	2008 年
戴村	981	1016	396	417	388.2	424
上董	575	594	390	402	224.2	238.9
大石盖	1094	1068	415	441	454.5	471
石马头	1492	1506	410	427	611.5	642.9
河杨湖	1289	1373	316	298	407.3	409.8
张家弄	1231	1295	416	429	511.8	555.1
东风	875	857	422	441	369.2	378.3
郁家山下	860	879	435	446	374.3	391.7
永富	2067	2106	428	454	884.8	956.7

说明：资料由镇农办提供

1950～1960 年戴村公社水稻种植情况

表 4－2－7

队别	项目	1950 年	1951 年	1952 年	1953 年	1954 年	1955 年	1956 年	1957 年	1958 年	1959 年	1960 年
许贤	面积(亩)	12166	12124	12127	12115	12059	12836	12443	12014	10925	11035	10489
	单产(斤)	325	337	356	361	366	370	426	313	547	613	487
	总产(斤)	3953950	4085788	4317212	4373515	4413594	4749320	5300718	3760382	5975975	6764455	5108143
振庭	面积(亩)	8593	8531	8463	8460	8402	8902	8488	8234	6942	6802	6336
	单产(斤)	327	336	349	356	378	443	451	414	605	476	466
	总产(斤)	2809911	2866416	2953587	3011760	3175956	3943586	3828088	3408876	4199910	3237752	2952576
长潭	面积(亩)	1786	1774	1817	1818	1854	1792	1658	1726	1635	1475	1475
	单产(斤)	334	346	368	375	381	386	507	434	536	754	611
	总产(斤)	596524	612804	668656	681750	706374	691712	840606	749084	876360	1112150	901225
凌溪	面积(亩)	7855	7817	7840	7833	7825	7752	7232	7550	7041	7020	6851
	单产(斤)	331	347	369	383	406	452	440	461	619	613	550
	总产(斤)	2600005	2712499	2892960	3000039	3176950	3503904	3182080	3480550	4358379	4303260	3768050

续表 4－2－7

队别	项目	1950 年	1951 年	1952 年	1953 年	1954 年	1955 年	1956 年	1957 年	1958 年	1959 年	1960 年
白墅	面积(亩)	6954	6924	6954	6945	6910	6835	7009	6665	6043	5746	5782
	单产(斤)	351	389	408	453	505	551	537	545	773	842	611
	总产(斤)	2440854	2693436	2837232	3146085	3489550	3766085	3763833	3632425	4671239	4838132	3532802
马鞍	面积(亩)	7074	7063	7073	7064	7064	6847	6838	6725	6315	6152	6001
	单产(斤)	338	350	385	426	432	486	483	454	626	649	492
	总产(斤)	2391012	2472050	2723105	3009264	3051648	3327642	3302754	3053150	3953190	3992648	2952492
合计	面积(亩)	44428	44233	44274	44235	44114	44964	43668	42914	38901	38230	36934
	单产(斤)	333	349	370	390	408	438	467	421	618	675	519
	总产(斤)	14794524	15437317	16381380	17251650	17998512	19694232	20392956	18066794	24040818	25805250	19168746

说明：资料来源于 1961 年 3 月戴村人民公社农业统计数据

部分年份戴村镇种粮大户情况

表 4－2－8

年　　份	签订售粮户数（户）	承包面积（亩）	定购粮食数量（公斤）	镇政府补贴政策（元/公斤）
2005	21	1319.5	571500	0.04
2006	16	987	438500	0.04
2007	17	1063	478000	0.05
2008	15	1332	603500	0.06

说明：资料由镇农办提供

大、小麦

大、小麦是戴村的主要春粮作物。中华人民共和国成立前后，农户因粮食困难，所以对大、小麦种植十分重视。60 年代以后，推广种植双季稻，新三熟制“麦—早稻—晚稻”种植模式形成并逐渐扩大，大、小麦面积随之扩大，产量不断提高。后来因小麦收割较大麦迟，影响早稻播种时间，所以小麦面积减少，大麦面积增加。早熟小麦品种增加，迟熟小麦品种减少。如 1974 年，戴村公社大、小麦种植面积为 3934 亩，其中小麦 822 亩，亩产 147 公斤，总产 120834 公斤；大麦 3112 亩，亩产 111.5 公斤，总产 346988 公斤。1984 年，戴村镇（包括云石乡、永兴乡）大、小麦种植面积 10906 亩，其中小麦 2882 亩，亩产 137 公斤，总产 394834 公斤；大麦 8024 亩，亩产 132 公斤，总产量 1059168 公斤。改革开放以后，单一的农业经济已不适应新的形势，大、小麦种植面积日益减少。90 年代以后，政府为了保证大、小麦种植面积，出台了一系列优惠、奖励政策，提高了农户尤其是种粮大户的种麦积极性。1995 年云石乡三分之二的耕地种上大、小麦，全乡内地 1450 亩耕地，有 1000 亩种上了大、小麦。1998 年，戴村镇政府要求各村落实 30～50 亩的春粮（指大、小麦或蚕豆）连片方，以带动广大农户种足种好春粮，并出台了奖励政策，各村达到连片方验收标准的，每亩奖励 50 元，农业承包大户种植春粮20亩以上的,每亩奖励20元。为保证种子供应和余缺调剂,镇农办集中采办了大、小麦良种,以每公斤补贴0.4元的优惠价格供应给农户,并把冬种技术资料分发到户,指导农户科学种麦。

2008年,全镇种植大小麦462亩,总产量86吨,其中小麦260亩,产量45吨。

部分年份戴村大、小麦种植情况

表4-2-9　单位:亩、公斤

年份	乡镇(公社)	小麦			大麦			合计		
		面积	亩产	总产量	面积	亩产	总产量	面积	亩产	总产量
1974	戴村	822	147	110900	3112	112	347850	3934	117	458750
	云石	-	-	-	-	-	-	-	-	-
	永兴	-	-	-	-	-	-	-	-	-
1984	戴村	1406	136	191095	4035	133	534816	5441	133	725911
	云石	717	140	100650	391	149	58241	1108	143	158891
	永兴	759	136	103419	3598	130	465523	4357	131	568942
1986	戴村	961	143	137000	1811	143	258000	2772	142	395000
	云石	315	156	49000	165	164	27000	480	158	76000
	永兴	740	170	126000	1996	149	297000	2736	155	423000
1988	戴村	1180	152	179000	3094	149	460000	4274	150	639000
	云石	823	153	126000	883	156	138000	1706	155	264000
	永兴	866	170	147000	2878	180	514000	3744	177	661000

说明:1. 资料来源于镇档案室。1974年云石、永兴缺数据。

2. 公斤以下四舍五入

品种　民国时期,大麦品种主要有芸二棱、六棱、立夏黄,小麦品种主要有白雪柱、浙农9号、洋麦。50年代大、小麦品种推广二棱米大麦、立夏黄、有芒米麦、矮粒多、早小麦、洋小麦、长蓬等。20世纪60年代大、小麦品种以光芒二棱、立夏黄、扁箕麦、矮粒多、矮干红、阿勃小麦等为主。70年代的品种,大麦以早熟3号浙农12号当家,小麦以浙麦1号、908为主。同时引进种植沪麦4号、杨麦4号等大、小麦品种。80年代开始,大麦仍以早熟3号、沪麦4号等当家,小麦品种由杨麦4号当家。

栽培　农谚云:"豆不播冬里,麦不播雪里",说明大、小麦播种时间一定要掌控好,否则会影响产量。大、小麦栽培首先是整地,20世纪50年代初期仍然是沿袭用四齿铁耙翻掘,把地整成宽沟高垄,垄面掠平,然后用三角榔在垄面上点穴,把麦种播在穴内,这叫点播。后逐渐将3行改为4行,垄面做阔,用四角榔点穴。60年代中期到70年代初,改点播为条播,每垄条播4~5行。无论是点播还是条播,在麦行之间都需要撬泥盖土,为麦苗保温,促进根系早发。有句农谚说:"年里撬泥盖床被,年外撬泥到到礼。"说明撬麦泥这道工序必须在年内完成,到年外撬泥作用不大了。70年代开始,全面推广狭沟阔垄散播的栽培方式,散播提高了土地利用率,也提高单位面积产量。这种栽培方式是从江苏省常熟县引进的,因此称为"常熟式"。90年代起,引进"稻板麦"栽培技术,即在晚稻收割后,把空田块作稍微平整,然后直接在田板上撒播麦种。散播麦播下后,再撒施猪栏肥或化肥做基肥,然后分垄开沟,将沟泥用泥撬撬起,均匀地盖在麦垄上。后来为提高工效，引进麦田开沟机。就是在空田板上撒播麦种后，不再用泥锹手工开沟盖泥，直接用开沟机挖沟，挖起的泥土自行抛撒到两边麦垄上为麦子盖土。稻板麦用开沟机配套开沟，既省工又省力，提高了工效。

大、小麦到3叶期时，要适时敲麦（但必须到露水干后），敲麦用扁担、棍棒等工具，一般要壮苗重敲，瘦苗轻敲，烂田及田土冰冻时不敲。敲麦后重施腊肥，促进麦苗早分蘖，多分蘖。春雨季节要及时清沟，排除积水。

大、小麦施肥，在20世纪70年代以前，种植方式为点播，一般用草木灰或畜栏肥拌草木灰盖在麦种穴上做基肥，人粪做追肥。20世纪70年代开始，推广基肥要足、追肥要早、腊肥要重、春肥要巧的施肥方法。基肥仍以土杂肥为主，加施磷钾肥，追肥为人粪尿、氨水或碳氨、尿素化水等。

大、小麦病虫害，大麦主要有黄花叶病、黑穗病、赤霉病等；小麦主要有赤霉病、白粉病、锈病等。病虫害防治一般采用播前浸种，生长期注意田间观察，适时用农药防治。

杂粮

戴村镇种植的杂粮主要有番薯、玉米、蚕豆、马铃薯、高粱等。

番薯 番薯又称甘薯，是戴村镇主要旱地粮食作物之一，大部分村均有种植，尤其是山区、半山区各村种植面积较多。20世纪60～70年代粮食紧缺，番薯曾经是山区农民的主要口粮。那时番薯种植面积大增，除原有旱地外，还新开荒种植。1988年，云石乡番薯种植面积446亩，戴村镇种植面积261亩。

种植番薯，最好是选择山地或高燥的旱地。番薯在插种前，先掘好地，要深沟高垄，如果是高山斜坡地必须从上到下一垄垄开掘。然后用锄头在垄面上挖好穴，并在穴内施好基肥，基肥一般用畜禽粪或人粪拌草木灰或焦泥灰。垄面有阔有狭，阔的80厘米左右可种2行，狭的40厘米左右只种1行（称独株头）。插种番薯苗最好是雨天，因雨天成活率高。把事先培育好的番薯苗（长藤）剪成插种苗，插种苗每根2～3张叶，剪好后插种到垄面穴内，芽朝上。番薯成活后要及时培育管理。一是要松土除草；二是要施好追肥培好土；三是到番薯藤将要封满垄沟时及时提藤，又称翻藤，不使茎节生根扎土，使养料集中到主根和块茎内。番薯到霜降季节来临时收获最佳。

玉米 玉米有春玉米和秋玉米之分。清明前后播种的为春玉米，俗称二粟；7月中下旬播种的为秋玉米，俗称六谷。玉米为旱地作物，一般种在村边杂地或山坡地。大田承包责任制后，随着农业产业结构调整，有的承包大户也在大田套种玉米。云石片种的玉米最多，据1988年统计，云石乡夏秋玉米种植面积274亩，亩产140公斤，总产38000公斤。

20世纪90年代以前，玉米种子一般都是农户自留，将收获后的老玉米剥开外衣，露出籽粒，挑选籽粒整齐、饱满、无病虫害的整蒲玉米作为留种对象，把需留作种子的若干蒲玉米的外衣捆扎在一起，然后挂在屋檐下或廊下。到次年要播种时，将每蒲玉米去头去尾，选择中间段籽粒作为种子。玉米播种方式有两种：一是直接点播到事先掘好的地上；二是用苗床育苗，等玉米苗长到3～4叶期时适时移栽。秋玉米因气候关系，必须要在立秋前玉米苗已经抽出三瓣叶子，这就是戴村农户常说的“秋前三瓣叶”，只有这时移栽才能赶上季节，不影响收成。90年代中后期，引进了糯玉米、甜玉米。这种玉米吃起来香甜、软糯，但不能留种，只能每年由种子公司提供给农户。

荞麦 秸秆作物，高约60厘米左右，紫黑色。谚云：“荞麦开花白如银”，花白色，果实多角状。立秋后播种，生长期60天，亩产约60～100斤。中华人民共和国成立前后，山区和稻区都有播种，面积较少。荞麦生长期短、立秋后播种且可在霜降期收获，是灾区接济度荒的一种杂粮。农谚云：“落雨天留客、呒饭磨荞麦。”荞麦现在尚有少量种植，主要用于酿制白酒“荞麦烧”。

蚕豆、豌豆 蚕豆又名罗汉豆，历来是戴村农户种植的主要春粮之一，种植面积仅次于大、小麦。豌豆俗称“花蚕豆”，大部分农户在自留地上都有种植。据1984年统计，戴村全镇（包括撤、扩、并前的两乡一镇）蚕豆、豌豆播种面积为1290亩，亩产68.8公斤，总产量88.7吨，其中永兴一个乡就播种蚕、豌豆687亩。1986年全镇蚕、豌豆播种面积1072亩，亩产78.4公斤，总产量84吨；1988年全镇蚕、豌豆播种面积为1043亩，亩产70公斤，总产量73吨。20世纪90年代以后，随着自留地的减少以及大田承包责任制的落实，蚕、豌豆播种面积逐渐减少。

蚕豆，一般种植在田边、山坎边、塘埂边等的杂地上，有的间作于大田麦垄边上，俗称“麦边豆”。也有整丘田种植的。豌豆一般农户只种植在杂地上，种植面积也不多。豌豆长到一定的高度就要延藤，必须用竹子、树枝等为它搭棚，让它蔓延并在棚架上开花结果。

蚕豆的品种有萧山细粒青、田鸡青和萧山阔板青等。豌豆有白花豌豆、紫花豌豆、铁沙豌豆等。种子一般自留为主，选留种子的方法，挑选籽粒多、饱满的老豆荚，摘下后去豆荚壳，单独翻晒、单独保管并做好豆种的标签。到次年播种时再挑选一次，把有瑕疵的豆种剔除。俗话说：“豆不播冬里，麦不播雪里”，说明豆的播种必须牢牢把握住季节，一般于10月下旬播种，于次年4月底5月初开始摘青豆。为提高蚕、豌豆的产量，除了靠选留良种外，土地轮作，施好基肥，及时防治病害也非常重要。

马铃薯　又名洋芋艿，一般种在山地或杂地上，农业产业结构调整后，也有承包大户在大田种植。马铃薯常在农历年底前播种，到次年5月下旬收获。马铃薯栽培比较简单，播种时要施足基肥，基肥以土杂肥为主，苗期除草松土并施好追肥。

高粱　戴村当地称“头粟”。20世纪70年代以前，多数农户在自留地上有种植，曾作为主食不足的补充。70年代以后，高粱种植面积减少，现在只有少数农户每年种植高粱，收获后用于酿制高粱酒。

高粱一般在清明节前播种育苗，长到3～4叶时适时移栽，品种有长杆和矮杆两种。长杆型品种头大且沉甸甸地下弯，矮杆型粒粗且粟头直笃。高粱生长期要施好追肥，松土培土，也要注意病虫害的防治。

1955～1960年“三定”后戴村（公社）春花生产情况

表4－2－10　　单位：亩、斤

社别	生产队	1955			1956			1957			1958			1959			1960		
		面积	单产	产量	面积	单产	产量	面积	单产	产量	面积	单产	产量	面积	单产	产量	面积	单产	产量
许贤	富春	1202	94	112988	870	146	127020	1076	116	124816	807	136	109752	446	127	56642	478	188	89864
	西山	385	90	34650	389	125	48625	411	98	40278	390	102	39780	249	131	32619	388	126	48888
	螺山	938	168	157584	1074	89	95586	757	68	51476	830	105	87150	798	99	79002	953	122	116266
	四桥	433	130	56290	648	95	61560	417	91	37947	269	109	29321	347	131	45457	439	127	55753
	罗马	154	81	12474	364	84	30576	85	116	9860	152	105	15960	399	121	48279	533	124	66092
	勤丰	73	75	5475	120	61	7320	82	82	6724	98	157	15386	102	127	12954	204	164	33456
	三村	234	77	18018	249	94	23406	180	110	19800	192	164	31488	124	123	15252	292	124	36208
	北坞	231	91	21021	278	148	41144	251	77	19327	188	125	23500	148	124	18352	368	94	34592
振庭	振庭	1022	88	89936	932	110	102520	497	83	41251	396	135	53460	331	148	48988	732	112	81984
	昇光	517	86	44462	577	107	61739	291	86	25026	313	146	45698	242	139	33638	603	91	54873
	复兴	719	81	58239	739	95	70205	460	82	37720	474	116	54984	251	113	28363	580	87	50460
长潭	云石	563	91	51233	660	65	42900	514	90	46260	660	139	91740	388	169	65572	665	167	111055
	东山	59	81	4779	69	61	4209	32	162	5184	51	177	9027	81	186	15066	51	363	18513
	跃进	82	93	7626	95	85	8075	68	138	9384	82	252	20664	82	314	25748	64	552	35328
	尖山	35	88	3080	41	67	2747	22	131	2882	12	332	3984	38	190	7220	38	225	8550
	光明	－	－	－	－	－	－	－	－	－	－	－	－	24	116	2784	30	89	2670
	丁山	－	－	－	－	－	－	2	145	290	5	334	1670	10	176	1760	25	143	3575
	狮山	－	－	－	－	－	－	－	－	－	－	－	－	16	131	2096	30	122	3660

续表 4－2－10

社别	生产队	1955			1956			1957			1958			1959			1960		
		面积	单产	产量	面积	单产	产量	面积	单产	产量	面积	单产	产量	面积	单产	产量	面积	单产	产量
凌溪	勤丰	333	78	25974	259	80	20720	204	99	20196	130	231	30030	141	172	24252	316	207	65412
	丁村	212	86	18232	165	138	22770	100	149	14900	125	232	29000	137	135	18495	165	193	31845
	凌山	265	17	4505	206	75	15450	128	88	11264	155	153	23715	94	160	15040	195	150	29250
	东风	534	77	41118	416	96	39936	146	96	14016	241	167	40247	272	96	26112	479	134	64186
	戴村	425	92	39100	331	111	36741	164	85	13940	157	141	22137	154	65	10010	236	160	37760
	溪河	291	89	25899	228	119	27132	189	77	14553	154	158	24332	198	96	19008	316	172	54352
白墅	永兴	650	79	51350	605	81	49005	301	80	24080	387	118	45666	259	171	44289	497	119	59143
	九峰	425	87	37825	398	113	44974	304	97	29488	319	136	43384	203	127	25781	434	161	69874
	东丰	288	80	23040	273	89	24297	161	83	13363	183	154	28182	108	147	15876	195	130	25350
	光明	284	93	26412	266	128	34048	192	76	14592	205	129	26445	128	143	18304	240	147	35280
马鞍	马鞍	819	83	67977	594	94	55836	276	68	18768	562	65	36530	296	118	34928	512	101	51712
	五联	735	88	64682	529	90	47610	374	84	31416	399	106	42294	293	123	36039	515	115	59225
	凤凰	714	92	65688	437	9	3933	441	75	33075	573	103	59019	249	129	32121	700	107	74900

说明：1..资料来源于戴村人民公社 1961 年 3 月统计数据。

2. 春花包括大、小麦、蚕豆、油菜等

第二节　经济作物

油菜

油菜历来是戴村镇农户种植的油料作物。中华人民共和国成立前和成立初期，主要种植蔬菜、食油两用的白菜型作物。油菜及其蕻可作蔬菜，正月十四这天油菜蕻炒年糕是戴村农家的传统习俗。油菜籽是榨油的好原料。但当时种植的面积较少，油菜籽产量也不高，亩产仅仅在 15～20 公斤左右。随着农民对食用油需求量的增加，油菜种植面积也逐渐增多。1949 年，今镇域油菜种植面积 90 亩，亩产 22.15 公斤，总产 1993.5 公斤。1953 年油菜种植面积为 149 亩，亩产 25.9 公斤，总产量 3859.1 公斤。1954 年后引入胜利油菜品种，它虽不能作蔬菜食用，但主秆粗能抗倒、分枝多、籽粒多、产量高，出油率高。优良品种的推广和农业新技术的应用，油菜种植面积随之扩大，产量不断提高。1956 年种植面积 306 亩，亩产菜籽 57 公斤，总产量 17442 公斤。1959 年，油菜种植面积扩大到 2713 亩，亩产 96.4 公斤，总产量 261533.2 公斤。20 世纪 60 年代以后，油菜种植面积稳步上升。1985 年戴村镇（不包括云石、永兴两乡）油菜种植面积达到 1887 亩，亩产 78 公斤，总产量 147186 公斤。90 年代开始，国家取消了对各村的油菜籽派购计划任务，市场上食用油畅开供应。因此，油菜种植面积逐年减少。2000 年戴村镇种植油菜 1254 亩，亩产 85 公斤，总产量 106590 公斤。此后逐年减少，到 2008 年全镇种植油菜 105 亩，产籽 9030 公斤。

戴村镇栽培油菜历来非常重视。20 世纪 50～60 年代，政府为鼓励农户种植油菜，出台不少收购优惠政策。1956 年，油菜籽统购贯彻“多产多得，增产多留”的政策，统购数为农户实际产量的 75%，同时，每 50 公斤菜籽退给菜饼 12 公斤。1957 年实行全购全销，采取“控制加工，除留种外全部统购，按一定比例留油给饼”的办法。标准为：出售油菜籽 100 斤，留油 5 斤，退给统销菜饼 10 斤。1960 年留油标准改为：菜籽 100 斤，留油 4.5 斤，退菜饼 38 斤。油菜种植各大队都由专职的农业技术人员负责。溪河大队还成立了一个科学实验小组，为了使春粮、油菜达到高产稳产，特地到浙江农科所邀请农业专家梁勋义，定期来队进行实地指导，取得了明显的效益。该大队规模虽小，但在60～70年代，油菜种植面积和菜籽产量处全公社领先。1974年该大队油菜种植面积53亩，占全大队耕地面积的15%，亩产178.3斤，处全公社第一位，总产9450斤，占全公社总产量的8.63%。

油菜的品种很多，50年代初期，有高脚紫皮、矮脚黄皮、大粒黄、七星剑等品种，1954年后主栽品种为胜利油菜。60年代以后，以“九二”油菜当家，并先后搭配部分川油2号、胜利油菜、丰收4号、浙油7号等。油菜于9月底至10月上旬播种，秧苗苗床要求是阔垄狭沟，要施足基肥。小苗期要做好间苗定苗工作，使油菜秧均匀分布，株株壮秧。晚稻收割后移栽，移栽后要及时施肥，做到基肥足，追肥早，重施腊肥和苔肥。基肥以土杂肥和磷肥为主，追肥施人畜粪或氮肥。农历年底前必须对油菜櫈泥培土。出年后，气温逐渐升高，要注意防治病虫害。油菜籽要掌握八成熟时收获最佳。

1949～1959年戴村油菜种植情况

表4－2－11

地区	项目	1949年	1950年	1951年	1952年	1953年	1954年	1955年	1956年	1957年	1958年	1959年
长潭	面积(亩)	-	-	-	-	-	-	-	6	-	5	194
	单产(斤)	-	-	-	-	-	-	-	54	-	40	95
	总产(斤)	-	-	-	-	-	-	-	324	-	182	18419
凌溪	面积(亩)	18	21	26	23	35	-	49	134	28	46	882
	单产(斤)	38	41	45	47	45	-	13	52	35	48	100
	总产(斤)	684	864	1170	1081	1530	-	2107	6968	971	2221	88513
振庭	面积(亩)	36	41	43	48	54	13	65	86	98	134	444
	单产(斤)	39	43	46	47	51	48	53	56	45	53	92
	总产(斤)	1404	1763	1516	2256	2754	624	3445	4816	4393	7059	40848
白墅	面积(亩)	15	14	13	19	20	23	28	16	49	87	569
	单产(斤)	49	53	55	54	58	62	59	61	56	63	96
	总产(斤)	735	792	715	1024	1160	1426	1652	976	2755	5488	54600
马鞍	面积(亩)	21	19	26	37	41	21	103	64	55	94	624
	单产(斤)	51	53	55	58	53	61	60	62	51	52	99
	总产(斤)	1071	1007	1430	2146	2173	1281	6192	3968	2827	5290	62306
合计	面积(亩)	90	95	108	127	149	57	245	306	230	366	2713
	单产(斤)	43	47	45	51	51	58	55	56	48	55	98
	总产(斤)	3894	4423	4831	6507	7617	3331	13396	17052	10946	20240	264686

说明：①资料来源于镇档案室。

②振庭乡包括当时所属原朱村桥乡永兴河西岸的10个大队；马鞍乡包括当时所属原朱村桥乡永兴河东岸的4个大队

1984～2000年部分年份戴村油菜种植情况

表4－2－12

年份	乡别	播种面积（亩）		亩产（公斤）		产量（公斤）	
		内地	围垦	内地	围垦	内地	围垦
1984	戴村	961					
	云石	66	316		71		22437
	永兴	823					
1986	戴村	992		73		72000	
	云石	69	392	61	96	4000	38000
	永兴	785		67		52000	
1988	永兴	881	881	76	76	66000	
2000	云石						

续表4－2－12

年份	乡别	总播种面积（亩）	亩产（公斤）	总产量（公斤）
1988	戴村	1073	57	61000
	云石	1131	81	92000
2000	戴村	1254	85	106000

说明：资料来源于镇档案室

络麻

1964年开始，在稻区推广种植络麻，萧山县计划委员会把络麻种植面积的任务下达到各公社，公社再将计划指标分配到有关大队。戴村、永兴两个公社都有络麻种植任务，面积约占全社耕地总面积的5%～10%左右。戴村公社有络麻种植任务的大队为：凌桥、溪河、戴家山、下方、戴村、后郑、孙家、石盖等8个大队。永兴公社的13个大队都有种植任务。县农业局派技术辅导员到有络麻种植任务的生产大队指导络麻种植。戴村供销社设立络麻收购站，各大队络麻收获后全部交售到麻站。收购的品种为生麻、精洗麻。生麻，即络麻成熟后通过拔麻、夹麻、剥麻等几道工序将络麻的皮剥下并晒干，称生麻；精洗麻，就是将剥下的鲜麻皮放入水中浸没，使其肉质腐烂，待腐烂后，在水中漂洗干净，将留下的白色纤维绞干晒燥就成了精洗麻，也称精麻或熟麻。

“文化大革命”后期，水稻地区贯彻以粮为纲方针，国家不再下达络麻种植计划指标。加上络麻种植要拔好几遍杂草，收获期间的几道工序非常辛苦，费工大，经济效益不高。精洗麻在浸洗过程中对水质、空气污染严重，因此戴村不再种植络麻。

20世纪80年代，云石乡在围垦地区种植络麻。1984年，种植2亩，产麻400公斤；1986年，种植133亩，亩产405公斤，共产麻5386.5公斤；1988年，种植络麻175亩，亩产423公斤，共产麻74025公斤。至2008年，镇内不再种植络麻。

1974 年戴村公社络麻种植情况

表 4－2－13

大队	播种面积（亩）	亩　产（斤）	总产量（斤）	大队	播种面积（亩）	亩　产（斤）	总产量（斤）
凌　桥	33	361	11916	后　郑	30	499	14964
溪　河	40	517	20696	孙　家	3	336	1008
戴家山	20	473	9468	石　盖	22	427	9392
下　方	12	370	4440				
戴　村	40	412	16550	合　计	200	442	88434

说明：资料来源于镇档案室

第三节　蔬菜　果瓜

戴村农家有种植蔬菜、瓜果的传统，主要满足自家生活所需，少量拿到集镇交换。20 世纪 80 年代后，出现种植蔬菜、瓜果的专业户，主要供应集镇居民需要。90 年代末，开始大棚种植，规模趋于集约化。至 2008 年，全镇蔬菜、瓜果种植面积 5987 亩，其中蔬菜 4687 亩、4625 吨，瓜果 1300 亩、1780 吨。

蔬菜

戴村种植的蔬菜，分为叶菜、茎菜、根菜、果菜等 4 大类。少数农户还种植花菜、香菜、空心菜、木耳菜等，但由于这些菜大多是近几年才引进种植，种植数量不多。改革开放以后，随着人民的生活质量不断提高，具有保健作用的野生蔬菜受到青睐。因此，有些农户以及蔬菜种植专业户开始人工栽培野生蔬菜，主要品种有马兰头、荠菜、香椿树（嫩芽）等。

20 世纪 60～70 年代前，戴村蔬菜多以农户自留地零星种植，农家自产自用为主。改革开放以来，出现蔬菜种植专业户。2000 年以前，全镇蔬菜种植面积在 1000 亩左右。2000 年后，全镇内地已有 6 户农户实行了规模承包种植，承包面积 100 亩，并从原来的露地栽培，逐步改用大棚栽培。2006 年开始，外地蔬菜专业户开始来戴村镇承包土地种植蔬菜、瓜果。2007 年，全镇蔬菜、瓜果种植面积（包括围垦土地、内地自留地）已达到 2135 亩。如永富村外地来的蔬菜承包大户平水木，于 2006 年 3 月向该村承包土地 50 亩搞蔬菜种植，并牵头成立杭州平氏蔬菜专业合作社，注册“天畈”牌商标。与宁波三江购物俱乐部有限公司签订长期收购合同，产品 90% 合同收购。到 2008 年，承包经营面积扩大到 153 亩。是年，实现产值 75 万多元，利润 16 万元。

叶菜类

油冬儿菜　是叶菜的主要品种之一，有本地早油冬儿、迟油冬儿、清明油冬儿、四月慢、五月慢、特选苏州青等。油冬儿菜以鲜菜烹调食用为主。

白菜　有长梗白、壶瓶种、灰白菜等品种。白菜一般为农户加工盐制后食用为主，盐制好的白菜俗称“盐白菜”。

包心菜　有尖头包（又称小鸡心包、牛心包菜）、平头包等品种。包心菜以鲜菜烹调食用为主，也可盐制后晒燥成干菜。

胶菜　主要品种有青杂3号、青杂4号、浙青19、青城2号等、胶菜为鲜菜烹调食用为主。

芥菜　有大叶芥菜、黄芥菜、牛舌头芥菜、乌芥菜、九头芥菜等品种，芥菜主要是用来盐制“倒笃菜”、“雪菜”，农户家里又把盐制好的盐芥菜晒燥成芥菜干，俗称“霉干菜”。

黄芽菜　品种有本地黄芽、黄芽14等。黄芽菜菜叶有皱折花纹，能卷心成球，鲜菜烹调食用为主。

蒿菜　有细叶蒿菜、大叶茼蒿等品种，鲜菜烹调食用为主。

叶菜类还有甜菜、菠菜、小白菜、苋菜、毛毛菜、韭菜、四季葱、天葱、大葱等。

茎菜类

芹菜　有杭州芹菜、白芹、青芹等品种。

茭白　为水生作物，品种有梭子茭白、美女茭白、白条茭白等。

莴苣笋　品种主要有尖叶种、圆叶种两大类。

根菜类

萝卜　品种有一点红萝卜、红萝卜、小白萝卜、浙大萝卜等。

胡萝卜　有红皮胡萝卜、黄皮胡萝卜等品种。

芋艿　有白梗芋、红梗芋、紫梗芋等品种。

藕　为水生作物，品种有红荷花、白荷花两种。

荸荠　为蔬菜、水果两用作物，品种有大红袍、紫红袍等。

其他根菜类还有洋葱、大蒜等。

果菜类

茄子　有线条茄、杭茄1号等品种。

辣椒　品种有萧山鸡爪辣椒、大羊角辣椒、小羊角辣椒、向天辣椒、大泡辣椒（青椒）等，辣味最浓的为鸡爪辣椒和向天辣椒。

番茄　又称西红柿，戴村农户种植的为普通番茄，近几年也引种了果、菜两用的迷你紫番茄。以上为茄果类。

南瓜　有长南瓜、石墩磉南瓜、猪头南瓜、十姐妹南瓜等。20世纪70年代引进种植凤凰坞南瓜（以收南瓜子为主），进入21世纪后又引种了日本南瓜。

冬瓜　有本地冬瓜、广东青皮、长沙青等。

丝瓜　有铁皮丝瓜、黄皮丝瓜、香蕉丝瓜、棒锤丝瓜等。

蒲瓜　俗称蒲子，有本地长蒲、杭州长蒲等。

药葫芦　有本地葫芦、青皮花葫芦、牛腿药葫芦等。

黄瓜　有绍兴乳黄瓜、杭州青皮瓜等。

苦瓜　是　　年后引进种植的一种保健蔬菜。以上为菜用瓜类。

菜豆类

戴村农户种植的豆类品种较多，有些豆的鲜嫩豆荚可作蔬菜，成熟老豆可作杂粮，也有好几种豆类杂粮蔬菜兼用。如蚕豆、豌豆、黄豆等嫩鲜豆可作蔬菜，老豆是较好的旱杂粮；菜豆、豇豆、扁豆等鲜豆作蔬菜，老豆既可作杂粮，又可磨成粉掺入糖做成豆沙馅，用于裹团子（又称点心）、包粽子等；蚕豆、黄豆、绿豆等还可加工成绿豆芽、黄豆芽、芽蚕豆、霉毛豆等蔬菜。

黄豆　俗称毛豆，品种较多，有四月拔、五月拔、六月拔、七月拔、八月拔、九月拔、十月拔、日本矮脚毛豆、台湾75等。

扁豆　俗称羊眼豆，有红荚扁豆、白花扁豆、红花扁豆等。

菜豆　有春分豆，株矮，不需搭棚架；有四季豆，分红化四季豆和白花四季豆两种，长高后均需搭棚架。

豇豆　有长豇豆，需搭棚架，在棚架上开花结果，品种有青皮豇豆和红皮豇豆、特长豇豆等；还有矮脚豇豆和乌豇豆，不需搭棚架。

绿豆　均为本地品种，植株较矮，绿豆主要是收老豆，用途很广。

果瓜

戴村镇种植的果类瓜有西瓜、雪瓜、黄金瓜、梨瓜、青皮菜瓜、甜瓜等。20 世纪 60～70 年代，果用瓜一般是农户零星种植，除自己食用外拿到市场上出售，以换取其他日用品。也有生产队连片种植，但面积一般不多，成熟后摘下到市场上销售。那时种植的主要有雪瓜、黄金瓜、梨瓜、青皮菜瓜等。2006 年开始从外地引进种植蔬菜瓜果大户，种植的瓜果主要以西瓜、雪瓜、黄金瓜等为主。

第三章　畜牧业

戴村农家有散养鸡、鸭、鹅等家禽和猪、牛、羊、兔等家畜的传统，主要满足自家需要。改革开放以后，禽畜养殖逐步向规模化、产业化、集约化发展，出现一批禽畜养殖专业户。在传统养殖品种基础上，引进新品种和特种禽的养殖，如野鸭、天鹅、鸽子、灰雁、七彩山鸡、贵妃鸡、孔雀、鹧鸪等。

2008 年，全镇有禽类养殖专业户 75 户，全年出栏禽类 195 万羽；有生猪养殖专业户 48 户，出栏生猪 30718 头。畜牧业在戴村农业中的地位日益显现，效益呈上升趋势。

第一节　家　禽

戴村镇农户家庭养禽历史悠久，养殖的主要种类有鸡、鸭、鹅等。改革开放以后，有些农户引进特种禽养殖，主要种类有野鸭、天鹅、鸽子等。1990 年，家禽饲养量 7.3 万羽(只)。1994 年，饲养量突破 26 万羽。2000 年，形成 50 万羽家禽基地。2001 年，家禽基地达 70 万羽。全镇涌现一批家禽养殖大户，郁家山下村年养殖家禽在 30000 羽以上有郁寅云、郁建江、王月芳 3 户。2005 年全镇家禽饲养专业户有 68 户，全年家禽出栏 158 万羽；2006 年养殖专业户 73 户，出栏 165 万羽；2007 年专业户 76 户，出栏 198 万羽；2008 年专业户 75 户，出栏 195 万羽。近几年来，家禽养殖不但数量增加，养殖品种也更加多样，除常规品种肉鸡、蛋鸡、蛋鸭、普通鹅外，还引进饲养番鸭、野鸭、鸽子、灰雁、七彩山鸡、贵妃鸡、孔雀、鹧鸪等新品种禽类。

至 2008 年，戴村镇家禽养殖专业户有：青山村沈金海，半山村瞿雪平、李兴木、李寿庆、丁海然，三头村任吾宾、任志刚，八都村方胜德，马谷村陈兰仁，上董村董高夫、吴兴川、董海成、董法兴，大石盖村周纪根、周先法、周祖宁、孙叶根、孙水传、张国兴、蔡吾金、周水友，戴村村郑夫明、丁达成、丁校兴，南三村缪国球、戴国雄、丁吾奎、方连桥、戴张康，石马头村瞿文达、洪吾流、洪六斤，河杨湖村郭国平、何建和、何建福、何建生、陶先木、潘子安，张家弄村郭玉林、赵云祥、傅楼明、郭兴平，郁家山下村郁寅久、郁建江、温吾传，东风村周水林、何利兴、何兴木、何生伟，永富村倪吾宽、洪校良、洪妙根、徐爱忠、张九斤、贺建法等。

鸡

为戴村镇传统家禽，不仅农户家庭有饲养，集镇上不少居民家庭也有饲养。农户养鸡是一项重要的家庭副业，养几只母鸡产蛋，是农民家庭换取日常生活用品的主要来源，也可用作看望产妇、病人等的礼品。养几只肉鸡家庭备用,农忙季节结束,杀只鸡给家里的主要劳动力补补身子;逢年过节时,鸡又是请菩萨、祭祖宗的主要祭品之一;鸡也是招待客人的必备佳肴。家庭养鸡,鸡苗一般都由自家母鸡孵化,因此需养只雄鸡用于交配。农业合作化前均为家庭散养,农业合作化后,对家庭饲养曾有控制,特别是在“人民公社化”后的头几年,把家庭养鸡说成是资本主义倾向,禁止农户私养,开始集体办畜牧场饲养。20 世纪 60 年代初,由于 3 年自然灾害造成集体经济困难允许家庭养鸡,但因饲料紧张等原因,饲养量不多。改革开放以后,随着市场需求量的加大,农户养鸡开始发展。

1972 年,戴村供销社从发展生产着手,在石盖大队进行了禽蛋收购任务试点。石盖大队当时是一个纯水稻队,有 8 个生产队,250 户社员。是年,该大队每户饲养家禽(主要以鸡为主)15.7 羽。分析社员养鸡需喂一定数量精饲料的实际情况,大队决定从生产队提取的饲料粮中拨出一部分补贴给交售活鸡的社员。由于落实了政策,社员饲养的积极性大为提高,交售任务也很快落实了。是年,经层层落实,该大队实际向国家交售活鸡 133 只,鲜蛋 650 公斤。

随着戴村生态环境的不断改善,农村家庭住房卫生条件也不断更新,因此家庭散养鸡逐步减少,养鸡专业户应运而生,以后在政府一系列政策的激励下,专业养鸡得到较快发展。在饲养方法上,由传统养殖逐步向现代科学养殖发展,应用多种混合饲料,缩短饲养周期,提高经济效益。80 年代中期扩大肉鸡高产模式饲养,使专业养鸡户快速发展,戴村、云石、永兴两乡一镇年饲养量超过 10 万多羽。2008 年,全镇养殖鸡 2.5 亿羽,产蛋 4500 公斤。

鸭

戴村镇农户养鸭历史悠久,永兴河畔和浦阳江畔的低洼地带都是养鸭的最佳场地。中华人民共和国成立前,这一带就有农户以养鸭作为谋生手段。但受当时经济条件限制,养殖规模不大,经济效益较差,养鸭农户生活非常艰苦。也有不少农户仅养几只母鸭产蛋,以鸭蛋换取日常生活用品。五六十年代,由于多种原因,养鸭也与饲养其它家禽一样发展速度缓慢。改革开放后,政府出台了一系列养殖优惠政策,全镇涌现出一批规模养鸭专业户。永富村 61 岁的张九斤,是个残疾人,但他身残志不残,16 岁开始养鸭,有一手养鸭的好本领。他于 1983 年办畜牧场,以养鸭为主,尝到甜头后,逐步发展,近十多年来每年饲养量在 4 万羽以上。在他的带动下,附近村庄养鸭户逐步增多,养殖数量逐年提升。近几年来河杨湖村、南三村、永富村、东风村、大石盖村、三头村等村的养鸭专业户,年饲养量均能达到 2 万~5 万羽,其中年饲养量在 5 万羽以上的 3 户。不少养鸭专业户从外地引进野鸭进行饲养,取得较好的经济效益。张家弄、南三等几个村历来还有一批饲养蛋鸭专业户。由于蛋鸭长年放养在河流、池塘、空闲田等,所以鸭蛋的质量较好,具有丰富的营养价值,深受消费者青睐。2002 年,张家弄村有养鸭专业户 4 户,年饲养鸭 7000 羽,其中蛋鸭 2000 羽,年产鸭蛋 0.9 万公斤,出售食用鸭 5000 羽,共 0.65 万公斤。2008 年,全镇养殖鸭 121 万羽,其中出售食用鸭 78.5 万羽,共 98 万公斤;蛋鸭 7500 羽,年产蛋 9.5 万公斤。

鹅

鹅也是戴村镇农户传统饲养的家禽之一,鹅的体型较大,全年按季节可分为“清明鹅”“端午鹅”“夏至鹅”(又称“晒煞鹅”)、“过年鹅”4 批,尤其以农历九月下旬孵化的“过年鹅”肉质最佳。按品种分,有“萧山本地白鹅”“永康灰鹅”,还有 20 世纪 60 年代从外地引进的“狮头鹅”等。早在 50 年代,政府曾鼓励养鹅,供销社大量收购,育肥后调运宁波出口。改革开放前,一般农户养鹅数量不多。改革开放后,随着政府扶持政策的出台,涌现出一批养鹅专业户,但数量没有养鸭这样多。这些专业户主要集中在河杨湖、半山、南三、张家弄、大石盖等村。2002 年,河杨湖村村民何建和从武汉兆丰农科所高科技园引进特种禽灰天鹅,经过一段时间试养,摸索出一套比较完整的饲养、繁育技术,取得了较好的经济、社会、生态等效益。因此,他办起了“杭州萧山戴村何氏珍禽养殖场”,占地 48 亩,管理房 2000 平方米。年饲养灰天鹅 1.2 万羽,销往高档宾馆、酒店,产品供不应求。2006 年,他又从武汉引进灰天鹅系列“鸿雁母种 200”繁殖成功,上市后深受顾客青睐。2008 年,全镇养殖鹅 7850 羽,其中出售食用鹅 6200 羽。

鸽子

肉鸽养殖是进入 21 世纪后发展起来的一只特禽养殖品种,养殖专业户不多。经过几年的繁育养殖,2008 年全镇养鸽规模较大的专业户有 2 家,大石盖村的张国兴户和丁村村的瞿雪平户,几年来年饲养种鸽 4000 对,年出售肉鸽 3.5 万羽。大部分肉鸽销往各大宾馆、饭店,零售者所买的鸽子多数是去看望动过手术的病人补身子用。家鸽也是一种观赏鸟类,因此不少农户也在自己的庭院内散养几只。

1993 ~2008 年戴村镇家禽出栏统计

表 4 -3 -1　　单位:万羽

年份	出栏数	年份	出栏数	年份	出栏数	年份	出栏数 7
1993	62	1997	82.3	2001	100.67	2005	158
1994	67.5	1998	88.7	2002	106.17	2006	165
1995	70.1	1999	96.3	2003	115.39	2007	198
1996	73.4	2000	100	2004	120.43	2008	195

说明:资料由镇农办提供

第二节　家　畜

猪

猪是戴村镇农户饲养的主要家畜。中华人民共和国成立前,农家养猪并不普遍。原因是猪饲料难解决,成本高。1949 年,今镇域养猪 3276 头,存栏 1993 头。中华人民共和国成立初期,农户养猪数量略有增加。1952 年,今镇域养猪 4538 头,存栏 2617 头。那时饲养的品种主要是金华两头乌猪和龙游乌猪,以后又从外地引进猪种进行杂交改良繁殖。农业合作化以后,人民政府号召“粮畜并举”重视养猪积肥,推广“猪多肥多,肥多粮多”,农户养殖数量开始增加。1956 年,全镇养猪 5399 头。1958 年人民公社化初期,大办集体畜牧场,集体养猪量大,但禁止社员家庭饲养,农户养猪量锐减。1959 年,全镇养猪 6675 头。

20 世纪 60 年代初,受 3 年自然灾害影响,生猪饲养量进一步减少。1960 年贯彻“粮畜并举”方针,供销社大搞畜牧示范场,全年由原来示范母猪 37 头扩大到 247 头。1961 年,国家对集体和个人出售生猪的,实行适当的粮食奖励,以提高出售积极性。具体政策为,每头白肉 70 斤以上的奖原粮 50 斤。1961 年,张家弄大队在石硖庙创办畜牧场,养母猪 30 多头,年产仔猪 600 多头。后迁到“天打山下”建“百猪场”。还设兽医员一人,兼为村民家养的猪防病治病。1962 年后,人民政府调整养猪方针为“公养和私养并举”,提倡以私养为主。由集体分配饲料粮给农户,国家收购生猪时奖售化肥票和饲料票。这一扶持措施,使养猪业得到了发展。1964 年,县食品公司在戴村设立食品站,分片定点定时收购生猪,(戴村、石马头、沈村 3 个点),当时每头猪要达到白肉 70 斤才算及格,时值人民币 52 元,再奖售饲料票 50 斤。60 年代末 70 年代初,有不少农户达到 1 户 1 头猪,甚至有些农户一年养殖多头。如大石盖大队 1972 年平均每户饲养生猪 1.4 头。1974 年统计,戴村公社全年饲养量达到 9837 头,基本上平均每户有 3.2 头,每亩田 1 头猪。1979 年,人民政府提高了生猪收购价格,农户养猪信心更足,促进了养殖数量的增多。据 1980 年统计,戴村公社当年出售肉猪 6828 头,年末存栏 5441 头。

改革开放以后,乡村企业逐渐发展,农村劳动力趋紧,农户居住条件和居住环境的不断改善,诸多因素制约了家庭养猪业的发展。但专业养殖户养猪有所增加。1978 年,张家弄大队有养猪专业户 4 户,每年生产肉猪 500 多头,供应本地和萧山农贸市场,户净收入 5 万多元。1982 年,戴村公社全年养猪 3962 头,年末存栏 1108 头;云石公社养猪 1816 头,年末存栏 425 头;永兴公社养猪 3895 头,年末存栏 1011 头。1983 年,国家取消生猪派购计划,家庭副业性养猪日渐减少。农业产业结构调整后,专业养猪户在政府的优惠政策和村集体土地使用优惠照顾下随之兴起。1991 年,戴村镇养猪 18697 头;云石乡养猪 1565 头。

90 年代开始,不少专业养猪户扩大规模办起养殖场,如马鞍村的张九斤、徐伯成,墙头村的丁鲍云等,全年饲养量都在数百头。1990 ~ 1992 年,云石乡尖山下村共饲养生猪 2022 头,出栏 1774 头。1993 年,在石马头村办起猪、鸡、鸭、鱼"联合饲养"的养殖场。2001 年撤乡并镇后,镇人民政府出台了一系列激励发展养猪业的政策。如 2004 年出台的《关于加强农业生产促进农业增产增收的若干政策》中规定,对全镇专业养殖场(户)进行表彰,生猪的烈性病防治经费由镇财政支出等。激励政策的出台,使专业化养猪业迅猛发展。2005 年全镇养猪专业户 36 户,全年生猪出栏 20423 头;2006 年养猪专业户 39 户,出栏 26791 头;2007 年专业户 43 户,全年饲养量 38700 头,出栏 31300 头;2008 年专业户 48 户,出栏 30718 头。

至 2008 年,戴村镇生猪养殖专业户有三头村丁鲍云,沈村村沈正泉,佛山村吴国巨、钟仁兴,半山村周来仁、李培金,戴村村丁道红、丁水红(大大),上董村董海成,张家弄村李洪钢,永富村徐百成、金先良、方国安、章泉法,河杨湖村陶儿敏,石马头村方妙良、方其云,东风村何吾云、何观其、何生权、何兴祥、何家坤、何国伟、周志瑞、周金根等。三头村丁鲍云办起"杭州兴云养殖合作社",占地面积 30 亩。内设饲料加工场 1 个,有员工 15 人,2007 年饲养 8000 余头,出栏 10000 头。是年,全镇生猪饲养量 30513 头。

1949 ~ 1959 年戴村生猪饲养情况

表 4 - 3 - 2　　单位:头

年份	类别	长潭	凌溪	振庭	白墅	马鞍	合计
1949	全　年	443	1220	491	588	534	3276
	年底存栏	261	763	289	346	334	1993
1950	全　年	427	1326	636	534	496	3419
	年底存栏	285	884	353	356	356	2234
1951	全　年	554	1535	822	777	537	4225
	年底存栏	326	903	484	457	316	2486
1952	全　年	588	1688	807	894	561	4538
	年底存栏	346	993	475	526	330	2670
1953	全　年	685	1983	1121	1208	549	5546
	年底存栏	412	1179	565	654	364	3174
1954	全　年	753	1068	1396	1285	812	5314
	年底存栏	468	1108	816	513	416	3321
1955	全　年	325	1021	792	905	648	3691
	年底存栏	203	638	495	503	405	2244

续表 4－3－2

年份	类别	长潭	凌溪	振庭	白墅	马鞍	合计
1956	全　　年	748	1166	1484	1179	822	5399
	年底存栏	499	773	989	786	548	3599
1957	全　　年	789	1476	1479	1224	923	5891
	年底存栏	526	984	986	816	615	3927
1958	全　　年	1926	1954	1213	1848	1283	8224
	年底存栏	1173	984	948	1243	984	5332
1959	全　　年	1339	1454	925	1909	1048	6675
	年底存栏	1002	938	691	1345	715	4691

说明：资料来源于镇档案室

1993～2008 年戴村生猪饲养量

表 4－3－3　　单位：头

年份	饲养量	年份	饲养量	年份	饲养量	年份	饲养量
1993	9100	1997	18900	2001	35600	2005	34000
1994	9600	1998	20800	2002	32300	2006	33600
1995	10300	1999	24500	2003	32000	2007	38700
1996	11700	2000	30100	2004	35900	2008	30513

说明：资料来源于镇档案室

牛

戴村镇饲养的主要是耕牛，又称水牛，历来为农用畜力。中华人民共和国成立前及成立初期，外畈水稻区各村饲养耕牛的农户很少，一个自然村不过 2～3 家，饲养耕牛主要是自用，也给人家代劳耕田、耙田、踏草料等。用稻草作原料生产土纸的村，有用牛踏草料的工序。由于耕牛饲养不多，许多农田耕、耙仍靠农民用铁耙手工翻掘。农业合作化初期，人民政府为解决部分合作社无耕牛的困难，专门发放耕牛贷款，同时明令禁止宰杀耕牛、奖励繁殖耕牛、开放耕牛交易市场等。如诸暨应店街每年农历三月廿八举行"牛市"，为调剂耕牛余缺戴村的牛贩子也都去参加。由于政府鼓励养牛，耕牛养殖数量逐渐增加。1961 年 10 月，开始改变农村人民公社基本核算单位，建立"三级所有，队为基础"的生产管理体制，此时有耕作土地的大队每个生产小队都购买耕牛，有不少生产队都自行繁殖。据 1974 年"牲畜生产情况统计"，戴村公社 22 个生产大队，101 个生产小队全年共饲养耕牛 134 头，平均每个生产小队有耕牛 1.33 头。从 20 世纪 80 年代开始，农村手扶拖拉机逐渐增加，农田翻耕开始由手扶拖拉机替代耕牛，因此耕牛的饲养量逐年减少。实行大田承包责任制后，仅有少数农户饲养耕牛，主要为没有机耕路的田块耕作，或为部分农户耙田、冬耕。牛的饲养量最多的为 1988 年，戴村镇（包括云石乡、永兴乡）共计牛的存栏数是 98 头。到 2008 年年末，全镇耕牛存栏仅 24 头。

羊

戴村镇农户历来养羊,但养羊户不多,户养数量少,人家一般饲养2~3只,多的不过7~8只。养羊主要为宰杀自用,或卖给羊肉摊作为一项经济收入。饲养的品种基本上为本地山羊,多全身白毛,也有少数黑白花或棕色毛的。这种羊大多是农户自行繁殖,因此体型不大。适宜在塘埂、河岸边草地上放牧饲养,也有少数农户引进体型较大的绵羊品种,但饲养量不多。1992年年末,羊的存栏数为493只。90年代末,根据市场需求量的增多,饲养山羊开始发展。石盖坞村办起牧场,从福建引进新品种高山羊83只,因多种原因停办。2000年,全镇存栏、出栏数都超过1000只。2001年,沈村村沈正泉办起养殖场,引进230多只贵州高山羊,通过精心饲养,获得较好的经济效益。2007年,全镇全年出栏羊1305只,年末存栏252只。2008年年末,存栏563只。

兔

20世纪50年代以前,戴村只有少数农户饲养家兔,主要为食用,又称之为菜兔。这种兔全身毛白色,也有灰色,成年兔体重3~5斤。菜兔繁殖力较强,年产4~5胎,每胎8~9只。60年代初为增加农户的经济收入,在供销部门的支持下,掀起一股饲养长毛兔的热潮。长毛兔品种主要为安哥拉兔,分为法系、英系、德系3个品系。全身白毛,为毛用型品种。成年兔体重5~6斤,每只兔年产毛4~6两。当时有生产队兴办兔场和农户家庭散养两种方式。70年代末80年代初,长毛兔饲养达到高峰,并涌现了一批养兔专业户和生产大队养兔场,尤其是云石公社最多。1981年,参加萧山县养兔会议的先进专业户,有戴村公社石盖大队的周小宝、永兴公社河上桥大队何朱水、云石公社沈村大队沈高甫、平山大队顾火贤、增丰大队鲍关田、明堂大队沈浩洪、佛山大队吴呈昌;先进养殖基点(场)有戴村公社戴家山大队兔场和云石公社增丰大队兔场等。1984年,云石乡兔的年末存栏总数有897只,其中长毛兔790只;戴村乡年末存栏长毛兔270只;永兴乡年末存栏长毛兔84只。1986年,云石乡年末兔存栏总数1005只,其中长毛兔有949只。是年,产毛419公斤,为长毛兔养殖最多的一年;戴村镇年末存栏长毛兔621只;永兴乡年末存栏长毛兔428只。1988年,云石乡兔毛产量303公斤,戴村镇产兔毛400公斤,永兴乡52公斤。由于市场经济影响,长毛兔饲养逐年减少。90年代以后,农户仅少量饲养菜兔。2007年,全镇年末存栏只有1000只,全年销售出栏2500只。2008年,全镇饲养量1360只,年末存栏400只。

狗

狗又称之为家犬,农户家养狗,主要为看管家庭宅园,那些种植、养殖专业户养狗,又为看管茶果园、瓜果园、养鱼塘等。山区、半山区过去有捕猎的猎户也曾养有猎狗,带着它上山打猎。2000年以来,家狗饲养量有上升趋势。至2008年,全镇养狗在5000只左右。

第四章 渔 业

戴村镇坐落于钱塘江南岸,近浦阳江,永兴河流经东部平原,七都溪纵贯西部山区。江、河、溪流的存在,天然造就了淡水鱼资源比较丰富,沿江、沿河、沿溪两岸的村民历来有捕捞野生水产的习惯。捕鱼使用的工具有罾、游丝网、牵网、拉网、抛网、鱼船、紧、海兜、箔、鱼笼、虾笼等。如遇上潮汛、洪水暴涨,等到退潮、退洪后,那就是捕捞野生水产的好时机,人们可以在江边、河边的浅潭里捕捞鱼虾,也可在田畈里的沟渠里捕捞鱼虾。但20世纪60~70年代,为发展粮食生产搞平整土地,填水造田;80年代后搞村庄建设,填平部分内河池塘建房屋,水面相应减少。且水环境受到污染,鱼类生存受到影响。

2001年，戴村镇（不含云石片）有内河、池塘的水面面积1050亩。主要集中在永兴片，13个村共有内河、池塘水面725亩，其中张家弄一个村就有145亩。此外，全镇万方以上山塘水库21座，水资源丰富给戴村农户搞水产养殖创造了有利条件。

第一节　水产种类

戴村本地常见的水产品种有鲢鱼、鳙鱼（俗名胖头鱼）、草鱼、青鱼、鲤鱼（红鲤、镜鲤）、鲫鱼（本地鲫、白鲫）、鳊鱼、乌鳢（黑鱼）、鲶鱼、鲈鱼、鲻鱼、鲥鱼、白条、青艄、鳌鱼、鳜鱼、杜父鱼（土步）、黄颡、鳑鲏、溪厥、甲鱼、螃蟹、蟛蜞、黄鳝、泥鳅、鳗鱼、青虾、明虾、罗氏沼虾、螺蛳、田螺、黄蚬、河蚌等。

鲢鱼、鳙鱼　主要淡水鱼类，鲢鱼身体侧扁，鳞细，背部青黑色，腹部白色；鳙鱼：戴村本地叫包头鱼，身体暗黑色，鳞细，头大、眼睛靠近头的下部。这两种鱼是食用鱼的主要品种，也是戴村农户逢年过节时请菩萨、祭祖宗时桌上的主要供品之一。鲢鱼、鳙鱼在外江有自然生长，内地水面养殖也是主要品种。

青鱼、草鱼　主要淡水鱼类。青鱼，戴村当地叫螺蛳青，外形像草鱼，但整条鱼的身子较细而圆，青黑色，腹部色较浅；草鱼，身体圆筒形，生活在淡水中，吃水草。这两种鱼外江有自然生长，内地养殖也是主要品种之一。青鱼、草鱼在冬季可晒成鱼干，是餐桌上一道美味佳肴，又是馈赠亲友的好礼品。

鲤鱼　常见食用鱼，身体侧扁，背部苍黑色，腹部黄白色，嘴边有须一对，也是主要的淡水鱼类之一。此鱼外江有自然生长，内河、池塘多为人工养殖。

鲫鱼　身体侧扁，头部长，中部高，尾部较窄，是主要淡水鱼。外江自然生长的鲫鱼体较小，在市场上见到体形较大的鲫鱼多数是人工养殖的。戴村人历来把鲫鱼叫作“老板鲫鱼”，过去主人在招待客人时加上一道“老板鲫鱼精肉嵌”，算是美味佳肴了。

鳊鱼　身体侧扁而较薄，头小而尖，鱼鳞较细，为主要食用淡水鱼之一。

乌鳢　俗称“黑鱼”或“乌海鱼”，此鱼身体圆柱形，头扁，口大，有齿，背部灰绿色，腹部灰白色，有黑色班纹。性凶猛，捕食小鱼、蛙等小动物，对淡水养鱼业有害。

鲶鱼　此鱼身体表面多黏液，无鳞，背部苍黑色，腹面白色，头扁口阔，上下颌有4根须，尾圆而短，不分叉，背鳍小，臀鳍与尾鳍相连。生活在河、湖、池塘的沼泽污泥处，白昼潜伏水底泥中，夜晚出来活动，吃小鱼、小虾、贝类、蛙等。

鳌鱼　身体狭长，侧扁，白色，生活淡水浅水层，游动敏捷快速。在外江、内河、池塘中均能见到，为自然生长鱼类。俗称“鳌鱼白鲦”。

鳜鱼　身体侧扁，口大，鳞片细小，背部黄绿色，全身有黑色斑点，又叫花鲫鱼，生活在淡水中。

鳗鱼　简称鳗，身体长形，表面多黏液，上部灰黑色，下部白色，前半部近圆筒形，后半部侧扁，无鳞。头尖，背鳍、臀鳍和尾鳍连在一起，无腹鳍。有自然生长的野生鳗，也有人工养殖鳗。

甲鱼　俗称“鳖”，爬行动物，生活在水里，背甲壳上有软皮。以前甲鱼都是野生，农村产业结构调整后，有专业户办起养殖场，人工饲养甲鱼。

螃蟹　节肢动物，全身有甲壳，两眼有柄，足有5对，前面一对较大，长成钳状，人们叫“蟹钳”，横着爬行。原来都野生蟹，生长在河里、池里的统称为“河蟹”或“湖蟹”。农业产业结构调后，有专业户围堤人工养蟹，效益较好。

第二节　水产养殖

戴村镇农户利用自然水面资源优势，开发内河、池塘、水库等可养殖水面搞水产养殖已有较长历史。中华人民共和国成立前，由于水面资源属私人所有，都由私人养殖一些常规鱼。新中国成立后，池塘等水面归集体所有，水产由集体放养收获。1960 年，地处山区的云石人民公社挖掘水面潜力，放养淡水鱼 10 亩，其中内荡 4 亩，水库 6 亩，当年收获淡水鱼 6470 斤。

1980 年 11 月 ~ 1981 年 5 月，萧山农业局引进尼罗替卡罗非鱼。鱼苗在临浦酒厂利用余热越冬，出池 35880 尾，其中一部分在戴村公社下方大队和永兴公社东周大队进行混养、单养试验，初步获得成功。是年，原戴村公社养鱼 27200 斤，收入 13600 元。

改革开放以后，特别是实行农业产业结构调整以来，广大农户顺应发展潮流，抓住发展机遇，在水产养殖上除自然水面的养殖外，还充分利用低洼田开发水产养殖，水产专业养殖户不断增加，使水产养殖取得较快发展。

1986 年，云石乡勤工村以顾迪坑等为主的 10 户农户，联合承包本村围垦土地 200 亩，成立围垦养殖场联合体，共投资 6.2 万元，开挖鱼塘 75 亩，放养鱼种 6.4 万尾，鱼花 20 万尾。当年产鲜鱼 2 万公斤，鱼种 20 万尾。

1990 年，永兴乡全乡对 725 亩水面，落实了全额风险抵押责任制，水产养殖效益明显增加，全年产鱼 1267.5 担，比 1989 年增 130 担，水产养殖总产值达到 20.7 万元，比 1989 年增 30%。

1992 年，戴村镇戴家山村在市有关部门的支持下，对 80 亩常年被水淹没的低洼田进行彻底改造，办起淡水鱼养殖场，聘请经验丰富的养殖专业户承包经营淡水养殖，取得较好的效益，提高了土地利用率，增加了集体收入。

1994 年，云石乡不少农户承包围垦土地，搞围堤水产养殖。是年，产淡水鱼 15 万公斤。以后，除常规淡水鱼养殖外，又发展围垦湖蟹养殖。1997 年湖蟹养殖已形成有一定的规模，并有一定的特色。

2000 年，戴村镇采取多措施、多渠道，促进村级经济发展和农民收入的不断增加，尤其是大田调整产业结构，充分利用本地资源优势，建立了 1000 亩水产基地，发展淡水养殖业。部分到期的责任田转包给大户，开始在大田进行围堤养殖。至是年年底，全镇围堤养殖面积 2261.9 亩，其中围垦 740 亩。水产养殖的品种以河蚌育珠为主，还有常规鱼、罗氏沼虾等。河蚌养殖 1295 亩，其中内河、池塘养蚌 558 亩，围堤养蚌 717 亩，蚌苗 20 亩。

2001 年 11 月底，全镇水产养殖面积 5270 亩，其中池塘养殖 1050 亩，大田围堤养殖 3480 亩，围垦 740 亩。20 亩以上的水产养殖户有 30 户，其中 100 亩以上的水产养殖户有 10 户。养殖模式不断更新，有虾蟹混养 104 亩，虾一稻二季模式 200 亩，养殖的品种也不断增加，从原来的鱼虾养殖，到逐步开发后的鱼、虾、蟹、鳖、黄鳝、泥鳅、珍珠蚌等养殖。新品种也不断引进，例如罗氏沼虾、巴西扁鱼、钱塘江野生蟹苗等。因此水产养殖的效益不断提高，戴村镇的水产养殖一度在萧山享有较高知名度。

2001 年 11 月 30 日，戴村镇水产专业技术协会成立，协会由从事水产养殖、加工、经营、销售的专业户和具有专业技术知识的人员组成，是在自愿互利的基础上组织起来的群众性合作组织，成立协会的目的是通过会员之间自愿互助合作，更好地开发利用自然资源，开发名特优产品，使生产经营一体化，加速水产科学技术的普及推广，为会员提供科技信息服务，加快产业化进程，推动戴村镇水产事业的发展。

2008 年年末，全镇水产养殖总面积 3919 亩，其中池塘养殖 740 亩，围堤挖塘养殖 3179 亩（包括围垦 929.6 亩）。养殖品种主要是以养蚌育珠为主，其次是常规鱼和南美白对虾等。特种水产养殖：河蚌育珠 1292 亩，罗氏沼虾养殖 66 亩，甲鱼养殖 25 亩，南美白对虾养殖 893.2 亩（围垦）。

第三节　水产养殖标兵户

农业产业结构调整后，戴村镇水产养殖发展速度较快，涌现一批水产养殖专业户，对全镇水产养殖业发展起到推动作用。

永兴乡何童埠村村民何国平,有一手捕鱼和养鱼种的技术,一直是村里养鱼塘的管理员。1985 年,他承包 15 亩塘、2 只网箱,全部用来放养鱼种,共放养鱼种 21 万尾,当年提供鱼苗 8 万尾。他责任性强,经验丰富,提供的鱼苗全部由乡里统一安排,以优惠价出售给本乡养鱼户。

2000 年,墙头村村民丁鲍云承包大田 100 亩,搞淡水水产养殖,采用科学管理,取得较好的效益,当年创利 6.5 万元。为调整产业结构,发展效益农业起到示范作用。

水产专业技术员朱文兴,承包积堰山村水田 52 亩搞围堤水产养殖,他相信科学、依靠科学、理论与实践相结合,取得较好的效益,2000 年达到产值 16 万元,利润 5 万元的成果。

石马头村村民洪建华,承包本村水田 2.7 亩,搞特色水产产业,采用科学方法繁殖珍珠蚌苗,获得成功。2000 年共繁育珍珠蚌苗 700 万只,产值达到 21 万元,获利 16 万元。他所繁育的蚌苗,除供应本镇部分村的养蚌育珠专业户外,多数都销往金华等其他地区。在调整产业结构,发展效益农业中,他的养殖基地曾是小面积产出高效益的典范。

1999 年下半年,后郑村村民郑明桥承包本村水田 35 亩,投入建设资金 12 万元搞围堤水产养殖。他运用科学管理的方法进行虾蟹混养,取得成功。2000 年投入养殖成本 8.2 万元,创产值 14.7 万元;2001 年又投入养殖成本 7.46 万元,创产值 18.7 万元;2002 年投入养殖成本 4.3 万元,创产值 15.1 万元。他为戴村镇水产养殖业起到示范带头作用,2000 年、2001 年连续两年被评为农业战线优高农业标兵户、示范户;2001 年 12 月,被评定并发给水产养殖专业的“农民技术员”职称证书;2002 年度被评为戴村镇“优高农业典型示范户”,是年 7 月,被吸收为萧山区水产行业协会会员。

戴村镇若干年水产养殖情况

表 4－4－1

年份	乡镇	集体渔场（个）	水面面积（亩）	养殖面积及产量		捕捞鱼总产量（公斤）	鱼种生产		淡水鱼放养鱼种数（万尾）
				面积（亩）	产量（公斤）		鱼种塘面积（亩）	鱼种量（万尾）	
1984	戴村	0	221	193	16250	7500	5	5	8.9
1984	云石	0	36	2	500	0	0	0	0.4
1984	永兴	8	689	639	44650	44650	12	15	23.7
1986	戴村	0	263	299	30000	0	－	43	4.7
1986	云石	1	156	132	21000	0	15	25	11.37
1986	永兴	－	725	764.2	77000	7500	23	27	18.1
1988	戴村	0	197	197	21000	0	3	15	5.2
1988	云石	4	304	266	64213	0	39	47.3	16.81
1988	永兴	－	725	725	63225	11000	20	12.5	19.5

说明:资料由镇农办提供

第五章　林　业

戴村是萧山主要林区之一，林业资源丰富，主要集中在云石片。山区农民靠山吃山，传统林产品有竹、木、茶、果等。中华人民共和国成立后，林业得到一定发展，但在集体化时期一度出现滥砍滥伐、毁林造田，林业资源遭到破坏。20世纪80年代后，政府加强山林资源保护，科学适度开发，落实山林承包责任制，采取退耕还林、封山育林等措施，林业资源得到发展和有效利用。山林承包户落实种、养、伐并举方针，扩大茶果和经济林种植，确保资源可持续发展。通过林产品深加工，提高附加值，增加林业效益。2006年，全镇有林业用地54078亩，造林面积300亩，封山育林5500亩，木材采伐量300立方米，毛竹采伐量15万株。2008年，全镇有山林面积53930亩，造林面积400亩，封山育林2.7万亩，木材采伐量510立方米，毛竹采伐量50万株。

第一节　竹木资源

竹木种类

戴村镇境内东、南、西、北四周均有高山或低山丘陵。据历代县志记载，这些高山、低丘在古代均有原始森林，树木种类主要有松、柏、杉、桧，还有少量檀、槭、柘、楝、柞、枫、桐、梓、栎、槠、榆、棕榈、香樟等，并有大片竹林。千百年来随着人类生产、生活空间的发展，原始森林破坏殆尽，至清宣统年间（1909～1911）“已无森林可言”。民国时期，当局利用多破坏多，保护发展少，山林植被基本上只有天然次生林，即薪柴林。中华人民共和国成立后，每年春季人民政府均部署绿化造林。20世纪80年代以前，一度出现集体山林滥砍滥伐现象。90年代后，林业有所发展，杉木因成林较快，彬树造林面积明显增多。竹林、经济林比重逐年上升，薪柴林逐年减少。至2008年，镇内树木种类主要有松、柏、杉、枫、桐、梓、槠、榆、香樟，以及经济林等数十种；竹主要为毛竹和哺鸡竹等。

古树名木

古树名木是宝贵的林木资源，是淳朴民风和人文价值的体现。根据《浙江省森林管理条例》第二十六条规定：“古树名木，应当由县级以上人民政府建立档案，设立标志，明令保护。”1996年，萧山市农业局对全市境内的古树名木进行全面调查，并对百年树龄以上的古树名木予以登记、公布。戴村镇、云石乡登记在册的百年树龄以上的古木品种有香樟、银杏、朴树、三角枫等共22株，分布在9个自然村。其中半山村的一棵唐代古银杏，树龄逾千年，被称为萧山古树之王。

山林面积和蓄积量

中华人民和国成立初，山林分配给农户，合作化后部分归属村（大队）集体。1962年1月10日，中共萧山县委下发《关于山林生产若干政策问题的处理意见（初稿）》，戴村、云石确定了关于山林所有权问题，即国家所有的山林，集体所有的山林和社员个人所有的林木。20世纪60年代初至“文化大革命”时期，山区、半山区普遍出现了盲目垦荒，一度大规模毁林造田，林木面积锐减，山林资源遭到破坏，造成水土流失、山洪易发、水患增多的严重后果。为了恢复和发展山林生产，有效地保护水土，实行退粮还林。1979年，戴村公社就“退粮还林”与有关大队签订了协议书（见附录）。1981年起，随着农业生产经营责任制的落实，开展林业

“三定”,即稳定山林权属踏山定界、划定自留山、确定林业责任定权发证。经济林的家庭联产承包责任制政策,各大队(村)大同小异。云石增丰大队山林联产承包的政策是人口、劳力、口粮统筹计算,按人口40%,劳动、口粮各30%,有大人山、小人山之分。1983年6月,集体所有的树山、柴山分给村民当自留山,分的比例按人口70%,劳力30%,归村民长期所有,其余的山为集体统管山。

1983年8月,戴村、云石两个公社重新实际丈量清点山林。戴村公社共有山林面积13750.49亩。其中成林山2187.31亩,疏林山6445.5亩,荒山1062.63亩,毛竹山2610.38亩,经济林643.91亩,杉木基地238.76亩,溪坑、水库等562亩。云石公社共有山林面积33865亩,

为进一步开发利用山区的自然资源,促进农村商品生产的健康发展,萧山市农业发展基金管理委员会、萧山市农业委员会于1988年11月18日联合发文《关于开发建设林特产基地的通知》,提出全市今冬明春开发一万亩林特产基地。凡列入市级基地经济林,国家给予必要的扶持。戴村镇、云石乡被列入市级基地的共350亩,其中戴村镇中潭村100亩(杉木50亩、果树50亩),云石乡佛山村150亩(杉木100亩、果树50亩),沈村村果树100亩。

1989年,萧山市政府提出“四年消灭荒山”的目标。经过1989~1993年4年的努力,戴村、云石完成了消灭荒山的任务。通过质量验收,对照《浙江省县级消灭荒山达标标准》,戴村镇、云石乡各项要求均已合格,达到消灭荒山的标准。其中戴村镇规划灭荒面积414亩,实际人工造林414亩,种植率达到100%;云石乡规划灭荒面积1104亩,实际人工造林809亩,另有封山育林295亩,种植率达到100%。

1991年,戴村镇有山林14915亩,木材蓄积量7500立方米,毛竹85万株。永兴乡有山林2747亩,木材蓄积量125立方米,毛竹1.2万株。1993年,云石乡有山林面积38108亩,其中茶叶、青梅等各种林特优产品基地面积3500亩,毛竹18000亩,杉木基地4700亩,树山5094亩,其他6814亩。1994年,云石乡有茶叶、青梅等各种林特优产品基地面积3800亩。是年,该乡封山育林1500亩,建设围垦防护林100亩。2001年,云石乡在合并前有山林36416亩,其中竹林面积1.8万亩,全乡总留养毛竹360万株,与1985年的195万株相比增长1.8倍。木材蓄积量2万立方米。

1992年“撤扩并”后,戴村镇山林面积为54078亩(云石乡虽未合并,据年报统计包括在内)。当年造林800亩,四旁植树6万株,封山育林6000亩;当年采伐木材300立方米,毛竹采伐15万株。1994年,戴村镇新营造杉木基地100亩。1992~2006年,戴村镇山林面积均为54078亩。1999年造林面积最多,为1000亩,2005年最少为200亩;四旁植树(以宅旁、村旁、路旁、水旁为重点的四旁绿化)最多的是1998年,共植树10万株;封山育林最多的是2002年和2003年,均为9852亩;木材采伐最多的是2002年为600立方米,毛竹采伐最多的是2003年为18万株。

至2008年,全镇共有承包山25993亩,责任山20055亩,统管山8030亩,其中用材林13133亩,竹林21815亩。山林总趋势呈现了“远山高山用材林,近山低山经济林”的格局。

2008年戴村镇200年树龄以上古树分布情况

表4-5-1

村　　名	树名	树龄(年)	村　　名	树名	树龄(年)
马谷村	银杏	500	枫桥村(响石桥)	香樟	200
马谷村	香樟	200	枫桥村(枫树)	三角枫	400
半山村(丁村)	银杏	1000	青山村(石牛山)	香樟	300
南三村(戴家山)	香樟	500	青山村(南坞)	银杏	250
八都村(中潭)	香樟	500	佛山村	三角枫	200

续表 4－5－1

村　　名	树名	树龄(年)	村　　名	树名	树龄(年)
东风村(何童埠)	香樟	300	佛山村	三角枫	200
东风村(何童埠)	香樟	300	方溪村(征山)	香樟	250
枫桥村(响石桥)	朴树	300	方溪村(征山)	香樟	250
枫桥村(响石桥)	朴树	300	方溪村(顶山)	香樟	250
枫桥村(响石桥)	朴树	300	方溪村(顶山)	香樟	250
枫桥村(响石桥)	香樟	300	方溪村(顶山)	香樟	200

说明:资料由镇农办提供

1958 年戴村境内山林面积分布情况

表 4－5－2　单位:亩

乡　　别	总山林面积	其中:荒山			
		面积	岩石山	30 度以上	30 度以下
长潭	33969	10429	1950	6753	1726
振庭	6544	2798	293	1894	611
戴村	12858	4873	536	3150	1187
白马	4192	2609	229	1609	771
合计	57563	20709	3008	13406	4295

说明:资料来源于镇档案室

1979 年戴村公社退粮还林情况

表 4－5－3　单位:亩

大队	山名	小地名	面积	现在种何作物	还林作物名称	合计
丁　村	门前山	兴表垆	10	番薯	杉树苗地	20
	门前山	火千凹	10	番薯	杉树苗地	
前　方	后山湾	中坂	2	番薯	种水果	3.3
	窑头山	学农地	0.3	番薯	种杉树	
	老毛山	早竹山下	0.2	番薯	毛竹	
	毛竹山坛	下竹元	0.2	番薯	行什竹	
	塘头山	插树下	0.1	番薯	松树	
	大爿地	－	0.5	猪菜	行什竹	

续表4 – 5 – 3

大队	山名	小地名	面积	现在种何作物	还林作物名称	合计
盛　家	小松山	大家山上岗	5	番薯	杉木	7.5
	窑头山	四清水库	2.5	番薯	杉木	
麦　园	和尚岗	–	5	番薯	杉树	20
	陈家坞	–	5	番薯	杉树	
	土沙岭	野猪湾	5	番薯	杉树	
	照片山	–	5	番薯	毛竹	
中　潭	肥皂湾	–	6	番薯	杉木、毛竹	
	野猪湾	–	7	番薯	杉木、毛竹	
	大山平	–	4	番薯	杉木、毛竹	
中　潭	小茶茶	猫头	5	番薯	杉木、檫树	34
	茶茶山	–	2	番薯	苗圃	
	马络背	–	2	番薯	檫树	
	方家湾	–	3	番薯	杉树	
	培家湾	–	2	番薯	杉树	
	老虎头	–	2	番薯	杉树	
	拖紫坞	–	1	番薯	杉树	
马　谷	后山	长流	17	杂粮	檫树	26
	前山	前山岗	9	杂粮	檫树	

说明：资料来源于镇档案室

附录：

戴村公社退粮还林协议书

为了坚决贯彻落实中央关于发展农业问题的两个文件，加强山区建设，认真做好退粮还林工作，根据上级指示，决定你队减购——斤，增销——斤。你队减购后，已相应的提高了社员口粮水平，应当鼓励群众积极搞好山区生产，为此，经公社、大队、生产队协商决定：

一、凡过去毁林种粮的面积要全部还林，你队应还林面积有——亩（附表）。

二、退粮还林的面积要本着以短养长、长短结合的精神，立即订出还林计划，务必在一九八〇年四月底以前种好。

三、为了促进林业生产的迅速发展，决定对还林面积实行林粮挂钩，少种一亩按当年平均亩产减少销粮或增加购粮，如发现折毁面积，要加倍计算粮食。

为了认真执行上述协议，公社、大队、生产队各执一份，并抄报粮食局，农业局各一份，请县、区有关部门检查督促，以便共同执行。

萧山县戴村公社革命委员会
1979 年 10 月
（资料来自镇档案室）

第二节 茶 叶

戴村镇生产茶叶历史悠久，狮山云雾茶久负盛名。20 世纪 50 年代以前，云石乡为萧山主要产茶区之一。

1958 年，戴村在云门寺创建茶场，取名“戴村长潭红旗茶场”，性质为社办茶场。1960 年改名为“萧山县戴村人民公社红旗茶场”。建场时新开垦了公社保留山 50 亩荒地，当年全部种上茶苗，后茶场又用同等面积的土地，调换了明堂、沈村、南坞 3 个生产大队的 70 亩耕地。1961 年，50 亩茶园产干茶 780 斤。当时社办茶场采取粮食自给政策，红旗茶场须贯彻茶粮齐抓的方针，对发展茶叶生产带来了影响。红旗茶场向县府提出申请，要求将茶场转为县办。1961 年 11 月 30 日，萧山县人民委员会发文[（61）萧农字第 392 号]，同意红旗茶场转为地方国营企业，暂定场员 18 人，除原有土地 100 余亩外，再将茶场附近原有云门寺、土沙大坞、石牛山计 7000 亩左右国有山林同时划入该场，作为林场基地，定名“萧山县云门寺林场”具体由县林业水利局领导。

1961 年，国家对集体和个人出售农副产品的，给予粮食奖励，戴村镇实行奖售政策的农副产品中包括茶叶。其中出售茶叶每百元奖成品粮 37 斤，这一奖励政策提高了茶农的种茶积极性，扩大茶园面积。1976 年，云石公社在石牛山上兴办茶场，开发茶园 100 亩。80 年代以前，茶叶制作加工粗放，虽然出产的炒青气味清香，质量尚高，但卖不起价，经济效益不高，多数只能农家自用。1980 年戴村公社产茶 320 担，收入 5.12 万元。80 年代以后，开始制作浙江龙井茶，使茶叶品位提升，价格也相应提高，从此戴村的茶叶生产得到快速发展。据 1983 年统计，云石公社家家有茶园，共有茶园 1393 亩。80 年代起，增丰、狮山、石牛山等大队开始集体建茶园，增丰建茶园 300 亩，狮山 250 亩，石牛山 280 亩。1984 年，许多村聘请高级龙井茶叶制作师傅到村传授炒制技术，使茶叶价格由原来每斤 20 元～30 元，上升到每斤上百元。

1990 年开始，云石乡决定振兴林场，打响自己的茶叶品牌，由农技站站长沈月辉负责，请来高级制茶师傅，经过精心制作，生产出“三清茶”样品，在国际茶文化节上获得了“名茶新秀”的奖牌和省茶叶学会一等奖的荣誉。由于管理得当，百亩茶园获得新生，1995 年获得了平均亩产 25 公斤、平均亩产值 3000 多元的好效益。

“三清”茶山

（摄于 2012 年 10 月 10 日）

1993 年 3 月，杭州萧山云石农业综合发展公司创建后，“三清茶”品牌得到了提升与发展。“三清茶”先后获得了 1992 年首届中国农业博览会铜奖，1999 年被浙江省农业厅授予“浙江名茶”证书。茶叶专家对“三清茶”评价很高，称赞它“香气清高、汤色清澈、滋味清醇”。2000 年以来，“三清茶”连获多项国家级、省级荣誉称号（详见附）。2004 年被杭州市评为“十大名茶”。同年，在上海国际茶文化节上，获得“中国新品名茶博览会茶王赛”金奖。产品销往杭州、上海、北京等地和日本、东南亚许多国家和地区。除“三清茶”外，戴村还有五尊有机茶、白茶等，发展也较快。

1991年,全镇(据年报统计包括永兴乡、云石乡在内)年产茶叶37吨,其中永兴乡2吨,戴村镇10吨,云石乡25吨。1992年,全镇茶园面积为2580亩,年产茶叶45吨。1994年,云石乡开发茶叶基地100亩。1996年,云石乡茶叶种植面积755亩,总产35吨。1992~2006年,为戴村镇茶叶产量最高的15年,其中1992~2002年茶叶种植面积保持在2580亩左右,产量都在45吨上下;2003年种植茶叶2780亩,产量47吨;2005年2880亩,产量48吨;2006年全镇茶园面积达到3000亩,年产茶叶75吨,为产茶最多的一年。2008年,全镇茶叶种植面积3580亩,产茶80吨。

1949~1959年戴村茶园面积和产量情况

表4-5-4　　单位:面积　亩
产量　担

乡别		长潭	凌溪	振庭	白墅	马鞍	合计
1949	面积	83	7	8	4	7	109
	总产	37	2	2.5	0.5	4	46
1950	面积	89	8	10	4	11	122
	总产	48	3	5	1	6	63
1951	面积	98	10	10	4	11	133
	总产	59	4	5	1	6	75
1952	面积	100	11	12	4	14	141
	总产	90	5	7	1	8	111
1953	面积	153	12	13	6	16	200
	总产	128	7	8	2	9	154
1954	面积	251	24	17	7	20	319
	总产	167	10	10	2	10	199
1955	面积	480	36	22	7	25	570
	总产	119	12	11	3	12	157
1956	面积	819	41	28	7	32	927
	总产	134	12	11	3	12	172
1957	面积	922	53	45	7	41	1068
	总产	185	8	9	3	12	217
1958	面积	937	35	35	5	28	1040
	总产	357	26	23	5	19	430
1959	面积	590	25	35	5	28	683
	总产	258	23	21	6	12	320

说明:资料来源于镇档案室

附：

云石“三清茶”的发展过程

1990年，云石乡政府抽调乡农技站站长沈月辉赴石牛山林场担任场长。沈月辉上任后，认为石牛山林场最有发展前途的就是100亩高山茶园，为巩固发展石牛山林场，只有在这100亩茶园上做文章。于是他采取走出去、请进来等多种办法，根据市场需求开发茶叶生产，改进原来茶叶的制作技巧，改炒青为扁茶。由于茶叶本质确实不错，再加上改变茶叶形状，茶叶的品位当然就提高了。

好的茶叶还需要有一个好的品牌，只有打响自己的品牌，茶叶才能有真正的发展。沈月辉根据石牛山有个“三清殿”的传说，就把这茶叶称为“三清茶”，并进行大量的宣传推广。1991年4月，正值国际茶文化节在杭州召开，云石“三清茶”样品送国际茶文化节参评，获“色、香、味、形”四个第一，被国家旅游局、浙江省人民政府评为“名茶新秀”，被浙江省茶叶学会评为“名茶新秀”一等奖。1993年，在中国农业博览会上和“西湖龙井”并列为铜奖、浙江省一类名茶。1995年被评为二类名茶。1997年被评为一类名茶。1999年被浙江省评为“浙江名茶”。2001～2003年获中国浙江国际农业博览会银奖。2002年被浙江省农业厅认定为“无公害农产品基地”；被浙江省绿色农产品质量安全中心认定为“无公害农产品”。2003年被农业部农产品质量安全中心认定为“无公害农产品”。2004年获上海国际茶文化节中国新品名茶博览会茶王赛金奖。

“三清茶”品牌是创建了，要保持品牌、发展品牌还需要不断努力。为此，1993年注册了“云石三清”“三清”两只商标，2003年又继续注册。同时，每年参加省、市、国家及世界性的名茶评比，在西博会、农博会、茶文化节获得较高的荣誉。再就是加强宣传力度，宣传自己的品牌，在省内外报纸、广播电台、电视台等多种形式的媒体上，用“浙江名茶”“可爱的浙江”等专题节目进行宣传。

扩大茶园基地建设，从石牛山林场100亩茶园，逐步扩大到沈村、佛山等地，现共有茶园近千亩（其中沈村“三清茶”基地250亩，年产值250万元），以保证“三清茶”产出数量。产品靠质量取胜，“三清茶”严格控制茶叶干燥度，平均含水量低于国家标准3.1个百分点。实行标准化生产，从培育管理开始，采摘、炒制、包装等各个环节按一等的标准生产，保证质量，赢得声誉。

逐步改进炒制技术，积极培养炒制能手，聘请省内高级制茶人才来传授炒制技艺，投资建造标准厂房，引进名茶机械，降低炒制成本，提高品质。“三清茶”名牌创建成功，知名度越来越大，销路也越来越广。

（资料由镇农办提供）

第三节　水果　苗木

水果

戴村镇的低丘缓坡适宜发展果木。1974年，上董大队从上虞县引进水蜜桃、蟠桃、梨等果木树，种植面积100余亩，经精心培育销路较好，为上董大队集体经济的发展起到很大作用。在公社（镇、乡）大队（村）共同努力下，全镇果木发展较快，主要有桃、梨、杨梅、橘子、青梅、草莓等种类。

桃子是一项传统种植果品，品种有大观3号、胡景蜜露等。1985年戴村镇种植水蜜桃3亩计140株，云石乡种植水蜜桃14亩565株，永兴乡种植水蜜桃9亩360株。1997年，沈村村从丽水引进种植了迟熟良种“迎庆桃”，避开了集中销售时间，获得了丰产丰收，在市场竞争中占了优势。梨的品种有采冠2号、黄花梨等。杨梅有早色、白水团、东魁等品种。1985年，云石乡种植杨梅3亩计100株。橘子品种有早橘等，种植规模较大的有戴家山村，1991年已有柑橘园120亩，当年收获橘子1.5万公斤，年收入2万多元，其余100亩长势良好。20世纪80年代，沈村村二委带领全体村民积极改造低丘缓坡种植水果、茶叶等经济作物，开发种橘子90亩，10年后年产量最高达26万余斤以上。1991年冬天遇百年不遇的冰冻，橘树全部冻死。现在沈村有以“三清”为品牌的杨梅、梨等一大批名优果产品。青梅品种有大青梅等。1985 年,戴村镇种植青梅 27 亩计 800 株,云石乡种植 57 亩计 1700 株,永兴乡种植 100 亩计 3000 株。

1991 年,全镇水果产量为 300 吨。1992 年扩镇并乡后的当年,戴村镇有果园面积 2200 亩,产水果 350 吨,随后几年又逐渐发展杨梅、梨等。是年,云石乡有果园面积 861 亩。1994 年,戴村镇新营水果基地 50 亩。是年,云石乡开发青梅基地 450 亩。以后逐年增加,1998 年共种植青梅 600 亩、杨梅 100 亩和其他林特产,到 2000 年果园面积扩大到 1455 亩,产量从 8 吨提高到 62 吨。是年,戴村镇水果种植面积 2600 亩,产量 360 吨。2003 年,水果种植面积 3000 亩,产量 380 吨。至 2006 年,全镇水果种植面积 3200 亩,生产各种水果 400 吨。

花木

“文化大革命”后期,由供销社引进推广种植茉莉花,至 20 世纪 80 年代初曾兴旺一时。种植最多时,戴村、永兴、云石 3 个公社共种植 30 万盆以上,年产鲜花 1500 担左右。80 年代后期开始萎缩。90 年代后期开发花卉、苗木业,大部分通过招商引资,由镇外园林公司投资兴办。2001 年全镇有花卉、苗木生产基地 500 亩,2002 年猛增到 1850 亩,2003 年增到 2800 亩,2004 年增加到 3200 亩,花卉、苗木产值达到 580 万元。至 2008 年,全镇有花卉苗木生产基地 2319 亩,产值 775 万元。

第四节　蚕　桑

民国时期,戴村蚕桑生产已形成规模,当时戴村下街和凌桥街均设有茧行,专门收购蚕茧。蚕茧收入是当时农民的主要家庭收入之一,不少蚕农土法上马自己缫丝织绸,用来做衣服裤子。

1954 年,县土特产公司在南片(戴村)设立茧站。是年,收购鲜茧 369 担。农业合作化后茧站向生产队或山林队订购鲜茧,蚕种按比例分配。到 20 世纪 60 年代末 70 年代初,蚕桑作为重要经济收入的大队,桑树种植面积有了扩大,以后逐步发展。1980 年,共养蚕种 231 张,养蚕收入 26690 元。

1985 年,戴村镇种植桑树 25945 株,共计 37 亩;云石乡种植桑树 49600 株,共计 71 亩;永兴乡种植桑树 20500 株,共计 29 亩。是年,共出售蚕茧 14 吨。以后由于价格因素,农民种桑养蚕积极性受到影响,桑树种植面积不断减少,各村都有毁桑园种其他作物的现象。1994 年,戴村镇有蚕桑基地 200 亩。至 90 年代末,全镇蚕茧产量逐渐下降至 7 吨左右。2000 年,蚕茧产量只有 1 吨。2008 年,全镇仅有 4 张蚕种。

第五节　保护与开发

山林历来是戴村山区农民的主要生活资源。中华人民共和国成立以来,戴村采取“保护与开发并重”的方针,严格保护森林资源,科学开发森林资源。

资源保护

1950 年,人民政府号召植树造林,山区农民把开发山林资源作为致富的重要途径。以后每年春季,各村把绿化造林作为一项重要工作来抓。合理开发和利用山林资源,曾经使山区农民有过辉煌的历史。1958 年“大办钢铁”的时候,为了烧高炉作燃料,砍伐大片树林,山林资源遭到严重破坏。20 世纪 60 年代初,戴村公社、云石公社管委会为保护山林、发展山区经济制订了一系列措施,使毁损的山林逐步恢复。1962 年,戴村公社马谷大队为确保山林生产正常发展,全面实施了“管、伐、养、育”四大措施,大队管委会发动群众民主制订护林公约。规定社员个人确需竹木必须经大队批准,由山林队负责砍伐,社员个人不得带刀上山;除大队规定的自留地和包产地外,社员个人和生产队集体一律禁止开垦荒山、林山;社员只能在大队划定的地区砍柴,并且必须留养幼树,不准挖掘鞭笋。该大队坚持奖励与惩罚相结合的办法,维护制度的贯彻执行,在运用山林资源方面,切实贯彻合理采伐,细水长流精神和用养兼顾、育扶并举的原则。

70年代初,"农业学大寨"搞劈山造地,又毁掉一部分山林。80年代初,戴村、云石两公社的一部分大队乱砍滥伐林木的现象时有发生。1983年8月,戴村公社党委采取措施,狠刹歪风。首先把县人民政府关于制止乱砍滥伐林木的布告张贴到每个大队。组织工作队人员深入到社员群众中,对乱砍滥伐林木的人员进行摸底排查,按布告精神和社员群众意见,分别情况作出处理。云石公社采取强有力的措施保护森林资源,鼓励社员造林、营林,对擅自砍伐情节严重的几名社员分别作了罚款1000元和468元的处理。1983年8月31日,召开3000余人参加的群众大会,由县公安局依法逮捕了8名破坏山林的犯罪嫌疑人。

80年代初,戴村公社、云石公社在完善山林生产责任制的过程中,总结前段时期乱砍滥伐林木难以制止的教训,发动各大队制订村规民约保护山林。1983年,丁村大队党支部、管委会发动群众制订《护林公约》,使保护山林资源有乡规民约,有章可循。丁村大队的做法得到中共萧山县委工作队赞扬,并推荐给各地供参考(详见附一)。当时戴村公社、云石公社各大队仿效丁村大队的做法,都制订了护林村规民约。80～90年代,戴村镇人民政府为保护生态,发展林业,要求各村健全村规民约,严格落实护林制度。镇政府每年下发《加强山林资源保护和林政管理条例》,主要内容有:大力开展植树造林和四旁绿化;严禁乱砍滥伐山林;严禁乱占乱用林地;凡需砍伐竹木者,必须办理合法手续;加强对林业市场管理,严禁非法收购竹木等。在每年的清明前后、春节期间,对森林防火工作加强宣传力度,印发各种宣传资料,把保护森林资源这项工作真正落到实处,使全镇上下形成"保护山林人人有责"的共识。

2001年,云石乡有毛竹林1.8万亩。毛竹是云石传统优势,"少挖笋多养竹"是保护竹林的重要措施,乡政府抽调几名机关干部和有关村干部组成了一支巡逻队,实行全乡山林联防;规定统一时间开放挖笋,在封禁期间不准上山;收购竹笋实行定点,一个村两个点,以利承包山上的笋就近销售;竹笋出运实行凭证制度等。这一系列措施有效地防止了偷盗竹笋,对保护开发竹林起到良好的效果。

1994年经省政府浙政〔1994〕45号文件批准,始建于1991年的萧山市楼塔木材检查站移址戴村,改名萧山市戴村木材检查站,站址在03省道线与永富公路交叉口。木材检查站建立后,依法行政,实现木材运输检查监督制度化、规范化。有力地遏制了乱砍滥伐、偷盗偷运竹木的歪风,为保护森林资源,促进林业生产健康发展起到了积极作用。2002年萧山市戴村木材检查站撤销,竹木检查工作由巡查大队负责管理。

森林防火

戴村镇历来重视森林防火,把森林防火作为保护森林资源的重要内容。从20世纪50年代开始,戴村片、云石片山区各村(大队)就制订禁止在山林使用明火等规定,严肃处理山林失火事件。80～90年代,云石乡政府号召各村二委会,在抓好山林的保护与开发工作的同时,更加注重山林防火工作。利用广播电视、黑板报、标语以及大小会议等多种宣传形式,广泛宣传山林防火的目的意义,教育村民吸取历史上多次山林火灾的教训,增强防火意识,动员村民共同来做好山林防火工作。各村都建立了由村主要领导挂帅,管山人员和民兵组成的山林防火组织,进一步落实管山人员的责任制,各村上山的主要路口都设立了警示牌。要求村民在上山作业时不带火种上山,不乱丢烟蒂,不在山边杂地用火除草。石牛山村制订山林管理制度,各村都有类似的禁止山林失火制度。至2007年年底,各村山林防火制度进一步健全,未出现重大山林失火事件。

资源开发

合理利用竹林资源　戴村山区丰富的毛竹资源,使不少村成了竹制品加工专业村。麦园、马谷、中潭等村是萧山县最早从事竹制品加工的村之一。民国时期以制作养蚕用的圆匾为主,销往杭嘉湖地区。20世纪50年代开始,竹制品加工扩展到戴村、云石片山区大多数村(大队),主要品种有蚕匾、笭皮(晒谷用的竹簟)、脚箩、畚箕、淘箩、筅帚、竹筷、扫帚等数十个品种。

60～70 年代，山林主要为生产大队集体所有，一方面存在滥砍滥伐破坏山林资源现象，另一方面许多条条框框束缚社员手脚，山林资源未能有益开发利用，“捧着金饭碗讨饭”。1983 年，云石公社先后把 9136 亩(占总竹山面积的 99.6%)共 181600 株毛竹全部承包到户、到人、到专业组经营。广开门路，发挥传统大宗副业优势，搞竹器加工，实现多次增值。顶山大队 1982 年只有 40 多人打笭皮，1983 年毛竹承包后，劈篾打笭皮的增加了 60 多人，是年 1～5 月，以每张笭皮价格 12 元，共出售 7200 张，计人民币 8.64 万元。到年底加工 1.6 万张笭皮，价值 19.2 万元，仅笭皮一项比 1982 年增值 10.27 万元。1987 年顶山村有一半农户、164 人从事竹制品加工，一年共加工毛竹 90 万斤，占该村当年毛竹砍伐量的 70%。全年向市场提供笭皮 2 万张、脚手板 3000 张、畚箕 5000 副，产值达到 31.8 万元，占全村当年工农业总产值的 81%。是年，该村被评为萧山县农业商品经济先进集体——竹制品加工专业村。船山、骆村、增丰等村的竹制品贩销专业户，疏通渠道与砖瓦厂、建筑公司订立合同，又与村里的竹制品生产专业户挂钩，做到内联加工户、外联市场，把本地脚手板等产品销出去。

以青竹为原料生产土纸又是山区农民的一大传统产业。1958 年前，云石公社各大队依靠青竹为原料生产土纸的收入，占全部农业总收入的 70% 左右。60～80 年代，土纸生产仍是山区农民的一大主要产业。1987 年被评为萧山农业先进集体的“增丰村土纸加工联合体”，有 72 人从事土纸加工，他们根据各自的特长，组成比较松散的联合体，全年生产土纸 7000 多件，产值 16.6 万元，净收入 8 万元，许多村民因此富了起来。

山区、半山区许多村瞄准市场，靠山挖宝，过去在山上毛竹林中烂掉或被捡来当柴烧的毛竹箬壳，也被山区农民加工成箬丝进入市场，发展经济。1992 年明堂村有农户 272 户，其中有箬丝加工专业户 45 户；全村男女劳动力 500 多人，其中 200 多人从事箬丝加工。是年，该村共加工箬丝 125 万公斤，创产值 50 万元，净收入 22 万元。各村的箬丝产品销往杭州、上海等市场，为山区致富又走出了一条新路。

科学发展竹木种植　1955～1960 年，戴村公社制订《山林发展规划》，时全社共有山林面积 2.5 万亩，其中 30 度以上荒山 1.9 万亩，30 度以下荒山 6000 亩。1955～1957 年已造林 2593 亩，其中种桑 784.5 亩，种茶 1396 亩，种果树 330 亩，经济林小计 2510.5 亩。1958 年造林 4300 亩，育林 5200 亩。规划 1958 年～1960 年，共发展毛竹 6000 亩，其中 1958 年发展 2500 亩；发展油茶 2800 亩，其中 1958 年发展 1000 亩；发展干果 325 亩，其中 1958 年发展 170 亩；发展桑树 2000 亩，其中 1958 年发展 400 亩；发展茶叶 1200 亩，其中 1958 年发展 200 亩；发展果树 1045 亩，其中 1958 年发展 400 亩。由于自然灾害等原因，这个规划未能全部实现。

1984 年 1 月，戴村区召开开发山林现场会，佛山大队在大会上介绍“四统三自、连片发展”的经验。该大队在进行思想发动的基础上，党支部对适宜种植青梅的 200 多亩山坡地，实行统一规划、统一放样、统一定苗、统一管理，连片发展青梅生产；由社员自己种植、自己培育、自己收益。当年种植了 5000 株，后来社员又要求再种 5000 株，比原计划翻了一番。

80 年代中期，县、镇(乡)人民政府为了保护环境，造福子孙，号召各村发展林业生产，并给予政策扶持，植树造林面积逐年增多。1984 年 11 月，云石乡南坞村沈志法向本村承包荒山 50 亩，1985 年种植杉木 7000 株、檫树 1700 株、笋竹 150 对。1986 年又种植桃树 700 株，并投资 2800 元加强培育，施肥 3.5 万斤，成为 1986 年度农业商品经济专业户标兵。

1984 年，永兴乡何童埠村何越明，承包本村山林 65 亩，承包期 15 年，是全县最早的家庭林场之一。承包时，有桃子、李子等果园和笋竹园 40 亩，杂园 1.2 亩，荒山、疏林 24.5 亩。他懂得早开发早得益的道理，于当年冬季开始，种植杉木 1.2 万株、檫树 600 株、笋竹 175 对，使荒山面貌明显改观。1985 年何越明被萧山县评为开发山林标兵，并被推荐为杭州市家庭林场协会理事。1986 年，他投工 1360 工，投放土杂肥 200 多担，种植笋竹 300 对，补植杉木苗 1.2 万株、檫树 3000 株，当年山林总收入 21800 元。是年，他被评为萧山县级商品经济专业户标兵。

1993 年，云石乡有山林面积 38108 亩。通过几年来的山林开发，该乡建成 3500 亩林特产基地，主要种植茶叶、食用笋、青梅、板栗、杨梅等 20 多个种类。乡政府提出因地制宜开发山林的新思路，并制订发展林特基地的奖励政策,全乡又连片种下青梅400亩。是年,云石乡茶叶产量8.6吨,食用笋产量75万公斤,毛竹45万公斤。1994年,云石乡有茶叶、青梅等各种林特优产品基地面积3800亩。销售毛竹315万株,产值200多万元;竹笋产量100多万斤,产值70多万元。是年,云石乡封山育林1500亩,围垦防护林100亩。1999年,云石乡完成山林开发面积260亩,主要种植杨梅、核桃、茶叶、花木等,山林管理获市考核二等奖。2000年,云石乡完成山林开发210亩。该乡结合生态农业观光区块的规划,在沈村村建立的400亩的青梅、草莓、食用笋、桃、梨等果木笋竹园,均已有产出。2001年,云石乡在合并前有山林36416亩,其中竹林面积1.8万亩,全乡总留养毛竹360万株,与1985年的195万株相比增长80%。木材蓄积量20000立方米。

戴村片山区各村对山林资源的发展情况与云石片大致相同,但各有特色,经济林面积普遍有明显增加。戴家山村共有山林面积1062亩,过去这些山除了少量"老年松"外,极大部分都是荒草山。为了充分利用山地资源,村里因山制宜,合理规划,创出一条"近山平山经济林,远山陡坡用材林"的发展路子,从1988年开始利用冬季开山整地,先后投入10多万元资金,成片开发了100亩橘子基地,1992年开始开发了140亩杉木基地。

2006年,全镇有林业用地54078亩,造林面积300亩,四旁植树6万株,封山育林5500亩,木材采伐量300立方米,毛竹采伐量15万株。

2008年,全镇有林业用地54078亩,造林面积350亩,四旁植树6.5万株,封山育林6000亩,木材采伐量300立方米,毛竹采伐量15万株。

1992～2008年戴村镇林业生产情况

表4-5-5

年份	林业用地(亩)	造林面积(亩)	四旁植树(万株)	封山育林(亩)	木材采伐量(立方米)	毛竹采伐量(万株)
1992	54078	800	6	6000	300	15
1993	54078	700	6	6000	300	15
1994	54078	800	6	6000	300	15
1995	54078	700	6	6000	300	15
1996	54078	700	6	6000	300	15
1997	54078	800	6	6000	300	15
1998	54078	750	10	6000	300	15
1999	54078	1000	6	6000	300	15
2000	54078	600	6	6000	300	15
2001	54078	580	6	6000	300	15
2002	54078	520	6	9852	600	15
2003	54078	450	6	9852	300	18
2004	54078	500	6	5500	300	15
2005	54078	200	6	5500	300	15
2006	54078	300	6	5500	300	15
2007	54078	350	6.5	6000	300	15
2008	54078	350	6.5	6000	300	15

说明:资料由镇农办提供

附录：

石牛山村山林管理制度

第一章　总　则

第一条　为保护培育和合理利用森林资源，更好地发挥森林的生态效益、经济效益、社会效益，加快林业的发展，根据《中华人民共和国森林法实施细则》和《浙江省森林管理条例》的规定，结合本村实际，制定本制度。

第二条　本村山林3330亩，属村集体所有，坚持稳定家庭经营承包责任制，组织村民实行多种形式的绿色造林。

第三条　植树造林、保护森林，是公民的应尽义务，采取多种形式宣传森林法律、法规，增强公民的绿化意识。

第二章　山林经营管理

第四条　制订护林防火公约，配备专职护林管理员。

第五条　自留山原则上由各户自觉加强管理、培育、开发经营山林生产，不准毁林开垦任意破坏，每年按合同规定上交承包费或竹木折价款。

第六条　村民在房前屋后（以合法取得的宅基地范围为准）自留地、自留山种植的林木属个人所有。

第七条　每年11月1日至4月30日为全省森林防火期，根据天气情况，可以提前或延长本村的森林防火期，在森林防火期内严禁野外用火，预防山林火灾的发生。

第三章　法规责任

第八条　盗伐竹木按市场价十倍罚款，幼树（每支十斤以下）每支罚款5元，原物归还山主。

第九条　偷窃毛笋每支20元，冬笋每支10元，边笋每支5元，什笋每支5元罚款，发现收脏物者，赃物没收归村并处以按市场价的三倍罚款，偷窃茶叶按青叶市场价的十倍罚款，举报有奖，奖金按罚款的50%，管山员奖25%。

第十条　违反森林防火用火规定的，按《浙江省森林防火实施办法》有关规定处罚。

第十一条　当事人对林业行政处罚决定不服的，在15天内可以向人民法院和上级人民政府申诉，逾期不诉的，按原决定执行。

第十二条　管山员偷窃按上述规定加倍处罚。

石牛山村村民委员会

一九九四年十二月二十日

第六节　林　场

建场及其沿革

1961年11月初，萧山县林业水利局设立“萧山县戴村人民公社红旗茶场”（即后来的云门寺林场）和“萧山县戴村蚕桑场”。当时红旗茶场有职工30人，戴村蚕桑场有职工32人。同年11月30日，萧山县人民委员会发文萧农字〔1961〕第392号，将原“萧山县戴村人民公社红旗茶场”转为地方国营企业，暂定正式场员18人，除原有100亩土地外，又将茶场附近云门寺、石牛山等共计7000亩左右的国有山林同时划入该场，作为林场基地。并定名为“萧山县云门寺林场”，由县林业水利局领导。萧山县戴村蚕桑场也同时转为地方国营企业，管理并经营国有林地（包括大坞山在内）共1500亩。1962年2月，建立萧山县林场，由岱山、云门寺、五岭、梅里林场和戴村蚕桑场合并而成。合并建场后“云门寺林场”和“戴村蚕桑场”分别更名为“萧山县林场云门寺分场”和“萧山县林场凌山分场”(下设大坞山林队)。1964 年 6 月,云门寺分场又更名为“萧山县林场云门寺林区”,“凌山分场”更名为“萧山县林场凌山林区”(下设大坞山林队)。是年,两林区分别安置杭州知识青年 10 人和 7 人。1976 年 6 月,云门寺林区与凌山林区合并建立“萧山县林场云门林区”,下设 3 个队,分别为云门寺队、云门寺茶队、凌山茶队。1981 年 1 月,云门林区又改为两个分场,即“云门分场”和“大坞山分场”。1989 年 2 月,凌山茶队单独建立凌山分场。1994 年 3 月,云石乡狮山村移地搬迁工程启动,按萧山市人民政府决定,划拨云门分场平地茶园 35 亩给狮山村建造新村。1999 年 11 月,“云门分场”和“大坞山分场”又更名为“云门林区”和“大坞山林区”。2008 年 8 月,凌山林区的林地全部征用给戴村镇人民政府。

林区经营情况

大坞山林区 经营面积 1351 亩,其中生态公益林 1221 亩,木材蓄积量 8897 立方米,毛竹 130 亩。

云门寺林区 经营面积 619 亩,其中生态公益林 496 亩,木材蓄积量 2006 立方米,毛竹 80 亩,茶园 43 亩,是有机五尊茶基地之一。云门寺林区最高海拔 597 米,千年古刹之称的云门寺坐落于此,门前有 200 年以上树龄的古树 4 株,其中银杏树 2 株,2001 年列入萧山区古树名木,沙扑树 2 株,2009 年新增列入萧山区古树名木。

1961~1999 年镇内历任林场分场(林区)领导人名录

表 4-5-6

单 位 名 称	姓 名	职 务	任职时间
萧山县红旗林场	-	场长	1961.11~
萧山县戴村蚕桑场	-	场长	1961.11~
萧山县林场云门寺分场	-	场长	1962.2~
萧山县林场凌山分场	-	场长	1962.2~
萧山县林场云门寺林区	-	负责人	1964.6~
萧山县林场凌山林区	-	负责人	1964.6~
萧山县林场云门寺林区	-	革命领导小组组长	1972.10~
萧山县林场凌山林区	王兆木	革命领导小组组长	1972.10~
萧山县林场云门林区	-	负责人	1976.6~
萧山县林场云门分场	丁梁兴	场长	1981.1~1984.1
萧山县林场大坞山分场	杨生标	场长	1981.1~1984.1
萧山县林场云门分场	傅如林	场长	1984.2~1986.1
萧山县林场凌山分场	王国政	场长	1984.2~1989.3
萧山县林场大坞山分场	金土才	场长	1986.1~1994.3
萧山县林场云门分场	丁梁兴	场长	1989.2~
萧山县林场大坞山分场	王关敏	场长	1989.4~1995.8

续表 4-5-6

单　位　名　称	姓　名	职　务	任职时间
萧山县林场云门分场	吴义德	场长	1994.4～1999.6
萧山县林场大坞山分场	周帮义	场长	1995.8～1999.11
萧山县林场云门分场	金土方	场长	199.6～1999.11
萧山县林场大坞山林区	周帮义	负责人	1999.11～
萧山县林场云门林区	金土方	负责人	1999.11～

说明:资料来源于镇档案室

第六章　农机具

中华人民共和国成立前,戴村主要依靠传统农具从事手工操作。中华人民共和国成立后,在20世纪六七十年代以前,传统农具仍然处于主导地位。随着农业生产力的发展,逐渐有了拖拉机、抽水机、打稻机、碾米机等农业机械。改革开放后,戴村农业机械化、电气化程度逐步提高,包括农用汽车、大型联合收割机、电气化排灌设施在内的新型农机具,在专业户中广泛使用。水车、木犁等不少大型传统农具已成文物,小型传统农具还在自留地和责任田中使用。

第一节　耕作农机具

戴村农业有水田稻作和山地旱作两块。水田稻作区传统耕作农具有铁耙、锄头、山锄、犁、耙(滚耙、刀耙、篦箕耙)、秧田耥头、踏谷板等。稻区水田耕作,一是用水牛牵引木犁翻耕,然后用滚耙、刀耙、篦箕耙把泥块粉碎耙平;二是人力直接用铁耙、锄头掘田(地),然后用铁耙掠泥箈(把泥块掠碎)、摊平。山地旱作,一般用尖齿铁耙、山锄把土掘成垄,然后在垄上种植或播种农作物。清除杂草则有大小刮子、大镰刀、小茅刀,清沟挖泥有竹柄泥锹。1958年,为提高生产效率,大搞农具技术革新,由萧山县农工部派人来搞双轮双铧犁试验。戴村公社凌溪管理区四中队(墙头)妇女汪顺仙,大胆使用两头牛牵引一台双轮双铧犁耕田,轰动一时,公社曾召开多次现场会组织推广使用双轮双铧犁,后因犁体笨重,两牛配肩牵引困难,要用五六个劳动力牵拉,翻土高低不平,深浅不匀,丢在露天不再使用。乡人编了顺口溜:"双轮双铧犁,小孩当马骑。露天日雨晒,锈烂废铁卖。"同年,由于双季稻面积增加,推广使用联作耙(把刀耙、圆盘耙滚耙装在一起),用牛牵引达到杀草耙平的作用。1960年,公社大抓农具修理和组织保管,配合农具厂帮助生产队修好大小农具12856件次,其中打稻机3863次,插秧机8976次,抽水机17部,等等。

1968年,不少大队购买了电犁,即用电牵引犁刀翻耕农田,加快了翻耕速度。用电犁耕田要求田块平整成四方型或长方型,而且田块越长效率越高,当时多数田块还没有达到园田化,田块小而高低不平,形状不规则,电犁操作很不方便,而且电犁耕田是单边翻耕,造成田块左高右低或右高左低,很难耙平,对作物生长不利,因此很快被淘汰。

1969年,戴村公社增丰大队购进第1台5马力手扶拖拉机,至1971年今戴村镇地域只有手扶拖拉机7台,77匹马力。1980年,手扶拖拉机增至108台、1262马力,大型拖拉机5台157匹马力。1988年有手扶拖拉机341台,4092匹马力,大型拖拉机1台,35匹马力,基本上摆脱了手工掘田的高强度劳动和使用牛力耕田的传统耕作方法。

1996年,第二轮大田承包责任制后,引进单季晚稻直播技术和免耕法,拖拉机使用比90年代减少。2006年,全镇有大型拖拉机13台450匹马力及配套农机具3套,农用手扶拖拉机78台760匹马力。至2008年,全镇有大型拖拉机15台、612匹马力及配套农机具3套,农用手扶拖拉机313台、2620匹马力。

主要耕作机具:

犁　由犁冲、犁头、犁壁、犁脚等部分组成。犁头、犁壁、犁脚为铁铸件,其余为木制件。用以翻耕田地。耕田时,牛轭套在牛肩上,牛在前面牵拉;牛主右手扶犁,左手掌着牛鞭,吆喝着指挥牛耕作。一头牛一张犁每天可耕田3亩左右。50年代,木质犁冲改为铁铸的,称之为铁犁。一度使用过双轮双铧犁,终因费时费力而告终。70年代后,拖拉机耕地逐年增多,传统牛拉木犁逐年减少。

耙　呈长方形,有刀耙和滚耙之分,均用牛作牵引动力。刀耙主要用于水田碎土或将长草切短,滚耙则只用来碎土。刀耙有两排铁件制成的耙刀,而滚耙两档中间有一个旋转滚木,镶有滚齿。耕田师傅在使用耙时,两只脚踩在耙上,一手执牛绳,一手提牛鞭,需要有较强平衡能力才能自如地使用耙。

耖　用铁铸成,俗称"扁几耙"。其状呈"开"字形,下档有一排竹齿,上档为扶手。一人右手扶着耖杠,左手掌着牛鞭,将耖后倾,由牛在前牵拉,可搬动泥土,直立则仅能带动少量的泥土,用以平整水田泥土。

铁耙　有2齿、4齿之分。2齿称小铁耙,用于旱地窄行翻削和开挖狭沟。4齿称大铁耙,左右两个齿头方形扁粗,中间两个比较靠紧齿头扁阔,铁耙柄与齿成45~50度角。铁耙是水田里用于平整乃至翻耕的重要农具,使用大铁耙的劳动强度要比较大。旧时贫穷人家雇不起耕牛,就用大铁耙掘稻田,劳作特别吃力。使用拖拉机翻耕后,水田仍需用铁耙平整,一般农户自留地上翻掘泥土也要使用。

锄头　锄头有山锄、田锄之分。山锄4斤重左右,用于山地开垦;田锄3斤重左右,用于掘地、锄草等。

洋锹　丁字形短柄,用于铲土、铲沙石、锄草等。

洋镐　俗称羊角,用于开山、筑路、兴修水利。

排绳　为插秧提供行距,用时将绳依行距排成直线,两端固定,紧靠绳插秧,防止插偏,至今沿用。

拔秧凳　木凳或竹凳,有长方形、圆形之别,可坐着拔秧。

插秧机　20世纪70年代一度试用手拉式插秧机,发现浮吞秧苗多,秧根不插泥,歪斜不正,插下去的秧还需人工扶正,农民不喜欢用。80年代中后期用过3马力机动插秧机,但该插秧机只能插12厘米以下的小苗,秧苗规格要求高,若秧苗育得不好,插种起来缺株情况较多,补秧费力,故没有推广。

拖拉机　20世纪60年代末至70年代初开始,拖拉机由县里计划分配给公社购买,大队只能购买小型拖拉机,当时逐步推广使用5马力手扶拖拉机。后使用旋耕机,提高了耕作质量和效率。70年代中期,有的大队购买大中型拖拉机,生产队只购买手扶拖拉机。农村实行家庭联产承包责任制后,个人购买拖拉机的多了起来。随着拖拉机和旋耕机的普遍使用,80年代中期开始耕牛逐渐被淘汰,水田机耕率基本上达到100%。

1959年境内推广农具情况

表4-6-1　单位:台

管理区	生产队	双轮双铧犁	华东水田犁	打稻机	插秧机
振庭	振庭	5	6	32	16
长潭	云石	7	23	47	23
长潭	东山	-	1	4	1

续表 4－6－1

长潭	跃进	–	1	4	1
长潭	尖山	–	5	2	–
凌溪	勤丰	2	–	21	13
凌溪	丁村	1	–	12	8
凌溪	凌山	2	–	12	12
凌溪	东风	4	–	24	24
凌溪	戴村	2	1	18	12
凌溪	戴家山	3	1	20	18
白墅	永兴	4	1	28	27
白墅	九峰	5	–	25	16
白墅	东丰	4	–	18	25
白墅	光明	3	–	13	6
马鞍	马鞍	3	–	45	37
合计		45	39	325	239

说明：资料来源于镇档案室

1960年戴村人民公社大型农机具拥有情况

表 4－6－2

队别	生产队	耕牛（头）		抽水机（台）	双铧犁（件）	打稻机（台）	华东水田犁	连作耙	插秧机（台）		喷务粉机（只）	车子（辆）	木船（只）
		合计	其中：可耕						合计	其中：浙江一号			
许贤	小计	146	133	4/60	21	178	21	39	168	114	24	43	43
	富春	16	16	1	2	18	2	5	21	14	4		2
	西山	15	15	1	3	16	3	2	15	11	3	3	1
	蛟山	37	37	1	2	50	2	13	35	35	3	2	30
	罗马	24	18	–	4	26	4	3	27	7	7	6	2
	四桥	22	21	1	5	24	5	14	29	21	3	–	8
	勤丰	10	6	–	1	14	1	–	10	7	2	14	–
	三村	8	8	–	2	17	2	–	16	10	2	13	–
	北坞	14	12	–	2	13	2	2	15	9	–	5	–
振庭	小计	122	112	3/40	14	91	27	4	86	66	22	23	8
	振庭	48	48	1	5	32	6	–	16	16	3	7	2
	昇光	38	38	1	4	32	9	–	45	30	11	7	3
	复兴	36	26	1	5	27	12	4	25	20	8	9	3

续表 4－6－2

队别	生产队	耕牛(头)		抽水机（台）	双铧犁（件）	打稻机（台）	华东水田犁	连作耙	插秧机(台)		喷务粉机（只）	车子（辆）	木船（只）
		合计	其中：可耕						合计	其中：浙江一号			
长潭	小计	40	40	1/30	7	57	25	10	25	10	24	93	－
	云石	36	36	－	7	47	23	10	23	9	15	17	－
	东山	2	2	－	－	4	1	－	1	1	4	15	－
	跃进	1	1	－	－	4	1	－	1	－	3	19	－
	尖山	－	－	－	－	2	－	－	－	－	1	22	－
	光明	－	－	－	－	－	－	－	－	－	1	12	－
	丁山	1	1	－	－	－	－	－	－	－	－	4	－
	狮山	－	－	－	－	－	－	－	－	－	－	1	0
	牧场	－	－	－	－	－	－	－	－	－	－	2	0
	茶场	0	0	0	0	0	0	0	0	0	－	1	0
凌溪	小计	99	95	3/34	14	107	7	34	87	76	40	77	7
	勤丰	15	13	－	2	21	5	6	13	13	7	24	－
	丁村	13	11	－	1	12	－	4	8	4	8	8	－
	凌山	11	11	－	2	12	－	6	12	5	7	6	－
	东风	24	24	－	4	24	－	12	24	24	3	12	4
	戴村	17	17	2	2	18	1	6	12	12	12	21	－
	戴家山	19	19	1	3	20	1	－	18	18	3	6	3
白墅	小计	79	79	5/90	16	84	1	34	74	74	18	16	53
	永兴	25	25	2	4	28	1	18	27	27	7	5	12
	九峰	33	33	1	5	25	－	14	16	16	3	－	14
	东丰	11	11	1	4	18	－	2	25	25	6	2	18
	光明	10	10	1	3	13	－	－	6	6	2	9	9
马鞍	小计	104	77	4/66	12	96	4	55	99	71	18	7	38
	马鞍	32	25	2	3	45	－	23	37	27	11	2	16
	五联	29	23	1	3	19	－	16	21	12	4	2	10
	凤凰	43	29	1	6	32	4	16	41	32	3	3	12
全社合计	590	536	20/320	84	613	85	176	539	411	146	259	149	

说明：. 资料来源于戴村人民公社 1961 年 3 月统计数据

2007 年戴村镇各村拖拉机拥有情况

表 4－6－3　　单位：台

行政村	大中型拖拉机	小型方拖	小计	行政村	大中型拖拉机	小型方拖	小计
骆家舍村	1	3	4	南三村	4	13	17
尖山下村	0	5	5	戴村村	1	5	6
方溪村	0	1	1	大石盖村	1	7	8
顾家溪村	1	3	4	上董村	1	26	27
枫桥村	0	3	3	石马头村	2	9	11

续表 4－6－3

行政村	大中型拖拉机	小型方拖	小计	行政村	大中型拖拉机	小型方拖	小计
青山村	0	4	4	河杨湖村	0	2	2
佛山村	0	3	3	张家弄村	0	2	2
半山村	0	14	14	东风村	0	10	10
马谷村	0	3	3	郁家山下村	0	11	11
八都村	1	11	12	永富村	0	10	10
三头村	1	5	6	合　计	13	150	163

说明：资料由萧山区公路运输管理所提供

第二节　排灌农机具

传统排灌农具有手摇车、龙骨长水车等。龙骨水车规格有一丈车、丈二车、丈四车、丈六车、丈八车、二丈车和牵车（又叫摇车）等，车头有两人车头、三人车头等。用牛力车水的叫牛车盘，戴村地区使用较少。解放前，姚家山下姜全和有两个牛车盘，装在义桥对江沙田里用牛力车水；该村姜马祥曾经用旧电机掉换来一台3匹柴油机，在龙骨水车车头上改装上皮带盘，用柴油机带动水车车头，在义桥对江沙田里车水灌溉。1959年，戴村公社马鞍大队大东坞从闻堰买来一个牛车盘，装在蟹壳池头，用牛力车水，后又仿样自制了一个牛车盘，装在赵家池头。下方村也曾有一个牛车盘，用牛力车水。

旧时排涝泄洪多为固定设置的涵闸。20世纪50年代开始建立机埠，安装抽水机，逐步推行机械排灌。1958年大跃进时，马鞍高级社借来一台烧木柴的蒸汽机，用皮带带动水泵，装在冗里塘上从永兴河里抽水抗旱，这是合作化后第一次用机器抽水灌溉。同年，戴村人民公社在农业机具技术革新运动中，将1013部水车全部装上滚珠轴承，并改进其他提水工具1165件，提高灌溉效率。

1960年起，始用柴油机带水泵抽水，机型有立式、卧式两种，马力有8匹、10匹、12匹、16匹等。1963年，积堰山、茅蓬、照山3个电力排灌站相继建成，始用电动机抽水排涝、灌溉。3个排灌站安装的都是50千瓦电动机和50吋自吸泵，它们的建成使用，使黄天畈、戴村大畈、茅春畈成为旱涝保收农田。同年，今戴村镇地域（除云石片外）相继通电。1964年，全社各大队机埠开始使用电动机抽水灌溉。是年，有电动机25台、256千瓦，农用水泵29台，水网地区使用船机抽水，叫流动机埠。1979年引进喷灌机械。

1980年，有排灌机具，柴油机20台、128匹马力，电动机170台、1181千瓦，喷灌机械17套，农用水泵186台，潜水泵37台。至2008年，全镇有灌溉用电动机162台、1585千瓦，农用潜水泵1107台。

主要排灌机具：

牵车　由车身、车骨、摇手、牵柄、前后车头（大车头、小车头）、车垫等部分组成，木制，总长度3米以上。头尾有一大一小两个轮轴，称大小车头，其作用同自行车的牙盘相似。用时，大车头在岸上，小车头置于水中，车骨如自行车的链条。车头转动，能带动车骨作连续的转动，车骨上有垂直的叶片叫车板，与车身一起形成一个个车节。牵车转动，盛满水的车节在大车头处出水，再从最高处沿车板向下运动入水，循环往复，一架牵车既可由1人手摇，也可由两人操作。农业集休化前，单家独户能拥有牵车的，已属相当不错了。联产承包后，使用牵车的农家再次出现。

水车　俗称龙骨水车，车墙两边常写有“深山老木化为龙，行到河边水便通”的对联。制造的形状结构和车水原理与牵车基本相似，但水车的车身要比牵车长得多，宽度也大些。牵车是用手摇，水车则可由2人或3人站在大车头上用脚踏,换人不停车。水车比牵车多了一个可支撑3人重量的架子,架子左右是两根车桩,大车头左有矮脚,缚在车桩上,右有顺旋,可作前后调整车头与车身之间的距离。中间横档为车水人的扶手,车水时车水人的胳膊可搭在上面,下档是可转动的装有踏脚的滚木叫车头。12个踏脚镶在滚木上均匀分布,各叉开30度,以使车水时能做到平稳而连续。装置水车需要一定技术,池水深浅不同,车身旋转也不同,站人的架子和车身旋转需绝对稳固。在有水泵以前,水车是农家大型农具,独户添置的只能是少数富裕人家。农业集体化以后的一段时间里,在灌溉动力机械引进之前,木制龙骨水车依旧是必不可少的灌溉农具。

吊桶　由拗桩支架、横杆、吊杆组成。横杆一端置石块,利用杠杆原理,从井、河、塘等低处吊水;或用辘轳装置,靠人力摇动横轴,牵动轴上绳索,提桶吊水。主要提吊生活用水,但旧时山区抗旱也用此法。今山乡偶有见之。

粪杓、粪桶　原是施浇人粪尿作肥料时所用的工具。旧时遇到水旱灾害,有的农户没有水车等排灌机具,只能用粪杓戽水,用以抗旱保苗或排涝之用。粪桶为木制,两侧钉环系绳,一人引绳翻动担水灌溉。

水泵　1957年前后,高级农业社添置燃气机作动力的水泵,自此农用灌溉用上动力机械。后随着柴油机、电动水泵等现代排灌机具的推广普及,木制水车成了一件古董。

第三节　植保农机具

传统植保农具

锄头,作物除草松土以及春花大、小麦削麦用锄头,叫三削麦吪槽(颗粒饱满)。泥锹,除了挖掘沟渠,主要用作春花等越冬作物培土锹泥。越冬作物锹泥很要紧,保暖上泥用泥锹。戴村有句老话叫"年里锹泥盖床被,年外锹泥到到礼。"苗大要用苗梢,又叫耘田面罩,以防止稻叶刺伤眼睛和面部皮肉,现已不用。1958年戴村公社干部郁关训,创造出竹置铁钉耘田器,劳动效率提高3倍,后全社动员推广,于8月14日苦战一夜制造出12502个耘田器。

治虫农具

传统治虫主要采用点灯诱蛾,插烟茎、掸油等土办法。1958年,开始用"六六六"杀螟粉,使用手摇铁制喷雾器在田里喷洒,因效果欠佳改用拌细土撒施。1962年,随着农药供应品种增多,有滴滴涕、敌敌畏、敌百虫等,背负式喷雾器也应运而生,当时每个生产队都有喷雾器。喷雾器和农药的使用使村民结束了手工捉虫的历史。1980年全镇有背负式喷雾器873台,电动喷雾器22台。1984年,家庭联产承包责任制推行后,生产队的喷雾器折价分给村民。但一个生产队折价的喷雾器数量不多,大多数的农户需新添置,使得喷雾器数量大增。是年,背负式喷雾器基本达到每户农户有1台。

2006年,全镇有背负式喷雾器8877台,电动喷雾器23台,共40千瓦。至2008年,有背负式喷雾器5400台,电动喷雾器28台,共60千瓦。

第四节　收割农机具

传统收割农具,收稻用割子,收麦用割子或镰刀,油菜、大豆用手拔,蚕、豌豆用手摘,番薯用锄掘。稻、麦脱粒用稻桶,大豆、油菜脱粒用架子拷打。农业集体化时期,稻谷(麦子)的收获流程大致为:用割子割稻(麦)、割好的稻(麦)一把一把交叉堆放、稻桶或打稻机背到田里打稻、稻谷用箩筐挑回生产队仓库前的晒谷场、翻晒扬谷由生产队安排女劳力承担。每当收获季节，劳动强度最大的要数打稻。特别是早稻，社员们头顶烈日，汗流浃背，在稻桶前一把把甩打，非常吃力。打稻机使用后，打稻的劳动强度才有所减弱。打稻(麦)方式除了在田里边割边打稻外，还有一种是打成稻(麦)堆，用手拉车拉回集体晒场或自家道地里，然后用稻桶甩打或用打稻机脱粒。这种方法可用晚上时间脱粒。联产承包后，农户拖回家脱粒的较多。手工打稻时稻桶必须配上遮头、稻桶栅，脱粒以后过筛，用畚箕装入谷箩，挑到晒场，在苓皮上翻晒，再用风箱扇去杂粒，晒燥入仓。

20 世纪 50 年代以来，稻、麦脱粒所用工具(机具)大致经历了 6 个阶段：一是稻桶脱粒时期，主要在 50 年代；二是稻桶打稻与脚踏打稻机并用时期，大约在 50 年代末至 60 年代中期；三是脚踏打稻机时期，主要在 60 年代中后期；四是脚踏打稻机与电动打稻机并用时期，大约从 60 年代末至 70 年代中期；五是电动、3 马力柴油打稻机、少量脚踏打稻机并用，大致从 70 年代中期至 80 年代中期；六是电动脱粒与联合收割机并用时期，主要在 90 年代中期以后。

1956 年，脚踏打稻机在戴村推广使用，据戴村区农技站 1957 年 12 月总结推广使用打稻机好处时称：时振庭乡振庭高级农业社共有 446 户，有 24 个小队，水田 3626 亩，1957 年种连作稻 901 亩、间作稻 861 亩、中稻 503 亩、晚稻 1213 亩。由于双季稻面积扩大，全社 1956 年购买打稻机 17 台，1957 年增加到 24 台，达到每个小队 1 台，使用打稻机脱粒面积达 80%。总结称使用打稻机打稻有 4 个好处，一是速度快、效率高；二是脱粒干净浪费少；三是妇女半劳力都能使用；四是成本低。

1958 年，推广使用山东大镰刀割稻，速度比割子要快。同年，戴村人民公社在农机具技术革新运动中，发明了快速收割器 600 部，实际形似大剪刀，靠人力往前推，每推一次可割稻 8 ~ 10 棵，后因割下来的稻堆放不整齐、浪费大而淘汰。70 年代，在打稻机上装柴油机和电动机作动力，代替人力脚踏笨重的体力劳动。

1980 年，云石、戴村、永兴 3 个公社有脚踏打稻机 244 台，电动打稻机 58 台，3 马力柴油打稻机 175 台，两用脱粒机 12 台。是年，3 个公社机动脱粒面积 18732 亩。1984 年，实行家庭联产承包责任制，打稻机普及种田农户。1996 年，实行第二轮大田承包责任制，出现了种粮大户，大湖头任志和购买桂林产 50 - 504 联合收割机两台，政府为鼓励添置联合收割机，每台给予补助 2.5 万元。后联合收割机逐步代替打稻机。至 2006 年，全镇有联合收割机 10 台，248 千瓦，机收面积 15300 亩。2008 年，全镇有联合收割机 6 台，机收面积为 11000 亩。

主要收割农机具：

割子　刃口长约 20 厘米左右，有一排波型齿口，木柄，主要用于割稻、麦。

镰刀　半圆形刀具，平口处有刀刃，用于割草、割散播麦。

谷箩　竹篾编成，是盛放和挑运谷物的传统工具，形状为上圆下方中肚大，口径和高各约 60 厘米。

畚斗　竹制，是稻桶里和晒谷场上收盛谷物的工具，也可用于簸谷，即扬弃谷中之瘪谷、杂质。

摊谷板　俗称“络谷婆”由长方形木条、木齿和长柄组成，仿佛大木梳，用于晒谷场上摊晒谷物。今仍在使用。

谷筛　竹篾编成，底如网状，筛选工具，用于筛去稻谷茎叶等杂物。有双人、单人操作之分，用时将谷粒混杂物倒入筛内左右摆动，谷粒筛出，分离杂草。

摘草耙　竹制，头部排列弯钩状竹片，配长柄，用于收拾散落柴叶、草禾、杂物。山乡尤多。

竹簟　竹制，俗称笭皮，形如篾席，用时摊开，平时卷起，摊晒谷物用。

箩络　套在谷箩上可挑或抬，有软、硬之分，软络上有活结，可调节络圈大小。

畚斗连枷　系将作物秸秆上的籽脱下的一种工具，由数根木条或竹片用绳子编成板状，再用一根可旋转的环轴装在长柄顶端。

稻桶　用木板制作，口大底小方斗形，四角棱线与平面成 45 度角左右，外侧有 4 个把手，底下钉两根半圆木头作拖泥，利于在田间拖拉滑行。稻桶外壁一般写有“五谷丰登”之类的祥语、户主姓名、购置时间等。打稻时，用竹簟沿稻桶弧型竖立，俗称“遮头”，以防止甩稻时谷粒溅出稻桶外。前沿内壁放一个稻桶栅子，便于甩打脱粒。稻桶栅子为木框,横格为竹片。一个稻桶可供两人打稻,另需一人捧稻把,以增加脱粒的速度。当稻桶内脱落的谷子满到一定程度后就需搬出谷子放入谷箩,挑到晒场翻晒。

脚踏打稻机　50年代末开始使用,比传统稻桶略大,开始是木质桶,70年代后期许多已改成铁皮桶。前下面装有踏脚条板、齿轮连动装置,用人力踩踏脚板带动桶内一只装有尖角铁齿条的滚筒脱粒,其余附件与稻桶相同。脚踏打稻机一般是两个人边脚踏、边打稻(双手拿着稻左右翻转脱粒),另有两人捧稻,将割好的稻一把把递给打稻者。

电动打稻机　70年代初开始购进使用,比脚踏打稻机轻巧。1984年,随着农业家庭联产承包责任制的实行,收获流程的变化,电动打稻机为村民所乐用。80年代末,成为村民最主要的打稻工具。

第五节　加工农机具

戴村一带农产品传统加工方式主要有:舂米、磨粉做糕点、制酒、制面、榨油等,不同的加工方式需用不同的工具。传统加工工具有大捣臼、小捣臼、单人手摇磨、双人推横磨、圆形木砻等。20世纪50年代机埠建造后,一机多用,始有以柴油机为动力的碾米机、磨粉机等农副产品加工机械。60年代初改用电动机为动力。70年代后还有轧花机、茶叶机等。

传统的大米加工机具有木砻、捣臼、木杵等。先是人力用木砻使谷皮与米粒分离,然后用风箱扇出谷皮(亦叫砻糠),用米筛筛出剩谷,便成糙米;把糙米在石臼内舂白用板筛筛出米糠,便成白米。也有用木杵直接在小石臼中舂米。清咸丰年间(1851～1861),何继桑在戴村开办益丰米厂,戴村始用碾米机碾米。50年代大办农村食堂,各地始用机械加工大米。1980年云石、戴村、永兴3个公社有碾米机52台。2006年全镇有碾米机56台、726千瓦。

传统的粉、糕加工工具有石磨和石捣臼等。米用人力在石磨中磨成的粉叫磨粉,用于制作糕点。最大宗的要算舂年糕,把粉放在蒸桶里蒸熟,在石捣臼里舂韧(山区也用水碓),在白布上摊薄,冷却即成年糕。舂粉,先把糯米在水里浸泡1～3天,然后在石捣臼里舂成粉,用于制作汤团、麻团等。70年代,各大队都有粮食加工场,有小钢磨粉碎机可以加工米粉。1980年,云石、戴村、永兴3个公社有粉碎机39台。

传统的酿酒工具有酒榨、蒸桶和锡壶、棉绸袋等工具。酿酒要用糯米,先把米在缸里用水浸泡1～2天,然后用蒸桶把米蒸熟,用水冷却,再用水回热,放在酒缸里、拌上白药(酒药),发酵后,加入麦麯,放入清水,经过10天半月再发酵,即成白酒,俗称"缸头黄"。要想制成黄酒,必须把白酒连同米槽放入特制棉绸袋中,用酒榨把酒汁榨出,用大锡壶在锅里蒸制,放入少许松香,灌坛,冷却后用荷叶箬壳包好,用烂泥封盖坛口,放置一段时间即成黄酒。民国时期戴村有公和酿造厂专门酿造黄酒。

传统的手工制面方法用一只掇桶、一块砧板、一根杆面杖、一把菜刀就可制成面条。70年代,各大队加工场纷纷购入小钢磨和制面机,社员可用小麦加工面条或麦粉。有的大队加工场制成面条,沿门调换,从中收取加工费,作为大队的一项副业收入。

传统榨油工具。民国时期,戴村下街开有榨油坊,业主郑关通,为附近农民加工油菜籽。主要工具为一部硬木油车,一个石头盘、石头碾锤,一只大铁锅(叫平锅),一只油缸等。先将油菜籽在大平锅里炒熟,用牛牵拉石头碾锤,将菜籽碾碎,再将碾碎的菜籽粉上蒸桶蒸熟,用稻草包成饼状,一个个放入油车。用人力挥动油车石头榔头,将油车木榫逐个钉入油车内,使菜饼压扁,油从菜饼内沥出,顺着油车底部槽沟流入油缸,就成菜油。50年代初,戴村油车停业。1964年,戴村大队办起榨油作坊,全套设备从临浦粮加厂购入,改用电动滚动式,不用牛拉,代客加工菜油。当初几年生意红火,1969年后停办。

主要加工农具:

砻　硬木制成,形似石磨,但比石磨大得多。上下两层,下层固定,磨时呈40度左右倾斜,中间有一个磨芯,上层中部凿有一半孔,刚好套在下层的磨芯上,外侧装有一个可上磨旦的一长方形木块。由人力转动砻

的上磨盘，磨出糙米。

捣臼　捣臼石制，呈钵形，根据舂米、舂粉或舂年糕的不同用途，有小捣臼和大捣臼之分，上口直径约0.4～0.8米不等。

木杵　由两头粗、中间细的圆形硬木棍制成，木棍底端包上球形齿状铁皮，高约1.6米，有5～8公斤不等。舂时，双手握住中间细圆处，举起，用力直舂捣臼中的谷物，称舂米。

石磨　石制，由上下磨盘组成，由手推的小石磨和用人力畜力拉动的大推磨两种。是旧时将米、麦、豆等粮食加工成粉、浆的工具。

水（踏）碓　在溪边搭一小棚，由石臼、木槌、水轮和传动装置等组成，借用水力舂米或捣纸浆。也有脚踏碓米的，称踏碓。

风箱　木制，多为几家共同使用。由风扇、外壳、喂入斗、风叶调节门、摇手柄等组成，用时将谷物倒进喂入斗，顺时针方向摇动风扇，开启调节门，使谷物慢慢落下，将杂物随风吹出箱外，半饱谷粒从箱背排出，饱满谷粒从箱口泻出。现为农用排风扇所代替。

第六节　其他农机具

积肥工具　稻区积肥工具有河泥船、罱斗、戽斗等。河泥船为木制方头小船，为旧时大型农具，平时放置在廊檐或祠堂里，用时可两人倒扣着背行至水池。罱斗，又称捻夹，用麻筋编织经猪血浆过的蚬形网兜，用两根平行的竹片固定，装上两根长竹竿即成。罱斗除捻河泥，也可用于捞取水草。捻河泥时，两人在船沿相背而站，将罱斗插入河（池）底，待推满河泥即提起装入船中。用戽斗将河泥戽入河岸的"河泥基塘"。河泥（荡泥）为种田的好肥料，向有"河泥田、勒鲞饭"的说法，每年冬春两季是捻河泥的大忙季节。1962年，戴村、永兴两公社有河泥船97条；1972年，两公社有河泥船163条，1976年为150条。20世纪70年代末以后，由于大量使用化肥，河泥不捻了，河泥船锐减。至1988年，仅存9条，且改作他用。至2006年基本绝迹。

捕鱼工具　传统捕鱼工具渔船、渔网等。1962年，永兴、戴村两公社有渔船62条，主要分布在永兴公社的东周、石马头、张家弄大队；戴村公社的石盖大队等地。

制茶机具　70年代，山区开始使用制茶机，逐步代替人工制茶。1980年云石、戴村两公社有制茶机33台，揉捻机50台。山林承包到户后，制茶机械也由集体处理变卖给个人。

第七节　农机具管理

旧时，传统农具为农家各自购置管理。20世纪50年代农业集体化之后，农机具由大队、生产队集体配置和管理，小型农具由社员个人购置和使用。为全大队共用的大型农机具，如机埠用的抽水机、动力机械、粮食加工机械、拖拉机等，由大队统一配置、使用和管理。以耕作、收割为主的农具由各生产队根据需要配置、使用和管理。如木犁（耕牛）、打稻机、稻麦两用脱粒机、农用船等。一般的小型农具由社员配置，为个人所有，参加集体劳动或自留地劳动都带上自己的工具。如泥锹、镰刀、粪桶、扁担、铁耙等。

60年代安装电力线路后，各大队逐渐购置翻耕机械、植保机械、收割机械、排灌机械、饲料粉碎机、碾米机、磨粉机、茶叶机等。农副产品加工动力机械和加工机械基本上为大队所有，具体由大队直属单位配置专职人员管理，负责对操作机手的培训，组织机手定期维修保养，使得农忙季节拉得出，用得上，不误农时。农业机械管理成为大队（村）管理一项重要内容，列入每年的工作计划。

拖拉机手由县（市）农机学校培训，并经技术考试。机手持有操作证、驾驶证。1964年起，大队一级农业机械人员由公社水利机电管理站负责管理，1975年，改为公社农机水利站管理。公社定期召集大队专职人员开会学习,布置任务,定期检查。大队管委会有一名人员具体负责抓,对各个机手安排开会学习,下达任务。有的机组也有负责人。80 年代以来,有的大队设有农机队,承担农机具的维修任务,对新老机手进行搭配、调度,形成一个完整的管理网络。

70 年代开始使用高压喷雾器喷洒剧毒农药,为防止农药中毒,每个生产队配备一名植保员,严格管理使用制度。社员自留地上的作物需用喷雾器喷洒剧毒农药时,须向生产队借用,植保员交待使用规则。喷雾器为生产队所有,大队直属的山林队等也有。

1984 年,随着家庭联产承包责任的实行,原大队和生产队集体所有的农机具折价买给社员。此后,农机具由承包户或种植大户各自购置管理。

至 2008 年,农机具仍由承包户或种植大户各自购置管理,也有临时互相租用的。

第七章 植物保护

植物保护,简称植保,指人们防治和消灭农作物的病虫害及鼠害、草害等。旧时,戴村镇域无常设植保机构和专业人员,也无防治病虫害的机械设施,农作物受病虫害十分严重。20 世纪 50 年代开始,戴村、云石、永兴 3 个乡(公社)均有专人抓植保工作。60 年代,各大队设有专职植保员,各生产队设有技术员,在公社农技员指导下,开展本队除病虫、除草、灭鼠等工作。1975 年,3 个公社都建立农技站,植保工作进一步规范化。80 年代后,植保工作在镇乡农技部门指导下,由承包户自行实施,科技含量更高,效果更好。

第一节 病虫测报

旧时科技落后,靠天吃饭,病虫测报无从谈起,全凭老农经验。20 世纪 60 年代以后,戴村正式开始搞病虫测报。1965 年,萧山县农业局对全县原有病虫情报组织进行整顿,巩固 41 个病虫测报点,戴村、云石、永兴 3 个公社都有病虫情报点和情报员,公社下属各大队和生产队都有植保员,初步形成一个病虫情报网。1975 年,戴村、云石、永兴 3 个公社建立农技站后,植保网络体系更加健全。公社农技站配有农技员,各大队有专职植保员,各生产队有技术员。农技站及时调查农作物病虫情况,召开各大队植保员会议,布置病虫防治工作,然后由大队植保员把会议精神贯彻到生产队技术员,并把病虫害防治时间、农药使用方法等在大队黑板报上公布。1985 年,萧山县病虫测报站将全县病虫测报点调整为 6 个,基本上一区一个点,戴村区的病虫测报点设在戴村东厢头自然村,及时测报农作物病虫情况。

80 年代实行家庭联产承包责任制后,农作物病虫测报防治工作主要由县(市、区)及镇、乡病虫测报站,及时调查病虫发生情况,镇、乡农技站利用广播向农户通报病虫发生信息和防治措施。并编印《病虫情报》发放到各村,各村植保员将《病虫情报》上墙张贴,使之家喻户晓。农户根据《病虫情报》按时防治,按要求施药,有效控制病虫危害。

1990 ~ 2008 年全镇农作物病虫测报防治工作,通过区农业局在郁家山下村设立的粮油病虫测报点及时调查病虫发生情况,镇农技部门在晚稻播种前举办农技培训班,晚稻生长中后期组织 2 ~ 3 人对全镇重点产粮区块,实地进行田间病虫普查,根据测报和普查情况,采取广播宣传、编印"病虫情报"发放到村,各村采用广播、上墙张贴等措施,及时让农户了解病虫害情况。农户根据"病虫情报"按要求及时防治,使病虫危害损失降到最低限度。2007 年开始全镇对规模种粮专业大户推行水稻病虫统防统治,在方法上:分水稻播前、中期、后期对大户进行技术培训,生产季节区、镇农技部门加强病虫调查,并有杭州广通植保专业合作社,根据不同季节的病虫发生情况,选择对口农药按优惠价提供给大户,做到技、物结合,使大户实现减本增效的效果。

第二节　病虫害防治

中华人民共和国成立前，戴村粮食作物主要虫害有蝗虫、螟虫、稻纵卷叶虫等。据民国 28 年(1939)9 月 11 日《萧山日报》报道："戴村区秋夏之交，霉雨泛滥三次，入夏螟虫滋蔓为害颇烈，继又发生浮尘子，估计全区各乡镇损失平均三成，沿江之戴村、桃北、浦南、许贤、义桥……等当在六成至八成之间"。主要病害有水稻菌核病、白叶枯病、麦类黄锈病等。中华人民共和国成立后，粮食作物的主要病害有，稻瘟病、纹枯病、白叶枯病、矮缩病、恶苗病、稻曲病、大麦黄花叶病、麦类赤霉病、小麦白粉病等；主要虫害有褐稻虱、稻纵卷叶螟、黑尾叶蝉、二化螟、三化螟等。

过去，戴村稻区农户主要采用传统土办法防治病虫害。如用点灯诱蛾、人工掸油、人工用纱布海兜捕杀蚰虫、苗田里插烟茎等方法消灭虫害；用撒施石灰、草木灰、菜籽饼粉末等方法防治病害。1951 年春，戴村稻区出现早稻秧田大面积螟虫，表现为秧苗苗叶卷曲萎缩发白，叶片有螟虫孵块，危害秧苗生长发育。农谚云："秧好半年稻"。刚刚翻身解放分得土地的农民，缩手无策，人民政府发动群众，凡能捉得螟虫卵块 100 枚，政府奖励大米 1 升。这一办法既治了虫，又解决了部分春荒农户的缺粮问题。是年秋，戴村开展学习邱关兴点灯诱蛾治虫方法，发动稻区农户晚上点灯诱蛾，防治螟虫。方法是每户每晚出灯一盏点在苗田里，用一只大脚盆，盛水半盆，滴上几点菜油。点上一盏菜油灯，用亮纸糊上一个开口罩子，用飞蛾趋火的天性诱杀。为方便点灯，各村把灯点在路边田里，形成一条条火龙。点灯诱蛾方法一直延至合作化初期。1957 年秋冬，为了消灭螟虫过冬繁殖，政府要求戴村稻区社队冬闲田拔除晚稻稻篰头，先是用锄头、镰刀作工具，后很快发明一种叫"三面快"的工具，将稻篰头连根拔起，要求晒干焚毁，时值冬天，雨雾不停，终难推广生效，继之"大跃进"运动开始，不了了之。

50 年代中后期，开始使用化学农药治虫。

主要病害及防治

稻瘟病　是水稻的主要病害之一，戴村镇重点发病区域在现今的半山、八都、沈村、青山、枫桥等山区、半山区村。稻瘟病在水稻整个生长期中都有发生，根据危害部位不同，又可分为苗瘟、叶瘟、节瘟、穗瘟、枝梗瘟和谷粒瘟等。诱发稻瘟病的原因有多种，种子带菌越冬、病草越冬；多雨水年份，长期冷水深灌，造成稻苗生长势弱；孕穗期或抽穗期缺水干旱或长期阴雨；氮肥使用过量，造成稻苗生长太嫩；晚稻破口至齐穗期遇气温 20℃以下连续 3 天以上，或早晚雾大露重等。

戴村农户对稻瘟病的防治措施及对口农药是：20% 三环唑可湿性粉剂，每亩用 100 克，加水 50 公斤喷雾；40% 稻瘟灵可湿性粉剂，每亩用 75 克，加水 50 公斤喷雾；40% 克瘟散乳油，每亩用 75 毫升，加水 50 公斤喷雾；50% 多菌灵可湿性粉剂，每亩用 75 克，加水 50 公斤喷雾。农户在使用上述农药时，最后一次用药离收割天数，三环唑不少于 21 天，稻瘟灵不少于 14 天，多菌灵不少于 30 天。大都抢在雨前用药，效果更好，如遇连续阴雨，能抓住雨停间隙抢治。

水稻纹枯病　也是戴村水稻的主要病害之一，初见于 1965 年，此病主要危害水稻的叶鞘及叶片，严重时也深入茎秆和侵害稻穗。水稻分蘖期开始发病，开始稻叶近水面处的叶鞘出现暗绿色水渍状的小斑，后逐渐扩大到叶片。潮湿时各病部都长出蛛丝状菌丝体。稻穗受害，轻的在抽穗时可见到一段谷壳变褐，造成秕谷。病情严重的抽不出稻穗，死在胎里。纹枯病的来源，主要是落到稻田里的菌核传播。其适宜温度在 30℃ ~32℃、湿度较高、氮肥用量过多、稻株生长茂密、通风透光差等都是纹枯病发病的有利因素。

防治措施及对口农药，每亩用 3% 井冈霉素水剂 200 毫升，或 5% 井冈霉素水剂 150 毫升，加水 50 公斤喷雾。其他可防治农药有多菌灵、稻脚青、托普津等。防治适期重点在孕穗期至齐穗期，如苗期发病严重的，也可在分蘖期开始防治。齐穗后是否防治，根据病情发展酌定。重病田，易感病品种以及发病早的高产田块，是防治的对象田。

水稻白叶枯病　水稻白叶枯病主要危害叶片，苗期就可发病，早期发病缓慢，常要到抽穗前后开始严重。一般发病都是从叶尖或叶缘开始，后迅速沿叶缘或中肋分别向上下扩展，可顺叶脉伸至叶鞘，出现深黄色长条纹状病斑，最后枯白。白叶枯病病菌主要在稻谷和稻草中越冬，次年侵染。此病又很容易从伤口侵入，因此，如遇台风暴雨侵袭，稻叶相互摩擦造成伤口，就有利于病菌侵入危害。20 世纪 80 年代以前，白叶枯病是戴村镇水稻的主要病害之一，20 世纪 80 年代以后，由于镇农技站以及各村农业技术人员重视农作物防病治虫工作，该病基本上得到了控制。

防治措施及对口农药用 20% 叶青双可湿性粉剂，每亩用 100 克，加水 50 公斤喷雾。其他防治农药还可用叶枯宁、消菌灵等。为增加预防效果，秧田秧苗最好是带药移栽，在拔秧前 2 天用药。大田用药，最好是初病阶段，尤其是遇台风暴雨或低洼田被水淹没过后，应立即防治。

水稻矮缩病　是由黑尾叶蝉、灰飞虱传播的一种病毒引起，早、晚稻受害以晚稻为重。植株感病后明显矮缩，分蘖增多，叶色浓绿，叶片僵硬，心叶皱缩扭曲。如在苗期感染此病，稻苗不能抽穗。分蘖期后感染此病，引起植株较矮，叶色浓绿、僵硬，抽穗不正常，成为半包穗、包颈穗，结实不良。1971 年戴村镇水稻矮缩病为大发生年，以后为偶发性病害，1980 年以后病害逐年减轻。

防治措施及对口农药一是 10% 吡虫啉可湿性粉剂，每亩用 15 ~ 20 克，加水 40 公斤喷雾；二是 25% 扑虱灵可湿性粉剂，每亩用 25 ~ 30 克加水 40 公斤喷雾。可防治的农药还有蚜虱净、20% 康福多浓可溶剂等。矮缩病是灰飞虱、黑尾叶蝉传播病毒引发病害，治虫防病是控制矮缩病的主要措施。其原则为：治麦保稻，治早稻保晚稻，治秧田保大田。秧田期自秧苗二叶期开始用药，每隔 5 ~ 7 天，连续防治 2 ~ 3 次。早稻在收割前 2 天内必须对晚稻秧田要喷药治虫，消灭因早稻收割时迁飞到秧田的害虫。

稻曲病　是一种真菌性病害，俗称“谷黄”。稻曲病是稻穗上的主要病害。感病稻穗先从谷粒内长出淡黄色块状物，后逐渐膨大，病粒比健谷大 3 ~ 4 倍，成为墨绿色、表面平滑的菌块。稻曲病的发生，主要在抽穗扬花期感病，抽穗前后如长期阴雨、适宜温度（26℃ ~ 28℃）、偏施氮肥、深水灌溉、搁田过迟等都容易诱发或加重病害。

防治措施及对口农药：5% 井冈霉素水剂，每亩用 400 毫升；25% 粉诱宁可湿性粉剂，每亩用 50 克；14% 络氨铜水剂，每亩用 50 毫升。上述药剂任选一种，加水 40 ~ 50 公斤喷雾。戴村农户做到在稻苗破口抽穗前 7 天左右适时施药，感病品种及后期生长茂盛嫩绿的稻苗，是防治的重点。

大、小麦赤霉病　此病是影响春粮高产、稳产的主要病害，感病麦穗呈赤色，俗称“红麸麦”。赤霉病不但影响产量，还使大、小麦的品质、种子质量降低，人畜吃了会发生中毒现象。大、小麦抽穗期间多雨年份发病较严重。防治措施及对口农药，每亩用 50% 多菌灵可湿性粉剂 75 克，或每亩用 50% 乙基托布津 50 ~ 75 克，加水 50 公斤喷雾。在始花期和盛花期各施一次药，如遇多雨天气，抓住齐穗期至盛花期抢晴天喷药。同时要综合运用农业技术措施，开沟排水，降低田间湿度，减轻病害发生和蔓延。

大麦黄花叶病　20 世纪 60 年代初该病始见于戴村，感病植株出现根系发黑、叶片发黄、生长不良。1966 年后病害蔓延较快。长期阴雨多湿、地下水位较高的情况下容易诱发大麦黄花叶病。戴村一带的防治措施是，以综合运用农业技术防治为主，一是选用抗病性强，适应性广的品种；二是开沟排水，降低田间湿度；三是增施有机肥，增强植株自身抗病能力。

小麦白粉病　20 世纪 70 年代后期开始蔓延，感病麦秆、麦穗出现白色粉末状病菌。白粉病为伴湿性病害，在防治措施上也要以农业防治为主，开沟排水，降低地下水位以减轻病害的发生和蔓延。药物防治：戴村农户大多用 25% 粉诱宁可湿性粉剂，亩用 40 克，加水 50 公斤，于发病初期喷雾。

玉米纹枯病　发病植株叶病症与水稻纹枯病情况相同。防治措施：一是在发病初期剥除病叶，带出田（地）外销毁；二是药剂防治：在发病初期用 5% 井冈霉素水剂，每亩 250 克，加水 50 公斤喷施。

蚕豆赤斑病、褐斑病、锈病　此类病均为真菌性病害。发病植株的叶片变黑、干枯、脱落、结荚少或不结荚或籽粒不饱满，严重影响产量。戴村农户的防治措施：一是加强田间管理，开深沟排积水，降低地下水位；

二是增施磷钾肥，增强植株抗病力；三是农药防治从 3 月上旬开始到收获前，用波尔多液喷施，每亩用药液 100 公斤，每隔 7 ~ 10 天喷一次。也可采用 50% 多菌灵 800 ~ 1000 倍液或 50% 托布津 1000 倍液，每隔 7 ~ 10 天喷药一次，连续 2 ~ 3 次。

主要虫害及防治

二化螟　二化螟危害水稻，在分蘖期造成枯鞘、枯心；在孕穗、抽穗期造成枯穗和白穗（俗称白稻头）；在灌浆、乳熟期半枯穗和虫伤株。二化螟一年繁殖 3 ~ 4 代，以幼虫在稻根、稻草、茭白等处越冬。第一代幼虫危害早稻；第二代危害迟熟早稻、单季中、晚稻；第三代危害晚稻。防治措施及对口农药：50% 杀螟松乳油，每亩 100 毫升，加水 50 公斤喷雾；18% 杀虫双水剂，加水 50 公斤喷雾；20% 三唑磷乳油，每亩用 100 毫升，加水 50 公斤喷雾。其他可用农药还有杀虫单粉剂，氧化乐果乳油等。防治适时，在螟卵孵化高峰后 5 ~ 7 天（2 龄幼虫为主期），发生量大，发生期长时需要增加防治次数，间隔期 6 ~ 7 天，如防治失时，适当增加用药量。施药时必须田中有水，以保证防治效果。

三化螟　危害稻苗，在苗期造成枯心、孕穗期造成枯孕穗，抽穗期造成白穗。三化螟 1 年发生 3 ~ 4 代，以幼虫在稻根中越冬。第三、第四代繁殖量大，对晚稻危害较大。防治农药与防治二化螟用药相同，防治适期为螟卵孵化高峰期，如发生量大，需防治 2 次，间隔 6 ~ 7 天。施药时必须保持田中有水。

大螟　大螟危害水稻造成的危害情况与二化螟相似，它也造成枯鞘、枯心、枯孕穗、白穗和虫伤株。与二化螟不同的是大螟蛀孔较大，并有大量虫粪排出。大螟一年繁殖 3 ~ 4 代，幼虫在稻秆蔀头、杂草根际、茭白残株中过冬。第一代危害早稻、第二代危害迟熟早稻，第三代危害晚稻。防治农药和防治二化螟相同，防治指标：在田边 1 米宽的范围内，平均每 10 米查到一个新枯心团为全田防治，用药以田边 2 米宽为主，田塍上的杂草也必须喷药，以防幼虫转移。

稻纵卷叶螟　又称卷叶虫，以幼虫纵卷稻叶，藏身其内，食害叶肉，初孵幼虫在心叶内吃食，形成白色小点。幼虫稍大即纵卷单叶成管状虫苞，并在苞内啃食叶肉，仅留叶片之下表皮成为白色条斑，严重时虫苞累累，白叶连片，影响水稻生长，造成减产。稻纵卷叶螟多时一年繁殖 5 代，第二代危害早稻，第四代对晚稻穗期危害最重。防治措施及对口农药：18% 杀虫双水剂，每亩用 250 毫升，加水 40 ~ 50 公斤喷雾；50% 杀螟松乳油，每亩用 100 毫升，加水 40 ~ 50 公斤喷雾。上述两种药最后一次用药离收割天数不得少于 15 天。50% 甲胺磷乳油，每亩用 100 毫升。加水 40 ~ 50 公斤喷雾，最后一次用药离收割天数，早稻 20 天，晚稻 40 天。适宜用药时间以早、晚为好，如阴天细雨天全天均可，但细雨天药液浓度应适当提高。用药适期，一般为 2 龄幼虫高峰期。如防治失时，必须补治。施药时应保持田水 4 ~ 5 厘米，保持 3 ~ 4 天。

稻飞虱　又可分为褐飞虱、白背飞虱和灰飞虱三种。褐飞虱的成虫、若虫群集在稻丛基部刺吸稻株液汁。水稻分蘖期被害，下部叶片枯黄，严重时死苗；孕穗期后被害，下部基叶发黑枯死，重则引起烂秆倒伏。褐飞虱一年繁殖 5 ~ 6 代，9 月下旬进入第五代，虫量激增，是晚稻受害最严重的时期。戴村镇 2006 年褐稻虱大爆发，粮食损失惨重。白背飞虱也是迁飞性害虫，一年繁殖 5 ~ 6 代，在 6 月下旬至 7 月下旬繁殖最盛，一般迟熟早稻、单季晚稻受害最重。灰飞虱一年繁殖 6 代，以 3 ~ 4 龄若虫在麦田、绿肥田的看麦娘上越冬。越冬代和第一代危害麦子，第二、三代危害早稻。全年以 5 ~ 7 月间的第二、三代，即早稻孕穗至乳熟期虫口密度最高。

防治措施与对口农药 25% 扑虱灵可湿性粉剂，每亩用 25 ~ 30 克，加水 50 公斤喷雾；10% 叶蝉散可湿性粉剂，每亩 250 ~ 300 克，加水 50 公斤喷雾；10% 吡虫啉可湿性粉剂，每亩 10 ~ 15 克，加水 50 公斤喷雾。其他防治农药还有速灭威可湿性粉剂、敌敌畏乳油等，防治指标为亩虫量 4 万只（平均每丛有稻飞虱 1 ~ 2 只）。在稻飞虱若虫低龄期用药，做到"治前（代），控后（代）"，防治效果更为明显。水稻抽穗后防治以粗喷雾为好。施药时要保持田间有水。

麦类黏虫　主要咬食植株的茎、叶、穗，对麦类危害较重。防治对口农药有：每亩用 90% 敌百虫 50 克加水喷雾，也可用杀虫双水剂防治。

麦类蚜虫　此类虫集中在麦穗上,咬食危害麦穗。麦蚜虫的防治农药可用40%乐果乳剂1500～2000倍药液,每亩喷药液75～100公斤。也可用吡虫啉可湿性粉剂防治。

玉米螟　玉米螟潜伏在玉米蒲苞内蛀食危害。防治措施:一是消灭越冬虫源,清除玉米秆、玉米芯等,不要留于田(地)中;二是农药防治,分别在大、小喇叭口期及抽雄后施药防治。常用农药有90%晶体敌百虫或25%杀虫双水剂化液后喷雾防治。

蚕豆蚜虫　蚜虫多半群集在植株的嫩芽头,嫩茎和花序上,使嫩芽萎缩。受害轻的,生长矮小,不能开花结实;严重的整株枯死。常用农药采用40%乐果乳剂1500倍药液喷雾防治。

蚕豆象豌豆象　此象虫蛀入蚕豆、豌豆豆粒内部,直接蛀食豆肉。防治措施是精选种子,剔除病虫、破碎豆粒,减少病虫侵染的可能性;播种前晒种2～3天;农药防治可用敌敌畏、敌杀死等药液喷施。

其他病虫害防治

油菜菌核病、霜霉病、白诱病　戴村农户对此类病害以防为主,防治措施:一是选择抗病力强的良种、采取水、旱轮作、摘除黄叶、清沟排除积水等农业技术措施;二是药剂防治,可用40%菌核净可湿性粉剂,70%甲基托布津或50%多菌灵可湿性粉剂等药液喷施。

白菜软腐病　这种病主要危害萝卜、白菜等,感病植株叶片、叶柄、心髓或整株腐烂发臭。防治措施主要在发病初期喷洒98%农用链霉素2000～4000倍液。

白菜黑腐病　以危害萝卜为主,感病后的萝卜肉质变成黑色,腐烂空心。防治措施:一是农业防治,开沟排水,降低田间湿度;二是药剂防治,常用农药有叶枯灵、叶青双或农用链霉素等。

白菜根肿病　发病初期在根上生出肿瘤,后逐渐开始龟裂并腐烂发臭,茎叶萎缩,直至整株枯死。戴村农户的防治措施,首先是作物轮作,调节土壤酸碱度;也用药剂防治,用50%多菌灵可湿性粉剂,70%甲基托布津化液喷施。

瓜类病毒病　感病植株萎缩,接下的瓜畸形、扭曲。防治措施:首先是选用抗病品种;其次是趁早防治传播病毒的蚜虫;并及时清除病株。

瓜类枯萎病　病感植株中午前后茎叶萎缩,早晚又恢复正常,后全株枯死。防治措施选用抗病品种,采取作物轮作制;发病初期用多菌灵、百菌清、甲基托布津等农药化液灌根。

番茄青枯病　感病初期白天茎叶萎缩,傍晚又恢复正常,后逐渐整株枯萎死亡。防治措施实施作物轮作制;每亩施石灰50～100公斤,调节土壤碱度;用硫酸链霉素药液喷洒,或用402药液喷淋根部。

菜蛾、青菜虫　主要危害萝卜、青菜,幼虫取食叶子,如不及时防治,会把整株叶片吃掉,仅留叶茎。防治农药有杀虫双、敌敌畏、乐果或菊酯类药或功夫乳油等。

蚜虫　附吸在萝卜、青菜的嫩叶上,吸食汁液,使植株生长不良。防治农药有抗蚜威3000～4000倍液,20%蚜克星800～1200倍液,40%乐果乳油800～1000倍液,其他还可用一遍净菊酯类药等进行喷治。

地老虎　俗称地蚕,危害多种作物,它将农作物植株近地面处茎秆咬断,造成植株枯死。药剂防治,一用敌敌畏或杀虫双均化1000倍液喷淋根部;二用敌百虫拌碎菜叶或鲜杂草撒施于苗根处诱杀。

豆荚螟、豆荚钻心虫　危害四季豆、豇豆、扁豆、绿豆等菜用豆类,蛀食花芯,造成花脱落,蛀食豆荚,使豆荚不能食用。戴村农户一般采用杀灭菊酯、敌敌畏和卞死克等农药进行喷洒防治。

第三节　草害及防治

长期以来,杂草对农作物危害较大,防除草害,是植保工作中的一项主要工作之一。戴村镇危害水稻的主要杂草有稗草、异型莎草、看麦娘、牛毛毡(当地称地毛头)、鸭舌草、千金子、野慈姑、花生草(又称革命草)、马齿苋、节节菜、浮萍、延水藤草等。危害大、小麦和油菜田的主要杂草有:看麦娘、锯齿草、花生草、狗尾草、小鸡草、草熟禾、毛鹅冠头等。危害其他旱地作物的杂草有:花生草、牛板筋草、狗尾巴草、毛鹅冠头、马唐、剪刀草、刺苋菜、鹅荠菜等。

20 世纪 80 年代以前，戴村农民除草主要靠人工清除，如拔除水稻秧苗中的杂草，每季稻要拔好几遍，耘田时拔除杂草并揿入泥中使之腐烂。旱地作物中的杂草用锄头削，使之削倒后被太阳晒死。田塍草、田边、路边的杂草用锄头或泥锹趁天晴清除，沟、渠里的杂草，人工用镰刀斫，然后清理干净。

70 年代末 80 年代初，戴村开始推广使用化学除草剂，取得较好效果。常用除草剂有：

丁草胺　是一种内吸传导型的选择性芽前除草剂。丁草胺用于水稻秧田、直播田、移栽本田以及大小麦、油菜、蔬菜田除草。能防除以种子萌发的一年生禾本科杂草及一些莎草科杂草和某些阔叶杂草，如稗草、马唐、看麦娘、千金子、碎米莎草、异型莎草、水莎草、牛毛毡、水苋、节节菜等。

沙草丹　是一种内吸传导型的选择性除草剂。沙草丹能有效地防除稻田稗草、异型莎草、牛毛毡等。在大小麦、油菜、蔬菜地使用时，对看麦娘、马唐、狗尾草、稗草、碎米莎草等有良好的防除效果。

除草醚　是一种触杀性的土壤处理剂。除草醚用于稻田，能防除稗草、异型莎草、鸭舌草、三棱草、节节菜等杂草。用于蔬菜等旱地作物，能防除稗草、狗尾草、马唐、早熟禾、马齿苋、野苋菜等一年生禾本科杂草和阔叶杂草，对多年生杂草无效果。

绿麦隆　是一种选择性除草剂。能通过杂草的根部吸收，兼有叶面触杀作用。绿麦隆主要用于麦田，也可用于玉米、高粱、花生等作物，可防除看麦娘、牛繁缕、雀舌草、早熟禾、狗尾草、稗草、马唐、苋等一年生杂草。

甲黄隆　是选择性内吸收高效除草剂。它是防除麦田杂草的优良除草剂，对麦田的一年生及大部分多年生阔叶杂草，以及看麦娘、马唐、草熟禾等禾本科等杂草有显著防效。

草甘膦　是一种内吸传导型灭生性除草剂。草甘膦主要用于茶园、桑园、果园、休耕田、麦、油菜等免耕田播种前除草，及田边、路边、渠道、庭院等除草，能防除几乎所有的一年生或多年生杂草。

快杀稗　是一种清除稻田稗草有特效的除草剂，对 3 ~5 叶期稗草的防治效果很好，主要用于水稻秧田、移栽本田、直播田除草。

骠马　为选择性内吸芽后除草剂。主要适用于麦田防除恶性禾本科杂草，可防除看麦娘、野燕麦、自生燕麦、稗草、狗尾草等大多数禾本科杂草。也可用于大豆、油菜、马铃薯、番薯和其他蔬菜作物及茶园、果园等防除禾本科杂草。

附录：

做好单季稻催芽播种

当前大批单季稻催芽播种已经开始，为了夺取单季稻高产，催芽播种秧期管理是关键，请广大农户一定要做好以下几项工作：

1. 晒种：晒种能提高种籽发芽率，使种籽能发芽整齐、粗壮。

2. 浸种消毒：种籽表面内部带有干尖线虫病、恶苗病、白叶枯病、稻瘟病病菌，种籽消毒是消灭病害的最有效、最简便的方法，可用浸种来一支、浸种 6 ~8 公斤，浸 48 小时，或用 402 一支浸种，一支浸种 3 ~4 公斤。

3. 采用芙南丹拌种 2 公斤芙南丹拌种 80 斤，按比例使用，在播种时，不要吸烟、不要用手擦汗，播后及时用肥皂洗干净手及用具，以防中毒。

4. ①采用杀草丹除草，4 两杀草丹加水 100 斤，喷浇。在秧苗 1 叶 1 心至 2 叶 1 心。②幼禾葆每亩 240 克加水 40 公斤，在播后喷雾。③快杀稗 20 克，加卡黄 12 支，在秧苗 2 叶一心喷雾，施药后 1 ~2 天再灌水。以上均为每亩使用量。

云石乡农办

1998. 5. 20

（资料来自镇档案室。计量单位照原。）

第八章　肥　料

长期以来，戴村农家十分重视对农作物的施肥。农业集体化时期，生产队通过合理施肥、科学施肥，实现农业增产、农民增收。1979年，早稻推广三层施肥法，即底层、中层、上层；1981年，水稻开始试用全层一次基肥法；1984年，推广一基一追和一基二追施肥法，即水稻秧苗播种前施一次基肥，插种后在生长期内再施一次或二次追肥的施肥方式。1996年实行"两田制"后，大田种植从三季改为二季和一季，2003年后全面种植单季稻，施肥相应改为一基三追的方式。从使用的肥料看，20世纪80年代以前主要是土杂肥和绿肥，80年代以后主要施用化肥，推广生物肥料、复合肥料、秸秆还田等。

第一节　土杂肥

20世纪50年代以前，戴村农作物施肥以土杂肥为主，土杂肥的种类主要有：人粪尿、畜厩肥、禽窝肥、草木灰、河泥、焦泥灰、烟煤、石灰等。俗话说："有稻无稻要看壅肥（肥料）"，"身长力勿亏，田肥谷成堆"。1961年3月，据戴村人民公社统计数据显示，1960年公社大抓秸秆造肥同时，抽出供销社18个采购员向外地组织土化肥3963661斤（其中石灰3409973斤、青矾438688斤），人粪45000担，垃圾70000担，以满足当时生产需要，

人粪

人粪历来是戴村农户用作追肥的主要肥料，也用于水稻、蔬菜播种前作基肥。各户都有一只粪坑储存人粪，将家里马桶、粪桶里的人粪倒入粪坑。农业集体化以后，各生产队为了收储人粪，专门造一只窖坑，把从户里收来的人粪倒入窖坑储存，在作物要施肥时再到窖坑去挑。生产队向户里收集人粪，首先安排3～5人组成质量评议小组，先将户里的粪坑上下搅拌一下，然后用料勺（粪勺）将粪舀提高往下倾倒，目测评议人粪的等级，生产队按等级高低统一定价。1965年后，人粪的质量用粪度表进行测量，按度数的高低确定每担的价格，人粪以担为单位，因社员家中的粪桶有大小，所以每家的粪桶都用标准粪桶号过，并划上红漆线作记号。20世纪80年代后实行农业家庭联产承包责任制，生产队的窖坑也随之废弃，各家种植农作物改为以施化肥为主。90年代以后，农户造房都建有卫生户厕，各村逐步取消露天粪坑，以适应卫生村建设需要，只有少数农家自留地上还使用人粪。

畜禽肥

戴村的畜厩肥主要是猪栏肥，还有牛栏肥、羊栏肥、兔窝肥等，但牛、羊、免肥数量不多，且肥效较高，农户大都用在自留地上。猪栏肥是农作物肥效较好的基肥，农业合作化后，政府号召"粮畜并举"，重视养猪积栏肥，推广"猪多肥多，肥多粮多"，农户养猪数量开始增加。20世纪60年代末70年代初，多数农户都有养殖，有些农户一年还养殖多头。1974年统计，戴村公社平均每户达3.2头，基本上每亩田达到一头猪。为了多积猪栏肥，不少农户把原来散放饲养改为栏圈养殖，并在猪栏内挖一只粪窖，经常往栏内投放鲜杂草，既可作饲料，吃剩的杂草经猪踩踏，又在杂草上撒尿撒屎，容易腐烂，与猪粪一起成了质量较好的有机肥，也是农业集体化时生产队的主要土肥来源。当时有不少家庭（尤其是缺乏男劳力的家庭）斫草垫栏，然后把栏肥投售给生产队，作为一项家庭经济收入。生产队需要用猪栏肥时，先由评议小组（一般由3～5人组成）逐户评议。根据栏肥质量好差按等级定价，鲜杂草少、泥土少、水分少的栏肥定为一级；填栏杂草虽多但时间较长，

泥土少、水分也少的栏肥定为二级；鲜杂草填得多，且泥土也多，水分也多的为最差，定为三级。有的甚至在定级的基础上还要打折扣（6～8 折不等）。出栏时，一般都由妇女劳动力用畚箕挑，指定地点过秤，由专人记录并交给生产队会计入账，年终与农户结算兑现。

禽窝肥俗称鸡窝肥、鹅窝肥、鸭窝肥，为质量上等的农家肥，但由于家禽饲养量不多，一般只在楼梯下或柴房小屋里为家禽搭个窝，面积很小，所以禽窝肥很少。平时很少出窝肥，只是等到要用肥时或逢年过节家里搞卫生时，才挖出窝肥弄清扫干净。窝肥都用在自留地上，给番薯、马铃薯、玉米、高粱等杂粮作基肥。

草木灰

农户家庭用稻草、柴草等为主的燃料烧火做饭后剩下的草木灰，含钾量较高，施在水稻秧田育秧，称抛秧田灰，也应用于番薯、马铃薯、蚕豆、豌豆、油菜等旱地杂粮或经济作物。俗话说："种豆施灰，豆荚成堆。"说明灰肥对豆类肥效较大。农业集体化时，生产队向社员户里收草木灰，备有标准箩框（又称脚箩）。社员将自家的草木灰拿出倒入标准箩框，有一箩记一箩，不足一箩的打折计算，各户收起后，将每户的箩数交给生产队会计入账。每个生产队都造有储灰仓库，又称灰栈，社员户里收来的草木灰直接倒入灰栈备用。

河泥

俗话说："河泥田，勒羹饭"，就是说壅有河泥的田块肥力足肥效长，产量要比其他田块高。捻河泥（又称做河泥）必需有河泥船、河泥捻夹、河泥戽斗等工具。集体化时期，永兴公社的 13 个大队，基本上每个生产队都有捻河泥的工具。捻河泥一般在冬季或春季进行，生产队安排有经验的劳动力，两个人一只河泥船，将池塘、河道沉积在水底的淤泥用河泥捻夹夹起，放入河泥船里。待夹满一船后，撑到事先在河边低田块中筑好的河泥塘边，用河泥戽斗将船里的河泥戽入河泥塘中。等河泥水干后，安排劳动力挑到需要的田块，均匀撒施。有的河泥土质较粘，就用青草、杂草等与河泥一起搅拌，使之腐烂疏松，称草搅河泥。

其他土杂肥

20 世纪 60～70 年代，化肥十分紧缺，供需矛盾突出，各生产队广开门路，发动社员群众掀起大积土杂肥运动，土杂肥主要有：

斫青草　生产队号召社员斫青草，先是本村斫，将田边地角、塘坡河岸、路边山脚、村庄内外的杂草全部清除。本村斫光后，男女劳动力纷纷外出去河上、楼塔一带斫青草，斫好后用人力车运回，生产队安排人员过秤记数，按斤量记工分。社员斫回的青草，少量投入猪栏，大部分直接壅入水稻苗田里，即把青草铡断，用手一把把放入水稻苗行中，然后在耘田时再把它陷入泥土，使之腐烂成肥被稻苗吸收。

扒垃圾　为了广积土肥，戴村公社、永兴公社不少大队以生产队为单位安排劳力去杭州扒垃圾，就是把居民户倒入垃圾箱内的垃圾扒出装入人力车，拉到江边预定地点堆放，同时还拉着车子到居民区上门收垃圾。大约半个月左右，能扒、收到 10 吨左右垃圾，然后通知生产队由生产队派运输船到杭州江边将垃圾运回。冗里等大队还与杭州肉类加工厂长期挂钩，派出几名劳动力，长期住在肉类加工厂，帮厂里干点杂活，厂里的垃圾全部包下来，定期运回。

烧制焦泥灰　村庄内外、塘坡路边较长的青草、杂草斫完后，将长在地上较短的刀不能斫的老杂草，用锄头或磨快的泥撬将草贴根削（或铲）起，晒燥，然后连草带泥一起烧，使之变成灰，这就称为焦泥灰。但这一操作过程必须在晴天进行，焦泥灰是一种优质人造肥，一般用于蚕豌豆、玉米、番薯、马铃薯等旱地杂粮作物。

拾猪狗粪　过去有不少农户家养猪不是栏圈养殖，而是散放饲养。狗一直来都是散养的，所以村庄内外，屋前屋后的猪粪、狗、鸡粪随处可见。男女劳动力利用早晚或空闲时间，将散落在路边地头的猪狗鸡粪拾起堆放，自家有猪栏的直接放入猪栏内。也有不少读书的小学生，放学后在家长催促下去拾猪狗粪。拾猪狗粪必须用工具，左手一只带柄的畚箕，右手一个小镢头（用一小块铁皮做一个弯头，系在一根小竹杆上或细木棒上）。

掸烟煤 掸烟煤的工具为一架梯子，一只畚箕，一把长柄掸帚（一根长2.5米左右的竹片，一端系一个草帚）、一张草席等。每户人家有两处可掸，一是室外的烟囱，人爬在梯子上，把长柄掸帚塞入烟囱下端的洞内，然后上下掸扫，将烟囱里边的烟煤掸入畚箕，再倒进箩筐。二是室内灶梁肚内，先把草席摊在灰灶栈内，用长柄掸帚将灶梁肚内的烟煤掸下并倒入箩筐。掸烟煤一般都利用农闲时间或傍晚收工后去掸。烟煤是上等土肥，作基肥或追肥用。

第二节 绿 肥

所谓绿肥，就是在大田种植，在水面上养殖的作物，专门用作肥料，以解决肥源不足。农业集体化时期，戴村各村都重视绿肥种植，品种主要有以下几种：

草籽

草籽又名紫云英，是戴村传统种植的绿肥。草籽既可作肥料，又是家畜很爱吃的饲料。一般9月底至10月初播种，每亩用种量2～2.5公斤。播种前，草籽种用人尿浸种一昼时（24小时），捞起后再用钙镁磷肥拌种。于次年4月上旬至中旬开花，开花后生产队安排劳动力割除上半部分，分到社员户里给家畜作饲料，下半部分翻耕入土，灌水至泥土浸没，经过一段时间后，草籽在泥土中腐烂成熟，便成了优质的基肥。

草籽一般都是生产队自己留种，种子田通常选择要做晚稻秧田的田块。5月底以前，老草籽成熟，必须在草籽夹要开裂前，将草籽连茎秆带籽夹割起运到晒场。晒燥后，捆好拿到仓库或其他空房子里堆放一段时间（大约10～15天），再运到粮食加工厂连茎带籽进行碾轧，碾轧后用筛子筛过，去杂后就是草籽种。

20世纪60年代以前，戴村水稻区各村，有将近一半左右的农田播种草籽，以解决农作物肥源不足的困难。60年代以后，由于春粮种植面积的扩大，草籽播种面积随之减少。后来，随着化肥供应的增加，草籽播种面积继续减少，90年代以后基本不再播种草籽。

绿萍

绿萍是一种放养在水稻苗田里的浮萍，为苗田本身提供肥源，称为稻田绿肥。20世纪70年代，县农业局推广放养绿萍，各大队、生产队都进行试养。绿萍的放养方法：早稻秧苗插种后，在苗行中放养绿萍种苗，使秧苗与绿萍一起生长，经过一段时间，当绿萍长到布满所有苗行时，放干田水，然后安排劳动力耘田，将绿萍拌和在苗田泥土中。待绿萍腐烂后，苗田再放入田水，同时施一次化肥，让早稻秧苗同时吸收腐熟有机肥和化学氨肥，使苗秆粗壮、穗大粒多。后来放养绿萍还应用到晚稻秧田。一般来说，生产队都把小麦田、老蚕豆田、老草籽田留作晚稻秧田，待这些作物收获后，翻耕整理田块并放满水，撒放绿萍苗种，绿萍快速生长，当布满整丘田时，放干田水，并象其他秧田一样做成一垄垄秧板，把绿萍做进秧板中，再播晚稻种子。放养绿萍的秧板土质特别松，而且秧苗由于吸收绿肥后长势也很好。后来，由于越夏难等多种原因逐年减少，1978年以后基本消失。

田菁

田菁又称咸菁。取其嫩枝叶作肥料，茎秆作燃料，用于晚稻秧田作基肥，也有直接播在早稻苗田，在田菁苗期通过耘田使之与泥土拌和腐烂作肥料。田菁于1977年引进，推广面积不多，播种时间也较短。

第三节　化　肥

戴村镇最早使用化肥为1950年，当时国产化肥很少，仅供应少量的“肥田粉”（硫酸铵），尿素从日本进口。能使用肥田粉的田块很少，用于少数间作晚稻作追肥，每亩用量6～7公斤，所以20世纪50年代大田基本上靠施有机肥为主。人民公社化后，国家对化肥供应开始有计划分配。60年代至70年代，农作物用肥为有机肥料与化学肥料相结合。80年代开始，化肥供应量增加，有机肥使用量逐年减少，90年代，农户施肥基本上以化肥为主。2008年，全镇使用化肥1807吨。

国家计划供应化肥时，是按农作物种植面积分配到各生产大队，生产大队再按面积计算分配到各生产小队（或组、户）。有早稻肥料、晚稻肥料、秧田肥料、春粮肥料、经济油料作物肥料以及种、养殖的奖售肥料等。化肥统一由戴村供销社生产资料商店组织供应。化肥的种类主要有以下几种：

氮肥

氮肥就是含氮为主的肥料，能促进农作物的茎叶生长，戴村常用的氮肥有尿素、硫酸铵、硝酸铵、碳酸氢铵、氨水等。20世纪50年代国家供应的氮肥只有少量的硫酸铵、氯化铵等。60年代开始，氮肥品种又增加尿素、碳酸氢铵、氨水等，按种植计划面积分配。1961年每亩供应氮肥10斤。1976年起，秧田肥料每亩供应尿素1斤（按大田面积计算）。1980年，每亩凭票供应标准肥（碳酸氢铵）188斤，如买尿素肥料，需2斤标准肥（碳氨）买1斤尿素，所以当时称尿素为“双斤肥料”。1993年，氮肥仍是凭票限量供应，1994年起才敞开供应。

磷肥

以含磷为主的肥料，能促使农作物根系发达籽粒饱满，提早成熟。品种有过磷酸钙、钙面磷肥等，过磷酸钙一般多作基肥用，钙面磷肥适宜于种子播种前拌种。1962年开始供销社供应磷肥，每亩耕地供应9斤，1965年亩供12斤，1970年亩供27.6斤，1980年亩供40斤。20世纪90年代以后敞开供应，基本上满足农作物使用的需要。

钾肥

使用钾肥能促使农作物的茎秆粗壮坚韧，不易倒伏，有效抵抗病害，提高产量。戴村使用的钾肥品种，有氯化钾、硫酸钾等。1979年开始供应钾肥，每亩供应钾肥3.35斤，1984年亩供钾肥9.5斤。1990年后，钾肥敞开供应。

第九章　经营管理

中华人民共和国成立前，戴村农村经济以家庭为单位，只部分宗祠有少量公产田。村中公益事业一般由个人出资募集，用于修桥铺路造凉亭、修建水利工程、办学校等。中华人民共和国成立后，从初级农业生产合作社、高级农业生产合作社到人民公社，村级（大队）经济体制和经营管理模式发生多次变化。尤其人民公社集体经济时期，实行三级所有，队为基础，管理模式机械，集体经济薄弱。改革开放后，实行家庭联产承包责任制，逐步建立健全村级经济管理，特别是建立村经济合作社后，完善统分结合的双层经营体制，促进村级经济的健康发展。

第一节　产业结构调整

中华人民共和国成立后，戴村镇农户在种植集体粮食作物外，还千方百计多种经营以提高家庭收入。

1961年，召开全县山林水产工作会议，戴村公社李家坞、中潭、马谷3个大队，云石公社狮山、顶山、船山、尖山、坦庄坞、佛山、石牛山7个大队参加。1984年，在萧山县专业户、重点户标兵户、专业村先进表彰大会上，戴村有3户专业户、重点户标兵户和一个专业村在大会上作先进事迹介绍。他们是：实行科学种田的“粮食生产标兵”戴村公社陆家大队的陆校法；“开发山林标兵”云石乡勤工大队的顾幼多；“豆制品加工标兵”（附带养猪业）戴村公社戴村大队郑桂芳。一个专业村为云石公社顶山大队“竹制品加工专业村”。20世纪80年代初，随着国内花茶市场需求量增大，戴村、永兴、云石3个公社先后发动农户，推广种植茉莉花。种植最多时达30万盆以上，年产鲜花约1500担左右。仅云石公社1980年种植12.72万盆，1981年种植1.35万盆。当时，每斤鲜花的收购价为2.05元。1980年，云石公社茉莉花收入44620元，

多种经营的发展，活跃了农村市场经济。1980年，戴村公社多种经营统计数显示：全年养猪存栏5441头，出售肉猪6828头；茉莉花1.1万盆，收入7920元；挑花边800人，收入8.5万元；蚕桑231张，收入26690元；茶叶320担，收入51200元；养鱼13600公斤，收入13600元。

1980年，云石乡纠正了农业单打一搞粮食生产的倾向，坚持从实际出发，因地制宜，合理布局产业结构。造土纸、加工竹制品等传统的副业生产得到恢复和发展，多种经营的项目还有：茶叶、水果、茉莉花、箬丝地毯、养猪、养羊、养兔、挑花边等。是年，全社多种经营总收入达1976672元，比1979年增长36.5%。

完善农业生产责任制以后，发展多种经营和家庭副业，解决剩余劳力出路，成为社员的迫切要求。1982年4月21日，县委、县府批发了《关于支持戴村、临浦两个区的十三个公社全面发展农村经济会议纪要》的通知，并作出相应的经济补助措施。现镇域内的戴村、永兴两个公社名列其中，两公社因地制宜制订全面发展农、林、牧、副、渔、工的规划。是年，萧山县召开农业生产专业户、重点户（队、组）座谈会，戴村、永兴、云石3个公社共有9名代表参加。他们是戴村公社戴家山大队茶叶专业组，上董大队吴雪尧专业户，前方大队方吾兴专业户；永兴公社冗里大队施亚林专业户，石马头大队洪阿校专业户，何童埠大队何森加专业户；云石公社响石桥大队茉莉花专业组，沈村大队沈高富专业户，佛山大队吴吾昌专业户。

云石山多地少，山区资源丰富，以毛竹为原料的一些山货商品历来是重要经济来源。1983年，公社号召农户发展商品生产，继续搞好流通渠道。在政府支持下，全社6个大队建起土特产商品的供销组织，专门为社员推销土纸和各种竹制品的购销联合组织共有37个。个体供销专业户全社有70多户，这些户规模不大，有的搞经销，有的搞代销。有了以供销社为主体、供销公司为骨干、大队供销组、供销联合体、供销专业户以及社员自产自销这样6条流通渠道，全乡各种土特产品销路大畅。1983年，推销土纸4.7万多件、箬丝6000万斤、竹垫3.3万张、蚕扁6000多个、扫帚6万把、扫把3300斤、脚手板2万张、竹床1000张，还有畚箕、竹勾芯、竹棚、地毯、棒冰棒、淘箩、筅帚、筷子等上百万件。产品远销到黑龙江、内蒙古等10多个省、自治区。商品销售额达436万元。

1985年，贯彻中共中央（85）1号文件精神，镇、村领导引导农民治穷致富，调整农业产业结构，多种经营发展较快。新型现代农村经济开始崛起，养殖业、种植业、运输、服务、加工等各业同步并进，许多专业户在生产经营中逐步改变原来的小、散、杂的局面，逐步向大、专、联的方向发展。涌现出一批勤劳致富的专业户、专业村和生产标兵。是年，有8名专业户被戴村区命名为专业户生产标兵，其中戴村镇2名、永兴乡3名、云石乡3名。被戴村区命名的专业村有2个，即云石乡顶山村被命名为竹制品加工专业村，云石乡明堂村被命名为箬丝购销专业村。在萧山县农村专业户代表会议上，戴村两乡一镇20名代表参加，其中戴村镇7名，永兴乡6名，云石乡7名。竹制品加工专业村云石乡顶山村有128户、244个劳动力从事竹制品加工业，分别占全村总户数的85%和劳动力总数的68%，全年共加工毛竹150万斤，净收入25.5万元，占全村收入的85%。

永兴乡何童埠村的何越明被命名为开发山林标兵，在萧山县召开的花木场、专业户代表会议上，两乡一镇有15名代表参加。其中云石乡7名、戴村镇4名、永兴乡4名。

1986年，戴村、云石、永兴两乡一镇继续贯彻“决不放松粮食生产，积极发展多种经营”的方针，镇（乡）人民政府在年初对种养殖业作了布局调整。多种经营朝着项目多、面广的方向发展，涌现一批种植业、养殖业重点专业户，为全镇（乡）人民勤劳致富带了头。是年，萧山县召开1986年度农业商品经营专业户标兵、先进集体代表会议，两乡一镇有5位代表作了先进事迹介绍，他们是：云石乡南坞村的山林开发专业户标兵沈志法；永兴乡冗里村的粮食种植专业户标兵施关然；永兴乡何童埠村山林开发专业户标兵何月越明；云石乡顶山村的竹制品加工先进集体；云石乡勤工村围垦养殖场（养鱼、养鸡）联合体。

1987年，萧山县召开农业商品经济先进集体、先进专业户代表大会，戴村、云石、永兴两乡一镇共有24名代表参加。其中“云石乡顶山竹制品加工专业村”“云石乡增丰村土纸加工联合体”双双进入全县十个农业先进集体之列。他们的事迹在大会上印发。云石乡顶山村有150户、560人；山林面积1444亩，其中毛竹山950亩。是年有75户农户、164人从事竹制品加工，共加工毛竹90万斤，占该村当年毛竹砍伐量的70%，向市场提供笭皮2万张、脚手板3000张、畚箕5000副，产值31.8万元，占全村当年工农业总产值的81%。土纸加工是云石乡增丰村的传统产业。是年，有72人从事土纸加工，他们根据各自特长，组成松散型联合体，全年生产土纸7000多件，产值16.6万元，净收入8万元。土纸加工成为增丰村的一项主要副业收入，不少村民也因此富了起来。全县被评为农业先进个人的共10名，其中云石乡有2位。一位是南坞村的沈志法，他自1984年承包本村荒山50亩以后，于第二年种植杉木苗7000株、檫树1700株、笋竹150对等，当年总收入1.3万元，人均1666元，连续2年被评为萧山县专业户标兵；另一位是沈村村的俞水明，是运输专业户。他购置汽车两辆，计7.5吨位；雇请帮工5人，办起“捷达货运汽车队”，全年行程6万千米，载货2000吨，总收入77547元，净收入23364元，人均4652元。

1988年，镇（乡）人民政府发展多种经营的方针是：全方位、多渠道，因村制宜，走出自己发展的路子。云石乡贯彻“发展路子从实际出发，工作标准尽力而为”的方针，出现一些专业村。例如，勤工村创办了企业；顶山村继续发展竹制品加工业；骆村利用100多亩围垦土地开挖鱼塘养鱼，在鱼塘围堤上种植黄桃，逐步形成立体开发围垦的生态农业。至1989年年底，在围垦共投入40多万元，开挖鱼塘50多个，共400多亩，种植黄桃等400亩。是年，戴村镇农办在蔬菜公司帮助下，建立了43亩蔬菜商品基地。生猪和家禽生产也因村制宜，逐步发展，全年饲养商品猪5800余头、商品鸡鸭9万羽，禽蛋4万公斤。是年，戴村全镇多种经营总产值达到866.22万元，完成年度计划12.7%，比1987年增加160.22万元。总产值中，种植业产值为84.93万元，占9.8%；养殖业产值为270.99万元，占31.3%；加工业产值为209万元，占24.1%；运输业为83.4万元，占9.6%；劳务业产值为183万元，占21.1%；捕捞业产值为4.9万元，占0.57%；其他产值30万元，占3.5%。

90年代开始，随着农业产业结构不断调整，镇内各乡镇在抓主体农业的同时，积极发展多种经营，基本形成以粮食为主体，种养殖业为补充的农业发展体系。一优两高农业和适度规模经营打开局面，各业基地已粗具规模。1990年，永兴乡多种经营收入1000.75万元，比1989年增4.5%。1994年，云石山区开发青梅基地450亩、笋竹茶叶基地100亩，围垦防护林100亩，使全乡林特优基地扩大到3000多亩。是年，云石全乡销售毛竹及竹制品产值达200多万元；产竹笋50多万公斤，产值70万元；茶叶产量805担产值110万元，比1993年增加28万元，其中名优产品“三清茶”250担，比1993年的175担增加75担；水果基地有350亩投产，经济效益逐年增加。

1994年度，被评为萧山市农业适度规模经营先进集体的有戴村镇戴家山村林场，云石乡明堂村被评为箬丝专业村，云石农业综合发展公司被评为萧山市农业“龙头”企业；被评为萧山市农业适度规模经营先进个人的有：戴村镇郁家山下村的种粮大户郁连桂，云石乡南坞村的养鸡专业户沈玉虎。1995年度，被评为萧山市农业适度规模经营先进个人的有：戴村镇后郑村种粮大户郑望松、方友桥，云石乡尖山下村竹制品加工专业户姜兴华，南坞村养鸡专业户沈玉虎。

1997年1月24日,萧山市委市政府召开全市农业产业化建设表彰大会,云石乡的"萧山市云石农业综合发展公司"被命名为萧山市"一优两高"农业典型。戴村镇后郑村的种粮大户郑望松被评为1996年度萧山市农业适度规模经营先进个人。

2000年以后,戴村镇和云石乡紧紧围绕"农村稳定、农业增效、农民增收"这一目标,把农民增收的着力点和农村工作的重心放到调整农业产业结构、加快产业化步伐上。云石乡单纯种粮面积大幅度减少,大棚蔬菜、草莓、早秋玉米及杂粮种植面积扩大。在沈村村建立400亩农业观光区块,青梅、草莓、食用笋、桃子、梨、"三清茶"等基地相互配套。积极出台各种优惠政策,提供各种优质服务,加强与各涉农部门的横向联系,引进农业开发资金和人才。按照"高田山丘走旱路,低洼田地走水路,高产粮田走优路"的发展模式,因村制宜,发展高效农业,全镇已形成2158亩水产基地,50万羽(头)禽畜基地,2800亩林特基地和1000多亩经济作物基地,使农业经济继续向多元化、效益型转变,形成具有戴村特色的农业产业结构调整格局。

2001年,戴村镇调整产业结构的重点是发展特色农业,品牌农业、订单农业和优高农业。继续抓水产、林特、禽畜、蔬果四大特色农业示范基地,涌现出100多户种养专业大户。是年,全镇有5160亩林特基地、4530亩水产基地、70万羽(头)禽畜基地和2110亩经济作物基地,"三清茶"还获浙江省优质农副产品银质奖,效益农业呈现出广阔的增收空间和发展前景。

2002年,戴村镇为实现农业增效、农民增收,积极从传统农业向现代农业转换,继续改变单纯的粮食生产局面,发展多种经营和商品农业。在经济作物种植方面,重点发展以水蜜桃、青梅为主。在禽畜养殖方面,肉鸡、肉鸭、肉鸽的数量、养殖规模扩大。同时还发展特种养殖业,例如沈村村的沈正泉从贵州引进230多只贵州高山羊进行养殖;上董村张健投入45万余元,建起占地20亩的养殖场,引进湖南长沙的"果子狸",养殖成功;河上桥村村民何建和从武汉兆丰农科所高科技园引进特种灰天鹅繁殖成功。

2003年,戴村镇为优化农业结构,加快农业产业化进程,在重点加快农田基础设施建设的同时,继续通过政策扶持、服务促动,引进资金、技术和项目,扩展和提升禽畜、林特、蔬果、水产四大产业基地。是年,林特基地完成5300亩,比2002年增加176亩,稳定水产基地4000亩,发展苗木蔬菜基地5000亩,畜禽基地出栏120万羽,生猪出栏32040头。扶持农业龙头企业,云石"三清茶"、永达木业、卫士生态、山友生物、永晟竹木等农业企业初具规模。

2004年,新发展花卉苗木385亩,林特基地200亩,家禽出栏48万羽,生猪出栏13200头。杭州卫士生态科技园有限公司、杭州永达木业有限公司、云石农业综合发展公司3家企业成为区农业龙头企业。2005年,调整产业结构,发展高效益农业,走发展都市型、生态型农业。禽畜、林特、果蔬、水产四大特色基地有了新的提高和发展,镇人民政府进一步改善水利设施,高度重视畜禽防疫工作,为发展优高农业创造了条件。镇、村两级支持外地专业户到镇内承包经营,天台农民章维群,在郁家山下村租了11亩土地,春夏两季种植香瓜、西瓜,当年赚了4万元,镇政府补贴给他3000多元。尝到甜头后,翌年又租了30亩扩大种植面积。

至2008年,全镇水产养殖户情况:10亩以上水产养殖户37户,养殖面积2261.9亩。其中10~50亩20户,共计539.9亩;51~100亩7户,共计445亩;100亩以上的10户,共计1113亩。常规鱼常年亩产在400~450公斤,按400公斤计算,亩产值3200元,亩成本1550元,亩利润1650元;珍珠每亩放养1500只,养殖3年出售,产值每只3.5元,共计亩产值5250元,亩成本4160元,3年亩利润1040元。水产产业带面积2261.9亩,其中永兴片858.3亩,重点分布石马头96.3亩、河杨湖95亩、张家弄145亩、东风40亩、郁家山下60亩、永富422亩;戴村片273.6亩,重点分布南三40亩;半山片766亩,重点分布在沈村围垦100亩、佛山围垦80亩、半山268.4亩(以围垦为主)、马谷围垦150.6亩、三头167亩;云石片364亩,重点分布在骆家舍围垦46亩、尖山下围垦36亩、顾家溪围垦80亩、方溪围垦75亩、青山围垦127亩。

2008年戴村镇农民专业合作社名单

表4－9－1

组　织　名　称	所在地	法定代表人	注册登记时间
杭州平氏蔬菜专业合作社	永富村	平水木	2006－08－20
杭州和庆祠水果专业合作社	沈村村	沈静良	2006－11－30
杭州兴荣生猪专业合作社	三头村	丁鲍云	2006－12－25
杭州五尊茶叶专业合作社	青山村(南坞)	沈吾娟	2007－01－04
杭州亚美家禽专业合作社	河杨湖村	余美亚	2007－01－23
杭州欣凯禽类专业合作社	河杨湖村	何建和	2007－03－20
杭州南三水稻专业合作社	南三村	丁锦春	2007－08－07
杭州宁平家禽专业合作社	大石盖村	周祖宁	2007－08－31
杭州城波家禽专业合作社	东风村	周水林	2007－10－15
杭州萧山月辉茶叶专业合作社	沈村村	沈月辉	2007－12－04
杭州国玲鸽子专业合作社	大石盖村	张国兴	2008－01－24
杭州云龙勤丰茶叶专业合作社	佛山村	韩燕平	2005－11－08

说明:资料由镇农办提供

第二节　村级经济体制

20世纪50年代农业合作化初期,农民以土地入股形式创办初级农业生产合作社,但经济力量非常薄弱,有的依靠政府贷款才勉强得以兴修一些小型水利。初级农业生产合作社基本无经济积累,无法开展公益事业。高级农业生产合作社时,私人土地全部入社归集体所有。根据社章,每年积累公积金和公益金,同时组织社员开展多种经营,从此才有村级集体经济的少量积累。

进入人民公社化后,急切希望改变落后状况,推行"一平二调"(即平均主义,无偿调拨社与社之间的财产物资,无偿调拨社员家庭物资),极大地挫伤了社员的生产积极性,加上后来发生的连续3年自然灾害,集体经济几近崩溃。1961年,贯彻党中央《人民公社工作条例》,贯彻"调整、巩固、充实、提高"的八字方针,缩小人民公社规模,摒弃一些极"左"的做法,使集体经济得到一定发展。1965年,戴村、永兴、云石3个公社的各个生产大队刚有了点公共积累。不久"文化大革命"爆发,搞扩社并队,政治评分,实行平均主义,单一粮食生产,不准社员发展副业,有的大队多数社员家庭为"倒挂户",即使比较好的生产大队,社员除口粮外年均收入只有数十元。这种情况下,从公社到大队都没有多少集体积累,许多大队甚至靠补助度日。

改革开放后,乡镇企业快速发展,农村多种经营也得到较快发展,与此同时村级集体经济的积累得到增长。村一级的经济来源有村办企业上缴的盈利,有发展多种经营的收入、承包款收入,少量的土地出让、出租等收入。除上缴国家税收外,有了较多的公积金、公益金。村一级有能力开展村庄建设、农田水利建设等村级公益事业。进入90年代后,各村均建立了村经济合作社,除加强对农业投入外,又鼓励村民发展第二、三产业。随着乡镇工业企业转制,村经济合作社均在民营企业中占有一定的股份,加上土地、厂房的出租费、收取的承包款、土地转让费等收入,村级经济收益都有了不同程度的提高,从而有实力进行电路整网,开展洁美家园,农村现代化、城乡一体化等社会公益事业的建设。2000年后,随着家庭联产承包责任制的逐步完善,为减轻农民负担,农村的各项事业大多由镇投资和村民集资,故村级提留近年大幅减少。

1998年至2008年戴村镇集体提留金额情况表

表4－9－2　单位:万元

年份	年总收入	集体提留金额	占总收入(%)	年份	年总收入	集体提留金额	占总收入(%)
1998	695.93	48.54	6.97	2004	917.44	77.84	8.48
1999	695	48.49	6.98	2005	1016.76	29.41	2.89
2000	1217.51	76.03	6.25	2006	1164	－189.9	
2001	606	63.56	10.49	2007	1312	－266.25	
2002	627	34.26	5.46	2008	1328	－630.54	
2003	767	66.23	8.63				

说明:1.2006年后集体提留金出现负数。
2.资料来自镇档案室

第三节　村级经营管理

初级农业生产合作社

20世纪50年代初期,实行初级农业生产合作社。农民自愿入社,土地入股,统一经营,统一分配。原有的农具、肥料折价划入社员投资账,重新分配后的农具转入预支账,耕牛等大型农具的使用可分得一定的报酬。土地入股与劳动工分按照四六(土地四分、劳力六分)分成。每晚进行评工记分,记工员将评好的工分记入每个社员的工分账和劳动手册,由社长盖上私章,社员人手一册。每个社员评出的劳动底分,作为入社股份基金缴社。社按底分多少以生产队为单位划片分地耕种,生产队所需的生产开支须向社领取,凭发票记入生产队成本账,出售及零星卖出农产品的所有现金都要上缴社,由社出纳开给收据,再由会计记入生产队农业收入账。社员分配粮食、杂物等都由社会计分别记入社员分户预支账中。凡碰到困难借支现金,由社长批准,出纳支付,会计记入经济分户账。生产队出售粮食须带售粮证,其粮款由社统一结算,会计按队记入农业收入。年终决算时,首先召开社管理委员会会议,确定公积金、公益金的提成比例;列出困难照顾户名单和金额;确定社员因公脱产的报酬;财务误工结算;国家税金负担。支出,除社内共同开支外,以生产队核算为奖赔结算,然后决定每个队可参加分配金额,再依据工分所得分成结算到户。超支者交出现金,短支者可分配现金,称为决算兑现。超支而无力交出现金者,则转入下一年的预支账。当时划为地主、富农成份的,根据其实际情况,由社分别吸收其为候补社员。

高级农业生产合作社

20世纪50年代中期,实行高级农业生产合作经营管理。年初对各生产队以作物定产量、定成本、定工分基数,与生产队签订“三包”合同,超产而节约成本有奖,减产而超成本要赔。以全社为统一分配单位,生产队所需生产资料向社领取，出售收入要全额上缴社会计室。分配粮食等，均由会计到场，一切收支账务全部通过社会计室，生产队若瞒产私分要罚。分配方式全部改为按劳分配。对困难户和弱劳力户，经社管委会讨论决定给予适当照顾。当时高级社具有三个特征：一是将土地收归集体，取消了土地分成；二是将大型农具和耕牛折价入社；三是实行统一规划土地，统一使用劳力，统一核算，统一分配。同时实行“三包一奖”制度。社员入社须交纳股份基金，困难社员可向国家银行申请贷给合作基金。提留的公积金和公益金，用于再生产、兴修农田基本建设、社内公益事业，以及照顾困难农户等。

三级所有队为基础

20 世纪 50 年代末人民公社初期，将高级社的土地、生产资料、公共积累和其他财产无偿上调公社。公社下设生产队（相当于后来的生产大队）和生产小队，以生产队为核算单位，设生产队管理委员会。搞“一平二调”、“共产风”，社员“出工一直头，吃饭一钵头”，干好干坏一个样。1961 年贯彻中央下达的《农村人民公社工作条例草案》，缩小公社规模，原生产队改为生产大队，确立公社、大队、生产队三级所有，队为基础，以生产队为基本核算单位。每个生产队均有记工员和会计。重新分配自留地，使部分缺粮户能在自留地上种粮食，弥补家庭用粮不足。生产与分配统一由生产队组织，大队只起协调作用，改进劳动和分配管理，使农业生产普遍得到发展。大队设有大队管理委员会，有正副队长和分管其他各项工作的委员若干名。大队的重要决策，通常是召开大队干部会议或社员大会两种形式解决。一般大队干部会，生产队长等负责人列席参加。因政治运动频繁，大队干部经常参加会议和其他活动，这些误工均要记工分，社员对此意见很大。其间，开展“农业学大寨”，搞“政治评分”，设政治队长，搞“三忠于”活动，敲钟出工，敲钟收工，出工前要集中念一段毛泽东语录，然后分派工作。取消了每天评工计分方法，一般一季度评一次工分。社员到社队企业工作或外出做临时工，要向生产队买工分，否则就不分配口粮。70 年代初，曾搞过“定量、定工分”制度，但仍无法克服分配平均主义，严重挫伤了社员的生产积极性，劳动效率低下。

“文化大革命”期间，一度将大队管委会改为“大队革命领导小组”，进行所谓“斗批改”等政治活动，极大部分社员对此不感兴趣，应付了事。经营管理仍按《人民公社工作条例》实施。“文化大革命”结束后，取消大队“革命领导小组”，恢复大队管理委员会，坚持按劳分配加照顾政策，提倡多种经营，使生产有所恢复。1982 年后，逐渐推行家庭联产承包责任制，废除实行 20 多年的人民公社体制。

村经济合作社

1984 年 5 月，重建乡镇人民政府，时镇域内有戴村、永兴、云石 3 个乡。乡以下设自治性质的村民委员会，结合各村实际开展各项工作，村级经济由村经济合作社管理。

20 世纪 90 年代初，各村陆续建立了村经济合作社。通过村民代表大会，制订村经济合作社章程。村经济合作社设社长、副社长，以及委员若干名。一般由村党支部书记或村主任担任社长，与村民委员会同期进行换届选举。村经济合作社成立后，村有关重大经济决策开始由村党支部、村委会、经济合作社共同讨论决定。在完善家庭联产承包责任制中，凡承包合同均由村经济合作社作为发包方，与承包方签订合同。

其他管理机制

农村工作指导员制度　2004 年 3 月，为有利于创新农村工作机制，推动农村经济发展和社会进步，保持农村稳定和发展，各村建立农村工作指导员制度，其主要职责：一是村情民意调研；二是政策法规宣传；三是协助信访调查；四是富民强村服务；五是民主制度监督；六是组织建设监督。

“统一建账，分级核算”的财务管理体制　2002 年，为创新财务管理体制，实行村会计委托代理制，镇成立会计服务中心，对全镇 51 个村的财务实行代理计账和管理，对财务规范化管理起到了积极的作用。2005 年，戴村镇由 51 个行政村调整为 22 个村，其中 7 个村为未调整村，15 个村为调整合并村，各行政村实行“统一建账，分级核算”的财务管理体制。是年 10 月，骆家舍村率先实现了资产融合。2006 年 12 月，三头村也实现了这一目标。至2007年5月30日,剩余的13个分级核算村都实行了统一核算的财务管理模式。这13个村是方溪村、顾家溪村、枫桥村、青山村、半山村、八都村、南三村、戴村村、大石盖村、石马头村、河杨湖村、东风村、永富村。为了加强农村经营管理工作,镇政府于2007年6月出台《关于进一步加强村级财务管理工作的意见》,对加强村级资产管理工作作了明确的规定。

附录:

关于进一步加强村级财务管理工作的意见

戴镇委(2007)49号

各行政村:

为进一步规范村级资产融合后行政村的财务行为、严肃财经纪律,经研究,特提出如下意见:

一、货币资金管理

1. 出纳付款必须凭发票和村财务负责人审批意见,对照有关财务制度审查,符合规定的,予以报销付款。

2. 如遇特殊情况,需领款或暂付款的,出纳必须根据村财务负责人审批意见,同时对照有关制度进行审查,符合规定的,准予暂领或暂付;但应按要求及时收回,决不允许未批先付。

3. 禁止非出纳人员管理现金,不准坐支现金,各村发生的各项收入原则上必须由出纳员办理结算。

4. 银行存款由出纳员办理结算。

5. 出纳现金库存控制在5000元以内。

二、票据管理

1. 村级收款收据必须统一由出纳员领用、保管。村级集体经济组织必须严格管理《杭州市萧山区合作经济组织收款收据》,决不允许擅自购买其他发票进行收款使用,村级收款收据不得为个人(单位)虚开、代开发票。

2. 支出票据必须合法有效,真实相符,各职能人员必须对审批手续、开支用途,严格把关,切实负起责任,决不允许先付后批。单票金额1万元以上的支付要用转账形式支付。如不按财务制度执行的,审批人应拒绝审批,出纳应拒绝支付,镇会计核算中心应拒绝入账。

3. 支票直接开具支付对方的,一张支票只允许开具一种支付内容,决不允许一张支票开具多种支付内容,支票存根必须附在该发票上,以便管理核算。

4. 严禁在空白支票上盖好印鉴章,禁止一个人保管印鉴章,村财务负责人印鉴章必须由其本人保管,村经济联合社财务专用章统一由出纳员负责保管。

三、经营费用管理

1. 村级经营费用开支一定要取得正规发票,做到"三印六有"(对方印章、经办人印章、审批人印章;有时间、单位全称、品名、数额、单价、金额)齐全,确保票据内容的真实性和全面性;凡不符合上述规定,特别是未写明开支事由和来客单位的,一律不得入账,并限期整改、补办手续;限期不整改、不补办手续的,由镇纪委进行跟踪督查。

2. 经营费用的使用额度要严格按照《戴村镇关于实行村级经营费用限额报批制度的决定》(戴政〔2007〕26号)文件精神执行。因引进项目确需增加额度的,必须经村民(社员)代表大会讨论通过,报镇政府审核批准。对改变经营费用使用性质、扩大范围的,谁开支、谁退还;对违反经营费用使用制度、超额使用经营费用,谁审批,谁退还;并按有关规定进行查处。

3. 村级资产融合后,各行政村集体资产实行统一核算,所规定的经营费用一律由行政村开支。

四、干部报酬、补贴、奖励工资管理

村干部的报酬、补贴、奖励工资管理必须严格按照规定发放,村主要干部报酬要按《关于完善村干部工资待遇的意见》(戴政〔2006〕6号)文件执行。各村不准自行提高额度或增加开支项目,不得巧立名目乱发补贴和实物，一经查实按违纪处理。

五、工程项目管理

1. 村级工程项目建设必须坚持量力而行。如需建设工程项目，首先必须经村三委会集体讨论通过，重大工程项目必须经村民（社员）代表会议通过，并应有资质的单位承建。

2. 1 万元以上的项目应由委托杭州市云峰法律服务所实行招投标，严格按照规定程序操作，并接受主管部门的指导和监督。

3. 工程项目结算入账，村经济联合社、镇会计核算中心必须严格把关，结报入账应该具备下列手续资料：

（1）工程项目村集体讨论的书面记录或村民（社员）代表大会讨论通过会议记录。

（2）工程预算清单（根据工程性质，可由村里或专业部门搞预算）。

（3）招投标情况记录。

（4）书面合同。

（5）工程决算清单。

（6）验收记录。

（7）行业正规发票。

六、各业承包合同管理

村级各业承包项目（土地、池塘、山林、房屋等集体资产）必须经村集体讨论通过，重大合同必须经村民（社员）代表会议通过，并按《关于规范村级集体资产承包、发包合同的有关意见（戴镇〔2004〕23 号）文件签订好规范的书面合同，报镇会计服务中心备案一份，并严格按照合同条款执行。如遇合同有变动或与条款不符的，必须经村集体讨论或村民（社员）代表会议决定，并签订好相应的补充或修改协议。

七、资金借入、借出管理

今后村经济联合社在融资借债时，必须做到六个“不准”（一）不向非金融单位借款。确需向金融单位借款时，必须经村三委会集体讨论，提交村民（社员）代表会议表决通过，并分别形成书面决议后才能借款。同时，必须将资金用途、额度和使用结果及时向村民（社员）公布。（二）不准向农户非法集资和高息集资。已经形成的农户集资款，必须在今年内限期归还，对高息集资的要及时调整利率，减轻村级债务负担。（三）不准举债兴办公益事业建设。搞公益事业建设必须从实际出发，坚持量入为出的原则，有多少钱办多少事，杜绝借钱营造“政绩”的行为。（四）不准借款用于非生产性开支。广大群众对非生产性开支过大的意见十分强烈，对借款用于非生产性开支的行为要严肃查处，追究责任。（五）不准为任何单位和个人提供经济担保。对原已担保的要采取有效措施，严肃督促借款单位及时还款，并在年内解脱担保责任。解脱担保责任前，要及时补办反担保手续，以化解和减轻担保责任。（六）不准擅自出借集体资金。特殊情况确需向企事业单位出借集体资金时，必须经村三委会集体讨论，提交村民（社员）代表会议表决通过，报镇主管部门审核，并签订规范的合同和第三者担保后，方可出借资金。

八、财务计划与收支管理

村经济联合社必须建立财务收支预算管理制度。年初应当按照量入为出、留有余地、兼顾各方利益的原则，编制年度财务收支计划，年初计划不得赤字；年度财务收支计划必须经村三委会集体讨论，村民（社员）代表会议通过，报镇人民政府（经营管理站）审核备案。

村经济联合社实行社长“一支笔”审批制度。费用开支先由经办人写明事由，再由村分管线同志签具证明意见，然后交社长审批，实行统一建账核算。

九、民主理财及财务公开管理

村经济联合社的财务必须坚持民主管理、民主监督的原则，建立健全民主理财监督制度。村理财组人员依照国家有关法律法规和财务管理制度，坚持实事求是，客观公正的原则，对本村经济和财务活动进行审核监督，对审核后的原始凭证签名或盖章，对理财监督活动情况进行书面记录，确保村级财务活动正常运行。村理财组人员不得无故拒绝出具意见。

村经济联合社的财务活动应广泛接受社员监督，实行财务公开，增强财务工作透明度，提高村干部的民主意识，不断增强社员履行应尽义务的自觉性。村经济联合社的财务公开应与村务公开紧密结合起来，按照《萧山区村务公开规范化操作规程》（区委办〔1999〕142 号）、《关于进一步加强村务公开工作的意见》（区政务、村务公开办发〔2003〕3 号）的规定，制订好公开制度。

中共戴村镇委员会
戴村镇人民政府
二〇〇七年六月十日
（资料来自镇档案室）

第十章 名优企业与产品

戴村镇在发展现代农业和高新农业基础上，涌现了一批名优农业企业与名优农业产品。名优农业企业有杭州永达木业有限公司、杭州萧山云石农业综合发展公司、杭州海尔希畜牧科技有限公司等；名优产品有戴村镇何氏珍禽养殖场养殖的灰天鹅等。

第一节 企业选介

杭州永达木业有限公司

1991 年成立，位于戴村镇郁家山下村，03 省道北面。占地面积 15745 平方米，是浙江省出入境检验检疫局定点生产企业，省木质包装除害处理标识加施企业，省木质包装行业协会会长企业，连续 7 年被评为杭州市级和萧山区级农业龙头企业，主要生产制作各种木质包装箱、木托盘、木柜及附件，专为出口企业服务。1999 年取得省内第一家 IPPC 资格证书，2008 年注册“裘老大”商标。

1999 年，为应对美国“木质包装事件”①，公司总经理裘灿贤主动和省检验检疫机构取得联系和支持，及时邀请美国灭虫专家到公司，共同试验、探讨灭虫措施和操作流程，并取得成功，得到检疫部门的认可，第一家获得国际植保组织 IPPC 木质包装除害处理统一标识加施资格，解决了外贸企业使用木质包装的后顾之忧，为外贸企业产品顺利进入美国、加拿大、巴西、澳大利亚等国和西欧市场铺开了道路，使公司扎稳了脚跟，拓展了市场，公司业务迅速上升。2006 年，生产各类木托、木箱、木框 40 万只，加工处理木包装 15 万只，产值达到 1818 万元，销售收入 1676 万元，上缴税金 94 万元。

2007 年，公司在临江开发区征地 13332 平方米，投资 1500 万元，新建木质包装除害处理生产线，开辟第二生产基地，使萧山东片客户加工处理出口木质包装更加便捷，解决近 200 家客户出口包装除害的困难。公司与南京架林科技有限公司和临安南洋木工机械有限公司进行技术协作，先后对公司 4 只热处理烘房安装全自动电脑监控系统，实行从国家检验检疫总局到地方各级生产单位电脑联网，有效保证出口木质包装产品

① 1998 年 9 月，美国农业部长签署一项法令，要求所有来自中国的木质包装和木质铺垫材料必须附有中国出入境检验检疫机构出具的证书，证明木质包装在进入美国前已经过热处理、熏蒸处理或防腐处理，目的是防止中国光肩星天牛传入美国，危害美国松木资源，这就是“木质包装事件”。中国政府非常重视，一方面对外交涉，一方面从源头抓起采取措施避免出口损失，并严格限令和监督生产包装物料企业进行无害处理，出具权威证明，否则如受到处罚，国家不予保护。

质量。

2007 年,公司注册成立"杭州永达病虫害防治公司",专业从事非营利性森林病虫害防治。主动请缨承担社会责任,在区林业主管部门的支持下,投资 80 万元,购置除虫专用器械,设置专业管理机构和 2 支专业除虫队,2 年来清除病死松木 12700 吨,除害热处理松木 1040 吨,切片处理松木 2600 吨,焚烧处理下脚料树皮 1300 吨,实现安全作业,有效除治,科学利用的目的。

杭州萧山云石农业综合发展公司

1993 年成立,位于戴村镇沈村村。公司拥有茶园 1215 亩,由石牛山林场、狮山茶场、云门茶场、佛山茶场、南坞茶场、沈村和庆寺茶场组成。其中石牛山林场、狮山茶场、云门茶场均在海拔 550 ~ 700 米之间,终年云雾缭绕,昼夜温差明显,生态环境优越,无须治虫防病,无污染。种植茶叶品种为鸠坑种,是优质高山云雾茶老品种,浙江名茶"三清茶"就产于此。沈村和庆寺茶场、南坞茶场、佛山茶场属低山茶场,总面积 600 亩,逐年引进龙井 43#、龙井长叶、中叶 108、乌牛早、平阳早等新品种,种植面积 600 亩,新品种的主要特点是产茶早、产量高、品质好,通过无性育苗繁殖,生长整齐。2007 年,公司在杨家坞新建茶厂,总面积占地 4 亩,建筑面积 3500 平方米,内设机械车间、手工车间、辉锅车间、包装车间、化验室、办公室、销售处等,道路硬化 650 平方米、绿化面积 630 平方米。公司拥有总资产 1100 万元,其中固定资产 600 万元。在萧山南片山区设 10 多个点收购农户茶叶(青叶)进行加工,在萧山各地开设茶叶专卖店 5 处、代销店 6 处,销售"三清茶"。有固定职工 8 名,短期职工 600 名,年产茶叶 1.2 万公斤,年产值 500 万元。

公司先后被萧山区(市)人民政府评为农业龙头企业,一优二高农业样板;农业部无公害基地;浙江省绿色产品,浙江省示范茶厂。2007 年 12 月取得国家食品卫生许可证,2008 年取得全国工业产品生产许可证(QS 论证)。公司生产的"三清茶"多次获国家旅游局、浙江省人民政府、省茶叶学会、全国农业博览会、省农业博览会、中国杭州国际茶博览会授予的"名茶新秀""浙江名茶""金奖产品"等称号。公司经理沈月辉,1994 年被评为农民高级技师,1995 年 8 月取得农艺师资格,2002 年被评为萧山区劳动模范,2006 年被推选为萧山茶业协会会长。

杭州海尔希畜牧科技有限公司

杭州海尔希畜牧科技有限公司于 1991 年 6 月 11 日创办,位于戴村镇工业园区。该公司是一家专业生产畜、禽、水产饲料添加剂的企业,主要产品有氯化胆碱系列产品、甜菜碱盐酸盐产品和新开发的新一代抗球虫兽药一癸氧喹酯等。

氯化胆碱是 B 族维生素,对动物肝、肾的脂肪代谢起促进作用,也是动物体内合成氨基酸时的甲基供应体,是非常好的生长促进剂,对降低脂肪肝,降低死亡率等发挥很好的作用。公司生产的氯化胆碱主要销往江、浙、沪等省市,在该地区的市场占有率约 50% 左右。甜菜碱盐酸盐是优良的动物体内生化反应的甲基供给物,促进核酸、蛋白质和脂肪的合成代谢,对动物的生长起到良好的促进作用。公司该产品生产能力在国内排名第三,产品销往全国各地,国内市场占有率约 25%。公司氯化胆碱和甜菜碱盐酸盐,均有部分产品出口,出口国主要分布在东南亚、欧盟和南美国家,产品经其他外贸公司代理出口。癸氧喹酯是新一代的抗球虫兽药,对 6 种主要的等美耳球虫都有特别效果,而且能在球虫生活史的早期就发挥作用,因此疗效高,对肠道的损伤小,无毒副作用,目前无抗药性。2006 年,该产品被省科技厅列入省新产品开发项目(浙科发计〔2006〕296 号文)。2007 年年底建成一套小规模生产装置,产品的各项技术指标都达到要求。

该公司是一家私营股份制企业,董事长兼总经理楼伟杰,浙江大学进修研究生动物营养与饲料科学专业毕业。2008 年,产值 5000 万元以上,注册资金 500 万元。产品从单一的氯化胆碱品种到新开发出的甜菜碱盐酸盐、新一代抗球虫药一癸氧喹酯等,向高科技企业发展,跳出饲料级的框框,把产品扩展到食品,医药行业。

第二节　名优产品选介

灰天鹅

由杭州萧山戴村镇何氏珍禽养殖场饲养。该场位于戴村镇河杨湖村，创办于2002年，法人代表何建和，河杨湖村人，大专学历，技术员。养殖场拥有饲养场地48亩，管理房2000平方米，孵化箱6套，发电机1台，年饲养灰天鹅[①] 1.2万羽，供应高档宾馆、酒店。2006年，又从武汉引进灰天鹅系列鸿雁母种200羽繁殖成功，由于鸿雁个体较小，肌肉结实，肉泽棕红、野味更浓、脂肪少、味美等特点，上市后深受顾客青睐。

戴村镇何氏珍禽养殖场养殖的灰天鹅，是以野生灰天鹅原种采用人工繁殖、饲养的一种仿野生动物，以食草、菜为主，也食小鱼、小虾，饲料均来自大自然，在天然饲料中获取所需蛋白质、碳水化合物、脂肪、无机盐、维生素和水，是食用珍禽中蛋白质含量高（比同类品种高出14.6%），脂肪含量低，含有人体必需的多种矿物质和微量元素钙、铁、磷等，是极珍贵的高档珍禽。经烹饪后有肉香浓郁，味道鲜美，是理想的保健食品。因灰天鹅主要吃草，所以又被誉为“世界绿色食品之王”，其内脏和蛋也是人们食单上的美味佳肴。一只母灰天鹅每年能产蛋120~150枚，每枚蛋重在180~200克。种鹅的羽绒产量也较高，并且最耐活体人工拔毛，一只种鹅每年能拔毛2~3次，可拔羽绒350~450克，天鹅绒是制作羽绒衣被的高档材料，“雁王”羽绒被就是由灰天鹅绒的制成品，翅膀毛长的可制作羽扇，短的是制作羽毛球的好材料。

2004年9月，何氏珍禽养殖场取得浙江省野生动物驯养许可证和浙江省陆生野生动物经营利用核准证。是年11月23日，由浙江大学现代教育技术中心在戴村何氏珍禽养殖场拍摄科教片《灰天鹅》人工养殖，浙江电视台教育科技频道播出。2005年，在萧山区双学双比竞赛活动中被评为“十佳”妇字号农业大户和戴村镇“优高示范户”。2006年向国家工商局申请注册《白宇池》商标。同年10月，何建和在电视片《灰天鹅人工养殖》中担任科学顾问，该电视片已经在CCTV-7《农广天地》栏目中播出，电视片的VCD光盘已由农业教育声像出版社出版发行。是年，被评为萧山区“都市农业百佳示范基地”。

三清茶

产于海拔650米的石牛山上。常年云雾缭绕，溪水叮咚，土质松软，山高林密，虫害大多被天敌消灭，无须使用农药，出产的茶叶具有香气清高、汤色清澈、滋味清醇等特色，故名“三清茶”。（详见卷六商业、服务业第六章第二节三清茶简介）

① 灰天鹅，俗称大雁、野鹅或天鹅，是雁属中的鸿雁、豆雁、灰雁的总称。

卷五　工业　建筑业

第一章　传统手工业

传统手工业在戴村有悠久的历史，早在晋代，今上董村一带就有青瓷生产。竹、木、铁、纺织、缝纫、泥瓦各业在各个历史时期都有不同程度的发展，主要表现为家庭手工业、工场、作坊和上门服务。新中国成立后，部分手工业者脱离农业，形成独立的手工业者。1956 年戴村相继成立了木器社、竹器社、铁器社、服装社、建筑社等手工业生产合作社。改革开放后部分转化为各种专业工厂企业，一部分保持原来亦工亦农在农村流动服务。手工业历史久、行业多、分布广，山区的土纸业、凌溪一带的毛纸业、东片的锡箔业在一个地区曾经发挥过经济主导地位的作用，其地域特征也非常明显。

第一节　土纸业

土纸业主要分布在山区的骆家舍、尖山下、方溪、顾家溪、枫桥、青山、沈村、上堡、马谷、八都诸村。为萧山三个土纸主要产地之一，以造纸业为生者超过万人，是山区的主要经济收入。

相传南宋已有土纸生产，明朝洪武初年生产的日历纸已作为贡品，清代土纸业有较快发展。

清末民初，机制纸输入中国，土纸生产渐次衰落。民国 19 年(1930)戴村有槽产 207 产，工人 1180 人，产值约 54 万元。民国 28 年戴村槽产减至 144 产，工人 952 人。抗日战争期间土纸业大都停产，抗战胜利后相继恢复。

中华人民共和国成立后，各级政府重视山区经济的发展，土纸生产逐步得到恢复，并有所发展。

1951 年，长潭、云石、凌溪、云峰 4 乡土纸的产量已超过解放前的一般年景，1952 年虽属小年(毛竹生产有大小年之分)，但仍然生产元书纸 7691 件、两用纸 18721 件、迷信纸 79124 件。经过土改后，槽农的积极性得到提高，1953 年上半年有槽产 308 产。此年上半年，中共萧山县委对戴村区的土纸生产进行调查，指出土纸生产存在的一些问题及解决这些问题的办法，后土纸生产有所发展，1956 年，云石乡有槽产 167 产，1958 年顾家溪兴办了造纸厂，工人有 150 多人。

人民公社化后，土纸生产发展成为以生产队、大队为单位经营，槽产在 200～210 产之间。

1984 年山林承包到户后，集体槽产大都停业，相继产生的是联营或个体槽产，数量仍有近百产。1992 年后联营或个体槽产逐渐减少，现在仅存极少数个人以废纸作原料生产一些迷信纸。土纸业作为戴村山区主要经济支柱，经历几个世纪的艰难跋涉，逐渐被人们所淡忘。

附录一：

萧山县戴村区土纸产销情况调查总结

1953 年上半年，中共萧山县委财委对戴村区土纸产销情况作了认真的调查，并进行了总结。

戴村区 11 个乡中有 4 个乡(长潭、云石、凌溪、云峰)山多地少，仅有耕地 10905 亩，山民一直以土纸业为主要生活来源。调查报告称：土改以来，四乡的土纸业有所发展，山民的生活得到了改善。

一是土改后，四乡的槽产不仅没有萎缩，反而有所发展，调查时四乡已有槽产 308 个，当年(1953 年)还可以增加到 324 个。而 1951 年的产量已超过解放前的一般年景。1952 年虽属小年(毛竹生产有大小年之分)，但仍然生产元书纸 7691 件、两用纸 18721 件、迷信纸 79124 件。1953 年，原料属大年，估计可比去年增加 20～30%。

二是销售价格有所抬升，按每件海方，解放前可卖3斗米钱，而1952年在杭州市场可卖到4斗米钱。全区4个乡1952年土纸销售达70多亿元，可购买大米61800担，可供11500人的全年口粮，占四乡人口的70%以上。

三是土改后，山农的生产积极性大大提高，加上土纸产量多，收益好，生活也因此而得到改善，如长潭乡土改时有56户贫农生活困苦，如今已有55户赶上当地中农的生活水平。

调查还对土纸生产在经营上、管理上发现了若干问题，表现为：

1. 当地干部对土纸的产销不够关心，对土纸发展前途没有估计，只是停留在解决山农生活的层面上。

2. 有些山农入组不是出于自愿，而是靠干部强迫命令，又不允许退组或抽资，影响了他们的积极性。

3. 分配上，违反了"互利"原则，一种意见认为组内对生产工具的租金定得过低(40%)，而另一种意见则认为按劳分配的比例太少(20%)。

4. 由于土纸生产收益好，有少数农户已不愿种田，要求置槽产，参与土纸生产。如长潭乡的丁惠林欲将土改时分的一亩田退还政府，而转营土纸。这样的农户竟然不在少数。

5. 银行贷款注重于解决置产方面(固定资产投入)，不考虑解决急需的生产流通方面，以致四乡都加快了槽产的发展，今年比去年又要增加16个。

6. 对市场情况缺乏了解和掌握，生产上盲目性很大，特别是迷信纸的产量所占比重极大，造成积压4000件。

7. 忽视了土纸的质量，技术上不作改进，还普遍出现偷工减料的情况，缺乏了与周边地区(主要是富阳县)的竞争力。

针对上述情况，调查组还对今后的土纸生产、销售提出了一些意见：

1. 土纸生产对山农生活的影响很大，槽农也迫切要求政府加强领导，各级政府要指定干部具体抓好土纸的产销工作。

2. 一定要坚持"自愿互利"的原则，不论是小组，还是互助组，都要强调进退自由，切不可将槽农当作资本家看待，要千方百计提高他们的自觉性和积极性。

3. 端正对土纸生产的认识，既要教育少数不安心农业的群众盲目投入土纸生产，又要加强对槽农的领导，协助他们有计划地生产，减少迷信纸的生产比例，使他们懂得在保证质量的前提下，才能降低生产成本，否则会适得其反。

4. 要加强对市场的领导，销售上贯彻产地服从销地的价格政策，切不可盲目待价而沽，要动员当地的收购商积极收购，并注意增加对文化纸的销售量。

5. 原则上不改变目前的分配方式，待新纸出售，市场出现新的情况时，再决定是否改变分配方式，以利于土纸的生产。

6. 要解决好税收的问题，特别是在市场不景气的情况下，既要保证国家的税收不受影响，又要使广大槽农不致有过大的吃亏，以致他们的生活受到影响。

(根据中共萧山县委财委原总结材料整理)

附录二：

旧法造纸成本情况

表5－1－1　一镬产小黄笺170件核算成本表：

名称	数量(担)	单价(元)	合计(元)
竹肉	17	3.00	51.00
竹皮	35	2.00	70.00
石灰	12	1.00	12.00
人尿	15	0.15	2.25
颜料	8斤	7.50	60.00
柴	85	0.60	51.00
工资	129工	0.48	61.92
工具消耗	－	－	6.16
合计		－	314.33

说明：①每小件成本1.85元，售价2.05元，单位成本占90.24%。

②据民国28年2月6日《萧山日报》载

附录三：

云石传统土纸生产流程工序

土纸分白报纸和黄纸两种。白报纸供书写用，但必须用白料(竹肉)生产；黄纸一般叫迷信纸，可用黄料(竹皮)生产。由于两种纸的规格要求不一，故销售价亦完全不同。

土纸生产的流程基本为以下工序：

一、削竹

将当年生长的嫩毛竹(因嫩竹皮呈青绿色，故山里人习惯地叫青竹)刚长出竹叶时采伐下山，节气从忙种开始，历时一月左右，造纸人将此段时间称为忙工。每支青竹截成长约2米数段，每段依次架在高约0.5米的“马架”上(呈平行)。削竹者(属于忙工时间里的上手师傅)作业时必须弯腰，双腿成马步状；其中右脚在前，左脚为后，上身前倾，双手基本平握弧形削竹刀(左手略高于右手)，不时用左手将竹段向左微微旋转，逐一削下长1米宽约近2厘米的竹皮，削完青竹段的一端时，再调头重复。

削下的竹皮满架时，即捆扎出“马架”(一般在50公斤以下)，由专人运往它处摊开晒干，不使霉变。削下竹皮的竹肉(山里人叫花筒)由削竹师傅逐一射出“马架”，第二道工序有人接手。

二、拷白

为搬运方便，故拷白者作业离削竹“马架”不远，属同一场地。按正常情况下，拷白者能够完全消化掉削竹者的产品，不会积压。拷白者左手手心向上抓住花筒末端，右手手心朝下距左手约60～70厘米处紧握住，腰微弯、身微倾并双手用力将花筒的三分之二打在同方向的硬树背上。硬树长约1.7米左右，直径25厘米左右，其一头埋入地，另一头固定在离地0.5米或按作业者身高来定，直至花筒基本碎裂为止，然后在空中调头，另一端同样操作。

接着将碎裂的花筒前端搁在直径约35厘米左右的，已固定好的扁平石块上，末梢搁在老毛竹横架上，拷白者面向石块和毛竹横架间，碎花筒平躺在齐腰高的左侧，用左手抓住花筒，右手持尖嘴木柄铁榔头用尖嘴将花筒从头至尾破腹成一块嫩肉竹板，大的老头段有50多厘米宽。然后，用尖嘴榔头平头的一端把竹板垫在平石块上从左至右有次序的逐一砸遍（硬的竹节部位须用尖嘴），使其“遍体鳞伤”为止。若不是急于加工成土纸原料，亦必须晒干，因为不但其身价要高于竹皮（即黄料），而且比竹皮更易霉变。

此道工序还包括拷青，不能放在“马架”上削竹皮的竹梢或短于“马架”要求长度的竹段，无论长短，一概亦在此道工序中完成，不同的是在捆扎中白料或黄料应分开。

三、断料

首先将一般直径20余厘米齐腰高的硬树墩头垂直捆绑在紫竹桌一头的脚档上（紫竹桌约长1.28米、宽0.43米、高0.53米，四只脚状形八字，属造纸专用工具之一）。断料也就是斩料；把长短不一的黄、白料斩断成统一长度，捆扎大小基本相符的小捆捆。断料时必须由另一人配合，配合者一般为女工；负责拣起小巴料放在木墩头上供断料者分断，此亦叫递料。

断料时男工将一张专用板登四脚朝天放在杀猪桌（杀猪桌：山里人习惯叫紫竹条〔条是别字〕，条就是桌子）上，把篾箍上端靠牢一面登脚放在登板中（此捆扎竹篾选用老毛竹，才能经受水浸、石灰浆、蒸汽煮的考验。此时的桌、凳、篾箍均为同方向），断料者左手按住木墩头上的料，右手紧握专用斩刀，凭眼力斩下规定尺寸的料，然后把料塞进预先放好的篾箍内，待料堆放高度与小凳脚平出时即捆成小捆捆。一般干白料每捆6～7市斤、黄料4～5市斤。无论黄、白料同样大小的每一捆之重量均与青竹砍伐时的老、嫩有关；前者略重、后者则较轻。此外，青竹的老嫩还与最后制成的成品土纸的产量高低、制作便利等方面有关。所以，适时掌握青竹砍伐季节至关重要。

四、浸水

断料成小捆的黄、白料，直径近30厘米，长约33厘米。业内人称每小捆为一小翼，每一镬（镬、供烧煮原料的土纸生产大型设备）一次可容650～700翼，浸水时一次就须达到此数，多于或少于都会带来燃料浪费和增添不必要的麻烦。

以前山里人的浸水池大多设在溪路旁，但因受地理条件制约，多数水池不规则。其实，只要进、排水方便，能把原料全部浸入水中，达到浸胀、浸透就可。一般来说，浸水时间为七昼夜，中间须排水数次，通过排污，清除每翼料体内的泥杂质和原料本身的废水。

五、浆料

浆料是土纸生产工序中重要一关。操作方法是：把清水中已浸透干净的料在前一天捞起来沥干，依次放入灰浆凼内，反复摆动，至每一翼料内外浸透，沾满石灰浆后捞起，在灰浆凼旁多层堆放半月（上面盖毛草，防止日晒雨淋），达到利用石灰渗透原料肤内，起到腐蚀青竹纤维、使其麻酥之目的。

灰浆凼一般为长约2米、宽1.5米、深1.2米，浆一镬料大概用生石灰1.3吨，尤以块石灰为好。

六、煮镬

煮镬亦叫热镬，意为把已用石灰浆过并堆放一定时间后的小捆捆依次整齐、紧密地层层放进镬内（堆放时间的长短与气温高低直接有关，大热天一星期到十天已足够，冬天不能少于半月）。

镬亦叫煏镬。解放前概用厚木板箍成，外围用数道老竹篾打成箍将木板紧紧扣住，再用优质黄泥、石灰拌和后厚厚的粘满木板四周，顶端用灰泥做沿。若外周是悬空之处则砌石成坎。解放后，凡新造的全用钢筋水泥浇制，但镬底无论新旧均需用生铁铸成的锅（达300余市斤）。煏镬内壁呈圆形，直径达3米余，高（深）近3米。因造价不小，解放前只有大户人家才能承受，解放后新建的均有生产大队（至少小队）出资。

此道工序不但劳动强度大，而且有相当的技巧可言，若碰上手段差的师傅不但费时费力，甚至在同样容积的一只镬内至少要少装30翼料。装料时每层还要用直径30厘米、厚近10厘米的圆石板夯上一遍，使其表面平整，便于上一层堆放时更容易。待整镬料装完毕，放水至淹没为止，顶端盖上干草之类编成的草辫，防止水分蒸发。旧时烧镬均用硬木柴，但后期建成的煏镬多以煤作燃料。待连续烧上3～4昼夜后，再焖数日，前后一星期后可出镬。

七、出镬、换缚、清漂

1. 出镬。经过前道工序的灰浆腐蚀和高温蒸煮后，原料基本烧熟。出镬时首先排净镬内热水，然后必须逐层取出。

2. 换篾缚。从断料就开始缚上的老竹篾经过水浸、灰浆、烧煮多道工序后，其纤维已遭不同程度的破坏，故已濒临断裂。操作者将整翼原料直立放于紫竹桌上逐一换去旧蔑缚，以新的老竹二层黄蔑取代，重新捆扎后即抛入清水池中，时久更难清洗料上的灰浆。

3. 清漂。由于水池中的原料周身粘满灰浆，所以当天就必须立即清除，迟则清洗效果更差。第一次清漂属流水作业；上午出镬、换缚，下午清漂，亦叫翻滩，由数人同时下池，每人均配备紫竹棹和带手炳的小木桶。翻滩时捞起水中原料先将其重重地摔在棹上，接着是离棹面高约30多厘米处，自右至左反复滚动、上下轻跌数次，然后把原料直立于棹上，并用左手扶边轻轻摇晃，右手同时用木桶舀水用力灌水于料体内外，反复数次，使其初步冲洗掉部分石灰浆。最后，排水清池，把所有料垂直排立成小方块状数行，纵横空间可容人过，便于每翼料体内的石灰、污泥杂质排泄顺畅。第一次清漂后的数天内，只管排出池内蚀水即可，且最好每天早晚各一次，后阶段须再翻滩数次。整个清漂过程一般时间在10天左右，要求直至把石灰水漂清为止。

八、收（修）缚、浆尿

1. 收缚。料体由于经受水池中多次漂清跌撞后，体内石灰浆杂质的排泄和料身小部份的自然失落、收缩后，第二次换上的老毛竹黄蔑缚显得尤为宽松，故必须适度收紧原篾缚，若断裂的则新换。

收缚时较整齐的原料只要将蔑箍拎起收紧即可，但若遇上披头散发的料翼时，则必须完全解开篾缚，用其中间较挺括部分掏出包边，蓬乱的则裹入其内，适度紧缚。这样，看上去既结实完整，又使其不易在下道工序中散落浪费。

2. 浆尿。把收好缚后的原料放入盛满人尿的大木桶中浸泡，当即捞起，直立排在尿浆板上，使料体内多余人尿重新流入尿桶内（起到回收作用）。沥干人尿后的原料按序排立，横堆成一人多高的方形料堆，顶端盖好草辫之类不受日晒雨淋，以致尿成份流失。整个堆场，俗叫尿浆蓬。通过人尿侵入料体和堆放半月后就使原料进一步成熟（无论灰浆、尿浆工序均起到化学反应作用）。

九、入站

待尿浆蓬堆放时间一到，即把成批原料全部以直立、有序、紧密地放入料站内，放满水至原料顶端不露出水面为准，供造纸作坊逐渐提取使用。其实，料站就是一个土纸生产的半成品仓库。

十、生产

1. 舂料。把原料从水站中于前一天捞起沥干水，放入压榨工具中压扁（一般土设备每次压榨16翼，成扁状时基本压干水分），再放入厚木板制成的方臼内，用3米长短的木横旦钳住近百斤重的石锤，操作者利用体重和巧力上下来回踏动横旦一端，手用木棒不断拨动原料，手脚并用、直至将原料捣碎成蚕豆大小纸团状时，再浇入适量清水。然后，再继续用此方法，待方木臼内捣成纸糊状时方可投入槽桶内供下道工序所用。

2. 造纸。造纸其实是整个土纸生产过程的统称，这里的造纸实为捞纸（浆）。由于生产工序联系，舂料和捞纸应在同一场地内，故俗称槽产头。捞纸必须具备的工具是：①槽桶。一般为长2.2米、宽2米、高1.2米（深），旧时全用石板构成。②帘床。长1.4米、宽0.6米，四周多用老质杉木、中间用细实圆竹杆间距3.5厘米排列而成。③帘。长与帘床相仿、宽略小于帘床。帘杆用小苦竹，其余用细长篾丝由丝线编成经油漆制成。

捞纸是整个造纸过程中最具技巧性的一道工序，称为上手师傅。操作方法：由舂料成糊状的适量纸浆倒入槽桶后，把清水放满，用撞耙（20×20厘米厚木板一块，中间留孔串上竹柄）来回从面到底用力翻滚，直至纸浆完全呈液体状，然后放入与槽桶内壁长度相仿的竹编网。当纸浆完全沉淀于桶底时，必须用撞耙在竹网隔离区内反复滚动，使纸浆在短时间内不下沉，此时的竹网就起到阻挡大部分浓浆涌入捞纸区的作用，保障稳定了捞纸处水域内的纸浆含量始终处于不稀亦不浓的程度，达到了竹帘捞纸时厚薄均匀的要求。

捞纸时操作者腹部微贴槽桶,双手将带竹帘的帘床缓缓推向彼岸,离桶边约50厘米时再缓慢地斜插水中又渐渐浮起水面回至原位停下,此时的竹帘上已均匀地盖上一层薄薄的纸浆。然后双手轻提竹帘,侧身弯腰,把竹帘翻身,平整地摊放在与槽桶成丁字形的木板上,并紧贴木板轻缓收起竹帘。这样,就把竹帘上的纸浆完全粘贴在木板上,如此重复,即成纸堆。一般情况下,纸堆的高度在60厘米左右。

捞纸成堆到一定高度时,就把纸堆连同木板拖至设在附近的压水架子内。旧时采用木滚筒、大横旦(光一根硬木横旦就达数百斤重)、用老竹篾索等组成,而且在压榨湿纸堆水分时不得少于三个壮汉,费时费力。纸堆压干水分后,就可分断(竹帘制作时就有两道分离线存在,便于纸堆的分段,一般为一帘分三段)。1970年以后,土纸作坊已普遍采用钢铁压榨架加千斤顶的作用,用电动石磨磨料和电动打浆,所以,既省时,又大大减轻了劳动强度。

3. 晒纸。被压干分段后的纸堆俗称纸筒。操作时将纸筒右高左低放在适当高度的木架上,分别用双手将顶部和右面边沿折起高低1厘米的两条边,用手轻柔顶小角,略见疏松后改用舌尖吹、舔、然后双手用晒帚托牢,再徐徐地大面积将其掀落,每次10余张。旧时采用掀落的湿纸贴在焙弄屋中央的砖壁上烘干(泥砖壁外用石灰抹光,涂上桐油,两条壁中间用柴火加热),后期尤其是个体造纸已采用太阳晒干,节约能源,亦称太阳纸。

第二节　木器业　竹器业

木器行业中有大木(建房)、小木(家具)、元木(箍桶)、车木、还有水车木、箱板木、棺材、装犁和雕刻。

大木师傅主要以建房为主。旧时建房主要是砖木结构,建房时先由砌石匠砌好地基,再由木匠制作屋架,业内名称叫“做串场”,然后有泥工砌墙,再作门窗板壁。一个作坊用工多少,视房屋大小、结构繁简而定。木匠做串场的负责师傅叫“头脑师傅”,头脑师傅都是本地有名师傅。旧时木匠师傅要三年徒弟四年半作,后再“过堂”,经过堂才能独立承接业务,因此木匠一般都有二个师傅,一是开门师傅,二是过堂师傅。大木师傅主要基本工为劈、锯、刨。还拿得起“件头”生活,如做串场“套照”“退楝”要准。解放前后以后宅俞何夫,东周周关松、周阿坑,云石姜荣法等师傅最有名气。

1956年台风以后,房屋损坏严重,木匠一时大忙,一些小聪明、爱木匠的农民在修理灾房时边做边学,成了“台风”木匠,他们无师自通,以后也参加了木匠队伍。

小木师傅以做家具为主,旧时小木师傅最讲“件头”的生活是八仙桌和八仙椅及讲究眠床一根藤、隔帐。一般小木都会雕刻手艺。家具用材讲究,以硬木为主,官宦大户好的要用楠木。家具和门窗讲究美观大方、气派。做一堂八仙桌椅一个小木师傅需化时一个多月时间,八仙桌有“大钩子”“十六矮桩”,八仙椅有“明八仙”“暗八仙”。做好用土漆(真漆)漆过,油光铮亮,摆在“堂前”,确实气派。后宅村小木师傅俞何根擅长此术,与其兄俞何夫(大木)大小木搭当很有名气。

水车木,旧时农田灌溉,主要用龙骨水车是种田人家的主要农具,水车结构复杂,有车头、车桩、脚、车壳、车骨、车板、车间子、络节水来滚、车夹等组成。水车要求出水快、用力省、车身轻,对制作技术要求严格。用户要制作水车,一定要挑一个手艺好的木匠,东周村周关松、周阿坑兄弟做的水车出水快、用力省、车身轻,远近闻名。他们不但上门制作,还为客户定做,车型有一丈、丈二、丈四、丈六、丈八、二丈,摇车、牵车等,车头有两人车头、三人车头、五人车头等。

圆木又称箍桶,圆器家具都出自箍桶师傅之手。中华人民共和国成立之初,戴村镇上有一家箍桶店,开在下街头丁早兴房子里,箍拥师傅沈观顺,云石明堂村人,箍一些马桶、柄汤桶、水桶、脚桶、粪桶、料勺等桶类家具出售,也接受客户定做和加工。1972年沈观顺与其儿子沈炳忠加入戴村农具修造厂工作,农具修造厂派金志法(许贤北坞人)在戴村茶店边上(原郑先法家)开了一家箍桶门市部。1978年后,畈里村余友成在戴村中街丁传来家开了一爿箍桶店,1983年又搬至石河池头丁吾灿家开设箍桶店至今。本地也有不少其他箍桶师傅,但都做跑乡业务,也就是说沿门箍桶与修理旧桶器,当时响石桥村的沈道生箍桶在附近较有名气。直到塑料制品问世以后,替代圆木家具,木质箍桶业逐渐被淘汰。

装犁,耕田的木犁是旧时农田翻耕的主要工具。制作木犁是独门功夫,都是子承父业,从不外传。马鞍独山头装犁师傅洪阿林、洪关潮、洪亚来父子3人,常年以装犁为业,他们装的犁使用顺手、役牛省力、翻土平直,远近闻名。他们不但包揽本地装犁业务,一些远地客户也慕名而来。如临浦、进化等地来的装犁客,在家坐等。他们热情招待茶饭,生意越做越好,收入可观。20世纪60年代同村二个小青年一个叫洪关昌,一个叫王仁根天天上门看他们装犁,时间一长他们从中看出了"门道",偷到了"拳头",在临浦等地开起了装犁店,小青年头脑活络,招待热情,后来生意超过了老师傅,随着翻耕机具的不断更新,拖拉机的普及,装犁这一行业基本绝迹,装犁师傅随之转业。

从事竹器行业的工匠,人称竹匠师傅、篾匠师傅。在戴村山区利用本地毛竹资源,从事家庭打垫,做竹板编制竹篮、晒篇、畚箕、劈先帚等,属竹器行业中的竹匠,从业人数远比正式篾匠要多。旧时本地的篾匠大多来自诸暨、东阳等地,解放后由于就业困难,部分当地青年开始学做篾匠,外地师傅逐渐被本地篾匠所代替。篾匠师傅工具比较简单,只有锯、刀和一些小工具,全凭一双巧手不但能制作根据东家要求的许多竹制农具,还能制作许多精美实用的用具和家具,如套篮、账篮、烧香篮、元宝篮、凉席、靠手、竹枕、躺椅、食盒等等,手艺好的师傅还能在这些器具上做出人物、花草、虫鸟、字画等精美图案。还有专做蒸笼的蒸笼师傅,专做花桥、窗帘的花竹师傅,等等。

第三节　铁　铜　锡器业

旧时戴村本地从事铁器业的人很少,打铁师傅主要来自永康、浦江、东阳等地。他们二三个人一伙,租用(借)本地庙宇、凉亭开一个炉灶,住上几个月或一年半载,为村民打造一些铁器,如铁耙、泥锹、锄头、柴刀、菜刀、勾刀、斧头、刨子,等等。

1956年国家对手工业实行社会主义改造,有关部门把近地流动的铁匠组织起来,成立戴村铁器生产合作社,戴村始有铁器生产,1958年公社化时铁器社并入公社农机厂。1972年,铁器、木器、竹器合并成立戴村农具修造厂。随着塑料业的发展,农修厂购入12台塑料注塑机,经萧山县二轻局批准成立萧山第四塑料厂,当时铁、木、竹器尚在生产。1985年第四塑料厂并入临浦玩具厂。1986年将原铁器社的工具折价卖给戴村人任兴良。任兴良在戴村凌溪路开办铁器店。计划经济年代由原县二轻工业公司管理,每年由县下达铁器生产任务,生产的铁器仍以农具和家具为主,由供销社组织收购。在下达生产任务的同时由县分配铁器生产所需的钢铁、煤、电等材料。其产品和原材料价格都有物价主管部门核定。市场放开后原材料采购、产品销售均由任兴良自主经营。铁器作为人民生产生活不可缺的用具,虽然在工具与制作工艺方面都有较大的改进,工人劳动强度大为减轻,工作条件也有所改善,但远远落后于其他行业,面临从事铁器行业后继乏人。至2008年,戴村仅存任兴良和石马头洪金昌两处作坊,且规模很小,仅一人一坊。

此外,戴村还有铜、锡业作坊,锡业业主裘文法,绍兴人,1934年来戴村开锡匠店,1940年由于戴村锡匠加工业务不多,搬到临浦开锡匠店,1950年10月,又搬回戴村加工锡产品。后与溪河村的铜匠师傅鲍植山一起为戴村当地村民加工、修理铜、锡器具。1956年,裘文法及大儿子、二儿子与人合作,在戴村西池头成立五金合作小组,1958年并入戴村公社农机厂,1961年,裘文法与大儿子、小儿子一起加入戴村农具修造社(1972年改名为戴村农具修造厂)。

第四节 纺织业 缝纫业

纺织业:旧时戴村农民一直以自制土布制作衣服,大多农村姑娘从六七岁起,在大人的带教下学习摇花(纺纱)、绕箧子、做纡子,到十二三岁双脚够得上布机踏板时,就要学习织布。纺纱织布成为妇女主要工作内容,男耕女织成了当时小农经济生活的一种美好向往,甚至在谈婚论嫁时,以是否会纺织纱布来衡量姑娘的身价和人品。当时农村每家都有纺车,大多农家都有织机,清末民初,戴村土布已能自给,生产的土布品种主要为白布、红绿柳条布,白布通过染坊染色,染成玄色(黑色)、绽青或蓝色,白布主要用于做内衣、被单、衬布,色布大多为衣服、被褥的面料,白布通过染坊印花(拷花),即为印(拷)花布,成为土布中的上品。解放前后,土布生产自给有余,通过卖布客人销到富阳、桐庐、临安山区,所得布款用来补贴家用。另外还有专做卖布和加工白布的。做卖布是买来棉花或棉纱(洋纱)织成白布,通过卖布客人销售或卖给近地花布店,从中赚取工钱和利润。做加工布是指从花布店领来棉纱,按规格要求织成白布,把布缴回花布店,结算工钱。

解放初人民生活有了改善,时兴"人民蓝""尼龙格""苏联花布"。农业互助合作化运动,广大妇女走向社会、走向田间,1958 年人民公社化大办钢铁、大办食堂,家庭妇女得到进一步的解放,延续几个世纪的纺纱织布在农村几乎绝迹。

三年困难时期,社会商品紧缺,棉布供应紧张,1961 年农民每人只发 1.8 尺布票,为解决穿衣问题,农家又开始在自留地里种棉花,收来棉花用传统方法纺纱织布,于是农村男女老少又穿起了土布衣服,但时间很短。"文化大革命"期间,戴村、永兴两公社办起两家名为废花厂实为废花收发点的企业,农村妇女利用早晚和雨天纺土纱,成为当时唯一的家庭副业收入补贴家用。土纱(废花)织物也作为这一时代的宠儿,占领了棉布市场的半壁江山(因为不凭票)。20 世纪 60 年代,化纤织物投放市场,缓解了棉布的供需矛盾。改革开放后市场放开、票证取消,衣服鞋袜之类应有尽有,花色品种繁多,且价格实惠,消费水平日益提高,在戴村再也寻不到土法纺纱织布,用于土法纺纱织布的纺车织机也很难寻觅。

缝纫业:旧时裁缝师傅最受女主人的款待,他们喝的是"闷碗茶",冬天还可有一个火聪汤脚。他们有的子承父业,有的师徒相传。他们的工具最简单,一把尺、一把剪刀、一个烫斗、一个灰线袋、几枚缝针用台布一包,夹在腋下就可进门。裁缝的工资在八作师傅中是最低的,除主人供茶饭外每天工资旧时只值三升米(钱)。有句谚语叫"裁缝师傅买田千针万针",说明裁缝积赞钱财不容易。学裁缝亦要三年徒弟四年半职,开始只能做些缠布纽之类的小活,二年以后才能做些平常衣服。满师以后因为名气不够还需在师傅名下跟上一段时候方可独立谋活。

平常人家的棉布,富贵人家的绫罗绸缎,要做成四季衣服,冬袍夏衫、长套短裙,裁缝一年四季生活都较多,特别是逢年过节、娶亲嫁女、小孩出生、老人做寿,裁缝从进门到出门有的人家要几个月时间,因此旧时有"春瞎子、夏郎中、秋道士、冬裁缝"的说法,说明冬天裁缝特别忙。

裁缝师傅也有"件头"活,如毛料呢绒、真丝面料、皮毛、丝棉等料作,因价格昂贵,就一定要请一个好的师傅才能做得衣着合身、用料得当、针脚细密、穿着大方。

缝纫机出现时农村老百姓叫"洋车",因此用缝纫机制衣的师傅也俗称洋车师傅,起先以男工为主,到 20 世纪 70 ~ 80 年代,缝纫机作为嫁妆后逐渐被女工所代替。由于缝纫机代替了手工缝制的千针万针,成衣速度要比手工裁缝快得多,精明的主人会把全家一年四季要做的衣服进行一次性安排,到时请一个缝纫工在家做上一二天,既省时又合算,碰到娶亲嫁女、做催生衣等更要请缝纫工了。缝纫工代替了裁缝师傅,手工裁缝除了做一些讲究的中式服装外,被逐渐淘汰。

1953 年秋,在戴村镇上办起了服装生产合作社,承接来料加工,当时服装社有何海洲、郭阿土、洪传来等老师傅把关,制衣质量好,深受客户欢迎,服装社生活繁忙。

改革开放后,社、队企业兴起,服装行业如雨后春笋,原永兴公社先后办起公社服装厂,厂长周炳云。手帕服装厂、沪杭西服厂、萧山呢绒服装厂、河上桥服装厂、九峰校办服装厂、何童埠服装厂等先后面世。戴村公社的上董、马谷两家服装厂先后迁到深圳发展。这些服装厂一度成为乡镇企业的骨干力量,都起源于缝纫业。

第五节　锡箔业

河杨湖村、张家弄村、郁家山下村历史上农民打锡箔的人很多,解放前后这些村去绍兴、兰溪、衢州打锡箔的不下500人。杨家桥解放时仅80户人家,出门打锡箔的有近百人,超过一户一人;张家弄村解放时有280户人家,打锡箔的超过300人,有的一户父子三四人,郁家山下也有百人以上。还有专门生产打锡箔的主要辅助材料—镭粉的六家作坊和近30户的拼股老板,从业人员也不下百人。还有女工随夫去绍兴、兰溪、衢州从事褙纸、砑纸等辅助工作,从事锡箔业是当地农民的一项主要经济收入。同时也造就了一批店王业主,如张家弄村的郭维鑑人称"小贤正"在绍兴开设"志诚"箔莊,经营锡和锡箔,其在绍兴的房屋有半条街,当地老百姓讲:小贤正在绍兴的房租每月可收白洋(银元)一白篮。在临浦开有"灵美"(音)丝行,在河上店开有伏裕米店,在戴村置有店面房屋10来间出租,旧时临浦渡船(义渡)也是他出钱开的,而且在本地拥有大量土地。杨家桥在绍兴开设的"叙盛"箔坊也颇具规模,该村的"墙门"都靠箔业收入建造。郁家山下的郁关超,人称关超店王不但在绍兴开有箔坊,还另开粉坊(经营镭粉)。

打箔工很辛苦,他们每日手举2公斤重的铁锤用力敲打,经过繁复的工序,把一叠锡块锤打成薄如蝉翼的锡箔要花4天时间。这是一种全凭体力和手艺换饭吃的辛苦工作,而且工序繁复。

锡箔的原材料是锡,打制锡箔的锡块必须熔入其他金属,以增强其柔软性和延展性,主要是加入铅和锑,但亦要根据锡的产地、品种进行配方,纯锡含量为80%为宜。

打锡箔的第一道工主序是"浇锭子"。锡熔化后浇入用黑石制作的模具,经冷却后成为长2寸半、阔1寸、厚3厘的锭子,29张为一叠,十叠为一排,五排为一作(1450张)。浇锭子要用3人操作,其中1人看火候,火过旺,锭子会出现花心,锤打易破,火过小锭子就浇不到底,锭子会残缺,这是全凭经验和技术的工作,其工资也比其他工种要高。

第二道工序是打锡箔,分下间和上间。

先是下间工打"麦糕头"(下间工上身赤膊,坐在低凳上)取半排锭子,握住一端,放在光滑平正的大湖石上,反复调转锤打,在锤打过程中使锭子逐步变薄延展,并用多种方式,或分或合继续锤打,中间还要逐张揭开,扑上镭粉,以防粘结。工序繁复,整个打制过程中行业术语有:撕扎伐、合四毕、间四毕、伸短腰、伸长腰、合长腰、扑小块、砸块、合拢、打双伐、打十分,这时已把锭子打成长55厘米、宽25厘米的面积了。以后是上间工的工作,其工序有理十分、打十寸、犁断、打腰间、平中锭、四边裁光、揭中锭、对开、打大尺广、搁焙、裁页子,至此,打箔工作才算完成。

一作锭子可打成5~7甲页子(1甲3200张),所出页子数视锭子质量,箔块尺寸大小,视打箔工技艺优劣而有上下之分。打箔时空气中如水分多会影响工艺,故箔工每年要歇夏(因夏季黄霉天、雾蒸天多),箔工每年实际工作只有8个月。

锡打成箔只是完成基本的主要的工序,要制成商品锡箔纸,尚需经过褙纸、砑纸、整块头、打包等多种工序。要用纸花鹿鸣纸(即锡箔纸基础纸),该纸产自绍兴、萧山山区(进化),切成大小规格,连同打好锡箔分发到城乡各户,一般有家庭妇女逐张揭开,褙上纸花,用磨头磨牢,再经砑纸,使锡箔和纸花牢固地粘结在一起,然后点数、整齐、打捆(包装),才成成品,方可出售。其大小规格也有许多种,业内名称有边王、的车、小鹿鸣,等等,同一名称亦有几种规格,以"边王系列"最大,如边王四七分,长7寸4分,阔4寸7分;边王四六分长7寸3分,阔4寸6分;大小尺寸繁多,总共有200多个。质量分成4等,各有行话名称,如一等称"门"或"尖",四等隐称为"花"之类。

旧时打锡箔是一种传统技艺，历来是父教子世代相传，如果上代没有打锡箔的，又想学习打锡箔，就必须向老师傅付"茶钱"，所谓付茶钱也是向老师傅们意思一下，把少量的钱物送到当地各个锡箔作坊，弄个"生手"当当，老师傅们收了你的茶钱，就认你这个生手，同意在他们的指导下一起打锡箔。先打下间，到技术熟练到一定程度，可以升作上间（下间工人数约占60%，上间工人数约占40%）工时，又得交一次茶钱，称之谓"过间"，过间时的茶钱数量大于当生手时的茶钱，相当于可娶一个老婆的钱，要求过间的人必须先把茶钱送到当地每一个锡箔作坊，各个作坊收到茶钱数量较多（有时有几个人同时过间）就会用这笔钱请戏班演戏、或办酒席。如果还有剩余则安人头平均再分茶钱。也有一直交不起茶钱，一辈子打下间而不能过间的，每年中秋节时老师傅们就等着分茶钱和谋划如何热闹一番，如果发现生手未交茶钱，就要勒令生手停工，还要召集同行到茶店议罚，那时群起而攻，既失了面子，还要费更多的钱，这个行规一直延续至今，称打锡箔的都是"三考出身"缘由此出。

解放后，反对封建迷信，锡箔业一度消亡，打箔工回乡分田地务农，业主另谋出路。但祀神祭祖这一风俗终难彻底废除，少量零星的锡箔买卖仍在隐蔽进行，这些锡箔产品来自少数打箔工的地下作坊。1960 年至 1962 年自然灾害频繁，经济困难。当时杨家桥因连年遭受水灾，许多当年的箔工又旧事重提，要求重操旧业，于是以大队办付业名义，实为私人拼股又办起了锡箔作坊，规模有二只焙栊，"四清"运动时作为走资本主义道路的典型。干部受到批评，箔坊勒令停业，同时也有少数地下箔坊运用"游击"战术，极隐蔽地仍在打锡箔，政府的"打击投机倒把办公室"作为重点打击对象进行查处。

改革开放后，张家弄，杨家桥等村经有关部门批准，合伙开设锡箔作坊，其产品经萧山外贸公司出口，亦有另星打箔工为近地作坊加工。

粉坊

粉坊，是指专门生产"镭粉"的粉坊。镭粉是打造锡箔的主要辅料。锡锭在不断锤打延伸过程中容易粘结，要不断在锡箔上撒上镭粉，使箔页活络，否则就会粘结成块，叫做"打杀"，需重新回炉，前功尽弃。

镭粉的主要原料一是早尖米（早稻米），二是白酒槽（旧时做白酒全用糯米）。早尖米通过浸水腐烂，掺入白酒槽，晒干、搡成粉即成镭粉经包装后即可出售。

镭粉这一行业，因为原料采购容易，制作简单，利润可观，解放前后郁家山下村"吃粉坊饭"的有 100 多人，有 30 多户合伙在本村开设粉坊外，另有三个老板在绍兴、衢州、开设粉坊。解放后锡箔业消条，本地粉坊也随之消失，改革开放后，锡箔业再度有了生机，粉坊再度开业，现时郁家山下尚有郑氏三兄弟在经营。

第六节　挑花业　山袜业

挑花边

戴村有花边业，始于 20 世纪 60 年代。那时，萧山花边厂在临浦灰弄设立花边收发点，派老师傅在临浦附近农村教妇女挑花边，戴村始有人前去学习，但人数很少，他们利用空余时间挑一点，每天挣 2 ~ 3 角钱，每月逢 5 逢 10 去领，汇一次。

1968 年，萧山花边厂在南片发展花边生产，在戴村挑选年轻妇女学习挑纸花，收发点设在临浦峙山，因为路远人多，领（汇）花边需半夜起床，赶路排队，挑好的花边验收合格才给工钱，再领上一点，如不合格，小毛病当场修补，大毛病有的被当场剪掉，有的就不再发放。那时农业学大寨运动热火朝天，挑花女工起早落夜，利用一切空余时间，一天也只能挣到 2 ~ 3 角钱。

1978 年. 萧山花边厂从戴村组织 10 名青年妇女去黄岩学习"棚绣"，时间一个月，回来当老师，每个大队再选一个热爱花边、耐心细致的女青年集中到公社培训一个月，回去再教村里的广大妇女，逐渐形成一支较大的挑花队伍。1979年9月，戴村、永兴、云石3公社相继建立花边收发站，负责花样发放，产品验收，工资结算。业务由萧山花边厂负责，公社“妇联”和“工办”也同时加强对花边站的领导和管理。挑花队伍扩大到3000多人，工资收入也提高到每天0.8～1.00元，由于挑花收入与当时社队企业职工收入不相上下，而且进入社队企业也不容易，在相当长的一段时间里挑花队伍比较稳定。1989年永兴乡实现挑花边收入25.6万元，戴村镇22万元，云石乡8万元，挑花工资也提高到每天10～15元。

戴村挑花边从1950年开始到2000年结束，时间长达半个世纪，挑花边成为戴村农村广大妇女的一种主要工作，成为农村家庭的一项主要副业收入，许多家庭用挑花边的收入，用以解决柴、米、油、盐、子女读书、添置衣服，对解决燃眉之急都起到了一定的作用，尤其是青年姑娘在挑花边中积攒钱财，添置嫁妆，挣得了体面。

由于乡镇企业的发展，就业机会的增多，读书求学成为时尚，挑花边的人越来越少，其收入又远低于做工和从事“三产”。20世纪末妇女挑花边在戴村已成为历史。

做山袜

很早以前山民为了上山劳作，采樵、打猎，双脚常被荆棘刺破或蛇噬虫咬，为保护双脚，做山袜由此产生。

制作山袜是山区老年妇女长期从事的一种手工劳动，似同做布鞋一样，讲究袜底厚实，线粗针密，要用“顶针”（一种铁制缝制工具，形似戒子）一起缝制，袜邦、袜筒要用面布、衬布、夹里三层布做成（衬布是用多层旧布用麦粉浆粘贴晒干而成，叫布白），面布、夹里一般都用白布，邦筒用粗线密针缝过，袜筒高1.2尺，穿到脚膝盖。一双好的山袜一个妇女起早落夜要做4～5天工，面布夹里要用白布8尺。

山袜早先只是山民特有的穿着，新中国成立以后为兴修水利、建房和各项基本建设，石料建材行业发展很快，石矿炮工、抬班、运输工都穿山袜，戴村农家几乎都有山袜，劳力多的一家有3～4双，制作山袜也从山区发展到稻区。同时也出现了专做山袜出售的妇女，20世纪70年代初，一双山袜售价在15元左右。

穿山袜要用毛竹箬壳丝做的草鞋，后来用布条或汽车胎代替，因此做草鞋又成为妇女的一种专业，在普及的基础上同样也出现了做草鞋的专业。

第七节　传统手工业组织及管理机构

戴村木器生产合作社

戴村木器生产合作社创立于1953年秋。社址设在戴村墙头上胜庙，有职工30多人，首任社长俞吾水。以生产木制农、家具为主，工种有大木、小木、圆木、油漆工等。也下乡为农民修建房屋和修造农家具。1958年并入戴村公社农机厂。1972年转入戴村农具修造厂。

戴村竹器生产合作社

戴村竹器生产合作社创办于1953年秋。社址设在戴村老街，有职工70多人，社长李宝田。以生产竹制农具为主，也下乡为农民修旧制新。1958年并入戴村公社农机厂，1972年转入戴村农具修造厂。

戴村铁器生产合作社

戴村铁器生产合作社创办于1956年。社址设戴村西池头，有职工20多人，社长黄奇仙（永康人），生产小型铁制农具和家用铁器。1958年并入戴村公社农机厂，1972年转入戴村农具修造厂。

戴村服装社

戴村服装社创办于 1953 年。社址设戴村西池头，有职工 20 多人，社长高英(女)。主要承接客户来料加工服装。于"文化大革命"期间并入临浦服装厂。

戴村建筑社

戴村建筑社创办于 1953 年。社址设在戴村老街，有职工 100 多人，主要为戴村各单位及农村修建房屋，理事主任瞿绍兴、郁渭根。1958 年成立萧山建筑公司时，大部人员上调"萧建公司"。1961 年按中央手工业 35 条精神，属农民工的精简回队，属手工业人员仍回原单位。20 世纪 60 年代后期，戴村建筑社解体，除按政策退休外，其余人员转入临浦、萧山房管会。

马谷竹器社

马谷竹器社成立于 1954 年 12 月。马谷出产毛竹，其村民向有"打垫"生产竹器的传统。竹器社利用当地资源和传统手艺，采用分散生产，集中统一销售这一经营方式，为山区生产发展，村民增加收入创造条件，虽然时间不长，但仍收到了较好的经济效益，马谷竹器社首任社长陈培金。

长潭乡造纸业同业公会

长潭乡造纸业同业公会，成立于民国 30 年(1941)11 月 1 日，第一次代表大会有会员代表 84 人，选出同业公会执行委员 7 名，候补执行委员 2 人，常务执行委员顾士珍。选出监察委员 7 人，候补监察委员 2 人，常务监察委员姜雨田。通过公会章程 48 条。抗日战争期间因纸槽停业，公会也同时停止活动。抗战胜利后于民国 36 年(1947)12 月呈请复会。

同业公会会员代表以纸厂经理人，主体人，操办原料主体人或纸厂职员充任。代表人数产生：资本不足千元者 1 人；千元以上不满三千元者 2 人；三千元以上不满六千元者 3 人；六千元以上不满万元者 4 人；一万元以上者 5 人。

手工业管理机构

萧山县手工业局萧山县手工业联社河上办事处设于 1961 年。办公地点原址在河上店溪头傅，1962 年迁入戴村老街丁介丰墙门。管辖许贤、朱村桥、永兴桥、戴村、云石、大桥、河上、楼塔等公社手工业社组。办事处主任徐关祥，工作人员有瞿绍兴、韩祖琴(女)、何连安、田生产等。于 1966 年并入临浦手工业办事处。

公社农村手工业加工服务社

戴村、永兴桥、云石 3 公社农村手工业加工服务社均建于 1963 年 11 月，受县手工业局和当地公社双重领导，实行对农村五匠(木、竹、铁、油漆、缝纫)在服务方向、工价、发票、税收等方面的管理，并按劳务收入额收取管理费。3 公社加工服务社主任分别是：戴村公社陈妙林、永兴桥公社鲍金成、云石公社沈汝乔、袁初春。农村手工业加工服务社于 1967 年解体。

萧山县长潭乡造纸同业公会执行委员履历表

表 5-1-2　民国 30 年 11 月

职别	姓名	籍贯	性别	年龄	履　　历
常务委员	顾士珍	萧山	男	47	省体专毕业萧山县保卫团大队长兼督察长业造纸 10 年
执行委员	姜松金	萧山	男	55	曾任前骆兴乡乡长业造纸业 35 年
执行委员	顾李增	萧山	男	39	曾任前五里乡乡长业造纸 10 年
执行委员	顾士魁	萧山	男	40	现任长潭乡副业造纸 10 年
执行委员	李永年	萧山	男	36	业造纸 20 年
执行委员	陈世林	萧山	男	34	现任长潭乡第一保保长业造纸 10 年
执行委员	顾少卿	萧山	男	34	现任长潭乡第四保保长业造纸 10 年
候补执行委员	顾月锄	萧山	男	27	现任长潭乡第八保保长业造纸 5 年
	丁关水	萧山	男	44	

萧山县长潭乡造纸同业公会监察委员履历表

表 5-1-3　民国 30 年 11 月造

职别	姓名	籍贯	性别	年龄	履　　历
常务委员	姜雨田	萧山	男	47	私立浙江法政学校毕业业造纸 15 年
监察委员	陈廷灿	萧山	男	47	世业造纸
监察委员	顾晚香	萧山	男	60	世业造纸
监察委员	顾应曾	萧山	男	53	前沈村乡十一保保长业造纸 15 年
监察委员	顾葆庵	萧山	男	59	业造纸 15 年
监察委员	鲍裕林	萧山	男	36	世业造纸
监察委员	顾士仙	萧山	男	42	世业造纸
候补监察委员	姜丙良	萧山	男	40	世业造纸
	不　详				

萧山县长潭乡造纸业同业公会会员名册

表5－1－4　　民国30年11月

姓　名	籍贯	年龄	单位数	姓　名	籍贯	年龄	单位数
顾少卿	萧山	34	2	陈广德	萧山	48	1
顾李增	萧山	39	2	顾士珍	萧山	47	4
顾宝泉	萧山	45	2	顾焕林	萧山	23	2
顾士魁	萧山	40	2	顾小丙	萧山	34	1
顾葆庵	萧山	59	1	顾沛源	萧山	36	1
鲍小山	萧山	45	1	鲍关荣	萧山	22	1
陈世林	萧山	34	1	顾芝香	萧山	55	2
丁关水	萧山	44	1	陈成仁	萧山	44	1
顾浩祥	萧山	31	1	姜子春	萧山	34	1
顾士仙	萧山	42	2	顾礼和	萧山	31	1
姜子龙	萧山	36	1	姜松金	萧山	55	5
姜望南	萧山	26	3	顾应曾	萧山	53	4
姜关兴	萧山	37	1	陈廷灿	萧山	47	2
姜子山	萧山	35	1	林才瑞	萧山	57	1
李永年	萧山	36	2	顾马庆	萧山	70	1
杨以时	萧山	53	2	顾丙桂	萧山	34	1
杨浩文	萧山	37	2	陈巨楠	萧山	36	1
杨观兴	萧山	24	1	顾永生	萧山	50	1
鲍裕林	萧山	36	1	鲍嘉言	萧山	40	2
邵关林	萧山	25	2	顾亦根	萧山	29	1
李楠松	萧山	58	1	姜雨田	萧山	47	1
李永夫	萧山	45	2	顾晚香	萧山	60	3
朱庆祥	萧山	42	1	杨仲文	萧山	16	1
袁其宽	萧山	45	1	顾宪章	萧山	45	2
陈庆莊	萧山	33	1	袁锡焕	萧山	33	1
顾浩连	萧山	25	1	顾月樵	萧山	30	2
顾关庆	萧山	56	1	杨培文	萧山	30	1

续表 5-1-4

姓　名	籍贯	年龄	单位数	姓　名	籍贯	年龄	单位数
杨子安	萧山	26	1	杨介生	萧山	57	1
杨连元	萧山	27	1	韩华甫	萧山	38	2
杨树飞	萧山	44	1	顾士江	萧山	45	1
姜丙良	萧山	40	2	顾永增	萧山	47	1
顾月锄	萧山	27	2	顾杨昌	萧山	50	3
朱杏生	萧山	65	1	杨宏文	萧山	31	1
陈马生	萧山	60	1	陈近仁	萧山	60	1

第二章　工业体制

第一节　镇(社、乡)办企业

永兴乡(社)办企业

永兴乡办企业始于20世纪60年代初。1961年,永兴公社建立后,在石盖坞原萧山“自救队”矿址上组织石盖坞大队石工开采石灰石,销往绍兴、上虞等地石灰厂,名为永兴公社石矿,是永兴最早的社办企业。农村开展社会主义教育运动后,又在石马头山上开采块石,灰石仍销往绍兴、上虞等地,蛮石除供应基建外,从杭州购进一台400破碎机装在永兴桥南塘上轧石子,有石工和轧石工人50多人,改名为永兴公社石料厂。“文化大革命”期间,生产建设遭到严重破坏,石料厂也随之歇业。

1971年2月,调整公社规模,恢复永兴公社建制,从1969年2月划给浦南公社10个大队,划给义桥公社3个大队重组永兴人民公社。同年3月,为贯彻国务院召开的北方农业会议精神,提出要加速实现农业机械化,并要求农机具“小修不出队,中修不出社,大修不出县”的要求,公社重建以后,为壮大集体经济,将原属浦南、义桥两个建筑队的永兴人员召回,成立“永兴人民公社建筑队”,并恢复永兴公社石料厂。利用拆除庙宇材料在石马头青龙山建造厂房成立农机修配厂。三个企业共有职工139人,设备有电动机3台40千瓦,400破碎机1台。是年,三单位共创收入102026元。

1973年,建筑队业务范围不断扩大,建材紧缺,为解决建材紧缺状况,建筑队在积堰山兴办水泥制品预制场,占地1000平方米,生产预应力混凝土构件,为解决当时建材紧张状况和农民建房材料作出一定贡献,在萧山南片影响颇大。

1976年,建筑队在壮大自身的基础上,投资2万元兴办永兴公社船泊修造厂。是年知识青年单位实行厂社挂钩,永兴公社与杭州棉纺系统第四织布厂、杭州手帕厂等挂钩,先后用产品、设备脱壳和技术扶持等形式,相继兴办了永兴公社并线厂、织布厂、手帕厂。同年,永兴公社服装厂、印刷厂也相继建立。时有社办企业8家,职工645人,实现加工收入(产值)89.68万元。

1978年12月,中共第十一届三中全会以后,全党工作重点转移到经济建设上来。翌年7月,国务院颁布了《关于发展社队企业若干问题的决定》;9月,中共中央在《加快发展农业若干问题的决定》中,又明确提出社队企业要有一个大发展。1979年冬,中共萧山县委召开促富大会,对发展农业提出了"一个主体(农业),两个翅膀(社队企业和多种经营)",把发展社队企业作为振兴农村经济,建设繁荣富庶农村的一项重要工作来抓。公社党委认真贯彻中央文件和上级指示精神,把发展社队企业工作列入重要议事日程。

1981年,公社与石马头大队联营兴办耐火材料厂,公社出资2万元,石马头大队出土地2亩,生产各种规格的耐火砖。

1982年,利用公社会堂,兴办永兴公社电工厂。

1984年,戴村区在上海召开同乡会,会后永兴手帕服装厂与上海超声波仪器厂联营创办沪杭西服厂,上海超声波仪器厂出资2000元,并派来3位老师傅,手帕厂解决厂房、员工,生产全毛华达呢和西装,曾有一定知名度。

1985年,随着改革开放的不断深入,城乡经济形势普遍好转,家庭居室装潢讲究新潮时髦,在建设银行萧山市支行支持下,办起了永兴墙布厂,生产"美加净"墙布,终因工艺复杂,花式品种单一,加上同类产品墙纸很快上市,竞争激烈,厂房被江南棉纺厂利用而歇业。

1986年,轻纺行业兴起,棉纱供不应求,特别是近地的"腊线厂"一哄而起,需要大量粗支棉纱,乡政府在墙布厂经营难以为继的情况下,利用原织布厂和墙布厂厂房,办起了棉纺厂。

1988年,永兴乡有乡办企业12家,职工1566人,是年创产值1887.03万元,利润72.20万元。

永兴杭州江南棉纺厂,在大办轻纺中建起来的。从1986年始,从江苏常州、湖北黄石、本省兰溪采购了一批淘汰设备,从萧山、杭州等地请来了一批退休老师傅,组织生产21支棉纱和维棉复合布(包装水泥用),把原来正常生产的织布厂、并线厂并入江南棉纺厂,有男女职工700多人,号称有"上万"纱锭(实际只有4000),从各家银行借入贷款300多万元,从其他单位用拆借、预付棉纱款等名称借入资金计310万有余,当时棉花采购也十分困难,抬价掺杂,为维持生产,不计成本,高进低出,加上管理混乱,开支失度,部分管理人员混水摸鱼,终于1988年年底发生重大经济案件,企业经营难以为继,终于倒闭。随之引发全乡经济严重滑坡。经初步核实,1989年乡办企业亏损额达到298.19万元(极大部分为棉纺厂)。

1990年,新一届党委政府面对全乡经济严重滑坡、干部职工情绪低落、外援支持力度减弱的严重情况,团结带领全乡干部群众,着重做好"理"与"治"两篇文章,经过一年的艰苦工作,初步扭转了全乡经济滑坡的严重局面。是年,乡村两级企业实现产值3519万元,利润亏损38.89万元,比1989年减少亏损259.30万元,其中村办企业实现利润42.18万元,比1989年增36%。同年还兴办起鸿运布厂。

1991年,为提升经济发展水平,重塑永兴形象,改变原来企业规模小、摊子多,单一靠加工收入产小利薄的局面。通过市场调查,在市政府和信用联社支持下,贷款800万元,决定兴办萧山钙塑包装厂,利用原来棉纺厂部分厂房,重建厂房、锅炉房、配电房1200平方米,购入大连产大型橡塑四棍压机成套设备,配置630千伏安高压输电设备和2吨蒸气锅炉,于1992年年底建成投产,年生产能力钙塑包装箱350万平方米。钙塑包装箱是以炭酸钙(石灰)聚乙稀为主要原料,代替纸木包装材料,具有耐压、再生利用等优点。项目投产时填补萧山空白。

是年,永兴乡有乡办企业14家,职工1019人,至11月创产值1117万元,利润0.26万元。

1992年5月,永兴乡并入戴村镇。

云石乡(社)办企业

1971年,云石公社办起了农机厂和建筑队2家社办企业,共有职工116人,其中固定职工17人;设备有电动机8台、42千瓦,柴油机2台,功率6匹马力。是年,创产值53780元,生产铁制农具价值1440元。

1972年,农机厂规模有所扩大,有职工14人,添置车床1台,仪表车床2台,创产值14530元;建筑队职工111人,创产值58700元。是年,建筑队因组织劳力去江西、杭州打工,购买毛竹作脚手架等情况,被戴村区打击投机倒把办公室查处,以违反社队企业"三就""四为"("三就":就地取材、就地加工、就地销售;四为:为生产、为人民生活、为本地、为大工业服务)方针,乱搞协作,破坏山林,破坏国家劳动力管理政策和组织严重不纯等"罪名",认为云石公社建筑队挂的是社会主义招牌,搞的是资本主义活动,是"金钱挂帅""利润第一",在当时"左"的路线指导下,县革委会生产指挥组以萧革生〔72〕105号和戴村区革命领导小组〔72〕10号文件,向各公社、镇发出通报,要求各公社、镇对所属社办企业进行一次调查,如有类似情况作出严肃处理,个别领导甚至总结出社办企业有"十大"罪状,这一来使本来已比萧山北片地区发展缓慢的戴村地区社办企业发展受到严重制约。

改革开放后,在党的正确路线指引下,公社党委把发展社办企业提上议事日程,作为建设繁荣富庶农村的重要工作,社办企业有所发展。1980年已有社办企业6家,创产值55.04万元;队办企业13家,创产值191.2万元,利润29.05万元,发放工资29.8068万元,社队企业收入占工农业总产值的73.6%。

1985年有乡办企业11家,固定资产121万元。是年,创产值339.06万元,利润24.4万元。

1989年,由于1988年开始的市场波动,原材料价格上涨等原因,企业经济困难,造成产大利小的局面,全乡实现工业产值3869万元,销售收入2683万元,只占产值的69.34%,出现亏损66.5万元,上缴国家税金205万元。

1993年,乡办企业产值6508万元。

从1993年下半年开始,为增强企业活力,针对原来企业承包责任制中出现的"两头丰、中间空"的弊端,防止集体资产进一步流失,根据上级有关指示精神,开始转换企业的经营机制。

1994年,部分乡办企业转制以后,乡办工业产值3529万元,比1993年减少2979万元,但个私企业产值猛增到4210万元。是年,在原材料能源涨价,税收提高的情况下,职工工资、奖金、福利、利息收入仍有增加,达到1250万元,比1993年的922万元净增328万元,增幅为26%;工业附加值达到3000万元,增幅为3%;所有者权益4010万元,增幅为79.58%,集体家底正在进一步厚实起来。通过3年开发建设,更新设备,技改投入,云石工业走向大市场的格局基本形成。到1995年年底,全乡工业产值达到23700万元,其中乡属企业产值10665万元。

1998年,通过3年的艰苦努力,基本完成了企业的转制工作,在市场疲软的严峻形势下,逐步走出困境,找到了新的增长点,走出了新的路子,形成了塑料五金、冶金铸造、通讯电缆、纺织机械、日常用品五大行业。增强了商品意识、市场意识、竞争意识。3年累计实现工业产值8.14亿元,比前3年的1995年4.3亿元增长了近90%。其中1998年实现工业产值2.9亿元,比1995年净增0.6亿元;3年共创利润1627万元,比前1995年有一定程度的增加;出口创汇从无到有,3年累计出口创汇1880万元;3年共上缴国家税金2313万元,比1995年的2089万元略有增加。全乡已拥有固定资产1.16亿元,比前1995年净增4750万元。

2000年,全乡实现工业产值3.89亿元,利润800万元,上缴国家二税(地税、国税)750万元,完成出口交货值2000万元。乡党委、政府为完成当年工业各项指标,出台了一系列扶持重点骨干企业的政策,使华东钢构、九龙厨具、蓝达公司、伟业蚊香等重点骨干企业脱颖而出。华东钢构产值连续3年翻三番,是年,创销售6000万元,利润300万元,税金和附加350万元,是办厂以来的最高记录;蓝达公司创出口交货值2000万元;九龙厨具产值也比上年翻了一番。

2001年7月,云石乡并入戴村镇。

戴村镇办企业

撤区并乡扩镇前　1971年,戴村公社党委为贯彻国务院召开的北方农业会议精神,加速实现农业机械化,在戴村石河池头建造平房3间,建立戴村公社农机修造厂,为公社各大队修理农具,同时也制造加工一些小农具出售。时有职工6人,设备有电动机1台,功率1.7千瓦和一些其他工具。当年创产值21938元,其中小农具出售15438元,其余为加工修理收入。

1972年,建立建筑队。以后又陆续办起并线厂、丝绸厂、服装厂、粮食加工厂、绳毯厂、五金厂、预制厂等8家企业。至1980年止,共有社办企业9家,职工612人。是年,社办企业共创产值103.95万元。

1981 年，兴办电子管厂和皮件厂，社办企业增至 11 家，职工 839 人，固定资产 55.51 万元，实现销售收入 188.87 万元，创造净利润 23.47 万元（税后），上缴国家税金 10.07 万元，发放工资 37.71 万元。是年，出现亏损企业 3 家，亏损金额 2.94 万元。

1985 年，乡办企业仍为 11 家，但职工增至 1099 人，固定资产达到 197.11 万元，完成销售收入 799.92 万元，创造净利润 70.74 万元，上缴国家税金 58.61 万元，发放工资 112.79 万元。是年，亏损企业减至 1 家。

1989 年，镇办企业有气泵厂、电子开关厂、五金厂、五金冲件厂、电子开关分厂、新艺绸厂、丝绸厂、西装厂、皮件厂、粮加厂、建筑队、服装丝织厂等 12 家，职工 941 人，固定资产 542.48 万元。由于上年开始市场波动，原材料价格上涨，账改等因素，经济效益欠佳。是年，实现销售收入 1352.11 万元，利润负 7.58 万元，上缴国家税金 103.56 万元，发放工资 211.03 万元。亏损企业 7 家，亏损金额 36.07 万元。

1990 年，在镇党委政府全力支持下，通过全镇镇办企业职工艰苦努力，基本扭转经济滑坡局面。是年，实现销售收入 1667.98 万元，利润 21.77 万元，上缴国家税金 146.69 万元，发放工资 233.79 万元。

1991 年有乡办企业 13 家，职工 1091 人，完成产值 2038 万元，创利润 134.20 万元。

1992 年 5 月与永兴乡合并为戴村镇。

1981～1990 年戴村镇镇（社）办企业经营情况表

表 5－2－1　　单位：万元

年份	企业家数	职工人数	销售收入	国家税金	净利润	固定资产		工资总额	亏损企业	
						原值	净值		家数	金额
1981	11	839	188.87	10.07	23.47	55.51	48.83	37.71	3	2.94
1982	10	760	174.84	12.25	28.92	62.4	52.15	39.00		
1983	10	874	198.27	7.43	33.67	71.73	57.27	37.13	2	1.15
1984	11	976	296.79	14.14	28.59	94.08	71.18	47.65	1	1.96
1985		1099	799.92	58.61	70.74	197.11	161.06	112.79	1	5.75
1986		1227	897.23	80.99	62	249.34	200.01	129.74	2	5.34
1987		1337	1079.94	90.52	33.01	283.89	211.91	171.31	2	6.96
1988		1146	1189.37	69.46	32.26	378.39	373.04	176.40	2	3.85
1989	12	941	1352.11	103.56	7.58	542.48	400.99	211.03	7	36.07
1990		965	1667.98	146.69	21.77	627.39	431.01	233.79	7	35.34

撤区扩镇并乡后　1992 年 5 月，永兴乡并入戴村镇。是年年底，全镇有镇办企业 30 家，职工 2745 人，固定资产原值 1387 万元，工业产值 5181 万元，销售收入 4789 万元，利润 294.47 万元，税金 163 万元，工资 569 万元。

1993 年，全镇已拥有固定资产 4700 万元，市特一、二级企业 7 家，初步形成了以化工塑料、五金机械、电子仪器、轻纺服装、建筑建材为主的五大行业结构。

1994 年,萧山第二化工塑料厂成功拍买了位于临浦镇附近的萧山树脂厂,开创了萧山乡镇企业兼并国营企业的先河。兼并后成立的萧山电化总厂,成为戴村镇办企业的“龙头”,拥有固定资产 3174.15 万元,职工 794 人。翌年,创产值 6152.6 万元,利润 703.55 万元,税金 377.25 万元,为戴村工业支撑起半壁江山。

1995 年,为增强企业活力,针对原企业承包责任制中出现的包盈不包亏,“两头丰、中间空”的弊端,开展转换企业经营机制的工作。采取“抓大、转中、活小”等措施,明晰企业产权、重组投资主体,推行股份、兼并、拍卖为主要内容的经营机制转换,在公开、公平、公证的情况下对全镇 37 家镇办企业进行转制工作,转制后的镇办企业成为私营有限责任公司,整个转制过程于 1998 年年初基本结束。

1995 年,萧山联发电化厂顺利投产和部分镇办企业的转制成功,戴村工业驶上了快车道。是年,镇办企业实现产值 20379 万元,比 1992 年增长 3.92 倍;利润 779 万元,比 1992 年增长 2.65 倍;税金 733 万元,比 1992 年增长 4.5 倍;固定资产原值达到 7692 万元,比 1992 年增长 5.56 倍;工资 1739 万元,比 1992 年增长 3.1 倍。

是年 8 月,萧山电化总厂与香港雄平公司合资组建萧山联发电化有限公司,注册资本 2400 万元人民币,香港雄平公司占 51%。

1996 年年底,新成立的萧山联发电化有限公司与浙江化工研究院合资在萧山联发电化有限公司原电石车间场地内建立杭州富时特化工有限公司,总投资 1000 万元人民币,其中浙江化工研究院占 55%,联发电化占 45%。对浙江化工研究院研制成功的新制冷剂 152A 及 141B 进行工业化生产。经一年多建设,于翌年年末顺利投产。自此,厂院挂钩,产学研紧密结合的富时特公司走上发展的快车道,成为浙江省高新技术企业的范例。

1998 年,全镇有工业企业 276 家,固定资产 39021 万元,产值 60540 万元,销售收入 51344 万元,出口交货值 3811 万元,工业增加值 8260 万元,利润 518 万元,税金 2337 万元,所有者权益 15222 万元,工资 3268 万元。

2000 年,全镇工业产值首次突破 10 亿元大关,达到 10.1 亿元,比 1999 年增长 30.48%,销售 9.5 亿元,增长 31.64%,利润 1518 万元,增 90.94%,税金和附加 3909 万元,增 30.43%,出口交货值 5418 万元,增 22.58%,其他各项经济指标均比 1999 年有较大幅度的增长。一年来镇党委、政府出台了扶持、激励政策,开展“评优创强”活动,激发了企业抢抓机遇,加快发展,呈现出重点骨干企业支撑半壁江山,优势行业“异军突起”、科技创新结出丰硕成果,全镇有 4 只新产品被列为省级新产品,萧山联发电化有限公司用纳米技术开发的改性建材专用树脂及产业化项目为国内首创,争取列入国家级新产品计划;杭州富时特化工有限公司被杭州市政府确定为科技进步型企业和高新技术企业;杭州卫士实业公司等 4 家企业创办了技术开发中心。

2001 年 7 月,云石乡并入戴村镇。9 月,位于戴村的萧山经济技术开发区南部配套园区已有 20 多个项目相继开发建设,至年底有 10 个项目竣工并投入使用和生产,总投资达 4.23 亿元。是年,实现工业产值 18.9 亿元,利税 9000 万元,出口交货值 10675 万元,所有者权益 4.35 亿元。全镇已基本形成重点骨干企业为龙头,股份制企业为中坚,个私企业为基础的工业发展格局和以化工塑料、钢构蚊香、五金机械为特色的行业优势。28 家重点骨干企业挑起了全镇工业经济的大梁,完成产值 6.91 亿元,占全镇工业总产值的 35.56%,利润 2100 万元,占全镇工业利润的 60%。有 18 只新产品被列入省级以上新产品行列,6 只产品成为区级以上名牌产品。11 家企业通过了 ISO 9000 质量体系认证。

2002 年,全镇工业以园区建设为平台,招商引资为抓手,科技进步为支撑,有效地推进了工业经济的大提速、大发展。实现工业产值 24.75 亿元,利润 7858 万元,出口交货值 13928 万元。28 家重点骨干企业完成产值 11.04 亿元,利润 6558 万元,继续为戴村经济发展挑大梁。华东、富时特、球冠三公司进入萧山区百强企业行列,联发电化的纳米树脂被列为国家新产品计划;富时特公司的新型制冷剂 152A、141B 被命名为国家重点新产品;杭州求是高分子化工有限公司被评为省级高新技术企业。有 3 家企业创建了区级技术中心,9 家企业进入了工业园区,5 家企业通过了国际贯标认证。

2003 年,积极响应中共萧山区委“招商引资年”和“园区建设年”的号召,在遭受上半年“非典”、下半年

“电荒”的冲击,克服重重困难、强化服务措施、注重技改投入、狠抓产品开发和“强队”建设,使工业经济健康、快速、协调发展。全镇工业产值突破30亿大关,达到31.5亿元,利润1.44亿元,税金1.24亿元,出口交货值1.78亿元,其中自营出口1200万美元,工业增加值6.03亿元。全镇年计划技改项目36个,投资3.95亿元,至是年年底有28个项目竣工投产,完成投资3.05亿元。新组建集团公司2家。24家重点骨干企业完成产值17.26亿元,利润7537万元,其中华东公司、九龙厨具、华诚机械、南方建筑4家企业产值增幅都在百分之百以上。

2004年,围绕工业经济提质增效目标,以民营企业“二次创业”为总抓手,以发展为第一要务,主动适应宏观调控措施,着力化解要素制约,促进了工业经济总量和质量的提升。全年完成工业产值38.4亿元,利润1.65亿元,税金1.23亿元,出口交货值2.41亿元,工业增加值6.6亿元。25家重点企业实现产值26亿元,其中华东公司、云石集团增幅超过百分之百;有6家企业产值超亿元,华东公司成为戴村第一家产值、销售突破“双十亿”大关的企业。是年,技改资金实际到位达到2.8亿元,新增市、区级技术中心各1家,开发省级新产品5只、省级名牌产品1只、区级名牌产品4只。

2005年,镇党委、政府面对经济发展中“爬坡”“过坎”的考验和“倒逼”机制的严峻形势,主动顺应宏观调控,理性对待挑战、看待困难、坚持在适应中调整,在调整中前进,在前进中破难,在破难中发展,使工业经济在结构调整、提质增效中保持了持续健康发展。全年实现工业产值45.6亿元,利润1.86亿元,税金1.2亿元,出口交货值3.36亿元,工业增加值7.64亿元。全年工业技改投入1.95亿元,其中浙江建设机械、华东集团、九龙厨具、业新钢构、嘉诺德等企业投入都在1000万元以上。是年,“华东钢构”和“九龙厨具”被评为杭州市著名商标,“蓝达”被评为区著名商号。至此,全镇已拥有浙江省名牌产品1只、杭州市著名商标3只、杭州市名牌产品1只、萧山区著名商号1只、萧山区名牌产品7只。

2006年,全镇工业围绕“调优”,转变经济增长方式,提高核心竞争力,在结构调整,提质增效中保持了持续健康发展,实现工企业产值55亿元,利润2.26元,税金1.32亿元,出口交货值3.89亿元,工业增加值8.42亿元。规模以上43家企业,破难而进,增速较快,引领全镇工业经济强势发展;30家重点企业,继续作为全镇工业经济的中坚力量,内强素质,外树形象,不断扩张提力,实力进一步厚实。全年完成销售产值36.41亿元,占全镇比重89.01%,利润1.3亿元,占全镇比重57.47%。工业园区累计引进企业40多家,资金6亿多元,为戴村今后发展打下了基础。

2007年,在加强自主创新,提升服务水平,提高企业家素质等方面给于政策激励和帮扶。镇党委、政府完善和出台了《领导干部联系重点项目制度》《领导干部联系重点企业制度》和《进一步激励民营企业发展的若干政策意见》等3个文件,重抓招商引资和技改投入,以加大招商引资、技改投入力度来调整产业结构,提升产业层次。全年协议利用外资800万美元,实到外资200.86万美元;协议利用内资10200万元,实到内资5269万元。投入技改资金2.59亿元,确保了全镇工业经济的持续发展。努力破解土地、融资等制约企业发展的各种要素。企业星级管理、标准化建设、产品开发、品牌战略实施等方面不断取得新进展,华东钢构、中球冠集团等一批规模企业科学化管理水平明显得到提升。华东集团的彩色涂层钢卷、卫士集团的派士管材、小球星公司的童车等一批适应市场需求的新产品得到开发,品牌建设初见成效,大力推行清洁生产,全镇工业经济保持了稳定增长的良好势头,全年完成工企业产值73.42亿元,利润2.75亿元,税金1.71亿元,出口交货值5.63亿元。工业增加值10.8亿元。30家重点企业完成销售产值51.48亿元,占全镇比重的73.8%,利润1.8亿元,占全镇比重的63.66%,税金7995万元,占全镇比重的46.6%。

2008年,工业经济“稳”字当先。面对土地制约、原材料价格上涨、劳动力成本加大、融资困难等一系列不利因素,以及金融危机带来的严峻考验,全镇各工业企业沉着应对,破难而进,依旧保持了良好的发展势头。全镇工企业实现产值93.85亿元,同比增长27.77%,其中工业产值56.27亿元、同比增长14.56%,利润2.8亿元,税金1.84亿元,出口交货值10.32亿元,工业增加值11.46亿元,所有者权益16.3亿元,发放工资2.39亿元,资产总值达到46.57亿元。30家重点企业实现销售产值65亿元,占全镇比重的69.20%,利润1.75亿元,占全镇比重的62.50%,税金9007万元,占全镇比重的48.93%。

1991～2008年戴村镇工业各项指标完成情况表

表5－2－2　单位：万元

年份	企业户数	总资产	产值	销售收入	出口交货值	工业增加值	利润	税金	所有者权益	工资
1991	–	–	3509	–	–	–	143	–	–	
1992	–	1387	5181	4189	–	–	294.47	163	–	569
1993	–	–	11538	–	–	–	599	–	–	
1994	–	6011	15388	13804	–	–	570	714	–	1418
1995	–	7692	20379	23131	–	–	779	733	–	1739
1996	–	9252	21743	21998	–	–	850	919	–	1702
1997	274	36781	56722	52033	3155	10760	1191	2489	16040	4317
1998	276	39021	60540	57334	3811	8260	518	2337	15222	3268
1999	–	–	–	–	–	–	–	–	–	
2000	–	–	–	–	–	–	–	–	–	
2001	448	104243	189093	175463	10675	26931	4400	5589	45233	8738
2002	468	129409	247441	238911	13928	46986	7858	6996	59051	6885
2003	500	184450	335572	307173	17794	60343	14377	12392	73779	11535
2004	486	217568	383977	376077	24126	68277	16524	12313	89445	16301
2005	487	279249	456078	417079	33611	76399	18625	11993	97133	14720
2006	489	330811	550121	514410	38663	84242	22630	13227	120591	16784
2007	501	389870	734271	714633	56280	107975	27536	17124	135955	22185
2008	501	465672	938553	904293	103249	114620	27957	18407	163082	23907

说明：1999年及2000年查不到资料

2001～2008年戴村镇重点企业主要经济指标完成情况表

表5－2－3　　单位：万元　比重：%

年份	户数	产值	占全镇比重	利润	占全镇比重	主营业务收入	占全镇比重	税金	占全镇比重
2001	27	69076	36.53	2893	65.75	58794	33.51	2332	41.72
2002	27	110411	44.62	6558	83.46	95265	39.87	3457	49.91
2003	24	172570	51.43	7537	52.42	147255	47.94	3958	31.94
2004	25	260838	67.93	9602	58.11	251456	66.86	5606	45.53
2005	25	310807	78.24	10527	60.99	273772	76.69	5635	54.55
2006	30	364117	89.01	13006	57.47	363638	70.69	5612	42.43
2007	30	514845	73.80	17530	63.66	535091	74.88	7995	46.69
2008	30	649514	69.20	17474	62.50	696586	77.03	9007	48.93

第二节　村(队)办企业

云石乡村(队)办企业

农业合作化后，云石山区的传统手工业土纸生产都纳入了集体经济轨道，以农业合作社、生产队、生产大队为经营单位，其经营收入全部纳入按劳分配，当时叫做副业，是云石山区的主要经济收入。

1966年～1972年，在时任明堂大队支部书记沈荣德带领下，办起云石公社第一个箬丝场，时值"文化大革命"期间，箬丝场安排200余名社员就业。后在县土特产公司和银行支持下，改名为综合厂，业务范围进一步扩大，设箬丝、板刷、织布、打绳4个车间，职工扩至300余人。是当时较有名的队办企业。

1967年，胜利大队(今枫桥村袁家山下)，为了解决温饱问题，在大队干部的带领下，向县领导递交请愿书，经县领导下队考察，并当场拍板，解决银行无息贷款2.7万元作为启动资金，创办起胜利大队造纸厂，以稻草为原料生产土板纸。尽管产品质量较低，但在缺乏商品的年代里，销路仍然很好。造纸厂安排80多名社员工作，年产值100多万元，年利润20多万元。造纸厂收入成为大队年终分配主要经济支柱。全公社工分值排名第一，被邻村誉为"小杭州"。这种形势持续了8年。但由于忽视了企业的资本积累，没有长远的发展规划，更没有扩大再生产的观念，只图眼前利益，每年所得利润当年分光，最终产品被市场淘汰，盛名一时的胜利大队造纸厂于1975年停产倒闭。

1968年，石牛山大队办起竹钩蕊厂，由沈银水任厂长，沈正海任供销员，安排社员50多人。1972年由供销社沈汉兴从安吉引入油压竹制品业务，生产中国北方地区所需要的火车钢轨垫板。1984年，杭州齿轮箱厂沈焕荣引进粉沫冶金生产线，成为石牛山村的主导产业。

1969年，尖山下大队成立竹制品厂，有工人约50人，产品有簟皮、谷箩、筅帚、竹板等。产品优先供应社员，其余由供销社收购或售给外单位。1970～1975年每年竹制品收入约5万元～10万元，后因经营管理不善，于1976年停办。

1973～1976年，骆家舍先后办起农机厂、竹木制品厂、竹垫板厂。

1975年3月，尖山下大队党支部，根据该村有手工造纸传统，在丁景新倡仪下，决定创办滤油纸厂。初建时，厂房设在姜家祠堂，集资2万元，请来了苏州红光造纸厂两名退休师傅，产品原料为棉浆，9月投产，设备有打浆机2台,油压机1台和原槽产改造设备,固定资产1.05万元,产品销往大庆、胜利、大同等油田,当年产值1.98万元。1976年10月,尖山滤油纸厂易名为萧山滤纸厂,厂址迁杨家大爿地,占地1.29万平方米,建筑面积2683平方米。是年产值20.2万元,翌年达到46.7万元。

1975年,平山大队(今顾家溪)创办金星尼龙袜厂。

1980年,尖山下大队建办萧山造纸厂,厂址在杨家大爿地,占地3490平方米,建筑面积1063平方米,投资10万元,购置自动造纸机、蒸球2吨锅炉各1只,切割机和自动传送机1套,30吨地磅1台,生产瓦楞纸和箱板纸。1983年,又扩建纸箱车间,固定资产增至90.08万元。造纸厂与萧山滤纸厂一个机构、两块牌子,实行统一管理。

同年,平山大队创办金星腊线厂,安装50千伏安变压器1台,腊线车、扛车各2台,年加工腊线18吨。

改革开放以后,队办企业发展速度较快,至1985年,云石乡16个村,已有村办企业26家,职工1140人,工业产值686.33万元,占全乡工业总产值1257.67万元的54.57%;利润50.70万元,占全乡工业总利润75.1万元的67.5%;固定资产119万元,占全乡固定资产240万元的49.58%。是年,沈村村创工业产值250.82万元。为全戴村区工业产值超百万元村,排名全区第4位;尖山下村创工业产值211.43万元,排名全区第7位。萧山造纸厂、沈村服装厂成为戴村区骨干企业。

1986年,枫桥(响石桥)村创办建筑涂料厂,翌年新建厂房1000平方米,生产内外墙涂料、建筑胶水、耐磨漆等产品,2001年转资为萧山云峰涂料厂。

1988年3月,由广东中山小揽开关厂牵线,尖山下村与日本住友化学株式会社驻广州、上海办事处达成合作意向,签订技术合作协议。10月,投资200万元的杭州江南电热蚊香厂建立,并投入试生产。厂址在上门沙地,占地7200平方米,建筑面积1872平方米。翌年引进两条日本全自动生产线,形成年生产能力灭蚊药片400万盒,电热灭蚊器100万只规模的“浪潮牌”灭蚊系列产品。投产后,受到日本住友株式会社和国内外用户的赞誉,产品畅销20多个省市和地区。1990年,拥有固定资产88.49万元,职工219名,年产值468.56万元,利润30.04万元,税金25.75万元。

1988年,云石乡村办企业创产值2526.91万元,利润164.96万元,时为全戴村区乡镇村办企业排名第一。

1990年11月,萧山造纸厂为戴村区一、二级企业,有职工506人,固定资产323万元,年产值1190万元,销售收入1036万元,税金57万元,利润44.36万元,发放工资90万元。

1991年,经杭州市计委〔91〕24号文件批准,自是年6月1日起,尖山下村成立杭州浪潮实业公司,公司以主导产品为龙头、多种产品为依托的集团式村办企业,下属萧山滤纸厂、萧山造纸厂、杭州江南电热蚊香厂、农业车间及村山林队。公司占地35493平方米,建筑面积9824平方米。1992年,拥有固定资产552万元,职工650人,其中各种技术专业人员51人。是年,实现工业产值2315.37万元,利润105.01万元,上缴税金135万元。总经理邵伟成。

1992年5月,由浙江省造纸集团公司牵线,杭州浪潮实业公司与意大利卡迪罗莱公司达成合资意向,10月23日,经杭州市工商行政管理局注册登记,成立杭州浪潮迪诺卫生用品有限公司,为中外合资企业,注册资金110万美元,杭州浪潮实业公司出资77万美元、意大利卡迪罗莱公司出资33万美元。建成年产3000万条医用卫生床垫生产规模。合同规定50%产品由意方销往国外,其余产品由公司自行组织销售。公司董事长邵伟成,副董事长迪诺·卡尔迪罗莱,总经理鲍士泉,副总经理鲍永甫、埃姆诺·拉维诺。

1994年,乡党委、政府贯彻“深化改革,扩大开放,促进发展,保持稳定”的十六字方针,进一步明确发展是硬道理,收到了明显的成效。村办企业实现产值9555万元,比1993年的6407万元增加3148万元,增长率为49%。

从1993年下半年开始,针对原来村办企业承包责任制中出现的“两头丰、中间空”和包盈不包亏的弊端,为防止村级集体资产进一步流失。根据市委、市政府提出的加大力度、规范企业转制工作的要求,按照产权明晰,责任明确的改革原则,联系实际搞好村级企业的转制工作。经乡村两级干部、职工的艰苦工作,经四年多时间,全乡村级企业的转制工作于1998年年初基本结束。

尖山下村1975～1992年工业企业主要指标统计表

表5－2－4　　单位：人、万元

年度	全村工业概况						其中															
							萧山滤纸厂				萧山造纸厂				杭州江南电热蚊香厂				杭州浪潮实业公司			
	职工	固定资产	工业总产值	产品销售收入	利润	税金	固定资产	产值	利润	税金	固定资产	产值	利润	税金	固定资产	产值	利润	税金	固定资产	产值	利润	税金
1975	50	1.05	2.0	2.0			1.065	1.98														
1976	62	1.05	20.2	5.13	3.06		1.05	20.2	3.06													
1977	65	1.72	46.6	11.16	9.28	4.66	1.72	46.7	9.28	4.66												
1978	79	4.57	37.3	12.48	10.3	3.75	4.57	37.3	10.3	3.75												
1979	95	4.9	22.4	10.10	6.7	2.18	4.9	22.43	6.7	2.18												
1980	48	6.5	25.7	19.92	4.14	2.3	6.5	25.72	4.14	2.3												
1981	98	15.09	31.7	30.43	-2.3	2.46	4.74	20.34	0.96	2.16	10.5	11.36	-3.26	0.3								
1982	135	27.3	55.5	27.59	-3.85	5.4	5.05	27.3	1.8	2.45	22.25	28.2	-5.65	2.95								
1983	136	38.3	68.1	25.80	6.3	6.7	5.18	25.13	3.51	2.16	33.12	42.97	2.79	4.54								
1984	209	43.6	127.7	33.00	8.9	12.9	5.89	29.02	2.33	2.17	37.71	98.68	6.57	10.73								
1985	227	65.2	209.0	259.08	11.9	20.7	5.9	33.28	1.82	2.73	59.3	175.72	10.08	17.97								
1986	260	70.0	219.2	252.29	17.1	16.8	6.46	41.98	3.78	2.28	63.54	177.22	13.32	14.52								
1987	354	132	519.0	454.15	51.6	34.7	31.02	115.3	27.68	5.32	100.98	403.7	23.92	29.38								
1988	517	161.1	1010.0	900.49	113.5	66.24	49.8	421.11	100.14	23.95	111.3	588.89	13.36	42.29								
1989	576	316.36	1380.0	1041.21	11.0	75	140.64	650.08	31.92	31.78	132.57	305.72	-67.66	27.83	43.15	424.2	46.74	15.39				
1990	583	324	1400.0	1236.04	64.09	66.78	145.43	810.03	56.31	32.53	90.08	131.41	-22.66	7.5	88.49	458.56	30.44	25.75				
1991	711	395	2586.0	2382.54	84.65	132													395	2586.03	84.65	132
1992	650	552	2315.4	2101.42	105.01	135													552	2315.37	105.01	135

1975～1992年尖山下村工业主要产品产量统计表

表5－2－5

年份	滤油纸（万平方米）	厚型纸（万张）	膏药纸（万平方米）	浆料（吨）	原纸片（万片）	箱板纸（吨）	纸箱（万只）	灭蚊器（万只）	蚊香片（万片）
1975	1.65	–	–	–	–	–		–	
1976	16.85	–	–	–	–	–	–	–	
1977	41.54	–	–	–	–	–	–	–	
1978	38.40	–	–	–	–	–	–	–	
1979	4.23	65.0	4.71	9	–	–	–	–	
1980	6.80	19.0	7.4	21	–	–	–	–	
1981	7.43	39.0	5.50	–	–	79	–	–	
1982	4.50	55.0	5.70	31	–	429	–	–	
1983	6.43	63.7	–	34	–	570	–	–	
1984	7.90	69.0	1.70	32	–	1382	8.7	–	
1985	12.00	53.3	–	54	–	1626	3.2	–	
1986	34.98	–	–	27	–	1602	43.8	–	
1987	17.49	–	–	43	5931	2208	360.0	–	
1988	6.80	45	–	52	26807	2414	65.8	–	
1989	107.85	82.7	–	27	36668	224	9.2	16.3	2000.1
1990	1.21	15.1	–	44	60121	488	97.1	30.2	1465.2
1991	69471.00	–	–	37	87114	–	5.5	67.0	6174.7
1992	86823.00	–	–	33	47236	–	9.8	68.5	5094.3

说明:“－”表示停止生产

尖山下村企业管理先进、上等级和获奖产品名录

表5－2－6

年度	单位、产品名称	荣誉名称	评定(命名)机构
1987	萧山造纸厂	先进集体	中共云石乡委员会、乡人民政府
1988～1990	萧山造纸厂	萧山市一级工业企业	萧山市人民政府
1989	萧山造纸厂	文明单位	中共萧山市委、市人民政府

续表 5-2-6

年度	单位、产品名称	荣誉名称	评定(命名)机构
1985~1990	萧山造纸厂	重合同、守信用单位	萧山市工商行政管理局
1991~1992	杭州浪潮实业公司	重合同、守信用单位	萧山市工商行政管理局
1989	萧山造纸厂	优秀“新产品新技术”三等奖	杭州市经委、科委、财税局
1989	“浪潮牌”电热灭蚊原纸片	科技进步二等奖	萧山市人民政府
1990	“浪潮牌”电热灭蚊原纸片	浙江省新优产品骏马奖	浙江省计划经济委员会
1991~1992	杭州浪潮实业公司	萧山市一级工业企业	萧山市人民政府
1991	杭州浪潮实业公司	先进单位	中共戴村区委、区公所
1991	杭州浪潮实业公司	先进集体	中共戴村区委、区公所
1991	杭州浪潮实业公司	萧山市一级信用企业	中国农业银行杭州市分行
1992	杭州浪潮实业公司	杭州市重点骨干乡镇企业	杭州市人民政府
1992	“浪潮牌”电热灭蚊器、电热灭蚊药片	消费者信得过产品	中国保护消费者基金会

说明:灭蚊原纸片产品由滤纸厂科研生产,协作单位是轻工业部造纸研究所

永兴乡村(队)办企业

永兴乡队办企业始于20世纪60年代。1965年进行了农村社会主义教育运动,干部群众的精神面貌发生了很大变化。是年,晚稻获得了大丰收。农民解决吃饭问题以后,生产干劲更足,农村劳动力有了剩余,必须寻找出路,但在当时条件下,只能搞社会主义、搞集体经济,走共同富裕道路,否则就是搞资本主义。农村要办企业,必须贯彻“三就四为”方针,在这一方针指引下,光明、建民、马安、石盖坞4个大队利用本地丰富的石灰石资源,先后开起了石灰矿,将灰石销往绍兴、上虞等地,为集体增加了一些收入,也解决了部分剩余劳力的出路,使这些队的集体经济和社员分配明显好于其他大队。

70年代,由于连年开采,灰石资源越来越少,灰石矿成为蛮石矿。“文化大革命”以后,工厂企业、机关学校设施遭到严重破坏,急需维修改建,建筑材料十分紧缺,各大队抓住这一有利时机,购进破碎机(轧石机),改单一开采灰石,同时也生产石子,石矿也改名为大队石料厂。石马头大队也在此时办起了石灰窑和石料厂。同时没有当地资源的大队也千方百计寻找门路,东周大队于1970年办起五金厂,有冲床3台;杨家桥大队于1974年办起塑料厂。

改革开放以后,全党把工作重点转移到经济建设上来,发展社队企业被提到各级领导的议事日程。1978年,九峰大队办起九峰纸箱厂,何童埠大队办起萧山第三酒厂,石马头大队办起电线丝厂和五金厂。

1979年7月,国务院颁发《关于发展社队企业若干问题的规定》,强调发展社队企业的重要意义,提出发展方针。9月,中共中央在《加快发展农业若干问题决定》中,又明确提出社队企业要有一个大发展。是年冬,中共萧山县委召开促富大会,对发展农业提出了“一个主体(农业),两个翅膀(社队企业和多种经营)”,把发展社队企业作为振兴农村经济,建设繁荣富庶新农村的一项重要工作来抓。1980年年底,永兴公社队办企业产值已达157.28万元。

1981年至1985年,永兴公社队办企业普及所属13个大队,各队少则一家,多则4家。1984年何童埠办起汽酒厂;1985年,东周村请来了在外地办厂的周炜楠,办起了机械五金厂,很快使该村改变了贫困落后面

貌，率先达到了小康村、标兵村；同年，冗里村通过外出打工人员的关系，与杭州城站街道所属的杭州毛线总厂联营创办杭州毛线厂萧山分厂，以“杭毛”脱壳“开司棉”染色业务，并投入三只进口不锈钢染缸；冗里村投资场地、厂房为条件进行紧密形联营。当时新建厂房、办公用房1200平方米、100立方米水塔和2吨燃汽锅炉，投资11万元污水处理设备，当时可称是村办企业设施齐全、厂房一流，并且做到了“三同步”（同步规划、同步建设、污染同步治理），颇受同行青睐。是年底，永兴乡有村办企业28家，完成工业产值606.96万元。是年，何童埠村创工业产值232.04万元，为戴村区工业产值超百万村排名全区第6位。

1988年，全乡有村办企业40家，职工1589人，创产值2260.81万元，利润78万元。

1991年11月止，有村办骨干企业11家，职工682人，完成产值1643.34万元，利润44.95万元。13个行政村村属企业完成工业产值2283.68万元，利润58.30万元。

1991年1~11月永兴乡村属及村办骨干企业完成产值、利润情况表

表5－2－7　单位：万元

村名	产值	利润	企业名称	人数	产值	利润
石盖坞	83.89	－4.10	冗里村糖果厂		361.49	－8.77
石马头	230.40	8.15	石盖坞纸箱厂	65	51.30	－5.02
河上桥	253.41	1.30	永兴电线丝厂	27	77.14	2.87
杨家桥	149.12	0.70	萧机分厂	65	72.95	4.33
张家弄	309.15	17.16	河上桥塑料厂	47	102	0.83
后马湖	49.17	－0.28	河上桥纸箱厂	82	122.41	0.44
何童埠	315.75	8.32	杨家桥编织袋厂	16	30.23	0.09
西　周	14.20	0.19	九峰纸箱厂	95	262.17	13.09
东　周	369.94	33.79	第三酒厂	103	191.49	2.07
郁家山下	33.47	0.50	东周包装厂	54	119	2.95
积堰山	81.12	1.19	机械五金配件厂	71	250.94	30.84
马　安	32.57	0.15	冗里毛线印染厂	57	357.71	－7.54

说明：村合计产值2283.68万元，利润58.30万元；企业合计产值1643.34万元，利润44.95万元

戴村镇村（队）办企业

农业合作化后，戴村山区、半山区的传统手工业——土纸与毛纸生产纳入了集体经济轨道，以农业合作社和生产大队，生产队为经营单位，其经营收入全部纳入集体分配，劳动者记工分，当时叫做副业。

1964年，丁村大队办起了箬壳丝加工厂，用毛竹箬壳进行简单加工成箬壳丝，成为沙发、门毡、地毯、床垫、体育用品的原料，用途极为广泛，在缺乏商品供应的年代里，颇受市场青睐。是年，凌桥大队办起铝箔厂。

1972年，大湖头大队在县委工作组支持下，利用萧建公司的一套制造水泥瓦闲置设备和1000块铅模板，以祠堂为厂房，办起了水泥瓦片厂。产品由县物资局包销，不仅安排10多人进厂工作，每天还安排几十辆双轮车搞运输，解决了一批劳力出路，因产品包销，年销售收入可达4万多元，增强了大队集体经济，增加了社员收入。7年后，水泥瓦滞销，工厂停产。

1973年9月，下方大队在知青家属丁鹤泉帮助下，办起了工艺品加工厂，为杭州都锦生丝织厂生产的风

景片着色，人员一度发展到160多人，曾用公社广播向社会招收女工，临近大队颇有影响。

1975年，大湖头大队在戴村供销社支持下，在大队会堂办起一家半机械化造纸厂，仍用稻草作原料生产卫生纸，为开拓市场又一度将此纸作为迷信纸推向市场。终因卫生纸不够"卫生"，纯稻草作原料不易焚烧，不宜作为迷信纸而退出市场，工厂也随之倒闭。

1977年，凌山大队办起安瓶厂，收到了较好的经济效益。当年实现利润4.7万元，翌年实现利润5万元，第3年实现利润4.9万元，是当时戴村公社大队集体经济较为富裕的单位。后又在办好安瓶厂的基础上又办起了电子开关厂。

改革开放后，戴村公社各级领导把发展队办企业提到重要议事日程，至1981年，全公社22个生产大队共有队办企业24家，务工社员1027人；是年，队办企业销售收入163.64万元，上缴国家税金8.61万元，发放工资35.76万元，税后利润25.06万元，队办企业已有一定家底，固定资产原值达33.41万元。其中2家队办企业因管理粗放，造成经营亏损，亏损额0.71万元。

1986年，全镇村办企业29家，职工1345人，完成销售收入316.09万元，比1981年增长近一倍，创利润17.31万元，上缴国家税金16.66万元，发放工资89.39万元，固定资产原值增至75.25万元。是年，下方村创工业产值159.77万元，为戴村全区16个百万元以上工业产值村之一，排名全区第10位。

1990年，有村办企业职工1368人，销售收入877.34万元，上缴国家税金47.25万元，净利润8.21万元，发放工资186.63万元，拥有固定资产原值209.12万元。

至1991年11月止，有村办骨干企业11家，职工896人，完成产值520.58万元，利润24.02万元。18个行政村村属企业完成产值1073.77万元，利润29.51万元。

1981～1990年原戴村镇村(队)办企业经营情况

表5-2-8　　单位：万元

年份	企业户数	职工人数	销售收入	国家税金	净利润	固定资产		工资总额	亏损企业	
						原值	净值		户数	金额
1981	24	1027	163.64	8.61	25.06	33.41	21.90	35.76	2	0.71
1982	24	971	158.25	11.64	29.77	27.80	17.69	35.84	2	0.07
1983	29	1166	143.07	6.06	15.49	36.32	26.96	36.60	5	0.51
1984	29	931	128.24	5.53	9.60	36.42	22.01	28.46	7	1.20
1985	-	946	162.52	7.57	12.47	38.02	26.17	45.39	8	0.69
1986	-	1345	316.09	16.66	17.31	75.25	50.87	89.39	4	0.69
1987	-	1380	406.98	21.79	11.29	137.86	104.44	98.54	5	2.23
1988	-	1637	623.94	35.99	-7.54	198.37	149.74	136.16	14	14.84
1989	-	1462	740.99	40.98	7.25	211.26	150.39	186.80	11	6.01
1990	-	1368	877.34	47.25	8.21	209.52	136.68	186.63	7	6.93

戴村镇村属及村办骨干企业1991年1～11月完成产值利润情况

表5－2－9　单位:人、万元

村名	产值	利润	企业名称	人数	产值	利润
马　谷	26.00	0.25	中潭包装用品厂	42	37.07	－0.92
中　潭	37.07	－0.92	麦元仪器厂	20	16.00	0.80
麦　元	25.29	0.93	后宅汽车配件厂	65	25.67	0.79
盛　家	18.00	－0.04	后宅五金配件厂	53	20.00	0.27
前　方	14.00	0.12	凌山五金厂	30	17.00	0.24
丁　村	59.50	1.74	墙头钢颌厂	30	13.65	0.13
后　宅	56.67	0.06	大湖头除尘器厂	30	60.00	0.27
凌　山	17.00	0.24	溪河纸箱厂	131	63.54	0.34
李家坞	37.00	－0.55	下方电镀厂	394	179.00	16.80
墙　头	18.65	－1.46	戴村塑料五金厂	52	28.00	2.70
大湖头	87.00	0.59	戴村彩印厂	26	39.00	1.23
凌　桥	－	－	溪河刀具刃磨厂	23	21.65	1.27
溪　河	120.19	1.88				
戴家山	110.80	2.55				
下　方	219.10	18.12				
戴　村	162.00	4.85				
后　郑	－	－				
孙　家	7.00	0.27				
陆　家	－	－				
畈　里	－	－				
石　盖	28.00	0.57				
上　董	30.50	0.31				
合　计	1073.77	29.51	合　计	896	520.58	23.92

说明:村合计产值1073.77万元,利润29.51万元;企业合计产值520.58万元,利润24.02万元

戴村镇各行政村2001～2004年工业产值利润完成情况

表5－2－10　　单位：万元

村名	2001年		2002年		2003年		2004年	
	产值	利润	产值	利润	产值	利润	产值	利润
马　谷	251	1	996	24	1230	24	1104	66
中　潭	290	2	1848	42	2292	42	2100	126
麦　元	690	2	2004	30	2484	30	2208	132
盛　家	228	16	792	30	984	30	804	48
前　方	227	25	1500	30	1860	30	1800	108
丁　村	1100	4	1800	70	2232	84	1704	102
后　宅	780	8	1560	60	1920	72	1800	107
凌　山	540	7	2016	78	2496	96	2196	131
李家坞	356	1	1344	52	1656	60	1200	71
墙　头	359	3	1488	58	1860	72	1500	89
大湖头	1565	91	2681	104	3316	120	3000	178
凌　桥	2582	54	1596	26	1980	30	1500	90
溪　河	464	2	696	12	864	12	600	35
戴家山	355	3	504	8	642	12	500	30
下　方	2250	38	996	18	1236	24	1100	65
戴　村	1383	33	2004	35	2484	42	2201	130
后　郑	747	33	1104	8	1368	12	1200	70
孙　家	500	5	135	2	170	6	100	5
陆　家	397	6	980	15	1210	18	800	45
畈　里	117	3	290	5	360	6	150	10
石　盖	450	2	1780	28	2210	36	1800	110
上　董	1800	33	2430	38	3010	48	2350	140
石盖坞	235	5	1008	16	1260	24	800	45
石马头	4744	36	6288	84	7800	103	5000	295
河上桥	600	17	3768	48	4680	60	3800	230

续表 5－2－10

村名	2001 年		2002 年		2003 年		2004 年	
	产值	利润	产值	利润	产值	利润	产值	利润
杨家桥	2202	14	5100	60	6324	82	4600	270
张家弄	699	10	2952	44	3660	60	2800	170
后马湖	1220	10	3336	24	4140	25	2700	165
何童埠	1549	10	1404	12	1740	10	1700	100
东　周	10667	162	4992	48	6200	50	5000	295
西　周	740	11	900	12	1120	10	800	45
郁家山下	7398	433	4008	24	4970	25	3800	230
马　鞍	2365	82	3168	48	3936	50	2801	170
积堰山	390	1	2352	35	2928	35	2000	120
冗　里	648	12	2664	40	3300	40	2801	170
船　山	1091	22	1112	22	1380	20	600	35
骆　村	313	6	589	12	730	10	400	25
尖山下	3900	78	4044	79	5010	80	3800	230
顶　山	365	7	713	14	880	15	500	30
征　山	785	16	657	13	810	15	500	30
增　丰	120	2	1044	20	1290	20	800	45
平　山	380	76	4863	95	5566	92	3900	235
勤　工	878	18	1727	34	2100	35	1700	100
枫　树	530	11	972	19	1200	20	800	45
响石桥	971	19	1524	30	1890	30	1200	70
石牛山	2984	60	4164	82	5160	80	4500	265
明　堂	4127	83	5316	105	6590	105	4900	295
狮　山	351	7	360	7	440	10	400	25
南　坞	2065	41	2166	43	2680	40	2000	120
沈　村	4434	86	6198	123	7680	120	5000	295
佛　山	2083	42	2808	56	3480	60	3000	180

戴村镇各行政村 2005 ~2008 年工业产值利润完成情况

表 5 - 2 - 11　　单位:万元

村名	2005 年		2006 年		2007 年		2008 年	
	产值	利润	产值	利润	产值	利润	产值	利润
骆家舍	1480	50.04	1600	55	1900	65	1583	54
尖山下	4104	240	4500	264	5500	300	4752	259
方　溪	2500	145	2700	160	3900	219	4716	264
顾家溪	5700	330	6200	363	7500	430	4344	247
枫　桥	2220	127.56	2502	140	3000	160	3000	160
青　山	11904	699.96	13212	770	15500	900	15500	900
沈　村	5400	317.52	5516	349	7000	400	7000	400
佛　山	3180	186.96	3516	206	4100	240	4100	240
半　山	7680	460.80	8280	506	9990	601	10560	633
马　谷	1008	60	1104	72	1320	96	1404	100
八　都	7608	456	8196	504	10005	624	10032	624
三　头	6090	365.4	6564	402	8013	491	8496	520
南　三	2640	155.28	2784	165	3500	200	3800	225
戴　村	3600	209.28	3816	228	4600	260	4600	272
上　董	2362	140.04	2550	154	3000	170	3000	172
大石盖	3250	193.2	3550	213	4308	250	4600	264
石马头	6822	396.84	7500	437	9000	500	9050	518
河杨湖	14166	833.85	15400	917	17000	1000	17300	1025
张家弄	3312	195.42	3600	215	4500	250	4560	270
东　风	9000	485	9800	534	11000	600	11000	600
郁家山下	3200	175	3500	193	4200	200	4200	200
永　富	8208	486	8904	535	11004	600	11004	647

附

关于加大力度,进一步做好村级企业转制工作的通知

各行政村:

根据市委市府提出的加大力度,规范企业转制的工作要求,按照产权明晰,责任明确的改革原则,联系本

镇实际,就进一步搞好村级企业转制工作提出如下意见:

一、加强领导。村三委会要充分认识转制工作的重要性和紧迫性。充分认识转制工作是维护集体利益,防止集体资产流失,促进地方经济发展的重要举措。各村要明确一名村主要领导,组织一定的力量抓好这项工作。

二、明确任务。结合本村企业实际,进一步明晰产权,履行和完善各类经济合同。

1. 动产或全部资产属经营者个人所有,而营业执照仍为集体性质的一律办理集体执照歇业。

2. 设备及固定资产属集体所有,目前实行租赁承包的,一般以动产转让,不动产租赁为主要转制形式。对有一定规模,发展潜力较大的可以集体与经营者个人共同组建有限责任公司。

3. 对只租集体房子或场地的"戴帽"企业一定要"摘帽"。

4. 对印刷、矿业、酒业等特种行业可组建成有限责任公司。对民政福利企业可组建成集体控股的有限责任公司。

三、工作中应注意的几个问题

1. 有租赁或其它形式承包合同的,必须先搞好合同结算,终止合同才可实施新的转制形式。合同未满期的,可先协商终止合同。

2. 市二级以上企业的资产评估必须请有资质的评估机构评估,一般小企业可由镇工办帮助评估。

3. 资产转让一般要求公开进行。

4. 转制企业必须做到债权债务责任明确,集体性质必须歇业。

戴村镇人民政府

一九九六年十一月十二日

(戴村镇人民政府文件　戴政〔1996〕41号)

第三节　个体私营企业

戴村镇的个体私营企业,起步于20世纪80年代初,时值中共十一届三中全会以后,农村实行家庭联产承包责任制,出现了大批剩余劳动力,一些有经营头脑的农民、农村五匠(泥匠、木匠、竹匠、铁匠、漆匠)及小手工业者有了用武之地,纷纷办厂致富。

1980年,石马头村人原永兴建筑队泥工洪铁钢,除在建筑队做泥工外,还有修磅秤和钉杆枰的手艺,在跑乡做生意过程中,看准农村将掀起建房高潮建材紧缺这一苗头,就在自己门前道地上办起了小型水泥门窗架预制场,利用早晚工余时间赚钱,开了本地兴办个私企业的先河。

1983年,河上桥人(今河杨湖)陶仲尼在下方村(今南三村)开办下方合作服装厂,有工人40人,缝纫机20多台,以当时流行的草绿色和海军蓝军便装为主导产品,市场十分看好,一共办了3年,其中有一年利润达到近50万元,陶仲尼也成为当时有名的能人。1984年,今浦阳镇人於吾权,通过亲戚关系在九峰(今张家弄)小学租得房子,开办九峰小学校办服装厂(戴帽企业),戴村公社石盖大队周吾春也在石盖开办一家服装厂,两厂共有工人约70人,缝纫机50多台。

同年,东周村(现东风村)周炳贤、周炜楠各购进线切割机1台,为客户加工模具,当时线切割机还用电子管编制切割程序,一台机器年加工收入约6万元,除去电费、工资,业主可得利2万~3万元。到1987年,周国校、周吾明等陆续购进线切割机12台,有工人20多人,每年获利近40万元。是年,云石乡顶山村(现方溪村)人周正铨,在永兴乡西周村(现东风村)杭金公路边租得一块土地,创办西湖装饰公司特种涂料厂,有工人6人,后因1989年不慎引发火灾,烧毁简易厂房和原辅料而停办。

1985年,云石乡平山腊线厂(在今顾家溪)因经营困难而解体,其资产分解到户,由顾云明、顾尧松等10户个体经营,有腊线车14台,职工110人,每台腊线车日加工腊线250千克,每千克加工费为人民币0.60

元。14 台腊线共用村集体一台 50 千伏安变压器，营业发票由乡财税组开给，缴营业税 3%，业主除支付工资、电费、税金外，收入可观，成了当时有名的万元户。

中共十三大召开以后，个体私营企业地位有了提高，此前个私经济只是起到社会主义经济拾遗补缺的作用，这为心里想办厂而又心有余悸的人壮了胆、鼓了气，又出现了一批个体私营企业，主要行业为服装、腊线、小五金、模具、塑料加工和个体绸厂。至 20 世纪 80 年代末，三乡镇有个体私营企业 89 家，从业人员约 700 人。

1992 年，邓小平视察南方重要谈话发表以后，个私经济的地位从"必要补充"成为社会主义经济"共同发展"，萧山也提出"四个轮子一起转"（镇办、村办、合伙、个私企业）的发展模式，各方面政策也宽松起来，银行信贷、税收优惠也给个体私营企业开了方便之门。一些办得较早的个体企业开始扩建，或改变行业，寻求发展之路。是年，洪铁钢在创办水泥门窗预制场和胶套厂基础上，积累了一些资金，在马鞍村（今永富村）租得一块土地，创办水泥制品实验厂，成功地由此前家庭作坊式生产转为较正规的机械化生产行列。在国家混凝土水泥制品研究院支持下，开发了先进的蒸汽法混凝土预制导管生产线，填补了这项技术在国内的空白，并收到了较好的经济效益，从 1994 年至 1998 年，5 年累计共创产值 5081.7 万元，销售收入 4454.95 万元，上缴税金 351.98 万元，实现利润 367.33 万元。洪铁钢从创办水泥门窗预制场开始，到 2007 年成为浙江卫士管业集团的董事长，2008 年卫士管业集团旗下拥有 9 家全资、控股子公司，集团注册资金 6800 万元，占地 200 余亩，建筑面积 6 万多平方米，员工 500 多人，是全镇靠创办个体企业起家较为突出的典型。

靠创办个体私营企业起家，发展成为镇重点企业的杭州蓝达工艺制品有限公司的前身，是钟兴华于 1986 年创办的云石灯具五金厂，这个家庭作坊靠 2000 元本钱起步，五六个工人，狭小的生产场地，简单的生产工具，在小打小闹中顽强拼搏，经过十几年的努力，使企业在积累、扩张、技改、升级中得到发展，使蓝达产品成为名牌，获得国家专利，企业成为萧山区知名商号，总经理钟兴华曾被评为萧山区劳动模范。

同样靠创办个体私营企业发展成为镇重点企业的还有杭州小球星儿童用品有限公司、杭州九龙厨具制造有限公司、杭州华康钙塑包装有限公司、杭州华诚机械有限公司等企业（参看本卷企业简介）。

1997 年以后，集体企业转为民营企业，个体私营企业也属于民营企业，成立有限责任公司，规模以下纳入村属企业统计范围。2008 年，全镇有规模以下企业 450 户，资产 48407 万元，实现工业产值 228178 万元，销售收入 162579 万元，出口交货值 780 万元，工业增加值 31561 万元，所有者权益 27332 万元，发放工资 10793 万元，上缴税金 8387 万元，利润 9904 万元。

2002～2008 年戴村镇规模以下企业经营情况统计

表 5-2-12　　单位：户、万元

年份	户数	资产总值	工业产值	销售收入	出口交货值	工业增加值	所有者权益	工资	税金	利润
2002	452	67071	164404	169879	1091	11725	33704	3830	4058	2198
2003	474	79878	198695	191481	849	30651	36781	7620	8648	7744
2004	451	80392	197688	170913	355	26751	39730	10914	7103	8276
2005	446	51373	130438	127992	200	25315	23571	7758	7354	7626
2006	450	113214	171514	151469	405	26223	36930	8259	7423	8352
2007	450	51481	195180	161503	687	32334	28963	10450	8012	9470
2008	450	48047	228178	162579	780	31561	27332	10793	8387	9904

第四节　合资、外资企业

现戴村镇境域范围内合资企业早于外资企业。合资企业始于1992年。是年5月，由浙江造纸集团公司牵线，云石乡尖山下村杭州浪潮实业公司与意大利卡迪罗莱公司谈成合资意向。10月23日，经杭州市工商行政管理局批准，成立杭州浪潮迪诺卫生用品有限公司。为中外合资企业。公司注册资金110万美元，其中杭州浪潮实业公司出资77万美元，意大利卡迪罗莱公司出资33万美元。合资项目为年产3000万条医用卫生床垫，合同商定公司产品50%由意方销往国外，其余产品由公司自行组织销售。合资期限为20年，于1997年提前结束。

公司位于尖山下村上门风水埂下，占地3125平方米，建筑面积1250平方米。公司董事长邵伟成，副董事长迪诺·卡尔迪罗莱，总经理鲍士泉，副总经理鲍永甫、埃姆诺·拉维诺。

20世纪90年代中后期，由于投资环境的改善，又组建了三家合资企业。1995年8月，新组建的萧山电化总厂与香港雄平公司合资组建萧山联发电化有限公司，公司注册资本2400万元人民币，香港雄平公司出资1224万元，占51%，为控股公司。合资期自1995年8月至2008年8月30日结束。

合资结束，香港雄平公司在杭州联发电化有限公司的股权转移给香港亚盛投资有限公司。股权转移后，香港亚盛投资有限公司在杭州联发电化有限公司的股金为1224万元人民币，合资项目为基础化工，合资期限自2009年1月10日起至2039年1月9日，共40年。公司董事长傅国兴。

1996年，杭州萧山第二化工塑料厂、香港雄平有限公司（萧山联发电化有限公司）、浙江蓝天环保高科技股份有限公司在萧山联发电化有限公司原电石车间场地内合资组建杭州富时特化工有限公司。公司注册资金1000万元人民币，其中萧山第二化工塑料厂出资200万元，香港雄平有限公司出资250万元，浙江蓝天环保高科技股份有限公司出资550万元，为控股公司。2007年经董事会决议，申请增加注册资金1000万元人民币，增加部分以2006年年末公司未分配利润再投入，变更后的注册资金为2000万元人民币，增资后公司股东不变，各方出资比例不变。

合资项目主要对浙江蓝天环保高科技股份有限公司（原浙江化工研究院）研制成功的新制冷剂152A及141B进行工业化生产。合资期限自1997年1月8日起至2027年1月7日，共30年。公司董事长曾继德。

1999年3月，浙江卫士控股集团有限公司与台商陈明顺合资成立杭州泒士管材有限公司，公司注册资金56万美元，其中浙江卫士控股集团有限公司出资42万美元，台商陈明顺出资14万美元，合资项目为塑料管材制品。合资期限自1999年3月23日起至2019年3月22日，共20年。公司董事长洪铁钢，法人代表陈明顺。

2001年9月27日，萧山区人民政府命名戴村工业园区为萧山经济技术开发区南部配套园区。2002年新入园企业9家，总投资3亿元，中国石油天然气股份有限公司、浙江省建筑机械有限公司等国家级、省级企业进入此园区。外资企业杭州美利景服饰有限公司到戴村落户，为戴村引进外资实现了零的突破。2003年，汪国红与美籍商人贝利文达成合资意向，合资组建杭州宏成纺织整理有限公司，公司注册资金100万美元，其中贝利文出资60万美元，汪国红出资40万美元，合资项目为生产纺织品，合资期限自2003年6月4日起至2053年6月3日，共50年。公司董事长汪国红。

2004年，萧山区城厢街道东湘村村民张忠明与香港洪烨国际有限公司合资在戴村云石组建杭州嘉诺德五金有限公司，公司注册资金500万美元，其中张忠明出资275万美元，占股份55%，香港洪烨国际有限公司出资225万美元，占股份45%，合资项目为生产高档五金工具，合资期限自2004年7月29日起至2054年7月28日，共50年。公司董事长张忠明。

2004年，蓝达（香港）发展有限公司港商吴善应，在戴村镇钢构建材功能区成立蓝达（杭州）办公设备有限公司。公司注册资金128万美元，生产办公用品高档五金件，为外资企业，投资期限自2004年12月7日起至2054年12月6日。董事长钟兴华。

2006年,杭州亿达五金有限公司与蓝达(香港)发展有限公司合资组建杭州东鑫亿达五金有限公司,注册资金300万美元,合资双方各出资150万美元,合资项目为汽车五金件,合资期限自2006年9月13日起至2056年9月12日,共50年。公司董事长顾可大。

戴村镇境内的合资外资企业虽总家数不多,但其规模比一般的私营企业大,效益也比较好,为戴村的经济与社会发展作出了较大的贡献。

第五节　镇钢构建材功能区

戴村镇钢构建材功能区于1999年冬启动建设,2001年9月27日,萧山区人民政府发文命名为"萧山经济技术开发区南部配套园区",2004年更名为戴村镇钢构建材功能区。

1999年年初,中共戴村镇十届党代会提出"把戴村建设成为现代化的萧山南部重镇"。围绕这一目标,对全镇经济形势进行了认真分析研究,认为:戴村乡镇工业起步较早,在其发展的初级阶段,乡镇工业表现出强大的生命力,并为戴村经济发展带来活力,但在迅速发展带来巨大成就的同时,也暴露出一系列问题,例如产业同构严重、基础工业薄弱、企业小而全、小而散、层次底、设备和技术水平落后,以及资源耗费大、产品档次底、发展后劲不足,经济效益不高等,不仅使民营企业在激烈的市场竞争中处于不利地位,而且制约了地区经济的进一步发展。在空间上全镇工业发展则呈现"村村点火,处处冒烟"的格局,企业数量多,分布过于分散,单个企业规模小,但工业用地总量比例偏高,是农村地区建设用地不合理的主要表现形式之一。

经过十几年的初级发展,戴村工业发展已基本完成了高能耗、低产出、重污染的资本原始积累阶段,开始从工业化前期向工业化中期转变,进入加速发展时期。在新的发展阶段和新的发展形势下,工业要继续作为地区主要经济支柱,必须加快逐步实现由速度型、粗放型、内向型的外延式发展,向效益型、集约型、外向型的内涵式发展转化,向集团式的社会化大生产和产业高级化过渡,提高企业的聚集规模效益。为促进产业积聚,优化产业结构,提高工业整体素质和竞争力,加快城镇化建设,为戴村经济第二次腾飞创造机会,为了在激烈的市场竞争中能使戴村的经济地位占有一席之地,为使戴村镇的居住空间融于绿色的生态环境之中,必要规划和建设工业园区。

在中共萧山区委和区政府的正确领导下,区各部门大力支持和配合,园区建设于1999年下半年正式启动,规划和征地同时进行,园区控制性详细规划经区建设局审核,于2001年12月28日发文批准,建设用地在所在村的积极配合下也顺利进行。

根据规划,园区坐落在镇北部,紧邻镇城镇规划建设用地,杭金公路(03省道)位于园区南侧,闻戴公路从园区中央穿过,总占地面积2.14平方千米。

为加强对园区建设的领导,2000年6月26日,戴村镇新区开发领导小组成立(原件如此),由镇长郭伟林任组长,张国贤、韩建庆、朱元杰任副组长,孔建明、陈国军、汤空飞、王观明、丁灿祥、戚正良、蒋叶平为组员,下设办公室,由蒋叶平、郁圣康、丁国良3人组成,蒋叶平任办公室主任。

新区领导小组成立后,制定了入园企业可以享受的优惠政策,编印了《投资指南》,加强了招商力度。自2000年7月开始至是年年底,已有萧山胜达电磁线厂等6家企业在园区征地91.55亩。2001年上半年,已有杭州华诚机械有限公司、杭州小球星儿童用品有限公司、杭州华康钙塑包装有限公司、杭州海尔希畜牧科技有限公司、萧山恒达机械有限公司、萧山胜达电磁线厂入园,共占地121.94亩,投资4250万元。

2002年,随着萧山南部水厂和永兴变电所的投产,园区其他配套设施相继开工建设,投资环境进一步改善,华东轻钢建材有限公司等8家企业入园,共投资人民币15100万元、美元125万元。入园企业迅速投产,至2003年6月,入园企业达到14家,完成工业产值6738万元,利润174.47万元。

镇党委、政府在大力招商引资的同时,投入大量人力物力,力促园区配套工程顺利上马。2001年,萧山南部日供水30万立方米水厂和永兴变电所(110千伏安)顺利投产,规划中的6路1站(6路是:校前大道、恒达北路、华诚南路、腾飞路、孙家路、陆家路;1站是污水处理站)于2001年4月相继开工建设,6路全长3384.2米,道路面积69739平方米,共投入资金2380万元。污水处理站,设计日处理污水5000吨,投资630.6万元,于2006年年底投入运行。

2004年,杭州市经济委员会,按照杭州市政府工业园区考核验收标准,对戴村镇的"萧山经济技术开发区南部配套园区"进行考核验收,认定为达标工业园区。并被杭州市人民政府、市发改局、市经济委员会、市财政局联合发文认定为杭州市区、县(市)重点培育工业园区。同年12月,萧山经济技术开发区南部配套园区更名为戴村镇钢构建材功能区。

至2007年,戴村镇钢构建材功能区建成面积1.61平方千米,入区企业达到37家,职工3257人,企业占用土地798.33亩,总资产269706万元,占全镇工业总资产的69.2%。是年,创工企业产值441363万元,占全镇工企业产值的61.1%,利润13256万元,占全镇工企业利润的48.1%,税金5775万元,占全镇工企业税金的33.7%,出口创汇36492万元,占全镇出口创汇的56.3%。

是年,功能区有钢构建材企业8家,职工1311人,占地321.63亩,总资产145179万元,占功能区总资产的54.2%,工业产值177982万元,占74.7%,利润6378万元,占50.1%,税金2916万元,占50.5%,出口创汇24660万元,占67.6%。

2007年戴村镇钢构建材工业功能区入区企业基本情况

表5-2-13　　单位:人、亩、万元

企业名称	法人代表	从业人数	占地面积	总资产	主导产品	工业产值	利润	税金	出口外汇
杭州杭天装饰布艺有限公司	徐坚忠	82	30	8502	纺织服装	3235	135	126	
杭州宏成纺织整理有限公司	汪国红	59	30	3104	麻纱线	2500	182	31	2412
杭州升亮服饰有限公司	任生良	150	5	1105	服装	1400	27	51	
杭州伟珂服饰有限公司	沈　可	80	5	489	梭织服装	856	17	39	
杭州萧山粉末冶金厂	沈云龙	65	10	875	冶铸件	1325	29	79	
杭州萧山恒达机械塑胶有限公司	丁金虎	67	16.11	690	铝铸件	1053	28	48	
杭州萧山环宇冲件有限公司	任才良	106	21.7	3466	电机冲片	5289	223	234	
杭州伟峰电子有限公司	董培睦	98	19.2	4450	丝包线	6818	254	137	741
杭州胜达电磁线厂	沈百鲁	33	6.87	702	丝包线	1167	4	51	
浙江华东钢结构制造有限公司	邵梦权	230	80	21609	钢构建材	18366	6009	385	
浙江华东轻钢建材有限公司	沈东明	173	80	70297	钢构建材	58367	2136	830	16426
杭州信宇钢带有限公司	孔小芳	45	16	1947	钢管建材钢带	2842	46	60	
杭州九龙厨具制造有限公司	沈贤法	350	48	14809	钢管建材钢带	15049	992	557	8234

续表 5-2-13

企业名称	法人代表	从业人数	占地面积	总资产	主导产品	工业产值	利润	税金	出口外汇
杭州华诚机械有限公司	沈伟芳	147	43	12852	建材塔机	10382	953	349	
杭州卫达塑业有限公司	喻伟东	76	20.63	1286	塑料管材	2727	45	83	
杭州华东板材有限公司	沈东明	160	20	16773	钢构建材	65688	1790	524	
杭州业新钢结构有限公司	沈利国	130	14	5606	钢构建材	4561	167	128	
杭州华康钙塑包装有限公司	喻华康	111	10	13392	钙塑型扣板	10594	953	434	
杭州小星球儿童用品有限公司	任　伟	358	23.7	3494	童车	7400	87	211	
杭州海尔希畜牧科技有限公司	楼伟杰	52	16.2	1461	氧化胆碱	3020	60	87	
杭州凯拜克健身器材有限公司	葛养儿	90	15	1043	健身器材	1998	119	65	
蓝达(杭州)设备有限公司	钟兴华	141	50	2427	铁丝网制品	3200	529	172	8679
杭州萧山戴兴包装有限公司	王立明	60	18	3423	塑料滕条	4389	139	108	
杭州萧山汇城提花织造有限公司	沈诏华	70	15	1436	沙发	2350	39	61	
浙江云石集团有限公司	任文达	106	124	71268	石油贸易	203098	3531	756	
杭州萧山云石天峰机械厂	郦月表	12	7.2	174	五金机械	210	4	6	
杭州宏土机械有限公司	洪海金	35	5.6	292	电动金丝机	748	16	21	
杭州明华电机五金有限公司	陈明华	35	3	374	工具电机	415	8	36	
杭州亿力电器有限公司	丁秀力	10	7.02	261	定转子冲片	75	5	3	
杭州青春元生物有限公司	沈利昌		10	570	保健品	82	2	3	
杭州康龙铝塑材料有限公司	周象康	21	5.5	830	塑料铝制品	882	69	30	
杭州萧山铭城电动车有限公司	余迪江	24	6.6	159	电动车	207	7	10	
杭州萧山戴村五金抛光厂	陆伟明	21	5.5	317	童车配件	525	19	19	
杭州萧山戴村上董五金厂	董玉良	25	5	-	船用齿轮	58	12	16	
杭州东威不锈钢五金厂	陆五张	6	1.5	-	五金件	32	3	5	
杭州萧山郑丽机械厂	郑吾灿	20	3	134	汽车配件	230	10	10	
杭州萧山通盛纸箱厂	余柏勇	9	1	89	纸管	225	7	7	
合　计		3257	798.33	269706		441363	13256	5772	36492

2007年戴村镇钢构建材功能区钢构建材企业基本情况

表5－2－14　　单位：人、亩、万元

企业名称	职工人数	占地面积	总资产	工业产值	利润	税金	出口创汇
杭州华东钢结构制造有限公司	230	80	21609	18366	609	385	
浙江华东轻钢建材有限公司	173	80	70297	58367	2136	830	16426
杭州信宇钢带有限公司	45	16	1947	2842	46	60	
杭州九龙厨具制造有限公司	350	48	14809	15049	992	557	8234
杭州华诚机械有限公司	147	43	12852	10382	953	349	
杭州卫达塑业有限公司	76	20.63	1286	2727	45	83	
杭州华东板材有限公司	160	20	16773	65688	1790	524	
杭州业新钢构有限公司	130	14	5606	4561	167	128	
合　计	1311	321.63	145179	177982	6738	2916	24660

附录：

关于命名萧山经济技术开发区临浦配套园区等
6个萧山经济技术开发区配套园区的通知

萧政发〔2001〕135号

各镇人民政府、街道办事处，区政府各部门、各直属单位：

为更好地发挥萧山经济技术开发区在对外开放中的龙头作用和影响力，加大招商引资力度，创造良好的投资环境，进一步增强区域经济的竞争力。经区政府批准，决定对萧山经济技术开发区临浦配套园区（临浦镇）、萧山经济技术开发区临港配套园区（瓜沥镇）、萧山经济技术开发区义蓬配套园区（义蓬镇）、萧山经济技术开发区东部配套园区（党山镇）、萧山经济技术开发区机电配套园区（进化镇）、萧山经济技术开发区南部配套园区（戴村镇）等6个配套园区予以命名，现予公布。

杭州市萧山区人民政府
二〇〇一年九月二十七日

第三章　工业门类

第一节　建材业

旧时戴村民居以砖木结构居多，建房用砖来自桐庐，曰山砖；瓦以湘湖青瓦居多，曰湖瓦；石灰产自诸暨；条石、石板来自绍兴、建德严州。民间建房都向当地砖灰行采购。原木也来自桐庐、建德等地。

中华人民共和国建立前，后宅、李家坞先后开办手工砖瓦窑，生产小瓦、“沿令”（音）、“双开”“刀口”等青砖，中华人民共和国建立后李家坞砖瓦窑逐步发展成为“吊窑”，生产规模有所扩大，除生产传统产品外，同时生产“95”青砖。

解放前大石盖周马全等在石盖桥西开办石灰窑，以马鞍山灰石为原料，用毛柴、松枝烧制石灰，叫“闷窑”，年产石灰约25万公斤。

1950年因国家水利建设需要，当时马鞍乡六联村（现为永富村积堰山自然村）农民在诸暨石匠阿兴师傅带领下在积堰山土地庙后开采石塘做水利石头，卖给海塘工务所，在钱塘江江塘、浦阳江、永兴河险工地段抛石护岸。为戴村最早开采的石矿。

1958年，“萧山自救队”100多人，在小石盖坞开采石灰石，为解决水路运输，在石盖坞小畈开掘人工河150米，将石灰石运往绍兴、上虞等地，1960年经济困难时期“自救队”解散，石矿停办。

1961年，永兴公社在自救队开采矿址上开办永兴公社石料厂，负责人俞吾其。同时石盖坞妇女利用灰石残渣用软柄小铁锤敲石子出售抓收入，补贴家用，为戴村地区生产石子开了先河。1964年永兴公社石料厂购进第一台400轧石机（破碎机）在永兴桥北岸始用机器轧石子。同时在石马头倪家山开采石矿，生产的石灰石销往绍兴、上虞等地，蛮石用来轧石子卖给建筑和水利工地。

1964年起，建民、马安、光明（郁家山下）、石马头、石盖坞、大石盖等大队先后办起石料厂，先开采灰石，后购进破碎机生产各种规格石子，石灰石仍销往绍兴、上虞等地，石子经水路销往萧山、杭州，陆路经临浦至南星桥装火车销往上海。

20世纪70年代，永兴公社石马头大队在青龙头建造石灰窑1座，用当地灰石为原料，诸暨石煤作燃料，轮窑烧制石灰，年产石灰2500吨左右，除供应本地外，销往萧山、杭州等地，1988年由于乡镇工业发展迅速，石灰窑停办。

70年代后又有沈村、何童埠、西周、后马湖、张家弄、冗里、孙陆家、上董、李家坞、后宅、丁村、墙头、凌桥、盛家、大湖头、溪河、戴家山头、下方等大队（村）先后开采石矿和办起石料厂。石料行业遍及戴村各地，炮声、轧石机声日夜不停，全镇先后购进500破碎机14台，600以上破碎机3台，最高年份生产各种规格石子20万吨以上、块石30万立方米。20世纪末由于乡镇工业的发展，国家生态环境控制和资源保护，石料行业安全事故多发，工人劳动强度大和采用先进矿产机械，并且要求业主定期“复绿”，多数石料厂先后停办。到2006年戴村镇尚有马安、大湖头、下方、戴家山头4家。

1973年，永兴公社建筑队在积堰山建立水泥制品预制场，占地1000平方米，生产钢筋预应力多孔板、桁条、小樑、薄板、屋架、门窗天盘、水泥门窗框、四合一板等水泥构件。先是来料加工，后逐步制造销售。1984年水泥预制构件逐渐被人们所认识，木材供应紧缺，水泥构件销路大增，又在东周、河上桥同时扩建2个工场，占地4000平方米。戴村、云石两建筑队分别在戴村孙家和云石响石桥各建水泥预制场。1985年永兴建筑工程队3个预制场生产各种水泥构件5万余件，创产值50万元，有工人24人。钢筋预应力水泥预制构件节约了大量钢材、水泥，为缓解城镇住房紧张和农村住房建设做出了重要贡献。21世纪初由于建材工业的发展，建筑材料供应充余和经济总量的提高，国家建设项目和工业民用建筑大量采用现浇混凝土，水泥预制构件应用随之减少，集体水泥构件预制场大多停办。

后宅、李家坞手工砖瓦窑于1993年停办。1995年，经政府有关部门批准，李家坞村新建18门轮窑1座，年生产“95”红砖1000万块，年产值约250万元。同年，上董村经政府批准在村前建造24门轮窑1座，年产“95”红砖2000万块，创年产值约500万元。2006年为节约土地资源，改为生产“空心红砖”，年产900万块。

杭州装饰材料总厂萧山分厂，是云石乡的一家乡办企业，由于经营不善造成资不抵债，濒临倒闭。1993年11月，云石乡政府任命在乡农办工作的沈东明担任厂长。1994年，企业新上一个生产自行车轴皮项目，改名为萧山自行车轴皮厂，由于产品技术含量低，产品滞销，资金回笼困难，经营仍然难以为继。1995年10月企业转制，沈东明成为业主，翌年2月，投资200万元，新上一条聚苯乙烯大板沧泡沫生产线，4月投产。正式成为新型建材的生产企业。由于自熄型大板泡沫作为隔热芯材料开始应用，销路看好，当年实现销售收入421万元,企业扭亏为盈,创利16万元,企业更名为萧山市特种建材实业有限公司。1997年7月开发成功聚苯乙烯彩钢夹心板。翌年8月,投资80万元与绍兴“精工”合作开发瓦楞夹心彩钢板成功,产品具有强度高,安装便捷的特点,解决了平板夹心板屋面渗漏问题,产品畅销省内外,当年销售30万平方米,被评为浙江省新型建材。由于产品升级,2000年10月,企业更名为浙江华东轻钢建材有限公司。

2000年11月,云石新厂区开始建设,投资5000万元的彩色涂层钢卷项目启动,翌年11月试生产,2002年产品销售1.6亿元,获利1500万元,进入萧山区百强企业行列,2004年彩色涂层钢卷被评为浙江名牌。

2003年1月,位于镇钢构建材功能区新厂区开工建设,占地300亩,投资1亿元的热镀锌生产线项目同时启动,9月8日点火投产。2004年,公司各车间搬至戴村新区。2006年,公司销售收入首次突破10亿元,达到11.7亿元,翌年2月25日,萧山区区长陈荣胜率区四套班子领导到公司授予“工业销售首次超10亿元”的匾额。2008年1月,2#彩涂钢卷生产线投产,至此公司有彩涂钢卷生产线2条,年产彩涂钢卷17万吨,热镀锌生产线一条,年产镀锌钢卷10万吨,形成以彩涂钢卷、钢结构制造安装为主的大型集团公司,集团属下有浙江华东轻钢建材有限公司、杭州华东钢结构制造有限公司、杭州华东板材有限公司、杭州华东金属材料有限公司、杭州富申日用品有限公司和上海出奇金属物资有限公司等6家子公司。2009年集团入围中国大企业集团竞争力500强。

2008年“5·12”汶川大地震发生后,集团领导迅速作出部署,各公司车间加班加点生产支援活动板房200套,并派出50名赴川援建人员,搭建活动板房6000平方米。5月26日,浙江省省长吕祖善亲临集团公司考察,对公司的抗震救灾工作给予充分肯定,被全国总工会授予抗震救灾、重建家园“工人先锋号”荣誉称号,并被浙江省慈善总会授予慈善贡献奖。至2008年,公司获萧山区百强企业,杭州市百强企业,全国钢铁工业先进集体,浙江省管理创新、信用管理示范企业等荣誉,“华东钢构”商标评为中国驰名商标、浙江省著名商标,华东牌彩钢卷是浙江名牌产品。钢结构公司成为高新技术企业,集团技术中心成为省级技术中心。

2008年,华东钢业集团公司有员工645人,总资产111687万元,创销售产值213535万元,利润5146万元,税金3248万元。

1997年,杭州卫士实业有限公司成立,注册资金2200万元,占地30余亩,专业生产CRC轻质隔墙板、轻质保温砌块和建筑界面粘合剂,是浙江省新型墙体材料开发、生产、销售安装的“龙头”企业。产品具有节能、环保、隔音、防火、资源综合利用等优点。CRC轻质隔墙板通过浙江省发展新型墙体材料办公室“新型墙体材料”产品认定和省经济贸易委员会的资源综合利用产品认定。2005年、2006年连续两年被杭州市萧山区墙体改革与建筑节能办公室、浙江省发展新型墙体材料改革办公室联合统计、评定,产品销售居浙江省同类产品第一名,达到190万平方米。2008年,公司有职工41人,总资产17138万元,销售产值4029万元,利润483万元,税金117万元。

杭州业新钢结构有限公司,成立于2000年,前身是1997年6月成立的杭州新业型钢有限公司。公司是专业从事建筑钢结构工程的设计、制造、安装企业,具有钢结构工程专业承包壹级资质。2005年,投资3100万元,征地19.5亩,新建厂房8600平方米,添置设备500万元,公司有高级工程师2名,国家注册一级建造师5名,高级会计师1名和各类专业工程技术人员36名。公司承建的河南中博世贸家具广场获省级标准化样板工程,安徽电厂、博雷(中国)控制系统等工程是省、区级重点工程。2008年,公司有员工143人,总资产7414万元,创销售产值6108万元,利润195万元,税金268万元。

至2008年止,全镇有建材企业6家,共有员工966人,总资产136539万元。其中规模以上建材业创销售产值223672万元,占全镇规上企业的58.85%,利润5824万元,占全镇规上企业的31.73%,税金3633万元,占全镇规上企业的36.2%。

2008 年戴村镇规模以上建材企业情况

表 5 - 3 - 1　　单位:人、万元

序号	企业名称	从业人数	总资产	销售产值	利　润	税　金
1	浙江华东钢业集团有限公司	645	111687	213535	5146	3248
2	杭州卫士实业有限公司	41	17138	4029	483	117
3	杭州业新钢结构有限公司	143	7414	6108	195	268
合　计		829	136239	223672	5824	3633

第二节　纺织服装业

纺织业

戴村历史上有纺纱织布的传统,中华人民共和国成立前,土布生产已自给有余,建国初期纺纱织布仍为农村妇女的一项主要工作。农业合作化后,妇女参加集体生产劳动,纺纱织布逐渐消失。1967 年,永兴、戴村两公社先后办起了废花厂,从外地采购废花(用工厂布角废料弹成的棉絮)颜色有蓝白两种,凭证发放给农户,纺成棉纱,每公斤加工费 0.3 元。两厂于 1971 年先后停办。

戴村公社并线厂成立于 1973 年,有 2000 多锭子的并、粘线车,为杭州帘帆布厂、温州第一织布厂加工;另有绸机 8 台。1986 年 3 月,有职工 164 人,是月创产值 11.48 万元。厂址在墙头村,厂长任先法。

永兴公社并线厂,成立于 1976 年,由杭州第四织布厂(知青挂钩单位)提供脱壳并线业务和设备并线车 2 台、粘线车 1 台;永兴公社建造厂房 2 幢,计 450 平方米和食堂等,并添置打车、糟筒等前后道设备,职工 69 人,专业为“四织”生产的涤卡并线加粘,1980 年与织布、手帕厂合并。厂址在现永富路外黄洞岭,厂长施春潮。

永兴公社织布厂,成立于 1978 年,为知青挂钩单位杭州手帕厂脱壳印花手帕坯布生产任务,有 1511 布机 32 台;公社建造锯齿型厂房及辅助用房 700 平方米,并添置经、纡、筒等前道设备,后又添置余杭崇贤产 1511 布机 48 台。月生产手帕坯布 15 万米～16 万米,有职工 120 人,厂址并线厂南,厂长周炳云。

永兴乡墙布厂,成立于 1984 年,在织布厂南新建厂房和办公楼。设备有老式印花机 1 台,一吨蒸气锅炉 1 台及电热烘干设备 1 套,生产“美加净”贴墙布,有竹子、几何等几种图案和颜色,后因同类产品墙纸很快上市,产品被淘汰而停业。厂长郁圣康。

杭州江南棉纺厂成立于 1986 年,在永兴织布厂基础上,利用原墙布厂房和办公楼,后又扩建新车间和仓库,主要设备有清花机、梳棉机、粗纱机和 1293K 细纱机 10 台,约 4000 锭子,日产 21 支棉纱约 3 吨,时有工人约 400 人(纺厂)。1988 年年底因引发重大经济案件而倒闭。

萧山鸿运织布厂,成立于 1990 年,厂址设备在原棉纺厂棉花仓库内,有 K84 织机 20 台和辅助设备,专业生产各种化纤织物面料。1991 年有职工 70 人,产值 120 万元,后因市场竞争激烈产品更新换代和兴办钙塑包装厂而停业。厂长许纪樵。

化纤织造厂成立于 1992 年,撤区扩镇并乡后,戴村镇与红山农场 9 大队联营兴办,有职工 33 人,是年完成产值 15.51 万元。

自1985年始，境内有云石、戴村并线厂、永兴建民等绸厂4家。据1985年3月统计，有绸机38台，职工230人，是年1～3月，完成产值33.61万元。翌年同期，绸机增至56台，职工283人，产值50.08万元，主要产品为丙纶、织锦缎被面。绸厂于20世纪80年代末陆续停业。

杭州宏成纺织整理有限公司，成立于2003年6月，是一家中外合资企业，专业生产黄麻、化纤纺织品和服装、帐篷、箱包等家纺、旅游休闲用品，其中黄麻纱线、黄麻工艺布是出口产品。公司属下的杭州晟泰休闲用品有限公司专业生产森林迷彩狩猎帐，儿童玩乐趣味帐、休闲垂钓帐、旅游帐、遮阳帐、狩猎椅子帐及休闲椅子。2008年，有职工59人，总资产3173万元，销售产值2669万元，利润475万元，税金224万元。

杭州汇城提花织造有限公司，成立于2006年6月，是一家专业设计、生产、销售高档纺织装饰面料的企业，主导产品有家私布、沙发布、窗帘布和靠垫、座垫等系列产品，能满足商店、宾馆、饭店、公共设施及居民的室内装饰需求。拥有意大利产箭杆织机20台，国产46台，国产电子提花机2台。年产高档提花布200万米，家居用品30万套。2008年，有职工70人，总资产2153万元，销售产值2722万元，利润81.4万元，税金111万元。

杭州杭天布艺有限公司，成立于2008年，是一家专业从事装饰织物研发、生产、销售的企业。拥有意大利电子提花机10台，国产提花机100台、配套纺织CAD设计系统及高速分条整经机和150台平缝机的合成加工企业。公司依托强大的研发能力，年开发新花型上百种，形成以沙发布、床上用品、家私布、窗帘布等布艺类织物为主导的产品体系；年产各类织物250万米和数十万套成品；产品80%外销，公司拥有自营进出口权。2008年，有职工105人，总资产7207万元，销售产值3808万元，利润6万元，税金60万元。

2008年年底，境内规模以下企业有国产箭杆织机184台，园盘4台、职工近百人，主要从事外单位加工床上用品和窗帘布。

服装业

境内服装业起源于农村裁缝。1953年，国家对手工业进行社会主义改造时，创办的戴村服装社，属于手工业社组，有人员20多人，“文化大革命”期间并入临浦服装社。

戴村公社服装厂成立于1975年，租用凌桥头戴培华家房屋为厂房，1980年在凌桥塘上买进房子。1983年有职工130人，加工服装13.5万件，创收29.38万元，获利7.77万元；1986年在凌桥头新建厂房，并改名戴村西装厂，时戴永珍（女）任厂长，1987年有职工142人，产值150.4万元，利润1.56万元。1992年改名中丝制衣厂，周立秋任厂长，是年有职工150人，产值652.60万元，利润3万元。1995年转制为民营企业。

永兴公社服装厂，成立于1976年，厂址设在西周村，有职工40多人。翌年，永兴公社手帕厂成立，在公社并线厂北新建二层厂房5间，服装厂与手帕厂合并，称永兴公社手帕服装厂。有职工近百人，厂长周炳云。

1984年，手帕服装厂与上海超声波仪器厂联营，成立沪杭西服厂，产品有全毛华达呢中便装和西装。1992年停止服装生产，专业为杭州手帕厂加工手帕，时有职工130人，产值41.80万元。厂长喻云鑫。1995年转制拍卖。

沈村服装厂成立于1978年，以生产丝绸服装为主。1985年有职工60人，获利16万元，为戴村区骨干企业。厂长沈纪才。

萧山呢绒服装厂成立于1985年，厂址设在河上桥村（今河杨湖）。1986年年初在永富公路（外黄洞岭）边建造厂房三楼1幢，同年迁入新厂房，专业生产呢绒服装和衬衫。1992年，因市场竞争激烈，低档产品难销，产品积压，经营难以为继而停业。是年有职工89人，产值57.04万元，亏损1.91万元。厂长陶仲尼。

戴村镇服装丝织厂，成立于1986年，其前身是上董村董仁芳创办的一家个体服装厂，只有10部脚踏缝纫机，11名工人。1986年规模有所扩大，工人增至50人，企业转为镇办。由于投资环境较差，1990年去深圳发展，厂址在深圳上埗，厂名新时利。1993年迁至深圳车公庙，有工人80人，主要业务是做订单（为外单位加工）。1997年转制。厂长董仁芳。

江南二分厂成立于1990年，由原戴村西装厂分离去深圳发展，厂址在深圳上埗“上海大厦”。1992年有工人155人，创产值390万元，获利58万元，1993年厂址迁入深圳车公庙。1997年转制为民营企业，负责人陈胜和、戴永珍。

20世纪80年代，境内另有村办、校办、个体服装企业10家，从业人员约有400人。

杭州萧山升亮服饰有限公司，成立于2001年，是一家专业生产羽绒服、棉衣、封胶衣、休闲服的企业，年产量40万件。2008年有职工150人，总资产1086万元，销售产值1979万元，利润21.5万元，税金111万元。

至2008年止，境内有规模以上纺织服装企业5家，从业人员464人，总资产13676万元，销售产值12034万元，占全镇规上企业的3.2%，利润600.9万元，占全镇3.3%，税金545万元，占全镇5.4%。

2008年戴村镇规模以上纺织服装业情况

表5-3-2　　单位：人、万元

序号	企业名称	从业人数	总资产	销售产值	利　润	税　金
1	杭州杭天装饰布艺有限公司	105	7207	3808	6	60
2	杭州宏成纺织整理有限公司	59	3173	2669	475	224
3	杭州汇城提花织造有限公司	70	2153	2722	81.4	111
4	杭州萧山升亮服饰有限公司	150	1086	1979	21.5	111
5	杭州伟珂服装有限公司	80	57	856	17	39
合　计		464	13676	12034	600.9	545

第三节　机械五金业

镇境内的机械五金行业起步于20世纪70年代。1971年3月，国务院召开北方农业会议，要求加速实现农业机械化，农机具要做到“小修不出队、中修不出社、大修不出县”。当时云石、戴村、永兴3个公社为贯彻会议精神先后办起公社农机厂，为各自辖区内修理铁木农具，同时也制造一些小农具。永兴、戴村两厂为自身发展需要，先后添置两只化铁炉为外单位加工铁、铅铸件。以上公社农机厂为境内发展机械五金行业开了先河。

改革开放后，家用电气、食品饮料行业发展势头强劲，一些村（队）办企业和个体户购入小型冲床（5～16吨）为家电企业冲夕钢片、加工定转子和饮料瓶盖。1985年，机械五金行业发展较快，较著名的企业有戴村气泵厂，电子开关厂、锁环厂、永兴东周机械五金配件厂、永兴农机厂、云石煤气灶具厂、冰箱分厂等。主要产品有自行车气泵、电子开关、汽车变速操纵器、电扇、冰箱配件、化纤计量泵、无级变速器等，除少量自主产品外，大部分为来料加工。

1992年，境内有机械五金企业13家，从业人员1014人，工业产值2278.75万元，利润342.66万元，其中镇办企业3家，职工580人，产值1584.25万元，利润279.06万元。村办企业10家，职工434人，产值694.50万元，利润63.6万元。[①]

① 原云石乡无资料不计在内。

同年,萧山汽车变速操纵器厂新区厂房竣工投产,占地27亩,建筑面积6500平方米,新增生产和检测设备50多台(套),总资产800万元,职工200人,开发新产品4只,通过省级鉴定的有EG140、ED150、HG6T53变速器、XV湿式离合器和各种配用的变速操纵器5大系列。1993年实现工业产值1212.61万元,利润190.10万元,税金67.90万元,被命名为杭州市一级企业、萧山市一级企业,并通过了全面质量管理验收,获QC成果二等奖等多项荣誉。

1992年撤区扩镇并乡后,机械五金行业进一步加大投入,注重技改,更新产品,逐步实现企业集约化、生产专业化、产品系列化。

杭州蓝达工艺制品有限公司,1993年征地新建厂房,1999年又投资500万元,兴建第二生产区,占地9000平方米。2006年,又在镇钢构建材功能区征地50亩,投资4000万元,新建现代厂房和办公楼,企业总资产达到9218万元;杭州小球星儿童用品有限公司,1998年投资200万元,征地2100平方米,建造厂房800平方米.2000年为扩大生产,易地重建,征地1.5万平方米,新建厂房1万平方米,投资800万元。杭州环宇冲件有限公司,从1998年以来,累计投入3000多万元,用于扩建厂房和添置设备。杭州华诚机械有限公司,2001年迁入镇钢构建材功能区,占地4万平方米,建筑面积2.8万平方米,总资产达到16897万元。杭州九龙厨具制造有限公司,2002年在镇钢构建材功能区征地58亩,建造厂房和办公楼24300平方米,同年又在蜀山街道征地35亩,投资3000万元,建立境外生产基地,公司固定资产增至1.5亿元。杭州亿达五金有限公司、杭州萧山政健车把五金厂、杭州萧山康跃铸造有限公司、杭州萧山新力机械有限公司等企业累计增加投入6500多万元。

机械五金行业在增加投入做大做强企业的同时,不断加大采用先进工艺、先进设备的力度。"蓝达"公司2000年迈出技改大步,引入先进的喷涂生产线,基本实现产品系列化、专业化和规模化;"小球星"公司添置各种先进设备25台(套),形成从毛坯焊接、油漆、装配流水线7条,大幅度提高了产品的产量和质量,2006年生产童车54万辆,其中出口53万辆;"亿达"五金公司对一条年产20万副健身组合式亚铃生产线进行技术改造,投资250万元,使产品质量和性能明显提高,受到了客户的好评;"环宇"冲件公司引进德国产数控激光切割机2台和美国通用电气公司生产的环保涂漆机2台,"政健"车把引进台湾产先进弯管机、"康跃"铸造引进5000吨消失模生产线,"信宇钢带"拥有国内较先进的四连轧机组和制管机组等先进设备,都收到了改进生产工艺,提高产品产量和质量的较好效果。

机械五金行业通过增加投入和技改,扩大了企业规模,增强了实力,加速了产品的更新换代。"蓝达"公司从生产自行车件和车篮开始到专业生产高档办公用品系列和规模齐全的金属网状工艺产品,取得自营进出口权。"蓝达"产品2004年取得萧山名牌产品,2005年被评为萧山区知名商号,2007年被评为杭州市名牌产品;"小球星"公司从组装儿童自行车到自主研发生产儿童三轮车、儿童电动车,产品商标有"斯诺曼"、"小球星"、"贝贝高";"亿达"公司从单一生产房车配件到自主研发生产"佳家"牌钢铝复合散热片;"华诚"公司是为"杭发"加工配件的一家小厂,1999年进入建筑机械行业,专业生产塔式起重机、施工升降机、井架物料提升机三大系9个品种,并取得国家A级特种设备制造许可证资质,产品均经过国家建筑城建机械质量监督检验中心检测合格和省建设厅科学成果鉴定,取得特种设备安装资质和安全生产许可证,"安神"牌商标被评为杭州市著名商标,SSB-100井架物料提升机被评为萧山区名牌产品。2003年,"九龙"公司的"贤洁牌"不锈钢系列厨具荣获国家名优金奖证书,2005年获杭州市著名商标,2006年获中国著名品牌,2008年被评为萧山区知名商号。

至2008年年底止,境内有规模以上机械五金企业15家,从业人员2183人,总资产72358万元。是年,创销售产值98208.5万元,占全镇规模以上企业产值的26.3%,利润3127万元,占17.04%,税金3018.09万元,占30.16%。

2008 年戴村镇规模以上机械五金业情况

表 5 - 3 - 3　　单位:人、万元

序号	企业名称	从业人数	总资产	销售产值	利　润	税　金
1	杭州中原汽车变速器有限公司	98	2163	2119	52.5	66
2	杭州华诚机械有限公司	150	16897	13158	795	251
3	杭州萧山环宇冲件有限公司	101	4798	6558	291.5	333
4	杭州萧山康跃铸造有限公司	52	1443	1340	98	55
5	杭州萧山新力机械有限公司	68	1073	1179	26	54
6	杭州蓝达工艺品有限公司	446	9218	12279	525	734
7	杭州小球星儿童用品有限公司	330	3314	6697	61	195
8	杭州亿达五金有限公司	41	698	1158	17	30
9	杭州嘉诺德五金制造有限公司	40	5499	4988	44	79.9
10	浙江建机起重机械有限公司	167	6199	21185.5	300	584
11	杭州萧山政健车把五金厂	30	856	1208	22	48
12	杭州萧山江南粉末冶金厂	65	1048	1325	29	79
13	杭州萧山恒达机械塑胶有限公司	66	691	1053	28	48
14	杭州宏士机械有限公司	134	463	852	16	21
15	杭州九龙厨具制造有限公司	350	16051	20064	862	365
16	杭州信宇钢带有限公司	45	1947	3045	-40	76
合　计		2183	72358	98208.5	3127	3018.9

说明:总资产 = 流动资产 + 长期投资 + 固定资产 + 无形资产

第四节　塑料化工业

塑料业

镇境内塑料行业始于20世纪70年代。1974年,永兴公社杨家桥大队(今河杨湖村)看准农用塑料薄膜供应紧张,市场前景看好,请来临浦塑料厂老师傅,办起了杨家桥大队塑料厂,生产农用塑料薄膜,为境内从事塑料行业之开端。

1979年,戴村公社盛家大队(今八都村)办起塑料厂,用废旧塑料通过清洗造粒,生产塑料小农具,主要产品有粪桶、料勺等。

进入20世纪80年代,塑料产品进入人民生产生活各个领域,产品不断升级换代、更新,塑料被广泛使用的同时,也产生了大量的废旧塑料,人们利用塑料可再生和可塑性这一特点,回收废旧塑料,经过清洗、分类、

加工造粒，制成各种日用器具、包装物料、容器、玩具等等。境内从事废旧塑料回收加工行业的主要有八都村（前方）、河杨湖村（杨家桥、后马湖）、戴村、石马头、永富等村，其中前方、杨家桥、后马湖3个自然村从事塑料加工行业的农户约占总户数的50%以上，成为名符其实的塑料村。

90年代，塑料行业在激烈的市场竞争中上规模，更新产品有了较快的发展。1991年，永兴乡通过市场调查，兴办萧山钙塑包装厂，用塑料掺以50%以上的碳酸钙，制成各种规格的包装物料，代替纸木。在市政府和市信用联社支持下，投资800万元，利用原棉纺厂部分厂房外，新建厂房、锅炉房、配电房1200平方米，购入大连产大型四棍橡塑压延机成套设备，配置630千伏安高压输电设备和2吨蒸气锅炉，年产钙塑包装箱350万平方米。1999年，随着市场行情进一步好转，在老厂房南征地10亩，投资500万元，扩建厂房1000平方米，添置上海产1400型成套设备，增添2吨锅炉1台，年生产钙塑箱700万平方米，并在湖北京山设立湖北京山先发钙塑包装有限公司，是年销售收入达到5000万元，被评为萧山市百强企业。

杭州华康钙塑包装有限公司，是由原戴村供销社蛋白厂于1991年转制成立的民营企业。起初只能生产手工包装带和翻新旧钙塑箱。1996年，为了使企业生存和发展，经董事会决定，兴建一条1120毫米钙塑箱生产线，从而实现从原料到产品的生产机械化，当年投资、当年获利。1999年，产品销售收入突破千万元，实现利税100多万元，进入镇十强企业行业。2001年，在镇钢构建材功能区征地10亩，新建厂房4000平方米，新上3条1500毫米钙塑箱生产线和聚丙烯层压板，挤出板生产线各1条。2004年，公司向外拓展，在湖北江陵普济镇投资2000万元组建湖北华康钙塑包装有限公司，建成1500毫米钙塑箱生产线2条，2005年和2006年，投入技改资金500多万元，使企业又上了一个新台阶。2006年生产钙塑箱24132吨、聚丙烯挤出板164.4吨，销售收入1.2亿元，上缴税金2120.55万元，实现利润788.12万元。

杭州派士管材有限公司是浙江卫士集团旗下专业生产塑料管材的子公司，1999年引进先进的塑料管道生产技术，成功开发了聚乙烯给水、天然气输送、低温地板采暖管道系统，耐热聚乙烯低温地板采暖管道，无规共聚聚丙烯给水管道、纳米复合树脂电力保护套管、耐高温聚乙烯电力电缆管道系列产品，产品均通过浙江省质量技术监督检测研究院，国家化学建材测试中心等各种检测，并通过省级鉴定。公司累计投入资金2000余万元，用于引进先进的生产技术和先进工艺，进行技术改造，生产规模从初创的6条生产线，至2007年增加到20条；产品规格由φ50以下的小口径扩大到φ630的大口径；产能由年产1万吨扩大到年产10万吨，产品由生产单一的PEX管到生产地板采暖，市政供水、家庭供水、天然气输送、电力电缆保护等领域的全覆盖。产品获得多项专利。2007年资产总值17590万元，产值12412万元，利润2424万元。

杭州卫达塑业有限公司，是20世纪80年代末创办的一家私营企业，租用河上桥（今河杨湖村）厂房，专业生产塑料包装带。2002年在镇钢构建材功能区征地23亩，建造厂房8000余平方米，安装上海产1400毫米钙塑箱生产线1条和塑料管道生产设备，专业生产钙塑包装箱和塑料排水管道。2008年，有职工76人，实现销售产值2214万元，利税114万元。

杭州萧山戴兴包装有限公司，前身是租用原永兴农机厂狭小厂房的塑料企业，在激烈的市场竞争中，始终坚持以"诚信为本、质量第一"的经营理念，得到客户的信任，企业不断扩大，2005年，实现产值1886万元，成为镇25家重点企业之一。2007年，在镇钢构建材功能区征地18亩，建造厂房1万余平方米，专业生产休闲椅子系列塑料藤条和沙滩椅子系列塑料板带。2008年实现产值5455万元，利润268万元。

塑料化工业

日用化工　1988年3月，尖山下村与日本住友株式会社签订技术合作合同，于是年10月投资200万元建立杭州江南电热蚊香厂，并投入试生产，建成年产灭蚊药片400万合，电热灭蚊器100万只的浪潮牌灭蚊系列产品，投产后受到日本住友株式会社的赞誉和国内用户的好评，产品畅销国内20多个省、市和地区。1990年拥有固定资产88.49万元，职工219人，创产值458.56万元，利润30.44万元，税金25.75万元。1994年，杭州家家实业公司成立，年产各种盘式蚊香100万箱，是当时国内规模最大的蚊香生产企业之一，有职工240名，占地15340平方米，固定资产800万元，并拥有国内最先进的生产检测设备。

杭州韵庭生活用品有限公司成立于2007年,是一家专业生产家居清洁系列产品的企业,其中植物纤维炭蚊香是企业的核心产品,注册国家专利。

基础化工　杭州联发电化有限公司,前身为浙江萧山树脂厂,始建于1971年。1994年由于市场剧变等原因,导致连年亏损,是年6月破产转制,成立萧山电化总厂,9月重新开工投产,一举扭亏为盈,一季度就获利200万元。翌年8月与香港雄平公司合资组建萧山联发电化有限公司,注册资金2400万元。1997年起分批对主产品烧碱、PVC树脂设备进行扩建改造,至翌年年底,烧碱(100%)和PCC树脂产能分别达到3万吨/年和2万吨/年,为转制前的3倍。2008年,有职工381人,总资产13034万元,创产值13483万元,利润134万元,税金403万元。1996年,由香港雄平公司、萧山第二化工塑料厂(萧山联发电化有限公司)与浙江蓝天环保高科技股份有限公司合资组建的杭州富时特化工有限公司成立,公司主要生产经营国家专利产品新制冷剂152A及141B,属环保型高科技产品,产能分别可达到12000吨/年和5000吨/年,自1999年至2007年,两项产品累计实现销售收入10亿元,利税8000万元,出口创汇6000万美元。

至2008年年底止,境内有规模以上塑料化工企业9家,从业人员1036人,总资产71084.4万元,销售产值72846万元,占全镇规模以上企业的19.2%;利润2249.69万元,占12.3%;税金2465万元,占24.6%。

2008年戴村镇塑料化工规模以上企业情况

表5-3-4　　单位:人、万元

序号	企业名称	从业人数	总资产	销售产值	利　润	税　金
1	杭州萧山钙塑包装有限公司	71	2126	2524	162	100
2	杭州华康钙塑包装有限公司	94	19571	16199	862	981
3	杭州派士管材有限公司	67	21645	13863	1491	493
4	杭州卫达塑业有限公司	76	1311	2214	30	84
5	杭州萧山戴兴包装有限公司	64	3771	5455	140.69	127
6	杭州家家实业公司	69	807	682	-8	34
7	杭州韵庭生活用品有限公司	93	2244	1126	-7	74
8	杭州联发电化有限公司	381	13034	13483	134	403
9	杭州富时特化工有限公司	121	6575.4	17300	-555	169
合　　计		1036	71084.4	72846	2249.69	2465

第五节　电子业

境内电子行业起步于1978年,其时社会流行半导体、电子管收录机,产品供不应求。永兴公社石马头大队洪明乔通过上海华沔电磁线厂关系,兴办石马头大队企业永兴电线丝厂。1992年尚有职工27人,产值83万元,利润3.37万元。1996年转资为民营企业。

1979年,戴村公社凌山大队兴办电子管厂,1981年转为社队联办。1983年有职工17人,产值8.23万元,利润3.74万元;1987年改名戴村电子开关厂;1992年有职工151人,产值406.51万元,利润105.07万元,是戴村镇骨干企业之一。于1996年转资为民营企业。

1984年冬,戴村乡兴办天新电子仪器厂,1992年有职工80人,创产值350.46万元,利润49.8万元,是戴村镇骨干企业之一。

1988年年初，戴村五金冲件厂，从市场获得了涤纶丝包线的产销消息，设计试制了4台包丝机生产涤纶丝包线获得成功，企业改名为萧山无线电材料厂。1992年与萧山特种电磁厂合并，厂址迁至上胜庙，规模迅速扩大，资产增值到1000万元，产品增加漆包线项目，年产值从200万元增至1200万元。1994年获得部级出口产品质量许可证。

1999年，企业转制，成立杭州伟峰电子有限公司。2000年，通过ISO 9002质量体系认证。同年漆包线获美国DC标准认证，获得自行进出口权。

2004年冬，企业迁入镇钢构建材功能区，占地13440平方米，建造厂房、办公楼及附房7700平方米。同年投入技改资金1650万元，用于改造设备，目前公司拥有全电脑控制包漆机4台，自动报警绞线机30台，大型自动包丝机4台和普通包丝机100台。2008年，有职工100人，总资产4636万元，创销售产值6768万元，利润305万元，上缴税金299万元。

杭州萧山胜达电磁线厂，2008年有职工30人，资产700万元，创销售产值1053万元，利润亏损11万元，上缴税金36万元。

至2008年止，境内电子行业规模以上企业虽然只有2家，所占比重很小，但在戴村历史上电子行业也曾经有过一段辉煌。

工业门类除上述所记的五业以外，境内自1978年始，尚有造纸纸品业的尖山下造纸厂、九峰、东周、石盖坞、戴村、溪河等的纸箱厂；饮料食品业的萧山第三酒厂；电镀业的南三村下方有关企业；粉沫冶金业的青山村有关企业，等等。这些行业发展的地域空间虽然不大，亦未形成境内行业优势，但它们曾在一地一时对于当地经济社会发展作出过重要贡献。

第四章　建筑业

建筑业始于1956年，在对手工业进行社会主义改造时成立戴村建筑社（属手工业社组），有职工100多人。

1971年调整人民公社规模，原云石、戴村、永兴3个公社先后成立了建筑队。是当时全县最早成立的社办企业之一。

云石公社（乡）建筑队成立于1971年，1995年解体。邵观水、沈雪桥、黄火根、杨兴良、沈田根、李秀彬、顾兴春先后担任队长。1980年参加“萧山第二建筑工程公司”，称“萧二建”云石工程队，有职工100多人，1980年在响石桥兴办水泥预制场和在队所在地兴办“角尺厂”。主要施工工程有杭州自行车厂厂房，建筑面积3600平方米；杭州水产公司砖混五层住宅等。

戴村公社建筑队1972年成立，1980年参加“萧山第二建筑工程公司”，称“萧二建”戴村工程队。1989年从“萧二建”划出，于1992年3月成立“萧山市戴村建筑工程公司”。址设戴村镇后郑村。周校炳、戴木根、周校炳、周国范、李尧兴、戴培华先后担任队长。

1983年成立党支部，戚吾水、陆兆荣先后任书记。1992年戴培华任萧山市戴村建筑工程公司经理，陆兆荣任党支部书记。

承建的主要工程有杭州茶厂、杭州帘帆布厂仓库、杭州汽轮机厂、江西方志敏烈士纪念馆、杭州市政府4号办公楼和戴村影剧院等工程。1985年为戴村区工业产值上百万元企业，1986年产值200万元。并在孙家建有水泥预制场1个，占地约2000平方米。

永兴公社建筑队成立于1971年4月，1980年参加“萧山第二建筑工程公司”，称“萧二建”永兴直属工程队，1989年从“萧二建”划出，成立“萧山市永兴建筑工程公司”，1990年3月核准为三级企业。址设永富路口。鲍金成、钱百岑、鲍利云先后担任队长。1989 年,鲍利云任“萧山市永兴建筑工程公司”经理、党支部书记;1991 年施兴扬任经理。

永兴建筑队从建队初期的 114 人到 1974 年人员扩大到近 700 人。1973 年承建临浦玻璃厂 32 米砖砌烟囱和厂房,1974 年承建杭州制氧机厂劳动路 5 层宿舍,1978 年承建杭州水泥厂联合仓库,工程单层高 17 米、跨径 21 米,开间 6.5 米,13 间,建筑面积 1774.5 平方米,后张法预应力混凝土人字屋架。1985 年承建省重点工程杭州第二水泥厂 18 万吨立窑,面积 4100 平方米,现框 8 层、高 38.5 米,为优良工程。其间建造的水泥厂有浦阳江水泥厂、诸暨木成湖水泥厂及省丝绸仓库,共计 23900 平方米。还承建了浙江省农业厅动植物检疫所及一号、二号、三号宿舍和杭州市气象台等工程。

1985 年为戴村区上百万元企业,1986 年产值 300 万元,被评为萧山市文明单位,1994 年实现产值 1158 万元,为萧山市二级企业。

在发展自身的同时,于 1976 年投资 2 万元兴建永兴船舶修造厂,其后又投资兴办永兴贝雕厂和建材门市部,先后兴办水泥构件预制场 3 个,占地 5000 平方米。

1995 年 5 月 8 日,“萧山市永兴建筑工程公司”和“萧山市戴村建筑工程公司”合并,称“萧山市永兴建筑工程公司”,陆兆荣任党支部书记,施兴杨任经理,洪纪根、黄士安、喻祖兴、戴培华为副经理。址设戴村镇后郑村。

1998 年 6 月,萧山市永兴建筑工程公司转制,成立股份制民营企业“萧山市南方建筑工程公司”,同时成立公司董事会和监事会,李月祥任董事长,任妙良为监事会召集人,聘任方连明为公司经理。

2002 年 3 月 16 日,公司更名为“杭州萧山南方建筑工程公司”。任妙良任董事长、丁定云为监事会召集人、方连明为公司总经理。2006 年年底,公司总资产 4837 万元,从业人员 1635 人,技术人员 185 名,其中高级工程师 3 名,各类工程师 32 名,其他工程技术人员 150 人;机械设备 312 台(套),总功率 4778 千瓦,是戴村镇 10 强企业之一。

民间建筑业在 20 世纪 80 年代以来随着农村建房热潮的兴起,也有所发展。泥工、木匠在包工头的带领下组成一支支建筑队伍,承包一般的建房项目。从业人员有相当数目。

第五章　企业管理

第一节　经营管理

在计划经济时代,境内企业除部分利用本地资源生产销售产品外,多数属于通过各种关系引进的加工企业。企业的投资、人事、劳动、财务统受投资方(社队)指令性管辖,企业少有自主权。

改革开放后,国家对社队企业的支持力度逐渐加大,企业通过内引外联逐步扩大经营范围,涉及到国民经济的各个方面,社队企业发展迅速,优势凸现。20 世纪 80 年代中期萧山的乡镇企业已三分天下有其二,社会经济地位明显提高,发展乡镇企业已成为党和政府各项工作的重中之重。

1983 年,为了进一步扩大乡镇企业的经营自主权和打破“大锅饭”,按照中共萧山县委对乡镇企业的有关规定,境内三公社在公社党委的统一领导下,通过公社工办对辖区内的社队企业进行“一包三改”,全面推行经济承包责任制。

经济承包责任制的推行,是在经过调查、试点的基础上根据企业的实际情况确定。责任制形式,一是包定基数,超奖减赔;二是先提留后分配;三是大包干“一脚踢”。境内三公社的社办企业和经营正常的队办企业普遍采用第一种承包形式,第二、三种形式只在少数“戴帽”企业中采用。

改厂长任命制为选聘制,改职工亦工亦农制为较为稳定的劳动合同制,改基本工资制为浮动工资加奖金。

是年,各企业普遍召开职工代表大会,民主选举正副厂长,由厂长聘任企业营销和管理人员,但企业会计仍由工办选派。

“一包三改”取得了明显成效,企业经济承包责任制的推行,扩大了企业经营自主权,改变了“统得过死”“管得过严”,一切由上级说了算的局面。企业可以根据市场需求,改善经营内容,争取最佳经济效益;经济承包责任制与厂长、管理人员、职工的职权利挂钩,实现了经营者和生产者职权利的统一,到年底根据经济承包合同,由工办组织审计、结算、分配兑现。

“一包二改”极大地调动了企业厂长、管理人员、职工的积极性,企业发展迅速,但也出现了一哄而起,重复布点、重复建设、产大于销等一系列问题。80年代末,为了解决这一矛盾,三乡镇根据上级有关部门指示,分别采取措施,今后凡新上项目必须先进行市场调查,作可行性论证,上报县有关部门批准立项,方可兴办。这一工作作为乡工办工作的一项重要内容,1986年,永兴乡冗里村与杭州毛线厂达成联营意向,要求成立杭州毛线厂萧山染色分厂,虽属联营项目,近期业务有保证,还是对市场前景、环境污染、综合治理等内容进行调查,并写出了可行性报告,得到萧山县计委批准立项,很快解决了资金、污染治理、土地等问题,使项目投产;1990年,永兴乡由于江南棉纺厂的重大经济案件,全乡工业经济严重滑坡,为了重塑永兴形象,乡党委政府要求选定一个较大项目进行调查,最后决定兴办一个大型钙塑箱生产厂,要求乡工办对项目进行可行性调查,工办在乡党委政府领导下,组织调查班子,先后去临安、东阳、平湖乍浦、上海、大连等地了解钙塑箱生产工艺、设备、能源消耗、市场需求,写出了可行性报告,得到萧山市委主要领导的肯定和支持,并解决了土地、资金、供电等问题,于1992年建成投产,该项目填补了萧山空白。

1993年,乡镇村集体企业在长期的承包经营中出现了一些弊病,特别是包盈不包亏和在分配中的“两头丰、中间空”,产权不清,经营困难的情况,按照国家要求对企业实行体制改革有关政策,镇党委政府开始对镇村集体企业进行转换经营体制的工件,根据中共萧山市委“抓大”“转中”“活小”的原则,形式有动产拍卖,不动产租赁、资产增值承包、实行股份制和整体拍卖,整个转换经营体制工作于1998年年底结束。

企业转换经营体制后,镇工办作为镇办企业的投资人不复存在,实现了政企分离,镇工业管理办公室真正成为镇政府的职能部门。

第二节 财务管理

1977年,境内三公社先后建立“工办”,配有专职会计1名,主要工作是向所属企业收缴企业管理费和工办会计业务。进入20世纪80年代,社队企业发展较快,企业财务管理列入工办重要工作,一是建立企业财务管理制度,二是通过财务培训,建立一支专业财会队伍。公社工办作为社办企业的投资人,对所属企业除选派会计、出纳外,对企业的财务活动严格进行控制和监督,并相应制定了企业固定资产管理制度、低值易耗品待摊标准、旅差费报销标准、劳动保护用品发放标准(分行业)、职工公伤事故补贴规定和新招职工工资待遇审批,严格控制非生产性开支。1983年,企业“一包三改”以后,又规定企业经营费开支标准,经营费一律按企业销售收入千分之三提取,后又增加到千分之六,超支部分按章计税。

建立财务审计制度,企业实行经济承包责任制后,每年年终,工办会同财税对企业进行年终审计,根据年初乡工办与乡办企业,村委会与村办企业签订的承包合同和财务制度、开支标准,在清仓查库、核实收支的基础上进行审计结算,并由审计负责人签署意见后,企业方可组织兑现。

在乡镇村企业中开展清资金、清物资工作(简称两清)。企业在实行经济承包责任制过程中,由于市场剧变,产品更新换代,造成企业产品、原辅材料积压;产品销售下游环节滞销,带来产品原辅材料贬值;应收款

增加造成呆账;企业为了维持生产增加银行贷款,增加利息支出等使企业资金周转困难、银根紧缩,经营难以为继、

企业在经营活动中出现这一重要情况,引起各级领导和有关部门的重视,1987 年始,境内三乡镇党委政府统一部署,对辖区内乡(镇)村企业全面开展"两清"工作。1989 年,永兴乡在开展两清工作中,组织 23 名机关干部,由党委书记挂帅,乡长督阵,乡党委成员带队,组成 6 个"两清"工作小组,对全乡 38 家乡村企业开展两清,查明全乡 38 家企业 4 项资金(发出商品、库存产品、库存材料、个人借款)占用达 940.13 万元,其中不合理占用:发出商品 183.46 万元,呆滞的有 54.61 万元;库存产品 10.83 万元,材料 7.96 万元、个人借款 20.63 万元。经过"两清",处理不合理应收款 66.86 万元,占应处理率的 40.6%,处理发出商品 5.99 万元,占应处理率的 31.9%,处理积压产品 3.05 万元,占应处理率的 28.2%,处理积压材料 5.47 万元,占应处理率的 68.7%,收回个人借款 18.43 万元,占应收回率的 89.34%。

经常性管理工作。一是对企业财会人员进行教育和业务培训,乡(镇)村企业在转换经营机制前是集体所有制企业,财会人员是企业的"内当家",必须为集体把好关,理好财,必须带头严格执行财务制度;企业财会人员的任用都由领导决定,业务水平参差不一,工办每年至少二期组织企业财会人员进行业务培训和测试,并开展企业会计间互查以提高业务水平。二是搞好财务统计工作,按规定企业在每月月底前填报产品产值产量报告表(产值统计表),次月 5 日前填报资金平衡表和经营情况表(利润表),由工办汇总上报,然后编成"工业简讯"或经营情况分析,上报下发,为各级领导提供决策依据。三是收缴企业管理费和搞好工办财务工作,企业管理费收缴标准按县乡镇工业管理局规定,乡办企业按销售收入千分之五、村办企业按销售收入千分之三收取。其中百分之 50 上交县局,其余作乡镇工办正常性开支,包括工办人员工资、福利待遇、办公费、差旅费、接待费等,企业转资后收费标准改为千分之一。2002 年 1 月起停止收缴企业管理费。

企业转制后,原来的财务审计取消,改为财务辅导、企业会计培训,宣传贯彻国家有关财务会计的法律、法规和政策。

统计工作围绕指导性目标为各级政府部门提供制定宏观调控政策的依据,是一项法律确定的工作。

第三节　质量管理

境内工业发展之初,正当"文化大革命"后期,商品供应缺乏,社队企业应运而生,乘势而上,其主要目的是增加集体收入,巩固集体经济,安排农村剩余劳动力就业。这一时期所办的社、队企业大体有两种:一是利用本地资源通过加工出售产品,主要是石料建材行业和竹木制品;二是通过各种关系引进的加工企业,其形式是来料加工,企业只要达到加工要求,就能得到加工费。这类企业多数驻有厂方的代理人,所以质量管理在这一时期尚未列入主要管理内容。

企业"一包三改"后,扩大了经营自主权,少数企业有了自己的产品,为了使自己生产的产品在激烈的市场竞争中占有一席之地,提高产品质量才被提上企业管理的重要内容。20 世纪 80 年代中期,萧山县乡镇工业管理局于每年 9 月开展"质量月活动",宣传开展质量月活动的内容、提高产品质量的重要意义,并在各地开展全面质量管理试点,组织各乡镇工办派员参加试点和验收,全面质量管理逐步在企业中推广。1992 年,杭州中原汽车变速器厂通过全面质量管理验收,并荣获萧山市 QC 成果二等奖。

企业转制后,市场竞争更加激烈,以质量求生存,以质量求发展成为镇党委政府领导和企业决策层的共识,以加大技改投入为基础,全面加强质量管理成为工业管理的重中之重,镇工办加强质量技术监督和法律、法规、政策等方面的宣传、咨询和服务,帮助企业开展质量管理体系认证。1997 年,杭州中原汽车变速器有限公司首先通过 ISO 9001 质量管理体系认证;1999 年,杭州富时特化工有限公司、杭州联发电化有限公司通过 ISO 9002 质量体系认证;浙江卫士集团有限公司通过 ISO 9001 质量管理体系认证。

自 2000 年至 2004 年,又有浙江华东钢业集团有限公司、杭州华诚机械制造有限公司等 11 家规模以上

企业分别通过 ISO 9001、ISO 9002 和 ISO 9001；ISO 2000 质量管理体系认证，其中杭州伟峰电子有限公司还通过 ISO 14000－2000 环境管理体系认证，同时做好强制性产品的认证工作。

引导企业创建自主品牌，做好品牌产品培育和扶持工作，建立名牌发展规划。2004 年，获得浙江省名牌产品的有浙江华东轻钢建材有限公司的华东牌彩钢卷，获得萧山区名牌产品的有杭州华东板材有限公司的夹心板、杭州派士管材有限公司的 PPC 管材铜质管件、杭州华诚机械有限公司的 SSB100 井架式物料提升机、蓝达（杭州）办公设备有限公司的工艺办公用品。

2006 年，获得萧山区名牌产品的有杭州富时特化工有限公司的氟利昂替代品。

2007 年，获得杭州市名牌产品的有蓝达（杭州）办公设备有限公司的工艺办公用品。

2008 年，获得杭州名牌产品的有杭州华东板材有限公司的夹心板。

帮助企业采用国际标准，负责企业标准化动态管理和企业标准备案、复审工作，至 2008 年，全镇工业企业产品执行国家标准共 95 只；执行行业标准共 56 只，执行地方标准共 2 只，执行企业标准共 61 只。

第四节　安全管理

1971 年，境内三公社先后成立了建筑队，当时建筑队承接的业务虽以维修为主，但也有五层以下的房屋建造和人防工程、水利工程，安全事故时有发生；永兴、戴村两公社还有 10 来家社队石料厂，使用炸药雷管人工爆破，不但要管好爆炸物品，还要注意安全生产，其时虽无专职人员和管理网络，但社队领导和企业干部对安全生产十分重视，经常对企业干部职工进行安全教育。在企业家底较为薄弱的情况下，用于安全生产的防护用品仍然给予保证，按时发放，一旦发生安全事故，社队领导都亲自到场妥善处理。

公社工办成立后，社队企业安全管理被列入管理内容，加强了对企业厂长的安全教育，建筑、矿山等高危行业必须制订安全管理制度，并在作业区树立安全生产警示标志，有工办统一制订按行业发放劳动防护用品的标准。其费用列入企业财务正常列支，同时要求每个企业配备一只保健箱，配有红药水、橡皮膏、防暑、防冻等常用药品，并有专人负责。

1985 年，乡镇工办配备专职安全员一名，负责辖区内企业的安全管理，其主要职责是宣传贯彻有关安全生产的法律、法规；督促各企业成立安全管理组织，订立安全管理规章制度，加强对危险、有毒物品的管理监督，组织安全生产检查，处理上报安全事故，每年 5 月开展“安全月”活动。

企业转制后，安全管理成为镇工办的重要职能，要求企业对安全生产设施、设备与项目主体工程同时设施计、同时施工、同时交付验收和使用，矿山、建筑等高危企业负责人必须持安全生产管理干部上岗证上岗，企业必须建立相应的安全监督机构和安全监督网络，取得安全生产许可证。

2007 年，成立镇安全生产监督管理办公室，具体负责辖区内安监工作，并相应订立戴村镇安全生产应急救援制度，安全生产事故隐患排查管理制度、安全生产事故法律责任追究制度、安全生产事故报告制度、安全生产目标管理制度、安全生产领导小组工作制度、安全生产例会制度、安全生产警示告诫制度、安全生产教育培训制度、安全生产检查制度、安全生产工作履职报告制度、安全生产 ABC 分类管理制度等。

第五节　管理机构

1977 年，戴村、永兴、云石三公社先后成立公社工业办公室（云石公社称工交办公室），由 1 名公社党委成员分管社队工业，工业办公室设主任、副主任、会计、出纳（兼统计）等专职人员。1984 年 5 月，3 乡先后成立乡经济联合社，选举社长 1 名（由副乡长兼任）、副社长若干名，下设乡工业公司和农副产品供销公司，负责人称经理。1985 年，乡经济联合社撤销，乡工业公司改名为乡工业办公室，办公室主任由 1 名副乡长兼任，有副主任若干名，还有会计、统计、安全员等专职人员。

1992 年，永兴乡并入戴村镇，镇工业办公室由 1 名副镇长兼主任，设常务副主任 1 名、副主任 2 名，分管经济开发和财务，并有会计、统计安全等专职人员。

1998 年，企业转制以后，镇工业办公室职能也随之转变，一是作为镇办企业的投资人不复存在，成为真正的政府职能部门；二是镇工办由自收自支的企业单位转为全额财政拨款的事业单位。

2000 年，镇工业办公室改名为企业管理办公室，主任由工业镇长兼任，设副主任 1 名和会计、统计、企管、打印员等若干名。

2001 年 7 月，云石乡并入戴村镇，称戴村镇经济发展办公室，主任仍有工业镇长兼任，设副主任 2 名，会计、统计、企业管理人员 3 名和办公室人员 2 名。

2005 年，镇经济发展办公室主任不再由工业镇长兼任，主任单独设立，并不设副主任，专职人员有企业管理员 3 名，工业会计、工业统计员各 1 名。

2007 年，镇经济发展办公室增设"三产"管理专职人员。翌年，镇经济发展办公室设主任、工业会计、工业统计、劳动保障、环境保护、质量管理、安全生产、服务业统计专职人员 10 名。

第六章　企业与产品选介

第一节　企业选介

改革开放以来，特别是 20 世纪 90 年代的改制以来，戴村镇的工业经济发展很快，同时出现了一批骨干企业，有的入围中国大企业集团竞争 500 强，有的进入杭州市百强企业或萧山区百强企业。本章对戴村镇 30 强企业按建立时间排列，作一介绍（其中农业企业 2 家在《农业卷》、商业企业 1 家在《商业卷》）。

杭州萧山南方建筑工程有限公司

杭州萧山南方建筑工程有限公司，前身为永兴公社建筑队和戴村公社建筑队。

永兴公社建筑队，成立于 1971 年 4 月，革命领导小组组长鲍金成，有职工 114 人. 建队初期的经营方式为清点工和清包工，工地以杭州为主。时，建筑市场比较活跃，经过一年发展，实力有所增强。1973 年，承建临浦玻璃厂厂房和 32 米砖砌烟囱。为建烟囱需要从诸暨采购毛竹 5 万公斤作脚手架，用电犁牵引机作吊装设备，是建队以来的第一批"家底"。是年在积堰山塘里以安排 10 名普工为条件，租用原建民大队第六生产队场地一块，建造水泥制品预制场 1200 平方米和平房 3 间，队办公室由公社迁至积堰山。

1974 年，业务范围进一步扩大，杭州工地达到 22 个，建筑队人员增至近 700 人，主要工程有萧山化肥厂厂房、杭州制氧机厂劳动路 74 号五层宿舍、杭州市气象台等。翌年，为加强领导公社党委调郭忠水为建筑队负责人。1976 年，扩建队办公室，把原 3 间平房扩建成 5 间二层楼房，并建造仓库 5 间和食堂。是年投资 2 万元，在积堰山外滩兴办永兴船泊修造厂。1978 年，承建杭州水泥厂联合储库，工程单层高 17 米，跨径 21 米，开间 6.5 米。是年建筑队负责人郭仁清。

1980 年，参加萧山第二建筑工程公司，称"萧二建"永兴直属工程队，钱百龄任队长。同年承建浦阳江水泥厂（4 万吨级）。是年组织青工比武，考核定级。

1982 年，承建浙江省农业厅动植物检疫所工程，为建队以来第一个包工包料工程。是年起承建浙江省丝绸仓库 3 个，建筑面积 23900 平方米，脚手架始用钢管搭筑，使用地行车、钢筋对焊机等较先进设备，实力有了明显增强,得到建设单位的好评,出现了一批长期施工单位,如浙江省农业厅、杭州市气象台等单位。时队长由公社工办主任鲍金成兼任。

1985年,鲍利云任队长,是年承建浙江省重点工程杭州第二水泥厂18万吨立窑,建筑面积4100平方米,现框8层,高38.5米,验收为优良工程,受到上级主管部门表扬。后又承建诸暨木城湖水泥厂。其间新建河上桥、河由里2个水泥制品预制场和仓库,占地5000余平方米,兴办贝雕工艺厂和建材门市部,是戴村区工业产值上百万元企业,翌年被评为萧山市文明单位,队长鲍利云获萧山市工业劳动模范称号。

1989年,从萧山第二建筑工程公司划出,成立萧山市永兴建筑工程公司,暂定资质为建筑三级,1990年3月,核准为三级企业,地址迁永富路口原永兴乡工业办公室。鲍利云任经理、党支部书记。1991年施兴扬任经理、党支部书记。1994年实现产值1158万元,为萧山市二级企业。

戴村公社建筑队,始建于1972年,是当时戴村镇的重点骨干企业。周校炳任队长。经营方式以清包工、清点工结算。1980年参加萧山第二建筑工程公司,称"萧二建"戴村工程队,1981年戴木根接任队长。1983年成立中共戴村工程队党支部,戚吾水任书记,周校炳、周国范先后担任队长。1988年,戴村工程队分为二个队,一个队由李尧兴、黄士安负责;另一个队由陆家友、戴培华负责。是年为戴村区工业产值上百万元企业,并在孙家建造水泥制品预制场,占地2000余平方米。1989年从"萧二建"划出。翌年二队合并,戴培华任队长,陆兆荣任党支部书记。

1992年3月,成立萧山市戴村建筑工程公司,戴培华任经理、陆兆荣任党支部书记。是年在后郑村征地一块,建公司办公大楼1幢三层,建筑面积721平方米,占地2189平方米,大楼底层为建材门市部,2~3层为办公室,造价482623元。承建的主要工程有杭州茶厂、杭州帘帆布厂、杭州汽轮机厂仓库、杭州市政府4号办公楼、江西方志敏烈士纪念馆、戴村影剧院、戴村镇政府食堂、戴村茅蓬机埠水利工程等。

1995年5月8日,萧山市永兴建筑工程公司与萧山市戴村建筑工程公司合并,称萧山市永兴建筑工程公司,施兴杨任经理,陆兆荣任党支部书记,办公地址设在戴村镇后郑村原戴村建筑工程公司内。

1998年6月,萧山市永兴建筑工程公司转制拍卖,由李月祥、任妙良等8人拍得,成立萧山南方建筑工程有限公司,为民营股份制企业。于6月29日召开股东会议,制订通过了公司章程共9章43条,确定公司宗旨:质量第一、信誉至上。经营范围:房屋建筑、水电安装、水泥制品;注册资金为人民币360万元,其中李月祥出资20%,方连明、任妙良各出资15%,余迪江、丁定云、任亦桥、何维中、任文华各出资10%。同时成立公司董事会为公司经营机构,董事会成员为李月祥、方连明、任亦桥、丁定云、何维中,选举李月祥为董事长,成立公司监事会为公司监察机构,任妙良、任文华、余迪江为监事,任妙良为监事会召集人。在公司第一次职工代表大会上,一致推荐钱利根出任萧山南方建筑工程公司监事。

2002年3月6日召开公司股东会议,会议修改公司章程,公司更名为杭州萧山南方建筑工程有限公司。注册资金由360万元增至600万元,股权调整为任妙良30%,方连明、任亦桥、丁定云、何维中、余迪江、李月祥、任文华各10%;任妙良为董事长、余迪江为副董事长,李月祥、任亦桥为董事,丁定云、何维中、钱利根为监事会成员,丁定云为监事会召集人,方连明为总经理。

2007年4月,为提升公司实力,注册资金增加到2580万元,股东出资比例不变。

经过10年苦心经营,公司有了长足的发展。2008年,共有从业人员1635人,有高级工程师3人,工程师32人,工程技术员150人,项目经理26人,持证上岗各类人员167人,施工机械312台(套),总功率4778千瓦,总资产5290万元;公司资质也从建筑三级升至建筑二级。2006年获杭州市质量达标单位,连续6年被评为戴村镇工业十强企业。

1998～2008年萧山南方建筑工程有限公司经营情况表

表5－6－1

年份	施工面积（平方米）	竣工面积（平方米）	完成产值（万元）	销售收入（万元）	利润总额（万元）	实缴税金（万元）	资产总值（万元）
1998	19133	3213	275	140.7	－11.5	5	662.5
1999	15777	5600	585.3	175.6	－31.7	11.2	742.2
2000	22321	15221	630.5	220.81	－24.68	8.27	847.21
2001	55430	51430	2500	1402.93	23.17	37.87	1144.98
2002	44770	32083	3180	2001.94	26.82	83.54	1406.82
2003	141476	41319	6520	2325.92	35.92	81.31	1988.28
2004	163306	130514	6865	2522.88	30.73	59.04	2262.17
2005	161661.6	68994	7321.6	3066.1	25.1	68.3	2926.3
2006	197160	100808	8532.8	5520.3	59.1	230.7	3150.2
2007	206317	127745	9806	6725	69	239	4837
2008	159565	63840	10083.5	9070.6	44	202	5290

2002～2008年萧山南方建筑工程有限公司承建主要工程一览表

表5－6－2　　单位：平方米、万元

施工年份	工　程　名　称	工程结构	面积	造价
2002	萧山第六高级中学教工宿舍、综合楼	框混6层	8900	956
2004－2005	世纪广场12#、13#－1高层	框架12层	16500	2000
2005	蜀山街道安置房		21705	1400
2005	戴村锦鸿苑商住楼	框混6层	32694	2081
2006	茶亭医院综合楼	框混6层	6858	625
2006－2007	戴村镇政府办公楼	框混5层	7998	1600
2007	华康钙塑包装公司	排架	9495	689
2007	宏成纺织公司办公楼	框架4层	13563	820
2008	杭州生态园别墅	框混	63757	4460
2008	杭州生态园疗养中心	框混	41256	4476
2008	北干荣联农贸市场	框混	20480	1834
2008	东鑫亿达公司车间		12451	800

杭州中原汽车变速器有限公司

杭州中原汽车变速器有限公司，前身是戴村公社农机厂，创办于1971年，是当时戴村公社的主要骨干企业，厂址原在戴村石河池头，占地1.3亩，厂房400平方米，职工10余人，以修理农具和来料加工为主。至1980年企业有所发展，年销售收入超过20万元，利润3万元。为扩大生产在云襄桥西征地3亩，扩建厂房655平方米，职工增至30余人，生产转为铸造为主，产品有锅炉配件和下水管，年销售收入超过30万元。蔡宪荣任厂长。

1984年，戴村公社农机厂变更为萧山气泵厂和萧山汽车变速操纵器厂，企业由单一铸造转为生产脚踏气筒和客车变速器操纵器。由于新产品的开发成功，职工增至110多人，带来设备紧缺和资金困难，为此向浙江煤炭学院租赁车床、铣床等设备15台套，当年产值达到100万元，创利润16万元。

在缺设备、厂房、资金的困难面前，全厂职工艰苦努力，企业得到进一步的发展。从1985年至1992年期间4次向镇政府和上级有关部门申请，要求扩建厂房，终于购买了戴村建筑工程公司场地和五金厂厂房，厂区面积从3亩扩大到27亩，厂房面积达到6500平方米，新增生产设备和检测设备50多台套，固定资产总值达到800万元，开发新产品4只，通过省级鉴定的有EQ140、ED150、HGB6T53变速器，4V湿式离合器和各种汽车配用的变速操纵器5大系列，职工人数增至200人。1992年产值1212.61万元，实现税利258万元，被杭州市命名为市级先进企业、萧山市一级工业企业，并通过了全面质量管理验收，获QC成果二等奖，取得杭州市档案管理合格证书，杭州市、萧山市文明单位，中国农业银行浙江省分行特级信用企业，通过了萧山市计量局计量验收标准。是年企业更名为萧山市汽车变速器有限公司。

1997年，随着经济体制改革的深入发展，企业进行转制，由镇集体企业转为私营股份制企业，企业同时更名为杭州市中原汽车变速器有限公司。企业转制后，通过10年的努力，取得稳健发展，整体水平得到进一步提升，基础十分扎实，发展前境看好。固定资产原值从1135万元增加到2160万元，自由资产率占50%以上，所有者权益1100万元，现有各种生产设备和检测设备100余台，并通过ISO 9001:2008标准认证，生产的汽车变速器、汽车底盘悬挂系列、建筑塔和配用的起升变幅、回转三大机构等，部分产品间接出口。

戴村公社农机厂创始人蔡宪荣，在计划经济年代，艰苦创业，为以后企业的发展奠定了较好的基础。现公司法人代表汤长贵从1984年接班以来，扎实工作，开拓创新，诚信待人，为企业的发展倾注了大量心血，1993年获得萧山市劳动模范光荣称号，1990～1994年连续二届当选为萧山市人大代表，1998年当选为中共萧山市第十一次代表大会代表。

浙江华东钢业集团有限公司

浙江华东钢业集团始建于1993年11月，集团总部设在萧山区萧然东路318号，生产厂区在戴村工业园区，占地面积300亩，建筑面积13.8万平方米，现有总资产9亿元，员工800余人，是萧山区戴村镇工业龙头企业。集团下属浙江华东轻钢建材有限公司、杭州华东钢结构制造有限公司、杭州华东板材有限公司、杭州富申日用品有限公司、杭州华东金属材料有限公司等6家企业。公司主业为彩涂钢卷、钢结构工程。

1993年11月，云石乡党委做出决定：任命乡政府农业办公室的沈东明担任乡办企业杭州装饰材料总厂萧山分厂厂长。当时该厂账面总资产385万元，净资产为零，年销售额不到200万元，是一个濒临倒闭的企业，没有主导产品，资金、技术都缺乏，虽有员工130人，但文化程度、整体素质不高。沈东明临危受命，凭着一股敢打敢拼的精神，挑起了这副沉重的担子。

1994年，企业上了一个自行车轴皮产品，工厂更名为萧山自行车轴皮厂，但由于产品技术含量低，下游客户的产品滞销，付款条件差，造成资金紧张，而且企业产权不清，责任不明，企业仍然处于经营困难期。

1995年10月，乡党委决定企业转制，沈东明正式成为企业主。

1996年2月，企业投资200万元，新上一条聚苯乙烯大板泡沫生产线，4月投产。由于当时自熄型大板泡沫作为隔热芯材的应用刚刚开始，产品销售价格高，沈东明自己做销售，一个客户一个客户地攻关，最后与绍兴精工、东南网架、大地网架、杭萧钢构等几家大的钢结构企业建立合作关系，产品销售一下打开，产品当年销售收入421万元，占当年总销售收入的66％，经济效益明显，当年就扭亏为盈，实现利润16万元，成为当时云石乡的重点骨干企业。企业更名为萧山市特种建材实业有限公司，沈东明任总经理。

1997年，公司进行了新产品的开发，7月，买入1台立式复合板设备，公司自己做聚苯乙烯彩钢夹芯板产品。1998年6月，公司投入80万元，与绍兴精工合作研发的瓦楞夹芯板生产设备成功投产，瓦楞夹芯彩钢板具有强度高、安装便捷，最主要的优点是解决了平板夹芯板屋面渗漏的难题，产品一投入市场就赢得了客户的认可和欢迎，不但在省内市场畅销，广西、湖北、江苏、上海的外省客户都纷纷来人、来电订货。当年销售瓦楞夹芯板30万平方米。后几年公司又添置了三台夹芯板设备扩大产能，销量大幅提高，公司规模也快速扩大，销售额以每年翻一番的速度提高。1999年10月，由于产品结构升级，停止了包装泡沫的生产，萧山市特种建材实业有限公司更名为萧山市华东轻钢建材有限公司，2000年10月又改名为浙江华东轻钢建材有限公司，沈伟根任总经理。

1998年8月，注册成立萧山市华东钢结构制造有限公司，新上钢结构工程项目，当年创产值1000万元。1999年12月，钢结构公司经营管理上与其他公司分离，2000年11月，公司更名为杭州华东钢结构制造有限公司，工程建筑安装资质由三级升为二级。2002年7月，邵梦权任总经理。

2000年11月18日，举行云石新厂区奠基仪式，投资5000万元的彩色涂层钢板项目正式启动。2001年11月20日，彩涂钢卷生产线投入试生产，首卷华东彩钢卷诞生。生产线设计产能每年5万吨。由于产品定位正确，又抓住市场先机，通过产品推介会等形式，向省内的二级资质以上的钢结构企业推销，销售渠道以直接用户为主、市场不断扩大，到2002年年底已基本收回生产线设备投资，销售产值1.6亿元，公司销售额首次突破亿元大关，实现利润1500万元，为萧山区百强企业第37位。“华东彩钢卷”2004年被评为浙江名牌。

2002年1月，公司总部由云石老厂搬迁到萧山城区的原杭州柴油机厂办公，公司的销售部也同时搬迁，钢结构公司设立了制造分车间。

2003年2月，杭州华东金属材料有限公司注册成立。5月，浙江华东钢业集团有限公司注册成立，沈东明任董事长兼总经理。集团公司主要履行管理职能，设办公室、财务部、供应部、企管部、人力资源部等部门。12月24日，集团总部搬入萧然东路318号新办公大楼，至此公司真正在萧山城区立足，企业形象得到提升。

2003年1月，位于戴村工业功能区的生产基地正式动工，9月28日，热镀锌生产线安装试车后点火投产，镀锌生产的设计产能为每年10万吨，可增产值5亿元，标志着公司规模又上了一个新的台阶。

2003年5月，钢结构公司各车间都搬到戴村新厂区，2004年建材公司板材车间也搬至戴村厂区。

2000年3月开始公司引入ISO 9001质量管理体系，并与同年11月通过第三方认证。2002年6月通过ISO 9001－2000版质量管理体系的认证。2004年6月，集团聘请企业管理高级审核员担任企业质量管理体系运行的管理工作，重新建立质量管理体系，并于2005年4月通过第三方认证。2008年10月通过质量环境体系认证。

2002年4月28日，公司新一届党支部选举产生，沈观兴任书记。10月27日，公司第二届职工(会员)代表大会第一次会议召开，选举沈观兴为工会主席。从此公司的党建工作和工会工作走上正轨。2004年5月5日，集团公司成立党总支，沈观兴任党总支书记。2007年6月28日，集团公司党委成立，沈东明任党委书记，沈观兴(主持工作)、沈伟根任副书记，邵梦权、钟卫明任委员。

2002年4月28日，将“创华东牌，做华东人”作为公司企业文化的宗旨。制定了《员工手册》，加强员工行为规范管理，不断提升员工综合素质。

2003年7月，公司掀起了学习“海尔”管理模式的热潮，建材公司同时推行“日清”管理方法，提高了工作效率和员工的工作责任心。2004年集团设立企业管理办公室，聘请专职干部负责企业管理工作，逐步形成企业管理规章制度。

2004年1月，镀锌制造部和板材制造部从建材公司分离，注册成立杭州华东板材有限公司。5月，注册成立上海出奇金属物资有限公司。

2004 年年底,集团及下属公司总资产达 5 亿元,其中净资产 8168 万元,销售收入 11.3 亿元,其中工业销售 7.08 亿元。

2005 年 7 月,并购杭州华业蚊香有限公司,11 月更名为杭州富申日用品有限公司,公司进入了蚊香行业。

2004 年 12 月钢结构公司安装施工资质由二级升为一级。2005 年 12 月"华东钢构"商标评为杭州市著名商标,2007 年 2 月再次评为杭州市著名商标,2007 年 2 月"华东钢构"商标评为浙江省著名商标。

为了使内部沟通和管理畅通、资源共享,2006 年开始把建材公司、金属材料公司在内部运作上合并为涂镀事业部,由事业部统一安排资源、采购、销售、生产和人员的管理。2006 年下半年开始,集团公司提出企业管理的"数字化、信息化、流程化、系统化"的四化管理要求,通过培训和教育,使各级管理人员明确"四化"管理的重要性,利用"四化"管理手段,不断提高管理水平,提高集团公司的管控能力。随后又推出岗位说明书及配套的考核制度,在 2006 年 11 ~ 12 月试运行后于 2007 年 1 月开始正式实施。

2006 年 11 月集团公司技术中心被评为杭州市级技术中心。2006 年,集团及所属公司总资产 5.12 亿元,工业销售额达 11.7 亿元。2007 年 2 月 25 日,萧山区区长郑荣胜率领区四套班子领导抵公司授"工业销售首次超十亿"的匾。

2007 年 4 月开始,集团公司重新进行了战略发展规划,对企业规范化管理、营销管理、人力资源管理等方面进行管理创新和提升,力争将公司发展成为国内民营同行中具有强大品牌影响力的、在区域内具有规范化管理标杆地位的企业集团。

2008 年 1 月 2 日彩涂生产线投产,新线产能 12 万吨。"5·12"汶川大地震发生后,集团迅速部署抗震救灾工作,公司各车间及 50 名赴川援建人员加班加点,全力保障援建安置活动房及板材生产任务的完成,5 月 26 日省长吕祖善亲临公司考察,对公司的抗震救灾工作给予充分肯定。被全国总工会授予抗震救灾、重建家园"工人先锋号"荣誉称号,被浙江省慈善总会授予慈善贡献奖。

2008 年集团实现工业销售收入 21.59 亿元,上缴税收 3366 万元。其中涂镀事业部实现销售 17.64 亿元,而此中彩钢卷销售 14.37 万吨;钢构公司签订工程合同 6.44 亿元。当年出口彩钢卷的销售额超 5 亿元,成为萧山区 30 强出口企业。

2001 ~ 2008 年为萧山区百强企业,2005 ~ 2008 年为杭州市百强企业,全国钢铁工业先进集体,浙江省管理创新、信用管理示范企业,公司"华东钢构"商标为中国驰名商标、浙江省著名商标,公司生产的华东牌彩钢卷是浙江名牌产品,是浙江省同类产品的第一品牌,下属钢构公司为高新技术企业,集团技术中心为省级技术中心,2009 年集团入围中国大企业集团竞争力 500 强。公司连续几年被评为浙江省劳动保障诚信企业、杭州市先进基层党组织、浙江省模范职工之家、企业信用等级 AAA 级企业。

2009 年,钢构公司为国家高新技术企业,集团技术中心为省级技术中心。

浙江卫士控股集团有限公司

浙江卫士控股集团有限公司始建于 1990 年,集团本部坐落在戴村镇石马头村 03 省道旁,注册资金 6800 万元,总占地面积 200 余亩,建筑面积 6 万多平方米,员工 500 多人,拥有萧山电力水泥制品实验厂、杭州卫士实业有限公司、中外合资杭州派士管材有限公司、杭州卫士生态科技园林有限公司、杭州卫士边坡治理有限公司、杭州卫士房地产开发有限公司、浙江卫士农业开发有限公司、江苏卫士房地产开发有限公司、浙江卫士科技股份有限公司等多家全资、控股下属公司。2007 年,集团公司实现工业产值 20695 万元,销售收入 22460 万元,实现利税 4599 万元,房地产销售产值 2.5 亿元。集团核心品牌"卫士"商标被杭州市工商行政管理局评为"杭州市著名商标"。

1994 年,萧山电力水泥制品实验厂成立,成功地由此前的家庭作坊式生产转型至较正规的机械化生产行列。企业在国家混凝土水泥制品研究院(苏州)的技术支持下,开发了当时比较先进的蒸汽法混凝土预制导管生产线、技术等,填补了这项技术在国内的空白。该产品集多根混凝土导管为一体,采用承插连接的新型电力电缆保护管，适用于0.4千伏—110千伏的埋地电力电缆护套，具有造价低廉、安装方便、使用寿命长等许多优点。该产品的投入使用，对城市、农村电网改造具有良好的社会效益和经济效益。卫士电力电缆承插式混凝土预制导管产品严格按照JC565—94《电力电缆承插式混凝土预制导管》建材行业标准组织生产，受到电力行业的欢迎，产品于1994年4月9日通过浙江省乡镇企业局、浙江省电力工业局的联合鉴定。该产品的开发成功，是卫士早期资本积累的基础，在近10年的生产期内，“卫士”混凝土预制导管一直是电力部门首选品牌，也是该产品行业最大生产企业。2004年，萧山电力水泥制品实验厂实现年产值1184万元，实现利润148万元；2005年产值1587万元，实现利润153万元；2006年产值1766万元，实现利润209万元；2007年创产值2527万元，实现利润252万元。2007年资产总值2896万元。

1997年，注册资金2200万元，占地30余亩的杭州卫士实业有限公司成立，该企业专业生产GRC轻质隔墙板、轻质保温砌块和建筑界面粘合剂，是浙江省新型墙体材料开发、生产、销售安装的龙头企业。其具有节能、环保、隔音、防火、资源综合利用等价值的GRC轻质隔墙板产品通过浙江省发展新型墙体材料办公室的“新型墙体材料”产品认定和浙江省经济贸易委员会的“资源综合利用”产品认定。企业连续多年被杭州市工商行政管理局评为“守合同，重信用”单位。卫士GRC轻质隔墙板2005年、2006年度连续二年被杭州市萧山区墙材改革与建筑节能管理办公室、浙江省发展新型墙体材料改革办公室联合统计、评定，销售居浙江省同类产品第一名。产品严格按照国家标准组织生产和检验。产品凭着优异的品质，先后应用于浙江省证券交易大楼、浙一医院医技大楼、杭州市烟草大厦、浙江省高速公路指挥中心、浙江省粮油大厦、杭州四季青服装市场、邵逸夫医院、浙江省计委大楼等一大批有影响的工程使用。据统计，到2008年为止，卫士GRC轻质隔墙板已经向市场投放了190万平方米，为发展我省以及我国新型墙体材料做出了贡献。

杭州卫士实业有限公司2004年产值1076万元，实现利润102万元；2005年产值1787万元，实现利润171万元；2006年产值2667万元，实现利润322万元；2007年创产值3332万元，实现利润404万元。2007年资产总值11915万元。同时，杭州卫士实业有限公司加大科研力度，在原有技术的基础上进行“预混喷射”技术研发，并获得成功。此技术主要消化吸收国外预混喷射GRC外装饰构件技术工艺，针对GRC轻质隔墙板传统工艺，开发成套国产设备，采用“三明治式”夹芯结构，加工轻质高强度GRC新型墙材，提升中国GRC制品的加工水平和质量档次。该技术已经被纳入杭州市高技术产业化项目。

1999年，“卫士”通过与马来西亚塑易集团的合作，成立杭州派士管材有限公司（中外合资），该公司引进先进的塑料管道生产技术、设备，通过与国内外各大技术机构的合作，成功开发了给水用聚乙烯（HDPE）管道系统、聚乙烯（PE）天然气输送管道系统、交联聚乙烯（PE－X）低温地板采暖管道系统、耐热聚乙烯（PE－RT）低温地板采暖管道系统、无规共聚聚丙烯（PP－R）给水管道系统、纳米复合树脂（nano－RXP）电力电缆保护套管、耐高温聚乙烯（M－PP）电力电缆管道系统等系列产品，属于国内为数不多的能够满足大部分用户需求的产品制造服务型企业。产品均通过了浙江质量技术监督检测研究院、国家化学建材测试中心等的各种检测，并由浙江省科技厅、浙江省建设厅和浙江省电力局组织的技术鉴定。并连续多年被评为“信用等级AAA级”“省市级科技型企业”“中外合资优秀型企业”“建设部科技转化指南项目”“浙江省级高新技术企业”“浙江省建设科技成果推广项目”等荣誉称号。企业通过了ISO 9001－2000国际质量体系认证，并在全国各地成立产业基地及服务机构，为产品销售扩大了渠道，进一步健全了营销网络体系。

是年，杭州派士管材有限公司积极拓展多边合作关系、响应市场需求，除了引进先进的生产技术和工艺外，逐年加大技术研发力度和生产技术改造，1999年至2007年，先后投入技改资金2000余万元，生产线由2000年的6条增加到20条，管道产品由Φ50以下的小口径生产能力扩大到Φ630的大口径，产能由最初的每年1万吨扩大到每年10万吨，产品品种由最初的PEX管单一产品增加到覆盖到地板采暖、市政供水、家庭装潢供水、燃气管道、电力保护管道等应用领域的PEX、PP－R、HDPE、PE、M－PP、PE－RT、nano－RXP等系列管道产品，各种管配件齐全，且大部分产品被各省、市、自治区许可准入，并拥有多项国家专利。2001年，卫士冷热水用三型聚丙烯（PP－R）管材获萧山区科技进步三等奖。2004年，卫士纳米复合树脂（nano－RXP）电力电缆保护套管获杭州市2003年度优秀新产品新技术三等奖和2004年度萧山区科技进步三等奖。

杭州派士管材有限公司2004年产值4820万元,实现利润295万元;2006年产值9350万元,实现利润1011万元;2007年创产值12412万元,实现利润2424万元。2007年资产总值17590万元。杭州派士管材有限公司的成立和发展,是卫士集团发展的基础,使卫士从单一的生产经营企业向现代企业转型,最终走向集团化、多元化。

2003年,杭州卫士生态科技园林有限公司、杭州卫士边坡治理有限公司相继成立。这是"卫士"致力于绿色科技战线的一项重要举措,引进了先进的生态植被恢复技术,应用于中国大部地区的废弃矿山的生态环境恢复治理上。

2008年,杭州卫士生态科技园林有限公司已拥有多支从事废弃矿山治理、公路上边坡复绿的工程施工队,参与建设的舟山朱家尖废弃矿山综合治理工程、余姚潘家溪废弃采石场矿山等"百矿示范"工程、03省道复线公路上边坡复绿工程、萧山北干山复绿治理工程、杭州世外桃源废弃采石场矿山综合治理工程、萧山钱家湾废弃矿山复绿治理工程、德清县三合乡沈曹石料厂废弃矿山综合治理项目、安庆长江大桥北岸接线公路上边坡综合治理工程等近百个废弃矿山、公路上边坡生态环境综合治理项目的建设及多个生态复绿、治理项目的设计,取得了较好的社会效益和经济效益。

企业通过了ISO 9001质量体系认证。2004年,"卫士生态"实现产值1007万元,实现利润146万元;2007年创产值2423万元,实现利润760万元。2007年资产总值5413万元。

2004年起,江苏卫士房地产开发有限公司、杭州卫士房地产开发有限公司先后成立,"卫士"进军国内人居产品领域。"卫士房产"结合多年的节能产品生产和优越的生态环境开发塑造能力进行个性化楼盘开发,产品以其"自然生态、绿色节能、人本规划"的现代人居新概念,深受业界好评和业主欢迎。2008年,由"卫士房产"开发的苏源绿洲小区座落在风景秀丽江苏洪泽县沿临河东岸,占地面积80亩,建筑面积7万余平方米。与浙江登峰集团合作开发的杭州生态园别墅区占地180亩,建筑面积8万余平方米。

2004年4月,浙江卫士控股集团有限公司成立,标志着"卫士"全面进入资源重组和资本扩张发展的新历史时期。

2005年9月,由卫士集团投资新建的重点经营实体——浙江卫士农业开发有限公司,是萧山区农业龙头企业。公司以发展高校等后勤服务产业,开发生态农业示范园为主要任务,企业实践校企结合办后勤,实施统一采购、集中配送,致力安全食品供应链体系架构的成功尝试。截止2007年年底,浙江卫士农业开发有限公司已实现销售产值7000万元、利润总额1000万元,资产总值2000万元。2008年,"卫士农业"紧紧围绕种养殖、深加工、配送、旅游观光等四大领域重点发展,形成公司的产业特色和竞争优势。

2008年,浙江卫士科技股份有限公司成立,这是"卫士"旗下科技含量最高,人才结构最高端的经济实体之一。公司注册资金1000万元,由海外归国学者组建的核心团队。企业建有300台套激光整机、1000台套半导体泵浦固体激光器等产品年产能力的先进生产线、超净室系统等设施,为国内外众多激光应用客户提供涵盖激光产品终端工业应用、激光加工行业激光器核心部件配套及OEM、ODM、DIY等全套解决方案。"卫士科技"以"为中国激光产业注入内涵,提升国内激光加工及应用业上下游产品核心部件的工业化能力,促进客户竞争力和赢利能力"为企业使命;以"强大一个企业,成就一个团队,促进并发展一个产业"为企业愿景。实现了"集团做大,团队做专,产品做精"的规模化、科技化企业战略布局。

卫士集团始终围绕"绿色、环保、科技、节能"的产业宗旨,立足于"进入市场无先后"的基点,坚持以"管"为基础,多元并举,跨越发展,集团运作的发展策略,秉承"以信誉为生命,以产品为先导,以质量为依托,以服务为保证"的双赢经营理念,努力实现"打造永续经营企业,稳步快速发展二十年"的企业发展目标。到2008年为止,公司已经完成了传统行业的优化组合改造,实现了以光电科技、清洁能源、房地产、管业、贸易、投资为主要发展产业的企业经营格局。

杭州华诚机械有限公司

杭州华诚机械有限公司始建于1986年,公司坐落于萧山区戴村镇工业园区(杭金公路03省道与戴闻公路交叉口),注册资金1500万元,占地面积4.9万平方米,至2008年,有员工146人。主要生产塔式起重机、施工升降机和物料提升机等三大建筑施工机械系列产品。公司在2006年取得国家质量监督检验检疫总局颁发的A级制造资质证书和浙江省建设厅三级安装资质。产品经国家建筑城建机械质量监督检验中心和辽宁省建设机械城市车辆检测中心测试,各类指标均符合国家标准,达到国内一流水平。同时经浙江省建设厅鉴定,取得科学技术成果鉴定证书。

1986~1997年是华诚公司发展的第一个阶段,主要是创业和资本积累。其间于1986年创办萧山戴村中潭金属板厂,投入资金2000元,主要生产配电箱、开水炉等配套产品,年产值数万元。1989年与杭州机械科学研究所合作创立杭州机械科学研究所萧山分厂,主要生产造纸机械附件及各类钣金配件,年产值100余万元,利税30余万元。1993年注册成立杭州萧山机械配套设备厂,主要为杭州发电设备厂生产发电设备配件,年产值350万元左右,利税在100万左右。1996年开始购买原永兴织布厂和永兴手帕厂的土地和厂房,注册资金50万元,设立杭州萧山华诚轻型钢房制造有限公司,主要产品是钢结构厂房的设计与制造、安装,年产值500万元~600万元,利税150万元左右。

1999年开始为第二阶段。成立杭州华诚机械有限公司,开始逐步进入建筑施工机械行业,主要生产塔式起重机、施工升降机和物料提升机等系列产品。产品销往上海、江苏、福建、湖北、安徽、辽宁、陕西及本省杭州、衢州、金华、丽水、台州、宁波、嘉兴等地,销售量在全省同行业中排名前三位。

随着公司的逐步壮大,2000年投入资金770万元,扩建物料提升机和塔式起重机流水线,其中设备投资200万元,土建投资570万元,征用戴村镇工业园区(大湖头村)土地15亩,新建厂房7032平方米。2001年又投入资金500万元,征用土地10亩,设备投资200万元,土建投资300万元,建造厂房5796平方米。2002年进一步扩大生产流水线,投入资金2600万元,其中设备投资1650万元,土建投资950万元,新建厂房、办公楼8650平方米,征用土地18亩。2008年年底,公司与浙江大学合作开发项目直线电机成功投产,共投入资金5500万元,其中设备投资2000万元,土建投资3500万元,新建厂房24000平方米,公司已初具规模。

2000年以后,公司进入跳跃式发展阶段。加大资金投入力度,拓展业务渠道,抢占市场,提高产品质量,健全售后服务体系,力争创建自己的品牌。同时公司在企业管理、人才培养、文化建设上逐步形成一整套体系。在管理上以体系驱动逐渐替代人治指导;在人才培养上,引进各种人才为公司所用,兼容各方所长,推动企业发展;在文化建设上,从当初的“永不满足”到“你有真才实学,华诚永远有你施展才华的舞台”。到“诚信、激情、责任”,再到关爱员工作为考核的重要部分,公司在发展的同时正在逐步回报社会。

2005年公司被杭州市科学技术局认定为“杭州市高新技术企业”;“安神”商标于2004年被杭州市工商行政管理局命名为杭州市著名商标;2008年公司技术中心被杭州市经济委员会认定为杭州市级企业技术中心。

杭州九龙厨具制造有限公司

九龙公司创建于1994年,从一个小规模的手工作坊开创起步,现有员工近500人、技术人员60余人,厂房占地面积136亩。企业拥有固定资产1.74亿元。

九龙公司的前身是萧山九龙厨房用具厂,从租用厂房起步,1996年改名为杭州九龙厨具制造有限公司,同年在云石乡明堂村征用土地11亩,建设厂房、仓库、食堂办公综合楼等4800平方米。从此,“借鸡生蛋”的模式一去不再复还。并注册了“贤法”牌商标,获得了商标注册证书。1998年,在原有生产制作不锈钢厨具产品基础上,新增了生产彩钢夹芯板项目,企业的规模也从10人扩大到100余人、销售产值从200万增加到8000多万元。从此,九龙公司告别了手工作坊式的生产规模。2001年通过了ISO 9001国际质量体系认证;2002年向戴村镇政府开发办征用土地58亩规划建成建筑面积为2万平方米的厂房、4300平方米具有现化气息的办公大楼。同年,又向萧山区蜀山街道征用土地35亩,投资3000万元生产冷轧钢带,企业进入了快速发展阶段,2005年,被评为萧山区知名商号,同年,又被评为杭州市著名商标,2006年被评为AAA级信誉资质单位。至2008年共有专利近40项,2008年已在欧盟等20多个国家注册了国际商标,提升了国际竞争力。

九龙公司旗下的杭州九龙厨具制造有限公司，以生产星级酒店及企事业单位厨房设备设计、生产、制作、安装、维修于一体，企业实力及规模在浙江省行业内居第二位，在厨房整体布局、设计方面，"九龙厨具"以独特的构思满足不同厨房的多种功能需求，成功设计并承接制造了全国上百家星级酒店的厨房工程。企业一贯秉承"一切围绕质量，确保顾客满意"的服务宗旨，率先在同行中实行"客户回访"，由公司技术人员与客户面对面的交流，得到客户的认可并被多家媒体报导。

董事长沈贤法是位富有社会责任感的企业家，至2008年资助造桥、帮困、助教、老年人事业等公益事业近150余万元。2001年被评为戴村镇"工业劳动模范"、2002年被评为戴村镇"优秀厂长"、2002年被评为区劳动模范、2004～2008年连续被评为戴村镇"创业标兵"。2008年担任浙江省燃气具行业协会副理事长。

杭州联发电化有限公司

杭州联发电化有限公司位于萧山区临浦镇西侧的积堰山下，浦阳江边，占地面积15.8万平方米，建筑面积8.7万平方米，拥有职工500人，其中具有中级技术职称以上的技术人员30余人，总资产1.2亿元，年产值1.6亿元，是一家生产基本化工原料为主体的化工企业。

公司前身为浙江萧山树脂厂，始建于1971年，初期建设规模以当时江苏无锡电化厂为蓝本，每年生产烧碱(100%)3500吨，PVC树脂3000吨，总投资800万元，主要投资人为轻工业部。

主体装备为每小时10吨链条锅炉1只，8型石墨阳极电解槽72台，40平方米标准式碱蒸发器2套，¢1600氯乙烯合成转化器4台，7M3搪瓷聚合釜3台。1974年9月，年产3500吨烧碱装置试车投产，1976年10月年产3000吨PVC装置也投入正常生产，至1978年企业主产品生产能力已达到或超过设计能力，按当时不变价计算，1978年总产值已达到1200万元。

为解决企业PVC生产中电石短缺的问题，于1979年投资280万元新建年产1万吨标准电石的电石车间1个，主体生产装置为包括5000千伏安电炉变压器在内开放电石炉1台，经过2年建设，于1981年试车投产，成功地生产出符合国家质量标准的自用电石。

"文化大革命"结束后，国家从政治上拨乱反正，经济上实行改革开放，迎来了前所未有的发展态势，萧山树脂厂也步入了快式发展的良性轨道，1982年主产品产量翻番的改扩建工程顺利完成，其中动力车间供水从内河改为外江取水，新增每小时10吨链条锅炉1台，烧碱车间8型石墨阳极电解槽增加至近100台，碱液蒸发增加40平方米标准式蒸发器1套，PVC车间增加转化器2台，7M3聚合釜塔1台，干燥系统则全面改造，年干燥能力从原来的每年3000吨增加到6000吨。至1984年年底，烧碱产量突破每年6000吨，PVC树脂达到每年5000吨，年工业生产总值达到5000万以上，特别是1985年，企业总体经济突飞猛进，年利税总额达到1000万元以上，成为当时萧山区内十大明星企业之一。

1985年起，企业为进一步拓展产能、降低消耗、自筹资金200多万元，引进当时国内最先进的金属阳极电解槽设备及技术，淘汰原能耗高，单位产能低的石墨阳极电解槽，使烧碱年产量提高的同时，大幅度降低了电量消耗，使得年度总产值和经济效益有进一步提高。

1986～1990年间，企业新技术应用，新产品开发及经营管理方面有了明显进展，并取得了较好的成绩，1987年与浙江大学合作研制的食品包装专用PVC树脂项目获得国家科技进步二等奖，合成盐酸被评为化工部优质产品。1988～1989年间，工厂质检科通过浙江省石化厅三类质量监督检验科认证，并获得全面质量管理先进单位称号和国家轻工业部全国树脂生产协会副理事长单位称号，截至1990年年底，企业烧碱(100%)生产能力达到每年1万吨，是建厂初期的3倍；PVC树脂生产能力每年6000吨以上，是建厂初期的2倍。产品产量、产值和经济效益也有成倍提高。

1994年由于企业管理不善和外部市场剧变，导致连年亏损，为顺应改革开放的形势和企业发展需要，萧山树脂厂破产转制，成立萧山电化总厂，在经营管理、体制建设上引入全新的模式，大大激发了职工的生产积极性，自当年6月转制，9月重新开车投产，就一举扭亏为盈，仅仅一季度就获利200万元。

为进一步做强做大企业，萧山电化总厂自1995年8月起，引入战略投资者，与香港雄平公司合资组建萧山联发电化有限公司，注册资本2400万元，香港雄平公司占51%，为第一大股东。

1996年年底，新成立的萧山联发电化有限公司与浙江省化工研究院合资在萧山联发电化有限公司原电石车间场地内建立杭州富时特化工有限公司，总投资1000万元，其中浙江化工研究院占55%，萧联发占45%，对浙江化工研院研制成功的新制冷剂152a及141b进行工业化生产，经一年多建设，于1997年年末顺利投产，自此厂院挂钩，产学研紧密结合的富时特公司走上发展快车道，成为浙江省高新技术企业的范例。

1997年起，为企业上规模，做大、做强，分期、分批对主产品烧碱、PVC树脂进行扩建改造，至1998年年底，烧碱(100%)和PVC树脂产能分别达到每年3万吨和2万吨，为转制前的3倍。

公司在做大做强的同时，注重高新技术产品开发和现有产品技术创新，先后研制开发了氯化聚乙烯、偏氯乙烯、氯醋共聚树脂等新产品，对PVC树脂进行纳米碳酸钙改性研发，取得了很好的效果。该技术成果获萧山区科技技术进步一等奖。

截至2002年，公司主产品产能成倍增加，主体设备装置的技术水平和产能得到了大幅度提高，其中蒸汽锅炉新增25t/h1台，烧碱电解新增16型金属阳极电解槽42台套。烧碱蒸发取消了能耗高、产能低的标准式蒸发器，更新成能耗低、产能高的三效顺流列文式蒸发器3台套。PVC车间、氯乙烯转化器更新¢2400型10台套，10M3不锈钢聚合从原3台，增加到7台，为公司上规模、上档次作出了重大贡献。截至2007年，公司总产值1.62亿元，烧碱产量3.1万吨，PVC树脂1.4万吨，无论是产值、产量都比新公司成立前增长2倍以上。

公司还在经营管理、体制改革方面取得很大进步，多次获得省、市、区政府和有关部门的专项认证和嘉奖。1999年1月通过ISO 9002质量认证，2002年3月又提升至ISO 2000版认证，主产品PVC树脂被评为名牌产品。2006年通过浙江省安全生产标准化认证，评为杭州市安全生产标准化示范企业。曾先后获得国家农业部中型一档乡镇企业、萧山市百强企业、浙江省三资最佳经济效益企业、萧山区年度信用AAA单位等称号。

到2008年为止，公司主导产品严格按GB－2006国家新标准生产，质量稳定，用户评价良好，社会效益明显。

杭州富时特化工有限公司

杭州富时特化工有限公司是由浙江蓝天环保高科技股份有限公司(原浙江省化工研究院)控股，并与香港雄平有限公司和杭州萧山第二化工塑料厂合资组建的有限责任公司。公司始建于1996年，注册资本1000万元人民币，其中浙江蓝天环保高科技股份有限公司出资550万元人民币，香港雄平有限公司出资250万元人民币，杭州萧山第二化工塑料厂出资200万元人民币。2007年经董事会决议申请增加注册资本1000万元人民币，增加部分以2006年年末公司未分配利润再投入，变更后的注册资本为2000万元人民币，增资后股东不变，各方出资比例不变。

公司地处杭州市萧山区临浦镇谭家埭村，占地约30亩。公司主要生产经营国家专利产品HCFC－141b、HFC－152a，其主要用作制冷剂、聚氨酯发泡剂、电子清洗剂和气雾推进剂等，属环保型高科技产品。现HCFC－141b年产量可达12000吨、HFC－152a年产量5000吨。1999年以来，上述两产品已累计实现销售收入10亿元，实现利税8000多万元，出口创汇6000万美元。

HCFC－141b2003年度获杭州市优秀新产品一等奖、2003年萧山区科技进步一等奖、萧山区名牌产品；HFC－152a获1999年国家石化局科技进步二等奖和2000年度国家科技进步二等奖，2001年被评为国家级重点新产品，HFC－152a又为浙江省科技创新基金项目和2004年国家火炬计划项目。上述两产品均被推荐为浙江省高质量科技产品。2006年两产品同时被授予萧山区名牌产品称号，2007年公司企业商号“富时特”被认定为萧山区知名商号。在质量体系建设中，公司于1999年通过了ISO 9002:1994质量体系认证，2002通过了ISO 9001:2000换版审核。公司两产品生产质量均按国家标准执行，HCFC－141b与HFC－152a

分别对应国家标准 GB/T18827－2002 和 GB/T19602－2004。

公司 2008 年有员工 116 人,其中中高级职称人员 11 人,初级职称人员 11 人,普通技术人员 8 人,技术力量占 26.4%。在公司全体员工的共同努力下,公司于 2000 年获浙江省高新技术企业称号,2003 年获国家级高新技术企业称号,1999 年以来多次被评为全国外商投资双优企业。公司的生产经营和党建工作也受到了上级有关部门的表彰奖励,《光明日报》《国际商报》《科技日报》《中国化工报》《市场报》等国家级媒体多次作了报道。

公司总经理何帮井自参加工作以来,由于其突出的工作业绩,连续多次被评为镇、区级先进工作者、劳动模范、优秀共产党员,同时获得杭州市青年科技奖提名奖。在他的主持下,2001 年"氯乙烯路线联产 HFC－152a 和 HCFC－142b 技术"项目获国家科学技术进步奖二等奖;2002 年度"一氟二氯乙烷(HCFC－141b)氟里昂替代品"项目获优秀新产品新技术一等奖;何帮井 2001 年入选杭州市新世纪"131"优秀中青年培养人选第一层次;2002 年入选浙江省"151 人才工程"培养人员第二层次。

杭州伟峰电子有限公司

杭州伟峰电子有限公司创立于 1988 年年初,名为萧山无线电材料厂,厂址在戴村镇上董村。

1988 年年初,在戴村五金冲件厂的基础上,从市场上获得涤纶丝包线的信息后,将自己设计的设备草图由诸暨次坞的一家小厂加工生产 4 台包丝机,开始试制生产涤纶丝包线。在一无技术、二无图纸的情况下,经过一年多的试验,终于 1989 年试制成功。同年 10 月通过省技术专家和有关部门对涤纶丝包线新产品的鉴定。鉴定委员会高度评价涤纶丝包线新产品的各项参数指标和工艺技术,填补了浙江省内空白。参与研制、开发、试制和产品鉴定的 5 名主要成员均获得萧山县科技成果奖。

1992 年年底,镇党委、政府决定将原萧山特种电磁线厂,合并到萧山无线电材料厂,厂址也由上董村搬入上胜庙。工厂规模迅速扩大,资产由原来的 100 万元,增加到 1000 万元,产品也有原来单一生产丝包线,改为生产漆包线、丝包线。年产值由原来 200 万元增加到 1200 万元;1994 年通过采用国际标准验收和获得部级出口产品质量许可证。

随着改革的深入,1999 年企业进行了转制,成立了杭州伟峰电子有限公司,公司抓住机遇,及时更新设备,提升了产品质量,引进和实行了 ISO 管理模式,于 2000 年通过 ISO 9002 质量体系认证。2000 年漆包线还获美国 UL 标准认证,公司也获得了自营进出口权,产品 80% 以上为外资、合资企业配套生产,2004 年实现产值 3500 万元,利税 300 万元。

公司于 2004 年底搬入戴村工业园区,新公司占地 13440 平方米,新建标准化厂房 4200 平方米,行政办公楼 2000 平方米,辅助用房约 1500 平方米。2004 年至 2006 年又投入 1650 万元,更新了生产设备。公司 2008 年拥有全电脑控制拉丝机 28 台,节能、环保、高速、全电脑控制包漆机 4 台和自动报警绞线机 30 台,以及大型、新式自动包丝机 4 台,普通包丝机 100 台。还通过 ISO 9001－2000 质量管理体系认证和 ISO 14000－2000 环境管理体系认证。

随着生产设备和环境的不断改善,公司的生产技术不断更新,生产工艺不断改进,产品质量稳步提高,产品销售逐年上升,产品质量和产量均居国内同行业前列。

公司从建厂 20 年来,始终坚持以"市场为导向,质量为中心,效益为目的"的指导思想,走科学领先,以质取胜之路,全体员工团结一致,艰苦创业,不断开拓新产品领域,企业不断发展壮大。2008 年有员工 120 多人,各类专业技术人员 30 多人,固定资产 2000 多万元。主要生产丝包绞线、丝包铜绕组线和漆包线几大类,数百种规格、型号的产品。2006 年实现产值 7000 多万元,利税 400 多万元,获得了较好经济效益和社会效益。

杭州萧山钙塑包装有限公司

杭州萧山钙塑包装有限公司前身是萧山钙塑包装厂,1991 年,当时的永兴乡党委政府为重塑永兴形象,扭转杭州江南棉纺厂严重经济案件造成1989年以来的全乡经济严重滑坡局面，改变原来企业规模小、摊子多、单一靠加工收入产小利薄的现状，决定兴办一个规模较大、有自主产品的企业，通过市场调查，在市政府和信用联社支持下，投资800万元，决定兴办萧山钙塑包装厂。在利用原棉纺厂部分房屋的基础上，新建厂房、锅炉房、配电房等1200平方米，购置大连产1400四棍压延机成套设备、2吨蒸气锅炉和630千伏安高压供电设备，建成年生产能力350万平方米钙塑瓦楞箱生产流水线1条。

钙塑瓦楞箱是以塑料和炭酸钙为原料，其中炭酸钙成分占半数以上，代替木、纸包装物。其强度比纸箱要高，并且可以回收再生，循环利用，减少污染，节能环保，是农药、五金产品的首选包装物，萧山钙塑包装厂的投产，填补当时萧山空白。

2000年，为满足市场需求，扩大生产规模，在老厂南面征地8.7亩，投资500万元建造厂房1300平方米，添置沪产1730C压延机成套设备，建成年产400万平方米瓦楞箱生产线1条。是年年底，企业转制为民营企业，更名为杭州萧山钙塑包装有限公司。

2006年，省外市场进一步扩展，特别是湖北、重庆等省市需求增加，由于路远，运输周期长，周转困难，为进一步开拓境外市场，在湖北京山租用厂房场地，购置1300压延机成套设备，建成年产钙塑瓦楞箱250万平方米生产流水线1条，成立湖北京山先发钙塑包装有限公司，收到了较好的经济效益和湖北重庆用户的好评。

1998年，公司产品被浙江省定名为“地产名品”，1999年被评为萧山市百强企业，连续三年被评为萧山市民政福利先进企业，连续五年被评为镇先进企业。2006年被批准为中国包装联合会塑料包装委员会第七届委员会成员单位。

公司总经理洪先法是萧山区第十、十一、十二届政协委员，其他社会兼职有：萧山区公安机关特邀监督员、中国包装联合会塑料包装委员会第七届委员会常委、中国包装联合会塑料包装委员会钙塑瓦楞箱第七届理事会理事长。

杭州蓝达工艺制品有限公司

杭州蓝达工艺制品有限公司是戴村镇的“十强”工业企业之一，专业生产金属工艺制品，企业拥有固定资产5000万元，占地面积4.8万平方米，员工近500人。公司经过多年的发展，现已形成办公用品系列、日用品系列等品种繁多、规格齐全的金属网状产品规模生产能力。公司技术力量雄厚，生产装备先进，制造工艺精湛，产品质量博得外商赞誉，各系列品种以新颖的设计、高档次的品位深受国外消费者的青睐，畅销欧美、东南亚等国家和地区。公司产品90%以上出口国际市场，出口额逐年持续快速增长。

杭州蓝达工艺制品有限公司的前身是于1986年创办的云石灯具五金厂。时，这个家庭作坊型企业靠2000元本钱起步，租用狭小生产场地，只有五六个工人，生产灯具小五金配件。厂长钟兴华在小打小闹中顽强拼搏，发扬“四千”（千方百计、千山万水、千言万语、千辛万苦）精神，使企业经受住各种风险和考验，并适应市场更新产品，1989年转为生产自行车零件和车篮，从此获得了新的发展生机，企业日益壮大，1993年征地兴建生产厂房，职工达三四十人，1994年企业改名为萧山工艺金属浸塑厂，被列为云石乡重点骨干企业。1996年产品打入国际市场，逐步转为生产外贸出口产品。1999年投资兴建第二生产厂区，占地面积达9000平方米，已拥有总资产500万元，职工200余人，企业规模跃上新台阶。2000年，迈出技改大步，着力开发新品种，引入喷涂生产流水线，基本实现产品系列化、专业化、规模化，当年完成产值3000万元，企业更名为杭州蓝达工艺制品有限公司。此后，企业进入了崭新的发展时期。2000年公司取得自营进出口权，2001年“蓝达”商标获得国家注册，2002年通过了英国URS认证和ISO 9001质量管理体系认证；蓝达公司以“永恒追求质量，一切为了顾客”作为生产经营理念，以科学的管理制度、务实的商业作风、过硬的产品质量及优良的售后服务在国内外市场树立了良好的企业形象，2001年以来历年被命名为守合同重信用单位，2003年以来历年被授予萧山区诚信企业，并取得AAA级企业信用等级，2004年取得萧山名牌产品称号，2005年企业被评为萧山区知名商号、杭州市诚信民营企业，2006年“蓝达”产品取得国家专利，2007年“蓝达”产品被评为杭州市名牌产品,公司被授予浙江省诚信企业。2007 年实现产值 1.2 亿元,出口创汇 900 万美元,创税利 1000 万元。

2006～2007 年,公司投资 4000 万元在戴村工业区征地 50 亩,新建现代化生产厂房和办公大楼,配置先进的生产设备和流水线,引进企业管理人才和技术人才,为企业又好又快发展,不断提升市场竞争力开创新的局面。蓝达公司在追求经济效益同时,也讲求社会效益,积极承担企业的社会责任。2001 年以来,历年被评为纳税信誉等级企业。总经理钟兴华热心社会公益事业,经常以企业或个人名义向社会捐款捐物。企业率先实现了各项社会保险全覆盖,多年被政府部门授予劳动保障诚信企业称号,2007 年被评为萧山区劳动关系和谐企业。

杭州小球星儿童用品有限公司

杭州小球星儿童用品有限公司前身为创办于 1993 年的萧山市戴村童车配件厂,注册资金 5 万元。时,在大湖头村内租用房屋 400 平方米,生产、加工一些童车配件。随着市场的需求,企业自身的壮大,于 1996 年开始生产组装儿童自行车,同时企业更名为萧山市戴村童车厂。经过几年的努力,企业有了第一个自己的产品注册商标——"斯诺曼",企业规模也随之有所扩大。为了扩大生产规模,占领市场,经有关部门批准,投资 200 万元,征地 2100 多平方米,建造厂房 800 多平方米,形成了童车装配流水线,产品销往全国各地。

2000 年,随着改革步伐的加快,戴村镇创建了工业园区。企业响应政府的统一规划部署,将新迁建的厂房场地让位于萧山第六高级中学,企业再次迁移至戴村工业园区。为了加快企业发展步伐,于 2000 年 9 月组建为杭州小球星儿童用品有限公司。企业搬迁新址后,重新定位,从新的起点,谋求新的发展,先后投资 800 万元,征地 1.5 万平方米,建造厂房 1 万多平方米,购置各种生产设备 25 台(套),提高了企业的生产能力。同时企业加强管理,加大产品研发力度,使企业产品不断更新,产品档次不断提高。按照 GB14746－93 的产品标准和技术要求,通过了国家有关部门的检验检测,并取得了出口产品质量许可证及中华人民共和国出口企业资格证书,从而使企业产品进入了国际市场,并相继注册了"小球星""贝贝高"等产品商标。通过几年的发展,形成了一定的生产规模,2008 年生产童车 80 万辆,创产值 9000 万元,其中外销 78 万辆,出口产值 8805 万元,实现利润 79 万元,上缴税金 225 万元。

企业于 2004 年进入戴村镇十强企业行列,2006 年进入萧山区国税纳税 500 强企业行列,萧山区百家优势成长型企业;"小球星"被认定为萧山区知名商号,公司董事长任伟连续多年被评为戴村镇优秀创业者。

为了发展企业,扩大销售,提高市场竞争力,企业在不断提高产品质量、产品档次的前提下,再投资 400 万元,研发了儿童三轮车及儿童电动车等新产品,并已开始销售。企业严格按照 GB－14746－2006、GB－14747－2006、GB6675－2003、GB19865－2005 等产品标准和技术要求组织生产、检测,取得了国家强制性产品认证(CCC 认证)证书,同时通过了 ISO 9001:2000 国际质量管理体系认证。

2008 年,企业有员工 350 人,其中工程技术人员 20 人,技术开发及质量管理人员 10 人,拥有产品注册商标 4 只,专利证书 10 份。企业占地总面积 1.7 万平方米,建筑面积 1.5 万平方米,总资产 3000 万元,其中固定资产 1200 万元。拥有电力变压器 400 千伏安,童车毛坯焊接生产流水线 2 套,油漆喷漆线 2 条,童车装配流水线 2 条,儿童三轮车、儿童电动车装配线各 1 条及注塑机等生产设备,年生产能力达 80 万辆,居全区同行业之前列。产品品种齐全,质量上乘,花色多样,市场广阔,深受国内外新老客户的欢迎。

杭州华康实业有限公司

杭州华康钙塑包装有限公司坐落于戴村镇钢构建材功能区。

公司的前身是萧山市戴村供销社塑料厂,由原供销社下岗职工现公司董事长、总经理喻华康、黄亚明夫妇创建于 1991 年。时,改革开放的春风吹遍大江南北,供销社系统站在改革开放的浪尖,实行转制,喻华康夫妇俩破除传统观念,敢于创业,自筹资金 2 万元,利用原供销社植物蛋白厂的一部分旧厂房,开始了艰苦创业。当时工厂面积只有二三百平方米,职工 10 多人。产品是手工包装带,一年只有几十万元产值。在打拼过程中后来又开拓了旧钙塑箱翻新的业务。1996年,在有关部门的支持下,决定扩建企业,自己做新钙塑箱。经过努力,一条1120毫米钙塑瓦楞箱生产流水线很快投产,从原料到钙塑箱实现了生产机械化,当年投资,当年获利。经过二三年努力,产值、销售突破千万元,上缴国家税金上百万元,企业也获得了可观的利润,上了台阶,进入了发展阶段,1999年进入戴村镇十强企业行列。

公司遵循"以质量求生存,以效益求发展"的为方针,坚持以"管理科学,技术创新,质量领先,用户满意"为目标,始终把产品质量放在第一位,2000年,公司通过了ISO 9001质量体系认证,并通过省商检局对外出口全新钙塑箱的质量认证。随着民营企业二次创业高潮的来临。2001年,公司又投入巨资,在戴村镇工业区征地10亩,新建厂房4000平方米,新上3条1500毫米宽幅钙塑瓦楞箱生产流水线,聚丙烯层压板、挤出板生产流水线各1条。企业很快具备生产两大类,上百种规格产品的能力。产品远销全国30多个省市。2002年企业被萧山区委、区政府命名为文明单位,2003年,公司又新增固定资产361.30万元,当年生产钙塑瓦楞箱4315.73吨,聚丙烯层压板341.06吨,产值达1927.40万元,销售1638.14万元,上缴税金98.04万元,创利16.50万元。2004年,公司向外拓展,在湖北江陵普济镇投资2000多万元,组建了湖北华康钙塑包装有限公司。上马1500毫米。钙塑瓦楞箱生产流水线2条,为当地经济发展作出了贡献,取得了显著的经济效益和社会效益。2005年、2006年,公司又投入技改资金500多万元,生产又上一个新台阶,公司步入了上规模阶段,产品进入沙隆达、吉化、苏化、溧化(天容)等大型集团公司,深得用户好评。产、销大幅度上升。2005年钙塑箱产量达到12114.86吨,产值8090.34万元,销售8025.94万元,上缴税金891.07万元,创利572.85万元。2008年钙塑箱产量达到31371.68吨,聚丙烯挤出板产量213.72吨,产值15000万元,销售1.45亿元,上缴税金2544.66万元,创利946.72万元。

企业从1999年至2008年,每年都步入戴村镇十强企业行列。1996~2005年,被市、区信用等级评委会评为AAA、AA信用单位。2006年,企业成为中国包装箱联合会钙塑瓦楞箱专委会会员单位。总经理喻华康也被上级部门授予优秀企业家、优秀经理、优秀创业者、创业标兵等荣誉称号。

公司现有固定资产2000多万元,占地面积2万多平方米,拥有员工150人,其中技术人员9人,包括工程师1人。主要设备有1500毫米聚丙烯挤出机1台(生产流水线1条),聚丙烯层压板生产流水线1条,锅炉(DZL4-125)1台,密炼机(X〈S〉M-50/42)2台,高速混合机(SHK-300A)1台,压延机(SY-4F-1400)2台,瓦楞机(GSWL-1500)1台,炼塑机(SK-450B)2台,炼塑机(SK-400B)2台,压痕切机(ML-243)2台,横切机(FYQKB-1800)1台,分压两用机(FYJ-95)4台,切角机(SZKQ-95)2台,钉车(FGLD系列)5台,打孔机1台等。公司瓦楞箱生产执行国家质量标准,聚丙烯板材执行行业标准。企业已具备年生产钙塑片、箱2600多万平方米,层压、挤出板材7000多吨的能力。

2008年5月,杭州华康钙塑包装有限公司更名为杭州华康实业有限公司。业务范围已向跨行业、多领域发展。

杭州萧山环宇冲件有限公司

杭州萧山环宇冲件有限公司位于戴村镇三头村,占地面积1.7万平方米,建筑面积1.1万平方米。2008年拥有固定资产3000多万元,主要生产设备有800T、400T、250T、160T等多台各种冲压设备及配套设施,拥有德国进口数控激光切割机2台,引进美国通用电气的环保涂漆机2台等先进的加工设备,形成了发电机、大中型电动机系列产品定子、磁极、磁轭三大冲片的生产流水线。

公司建立于1998年。经过坎坷曲折的道路,已形成拥有专业技术人员30名,聘请高级工程师及专业管理人员5名,2003年通过ISO 9001:2000质量认证。公司与美国通用电气(GE)亚洲水电设备有限公司、杭州杭发集团公司、杭州力源发电设备有限公司、杭州大路发电设备有限公司、江西东元电机有限公司、宁波电机制造有限公司、杭州江河机电装备工程有限公司等国内外著名企业紧密合作,成为生产各种规格的汽轮、水轮、风力发电机组、大中型电动机系列的定子转子冲片加工、涂漆、转子铝芯等一条龙加工生产的专业企业。

2008 年,公司实现销售产值 6000 万元,税利 520 万元,为戴村镇三十强企业第十五位。

杭州业新钢结构有限公司

杭州业新钢结构有限公司是一家钢结构专业承包一级资质企业。其前身为 1997 年 6 月创办的杭州新业型钢有限公司,公司坐落在戴村镇云石生态旅游区。2005 年公司投入 3100 万元在枫桥村购入土地 19.5 亩,新建厂房 8600 平方米,新增设备 500 万元。2008 年,企业的注册资金已达到 1610 万元,年产值 6500 万元、销售收入 6200 万元,完成税金 328 万元、利润 315 万元。固定资产 2850 万元,占地面积 2.5 万平方米,建筑面积 18500 平方米。公司于 2002 年通过 ISO 9001:2000 质量管理体系认证,连年被评为萧山区建筑业先进单位,其中 2003 年进入戴村镇十强企业行列,是镇政府的重点骨干企业。承建的河南中博世贸家具广场荣获省级标准化样板工程。其中安徽电厂、博雷(中国)控制系统工程是省、区级重点工程,2008 年已安装完工,并通过验收,质量被评定为优良工程。

2008 年公司已拥有高级工程师 2 名,高级会计师 1 名,工程师 2 名,助理会计师 2 名,助理工程师 22 名,技术员 5 名,国家注册一级建造师 5 名、二级注册建造师 2 名,临时二级建造师 4 名,三级项目经理 6 名。持证上岗人员已达 70 多人。

公司属主营业务为建筑钢结构工程的设计、制作与安装。公司经营主要采取订单式生产和服务方式,业务流程分为营销、设计、制作和安装 4 部分。公司 2008 年已建立多个营销处,客户分布河南、重庆、四川、江苏、安徽、江西等省市直辖市。公司拥有先进的钢结构生产线,通过国外引进及国内配套不断优化整体工艺装备,为公司生产高品质的主构件、次构件和围护面板提供了保障。2008 年,公司已拥有 3 套全自动先进的钢材切割、结构组立、预拼装、焊接、矫正、抛丸除锈油漆生产流水线,同时还制作屋面夹芯板、彩钢压型板,实行一条龙生产服务。

杭州亿达五金有限公司

杭州亿达五金有限公司位于萧山区戴村镇顾家溪村,于 2001 年 7 月 17 日成立,法人代表顾可大。2008 年有厂房 4000 多平方米,注册资本 300 万元,拥有员工 100 余人,其中管理人员 18 人,大中专学历 17 人。公司主要生产健身器材、千斤顶、升降器、房车用配件、散热片等五金件。产品销往上海、美国等地。

2005 年,公司投资由原来的 50 万元增长到 300 万元。2006 年,扩建一条年产 20 万付组合式亚铃生产线设备,总投资额 250 万元,其中设备投资 200 万元,流动资产投资 50 万元,以扩大生产规模,提高产品质量和技术水平。

为进一步扩大公司的规模,于 2006 年 9 月 13 日建立了外资合资经营(港资)企业杭州东鑫亿达机械有限公司,总投资 600 万美元,注册资金 300 万美元,将公司建在萧山区戴村镇工业区。经萧山国土资源局批准,征地 16.23 亩,预计总投资额 5000 万元。

公司自创办以来,企业的生产经营规模在不断增长和发展,2002 年产品销售 67.3 万元,2003 年产品销售 465.8 万元,2004 年产品销售 672 万元,2005 年产品销售 1280 万元,2006 年产品销售 1405 万元。2008 年工业总产值为 1700 万元,工业销售产值为 1680 万元,出口交货值为 1300 万元,实现利税总额为 250 万元,实现利润总额 138 万元。公司 87% 的产品出口到美国、西欧等地,成为萧山区戴村镇骨干企业之一。

公司现拥有多个系列,品种齐全,产品具有造型优美、高贵、典雅,散热效果好,适用寿命长,节能环保安全可靠,特别是耐压耐腐比同类铝制散热片高出一倍,使用于高、低层建筑,确保其可靠的质量。公司暖气片系列产品已出口至欧美和亚洲十多个国家和地区,赢得了客户的全面认可。

2008 年,公司有固定资产有 630T 冷室压铸机 2 台、500T 压铸机 2 台、网板机 1 台、剪板机 1 台、MT130H 磨床 1 台、160T 压铸机 2 台、16 - 315T32 台冲床和车床 1 台等。2005 年国产设备投资改造项目 1 个,获得了企业信用等级 AA 级,节能环保型钢铝复合散热器和活动式仿古广告架两只产品分别获得省级新产品和区级新产品的称号。2006 年公司又被认定为“浙江省科技型中小企业”。

杭州升亮服饰有限公司

杭州升亮服饰有限公司前身为杭州汇邦制衣有限公司,注册资金 28 万美金。坐落在戴村镇经济开发区,创立于 1991 年 7 月 16 日,是一个集开发、生产、加工,销售于一体的服饰公司。产品远销欧美、中东、中国港澳台等国家和地区。产品全部经国外权威机构的检测,符合各种 CE 标准,深得国外客商的信赖。公司所提供的服务质量深受国内外客商的好评。现有员工 300 多人,具有较先进工艺的生产流水线,年生产能力 40 万件。

公司成立十几年来,生产规模和经济效益得到了迅速地发展。由最初的一个几十人的小厂发展壮大到现在几百员工的中等服装企业,从单一市场走向多个市场(美国,日本,澳大利亚,中国香港、中国国内以及国外其他地区),税利从最初 15 万元到 2008 年 200 万元。公司于 1991 年改制,改名为"杭州升亮服饰有限公司"。公司现有占地面积 5000 多平方米,内有总面积 4000 多平方米的厂房 2 幢,3 层高总面积 1200 平方米的综合楼 1 幢,员工宿舍内配有彩电、空调、独立卫生间,厂区环境优美,宿舍饭堂一应俱备。厂房内设备齐全,有锁洞机、订扣机、拷扣机、套结机等。公司下设技术中心、营销中心、国际贸易部、市场企划部、生产办公室、总经理办公室、财务部、后勤部 8 个职能部门。经过几年的拼搏进取,各项制度逐渐完善,为以后发展奠定了基础。

杭州家家实业有限公司

杭州家家实业有限公司位于戴村镇青山村,占地 15340 平方米,厂房建筑面积 1 万平方米。其中原物料及成品仓库 1500 平方米。厂区绿化,道路面积为 4600 平方米。固定资产 800 万元。注册资金 500 万元。有职工 240 人。为总经理负责制,下设公司办公室、生产技术科、动力科、质检科、供销科、财务科,有管理人员 22 人。企业建立了较健全的化验室,配备了箱式电阻炉、电热干燥箱、数显酸度计、旋转式粘度计、分析天平仪、电子天平仪等。有质检人员 5 人。3 人已经过省级培训,并取得证书,是有一套较完整的管理人员队伍。

公司创建于 1994 年,是一家专业生产和销售蚊香系列产品的企业。主要设备有:200 千伏变压器 1 台、干拌机、湿料机、制坯机、烘房、喷药机、打包机等。其中制坯机已全部改成为最新式 18 模成型机。产品有各种规格的盘式蚊香,是至 2008 年国内最大规模的蚊香生产企业之一。年产 100 万箱,由于蚊香产品属于农药加工复配,基本无三废。少量车间用水回用到湿拌工序,不往外排放。并拥有国内最先进的蚊香生产设备,被中国石油和化学工业协会(国家级)认定 B 级实验室证书。公司还与知名品牌"雷达蚊香"合作,为上海庄臣有限公司定点生产企业。引进了科学配方,精心选择优质原料。十分注重产品质量,公司产品远销世界各地。

杭州萧山康跃铸造有限公司

杭州萧山康跃铸造有限公司创办于 1996 年,投资 300 万元,注册资金 100 万元,占地面积 8000 多平方米,固定资产投入 280 万元,当年生产铸件 160 吨,创产值 60 多万元,销售收入 60.40 万元,利润 1.26 万元,上缴国家税收 4.06 万元。是一个集铸造、机械加工于一体的私营企业。公司占地面积 8000 平方米。建筑面积 6000 平方米。公司铸造车间拥有年产 5000 吨消失模生产线 1 条,树脂砂 10 吨、5 吨生产线各 1 条;加工车间拥有台湾产 KGP－1542S 数控龙门磨床(2.7×4.2 米),KNV－32P 数控龙门加工中心、KNV－86 数控加工中心、三菱卧式数控加工中心、镗床、铣床、磨床等机械加工设备。公司主要生产各种机床部件铸件及加工,如主机座、齿轮箱体、壳体、前支座等。产品主要为台资企业浙江荣德机械公司、大天数控机床公司等国内知名厂家配套。康跃铸造秉承"浇铸诚信,追求卓越"的企业精神,始终"让客户满意"为经营宗旨。1999 年被评为萧山市私营企业先进单位,进入戴村镇"十强企业"行列。2000 年 5 月被授予萧山区企业信用等级 AA 级,从 1999 年开始一直被浙江荣德机械有限公司授予"绩优供应商"称号。公司总经理周鲁康现为戴村镇人大代表,并连续多年被评为戴村镇优秀厂长(经理)。

1997 年,职工人数 28 人,创产值 200 万元,销售收入 198.50 万元,利润 17.41 万元,上缴国家税收 22.01 万元。

2000 年,职工人数 52 人,生产铸件 1270 吨,产值 512.30 万元,销售 502 万元,利润 58.86 万元,上缴国家税收 52.61 万元,总资产 408 万元,其中固定资产 340 万元。经过数年努力,2008 年,职工人数 55 人,生产铸件 2500 吨,创产值 1246 万元,销售收入 1232 万元,利润 200 万元,上缴国家税收 156 万元,总资产 1088.2 万元,其中固定资产投入 1191 万元。

杭州萧山政健车把五金厂

杭州萧山政健车把五金厂创办于 2002 年 1 月,是一家以生产健身器上的车把为主的现代化私营企业。企业秉承"信誉第一、质量第一"的精神,以"开拓进取,勇于创新"作为自己的经营理念。经过多年的创业,到 2006 年止,拥有总资产 800 万元,占地面积 2000 平方米,员工 60 余人。企业产值达 1500 万元,销售收入 1300 万元,利税总额达 80 万元。主要产品年产量 100 万只,所有产品都通过环保 ROSS 认证,都符合欧洲标准。固定资产实际投资额 320 万元。主要设备有大型的弯管机、冲床和各类加工设备,其中弯管机从台湾进口,创近地区设备先进的新高。归口的业务单位都是台资企业,产品的质量受到他们的一致好评,通过他们的组装,分别销往世界各个国家。

杭州宏成纺织整理有限公司

杭州宏成纺织整理有限公司是一家中外合资企业,成立于 2003 年 6 月 4 日,坐落于戴村镇三头村。占地面积 30 亩,厂房 2 万多平方米。

主要经营黄麻纺织品、化纤纺织品及其他纺织品(国家限制和禁止的除外),服装、帐篷、箱包、家纺产品、旅游休闲用品的生产和销售。黄麻纱线、工艺黄麻布等产品远销美国、俄罗斯、日本、韩国等国际市场。公司不断开发新产品,满足各类消费者的需求。公司于 2006 年 2 月全额投资组建了杭州晟泰休闲用品有限公司,晟泰公司以生产休闲帐篷为主,产品品种有森林迷彩狩猎帐、儿童玩乐趣味帐、室外休闲垂钓帐、户外旅游帐、遮阳帐、狩猎椅子帐及配套休闲椅子等一系列休闲产品,产品全部出口,远销美国、加拿大、新西兰、荷兰、法国、比利时、澳大利亚、德国、韩国等国际市场。2008 年生产各类帐篷 150 万顶,产值 8000 多万元,出口创汇 1200 多万美元,销售产值 8500 多万人民币。公司现有员工 300 多人,管理人员 20 人,技术人员 11 人。目前企业以市场需求为导向,根据客户的要求进行产品结构调整和设计,生产高质量高科技精品。

杭州汇城提花织造有限公司

杭州汇城提花织造有限公司成立于 2006 年 6 月 28 日,地址位于戴村镇工业区,03 省道与闻戴公路交叉口东北侧。8 月,向国家征购土地 1 万平方米,9 月土建破土动工,于 2007 年 12 月房屋土建工程全部竣工,共完成建筑面积 18048 平方米。新购入意大利进口的剑杆织机 20 台和国产电子提花机 2 台,加原有国产剑杆织机 46 台,于 2008 年 1 月正式投产。到年底完成固定资产投资 3000 多万元。

2008 年公司有员工 80 多名,年生产能力高档提花布 200 万米、家居用品 30 万套,创产值 5000 万元,创税利 450 万元。

公司是一家专业设计、生产、销售为一体的高档纺织装饰面料企业,其主导产品有家私布、沙发布、窗帘布和靠垫、座垫等系列产品。产品适用于商店、旅游、宾馆、饭店、居民家庭和其他公共设施的室内装饰。产品主要销往国内市场及欧美、日本等海外市场。

杭州卫达塑业有限公司

杭州卫达塑业有限公司位于杭州萧山戴村工业园区,占地面积 22.5 公顷,标准建筑厂房 8000 余平方米。拥有UPVC管道生产线2条,产品质量符合GB/T－5836.1－2006国家标准,并通过ISO 9001:2000质量管理体系认证。还拥有KL－1400钙塑瓦楞生产线1条,年产钙塑瓦楞箱、片200余万平方米。产品广泛用于五金、化工等包装,各项性能均符合GB/T6980－1995《钙塑瓦楞箱》国家标准。

杭州卫达塑业有限公司是20世纪80年代末创办的一家民营企业,租用河上桥(今河杨湖村)厂房,专业生产塑料包装带。2002年,在镇钢构建材功能区征地23亩,建造厂房8000平方米,安装上海产1400毫米钙塑箱生产线1条,年生产钙塑200万平方米;生产塑料管道生产线,专业生产塑料排水管道,产品规格从Φ50毫米~160毫米。2008年有职工76人,总资产1311万元,销售产值2214万元,利税114万元。

杭州韵庭生活用品有限公司

杭州韵庭生活用品有限公司是杭州韵庭集团的一家重要子公司,位于萧山戴村云石工业区,专业生产家居生活用品,产品有10多个系列50多个品种,近100种产品,其中植物纤维、炭蚊香是公司的核心产品。

公司生产的驱蚊杀虫系列产品和家居清洁系列产品注重安全、清洁、高效、经济,是广大用户的首选产品,以质量求生存,靠科技谋发展,使顾客满意是公司永恒的追求。2008年,有职工270人,销售产值1267万元,利税74万元。

杭州萧山新力机械有限公司

杭州萧山新力机械有限公司位于戴村镇凌溪路,创办于1995年,占地面积7000余平方米。

公司是一家专业为大型出口企业配套生产铝压铸件、线锯机配件的五金企业,技术力量雄厚,检测手段完备,产品质量可靠,致力注重技术改造和提高产品质量,强化企业管理,积极实施ISO 9001－2000质量体系,历年来被配套厂授予质量信用企业。

公司始终坚持以"质量为根本,科技为先导"的经营宗旨,继续致力于开拓、创新,建立与新老客户的良好关系,在新的征途上共谋发展。2008年,有职工68人,销售产值1203.8万元,利税60.8万元。

杭州杭天布艺有限公司

杭州杭天布艺有限公司位于戴村镇钢构建材功能区,占地27333平方米,建筑面积3万平方米,是一家专业从事装饰织物的研发、生产与销售的企业,并拥有意大利BONNAS电子提花机10台,国产提花机100台,配套纺织CAD设计系统及高速分条整经机和150台平缝机的合成加工厂。

公司年开发新花型上百种,形成以沙发布、家私布、窗帘布、床上用品等布艺类产品为主导的产品体系,年生产各类织物250万米及数十万套成品,产品销往美国、日本(家纺)、加拿大、澳大利亚、欧洲及中东地区,公司拥有自营进出口权,产品80%外销。2008年,有职工120人,销售产值5000万元,利税250万元。

杭州信宇钢带有限公司

杭州信宇钢带有限公司成立于2003年。是年在戴村镇钢构建材功能区征地16亩,投资1500万元,用于新建厂房和购置设备,翌年开始生产钢带和焊接管,拥有先进的四连轧机组和制管机组生产线各1条。年生产各种规格钢带和焊接管1万余吨。

2006年,公司创工业产值1838万元,销售收入1976万元,利税49万元。是年,挤身戴村镇工业企业30强。2008年,创工业产值3022万元,销售收入3044万元,利税63万元,总资产达到1947万元。有员工57人,仍为戴村镇30家重点工业企业之一。

第二节　产品选介

戴村镇工业企业为了在市场经济中提高竞争力,注意提高产品质量,增加科技含量,积极创造品牌。此节对2008年省、市、区级部分名牌产品和新开发的部分产品逐一介绍。

华东钢构牌彩钢卷

华东钢构牌彩钢卷是浙江华东轻钢建材有限公司生产的主要产品,属浙江省名牌产品,中国驰名商标。

2000年,浙江华东轻钢建材有限公司投资5000万元的彩钢涂层钢卷项目正式启动建设,设计年产能8万吨,经一年建设,于2001年11月20日投入试生产。首卷华东彩钢卷顺利诞生。

彩色涂层钢卷生产线以北京自动化研究所(中国机器人中心)为主,联合国内外多家科研单位设计开发的生产线。该生产线核心部分采用美国AB公司和英国CT公司的控制技术和设备,采用Controlnet网络通信技术,对生产全过程进行实时监控,是目前国内同类生产线中最为先进的机组之一,可生产宽度700毫米~1200毫米,厚度0.27毫米~0.8毫米之间不同规格的彩涂钢卷,并配备国内较为先进的检测设备。

"华东"彩涂钢卷,选用国内优秀钢厂的优质基材,将成熟的工艺、精湛的设备、优质的有机涂料和先进的自动化控制系统有机结合在一起,产品具有优良的冷弯加工成形性、良好的耐腐蚀性、耐候性、环保节能和美丽的装饰效果,被广泛应用于钢结构建筑、净化车间、保温工程、室内装修和家电制造等行业。

华东彩钢卷,由于抓住市场先机,产品定位正确,以品质提升品牌,为顾客提供价值领先的产品和服务,深受客户欢迎,市场销量逐年快速上升。2002年,实现销售收入1.6亿元,利润1500万元,基本收回生产线的设备投资。为满足市场需求,2008年1月,2号彩涂生产线投产,新线年产能12万吨。是年销售彩色涂层钢卷14.37万吨,其中出口彩钢卷销售额超过5亿元。

2004年,"华东钢构"商标获杭州市著名商标称号;"华东钢构"牌彩色涂层钢卷荣获杭州市著名商标等称号;"华东钢构"牌彩色涂层钢卷荣获浙江名牌产品称号,2007年又获得浙江省著名商标的称号。

2008年,"华东钢构"彩色涂层钢卷正在建设3号生产线,其产品已覆盖浙江、江苏、山东、福建、河南、湖北、广东、四川、安徽、山西等20多个省市区,并远销俄罗斯、以色列、巴基斯坦、黎马嫩、法国、土耳其、尼日利亚等海外市场,受到用户的一致好评。

华东钢构牌彩钢夹芯板

杭州华东板材有限公司于1995年开始涉足钢结构材料行业,其前身为浙江华东轻钢建材有限公司,是浙江省最早从事各类彩钢夹芯板、压型单板生产制作的企业之一。公司使用的商标是由集团另一家控投子公司杭州华东钢结构制造有限公司经国家工商行政管理总局商标局审核后,同意使用许可合同备案的。公司依靠"杭州百强企业"之一的浙江华东钢业集团的综合实力,通过几年的发展,已经成为浙江省最大的专业生产制作各类彩钢夹芯板、压型单板的企业。公司拥有5条泡沫夹芯板生产线、9条彩钢单板生产线、2条彩钢折弯生产线,具有年产200万平方米泡沫夹芯板、400万平方米彩钢单板、10万平方各类彩钢折弯件的生产能力,产品型号齐全,能满足市场绝大部分板材产品型号的需求。

公司设备先进,产品质量稳定。公司生产设备主要采用上市公司绍兴精工科技集团所生产的先进复合夹芯板机械。其中公司的JZW800型数控折弯纵剪机,最大折弯角度可达125°(工件最小角度55°),无需使用模具,可对传统锻压设备不能加工的超长板材进行剪切、折弯加工;采用海斯专用控制软件,实现人机对话编程、工作实况监控、生产计划控制等功能;可完成定位、夹紧、折弯、放松等自动工作循环,也可手动工作。瓦楞板复合集压型机、复合机先进的生产工艺于一体,能一次性复合成瓦楞型复合板,克服了传统瓦楞板先压型后手工复合的缺点,整机采用先进的生产工艺,机电一体化,单班年产能力达到50万平方米。公司销售网络以浙江省为中心，覆盖周边及其它8个省份。公司先后成立了武汉、重庆、广州销售处和外贸部，专门负责湖北、江西和国外市场的开发。产品在保持省内畅销的同时，还先后通过外贸公司出口到拉美、中东、东南亚和非洲等多个国家。公司凭借着企业的雄厚实力和良好信誉，公司先后承接了24个单只合同销售额超300万元的项目，173个单只销售额超100万元的项目，为多个样板工程提供了材料供应服务，其中包括：东南亚义乌会展中心工程、东南网架黄龙体育中心工程、大地网架上海地铁工程、大地网架中国水电廖坊水电站工程、江苏常虹钢结构浙江工商大学体育馆工程、台州高安钢构吉利集团汽车城工程、杭州华东钢构台州黄岩公园工程，等等，深受客户好评。2004年获萧山区名牌产品称号。2008年形势继续看好。

“蓝达牌”金属网状工艺办公用品

杭州蓝达工艺制品有限公司生产的金属网状工艺办公用品，具有环保、可回收等优点。产品设计新颖、档次高。生产的工艺办公用品有盒、架、筒、座、格、框、盘、篓等8大系列、54个品种，涵盖现代办公用品各个领域，其外观设计，均获国家专利。

产品投放市场以来，受到国内外客户的青睐，远销欧、美、日本等几十个国家和地区。2007年，“蓝达牌”工艺办公用品出口903.05万只，创汇878.12万美元，2008年，出口991.38万只，创汇1074.34万美元。

产品于2001年6月注册“蓝达”商标。2004年“蓝达牌”金属网状工艺办公用品被评为萧山区名牌产品，翌年，杭州蓝达工艺制品有限公司被评为“萧山知名商号”，2007年，“蓝达牌”金属网状办公用品被评为杭州名牌产品，2008年度被评为杭州出口产品名牌。

SSB－100井架式物料提升机

SSB－100井架式物料提升机是杭州华诚机械有限公司制造的萧山区名牌产品，采用单柱导轨架，横截面为矩形，内包容一个吊篮，带对重，额定载重量为1000千克，架设高度70米，提升速度48米/分钟，采用钢丝绳式曳引传动的物料提升机，电气操作放置在地面室内，配有可视式监控信号装置和通信装置。其主要特点是提升速度快、采用曳引传动，吊篮不会冲顶、安全装置齐全，安全保护装置有断绳保护装置、安全停靠装置、超载保护装置、吊篮安全门和侧面围护网、吊篮安全顶门、缓冲器、上下限位装置、可视式监控信号装置和通信装置、紧急断电装置、避雷装置。2004年，获萧山区名牌产品。

由于国内房地产产业的快速发展，带动了建筑机械市场需求，产品已畅销国内外。

玻璃纤维增强水泥轻质多孔隔墙条板

玻璃纤维增强水泥轻质多孔隔墙条板（GRC轻质隔墙板）是杭州卫士实业有限公司近年开发成功的新型墙体材料，产品用珍珠岩、低碱度水泥、网格布、发泡剂等原辅材料。通过布网式机动成组立模技术生产，具有节能、环保、隔音、防火、轻质、资源综合利用等优点，是办公、学校、医院、酒店、市场、商住等大楼优选的隔墙材料，产品经浙江省建筑材料科技有限公司建材质量检测中心检测，符合GB/T19631－2005《玻璃纤维增强水泥轻质多孔隔墙条板》标准规定的合格品要求。2005年被浙江省发展新型墙体材料办公室认定为新型墙体材料产品；2006年，被浙江省经济贸易委员会认定为资源综合利用企业，被浙江省科学技术厅认定为浙江省高新技术企业。

产品投放市场以来，已被省内7个地区（除丽水地区外）66个重点工程所采用，总销量达641900平方米，同时打入上海市场。据浙江省发展新型墙体材料改革办公室和萧山区墙材改革与建筑节能管理办公室联合统计，2005～2006年度，连续两年产品销售居浙江省同类产品第一；至2008年公司累计销售隔墙条板190万平方米。

PTT290（7427）塔式起重机

杭州华诚机械有限公司于2008年1月6日与ARCOMET（新加坡公司）公司合作，通过引进国外平头塔机的先进技术,吸收国外各种平头塔机的优点,开发了PTT290(7427)塔式起重机(以下简称290平头塔机)。290平头塔机产品的主要特点:290平头塔机与带塔头、拉杆的水平臂小车变幅式塔机相比,起重臂的受力状况、连接方式明显不同。立塔后无论是工作和非工作状态,起重臂和平衡臂上下主弦杆的受力状态不变,上弦杆主要受拉,下弦杆主要受压,没有交变应力的影响,其力学模型单一、简明。起重臂的连接设计简便,非常便于臂节之间的快速拆装。安装和拆卸塔机时大大降低对所需汽车起重机的起重能力要求。由于取消了塔头,单元质量小、安装高度低,最大安装高度比同级的带塔头的塔机降低10米以上。独有的起重臂连接方式使整个臂架可以在空中逐节拆装,臂架在空中逐节拆装和整体吊装相比对起重设备的要求大大降低,节省拆装费用,更适合于施工现场受限条件下的塔机拆装和群塔交叉作业。290平头塔机起重臂钢结构寿命长、安全性高。没有起重臂拉杆,其臂架的截面尺寸通常比同级别的普通塔机要大,尤其是截面的高度较大,则刚度较大,吊载时屈曲变形也较小,起重臂只受方向向下载荷的作用,比较简单,在垂直和水平两个方向上都不受交变应力的使用,极大地提高了起重臂钢结构的使用寿命和安全性,作业时,尤其是在急停和快速回转时,变形小、平稳、安全。而带塔头、拉杆的水平臂小车变幅式塔机的起重臂主要受力杆件经常受到拉、压交变应力的使用,是起重臂疲劳损伤甚至断裂及焊缝开裂的主要原因;起重臂的适用性好、利用率高。

290平头塔机起重臂的设计采用模块化、系列化、标准化,可以降低设计和制造成本。起重臂的截面采用变截面设计,可以一节一节的按先后次序分开独立安装和拆卸,增加塔机的起重臂组合,通过模块化后,同一臂节可以用在不同的平头塔上,便于以后开发系列化产品,提高了起重臂的适用性和利用率。

290平头塔机塔身标准节采用销轴联接的模块化片式结构,采用销轴联接,安装快捷、安全,片式结构便于拆卸、运输。

290平头塔机采用先进的电气控制系统,使塔机在操作时,力及力矩限制器对塔机运行状态做到时时监控,系统通过专用传感器、微处理器及显示器向塔机操作人员实时准确地提供塔机运行主要状态,包括:塔机当前的转角、变幅及吊重等信息;系统能根据设置的起重性能曲线以及塔机现场的工作区域发出控制信号,真正做到轻载高速重载低速和理想的空钩速度及慢就位速度,大大提高了工作效率,同时,系统具有"黑匣子"功能,能时时记录塔机在运行过程中发生的各种违规操作,"黑匣子"功能是记录超力距和超重量在100%~105%时的工作状态。使司机在工作中各种违章就能查到,通过"黑匣子"功能既能有效地阻止司机的违章操作,又能提高塔机的使用寿命。用户可以查看、下载,便于设备的维护。这种电控系统已达到国际领先水平,并通过英国CE认证,并有5项科技创新技术,其中3项已获国家实用新型专利。

卷六　商业　服务业

第一章　古镇商贸

第一节　戴村集市

戴村集市有500多年历史，民国《萧山县志稿》卷一浦南乡有戴村市记载。

旧时从戴村去临浦有石板大路，去河上有泥石大路，去云石有卵石路。水路船只经永兴河过云襄桥入云石溪（七都溪）可达蒋家埠和凌桥，还有经距集镇500米的水运码头永兴桥，水路可达诸暨、富阳、桐庐、杭州，交通十分便捷。

民国时期，戴村集市发展到全盛时期，从西池头到下街头店铺林立，行业齐全，市场兴旺。

米业

旧时，长潭、八都、河上、楼塔是土纸业主要集中地带，以土纸为业的山民需长年籴米买粮，戴村集市米业为最早行业之一。清光绪年间，业主丁校山与合伙人俞松阳，购入当时最先进设备16匹马力柴油机带动碾米机碾米，时开设在下街蒋家埠头俞松阳米行内，取名兆丰碾米厂。两年后，丁校山在上街西池头造好厂房，把碾米厂搬迁到此，独资经营。后又有何继桑父亲与戴庆余合伙，在老街当弄口开设益民碾米厂，用进口12匹马力柴油机带动碾米机碾米。中华人民共和国建立后，在对资本主义工商业进行社会主义改造时实行公私合营，于1960年并入临浦粮加厂，时间长达近一个世纪。

主要米店有：丁介丰，业主丁淼山；俞记，业主俞松阳；海记业主丁海林，还有方成喜、戴小坑、李永记、戴兴山、芦吾奎、丁浩庆、洪××等10家。其中丁介丰米店开于清光绪年间（1875～1908），资力最为雄厚，经营也甚活跃。

民以食为天，戴村山区山民以土纸为业，一日三餐全靠米店供应，米店在经营中稍有不慎，就会招来事端，甚至引起风波。1948年，由于米价暴涨而引起山民70多人聚集戴村，所有米店被砸，从下街到西池头满街是米，有的倒在西池里，两家米厂也同时被砸，米商损失惨重，民国政府和警察也束手无策，事情不了了之。

南货店

万盛南货店，业主郭贵校，它和何荣兴南货店都开于晚清时期，资本较为雄厚。较著名的还有新乾大、韩大茂、丁小甜南货店，其中新乾大还兼营杂货，经营颇为灵活。

南货店在商业店铺中属于较高档的店铺，经营“南北果品”、“闽广圆糖”。其商品有桂圆、荔枝、南枣、黑枣、红枣、胡桃、冰糖、白糖、红糖、花生，各种瓜子、莲子、黑木耳、香菇、粉丝、金华火腿、肉皮、开洋、干贝、鱼肚、海参、白鲞、笋干、勒笋、各种咸鲞等。南货店各种商品放置有序，大宗商品用开口大木桶装，样品用大玻璃瓶装放在前柜台和橱柜上，贴上大红标笺，标明品名价格，咸鲞类一般放在前柜台下，白鲞、勒鲞、黄瓜鲞放置整齐，带鲞盘圈整齐。商品包装也有一定规矩，干货用毛纸包成长方形，叫斧头包，加上招贴。南货店招贴也有统一规格，用大红纸印好某某号南货店“南北果品”，“闽广圆糖”，咸鲞类一般用开口包。

南货店商品众多，而且价格较贵，因此雇佣的店员要比其他同类商店要多，一般商店有员工3～5人，三开间店面要用5～8人，分工较为明确，有“阿大”即掌柜或经理，账房，大店有里、外账房，里账房即会计，外账房即收银员，其余为店员，即售货员，整爿店营业时只一人坐着工作，即账房，其余都站立等候顾客，顾客上门热情打招呼，称顾客为“店王”“先生”“客人”，熟练地介绍各种商品产地、价格，生意一成交就熟练地过秤、点数、包装，并将商品名称、数量、价格、货款用高亢洪亮的声音一一报给账房收账，顾客出门再说上一句“慢走”“下次再来”的客气话。

大的南货店还有一位特殊店员叫“望岗阿大”，其作用是监督顾客买了商品不付钱或账房不收款，二是防止店员营私舞弊。望岗阿大坐在店堂上横头跷起二郎腿，手捧水烟管，双目炯炯，监督店堂里的经营活动。

布店

戴村向有纺纱织布传统，民国时期土布生产自给有余，加上洋布、棉纱输入，布店应运而生。抗战前后戴村布店有：华兴布店，业主丁安庆；久丰布店，业主丁畏山；源昌布店3家。3家布店除经营土布外，洋布花色品种繁多，主要依靠城市大店作后盾。如杭州“源康”（源康老板是戴村何同埠人），资本雄厚，经营也颇灵活。

油烛店

油烛店经营迷信品。孙聚隆油烛店，有孙家人孙庚生于晚清时开设，前店后作坊（浇道）。恒来油烛店，业主丁小友，前店后作坊。盛记油烛店，业主盛祥源，下街还有方安福油烛店，店址在五王庙旁。

杂货店

杂货店4家，丁瑞兴，业主丁关兴；万和升（一名隆兴），业主鲍志根；郭仁昌，业主盛振源；洪记，业主俞月樵。

豆腐店

朱仁泰豆腐店、钟锡家豆腐店、丁景林豆腐店，3家豆腐店都是前店后作坊。豆腐师傅都是半夜起床磨豆腐，等到豆腐做好天已放亮，赶紧将各种豆制品搬上柜台上早市，品种有豆腐、香干、千张、霉千张、臭豆腐、油豆腐等，下脚豆腐渣用作饲料。临街居民，商店伙计，早上起来，笃一块嫩豆腐，浇上酱油，再加一点麻油，用来下饭，这时豆腐还热，吃起来鲜嫩可口，也可算是一种美食享受。

肉店

黄阿春肉店开在老当弄口，后改为方正大肉店。

水产店

旧时戴村盛产鱼虾，品种繁多，全属野生且价格便宜，街上有丁富来、丁德法水产店2家。

食品店

旧时食品店叫“南京店”，专营各种时令糕点蜜饯。丁荣兴食品店，业主丁浩清，有员工3人，临街为店面，后为作坊。

水果店

洪大水果行，地点在西池头，除经营水果外兼收山货，收购的毛笋、春笋、冬笋都运往杭州、上海市场出售。业主也是丁介丰，资金雄厚，经营灵活。较为著名的还有章元隆、太湖、茂训等3家。

酱园店

同春和酱园，店址在上街头，经营各种酒、酱、酱油、腐乳、酱菜和各种调味品。

饭店

饭店有：夏顺兴、郭香花、丁长根、周杨花4家。最著名是夏顺兴，开于清同治年间(1862～1874)，店址在蒋家埠头，双开间店面，除供应酒饭，操办酒席外，兼卖馄饨、馒头，饭团，三样点心都别具特色，馒头皮薄、肉多汁鲜，饭团鲜糯可口，小孩特别喜欢吃，馄饨尤其讲究，不但皮薄肉鲜，调料有虾米、蛋丝、葱花、猪油、清汤作底，起锅后直接放在碗里，由跑堂清脆动听的喊声"馄饨来了"，端到顾客面前，吃起来鲜热可口，花二个鸡蛋钱，吃一碗馄饨对当时平常百姓也算是一次美食享受，过一把上"馆子"的瘾。据说临浦"张春记"馄饨也是从夏顺兴饭店学去，馒头传到楼塔。每逢庙会或演戏，夏顺兴店前总是特别拥挤，生意特别好。

茶店

戴村街小，茶店拢市。有燕喜、惠芳、林园3家茶店，都开在下街头，是旧时戴村一热闹去处。

茶店是商人打听行情，商谈生意，地方士绅约会碰头，武丈脚班歇脚拦活，乡村遗老传说新闻的地方，过路客商，杂耍卖艺等也在茶店歇脚。茶客还有"牛主"，烟鬼、赌棍甚或土匪恶霸，三教九流各种人物。

旧时茶店烧水都用"老虎灶"，盘肠壶，续茶用的钢壶，长手把，嘴细且长，茶具一般用紫砂壶，瓷茶盅，茶叶有红茶、绿茶，随客挑选。每逢年初一，茶店用茉莉花，白元冰糖茶待客，不收茶钱，以答谢茶客一年来的关照。

茶桌是长方形中空木桌，顶端靠墙摆放。二张茶桌间放一张长凳，店门前第一排茶桌叫码头桌，供有一定身份茶客专用，称茶店"老揎头"。

开茶店必须是当地做人比较圆通，人情较好或有一定"靠山"的人。茶馆要手脚勤快，能说会道，泡茶续水，手法娴熟，笑口常开，热情周到，侍候得茶客无可挑剔。

戴村三家茶店，为招来顾客，下午和晚上轮流请说书人说书，戴村人叫做听大书。说书人与店主讲好价钱，听书费加在茶资里，店主与说书人拆帐。说书前预先在街贴一海报，招来听众，说的都是长篇大书，如：《包公案》《金台传》《七侠五义》《三国演义》《水浒传》《说岳全传》等等，好的大书先生会招来很多听众，说到紧要处，就会停下来叫"煞半本"，双手一拱，口说"欲知后事如何？且听下回分解，明日请早"，以钓听客胃口。

茶店还是百姓讲事、评理的地方。戴村人称谓吃评茶，逆子忤母，邻里失和、朋友反目、同行倾轧等纠纷，有到茶店去评理的传统，一般都由当地有影响的人物出面，并指定争执双方当事人到哪家茶店吃评茶。茶店边吃茶边听当事人陈说纠纷起因经过和要求，也可发表自己的看法，茶客来自四面八方，与当事人非亲非故，不会偏袒一方，经过陈说和评论，事情真相大白，对错自有公论，矛盾得到化解，双方重归于好。茶店一切费用由错方乐意承担，所需费用大多不高，一般都能承受。

药店

培生堂药店开于晚清，店址在中街，业主余全初，坐堂郎中(医生)方秉全，擅长中医内科。

万春堂药店，店址也在中街，业主郎秋傲，也有医生坐堂，坐堂郎中有沈亮卿、来子仪。

陶瓷店

陶瓷店一家，店址在后郑窑头。

缸甏行

开设于后郑窑头，兼营补缸补甏。业主郑来顺。1940年曾在下街头郑锡元家开过分行，行号"郑来顺"。

砖灰店

砖灰店在下街头俞生云家，业主郑阿根父亲。

酿造厂

公和酿造厂在上街头西池头，主要生产酒类，酱油、甜酱、腐乳、酱菜等。

蚕茧行

戴村很早就养蚕，蚕茧收入是当地一项较重要的家庭收入，民国期间的茧行在下街，业主郑关通。

油坊

油坊也叫油车，是代客加工植物油的作坊。戴村很早就有油坊，民国期间的油坊在下街，业主郑关通。上街有吕同源油行。

染坊

抗战前郑金瑞与大桥人瞿志章合伙在下街开设染坊。抗战胜利后朱某、黄某（楼塔人）在上街西池头开设染坊，代客染色。至20世纪70年代初，因生意清淡而息业。

棺材店

民国时期郭生庆在西池头开设棺材店，同时兼营农具，有水车、风箱、稻桶等，1956年参加戴村木器社。

当店

当店开设在下街，此屋共三进。当店息业后，第一进开过过塘行；第二进办过毛巾厂。后该房屋于1940年农历9月26日被日本侵略军放火烧掉。

柴爿行

柴爿行开设在下街蒋家埠头，业主俞松阳。

第二节　其他集市

凌桥老街

凌桥老街，位于三头村凌桥头自然村，东起戴氏宗祠，西至码头，街长约200米，宽约2米，南北向店面，卵石大路。

民国期间，凌桥老街商业尚称发达，有米店、纸行、茧站、布店，还有南货、杂货、油烛、酱油、国药、鲜肉、水作、茶店、棺材等店铺数十家。米业尤为发达，共有5家，其中施长顺米店，业主顾耀山，经营颇为灵活，收购附近稻谷，加工大米（做砻舂米），供应山民，资力雄厚。戴合兴纸行收购当地土纸进行加工包装，发运外地，同时兼营茧站，无限量收购蚕茧，可见资本雄厚。还有抗战期间开业的源康布店，泉厚生药店也都颇具规模。

凌桥老街

（摄于2011年11月25日）

凌桥老街是旧时七、八两都进出的必经之路，水路运输航船（长船，一种吃水较浅的木船）经永兴河入云石溪，可达凌桥十字塘址头。埠头旧有凉亭，附近山坞名叫埠坞。交通比较方便。

凌桥老街成市要早于戴村老街，据《古越萧邑戴氏宗谱》卷二所立议单记载：清光绪十八年（1892）11 月为调解戴村蒋家埠上塘货物运输争执所立协议称“兵燹后，蒋氏丁单……”说明早在清同治（1862～1874）前，凌桥老街早已存在。议单称：如遇水干，凌桥各货仍照旧式……它指一是当时（1892 年）平常年景水路仍可抵达凌桥；二是大旱云石溪水干要从永兴桥上塘起运。

凌桥老街现存房屋系明清建筑，上宅下店，临街为挂廊，戴合兴纸行墙门和茧行保存完好，门楣上“戴合兴”三字依稀可辨，“颐寿春国药”五个大字写在廊下，是当年药店招牌，老街转弯处古凌桥保存完好。

附：

议　单

立合同议单人钟俊生、戴元义缘

戴村上塘米袋等货，皆在蒋家埠起运。兵燹后，蒋氏丁单所有上塘各货，皆郑丁方鲍俞蒋六姓肩挑。近来人心不齐，彼此争执不已。会议定：凡有客货上塘，作十成分派，方姓肩挑两成，六姓肩挑八成。如遇水干，凌桥各货仍照旧式。自议之后，无论货物多少，均照此议分派，不得再有争执。恐无凭，立合同议单，永远存照。再议：凌桥墙头等处货物，拟戴姓肩挑五成，六姓肩挑四成，方姓一成，不得争执。并照。再议：此埠货物作十成分派后，方姓村居离较远，凡有各货到埠，如方姓无人肩挑，则归六姓公肩（挑），如有方姓人在场，则仍归二成分派，毋许强夺。并照。再议：蒋氏丁单境窘，埠既归公，蒋氏并无分文收息。拟每年在埠设放焰口一堂，正荐蒋氏祖先，其锭烛素斋照股派费，不得推诿。并照。

光绪十八年十一月日立合同议单钟俊生戴元义

允议　郑瑞法　方炳孝　丁思敬

　　　鲍阿生　俞拗苟　蒋增福

代笔　吴渭川

以上押俱全

（录自《古越萧邑戴氏宗谱》卷二）

花女庙集市

花女庙，今属郁家山下村。旧时有老庙（土地庙）、新庙（五王庙）。今土地庙尚存，新庙毁于 1956 年台风。

抗日战争爆发，日本侵略军占领杭州后，经常派飞机轰炸钱塘江两岸诸城镇，义桥、新坝、临浦时为抗战物资转运码头，经常遭受敌机轰炸。市面日渐萧条，浦阳江经常封渡。花女庙作为楼塔、河上、云石、戴村去临浦的必经之路（当时有石板大路），近地除临浦外又别无市场，土地庙、五王庙香火旺盛，商贩去临浦碰到敌机轰炸或封渡，就在花女庙歇脚。民国 29 年（1940）起逐渐形成市场，有米店、杂货店、酒店、豆腐店、茶店、油烛店等 10 来家，肉摊、水产、农副产品、从卖布到卖糖菩萨，小形竹木农具，占领总个庙道地。一时人气旺盛。萧山沦陷后经常遭受日本侵略军抢劫，市场是散了又聚，是一个名符其实的“游击市场”，直到 1945 年日本侵略军投降，临浦等市面恢复，花女庙集市才逐渐消失。

第三节　过塘行

戴村、长潭、云石、楼塔、河上生产的土纸和山货要运往外地，居民生活必需品须从外地经水路运到戴村，然后再运往山区，就必须在戴村过塘转运，过塘行就应运而生。现戴村镇境内有多处过塘行，且有较长的历史。

蒋家埠过塘行

蒋家埠过塘行开设较早。地址在下街当屋第一进内，业主任召德。当年货船所载货物在蒋家埠过塘转运，生意曾经非常红火。

永兴桥码头过塘行

旧时永兴河航运上行可达现河上镇紫东村泥桥头，下行可达杭州、富阳、桐庐、义桥、临浦、诸暨。

萧山南部山区，在公路未通前，货物运输主要由永兴河水运及人力肩挑来完成。永兴桥是萧山、临浦、义桥乃至杭州、宁绍通往诸暨、义乌、金华的交通要道，又是南部山货外运和到货起水上塘集散的水运码头，有过塘行、砖灰行、茶店、小酒店、脚班（搬运队），还有至杭州的信班船（一种载客带货的定时航船），航管部门一度设有航管组，统一调配船只，组织货物运输。水利部门设有水分站，定时测量报水位、雨量。20 世纪 70 年代，戴村供销社在桥北建立生产资料门市部和仓库，供应化肥、农药、煤球等。戴村粮管所在桥北建有转运粮库。人气颇为兴旺。

经永兴桥码头外运的货物，解放前主要为土纸和山货。来自楼塔、河上的货物主要由竹筏从河上溪头由水路运抵永兴桥，长潭、云石、八都等货物主要有人力肩挑和独轮车运抵永兴桥。两地货物都经永兴桥装船，分别运往销地。

中华人民共和国建立后，戴村农副产品，废旧物资一度都有供销社组织收购，在永兴桥码头装船，运往各地。

经永兴桥到货起水上塘的货物，解放前主要为造纸原料（黄白料）、大米、食盐、酒、陶瓷、百货、杂货、南北货、纺织品，砖灰等。除造纸原料临时堆放和砖灰直接进店外，其余货物均有商家直接收货或经过塘行中转。

中华人民共和国建立后，起水上塘的主要货物为粮食、肥料和造纸原料。

解放前戴村永兴桥过塘行有交通、沈公记、韩生记、同兴新行、恒昌顺等，主要经营土纸和百杂货、南北货、绍酒等转运业务，其经营方式为暂存（集中）货物和转运，从中收取堆栈费和中介费，行内职员有账房、栈司，一般都用亲信能干之人充任；栈司，主要工作为接洽业务和整理堆栈，要头脑灵活，能说会道，身高力大。过塘行业务一般都有较固定的渠道和“行帮”。

民国 37 年（1948），过塘行为维持生计，成立戴村公运站，其成员为运输行（过塘行），有交通、沈公记、韩生记、同兴新行、恒昌顺 5 家，公运站经费开销，征得 5 家成员行同意向客帮乐捐每件纸壹分五厘（不论大小）。

解放后，交通日趋便利，过塘行经营逐渐困难，先后停业。

第二章　商业经济成分

第一节　供销合作社

戴村区供销合作社（时辖长潭、云石、凌溪、戴村、振庭、马鞍、复兴诸乡，成立于 1950 年 6 月 21 日。址设戴村老街。

供销社成立时有社员 116 人，股金 19.14 万元（旧人民币，10000 元∶1 元）。至是年 11 月 20 日参加社员增至 515 人，占应参加数的 2.6%，股金 518 万元。

供销社在政府的大力支持下，对社员在购买商品时凭社员证给予优先或优待，减少了不法商人的中间剥削，经营又比较灵活得法，深受群众欢迎。经过层层发动，广大群众纷纷要求入社，当时长潭、云石两乡组织新社员敲锣打鼓送股金，要求参加供销社。至 1951 年年末，供销社社员发展到应参加数的 65%。

1950 年年底，戴村供销社有职工 11 人，其中 5 人由政府推荐。经理郭锦芳，监事主任沈联奎、监事丁尧兴。供销社成立之初，职工待遇与当时区乡干部一样，实行生活供给制。至 1951 年，每人每月始发 35 个单位工资（1 个单位相当于人民币 0.51 万元）。

由于政府支持和上级社的扶持，供销社经营十分活跃。据 1950 年 11 月 20 日统计，经 5 个月经营，共进货 20662.7 万元（旧币下同）其中：代购 2008.7 万元，自购 18654 万元；销售 18246.1 万元（代销 1004.2 万元，自销 17241.86 万元）。自有资金 1575.88 万元，其中：股金 518 万元，累积资金（利润）1057.88 万元。

1953 年，按照以行政区建社要求，许贤供销社（时辖许贤、石门、云峰诸乡，属戴村区）并入戴村区供销合作社。是年在惜谷庙召开戴村供销合作社社员代表大会，改选了供销社领导机构，沈关兴任戴村供销合作社经理。

1953 年，实现商品销售 18.563 万元（新币，下同）。

1954 年，设置商品销售门市部 6 个、供销站组 5 个。是年 1 ~3 季度完成销售 17.632 万元。

1956 年，陈吾善任戴村区供销社理事主任，黄庆林为副主任。同年设立生产资料专业商店，蔡建和任经理；副食品专业商店，钟毓秀任经理；采购专业商店，喻庚贤任经理。

1957 年，利民纸行、华兴棉布商店实行公私合营。

1958 年，戴村人民公社成立，公社范围内的商业机构、人员、财产全部下放给公社。戴村区供销合作社改名戴村人民公社供销部，下设许贤、村桥、白墅、云石供销站，同时在各大队（核算单位）设立下伸店，组织“双抢”（夏收夏种）、“三抢”（秋收冬种），送货下乡。

1961 年，调整公社规模，为戴村供销合作社。白墅供销站撤销，许贤供销站从戴村供销社划出，一度单独建社，1962 年又并入戴村供销社。

1963 年 9 月 28 日，戴村供销社工商登记，据《萧山县工商企业开歇业登记申请书》内载：1. 企业名称，戴村供销社。2. 经济性质，集体。3. 生产经营范围，主营：农副产品收购、农业生产资料供应；兼营：副食品、工业品。4. 经营方式，主要固定零售采购，次要批发。5. 资金总额：合计人民币 273052.43 元，其中：固定 23413.36 元，流动 249639.07 元，公股 228111.41 元，私股 44941.02 元。6. 公积金：1962 年年底实有数 151597.76 元，其中固定 20676.10 元。7. 负责人姓名：黄庆林。8. 开设地址：河上区戴村镇。9. 原创日期：1950 年。10. 在册人员数：共计 94 人。11. 运输工具：木船 1 只，6.5 吨。

所属分支机构情况

表 6－2－1

分支机构名称	在册人数	负责人	开设地址	经营范围		经营方式	
				主营	兼营	主要	次要
生产资料商店	12	任祥夫	戴村	化肥农药	铁木竹器农具	零售	
农产品采购商店	12	韩迪生	戴村	收购农副产品	收购废品	收购	
副食品商店	12	董植三	戴村	酒酱水产	南北货	零售	部分批发

续表 6－2－1

分支机构名称	在册人数	负责人	开设地址	经营范围		经营方式	
				主营	兼营	主要	次要
工业品商店	8	余梦清	戴村	棉布	百杂货	零售	
云石供销站工业副食采购生资综合门市部	11	金水根	沈村	生产及生活资料		零售	收购
许贤供销站工业副食采购生资门市部	17	李兴铨	王家桥	生产及生活资料		零售	收购
许贤供销站朱村桥综合门市部	5	李兴铨	朱村桥	生产及生活资料		零售	收购

1966 年 1 月，许贤供销站从戴村供销社划归义桥供销社。

1968 年 7 月 15 日，戴村供销合作社成立革命领导小组，黄庆林任组长。

1969 年 8 月，戴村供销合作社成立革命委员会，主任沈水忠（兼）。

1978 年 10 月，县供销社党组鉴于戴村供销社“领导班子较坚强，计划指标积极饱满，购销业务正常，制度完整健全”，同意进行计时工资加奖励的分配办法。是年，1～9 月销售达到 381.94 万元，是建社以来最好水平。

1983 年，召开戴村供销社第三届社员代表大会，选举供销社理事会和监事会。戴村供销合作社第三届理事会由瞿宪炳、盛仁昌、韩绍文，潘玉芹（女）、喻华康、徐仁兴、郑法根等 7 人组成，瞿宪炳为理事会主任。戴村供销合作社第三届监事会，由夏忠孝、盛马校、倪根祥、沈云兴、洪龙兴等 5 人组成，夏忠孝兼任监事会主任，盛马校为副主任。

同年 3 月，在召开社员代表大会的同时，在县体改工作组帮助下，戴村供销社与县供销社签订了经营承包合同。合同明文规定双方当事人的责、权、利，是全县供销社系统实行体改的 6 个试点单位之一。

1985 年，供销社创办服装厂，有职工 23 人，创产值 31 万元，利润 21345 元，全员劳动生产率 13478 元，为全县供销社办企业排名第二。

是年，供销社有职工 136 人，其中固定工 109 人，企业管理机构 1 个、16 人，经营机构 23 个、105 人，仓储运输 1 人，加工生产机构 2 个、14 人。商品销售总额 573 万元，毛利 60.1 万元，净利 13.1 万元。

是年起，戴村供销社开始由经营型向生产经营型发展，在服装厂收到初步效益的同时，自筹资金在原来采购商店（后郑窑头）筹建植物蛋白厂。由于植物蛋白是一项高科技产品，项目遭到失败，累计亏损 406.8 万元，由此加重了供销社的负担。

随着改革开放力度不断加大，市场经济逐步代替计划经济，大批商品价格放开，市场供应充足，不再凭票定量供应，个体商贩遍布集镇农村，经营方式灵活多样，供销社在商品流通领域中的传统优势很快削弱。戴村供销社试图以兴办工业企业达到转型目的，但没有成功，造成企业经营困难，每况愈下。

1998 年 6 月末，戴村供销社账面总资产 921.51 万元，负债总额 719.99 万元，将账面亏损额和审计确定的潜亏因素，潜在收益相抵后，企业净资产为负 306.37 万元，属资不抵债。

为此，戴村供销社于 1998 年 7 月 17 日向市供销社上报《戴村供销社转制解困实施方案》的请示。经市联社上报市政府同意，1999 年 2 月，经过 50 年发展的戴村供销合作社建制撤销，有关职能并入临浦供销社。农业生产资料供应等特种行业经营也由临浦供销社委托管理。建制撤销后，原供销社人员分流，提前解除劳动合同。男年满 55 周岁，女年满 45 周岁以上未到法定退休年龄的 5 名职工，办理提前退养手续，移交市社保局管理；企业解体后，需留守 5 人，处理债权债务和搞好剩余资产的出售；永兴生资部、戴村农药部、云石站农资供应点、社所属中西药店、食盐批发部、教课本代发部门、烟草转批部门的17名职工采取带资(财产)托管;其余62名职工,提前解除劳动合同,给予一次性经济补偿;离退休职工51人,落实政策人员9人。遗属补助人员15人,移交市社保局实行社会化管理。

戴村供销合作社历任领导人名录

表6-2-2

姓　名	职务	任职时间	姓名	职务	任职时间
郭锦芳	经理	1950.6.21	许德三	主任	1979.5.9
沈关兴	经理	1953	瞿吾林	主任	不详
陈吾善	主任	1956.9.7	瞿宪炳	支部书记	1981.7.10
黄庆林	副主任	1956.5.19	顾子林	副主任	1982.1.7
沈关兴	副主任	1957.8.20	楼炳华	副主任	1982.7.10
黄庆林	主任	1963.9.13	瞿宪炳	主任	1983.10.7
俞沈根	副主任	不详	夏忠孝	监事主任兼	1983.10.7
蒋民德	党支部书记	1964.5.28	盛马校	监事副主任	1983.10.7
董　镐	副书记 副主任	1978.7.8	韩绍文	主任	1987.1.3
韩迪生	副书记 副主任	1978.7.8	俞广富	监察主任	1987.1.13
盛马校	副主任	1978.7.8			

说明:1. 材料录自档案。
2. 任职时间系发文时间

第二节　集体合作商业

私营商业经过社会主义改造以后,出现了合作商店和合作小组。1958年,人民公社化高潮中,合作商店、合作小组过渡进入戴村人民公社供销部。供销部在农村的下伸店,是供销部的派出单位,其从业人员大多来自合作商店和合作小组,经营物资由供销部垫底,下伸店人员只将其原有资金作为流动资金,经营性质完全是指令性的代购代销,供销部在业务上对其调拨物资和结账式管理,其人员也由供销部安排和调动。

1961年,调整商业体制,又从戴村供销社划出,恢复合作商店和合作小组。1969年,在"砸烂复辟资本主义前沿阵地"的口号下,合作商店一度全部进入供销社。1972年,又恢复合作商店。改革开放后合作商店为提高经济效益,克服长期存在的平均主义,适应市场竞争,调动职工的经营积极性,强调责、权、利三结合,合作商店开始由个人承包经营。1996年以后,进行第二轮抽资承包,形式为自筹资金,自主经营,自负盈亏。至此,集体合作商店解体。

戴村水果合作商店　店址在戴村老中街,经营商品有水果、蔬菜、鲜肉、水产、豆制品等。从业人员11人,经理郑志才。

戴村饮食店　店址戴村老中街下段,经营品种有饭、菜、酒类、面、馒头、油条、豆浆等。从业人员10人,经理郭阿兴。

戴村综合合作商店　共2家,店址均在戴村老中街。一家经营商品有南北货、酒酱、酱菜、腐乳、咸鲞、糕点、香烟等。另一家经营商品有日用百货,杂货、文具、陶瓷类等。综合合作商店管理各大队下伸店、象麦元店、墙头店、丁村店、石盖店、上董店、石马头店、张家弄店、何同埠店、郁家山下店、新宅里店等。从业人员30余人。前任经理方文英,后任经理杨仁灿。

戴村水果合作小组　店址在戴村上街公路边,经营商品有水果、香烟、火柴等。从业人员5人,负责人任庆法。

戴村理发合作小组　店址戴村中街,经营理发,从业人员6人。负责作余校仙。

云石供销站　下设云石合作商店。合作商店总店在平山大队,经营商品有日用小百货、南北货、杂货、文具类、鲜肉、水产、咸鲞、酒酱、酱菜、腐乳、蔬菜、糖果、糕点、香烟、火柴、小农具、小家具等。同时管理尖山下大队等5家下伸店。从业人员10余人,经理顾金杰。

朱村桥供销站　下设朱村桥合作商店,合作商店总店在朱村桥大队。经营商品有日用百货、南北货、杂货、文具、鲜肉、水产、咸鲞、酒酱、酱菜、腐乳、蔬菜、糖果、糕点、香烟、火柴、小农具等。同时管理篷岭等大队8家下伸店。从业人员20人。经理李兴铨。

许贤供销站　下设许贤桥合作商店,合作商店总店店址在许贤罗墓畈大队。经营商品有日用小百货、南北货、杂货、文具、水产、咸鲞、酒酱、酱菜、腐乳、蔬菜、糖果、糕点、香烟、火柴等。同时管理设在北坞等大队下伸店7家。从业人员20余人。经理黄宝源。

朱村桥供销站、许贤供销站于1966年1月划归义桥供销社管理,合作商店、下伸店也同时由义桥供销社管理。

第三章　商品市场与管理

第一节　农贸市场

戴村农贸市场　长期以来,农民农副产品上市都在戴村老街交易。老街街面狭小,交通不便,有时人流拥挤不堪,对商户和顾客造成诸多不便。随着改革开放的不断深入,农副产品上市量和消费量迅速增加,为适应经营户和居民购买农副产品的需要,政府集资在凌溪路以东老汽车站建设农贸市场。于1986年建成营业,占地1536平方米。

1993年,人民路建成后,集镇开始形成生活区、商业区和文化区。在凌溪路西新建农贸综合市场,面积3800平方米,摊位138个。

2006年5月18日,投资1000万元在原老市场基础上向西扩建的戴村综合农贸市场正式营业,市场占地总面积11655平方米,建筑面积9612平方米。道路、停车场、绿化带、附房等公共设施面积5812平方米。底层有商铺114间,每间面积25平方米,摊位254个,面积2516平方米,经营户180户。二楼为经营副食、鞋服的"富佳超市",面积3600平方米。

2008年,市场成交额3500万元,幅射戴村全镇及河上镇部分。

云石农贸市场　云石农副产品上市交易,原在沈村公路边。1998年政府投入25万元,在青山村南坞新建市场,占地2亩,摊位30余个,经营肉类、禽蛋、水产、咸鲞、南北货、杂货、日用百货,大米、食油、酱菜、蔬菜、豆制品等。2008年,市场成交额186万元。

方家塘农贸市场　为方便云石里片群众购买农副产品,1995 年,政府投资在方家塘设立农贸市场,占地 0.8 亩,经营鲜肉、水产、禽蛋、蔬菜、豆制品等。2008 年,市场成交额 75 万元。

第二节　商业店铺

1985 年,凌溪路东农贸市场建成,戴村商业店铺开始从老街向凌溪路逐步转移,1993 年人民路(长 515 米、宽 19 米)和凌溪路西农贸综合市场建成,老街店铺移至新区,集镇商业块基本形成。1999 年锦锈路(长 641 米、宽 32 米),2000 年新甸路(长 320 米、宽 13 米)建成。2006 年 5 月 18 日新综合农贸市场正式营业,商业区块进一步扩大,现商业网络东自凌溪路,南沿人民路,西至闻戴路,北到锦绣路的四方形区块,占地 2.824 平方千米,有商业、服务业 300 多家。

在发展集镇商业的同时,农村集市也日趋活跃,商业网点主要分布于公路两侧,尤以 03 省道和戴云公路居多,有商业、服务业近 400 家,其次是距集镇较远的行政村都有小集市,经营蔬菜、鲜肉、水产、禽蛋等农副产品及小贩运来的日用百货,另有早点熟食供应,营业时间主要为早市。大湖头村因邻近工业园区,外来民工多,为便利民工购物,逐渐形成夜市,市场也很兴旺。

第三节　市场管理

戴村历史上只有街面,向无市场,就近农民种植的少量蔬菜、饲养的家畜禽蛋、捕捞的鱼虾自食外,拎篮去戴村出售,换回一些油盐酱醋钱,一向无人管理。中华人民共和国建立后,供销社和合作商业占领了农村集市,人民公社化时,大办公共食堂,成立蔬菜组,取消自留地,更无农副产品上市;“文化大革命”中,割资本主义尾巴,限制社员饲养家禽和打击“投机倒把”,农村集市一度甚为萧条。

改革开放后,农村多种经营全面发展,“一种二养三加工”和社队企业的发展,活跃了农村市场。1985 年,戴村农贸市场建立,市场管理始有戴村工商所负责,向市场派驻专职管理人员,其主要职能是维持市场正常交易秩序,安全消防、环境卫生、食品卫生,监督公平交易、处理纠纷,按摊位收取市场管理费。

2006 年 5 月 18 日,戴村综合农贸市场正式营业,市场举办单位戴村镇人民政府在市场设立市场管理办公室,设主任、副主任各 1 人,专职管理人员 3 人,环境卫生和水电维修工 6 人,负责市场日常管理和清洁卫生水电维修工作。具体管理职责有治安消防、环境卫生、放心工程、商品检测检验、受理投诉举报、收缴管理费、统计数据等,从此市场管理进一步规范。同时,办公室对各专职管理人员分别落实责任,制定规章制度和工作人员守则,检测技术人员操作规程等有关制度。

治安消防管理　市场有一名专职人员负责治安保卫工作,负责调解纠纷,制止扰乱和危害市场安全的行为;市场营业时,必须在场内巡逻,维护正常交易秩序;市场内严禁赌博、打架斗殴、酗酒闹事。各种车辆必须按划定地点有序停放,照明、广播器材由专人负责管理维修,不准乱拆乱装。值班人员要按作息时间开(关)门,要坚守工作岗位,不得随意离开,晚上关门后要检查出入口情况,禁止无关人员进场,做好防火、防盗、防爆、防止坏人破坏的工作。市场内外设有监控探头 8 个。

市场内装有消防栓 41 套,配有相应的水带、水枪和灭火器,有一支“三懂三会”的义务消防队。市场进行定期的安全检查,发现事故苗头及时整改。未经批准不准动用明火。严禁在市场内经营和储存易燃易爆物品和燃放烟花爆竹。不准在场内使用电炉、电饭煲、热得快、电烙铁、气焊等容易引发火险的电器,不准私拉乱接电线,收摊后务必切断电源。禁止违章搭建阁楼。营业房内严禁住宿。不准堵塞消防通道。

卫生管理　清洁工对场内卫生及厕所做到一日三扫,及时清除场内垃圾,每周一次全面冲洗市场,要求地面整洁,下水道、阴沟、窨井每月清洗二次,保持畅通,做到场内无积水、卫生无死角。定期喷洒药水,消灭

蚊蝇孳生地。

严格执行《中华人民共和国食品卫生法》，肉禽必须先检疫后上市，严禁有毒、有害、污秽不堪腐烂变质、霉变食物、病死或死因不明的禽畜、水产及其制品进场交易。经营饮食、副食品、熟食、卤味必须有防蝇、防尘设备、消毒设施。鲜肉、豆制品、副食品经营者统一系带围裙；饮食、熟食、卤味经营者必须穿戴白衣、白帽、白袖，使用食品卫生夹，并做到定时消毒。各摊位进行全日制保洁，要求做到柜台、摊位前后无血迹、污物，商品摆设整齐，烂叶、皮壳等垃圾一律装入袋(筐)，并及时倒入垃圾箱，保持摊内外及通道整洁。不准擅自在市场内张贴广告和在墙头、摊位随意涂写。

坚持经常的卫生宣传工作，卫生管理小组定期进行检查、评比，在经营户中开展"卫生流动红旗"竞赛活动。

放心菜、肉、豆制品管理　放心菜，菜商必须到政府指定的批发市场进货，凭批发市场的有效证明方可进场交易，直销菜农要严格把好农药关，严禁使用国家明令禁止的有毒农药。放心菜专柜，严禁非示范区内的蔬菜搭车上市。放心肉，各鲜肉经营者，必须严格执行政府定点屠宰的规定。严禁跨地区(乡镇)宰杀、进货；严禁向外地收购碎肉、下脚上市；严禁死因不明的肉类及冰肉上市。放心豆制品，凡经营豆制品的经营户，都必须到政府指定的厂家进货。自销的小作坊经营者要按规定把好卫生质量关。经营户要把好产品进货关，严禁"三无"商品和过期商品上市销售。放心豆制品必须执行真空包装，不得与其他商品混放。市场每天组织对放心菜工程进行检查，各有关经营户必须积极配合，主动上交商品质量和出厂有关凭证，无偿提供抽检标本。如发现农药超标，市场将会同有关部门没收超标商品，并按规定给予处罚。

投诉举报管理　市场设投诉举报箱，成立投诉举报受理组，投诉举报箱钥匙由受理组专人保管，每周开启一次，收集投诉举报材料，认真分析并保存投诉举报材料，及时处理和答复。

消费者所购商品短斤缺两、商品假冒伪劣、被经营者漫骂欺侮等均可投诉举报；经营户发现管理人员处事不公，态度恶劣和吃拿卡要受礼纳贿等行为，或对市场管理、发展有较好的建议，均可投诉举报或写意见书，并将投诉举报材料投入投诉举报箱。

投诉举报箱是市场管理部门与消费者、经营者联系与沟通的桥梁和纽带应十分重视，要切实维护经营者和消费者的合法权益，对经营者损害消费者权益，要及时作出合理赔偿，对经营者反映管理人员的不良行为，要及时调查严肃处理，对经营者的合理意见和建议要及时采纳、改进，促进市场健康发展。

统计信息管理　市场配备专职人员负责统计信息工作。统计员必须正确掌握各种报表的统计范围、数字口径、指标、计算方法、报送时间，建立健全原始资料登记台帐，每天深入摊位观察了解上市商品品种、价格、成交量、成交额，并及时记入台账。每旬按时正确向国家工商局、中共中央书记处农村政策研究室报发市场行情信息，并做好每日市场各主要商品的行情信息公布，与外地市场及时进行信息交流，以搞活流通，繁荣市场。做好典型调查和统计分析，反映市场动态，提示市场发展变化规律。

商品检测管理　市场设有商品检测室，配备专职检测人员和设备仪器，每日早上对进场交易商品进行检测，检测结果在8时前向区检测中心报送检测信息，并公示检测结果。

在检测中发现的不合格食品信息，在当天检测结束后下班前报告当地检测管理站，其他重要信息及时以电话或口头报告当地检测管理站或区检测管理中心。

管理费收交　按国务院关于《城乡集市贸易管理办法》规定，对进入戴村综合农贸市场交易的商品由市场管理办公室收取一定的市场管理费，管理费收缴标准根据摊位设施，经营情况确定。经营者必须如实报告商品数量，按确定标准交纳管理费，固定摊位每月15日～18日一次交清，临时摊位按日逐个收取，不低于2元。收费人员必须严格执行收费标准，开具"市场管理费收据"，并须佩戴标志，要忠于职守，廉洁奉公。

第四章　产品收购与物资供应

第一节　粮油购销

1949年5月,萧山解放。解放初期萧山粮油市场仍有私营粮商、油商操纵,至1950年2月粮价曾多次上涨,影响了人民正常生活和社会秩序稳定。

粮食是人民生活必需品,根据中国社会主义革命和建设需要,从1953年11月起,国家对粮食实行计划收购和计划供应的政策,通常叫做粮食统购统销。这一政策规定:"实行由国家严格控制的粮食市场,严禁私营粮商自由卖买粮食"。全县粮商于1953年11月7日起一律停止营业,存粮由国营粮食公司作价收购。

粮食统购统销工作,在县委的统一部署下,于1953年11月16日进行贯彻,17日宣布实行。

收购

粮食收购按性质分征收、统购、超购、合同定购、议购、换购、零散收购。

征收　这是农村农民和国营农场根据国家农业税政策的规定,以粮食向国家缴纳的农业税,又称公粮。

统购　1953～1954年,统购粮主要来自稻区的余粮户。1953年11月22日,成立"萧山县粮食工作委员会"作为全县粮食统购统销和农业税征收工作的领导机关。根据省制订的1953年粮食统购统销暂行通则(草案)中规定的甲种粮食统购标准,以户人均占有粮食数定级,共32级,490斤以下为0级,免购。490～500斤为一级,以后每50斤进一级,到31级。统购粮按户应交农业税为基础,按比例确定,最低为25%,最高为250%,确定起购点为每人平均预留消费量510斤,将统购控制数逐级分配到乡,核定每户产量,根据标准计算到户的统购任务,并张榜公布,动员群众交售。

1954年12月6日戴村镇属各乡粮食统购数情况表

表6－4－1

乡　别	户　数(户)	亩　产(斤)	统购数(斤)
云　石	81	460	38318
马　鞍	929	570	1362108
戴　村	775	540	758134
振　庭	949	520	1177549
凌　溪	513	520	389698
白　墅	686	570	832048
长　潭	－	378	－
合　计			4557855

1954 年的粮食统购工作,为贯彻中央“根据需要与可能,适当增加征收,尽量争取多购,正确组织供应,保证合理需要,适当增加库存”的方针。由于当时少数干部的主观主义错误,购了“过头粮”。当时,戴村区委估计,当年全区平均亩产约 435 斤(1949 年实产 285 斤,1950 年 452 斤),可卖余粮 380 万斤,而县下达亩产 550 斤,余粮 550 万斤,后任务又增加到 650 万斤,全区实际完成 556 万斤(包括当时复兴、许贤、云峰、石门诸乡),结果造成来年春荒缺粮,返销 380 万斤。

1955 年 8 月 24 日,国务院发布《农村粮食统购统销暂行办法》的命令,一般称“三定”政策(即定产、定购、定销),这次“三定”评定的产量、消费量(即留粮)接近实际,消除农民购销无底、增产无益的顾虑。

1958 年 4 月,实行粮食包干制度,宣布 5 年不变,增产不增购,减产不减免。以后改为一年一定到 1964 年。

1965 年 10 月,贯彻中共中央《关于稳定农民粮食负担,下苦功夫做好粮食工作的意见》,调整购销指标。按当年实有人口,前 3 年平均产量计算。口粮:稻区的余粮队,缺粮队按原定任务,留起种籽、饲料后,口粮水平每人超过 500 斤,适当增加任务,低于 450 斤的减少任务,任务落实到生产队后宣布 3 年不变,维持到 1970 年。

1971 年 8 月 21 日,中央发出《关于继续实行征购任务一定五年的通知》,要求调整农民粮食负担,正确处理国家、集体、个人三者关系,绝对不购“过头粮”,调减粮食征购任务。中共十一届三中全会以后,为使农民休养生息,至 1981 年两次调减粮食征购任务,其中 1981 年戴村区调减粮食征购任务 160 万斤,进一步减轻了农民的粮食负担。

超购(包括加价)　余粮队和自给队在超产时,在完成征购基数后,对超产部分适当再统购部分,称超产超购或增产增购,超购幅度为增产部分的 40% ~60%。超购任务实质属于统购范畴。

合同定购　1985 年中央 1 号文件规定:“粮食从今年起取消统购,改为合同定购,定购以外粮食可以自由上市”。戴村从 1985 年 4 月 1 日起改统购为定购,从此粮食市场基本放开。

议购　生产队(户)在完成国家统超购任务以后,尚有余粮,通过协商以议价购进,称议购。

换购　以化肥换粮食,每 1.5 斤稻谷换标准氮肥 1 斤,称换购。

零散收购　计划外收购进的粮食,统称为零散收购。

戴村粮食收购工作,1954 年 7 月以前由戴村粮库收购,以后由戴村粮管所收购,收购点设在戴村、大石盖,1996 年以后交许贤王家桥粮库,2002 年起由粮食收储公司收购。

1961 ~1965 年戴村统购粮奖售标准

表 6 -4 -2

年份	执行时间	计算基数原粮(斤)	奖售品种和数量						
			布票(尺)	针织品(尺)	胶鞋(双)	香烟(包)	食糖(斤)	化肥(斤)	肥皂(条)
1961	早稻登场	2000	15	–	1	30	–	–	–
1962	春粮收购	2000	15	–	1	–	–	–	–
1963	一月	2000	15	15	1	6	2.5	–	2
1964	五月	2000	15	20	0.5	~	3	13	0.8
1965	三月	2000	25.5						

1961～1963 年戴村超售粮奖售标准

表 6－4－3

年份	执行时间	计算基数原粮（斤）	奖售品种数量								
			布票（尺）	胶鞋（双）	木材（立米）	毛竹（支）	针织品（尺）	食糖（斤）	香烟（包）	肥皂（条）	化肥（斤）
1961	早稻登场	200	10	1	－	－	－	－	－	－	
1961	早稻登场	500	－	－	－	1	－	－	－	－	
1961	早稻登场	10000	－	－	1	－	－	－	－	－	
1963	一月	1000	20	2	－	－	20	5	20	10	150

销售

销售形式有统销、种子供应，补助粮供应、奖售粮、饲料粮供应诸种。

统销　统销是对缺粮的社队（户）按核定数量分期供应所采取的办法，又有定销、增销之分。戴村主要对象是山区农民和农村不产粮者，还有退库，是在统购时多购的“过头粮”，而退还给农民的粮食。

1953 年 12 月 11 日，县人民政府根据《浙江省农村粮食计划供应暂行实施办法》规定，决定全县农村粮食计划供应。采取的办法是：自上而下地层层分配粮食供应数，分配到乡后，由乡政府对缺粮户情况进行摸底，再由村（组）组织评议，确定缺粮户的供应数，报乡批准后，张榜公布，填写清册，需购粮时由乡开给介绍信去指定供销社购粮。后取消介绍信改购粮券购粮。

1954 年 1 月 25 日，县粮食统销会议决定，即日起全县一律实行粮食统销四项紧急措施，一是区乡领导必须及时弄清所属地区当前急需购粮的缺粮户（即将断粮和已断粮的）情况，并将名单交合作社粮食供应点；二是目前尚有半月以上口粮的户，暂停购粮；三是目前确需购粮者，每户限购 25 斤；四是乡应指定一个最好的村干部负责打证明，籍此以控制销量。是年 6 月底取消购粮券，7 月 1 日起即用购粮证购粮。

是年，在贯彻粮食统购工作过程中，普遍存在评产过高和压低免购额等偏向，如白墅乡实际平均亩产 515 斤，评定为 614 斤，留粮包括社会余粮在内仅 489 斤；振庭乡一个村两个社三个互助组 140 户的存粮调查，到来年 7 月 15 日止，不缺粮的仅 2 户，在缺粮的 138 户中，缺 7 个月半的有 36 户，尚有 102 户，有缺 6 个月的至一个月的不等，缺半个月的只，1 户，到来年春出现“人人谈统销，家家讲粮食”的紧张气氛。结果是年戴村区返销（退库）380 万斤。

1958 年，大办公共食堂，在“放开肚皮吃饱饭，鼓足干劲搞生产”和“吃饭不要钱”的口号下，不按“三定”用粮，普遍超吃，1959～1961 年遭受严重自然灾害，国家多次调进粮食和退库（返销）。

山民和居民口粮供应：戴村属农村，粮食供应对象主要是山民和区乡干部，商业、手工业职工、教师和不产粮者。

山民口粮每人每年原粮 430 斤，1979 年提高山区人民口粮，每人平均增加 47 斤，由 430 斤提高到 480 斤，山区除自产外，不足部分由国家供应。

其他供应对象：1955 年 8 月 25 日，国务院发布《市镇粮食定量供应暂行办法》，12 月 1 日萧山县根据国务院“暂行办法”的精神，对小集镇，仍实行原来（1953 年年底数）核实人口按户定量的供应办法。

以人定量口粮标准，按劳动差别，年龄大小分等核定。

第一类：工人

1. 特种体力劳动：一级 50 斤，二级 45 斤。

2. 重体力劳动：一级 43 斤，二级 39 斤，三级 35 斤。

3. 轻体力劳动：一级 33 斤，二级 30 斤，三级 28 斤。

第二类：国家机关工作人员、企事业职员、脑力劳动者。一级 29 斤，二级 28 斤。

第三类：大中学生，一级 31 斤，二级 28 斤。

第四类：居民。14 周岁以上 25 斤，10 周岁以上不满 14 周岁 24 斤。八周岁以上不满 10 周岁 20 斤，六周岁以上不满八周岁 19 斤，五周岁以上不满六周岁 15 斤，四周岁以上不满五周岁 13 斤，三周岁以上不满四周岁 11 斤，二周岁以上不满三周岁 9 斤，一周岁以上不满二周岁 7 斤，不满一周岁 5 斤。

工人、职员工种变动，定量按月调整，儿童年龄增长，定量按季调整，1981 年起改按月调整。

种籽供应　种籽供应有免票和顶票两种，后者属周转，价格同于同品质的商品粮。

补助粮　按国家规定标准给予口粮补助，有民工补助、林业基地补助、特种困难救济、受灾户补助等。

奖售粮　国家对集体和个人出售的农副产品，给予一定的粮食奖励，以提高投售积极性。

1961 年收购油料(脂)开始实行奖售粮食的政策，戴村实行奖售的有超售油菜籽和桐籽，每百斤分别奖售原粮 15 斤和 26.5 斤，其他有关奖售粮食的农副产品有 27 种，戴村实行奖售的有：毛竹，每百元奖售粮 35 斤，纸花篾每件成品粮 3 斤，生猪每头(白肉 70 斤以上)原粮 50 斤，茶叶每百元成品粮 37 斤，元书纸每百元原粮 10 斤，鸭蛋每斤原粮 0.5 斤。

饲料粮：解放后，人民政府重视畜牧业生产，粮食部门一方面拨出一定数量的粮食组织供应，一方面发动粮食加工厂生产机制饲料。1956 年 7 月成立“中国饲料公司萧山县支公司”，负责饲料的组织供应工作。1980 年 1 月，戴村设立饲料供应站，供应的品种有“三七”糠(30% 米糠，70% 砻糠粉)，“四六”糠，“四六”糠为母猪专用饲料，此外还有“混合饲料”。

1972 年 5 月，戴村粮管所职工学习外地经验，以金樱子、茅草根、山楂果、辣料草等配合制成跃曲发酵原料，再用此种拌和混合糠，制成二代、三代发酵剂，计 1.6 万斤。帮助社队用以发酵各种庄稼叶、草壳粉，糖化青饲料 71 万斤。猪喜食爱睡，长膘快，并在河上公社召开现场会推广。

饲料留粮：1955 年，实行粮食“三定”，在“四留”(口粮、种子、饲料、机动粮)中，规定每只肉猪留饲料粮 50 斤，母猪 200 斤，牛 20 斤，群鸭每只照顾 1 斤。1965～1967 年，一定三年中规定稻区余粮队每亩留饲料粮 50 斤，山区缺粮队每户 100 斤，1982 年粮食包干指标规定，稻区、山区缺粮队每亩留饲料粮 80 斤。

近年来，饲料资源充足，品种繁多，机制饲料品种已有猪用 1#、2#、3#配合饲料，鸡用 1#、2#配合饲料、蛋鸭 1#、2#、3#配合饲料，还有奶牛、奶羊、长毛兔、渔用配合饲料，混合饲料，市场供应充足，经营机制灵活，用户方便满意。

油脂购销

收购　油脂收购有统购、超购(加价)、代购、零散收购、按比例收购诸形式。戴村收购品种主要为油菜籽。

统购　油脂统购统销于 1953 年 11 月和粮食统购统销同时实行，从开始到 1983 年，分按比例统购，全购全销和包干三个阶段。

按比例收购：1956 年油菜籽统购贯彻“多产多得，增产多留”的政策。统购数为农户实产量的 75%，同时，每百斤菜籽退给菜饼 24 斤。

全购全销　1957 年采取“全面控制加工，除留种外，全部统购，按一定比例留油给饼”的办法，并继续贯彻“多产多得，增产多留”的政策。留油给饼的标准为：出售油菜籽 100 斤，留油 5 斤，退给统销菜饼 10 斤，油和饼均分期发放油、饼票，全部收籽，不收油。1960 年留油标准改为：菜籽 100 斤，留油 4.5 斤，退饼 38 斤。1961 年仍以收籽为主，如生产以要求自己榨油，亦可收油。留油退饼标准是：收购菜籽 100 斤，留油 4 斤，退饼 58 斤；收购菜油 100 斤，留油 11.5 斤，油按统购价供应。

包干　1962 年 6 月 1 日起，对生产队实行“油脂包干，统购余油”的政策。具体做法是：以生产队为单位确定产量。每亩留种子1斤,社员人口油每人每年2斤。按此标准划分余缺,统购余油,并规定余油队只购不销,自给队和缺油队不购不销。实行油脂包干以后,油料生产发展较快,产量比上年增加,社员人口油由1961年的人均1.1斤,提高到2.5斤。

超购(加价) 1970年规定,社员人口油每人每年2~3斤,最高不得超过5斤,多余部分全部卖给国家。超购油料奖售价按收购价提高15%。1973年提高30%,1978年除加价外,每超售1斤油菜籽补助原粮1斤,可抵粮食统购任务。自给队和缺粮队当场发给粮票。

销售 1955年4季度开始,在每人每月6两(16两制)范围内,由内部控制供应,采取划片定点,凭证购买食油。1957年4月1日开始,改为油票,实行以人定量供应,每人每月2两,3季度起改为3两,1958年1季度调整为4两,6月1日取消定量,仍实行购油证购油,凭证不限量。

1960年4月1日,又恢复定量。农村不产粮人口,每人每季1斤,农业人口每人每月2两。1961年10月定量调整,农村不产粮人口每人每月1.5两,农业人口每人每月1两。1962年2月起改为1两(16两制)。山区,每人每年补助供应食油半斤。

改革开放后,农村实行家庭联产承包责任制,粮食油料生产发展很快,市场供应充足,1993年3月31日,国家宣布取消粮食计划供应,食油一律以议价进入市场。从此粮油票证取消,粮油市场进一步开放。至2008年,粮油供应网点遍布全镇,品种齐全,包装多样,购买方便,服务到位,食用也更加营养安全。

戴村粮油购销机构及负责人名录

购销机构

1949年6~11月戴村区粮库。

1950年6月戴村区粮库改名为区支库。

1951年3月戴村区支库改名为戴村区粮库。

1954年7月戴村区粮库改名为戴村区粮管所。

1962年3月16日,戴村粮管所并入河上粮管所。

1966年1月25日,河上粮管所改名为戴村粮油中心站。

1967年1月15日,戴村粮油中心站改名为戴村粮管所。

1972年5月17日,河上粮管所改名为戴村区粮管所。

1978年5月29日,戴村区粮管所改名为萧山县粮食局戴村粮管所。

1999年10月,粮食系统改制,为萧山粮食收储公司戴村收储组。

2004年,为杭州萧山粮食购销有限责任公司临浦分公司戴村粮食购销站。

负责人名录

职务	姓名	任职时间
粮库主任	王景明	1949.6~1951.9
粮库副主任	陈平焕	1951.9~1954.7
粮管所所长	戴国文	1954.7~1955.8
副所长	唐祥锦	1955.3~1956.6
副所长	殷珠江	1956.6~1961.12
		1962.8~1966 为副所长
		1966.3~1967.8 为中心站长
		1968.5~1970.10 为革委会主任
副所长	蔡吾根	1960.2~1961.9
	汤　衡	1961.12~1966.3
		1966.3~1967.8 为中心站副站长

		1978.12～1981.1 为副所长
党支部书记	陈金安	1970.10～1976.10
书记兼所长	郭志良	1976.10～1990
副所长	沈观昌	1978.5～1981.8
副所长	陈永根	1980.6～1986
副所长	朱妙平	1981.8～1982.6
副所长	诸忠钦	1982.6～1986
副所长	俞仙忠	1985～1986
副所长	陈建中	1986～1992
粮管所所长	韩　鼎	1990～1992
书记兼所长	张国成	1990～1992 为书记
		1993～1999.10 为所长
		1999.10～2004 为收储组组长
副所长	张灿华	1996.2～1999.10
		1999.10～2004 为收储组副组长
		2004～　为购销站站长

第二节　农副产品购销

戴村农副产品有土纸、毛竹、竹制品、茶叶、蚕茧、络麻、茉莉花、生猪、禽、蛋等。

土纸购销　解放前,长潭、云石、八都生产的土纸一是由水客(供销员)去销地推销,土纸由产地运抵永兴桥过塘行,经水运转运到上海、苏北淮扬一带;二是销地客商来产地直接收购;三是迷信纸、书写用纸由近地杂货店,油烛店经销。解放后,土纸购销由戴村供销社采购商店经营,严禁私人长途贩运。土纸生产任务由县下达给各乡(公社),再由公社分配给生产单位(生产队、组)。如 1976～1979 年 4 年,戴村公社平均每年土纸生产任务为 3214 担,云石公社为 13736 担。1981 年任务按 4 年平均打七折,戴村公社 2250 担,云石公社 9615 担。

土纸收购价格也由国家物价部门核定,以四级元书为例,1962 年 6 月 18 日前,每件收价 22.6 元,6 月 18 日后,调整为每件 30 元。

1962 年 6 月 18 日调价后,戴村各档土纸收购价为元书每件,一级 37 元,二级 34.3 元,三级 31.9 元,四级 30 元,五级 27.6 元,六级 25.2 元,七级 22.8 元,八级 20.4 元;京放一级 33.7 元,二级 31.4 元,三级 29.3 元,四级 27.5 元,五级 25.4 元,六级 23.3 元,七级 21.2 元,八级 19.1 元;卫生纸(双件)一级 14.4 元,二级 13 元,三级 11.6 元;白报纸一级 33.6 元,二级 32 元,三级 29.7 元;坑边(块)一级 3 元,二级 2.8 元,三级 2.6 元,四级 2.4 元,五级 2.20 元,六级 2 元,七级 1.8 元,八级 1.6 元。

毛竹、竹制品购销　戴村山区产毛竹,有收购任务,县下达收购任务,由戴村供销社采购商店经营。稻区修理农具用竹也有计划分配,向供销社采购商店购买。计划外只有雪压竹,买卖也要经政府有关部门批准。1983 年冬连遭大雪,压断毛竹无数,1984 年正月初供销社一方面组织力量奔赴省内外进行推销,一方面聘请竹制品师傅进行加工,3 月初,县府召开推销雪压竹现场办公会议,县供销联社在戴村召开了县公司经理和基层社主任会议,作了专门部署,成立了推销雪压竹领导小组,采取了一系列措施组织推销雪压竹,为山区农民解忧。

戴村是萧山竹制品的重要产地,马谷村的笭皮(竹垫)是全村的一项主要副业,1954 年 12 月该村一度成立竹器生产合作社。

旧时竹器生产销售以家庭作坊为主。至20世纪60年代,国家对竹制品实行计划收购,由县下达任务到公社,再分配到生产单位(生产队)组织生产,其产品由戴村供销社采购商店收购,品种主要为竹垫、土箕、竹棚,1978年为支援围垦,又增加长箩。是年,县分配戴村、云石两公社竹器生产任务有竹垫2.1万张,占县分配数85%,土箕3400双,占全县分配数50%,长箩6000双,占全县分配数的100%,小笠帽10万顶,占全县分配数的100%,竹棚(包括竹马)1100张,占全县分配数的37%。

1984年后,稻区实行家庭联产承包责任制,晒场大都改成水泥地坪,水利工程和农田基本建设大量使用机械,加上塑料制品的替代,竹制品需求日益减少,品种一度改为建筑脚手片和蚕篇,现时以生产竹胶板为大宗,购销方式也由客户向生产单位直接订购。

茶叶购销　戴村多山,一向是产茶之地,尤以狮山茶闻名。但由于山高,气温低,春茶较迟,炒制都用手工,产出的茶叶叫炒青,产量也不高。合作化后,山区各大队普遍成立山林队和兴办茶场,茶叶生产才有一定规模,茶叶收购亦有供销社采购商店专营,生产单位在完成收购任务后,方可将茶末(俗称皮尖)等零星出售。山林承包到户,茶园作为经济林也同时承包到户,家庭自主经营。20世纪末,"三清茶""五尊茶"开发成功,被评为名茶,其产品被各单位商场、宾馆包销。

蚕茧收购　戴村有种桑养蚕习惯。解放前在戴村、凌桥两处设有茧行,坐地收购蚕茧,时蚕桑生产形成一定规模。1954年县特产公司首先在南片(戴村)设立茧站,是年收购鲜茧369担。合作化后茧站向生产队、山林队订购鲜茧,分配蚕种。养蚕天气条件十分重要,如遇烂蚕,蚕茧产量就不稳定,所订购鲜茧,只讲蚕种张数,不定鲜茧数量,生产单位只要把产品全部卖给茧站,就算完成订购任务。

络麻收购　1964年开始在稻区推广种植络麻,戴村、永兴两公社都有种植任务,面积约占5%~10%左右,县里分配种植面积,并派驻络麻辅导员,所产络麻(生麻)由供销社组织收购,后变为收购"精洗麻"。"文化大革命"后期贯彻以粮为纲和因络麻在浸洗过程中污染水质,县里不再对稻区分配种植计划。

茉莉花收购　1982年年初,国内花茶市场需求大增,戴村、永兴、云石3公社先后推广种植茉莉花,再多时种植有30万盆以上,年产鲜花约1500担,统由供销社采购商店收购,每斤鲜花收购价为2.05元。

畜、禽、蛋收购　旧时农家饲养畜禽数量较少,是因为粮食紧张,因此除自食少量饲养(主要是过年、节)外,上市很少,品种有毛猪(白肉)、鸡、鸭、鹅、蛋。1959年开始,毛猪(包括白肉)、家禽、禽蛋有统、派购任务,居民开始凭票供应鲜肉、禽、蛋。猪肉、禽、蛋的收购供应统由供销社经营。

1964年前后,县食品公司在戴村设立食品站。分片定点定时收购生猪(定点为戴村、石马头、沈村)每头猪要达到白肉70斤,才算及格,时值人民币约52元,奖售饲料票50斤。

改革开放后,畜禽饲养量增加,特别是种养大户的出现,缓解了市场供需矛盾,统派购任务随之取消,代之以合同订购和议购。

第三节　生产资料购销

土纸原料采购

每年芒种,新竹开始脱壳放叶,标志着土纸原料采集大忙季节的到来。为弥补本地土纸原料的不足,每年都要派人到外地采办,原料产地本省为诸暨、龙游、富阳、兰溪、龙泉、庆元、桐庐等县;外省为福建邵武、将乐、龙岩等地。采购方式为"判山",待商定价格,订立协议,然后派工人上山削竹,付款结账,运回原料。解放后,土纸由供销社计划收购,其原料也由供销社组织采办,货款在原料收到后在土纸预付定金中扣除。

农业生产资料购销

传统农业生产资料较为简单。种子自留自用或在农户间调剂余缺。肥料以土什肥、绿肥、河泥当家。治虫用菜油拌油防治油虫，防治蛀杆。灌溉靠人力水车。耕牛除少数户饲养繁殖外，每年农历三月廿八诸暨应店街举行“牛市”，戴村牛贩子也去参加，调剂余缺，平时本地耕牛买卖也有牛贩子经手。

解放后，人民政府重视发展农业，在种子、化肥、农药、农具等方面投入大量人力、物力、财力，进行科学研究，鼓励发明创造，组织推广使用。

种子　由县种子公司采购供应，品种有稻、麦、豆类、玉米、薯类、蔬菜、瓜果等，这些种子大都达到高产、优质、抗病、抗倒和适应性较强等特点，对提高作物单产和提供优质商品都发挥了积极作用，其价格一般与同类优质品同价，粮食类种子粮票未取消前，必须凭分配证明与等量粮票购买。

肥料　化肥施用始于1950年，用于间作晚稻追肥，每亩用量尿素6～7斤，使用田块很少，国产化肥产量较少，尿素从日本进口。人民公社化后，化肥供应始有计划分配，1961年氮肥供应每亩10斤，1976年起秧田肥料每亩供应尿素1斤（按大田算），1980年每亩标准肥（碳氨）达到188斤，尿素2斤买1斤（称双斤肥料）。1994年起，氮肥敞开供应。1962年起开始供应磷肥，品种有过磷酸钙、钙面磷肥，1965年每亩用量12斤，1970年27.6斤，1980年40斤。1979年开始供应钾肥，每亩3.35斤，1984年9.5斤，1990年敞开。化肥分配办法，按粮食作物和其他作物种植面积分配到生产大队，再由大队计算分配到生产队（组户），有春粮肥料、秧田肥料、早稻肥料、晚稻肥料，其他经济作物肥料、奖售肥料，化肥统一由供销社生产资料商店组织供应。为解决肥料不足，供销社曾一度组织氨水、母液、人粪作肥料。

农药　粮食作物使用农药始于1957年，当时供销社供应农药“666”杀螟粉和手摇式喷雾器防治螟虫，后来发现喷雾效果欠佳，改为拌黄泥细土撒施。以后陆续有敌百虫、敌敌畏、乐果，“1605”、钾氨磷、杀虫双、稻瘟净、井岗霉素、扑虱灵等上市供应，农药有毒，除供销社生资商店专营外，各生产使用单位都有专人保管。

改革开放后，为保障人民身体健康，减少食物农药残留量，国家推广使用低毒高效农药，农药经营渠道由国家严格控制。现戴村经营肥料农药单位一是临浦供销联社永兴、戴村生资部，二是区农资公司联锁店。

农机具　旧时农具为家庭私人所有，合作化时农具折价归社的有河泥船、水车、稻桶、风箱、耕牛等。1958年，始用机械抽水、碾米，数量很少，多是蒸气机（烧木柴、木炭），1960年发展成为柴油机，1963年后，积堰山、茅蓬、照山三个电力排灌站建成，部分农田开始用电动机抽水灌溉，其设备由县农机水利部门组织供应，农村生产大队出资购买。耕作机械，机械替代耕牛翻耕始于20世纪60年代，开始用绳索牵引机和电犁，由于使用效果欠佳，很快被淘汰，“文化大革命”后期，手扶拖拉机问世，1969年，云石增丰村买来了第一台手扶拖拉机，为5匹马力，后迅速普及到每个生产队，个别大队还添置了大型拖拉机，从此耕田不用牛成为现实。手扶和大型拖拉机都由县农机部门组织供应，生产大队和生产队出资购买。收割机械，1958年戴村公社农具厂试制滚珠轴承脚踏双人打稻机成功，代替了用稻桶人力打稻，后逐步发展成为柴油机和电动机作动力，代替人力脚踏，由供销社组织供应整机和配件，同时还供应柴（机）油和电缆。

农村实行家庭联产承包责任制后，除抽水设备外，其他各种农业机械折价归个人所有。1996年，实行第二轮土地承包，出现了种粮大户，始用联合收割机，各级政府出台扶持政策，鼓励农民购买联合收割机。

工业生产资料

解放后，手工业社组的生产原料供应，设备购置，由县手工业联社根据生产计划安排供应或来料加工。社队企业发展初期，除公社农机厂有少量的废钢铁和煤供应，石料厂经批准供应爆炸物品外，其他企业主要靠来料加工和“找米下锅”，并无正当渠道供应原辅材料、设备和建材。当时最紧张的是“三材”（钢材、木材、水泥），社队企业生产所需的厂房仓库，除利用旧房外，必须新建，其材料主要靠关系和协作来解决。如永兴公社兴办织布厂，主要设备由杭州手帕厂提供，厂房由公社建造，公社就以2吨钢材或10吨水泥或3000张平瓦指标或实物，安排一名职工进厂的办法来解决建造厂房的材料问题，企业生产所需的原辅材料、机器设备、产品推销或加工业务，也主要靠关系和协作来解决。为了企业的生存与发展，广大管理人员走遍千山万水，说尽千言万语，想出千方百计，吃尽千辛万苦。

电力供应也十分紧张，供需矛盾突出，供电部门采取限电、避峰、轮供、停三供四等办法，企业为解决燃眉之急,自备发电机发电,带来柴油紧缺,此种情况从1971年发展初期开始延续到企业转制以前,时间长达20多年。

改革开放后,经济发展迅速,市场流通搞活,一度出现的议价商品包括钢材、水泥、煤炭、电力,缓解了乡镇企业"找米下锅"的困难局面。市场经济建立后,各种物资供需矛盾逐渐缓解,企业所需原辅材料经供需双方订立协议或在交易市场随时都可买到。基本做到送货上门,验收付款,服务也很到位。现时网上采购也很时兴、活跃。

第四节　生活资料购销

过去,人们的生活概念,尤其是农村以吃饱、穿暖、遮风避雨为一般人的生活享受。解放后,随着经济的发展,人民生活不断得到改善,城乡差别进一步缩小,生活渐趋现代化。

从要求吃饱到现在的吃好经历了一个漫长的岁月。旧时穷人糠菜半年粮,碰到荒年只好吃树皮、草根、观音土。解放后,进行粮食统购统销,人均口粮达到原粮500斤,基本能够吃饱,但副食品不够丰富。商业社会主义改造后,副食品经营统由供销社组织,进货渠道单一,统由国营商业公司或县供销社分配。国家经济困难时期,货源紧缺,许多副食品开始凭证凭票供应,居民和农民也有区别,在戴村吃商品粮(机关单位干部职工)凭票供应的商品有:食油、鲜肉、豆制品、食糖、香烟、黄酒。农民凭购货证供应黄酒、食糖、食盐、香烟。1962年3月9日起,黄酒干部职工每人每月1斤,居民每人每月0.25斤,香烟,吸烟干部每人每月6包,居民每人每月2包,食盐每人每月1.1市斤。部分商品价格:香烟每包,红金、飞马、利群、钢花0.29元,新安江0.24元,旗鼓0.22元、雄狮0.18元,大红鹰0.13元,经济、珍珠鱼0.08元。黄酒每斤0.36元,食盐每斤0.14元,鲜猪肉每斤0.71元,豆腐每小块0.02元,古巴糖每斤0.67元。1963年后,粮食形势有所好转,副食品供应也相应增多。1966年"文化大革命"开始,工农业生产遭到严重破坏,在"砸烂复辟资本主义前沿阵地"和"割资本主义尾巴"的口号下,农副产品减少,副食品供应又趋紧张。

1982年4月16日,县人民政府在戴村、临浦两区13个公社召开全面发展农村经济会议,决定以中央〔1982〕1号文件和〔1981〕13号文件为指针,认真贯彻"决不放松粮食生产,积极开展多种经营的方针",走"一种、二养、三加工"的路子,重点开发山区经济和扶持社队企业发展。1984年推行家庭联产承包责任制,涌现了大批"专业户"和"重点户",商品生产发展很快。1985年戴村农贸市场建成,农副产品上市量大增,商品流通进一步搞活,各种副食品应有尽有,供应充足,使用了几十年的副食品票证取消,凭票购买副食品成为历史。

戴村有纺纱织布的传统,清末民初,土布生产自给有余,销往外地。民国期间,洋布输入,戴村、凌桥两地有布店3家,专营棉布、绸缎、洋绒。解放后,除传统品种外,一度流行"人民兰""苏联花布""尼龙格"。1956年商业社会主义改造时,华兴布店实行公私合营,后为供销社棉百部,当时经营购买并无限制。1960年国家经济困难时期,农村每人每年发布票1.8尺(市尺)、絮棉3两。1961年10月起,实行凭票供应居民的商品有:毛线、布鞋、棉毯、呢绒、绸缎。供应农民的凭票商品有毛线。凭证供应的有各种棉线、木纱团、手巾、布箱、帽子、手套、棉袖口、棉领圈、袜底、蚊帐、围巾等。

"文化大革命"后期,化纤织物上市,一尺布票可买三点三尺化纤布,老百姓叫"三寸头布",以后陆续有的确良、涤卡问世,棉布供应紧张状况渐趋缓和。随着经济发展步伐不断加快,人们穿着也不断更新换代,80年代流行呢绒、羽绒,90年代流行"T恤"、皮毛,现时流行羊毛、羊绒,近60年来从人民装、列宁装到西装、牛仔、时装,可谓花样不断翻新,档次不断提高。

老百姓过日子提倡勤俭,一家人温饱安居,认为已是小康人家,家用因陋求简,除娶亲嫁女外,农家一般不添置日常用品。解放后,分到了土地。消灭了剥削,生活有所好转,农家日常生活用品开始有热水瓶、搪瓷器、胶鞋、雨伞、手电筒,使用火柴,肥皂、牙膏、钢精锅等。国家经济困难时期这些商品一度成为凭票凭证供应的紧俏商品。

20世纪70年代，自行车、缝纫机、手表开始进入农家。当时农村姑娘出嫁必须向男方讨要这三大件。自行车有永久、凤凰（沪产）、飞鸽（天津产），均须凭票供应。单位购买需集团购买证，农民无此殊荣，要想得到需找关系、走后门。以后，杭产自行车上市，有“杭州”“飞花”等品牌，供应开始放宽，消量大增，在农村基本普及，社队企业上班族人均一辆，有的家庭多至4～5辆，售价每辆130～180元不等。缝纫机有沪产蝴蝶、飞轮等品牌。也是紧俏商品，其经营权与自行车一样在五金交电公司。手表只有少数干部、教师佩带。70年代开始在机关、单位、工矿企业分配发票，品牌有“上海”、“春雷”，农民要想戴手表，需向亲友中在职干部职工讨要。以后有“宝石花”“钻石”“紫景山”“钟山”等品牌，手表从凭票供应到农村男女老小人人戴，大约经过了5年时间，其品牌多达数十种，价格从钟山牌每只30元，到春雷牌每只125元不等。质量有全钢、半钢，功能有防水、防震、防磁，有单日历、双日历、全日历，有电子表、玩具表。自从移动电话（手机）问世，手表看时间的功能逐渐被手机所代替。现时成功人士佩戴的手表，是一种身份的象征，一般都是世界名表，如“劳力士”之类，价格昂贵。

70年代，家用电器进入农家，最早要算电风扇，按使用次序排是立式、台式、吊扇、换气扇、鸿运扇，其次是收录机、黑白电视机、彩电、冰箱、VCD、DVD、洗衣机、煤气灶、油烟机、电饭煲、空调、太阳能热水器、电热水器，还有少量的电磁炉、微波炉、消毒柜、电脑。

80年代，摩托车进入农家，1986年全镇第一辆家庭轿车“桑塔纳”由周炜楠购进，轿车进入平常百姓家，本世纪初电动自行车代替了脚踏自行车，老年人用上了电动三轮车。

第五节　废旧物资回收

旧时，废旧物资回收，主要有换糖客人沿门零星收购，其收购方法主要是以糖换物，有三种：一是义乌人叫“线板糖换鸡毛”，一般都是冬春二季来戴村换糖，“线板糖”是一种蔗糖熬煮的细长形糖条，为防潮拌上砻糠，换糖人以线糖换回鸡毛（鸡毛主要用于穿掸帚、肥田）。二是浦江人用“马山糖”换废物，马山糖也是一种用蔗糖和麦粉熬煮的一种放在面板上的糖，换糖时用铁板刀临时切割，以马山糖换回的是旧铜烂铁、破布、破棉絮。三是近地农民用老姜糖换废物，老姜糖也是用蔗糖加麦粉和生姜制成的颗粒糖，以糖换回的废物有女人头发、猪毛、旧铜、烂铁等。除换以外也可零售如针线、木梳、发夹、板刷等。别看换糖是小本生意，过去有句行话，叫“生意换糖，货色通洋行”。

解放后，戴村供销社建立废品收购站。收购的废旧物资有旧铜、烂铁、破布、破棉絮、破麻袋、旧书、旧报纸、猪毛、兽皮、畜骨等。

改革开放后，塑料、造纸行业兴起，一度成为戴村的主要产业，产品包装以纸代木，塑料制品占领了生产、生活各个领域。随着经济发展和人民生活改善，产品不断更新换代，废旧物资回收品种数量日益增多，从事废旧物资回收行业的队伍逐渐扩大，其经营方式更趋灵活多样，主要有：

设点收购　废塑料收购在废旧物资回收中为大宗，全镇经工商登记的收购废塑料的经营户有29家，其中河杨湖村就有18家，是一个名符其实的塑料村，不登记的经营户也还不少，全镇年废塑料收购量颇为可观，收来的废塑料经清洗或加工造粒后再售给塑料制品厂。

一般废品收购，废品有废金属（国家限制收购的除外）、废塑料、废纸、旧书、旧报纸、旧家电等。全镇经工商登记设点收购此类废旧物资的经营户11家，另有专收废纸经营户1家。

流动收购　外来人员和当地农民，用机动三轮车，脚踏三轮车或手拉车沿门收购的废品有：废金属、废塑料、废纸箱、旧书报、旧家用电器、酒瓶等，经整理后再卖给废品收购站。

还有专收鹅毛、鸭毛、甲鱼壳、腊烛油、银锭灰、磨纸屑、长头发和古董的。

以旧换新，20世纪末，各大型家电商场、“超市”，开展促销活动，以旧电器折价换取新电器。

兽皮、牛皮收购,戴村山区山民向有打猎习惯,每年立冬过后到来年清明前的兽皮,可用作制衣、制鞋材料,也由供销社废品收购站收购。生产队冻死、病死或年老耕牛等杀的牛皮也必须售给供销社,20 世纪 60 ~ 70 年代每张牛皮收购价为 16 元。

第五章　服务业

第一节　餐饮业

戴村餐饮业解放前有夏顺兴、郭阿香、丁长根、周杨花等酒饭店 4 家,店址都在老街蒋家埠头,多为双开或单开间店面后厨房,除在店堂设有座头(餐桌)或"雅座"外,还有柜头酒和点心。食客有过往客商、地方士绅,他们都在座头和雅座用餐,武丈多吃柜头酒,平常百姓吃一碗馄饨或几个馒头也算上一会"馆子",街上商户如来客人也去饭店点几个菜,由饭店跑堂送到商家。

上述酒饭店中,历史较长、较有名气的要数夏顺兴。该店开设于清同治(1862 ~ 1874)年间,不但资本雄厚,经营也颇为灵活,馄饨、馒头、饭团在远近很有名气。

中华人民共和国建立后,饮食店由供销社、合作商店经营。粮食实行统购统销以后,顾客去饭店吃饭,除付餐资外,还必须付全国粮票或浙江省流动粮票,米饭 1 斤付钱 0.18 元,加收粮票 1 斤,一碗面收粮票 2 两半,光面价 0.09 元、菜面 0.11 元、素丝面 0.22 元、肉丝面 0.28 元、片儿川 0.33 元、油渣面 0.18 元;年糕与面一样;一个馒头 0.05 元,收粮票 1 两;馄饨每碗 0.10 元,收粮票 1 两;油条每根 0.03 元,收粮票半两。饭店曾一度供应蒸饭。副食品紧缺时,鲜肉、猪下脚、豆制品由食品公司、供销社限量供应,炒菜供应品种单一,几乎每天一样,供应 5 ~ 6 个菜。用一块黑板写上"今日供应":糖醋排骨、炒肉丝、炒时件、红烧豆腐、炒青菜等字样,菜价在戴村一般每个菜不会超过 0.50 元,如"糖排"每个 0.42 元。顾客只能在其中挑选几个,卖完为止。顾客多为过路客商。

改革开放后,市场搞活,餐饮业得到快速发展,各种小吃、早餐、快餐、饭店,经工商登记的全镇 2006 年年底有 47 家,还有众多的农村早点、小吃店。

饭店档次越来越高,大厅、包厢装潢考究,服务员、礼仪小姐服务周到。空调彩电齐全、环境舒适,并配有相应的停车场,四季时令蔬菜、反季节蔬菜、各种海鲜、野生家养应有尽有。烹调五花八门,冷盘热炒、拼盘火锅、汤煲铁板、清蒸红焖,各具特色。得意楼饭店业主丁月发,1984 年创业之初,原为夫妻店,店址在凌溪路。由于经营得法,服务态度好,发展很快,三易店址。现在得意楼在戴兴路和锦绣路交叉口,生意红火。被戴村人誉为戴村的"星级饭店",有 13 只高档包厢,传统名菜有老鸭煲、羊肉煲、牛排煲、霉菜梗南瓜煲、白切狗肉和各种野味。

云石山庄　在老狮山村。经九曲十八盘盘山公路,在海拔 600 多米处一家集旅游、休闲、度假的旅游饭店,有 10 只用餐包厢,60 张床位。供应品种有高山蔬菜、粗粮(蕃薯、玉米)、四季竹笋、野味,炖鸡煲等,颇受游客青睐,不但要吃,而且要带。

绿园饭店　在闻戴公路西,2003 年 11 月 8 日开业,拥有 1 个大厅 10 只包厢,可供 300 人一次就餐,名菜有牛杂煲、香辣小龙虾等。

乡村大酒店　在闻戴公路东大石盖村,拥有 20 只高档包厢和 1 个大厅,可供 500 人一次就餐,名菜有药膳滋补煲等。

垂钓中心　在 03 省道北郁家山下畈中,内有水面近 2 万平方米,可垂钓。周边种植蔬菜,饲养鸡、鹅,设有餐厅,有包厢8只,设施齐全,供休闲垂钓者就餐或宴客,钓来鱼虾可现烹,供应的蔬菜和禽蛋为垂钓中心自产。

清晨假日山庄　在尖山下村,附近有亿年火山喷发遗存,为四川巴渝的加盟店。内设大厅,并有包厢15只,一次可供300多人就餐,配有住宿、棋牌,是一家较有特色的山区农家旅游饭店,其供应的烤全羊具有川味特色。配有烧烤炉10只,随游客自由挑选。

另外还有永富饭店、沈村中街饭店等中低档饭店,其经营方法各具特色,颇受一般食客青睐。

第二节　信息业

传统信息业

传统信息业,在戴村从事特殊行业的经营比较大的有"牛贩子""掇桶盘""掮客"三种,他们通过为人介绍生意,从中获取利益。

牛贩子在稻区几乎各村都有,因为种田少不了耕牛,农户和生产队需调济余缺,耕牛老死需要新买,谁家添了牛犊需要卖掉,他们打听得一清二楚,都记在心间。在不断的走村串户和上街坐茶店聆市面过程中给予留心,一旦买卖上门,根据买方提出的条件,比如牛的年龄、公、母,他们会在暗中配对,将客人带往卖方,一家不成,又去第二家,如双方条件比较接近,开始谈价格时,牛贩子与买卖双方在袖中反复拉手、捏手指头,有一套专门手势和"切口",如三叫"川"、四叫"田"、五叫"起手"、八叫"眉毛"等。牛贩子的收入有两种方法:一是讲价时遇到买卖双方不一致时,故意压低卖方价格而从中获利;二是买卖成交,双方都会给他一定的佣金(中介费)作为报酬。若客人在本村看不中要买的牛,就会将客人带到外村牛贩子那里,由外村牛贩子负责经营,他只能跟在一边。如若生意成交,外村牛贩子会给以"烟酒钱",主要收入归外村牛贩子所有。

还有一种经营方法,旧时,诸暨应店街每年农历3月28日举行"牛市"(耕牛交流会),规模较大,如本地耕牛调济有困难,不管买进或卖出,都由本地牛贩子带领买家或卖家去参加"牛市",如生意成交,当事人会给以一定的报酬,叫"辛苦费",其川资、伙食、香烟也由当事人供给。

"掇桶盘",是街头市面一种常见现象,经营者一般是"空头人",能说会道,市面灵通,善于察言观色,利用卖者市面不灵,又急于脱手,"掇桶者"装成买主,杀价将东西买下,然后,换一个地方,比买进价高的价钱卖出,从中获利,叫"掇桶盘"。

"掮客",以现在的话说是"编外供销员",或叫"皮包公司"。戴村有一些人,他们经常光顾茶店,利用各种关系去工厂企业坐坐,上临浦、去义桥,甚或诸暨、义乌、富阳,打听市面、传递信息,他们着眼本地缺什么、余什么、什么东西什么地方要买、什么地方要卖,他们会在脑子中自动配对,然后在买卖双方间撮合,生意成交后获取差价或"中介费"。改革开放后他们的经营目标是乡镇企业的旧设备和积压产品。如江南棉纺厂倒闭后,其设备除部分抵债外,其余部分都是由"掮客"领来外地买主,从中说合并利用企业急于还债,千方百计压低价格,从中渔利。他们一不用资金,二不需场地仓库赚钱,美其名曰"辛苦钱"。

现代信息业

1990年年底,河杨湖村人陶建时,从杭州中磁集团购入1台286型电脑,在戴村影剧院开设打字复印店,这是戴村镇最早使用的电脑。该店于1991年迁址原戴村区公所对面营业,后迁往萧山。

1991年,天新广告有限公司引进美国赛宝神雕刻绘机,开创了戴村镇运用计算机技术从事广告业务的先河。

1995年4月,戴村信用社开始用电脑管理存兑业务,是年年底进入金融网络,处理存、兑、汇、结算业务。

1998年,镇机关开始用电脑办公,第一批配置电脑的有镇党委书记、镇长、工业办公室、组织办公室、财政办公室。现时,机关工作人员全部配有电脑。

是年,戴村镇初级中学购入联想电脑27台,其中25台用于学生机房、2台用于学校办公,是戴村教育系统最早使用的电脑。2006年多媒体进入教室。

是年,电脑进入企业、工厂。戴村最早使用电脑的企业是卫士集团,用于企业管理、图文设计,获取信息、购销业务。至2006年年底拥有电脑63台。

2001年7月1日,萧山第六人民医院(骨伤科医院)开始用电脑核算收费,有电脑20台,服务器1台。

2002年,戴村镇农村会计服务中心开始电脑记账,管理财务活动。有方正电脑6台。

2005年,全镇22个行政村拥有电脑22台,主要用于远程教育,其中青山村、沈村村、大石盖村、永富村4个村用电脑打字、复印。

上网已成为不少年轻人的活动,戴村锦绣路上的"野狼网吧"开于2003年1月28日。现有电脑80台。

戴村的电脑用户以企业为大宗,规模以上企业一般配有几十台电脑,集团公司一般不少于60台,中小企业至少1台。

家用电脑也在普及之中。

戴村镇学校信息化历程表

表6-5-1

学校名称	管理用电脑			教学用电脑		
	购置年份	品牌	台数	购置年份	品牌	台数
镇辅导学校	2002.4	戴尔手提	1			
	2004.9		1			
	2006.5	联想	5			
	2007.12	IBM手提	1			
戴村镇中	1998	联想	2	1998	联想	25
	2005	联想	2	2006	联想	20
				2007	联想	34
云石初中	1999	IBM6282	1	2001	联想儒博士	
	2001	联想万全1060	1	2001	联想逐日	
	2006	手提	1	2003	联想启天	
	2006	联想启天	7	2006	联想启天	
				2007	联想杨天	
				2007	清华同方超越	

续表 6-5-1

学校名称	管理用电脑			教学用电脑		
	购置年份	品牌	台数	购置年份	品牌	台数
戴村镇小	2002	联想	2	2002	快威	25
	2003	神舟	2	2003	组装机	1
	2004	方正	1	2006	联想	14
	2005	HP	1			
	2006	HP 笔记本	1			
云石小学	2004	家悦	1	2002	联想	30
	2004.11	联想	1			
	2005.5	惠普笔记本	1			
	2006.5	联想	8			
永兴小学	1999	快威	1	2001	联想	25
	2003	方正	1	2002	联想	1
	2003	兼容机	1	2004	联想	1
	2004	联想	1	2007	联想	2
	2005	惠普	1	2007	清华同方	11
	2006	联想	7			
	2007	兼容机	1			
	2008	联想	1			
戴村成校	2006	联想	2	2002	联想	25
	2007	联想	1	2007	联想	1
戴村镇中心幼儿园	2001	联想	1	2006	联想	1
	2006	联想	2			
	2007	联想	1			
	2008	联想	1			

第三节　其他服务业

理发与美容　古人留发,幼年总角,束发受教,已到读书年龄。清朝入关始有剃头,叫留头不留发,男人剃掉前发,后留辫子。清朝灭亡剪掉辫子,平常百姓剃平头(光头),后有平头百姓之说,社会上层人士多留西发。中华人民共和国建立后,剃头改称理发,现时农村中大部分人理发还习惯地叫剃头。

还有一种必须剃头的人,叫僧人(和尚、尼姑),俗人一旦出家,进入佛门,就必须剃掉头发,叫剃度或叫削发,表示坚决了却尘缘,六根清净,一心向佛,永不还俗。

旧时,农村女性,姑娘梳辫,出嫁梳头。剃头师傅为男性,戴村老街有徐姓剃头店1家,剃头对象多为商店职员、过往客商、社会上层人士,农村剃头师傅主要是管庙人一种兼职行当,为庙宇该管地方百姓剃头。中华人民共和国建立后,破除封建迷信,烧香拜佛人减少,庙会佛事一度绝迹,管庙人也分得了土地,参加农业劳动,剃头师傅只在农闲或空余时间下村为附近农民剃头。老街剃头店为其女婿郑阿毛,女儿徐芬美承业,商业社会主义改造后,并入合作商店,职工发展为5人,负责人余校仙。

新中国成立后,提倡男女平等,广大农村妇女从家庭走向社会,中青年妇女剪去长发和辫子,始为理发店第一代女性顾客。由于女性的加入理发行业后继泛人,部分青年男女拜师学艺,加入理发行业。

改革开放后,随着经济的快速发展,人民生活的不断改善,人们的美容美发观念不断更新,对发型和容颜要求不断提高,理发行业不再是单纯的理发,变为护发和美容,经常光顾理发美容店的多为青年男女、成功人士。理发美容店的服务项目也从传统的洗头理发演变发展为洗头(包括干洗)、剪发、剃发、烫发。烫发有离子烫、化学烫、直板烫、定型烫等做成各种发型,染发有染黑、染其他颜色;做面膜有美容面膜等。其他还有按摩、敲背等等。2008年年底统计,全镇经工商登记的理发美容店16家,从业人员63人。

除理发与美容外,尚有旅馆、浴室、足浴、盲人按摩。修理业有钟表、电气、自行车、手拉车、摩托车、汽车。

第六章　商业 服务企业与特产选介

第一节　主要商业服务企业

中球冠集团公司

中球冠集团公司初创于1995年6月,历经十余年的拼搏奋斗,现已发展成为长三角乃至全国具有较高知名度的大型企业之一,主要从事石油化工(批发、采购、仓储、配送、零售、物流)、生态旅游、房地产、投资等产业。集团公司注册资金2.8亿元,企业总资产20.5亿元。总部位于杭州市萧山区绿都世贸广场。

自创业以来,公司始终秉承"自主创新、追求卓越"的创业理念,弘扬"创新、合作、规范、务实、安全"的企业精神。不懈的努力和准确的定位换来了企业的高速发展。至2008年,公司旗下拥有31家分(子)公司,主要分布在杭嘉湖、长三角等地区,公司已经连续三年被评为全国民营企业500强之一(2007年名列第393位),连续七年进入萧山区百强企业。

石油化工是公司的起步产业,同时也是公司目前的主导产业。在石油化工产业上,公司坚定不渝地走"联合发展"的创新之路,公司的战略定位是"坚持成为国有大公司的有益补充",积极寻求与国有大公司以及其他社会同行企业的"双赢"合作。进入21世纪后,公司在石油化工方面发展迅猛,2005年销售收入突破15亿元,2006年实现销售收入24.5亿元,2007年销售收入突破32亿元,增速保持在30%以上。集团目前拥有21个大中型加油站,主要分布在杭嘉湖地区;拥有经营油库总量12万立方米(其中自有油库5万立方米,向江苏、舟山等地租用油库7万立方米),2008年,德清县雷甸油库(二期工程)已接近尾声,储油量为3万立方米。建成后,将成为浙江地区最大的民营油库之一。集团还拥有2个专用码头,1条专用铁路及5条油船。

公司在做大做强石油化工产业的同时大力培育生态休闲、房地产、投资等新兴产业。2007年公司一期投资15亿元的杭州云石生态休闲旅游度假区项目正式启动，并被列入萧山区“1010”重点项目，度假区位于杭州市区6大生态带之一，是萧山区13个城市综合体之一。项目得到了省、市、区各级领导的高度重视，萧山区四套班子领导多次到项目指挥部考察指导。度假区总规划面积为44.8平方公里，由仙女湖休闲区块、石牛山森林公园、山泉湾旅游区块、云门寺旅游景区和月亮湾区块组成，占全镇总面积的70%，并分别用“闲”“隐”“养”“梵”“俗”五个字进行主题功能定位。它以山为主体，将山的阳刚之美与水的阴柔之美相结合，与西湖、湘湖、千岛湖错位发展，支撑起大杭州山水共靓的旅游大市场。一期开发面积为10平方公里，着重启动仙女湖休闲区块和山泉湾旅游区块的开发建设。

公司在做大做强、快速发展的同时，不忘回馈社会。公司一贯热心社会公益事业，支教助学，积极为社会失业人员提供就业岗位，尤其通过生态项目的开发、基础设施投入等方式，大力支援和协助当地社会主义新农村建设，推进贫困地区的经济发展，各类捐款达1500余万元，是浙江省的“光彩之星”。公司特别关心教育发展，直接资助大、中、小学生70余名，累计出资70多万元。萧山第六中学45周年校庆时，公司捐赠价值46.8万元的孔子塑像，以此勉励师生传承中华民族的优秀传统；台州供销学校50周年校庆时，公司捐赠60万元发起成立奖学基金会。公司响应政府号召，积极投身新农村建设工作，多次出资改善农村基础设施建设，例如为响应省工商联“非公有制经济人士参与到社会主义新农村建设活动”的号召，集团公司主动与戴村镇半山村签订了《携手共建社会主义新农村协议书》，截至2007年年底，公司已赞助将近75万元，协助该村完成了自来水、公园、道路等基础设施建设。公司勇于承担社会责任。在油品供应紧张时期，不惜以低于成本价供应市场。公司先后获“中国民营石油行业社会公益事业特殊贡献奖”“中国民营石油行业消费者信得过单位”“中国民营企业自主创新优秀企业”浙江省“诚信企业”杭州市“模范集体”“文明单位”等荣誉称号。

集团创始人、董事长兼总裁任文达现任杭州市和萧山区政协委员，杭州市萧山区第八届、第九届工商联副会长，杭州市工商联(总商会)第十届执行委员会执委，全国工商联石油商会副会长，浙江省工商联石油商会常务副会长，浙江省浙商研究会副会长等社会职务。他始终坚持“义利兼顾，德行并重”的创业理念，积极为当地经济和行业的发展出谋划策。他曾获得多项荣誉称号，先后被萧山区委区政府授予“社会公益事业贡献奖”“十佳再就业明星”“新长征突击手”“劳动模范”等荣誉称号，被杭州市委市政府授予“杭州市再就业优秀个人”“关爱员工优秀企业家”“优秀社会主义建设者”等荣誉称号。

面对新的机遇和挑战，中球冠集团将一如既往地致力于开创快速、高效和可持续发展的新局面，并冀通过集团自身经济的做强做大来推动当地社会主义事业的发展，最终实现企业战略发展的宏伟愿景。

天新广告有限公司

杭州天新广告有限公司，原名萧山天新广告装璜部，创建于1990年8月。创业初期，主要依靠简单的手工技术，承揽各种广告业务。

1991年，为适应市场需要，投资40000元人民币，引进美国赛宝神雕刻绘机等现代化设备，开创了戴村镇运用计算机技术从事广告业务的先河。

为适应业务需要，1993年起，又投资近十万余元对计算机设备进行了升级换代，先后添置了激光打印机、东芝复印机等先进设备，为企业提升现代化技术水平奠定了良好的基础。

公司始终秉承“诚信互赢，业益求精”的管理理念。十分重视设计专业人员的管理与创新精神培养，重视员工的文化素质提升，使公司的技术力量和服务水平不断提高。一流的服务和物精价廉的产品，深受广大用户的好评。

至2008年，公司已经拥有大型写真喷绘、彩色复印、雕刻、高速一体、高像素数码摄影机、照相机等一大批先进的现代化设备，使原来依靠单一的黑白图文业务，扩大到激光出图，数码复印，彩色激光打印的新领域，进一步适应了时代发展的需要。

为配合镇、村、家族编写镇志、村史及家谱的需要，公司还专门添置相应的装订、裁切设备，还专门学习了相关的文字摄入、图片装裱技术，努力为地方的社会进步、经济发展和文化繁荣服务。

经过十几年的努力，公司已经发展成为能专业从事大型立柱广告、灯箱广告、霓虹灯制作、大型写真喷绘、各类特色门面招牌设计制作、各种不锈钢宣传栏设计制作、有机材料及石材雕刻等多门类广告业务的综合性、现代化广告公司。同时，公司还及时利用计算机网络的优势，为顾客提供各种快捷便利的网络服务，业务范围已遍及整个杭州地区。

为进一步提升企业品位，公司还在杭州等地开设了专门的生产制作基地，为全面提高产品质量，提升企业的竞争能力提供了有力的保障。

第二节　三清茶简介

三清茶，产于石牛山海拔650米的高山上。相传在很久以前，石牛山村有位沈三清的农民，长期饮用石牛山茶叶而长生不老，升为神仙，至今石牛山铜盘顶还留有他升天时的足印，后人称他为“三清帝”，在石牛山上建造了“三清殿”。

石牛山常年云雾缭绕，泉水叮咚，土质松软，山高林密，生物链未遭破坏，虫害大多被天敌消灭，无须使用农药，无任何污染，出产的茶叶具有香气清高、汤色清澈、滋味清醇等特色，故名“三清茶”。

1991年，三清茶获国家旅游局、浙江省人民政府举办的’91中国国际茶文化节“名茶新秀”荣誉证书，浙江省茶叶学会授予的“名茶新秀”一等奖。1992年，获首届全国农业博览会和西湖龙井茶铜奖，并被省人民政府命名为“浙江名茶”。多次获浙江省农产品银奖；杭州市优质农产品金奖。1994年上海国际茶文化节获新品名茶茶王赛金奖；农业部名优茶品质鉴定认可书；省农业厅授予浙江省无公害产品基地和浙江省绿色农产品证书。同年被农业部定为无公害农产品基地；浙江省示范茶厂。

1993年起，生产三清茶的杭州萧山云石农业综合发展有限公司被萧山区委、区政府定为农业龙头企业。产品畅销全国及日本、中国台湾和香港等地。系为企业、单位赠送海内外朋友的高档礼品。

卷七　金融　财税

第一章　金　融

第一节　农村合作银行

沿革

1953年1月，人民银行萧山县支行向中共萧山县委报送《戴村区云峰乡一村进行信用互助组试点计划》。1月22日萧山县委批准同意人行县支行在云峰乡一村进行信用试点工作。在人行县支行的帮助下，2月5日，全县第一个按互助组户数的信用互助组成立。至1954年上半年现戴村镇范围内已有20余个信用互助组成立。当年互助组组员们反映“信用组是个宝，救急解难有依靠”。信用互助组建立，为全面创办信用合作社，实现全镇信用合作化奠定了群众基础。由于信用互助组的借贷活动趋向弱化，信用互助组解体。到1954年年底现戴村镇范围内成立了戴村乡、凌溪乡、云石乡、长潭乡、白墅乡、马鞍乡6个信用合作社，有股金143333.70元（旧币），均已还本。1956年并大乡时，白墅、凌溪乡信用社并入戴村乡信用社；云石并入长潭乡信用社，马鞍并入振庭乡信用社。1957年白墅从戴村分出，马鞍从振庭分出，合并设立白马乡信用社。1959年更名戴村人民公社信用部，下设凌溪、白墅、马鞍、云石、长潭5个信用分部。1961年调整公社规模，恢复信用社，凌溪更名戴村信用社，长潭并入云石信用社，白墅、马鞍合并更名为永兴信用社。1969年撤区并社，云石并入戴村信用社，云石设信用分社，永兴并入浦南信用社。1971年公社规模又进行调整，戴村、云石分设信用社，永兴从浦南信用社分出复称永兴信用社。1992年10月在撤区、扩镇、并乡后，设立戴村中心信用社，永兴并入戴村中心社，降格为信用分社，云石单设中心信用社。1998年8月，云石中心信用社并入戴村中心信用社，降格为信用分社。1999年4月，取消中心信用社，戴村仍称信用社。2004年8月，萧山信用联社改制建立浙江萧山农村合作银行，戴村信用社改称萧山农村合作银行戴村支行。

戴村信用社在2004年8月前，设信用分社2个，储蓄所1个，全社有职工23名。至2004年年末，各项存款余额25146万元，各项贷款余额15491万元，当年实现盈利201.7万元。

农村合作银行戴村支行营业大厅

（摄于2011年11月22日）

2004年8月，戴村农村信用合作社改制为萧山农村合作银行戴村支行，系股份合作制金融组织，有211股，有股金1838.8万元，其中农户股204户，股金821.8万元，企业法人股7户，股金1017万元。址设戴村镇人民路，于2008年7月迁移新址戴村镇凌溪路7号。

网点

永兴信用分社　原为永兴信用社，1992年10月并入戴村信用社降格为信用分社，2004年8月改称戴村支行永兴分理处，址设石马头村永富路叉口。至2004年年末，各项存款余额1616万元。

云石信用分社　原为云石信用社，1998年8月，并入戴村信用社降格为信用分社。2004年8月改称戴村支行云石分理处，址设戴村镇明堂村。2004年年末，各项存款余额5789万元。

菜场储蓄所　建于1988年4月，原址在戴村老菜场内，2003年4月储蓄所从老菜场迁址到人民路和凌溪路新建的农贸市场边营业，2004年8月改称戴村支行菜场储蓄所。至2004年年末，各项存款余额3534万元。

1998～2008年农村合作银行戴村支行各项存、贷款情况

表7-1-1　　单位：万元

年份	各项存款	各项贷款
1998	9487	7723
1999	10451	8454
2000	12178	8302
2001	12437	9068
2002	15864	10524
2003	20527	12755
2004	25146	15491
2005	29033	17034
2006	31408	20709
2007	42815	31216
2008	51439	35488

1954～2004年戴村信用社历任正副主任（负责人）名录

表7-1-2

社名	主任	任职时间	备　注	副主任	任职时间
戴村	方吾顺	1954.9～1956.9	兼	沈仁岳	1969.3～1970.8
	郑瑞法	1956.9～1958.10		楼　可	1992.11～1993.9
	沈仁岳	1961.9～1969.2		陈建尧	1992.11～1995.6
	孙水忠	1969.3～1970.8		顾兴华	1995.6～1996.8
	沈仁岳	1970.8～1982.6		卢国英	1998.8～1999.12
	戴祖长	1983.1～1989.10		陈建尧	1999.12～2000.11
	董华庆	1989.11～1992.11	副主任主持工作	谢勇平	2000.11～2004.8
	喻大鹏	1992.11～1993.9			
	黄建康	1993.9～1997.3			
	张兴祥	1997.3～1998.6			
	沈建琦	1998.6～2001.7			
	陈国成	2001.7～	兼		

续表 7－1－2

社名	主任	任职时间	备　注	副主任	任职时间
凌溪	来甫贤	1954.9～1956.3	兼		
	沈仁岳	1958.11～1961.9			
马鞍	郁观兴	1954.9～1956.3			
	洪杏根	1958.11～1961.6			
白墅	不　详	1954.9～1956.3			
	洪银仙	1958.11～1961.6			
永兴	不　设	1961.7～1965.9		喻大鹏	1983.8～1986.6
	郭取祥	1965.10～1969.4	1970.8～1986.6		
	喻大鹏	1986.6～1989.11			
	陈建尧	1989.11～1992.11	副主任主持工作		
白马	郁阿槐	1956.4～1958.11			
云石	沈兴祥	1954.9～1956.3	兼	董华庆	1993.9～1995.6
	不　设	1958.11～1961.10			
	陈关根	1961.11～1969.4	1970.8～1980.9		
	沈汝桥	1980.12～1987.12	副主任主持工作		
	杨虎星	1988.8～1988.12			
	王智慧	1988.12～1989.11			
	沈小成	1989.11～1992.10			
	陈国成	1992.10～1993.9	副主任主持工作		
	喻大鹏	1993.9～1995.6			
	方国治	1995.6～1998.6			
	卢国英	1998.6～1998.8	副主任主持工作		
长潭	邵观水	1954.9～1956.5	兼		
	沈根法	1956.6～1958.6			
	顾锐铣	1959.1～1961.3			

2001～2008年戴村农村合作银行历任的副行长名录

表7－1－3

姓　名	职　务	任职时间
陈国成	主任、行长	2001.7～2004.8为主任 2004.8～2006.2为行长
祝春祥	副行长主持工作	2006.3～2007.11
杨国义	副行长主持工作	2007.11～
谢勇平	副行长	2004.8～2005.1
邵群慧（女）	副行长	2006～

第二节　保　险

中国人民财产保险股份有限公司戴村营业部设立于1991年1月，址设戴村人民路。区域范围楼塔、河上、戴村。承办险种有：企业财产保险、机动车辆保险、人身意外保险、产品责任保险及农业保险等20多个险种。年保险费收入500万元，年承担各类风险责任2亿元左右，年支出各类赔款600万元。

1991～2008年中国人民财产保险股份有限公司戴村营业部历任负责人名录

表7－1－4

姓　名	职　务	任职时间	姓　名	职　务	任职时间
张伟刚	负责人	1991.1～1997.12	徐建忠	负责人	2004.5～2005.3
谢永义	负责人	1998.1～2004.4	陈国成	负责人	2005.4～

中国人寿保险股份有限公司杭州市萧山支公司戴村营业部设立于1997年1月，址设戴村人民路。承办业务险种有：养老保险、分红保险、意外保险和健康保险，涉及生、老、病、死、残的一百多个险种。2006年保费收入840.14万元。2007年保费收入882.08万元。

1997～2008年中国人寿保险股份有限公司杭州市萧山支公司戴村营业部历任负责人名录

表7－1－5

姓　名	职　务	任职时间	姓　名	职　务	任职时间
毛建树	负责人	1997.1～2001.12	王国军	负责人	2005.1～2006.12
杨虎良	负责人	2002.1～2002.12	金　铭	负责人	2007.1～2007.12
王国生	负责人	2003.1～2003.12	张安瑜	负责人	2008.1～
徐仁根	负责人	2004.1～2004.12			

第三节 公债 国库券

民国时期,由中央财政部、经济部、交通部发行的公债共计50余种,其名目有统一公债、复兴公债、救国公债、编遣公债、整理公债、金币公债、美金公债、英金公债、同盟胜利公债及有奖储蓄、节约建国储蓄等。省债有爱国公债、定期借款、善后公债、整理旧欠公债、建设公债、赈灾公债等17种。中央债券有6种,省债券有7种,在戴村均有派额。民国时期发行的债券,大部分用于军费和弥补财政赤字,还本付息全赖赋税。政府为延缓支付期限,多次采取发新债还旧债的方法。由于物价飞涨,公债到期时已成为一张废纸。

新中国成立后,国家根据社会主义建设的需要,戴村镇于1950年代发人民胜利折入公债。1954年,戴村发行公债为18331元;1955年为10173元;1956年为6863元;1957年为17113元;1958年为17214元。1954年~1958年代发国家经济建设公债,年息4厘,除1954年发行的公债分8年偿还外,余均分10年偿还,分年抽号,还本付息。1981年~1989年,代发中华人民共和国国库券。1981年发行的国库券,单位购买年息为4厘,个人购买年息为8厘。1985年发行的国库券,单位购买年息为5厘,个人购买年息为8厘。1986年、1987年发行的国库券,单位购买年息6厘,个人购买年息为1分。自1988年以后,国家不再分配任务,由个人自愿认购。

第四节 民间借贷

解放前,戴村的民间借贷形式主要有笃、典、兜会等。

笃

临时借贷的称之为笃,时间极短,有时上午借,下午还。有时今天借,明天或后天还,一般不用利息或很少利息,但绝对不能失信,否则以后就很难再笃,所谓现笃火债,即指这类借贷。

典

典,此类借贷以实物为抵押,形同当铺承当。一般出典人和承典人关系较好。典物主要有房子、田地、基业等项。都要写上字据,注明典因、典物,典目(钱数)、典期。除双方签名画押后,还请他人代笔或见中,以示郑重,出典人应备酒席请承典人、代笔人、见中人,表示谢意。出典人可在典期内还款取回典物。典物在典期内收益作为利息由承典人收花。出典人在无力赎典时,则典物归承典人所有,需另立文书,将典物传给承典人,改变典物所有关系。

兜会

民间流行最长,最被老百姓接受的借贷形式。多为某人因办事、置物、经商等项活动,缺少资金,临时在自己亲朋中联络几人(一般10~11人),每人出资金一份给会头,以解决燃眉之急。各会甲子依次轮流按月或季出资或受资,一开始就定下得回次序,叫做座会。未得会的会甲子到会期聚在会头家中,用三颗骰子在碗里摇一把,以点数多者得会,叫做摇会。兜会,除会头不付利息外(需备酒席作谢)。从二会开始,先得会者都需付出利息,直到会期完成为止。也有某种原因到会期无法兑现,即称谓逃会或变成抽会。

第二章　财　政

第一节　镇级财政体制

民国以前,国家财政收支由中央集权掌握,地方政府的开支,依靠中央拨款。民国前期承袭清制,至民国21年(1932),才在法律上确认中央、省、县三级财政管理体制,但作为下一级的乡镇财政则无法律上的确认,实际开支依赖于各种附加和杂捐。

1953年,萧山县级财政建立,所有的国家干部工资等项均有县拨款支付。1958年改革经济管理体制和财政管理体制,下放企业,下放财政。7月,曾建立乡一级财政,旋因人民公社化而中止。因之,20世纪六七十年代,戴村、永兴、云石三公社须制定和核定年度收支计划。

1984年,戴村、永兴、云石分别建立乡财政,成立乡财政领导小组。小组设财政组长、财政总会计及出纳等职,组长由乡镇长兼任。8月,全县在云石等乡进行试点。1986年,萧山县实行新的财政管理体制,全面建立乡(镇)财政,县、乡(镇)财政"分灶吃饭",其内容为"划分收支,核定基数,定额上交,增长分成,定期包干"。

划分收支:商业、服务业、城镇街道企业、镇属集体企业和其他集体单位缴纳的集体企业所得税、城乡个体工商所得税、其他工商税、盐税、工商税收税款滞纳金、补税罚款收入、农业税(含附加)、契税和其他收入均为乡(镇)财政的固定收入;乡(镇)级文化、广播、教育、卫生、计划生育、抚恤、社会救济事业费、公费医疗经费、肉价补贴、农林水事业费支付的农口专管员补助经费和镇的居民委员会的补贴均作为乡(镇)财政的其他支出。

核定基数:按照上述划分收支的范围,以1985年实绩为依据,经适当调整核实后,作为乡镇财政固定收入包干基数和固定支出包干基数。

定额上交(补助):凡固定收入包干基数大于固定支出包干基数的部分,定额上交县财政;固定收入包干基数小于固定支出包干基数的部分,由县财政定额补助。

增长分成:乡镇财政固定收入实绩比包干基数增收的部分,实行增长分成。分成比例为返回20%,上交县财政80%。

定期包干:在财政、税收政策没有大变动的前提下,包干时间暂定为两年不变。

1988年,乡镇财政管理体制有了调整,实行"定额上交,增长分成"的办法。定额上交,乡镇财政1987年财政收入为基数减去支出基数后计算确定;增长分成的比例则为乡镇财政20%,市财政80%。

1994年实行分税制财政管理体制,以1993年乡镇财政收入为基数。调整后,增值税的75%和消费税作为上划中央财政收入,增值税的25%和地方财政固定收入加市下划收入为乡镇财政收入基数。乡镇财政分成60%、市财政40%。

1997年~1998年适当调整乡镇财政管理体制。1998年将乡镇"两项收入"(增值税25%部分和外商投资企业所得税)超支分成,乡镇财政为40%,市财政60%。乡镇财政开始实行预算内外并账核算。

在镇财政体制改变的同时,机构名称也有所变化。至1992年,改为乡镇财政办公室,设主任、副主任、总会计、助理会计、出纳,办公室主任由乡镇长兼任。

第二节　财政收支

在乡镇财政建立前,上级财政对乡镇财政实行“总额控制,包干使用”的管理办法,乡镇行政干部、离退休干部等人员经费按组织部门核定编制专项管理,由县财政直接拨付交乡镇发付(国有资金),乡镇公用经费包干使用。乡镇部门干部工资等由乡镇政府向乡镇企业收取管理费、利润开支(乡有资金)。乡镇公办教师、公办代课教师工资等由上级教育部门直拨支付。乡镇民办代课教师工资,由乡镇政府核实,落实到乡镇办企业中列支。乡镇卫生院属自收自支单位。

1986 年 1 月,实行县、镇(乡)“分灶吃饭”的体制后,戴村镇、永兴乡、云石乡财政收支由以下两部分组成:

1. 国家预算内资金,包括收入和支出。收入:按体制划归乡镇财政的农业税、农林特产税、农村工商税和其他财政收入。支出:按体制划归乡镇财政的各项正常事业费、抚恤社会救济经费、城市维护费、行政管理费等。

2. 预算外和自筹资金,包括收入和支出。收入:镇乡属企事业单位上交收入;集体兴办公益事业的专项资金和农业税附加;农村教育费附加等。支出:用于乡镇自筹资金安排的各项建设和公益事业的开支。

乡镇财政管理体制的建立,使乡镇可用资金收入有了较大的增长。

1992 年,戴村镇预算内收入 395.97 万元,镇可用用资金 154.05 万元,预算外收入 122.21 万元。2000 年预算内收入 2656.88 万元,镇可用资金 622.8 万元,预算外收入 605.25 万元,预算外收入和镇可用资金分别比 1992 年增长 6.3 倍和 4.04 倍。

1992 年,云石乡预算内收入 217.21 万元,乡可用用资金 129.01 万元,预算外收入 49.07 万元。2000 年预算内收入 999.44 万元,乡可用资金 382.38 万元,预算外收入 530.58 万元,预算外收入和乡可用资金分别比 1992 年增长 5.75 倍和 2.97 倍。

2001 年,云石乡并入戴村镇,预算内收入 2527.91 万元,镇可用用资金 1503.82 万元,预算外收入 1462.74 万元。

2006 年,戴村镇预算内收入 7301.01 万元,镇可用资金 2860.21 万元,预算外收入 4749.20 万元,预算内外收入和乡可用资金分别比 2001 年增长 3.02 倍和 1.9 倍。同时,随着社会各项事业的发展,财政支出也呈增长趋势,1992 年,云石、戴村两乡镇财政总支出为 459.03 万元,其中:预算内支出 291.76 万元,预算外支出 167.27 万元。2006 年,镇财政总支出 7607.2 万元,其中:预算内支出 2861.54 万元,预算外支出 4745.66 万元。2008 年,镇财政可用资金达到 11880.44 万元,比 2007 年增长 44.5%。

1992～2008年戴村镇预算内资金收入情况

表7－2－1 单位：万元

年份	总收入	其中												镇可用资金
		增值税	营业税	企业所得税	个人所得税	农业税	农特税	耕地占用税	城市建设维护税	房产税	屠宰税	城镇土地使用税	印花税	
1992	395.97	228.51	50.43	30.78	43.79	22.16	1.52	1.99	16.12		0.67			154.05
1993	431.92	239.53	45.71	74.28	9.13	26.53	2.08	6.69	26.98		0.99			195.55
1994	646.92	468.5	18.89	67.96	7.01	40.49	0.95	2.44	39.69		0.99			270.98
1995	837.46	622.03	36.48	70.74	30.22	41.33	1.7	2	30.68		2.28			331.56
1996	1005.88	738.2	27.57	95.57	31.22	59.9	1.5	1.49	47.32		3.11			444.17
1997	1210.25	937.17	21.26	130.01	18.1	51.47	1.5	1.41	41.41	2.62	3.13	0.45	1.72	478.67
1998	1258.02	1005.83	15.79	96.65	21.59	53.38	0.82	5.03	48.48	5.33	4.04	0.58	0.5	390.04
1999	1472.89	1226.12	28.65	82.58	25.18	47.03	1.5	1.94	48.77	4.55	4.4	0.5	1.67	553.42
2000	2034.08	1779.25	28.96	45.32	73.22	36.86	0.99		60.42		5.59	0.58	2.89	622.8
2001	2527.91	1901.07	92.88	305.77	95.8	39.31	2.5		80.29	4.06	0.88		5.35	1503.82
2002	3018.19	1929.86	193.58	621.88	92.58	34.79			137.14	0.38		0.15	7.83	1541.03
2003	4558.52	3277.72	280.98	452.51	327.38	32.92			157.41	2.92		0.57	26.11	2106.7
2004	4954.36	3485.6	131.63	698.15	414.95				184.86	7.88		5.69	25.6	2335.71
2005	6191.79	4394.2	242.21	843.68	404.05				198.85	57.76		21.26	29.78	2496.58
2006	7301.02	4869.52	376.16	1074.76	464.03				284.64	101.8		48.18	81.93	2860.21
2007	10826.40	7370.2	452.26	1538.58	586.45				487.63	203.74		60.54	127	4721.95
2008	14274.59	9789.96	613.19	1761.75	627.23				625.05	307.44		374.9	175.07	6379.52
合计	62946.17	44263.27	2656.63	7990.97	3271.93	486.17	15.06	22.99	2515.74	698.48	26.08	513.4	485.45	27386.76

1992～2000年云石乡预算内资金收入情况

表7－2－2　　单位：万元

年份	总收入	其中												镇可用资金
		增值税	营业税	企业所得税	个人所得税	农业税	农特税	耕地占用税	城市建设维护税	房产税	屠宰税	城镇土地使用税	印花税	
1992	217.21	145.36	13.41	40.99	7.12	5.05	2.59	0.03	2.28		0.38			129.01
1993	386.6	316.13	27.83	19.93	9.53	5.64	1.95	0.18	5.1		0.31			218.87
1994	388.25	319.38	3.11	42.37	3.86	10.22	1.01	0.46	7.52		0.32			278.76
1995	356.4	308.59	0.33	18.35	9.16	12.84	1.31	0.42	4.57		0.83			297.16
1996	382.33	312.09	6.98	28	12.04	14.09	1.24	0.53	6.3		1.06			223.28
1997	342.52	260.03	6.81	44.84	8.9	12.6	1.02	1.01	4.3		1.72		1.29	254.93
1998	269.35	186.47	4.9	51.32	5.78	11.49	1.2	0.02	5.95		1.62		0.6	262.26
1999	383.53	295.92	16.98	46.18	8.72	8.55	1		4.39		1.76		0.03	342.25
2000	617.06	484.24	16.72	82.7	13.33	7.81	1.51		5.92		2.59		2.24	382.38
合计	3343.25	2628.21	97.07	374.68	78.44	88.29	12.83	2.65	46.33	0	10.59	0	4.16	2388.9

1992～2008年戴村镇预算内资金支出情况表

表7－2－3 单位：万元

年份	总支出	其中						
		支援农业	文教科卫	社救抚恤	城镇建设	行政管理	企业挖潜改造资金	其他
1992	159.79	12.96	110.4	9.41	5	16.43		5.59
1993	198.39	8.97	143.38	10.69	7	25.85		2.5
1994	259.62	6.72	198.3	11.94	10	31.36		1.3
1995	349.31	19.09	258.05	16.99	10	45.18		
1996	430.03	2.03	315.32	19.68	15	70		8
1997	457.06	23.79	327.85	29.28	15	57.14		4
1998	474.12	15.64	358.91	20.17	15	64.4		
1999	539.47	39.91	425.01	29.83	15	29.72		
2000	621.38	30.55	498.19	25.21	12	55.43		
2001	1548.63	93.8	994.35	60.91	50	349.57		
2002	1556.67	132.35	752.47	85.38	160	406.47	20	
2003	1972.37	453.91	354.59	152.68	391.3	559.89	60	
2004	2328.83	356.67	800.23	198.96	224.67	564.77	183.53	
2005	2524.87	384.27	1038.24	275.56	48.69	567.86	210.25	
2006	2861.54	207.35	1327.56	399.03		563.2	364.4	
2007	4700.22	587.07	1793.39	726.59	927.87	596.88	68.42	
2008	61419.74	889.99	2558.29	1268.04	508.68	858.16	336.58	
合计	27402.04	3265.07	12254.53	3340.35	2415.21	4862.31	1243.18	21.39

1992～2000年云石乡预算内资金支出情况表

表7-2-4 单位：万元

年份	总支出	其中						
		支援农业	文教科卫	社救抚恤	城镇建设	行政管理	企业挖潜改造资金	其他
1992	131.97	12.57	83.47	8.68	19.71	7.54		
1993	209.72	33.33	112.33	11.96	23.5	28.6		
1994	278.3	67.95	122.93	8.93	56.49	22		
1995	306.94	89.39	131.43	12.11	50.17	23.84		
1996	220.84	45.83	122.29	12.16	10	30.56		
1997	255.28	32.98	158.98	16.83		46.49		
1998	260.1	23.17	183.88	12.2		40.85		
1999	332.96	41.16	152.06	16.33	15.19	78.22		30
2000	390.87	51.52	240.69	27.12	18	53.54		
合计	2386.98	397.9	1308.06	126.32	193.06	331.64	0	30

1992～2008年戴村镇预算外和自筹资金收入情况

表7－2－5 单位：万元

年份	总支出	其中										
		企事业上交	专项资金收入	农村附加费	农村牧税附加	级差地租	城建配套费	贴农金	粮食附加费	兵役义务费	水利金	其他
1992	122.21	75.2		28.68								18.33
1993	168.19	97.15		71.04								
1994	198.4	133.52		60.15								4.73
1995	442.93	294.86	37	99.45								11.62
1996	287.91	93.08	12	91.51								91.32
1997	305.77	109.62	14	117.9	4.69							59.56
1998	601.79	169.54	37	159.44	4.81			41.42	90.63	20		78.95
1999	612.97	300.79	59	105.07	4.23			32.36	69.1	29.48		12.94
2000	605.25	107.01	100	119.41	4.02			36.4	80.2	30.41		127.8
2001	1462.74	108.43	851.05	350.37	3.54			55.08		42.23		52.04
2002	1321.08	244.89	426.97	464.1	4	57.28		51.92		43.6		28.32
2003	2960.91	33.67	1014.26	645.76	3.95	675.48	453.7	62.29				71.8
2004	2741.1	39.12	1478.11	1061.79		53	70.09	38.99				
2005	5108.93	59.85	2032.27	922.71		349.68	1706.12	38.3				
2006	4749.2	102.54	3241.8	550.23		657.19		82.08			56.44	58.92
2007	3455.83	125.85	2563.01	333.21		106.06		97.69			140.73	89.28
2008	5434.91	101.24	4438.48	338		222.56		103.21			179.42	52
合计	30580.12	2196.36	16304.95	5518.82	29.24	2121.25	2229.91	639.74	239.93	165.72	376.59	757.61

1992～2000年云石乡预算外和自筹资金收入情况

表7－2－6 单位：万元

年份	总支出	其中									
		企事业上交	专项资金收入	农村附加费	农村牧税附加	级差地租	城建配套费	贴农金	粮食附加费	兵役义务费	水利金	其他
1992	49.07	12.72		14.05								22.3
1993	177.01	82.77		40.9								53.34
1994	91.41	61.78		9.44								20.19
1995	95.35	43.01	23	21.65								7.69
1996	139.61	80.4	27.56	21.48								10.17
1997	129	37.35	10	34.59	1.21							45.85
1998	211.09	41.42	35	45.93	1.03			14.76	44.33	12.21		16.41
1999	271.19	44.03	35	60.22	0.77			12.33	42.59	8.27		67.98
2000	530.58	63.59	237.05	109.5	0.7			17.11	84.77	10.58		7.28
合计	1694.31	467.07	367.61	357.76	3.71		0	44.2	171.69	31.06		251.21

1992～2008 年戴村镇预算外和自筹资金支出情况

表 7－2－7　　单位：万元

年份	总支出	其中						
		支援农业	文教科卫	社会救济	行政机关事业费	城镇建设	企业挖潜改造资金	其他
1992	124.07	14.38	51.39	4.8	23.6			29.9
1993	149.47	16.97	43.53	4.2	24.4	54.88		5.49
1994	270.82	42.62	124.53	10.2	52.19	30.97		10.31
1995	393.2	45.54	180.62	8.98	77.39	10.37		70.3
1996	318.15	87.86	172.57	25.39	21.82			10.51
1997	325.64	71.14	202.3	17.59	33.53			1.08
1998	373.93	70.01	157.97	17.18	59.58	30.03		39.16
1999	563.17	117.52	205.41	39.51	125.98	19.65		55.1
2000	662.77	125.03	182.9	32	179.17	70.95		72.72
2001	1417.63	508.48	187.5	55.35	250.83	327.21		88.26
2002	1243.4	84.82	339.41	44.49	72.42	216.81	274.82	210.63
2003	3047.72	81.01	1209.49	70.84	148.8	1163.52	161.77	212.29
2004	2972.84	320.21	1237.06		854.7	560.87		
2005	5097.28	903.52	933.64	9.18	1097.97	8	2144.97	
2006	4745.66	566.7	570.18		1599.22	154.43	1527.55	327.58
2007	3455.83	619.71	298.69	47.11	1020.92	410.59	1058.81	
2008	5424.06	758.57	425.69	320.52	2105.97	1538.65	274.66	
合计	30585.64	4434.09	6522.88	707.34	7748.49	4596.93	5442.58	1133.33

1992～2000年云石乡预算外和自筹资金支出情况

表7-2-8　　单位:万元

年份	总支出	其中						
		支援农业	文教科卫	社会救济	行政机关事业费	城镇建设	企业挖潜改造资金	其他
1992	43.2	1.73	16.08	8.6	9.78	7.01		
1993	163.67	15.64	24.91	13.68	33.17	49.92		26.35
1994	156.88	60.81	7.6	8.85	34.99	25.82		18.81
1995	53.04	21.34	5.33	3.98	13.76			8.63
1996	132.15	14.5	20.31	4.61	57.65	13.5		21.58
1997	124.7	15.66	19.32	2.73	31.57	29.1		26.32
1998	210.76	37.77	63.64	13.32	67.01	23.02		6
1999	278.62	21.7	69.65	23.33	78.79	69.71		15.44
2000	495.77	83.96	107.96	14.76	120.28	88.62		80.19
合计	1658.79	273.11	334.8	93.86	447	306.7	0	203.32

第三章　税　收

第一节　田　赋

明代,田地分类繁复,类别多达几十种。种类不同,所征的田赋也有所不同。明洪武初,官田起科每亩5升3合有奇,民田每亩3升3合有奇,全税田每亩8升3合有奇,芦地每亩5合3勺,草塌地每亩3合1勺,设官田每亩1斗2升。明嘉靖二十七年(1548),因田地分类过于繁复,改为上、中、下3则,至万历九年(1581)改为5则。时,许贤乡一则7升9合6勺,二则7升1合6勺,三则6升2合7勺,四则5升5合7勺,五则4升7合8勺;许孝乡一则6升4合4勺9抄2撮,二则5升8合3抄2撮,三则5升1合6勺1抄5撮,四则4升5合1勺5抄,五则3升8合6勺8抄5撮;孝悌乡一则5升9合,二则5升3合1勺,三则4升7合2勺,四则4升1合3勺,五则3升5合4勺;新义乡一则5升8合3勺,二则5升2合4勺,三则4升6合6勺,四则4升8勺,五则3升4合9勺。

清代沿袭明制,赋制更革不多。康熙、雍正以前,田赋分粮银、南米、人丁3项。根据《萧山县乡土志》记载,其科则是:粮银,田每亩最高银1钱2分,最低银6分8厘;花山每亩银7厘2毫,光山每亩银1厘8毫;池、荡、浜、沥每亩银1分1厘6毫。南米,田每亩米7合6勺。人丁,市民每人银1钱3分2厘;乡民每人银1钱4分8厘,米9合7勺。雍正四年(1726)之后,人丁一项并入粮银之内,称为地丁。宣统三年(1911)田赋正税有地丁、南米与租课3种。地丁即土地税与人丁税之合称,按银两计算,正税银1两。

清末田赋:有地丁、南米、租课3种。地丁即土地税和人丁税的全称。南米原为供应南方驻军的军粮,以石计算。租课系公田的租课与税课。其中南米民国元年(1912)改称抵补金。至民国12年全部改征地丁与抵补金。

民国21年改地丁,抵补金为上、下期田赋,同时废银两改按银元计算,正税银1两折银元1.8元,米1石折银元3.3元。所有田赋项下的各种附加税,均照此折征银元。

民国30年田赋征实,每元赋额折收稻谷2市斗,戴村列为沦陷区,仍折收货币,每石30元;31年每元赋额折收稻谷4市斗,每石折币70元;33年每石折币450元。34年抗战胜利豁免当年田赋。35年征收实物,照33年赋额五成实征,每元赋额折征稻谷3市斗,征借1市斗,公粮9升,共计4斗9升,直至解放。

田赋的附加及带征名目繁多,负担奇重。民国元年至16年,“省附加”有原为偿付“庚子赔款”的粮捐及新增的水利经费。“县附加”有自治附捐及几种水利经费。民国16年以后,附加逐年增加,内容更为庞杂。“省附加”有:地丁项下的粮捐、水利费、军事善后特捐、建设附捐、建设特捐、保安附捐等5种;抵补金项下的有省税、军事善后特捐、建设附捐、建设特捐等4种。“县附加”有:地丁特捐、积谷亩捐、党务教育费、抵补金特捐、教育附捐、自治附捐、治虫捐、江塘捐、海塘捐、堤塘捐及东乡、南沙各项捐目共14种。民国16年各项附捐加上随赋带征的征收经费等为正税的1.65倍,至民国19年增至2.36倍。民国21年改制后,各项附加带征分别随同上、下期田赋征收。民国30年田赋征实后,正附各税合并计算征收稻谷。

第二节　农业税

1949年,浙江省人民政府颁布的《一九四九年征收农业税暂行办法》规定:“特将公粮、田赋、公柴及乡村经费各项负担合并，称为农业税，统一征收。”又规定：“农业税之征收，以农业生产之土地为根据。以其收益者为对象，凡有农业收益之土地，不问其为自耕，租出或佃入，其收益人均须按照本办法之规定缴纳农业税。”暂行办法具体规定，以每户占有田亩之多寡分16级，以土地之好坏分甲、乙、丙、丁四等，分别确定每亩应纳的税额。

1952年土改后，采取24级全额累进税率，根据每块田地产量，评定等级。若户人均农业收入未满75公斤，免除农业税。农业税的计算公式为：计税产量×税率=正税额，正税额×附加税率=附加税，正税+附加税=当年的农业税。

随着农业合作运动的开展，土地逐渐变为集体经营，原有以户为单位征收农业税的办法已经不适用。1958年，农业税改为比例税制。20世纪60年代，调整农业税负担，以生产大队实行差别税率，产粮区不超过计税产量的10%，地方附加降为10%，社员自留地按耕地面积7%扣除免征税收，戴村、永兴、云石以征收稻谷为主，缺粮队征收代金。

80年代，土地承包到组到户以后，农业税改由户（组）缴纳，按户（组）结算，纳税方式可用现粮，亦可用现金。征收凭证统一使用农业税代金收据。农业税实际负担也由解放初的11%左右下降为1982年的4.39%。

90年代，农业税实行“实物征收”的办法，凭“售粮证”和“农业税现粮任务通知单”交粮。农户在完成农业税现粮任务后再完成订购合同，无订购任务和现粮的可用代金。

2004年起国家免征农业税。

1992年~2006年戴村镇上缴农业税情况

表7-3-1　　单位：万元

年份	税金	年份	税金
1992	22.16	2000	36.86
1993	26.53	2001	39.31
1994	40.49	2002	34.79
1995	41.33	2003	32.92
1996	59.90	2004	
1997	51.47	2005	
1998	53.38	2006	
1999	47.03		

说明：1992—2001年税金不含原云石乡

1953年各乡(农业税)稻谷减免数

表7-3-2 单位:斤

乡别	总户数	任务数	减免户					减免数
			贫农	佃农	中农	其他	小计	
戴村	1011	328393	9	15	1		25	2400
白墅	801	314028	22	9	7	3	41	5074
马鞍	1007	458519	23	11	5	1	40	7597
振庭	1035	505998	36	25	3	7	71	11043
云石	879	137783	27	25	10		62	4466
长潭	915	142012	13	36	3	2	54	2758
凌溪	1034	218441	16	22	2		40	3583
合计	6682	2105174	146	143	31	13	333	36921

1956年各乡农业税入库情况

表7-3-3 单位:

乡别	应征数	入库数			尾欠	完成%	征起林木农业税
		稻谷	代金折谷	合计			
戴村	451540	275068	176305	451373	167	99.96	1511.01
白马	907277	888474	18863	907337		100	
振庭	773700	760840	12659	773499	201	99.97	
长潭	113832	652	113180	113832		100	2667.12
合计	2246349	1925034	321007	2246041	368		4178.13

1956 年各乡农业税减免情况

表 7-3-4　　单位：

乡别	总社（户）数			计征数	灾情减免						社会减免数						
	高级	低级	单干		高级社	减免数	低级社	减免数	单干户	减免数	高级社	减免数	低级社	户数	减免数	单干户	减免数
振庭	7	18	77	826366	1	5801	3	16856	1	343	4	3528	9	64	20899	14	4779
白马	4	31	73	923708							1	3000	26	67	11694	3	397
戴村	7	18	75	484944			7	23424	6	810	4	2450	15	55	6259	1	231
长潭	8	13	43	114716			1	158					2	7	534	2	132
合计	26	80	268	2349734	1	5801	11	40438	7	1153	9	8978	52	193	39389	20	4439

1957 年各乡农业税任务及减免情况

表 7-3-5　　单位：

乡别	社数		单干户	计征数			减免数			
	高级	低级		正税	附税	合计	社会	灾情	种幼畜	合计
戴村	7	18	75	440796	44138	484934	8040	24234	220	32494
白马	4	31	73	838772	83936	922708	15091		340	15431
振庭	7	18	77	751200	75166	826366	29206	23000	460	52666
长潭	8	13	43	104272	10444	114716	666	158	60	884
合计	26	80	268	2135040	213684	2348724	53003	47392	1080	101475

第三节　契　税

契税起源于古代的估税，是典买田地房产时赴官司验印，所缴纳的捐税，有不动产转移的性质.契据载明的价格或估价，按照规定的税率计算征收，由依法取得所有权者缴纳。宋开宝二年(969)，规定典买田宅应在2个月内赴官验印，名曰印契钱。元、明两代均有契税。

清代定制：置买田房，价银每两纳税三分，如系活契当典田房，契载在10年以内者概不纳税。各省多未遵守，买契一项有按照九分征收，或于正税之外，另征杂费；典契一项，有按买契同等征收者，有减半征收者，税率参差不一。光绪二十八年(1902)，为筹集新约赔款，每户投税，须粘契尾一张，不论契价多少，照例认捐银一两，谓之契尾捐。

民国初年，契税改为不动产转移税，按买、典、押三者分订税率。民国3年(1914)，契税条例规定，买契为9%，典契为6%。民国35年，修订的税率为：买契、赠与契、占有契6%，典契4%，交换契、分刈契2%。契税项下的附加税有置产捐、注册费、中央教育费、省附加及契纸工本费。在办理摊收过户时，尚须缴纳教育捐和建设捐。

中华人民共和国成立后，契税仅限于房屋买卖或转移，收入甚微。1956年起，列为其他收入的一个子项目。1983年起列为其他工商税的一个子项目。

第四节　工商税收

民国时期，国民政府征收的工商税很繁杂，有货物税、营业税、营利事业所得税、财产租赁所得税、印花税、营商营业税、屠宰税、娱乐税、筵席税等多种。

新中国成立初期一度沿用旧税制，但中央政府很快制定了新的税制，戴村开征的税种有农业税、货物税、工商业税、存款利息所得税、印花税、屠宰税、特种消费行为税、车船使用牌照税8种。1953年修正税制后，免征特种消费行为税，新增了商品流通税、牲畜交易税、文化娱乐税3种。20世纪60年代，工商税制改革后，商品流通税、货物税、营业税、印花税，合为工商统一税。戴村开征的税种为工商统一税、工商所得税、农业税、屠宰税、车船使用牌照税5种。

改革开放后税制又有了新的调整，1993年戴村开征的税种有增值税、营业税、企业所得税、个人所得税、农业税、农林特产税、耕地占用税、城市建设维护税、屠宰税9种，实征税额431.92万元，其中以增值税为大宗，税额239.53万元(不含原云石乡)。1997年始开征房产税、城镇土地使用税、印花税。2000年停征耕地占用税。2001年戴村开征的税种有增值税、营业税、企业所得税、个人所得税、农业税、农林特产税、城市建设维护税、房产税、屠宰税、城镇土地使用税、印花税等11种，实征税额为2527.91万元。其中增值税1901.07万元，企业所得税305.77万元，两项为大宗。2002年停征屠宰税。2004年停征农业税、农林特产税。2008年，戴村开征的税种有增值税、营业税、企业所得税、个人所得税、城市建设维护税、房产税、城镇土地使用税、印花税、土地增值税等9种，实征税额为14274.59万元，是2001年的4.65倍。

第五节　其　他

厘金　统捐

清同治元年(1862)年,开征厘金。正式税收有牙贴捐、百货厘金、丝捐、茶厘捐等项,共12类税、682项,并有多种附加。税率正附合计为10%。民国初年,沿袭清制,惟列入预算时名为统捐、茧捐等。习惯上仍称厘金。

厘金开征以来,到处设卡收捐,多次重征,查验苛扰。民国21年(1932),裁废。厘金裁废后,相继开征货物税和营业税。

货物税

民国4年(1915),对烟酒实行官督商销的公卖制度。民国15年,试办卷烟统税,其后经多次扩大征收范围,演变为货物统税。

印花税

印花税创于清光绪三十三年(1907)。民国初年,开始实行。

地方捐税

民国18年(1929),地方杂捐有店屋捐、住屋捐、固有警捐、新增警捐、车捐、茶碗捐、戏捐、屠宰附加、屠宰肉捐、置产教育捐、烟叶捐、茧捐、鱼荡捐、南沙水利捐、堤塘捐、江塘捐、海塘捐、广告公费、积谷捐、地丁特捐等30余种。

民国24年,地方杂捐仍旧繁多,有保安户捐、壮训户捐、自治户捐、店屋捐、住屋捐、屠宰附捐、旅店捐、茶碗捐、车捐、广告捐、卫生捐、戏捐、置产捐、筵席捐、学谷捐、岳庙捐、城隍庙香火捐、丐捐、水利庙捐、烟叶捐、绅富慈善捐等约有25种。

第四章　财税机构

为便于控制税源与加强基层组织领导,1952年12月报经省财政厅税务局批准,将临浦税务所所属戴村稽征组改制为所,于1953年2月正式成立。1955年5月又划出河上区,单独成立河上税务所。1956年4月成立县财政局时,戴村税务所撤销,业务仍由临浦税务所经管。1961年8月1日又恢复建制,同年10月改称河上税务所。1966年1月复用戴村税务所原名。1969年1月随县局而撤销。1970年11月,县财政税务局重建,原戴村所业务并入临浦财政税务所。1972年1月成立戴村区,又从临浦财政税务所划出,恢复原建制,称戴村财政税务所。1994年设戴村财税所、戴村国家税务所、戴村地方税务所,三块牌子、一套班子,三所合署办公。1997年10月改制为戴村财政分局、戴村地税征收管理分局,国税并入临浦。2005年8月戴村财政分局、戴村地税征收管理分局并入临浦。

戴村财税所所(局)长名录

表 7－4－1

姓　名	职　务	任　职　时　间
封霞泉	所长	1961.8～1981.10
沈观昌	所长	1981.10～1991.2
倪玉根	所长	1994.～
罗建平	所长分局长	1994.10～1997.12
孔建明	所长	1998.2～2003.12
吴志灿	所长	2000.3～2005.8

卷八　党派群团

戴村是萧山的革命老区，早在20世纪20年代中国共产党成立不久，戴村就建有中共基层党组织，领导人民翻身闹解放。中华人民共和国成立后，戴村镇各级中共基层党组织，成为带领戴村人民建设美好家园的核心力量。尤其是改革开放以来，镇党委和各村、企事业单位党组织，贯彻党的路线方针政策，紧紧抓住经济建设这个中心，带领群众奔小康，促进戴村经济和各项社会事业的发展。

早在新民主革命时期，戴村就建有农民协会和共青团组织，在中国共产党的领导下，开展革命斗争。中华人民共和国成立初期，境内工人组织主要是教育工会和店员工会。改革开放后，由于乡镇工业的崛起，大批农民成为新型工人，工会组织得到相应发展。随着人口逐步老龄化和各界对残疾人的关爱，镇老年协会和残疾人协会应运而生。至2008年，镇内群众团体主要有工人组织、农民组织、妇女组织、青年组织、老年组织和残疾人组织。各群众团体在镇党委和上级群众组织领导下，依法开展适合本组织特点的活动，服务、服从于党的中心工作，有力促进了戴村社会的和谐发展。

第一章　中国共产党基层组织

新民主革命时期，中国共产党在今戴村镇域内，建立上堡、沈村、丁村等村党支部，发展党员，领导农民群众开展革命斗争。中华人民共和国成立后，各村（大队）都建立党支部，乡镇（公社）建立党委。中共萧山县委还在戴村设立派出机构中共戴村区委。除“文化大革命”时期外，戴村基层党组织健全，活动正常。镇（乡、公社）党代会和村支部委员会，认真履职，按时换届。改革开放后，及时在乡镇企业、民营企业建立党组织。1991年，建立中共戴村镇（云石乡、永兴乡）纪律检查委员，以加强党的纪检工作。镇党委和村、企事业单位党组织，不断加强党的组织建设、思想建设、作风建设，带领全镇人民为实现党的中心工作而奋斗。

第一节　解放前党组织

1927年6月，中共萧山县独支委员会成立后，县委决定把工作重心转移到农村，发展党员建立组织，发动农民开展减租反霸斗争。当时南乡以今镇域内的上堡、沈村一带为中心，发展钟阿马等一批造纸工人为党员，并建立了上堡党支部，由钟关仁任书记。

1927年9月，成立中共萧山临时县委，10月建立萧山县委，县委下属今戴村境域内有4个党支部，即上堡党支部、钟阿马任书记；丁村党支部、丁文樵任书记；沈村党支部、沈步云任书记；戴村党支部，杨济生任书记。

1928年4月9日，萧山县委召开党员大会，改选县委成员。全县设24个党支部，现戴村镇境域内仍为上堡、丁村、沈村、戴村四个党支部。是年8月，中共萧山县委在朱家塔小学召开党的代表会议，再次改选县委领导班子，并决定将上堡、沈村一带作为开展武装斗争的中心区域。10月，为反抗地主压迫，中共萧山县委委员钟阿马带领广大贫苦农民，在上堡、沈村、丁村一带组建了以共产党员为核心农民武装组织“铁血团”，由钟阿马任团长，开展抗租抗息斗争。同时，掀起了震惊南乡的“砍竹暴动”，地主山上的大量竹木被砍伐，得到广大贫苦农民的热烈拥护。1929年4月，“铁血团”遭反动军警血腥镇压，1人牺牲，10人被捕。1930年8月30日，钟阿马在临浦峙山南麓英勇就义。6月，中共萧山县委遭到敌人的破坏，下属各支部、党员失去联系，戴村地区党组织工作处于停顿状态。

1930年2月，由原中共江苏武进县委书记恽逸群等人为主，在萧山南乡上堡村召开党的代表会议，重新建立中共萧山县委。8月间，又在上堡村改选中共萧山县委，下属两个区委。在南乡设立戴村区委，下属6个党支部，除西山下党支部外，其余5个支部均为现戴村镇境域内，即上堡党支部、丁村党支部、戴村党支部、石盖党支部、石马头党支部。增设党支部后,各支部大力发动群众,开展各种斗争,以迎接革命高潮。

1947 年,中共党员陈商(戴村镇顶山自然村人)在沈村小学任教期间,创办《大地周刊》,宣传进步思想,出刊 12 期后因故中断,后陈商弃教参加新四军浙东游击纵队金萧支队(以下简称“金萧支队”)。

1948 年 8 月 28 日,中共路西县自卫大队长兼武工队长蒋谷川率武工队员 10 人,袭击国民党戴村警察所,缴获步枪 12 支,电话交换机 1 台,生俘警察 10 余名。10 月,中共路西县河上区(初期称萧富区)区委和区政府宣告成立。章文英、陈商(又名陈青之)先后担任区委书记兼区长。11 月 4 日,浙东人民解放军金萧支队政委张凡率金萧支队一部,从富阳上官乡深里村出发,进行外线出击。在戴村墙头村歼灭国民党萧山保警队一个中队,伤敌俘敌 50 余名,缴获机枪 1 挺,步枪 30 余支和子弹 2 箱。11 月开始,陈商组建区中队,担任队长。1949 年 1 月,区中队配合路西县大队再次袭击戴村警察所,解散全部警察,焚敌给养,削弱敌人嚣张气焰,维护戴村一带的稳定。

1949 年 1 月,萧山简师学生蔡琳(后任复兴乡文书)、董士元(戴村上董村人)等 8 人,赴县南地区寻找金萧支队。中共河上区委书记陈商动员他们以“萧山支部”名义,回县城开展宣传活动。同月,河上区武工队先后袭击楼塔、大同、紫霞、戴村、长潭、许贤等地的国民党乡(镇)公所,收缴印钤,瓦解这些国民党的地方基层政权。3 月 2 日,中共江南县委、县政府宣告成立,临浦、河上两区改属中共江南县委领导。陈商任县委候补委员。

第二节　解放后党组织建设

1949 年 5 月 5 日下午,萧山宣告解放,5 月 6 日,中共萧山县委成立。县委部署各乡镇的中心任务是领导人民剿匪反霸、征粮支前、镇压反革命等。6 月 5 日,萧山县人民政府宣告成立,同时设立河上、戴村、临浦等 8 个区公所,建立中共戴村区委。戴村区委先后管辖 11 个乡党支部,今戴村镇域内有 8 个乡党支部,即马鞍乡、白墅乡、长潭乡、云石乡、复兴乡、振庭乡、戴村乡、凌溪乡党支部。

1949 年 8 月 13 日,今镇域内复兴乡乡长郑振庭和文书蔡琳在上董村工作时,突遭吴小水股匪袭击,因寡不敌众不幸被捕,两人均惨遭杀害,为纪念烈士,县委、县人民政府将复兴乡部分村划出单独建立振庭乡,设乡党支部。是年 10 月,中共萧山县委在长潭乡等地开展秘密建党工作,至年底,发展新党员 20 余名。

1950 年 7 月,土地改革运动掀起,今镇域内的凌溪乡作为重点试点单位,11 月全面展开,至次年 3 月基本结束。土地改革是这一时期各乡党支部的中心工作。

1951 年 4 月,全县“抗美援朝,保家卫国”运动蓬勃开展,戴村区委在凌溪乡召开千人动员大会,云石乡在平山学校操场召开动员大会,会后进行大规模的示威游行,强烈抗议美帝国主义的侵略罪行,爱国热情十分高涨。

1956 年,调整乡镇规模,随着党员队伍的扩大,白马乡、长潭乡、振庭乡、戴村乡分别建立党总支。下属村也先后建立党支部。是年 11 月召开中共戴村乡第一次党员代表大会。

1958 年 10 月,全县实现人民公社化。其间,撤销区建制,建立戴村人民公社党委,下属 6 个管理区党总支,即:许贤管理区、白墅管理区、马鞍管理区、长潭管理区、振庭管理区、凌溪管理区党总支。同月,戴村公社的白墅管理区党总支、马鞍管理区党总支 2 个管理区划归浦阳江人民公社党委。

1959 年年初,戴村人民公社与浦阳江人民公社的白马、振庭、许贤 3 片合并,中共戴村人民公社党委下辖长潭、凌溪、振庭、许贤、白墅、马鞍 6 个管理区党总支。长潭管理区党总支下设 7 个大队党支部,凌溪管理区党总支下设 6 个中队党支部,振庭管理区党总支下设 2 个大队党支部,白墅管理区党总支下设 4 个大队党支部,马鞍管理区党总支下设 3 个党支部。

1961 年 7 月恢复区建制,设立区委。缩小公社行政区域并撤销管理区,建立公社党委,今戴村镇域为云石、戴村、永兴桥 3 个人民公社党委。云石公社党委下辖 16 个大队党支部,戴村公社党委下属 22 个大队党支部，永兴桥人民公社下辖13个大队党支部。

1966年下半年起，由于“文化大革命”的冲击，戴村基层党组织不能正常开展工作。1969年2月实行撤区并社，戴村公社、云石公社、大桥公社的9个大队，合并为戴村人民公社。永兴公社有10个大队划归浦南公社，3个大队划归义桥公社。同年6月建立中共戴村公社革命委员会核心小组，遵照“每个支部要重新在群众中进行整顿，经过群众参加评议”的指示，放手发动群众，实行开门整党。至1970年5月，戴村公社党委下辖的47个大队党支部也都恢复正常组织生活。

1971年2月调整公社规模，今戴村镇地域恢复到1961年7月以后的建制范围，即戴村人民公社党委，下属22个生产大队党支部；云石人民公社党委下属16个生产大队党支部；永兴人民公社党委下属13个生产大队党支部。

1972年，戴村公社建立下属党支部29个，其中大队党支部22个，共有党员307名；云石公社已建立党支部18个，其中大队党支部16个，共有党员244名；永兴公社建立党支部14个，其中大队党支部13个，共有党员189名。

1981年开始，开展党内“争当先进共产党员，争创先进党支部”活动。1982年开展端正党风、严肃党纪教育活动。

1984年5月，随着人民公社体制废除，戴村、云石、永兴3个公社党委改名为乡党委，下属大队党支部相应改为村党支部。

1985年5月，戴村被批准为建制镇，乡党委改名为镇党委。是年8月开展整党，进一步贯彻落实中共十一届三中全会以来的路线方针政策，提出十条整改措施，进行党员登记，增强党员干部的党性观念，促进社会风气的好转。

1986年8月18日至23日，戴村镇、云石乡、永兴乡“两乡一镇”同时开展第二次乡村两级整党工作。重点解决四个问题：深入开展党性教育，争做一名合格党员；正确认识农村形势，明确党的现行政策；端正党风，带动社会风气根本好转；加强领导班子建设，增强党支部战斗力，提高党在群众中的威望。

1988年，戴村镇党委制定《关于加强党委自身建设的若干意见》《党委政府议事规则》《党风廉政建设责任制》等文件，并建立镇党校，使党员教育有固定的学习培训场所。1989年开始，今域内各乡、镇党委开展党的基本路线教育，从组织上确保党政领导成员保持廉政勤政的优良作风。1991年6月建立中共戴村镇纪律检查委员会。

1992年5月，永兴乡并入戴村镇，市委调整镇党委领导班子。镇党委下属有行政村党支部35个，企事业单位党组织27个(其中企业党委1个、党支部26个)。到是年12月31日止，全镇共有党员992名。

2001年7月30日，根据萧山区委、区政府决定，将云石乡并入戴村镇，至此，新的戴村镇党委下属党支部共90个，其中行政村党支部51个。

2005年5月22日，萧山区委、区政府调整行政村规模，戴村镇51个行政村调整为22个村、1个中心居委会。全镇共有党支部(或党总支、党委)98个，其中党委2个、总支部13个、支部83个，到年底全镇党员1914名，本年度新发展党员53名。

2006年，全镇共有基层党组织(党支部、党总支、党委)99个；村党组织47个，其中党总支10个、党支部37个。共有党员1964名，本年度新发展党员56名。2007年，镇党委积极开展村级后备干部公选工作，21名村主任助理走上了锻炼岗位，为村级组织换届打下了一定的基础。是年，开展非公企业党建扩面工作，提升非公企业党建的整体水平；加强对流动党员的教育管理。

至2008年，全镇共有党组织108个，其中党委3个、党总支12个、党支部93个；行政村党组织49个，其中党总支10个、党支部39个。全镇有党员2160名，本年度新发展党员65名。

第三节　党员代表大会

1956 年 11 月，召开中国共产党戴村乡第一次党员代表大会。至 1958 年，各行政村(大队)基本建立起党支部。戴村乡(人民公社、镇)的历次党员代表大会中，除第三次党代会无资料，其余历次党代会予以记载。原永兴乡、云石乡历次党代会，由于档案资料遗失，只作简要记述。至 2008 年，中共戴村镇已召开十二次代表大会。

戴村镇(乡、公社)

中国共产党戴村人民公社第二次代表大会　1965 年年初召开，这次党代会是在社会主义教育运动基本结束的基础上召开的，陈吾善代表中共戴村公社委员会作工作报告。大会选举产生中共戴村镇第二届委员会，由 7 人组成，陈吾善任党委书记，选出副书记 2 名，委员 4 名。

中国共产党戴村人民公社第四次代表大会　1966 年开始的"文化大革命"，使戴村的党组织遭受严重破坏，党组织不能正常活动。1969 年上半年，全公社开展整党建党、党员开始恢复组织生活。1970 年 5 月 23 日至 24 日，召开中国共产党戴村人民公社第四次代表大会，大会选举产生新一届中国共产党戴村人民公社委员会。

中国共产党戴村人民公社第五次代表大会　1984 年 2 月召开，大会听取和审议方妙仁所作的党委工作报告，选举产生中共戴村人民公社第五届委员会，方妙仁任党委书记，倪根祥任副书记。

中国共产党戴村镇第六次代表大会　1987 年 2 月召开，大会听取并审议郁晓兔所作的中共戴村镇第五届委员会工作报告，选举产生了中共戴村镇第六届委员会。郁晓兔任镇党委书记，华林桥任副书记(具体内容无资料保存)。

中国共产党戴村镇第七次代表大会　1990 年 1 月 16 日召开，大会听取和审议郁晓兔所作的中共戴村镇第六届委员会工作报告，提出今后 3 年的目标任务，选举产生新一届中共戴村镇委员会，由郁晓兔、华林桥、方解铨、邵兴荣、沈国兴、郭伟林、楼国前 7 人组成。郁晓兔任党委书记，华林桥任副书记。

中国共产党戴村镇第八次代表大会　1993 年 2 月 14 日召开。共有代表 88 名，出席会议代表 82 名，列席代表 19 名。蒋金梁作题为《励精图治齐努力，开拓奋进创新业，为夺取全镇改革和建设事业的新胜利而奋斗》的七届党委工作报告，提出今后 3 年全镇两个文明建设的指导思想和奋斗目标，选举产生中共戴村镇第八届委员会组成人员。党委书记蒋金梁；副书记俞志仁、陈兴康、瞿建成；党委委员楼铁明、吴建良、楼桂兰、楼国前、朱新林、吴庆林、黄国芹、楼友庭、杨国、瞿东望、任宝祥。纪委书记瞿建成(兼)，纪委副书记楼铁明(兼)。

中国共产党戴村镇第九次代表大会　1996 年 1 月 19 日召开。全镇有党员 1136 名，党员代表 106 名，出席本次大会的代表 99 名。大会审议并通过了蒋金梁作的题为《团结有为，创强争先，坚定清醒地推进我镇现代化建设进程》的八届党委工作报告，审议并通过瞿建成所作的题为《团结拼博，真抓实干，为加快实现创强争先目标而努力奋斗》的纪委工作报告，选举产生中国共产党戴村镇第九届委员会，由委员 11 人组成。党委书记蒋金梁，副书记陈兴康、瞿建成；委员楼铁明、楼桂兰、朱新林、吴建良、楼友庭、杨国、任宝祥、瞿东望。选举产生新一届中共戴村镇纪律检查委员会，由委员 5 名组成，瞿建成任书记，楼友庭任副书记。

1997 年 2 月 21 日和 1998 年 2 月 20 日，分别召开中国共产党戴村镇党员代表大会(例会)。

中国共产党戴村镇第十次代表大会　1999 年 1 月 12 日至 13 日召开。大会共有党员代表 108 名，实到 106 人，代表全镇 1176 名党员出席会议，与会代表听取和审议陈兴康所作题为《凝聚力量，坚定信心，开拓奋进，真抓实干，为加快实现现代化而努力奋斗》的第九届党委工作报告。大会采用无记名投票方式和差额选举办法，选举陈兴康、郭伟林、陈仲华、楼桂兰、杨国、朱新林、瞿东望、韩建庆、楼铁明 9 人为中共戴村镇第十届委员会委员。陈兴康任书记,郭伟林、陈仲华任副书记;选举陈仲华、杨国、任水华、徐晓姣、朱明康5人为中共戴村镇纪律检查委员会委员,陈仲华任纪委书记,杨国任副书记。

2000年1月12日和2001年2月8日,分别召开中国共产党戴村镇党员代表大会(例会)。

中国共产党戴村镇第十一次代表大会　2002年1月10日召开,153名党代表,代表全镇1788名党员出席会议,列席代表13名。大会听取和审议陈兴康代表中共戴村镇第十届委员会所作题为《解放思想,加快发展,众志成城,争创一流,为把戴村镇建设成为"南部经济强镇,生态旅游名镇"而努力奋斗》的工作报告。报告回顾总结了过去3年的工作:到2001年底,全镇工农业总产值达到19.74亿元,比1998年的9.44亿元净增10.3亿元;按照区委统一部署,全面完成乡镇区划调整,机关实施机构改革,实现戴村、云石两乡镇合并后的平稳过度,延长第二轮土地承包责任制,涌现出适应规模经济的专业大户100多户;城乡面貌发生新变化,3年中推进新区建设面积达800亩;开展宅基地专项清理,共拆除旧房7万多平方米,盘活土地存量近11万平方米,自来水覆盖率和村级道路硬化率达70%以上;人民生活水平得到新提高,到2001年底,全镇人均收入达到5075元,比1998年增1090元;精神文明建设取得新业绩,1999年被评为浙江省教育强镇,2000年被评为浙江省社会治安综合治理先进乡镇;党的建设获得新突破,3年中新发展党员133名,为党员队伍增添了新鲜血液。

报告提出今后在戴村经济、社会和党的建设的主要奋斗目标:保持经济快速、稳定、健康发展,到2004年末工农业总产值达到36亿元,年递增25%;集镇建设进一步加快,综合开发5平方公里集镇建成区,新开发建成区3年内争取达到1平方公里,居民人口(包括流动人口)达到1.5万人;人民生活水平进一步提高,到2004年末,农民人均收入争取达到6100元,年递增10%;科技、教育、文化、卫生、体育等社会各项事业全面发展,巩固浙江省教育强镇,争创全国体育先进乡镇,浙江省东海文化明珠、杭州市文明卫生镇;各级党组织凝聚力进一步增强。

大会听取和审议汤叶英代表中共戴村镇纪律检查委员会所作题为《实践"三个代表"全面推进党风廉政建设》的纪委工作报告。采用无记名投票方式和差额选举办法,选举陈兴康、吴国祥、陈仲华、汤叶英、吴浙明、郑望平、瞿东望、赵建平、韩建庆、楼铁明10人为中共戴村镇第十一届委员会委员,陈兴康为书记,吴国祥、陈仲华、汤叶英为副书记;选举汤叶英、郑望平、任水华、朱明康、徐晓姣5人为中共戴村镇纪律检查委员会委员,汤叶英任纪委书记,郑望平任副书记。

2002年12月23日和2004年2月11日,分别召开戴村镇党员代表大会(例会)。

中国共产党戴村镇第十二次代表大会　2006年9月26日至9月27日召开。应到代表76名,实到74名;列席代表30名。大会听取和审议赵立明代表中共戴村镇第十一届委员会所作题为《攻坚克难,创新发展,统筹和谐,务实为民,为加快建设富裕和谐新戴村而努力奋斗》的工作报告,听取和审议沈彩燕代表中共戴村镇纪律检查委员会所作题为《惩防并举,标本兼治,加强党风廉政建设,促进戴村经济社会快速健康发展》的纪委工作报告。报告回顾第十一届党代会以来所做的工作:工业经济以每年25%以上的速度递增,2004年和2005年连续两年被区委区政府命名为经济发展优胜镇街;传统农业逐步向现代农业转型,农村劳动力就业逐步向非农行业转移,农业生产环境逐步向标准化转移;社会环境在巩固中有效改善,近5年来,每年被评为省市区的先进,2005年被命名为全区唯一的市级综治工作示范镇,2006年,成功建成了全省首批、全区首个省级生态镇;民生事业在建设中得到推进,每年为民办好8~10件实事。大会提出今后5年发展总体要求:全面加强党的思想、组织和作风建设,努力在工作大局中找准定位,在全局工作中寻求突破,在服务中心中凸现成效。大会选举产生中共戴村镇第十二届委员会,委员11名:赵立明、陈仲华、汤卫、沈彩燕、俞万昌、来惠民、沈阳、韩建庆、吴浙明、莫万根、孙世祥,赵立明任书记,陈仲华、汤卫任副书记;选举产生中共戴村镇纪律检查委员会,沈彩燕任书记,张荣根任副书记。

2008年1月10日,召开中国共产党戴村镇第十二次代表大会第二次会议。

云石乡(公社)

中国共产党云石人民公社第一次代表大会　1962 年 12 月 17 日至 18 日在平山大会堂召开。是年,全公社有正式党员 194 名,预备党员 13 名,出席会议的代表 48 名。会议选举中国共产党云石人民公社第一届委员会,俞绍杨任书记,邵兴安任副书记。

中国共产党云石人民公社第二次代表大会　1965 年 7 月 13 日至 16 日在勤工大会堂召开。同时召开的会议还有“云石人民公社第五届第二次人民代表大会”“云石人民公社贫下中农第一届代表大会”“共青团云石人民公社第三届代表大会”“云石人民公社第二届妇女代表大会”,统称之为“五个代表大会”。到会各系统正式代表 393 名,列席代表 140 名,特邀代表 3 名。大会讨论和通过社教运动的总结报告;讨论和通过公社制订的 5 年建设规划;民主选举 5 个组织新的领导班子成员。

中国共产党云石乡第三次代表大会　无档案资料保存。

中国共产党云石乡第四次代表大会　1987 年 2 月 28 日召开。51 名正式代表,代表全乡 403 名党员出席大会。大会听取和审议了题为《继承艰苦创业作风,发扬开拓创新精神,努力建设美丽富绕的新山乡》的党委工作报告。报告回顾总结了 1984 年 2 月党委班子调整后,全乡在物质文明和精神文明建设中所取得的成果,提出了今后 3 年工作目标。采用差额选举的方法,选举产生了中共云石乡第四届委员会,邵梦权任党委书记,章祥明任副书记,党委委员 4 名;选举出席萧山县第八次党代大会代表邵梦权和徐仁兴。

中国共产党云石乡第五次代表大会　1990 年 1 月 10 日召开,应到代表 66 名,实到代表 62 名。大会听取和审议题为《艰苦创业,改革创新,努力建设富裕山乡》的党委工作报告。报告总结过去 3 年的工作,提出今后 3 年奋斗目标:到 1992 年,全乡实现工业产值 4500 万元,利润 80 万元,粮食 300 万斤,人均收入 840 元。大会选举产生了中共云石乡第五届委员会,傅先校任党委书记,姜仁法任副书记,委员 4 名。选举出席萧山市第九次党代会代表傅先校、陈宪法和顾望仙。

中国共产党云石乡第六次代表大会　1993 年 2 月 15 日召开,俞永兴代表中共云石乡第五届委员会作题为《充分发挥党在新时期的领导作用,为加快云石经济发展而努力奋斗》的工作报告。大会选举产生中共云石乡第六届委员会,俞永兴任党委书记,魏小芳、倪仁利任副书记;纪委书记倪仁利。

中国共产党云石乡第七次代表大会　1996 年 1 月 16 日召开。俞永兴代表中共云石乡第六届委员会作题为《立足发展,艰苦创业,为把云石建成新兴山镇而努力》的工作报告;俞刘根作中共云石乡纪律检查委员会工作报告。大会选举产生中共云石乡第七届委员会成员 5 名,俞永兴任书记,俞官潮、俞刘根任副书记;选举产生中共云石乡纪律检查委员会,俞刘根任书记,章国飞任副书记。

中国共产党云石乡第八次代表大会　1999 年 1 月 4 日至 5 日召开,魏小芳代表中共云石乡第七届委员会作题为《面向新世纪,创造新业绩》的工作报告。缪顶云代表中共云石乡纪律检查委员会作纪委工作报告。大会选举产生中共云石乡第八届委员会,魏小芳任书记,俞官潮、缪顶云任副书记。选举产生中共云石乡纪律检查委员会,缪顶云任纪委书记,韩利华任副书记。

永兴乡

永兴乡的历次党代会除第五次外无资料保存。

中国共产党永兴乡第五次代表大会　1990 年 1 月 8 日召开。傅关寿代表中共永兴乡第四届委员会作题为《同心同德,艰苦奋斗,为恢复和振兴永兴经济而努力》的党委工作报告。报告回顾总结了前 3 年的工作,提出了今后 3 年的工作任务和奋斗目标。大会选举产生中共永兴乡第五届委员会,傅关寿任书记,任文祥任副书记,委员 3 名;选举中共永兴乡纪律检查委员会成员,俞刘根任纪委书记。

第四节　党的纪律检查

纪检组织

1991年4月，经中共萧山市委批准，戴村镇和云石乡、永兴乡均设立纪律检查委员会。中共戴村镇纪律检查委员会由郭伟林、朱元杰、任水华3人组成，郭伟林任书记。中共永兴乡纪律检查委员会由俞刘根、俞纪平、董月英3人组成，俞刘根任书记。中共云石乡纪律检查委员会由郑望平、陈芬娟、陆友龙3人组成，郑望平任书记。

1992年5月，永兴乡并入戴村镇。是年，戴村镇、云石乡分别建立中共戴村镇纪律检查委员会和中共云石乡纪律检查委员会（简称镇、乡纪委）。戴村镇纪委由瞿建成、楼铁明、朱元杰、徐晓娇、任水华5人组成，瞿建成任书记，楼铁明任副书记。中共云石乡纪委由倪仁利、俞刘根、郭李春3人组成，倪仁利任书记，俞刘根任副书记。

1993年2月、1996年1月、1999年1月，分别召开中共戴村镇第八次、第九次、第十次党员代表大会和中共云石乡第六次、第七次、第八次党员代表大会。会议分别选举产生中共戴村镇纪律检查委员会，每届设书记1名、副书记1名、委员3名；选举产生中共云石乡纪律检查委员会，每届设书记1名、副书记1名、委员1名。

2001年7月，云石乡并入戴村镇。2002年1月，中国共产党戴村镇第十一次党员代表大会召开，选举产生新一届纪律检查委员会，由5人组成，汤叶英任书记、郑望平任副书记。

2006年9月，召开中国共产党戴村镇第十二次党员代表大会，沈彩燕作《中共戴村镇纪律检查委员会工作报告》，大会选举产生新一届中共戴村镇纪律检查委员会，由5人组成，沈彩燕任书记、张荣根任副书记。

中共戴村镇、云石乡纪律检查委员会书记、副书记、委员名录

表8－1－1

组织名称	职务	姓名	籍贯	任职时间	组织名称	职务	姓名	籍贯	任职时间
戴村镇纪委	书　记	瞿建成	萧山	1992.5～1998.9	戴村镇纪委	委　员	朱明康	萧山	1996.1～2004.3
	书　记	陈仲华	萧山	1998.9～2001.7		委　员	楼军伟	萧山	2004.3～
	书　记	汤叶英	萧山	2001.7～2006.9		委　员	瞿水校	萧山	2004.2～
	书　记	沈彩燕	萧山	2006.9～		委　员	董煜瑞	萧山	2004.4～
	副书记	楼铁明	萧山	1992.5～1992.12	云石乡纪委	书　记	倪仁利	萧山	1992.5～1995.12
	副书记	楼桂兰	萧山	1992.12～1996.1		书　记	俞刘根	萧山	1995.12～1998.9
	副书记	楼友庭	萧山	1996.1～1999.1		书　记	缪顶云	萧山	1998.9～2000.3
	副书记	杨　国	萧山	1999.1～2001.7		书　记	童益峰	萧山	2000.3～2001.7
	副书记	郑望平	萧山	2001.7～2006.9		副书记	俞刘根	萧山	1992.5～1996.1
	副书记	张荣根	萧山	2006.9～		副书记	章国飞	萧山	1996.1～1999.1
	委　员	朱元杰	萧山	1992.5～1996.1		副书记	韩利华	萧山	1999.1～2001.7
	委　员	徐晓娇	萧山	1992.5～2004.4		委　员	郭李春	萧山	1992.5～1996.1
	委　员	任水华	萧山	1992.5～2004.2		委　员	洪文根	萧山	1996.1～2001.7

说明：资料来自镇档案室

纪检工作

1956年年底至1957年年初，根据中共萧山县委、戴村区委的指示精神，现镇域各乡在全体党员干部中广泛开展党的八大路线和任务的教育，并在各级党组织中开展思想作风建设，加强对党员干部的教育管理，在机关开展"肃反"运动，以提高党员干部的思想政治素质。

1963年到1965年，现镇域内3个公社通过社会主义教育运动和开展向雷锋同志学习等活动，使广大党员干部得到深刻的教育，认识到当干部不能多吃多拿，要廉洁奉公。同时，集体经济管理有所加强，形成了良好的社会风气。这3年中，戴村共处理违纪党员干部9名，其中开除党籍2名，留党察看3名，党内严重警告3名，党内警告1名。

20世纪60～70年代，由于"文化大革命"运动，党组织活动和党的纪律检查工作无法正常进行。1982年，在戴村镇和云石、永兴两乡党员干部中开展端正党风、严肃党纪的教育活动，先从乡、镇机关党员中开始，后扩大到全镇下属各党支部。

1985年8月，根据萧山县委统一部署，戴村镇和云石、永兴两乡开展整党活动，进一步贯彻落实中共十一届三中全会以来党的路线、方针、政策，提出10条整改措施。进行党员登记，党员之间互相"擦背"，开展批评与自我批评。通过这次整党活动，增强了广大党员干部的党性观念，促使了整个社会风气的好转。

1991年4月两乡一镇纪委建立以来，坚持贯彻"从严治党"方针，紧紧围绕纪检工作适应新形势，努力为经济建设服务的指导思想，按照"集中精力管理好党纪，协助党委管好党风"的根本任务，抓住纪检工作与经济建设的结合点，充分发挥"保护、惩处、监督、教育"4项职能。

1992年，戴村镇纪委立案处理违纪案件4起。1993年，戴村、云石两乡镇分别组织广大党员学习党的十四届四中、五中全会精神，加强党的思想建设、组织建设和作风建设。各村、各单位党支部都建立了党员干部办事规则，完善了学习制度和党风廉政责任制。同时，查处了违纪党员，纯洁了党员队伍，维护了党的威信。1993年到1996年的3年中，全镇共查处各类违纪党员干部12名，其中开除党籍2名，留党察看3名，党内严重警告1名，政纪处分1名，免除职务5名。

1996～1999年，戴村镇纪委立案查处党员干部失职、参赌、挪用公款等各类违纪案件9件。其中开除党籍1名、留党察看1名、党内严重警告2名、党内警告4名、罢免职务1名。3年中，镇纪委共受理群众举报信访166件次，其中反映赌博问题的32件，生活作风问题的7件，侵占集体利益的33件，搞封建迷信活动的21件，涉及土地管理问题的47件，其他问题的26件。

1999～2002年，镇纪委共查办违纪案件14件，其中党纪处分11件，行政处分2件，政纪处分1件。3年中，收到群众来信来电举报173件，其中反映赌博问题的36件，生活作风问题的9件，侵占集体利益的39件，封建迷信活动的3件，土地管理方面的69件；接待来访群众13批，63人次。对这些信访件和群众来访反映的问题，镇纪委都进行了认真调查并作出结论。做到件件有答案、事事有回音。处分有违纪行为的党员6名，其中党内警告5名，党内严重警告1名，挽回经济损失5万元。另外，对2名违反纪律的机关干部作出处理。同时，对有信访反映但内容单一、情节轻微的干部进行信访谈话。3年里对29名党员干部进行了诫勉谈话；发出信访询问通知书12件，及时化解党员干部与群众之间的一些矛盾。2001年10月11日开始，镇机关集中一周时间开展思想作风建设，着重抓转变机关干部工作作风，完善首问责任制、承诺服务制和为民服务窗口；建立周二集中下村服务制度；推选"一线工作法"，提出了领导在一线指挥，干部在一线工作，情况在一线掌握，问题在一线解决，成绩在一线创造，形象在一线树立，一切围绕一线转的"七个一"要求。

2003年，镇纪委对2名有违纪现象的党员进行了立案调查，并作出了党纪处分。对2名违纪的机关干部提出了处理意见，对4名镇管干部进行了信访谈话。是年，共受理信访举报案件15件，追回镇村两级资金共计4.5万余元。

2005年，镇纪委共处分违纪党员15名，其中开除党籍5名，党内严重警告2名，党内警告8名。2006年，镇纪委共处分违纪党员5名，其中党内严重警告1名，党内警告4名。2007年开展"思想作风年"活动。

镇党委成立由党委书记任组长,副书记、纪委书记、组织委员任副组长的“作风建设年”活动领导小组,下发“作风建设年”活动实施意见,对活动进行总体部署和落实检查。是年,镇纪委共处分违纪党员9名,其中开除党籍4名,党内警告5名。2007年以来,戴村镇小、三头村、华东钢业集团有限公司分别创建为区级廉政文化示范学校、村、企业。2008年,镇纪委共处分违纪党员4名,其中开除党籍1名,党内警告3名。是年,上董村创建为省级党风廉政建设示范村。

第五节　党组织主要领导人名录

1949年6月,建立中共戴村区委,辖马鞍乡、白墅乡、长潭乡、云石乡、振庭乡、戴村乡、凌溪乡7个乡党支部。1954年以前(除戴村乡党支部外),各乡党组织领导人无资料。

马鞍乡党支部

书　记:俞子千(1954.3~1954.9)

郁观兴(1954.9~1956.3)

白墅乡党支部

书　记:董浩千(1954.3~1955.3)

郭富源(1955.3~1955.5)

陈笃凯(1955.5~1956.3)

长潭乡党支部

书　记:邵兴安(1954.6~1956.4)

云石乡党支部

书　记:田仕根(1954.6~1956.4)

振庭乡党支部

书　记:丁利兴(1955.4~1956.6)

戴村乡党支部

书　记:洪先根(1953.12~1956.9)

副书记:黄寿堂(1955.9~1956.3)

凌溪乡党支部

书　记:方吾津(兼1954.1~1955.4)

丁志根(1955.4~1956.9)

1956年调整乡、镇规模,分别建立党总支或党委。白马乡党总支、长潭乡党总支、振庭乡党总支、戴村乡党总支属中共戴村区委管辖。

白马乡党总支

书　记:丁志根(1956.9~1957.7为书记

1957.7~1958.10为副书记)

洪亦根(1957.7~1958.10)

副书记:洪先根(1956.12~1957.9)

邵兴安(1956.12~1957.9)

长潭乡党总支

书　记:田仕根(1956.4~1958.10)

副书记:邵兴安(1956.4~1956.12

1957.9~1958.8)

沈兴祥(1957.3～1957.8)

振庭乡党总支

书　记:董吾传(1956.7～1958.9)

副书记:黄寿堂(1956.6～1958.9)

戴村乡党总支

书　记:方志瑞(1956.10～1958.3)

第一书记:沈庆观(1957.2～1958.9)

副书记:黄寿堂(1956.3～1956.6)

郁观兴(1956.3～1958.3)

1958 年 10 月,全县实行人民公社化,建立戴村人民公社党委。

戴村人民公社党委

书　记:戴宗贵(1958.10～1960.1)

郭吾根(1959.3～1960.1 为副书记

1960.1～1961.9 为书记,1963.2 后不是党员)

副书记:陈吾善(1958.10～1959.5)

洪亦根(1959.3～1960.2)

洪吾林(1959.12～1961.9)

沈兴祥(1959.12～1961.9)

朱锦泉(1960.2～1961.9)

方志瑞(1960.2～1961.9)

许贤管理区党总支

第一书记:郭吾根(1958.10～1960.12)

书　记:朱锦泉(1958.10～1961.9)

副书记:陈爱儿(女 1958.10～1961.7)

白墅管理区党总支

书　记:郁阿华(1958.10～1961.9)

马鞍管理区党总支

书　记:鲁阿吾(1958.10～1959.12)

戚吾水(1959.12～1961.9)

长潭管理区党总支

书　记:邵水增(1958.10～1959.11)

沈兴祥(1959.11～1960.4)

丁渭祥(1959.2～1960.4 为副书记

1960.4～1961.7 为书记)

副书记:沈满根(1958.10～1959.2)

李幼珠(女 1960.5～1961.3)

振庭管理区党总支

书　记:董吾传(1958.10～1959.11)

副书记:许炳贤(1958.10～1959.2)

凌溪管理区党总支

书　记:董乃雄(兼 1958.10～1961.4)

副书记:任子安(1958.10～1961.2)

1958 年 10 月建立浦阳江人民公社党委。下辖桃北、浦南、横山、白墅、马鞍 5 个管理区党总支。次年 1 月该公社撤销,白墅、马鞍 2 个管理区并入戴村人公社。

浦阳江人民公社党委

书　记:傅连信(1958.10 ~ 1959.1)

副书记:孙渭成(1958.10 ~ 1959.1)

丁志根(1958.10 ~ 1959.1)

白墅管理区党总支

书　记:郁阿华(1958.10 ~ 1959.1)

马鞍管理区党总支

书　记:鲁阿吾(1958.10 ~ 1959.1)

1961 年,调整人民公社规模,恢复区级建制,设立区委,公社建立党委。把原来以区建社改为以乡建社,撤销管理区。

永兴桥人民公社党委

书　记:杨吾金(1961.9 ~ 1964.3)

张柱承(1964.3 ~ 1968.3)

副书记:徐志贤(1961.9 ~ 1962.6)

张观贤(1962.10 ~ 1965.11)

刘庆理(兼 1965.12 ~ 1968.3)

孙应真(1965.11 ~ 1968.3)

董纪成(1965.11 ~ 1968.3)

云石人民公社党委

书　记:俞绍杨(1961.9 ~ 1965.7 为书记

1965.7 ~ 1968.3 为副书记,1971.5 后不是党员)

孔子贤(1965.7 ~ 1968.3)

副书记:邵兴安(1961.9 ~ 1965.7)

叶宝祥(兼 1965.12 未到职)

戴村人民公社党委

书　记:陈吾善(1961.9 ~ 1968.3)

副书记:方志瑞(1961.9 ~ 1962.9)

沈兴祥(1962.9 ~ 1965.11)

俞关法(1965.11 ~ 1968.3)

尉玉伦(兼 1965.12 ~ 1966.4)

永兴人民公社党委

书　记:楼子法(1971.2 ~ 1977.8)

云石人民公社党委

书　记:陈吾善(1971.2 ~ 1977.12)

戴村人民公社党委

书　记:章润堂(1970.4 ~ 1977.10)

戴村(公社、乡)党委

书　记:章润堂(1977.10 ~ 1978.4)

洪亦根(1978.4 ~ 1981.8)

朱则林(1979.3 ~ 1981.8 为副书记

1981.8~1981.12 为书记)
方妙仁(1981.9~1982.6 为副书记,主持工作
1982.6~1986.12 为书记)
郁小兔(1986.12~1987.12)
副书记:孙庆泉(1977.6~1980.2)
董月英(女 1977.10~1978.4)
丁志根(1977.10~1979.12)
鲍吾成(1980.2~1984.2)
倪根祥(1981.12~1985.11)
蒋奕良(1985.11~1986.12)
华林桥(1986.12~1987.12)

永兴乡(公社)党委
书　记:楼东正(1977.8~1980.12)
俞关法(兼 1980.12~1981.12)
陈笃凯(1981.12~1984.2)
陈妙金(1984.2~1987.2)
副书记:楼焕根(1977.10~1979.12)
陈长根(1977.10~1984.2)
郭校忠(1981.8~1984.2)
蒋奕良(1984.2~1985.11)
倪根祥(1985.11~1987.12)

云石乡(公社)党委
书　记:沈满根(1977.10~1984.2,
1977.12~1980.12 为书记,
1980.12~1983.2 为副书记,
1983.2~1984.2 为副书记主持工作)
楼东正(1980.12~1983.2)
邵梦权(1984.2~1987.12)
副书记:陈秋元(1977.10~1979.12)
鲍吾成(1977.10~1980.3)
楼珠灿(1980.3~1980.12)
孙庆泉(1980.3~1981.4)
陆志忠(1983.2~1984.2)
章祥明(1984.2~1987.12)

戴村镇党委(撤区扩镇并乡前)
书　记:郁晓兔(1988.1~1992.5)
副书记:华林桥(1988.1~1991.8)
沈国兴(1991.9~1992.5)

永兴乡党委(1992 年 5 月撤销)
书　记:陈妙金(1988.1~1989.6)
傅关寿(1989.6~1989.12 代理书记,
1989.12~1991.8 书记)

张国贤(1991.8～1992.5)
副书记:倪根祥(1988.1～1989.5)
任文祥(1989.2～1992.5)
俞刘根(1989.10～1992.5)

云石乡党委
书　记:邵梦权(1988.1～1989.10)
傅先校(1989.10～1992.5)
副书记:章祥明(1988.1～1989.10)
姜仁法(1989.10～1991.2)
魏小芳(1991.2～1992.5)

戴村镇党委(扩镇并乡后)
书　记:蒋金梁(1992.5～1993.2)
副书记:俞志仁(1992.5～1993.2)
瞿建成(1992.5～1993.2)
陈兴康(1992.5～1993.2)

云石乡党委
书　记:俞永兴(1992.5～1996.1)
副书记:魏小芳(1992.5～1994.1)
倪仁利(1992.5～1994.1)

戴村镇党委
书　记:蒋金梁(1993.2～1996.1)
副书记:俞志仁(1993.2～1995.3)
陈兴康(1993.2～1996.1)
瞿建成(1993.2～1996.1)

戴村镇党委
书　记:蒋金梁(1996.1～1998.3)
陈兴康(1996.1～1998.3　副书记,
1998.3～1999.1　书记)
副书记:瞿建成(1996.1～1998.9)
郭伟林(1998.3～1999.1)
陈仲华(1998.9～1999.1)

戴村镇党委
书　记:陈兴康(1999.1～2002.1)
副书记:郭伟林(1999.1～2002.1)
陈仲华(1999.1～2002.1)
吴国祥(2001.8～2002.1)
汤叶英(2001.8～2002.1)

云石乡党委
书　记:俞永兴(1994.1～1996.1)
副书记:魏小芳(1994.1～1995.3)
倪仁利(1994.1～1995.12)
俞官朝(1995.12～1996.1)

俞刘根(1995.12~1996.1　副书记)

云石乡党委

书　记:俞永兴(1996.1~1998.9)

魏小芳(1998.9~1999.1)

副书记:俞官潮(1996.1~1999.1)

俞刘根(1996.1~1998.9)

缪顶云(1998.9~1999.1)

云石乡党委(2001 年 7 月撤销)

书　记:魏小芳(1999.1~2001.7)

副书记:俞官潮(1999.1~2001.7)

缪顶云(1999.1~2001.7)

戴村镇党委

书　记:陈兴康(2002.1~2003.4)

赵立明(2003.4~2006.9)

副书记:吴国祥(2002.1~2004.2)

陈仲华(2002.1~2006.9)

汤叶英(2002.1~2006.9)

戴村镇党委

书　记:赵立明(2006.9~2006.12)

陈仲华(2006.9~2006.12　副书记

2006.12~2009.9　书记)

汤　卫(2006.9~2009.9　副书记)

赵建芳(2006.12~2010.10　副书记)

附一:

1992.5~2008.12 戴村镇党委历届党委委员名录

楼铁民	楼国前	楼裕良	吴建良	朱新林	吴庆林
楼桂兰	黄国芹	楼友庭	杨　国	瞿东望	任宝祥
韩建庆	吴浙明	郑望平	赵建平	沈彩燕	俞万昌
来惠民	沈　阳	莫万根	孙世祥	华徐铭	

注:1、名单不分届次,不含历届党委书记、副书记。

2、资料来自镇档案室外。

附二:

中共萧山县戴村区委员会

1949 年 6 月建立中共戴村区委。管辖许贤乡、石门乡、云峰乡、马鞍乡、白墅乡、长潭乡、云石乡、复兴乡、振庭乡、戴村乡、凌溪乡 11 个乡党支部。

1956 年起,乡镇规模作了调整,分别建立党总支或党委。戴村区委管辖许贤乡、云峰乡、白马乡、长潭乡、振庭乡、戴村乡 6 个乡党总支。1958 年 10 月,全县实现公社化,区级建制撤销,建立戴村人民公社党委。下辖许贤管理区、白墅管理区、马鞍管理区、长潭管理区、振庭管理区、凌溪管理区 6 个管理区党总支。

1961年,调整人民公社规模,恢复区级建制。是年3月,建立中共河上区委。管辖许贤、永兴桥、大桥、云石、朱村桥、大同、河上、楼塔、戴村9个人民公社党委。1966年4月,河上区委撤销,所属公社党委属临浦区委。

1966年"文化大革命"开始后,党组织受到严重冲击,被迫停止活动。中共"九大"以后,逐步恢复党组织活动。1971年春,调整人民公社规模,恢复区建制。1972年1月,建立中共戴村区委,管辖许贤、永兴、大桥、云石、朱村桥、河上、楼塔、戴村8个人民公社党委。

1976年10月,区、公社的领导班子进行调整。1981年6月,从楼塔公社分建大同公社(次年更名为大同坞人民公社)。1984年2月,实行政社分设,人民公社党委改为乡党委。是年9月,从楼塔乡分建岩山乡,建立岩山乡党委。1985年5月,戴村、河上、楼塔3个乡党委改设为镇党委。至此,中共戴村区委管辖河上镇、楼塔镇、戴村镇、许贤乡、永兴乡、大桥乡、云石乡、朱村桥乡、大同坞乡、岩山乡10个乡镇党委。

1992年5月,根据浙江省关于撤区扩镇并乡工作指示,撤销戴村区委,调整乡、镇规模。原戴村区委下属10个乡镇党委,调整为楼塔镇、河上镇、戴村镇、云石乡、许贤乡5个乡镇党委。

(资料来自萧山区档案馆)

1949~1992年中共戴村区委领导人名录

表8-1-2

职　务	姓　名	起　止　年　月	职　务	姓　名	起　止　年　月
区委书记	周　惠	1949.6~1949.12	区委书记	傅关寿	1991.8~1992.5
区委书记	孙成一	1950.1~1951.7	区委副书记	焦福德	1951.7~1952.3 主持工作
负责人	江　淮	1952.3~1953.12	区委副书记	戴宗贵	1954.6~1956.6
区委书记	张邦君	1952.12~1953.12(副书记) 1953.12~1954.7(书记)	区委副书记	高介成	1977.12~1981.7
区委书记	马玉岭	1954.7~1955.8	区委副书记	俞关法	1977.12~1981.6
区委书记	徐文强	1955.8~1956.6	区委副书记	陶幼林	1981.6~1984.1
区委书记	戴宗贵	1956.6~1958.10	区委副书记	缪吾祥	1984.1~1990.11
区委书记	张柱承	1972.1~1977.12	区委副书记	朱关泉	1988.6~1990.6
区委书记	洪正兴	1977.12~1984.1	区委副书记	徐吾成	1990.1~1992.5
区委书记	王湃松	1984.1~1989.10	区委副书记	许建民	1991.8~1992.5
区委书记	董学毛	1989.10~1991.8			

资料来源:①中国共产党浙江省萧山市组织史资料。

②查阅萧山档案馆"萧山县戴村区公所文件"区公所(89)60号

第二章　群众团体

戴村工会组织成立于20世纪50年代初,最早是店员工会和教育工会。戴村店员工会后改名为供销社工会,直到90年代末与临浦供销社工会合并。戴村教育工会会员人数众多,建立时间长久,特设专节记述。随着戴村乡镇企业的发展,一些乡镇企业先后成立了工会组织。为了加强对基层工会的领导,90年代初成立了镇工会工作委员会。

20世纪20年代,在中国共产党的领导下,沈村、上堡一带就建立了农会和共青团支部。新中国成立后,戴村的共青团和妇女组织健全,活动经常。老年协会和残疾人联合会是90年代以后的产物。

第一节　镇工会

20世纪50年代初,戴村就有供销系统、教育系统等基层工会,隶属于县供销社、教育局行业工会(另列节介绍),戴村供销社职工和戴村各小学的教师参加基层工会。

1950年12月,浙江省萧山县店员工会戴村镇筹备委员会成立,主席李胡英、副主席沈荣。店员工会筹委会成立后,做到组织健全、活动正常,积极宣传党的农村政策,参加农村抢收抢种、爱国卫生等宣传工作等。1951年年底,在乡人民政府领导下,店员工会开好劳资双方代表会议,经过协商调整了学徒工人的津贴薪水,劳资双方均提高了经营积极性。1952年7月,戴村镇店员工会积极分子有李胡莫、郑友春、郭鸣祥、郁子康、郭阿兴、王季春6人,最大年龄38岁,最小18岁,其共同事迹是生产岗位坚定,业务熟练,工会工作负责,学习认真,互助精神好等。1953年3月,会员姜生根被万春店老板无故殴辱,这一侵害工人利益的行为,工会及时报请区政府处理。老板自知犯了错误,登《浙江日报》悔过,并在商民大会上坦白悔过,保证今后不再重犯。镇店员工会成立后,每月向上级工会进行书面工作汇报。①

"文化大革命"时期,工会停止活动。80年代初陆续恢复基层工会。70年代以来,戴村供销社工会历任工会主席为盛马校、顾子林(1979～1987)、楼长华(1988～1995)、汤吾明(1995～1997),工会会员最多时160名。1997年,戴村供销社并入临浦供销社,戴村供销社工会同时并入临浦供销社工会,时有会员110名。

90年代镇工会工作委员会成立以后,相继建起戴村镇区域性联合工会、企业工会、村基层工会联合会、联合工会等基层工会。在镇党委和市(区)总工会的领导下,根据"维护、建设、参与、教育"四大职能,依法开展工会工作。至2007年12月底,全镇有基层工会85家,其中集团工会3家、单建工会59家、村联合工会20家、村基层工会联合会2家、区域性工会1家,职工总人数7466人,入会会员7064人。

工会机构

戴村镇工会工作委员会　戴村镇工会工作委员会于1994年6月成立。历任工会主任、副主任为:1994年6月至1998年10月,主任瞿建成、副主任楼铁明、吴庆林。1998年10月至2004年4月,主任陈仲华、副

① 例如,1952年5月,戴村店员工会工作汇报:政府号召修浦阳江以来,工会配合共青团,由14人组成浦阳江民工通讯队,每隔3天与农会联系,向民工家属询问,带信带物送工地,民工敲锣打鼓迎送,提高民工修浦阳江热情。戴村村有10个行政组,每逢开会店员工会派会员2人到各组,宣传成立互助组的好处以及三大原则,该村已成立5个互助组,比较健全的有丁吾云、郑吾兴互助组。会员还协助村民兴修水利,4月14日至18日有18名会员与村民一起挖了3条小河1条水沟。(据工会主席李胡莫、副主席沈荣汇报材料)

主任陈妙金。2004年4月至2007年3月，主任汤叶英、副主任陈妙金。2007年10月30日，根据萧山区委《杭州市萧山区委关于加强镇街工会规模化建设的意见》的28号文件精神，戴村镇工会委员会成立，召开戴村镇工会第一次代表大会。出席会议代表77名。选举产生新一届镇工会委员会委员15名。主席赵建芳、副主席陈妙金。

云石乡工会工作委员会于1994年6月建立。历任主任倪仁利（1994年6月～1995年5月），俞刘根（1995年5月～1998年10月），缪顶云（1998年10月～2000年4月），童一峰（2000年4月～2001年7月）。2001年8月，随行政区域调整，云石乡工会并入戴村镇工会工作委员会。

2005年镇工会工作委员会获省级党建带工建"三级联创"示范镇，杭州市"三级联创"先进单位。

企（事）业工会　1993年3月，戴村镇机关工会成立，为镇属首家事业单位基层工会，历任工会主席瞿建成、陈仲华、汤叶英、赵建芳，2008年工会主席为主席俞万昌。戴村镇的企业工会于90年代中期开始建立，1999年有15家企业建立工会。至1999年12月底，累计19家企业建立工会，有工会会员3045人。至2006年年底，全镇累计有36家企业建立工会，工会会员4265人，建立工会的企业共有职工4322人，会员入会率占职工总人数的98.7%。

2008年戴村镇企业工会情况

表8－2－1

名　　称	成立年月	工会主席	职工（人）	会员（人）	入会率（%）
萧山联发电化有限公司工会	1994.11	万伟江	467	467	100
杭州中原汽车变速器有限公司工会	1995.12	任东梅	120	120	100
杭州蓝达工艺制品有限公司工会	1996.6	顾利荣	378	378	100
杭州伟峰电子有限公司工会	1996.12	王建淮	84	84	100
杭州九龙厨具型钢建材制造有限公司工会	1998.9	李沈祥	111	111	100
杭州卫士管业集团有限公司工会　下辖4个分工会	1999.8	洪金根	241	241	100
杭州华东钢业集团有限公司工会　下辖4个分工会	1999.10	沈观兴	788	788	100
杭州南方电镀有限公司工会	1999.11	戚吾海	141	100	70.92
杭州富时特化工有限公司工会	1999.12	韩国林	125	125	100
杭州萧山电子开关实业有限公司工会	1999.12	方灿良	50	50	100
杭州星城塑胶有限公司工会	1999.12	方冬根	15	15	100
杭州萧山永久五金制品有限公司工会	1999.12	郑济根	47	47	100
杭州金龙锻压机械有限公司工会	1999.12	瞿敏敏	40	40	100
杭州冲压模架厂工会	1999.12	周建国	74	74	100
杭州萧山康跃铸造有限公司工会	1999.12	徐银康	53	53	100
中球冠集团有限公司工会	1999.12	陈又雄	195	195	100

续表 8－2－1

名　　称	成立年月	工会主席	职工（人）	会员（人）	入会率（%）
杭州萧山佳绿伞业有限公司工会	1999.12	鲍小飞	35	35	100
杭州兆达机械包装有限公司工会	1999.12	顾亦臣	8	8	100
杭州华诚机械有限公司工会	1999.12	任招良	114	114	100
杭州家家蚊香有限公司工会	2000.5	鲍永甫	98	98	100
杭州新鸿机械有限公司工会	2000.5	周利珍	30	30	100
杭州小球星儿童用品有限公司工会	2000.7	朱吾国	94	94	100
杭州华康钙塑包装有限公司工会	2000.8	许国军	106	106	100
杭州伟达日用化工有限公司工会	2001.5	田菊香	100	100	100
杭州萧山新力机械有限公司工会	2003.9	王永芳	64	64	100
杭州萧山升亮服饰有限公司工会	2003.10	任秀良	100	100	100
杭州南方建筑工程有限公司工会	2003.12	钱利根	46	30	65.21
杭州业新钢结构有限公司工会	2003.12	俞子梅	73	73	100
杭州永达木业有限公司工会	2003.12	陶昔岳	30	30	100
杭州卫达塑业有限公司工会	2004.7	喻寅康	80	80	100
杭州萧山环宇冲件有限公司工会	2004.8	任利兴	52	52	100
杭州萧山政建车把五金厂工会	2004.8	戚傅霞	40	40	100
蓝达(杭州)办公设备有限公司工会	2005.1	顾利荣	165	165	100
杭州新九龙厨具制造有限公司工会	2005.8	李沈祥	58	58	100
杭州戴兴包装有限公司工会	2005.11	姜巨平	25	25	100
杭州亿达五金有限公司工会	2005.11	沈兴云	75	75	100
杭州宏成纺织整理有限公司工会	2007.1	戴彩英	67	67	100
杭州杭天布艺有限公司工会工会	2007.12	徐沛田	141	141	100
杭州信宇钢带有限公司工会	2007.12	丁子林	45	45	100
杭州萧山康发五金电器工会	2007.12	周永明	50	50	100
杭州家歆织造有限公司工会	2007.12	邵仲英	66	66	100
杭州志凌机械设备有限公司工会	2007.12	郭益军	32	32	100
杭州玮珂服装有限公司工会	2007.12	顾久清	80	80	100
杭州宏士机械有限公司工会	2007.12	陈　建	50	50	100
杭州康诚汽车附件有限公司工会	2008.6	姚建波	40	40	100
合　　计			4893	4836	98.83

说明:资料由镇工会提供

区域性联合工会　戴村镇区域性联合基层工会于2000年9月成立,管辖工会小组60个,职工1310人,会员1310人。历任工会主席周伟东、吴立平、2008年工会主席为管青松。云石乡联合基层工会,于2000年9月成立,管辖工会小组11个,职工250人,会员250人,工会主席李尧祥。2001年8月,并入戴村镇联合基层工会。

村基层工会联合会、联合工会　2000年开始,戴村始建村基层工会联合会与联合工会。至2007年,有村基层工会联合会2个,村联合工会18个。

2007年戴村镇村基层工会联合会、联合工会情况

表8－2－2

名　称	成立年月	工会主席	职工（人）	会员（人）	入会率（%）
佛山村联合工会	2000.5	钟观千	141	141	100
沈村村联合工会	2000.5	徐仁兴	261	261	100
青山村基层工会联合会	2006.5	沈建达	178	178	100
三头村基层工会联合会	2006.4	任妙良	569	569	100
东风村联合工会	2007.9	周国校	259	259	100
河杨湖村联合工会	2007.9	喻忠法	61	61	100
石马头村联合工会	2007.9	洪旭明	91	91	100
郁家山下村联合工会	2007.9	郁月芳	68	68	100
永富村联合工会	2007.9	郁吾高	77	77	100
张家弄村联合工会	2007.9	郭岳祥	116	116	100
大石盖村联合工会	2007.9	李来娟	94	94	100
上董村联合工会	2007.9	许晓明	40	40	100
戴村村联合工会	2007.9	丁建	12	12	100
南三村联合工会	2007.9	韩益明	114	114	100
八都村联合工会	2007.9	沈柏鲁	60	60	100
半山村联合工会	2007.9	汤祖晓	88	88	100
枫桥村联合工会	2007.9	俞国泉	44	44	100
顾家溪村联合工会	2007.9	鲍金灿	32	32	100
方溪村联合工会	2007.9	陈宪法	170	170	100
尖山下村联合工会	2007.9	朱红兴	103	103	100
合　计	–	–	2578	2578	100

说明:①资料由镇工会提供。

②青山村基层工会联合会下辖基层工会青山联合工会,覆盖企业12家;三头村基层工会联合会下辖基层工会三头村联合工会,覆盖企业23家

工会工作

1994年6月镇工会工作委员会建立后,按照全国总工会“突出维护、扩大覆盖、规范工作、增强活力”的工作方针,根据“维护、建设、参与、教育”4大工会职能,依法开展工会工作。镇工会工作委员会注重加强自

身建设，提高工会工作质量。2004 年，云石集团（后更名为中冠球集团）工会获杭州市工会系统模范集体。2005 年，镇工会工作委员会获省党建带工建“三级联创”示范镇，杭州市“三级联创”先进单位。2007 年 10 月 30 日，戴村镇工会召开第一次工会代表大会。大会由正式代表 76 名，选举产生了由 15 位同志组成的新一届工会委员会。

开展非公企业组织建设　在非公有制企业增多和企业规模扩大形势下，镇工会主动到非公企业中发展工会组织。1994 年 11 月，萧山联发电化有限公司工会成立，这是戴村镇首家中外合资企业工会。1995 年 12 月，杭州中原汽车变速器有限公司工会成立，为戴村第一家镇办企业工会。1996 年 6 月，杭州蓝达工艺制品有限公司工会成立，这是戴村镇第一家民营企业工会。2000 年沈村村联合工会成立，这是戴村镇成立最早的村联合工会。2002 年 10 月，浙江华东钢业集团有限公司工会成立，这是戴村镇第一家企业集团工会。2006 年 4 月，戴村镇三头村基层工会联合会成立，这是戴村镇第一家村基层工会联合会，管辖基层工会 6 家，小型企业工会小组 23 家，有职工 409 人，会员 409 人。2007 年 9 月，有 17 个行政村成立了村联合工会。到 2008 年，全镇有基层工会组织 95 家，其中集团工会 3 家、单建工会 69 家、村基层工会 3 家、村联合工会 20 家，覆盖企业 440 家，会员人数 7968 人。

创建“职工之家”　镇工会按照区总工会的要求，在基层工会开展“职工之家”活动。2002 年，杭州中球冠实业有限公司工会，被评为杭州市级“先进职工之家”。2003 年，杭州萧山联发电化有限公司等 17 家企业工会，被评为区级“合格职工之家”。2004 年，浙江华东轻钢建材有限公司等 4 家工会，被评为区级“合格职工之家”。2005 年，杭州萧山新力机械有限公司等 10 家工会，被评为区级“合格职工之家”；浙江华东钢业集团被评为省级党建带工建，三级联创“模范职工之家”和杭州市级“先进职工之家”；杭州卫士管业集团等 8 家企业工会，被评为区级“三级联创”先进单位。2006 年，派士管材有限公司等 9 家企业工会，被评为区级“职工之家”。至 2006 年年底，全镇累计“先进职工之家”10 家，合格“职工之家”40 家。

维护职工权益　2002 年开始，镇工委依照法律规定推行职工（会员）代表大会制度。镇内重点骨干企业都先后制订“职工代表大会实施细则”和“厂务公开实施办法”。2002 年 10 月，浙江华东钢业集团召开二届一次职工（会员）代表大会，以后每年召开一次职代会。会议主要议程：表彰第三届“十佳员工”和“创争”活动先进单位；听取“十佳员工”《贯彻六中全会精神，努力构建和谐华东》倡议书；听取董事长沈东明的工作报告；审议通过《民主评议干部制度》和《禁赌规定》；讨论通过关于开展劳动竞赛的决定；对 4 位副总经理进行述职民主评议等。

根据《中华人民共和国劳动法》规定，用人单位与劳动者须通过签订劳动合同，建立劳动关系。2005 年，戴村各基层企业工会帮助职工签订劳动合同 6500 份。至 2008 年全镇 80% 的企业主动与职工签订、续订劳动合同 8605 人，进一步规范企业用工制度。建有工会的企业职工，一方与企业签订集体合同和集体工资协议。另一方面，注重推进劳动保护、法律监督、劳动争议调解机制，保护职工生命安全和身体健康。镇工会精心组织“安全生产月”“安康杯”知识竞赛“高温慰问”等活动，参与企业安全生产大检查。2004 ~ 2008 年，企业工会会同镇劳动保障等部门，调处各类纠纷 82 起，涉及经济 356 万元。

2005 年，全镇 4690 名职工参加养老保险、工伤保险、生育保险、失业保险，至 2008 年全镇 6785 人参加四险，有 2500 人参加医疗保险，有 2200 人参加农村居民养老保险，557 人参加女职工重大疾病安康互助保险。免费为女职工体检 1100 人。2002 年至 2007 年每年元旦春节开展“送温暖”活动，6 年中各级工会和企业慰问困难职工 600 余人，结对子帮扶困难职工家庭 4 户，慰问救助 63 万元，特别是 2008 年，在抗震救灾中，对灾区在戴村镇工作的职工调查摸底上报不同程度受灾职工 22 人。各级工会组织“奉献一份爱，温暖一个家”的募捐 64 万元，捐物 30 万元，特殊会费 8000 元。

同时，为积极响应全总提出的开展创建“工人先锋号”活动和“当好主力军、建功‘十一五’和谐促发展”为主题的社会主义劳动竞赛。组织抗震救灾物资生产企业开展企业工会“双比双看”、车间班组“三比三看”、职工之间“四比四看”立功竞赛活动。杭州业新钢结构有限公司被命名为杭州市“工人先锋号”称号，浙江华东钢业集团被命名为杭州市和全总“工人先锋号”称号。同时春风行动慰问职工 2181 人，其中区总工会慰问72人计119350元，镇工会慰问13人计3500元，企业慰问90人，计48200元，结对4人计11200元。

开展经济技术创新活动　2005～2008年，镇工会组队参加萧山区总工会组织的职工技术比武，章彩欢获服装设计第一名，萧山浦发贸易有限公司汽车维修公司叶挺松获汽车维修赛个人优胜奖。2006年开展职业技能带头人活动，聘用戴北山（硕士、工程师），何长化（大专、工程师）、王华伟（硕士、高级工程师）、戴坤（助理工程师）、孙建忠（工程师）、顾国权（助理工程师）等7人，为区、镇级技能带头人。是年，开展“名师带高徒”活动，沈锡寅师傅等50名有专长的企业职工，带徒300名。浙江华东轻钢建材有限公司顾国权，提出“提速增效”合理化建议，被公司采纳，自己设计改造彩涂生产线，为企业节约资金76万元，每分钟提速三分之一，被镇工委评为“十佳合理化”建议之一。2007年，顾国权、钟卫忠被评为萧山区优秀技工。2008年，何长化、顾国权被评为区金齿轮奖和银齿轮奖职工。

企业文化建设　企业工会重视通讯报道工作，搞好订报读报。2005年5月31日，浙江华东钢业集团的《党员职工民主听证会》一文被《人民日报》作为新生事物报道。2005年11月，华东钢业集团在职代会上，“职工民主评议总经理”开全区先河，把民主融入民企文化建设之中。《萧山日报》以“总经理称不称职，员工最有发言权”为题报道了这一新闻。2006年11月，浙江华东钢业集团董事长沈东明在全省非公企业工会建设工作会议上，作“依靠职工办企业，创建和谐促发展”为题的典型介绍，倡导企业和谐文化，《浙江工人报》全文予以报道。2002～2006年5年中，各类报刊发表戴村工会工作新闻稿件55篇。至2008年，各企业工会和村联合工会均订阅《浙江工人日报》《工会信息》《浙江工运》《杭州工运》《中国工会》《工人日报》等报刊杂志，读报用报，丰富职工文化生活。

办好企业内部简报，作为创建企业文化的载体。2005年，杭州富时特化工有限公司以《富时特简报》和《职工必读五本书》活动为载体，积极开展“争创学习型组织、争做知识型职工”活动。华东钢业集团以《华东风采》报和“创华东牌、做华东人”为载体，经职代会通过“创争”实施意见，组织职工职业行为规范考试，规范职工职业道德。中球冠集团利用《中球冠报》提升企业文化。富时特等9家企业被评为“学习型组织”，100名职工被评为“知识型职工”。

节假日组织职工参加各类文体活动。2005年12月18日，在杭州新九龙厨具制造有限公司举办“迎元旦乒乓球联谊赛”，姜海富获单打冠军。2006年8月，组织“树立社会主义荣辱观”书法评选活动，王建淮、曹贵彪分别获得软、硬笔一等奖。2006年5月举办“当好主力军、建功‘十一五’和谐奔小康”征文评选活动，沈观兴的《再创佳绩、为“十一五”作贡献》被评为一等奖。

2007年3月，以“关爱凝聚”为主题的“三八妇女节”系列活动。“庆国庆、迎奥运”职工乒乓球友谊赛和“电影周”等活动。华东组队参加区2007年“德意杯”民营企业运动会，获得女子铅球第一名，女子羽毛球团体第三名，男女混合拔河第二名的好成绩。

第二节　教育工会

组织情况

中国教育工会是以知识分子为主的产业工会，是教职工自愿组织的工人阶级群众组织。1950年8月，中国教育工会萧山县筹备委员会成立，主任金海观。同年10月，戴村区教育工会筹建小组成立，组长杨德盛，时有教职工68人，会员8人，至年底会员发展到36人。1951年1月30日，在县教育工会第6次常务会议上，讨论戴村区教育工会呈送的会员入会申请，同意黄嵩、陈志青、朱鼎贤、刘七祥、姚静川、俞百求、张绍深、董子骞、俞观农、方剑卿、方品超、吴定中、洪旭刚等28人加入县教育工会。1951年发展会员62人，1952年发展会员65人。1952年9月15日，中国教育工会萧山县委员会成立。同年，戴村区教育工会成立，时有会员165名，杨德盛任工会主席。

中国教育工会萧山县戴村区委员会的换届改选与县教育工会同步进行，分别于1954年7月改选产生第二届委员会、1957年1月改选产生第三届委员会。1956年8月5日，戴村区校邵杰老师被推荐为浙江省唯一小学教师代表，出席在北京召开的全国教育工会代表会议，国家副主席朱德接见全体代表并留影。

“文化大革命”期间，教育工会一度停止活动，但经费使用与会员生活困难补助工作尚未间断。1980年12月，复建中国教育工会萧山县委员会。1981年4月，选举产生萧山县教育工会戴村区基层工会第四届联合委员会，沈巨华任主任，孔宪祥任副主任，何招娟为委员。此后，教育工会工作逐步走上轨道，组织健全，活动经常。1985年，戴村区教育工会基层联合会财务互助组成立，楼涣明任组长。此后，在今戴村镇境辖内，相继建立戴村乡教育工会、永兴乡教育工会、云石乡教育工会和戴村中学（今六中）工会。据中国教育工会萧山县委员会萧教工(85)13号文件，由缪永青、俞纪华、张国明、丁明樵4人组成萧山县戴村中学工会第五届委员会，缪永青任主席。由洪扬海、沈伟根、钱菁华、傅泳萱、李仁贤5人组成萧山县云石乡教育工会第三届委员会，洪扬海任主席、沈伟根任副主席。由俞小鹏、陈士英、许菊娟、徐凤桥、洪士校5人组成萧山县永兴乡教育工会第四届委员会，俞小鹏任主席、陈士英任副主席。由韩吾忠、任锦文、吴吉成、董望娣、任水顺5人组成萧山县戴村乡教育工会第二届委员会，韩吾忠任主席。1990年3月，萧山县总工会同意戴村镇初级中学单独建立工会。1991年9月，召开戴村镇中首届教职工大会，通过无记名投票的办法产生了主席团成员：丁旭平、任文兴、汤纪祥、沈锦荣、金玉芹、郑馨春、韩雪琴；提案小组组长：丁旭平；秘书长：沈锦荣；后勤组长：董贤成。丁旭平任工会主席。

1992年“撤扩并”后，戴村区教育工会撤销，永兴乡教育工会并入戴村镇教育工会，在今戴村镇境辖内，有戴村镇教育工会、云石乡教育工会和戴村中学（今六中）工会，隶属于市教育工会。戴村镇、云石乡教育工会的届次，重新排列。其中戴村镇教育工会第一届至第三届委员会任职时间从1992年～1997年，工会主席喻小鹏，委员为丁旭平、吴立强、戴建根、陈士英、傅国丽。丁旭平兼任戴村镇中分工会主席、吴立强兼任永兴小学分工会主席、戴建根兼任戴村镇小分工会主席、陈士英兼任永兴初级中学分工会主席、傅国丽兼任女工委员。第四届镇工会委员会任职时间1998～2001年，工会主席楼向阳，委员吴立强、戴建根、傅国丽。楼向阳兼任戴村镇中分工会主席、吴立强兼任永兴小学分工会主席、戴建根兼任戴村镇小分工会主席、傅国丽兼任女工委员。2001年，云石乡教育工会与戴村镇教育工会合并。

2002～2005年，为戴村镇教育工会第五届委员会任期，时有工会会员207人。工会主席俞关树，委员郑鸿、李会增、戴建根、余玉华、罗爱武、杨家友；经审委主任钱吾潮，委员丁东元、李伟达，女工委员余玉华兼。2002年7月，戴村镇教育工会各分工会换届选举产生第五届委员会，任期从2002年7月至2005年6月。其中戴村镇中心小学分工会第五届委员会由汤祖锋、戴建根、孔秀英3人组成，汤祖锋任主席；永兴中心小学分工会第五届委员会由余玉华、洪刚毅、盛春红3人组成，余玉华任主席；云石中心小学分工会第五届委员会由罗爱武、沈辽、秦远清3人组成，罗爱武任主席；戴村镇初级中学分工会第五届委员会由俞关树、郑鸿、杨家友3人组成，俞关树任主席；戴村镇云石初级中学分工会第五届委员会由李会增、李仁贤、何国英3人组成，李会增任主席。

2006～2008年，为戴村镇教育工会第六届委员会任期，时有会员217人。工会主席俞关树，委员郑鸿、李会增、汤祖锋、余玉华、罗爱武、杨家友；经审委主任钱吾潮，委员丁东元、李伟达，余玉华兼任女工委员。2006年1月，戴村镇教育工会各分工会换届选举产生第六届委员会，任期从2006年1月至2008年12月止。其中戴村镇中心小学分工会第六届委员会由汤祖锋、韩雪芳、孔秀英3人组成，汤祖锋任主席；永兴中心小学分工会第六届委员会由余玉华、洪刚毅、盛春红3人组成，余玉华任主席；云石中心小学分工会第六届委员会由罗爱武、沈辽、秦远清3人组成，罗爱武任主席；戴村镇初级中学分工会第六届委员会由郑鸿、杨家友、周菊芹3人组成，郑鸿任主席；戴村镇云石初级中学分工会第六届委员会由李会增、李仁贤、何国英3人组成，李会增任主席。

至2008年12月，戴村镇教育工会有委员7人，经审委员3人，会员206人。下设6个分工会，即戴村镇中心小学分工会、云石中心小学分工会、永兴中心小学分工会、戴村镇初级中学分工会、戴村镇云石初级中学分工会;一个工会小组,即戴村镇成幼教分工会。

2003 年~2005 年,戴村镇教育工会被评为“萧山区先进教工之家”,2007 年被区教育工会评为工会工作先进集体。

主要工作

20 世纪 50 年代以来,戴村镇(区)教育工会在各个时期围绕学校中心工作,履行工会职责,对教职工进行思想教育,提高教职工教书育人觉悟。健全教代会制度,加强民主管理,发动教师提合理化建议。关心职工生活,成立互助储金会,搞好生活福利,开展送温暖活动,开展文娱体育活动。除“文化大革命”特定时期以外,镇(区)和学校工会组织健全,活动经常。尤其 1992 年后,有效发挥工会的“教育、参与、维护、建设”四大职能。

师德建设　1982 年,根据全国教育工会《关于开展“五讲四美”为人师表活动的通知》,镇域内各学校分工会制定计划,开展活动,是年开始评选“五讲四美”教师。1984 年,各基层工会通过制订“师德公约”“师德规范”“爱生公约”等,促进教师职业道德建设。1987 年,根据县委宣传部、县教育局、县教育工会联合下发的《关于开展教书育人活动的几点意见》,把加强教书育人、为人师表活动纳入各校目标管理,师德建设成为教育工会的中心工作。1991 年,贯彻国家教委、全国教育工会颁发的《中小学教师职业道德规范》,发至戴村各学校教师人手一份,并由各基层工会全面开展“学师德规范,做爱生模范”活动。1997 年,按照市教育工会的要求,在各基层工会开展“爱岗敬业”座右铭征集活动,收到教师撰写的座右铭数十条。1999 年,镇教育工会配合行政在各学校开展“群体师德创优”活动。2000 年,开展“师德建设年活动”,开展以塑造“人类灵魂工程师”为主题的教师形象大讨论。

2003~2005 年,镇教育工会及各分工会配合行政认真贯彻《中小学教师职业道德建设》和《公民道德实施纲要》,制订《教师职业道德建设若干意见》。在开展“教师行为规范达标学校”活动中,建立有工会领导参加的“教师行为规范达标学校”领导小组,协助制订计划和活动,组织教工写出学习心得体会文章,互相交流。学校对教师的行为规范达标情况进行考核,通过家长、学生评议,使全镇教师进一步强化了敬业意识、责任意识、竞争意识、发展意识和忧虑意识。各分工会配合行政开展“我为教师添风采,我为教育增光辉”为主题的教师形象大讨论,制订“廉洁从教”承诺书;结合区教育局“八大禁令”加强行风建设,使教师自觉做到“一杜绝、二制止、三严禁、十不要”的行风建设总要求。其间,“教师行为规范达标学校”达标面达到 100%。镇辅导学校、镇教育工会联合开展“打造优秀人师、培养合格人才”“发展兴萧山,创新强教育”“我为萧山教育献一计”征文、教师名人名言征集、“提质减负”教工论坛等系列活动。永兴小学分工会方海云老师撰写的《进一步加强学校与教育网络紧密联系的提议》获得“我为萧山教育献一计”征文萧山区一等奖。戴村镇小分工会金海音老师的《放飞孩子的心灵》获区“提质减负”教工论坛三等奖。全镇教师在全区“慈善募捐献爱心”活动中,共捐款 64200 元;在镇内开展教师向困难学生献爱心活动中,全镇教师共计捐款 28654 元。云石初中师生为患病学生捐款多次,累计金额达 12587 元,使这位学生树立战胜疾病的信心。教师不忘民工子弟学生,为他们捐款捐物。

2006~2008 年,开展“教育形象提升年”活动。制订和完善《戴村镇加强师德师风建设实施细则》,组织全镇教师结合自己的教育教学实际制订个人计划,组织各校召开教师大会进行个人计划的现场交流,促进教工的自我完善和提高。开展“新时期合格教师”大讨论和“扬我职业风采”青年教师演讲比赛等活动。结合区教育工会开展的“三十佳”“爱生积极分子”评选活动,评出戴村镇“师德标兵”15 名,“优秀班主任”和“爱生积极分子”各 8 名。在片、区联评中,戴村镇小戴剑云被评为萧山区师德标兵,戴村镇小胡建云、云石小学金水英被评为区“爱生积极分子”,云石初中俞文娟被评为杭州市“爱生积极分子”。“形象提升年”活动经局验收组验收,其中戴村镇小“认识规范、实践规范、自我约束、完善提高”的师德师风创建模式在检查中,被评为区“形象提升年”活动先进集体。

民主管理　镇教育工会和分工会配合学校党政领导,健全和完善以教工(代表)大会为主要形式的民主

管理制度。20世纪90年代以来,每年定期召开教代会,听取教代会的工作报告,并列入各学校党政工作的计划和考核内容。镇历届教代会代表由各校党政领导、教职工代表、退休教师等代表组成,代表的产生比例、代表的产生过程按民主程序进行,经资格审查有效后,张榜公布。教代会筹备工作小组、大会主席团的产生、专门工作小组成员的确定、大会中心议题的确定,都经学校党政工联席会议协商后,提交代表大会预备会议审议表决后生效,镇、校两级教代会的议程严格按规范操作。落实教代会职责。

2003～2005年,镇、校两级教代会各项工作程序按《浙江省中小学校教职工代表大会工作规程》和杭州市、萧山区教育系统《教职工代表大会工作程序》要求实施,每年至少召开2次教代会,其中一次民主评议干部。其间,戴村镇教育工会被评为萧山区民主管理先进集体。镇教代会每年听取辅导学校主任就全镇教育发展规划、重大改革方案、教职工队伍建设等内容的报告,提交大会审议通过形成决议;各校教代会中的考核制度、奖金分配制度、学校改革方案和与教职工权益的有关重大规章制度均提交教代会审议。行政出台的有关重大决策,广泛征求教师意见,在取得意见基本一致的情况下提交大会审议,通过后由校长颁布实施。镇教代会先后审议通过了《戴村镇教育系统优秀干部评选办法》《戴村镇优秀教师评选办法》《戴村镇进一步加强教育科研工作的意见》《戴村镇实施"省万校标准化建设工程"和新一轮学校布局的规划的说明》等。

健全校务公开制度,特别是学校的收费依据及标准、学校重大发展规划、教师评职评优、干部选拔、基建工程、大宗物品采购等都进行公开,使校务公开成为一项形象工程和"阳光工程"。永兴小学、戴村镇小为萧山区校务公开先进集体。做好教代会闭会期间的民主管理工作。每次教代会都建立提案工作小组,向全体教职工征集议案,将有关提案向大会报告,绝大多数的提案能得到及时的落实,并在下次教代会前全部落实或作出明确答复。例如,余玉华提出的要求加快改变永兴小学面貌步伐的提案、由周豪放等提出的关于提升戴村教育教学管理水平和增强奖惩力度的建议等提案,得到较好的解决和落实。

关心职工生活　镇教育工会依据《中华人民共和国教育法》《中华人民共和国教师法》《中华人民共和国工会法》的规定,切实履行"第一责任人"的职责,努力维护教职工的合法权益,做教职工合法权益的代表者和维护者。90年代以来,镇教育工会配合行政每年开展"教师节"庆祝活动。每年教师节学校党政工领导慰问全镇教师、看望患病老师等。在第19个教师节,镇政府召开庆祝大会,表彰镇"名优教师""十佳教师",优秀教师事迹介绍等。在第20个教师节召开"名优教师"座谈会。

全镇教师每年参加区救困解急基金会捐款活动,在职公办、退休教师人人捐款。工会积极开展送温暖活动,对于患大病教师予以了及时的看望。建立特困教师档案。辅导学校党政工每年年底总要对劳模、患病、困难家庭进行慰问。全镇各校行政、工会凡遇到教师生病住院、结婚、做产等必定上门送温暖。

每年组织退休教师二次旅游,2003～2005年,先后组织退休教师去千岛湖、湖州南寻、杭州西湖、绍兴柯岩、柯桥、萧山传化大地、东方文化园、富阳、永康方岩、奉化、新昌、上海浦东、东阳横店等地观光。每逢教师节、重阳节、春节,各校行政、工会总是将慰问品、慰问金送到退休教师手中。特别是教师节各校都邀请退休教师回校参加庆祝活动。发动退休教师积极参加老年电大学习,发挥老教师的余热为关心下一代服务,做到老有所学、老有所为。组织参加区教育局老龄协会开展的各种文体活动。退休教师表演的器乐合奏获区老教师文艺汇演三等奖。2005年被评为萧山区老年工作先进集体。

附录:

中国教育工会萧山县戴村区委员会1954年第一学期工作总结

本学期召开过6次委员会与3次小组长联席会议,会议除布置工作外,着重认识工会工作的任务、方针、作用,以及如何当好工会干部和工会小组长等问题。各工会小组都召开组织生活会,工会小组会召开较多较好的是云峰、长潭、凌溪等小组,各有10多次,内容有汇报思想,谈学习体会,座谈时事,作教育观摩、教具制作等。委员实行分片负责。有的小组长是村校教师,虽工作较忙,经常去各校了解工作情况,作好组织生活准备工作。云峰小组解决了会员劳动纪律松驰的问题,复兴乡小组初步解决了教师团结问题,云石小组搞了学习壁报,长潭小组克服了个别会员学习自满情绪。

各组订出小组学习计划及个人学习计划，每隔二周时事测验一次。复兴乡小组摘录时事学习笔记，乡区校内还举行时事座谈会。

工会建议乡校每天在课余安排一定时间给开展教师文体活动，每天做广播体操，极大多数教师都参加广播体操。全区组织教师甲、乙篮球队，与区干部进行多次比赛。戴村小组在统购统销中，教师化妆上街彩演，马鞍、云石、戴村、复兴、凌溪、白墅等小组在元旦、国庆等节日出宣传画刊。

整顿了教师互助会，健全了归还制度，互助会工作也有改进，这学期借出款三百五十多万元，借给了25位生病、做产等经济上困难的教师。会员俞先耕家中遭受火灾，全家14口人生活困难，按规定会员补助最多不超过30万元，区教育工会报经县教育工会同意补助其50万元（旧币），解决了他的具体困难。

本学期工会工作有热情，决议贯彻坚决有办法，有一定成绩的工会委员和小组长为：委员邵杰、沈五全、丁永锡、朱林常、戴瑜；云峰小组组长陈冀良、长潭小组组长陶智聪、云石小组组长陈文灿。

（根据萧山区档案馆资料整理）

第三节　农民组织

铁血团

1928年春，中共萧山县委为发动农民进行武装斗争，以上堡村党支部书记钟阿马为首，在上堡、沈村、丁村一带组建以中共党员为核心的群众武装组织“铁血团”，由钟阿马任团长，成员多为贫苦农民。“铁血团”在上级党组织的领导下，多次开展抗租抗息斗争，发动群众，组织震惊南乡的“砍竹暴动”，受到贫苦农民的热烈拥护。1929年4月，浙江省国民政府派保安队包围了“铁血围”，进行武装镇压。钟阿马带领“铁血团”同志用土枪奋力抵抗，经过激烈战斗，终因敌我力量悬珠，弹尽援绝，1人牺牲，10人被捕。从此“铁血团”停止活动。

农民协会

1949年5月萧山解放，即成立萧山县农民协会（以下简称农会）。6月，长潭乡平山村成立农会，为今镇域内第一个村农会。10月，长潭乡首先成立乡农会。至1950年，今戴村镇域各村都成立农会，召开会员大会，废除保甲制度。1951年8月，戴村区农民协会成立，张邦君任区主任（1951.8～1953.12），顾文兴任副主任（1951.8～1953.12）。至1951年12月，今戴村镇域各乡农民协会全部成立。被批准参加农会的会员，由萧山县农民协会统一发给“浙江省农民协会会员证”。评选好会员标准5条：出身成份好；立场坚定好；工作积极好；大公无私好；劳动生产好。

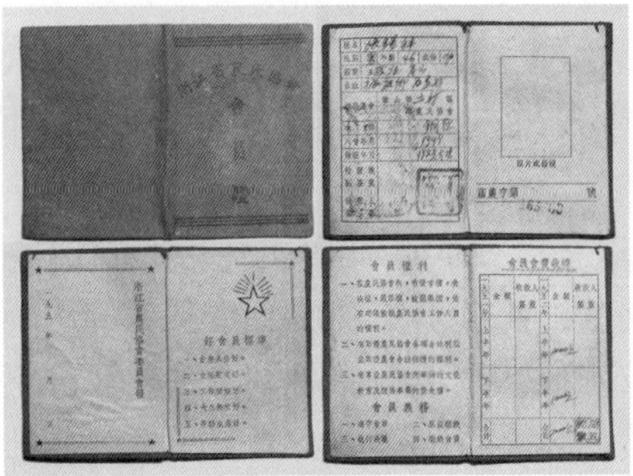

农民协会会员证（大石盖村）（资料图片）

各村先后担任农会主任的有：平山村农会主任有顾文兴、鲍关金、丁渭祥。中顾、下顾与枫桥村合并称东平村，农会主任顾关兴。丁村农会主任俞金先，副主任周阿象。后宅村农会主任丁志根、丁田金。凌山村农会主任汤长兴。冗里村农会主任徐寿林。马鞍村农会主任徐水镜、韩召堂。六联村农会主任鲍吾仙、郁金泉。戴村村农会主任蒋贤根、丁兴根、丁子松、孔金泉。戴家山村农会主任戴士良、戴礼根，副主任王吾贤。溪河村农会主任卢潮生。下方村农会主任丁仙仁。凌桥村农会主任戴江海、戴雪泉。中潭村农会主任沈关庆、沈泉水。麦园村农会主任陈浩坤，副主任沈关和、陈松田。盛家村农会主任盛焕生、盛炳山。沈村农会委员沈仁根、沈善庆、沈永根、沈茂宏、沈宗德、沈玉田、郭焕校、沈求坤、金仁庭。石盖村农会主任周宰清、周五鑫。孙家村农会主任孙五良。陆家村农会主任陆马千。畈里村农会主任余五祥。河上桥村农会主任洪五金、陶五元。杨家桥村农会主任杨传兴、喻吾仙,副主任冯志春。后马湖村农会主任傅位根。何童埠村农会主任何小沅,副主任何子千。东周村农会主任周明全。上董村农会主任董国庆,副主任董金甫、董水堂、董子和。石马头村农会主任洪林云、洪阿桂。石盖坞村农会主任方何林,副主任俞观法、俞五水。墙头村农会主任任子法、丁安仙、丁吾根。大湖头村农会主任任芝校、任阿文、任锡炮。

1949 年 10 月 ~ 1951 年 12 月成立的戴村农民协会情况

表 8 – 2 – 3

乡　名	成立年月	农民协会主任	任 职 年 月
长潭乡	1949.10	顾文兴	1949.10 ~ 1951.7
		黄泉兴	1951.7 ~ 1951.12
		戴校庭	1951.12 ~ 1953.6
白墅乡	1950.3	袁泉浩	1950.3 ~ 1952.7
马鞍乡	1950.7	顾正泉	1950.7 ~ 1951.3
		丁灿田	1951.2 ~ 1952.12
		郑宗贤	1952.12 ~ 1953.6
复兴乡	1950.10	倪郁校	1950.10 ~ 1952.4
戴村乡	1950.10	徐顺林	1950.10 ~ 1952.12
凌溪乡	1951.3	赵观校	1951.3 ~ 1953.5
云石乡	1951.5	郭校忠	1951.5 ~ 1952.12
振庭乡	1951.12	赵克校	1951.12 ~ 1952.4

说明:资料来自镇档案室

贫下中农协会

1964 ~ 1965 年今镇域内的 3 个公社,开展以“清思想、清政治、清阶级、清组织”为主要内容的“四清”运动,又称社会主义教育运动。“四清”运动工作组进村后,各大队先后成立贫下中农协会,简称贫协。石盖坞大队贫协主任方子云,河上桥大队贫协主任陶五章,杨家桥大队贫协主任喻庆友,后马湖大队贫协主任何来根。何童埠大队贫协主任是何吾根,副主任何生根,第二年,贫协主任何夫堂,副主任董柏泉。东周大队贫协主任周宜金。墙头大队贫协主任任南法。戴村大队贫协主任郑五伦、蒋忠民。冗里大队贫协主任徐志法,马鞍大队贫协主任章子根,六联大队贫协主任姜幼仙。郁家山下大队贫协主任郁来兴。中潭大队贫协主任沈宝泉、沈见堂。凌桥大队贫协主任戴校炳,丁村大队贫协主任丁观生。后宅大队贫协主任丁田金。凌山大队贫协主任汤长林。平山大队贫协主任顾兴根,副主任顾宏根。

1965 年 4 月 9 日,萧山县社会主义教育工作团党委印发《生产大队组织设置的通知》,规定各生产大队应建立党支部委员会、大队管理委员会、贫下中农协会三大组织。不久,今镇域内戴村、云石、永兴 3 个公社所有生产大队,全部建立贫下中农协会。在此基础上,3 个公社分别建立贫下中农协会筹委会,各生产小队建立贫协小组,选出贫协组长和贫下中农代表,召开贫下中农代表会议,选举产生大队贫协主任、副主任、委员。是年 11 月 2 日,戴村公社召开贫下中农代表大会,会议选举产生戴村公社贫下中农协会委员会,由 15 人组成,主席委员陈吾善,副主席委员来甫贤,委员:何声祝、任彩娥、李长甫、戴田根、丁观仙。云石公社贫下中农协会委员会和永兴公社贫下中农协会委员会相继成立。云石公社贫协由孔子贤任主席委员;永兴公社贫协由张柱承任主席委员会,洪吾山任副主席委员。“四清”工作队进驻公社后,公社、大队的主要领导都靠边站,一切权力归“贫协”。公社、生产大队的各项日常工作,在“四清”工作队指导下,由贫下中农协会主持。

贫协组织和贫协会员是社会主义教育运动的产物，也是这次运动的主要力量。

1966 年，“无产阶级文化大革命”开始，各公社和生产大队的贫下中农协会陆续停止活动。

1965 年 2 月出席萧山县贫农下中农代表会议代表名录

表 8－2－4

公社	姓名	性别	单位	公社	姓名	性别	单位
戴村	陈吾善	男	公社	永兴	何来兴	男	何童埠大队
	李银花	女	中潭大队		周关传	男	西周大队
	沈宝泉	男	中潭大队		徐前经	男	冗里大队
	郑亚香	女	马谷大队		姜才兴	男	建民大队
	陈吾常	男	马谷大队		洪彼德	男	建民大队
	余柏康	男	畈里大队		方志荣	男	石盖坞大队
	陈校金	男	盛家大队		金永花	女	九峰大队
	丁长明	男	凌山大队		郭品月	男	九峰大队
	戚先尧	男	下方大队		郭仁清	男	九峰大队
	来甫贤	男	马谷大队		郭仁根	男	九峰大队
	郑沃吾	男	后郑大队		何吾昌	男	后马坞大队
	郑银水	男	后郑大队	云石	俞绍杨	男	云石公社党委
	方吾金	男	前方大队		沈火高	男	石牛山大队
	李宝潮	男	李华大队		林渭根	男	胜利大队
	丁友根	男	凌桥大队		袁先庆	男	胜利大队
	沈绪才	男	凌桥大队		李海良	男	船山大队
	丁钿金	男	后宅大队		曹渭成	男	船山大队
	任招官	女	大湖头大队		杨仁庆	男	光明大队
	任招法	男	大湖头大队		杨其文	男	光明大队
	董雪林	男	上董大队		沈云桥	男	坦庄坞大队
	任南法	男	墙头大队		陈关根	男	沈村大队
	任来法	男	墙头大队		沈水昌	男	沈村大队
	陆兴根	男	陆家大队		蒋士南	男	永丰大队
	戴志兴	男	戴家山大队		顾春泉	男	勤工大队
	卢潮生	男	溪河大队		鲍永校	男	勤工大队
	郑五坑	男	戴村大队		蒋阿牛	男	狮山大队
	丁纪平	男	戴村大队		顾尧坑	男	金星大队
永兴	洪亦根	男	河上区公所		沈永明	男	增丰大队
	张柱承	男	公社党委书记		丁才兴	男	增丰大队
	洪吾传	男	石马头大队		陈利祥	男	顶山大队
	洪吾山	男	石马头大队		沈水法	男	石牛山大队
	陈茶香	女	石马头大队		陈顺兴	男	顶山大队
	徐汉章	男	马鞍大队		吴松潮	男	佛山大队
	吴金花	女	马鞍大队		钟正法	男	佛山大队
	孔志康	男	光明大队		钟吾根	男	佛山大队
	郁正法	男	光明大队		沈才富	男	南坞大队
	郁关传	男	光明大队		沈传兴	男	南坞大队
	王迪吉	男	河上桥大队		沈善庆	男	明堂大队
	周嘉贤	男	东周大队		郭兆林	男	明堂大队
	喻吾仙	男	杨家桥大队		杨顺水	男	尖山大队
	何宝泉	男	何童埠大队		盛庆根	男	尖山大队

说明：①资料来自镇档案室。

②陈吾善为公社党委书记

1965年9月戴村、永兴、云石3公社各大队贫协主任名录

表8－2－5

公社	姓　名	队别(单位)	公社	姓　名	队别(单位)	公社	姓　名	队别(单位)
	陈吾善	公社机关		任招法	大湖头大队		孔子蛹	公社机关
	来甫贤	马谷大队		方妙仁	下方大队		郭欢瑶	沈村大队
	孙水木	孙家大队	戴村	沈锦苗	中潭大队		沈培忠	石牛山大队
	余瑞文	畈里大队		何跃法	凌山大队		朱子沛	尖山大队
	戴志法	戴家山大队		陈校金	盛家大队		鲍关忠	永丰大队
	周瑞发	丁村大队		张柱承	公社机关		李见林	船山大队
	董锡林	上董大队		何甫堂	何童埠大队		杨汉民	光明大队
	丁田金	后宅大队		周关传	西周大队		陈顺兴	胜利大队
	陆兴根	陆家大队z		周宜金	东周大队	云石	沈生庄	南坞大队
戴村	任来法	墙头大队		姜友仙	建民大队		朱观良	增丰大队
	李保潮	李华大队		章子根	马鞍大队		顾兴根	金星大队
	卢国安	溪河大队		徐国荣	冗里大队		沈善庆	明堂大队
	郑沃五	后郑大队	永兴	华国昌	后马湖大队		来韩贵	旦庄坞大队
	方小堂	前方大队		洪锡坤	河上桥大队		孔水法	佛山大队
	沈钊庭	麦元大队		郁来仁	光明大队		陈利祥	顶山大队
	陈善家	马谷大队		陈书樵	石盖坞大队		顾雪道	勤工大队
	戴姚炳	凌桥大队		喻庆友	杨家桥大队		蒋廷水	狮山大队
	丁绥昌	戴村大队		洪吾三	石马头大队			
	周建根	石盖大队		郭小兴	九峰大队			

说明:①资料来自镇档案室。

②公社贫协主席由公社党委书记兼任,陈吾善为贫协主席,来甫贤为贫协副主席

附录:

有关沈村农民协会的口述史料

1927年3月,中国共产党萧山县委派祝庆祥、吴绍通等到南乡开辟工作。通过观察,介绍了上堡的钟阿马、钟庆余,沈村的沈步云、沈子堂、沈炳坤以及顾家溪的顾云庆入党。1927年7月,县委在湘湖压湖山召开党的积极份子会议,会议决定了几项工作,第一项为“发展同志、组织支部”。会后,沈村的沈步蟾(即沈孟养)、沈水良等入党。先成立了沈村支部。上堡村钟阿马、钟阿坤、钟关仁、张才廷等入党后,即成立了上堡支部。稍后上堡与沈村分别成立了农民协会。以后沈村又发展了沈小中、陈关金、丁阿坑、沈锡祥、沈子田、沈炳夫、沈奉贤、沈纪福、沈茂庄、沈关兴、沈阿祥等入党,至此沈村党支部共有党员17人。

1927年秋后,党为了斗争的需要,以沈步蟾、沈步云、沈子堂等领导下把沈村周围的石牛山、南坞诸村的贫苦农民组织起来成立了沈村农民协会。同时,沈步蟾以沈村小学校长的身份邀请他结识的地下党员葛化龙来校任教,并一道工作。当时加入沈村农民协会的人员有:沈汉长、沈水和、沈校喜、沈冉庆、陈关金、沈步蟾、沈步云、沈小中、沈奉贤、沈利庄、俞东福、沈彩林、沈水良、沈子堂、沈梦林、沈茂泉、沈五祥、沈关云、盛阿桂、沈阿英、沈宝林、沈茂庄、沈渭祥、丁阿坑、沈子田、沈炳坤、俞宝贤、沈纪福、沈渭福、沈秋生、张阿中、沈金和、张阿华、沈阿德、沈正亚、沈炳夫、沈浩云、沈阿根、沈阿大、沈阿照等几十人。

(以上根据1986年10月还在世的原沈村农民协会会员沈秋生(82岁)、沈金和(83岁)、沈浩云(81岁)、张阿中(86岁)、沈校喜(80岁)等口述记录。)

沈村农民协会成立后,协会秘密设在沈村小学内。因为沈伯龄、葛化龙在该校教书,为防不测,协会有许多会议分别转转到上堡钟庆余、钟马潮家及地处偏僻的上坞庙、长生庵、剪刀空山庄、和庆寺等地召开,协会作出了种种与不法地主、黑心槽户斗争的办法。他们的行动口号是"打倒资产阶级,实行世界大同!",并将口号大幅书写在上堡庙墙上等醒目的地方。上堡庙前召开轰轰烈烈的群众大会,宣传、发动劳苦大众起来,与不法地主、黑心槽户进行斗争,实施"三七、五"及"二五"减租。打击了地主,减轻了农民的租息,受到了广大贫苦农民的拥护。同时,他们还与几千年遗留下来的封建主义及至高无上的神权开展了斗争。沈步瞻用手枪逼迫沈氏管嗣堂帐及经济的人出款支持农民协会经费开支(沈校喜口述)并组织人员敲毁了云门寺、沈村公田庙、和庆寺、上堡庙等寺庙中的菩萨塑像。拆掉了和庆寺(已经部分坍塌),变卖以充实协会的活动经费。

为了扩大组织,1928年秋以后,沈步瞻利用自己是萧山县"清丈处处长"职务之便,带领农民协会成员沈子田、沈校喜、沈锡祥、沈利庄、张阿华、沈浩然、沈宝林、沈宗炳、沈宝成、俞东福、沈水和、沈阿英、沈梦林、盛阿桂等人到湘湖工作,一方面为改湖造田搞测量,另一方面与湘湖师范师生同建湘师校园。在湘湖很快发展到几百人,组成了西乡委员会。沈校喜任正委员,沈水和任副委员。为组建武装组织,湘师党组织恽逸群(江苏徐州人)等,曾经派沈校喜,沈水和俩人去南京领取枪支,后因半途受阻,领枪未成。

1929年农历三月十五日半夜,上堡"铁血团"在乌龟闸山庄秘密开会时被国民党浙江保安队偷袭后,湘师党组织派俩位负责人带沈校喜、沈水和共4人趁黑夜从湘湖赶来上堡,与钟庆余等人一道在上堡小学内主持召开秘密会议,讨论营救钟阿马等人的办法。天未亮,又迅速散去。

(以上据1986年9月沈校喜口述记录。)

铁血团被偷袭后,省保安队及萧山县警察大队对各地中共党员追捕很紧。上堡、沈村的党组织及农民协会的文件、花名册为防被搜,组织上委托石牛山的沈浩云、上堡的丁关金、沈村的沈奉贤等3人负责保管。他们先把这批资料藏在地下,后又藏到水礁底下,再后转藏到河上店干坑寺中,才免被搜。

(以上据农协会员沈浩云口述记录。)

铁血团被偷袭事件后,省保安队六七十人在一个黑夜包围了党员沈伯龄住宅,由于沈的巧妙隐藏及一个偶然的巧合,才免被捕(1986年9月据沈伯龄长女建亚口述)。稍后,省保安队包围了沈村小学,将地下党员、体育教师葛化龙捕去。

(以上据2007年葛化龙的学生盛灿源(86岁)口述记录)

(资料由沈村村委整理提供)

第四节　妇　联

妇联组织

1949年5月,今镇域内的长潭乡、戴村乡、复兴乡先后建立妇女会。各乡人民政府帮助所属行政村建立妇女会,配合乡村政权组织开展土地改革、互助合作、婚姻法宣传等工作。大乡划分后,妇女会工作处于瘫痪。1952 年召开戴村乡第一次妇女代表大会,选举产生第一届妇女联合会委员 12 人。1953 年 9 月,开展民主建政工作,乡妇联、村妇女会恢复正常工作,当时,戴村乡共 7 个行政村,成立 7 个妇女会,拥有妇女会员 740 人。1954 年、1956 年戴村乡副乡长兼乡妇联主任郭玲深,先后当选为萧山县妇联第一届、第三届执委。1959 年戴村公社徐雅珍当选为萧山县妇联第五届执委。

1954 年 3 月,召开戴村乡第一次人民代表大会,选出女代表 26 人,占代表总数的 26%,25 名妇女参加乡各种委员会工作,2 名担任代表副主任。1957 年,戴村乡妇女联合会主任为董云仙,振庭乡妇女联合会主任为董爱冠,长潭乡妇女联合会主任为沈菊花。

1958 年,各人民公社设妇女联合会。1959 年,调整公社规模,戴村公社由徐雅珍任妇联主任。

1965 年 7 月 13 日,云石公社第二届妇女代表大会召开,会议民主选举云石公社第二届妇女联合会成员,委员 8 名,沈观琴当选为妇联主任。1966 年至 1971 年,"文化大革命"期间,妇女组织处于瘫痪,公社妇联和各大队妇代会活动被迫中断。1972 年,戴村、云石、永兴 3 个公社重新建立妇女联合会。戴村公社妇联主任傅水芬,云石公社妇联主任李幼珠、永兴公社妇联主任裘银素。

1992 年 6 月,永兴乡妇联与戴村镇妇联合并。2001 年 7 月,云石乡妇联与戴村镇妇联合并。

代表大会

自 1950 年 10 月至 2008 年,戴村镇先后共召开十三届妇女代表大会;"撤扩并"前,云石乡召开十二届代表大会,永兴乡也召开若干届妇女代表大会。

戴村镇(公社、乡)妇女代表大会 戴村公社第六届妇女代表大会,1984 年 3 月召开,会议选举产生新一届妇女联合会,丁维华任妇联主任。

戴村镇第七届妇女代表大会,1987 年 4 月召开,会议选举产生戴村镇第七届妇女联合会,丁维华任妇联主任。

戴村镇第八届妇女代表大会,1990 年 8 月召开,会议选举产生第八届妇女联合会,徐晓娇任妇联主任。

戴村镇第九届妇女代表大会,1992 年 10 月 6 日召开,出席会议代表 115 名。与会代表听取和审议了董月英所作的《投身改革开放,开拓妇女工作,为实现戴村"八五"规划建功立业》工作报告。选举产生新一届妇女联合会,委员 11 名,董月英任主任。

戴村镇第十届妇女代表大会,1995 年 11 月 2 日召开,正式代表 87 名,沈乐娟作题为《团结进取,开拓创新,为戴村镇经济和社会各项事业的发展而努力奋斗》的工作报告。选举产生戴村镇第十届妇女联合会,委员 11 人,沈乐娟任妇联主席。

戴村镇第十一届妇女代表大会,1998 年 10 月召开,沈乐娟作工作报告,选举产生新一届妇女联合会,委员 11 名,沈乐娟任妇联主席。

戴村镇第十二届妇女代表大会,2001 年 12 月 31 日召开,出席代表 76 名,瞿霞萍作题为《抢抓机遇,与时俱进,努力开创新世纪妇女工作的新局面》的工作报告,选举产生新一届妇女联合会成员,瞿霞萍任妇联主席。

戴村镇第十三届妇女代表大会,2007 年 3 月 23 日召开,正式代表 66 名,莫成行作题为《坚持科学发展,构建和谐社会,团结动员全镇妇女为建设富裕和谐的新戴村而努力奋斗》的工作报告。选举产生新一届镇妇联执行委员会,由 11 人组成,莫成行任妇联主席。

云石乡(公社)妇女代表大会 云石乡第七届妇女代表大会,1984 年 10 月 17 日召开,正式代表 70 名,会议选举产生第七届妇女联合会,有委员 11 名,楼桂兰任妇联主任。

云石乡第八届妇女代表大会,1987 年 10 月 22 日召开,出席代表 57 名,会议选举产生第八届妇女联合会,由委员 8 人组成,楼桂兰任妇联主任。

云石乡第九届妇女代表大会,1990 年 8 月 25 日召开,出席代表 62 人,选举产生新一届妇女联合会,委员9名,陈芬娟任妇联主任。

云石乡第十届妇女代表大会,1992年10月9日召开,代表56名,选举产生第十届妇女联合会,委员9人,章丽君任妇联主任。

云石乡第十一届妇女代表大会,1995年11月17日召开,代表53名,选举产生十一届妇女联合会,委员9名,瞿霞萍任妇联主席。

云石乡十二届妇女代表大会,1998年11月13日召开,出席代表48名,会议选举产生十二届妇女联合会,委员9名,瞿霞萍任妇联主席。

1965~2001年部分年份戴村妇女代表大会情况

表8-2-6

组织名称	届次	时　间	代表（人）	主任（主席）	委　　员
戴村镇妇代会	9	1992.10.6	115	董月英	丁小花　丁松明　汤明芳　陈凤美　李幼仙　沈乐娟　郁月芳　郭叶娟　倪田芬　董月英　傅国丽
	10	1995.11.2	87	沈乐娟	丁招明　任冬梅　汤明芳　陈凤美　沈月娟　沈乐娟　何美英　倪田芬　郭叶娟　董月英　傅国丽
	11	1998.10	70	沈乐娟	丁招明　任冬梅　倪田芬　沈月娟　孔丽文　沈乐娟　何美英　李来娟　郭叶娟　李来娟　蒋春晓　傅国丽
	12	2001.12.31	76	瞿霞萍	周招凤　任冬梅　俞芬华　沈木兰　孔雨文　沈乐娟　何美英　李来娟　俞玉华　蒋春晓　瞿霞萍
	13	2007.3.23	66	莫成行	周桂凤　任冬梅　杨　芬　沈木兰　孔丽文　沈乐娟　钟月萍　韩冬仙　俞玉华　蒋惠英　莫成行
云石乡妇代会	7	1984.10.17	70	楼桂兰	丁招岳　姜风云　鲍天芬　沈利萍　沈林华　钟爱芳　徐雪球　邵招娥　鲍观凤　楼桂兰　鲍桂珍
	8	1987.10.22	57	楼桂兰	丁芬芹　沈吾仙　鲍云芬　沈玲华　沈根宝　郑凤仙　顾观凤　楼桂兰　鲍桂珍
	9	1990.8.25	62	陈芬娟	丁芬芹　沈吾仙　沈利华　沈玲华　陈芬娟　郑凤仙　曹招岳　董利华　鲍桂珍
	10	1992.10.9	56	章丽君	卜瑞珠　李仁招　沈利华　沈玲华　顾桂芬　郑凤仙　章丽君　董利华　曹招岳
	11	1995.11.17	53	瞿霞萍	李仁招　沈利华　周桂凤　俞芬华　顾桂芳　郑凤仙　瞿霞萍　鲍六芬　曹招岳
	12	1998.11.13	48	瞿霞萍	丁亚花　李仁招　邵小英　俞芬华　沈木兰　周桂凤　瞿霞萍　鲍云芬　曹招岳
	2	1965.7.13	84	沈观琴	沈观琴　盛杏芬　沈招琴　沈菊香　沈琴仙　丁芬娟　顾月英　李菊梅　戴荷花

说明:资料来自镇档案室

1957～2007年部分年份戴村妇联主任(主席)名录

表8－2－7

单　　位	姓　名	职　务	任职时间
振庭乡	董爱冠	妇代会主任	1957～1958
戴村公社	郭凤花	妇联主任	1961～1962.6.18
戴村公社	徐雅珍	妇联主任	1962.6.18～
戴村公社	傅水芬	妇联主任	1966.6～1978.7
戴村公社	汤丽凤	妇联主任	1978.7～1984.3
戴村乡	丁维华	妇联主任	1984.3～1988.10
戴村镇	徐晓姣	妇联主任	1989.10～1992.6
戴村镇	董月英	妇联主任(主席)	1992.6～1995.8
戴村镇	沈乐娟	妇联主席	1995.8～2001.3
戴村镇	瞿霞萍	妇联主席	2001.3～2007.3
戴村镇	莫成行	妇联主席	2007.3～
长潭乡	沈菊花	妇联主任	1957～
云石公社	李幼珠	妇联主任	1959.5～1960
云石公社	华雅仙	妇联主任	1961.～
云石公社	沈观琴	妇联主任	1965.7～
云石公社	李幼珠	妇联主任	1970～1981
云石公社(乡)	楼桂兰	妇联主任	1982～1989.11
云石乡	陈芬娟	妇联主任	1989.11～1992.6
云石乡	章丽君	妇联主任(主席)	1992.6～1995.7
云石乡	瞿霞萍	妇联主席	1995.7～2001.3
永兴桥公社	王桂罗	妇联主任	1961～1962.1
永兴公社	王和素	妇联主任	1962.1.24～B
永兴公社	何玉凤	妇联主任	1971.2～1978.8
永兴公社	裘银素	妇联主任	1980.3～1992.6
永兴公社	董月英	妇联主任	

说明:资料来自镇档案室

1951～2001年戴村镇(乡、公社)部分女干部名录

表8－2－8

姓　名	单　　位	职　　务	任职时间
余芬观	戴村乡人民政府	副乡长	1951.12～1952.12
郭临深	戴村乡人民政府	副乡长	1953.8～1955.4
沈雪花	凌溪乡人民政府	副乡长	1953.3～1954.2
汪顺仙	凌溪乡人民政府	副乡长	1954.12～1956.3
沈菊花	长潭乡人民政府	副乡长	1952.11～1956.4
李素珍	振庭乡人民政府	副乡长	1955.10～1956.6
李素珍	白马乡人民委员会	副乡长	1956.8～1957.9
董云仙	白马乡人民委员会	副乡长	1956.10～1958.3
沈菊花	长潭乡人民委员会	副乡长	1956.4～1957.4
董爱冠	振庭乡人民委员会	副乡长	1956.6～1957.9
周美芹	戴村乡人民委员会	副乡长	1956.3～1957.10
徐雅珍	戴村人民公社管理委员会	副主任	1960.2～1961.9
李幼珠	长潭管理区党支部	副书记	1960.5～1961.3
董月英	戴村公社革委会、管委会	副主任	1977.10～1978.1
董月英	戴村公社党委	副书记	1977.10～1978.4
楼桂兰	云石乡党委	委　员	1987.1～1989.1
韩利华	云石乡党委	委　员	1998.9～2000.1
黄国芹	戴村镇人民政府	副镇长	1992.5～1995.12
黄国芹	戴村镇党委	委　员	1995.2～1995.12
李国梅	云石乡党委	委　员	2000.1～2001.1
楼桂兰	戴村镇党委	委　员	1993.1～2001.3

说明:资料来自镇档案室

妇联工作

1950 年 5 月,《中华人民共和国婚姻法》颁布,戴村全乡掀起了从铲除封建买卖婚姻、领养童养媳入手,宣传实行新婚姻法,提倡自由恋爱、自由婚姻。当时,有几十对青年男女自由结婚,社会风貌焕然一新。

汪顺仙用双轮双铧犁耕田现场　（资料图片）

1957 年,戴村乡和平社围绕合作化好不好、粮食统购统销好不好、共产党领导好不好等问题,对妇女进行一次社会主义思想教育,提高妇女群众的认识。1958 年,戴村乡新星合作社(墙头村)妇女干部汪顺仙,在旧社会是童养媳,她打破男尊女卑旧风俗,光着脚到田里掘泥板,卷起袖子操毛纸,样样生活能做。尤其在技术革新时带头使用双轮双铧犁耕作,成为劳动生产的女能手。1958 年 4 月 29 日,中共萧山县委召开"学习汪顺仙"广播大会,县委组织部长宋昆秀讲话。县妇联号召全县各级妇女组织,向汪顺仙学习。杭州市滑稽剧团等文艺单位把汪顺仙事迹编成节目,在萧山、杭州、上海等地演出。在 1958 年 6 月 1 日闭幕的萧山县第三届人民代表大会第一次会议上,汪顺仙当选为萧山县人民委员会委员。

1961 年,戴村公社有 3 名女同志获得浙江省妇女红旗手光荣称号。1966 年 10 月,公社妇联组织各村妇代会主任,贯彻县妇联主任会议精神,着重讨论关于高举毛泽东思想伟大红旗,把活学活用毛主席著作的群众运动推向新阶段。

1974 年,永兴公社建民大队共产党员朱梅兰,原是村桥公社村桥大队九姑娘科学实验小组组长,嫁到夫家后发扬九姑娘科学实验小组的优良传统,带领所在生产大队妇女搞科学种田。萧山县妇联在当年《妇运情况》第七期上报道了她的事迹。

1977 年 1 月,戴村公社妇联培养理论骨干,建立中心学习组,狠揭狠批"江青反革命集团",被萧山县妇女联合会肯定并整理成材料转发给各公社、镇妇联学习。

1978 年,云石公社妇联副主任、公社卫生院妇产科医生郑雅珍,5 年如一日工作兢兢业业,全心全意为病人服务。她移风易俗带头实行晚婚,结婚时不收彩礼,婚事新办。这年,郑雅珍被评为县"三八红旗手"。是年,云石公社妇联主任李幼珠获浙江省"三八"红旗手。1982 年,云石公社中心学校女教师顾望仙被评为浙江省优秀教师。

1986 年 2 月 24 日至 27 日,县妇联召开十届四次执委会。云石乡妇联干部参加会议并介绍了家庭教育等方面的经验。1987 年,云石乡佛山村幼儿园钟爱芳获浙江省先进托幼工作者。

1988 年 5 月,戴村镇和云石乡、永兴乡妇联均首次开展庆祝"母亲节"系列活动,其中有评选"好母亲"活动。云石乡沈村村的沈吾仙被评上萧山市十名"好母亲"之一,市妇联在 5 月 6 日的好母亲座谈会和庆祝"母亲节"的广播大会上,进行表彰和奖励。

1989 年,萧山市妇联号召全市各乡镇开展"双学双比"活动。今戴村镇域 3 镇乡妇女在"双学双比"竞赛活动中,努力学文化、学技术,比成绩,比贡献,为繁荣农村经济,发展商品生产发挥积极作用,促进农村两个文明建设。是年,永兴乡张家弄村郭林梅获杭州市农家女能手。

1990 年,云石乡妇联广泛动员全乡妇女积极投身于绿色工程活动。增丰村妇代会组织妇女于当年春节前后开发荒山,通过 20 多天的苦战,营造了 100 亩"三八"林。狮山村妇代会在当年"三八"节前后,每天组织 60 多人上山,经 10 多天的努力,开荒植树 50 亩。船山村妇代会积极配合村委会,于 3 月 7 日至 8 日,动员妇女150多人，与男村民一起，义务植树50亩。佛山村妇代会挨家挨户动员植树，在“三八”前后，共种树1万棵。是年，永兴乡妇联主任董月仙被评为杭州市优秀妇女干部。

1991年，戴村、云石、永兴3乡镇全面开展“让文明新风进家庭”活动，各乡镇妇联开展宣传、教育、创评工作，促进家庭文明建设，涌现了不少具有时代精神的先进典型。其中被萧山市妇女联合会表彰的百户“美好家庭”中，有戴村镇孙家村何文玉家庭；云石乡石牛山村杨寒艳家庭；永兴乡石马头村洪妙法家庭。是年3月26日，萧山市“双学双比”协调小组来云石乡召开“三八绿色工程”现场会，与会人员参观了云石乡妇女营造的“三八林”基地，听取了乡妇联的经验介绍。1992年，云石乡妇联主任章丽君被评为杭州市优秀妇女干部。

1993年，戴村镇、云石乡妇联响应萧山市妇联号召，开展关于评选萧山百户“美好家庭”活动。戴村镇凌山村的汤长贵、石马头村的郑云樵、云石乡佛山村的钟兴华3户家庭当选萧山市百户“美好家庭”，受到萧山市妇联表彰。是年，戴村镇开展“双学双比”“巾帼建功”两项活动，紧紧围绕发展经济这个中心，着力于提高妇女的整体素质，在活动规模、内容上都有新的提高。特别是在落实“一村一品”基地，发展“一优两高”农业等活动中，涌现一批依靠科技勤劳致富、闯市场有方的农家女能人，技术过硬的岗位标兵建功的女能手。镇“双学双比”协调小组推动竞赛活动深入开展，被萧山市农村妇女“双学双比”竞赛活动协调小组评选为“双学双比”先进协调小组。同年，镇妇联为行政村妇代会主任落实了养老保险，年龄满55周岁每月可拿到40元养老金，对已退休的原妇代会主任，也给予生活补助。

1994年，云石乡妇联对所属基层妇代会工作进行调查，走访所属16个村、4个企事业单位的妇代会，提出4条工作意见。是年10月，萧山市个体协会妇女会举行“五好巾帼杯”知识竞赛，戴村镇基层协会获得第三名。

1995年年初，为了更好地宣传戴村镇妇女在改革开放和社会主义现代化建设中的地位和作用，更好地向社会展示妇女先进典型，镇妇联在全镇范围内开展萧山市“三八”红旗手评选活动，在镇推荐评比的基础上，有2人被评为萧山市“三八”红旗手，3个村妇代会被评为萧山市优秀妇代会。

1996年，萧山第三酒厂妇代会举行由32位女职工参加的技术比武，从洗瓶、消毒到灌装、押瓶、包装等一系列工种进行质量、速度比赛，表彰和奖励优胜者。是年12月，镇妇联与团委一起组织“爱我戴村、创文明集镇”百人志愿者活动，在人民路进行一次大扫除，参加人员130人。

1997年，戴村镇、云石乡妇联积极参与“双禁”斗争，利用有线电视开展“双禁”电视讲座，要求各村、单位妇代会都建立健全妇女禁赌组织，由妇代会主任任组长，委员任副组长。18周岁以上的女性皆为妇女禁赌组织成员。禁赌组织成员在保证自己不参赌的前提下，做好规劝亲友戒赌、不参赌。戴村镇大胆选拔妇女干部，注重培养优秀妇女干部入党。1996年、1997两年里有16名妇女干部加入党组织，有20名妇女骨干列为建党对象。镇妇联与各党支部、妇代会一起，对这些建党对象工作上压担子，予以重点培养。是年清明节，云石乡妇联和乡中心小学组织300多名妇女和少先队员，前往钟阿马烈士墓，凭吊这位萧山农民运动史上的革命先烈。

2001年，戴村镇妇联通过开展“双学双比”和“巾帼建功”活动，一批优秀妇女脱颖而出。1999年以来近3年里，新发展女党员31名，列为建党对象的妇女46名。至是年12月底，全镇有女党员206名；已进入行政村两委班子的女干部15名，其中担任女党支部书记的1名，当选女村主任的1名。镇妇联利用镇党校阵地，每月举办一期妇女干部学习班；会同镇农办和成人学校，举办各类农业新技术培训。是年，有36名女干部获得绿色证书，39名女干部获得农民技术员职称。1999～2001年，全镇共举办各类农业实用技术培训班18期，受训1005人次，举办绿色证书培训班3期，71名妇女骨干获得绿色证书，共培养出具有初级职称以上的女农民技术员52名。3年里，全镇建立9个“三八”绿色科技示范基地，树立科技示范户60户，种、养、加和“三清茶”炒制能手45名，提高了全镇妇女的生产技能和整体素质。

2002～2006年，镇妇联引导广大妇女积极投身经济建设，会同成人学校等部门，举办各类技术培训班15期，受训1700余人，有75名妇女获得绿色证书，28名妇女获技术员称号，1670名妇女参加了茶叶、苗木、蔬菜、裁缝、家政、丝网花编织等实用新技术培训,造就了一大批“学有所得、学以致用”的农家女能手。还扶持培育了“三清草莓”、雷征“三八”绿色基地两个区级“妇字号”示范基地,评比表彰了54名农家女能手。5年里,镇妇联重视创建“平安家庭”、构建“和谐社会”工作,全镇共评出镇级“五好文明家庭”8320户,区级“五好文明家庭”1408户,学习型家庭1725户,“平安家庭”10311户。半山村李家坞自然村女村民李雅梅,40余年如一日,悉心照料身患类风湿关节炎瘫痪在床的哥哥。她的感人事迹,不仅在戴村出了名,而且得到了各级地方政府的重视和媒体的关注报道。2000年李雅梅被评为戴村镇敬老好儿女先进工作者;2004年荣获萧山区敬老好儿女金榜奖;2007年被评为首届“和谐萧山”十大闪光人物之一。

1959~2003年部分年份戴村镇妇女工作先进集体名录

表8-2-9

年份	获奖级别	先进名称	获奖单位
1995	浙江省	“巾帼扫盲奖”先进集体	云石乡成人文化技术学校
1994	杭州市	“三八”绿色优质工程	云石乡增丰村“三八”绿色工程林
1999	杭州市	十佳“妇字号”示范基地	云石乡“三八”林基地
1959	萧山县	先进单位	戴村公社长潭明堂食堂 戴村公社长潭产院
1962	萧山县	先进集体	永兴公社河上桥大队 永兴公社何童埠大队 戴村公社戴村大队 戴村公社蚕桑场 云石公社长潭产院
1977	萧山县	优秀妇代会	永兴公社河上桥大队 云石公社增丰大队
1979	萧山县	“三八”红旗集体	云石公社增丰大队
1981	萧山县	“三八”红旗集体	戴村公社马谷大队
1983	萧山县	“三八”红旗集体	戴村公社下方大队
1990	萧山市	一级妇代会	永兴乡杨家桥村 云石乡沈村村 云石乡尖山下村 云石乡狮山村
1991	萧山市	一级妇代会	云石乡船山村 云石乡石牛山村 戴村镇凌山村
1992	萧山市	一级妇代会	戴村电子开关厂 云石乡增丰村 云石乡明堂村 云石乡煤气用具厂
1993	萧山市	一级妇代会	萧山汽车变速操纵器厂(戴村) 云石乡石牛山村 云石乡沈村村
1993	萧山市	“双学双比”先进协调小组	戴村镇“双学双比”协调小组

续表 8－2－9

<table>
<tr><th>年份</th><th>获奖级别</th><th>先进名称</th><th>获奖单位</th></tr>
<tr><td>1994</td><td>萧山市</td><td>农村妇女“双学双比”农业知识竞赛二等奖</td><td>戴村镇妇联</td></tr>
<tr><td>1994</td><td>萧山市</td><td>优秀妇代会</td><td>戴村镇何童埠村
戴村镇下方村
云石乡船山村</td></tr>
<tr><td>1995</td><td>萧山市</td><td>优秀妇代会</td><td>萧山通讯电缆总厂(云石乡)
戴村镇杨家桥村</td></tr>
<tr><td rowspan="2">1996</td><td rowspan="2">萧山市</td><td>星级妇代会</td><td>云石乡尖山下村</td></tr>
<tr><td>优秀妇代会</td><td>萧山电化总厂(戴村镇)
云石乡增丰村
云石乡枫树村</td></tr>
<tr><td>1997</td><td>萧山市</td><td>星级妇代会</td><td>云石乡沈村村
戴村镇何童埠村
萧山联发电化有限公司(戴村)</td></tr>
<tr><td rowspan="2">1997</td><td rowspan="2">萧山市</td><td>优秀妇代会</td><td>云石乡狮山村
戴村镇冗里村
戴村镇凌山村
戴村镇溪河村</td></tr>
<tr><td>“双学双比”先进协调小组</td><td>云石乡“双学双比”协调小组</td></tr>
<tr><td rowspan="2">1998</td><td rowspan="2">萧山市</td><td>星级妇代会</td><td>云石乡石牛山村</td></tr>
<tr><td>优秀妇代会</td><td>云石乡佛山村
戴村镇后郑村
萧山市特种建材实业有限公司(云石)</td></tr>
<tr><td rowspan="4">1999</td><td rowspan="4">萧山市</td><td>星级妇代会</td><td>云石乡增丰村
云石乡船山村</td></tr>
<tr><td>优秀妇代会</td><td>戴村镇墙头村
云石乡骆村村
戴村镇河上桥村
云石乡顶山村
戴村镇东周村
云石乡响石桥村
云石乡征山村</td></tr>
<tr><td>“双学双比”先进协调小组</td><td>戴村镇“双学双比”活动协调小组
云石乡“双学双比”活动协调小组</td></tr>
<tr><td>“双学双比”十佳妇字号示范基地</td><td>云石乡雷竹基地</td></tr>
<tr><td>2000</td><td>萧山市</td><td>妇女权益保障工作先进集体</td><td>何童埠金山种养园艺场</td></tr>
<tr><td>2003</td><td>萧山区</td><td>十佳“妇字号”示范基地</td><td>何童埠金山种养园艺场</td></tr>
</table>

说明:资料来自镇档案室

第五节　共青团

1928～1930年，共青团萧山县委在南乡农村发展团员，先后建立沈村、丁村团支部。沈奉贤任沈村首届团支部书记，丁问巨任丁村团支部书记，组织团员青年配合党组织宣传土地革命，开展减租减息、参加砍竹暴动等斗争。

1950年10月～1952年4月，中共萧山县委组织部长张炎兼任中国新民主主义青年团萧山县委书记。其间，戴村区青年团工作委员会成立，这是全县建立的10个区青年团工作委员会之一。戴村各村青年团工作，接受戴村区青年团工作委员会指导，各村先后建立了团组织。1957年7月，根据共青团萧山县委规定，团员人数在200人以上的乡镇可以建立团委，戴村乡、振庭乡、白马乡建立了乡团委。

1963年，戴村公社有26个大队（单位）建立团组织，团员314名，其中女团员142名；永兴公社有12个大队（单位）建立团组织，团员158名，其中女团员34名；云石公社17个大队（单位）建立团组织，团员232名，其中女团员54名。"文化大革命"时期，公社和大队团组织一度瘫痪。20世纪70年代末，恢复基层团部活动。

1982年，戴村公社有38个大队（单位）建立团组织，团员740名，其中女团员334名；永兴公社有17个大队（单位）建立团组织，团员523名，其中女团员240名；云石公社有22个大队（单位）建立团组织，团员515名，其中女团员242名。

1992年6月，永兴乡团委与戴村镇团委合并。1993年，戴村镇56个村（单位）建立团组织，团员975名，其中女团员521名；云石乡21个村（单位）建立团组织，团员453名，其中女团员202名。

2000年，戴村镇有50个村（单位）建立团组织，团员777名，其中女团员401名；云石乡23个村（单位）建立团组织，团员445名，其中女团员230名。2001年7月，云石乡团委与戴村镇团委合并。

至2008年，全镇22个行政村及镇属企事业单位，共有团委2个、团支部36个，团员948名。

团员代表大会

团员代表大会一般每3年召开一次，主要是总结本届团代会工作，提出今后工作目标任务，选举产生新一届共青团委员会成员及书记、副书记。从20世纪50年代以来，戴村镇共召开十八次代表大会；至1992年永兴乡召开十二次代表大会，云石乡召开十六次代表大会。

戴村镇（乡、公社）团员代表会　1958年10月，共青团戴村公社第一次代表大会召开，大会号召全社广大团员青年，要发挥党的助手作用。在党的领导下，鼓足干劲，力争上游，多快好省地建设社会主义，会议选举产生共青团戴村公社首届委员会，沈兴祥当选为团委书记。

1959年10月4日，共青团戴村公社第二次代表大会召开，到会正式代表38名。会议要求全社团员青年继续按照党的总路线，遵循中共八届八中全会所指引的方向，人人为社会主义建设立功。会议以无记名投票方式，选举产生共青团戴村公社第二届委员会，委员11名，常委5名，施云潮任团委干事。

1962年6月，共青团戴村公社第三次代表大会召开，会议选举产生新一届戴村公社团委班子，由沈兴祥兼任团委书记。

1971年6月29日，共青团戴村公社第五次代表大会召开，时有团员516名，正式代表170名，其中男代表127名，女代表43名。实到正式代表150名，列席代表15名。会议选举产生共青团戴村公社第五届委员会，共有委员14人组成，董月英任团委书记。

1980年2月2日，共青团戴村公社第六次代表大会召开。时有团员665名，28个村（单位）建立团组织。会议以无记名投票的方式选举产生了新一届戴村公社团委班子，李金达任团委书记。

1982年1月14日，共青团戴村公社第七次代表大会召开，会期2天。会议选举产生共青团戴村公社第七届委员会，委员11名，邵梦权任团委书记，丁维华、任伟民任副书记。

1984年11月，共青团戴村乡第八次代表大会召开。会议听取了第七届团委工作报告，选举产生新一届共青团戴村乡委员会，方小康任乡团委书记，戴建荣、沈迪青任副书记。

1987年4月，共青团戴村镇第九次代表大会召开，会议听取和审议第八届团委工作报告，选举产生共青团戴村镇第九届委员会，朱元杰任团委书记，戴建荣、何杰任副书记。

1990年，共青团戴村镇第十一次代表大会召开，选举产生新一届团委班子。朱元杰任团委书记，朱水飞、陈康任副书记。

1992年5月，永兴乡团委与戴村镇团委合并，由孔中春任书记。是年9月24日，共青团戴村镇第十二次代表大会召开，到会正式代表120名，选举产生新一届团委，委员9名，孔中春任团委书记。

1994年5月，共青团戴村镇第十三次代表大会召开，正式代表90名，代表全镇1056名团员参加会议。大会听取和审议孔中春所作的共青团戴村镇第十二届委员会工作报告；选举产生共青团戴村镇第十三届委员会，委员7名，孔中春任团委书记。

1997年5月，共青团戴村镇第十四次代表大会召开，75名正式代表参加，代表全镇772名团员。听取和审议孔中春所作的题为《夯实基础，争创特色，努力开创我镇共青团工作新局面》的工作报告。选举产生新一届团委，委员7名，孔中春任团委书记。

2000年6月28日，共青团戴村镇第十五次代表大会召开，应到正式代表60名，实到代表53人，代表全镇777名团员出席会议。大会回顾总结戴村镇第十四届团代会以来的工作，选举产生共青团戴村镇第十五届委员会，孔中春任团委书记，华小平、郑立涛任副书记。

2001年7月，共青团云石乡委员会与共青团戴村镇委员会合并。2003年4月10日，共青团戴村镇第十六次代表大会召开，应到正式代表85名，实到84名。审议通过了由华小平代表共青团戴村镇第十五届委员会所作工作报告，选举产生共青团戴村镇第十六届委员会，华小平任书记，孙依群、吴丹玲任副书记。

2006年7月7日，共青团戴村镇第十七次代表大会召开，实到正式代表60名，代表全镇1128名共青团员。听取和审议华小平所作的题为《引领全镇青年，勇做时代先锋，为建设富裕和谐新戴村奉献青春》的工作报告，选举产生了共青团戴村镇十七届委员会，华小平任团委书记，王伟峰、吴丹玲任副书记。

云石乡（公社）团员代表会　1965年7月13日，共青团云石公社第三次代表大会召开，应到代表69名，实到代表68名，选举产生由11人组成的新一届共青团云石公社委员会，金庆成任团委书记。

1984年12月，共青团云石乡第九次代表大会召开，会议选举产生共青团云石乡第九届委员会，杨国任书记，钟爱芳、顾大飞任副书记。

1987年4月，共青团云石乡第十次代表大会召开，选举产生由6人组成的新一届共青团委员会，方小康任团委书记，陈国成任副书记。

1990年，共青团云石乡召开第十二次代表大会，选举产生共青团云石乡第十二届委员会，由吴浙明任团委书记，姜庆贤任副书记。

2000年6月16日，共青团云石乡第十六次代表大会召开。时有团员445名，23个村（单位）建立团组织。大会听取和审议共青团第十五届委员会工作报告，选举产生第十六届委员会，由7人组成，叶建华任书记，屠强任副书记。

永兴乡（公社）团员代表会　1965年7月，共青团永兴公社第三次代表大会召开，选举产生共青团永兴公社第三届委员会，洪其法任团委书记。

1984年12月，共青团永兴乡第九次代表大会召开，选举产生共青团永兴乡第九届委员会，董煜瑞任团委书记，郁月芳、周建法任副书记。

1987年4月，共青团永兴乡第十次代表大会召开，选举产生新一届共青团委员会，由周建法、鲍幼珍任团委副书记（是年6月由周建法任代理团委书记）。

1990年，共青团永兴乡召开第十二次代表大会，选举产生共青团永兴乡第十二届委员会，孔中春任团委书记,何国虎、洪森旗任副书记。

主要工作

1951年下半年,戴村镇青年团组织在农业互助合作化运动中,充分调动团员青年的积极性,动员群众参加互助组,起到较大作用。振庭乡石盖坞村青年团支部,把宣传、发动工作的任务落实到每个团小组,团员户带头参加互助组,然后动员群众参加,推进了组建互助组工作的顺利开展。当年12月22日,青年团萧山县工委总结推广石盖坞村青年团支部积极参加互助组的做法。

1952年4月,中国新民主主义青年团浙江省工委,检查了戴村乡溪河村、石马头村两个青年团,通报表扬两村团支部在开展互助合作运动和在农业生产中所起的先进作用。是年,中国新民主主义青年团萧山县第一届代表大会召开,现镇域选派12名代表出席大会:白墅乡喻天祥,长潭乡邵观水、沈菊花,振庭乡董五传、余柏康、董友堂,凌溪乡方吾津,戴村乡洪文岳、洪五林,马鞍乡方爱玉、郁吾椿,云石乡田士根。这些代表都是在解放初生产活动中,各村涌现的青年积极分子。

1959年,在共青团萧山县第七次代表大会、萧山县第四次青年积极分子大会上,戴村公社云石生产队团支部作题为《在党的领导下,大搞突击活动》的典型发言。介绍团部政治挂帅,加强经常性思想教育;根据党的中心工作,开展团的独立活动;抓先进,立标兵,开展"红、勤、巧"竞赛;虚心学习本领,大胆试验奇迹;加强组织建设壮大团的战斗力等做法和经验。

1965年,为配合"四清"运动,各大队团支部相继成立农村俱乐部,演出现代小戏,演唱革命歌曲,表演自编的文艺节目,讲革命故事等,为宣传党的政策、活跃农村文化阵地发挥了作用。

1971年,在"农业学大寨"运动中,今戴村镇辖区内各公社的广大团员青年,发扬"一不怕苦,二不怕死"的精神,始终站在战天斗地的前列。云石公社增丰大队团员青年,建水库、筑渠道、移溪滩,敢打硬仗,与其他社员一起从乱坟窝、乱石堆里造出了"大寨田"72亩,使该村的粮食生产大幅增长。

1984年,今镇域各乡团委,响应团县委在第三个全民文明礼貌月开展"十项活动百面红旗竞赛"活动。戴村乡团委青年服务队、戴村乡社小(文明监督岗)、戴村中学(今萧山六中)高二(1)班、永兴乡石马头村团支部青年服务队等4个单位获得优胜单位,受到团县委的表彰。

1991年9月,许贤乡发生特大洪灾,戴村镇、云石乡、永兴乡团委都迅速向全乡团员青年发出了"为我同胞,捐钱捐物"的号召,团员青年纷纷捐助款物。永兴乡团委在短短2天时间里,收到人民币358元和价值250元的工艺鞋50双,及时送往许贤灾区。1992年7月4日晚上8时,洪水猛涨,位于戴村镇溪河村的杭金公路一段低洼路面被淹没,过往车辆被迫拥挤在公路两端。突然,一辆满载旅客的大客车起火燃烧,由于油箱渗漏,情势万分危急。这时,正在抗洪执勤的溪河村团员青年,跳进齐腰深的洪水奋力灭火,经过20多分钟的紧张扑救,客车保往了,旅客脱险了,参加扑救的团员青年头发被燃,衣服烧破,人不同程度受伤。戴村镇人民政府于7月6日对他们的事迹通报表扬。

1994年5月,戴村镇团委开展"话说香港"征文比赛、革命歌曲大奖赛、人民路口设立"香港回归倒计时"牌等活动,增强团员青年爱国热情和民族自尊心。是年,组织青年志愿者服务队定期为敬老院老人进行各类服务,组织团员上街打扫卫生,组织扶贫帮困小组为困难户割稻插秧等,引导青年发扬雷锋精神。

1995年通过"手拉手"助学活动,镇团委募集资金1000余元,帮盛家盛慧金、陆家陆罗杰两位小朋友上完小学。1996年募集800余元向宁夏希望工程捐款。同年,团委给石盖坞村方芬琴户募集10400余元,解除其患重病的医疗费之急。1994年以来的3年中,镇团委多次举办企业青工技术比武,开展"青年文明岗位"活动。萧山气泵厂连续3年组织全厂团员青年参加钳工、车工、铸造比赛,参加人数累计150余人次。坚持以团带队,深入开展"雏鹰"行动。以戴村、云石两所中心小学为龙头,以"面向新世纪、争做新主人"为主题,深入开展"红十字"活动。戴村镇小的卫生救护技术比赛活动,《萧山日报》给予报道。

1997年5月,戴村镇十四次团代会召开后,镇团委结合"四五"普法,开展警民共建、禁毒禁赌图片展、法律咨询等活动,组织"社会公德、职业道德、家庭美德"的三德教育专题讲座,帮助青少年树立法制观念,做合格公民。通过举办“五四文艺联欢会”“黑板报比赛”“乒乓球赛”“五四卡拉OK比赛”等系列活动，丰富青年的业余文化生活。镇团委在人民路开展创建“青年文明路”活动，在镇人民路口设立“守文明公约、做文明镇民、树文明新风”宣传牌3块，在戴家山村建立“青年林”基地1块。镇团委向党组织推荐23名优秀青年进入后备干部队伍，其中进入村两委班子的10人；同时向党组织推荐22名青年入党。献爱心活动广泛开展，镇团委资助盛家、石马头、戴家山5位贫困小学生上学；筹措资金2万余元，为镇中心幼儿园添置电视机、风琴等教学设备；连续3年慰问残疾儿童90余人次，孤儿12人次，95岁以上高龄老人7人次，幼儿1000人次，送去礼品，献上爱心。

2000年6月28日，戴村镇十五次团代会召开后，团组织积极配合创建卫生镇活动，组织400余人次清扫人民路、清理“牛皮癣”。镇团委联合镇文化站，在戴村影剧院内建立了戴村读书服务站。利用元旦、五四青年节等节日，开展联欢会、风筝比赛、象棋赛等系列活动，丰富团员青年的业余文化生活。戴村中学团组织在爱鸟月活动中，举行了放飞信鸽仪式，举办“庆五四展风采”编小报活动；戴村镇小组织学生对永兴河区域进行文化考察，开拓学生视野。

2003年4月10日，戴村镇十六次团代会召开后，各级团组织开展以“树先锋形象，扬青春风采”为主题的保持共青团员先进性教育活动。开展“理想、责任、能力、形象”的团干部形象讨论，以及“新时代新风采”团员形象讨论活动。青年志愿者工作进一步推进。利用3月5日学雷锋活动，镇团委和萧山第六人民医院团支部一起，组织团员青年到戴村敬老院为老人们义诊，定期开展志愿者广场活动，开设医疗、维修、咨询等项目20余个。组织团员青年清扫集镇主要街道、清理“牛皮癣”。

学校团队工作进一步深化，抓住镇第二次少代会的有利时机，重新聘请了10名校外辅导员，评选戴村镇第二届“十佳少先队员”和“十佳辅导员”。戴村中学团组织进行了文明礼仪宣教活动，纪念抗战胜利60周年“班班有歌声”歌唱大赛活动、“滴水与阳光”爱心捐助活动。青年星火带头人工作进一步推进，有2人被推荐为区青年星火带头人会员，沈晓被推荐为杭州市青年星火带头人。

2006年7月，戴村镇第十七次团代会召开以后，镇团委多次邀请区青年阳光志愿服务进农村，各基层团组织经常组织青年志愿服务，在助残帮困、洁美家园、社会综合治理等各项工作中发挥突击队作用。学校团队在学雷锋日、植树节、青年节等节假日组织学生开展扫烈士墓、植树护绿、校园净化工程、爱心助成长、青少年红十字救护等活动，引导团员青年树立科学文明、健康向上的思想道德观念。镇团委挖掘培育在农村建设中的先进青年典型，其中市级农村青年科技致富带头人1名，区级农村青年科技致富示范基地2个，区农村青年星火带头人3名。

1963～2008年部分年份戴村镇共青团组织情况

表8－2－10

年份	乡镇	14－35周岁青年（人）	团员（人）		新团员（人）		超龄离团（人）	建团支部单位（个）	基层团委（个）
				女团员		女团员			
1963	戴村公社	2968	314	142	24	－	4	26	0
	永兴公社	1061	158	34	16	－	25	12	0
	云石公社	1473	232	54	15	－	18	17	0
1971	戴村公社	3715	516	184	145	36	2	27	0
	永兴公社	2008	421	152	138	51	15	13	0
	云石公社	2525	367	131	134	43	9	18	0

续表 8－2－10

年份	乡镇	14－35周岁青年（人）	团员（人）	女团员	新团员（人）	女团员	超龄离团（人）	建团支部单位（个）	基层团委（个）
1972	戴村公社	3715	561	208	288	–	35	28	0
	永兴公社	2398	489	175	211	–	61	13	0
	云石公社	2520	408	149	245	–	45	18	0
1974	戴村公社	3876	573	208	94	30	33	27	0
	永兴公社	2213	532	220	87	37	34	13	0
	云石公社	2829	481	158	82	33	19	18	0
1975	戴村公社	2994	566	157	96	18	6	27	0
	永兴公社	2024	514	237	89	40	15	13	0
	云石公社	2842	475	155	30	15	45	18	0
1976	戴村公社	3578	437	176	87	48	25	27	0
	永兴公社	2187	593	262	106	50	24	16	0
	云石公社	2856	504	163	24	6	7	18	0
1977	戴村公社	2173	437	145	113	52	3	27	0
	永兴公社	2445	696	313	131	65	49	17	0
	云石公社	2945	592	194	70	25	17	20	0
1978	戴村公社	3565	678	271	203	86	67	28	0
	永兴公社	2508	651	269	117	51	66	17	0
	云石公社	3257	525	178	99	45	74	20	0
1979	戴村公社	3681	557	238	210	77	216	28	0
	永兴公社	2445	614	249	158	65	57	17	0
	云石公社	3326	436	155	64	26	103	20	0
1980	戴村公社	3841	665	273	141	50	56	28	0
	永兴公社	2450	549	247	92	43	94	17	0
	云石公社	3024	440	167	70	32	60	20	0
1981	戴村公社	3531	744	311	219	99	30	39	0
	永兴公社	2403	530	237	94	56	47	17	0
	云石公社	3213	475	190	93	53	77	22	0

续表 8-2-10

年份	乡镇	14-35周岁青年（人）	团员（人）	女团员	新团员（人）	女团员	超龄离团（人）	建团支部单位（个）	基层团委（个）
1982	戴村公社	3535	740	334	85	30	35	38	0
	永兴公社	2538	523	240	39	24	48	17	0
	云石公社	3338	515	242	84	45	0	22	0
1993	戴村镇	5348	975	521	169	78	51	56	1
	云石乡	3521	453	202	56	38	0	21	1
1994	戴村镇	7756	1056	523	105	57	100	72	2
	云石乡	3525	557	283	103	53	35	22	1
1996	戴村镇	7795	1189	692	139	71	16	55	1
	云石乡	3367	413	197	163	84	0	22	1
1997	戴村镇	4250	772	381	182	91	338	51	3
	云石乡	3143	435	257	111	70	49	23	1
1998	戴村镇	6003	775	462	64	31	39	51	3
	云石乡	3267	442	266	84	48	19	22	1
2000	戴村镇	7544	777	401	72	31	39	50	3
	云石乡	3417	445	230	123	73	37	23	1
2004	戴村镇	9800	640	292	100	32	146	66	3
2006	戴村镇	7932	943	531	107	41	15	36	4
2008	戴村镇	7903	948	474	137	51	22	36	2

说明:资料来自镇档案室

第六节　老年协会

20世纪80年代末到90年代初,镇乡、村两级老龄工作机构相继建立,镇乡建立老龄工作委员会和老年协会,村建立老年协会。至2008年,镇村两级老年协会机构健全,活动卓有成效。

村老年协会

1989年5月,尖山下村在云石乡率先建立老年人协会,会长姜根法、副会长姜望明。同年,建立"老年俱乐部"。至1992年,该村205名老年人中发展会员108名。各村老年人协会成立后,除坚持养老金制度,职工退休制度和孤寡老人的"五保"制度外,还在中秋节、春节期间,协会领导与村干部一起,慰问老年人、"五保"户、特困老人户,帮助解决实际困难。

1995年,溪河村老年协会成立,有会员88名,是原戴村镇成立老年协会最早的一个村。该村老年协会成立后,经常开展有益于老年人身心健康的活动,充分发挥老年协会组织的作用,协助村里解决家庭、邻里矛盾纠纷,参加洁美家园等一系列活动,还组织会员大力宣传《中华人民共和国老年人权益保障法》,维护老年人的合法权益。1999年,表彰5名尊老敬老先进个人,还给6对金婚老人戴上大红花,并拍照留念。

至90年代中期,今镇域各行政村都建起老年协会,不少村配套建立了标准化老年活动室。村老年协会对维护老年人合法权益起到积极作用,同时涌现出一批老龄工作先进集体和个人。云石乡尖山下村老年协会为保护老年人合法权益办了许多实事,1990~1991年度获杭州市开拓老年事业先进集体称号;协会副会长姜望明被评为1991年度萧山市开拓老年事业先进工作者。1997年协会会长姜根法被评为敬老服务先进个人,该村村民姜芬英,精心照料瘫痪在床8年之久的婆婆和几十年双目失明的公公,直到养老送终。村民丁小娟,40岁那年丈夫不幸病故,她一个人挑起了赡养和侍奉其丈夫的小伯、小婶两老生活的重担,几年如一日,为此,姜芬英、丁小娟都被村民公认为好媳妇,1988~1992年,两人多次获萧山市敬老好儿女金榜奖。老年组织的建立使尊老、养老、保护老年人合法权益的风气逐渐形成,涌现出一批关心社会、热爱集体主动发挥余热的老党员、老同志。

沈村村老党员沈田根于1993年6月16日,在乡农贸市场内临危不惧,制止了一场恶斗,避免了一起重大伤亡事故的发生,受到萧山市见义勇为奖励基金会的表彰和奖励。丁村村老党员周利春,主动承担起培养发展年轻党员的重任。1994年夏天干旱两个多月,周利春发动群众挖水井、筑水渠,终于战胜了"旱魔"。这年征兵工作开始后,他又动员、说服家人,把儿子送进了部队,由于他工作出色,获1994年度萧山市老有所为精英奖。溪河村老年协会也曾多次被评为市、镇先进集体。

镇老年协会

2001年3月15日,戴村镇老年协会成立,会长陈仲华(时任戴村镇党群副书记)兼,副会长洪文根。2003年3月,由于人事调动,镇老年协会领导随之调动。协会会长汤叶英(时任镇党群副书记)兼。2006年,协会领导再次调动,赵建芳(时任党群副书记)兼任会长,洪文根任副会长,协会常务副会长沈观兴。协会成员有:郭宝清、郭得山、朱桂春、袁祖春、郑金忠、方建林、沈吾铨等。

镇老年协会成立以后,对全镇的老年人生活更加重视。2003年12月,镇老年协会创办老年活动中心,坐落在集镇中心的影剧院内,总投资45万元,总活动面积130平方米。活动设施配置较齐全,内有健身器材15件,乒乓球台1套,有乐器9样,其中大提琴1台、二胡1把、笛子1套、京胡1把、板胡1把、月琴1把、三弦1把、锣鼓1套、腰鼓25只,棋牌桌椅10套,电大教室1个,桌椅30套,电视机、DVD1套、大型音箱1套、电脑投影1套。活动项目有:健身、文艺演出、棋牌、书画、乒乓球、腰鼓队、太极拳。全年总活动天数为320天,每年活动经费支出3.5万元左右,由镇财政负担。戴村镇老年活动中心于2007年成功创建成为"杭州市三星级老年星光之家",于是年9月批准并挂牌。

2006年,镇老年协会把爱好书画的老年人组织起来,在镇成人学校成立萧山区第一个乡镇老年书画协会分会。2007年1月8日,原萧山区老干部赵永前、区老年书画协会会长赵淳义一行到戴村镇授牌。书画协会不仅是老年书画爱好者探索书法艺术,切磋书法技能的园地,还是他们发扬老有所为精神,抒发爱国激情的平台。组织会员在狮山顶上挥毫泼墨;迎奥运,为运动健儿写对联;为国庆60周年作60米书画长卷。每年暑假,开办少年艺术班,培养书画新人。会员的作品参加萧山区老年书画展,获得集体、个人二、三等奖荣誉。镇老协在文化中心二楼办起一个电大教育班,向全镇开放,对象为退休干部、教师、职工等,各村相应建立教育点。至2007年,全镇70岁以上老年人共2995人,镇每年放优待金总额54794元。各村也给60周岁以上老年人发放生活补贴。沈村村2001~2007年发放总额32300元,青山村2000~2007年发放总额54800元。

2008年5月,镇老年协会成立了由42人参加的老年腰鼓队,配置统一服装。镇里搞活动,单位搞庆典总是邀请腰鼓队助兴表演。2008年6月,镇老年协会与中心社区一起成立由28人组成老年艺术团,拥有一流音响设备和配套的艺术装备。义务为各村、单位演出40多场，并参加萧山区老年文艺调演，分别获一等奖、二等奖、三等奖，获集体总分三等奖一次。浙江电视台、萧山电视台作了播放。

2007年戴村镇行政村(社区)老年活动室情况

表8－2－11

村别	建筑面积(平方米)	落成开放时间	投入资金(万元)	活动门类活动设施					负责人
				茶室(平方米)	阅览		健身器(台)	活动项目(个)	
					报(份)	书(册)			
东风村	160	03.10	12	30	3	150	5	6	周吾海
郁家山下村	130	07.11	18	25	2	100	12	6	郁志焕
永富村	180	07.11	15	30	3	120	12	6	徐伟兵
河杨湖村	120	08.00	16	25	2	100	13	6	喻忠法
张家弄村	60	02.8	3	15	2	50	0	4	郭宝清
石马头村	170	07.10	25	25	3	120	5	6	洪吾金
大石盖村	120	08.11	11	20	3	100	2	6	周小其
上董村	170	08.11	16	30	3	250	3	6	董国尧
戴村村	80	05.8	5	15	3	150	12	6	郑银水
南三村	120	06.10	5	15	3	120	3	6	戴柏桥
三头村	190	05.10	25	30	3	300	12	6	丁金良
八都村	120	06.12	25	30	3	100	12	6	周祖春
马谷村	40	05.10	8	10	3	50	0	4	陈水乔
半山村	60	05.11	5	10	2	50	0	3	李国林
佛山村	130	05.12	16	25	3	100	0	5	钟观铨
沈村村	250	04.12	40	35	4	300	12	6	沈观贤
青山村	320	04.12	65	40	4	300	12	7	何国昌
枫桥村	180	05.11	40	35	3	100	12	6	朱金荣
顾家溪村	140	05.12	15	30	2	150	12	6	鲍金灿
方溪村	240	05.12	16	30	3	120	12	6	丁水兴
尖山下村	140	08.12	12	30	3	100	0	5	杨继华
骆家舍村	120	05.12	15	30	3	100	12	6	杨仁云

说明：①资料由镇老年协会提供。

②东风村老年活动室有电视机1台

2007 年戴村镇老年人口分布及年龄结构情况

表 8 – 2 – 12　单位:人

村别(社区)	总人数	60 周岁以上				60 – 69 岁	70 – 79 岁	80 – 89 岁	90 岁以上
		总数	其中 男	其中 女	占总人口比例%				
骆家舍村	1418	256	106	150	18	59	52	153	2
尖山下村	1232	235	102	133	17.5	54	50	127	4
方溪村	1553	302	142	160	19.5	129	107	58	8
顾家溪村	1251	200	91	109	16	73	86	38	3
枫桥村	1212	191	81	110	16	70	85	28	8
青山村	2410	293	140	153	12	162	71	54	6
沈村村	1342	202	99	103	15	79	83	28	3
佛山村	1128	197	98	99	14.6	101	86	27	4
马谷村	1226	207	101	106	16.9	97	78	29	3
八都村	2271	362	166	196	15.9	149	160	49	4
半山村	2210	369	174	195	16.7	182	122	59	6
三头村	1868	378	178	200	16.8	193	113	69	3
南三村	1452	242	136	106	15	108	86	53	4
戴村村	1822	263	133	130	14.4	137	89	35	2
上董村	1060	189	95	94	17.8	92	72	24	1
大石盖村	2006	345	152	193	17	193	92	55	5
石马头村	1952	329	153	176	16.8	161	104	64	2
河杨湖村	1538	278	131	147	18	135	98	43	2
张家弄村	1760	260	119	141	14.7	124	93	41	2
东风村	1335	217	93	124	16.2	102	86	25	4
永富村	2468	337	162	161	13.65	115	149	64	9
郁家山下村	1123	217	102	115	14.6	99	72	61	5
中心社区	718	130	85	45	18.1	89	34	6	1

说明:资料由镇老年协会提供

第七节　残疾人联合会

代表大会

1991年6月,戴村镇召开残疾人第一次代表会议,建立戴村镇残疾人联合会,时戴村镇共有残疾人125人,出席代表会议的代表49名(其中女代表5名)。1994年7月,召开戴村镇残疾人联合会第二次代表大会;1997年召开戴村镇残疾人联合会第三次代表大会。

2000年7月,召开戴村镇残疾人联合会第四次代表大会,朱新林代表残联第三届理事会作工作报告。选举产生戴村镇第四届残联理事会,郭伟林任残联名誉主席,朱新林任主席,卢国强、洪先法任副主席,陈歧龙任残联理事会理事长。

2002年1月,云石乡与戴村镇合并,调整理事会成员:镇残联名誉主席吴国祥,残联主席赵建平,副主席洪先法,理事长陈歧龙,理事8人。

2003年9月17日,召开戴村镇残疾人联合会第五次代表大会。正式代表100名,其中残疾人代表占总数50%;特邀代表2人。赵建平作题为《与时俱进、开拓创新、扎实工作,为开创戴村镇残疾人事业新局面而努力奋斗》的工作报告。报告称,3年来全镇建有基层残疾人工作领导小组62个,其中行政村残疾人工作领导小组51个,镇中心居委会1个,民政福利企业残疾人工作领导小组10个。有镇残联理事11名,基层残联干部104名。全镇10家民政福利企业,安置残疾人就业343人。鼓励残疾人自谋职业,其中开办私营企业5人、经商22人、种养业17人、手工业6人、修理业5人、私人就业22人。报告提出今后3年戴村镇残疾人事业的指导思想和主要目标任务。大会选举产生戴村镇残疾人联合会第五届理事会成员:名誉主席吴国祥,理事会主席赵建平,副主席洪先法,理事长陈歧龙,理事8人。

2007年12月10日,召开戴村镇残疾人联合会第六次代表大会,出席大会的正式代表91名,代表全镇1157名残疾人和残疾人工作者。沈阳代表戴村镇残疾人联合会第五届理事会作题为《与时俱进,开拓创新,加快发展,为全面建设小康戴村而努力奋斗》的工作报告。报告称,近5年来全镇建有基层残疾人协会32个。其中行政村残协22个、中心社区残协1个、民政福利企业残协9个,镇残联理事12名,基层残协干部26名。开展扶贫助残活动,与40多位残疾家庭子女结成扶贫助学对子。全镇116位"三无"低保残疾人员,每月补助80元生活费,5年累计发放补助款30余万元。2005年镇政府为残疾人特困户新建住房8户。5年里,对低保残疾人和残疾人定期生活补助173户次,年补助金达19余万元。抓好残疾人就业工作,按1.5%的比例分别在企事业单位安置就业,共安置30余人;全镇9家民政福利企业共安置残疾人就业335人;动员残疾人自食其力,5年来,残疾人开办个体缝纫、理发、修理业、种养业、经商等达30余家。养殖户标兵肢残人员张九斤,年养鸡8万余只,养猪100余头,还带动7位残疾人员走共同致富路。大会选举产生戴村镇残疾人联合会第六届理事会成员。主席沈阳,副主席洪宪法,理事长陈歧龙,委员8名。聘请汤卫为名誉主席。

主要工作

2004年10月13日,戴村镇残联举办残疾人培训班,邀请萧山区残联有关专家,为全镇近百名残疾人作专题报告,介绍残疾人应有的权利和义务,鼓励残疾人发扬"自尊、自信、自强、自力"精神,克服困难,自谋职业,早日走向致富路。

2005年,镇残联采取多种措施,鼓励残疾人自主创业,从事种、养殖业。有6户从事种、养殖业的残疾人参加区残联推出的"百户残疾人种、养殖业创业竞赛活动。是年,全镇对120多名残疾人进行分类培训,开展对残疾人扶贫和社会救助工作,动员企事业单位、镇机关干部与33户残疾人家庭结成扶贫对子,5户残疾人通过结对子已摆脱贫困。镇残联还对有"助听、助明",智力、脑瘫、中风偏瘫等康复需求的残疾人进行调查摸底。与医院精防办合作,为吃药难、看病难的精神病患者免费发药,使精神病患者的病情得到有效控制,发病率、肇事率明显下降。探索开展残疾人康复工作的新路子、新方法。30 位白内障患者得到复明。

2006 年,对 10 位残疾困难学生发放补助金,全年共计发放 15600 元。同时,实行社会救济、看望走访,经济补助、低保救助等多种形式开展助残工作。是年第四季度共发放低保残疾人经济补助 111 人,共 31440 元;发放重度残疾人护理费共 51 人,共计 14220 元;白内障患者复明手术补助费 9 人,共计 13500 元。

2007 年,全镇有残疾人低保户 119 户,全年发放残疾低保金和重度残疾金 191520 元,发放残疾学生补助金和残疾人康复、春风结对慰问金等 257200 元。党委、政府及各办领导与 7 家残疾人家庭签订结对协议,对 23 户残疾户结对帮困,解决他们的生活困难和子女就读、就业问题等。是年,脑瘫儿童康复训练 1 人,白内障复明手术 72 人,做假肢安装 5 人。

党委、政府扶持残疾人通过创业奔小康。2007 年,残疾人小康家庭有:沈建夫,男,1957 年 6 月出生,肢体残疾,戴村镇郁家山下村人,私营企业主,年收入 15 万元。沈观水,男,1949 年 10 月出生,视力残疾,戴村镇半山村人,私营企业主,年收入 5 万元。董先方,男,1964 年 8 月出生,视残疾,戴村镇上董村人,主要经济收入种植业,年收入 3 万元。张九斤,男,1947 年 8 月出生,肢体残疾,戴村镇永富村人,主要经济收入养植业,年收入 5 万元。钟全明,男,1967 年 12 月出生,肢体残疾,戴村镇佛山村人,经商,年收入 13 万元。

2007 年戴村镇残疾人情况

表 8－2－13 单位:人

所在村	男	女	合计	所在村	男	女	合计
骆家舍村	33	16	49	南山村	34	33	67
尖山下村	39	36	75	戴村村	41	28	69
方溪村	38	15	53	上董村	20	23	43
顾家溪村	25	13	38	大石盖村	38	25	63
枫桥村	13	12	25	石马头村	34	31	65
青山村	75	52	127	河杨湖村	32	36	68
沈村村	26	12	38	张家弄村	41	20	61
佛山村	27	16	43	东风村	38	28	66
半山村	50	32	82	郁家山下村	23	8	31
马谷村	18	12	30	永富村	53	23	76
八都村	48	25	73	中心社区	5	3	8
三头村	42	30	72				

说明:资料由镇残联提供

2007年戴村镇各村残疾人协会成员名单

表8－2－14

村　别	主　席	副主席	委　　员
骆家舍村	杨仁云	李火勤	李桂根　杨才年
尖山下村	华国荣	杨永义	杨继华
方溪村	丁贤明	鲍成兴	陈天富　蒋美娟　顾森祥　朱叶明
顾家溪村	顾云明	张招兴	顾桂云　顾小平　顾永根
枫桥村	顾巨法	袁明桥	袁先进　沈茂林　俞景冠
青山村	郦月表	沈雅华	沈小飞　钟月萍　何国昌
沈村村	沈勤良	沈召堂	沈冉方　沈正泉　周桂凤
佛山村	钟少文	钟金明	丁亚花　钟靖明　钟国荣
半山村	李国林	徐响东	周松林　丁招兴
马谷村	陈召兴	陈百松	陈小祥　陈建华
八都村	陈月祥	方平山	方中夫　沈伟春
三头村	戴兴源	丁铁平	任兴云　任文泓
南三村	戴建庭	任重康	何柏洪　杨小根　戚友祥
戴村村	郑立明	鲍龙德	郑桂平　丁海泉　郑海波
上董村	董联昌	董先芳	董建尧　董生维
大石盖村	周灿明	余妙祥	周晓成　周银巨　丁幼兴
石马头村	洪灿良	洪水校	洪云芳　洪欢乐　洪旭明
河杨湖村	喻建红	何樟根	何小明
张家弄村	郭满仙	郭吾龙	郭沫原　郭兴高
东风村	周国校	周水林	郭幼青　周建国　何海达
郁家山下村	郑来红	胡友康	周志林　丁坚庭
永富村	徐伟兵	施依萍	张九斤　谭吾中

说明：资料由镇残联提供

卷九　政权组织

民国时期，今戴村镇域行政区划和基层政权组织名称，与今多有不同。民国36年(1947)，有长潭、戴村、复兴3乡。民国时期的乡镇基层政权，称乡(镇)公所，乡(镇)长由乡民代表大会选举产生。乡民代表大会属非常设机构，名义上是全乡最高权力机关，但实权操在乡长之手，乡民无民主可言。

中华人民共和国成立后，建立各级人民政权，人民群众真正当家作主。由于行政区划多次撤并变动，今镇域范围曾有乡、人民公社、镇等基层政权组织。乡镇人民代表大会，是地方国家权力机关依法行使职权的主要形式，也是人民代表管理地方政权事务的主要途径。人民代表大会选举产生乡、镇长，依法决定乡镇经济和社会等重大事项，实行参政议政、民主监督。乡镇人民政府依法行政，为民执政，勤廉施政，带领广大人民群众建设美好家园。

第一章　民国时期基层政权

第一节　政权机构

民国初期，基层政权沿袭清制。民国17年(1928)，公布萧山县组织法后，今戴村镇域内设有区及村、里。民国19年将村、里改编为乡镇，乡镇以下为闾、邻。是年，今戴村镇域有马鞍、永宁、五里、骆尖、沈盛、上洪、戴村、石硖、合治、云潭、凌溪、石马、沈汪等13个乡镇，其中戴村为镇，其他均为乡。民国23年，推行保甲制，今镇域有戴村、沈村、浦南3个乡，乡以下为保，一般以村建保，规模较小的村联合数村为一保，保以下为甲，一般10～15户为一甲。民国28年，设立联保，数保联合办公，设联保主任一名。民国30年，实行新县制，调整乡镇编制。今镇域有长潭、沈村、戴村、开明、浦南等乡。民国36年，进行乡镇编并，今镇域有长潭、戴村、复兴等乡。此次编并后，直至中华人民共和国成立。

民国时期的乡基层政权，称乡镇公所，设乡镇长1人、副乡镇长1～2人，总干事或干事1～2人，有事务员、户籍员、书记员、乡队副，纠察、伙夫、杂役等若干名。乡镇长、副乡镇长由乡民代表大会选举产生，须报经县政府委任，任期一般为3年。乡民代表大会，由乡民代表会议主席召集，选举乡长、副乡长，决定全乡重要事项，属非常设机构，名义上是全乡最高权力机关，但实权均操于乡长之手。乡政权负责乡内民政、治安、兵役、征税、收捐等工作。乡财政无法律上的确认，实际支出依赖于各种附加和杂捐。

附：

民国时期戴村区署

民国时期，萧山县政府下设区，戴村一直为萧山第四区和后来的戴村区区署所在地。

民国17年(1928)，萧山县以下设第一至第九9个区，今戴村镇域属萧山县第四区。据民国18年12月全县各区情况调查记载，第四区辖区范围："以戴村为中心，东行至义桥浦阳江口13里，渡江至县39里；西行经开明、沈村两乡，至中岭与富阳分界15里；南行经大桥至河上店20里。"辖今镇域内之骆家村、中潭、下沈王、沈盛、郭村、五里、尖山、上洪、永宁、凌溪、洪溪、云溪、浦一、浦二、浦六、浦九、浦十、沙河口、浦三共19个联合村。

民国19年，全县设第一至第七7个区，今戴村一带属第二区，辖马鞍、永宁、五里、骆兴、沈盛、上洪、石门、郭村、石硖、石马、合治、云潭、凌溪、沈汪、戴村等28个乡。

民国23年，全县设东岳区、戴村区、衙前区3个区，戴村区下辖河上镇、临浦镇、义桥镇、许贤乡、苎西乡、苎东乡、戴村乡、浦南乡、桃源乡、桃北乡、大同乡、桃南乡、长山乡、紫霞乡、沈村乡，共3镇12乡、288保、

2844 甲。

据民国 32 年档案记载，时戴村区辖河上镇、长山乡、大同乡、紫霞乡、长潭乡、沈村乡、开明乡、戴村乡、浦南乡、公孙乡、许贤乡、云峰乡、桃南乡、桃北乡、桃源乡，共 1 镇 14 乡。

民国 36 年，进行乡镇编并，县以下不设区。民国 37 年，专设河上区（《萧山县志》1987 版）。河上区辖河上镇、戴村乡、复兴乡、许贤乡、紫霞乡、长潭乡、长山乡、桃北乡、桃源乡共 9 镇乡。

区机关称“署”，是县政府派出机构，其全称是“萧山县政府××区署”，设区长、指导员、巡官、事务员、书记等职。

民国 29 年，萧山县戴村区署公职人员调查表记载，区长顾庐山，籍贯萧山，指导员毛今也，籍贯诸暨，指导员孙鼎勋，籍贯萧山，巡官楼晓泉，籍贯萧山，事务员戴应山，籍贯萧山，书记孔炳成，籍贯萧山，书记陈华明，籍贯萧山。1940 年前区长蔡丰，1940～1941 年区长顾庐山，1942～1943 年区长周谷美，1944～1945 年区长董啸候，1946～1949 年区长顾庐山。

（资料来源于区档案馆）

第二节　公职人员

民国时期，今戴村镇域各乡镇政府公职人员配备较少。如，民国 29 年（1940）沈村乡公所公职人员 5 名，其中乡长 1 名、副乡长 2 名、事务员 1 名、户籍员 1 名。同年，戴村乡公所公职人员 6 名，其中乡长 1 名、副乡长 2 名、事务员 1 名、书记员 2 名。民国 38 年，长潭乡公所配备公职人员 8 名，其中乡长 1 名、总干事 1 名、乡队副 1 名、户籍干事 1 名、保干事 2 名、书记 1 名、工役 1 名。公职人员配备少，与当时乡镇辖区范围小有关，也可能与公共事务少、条件差有关。

民国 19 年（1930）各乡镇长名录

表 9－1－1

乡　镇	乡镇长	驻　地	乡　镇	乡镇长	驻地
马鞍乡	许洞珊	马鞍小学	石硖乡	郭金坡	石硖小学
永宁乡	鲍兆祥	平山小学	合治乡	孙丙生	孙陆庙
五里乡	顾士珍	五里小学	云潭乡	周琢生	云潭小学
骆尖乡	姜松径	姜氏宗祠	凌溪乡	任文庆	任大庆纸行
沈盛乡	沈汝成	沈村小学	石马乡	洪丙生	石马小学
上洪乡	钟凤鸣	上洪小学	沈汪乡	沈金生	沈村小学
戴村镇	方　策	戴村中山堂			

民国24～38年(1935～1949)乡(镇)长名录

表9－1－2

乡别	乡长	任职时间	乡公所驻地	乡别	乡长	任职时间	乡公所驻地
戴村	方问樵	民国24～28	戴村	长潭	蒋钖庄	民国32.1～32.12	顾家溪
	郭仲慰	民国29～32			沈振亚	民国32.12～35.6	
	喻柳乔	民国33～35.5			陈廷灿	民国35.6～37.1	
	何裕通	民国35.5～36			蒋钖庄	民国37.1～解放	
	洪关校	民国36～37		浦南	孙庚生	民国24～29	石盖
	郭仲慰	民国38～解放			张五戒	民国29～29.6	
开明	周易圭	民国32～34.11	上胜庙		董钖荣	民国29.6～32.12	
	陈仲容	民国34.11～35.12			张五戒	民国32.12～36	
沈村	沈汉长	民国24～29	沈村	复兴	李祖康	民国36.1～37.7	石盖
	沈导源	民国30.3～33.6			张五戒	民国37.7～38.4	
	沈衡春	民国33.6～36			董锡荣	民国38.4～解放	

民国29年(1940)沈村乡、戴村乡公所职员情况

表9－1－3

沈村乡					戴村乡				
职别	姓名	性别	年龄	到职时间	职别	姓名	性别	年龄	到职时间
乡　长	沈汉长	男	47	民国24.11	乡　长	郭仲慰	男	31	民国29.4
副乡长	沈伯岭	男	41	民国28.3	副乡长	郑关通	男	52	民国29.4
副乡长	姜士臣	男	33	民国29.2	副乡长	喻柳乔	男	32	民国29.4
事务员	蒋钖庄	男	32	民国29.2	事务员	郭嘉渭	男	50	民国29.4
户籍员	余记栋	男	30	民国29.2	书记员	张竹塘	男	22	民国29.4
					书记员	郭捷三	男	30	民国29.4

民国31年(1942)长潭乡公所职员表

表9-1-4

职　别	姓　名	性别	年龄	籍贯	职　别	姓　名	性别	年龄	籍贯
乡　长	蒋钖庄	男	-	萧山	纠察班长	孔之元	男	40	萧山
事务员	姜圣祥	男	28	萧山	乡　丁	顾士祥	男	18	萧山
助理员	蒋廷良	男	20	萧山	伙　夫	陆关忠	男	57	富阳

民国38年(1949)长潭乡公所职员表

表9-1-5

职　别	姓　名	性别	年龄	籍贯	职　别	姓　名	性别	年龄	籍贯
乡　长	蒋钖庄	男	42	萧山	保干事	俞景康	男	29	富阳
总干事	骆克强	男	26	诸暨	保干事	陆星倩	男	26	富阳
乡队附	楼建铫	男	35	萧山	书　记	韩旂鏞	男	45	萧山
户籍干事	沈祖焕	男	39	萧山	工　役	瞿茂勋	男	37	萧山

说明:以上各表资料均来源于区档案馆

第二章　解放后基层政权

中华人民共和国成立后,在中国共产党领导下,建立乡镇人民政府。今镇域范围曾设有戴村、云石、永兴等乡镇(详见本志《镇域建置沿革》)。乡镇人民政府是乡镇人民代表大会的执行机关,正、副乡镇长由乡镇人民代表大会选举产生。乡镇人民政府对乡镇人民代表大会负责并报告工作。乡镇人民政府实行乡镇长负责制,依法行政,为民执政。改革开放以来,乡镇人民政府以经济建设为中心,大力推进戴村三个文明(物质文明、精神文明、政治文明)建设,取得显著成绩。

戴村是萧山县(市)人民政府戴村区区公所驻地,作为全区的政治、经济、文化中心,区公所曾对今戴村镇域产生重要作用和影响。为不遗失资料,特设附记载《戴村区公所》。

第一节　乡镇(公社)人民政府

1949年5月萧山解放,乡人民政府建立。沿袭民国36年(1947)的乡镇区划,在今戴村镇域有戴村乡、长潭乡、复兴乡(部分)。长潭乡人民政府,1949年5月建立,乡长朱士川(第一任,下同)。驻地顾家溪村。复兴乡人民政府,1949年5月建立,乡长郑振庭,驻地大石盖村。戴村乡人民政府,1949年10月建立,乡长沈联奎,驻地墙头村,后迁址戴村村。

1950年3月,由复兴乡划出部分村,建立振庭乡人民政府(以郑振庭烈士命名)。乡长戴宗贵,驻地大石盖村(后迁址今义桥镇潘山)。1950 年 10 月,从复兴乡分出部分村单独建立马鞍乡人民政府,乡长袁泉浩,驻地马鞍上蔡。1950 年 10 月,从戴村乡划出部分村,建立凌溪乡人民政府,乡长戴梦尧,驻地墙头村。1951 年 7 月,从长潭乡划出部分村,建立云石乡人民政府,乡长沈关兴,驻地沈村。1951 年,从戴村乡划出部分村,建立白墅乡人民政府,乡长黄寿堂,驻地杨家桥村。

1956 年为适应农业合作化发展的新形势,调整乡规模,乡人民政府改称乡人民委员会。是年 4 月,长潭乡、云石乡合并为长潭乡,乡人民委员会乡长沈水良,驻地沈村村。戴村乡、凌溪乡合并为戴村乡,乡人民委员会乡长周才法,驻地墙头村。振庭乡人民政府改为振庭乡人民委员会,乡长陈笃凯,驻地潘山(今属义桥镇)。1957 年增设白马乡(见 87 版《萧山县志》“建置沿革”),辖区由戴村乡划出 8 个村,振庭乡划出 16 个村组建而成,乡人民委员会乡长郑关法,驻地郁家山下村。

1958 年 10 月,全县实行人民公社化,撤销区建制,设公社管理委员会,取代乡人民政府;公社下设管理区。戴村人民公社由长潭乡、戴村乡、白马乡、振庭乡、许贤乡合并组建,公社管理委员会主任田仕根,驻地戴村村。下辖 5 个管理区:长潭管理区即原长潭乡辖区,管理区主任屠桥生,驻地沈村村;振庭管理区为原振庭乡部分村,主任许炳贤,驻地潘山村;凌溪管理区为原戴村乡辖区,主任陈培金,驻地墙头村;白墅管理区为原白马乡部分村,主任何樟根,驻地石马头村;1959 年 1 月建立马鞍管理区,辖原白马乡、振庭乡部分村,主任施春潮,驻地马鞍上蔡自然村。

1961 年,调整人民公社规模,恢复区建制,设政社合一的人民公社管理委员会,撤销管理区。云石人民公社管理委员会,1961 年 9 月建立,辖原长潭管理区,主任丁渭祥,驻地沈村。戴村人民公社管理委员会,1961 年 9 月建立,辖原凌溪管理区,振庭管理区部分,主任戚吾水,驻地墙头村。永兴人民公社管理委员会,1961 年 9 月建立,辖原白墅管理区,马鞍管理区部分,主任丁志根,驻地石马头村。

1968 年 3 月以后,各公社先后成立革命委员会。1969 年上半年,实行撤区并社,境内公社规模进行调整。永兴人民公社革命委员会,1968 年 3 月建立,主任董纪成;1969 年 2 月撤销;1971 年 2 月恢复,主任楼子法;驻地石马头村。云石人民公社革命委员会,1968 年 3 月建立,主任孔子贤,1969 年 2 月撤销,1971 年 2 月恢复,主任陈吾善,驻地沈村地。戴村人民公社革命委员会,1968 年 3 月建立,主任沈兴祥,驻地后郑村(原戴村区机关旧址),1981 年迁址凌桥头。

1976 年 10 月,粉碎江青反革命集团后,调整公社领导班子。1980 年 7 月,取消公社革命委员会,恢复人民公社管理委员会。永兴人民公社管理委员会主任陈长根,驻地石马头村。云石人民公社管理委员会主任沈满根,驻地响石桥(新址)。戴村人民公社管理委员会主任朱则林,驻地凌桥村。

1984 年 4 月,改变政社合一体制,公社改为乡,设立乡人民政府。今戴村镇域有戴村乡、云石乡、永兴乡。永兴乡人民政府乡长蒋奕良,驻地石马头村小山(新址)。云石乡人民政府乡长章祥明,驻地响石桥村。戴村乡乡长倪根祥,驻地凌桥村。1985 年 4 月 30 日,戴村乡改为建制镇,镇长倪根祥。

1992 年 5 月,撤销永兴乡人民政府,辖区并入戴村镇。2001 年 7 月,撤销云石乡人民政府,辖区并入戴村镇,镇长俞志仁,驻地戴村后郑村(乡镇(公社、管理区)辖区详见本志《镇域建置沿革》。历任领导人详见本章第三节)。

第二节　镇人民政府机构设置

1992 年 5 月永兴乡并入戴村镇,机关内有镇党委、镇政府、镇人大、纪委、工会、妇联、共青团、人民武装部等组织,镇政府设置 8 个职能办公室,办公室主任分别由镇分管领导兼任。2005 年,镇机关机构改革后,职能办公室名称有所改变,主任不再由镇分管领导兼任。至 2008 年,职能办公室为:党委、政府办公室(以下简称党政办)、经济发展办公室、农业办公室(以下简称农办)、财政统计审计办公室、村镇建设办公室、人口和计划生育办公、综合治理和民政办公室、社会事务办公室。

党政办公室

1992 年 5 月“撤区并乡扩镇”后设立。2005 年，镇机关机构改革后，党政办公室有主任、组织干事、工会副主席、宣传统战干事、党委秘书、文书、党务、广播站等 10 名成员。2008 年，办公室由主任、团委书记、组织干事、妇联主席、工会副主席、老龄关工委、总务、文书、信访、秘书等 13 名成员。

经济发展办公室

前身是始建于 1977 年的工业办公室（以下简称工办）。是年，戴村、永兴公社建立工办，云石公社称工交办公室，设主任、副主任、会计、出纳（兼统计）等专职人员，由一名公社党委成员分管工办。

1984 年 5 月公社改乡后，3 乡先后撤销工业（工交）办公室，成立乡经济联合社，选举社长 1 名（由副乡长兼任）、副社长若干名，下设乡工业公司和农副产品供销公司，负责人称经理。

1985 年，镇（乡）经济联合社撤销，镇（乡）工业公司更名为乡工业办公室。办公室主任由 1 名副镇（乡）长兼任，设副主任若干名，有会计、统计、安全员等专职人员。

1992 年 5 月，永兴乡并入戴村镇，镇工办由 1 名副镇长兼任办公室主任，设常务副主任 1 名，副主任 2 名，分管经济开发和财务，并配有会计、统计、安全等专职人员。1998 年企业转制以后，镇工办职能和性质随之转变。一是作为镇办企业的投资人不复存在，成为真正的镇政府职能部门；二是镇工办由自收自支的企业单位转为全额财政拨款的事业单位。

2000 年，镇工办改名企业管理办公室，由镇工业副镇长兼任主任，设副主任 1 名，会计、统计、企管、打印员若干名。

2001 年 7 月，云石乡并入戴村镇后，称戴村镇经济发展办公室。2005 年，镇经济发展办公室主任不再由工业镇长兼任，主任单独设立，不设副职，办公室专职人员有企业管理员 3 名，工业会计，工业统计员各 1 名。2007 年，镇经济发展办公室增设“三产”（商业、服务业等第三产业）管理专职人员。翌年，镇经济发展办公室有主任、工业会计、工业统计、劳动保障、环境保护、质量管理、安全生产、服务业统计专职人员 10 名。

农业办公室

前身是 20 世纪 70 年代辖内 3 个公社建立的农技站、农机水利站和畜牧兽医站，由一名公社管委副主任分管。1984 年人民公社改为乡建制，3 站改名乡农技站、乡农机水利站、乡畜牧兽医站。

1985 年 5 月，戴村乡改为建制镇，3 个站又分别改为镇农技站、镇农机水利站、镇畜牧兽医站，其他 2 个乡不变。

1992 年 5 月，永兴乡并入戴村镇，建立镇农业办公室，农业副镇长兼办公室主任，设副主任 1 名，有农技站长、水利站长、林专员、粮专员、农技员、农机员等成员。

2001 年 7 月，云石乡并入戴村镇，云石乡农业办公室并入镇农业办公室。2005 年机构改革，主任单独设立，不设副职，有粮食专管员、林业专管员、畜牧员、农技员、水利员等共 8 名工作人员。2008 年，增设副主任 1 名和经管员、信息员各 1 名。

财政统计审计办公室

1984 年，戴村、永兴、云石分别建立乡财政小组，设组长（由乡镇长兼任）、财政总会计、出纳等职。1992 年，永兴乡并入戴村镇，建立戴村镇财政办公室，镇长兼办公室主任，设总会计、出纳；后增设财务辅导、经营管理、助理会计、协税员等职，几经增减。2005 年，镇机关改革后，镇财政办公室设主任、总会计、出纳、财务辅导、经营管理、统计、助理会计等职，辖农村会计服务中心（该中心 2001 年设立）。2008 年，设副主任、统计员、财务辅导员、出纳、助理会计等职。

村镇建设办公室

1985年,为适应乡镇企业发展和农民住房建设需要,戴村、永兴、云石3乡镇都配备了1名土地管理员,负责辖区内的土地管理和用地规划。

1992年5月,永兴乡并入戴村镇,建立城镇建设办公室,由1名分管城建工作的副镇长兼办公室主任,设城建员、土管员等职。

2000年,改称村镇建设办公室。2005年机构改革后,设办公室主任1名、城建员3名,土管员3名、统计员1名、工作人员1名。2008年,设主任1名、城建员4名、土管员2名、工作人员1名。

人口和计划生育办公室

20世纪80年代初,为贯彻计划生育基本国策,戴村、永兴、云石3公社都配一名计划生育专职干部,负责与生产大队联系并指导开展计划生育工作。1984年后,设立乡(镇)计划生育专管员和计划生育服务员。

1992年5月,始设镇文教卫生办公室,计划生育归属文教卫生办公室管理,文卫副镇长兼任办公室主任。2000年,改称计划生育科教文卫办公室,设副主任,计划生育专职干部、文化站、广播站等职位,在编工作人员13人。

2005年,镇机关机构改革后,称人口和计划生育办公室,设主任,有计划生育协会、计划生育服务站、计划生育流动人口管理、计划生育行政执法、统计等专职干部6名。

综合治理和民政办公室

前身为公社(乡、镇)治安联防队,1992年建立政法办公室。2001年更名政法民政办公室,2003年称社会综合治理办公室。2005年机构改革后,称综合治理和民政办公室,由主任、人武干事、司法员、信访员、民政助理员等10名成员;2008年该办公室由主任、副主任、司法员、民政助理员和工作人员等9名成员。

社会事务办公室

2003年设立。2005年机构改革后,办公室由主任、文化员等3名组成。2008年,由主任、副主任、文化员、宣传统战干事及广播站人员7名成员。

第三节　乡镇(公社)行政领导人名录

初建乡人民政府时期(1950~1956)

马鞍乡人民政府

乡　长:袁泉浩(1950.10~1951.4)

代乡长:陈水林(1951.4~1952.3)

乡　长:周凤庭(1952.3~1952.8)

　　　丁灿田(1952.8~1954.6)

　　　施吾潮(1954.6~1954.9为乡长

　　　　1954.9~1956.3为副乡长)

　　　郁观兴(1954.9~1956.3)

副乡长:徐渭铨(1953.6~1954.9)

白墅乡人民政府

乡　长:黄寿堂(1950.10～1951.11)
倪郁校(1952.7～1955.7)
陈笃凯(1955.7～1956.3)
副乡长:郭吾根(1951.6～1952.6)
董浩千(1952.10～1956.3)

长潭乡人民政府

乡　长:朱士川(1949.5～1949.10)
顾厚章(1949.10～1949.11)
盛关生(1949.12～1951.3)
沈仁根(1951.3～1951.4)
陈增先(1952.10～1954.4)
陈水林(1954.4～1955.4)
邵观水(1955.5～1956.5)
副乡长:焦福德(1949.5～1951.7)
丁叶斋(1951.10～1952.10)
沈菊花(1952.11～1956.4)
邵水增(1952.11～1956.4)

云石乡人民政府

乡　长:沈关兴(1951.7～1951.10)
施吾潮(1951.10～1953.11)
邵兴安(1952.11～1953.4)为副乡长
(1953.11～1954.6)为乡长
沈水良(1954.11～1956.4)
副乡长:沈关兴(1951.11～1952.9)
徐渭铨(1952.10～1954.10)

复兴乡人民政府

乡　长:郑振庭(1949.5～1949.8)
张邦君(1949.9～1950.9)
顾柏金(1950.10～1951.10)
黄寿堂(1951.11～1954.3)
黄仁良(1954.4～1955.3)
副乡长:盛吾金(1949.5～1949.8)
朱象益(1950.3～1950.10)
董云仙(女 1950.10～1952.4)
陈水林(1952.4～1953.3)

振庭乡人民政府

乡　长:戴宗贵(1950.3～1951.7)
洪亦根(1951.7～1952.8)
姜吾安(1952.8～1954.4)
董吾传(1954.4～1954.11)
乡　长:蔡先荣(1954.11～1956.6)
副乡长:顾正泉(1950.3～1951.7)

陈笃凯(1951.7～1952.11)
董友堂(1952.12～1955.4)
李素珍(女 1955.10～1956.6)

戴村乡人民政府

乡　长:沈联奎(1949.10～1950.10)
郭富源(1950.10～1951.9)
洪先根(1952.6～1954.9)
方志瑞(1954.9～1956.3)

副乡长:李建浩(1949.10～1950.10)
余芬观(女 1951.12～1952.12)
陈笃凯(1952.12～1955.5)
卢吾仙(1952.12～1954.12)
郭临深(女 1953.8～1955.4)

凌溪乡人民政府

乡　长:戴梦尧(1950.10～1951.3)副乡长
(1951.3～1951.10)乡长
任沛潮(1951.10～1953.3)
陈吾善(1953.3～1955.8)
周才法(1955.8～1956.3)

副乡长:汤长兴(1951.7～1952.12)
赵祖根(1952.6～1953.3)
(1955.12～1956.3)
方吾津(1953.3～1955.12)
周象川(1953.3～1954.12)

副乡长:沈雪花(女 1953.3～1954.12)
汪顺仙(女 1954.12～1956.3)

设乡人民委员会时期(1956～1958)

1956 年,为了适应合作化发展的新形势,全县调整乡(镇)规模,乡(镇)人民政府改称人民委员会。

白马乡人民委员会

乡　长:郑关法(1956.4～1957.9)
郁关兴(1957.9～1958.9)

副乡长:李素珍(女 1956.8～1957.9)
董云仙(女 1956.10～1958.3)
董浩千(1956.10～1958.9)

长潭乡人民委员会

1956 年 4 月由长潭乡、云石乡合并建立。

乡　长:沈水良(1956.4～1957.8)

副乡长:郑宗贤(1957.8～1958.8 主持工作)
邵观水(1956.4～1957.11)
沈菊花(女 1956.4～1957.4)
黄火根(1956.8～1957.8)

邵水增(1958.5～1958.10)

振庭乡人民委员会

乡　长:陈笃凯(1956.6～1958.9)

副乡长:董爱冠(女 1956.6～1957.9)

金全恩(1956.6～1958.9)

戴村乡人民委员会

乡　长:周才法(1956.3～1958.10)

副乡长:郑宗贤(1956.3～1957.8)

周美芹(女 1956.3～1957.10)

设人民公社管理委员会时期(1958～1968)

1958年10月建立戴村人民公社管理委员会,取代各乡(镇)人民委员会。先后下辖许贤、白墅、马鞍、长潭、振庭、凌溪等6个管理区。今辖内还有云石、永兴人民公社。

戴村人民公社管理委员会

主　任:田仕根(1958.10～1959.5为主任,
1959.5～1961.9为副主任)

陈吾善(1959.5～1961.9)

副主任:董乃雄(1958.10～1959.5)

董吾传(1958.10～1959.5)

方志瑞(1959.7～1960.2)

丁志根(1960.2～1961.9)

徐雅珍(女 1960.2～1961.9)

白墅管理区

主　任:何樟根(1959.1～1961.9)

马鞍管理区

主　任:施春潮(1959.1～1961.9)

长潭管理区

主　任:屠桥生(1958.10～1961.5)

副主任:李柏年(1958.10～1960.4)

杨仁清(1960.4～1961.9)

振庭管理区

主　任:许炳贤(1958.10～1961.2)

副主任:鲁阿吾(1958.10～1961.2)

沈久新(1958.10～1961.2)

凌溪管理区

主　任:陈培金(1958.10～1961.9)

副主任:任祥甫(1958.10～1959.5)

任吾贤(1959.5～1961.9)

祝安仁(1959.12～1961.3)

朱德泉(1960.9～1961.9)

1961年调整人民公社规模,设管理委员会。

永兴人民公社管理委员会

主　任:丁志根(1961.9～1965.11)
　　董纪成(1965.11～1968.3)
副主任:郁关训(1961.9～1962.6)
　　何吾明(1961.9～1962.6)
　　余满荣(1963.10～1966.11)
　　张增封(1965.10～1966.10)

云石人民公社管理委员会

主　任:丁渭祥(1961.9～1965.7)
　　俞绍杨(1965.7～1968.3)
副主任:金森海(1961.9～1962.6)
　　田仕根(1961.9～1966.6)
　　卢振江(1965.10～1967.10)

戴村人民公社管理委员会

主　任:戚吾水(1961.9～1962.9)
　　方志瑞(1962.9～1963.8)
　　董乃雄(1963.8～1965.11)
　　沈兴祥(1965.11～1968.3)
副主任:任志安(1961.9～1965.11)
　　陈培金(1961.9～1968.3)
　　陈仲义(1965.10～1968.3)

设公社革命委员会时期(1968～1980)

1968年3月以后,人民公社先后成立革命委员会。

永兴人民公社革命委员会

1968年3月建立,1969年2月撤销,1971年2月恢复。

主　任:董纪成(1968.3～1969.2)
　　楼子法(1971.2～1977.7)

永兴人民公社革命委员会

主　任:楼东正(1977.8～1979.3)
　　陈长根(1977.6～1979.2为副主任,1979.3～1980.7为主任)
副主任:楼焕根(1977.10～1979.12)

云石人民公社革命委员会

1968年3月建立,1969年2月撤销,1971年2月恢复。

主　任:孔子贤(1968～1969.2)
　　陈吾善(1971.4～1977.12)

云石人民公社革命委员会

主　任:沈满根(1977.12～1980.3)
　　楼珠灿(1980.3～1980.12)
副主任:陈秋元(1977.10～1979.12)
　　鲍吾成(1977.6～1980.3)
　　孙庆泉(1980.3～1980.7)

戴村人民公社革命委员会

主　任:沈兴祥(1968.3～1969.2)
　　　　章润堂(1969.2～1977.10)
　　　　　　(1976年10月粉碎江青反革命集团后,尚未撤社,调整人民公社革命委员会领导班子。)

戴村人民公社革命委员会

主　任:章润堂(1977.10～1978.4)
　　　　洪亦根(1978.4～1979.3)
　　　　朱则林(1979.3～1980.7)

副主任:孙庆泉(1977.6～1980.2)
　　　　周利春(1977.10～1978.1)
　　　　董月英(女1977.10～1978.1)
　　　　丁志根(兼1977.10～1979.12)
　　　　陈培金(1977.10～1981.12)
　　　　鲍吾成(1980.2～1980.7)

恢复人民公社管理委员会时期(1980～1984)

永兴人民公社管理委员会

主　任:陈长根(1980.7～1984.2)(撤销革命委员会,恢复人民公社管理委员会)

副主任:孔仙仁(1980.7～1984.2)

云石人民公社管理委员会

主　任:沈满根(1980.12～1984.2)(撤销革命委员会,恢复人民公社管理委员会)

副主任:沈庆泉(1980.7～1981.4)
　　　　章祥明(1981.6～1984.2)

戴村人民公社管理委员会

主　任:朱则林(1980.7～1981.6)(撤销革命委员会,恢复人民公社管理委员会)
　　　　方妙仁(1981.6～1982.6)
　　　　倪根祥(1981.12～1982.6为副主任1982.6～1984.3为主任)

副主任:鲍吾成(1980.7～1984.2)

恢复乡镇人民政府时期(1984～2008)

永兴乡人民政府

乡　长:蒋奕良(1984.2～1985.12)(撤销人民公社体制,设立乡政权)
　　　　倪根祥(1985.12～1987.12)

副乡长:孔仙仁(1984.2～1987.1)
　　　　钟寿康(1984.2～1987.12)
　　　　马灿祥(1987.3～1987.12)

永兴乡人民政府

乡　长:倪根祥(1988.1～1989.5)
　　　　任文祥(1989.12～1992.5)

副乡长:钟寿康(1988.1～1989.7)
　　　　马灿祥(1988.1～1989.7)
　　　　张仕明(1989.12～1990.5)
　　　　瞿光伟(1989.12～1990.5)

云石乡人民政府

乡　长:章祥明(1984.2～1987.12)
副乡长:俞永兴(1984.2～1987.1)
　　　郑方煜(1984.12～1987.1)
　　　陈仲华(1987.1～1987.12)
　　　郭吾友(1987.1～1987.12)

云石乡人民政府

乡　长:章祥明(1988.1～1989.11)
　　　姜仁法(1989.11～1991.3)
　　　魏小芳(1991.3～1992.5)
副乡长:郭吾友(1988.1～1990.3)
　　　陈仲华(1990.3～1992.5)
　　　任经纬(1990.3～1992.5)

云石乡人民政府

乡　长:魏小芳(1994.1～1995.2)(云石乡第十届人民代表大会选举产生)
　　　倪仁利(1995.2～1996.2)
副乡长:张仕明(1994.1～1996.2)
　　　任经纬(1994.1～1996.2)
　　　瞿东望(1994.1～1996.2)
乡　长:俞官朝(1996.2～1999.1)(云石乡第十一届人民代表大会选举产生)
副乡长:张仕明(1996.2～1999.1)
　　　任经纬(1996.2～1999.1)
　　　孔志明(1996.2～1999.1)
乡　长:俞官朝(1999.1～2001.7)(云石乡第十一届人民代表大会选举产生)
副乡长:张仕明(1999.1～2001.7)
　　　章国飞(1999.1～2001.7)
　　　孔志明(1999.1～2001.7)

戴村乡(镇)人民政府

乡(镇)长:倪根祥(1984.4～1985.12)
　　　　蒋奕良(1985.12～1986.12)
　　　　华林桥(1986.12～1987.12)
副乡(镇)长:孔子明(1984.4～1986.12)
　　　　　宋利荣(1984.4～1987.12)
　　　　　顾水潮(1986.12～1987.12)
　　　　　楼国前(1986.12～1987.12)

戴村镇人民政府

镇　长:华林桥(1987.3～1991.9)
　　　沈国兴(1989.10～1991.9 副镇长
　　　　　1991.9～1992.5 镇长)
副镇长:宋利荣(1987.3～1989.10)
　　　顾水潮(1987.3～1989.10)
　　　楼国前(1987.3～1992.5)
　　　任宝祥(1989.10～1992.5)

戴村镇人民政府

镇　长:俞志仁(1993.2~1995.2)(戴村镇第十一届人民代表大会选举产生)

陈兴康(1993.2~1995.2 副镇长
1995.2~1996.3 镇长)

副镇长:楼国前(1993.2~1995.2)

黄国芹(女 1993.2~1996.3)

任宝祥(1993.2~1996.3)

吴建良(1995.2~1996.3)

楼铁明(1995.2~1996.3)

镇　长:陈兴康(1996.3~1998.3)(戴村镇第十二届人民代表大会选举产生)

郭伟林(1998.3~1999.1)(戴村镇第十二届人民代表大会第五次会议提名选举产生)

副镇长:任宝祥(1996.3~1999.1)

吴建良(1996.3~1999.1)

楼铁明(1996.3~1999.1)

瞿东望(1996.3~1999.1)

镇　长:郭伟林(1999.1~2002.1)(戴村镇第十三届人民代表大会选举产生)

副镇长:瞿东望(1999.1~2002.1)

楼铁明(1999.1~2002.1)

韩建庆(1999.1~2002.1)

朱元杰(1999.1~2002.1)

戴村镇人民政府

镇　长:吴国祥(2002.1~2004.2)(戴村镇第十四届人民代表大会选举产生)

陈仲华(2004.2~2007.1)(戴村镇第十四届人民代表大会第四次会议选举产生)

副镇长:韩建庆(2002.1~2007.1)

楼铁明(2002.1~2007.1)

孔志明(2002.1~2007.1)

朱元杰(2002.1~2007.1)

镇　长:汤　卫(2007.1~　　)(戴村镇第十五届人民代表大会选举产生)

副镇长:来惠民(2007.1~　　)

韩建庆(2007.1~　　)

吴浙明(2007.1~　　)

莫万根(2007.1~　　)

附:

戴村区公所

戴村区公所旧址
(摄于2011年11月22日)

戴村区东北与浦阳、义桥、临浦镇相交;南与诸暨县相交;西与富阳县相交,距萧山城区22公里。到20世纪80年代末,全区总人口121766人,耕地面积66597亩,山林156141亩,辖岩山、大同、楼塔、河上、大桥、云石、戴村、永兴、村桥、许贤10个乡镇政府,150个行政村。

戴村区公所成立于1949年6月,始称萧山县戴村区人民政府,1950年7月改称戴村区公所。地址设在戴村镇,辖长潭、云石、凌溪、戴村、振庭、马鞍、石门、云峰、许贤、复兴10个乡。1951年7月,管辖范围新增白墅乡。至此,戴村区公所下辖11个乡。

1956年7月,11个乡合并为长潭、戴村、白马、振庭、许贤、云峰6个乡,名称由乡人民政府改为乡人民委员会。1958年10月,撤销区公所机构,设立戴村人民公社管理委员会,先后辖长潭、凌溪、马鞍、振庭、白墅、许贤6个管理区。

1961年9月,戴村人民公社撤销,设立河上区公所,驻地戴村,辖大同、楼塔、河上、大桥、云石、戴村、永兴、朱村桥、许贤9个乡政府。1966年3月,河上区撤销,所属公社管理委员会划归临浦区公所。1969年2月,撤区并社,原河上区域设立楼塔、河上、戴村3个大公社,由县直属管辖。

1971年2月,撤销大公社,全县建立6个地区联络组,戴村地区联络组设在戴村镇。辖楼塔、河上、大桥、戴村、云石、永兴、朱村桥、许贤8个人民公社。1976年10月,粉碎江青反革命集团后,区、公社的政权组织进行了调整,戴村区仍下辖8个人民公社。1980年7月,各人民公社取消革命委员会,恢复管理委员会,戴村区公所辖戴村、楼塔、河上、大桥、永兴、云石、许贤、朱村桥等8个人民公社。

1984年,改变"政社合一"体制,撤销人民公社管理委员会,设立乡政权。戴村区驻地在戴村乡窑头,管辖戴村乡、楼塔乡、大同坞乡、岩山乡、河上乡、大桥乡、云石乡、永兴乡、朱村桥乡、许贤乡10个乡。

1992年5月,撤销戴村区建制,调整乡、镇行政区域,原戴村区的10个乡镇调整为楼塔镇、河上镇、戴村镇、云石乡、许贤乡5个镇乡。

(根据区档案馆、镇档案室资料整理)

历届戴村区公所领导人名录

表9-2-1

职　务	姓　名	起止时间	职　务	姓　名	起止时间
区　长	陈菁芝	1949.6~1949.11	区革命领导小组副组长	俞关法	1977.12~1978.4
	张跃南	1949.8~1949.11(副区长) 1949.11~1951.12(区长)		高介成	1977.12~1978.4
	江　淮	1951.12~1953.3		陶幼林	1977.12~1978.4
	王景明	1953.3~1954.4	副区长	俞关法	1978.4~1981.6
	石康华	1953.1~1954.4(副区长) 1954.4~1958.10(区长)		夏忠孝	1981.6~1985.10
戴村区革命领导小组组长	张柱承	1971.2~1977.12		邱吾顺	1981.8~1989.2
	洪正兴	1977.12~1978.4		周辂臣	1984.12~1988.5
区　长	高介成	1978.4~1979.9		朱关泉	1988.6~1989.10
	陶幼林	1978.4~1979.9(副区长) 1979.9~1981.6(区长)		俞百贤	1989.11~1992.5
	缪吾祥	1984.1~1990.11		华之藩	1991.5~1992.5
	徐吾成	1989.2~1990.11(副区长) 1990.11~1992.5(区长)		黄水根	1991.7~1992.5
副区长	张进陛	1950~未到职		陈长根	1991.8~1992.5
	戴梦尧	1954.4~1954.11	副区长	洪叶根	1954.11~1958.10

资料来源:1.中国共产党浙江省萧山市组织史资料;2.萧山档案馆藏"萧山县戴村区公所文件"区公所(89)60号

第三章　人民代表大会

镇(乡)人民代表大会(以下简称人大),除“文化大革命”时期被迫停止外,今镇域内的戴村镇、永兴乡、云石乡历届人民代表大会,均依法听取和审议政府工作报告、审查和批准国民经济和社会发展计划、财政预决算及其执行情况的报告,选举产生本级人民政府负责人。紧紧围绕经济建设中心,对镇乡国民经济和社会发展重大事项,以及人民群众普遍关心的热点问题进行审议,并做出决定,推进了三个文明建设。

镇(乡)人民代表大会及镇人大主席团,依法参政议政、实行民主监督,督办议案提案,开展执法检查;听取和评议镇政府组成人员述职报告。人大工作人员加强自身建设,学习和贯彻国家法律法规,以不辱使命。

第一节　历届人民代表大会

1953年10月,戴村乡第一次“普选”人民代表。1954年3月,召开戴村乡第一届人民代表大会。4月,建立戴村乡人民委员会。至1966年,戴村共召开6届乡(公社)人民代表大会。从1966年召开第六届人民代表大会后,直到1981年召开第七届人民代表大会,其间发生“文化大革命”,人大的职能和正常活动被迫停止,所以两届大会间隔15年之久。第七届人民代表大会开始至2002年的第十四届人民代表大会,镇(公社)每隔3年举行一次,第十四届以后每5年召开一次。历届戴村镇(乡、公社)人民代表大会,按照国家法律法规行使人大职权,审议政府工作报告、财政预决算报告等,依法选举镇(乡、公社)政府组成人员,决定其他重要事项,为戴村经济和各项社会事业发展作出贡献(云石、永兴乡历届人民代表大会档案资料缺失)。

戴村人民公社第六届人民代表大会

1966年上半年召开。本届人民代表大会共有正式代表156名,其中共产党员代表75名,占总数的48%;非党群众代表90名,占57.7%;妇女代表32名,占20.5%。第六届人民代表大会选举产生公社管理委员会委员21名,管委会主任沈兴祥,副主任陈培金、陈仲义。同时组成新一届公社监察委员会,由7人组成,主任何声祝,副主任陈才良。

戴村人民公社第七届人民代表大会

1981年6月召开。大会听取和审议了由朱则林所作的《政府工作报告》,报告分三部分:一、十年曲折,恢复后的大好形势;二、工作任务和奋斗目标;三、发挥人民政权的作用。本次大会选举产生了新一届戴村公社管理委员会成员,方妙仁任管委会主任,倪根祥、鲍吾成任副主任。

戴村乡第八届人民代表大会

1984年4月召开。大会听取和审议了《政府工作报告》《1983年财政决算和1984年财政预算报告》,并通过了相应的决议。代表大会提出今后3年的目标任务,要以经济建设为中心,加快发展工业生产,完善生产责任制,加快农业生产和多种经营发展的工作方针。大会民主选举产生新一届政府领导班子,倪根祥当选为戴村乡乡长,孔志明、宋利荣当选为副乡长。

戴村镇第九届人民代表大会

戴村镇第九届人民代表大会第一次会议1987年3月召开。大会听取和审议《政府工作报告》和《1986年财政决算和1987年财政预算》的报告。提出今后3年工作的主要目标和1987年的工作思路。选举产生新一届戴村镇人民政府领导班子,华林桥当选为戴村镇镇长,宋利荣、顾水潮、楼国前当选为副镇长。

1988年1月和1989年4月18日,先后召开戴村镇第九届人民代表大会第二、第三次会议。

戴村镇第十届人民代表大会

戴村镇第十届人民代表大会第一次会议1990年3月2日召开。会议历时2天,应到正式代表70名,出席会议66名,列席代表16名,特邀代表19名。与会代表听取和审议了华林桥所作的《政府工作报告》和沈国兴所作的《1989年财政决策和1990年财政预算的报告》。《政府工作报告》在回顾总结了前三年政府工作的同时,提出了今后3年工作的目标任务。要以经济建设为中心,以提高经济效益为重点,制订规划、明确目标,夺取90年代各项工作开门红。大会民主选举了新一届镇人民代表大会主席团和镇人民政府领导班子。华林桥当选为戴村镇人民政府镇长,沈国兴、楼国前、任宝祥当选为副镇长。自本届人代会开始,乡镇设立人大主席团,党委书记郁晓兔兼任本届戴村镇人大主席团主席。

1991年3月19日和1991年8月28日,先后召开戴村镇第十届人民代表大会第二、第三次会议。

戴村镇第十一届人民代表大会

戴村镇第十一届人民代表大会第一次会议1993年2月26日召开。应到人民代表97名,实到代表93名,列席代表50名。与会代表听取和审议了俞志仁所作的《政府工作报告》、陈兴康所作的《1992年财政决算和1993年财政预算报告》、傅先校所作的《人大主席团工作报告》,并通过了相应的决议。《政府工作报告》回顾过去3年工作,较好地完成了原永兴、戴村两乡镇人代会上提出的各项任务,并取得了显著的成效。1992年,全镇工农业总产值达到1.1792亿元,比1989年年底的7809万元净增3983万元,增长51%。"报告"提出了今后三年政府工作的主要目标,保持工农业总产值年平均增长率确保在35%以上,到1995年,争取全镇工农业总产值达到3亿元,其中工业产值力争2.5亿元,在1992年实绩的基础上实现翻一番。工业利润保持年平均增长率在25%以上,到1995年全镇工业利润努力达到800万元,在1992年的基础上力争翻一番;出口创汇交货值保持年平均增长率在30%以上,到1995年力争达到2500万元,比1992年再翻一番。到1995年,确保全镇农副业总收入5000万元,全镇农民人均收入达到1500元以上。"报告"提出:1993年首先要办成下列8件实事。1.安装好戴村程控电话总机,从根本上解决企业单位和人民群众打电话难问题;2.继续下大力气加强汽车站的治理工作,改善这一片段的交通状况,并改善各村的主要道路;3.充分发挥镇自来水厂的作用,扩大覆盖面,使更多的农户吃上清洁卫生的自来水;4.搞好永兴河1000米堤塘砌石,提高抗御洪涝灾害的能力;5.新建好镇农贸市场,搞活经济、繁荣戴村经济;6.改善教师待遇,完成教工宿舍楼的建设,适当提高民办代课教师工资水平;7.改造整顿影剧院,进一步丰富人民群众的精神文化生活;8.建造镇中心篮球场,为进入市体育先进乡镇行列创造条件。大会民主选举产生了新一届人大、政府领导班子,傅先校当选为戴村镇人大主席团常务主席,俞志仁当选戴村镇人民政府镇长;陈兴康、楼国前、黄国芹、任宝祥当选为副镇长。

1993年10月11日、1994年3月16日和1995年3月8日,先后召开戴村镇第十一届人民代表大会第二、第三、第四次会议。

戴村镇第十二届人民代表大会

戴村镇第十二届人民代表大会第一次会议1996年3月5日召开。大会应到正式代表58名,实到50名,列席代表45名,陈兴康代表镇人民政府作《政治工作报告》,张国贤代表人大主席团作《人大主席团工作报告》;吴建亮作《1995年财政决算和1996年财政预算的报告》。《政府工作报告》指出,到1995年底,全镇工农业总产值达到了3.4818亿元,比1992年1.085亿元,增加2.4亿元,增长222%,完成上届人代会确定的3亿元目标任务的116%;农民人均收入由1992年1047元,提高到1995年2380元,比上届人代会确定的1500元人均收入指标,增加880元,增长58.6%;完成财政收入1095万元,比1992年的475万元,增长130.5%。《政府工作报告》提出了今后3年政府工作主要目标任务。1.工农业总产值达到7.65亿元,年递增30%,其中工业产值7.369亿元,年递增31%,农业产值2600万元,年递增10%;2.工业利润达到1800万元,年递增28%;3.地方财政收入达到650万元,年递增15%;4.粮食总产量稳定在13000吨左右;5.第三产业增加3800万元,年递增25%;6.外贸出口交货值达到4000万元,年递增25%;7.农民人均纯收入达到5500元,年递增30%;8.计划生育增长率控制在7‰以下;9.集镇面积在1.5平方公里规划内全面启动,争取90%以上的村民能吃上自来水,有线电视覆盖率力争达到90%;10.积极开展创强争先活动,争取有更多的村和单位进入市先进行列。《政府工作报告》还提出,1996 年要为民办 6 件大事:1. 完成戴村镇中一期工程 24 个教室大楼竣工验收并交付使用;2. 按期完成萧山中医骨伤科医院一期工程病房大楼和医技楼工程的完工,并交付使用;3. 新建戴村敬老院一个;4. 全镇有线电视覆盖率力争达到 50%;5. 全镇争取有 70% 以上的村民吃上清洁的自来水;6. 争取市里支持投资 300 万元,拓宽永兴桥、改建云襄桥,投资 50 万元,改造石盖大机埠,并继续做好江塘砌石护岸。

大会经民主选举,产生新一届人大和政府领导班子:张国贤当选为戴村镇人大主席团常务主席,陈兴康当选为戴村镇镇长,任宝祥、吴建亮、楼铁明、瞿东望当选为副镇长。

1997 年 3 月 11 日和 1998 年 3 月 27 日,先后召开戴村镇第十二届人民代表大会第二、第三次会议。

戴村镇第十三届人民代表大会

戴村镇第十三届人民代表大会第一次会议 1999 年 1 月 20 日召开。出席会议的正式代表 56 名,列席代表 52 名。与会代表听取审议了郭伟林所作的《政府工作报告》,张国贤所作的《人大主席团工作报告》,吴建亮所作的《1998 年财政决算和 1999 年财政预算的报告》。《政府工作报告》指出,1998 年全镇工农业总产值达到 6.3 亿元,比 1995 年的 3.48 亿元,增长 81%;完成财政总收入 1258.13 万元,其中地方财政收入 251.42 万元,分别比 1995 年增长 50.3% 和 16.8%;农民人均收入达到 3982 元,比 1995 年净增 1602 元。《政府工作报告》提出了今后 3 年政府工作的目标和任务:1. 工农业总产值达到 10.5 亿元,争取达到 11 亿元,年递增 16% 以上。其中工业产值 10.2 亿元,争取 10.5 亿元,年递增 18% 以上,农业产值(按不变价计算)达到 2800 万元,年递增 5%;2. 工业利税确保 4000 万元,力争达到 4500 万元,年递增 10% 以上;3. 财政可用资金达到 1080 万元,力争达到 1100 万元,年递增 5% 以上;4. 固定资产原值达到 2.8 亿元,年递增 14%;5. 所有者权益达到 2.5 亿元,年递增 20%;6. 出口交货值达到 1 亿元,年递增 40%;7. 第三产业总额达到 6000 万元,年递增 28%;8. 粮食总产稳定在 12400 吨左右;9. 农民人均收入确保 5000 元,力争 5500 元,年递增 8% 以上;10. 进一步控制人口增长,全镇人口自然增长率控制在 6‰以内。“报告”提出了 1999 年全镇经济和社会发展的主要目标:工农业总产值 7.3 亿元,增长 16%,其中工业总产值确保 7 个亿,力争 7.2 亿元,增长 18%;农业总产值 2540 万元,增长 5.3%;利税总额 3200 万元,增长 12%;出口交货值达到 6000 万元,增长 58%;粮食总产量稳定在 12400 吨,粮食复种面积达到 33000 亩,农民人均收入 4200 元,增长 5%。在完成上述指标的基础上,扎扎实实办好与人民群众生产生活息息相关的 10 件大事。1. 在河上桥建造跨永兴河的水利桥一座;2. 完成戴村里横桥至戴云公路接口的江塘裁弯取直工程;3. 基本完成辖区内标准塘培土和江塘内坡的抛渣固脚;4. 建造生猪定点屠宰场,加强市场检疫,让人民群众吃上放心肉;5. 整修戴村影剧院,整治人民路、凌溪路,为创建文明集镇打下基础;6. 建立标准化计生服务站,规范计划生育的服务管理;7. 村村接通有线电视,村级有线电视覆盖率力争达到 100%;8. 组织实施丁村小学、墙头小学的迁建工程;9. 完成人民路油路西伸和镇中道路的建设工程,增强学生的安全感;10. 启动以老地方加油站为中心的商贸区开发建设。大会选举产生了新一届人大、政府领导班子,陈兴康当选为戴村镇人大主席团主席,张国贤当选为副主席,郭伟林当选为戴村镇人民政府镇长,瞿东望、楼铁明、韩建庆、朱元杰当选为副缜长。

2000 年 1 月 19 日和 2001 年 2 月 22 日,先后召开戴村镇第十三届人民代表大会第二、第三次会议。

戴村镇第十四届人民代表大会

戴村镇第十四届人民代表大会第一次会议 2002 年 1 月 16 日至 17 日召开,出席大会的正式代表 76 名,列席代表 74 名。大会议程有五项:1. 听取和审议吴国祥所作的《政府工作报告》;2. 听取和审议韩建庆所作的《戴村镇 2001 年财政预算执行情况和 2002 年财政预算的报告》;3. 听取和审议沈国兴所作的《戴村镇第十三届人大工作领导小组工作报告》;4. 选举戴村镇人大主席、副主席、镇长、副镇长;5. 通过大会各项决议。《政府工作报告》总结了 3 年工作,指出通过全镇上下努力,较好地完成了镇十三届人代会确定的目标任务。2001 年,全镇工农业总产值达到 19.74 亿元,比 1998 年的 9.44 亿元增长了一倍;农民人均收入 5075 元,比 1998 年净增 1090 元。“报告”提出了今后三年政府工作的主要目标任务:1. 继续保持经济快速、协调、健康发展,到 2004 年末,全镇工农业总产值达到 36 亿元,年递增 25%,其中工企业产值力争年均增长 28%,达到

35 亿元,利税年均增长 20%,达到 1.5 亿元;第三产业年均增长 20%,达到 2 亿元;农业产值达到 1 亿元,年递增 8%。2. 加快集镇建设步伐,通过三年的努力,初步形成新兴的现代化城镇。集镇规模进一步扩大,综合开发 5 平方公里集镇建成区,争取新开发建成区 1 平方公里,居民人口(包括流动人口)达到 1.5 万人。3. 人民生活水平进一步提高。到 2004 年末,农民人均收入力争达到 6100 元,年均增长 10%;村级人均可分配收入争取达到 220 元。4. 广辟财源,增收节支。到 2004 年,镇财政可用资金力争达到 2600 万元,年均递增 18%。5. 计划生育符合率控制在 97% 以上。6. 巩固省级教育强镇社会治安综合治理先进镇。7. 努力争创杭州市文明卫生镇,浙江省东海文化明珠,全国体育先进镇。8. 努力实践和超额完成各项事业建设和 3 年任期目标任务。大会要求:在力争完成各项经济指标的基础上,2002 年要办好与人民群众生产生活息息相关的 8 件大事:1. 全面完成 8.5 公里永兴河标准塘建设;2. 争取上级支持,拆建里横桥;3. 加强环境卫生整治,迁建下方垃圾填埋场;4. 争取开通公交车;5. 搞好公墓配套管理,完善配套设施;6. 实施青春路、子家岭回车道一期工程建设;7. 力争创建成为区级文明卫生镇,杭州市东海文化明珠;8. 完成有线电视主杆电缆换光缆 8000 米,采取各方筹资逐个改造村级广电网络。大会选举产生了新一届人大、政府领导班子:人大主席团常务主席陈兴康,副主席沈国兴;镇人民政府镇长吴国祥,副镇长韩建庆、楼铁明、孔志明、朱元杰。

2003 年 3 月 25 日、2003 年 4 月 8 日、2004 年 2 月 18 日、2005 年 1 月 30 日和 2006 年 2 月 16 日,先后召开戴村镇第十四届人民代表大会第二、第三、第四、第五和第六次会议。

戴村镇第十五届人民代表大会

戴村镇第十五届人民代表大会第一次会议 2007 年 1 月 18 日下午至 1 月 19 日召开,76 名正式代表全部到会。本届人民代表大会的 76 名代表的产生方法,按照区人大常委会要求,将全镇划分为 44 个选区,第一轮推荐选举 121 名代表候选人;第二轮采取无记名投票的方式进行差额选举,产生 76 名代表。其中有女代表 12 名,占代表总额的 16%;非党代表 19 名,占代表总数的 25%;干部代表 8 名,占代表总数的 11%;生产一线职工、农民代表 42 名,占代表总数的 55%。

代表们听取和审议陈仲华所作的《政府工作报告》。"报告"指出,5 年来,全镇经济在结构调整、提质增效中保持了持续健康发展。2006 年全镇实现工企业总产值 55 亿元,比 2001 年增加 36.55 亿元,递增近 2 倍;财政总收入从 2001 年的 2975 万元增加到 2006 年的 7301 万元,平均年递增 20%;农民人均纯收入从 2001 年的 5075 元增加到 8080 元,平均年递增 600 元。"报告"提出了 2007 年全镇经济社会发展的主要目标是:全镇工农业总产值突破 70 亿元大关,财政总收入增长 15%,农民人均纯收入增长 10%。"报告"提出,2007 年镇人民政府将集中力量办好 8 件惠民实事:1. 加强环境整治力度,创建成全国环境优美乡镇;2. 完成 5 个区级农村整治村的创建工作;3. 完成戴村镇中教工学生宿舍楼建造,铺设云石小学操场塑胶跑道;4. 争取水利部门支持,启动云石溪整治工程;5. 延伸戴兴路至 03 省道,对恒达北路东段实施道路硬化,逐步实施联村联网公路建设;6. 实施凌溪桥——马谷、03 省道——云石桥的亮灯工程;7. 按照集镇排水系统规划,启动集镇污水收集并网工程;8. 全面完成村级广播网络升级改造。代表们听取和审议了韩建庆所作的《戴村镇 2006 年财政预算执行情况和 2007 年财政预算(草案)的报告》;听取和审议了吴浙明受戴村镇第十四届人民代表大会主席团委托,向大会所作的《戴村镇人民代表大会主席团工作报告》。

大会一致通过《选举办法》,镇人民代表大会主席团常务主席、镇人民政府镇长的候选人实行等额选举,镇人民代表大会副主席、镇人民政府副镇长候选人实行多于 1 人的差额选举。经无记名投票方式进行举行,汤叶英当选为戴村镇第十五届人民代表大会主席团常务主席,虞传德当选为副主席;汤卫当选为戴村镇人民政府镇长,来惠民、韩建庆、吴浙明、莫万根 4 人当选为戴村镇人民政府副镇长。

2008 年 1 月 18 日,召开戴村镇第十五届人民代表大会第二次会议。

第二节　人大主席团常务主席

戴村镇人大主席团常务主席

1990 年 3 月 2 日,戴村镇第十届人民代表大会第一次会议开始设立戴村镇人大主席团,作为一届人民代表大会的常设机构。主席团设常务主席 1 名,由镇党委书记兼任。1993 年 2 月第十一届人民代表大会开始,不再由党委书记兼任,设专职人大主席。至 1999 年 1 月召开的第十三届人民代表大会第一次会议开始,党委书记再次兼任人大主席,人大主席团设专职副主席。直至 2007 年 1 月召开的十五届人民代表大会第一次会议,设专职人大主席和副主席。

郁晓兔(1990.3~1992.5)在 1990 年 3 月召开的戴村镇第十届人民代表大会第一次会议上,党委书记郁晓兔当选人大主席团常务主席。

傅先校(1993.2~1996.3)在 1993 年 2 月召开的戴村镇第十一届人民代表大会第一次会议上,当选为人大主席团常务主席。

张国贤(1996.3~1999.1)在 1996 年 3 月召开的戴村镇第十二届人民代表大会第一次会议上,当选为人大主席团常务主席。

陈兴康(1999.1~2002.1)在 1999 年 1 月召开的戴村镇第十三届人民代表大会第一次会议,党委书记陈兴康当选人大主席团主席,张国贤为副主席。

陈兴康(2002.1~2003.4)在 2002 年 1 月召开的戴村镇第十四届人民代表大会第一次会议上,选举陈兴康兼任人大主席团主席,沈国兴任副主席。

赵立明(2003.4~2007.1)在 2003 年 4 月 8 日召开的戴村镇第十四届人民代表大会第三次会议上,接受陈兴康要求辞去戴村镇人大主席职务的报告,补选赵立明为戴村镇人大主席。

汤叶英(2007.1~)在 2007 年 1 月 18 日召开的戴村镇第十五届人民代表大会第一次会议上,汤叶英当选为镇人大主席团常务主席,虞传德当选为副主席。

永兴乡人大主席团常务主席

俞刘根(1990.3~1991.3)

傅关寿(1991.3~1991.9)

张国贤(1991.9~1992.5)

云石乡人大主席团常务主席

傅先校(1990.3~1992.5)

方妙仁(1994.1~1996.2)

沈国兴(1996.2~1999.1)

魏小芳(1999.1~2001.7 兼)

副主席:沈国兴(1999.1~2001.7)

第三节　人大主席团主要工作

自 1990 年第十届人民代表大会第一次会议设立戴村镇人民代表大会主席团以来,镇人大主席团重视和规范处理代表的议案、提案,积极参政议政,进行法律监督与检查,支持和督促镇人民政府抓好经济建设这个中心,推动戴村经济和各项社会事业的发展。

参政议政

1992 年 10 月和 12 月，镇人大主席团全体成员和部分人大代表，两次听取镇人民政府分管工业、农业、文卫、城建等副镇长和有关办职能部门汇报一年来工作，然后由参加会议的主席团成员和人大代表进行评议，提出意见建议。

1993 年后，镇人大主席团把人代会的代表议案处理工作列入重要议事日程，为解决议案中的实际问题，主席团成员与镇政府主管领导一起跑遍村、厂、学校等，举行座谈、了解情况，协商解决问题办法，落实议案中涉及需解决的问题，督促职能部门认真处理。1994 年，结合“洁美家园”活动，镇人大主席团督促政府投资 200 万元浇筑了世纪路(原名工人路，现名锦锈路)油路及配套工程，整治以人民路、凌溪路为主的集镇秩序。

1995 年，根据戴村镇经济发展现状和发展趋势，人大主席团在认真调研基础上，提出要加大经济结构调整力度，增强技改投入，提高产品档次，培育区域特色等一系列建议和整改措施；针对整治空心村拆旧工作，提出既要从政治高度认真地抓好，又要把它当作规范农村建房，加快社会主义新农村建设的有利契机；面对杭金公路、戴闻公路穿镇而过，戴村镇区位优势更加凸现的现状，人大主席团及时向政府职能部门提出要采取有力措施，多方筹措资金，把加快开发工业园区作为戴村镇经济发展的突破口。

1997 年，戴村镇企业转制工作基本完成，部分企业效益下滑。人大主席团成员在调查研究基础上，根据戴村镇工业生产实际情况，提出要加强改革力度，加快技改步伐，调整产业结构，推进扶强扶优工程，发展多种经营等一系列意见和措施。是年 8 月 19 日，镇人大主席团安排部分市人民代表和镇人民代表视察新竣工的戴村镇中，要求学校教师认真教书育人，努力提高教育质量。督促政府继续为新学校的配套设施投入资金，尽快改善学校环境，保证正常教育秩序。针对“7·9”洪水暴露出来的问题，人大主席团在认真听取水利建设情况汇报和实地视察的基础上，指出水利建设是事关国计民生的大事，要从讲政治的高度，对戴村人民负责的态度，采取有力措施，切实加强水利建设。

从 1996 年至 1998 年 3 年中，镇人大主席团共举行 15 次会议，听取政府有关职能部门负责人述职报告。每年年终对政府全面工作进行评议。安排市人民代表和镇人民代表视察 10 次，有效督促政府办理人大代表提出的议案 36 件和对政府工作的意见、建议 10 条。

1999 年至 2001 年，镇人大主席团举行 24 次会议，听取和审议政府所属 6 个部门的述职报告，督促政府有关部门办理人大代表提出的议案 57 件，建议 38 件。每年年初依法听取和审议关于镇财政预算情况、政府工作情况的报告，关注和把握经济的整体运行情况，提出建设性的建议和意见，促进全镇经济快速健康发展。同时，认真贯彻“两手抓”方针，加强对有关精神文明建设和各项社会事业发展的审议工作。在“洁美家园”活动中，督促政府先后投资 300 多万元治理云石大溪，浇筑世纪路油路及配套工程；浇筑狮山公路和云许公路；迁建钟阿马烈士墓；整治以人民路、凌溪路为主的集镇秩序，集镇环境得到较大改观。

2002 年至 2006 年的 5 年中，镇十四届人大主席团围绕经济社会发展，加强工作监督，选择危桥改造、康庄道路建设、教育设施工程作为重点督办议案。加强对政府及职能部门的督促，为进一步推进戴村镇城乡一体化建设的进程，强化新农村示范和整治村的建设，人大主席团专门召开扩大会议，认真审议镇政府关于《调整戴村镇村庄布局规划方案》的报告，并对《戴村镇域镇总体规划修编方案》进行认定，同意适当调整戴村镇村庄布局规划方案，要求在实施过程中，增强规划意识，严格把关，确保方案顺利实施。在这 5 年中，镇人大主席团坚持以民为本，加强对人民群众普遍关心的“完善新型合作医疗制度”“有序用电管理”“拓宽戴村至云石桥公路”等热点问题的监督。

2004 年，镇人大主席团加强对政府重大实事工程项目的监督检查，组织代表听取和监督政府对教育、环境卫生、社会治安综合治理等实事工程办理情况的通报，对政府重大工程项目实施全程监督。人大主席团对镇十四届三次会议期间收到的 21 件代表议案、10 件建议，及时移交镇政府办理，在督办过程中，让政府组成人员对涉及的议案进行逐条阐述和分析，让人大代表知情知政，更加切实有效地发挥代表的参政议政作用。翌年，镇人大主席团组织镇内区人大代表，开展任期述职评议工作。截至 12 月底，共有 8 名区人大代表向原选区选民代表述职，占代表总数的80%。通过代表述职，建立人大代表主动接受人民群众监督的机制。是年，村规模调整和村级组织换届选举，镇人大主席团组织有关人员学习法律法规，作出审议意见，要求镇政府精心制定实施方案，规范操作程序，依法加强领导，确保农村稳定。在村规模调整后，镇人大主席团又实地进行调研，要求镇政府切实做好村规模调整的后续工作，合力抓好村班子建设，加强村集体资产经营和管理，推动农业农村工作。

2007年，镇人大主席团围绕打造"全国环境优美镇"开展深入调研，撰写调研报告，提出创建"一溪二路三园"的具体方案，为镇党委、政府提供了决策依据。

2008年3月，镇人大主席团召开议案、建议交办会议，对十五届人大二次会议提交的10件议案和14件建议，分别移交政府职能部门，做到有人管、有人办、有落实。5月下旬听取镇政府落实办理意见，用书面形式答复代表。镇人大主席团关注十五届人大二次会议上提出的八件实事办理情况，组织人大代表察看部分建设工程现场，多次听取镇政府对八件实事进展情况汇报，对办理情况进行评议并提出意见。

法律监督

1992年7月，为了督促国家食品卫生法的实施，镇人大主席团组织部分人大代表，视察全镇食品卫生情况。对萧金路戴村段沿线的9家饮食店，13家副食批发部，一家食油商场以及何童埠酒厂进行检查。这次检查共销毁劣质食品400多件，查扣伪劣食品1400瓶，对2家卫生设施较差的饮食店责令限期整改。

1994年，镇人大主席团进行2次规模较大的执法检查。第一次组织开展对《中华人民共和国产品质量法》及相关的标准化法、计量法的执行情况进行检查。通过检查，进一步宣传有关产品质量的法律法规，增强全社会的质量意识。第二次组织开展《中华人民共和国食品卫生法》执法检查。是年7月1日，市、镇二级人民代表分2个组对本镇的一些食品生产厂家、经销店和饮食店的食品卫生，特别是对"放心肉""放心豆制品"的生产经营现状进行执法检查。对发现的问题及时提出整改意见，查处销毁了一些假冒伪劣产品，有效地维护人民群众切身利益。

1995年，镇人大主席团进行4次执法检查，其中2次是配合全省性各级人大的统一执法检查。尤其是对《中华人民共和国大气保护法》《中华人民共和国水资源保护法》《中华人民共和国环境保护法》的执行情况进行认检查，为保护戴村一方山水的纯洁起到积极作用。

1996年至1998年，镇人大主席团按照市人大常委会的统一部署，上下一致，紧密配合，先后对国家农业法、土地管理法、食品卫生法、教师法、环境保护法、消费者权益保护法、代表法、老年人权益保障法、《全国人大常委会关于惩治生产、销售伪劣商品的犯罪的决定》《关于惩治走私、制作、贩卖、传播淫秽物品的犯罪分子的决定》等10多部法律法规进行联动执法视察检查，有力地促进了法律法规在本行政区域内的执行落实。1997年邀请市司法局局长来戴村镇讲解《中华人民共和国刑法》，6月26日邀请市委党校老师讲授《中华人民共和国香港特别行政区基本法》。同时，镇人大主席团抓住"三五"普法的契机，利用多种形式开展法制宣传教育活动。

1999年至2001年，镇人大主席团组织区、镇人大代表进行执法检查24次，先后对《中华人民共和国土地管理法》《中华人民共和国食品卫生法》《中华人民共和国产品质量法》《中华人民共和国建筑法》《中华人民共和国妇女权益保障法》《省文化市场管理条例》等18部法律、法规进行联动执法检查，有效地保障法律法规的贯彻落实。

2002年，镇人大主席团组织人大代表相继开展《中华人民共和国环境保护法》《中华人民共和国残疾人保障法》《职工养老保险条例》《职工失业保险条例》等法律法规的贯彻执行情况的执法检查。代表们通过听汇报、看现场、抓整改等环节，做到一环扣一环，取得较好的成效。检查《中华人民共和国环境保护法》贯彻落实情况时，检查组通过实地察看，在肯定成绩的基础上，要求政府务必要把环保工作列入重要议事日程，强化法制意识，把日常管理与突击检查相结合，处理好经济发展与环境保护的关系，创建优美环境，提高人民生活质量。

2003年，镇人大主席团按照《中华人民共和国食品卫生法》的要求，组织人大代表进行多次执法检查。重点检查豆制品作坊、食品批发商店、生产厂家、饮食行业等，在检查中对一些伪劣、变质食品，及时督促执法部门没收、销毁，并给予公开曝光。是年，针对突如其来的“非典”疫情，主席团根据《中华人民共和国传染病防治法》的要求，组织人大代表多次下村、下医院进行检查督促，有力地促进全镇抗击非典工作顺利开展。

2007年，镇人大主席团组织区、镇两级人大代表先后对《中华人民共和国安全生产法》《中华人民共和国食品卫生法》《中华人民共和国环境保护法》《中华人民共和国食品药品管理法》和《蔬菜食品残留农药监督管理条例》等法律法规的执法检查。还组织在戴村的区人大代表开展了对区建设局行政执法评议活动，推动了区建设局行政执法责任制的落实。

2008年，镇人大主席团组织人大代表参加区人大常委会举办的每季一期法制讲座。听取《中华人民共和国村民委员会组织法》《中华人民共和国仲裁法》《中华人民共和国审计法》《中华人民共和国城乡规划法》等辅导讲座，进一步提高代表对国家法律法规的认识。邀请区劳动保障局分管业务局长进行《中华人民共和国劳动合同法》专题法制讲座。组织人大代表开展对区文化广播新闻出版局行政执法工作的评议和区政府政情通报会材料的评议。

卷十　军事　治安　司法

第一章　军　事

第一节　战　事

戴村镇位于萧山西南部，与富阳、诸暨相邻。境内多山，且地处浦阳江之南，03 省道穿镇而过。亦是通往诸暨、义乌、浦江、金华的必经之地。故战事多由发生。

石仲芳庚青岭抗清

清顺治三年（1646）5 月 29 日，清军发动划江战役，随即占领萧山中、北部，后继续向南扩展，遭到了萧山人民的抵抗。清顺治五年（1648），诸暨十八都乡民石仲芳在庚青岭山头率众数百抗清。是年，石仲芳被清军所执。八年（1651），石仲芳余部解散。现尚存石仲芳军部当年的瞭望岗、练兵场、石头阵等遗址。

上堡"砍竹暴动"

戴村的上堡、沈村、丁村一带，都生产土纸，当时由于农村经济凋敝，纸业衰落，许多纸工被槽主解雇失业，生计无着，阶级对立十分尖锐。1927 年 7、8 月间，中共萧山县委派党员瞿缦云以国民党县党部南乡农运指导员的身份，到戴村地区开展活动。他一方面从事农民运动工作，一方面在农民和纸工中积极发展党员，钟阿马等一批在斗争中涌现出来的骨干入了党，并先后建立了上堡、沈村、丁村党支部。为了保卫"农民协会"，钟阿马以党员为核心建立农民武装组织"铁血团"，提出了"减租减息，有饭大家吃""锄强扶弱，互相帮助"等口号，领导农民和纸工同地主、槽主开展斗争。并实行"二五减租"，废除高利贷。1928 年秋，中共萧山县委召开党的代表会议，决定把上堡、沈村一带作为萧山开展革命斗争的中心区域，要钟阿马以"铁血团"为核心，等待时机，开展大规模的暴动。会上钟阿马当选为县委委员。这期间，中共浙江省委代理书记罗学瓒曾到戴村视察，并主持召开县委扩大会议，研究斗争方案。

暴动始于 1928 年 10 月间，起因是上堡大地主钟麟俦与义桥震泰钱庄相勾结，利用震泰钱庄到上堡收债的机会，强迫负债户要以山产作抵押，如果在一个月内不能偿还债务，就要把抵押的山产拍卖抵债。这激起了群众的愤慨。为了保护群众利益，挫败地主的反扑，钟阿马带领"铁血团"和部分群众，连夜上山砍伐震泰钱庄所属山地上的毛竹、树木，逼其具结，并将已经抵押的农民山产归还原主。为了惩戒作恶多端的大地主，"铁血团"又到钟麟俦等地主山上砍树 100 多株，毛竹 4 万余斤，还没收纸料 35 件。县委委员钟阿马领导的这次"砍竹暴动"，使长期受压迫、受剥削的贫苦农民和纸工看到了团结斗争的力量，进一步鼓舞了斗志，而那些横行乡里的地主、槽主却如坐针毡，也使萧山县反动当局受到震惊。

大地主钟麟俦向国民党县政府控告，说钟阿马"实施暴动，砍伐毛竹"，要求以"反革命治罪法"逮捕治罪。1929 年 4 月 19 日夜，浙江省保安队和萧山县警察 70 余人奔赴上堡剿捕。钟阿马得讯后，立即率领"铁血团"携带土枪、板枪退至乌龟石山山庄。但因有地主作向导，山庄被敌包围，终因寡不敌众，钟阿马等 10 人被捕，丁关田当场牺牲，钟阿马在监狱备受折磨后亦于 1930 年 8 月 30 日在临浦寺山脚下被敌杀害。在刑场上，钟阿马高呼"无产阶级起来斗争！""中国共产党万岁！""中国革命万岁！"牺牲时年仅 37 岁。这场历时数月的"砍竹暴动"就这样被敌人镇压下去了。

党岐(旗)岭伏击战

民国29年(1940)2月中旬,日本侵略军侵占浦阳江口,一路由东岸登陆,进犯义桥。另一路西岸登陆,数千日军窜犯许贤、朱村桥等地。中国军队在何家桥、姜家坞、塘坞、潘山、老和尚岭、狼岭一带阻击日军。日军遭阻击后,迟滞不前。日军企图集中兵力,强行南下。中国军队一九二师得到消息后,悄悄地准备在党岐岭伏击日本侵略军。

党岐岭位于上董村与凌山村之间,西北接云石七都山麓。岭虽不高,却是当时联系义桥与河上、楼塔的捷径,也是日军南下的必经之路。加上岭西边山势陡峭,树木繁茂,形同畚箕,是一个理想的伏击战场。

一场临战前的准备工作在紧张有序地进行。为防止汉奸走漏消息,在戴村、云石七都山一带的交通要道上布满岗哨,中国军民在李家坞村结集。2月15日(正月初八)黄昏生火做饭,午夜进入预伏阵地。16日,日军一队人马全副武装,从义桥耀武扬威地向党岐岭方向扑来。当日军进入埋伏圈,即遭到迎头痛击,被打了个措手不及,纷纷溃退。当日军明白中了埋伏,马上组织力量疯狂反扑,利用高大威武的大洋马和精良装备,向中国军民的阵地扑来,却遭到一九二师火力的顽强狙击。双方激战多时,日军始终无法冲破中国军民的防线,只得留下数具尸体,狼狈逃窜。战斗一打响,当地百姓积极投入战斗,挑水送饭,运送弹药,抢救伤员,当军队发出追击命令,由老百姓组织的抗日自卫队更是勇猛顽强,冲锋在前。这次战斗打死打伤日军数十人,战马3匹,俘获1人,一九二师有数人牺牲。

党旗岭抗日战场遗址

(摄于2011年11月25日)

党岐岭战斗极大地打击了日军的嚣张气焰,鼓舞了当地军民抗击日本侵略者的信心和决心,在萧山的抗战史上留下了辉煌的一页。

金萧支队抄袭驻尖山下国民党驻军

民国34年(1945)8月1日上午,萧山县国民兵团自卫总队第二大队第五中队前往沈村接替第二中队防务。8月7日上午2时许,金萧支队七八百名队员由富阳县境越小黄岭、响天岭抄袭国民党驻尖山下之排哨,第五中队极力堵击,金萧支队分股抄越山径由防地后方之上门向第五中队围攻,因金萧支队人众势大,第五中队一部分官兵被俘,一部分突围逃窜。

萧山军警听到消息,率队驰援,金萧支队已越庾青岭向河上镇进发,并以一部分兵力扼守岭巅。是役,据萧山县国民兵团自卫总队第二大队第五中队队长瞿耀如9月7日报称,计被俘士兵17名,失踪分队长陈益胜,被劫轻机枪1挺、步枪9支、木壳枪2支、手枪1支、损耗子弹2650发、草绿制服12套、灰色制服4套、棉被2条、弹带16根、符号29方、枪衣1件。

袭击戴村警察所

戴村警察所是国民党在萧山南部的一个重要据点,有警察20多人,电话总机1台,所址设在戴村的五王庙内。1948年夏,金萧支队路西县武工队在富阳、诸暨等地接连打击敌人取得重大战果以后,决定袭击戴村警察所。

这是一次袭击战。事先由隐蔽在当地小学任教的我部人员陈商,搜集了戴村警察所的人员、武装配置及警察所四周情况,并绘制了警察所内部的布局图。武工队在掌握基本情况后作了周密的作战部署。8月28日,武工队长蒋谷川亲率郑振庭等10名武工队员组成的小分队,利用夜暮的掩护从诸暨应店街出发,穿过敌人封锁线强行军近百里进入戴村,其时天已将晓。在中共地方党组织的配合下,小分队即由陈商引导,埋伏在敌人鼻子底下的河上桥村何家珍家中。当时虽已入秋,但正值“秋老虎”时节。十个武工队员在霉气冲鼻、闷热得喘不过气来的柴房里,待了15个小时,待到夜深人静,小分队分成一个尖兵组,两个战斗组出发,一个战斗组解决营房的敌人;另一个战斗组负责攻打办公室。由于成功的埋伏和周密的部署,战斗十分顺利,仅几分钟时间,就把10多名警察生擒,并缴获了12支步枪以及子弹,一门电话交换机。任务完成后,小分队迅速撤离。第二天早晨,当数百名国民党军队赶到时,武工队已回到100多里外的据点了。

这次突袭战成了一次挖心战,在敌人的封锁线内,竟然不发一弹,就彻底捣毁了有20多名全副武装的警察所,这使国民党当局震惊不已。

戴村遭遇战

在武装斗争接连取得胜利的形势下,浙东人民解放军金萧支队于1948年9月15日正式成立。蒋明达任支队长,张凡任政委,陈湘海为参谋长。金萧支队根据浙东临工委关于“打通浙皖走廊,迎接大军南下”的指示,提出“大刀阔斧向敌人进攻,雷厉风行,加速工作”的战斗号召,并连续进行外线出击,主动寻找战机,打击敌人,以扩大我军影响。

1948年11月4日,金萧支队由政委张凡率领,经小黄岭来到船坞山下的一个山村。午后时分,部队浩浩荡荡经骆家舍、沈村向戴村前进。由于支队很少白天行动,故未引起敌人注意。当部队行至距戴村二华里的墙头村,发现一股敌军正迎面开来,两军狭路相逢。但因支队先发现敌军,部队在大路两边散开隐蔽,使遭遇战变成了伏击战。接火后敌人才如梦初醒,仓猝应战。支队在敌人尚未部署停当就正面发起猛冲,很快就把敌人击溃。

这次伏击战,歼灭国民党萧山保警队一个中队,伤敌俘敌50余名,缴获机枪1挺、步枪30余支和子弹2箱。接着又冲进戴村,再打戴村警察所,烧毁了敌人的所有文件簿册,遣散了俘虏。战斗结束后,部队立即撤离,回师云石,路经尖山下村,又遇自卫队一个排哨。时至半夜,细雨霏霏,能见度极差,敌人仓皇开火。对方欲将尖山下的大竹桥推翻,企图阻止支队追击,狼狈地撤上庚青岭。当时支队武工队陈商,被敌人子弹击中膝部,伤势严重,不能行走。大队长蒋谷川又失足掉入溪坑,脸部严重摔伤。部队立即折返里石板溪,安置好伤员,稍为休整后,越鸡心岭北走富阳,绕回诸暨驻地。

火烧戴村警察所

1949年1月,为了扩大萧富政权建立的政治影响,金萧支队主力又决定攻打戴村,当时金萧支队近二百余人,越小黄岭进入戴村地界,直奔戴村。据原先侦察得知戴村警察所已迁驻石马头村前山庙内(土地庙),人枪三十余。但当支队冲入前山庙时,原来他们只有三十来个人,并没有一条枪支。这些警察有的已被俘过两次,他们并不十分害怕,说他们没有给发枪支,因为上司说他们反正要送给金萧支队的。他们各自抱着一条大棉被,乖乖地在道地上集合起来,眼睁睁地看着支队把这座营房点火烧了。

前山庙临近后郑村窑头有个“施棺会”的老房子。房子里囤积了百多担粮食,据说是国民党军队的预备军仓。金萧支队将粮食发给附近农民,但只有少数人敢要,大多数农民群众怕金萧支队走后遭殃。为了不让这批粮食接济蒋介石军队用来反共打仗,武工队员一把火连同施棺会一起烧了,断了敌人给养。部队连夜撤走,穿上董,过潘山塘坞,经石门和渔山到富阳大源镇。

金萧支队在戴村的几次胜利战斗,打击了敌人的反动气焰,鼓舞了群众的革命斗志,在中共江南县委的领导下,不断摧毁国民党乡、镇政权。积极开展统战工作和革命宣传活动,筹集军需,扰敌军心。使金萧支队声威大振,为萧山的解放奠定基础。

第二节　剿匪反霸

1949年5月5日，萧山解放。但戴村地区地理位置特殊，境内尚有多股土匪活动，加上国民党残部混入土匪部队，作最后的垂死挣扎，戴村剿匪任务甚为艰巨，斗争较为激烈。戴村区公所亦曾几经搬迁住地。特别是境内山多，与富阳等地山脉相连，山路相通。为残留的国民党土匪活动提供了有利条件，土匪活动猖獗，当时被称为土匪窝之一。他们捏造谣言，明火执仗，在乡间敲诈勒索，祸害百姓，成了当时戴村的一大祸害。

1949年6月中旬的一天，匪首吴小水部下的一小股土匪出没在冗里一带，区中队张建华队长带领区中队及当地民兵分路包抄。但时近黄昏，土匪慌不择路逃入马鞍山新庵内，并紧闭庵门，躲入石头佛桌下负偶顽抗。区中队围攻人员爬上庵顶从瓦片缝中向下射击，无奏效。双方僵持至后半夜，土匪利用黎明前的黑暗突然庵门大开，利用两颗手榴弹爆炸之际，以两支快机枪断后，夺路逃亡在暮色中。此次战斗，区中队人员小石盖坞村人俞吾福受伤。

1949年8月初，据石门西山下民兵报告，俞继鹏（诸坞阿兴）部下有一股余匪在石门一带出现。区中队队长张建华带领区中队二十余名队员于当夜10时左右从戴村居地出发，直奔石门。在西山下村村口抓获一名放哨的土匪后，继续前进。后被土匪们发现，土匪先开枪，区中队在还击中摸黑前进，后这股土匪向一座畚箕型山狼狈逃窜。由于天黑，加上土匪们熟悉山路，大部分土匪向富阳山区逃窜。这次剿匪战斗抓获土匪3名，区中队无人受伤。

郑振庭烈士像　（资料图片）

时任复兴乡长的郑振庭，得悉匪首吴小水手下的柴国民，除了为土匪送情报外，还犯有到处敲诈勒索，抢劫行凶，无恶不作的种种罪行。为保卫新生的红色政权，保护人民生命财产安全，他决心为民除害。一天，郑振庭化装下乡，手拎一只盛有几块豆腐的菜篮，单枪匹马，深入匪窝。那天，匪徒们正在茶店喝茶，郑振庭见匪徒人多，未便下手。直到日落西山，匪徒们三三两两离开茶店，只剩下柴国民一人仍然坐着喝茶。郑振庭见机已到，趁他不防，骤然拔出手枪，怒喝："别动，举起手来"。柴国民呆若木鸡，束手被捆，被郑振庭押至驻地石盖村的复兴乡公所审讯。第二天在石盖桥边，亲手除掉这个罪大恶极的匪徒。当地群众无不拍手称快。但是，此举触怒了匪首吴小水，他处心积虑想暗害乡长郑振庭。

1949年8月12日晚，因叛徒出卖，一帮匪徒偷袭戴村区公所未成，获悉乡长郑振庭等人在上董工作后，转而奔袭上董村，将曾为解放事业和剿匪工作做出积极贡献的复兴乡乡长郑振庭和文书蔡琳杀害在圆盘庵（被惨遭杀害已是13日凌晨）。

1949年9月一天夜里，由于区中队叛变，土匪100余人从富阳翻山包围了位于顾家溪平山的长潭乡公所。增丰村民兵施阿吾被连刺3刀，土匪还烧了村民鲍志山房屋后门。幸亏当时各村民兵组织均建立，用土枪、步枪最终将这些土匪赶跑，才算未酿成大患。

1949年9月24日，县公安局召开公安工作会议，全面布置清剿匪特工作，流窜于萧山南部地区及富阳边界的小股匪特惶惶不可终日，有的逃向别处，有的藏匿下来，在人民解放军驻萧301团1个排的配合下，一批匪徒恶霸被剿灭。

1950年11月至1951年3月开展镇压反革命运动，检举揭发隐藏的历史反革命、土匪恶霸及不法地主。匪首吴小水两次捕获均被逃脱。第三次捕获后，经向绍兴专署呈报，批准同意，于1951年3月18日在临浦将其枪毙。土匪大队长俞巨宏等一批恶贯满盈的地主恶霸亦均落入了法网，受到应有的惩罚。1953年7月，又挖出漏网土匪27人，分别判死刑9人、徒刑12人、管制2人、逃亡4人；恶霸14人，分别判死刑4人、徒刑8人、逃亡2人。

第三节　民　兵

民兵组织

解放初期，为保卫新生的人民政权，维护地方治安，开始建立民兵组织，负责站岗放哨及送信，检查可疑行人和参加剿匪反霸斗争。组建方法：思想发动，集体报名，群众评议，领导批准。具体条件规定为政治表现好，历史清白，身体素质好，年龄在17～25周岁的男性农民和18～30周岁的退伍军人编入基干民兵，普通民兵为政治好、身体好，年龄在17～40周岁的男性农民。民兵入伍时，组织宣誓仪式，各村设民兵队长1名。

1951年5月16日，中央军委发出《关于加强民兵建设的指示》后，戴村民兵队伍不断扩大。

1956年，现戴村镇内所属有长潭、戴村、振庭3个乡，各乡设武装治安委员会，建立民兵队队部，设正副队长、正副指导员。村以选区为单位成立民兵小分队，设正副小队长。

1958年夏，美国在中国台湾海峡制造紧张局势，进行军事挑衅和战争威胁。同年7月，中央军委扩大会议提出实行全民皆兵的方针。8月，中共中央召开政治局扩大会议，作出了《关于民兵问题的决定》。9月29日，毛泽东主席向新华社记者发表"大办民兵师"的谈话。萧山成立两个民兵师，戴村人民公社成立民兵团，所属管理区及各大队、生产队相继编为营、连、排。民兵排以下为尖兵班、基干班、普通班、妇女基干班和普通班。

沈水田参加全国民兵代表会议留影

（1960年4月摄）

1960年4月15～27日，戴村公社长潭管理区云石大队沈村民兵连长沈水田，在首都人民大会堂出席了全国第一次民兵代表大会，受到了毛泽东主席、朱德、邓小平、宋庆龄、董必武等党和国家领导人的接见。毛主席勉励代表们回家后一面生产、一面训练，担当起生产建设和保卫国家的重任。代表们还带回中央军委赠发的国产56式半自动步枪1支和子弹100发，作为民兵代表所在单位民兵组织的荣誉枪。

1965年10月9日，戴村公社召开民兵代表大会。参加大会代表238人。大会总结了以往几年来民兵工作，布置了今后民兵工作任务，对全体民兵代表进行了形势教育和毛泽东主席关于人民战争思想的教育。民主选举了戴村人民公社民兵团的干部和公社武装连干部。经选举，戴村人民公社民兵团团长由公社党委副书记沈兴祥担任，政治委员由公社党委书记陈吾善担任；副团长由公社人武部长陈才良担任、公社团委书记陈吾顺和公社妇联主任任彩娥担任副团长；副政治委员由公社党委组织委员何声祝和戴家山大队党支部书记王吾贤担任；公社武装连连长由公社人武部长陈才良担任，指导员由公社党委书记陈吾善担任，副连长由戴家山民兵连长戴木根和丁村民兵连连长丁乔兴担任，公社党委副书记沈兴祥担任副指导员。

1969年，根据国务院、中共中央军事委员会1969年8月28日《关于组建武装民兵独立团的命令》，戴村人民公社建立民兵连，由于撤区并社，有47个大队编排，生产队编班组。坚持劳武结合，平时不脱产，无事不集中。

1971年，由于调整公社规模，现戴村镇境内有戴村、永兴、云石3个公社，有51个大队成立民兵连，分基干民兵和普通民兵。

1981年，根据中共中央《关于调整民兵组织问题的指示》，民兵组织进行了调整。至1982年年初，调整工作结束。主要内容为：缩小民兵组建范围，公社、企业等为组建民兵的重点；压缩民兵，把原来16～45周岁,改为18~35周岁(基干民兵18~28周岁);简化组织层次,原来的普通民兵、基干民兵、武装基干民兵,改为基干民兵和普通民兵,凡符合民兵条件的,28周岁以下的退伍军人和经过基干训练者编为基干民兵,其余编为普通民兵。同时,取消县编民兵师、公社编民兵团。女性公民只编基干民兵。

1986年,根据中共中央〔1985〕22号文件精神,对民兵组织进一步进行调整,减少基干民兵,增加专业技术兵。通过调整,减少了数量,提高了基干民兵的整体素质。

1990年,围绕"数量要搞够、质量要达标、队伍要纯洁、组织要落实"的要求,重点进行基干民兵和民兵应急分队的组织建设。戴村镇组建了由192人组成的,以退伍军人为主的民兵应急维稳分队。

1998年,为贯彻中央军委新时期军事战略方针,从打赢高技术条件下,局部战争的需要出发,按照"平战结合、平战适用"的原则,突出加强了民兵应急分队的规范化建设。通过规范化建设,戴村镇民兵应急分队基本达到"人员编组合理化,使用教育管理经常化,运输集结摩托化,通讯装备现代化,物资存放规范化"的要求。

2001年,按照新时期军事战略方针,着重提高基干民兵队伍技术含量,增强防空、防卫能力。戴村镇组建了民兵信息站。2002年,戴村镇有民兵技术分队1个连。含防空、侦察、通信、修理等。其组建原则是:大分散、小集中、就近就地、便于活动、利于领导。连长由镇人武部领导担任,指挥应急事项。

民兵训练

新中国成立后,戴村的民兵训练,随着经济的发展、民兵组织和装备的变化,以及战备形势的需要而不断增强。由简单的军事常识教育发展到比较正规的技术、战斗训练,由单一的步枪训练发展到多种技术训练,由分散的练武活动发展到以训练基地为主要形式的集中训练,逐步走上正规化、制度化、规范化的轨道。时间上,民兵军事训练放在每年冬季,由各乡自行组织各村的民兵队长参加,时间为3~4天,训练内容有武器使用、保管和实弹射击。

1958年10月,戴村人民公社成立,建立人民武装部,配备专职人武干部,民兵军事训练逐渐趋向正规。

1962年9月27~28日,戴村等9个公社的武装民兵和战勤服务人员参加了在大岩山和雪湾山区举行的民兵防空降演习。

1965年,进一步贯彻毛主席关于民兵工作"三落实"(组织落实、政治落实、军事落实)指示,牢固树立练为战的思想,戴村民兵干部、基干民兵参加了军事野营、游泳等军事训练。

1966年"文化大革命"开始后,民兵训练一度中止。1969年3月,苏联在中苏边境进行武装挑衅,毛泽东主席发出了"要准备打仗"的号召,民兵训练开始恢复。

1973年后,按照国务院、中央军委颁发的民兵军事训练纲要进行训练,一般每年组织人员参加一次训练。内容有武器常识,手榴弹投掷、战术和实弹射击等。

中共十一届三中全会以后,随着改革开放进程的加快,在市场经济大潮的推动下,城乡兵员流动剧增,民兵的组织结构发生了极大的变化。同时,民兵的武器装备也有了较大的改善。为使民兵工作更好适应新时期军事战备方针的要求和建立社会主义市场经济体制的新形势,进一步提高戴村民兵的军事素质,对民兵的军事训练进行调整改革。突出训练重点,减少训练对象,改进训练方法,提高训练质量。

萧山区民兵训练基地　　(摄于2011年11月24日)

1992年9月,戴村镇预备役1个班人员在富阳中村部队进行为期一个月的训练,训练内容为

“三打”(打坦克、打飞机、打空降)和“三防”(防原子武器、防化学武器、防细菌武器)等。

1997 年 7 月,戴村、河上、楼塔三镇,组成预备役步兵连,参加杭州市预备役团组织的预备役演习。演习地点在余杭万闸里,演习内容为团进攻。戴村镇预备役步兵 30 人参加演习,时间 15 天。

1998 年 6 月,萧山市人武部组织全市民兵应急分队,开展摩托化集结演练,戴村镇参演民兵 30 人,参演摩托车 15 辆。演练内容为摩托化巡逻和列队方阵,同时接受上级军事机关和市领导检阅。

2003 年初,杭州军分区决定在戴村镇建立军分区训练中心,同年 4 月 17 日,区政府在戴村镇召开现场协调会。决定萧山区民兵训练基地和军分区训练中心同步建设。2006 年 6 月在萧山区戴村镇南三村溪河自然村竣工。训练中心总占地面积 10.5 万平方米(157 亩),房屋总建筑面积 1 万平方米,其中导弹馆 4000 平方米,培训楼 3500 平方米,保障楼 2500 平方米。一次性可驻训练民兵 200 余人,可开展民兵训练、集结,区公安分局民警训练及上级军事机关培训和新兵体检(南片)等工作。总投资 3100 余万元(包括土地征用)。现有正式管理人员 2 人。每年约有 5000 余人参加培训、体检等。现名称为杭州市萧山区民兵训练基地。

民兵作用

解放初,戴村境内土匪四出活动,抢劫粮库、杀害革命干部、扰乱社会治安。为了保卫人民政权,保卫人民生命财产的安全,戴村民兵紧密配合戴村区人民武装部和公安部门,开展剿匪斗争。放哨巡逻、侦察匪情、带路送信,参加围剿战斗,寻踪追捕、捕捉匪徒等活动。为取得剿匪战斗的胜利作出了贡献。

1950 年 10 月,戴村开展土地革命,戴村民兵始终站在土改运动前列,配合戴村区、乡政府及村农会,发挥骨干带头作用,认真执行党的土改政策,同贫下中农一起,参加说理斗争,带头控诉恶霸地主的罪行。在运动中,戴村民兵坚持巡逻、站岗放哨和管制地主,严密监视、打击坏分子的破坏活动,保卫土改成果。

1950 年 8 月 6 日,国民党飞机窜扰戴村、临浦等 4 区 22 个乡,空投反动传单及大批苍蝇死老鼠等有毒物品。戴村民兵配合县卫生院机动队和卫生所防疫人员,赴现场清除消毒。

1956 年 11 月 10 日晚,国民党 C~46 型飞机潜入萧山上空,企图空降武装特务,被人民解放军空军驾机击落。戴村区委连夜组织长潭、凌溪、振定、戴村各乡民兵把守要口,并上山进行地毯式搜查,直至第二天南京防空司令部在敌机坠落现场,挖出 9 具敌人尸体,证实机上敌人全部炸死,没有一人逃跑为止。

1962 年 6 月,为加强反空投斗争,严密做好防范工作,在戴村公社云门寺山,云石公社的船山、石牛山组织戴村、云石、永兴桥三个公社的武装民兵,进行紧急集合、封村、搜山演习。

1989 年春夏之交的“政治风波”期间,组织发动戴村镇、乡民兵参加护村、护仓库和维护社会治安。配合公安部门打击各种刑事犯罪活动。

2004 年夏,针对街面犯罪活动频繁,戴村镇政府开展夏季治安防控活动。镇人武部组织民兵预备役人员开展夜巡、日巡、设卡、清查、检查等工作。历时 3 个月。

2006 年 7 月 29 日,党山基督教组织无视政府劝阻,未经审批擅自建造教堂,规模之大,影响恶劣。萧山区人武部组织各镇民兵配合区政府相关单位对其进行强制拆除,戴村镇民兵有 30 余人受命参加。

中华人民共和国成立以来,戴村广大民兵积极配合政府、公安部门维护社会治安,开展护村、护厂、护仓库、山林防火,抗洪抢险,参加巡逻执勤和禁赌、禁毒、扫黄打非,处置群体性事件等工作,作出巨大贡献。

附一:

何吾友及其一家临危不惧抓罪犯

1984 年 3 月 2 日凌晨四点许,一犯罪分子潜入戴村乡墙头樟树下自然村何友坤家作案。罪犯从后门推门潜入上楼,撬开房门,翻箱倒柜,盗窃各种财物。尔后,发现房内只有何妻一人熟睡,顿时兽欲发作,遂行强奸。顾某在梦中惊醒,竭力反抗,大声呼救。罪犯即用尖刀抵住顾某头部,进行威胁,又用手卡住顾的脖子,顾吓昏过去。

住在隔壁的青年民兵何吾友听到呼救声,立即赶来相救。在楼梯口与罪犯相遇。罪犯见势不妙,手持尖刀,企图夺路而逃。何吾友临危不惧,乘势用力抱住其腰部。罪犯见不能脱身,凶相毕露,举刀刺中何吾友的左上肩,大动脉被刺破,鲜血象泉水一样喷了出来。面对罪犯的尖刀,钻心的疼痛,何吾友心里只有一个念头:“抓住罪犯!”他用尽全身力气,死死抱住罪犯腰部。此时,罪犯狗急跳墙,穷凶极恶,趁何吾友受伤的手稍有松动,就甩过身来在何的上前胸、脸上、后背连刺数刀,何吾友成了一个血人,但他仍扭住罪犯不放。这时从昏迷中醒来的顾某,不顾伤痛,高声呼救,可只喊了一声又昏了过去。住在另一间小屋里的72岁的何吾友父亲何关校和妹妹何婉英,听到呼救,闻声赶来。罪犯见势不妙,对准先冲进屋来的何关校老人胸部、手上连刺三刀,老人被迫后让一步。这时杀人红了眼的罪犯,凭着自己的凶劲,从屋里拖着扭住他不放的何吾友到屋外,妄想逃走。由于何吾友伤势过重,抱住腰部的两手已滑到了脚弯上。眼看罪犯就要逃跑,此时的何婉英,单衣薄裤,赤着双脚,奋不顾身,猛扑上去,死死将罪犯上身压在地上。兄妹两人在门后乱石堆里与罪犯展开了殊死的搏斗,老人何关校急中生智,趁机夺下了罪犯的尖刀。这时,附近的群众纷纷赶来协助何吾友一家,将罪犯擒获。何吾友此时才松开了扭住罪犯的双手,吃力地说:“你们千万要抓牢,勿可让他逃走”,说着便昏迷过去。

经公安机关审查,这个抢劫、杀人犯叫瞿志传,系大桥乡娄家园村人,曾因奸淫幼女被判过刑。刑满释放后,不思悔改,继续赌博、偷窃。就在此数小时前,由于赌博输了钱,已在墙头连续作案四次。最后,终于落入人民法网。

事发后,市、县有关部门和区、乡领导到发案现场慰问了何吾友一家。并专程到杭州第四医院探望了何吾友同志,赞扬他的英勇行为。

附二:中国共产党戴村区委文件〔1984〕02号

关于开展学习青年民兵何吾友及其一家勇擒罪犯事迹的通知

戴村乡墙头村青年民兵何吾友,在3月2日捉拿抢劫、强奸凶犯的斗争中,赤手空拳与手持凶器的罪犯展开了英雄的博斗。其胸部、背部、手臂多处受伤的情况下,把生死置之度外,忍着剧痛死死扭住准备翻墙逃跑的犯罪分子不放。其父何关校、妹何婉英亦奋不顾身,将罪犯摔倒在地,夺下尖刀。附近群众闻声赶来,终于将罪犯擒获。何吾友及其一家这种临危不惧,敢于同犯罪分子进行英雄斗争的精神,值得我们学习和仿效。为此,区委决定通报表彰何吾友一家的英雄事迹,并要求全区范围内掀起一个学习何吾友及其一家英雄事迹的热潮。

一、全区乡、村、机关、单位都要认真学习何吾友一家的英雄事迹。要通过广播、黑板报等宣传工具,大力宣传何吾友一家敢于同犯罪分子进行英雄斗争的事迹。

二、共青团、妇联、民兵组织都要以何吾友为榜样,认真学习敢于同犯罪分子博斗的革命英雄主义精神,学习他身负重伤,不忘擒敌,置生死于不顾的高贵思想。并且要落实到行动上,在农村扶正祛邪的斗争中,敢于同各种犯罪活动、坏人坏事、歪风邪气作斗争。

三、开展学习何吾友及其一家的活动,要与当前正在深入开展的“文明礼貌月活动”紧密结合起来,同文明村建设和争创“五好家庭”活动结合起来,树正气,立新风,把精神文明建设大大推进一步。

中共戴村区委员会
1984年3月10日

第四节　兵　役

民国时期兵役制

募兵制　民国初期，军阀混战，兵戈不息，军队扩充兵员多采用募兵制。据绍兴《越铎日报》载，民国13年(1924)2月，驻萧陆军步兵第二营张贴招收缺额兵士广告，招募新兵30名。这一时期募兵既没有规章，也不必经政府认可，常由军方派员到城镇挂旗招兵，自愿者报名入营。投军者多系破产农民和市井无赖，更有游手好闲者被招募入伍，以致民间有“好铁不打钉，好人不当兵”之语。

民国26年，抗日战争爆发后，在正常征兵难以满足兵员补充的情况下，在实行征兵的同时兼行募兵。民国29年1月22日萧山沦陷后，城区14个乡镇沦于敌后，又有8个乡镇毗接战区，位于警戒线区域，因此，实行普遍征兵，事实上已不可能，所以民国30年萧山建立沦陷区役制，采用发动志愿兵方式，寓募于征。一些爱国青年纷纷自愿报名应征入伍，毅然离家奔赴抗日前线。如长潭乡外石板溪村民鲍龙夫、鲍祥夫兄弟俩，步行前往杭州南星桥码头招兵站报名从军。

征兵制　民国22年(1933)6月，国民政府颁布第一部“兵役法”，实行征兵制。民国25年3月按兵役法规定正式施行征兵。征集的主要办法是按乡镇将壮丁强行集中，报名抽签，抽签后换号入伍，众称抽壮丁。民国26年至民国28年，戴村镇中签壮丁计155人，多数应征入伍。

民国27年5月，萧山县国民政府为适应战时兵员补充需要，制订《萧山县各区乡镇征集志愿兵办法》，规定“年满十八至三十五岁的壮丁，不论签号远近，如志愿应征者，皆得征集之。”志愿兵送县检收合格后，每人发给安家费。安家费由各保长向保内各户摊派，如拒不缴纳，由保转报县府强制执行。所谓“安家费”，实际上就是“卖身钱”。自此，壮丁公开买卖成为“合法”。

同年10月，民国浙江省政府颁布《浙江省战时纳金缓役暂行办法》。凡适龄壮丁只要向政府缴纳一定数量的现金，就可缓服兵役。纳金标准：总财产未满1万元的交现金200元，总财产1万元以上的，依次递加。这一兵役办法既搜刮民财，又使富人逃避兵役。

民国28年，县政府为了严格管制壮丁，防止逃亡，制订了《萧山县制止逃亡偷渡壮丁暂行办法》。其主要内容是：一、凡壮丁外出他乡他县者，20天以下由乡镇公所发给临时外出证，20天以上应呈请县政府核发；如无外出证明即予扣留，送服兵役。二、实行制止壮丁逃亡“五户联保连坐结(即5户人家互相担保每家的壮丁不逃亡，如其中有1家的壮丁逃亡，则其余4家也要受到法律制裁)，连坐制裁分拘役与罚金两种。三、逃亡、偷渡壮丁，经讯明属实，依照“海陆空刑法”中的逃亡罪处理。尽管当时政府对壮丁的管制如此严厉，但各级征兵人员串通舞弊，以致冒名顶替，得钱卖放等屡有发生。由此出现不少壮丁贩子和兵棍，把贩卖壮丁视为生财之道。有的兵役科长和新兵征集所长以卖壮丁牟利。当时，每各壮丁的价格，是以食米计算，10石、15石、20石不等。

抗日战争胜利不久，国民政府又开征新兵。由于役龄青年逃役，兵员缺乏，抓兵抢夫现象严重。是年，戴村应征壮丁624人，实际征124人，缓征500人。

民国37年上半年，戴村兵役状况：配额69人，实征45人，欠征24人。长潭乡公所呈文萧山县府“查保长办理役政，非公开抽签则不合法，公开即有逃亡之虞，困难已达极点。若上官一味责承保长，对于逃亡壮丁，并不严厉处置，则壮丁势必相继仿效，役政从此破坏无余。拟应采取逃亡壮丁一经发现，即准拘送受训，使壮丁望之生畏，不敢逃亡，则嗣后办理，或较容易。”

于是，乡镇公所依靠保甲长采取措施，甚至动用警察，白天在田间地头，造纸作坊现场，夜间敲门破宅抓壮丁。长潭乡外石板溪村民鲍梅堂，因常年劳作于造纸作坊，太阳少晒，皮肤白净，时有妻儿5人，年龄已达40多岁，但警察还骂其骗大年龄，指使下属将他当壮丁抓去，后经年龄确认才半路释放回家。因此，一些及龄青年更是人心惶恐，躲深山、逃外乡。光长潭乡境内由于逃壮丁避居安吉、临安两地造纸打工并安家落户的为数不少。

中华人民共和国建立后兵役

中华人民共和国成立后，戴村的服役动员征集工作，实行地方党委、人民政府统一领导，党政军相结合的领导体制。1950年8月，萧山县人民武装部成立。1951年5月，县成立动员参军审查委员会，开展抗美援朝扩大武装的动员参军工作。1953年县委人民武装委员会成立，负责本县的兵役工作。1954年县人民武装部改称兵役局，下设动员、征集、统计、预备役军官、民兵5个科，具体承办兵役工作。1956年12月，根据兵役法规定和国务院《关于地方各级国家行政机关兵役委员会的组织和任务的规定》，萧山成立了兵役委员会，负责兵役工作。1960年以后，萧山的兵役工作在县委民兵工作组领导下进行。1962年恢复县委人民武装委员会，并根据中共中央和国务院通知，各区、镇、公社配齐专职人民武装干部。镇乡人武部是同级政府的兵役机关，接受人民政府和上级军事机关的双重领导，并先后实行志愿兵役制和义务兵役制。1978年开始，实行以义务兵役制为主体的义务兵与志愿兵相结合、民兵与预备役相结合的兵役制度。1980年恢复县委人民武装委员会，负责兵役工作。1984年新的兵役法规定，县人民武装部兼各级人民政府的兵役机关，设征兵办公室，负责办理本区域的兵役工作。

志愿兵役制　解放初，实行志愿兵役制。凡是决心为中国人民解放革命事业献身的公民自愿报名参军，加入部队，长期服役，没有服役期限规定。1951年5月朝鲜战争爆发后，萧山县积极响应党中央号召，成立县动员参军审查委员会，开展抗美援朝，扩大武装的动员参军工作，戴村、长潭、云石、凌溪、振庭、马鞍、白墅诸乡青年踊跃报名参军有997人，其中女青年15人。当时按照华东军区司令部新兵入伍政治审查标准和体格检查暂行标准，对报名的青年进行政审和体检，符合条件的117名青年应征入伍，参加中国人民志愿军。

义务兵役制　1955年，颁布了《中华人民共和国兵役法》，以义务兵役制取代志愿兵役制。义务兵役制，是公民在一定年龄内依照国家法律法令的规定，必须承担一定期限军事任务的制度。是年1月，萧山为了摸索义务兵的征集方法，在连山乡(今临浦大庄)进行义务兵征集工作试点，后在全县推广。中共戴村区委从结合贯彻浙江省第五次党代会精神，多次召开党内外干部会、群众大会。进行国内外形势、兵役法教育，义务兵役制优越性及合理性教育。在完成适龄青年兵役登记后，又经政治审查、体格检查，再做好本人及家属的思想工作，发入伍通知书。当年戴村、长潭、云石、凌溪、振庭、马鞍、白墅诸乡有80余人入伍义务兵。

1984年，新颁布的兵役法规定：中华人民共和国实行义务兵役制为主体的义务兵与志愿兵相结合，民兵与预备役相结合的兵役制度。新兵役制执行以来，每年征集兵员时，戴村镇党委、政府均以此为中心任务。镇人武部主持实施，公安、卫生等部门协作配合，每年均能保质保量地完成任务。

1997年，由于戴村镇有4名符合条件，评经市统一考试的农村复员退伍军人，被萧山市委组织部、市人事局、市人武部批准，招聘为专职人武干部。当年这一消息在全镇上下引起了强烈反响。当年征兵工作开始后，全镇有500多名适龄青年到镇人武部进行兵役登记，准备让祖国挑选。

自1996年至2008年，戴村镇有丁大年、鲍东峰、钟春伟、任海波、沈永杰、赵森涛、沈伟吉、谭奇江、戴晓波、周佳庆、袁敏洁等11位青年应征入伍赴西藏戍边疆。从1951年起至2008年，戴村有2000余名青年在军营里建功立业，忠实地履行保卫祖国的崇高职责。

预备役　从1957年7月起，根据《中华人民共和国兵役法》第12条规定，现役军人退役后应在县兵役机关进行预备役登记。退伍军人编为一类预备役，18～40岁的公民编为二类预备役。1957年9月，根据中央军委对预备役登记工作的新规定，停止对二类预备役的登记工作。1958年1月，吸收预备役军人编入基干民兵。1962年，根据中央军委的指示，对1950年1月1日至1954年12月31日期间转业、复员的副排级以上干部和1955年1月1日至1962年8月期间授予准尉以上军衔的转业、复员干部进行预备役军官登记。1981年，根据国务院、中央军委关于《退伍军人预备役登记统计暂行规定》，对在部队服现役期满和服役一年以上，年龄在28岁以下的退伍军人，进行预备役登记。1984年10月1日，新《中华人民共和国兵役法》实施后,进一步健全了登记制度,对预备役士兵逐个登记填卡。1992 年 6 月,为贯彻省政办〔92〕82 号、省军区〔92〕17 号文件精神,扩大专业技术预备役登记。2000 年,戴村有专业技术兵 18 人。

1980 年至 2008 年戴村镇入伍 559 人,退伍 567 人。

拥军优属

民国时期,民国政府曾先后颁布过一些"条例"和"细则",表示对伤亡军人及其家属给予抚恤和优待。虽称"优待经费由国库开支",但又说"国库无力,均由地方自筹"。因此,"条例""细则"多为纸上空文,致使伤兵生活无着,流落街头,扰乱社会。

1949 年 5 月 5 日,萧山解放。不久,即建立县支前委员会,支援解放战争。广大人民群众以高涨的热情,支援前线。广大妇女还自觉制作军鞋、军袋,慰劳解放军指战员。1950 年 3 月,萧山县首届各界人民代表会议第一次会议,议决成立萧山县拥军优属委员会,开展拥军优属工作。

每年元旦,春节期间和八一建军节,戴村各乡、镇开展各种拥军优属活动。对烈军属、残疾军人进行慰问。召开会议,征询意见,表彰先进,改进工作。发动群众修订拥军优属服务公约,检查、落实拥军优属措施。妇联、共青团、学校发动妇女和青少年,开展为烈军属和残废军人挑水、砍柴,打扫住房卫生等。在拥军优属活动中戴村各乡、镇不断涌现出拥军优属的先进单位和个人。

中华人民共和国成立后,现役军人的待遇不断提高。开始是采取生产队代耕代种办法,继而实施工分补贴,后改由乡镇人民政府平衡负担,发给优抚金。军人退役后,在安置就业上,乡、镇政府给予优先照顾。20 世纪 90 年代,根据《萧山市义务兵的重点优扶对象优抚费社会统筹实施办法》的规定,提高边、海条件艰苦地区服役的义务费及其家属的优待标准,其中去西藏服役的义务兵的父母一次性各享受 1 万元养老保险金和每年 1 万元优待金的待遇。

2000 年 10 月 25 日,萧山区政府对参加过抗美援朝的老复员军人、抗美援朝中牺牲的烈士家属,因公牺牲和病故军人家属进行慰问。结合"爱心献功臣行动",通过宣传和上门走访慰问,对志愿军老战士、志愿军烈属等重点优抚对象在生活上、医疗、住房等方面存在困难的予以帮助解决。2001 年 8 月,区政府决定,萧山革命伤残军人,从 8 月 1 日起凭免费乘车证乘坐区内由公共交通公司开通的公交线路车。2004 年起,义务兵家属的优抚金从原来每年 4500 元,提高到每年 5000 元。

1980～2008 年戴村镇入伍、退伍、转业、复员人数表

表 10-1-1

年份	入伍	退伍	转业	复员	年份	入伍	退伍	转业	复员
1980	18	15			1995	14	13		
1981	17	12			1996	21	14		
1982	20	16			1997	22	23		
1983	23	18			1998	20	15		
1984	13	17			1999	33	21		
1985	15	19			2000	24	31		
1986	23	20			2001	23	34		

续表 10－1－1

年份	入伍	退伍	转业	复员	年份	入伍	退伍	转业	复员
1987	21	14			2002	23	26		
1988	17	21			2003	20	23		
1989	15	23			2004	21	28		
1990	16	14			2005	22	24		
1991	17	18			2006	19	22		
1992	11	16			2007	17	19		
1993	14	18			2008	18	22		
1994	22	11			合计	559	567		

戴村镇 2000～2008 年各村入伍青年分布情况

表 10－1－2

行政村	2000	2001	2002	2003	2004	2005	2006	2007	2008	合计
骆家舍村	1	2						1		4
尖山下村	3		1		1	1	1		2	9
方溪村	1	2		3			1	2	2	11
顾家溪村		1	2	2			1	4		10
枫桥村		2	3	1				1	1	8
青山村		1	3		1	1		2	1	9
沈村村			3			3	3	1	2	12
佛山村			1		2	1		1		5
半山村	2	2	1	2	1	1	1	1		11
马谷村		1	1	1	1		1			5
八都村	2	4		1	4		1		2	14
三头村	3			2	2	2	1		1	11
南三村	2	1	1	2	1	2	2		1	12
戴村村	2	3	1	2	1	1				10

续表 10－1－2

行政村	2000	2001	2002	2003	2004	2005	2006	2007	2008	合计
上董村	2							1	1	4
大石盖村	4			1	2			2		9
石马头村		1	2	1	1	2	2		1	10
河杨湖村	1	1		1			1		1	5
张家弄村			1		1	2	2			6
郁家山下村					1	3	1		2	7
东风村					1	3		1		5
永富村	1	1	2	1	1		1		1	8
中心社区		1	1							2
总　计	24	23	23	20	21	22	19	17	18	187

第二章　治安　消防

第一节　治　安

民国时期治安状况及机构

民国30年(1941),正值抗日战争时期。今戴村镇地域有长潭乡、沈村乡、戴村乡、开明乡、浦南乡,属半沦陷乡镇。时国难当头,盗匪出没频繁,社会秩序混乱。戴村地域有盗匪四王、二十八将,外加二丞相。盗匪之多,远近闻名。

是年3月18日,下午7时左右,戴村乡凌桥村正大昌纪布庄(店主何松宝),遭一伙盗匪抢劫。盗匪7～8人,全体军装。1人穿草绿色,其余穿灰色,外籍口音。持木壳枪2支、转轮枪1支、手榴弹1枚、匕首1把。这次遭盗匪抢劫现钞300余元、大纺绸30匹、丝织旗袍料7件、草绿斜纹布2匹、条子府绸2匹、白府绸2匹、毛线衫2件。约计4000余元。

民国31年初,为维护社会治安秩序,沈村乡筹措冬防巡缉区队经费1000元,分配给各保:其中第一保104元,第二保80元,第三保96元,第四保240元、第五保168元、第六保144元、第七保104元、第八保64元。

民国32年,今戴村地域除戴村警察分驻所外,在石马头村驻扎有24人组成的警备队。在骆家舍、方家塘、马谷3处有游击部队驻军48人。

民国33年,戴村驻有伪区自卫中队61人。民国34年初,萧山县国民兵团自卫总队二大队,驻扎在沈村乡,时称沈村中队。

抗日战争胜利后,国民政府在乡一级组织国民兵,加强壮丁训练。乡设乡队附,保设保队附。队附除负责壮丁征集、训练外，平时专管地方治安工作。重大治安事件，由乡长呈报区、县政府要求处理解决。

民国35年12月，萧山县警察局内设司法、行政、总务3个科和督察室、刑警队、拘留所。下设河上、临浦、瓜沥3个警察所和戴村、义桥、闻堰、江边、西兴、坎山、头蓬7个分驻所。戴村警察分驻所有巡官、警士共8人。其中警长1人、警士6人、伙夫1人。

民国37年，萧山县警察局戴村分驻所共有13人组成，其中巡长、警长各1人、警士10人、伙夫1人。巡长龙关春。同年12月，萧山县保卫总队辖三个中队和1个独立分队成立。驻沈村为保警第一中队一分队。主官曹斌，官佐1人，兵警39人，有木壳枪2支、轻机枪2挺、步枪22支。

中华人民共和国建立后治安机构

解放初，今戴村地域有长潭、云石、凌溪、戴村、复兴、马鞍等乡。1951年增设白墅乡。1951年年初，县公安局特派石康华到戴村区负责各乡治安工作。石康华到任后，开始在各乡、村以上建立治安保卫委员会，设主任1人，委员若干，下设民兵队。协助人民政府肃清反革命，防奸、防谍、打击恶霸地主的破坏活动，保卫公众治安。

1954年7月，石康华任戴村区区长并兼任公安特派员，第二任公安特派员由于建担任至1960年2月，第三任公安特派员由沈满根担任至1961年2月。当年的一个区公安特派员的工作范围从解放初的11个乡，到1960年的7个管理区。

1961年3月，戴村开始设立派出所，所名叫河上派出所，地址设在戴村老上街头戴村区公所内(该房屋是地主丁利泉家，屋有三层，民国时建造，是当时戴村近地唯一的一幢三层楼)。派出所第一任所长魏守章，指导员于建共2人。后又增加民警陈志荣。1962年10月，陈志荣被精减回乡支农。1964年7月增加了民警沈妙根、楼才良2人。由于戴村地区山林纠纷较多，加上管辖范围广，群架、偷盗事件时有发生，办案民警工作量大。当年15元人民币失窃就要立案，100元失窃已属大案。当时民警的工作量属全县之最。当年戴村派出所有自行车2辆、电话机1台。

1966年“文化大革命”开始后，在林彪、江青反革命集团“砸烂公检法”的反动口号煽动下，公安、派出所的职能一度由“治安指挥部”取代。1969年10月，河上派出所撤销，1972年又重新恢复。

1978年起，治保工作的任务主要是防特、防盗、防火、防灾害事故。基层治保组织在治安、巡逻维护公共秩序和协助公安机关开展对敌斗争等方面，发挥了很大作用。

20世纪80年代初，各大队设治保主任，企事业单位设治安保卫科。公社组建治安联防队，云石公社首任联防队长顾永根，戴村公社首任联防队长周马根，永兴公社首任联防队长郭水忠。同时各大队抽调年轻精干民兵若干人，编成治安分队，由派出所领导及管理。旨在充实公安民警力量，加强地方治安保卫工作。治安分队成立后，执行日常的夜间巡逻，盘查可疑流动人员，禁赌、禁毒、防盗、防灾害事故等工作。

戴村区委新房建成后，派出所同时搬入新区委内，地址戴村窑头。1984年将河上、戴村分设二所。戴村派出所管辖范围为云石、永兴、朱村桥、许贤、戴村5个乡。民警增至6人。

1985年1月30日，浙江省人民政府发布《查禁赌博暂行条例》。该条例共分11条，对赌博分子的处罚作了具体规定，使治安联防队在查禁赌博工作中有据可。1988年8月13日，云石乡成立妇女禁赌协会，会长楼桂兰。1990年戴村区召开扫“公害”，刹赌风处理大会，有2000多名群众参加大会并受到教育，区长缪吾祥、戴村镇镇长华林桥先后讲话。

1990年后，戴村派出所在戴村区委旁单独建造办公楼(五间四楼)，工作人员有8人。2006年，由于戴村派出所警用车和人员增加，于11月搬入原戴村地税所房子办公。该房子占地1656平方米，建筑面积1886平方米。11月16日，戴村派出所举行新营房启用仪式，区委常委、分局局长余樟春，有关局领导及戴村镇党委、政府负责人参加启用仪式。

2008年12月，戴村派出所有民警13人、辅警8人、职工4人。建立戴村镇级巡防队伍3支共30人。配有警用车辆8辆，其中汽车7辆，侧三轮摩托1辆，电脑10台。管辖云石、戴村、永兴3个责任区。设农村警务站2个、交通警务站1个和路口监控点1个。

2003－2008年戴村派出所基本情况一览表

表10－2－1

年份	常住人口（人）	暂住人口（人）	刑事案件(起)		治安案件(起)
			立案	破案	
2003	37842	5155	40	34	
2004	37681	7132	131	89	152
2005	37700	7358	190	131	63
2006	37809	14175	215	162	28
2007	37924	20242	314	108	139
2008	38092	17450	381	148	123

1961～2008年戴村派出所所长、指导员(教导员)一览表

表10－2－2

所长、副所长名录			指导员、副指导员(教导员)名录		
职　务	姓　名	任职时间	职　务	姓　名	任职时间
所　长	魏守章	1961.2－1967.9	指导员	于　建	1961.2－1967.9
副所长	沈妙根	1964.7－1966.10	指导员	于　建	1972.1－1978.6
所　长	陈寿年	1972.1－1978.6	副指导员	朱　春	1972.1－1978.6
所　长	张耀铨	1978.7－1982.11	副指导员	黄水根	1985－1990.3
所　长	汪益龙	1982.12－1985.6	指导员	黄水根	1990.3－1991.11
副所长	方校明	1985.6－1988.8	指导员	许建达	1991.12－1992(兼)
副所长	许建达	1986－1990.2	指导员	章吾云	1996.4－1998.9
所　长	许建达	1990.3－1992	副指导员	徐瑞钦	1998.9－2000.2
副所长	周宝贤	1991.11－1993.3	副指导员	来传顺	2000.3－2002.8
所　长	周宝贤	1993.4－1995.5	指导员	陈　炜	2005.7－2007.12
所　长	陈国强	1995.6－1998.7	教导员	陈　炜	2008.1－2008.12
副所长	陈国军	1995.6－1998.9	教导员	马松苗	2008.12－
所　长	陈国军	1998.10－2002.7			
所　长	孙世祥	2002.8－2007.12			
副所长	陈　炜	2002.8－2005.7			
副所长	郭红兴	2005.7－2006.12			
所　长	华徐铭	2008.1－			
副所长	施利军	2008.1－			

说明:1969年10月(戴村)河上派出所撤销,1972年1月又恢复(戴村)河上派出所

第二节　社会治安综合治理

解放初期，戴村匪患猖獗，一些反动党团骨干、土匪、恶霸、反动会道门头子互相勾结，制造谣言，张贴反动标语、破坏交通、抢劫民财、扰乱社会治安，暗杀革命干部。1949 年 8 月 13 日，复兴乡乡长郑振庭、文书蔡琳，在上董村工作时遭土匪袭击，不幸被捕，二人惨遭杀害。后人民政府追认他们为烈士。郑振庭任职的复兴乡更名为“振庭乡”。

镇压反革命已成为当时戴村人民的迫切要求和各级政府的重要任务。根据政务院、最高人民法院《关于镇压反革命活动的指示》和中央人民政府公布的《惩治反革命条例》，1950 年 11 月，中共萧山县委发出坚决镇压反革命分子的具体指示，并成立保卫委员会，由县委书记兼任主任。镇压反革命运动分阶段进行，采取专门机关与群众运动相结合，实行镇压与宽大相结合的政策。对罪大恶极而又抗拒交待的反革命分子实行坚决镇压，对一般的反革命分子给予应得的处理，对胁从者经教育后释放，有功者给予奖励。

1952 年 8 月，萧山县取缔反动会道门指挥部成立，明令取缔一切反动会道门组织。县委组织宣传队，宣传党和政府政策，揭露反动会道门罪恶。后在戴村境内挖出会道门道首 24 人，其中有 14 人逮捕，2123 人退道。

1953 年 7 月，通过群众检举揭发，隐藏在戴村境内的历史反革命、土匪、恶霸及不法地主等被挖了出来。挖出定性为土匪的有 27 人，其中判死刑的 9 人，判徒刑 12 人，管制 2 人，逃亡 4 人；挖出恶霸 14 人，其中判死刑 4 人、徒刑 8 人、逃亡 2 人；挖出反动党团骨干 6 人，其中判死刑 1 人、管制 2 人、逃亡 3 人。经过镇压反革命，缴获了一批枪支、弹药。有效地保护人民利益，巩固了人民政权。

随着剿灭土匪，镇压反革命和抗美援朝、土地改革三大运动的开展，提高了广大人民群众的阶级觉悟，消除了威胁新政权的隐患，实现了社会秩序的稳定，为国民经济的恢复和发展提供了可靠的保障。

合作组时期，对地主、富农和反革命分子等进行重新评审。戴村境内有地主 264 人，其中受管制劳动 57 人，候补社员 123 人，社员 84 人；富农 107 人，其中受管制劳动 17 人、候补社员 36 人、社员 54 人；反革命分子 36 人。其中受管制劳动 19 人、候补社员 11 人、社员 6 人。

1963 年，开展学习诸暨枫桥经验，响应上级“群众专政”就地消化，矛盾不上交，戴村地域当年出现捕人少，违法人员减少，治安情况出现良好局面。

1965 年“四清”运动开展，对四类分子（地主、富农、反革命分子、坏分子）进行审评排队工作，当时刑事案件发案较少。

1968 年年初，今戴村镇地域云石、永兴桥、戴村三个公社，发现反动组织“中国劳动党”。当年该组织由义桥镇上居民周国定（原陕西省西安市某兵工厂工人），到戴村公社上董大队发展劳动党成员：董锡根、董安国、董关球、董校泉、董中莲、董沛涛等人。云石公社沈村大队俞水根、南坞大队沈幼坤、明堂大队朱金忠、永兴桥公社石马头大队周文兰等共 10 人为“中国劳动党”成员。1968 年 6 月 8 日，由中国人民解放军驻萧山 6480 部队，会同萧山县公安局共同到戴村执行逮捕任务。6 月 18 日，由萧山县人民政府在戴村原六中操场（地址墙头），举行万人参加批斗大会。会上由董沛涛、周文兰二人上台进行检举揭发“中国劳动党”的反革命行动纲领和煽动人民群众反对毛主席的领导等反革命罪行。批斗会后，董锡根等 8 人被逮捕。后判 5 ~ 13 年不等徒刑。董沛涛、周文兰 2 人免刑事处分，当场释放回家。1973 年林彪事件后，政府对 8 名被判刑人员，均进行无罪释放，每人发生活费 300 元。

1979 年 1 月 11 日，中共中央发出《关于地主、富农分子摘帽问题和地富子女成份问题的决定》。2 月 2 日浙江省公安厅、绍兴地区和诸暨县三级公安机关联合组成工作组，到诸暨枫桥区开展“四类分子”摘帽试点工作。2 月 5 日，《人民日报》发表《摘掉一顶帽，调动几代人》的长篇通讯。介绍枫桥区“四类分子”摘帽工作的试点经验。2 月 7 日，浙江省革命委员会发出《关于对“四类分子”摘帽审批手续的通知》。此次这项摘帽工作在全省全面开展。

3月24日，萧山县公安局发文，摘去戴村、云石、永兴三个公社最后一批“四类分子”帽子。1979年下半年开始，戴村地域的治安工作重点转向保卫社会主义经济建设上。同时打击刑事犯罪活动，促进社会秩序的安定团结。

1983年8月，全国开展严厉打击刑事犯罪的斗争，到1986年12月结束。公安机关在戴村地域各乡、镇、村治保委的协助下，“严打”了一批犯罪团伙，一批害群之马受到应有的惩罚，刑事犯罪率有所下降，社会治安明显好转。同时又开展打击车匪路霸，扫黄除恶和禁赌、禁毒斗争，收到良好的社会效果。

1990年，戴村各乡、镇均建立政法办公室，统一协调辖区的政法工作，配合派出所对各行政村和居委会实行治安联防责任制，签订治安联防责任书（责任范围是无伤亡、无火灾、无盗窃等）。抓好防火、防盗、防特、防自然灾害等事故的“四防”工作，并与经济责任制挂钩，纳入社会和企业双管理轨道。

1998年5月，由派出所、镇乡政法办和各村治保人员相结合的夜间治安巡查，在戴村镇与云石乡展开。这是戴村镇、云石乡党委、政府为确保一方平安而采取的新举措。夏季是治安案件的多发季节，由于戴村镇紧靠03省道，云石乡与富阳市交界，人口、车辆流动性较大，外来人员进出频繁，少数不法分子流窜作案时有发生。为了构筑安全防范网络体系，使镇、乡人民有一个安定的社会环境，确保一方平安，组建了一支由党员、干部、退伍军人和青年民兵为主的治安队伍，实行分村、分地段的管理责任制。同时在云石桥头、戴村各公路口等设卡巡逻。当年11月17日，巡逻设卡小组在戴村镇凌桥村附近，发现1人无证持有土枪，当场送交戴村派出所处理。

2001年年初以来，戴村镇坚持打防并举，标本兼治的方针，狠抓社会治安秩序动态管理，促进了社会稳定和经济健康发展。戴村镇党委、政府在认真学习“枫桥经验”，深入开展普法教育的同时，建立健全由戴村派出所、镇政府政法办和22个行政村以及企事业单位150多人组成的群防群治网络队伍，层层落实社会治安综合治理目标管理责任制。加强监督检查的同时，戴村镇不断加大文明安全村的创建力度，结合村庄、环境整治，组建护村队、夜巡队，开展夜间值班巡逻。针对外来人口较多，居住地点分散的实际情况，戴村镇组织政法、计生、个私、劳协等人员进行突击检查，串村入户进企业为外来民工办理暂住证等。同时开展较大规模的排查、守候活动，发现犯罪嫌疑人送交公安机关处理。同时开展禁赌、禁毒、扫黄除恶等活动，有效地遏制了违法犯罪行为的发生，确保了一方平安，为经济的快速健康发展奠定基础。

1986～1997年戴村镇刑事案件发案、破案情况表

表10－2－3

年份	发案	破案	破案率%	其中大案		
				发案	破案	破案率%
1986	30	23	76.67	4	4	100
1987	21	14	66.67	1	1	100
1988	33	27	81.82	7	7	100
1989	33	23	69.70	20	11	55.00
1990	38	34	89.47	13	11	84.62
1991	40	35	87.50	14	7	50.00
1992	57	37	64.91	14	8	57.14

续表 10-2-3

年份	发案	破案	破案率%	其中大案		
				发案	破案	破案率%
1993	71	30	42.25	29	12	41.38
1994	83	57	68.67	28	16	57.14
1995	76	59	77.63	30	16	53.33
1996	50	42	84.00	18	12	66.67
1997	82	52	63.41	51	31	60.78
合计	617	433	70.18	229	136	59.39

附一:治安案例

1963年5月15日,戴村供销社农副产品商店挖出以负责人芦自强、验收员周仲秋、出纳鲍龙兴、记账员于鼎盛等人参与组成的贪污盗窃集团,合计盗窃价值达2735元。

1965年1月3日,在1964年年底第二次人口普查中,永兴公社光明大队查获一个隐瞒身份达十五年之久的国民党中校特务大队长盛福龙,予以逮捕判刑。

1981年10月19日,云石公社沈村服装厂被窃花呢棉衣裁片500多件,价值6300元。

1985年2月5日,戴村派出所挖出1个抢劫犯罪团伙,该团伙由邵月满、张建明、丁永根三人组成。破获云石乡杨关华、进化乡童海法、义桥镇周永法、闻堰镇戴松根等四起手表被抢案件。

1990年3月28日中午,正在萧山商业大厦餐厅饮酒的几名盗窃嫌疑分子,被刑警侦察员察觉,带回城厢派出所内。经审查一个名叫张琼江的,系海宁市流窜来萧山,另两人叫顾海江、鲍国民,系云石乡人。他们结成团伙,从事撬盗保险箱犯罪活动。先后在杭州市作案26起,其中大案10起。主犯张琼江,被杭州市中级人民法院判处死刑,顾海江、鲍国民二人均判徒刑。

1993年12月6~8日,戴村镇大湖头村与戴村村因非法建庙被拆和交通纠纷等引起的一系列村与镇、村与村之间的矛盾冲突。最后竟发展到两村村民300余人的持械冲突事件。在萧山市委、市政府的统一指挥下,市公安局组织60多名干警赶赴现场疏导,杭州市公安局于7日晚和8日晚各派100名特警到现场待命。经调解,事态得以平息,未发生人员伤亡事故。

1997年10月26日,萧山开展“两田制”工作,戴村镇孙家村村民孙水善因房子超面积被追缴房租费,并要其拆除违章搭建的鸭棚,当晚他到村长孙海桥家挑起事端,孙水善24岁孙子孙建将村长打伤,孙建被治安拘留10天。

1998年1月25日,萧山市公安局刑侦大队城区中队根据掌握的线索,在高桥小区何乐梅(戴村镇人)租住的房屋内查获污秽VCD片3000余张,经审查何乐梅后,又发现活动在城厢镇的冯社初等人也有“贩黄”嫌疑。城区中队便组织力量举行布控,于3月16日中午12时在拱秀路2号自行车库抓获嫌疑人朱军,当场缴获淫秽VCD片3000余张,进而又抓获另两名嫌疑人黄宝才、冯社初。经查实,这批淫秽VCD片是1997年12月份以来冯社初、何乐梅等陆续从广东省以每张4.8元的价购入的,并通过相互之间介绍在萧山非法销售。

2002年2月19日中午,戴村镇明堂村村民邵成斌在为他人燃放礼花弹时,因操作不当,造成当场死亡。事发后死者家属纠集亲戚朋友30余人,要上门抬尸闹丧,戴村派出所、治安大队会同戴村镇党委、政府经多方工作,及时平息事件。

附二:刑事案例

1986 年 5 月 15 日,云石乡佛山村 4 岁女孩钟芳遭人强奸后被害,并埋尸于木构独山上,罪犯企图毁尸灭迹。经萧山县公安局刑侦人员会同戴村派出所,经过缜密侦查,查出该案系佛山村 18 岁男青年洪瑞根所为,洪犯被依法惩处。

1997 年 2 月 26 日晚在商业城发现可疑桑塔纳轿车,当晚抓获犯罪嫌疑人之一沈波,27 日经刑侦大队审查,突破口供,28 日凌晨在云石乡狮山上挖出出租车司机沈建忠尸体,使发生在江苏吴江的"97·1·13"抢劫出租车并危害司机的特大凶案告破(沈建忠系江苏吴江市平堡镇平四村人)。

1997 年 7 月 18 日凌晨零时四十分,杭金线戴村老地方加油站发生一起特大流氓斗殴致死案件,造成两死一伤的严重后果。经 110 指挥中心及时调集戴村派出所、临浦派出所、刑侦大队民警快速出击,仅用 40 分钟破获此案。据查:安徽郎溪县长途货车司机与浙江缙云货车司机在加油时发生纠葛,进尔发展成流氓斗殴,6 名犯罪嫌疑人全部落网。

2006 年 4 月 11 日 12 时许,戴村镇半山村李家坞山脚下,一池塘边发现两只黑色尼龙袋,内装有人腿、躯干等尸块。经现场勘察,系一起杀人分尸案,被省公安厅列为 2006 年第 40 起挂牌督办的严重刑事犯罪案件。案发后,萧山公安分局迅速成立专案组开展侦查,认定死者为暂住于城厢街道某出租房的刘杭艳(女,18 岁,云南省昆明市寻甸回族彝族人)。后经进一步侦查发现,郭浩根(男,43 岁,戴村镇半山村后宅人,2006 年 7 月因抢劫嫌疑被公安分局羁押)有重大犯罪嫌疑。经审讯,罪犯嫌疑人郭浩根交代了其抢劫杀害刘杭艳并分尸、抛尸的犯罪事实。

第三节　消　防

消防设备

民国 28 年(1939),戴村地区设立义务消防队,配备救火车 1 辆,配备人员 20 人;洋龙 6 台,配备人员 30 人;水龙 10 支,配备人员 60 人。

旧时,戴村路况差,道路又小,如戴村去下方要过只有 1 米多宽的里横桥,过桥后是一条弯弯曲曲的石板小路,不能两人同时并行。山区道路更差,有的村更是羊肠小道,加上村内水塘较少,所以洋龙、水龙救火,实际作用不大。一旦发现火灾,还是以敲锣或敲脸盆为多(旧时脸盆以铜制为主),一边敲一边叫,人们听到火警信号后,立即放下手头生活,从四面八方向火警方向奔跑,男男女女齐上阵,救火用具为大小水桶、脸盆等一类能盛水的器具。旧时农户家水缸较大,救火者首先是用附近人家水缸水救火。

当年戴村地区房子以木结构为主,还有少量草房,老百姓烧火做饭以柴草为主,所以火灾事故时有发生。在戴村临近小集市,象沈村老街、凌桥老街、戴村老街等晚上 9 点后,有专人打更(俗称敲更),一边巡逻,一边敲竹筒,一边敲锣,口中叫"屋前屋后,楼上楼下,火烛小心"。这对当年的防火、防盗起到较大的作用,戴村老街打更巡逻一直延续到建国初期。

中华人民共和国建立初期,戴村地区基本无消防设施与设备,一旦发生火灾,基本按以前的老办法实施救火。1953 年年初,县粮食局发给戴村粮库一辆木制、杠杆型人工水龙消防车。该车出门需几人在前拉,数人在后面推,车子铁轮直径又小,行动非常费力,速度缓慢。但对戴村临近村庄如戴村村、下方村、石马头村、杨家桥村、张家弄村等村发生火灾,起到了很大的灭火救灾作用。减少了当地人民群众生命和财产损失。

1959 年 2 月,萧山县消防中队成立,系本县历史上第一支专业消防队伍。1965 年 5 月 1 日起,实行义务消防兵役制,原有消防人员转业,后以每年征集兵员补充。萧山消防中队配备了现代化消防车辆等先进的机动消防设备,负责包括戴村在内全县消防任务。

20 世纪 70 年代初,按照消防管理条例,戴村、永兴、云石三个公社的所属企事业单位,按单位大小配备了几只至几十只消防灭火器和消防专用水桶等物资,并设立专职管理员。

1981年,戴村粮管所有了一架汽油发动消防机,淘汰了原木制杠杆型水龙消防车。

1986年,戴村镇自来水厂建成后,戴村集镇范围内各企事业单位均安装了自来水消防栓。

1991年10月,戴村区成立义务消防分队,配有吉普消防车1辆,队员5名(5名队员系兼职消防队员)。地址戴村镇后郑村。

1992年,戴村自来水厂移址大湖头村狮子山后,自来水供水范围扩大至永兴片,永兴片的各企事业单位、学校也安装了自来水消防栓。

1994年,戴村镇、云石乡均成立了防火委员会和防火宣传委员会。由镇、乡党委、政府主要领导出任主任、副主任。同时恢复成立镇、乡义务消防队。由于戴村镇与云石乡工厂企业迅猛发展,镇、乡政府对各村、各企事业单位消防安全状况进行整顿,要求达到"一清、四落实"目标。一清即各单位对本单位、本部门存在的火险隐患底子清,并建立重大火险隐患档案。四落实即落实消防组织;落实消防宣传阵地;落实消防安全检查行动及技术规范,协助上级消防部门开展消防安全大检查;落实整改措施,发现重大火灾隐患要一查到底。

1995年后,随着戴村镇及云石乡各行政村自来水供水范围的扩大,戴村镇、云石乡的消防工作有了较大的改善。

2006年6月30日,戴村镇佛山村一民宅发生了重大火灾,造成4人死亡。事故发生后,戴村镇党委、政府及时介入,及时处置,及时督查,及时整改。对这次火灾事故,戴村镇党委、政府认真进行了反思,举一反三,强化整改,严防此类事件的再发生。

附:

戴村镇关于"6·30"民居火灾的整改方案

2006年6月30日,戴村镇佛山村一民宅发生了重大火灾,造成了4人死亡。事故发生后,戴村镇党委、政府及时介入,及时处置,及时督查,及时整改,至7月3日各项善后工作妥善处理完毕,社会稳定。对这次火灾事故,戴村镇党委、政府认真进行了反思,深刻吸取血的教训,举一反三,强化整改,严防此类事件的再发生。

1. 强化认识,形成共识。戴村镇党委政府将认真吸取"6·30"重大火灾的教训,切实贯彻落实国务院〔2006〕15号《关于进一步加强消防工作的意见》精神,站在讲政治、讲大局的高度,抱着对人民群众生命财产高度负责的态度,把消防安全工作放到极端重要的位置,形成思想的统一,切实解决消防安全工作中的薄弱环节。

2. 强化力量,增加投入。为了提高戴村镇防范火灾,及时处理火灾的应急能力,镇政府在有限的财力中已挤出了25万元用于购置消防车和配套设施,并建立一支义务消防队。已与区消防大队取得联系,在1个月之内将购置好消防车,义务消防队员共计10人,分二班轮流值班。人员从现有夜巡队员和即将退伍的消防复员军人中招聘。要求镇村建办公室和各村在新农村建设中,严格按照消防法有关要求和规定落实好消防设施,不落实不予审批。在各村建立一支专职消防监督员队伍,负责各村的消防安全督察,要求在消防安全事故多发期每天进行巡逻检查,重点是检查家庭作坊、小企业、公用设施等场所的消防安全。进一步明确重点骨干企业专(兼)职消防安全员的工作职责,要求每天下班后对企业的设施进行一次安全检查,防止安全隐患的存在。

3. 强化宣传,营造氛围。广泛利用各种形式和途径,开展消防常识和火灾危害等有针对性的宣传,推进消防教育进村入户进课堂,提高群众消防安全意识和自防自救能力。一是利用宣传车在全镇巡回宣传消防安全的有关知识和注意事项。二是利用横幅、黑板报、图片、标语等宣传工具进行大力宣传,营造浓厚氛围。目前,在镇主要道路张挂横幅18条,每个村设置永久性固定宣传标语2条,镇主要道路5条。下发黑板报资料106份,以防火防灾和介绍自救能力的图片106份。三是向全镇广大群众下发了以关爱生命,防火防灾、自防自救为主要内容的公开信7000份。四是结合"安全生产月"活动,在一些重点防范村放映以增强自防自救能力,增加消防安全知识的电影。已与区电影总公司联系,从7月中旬开始进行放映。

4. 强化排查,落实措施。做到定期排查与不定期排查相结合。定期排查为"五一"、"十一"、元旦、春节等重大节日前后,不定期为根据消防安全的形势进行检查。7月1日和2日集中2天时间,戴村镇党委政府集中机关干部和村干部在全镇全面开展了一次"地毯式"安全大排查,做到不留一个死角,不留一个盲点,不放过一个细节。重点排查小规模企业,家庭作坊、村幼儿园、老年活动室、宗教活动场所、独居老人或残疾人、外来人员居住房等七个场所的安全隐患。主要检查用电、用火、用气、安全防范措施和安全责任制五个方面的落实情况。对检查的情况以书面形式汇报镇安全领导小组办公室,全区消防安全紧急会议后,戴村镇政府及时建立了开展"多合一"建筑消防安全专项整治领导小组,并组织开展专项整治活动,同时分别以镇人民政府36、37号文件形式下发。7月3日上午,戴村镇党委政府再次召开全体机关干部会议,汇报交流2天来开展专项整治情况,要求吸取教训,举一反三,以铁的决心、铁的手腕、铁的措施,强化整改,确保落实。按照全区消防安全紧急会议和区防火委〔2006〕4号文件精神,在彻底排查的基础上,按照四不放过原则,采取取缔、停产、改进、搬迁、移位、拆除、加固等方法进行整改消防隐患。具体一是"关"。对无工商执照,消防安全隐患比较严重的场所,在工商部门大力配合下,坚决予以关闭。二是"停"。对有工商执照,存在消防安全隐患的场所,要求予以停产整顿,什么时候整改好,经过验收合格了,什么时候方可开工。对无工商执照的作坊督促向工商部门办理好执照,并按照消防要求落实好措施。三是"分"。充分利用村集体和其它村民的闲置场所,对"复合一"建筑进行分离和搬迁,坚决做到住宅与生产分开。对已经分离但消防设施不够完善的场所督促落实好有关消防设施。不落实不予开工。四是"转"。动员从事消防安全隐患行业的人员转行。五是"集"。在土地指标允许的情况下,由村集中建造好标准厂房,租用给村内的小作坊,将"多合一"作坊集中起来,彻底预防安全隐患。目前已经有青山的石牛山自然村正在落实之中,河扬湖村正在积极争取之中。

5. 强化责任,形成合力。进一步明确消防安全责任制,并严格按照责任抓好工作落实和督查,做到一级抓一级,那个村、单位和企业出现了消防安全问题,追究那一个部门的责任。将消防安全工作列入对村、对企业单位的考核内容,严格实行"一票否决制",并作为评选先进的重要内容。进一步建立健全机制,努力把专项整治与落实安全工作保障制度结合起来,督促建立预防为主、持续改进的安全工作自我约束机制;把专项整治与日常监督管理结合起来,不断完善安全工作监督机制,把专项整治与全面做好安全工作结合起来,致力于建立安全工作的长效机制,始终使全镇上下保持高度警惕,保持清醒头脑,紧绷安全之弦不放松。

6. 针对"多合一"建筑集中的村个私作坊,要求区政府及有关部门给予土地上的调拨,划出一定数量的土地区块,解决个私作坊目前存在的"多合一"现象,确保安全生产。

中共戴村镇委员会
戴村镇人民政府
2006年7月3日

中球冠消防队

根据国家消防管理法和上级有关年总产值超5亿元的镇、乡必须组建消防队的有关规定和"6·30"重大火灾事件教训,戴村镇于2006年7月15日组建了中球冠消防队,并于8月15日正式挂牌,戴村镇党委、政府、派出所领导到场参加挂牌仪式。戴村镇中球冠消防队由镇人民政府组建,领导及调度,与区消防大队联网。业务上由区消防大队培训,火场救灾由区消防队统一指挥,行政上由戴村镇人民政府和中球冠集团公司双重管理。

中球冠消防队配置中型东风5吨水箱消防车1辆,设车库及值班室,配备火警联网电话及无线电对讲机,共投入资金36万元。消防队地址设在中球冠集团公司内(03省道旁)。

中球冠消防队成立后,2006年出警12车次,2007年出警30车次,2008年出警47车次。2008年5月12

日,四川汶川发生大地震,5月13日萧山区人民政府派萧山消防队赴汶川震区救灾。中球冠消防队队长丁森祥和队员郭东祥2人,随区消防队经2500公里长途运行,于5月15日中午到达都江堰后,立即赶赴抗震救灾现场,冒着生命危险抢救人民群众生命和财产。他们的事迹受到了灾区群众和舆论媒体的高度赞扬,丁森祥被评为杭州市优秀共产党员,消防队员郭东祥在抗震救灾现场火线入党。

附:火灾事故

1982年2月25日,戴村公社上董大队董金木家,因当夜在家聚赌乱丢烟蒂引起火灾。烧毁楼房6间,损失2万元,受灾9户,烧死6人,董金木全家3人死于顷刻。

1984年2月17日,戴村公社后郑大队俞金如家因用火不慎成灾。俞金如及其妻毛玉均被烧死。并烧毁楼屋三间二弄。损失2万元。

2006年6月30日19时30分左右,戴村镇佛山村洪观法家发生火灾,妻子、儿子、女儿4人全被烧死。后经侦查,起火原因系电线短路,引起塑料燃烧后,发生煤气瓶爆炸,引发大火灾,经济损失无法估计。

2006年10月14日5时31分,丁村村8组周力秋等7户发生火灾,老屋五间二弄加两侧屋全部烧毁。因参加保险,保险公司理赔每户4500~8000元。

2007年元月11日12时37分,李家坞村李加良、李水兴2户发生火灾,老屋三间二弄烧毁。

2007年2月6日19时35分,李家坞村李志兴等8户发生火灾,老屋五间二弄加二面六间侧屋全部烧毁。

2007年5月26日18时20分,石马头村8组马桂兰家发生火灾,马桂兰被烧死,其夫袁元桥受伤。后经侦查,系袁元桥故意纵火将妻子马桂兰及房屋烧毁。

2007年4月8日11时21分,骆家舍村(上舍)发生山林火灾,过火山林面积5~6亩左右,损失毛竹2000余公斤。

2007年6月24日13时41分,戴村镇开发区海尔希畜牧科技有限公司,因雷击引起火灾,烧毁化验室设备1台,损失10余万元。

2008年7月15日8时21分,佛山村钟金祥等5户发生火灾,老屋五间二弄全部烧毁。

2008年7月29日2时32分,丁村村韩景川等3户发生火灾,老屋三间二弄加两侧屋全部烧毁。因参加保险,保险公司理赔每户9000元。

第三章 司 法

民国以前,宗族间的矛盾、纠纷调解通常是通过民间形式进行。一般由族长、保长或有一定地位、威望较高的中间人负责调解。地点一般设在村祠堂内商量、协调,后订立契约、赔偿经济损失或赔礼道歉。

第一节 机构设置

民国34年(1945),萧山县设立司法处,戴村设有调解委员。

中华人民共和国建立后,司法行政工作一直由萧山县人民法院兼管。1950年1月,萧山县人民法庭行使审判权,同年5月成立萧山县人民法院,人民法庭即为法院审判庭。1952年9月5日,浙江省人民法院工作组来萧山县开展司法改革运动试点工作。7日,县人民法院开始司法改革,进行案件排队和听取各界意见,划清新旧法律的界限,建立起为人民服务,对敌人专政的司法制度。在组织法院干部学习和对案件检查的基础上，分别在城厢、临浦两区进行司法改革试点。取得经验后，于当年10月初全县全面展开。各区先后成立以区委书记、区长为主要领导的区司法改革委员会，下设工作组。并利用各种宣传工具，对群众进行广泛的司法改革宣传教育，清理积案、纠正错案、处理新案，并建立各乡、村调解组织。

1953年6月，为方便群众进行法律诉讼活动，县人民法院在南乡、东乡和城郊设三个审判小组。是年8月南乡审判小组改名为南乡巡迴法庭，不久又改称为萧山县第一巡迴法庭，辖临浦、戴村、河上、进化4个区，办公地点设在临浦集镇火神庙。1966年增建城厢、河上2个人民法庭。河上人民法庭审理河上、戴村二区诉讼案件。

"文化大革命"开展后，在"砸烂公检法"的口号下，于1968年3月实行军事管制。法院及所属法庭被撤销，法院诉讼工作被迫停止。

1972年12月，恢复萧山县人民法院，并恢复和新建城南、城北、瓜沥、义蓬、临浦、戴村6个区人民法庭。戴村人民诉讼案件，由戴村区人民法庭审理。当时因房子问题，戴村法庭办公地址尚在临浦，一年后搬到戴村区委内。戴村人民法庭第一任庭长赵越，庭员曹仁根，后庭长由邵兴芳、章文根、韩关兴、钟观富等担任，最后一位庭长裘洪流，另有庭员7人。2001年1月，戴村人民法庭撤销并入临浦人民法庭。

1978年全县调解组织恢复，各公社调解委员会迅速成立。1982年1月起，调解工作由县人民法院移交县司法局主管。

1988年3月，王建军受萧山县司法局委派，到戴村筹建戴村区司法办事处。当年10月正式挂牌，成立戴村区司法办事处，办事处主任王建军，工作人员王庆、洪尧共3人。司法办事处行政上受戴村区委管理，业务上由县司法局领导。办公地点设在戴村窑头。

1992年5月，撤区扩镇并乡后，戴村司法办事处改称戴村司法所。司法所主管司法及民事调解，下设云峰法律事务所，地点设在司法所内。第一任司法所长宋利荣，工作人员王庆、张国明等3人。司法所主要职责是法律宣传、提供法律服务、人民调解和抓好乡、镇企业、单位调解组织的队伍建设。

1998年8月10日，戴村、河上、楼塔、许贤、云石5镇（乡）为了有效预防和及时调处5镇（乡）毗邻跨区域的民事经济等纠纷，进一步加大对区域民间纠纷的预防和调处力度，确保社会稳定和经济发展，根据《人民调解委员会组织条例》和司法部关于调处跨界纠纷的有关规定，结合5镇（乡）边界地区实际，本着团结友好和联谊协作的原则，经5镇（乡）人民政府协商，建立5镇（乡）人民调解工作联合协调委员会。

5镇（乡）人民调解工作联合协调委员会是领导、协调5镇（乡）边界地区调处跨界的重大疑难纠纷的组织，其组成人员由5镇（乡）人武部部长任主任、政法办副主任任副主任，市司法局戴村司法所负责人及5镇（乡）司法助理员任委员，每届任期一年，5镇（乡）轮流主持工作。市司法局戴村司法所进行业务指导。

5镇（乡）建立联合协调小组，人员由镇（乡）司法助理员和法律工作者组成，具体负责协调和解决较大的跨界纠纷。

5镇（乡）人民调解工作联合协调委员会，对5镇（乡）联合协调小组实行领导。联调组织建立后，加强联系，经常沟通，工作互相支持，互相配合，为保证区域的社会稳定和经济发展作出努力。

5镇（乡）人民调解工作联合协调委员会和联合协调小组每年轮流开一次联席会，总结交流工作经验，探讨疑难纠纷。发生群体性纠纷，协调委员会可随时召开有关会议进行协商解决。

5镇（乡）人民调解工作联合协调委员会成立后，为防止纠纷激化，减少犯罪，维护社会治安，促进5镇（乡）经济建设发展都起到了很好的作用。

1999年5月，云石乡成立司法所，所长洪文根。2001年7月云石乡并入戴村镇后，云石乡司法所同时撤销。

到2001年12月止，戴村镇各行政村和居委会都设立治保和调解委员会，共有52个，对200人口以上自然村，设纠纷信息员，共11人。戴村镇共有治保和调解员近百人。

2005年5月22日，经区委、区政府批准，调整行政村规模，戴村镇将51个村调整为22个村和1个居民区后，戴村镇村级调解委员会减至23个，村级调解员相应减少。200人口以上自然村纠纷信息员不变。

第二节　普法宣传

学习宣传国家制订的法律法规，是依法治国的基本方针政策。戴村镇经过“一五”普法和“二五”普法宣传教育，提高了广大人民群众学法、用法的自觉性和广泛性，促进了戴村的发展和稳定。

1996年，戴村镇人民政府和云石乡人民政府，按照中共萧山市委和市人大关于在公民中开展法制宣传教育的第三个五年规划的要求，先后成立了普法宣传工作领导小组，由镇、乡党委书记任组长。各村、企事业、学校均相应成立了“三五”普法领导机构，对镇乡公民由上而下地开展多层次、全方位的普法宣传教育。镇乡干部集中培训学习，并通过考试，获得“三五”普法结业证书。机关一般干部、村二委干部、企事业副职以上干部，采取集中与分散相结合，完成了普法规定的学习内容。同时通过普法广播讲座、电视讲座、黑板报、图片等进行普法宣传月活动，学习宣传《中华人民共和国民事诉讼法》《中华人民共和国合同法》《中华人民共和国土地管理法》《中华人民共和国刑法》《中华人民共和国计划生育法》《社会治安综合治理》等法律、法规。

中小学校都制订了学生法制教育规划，定期开展学习，并将《中华人民共和国未成年人保护法》《中华人民共和国预防未成年人犯罪法》《中华人民共和国教育法》《中华人民共和国义务教育法》等一些与青少年学生相关的法律教育内容，列入中小学生教育大纲中。对初中生以法制学校为主要宣传教育阵地，定期开展普法学习，接受普法教育。

对于外来务工经商人员，以市普法办编印的《萧山市外来务工人员法律知识读本》为主要宣传教材，并按谁主管谁负责的原则，开展法律知识宣传教育，受宣传教育面达85%以上，使外来务工经商人员的犯罪率有明显的下降。

通过“三五”普法宣传教育，增强了戴村公民的法律法规观念，提升了干部依法办事、依法治镇、治乡的自觉性，为创建平安镇、乡打下了良好的基础。

2001年，党和国家作出继续实施法制宣传教育，开展第四个五年计划的决定。戴村镇党委、人大、政府按照区委部署，总结“三五”普法成果，分析尚存在的问题和不足，统一了对“四五”普法的重要性和必要性的认识，成立了由镇党委书记任组长的“四五”普法领导小组，并下设普法办公室。设办公室主任和办公室成员，负责“四五”普法日常工作及制订普法宣传教育大纲。各行政村、企事业单位、学校也相应成立了“四五”普法领导小组，配备素质较高的人员专门负责宣传教育工作。镇人民政府把“四五”普法列入社会治安综合治理的重要内容，列入年终总结评比和文明单位的条件之一。

在“四五”普法宣传中，采取不同层次、不同工作性质、文化素质和接受能力，运用不同的宣传方式进行宣传。镇领导干部坚持干部学习日，结对二委人员、企事业、学校管理人员一起参加法制讲座和法律培训，对未成年人特别是在校中小学生学习《青少年法制教育辅导读本》，积极开展学雷锋活动和“八荣八耻”的社会主义荣辱观教育，同时开展交通安全知识讲座等宣传教育。

对外来务工经商人员在戴村镇范围内居住较多，居住分散，犯罪率较高等现状，积极探索法制宣传教育新机制，及时发放《萧山区流动人口法律知识》复印本。建立制度，利用图片、黑板报、电影等，保证在戴村镇外来人口，每年不少于2次的法制教育。切实加强外来流动人员的法制观念和维权意识，开展计划生育和交通安全等方面的普法宣传。

对于广大村民群众，进行以人为本、普法为民教育，以维护广大人民群众根本利益，从群众实际需要出发，开展普法教育和宣传。依法治镇，着力解决群众关心的热点、难点问题。通过人民群众的广泛参与，来推动戴村镇普法宣传和依法治镇工作。

戴村镇人大主席团，经常对全镇开展普法宣传教育情况进行督查。多次组织市、区、镇人大代表和各有关部门参加的《中华人民共和国安全生产法》《中华人民共和国劳动法》《中华人民共和国食品卫生法》《中华人民共和国传染病防治法》《中华人民共和国土地管理法》等进行执法检查。对检查中发现的问题,责令有关部门、单位及时整改。

2005年,本镇普法教育20周年成果图片获区级三等奖;2001－2005年,还获依法治区、普法教育区级先进集体。

通过"四五"普法宣传教育,群众的法律意识和法制观念有明显提高。全镇违法犯罪案件减少,犯罪率逐年下降;民间纠纷,刑事案件得到有效控制。绝大多数群众懂得了运用法律维护自己的合法权益,运用法律解决和处理所遇到的矛盾与纠纷。全镇每年通过法律诉讼解决的民事纠纷在30起以上,有效地防止了矛盾激化,维护了社会稳定和团结。

2006年,启动"五五"普法宣传。年初出台了"建设法治戴村"的实施意见,并制订了戴村镇"2006－2010普法宣传教育依法治镇"规划。镇党委、政府把依普工作列入议事日程,分管领导定期听取依普工作宣传教育实施和开展情况汇报。结合戴村实际,按照"坚持党的领导、坚持以人为本,突出工作重点,致力全面推进,实行普治并举,注重实际效果"的基本工作要点,以巩固经验和探索实践相结合。以实施公民法制教育、依法治理、阵地建设三大工程为切入点。做到三个坚持,即坚持分类指导、分层施教、广泛深入开展法制宣传教育。同时不断提高全镇公民的法制素质,形成法制氛围;不断深入基层依法治理,提升社会化法治管理水平;坚持加强领导,完善机制,开拓创新,与时俱进。使依普工作正常、长期开展。2006年花25000元设立较大型的法制宣传橱窗4块。

2006年起,主要抓镇领导干部和公务员、村二委人员、残疾人、在校学生、外来经商务工人员和归正、矫正人员的学法。每年授课在20场次以上,受教育人数达1.6万人次以上,授课内容有《如何预防青少年犯罪》《中华人民共和国治安管理处罚法》《中华人民共和国老年人权益保障法》《中华人民共和国道路交通安全法》《中华人民共和国刑法》《中华人民共和国土地管理法》等农村常见常用的法律法规。授课中尽量使用不同人群容易理解的语言,注重以情感人,以法育人,以案说法,宣传法制,授课后在群众中反响积极,成效显著。同时以各种形式做好每年12月4日全国法制宣传咨询活动日。12月3日前后,在戴村影剧院大门口等处,开展有7家单位、15人以上参加的大型法制宣传咨询活动。每年有百余人次来接受咨询,同时发放各种法制宣传资料1000余册;其次利用咨询宣传禁毒、交通安全。在做好普法授课的同时,还认真开展"一学三讲"为主题的"法制"宣传活动,每年花3000元购买"五五"普法读本,进行发放。

2008年,利用"五五"普法,把外来务工经商人员作为法制宣传教育的重点对象。同时加强司法、行政执法人员法制培训,提高依法办案、公正执法能力。根据国务院《全面推进依法行政实施纲要》,坚持"有法可依,有法必依,执法必严,违法必究"的方针,加强行政执法队伍政治业务建设,实行执法人员上岗(在岗)培训、执法资格证制度,严格行政执法规范,促进公开、公平、公正执法。

第三节　人民调解

1952年9月,萧山开始建立民间调解组织。以后各乡、村逐步建立调解组织,各乡1名副乡长兼任乡调解主任,村由农会副主任兼任调解主任。

1964年四清运动开展后,各公社设立治保委员会,由公社治保主任兼任调主任。每个生产大队由治保主任兼管调解工作。戴村公社首任调解委员会主任王吾贤,戴村公社有22个生产大队,有22名大队调解主任。云石公社首任调解主任沈雪桥,云石公社有16个生产大队,有16个大队调解主任。永兴桥公社首任调解主任郭士顺,永兴桥公社有13个生产大队,有13名大队调解主任。当年调解工作会同派出所一起调解,解决矛盾与纠纷。

"文化大革命"开始后,调解工作被诬为"阶级调和",调解组织瘫痪,调解干部被揪斗,调解工作被迫停止。

1978 年，县调解组织恢复，各公社调解组织迅速成立，调解主任改称公安员，负责本公社调解工作。1982 年起，调解工作由县司法局主管，公社调解公安员改称司法助理员。

1992 年，撤区扩镇并乡后，戴村镇成立了综合治理委员会，主任由镇党委副书记兼任，人员有公安、人武、司法、共青团、妇联等组成。全镇设立 6 个下村工作点（何同埠、石马头、马鞍、戴村、大湖头、凌山）。每周二，综治委工作人员会同各点内村治保调解组织负责人、妇女主任等同时办公，解决各点内村调解等各项工作，各点内民间纠纷调解小的不出村，大的不出镇。做到调解受理率 100%，成功率达 98%。

2001 年，云石乡并入戴村镇后，全镇设立三个警务站，云石片警务站设在云石汽校内，永兴片警务站设在卫士集团内，戴村片警务站设在戴村派出所内。凡村内出现矛盾，纠纷调解工作以村委和片警负责为主。

2003 年后，戴村镇人民政府成立了由楼军伟等 8 人组成的戴村镇人民调解委员会，制订了调解工作要求和须知。对村内人民调解工作以绩定补（以奖定补），由村治保调解主任、妇女主任、村长等参加村人民调解委员会，村长为第一调解责任人。如村内调解不成功，村需填写调解申请移交单，要求镇调解委员会协助调解。

随着经济与社会以及普法宣传教育工作的深入，人民群众的法律意识和法治观念提高，绝大多数群众懂得了运用法律武器维护自身的合法权益。民间矛盾与纠纷逐年减少，有矛盾有纠纷在村内调解成功率逐年上升，全镇调解成功率基本达到上级有关要求，有力地推动戴村镇社会的安定与发展。

2004 年，全镇全年受理调解 129 起，调解成功 125 起，调解成功率 97.2%；2006 年，全镇全年受理调解 137 起，调解成功 131 起，调解成功率 95.6%；2008 年，全镇全年受理调解 155 起，调解成功 150 起，调解成功率 96.7%。

为此，司法调解工作多次荣誉：2004 年，获杭州市人民调解先进集体（市级）；2005 年，获规范化人民调解委员会（区级）；2006 年，获规范化人民调解委员会（区级）、示范司法所（省级）。

卷十一　教育　科技

戴村地处萧山南部丘陵地区，旧时交通闭塞，教育科技落后。民间虽重耕读家风，但大多数贫苦农家孩子仍得不到应有的教育，民众文化水平较低。中华人民共和国成立后，尤其是改革开放后，党和政府十分重视教育科技。镇政府长期规划，加大教育科技投入，出台一系列优惠政策，招引和重用教育科技人才，基础教育扎实，使戴村成为省、市知名的教育强镇。贯彻科技立镇、科技强镇方针，加强农业科技推广和工业技术改造，应用新技术，开发新产品，戴村正在向科技强镇迈进。

第一章　教　育

戴村民众素来尊师重教，耕读家风相传。在封建社会，境内就办有家塾、村塾等。清康熙二年（1663），方溪村顶山自然村陈某办塾馆，延师教子。光绪三十四年（1908），顾家溪创立“养生蒙学堂”，此为有记载的戴村最早小学。但旧时兵荒马乱，教育落后，民众温饱尚未解决，贫穷孩子无法入学的不在少数。

中华人民共国成立后，人民政府重视教育事业，普及义务教育，开展扫盲，兴办学校，农民子弟真正有了读书机会。尤其是中共十一届三中全会后，戴村教育事业有了突飞猛进发展。1984 年，戴村实现“基本普及初等教育”和“基本扫除文盲”。1995 年，戴村实现“基本普及九年制义务教育”。1998 年，戴村镇分别被授予“浙江省教育强镇”和“杭州市教育强镇”称号。是年，戴村镇小被授予“杭州市级农村示范学校”。1999 年，戴村初中被授予“杭州市级农村示范学校”。

至 2008 年，戴村镇有幼儿园 16 所、幼儿班 33 个，学前儿童在园 1161 人，3 周岁至 5 周岁儿童入园率 98%；有戴村、云石、永兴 3 所中心小学，在校学生 2084 人，教职工 113 人；有戴村初中、云石初中 2 所初级中学，在校学生 960 人，教职工 94 人；境内有萧山区第六高级中学（以下简称六中）。戴村已形成由幼儿教育、小学教育、初中教育、高中教育、成人教育组成的教育体系，教育资源配置更加科学，教育设施更加先进，教育发展更加均衡，一支高素质教师队伍初步形成，教育质量日益提高。

第一节　家塾　村塾　义塾

旧时，戴村乡村教育有家塾、村塾和义塾（学）等形式。家塾多为官宦富绅之家所设，也有塾师自办，俗称私塾；境内较大的村子都设有村塾，也有几个小村联合创立；义塾由私人捐资或由祠堂田等公产投资设立。多利用宗祠、庙宇办学，也有塾师在家收授学生。

塾师来源有秀才、童生等。人们最喜欢秀才当塾师，认为是饱学之士，品行端正，其次是童生，但这类教师数量毕竟不多。于是，稍具文化的社会人士，甚至失业店员都做了塾师。塾师依靠学生所缴微薄学金或供饭维持生计，虽被普通老百姓所敬重，但社会地位低下，且生活贫苦。

学生没有年龄和学期限制。一般 7 虚岁入塾，也有 10 多岁与 6 ~ 7 岁蒙童一起读书的。旧塾只收男生，不授女课，民国以后也有少数男女兼授的。学生入学须行拜师礼，先拜大成至圣先师孔子，要点香插烛，四跪八拜，然后拜塾师，给塾师送水果、糕点、酒肉等礼品。教育多采用实用办法，一般人家子弟读书，要求会写信、看懂一般文章，会应用文就停学；生意人家则要求会记账、算账就可以，官宦人家子弟要求能科举出仕，所以学龄长得多。

教材，启蒙阶段教材多采用《百家姓》《三字经》《千字文》《千家诗》《幼学琼林》等。然后根据学生学习进度，由先生选定教材，一般为《大学》《中庸》《论语》《孟子》等。旧塾采用个别教育法，塾师对学生要求非常严格，语文要求通读、背诵、批讲；写字先从描红开始，直至临帖。

戴村民众向来重视教育，耕读家风相传，而山区要比稻区更为重视。据方溪村顶山陈氏家谱记载，清康熙二年(1663),越泉公延师教子侄,说明当时顶山就有塾馆存在。清乾隆四十七年(1782),奕美公延师教子侄;清嘉庆十一年(1806),晋山公延师教子侄,都是家塾和义塾的继续;清光绪三十三年(1907),陈俊生办学,其性质仍为旧学,规模有所扩大;民国9年(1920),以仁、寿仁在祠堂执教办学,应视为村塾。该村私塾终于1947年。除上述塾师外,有记录的还有骆家舍人骆美林,富阳县渔山周树德等。

清同治年间(1862～1874),枫树村袁天生创办"义和塾馆",延请塾师施教。袁天生在外经商致富,决心为袁氏族人解决子弟读书难问题,遂捐资建造义塾。凡袁姓子弟只要自备笔墨书簿,均可免费上学。义和塾馆为坐北朝南小四合院,正屋5间平房,两厢侧屋,四面围墙,天井里小石子铺面,占地400平方米左右。学馆办了20余年,到清朝末年停办。马谷村周氏宗祠的左右厢房设立家塾,为周氏子孙读书明理场所,即"凭依左右,拟设家塾"。祠堂内设立"文员公产",用这笔钱资助要读书而又无钱的子孙。马谷11世祖宇阡公及幼子以交公,带头捐田近20亩作为祠堂公产,族中有识之士纷纷响应,聚成一笔可观的公产。

清光绪三十三年(1907),外石板溪村(今属方溪村)鲍宪陶、鲍宪南兄弟两人在祠堂办私塾。民国后改名为沈村乡私立石溪初等小学,鲍宪陶任校长,他前后办学达35年之久。

光绪末年,戴村、云石一带办私塾多了起来。上顾家溪先有顾兆元(顾妙根爷爷)在自己家厢屋创办私塾,亲自执教,有学生20余名。后有顾山西在白果弄一间平房内(现顾东平房基)办学,自己执教,有学生17人。还有上堡人钟马朝到上顾家溪办私塾,地点在现顾玉生家老房楼上,有学生13人。因分散办学利少弊多,有顾炳耀、封山、和甫、琳甫、兆元、雅安、春生7人,在光绪三十四年联名呈请县署,创设养正蒙学堂,以顾璜奚公书斋"水竹居"为校址,以顾氏惠文户田产生息作基金,其不敷之数由各负责者筹垫。辛亥革命以后,因经费支出无力维持而中辍。大石盖村在清末创办私塾3家,创办人分别为周寅松、周浩莲、周千堂,均由创办人本人担任塾师。

民国初期,民间教育仍以私塾为主。后新学逐渐兴起,一度呈现新学与旧学并存格局,至解放前夕还有少量私塾。民国初期,骆家舍村在上舍先后办过两次私塾,由当地私塾先生执教,但因学生不多,难以维持,中途停办。民国17年(1928),方家塘村(今属方溪村)由顾杨昌在家办私塾,有10多个学龄儿童就学。学费每人每学年交大洋5元,由顾志安执教,教材以《百家姓》《千字文》为主。凌桥村戴企法家中办过私塾,学生只有3人,塾师姓陈为六都村人。半山村创办私塾的有丁村韩忠海,后宅村创办私塾的有丁汉校,李家坞村创办私塾的有李幼生。溪河村创办私塾发起人有卢海丰、卢大茂、何继桑、卢水金、卢渭丰,执教人有卢银堂、卢陈根、卢耀泉,由学生家里轮流供饭。大石盖村民国时期创办私塾2家,分别由周永金、周关云创办并执教。何童埠村私塾创办人何卯江,执教人有何引松、韩柯成、沈了江等,地点在何氏祠堂。郁家山下村有村民在家中办私塾,塾师韩庆生。马谷村私塾的执教人员,先后有来伟良、朱耀山、陈玉华、瞿建时、陈正梅等。麦园村办过1家私塾,地点在现在的盛正奇老宅,只有几个学生,教书先生陈锡法。响石桥村旗杆墙门内,由沈锦周、沈协封创办1所私塾。民国时期顾家溪村有3所私塾,分别由塾师顾山西在顾家祠堂里教书,学生有顾成林等18人左右;顾封山在自家堂前执教私塾,学生有15人;顾子安在顾观荣新屋楼上教书,学生12人。民国27年2月,有1名上门私塾先生到顾家溪村教书,有学生11名,同年9月停办。民国19年至22年,南坞村秀才沈听生在自己家里办私塾,有沈信康、韩松甫等10多个学生就读,其中1名女生韩雅仙,这是云石山区唯一招收女生的私塾。

附录一:

崇文义学碑记

崇文义学者,孙君天申所创建者也。君好读书,喜施与。尝谓当庠家塾,古人所以造就后学。而吾族僻处山陬,去县学也远,而家塾又仅获蒙师,虽有中才,岂能自奋。况年逾杖乡后,望弥切於是,以已赀於祠后建学舍若干间,俾族中子弟弦诵其中,而又捐田若干亩,俾收息以为延师膏火修金之费。

县主汪公闻而嘉焉,示勒石以垂永久。余谓昔范文正捐义田,以周族中之不赡者而婚嫁丧葬,阖族咸蒙其惠，则相亲相睦，而礼教即寓於其中。今孙君建义学，上之育英才以佐国，下之敦礼让以成俗，而学士文人将累世而叠出，是即范公之遗意也。县主嘉之，不亦宜乎。然君之心犹以为未足，故租田输课延师等费俱身办，俟经理稍妥，交族中公正司值，酌定成规，详载宗谱。而更望族中复有能捐者，则后之新舍宇而延名师，且嗣续於无。既此，则孙君之志也夫。

邑廪生王沄撰

计开

为字二千零一十八号，地一亩四分五厘八毫，建造学舍五间、两厢屋六间，出入墙门外至大路；

为字一千零七十三号，实田五亩九分一厘八毫，其田族房公议天申公子孙耕种，每年折租钱五千三百文，听完捐田国课，永无异言；

雨字三号，实田三亩九分四厘四毫，坐落下村庄，其租穀每年七石，方家塘斗；

露字一千五百零一号，实田三亩八分五厘五毫，坐落下村庄，其租穀每年七石，方家塘斗；

淡字一千四百三十四号，实田二亩二分四厘九毫，坐落石马庄，其租穀每年三石七斗，临浦斗；

生字二百五十九号，实田二亩四分七厘九毫，坐落大河庄，其租穀每年五石，方家塘斗；

水字六百八十八号，实田三亩三分，坐落大河庄；

水字八百四十七号，实田一亩四分八厘，坐落大河庄；

霜字三百十五号，实田五亩三分，坐落上董庄；

雨字六十一号，田一亩一分零，坐落张家池；

玉字一千五百号，田一亩八厘，坐落戴家庄。

义学屋内，一概不许堆积物件。

乾隆岁次癸巳秋七月勒石亲臣书

（原载《萧山长潭孙氏宗谱》卷一，民国丁卯年重修，敦本堂珍藏）

附录二：

义塾节略

须额曰，老祠堂基者不知建於何代，谱牒未载，无从稽者。寿者云，经遭洪杨付之一炬，祠基为墟，良可惜已。继继绳绳以迄至今，始於民国五年间，由裔孙玉楼、振樟、傅文、关春诸君宜言发起，既奠新祠，不如将老祠基改筑义塾，可为后世文墨计，佥云赞同。遂鸠工庀材，共建前后两进，以至告竣需洋七百余元，由新祠拨用，亦非募也。今既修辑宗谱，以故志之须知节略者。

祠后墙脚阔四丈四尺五寸，前后两共道地在内，计寔基九丈二尺，左首砖头墙外以有祠内公路六尺，右首后进砖头墙脚为界。

民国二十五年岁次丙子闰三月吉旦

后学丁吟樵撰

（原载《萧山凌桥戴氏宗谱》卷一，民国丙子年重修，源远堂珍藏）

第二节　幼儿教育

1954 年初级农业合作社建立时，为动员妇女参加田间劳动，有的社把三五户人家的小孩集中委托照看，为戴村幼儿园之雏形。

1958 年开始，戴村、云石、永兴 3 个公社有的大队相继出现“托儿所”“幼儿园”，因妇女都参加生产队劳动，就把孩子集中到一起，由年轻有文化的姑娘或稍微年纪大的妇女照看。是年，里石板溪大队办起幼儿班。增丰大队在顾才根家办起幼儿园。中潭大队的小孩由陈仙梅等人照看，孩子吃饭到大食堂去打，其中年纪大的妇女负责打饭一类事情，年纪轻的负责孩子的教育管理。家长把孩子放在托儿所里不用出钱，托儿所人员的报酬由集体负责。据中潭村陈仙梅老人回忆，当时幼儿园阿姨的工资很让人满意，是一笔不小的收入。但也有的大队是按工分作为报酬的。石马头大队的洪秀梅，马谷大队的来之娟和陈明凤就是以工分作为报酬的人员。1960 年秋天后，由于 3 年自然灾害降临，各大队托儿所、幼儿班相继解体。

1974 年，张家弄大队创办幼儿园，有大班、小班各 1 班，教师 2 人，入学幼儿 40 多人。该幼儿园一直用村里房子，1994 年起借用公办小学多余校舍作幼儿园用房。1978 年以后，队队（村村）办幼儿班，老师为具有高中学历的姑娘或妇女担任。因没有书籍，只缴本子费，都是学龄前 1 年的幼儿。学习内容主要是汉语拼音，为小学一年级打基础。教师的报酬大部分按工分发给，每天 3 分工分，相当于当时人民币 2 角 4 分。办班地点大都附设在村小学里，由小学校长统一管理。20 世纪 80 年代初实行家庭联产承包制后，教师基本上有了每天 1 元人民币的报酬，每季度或年底到村会计处领取。2008 年，有些教师们仍在幼儿教育岗位上：原永兴乡永富村章美英，郁家山村郁小娟，石马头村鲍乐华，张家弄村瞿幼娟；云石乡骆家舍村丁凤英，东平村顾美芬；戴村镇石盖村周乐英，戴家山村周建珍，上董村王丽华，丁村村黄彩琴等。1987 年，云石乡佛山村幼儿园钟爱芳获浙江省先进托幼工作者。为配合幼儿教育，1988 年云石乡尖山下村建立幼儿家长学校，至 1991 年，共举办 5 期，每期学员 30 余人。1993 年，云石乡有学前幼儿班 9 个、入园幼儿 223 人。

在永兴、云石 2 乡并入戴村镇前，每个镇乡都有幼教干部对幼教工作进行管理。永兴乡喻小鹏、洪洋海先后担任幼教干部；云石乡由楼裕昌和吴建民负责；戴村镇先由鲍炳兴负责，1992 年永兴并入戴村镇后，由洪洋海和喻小鹏负责。2001 年云石乡并入戴村镇后，一直由吴建民担任戴村镇成、幼教干部，兼管幼教工作。

各村先后办起村办幼儿园（班），但规模都比较少。1997 年 8 月，镇人民政府创办戴村镇中心幼儿园，这是全镇唯一的一所公办幼儿园。1998 年 8 月，张家弄村俞爱芳"天天乐幼儿园"，开镇内创办个体幼儿园之先河。此后，各村幼儿园（班）相继变成个体经营，由村两委提供场地，各村原有的教师担任幼教工作，以自给自养的形式存在。由于附近个体幼儿园（如永兴幼儿园）具备二星级的标准，许多幼儿能够选择入园。至 2008 年，全镇有 15 个个体幼教点。

随着人民生活水平日益提高，幼儿教育引起各界重视，3～5 周岁幼儿入园率随之上升。2007 年，戴村镇有学前儿童 1319 人，其中 2 周岁儿童共 315 人，在园 2 周岁儿童 82 人，入园率 26%；3 周岁至 5 周岁儿童共 1004 人，在园 988 人，入园率 98%（2009 年 11 月，杭州市人民政府教育督导室、杭州市教育局授予戴村镇"杭州市乡镇（街道）学前教育达标镇"称号）。

镇中心幼儿园 1997 年 8 月创建，地点在原戴村中心小学校址，公办教师汪皖霞首任园长。时有 5 名教职员工、3 个班级 117 名幼儿。2008 年，镇中心幼儿园拥有 21 名教职员工，其中 5 名为公办教师，7 个班级 307 名幼儿。戴村镇中心幼儿园多次被评为萧山区（市）教育系统先进单位。2003 年被评为"萧山区二星级幼儿园"，2007 年被评为"萧山区三星级幼儿园"、获"杭州市农村示范幼儿园"称号。

天天乐幼儿园 1998 年 8 月，张家弄村俞爱芳创办，经市教委批准、市民政局登记注册，为个体幼儿园。有室外活动场所 80 平方米，教室 2 间、幼儿中午休息室 1 间并备有高低床 55 张。教师 3 人，办有小班、大班各 1 个，幼儿最多时 40 多人，最少时 20 多人。不但解决本村幼儿入园，附近杨家桥、河上桥、后马湖等自然村也有许多幼儿入园。办园以来，多次受到上级领导肯定和赞扬。

2002～2008年戴村镇幼儿教育情况

表 11－1－1

学年	一园设多班		一园设一班		合计		教师（人）
	幼儿园（所）	班级（个）	幼儿园（所）	班级（个）	幼儿园（所）	班级（个）	
2002	3	12	25	25	28	37	55
2003	3	20	21	21	24	41	46
2004	3	19	21	21	24	40	51
2005	3	19	18	18	21	37	48
2006	3	18	15	15	18	33	52
2007	3	20	13	13	16	33	53
2008	3	22	13	13	16	35	55

续表 11－1－1

学年	学前儿童（人）					学前儿童入园（人）				
	2岁	3岁	4岁	5岁	合计	2岁	3岁	4岁	5岁	合计
2002	314	359	408	445	1526	6	286	406	427	1125
2003	288	330	344	356	1318	28	284	327	351	990
2004	288	326	352	342	1308	40	278	331	330	979
2005	305	256	342	344	1247	57	243	316	314	930
2006	304	305	256	342	1207	60	279	296	310	945
2007	315	310	325	369	1319	82	294	325	369	1070
2008	286	376	357	370	1389	71	365	371	354	1161

说明：①资料由戴村镇中心幼儿园提供。

②岁指周岁

第三节　小学教育(上)

本节记述中华人民共和国成立前,戴村镇域内的小学教育情况。旧时,当局对教育不重视,主要靠社会力量办学,贫穷孩子读不起书,因而学龄儿童入学率低,教育质量差。

发展概况

清末,废科举,兴学校。光绪三十四年(1908),顾家溪创立"养生蒙学堂",此为有记载的戴村最早小学。民国初年,今戴村镇域出现创办小学第一个高潮,这一时期创办的小学有浦南乡立第一正蒙初等小学校、开明乡私立第一凌溪初等小学校、沈村乡私立石溪初小学校、三瑞小学校等。民国16~17年(1927~1928),出现创办小学的第二个高潮,其时创办的小学校有石峡初级小学、中潭初小、浦南正蒙小学、马鞍中山堂小学、李家坞小学等。

民国27年,骆家舍在本村关帝庙办起学校,当时有学生20余人,请诸暨朱谓庆执教。民国28年,尖山下村在姜家祠堂(不久搬到鲍家祠堂)办起蒙馆,不久改称小学。有教师1名,学生20余名,不分年级。其间,家境略好人家的子女到顾家溪或沈村就读,也不过二三人。

民国34年,凌桥村在村小祠堂创办小学,创办人戴吾其(即戴瑜),有学生近30人(包括外村),教师姓瞿为大桥人。民国35年上半年开始,郁家山下在本村祠堂里办起小学,学生40余人,执教老师有陈锡法、陈祖法、陈祖芬等。民国37年,大石盖村周五祥创办第七保国民小学,教员丁永锡等,校舍为上周家祠堂。此前,大石盖村周永金创办初级小学,设1~3年级;其间,周关云也创办小学。

民国时期,河上桥村建有小学,创办人不详,执教人王中瑞、陶银花。杨家桥小学创办人郭家伟,执教人郭马全、喻林。后马湖小学创办人何金土,执教人许佳珍。

一些小学是在私塾基础上改建而来。民国16年,上董村董蔚堂办私塾,由其本人任教,学生有其子董啸侯、董莲舫等。董莲舫后来也办私塾,终生执教,他的学生虽谈不上桃李满天下,但民国时期一批"丽水勤工俭学中心"求读的人,均是他的学生。该村"阿标"先生也办私塾。董焕庭则在外地大户人家做塾师。上董村因读书人多、做塾师的多,当时有"笔头"村之誉,流传至今。民国35年,上董村从县政府争取到一些办学经费,同时再自筹一部分,把村里的几个私塾合并到园盘庵,改建成上董村完小,解决复兴乡几个村孩子读书问题,董啸侯为首任校长。

抗日战争期间,学校大多停课。民国29年,为了适应战时环境,县政府曾在骆家舍、尖山下等村设立流动学校,校址流动性较大,办学形式、学制、课程设置比一般小学简约。民国30年,流动学校裁撤。民国33年,各学校先后复课,并有所发展。

至中华人民共和国成立前夕,戴村乡有小学12所,教员37人,在校学生1032人;复兴乡有小学6所,教员17人,在校学生522人(不包括1、13、14保);长潭乡有小学5所,教员17人,在校学生396人。

教育管理

民国4年(1915)元旦,国民政府发布关于施行义务教育的命令,定初等小学4年为义务教育年限,家长必须送子女入学。戴村按国民政府统一部署,分批实行4年制初等义务教育,实施教育部颁布的《教育纲要》。同年9月,浙江省巡按使批发《萧山县关于实施义务教育的宣传稿》后,劝学所、宣讲所及各级教育会,着手改良私塾,训练塾师,更换私塾课本。部分私塾接受政府辅导,改进一些教育方法和管理制度,减少对学生体罚。民国后期为数不少的国民学校,就是由这批改良私塾演变而来。

民国11年11月11日,教育部颁布"壬戌学制(四、二制)。"并下达《学校系统改革令》,改学堂为学校。规定:"小学修业年限为6年,分初、高两段,称四、二制。"

民国12年，沈村乡教育会成立。乡教育会开展研究地方教育方案，宣传教育纲要、劝学，促进塾师改变教育方法和管理制度，接受政府辅导，协助筹集教育经费等工作。后成立萧山南乡教育会。民国《萧山县志稿》卷十载："南乡教育会由王邦枢、朱慰堂、傅佩华、陈煦等，联合苧萝、桃源、浦南、紫霞、河上、长山、大同、开明、沈村各乡自治委员会组织成立。公举王邦枢为会长，经费由会员负担。事务所设在苎萝乡临浦初等高等小学校内。"

民国时期创办的小学，一般都有地方士绅倡导或赞助，校址多为祠堂庙宇，办学经费多为祠产、庙产的公田、公山、鱼荡、鸭荡的租金收入，其性质均为私立学校。民国20年，国民政府规定："私立学校不论旧有新设，均须向省教育厅备案。"控制了这类学校的自流现象。民国32年以后，现戴村镇境域的沈村、长潭、开明、戴村、复兴等乡都设置1所乡中心国民学校，其余则为保国民学校(保校)，各校校长都有乡保长兼任。其办学经费来源有：政府拨助；向学生收费；地方派捐；各人自愿捐助；临时捐募；公产租息等。各校都成立基金保管委员会，由主任委员1人，委员若干人组成，负责经费管理。民国36年起，教育经费随粮带征，以谷票作教员薪金发放，至民国37年，谷票被县长华国模等盗卖贪污，学校面临绝境。办学经费似有着落，但与实际情况相差很大。据民国18年《萧山教育》24期载："本县教育经费近5年来支绌万分，16、17两年度亏损已巨，18年度螟害风雪，民穷已极，所恃为唯一收入之粮赋，仅征百分之十之六七，省拨迭催无效，据情形于焉毕露，来日大难尚不堪设想。"

教育经费紧缺，受害是教员和学生。民国35年4月21日，沈村中心国民学校校长沈道源向县长请示报告称："案於本月17日本校全体教师暨各保校教师，以规定薪给月仅食米7斗5升，国币2500元(时面米价每石为7400元，编者注)，实难维持生活，全体请假(实为罢教，编者注)，邀(要)求改善待遇。且有当地工价如木匠每日工资食米6升、泥水5升5合、零星什工每工均在5升以上。际此国府明令提高小教待遇，而实际所得竟远在百作之下，况依照规定，薪给除伙食外能余几何，约指可计，仰事俯蓄固置勿论，即日常必需之鞋袜、应用品暨必不可少之洗衣理发，亦无从设法云云。""可见小教生活之困难物价一日数涨，为生活所迫，去志弥坚，再无劝解。况自开学迄今两月，一切开支东拖西借，现临借无可借，无法维持，一乡教育面临停顿，数百儿童均遭失学，如此情形究竟如何处理？合亟备文呈请。"

民国时期的小学一年级至四年级为初级，五、六年级为高级，因学龄参差不一，生额又少，多为复式班。一年级至六年级(小学部)的课程有：1.团体训练；2.国语，分说话、读书、作文、写字四节；3.算术，分笔算、珠算二节，以下为常识、社会、自然、劳作、图画、体育、音乐；民教部课程有：国语、公民常识、算术、音乐、职业常识。此外还有家长作业，分农、工、商、政、教、医、交通等。课本有国语、算术、常识、社会、自然，都为国定本。

民国时期小学一般以40名学生配1名老师，而且多为复式班，尤其是保校规模较小，1所学校只配1名教师，各门学科，都由1人教授。如浦南乡中心国民学校，民国35年第1学期有学生141人，设6个年级，其中：一年级16人、二年级36人、三年级42人、四年级16人、五年级22人、六年级9人。有教师5人，每周小学部上课时间长达7910分钟，每个教师每周上课时间1580分钟，每天上课时间260多分钟，每个教师每天平均负担9节课(每节课30分钟)。另有社教部课程每周1260分钟。小学教师有义务帮办社会事务，例如：协办地方自治，即协助乡保编查户口及组织民众、协办乡村合作事业、协办地方文化事业、协办水利工作等建设事业；兼办社会宣教，出版墙报、各种特刊，附设问字代笔处及兵役询问处，举行通俗讲演等事项。

学校选介

养生蒙学堂　光绪三十四年(1908)在顾家溪创办。辛亥革命后，因经费不支而中辍。民国17年(1928)冬，顾永珍、顾士珍、顾李才、顾士春、顾士江等人，决定恢复学校，翌年建成校舍5间，建筑面积166平方米。校舍地基由顾关增兄弟遵照其父顾世清遗命，以鹭栖塘竹园一方赠送，并将公产杨树湾山地变卖作校舍建筑费用。民国19年春季开学，名为"五里村平山小学"，后改名为顾家溪小学，顾李才任校长。"七七"事变后，改为沈村乡第5保~18保联合国民学校，顾士魁任校长。民国30年乡镇改编，从沈村乡划出部分成立长潭乡，改名为长潭乡中心国民学校。民国32年11月，县政府委任顾国光为校长。时有教员4人

(包括校长),其中女教员1人,内设总务、教导、训育、辅导、社教5部。学校开设一、二、三、四4个年级,其中一年级为单式,二、三、四年级为复式,有学生80人,其中女生18人。民国36年进行乡镇编并,改为长潭乡第5保保校,顾荫乔任校长。

浦南乡立第一正蒙初等小学校　民国初年由丁日照、丁日昇发起创立,校址在今戴村镇内,以戴村信义堂施材公所为校舍,经费由文昌社戏文会酌提若干,并由茧厂等乐捐,校长孙彝康。民国《萧山县志稿》卷十载:"浦南乡乡立第一正蒙初等小学校,在戴村,丁日照、丁日昇发起。校舍信义堂施材公所,经费文昌社戏文会酌提若干,并茧厂乐助等。"后不详,可能为戴村乡中心学校前身。

开明乡私立第一凌溪初等小学校　民国初年由周易藻发起创办,在丁村租赁校舍,经费自筹,校长周易藻。民国《萧山县志稿》卷十载:"开明乡私立第一凌溪初等小学校在丁村,周易藻发起。校舍租赁经费自筹,校长周易藻。"

沈村乡私立石溪初等小学校　民国3年(1914),外石板溪鲍宪南、鲍宪陶发起创办,校舍为鲍氏宗祠,经费自筹,校长鲍宪陶。民国《萧山县志稿》卷十载:"沈村乡私立石溪初等小学校在石板溪,鲍宪南、鲍宪陶发起。校舍鲍氏宗祠,经费自筹。校长鲍宪陶。"民国17年因岁歉,迫于经费而停办。民国32年,时任长潭乡乡长蒋锡庄,因鉴教育之重要,虽处在抗战之际,即令着手恢复学校,更名为长潭乡第8保国民学校,时有教员1人,校长由保长顾月锄兼任。有春一学生22人、秋二学生8人,其中女生9人。

三瑞小学　民国3年,由石马头村民洪浩泉等发起创办,校址在宗祠三瑞堂,故名。民国23年更名为区立石马小学。民国33年春,更名戴村乡4~5保国民学校。时任校长洪仁山,有教员3人,有学生89人,其中女生12人。设5个年级,一年级学生35人、二年级19人、三年级17人、四年级9人、五年级21人。

石峡初级小学　民国16年,张家弄村郭雨生创办,校址郭氏宗祠,设3个班。民国30年,改名为戴村乡第10~11保联合国民学校。民国32年,改名戴村乡11~12保联合国民学校。1942~1944年,因抗战曾停办3年。民国34年第二学期,由郭得山校长恢复办学,时有教员4人,学生111人,其中女生21人。设5个年级,一年级学生54人、二年级23人、三年级17人、四年级11人、五年级6人。

中潭初小　民国16年,中潭村沈卯生发起,在该村沈氏宗祠开办初级小学,校名不详。民国22年,奉令改名中潭初小。民国35年改名开明乡第8保国民学校,时任校长沈储铨,有教员1人,学生34人,其中女生8人。设4个年级,其中一年级学生18人、二年级6人、三年级5人、四年级5人。

浦南正蒙小学　民国17年,由钟伯庸、何裕通、方问樵等发起,在溪河村创办,后改名戴村实验小学。民国18年,因地方学子要求设立高级部,经费由地方负担。民国30年,奉令改名萧山县戴村乡中心国民学校。其间五迁校舍,几度停办。民国35年第一学期,由前校长陶吾乔奉令复课。时任校长方品超,有教员6人,学生210人,其中女生39人。设6个年级,其中一年级65人、二年级58人、三年级45人、四年级17人、五年12人、六年级13人。

马鞍中山堂小学　民国17年,由许洞珊发起创办,校址马鞍村蚕花庵,故又称蚕花庵小学,许洞珊任校长。民国23年,改名区立马鞍初级小学。民国30年1月,奉令改为浦南乡中心小学校。民国32年第二学期时,有教员2人(校长兼课),学生50人,其中女生5人。设6个年级,一年级13人、二年级10人、三年级2人、六年级1人,全为复式班。先后任教的有祝庆祥、夏相士、郭晋封、洪炳松、章先生、胡国安(中共地下党员)、朱吉身等。当时教师边教书边进行秘密革命活动,因此学校一度有地下革命人士活动中心之称。

李家坞小学　民国17年,李家坞创办衍庆小学。民国26年改名李家坞小学。32年奉令更名开明乡第4保国民学校。时任校长李庆才,有教员2人,学生48人,其中女生11人。设3个年级,其中一年级学生35人、三年级5人、四年级8人。

开明乡中心学校　民国31年1月,由周易圭等召集地方士绅筹建,当年春季开学。5月侵华日军占据萧山,学校被迫停课。民国32年第二学期,迁校址于丁村庙。民国33年8月,改名开明乡中心国民学校。民国35年时任校长周易圭,有教员8人,其中女教员3人;学生138人,其中女生36人。设6个年级,一年级学生48人,二年级34人、三年级20人、四年级13人、五年级15人、六年级6人。

民国35年(1946)第一学期戴村各学校情况

表11－1－2　单位:人

学校	校长	校址	创办年份	教员	年级	学生		成教部	
						男	女	男	女
戴村乡中心国民学校	方品超	溪河	1928	6	1～6	171	39	31	20
戴村乡一保保校	周关浩	东周	1945	1	1～4	33	7	13	8
戴村乡三保保校	何卯江	何童埠	1944	2	1～4	68	14	26	15
戴村乡四保保校	洪仁山	石马头	1914	3	1～5	89	12	0	0
戴村乡五保保校	郭得山	张家弄	1927	4	1～5	90	21	35	10
开明乡中心国民学校	周易圭	丁村	1915	8	1～5	101	36	30	30
开明一保保校	戴瑜	凌桥	1944	2	1～4	38	5	0	0
开明二保保校	任霞仙	大湖头	1944	3	1～4	42	20	0	0
开明四保保校	李庆才	李家坞	1929	2	1～4	37	11	18	14
开明七保保校	陈乃文	麦园	战前	2	1～4	38	14	0	0
开明八保保校	沈绪铨	中潭	1927	1	1～4	26	8	0	0
开明九保保校	周味秋	马谷	1944	1	1～4	40	11	28	12
浦南乡中心国民学校	董啸候	上董	1946	5	1～6	97	44	35	35
浦南乡七保保校	郁钿清	郁家山下	1944	1	1～4	48	4	24	5
长潭乡中心国民学校	顾荫乔	顾家溪	1908	3	1～5	55	4	0	0
合计		15所学校		44		973	250	240	149

说明:根据萧山档案馆民国时期档案资料整理

民国37年(1948)戴村镇域各小学学校情况

表11－1－3　单位:人

学校	校址	校长	学校规模		学生数	教员数
			高级	初级		
戴村乡中心国民学校	戴村村	郭得山	2	4	239	9
第一保三校	东周村	张兆寅	0	1	44	1
第二保二校	杨家桥	喻守真	0	1	28	1
第三保校	何童埠	方品超	0	3	126	4
第四保校	石马头	郭熊	0	2	75	2

续表 11－1－3

学　　校	校　址	校　长	学校规模		学生数	教员数
			高级	初级		
第五保校	后　郑	董知庄	0	2	112	2
第七保二校	麦园村	谢逸峰	0	1	36	1
第八保校	墙头村	任元振	0	2		2
第九保一校	丁村村	周易圭	0	2	112	3
第九保二校	李家坞	李庆才	0	1	52	1
第十保一校	中潭村	沈绪江	0	2		
第十保二校	马谷村	来威扬	0	2		
第十、十一保校	张家弄村	何祥豹	0	4	132	5
第十三保校	凌桥头村	戴　瑜	0	1	51	1
第十四保校	大湖头村	顾锡麟	0	2	4	
复兴乡中心国民学校	上董村	董啸侯	1	4	172	7
第五保校	郁家山下	诸云嵩	0	2	74	1
第四、六保校	马鞍、永富村	盛启衡	0	2	129	3
第七保校	石盖村	周五强	0	2	123	3
第八保一校	孙家村	孙佐卿	0	1	34	1
第八保二校	石盖坞村	方岳廷	0	1	30	1
长潭乡中心国民学校	沈村村	沈道源	1	3	161	6
第一保校	上堡村	沈耆年	0	1	67	1
第四保校	石牛山村	赵芝华	0	1	56	1
第五保校	顾家溪村	顾荫乔	0	2		4
第六保校	尖山下村	姜庆臣	0	1	58	1
第七保校	骆家舍	顾克俊	0	3	110	3
第八保校	石板溪	顾月锄	0	1	30	1
合　计	28 所学校		4	54	2051	69

说明：根据萧山档案馆民国时期档案资料整理

第四节　小学教育(下)

本节记述中华人民共和国成立后,戴村镇域内的小学教育情况。党和政府重视基础教育,加大教育投入,兴办学校,规范师资队伍,严格按教学大纲施教,教育质量不断提高。尤其改革开放后,振兴教育事业,实施九年制义务教育,戴村教育事业上了新的台阶。

发展历程

1949 年 6 月 5 日,萧山县人民政府成立后,县政府文教科委派沈省悟接管戴村区中心学校,整顿教育秩序,落实教师,开学复课。是年,在戴村镇辖区内有张家弄、东周、何童埠、杨家桥、石马头、石盖坞、马鞍、冗里、郁家山下、石盖、上董、孙家、戴村区中心小学、凌桥、大湖头、丁村、李家坞、中潭、麦园、马谷、长潭乡中心小学、上堡、石牛山、尖山、东平、征山、丁山、骆家舍等 28 所小学。

20 世纪 50 年代初期,《中国人民政治协商会议共同纲领》中的文化教育方针,是当时学校工作的总方针。今戴村镇域各村农会成立学校管理领导班子,处理民国时期遗留问题,取消保校名,改乡校为××乡中心学校,村小冠以村名,为××村小学,废除公民课、童子军课、学校教唱"东方红""解放区的天"等革命歌曲,成立秧歌队、腰鼓队,宣传党的方针政策。

1950 年,村农会办学积极性很高,辖区内新增六联(今永富村姚家山下)、下方、狮山、后郑 4 所村小。至此,镇内共有 32 所小学。长潭乡中心学校改名戴村区第四中心小学,振庭小学(上董)改名戴村区第二中心小学,各校先后建立少年儿童团(后改少年先锋队),队员戴上红领巾,学校开展爱祖国、爱人民、爱劳动、爱科学、爱护公共财物的"五爱"教育活动。宣传抗美援朝、保家卫国,进行爱国主义、国际主义教育,老师经常带领学生走出校门搞宣传,开展爱国卫生活动。老师除正常教育、教学工作外,协助村搞土改、扫文盲。是年,根据省文教厅和绍兴专署文教科指示,以及县第一次文化代表大会决议精神,确定小学教育方针是:整顿巩固与改造现有公立小学,发展巩固民办小学,奖励私人和人民团体办学。为贯彻小学教育逐步改造的方针,重点要求各校做好以下 4 点:加强政治思想教育;严格废除体罚、实行民主管理;密切学校与家长的联系;改进学校的行政领导。

1952 年,小学学制由四、二分段制,改为五年一贯制。翌年,因条件不成熟,暂停施行。暑假,全县教师在城厢镇集中思想教育,由于土改后取消学田,无校产,学校无收入支撑,自 9 月份起民办和民办公助的小学全部转为公办。教职员工的工资改由政府财政支付。1953 年 4 月,省教育厅召开教育行政会议,贯彻政务院文教委员会关于"整顿巩固,重点发展,提高质量,稳步前进"的文教工作方针。同时为了纠正盲目冒进,提出"大力整顿小学,控制数量,保证质量"的发展方针,萧山县在今戴村境内的白墅乡、凌溪乡搞点试行。7 月,根据县教育局《关于整顿小学教育》的指示,控制公立小学发展速度,停止春季招生,一律改为秋季招生;适当调整学校班级,充实学额,合理配备人员编制,严格限止不足龄儿童入学;适当调整教师队伍,戴村辞退 3 位教师(后落实政策,每月发生活费 420 元);切实纠正社会向学校布置工作,任意抽调老师和随便占用学校校舍场地等混乱现象。办好乡中心学校、完小,努力提高教育质量。贯彻新颁发的《浙江省小学暂行条例》,对小学的授课时间、假日、假期作出统一规定,实行小学六年制四二分段,用 5 分制记分法。

1954 年 7 月,根据中共萧山县委《关于动员高小、初中毕业生参加劳动生产》的精神,教育学生正确对待升学与参加劳动。继续整顿和改进小学教育,加强学校社会主义思想领导,贯彻全面发展方针,提高教育质量,继续加强劳动教育。1955 年,贯彻中央以提高质量为重点,有计划、有重点地稳步发展,同时贯彻合理部署和统筹安排的方针,为经济建设、国防建设和提高人民文化水平服务。镇内小学教育秩序正常,一律按《小学教学计划》授课(附全日制六年制小学教学计划)。

1954年(学年)戴村全日制小学每周课时数

表11－1－4　　单位:课时

科目	一年级	二年级	三年级	四年级	五年级	六年级
语文	12	12	12	12	9	9
算术	6	6	6	7	6	5
历史	–	–	–	–	2	2
地理	–	–	–	–	2	2
自然	–	–	–	–	2	3
体育	2	2	2	2	2	2
唱歌	2	2	2	1	1	1
图画	1	1	1	1	1	1
手工劳动	1	1	1	1	1	1
合计	24	24	24	24	26	26

说明:资料来源于萧山档案馆55－35号档案

1955年9月今戴村镇域小学基本情况

表11－1－5

乡名	学龄儿童(人)						学校(所)		班级(个)		学生(人)		教职员工(人)		教职员工与学生比例	小学生占乡人口总数(%)
	3岁	4岁	5岁	6岁	7岁	8～12岁		完小		高小		高小		教员		
戴村乡	141	147	106	125	121	379	6	1	13	3	461	121	19	18	1:24.3	11.1
凌溪乡	196	143	118	150	149	439	7	1	10	1	381	52	12	11	1:31.7	8
白墅乡	135	82	80	67	98	215	4	1	7	1	216	26	9	9	1:24	8
振庭乡	119	118	97	85	124	346	7	1	11	2	367	80	14	13	1:28.2	9.9
马安乡	113	123	148	114	125	442	6	1	11	2	374	85	13	12	1:29.7	9.2
云石乡	186	134	82	98	100	314	2	1	6	1	262	59	8	7	1:32.7	7.3
长潭乡	210	175	103	122	131	327	6	1	9	1	292	31	10	10	1:29.2	6.4
合计	1100	922	734	761	848	2462	38	7	67	11	2353	454	85	80	1:29.4	8.5

说明:①资料来源于萧山档案馆55～35号档案。与今戴村镇无关数据已删除。

②岁指周岁

1956年2月以后,教师政治学习、业务学习加强,每逢周六下午在乡校集中,单周政治学习,双周业务学习或搞教研活动。

1957～1958年,继续大力发展民办小学,戴村镇4所小学4位教师转为民办(1961年1月复转为公办)。1957年年底提前放寒假,教师在城厢镇集中参加"整风反右"运动,戴村镇10名教师错划为右派。直到1979年年底,被错划为右派的教师才落实政策,年满60岁的办理退休手续,子女按〔1978〕104号文件精神顶职,未满60岁的重新安排工作。1958年10月成立戴村人民公社,月底创办戴村公社红旗学校,四至六年级学生集中到戴村一小,统一编班,集中住宿,学生晴天参加割稻、种油菜等农业劳动,雨天集中上大课。12月底,红旗学校解散,学生回原校就读。各行各业开始"大跃进",队队办学校,镇域内新增了后马湖、河上桥、戴家山3所小学,学龄儿童全部入学。1960年年初,三年困难时期开始,各校流生情况严重,教师压缩编制,代课民办教师大批精简。9月份开学做超龄生工作,凡14周岁以上在校小学生动员回生产队参加农业劳动。1961年流生情况更严重,学校编制缩减,政府号召教师支农,全镇5位教师积极响应,承担国家困难退职支农。1962年,贯彻中共浙江省委关于"农村公立初级小学原则上均转为民办"的精神,是年11月5日,县文教局发出《关于农村公办小学转为民办问题的通知》(萧文994号),今镇域内19所村小全部改为村办,有的改简易小学(后改称耕读小学),有的设耕读班,直到"文化大革命"停办。

1966年"文化大革命"开始后,学校正常教学秩序被打乱,校长成了"走资派",5名教师遭隔离审查被批斗,学生主要是学《毛主席语录》。1968年年初,贫下中农管理学校委员会成立,"贫宣队"进驻学校主持学校工作,教师分村参加农业劳动,接受贫下中农再教育。1969年5月,公办小学下放大队办,教师回队(原籍)任教,工资实行工分加补贴,教师本人及其子女户口被转为农业户口,致使学校骨干教师数量减少,教育质量下降。至1971年2月,萧山县革命委员会才发文纠正。

1970～1971年,在"小学不出生产队,初中不出大队,高中不出公社"的口号下,部分公社办起初中和高中,公社中心小学和不少完小附设初中班,并将公社中心学校改称"五七"学校。是年,镇域内增加到13所小学附设初中班,小学教师"拔高"为初中、高中教师,小学补充一批民办教师。当时戴村镇共有教师211人,其中民办代课教师115人,占总数的54.5%。1978年全镇教师271人,民办教师、代课教师有174人,占教师总数64.2%。是年,戴村中心小学包括下辖17所完(村)小在内,共有教师59名,其中公办教师26名、民办教师33名,民办教师为该校近30年中登记在册最多的一年。

1977年年底至1978年9月,结束贫下中农管理学校委员会管理学校,撤销教育革命领导小组,恢复校长制。学校撤销红小兵组织,恢复少先队组织活动,对小学教育进行全面整顿。据1979年9月教育年报,戴村镇有小学41所,班级128个,其中复式班34个;学生4390人,其中女生2079人;教职工180人,其中公办74人,民办106人;入学率为99.54%。

1980年6月着手整顿民办教师队伍,是年辞退35人,8月份,开始发放班主任补贴,发放时间从1979年11月补起。经1978～1983年2月对民办教师的3次整顿考核后,1983年戴村镇小学民办教师只留下54人。

1981年7月,县文教局颁发《萧山县小学教师过好"教材关"的试行》草案,戴村镇在小学教师中开展这一活动,至1983年告一段落。1981年8月26日教育部正式颁发《小学生守则》,9月1日起,萧山全县小学正式执行。为加强爱国主义教育,中小学恢复升降国旗制度,小学一年级开始仍恢复六年制。

1985年贯彻《中共中央关于教育体制改革的决定》,教育部门要求争取在五年或更长一点时间内,使绝大多数教师能够胜任教学工作。1987年起,中小学教师的职称评定规定有学历要求,教师队伍的学历达标被提到议事日程,促使教师加强自身进修。20世纪80年代末至90年代初,在职教师中掀起一个进修高潮,教育局、学校领导也给予鼓励,拨出专用经费可报销部分进修费用。学历补偿教育有20多种培训形式,教师根据自身学历、所任学科,利用星期天、节假日、寒暑假进行对口培训。

1985年12月19～21日,浙江省普及九年制义务教育现场讨论会在萧山举行。是年,县政府颁发了《萧山县九年制义务教育实施办法(试行稿)》,分批在全县乡镇实施。1989年永兴乡实现九年制义务教育;1991

年云石乡实现九年制义务教育；1993 年戴村镇实现九年制义务教育。1998 年戴村镇被评为浙江省教育强镇、杭州市教育强镇，戴村镇小被评为杭州市示范学校。是年 9 月份起，全市中小学试行省编《九年制义务教育试行教学计划》。

90 年代，随着课程设置的改革，小学开设英语、信息技术、科学、研究性学习、社区服务与社会实践等课。多媒体、计算机等电教设备逐步装备学校。为进一步优化教育结构，合理配置教育资源，使教师教学更具专业性，使村完小适应新形势的需要，着力进行撤并学校（附表）。至 2008 年，全镇有戴村中心小学、永兴中心小学、云石中心小学 3 所中心小学，教育资源得到优化，教育发展更趋均衡；有教师 113 人，学生 2084 人，入学率 100%。

撤并情况

中华人民共和国成立后，镇内小学多次撤并，一些学校今已不复存在，但曾经发挥过重要作用，特予记载。

东平小学　创建于清光绪三十四年（1908），初名“养生蒙学堂”。民国 17 年（1928）冬，顾士珍等发起兴建校舍，基地由顾关增兄弟遵照其父世清公遗命，赠送鹭栖塘竹园一方，并将公产杨树湾山地变卖作校舍建筑费用，于第二年建成校舍 5 间，建筑面积 166 平方米。民国 19 年春开学，改名五里村平山小学。民国 32 年，县府委任顾国光为校长。时有教员 4 人，其中女教员 1 人；学生 80 人，其中女生 18 人。开设一至四 4 个年级，其中一年级单式，二、三、四年级为复式。解放后，学校更名东平小学，从初级小学发展成高级小学，骆家舍、尖山下、狮山、里外石板溪的高年级学生，一般都到这里学习。1962 年以后，骆家舍、尖山下发展为完小，其他村高年级学生继续在东平学校就读。1968 年更名为“云石公社东平五七学校”。1974 年附设初中班，附近 10 个大队的初中生都到东平五七学校附设初中班读书，由起初 2 个初中班逐年增加到 4 个班，全校教师从 9 人猛增到 20 余人。为解决校舍拥挤，把胜利、勤工、金星、增丰 4 个大队的一、二年级学生，下放到各自所在地大队，开设单班独教师的复式教学。1975 年，经原来联办的 4 个大队和永丰（征山）、顶山、狮山大队负责人通过协商，在学校西面山脚下扩建简易教室，1977 年 4 个大队的一、二年级小学生，重新回到东平学校上课。1979 年小学 8 个班，320 名学生，初中 4 个班 146 名学生。1985 年摘掉附设初中班的帽子，改名东平小学。1988 年云石乡政府投资 8 万元，新建教工宿舍 320 平方米，改善了教师的住房条件。1998 年 12 月，在云石乡政府和社会各界支持下，集资 45 万元，新建成建筑面积 890 平方米的教学大楼。新大楼落成后，骆家舍、尖山下两所小学先后被撤，并入东平小学。2004 学年，学校有 6 个班级，145 名学生，11 位教师（其中女教师 4 人）。2005 年 9 月，撤掉东平小学，并入云石中心小学。

振庭小学　民国 35 年（1946），上董村从县政府争取到一些办学经费，同时自筹一部分，把村属的园盘庵改建成上董村完小，解决复兴乡几个村孩子读书问题。董啸侯为首任校长。民国 36 年改名复兴乡中心国民学校。民国 37 年 2 月，学校有高年级 1 个班，初年级 4 个班，在校学生 172 人，教师 7 人。1950 年改名为戴村区第二中心小学，学区范围包括上董村、石盖村、畈里村、篷岭村、何家桥、郭村（缪家坞、观音桥、张家山头），校长邵汉文。1952 年为纪念革命烈士郑振庭，学校改名振庭小学。时学校用地面积 1467 平方米，校舍建筑面积 861 平方米。1969 年 9 月，学校附设二年制初中一、二年级 2 个班，1985 年 9 月，初中班并入戴村镇中。1995 年 9 月，六年级学生并入戴村镇小就读，学校还有 4 个班、122 名学生，6 名教师。2002 年 9 月，撤销振庭小学并入戴村镇小。

马鞍小学　民国 17 年（1928），马鞍村由许洞珊发起，在蚕花庵创办中山堂小学，当地称蚕花庵小学。民国 23 年改名马鞍初级小学。民国 30 年 1 月，改名浦南乡中心国民学校。民国 32 年第二学期，时有教员 2 人，校长许洞珊兼课，学生 50 人，全部为复式班。1950 年改名马鞍乡中心小学，有一至六年级 4 个班级，朱丁一、沈吾泉先后担任校长，教职员工 6 人。学区范围是马鞍村、冗里村、东坞村、六联村、五联村（陈方家一带）及郁家山下村的高段学生。1961 年改称永兴公社中心小学。1971 年中心小学设在石马头小学，校名仍改马鞍小学。1969 年 9 月至 1983 年 8 月，附设二年制初中一、二年级 2 个班；还办过高中一个班，半年后

(1977年9月)并入六中。1985年学校4个班级,168名学生,6名教师。2004学年,学校有6个班级,143名学生,8名教师。2005年9月撤销马鞍小学,并入永兴中心小学。

九峰小学　民国16年(1927)张家弄村郭雨生创办石硖初级小学,设3个班级,校址郭氏宗祠内。民国30年,改名戴村乡第10~11保联合国民学校。抗日战争期间停办3年。民国34年第二学期,由郭得山任校长恢复办学,时有教员4人、学生111人,其中女生21人,设5个年级。民国36年,改名戴村乡第三保国民学校,有教员3人、学生102名,校长郭金坡。1950年学校以地命名,称张家弄小学,设5个班级,聘有6位教师。1951年戴村区增设白墅乡,学校改名萧山县白墅乡中心学校,学区有杨家桥、后马湖、张家弄3个村。1956年2月白墅乡并入戴村乡,学校改名张家弄小学。1969年更名九峰五七学校。1970年,张家弄大队联合附近4个大队在庵山南面新建平房,附设2个初中班。1972年,学校迁址杨家河沿的新校舍。1981年8月,学校改名九峰小学,戴帽初中一、二年级2个班级学生并入永兴社小的初中部。2004学年,学校有6个班级,126名学生,7名教师。2005年9月,撤销九峰小学并入永兴中心小学。

丁村小学　民国4年(1915)1月创办。民国31年,由周易圭等召集地方绅士筹建开明乡中心学校,春季开学。同年5月日本侵略军窜据戴村,学校被迫停课。民国32年第二学期,迁址丁村庙。民国33年8月,改名开明乡中心国民学校。民国35年第二学期,有教员8人,其中女教员3人,校长周易圭;学生138人,其中女生36人;设有6个年级。1950年10月凌溪乡成立,学校命名为凌溪乡中心学校,学区范围包括李家坞、丁村、后宅、东厢头、后溪、杨树下等6个自然村。1956年2月,凌溪乡并入戴村乡,学校更名丁村小学。1970年9月,附设初中2个班(二年制,一、二年级),1985年9月初中班并入戴村镇中。1995年9月学校有6个班级,在校学生185人,教师9人。2000年9月和墙头小学合并,在凌山村易址建校,改名为戴村镇凌山小学。2004年9月并入戴村镇中心小学。

凌山小学　凌山小学于1965年3月创办。开始以耕读班为名,学生人数不到20人,教师任爱凤1人。地址在杨树下黄观阳家老屋。同年秋正式定名为凌山小学,单班复式。1970年在凌山杨树下建造学校,前方、墙头、李家坞、凌山合并建立凌山完小,校长汤纪祥。1977年前方、墙头、李家坞学生并入丁村小学,凌山恢复三复式小学,教师任爱凤1人。1983年2月根据发展需要,凌山小学撤并到丁村小学。2000年9月,丁村小学与墙头小学合并,在凌山村易址建校,定名为凌山小学(为完小)。2004年9月,凌山小学并入戴村镇中心小学。

1959~2005年戴村镇小学撤并情况

表11-1-6

校　　名	创办时间	撤并前学校规模			撤并时间
		班级	年级	教师数	
凌桥小学	民国34年(1945年)	1	1~2	1	1959
盛家小学	1961年9月	1	1~2	1	1969.9
石马头小学	民国3年(1914年)	2	1~4	3	1971
杨家桥小学	民国37年(1948年)	2	1~4	2	1978.8
后郑小学	民国17年(1928年)	1	1~2	1	1982.9
凌山小学	1965年3月	1	1~2	1	1983.2
戴家山小学	1951年停办,1958年恢复	1	1~2	1	1984.7
河上桥小学	民国时期办过小学(1958.9)	1	1~2	1	1984.9
后马湖小学	民国时期办过小学(1958.9)	1	1~2	1	1987.8
石盖坞小学	民国37年(1948)	1	1~2	1	1987.8

续表 11－1－6

校　　名	创办时间	撤并前学校规模			撤并时间
		班级	年级	教师数	
征山小学	民国 3 年(1914)2 月	1	1～4	1	1988.7
东周小学	民国 34 年(1945)	1	1～2	1	1988.8
冗里小学	民国 37 年(1948)	1	1～2	1	1988.8
中潭小学	民国 16 年(1927)	1	1～2	1	1989.9
前方小学	1951 年	1	1～2	1	1990.9
响石桥小学	1964 年 8 月	1	1～2	1	1991.7
石牛山小学	民国 37 年(1948)	2	1～4	2	1992.7
马谷小学	1944 年	4	1～6	5	1994.9
大湖头小学	民国 33 年(1944)	2	1～4	2	1994.9
下方小学	1950 年	1	1～2	1	1996.7
狮山小学	1950 年 9 月	1	1～4	1	1996.7
建民小学(六联小学)	1950 年 9 月	1	1～2	1	1996.8
孙家小学	1948 年	1	1～2	1	1996.9
李家坞小学	民国 18 年(1929)	1	1～2	1	1996.9
何童埠小学	民国 33 年(1944)	2	1～4	3	1997.8
郁家山下小学	民国 35 年(1946)	2	1～4	3	1997.8
石盖小学	1948 年	2	1～4	2	1997.9
顶山小学	民国 32 年(1943)	4	1～6	4	1998.7
佛山小学	民国 12 年(1923)	6	1～6	8	1998.7
麦园小学	战前	1	1～2	1	1998.9
骆家舍小学	民国 27 年(1938)	5	1～6	8	2000.7
丁村小学	民国 4 年	6	1～6	8	2000.9
墙头小学	1948 年	4	1～6	6	2000.9
振庭小学	民国 35 年(1946)	6	1～6	8	2002.9
尖山小学	民国 28 年(1939)	6	1～6	9	2003.7
朝阳小学	1975 年 9 月	4	1～6	6	2004.9
凌山小学	2000 年 9 月	6	1～6	8	2004.9
东平小学	光绪 34 年(1908)	6	1～6	9	2005.7
九峰小学(张家弄小学)	民国 16 年(1927)	6	1～6	7	2005.8
马鞍小学	民国 17 年(1928)	6	1～6	7	2005.8

说明:①根据萧山区档案馆、戴村镇中心辅导学校有关档案资料整理,以撤并时间先后为序。

②表中“学校规模”栏内不含附设初中班。

③石马头小学 1971 年后改名永兴社小;凌山小学 1983 年并入丁村小学,2000 年丁村、墙头两校撤并,易地新建凌山小学

学校简介

经过教育资源优化、整合配置，至2008年，镇内共有3所中心小学：

戴村镇中心小学　坐落在戴村镇南三村溪河自然村，位于戴村镇人民路南侧。至2007年年底，占地面积12028平方米，建筑面积3905平方米。

学校前身为萧山县立戴村实验小学，创办于民国16年（1927）春，校址初在戴村五王庙。五易其址、八改其名。民国31年，学校更名为萧山县中山堂小学。后又更名为萧山县戴村乡国民中心学校，迁址凌桥村。1945年，学校迁址施材公会，地址在今戴村村。民国36年8月，迁址溪河土地庙。1949年8月，更名为萧山县戴村区中心小学。1954年8月，更名为萧山县河上区校。1968年，学校由戴村贫下中农管理委员会负责管理，下辖村完小17所，即后郑小学、下方小学、戴家山小学、马谷小学、中潭小学、麦园小学、盛家小学、丁村小学、李家坞小学、凌山小学、墙头小学、前方小学、大湖头小学、凌桥小学、振庭小学、石盖小学和孙陆小学。学校本部和下属的振庭小学、丁村小学附设"带帽初中"8个教学班，朝阳初中教学点3个教学班。1970年8月，学校更名为萧山县戴村公社"五七"学校，由贫下中农管理学校。1978年，更名萧山县戴村公社中心小学。

1982年9月，撤销后郑小学，学生并入戴村公社中心学校就读，学校本部及其下辖村完小16所。1984年9月，学校包括本部及其下属丁村、墙头、振庭3所完小和石盖、孙陆、麦园、李家坞、下方、前方、大湖头、马谷、中潭9所村小。1985年9月，学校更名为萧山县戴村镇中心小学。

1988年9月，更名为萧山市戴村镇中心小学。是年增设朝阳完小，至此下属有丁村、朝阳、墙头、振庭4所完小，村小仍为9所。1989年9月，撤销中潭村小，学生并入朝阳完小就读。至此，下属村小为8所。是年10月，学校加入中国红十字会，成为萧山市第一批村小学红十字会团体会员单位。1990年9月，撤销前方村小，学生并入墙头完小就读。至此，下属村小为7所。1994年9月，撤销大湖头和马谷2所村小，学生分别并入墙头完小和朝阳完小就读，学校下属村小为5所。

1995年9月，撤销墙头和振庭完小的六年级，学生并入戴村镇小就读。至此，学校下属有丁村、朝阳2所完小和石盖、孙陆、麦园、李家坞、下方5所村小，以及墙头、振庭2个教学点。1996年9月，撤销李家坞和下方2所村小，学生并入戴村镇小就读，下属村（完）小为3所。1997年9月，撤销石盖村小和墙头完小五年级，镇小迁址原戴村镇中，学校下属村小只麦园村1所。1998年9月，撤销麦园村小和振庭完小五年级，学生并入戴村镇小就读。至此，学校下属有丁村、朝阳2所完小和墙头、振庭2个教学点。是年10月，学校被杭州市教委认定为杭州市农村示范小学。

1999年10月，学校设立教科室。2000年9月，丁村完小和墙头教学点合并，命名为戴村镇凌山小学，有学校本部及其下属凌山、朝阳2所完小和振庭教学点。2001年3月，更名为萧山区戴村镇中心小学。2002年9月，撤销振庭教学点，学生并入戴村镇小就读。2004年9月，撤销凌山分校和朝阳完小，学生并入戴村镇小就读，戴村镇小辖区结束了下设分校的历史。

2008年，学校有24个教学班，1030名学生，50名公办教职工，其中中共党员21人，共青团员14人；有专任教师49人，合格学历100%，其中大学本科毕业27人，专科毕业18人；小学高级教师22人，有浙江省优秀辅导员1名，杭州市优秀辅导员2名，萧山区优秀教师2名，区劳动模范1名，萧山区教坛新秀4名，另有新调入的1名教师为桐庐县教坛新秀。是年1月，学校被教育部、红十字总会授予"全国红十字会模范学校"称号。

学校先后获"杭州市农村示范学校""萧山区文明单位""萧山区教师行为规范达标学校""萧山区学生行为规范达标学校""萧山区爱国卫生先进单位"等。

1927～2008年戴村镇中心小学沿革情况

表11－1－7

学　校	校　址	起讫年月
萧山县立戴村实验小学	戴村五王庙	1927年～1942年
萧山县中山堂小学		
萧山县戴村乡国民中心小学	凌桥村	
萧山县戴村区中心小学	溪河村	1949年8月～1954年7月
萧山县河上区校	溪河村	1954年8月～1969年7月
萧山县戴村公社五七学校	溪河村	1970年8月～1978年7月
萧山县戴村乡中心学校	溪河村	1979年8月～1984年7月
萧山县戴村镇中心小学	溪河村	1985年8月～1987年7月
萧山市戴村镇中心小学	溪河村	1988年8月～2001年2月
萧山区戴村镇中心小学	溪河村	2001年3月～

说明:资料由戴村镇中心小学提供

1927～2008年戴村中心小学领导名录

表11－1－8

校　长	书　记	任职时间	校　长	书　记	任职时间
毛守成		1927～1930	金乃芳 顾望仙(副)	金乃芳	1988.8～1989.7
朱　范、孙丙生、马巨达、方品超、陶吾桥		1930～1947.6	金乃芳	金乃芳	1989.8～1990.7
郭得山		1947.8～1949.5	金乃芳	金乃芳	1990.8～1992.7
沈省悟		1949.6～1949.7	金乃芳 戴剑云(副)	金乃芳	1992.8～1995.7
杨德盛		1949.8～1952.8	戴剑云(副)	金乃芳	1995.8～1996.7
孙关清		1952.9～1953.2	戴剑云(副)	金乃芳	1996.8～1999.7
瞿启新		1953.2～1954.6	戴剑云	金乃芳	1999.8～2000.7
邵　杰		1954.6～1969.5	戴剑云 吴立强(副)	金乃芳	2000.8～2001.7
丁家骥		1969.5～1978.7	戴剑云 吴立强(副)	吴立强	2001.8～2004.7
边善标	边善标	1978.8～1981.7	戴剑云 吴立强(副)	吴立强	2004.8～2006.7
边善标 韩吾忠(副)	边善标	1982.8～1983.7	戴剑云	汤祖锋(副)	2006.8～2007.7
金乃芳	金乃芳	1983.8～1986.7	陈水根 汤祖锋(副)	陈水根	2007.8～
金乃芳 顾望仙(副)	金乃芳	1986.8～1988.7			

说明:资料由戴村镇中心小学提供。

1978～2008年戴村镇中心小学教师学生人数

表11－1－9　单位：人

年份	下辖完（村）小（所）	在校学生			教　师					代课教师	教学班（个）
		总计	男生	女生	总计	公办	民办	男	女		
1978	17	1730	902	828	59	26	33	30	29	－	－
1979	17	1696	978	718	62	34	28	25	37	3	－
1980	17	1689	970	719	63	36	27	31	32	－	－
1981	17	1637	857	780	63	41	22	30	33	4	－
1982	16	1562	839	723	65	45	20	37	28	－	47
1983	16	1480	796	684	63	48	15	29	34	－	44
1984	12	1471	797	674	63	51	12	24	39	－	40
1985	12	1479	794	685	63	49	14	24	39	2	41
1986	12	1431	773	658	70	57	13	31	39	－	41
1987	12	1509	808	701	76	62	14	26	40	2	42
1988	13	1646	874	772	72	63	9	28	44	7	44
1989	12	1651	858	793	75	56	19	29	46	－	45
1990	11	1626	846	780	64	57	7	23	41	11	44
1991	11	1614	824	790	63	58	5	23	40	11	44
1992	11	1598	839	750	64	59	5	29	37	13	41
1993	11	1629	838	791	67	61	6	30	37	11	41
1994	9	1564	802	762	63	59	4	28	35	15	41
1995	7＋2	1472	759	715	66	65	1	32	34	9	38
1996	5＋2	1141	446	695	65	65	0	33	32	8	37
1997	2＋2	1298	680	618	59	59	0	29	30	4	38
1998	2＋2	1174	615	559	58	58	0	30	28	4	34
1999	2＋2	1069	555	514	58	58	0	29	29	－	34
2000	2＋1	1027	－	－	57	57	0	－	－	－	30
2001	2＋1	977	－	－	56	55	1	－	－	－	30
2002	2	970	－	－	57	57	0	－	－	4	29
2003	2	971	－	－	54	54	0	－	－	5	29
2004	0	932	491	441	53	53	0	28	25	9	24
2005	0	1020	556	464	53	53	0	28	25	3	23
2006	0	1054	576	478	47	47	0	22	25	3	23
2007	0	1062	585	477	53	53	0	24	29	3	24
2008	0	1030	557	473	50	50	0	23	27	6	24

说明：1. 注：资料由戴村镇中心小学提供。

2. 表中“下辖完（村）小”栏，从1995年至2001年有“＋2”“＋1”，所加的为“教学点”数量

云石中心小学　坐落在戴村镇青山村114号，前身为云石乡中心小学。创建于民国10年(1921)，校址在沈村村，初名沈村乡沈村小学，第一任校长沈道源。民国12年，学校成立沈村乡教育会。抗日战争后，称沈村乡中心国民学校。民国36年2月，改称长潭乡中心国民小学。1950年，改名为戴村区第四小学(简称四小)。1956年，改名云石乡中心小学(简称乡校)。1959年称戴村人民公社长潭中心小学，1961年更名云石人民公社中心小学，1984年称云石乡中心小学。1992年迁至云石青山脚下。2001年7月，云石乡与戴村镇合并，学校更名为萧山区戴村镇云石中心小学。

20世纪50～70年代，学校贯彻党的教育方针，发展平稳。1984年，云石乡校下辖东平小学、骆家舍小学、尖山下小学、佛山小学、顶山小学、狮山小学、征山小学、石牛山小学、响石桥小学9所村完小。有专任教师49人，其中乡校18人，东平小学9人，骆家舍小学5人，尖山下小学6人，佛山小学5人，顶山小学2人，狮山小学、征山小学、石牛山小学、响石桥小学各1人。1985年，各校共有班级33个，学生总数1016人，全乡学生入学率除东平小学为98.6%以外，其余9所学校学生入学率均为100%。全乡教师总人数54人，其中专任教师49人，行政人员3人，工勤人员2人，另有代课教师7人。教师中有共产党员5人，共青团员13人。是年，云石乡各小学校长(负责人)为：云石乡中心小学俞乔根，东平小学傅海兴，骆家舍小学李兴成，佛山小学吴坚敏，尖山下小学顾永飞，顶山小学陈沈富，狮山小学蒋仁良，石牛山小学沈静珍，响石桥小学沈巨凤，征山初级小学蒋仁根。

1989年，云石乡中心小学本部有教职工21人，其中专任教师17人，代课教师1人。专任教师中，中师、高中毕业14人，初中及以下学历2人。1989～1990学年，云石乡各校在校学生人数：中心小学373人，东平小学323人，骆家舍小学112人，佛山小学123人，尖山下小学170人，顶山小学22人，狮山小学20人，石牛山小学35人，响石桥小学9人，征山初级小学在校学生数不详。1991年，尖山下小学投资29.3万元扩建校舍。是年，骆家舍小学五、六年级学生撤并至尖山下小学就读，一至四年级学生因年龄小仍就读于骆家舍小学。

1992年，在时任校长丁纪焕主持下，学校迁离沈村老校区，到青山脚下易地新建(现址)。是年，投资42万元的新校舍落成，占地面积11655平方米，建筑面积1448平方米，建有教学楼1幢，可用教室15间，教师办公室9间。1993年学校新建食堂1间，建筑面积183平方米，为单层平房，投资7万元。是年9月，佛山小学五、六年级学生撤并至中心小学就读，一至四年级学生仍就读于佛山小学。1995学年，撤狮山小学。是年，中心小学共有教职工53人，其中专任教师47人，行政人员5人，工勤人员1人。另有代课教师3人。教师中有3名来自湖北的少数民族青年。学校下辖东平小学、尖山下小学、佛山小学，骆家舍小学、顶山小学等5所村完小。1998年，东平小学投资45万元重建，12月竣工。是年，佛山村小学并入中心小学。1999年，学校联合其他相关单位，投资34万元，新建建筑面积为528平方米的3层教师宿舍1幢，拥有寝室18间，缓解了本校及附近教育机构教师的住宿问题。

2000年撤骆家舍小学，学生并入中心小学就读。2000年，撤尖山下小学，学生并入中心小学就读。至此，整个云石乡只剩下东平学校1所村完小。2005年，东平完小撤销并入中心小学，结束了辖区内下设分校(村完小)的历史，全乡学生全部集中到了中心学校就读，实现了云石乡办学史上历史性转变。

2005年9月，投资210万元，建成建筑面积2700平方米的综合楼投入使用，学校总建筑面积达4859平方米。综合楼内设行政办公室4个，教室16个，包括2个音乐教室，2个实验室，1个计算机教室，2个多媒体教室，2个美术教室，2个阅览室、1个会议室、2个实验室、2个体育室，还设有心理辅导站、广播站等辅助科室。综合楼的建成，改善了学校教室少、教学场地拥挤的情况。

学校坚持“以人为本，全面发展”的办学理念，积极推进素质教育，努力提高教育质量。1991年，学校全面推广普通话，成为萧山市农村小学推广普通话先进单位。1993年8月，《国家语言文字报》刊文称赞学校推广普通话的工作是“值得推广的好经验”。1995年4月，全国人大常委会副委员长、国家语言文字工作委员会主任许嘉璐到校视察，对学校推广普通话的工作予以充分肯定。从1999年开始，学校进行“生态德育”的探索和研究。十年来，自编校本教材《碧水蓝天永相伴》，并逐步形成自己的“生态德育”体系，生态德育正在成为学校的办学特色。1999 年,生态教育课题成果获杭州市三等奖、萧山市一等奖。1995 年被命名为“萧山市文明单位”。1998 年被评为杭州市二级学校,2003 年获“杭州市萧山区教育系统行风建设先进集体”,2007 年被评为“实践陶行知教育思想先进集体”,2008 年获萧山区“德育先进集体”“杭州市爱国卫生先进单位”、被评为“省三类标准化学校”等。

多年来,云石中心小学为上级学校培养一大批合格生源,不少学生成长为杰出人士。例如学生沈定国,1951 年毕业于云石中心小学,1962 年毕业于北京医科大学,为解放军总医院神经肌病研究室主任、主任医师、博士生导师,中华神经病学会神经肌肉病学组组长。1992 年获人事部授予有突出贡献的中青年专家,享受国务院特殊津贴。又如学生唐一文,1954 年毕业于云石中心小学,1965 年毕业于浙江美术学院版画系,为国家二级美术师。学生沈培云,曾担任中国人民解放军某部炮兵旅旅长。

至 2008 年,全校有 12 个教学班,557 名学生,33 名公办教职工,其中中共党员 10 人,共青团员 4 人;有专任教师 32 人,合格学历 100%,其中大学本科毕业 8 人,专科毕业 18 人;小学高级教师 17 人;杭州市教坛新秀 3 人,萧山区教坛新秀 3 名;萧山区优秀教师 2 名。

1971～2008 年部分年份云石中心小学教师学生情况

表 11－1－10　　单位:人

年份	下辖小学(所)	在校学生			教　师			代课教师	教学班(个)
		合计	男生	女生	合计	公办	民办		
1971	－	－	－	－	62	21	41	0	－
1979	10	1544	810	734	65	23	42	0	44
1980	10	1483	755	728	61	24	37	0	40
1981	10	1371	700	671	59	29	30	0	39
1982	10	1215	－	－	66	38	28	6	－
1983	10	1178	595	583	49	26	23	0	36
1984		－	－	－	42	－	－	－	－
1985	10	1016	516	500	54	29	25	2	33
1986	10	957	469	488	50	29	21	9	33
1987		－	－	－	59	－	－	0	－
1988	10	1161	570	591	57	35	22	10	36
1989		－	－	－	59	－	－	－	－
1990		1231	614	617	56	－	－	－	－
1991		－	－	－	74	－	－	－	－
1992		－	－	－	74	－	－	－	－
1995	5	1076	541	535	49	49	0	－	31
1996	5	990	496	494	53	53	0	3	29

续表 11－1－10 单位：人

年份	下辖小学（所）	在校学生			教师			代课教师	教学班（个）
		合计	男生	女生	合计	公办	民办		
2000		703	355	348	–	–	0	–	–
2001		683	339	344	44	44	0	0	22
2002	2	597	295	302	–	–	0	0	–
2003	1	529	272	257	41	41	0	–	18
2004	1	508	267	241	40	40	0	–	18
2005		514	264	250	39	39	0	–	15
2006		575	302	273	34	34	0	–	15
2007		587	314	273	34	34	0	–	14
2008		575	285	290	33	33	0	–	14

说明：资料由云石中心小学提供

1921～2008年云石中心小学历任校长（负责人）名录

表 11－1－11

姓名	性别	籍贯	职务	任职时间
沈道源	男	萧山	校长	1921～1949
俞百球	男	萧山	校长	1949～1954
邵竞成	男	萧山	校长	1954～1959
潘士俊	男	萧山	副校长（主持工作）	1959～1962.8
傅国品	男	萧山	教导主任（主持工作）	1962.9～1963.7
傅国品	男	萧山	校长	1963.8～1969.7
沈观兴	男	萧山	贫管组长	1969～1975
郭初梅	男	萧山	负责人	1975～1978.6
郭初梅	男	萧山	校长	1978.7～1981.7
金乃芳	男	萧山	校长	1981.8～1984.7
邵仁德	男	萧山	校长	1984.8～1985.7
俞樵根	男	萧山	校长	1985.8～1987.7
黄吾康	男	萧山	校长	1987.8～1988.7
丁纪焕	男	萧山	校长	1988.8～2001.7
丁逸铭	男	萧山	校长	2001.8～2007.7
丁火明	男	萧山	校长	2007.8～

说明：资料由云石中心小学提供

永兴小学　始建于1928年,创建人许洞珊,校址在马鞍村蚕花庵内,校名马鞍中山堂小学,也称蚕花庵小学。1934年,改名戴村区马鞍初级小学。1941年1月,改名浦南乡中心小学校。1943年第二学期,有教员2人,学生50人,其中女生5人,设6个年级,全为复式班。校长许洞珊兼课,先后任教的有祝庆祥、夏相士、郭晋封、洪炳松、章先生、胡国安、朱吉身等。

中华人民共和国成立后,改名复兴乡乡校,后又改为马鞍乡乡校、永兴乡社小。1971年9月,从马鞍迁移到石马头(当时公社所在地),由公社文教干事韩奎生兼任社小校长,时有6个班级。下辖11所小学:河上桥小学、杨家桥小学、九峰小学(张家弄)、后马湖小学、何童埠小学、东周小学、光明小学(郁家山下)、石盖坞小学、建民小学(积堰山)、马鞍小学、冗里小学。1976年,改名永兴中心学校。1977年9月,撤销建民小学所附设的初中班,以及马鞍小学所附设的高中班;中心学校撤高中班,暂时保留初中班。1978年9月,永兴中心学校下辖2所完小、9所村小。完小是九峰小学(张家弄)、马鞍小学;村小是何童埠小学、光明小学(郁家山下)、石盖坞小学、建民小学(积堰山)、冗里小学、后马湖小学、东周小学、河上桥小学、杨家桥小学。

1984年,永兴中心学校改名为永兴乡中心小学,小学附设的初中班全部撤销,永兴公社初中单独建制。1992年永兴乡并入戴村镇后,改名为戴村镇永兴中心小学。1985年至1997逐步完成撤并村小,学区内形成一所中心小学即永兴中心小学,两所完小即九峰小学和马鞍小学。永兴中心小学有13个班级、550名学生和33名教师。九峰完小校长郭妙金,有6个班级、244名学生和9名教师;马鞍完小校长谭先富,有6个班级、199名学生和8名教师。

2005年8月,撤九锋小学和马鞍小学两所分校,并入中心小学,结束了永兴中心小学下设分校的历史。撤并前的2004学年,九峰小学有6个班级、126名学生和7名教师,校长姚笛,学校占地面积2001平方米,校舍建筑面积980平方米。马鞍小学有6个班级、114名学生和6名教师,校长谭先富,学校占地面积2032平方米,校舍建筑面积875平方米。

至2008年年底,永兴中心小学占地面积4595平方米,校舍建筑面积1902平方米,共有13个班、478名学生和32名教师。

1928~2008年萧山区戴村镇永兴中心小学历任校长(负责人)名录

表11-1-12

姓　名	职务	任职时间	姓　名	职务	任职时间
许洞珊	校长	1928~1949	郭初梅	校长	1971.1~1971.7
朱丁一	校长	1950.2~1952.8	韩奎生	负责人	1971.8~1978.7
沈吾泉	校长	1952.10~1955.8	韩奎生	校长	1978.8~1981.7
洪水根	代理校长	1955.9~1957.7	盛吾木	校长	1981.8~1984.7
陈继良	负责人	1957.8~1957.12	瞿森根	校长	1984.8~1992.7
李维新	校长	1958.1~1958.12	韩奎生	校长(书记)	1992.8~1995.7
方剑青	校长	1959.1~1962.8	丁逸铭	校长(书记)	1995.8~2000.7
汤伟根	校长	1962.9~1969.5	朱水飞	校长(书记)	2000.8~2006.7
盛吾金	贫宣队负责人	1969.6~1970.12	吴立强	校长(书记)	2006.8~

说明:①资料由永兴中心小学提供。

②均为男性

1985～2008年永兴中心小学师生人数

表11－1－13

年份	校　名	班级（个）	在校学生（人）	教职工（人）
1985	永兴中心小学	6	259	16
	九锋小学	5	209	6
	马鞍小学	4	168	6
	光明小学	3	91	4
	何童埠小学	3	61	3
	东周小学	1	19	1
	后马湖小学	1	12	△1
	石盖坞小学	1	25	1
	建民小学	1	14	1
	冗里小学	1	20	1
1986	永兴中心小学	6	260	15
	九锋小学	5	195	7
	马鞍小学	4	167	6
	光明小学	3	85	4
	何童埠小学	2	45	3
	东周小学	1	21	1
	后马湖小学	1	15	△1
	石盖坞小学	1	17	1
	建民小学	1	19	1
	冗里小学	1	28	1
1987	永兴中心小学	7	295	16
	九锋小学	5	199	8
	马鞍小学	5	163	6
	光明小学	3	94	4
	何童埠小学	2	65	3
	东周小学	1	20	1
	建民小学	1	16	1
	冗里小学	1	20	1
1988	永兴中心小学	10	384	21
	九锋小学	6	229	9
	马鞍小学	6	222	9
	光明小学	1	25	1
	何童埠小学	1	27	1
	建民小学	1	14	1
1989	永兴中心小学	9	348	23
	九锋小学	6	219	9
	马鞍小学	6	204	9
	光明小学	1	28	1
	何童埠小学	1	25	1
	建民小学	1	14	1
1990	永兴中心小学	313	313	19
	九锋小学	6	221	9
	马鞍小学	5	184	9
	何童埠小学	1	33	1
	光明村小	1	33	1
	建民村小	1	16	1
1991	中　　学	9	413	17
	永兴中心小学	7	324	21
	九锋小学	6	219	6
	马鞍小学	6	190	8
	何童埠村小	1	42	1
	光明村小	1	34	1
	建民村小	1	16	1
1992	永兴中心小学	8	316	21
	九锋小学	6	231	9
	马鞍小学	6	173	8
	积堰山小学	1	22	1
	郁家山小学	2	42	2
	何童埠小学	8	38	1
1993	永兴中心小学	8	332	22
	九锋小学	6	240	8
	马鞍小学	6	184	8
	积堰山小学	1	21	1
	郁家山小学	1	43	1
	何童埠小学	1	34	1
1994	永兴中心小学	9	350	20
	九锋小学	6	252	10
	马鞍小学	6	183	7
	积堰山小学	1	13	1
	郁家山小学	1	39	1
	何童埠小学	1	25	1
1995	永兴中心小学	9	356	24
	九锋小学	6	250	10
	马鞍小学	6	177	7
	积堰山小学	1	14	1
	郁家山小学	1	33	1
	何童埠小学	1	25	1
1996	永兴中心小学	10	352	24
	九锋小学	6	250	10
	马鞍小学	6	197	9
	郁家山小学	1	35	1
	何童埠村小	1	33	1
1997	永兴中心小学	9	365	
	九锋小学	6	244	
	马鞍小学	6	199	
1998	永兴中心小学	11	397	24
	九锋小学	6	227	9
	马鞍小学	6	189	8
1999	永兴中心小学	11	360	19
	九锋小学	6	204	9
	马鞍小学	6	171	7
2000	永兴中心小学	11	337	19
	九锋小学	6	194	9
	马鞍小学	6	164	9
2001	永兴中心小学	10	336	23
	九锋小学	6	174	9
	马鞍小学	6	155	9
2002	永兴中心小学	10	303	20
	九锋小学	6	156	9
	马鞍小学	6	143	8
2003	永兴中心小学	10	297	20
	九锋小学	6	143	7
	马鞍小学	6	129	7
2004	永兴中心小学	10	287	21
	九锋小学	6	126	7
	马鞍小学	6	114	6
2005	永兴中心小学	13	550	33
2006	永兴中心小学	13	539	32
2007	永兴中心小学	13	541	32
2008	永兴中心小学	13	478	30

说明：①资料由永兴中心小学提供。统计时间均为各年9月。　②“教职工”栏中打△者指长期代课教师

1989～2008年永兴中心小学初等教育普及情况

表11－1－14　单位：人

年份	学龄儿童入学率			在校生巩固率		毕业率		初等教育普及率	
	儿童数	入学数	入学率（%）	人数	巩固率（%）	人数	毕业率（%）	15周岁人数	普及率（%）
1989	795	793	99.7	901	100	176	100	526	99.2
1990	790	789	99.9	838	100	158	100	471	99.6
1991	785	782	99.6	800	100	128	100	448	100
1992	761	759	99.7	825	100	179	100	449	100
1993	789	789	99.6	822	100	122	100	440	100
1994	837	837	100	854	100	116	100	172	100
1995	827	827	100	862	100	115	100	117	100
1996	821	821	100	855	100	133	100	74	100
1997	866	866	100	867	100	149	100	139	100
1998	811	811	100	854	100	162	100	117	100
1999	762	762	100	811	100	147	100	123	100
2000	722	722	100	735	100	132	100	139	100
2001	708	708	100	695	100	115	100	135	100
2002	668	668	100	665	100	157	100	151	100
2004	646	646	100	569	100	109	100	119	100
2005	661	661	100	287	100	34	100	154	100
2006	641	641	100	550	100	93	100	136	100
2007	623	623	100	539	100	93	100	104	100
2008	1004	1004	100	479	100	103	100	88	100

说明：①资料由永兴中心小学提供。统计时间均为各年9月20日。缺2003年数据。

②“学龄儿童”指7～12周岁儿童；“在校学生巩固率”取总数，不分各年段的具体情况

第五节　初中教育

发展概况

民国时期，今戴村镇域没有初中教育，广大贫苦农民子弟连小学都念不起，不要说念初中了。少数富家

子弟只能到杭州、萧山、绍兴等地去念初中。所以,时戴村有初中以上文化的人很少。

中华人民共和国成立后,随着小学教育的普及,农家子弟要求念初中的越来越多。1956年,萧山县文教局在戴村创建“萧山县第六初级中学”,校址在戴村区中心学校内。是年9月正式开学,招2个初中班108名学生。由区校校长兼初中校长,教育局分配李洁非、陈济时、高秀英3位老师来任教,小学安排部分教师兼课。初创时期,学校规模为6个班,每年招收2个班。1970年,戴村中学(六中)实行高中定向免试入学,基本上每个大队分到一个初中毕业生名额,由学校和大队从小学戴帽的初中毕业生中推荐读高中。至1984年初中部撤销。萧山六中为戴村一带培养了大批合格的初中毕业生。

20世纪50年代中后期,戴村各地办起农业中学。据1958年6月25日统计,今戴村域区内曾办过14所(点)农业中学。其中戴村乡有农中(点)4所、班级4个,学生81人,兼职教师5人,学习形式为半日制(夜中学);振庭乡有农中(点)2所、班级2个,学生42人,兼职教师3人,学习形式为半日制;云石乡有农中(点)2所、班级2个,学生45人,兼职教师3人,学习形式为半日制;白马乡有农中(点)6所、班级6个,学生92人,兼职教师8人,学习形式为夜中学。1959年8月,各校农中学生并入萧山县第六初中,农中停办。1965年8月又恢复办农中。云石公社农中班级1个,初一学生19人、初二8人,共27人为复式班,有专任教师1人、兼职教师2人;云石平山农中1个班有初一学生35人,专任教师1人;永兴农中1个班有初一学生40人,专任教师1人;戴村农中1个班,有初一学生50人,专任教师1人。“文化大革命”期间,为便于贫下中农子女就近入学,各公社纷纷办起初中、小学“戴帽初中”,农中一度减少。1980年8月,云石公社中学恢复为“云石公社农业中学”。1984年5月,更名为云石乡初级中学。

50~60年代,戴村各地还办过民办初中,以满足农家孩子就读初中的需要。戴村民办初中创建于1960年8月,校址在永兴石马头村惜谷庙,生源来自萧山第六初中分出来的云石、振庭、马安、许贤片学生,共3个班,158个学生全部住校。校长王吾贤,教导主任祝克琼,教师有倪锦清、葛略民、章友生等6人,课程全部按全日制初中设置。经济来源以教育局拨款为主,学生每学期交学费6元,勤工俭学收入为补充,学校有水稻田10亩多,养猪场1个。1963年7月,最后一批学生毕业后学校停办。毕业学生大多数参加农业劳动,少数继续读高中。在戴村民办初中就读过的学生俞吾尧,曾任中共杭州市委组织部副部长。

60年代中后期贯彻“教育要革命”指示精神,为了让更多孩子能够读初中,今戴村镇域内先后有12所小学附设了初中班。其中永兴公社有建民、马安、石马头(后改中心学校)、张家弄(九峰)4所小学附设初中班;戴村公社有戴村中心小学、丁村小学、振庭小学3所小学附设初中班;云石公社有骆家舍、尖山、东平、佛山(新农)、云石中心小学5所小学附设初中班。马安、云石还办过高中班。学制为初中、高中各2年。

1969年5月,贫下中农进驻并管理学校,“民办教师”进教室上课,公办教师下放参加劳动,或回队任教,户粮关系转到生产队,工资实行工分加补贴,接受贫下中农“再教育”。当时云石东平学校更名为“云石公社东平五七学校”,1974年小学附设初中班。云石胜利大队往里的10个大队初中生都到东平五七学校读书,由起初的3个班逐年增加到4个班,全校教师从9人增到20余人。由于教育教学经费、校舍严重不足,把胜利、勤工、金星、增丰4个大队的一、二年级小学生,统统下到各自所在大队,开设小学复式教学。直至1985年,摘掉小学“戴帽”初中班,改名为东平小学。1970年,张家弄、杨家桥、后马湖、河上桥4个大队联合建造九峰初中,共同出资在张家弄庵山南麓建造校舍,开设二年制初中3个班。当时有学生150人左右,配备教师9人。1975年9月,戴村公社的马谷、中潭、麦园、盛家大队联办了朝阳初中(校址在中潭村)。

1976年,在“初中不出队”基础上又提出“高中不出社”的口号,造成中学教学一哄而上局面。这种办学模式虽然对提高初高中的入学率,提高青少年文化程度起到一定的作用,但它不仅加重社队两级经济负担,使得当时有限的教育资源更显不足。为解决师资问题,部分小学教师拔高担任初、高中教师,并向社会上招收为数不少的民办代课教师。

据1978年9月教育年报统计,戴村公社戴帽初中共8个班,另有朝阳初中3个班,共有489名学生,其中女生227人,公办教师11人,民办教师14人。1981年9月教育年报统计,戴村公社3所戴帽初中8个班,朝阳初中2个班,共10个班,465名学生,其中女生186人,公办教师8人,民办教师12人,其中女教师9人。

1982 年 9 月统计,上述学校只有 7 个初中班、325 名学生,其中女生 125 人,公办教师 4 人,民办教师 13 人,其中女教师 6 人。

“文化大革命”结束后,全面整顿中学教育秩序,社办高中被紧急叫停。1977 年下半年,全县开始整顿小学附设初中班现状,永兴片建民“戴帽初中”并入马安“五七”学校。1978 年云石公社中学停止招收高中班。1980 年调整初中布局,小学摘去附设的初中“帽子”。1983 年,云石公社撤销佛山教学点并入沈村,撤销尖山、骆家舍教学点并入东平,此时,云石公社仅有沈村、东平里外两个初中教学点。部分在初中任教的小学教师回小学任教。

1981 年 8 月,九峰(张家弄)“戴帽初中”一、二年级两个班级学生并入永兴社小的初中部。1982 年年初,永兴公社党委政府决定新建永兴公社初中,选址黄洞岭原公社牧场地点。1983 年 7 月校舍竣工,学校占地 5900 平方米,建筑面积 1782 平方米,9 月搬入使用。马鞍小学初中部、社小初中部撤销,至此,永兴公社就一所初中,规模为 6 个班级,教职工 16 人。1984 年 9 月,永兴初中招收未考上高中的初中毕业生 40 人(女 31 人、男 9 人),举办服装专职班(3 + X),让这些学生学习一年专业知识,走上社会就业。1985 年 5 月,学校更名为永兴乡初级中学。时有 6 个班级、356 名学生、16 个教职工。1996 年 9 月,学校有 7 个班级,331 名学生,23 名教职工(其中代课 3 名)。戴村镇永兴初中 1983 ~ 1997 年历任校长:1983 年 7 月至 1984 年 8 月,校长方树松;1984 年 9 月至 1992 年 8 月,校长、书记周豪放;1992 年 9 月至 1997 年 8 月,副校长、书记周豪放;1989 年 9 月至 1992 年 8 月,副校长俞建坛;1992 年 9 月至 1997 年 8 月,校长俞建坛。至 1997 年 9 月,永兴初中并入戴村镇初中,实现两校合一。

1985 年 9 月,新建的戴村镇初中投入使用,丁村、振庭、镇小 3 所“戴帽初中”班和朝阳初中,全部并入戴村镇初中,并接收萧山六中的 2 个初三班。至此,结束了戴村镇学区内下设初中校点的历史。是年,云石乡党委、政府通过三个“一点”:“上级补一点、政府拨一点、社会捐一点”,共集资 28 万元,兴建云石乡初中教学楼,建筑面积 1545 平方米,1987 年 8 月交付使用。是年 9 月,东平学校初中教学点并入云石乡初中。至此,云石全乡为 1 所初中。1994 年年初,为适应教育事业发展需要,投资 31 万元建造云石初中综合楼,占地 163 平方米,建筑面积 650 平方米。2001 年 7 月,云石乡并入戴村镇,学校更名为萧山区戴村镇云石初级中学。

学校简介

至 2008 年,镇内有戴村初中、云石初中两所初级中学。

戴村初中　始建于 1984 年,校址在戴村社小北面,占地面积 3.75 亩,校舍面积建筑 1356 平方米,教学楼 1 幢。创办之初,有初一 2 个班、初二 2 个班、初三 2 个班,有教师 12 人。

1985 年,新校舍主体落成启用,但教育辅房尚未建好。是年 9 月,从戴村中学(即萧山六中)接受初三班 2 个。1986 年,学校通过师生义务劳动,填平了 1500 平方米左右的操场,建造了沙坑、篮球场。学校有经营服装的校办厂 1 个,年产值 12 万元,利润 5000 元。1988 年 9 月,长河保温材料厂转为学校校办厂,每年利润基数 7000 元,年底厂址搬迁到校。

1992 年,学校新建 1 幢教学楼投入使用;建好旗杆,校风牌,搞好校内操场绿化,浇好旧教学楼后面水泥地坪。为了实现戴村镇中、永兴初中两中合一,是年开始学校易地新建,新校址设在大湖头村东面、凌桥村北面。1997 年 8 月,学校新校舍完成第二期工程,新校舍总计建筑面积 7456.3 平方米,占地面积 23411 平方米,绿化面积 2300 平方米,“回”字型教学区错落有致。7 月初搬入新校址,9 月份完成戴村镇中和永兴初中两校合并,开创了萧山两校合并的先河。

1998 年,学校围绕争创杭州市农村示范初中开展工作,被评为萧山市教育系统二十佳领导班子。1999 年,学校修订《学校各类人员岗位职责》《学校常规管理规程》。是年 9 月,被杭州市教委命名为杭州市农村示范初中。2000 年 3 月,为实现学校教育、家庭教育和社会教育三位一体,成立“戴村镇中家长委员会”,制订家长委员会章程。是年,学校成立法制学校,戴村镇人武部长朱新林任名誉校长,戴村镇辅导学校主任邵力军任校长,戴村派出所所长陈国军任副校长。

2001 年,学校获“萧山区文明单位”。2003 年,成为萧山区“教师行为规范达标学校”。2004 年,获首批“杭州市人民满意学校”称号。2005 年,被评为“萧山区教育系统先进集体”。2006 年,被命名为萧山区第二批“学习型学校”。

2007 年,根据萧山区中小学校际教研协作共同体要求,戴村镇中、长山初中、义蓬一中、常山四中成立 4 校“城乡结对教学互助共同体”。是年,学校被评为“萧山区教师素质提升工程先进集体”。2008 年,学校获浙江省“健康促进学校铜奖单位”“萧山区教育系统先进党支部”。

至 2008 年,学校有 15 全班、学生 674 人。其中七年级 5 个班级,学生 260 人;八年级 5 个班级,学生 208 人;九年级 5 个班级,学生 206 人。有公办教职工 60 人,临代人员 8 人。先后被评为杭州市教坛新秀的有黄建芳、任华芳、陶靖宇等;被评为萧山区教坛新秀的有瞿叶红、黄建芳、任华芳、何赣湘、孙新苗等;洪土校、杨家友、胡学兴获萧山区“园丁奖”称号;任华芳获得萧山区第五届优秀教师称号;郑立涛获得萧山区家庭事业兼顾型优秀教师称号;俞银木获杭州市基础教育课程改革优秀教师称号。

戴村镇中历任校长名录

表 11－1－15

姓名	性别	任职时间	姓名	性别	任职时间
韩吾忠	男	1985.8～1990.7	邵力军	男	1994.8～2005.7
韩雪琴	女	1990.8～1992.7	胡学兴	男	2005.8～2007.7
郭志安	男	1992.8～1994.7	朱伟瑜	男	2007.8～2008

1985～1996 年戴村初中发展情况

表 11－1－16

年份	班级(个)			学生(人)	教职工(人)	
	一年级	二年级	三年级		公办	民办(代课)
1985	3	4	2	528	25	8
1986	4	3	4	660	26	8
1987	3	4	3	624	21	7
1988	3	3	4	560	24	9
1989	4	3	3	500	26	7
1990	5	4	3	596	28	9
1991	5	5	4	719	29	15
1992	5	5	5	772	30	17
1993	5	5	5	754	33	15
1994	5	5	5	742	42	10
1995	6	5	5	753	45	9
1996	5	6	5	757	56	7

说明:资料由戴村初中提供

云石初中　云石初级中学创办于1958年9月，前身为云石公社农业中学，校址初设在沈村沈友岐家中，负责人潘士俊。1961年无力继续办学，并入位于石马头惜谷庙的萧山县戴村区初中。1968年9月，重新在沈村云石公社中心小学附设了初中教学点，命名为“沈村‘五七’学校”。1973年9月，初中部分迁址青山村。1976年开设高中班，免试定额招收云石公社各大队初中毕业生入学。是年，招收高中2个班，初中8个班，学校更名“萧山县云石公社中学”。1978年停止招收高中班。

1980年，学校重新称“萧山县云石公社农业中学”。是年，学校各年级2个班共有6个班。1984年5月，更名“萧山县云石中学”，学校兼管东平初中教育。1985年，云石乡党委、政府募捐筹集资金28万元，建造4层教学楼1幢，建筑面积1545平方米，有12个教室、4个办公室及实验室等，1987年9月交付使用。是年，撤并东平学校初中教学点，云石全乡合并为1所初中，学校更名为“萧山县云石乡初级中学”，时有教师26人，学生350余人。1994年投资31万元在教学楼旁边拼墙建造综合楼，占地163平方米，建筑面积650平方米。

2001年7月，云石乡并入戴村镇，学校更名为“萧山区戴村镇云石初级中学”，有学生413人。

至2008年，有268人。学生综合素质逐年提高，在萧山中小学各项比赛中取得较好成绩。例如，2004年在“弘扬民族精神，立志报效祖国”读书教育活动中，201班学生曹璐瑶获杭州市优胜奖。2006年，学生沈小青在“共建和谐家园”读书征文活动中获杭州市优胜奖；丁俞芳获萧山区一等奖。2007年，顾淑兰获萧山区第八届暑假读好书活动区二等奖；俞琼获萧山区九年级话题作文区二等奖；李淑云获萧山区第八届中小学学生电脑制作评选初中组区二等奖。

随着学校发展，教职工队伍不断壮大，教师学历、教学水平和经验不断提高。先后有俞银木、何国英等被评为杭州市教坛新秀；徐利松被评为萧山区（市）教坛新秀；朱伟瑜被评为杭州市“三育人”先进个人；郑旭亚、顾纪川、姜燕飞获萧山区教育系统先进个人；喻克安被评为萧山市劳动模范；余玉芳获浙江省“春蚕奖”。

学校先后获萧山市教育系统先进集体、杭州市国家体育锻炼达标（试行办法）先进学校、萧山区安全文明校园、萧山区教师行为规范达标学校等荣誉。

1989～2008年云石初中集体荣誉录

表11－1－17

年份	荣誉名称	年份	荣誉名称
1989	萧山市学校体育卫生验收合格单位	2002	萧山区行风建设先进单位
1989	萧山市教育系统先进工会	2002	萧山区文体工作先进集体
1993	萧山市级先进团支部	2002	中共戴村镇优秀党支部
1994	萧山市级先进团支部	2003	萧山区级学校体育工作成绩综合考评先进单位
1994	萧山市教育系统先进集体	2003	萧山区教育系统先进集体
1994	萧山市学校体育达标先进单位	2003	萧山区卫生先进集体
1997	萧山市级先进团支部	2004	萧山区安全文明校园
1998	萧山市级先进团支部	2004	杭州市读书活动团体优胜
1998	萧山市社会主义道德建设年活动先进单位	2004	中共戴村镇先进党支部
1998	杭州市国家体育锻炼达标试行办法先进学校	2004	萧山区戴村镇先进集体

续表 11－1－17

年份	荣誉名称	年份	荣誉名称
1999	萧山市教育系统德育工作先进集体	2005	萧山区安全文明校园
1999	萧山市级治安安全单位	2005	中共戴村镇优秀党支部
2001	萧山区教育系统2000年度二十佳领导班子	2005	萧山区教师行为规范达标学校
2001	萧山区2000年度学校红十字会工作先进单位	2005	萧山区2005年教师培训工作先进集体
2001	萧山区依法治区普法教育先进集体	2006	萧山区2001－2005依法治区普法教育先进集体
2002	萧山区行风建设先进集体	2006	萧山区学校体育综合成绩考评先进集体
2002	萧山区文明单位	2006	萧山区“学习型”学校
2002	萧山区巾帼文明示范岗	2006	萧山区安全文明校园
2002	萧山区级学校体育工作成绩综合考评先进单位	2006	萧山区“共建和谐家园”读书征文活动团体优胜奖
2002	萧山区爱国卫生先进单位	2007	萧山区读书征文活动团体优胜

注:资料由云石初中提供。

1958年～2008年云石初中历任校长(负责人)名录

表 11－1－18

姓名	任职起止时间	姓名	任职起止时间	姓名	任职起止时间
潘士俊△	1958.9～1959.8	潘妙法△	1982.8～1984.5	谢水明	1990.8～1993.7
郭初梅△	1966.8～1969.7	潘妙法	1984.5～1988.7	沈伟根	1993.8～1998.2
金乃芳△	1969.8～1978.7	沈伟根	1988.8～1989.7	朱伟瑜	1998.3～2007.7
王梓林△	1978.8～1980.7	周关琪	1989.8～1990.7	俞银木	2007.8～
董致坤△	1980.8～1982.7				

说明:①资料由云石初中提供。

②△者职务为校“负责人”。

③均为男性,萧山籍

1999～2008年云石初中历届毕业生升学情况

表 11－1－19

年份	重点高中(人)	普通高中(人)	时间	重点高中(人)	普通高中(人)
1999	19	45	2004	27	42
2000	26	46	2005	19	39
2001	26	50	2006	21	34
2002	13	46	2007	17	37
2003	28	43	2008	15	27

说明:资料由云石初中提供

若干年份云石初中名优教师名录

表 11－1－20

年份	姓名	荣誉名称	年份	姓名	荣誉名称
1993	余玉芳	萧山市第二届园丁奖	2005	朱伟瑜	杭州市“三育人”先进个人
1997	喻克安	萧山市劳动模	2005	朱伟瑜	萧山区优秀校长
1999	徐利松	萧山市第八届教坛新秀	2005	何国英	萧山区第十一届教坛新秀
2000	李仁贤	萧山市第九届园丁奖	2005	何国英	杭州市第十届教坛新秀
2002	郑旭亚	萧山区教育系统先进个人	2005	徐利松	浙江省优秀导读员
2002	姜燕飞	萧山区第十一届园丁奖	2005	姜燕飞	萧山区教育系统先进个人
2002	邹庆林	萧山区文体工作先进个人	2005	邹庆林	萧山区体卫工作先进个人
2003	余玉芳	浙江省春蚕奖	2006	徐利松	萧山区教科研先进个人
2004	顾纪川	萧山区教育系统先进个人	2007	金海英	萧山区第十二届教坛新秀
2004	俞文娟	萧山区第四届优秀教师	2008	李霞玲	萧山区第六届优秀教师
2004	邵小英	萧山区第十三届园丁奖	2009	张　荣	萧山区第十三届教坛新秀

说明:资料由云石石初中提供

第六节　高中教育

戴村镇域内高级中学,只有杭州市萧山区第六高级中学(以下简称萧山六中)1 所。

发展概况

萧山六中始建于 1956 年,校名“萧山县第六初级中学”,校址在戴村区中心小学内,一幢“工”形平房为教学楼,共 6 个教室,规模为 6 个班,每年招收 2 个班,学校管理由小学负责。1959 年,学校规模扩大,与小学分离独立建制。在凌桥畈新建二层“工”字形教学楼,有 12 个教室。1961 年秋,迁至戴村镇墙头村新校舍。1963 年,更名“萧山县戴村初级中学”。1970 年开始招收普高班,以后每年招收高中新生,学校发展成为一所完全中学。是年,更名“萧山县戴村中学”。

1984 年初中部撤销,停止招收初中生。1985 年学校设职高班。1988 年,更名“萧山市戴村中学”。1989 年,职高班停办,成为一所普高。1994 年,更名“萧山市第六高级中学”。1998 年,学校扩大规模,每年招收 6 个班新生。1996 ~2000 年,学校加快改善办学条件。5 年中投入资金 750 万元,建造实验楼、学生宿舍、食堂、教工宿舍,添置了电脑、厨具、锅炉、汽车等设备,完成了学校的供电、供水、排污系统工程,使基础设施制约学校发展的矛盾基本缓解。

2000 年 9 月，学校与浙江登峰交通集团股份制合作办学，共投入 1.1 亿余元易地新建校舍，此项目被列为 2001 年区政府为民办十件大事之一。新校址位于戴村镇新区，占地面积 257.7 亩，总建筑面积为 6.5 万余平方米。学校具有现代化、网络化、园林化、生态化的特点，共有 102 个可用教室，配有双向闭路电视和电化教育设备。理、化、生、劳等实验设备均按国家一类标准配备，多媒体教室、计算机教室和语音教室设施齐全，图书馆藏书量 114989 册，有 400 米国标塑胶跑道田径运动场，有音乐、美术、书法、舞蹈等艺术教育专用教室。建立校园智能化系统，食堂采用射频卡管理系统。学生宿舍每 6 人一间，内设卫生间、独立阳台，安装了电话、电脑信息点。学校成立股份制校管会，实行校管会领导下的校长负责制，开杭州市校企联合办学之先河。国务院、教育部、省教育厅领导多次到萧山六中进行股份制办学体制调研。新校规模设计为全日制 50 个普通高中班，在校学生 2725 人，是当时浙江省投资规模最大的中学之一。是年，招收新生 16 个班。

2001 年 4 月，更名“杭州市萧山区第六高级中学”。2002 年浙江公安专科学校在六中设萧山校区，法学系 4 个公安本科班在六中就读。2003 年学校与河南油田聚鹰武术学院联合办学，开设 2 个体育特长班；同年 12 月通过浙江省三级重点普通中学验收。2006 年 7 月，浙江登峰集团撤出股份，学校为公立普高。

至 2008 年，萧山六中各项工作取得显著成绩，获多项荣誉。例如，1996 年被评为“萧山市教育系统先进集体”；1997 年评为“学生行为规范达标学校”“杭州市国防教育先进集体”；2000 年通过杭州市级卫生先进单位和萧山市级文明单位验收；2001 年，通过浙江省 A 级学校督导评估验收。先后被评为“浙江省爱国卫生先进单位”、“浙江省一级档案工作目标管理达标单位”“杭州市文明单位”“杭州市安全文明校园示范单位”。现为浙江省三级重点中学、浙江省体育先进单位、中国西部教育顾问单位。

1956～2008 年萧山六中历任校长(负责人)名录

表 11－1－21

姓名	性别	籍贯	任职起止时间	姓名	性别	籍贯	任职起止时间
邵　杰	男	萧山	1956～1959.2	孙吾明	男	萧山	1978.9～1984.8
陈骥良	男	萧山	1959.3～1963.12	俞建坛	男	萧山	1984.9～1988.8
杨许尧	男	诸暨	1964.2～1964.9	盛吾诚	男	萧山	1988.9～1991.12
赵雪文	女	萧山	1964.10～1968.3	楼小青	男	萧山	1993.3～2001.8
李　云	男	张家口	1968.4～1969.8	施　良	男	萧山	2001.9～2005.5
赵雪文	女	萧山	1969.9～1978.8	邵银梅	女	萧山	2005.8～2008.8

说明：资料由萧山六中提供。表中赵雪文为学校“负责人”；李云为“革委会主任”

教学与管理

萧山六中为 3 年制高中，按国家和省定课程计划开设课程，开好必修课和选修课。在严格执行教学计划的同时，注重发展学生兴趣爱好和个性特长，以加强对学生全面素质的培养。课外活动、班团活动、兴趣活动、实践活动、国防教育、竞赛辅导等各类活动列入学年、学期计划。必修、选修、活动三大板块课程体系的建立和健全，使学生在夯实科学文化基础的同时，发展了个性特长。学生周课时总量为 34 节。通校学生每天在校活动总量不超过 8 小时，住校生保证每天不少于 8 小时的睡眠。

学校按市、区有关招生政策，每年 4 月初确定招生计划，经教育局审批后进行招生。制订《萧山六中考试管理制度》，每学期举行两次考试，即期中考试和期末考试。考试不排名次，不公布全校、全班名次，只公布成绩。

1985～1989年,学校一方面切实加强普通高中班教育,努力提高教学质量,为高校输送优秀人才;一方面发展职业技术教育,努力办好电子职高班,为社会培养技术型应用人才。实行分层教学,针对学生的学习程度与学习兴趣,高三还开设了文秘、计算机、外贸等高职班,力争使每一位学生,学有所长,让更多的学生能接受高等教育。积极探索办学模式改革,注重特色育人。2003年学校与河南油田聚鹰武术学院联合办学后,开设体育特长班,学校负责招生、管理、文化课教学,武术学院负责专业课程教学。办学3年来,在省级传统武术比赛、市级全运会武术比赛中取得了51金、38银的成绩。

六中把育人和教书放在同等位置,重视学生德育教育。充分发挥学校党、团组织在学生思想政治教育中的重要作用。积极发展学生入团,学生团员数量稳步上升。实施省证书会考制度,"严谨、勤奋、求实、创新"的校风逐渐形成。1995年萧山六中顺利通过普通高中合格督导评估。2005年,全校学生团员2219人,占全校学生人数的82.3%。团员活跃在"梓桐文学社""业余党校"等社团中,参与社会实践活动和科技文艺活动,在学校两个文明建设中发挥积极作用。业余党校学员认真学习理论,还在假期开展社会调研、考察活动。参加业余党校学习的学生中,要求入党的显著增加,促进良好学风。

学校严格规范班主任的选聘、任用、管理、教育、培养、发展六大环节,纳入学校的质量保证体系。建立起班主任竞争上岗、考核机制,加强对班主任工作的考核、评比。为每一位班主任制定发展计划,并通过培训保证计划的实施。为新任班主任配备导师,指导新任班主任工作的开展。

努力营造学生日常生活的良好环境,以《萧山六中学生手册》规范学生的言行,开展纪律、安全、卫生三项文明竞赛,对各班进行"行为规范达标班级"考评。2001年9月起,开展创建优良宿舍活动,坚持早操升旗仪式和周日晚点名制度。从20世纪90年代中期以来,与驻杭73025部队建立军校共建关系,坚持对学生进行军训。

学校实行校长负责制,教职工聘任制。对班主任进行月考核和学期考核,形成严谨、勤奋、求实、创新的优良校风。学校推行校务公开,定期召开教代会,参与学校重大事情的决策,民主评议校长和学校工作。每年定期召开两次家长会,与家长共商学校教育大计。教师、学生、家长能有效地参与学校重大决策并监督学校工作。1996年,被评为学生行为规范达标学校(区级,下同)。1996年、1999年,六中内部管理得到加强,进一步完善教职工考核制度、学生管理制度,使学校管理在新形势下走上科学化、制度化、规范化的轨道。

教　师

1956年建校之初,有专任教师高秀英、陈济时,李洁非3人。1960年,有教职工29人,学生517人。1965年,有教职工19人,学生305人。"文化大革命"后期,多名教师调往公社初中、"戴帽"初中。其中教师胡庆生调往沈村"五七"学校,缪永清、戴福生、徐祖忠调往云石公社东平"戴帽"初中,蔡云英调往永兴"戴帽"初中。20世纪70年代初,学校新办高中班,规模开始扩大,一度调往其他初中任教的老师重新回到六中。1989年,有教职工56人。2000年,有教职工63人。是年,教师的教育科研活动取得了很大成绩,有30多篇论文获区级以上专题奖,有10多篇教育、教学论文在市级以上刊物上发表。2007年,在编教职工171人,有中学高级教师21人,中学一级教师51人,全国语文教师"四佳"教学能手1人,省级立项课题负责人1人,市级优秀教师、学科带头人3人,市级教坛新秀10人,萧山区优秀教师、学科带头人、教坛新秀38人。一支爱岗敬业、结构合理、锐意进取的教师队伍正在形成。

学校重视对教师队伍的培养和管理。1999年12月,修订通过《萧山六中教工手册》。2004年,学校在萧山区率先引进2名澳大利亚外语教师,开设英语口语课。多年来,学校有计划地安排教师参加研究生进修和各类岗位培训,至2006年,已有17位教师参加研究生课程班学习结业。专任教师中普通话二乙以上137人,占97.2%,计算机合格138名,占97.9%。

萧山六中教师注重教育科研,撰写教育论文,多次在市、区各级获奖。据不完全统计,杭州市级获奖论文(2002～2009):一等奖28篇、二等奖47篇、三等奖46篇、合格奖12篇;萧山区级获奖论文:一等奖78篇、二等奖 134 篇、三等奖 126 篇、优秀奖 1 篇、报刊发表 3 篇。

至 2008 年,萧山六中有专任教师 166 人,中学高级教师 34 人,占教师总数的 20.5%;国家、省、市、区级优秀教师 47 人,占教师总数的 28.3%。

2003～2008 年六中教师论文获奖情况

表 11-1-22

姓　名	论　文　名　称	获奖级别	获奖等级	时间
刘理平	教师专业发展和人格提升的实践与思考	全国	一等奖	2004.11
郑玉涛	在课本的活水里荡起双浆	全国	一等奖	2006.8
王乐尧	高中化学分层教学模式的探讨	全国	一等奖	2006.6
曾良策	如何构建中学语文互助型人文课堂	全国	一等奖	2006.6
陈　兴 曾良策	挖掘文本资源、走创新写作之路	中国教育学会	发表	2006.8
李雷音	“咬文嚼字”回归语文本色	全国	一等奖	2007.4
邱新德	让人文的光辉洒满化学课堂	中国化学教育学会	一等奖	2007.3
瞿微儿	中学生课外阅读的现状分析和对策	中国教育学会中语会	一等奖	2007.3
瞿微儿	精耕细作成就美文	中国教育学会中语会	三等奖	2007.3
曾良策	建构课堂教学场,焕发语文生命力	中国语文报刊协会等 6 家组织	二等奖	2007.12
郑玉涛	开发利用写作资源,提升学生写作素养的实践研究	中国语文报刊协会等 6 家组织	三等奖	2007.12
郑玉涛	让拓展走在语文的路上	中国高等教育学会等 5 家组织	特等奖	2008.6
郑玉涛	高三作文讲评的课堂效率	中国教育学会第三届年会	二等奖	2008.10
曾良策	汲取古代经典的智慧——挖掘“自主作文”写作资源	中国教育学会语文教学专业委员会	一等奖	2008.6
邱新德	成功是一个过程:高中新课程的实施与学生素养的培养	中国化学学会化学教育专业委员会	二等奖	2008.3
邵银梅	引导学生参与提高英语课堂实效	省级	二等奖	2003.3
韦竹群	“e”时代寄宿制高中生网络情绪的解读与对策	省级	二等奖	2003.11
徐淼龙	以探究导学,以创新育人——政治课探究性学习与自主创新能力的培养	省级	发表	2003.9
曾良策	研究学生学习古诗的有效方法	省级	二等奖	2004.6

续表 11－1－22

姓　名	论　文　名　称	获奖级别	获奖等级	时间
刘理平	高中学生辨论赛的实效性研究和实践	省级	发表	2004.5
刘理平	打造教师主流文化，促进教师专业发展	省级	二等奖	2005.10
楼红维	合理设计话题，做学生的“高级伙伴”	省级	一等奖	2005.12
钟永明	化学课堂探究“失真与对策”	省级	一等奖	2005.12
蒋国娣	关于化学实验教学中实验技能的研究	省级	入围奖	2005.8
余泽淳	用建模思想，构建数学课堂的实践研究	省级	一等奖	2005.12
洪叶波	紧扣古诗特点，实施单元重组	省级	二等奖	2005.12
王萍	多元体验，和谐发展	省级	二等奖	2006.6
沈烈锋	实施情境化学习，提高文言文教学效益	省级	一等奖	2006.5
沈烈锋	积累整合利用——让学生作文熠熠生辉	省级	二等奖	2006.5
瞿微儿	在课堂上架起互动的杠杆	省级	一等奖	2006.3
瞿微儿	语文课堂与教材的多重功能挖掘研究	省级	一等奖	2006.3
李玉荣 孔扬国	生物学科中影响概念学习的成因分析及策略研究	省级	一等奖	2006.12
董小杰	物理课堂探究式教学的研究与实践	省级	三等奖	2007.4
楼飞华	精彩源于探究之旅——数学课堂探究的对策与实践	省级	一等奖	2007.12
余泽淳	开发数学史资源提高数学课堂文化品位	省级	三等奖	2007.12
楼学迅 刘理平	让教师的心理阳光起来	省级	二等奖	2007.12
董小杰	对当前物理探究课堂学生主体活动缺失的几点思考	省级	三等奖	2008.4
丁小飞	让教材在课堂上“活”起来	省级	二等奖	2008.1
胡燕萍	高中英语实践性作业设计与评价的实践研究	省级	二等奖	2008.12
朱旃红	切实把握落点科学设计流程	省级	三等奖	2008.12
丁冬英	由“筛子”变成“泵”	省级	三等奖	2008.12
张雅春	新课程理念下提高高中化学必修模块教学时效性的实践研究	省级	三等奖	2008.12

说明：资料由萧山六中提供

1998～2008年六中"教坛新秀""优秀教师"名录

表11－1－23

姓名	性别	学历	任科	荣誉称号	年份
钟春平	女	大学本科	历史	区教坛新秀	1998
何鸿飞	男	大学本科	英语	区教坛新秀	1999
王德伟	男	大学本科	地理	区教坛新秀	1999
钟永明	男	大学本科	化学	区教坛新秀	2001
章海燕	女	大学本科	语文	区教坛新秀	2001
喻森杰	男	大学本科	数学	区教坛新秀	2001
沈琳波	男	大学本科	语文	区教坛新秀	2002
胡燕萍	女	大学本科	英语	区教坛新秀	2002
沈壮明	男	大学本科	体育	区教坛新秀	2002
孔扬国	男	大学本科	生物	区优秀教师	2002
沈烈锋	男	大学本科	语文	区优秀教师	2004
王德伟	男	大学本科	地理	区优秀教师	2004
郑玉涛	男	大学本科	语文	市教坛新秀、区教坛新秀	2005
丁小飞	女	大学本科	英语	市教坛新秀、区教坛新秀	2005
俞　霞	女	大学本科	音乐	市教坛新秀、区教坛新秀	2005
郭清泉	男	大学本科	政治	区教坛新秀	2005
朱旂红	女	大学本科	化学	区教坛新秀	2005
袁丽红	女	大学本科	政治	区教坛新秀	2005
张意萍	女	大学本科	生物	区教坛新秀	2005
董小杰	男	大学本科	物理	区优秀教师	2006
楼学迅	男	大学本科	历史	区优秀教师	2006
王春雪	女	大学本科	物理	市教坛新秀、区教坛新秀	2007
韦竹群	女	大学本科	心理	市教坛新秀、区教坛新秀	2007
瞿微儿	女	大学本科	语文	市教坛新秀、区教坛新秀	2007
卢　华	女	大学本科	英语	市教坛新秀、区教坛新秀	2007
陈伟刚	男	大学本科	体育	市教坛新秀、区教坛新秀	2007
傅建娣	女	大学本科	政史	市教坛新秀、区教坛新秀	2007
丁冬英	女	大学本科	生化	市教坛新秀、区教坛新秀	2007
楼飞华	女	大学本科	数学	市教坛新秀、区教坛新秀	2007
丁冬英	女	大学本科	生化	区优秀教师	2008
董　平	女	大学本科	数学	区优秀教师	2008

说明：资料由萧山六中提供

学　生

1956年建校当年,招收初中新生108人。1970年开始招收普高班,当年招收高中新生2个班108人。1985～1989年,学校规模为12个普通高中班,有学生600余人左右。2000年,学校18个班,学生近千人。2001年,有48个普通高中班、学生2523人。2002～2003年,40余人考上浙江公安专科学校。2007年,学生2364人。至2008年,共培养初中毕业生2602人、高中毕业生10654人、职高毕业生138人。

六中为高校输送了一大批合格新生。从1978年始至1983年,学校开办高复班,输送了一批大学生。1983年有120名学生考上大学与高中中专,其中考取重点大学25人。1992年上线29人,上线人数居萧山市农村普高之首。1995年高考上线78人,洪妙刚考上长春飞行学院,成为萧山六中历史上第一个飞行员。1996年、1999年高考上线393人,被评为市会考先进单位。2000年,省证书会考合格率在98%以上。是年,高考上线率达73.5%,创历史新高,学生参加学科竞赛获省级奖以上12人次。2002～2005年,高考本科率在75%以上。在普通高校招生考试中,六中学生成绩不断攀升。在2005年民族传统体育单考单招中,有29位同学被高校录取,其中一位进入北京体育大学。2005年,全校高考上线731人,占应届毕业生的95.5%。高职类李婷以639分的高分,获全省文科状元,进入宁波大学。2007年高考上线人数670人,上本科线248人,重点线5人。

学生参加校园文化建设,社团活动丰富多彩。《梓桐》《萧六中》《人师》已成为发展兴趣特长,展示学校特色的一个重要窗口;艺术节、校运会、管乐队、舞蹈队、航模、海模活动小组已成为学校素质教育的有效载体。学生参加省、市、区组织的学科比赛、科技比赛、体育、艺术比赛都取得优异成绩。体育特长生历年都有被高校体育专业录取;在全区(市)中学各项体育运动比赛中,六中都取得较好成绩(详见本志《文化体育》编)。在第八届"我爱祖国海疆"全国青少年航海建筑模型竞赛中,六中获二等奖3个、三等奖3个、优秀奖1个;在浙江省青少年航海建筑、车辆锦标赛,绿野仙踪花园别墅团体建筑制作中获省级团体三等奖4个;在浙江省青少年航海建筑车辆锦标赛东方号集装箱船团体制作比赛中,获省级团体三等奖4个。2005年,在全国中学生英语能力竞赛中,获全国三等奖2人(楼姣姣、钟陈利);在全国高中数学联合竞赛中,获省二等奖1人(郑利钦)。在2008年度浙江省中学生"形势教育大课堂"百题竞答活动中,获省一等奖1个、二等奖2个、三等奖3个。在第二届"地球小博士"全国科技大赛中,获一等奖1个、二等奖5个、三等奖5个。

萧山六中创办至今,为社会培养了一批优秀人才。62届初中毕业生洪传法,现为种粮大户,萧山区劳动模范、"一优二高"农业标兵、农业科技示范户。68届初中毕业生沈月辉为国家级农艺师、萧山区劳动模范,云石"三清茶"品牌的创立者。68届初中毕业生谢永明,现任国家环境保护总局国际合作司外事管理处处长。74届校友董强刚为上海奇诺肿瘤生物高新技术有限公司董事长、总经理、博士。75届高中毕业生韩炎林留学美国华盛顿大学获理学博士,现任华盛顿大学医学院内科系教授。76届高中毕业生朱仁昌,在云南边防保卫战老山战斗中荣立一等功。78届校友姜周华现任东北大学钢铁冶金系主任、博士生导师,辽宁省高校优秀人才。79届高中毕业生陈胜良,现为浙江省特级教师、杭州市劳动模范。79届高中毕业生沈立荣为浙江大学博士、杭州市跨世纪中青年优秀人才、浙江省科技进步一等奖获得者。85届高中毕业生任文达,现任杭州球冠实业有限公司董事长兼总经理。86届高中毕业生陈水明,现任清华大学电机工程应用电子技术系教授、中国电工学会高级会员、中国气象学会雷电物理、监测与防护专业委员会委员以及雷电防护与标准化杂志编委。

1959~2009年萧山六中历届毕业生情况

表11-1-24　　单位:人

届次	毕业生		届次	毕业生		届次	毕业生		届次	毕业生	
	初中	高中		初中	高中		初中	高中		初中	高中
59	111	-	73	173	111	85	-	104	97	-	205
61	108	-	74	95	114	86	-	191	98	-	223
62	159	-	75	112	56	87	-	222	99	-	224
63	68	-	76	109	166	88	-	261	2000	-	221
64	84	-	77	78	115	89	-	200	2001	-	327
65	67	-	78	42	229	90	-	155	2002	-	342
66	92	-	79	87	131	91	-	131	2003	-	345
67	120	-	80	112	214	92	-	189	2004	-	753
68	61	-	81	117	154	93	-	109	2005	-	824
70	255	-	82	118	121	94	-	114	2006	-	971
71	53	-	83	109	275	95	-	166	2007	-	826
72	164	91	84	108		96	-	165	2008	-	817

说明:①资料由萧山六中提供。

②从84届后,无初中毕业生;72届以前无高中毕业生。86届、88届、89届有职高生毕业生,人数分别为43名、46名、49名,未统计在当年高中毕业生人数中。1981年至1983年办有高复班5个,总人数265人,不统计在毕业生人数中

第七节　成人教育

民国时期成人教育

民国12年(1923),中共地下党员方惠民受中共萧山县委指派,到云石佛山村发动群众开展革命斗争,创办佛山小学,开设成教班,利用晚上和农闲时间,对村民进行识字教学。同时,宣传减租减息,传播农民翻身求解放的革命道理。佛山村村民钟阿马也参加成教班,一边识字,一边接受革命道理。不久,钟阿马加入中共地下党组织。这一时期,云石一带不少村级小学相继开设了成教班。成教班学员大多数成为当时乡农民协会的领导和骨干。方惠民、钟阿马等地下党员还筹集资金,在佛山村建造了一幢佛山小学校舍,成教班便在新校舍开展教学,可惜民国29年新校舍被侵华日军烧毁。

民国19年,萧山县识字运动委员会发布《扫除文盲宣言》,浙江省立乡村师范学校推行小先生制,学校配合社会扫除文盲。次年,戴村、永兴各校相继仿效,发动在校小学生带"字"回家,教家里长辈和邻居识字,取得比较好的效果。据1987年《萧山县志》记载:民国23年县立石马(石马头)、石峡(张家弄)等民众学校,被评为省优良民众学校。民国27年8月,在戴村中心学校附设"戴村中心民校",又叫战时县立民校,校长

童建民。学校进行识字教育，宣传抗日爱国思想，至第二年12月停办。民国29年，日军占据沈村，戴村境内不少失学儿童以难童身份跟随战时流动学校学习。民国34年8月，萧山县政府贯彻国民政府教育部“加强识字教育，限期肃清文盲”的通令，开展民众教育。云石、戴村、永兴等地各乡保国民学校，恢复民众教育班，开展扫除文盲教育。民教班由小学教师兼课，开设国语、算术、常识、音乐等课程。因时局混乱，成人教育工作时停时续，扫盲工作收效甚微。据民国36年人口统计报告资料显示，云石、戴村、永兴3乡6足岁以上总人口中，不识字的占70%以上，女性尤其多，不识字女性占女性总人数的90%以上。

解放后成人教育

1950年上半年，针对当时区乡干部文化普遍较低的现状，戴村区开办干部业余文化补习班，帮助区、乡干部提高行政能力和文化水平。当时云石、戴村、永兴有10多位文化程度比较低的乡干部，参加文化补习，经补习后达到脱盲水平。是年10月，戴村区举办冬季骨干教师培训班，参加培训的骨干教师回乡后马上开展扫除文盲工作。是年，境域内有20多个农会相继办起以识字扫盲为主要内容的冬学。冬学学员以农会干部、青年民兵、妇女干部为主，学习时间为冬闲至上春头。学员自带照明灯烛，聘请当地教师或有文化的群众授课，既教识字，又宣传党的政策，教唱革命歌曲。学员在冬学不仅学到文化，还学习党的有关政策，此举深受翻身农民的欢迎。是年11月，张家弄村以“老厅”作教室建立冬学（成人夜校），由小学教师兼课，从“农民扫盲识字班”开始，有学员50多人。1953年春天开始，冬学逐步转为常年民校，采用“农闲多学、农忙少学、大忙放学”的办法，进行学习文化的教学。1951～1953年，里石板溪村举办扫盲班，凡文盲都须参加扫盲。据老人回忆，扫盲班的课文，首课为“上、大、人”，其次为“化、三、千”，接着是“一个人、二个人、人人学文化，人人有饭吃”。1954年，征丰村在方家塘庙开办扫盲班，不识字的村民均要求参加，教材以1500个常用字为基础，开办3个班，村夜校教师有鲍关田、顾子乔、丁关根、顾柏荣等，均尽义务教书。1954年冬，尖山下村姜家祠堂开办扫盲班，把16至40岁的人组织起来学习。时有学员30名。

1958年，各村广泛开展扫盲运动，除办好民校外，根据成人特点，采用许多新办法进行扫盲教育。如：同音归类法、看图识字法、看物识字法、路边田头识字法、上门包教法、拼音速成识字法等，提高识字教学效果，促使文盲、半文盲者限期脱盲。1959年，萧山县召开文教战线社会主义建设积极分子代表大会，云石、戴村、永兴分别有教师作为在民校扫除文盲工作中成绩突出的代表出席会议。1962～1963年，张家弄大队在小学内附设2个初中夜班，组织青年参加学习，有业余教师4人。

1964年，为帮助家庭困难青少年学习文化，办起耕读学校。有的大队聘请教师，为困难时期辍学的少年进行文化补课，课程为语文、算术，学生半天在家劳动，半天在校读书，允许他们带着弟妹一同到校参加学习。当时云石佛山村举办耕读学校，办学没有教室，租用农民房子，使一大批孩子通过耕读学校学到文化。是年6月底，国家进行第二次人口普查，云石、戴村、永兴不识字率都在6%以下。

“文化大革命”时期，很多大队成立“五七”政治夜校，以学唱革命歌曲、讲革命故事为主，但也让青少年识了字，扫除了一些文盲和半文盲。1974年下半年，尖山下小学内办成人夜校，有初中、高小、初小3个成人学习班，参加学习的共计100余名。1976～1978年，张家弄大队团支部办业余夜校，组织团员、青年学习农业技术知识。1979年，尖山下大队根据湖南省桃江县的“小学教育、业余教育、幼儿教育一起抓”的经验，加强扫盲工作，把扫盲工作重点放在12～40周岁的少、青、壮年和共产党员、共青团员等骨干上。是年12月，在尖山下小学内办起有186名学员的成人夜校，其中读成人文化教育课本第一册的47名，第二册的65名，第三册的74名。

1979年，洪阳海、喻小鹏、鲍丙兴3位教师分别担任云石、永兴、戴村公社的成人业余教育干部。后来永兴并入戴村，戴村由喻小鹏老师、云石由吴建民老师兼任业余教育干部。20世纪80年代初，云石、戴村分别成立了公社工农教育委员会，两公社各自加强扫盲工作的力度。在工农教育委员会的领导下，加速了以扫盲为中心的农村业余教育的进程，以扫盲为主的大队业余夜校陆续开班，对12～40周岁的青壮年集中突击扫盲。是年，戴村区召开大队业余夜校现场会，今戴村镇域内有不少大队业余夜校被评为先进集体，例如小石盖大队业余夜校、尖山下大队业余夜校等，被评为戴村区成人教育先进集体。此后，萧山县文教局多次组织公社与公社、区与区对口业余教育工作检查，以检查促成教工作。1985 年，县扫盲验收工作队分别对云石、戴村、永兴 3 镇乡的青壮年农民文化现状进行实地抽样检查验收，云石、戴村、永兴分别被认定为“基本无盲乡”。

1982 年，随着农村家庭联产承包责任制的实行，一大批乡镇企业迅速崛起，对农村成人教育提出了新的要求。为适应新的需求，成人教育的重点由扫盲转向提高农民的文化层次，开展职业技术教育和推广农业科技知识。1986 年，不少村举办业余高小班，参加学习的有近万人次。云石乡分别在佛山、沈村、尖山下等村举办高小班，在一些乡镇企业举办职业技术教育班。1988 年，尖山下村的云石浪潮实业公司举办职业技术教育班，规定每年学习 2 期，邀请浙江大学教授和县乡镇企业局领导到公司上课，提高职业技术水平。至 1992 年，浪潮公司共举办职业技术教育班 10 期，学员 175 人。1989 年，尖山下村经萧山市、云石乡两级验收合格，全村基本完成扫除青、壮年文盲的任务，成为无文盲村。云石乡成人教育干部每年年初与机关各部门沟通，安排全乡年度实用技术培训计划。当时云石乡引进扁茶制作技术，对茶农进行培训，从而促进“三清茶”制作技艺的成熟，打出了品牌。

90 年代以后，不少村民通过自学、专业培训班的学习，获取各种专业证书。例如 1994 年 12 月，方溪村 56 岁的顾幼成通过培训和自学，获得杭州大学发给的“浙江省成人高等教育专业证书”（专字浙教第 941247 号），证书称：“自一九九三年九月至一九九四年十二月在本校经济管理《专业证书》教学班学习，学制壹年半（半脱产），现已按教学计划修完全部课程，成绩及格，特发此证。”成人教育以镇乡成人学校为基地，逐步纳入正规化教育渠道。云石乡成人文化技术学校（简称成校，下同）、戴村镇成校，以及云石、戴村两成校合并后的戴村镇成校，办学都取得显著成绩。

1952 年戴村农民业余初等学校情况

表 11 – 1 – 25

校　　名	班级（个）	学生（人）		学　生　程　度（年级）				专任教师
		男	女	一	二	三	四	
马鞍业余学校	2	57	31	44	36	8	–	施培樵
振庭业余学校	3	56	39	24	31	40	–	胡久宏 董清松
戴村业余学校（1）	3	42	34	25	28	23	–	卢校泉
戴村业余学校（2）	2	26	21	12	16	19	–	沈吾泉
凌溪业余学校	3	123	89	83	77	38	14	陈志中
云石业余学校	2	68	47	18	41	40	16	金介扬
长潭业余学校	2	71	51	38	50	27	7	
合　　计	17	443	312	244	279	195	37	

说明：资料来自萧山档案馆 52 ~ 29 号

成人学校简介

云石乡成人学校　1991 年，云石中心小学搬迁，原云石中心小学校舍一半用于创办成人文化技术学校。1991 年 8 月，市教育局发文，同意创建云石乡成人文化技术学校，为初中建制，吴建民任校长。云石成人教

育有了自己的基地后，扫盲教育、文化教育、科学技术培训越办越兴旺。农函大、绿色证书班相继开办。学校采用“四结合”的教学方法，即农业基础理论知识教学与现实生产中实用技术教学相结合；课堂教学与生产基地的现场教学相结合；常年性有计划教育与农事季节性生产实践性教学相结合；传统作物栽培技术教学与特种新兴农技知识传授相结合。通过镇乡党校、市民学校、村成人文化技术学校教学点等各种渠道，运用面授、放录象、发资料，创办好燎原广播电视学校等形式，开展农业实用技术培训，并做到培训的人次逐年增加，为当地的经济建设培养了不少实用人才，为农民科技致富作出了努力。由于云石成人文化技术学校扫除文盲工作认真负责，所以文盲半文盲比较少，15～40周岁非文盲率达98.9%以上。1995年5月，浙江省对萧山市进行“双基”（基本扫除文盲、基本普及九年制义务教育）验收，萧山市把抽样验收的乡镇放在云石乡。云石非常顺利地通过了浙江省“双基”验收。是年12月，云石乡成人文化技术学校被评为浙江省巾帼扫盲工作先进集体，吴建民被评为杭州市扫盲工作先进工作者。2001年7月，云石乡并入戴村镇后，云石成校停办。

戴村镇成人学校　1997年，永兴初级中学并入戴村镇初级中学后，在原永兴初中校舍（占地9.5亩，建筑面积2000多平方米）创办戴村成校。1998年，戴村成校举办高复班，招收没有考入大学的高中毕业生复习考大学。1999年8月，戴村成校挂上综合高中的牌子，9月份招收初中毕业生100余人，办普通高中班2个，2000年相继招生2个班。

2001年8月，原云石成校校长吴建民调入戴村成校，任戴村成校党支部书记。2002年戴村成校高中班停止招生。2003年8月，戴村成校最后一班高中班并入萧山区第六高级中学。是年，校长鲍继达调任萧山北干成校校长，戴村成校校长、书记均由吴建民担任。2003年下半年，由于镇人民政府要在戴村成校原址黄洞岭办敬老院，成校移址到现在的半山村原戴村中心小学凌山分校。该校舍占地10.55亩，建筑面积1140平方米，教学、培训、实验、生活设施齐全。2005年，戴村成校通过浙江省示范性成校的验收，是杭州市农业科普示范基地。是年5月，被联合国教科文组织定为社区学习中心能力建设项目实验点。2005年和2006年，学校分别在山东青岛和云南昆明举办的全国社区教育研讨会上，交流了办学经验。2007年，参加了在上海举办的有美国、英国等10多个国家参加的国际社区教育研讨会。戴村成校由于工作成绩显著，获得多项荣誉。2006年，戴村成校通过杭州市区域性成校的验收。2007年，学校被评为“杭州市农民素质培训先进集体”。2008年，通过“杭州市职工教育培训示范基地”的验收。是年7月，吴建民被评为“浙江省农民素质教育农函大先进工作者”。

萧山云石机动车驾驶员培训中心　位于戴村镇沈村石牛山森林公园内，占地面积2万余平方米，其中硬化训练用地1.5万平方米，教学用房面积1500平方米，绿化用地3500平方米。是萧山区驾校密度分布较为理想的位置，也是萧山南片唯一的1家经萧山计委立项建造的驾培中心。

从1989年建校开始，由原来的7辆跃进牌教练车，发展到2008年的35辆教练车，手动档、自动档车型配置齐全。教职员工40人，拥有技师及高级职称的教练员5人、中级职称的教练员35人，年培训学员2000余人。中心管理制度健全，教学、培训设备设施齐全。严格按照教学大纲施教，建校以来已培养近4万名合格的驾驶人员。被杭州市机动车服务管理局评为“2003年度杭州市驾培行业信息化建设优秀单位”（杭州市第一名）、从2005年度至2008年度，连续4年获“杭州市驾培行业信誉等级考核优秀单位”（AAA级），连续4年获“萧山区驾培行业信誉等级考核”第一名。

镇（乡）党校

1988年，中共戴村区委批准所属乡镇成立党校。戴区委（88）9号文件批复：同意成立戴村镇党校，校长郁晓兔，副校长邵兴荣、楼国泉，校务委员宋利荣、顾水潮，办公室主任鲍丙兴。戴区委（88）11号文件批复：同意成立云石乡党校，校长邵梦权，副校长章祥明，校务委员郑望平、郭吾友、楼桂兰、汤长松，办公室主任洪阳海。戴区委（88）15号文件批复：同意成立永兴乡党校，校长陈妙金，副校长瞿光伟、楼裕良，校务委员喻小鹏、董月英、周建法，办公室主任喻小鹏。以后每届镇乡党委班子换届都由镇乡党委书记兼任校长，党委委员兼任副校长、校务委员，成人学校校长（业教干部）兼办公室主任。1992 年撤扩并后，永兴乡党校与戴村镇党校合并。2001 年 7 月，云石乡党校与戴村镇党校合并。

党校的建立，使全镇党员干部教育有了一个固定的阵地。从 1989 年开始，镇（乡）党委利用党校对各村、企事业单位党员骨干开展党的基本路线教育，廉政勤政优良作风教育等。镇（乡）党委、团委每年在党校举办村级后备干部培训班，进行党的基础知识教育，在此基础上，村（单位）团支部每年推荐 1 ~ 2 名优秀团员（青年）作为党的发展对象。1991 年起，戴村镇党校每年对村两委干部进行培训。1991 年办培训班 4 期，共 476 人次，其中村党支部书记、副书记 125 人次，村党支部委员 203 人次，村民委员会正副主任 148 人次。1992 年，镇党校举办村两委干部培训班 6 期，培训 825 人次，其中村党支部正副书记 278 人次，村党支部委员 254 人次，村民委员会正副主任 293 人次。是年，现镇属各乡镇在党校进行“二五普法”教育活动，对行政村和骨干企业的治保调解队伍进行“二五普法”教育培训，为促进社会稳定，保证经济建设顺利发展打下基础。

1993 年 11 月，戴村镇党委联系实际，利用党校阵地，组织机关干部学习《邓小平文选》和《中共中央关于建设社会主义市场经济体制若干问题的决定》，联系本镇工作实际展开讨论。1994 年 6 月，戴村镇、云石乡党委分别在机关党校开展思想作风建设活动，通过学习资料、动员报告、宗旨教育、联系个人思想和工作，开展批评与自我批评等形式，实事求是找差距作整改。1997 年 10 月，戴村镇党委组织全镇 35 个行政村党支部、村委领导成员在党校集中学习“十五大”文件。同月，云石乡党委在党校举办有 32 名村后备干部和 52 名建党对象参加的培训班，学习中共十五大文件和新党章。

2000 年，镇党委在党校开展“富而思源、富而思进”教育，围绕“如何当好一名合格的农村基层干部”“怎样面对新的挑战和机遇”“以什么样的工作作风和精神风貌扎实做好本职工作”等问题组织镇、村干部开展学习和讨论，从思想、工作、作风上树立起发展经济，致富百姓的责任感和紧迫感。2001 年，参加镇党校培训的行政村两委干部、入党积极分子等 1558 人次，其中脱产培训 1194 人，不脱产培训 364 人。2003 年，在党校培训的入党积极分子 161 人。2004 年，镇党校培训村两委成员 330 人次。2005 年，培训行政村两委干部 288 人，其中村书记、村主任 44 人。2006 年，镇党校培训村两委成员 179 人，其中村书记、村主任 44 人。是年，浙江省委党校农村干部大专班“现代企业管理”专业在镇党校（成人学校内）设点办班，萧山南片的戴村、河上、楼塔等镇的 54 名学员参加学习。2008 年，镇党校培训村两委成员 161 人，其中村书记、村主任 43 人。

第八节　教育管理

戴村曾是戴村区区公所所在地，一度建有区文教办公室，领导包括戴村镇在内的全戴村区教育工作。此后，戴村镇中心辅导学校成立，具体负责管理全镇所属幼儿园、小学、初中、成人教育等工作。教育管理内容广泛，在本章各节中多有涉及，本节重点记述教育经费、教师队伍建设等。

管理机构

萧山县文教局戴村区文教办公室　1971 年 8 月，全县 6 个区及城厢镇设立教育革命办公室（后改称文教办公室），系教育局派出机构。戴村区教育革命办公室同时成立，地址在戴村镇凌溪路一号，辖区范围为戴村、云石、永兴、大同、岩山、楼塔、河上、大桥、朱村桥、许贤等 10 个公社，邵杰为办公室主任，配置会计、中小学业务、业余文化教育等专职人员。是年 11 月，戴村区各公社成立教育革命领导小组，由 1 名公社文教干事担任组长，云石公社郭初梅、永兴公社韩奎生、戴村公社蒋金校，管理公社教育工作。历届戴村区教办工作人员：1971 年 8 月至 1978 年 7 月，主任邵杰，工作人员邵汉文、孙吾明、盛吾诚、董建成、楼建昌；1978 年 8 月至 1982 年 8 月，主任蒋金校，工作人员邵汉文、董建成、沈巨华、沈永良、郭初梅；1982 年 9 月至 1986 年 7 月，主任沈士通，工作人员楼裕昌、董建成、沈巨华、郭子安、郭初梅（1984 年 8 月调出）、何海桥；1986 年 8 月至 1992 年 5 月，主任边善标，工作人员楼裕昌、郭子安、沈巨华、何海桥、韩奎生、沈月樵。单位名称沿革：1971

年8月至1978年5月称萧山县戴村区教育革命办公室;1978年5月至1984年5月改称萧山县文教局戴村区文教办公室;1984年5月底至1988年1月称萧山县教育局戴村区教育办公室;1988年2月至1992年5月称萧山市戴村区中心学校。1992年5月"撤扩并"时,戴村区中心学校撤销。

戴村区教办成立后,领导和组织全区中小学开展教研活动,提高教育质量;安排校际间相互听课,进行教育观摩;加强教育和教学管理,加强教师队伍建设,开展教师业务培训;普及九年制义务教育达标等工作。1972~1973年,大力推行三算教学,对提高学生的口算、笔算能力起了很大的作用;举办全区教具展览;初中毕业前夕组织模拟考试等活动。从1980年开始,历年减少"戴帽初中",至1985年8月,戴村、云石、永兴每个乡镇只剩一所初中,结束了戴村境内小学附设初中(戴帽初中)的历史。自1989年起经过3年努力,永兴、云石、戴村3个乡镇均成为普及九年制义务教育达标乡镇。为解决部分教师住房难,1985~1991年,在河上、戴村建造教工宿舍30套(每套58平方米),集资联建楼塔、大同、大桥、戴村六中教工宿舍66套。1980~1991年,为改善办学条件,新建、扩建了一批校舍。新建校舍的初中有:戴村、永兴、云石及大同、楼塔、大桥、村桥、许贤8所,扩建校舍的初中有岩山、河上2所。易地新建中心小学有:云石及大同、岩山、大桥、村桥等5所;扩建中心小学有永兴、戴村、楼塔、河上、许贤等5所;新建、扩建完小有朝阳、九峰、凌山、尖山及毋岭、水阁、管村、下门、沙河、北坞、何家桥、徐童山下等12所。至1991年,全戴村区结束了祠堂、庙宇、庵堂做校舍的历史,做到校校无危房,班班有明亮宽畅教室,有广阔平整的操场,教育环境和教育资源进一步优化。

云石乡中心辅导学校　建于1992年6月,校址在沈村中街原云石乡老校舍。学校历任主任楼裕昌(1992.7~1995.8)、丁纪焕(1995.9~2001.7);书记楼裕昌(1992.10~1998.7)、丁纪焕(1998.8~2001.7);会计顾长生(1992.7~1994.8)、王梓林(1994.7~2001.7);业余教育干部吴建民(1991.7~2001.7)。

1992年完成乡中心小学易地新建,撤并了响石桥小学、石牛山小学(1992年7月)、狮山小学(1996年7月)、顶山村小(1998年7月)、佛山村小(1998年7月)、骆家舍小学(2000年7月)。1994年9月,代表萧山市接受省验收组对萧山市"两基"(基本普及九年制义务教育、基本扫除文盲)工作验收。1995年5月,国家语委主任许嘉璐到校视察,对农村小学推广普通话工作予以充分肯定。1999年开始,学校进行"生态德育"的探索和研究,自编校本教材《碧水蓝天永相伴》。2001年7月,云石乡并入戴村镇,辅导学校撤销。

戴村镇中心辅导学校　建于1992年6月,戴村镇党委镇政府根据市委办〔1992〕44号文件《转发市教育局〈关于撤区扩镇并乡后,对学校管理意见的报告〉的通知》精神,设立戴村镇中心辅导学校,校址在戴村凌溪路3号。管辖范围:戴村镇区域内的幼儿园、小学、初中、成人学校。主要职责:贯彻执行党的路线和教育方针,国家的有关政策、法令、法规以及上级的有关指示,当好镇党委、政府的参谋,抓好教育工作,提出本镇的教育规划,教师调配方案,经镇政府批准后负责实施,组织协调跨校的教育活动,负责全镇师资队伍的培训和管理等。镇中心辅导学校属财政一级预算单位,负责全镇所有学校教育经费的收入和支出,并每年编造教育经费的预决算。学校党组织负责全镇教育系统的党务、组织人事、纪检(监察)以及教师的思想政治教育工作。

1994年9月后,逐年撤并村完小,至2004年9月,戴村镇戴村片镇小辖区内结束下设村完小的历史,全部并入镇小。2005年9月,云石片下属村完小全部并入云石中心学校。同年9月,永兴片下设村完小并入永兴中心小学。至此,戴村镇范围内只有戴村中心小学、云石中心小学、永兴中心小学3所小学,使教育资源得到集中和优化。1997年8月创办戴村镇中心幼儿园,在戴村镇幼教史上,有了第一位公办幼儿教师汪皖霞,并担任中心幼儿园园长。经过几年努力,2007年1月该幼儿园被评为萧山区三星级幼儿园,同年12月获"杭州市农村示范幼儿园"称号。1995年年初,戴村镇中经镇政府研究决定易地建校,校址选定在大湖头村东面凌桥村北面,1997年8月竣工,总建筑面积7456.3平方米,占地面积23411平方米,新学期搬入新址,并将戴村、永兴2所初中合并,开创了萧山区两校合并的先河。2003年投资120万元,完成戴村镇小食堂、教工宿舍1500平方米的改建工程。2004年投入300万元,兴建云石中心小学综合楼,建筑面积2700平方米,加拨20万元添置学校电化教学的设备和图书。是年8月,在戴村镇小开展永兴河系列考察活动,撰写

《永兴河流域地质状况初探》,获得“浙江省第十九届青少年科技实践一等奖”,“全国青少年科技实践二等奖”。2005年永兴小学建造简易食堂,添置锅炉,整修部分教学场地;云石小学浇筑水泥操场,整修250平方米田径场地,总投资300万元。2007年,全镇初中、小学配置多媒体设施75套,每班有1套(现74个班级)。2007~2008年,辅导学校利用教育局补助设备费添置教师办公电脑167台,实现了初中、小学教师人手1台办公电脑的目标。逐年解决外来民工子女的入学问题。2008年1月8日,时任全国红十字会会长、后任全国人大常委会副委员长的彭珮云,亲临戴村镇小视察。

教育经费

清末,私塾经费由创办者筹措,义塾由宗祠祠产支拨。民国时期的办学经费,由政府拨助,向学生收费,地方、个人捐,临时募捐,公产(祠堂田、房族产、学田)等多种形式。县立学校由国民政府拨款;区乡学校经费由当地筹集;私立小学由主办者自筹。民间捐资(产)助学之风渐盛。民国31年(1942),戴村乡第七保将保属水荡、鸭荡收入,充作保校教育基金。是年3月5日,第十一、十二保将张家河鱼荡出租收入,用作学校经费支出。民国32年,第九保丁氏长生庵田12.4亩,每年可收入租谷12石4斗,用作九保第二国民学校办学经费。民国37年9月21日,石牛山村沈炳荣捐柴杂山1块88亩3分7厘4毫,作为长潭乡第四保国民学校办学基金(每年收入时值稻谷8石)。同年8月,石盖坞村方竹生、俞五中将方、俞二姓祖上遗产田4亩9分、鱼荡5个、鸭荡2处,乐助复兴乡八保第二国民小学作为校产。是年9月,长潭乡外石板溪族长鲍雅赓、蒋在森将永丰庵庵产22亩,作第八保国民学校一分校办学基金;族长陈招生将陈姓祠产山150亩(每年可收入毛竹2万多斤,每万斤时值稻谷16石),用作长潭乡第八保国民学校办学基金。

民国32年第二学期,戴村镇学区9所学校经费支出预算情况,详见表11-1-26。民国35年,由于物价飞涨,学费一度改为向学生收大米。1946年1月29日,省制订《推行学米制办法》。萧山县颁发小学收费标准(米)。

民国32年(1943)第二学期戴村9所学校经费预算

表11-1-26

学　　校	教员	薪　　金	办公费	设备费	修理费	民教费	合　　计
浦南乡中心学校	2	10000	2000	2000	-	1000	15000
开明乡中心学校	6	64800米50石4斗	4800	5000	2000	-	64800米50石4斗
开明乡第一保校	1	8000米6石	2000	10000	-	-	20000米6石
开明乡第二、三保校	2	6000米24石	1200	10000	-	-	17200米24石
开明乡八九保联校	3	21600米21石6斗	4200	5000	-	-	30800米21石6斗
长潭乡中心学校	3	9600	5640	3500	-	-	18740
长潭乡五、六保校	2	6600	500	1000	-	-	8100
长潭乡第七保校	2	12000米12石	3000	300	-	-	18000米12石
长潭乡第八保校	1	6000	500	500	-	-	7000

说明:①资料来自萧山档案1932年1~350号。
②表中为原计量单位

中华人民共和国成立后,教育经费主要来源于国家财政预算内安排和其他来源两大类。财政预算内安排的教育经费,有国家和各级人民政府年度预内安排的教育事业费、教育基建投资。其他经费来源的渠道,有向学生收取学费、杂费,中小学开展勤工俭学收入等。1949 年 5 月至 1951 年年底,除原县办中心学校经费由县拨外,其他村办小学都属民办,经费由村负担。

1952 年,根据浙江省人民政府规定,小学教育经费由县统一筹募,提请县人民代表大会通过,报省批准执行。后奉华东局指示,小学教育经费以乡为单位筹募,报县人民政府批准;对乡村小学的办公杂支、书报、卫生等费用也作了规定,单班小学每学期 240 斤大米,1 ~3 班每班 210 斤,4 ~7 班每班 180 斤,10 班以上每增 1 个班级为 160 斤。是年,全县农村小学转为公办,在职民办教职工纳入国家编制,确定工资额,并一次性补发前缺工资,县人民政府规定了中小学学杂费收取标准,学费减免率为 30%(不同年份收费标准不一,见附表)。此项经费用于学校办公、校舍修缮、设备添置等,以支出预算不敷之用。

1954 年开始,建立县文教科、区辅导中心学校、镇乡中心学校三级财务管理体制。1957 年以后,村(大队)集体办学和公办学校中增设民办班增多,经费负担主要由村(大队)承担,教师报酬大多记工分。1972 年 8 月起,国家按季发给办学单位每月每位民办教师补贴费 16 元(实发 15 元,1 元留作民办教师医疗费报销),多数民办教师报酬是工分加补贴,可报销医疗费支出 40%。其时,民办教师工资一般在 25 ~32 元左右,县财政每月 15 元的补贴后,大大减轻了办学单位的负担。

1986 年,根据省财政局、教育厅联合发布《征收教育费附加的暂行规定》的通知精神,萧山县缴纳产品税、增值税、营业税的单位和个人,按缴纳数额的 1% 征收教育费附加(后提高到 3%),戴村镇 1992 ~2008 年教育费附加收入总计 5804.11 万元。

2001 年 8 月 1 日起,萧山试行乡镇财政“统一核算、集中支付”制度。戴村镇中心辅导学校为镇财政一级预算单位,配有会计、出纳,并明确相应的职责。实行“会计核算、收支科目、银行开户、收入管理、支出管理、收费管理”6 个统一,镇内初中、小学、公办幼儿园作为报账单位。2008 年 9 月 1 日起,学校财务实行区管。每月由镇辅导学校会计统一向区教育局结算中心报账,并对支出情况经过审核后报销。

1952 ~2005 年部分年份戴村中小学学期教育收费标准

表 11 -1 -27　　单位:元

年份	小学				初中		
	杂费			借读费	杂费		借读费
	低	中	高		通学	住校	
1952	3 万	3.5 万	4 万	–	–	–	–
1953	2.7	3.2	3.7	–	–	–	–
1961	2	2.5	2.8	–	7	8	–
1962	2.8	3.2	3.6	–	7	8	–
1966	1.8	2.2	2.5	–	6	8	–
1967	1.3	1.5	1.7	–	–	–	–
1971	1.4	2.2		–	3	3.5	–
1984	2.5	3	3.5	–	4.5	6.5	–
1985	2.5	3	3.5	–	4.5	6.5	–

续表 11－1－27

年份	小学				初中		
	杂费			借读费	杂费		借读费
	低	中	高		通学	住校	
1988	7.5	9	9	–	15	–	–
1990	7.5	9	9	–	15	–	110
1992	11	11	11	–	15	–	110
1993	15	20	20	140	35	–	220
1994	20	20	20	150	35	–	300
1995	25	–	–	150	40	–	300
1997	35	–	–	300	60	–	600
2000～2002	45	–	–	400	70	–	800
2003	45	–	–	300	110	–	600
2004	65	–	–	300	90	–	600
2005	65	–	–	300	90	–	600

说明:①资料来自《萧山区教育志》。

②从 2006 年起九年制义务教育阶段不收什费,2008 年春季起不收代管费,表内空档年份收费标准同上年。

③1971 年小学中段 4～5 年级 1972 年初中增 0.5 其他不变,1984 年秋季开始,1988 年 1～3 年级 7.5 元,4～6 年级 9 元,1996 年同上年度,1998 年、1999 年同上年度

1992～2008 年戴村镇教育费附加收入情况

表 11－1－28

单位:万元

年份	戴村	云石	合计	年份	戴村	合计
1992	28.68	14.05	42.73	2001	350.37	350.37
1993	71.04	40.9	111.13	2002	464.1	464.1
1994	60.15	9.44	69.59	2003	645.76	645.76
1995	99.45	21.65	121.11	2004	1061.79	1061.79
1996	91.51	21.48	112.99	2005	922.71	922.71
1997	117.9	34.59	152.49	2006	550.23	550.23
1998	159.44	45.93	205.37	2007	285.00	285.00
1999	105.07	60.22	165.29	2008	400.00	400.00
2000	119.41	109.5	228.91	总计		5804.11

说明:资料由镇财办提供

2001～2008 年戴村镇教育事业费支出情况

表 11－1－29

年份	镇财政支出（万元）	其中教育事业费支出（万元）	教育事业费支出占镇财政支出（%）	年份	镇财政支出（万元）	其中教育事业费支出（万元）	教育事业费支出占镇财政支出（%）
2001	2966.27	1036.81	34.95	2005	7768.56	1901.04	24.5
2002	3015.78	1134.04	37.6	2006	7677.66	1681.52	22.0
2003	5206.58	1406.8	27.02	2007	8156.05	1547.76	18.89
2004	5445.73	1758.71	32.29	2008	11843.8	2686.24	22.69

说明：资料来源于镇历届人代会财政报告。2006 年教师工资 243.27 万元，2007 年教师工资 548.01 万元，2008 年教师工资 567.9 万元，由区财政支付，不计入镇教育事业费支出数

教师队伍建设

1948 年 2 月，今镇内有 28 所小学、69 名教师。1949 年 6 月 5 日县人民政府成立后，着手整顿教育秩序，落实教师开学复课。民国时期任教的教师继续留用，再招收一部分社会上有文化的旧职文员、失业店员等充实教师队伍，到 1951 年年底，3 所公办学校有教职工 26 人。

1952 年 9 月份起，民办和民办公助小学，全部转为公办，教职员工工资改由政府财政负担。1953 年 7 月，全县在白墅乡、凌溪乡（今戴村镇内）搞点试行，控制公立小学的发展速度，适当调整教师队伍，辞退老师 3 人（后落实政策，每月发生活费 420 元）。

1954 年 8 月起，为提高在职教师文化水平，对只有小学文化程度的 8 位教师，分 2 批安排到绍兴简师和诸暨白门师范轮训 2 年，毕业后仍回原单位任教。1955 年，戴村镇公办教师达到 80 人。1956 年 6 月，县文教局在各区代课教师中及社会上具有初中文化程度青年中，招收 91 人在城厢镇一小办培训班，为期 3 个月，结业后有 6 人分配到戴村工作，为公办编制。1957 年提早放寒假，全县教师集中城厢镇进行“整风”学习，后变成“反右”运动，戴村镇有莫荫荪、倪震、俞先耕、王子犹、李洁非、姚静川、傅乃泉、姚初文、瞿校梅、蒋方剑 10 名教师错划为右派。1959 年年初，曾在民国时期任过文职或军职的董知庄、周味秋、戴瑜、杨水祺、田玫和、许惠成等 16 名教师，加上错划为右派的 10 名教师，被辞退回原籍劳动。直到 1979 年年底至 1980 年年初落实政策，才重回教师队伍，已超过 60 岁的补办退休手续。

1957～1958 年，全县有 75 所公办小学、76 名公办教师转为民办，其中戴村镇麦园小学及黄凤校，马谷小学及孔宪祥老师，骆家舍小学及陈荣光老师，尖山下小学及楼键昌老师，上述学校及教师全都转为民办，至 1961 年 1 月又转为公办。3 年困难时期，在校学生锐减，上级动员教师下放参加农业生产，承担国家困难，方剑青、瞿银亚、王时新、王兴法、祝梦飞 5 位公办老师带头精简回乡（1980 年这批老师落实政策，每月发放生活费 32 元，2009 年提高到每人每月 780 元）。戴村镇民办教师从 1960 年的 45 人，减少到 26 人。是年，安排从杭州市金融系统精简下放的费惠英、蒋芬蕉、谢琛等 5 人（云石小学 2 人、戴村初中 1 人，丁村小学 1 人，永兴小学 1 人）当教师。

1966 年“文化大革命”开始，学校停课参加运动。至 1967 年陆续复课，1968 年秋“贫宣队”进驻领导学校，1969 年 5 月，教师被强行回队（原籍）任教，工资实行工分加补贴，教师本人及其子女转为农业户口。致使学校骨干教师流失，教育质量下降。由于广大教师的强烈不满，1971 年 12 月萧山县革命委员会发文，公

办教师从当月起不再试行工分加补贴，仍发原工资。教师口粮从1972年夏粮起恢复国家供应，随同教师下放的家属和子女，户粮关系转非农业户口。1972年1月，长期代课的郭初梅、郭叶美、何友坤、傅秀珍、傅玲珑、周召春6人转为公办教师。1970年后，随着教育事业发展加快，入学儿童增加，教师明显不足，大量民办教师、代课教师充斥教师队伍。是年，戴村镇域区内共有教师211人，其中民办、代课教师115人，占全体教师的54.5%。1978年全镇教师共271人，其中民办、代课教师174人，占64.2%。

1972年8月，国家按季发给办学单位每位民办教师补贴16元，民办教师报酬实行工分加补贴的办法，并可报销40%的医疗费。县文教局、财税局联合发文，对民办教师的经济待遇作出原则规定，集体记工分和国家补助总和一般每月25元，原规定收入超过25元者，保留原标准，不足25元的予以适当提高，男女教师实行同工同酬。1978年3月起，公办教职工按月发放增收节支奖（岗位补贴），民办教师减半。公办教师享受每月5元副食品补贴，民办教师有自留地的，每月副食品补贴为公办教师的一半，无自留地的与公办教师等同。

1979年9月至1987年9月，为提高在职民办教师的文化水平，杭师、湘师、萧山教师进修学校多次在民办教师中招生，戴村镇前后21人录取，毕业后转为公办教师。自1979年1月1日起，县教育局规定停止招用新的民办教师。是年11月份起，中小学开始发放班主任补贴费，公办、民办教师标准一样，按班级学生人数分为小学每月3元、5元、7元3等，初中每月5元、7元、10元3等（至2008年一律为每月300元）。1980年6月，着手整顿民办教师队伍。是年，辞退民办教师35人（永兴公社12人，戴村公社11人，云石公社12人），另有2名知青身份民办教师招工回城，4人安排乡镇企业。被辞退民办教师教龄在5年以上的，发生活补助费100元；3年以上未满5年的发生活补助费70元；1～2年的发生活补助费40元。但安排到企业的不发生活补助费。

戴村镇自1959年8月韩吾松第一位由民办教师转为公办教师起，至1996年12月最后一位在编民办教师转为公办教师止，累计有79位民办（代课）教师转为公办教师。

1980～1981年，根据国务院关于安置老弱病残干部的暂行办法（国发〔1978〕104号文件），教师可以提前病退，女子顶职。戴村镇有23名教师病退以安排子女工作，其中16名教师子女进教育系统，7名安排供销系统及工厂企业工作。

1980年11月，对全镇81名民办教师进行等级考核，考核结果一级22人、二级49人、三级10人。1983年2月对考核情况作如下处理：转公办4人，安排读书5人，安排企业2人，去文化站1人，属老民办辞退后发生活费5人（任玉英、鲍娟仙每月20元，沈巨龙、丁幼珍、诸连珍每月15元，到2008年提高到每月648元）。至1983年2月，全镇尚有在编民办教师49人。

1982年，全省开展“五讲四美，为人师表”优秀教师评选活动。1983年2月，云石公社中心小学的顾望仙被评为省“五讲四美、为人师表”的优秀教师。

1985年2月4日，萧山县首次庆贺从事教育工作30年教师大会，戴村镇24位教龄在30年以上教师（云石9人、永兴3人、戴村9人，戴村初中3人）参加了大会，县委、县政府颁发荣誉证书。1989年9月萧山市第二次庆贺从事教育工作三十年教师大会后，凡从教满30年的老师，可领取荣誉证书。

1989年根据省市有关文件精神，在农村镇以下中、小学任教满10年以上的教师，其子女可以农转非。戴村镇域内有19位教师子女户粮关系，转为非农业户口。

1987～1994年，戴村镇新建教工宿舍4幢，解决无房、少房、外地43户教工的住房问题（包括六中10户）。对1993年12月31日前在册公办教师，尚健在的退休教师，可享受住房补贴：无职称教龄未满30年退休时年龄不到50岁的，可享受70平方米住房补贴；有职称或退休时教龄满30年，年龄到50周岁的，可享受80平方米住房补贴；有高级职称的教师，可享受90平方米住房补贴。至2006年12月31日，全镇127名退休教师领到住房补贴653.54万元。

1985年按照上级要求，教师必须具备合格学历或考核合格证书，才具有任教资格。公办、民办教师未达到规定学历的，危机感强了，迫切要求参加进修。教育局、学校领导积极鼓励教师业余进修，凭毕业证书或单科结业证缴费收据,根据所在学校经济条件,给予二分之一或三分之一的补助。这样,学历补偿教育发展迅猛,有中等师范函授、高等师范函授和自学考试,二年制中等师范(主要对小学教师学历未达标)、代课教师班(1994 年 4 月至 1997 年 9 月连招 4 届),小学教师成人高中班,高学历进修班等各种形式。据 1992 年 2 月统计,全镇小学教师 144 人,其中学历达标 107 人,占 74.3%;初中教师 67 人,其中学历达标 42 人,占 62.6%。据 2004 年 12 月 31 日年报统计,戴村镇有初中教师 85 人,参加各类函授、进修的 60 人(专科毕业 28 人,本科毕业 32 人)占初中教师总数 70.5%;小学教师 131 人,参加各类函授进修的 72 人,占小学教师总数 54.9%(高中、中师毕业 10 人,专科毕业 56 人,本科毕业 6 人)。

90 年代初,社会上掀起了一股下海经商风。戴村中小学教师中,有 11 人下海经商办厂,也有少数教师利用节假日兼职经商,造成一些学校开课难,人员安排难,但绝大多数教师坚守岗位。为适应教材改革,知识更新,跟上计算机、多媒体运用进入课堂的需要,教育局、教师进修学校等组织在职教师参加各类培训,如教育行政干部培训、骨干教师培训、见习教师培训、中小学教师全员培训(电化教育、五项基本功训练,即口语表达、三笔字"粉笔、钢笔、毛笔",教学简笔画,使用和制作简易教具,如何组织教育活动等),语、数学科教学技能培训,基础教育课程改革师资通识培训、课程改革与学习主题构建专题培训,初中教师主题培训,普通话培训与测试(语文老师要达到二级甲等,其他学科老师二级乙等),计算机培训与考试,全国英语等级考试,教师资格认定《教育学》《心理学》培训,专业技术人员继续教育公共课培训。90 年代后,尤其进入 21 世纪,党和政府对教育事业更加重视,教师生活安定,工资待遇不断提高,在职进修、钻研业务已成为教师的自觉行动。

至 2008 年 9 月,戴村镇中小学、幼儿园、成教教师学历职称情况如下:

镇幼儿园专任教师 6 人,其中本科毕业 1 人、专科毕业 5 人,合格率 100%;职称评定初级 3 人、未评 3 人。小学专任教师 102 人,其中本科毕业 50 人、专科毕业 45 人、中师高中毕业 7 人,合格率 100%;职称评定中级 42 人(小学高级)、初级 55 人、未评职称 5 人;初中专任教师 75 人,其中本科毕业 63 人、专科毕业 12 人(3 人系专业合格考试合格),合格率 100%;成人学校专任教师 2 人,专科毕业。一支数量足够,学历达标,爱岗敬业而又相对稳定,能适应素质教育的教师队伍已基本形成。

第二章　科　技

戴村的农业科技推广和应用始于 20 世纪 50 年代。在农业集体化时期,农业科技主要通过公社(乡、镇)供销社、农技站、农水站、兽医站等部门的专业技术人员,与生产大队、生产队的业余农技人员一起进行推广实施。但由于客观条件限制,农业科技推广和应用成效不显著。改革开放后,党和政府把科学技术作为第一生产力,戴村的农业科技推广应用才真正进入一个新阶段。随着农业大田责任制的推行和完善,戴村在农业科技推广应用方面创造了许多与时俱进的好方法,一大批种植户、养殖户、农技示范户率先垂范,农业科技成果十分显著。

戴村的工业科技始于 70 年代,尤其是改革开放后,随着乡镇工业的迅速崛起,为了求发展求生存,在激烈的市场竞争中站稳脚跟,戴村的乡镇企业、民营企业十分重视工业技术改造,通过引进国内外先进技术设备和管理经验,一批乡镇企业逐步淘汰落后的工业设备和产品,逐步把企业改造成拥有国内先进技术设备,生产出先进的自主创新产品,拥有一批知识产权。

镇政府十分重视科技工作,建立和健全镇科学技术委员会、镇科普工作领导小组、镇科学技术协会,出台一系列政策鼓励应用新技术,奖励科技新成果,引进科技人才,激励科技创业,在群众中大力宣传科普知识,致力于科技强镇、科技富民。

第一节　科技组织

20世纪70年代初,戴村、永兴、云石3个公社都成立畜牧兽医站。畜牧兽医人员为半脱产体制,报酬形式为工分加补贴,后来增加人员,正式成为公社的一个农业技术部门。1975年,3个公社先后成立农业技术推广站(简称农技站),负责指导粮油作物栽培、植物保护等工作。同时还设立农机水利站,配备农机员和水利员。自此开始,各大队、生产队以及广大社员,在公社农业技术部门的指导下更新观念,逐步把靠天吃饭的传统农业,转到以重视科技、依靠科技、运用科技发展农业的轨道上来。据70年代3个公社基本情况统计表显示,有不少大队成立科学实验小组。如云石公社早在1970年已有7个大队成立科学实验小组(当时全公社共16个大队),参加科学实验小组人数34人,初步形成从县、区到人民公社、生产大队的农业科技网络。

1991年,戴村、永兴、云石3个乡镇都成立科学技术委员会,分别为戴村镇科学技术委员会(简称科委,下同)、永兴乡科学技术委员会、云石乡科学技术委员会,由主任、副主任、若干委员组成,下设办公室。

为加强对科协工作的组织领导,加大科技普及工作力度,2006年5月18日,戴村镇人民政府发出戴政办[2006]21号文件,对戴村镇科学技术协会人员进行调整。调整后的科协组成人员为:主席韩建庆,副主席吴浙民、孔志明,成员吴立平、华小平、叶建华、沈乐娟、瞿亚萍、蒋叶平、瞿水校、孙越兴、吴建民、楼军伟。秘书长吴立平(兼),副秘书长吴建民、孙越兴(兼)。

2007年6月3日,戴村镇人民政府根据镇政府机关人事变动,发出戴政办[2007]25号文件,决定对戴村镇科普工作领导小组成员进行相应调整。调整后的戴村镇科普工作领导小组成员为:组长汤卫,副组长韩建庆、吴浙民、来惠民,成员管青松、华小平、叶建华、沈乐娟、杨芬、蒋叶平、瞿水校、莫成行、孙越兴、吴建民、楼军伟。领导小组下设办公室主任管青松,副主任吴建民、孙越兴。

2007年6月11日,戴村镇人民政府发出戴政办[2007]37号文件,对戴村镇科学技术协会成员作调整、充实。调整后的戴村镇科学技术协会由韩建庆任主席,吴浙民、来惠民任副主席,成员管青松、华小平、叶建华、沈乐娟、杨芬、蒋叶平、瞿水校、莫成行、孙越兴、吴建民、楼军伟。秘书长管青松(兼),副秘书长吴建民、孙越兴。

2008年6月13日,根据戴政办[2008]28号文件,镇政府对戴村镇科学技术协会成员调整充实。调整后的戴村镇科学技术协会主席赵建芳,副主席韩建庆、吴浙民、来惠民,成员管青松、华小平、叶建华、沈乐娟、杨芬、蒋叶平、瞿水校、莫成行、孙越兴、吴建民、楼军伟。管青松兼任秘书长,吴建民、孙越兴兼任副秘书长,负责日常工作。其间,形成一支由镇机关干部、企业科技人员、学校教师等150人组成的戴村镇科普志愿者队伍。

2008年6月18日,镇政府根据机关人事变动,对戴村镇科普工作领导小组成员进行调整。戴政办[2008]29号文件称,调整后的戴村镇科普工作领导小组成员为:组长汤卫,副组长赵建芳、韩建庆、吴浙民、来惠民;成员管青松、华小平、叶建华、沈乐娟、杨芬、蒋叶平、瞿水校、莫成行、孙越兴、吴建民、楼军伟。领导小组下设办公室,管青松任主任,吴建民、孙越兴任副主任。

镇内一些基层单位也相继成立科技协会,2008年9月19日,戴村镇初级中学成立科学技术协会,制订协会《章程》,34位优秀学生成为科技协会的第一批会员。

第二节　农业科技

中华人民共和国成立后,党和各级地方政府十分重视农业科学技术的推广。1960年,戴村供销社开展农业技术训练辅导、开办插秧机培训班,抽出4个技术干部作教员进行专门辅导,培训插秧机手2811人。同时,举办双轮双铧犁、抽水机等培训班5期,培训犁手98人,培训抽水机手32人。通过技术培训班,培训了一批一线农业技术骨干,提高了农业生产效益。

70年代起,各生产大队开始配备植保员,具体负责水稻、大小麦、油菜等主要农作物的栽培,防病治虫等技术指导。1975年后,公社一级建立农技站,各生产大队相应配备专职植保员,各生产队配备生产队兼职植保员,具体负责各队农业技术的指导工作。农技推广主要是社、队二级农技组织为主。公社农技站主要通过广播会以及短期培训班等形式。广播会主要是针对季节性农事,尤其是每年夏收夏种、秋收冬种时,公社领导通过广播作动员,农技站植保员对季节农事作技术指导,广播会全年不少于20次。农技短训班,主要是根据农事需要举办,时间一般为半天,参加人员主要是各大队负责农业生产的大队长、生产队长以及大队植保员,每年举办短训班10次以上。

农技推广

20世纪80年代后,大田实行家庭联产承包责任制,农技推广方法有较大改进,主要方法有:

搞好丰产方、示范方、示范田。1986年至1991年期间,戴村镇农技站在戴家山村搞了小麦高产示范方,在下方村搞了早稻新品种示范方,通过科学管理,建立示范方的小麦亩产达到250公斤以上,早稻新品种示范方亩产达到500公斤。在村植保员队伍逐渐稳定的基础上,镇农技站通过引进和应用新品种、新农药,科学施肥等方法,使农业科技知识在全镇得到普及,并在各村建立了农技推广示范户和农技推广示范田。进一步提高了农户科学种田的意识,减少了生产上的盲目性。2007~2008年,戴村镇有农业科技示范户36户。2008年戴村镇有"水稻示范户"43户,其中五改技术25户,免耕直播技术17户,测土施肥1户。

举办培训班。为了较快提高农民的科技素质,在调查研究的基础上,对村(大队)分管农业的负责人,种植、养殖专业户,村配药站人员等进行系统的理论知识培训。培训内容除以前单一的粮食生产,后来变为多种经营的有关专业技术。经考试合格者,由萧山市(区)科学技术协会颁发农民技术员证书。培训次数逐年增多。2007年,全镇培训农民技术员466人次,其中女性82人次。

组织有关人员参加农函大(绿色证书)学习。此项培训是镇政府为民办实事的具体内容,是农村农业技术人员走向科技致富的必由之路。1996~2008年,每年组织人员参加农函大举培训学习,有各行政村村委委员、妇女主任、种养专业户、科技示范户等。由区(市)农业局技术人员讲课,培训结束由区科协发给结业证书,每年授课时间不少于40小时。

组织召开农业技术推广现场会。通过现场介绍、观摩等,使到场的干部、农户一听就懂,一看就会。1981~2008年,每年举办现场会均在10次以上,内容有早稻育秧、早稻培育管理、晚稻育秧、晚稻培育管理、冬种生产、春茶炒制、生猪春(秋)季防疫。

不定期地召开广播会。对农户进行农事技术指导,由公社(乡)农技站的植保员播讲。

下发黑板报资料。农业科学技术资料或病虫情报资料由公社(乡)农技站印发到大队(村),大队(村)会计或植保员负责抄写到大队(村)里的黑板报上,供农户参考。黑板报每年在10期以上。

订阅《浙江科技报》《农村信息报》《萧山农技与信息》等农业科学技术方面的报刊杂志,每个村委会办公室,每户专业户订阅不少于两份。特别是市(区)农业局主编的《萧山农技与信息》《农村信息报》从1997年起每个村都订阅1~2份。

2003～2008年戴村镇农业科技成果奖获奖情况

表11－2－1

年份	获　奖　项　目	获奖称号	等　级
2003	晚稻新品种推广	杭州市农业丰收奖	一等奖
2003	百亩设施栽培草莓示范方	萧山区高产竞赛奖	二等奖
2003	农作物重大病虫无害化治理工程	萧山区高产竞赛奖	二等奖
2004	稻田免耕稻草覆盖栽培马铃薯技术推广	萧山区农业丰收奖	三等奖
2004	垦区百亩鲜食大豆—晚稻示范方	萧山区高产竞赛奖	三等奖
2005	双季西瓜设施栽培	萧山区农业丰收奖	三等奖
2005	小麦—晚稻示范方	萧山区高产竞赛奖	三等奖
2006	万亩晚稻病虫综合防治技术的应用	萧山区农业丰收奖	三等奖
2006	加工型号马铃薯新品种引进示范	萧山区农业丰收奖	三等奖
2006	单季晚稻免耕直播示范方	萧山区高产竞赛奖	三等奖
2007	稻田免耕稻草覆盖马铃薯栽培技术应用	萧山区农业丰收奖	科技进步优秀奖
2007	晚稻病虫害统防统治技术示范	萧山区农业丰收奖	一等奖
2007	稻区鲜食大豆免耕直播技术示范	萧山区农业丰收奖	二等奖
2007	单季晚稻提质、高产、增效示范方	萧山区高产竞赛奖	二等奖
2007	单季晚稻提质、高产、增效示范方	杭州市高产竞赛奖	优胜奖
2008	五十万亩晚稻提质、高产、增效技术推广	杭州市农业丰收奖	二等奖
2008	单季晚稻病虫统防统治技术应用	萧山区高产竞赛奖	三等奖
2008	晚稻免耕直播技术的应用成效与技术集成研究	萧山区农业局、人事局科技进步奖	二等奖
2008	晚稻配方施肥示范方	杭州市高产竞赛奖	优胜奖
2008	晚稻提质高产增效示范方	萧山区高产竞赛奖	一等奖

说明：资料来自镇档案室

2008年戴村镇“农业科技示范户”情况

表11－2－2

姓　名	所在村	种养殖类　别	种植规模（亩）	姓　名	所在村	种养殖类　别	种植规模（亩）
沈金海	青山村	粮油类	41	钟利德	佛山村	林特类	杨梅80
陈兰仁	马谷村	粮油类	52	沈静良	沈村村	林特类	杨梅200
方生德	八都村	粮油类	21	沈正泉	沈村村	林特类	冬枣100
丁锦春	南三村	粮油类	122	何国林	东风村	林特类	梨园80
方友桥	戴村村	粮油类	25	陈建华	石马头村	花木类	苗木208
王景运	戴村村	粮油类	123	崔　云	戴村成校	花木类	苗木90，兰花、铁皮石斛10
王文灿	石马头村	粮油类	55	曹云缪	永富村	花木类	苗木102
董百华	上董村	粮油类	40	董仙芳	上董村	花木类	苗木、鱼塘300
郁连桂	郁家山下村	粮油类	34	丁鲍云	三头村	畜牧类	生猪7500头
金叶潮	永富村	粮油类	25	张国兴	大石盖村	畜牧类	鸽子2万羽
王永峰	永富村	粮油类	92	周水林	东风村	畜牧类	肉鸭4.5万羽
倪吾宽	永富村	粮油类	21	郭国平	河杨湖村	畜牧类	肉鸭5万羽
平水木	永富村	蔬菜类	135	缪国球	南三村	畜牧类	肉鸭4.5万羽
钱吾林	永富村	蔬菜类	10.5	郭玉林	张家弄村	畜牧类	家禽4万羽
周先焕	东风村	蔬菜类	10	何建和	河杨湖村	畜牧类	灰雁8500只
沈吾娟	青山村	林特类	茶园1500	瞿雪平	半山村	畜牧类	鸽子1.5万羽
沈月辉	沈村村	林特类	茶园800	周祖宁	大石盖村	畜牧类	肉鸭4.5万羽
钟楚东	佛山村	林特类	茶园300	金先良	永富村	畜牧类	生猪2500头

说明：资料来自《浙江省科普示范乡镇复查验收》科普活动（二）

2008年戴村镇水稻示范户情况

表11－2－3

农户姓名	所在村（社区、分场）	职务职业	示范田面积（亩）	所在田畈	品　种	主体技术
吴富贵	枫桥村（响石桥）	示范户	2.8	东畈		五改技术
沈才法	沈村村	示范户	1.8	西畈	浙粳22	五改技术
钟关法	佛山村	示范户	2.5	东畈	浙粳22	五改技术
丁尧法	半山村（凌山）	示范户	3.5	凌山畈	浙粳22	免耕直播

续表 11－2－3

农户姓名	所在村(社区、分场)	职务职业	示范田面积(亩)	所在田畈	品　种	主体技术
周松林	半山村(丁村)	农技员	2	丁村畈	嘉 991	免耕直播
周秋春	半山村(丁村)	示范户	3	上畈	嘉 991	五改技术
陈来法	马谷村	农户	3	毛村畈	嘉 991	免耕直播
沈妙坤	八都村(中潭)	示范户	3.5	沃子畈	嘉 991	五改技术
方生德	八都村(前方)	承包大户	3.0	前方畈	浙粳 22	五改技术
盛建根	八都村(盛家)	示范户	3.5	西畈	浙粳 22	免耕直播
陈兴良	八都村(麦园)	示范户	3	毛村畈	嘉 991	免耕直播
戴树法	三头村(凌桥)	农户	3	凌桥畈	浙粳 22	免耕直播
何吾善	南三村(溪河)	示范户	7	蒋村畈	嘉 991	五改技术
卢仁兴	南三村(溪河)	小组长	3.5	蒋村畈	浙粳 22	免耕直播
丁贤标	南三村(下方)	示范户	3.5	南畈	嘉 991	免耕直播
戚小传	南三村(下方)	农户	3.5	下方畈	嘉 991	五改技术
何吾中	南三村(戴家山)	示范户	3	沃子畈	浙粳 22	五改技术
戴周良	南三村(戴家山)	农户	3.5	沃子畈	浙粳 22	免耕直播
丁祝安	戴村村	示范户	3.5	外畈	浙粳 22	五改技术
周宝然	戴村村	小组长	3.5	外畈	嘉 991	五改技术
方友桥	戴村村(后郑)	承包大户	3.6	后郑畈	嘉 991	免耕直播
郑银水	戴村村(后郑)	农经记账户	3	后郑畈	浙粳 22	免耕直播
孙吾千	大石盖村(孙家)	示范户	3.5	东畈	浙粳 22	五改技术
余成贤	大石盖村	小组长	3.5	里塘畈	浙粳 22	五改技术
董百华	上董村	承包大户	3.5	上董畈	浙粳 22	五改技术
董宏明	上董村	农户	3.5	上董畈	嘉 991	五改技术
戴金法	石马头村	承包大户	3.5	东畈	浙粳 22	五改技术
潘子法	河杨湖村(后马湖)	小组长	1.6	西畈	浙粳 22	免耕直播
陶根木	河杨湖村(河上桥)	示范户	3	塘里畈	浙粳 22	五改技术
喻吾林	河杨湖村(杨家桥)	示范户	3	外畈	浙粳 22	五改技术
喻水木	河杨湖村(河上桥)	农技户	3	里畈	浙粳 22	五改技术
郭明权	张家弄村	示范户	4	上畈	嘉 991	免耕直播
郭伟江	张家弄村	小组长	3.5	上畈	嘉 991	免耕直播

续表 11－2－3

农户姓名	所在村(社区、分场)	职务职业	示范田面积(亩)	所在田畈	品　种	主体技术
喻金忠	张家弄村	小组长	3.5	上畈	嘉991	免耕直播
何伟泉	东风村(何童埠)	小组长	3.5	西畈	浙粳22	五改技术
何吾国	东风村(何童埠)	农民	3.5	低畈	浙粳22	免耕直播
周水定	西　周	农民	3.5	西周畈	浙粳22	五改技术
温招兴	西　周	农民	3.5	西周畈	浙粳22	
钱　浩	永富村(积堰山)	农技户	3.5	西畈	浙粳22	测土施肥
徐妙康	永富村(马鞍)	承包大户	3.5	皇天畈	浙粳22	五改技术
鲍吾泉	永富村(积堰山)	农户	3.5	西畈	浙粳22	五改技术
钟妙才	佛山村	小组长	2	塘下畈	浙粳22	五改技术
郁吾忠	郁家山下村	示范户	3.5	何由里	浙粳22	五改技术

说明：资料来自《浙江省科普示范乡镇复查验收》科普活动(二)

2007年戴村镇农民技术人员基本情况

表 11－2－4　单位：人

村(单位)	技术职称				从事专业					
	技师	助理技师	技术员	助理技术员	农业	农业经济(管理)	畜牧业	农业电工	林业	水产
骆家舍	1	0	9	0	1	5	1	2	1	0
尖山下	2	0	4	0	0	2	1	1	2	0
方　溪	1	3	13	0	2	8	3	3	0	1
顾家溪	2	0	7	1	0	5	2	3	0	0
枫　桥	0	3	21	3	7	4	1	3	12	0
青　山	2	2	12	1	4	6	1	2	4	0
沈　村	6	0	9	0	5	4		1	5	0
佛　山	0	1	7	0	0	2	3	1	2	0
半　山	2	4	22	4	9	7	7	5	4	0
马　谷	0	0	3	2	4	0	0	1		0
八　都	0	5	14	3	8	5	3	5	1	0
三　头	2	4	15	0	6	3	9	2	1	0
南　三	0	7	11	0	6	5	5	0	2	0

续表 11－2－4

村(单位)	技术职称				从事专业					
	技师	助理技师	技术员	助理技术员	农业	农业经济（管理）	畜牧业	农业电工	林业	水产
戴　村	2	4	10	2	4	7	3	3	0	1
上　董	0	4	6	2	2	1	5	1	2	1
大石盖	1	8	20	1	11	7	10	1	1	0
石马头	0	4	5	1	3	3	2	2	0	0
河杨湖	0	4	15	2	7	3	7	3	1	0
张家弄	1	4	9		6	1	3	3		1
东　风	1	7	18	1	8	6	7	3	2	1
郁家山下	1	1	7		4	1	2		2	0
永　富	4	6	21	2	10	5	12	2	4	0
其他单位	27	21	27	8	12	7	11	17	12	1
合计	55	92	285	33	119	97	98	64	58	6

说明：①资料来自镇档案室。

②“其他单位”栏有高级技师1名，有农业机械8人、土地管理7人、农田水利9人

农技活动

20世纪50年代中期，为了提高单位面积产量，对水稻种植进行改革。在早稻苗田里的横、竖行距之间插种晚稻，当时称为间作稻，从此结束了每年一季水稻的传统种植方法。50年代后期至60年代初，又将间作种植方法改为连作双季稻种植，即在早稻收割后，重新翻耕稻田插种晚稻。种植双季稻后，粮食亩产明显提高。

60年代中期，农业科学技术知识逐步推广。溪河大队为了使春粮、油菜达到稳产高产，专门成立了一个科学实验小组，并从浙江省农科所邀请了农业专家来队实施辅导。尤其是小麦、油菜，由于实行科学管理，产量逐年提高，连续几年处全公社前列。溪河大队科学实验小组，成为浙江省赤霉病防治协作小组成员。1974年，该大队种植的油菜平均亩产达到178.3斤，位列全公社第一位。

1968年，开始对大小麦的播种方式进行技术改革，把传统的用三角榔（或四角榔）点穴播种，逐步改为挖浅沟条播。70年代初，又改为狭沟阔垄散播的栽培方式，提高了土地利用率和单位面积产量。

80年代后期，对水稻采用科学配方施肥。即根据不同田块的不同土质、不同的水稻品种，以及不同的生长期，对氮、磷、钾3种肥料进行合理搭配使用，改变了水稻单一施氮肥的传统方式，大大地提高了肥效。

1990年，永兴乡开展以建设吨粮田为目标的科技兴农活动，乡农办在郁家山下村建立面积105亩的良种示范点。选择127户农户作为良种推广户，提供良种11万斤，串换给其他农户约8万斤。在何童埠村搞统一供种试点，即由村统一贮藏、统一供种，因此，该村良种覆盖率达100%，获得了1990年度“萧山市农业丰收奖二等奖”。是年，全乡良种推广面积达2700亩。乡农办在积极推广良种的基础上，还抓了高产模式、配方施肥、综合防治病虫害等一系列科技兴农措施。

同年，云石乡决定打响自己的茶叶品牌，改革传统茶叶制作技艺，精心研制生产出“三清茶”样品。1991

年4月，在国际茶文化节上获“名茶新秀”奖牌，并获省茶叶学会授予的“名茶新秀”一等奖。1992年，“三清茶”获得“首届中国农业博览会铜奖”“浙江省一类名茶”等荣誉。是年3月，创建杭州萧山云石农业综合发展公司，“三清茶”品牌得到进一步提升与发展，并注册了“云石三清”“三清”2只商标。

1996年，引进种粮大户。种粮大户在水稻种植技术上，采用塑料秧盘育秧再加地膜覆盖新技术，可避免早稻秧苗烂秧。对种粮大户所需的塑料薄膜，在市政府出台优惠三分之一的基础上，镇政府再优惠三分之一，鼓舞了种粮大户的生产积极性。

1997年，戴村镇政府为鼓励科技兴农，出台一系列优惠政策：对实施抛秧栽培的农户，每张秧盘补贴0.2元；对引进良种的，每公斤补贴0.10元；对以村为单位实施温室大棚集中催芽的，每只大棚补贴500元；对购置大型农机具的村或户，每台补贴2万元。在此基础上，镇农资部门四处奔波，抓紧抓好化肥、农药、尼龙薄膜等急需用的农用物资和农机具的采购供应。镇农办抓好良种的推广及技术服务，从市种子公司采办5000公斤早稻优良品种，及时供应给农户。

2000年9月，戴村镇发展效益农业，完善家禽科技服务体系。由镇农办牵头，成立“戴村镇家禽产销合作社”，选举产生第一届社管会成员。家禽产销合作社的主要工作是以社为阵地，为全镇家禽养殖户提供科技服务，沟通科技信息，引进培育优良品种，建立繁殖基地，推广实用新技术；组织社员外出取经，社员之间互相交流，充分发挥合作社的作用；以合作社为纽带，努力拓展销售渠道，创办加工企业，做好产销衔接，实现产、加、销一体化。是年，云石乡随着山乡科技产品的不断开发，山林、水资源得到充分利用，开发竹胶产品，为山区毛竹资源利用走出了一条新的路子；办起纯净水厂，使云石白白流走的山泉水变成了现钱。是年，全镇1.1万余亩晚稻采用免耕直播技术，占晚稻总种植面积的85%。晚稻田直播后，配以喷施直播净等化学除草剂。自此，改变了传统的种田方式，即先育秧后弯着腰手工插秧（种田）的历史。

2001年，戴村镇顺利完成“规模饲养肉鸭综合技术，农业丰收奖计划”项目。该项目由家禽产销合作社社管委牵头，成立项目实施小组。总体方案是政府政策鼓励、重点扶持，专业户分散饲养，项目实施小组统一管理。在技术措施上，改进传统的饲养方法，制定科学养殖、管理方案：一是采取大棚保温育幼苗，保证幼鸭在安全期下水，提高苗鸭的成活率；二是根据不同季节，利用池塘圈养与野外空田放养有机结合的养殖方法，这样不但缩短了养殖时间，而且还能节省饲料成本，提高成鸭肉质；三是引进优良品种，如“西德种野鸭”等，提高养殖效益；四是按期按要求打疫苗，及时观察肉鸭的生长动向，提高肉鸭对疫病的抵抗力，提高成鸭产出率。该项目由于实行科学饲养和管理，养殖效益明显提高，与2000年同期相比，肉鸭销售率由每只8.5元增加到10元，增17.6%，平均利润从每只0.50元上升到1.00元，增100%。该项目经萧山区农业局验收合格，各项计划指标超额完成，饲养量超6.96%，总产值超14%，总利润超50.52%。是年11月30日，成立了“戴村镇水产专业技术协会”。协会的宗旨是为了更好地开发和利用本地区内的自然资源优势，加快水产养殖，实现销售一体化经营步伐，加速农村科学技术普及推广，提高水产养殖的经济效益。协会的工作任务是：服务于本镇水产养殖、销售，注重研究解决水产养殖中的技术问题，引进、试验、示范和推广市场急需的新技术、新品种，带动会员和引导广大养殖户树立品牌意识，提高经济效益。

2002年，戴村镇区农科所引进稻田免耕稻草全程覆盖马铃薯新技术，当年试种面积1.2亩，亩产达到2250公斤，总产2700公斤。2003～2008年，全镇累计推广该模式马铃薯种植面积达400余亩，平均亩产马铃薯超过1925公斤，亩产值达到2000元左右。其间，杭州市、萧山区农技推广部门的领导曾多次组织人员来戴村镇召开该项技术现场会。2004年，该项目获得萧山区农业丰收奖（效益农业发展项目奖）三等奖。

2004年，卫士生态科技园的无土草皮开发项目被列入区级科技项目。2005年，浙江省首个教育后勤农业供应基地落户戴村，浙江卫士集团与有关高校合作并签订了协议，利用自身3个总面积100公顷的无公害农业种、养殖示范基地，为杭州高校提供优质绿色食品。

2006年3月7～12日，在戴村镇成人学校举办富余劳动力培训班，参加人员为茶叶种植户共38人，教育内容为春茶的种植、采摘及炒制技术。由农业综合发展公司沈月辉主讲，采取上午知识讲座，下午实地操作。6月10日，在戴村成人学校举办农函大（绿证）培训班，参加人员有全镇重点专业养禽户共47户。教学内容为解决家禽养殖中的几个科学技术问题，提高家禽养殖效益，由萧山农业技术学校教师、萧山农业局有关专家主讲。

2007 年 6 月，戴村成人学校举办家禽养殖培训班，家禽养殖专业户 50 人参加培训。主要内容为鸡、鸭、鹅、羊等家禽畜疫病防疫及治疗，使养殖专业户掌握家禽畜疫病防疫知识及治疗的方法。举办猪病防疫培训班，养猪专业户 39 人听课，学习猪常见病防治方法及猪饲料合理搭配等知识。同年，在成人学校举办绿证（农涵大）技术培训班，全年共办班 5 期，参加培训的为村委会分管干部、农业科技示范户、种粮大户、农资经营人员等。

2006 年开始至 2008 年 6 月，历时近 3 年，在月辉茶叶专业合作社基地内试验通过春插马铃薯收后留种越夏，采取不同的贮藏方法和小区大田对比试验，从而获得了以冷库贮藏产量及经济效益最佳的结果。由此可使冷库贮藏种薯播后产量效益比山洞贮藏亩增 15150 公斤，比自然风干亩产增 1802.7 公斤，与当年北方购入亩产相仿。

2008 年 8 ~ 12 月，在杭州永达木业有限公司实施“木质包装除害化处理技术措施”这一农业科技创新项目，以确保出口木质包装安全可靠。该公司按照省检验检疫局下达的技术参考要求进行试验，结果表明，这套设备和技术参数是合理的，完全起到了杀灭害虫的目的。至 2008 年年底，该公司已成为浙江省处理该技术最先进的一家公司，达到国际化技术标准。

附录一：

杭州市农技推广基金会在萧山戴村召开稻田免耕稻草覆盖种植马铃薯现场会

2004 年 5 月 27 ~ 28 日，我会在萧山区戴村镇召开“稻田免耕、稻草全程覆盖种植马铃薯新技术”现场会，参观了积堰山、凌桥等村的马铃薯种植现场，并察看了薯块生长数量和品质，听取了副镇长楼铁明和农技站长孙越信的情况汇报及区农业局副局长黄关林关于萧山区召开马铃薯现场会的情况和明年打算的介绍。会议就该项技术的应用价值、主要经验存在问题和今后打算，展开了热烈的讨论。中国水稻研究员、原副所长张志涛、实验师赖凤香、省农技推广基金会副秘书长费槐林、省农业厅农作局粮油科科长纪国成、农艺师吴早贵杭州市农业局农作处副处长徐珊、杭州市农科院蔬菜所副所长柴伟国和萧山区农科所所长楼旭平等专家到现场作技术指导。我会副会长兼秘书长白长生主持会议并作小结。对示范应用该项技术提出了意见要求。各区、县（市）有意向应用该项技术的种植大户、村、乡农技站及区、县（市）农业局（执行部）的代表 40 余人参加了这次会议。

“稻田免耕、稻草全部覆盖种植马铃薯新技术”是浙江省“三农五方”列项，中国水稻所和省农业厅农作局联合主持的一项科研成果。萧山区农科所首先在我市引进该项技术，2003 年在戴村等乡镇小面积试种成功的基础上，今年省、市、区农技推广基金会予以列项资助，在戴村镇示范种植 31 亩，预计平均亩产可达 1500 ~ 2000 公斤，除去成本、亩经济效益在 1000 元左右。

通过现场参观、听取介绍、大会讨论和专家发言，到会者一致认为该项技术是马铃薯栽培技术上一项改革创新，在单季稻地区有较大的应用价值和推广前景，但在种薯生产、栽培技术和加工销售等方面还存在一些问题和难点，有待进一步改善和完善。

白长生在小结讲话中认为，这次现场会也是一次研讨会，对该项目技术有初步了解和深化。省、市基金会将该项技术列入今年资助项目，主要是考虑农民增收，特别是粮产区农民增收，目前我市约有 30 多万亩冬闲田，示范应用稻田免耕、稻草覆盖种植马铃薯新技术具有现实意见：一是符合中央 1 号文件稳粮增收的精神；二是有利于改良土壤，提高肥力，促进农业节本增效、可持续发展；三是简化马铃薯栽培工艺，是一项省工、省力、省本、高产、高效的轻型栽培技术；四是薯块色彩美观，光洁、品质鲜嫩，有较好的市场销路。

（资料来源：摘自杭州市农技推广基金会秘书处编《简报》，2004 第 7 期，总第 89 期）

附录二：

马铃薯免耕稻草覆盖栽培技术

1.田块准备。选择地势比较高燥、排灌方便的水稻田，根据田块形状拉绳挖沟做畦。畦宽90～140厘米，沟宽25厘米，沟深20厘米。长田加开横沟，方田开十字沟。在播种前，畦面泥土应耙成微弓背形。

2.种薯准备。选用早熟高产品种，如东农303、费乌瑞它、中薯4号等。种薯应催芽、以带1厘米左右长度的壮芽播种为佳。播前大种薯应切块，每个切块至少要有1个健壮的芽，切口距芽1厘米以上。在切块时要直切，不要横切，小种薯以整薯播种效果好。种薯在播前用50%多菌灵可湿性粉剂250～300倍液浸种5～10分钟，稍凉干后用草木灰拌种，即可播种。

3.播种时间。适宜在1月下旬。播种时将种薯芽眼向下斜播在畦面上，使种芽直接接触土壤，有利于薯种发根。

4.播种密度。高燥田块每畦净宽130～140厘米，每畦种4行，行距30厘米左右，株距25厘米，畦两边各留20厘米。

5.施足基肥。一次性施足基肥，每亩施高浓度复合肥60～75公斤，加10～15公斤硫酸钾或农象肥750～1000公斤加高沈度复合肥50公斤。在施肥方法上，应在马铃薯播种后，将复合翁施在薯种5厘米外周行间，不要让薯种接触到复合肥以防烂种。若以腐熟的厩肥作基肥，可在起沟前在稻板上施下。看苗情进行叶面追肥，有利于延缓植株衰老，增加产量。

6.稻草覆盖。播种后，将稻草均匀覆盖在畦面上，要均匀到边，不留缝隙。稻草不能盖得太薄，防止产生绿薯和杂草，一般草厚度以8～10厘米为好。每亩需要2000～2668平方米稻田的稻草。

7.科学管理。由于畦面稻草覆盖能抑制杂草生长，一般不用除草。沟边杂草可在薯苗未出前用除草剂或人工拔除。播种后如遇干旱，特别是播后土壤干燥，可采用沟灌方法，使畦面潮湿后，及时排水落干，以利马铃薯生长。马铃薯易感早疫病、晚疫病和病毒病，对上述病害要事先预防。

8.适时收获。早熟品种出苗后至收获需要60多天时间。通常待茎叶自然黄熟时就可以开始收获。采用稻草覆盖的一般在5月下旬，由于薯块生长在土壤表面、稻草以下，所以收获时只要掀去稻草就可以拣薯了，省工省力。所收薯块圆整，色泽鲜嫩光亮，带泥极少，容易洗清出售，价格也高于常规种植的马铃薯。注意要防止产生绿薯，马铃薯一旦变绿就不能食用，因为绿薯内龙葵素含量剧增，食用后会中毒。

（资料来源于镇农办）

第三节　工业科技

戴村镇的工业科技，伴随着乡镇工业的发展而逐步重视和加强。20世纪70年代，各公社创办社队企业，多数为作坊型，厂房简陋，多利用祠堂、仓库房等，设备陈旧，能源消耗大，生产成本高，经济效益低。随着科普教育深入和企业自身发展需要，从领导到企业职工逐步认识到，要使产品质量上档次，提高企业经济效益，运用科学管理，进行技术改造迫在眉睫。

1985年，萧山树脂厂（杭州联发电化有限公司前身，时属县二轻企业）为拓展产能、降低消耗，实行技术改造，引进当时国内最先进的金属阳极电解槽设备技术，大幅度降低了电能消耗，使年度总产值效益明显提高。1987年，该厂与浙江大学合作研制的食品包装用PVC树脂项目，获得国家科技进步三等奖，合成盐酸被评为“化工部优质产品”。

80年代末90年代初开始，戴村工业企业注重与国内高等院校及有关科技研究单位合资、合作，进行技术改造，共同开发新产品。如萧山电子开关厂坚持科技兴厂方针，聘请浙江大学3名教授、高工，协助研究开发新产品。从开始研制晶体管，到搞调温开关、触电保安器，再从开发建筑仪器，到试制压拉力两用机。每一样新产品都是在摸准市场行情基础上，运用新技术进行试制，再发展到批量生产，获得较好经济效益。

1994 年，萧山电力水泥制品实验厂成立（后属于浙江卫士控股集团有限公司），该企业在国家混凝土水泥制品研究院（在江苏省苏州市）的技术指导下，开发了当时较先进的蒸汽法混凝土预制导管生产线和主产技术等，填补了此项技术在国内的空白。1996 年年底，萧山联发电化有限公司（前身为萧山树脂厂）与浙江省化工研究院合资建立杭州富时特化工有限公司，对浙化院研制成功的新制冷剂 152a 和 141b 进行工业化生产，于 1997 年年底投产。主要用作制冷剂、聚氨酯发泡剂、电子清洗剂和气雾推进剂等，属环保型高科技产品。自此，厂院挂钩，产、学、研紧密结合的富时特公司成为浙江省高新技术企业的范例。公司注重高技术产品开发和产品技术创新，先后研制开发了氯化聚乙稀、偏氯乙衡、氯醋共聚树脂等新产品，对 PVC 树脂进行纳米碳酸钙改必性研发，该技术成果获"萧山市科技技术进步一等奖"。

1997 年，杭州卫士实业有限公司成立，专业生产高科技产品——GRC 轻质隔墙板、轻质保温砌块和建筑界面粘合剂，成为浙江省新型墙体材料开发、生产、销售安装的龙头企业。通过了省检 ISO 9002 质量体系认证，成为戴村镇第一个取得国际国内产品质量"通行证"的企业。是年，杭州卫士实业公司开发的 GRC 轻质隔墙板和 PEX 交联聚乙烯自来水管，分别获得省、市新产品开发奖，并填补了省内空白。

1999 年，戴村镇开发的 8 只新产品列入省级新产品计划。其中杭州富时特化工有限公司开发的新型制冷剂 HFC－152a 获化工部"科技进步二等奖"；141b 报批国家科技创新基金奖。杭州伟业蚊香有限公司的"浪潮牌"杀虫、灭蚊系列产品，被国家轻工总局授予"优质轻工产品"与"用户满意品牌"的称号。是年，杭州卫士实业有限公司与马来西亚塑易集团合作，成立中外合资杭州派士管材有限公司。该公司引进先进的塑料管道生产技术、设备，通过与国内外有关技术机构合作，成功开发了给水用聚乙烯（HDPE）管道系统、聚乙烯（PE）天然气输送管道系统、耐高温聚乙烯（M－PP）电力电缆管道等系列产品。产品均通过专业技术部门的检测和技术鉴定，企业连续多年荣获省市级科技型企业、"中外合资优秀型企业""浙江省级高新技术企业"等。该项目连续多年被评为"建设部科技转化指南项目""浙江省建设科技成果推广项目"等荣誉称号。

2000 年，戴村镇成功地走出一条生产基地与科研单位紧密合作、科技成果迅速转化为生产力的科技创新之路。全镇研制开发的 4 只新产品被列为省级新产品。萧山联发电化有限公司用纳米技术开发的改性化建材专用树脂及产业化项目为国内首创；杭州富时特化工有限公司在科技创新中被市政府确定为科技进步型企业和高新技术企业，该公司生产的 HFC－152a 获国家科技进步二等奖；杭州卫士实业公司等 4 家企业成功创办技术开发中心。是年，云石乡发展高科技产品成为市场竞争的主要努力方向，其中华东钢构的彩涂钢卷是科技含量较高的一只产品，为当时全国除宝钢一家企业外的第二家企业。萧山制冷有限公司生产的制冷水表卡是水表安装磁卡计费的新项目，被列入火炬计划之一。

2001 年，科技创新步伐进一步加快，全镇共开发省级以上新产品 8 只，其中有 3 只通过省级新产品鉴定，浙江求是高分子有限公司的纳米树脂和杭州富时特化工有限公司的新型制冷剂 152a 被国家列为重点新产品计划，这在戴村工业史上还是首次。同时，杭州富时特化工有限公司的新型制冷剂 152a 又列为浙江省科技创新基金项目。"氯乙烯路线联产 HFC－152a 和 HCFC－142b 技术"项目获国家科学技术进步奖二等奖。是年，全镇有 18 只新产品被列入省级以上新产品。萧山华东轻钢建材有限公司、杭州卫士实业有限公司等 4 家企业的部分产品获得萧山区级名牌产品认定，使全镇拥有区级以上名牌产品增至 6 只，有 11 家企业通过了 ISO 9000 质量体系认证。卫士冷热水用三型聚丙烯（PP－R）管材获萧山区科技进步三等奖。是年 12 月，投资 5000 万元的萧山华东轻钢建材有限公司彩色涂层钢板项目试车成功，该项目成为浙江省最大的彩色涂层钢板生产基地之一。

2002 年，杭州求是高分子有限公司被评为省级高新技术企业。是年，杭州富时特化工有限公司的"一氟二氯乙烷（HCFC－141b）氟里昂替代品"项目获优秀新产品新技术一等奖。2003 年，杭州富时特化工有限公司生产的国家专利产品 HCFC－141b 获杭州市优秀新产品一等奖、萧山区科技进步一等奖、萧山区名牌产品，该企业又获得国家级高新技术企业称号。是年，卫士集团属下的杭州卫士生态科技园林有限公司、杭州卫士边坡治理有限公司相继成立，企业引进了先进的生态植被恢复技术，应用于全国许多地区的废弃矿山的生态环境恢复治理工程和公路上边坡的复绿工程建设。治理项目的设计，取得了较好的社会效益和经济效益。

2004 年，戴村镇工业企业注重技改投入，狠抓新产品开发和强队建设。全镇技改实际到位资金达到 2.8 亿元，杭州派士管材有限公司被评为省级高新技术企业；2 家企业被评为区级高新技术企业；新增市级、区级企业技术中心各 1 家；开发省级新产品 5 只，其中被评为省级名牌产品 1 只、区级名牌产品 4 只。在科技兴企道路上获得新跨越。是年，浙江华东钢业集团工业产值突破 10 亿元大关，成为戴村历史上第一家超 10 亿的集团企业。杭州富时特化工有限公司的科技项目 HFC－152a 又被列为国家火炬计划项目。卫士纳米复合树脂（nano－RXP）电力电缆保护套管，获杭州市 2003 年度优秀产品新技术三等奖和 2004 年度萧山区科技进步三等奖。

2005 年，全镇各企业加大技术创新力度，在已有 1 家国家级高新技术企业和 1 家省级高新技术企业后，杭州华诚机械有限公司成功创建成为杭州市级高新技术企业。业新钢构技术中心创建成为区级技术中心。是年，戴村镇被命名为“省级科普示范镇”，“华东钢构”和“九龙厨具”均被评为杭州市著名商标。全年全镇实现工业销售总产值 45.6 亿元，同比增长 18.78%；实现利润 1.86 亿元。卫士 GRC 轻质隔墙板 2005 年、2006 年连续两年经杭州市萧山区墙体材料改革公室、浙江省发展新型墙体材料改革办公室联合认定，该企业销售居浙江省同类产品第一名。2006 年 6 月，经科学技术部火炬高技术产业开发中心复审，认定杭州富时特化工有限公司为国家火炬计划重点高新技术企业。

2007 年，戴村镇继续实施“科技强镇”战略，科技工作成绩显著。工业企业主要体现在以下几方面：一是大力培育发展高新技术产品。全镇高新技术产品销售收入达到 64903 万元，比 2006 年的 44437 万元增长 46%。杭州亿达五金有限公司被认定为省科技型企业，杭州伟峰电子有限公司被认定为区高新技术企业。二是增加技术开发投入。全年全镇企业技术开发经费达到 6103 万元，占销售收入的 1.78%。三是建设科技创新体系。杭州华诚机械有限公司与浙江大学直线电机与现代驱动研究所合作，成立杭州华泽科技有限公司，共同研发生产直线电机和现代驱动设备。浙江卫士管业集团与新加坡科技大学周进博士工作室合作，成立浙江卫士光电科技公司，研发生产代表全球最高水平的 DPSSL 激光器。四是实施科技计划项目。杭州大天数控机床有限公司（新塘与戴村合作项目）被列入市级科技计划项目。五是注重知识产权保护。是年，全镇申请专利 62 项，分别为富时特化工申请发明专利 2 项，杭州华诚机械有限公司申请实用新型专利 3 项，杭州九龙厨具有限公司申请外观设计专利 9 项，杭州蓝达办公设备有限公司申请外观设计专利 48 项；取得专利授权 10 项，杭州华诚机械有限公司 2 项，杭州小球星儿童用品有限公司 4 项。

2008 年，戴村镇重视技术合作和科技创新工作，企业逐渐从劳动密集型向产品科技型发展。杭州华诚机械有限公司与新加坡、比利时等国家合作开发成功的大型塔式起重机 PTT293，最大起重量为 16 吨，出口欧洲市场，产品供不应求。另一项目，与浙江大学电气工程学院合作开发的油田抽油机配套永磁盘面同步电动机，已在河南南阳油田交付使用，8.5 千瓦的电动机可以代替传统的 30 千瓦电动机，属高节能产品，符合国家产业导向。是年，浙江卫士科技股份有限公司成立，这是“卫士”旗下科技含量最高，人才结构最高端的经济实体之一。为国内外众多激光应用客户提供涵盖激光产品终端工业应用、激光加工行业激光器核心部件配套，及 OFM、ODM、DIY 等全套解决方案。是年，全镇申请专利 53 项；创新科技项目有杭州市级企业技术中心 1 家，即杭州华诚机械有限公司；萧山区级企业技术中心 1 家，即杭州伟峰电子有限公司；省级管理创新示范企业 1 家，即浙江华东钢业集团有限公司；市级管理创新示范企业 1 家，即杭州华诚机械有限公司；市级名牌产品 1 只，即杭州华东板材有限公司的“华东钢构”牌彩钢夹心板；区级名牌产品 1 只，即杭州萧山云三石农业综合发展公司三清茶；区级优势成长型企业 1 家，即杭州华诚钢结构工程有限公司。

至 2008 年，戴村镇拥有浙江省著名商标 1 只，即华东钢构牌彩钢卷；杭州市名牌产品 2 只，即杭州蓝达工艺制品有限公司生产的蓝达牌工艺办公用品、杭州华东板材有限公司生产的华东钢构牌彩钢夹芯板；杭州市著名商标 3 只，即华诚机械有限公司的“安神牌”、华东钢业集团有限公司的“华东钢构牌”、杭州九龙厨具制造有限公司的“贤洁牌”；萧山区名牌产品7只，即杭州联发电化有限公司生产的改性建材专用树脂、杭州富时特化工有限公司生产的新制冷剂HFC－152a、杭州派士管材有限公司生产的PPC管材铜质管件、杭州蓝达工艺制品有限公司生产的工艺办公用品、杭州华诚机械有限公司生产的SSB－100井架式物料提升机、杭州华东板材有限公司生产的夹芯板、杭州九龙厨具制造有限公司生产的厨具；萧山区知名商号1家，即杭州蓝达工艺制品有限公司；杭州市级企业技术中心2家，即杭州华诚机械有限公司技术中心、杭州派士管业有限公司技术中心；国家级高新技术企业1家，即杭州富士特化工有限公司；省级高新技术企业1家，即杭州华诚机械有限公司；区级高新技术企业1家，即杭州萧山亿达智能水表有限公司；省级科技型中小企业1家，即杭州亿达五金有限公司。

第四节　科普宣传

科普宣传形式

20世纪50年代，利用农技推广站向农民宣传农业科普知识。60年代，戴村、云石、永兴3个公社配有农技员、水利员、畜牧兽医员，各大队、生产队配有植保员，形成三级农业科普宣传网，向农民进行科普宣传。70年代，受到邻近的朱村桥公社朱村桥大队“九姑娘科学实验小组”启发，戴村等3公社不少大队成立科学实验小组，一批有文化的青年社员成为科学实验小组成员，参加公社和大队组织的科学实验活动，宣传科学种田知识。

80～90年代初，结合各个时期的中心工作，运用各种宣传工具，面向农村广泛开展科学知识的宣传和科学实验农技下乡活动。如办黑板报、出科技简报、办宣传窗，尤其利用广播转播或自办科普节目。1991年，戴村、云石、永兴3个乡镇先后成立科学技术委员会，加大科普宣传工作力度。面向广大农民，通过编印科技资料、举办科技讲座、科技展览、开展科技培训、学术交流、科技咨询、放映科教电影、进行技术创新等活动，推广应用新工艺、新技术、新材料、新产品，提高群众科技知识，促进地方经济发展。1991～1995年，根据市政府办公室发下发的有关文件精神，镇政府配合市科协等部门，在全镇范围内开展科普宣传周活动。每年都有活动主题和活动地点，并深入到行政村、企业，以资料、咨询、讲座、图版、录像、演示实验、实物展览、下发科技人员编写的科普读物和技术辅导资料以及科技报刊等等多种形式，帮助群众学习科学知识，了解生产过程，掌握增产规律，推动生产发展。

2000年后，成立镇科普工作领导小组，由镇主要领导担任组长，加强对科普工作领导。2006年，确立生态立镇、生态强镇方针，进一步宣传“环保、低碳、绿色”理念，树立健康科学的生产、生活方式。2007年6月，镇科普工作领导小组成员进行调整充实，科普宣传进一步规范。

戴村镇小师生考察永兴河　　（资料图片）

2008年戴村镇南三村毛村畈被列入杭州市首批粮食生产功能区建设，镇政府在毛村畈粮食生产功能区内开展技术培训2期，并以此为抓手开展科普宣传，印发技术资料1000份；推广浙粳22等晚稻优良品种，单季晚稻“五改技术”、直播等轻型栽培技术测土配方施肥技术重大病虫害综合防治技术，示范晚稻标准化技术800亩，机械化直播技术30亩。是年4月，戴村镇建立科普宣传员队伍。各村科普宣传员名单如下：中心社区钟沙洁、大石盖村王龙岳、上董村董达兴、尖山下村俞容美、骆家舍村李志忠、石马头村洪云芳、顾家溪村顾桂荣、方溪村陈炬祥、河杨湖村杨建成、青山村何国昌、枫桥村俞景观、郁家山下村郁志欢、佛山村谢宜、沈村村沈观贤、永富村徐燕、马谷村沈爱萍、半山村汤燕红、张家弄村郭维义、三头村任文招、八都村周祖春、东风村沈吾福、戴村村郑银水、南三村戴伯权。6 月 20 日，镇科学技术协会批准沈村村、南山村、东风村、青山村、上董村、戴村村、大石盖村、郁家山下村、河杨湖村为戴村镇科普示范村。

学校科普活动

在科普宣传活动中，中、小学师生发挥积极作用。戴村镇中心小学自 2000 年 3 月起，开设科普课题《考察母亲河——永兴河》大型小学综合科技实践活动课程，建立了以考察母亲河（永兴河）为主题，以收集、记录、考察、挖掘永兴河流域的地理、水文、交通、工农业发展、文化生活等为主要内容的科技实践活动平台。2007 年 4 ~ 9 月，拓展了新的科普课题“永兴河流域野菜考察活动”，通过资料查询、调查走访、实地取样，让学生了解、认识、研究家乡野菜的主要种类、分布范围、食用方法及营养价值，并进行简单的标本制作。由于重视科学技术普及活动，戴村镇中心小学从 2002 年以来，多次获得各种奖励。2002 年 10 月，参加杭州市第十七届青少年科技创新大赛，获科技实践活动二等奖；2004 年 3 月，戴村镇小参加杭州市“蓝猫杯”科普知识有奖竞赛，获得优秀组织奖；是年 4 月该校参加第十八届浙江省青少年科技创新大赛，获科技实践活动一等奖；同时，该校的“永兴河流域地质状况探究活动”（石头篇）科技活动，参加全国青少年科技创新大赛，获“青少年优秀科技实践活动三等奖”；2005 年 4 月，戴村镇小参加第十九届浙江省青少年科技创新大赛，获优秀科技实践活动奖一等奖；2007 年，参加第 22 届杭州市青少年科技创新大赛，获优秀科技实践活动二等奖；2008 年 4 月，参加第 22 届浙江省青少年科技创新大赛，获科技实践活动二等奖。

2004 年 10 月，戴村镇中成功申报为萧山区科技传统项目，主要项目有：无线电测向、电子制作、电脑制作、科幻画等。2008 年 9 月，戴村镇中为顺应教育改革的深入，科学实践素质教育，成立了学校科技协会，开展科普讲座、三小制作（小发明、小创作、小论文）、实践考察、科普成果展、论文演讲比赛，选拔参加区（省）等科技竞赛，在校内开展科技周活动等。

戴村镇成人学校作为镇科技培训基地，是杭州市农业科普示范基地，浙江省示范性成校，联合国教科文组织的实验点。由于成校在农民的科技培训和科普上工作突出，2007 年，被评为“杭州市农民素质培训先进单位”；2007 ~ 2009 年三次在全国性的会议上介绍农民科技培训的先进经验；2008 年还在教学楼三楼创办了一个生物工程基因繁殖的实验室，为农民科技培训班的开办，打下了良好的基础。

2006 ~ 2007 年戴村镇农业科技培训班情况

表 11 - 2 - 5　　单位：人

培训时间	学习地点	参加对象	教学内容	参加人数
2006.3.7 ~ 12	戴村成校	茶叶农户	春茶的采摘、炒制、种植技术	38
2006.5	戴村成校	种植专业户	水稻的种植与病虫害防治	86
2006.10	戴村成校	养殖专业户	家禽的养殖技术	47
2007.4.10	戴村成校	村委分管农业委员、种植粮食专业户	马铃薯无土覆盖的种植	
2007.4.20	戴村成校	村委分管农业委员、种植粮食专业户	“三清茶”的种植与炒制	-
2007.5.25	戴村成校	村委分管农业委员、种植粮食专业户	水稻种植技术	-

续表 11－2－5

培训时间	学习地点	参加对象	教学内容	参加人数
2007.6.20	戴村成校	养殖专业户	猪病防治技术	39
2007.6.30	戴村成校	村委分管农业委员、种植粮食专业户	单季稻田间管理技术	–
2007.6.19	戴村成校	禽类养殖专业户	鸡、鸭病疫、防疫及治疗方法	50
2007.8.21	戴村成校	村委分管农业委员、种植粮食专业户	大棚蔬菜的种植	–

说明:资料由镇成人学校提供

卷十二　卫　生

中华人民共和国成立前，戴村卫生情况很差，地方病、传染病流行，百姓缺医少药，疾病得不到治疗，因病致贫、贫病交迫的不在少数，人均寿命较短。

中华人民共和国成立后，党和政府十分重视医疗卫生工作。组织民间医生成立乡村诊所，派出医疗队防病治病，发动群众开展爱国卫生运动。贯彻“预防为主”的卫生工作方针，加强疾病控制，促进妇女保健、儿童保健、老年保健。境内长期流行的血吸虫病等地方病基本消灭，传染病得到有效控制，人民健康水平逐步提高。人均期望寿命1978年上升到男性68.9岁，女性70.3岁。重视抓好村卫生室建设、合作医疗、改水改厕等乡村卫生工作的重点，公共卫生取得显著成绩，卫生状况明显改善。各级政府加大对医疗卫生事业的投入，尤其改革开放后，医疗卫生事业得到快速发展。扩建区中医骨伤科医院和云石卫生院，易址新建茶亭伤科医院，医疗设施不断更新。加强医疗队伍建设，医德医风不断改进，医疗技术明显提高。茶亭伤科、戴村骨伤科等名科在继承传统医术基础上，发展创新，名播萧山及周边富阳、诸暨市(县)。

进入21世纪，推行以大病统筹医疗为主的新型农村合作医疗制度，医疗保险体系更趋完善。2000年，实现人人享有初级卫生保健目标。2005年12月，顺利通过省级卫生镇的考核验收。2007年1月，戴村被国家环境保护总局命名为“全国环境优美镇”。2008年，戴村成为“杭州市级卫生强镇”。是年，镇内3家医院拥有医护人员211名，22个行政村均有卫生室(点)，有乡村医生21人，县、乡、村三级医疗卫生保健网更加完善。

第一章　医疗机构

20世纪50年代，今戴村镇域内有戴村乡中西医联合诊所、长潭乡联合诊所、白马诊所、茶亭伤科等医疗机构。随着行政区划变化和社会进步，医疗机构多次更名、发展。1992年，有戴村、云石、永兴3个乡镇卫生院。至2008年，有杭州市萧山区中医骨伤科医院暨萧山区第六人民医院(以下简称骨伤科医院)、杭州萧山茶亭伤科医院、云石卫生院3家医院；有22个村卫生室(点)。

第一节　区中医骨伤科医院

萧山区中医骨伤科医院，前身是戴村卫生院，创建于1950年，原址在凌桥村祠堂内。后医院数度更名迁址，1997年迁址于戴村镇锦绣路1号，2001年3月更改为今名，是萧山区卫生局直属全民事业单位。已发展壮大为集医疗、科研、教学、保健、康复为一体，具有鲜明中医专科特色和中西医结合的现代“大专科、小综合”的二级甲等中医骨伤科医院，成为杭州市级中医院创建单位和市级名科创建单位。

发展沿革

1950年2月，由在戴村老街个体开业医师邵焕卿、沈植民自愿结合，在凌桥村小祠堂内成立义务卫生站，开展治病防病工作，是为戴村卫生院前身。1951年3月，陈德谊、沈养吾、余炳樵、郭元襄加入卫生站，成立戴村中西医联合诊所。开设西医内科、外科、中医内科、儿科、伤科，由邵焕卿负责内部管理、沈植民对外联络。是年底，邵焕卿调离戴村，沈植民负责诊所工作。1952年年初，诊所迁入凌桥塘上关王庙内。至1954年后，先后有方秉傑、徐亦松、沈秀云、沈汉卿加入诊所。随着医务人员增多，开始有专人负责中西药房及注射工作。同年更名为戴村中心联合诊所，建立管理小组，由沈植民任组长，陈德谊任副组长，沈养吾、徐亦松为组员。

1955年，萧山县卫生科根据地域分布及群众防病治病需求，在石马头惜谷庙内，建立戴村片公立卫生所,成员有王娇吟、李寿梅、谢洪、方孝光、舒瑞俊、韩关春等,王娇吟任所长。以治疗血吸虫病、防病保健、妇幼保健及简易医疗为主,后迁至后郑窑头。是年,沈植民调离戴村联合诊所,诊所暂由陈德谊负责。1958年戴村人民公社成立后,公立卫生所与戴村中心联合诊所合并,更名为戴村公社保健院,后改名戴村联合医院,院址在凌桥关王庙内,医院增设妇产科,陈文灿由教育系统调入出任院长,并辖管长潭、许贤、朱村桥、白墅4个保健所,共有70余名医务人员。同年10月,何家桥伤科12世传人李汝安及其徒弟滕大庆从许贤调入戴村,陈德谊调长潭保健所工作。何家桥李氏伤科在戴村崭露头角,为日后戴村骨科发展奠定了根基。

1960年,实行医药合并,戴村培生堂、沈村慕韩斋和王家桥兴何堂等药店分别并入当地医疗机构,人员一并加入卫生系统。为提高临床医师诊疗水平,傅杏娟在进修后,首先在院内开展化验及尿、血、大便三大常规检查。1961年,恢复区建制,公社行政区划缩小,下辖4个保健所分别归属当地公社,医药合并时并入医疗机构的3家药店,亦于1962年划归当地供销社,医院职工在30人左右。同年,医院更名为河上区戴村联合医院,陈文灿任院长。医院根据当时疫情流行及全民预防接种开展工作,设立专门防保科室,由郭元襄兼任防疫医师,分管全社防病、灭病工作。

1964年,医院自筹资金在戴村大队萧金公路边征地2.04亩移地迁建,当年建造二层楼房7间,病房、食堂等10间,总建筑面积约850平方米,于第二年元旦迁入新址。迁建后医院交通更为便捷,就诊病人快速增长,原址骨伤科日最高门诊从未超过20人。到1973年,最高一天骨伤科日门诊达150余人。1968年8~9月间,医院建立革命领导小组,由卫生局选派沈鑑富任组长。1969年,调整公社规模,原云石公社、大桥公社9个大队并入戴村公社。云石、大桥诊所同时并入戴村公社卫生院,设戴村医院及云石、大桥2个分院,医院更名为戴村公社卫生院。是年,由于临浦医院体制改变,有3名集体人员调入戴村卫生院,其中有牙科医生一名,新开了牙科门诊。随着30Mah爱克司光机调入,开设了放射科室,由临床医师经短期辅导后,自行拍片检查,提高了骨伤病人诊断能力,改变了原先拍片要去临浦等地的局面。1971年2月,再次调整公社规模,云石、大桥分院归属当地公社管理。是年,公社选派沈兆昌任院长。1972年,扩建门诊楼600平方米,新建病房150平方米,1978年又建造病房楼1260平方米,病床增至50张。

1985年7月1日,戴村卫生院增挂“萧山县戴村伤骨科医院”牌子,与戴村镇卫生院“两块牌子,一个班子”,成为境内第一家专科医院,设床位80张,有医务人员40人。1988年1月,改名为萧山市戴村伤骨科医院。1993年5月,由于永兴乡并入戴村镇,接管原永兴乡卫生院,人员增至69人。1994年4月1日,经省卫生厅批准,成立萧山市中医骨伤科医院,核定病床床位150张,医务人员86人。1997年9月,医院迁至戴村镇锦绣路1号现址。2001年3月,萧山撤市设区,更名为杭州市萧山区中医骨伤科医院,单位性质、隶属关系不变。同年4月,医院成立萧山区椎间盘疾病治疗中心。7月16日举行签约揭牌仪式,成为浙江省人民医院协作医院。

2001年12月25日,加挂“萧山区第六人民医院”牌子。2002年11月,通过二级乙等中医院验收。是年,区中医骨伤科医院被浙江省卫生厅授予“文明中医院”称号。2003年6月,成立萧山西南医疗急救协作网络。同年12月,通过ISO 9001:2000版质量管理体系论证。翌年5月,智能化门诊急诊大楼落成使用。

2005年1月,上海市关节外科临床医学中心杭州市会诊中心成立。至是年年底,医院占地面积22445平方米,建筑面积10778平方米,在编职工154人,开放床位200张,设职能科室7个,临床科室13个、医技科室5个、住院部病区5个。主要设备有:德国西门子NOUS0.35T磁共振、西门子ARC型CT机、飞利浦C型臂电视X光机、飞利浦彩超、日立7020型全自动血液生化分析仪、自动血气分析仪、德国鲁道夫椎间盘镜、关节镜、世界先进的麻醉机、呼吸机、英国DPTIM动态心电图仪,美国MDE床边监护仪和伟伦中央监护系统,除颤心电监护仪、全电脑牵引复位床和中药汽疗仪等先进医疗设备。每件10万元以上医疗设备总价值达570余万元,固定资产2200万元。是年,医院被评为区级创建“平安医院”活动先进集体,评为区级“绿色医院”。2006年1月17日,成为浙江中医大学实习医院。同年1月25日,在省内首家通过二级甲等中医骨伤科医院评审。2007年8月10日,椎间盘病专科被确定为十一五期间省级中医名科建设项目。2008年11月,被定为杭州市级名中医院创建单位,骨伤科被定为市级名科创建单位。

医院管理

20世纪50年代初，戴村中西医联合诊所成立时，性质为民办公助。医生收入根据个人诊疗人次多少，考查评分，实行死分活值，按劳分配。1958年公立戴村卫生所与戴村中西医联合诊所合并，更名为戴村公社中心保健院，根据医疗工作需要，医务人员在全公社范围内统一调配，实行单独核算。

1962年，更名河上区戴村联合医院，设立医院管理委员会，由院长及主要业务、财务骨干等7人组成。医院由县卫生局、区公所及公社共同领导，经济上实行独立核算，自负盈亏，医务人员根据业务能力及工作业绩评定基本工资，按月评发一定比例的奖金。

1969年，成立戴村公社卫生院革命委员会，由公社分管领导俞关法任主任、贫下中农代表汤长芳及医务人员代表陈如江任副主任，陈妙云、章仲贤、余金良及3名赤脚医生为委员，章仲贤分管云石分院、余金良分管大桥分院。在此期间，公社除安排汤长芳驻院一段时间加强管理外，还多次派出"贫宣队"进驻医院。

1972年，医院建立中共戴村公社卫生院支部委员会，实行在医院党支部领导下的院长负责制。1975年县革命委员会发文，确定公社卫生院属县集体，人、财、物三权归县卫生局。此后公社卫生院管理由以"块"为主改为以"条"为主，条块结合，但行政上仍以块为主。在医院内部管理上，除继续实行党支部领导下的院长分工负责制外，随着医院工会及职工代表大会制度的建立和医院职工大会的召开，民主管理医院的氛围逐步呈现。

"文化大革命"期间，医院奖金制度取消，职工收入主要是固定工资，而医院集体积累有所增加，为集体事业发展提供了一定保证。1982年以后，在批判"大锅饭"、平均主义思想基础上，奖惩制度重新恢复，再次肯定了按劳分配、多劳多得的分配原则。1984年，县卫生系统全面扩大浮动工资制，并进行试点，有序铺开。1988年，根据卫生局独立核算、自负盈亏、按劳分配、民主管理的原则，医院推行"五定"（定岗位、定人员、定数量、定质量、定收入）"一提"（超额提成奖励）的分配方案，以3年来平均基数为依据，经科、组长讨论，定出方案交全院职工讨论修改，经职工大会审议通过。

1964年后，戴村卫生院经几次扩建，院内设施进一步完善。在区公所及戴村公社管委会协调下，征用戴村大队萧金公路大门池边土地2.04亩（1598.4平方米）。同年5月18日经萧山县人民委员会批复同意征用，投入资金2.5万元，建造门诊楼砖木结构二层楼房7间，病房、食堂等平房10间，建筑面积约850平方米，设病床20张。1965年元旦迁入新址。1972年，根据医院业务发展需要，扩建门诊楼400平方米左右，改建了病房，使病房床位增至36张。根据医院发展实际，提出扬长避短，走"大专科、小综合"发展道路，重点加强骨伤特色专科建设。鉴于医院床位日趋紧张，1980年在戴村大队支持下，征用半亩土地，新建病房、宿舍综合楼1幢，约1500平方米，使病区床位扩大至60张。1983年，医院为解决就诊病人停车难及改善医疗环境，征用大门池1.61亩土地（1071.6平方），沿公路建造平房，开设医院劳动服务公司及食堂，发展第三产业，并尝试公司及食堂承包经营，既增加了医院积累，亦提高了职工福利。1988年，全县乡镇卫生院第一幢职工宿舍在戴村人民路开工建造，建筑面积1782.24平方米。建成后，院内职工宿舍全部撤离，病区床位增至100张，伤科床位达到76张。随着病床增加，逐渐满足了病人住院需求，住院病人进一步增多。1989年，全院门诊量达69400人次，其中骨伤科占50%以上，床位使用率常年达到113%，仅骨伤科住院人次最高一天达103人。

1985年7月，增挂"戴村伤骨科医院"牌子。1994年4月，经省卫生厅批准，增挂"萧山市中医骨伤科医院"牌子，单位性质由集体所有制转为全民差额拨款事业单位。2004年11月，加挂"戴村镇社区卫生服务中心"牌子。

医院（卫生院）作为农村基层一级卫生机构，始终贯彻党的卫生工作方针，以开展防病、治病为主要任务，对辖区群众常见病、多发病的诊治及简易医疗急救。在辖区内开展群众性防病工作，包括卫生知识宣传，预防接种与计划免疫，传染病、地方病调查报告及处理，公共卫生、食品卫生、劳动卫生监督，学校卫生、精神卫生，肿瘤防治，疾病监测及死亡回顾调查，健康体检等。开展妇幼保健及计划生育工作。进行农村卫生员、乡村医生及接生员培训辅导。加强特色专科建设，完成上级交办的其他卫生工作。

50年代，医院围绕“面向工农兵，预防为主，团结中西医，卫生工作与群众运动相结合”的方针。医生多为上午门诊，下午除留必要值班医师外，多下乡出诊、巡诊，行医足迹遍及辖区和邻近乡村，同时担负卫生宣教、牛痘接种、预防注射及第一批农村卫生员、新法接生员的培训。

60年代，针对当时全民预防接种需要，在完成医院治病工作外，医务人员实行分片分队卫生包干，开展逐户预防接种，发放抗疾药品及三病（浮肿病、子宫脱垂、钩虫病）普查普治，开设肝炎临时病房。每年春秋两季，配合血防小分队开展查螺灭螺工作，双夏期间参加下乡巡回医疗。1965年，由杭州肿瘤医院院长张泰伦、肿瘤科主任郑炳初，杭州市三医院外科主任邵绍农带领的农村“社会主义教育运动”医疗工作队来到戴村，帮助卫生院开展工作。医院腾出门诊二楼所有职工宿舍，建立手术室，开设临时病房，为南片群众开展甲状腺、乳腺、胃肠道、子宫等肿瘤手术及烂尾、疝气、胆囊炎、肠梗阻等各类手术数百例。同时为戴村地区培养了新一批赤脚医生，后多成为各大队（村）的“赤脚医生”，在基层卫生防病治病中发挥了很大作用。

改革开放后，医务人员除完成门诊、住院诊治外，多次抽调人员在东周、西周、石盖机埠、凌山桑场、麦园村分设医疗点，方便群众就医。农村“双夏”期间组织开展田头巡回。在属地各村开展防病保健工作。

至2008年，医院有在编职工172人，其中卫技人员155名（高级职称13人、中级职称42人、初级职称95人、见习期5人）。

1951～1993年历任院长（负责人）名录

表12－1－1

姓　名	单位名称	职　务	任职时间
邵焕卿	戴村中西联合诊所	负责人	1951.3～1951.12
沈植民	戴村中西联合诊所	负责人	1951.12～1955
陈德谊	戴村中心联合诊所	负责人	1955～1958
陈文灿	戴村公社中心保健院	院长	1958～1961
陈文灿	河上区戴村联合医院	院长	1961～1967.2
韩关春	戴村公社卫生院	负责人	1967.2～1968
沈鑑富	戴村公社卫生院革命领导小组	组长	1968.9～1969
俞关法	戴村公社卫生院革命委员会	主任	1969～1971
沈兆昌	戴村公社卫生院	院长	1971～1976.6
陈如江	戴村公社卫生院	负责人	1976.6～1977
邵水增	戴村公社卫生院	院长	1977～1979.5
杨仁庆	戴村公社卫生院	院长	1979.5～1980
孔曹荣	戴村公社卫生院	院长	1980.12～1982.6
陈如江	戴村公社（镇）卫生院	院长	1982.6～1993.6
汤寅初	萧山市中医骨伤科医院	院长	1993.7～2001.2
傅　宏	中医骨伤科医院暨区第六人民医院	院长	2001.2～2005.9
金　杰	中医骨伤科医院暨区第六人民医院	院长	2005.9～

说明：资料由镇卫生院提供

第二节　茶亭伤科医院

杭州萧山茶亭伤科医院，俗称“茶亭伤科”，是一家具有浓厚地方特色的中医专科医院，位于戴村镇三头村墙头樟树下自然村。始创于清同治九年（1870），创始人永春和尚（详见本志《人物》卷），至今已传5代。清末和民国时期，茶亭伤科在戴村墙头静修庵，以寺僧个人名义济世行医。先后有永春和尚、长生和尚任住持，时有坐堂医生瞿迪夫、阿有和尚陈德谊坐堂行医。20世纪50年代初，阿有和尚陈德谊参与组建戴村联合诊所。1958年陈德谊调往长潭联合诊所（后改为云石卫生院）工作，直至1979年退休。从50～90年代初，茶亭伤科虽没有以诊所形式治病行医，但其独特的医术通过第三代、第四代传人，在戴村得以传承并发扬广大。

茶亭伤科旧址、永春和尚舍利塔（三头村墙头自然村）
（摄于2011年11月25日）

1995年，为了更好地继承发扬茶亭伤科特色，经萧山市卫生局批准，由萧山市（区）第十届和十一届政协委员、陈德谊之子茶亭伤科第四代传人陈锦昌医师，在墙头村（茶亭旧址）开设中医骨伤科诊所，重新撑起茶亭伤科牌子。2004年，茶亭中医骨伤科诊所易地新建。新址在戴村镇三头村凌桥218号，占地面积10亩，医院建筑面积10578平方米，总投资1700多万元。

2007年12月，经萧山区卫生局批准正式开业行医。诊所改名为“杭州萧山茶亭伤科医院”，性质为民办非营利性医疗机构。医院设立床位60张，暂开放床位20张。引进安装先进的医疗设备，设置内科、外科、中医科、针灸科、推拿科、康复科、麻醉科、医学影像科、医学检验科等临床医技科室，以中医骨伤科为主。有医护人员50名，其中主任医师1名，主治医师5名，医师10名，副主任护师1名，执业护士11名。聘请浙江省人民医院骨科主任张帆等专家定期坐诊、会诊，以加强医院的医技实力。医院以“善心、济人、精业、传承”为办院宗旨，采用中医中药和传统治疗手法诊治骨伤病人，达到病人痛苦少、恢复快、价格便宜的治疗效果，深受农民群众，特别是低收入人群的欢迎。在萧山、绍兴、诸暨、富阳，甚至杭州、余杭、桐庐、安吉、桐乡、湖州、嘉兴等县、市有较高的知名度，吸引不少病人慕名前来求医。

2008年12月，茶亭伤科被列入杭州市级非物质文化遗产名录（2011年，列入浙江省级非物质文化遗产名录）。

第三节　镇乡卫生院

今戴村镇域原有戴村卫生院、云石卫生院、永兴卫生院。戴村卫生院发展成为杭州市萧山区中医骨伤科医院暨萧山区第六人民医院（详见本章第一节）。1992年5月后，永兴乡并入戴村镇，永兴卫生院于1993年5月并入戴村中医骨伤科医院。2001年7月，云石乡并入戴村镇后，为方便山区群众看病，云石卫生院仍然保留。

云石卫生院

1957 年年初，由徐阿二、蒋福林、吴增德、胡芬琴 4 人发起，成立长潭乡联合诊所，负责人徐阿二。所址在今青山村明堂自然村，租用沈连山家房屋。当时群众生活较为困苦，一旦患病，医疗费用无法支付，且诊所又无中药配方，造成诊所经营困难。1958 年，陈德谊、沈汉卿调入诊所。特别是陈德谊调入后，伤骨科病人能就近得到及时治疗，诊所门诊量有所增加，经营有所好转。1961 年，增设妇产科住院部，开设中药房，医护人员增加，沈志江任诊所负责人，后徐阿二仍任诊所负责人。1965 年，经县卫生局批准成立云石联合诊所，同时批准由朱敏、徐阿二、徐如景 3 人组成所务管理委员会，并由朱敏为主任委员兼所长。

1969 年，扩大公社规模，云石公社并入戴村公社，云石联合诊所同时并入戴村公社卫生院，称戴村公社卫生院云石分院，由公社卫生院革命委员会委员章仲贤负责。1971 年 2 月，缩小公社规模，云石分院归云石公社，称云石公社卫生院后，公社选派杨仁庆任院长。1984 年，云石公社卫生院更名云石乡卫生院。2001 年 7 月，云石乡并入戴村镇，改称杭州市萧山区戴村镇云石卫生院。

基本建设方面，1971 年，在南坞村（现青山村）建造门诊楼 631.2 平方米，造价 21.67 万元。同年从沈连山家迁入新址。1989 年，投资 20 万元，新建门诊楼，使卫生院的医疗条件得到明显改观。1996 年，新建办公楼 376.52 平方米，造价 24.84 万元；1999 年，建造平山社区服务站 47.88 平方米，造价 4.75 万元。

至 2008 年年底，云石卫生院有医护人员 15 人，其中初级职称 13 人、其他 2 人；有中医骨伤科、西医内科、西医外科、妇产科、牙科、放射科、输液室、中药房、西药房、防保科、儿保室、挂号收款室等；有尿液分析仪、BC－200 准全自动血球仪等主要医疗设备 9 台，总价值近 27 万元。

1957～2000 年云石卫生院历任院长（负责人）名录

表 12－1－2

姓　名	单位名称	职　务	任职时间
徐阿二	长潭联合诊所	负责人	1957～1961.2
沈志江	长潭联合诊所	负责人	1961.2～1961.11
徐阿二	长潭联合诊所	负责人	1961.11～1965
朱　敏	云石联合诊所	所长	1965～1969
章仲贤	戴村公社卫生院云石分院	负责人	1969～1971.2
徐阿二	云石公社卫生院	负责人	1971.2～1974.3
杨仁庆	云石公社卫生院	院长	1974.3～1979.4
邵水增	云石公社卫生院	院长	1979.4～1980
姜松法	云石公社卫生院	院长	1981～1982
陈锦昌	云石公社卫生院	院长	1983～1984.3
曹云鹏	云石乡卫生院	院长	1984.3～1991.5
陈银灿	云石乡卫生院	院长	1991.5～1993.3
顾又兴	云石乡卫生院	院长	1993.4～1995.10
胡立群	云石乡卫生院	院长	1995.10～1998.10
曹云鹏	戴村镇云石卫生院	院长	1998.10～2005.9
王云霄	戴村镇云石卫生院	院长	2005.9～2006.8
孔关兴	戴村镇云石卫生院	代理院长	2006.9～

说明：资料由镇卫生院提供

永兴卫生院

1958年3月,许少驯、殷雪仁从临浦医院下放到白马乡郁家山下开设白马诊所,许少驯为负责人。诊所租用傅香琴家中一楼一底房子,临浦医院解决流动资金100元,戴村联合诊所解决200元。1958年10月,浦阳江人民公社成立,诊所迁入西周村(今属东风村)大墙门(周华仁等3家共有),人员有许少驯、徐雅南、邵驹、谢义芳、王调夫、朱建华(财务)。同年11月招收郑美琴、傅杏娟进所作学徒。1959年,诊所由戴村公社中心保健院接管,称白墅保健所,许少驯、徐雅南为负责人。保健所逐步增加中药房、妇产科。中药房由楼子宽负责,后由钟炳夫接任;妇产科由傅桂琴负责。

1961年,永兴桥人民公社建立,保健所迁入石马头,租用洪寿山房子,称永兴桥卫生所。人员有陈妙云、许少驯、方孝光、周壮秋,由许少驯负责。半年后诊所迁入永兴桥倪乐芹家中。1963年,因永兴桥扩建,诊所迁入周顺年家,人员有许少驯、陈春祥、丁吾然、张剑青、周利娟5人,陈春祥为负责人。

1971年,永兴人民公社建立,县卫生局派谢兴根筹建永兴卫生院。院址在石马头村,建造砖木结构平房8间,建筑面积280平方米。经2次扩建建筑面积达576平方米。1993年5月,永兴乡卫生院并入戴村伤骨科医院。随同并入的医务人员有:徐子涛、郭灿安、傅亦明、许文英、许春月、李婉仙、朱银娣、鲍丽珍、孙水杨。

1958～1993永兴卫生院历任院长(负责人)名录

表12-1-3

姓　名	单　位　名　称	职　　务	任　职　时　间
许少驯	白马诊所	负责人	1958～1958.10
许少驯	白墅保健所	负责人	1959.2～1961.2
徐雅南	白墅保健所	负责人	1959.2～1961.2
许少驯	永兴桥卫生所	负责人	1961～1963
陈春祥	永兴桥卫生所	负责人	1963～1967
谢兴根	永兴公社卫生院	筹建负责人	1971～1972.2
钱百龄	永兴公社卫生院	负责人	1972.3～1972.9
徐子涛	永兴公社卫生院	负责人	1972.10～1979.4
徐子涛	永兴公社卫生院	院长	1979.5～1984.2
胡致虚	永兴乡卫生院	院长	1984.3～1990.7
徐子涛	永兴乡卫生院	院长	1990.7～1993.5

说明:资料由镇卫生院提供

第四节　村(队)医疗室

村(队)医疗(卫生)室始建于20世纪50年代末至60年代初。60～70年代称大队医疗室,是集体办医疗室的全盛时期。1965年,境内3公社先后开展农村社会主义教育运动(以下简称"社教")。"社教"工作队的医疗小分队为贯彻毛泽东主席"把医疗卫生工作的重点放到农村去"指示精神,帮助戴村卫生院建立手术室，开设临时病房，同时也为戴村地区培养了第一批农村保健员，后称“赤脚医生”。1970 年起，境内各大队先后办起合作医疗站，经费由大队公益金和社员集资解决，但数额较少，不能满足合作医疗站开支，只能以中草药和针炙为主给社员治病，医药费报销 30% 左右，赤脚医生报酬与其他务农社员一样记工分。

戴村公社九峰大队（张家弄村）保健站，创办于 1958 年，初配备一些常用药品，设保健员 1 人，一般以包扎、看小病为主。1969 年，在大队保健站基础上实行合作医疗制度，大队保健站改名大队合作医疗室，有赤脚医生 3 人，另有专门挖掘中草药的 2 人。大队办起“百草药园”，种植常用中草药，又配备一些简易医疗器械设备，以及百余种常用药品。合作医疗室以预防疾病为主，也能包扎小伤、治疗小病，当时全大队参加合作医疗的人有 1554 人。戴村公社溪河大队于 1965 年在木桥头（兴德老屋）办起农村合作医疗站，由培训后的“赤脚医生”任仲康负责，社员看病归大队报销，赤脚医生工资由大队按十足劳动力标准记工分。云石公社征山大队于 1969 年办起保健站，后改名大队合作医疗站。相继有鲍庆沅、鲍国英作为医护人员（赤脚医生）。云石公社佛山大队于 1960 年办起大队保健站，配备一些常用药，有保健员 1 名。1965 年，该大队保健站配合乡卫生院在全公社开展一些预防接种工作。直到 80 年代初村保健站体制改革前，保健站有 2 名工作人员。

80 年代，农村实行家庭联产承包责任制后，赤脚医生工分无处着落。1984 年，对合作医疗站进行改革，由集体性质改为个体经营，大队合作医疗站改称村卫生室，赤脚医生改名为乡村医生。业务上受乡镇卫生院指导，行政上受村委会管理，并担任村防保、儿保、妇保工作，乡村医生报酬实行自收自支。对参加防保、儿保、妇保工作按实际工作量及完成情况给予适当补贴。为全面推行村级卫生组织一体化管理，有利于保障农民群众的用药安全和身体健康，有利于农村卫生机构健康发展，稳定农村医疗、预防保健网和卫生队伍，控制医疗费用盲目上涨，1985 年后，境内 3 乡镇政府卫生院贯彻上级文件精神，加强对村卫生室实施行政业务技术等全面考核和管理，要求乡村医生必须取得有卫生局颁发的上岗证，方能参加村卫生室工作，并执行一村一室，对村卫生室的行政、人员、技术、药品、财务、资料实行一体化管理。

2004 年，成立戴村镇社区卫生服务中心社区卫生服务站。戴村镇社区服务中心设在区中医骨伤科医院，另有一个分中心设在云石卫生院，社区服务中心设主任 1 名（由镇文卫副镇长兼任，副主任 3 名，分别由镇卫生委员会、骨伤医院院长、云石卫生院院长兼任）。采取分片管理，信息集中上报，经济独立核算。

2005 年 7 月，“杭州萧山戴村镇顾又兴西医内科”批准开业，地址在枫桥村响石桥自然村，诊所使用面积 120 平方米。执业医生顾又兴，技术职称主治医生；护士俞永萍，职称护师。主要治疗内科常见病、多发病，因服务态度好，收费合理，深受患者欢迎，年门诊量达万余人次。

2008 年年底，全镇有村卫生室（点）22 个，持证行医的乡村医生 22 名。

1970～1984 年各大队（村）卫生室及乡村医生情况

表 12－1－4

村　　名	姓名	性别	出生时间	学历	从事乡医时间（年）	乡医有效证件名称
马谷村卫生室	沈爱华	女	1942－12－19	初中	1970	乡村医生执业证书
李家坞村卫生室	李贵兴	男	1953－08－17	初中	1975	乡村医生执业证书
墙头村卫生室	任正华	男	1957－01－06	初中	1975	乡村医生执业证书
大湖头村卫生室	任吾水	男	1945－10－10	初中	1964	乡村医生执业证书
戴家山卫生室	戴建康	男	1957－08－03	初中	1977	乡村医生执业证书
下方村卫生室	方金根	男	1947－04－04	初中	1966	乡村医生执业证书

续表 12－1－4

村　　名	姓名	性别	出生时间	学历	从事乡医时间(年)	乡医有效证件名称
后郑村卫生室	丁爱华	女	1954－07－11	小学	1976	乡村医生执业证书
石盖村卫生室	张金良	男	1955－12－02	高中	1973	乡村医生执业证书
上董村卫生室	董金昌	男	1959－12－06	初中	1975	乡村医生执业证书
张家弄村卫生室	郭　丽	女	1974－11－04	初中	1989	乡村医生执业证书
东周村卫生室	吴玉珍	女	1968－10－16	高中	1994	乡村医生执业证书
郁家山下村卫生室	孔小娟	女	1950－09－24	小学	1979	乡村医生执业证书
马鞍村卫生室	徐国根	男	1954－09－06	初中	1975	乡村医生执业证书
积堰山村卫生室	倪田芬	女	1948－10－08	初中	1972	乡村医生执业证书
佛山村卫生室	卜瑞珠	女	1949－11－18	初中	1964	乡村医生证
枫树村卫生室	朱银春	男	1947－02－17	初中	1968	乡村医生证
平山村卫生室	顾火贤	男	1978－08－09	初中	1971	乡村医生证
平山村卫生室	顾又娟	女	1957－06－25	初中	1972	乡村医生证
尖山下村卫生室	孟爱素	女	1949－01－26	初中	1972	乡村医生证、执业助理医师证
尖山下村卫生室	柏建梅	女	1945－10－02	初中	1970	乡村医生证
骆家舍村卫生室	沈云土	男	1957－01－29	初中	1976	乡村医生证
平山医疗点	孔银凤	女	1962－02－14	初中	1984	乡村医生证、执业助理医师证

说明:资料由镇社区卫生服务中心提供

2008 年戴村镇村卫生室及乡村医生情况

表 12－1－5

村　　名	姓　名	性别	出生时间	学历	从事乡医时间(年)	乡医有效证件名称
马谷村卫生室	沈爱华	女	1942－12－19	初中	1970	乡村医生执业证书
李家坞村卫生室	李贵兴	男	1953－08－17	初中	1975	乡村医生执业证书
墙头村卫生室	任止华	男	1957－01－06	初中	1975	乡村医生执业证书
大湖头村卫生室	任吾水	男	1945－10－10	初中	1964	乡村医生执业证书
戴家山卫生室	戴建康	男	1957－08－03	初中	1977	乡村医生执业证书
下方村卫生室	方金根	男	1947－04－04	初中	1966	乡村医生执业证书
后郑村卫生室	丁爱华	女	1954－07－11	小学	1976	乡村医生执业证书

续表 12－1－5

村　　名	姓　名	性别	出生时间	学历	从事乡医时间(年)	乡医有效证件名称
石盖村卫生室	张金良	男	1955－12－02	高中	1973	乡村医生执业证书
上董村卫生室	董金昌	男	1959－12－06	初中	1975	乡村医生执业证书
张家弄村卫生室	郭　丽	女	1974－11－04	初中	1989	乡村医生执业证书
东周村卫生室	吴玉珍	女	1968－10－16	高中	1994	乡村医生执业证书
郁家山下村卫生室	孔小娟	女	1950－09－24	小学	1979	乡村医生执业证书
马鞍村卫生室	徐国根	男	1954－09－06	初中	1975	乡村医生执业证书
积堰山村卫生室	倪田芬	女	1948－10－08	初中	1972	乡村医生执业证书
佛山村卫生室	卜瑞珠	女	1949－11－18	初中	1964	乡村医生证
枫树村卫生室	朱银春	男	1947－02－17	初中	1968	乡村医生证
平山村卫生室	顾火贤	男	1978－08－09	初中	1971	乡村医生证
平山村卫生室	顾又娟	女	1957－06－25	初中	1972	乡村医生证
尖山下村卫生室	孟爱素	女	1949－01－26	初中	1972	乡村医生证、执业助理医师证
尖山下村卫生室	柏建梅	女	1945－10－02	初中	1970	乡村医生证
骆家舍村卫生室	沈云土	男	1957－01－29	初中	1976	乡村医生证
平山医疗点	孔银凤	女	1962－02－14	初中	1984	乡村医生证、执业助理医师证

说明:资料由戴村中医骨伤科医院提供

2008年戴村镇社区卫生服务中心(站)情况

表 12－1－6

单　位　名　称	单位地址	服　务　区　域	服务人口	用房面积(平方米)	医务人员(人)
戴村镇社区卫生服务中心	戴村村	戴村、南三、石马头村	6519	10777	153
云石社区卫生服务中心	青山村	青山、沈村、佛山村	5749	1008	15
尖山下社区卫生服务站	尖山下村	骆家舍、尖山下村	2771	163	3
顾家溪社区卫生服务站	顾家溪村	顾家溪、方溪、枫桥村	4037	150	3
丁村社区卫生服务站	丁村	半山村	2221	150	3
八都社区卫生服务站	麦园村	马谷、八都村	3532	150	3
大石盖社区卫生服务站	石盖村	大石盖、上董村	3137	163	3
河杨湖社区卫生服务站	杨家桥	河杨湖、张家弄村	2309	150	3
郁家山下社区卫生服务站	郁家山下村	郁家山下、东风村	2705	163	3
永富社区卫生服务站	马鞍	永富村	2382	163	3

说明:资料由戴村中医骨伤科医院提供

第二章　医疗特色

戴村的医疗特色,以骨伤科最为著名。无论区中医骨伤科医院,还是茶亭伤科医院,均历时悠久,特色显著。有一套独特的骨伤理论和正骨技术,有一批师徒相传的骨伤科专家,在萧山西南部农村有着广泛的群众基础,在周边县(市)区也颇有影响,远道求医者甚多。骨伤科在继承传统基础上,吸收现代医学之长,走中西医结合道路,临床治疗和医学科研成果显著。

第一节　医生世家

清代和民国时期,戴村一些文人习医济世,治病救人,成为远近闻名的医生。有的子承父业,数代行医,被乡人誉为“医生世家”。较有名的有何家桥李氏伤科世家、马鞍徐氏医生世家、云石沈氏医生世家等。

李氏伤科世家

出于何家桥(今属义桥镇)李氏一脉,始于明朝崇祯年间(1628～1644),清初正式挂牌开业。相传李氏伤科始祖原是农民,某日去放田水,见蛇捕蛙,即用泥锹铲蛇,蛇骨断皮连,但尚未死,见其游至一棵草旁,咬断草茎,让草汁滴入伤口,便匍匐不动,片时骨合血止,蛇便爬走。李氏见状大喜,便将此草拔回捣烂,掺入糯米饭中,再将家犬尾巴砍断,以此药敷扎试验,不日犬尾复合。嗣后治疗人体骨折,亦多奏效,于是开始接骨疗伤。

清末传至李钦堂(1882—1911)为第11代传人。李钦堂临诊时,让其夫人侍诊左右,随时指点传授。李钦堂英年早逝,李夫人继承李氏伤科,并将医术传授其子李汝安。李夫人医术精湛,1953年,马谷村村妇黄某上山砍柴,不慎被山上溜下的毛竹尖端截进小腿,肌肉外翻,创口长达5寸,抬至李夫人家中诊治。李夫人亲自为其清洗创口,敷以伤药,款以茶饭,伤者历三五日即回家休养,复诊2次,月余创口平复,依旧上山砍柴、背竹。

民国9年(1920),12岁的李汝安随母行医,在实践中研习传承李氏伤科医术。(详见本章第二节骨伤专科)。

徐氏妇科世家

徐惠源,生卒不详。清末贡生,戴村马鞍人(今永富村新宅自然村),为祖传中医妇科。儿子徐梅庄继承父业,毕生从事中医妇科。孙子徐雅南(1919—1985)、侄孙徐雅东(已逾88岁),3代人均擅长妇科。徐氏妇科对不孕不育症、痛经、闭经、月经不调等,都有神奇的疗效。到第3代徐雅南、徐雅东,在继承祖传妇科的同时,还能运用中西医治疗各种疾病。

沈氏医生世家

沈亮卿(1890—1947),青山村明堂自然村人,生于清末一个书香之家。少年时,其父耀庚对他说,“儒以学术致平治,医以方术拯困危,道虽不同,其为仁术则一也。”便让亮卿就读于上海中医讲习所,毕业后,初任杭州中医治所主任,继任山(阴)萧(山)惠民医院院长。由于社会动荡,亮卿或上海,或杭州,或宁波,悬壶济世,兼访各地名医,吸取所长,医术渐进。民国18年(1929),上海举办中医考试。亮卿赴考,名列前茅,于是声名鹊起。晚年回原籍,先后设诊所于戴村、河上两地,起沉疴,拯困危,以擅长伤寒名于时。

沈养吾(1918.6—1992.10)字梓方,沈亮卿之子,原戴村医院中医师。少年时随父亮卿侍读中医,学成后悬壶河上、戴村、云石,曾坐堂杭州。民国时期举为萧山中医师公会理事。1951 年参与筹建戴村联合诊所,任副所长。1961 年建戴村医院,执中医师职至 1979 年退休。一生坎坷,但矢志中医事业终身不渝,从医近半个世纪。长于伤寒,融通温病,擅用轻清之剂以起沉疴。视病人疾苦如同亲人,虽高度近视,常以竹杖探路,火把照明,巡诊乡邑溪山,问病村舍茅蓠,深受乡人敬重。晚年居家应诊,闲来煮酒赋诗,留诗作数十首。诗云:"巡诊未觉归途晚,治病常慊往救迟"。有医著多篇留世。

沈养吾儿子 4 人,均以医为业,术有专长。

沈定国(1939—),沈养吾长子。1962 年毕业于北京大学医疗系,同年起在中国人民解放军总医院(301 医院)工作。1990 年任教授,1992 年任博士生导师。1991 年起成立中华神经病学学会神经肌肉病学组任组长。1992 年人事部授予有突出贡献的中青年专家称号。获得国家级科技进步二等奖 4 项,发表论文百余篇(详见本志《人物传》)。

沈壮雷(1944—),沈养吾次子。浙江省知名中西医结合肾病专家,副主任中医师。中国中西医结合学会浙江分会肾脏病专业委员会副主任委员、浙江中西医结合杂志编委。历任戴村卫生院副院长,杭州市上城区中医院副院长、杭州市上城区人民医院院长,副主任、主任医师。获国家级中西医结合优秀论文奖,市科技成果一等奖。发表国家级和省级论文 22 篇(详见本志《人物传》)。

沈壮翔(1953 年—),沈养吾三子。萧山第六人民医院(萧山中医骨伤科医院)医生,口腔科主任。1975 年继承父业学医。后进戴村医院(现萧山区第六人民医院)跨越学科,创办戴村医院口腔科,首创戴村范围牙病防治、修复科室。进修萧山中医院口腔科,又经浙二医院、上海铁道医学院等口腔科短期技术培训。多次参加省、市、中国国际口腔学术交流,吸收牙病治疗新技术、齿科修复(镶牙)技术。坚守父训"医乃仁",以诚待医,以技服民。

沈壮鸣(1958.5—1987.8),沈养吾幼子,中医。1973 年任云石公社红卫大队(今明堂自然村)赤脚医生,1975 年进云石卫生院工作。1987 年 8 月因车祸不幸遇难。

沈咏惠(1971.3—),沈壮雷长女,浙江医科大学毕业(本科),杭州市第三人民医院神经内科医生,2003 年升任副主任医师。

方氏医生世家

方林棨(1838—1899),字癸芗,号小�,乳名尧海,前方村人,国学生。遵父命学医,拜径游(今属浦阳镇)名医俞汶溪为师,悉心研习秘籍,汲取众家之长,医名播于四乡。凭妙手回春之术,能全科大方脉,被称为儒医。传子方竹轩。

方氏三世名医方炳杰

(资料图片)

方竹轩(1875—1921),字吉生,号竹围,学名国瑞,清授五品衔,民国初年任萧山县参议员。天质聪颖,过目成诵,受家父儒医训导,号称"小扁鹊"。专治伤寒及男、妇内科大方脉。著《方氏新编经性赋》,传子方秉杰。

方炳杰(1893—1959),字寿庚,号秉杰,别号纲山居士。袭儒医世家,承祖传全科大方脉,研习多科。早年在富阳里山坐诊,专治疑难杂症,被誉为"华陀再世"。离开富阳时,由清同治十三年(1874)进士、工部营缮司主事、富阳人夏振武,书写"三世良医"匾相赠。回乡后,主医伤寒、内妇科等,有药到病除之术。体恤民情,不取厚资。解放后,参加戴村联合诊所,后为戴村医院中医师。传子方雪庄,为戴村联合诊所医生,后弃医从农。又外传马谷村陈春祥,收其为徒,陈为戴村联合诊所医生、临浦砂轮厂厂医。

方望成(1953—),方炳杰之孙。自研祖上医书,20 世纪 70 年代浙江中医学院函授毕业。乡村医生,擅妇科,兼及其他医科。

方炳杰裔孙方望平,藏有晚清和民国时期方氏祖传医匾两块(详见本志《文化体育》卷）。

第二节　骨伤专科

戴村的骨伤专科，最著名的是中医骨伤科和茶亭伤科。区中医骨伤科医院形成了以传统李氏伤科手法闭合复位治疗骨折的“戴村骨伤科”；利用省内领先微创、介入手术技术和电脑闭合复位治疗椎间盘突出症的“椎间盘专科”；中西医结合治疗风湿类风湿性关节炎的“关节专科”；以及能断指再植、拇指再造等“手外科”四大特色专科。“椎间盘专科”即萧山椎间盘疾病治疗中心，成立于2001年，同年成为萧山区级重点专科。2007年8月，被确定为“十一五期间”省级中医名科建设项目。2008年11月骨伤科被评为杭州市级名科创建单位。具有多项省内领先的技术项目。“关节专科”成立于2003年，以上海关节外科临床医学中心为主要技术支撑，以关节镜、人工关节置换治疗和中西医结合治疗各种关节疑难杂症为主要特色。

戴村骨伤科

传承沿革　戴村骨伤科始于20世纪50年代初。1951年3月，茶亭伤科第三代传人陈德谊加入戴村中西联合诊所，开设中医伤科，是为戴村中医骨伤科之滥觞。陈德谊运用茶亭伤科独特的接骨复位手法和秘制外伤膏药，专治跌打损伤。1958年，何家桥李氏伤科12世传人李汝安偕学徒滕大庆，由许贤保健所调入戴村中心保健院中医伤科，与茶亭伤科传人陈德谊同时接诊，临床中共同切磋，促进了戴村骨伤科事业的发展。同年年底，陈德谊由戴村中心保健院调长潭保健所。

60年代起，戴村卫生院骨伤科以李氏传统骨伤复位手法、小夹板固定、传统秘方研制的中药内服外敷特色疗法治疗骨折为基础，走中西医结合道路治疗各种创伤，一时声名鹊起。为传承和发扬李氏骨伤医术，满足患者就诊需要，李汝安先后收授徒弟滕大庆、周壮秋、蒋梦麟、余金良、陈如江、汤寅初、倪永铭、金杰等，后来皆成为戴村骨伤科不同时期的技术骨干，调往别院的也成为当地名医。

1983年，陈如江任戴村公社卫生院院长、蒋梦麟任副院长，李氏弟子挑起中医骨伤科发展的重担。1993年，李汝安另一弟子汤寅初接任医院院长。第二年，“萧山市中医骨伤科医院”正式挂牌。2005年，由留在戴村的李汝安嫡传弟子金杰出任院长。金杰全面总结李汝安和戴村骨伤科的医疗特色，主编了《李汝安骨伤经验与特色》专著。

半个多世纪来，戴村骨伤科以何家桥李氏伤科为基础，经过几代人的临床实践与不断探索，吸收现代医疗技术，走中西医结合道路，坚持大专科、小综合发展战略，逐步形成中医骨伤科特色优势。

主要特色　学术经验与治疗原则：内修外补，内以理气活血为主，外辅理伤手法及膏药；内补肝肾脾，外壮筋骨肉；三眼齐对，三点成一线，直瞄平直；筋帮骨，骨帮筋。

临诊治疗特色：骨折固定讲究因伤用材、选材；恢复注重功能锻炼，强调循序渐进；依据骨折愈合分期用药施治。

正骨手法：揉摸细摩法；屈伸牵拉法；折顶吻对法；回旋捏挤法；提按结合法；推送抱合法；叩击嵌插法；压迫扣揿法；分骨宽间法；鱼跃平突法；折骨矫正法。

内外用药，注重药性，依据损伤部位、骨折的不同阶段及机体的内在因素辩证施治，自制活血化淤接骨膏和活血液等特色中药方剂沿用至今，疗效显著。

茶亭伤科

传承沿革　据《萧山县志》（1987版）记载，茶亭伤科，“清同治九年（1870），由永春和尚主持，历时百余年”。茶亭伤科由永春和尚始创。永春医德高尚，医术精湛，怜贫恤苦，因人施医，自制丸散膏丹，疗效显著，收费低廉。永春是茶亭伤科创始人。

清末,因“有无赖痞棍,辄藉端诈扰,酗酒滋闹”,诊务受碍,由萧山县令于宣统元年(1909)勒碑告示:“该庵系祇园寺下院,现经该寺派僧长生、葆常管理庵务……自示之后,尚有前项不法情事,许严惩不宽贷,具各凛遵,毋违。特示。”长生和尚(俗名孙有训)到职任住持,即聘瞿迪夫为坐堂医师。瞿迪夫,是永春和尚生前助手,长期跟随永春和尚行医,深谙茶亭伤科真谛,在茶亭伤科承前启后过程中起重要作用,为茶亭伤科第二代传人。

民国20年(1931),18岁的阿有和尚(俗名陈德谊)拜瞿迪夫为师,继承茶亭伤科衣钵。中华人民共和国成立后,陈德谊积极响应党和政府号召,走集体发展道路,参与组建戴村联合诊所。在戴村联合诊所,陈德谊运用茶亭伤科独有的师传医术,治愈难度大的重伤患者200多人,轻伤患者数不胜计。1958年调往长潭联合诊所,慕名求医的有来自萧山、诸暨、富阳等地的病患者,扩大了茶亭伤科的知名度。1979年陈德谊在云石卫生院退休,1989年9月病故于茶亭。陈德谊自小聪颖好学,潜心钻研,师承茶亭伤科特色基础上,研制出一套“内外兼治、筋骨并重、手法整复、动静结合、注重功能锻炼”的独特治疗骨折方法,使茶亭伤科正骨术成为中医骨伤学术领域的具有鲜明地方特色的流派之一。陈德谊是茶亭伤科第三代传人。

陈德谊医传长子陈锦昌、次子陈迪昌。陈锦昌医师有50余年临床实践,潜心钻研茶亭伤科医疗特色,继承发扬祖传骨伤医术奥秘,结合现代医学,使茶亭伤科不断创新。陈锦昌是茶亭伤科第四代传人。茶亭伤科今已传至第五代,代表医生陈亿民、盛新农。

主要特色　茶亭伤科经一个半世纪传承发展,形成了独特的理论体系和丰富的临床经验,治疗骨折脱位,劳损性疼痛性疾病功效独特。具有疗程短、恢复快、痛苦少、费用低的特点。

在治疗骨折、脱位上,总结了治疗骨折的“搓、整、稳、运、治、调”方法;治疗脱位的“一轻二巧三稳定”原则。正骨手法以摸、拿、捏、点、顺为主,并自创了陈氏“分神正骨法”,可以在瞬间做到“分神无痛”而接骨复位。固定方面,在祖传自制竹夹板的基础上,运用现代医学知识,改进夹板的设计,根据不同部位自制解剖型夹板,用于治疗开放性,不稳定性骨折。克服了小夹板的局限性。

在诊断方面应以“摸法”为主,手摸心会,即“以手摸之,自悉其情”。在正骨的过程中,茶亭伤科发展了家传的正骨“撬接法”,开展了闭合复位钢针阻绊固定或贯钉固定;髌骨骨折及各关节周围撕脱性骨折缝合复位等,使世代相传的正骨医术获得长足的改进和提高。

茶亭伤科自制治疗针(粗针、切针、针刀)均为治疗劳损性疾病的专用器械;自制竹火罐直径大、毛竹选料特殊,按季节选料,不易爆裂,吸力大。自制的夹板轻巧、服帖、抗弯强度大、韧性好。

茶亭伤科以继承前人方剂为基础,形成了治疗跌打损伤、颈、腰、背痛及各种劳损性疾患的系统方剂体系。祖传秘制膏药,有敦煌消肿四黄膏(由黄连、黄柏、大黄等配合菊花水、蜂蜜等调制而成)用于跌打损伤急性期,止血、消肿、镇痛,疗效显著;永春膏选料地道不用代用品,煎膏药前把药味浸入麻油中,冬季两月,夏季一月,时时搅拌,煎成后,置缸内用风箱扇风,使有光泽,再投入井中去火毒,三五年后用,过敏少,为其特色。祖传膏药及中药方剂因价格低廉,治疗效果好,适用于广大普通患者。

第三节　专科医生

李汝安(1909—1993)　(参见本志《人物》卷)何家桥李氏骨伤科第12代传人。少年随母习医制药,尽得李氏伤科真传。1958年入戴村中心保健院,奠定戴村骨伤科基础。为方便群众就医,在朱村桥、许贤、凌桥塘上等地开设临时诊点,常身背药箱,远涉富阳、诸暨周边县市山区接诊。其临床应用的正骨理筋手法至20世纪60年代臻于鼎盛,倡导的“三眼齐对”立体思维方式在骨伤科临床中影响深远。某日,萧山李某尾骨骨折,李氏施理筋手法,然后搬转,只听“咔噔”一声,骨折端已正复,患者疼痛即减。李汝安通过毕生努力,形成了“四个一”的骨伤科医疗特色,即有一套牵、拉、折、顶、抖的梳筋正骨法,有一套独特的祖传中药秘方,有一副治骨伤的祖传末药(散剂)和一张精制的治伤膏药。他治学严谨,崇尚医德,广收弟子,毫无保留将自己的骨伤理论和医疗技术传授给下一代。1959年被评为萧山十大名中医，是浙江省著名的中医骨伤科名家之一。

陈德谊(1915—1988)　祖籍绍兴齐贤，幼年家贫在戴村墙头静修庵出家，法名阿有，人称阿有和尚。18岁时拜永春和尚的继承人瞿迪夫为师，成为茶亭伤科第三代传人。陈德谊从小聪颖好学，学医后在师承基础上，研究整理出一套“整体辩证、手法整复、竹片固定、内外兼治、筋骨并重、功能锻炼、动静结合”的综合骨折疗法，对茶亭伤科起到承前启后的作用，也为日后戴村骨伤科发展奠定了基础。曾任戴村联合诊所(今萧山区中医骨伤科医院前身)负责人。

滕大庆　1936年9月出生，大专学历，主治中医师。1957年师从李汝安，1958年加入戴村中心保健院。1978年任戴村公社卫生院副院长。1982年调任义桥公社卫生院院长。系萧山县科学技术协会第四届委员、萧山市第九届中国人民政治协商会委员。在戴村骨伤科医院行医20余载。通过继承李氏传统治疗骨折手法和用药特色，并综合现代医学理论知识，擅长治疗各种四肢骨折手法整复及各种软组织损伤，同时运用中草药、针灸、推拿等治疗各种关节病、骨质增生、腰椎间盘突出，风湿性关节等病，取得良好疗效。1992年11月4日，独著发表论文《李汝安老师运用独活寄生汤的经验》，编号骨伤科第10号。1993年11月5日，发表论文《运用李汝安行政管理手法治疗急性腰扭伤的体会》，编号骨伤科第60号。1978年度评为萧山县级先进工作者。

蒋梦麟　1947年9月生，1960年9月师从李汝安。1982年任戴村卫生院(骨伤科医院前身)副院长。1990年6月调至萧山市中医院。为萧山市中医学会第一、五届理事，副主任中医师。1987年获得萧山市科协工作积极分子奖。蒋梦麟在戴村骨伤科行医和从事科研30年，对戴村骨伤科发展起到承前启后重要作用。1966年，运用中西医结合方法成功地手法整复、柳木小夹板固定治疗桡骨下端(Callis)骨折。此之后，成功地应用于全身其他部位骨折的治疗，结束了戴村骨伤科一直沿用纸夹板等原始治疗方法。1979年，应用“Z”形皮瓣成形及疤痕切除松解，腹部皮管包埋转移术，治疗烧伤后右肘关节及腕关节疤痕挛缩、关节严重屈曲畸形。同年应用胸大肌转移替代肱二头肌，治疗肌皮神经瘫痪引起的屈肘功能障碍，均取得圆满成功，1981年，成功施行了萧山第一例人工全髋关节置换的骨科四类大手术。1987年应用棘突钢板治疗腰椎骨折，开创医院脊柱外科新局面。在长期医疗实践中，创造性地总结出一套独特的整骨手法，运用手法、手术、凼定、功能锻炼及中药等一整套方法应用于整个骨伤科治疗系统。同时开展腰椎间盘突出症、颈椎病、慢性劳损痹症等一些疑难杂症的研究及治疗，开展骨伤科各种高难度手术。开展《波及跟距关节的跟骨骨折的中西医结合治疗》等科题研究，在省级以上医学杂志发表论文多篇，参与撰写《浙江中医临床经验选辑》(伤科专辑之伤科常用整骨手法)、《李汝安整骨经验》等书。1981年《经皮钢针固定治疗踝关节》一文获萧山科技进步三等奖；《单翼加压螺纹钉的设计及其应用分析》分别获1992年度萧山市中医药卫生优秀学术论文一等奖及萧山市优秀论文一等奖；《单翼加压螺纹钉治疗股骨颈骨折》获1993年萧山科技进步二等奖及1994年度浙江省中医药科技进步三等奖。他以古代名医孙思邈之“大医精诚”为医德医风之典范，心胸耿直，以病人利益为最高目标。

陈如江　副主任医师。1945年10月出生，1961年随师李汝安学习中医。1968年至1982年先后担任医院历届领导业务管理工作，1977年至1979年5月任戴村公社卫生院院长，具体实施医院业务发展方略。1982年6月至1993年6月继任戴村公社卫生院(骨伤科医院)院长，申请并批准了萧山县戴村中医骨伤科医院，任期内注重医院业务建设，强化制度管理，促进了医院业务稳健发展，曾多次获得萧山县(市)医院管理先进集体及卫生系统先进个人称号。为萧山中医学会第二、四、五届理事。1969年配合蒋梦麟首次在医院实施髌骨骨折开放复位内固定手术，完成了从传统中医到现代医学的跨越。1972年后师随李汝安先生临诊，运用李氏骨伤传统手法并与现代医学知识相结合，熟练掌握了应用手法或手术治疗各类骨折、关节及软组织损伤，包括人工全髋关节置换、脊柱骨折内固定等四类手术。1980年与蒋梦麟合作，完成《经皮钢针固定治疗踝关节骨折》获萧山县科技成果三等奖。根据中医扶正祛邪，应用补肝肾、益气血通经络治疗各类骨关节病，以及祛风散寒、清热利湿、通络开痹治疗各种风湿疾病取得满意效果。在李氏传统用药基础上，研制了“骨刺灵”中药及膏药分期配方不同制剂，使传统特色进一步发扬。历年来共有8篇论文在省级医学期刊发表。在《李汝安骨伤经验与特色》一书中，完成了“理论特色”理筋手法及临床诊治等主要章节的撰写。2001年9月，萧山卫生局(82号文件)批准为杭州市萧山区名中医。

傅　宏　1964年出生，1986年浙江中医学院毕业。同年11月进入萧山县中医院骨伤科工作，后任骨伤科主任。2001年3月任萧山区中医骨伤科医院院长。2003年12月晋升主任中医师。2005年9月调离戴村。在骨伤科医院任职期间，大胆引进高、中级卫技人员10余人，解决了医院人才缺乏矛盾。购入德国西门子NOUSO.35T磁共振、西门子ARC型CT机、飞利浦C型臂电视X光机，德国鲁道夫椎间盘镜、关节镜，世界先进的麻醉机、呼吸机等大型先进医疗设备。开设了手外科，开展断指再植、拇子再造等手外科手术。骨伤科开展了腰椎间盘突出镜下髓核摘除术，腰椎滑移内固定融合术，颈前路减压内固定术、胸椎前路病灶清除术、关节镜下韧带修复重建术等高难度手术，填补了骨伤科医院科研项目的空白。完成了《椎间盘镜下微创手术减压治疗腰椎管狭窄症的临床研究》《神经刺激仪精确引导肌向沟置用于上肢术后PCA的临床研究》等研究课题。主编出版了《李汝安骨伤经验与特色》一书。《后路椎间盘镜手术治疗腰椎间盘突出症》等多篇医学论文发表在《浙江临床医学》杂志上。

汤寅初　1956年4月出生。1972年12月，随骨伤科名医李汝安先生学习，后从事中医骨伤科专业工作。1986年1月，去杭州市中医院进修学习骨伤科手术。1991年9月，担任萧山戴村骨伤科医院副院长。1993年7月，担任戴村骨伤科医院院长。1997年12月，被浙江省中西结合学会聘为第二届骨伤科专业委员。2000年2月离开戴村骨伤科医院。汤寅初在戴村行医二十余年，刻苦钻研骨伤科的接骨术。他曾为一位绍兴农村来院求治的右手臂诊断多盲性骨纤病人治疗，翻阅大量资料，并结合临床经验，采取了截下肢骨移植术到手臂上取得成功。几年以后经X光检查，当年移植上去的那根纤细的下肢骨长得与左臂一样粗壮。汤寅初在不断摸索中还攻克了“同种异体骨移植”难题，在试验中，他用手术丢弃的碎骸骨作移植骨，成功地做了10多例，解决了自身骨移值病人痛苦大、用同种异体骨移植骨价昂贵、来源困难等难题，引起国内外骨科专家的高度重视。

金　杰　1958年7月出生，1978年师从李汝安医生。毕业于浙江中医药大学中医专业。2005年9月任萧山区中医骨伤科医院院长，副主任中医师；《浙江临床医学》杂志特约编委，杭州中医药学会理事，萧山区中医药学会骨伤分会副会长。2005年被评为杭州市名中医，2007年获杭州市萧山区十大名医。金杰从事中医骨伤事业30余载，继承师传技艺，又博采众家之长。对骨伤疾病的诊治，重在手法，兼用药物治疗，疗效显著。能运用中西医结合方法治疗骨伤科疑难杂症，开展手法整复治疗小儿桡骨小头骨折，施行椎间盘镜下髓核摘除及椎管狭窄扩张手术，髋关节置换及膝关节交叉韧带重建术。其中《椎间盘镜下微创手术减压治疗腰椎管狭窄症的临床研究》项目获2003年浙江省中医药科技进步二等奖。主编《李汝安骨伤经验与特色》和《戴村骨伤百年》两书在全国发行。在国家级刊物发表论文2篇，省级刊物发表论文8篇。是杭州市级名科“戴村骨伤科”的项目负责人，是浙江省中医重点专科“中西医结合治疗椎间盘科”的中医项目负责人。

吕　一　副主任医师，萧山区中医骨伤科医院副院长，浙江中医药大学兼职副教授。1987年毕业于浙江中医学院5年制医疗本科专业，获学士学位。师从浙江骨科名医赵大正主任医师5年。对中枢及周围神经系统损伤及后遗症的治疗有独到之处，施行椎间盘手术1000多例。专业特长：脊柱、创伤外科。

孙正友　副主任医师，本科学历。从事骨伤科工作15年，担任日本国立东北大学医学部附属医院骨外科客座研究员3年。在国家和省级杂志发表论文10余篇。擅长治疗跌打损伤、四肢骨折、关节脊柱创伤。擅长用切吸、激发气化等介入方法治疗椎间盘突出症，技术水平处于省内领先地位。

范明君　副主任医师。关节(风湿)病区主任，是创伤关节学科带头人，擅长手法诊断和治疗跌打损伤、骨折移位、关节脱臼滑错、骨错缝等及内伤气滞血淤等病变。运用人工关节置换术治疗由关节病，关节的骨折脱位，骨坏死等引起的关节损坏，运用关节镜治疗多种疾病如半月板损伤、游离休交叉韧带损伤、骨折等。在省级以上杂志发表论文多篇。

徐国坤　骨伤科副主任医师。毕业于浙江中医学院，获学士学位，现任杭州萧山区中医骨伤科医院骨伤科副主任。吸取传统骨伤治疗经验，采取手法理筋、整复、小夹板固定、膏药外敷等方法治疗各类常见的骨折、筋伤、脱位等骨科常见病。能运用 AO、BO 内固定技术、椎间盘镜、激光汽化、椎体成形术等现代学科技，治疗复杂四肢骨折、椎间盘疾病、骨质疏松性椎骨骨折等科疑难病变。在国家级、省级杂志上发表专业论文十余篇，获省级科研成果二等奖 2 项，萧山区科技进步一等奖 1 项。

姜志坑　主任医师，任骨伤科医院党支部书记。毕业于浙江中医学院，为杭州市中西医结合学会会员，萧山区医学会理事。在内科疑难病诊治方面有丰富的临床经验，尤其擅长糖尿病、肝胆疾病及心脑血管疾病的诊治。近年来有 10 多篇论文在全国各级刊物上发表。

周文豪　浙江大学医学院研究生结业。副主任医师，业务副院长，浙江中医药大学兼职副教授。长期从事中西医结合临床治疗。对内、儿科疾病有丰富的诊治经验，尤其擅长小儿发热、咳嗽、哮喘以及内科杂病，在萧山临浦地区享有较高的声誉。近年来有十余篇论文在国家级、省级医学期刊发表。

陈锦昌　政协萧山区第十届、十一届委员，杭州萧山茶亭伤科医院董事长。1947 年 4 月出生于戴村镇墙头村。1961 年 3 月，师从父亲陈德谊学习茶亭伤科医术，1966 年出师，取得中医士职称。1977 年，在杭州市第四人民医院进修一年。1983 年，任云石卫生院院长。1988 年 1 月，晋升为中医师。1995 年，为了更好地继承发扬茶亭伤科，在墙头村茶亭旧址开设了陈锦昌中医伤科诊所。2005 年移地新建茶亭伤科医院。陈锦昌继承和发展了茶亭伤科医疗特色，创造陈氏独有的“分神正骨法”治疗跌打损伤、骨折脱位、骨质增生、脊柱炎、颈椎病等，尤其治疗腰椎间盘突出症等多种劳损疼痛性疾患独树一帜。

陈亿民　主治医师。1973 年 10 月出生，1998 毕业于浙江中医药大学，毕业前在茶亭伤科诊所实习一年，深得父亲陈锦昌真传，是茶亭伤科的第五代传人之一。供职于杭州市萧山区第一人民医院骨科。2006 年上海长征医院进修 1 年，师从中国著名颈前路手术奠基人赵定麟教授。擅长脊柱、足踝和四肢创伤的诊治。诊治颈椎病、腰椎间盘突出症、腰椎滑移不稳、脊柱创伤骨折截瘫等脊柱疾病有较丰富临床经验。独立完成 PLDD、MED、PELD 等脊柱微创手术。发表和参与《内窥镜结合激光消融对侧隐窝狭窄型椎间盘突出症的手术疗效》等学术论文 12 篇。与他人合著《四肢骨折微创治疗》专著一部。

盛新农　中医执业医师，杭州萧山茶亭伤科医院院长，20 世纪 90 年代初期师从岳父陈锦昌，在‘茶亭伤科’原址开设翁婿诊所，深得陈氏医术真传，是茶亭伤科的第五代传人之一。2001～2004 年先后在浙江中医学院、浙江针灸推拿医院等单位学习、进修。从事茶亭伤科工作近 20 年，继承传统基础上，善于将现代中医理论应用于祖传的骨伤治疗技术。采用中西医结合治疗模式，治疗急性软组织损伤、脱位、骨折、骨髓炎、骨迟缓愈合和不愈合、骨质增生症、骨质疏松症、股骨头坏死、痛风、类风湿性关节炎、强直性脊柱炎、肩周炎、腱鞘炎、颈椎病、腰椎间盘突出症等各种慢性、劳损性、疼痛性疾患等方面成绩显著。推陈出新，采用独特手法整复骨折、脱位，在省中医专家杨米雄教授指导下，在茶亭伤科医院开展小针刀治疗筋伤疾患，临床疗效显著。

第四节　医疗科研

20 世纪 60 年代，戴村卫生院（中医骨伤科医院前身）在继承李氏伤科传统基础上，结合中医正骨理论体系，以手法正骨复位和柳树夹板固定方法治疗骨折。60 年代末引进现代医疗科技新技术，开展手术治疗。1969 年，蒋梦麟、陈如江医师首次开展髌骨骨折手术治疗。以后开展胫骨 S 形畸形截骨矫正术、胸锁乳突肌转移术，开放性股骨干骨折髓内针内固定术，闭合性桡骨干骨折髓内钉固定术 30 余例，马蹄足三踝关节融合术 10 余例，开始了中西医结合治疗骨伤疾病。

1981 年，施行全县第一例人工全髋关节置换的骨科四类大手术圆满成功。是年，蒋梦麟、陈如江撰写的《经皮钢针固定治疗踝关节》获萧山县科技进步三等奖。1982 年，蒋梦麟、陈如江总结戴村伤骨科医院中西结合治疗骨折手法11种，在省骨伤学术经验交流会上交流，并于同年发表在浙江省《医林荟萃》杂志。1985年，开展了螺纹钛钉股骨颈骨折内固定运用的科研项目。

1990年至1994年间，开展新项目新技术11项，其中脊柱椎间盘脱出手术、脊椎压缩性骨折伴瘫痪哈佛氏棒手术治疗、脊柱滑移横突隙融合术等手术的开展开创了脊柱手术的先河。

1998年与浙医二院骨科建立协作体，开展人工髋关节置换术、髋臼粉碎性骨折手术治疗、脊柱压缩性骨折AF手术内固定治疗、“AO”系列内固定治疗四肢创伤性骨折、张力带治疗髌骨粉碎性骨折、滑槽式角形钢板治疗粗隆骨折。

2000年，开展长骨干骨折带锁髓内针内固定术、脊椎骨盆寒性脓肿病灶切除术、人工髋关节S－P.氏改良切口早期下地行走手术等。是年，引进西医科人才，成功开展了1例巨大卵巢囊肿（7.5千克）切除术。是年发表论文6篇，其中国家级1篇、省级5篇。

2001年，开展全髋关节置换术、腰椎间盘突出镜下髓核摘除术、腰椎滑移内固定融合术、颈前路减压内固定术、胸椎前路病灶清除术、关节镜下韧带修复重建及半月板手术、带血管蒂皮瓣转移术、断指再植、拇指再造等高、难、新技术。创新完成《关节镜电视X光机联合监视下治疗胫骨平台骨折》科研课题一项，填补了医院科研项目的空白。2002年，完成《李汝安骨伤经验与特色》和《椎间盘镜下微创手术减压治疗腰椎管狭窄症的临床研究》等课题两项，完成《神经刺激仪精确引导肌间沟置用于上肢术后PCA的临床研究》《带锁滑动鹅头钉治疗股骨粗隆粉碎性骨折的临床研究》等两项科题的立项工作。是年，发表论文34篇，其中在省级杂志发表有11篇，在各级学术会上交流11篇。

2003年，完成课题《椎间盘镜下微创手术减压治疗腰椎管狭窄症的临床研究》，获2003年浙江省中医药科技创新奖二等奖、浙江省医药卫生科技创新奖三等奖、萧山区科技进步奖三等奖。2004年发表论文22篇，其中国家级3篇，省级19篇。《经皮自制球囊成形自固化磷酸钙灌注治疗骨质疏松性胸腰椎骨折临床研究》获萧山区2004年科技进步一等奖、浙江省2004年医药卫生科技创新三等奖、杭州市2005科技进步三等奖。

2005年，中西医结合椎间盘病专科开展经皮激光气化减压治疗腰椎盘突出症；关节（风湿）科开展关节镜下前交叉韧带修补术重建术。是年，发表论文40余篇。2007年发表论文26篇，其中发表在国家级杂志8篇，省级杂志18篇。《金钱对座合剂对实验性胆石症利胆溶石作用的研究》课题，获浙江省中医药科技创新二等奖；《戴村骨伤膏促进骨折愈合的实验研究及临床应用》在浙江省中医药科技计划立项。《半导体激光微创治疗椎间盘突出症》获2008年萧山区科技进步优胜奖等。

1997～2008年期间，在全国各种刊物上发表各种学术论文共161篇。发表医学专著2部：《李汝安骨伤经验与特色》获萧山区2003年科技进步二等奖（作者傅宏、金杰，2003年1月，上海科学技术出版社出版）；《戴村骨伤百年》（作者金杰，2008年11月，江西科学技术出版社出版）。

茶亭伤科医院盛新农撰写学术论文3篇：《小针刀治疗L3横突综合征36例小结》，在2006年浙江针刀年会上交流；《综合治疗椎管外软组织损伤性腰腿痛的疗效观察和分析》，在2008年浙江针刀年会上交流。

陈亿民发表或参加学术研讨会论文12篇。《内窥镜结合激光消融对侧隐窝狭窄型椎间盘突出症的手术疗效》《电针结合运动疗法治疗脊神经后支综合症体会》《关节镜下微创治疗移位的IdebergⅢ型关节盂骨折》《最优化经喙突肩胛骨关节盂螺钉内固定的计算机辅助测量》等；与他人合作发表《四肢骨折微创治疗》等论著1部。

2003～2008年萧山区中医骨伤科医院主要科研成果

表12－2－1

项目名称	获　奖　情　况	参加人员	鉴　定	内　容　创　新　点
《椎间盘镜下微创手术减压治疗腰椎管狭窄症的临床研究》	1.获得2003年浙江省中医药科技创新奖二等奖； 2.获得2003年浙江省医药卫生科技创新奖三等奖； 3.获得杭州市萧山区2003年科技进步奖三等奖。	傅宏、徐国坤、金杰、刘敏波、孙正友、黄志宏、倪永铭	到达国内先进	该课题通过运用椎间盘系统手术器械及自制微型器械，对31例局限、节段性腰椎管狭窄症，进行微创减压，结果表明：1.后路椎间盘镜后对椎管狭窄症手术具有创伤小，出血少，术后恢复快等优点，本组研究病例优良率达93.6%；2.“循根减压”的手术原则，既能保留减压充分有效，又最大限度的保留正常脊柱的稳定；3.对老年性腰椎管狭窄，选择性精确减压具有较大的优越性
《神经刺激仪精确引导行肌间沟置管用于上肢术后PCA的临床研究》	获得杭州市萧山区2003年科技进步奖优秀奖	赵剑、孙柜刚、周光赞、李健民、毛利江	达到国内先进	采用神经刺激器定位和区域神经阻滞导管留置技术60例临床病例对照研究，结果证实该方法定位准确，置管固定可靠，术后止痛效果优良
《李汝安骨伤经验与特色》	1.获得杭州市萧山区2004年科技进步一等奖； 2.获得2004年浙江省医药卫生科技创新奖三等奖； 3.获得2005年杭州市科技进步奖三等奖。	傅宏、金杰、周文豪、姜志坑、黄志宏	达到国内先进	该课题介绍了李氏骨伤科的渊源、传人、“筋帮骨、骨帮筋”“三眼齐对”“内修外补”的理论特色、学术经验、正骨手法以及11种特色手法、夹板固定的临床特点，用药方式与常用中药、李氏经验方
《经皮自制球囊成形自固化磷钙灌注治疗骨质疏松性胸腰椎骨折临床研究》		傅宏、徐国坤、孙正友、范明君、黄志宏	达到国内领先	该课题研究自制球整，通过经皮椎弓根进入，扩张后椎体内形成空腔，注入自固化磷钙使椎体高度及强度明显改善，达到治疗骨质疏松目的
《带锁滑动鹅头钉治疗股骨粗隆粉碎性骨折的临床研究》	获得2005年萧山区科技进步奖二等奖	傅宏、吕一、胡钢锋、徐国坤、朱立华、洪林、王文艳	达到国内领先	带锁滑动鹅头钉是Richard's钉的基础上进行改良，即在髋螺钉基础上再加用两个锁钉。进一步加强其静力性和动力性加压的作用，并由于锁骨设计的作用加强了防旋的功能。该系统还在于骨痂生长明显，2～3个月后拆除动力性锁钉，促进进一步塑形防止了各种畸形愈合和不愈合，特别适用于Ⅲ、Ⅳ型的股骨粗隆间骨折

续表 12-2-1

项目名称	获奖情况	参加人员	鉴定	内容创新点
《金钱对座合剂对实验性胆石症利胆溶石作用的实验研究》	1. 获2007年浙江省中医药科技进步奖二等奖；2. 获2008年萧山区科技进步奖三等奖。	姜志坑、周大兴、瞿琼、周文豪、阮叶萍、曹建标、毛洪刚	达到国内先进	该研究立题明确，有科学性，研究设计合理，实验方法先进可行，技术资料完整，数据处理准确，结果可靠，统计处理正确，结论可信，符合鉴定要求。该研究取得了中药治疗胆石症实验研究的崭新成果，为金钱对座合剂临床治疗胆石症提供了实验依据，有很好的实用性和良好临床应用与开发前景。该合剂的处方及其药理作用有新颖性，研究成果达到国内同类研究的先进水平
《半导体激光微创治疗椎间盘突出症》	获2008年萧山区科技进步优胜奖。	陈智能、倪永伟、金杰、吕一、徐国坤、叶俊材、聂静、傅宏	通过专家组验收	该项目提供的技术资料齐全规范，数据可信，符合验收要求。课题针对经皮半导体激光微创治疗腰椎间盘突出症的研究中，取得以下成果：1. 探讨PLDD系统化治疗规范为临床推广本技术提供依据；2. 探讨PLDD治疗参数；3. 评价PLDD疗效。该课题的临床应用，较传统治疗和椎间关节镜治疗病人可减少治疗费35%，有良好的社会效益

说明：资料由骨伤科医院提供

1997～2008年萧山区中医骨伤科医院发表论文情况

表 12-2-2

发表年限	姓名	论文题目	发表论文杂志名称（交流会议名称）	杂志期号	独著或第几作者
1997年	闻永根	两侧钢板内固定治疗股骨中下段骨折	浙江创伤外科	第4卷第4期	独著
	胡列群	容易误诊为急性阑尾炎的几种疾病	实用预医学	第11卷第4期	独著
	李碗仙	农村164例婴儿喂养与生长发育情况分析	浙江预医学会学术会议交流	10月论文汇编	独著
1998年	姜子坑	中西医结合治疗输尿管结石64例临床分析	实用中西医结合杂志	第11卷第3期	第一作者
	许柏贵	中西医结合治疗急性胰腺炎40例疗效观察	医药实践杂志	第12卷第3期	独著
	郑方莉	中药离子导入联合颈复康冲剂治疗劲椎病60例临床观察	中华实用中西学年鉴	第1卷	独著

续表 12-2-2

发表年限	姓　名	论　文　题　目	发表论文杂志名称（交流会议名称）	杂　志　期　号	独著或第几作者
1999 年	徐国坤	加压螺纹钉手术治疗股骨折 153 例分析	浙江临床医学	第 1 卷第 3 期	第一作者
	毛洪刚	中西医结合治疗急性病毒性心肌炎疗效观察	中国实用中西医结合杂志	第 12 卷第 20 期	独著
	姜子坑	中西医结合治疗急性病毒性心肌炎疗效观察	中国医学文摘内科学分册英文版专刊	1999 年	独著
	韩剑芬	活血敏的制备及临床应用	西北药学杂志	第 14 卷第 6 期	第一作者
	沈壮翔	应用玻璃离子楔状缺损修复效果的临床分析	浙江省口腔医学会第十八届口腔学术会议	12 月 21 日	独著
2000 年	刘敏波	钢丝张力带固定治疗锁骨外侧端骨折伴肩锁关节接吻位	浙江临床医学	第 2 卷增刊	独著
	刘敏波	加压螺钉治疗踝关节骨折伴肩锁关节脱位	中华实用中西医杂志	第 13 卷第 20 期	独著
	丁晓峰	锁骨骨折外科治疗得失分析	骨与关节损伤杂志	第 15 卷第 5 期	独著
	黄志宏	中西医结合治疗开放性胫腓骨骨折 128 例临床分析	中华实用中西医杂志	第 1.13 卷第 1.11 期	独著
	王文艳	距骨骨折伴脱位手术治疗分析	浙江临床医学	第 2 卷第 4 期	独著
	徐国坤	股骨颈骨折 274 例临床治疗分析	浙江创伤外科	第 5 卷第 2 期	独著
	张辉明	善得定治疗急性胰腺炎临术疗效观察	浙江医学	第 22 卷第 10 期	第一作者
2001 年	毛洪刚	参麦注射液合卡托普利治疗顽固性心力衰竭 47 例体会	中国社区医师	第 17 卷第 10 期增刊	独著
	李燕华	佝偻病与缺铁性贫轿的相互关系	浙江临床医学	第 3 卷第 5 期	第一作者
	丁晓峰	小针刀致右前臂背侧外伤性神经瘤 1 例	中国骨伤	第 14 卷第 8 期	独著
	丁晓峰	外科治疗小儿肱骨髁上骨折 40 例体会	浙江创伤外科	第 6 卷第 1 期	独著
2002 年	范明君	玻璃酸钠关节内注射加中药治疗髌骨软化症 32 例	中国中医药信息杂志	第 9 卷第 2 期	独著
	范明君	综合疗法治疗第三腰椎横突综合征 120 例	浙江中医学院学报	第 26 卷第 1 期	第一作者
	范明君	前臂背侧带蒂逆行筋膜皮瓣修复手背软组织缺损 8 例	浙江临床医学	第 4 卷第 9 期	独著
	杨秀忠	急性出血性胰腺炎误诊麻痹性肠梗阻 2 例	中国临床医药研究杂志	总第 74 期	第一作者
	李燕华	头孢拉啶静滴致肉眼血尿 13 例	中国社区医师,综合版	第 4 卷第 4 期	第一作者

续表 12 –2 –2

发表年限	姓　名	论　文　题　目	发表论文杂志名称（交流会议名称）	杂　志　期　号	独著或第几作者
2002 年	张辉明	脾切除术后副脾出血 1 例	中华误诊学杂志	第 6 卷第 17 期	第一作者
	孙正友	折断式加压螺钉治疗老年股骨粗隆间骨折 42 例报告	浙江临床医学	第 4 卷第 11 期	独著
	闻永根	胫骨下端解剖钢板治疗复杂性胫骨下段骨折	现代实用医学	第 14 卷第 8 期	第一作者
	闻永根	踝关节骨折合并胫腓下关节分离的手术治疗	现代实用医学	第 14 卷第 9 期	第一作者
	朱立华	环扎加张力带钢丝固定治疗髌骨粉碎性骨折	浙江临床医学	第 4 卷第 9 期	独著
	郑方莉	电脑多方体位快速牵引治疗腰椎间盘脱出症	中华实用中西医杂志	第 2 卷第 15 期	独著
	金　杰	运用李氏手法治疗小儿髋关节一过性滑膜炎	伤残医学杂志	第 10 卷第 4 期	第一作者
2003 年	傅　宏	后路椎间盘镜手术治疗腰椎间盘突出症	浙江临床医学	第 5 卷第 1 –2 期	第一作者
	万国珍	正常新生儿清钙离子动态变化分析	中国综合医学杂志	第 16 卷第 1 期	第一作者
	苏　玉	腰椎间盘突出症髓核摘除术后的护理	中国基层医药	第 10 卷第 2 期	第一作者
	傅　宏	经皮自制球囊成形自固化磷酸钙灌注治疗骨质疏松性胸腰椎骨折	中医正骨	第 15 卷第 5 期	第一作者
	傅　宏	闭合复位经皮超超低角累钉加压钉固定治疗股骨精隆间骨折临术研究	中国中医骨伤科杂志	第 11 卷第 3 期	独著
	周建刚	对医院发展中两个阶段的思考	卫生经济研究	增刊	独著
	徐国坤	自制“∩”形钉治疗足舟状骨骨折临床就体会	中医正骨	第 15 卷第 6 期	第一作者
	孙正友	髂前上棘骨折 42 例手术治疗报告	浙江临床医学	第 5 卷第 9 期	第一作者
	傅　宏	关节镜 –X 线电视荧屏下治疗胫骨平台骨折 56 例报告	浙江临床医学	第 5 卷第 11 期	第一作者
	朱国文	TDP + 督脉经穴位注射治疗带状疱疹疗效观察	中华临床实用医药杂志	第 2003 卷第 7 期	独著
	周光赞	地塞米松防治芬太尼术后自控镇痛所致恶心呕吐	浙江创伤外科	第 8 卷第 6 期	第一作者
	周文豪	穿心莲治疗流行性出血性结膜炎 30 例	中医杂志	第 44 卷增刊	第一作者
	李健民	臂丛(PCNA)与静脉(PCVA)镇痛在临床中应用比较	中华医学荟萃杂志	第 3 卷第 9 期	第一作者

续表 12－2－2

发表年限	姓　名	论　文　题　目	发表论文杂志名称（交流会议名称）	杂　志　期　号	独著或第几作者
2003 年	朱银娣	214 株非发酵菌临床分布和耐药性分析	中华医院感染学杂志	第 13 卷第 9 期	第二作者
2004 年	郑芳莉	透明质酸钠关节内注入治疗肩周炎疗效观察	浙江临床医学	第 6 卷第 4 期	第一作者
	孙正友	角度椎弓根螺钉系统治疗腰椎滑脱(附加费 5 例)	中国临床医学	第 3 卷第 4 期	第一作者
	倪永伟	四肢多发重症痛风石 1 例	东南国防医药	第 5 卷第 6 期	第一作者
	金　杰	克氏针固定喙空联合腱移位术治疗Ⅲ度肩锁关节脱位	中医正骨	第 16 卷第 3 期	第一作者
	金　杰	综合治疗退行性膝关节病临床分析	中国基层医药	第 11 卷第 4 期	第一作者
	朱立华	皮牵甩肩法治疗肱骨外科颈骨折的体会	中医正骨	第 16 卷第 3 期	第一作者
	黄志宏	121 例单病种质量价格管理分析	浙江临床医学	第 6 卷第一期	第一作者
	朱国文	慢性乙型病毒性肝炎的中医药治疗概况	中华医学研究	总第二十五期	第一作者
	朱国文	脊柱定位旋转复位法治疗腰椎后小关节紊乱	按摩与导引	第 20 卷第 4 期	第一作者
	周建刚	多元化办医与深化公立医院改革研究	卫生经济研究	增刊	独著
	李飞琴	严重多发伤的急诊科抢救及护理	重庆医学	33 卷增刊	第一作者
	朱立华	自制回形针指夹板外固定治疗指骨骨折 17 例	浙江临床医学	第 6 卷第 6 期	第一作者
	李旭霞	宫腔积脓的超声诊	中国基层医药	第 11 卷第 11 期	第一作者
	方国珍	解脲支原体和沙眼衣原体检测在孕妇胎膜早破中的临床意义	世界今日医学杂志	第 5 卷第 4 期	第二作者
	周文豪	经期咯血 3 例	中医杂志	第 45 卷	第一作者
	朱国文	电脑三维牵引配合经小关节间隙侧隐窝注射治疗腰椎间盘突出症临床疗效观察	中医正骨	第 17 卷第 5 期	第二作者
	郑芳莉	熏蒸疗法辅助治疗强直性脊柱炎 11 例附西药治疗 17 例对照	浙江中医杂志	第 39 卷第 12 期	第一作者
	张　明	硬膜外血肿术后发生迟发性血肿的分析	全科医学临床与教育	第 2 卷第 4 期	第一作者

续表 12－2－2

发表年限	姓　名	论　文　题　目	发表论文杂志名称（交流会议名称）	杂　志　期　号	独著或第几作者
2004 年	王文艳	膝关节骨性关节炎综合治疗的疗效观察	中华中西医学杂志	第 2 卷第 10 期	第一作者
	杨秀忠	不典型阑尾炎二例误诊分析	中华中西医学杂志	第 2 卷第 4 期	第一作者
	杨秀忠	急性出血性胰腺炎误诊麻痹性肠梗阻 2 例	中华中西医学杂志	第 2 卷第 7 期	第一作者
	高根德	CT 导向下骶髂关节注射治疗强直性脊柱炎的临床研究	中国中医骨伤科杂志	第 12 卷第 2 期	第二作者
	车宪文	胰肠吻合方式与胰漏（附 31 例报告）	中华中西医学杂志	第 2 期第 7 期	第一作者
2005 年	瞿则平	腰突症开窗髓核摘除手术的护理体会	重庆医学杂志	第 34 卷增刊	第一作者
	董伟平	高龄股骨颈骨折的围术期护理	征订医学杂志	第 34 卷增刊	第一作者
	方国珍	5701 例已婚妇女妇科病普查分析	中国现代临床医学	第 4 卷第 4 期	第一作者
	俞　米	发挥统计信息在医院管理中的作用	中华中西医学杂志	第 2 卷第 8 期	第一作者
	卜燕平	面中部骨折眼损伤 34 例报告	中国现代临床医学	第 4 卷第 10 期	第一作者
	戚文芸	甲硝唑、碘仿治疗智齿冠周炎的临床实践与探讨	中国现代临床医学	第 4 卷第 9 期	第一作者
	冯远超	闭合复位交叉穿针治疗移位儿童肱骨髁上骨折	浙江临床医学	第 7 卷第 12 期	第一作者
	傅　宏	带动滑动鹅头钉治疗粉碎性股骨转子间骨折的临床研究	中医正骨	第 17 卷第 7 期	第一作者
	周建刚	成本控制在医院中的应用	中华医学临床新论	第 1 卷第 9 期	第一作者
	金　杰	经皮克氏针复位内固定治疗肱骨大结节骨折	中医正骨	第 17 卷第 6 期	第一作者
	金　杰	针药综合治疗肱二头肌短头肌腱炎 106 例疗效观察	中国基层医药	第 12 卷第 8 期	第一作者
	俞　米	CD1700 血球计数仪的维护保养	中国现代临床医学杂志	第 4 卷第 12 期	第一作者
	朱立华	鱼跃评突法结合经皮小切口 AF 固定治疗胸腰段骨折	中国骨与关节损伤杂志	第 20 卷第 4 期	第一作者
2006 年	裘承刚	额叶损伤的临床分析——附 17 例临床报告	中国现代临床医学杂志	第 5 卷第 1 期	第二作者
	严　倩	重型颅脑损伤患者血清蛋白代谢的临床观察	浙江临床医学（二）	第 8 卷第 2 期	独著
	陈智能	头颈部恶性黑色素瘤骶椎管及椎体转移 1 例报告	中国脊柱脊髓杂志（二）	第 16 卷第 2 期	第一作者

续表 12－2－2

发表年限	姓　名	论　文　题　目	发表论文杂志名称（交流会议名称）	杂　志　期　号	独著或第几作者
2006 年	傅华梅	140 例膜腔积液淋巴细胞与多项生化免疫指标相关性评价	浙江临床医学(二)	第 8 卷第 2 期	第一作者
	刘敏波	空心加压螺钉治疗股骨颈骨折 56 例报告	中医正骨	第 18 卷第 3 期	第一作者
	刘敏波	喙突移植手术治疗Ⅲ°肩锁关节脱位临床分析	中华中西医学杂志	第 4 卷第 2 期	第一作者
	毛洪刚	血栓通辅助缺血性脑卒中的临床观察	中华特色医疗	第 5 卷第 3 期	第一作者
	胡钢锋	股骨头坏死破骨细胞活性的研究进展	中医正骨	第 18 卷第 7 期	第一作者
	丁露芳	提高对药物性肾损害的认识	中华中西医学杂志	第 4 卷第 9 期	第一作者
	李宗生	双向多层螺旋 CT 下肢静脉造影法的研究和应用	实用医学影像杂志	第 7 卷第 4 期	第一作者
	李宗生	胃肠道 CT 水造影临床应用价值	实用中西医结合临床(二)	第 6 卷第 6 期	第一作者
	吕　一	腰椎间盘突出症的术式选择	浙江临床医学(二)	第 8 卷第 8 期	第一作者
	吕　一	改良 Richards 钉治疗股骨转子间粉碎性骨折	中华骨科	第 26 卷第 9 期	第二作者
	李健民	小剂量氯胺酮丙泊酚辅助膜外麻醉在膝关节镜手术中的应用	重庆医学(二)增刊	第 35 卷第	第一作者
	李婉仙	1068 名农村学龄儿童肥胖调查	中国现代临床医学	第 5 卷第 12 期	第一作者
	闻永根	有限护创外固定治疗肱骨开放粉碎性骨折	中国骨与关节损伤杂志	第 21 卷第 12 期	第一作者
2007 年	陈智能	股骨转子部涉及颈基底部粉碎性骨折的治疗	中医正骨	第 19 卷第 7 期	第一作者
	周建刚	也谈医院核心竞争力	卫生经济研究	1 月	第一作者
	张辉明	误诊为眼科疾病的鞍上脑膜瘤的治疗体会	中国实用神经疾病杂志	第 10 卷第 1 期	第一作者
	陈智能	疾病模型血清药理学及其在骨代谢研究中的若干问题	中国骨伤	第 20 卷第 1 期	第一作者
	赵　剑	神经刺激器引导用于臂丛神经阻滞及术后镇痛研究	浙江临床医学	第 9 卷第 2 期	独著
	姜志坑	中西医结合治疗缺血性脑梗死 50 例临床观察	浙江临床医学	第 9 卷第 2 期	独著
	朱国文	针刀闭合松解术配合金葡液治疗神经根型颈椎病临床研究	中医骨伤科杂志	第 15 卷第 3 期	第一作者
	姜志坑	中西医结合治疗糖尿病胃轻瘫 60 例	中国基层医药	第 14 卷第 2 期	独著

续表 12－2－2

发表年限	姓　名	论　文　题　目	发表论文杂志名称（交流会议名称）	杂　志　期　号	独著或第几作者
2007 年	朱国文	CT 引导下侧隐窝注射配合电脑三维牵治疗腰椎间盘突出症疗效分析	中国康复医学杂志	第 22 卷第 3 期	第一作者
	冯立钢	手指断层甲床组织瓣修复甲床缺损	浙江临床医学	第 9 卷第 1 期	独著
	李燕华	盐酸纳洛酮治疗急诊昏迷 154 例效果观察	中国乡村医药	第 14 卷第 1 期	第一作者
	张辉明	视力受损的鞍结节脑膜瘤的治疗	浙江临床医学	第 9 卷第 3 期	第一作者
	闻永根	有限扩创外固定治疗肱骨开放粉碎性骨折	中国骨与关节损伤杂志	第 20 卷第 1 期	第一作者
	李宗生	CT 充气造影诊断半月板损伤的临床应用体会	实用中西医结合临床	第 7 卷第 5 期	第一作者
	朱平平	MRI 在骨巨细胞瘤诊断中的价值	中国老年保健医学	第 5 卷第 5 期	第一作者
	朱立华	手术治疗伸直尺偏型肱骨远端骨骺分离	中医正骨	第 19 卷第 4 期	第一作者
	俞　米	浅谈如何提高基层医院青年医务人员的素质	中华中西医学杂志	第 5 卷第 6 期	独著
	刘敏波	中药联合金葡液治疗骨折延迟愈合不愈合	中医正骨	第 19 卷第 7 期	第一作者
	李燕华	P 转移因子辅助治疗肠系膜淋巴结炎 100 例疗效观察	中国基层医药	第 14 卷第 8 期	独著
	吕　一	经胫骨交锁髓内钉也植骨 1 例	中华现代外科学杂志	第 4 卷第 2 期	第一作者
	姜志坑	金钱对座合剂治疗胆石症的实验研究	中国中医药科技	第 14 卷第 5 期	第一作者
	余亚萍	餐后服药对减少伤科药物胃肠道反应的意义	医药导报	第 26 卷增刊	独著
	吕　一	肱骨科科颈骨折 178 例治疗分析	中医正骨	第 19 卷第 7 期	第一作者
	孙正友	DHS 治疗股骨粗隆间骨折术后切割发生原因分析	中国骨与关节损伤杂志	第 22 卷第 1 期	第一作者
	曹建标	急性有机磷农药中毒中间综合症 18 例临床分析	医药实践	第 21 卷第 3 期季刊	第一作者
	谢丽丽	中药熏洗结合微波治疗宫颈糜烂 81 例疗效观察	中国乡村医药	12 月第 14 卷第 12 期	独著
	金麟音	谈中药不良反应及防治	中国临床医药研究杂志	11 月第 178 期	独著
	王小春	社区护理在高血压病防治中的作用	重庆医学	第 36 卷增刊	第一作者

续表 12－2－2

发表年限	姓　名	论　文　题　目	发表论文杂志名称（交流会议名称）	杂　志　期　号	独著或第几作者
2007年	洪　林	三叶草形钢板手术治疗 Pilon 骨折35例分析	浙江临床医学	第9卷第12期	第一作者
	叶俊材	活血化瘀汤对大鼠骨折周围肌肉肿胀的影响	浙江中医杂志	第42卷第9期	第一作者
	李健民	小剂量氯胺酮丙泊酚辅助硬膜外麻醉在膝关节镜手术中的应用	重庆医学	第35卷增刊	第一作者
	吕　一	后路椎间盘镜手术治疗600例临床分析	江西中医药	月第12期	第一作者
	方国珍	自然流产与优生优育筛选检测部分致畸因素感染相关性分析	中国基层医药	第14卷第11期	第一作者
	俞锦清	颈髓损伤外科治疗进展	浙江临床医学	第9卷第6期	第一作者
2008年	黄志宏	关节镜治疗膝关节骨性关节炎的疗效观察	浙江临床医学	第10卷第3期	第一作者
	黄志宏	儿童髋关节一过性滑膜炎58例综合治疗分析	中国基层医药	第15卷第14期	第一作者
	俞　米	新时期医院人力资源管理初探	中国现代临床医学	第7卷第2期	独著
	周伟权	腰椎间盘突出症影像表现及其诊断	中华中西医学杂志	2008第6卷3期	第一作者
	陈小伟	影像学检查技术在寰枢椎损伤中的综合应用	健康大视野	7月第1期	第一作者
	俞鹏征	人工股骨头置换术后疼痛原因的分析	中医正骨	4月第20卷第4期	第一作者
	徐国坤	后路椎间盘镜微创治疗腰椎间盘突出症717例	中国中医骨伤科杂志	第16卷第11期	第一作者
	洪　林	三叶草形钢板手术治疗 Pilon 骨折35例分析	浙江临床医学	第9卷第12期	第一作者
	吕　一	后路椎间盘镜的临床应用研究进展	中医正骨	第20卷第2期	第一作者
	李健民	奈福泮与芬太尼用于胸腰椎骨折术后静脉镇痛临床效果的比较	中医正骨	第20卷第10期	独著
	朱国文	屈指肌腱狭窄性腱鞘炎的诊治研究进展	中医正骨	第20卷第11期	第一作者
	姜志坑	金钱对座合剂治疗胆结石症临床及药效研究	浙江中西医结合杂志	第7期	第一作者
	刘国花	全身浮肿病人浅静脉穿刺双止血带结扎法的临床观察	中华中西医学杂志	第6卷第10期	独著
	李晓萍	王福仁治疗脂肪脚下经验	健康大视野	2008年7月第一期	第一作者

续表 12－2－2

发表年限	姓名	论文题目	发表论文杂志名称（交流会议名称）	杂志期号	独著或第几作者
2008 年	王小春	腹部带蒂皮瓣术后的护理	中国基层医药	第 14 卷第 12 期	独著
	李健民	自体血回在骨科大手术 30 例中的应用	中国基层医药	第 15 期第 3 期	独著
	陈智能	强骨宝方载药血清灭活与否对骨细胞增功能的影响	中国骨伤	第 21 卷第 6 期	第一作者
	吕　一	复杂型 Monteggia 骨折治疗分析	中国骨与关节损伤杂志	第 23 卷第 5 期	第一作者
	郑方莉	齐次阿是穴加温针灸治疗肱骨外上踝炎疗效观察	中国基层医药	第 15 卷第 7 期	独著
	张利光	中西医结合治疗难治性消化性溃疡	中华临床医药杂志	第 13 卷第 9 期	独著
	俞　米	扎实做好青年医务人员的思想教育工作探讨	浙江临床医学	第 10 卷第 9 期	独著
	谢丽丽	中医药预防子宫内膜异位症实验研究进展	浙江中医药大学学报	第 32 卷第 6 期	独著
	姜旭霞	血小板数与白细胞数的的比值在多发伤患者预后中的价值探讨	实验与检验医学	2008 年第 26 卷第 3 期	独著
	叶俊材	克氏针弹性髓内固定治疗掌骨干骨折 31 例报告	中医正骨	2008 年第 20 卷第 3 期	第一作者
	周吕峰	浅谈中医专科医院面临的困难和对策	医学分册	2008 年第 12 期上	独著

说明：资料由骨伤科医院提供

附一：

中医骨伤科医院医案选介

骨折、脱位蒋××，男，29 岁，萧山人。3 小时前从 9 米高处跌下，左上肢肿痛、麻木，不能活动，于 1980 年 11 月 15 日急诊入院。检查：左上肢严重肿胀，上臂中 2/3 处向外成角，有假关节现象，压痛明显，并可触及骨擦音，左腕部成银叉样畸形，压痛明显，血液循环尚可，神经功能正常，X 线检查为左肱骨干中段粉碎性骨折，游离骨片长 9 厘米，伴向外侧成角，错位畸形，桡骨下端伸直型骨折，严重移位，伴尺骨茎突骨折。入院后，在臂丛神经麻醉下，进行手法整复，按照多发性骨折的处理原则，由助手对抗牵拉及保护肱骨干骨折的情况下，用压迫扣揿法，先整复桡骨下端骨折，纠正侧方移位、成角畸形和下尺桡关节紊乱，然后用小夹板加压力垫固定、接着整复肱骨干粉碎骨折，在对抗牵拉下矫正成角畸形，并在骨折四周作捏挤手法，使骨干得到良好的对位。但由于当时的严重肿胀，游离骨片一时不能靠拢骨主干，在小夹板和压力垫的固定和作用下，使游离骨片逐渐向骨干靠拢。1 个星期后作 X 线检查，骨折部已近解剖学对位，4 个星期后骨折纤维连接。术后随访 2 年半，骨折愈合坚强，无畸形、疼痛，功能恢复良好，已从事原煤矿工作。

内伤孟××，男，43 岁，余杭工人。汽车撞伤 4 小时，左胸背痛，如针刺状，伴胸满，气稍促，咳嗽及呼吸牵掣作痛，自觉呼吸时左胸“格格”作响，于 1986 年 2 月 21 前来就诊。检查见左胸瘀肿，肋间隙饱满，呼吸幅度减弱,心尖内移,左胸上野高清音,左下浊音,心音偏低,左侧呼吸音低,相当于5~6肋锁骨中线处及腋下可闻及大水泡音,皮下大片捻发音,舌边紫黯,脉弦涩。X线片提示:左3~7肋腋中线骨折,左肩胛骨骨折,左上肺野透亮度增高,左下肺见片状致密阴影,相当于第6肋间可见液平面。诊断为左侧多发性肋骨骨折、左肩胛骨骨折伴血气胸、皮下气肿。证属外伤损及胸肺脉络,络破血溢,气血郁滞胸中。治以活血化瘀、行气开胸。血府逐瘀汤加大黄、没药、花粉、水蛭、三七,4剂后胸痛气急减轻,水泡音明显减少,遂以上方加减,半月后胸痛基本消失,21日后胸透检查,积液已消,改用续骨通络法。1个月后摄片,显示肋膈角清晰。

(资料由骨伤科医院提供)

附二:

茶亭伤科医案选介

茶亭伤科的祖辈在无X线等现代检查设备、缺医少药的情况下,采用手法整复、夹板固定治疗骨折,疗效显著。

田某某,男,82岁,农民,义桥田家村人。1948年上山砍柴时不慎滑倒,右侧小腿疼痛、不能站立,骨尖刺到皮下,被砍柴同伴抬到墙头静修庵(茶亭伤科原址)求医,茶亭伤科第三代传人阿有和尚徒手用祖传"理筋正骨复位法"将骨折复位,然后用白布包裹,五块小腿夹板固定骨折,固定稳妥后,抬高患肢,即刻指导病人作踝关节及大腿肌肉功能锻炼,以达到早期消退肿胀,促进骨折愈合目的。三周后去夹板,外贴'永春膏'用竹帘裹住,再以白布缠之,离床扶双拐不负重步行。骨折愈合后无后遗症,至今健在。

徐某某,女,77岁,农民,楼塔镇雪湾桥头村村人。病史:患者15年前拎水时,因地湿不慎滑倒致右侧髋部疼痛,不敢站立而来茶亭伤科就诊。经X线摄片检查:右侧股骨颈基底部骨折伴有骨片分离。治疗:不住院、不开刀,回家后陈锦昌医师上门采用皮肤牵引+茶亭伤科"祖传正骨法"整骨复位,复位后用重量维持牵引,保持患肢外展、中立位并定期上门检查、更换膏药,如是治疗6周后解除牵引,嘱患者离床,持双拐不负重步行。2月时弃拐即告痊愈,至今健在。

(资料由茶亭伤科提供)

第三章 卫生防疫

中华人民共和国成立前,戴村一带环境卫生差,加之个人卫生意识淡薄,又缺医少药,境内疾病流行。常见疾病有疟疾、血吸虫病、鼠疫、伤寒、麻疹、百日咳、霍乱、白喉、脑膜炎、痢疾、癞痢、鼓胀病、哮喘病、小儿麻痹症等等。最多的是大人烂脚,小人烂头(癞痢)。生疥疮、患癞痢头的,只用盐水、白矾水洗疮,或大人轲牢孩子头皮,用烧热的蜡烛油浇在癞痢头上等土办法治疗。抗日战争时期,侵华日军惨绝人寰施放细菌弹,沾上细菌的人从一个红头痱子变成碗口疮疤,其臭难闻,人不会行走。石马头村戴爱建受日军细菌弹危害,无钱医治烂脚,直至把烂脚锯掉。1944年前后,里石板溪一带疟疾流行,俗名"三日酸",三天两头发寒发热,许多男性丧失劳动能力。1948~1949年,该村麻疹肆虐,不到一年时间,村中儿童死了36个。

中华人民共和国成立后,人民政府重视疾病防疫,结合兴修水利,全民动员深埋钉螺,消灭血吸虫。经过30年奋战,到1982年经浙江省复查验收,确认戴村已消灭血吸虫病。整治环境卫生,各村建造三格式公厕,消灭了露天粪坑;建造垃圾处理点,各村配备卫生保洁员,昔日脏、乱、差的村庄,变成洁、美、净的文明家园。20世纪60年代,贯彻"预防为主"的卫生工作方针,落实以免疫接种和疫情控制为主导的综合性防治措施。各类传染病发病率及死亡率急骤下降,人均期望寿命已由新中国成立前的36岁,1978年上升到男性68.9岁,女性70.3岁。80年代起,全面开展疾病预防控制、卫生监督监测、健康教育、科研培训等工作。至2008

年年末，全镇免疫接种、传染病、地方病、寄生虫病、精神病防治等工作不断加强，疾病控制成效显著。

第一节　疾病防治

传染病防治

1942 年，戴村等地脑脊髓膜炎大流行，人死得很多，连棺材都买不到，有的地方把楼板拆来做棺材，群众非常恐惧，过了今天不知明天。其他疾病如麻疹、白喉也猖狂，死去的儿童不计其数（录自萧山县人委卫生科 1959 年 4 月 25 日档案）。

中华人民共和国成立后，人民政府采取有效措施，戴村的疾病逐步得到控制。1950 年，实行全民普种牛痘，从此天花在戴村绝迹。1957 年 2 月 15 日，萧山有戴村等 11 个乡（镇）发生流行性脑脊髓膜炎，患者以儿童为主。至是月底戴村发病 206 例，当时戴村卫生所与戴村联合诊所医务人员积极组织药品救治病人，以减少死亡，是年流脑死亡 45 人。1967 年春，戴村又发生流行性脑脊髓膜炎流行，患者以儿童为主。是年 1 至 3 月，共发病 492 例，死亡 21 例。

1982 年 8 月 10 日，戴村溪河村居民卢水兴的未满周岁儿子（1981 年 10 月出生）卢飞荣患乙型脑炎，经现场调查发现卢水兴家室内外环境卫生较差，住舍内有猪舍，小孩白天睡在猪舍旁，该小孩未到接种乙脑疫苗年龄而未种疫苗，因此发病。当天对猪舍及内外环境用敌敌畏灭蚊消毒处理，患者卢某经治疗后康复。

1989 年 7 月，盛家村（现为八都村）周尧水家一只 50 ~ 60 斤小猪发现异常。经卫生防疫医师与镇兽医站兽医会诊，确诊该猪为狂犬病猪，当天养殖户自行将病猪打死深埋，猪舍周围进行漂白粉、敌敌畏消毒处理，事后该村未发生狂犬病疫情。

1990 年 5 月 22 日，沈村村发生一例狂犬病人，次日送萧山市第一人民医院传染病房隔离治疗，2 天后死亡，经调查病人生前未注射过狂犬病疫苗。

90 年代后，全镇甲、乙类传染病发病率有所下降，但由于各种原因，肺结核、淋病、梅毒发病呈上升势头。甲乙类传染病经有效防治，死亡大为减少。1990 年狂犬病人死亡 1 例，1991 年肝炎病人死亡 2 例。

地方病防治

20 世纪 50 年代 ~ 70 年代，境内多次普查普治血丝虫病。1974 年 4 月，境内戴村、云石、永兴 3 公社组织医务人员对居民进行血丝虫病普查，要求在晚上 8 时至次日 2 时采取耳垂血。医务人员每天晚上下村，对境内男女老少均进行采血普查，共普查 21945 人，结果发现微丝蚴阳性 13 人，病人 6 人。

戴村多山，地方性甲状腺肿大病人较多。1984 年 5 月，组织医务人员、赤脚医生，对全镇 36312 人进行普查，发现地方性甲状腺病人 3089 例，使用碘油丸及碘冲剂进行治疗 3052 人，治疗率为 98.8%。后经复查，戴村、云石、永兴 3 乡镇被定为中等病区，患病率为 11.54%。经治疗后患病率降为 3.5%。7 岁至 14 岁儿童甲状腺肿大率由 4.19% 至 37.63%，经治疗后下降到 0.43% 至 12.07%，基本达到控制地方性甲状腺病要求。1987 年，戴村开始供应碘盐，规定每月 10 日、25 日由卫生防疫医师对 5 个碘盐销售商店和 2 个行政村 14 户用户进行碘盐监测。在监测过程中，对用户使用和盐缸加盖等要求进行宣传指导，使群众乐意地、科学地食用碘盐。碘盐供应至今，全镇甲状腺肿大率逐年下降，控制和稳定了地方性甲状腺病的有关标准。

慢性病防治

2007 年下半年开始，对全镇的高血压、糖尿病纳入慢性病管理。管理方法主要是对高血压、糖尿病人进行免费定时测量血压、血糖，并提出治疗意见和建议。管理要求高血压分为 3 级，一级二级每季度测量血压一次，三级以上病人要求每月测量一次血压；糖尿病人要求每季测量一次血糖。做好登记工作，要求病人在登记簿上签名。至2008年年底,已管理高血压病1769人、糖尿病病人247人。

对老年人、特困人群、肿瘤病人等也纳入管理范围。已管理老年人3190人、特困人群140人、肿瘤病人138人。凡纳入管理人群,都有责任医生负责上门进行随访及管理。

1989~2008年戴村镇甲、乙类传染病发病情况

表12-3-1　单位:人

年份	肝炎	痢疾	伤寒	麻疹	百日咳	猩红热	出血热	肺结核	淋病	梅毒	间日症	破伤风	狂犬	腮腺炎	流脑	合计
1989	98	18	2	0	1	0	19	0	0	0	0	0	0	0	0	138
1990	88	20	3	1	1	0	28	0	8	0	0	0	1	0	1	151
1991	57	12	3	0	0	0	9	32	2	0	0	0	0	9	0	124
1992	76	14	1	0	0	0	10	0	0	0	0	0	0	0	0	101
1993	62	9	0	0	0	0	13	20	6	0	0	0	0	0	0	110
1994	34	90	0	0	0	0	2	18	8	0	0	0	0	0	0	152
1995	60	30	0	0	0	0	5	11	0	0	0	0	0	0	0	125
1996	61	19	1	0	0	2	7	17	3	0	0	0	0	0	0	131
1997	40	8	0	0	0	0	3	5	0	0	0	0	0	0	0	73
1998	33	16	0	0	0	0	8	14	0	0	0	0	0	0	0	86
1999	22	13	0	0	0	0	4	38	7	0	0	0	0	0	0	96
2000	44	14	1	0	0	0	2	23	6	0	0	0	0	0	0	95
2001	59	16	0	0	0	0	0	17	5	0	0	0	0	0	0	116
2002	26	9	0	0	0	0	0	9	1	0	0	0	0	0	0	65
2003	23	21	0	0	0	0	1	23	0	0	0	0	0	0	0	84
2004	15	5	0	1	0	1	0	31	4	1	0	0	0	0	0	74
2005	12	22	0	3	0	1	0	15	12	0	0	0	0	0	0	84
2006	7	10	0	2	0	0	1	12	21	0	1	0	0	0	1	76
2007	14	9	0	0	0	1	0	12	17	0	0	0	0	0	0	81
2008	12	19	0	3	0	0	0	13	29	1	0	0	0	0	0	100

说明:资料来自萧山市中医骨伤科医院

第二节　血吸虫病防治

20世纪50年代,戴村为血吸虫病流行区。1954年8月11日,戴村等地发现一批临床表现为高热、腹

痛、腹泻、咳嗽、痰中带血、便血等症状的急性血吸虫病人。戴村、云石、凌溪等乡发病10余人，死亡3人。1954年9月，中共萧山县委建立县委血吸虫病防治五人小组，领导全县的血防工作。1955年年初，县卫生局派王娇吟带队，在石马头惜谷庙成立以治疗血吸虫病为主的戴村卫生所，人员有谢洪、方孝光、舒瑞俊、韩关春、李寿梅等，在戴村开展血吸虫病病人的治疗，同时组织人员开展查螺灭螺工作、调查疫区范围及传染人群等情况。

1956年春，经调查后初步认定戴村、白马两乡12个村（马谷、中潭、麦园、盛家、前方、丁村、凌山、墙头、戴家山、下方、张家弄、杨家桥）为疫区，人口8795人，占当时两乡总人口的35.01%。尤以下方、戴家山较重，其他各村也有发现，共检查出病人110人，根据对象分别施用中西药物治疗107人，3人作跟踪治疗。历史上钉螺分布情况，戴村10个村75565平方米；永兴2个村12165平方米。戴村乡茅村畈有1万平方米，凌溪片7个村3.8309万平方米。茅村畈经过5次土埋1次药物1次火烧等灭螺工作，钉螺面积由原来约1万平方米减低到200平方公尺，密度由原来平均每筐50只以上降低到0.5只以下。凌溪片土埋1次，清沟2次，药物2次，火煤烧1次等灭螺工作，钉螺密度由原来的平均每筐15只左右降低到平均每筐1只，面积由原来约38309平方米降低到8000平方米（1958年11月鉴定）。1958年后，每年由县血防领导小组发动，组织公社血防专管员、血防员、查管员、赤脚医生等140余人，进行查螺、灭螺工作。1971年未查出，至1982年，经现场检查、考核、验收，戴村已成为消灭血吸虫病的镇乡。

血吸虫病消灭后，1983年至1993年，每年组织人员进行查螺工作，同时开展疫苗人群皮试及粪便检查，均未发现钉螺及阳性人数。1993年后，由市疾控中心慢病科负责，隔年由镇政府组织人员，进行原疫区实地查螺工作，也未发现有钉螺生存。

1954～1994年，戴村累计查出血吸虫病病人1036例，治疗966例，历史遗留病人未治疗40例，死亡12人（其中：1949～1960年4人、1961～1970年2人、1971～1978年6人），加上新中国成立前有记录死亡15人，戴村血吸虫疫区总计死亡血吸虫病人27人。此外，1954～1994年，戴村有81头耕牛患血吸虫病，其中治疗75头，淘汰6头。

第三节　计划免疫

计划免疫是新中国成立后，党和政府为民办理的一项重大实事之一。从20世纪50年代初期开始，由县卫生防疫站制订各项预防接种对象、范围及免疫计划表，由各镇乡（公社）卫生院、农村合作医疗站组织实施。儿童接种疫苗有卡介苗、脊灭活疫苗、麻疹活疫苗、百白破三联混合制剂、乙脑疫苗及流脑疫苗。成人则以水稻地区为主的钩体菌苗为重点，以参加田间劳动人群为主要对象。接种疫苗均为免费，上门接种。

1983年4月起，戴村在萧山为首先开展实行儿童计划免疫按月接种单位之一。由原来的以村（队）为单位，改变成以镇乡（社）卫生院为接种单位，并由一年二次接种，改为每月一次接种。逐一完善卡、证、册管理，执行一人一针一筒制，同时做好疫苗接种前培训，执行疫苗冷链管理等工作。后逐步完善成疫苗专人接种，需经培训后，持有上岗证才能上岗接种。

1984年5月，县卫生局、防疫站决定，戴村与浦沿、城东、义盛、瓜沥、“五七”农场等一起共约10万人口范围内，开展长期系统的疾病监测工作。疾病监测的主要目标是，为卫生行政部门制订儿童预防接种菌苗、疫苗提供科学依据，同时有利于各类传染病的预防、控制和监测。

1988年9月起，实行儿童计划免疫保偿制。是年，保偿对象246人，参保246人，正规接种233人，接种率94.7%。其他疫苗7种，应接种对象2882人，实际接种2757人，接种率95.66%。从2006年开始，分为一类疫苗、二类疫苗。一类疫苗属免费接种，有卡介苗、脊髓灰质炎疫苗（糖丸）、百白破疫苗、无细胞百白破疫苗、麻腮疫苗、流脑疫苗等10种；二类疫苗属收费疫苗，有甲肝疫苗、HB疫苗、流感疫苗、轮状病毒口服液疫苗、水痘疫苗、肝炎疫苗、麻腮风疫苗共7种。

一、二类疫苗共17种，都纳入常规常年接种。接种要求规定，凡参加接种医务人员，都需有资质，同时还需经区疾控部门考试，取得上岗证后才能参加接种工作。

1989～2008年戴村镇国家免疫规划疫苗接种受种情况

表12－3－2 单位：人

年份	应种对象	五苗接种数					二脑	
		卡介苗	脊灰糖丸	百白破	麻苗	乙肝疫苗	流脑	乙脑
1989	439	439	439	439	439	111	436	439
1990	464	464	464	464	464	124	459	459
1991	441	441	441	441	441	426	434	439
1992	365	365	365	365	365	365	353	364
1993	350	347	347	347	347	348	222	345
1994	378	377	377	377	377	377	377	377
1995	393	393	393	393	393	393	387	391
1996	402	402	402	402	402	402	397	400
1997	382	382	382	382	382	382	374	381
1998	335	335	335	335	335	335	323	331
1999	303	303	303	303	303	303	294	303
2000	313	313	313	313	313	313	309	313
2001	304	304	304	304	304	304	302	303
2002	304	304	304	304	304	304	301	304
2003	248	248	248	248	248	248	248	246
2004	330	330	330	330	330	330	328	329
2005	322	322	322	322	322	322	320	320
2006	317	317	317	317	317	317	315	315
2007	346	346	346	346	346	346	346	346
2008	373	373	373	373	373	373	373	373
合计	7109	7105	7105	7105	7105	6423	6898	7081

说明：乙肝疫苗缺戴村、永兴片1989、1990年两年数据

第四节 公共卫生

民国时期，灾荒、战乱频繁，戴村百姓根本无法顾及公共卫生，农村垃圾遍地，苍蝇、蚊子、老鼠成群，死牲畜、死老鼠、死蛇随处可见。几乎每个村庄都有一处义冢地，专供穷人埋葬尸体，有的不用棺材，破草席一包着泥埋。由于恶劣的卫生环境，农村经常流行疫病。

中华人民共和国成立后，党和政府重视改善人民生活环境，发动群众开展个人卫生、家庭卫生、环境卫生

和除“四害”的爱国卫生运动。1952 年 8 月 6 日，台湾国民党飞机窜扰戴村等 4 区 22 乡，空投反动传单及大批带细菌苍蝇、老鼠等生物，县卫生院即派机动队与戴村等地卫生人员一起赴现场清除消毒，开展灭蝇灭鼠工作，防止细菌扩散。广泛开展爱国卫生运动。镇域内各乡成立爱国卫生小组，家家户户制订“爱国卫生公约”。乡村按季按月检查卫生公约的执行情况，进行评比，评出“清洁户”“尚清洁户”，其余为不清洁户，限期要求改正，提倡人人爱清洁、户户讲卫生，以卫生为荣，不卫生为耻的社会风尚逐步深入人心。在开展爱国卫生运动的同时，大搞积肥运动，清除村内外垃圾，清除阴沟塘，填埋阴沟死角，清除房前屋后、道地、池塘、河道沟渠的杂草，消灭蚊蝇孳生地，使村容村貌焕然一新，各种传染病得到有效控制。

饮用水卫生

旧时，境内饮用水采用溪水、池水、河水、井水，以及天落水(雨水)。饮用溪水区域，淘米、洗菜、洗衣服、洗便桶，共用一溪之水。饮用河、池水，也与溪水一样，最多换个踏步而已，一遇洪水就无法饮用，平时水质较差，污染严重。饮用水不洁，也是导致时疫流行的重要原因之一。中华人民共和国成立后，党和政府关心人民生活，20 世纪 50 年代开始，提倡分塘、分段用水，稻区池塘分为饮水塘、用水塘和污水塘。饮用河水村自行用明矾或漂白粉消毒处理，部分村开始挖井，引用天然山泉水。1982 年，萧山县人大常委会把农村改水工作列入为人民做 10 件好事的头一件，采用以集体为主、政府补助、个人受益出钱的办法，在境内推广自来水站建设，1983 年起，相继建造下方、戴家山、顶山、李家坞、盛家、勤工、马谷、骆家舍、杨家桥、东周、郁家山下等村自来水站。1986 年年初，戴村集镇以政府补助、单位集资的方式，在原戴村区委旁建成日供水 500 立方米深井自来水站。1992 年 9 月，戴村自来水厂移地在大湖头建成，日供水量 5000 立方米，供水范围扩大到戴村片半山区和永兴片大部。部分未用上自来水的村，村民自行在屋前屋后打造套管井以改善饮水条件。例如丁村、凌山、墙头、前方、凌桥、大湖头、佛山等村。山区则以村民自行集资在山坞建造小型供水站，解决饮用水问题。推行第二轮大田承包责任制后，部分村对池塘进行清淤。例如积堰山村于 1996 年集资对大小东坞、姚家山下、山坎头等自然村池塘进行清淤，不但改善了水质，而且改善了村容村貌。2001 年，日供水 30 万立方米的萧山南片水厂建成供水，从此境内居民用上了清洁卫生的自来水。

自 1986 年 4 月起，每月 10 日定为自来水抽样送检日。每次要求采 5 个样点，每个样点采集 2 瓶 500 毫升样水，分细菌与理化各一瓶，采样地点固定。集镇水厂每月采样，村水站轮流采样，采后即送萧山卫生防疫站检验科，并把检验情况及时告知水厂、水站。集镇水厂职工，自 1991 年开始至 2008 年，要求职工每年进行一次健康检查。

户厕改造

旧时，戴村山区户厕以窖坑为主，多为披屋。人尿是造土纸原料，单独尿在粪桶里备用。稻区多用粪坑，披以草舍，故叫茅坑所，还有露天茅坑。基本每户有 1 只粪坑，遍布村中，一到夏天，苍蝇蚊子成群结队，是农村最不卫生的地方。

中华人民共和国成立后，党和政府重视户厕改造。20 世纪 50 年代，开展爱国卫生运动时，把农村茅坑集中起来。农业合作化后，结合血防工作，要求茅坑加盖以防苍蝇蚊子繁殖，便利消毒管理。1965 年，云石公社顶山大队拆毁私人粪坑，设立公共厕所，由专人管理；村内道路分段包干，专人清扫。1967 年，该大队率先设立三隔式无害化公坑。1968 年、1979 年，顶山大队先后被评为杭州市、浙江省爱国卫生先进集体。

改革开放后，农村经济形势好转，住房建设日新月异，农民卫生意识逐步提高。1990 年年初，境内以点带面扩大三格式卫生户厕，至当年 11 月，全镇共建卫生户厕 681 户。随着住房建设和新农村建设步伐加快，凡建成新房都用上卫生户厕，有的较好老房，经过改造也用上卫生户厕。1991 年起，从戴村集镇开始建造标准化公共厕所，每建造一座标准化公厕，由政府补助人民币 6000 元，并要求销毁所有粪坑。首先在后郑村进行试点，后郑村按村庄布局，在村东、南、西、北、中建造标准化公厕 5 座，落实专人管理，同时清除了全村所有粪坑。此后，大湖头、东周等村也相继建造公厕，销毁粪坑。至 2008 年，境内各行政村先后都建造公厕，销毁粪坑，全镇卫生面貌大为改观。

食品卫生

1983 年 7 月，《中华人民共和国食品卫生法（试行）》颁布后，戴村开展学习、宣传、执行食品卫生法。对境内所有食品行业实行办理卫生许可证制度，并开展执法检查。每次检查由镇分管领导带队，会同工商、镇食品卫生检查员，对全镇饮食、副食、水果摊店及食品生产加工单位进行检查。对违反食品卫生法有关规定的生产单位和经营户，进行现场处罚，当年共处罚 12 户，销毁变质食品 130 公斤。对 2 家不符合食品卫生法摊店，责令停业整顿，取缔无卫生许可证摊店 2 家。

自执行食品卫生法（试行）后，境内每年一次对食品行业从业人员进行健康检查，每年体检率 100%。查出的“五病”患者（带菌者），分别作治疗、休息、调离工作岗位等处理，“五病”患者调离率达 100%。同时每 2 年对食品行业从业人员进行一次食品卫生知识和法律法规的培训、考试，对文化水平低的从业人员则进行面试，取得培训证后，方能上岗。食品生产、经营单位、个体摊店经营的食品质量不断提高，食品卫生监督管理部门严格执法，引导健康消费，广大消费者也提高自我保护意识。

劳动卫生与学校卫生

1983 年，按照杭州市统一建档表式，对境内企业职工接触化学、物理、粉尘等有毒有害因素职工，建立劳动卫生健康档案。对企业职工的劳动工作场所进行卫生监测，做好采集样品的正确性、标准性，及时送萧山卫生防疫站检验。发现有损害职工身体健康的企业，提出整改意见。要求改善职工劳动场所，做好通风防护，按时发放劳动防护用品和补贴；要求生产企业对接触有毒有害物品的职工，进行每年一次的健康体检，体检结果必需存档。至 2008 年，一直执行这一规定。

1984 年起，根据卫生部颁发的《中小学卫生工作暂行规定》（草案）精神，为掌握学生身体素质、常见疾病及食品卫生状况，镇中心小学建立卫生档案，村小、完小建立一校一卡。同时，开展一年一次的学生健康检查，设立一人一卡。1987 年进行学生健康检查情况如下：小学检查学生 524 人，其中患近视 20 人，占3.8%；沙眼 108 人，占 20.6%；龋齿 238 人，占 45.4%。中学共检查 1709 人，其中患近视 365 人，占 21.4%；沙眼 225 人，占 13.2%；龋齿 147 人，占 8.6%。

公共场所卫生管理

1986 年开始，境内对旅馆、理发、影剧院等公共场所建档监测。1987 年 4 月 1 日，国务院颁布《中华人民共和国公共场所卫生管理条例》，从此境内公共场所卫生管理工作走上法制化轨道。镇卫生管理部门每月 2 次以上，依法对境内公共场所进行不定期检查。内容涉及旅馆业被服、设备、数量配置和卫生状况，厕所卫生消毒，理发业的刀剪用具及毛巾等卫生消毒与数量等。凡头部有疾病顾客，须备专用理发工具。影剧院的场所卫生、厕所卫生、禁烟标记等都纳入检查范围。同时，对公共场所从业人员个人卫生，及 2 年一次的健康检查情况进行监督。

卫生监督

2006 年 12 月 18 日，萧山区卫生监督所在戴村设立卫生工作站，工作人员 7 人，站长俞利校。其主要职责为：宣传贯彻《中华人民共和国食品卫生法》《公共场所卫生管理条例》《中华人民共和国职业病防治法》等法律法规；承担辖区内（戴村、河上、楼塔）3 镇的食品和公共场所经常性卫生监督，协助预防性卫生监督；承担有关食品与公共场所卫生检测任务，协助做好辖区内食物中毒、食源性疾患及职业中毒等事件的调查处理工作；承担辖区内无证食品经营单位、公共场所和取缔非法行医者工作；组织完成辖区内从业人员的健康体检、卫生知识培训和卫生许可证的验证贴花工作；承担对各医院、卫生院、社区服务中心的防病工作业务检查、指导、培训和防疫医生带教任务。至 2008 年 12 月底，戴村卫生工作站监督检查食品、公共场所经营单位、个体户卫生 820 家次，实施行政处罚 229 家次，罚没款 152300 元；销毁伪劣食品 35 千克，取缔未取得卫生许可证的食品、生产经营单位、公共场所、非法行医 220 家次；核发食品经营、公共场所经营户卫生许可证 295 户。

第四章　妇幼保健

中华人民共和国成立前，镇内妇幼保健十分落后。土法接生，接生婆不懂医疗卫生知识，造成婴儿、产妇死亡状况时有所闻。新中国成立后，党和政府重视妇幼保健，开展新法接生、妇女病防治和儿童保健工作，婴幼儿、孕产妇死亡率大为降低。尤其实行计划生育国策以来，优生优育、妇幼保健进一步加强。

第一节　新法接生

旧时，戴村农村孕妇分娩，沿袭旧法接生。孕妇一旦分娩，便请当地接生婆土法接生，偏僻乡村也有自家婆婆或丈夫代替的。接生人员不懂助产知识，凭经验沿用土法接生，接生器具不消毒，有时用于剪脐带的剪刀为了吉利，用后竟然不洗。产妇发生的诸多疾病，大都由土法接生所引起，造成孕产妇、婴儿死亡也是常事。20 世纪 50 年代初，凌溪乡对解放前夕的一次生育调查，出生 204 个儿童，仅活 94 人，死亡率达 54%，死亡的 110 人中，其中患脐带风死亡占 54%。

中华人民共和国成立后，党和政府非常重视妇女健康和生育工作。1951 年冬，萧山县卫生科派杨赞研、华爱珍、周仁爱、来焕珍、王婉琴 5 位妇女助产士，在戴村区成立民办公助的妇幼保健站，站址设在原凌溪乡政府内(墙头村单家墙门)，开展妇女产前检查和推行新法接生。1952 年，妇幼保健站组织人员对农村土法接生婆进行统一改造培训，指导新法接生方法，对"产包"进行统一管理、统一消毒、用一换一的规定。做好产妇产后卫生等工作，宣传新法接生的好处，使新法接生工作在顺利推广。防止产褥病与脐带风的发生，降低了产妇产后发病率，减少了产妇婴儿死亡率，因此，新法接生深受广大群众欢迎。此后，妇幼保健站要求每一个村选拔一位热心妇女工作的青年妇女，参加新法接生学习培训，至 20 世纪 70 年代，境内每个大队均有一名年轻新法接生员。80 年代初，实行围产期保健卡制度。对孕妇围产期的健康情况进行产前检查，产时处理和产后访视等情况建卡记录，更好地为孕产妇健康服务。

至 2008 年，境内孕妇产建卡率达 99.25%，早孕建卡率 91.84%，早孕完整率 91.27%。人均产检数 12.07次，产后访视率 98.65%，标准管理率 90%，住院分娩率 100%，高危孕产妇管理率 100%。围产儿死亡率 0.49%，无孕产妇死亡。

1950～1960 年戴村公社产妇受检情况

表 12－4－1　　　　单位：人

年份	产妇	产前检查	受新法接生	受防疫注射	年份	产妇	产前检查	受新法接生	受防疫注射
1950	1436	–	–	–	1956	1610	1405	1280	3454
1951	1350	–	–	– 1957	1606	1570	1490	15670	
1952	1311	248	204	–	1958	1516	1516	1487	18911

续表 12-4-1

年份	产妇	产前检查	受新法接生	受防疫注射	年份	产妇	产前检查	受新法接生	受防疫注射
1953	1410	789	367	945	1959	1456	1456	1442	14750
1954	1492	694	385	1250	1960	1123	1123	1121	14545
1955	1501	924	654	1606					

说明:.资料来源于戴村人民公社 1961 年 3 月统计数据

第二节　妇女病防治

旧时,妇女患有妇女病俗称“暗病”,患病妇女当作隐私不敢在公婆、丈夫甚至父母面前告诉,亦不敢求医,只好在菩萨面前烧香许愿、祈求平安康复。戴村地处穷乡僻壤,直至民国时期亦无妇女病医疗机构。

中华人民共和国成立后,党和政府非常关心妇女保健,1951 年,县卫生科派员来戴村区成立妇幼保健站,开展新法接生,诊治妇女疾病。1958 年,戴村人民公社成立戴村中心联合诊所,云石、白墅、朱村桥、许贤成立卫生所。1959 年,中心联合诊所、卫生所均有妇产院,成为妇女病专科防治机构,开展一般妇女病的防治工作。1971 年,妇女病防治走上较正规道路,卫生院每年一次对辖区开展妇女病普查普治工作。90 年代,由镇计划生育办公室组织开展以计划生育为主的妇女病普查和防治工作。

2003 年 10 月 1 日,全镇新型农村合作医疗成立,境内妇女病检查和防治由萧山第六人民医院和云石卫生院负责。至 2008 年不变。

2005～2008 年戴村镇妇女病防治情况

表 12-4-2

年份	应检(人)	实检(人)	查出妇女病(人)	阴道炎(人)	阴道炎治疗状况		宫颈炎(人)	宫颈炎治疗状况	
					治　疗(人)	治疗率(%)		治　疗(人)	治疗率(%)
2005	-	1016	204	33	26	78.79	171	70	40.94
2006	16526	8207	1417	619	444	71.73	537	451	83.99
2007	8494	644	107	64	58	90.63	33	20	60.61
2008	13136	5261	1210	433	360	83.14	308	203	65.91

说明:①实检人数为农村医保体检数。

②2005 年,戴村、永兴片体检人数缺项

2000～2008 年戴村镇孕妇产妇系统管理情况

表 12－4－3　　单位：人

年份	分娩	建卡人数	早孕建卡	早孕建卡率%	早孕建卡完整数	早孕建卡完整率%	产检总次数	人均产检次数	产后访视	系统管理	标准管理	住院分娩	高危管理	高危管理率%	围产儿死亡	孕产妇死亡	28 周以上高位筛检数
2000	406	393	303	77.10	300	73.89	4105	11.1	389	301	301	406	120	100	5	0	356
2001	122	122	86	70.49	86	70.49	1252	10.2	118	86	85	122	53	100	2	0	115
2002	363	358	320	89.39	320	88.15	4008	11.3	350	322	301	363	174	100	1	0	344
2003	76	76	75	98.68	75	98.68	1003	13.2	76	75	74	76	31	100	0	0	76
2004	324	324	308	95.06	306	94.44	3718	11.55	324	301	289	324	155	100	1	0	323
2005	93	93	91	97.85	91	97.85	1203	12.9	93	89	89	93	45	100	2	0	87
2006	294	293	292	99.32	282	95.92	3684	12.64	294	288	287	294	143	100	0	0	291
2007	341	340	337	98.83	337	98.83	4147	12.19	339	337	337	341	149	100	0	0	338
2008	328	328	325	99.09	325	99.09	4068	12.55	328	325	325	328	188	100	2	0	327

说明：①资料由镇卫生院提供。

②此表统计数中 2001、2003、2005 年只云石片统计数，缺戴村片、永兴片数据

第三节　儿童保健

中华人民共和国成立后，戴村镇儿童保健工作逐步走上轨道。1985 年起，每年 11 月 20、21 日定时开展儿童保健工作，每年举办家庭育儿知识培训班，听课人数达应听课数 85% 以上；每季对全镇幼儿园进行检查和指导。每年“六一”儿童节前，对全镇学龄前儿童进行体格检查。按计划免疫有关要求，对全镇儿童进行预防接种，正规接种率达 95% 以上。至 2008 年，全镇共有幼儿园 15 所，入园幼儿 1229 人。戴村社区卫生服务中心幼儿体检每月 5 次，计划免疫接种每周日进行；云石卫生院幼儿体检、计划免疫、预防接种均为每月 10 日、20 日、30 日。

2000～2008 年戴村镇儿保工作情况统计

表 12－4－4

年份	0～2 岁组实检人数	0～2 岁组实检人数	0～2 岁组系统管理人数	0～2 岁组系统管理率（%）	新生儿访视数人数	42～56 天体检人数	42～56 天体检率（%）	1 岁内建卡人数	1 岁内建卡率%	满 4 月母乳喂养人数	母乳喂养率（%）	体弱儿筛查人数
2000	663	1468	639	91.4	269	222	91.7	241	99.6	402	66.7	20
2001	662	1725	639	94.2	248	210	93.8	223	99.5	206	59.2	23
2002	650	1544	639	95.8	256	213	95.1	224	100	438	69.9	20

续表 12-4-4

年份	0~2岁组实检人数	0~2岁组实检人数	0~2岁组系统管理人数	0~2岁组系统管理率(%)	新生儿访视数	42~56天体检人数	42~56天体检率(%)	1岁内建卡人数	1岁内建卡率%	满4月母乳喂养人数	母乳喂养率(%)	体弱儿筛查人数
2003	628	1660	618	98.4	225	203	96.7	210	100	448	94.4	21
2004	616	1557	607	96.75	227	201	94.85	210	99.5	170	93.53	31
2005	626	1695	619	98.1	258	211	96.3	218	99.5	484	90.7	16
2006	707	1769	633	96.9	217	197	97.5	202	100	152	89.94	48
2007	831	2410	807	97.11		294	97.95	301	99.75	270	93.15	136
2008	836	2118	824	98.56		299	98.76	301	99.22	144	94.56	92

说明:①资料由萧山第六人民医院、云石卫生院提供。

②2000~2006年为戴村片、永兴片数据;2007~2008年数据包括云石片。2007年后新生儿访视未作统计

2000~2008年戴村镇儿保工作情况统计表

表 12-4-5　单位:人

年份	体弱儿筛查率%	体弱儿管理率%	3岁内儿童营养不良	3岁内儿童四病发生率%	儿童缺点疾病发生率%	3岁内儿童贫血	3岁内儿童佝偻病	幼儿园体检	5岁内儿童死亡
2000	8.3	95	89	31.8	31.7	32	89	885	3
2001	10.3	100	16	32.9	22.6	38	162	964	3
2002	8.9	95	39	32.1	23.1	119	100	975	0
2003	9.3	100	26	76	28.4	83	84	880	3
2004	10.6	100	63	47.08	22.9	171	43	790	2
2005	7.3	95.8	30	42.17	25.6	175	27	751	2
2006	22.1	97.1	39	57.85	25.9	203	56	834	0
2007	28.96	98.58	37	36.72	34.6	117	76	1116	1
2008	24.35	95.55	34	36.12	37.01	210	45	1241	0

说明:①资料由萧山第六人民医院提供。

②2000~2006年为戴村片、永兴片数据;2007~2008包括云石片数据

第五章　医疗保障

旧时,戴村民众缺医少药,无医疗制度保障,因病致贫者不在少数。中华人民共和国成立后,人民政府关

心民众健康，创造条件改善农村医疗条件，逐步建立医疗保障机制。20 世纪 60 年代，建立以大队为基础的农村合作医疗制度，按人均从大队公益金中列支一定数量的医疗费基金，虽标准低，农民仅能够报销一定比率医疗费，但为改善农民治病条件起到积极作用。80 年代实行家庭联产承包责任制后，合作医疗制度废弃。90 年代实施农村初级卫生保健规划，农村合作医疗又有所恢复，形式更加多样。进入 21 世纪，推行以大病统筹医疗为主的新型农村合作医疗制度，由政府组织，农民自愿参加，个人、集体、区及镇政府共同筹资，与原有农村合作医疗制度相比，具有制度更新、群众实惠更多、覆盖面扩大等优点。

第一节　农村合作医疗

20 世纪 50 年代末至 60 年代初，戴村公社九峰大队等少数大队(村)始建保健室，后来发展为大队合作医疗室。1965 年，农村“社教”工作队派出医疗小分队为戴村地区的社队，培养一批农村保健员，每个生产大队至少 1 名。由大队购入一般药品，为本队社员治疗常见小病，不收医药费。保健员半医半农，报酬与务农社员一样，按出勤记工分。1969 年，戴村公社成立以公社妇女主任傅水芬为组长的公社农村合作医疗领导小组，组员由公社卫生院领导担任。先在顶山大队(今方溪村顶山自然村)搞试点，然后组织公社所属 47 个大队干部去顶山参观学习。事后，各大队相继成立大队合作医疗室，农村保健员亦改称“赤脚医生”。医疗室所需经费，按每个社员 1～1.5 元标准在大队公益金中列支。为节约开支，提倡一把草、一根针(中药汤加针灸)，赤脚医生上山采药和自种中草药(每个合作医疗室都有一块中草药种植基地)，努力做到少化钱治好病。社员患有急疹、重诊需住院治疗的，住院医药费按规定回队报销 20%～30%，最高为 40%。

1976 年，云石公社合作医疗曾实行社队联办，成立公社合作医疗管理委员会，并在公社卫生院设立办公室，有专人负责。合作医疗经费按各大队每人每年 1 元收取，“联办”负责统一进药，大队合作医疗室用药必须向“联办”批发，并接受“联办”管理，社员住院医药费报销亦有“联办”掌握。“联办”及合作医疗室人员工资由“联办”按月发放。农村实行家庭联产承包责任制后，“联办”解体，尚结余人民币 1000 余元。其时，境内农村合作医疗室亦多数停办。

1990 年，实施农村初级卫生保健规划，农村合作医疗站有所恢复，形式多样。1991 年，萧山市人民政府发出《关于在全市推行合作医疗保健制度的通知》后，对原已停办的村合作医疗站落实有关防保工作要求，重新开业。同时实行不同形式的合作医疗制度，对无乡村医生的行政村，由附近乡村医生负责该村的防疫、儿保、妇保工作，签订协议，落实报酬。至 2008 年，全镇农村合作医疗保健制度更加完善。

第二节　初级卫生保健

1990 年 6 月 17 日，戴村镇初级卫生保健委员会(以下简称初保委)成立，由邵兴荣任主任，陈如江、何礼达任副主任，另有委员 10 名。在戴村骨伤科医院设立办公室，办公室主任郑祖江。各行政村相应组织村保健组织，由村“两委”干部、妇女主任、乡村医生组成。

镇初保委成立以后，制订戴村镇初级卫生保健规划和年度计划。规划要求各行政村保健站覆盖率 100%，周岁儿童“四苗”正规接种率 95% 以上，0～12 岁儿童儿保系统管理率 95% 以上，42～56 天儿童体检率 95% 以上，一岁儿童建卡率 100%；做好体弱儿筛查和管理工作，完成幼儿园儿童体检工作；要求计划生育符合率达 98% 以上，新法接生率达 100%，住院分娩率达 100%，早期孕妇检查率达 95% 以上，孕妇产前检查人均 10 次以上，产后访视率 90% 以上，同时做好妇女病防检查工作。做好传染病、地方病、慢性病防治与管理工作，加强精神病人访视与管理工作，使全镇人民人人享受初级卫生保健，同时要求初级卫生保健工作逐年发展，扩大受益人群。

2000 年,全镇实现人人享有初级卫生保健目标。至 2008 年,镇内居民基本实现步行 15 分钟以内即能就医看病。

第三节　新型农村合作医疗

2003 年 6 月,根据《中共中央、国务院关于进一步加强农村卫生工作的决定》和国务院办公厅转发卫生部关于建立新型农村合作医疗制度意见的通知精神,戴村镇党委、镇政府在全镇推行以大病统筹医疗为主的新型农村合作医疗制度,解决全镇农村人口"因病致贫""因病返贫"的困难,使医疗保障向农村延伸。

新型农村合作医疗制度是由政府组织支持,农民自愿参加,个人、集体、区和镇政府共同筹资,以大病统筹为主的农村合作医疗共济制度,与原农村合作医疗相比,具有在制度上更新,覆盖面扩大等优点。镇党委、镇政府成立了以镇文卫副镇长为组长的新型农村合作医疗领导小组,专题召开村书记、村主任会议,宣传贯彻上级有关文件和指示,确定标准,统筹经费。2003 年 9 月底,全镇 22359 人参加新型农村合作医疗,参加率为 88.8%。经费按每人每年 40 元标准,其中个人出 20 元,区、镇政府各出资 10 元。按规定参加人在当地医疗就诊,可报销门诊医疗费的 10%,大病、重病住院的医疗费最高可报销 2 万元。2003 年 10 月 1 日至 2004 年 8 月 25 日,全镇参加新型农村合作医疗人员因患大病、重病住院 894 人,医疗费用 97.8 万元,按 30% 比例报销,共报销医疗费用 30 余万元(不含门诊)。

方溪村征山自然村村民曹利根妻子鲍加凤患脑血栓,儿子一向体弱多病,又突患黄疸肝炎。从 2004 年以来的 5 年时间里,母子俩 3 次住院,医药费花去 8.5 万元左右,幸亏农医保报销 2.6 万元,减轻了家庭负担。三头村大湖头自然村自从建立新型合作医疗保健制度后,村委为全体村民集体参加了医疗保险。至 2004 年,全村共参保 1031 人,每人每年医疗保险金 20 元,村里共投入医保金 20620 元。农民医疗费可享受 20% 的减免,减轻了农民经济负担。

从 2004 年开始,根据区农村新型合作医疗办公室,根据戴村镇实际情况,对全镇特种病种实行管理,办理新型合作医疗特殊病种卡,将系统性红斑狼疮、再生障碍性贫血、慢性肾功能衰竭透析、列入诊疗项目器官移植后抗排异治疗、精神分裂症等 5 个病种,列入特殊病种管理。其门诊治疗发生的费用视同住院,一个年度设一个起付点和封顶点,年末结算一次,以切实减轻大病患者的医疗费用负担。

2005 年以后,新型农村合作医疗个人缴费不变,政府部门投入额增加,使参加者得到实实在在的利益,新型农村合作医疗参加率逐年增加。2005 年参加率为 96.69%,2006 年为 98.6%,2007 年达到 99%。随着新型农村合作医疗制度进一步完善和政府投入增加,报销比例也逐年提升,2008 年门诊 62469 人次,门诊总费用 620 万有余,其中报销 197 万余元,住院 1594 人次,共医疗费用 1336.8 万元,实际报销 533.4 万元,报销率为 39.9%。农民群众通过参加新型农村合作医疗,有力地解决了"因病致贫""因病返病"的实际困难。

从 2006 年开始,全镇参加新型合作医疗的 20~60 周岁人员,进行每 2 年一次的免费健康体检。体检分 2 片进行,云石片由云石卫生院负责,戴村、永兴片由区中医骨伤科医院负责。是年,应检人数 28067 人,实检人数 24193 人,体检率 86.20%。2008 年进行第二次体检,应检 31228 人,实检 28442 人、体检率 91.08%。

2003~2008 年戴村镇新型农村合作医疗经费统筹情况

表 12-5-1　单位:元

年　份	统筹数	个人缴纳	镇街负担	区财政负担	中央、省市负担
2003	20	10	10	-	-
2004	40	20	10	10	-

续表 12－5－1

年　份	统筹数	个人缴纳	镇街负担	区财政负担	中央、省市负担
2005	55	20	15	20	–
2006	55	20	15	20	–
2007	115	35	35	45	–
2008	200	60	60	66	14

说明:资料由镇档案室提供

第六章　中　药

戴村山清水秀,气候温润,丘陵起伏,植被覆盖率高,蕴藏丰富的野生药材资源。石牛山、三清山、狮山、云门寺山等萧山南部名山,向有“百药山”之称。旧时民间治病,大都就地采集中草药服用。中华人民共和国成立后,山林过度开发,珍贵药材资源逐渐减少。加之人们重西医西药、轻中医中药的偏见,野生中草药没有得到应有的利用。

第一节　药材资源

20 世纪 50～70 年代,萧山县有关部门曾在戴村引进、试种望春花、白菊花等中药材。据《萧山医药志(征求意见)》(许正文主编,1988 年 7 月编写)记载,至 80 年代末,今戴村境内有中药材资源 30 多种,其中戴村乡有山枝、鸡儿肠、紫地丁、青木香、天仙屯、何首乌、野菊花、扁蓄;永兴乡有鸡儿肠、益母草、紫地丁、车前草、平地木、青木香、天仙屯、棕榈;云石乡有红屯、仙岳草、地榆、合欢花、山枝、淡竹叶、艾绒、凤尾草、岩柏草、前胡、鱼腥草、天龙、夜交屯、首乌、金蝉衣。

据《顶山村志》(陈正杨修编,2008 年)记载,今方溪村顶山自然村就有 104 种野生药材资源:杜仲、茴香、清木香、红木香、丁香草、朱砂根(俗名高脚地桔子)、地桔子(平地木)、麦冬、吊瓜子、黄山栀、黄精、玉竹、百合、荷包须头、滴耳草、烙铁头、劈雳火、五爪金龙、仙人指甲、过路黄、四季花、铜钿草、淀青花、葛根、木莲藤、络石藤、韦陀金鞭、金雀花、灵霄花、艾叶、金不换、苍术、白术①、丹参、贯仲、凤尾草、大小蓟、半夏、天南星、断肠草、七叶一枝花②、野紫苏、薄荷草、石菖蒲、米仁、何首乌、石蚕鱼鳖草、官司草、鱼腥草、淡竹叶、白木槿花、臭梧桐、三七、前胡、羌活、威灵仙、翻天形、独立金鸡、徐长青、茜草、小叶青、大叶青、一包针、六月雪、韩信草、接骨草(俗名四叶对)、九头狮予草、滴水珠、一枝黄花、金银花、六含草、枫斗玲、凤仙花、白花蛇舌草、垂盆草、山楂、麻雷卷柏、紫珠草、旱莲草、商陆、牛膝、金钢刺、土茯苓、牡丹皮、野菊花、夏枯草、天青地白(也叫乌药)、白毛夏枯草、白毛藤、鸭跖草、六厘柴、仙鹤草、百部、白茅根、灵芝、过山龙(即野葡萄)、皂角虫、壁虎、灰鳖虫、金蝉衣、金蝉花、蕲蛇、乌梢蛇、夜明砂。

---

① 里石板溪群山中有野白术,1933 年陈兆明公在野猪朗头掘得白术一棵,叫鸡枫术,其叶如鸡枫树,第二天兆焕公去寻,寻得二公分大小一粒。

② 七叶一枝花原来里石板溪有,上世纪 60 年以后基本消失,近年有人掘得一枝,但很小。

1958～1972年戴村试种引种中药材情况

表12－6－1

品　名	何地引种	年度	数量（亩或株）	最高年产值	落实地域	种植情况
望春花	杭州	1958	2000株	造林	戴村、河上	尚留少量
白菊花	桐乡	1958	30亩	2担	戴村	产值不高
薄　荷	江苏	1970	20亩	20担	戴村、进化、闻堰	产值不高
木　瓜	淳安	1971	5万株	造林	戴村林场县绿化队、湘湖农场	山地改种和建房
米　仁	绍兴	1972	40亩	38担	戴村、党湾、新塘	产值不高
枳　壳	江西	1972	1000株	-	戴村、党湾、湘湖农场	管理不当

说明：①资料来源于《萧山医药志（征求意见）》。

②因资料以乡镇为单位统计，故具体种植地不明。"所种数量"和"最高年产值"栏，含同时试种或引种的其他兄弟乡镇

第二节　中药店

旧时，戴村中药店皆有堂号，多取"药到病除""健康长寿""吉祥如意"之类，例如培春堂、万春堂等。药店往往供奉"药王菩萨"，每年农历四月二十日为"药王菩萨"诞辰，药店一般都要祭祀，店员借机聚餐。民国时期，戴村药店与城厢、义桥、临浦等集镇药店，建有国药同业公会，主要是共同评论市场，商讨药品等级、质量，统一药价，一般初一、月半聚会，发现问题相互检查、互相督促。每年四月二十日"药王菩萨"诞辰，同业公会举行聚会、聚餐，拟订端午节苍术、雄黄、白芷、衣香粉等供应价格。抗战爆发后，同业公会解散。

经营与加工

戴村药店在经营管理方面，与萧山别地的药店大致相同。其一，多聘请中医师坐堂应诊，以医带药，扩大销额。例如万春堂，聘有戴村名医嘱沈亮卿等坐堂，药店生意红火。其二，前店后场，精选来货，"米仁要拣颗打颗，银花要拣木鱼头。"并自制传统中成药，以应所需。其三，学徒拜师，燃烛跪叩，店内等级分明。其四，病家向其付款，主要用现金，也可用"金摺"，即记账。年收账4次，时在端午、八月半、冬至、年终。20世纪40年代末金元券贬值，一度用大米支付。

过去，戴村中药店都自己加工炮制中药饮片，皆为手工操作。为保证饮片的色、香、味、形，不惜工本，精制细作。稍大的药店都是前店后场，内有饮片加工人员，根据技术高低，分为"头刀""二刀""三刀"，"头刀"技术精湛，切制的饮片，能使"附子飞上天，半夏不见边，槟榔108片"，还能杜煎龟、鹿、驴皮诸膠，及各类膏滋药。"二刀"加工一般的饮片，要求长短厚薄均匀，如甘草、当归、淮山药等，并能水泛各种丸药。"三刀"负责对中药的拣、洗、煅、晒等加工和仓储保管工作，并切制草药。料刀和刀工学徒，先后切鲜双技和为端午所用的苍术、白芷、乌药片。

中药店备有各类加工炮制器具。例如，加工饮片用的器具：石刀板、闸刀、片刀、床刀、药帚、钳子、马蹄刀；煎制胶膏用器具：陶锅、地灶、铜锅、七石缸、撬板、膏榨、马鬃筛、纱布、锡胶盘；吊腊壳用器具：小铜锅、锡锅、铜勾、木弹、烙铁（铜质）、小捣臼、滚筒、油纸、印板（紫金锭、午时茶、沉香曲、八珍糕、半夏曲）；水泛丸药

用器具:泛药篇。蜜糊丸药用:大捣臼、木榔头、丸药藤斗;加工各档粉霜用器具:磁钵(各档大、中、小号等)、铁船、杵筒(铜)、朱砂碗、竹筒筛(120 目以上);还有其他工具:打光袋、药篇(各档竹筛)、麦冬刀、烘房、戥子(钱、分、厘)。

药店简介

培生堂　清末,慈溪人余全初,在戴村中街开设中药店,店名培生堂,单间店面,有坐堂郎中方秉杰等。后因余全初年事已高,中药店有其子余炳松、余炳荣兄弟经营。

中华人民共和国成立后,对私营工商业进行社会主义改造,药店公私合营。1960 年实行医药合一,培生堂药店及职员并入戴村公社中心保健院。1962 年,培生堂药店及职员划归戴村供销社管理,药店改名为戴村国新药合作商店,同时开始经营西药。余炳荣任经理。

1991 年 6 月,戴村国新药合作商店落实经济承包责任制,经招投标后,王隆安中标,改名为戴村中西药店。2 年后承包合同期满,王隆安独资办理营业许可证,改名杭州隆安药店,有坐堂医师徐雅东。

万春堂　清光绪末年(1908),慈溪人郎再云来戴村中街开中药店,店名万春堂,单间店面,有坐堂郎中沈亮卿、来子仪等。万春堂经营道地药材,重视中药质量,经营颇为活跃。郎再云年老病故后,药店由其子郎秋傲经营。20 世纪 50 年代万春堂公私合营,郎秋傲当选首届戴村工商业联合会主席。1955 年,因郎秋傲患病,万春堂随之停业。

慕韩斋　清末,慈溪人韩锦林来七都三图沈村中街开中药店,店名慕韩斋,药店由韩锦标父子经营,因其子韩嵩甫英年早逝,药店由其媳妇陈金秀及亲朋帮助料理。50 年代私营工商业进行社会主义改造时,药店公私合营。1960 年,实行医药合一,药店及职员并入戴村公社中心保健院。1962 年,慕韩斋药店划归戴村供销社,陈全秀调入戴村国新药店,其子韩一成到戴村供销社副食部工作,其余人员转入长潭保健所和戴村中心保健院,慕韩斋随之停业。

1992 年,韩一成独资经营药店,店名戴村供销社云石药店,后改名杭州同春堂连锁店。

第七章　卫生镇创建

中华人民共和国成立前,戴村环境卫生普遍较差,集镇周边垃圾遍地,村庄内外露天粪坑遍布。中华人民共和国成立后,党和政府重视公共卫生。1952 年开始,在全镇范围开展爱国卫生运动,提高人民群众科学卫生知识。20 世纪 60 年代后,逐步重视对村庄的环境卫生整治,开始拆毁私人粪坑,设立公厕,专人清扫大路卫生。1967 年,顶山大队(今属方溪村)设立第一只三隔式无害公厕,该大队翌年被评为杭州市农村卫生先进单位。80 ~ 90 年代后,开展洁美家园活动,创建卫生镇乡、卫生村,环境卫生进一步改观。1999 年,云石乡创建为萧山市级卫生乡。2002 年,戴村镇被命名为萧山区级卫生镇。2003 年,戴村镇创建为杭州市级卫生镇。在此基础上再接再厉,2008 年戴村镇创建为杭州市级卫生强镇。

第一节　萧山区卫生镇创建

20 世纪 80 ~ 90 年代,今镇域内一镇两乡更加重视环境卫生的整治,镇、村开始创建卫生镇、卫生村,环境卫生面貌彻底改变。1989 年,为提高全镇人民的健康水平,医疗卫生工作者开展普及医疗知识和卫生防疫知识。由于环境卫生工作和各种疫病预防措施抓得及时,流行性疾病的发病率明显下降。1997 年,云石乡沈村、狮山、顶山、尖山下 4 个村成功创建了卫生村。尖山下村还创建了一条“青年文明路”,推动了卫生达标工作的开展。1999年，为萧山市环境综合建设年，戴村镇开展系列“洁美家园”活动。全年投入资金100余万元，建造100余只垃圾箱，32座公共厕所，组建了由125人组成的村级保洁员。是年12月，云石乡成功创建为萧山市级卫生乡。

2000年，开展大规模的环境卫生整治活动，发动群众整治“脏”“乱”“差”。全镇新建公厕73座，垃圾箱324只，消灭露天粪坑1000多只。村村制定卫生公约，落实常年保洁员。不仅改善农村环境卫生面貌，更重要的是提高了群众的卫生意识。是年，又有5个村通过市级卫生村考核验收。

2001年，戴村镇把优化环境作为政府工作的重要内容来抓，做到措施落实、职责分明、镇村齐抓共管，全力推进“洁美家园”和环境整治活动。镇村两级共投入资金300多万元，新建公厕25座、垃圾箱200只（至此，全镇共建有公厕201座、垃圾箱468只）、垃圾中转站41座，铺浇水泥路面2万平方米。累计出动劳动力2000多人次，清除垃圾1000多吨。建立了由128人组成的村级保洁员队伍，实行了义务劳动日制度和“两溪一河”分段包干责任制。投入78万元，在集镇周边主要道路及03省道在戴村路段安装了路灯，亮化了戴村，净化了环境、美化了集镇。是年，全镇有13个村创建成为区级及以上卫生村，9个村和1个单位创建成为区级文明村（单位）。至此，全镇共有三分之一的村成功创建了区级及区级以上文明村、卫生村。

2002年，全镇上下通过环境整治，集镇面貌和各村的村容村貌又有较大改善。是年，戴村镇被命名为区级卫生镇，顶山村成为区十佳卫生村。2003年，戴村镇全力推进“洁美家园”和环境整治活动。新建垃圾填埋场1个，公厕22座，垃圾中转站8个，垃圾箱102只，成功创建杭州市级卫生镇。是年上半年，全镇上下齐心协力抗击“非典”，通过这次抗击“非典”工作的锻炼，提高了全镇人民及医务工作者应对突发性事件的能力，积累疾病防治经验，促进全镇各村、单位和集镇对卫生条件的改善。

2004年，以创模和创建生态镇为载体，开展环境整治、洁美家园活动。全镇各村、单位健全和落实长效管理措施，进一步营造了“蓝天、碧水、绿色、清静”的良好环境。2005年，投入100万元，实现集镇街道一日多扫，全天候保洁，集镇面貌有了新的改观。同时，增加集镇周边的绿化，使建成区绿化总面积达到78.64万平方米。是年，全镇用于卫生基础设施建设和生态环境整治工作的资金2000多万元。特别是一期投入资金150万元的生态垃圾填埋场，是萧山区第一个集镇生态垃圾填埋场，通过省、市有关部门专家的评审，于10月底投入使用。各村共建有公厕269座，51个行政村中有39个村创建成为区级以上卫生村，有12家企业创建成为区级以上卫生单位。是年12月1日，戴村顺利通过省级卫生镇的考核验收。

2006年，投入600万元建成全区第一个镇级污水处理厂并投入使用，日处理污水能力达3000吨。该项目的建成，成了戴村镇卫生创建和生态建设中的一大亮点。是年，加强对城郊结合部和以农贸市场为主的集镇环境整治，推行了市场化的集镇卫生管理模式，进一步改善了集镇面貌。2007年，用于卫生创建和污水处理站附属建设资金达368.91万元。是年1月，戴村被国家环境保护总局命名为“全国环境优美镇”。

2007年，全镇农村总人口统计数为37681人，农村饮用安全卫生水人数34667人，覆盖率98.5%。全镇已建有水冲式公共厕所290座，其中生态公厕37座，平均每百户2.58座。全镇落实保洁人员221人。镇内农户无害化卫生厕所覆盖率达56.63%（根据卫生部门2007年底统计数据）。镇内有压缩性垃圾中转站1座，小型垃圾中转站40座，镇区域内生活污水处理率达100%。2008年，全镇投入56.5万元用于公共卫生建设，新增公厕16个，卫生服务机构覆盖率达到100%。

第二节　杭州市卫生强镇创建

2008年，以创建“杭州市级卫生强镇”为目标，开展创卫工作。首先是健全组织管理，镇政府建立了由镇长任主任的公共卫生委员会，文卫副镇长分管公共卫生工作，建立镇、村（社区）公共卫生管理网络体系。镇设有专职卫生管理员1名，各村、社区均设有专（兼）职卫生管理员1名。全镇共有卫生保洁员261名，负责各村、社区、单位的日常卫生保洁管理工作。

全镇医疗机构健全，有社区卫生服务中心1个，社区卫生服务分中心1个，社区卫生服务站5个，村卫生室14个，卫生服务机构覆盖率达到100%。加大对公共卫生事业经费的投入。2007年、2008年两年共投入卫生事业经费532万元。加强宣传，营造全民参与创建市级卫生强镇的社会氛围。张挂、张贴横幅标语，出黑板报，组织卫生知识咨询服务5次。戴村镇中、镇小均通过"中国/WHO健康促进学校"考评。通过宣传教育，干部群众的公共卫生意识和自我保健意识普遍提高，创建卫生强镇工作家喻户晓，形成了全民动手、全民创建的浓厚氛围。打造"最清洁城乡"工程，扎实推进市级卫生强镇的创建活动。镇政府出台政策激励卫生硬件设施的建设，对各行政村的环境卫生每季度进行考评，评出5个环境卫生先进村给予3000元的奖励。在全区"最清洁城乡"季度竞赛活动中，戴村镇有2次获得优胜奖。同时，改水改厕工作也稳步推进和巩固，据萧山区爱国卫生运动委员会办公室2008年4月考核指标完成情况说明，戴村集镇建成区自来水普及率达100%。是年，戴村成为"杭州市级卫生强镇"。

卷十三　文化　体育

戴村历史悠久，人文积淀丰厚，但旧时文化体育事业发展缓慢。中华人民共和国成立后，党和政府十分重视文化体育工作，居民文化水平日益提高，群众性文化体育得到迅速普及和健康发展。20 世纪 50 年代，乡、村成立秧歌队、腰鼓队、业余剧团，宣传土改和剿匪反霸。60 ~ 70 年代，各大队成立俱乐部、毛泽东思想文艺宣传队，自编自演文艺节目，普及有线广播，电影放映十分活跃。80 ~ 90 年代，相继建立镇（乡）文化站、文化中心、图书馆、影剧院、影像室、卡拉 0K 舞厅等。90 年代以后，各村建造了文化活动室、老年活动室、健身房、篮球场等一大批硬件设施，普及了有线电视和闭路电视。进入新世纪，镇、村文化机构设置健全，文体设施更加完备，镇村文体活动频繁，除积极组队参加全区文艺汇演或体育赛事外，传统元宵灯会、节庆文艺演出、文化广场活动，以及新兴的镇文化艺术节、三清茶文化节、镇全民运动会等，活跃和丰富了群众的文化生活。

戴村文艺人才辈出，成果丰硕。小说、散文、书法、绘画、摄影、新故事、戏剧演唱等多在区（县、市）内外获奖。镇内有东晋—南北朝时期的上董越窑青瓷窑址，有明代古刹云门寺；有三瑞堂、四知堂等古宗祠建筑，有旗杆墙门、走马楼等明清时期古民居建筑；有响石桥、东吴桥、杨霄桥、黄泥桥等古石桥；还有藏于民间的数十部宗谱，以及具有一定文物价值的登科匾、文魁匾等文物古迹。2008 年，戴村现有萧山区文物保护单位 2 处，“杭州市文物保护点”6 处。

戴村民间体育内容丰富，活动历史悠久。一个由全民健身、群众体育、学校体育等组成的体育事业格局正逐渐形成。随着物质生活水平的提高，村民的健身活动和体育锻炼意识增强。机关、企事业单位、行政村、社区，把开展群众性体育活动作为构建文明社区（单位）、提高生活品质的重要内容。除了传统的灯会、武术、棋牌等以外，篮球、乒乓球等球类活动深受戴村群众的喜欢，近年，太极拳、太极剑、木兰扇、腰鼓舞、老年迪斯科等受到中老年人的青睐。群众体育的广泛开展和全民健身热的兴起，增强了居民的身体素质，提高了竞技体育水平。

第一章　群众文化

戴村群众文化有较好的传统和基础。历届镇政府重视文化工作，文化机构健全，文化干部配备得力，舍得资金投入，镇、村二级建起一批能够满足群众需要的文化活动设施。尤其改革开放后，镇党委和政府把开展群众文化活动当作构建成和谐社区、提升品质生活的重要途径，在继承迎马灯、树高照等传统文化基础上，根据不同时期中心工作，推出具有时代气息的节庆文化、广场文化和文化艺术节等新样式，群众文化活动更加丰富多彩，群众文化工作上了新台阶。

第一节　文化机构和设施

镇文化站

戴村镇文化站成立于 1978 年 6 月，办公室设立在镇政府大院内。1992 年 5 月，永兴乡并入戴村镇，成立于 1978 年 10 月的永兴乡文化站随之与戴村镇文化站合并。2001 年 7 月，云石乡与戴村镇合并，成立于 1978 年 8 月的云石乡文化站即并入戴村镇文化站。自 1978 年建站以来，镇乡文化站人员编制是一站一人（包括云石乡和永兴乡）。2001 ~ 2008 年，有国家事业编制工作人员 2 人、临时工 1 人（图书管理员）。

文化站历任站长：

戴村镇文化站第一任站长王明芬（1978.6 ~ 1978.8）；第二任站长金小桥（1978.9 ~ 1979.12）；第三任站

长陈凤英(1980.1～1980.3);第四任站长丁维华(1980.4～1984.4);第五任站长何礼达(1984.5～1992.5);第六任站长周建法(1992.6～　)、顾宏根(2001.7～　)。

永兴乡文化站第一任站长郭荣铨(1978.10～1981.11);第二任站长周建法(1981.12～1992.5)。

云石乡文化站第一任站长沈超(1978.8～1979.9);第二任站长顾宏根(1979.10～1991.4和1992.6～2001.7)。

戴村镇文化站(云石乡文化站、永兴乡文化站)是在镇(乡)政府领导下的群众文化事业机构,业务上接受上级文化部门指导,历年来取得可喜成绩。云石乡文化站获得的主要荣誉有:1989年获萧山县命名的首批体育先进乡镇称号;1996年获杭州市东海文化明珠工程称号;1997年获浙江省文化工作先进集体;1998年获萧山市文化工作先进集体,同年被市文体局评为文化体育工作先进集体;1998年获杭州市级体育先进乡镇称号;1999年获浙江省级体育先进乡镇称号;1999年、2000年获萧山市文化工作先进集体。戴村镇文化站1995年获萧山市体育先进镇;1997年获浙江省体育先进镇。2001年7月,戴村文化站与云石文化站合并后,成绩尤为显著:2001年12月获杭州市东海文化明珠称号;2001年、2003年、2004年获萧山区文化体育工作先进集体;2004年获浙江省东海文化明珠工程称号;2005年获萧山区文化工作先进集体、区文化市场管理先进集体;2006年获萧山区文化工作先进集体,同年被杭州市文化广电新闻出版局评为"杭州市文化示范乡镇"。2008年被评为杭州市非物质文化遗产普查先进集体。

镇文化活动中心

戴村影剧院　位于凌溪路,坐西朝东,1984年动工建造,1985年国庆节正式落成并启用。占地5亩,总建筑面积1900平方米。有标准舞台1个,座位1138个。前大厅3层,即一楼大厅,二楼是观众座位与2间工作房,三楼为活动配置场所。

戴村影剧院是戴村人民的文化活动中心。1992年和2001年,永兴乡、云石乡先后与戴村镇合并后,仍然是戴村镇文化活动中心。自1985年建成以来,在这里举行电影放映、戏剧演出,举办由各单位组织的文艺汇演和召开大型会议,同时举办歌舞厅,开辟溜冰场等。2000年国庆节,著名歌手蒋大为、郁均剑应邀来院演出,轰动全镇。2001年戴村、云石两镇乡合并后,文化资源和人才得到了组合,经济实力和管理人才得到了加强。办起了戴村镇万册图书馆、室内外健身场,乒乓室、台球场,信息资源共享工程电子阅览室、棋牌室、书画室等,为活跃人民文化生活创造了条件。2001年年底和2004年,相继创建了杭州市级和浙江省级"东海文化明珠"。

戴村镇图书馆　位于戴村影剧院大院内二楼,共180平方米,2001年8月创建,以云石文化宫图书室的6000余册书籍和20多个藏书柜为基础,聘请一位退休老师为图书馆管理员,制定了一系列完善的图书借阅制度,每周对外开放6天。2004年添置新书3000多册,成为真正的万册图书馆,为创建省级东海文化明珠工程奠定了基础。

云石农民文化宫　位于云石乡响石桥村公路旁,坐西北朝东南。1994年征地建造,1996年2月落成。文化宫占地3亩,总建筑面积1200余平方米,有一个简易的舞台,610个座位。门前大厅分3层,即一层大厅,二层电影放映房和工作房,三层是活动用房,约250平方米。

云石农民文化宫是云石乡政治、文化活动中心,乡政府的许多重要会议和活动都在这里举行。文化宫建成后,先后接待了浙江省艺术明星团、萧山绍剧团、余杭小百花越剧团、上海大世界魔技团、东北训兽团、江苏射阳杂技团等数十个艺术单位的演出,每隔1～2个月就有一场大型的文艺演出活动。文化宫内组织电影放映每周2～3场,还开办台球、乒乓球、溜冰场等,宫内图书馆有藏书6000多册,其数量在当时萧山乡镇中名列前茅,图书、录像带租借十分活跃。文化宫建立后,各种文化活动开展得红红火火,活跃了山区农民的文化生活。活动项目是收费与免费相结合,所收费用主要用来支付日常管理人员工资和经营费用,实行以文养文,促进文化宫生存的良性循环。由于成绩显著,1996年一举创建杭州市级"东海文化明珠"。

云石乡图书馆　由云石乡文化站图书室发展而来。1984年,在县供销社、文广局、粮食局等单位支持下

建立图书室，有2个书柜，千余册藏书。图书室设在文化站办公室，主要是为机关干部服务，只有少量图书对外开放。1996年，随着云石文化宫的落成，图书馆随之发展。馆址设在文化宫三楼，面积60平方米，20多个木质书柜。文化宫贯彻"以文养文"政策，逐年购置5000余册新书，全面对外开放，每周6天时间为读者服务，借阅流通赔偿制度一应俱全，管理严格，服务周到，深受山区读者的欢迎。

村文化活动室

中华人民共和国成立后，戴村各村（大队）文化活动室名称历经演变。如20世纪50年代初期举办文化夜校、农村剧团。60年代"四清运动"到"文化大革命"期间，举办农村俱乐部和毛泽东思想文艺宣传队。青年男女每天晚上都到俱乐部里去吹拉弹唱排练节目，各展风采。一些村（大队）办过图书室、阅览室等，如张家弄大队1965年由团支部自筹资金，在原"农会"楼上办过图书室，"文化大革命"期间关闭。1988年，尖山下村团支部和妇代会一起，购置价值1000余元的图书共265册，在村妇女活动室建立了村图书室，全年借阅2000余人次。1989年尖山下村在浪潮公司支持下，办起全市第一流的村级俱乐部，有600平方米的活动室和3名管理人员，内设"青年之家"和"老年俱乐部"，有录像放映室、图书室、乒乓室、台球室、康乐球室、麻将室、象棋室、文艺演唱室等，日夜开放，文化活动红红火火。

2004年，增丰村投资30万元，建造占地250平方米、建筑面积500平方米的村文化活动中心，设老年活动室、阅览室、远程教育室、乒乓球室、篮球场等。明堂村在华东公司支持下建起村文化中心，2005年行政村规模调整后，青山村投入60多万在狮山片建造建筑面积500多平方米的青山村文化中心。2005年沈村村、南三村、三头村各投入资金50多万元，分别建造了村文化中心。随着时代的发展，农民追求的文化娱乐方式也在不断提高。不少村建立青年民兵之家、老年活动中心、妇女活动室等，内设象棋、围棋、麻将、台球、乒乓球等活动器具，还配有电视、录像、卡拉OK等。

到2008年年底，22个村中已有14个村创建为区级文化村，其余8个村正积极筹建，争取早日跨入区级文化村行列。已创建的14个区级文化村中，有杭州市级文化示范村沈村村；萧山区级文化示范村青山村和顾家溪村；一级文化村方溪村、三头村、上董村、南三村、永富村、东风村；二级文化村郁家山下村；三级文化村尖山下村、八都村、石马头村、张家弄村。这些村都有一定规模的文化活动室，其中沈村、青山、三头、南三、方溪5个村，专门拨出资金建造了造型别致、宽敞明亮的文化楼。文化大楼里设有图书馆、电教室、棋牌室、乒乓球室、台球室。南三、沈村和青山村分别组建了文艺演唱队和、腰鼓队、排舞队、太极拳队等。经常排练节目、越剧小戏、小品、演唱歌曲、舞蹈，自娱自乐在本村组织演出，也接受邀请到本镇别的村以及楼塔、河上镇一些村义务演出。

第二节　文化组织和活动

社戏　剧团

清末至民国时期，戴村一带百姓主要的文化娱乐活动为戏剧演出。从演出的地点看，有祠堂戏、庙宇戏、草台戏，戴村的祠堂、庙宇大都建有戏台，今遗迹可寻，草台戏是临时在操场或道地上用稻桶做底上面铺上门板草就作台而演，故名；从演出的时间看，有年规戏、神诞戏、丰收戏等，年规戏即过年时请戏班演出，最为热闹，神诞戏即香市庙会时所演的戏；从演出的内容看，有欢庆戏、团圆戏、除邪戏等，主要剧目有《杨家将》《打太庙》《狸猫换太子》《三看御妹》《沉香救母》等。剧种主要是越剧和绍剧，戏班是来自萧山、嵊县、绍兴、诸暨、富阳等地的民间剧团。1940年前后，著名越剧表演艺术家袁雪芬等曾在戴村当店内演过《血滴子》等戏。演戏所需的费用，一是由祠堂田、庙宇田等公产开支，二是乡绅或事主独资，三是各家各户演出前临时募集等。

方溪村顶山自然村一陈姓村民收藏的清光绪年间“报生谱”①上，记有顶山村（原名里石板溪村）演社戏七年一轮的“七班排”，即演资事先排定、七年轮流作东这样一种方法。每当一村演戏，附近的村民纷纷赶来看戏，甚至义桥、河上、临浦乃至富阳的远路亲戚也会赶来。

民国时期，张家弄村祠堂内设有万年台，每年春节请绍兴大班演出年规戏，每年农历五月十三老厅的庙会上，也演绍剧或越剧，有时一演几天，四亲八眷参与盛会。民国时期一些大村还自己办有剧团。如1931年尖山下自然村以姜山宝为首，组成20多人的越剧团，因乐器尺板与笃鼓发出“的笃”声，所以也叫“的笃班”，在村内外演出一年多后解散。抗日战争时期，民间剧团大都停演。

中华人民共和国成立后，不少村先后建起剧团。1950年沈村农会牵头，由喜欢戏剧的人员王松根等人发起组成沈村剧团，办团经费两个来源：一是保留山树椏砍下来出售所得经费，二是团里人员捐助。演员都是尽义务。为解决购置道具经费不足，利用破除迷信时到庙里将泥菩萨身上穿的袍、戴的胡须等作为剧团演出所用道具。参加剧团的演出人员有：王松根、郭仁仙、沈秋芹、徐仁根、沈子坤、钟彩玉、王马松、沈雪葵、沈茂宏、沈子仙、沈启增、沈有兴、沈云兴、沈初民、沈善福、陈长寿、沈金刚、沈水田、沈桂松、沈爱夫、郭焕祥、沈宗浩等30多人；后场（乐队等）有：苏云海、金浩根、傅森林、沈汉卿、陆勇泉、沈阿英等。请来师傅陶水田（原越剧演员出身）作指导，开演第一出戏是自编自演的《青田县》，内容按当时形势反映农民与地主阶级的矛盾。随后陆续排演的古装戏有：《盘龙印》《何文秀》《白蛇传》《双枪陆文龙》《七星剑》《三奏本》《香蝴蝶》《狸猫换太子》《双狮图》《渔樵会》《高平关》《龙凤锁》《黄河卖父》等。农闲及逢年过节时，或自己村里或到几十里范围内邻村演出，忙得不亦乐乎。这个剧团一直办到1954年，因农业生产忙不过来而自行解散。

50年代初，上董村由董仲荣等人组成村青少年剧团，演出节目《刘胡兰》及一些宣传新婚姻法等新戏。尖山下村成立尖山剧团，朱子南为团长，购置了很多戏帽、服装、道具，曾在本村及外地演出7年多，后因本村缺少乐队人员、演女角的姑娘们又陆续出嫁而解散。张家弄村群众组织了“启民”业余剧团，演员和乐队成员共20多人，排演许多时装和古装越剧节目，多次参加县（市）、区、乡镇的会演，并多次获奖。1950年，增丰村组织秧歌队，配合当时中心工作开展宣传。

1953年，顾家溪村民自发组织平山越剧团，参加人员30余人，团长顾妙林，排演场地在鲍子山、丁连法家里。后场乐队有黄虎根、丁永良、顾孟仙、顾幼兴等。演出剧目有《蛟龙扇》《梁山伯与祝英台》《珍珠塔》《光荣夫妻》《夫妻合作》等。剧团演遍云石片16个自然村，还到戴村和临浦、浦阳等地演出。同年，骆家舍村创办两个越剧团，下舍越剧团创始人杨树连，请河上镇大桥村瞿安灿为师；上舍越剧团创始人李潮水，请戴村镇张家弄村郭子香为师。两个戏班主要演古装剧《龙虎斗》《狸猫换太子》《双枪陆文龙》《薜刚打太庙》《包拯铡曹》等。六七十年代演过现代戏《红灯记》《智取威虎山》《沙家浜》等。除本村演出外，还到富阳、萧山附近的村演出，1975年剧团解散。

1954～1957年，何童埠村曾创办过文工团，主要演出《刘胡兰》等节目，除在本村演出外，还到邻村演出。

1956年，由枫树、勤工、平山、增丰4个村联合，自愿组织为东平绍剧团。以顾妙林、顾雷涛为首，由30多名青年男女参加，特请绍兴师傅周其松传教技艺，经费由剧团团员自愿资助，每人每月缴师傅费5元。集体住宿、排演场地设在东山村顾刊根家。演出剧目有《杨家将》《打龙袍》《梁山伯与祝英台》《双龙会》《大堂

---

① 该“报生谱”所载的“七班排”，头班起自清光绪五年（1879），由大雅、瑞生等10家负责。第二班光绪六年（1880），由大容、柏仁等10家负责。第三班光绪八年（1882），由菊生、鲁生等10家负责。第四班光绪九年（1883），由来生、宗槐等10家负责。第五班光绪十年（1884），由佳城、大源等10家负责。第六班光绪十一年（1885），由秀生、漫生等10家负责。第七班光绪十二年（1886），由大葵、教仁等10家负责。按此七年一轮。其中第三班因光绪七年修庙不演社戏，故推迟一年轮值。轮值的户主中若有无力出资的，事先指定其侄辈或近房顶替之人。如第一班中大恩之份额由镐生顶替，第二班中大琪之份额由云龙、马仁顶替。“七班排”没有载明每轮户名下应承担的演资份额，这是因为不同时间不同剧团所需开支不同，须临时按实摊派。但对演社戏时祀神的供品、物件规格，有详细记载，如神位一座、荤菜素菜各10碗、全鸡全鹅各1只、鱼2条、细面半斤、茶叶半斤，以及馒头、果盘等等。

相会》《花亭会》《香蝴蝶》《蛟龙扇》《仁义缘》《玉蜻蜓》等传统戏，也有现代宣传戏，如宣传扫盲内容的剧目等。在戴村区文艺汇演中，得过演出一等奖。每逢春节，忙着去外地演出，台上锦旗挂满，受到观众热烈欢迎。

俱乐部　文宣队

20世纪60年代初期，绝大多数大队都建有俱乐部，有的大队由原来的剧团改名为俱乐部，有的大队为新建俱乐部。只因当时农民物质和文化生活条件较差，没有文娱活动和娱乐场所，特别是青年人晚饭后无事可做，所以俱乐部演出文娱节目很受欢迎。顺口溜云："锣鼓响，脚底痒，俱乐部里找对象。"其实办俱乐部是严肃的政治任务，是公社、大队的一项重要工作，当时云石公社制订了评比五好俱乐部和俱乐部先进工作者的条件。五好俱乐部的条件是：一贯彻方针政策好，二服务中心效果好，三团结联系群众好，四坚持经常活动（毛泽东选集学习、文化学习、时事政策宣传、文娱活动和科学实验）好，五勤俭节约办事好。俱乐部先进工作者条件：政治思想好、生产劳动好、贯彻方针政策好、宣传活动好、联系群众好。其间，郁家山下大队成立光明越剧团，后改名俱乐部、毛泽东思想文艺宣传队。每年春节期间和重要节日，为本队社员演出，还应邀去其他公社演出。演出剧目有：《玉莲环》《梁山伯与祝英台》《双玉蝉》《红灯记》等。直到1975年由于老演员出嫁、新演员接不上等原因，宣传队才解散。后郑大队团支部在党支部支持下，成立俱乐部。俱乐部成员购买乐器，就地取材自己动手制作演出道具，请了原戴村初中沈成达老师教乐器，排演的节目有《英雄儿女》《沙家浜》等。节假日搭台为村民宣传演出，还到邻近大队巡回演出。1967年，金星大队俱乐部和勤工大队俱乐部（现属顾家溪村）排演并演出大型现代戏《红灯记》，去各大队巡回演出，深受群众欢迎。1964年"社教运动"初期，增丰大队团支部以俱乐部作为主要活动阵地，俱乐部活动重新开展，自编自演节目，宣传党的政策和关心集体的好人好事。"文化大革命"时期是增丰大队俱乐部鼎盛时期，许多青年以参加俱乐部为荣，白天劳动，晚上排演，主要节目有《沙家浜》《智取威虎山》《红灯记》《平原作战》等，到富阳渔山、礼源及村内外演出外，还到响天岭水库工地演出，受到上级表扬和群众的好评。

1965年，石盖大队在"四清"工作队帮助下（该大队"四清"工作队成员由嘉兴京剧团演职员组成），组建了俱乐部。俱乐部成立毛泽东思想文艺宣传队，28位男女团员青年积极参加，成为文艺骨干。党支部委派支委周水根和热心文艺工作的周灿祥负责俱乐部工作，乐队由张永芳、周志义二人为主，他们白天参加生产队劳动，晚上集中排演文艺节目。节目形式有歌曲、舞蹈、戏曲唱段等，宣扬好人好事。随着演出水平的提高，演出反映农村阶级斗争的戏剧《石磨记》一举成功，还自编《送子参军》剧目，参加萧山县在临浦剧院举办的文艺会演。俱乐部人员大受鼓舞，又相继演出了《红灯记》《沙家浜》《智取威虎山》等现代戏。《红灯记》中周五春饰演李玉和、周金儿饰演李铁妹，《沙家浜》中周祖原饰演郭建光、周武政饰演刁德一。除在本大队演出外，文艺宣传队还到全公社各大队演出，其中经常去丁村、马谷、李家坞、墙头等大队演出。1968～1969年春节期间，还被特邀去杭州市西湖区前塘大队演出，由对方水运接送，招待服务周全，演出非常成功。

60～70年代初，张家弄大队以原"启民"业余剧团为骨干组建毛泽东思想业余文艺宣传队，排练和演出革命现代戏，宣传党的方针政策。同时期，上董大队由董仲荣等组建俱乐部，成员有本队社员，也有下乡知识青年。下乡知青文化比较高，因此演出水平比50年代的村剧团强得多，能演《杨立贝告状》《红色娘子军》等剧目，曾参加县级汇演。

1967～1973年，何童埠大队创办何童埠俱乐部，演出现代戏《智取威虎山》等节目，曾到杭州等地和本社各大队演出。1967年，在大唱"革命样板戏"形势下，沈村大队由团支部牵头，韩一成、沈关洪、王松根、沈百学等人发起组建了大队俱乐部。

俱乐部存在时间最久的，要数马谷大队。马谷大队俱乐部成立于1966年，由周上秋、钟才兴、周升秋、陈云夫、陈迪友、周浩兴等20多人组成，乐队由周校年、来传四、周文英、陈迪友、陈云林、祝召泉组成。鼎盛时期，俱乐部发展到50多人，服装道具5大箱，布景18幅。资金基本上队员自筹，部分服装为大队添置。1968年，改名马谷大队毛泽东思想宣传队，演出剧目有《红灯记》《智取威虎山》《奇袭白虎团》《红色娘子军》《沙家浜》《送粮》《三月三》《龙江颂》《风雷渡》《盘夫》《九斤姑娘》等。演出地点除本大队外，常到麦园、丁村、李家坞、戴村、勤工、石牛山、方家塘、骆家舍、义桥、新坝，以及富阳县新建公社、春建公社等地义务演出。1983年土地承包到户后，俱乐部解散，历时17年之久，先后获得锦旗20多面。

至80年代初，各大队俱乐部和文艺宣传队逐步消失。

文艺演出

20世纪50～60年代，群众性文艺演出主要以村（大队）为单位，在大会堂、俱乐部进行，形式有绍剧、越剧小戏、快板、小歌舞等。演出节目以县文化馆印发的小戏、小节目为主，也配合中心工作自编一些小节目。

绝大多数大队都建有大会堂，里面有舞台有座位，是社员集会和举行文艺活动的主要场所。1958年，顶山大队建成大会堂，用于开会、演出，楼上作大队会计室等办公场地。60年代，名目繁多的群众集会和活跃的文艺演出，促使多数大队建起大会堂。建于60年代初的勤工大队（今顾家溪村）大会堂是云石公社最大的大会堂，公社的许多会议和全社性文艺活动都在这里举行。平山大队的金星会堂建于1969年，纵深30米、宽10米，占地面积300平方米。为一层泥木结构，东面是大门，西面有舞台。上、下骆家舍有2个大会堂，即船山大会堂和骆村大会堂。船山大会堂1968年动工建造，1970年竣工，房屋共8间，其中戏台2间，三层楼1间，建筑面积418平方米，兼作船山大队办公楼。骆村大会堂1970年动工建造，1972年竣工，房屋共13间，其中戏台2间，二层楼2间，建筑面积600平方米左右，兼作大队办公楼。下方大会堂1982年动工，1983年竣工，红砖水泥预制结构，9间3楼，占地面积400平方米。大队下拨资金每人50元，以生产小队为单位，费用不够由生产小队自理。尖山下、增丰、佛山、明堂、丁村、凌山、狮山、墙头等大队的会堂都有一定规模。郁家山下、沈村、张家弄等没有建大会堂的大队，利用宗祠的舞台和场地举行文艺活动。80年代以后，不少大会堂改为仓库或厂房，有的陆续拆除改建，只有顾家溪等少数村的大会堂还存在。

60～70年代初，永兴桥公社建有"白墅文工队"，队员以张家弄"启民"业余剧团为核心组建，经常在永兴、戴村片各大队演出。1980年10月，云石文化站在公社党委的支持下，成立了公社业余绍剧团，演职员30人。由文化站顾宏根总负责，以勤工大队为班底，顾传兴为团长，沈岳忠为导演，演员有顾关仁、袁吾桥、顾关巨、王松根、顾芬球等，乐队有顾华仙、顾关水、顾友桥等，排演《斩李光》《打龙袍》等节目，在本公社义务演出。1981年春，由戴村区公所文教办组织在永兴公社的郁家山下大操场举行全区文艺汇演，云石公社绍剧团以《斩李光》全场演出一夜，受到永兴公社观众的好评。

1991年10月，戴村区文化站与诸暨大西区文化站、富阳常绿镇文化站联合组织号称"诸萧富二市一县"党的基本路线教育工作队文艺宣传队。戴村区文化站除邀请萧山著名歌手吕巍（后为海政文工团著名演员）、陈祥荣、史晓如、徐益欣等外，戴村镇歌手周仲秋、虞晓玲同台表演"唱唱戴村新面貌"。"二市一县"组合节目分别在戴村影剧院、大西区次坞影剧院和富阳常绿镇（搭台）演出，深受当地群众欢迎。

扇子舞（南三村下方）　　（摄于2009年7月6日）

1996年2月云石农民文化宫落成，邀请萧山绍剧团演出绍剧《龙虎斗》等剧目3天3夜。此后，云石农民文化宫接纳了浙江艺术明星演唱团、上海大世界魔技团等大型演出团体，每隔1～2个月就有一场大型的文艺演出活动。

2005年5月9日，浙江省委宣传部组织

钱江浪花艺术团下乡，镇文化站安排在后郑村操场演出，组织群众观看，节目有歌曲、舞蹈、杂技、魔术、小品、器乐、越剧等，丰富多彩，演艺高超，让农民朋友品尝了一场文化大餐。

至2008年年末，全镇22个行政村全部创建俱乐部，村村都有一支拉得出的排舞队。南三、沈村、青山、中球冠、顾家溪等还建有文艺演出队、腰鼓队、太极拳队等。他们不仅在本村演出，还经常被邀到兄弟村演出。还走出镇门，被邀到河上、楼塔兄弟镇演出，所到之处都受到了村民们的热烈欢迎。中球冠艺术团和南三文艺队全年下乡演出40余场。

文艺汇演

镇（公社、乡）文化站积极组队参加区（县、市）举办的各种文艺汇演和演出活动。1962年后郑大队俱乐部参加戴村公社文艺会演，获二等奖。1965年，后郑大队俱乐部代表戴村公社到萧山剧院为新兵入伍宣传演出。1966年冬，顾家溪大队俱乐部代表云石公社参加全县农村俱乐部调演，演出《不忘阶级苦》，获演出一等奖和创作奖。1986年，戴村镇选送的越剧清唱和越剧折子戏参加萧山越剧山花大奖赛，获优秀表演奖。

参加萧山市越剧山花大奖赛获奖节目剧照
（1986年摄　资料图片）

1989年9月26日，参加戴村区举行的庆祝国庆40周年革命歌曲大奖赛，云石乡选派120多名歌手参加。1990年4月30日，云石乡机关一行30人，参加戴村区委举行的全区各乡镇和区级机关、企事业单位参加的“庆五一戴村区革命歌曲大合唱比赛”。

1990年9月11日，云石乡文化站为参加戴村区文艺汇演举行文艺调演（选拔），25个村、单位参加选拔。11月25日，有12名业余文艺爱好者参加戴村区文艺调演，演出节目有独唱《英雄赞歌》《黄水谣》，独角戏《东扯西拉》，越剧《十八相送》。结果：《英雄赞歌》和《黄水谣》获演唱奖。1991年4月29日，云石乡有3个节目参加戴村区职工文艺汇演。

1996年12月31日，云石乡文化站组织文艺骨干李幼华与沈紫娟参加萧山市群众文艺汇演，演出越剧折子戏《十八相送》，被评为表演一等奖。1998年9月，云石乡文化站选送自创越剧表演唱《革命老区换新貌》等，参加“浦发杯”萧山市广场文化交流获组织奖；同年12月，选送节目《夫妻双双把家还》参加萧山市文艺调演，获表现三等奖。1999年11月14日，云石乡文化站选送群舞《竹筒声声》等，参加由省、市级东海文化明珠工程单位加盟的“中信杯”萧山市金秋广场演出，获优秀组织奖。

2001年12月20日，戴村镇文化站创作快板舞《唱唱新戴村》参加萧山区小戏曲艺汇演，由任金迪、吴丹玲等8人表演，获创作二等奖、表演三等奖。2002年11月8日，在萧山区声器乐大奖赛，戴村镇文化站选送的六中教师余霞获演唱二等奖，镇中余朵艳获三等奖。2004年10月25日，镇文化站选送2个文艺节目参加萧山区法制宣传文艺汇演。由虞晓玲创作，虞晓玲、汤祖锋等3人表演的小品《都是网吧惹的祸》，获创作二等奖和表演三等奖；李奇珉演唱的《月亮代表我的心》获表演三等奖。镇文化站获组织奖。2005年9月25日，在萧山区第四届文化艺术节群众文艺汇演中，戴村镇文化站选送小品《都是网吧惹的祸》和独舞《一片绿叶》参加汇演。小品《都是网吧惹的祸》获创作三等奖和表演优秀奖。2005年10月13日，戴村镇计生办组织文艺节目参加由区计生局举办的全区计生工作文艺汇演，戴村镇选送的由周桂凤等表演的自创越剧小戏《圆梦》获创作二等奖、表演三等奖。2006年6月27日，萧山区“欢乐农家”复赛，戴村镇的沈华家庭获得第三名。2007年7月6日，参加萧山区“三江杯”首届戏曲卡拉OK演唱比赛，顾又红获三等奖。是年10月，在区第六届艺术节上，戴村镇文化站送稿5篇参加征文比赛，其中镇中吴丹玲老师的散文《找回失落的珍珠》获二等奖；李奇珉参加十大青年歌手大奖赛。2008年10月22日，参加区第七届艺术节展演，戴村镇文化站自创节目快板《生态强镇戴村镇》获表演三等奖。

节庆文化活动

1978 年后，戴村镇（包括当时云石乡、永兴乡）文化站在元旦、春节、五一、国庆等传统节假日，经常举办群众喜闻乐见、丰富多彩的文化活动。例如，邀请外地文艺团体演出越剧和歌舞、举行卡拉 OK 比赛、知识竞赛、书法比赛等。

1984 年 8 月，为庆祝建国 35 周年，云石乡文化站与乡团委一起组织 8 项文体系列活动：广播文艺录音，合唱、表演唱、越剧清唱等；国庆篮球赛，来自明堂、沈村、乡绸厂等 12 支球队在两个球场举行比赛，乡机关队、明堂队分获一二名；迎灯晚会，以东平小学为主，全乡组织 700 余名小学生制作 700 余盏各式彩灯，在本乡 16 个村巡游；在云石初中操场举行有 11 支队参加的拔河比赛，响石桥村队、增丰村队、尖山下村队分别获 1～3 名；举行书法美术作品赛，顾国光的书法作品和鲍仙木的美术作品分别获得一等奖；全乡各村和企业搭建了 20 个各具特色的彩棚，营造节日气氛，其中尖山纸厂等 4 个被评为好彩棚；在狮山、船山、顶山、增丰、南坞村免费放映"南征北战"等电影 4 场；举行国庆茶话会，邀请离退休老干部、老党员、老教师、烈军属、复退军人、先进生产工作者等 50 多人参加。

1988 年 2 月 17 日，云石乡文化站举行迎新春文艺联欢会，来自全乡各村、企事业单位的 80 余名文艺爱好者参加，有歌曲、戏曲、舞蹈等 32 个节目参加演出。结果，钟益萍（佛山）、沈麟飞（沈村）获表演一等奖；李强（云中）等 4 人获表演二等奖；沈观华（沈村）等 4 人获表演三等奖。

1989 年 5 月 14 日，云石乡文化站举行"赞母亲联欢会"，36 名文艺爱好者参演 16 个节目。1990 年 12 月 31 日，为庆祝云石柏油马路竣工和庆祝元旦节，云石乡文化站举行文艺联欢会，80 多位文艺爱好者参加，演出歌曲、戏曲、舞蹈、相声等节目。1993 年 12 月 26 日为纪念毛泽东同志诞辰 100 周年，云石乡文化站举行卡拉 OK 演唱赛，30 余名业余歌手参赛。1994 年 12 月 31 日，云石乡团委、文化站举行党的十四大和党的基础知识竞赛，全乡 9 支队伍，每队 3 名选手参赛。石牛山村队获一等奖；轴皮厂队、教育队、沈村队获二等奖；尖山下村队、平山村队、枫树村队、佛山村队、乡机关队获三等奖。1997 年 6 月 26 日，云石乡举行"庆七一迎回归"革命歌曲大合唱。来自全乡各村、企事业单位的 20 支队伍计 600 余名歌手参加。沈村队获一等奖。

1997 年正月初一，云石乡文化站举行首届迎新春少儿书法赛，45 名少儿积极参加，比赛分硬笔书法和软笔书法。云石乡迎新春少儿书法赛共举办 5 届，至 2001 年后并入戴村镇告停。

春节演戏 （资料图片）

1998 年 5 月 4 日，为纪念"五四"青年节，云石乡团委、文化站在云石农民文化宫举行卡拉 OK 演唱赛，30 多名男女青年参加角逐。2000 年 12 月 26 日，云石乡文化站举行迎接新世纪卡拉 OK 演唱赛，20 多名选手参加角逐。

2001～2008 年，每逢重要节日，戴村镇都有群众文艺活动。如迎新春庆元旦卡拉 OK 演唱赛、篮球乒乓球比赛、书法比赛、征文比赛等，群众文化生活更加丰富多彩。

第三节　民间文艺

抽屉高照

始于明代,流行于戴村、云石一带。中华人民共和国成立后一度停办,1986 年云石灯会恢复高照,并参加萧山县元宵灯会。抽屉高照制作:用两根 3 丈余的竹杆,连以横档数十根,档两端(隔档)挂圆灯(西瓜灯)形似抽屉,档中挂方灯,中间挂一条长绸,贴有吉祥图案和“国泰民安、风调雨顺、五谷丰登、年年有余”等文字。一共挂灯 76 只,顶端扎上两张毛竹条,四角各挂一盏(形似蜈蚣),顶端还立一个用毛竹片制作的“方天戟”,再在里面栓上两根柱杆和四根牵绳。灯用彩纸和桃花纸装裱,内点亮蜡烛或灯泡竖起,高及四楼;卧倒,状似金龙,由一人独耍。梯形高照有十多米高,用两根直毛竹做脚,中间每隔 40 厘米装有方灯,左右两边用灯笼,上面有挑灯,写着吉祥字样,有人专门身背高照,走家串户,意为“吉星高照”。马谷村制作的高照高 25 米、宽 2 米,中间有 49 盏方灯,两边有 96 盏西瓜灯,中间一个长“寿”字,配上两名诗词。高照制作艺人有:周校炯、周以春、周英生、周雨春、陈迪友等。嬉狮子艺人有周水生,竖高照好手有来竹生。一支高照出游由 4 人把叉,8 人牵绳,夜里各种灯齐明,煞是好看。

1986 年,云石乡制作的高照参加萧山县元宵灯会获一等奖。1998 年元宵节,云石乡文化站制作的抽屉高照(又称蜈蚣高照)获全市元宵灯会二等奖。1999 年云石高照获全市元宵灯会二等奖。

纸灯扎制

纸灯,又叫花灯,在戴村已有数百年历史。纸灯扎制具有一定技艺,纸灯艺人在民间世代传承。但由于很长一段时间灯会停办,纸灯扎制技艺得不到保护,几乎失传达室。至 1985 年恢复元宵灯会活动时,会扎纸灯的只有勤工村顾焕林、顾焕文、顾爱仙,顶山村陈仁高,尖山下村姜子泉等十多人。云石乡文化站在增丰村下门桥庙制灯,组织这些制灯艺人历时 30 天,制作宝马灯 2 匹、小马灯 12 匹、狮子灯 2 只、孔雀灯、驴子灯 1 只,黄罗伞 2 顶,蜈蚣高照 1 支等数十盏彩灯。2003 年,由镇文化站指导、尖山下村马灯协会组织承办的云石元宵马灯盛会上,由民间老艺人姜万祥、姜阿毛等精心制作大宝马 4 匹、小马 8 匹、狮子 2 只、驴子 2 只、12 生肖、十锦牌 8 块、八仙、锣鼓队 3 队和其他千姿百态的彩灯。

戴村纸灯种类繁多,各含不同寓意。主要灯式有宝马灯、狮子灯、十二生肖灯、十镜牌、大马灯、小马灯、白菜灯、白免灯、西瓜灯等。

宝马灯　用竹子做成大马,一雄一雌,雄的用纸糊成白色,雌的糊成红色,脚下装上轮子,人们牵人们推行巡游,寓意“马到成功”。

狮子灯　南宋时传入戴村、云石等地。制作时,先用毛竹片分 4 部分扎。一是扎头;二是用 35 厘米直径的竹圈扎身;三是用竹杆扎成脚;四是用竹篾扎尾巴和屁股。狮子高 1.5 米,身子可伸缩。造型后,再在每个毛竹圈上粘皱纹纸切成细纸丝(意狮毛),装裱后头上安装灯泡,系上杨梅球和铃铛。制作材质:毛竹、皱纹纸、灯泡、大绣球和铃铛。狮舞有文武之分,文狮温驯,武狮勇猛。舞动时,有搔痒、舔毛、打滚、抖毛等动作。尖山下村扎制的狮子灯,灯内前后都可以点蜡烛,外用红绿纸包裹,红色为雌,绿色为雄,进入户内进行狮子滚绣球表演,寓意夫妻恩爱,美满幸福。狮子灯萧山民间唯一品种,在 1985 年萧山县文化局举办的元宵灯展中获得一等奖。

十二生肖灯　用竹子编制成“十二生肖”模样,灯外面用各种彩纸糊着,里面点蜡烛,一人拿一盏灯,表示十二种属相。

十镜牌　用树枝制作方形灯,里面可以点蜡烛,灯罩外写着吉祥词语,以求人们对照做人,所以叫做十镜牌。

迎马灯

迎马灯是戴村久负盛名的元宵文娱活动，明代始流行于乡间。清雍正年间（1723～1735），临浦镇梅里村的宗谱上，有邻村张家弄村“扮马灯”去梅里村表演的记载。张家弄马灯用薄篾片扎成，外粘“马毛”，分马头马臀两部分，缚在儿童身上作骑马状。马灯队由8岁～10岁儿童12人～24人组成，扮成戏剧舞台上各种角色，在广场上列成阵势，变换各种队形。也到村民家中串房过户，俗称“跑蚕花”，深受养蚕户欢迎，给马灯表演队添蜡烛、供酒食、送红包。

1985年，由云石乡文化站组织的闹元宵灯会，是中华人民共和国成立后第一次云石马灯盛会，恢复这项失传近40年的民间艺术活动。迎灯6夜，每夜近200人的迎灯队伍，迎遍云石（除狮山村无法上山迎灯）15个村和乡工业园区。不仅本乡百姓欢迎，还受到邻乡邀请，在整个戴村范围内巡展。1986年元霄节，云石马灯先在本乡各村迎灯7夜。正月十五应邀去城厢镇表演，200人乘8辆大卡车携4匹大宝马、12匹小马、18米高蜈蚣高照1支、狮子4只、黄罗伞2顶、12生肖等数十盏彩灯。先到大操场作汇报表演，晚上沿着市心路、环城南路等路迎灯一圈，为城厢镇市民送去了一场文化大餐。2002～2004年连续3年，尖山下村老艺人姜万祥等发起募捐，组织云石马灯盛会。迎灯队伍200余人，从正月初一开始，至正月十八下灯，跑遍了云石片各个村落。迎灯队伍经过的路旁，人们备有水果、茶水、点心、蜡烛等，供参加人员吃用。每到一村就在在篮球场、晒谷场等地敲响锣鼓，巡舞马灯表演。连续3年，都到城厢街道参加全区元宵灯会表演。

背炉子

流行于民国时期。炉子用木头制成六角形的方凳，置上形似鼎状的多棱形炉芯。中间装有一座木塔，上面有挑角灯，长年备用。迎会时，在棱上遍插彩旗，在底层放些小块生铁，俗称毛铁，重达数百斤。炉内铁块越多，炉子越重，表明能背的人越有力气而备受称赞。背炉子主要配合迎马灯、迎神赛会时举行，壮汉举起背于肩上，旋身转动，故称为“背炉子”。壮汉背着炉子快速旋转，使彩旗飞扬，将毛铁抛出炉外。转得越快，直到把炉内毛铁甩光为止，博得阵阵喝彩。“背炉子”主要靠力气，更要靠巧劲。民国时期，张家弄村年轻人背炉子出名。有时村与村之间要争抢炉子背，以逞强称雄。有时还背动炉子到各家里进行打照，俗称“炉子打照”以求平安。

火流星

民国时期，流行于张家弄等村的民间杂技。准备绳索一条，在绳索两端各系一火球，耍者旋转把动绳索，速度飞快，往往在黑暗的地方表演，上下左右不停变化花样甩动，好似夜间火流星在旋转。该活动有一定危险，现已失传。

十番锣鼓

顾家溪等村曾会十番锣鼓，这是一种民间吹打乐，由若干曲牌与锣鼓段作轮番变化演奏连缀而成的一种器乐套曲。十番演奏，不与戏剧发生关系，也不作唱腔和动作上的伴奏，一般用于春节元宵灯会或迎神庙会的排衔游行，或在喜庆的堂会、聚会上演奏，以助雅兴。由于调谱和编制不同，有“文十番”“武十番”“十番锣鼓”和“十样锦”等称谓。使用乐器：铜鼓、板鼓、双磬、小木鱼、汤锣；笛、七钹、小钹；笙、大锣、中锣、春锣；拍板、木鱼；三弦、大钹1人；二胡、喜锣；笙、箫、板胡、三弦、琵琶、月琴等。表演形式以锣鼓段、锣鼓牌子与丝竹乐段交替或重叠进行为主要特点。根据所用乐器的不同，可分为“清锣鼓”和“丝竹锣鼓”两大类。只用打击乐器演奏的为“清锣鼓”；兼用丝竹乐器演奏者称“丝竹锣鼓”。十番锣鼓基本上失传，但顾家溪村弓川调还在。

小唱

民国时期，沈村下街有小唱。所谓小唱，就是每逢村民红白喜事，请他们来吹吹打打凑热闹的民间艺人。沈村下街头金家、苏家为生活计，从祖上传下来这方面的技艺。他们拨、拉、弹、敲、吹、唱，锣鼓、胡琴、琵琶、筒箫、竹笛等乐器都会，仿佛是演戏时的后场乐队。不同的是各个成员有明确分工，承担戏中角色，一边手中拨弄乐器，一边口中按角色唱词念白，六、七个人胜同整台大戏，深得老百姓喜爱。小唱的专业艺人有：金秋庭，金炳校、金浩根、金雅庭、金先庭、苏贵福、苏云海、苏松海、沈瑞明等，要数金雅庭本事最好，他不但鼓乐弹唱手艺俱全，而且文笔流畅，能写一手漂亮的行楷毛笔字，抄录的戏考剧本现还有少量存世。他们所唱的主要剧目：《战长沙》《摩天岭》《五龙会》《骂关》《斩李广》《龙虎斗》《赌头》《越虎城》《杨家将》《岳飞抢挑小梁王》《徐策观画》《金桥算命》等等。中华人民共和国成立后，以上艺人先后作古，因学习和掌握此项技艺并非易事，所以金、苏二家的小唱后继乏人。

附：

特定时期戴村的“墙头文化”

中华人民共和国成立后，各村墙壁上经常用矾红书写标语。标语由上级拟定发给各村（大队），由村（大队）文书或小学教师书写到墙壁上，内容多为宣传各个时期党和政府的中心工作，具有一定号召作用。尤其“文化大革命”时期，墙上尽是标语口号，还有毛主席语录，成了一片“红海洋”。各村墙上还画有宣传画。例如，大跃进时期顶山大队陈巨钟墙上，画了很大一幅“武松打虎图”，该大队其他墙上还画有“钢铁元帅升帐图”“农业丰收图”等，为董坡所画。又如“文化大革命”时期，佛山大队墙上画了毛主席身着军装、臂佩“红卫兵”袖套挥手致意的大幅宣传画；郁家山下大队墙上画了李玉和高举红灯的宣传画，等等。

由于各个时期中心工作不同，标语口号经常变换，墙壁上常常涮了旧标语再写新标语。改革开放后，墙上不再写标语了。由于几十年风吹雨打，老房子墙上的标语逐渐斑驳不清或者消失了；加上农民住房拆旧建新，现在老标语已经所剩无几。也有例外，前几年狮山村大会堂墙上还清楚地写有“奋战八年，誓夺钢产量6千万吨！”“奋战八年，粮食达到8千亿斤！”，显然，这是“大跃进”时代产物。马谷村“颖水流芳”墙门的墙壁上，今仍可清晰看到“奋战八年一定要夺取八千亿斤粮”的标语；在该墙门不远的民宅墙上，写着“一定要消灭吸血虫病”的标语；在“山林幽趣”墙门对面山坡上来满福家的墙壁上，写着“总路线胜利万岁”；在周家祠堂的墙壁上写着“解放思想”的新时期口号。

今沈村丰山墙门小天井照壁上，一幅大跃进时期反映农民劳动的壁画依稀可见。三头村大湖头自然村墙上有一条“劳武结合，全民皆兵”，方溪村顶山自然村墙上有一条“积极开展以互助合作运动为中心的农业增产节约运动”，难得的是这两条写于50年代的标语，今天基本上还看得清。

墙头标语是特定时期的文化产物，它对村民（社员）的思想、行为规范等曾起过不可小觑的作用，有的人还利用标语来识字学文化。今天，“墙头文化”已成了历史，但是它深深地留在一代人的记忆里。根据老农回忆，各个时期墙上的标语有：

20世纪50年代初期标语口号

依靠贫农下中农，团结中农，打倒地主富农！

打倒地主富农，真正实现耕者有其田！

抗美援朝，保家卫国！

一人参军，全家光荣！

一定要解放台湾！

美帝国主义是纸老虎！

积极开展以互助合作运动为中心的农业增产节约运动!
开展爱国卫生运动,一定要消灭吸血虫病!
预防为主,治疗为副!
人人爱清洁,家家搞卫生!
全面深入地开展爱国卫生运动!
移风易俗,改造国家!
全党动员,全民动手,为消灭"四害"而努力!
家有一园菜,可抵一囤粮!

"大跃进"时期标语口号
人民公社是桥梁,共产主义是天堂!
总路线万岁!大跃进万岁!人民公社万岁!
共产主义是天堂,没有文化不能上!
东风压倒西风!
破除迷信,解放思想!
要坚决执行多劳多得、按劳分配的社会主义分配原则!
多劳多得,少劳少得,不劳动者不得食!
楼上楼下电灯电话,屋前屋后汽车宝车!
小农经济独木桥,走一步来摇三摇!
人民公社就是好!
人民公社万岁!
高举三面红旗,把无产阶级革命进行到底!
我为人人,人人为我!
高举总路线、大跃进、人民公社三面红旗奋勇前进!
大办钢铁,大办粮食!
人有多大胆,地有多大产!
以武松打虎的劲头搞生产!
劳武结合,全民皆兵!
鼓足干劲,力争上游,多快好省地建设社会主义!
亩产八百斤,争取上北京!
奋战八年,誓夺钢产量6千万吨!
奋战八年,粮食达到8千亿斤!
贯彻农业八字宪法!
人心齐泰山移!
愚公移山修水利,唐僧取经积土肥!
庄稼一枝花,全靠肥当家!
为实现农业纲要四十条而奋斗!
早出工,晚收工,晴天出夜工,三早抵一工,小雪小雨不收工!
猪吃百样草,只怕你不找!
有粮有钢,万事兴旺!

"文化大革命"时期标语口号

伟大的导师、伟大的领袖、伟大的统帅、伟大的舵手毛主席万岁！
我们心中的红太阳、伟大的领袖毛主席万岁！
战无不胜的毛泽东思想万岁！
伟大的中国共产党万岁！
伟大的中国人民解放军万岁！
敬祝伟大的领袖毛主席万寿无疆！万寿无疆！
敬祝林副统帅身体健康！永远健康！
高举毛泽东思想伟大红旗奋勇前进！
打倒走资本主义道路的当权派！
学制要缩短，教育要革命！
要培养德、智、体全面发展的社会主义接班人！
将无产阶级文化大革命进行到底！
打倒修正主义！
坚持走又红又专的道路，坚决反对走白专道路！
横扫四旧，移风易俗！
亮私不怕臭，斗私不怕脏！
舍得一身剐，敢把皇帝拉下马！
打倒走资派，贫下中农管理学校！
以阶级斗争为纲，把无产阶级文化大革命进行到底！
坚决反对"二月逆流"！
团结在以毛主席为首的党中央周围，谁反对毛主席就打倒谁！
忠于毛主席，忠于毛主席的革命路线！
贫下中农团结起来，沿着毛主席指引的革命方向大踏步前进！
以阶级斗争为纲，纲举目张！
阶级斗争一抓就灵！
阶级斗争要年年讲、月月讲、天天讲！
横扫一切牛鬼蛇神！
要斗私批修！
向雷锋同志学习！
大海航行靠舵手，干革命靠毛泽东思想！
发扬一不怕苦、二不怕死的革命精神！
领导我们事业的核心力量是中国共产党，指导我们思想的理论基础是马克思列宁主义！
枪杆子里面出政权！
发展体育运动，增强人民体质！
妇女能顶半爿天！
革命无罪，造反有理！
誓死保卫毛主席，誓死保卫党中央！
砸烂旧世界，创造新世界！
无产阶级大团结万岁！

"农业学大寨"时期标语口号

工业学大庆,农业学大寨,全国学人民解放军!

大寨精神永放光芒!

学大寨战天斗地!

学大寨,赶大寨,大寨红旗迎风摆!

干起来,大寨红花遍地开!

学习大寨人,战天斗地闹革命!

大干再大干,实现大寨县!

向高山要地,向土地要粮!

稳产高产,夺取全年粮食大丰收!

天大旱,人大干!

备战备荒为人民!

70 年代中后期标语口号

打倒王、张、江、姚"四人帮"!

拥护华主席,拥护党中央!

抓纲治国,实现四个现代化!

深入开展社会主义教育运动!

计划生育是我国的基本国策!

坚决响应国家关于计划生育的号召!

要十分珍惜土地,合理利用土地!

(摘自镇内各村墙头及据部分老农回忆)

第四节　文艺人才和创作

戴村人文底蕴深厚,文艺人才辈出,历来民间不乏能诗善文、擅长书画之人。清代戴村籍人士郭伦、周易藻等文化名人享誉萧邑。晚清秀才沈廷杰能诗,存有诗集《云石山房诗抄》。原籍戴村的喻守真(1897—1949)在任(上海)中华书局编辑时出版的《唐诗三百首详析》,前后重印 11 次,深受诗界和读者好评。当代陈商的旧体诗在"湘湖诗社"占有重要地位。书画在戴村有广泛群众基础,不乏优秀人才。蔡彦才、戴瑜、董优芳、鲍仙木、沈建荣、郑望平、汤力、王梓林、李燕玲、顾东来等老中青一批书画爱好者卓有成绩,其中汤力为中国硬笔书法家协会会员。1994 年 3 月 20 ~ 27 日,云石乡文化站力推船山村青年美术爱好者李燕玲在萧山祇园寺举办个人画展,得到萧山市委宣传部、市文化局、文化馆等领导的赞同。此后,李燕玲调入萧山画院(文化馆)做临工,后送浙江美院深造。现李燕玲为浙江省花鸟画家协会会员,中学美术教师。张家弄村能书法的有郭元棣(字嘉渭,1891—?),擅长"柳体",大、小楷无不工整;郭致善(1893—1950),字金坡,小楷苍劲有功力;郭汉兴、郭邦梁,近 20 年来在县(市)级及部门举办的书法比赛上,多次获三等奖;郭维泽获 1999 年县(市)教育工会书法比赛一等奖。

在民间文艺和新故事创作方面,也颇有成绩。1986 年,佛山村的钟玲玲在参加县故事竞赛中荣获优秀故事员称号。1987 年,在县故事赛讲会上钟爱芳获得优秀表演奖。1988 年业余文学作者袁明达的新故事《假意真情》获市创作三等奖。1988 年钟爱芳在新故事演讲比赛中,分别获得萧山市一等奖和杭州市三等奖。为发掘民间文化遗产,1987 年 12 月 ~ 1988 年 3 月,根据县文化局的安排,云石乡文化站开展民间文学三集成搜集工作,组织搜集人员 16 人,共搜集民间故事 56 个,歌谣 28 首,谚语 183 条,上送萧山县文化馆民间文学三集成办公室。2008 年镇文化站在发动中小学生挖掘戴村民间传统故事的基础上,5 名中小学老师整理出88则故事。编辑了《响天竹风——戴村故事集》,全书分为“神话部分”“传统部分”“故事部分”“附录部分”,21万字,由中国文化艺术出版社于2009年3月出版。

此外,盛仁昌为中国摄影家协会会员、中国艺术摄影学会理事。李峰为萧山区音乐舞蹈家协会主席。

沈廷杰　详见本志《人物》卷。晚清秀才,塾师。辛亥革命后,任浙江都督府(乡贤汤寿潜为都督)秘书。为人耿直豪爽,为文为诗,“气雄而辞茂”。《云石山房诗抄》是他逝世10多年后,由他的孤女整理印行。他的诗,一是反映他的爱乡情怀。故乡的风物,乡居的闲适,成为他吟咏的素材,诗作自然、清丽,无雕琢痕迹。例如“山前栽松柏,池上采红莲。”(《吾爱吾庐篇》),“竹茁猫头笋,泉烹雀舌茶。”(《乡居杂兴》),“晴携琴谱听松去,雨荷蓑衣采药还。”(《云石山房歌》)二是感叹怀才不遇的身世。例如“文章枉学屠龙枝,雄略空余扪虱情”(《自惜》),“顾影已无青史份,名山应共赤松游”(《生辰感赋》)。翔郛恃才傲物,“痛心罗昭谏,流涕贾长沙”(《赠章·蒋二君》)。常以东汉名士贾谊和晚唐诗人罗隐自况,表达对社会的不满情绪。三是赠答之作,这类诗不多。“高岗有孤桐,凌云翔凤翼”,“顾彼石中璞,光彩恒韬匿”(《怀马君一浮》),他把马一浮比为高栖碧梧的凤凰,一旦展翅,势必凌云;又把自己比作未经雕琢的璞玉,一遇良工,便成稀世之珍。翔郛常有思亲之作,如:“自惜客中双鬓改,但求父健百忧轻”(《自惜》)。他把母亲平时对儿孙的教诲,归纳写入诗中,希望子孙代代相传。

陈　商　详见本志《人物》卷。五六十年代开始旧体诗写作,诗稿大都在“文化大革命”中被焚毁或丢失。1976年1月周总理逝世,陈商于除夕夜悲痛地写下“家家祝酒有余哀,万里春风吻骨灰”诗句(《悼念周总理》),从此恢复了诗歌创作的热情。据《顶山村志》(2008年11月打印稿,陈正扬编)称:“陈商据他自己所说,读书不多,兴之所致,凑成旧体诗,虽随写随丢,不成卷帙,但经过整理,连同已在《西河诗刊》《湘湖》杂志发表在内,尚存诗一百多首。”今存《诗稿拾零》打印本。

陈商诗作题材广泛,不拘一格。一是歌咏家乡山村自然美景、风物人情,寄托着对着故土的无比热爱,洋溢着朴素自然的清醒之气。如“风雨苍茫添骨锈,藤萝盘曲蔽衰颜”(《咏石牛山》);“峰有悬崖瀑有声,鸡鸣狗吠白云深”(《山民》)等。他的组诗《山居四友》,以梅、菊、竹、兰为题,写出这四种植物的精神风采。组诗《山花集》,则吟咏了家乡常见的粽箬、苦菜、石菖蒲、杜鹃,令人生爱。而组诗《百鸟图》,写了猫头鹰的“人称噩耗太冤枉,只为鼠群越穴忙”;写了大公鸡的“昂首篱边振翅膀,斜行阔步盯蛆缸”;写了布谷鸟“催人播种夜深忙,不抢春光一年枉”,赋予这些山村普通动物以人性之美。另一类是感怀叙旧杂诗。陈商人生阅历曲折丰富,他的诗中既有对当年革命斗争生活的回忆,如“投笔上山唱易水,迎师渡江起苍黄”(杂诗之四);对革命烈士的缅怀,如“年年此日念南湖,故国新生烈骨枯”(《应望平约作纪念七一之一》);对同志对战友真挚思念之情,如“深夜尚谈戎马事,一窗明月已阑珊”(《无题——八五年春,与原金萧支队领导同志相聚一堂,有感成三律》);有对中华人民共和国成立后热火朝天社会主义建设的讴歌,如“春风吹绿江南岸,东海腾龙看二桥”(《钱江二桥赞》);对改革开放新时代的赞美,如“垂暮喜逢天地转,欢欣长夜现晨曦”(自寿二首);也有晚年病魔缠身的无奈,如“尝尽人间手术刀,油煎汤煮铁锅熬”(《无题——自病院返家偶作》)。作者很少写自己那段不公正待遇所遭受的种种难以想象的折磨和痛楚,正因有了那段经历,使得陈商之感怀杂诗多一份沧桑感、深沉感,时隐藏时现流露出特定时代的某些历史印记,而其诗作的主调则是乐观的积极向上的,如“蒙垢方却千夫指,忧国又颂梁父吟”(杂诗之二)。

郭　亮　参见本志《人物》卷。1974年高中毕业后学习文学创作,曾在当时《萧山文艺》《诗叶》《杭州文艺》等发表诗作若干。1980年至1996年,有散文、诗歌、小说等30余篇(首),发表于《江南》《浙江日报》《杭州日报》《浙江青年》《浙江教育》等报刊。从事教学工作时曾主编《古代汉语基础》等教育专著多种,发过20余篇论文。为浙江省语言文字学会会员、萧山区历史学会理事、萧山区作家协会会员。

丁晓梅　女,1971年1月23日生于佛山村,幼年丧父。读书刻苦,16岁时是当年全乡唯一一名考入湘湖师范的学生,后在湘师进修音乐、文学。毕业后回云石做一名小学教师,其间开始发表文学作品。因文字稚拙、清丽,擅于白描,时为萧山文艺界所推崇。散文体小说《人家》为丁晓梅早期代表作品。5年后,辞职离开山区云石,先后到萧山远东学校任教,到四川、重庆等地经商。2005年重返萧山,成为一名自由职业者,以自由撰稿人身份为媒体写作。创作以短篇散文为主，一度成为《萧山日报》“梦笔桥”栏目作家，“云水笔记”专栏作家。多次在区、市级以上文学大赛获奖。现为萧山区作家协会理事。“晓梅女士值得人称道的一面，在于她驾驭修辞的功力。首先，她的文笔好，语言清新、流畅，仿佛一道透明的山泉，是白话中的上品。如文章题目‘梅光掠影’‘浮桥丽影’‘薄雪黄昏’，都很具美感。用柔软来形容时光，通感手法，把无踪影的时光，转变成了一个可触摸，可感知的温暖实体，尤其让人觉得新颖。其次读这组文章，最叹服的是其中的景物描写，如一幅幅工笔风景，如一个个电影蒙太奇，走马换灯似地，总在面前闪现，让人临其境、聆其声、闻其味。”（摘自韩火桥评论《关于“云水笔记”及其他》）；“一个作家如果始终保持着童年的眼光，是个人之不幸，却是其文字之幸。90 年代成长起来的萧山文学同侪中，丁晓梅独一无二地保持着不羁的野性。无论对生活，还是对文字，她始终饱含着欲望和张力，率真和勇气，她称之为‘气’，我希望理解为童年的心态，才让她在尘世间自自然然地生长，而没有变成码出来的毫无生机的砖房”（摘自张剑秋评论《在风景里眺望人事》）。

董华丽　女，1978 年出生在上董村。1995 年开始文学创作，先后在《兰州文苑》《文学港》《杭州日报》《钱江晚报》《当代家庭报》《萧山日报》等各类报刊、杂志发表小说、散文作品数十篇，发表报告文学、通讯特写数十篇。现为萧山区作家协会会员。

蔡彦才（1892—1967）　张家弄村人，为浙江省文史馆馆员，一生从事国画创作，擅长工笔人物、山水、花鸟。曾任萧山县首届人代会代表。

戴　瑜（1923—2003）　三头村凌桥自然村人。长期从事教育工作，20 世纪 50 年代末被“清除”出教师队伍，1985 年落实政策得到平反，恢复退休待遇。能书法、绘画，尤其书法在乡间颇有名气，凡红白喜事皆请其挥毫泼墨，业余还做一些书法辅导工作。云门寺大殿抱联、匾额为其所书。抱联云：“菩提树下默度大慈大悲真谛铭流世上，白莲座中净修救苦救难玄法广布人间。”上款：“岁次乙酉年中和节”；下款“南溪戴瑜敬书”。殿内额匾“鹫岭祇园”，上款“乙卯年花朝节立”；下款“南溪戴瑜敬撰”。

董优芳　1936 年出生在上董村，大专文化，承良师指教始涉诗文和书法。2000 年书法作品“钱塘江上”荣获人民日报艺术名家“银杯”奖，并获入选上网拍卖；作品“群芳吟”诗文入编“中华诗词宝典”书。2001 年书法作品“萧山风光”获全国《中国教育学会书法教育专业委员会、书法导报社、北京九州书画院、北京当代名人文化交流中心》书法大赛成年赛区金奖，作品入编“奥林匹克风书画摄影艺术英才大观”一书。2001 年 7 月，书法作品获由中国教育会书法教育专业委员会、书法导报社等 4 单位组织的“跨越 2000——海内外华人手拉手迎奥运书画摄影艺术‘奥林匹克’奖大展赛成年赛区金奖”。

沈建荣　青山村明堂自然村人，生于 1944，字碧波，号云山樵士。早年在南京拜尚武先生习书画，学过书画裱装，后跟金德成和陈兆根两位中国书画大家学花鸟山水画。现为萧山区老年书画协会会员，戴村镇书画协会秘书长。作品多次参加区、市、省展出，并入选受奖。印有画册，部分作品收藏于萧山图书馆。2003 年 9 月，花鸟画《香祖》入选“萧山区首届老年文化体育艺术周 · 萧山区老年美术书法摄影展”。2005 年 10 月，花鸟画《春光》入选“萧山区第二届老年文化体育艺术周 · 美术书法摄影展览”。2006 年 4 月，中国画作品《春光悦色》被萧山区委宣传部、区贸易局、区文联、萧山日报社入选“商贸物流杯‘喜看萧山商贸新变化’书画摄影比赛作品展”，并印入商贸物流杯书画优秀作品集。2006 年 5 月，写意山水画《故乡的梦境》入选萧山区老年书画协会“爱我湘湖”书画展。2006 年 5 月，山水画《故乡秋色》被萧山图书馆收藏（收藏证书 N00001075 号）。

王梓林　沈村人，生于 1946 年 12 月，大专文化，小学教师，曾任云石乡中心辅导学校总务主任。业余爱好书法，1986 年在浙江书法函授学校结业，师从俞建华老师，主学颜体行书。1986 年 5 月，获上海群众书法竞赛纪念奖，作品稿件为鲁迅先生七绝诗“万家墨面没蒿莱”。1989 年、1992 年两次获云石乡国庆书法比赛二等奖。

汤　力　1971 年生，戴村人，原名汤祖挺，为中国硬笔书法家协会会员，浙江省硬笔书法家协会副秘书长兼少儿工作部主任，浙江省青年书法家协会会员。中国美术成教学院书法专业毕业，一直致力于书法教育，自办学校——汤力艺术学校，接受书法培训学生累计五千人次。获奖情况：2002 年第五届全国硬笔书法大赛“文华杯”团体艺术铜奖。2003年第六届全国硬笔书法大赛“文华杯”优秀园丁奖。2004年获第二届“双新杯”全国摄影诗文书法大赛优秀导师称号。2005年世界华人少儿书画大赛被授予“中华少儿书画教育家百杰”荣誉称号。2006年“黄山杯”全国硬笔书法印大奖赛被授予“中华百佳书画教育家”荣誉称号。2006年第八届全国硬笔书法段位赛优秀园丁奖。2007年获第十二届中国国际少儿书画大赛集体一等奖。

李燕玲　女，1970年生，骆家舍人，大学本科学历，中学一级专职美术教师。初学西画，后学中国画，师承中国西子国画院院长张剑维先生；同时获得浙江省中国花鸟画家协会会长、顾问柳村先生的悉心指点，认真学习中国花鸟画传统笔墨技法，寒来暑往，从不辍笔，技艺日进。历经数年刻苦学习、创作，于1994年在萧山祇园寺成功举办个人画展；同年，作品《和平》入选“浙江省改革月报杯”书画大赛，并考入中国美术学院国画专科班，得到吴山明、闵学林、陈向迅、王赞、田源等知名教授的精心指导，在绘画理论、技能等方面进行系统学习。1996年作品《雪梅》入选《浙江省百梅画展》。2002年在杭州师范学院美术学本科班继续深造。

历年来多幅作品参加省、市、区各类画展并在报刊杂志上发表。2004年、2005年参加“萧山区教师命题画创作比赛”“萧山区第三届中小学美术教师基本功比赛”，分别获得二、三等奖；所撰论文获“萧山区中小学美术教学论文”二等奖；2006年作品被编入《萧山区美术书法家协会会员作品集》《萧山区中小学师生第四届书画作品集》。课余辅导本校美术特长生参加市区级各类书画比赛，学生作品多次获奖。现为浙江省花鸟画家协会会员、杭州市美术家协会会员、萧山区美术书法家协会会员。

鲍仙木　1953年3月出生，方溪村增丰自然村人，从小爱好美术，师从杭州西冷书画院常务副院长、著名山水画家陆秀竞学画。1983年6月，他的一件美术作品《绣》被评为省农民画三等奖。1986年，作品《绿》入选中国书画社。1987年作品《墙》在纪念建军六十周年省农民画展中获三等奖；《春到临头》《缘》在市农民画展中展出；《青云托月》《远古回声》《赶集》《明珠》在县文艺报中刊出。1988年作品《绿》《秋思》分别获省、市、县奖和展出。现在深圳从事法缘佛教艺术院任职。

郎梦麟　1942年出生，戴村村人，从小受父亲影响爱好书画，13岁时获得小学书画比赛一等奖。多年来，在繁忙工作之余每天都要画画、写字，一有空就临摹或创作书画作品，成了附近有名的农民书画家，村民经常向其索画求字。他与镇里14位老年书画爱好者一起，创建了萧山区老年书画协会戴村分会。国庆六十周年时，他的书画作品被戴村镇政府收藏。

顾东来　1985年3月出身在方溪村增丰自然村，从小练习书法。1996年6月11岁时，楷书作品“看似寻常最奇崛，成如容易却艰辛”获第九届《双龙杯》全国少年儿童书画大赛铜杯奖。1996年12月，获1996年中日少年儿童美术书法摄影比赛优秀奖。1998年8月，获98年中国·新加坡国际少年儿童美术书法摄影比赛铜奖。1996年9月，获得双龙杯全国少年儿童书画大赛评委会、《少儿书画》杂志社授予的书画段位证书（证字第110856号），称“综合你历年的成绩经我会评定，现授予书画四段段位。”

盛仁昌　1949年10月出生，八都村人，大专文化。1968年3月应征入伍。1979年8月以来，先后任戴村、所前、浦阳、临浦等供销社主任、书记，现工作于萧山区农资公司。从事摄影40余年，先后在报刊杂志发表摄影作品3000余件，其中百余幅作品入选区、市、省级摄影展，并多次获奖。

2005年，有57幅作品在中国摄影家协会网《在线影展》中展出。2006年，作品《欢乐泼水节》入选省第十一届摄影艺术展。2007年，作品《不分胜负》入选22届全国摄影艺术展。2007年6月，中国摄影报第49期选登个人专题作品；作品《寿礼》《舞台摄影》《新疆舞》《马技马战》《雏燕飞》《精准一击》《穿刀山过火海》《舞蹈家杨丽萍》等15幅在中国摄影家协会网评为优秀佳作。2007年被中国摄影家协会网评为十佳；同年在中国摄影家协会网《在线影展》中展出作品28幅；作品《送礼去》获浙江省群星优秀摄影金奖，作品选送文化部第14届群星奖影展展出；作品《争上游》《金鼓铿锵》《丰收的喜悦》《欢乐吉祥幸福水》《御风》均获全国摄影大赛铜奖；作品《欢乐泼水节》组照，作品《御风》等18幅入选全国摄影大型画册；作品《寿礼》入选2007摄影艺术年鉴。作品《不分胜负》入编2008中国摄影艺术年鉴。《御风》入选2008上海第九届国际艺术展交流展。

2003年、2005年被评为中国优秀摄影家。2006年3月中共萧山区委为其举办摄影作品鉴赏个人展，展出作品120幅。为中国摄影家协会会员，中国艺术摄影学会理事；浙江省摄影家协会会员、杭州市摄影家协会会员；萧山区摄影家协会理事。被聘《中国影像》杂志社主任记者。

沈迪云　（参见本志《人物》卷）现为萧山区摄影家协会特邀顾问、萧山区摄影家协会会员，擅长山水风光摄影。

李　峰　1971年12月出生，半山村李家坞自然村人。自幼喜爱音乐，初中毕业后进入湘湖师范音乐班，受教于音乐教育家桑叶菁先生等，开始系统学习音乐，后毕业于杭州师范大学音乐学专业。现供职于杭州市萧山青少年宫，多年来一直从事音乐教育。指挥民族管弦乐《小号手主题变奏曲》参加全国中学生田径赛开幕式演出，获杭州市艺术节一等奖；指挥《歌唱二小放牛郎》获省合唱比赛一等奖；指挥《我心爱的小马车》获杭州市口琴大赛一等奖；执教《单簧管波尔卡》获杭州市音乐课现场展评一等奖；《小纸船的梦》获浙江省优质课；《基于网络的计算机辅助音乐欣赏教学模式》获浙江省音乐教育成果评比一等奖；《欢欢喜喜过大年》《历史悠久的汉字》获浙江省教学软件评比一等奖。

系萧山区音乐舞蹈家协会主席，萧山区音乐教学专业委员会会长，杭州市中青年学科带头人。

李奇珉　1983年5月出生于骆家舍村，2001年结业于临浦峙山职业高中。在读书期间就喜欢唱歌。2002年获开元美食城卡拉OK比赛二等奖；在戴村镇首届文化艺术节青年卡拉OK大赛上，一曲《不让我的眼泪陪我过夜》获一等奖。这对他的歌唱爱好起到很大作用，后来常参加萧山文化馆组织的到各镇、街道巡回文艺演出，多次参加萧山区大型文艺晚会演唱。2003年参加浙江省音乐家协会音乐考级，成功考上八级。2007年12月萧山区第二届十大青年歌手大奖赛获“十佳新秀歌手”称号。

周仲秋、宋琦　半山村丁村自然村人，农民歌手，1994年10月8日在富阳新登举行的杭州市“新城杯”首届农民歌手大奖赛中，周仲秋、宋琦同获二等奖。

李幼华　骆家舍村人，1962年出生，从小爱好越剧。1994年，参加杭州人民广播电台“戏坛三角”听友联谊会，主持人发现她的越剧潜质，建议她学唱陆锦花。从此，她忘情地投入，逐渐掌握了陆派“圆润优美、清淳味厚、字字动听”的韵味。1996年，参加《纪念越剧进杭90周年越剧演唱大赛》，以《送花楼会》一举获得三等奖。2000年，李幼华在各级越剧演唱比赛中连获佳绩，其中有在杭州东坡大剧院举行的《江浙沪民间越剧表演大赛》中获得的“十佳优秀表演奖”、萧山越剧电视大奖赛的金奖等。2002年，在杭州市余杭区参加中国戏剧家协会举办的“利群杯全国越剧票友大赛”，获得成年组二等奖。为杭州市越剧艺术研究会会员、浙江省越剧艺术研究会会员。

第五节　艺术节　摄影赛

镇文化艺术节

2003年8月20日~9月25日，戴村镇举行首届全民运动会暨文化艺术节。艺术节开幕式在萧山第六高级中学田径场举行，镇党委书记赵立明宣布开幕，镇党委副书记、镇长吴国祥致开幕词，镇党委副书记陈仲华主持开幕式。萧山区委宣传部长汪柏遂到会并发表讲话。在开幕仪式上，邀请了浙江省军区文工团参加《前进戴村》大型文体艺术表演，镇中学生500多人同台表演。

全镇各村、企事业单位共77支代表队（共计5000人次运动员和文艺表演者）参加全民运动会暨文化艺术节各种表演和比赛。艺术节设文艺比赛项目4个：“我心中的戴村”征文比赛，成人书法大赛，青年卡拉OK大赛，“我为戴村添光彩”中小学生百米长卷书画大赛。节目精彩，场面壮观的大型广场文艺演出，把镇全民运动会和艺术节推向了高潮。艺术节上新发现了一大批戴村镇的艺术人才和优质作品。

摄影大赛

2007年4月至10月，戴村镇人民政府主办、萧山区文化馆协办首届“生态戴村”摄影大赛。收到来自萧山区内外54位摄影家、摄影爱好者参赛作品600余件。经专家评比，沈雷的《云石仙景》和周少伟的《竹林晨韵》获一等奖；李晓军的《生态戴村》、王留锁的《春韵》、吴云飞的《梦幻曲》获二等奖；吴勇韬《天伦之乐》、董伟《溪间鸭趣》、韩利明《鸭戏》、丁关明《栈道》、盛仁昌的《瀑布》获三等奖；另有优秀奖30名。本次大赛围绕建设生态戴村这一主题，以摄影艺术为手段，宣传戴村良好的生态环境和浓厚的人文底蕴，展示戴村“全国环境优美乡镇”和“省级生态镇”创建成果，从而打响戴村“生态经济强镇、生态文化大镇、生态人居名镇”三张金名片，扩大了戴村的影响力。

第二章　文物　古迹

戴村历史悠久，文化积淀深厚。千百年来生活在戴村这方土地上的劳动人民，用勤劳和智慧创造了灿烂的物质文明和精神文明。早在远古时期，云石狮山就有女娲取五色石补天、积芦灰以止淫水的传说，历史上狮山曾建有女娲殿（今圮）。在新石器晚期，戴村一带濒临海边，渔民在戴村附近山上晒网腌鱼，今三头村凌头自然村之神堂湾存腌鱼坑遗址及渔民晒网腌鱼传说。坐落在上董村的上董越窑青瓷窑址，是东晋—南朝时期的古窑址，在中国陶瓷史上占有一席之地。坐落在戴家山村的戴家山窑址，为晋至南朝青瓷窑址。1953年冬修水利时，在石盖村马鞍山下也发现青磁窑址，据目击者称，当时挖出的有碗、盘等器具，与上董村晋代青磁窑址出土的式样、品种一致，至今石盖村有瓦泥田（取坯泥点）火炉圈（烧制点）的传说。1958年，张家弄村在八都坂下塘塘脚挖泥时，挖出了一圆形的石斧，中有孔，上缴县文保部门。

境内有南朝梁平北将军白敏之子所建的千年古刹白墅寺（遗址），有位于云门山巅的明代古刹云门寺，有五代·后汉乾祐元年（948），吴越王钱元瑾（钱镠之七子）所建的上董庙，有始建于明代祀奉胡公大帝胡则的上胜庙（遗址）等古寺庙遗址和建筑。有三瑞堂、四知堂、正明堂、世恩堂、孝思堂、承厚堂、怡怡堂、衍庆堂、爱存堂、爱莲堂等一批建于明清和民国时期的宗祠建筑。有正德厚生墙门、耕读家风墙门、旗杆墙门、积善余庆墙门、宝记墙门、爱莲家学墙门、走马楼等一批明清时期古民居建筑。有河上桥、石硖桥、响石桥、东吴桥、溪河桥、杨霄桥、安乐桥、万寿桥、黄泥桥等建于明清时期的大量古石桥。还有分布于尖山下村东南庚青岭周围的明末清初石仲芳聚义抗清古迹群（遗址），有位于顾家溪村平山自然村山岙里的百爿田。民间还保存着登科匾、文魁匾、节孝匾和永锡碑、丁璞墓碑、普济茶汤助田碑等碑匾，以及数十部宗谱，这些都具有一定文物价值。

1983年开展全国第二次文物普查，根据萧山县政府和县文管委统一部署，于11月16日至26日，历时11天，云石乡在县文管会倪秉章老师的带领下，先后组织4名同志跋山涉水，对全乡（除狮山）15个村进行普查，查了如云门寺、响石桥等23处文保点。

1998年4月，萧山市人民政府办公室（萧政发[1998]70号）公布的“萧山市乡镇文保单位（点）一览表”中，戴村镇有文保单位（点）9处，云石乡有16处。戴村镇的9处为：上董越窑址、戴家山窑址遗址、茶亭伤科、上胜庙、上董永锡碑、溪河桥、施家山土墩墓遗址、郑振庭烈士墓、杨霄桥；云石乡的16处为：云门寺、东吴桥、镇龙桥、响石桥、山咀桥、望山桥、新洞桥、万寿桥、洪村桥、下门桥、鸿潭桥、秦世桥、塔庵、公田庙、黄泥桥、钟阿马烈士墓。

2008年开展非物质文化遗产普查工作，全镇23名普查员对22个行政村和1个中心社区进行普查。提供文物线索2294条，其中有较高质量的104条。“顾家溪土法造纸”入选浙江省非物质文化遗产名录；“茶亭伤科”入选杭州市非物质文化遗产名录。

至2008年年底，戴村有萧山区级文物保护单位2处，“杭州市文物保护点”6处。

第一节 文 物

萧山区文物保护单位

戴村境内有区级文物保护单位2处，即上董越窑青瓷窑址和钟阿马烈士墓，属萧山县人民政府1983年5月批准的全县第一批（共14处）文物保护单位。

上董越窑青瓷窑址　系东晋—南朝的窑址。位于上董村西北圆盘山和庵前山一带，东西长300米，南北宽100米，面积约3万平方米，堆积层以上董小学附近最丰富，厚约2米。1982年4月萧山县文物普查时，在其周围采集到不少瓷片。经发掘，出土大量壶、罐、砚、灯盏、碗、盘、盏、钵等日用器皿，器形有盘口壶、鸡首壶、罐、三足砚、灯盏等青瓷器和齿轮式窑具。后期的碗、盏已出现饼足底。不少瓷器有褐斑及划花莲瓣纹装饰。产品釉色或青或青中泛黄，部分釉面呈细碎龟裂状。胎色灰白，烧结度高。纹饰有箭羽纹，刻划莲瓣纹及点褐彩等。窑具有锯齿状盂形间隔具、喇叭形及钵形垫具等。属越窑系青瓷窑址。1983年5月，萧山县人民政府公布为县级文物保护单位。在上董村北靠原振庭小学校园路边立碑两块，字碑坐西北，朝东南。碑一上书：萧山县重点文化保护单位，下书：晋代青瓷窑址；碑二为上董青瓷窑址简介。

钟阿马烈士墓　原址在佛山村上堡自然村西侧山坡，由墓道、月台、墓三部分组成。墓呈半圆形，周围块石驳砌，水泥圆顶，围有护手，墓碑镌“革命英雄永垂不朽”，落款为“中共萧山县委、萧山县人民委员会，一九六一年十一月立”。2000年投资15万元易址重建，位于箎岭壳茶墩山，坐北朝南，占地面积近3亩，建筑面积1100平方米，由墓基、台阶、墓前地坪三部分组成。墓为圆锥状，周长约17米，锥身高1.6米，2001年清明节对外开放。1983年5月，萧山县人民政府公布钟阿马烈士墓为县级文物保护单位。1995年4月，萧山市委、市政府公布钟阿马烈士墓等5处为萧山市首批爱国主义教育基地。

杭州市文物保护点

1998年，镇内茶亭伤科、郑振庭烈士墓、云门寺、东吴桥、响石桥、石盖窑址等6处被列为萧山市镇乡文物保护点。2004年7月，杭州市园林文物局公布的“杭州市文物保护点”中，茶亭伤科等6处依旧榜上有名（萧山全区列为“杭州市文物保护点”共92处）。

茶亭伤科　在三头村墙头自然村。清同治九年，擅长伤科的永春和尚云游至此落脚行医。光绪元年（1875），永春助田11亩，设普济茶汤会，在静修庵前建凉亭施茶，此亭俗称茶亭。1958年，拆除茶亭。1999年，由茶亭伤科第4代传人陈锦昌出资，在茶亭原址建“永春禅师舍利塔”，塔高2.2米，四边形，边长0.85米，由塔基、炉堂和塔盖三部分组成。占地约60平方米，围墙及洞门为原物，经粉刷修葺。茶亭伤科现传第4代，详见本志《卫生》卷。

郑振庭烈士墓　在石马头村马鞍山（俗称鸡笼山）麓。1949年8月13日夜，郑振庭同志惨遭土匪杀害。其墓始建于1949年8月，由当地群众自发建造，墓碑书：“郑振庭烈士永垂不朽”。1973年12月，戴村公社进行了重修。2000年3月由萧山市财政局、地方税务局、国有资产管理局全体干部职工捐款，戴村镇人民政府组织重修。方块石砌筑，呈圆柱状，直径5米，高1.5米，水泥圆拱顶。前立花岗石墓碑，碑文为：“青少年爱国主义教育基地　郑振庭烈士之墓　萧山市戴村镇人民政府二〇〇〇年三月重修”。墓前有50余平方米水泥地坪，踏步接坡，石栏护卫。

云门寺　坐落在戴村、河上交界的云门山巅，海拔597米，山以寺名。据民国《萧山县志稿》记载始建于明代，其开山祖行脚僧贺癯，自绍兴云门寺云游来此，建寺立佛，为追溯禅宗故称云门寺。另据戴村《增丰村村志》（2007年11月内部编印）载，云门寺旧称云闻寺，位于增丰村鹅坞湾顶。相传闻姓家族在下闻桥定居后,买山置田,鹅坞湾顶一带山林属闻氏家族所有,族主见云闻山山清水秀,风景宜人,遂发动族人在山上建造云闻寺。竣工后香火极盛,河上、大桥、戴村等村民为上山烧香,在各自附近山上建造上山石阶路。不知何故,闻氏族人逐渐衰落,后人就将云闻寺改称云门寺。

云门寺占地面积10亩左右,四周是茶地,西南庚青岭,北面狮子山。寺宇四合院式,坐西朝东。现有正大殿、西方殿、金刚殿、禅房、厨房等,为晚清建筑。大殿3间,抱联云:“菩提树下默度大慈大悲真谛铭流世上,白莲座中净修救苦救难玄法广布人间。”上款:“岁次乙酉年中和节”;下款“南溪戴瑜敬书”。殿内额匾“鹫岭祇园”,上款“乙卯年花朝节立”;下款“南溪戴瑜敬撰”。镌柱联:“暮鼓晨钟惊醒世间名利客,经声佛号唤回苦海迷蒙人。”中供奉释迦牟尼佛像,额匾“佛国净天”;左供观音大士,额匾“南海慈荫”;右供地藏菩萨,额匾“护复云慈”;侧供弥勒佛、罗汉、金刚、韦驮等佛像。西方殿3间,中间供奉“神仙太公”楼英塑像,额匾“楼全善神像”,侧供财神菩萨等诸路神像。

山门题额“云门寺”三字,系民国20年(1931)住持福云所书。寺前2株古银杏,寺旁3枝古沙朴,苍老而富生气。茶地边立3块和尚墓碑,表明云门寺属佛教禅宗支脉曹洞宗一派。存清光绪年间重修云门寺告示碑1块,另有8块寺碑移作别用。西方殿檐下古井,井圈光滑生亮,井壁苔藓丛生,井水清澈。寺门前竹丛中两泓清泉,名曰“龙潭”,古为寺僧汲用。寺西1华里多有一“神仙太公洞”,相传为明代名医楼英静修著书处。从马谷村、青山村南坞自然村以及河上镇下门村泽云自然村都有登山石阶之路,登临山顶,萧山南乡山河美景尽收眼底。

东吴桥　坐落在佛山村上堡自然村,跨佛山溪,为单孔石拱桥,建于清代,桥长6.5米,宽1.8米,矢高2.2米。古桥藤葛满身,废弃不用,成为淙淙佛山溪上一个古老音符。2007年局部修葺,桥头立“杭州市文物保护点”碑。

响石桥　坐落在枫桥村响石桥自然村珠山南麓东岳庙前,东西向跨溪,贯穿七都要道,原桥头凉亭题有“长潭锁匙”。始为几块木板架着为桥,明代改建为石桥。相传桥上长年有水滴声响,故名响石桥。现存桥梁清同治九年(1870)重建,为单孔石梁桥。初筑时仅4块条石,后为行人安全,两边再建石桥栏。桥栏高1米,由两块石板上下砌叠而成,望柱间隔,桥堍作八字状护设。该桥石质坚固,建筑精工,栏石设置独特,为萧山古石梁桥中所罕见。原桥碑毁于20世纪60年代。2004年7月列为“杭州市文物保护点”,2007年桥头立“杭州市文物保护点”碑。

石盖晋代青瓷窑址　　（摄于2011年12月4日）

石盖窑址　坐落在石盖村马鞍山下,濒永兴河,共5只石灰窑窑址。第一只窑约建于明末清初,称老窑,位于永兴河东河沿。第二只建于清末,位于永兴河东岸石子山馒头山脚。其余3只均建于民国时期,息业于1954年。其中一只业主周马泉,起名“永和”;另一只业主周生祥,起名“仁和”。由于旧时永兴河水运便利,马鞍山储藏着丰富的石灰石资源,祖辈们利用优越自然条件创建石灰窑。灰窑产品是黄、白灰。黄灰利用当地资源,由炮工开采,人工肩挑下山至窑址。白灰,当地无此资源,从富阳新登打石山购入,利用永兴河水运到埠。烧窑燃料从山区购买,主要为小杂木(尖刺栗)、松毛、毛竹桠枝,船运到埠。所产黄灰一般用于建造房屋,少量用于肥田;所产白灰一般供给山区槽户造纸。

第二节　古　迹

戴村历史悠久，人文古迹丰厚。现分碑匾、民宅、寺庙、桥梁、其他等部分予以简介，宗祠详见本志“社会卷”第四章。

碑匾

登科匾　在顾家溪村，清同治年间（1862～1874）之物，村民顾云祥收藏。匾为彬木板材，用传统“大灰”工艺制成，长1.96米，宽0.67米。灰白底色，“登科”两个猷劲浑厚的黑色行楷大字，中间竖写“恩科”两个红色正楷小字。上款：“监临兵部侍郎兼都察院右副都御史巡抚浙江地方提督军务兼管两浙盐政马新贻为”；下款“同治丁卯科并补壬戌浙江乡试中试第一百二十二名举人顾元惇立”。该匾原挂在顾氏宗祠。据《萧山长潭顾氏宗谱》（民国丁亥年重修，承厚堂珍藏）载，顾元惇“生而英伟，自幼入塾攻书”，“超然有异志”，后遵父命弃文习武，考上武举人。

文魁匾　在方溪村顶山自然村，为清道光乙未科举人陈彀旦立。匾长1.57米、宽0.66米、厚0.05米，杉木质材，白底。“文魁”两个黑色大字中间竖写红色“恩科”小字，上款：“鉴临兵部侍郎右副都御史巡抚浙江等处地方提督兼管两浙盐政乌为”，下款：“道光十五年乙未浙江乡试第十九名陈彀旦”。今存村民家，保管良好。

节孝匾　在顾家溪村，清光绪年间之物，原挂在顾氏宗祠，“横扫四旧”时躲过一劫，被村民顾云明家收藏。匾为杉木板材，用传统“大灰”工艺制成，长1.90米，宽0.67米。底色灰黑，中间镌写“节孝”两个泥金行楷大字，中间竖写“钦旌”两小字，上款：“兵部尚书兼右都御史理浙闽总督谭（锺麟）頭品顶戴兵部右侍郎右副都御史崧（骏）二品顶戴升任顺天府府尹浙江学政陈（彝）为”；下款：“顾祖潮之妻袁氏光绪二十年三月榖旦敬立”。上款括弧中谭（锺麟）、崧（骏）、陈（彝），名字斑驳不清。《萧山长潭顾氏宗谱》（民国丁亥年重修，承厚堂珍藏）载有《袁孺人节妇传》，称袁氏24岁守寡，苦苦支撑一家生活，将一双儿女培养成人，至清光绪十二年撰写传记时，袁氏已76岁，“孙曾林立、耳目环捷，诗书站第、孝友家风”，堪称传统儒家道德的楷模，除钦旌“节孝”匾外，朝廷还为她拨款建造“节孝”牌坊（今圮）。

源远堂匾　存三头村凌桥戴氏宗祠内，源远堂是戴氏宗祠堂号。匾为清乾隆丙申年（1776）建造戴氏宗祠时所立，长0.6米，宽1.18米，彬木板材，用传统“大灰”工艺制成。今字迹斑驳。

陈氏家庙匾　在方溪村顶山自然村陈氏宗祠内，额宗祠门口，为清道光十六年（1836）所立。灰底，“陈氏家庙”4个黑色大字，上款：“道光二十六……”，其中“庙”字近年经涂写，余皆为清代原迹，落款大多数字已不清楚。

方氏祖传医匾　在八都村前方自然村，方望平藏。为方氏医生世家方小筠、方竹轩、方秉杰祖孙三代（详见本志《卫生》卷）医匾。一块为晚清时期方氏父子医匾，长1.36米、宽0.23米，上刻“方小筠授男竹轩大方脉儿妇科”。一块为民国时期方氏祖孙医匾，长1.15米、宽0.30米，上刻“三世医方小筠授男竹轩孙秉杰男妇内科方脉”。两匾均厚0.18米，木质，铜片包角，上沿置铜环可挂，下底置蘑菇钉。底板棕色，字银白，行楷。

周氏节孝牌坊横额　三头村凌桥戴氏宗祠内，存清代牌坊石横额一块，长.82米，宽0.45米，厚0.07米。上书“为旌表已故儒士戴玉刚之妻周氏立”。牌坊建于清道光二十八年（1848），为表彰戴玉刚之妻周氏的节孝所建。牌坊久毁，遗址在村东塘上。

永锡碑　在上董村宗祠内，碑高1.6米，宽0.6米，为清嘉庆元年（1796）所立，碑题“上董永锡碑”。今字迹斑驳难辨。

云门寺历代住持墓碑　在云门寺，存历代住持墓碑3块。东侧1块为：“大清嘉庆拾捌年伍月立□宗第三十四世上瑞下广陆灵觉之墓三十五世上觉下禅源和尚之墓三十七世上静下贤正禅师之墓”；中间1块为：“曹洞三十九世云门堂上第七代体性情禅师体辉鹤禅师”。这两块碑均高1.3米，宽0.7米，厚0.1米。西侧1块为残碑：“曹洞正宗第四十二世云门……民国三十一年七月”等字样。从这些僧墓碑可以看出云门寺的始建、沿革及其佛教禅宗支脉的一些情况。

重修云门寺告示碑　在云门寺，位于历代住持3块墓碑旁。碑高1.5米，宽0.7米，厚0.1米。上款“钦加同知衔署绍兴府萧山县正堂加十级纪录十次矍为”，下款“光绪二十八年三月日给告示”。碑文部分模糊不清，大意为保护云门寺寺产等。

丁璞墓碑　在戴村镇丁村，碑高1.6米，宽0.53米，厚0.08米，碑文：“唐始祖淮南节度使谥文靖丁公良玉府君之墓”，无落款。丁璞，字良玉，谥文靖，世居山东临淄，仕至淮南节度使，唐光化年间（898～901），避战乱携家迁居萧山，为丁村始祖。其墓原在丁家山乌石塔朝阳山坡，毁于20世纪60年代初大搞农田建设。为防破坏，墓碑被丁氏后裔藏于水池中，近年取出。惜年久驳蚀，部分字迹模糊。

普济茶汤助田碑　原在三头村墙头自然村之茶亭，茶亭毁后，今碑存茶亭伤科第4代传人陈锦昌医生家。碑高2.20米，宽0.85米，厚009米，红砂石质，局部字迹斑驳难辨。碑立于清光绪二十七年（1901），记载了茶亭施茶原由、助田情况及施茶规条等。

附录一：

庆善　缘福

普济茶汤助田碑

盖闻过客行踪，固贵创修亭室，行人驻足，还□茶汤。窃念此处□□□以来，素有凉□，□□名曰茶亭。但不设茶汤者，已历有年矣。亭北数武，有寺静修庵。寺僧号柳溪，名永春者，□台府黄岩县人。自幼茹长□□，善□□，精于歧黄，静修庵□其所重建者也。住持因此亭□有命茶之名，而无施茶之实，用发虔心，将自置田拾壹亩另，出助亭内，独立普济茶汤，以为众生不朽承远施茶之计。□章□定，恐经理无人难谋，谋之久远。□□里人任传先、盛有标立为董事，议定规条，其田方许烧茶者自己耕种，收花完粮以作每年供茶之用，不足准出典租，倘有□□□□出□者，□□□□□者，不得强耕。倘有强种硬种，定当羁官究治。又每年元旦，同茶者至庵内点壹斤红烛，壹对庵像，不待酒饭。其茶汤□□定于正月十五日烧起，通年不准间断，至年终其茶必须冬热夏凉。但□茶汤自有田产利，以施茶□用，不得藉此出外助，阴谋财利。犯者重罚，有知而来报者，待饭赐赏。又每年四月初二日，设拾□□□壹桌，请庵僧董□□□，误期议罚。又於茶汤屋内，不准开设相盘聚赌，违者重罚并黜。今将规条勒石，倘若不遵此议节，当□□田亩，出屋凭庵□□□□召人耕种，以永远不朽尔。

光绪二十七年岁次辛丑仲秋月日吉旦

董事任传先、盛有标敬具

注：碑存茶亭伤科，局部破损。碑文中“□”为字迹不清。

民　宅

响石桥旗杆墙门　在枫桥村响石桥自然村坦庄坞山坡上，建于清代，原为四合院式，背山面南，正屋5间，东西侧屋各2间，前为台门和围墙。大门额“钟英毓秀”，东、西开边门。相传房主叫沈桐封，字秉营，号叶堂，清道光年间11岁即中秀才，以神童著称。道光朝重臣汤金钊回乡探亲，慕名召见小秀才，测试他的才华，叫他在一张豆腐干大小的纸片上写下三千文字。小秀才灵机一动，随即写了“上大人，化三千”6个字。汤氏看了赞不绝口，说将来必成大器。后来受汤氏器重，学业精进，录为廪贡生，召台湾海防，升知县，赐给旗杆一对，屹立台门两旁，从此这个墙门被称为旗杆墙门。今存大门及门额、西侧围墙和边门，经修葺后的正屋2间。

顶山旗杆墙门　在方溪村顶山自然村，建于清嘉庆年间（1796～1820），为顶山陈奕美公所建。奕美公之子陈谷旦于清道光年间，中道光乙未科乡试第十九名举人，循例在其宅前立一对旗杆石。石旗杆高1.5米、宽0.70米、厚0.10米，两石间夹3丈多高杉木，村民便将墙门称为旗杆墙门。正屋面南，为3间楼屋，东西侧屋各2间为平屋，前为围墙，中间是卵石天井。旗杆石久圮，墙门今基本完好。

张家弄旗杆墙门　在张家弄村石桥头，为该村清嘉庆癸酉科（1813）举人、曾任云南富民县知县郭振声的宅第。为“五间两弄四檐齐”墙门，墙门两边各竖4块旗杆石，故名旗杆墙门。由于年久失修，2000年整治“空心村”时，被拆毁。

陈家墙门　在方溪村顶山自然村，据考为清道光二十三至二十五年（1843～1845）所建。四合院式楼房，3间2弄，照厅无楼，大门正上方有一块“文魁匾”，为建房时举人陈谷旦之物。建筑较为考究，大门两侧屏门镂空雕花，廊下雕花牛腿，石砌高踏步墙门，墙门外台阶由石条砌成。陈钜椿、陈商父子均出生于此墙门。今基本完好。

“正德厚生”墙门

（2008年8月23日李维松摄）

正德厚生墙门　俗称金家墙门，在青山村明堂自然村，清代建筑，四合院式，前厅3间，后厅5间，今基本完好。台门建在弄堂口，额书“正德厚生”。弄堂口原有过路凉亭，今圮。金家墙门住户是从河上金家坞搬迁来的，金氏族长每以忠厚礼仪教育子孙，要后代以厚德延生旺族，切不可缺德无礼，故在墙门口额书“正德厚生”以为座右铭。今金氏后人为人民教师的有18人。

耕读家风墙门　在青山村明堂自然村大树街，清代建筑，四合院落式，大门朝北迎路。额书“耕读家风”，为举人周易藻手笔，今字迹隐约可见。正屋5间，侧屋3间，是周易藻姐夫秀才沈雅斋和他13岁就中秀才的儿子沈校庚的住宅兼学馆，故又称“父子二秀才墙门”。由于年久失修，数处倒塌，将圮。

丰山墙门　在沈村，清代建筑，三合院式。大门朝西，额“绳武贻谋”。正屋面南，5间2弄。该屋比一般民居高大，一般民居高二丈九尺，该屋高三丈三尺。堂屋设香火堂，两侧楼板下有花纹镂空隔板，这在萧山极为罕见。廊檐牛腿及大门两侧格扇木雕精美。今基本完好，有住户。

桥头老墙门　在佛山村，位于穿村小溪的桥头，故名。清末民初建筑，四合院式，马头墙高耸，横宽约24米，纵深约27米。前厅后堂各5间，两侧各3间，中为天井，大门开前厅正中，东、西两侧开边门。廊檐木板拼花吊顶，廊柱置牛腿，堂前大门两侧格扇裙腰有精美木雕，为孩童牧牛图、洒扫庭院图等，画面生动活泼，充满生活情趣。今基本完好，有住户。

积善余庆墙门　在方溪村顶山自然村丁家坎，建于清同治年间（1862～1874）。3间2弄，正屋朝西，南侧屋2间，北侧屋1间，中有卵石小天井。大门朝北，置砖雕门额，额“积善余庆”，边饰花纹图案，故俗称丁氏花墙门。正屋格扇裙腰木雕完好，门额局部受损。今房屋破败，无人居住。

老五房墙门　在方溪村顶山自然村，晚清建筑，三合院式，正屋5间，侧屋各2间，前为围墙，中间一卵石天井。其独特之处在于楼屋的椽子不用一根铁钉，全部用木榫、竹销来固定建筑构件，又称“无钉房屋”。今局部破败，有住户。

圆马头民居　在方溪村顶山自然村，为戴村镇少有的明代建筑。3间，前廊包檐，宽10米，进深9米，圆弧形马头墙迥别于附近其他古民居。堂前大门两侧屏格木雕葵花、梅花等花卉，图案简练，用刀流畅，富有农家生活情趣。今已破败，有人居住。

爱莲家学墙门　在马谷村，建于清光绪年间（1875～1908），门额“爱莲家学”4个石刻大字出于周易藻手笔，洒脱遒劲，有魏晋风度。三合院式，正屋5间，侧屋各2间，有宽12米、深4.5米的卵石天井，前为围墙和墙门。年久失修，但正屋、侧屋的格扇裙腰木雕完好，花卉图案精美。有老人居住。

山林幽趣墙门　在马谷村，建于清末，门额“山林幽趣”4个阴刻魏体大字。位于马谷周家祠堂上面数十米处山坡，正对古银杏树，临溪而筑。四合院式，正屋3间2弄，侧屋2间，前为照壁，设廊檐，大门开在一侧。照壁高筑，马头墙三叠，堂前大门两侧格扇及裙腰有精美木雕。该墙门原为民国时期凌溪乡乡长陈仲荣居宅，为其祖辈建造，已逾百年，今完好。

宝记墙门　在戴村老街，清代建筑，四合院式，横宽约22米、纵深约19米。现有居户。正屋3间2弄，侧屋各2间，前为灶披2间，中间开大门，内有宽10米、深6米的石板天井。正屋廊前包顶，木饰考究，两端开门，屋顶置瓦脊。西头1间民国时期开过私人电话局。后门有小弄通街，因宅主人叫丁日升，此弄俗称日升弄。弄长100米，宽1.50米左右，弄口开过南货店。

走马楼　在张家弄村，建于民国初年，为郭雨生住宅。五间两弄四檐齐，内有宽7米、深4米的小天井，前厅正中开大门，两侧厢屋各2间。该民宅最大特点是楼上楼下均有走廊相联，舞龙灯时可舞到楼上转一圈下来。现有住户，已失修。

丁家厅　位于方溪村增丰自然村方家塘村中部。据传清乾隆年间（1736～1795），何周马中了武进士，成为殿前卫士，把亲妹妹嫁与丁家，因此丁家家族辉煌，建有花园、厅堂，成了远近闻名的“丁十万”。清光绪年间（1875～1908），绍兴府赠送“一向善士”匾额一块，现已破旧不堪。

进士墙门　在方溪村征丰自然村，鲍秦霞公得中进士后，没有做官，周游全国各地。其同祖堂兄善长公家资富有，为光耀祖宗营建新宅，借堂弟中进士之辉煌，称新宅为进士墙门。墙门连进三重，5间2厢，细雕重漆，相当气派，前门天井宽大，第一重谓厅上，高悬“进士”匾。据推算该墙门建于清康熙末年（约1718～1720年）由于年久失修，厢房早年倒塌。正房在抗日战争时期被日本侵略军纵火焚毁。现存地基。

檫树湾三楼　在方溪村征山自然村。抗日战争时期日本侵略军侵占萧山，各地避难人群逃难到云石山区，檫树湾顾季才山庄里也聚居了不少人。逃难者中手艺人很多，因长年吃住在顾家，大家感到内疚，为了报答主人恩德，并作长时期居住打算，便动工自建房子。因山区木材多，工匠技能又高，故而建了“四檐齐”三楼，屋里能同时摆酒20桌。房子中西合璧，气势美观。1957年因造水库将其拆除。

船底坞山庄　在方溪村顶山自然村山坞里，建于1940年前后。当时日军侵占杭城，富阳渔山街富商施银仙携眷避难于里石板溪陈近仁家。时局混乱，人心惶惶，大批村民避难山中无处居住，时逢雨雪苦不堪言。施银仙深感痛心，即同陈近仁商量，由他出钱，在陈近仁山上船底坞筑基建庄，给难民居住。庄为3间瓦平房，对当时村民避难起了很大作用。解放后经多次修理，现山庄尚存。

“丈夫志”门额　尖山下村上段，旧为鲍家墙门。围墙高坚，建筑雄伟。墙门口上方有“丈夫志”三字门额。据传，鲍家在清乾隆年间有个外甥叫何周马，中了武状元，成为殿前卫士。于是何状元便骑马坐轿来拜谒外公外婆。“丈夫志”横额就在此镌刻。武状元的舅舅鲍德辉也因此在墙门内建造了龙凤花厅。1957年造大会堂时，鲍家墙门的围墙、大厅及“丈夫志”门额均被拆去。

寺　庙

白云庵　在骆家舍村小黄岭，传说始建于唐代。原正殿3间，另有厢房2间，建筑面积约200平方米。正殿供奉观音大士神像，偏殿供奉伽蓝菩萨和土地公、土地婆，大门口有韦陀菩萨，天井正中有香锣1只。早期是尼姑居住，因地处偏僻，香资不足，移至别地。后来有几个和尚在此落脚，曾繁荣过一段日子，但受条件限制，只留下几个老和尚终老在此，埋葬于小黄岭路坎上。庙宇年久失修，数次倒塌，在明朝末年经过重修。现有建筑为民国21年（1932）槽户李建勇重修，周易藻撰有楹联：“兔角杖挑潭底月，龟毛绳缚树头风。”1998年又经曹金美发起修葺。庵前有凉亭，为清代遗存。每年的农历二月十九，六月十九到小黄岭烧香的人员络驿不绝，平时也有一些远道游客来此游玩。

骆家舍关帝庙　在骆家舍村,建造于1908年,占地面积500多平方米。有正殿、偏殿、侧殿和两个看楼一个大殿,大殿外是凉亭,凉亭外是做戏时留出的便道。正殿供奉杨老太公等4位菩萨,偏殿供奉观音大士、土地公、土地婆,侧殿供奉关帝菩萨,两边为文武两位判官,每年烧香拜佛的人比较多。1966年"破四旧"时,庙内的泥菩萨被摧毁。1969年庙宇拆除建造成学校,开设骆家舍小学、初中班。2005年5月船山村和骆村村两村合并成骆家舍村后,成为村委会的办公楼。

凌桥关帝庙　在三头村凌桥自然村东河塘上,俗称关庙塘。始建于清嘉庆年间(1796~1820),原为四合院式,前后殿各4间。前殿塑关帝、关平、周仓、财神、五聖、文昌、张老相公等神像,后殿供奉如来、观音、弥勒、韦驮等佛像。1964年改河造田河道南移,将关帝庙拆除,改成良田。2005年信教群众重建关帝庙,建筑面积约200平方米,重塑神佛诸像。凌桥自有关庙起,农历五月十三一直是传统庙会,凌桥及附近村庄的善男信女云集关帝庙念经拜佛。庙会从五月十二日开始,十三日为正日。道士诵经拜忏,至十三日下午四时,由道士领路,执事在后,对全村各道口、民房遍洒关帝磨刀水,以求庇护全村平安。

杨老太公庙　在尖山下村山脚公路边,建于民国元年(1912)。庙内原有万年台、看楼、厢房和大殿,庙旁路上建有凉亭。1960年拆掉戏台、凉亭,建起2层楼4个教室。1962年,大殿也改作学校教室。1969年拆掉大殿,改建两个标准教室和1个小会堂。一度作为"五保户"住屋。小学易址新建后,信教群众又筹资把教室、会堂改为庙宇。

广胜庵　俗称上庵,位于尖山下村庵山山麓。清初,姜和敏始建。庵前曾有两株大榔树,高数丈。清乾隆年间(1736~1795),住有多名和尚,庙宇香火鼎盛,相传萧山祇园寺僧人曾多次来此参加佛事活动。辛亥革命后,庙内无和尚居住。抗日战争期间,部分庵宇倒塌。1951年土地改革时,庵宇全部被拆除。遗址今建村民住宅。

大庙　在方溪村顶山自然村,位于里石板溪畔黄泥桥头,始建年代不详。据民国《萧山县志稿》记载,清乾隆元年(1736)建造黄泥桥时,即有此庙。庙宇3间平房,宽约13米,深约8米。设3个神龛,中殿供3个坐神像,即陈老相公、张老相公、单丹仙师,傍立两个从神。左殿供韦陀菩萨、药王菩萨等佛像,右殿供奉土地公、土地婆。庙宇因火灾而倒塌,后修理为槽产,村大路扩建时拆除。

小庙　在方溪村顶山自然村,位于黄泥桥左侧,因建造时间比大庙晚,故名小庙。庙宇从里石板溪砌台基而建,深约4.5米,宽约9米,共3间。中间供奉施周菩萨及从神,左边为关帝菩萨,右边为玄坛菩萨。中殿两边柱子上有对联,联云:"庙小神通大,天小月倍明。"

老庙　在枫桥村北,始建于清康熙年间(1662~1722),原为四合院式,主殿供陈老相公座像,南面百子堂,北面观音堂,有戏台。民国20年(1931)前后,当地陈姓一村民在绍兴经营箔铺发迹,解囊修缮庙宇,佛像添彩,旧貌重光,并撰写楹联一副:"绿水长流老庙外,青山久立小桥边。"1956年遭强台风袭击,戏台及两侧厢屋倒塌,今存3间上大殿。

响石桥庙　位于枫桥村响石桥头,又名东岳庙。始建于清嘉庆年间(1796~1820),占地面积800多平方米。现有建筑为清代遗存,经近年修葺,设施完好,内有神像20多尊。大殿正中额匾"阴阳福地"。每逢农历三月十八、九月二十七日举行庙会。

公田庙　在沈村,为十方土地庙,始建于清朝初年。原为四合院式,坐北朝南,前后两殿,两侧看楼各4间。横宽22米、纵深33米,占地面积717平方米,建筑面积598平方米。左旁有一过路凉亭,1990年拆毁。前殿供奉金身关帝坐像,左关平,右周仓。神殿左边供穿树叶生四眼的神农氏坐像,右边供的是彩塑后稷坐像。关帝佛龛两旁是通往后面的走路,佛龛背后是化装间,往后就是戏台。戏台长、宽都是7米,画梁雕栋工艺十分精细,台前四边石柱上"牛腿"雕刻精美,人物祥兽神态各异,为集音量,台顶呈倒扑稻桶形,即"鸡笼顶"。后大殿5间,供奉土地菩萨等神像,左边是观世音菩萨坐像,右边是脚踏神龟、手抓神蛇势的马王菩萨坐像。1958年敲毁神像。20世纪70年代公田庙改作云石供销站用房。1987年为村办箬丝厂厂房。1989年6月15日失火,焚毁后大殿、看楼及戏台。1990年因建光缆厂拆除前殿等全部旧房。2006年,当地信众易地在原沈村宗祠前厅旧址,建起殿宇3间,额"公田庙",恢复宗教活动。

上胜庙　在三头村之墙头自然村,始建于明代,清光绪年间(1875～1908)重修。四合院式,前厅有戏台,中为石板天井,正殿祀胡公大帝。每年农历八月十三举行庙会,旧时七都、八都13村的出嫁女把上胜庙称作娘家庙,纷纷赶来宿山念佛,香客还有来自绍兴的。庙内演戏,至少3本,多达5本7本。引来商贾小贩,人山人海。解放后庙宇改作他用,今存。胡公,即胡则[①],永康人。来裕恂《萧山县志稿》载,胡则为"宋兵部侍郎,曾奏免衢婺民身于钱。殁后,民为立庙。宣和中,盗据方岩,复著显异,水旱疫瘵,祈无不应,封佑顺侯。萧山之立祠,因其子孙有居萧山者,故祀之。一在戴村,俗名上胜庙。"碛堰山旧亦有胡公祠,俗名碛堰山庙,额"此亦方岩"。

下门桥庙　在方溪村增丰自然村,位于下门桥畔,故名下门桥庙。庙内供奉关帝、观音及朱家太祖等塑像,又叫关帝庙、朱家庙。建于清代,庙宇3间,前有庙亭,今基本完好。庙内原建有戏台、看楼、厢房等,1968年拆掉戏台、一侧看楼和塑像,将庙宇改为集体炒制茶叶场。1998年村民重立佛像,恢复宗教活动。2007年由朱国兴、朱渭荣等对下大殿进行大修,耗资近六万。

松隐庵　在半山村李家坞自然村,面南,背靠庙前山。清康熙二十年(1681),由李氏十三公始建。来裕恂《萧山县志稿》载:"松隐庵(同名者二),在孝悌乡八都。上河庄李姓舍建。清道光间李鼎茂修。咸丰辛酉毁。乱后,李上珍重建。"原为四合院式,横宽19米、纵深24米,前后殿各5间,侧厢各3间,大门额"松隐竹茂",有庙山数十亩,庙田4亩。50年代庵内办过学校,70年代初前殿和侧厢倒塌。2007年村民重修。现有大殿5间为清代遗存,内供奉释迦牟尼大佛,前殿按原基筑围墙、建山门。

鸳鸯庙　在半山村丁村自然村,始建于清乾隆四十九年(1783),20世纪60年代破除迷信毁掉佛像,2006年经修缮重兴佛事。相传乾隆年间丁璞裔孙丁荣生、丁步赢兄弟俩因琐事反目成仇,兄弟俩上茶店要求茶客出个主意。茶客中有位雅士说,你们兄弟俩钱多比势,何不去恶扬善共建一庙,造福一方呢。兄弟俩觉得有理,便择基购材动工建庙,中途荣生不幸病故。步赢按协议把自己负责的西半边建得雕梁画栋,油漆一新,由荣生负责的东半边则为白身,形成不对称的鸳鸯庙,庙名由此而来。庙内供奉关帝菩萨、观音菩萨等佛像,主体建筑为清代遗存。

石碶庙　在张家弄村,始建于清光绪十年(1884),位于永兴河畔,旁有石碶桥,主供水神张老相公。2002年修建永兴河标准塘拆除石碶庙,2004年易址重建。现址在九峰山脚与永兴河连接处,面南3间。2006年在庙后建石碶亭。

花女庙　在郁家山下村,建于清代,几经修葺重建。现有主建筑5间,另有厨房杂屋。庙内存清代雕花石香炉3只。1998年被列为萧山市镇乡文物保护点。

花女庙原由土地庙、五王庙两个组成,后为十三庄半土地庙,即今属戴村镇的郁家山下、何童埠、东周、西周4个自然村(庄),今属临浦镇的蒲山韩、桥里、戚家、河由、童江、塘郎姚、沈家门、上下桥、施家闸9个自然村(庄)和高二三房半村(庄)。庙前原有从临浦通往戴村、楼塔的石板大路,往来行人较多,庙旁原有凉亭,设茶汤供路人解渴。民国时期庙前一度形成小集市。每年农历四月初二举行庙会。

永丰庵　在方溪村征丰自然村,始建年代失考。正殿神龛横楣上有文字记述,称宋神庙,以此推测为宋代所建,属千年古迹。明代嘉靖年间(1522～1566)改名永丰庵。1947年经修善。该庵为四合院式,单边山门,无正大门。正殿3间2小弄,宽15.5米,深9米,设3个神殿。一级台阶下后为天井,宽14.5米,深7.5米。前殿3间宽11.5米,深8.5米,中间建有戏台,两厢曾有宽5.5米、深为11.50米的看楼。旁有小庙,设两个神殿,原名五王庙。

方家塘庙　在方溪村平山自然村,始建于明代(1368～1644)。后来有一过路行人晚上用火不慎,庙宇被大火焚烧。清光绪年间(1875～1909),村民以一丁一斗米集资重建。现存庙宇朝东,前后两排,前排与凉亭相连,旧时村里的主干道就从凉亭通过。前排一字型5间,中间有戏台,至今仍完好无损,两边为看戏楼,

---

① 胡则,《宋史·列传》称其"果敢有才气","以右谏议大夫知杭州"。范仲淹《祭胡侍郎文》载:"惟公出处三朝,始终一德,或雍容于近侍,或偃息于外邦……靡尚威型,积有阴德,安车以谢,正寝而终,老成云亡,荐神兴慕。"

后排是正殿，分成4间，摆放泥塑佛像数十尊。殿前有宽敞空地供村民看戏和佛事活动使用。20世纪50年代初，方家塘庙属村集体所有。1954年，戴村供销社选方家塘庙为店址，店名为平山供销合作社，后为平山合作商店。该店现在已转制为个体经营。

龙虎庵　在方溪村增丰自然村，地处方家塘大平顶山麓。龙虎庵也称龙华庵，建于何时无考，庵前有三四个人合抱大樟树两棵，高十余丈，当时是方家塘村象征。清乾隆年间（1836～1795）香火极盛，住有多名和尚诵经念佛做法事，后逐渐衰落。在20世纪60年代改田造地时，从地下挖出和尚圆寂坐化的荷花缸数只。

冷庙　在方溪村征山自然村，相传外石板溪原村址在麻地里，因初期所居之民多姓吴，亦称吴地。传说吴姓人丁兴旺，饮水所凿井有18眼之多，现有古井遗迹可寻。该庙为吴姓人发族兴旺之时所建。明代中期疾病流行，吴姓人大量死亡、外逃，鲍姓人择基居住发族，因而吴地村落消失，庙里香火逐渐冷清，即谓之冷庙。原有庙宇3间，系住宅式，仅有正门、中殿，内供白脸、黑脸两神像，据说是陈老相公、张老相公。左殿供有药王神像、韦驼神像。右殿为土地公公、土地婆婆神像。庙宇毁于农业学大寨改田造地时期。

兔沙河关帝庙　在南三村戴家山自然村兔沙河边，建于1920年前后。庙内供奉关帝、关平、周仓、土地公公等神像。20世纪60年代破除迷信时被拆掉。

下方土地庙　在南山村下方自然村，始建年代不详。庙宇四合院式，有上大殿、下大殿及两厢楼屋，中间是天井，上大殿塑有神像。农历八月十三为庙会，老婆婆在庙里烧香念佛。解放初期，土地庙辟为下方小学、农会、民兵等活动场所，也是全村开大会的会堂。1956年被台风吹塌。庙后有一棵三四人合抱的香樟树，60年代砍伐卖掉，资金用于全村安装电灯。

石盖土地庙　又叫塘郎庙，在大石盖村，坐落在村北端永兴河畔，庙南有和尚池一个，东依里塘坂，与林木繁茂风景秀丽的马鞍山相连。大殿砖木结构3间，东厢辅房一间，作为庙祝（护庙者）的住所。大殿供奉3组佛像：当中供土地神，额匾“张大明王”；东侧供“观音大士”，额匾“观音大士”，另供“马冥王”“地母”等组合佛像；西侧供“三官菩萨”佛像，额匾“三官殿”，两侧站立差役及指天神、救疮神等8个佛像。佛像前设有佛桌和烛桥，殿内立有四柱，柱中间上方悬挂硫璃灯1盏。大殿西侧永兴河堤塘，建有凉亭和3组佛像，北端“东狱大帝”佛像，中间“张老相公”一男二女佛像，南端供奉“关帝菩萨”，“关平”“周仓”站立左右。南端墙壁上画有壁画，奋蹄扬鞭骏马1匹，气势雄伟，甚为壮观。庙依塘而建，故称塘郎庙，水陆交通便利，南来北往人员在此停留歇脚，是遮雨避风的好地方。旧时庙内香火甚旺，每逢初一、十五日举行佛会，善男信女和远近香客前来烧香拜佛。每年七月三十日，远嫁异乡的孝女，前来娘家土地庙烧香，以祈福平安。元宵节村里举行灯会，龙灯、马灯都要在庙内上灯，以求平安消灾。每年除夕，本村善男信女吃完年夜饭后，前往庙内守岁，庙内灯火通明，通宵达旦。可惜，此庙在1958年大跃进时被毁，今遗址可寻。

万春庙　在八都村麦园自然村，座东朝西，始建于清代。原正殿供奉关帝菩萨、观音菩萨等佛像，每年农历5月13日庙会，香火缭绕，佛声喧闹。20世纪60年代庙内佛像毁。1999年由沈金观老人发起，照原塑起佛像。

新庙　在青山村，据传建造于清朝乾隆年间（1736～1795），因为一村二庙，便产生新老之别，此庙一直唤作新庙。坐西朝东，3开间，前后两殿，前殿中央有戏台，两侧看楼。正殿主供神像叫袁老相公，北首土地堂，南面观音堂，袁老相公暖阁上方有“铁鹰侯”三字匾额，下大殿供奉关帝佛像。20世纪60年代初将泥塑佛像全部捣毁，变成一座空庙。1967年村里利用空庙筹建造纸厂，安装造纸机和打浆机。70年代末纸厂倒闭，庙宇老化破败，无人管理。到80年代中期彻底倒塌，只剩庙基。2006年在庙基上建造4间2层的老年活动中心室。根据村民意见，在活动中心西侧毗连建造25平方米的小新庙1处，供信仰者进香朝拜。

顾家溪土地庙　在方溪村勤工自然村，建造于康熙四十年（1701）。传说庙里供奉的大菩萨姓寿名七，谓寿七相公，宋朝时为官，曾两次抗金立功，官封广平侯。其佛像升出两个手指，意思是“决心迎二圣回朝。”庙宇原有3进3间，头山门是关帝殿，中间是戏台，两边看楼，底下为守庙人宿舍。大殿正中供奉大菩萨，有行宫侍宫两尊，文武判官两边站。最后是蒋、宋、陈、杨四尊菩萨坐像。大殿东面有观音殿，西面是土地殿。路东是经堂，其中有药王菩萨、五路财神等。每逢农历六月二十三日举行太平忏，场面称盛。旧时，每年春节

总是绍兴大班演戏,元宵节跑马灯,庙宇成为顾家溪人的文化中心,求神拜佛之人常年不断。1958 年在破除迷信时,将如数佛像全部炸平,改建为勤工大会堂。1983 年由田亚娟等人集资,在后大殿塑了一尊大菩萨,在戏台上隔一条砖墙约 50 平方米。每逢佛会时,烧香拜佛之人仍然很多。

清华寺　在方溪村勤工自然村后的山上,始建年代不详。离村约 3 里路,石阶大道沿山溪而上,中途建有一个凉亭,名唤坐场里。寺宇建在太师椅一样的山上,有大殿 3 间,正中供奉许多神像。两边侧屋曾住过多个和尚,寺内住持叫金川,历史上香火很旺。土改时,该寺为平山、勤工两村所有,由盛传林居住。20 世纪 60 年代初,为解决粮食紧缺,两个村有 30 多人上山,白天在高山上开荒种茶、种杂粮、养羊养兔养猪,晚上住在寺庙。由于年久失修,1987 年寺庙全部倒塌。

延庆寺　又称咸庆寺、衍庆寺。在南三村戴家山自然村,位于兔沙岭脚,冷饭桥亭之东。建于清道光年间(1821～1850),原系云门寺分建,云门寺派有和尚住持。民国时期寺里有个长庆和尚,其徒弟叫缪阿海小和尚,1965 年还俗,结婚生有两个孩子。1969 年寺院被火烧毁,遗址尚存。

白墅寺(遗址)、和庆寺(遗址)、三清殿、惜谷庙、祖师庙、五五庙,详见本志《社会》卷。

附录二:

民国《萧山县志稿》所载戴村镇域部分寺庙

胡公庙　在碛堰山浦阳江滨,祀宋胡则,俗名碛堰山庙(案:则婺州人,宋兵部侍郎,曾奏免衢婺民身丁钱,殁后民为立庙。宣和中盗据方岩,复著显异,水旱疫疠祈无不应,封佑顺侯。见《浙江通志》永康县方岩山赫灵庙条下,未闻其有功於萧山也。或曰,其子孙有徙居萧山者,故祀之。今庙有此亦方岩四字额。)一在戴村,俗名上胜庙

南殿保国资化威胜王庙　在县南五十里孝悌乡,汉乾祐元年吴越王建(乾隆志引康熙志),久废。

丁文靖祠　在开明乡太公岭(案:乡村社庙林立,所奉之神什九传会。如钱清之祀田横,周里村之祀周处,何由里之祀张宪,试问其地其人有何关系?他若孔老相公、石大明王、萧大明王、裴大明王,则又姓氏仅传,源流莫溯,至并无姓氏可稽者,其为虚诞更不俟言。今录旧志所载及事迹有关本邑,或有他书可证者,间为增入,其余并从盖缺以为限断)祠祀典礼清代不脱前明窠臼,守土官吏循例恪恭将事有恒轨焉,其非今甲所著,而为一方士民所崇奉者。各乡社莫不各有所祀,流俗相仍所从来远矣。今举其文献可徵信,不悖於古祭法者著於篇。诗曰,民之秉彝,好是懿德,并不以时势变迁而有异也。

白墅寺　在许教乡(案:孝悌八都康熙四年丈册作许孝,见乾隆坊里志,乾隆府志引嘉泰会稽志。在县南八十里,今寺在八都瓜渎之东)。梁大同二年,白敏将军舍宅建,名净土院。唐僧会昌间毁。咸通九年重建。宋祥符元年改赐今额(乾隆志引万历志。案:乾隆府志据嘉泰会稽志谓,初名白墅寺,祥符间改净土院,与万历志异。又一说,谓梁平北将军白敏,石峡村人,曾建别墅於此,其子中书郎珩奏以墅为净土院,而祀父於别宫。后人改为白墅寺,未知孰是)。

云门寺　在孝悌乡云门山顶(案:与前名同而地异。据西河之说,则荷担僧旧宅当在来苏乡之云门寺)。

咸庆寺　在孝悌乡八都

玉峰禅院　在孝悌乡,清康熙二年僧灿雄募建。乾隆十一年僧弘亮、云程募修并造前殿,里人瞿斌、瞿廷秀、瞿廷望督建(乾隆志)。

珠山道院　在许贤乡沈村

塔庵　在许贤乡洪村,未详创始。清光绪末,洪狱、朱慎全等募修。

泗洲庵　在许贤乡狼岭。

白云庵　在许贤乡筱篁岭。

玄闻庵　在许贤乡上董。

大觉庵　在许贤乡杨家滨塘外。

药师庵　在许贤乡蛟山南，清光绪甲申，孙黄氏募资重建。

龙华庵　在许贤乡方家塘西。清初，丁遇春、姜和敏、顾一旦等舍基建。道光间圮，丁元辂修。今毁。

广胜庵　在许贤乡尖山下，清初姜和敏等建。

太平庵　在许贤乡沈村。

福寿庵　在许贤乡顾家溪杨树湾山，清初顾一旦建。咸丰顾祖川修。

响水庵　在许贤乡顾家溪。

永丰庵　在许贤乡石溪

竹林庵　在孝悌乡，元至正中建(康熙刘志及乾隆志引万历志)。

竹隐庵　在许贤乡狼岭，宋绍兴三年建，久废。明万历五年，僧成慧重建(康熙刘志及乾隆志)。

法华庵(同名者一)　在孝悌乡，明季邵孟刚建，并於庵前筑堤里许以护村落，名法华庵塘。

长生庵(同名者一)　在孝悌乡八都，清乾隆三十年丁世迅舍基建。

松隐庵(同名者二)　在孝悌乡八都上河庄，李姓舍建。清道光间李鼎茂修。咸丰辛酉毁乱后，李上珍重建。

静修庵　在孝悌八都，清光绪乙亥僧柳溪重建。庵前旧有茶亭，柳溪捐田十一亩为施茶之费。

定心庵　在孝悌乡八都。

原载民国《萧山县志稿》卷七坛庙、卷八寺观

附录三：

和庆寺碑记

宋·丁上珪

禅师讳茂，宗仲其字也，别号云门。东京之砥柱，入族姓安氏，父从善，母梅氏。师曰："吾九岁学佛於大福院，黄巢作乱，乡城流离，远迯游食於旅舍。"吾大父文靖公谋与师曰："此处无僧师可住否？"师曰："诺。"凌溪之畔遂建一庵，号为庆寿庵。

天祐初，师与大父曰："盛境有胜地，苍峰高耸，诸山来拱，龙虎环围，颇无失漏，幸得此基千载不朽。"大父慨然许之以钱四万，缗倩里人张居仁易范氏地筑室。师曰："俄然一木，似佛光焰。"莫不惊骇，乡民拥塞，咸称有物从云门山来，晨昏二时常闻钟鼓之声，四方奇之。聚众千指，构筑殿堂。时天佑二年岁在己丑八月十三日也。傍山有湫，喷水长流，桥阴出蜃，故号龙门。祥符初，赐额和庆，历岁已久。乏石未铭，住山一道师，名原觉，备陈俾。余记之，不复文辞，遂刻石於伽蓝祠之左壁云尔。

旹明道元年春三月二十六日从司子国业里人丁上珪谨书

原载《古越萧南丁氏宗谱》，清宣统辛亥年续辑，思本堂珍藏，共二十五卷。

桥　梁

黄泥桥　又名黄鹂桥，俗称环洞桥。坐落在方溪村顶山自然村，跨里石板溪，始建于清乾隆元年(1736)，越泉公建。民国《萧山县志稿》载："乾隆元年陈越泉建，旁有社庙。"原为卵石拱桥，长约4米，宽1.5米，由卵石辅以黏性黄泥砌叠而成，故名黄泥桥。这类桥梁最具山区特色，清末民初戴村一带有上百座。20世纪60年代改为人力车道，1974年桥面加宽加厚，90年代经加固修葺，2004年10月因村道建设需要，改为水泥桥面。现桥长8米，宽8.5米，跨径3.1米，拱高2.6米，桥身桥拱仍为黄泥卵石砌叠。

竹桥　坐落在方溪村顶山自然村，跨里石板溪，始建于清代，民国初期改建成石平桥。因当时有一孤儿过竹桥去井里汲水，不慎失足落入溪中跌伤，其母陈赵氏为维持生计在上海当佣人，悲伤之余意欲积钱将竹桥改建成石桥，然而力量不足。东家冯公慨然为陈赵氏凑足资金，于翌年石平桥遂建成，但村民仍习惯于叫竹桥。20世纪90年代桥面改建成水泥桥，桥基及桥拱不变。

征山新桥　坐落在方溪村征山自然村，跨外石板溪，始建于清康熙年间（1662～1722），初为黄泥卵石单孔拱桥，上置踏步，桥畔有古樟1棵。20世纪90年代改为水泥平桥，长6.5米、宽3米，桥基与桥拱仍为黄泥卵石原构。现完好。

洞桥　在方溪村征丰自然村，位于新桥下游，跨外石板溪。约建于明万历年间，单孔石拱桥。新时期因建村中大路，桥拱被拆平，桥基尚存。

洪村桥　在佛山村，为块石砌成的无踏跺拱桥，建于清代，长5米，宽3米，弧拱，拱高0.7米。

佛山新洞桥　坐落在佛山村，建于清光绪年间。为块石砌成的拱平桥，上铺石板4块，桥长4.3米，宽1.56米，跨径1.8米，高2.2米，溪水缓流，野藤满坡，一派山村古韵。

下门桥　坐落在方溪村增丰自然村，跨石板溪。建于清代，为无踏跺卵石拱桥，桥长6.2米，跨径2.7米，宽2.5米，拱高2.3米，桥头有庙亭，为旧时交通要冲。

桥亭庙桥　在沈村，跨七都溪，遗址在老云石桥上游20米处，古名回龙桥，始建年代不详，为旧时长潭（云石）百姓进出的必经之桥。因桥西堍原有关帝庙、观音殿，转南有过路凉亭，所以俗称桥亭庙桥。为石梁桥，2孔1墩，跨度20米，由8根方石梁铺筑而成。上游面桥墩用条石砌成尖棱，便于破水，下游面呈平面形。1960年端午节发大水，桥被冲塌。此后建老云石桥替代。今溪中存断石梁3块，其中一块镌20厘米见方的“天顺”二字。据此推断，此桥可能建于元天顺年间（1328），或明天顺年间（1457～1464）。

杨霄桥　在河杨桥村后马湖自然村，跨外河，又名高湖桥，清宣统庚戌年（1910）郭炳文重建。原为踏步石梁桥，长5.1米，宽1.8米，高1.3米，北侧石梁刻有“高湖桥”3字，落款“宣统庚戌里人重建”。南侧石梁已断，刻有“杨霄桥”3字。1980年改建为条石平面桥，由3块石梁并列组成。2006年改建为水泥路面，路下桥洞改设管道。

溪河桥　　（2001年5月3日李维松摄）

溪河桥　坐落在南三村溪河自然村村西，跨七都溪，建于清代。为无踏跺石梁桥，全长11米，宽1.75米，高1.2米，1墩2孔。桥面两侧石梁分别长5米，宽0.6米，厚0.35米，中间石梁已缺，近年经补建，两孔桥墩均有闸槽两条，可插板挡水。

凌桥　在三头村凌桥自然村村中，为石梁式平桥，南北走向，宽1.5米，长3.5米，东侧石梁镌“凌桥”二字。2003年村道改建时，将桥面改为三合土，两侧石梁犹存。该桥始建于明代，当时七都溪上建起堰坝，初名蒋家堰，引七都溪水穿过凌桥村，为凌桥、大湖头、上董3村饮用。为方便行人过往，特在村中要道建起小桥，桥以村名，延用至今。

安乐桥　在八都村盛家自然村，东西向跨八都溪。为石梁式平桥，始建于清乾隆五十年（1785）。长约7米，宽1.2米，原由3块石梁组成，现加宽至1.6米。一侧石梁镌额“安乐桥”，落款“乾隆五十年四月”“颜文英建造”。此桥原为七都人抄近路翻兔沙岭通往河上店的必经之桥，初是木桥，常被溪水冲毁，过路行人困难。有位叫颜文英的老人，用做寿办酒席的钱建造了这座桥。今基本完好。

安寿桥　在八都村盛家自然村，位于安乐桥下游，东西向跨八都溪。原为石梁式平桥，由3块石梁组成，始建于清代，据称已历200余年。2004年重建，为钢筋水泥桥，长6.3米，宽6米，高1.7米。

龙会桥　在张家弄村，系石梁桥，始建于明末清初，为张家弄村郭栋公（1608—1661）所建。桥上原来建有文昌阁，久圮。桥长约7米，宽约1.5米，由3块条石为路桥，中隔2米，又一条石。2005年改为钢筋水泥桥，宽约5米。西侧石梁镌额“龙会桥”，为清代遗存，今基本完好。

石峡桥　始建年代无考。原为3孔，木桥，建在石峡山西永兴河上，故名。桥旁有石峡庙。20世纪60年代初，改建石峡庙时，石峡桥同时改为7孔。1963年在庙前原桥址改建成钢梁水泥平桥，跨径20米。

2004年政府拨款、村投资计145万元,新建大桥1座,长78米、宽8.5米,同年老桥拆除。

石盖桥　在大石盖村,跨永兴河,上游永兴桥,下游朱村桥。相传始建于明代,初为长石板铺就的平桥。由于永兴河改道变宽,石桥难建,遂于清乾隆年间,架起木板串拼的5孔板桥。历经毁建,至解放初仍为八字形木桩架起的跳板桥。谚云:“走过石盖桥,心里别别跳。”1957年台风暴雨冲垮跳板桥,再次改建为5孔木板桥。1963年,建成长56米、宽3米的5孔钢筋水泥桥。2001年永兴河标准塘建设时,建成长70米、宽6米的5孔钢筋混凝土新桥。

杨家桥　在河杨湖村杨家桥自然村,跨永兴河,桥以村名。始建年代不详,原为木桥。据民国《萧山县志稿》载:“杨家桥在孝悌八都,架木为之。跨瓜渎,距石硖村里许。”20世纪80年代初改建为钢筋混凝土平桥,跨径30米。2004年10月,改建为长65米、宽8.5米的钢筋混凝土新桥。

河上桥　位于河杨湖村河上桥自然村,跨永兴河。始建于明代,初为木桥,名陶福桥。清代称保嗣桥,民国时期称和尚桥,解放后才叫河上桥。桥长16.5米,宽1.5米,1940年因抗日战争需要拆除桥梁三分之一,1945年抗战胜利后修复。1957年为为防洪所需,加长桥身。1964年改建成钢筋水泥桥,全长5米,宽1.8米。1999年易地新建钢筋混凝土桥,长66米,宽5米。

云襄桥　位于戴村村,与永兴桥相距咫尺,横跨永兴河上,。据《萧山县地名志》载,1942年为疏通永兴河支流凌溪(七都溪)与大桥方向流来的永兴河汇合,始筑木桥。为民国时期县长张云襄所建,故名云襄桥。后临楼线建成,改为公路平面桥。1957年建成公路木桥。1963年改建为钢筋混凝土公路桥。1971年拼宽,长38.8米,宽6米。20世纪90年代03省道改建时,加宽重建。是杭金公路改道前的必经之桥,今属乡道石管线桥梁。

竹桥　在张家弄村村西,跨张家河,始建年代不详。早期用竹爿建桥,故名竹桥。后改为木桥,桥2孔。1963年重建,改为水泥桥,1991年加宽,2005年再次拓宽修建,可通汽车。

万寿桥　在骆家舍村,为卵石黄泥砌筑而成的拱桥。相传始建于明代,建造时十分讲究,请专人念经,佛经压在桥中,相传能保万年不塌,故名万寿桥。长3.5米,宽2.8米,高3.6米。桥额为青石板,上镌“万寿桥”3字,今字迹清晰可见。

里横桥　在戴村村梅园南面,跨七都溪,原为单孔石梁桥,由3块石梁组成,桥长7.9米,宽1.46米。两边青条石,宽各0.42米,中间黄条石,宽0.62米,3块条石均厚0.27米。20世纪50年代桥墩被毁,现3块石梁尚在,上镌刻“鲸长饮”3大字,落款“道光十八年重建”。相传里横桥原为竹桥,丁姓先祖女主人娘家是下方,因小脚难过竹桥,所以丁姓先人建了这座石桥。2002年5月,为方便行人车辆,该桥移位重建,由萧山区农机水利局设计施工,为钢筋混凝土平板结构,桥长74.80米,宽6.55米,荷载汽车20吨,挂车100吨。

周家祠堂桥　坐落在马谷村周家祠堂(爱莲堂)前,跨马谷溪,故名。始建于清中叶,有200多历史,嘉庆年间(1796～1820)周氏宗谱的祠堂图中,就画有此桥。为黄泥卵石石拱桥,桥长8.5米,宽3米,跨径5米,近年改为水泥桥面。今完好。

云门山径桥　在马谷村至云门寺的山径上,位于通往庚青岭与云门寺的三叉路口,跨马谷溪上游。始建年代不详,据推测当建于云门寺古山径形成之时。为黄泥卵石拱桥,桥长4.5米,宽2.8米,拱高3米。今完好。

以下未处理,1981年戴村地名。以上可与地名志对照

上胜庙桥　是一座钢筋混凝土结构的公路桥,长25米宽4米,因靠近上胜庙而得名。亦名廿九桥。是戴云公路必经之处。

光义桥　该桥位于后溪村,也称后溪桥。原系石桥,因戴云公路改道后,改建为横跨凌溪之上的钢筋混凝土结构桥,长35米,宽6.5米。

后宅桥　是一座简易钢架桥,长24米,宽2米,该桥建成使用,使后宅自然村与丁村自然村联接一起,因处于后宅村之前面,故名后宅桥。

大溪桥　该桥原系三孔石桥,现桥石灌浇水泥,长25米,宽2.5米,负荷3吨,是进入八都必经之桥。因

横跨凌溪之上,溪面特宽,故名大溪桥。

七都溪桥　位于溪河大桥之东,是一座钢筋混凝土结构的公路桥。又名新洋桥,为杭金公路必经之桥。长36.8米,宽9米。是中水位桥,每逢溪水暴涨季节,水淹桥面,阻碍交通。

附录四:

民国《萧山县志稿》所载戴村镇域部分桥梁

石盖桥　万历志治西南四十五里(引乾隆志)西岸为七都,东岸为十五都。初仅一洞,自梅里滩塞后,水面渐广,架木五洞。

永兴桥　在孝悌八都,旧系木桥,康熙年间里人沈魁光、沈以祐、陈泰改建石桥(引乾隆志)。桥跨瓜渎下流,上走婺、乌,下通吴越,一要冲也。明天顺以前麻溪未塞,南乡塘圩未筑,诸、富、萧三县之水从州口溪来,经至溪东,转梅里滩而出浦阳江。自麻溪塞,浦阳江不通,水横溢於十四、十五及六、七、八、九都,各乡倡筑塘圩以防患。入清以来梅里滩淤塞,山水大势出於此桥而趋凰桐,郡国利病书所谓州口溪水出凤桐江者。

凌桥　在孝悌八都(引乾隆志)。

观音桥　在沈村乡塘坞前。

镇龙桥　在沈村乡骆家所中所村。

小溪桥　在沈村尖山下村。

下门桥　在沈村村口,石板溪之水过之。

响石桥　在沈村东狱庙前、山珠山脚,石牛山及赵家所诸水过之。

望山桥　在沈村石牛山村,中天灯冈之水自北来过之。

秦世桥　在沈村坦庄坞村,后彭家湾、赵家所诸山水东行过之。

三嗅桥　在秦世桥东,与山嘴桥水合流出响石桥。

锦带桥　在沈村塘沿,昔建石梁五洞,后水冲桥圮,改建木桥。

迴龙桥　在沈村下沈村东关帝庙前,清咸丰间里人沈锦周重建。

洪村桥　在洪村。

东吴桥　在上堡。

三岔桥　在上堡,为富阳人归市要道。

扶亲桥　在上堡北里许。

洪家溪桥　在开明乡,清乾隆间方宝林建。

夏家溪桥　在开明乡,咸丰间沈锦周募建。

大溪桥　在开明乡,光绪十六年沈凤朝等募建。

后溪桥　在开明乡,光绪廿六年僧柳溪、丁浩川募建。

永庆桥　在戴村下街,跨凌溪,旧呼章监桥,见丁氏谱。清光绪十二年,孙鍨等捐资重建。

杨家桥　在孝悌八都,架木为之,跨瓜渎,距石峡村里许。

石峡桥　在石峡山之西,木桥三洞。

六吉桥　一名鹰歌桥,在孝悌八都白墅前,相传梁平北将军白敫所筑。

里横桥　在戴村南,旧名横桥,里人丁宛伦题曰饮长鲸。

溪下(河)桥　在八都溪下(河)村西,石桥两洞,可闸水。

下水桥　在八都孝悌乡茅村坂。

青云第一桥　在沈村乡骆家所。

青云第二桥　在沈村乡骆家所。

青云第三桥　在沈村乡骆家所。

青云第四桥　在沈村乡骆家所。

下闻桥　在沈村乡，旧系木桥，清同治十年姜应珪募改石桥。

黄泥桥　在沈村乡里石溪，乾隆元年陈越泉建，旁有社庙。

叶潘桥　在沈村乡，旁有社庙。

南坞桥　在沈村乡之沈村南坞，为木桥七洞。

古章图桥　在沈村乡之上堡，清宣统三年山洪冲圮，里人改建板桥。

洞桥　在沈村乡之上堡，清道光间里人吴姓建。

上堡木桥　在沈村乡上堡，旧系木桥。清宣统元年，方金玉募改石桥。

新洞桥　在沈村乡上堡，清光绪间沈有年重修。

太平桥　在沈村乡上堡。清咸丰初，义乌方天荣会里人钟鸿庆等重修。

原载民国《萧山县志稿》卷二桥梁

其　他

云门寺井　在西方殿檐下，明代古井。井口直径0.5米，深约7～8米。井圈光滑生亮，井壁苔藓丛生，井水清澈，为寺僧和信众饮用之水。相传能以井水之清浊，兆天气之晴阴。

旗杆墙门井　在枫桥村响石桥自然村坦庄坞旗杆墙门西边，为清代遗存，与旗杆墙门同时。井圈外径0.65米，内径0.5米，青石制成，光滑生亮。井水清澈，20世纪七八十年代前，为半个村子的饮用水。今完好。

大井　在方溪村增丰自然村，始建年代无考，相传为建村之初所掘。井呈圆柱状，井壁用溪坑卵石砌筑，井口正方形，边长0.85米，井沿呈五边形，井深5米，水质清澈，为附近村民饮用之水。1967年大旱，溪水干涸，田地开裂，近200人到大井挑水抗旱，浇灌10多亩水稻，也没有把大井挑干。今完好。

墙头圆井　在三头村墙头自然村，井口呈圆形，故名。有1米直径，约7米深，井水一年四季冬暖夏凉，大旱天时也不会干，是地下泉水，又没有污染。

凌桥方井　在三头村凌桥自然村，据说有400余年历史。井深约15米，井口1米见方，水质清澈，冬暖夏凉，口感略甜。每年农历7月，村民自发组织掏井清理井中污物。掏井用特制长竹梯，体格强健、抗寒能力强的人才允许下井，下井前需喝白酒，穿上棉衣、蓑衣。每逢干旱之年，附近各村村民用肩挑车拉来古井取水，以供食用。现方井保存完好，井水还供饮用。

平山古井　在顾家溪村平山自然村，有石砌古井2眼，建于距今约180余年前。其中一眼位于大墙门内，呈圆柱形，四周用溪沟卵石砌成，井口直径0.7米，深6米。井水清澈见底，大旱不枯。此井为上顾五房小儿子结婚，女方家中富有，嫁礼中有井一眼。古井至今保存完好，半个村的村民仍在取水洗涤。

龙潭　在云门寺前竹丛中，两泓清泉，名曰"龙潭"，古为寺僧汲用。关于"龙潭"有个传说，朱元璋做了大明皇帝，派国师刘基到各地执剑斩龙。这天刘基从富阳来到萧山狮子山，见云门寺山有龙气，便追杀到云门寺山岗，但不见龙的去向，只觉口渴，又无茶水，见路边有一清潭，即放剑洗手掬水，不想剑放在潭边沿，淌入水中，戳在龙背，煞那间潭水泛红，刘基见状用剑猛戳。因龙丧命潭中，此潭便叫"龙潭"。

杨家风水埂　位于在尖山下村原广胜庵门前。此埂从庵山脚下的广胜庵门口至村道大路，长约40米、宽3.5米。其形突起发龙背，两旁遍种树木。建于清乾隆年间（1736～1795），埂段中曾建有一桥，名新桥，桥上建有楼阁，凌溪自桥下流过。清道光年间（1821～1850），山洪暴发，新桥被冲毁。1976年，因建厂房此埂被掘平。今遗址可寻。

上门风水埂　在尖山下村上门自然村村口。埂一端接蜈蚣山麓，另一端接邵家祠堂，长95米、宽5米、高2米多。埂上遍植树木和小竹，其中有几棵榔树、枫树，均有数丈高、几人围抱之粗。此埂建于清道光年间（1821～1850），由村中老人朱大金发起创建。因上门地处村北豁口，大风袭来危及村房，建埂植树旨在防风。1949年后因筑路，此埂被逐渐蚕食殆尽，今遗址可寻。

丁村风水埂　在半山村丁村自然村东,历200多年,长约200米,宽3~5米,今基本完好。20世纪70年代砍伐埂上原有古樟树,后新植楝树、银杏、水沟树等,今已绿树成荫,成为村口的一道风景。

李家坞风水埂　在半山村李家坞自然村,位于村东水池边,原有100多米长,今存约80米,宽10~12米。已有数百年历史,原长满参天古树,将村庄掩映在树丛中。20世纪五六十年代埂上古木被砍,今长少量树木。

石仲芳聚义抗清古迹群　在尖山下村,分布于尖山下村东南的庾青岭周围。此地山势陡峭,地形险要,岭路可通河上、戴村及邻县富阳,为古代屯兵打仗之要地。据传,石仲芳原籍会稽人氏,后移居萧山河上店。该人生性刚强侠义,好劫富济贫。清顺治二年(1645),杀了一土豪劣绅后惧罪潜逃。顺治五年春,石仲芳上庾青岭山头落草建寨,招兵买马,誓与清廷斗争。一时声势浩大,率众数百,有战马18匹半(有一匹跷脚马属半匹),由兵士在山麓改田种粮自给。当时练兵场建在庾青岭的大船坞,那里四面高耸,中间平地,形似一大船舱;了望岗设在庾表岭山头;将台岗设在里亚青山头;代替武器的石头阵在庾青岭的荷花座子;杀人场在庾青岭庙对面。石仲芳在此安营扎寨后,带兵操练,出没于云石、河上一带。打击向穷人逼交钱粮的清朝官兵。是年年底,清军发兵征剿,石仲芳在庾青岭被清军所执。后义军仍坚持斗争2年,于顺治八年(1651)义军余部散。

现尚留有当年石仲芳聚义时的练兵场、石头阵、杀人场、了望岗和将台岗等遗址群(其中杀人场属河上镇庾青村)。

尖山下旗杆弄　位于尖山下村上门自然村,据传清乾隆年间,上门村有一秀才,人称哀公。其学生科举得中,为报师恩,在哀公门口插两根数丈高的木头。木头底部用青石墩夹住,深埋入地,以防倾倒,顶端扎彩旗,迎风飘扬,以示显赭。于是,哀公所居住的弄堂被村民叫作旗杆弄。20世纪50年代初,旗杆木头被拔去,1960年两个石头墩被搬走。今旧址可寻。

增丰旗杆弄　在方溪村增丰自然村,方家塘与平山交界处。弄长80米、宽2.5米左右,呈Z字形。弄底有一古宅,今基本完好。据传清光绪年间(1875~1908),宅主人顾耀已中甲午科举人,任候补县令,他的宅门口便立一对旗杆石。后因官场磨擦,顾被人设计用烈酒灌醉不醒人事,然后用蜡烛点燃蚊帐将其活活烧死。顾某县令未做成,旗杆石未能显赫,便永远离开人世。这条弄村民一直叫旗杆弄。

征山文昌阁　位于方溪村征山自然村永丰庵大门左边,骑路基而建,基高约6米,上建宽约4米、深6米平房3间,阁宽3.5米、长6米、高3.5米,园筒形,行人于此筒中进出,热天时村民喜在阁内纳凉,所以俗称雪洞。园筒上有石板,上刻"路回峰转"4字。建于何年无从考证,毁于20世纪80年代。

戴村文昌阁　在戴村村永兴河边,东有古张干石桥,西为五王庙。始建年代无考,为两层楼,上层供奉魁星,下层通道。在五王庙东北角沿河一条青石板铺砌大路与庙桥相连,大路南北向从文昌阁中间通过。文昌阁建筑精美,由4根大圆木作柱,顶为栱斗,从中央4条阁脊延4角飞檐,青色小瓦。屋顶下为阁楼式上下二层木板,南边横梁上有木雕鲤鱼栩栩如生。据说:月圆之夜在张干桥下能见檐上鲤鱼在水中游嬉,"文化大革命"时期木雕被人所盗。1971~1972年,文昌阁被拆除。

征丰节妇牌坊　在方溪村征丰自然村原雪洞外,清代建筑,旌表节妇汤廿九文谟公继配丁氏(1681—1756)。丁氏系方家塘丁圣芝公之女,25岁丧夫守节,教养子女成人。朝庭为旌表丁氏,于清乾隆十年(1745)敕建节妇坊。20世纪初牌坊遭飓风袭击毁圮,现尚存建坊石条4块,上镌凤凰等吉祥图案,石条弃于洞桥旧址。

凌桥节妇牌坊　在三头村凌桥自然村,坐落在村东塘下。始建于清道光二十八年(1848),奉旨为戴玉刚之妻周氏建造。周氏由马谷村嫁凌桥老盛丰戴玉刚为妻,其夫先逝,周氏年轻守节,其操行上报朝廷,故建牌坊以表节孝。牌坊上方有聖旨匾1块,石刻"旌表已故儒士戴玉刚之妻立",现牌坊毁圮,匾额保存在戴氏祠堂内。

百爿田　在顾家溪村平山自然村前的山岙里,东至虎啸山,南接馒头山、庵后山,西临七都溪,北接黄泥山,这里原有大小梯田100爿,故名"百爿田"。南宋时期,顾氏祖先来此定居,这里土地肥沃,半山腰有多处山泉,是个修梯田的好地方。顾氏祖先历经数代,辛勤劳动,修出桃形、鹅毛形、圆形、半月形等各种形态梯田100 爿,面积 11 亩,最小的一爿 2 平方米,最大的也只有 260 平方米。梯田中轴线是沟和路,两边又是沟和路,便于排灌和行走。20 世纪 60 年代农业学大寨,把小块梯田拼成大块,今实有梯田 60 余块,而“百爿田”地名仍在使用。

神仙座子　在三头村凌桥头自然村之徐家坞山,山面朝北,山高约 450 米,面积 120 余亩。山岗上有一块巨石,巨石上有石刻椅子 3 把,中间大椅子,两边小椅子,俗称神仙座子。椅子两边有石刻铁耙、泥锹、锄头等农具。相传已有 1000 多年历史,现古迹尚在。

神堂湾腌鱼坑　在三头村凌桥头自然村之神堂湾山,山高约 400 米,面积 60 余亩。山岗上有古代渔民挖的腌鱼坑 2 只,凉网场地一块。相传古代戴村一带还是大海,渔民打鱼后在这儿腌鱼和晒网。1929 年,据说有人在腌鱼坑附近拾到金元宝 1 只。现古迹尚在。

抱墩石　在方溪村顶山自然村,为清同治年间(1862 ~ 1908)武庠生陈笃生练武举重之石,今存村民家,完好。棱台状,上小下大,上面边长 0.25 米乘 0.30 米,下面边长 0.30 米乘 0.35 米,高 0.56 米,重 160 公斤,两侧挖有石耳抓手。

增丰元宝石　在方溪村增丰自然村“同善社”旧址旁出土,此石高 0.68 米、厚 0.33 米、宽 1.08 米,状如元宝,故名元宝石,为祭祀所用。同善社由村民顾孟先、顾永先等于民国 30 年(1941)所建,墙门额“养心轩”。建成后供老年人诵经念佛,劝导老年人静心念佛、修善养心,称死后能上天成仙。此石为同善社祭祀、念佛时所用。

张家弄元宝石　在张家弄村,位于郭氏彰二房香火堂前,为清代香火堂祭器。石高 045 米、厚 030 米、宽 095 米,今基本完好。

郁湫山书对联　在方溪村顶山自然村,为郁崑(1840—1880)所书。郁崑,字湫山,清同治辛未年(1871)得中探花,对联是其为顶山村举人陈慎甫所书。上联:“翠柏苍松乃徵劲节”,下联:“礼耕义种必有丰年”,上款:“慎甫三兄大人雅属”,下款:“湫山郁崑。”为行楷,遒劲潇洒,行局饱满,具有一定艺术价值,配以福、禄、寿三星中堂。今完好,藏于村民家。

洪氏先祖洪迈牌位　在石马头村洪氏宗祠三瑞堂内,为清代之物。木质雕花构件,通高 58 公分,宽 25 公分。由底座和牌身两部分组成。底座分两级,下底座长 30 公分、宽 27 公分、高 5.5 公分;上底座长 25 公分、宽 10 公分、高 5 公分。牌身高 40 公分、宽 10 公分,中间镌“宋敕第四十四世累官尚书左仆射赠金紫光绿大夫尚书左丞相　迈公群公、钱氏夫人之神位”。牌身两侧及顶端饰三条神态各异的游龙和盘龙,通体透雕,栩栩如生,牌面向内略呈拱形。今基本完好。

第三章　广播　电视　电影

广播、电视、电影是戴村群众文化生活的重要内容,各个时期发挥过不小作用。20 世纪 50 年代末,始建公社广播站,60 年代有线广播普及到农户。气象节目、农业生产、国内外新闻,以及文艺节目和好人好事等,可以说有线广播是戴村农民生产、生活的好朋友,半个世纪来须臾离开不得,直到今天依然发挥着作用。戴村农家电视起步于 80 年代,开始是黑白电视,尺寸小,收视频道少。90 年代初开始装有线电视,建立差转台,收视效果大为提高。尤其尖山下村,在浪潮实业公司支持下家家改装有线电视,上了萧山新闻。90 年代后,彩色电视逐渐普及。新世纪,农家普遍用上宽带、液晶电视。电影放映始于 50 年代,县电影流动放映队偶尔来戴村放映电影。60 ~ 70 年代,云石、永兴、戴村公社相继建立电影放映队,轮流到各大队放映露天电影,观众人山人海。80 年代,建起有上千座位的镇影剧院,有了固定的电影放映座机,电影片子内容更加丰富。但随着电视的普及,电影放映逐渐减少。

第一节　广播电视站

戴村镇广播电视站

前身为戴村公社广播站,1959 年 4 月建立,地点在现戴村镇后郑村窑头老茧站的一间简易房内,有值机员 1 名。1961 年 7 月停办。1965 年 11 月建立戴村转播站,属萧山广播站派出机构,主要转播县广播站讯号。1969 年 9 月至 1971 年 3 月,戴村、云石 2 个公社及大桥公社北片的 9 个大队(村)合并为戴村人民公社(简称大公社),建立戴村公社广播站,地点在戴村后郑老区委,由编辑、值机、播音、线务员 4 人组成,方焕美任编辑,方吾珍任播音员,瞿吾源、沈传仁为线务员。1971 年 3 月建戴村公社广播站,有编辑、播音、线务员 3 人,开办自办节目。每周 3 ~ 4 组文字节目,并向县广播站和上级新闻单位发稿。1971 年到 1973 年,广播站专职编辑、专门的值机员、维修管理线路的线务员"三员"到位。1984 年 5 月改称戴村乡广播站。1985 年 5 月改为戴村镇广播站。1987 年 2 月改称戴村镇广播电视站。1992 年 5 月,永兴乡广播电视站并入戴村镇广播电视站。1994 年与镇文化站分离,称戴村镇广播电视站。1998 年 4 月,与镇文化站合并为戴村镇文化广播电视服务站。2001 年 7 月,云石乡广播电视站并入为戴村镇广播电视站。2005 年 4 月,有线电视划归杭州萧山数字电子有限公司管理,改称戴村镇广播站。至 2006 年年底,在编职工 2 人,负责人吴利萍,播音员丁晓屏,镇聘临时工线务员孙建。

1979 年,戴村广播站荣获杭州市广播系统先进集体。1984 年,被评为萧山县广播系统红旗单位。1990 年、1991 年,连续两年被萧山市人民政府表彰为先进集体。1991 年,戴村镇广播电视站站长杨炳芳被评为杭州市文广系统先进工作者。

1985 年财政体制改革前,镇广播站人员属于县属大集体正式职工编制,人事归萧山广播电台管理,工资、办公经费由萧山人民广播站、萧山广播电视局拨款,不足部分由镇里补助。财政体制改革后,镇广播站的经费支出由镇财政负责报销。随着有线电视的发展和管理需要,1992 年 5 月广播站更名为广播电视站后,成为镇里的一个宣传部门,人事归属镇管理。。1995 年,根据浙编(1994)103 号《关于全省乡镇广播电视站机构和人员编制配备的通知》精神,从乡镇广播电视站现有人员中招收部分聘用干部,经过考试有喻文灿、杨炳芳、洪利明、吴利萍 4 人获得资格。

1968 ~ 2008 年戴村镇广播(电视)站工作人员名录

表 13 - 3 - 1

姓　名	职　务	任　职　时　间	姓　名	职　务	任　职　时　间
沈水忠	负责人	1968.9 ~ 1969.4	吴利萍	编辑	1992.6 ~ 2008
方妙仁	负责人	1969.4 ~ 1973.4	丁晓屏	播音员	2001.10 ~ 2008
戴永林	负责人	1973.4 ~ 1974.4	瞿吾源	线务员	1968 ~ 1992
丁宝根	负责人	1974.4 ~ 1979.11	周临森	线务员	1971.3 ~ 1998.6
杨炳芳	负责人	1979.11 ~ 1992.5	何国富	线务员	1992.5 ~ 2007.5
洪利明	负责人	1992.5 ~ 1998.4	孙建	站聘线务员	1997.4 ~ 2008
吴立平	负责人	1998.4 ~ 1999.8	周兴丰	站聘线务员	1997.4 ~ 2005.4

续表 13－3－1

姓　名	职　务	任　职　时　间	姓　名	职　务	任　职　时　间
吴立平	负责人	2003.4～2004.4	郭建军	站聘线务员	2001.4～2005.4
吴利萍	负责人	2004.4～	丁惠元	站聘线务员	2001.4～2005.4
方焕美	播音员	1968.8～1992.5	俞庆泉	站聘线务员	2001.7～2005.4
郭连英	播音员	1992.5～1998	沈再昌	站聘线务员	2001.7～2005.4

说明:①资料由镇广播电视站提供。

②周兴丰、郭建军、丁惠元、俞庆泉、沈再昌于2005年4月由站聘转入华数

云石乡广播电视站

前身为云石公社广播站,1966年3月建立,当时由邮电所话务员鲍子花兼播音员,转播县站广播节目。1969年2月停办。1971年3月恢复,有250瓦扩大机1台,台式录音机1台,值机员1名,编辑1名,线务员1名。何国昌担任站长兼编辑(1971.3～1992.4),沈传仁任线务员(1968～1998),曹仁娣任播音员(1971.4～1998)。1984年5月改称云石乡广播站,1987年2月改称云石乡广播电视站。1992年2月喻文灿担任线务员(1992.2～1998)。1992年5月杨炳芳担任站长兼编辑(1992.5～2001.7),1993年4月,招入播音员丁晓屏(1993.4～2001.7)。1998年因有线电视发展需要招入线务员俞庆泉为乡聘临时工(1998～2001.7),1999年线务员沈再昌为站聘临时工(1999.4～2001.7)。2001年云石乡有广播喇叭2250只,是年7月并入戴村镇广播电视站。云石乡广播站多次被评为萧山县(市)广播系统先进集体。1993年云石乡广播电视站站长杨炳芳被评为杭州市广播电视系统先进工作者。2000年该站线务员沈传仁获"萧山市广播电视系统从事新闻工作三十年"荣誉证书。

永兴乡广播电视站

前身为永兴公社广播站,1971年9月建立。1984年5月改称永兴乡广播站,时有250W扩大机1台,卧式录音机1台;值机员1名,编辑1名,线务员1名。1987年2月改称永兴乡广播电视站。1990年12月,经市广电局审核验收,永兴乡广播电视站评为市达标广播电视站。是年,永兴乡广播电视站有广播喇叭1200多只。1992年5月并入戴村镇广播电视站。历任站长郁关东(1971.9～1972.10)、郭松兴(1972.10～1979.12)、郭连英(1979.12～1992.5)。工作人员先后有编辑徐子涛、播音员韩仁美(1975.12～1978.3)、播音员郭连英、编辑洪利民(1980.3～1987)、编辑董国灿(1987～1992);线务员喻文灿(1971～1978)、线务员何国富(1979.12～1992.5)等。

第二节　广　播

广播设备

1969年戴村广播站建站之初,仅有一只广播喇叭和一只美多牌150W扩大器,录音设备有一个话筒、一台L601录音机和一台电唱机。为了稳定电源,安装手动电源调压器,输出靠一块木头配电板、上面有闸刀、熔丝管、真空避雷器等。1971年3月,新置250瓦卧式美多扩音机1台,台式录音机1台。1971年到1973年期间,广播站发展逐步规范,站内设施初具规模。此后,逐步改善广播设备。2000年年底,广播机房主要设备有播控调音台和录音机各1台。电视摄、录、编主要设备有摄像机1台,编辑线1条。2004年年底,广

播机房主要设备有250W扩音机12台、播音调音机1台、音频工作站1套、MD磁光盘录音机1台、电视摄录机1台、字幕机1台、录放机2台、编辑机1台。2005年4月，广播站建音频工作站，共投入资金5万元，购置电脑、调音台、录制播出系统一套，装置好广播自动播出系统，提高播出质量，告别了几十年来靠手动播出的历史。

戴村镇有线广播网络始建于1959年。初时线路极其简陋，特别是云石山区，利用自产的毛竹做线杆，拉上14号铁丝线，才通上广播。为了延长铁丝的使用寿命，在线上涂层柏油防锈。1964年，尖山下村广播支线架通。是年，该村村民安装舌磺广播喇叭90只。1980年，该村安装有线广播喇叭170只。

1985年，安装有线广播喇叭240只，喇叭入户率达到66.5%。)1971年前广播分布很不均匀，只有几个大村有少数广播，有的小村几乎没有一只广播。建站初期，云石片有3000多户人家，只有200来只广播。1971年以后广播得到重点发展，总线用上了铝包钢线，入户改用塑料铁芯线，入户率达到70%。其中，广播60%以压电喇叭为主，当时的价钱是每只6角钱，只有40%是舌簧喇叭，价钱是每只3元6角。70年代中期有了用水泥钢筋浇筑的5米方杆，普遍使用舌簧喇叭。80年代有了7米水泥圆杆，广播用上了音响喇叭，广播逐步普及，并实行有偿服务。大村每年收取110元的维护费，小村每年收取60元的维护费。费用主要用于维护广播事业建设，三四年后取消收费。

90年代后，使用8米水泥圆杆和音频电缆传输信号。广播线路经多次整顿改造，广播杆从毛竹杆到木头杆到水泥杆，再到水泥圆杆，广播线从铁丝、铝丝到塑料绝缘线再到电缆，使广播杆线的传输质量大为提高。1986年经上级验收，戴村是萧山6个达到省级规定广播指标合格乡镇之一，并获得省广播电视厅颁发的广播网络合格证书。1991年全镇有广播喇叭3600多只，其中凌山、丁村、李家坞3个村为动圈喇叭村，有动圈喇叭600多只，是年县文化广播电视局在李家坞村召开全县广播系统现场会，对安装动圈喇叭进行介绍和推广，全镇广播主杆路21千米，馈线45千米(其中铝包钢线21千米)。

2000年年底，全镇广播线长45千米，入户喇叭6300只，入户率84%，通响率95%。有线电视主干线电缆40千米，用户4414户，入户率58.9%。2005年8月，镇广播站播出设施进行升级改造，改手动播出为自动播出系统。10月，在该镇南三村改广播铁线传输为电缆传输，并建立村广播室。

2006年，开始实施区有关部门提出的"广播发展年"工作，镇党委、政府把"广播发展年"作为为民办的"十件实事"之一，通过两年建设，到2007年11月份，镇村二级共投入资金200多万元，全面完成村级广播网的升级改造。使全镇广播标准化改造工作得到顺利实施，改广播铁线传输为主杆线电缆传输。每个村建立村级广播室，制订播出制度，共新架设镇到村主干线路105.660千米，村内支线49.622千米，全镇广播喇叭用户由原来的7920只增加到10753只，其中全镇调换、更新广播喇叭8261只，提高了广播传输的效果。到2008年11月，全镇22个行政村的"广播发展年"任务圆满完成，通过区广播电视台技术部门验收，全部达到标准。其中全镇广播入户率达到了95%，能响率达到100%，永富、石马头等17个村入户率达到100%。

2007年年底，镇政府行政新大楼建成，广播站从旧机房搬迁到新行政大楼。对专业用房装修和播控室、机房设备进行全面更新、升级改造，主要设备有350瓦扩音机9台，600瓦扩音机9台，播出系统、节目制作系统全面升级改造，用全电脑控制自动播出。同时，连接新站通往22个行政村，18条线路的架设和割接，在做好各项准备工作的同时，2007年12月26日进行搬迁，使广播不间断播出，运行正常。

广播节目

广播节目分为转播和自办两种。转播节目，各广播站每天早、中、晚3次转播萧山人民广播电台(站)的有线节目，即中央、省、市讯号，全天转播为520分钟左右。自办节目，都安排在萧山台(站)节目播出前，早、晚各1次，每次30分钟，内容有新闻、专题、文艺等。自20世纪70年代以来，自办节目每年平均在160~200组，广播站用稿500~1000篇之间。新闻节目内容，主要是镇、乡(公社)有关会议报道，新人新事先进经验，来信建议，录音报道等。专题节目内容，70年代有"农业学大寨""斗私批修""狠抓阶级斗争"等；80年代有"改革之声""为承包户服务""科学种田""多种经营""计划生育"等；90年代有"法制园地""市场与信息"

等;2000 年后有“科学与发展”“创经济强镇建生态名镇”“农事科技”“计划生育”“土地管理”“妇女园地”“殡葬改革”“山林防火”“青青校园”“生态戴村”“卫生与健康”“普法教育”等。文艺节目有越剧、绍剧和莲花落,歌曲音乐等。60～70 年代,文艺节目以播放样板戏为主,如《红灯记》《智取威虎山》《沙家浜》等。当时用胶木唱片,后来改为塑料唱片。80 年代有了录音机磁带,播放传统越剧、流行歌曲等。2000 年后,以转播市站文艺节目为主,获取文艺节目的方法更多,文艺节目在自办节目当中逐渐成为主角。

新闻节目每周 3 至 4 组,每组 10 至 15 分钟正常播出。根据广播占领农村舆论阵地的需要,自办新闻节目须经镇(乡、公社)分管领导审稿。70 年代以播送好人好事、农业生产和农业科技方面的内容为主,宣传农事信息和病虫动态等。所以广播还俗称“田头广播”,特别是农忙时节广播一响,生产队社员每天早上 4 点半就出工了。公社、大队领导有重要的事情都通过广播直接向广大社员通知,村村畈畈都能听到高音喇叭的声音,听广播也成了当时人们日常生活中的一件趣事。老百姓都说:广播真当好,早上成了叫醒孩子们起床的小闹钟,上午 10 点广播响,提醒我们要准备午饭了,在家边听广播边做家务成了一种享受,干活也不累了。广播站紧跟时代步伐,宣传各时期中心工作,弘扬时代主旋律。

70 年代初期主要宣传农业学大寨。1978 年以后宣传中共十一届三中全会精神,1979～1980 年以宣传计划生育为主,1982～1983 年宣传农业大田承包和山林承包,80 年代末以来宣传乡镇工业为主,1986～1987 年宣传党的基本路线、坚持走社会主义道路,1992 年以后宣传邓小平同志南方讲谈精神,2000 年以后宣传“三个代表”重要思想、社会主义荣辱观教育等等。

为了办好新闻节目,各村(大队)、企事业单位都建立通讯报道组,为广播站提供稿件。70 年代,各村建立一支由村团支部书记和民兵连长为主的通讯员和线务员队伍,参加业务培训,工作报酬以工分计入。90 年代,戴村片 16 个村、云石片大多数村都有通讯员。2000 年以来,镇广播站每月自办节目 15 组,每年稿子在 150 组到 180 组左右,通讯员队伍得到进一步健全。

为了扩大戴村知名度,每年组织广播稿件向上级新闻单位发稿。在媒体发表后的质量较高稿件,有的还被上级媒体转载。例如,云石广播站发送的《比亲人还亲》,于 1977 年 8 月 19 日被《浙江日报》第 2 版登载;《萧山县南坞大队山林承包合同公证之后,社员吃了定心丸干部除了后顾忧》一文,1983 年 3 月 25 日载《中国法制报》。90 年代以来,戴村广播站、云石广播站每年向萧山人民广播电台、萧山电视台、萧山日报等新闻单位发稿(用稿)100 篇～200 篇,在全市(区)各镇乡中名次靠前。1997 年和 1998 年,由戴村广播站、云石广播站发送并在《萧山日报》刊用的新闻稿件,分别为 53 篇、31 篇和 58 篇、34 篇。戴村广播站发送的《作为第三批实施火化镇乡戴村镇扎实做好殡改准备工作》,发表在《萧山日报》1997 年 11 月 25 日第二版。由楼桂兰、吴利萍撰写的《努力克服“一多、一少、一低”现象戴村大胆选拔妇女干部》一文,在镇广播站播出后,又刊登在 1997 年 8 月 25 日《萧山日报》,该文被《萧山日报》评为当年 8 月份好稿件。1998 年冬,由云石乡广播电视站采写的《石牛山森林公园被评为省级生态森林公园》,分别被《浙江日报》和《杭州日报》刊登。

进入 21 世纪,镇广播电视站围绕镇党委、政府中心工作,把握正确的舆论导向,唱响主旋律,唱好四季歌。据统计,镇广播电视站发的稿件,每年被萧山广播站采用的在 200 篇以上,被萧山日报录用的在 50 篇以上。其中《政府支持、企业帮扶、干部努力,戴村镇欠发达村面貌日新月异》一文,在《萧山日报》2004 年 10 月 19 日头版发表。2007 年,《戴村 3 万多村民免费拨打‘乡情网’》《戴村仔牛山发现火山遗迹》等新闻稿,浙江电视台、杭州日报、中国新华网等多家全国、省、市、区媒体进行转载报道。特别是“首届中国·杭州萧山三清茶文化节”一系列活动举行时,邀请省、市等 16 家媒体聚焦戴村,多角度,全方位的深度报道,共刊登 80 多篇与茶文化节有关的新闻图片,其中《杭州日报》《萧山日报》用 8 个专版全面介绍活动盛况。2008 年在省、市、区各类电视、广播、报纸、网络等媒体上发表或播出新闻 472 篇,其中在《萧山日报》上刊登 125 篇,萧山电视台播出 80 多篇。吴利萍多次被萧山日报、萧山电视台评为“十届优秀通讯员”。

第三节 电 视

电视差转台

1988年以前,云石乡山区和戴村镇八都村、马谷村一带由于电视讯号差,村民买了电视机却看不到节目。1983年,当时的云石乡集资10万元在顾家溪村、石牛山村安装电视小功率差转台。1988年,戴村镇集资5万元在中潭村建差转台。这些小功率差转台转播中央、浙江、云南、贵州等地电视台的节目,使戴村镇中潭、马谷、盛家等村,以及云石山区村的村民,第一次收看到清晰的电视。1992年,山区村随着有线电视的普及,电视差转台自行淘汰。

有线电视

1989年10月,云石乡尖山下村由村集体投资12万元,建立卫星电视地面接收站,实行电视、广播共缆传输,能转播7个电视频道,用1个频道播放文艺录像,开通用户300多户。尖山下村成为萧山市第一个有线电视村。以后逐年延伸全乡各村。1991年,经云石乡政府协调,增丰、平山、勤工、枫树4个村,利用尖山下村电视转播台(前端),安装有线电视用户600多户。1992年7月,佛山、沈村、石牛山、顶山、增山、明堂、南坞、响石桥8个村分别集资和尖山下村前端联网,安装有线电视用户1000多户。1993年上半年,船山、骆村、狮山分别集资安装有线电视400多户。到1993年11月底,云石全乡16个行政村及所有企事业单位,全部开通广播电视共缆传输,安装有线电视用户2400多户,云石乡成为萧山市第一个普及有线电视镇乡。

1994年上半年,戴村镇政府集资60万元,创办有线电视前端设施。全镇55个村(包括已并入的永兴乡),实现有线电视全覆盖。2001年,镇村二级(包括已并入的云石乡),投入100多万元,有线电视主要干线全部实行光缆传输。2005年4月开始,萧山区有线电视统一划归杭州萧山华数数字电视有限公司管理。2008年有用户11293户,转播模拟讯号42套。

2005年10月至今,沈伟荣任镇有线电视站站长。

附录:

尖山下村电视情况

1980年5月,尖山下村村民姜建华购置12寸黑白电视机1台,为该村第一个购买电视机。同年9月,集体投资1680元,购置可供数百人观看的60寸屏幕黑白投影电视机1台,在村大会堂公开放映。以后,村民购置电视机逐年增加。1985年,全村有近100台电视机。

1985年8月,集体投资3000元,建立小功率电视转播台1座,配有差转机1台,输出功率为3瓦。提高了尖山下村民收看浙江台和萧山台的电视节目质量。

1989年10月,集体投资12万元,建造闭路电视村。是年,建立村级电视地面卫生接收站1座,装好闭路电视前端;同时免费为农户安装动圈喇叭400余只,成为萧山市第一个广播电视共缆传输村。1991年,又安装电视地面卫生接收站1座;同年9月,建立了闭路电视管理小组。自此,村民们能看到图像清晰的浙江一台、二台,中央一台、二台、四台,云南、贵州台,萧山台及自放录像台的电视节目。

1992年,全村395户农户中,有电视344台,共中彩电77台。

(资料来源《尖山下村志》)

第四节 电 影

20世纪50年代初，今戴村镇域一些大村，如戴村村、沈村、张家弄村等，开始放映电影，但一年中放映场次很少。据《尖山下村村志》载，尖山下村村民最早看到电影是1954年，由区组织放映的《一贯道》；1959年，戴村电影放映队首次到尖山下村放映电影。60年代初开始，电影逐步普及。60～80年代，电影成为农村最主要的最受农民群众欢迎的文化活动。当时戴村、永兴、云石3公社都建立电影放映队，巡回在各大队（村）。放映队配合中心工作，制作幻灯片宣传。70年代后期，戴村、云石建起电影院，用座机放影。80年代末由于电视逐渐普及，电影放映滑坡，到90年代中期后农村很少放映电影，集镇中的电影院也改作他用。

放映队

1958年年底，戴村人民公社电影队成立，1959年3月正式开始放映电影。放映员先后有张友安、鲍柏春、华金龙、谭吾仁，队长张友安。放映范围为戴村人民公社下属的长潭、凌溪、振庭、马鞍、许贤、白墅6个管理区。1961年，戴村人民公社撤销，设立河上区公所，戴村电影队归属河上区，放映范围扩大到河上区下属的大同、楼塔、河上、大桥、戴村、云石、永兴、村桥、许贤9个公社。在编放映员有张友安、鲍柏春，放映设备有16毫米流动电影放映机、3匹发电机、油箱、音箱、扩音器、银幕、喇叭、幻灯机等。放映员每月工资34元，下乡夜餐补贴每晚0.15元（1970年以后提高到0.25元）。1964年，戴村电影放映队撤销，改为萧山县第八电影放映队，放映员：张友安、鲍柏春，放映范围不变。

1971年2月，调整人民公社规模，重新设立戴村区，今戴村镇域有戴村、云石、永兴3个人民公社。云石公社于1972年成立公社电影队，放映队员先后有沈妙永、顾仲高、顾土根，放映机为8.75毫米。1973年，戴村公社与永兴公社合并为一个电影放映队，队员有：倪仁利、盛仁昌、陈吾杰，队长陈吾杰。放映机为16毫米，是萧山县第一支拥有16毫米放映机的农村电影放映队。1976年3月，戴村、永兴两公社单独建立农村电影放映队，永兴电影队放映机为8.75毫米，放映队员有倪仁利、郭金富，1978年倪仁利招干离队，谭云桥进永兴电影队工作。戴村电影队放映机仍为16毫米，放映队员有：盛仁昌、陈吾杰，1979年盛仁昌调戴村供销社工作，周明秋进电影队工作。70年代放映员每月工资仍是34元，工资要上报萧山电影公司存档。电影队的放映收入除支付工资、片租费、放映设备维修费外，其余上缴给公社。

1984年10月，戴村影剧院落成开业。影剧院主要设备为两台16毫米座机（放映机）。放映员：陈吾杰、周明秋。1988年3月，在乡镇机关人员精简分流中，云石放映队的顾仲高，永兴放映队的郭全富被分流回家。1992年乡镇撤并后，机关工作人员再次精简，戴村放映队的陈吾杰、周明秋被分流到戴村影剧院工作。谭云桥被分流到戴村农村放映队工作。1996年2月云石农民文化宫建成，二楼为电影放映房，置16毫米座机。云石放映队的顾土根继续在农村放映，实行自收自支。

电影放映

20世纪60年代，放映电影深受社员欢迎。由于当时农村集体经济薄弱，多数大队付不起放映费，能放电影的大队每月场次也较少。60年代初，尖山下大队每季放1场电影，后增加到每月1场，1965年后才逐年增加到每月数场。由于大队放不起电影，放映员必须分工联片下村联系放映事项，一个月最多只能联系到20场，另外的时间，只能在一个地方定点卖票放映，以维持电影队开支。电影队的工作比较艰苦，戴村山区、半山区路况很差，放映设备只能由放映员用独轮人力车运送到各大队放映点。《浙江日报》曾经刊登过戴村电影队放映员，拉着装有放映设备的独轮车上山下乡的镜头。地势较高的山村，人力车拉不到上面，放映设备只能用肩背、用杠抬到放映场地，如果是预约的场次哪怕雨雪天气也得去。在一个大队（村）放电影，返不回来就在这个大队住上一夜，吃饭、睡觉都由大队安排。吃饭在农户家里，电影队交给大队一天伙食费0.45

元，粮票1.25斤；睡觉一般都安排在集体仓库里，被褥自备。

放电影有卖票和包场两种形式，卖票放映必须有一个便于出入管理的场地，如祠堂、大会堂、学校会堂等。戴村片当时的场地在戴村村石家墙门。无祠堂、会堂的村也有在操场上（大道地）用晒谷的簟皮、毛竹等材料搭建临时“围墙”，在入口处有人收票进场，票价大人0.10元，小孩0.05元。由大队或单位集体包场的，场地一般在操场（道地）上，即通常说的“露天电影”，也有在学校或会堂里。露天电影事先由大队派人在场地上用三根毛竹搭起一个可挂银幕的架子，几张桌子搭个临时放映台。老人、小孩未等太阳下山，早早搬着竹椅、长凳来到电影场抢占好位置。包场费根据片子而定，新片、好片收费一般40元，最低的不少于20元。后来，包场费改为按人口数收取，人口多的大队每场收20～30元，人口少的收10元左右。1962～1963年，上级要求在农村普及电影放映，消灭放映空白村。当时，云石公社的狮山大队是萧山县最高的村落，只有40来户人家，由于集体经济困难从来没有放过电影。为了消灭电影空白村，电影队只得千辛万苦地上山去放，而放映费每场只收5～6元钱，这样的高山村每年不少于放两场。

1964年以前，戴村电影队放映收入除支付工资、下乡夜餐补贴外，还有片租费、汽油费、机器维修费、宣传费、交通费等，每个月的收支只能基本持平。电影片子由杭州市电影公司萧山电影管理站（当时在城厢镇竹林寺）安排，每个电影队发一张排片表，特殊片子另行安排。电影队缴电影管理站的片租费为每场2元。当时的片子以国产片为主，战斗片如：《上甘岭》《扑不灭的火焰》《战上海》《地道战》《地雷战》等；惊险反特片如《羊城暗哨》《古刹钟声》《国庆十点钟》等；戏曲片如《梁山伯与祝英台》《追鱼》《柳毅传书》《三打白骨精》等；故事片如《白毛女》《李双双》等。其他还放映生产片、喜剧片等。青少年最爱看的片子是战斗片和惊险反特片，中老年人最受欢迎的是戏曲片，尤其喜欢看越剧、绍剧戏曲片。1963年，浙江绍剧团演出的《孙悟空三打白骨精》彩色绍剧戏曲片，放映后轰动一时，许多村民把十多里路外的亲戚也邀请来看。据放映员回忆，《三打白骨精》这部片子最多的一夜要跑片放映3个大队，每个放映点都人山人海，轮到最后一个点电影放完已是深夜2点多了，观众才依依不舍散场离去。

70年代开始，到大队、单位放电影都是包场的，收费按大队人口多少每场收20元、15元、10元不等。到单位放电影收费标准另行商定，“六一”儿童节这天规模较大的学校也包场放电影给学生看。那时，电影放映队除了雨雪天气，基本上每夜都是排满的。

电影队除放影片外，还要配合不同时期的中心工作或重大活动开展宣传，例如支援宁夏、征兵、计划生育等。电影队利用自己的优势，用幻灯片宣传党的方针、政策，宣传政府的工作任务，宣传农业科技知识和农村新人新事。春播、夏收夏种、秋收冬种三个农忙季节，宣传掌握农时进度，宣传颗粒归仓等。大队（村）里的新人新事，靠放映员去收集，整理成简要文字用幻灯片放映。为了提高宣传效果，有时放映员还把新人新事写成歌词，用民间曲调（如杨柳青调、马灯调等）进行演唱，或用快板进行宣传。云石电影队的顾土根制作的“计划生育幻灯片”，在各大队轮流放映中，宣传效果较好，曾受到上级奖励。公社（乡、镇）召开大会，电影队负责安装扩音器、话筒、喇叭等。就是在放映电影正片前，也有宣传任务，先放纯粹为宣传而制作的短片，又叫加映片，不收片租费。短片的内容多是新闻大事或农业生产（种田、积肥、治虫、养殖）等科普知识。

1984年10月新建成的戴村影剧院始用座机放映，开始时票房生意红火，如《少林寺》《少林小子》等几部影片刚上映时，最多一天要放5场，而且场场爆满。80年代末90年代初，随着农村电视的普及，尤其是有线电视开通后，影剧院电影票房率逐年下降。到1996年，戴村影剧院电影停放。到2008年，农村放电影十分稀少。

第四章　方志　宗谱

戴村民间对方志、宗谱比较重视。作为地方文献，方志、宗谱集中记载了戴村的姓氏源流、迁徙发展、经济文化、人物物产、社情民风等资料，具有较高的文化和史料价值。

20世纪90年代，戴村镇开始编撰村志。1993年8月，尖山下村编撰出版了《尖山下村志》，是为镇内第一部正式出版的村志。2003年8月，张家弄村编印了内部资料《张家弄村志》。2007年《戴村镇志》编撰工作启动，各村提供资料，都冠名"村志"内部印行。其中有的村编得较好，如大湖头自然村、顶山自然村、增丰自然村、顾家溪村等。志书具有独特的体裁，这些村志资料没有受到专业人员的指导，体例和编排尚不够规范，内容和资料断项缺项较多。民国时期，戴村籍人士周易藻编有《萧山湘湖志》、顾士江编有《萧山乡土志》。

宗谱，俗称家谱，是旧时记载姓氏起源、家族迁徙、繁衍发展、家族成员身份事迹，以及与家族相关各种资料的中华宗族文化重要载体。戴村镇内聚族而居的村落，都重视宗谱的创修。例如半山村丁村自然村丁氏先祖，于南宋开喜元年（1205）创修丁氏宗谱，后经明朝天顺四年（1460）、宏治十年（1497）、正德三年（1508）、隆庆二年（1568）、万历丙戌年（1586）、清朝康熙戊辰年（1688）、乾隆三十三年（1768）、嘉庆六年（1801）、道光十七年（1837）、同治九年（1870）、光绪丙申年（1896）计11次重修。中华人民共和国成立后，由于众所周知的原因，宗谱没有受到应有的重视，特殊时期许多宗谱被焚毁破坏，劫后余生的已为数不多。初步发现的有埭湖任氏、张家弄郭氏、麦园陈氏、马谷陈氏、马谷周氏、尖山下姜氏、石盖余氏等21部，为清代或民国时期的续修版本，由镇内民间保存，也有少数被图书馆或收藏爱好者收藏。新时期政通人和，国泰民安，续修宗谱在戴村民间悄然兴起。2004年尖山下朱氏、顶山长潭陈氏续修了宗谱；2005年石板溪鲍氏、溪河卢氏、合大任氏续修了家谱（支谱）；2006年沈村沈氏爱存堂让六房翕和堂家族创修家谱（支谱）；2007年下方戚氏续修家谱；2008年骆家舍李氏续修家谱。

第一节　方　志

《萧山湘湖志》　民国10年(1921)，由戴村乡贤周易藻编纂，8卷，后又继编1卷，共计8万字。该志记载了北宋政和初年，县令杨时开辟湘湖以来的历史、地理资料，包括湘湖的主禁主垦之争、环湖居民、水利和名胜古迹、湘湖特产、湖贤事迹、描写湘湖的诗词文章等，是一部有关湘湖的综合性资料和专著。

《萧山乡土志》　民国20年(1931)，由戴村乡贤顾士江编著，萧山县教育局发行，杭州青白印刷所印刷，萧山合义和纸号总代售。全志由总说、区域、江河湖塘、山岭、交通邮电、物产、工商业、市镇大村、政治组织、小学、田赋、慈善事业、社会生活、风俗宗教、民众娱乐、农谚、地方病、人物等44个专题组成，用专题形式记述，每个专题独立成篇，反映了全县概况，志中记载了为农民运动而牺牲的李成虎烈士。约4万字。

《尖山下村志》　洪雅英编撰，团结出版社1993年8月出版。字数12万。印数1000册。志前有照片18帧，浙江省地方志编纂委员会委员兼办公室主任、中国地方志协会常务理事、浙江省地方志学会会长兼乡村社会研究中心主任魏桥总序，村支部书记邵伟成和村民委员会主任鲍永甫作序。

该志始编于20世纪80年代中期。1986年6月，尖山下村组织姜根法等人，对尖山下村自1949年至1986年之间的历年大事、政治运动、生产建设、村民生活、文教卫生、古迹轶闻诸方面进行回忆座谈，由朱敏、陈商执笔整理。至9月，编撰了2万余字的资料长编。后，由于种种原因中途搁浅。1993年2月，萧山市地方志办公室洪雅英来该村为《浙江省名村志》组稿时，村领导聘请其为尖山下村编撰村志，由此重新开始该志的编纂。编撰人员先后查阅档案及历代萧山县志、家谱、文献等100余卷，摘录各类资料20余万字，汇编成12余万字的村志初稿。经过反复考查，核实史料，于6月底形成送审稿。7月15日，在尖山下村综合楼召开该志稿评审会。会后根据评审意见，编者对村志再作修改补充，于8月中旬定稿。

该志上限不限，下限为1992年，个别事物作了必要延伸。按条目式编排，除序言、概述、大事记外，全志以村庄、村民、村区组织、土地、农副业、工业、社会文化、村规民约8类设置，各类目下设若干细目。全志贯穿古今，详今略古。

《张家弄村志》[①]　张家弄村志办编。中国当代戏曲理论家、张家弄村旅京宗亲郭汉诚任顾问，并题书志名。郭得山主编，编委郭土顺、郭荣铨、郭宝庆。约6万字。2003年8月内部印行。

2002年春节，张家弄村旅粤乡亲郭田水邀集回乡探亲的郭铭仁、郭顺明、郭维昌倡议编撰村史村志，得到村两委的大力支持。2002年3月，由郭得山开始执笔，至2003年3月，编写了村史资料《来自故乡的故事》。村史资料由可爱的故乡、寻根问祖、我们的思念、前贤著述四部分组成，约8万字，内部印刷。在编撰《来自故乡的故事》的基础上，编撰了《张家弄村志》，两者可看作姐妹篇。

《张家弄村志》志前志后有照片。全志分建置、环境、居民、农林牧渔、工业商业运输业、教育文化、风俗民情、方言民谣、村区组织、荣誉奖励、现代人物及灾害事故12章、18节。另单独设大事补遗。

《增丰村村志》　方溪村增丰自然村编，执笔丁树兴。上限不限，下限至2005年，个别事例如人口、大中专学生延伸至2006年止。分地理位置、村域、大事略记、村民、村级组织、教育、村庄、长寿之星、村规民约、荣誉、代表性建筑和出土文物、民间传说、家规节录等13方面内容。志前有村党支部书记丁水兴和村民委员会主任徐尧明所作的序，志后有编后语。约4万余字。内部印刷。

《顾家溪村志》　顾家溪村编，顾云明、顾华光、顾长胜编写。2007年9月编印，约7万字。分别记述了平山自然村和勤工自然村的村域概况、环境变迁、建制村组织、人口与计划生育、文教卫生、村办企业、名胜古迹、人物简介、文献资料等。记载了传统手工造纸作坊的生产工艺，收录下乡知识青年名录、历年考取大专院校学生名录、外来人口名录、个私企业名录等。

《萧山戴村大湖头村志》　三头村大湖头自然村编，策划任妙良，主编任水顺，编委任水顺、丁金良、任火贤，摄影丁金良。2007年12月编。内部印刷。上限始于北宋，下限至2004年止。有凡例、大事记，设村庄、村民与计划生育、经济、人物、文化与教育、民政福利、村规民约、文革记事8篇。志前有萧山区政协副主席汤金友所作的序，志后为编后记。随文插有照片。

《顶山村村志》　方溪村顶山自然村编，修编陈正扬，修于2008年年底。约8万字。内部印刷。分地理位置及概况、建制沿革、姓氏人口、人生风俗、习俗、教育、营生、住房、道路桥梁、卫生、运输及交通工具、兵役、名人、古建筑文物、俚语俗语、史事年记、传说等内容。志前、志中有照片。

第二节　宗　谱

戴村民间宗谱已发现的主要有：

《古越萧南丁氏宗谱》　所在地半山村丁村自然村，清宣统辛亥年(1911)续辑，思本堂珍藏，裔孙保管，共25卷。内封刊"琳琅锦轴"等字。

丁氏世居临淄(今属山东)，唐光化间(898～900)始迁祖丁璞(字良玉，谥文靖)为避战乱徙居萧邑。南宋开喜元年(1205)，第十世孙丁德进始创修宗谱。稽文靖公以下列祖履历为谱略，聘请吴文威、谢君立为先祖列传，谱乃成。后经明朝天顺四年(1460)、宏治十年(1497)、正德三年(1508)、隆庆二年(1568)、万历丙戌年(1586)、清朝康熙戊辰年(1688)、乾隆三十三年(1768)、嘉庆六年(1801)、道光十七年(1837)、同治九年(1870)、光绪丙申年(1896)重修。

丁氏宗谱收历届谱序12篇，主要作者有魏骥、俞至仁、王华、何世学、孙学思、傅日灏、顾鸿逵等，多为乡贤名流。诰命17道，其中有"敕命淮南节度使璞公纶章一道"。志略21篇。懿徽6篇。遗铭7篇，其中有和庆寺碑记、思本堂碑记等。收先祖遗稿2人18首诗。包括王安石、杨维桢、高启、刘基等历代名人给丁氏先祖的赠言27则。挽章4，像赞11，志铭2，列传4，杂著。分房谱后又列像赞28则，魏骥、孙学思、毛奇龄、张

① 本节中的《张家弄村志》《增丰村村志》《顾家溪村志》《萧山戴村大湖头村志》《顶山村村志》共5种，系《戴村镇志》开始编修时，所提供的资料，与正规的村志相距甚远。

嵦、郭伦、王绍兰等人撰写。

《萧山方氏宗谱》 所在地八都村前方自然村，民国36年(1947)重修，永思堂珍藏，共6卷，方氏裔孙保管。卷一凡例、永思堂规约、宗祠记；卷二传、诗集、名宦录；卷三各派历修谱序；卷四家传；卷五始祖受氏、方氏姓源、宗谱源流序；卷六历代字母、世系图等。

前方方氏于明代迁自诸暨高湖，始迁祖方德魁，行富二，“见前方水绕山环，风清俗美”，欣然而居。至民国36年重修宗谱时，前方方氏已传第十七世。

《萧山卢氏宗谱》 所在地溪河村，2005年重修，积庆堂珍藏，族裔保管，共4卷。内封刊“粤稽欧苏传著行列图承世系木本水源”等字。

萧山卢氏源自东阳卢宅。明宣德间(1426~1435)，东阳卢仁(顺)三处士迁萧山七都，为萧山卢氏始迁祖。越7世，焕三公于明天启间(1621~1627)赘居溪河。清乾隆庚午年(1750)，由第9世允文公始创宗谱，经嘉庆壬戌年(1802)、道光乙酉年(1825)、光绪戊子年(1888)、民国丁巳年(1917)、民国丙子年(1936)续修。2005年族人吾灿、顺杰凭卢氏裔孙耀泉珍藏的民国丙子家谱底本，发起第6次续修，东阳卢宅派员前来帮助修谱。5月初稿，8月定稿，历时一年。

卷一载序文、凡例、家训、宗裔纪原、萧山卢氏宗裔考等，序文包括历届旧序及2005年新序等共9篇；卷二诰敕、宦林、祀产、议据、传略、祭礼、祭文、诗文；卷三字母图引、世系图、世传第一世至十三世；卷四世传第十四世至二十世。

值得一提的是卢氏宗谱所载家训家规内容丰富，有“卢氏祖遗规则”“兰露斋家训”“家训十则”“家诫十款”“家训八条”等。其中“兰露斋家训”要点为顺父母、宜兄弟、敬尊长、和家室、养德器、端心术、肃威仪、勤本业、慎交游、勇改过、谨祭礼、餙丧礼、等；“家训十则”要点为敦孝悌、勉忠爱、重节义、励言行、务勤俭、端士习、专农业、娴工商、敬祖业、训子孙等；“祖训八条”要点为孝训、悌训、忠训、信训、礼训、义训、廉训、耻训等，体现了以儒家思想为核心的传统道德规范。

《萧山埭湖任氏宗谱》 所在地三头村大湖头自然村，民国丁亥年(1947)重修，怡怡堂珍藏，族裔保管，共16卷。

明洪武甲寅年(1374)，任氏编成世系图一卷。明正统元年(1436)、成化二十三年(1487)、清雍正三年(1725)3次续辑世系图。清乾隆丁酉年(1777)，由清河、大伦等，在前人所编世系图基础上，“有志修辑”，“不辞劳瘁，旁搜远讨”，始创任氏宗谱。经嘉庆十三年(1808)、道光十五年(1835)、咸丰十一年(1861)、光绪庚辰年(1880)、宣统二年(1910)、民国16年(1927)、民国丁亥年7次重修。

卷一载谱例、历修谱序11篇、宗祠记、萧然山堂记、怡怡山堂记、爱敬堂记、集义堂记、任氏家载乞言引、题萧然山堂后赠言等；卷二载历代诰敕暨御书、列传、遗像、祭产、议单、堰水碑文、堰水条例、宗谱跋、水合山祭章等；卷三载始迁埭湖滨渔公传、列传、合传、行述等；卷四系图、字母图；卷五至卷八系图；卷九至卷十六行传。

该谱载名人文章多篇，具有一定历史文化内涵。例如明代刘基所撰《昭明里任氏世系图序”》《怡怡山堂记》《任君燕居记》；明代王褘所撰《萧然山堂记》；明成化三年时94岁高龄魏骥所撰的《必寿堂记》。《题萧然山堂后赠言》中有王褘、王十朋、朱熹等名人赠言。

《任氏“合大”家族史略》 所在地三头村大湖头自然村，2005年编修，大32开本，横排，约15万字。为任氏“合大”家族支谱。有任氏“合大”家族史略、埭湖任氏世系、埭湖任氏暨“合大”谱系表、任氏“合大”人物、附录等专辑。

《萧山长潭孙氏宗谱》 所在地枫桥村袁家山下自然村，民国丁卯年(1927)重修，敦本堂珍藏，共6卷。内封刊“源远流长”。

据该谱载，长潭孙氏出于富阳龙门，明嘉靖年间(1522~1566)，孙氏端十四公由独山至萧山七都，溯长潭，陟石牛，观其山高水长，遂胥宇於石牛山麓一个叫袁家庄的地方。时倭冠扰境，端十四公收练义兵，保境安民。由于怕日后牵累子孙，端十四公决定改姓，因继妻姓袁，端十四公对子孙说：“吾孙藉袁姓乎，而其生卒载于谱中者,则仍推本于孙。”此即“活袁死孙”出典。从此袁家山子孙改孙姓为袁姓,而宗谱仍书孙氏。袁家山下村尊端十四公为始迁祖,今传20世。

长潭孙氏原与富阳龙门合谱,清嘉庆十七年(1812),袁家山下与杨树下、桃源乡大悲坞数族一起,与富阳龙门分谱自辑。经道光十八年(1838)、同治八年(1869)、光绪二十七年(1901)、民国丁卯年4次重修序。民国丁卯年这次请诸暨谱师续修,一月告成。

卷一为目录、条例、序、纪略、地志、递传、历数、墓志、家规、诗、碑记、遗产等;卷二像赞、端十四公传、传、行述;卷三字第总图、系图。卷四行传。卷五行传,廿二世良字起至廿三世善字。卷六行传,廿四世恺字起至三十世诚字。

历次谱序有:宋隆兴元年王十朋所撰《富春龙门孙氏宗谱序》,此后有宋乾道元年(1165)、明弘治五年(1492)、万历庚戌(1610)、清乾隆十三年(1748)等龙门重修谱序多篇。值得一提的是,清乾隆四十五年邑人汪林熙所撰《续修孙氏宗谱源流总序》,详介孙氏源流情况。诗为《独山八景》,每景一首。

《萧山朱氏宗谱》　所在地尖山下村上门自然村,内页刊“萧山许贤朱氏宗谱”,2004年续修,积庆堂珍藏,族裔保管,共5卷。

尖山下朱氏迁自许贤朱村桥,始迁祖昂六公为朱村桥朱氏第12世孙。至清光绪丁未年(1907),尖山下朱氏自修族谱,以区别于朱村桥等族。民国23年(1934)重修宗谱,凡4卷。2004年续修一卷,加上老谱4卷(不重印),共5卷。

卷一载历次谱序包括迁派序10篇、世系图、源流图、分迁支派、凡例、家训、文公持身格言、公山公议条例、重建家庙记、春秋祭会序文、像赞17帧、传和合传23篇、行述4篇、藏谱名录等;卷二系图、历代字母总图;卷三卷四行传;卷五续修谱序、新老丁排行表、世系、行传、编后语等。

《萧山何氏宗谱》　所在地东风村何童埠自然村,清同治甲戌年(1874)修辑,世恩堂珍藏,族裔保管,共10卷。内封刊“欧苏遗式”,内页刊“萧山铜埠何氏宗谱”。

何童埠何氏于明永乐年间(1403~1424),从诸暨善溪(一作檀溪)迁徙而来,始迁祖何文业,字德基,行良五,“慕萧山之风景,择土地之平旷,遂卜筑于锦山之阳,为铜埠第一始祖。”何氏宗谱肇修于清乾隆己巳年(1749),经乾隆四十二年(1777)、嘉庆四年(1799)、道光五年(1825)、道光二十八年(1848)、同治甲戌年(1874)重修。其中乾隆四十二年为何童埠与诸暨善溪何氏联修宗谱;最后一次重修距今130多年。

卷一载历修宗谱序文6篇、凡例、祭田记3篇、传22篇、墓志铭、双桂书屋序、寿文并诗、铜庄诗钞序;卷二传28篇、行述3篇、赞29篇、双寿文、六修宗谱新增目录、助祀田记、四修谱引、五修谱引、铜埠地名记、历世字第、前给谱小引、系图前纪等,其中《大诰封何公六皆先生传》后附六皆诗9首,六皆即乾隆乙未科(1775)武传胪何异兰,其诗清醒雄健;卷三为权一公系图行传。卷四为权一公派行传;卷五为权二公系图行传;卷六为权三公系图行传;卷七为权三公派行传;卷八为权四公系图行传;卷九为权四公派行传;卷十为权五公系图行传。

《萧山何氏宗谱》　所在地东风村何童埠自然村,清道光戊申年(1848)修辑,世恩堂珍藏,共8卷。内容与何氏同治甲戌年(1874)修辑之前8卷基本相同。局部残损。

《萧山陈氏宗谱》　所在地马谷村,民国癸酉年(1933)重修,聚星堂木活字本,族裔收藏,共8卷,内页称《萧山马谷陈氏宗谱》。

马谷陈氏于明朝从义乌大陈迁居萧山,始迁祖贞廿一公、兴十八公。清乾隆乙未年(1775)始创宗谱。经道光十六年(1836)、同治九年(1870)、光绪二十六年(1900)、民国癸酉年4次重修。马谷陈氏有析居麦园者,道光十六年、同治九年两次重修宗谱时都与麦园陈氏合修。至光绪二十六年,因麦园一派户口颇多,“新建祠宇自行分辑”,故马谷陈氏与麦园陈氏分谱重修。

卷一载凡例、历代像赞40帧、历修谱序9篇、捐祠基记,以及赞、传、行述若干篇;卷二历代系图、历代行传;卷三字母图、马谷本支系图第1世至21世桂字;卷四麦园下墙门本支系图、第1世至19世钜字;卷五行传,贞廿一公派第1世至13世茂字;卷六行传,兴十八公派第1世至15世定字;卷七行传,贞廿一公派第14

世至16世松字；卷八行传，第17世熏字至21世桂字。

《萧山陈氏宗谱》 所在地八都村麦园自然村，民国癸酉年（1933）重修，内印“萧山麦园陈氏宗谱”，欧苏遗式，聚星堂珍藏，族裔保管，共8卷。

麦园陈氏迁自马谷，始迁祖金一公为马谷陈氏第4世。麦园陈氏宗谱于清宣统元年（1909）与马谷陈氏分谱自辑，是为首创。此前，清乾隆乙未年、道光十六年、同治九年都与马谷陈氏合修。

卷一载历修谱序（其中同治九年以前7篇序文与马谷陈氏谱序相同）、捐祠基记、捐田附祭记、祠堂记、赞、传、合传和行述若干篇、彩色祖像16帧等；卷二历代系图、行传；卷三马谷系图；卷四麦园下墙门本支系图；卷五贞廿一公派下行传；卷六兴十八公派下行传；卷七为、宰、松三字行传；卷八熏、增、钜、汉四字行传。

《萧山长潭陈氏宗谱》 在方溪村里石板溪自然村，2004年8月重修，仿古彩绘，孝思堂珍藏，族裔保管，共10卷，卷口作“萧山里石溪陈氏宗谱”。

里石板溪陈氏于明代从麦园迁来，始迁祖光二公，其父金一公为麦园始迁祖，兄光一公仍居麦园（另说，里石板溪陈氏从暨阳紫岩乡迁来，始迁祖思政公）。传7世，至清乾隆丁亥年（1767），族长君泰始创修宗谱，“融贯昭穆，如雁行之”。经嘉庆二十五年（1820）、同治八年（1869）、光绪二十一年（1895）、民国7年（1918）、民国36年共5次重修。民国36年重修撰序时称“七修宗谱序”，包括迁萧之前的“颖川陈氏宗谱序”、“陈氏宗谱序”。

卷一载历次谱序10篇、宗派本源、凡例18条、世训24条、家传、寿序、坟山碑记、祭田碑记、七秩寿序、七秩荣庆、齐眉古稀寿、传赞、祠堂清明春分秋分祭祀记、《日寇流窜记》、《戴长段乡道记》、藏谱名录、人口统计等；卷二村图、彩绘历代祖像、外纪总图、外纪行传等；卷三系图引、字递图、内纪系图，陈氏字递图第1世光二公以下为：明、赞、斌、第5世分昌和宰；昌以下为胜、惠、兴、登、高、松；宰以下为相、朝、官，圣、贤、安、国，孝、友、传、家，鑫、斯、衍、庆，麟、趾、呈、祥，仁、义、忠、信，礼、乐、文、章；卷四内纪系图；卷五行传引、行传第1世光二公至第10世高字止；卷六行传第10世贤字至11世安字止；卷七行传第12世国字起至13世孝字止；卷八行传第14世友字；卷九行传第15世传字起至16世家字止；卷十行传第17世鑫字起至18世斯字止。

汤金钊作《太学生例赠文林郎奕美陈公暨德配任孺人合传》，俞省三作《邑庠生竹亭公传》。民国36年重修时，序文由顾士江用行楷书刻印（陈氏十五世孙曾喜撰）。《日寇流窜记》与《萧山长潭顾氏宗谱》所记之抗战事件大致相同，但殉职殉难者、应征及自动投军抗战者名单不同，两谱可互为参阅。《戴长段乡道记》与《萧山长潭顾氏宗谱》所记《建筑戴长段乡道记》，同为沈伯龄所撰。民国三十六年修谱时有人口统计，全族人口604人，其中新增男丁227人、女230人（含未嫁女55人），这一资料为别谱所少见。

《萧山李氏宗谱》 所在地骆家舍村，民国戊午年（1918）重修，芳庆堂木活字本，族裔珍藏，共6卷。封面注“尚二房”，内封“家宝”两字一页一字。

骆家舍李氏迁自山栖（今所前镇）迁此卜居，始迁祖万五公。清康熙乙亥年（1695），由第14世祖绍钱公，“旁搜博采就族之耆老，一一考究”，首创骆家舍李氏宗谱。经嘉庆六年（1801）、道光十七年（1837）、同治五年（1866）、光绪十三年（1887）、民国7年5次续修。嘉庆六年谱序载：“毛西河太史云，骆家沙者也，李氏之处此者五百年矣。”卷一载序文8篇、凡例11则、倡建宗祠记及宗祠图、像赞34则（祖像为彩绘，山栖始祖肇八公赞由明尚书魏骥撰写、骆家舍始祖万五公赞由宋殿元文天祥撰写）传记18篇、行述6篇、赞9则；卷二卷三为系图；卷四至卷六为行传。

《萧邑长潭沈氏宗谱》 所在地沈村，民国36年（1947）重修，爱存堂木活字本，族裔保管，共38卷（存卷一）。

沈氏居本伊水，始祖文锡公随宋室南迁，仕秘书省正字，绍兴年间（1131～1162）托疾遁居萧山长潭（今沈村）。长潭沈氏宗谱创修于明洪武三十一年（1398），时沈氏已传7世。经正统十二年（1447）、天顺二年（1458）、嘉靖己亥年（1539）、万历甲戌年（1574）、清康熙四十九年（1710）、乾隆四十三年（1778）、嘉庆五年（1880）、道光五年（1825）、道光二十六年（1846）、同治五年（1866）、光绪十二年（1886）、宣统三年（1911）多次重修。

卷一载凡例、原序、诰命、九录(仕官、义封、荣寿、耆德、隐逸、英迈、朴茂、孝义、贞节)、墓志、行状;卷二原传、本传、赞;卷三记、诗、词、本传;卷四本传、赞、寿文、遗嘱书、祭文、碑文、祀田附;卷五历祖遗像、阳宅图、阴基图;卷六至卷十七历世系图录(始祖起至三十一世);卷十八至卷三十八历世行传录(始祖起至三十一世鼎字止)。

《萧邑长潭沈氏宗谱》 所在地枫桥村响石桥自然村,民国36年(1947)重修,爱存堂珍藏,共38卷(只存卷十七),由沈姓村民保管。卷十七为系图,从廿五世元七公起,至三十一世常六公止。

《萧邑中潭沈氏宗谱》 所在地八都村中潭自然村,民国丙子(1936)重修,永义堂木活字本,族裔珍藏,共10卷。要目卷一凡例、原序、分修宗谱引、排行字母、诰命、九录等;卷二遗像、阴基图、祠堂记、墓志铭、行状;卷三原传、本传、祭文、寿文、碑文、记、诗词;卷四卷五系图;卷六至卷十行传。

中潭沈氏是从沈村分派出来,宗谱原与沈村合修。因族巨人多,合修宗谱烦难。民国25年,中潭沈氏族长应丰、房长应周等认为分辑势在必行,决定独立纂修宗谱,得到族众拥护,当年告竣,是为中潭沈氏第一次修辑宗谱。中潭沈氏仍续沈村行第,民国25年分修宗谱时,已传至第30世。

《萧山余氏宗谱》 在石盖村畈里自然村。清光绪己亥年(1899)重修,共6卷,雍肃堂木活字本,族裔保管。南宋,余氏大二公从龙游迁于诸暨高湖。高湖第10世昂一公,“不惮山川之劳,跋涉之瘁,每于林泉幽竹下赏然自适。至萧山许贤乡,见此处土地平旷,四回环绕如堵,面临流水潆匕,激湍二浦似带而来,遂名之曰余家浦”,便举家从高湖卜宅萧南七都余家浦。子孙邻迁析居后溪(今半山村后溪自然村)、观音桥、张家山等地。自昂一公始居余家浦算起,至光绪己亥年重修宗谱时,余氏已传第15世。

石盖余氏一直与高湖合谱。清嘉庆乙丑年(1805)创辑宗谱,经道光十六年(1836)族长余文机等重修、同治庚午年(1870)族长余景泰等重修。卷首为序、碑文、谱例、传、诰命、绅士录、总行传;卷二余家浦派系图,自始祖昂一公起至第15世;卷三后溪派系图,自始祖昂一公起至第15世;卷四行传自昂一公起至第8世;卷五行传自第9世至第10世;卷六行传第11世至第15世。

另有民国17年重修之《萧山余氏宗谱》6卷,内容基本相同,已传至第16世。

《萧邑长潭邵氏宗谱》 所在地尖山下村上门自然村,民国戊子年(1948)重修,安乐堂木活字本,族裔保管,共4卷。内封刊“云礽玉牒”。

尖山下邵氏居于蜈蚣山之北麓,旧称上闻,始迁祖良八公,由郎岭下卜居于此。清乾隆庚子年(1780),友良警三二公始创修谱牒。经嘉庆辛酉年(1801)、道光十七年(1837)、同治六年(1867)、光绪丁亥年(1887)、民国戊午年(1918)重修。

卷一载历修谱序6篇、凡例家规42条、坟图、像赞24帧、传、寿序、祀产记、行略等;卷二世系说、历世字母图、世系图,字母图为寿、千、宁、才、贤、良、方(周)、正(全)、义(美)、礼(万)、智(启)、信(云)、元(礽)、亨(远)、利(传)、贞(圣)、道、麟、凤、蛟、龙、金、银、珠、玉;卷三卷四历世行传。

民国戊子年重修时顾士江撰序,称赞“其家规第22条载有‘内外所用秤斗当宜中平,不可私轩置两般,以贻天谴’”,“邵氏之列此一条,其祖宗之立身处世,固深得公明二字之大义。”

《马谷周氏宗谱》 所在地马谷村,民国癸酉年(1933)重修,由周氏第16世孙周易藻纂编,内封刊“濂溪宗流”等字,爱莲堂木活字本,族裔保管,共12卷(封面注“天”字)。

马谷周氏从周家湖迁来,始迁祖崇谦公。《马谷周氏宗谱》于清乾隆三十六年(1771),由宇斌公首创,经嘉庆乙亥年(1815)、道光乙巳年(1845)、同治庚午年(1870)、光绪壬寅年(1902)、民国癸酉年5次续修。该谱体例规范,内容完整。卷一载谱序、议姓、议族、谱例、宗法、诰封、著作、图说、年表、墓志、列传;卷二载像赞、坟山图、祠堂图记、祭产、庠产、捐单、议单、禁单、节略;卷三、卷四传序、行述(行略);卷五至卷十二字母图、系图、行传等。马谷周氏排行字母(行目)为:礼、乐、诗、书、易、象、春、秋、文、章、经、世、孝、友、传、家。

该谱收录历届谱序5篇,其中光绪壬寅年(1902)和民国癸酉年重修时,谱序为周易藻所作。收有周氏先祖濂溪公所作《爱莲说》《养心亭说》及诗歌多首。另有《太极图》《无极而太极辨》《太极图解序》等6篇,此类内容在别的宗谱很少见到。《濂溪公传》《濂溪书堂记》等3篇,为朱熹所撰。该谱还收录周易藻自编年谱《遁叟自述年谱》(周易藻卒年,周氏族人在年谱后用毛笔夹注“甲戌七十一岁九月朔卒於萧城亦岐居”)、王仁溥作《辛庐记》、周易藻撰“辛庐八景”、璐琴先生湘湖寿域图等,具有一定史料价值。

《萧山周氏宗谱》 所在地东风村东周、西周自然村,清乾隆四十四年(1779)修,爱莲堂木活字本,族裔收藏,共4卷。内有“湖头周氏宗谱”等字。东周、西周自然村之周氏始迁祖文宗公,系周家湖周氏第12世孙,赘于陶家园陶氏,称湖头周。文宗公生4子,其中二儿子可二公居河之东,四儿子可四公居河之西,后各自繁衍成村,称东周、西周村。该谱为周氏始创谱,至修谱时周氏已传12世。

卷一载序、凡例、周氏渊源考序、议姓、议族、诰敕、濂溪公传、天锡公墓志铭、文宗公赘居陶孺人序、包括可二公传可四公传在内的传纪11篇、赞15则、分宗支图等;卷二字母图、系图;卷三卷四行传。

《萧山郁氏宗谱》 所在地郁家山下村,清光绪辛巳年(1881)重修,文盛堂木活字本,裔孙保管,5卷4册,内封刊“琳琅锦轴”。

郁氏于元代从余杭梁朱(今余杭良渚)迁入萧山,始迁祖郁明筌。宗谱始创于清嘉庆十六年(1811),经道光丁未年(1847)、光绪辛巳年重修。此后,又于民国36年(1947)作第4次重修,时郁氏已传至第19世。

卷一载历修序文6篇、萧邑郁氏宗谱源流、敕命、敕匾8块,即“忠孝名宗”“赐进士第”“双凤齐鸣”“理学名家”“德行高风”“棠棣联辉”“圣世真儒”“少卿第”,敕联7副,其中有“甲科文章世裔,诗书礼乐传家。”诸儒谱论,包括黄山谷、苏老泉等11位名儒的谱论14条,这是别谱很少见的。谱例26条。宗规5条,即“崇祀以敦孝思、孝悌以肃家风、睦邻以念同宗、耕读以务本业、赈济以活贫穷”。彩色祖像4帧,其中第四帧“漱山公”即郁崑。文集(寿文2篇)。郁氏先祖诗歌3组。赞传23篇,包括“郁漱山公配韩太夫人传赞”1篇。卷二载萧邑郁氏宗谱远宗图、大宗图、经纬图。卷三载萧邑郁氏宗谱子母字图、行传。卷四卷五为行传。

《萧山洪氏宗谱》 所在地石马头村,民国壬申年(1932)重修,三瑞堂木活字本,族裔珍藏,共20卷,计印15部。

明朝,洪氏第53世如本公(1378—1457)从萧山县城陶唐弄入赘石马头,子孙繁衍成村,被尊为石马头洪氏始迁祖。清乾隆戊辰年(1748),裔孙洪涛遵族长之嘱,以残缺旧谱为依据,“存者承之,失者补之,延师刊印”,这是《萧山洪氏宗谱》所载最早一篇序文。卷二所载的“尔荣公暨朝珍公创谱遗绩述”称,“族旧无谱,有之,自乾隆庚午(1750)仿吾祖尔荣公暨考朝珍公,同心戮力,稽生之所自始。”,由此可见,石马头洪氏宗谱首创于乾隆十三至十五年间(1748~1750)。此后,乾隆庚辰年(1760)、嘉庆丁巳年(1797)、嘉庆己卯年(1819)、道光二十七年(1847)、同治十年(1871)、光绪二十六年(1900)6次重修。民国壬申年为石马头洪氏第7次修谱,其时洪氏已传至第71世。

卷一载历修谱序11篇,及凡例、训诫、敕命、像赞、墓志铭等;卷二载传、合传、寿序、生平述等;卷三字母、系图第7世至61世;卷四至卷七系图第61世至71世;卷八行传第1世至59世;卷九至卷二十行传第60世至71世。其中卷一所载的《建造宗祠序》《萧邑石马村洪氏祠堂记》《宗祠仪注祖训祝文》等3篇,卷二所载的《尔荣公暨朝珍公创谱遗绩述》,提供了石马头宗祠、宗谱创修史料。

《萧山钟氏宗谱》 所在地佛山村上堡自然村,民国丁亥年(1947)重修,钟凤鉴主编,懋修堂木活字本,裔孙珍藏,共4卷。卷口作“萧山上堡钟氏宗谱”。卷一前8页每页4个行书大字:“汉唐古族,诗书奕祀,宋明世家,忠节名贤,黄甲登科,孝悌雍和,历历无讹,流芳百世”。要目卷一钟氏发派、谱序、诰命、像赞、寿序、表行、谱例、遗训、祖联、祖匾、诗作;卷二外纪系图、字母图、本支系图;卷三外纪行传、本纪行传第1世至第15世;卷四本纪行传第16世至23世。宗谱始创年代不详,经明嘉靖二十八年(1549)、清康熙间(1662~1722)、嘉庆十四年(1809)、道光十九年(1839)、同治七年(1868)、宣统庚戌年(1910)重修。嘉庆十四年始刻本,此前只是缮写。

上堡钟氏原姓子,实为宋桓公子微之裔,食采钟离,遂赐姓钟离,封于颍川(今属河南)。至钟离期公善音乐,志在高山流水,徙居江西饶州乐平。至钟离瑾公,去离,单姓钟,故有钟、子二姓万世难婚之说。至襟公,授宋枢密副使,随宋室南迁临安(今杭州)。为避权奸秦桧,隐居龙游,复迁萧山临浦,取地名钟家坦。乐公迁居山阴天乐,取地名钟家坞(今属进化镇)。世绥公与弟世玺公从钟家滩迁居上堡,尊其父臣英公为上堡钟氏始迁祖。至民国丁亥年重修宗谱时,已传第23世。上堡钟氏分迁外地的主要有,第4世权二公迁居海宁,权三公居塘西(今属杭州市余杭区);第6世鼎五公居富阳里山;第7世茂七公赘居府城(今绍兴市)姜姓;第13世仕十九公析居义桥徐童山,等等。

该谱系彩绘宗谱,刊彩绘祖像5帧。王绍兰、来凤郊、汪辉祖、高枚等乡贤撰有序文和传记。所刊祖匾、祖联4副,以及廷赞公辞朝诗、回朝诗、隐居诗等,具有一定人文价值。明嘉靖二十八年重修时,署名秦鸣雷、王宗沐、屠滽、方孝儒、贾似道之序似曾相识。

《萧山钟氏宗谱》　为上堡钟氏支谱,清宣统庚戌年(1910)重修,务本堂藏木活字本,共2卷,裔孙珍藏。卷一历修序言10篇,钟氏源流、诰命2则、像赞5则、寿传、宗规、诗、字母、系图等;卷二行传。

该支谱与民国丁亥年(1947)重修之上堡合族《萧山钟氏宗谱》,结构与内容基本相同,唯入谱房派减少。但有两处不同值得关注,一是堂号,支谱为务本堂,而族谱是懋修堂;二是族谱只5帧彩绘祖像,而支谱除5帧彩绘祖像,卷首8页行书大字"汉唐古族,诗书奕祀,宋明世家,忠节名贤,黄甲登科,孝悌雍和,历历无讹,流芳百世",全是大红。

《萧山长潭姜氏宗谱》　所在地尖山下村,民国戊子年(1948)重修,赐履堂木活字本,族裔珍藏,共6本。

尖山下姜氏于明洪武年间(1368~1398),自富阳方家墩迁来,后子孙繁衍成村(今尖山下),尊安三公为尖山下村姜氏始迁祖。姜氏宗谱始修于清乾隆乙丑年(1745),经嘉庆己巳年(1809)、道光己丑年(1829)、道光丙午年(1846)、同治六年(1867)、光绪己丑年(1889)、光绪丁未年(1907)及民国戊子年7次重修。

第一本载姜氏宗谱源流序、历修谱序7篇(其中道光己丑年重修之序为赐进士及第、庶吉士日讲起居注官瞿昂撰)、凡例20则(民国戊子年新增2则)、姜氏宗祠记、行述、传、合传等;第二本载历代像赞82帧;第三本迁居录引、历代系图、字母、本纪系图等,姜氏本纪字母自安三公以下为:聚、万、文、仁、肃、雍长、美元、孝国、道正、寅天、恭新、真顺、德富、启、贤恩、良、善、余、庆、永、寿、康、宁;第四本第1世至13世行传;第五本第14世至16世行传;第六本第17世至21世行传。

《萧山长潭顾氏宗谱》　所在地顾家溪,民国丁亥年(1947)重修,顾文藻主编,承厚堂木活字本,族裔珍藏,共22卷。内封刊"云礽玉牒""将相忠贤"等字。

顾氏于南宋从江苏常熟迁居萧山云石一带,始迁祖顾炳。顾氏宗谱创修于南宋隆兴九年(1171),经绍定六年(1233)、明洪武二十四年(1391)、万历十三年(1585)、清乾隆二十四年(1759)、乾隆四十三年(1778)、嘉庆二年(1797)、嘉庆二十五年(1820)、道光二十六年(1846)、光绪十二年(1886)、民国6年(1917)、民国丁亥年重修。

卷一收顾氏宗谱源流序、历次谱序、承厚堂记、文聚斋记、行字说、续评谱说等;卷二像赞;卷三凡例、历代字母、历代祠堂匾额对联、诗文(长潭十景诗)、传、跋等;卷四外纪系图、外纪行传;卷五至卷十系图;卷十一卷二十二行传。

该谱的最大特点是直面现实、关注时事。民国36年重修宗谱序中,用很大篇幅写侵华日军给社会和人民带来的灾难,以及村人在抗战中对于国家民族作出的贡献。抗战刚刚胜利,便着手修谱:"今当胜利两周,喘息甫定,族人生活渐苏,乃命文藻等调查人口异动及历年兴废情形,均载之家乘,藉资稽考,并以启迪忠孝云尔。"谱内收录时事方面文章3篇,为顾士江撰写的《日寇流窜记》和《平山小学记》,沈伯龄撰写的《建筑戴长段乡道记要》,对于了解侵华日军在萧山罪行和乡村学校、公路的建设,均有一定史料价值。

《萧山郭氏宗谱》　所在地张家弄村,民国20年(1931)重修,敬爱堂木活字本,族裔珍藏,共13卷。

张家弄郭氏于南宋时迁自诸暨马坞,始迁祖曾十一公(1786~1246)。郭氏宗谱于清康熙五十年(1711),由第17世孙仁焘公在其高祖用之公手录本基础上创修而成。经乾隆八年(1743)、乾隆三十八年(1773)、道光三年(1823)、同治十年(1871)、宣统元年(1909)5次重修,民国20年为第6次重修。卷首载宋史孝义列传第五十一会稽永兴人郭世道事迹,绍兴府志文苑传郭伦传,郭氏第19世孙廷木撰写的《郭母山说》《孝悌乡记》,历修谱序8篇,其中有第19世孙郭伦于乾隆壬申年(1752)撰写的谱序,郭伦的《石硖村记》、郭氏宗祠记2篇幅,石硖村图,家则14条,宗祠对联9副,"照山十景"诗,续修宗祠记,祭规,谱头系图行传等；卷一为丙一房系图行传；卷二丙三房系图行传；卷三辅一房系图行传；卷四辅一房行传；卷五彰二房系图行传；卷六彰二房行传；卷七彰四房系图行传；卷八彰四房行传；卷九真二房系图行传；卷十丙四房系图行传；卷十一丙四房行传；卷十二杂著，载有历世墓志铭、像赞、寿序、传、合传，其中有倪朝宾撰孝童歌、来集之撰像赞、周之麟撰传、汤金钊撰寿序等。

该谱所载“照山十景”诗为首次面世，描写了张家弄一带的人文风光，具有一定文史价值。

《萧山戚氏宗谱》　所在地南山村下方自然村戚家墙门，2007 年续修，戚友根主编，诗教堂珍藏，共 7 卷 8 册（卷三分上、下册）。为编章结构，设 5 编 21 章，这是对传统宗谱编排结构的创新。该谱是合谱，涉及义桥镇戚家山下村、临浦戚家里、所前戚家湾等周边戚氏 9 个居民点的 3000 多人。

第一编“九修”，下设“序”“留影”“编务”3 章，有来新夏教授和本届编谱委员会所作序文 2 篇，记录包括续修启事、捐资芳名、藏谱名录，编委成员等编务情况。第二编“源流”，下设“迁徙分布”“外纪”“溯源”三章。第三编“历修”，下设“历修序文”“历修传文”“本修传文”“人物简介”“历修芳名”“藏谱名录”“旧修拾撷”7 章。第四编“世系”，下设“字母”和“世系图（一）”。第五编“行宗”，按戚氏各派不同分居地域来写。

《萧山戚氏宗谱》创修于明崇祯十三年（1640），经清康熙二十八年（1689）、雍正甲辰年（1724）、乾隆三十一年（1766）、道光元年（1821）、道光二十八年（1848）、光绪十年（1984），民国 7 年（1918）、民国 35 年 8 次续修。有戚家山下版、花女桥版、富阳版三个版式本。本次续修三谱合一，收录“历修序文”16 篇，“历修传文”24 篇，“旧修拾撷”中录有“祭产”“凡例”“继书”“告示”等篇，戚谱历修情况大抵汇集于此。

《萧山盛氏宗谱》　所在地八都村盛家自然村，光绪辛丑年（1901）重修，聚斯堂木活字本，族裔珍藏，共 14 卷 16 册。卷首序、例言、诰敕、赠言；卷一赞、墓志、传略、家传；卷二庙图、庙规、诫言、祠记、原始；卷三行第定字、十世总图、龟山南一支系图世系、孙家埭一支系图世系；卷四县城松公派系图世系、县城柏公长房系图世系；卷五（上）龙王塘员一房、员二房、员三房系图；卷五（下）龙王塘员一房世系；卷六龙王塘员二房世系；卷七龙王塘员三房世系；卷八渊公至湜公七房系图世系、南庄分支盛家湾系图世系、南庄分支新庄系图世系；卷九南庄分支马鞍山下一支系图世系、南庄分支凤山坞一支系图世系；卷十东庄一支系图世系、西庄大房系图世系；卷十一西庄小房系图世系；卷十二顾家溪一支系图世系；卷十三盛家溪一支系图世系、王通岭一支系图世系、后跋；卷十四诗文。盛氏宗谱创修于明正德十四年（1519），经清嘉庆十五年（1810），咸丰八年（1858）重修。

《萧山喻氏宗谱》　所在地河杨湖村河上桥自然村，民国丁亥年（1947）续修，於义堂珍藏，村民收藏，共 8 卷（第 8 卷局部残缺。封面刊“启后”，内封刊“源远流长”。

萧山喻氏尊南宋大理寺评事修公，为喻氏之始祖。清乾隆三十五年（1770），“追溯渊源，参互考订而谱”，始创喻氏宗谱。道光丁亥年（1827），族长朝桢、伸瑜二公“举草创之未经纂入者，重为采集本支源流，炳如星日，而谱始一修。”后经咸丰已未年（1859）、光绪壬辰年（1892）、民国辛酉年（1921）、民国丁亥年重修。

卷一载凡例 16 条、遗训 24 条、合建及重建宗祠序 2 篇、喻氏支派源流序、历修宗谱序 6 篇、祠堂楹联匾额录、议据 2 则、禁约 2 则等。《粤匪扰乱记》，则记载了太平军在萧山的一些史事；卷二载传和合传 55 篇、行述 2 篇、寿序 1 篇；卷三历代仕宦录、敕、历代祖像并赞；卷四载系图引、字递图、外纪世系、本纪世系图第 1 世至 13 世；卷五系图第 13 世至 18 世；卷六行表引、行传第 1 世至 12 世；卷七行传第 13 世至 14 世；卷八行传第 15 世至 18 世。

《萧山党耆董氏宗谱》　所在地上董村，民国 37 年（1948）重修，遵欧苏遗式，共 6 卷，正明堂木活字本，族裔珍藏。

上董董氏先祖出于广川（古县名，今属河北省）。宋代，有董权者迁居萧山党耆里（今上董），后子孙繁衍成村。董氏宗谱创修于元朝元统二年（1334），时董氏定居上董已逾 400 年，有人口 500 多。董氏先祖子伯认为，“夫木之有本，水之有源，况簪缨世德之家，可不有其谱欤？”遂“追考前人之行实，究其本始之源流，为之图谱”。此后，经明朝正统九年（1444）、万历二十六年（1598）、清康熙庚辰年（1700）、乾隆二十七年（1762）、嘉庆十四年（1809）、道光十六年（1836）、同治五年（1866）、光绪年间（1875 ~ 1908）、民国 5 年（1916）、民国

37 年 10 次重修。

卷一载凡例、萧山董氏谱系源流、董氏家谱序、重修家谱序 11 篇、寿诗、历世遗像、传和行述 24 篇、正明堂祀产、藏谱名录等，其中民国 37 年重修之谱序，为陕西省政府主席祝绍周撰写，同治五年重修之谱序，为赐进士出身内阁中书敕授儒林郎韩钦撰写，明代 96 岁高龄的魏骥为董氏先祖用寅公 90 寿庆撰写了寿诗；卷二为上宗派字母图、上宗派系图；卷三上宗派行传第 1 世起至 31 世；卷四上宗派行传第 32 世起至 37 世；卷五下宗派字母图、下宗派系图；卷六下宗派行传。

《萧山长潭鲍氏宗谱》　所在地方溪村石板溪自然村，2005 年重修，承启堂珍藏，共 9 卷。遵欧苏遗式，内封刊"云礽玉牒"等字。

鲍氏于明朝徙居在石板溪，始迁祖鲍钢。清康熙五十六年（1717），鲍氏先祖善长公深感族内无谱之憾，特聘请进士、河南道御史田轩来，根据宋室名臣虞允文于南宋乾道二年（1166）所作《鲍氏宗谱序》，撰写长潭《鲍氏分析源流序》，梳理长潭鲍氏来龙去脉。清乾隆三十五年（1770），鲍氏先祖瑾瑜公以《鲍氏分析源流序》为依据，创修《萧山长潭鲍氏宗谱》。此后，经嘉庆十二年（1807）、道光廿三年（1843）、光绪九年（1883）、民国 6 年（1917）4 次续修，2005 年是间隔 89 年后的鲍氏第 5 次续修宗谱。

新修之鲍氏宗谱，卷一收历次修谱序言 10 篇，包括乾隆三十五年创修时、由翰林院编修吴嗣富所撰序文，以及凡例、家规、承启堂条例、宗祠记、蜈蚣山赋、咏长潭鲍氏村景、诗文等；卷二传、合传、诗作等；卷三像赞、阴基图等；卷四卷五世系支图；卷六至卷九行传。

该谱完备规范，文献内容较为丰富，收录鲍氏先祖或文人名流题写的传、诗、赋、楹联等较多。例如赐进士出身福建按察使来谦鸣、赐进士出身钦点主事特授吏部文选司汪继培、赐进士出身诰授奉政大夫广东嘉应直隶知州韩凤修、赐进士出身广东按察使沈镕经、岁进士候选训导王之谟，以及汤寿潜、周易藻等，都为历修鲍氏宗谱留下文墨。其中乡进士来阶的《咏长潭鲍氏村景》长篇诗赋，用"翠峦遥拱抱，玉涧近回旋；路接山阴道，流通鑑水船"等句，尽情赞颂长潭"山环水绕，霞蔚云蒸"之美景，令人神往。卷一设第 6 次修谱增补名额目录，使新上谱者一目了然，堪称宗谱编修之创新，值得称道和提倡。像赞多没有像只有赞，当是老谱的不足，而新编目录没有设页码，当是缺憾。

《萧山凌桥戴氏宗谱》　所在地三头村凌桥自然村，民国丙子年（1936）重修，源远堂木活字本，族裔珍藏，共 8 卷。内封刊"欧苏遗式"，内页刊"古越萧邑戴氏宗谱"。

凌桥戴氏于明代迁自浦江马剑（今属诸暨市），始迁祖戴绍，字滨，行堂二。戴氏宗谱创自清乾隆丙申年（1776），经嘉庆十七年（1812）、道光戊申年（1848）、同治戊辰年（1868）、光绪十七年（1891）、宣统元年（1909）重修。

卷一载历修谱序 6 篇、凡例、广舆记、送匾祝文、源远堂记、义塾节略、林二公序、南史隐逸列传、传记 12 篇、寿序 1 篇等；卷二载传记 30 篇、行述 5 篇、寿序、祀田碑记、继书、捐单、蒋家堰碑图、蒋家堰告示、议据等；卷三外纪总图、字母总图、系图第 1 世至 13 世，字母总图分凌桥派和下方桥派，凌桥派堂（始祖）、雍、熙、辂、豪、杰、才；下方桥派林（始祖）、庆、洪、儒、学、道、胜，两派 7 世以后字母相同，即英、俊、经、清、明、发、章、秀、富、贵、荣、华、德、义、高；卷四系图第 13 世至 19 世、下方桥系图；卷五行传堂字至俊字；卷六行传经字至明字；卷七行传发字至章字；卷八行传秀字至荣字。

凌桥戴氏在乾隆年间创修宗谱时，因旧谱在顺治初遭兵燹，遂使源流无从稽考，误称凌桥戴氏迁自西兴。至道光年间修谱时，方从马剑戴氏宗谱中查实，"吾族实浦江马剑所迁无疑。"

《萧山戴氏宗谱》　所在地南三村戴家山自然村，民国 6 年（1917）族长戴燮正重修，执礼堂藏木活字本，共 4 卷。卷口作"萧邑孝悌戴氏宗谱"。要目卷一源流序、谱序、像赞、家传、诗、联；卷二排行字第、历世系图、本支系图；卷三行传第一世至十二世；卷四行传第十三世至十八世。

戴家山山始迁祖太初公，行祥四，迁自西兴（今属杭州市滨江区）。从现有资料推测，戴氏宗谱可能创修于清嘉庆四年（1799），经道光七年（1827）、咸丰庚申年（1860）、光绪己卯年（1879）重修。

第五章　诗文选

戴村文人辈出，历代戴村籍作者留有不少诗文作品。象清代郭廷木、郭伦、沈廷杰、周易藻等，当代陈商、郭亮、丁晓梅等，这些作者及其作品，在萧山有一定知名度。戴村民间流传着不少民谣、儿歌、谜语、民间故事等，它们代代口耳相传，是劳动人民智慧的结晶，具有一定文化价值。戴村山清水秀，风景宜人，历来为外地文人向往之地，他们饱览原生态山水秀色，感叹之余不禁留下诗文，成为戴村宝贵文化遗产。

本章以搜集到的戴村籍作者的代表作为主，兼收少量外地作者吟咏戴村山水之作。按作品体裁分散文、诗歌、民歌谜语歌词、民间传说4节选录。

第一节　散　文

郭母山说

清·郭廷木

溯萧邑山轮周环数百里，而郭母山其上，南乡之最著者也。发祖道林，峦岗峭拔，历九、十、十三、十四都，而具瞻焉。巅有龙潭，中多巉壁。山之前后，寺观庙宇不一所，村庄佳塚相度而处之者不一家。其南仙桃观灵，神赫焉。西南半山，有玉峰古刹。其东，大小湖巨水潴焉。外此环於山而可指名者，姑不具论。

吾先世孝子原平公世居山下，会葬其母於是山，而山遂以名焉。是山名郭母，从原平公已葬其母后称之也，当其未葬以前，其为山不知历几何千百岁矣。以延更数十里之大，当人民稠密之乡，岂素无主名者，为樵牧之所呼唤，士子之所遨游，骚人迁客之所吟咏，具载於邑志府乘之间，以信今而传后乎？乃人称斯山而独曰郭母者，何也？古之君子其处巳也厚，其取义也微，是以实浮於名而世恒借所见。以名之原平公尽孝之实，宜其由乡党宗族、以至城市州郡，莫不咸奉为孝子而额手加敬。自宋太宗大明六年，原平公葬其母於是山而山名乃著，固所谓墟墓之间未施哀於民，而民哀之者也。顾孝亦何与於人，而感於人心之所不容巳者，遂不觉重其孝而乐为揄扬并举。其葬母之山传诵不衰，俾山得郭母以永锡墓名也，讵不伟欤。

嗟嗟！山无古今之异，而人有贤否之分。庸愚与草木同腐，圣哲齐日月争光。萧邑处越郡之中，当王谢风流之后，崇尚清高而不讲实行。原平公束带躬耕，孝亲肫挚，以自整饬於山林亩亩之中，而德行以著，风欲以淳，习尚以美，一时名公钜卿相与表彰而称述之，而里名乡籍且莫不旌改而为郭氏。有也夫岂独一山乎哉！厥后孝子公子姓或归华阴，或迁山左，或徙湖北，或宅暨阳而居，故里者盖寥寥焉，甯不深人浩歎耶？迄今登东山之巅，望仁风之墟，不禁欷歔於孝子。原平公已偕代更而时移矣，而犹幸郭母山之名流传于斯人之口颊间者，卒不少置也。庶几与严陵滩、越王峥并垂不朽乎？或曰郭母峰，或曰郭墓峰，总之不离乎墓者近是。於是为之说。

（郭廷木，戴村张家弄人。原载《萧山郭氏宗谱》卷首，民国20年(1931)8月重修，敬爱堂珍藏。）

蜈蚣山记

清·王　沄

高峰插云望如舳，是谓船窝。船窝之前蜿蜿蜒匕，起伏变化，分为三支：其一自船窝右转，稍伏为小黄岭，匕与富邑分界。由岭而稍南，峭壁巍然，竹树苍翠，曰翠屏邬，其下即骆家舍。又东南最高峰曰子牛山，奇险高危，人迹罕至，迤逦而下，陡然一峰，形如卓笔，是为尖山。其山后迴曲深邃，有破莲邬。稍东为庾清岭，踰岭南即河上镇，其路险隘，石壁嵯峨，许元度有诗题焉。岭之东曰云门寺，寺在山顶，山之阳则江心帆席，杭郡湖山咫尺千里，一览而尽。山门之阴则层峦叠嶂，不可枚数。又转而南曰九崀峰，峰如江涛，一波未平一波复起。虽夏云之多奇，不是过也。稍转为兔沙岭，匕之南数峰秀峙，则戴家山也，吾族之祖墓在焉。自船窝至此，缠绵已三十余里矣。

其一自船窝左转，产峰设崿。稍北为铁岭，匕通富邑。上有瀑布惊天震地，金铁皆鸣。又北东为大白水，飞如挂鹤。又稍北为鸡心岭，匕通富邑之渔山。岭之旁蔚然而深秀者，曰杨树湾，僧房幽雅，升高一望则临浦江帆悠杨，足下山阴岩壑宛若画图。稍转而北有绝顶焉，是为御屏，上平旁削，虽天高日晶，山半常吐云雾。又稍东山巅有巨石，俨若眠牛，号石牛山。其下即沈村，其山与子牛迤逦相封，其旁曰三清殿基址。轩敞稍伏为大豁，有僧舍当其隙，掩映幽邃，行者不见。外有高冈，为云峰山。山有禅院，每天降时雨则白云出岫。自船窝至此，奔腾又数十余里矣。

然此二支者犹旁支也，觅其中峰，则蜈蚣山为最尊。盖自船窝而来，大白水与鸡心岭两峰峡注，层层剥换，至横崀而伏，透出芝家岭间又伏。於是，奇峰涌出，连绵一十有二，苍崖丹巘，翠崿青巖，重重晻书，是谓蜈蚣山，而鲍氏居焉。中为族第，左阡祖墓，右建宗祠，内冷泉而外沙泉。笔峰尖为左臂，習风山为右臂，背枕蜈蚣山，而山之背即为尖山，山下鲍氏亦其族也。其前则平旷广远，其所面之山如大屏顶、小刁顶、楼子山，皆排列如屏障，故曰蜈蚣山为最尊。

（王沄，戴村人，清代邑禀生。原载《长潭鲍氏宗谱》，民国6年重修，承启堂珍藏。本志节选。）

永华山庄记

民国·永增

民国二十六年秋，“七七”抗战起，余自鲁湍返，盖避难耳。乡居多暇，就鹭棲塘宅边闢思亲园，遍植花木以自娱，并撰有一聯云：“无事三杯酒，有情一局棋”。因地狭难展，常引为憾。翌年九月，买杨树湾南凹处虎山童山数十亩，得肆意垦植，於谷间筑小楼以息影。是时，敌滔吾萧县城，凶焰方张，人多自危。而吾素抱最后胜利必属於我之信心，乃更名其山为永华山，额其楼曰“永华山庄”。是惕励吾人，我中华永不沦於暴敌也。

山巅有鸟道，北通石牛，西达鸡心岭，南连大平顶，东接杨树湾。策杖登临，任吾适之。俯瞰烟村历历如绘，可指可数也。绕庄有泉，甘而美净，淙如弦管。护庄有巖，左右耸峙，雄伟狮虎搏斗。庄小而幽，春则野花馥鬱，夏有绿树浓阴，秋听吟虫唧唧，冬观白雪皎皎，四时宜焉。居斯楼也，朝望旭日之升，晚眺炊烟之起，细聆林鸟之音，默察山水之胜，则世虑顿消，而逸兴横生。至夫云门、石牛、铁岭、青山，问之所欲往者，皆得玩於几席间矣。忆自辟荒芜翦荆臻，莳花植竹，栽果种树，犹如昨日。不其随八年之抗战，而皆枝枝畅茂，树树向荣，吾亦自得而自适也。乃志数语，以垂不忘云。

（顾永增，戴村人。原载《萧山长潭顾氏宗谱》，民国丁亥年重修，承厚堂珍藏。）

煨　年　糕

郭得山

我能读上一个月的私塾，实是巧遇。

1927年春节，村子里要办“洋学堂”了，只是祠堂改造为学堂的木匠还未完工，我先在私塾里读书作为过渡。

私塾老师是长我二十多岁的堂哥，未来的小学校长，毕业于省立第三中学。这里，让我插入一段几十年后的巧事——老师去世多年后，我在参观绍兴鲁迅纪念馆时，在玻璃柜中看到一本鲁迅先生任校长时的山会初级师范“同学录”，翻开的一页上正巧有我这启蒙老师的姓名，连通讯处也一字不爽。可惜老师已经去世，无法跟他攀谈了。

正月里是塾生的“黄金季节”，因为家长们要请老师吃“点心”——一壶酒，四碟菜肴，一盘炒年糕。学生们也有幸沾了老师的光，七八个人合吃一大盘炒年糕。一开学家长们在老师处“排队”登记，以后每天上、下午的“点心时节”各有一位家长挑着两只蓝子进塾。同学们先是“抢”筷子，然后揭开盖着的碗，热气腾腾的菜蕻炒年糕，或芝麻白糖炒年糕，实在太诱人了。

我因年纪小(四岁半)，又是老师的堂弟弟，而且读一年级的只我一人，所以我和老师共一张八仙桌，点心也跟老师一道吃，老师吃得很“文气”。他不断搛鸡肉、猪肝给我吃。

那时候，同学家不论贫富，爸爸妈妈从来不给零花钱，难得有一个铜板(一块钱兑三百个铜板)，到海潮太公小店里买两颗圆眼糖算是大享受了。平时口袋里的消闲果就是干菜部头，或是爸爸下酒省下来的罗汉豆。

正月里，年糕是“时鲜食品”，同学们的口袋里也是切成条条块块的硬年糕。

私塾里允许手炉烘脚。手炉煨年糕，是同学们的一大发明。

大概是炭火旺了，煨年糕的香味很快“钻入”每个人的鼻子里，而课堂里煨年糕是严厉禁止的，于是老师下了命令，把年糕交上来！

原来是老师的儿子，他拎起手炉，用笔杆把煨年糕一条条一条搛出来，放在老师面前。

香喷喷、热烘烘的年糕经老师的手，推到我的面前，老师还加上一句：“给阿惧吃吧！”我的小名叫子惧。

开始我还有一点犹豫，但禁不住这玳瑁色、玉晶晶的年糕的诱惑，在众目睽睽之下，我终于“壳咙咙、壳咙咙”地大嚼起来。

时隔七十多年，我还忘不了这顿“色、香、味、声”俱佳的美食，“壳咙壳咙”声似乎还在我有点重听的耳际回响着。

(原载《张家弄村志》，《家园三梦》之一)

攫猪粪

郭　亮

那些年时兴积肥，我正读初一。

一天下午，班主任宣布：每个学生拾10斤猪粪支援“农业学大寨”，否则，在班级墙报上记上姓名，以示惩戒。

谁也不愿落后，我同好朋友龙弟一起，借得畚箕、小铁耙，觅宝般拾将起来。走了不少冤枉路后，路人指点：你们要专门去找肮脏的地方，可能会有收获。我们想到阿琪家的灶墙弄里，常有几只猪在打滚。匆匆赶去，竟见一泡猪粪“落户”在墙弄最顶端。墙弄只容一人侧身进入，要带畚箕进去是没有可能的。

迟疑了一会，我终于咬牙道：“龙弟，你瘦，还是你进去吧。还有，上午老师不是还表扬你爱劳动吗？”龙弟犹豫，“快去，今年评积极分子，我一定投你一票。”大概是禁不住诱惑，我的同学终于捂着鼻子进去了，一会儿，又回身：“把铁耙拿来。”我递上。过了会儿，他又转身摇头对我说：“不行，拿不出来，很烂的，提不牢。”我想了想，从路边拾起一块瓦片：“就盛这里吧！”

弄内终于传出耙、刮和他“呸、呸”的声音。又一会，他一手提瓦，一手提耙，侧身，平展开手，小心翼翼，像擎着金元宝一样走来，汗流满面，衣上沾着脏兮兮的青瓷泥灰，手指头上也染着一大塌粪迹。

这样的机遇却着实不多。又转悠了几处，败兴而归。走到镇食品公司生猪收购部，忽听里面传出“咕噜咕噜”的声音。龙弟惊叫：“猪，猪栏里有粪！”对，平时，我们常常在这里玩耍，是很清楚房屋的具体走向的。不一会，就从西边的小门口溜进，蹑手蹑足便到了猪栏边。里边猪粪真多，叠成了小山，我们激动得眼睛都放光了。

龙弟发话：“刚才我拾，这回看你了。”他先发制人，我没了理由。爬进猪栏，拣过铁耙、畚箕，径直向粪堆摸去。

天知道，猪栏内的群猪一见人进来，以为是喂食的，一古脑儿往我身边靠，还昂着头，“咕咕咕”地朝我做亲热样。地滑、猪多，再加上心情紧张，我竟仰面一跌，那脏就没法说了。猪乱拱乱叫，惊动了食品公司的职工。三五个屠夫，循声拥入，像老鹰捉小鸡一般，把我提到天井，一顿臭骂。好在我们是为集体积肥，再加上里面也有我父亲的几个熟人，不久便放手了。可惜的是，刚才从灶墙弄里拾得的猪粪也充了公。

在小池洗了手脚，我们又走进一片菜地，这里是溪河大队的地界。“去赶猪吧，逼它下粪。”龙弟提议。于是，我们瞅准一个机会，把那一只刚在村口出现的大肥猪赶到无人处，乱打乱赶戳。肥猪一会东，一会西，像匹小牯牛，剽悍极了。我们气喘吁吁，它却兴味犹浓，同我们做游戏，就是不肯把肚子里的“宝物”拉出来。“完了，龙弟，我眼睛都发黑了。”我说。龙弟也颇有同感。于是，在呼呼的喘息中放弃了这个阴谋。

“哟，这不是很好的肥料吗！”天无绝人之路，我居然发现一小堆一小堆很有规律地撒在地上的肥料。我们一合计，便放手干起来。一边拾那不必拾也不该拾的猪粪，一边不时回头张望，只怕有人呼喊着赶将过来。也算利索，到把整块菜地扫荡干净，畚箕里已是“馒头”一般。我们一声“再见”，便匆匆逃遁。

第二天，班级墙报上出现了我和龙弟的名字，赫然列在“表扬栏”。

第三天，学校组织队伍，打着横幅，敲着锣鼓，兴师动众，把肥料送到溪河大队。

校长满面春风，拉着队长的手，表示全校师生对“农业学大寨”活动的一片心意。队长也笑着，但好像有点不自然。后来两人嘀咕了几句，校长也便显出了尴尬。

回校后，一个消息在学校传开：前天，有人把一块菜地里的猪粪偷走了。尽管学校声称要大兴问罪之师，但这学期结束，我还是被评为劳动积极分子。

（原戴《江南》1993年第四期，《散文三章》之一。）

云石生态游　回归大自然

吴利萍

距城区西南30千米，省级石牛山森林公园内，有一个叫人留连忘返的好去处——云石生态旅游度假区。这里群山起伏，峰峦叠翠，峡谷幽深，溪水潺潺，风景绮丽，年平均气温18.1℃，夏日可避暑休闲，冬天可看雪景奇观，让你尽享回归大自然的乐趣。

从03省道溪河村西南行，过响石桥，云石溪两岸青山扑面而来，顿时让人进入一个清凉世界。沿九曲十八盘的山区公路蜿蜒而上，一会面绝壁，一会临深渊，大自然的鬼斧神工让人感叹。上观景亭，俯瞰来路崎岖，山奇峡峻，顿生豪情。

离观景亭不远，有天狮飞瀑。峡谷深深，山崖峭峻，溪流至此跌宕而下，落差数十米，似注似线，似雾似涌，白沫翻飞，银练倒挂，轰然有声，如雷贯耳。人立于此，暑热顿消，凉透心田。

倘你有力气，可一鼓作气登上海拔648米的狮峰顶，俯看脚下群山苍翠，远望钱塘江、富春江百舸争流，如遇天气晴好，还可看到杭城风光和钱江大桥雄姿。此其时也，山风荡胸襟，岚雾生足下，物欲忘怀，情生自然，放喉一呼，群峰回应，那份感受真让人铭记终生。

下山途径萧山高山第一村，在已有三百多年历史的狮山村里与老农话旧，饮一杯天然绿色农家茶，在竹林掩映中感受一番“不知秦汉、无论魏晋”的乡村气息，一定会让你有如临世外桃源的感受。当然，人是凡俗之胎，半日登山，肚皮咕咕作响。此时在云石度假山庄用餐，品尝农家风味，什么鞭笋、蕨菜，什么本鸡、野兔，不分山珍，何辨海味，总之是天下第一等的佳肴，不撑个肚圆胃饱便是亏待自己了。

稍作休息，沿曲曲窄窄的盘山水渠平行六七百米，便是萧山第一高山水库——响天岭水库。高峡出平湖，在海拔高度为600多米的群山环抱中，有着这样一个蓄水25万立方米还可发电的人造工程，不由让人惊叹人类的伟大。看山映水中，微风过去如浮玉，听风掠竹海，啸啸作声翻绿涛。再告诉你一个小秘密，这里的水质经国家海洋局检测，其PH值、矿化度及锌、锂、镁等微量元素均达到优质标准，是天然的矿泉水哩，你尽可放心饮用。

看不完山清水秀处处神神奇奇，还有众多人文景观等着你。千年古刹云门寺、道教胜地三清殿、炼石补天女娲殿（遗址）、爱国主义教育基地钟阿马墓……云石游，怎一个美字了得。

（原载《萧山日报》2002年9月6日）

在骆家舍的薄雪黄昏

丁晓梅

站在这里，几乎可以触摸到那些被雪压着的竹梢，竹子上的雪也越来越厚了，不时一块块地往下掉。那些修长的翠竹，仿佛有弹性一般，柔软地弯着腰，遮挡了一部分远山的风景。而在远处那层层叠叠的山谷里，终日有烟雾缥缈，恍若仙境。

在一个阴雨绵绵的冬日午后，我驱车上了萧山戴村的“高海拔村落”——骆家舍村。我有一个秘密的想法，想到这里来买一栋老房子，用来写作，或者离群索居。这个想法在博客上一公布，就得到了很多朋友的响应，虽然她们不知道骆家舍是怎样的一个地方。

到了那里我惊讶地看到，刚刚路过的尖山村还在下的细雨，到了骆家舍变成了小雪，而且雪似乎下得有些时候了，家家户户的黑瓦片有一半被薄雪覆盖。往山上望去，两边的毛竹一片一片地被压弯了腰，露出一半绿色，一半白色。山势越高，越是苍茫。

空气很冷，村庄很安静，水泥的村道上还没有积雪，偶尔看到有一两个村妇拎着铜火熜走过。她们的身后跟着一两条狗，或大或小。因为人烟稀少，在山里，狗成了人不可缺少的伙伴。

这个村庄的房子很有特色，因为依山而建，墙基都用半米见方的石块垒成，墙基打得很高，数了一下，高度都有七八块石块。所以从底下往上看，一栋房子有半栋是墙基，看上去很坚实。听说在这里造一栋房子，打一个地基花的钱和造房子的上半部分花的钱是一样的。可见这地基打得有多辛苦。

这样的房子错落有致地排列在山坡上，露出层层叠叠的屋角、墙面和窗户，给人一种曾经繁华的感觉。

村委会在曾经的小学校的二楼。因为入学儿童的减少，小学已搬到十多里路外的乡中心小学，现在只有十来个幼儿在楼下一间昏暗的教室里上幼儿园的课程。曾经在这里一到六年级的课程都是开满的，早上太阳升起的时候，能听到书声琅琅。

一个村庄的式微是从学校的消失开始的。

我们推开学校对面一栋老房子的大门。这是一个小小的四合院，简易的木结构房子应该有上百年历史了吧，门窗都已经倾颓，看上去不像有人居住的样子。但是走到西边的厢房，看见有一个几近瘫痪的老太太躺在床上，她的女儿正在照顾她。她的女儿说老人今年八十七岁，生了八个孩子，两个儿子六个女儿。大家生活得都不容易，五年前老人摔坏了腿，现在六个女儿每人一天从山外赶来照顾她。而老人却说，我有八个孩子，他们都不来看我啊！大家都说她脑子已经糊涂了。同行的朋友拿出两百块钱放在床上。她女儿拿着钱追出来，喃喃地说，这怎么好意思。

朋友说：我们看见了，不能当作没看见啊！

大家出来了心里都有点不好受，风烛残年的房子和老人。刚才老人的女儿指给我看山坡顶上他兄弟的房子，现在都空着，到山下的工厂打工去了，在外面租房子住，一百块钱一个月。

在村委会了解这个村子的情况时，有一个人对我们特别热情，原来他希望我们帮他寻找竹制品的销路。一定要我们去看看他家做的竹制品。原来只是一些脚手架、竹匾之类，建筑工地上用的。我们建议他做一些宾馆用的精加工竹器，出口量很大的。他摇摇头说不会做。

这个村子其实很大，有四百七十多户人家，分上舍和下舍。上舍姓李，下舍姓杨，泾渭分明。我有很多初中的同学都来自这个村子。这里的男生温柔敦厚，女生明艳动人，皮肤白皙，人称“石阏美女”，他们都很勤奋，现在在城里的都谋上了很好的职位。一直沿着村道往上走，看到几家建得很漂亮的别墅式洋房。估计都是在外面做生意或谋到了一官半职的子孙回乡建下的。只是无一例外地紧闭着门。

再往上走，就是小黄岭了，翻过小黄岭，是富阳。山道上的竹子有很多都折断了，弯下来盖住道路，就像一个棚子，人从里面钻过。村支书说，这都是去年的那场大雪压的，靠山吃山，这里平均每人有四百多根竹子，但是没有一分田。

我们站在最高的一户人家门口。这户人家门也是紧闭着，但是门口有狗，檐下堆着柴垛，说明有人居住。站在这里，几乎可以触摸到那些被雪压着的竹梢，竹子上的雪也越来越厚了，不时一块块地往下掉。那些修长的翠竹,仿佛有弹性一般,柔软地弯着腰,遮挡了一部分远山的风景。而在远处那层层叠叠的山谷里,终日有烟雾缥缈,恍若仙境。

在这高山之巅的房子里,本来应该生着火炉,和三两知己下着围棋,或织着毛衣,温一口黄酒,看窗外雪花飘落,再用毛笔在宣纸上涂点画点什么的。但是今人哪来这样一份闲适的心境呢?或许我们可以放弃一些牵挂,放弃一些作为,给心经营一个略为奢侈的安置点。或许可以。

（原载《萧山日报》2009年1月16日）

第二节　诗　歌

白墅寺

倪朝宾

蛇径穿丹嶂,龙宫锁白云。
山空无剥啄,野趣有耕耘。
古树秋涛落,新篁绿雪纷。
老僧飞锡去,惆怅对斜曛。

注:白墅寺,遗址在戴村镇石峡山北麓。倪朝宾(1563—1629),字初源,明萧山桃源乡梅里村人。万历辛丑(1601)一甲三名进士,出知福建延平府,累官至湖广按察使。

郭孝童歌行

倪朝宾

祝融扇祸何太烈,六月飞烟如电掣。
一十七人倏煨烬,令人闻之痛欲绝。
郭氏孝童事最奇,入火救母嗟何之。
母弟三人烈焰中,宛转抱持不忍离。
吁天无路身无翼,化作飞灰云墨墨。
火怒风号鬼神泣,白日暗淡惨无色。
吁嗟呼!
与母同死亦何求,赤霆为御太虚游。
火宅便是清凉国,须臾一炬成千秋。
孝童之躯虽可熟,孝童之名不可灭。
莫渭祝融肆不仁,煅炼肉骨扬芳屑。

注:孝童,石峡村人,即郭伦《萧山赋》所谓孝童救母者也。

和庆寺

丁伯耕

茅屋石田峰外峰,天开万朵青芙蓉。
寒鸦遍地晚风起,红叶点山秋色浓。
危磴新晴通腊屐,长溪流水急村舂。
攀萝记得曾来处,未许闲云尽日封。

注:和庆寺,遗址在戴村镇沈村谢坞山麓。丁伯耕,字酋辰,号云川,萧山人。嘉靖间(1522～1566)禀生,着《碧仙楼诗集》等。

宿云门寺

来尔绳

云外轩楹宿斗牛，竹林深处正生秋。

青山隐隐浑无数，一带寒溪月下流。

注：云门寺，在戴村镇云门山巅。来尔绳，萧山长河人，清康熙丁亥年（1707）恩贡生。诗见《冠山逸韵》。

江　行

毅　斋

风浪不见作，鱼龙深在渊。

芦边一声笛，仿佛楚湘天。

注：原载《古越萧南丁氏宗谱》（清宣统辛亥年续辑，思本堂珍藏）卷二。毅齐，清代人，为丁村丁氏先祖。下同。

题　菜

毅　斋

秋雨黄台抱蔓休，茕茕漆室尚生忧。

采薇歌向白云者，人在首阳山上头。

咏长潭鲍氏村景

来　阶

上党家声旧，长潭风景妍。
探幽寻往迹，选胜着新篇。
楼阁凌雪汉，葘畬遍陌阡。
翠峦遥拱抱，玉涧近回旋。
路接山阴道，流通鉴水船。
展旗排列岫，卓笔耸危巅。
迢递银屏转，飘飖罗带牵。
蜈蚣形窈窕，塔雪势潺湲。
西去云门近，南来星聚连。
小黄无俗岭，大白有清涟。
题壁思元度，烧丹忆半仙。
考亭吟风翥，诚意咏龙眠。
古庙山腰出，深森有迹穿。
竹与行彳亍，腊屐致蹁跹。
夕望牛羊下，朝看燕雀骞。
诗筒驴背上，笛响柳堤边。
奇似神仙窟，幽疑高士廛。
系从安邑始，家自歙城迁。
明德贻谋远，仁风流泽绵。
荐贤表东海，秉铎振南天。
司隶声名盛，叅军词赋传。

衣冠惊鹊起,科第喜蝉联。
绿巘安樵牧,朱门乐诵弦。
光前多盛烈,裕后有名贤。
俎豆春秋设,诗书日夜研。
岁时宗谊厚,风雨友情坚。
祖庙辉金碧,孙支秩简编。
祥麟欣有种,冀马欲空前。
德造资教益,老孤欣养恬。
齐居长惬意,卿物动流涎。
蔼蔼桑如锦,离离栗似拳。
百宗供祀事,七绝奉宾延。
笋进宜沽酒,敬芬欲汲泉。
无肠香作饵,巨口竹为筌。
于貉来狐兔,从禽获豵豜。
山苓堪却老,土术更延年。
膏雉肥宜馔,新蒲滑可搴。
奚囊收未尽,秃管咏难全。
愧拟三冬足,羞言七步专。
聊将珂里意,书在薛涛笺。

原载《萧山长潭鲍氏宗谱》卷一,民国6年重修,承启堂珍藏。

云石山房诗草(选6首)

沈廷杰

登云门顶

摩空峭壁露华浓,策杖登攀路几重?
左右脚分吴越界,东西门峙马牛峰。
千竿翠竹开萧寺,万壑长风送暮钟。
滚滚之江来眼底,灵山朝罢去朝宗。

客沪感怀(其四)

扇隔污尘颇自贤,千金骏骨有谁怜。
梁鸿欲傍要离冢,石虎方横典午年。
蜗斗纷纭传檄起,鸡声撩乱枕书眠。
摩娑剑佩思归去,洞口桃花好放船。

归里漫书

携妇还家二月春,伤心萱谢但依椿。
崎岖客路归方稳,贫贱交游老愈真。
扪虱篱边窥远塔,钓鱼池上涤轻尘。
莫嫌确荦乡村小,高卧闲行寄此身。

乡居春兴

溪流曲曲抱村斜,好景尤宜野老家。
雨阻客稀生径草,风怜我懒扫庭花。
半林山鸟含烟语,几尾池鱼带月叉。

采到春芽浓绿裹，先吹活火试新茶。

郭墓峰

昔有独枫里，于今即桃源。
宋居郭世道，孝行敦本原。
其子字长泰，父病不解带。
华耇处贞约，深仁洽小大。
巍巍云门峰，落脉开芙蓉。
中择牛眠地，马鬣营崇封。
整衣耕墓田，流涕惨哀容。
区区一佣者，表举蔡兴宗。
冉冉千百年，郭墓无遗踪。
湮落谁采缀，揽景一扶筇。

苎罗村

戏据毛甡记，西子归萧山。
距城三十里，山有优罗弯。
下即古苎罗，溪水响潺潺。
水流石不转，浣纱来珊珊。
艳质难自掩，明妆映翠鬟。
捧心自此去，哀怨入吴关。
登台招麋鹿，颦眉喜复潜。
裙带系王颈，红粉战胜还。
重寻生长地，应作汤沐颁。
胡为逐鸱夷，烟波深处闲。
荒荒一遗庙，桃李妬芳颜。

注：沈廷杰，详本卷第一章第四节。

照山十景诗

许肇基

郭墓秋月

墓推郭氏志千秋，月到明时景倍幽。
独有清辉常霭霭，不亏昭质迥悠悠。
银蟾皎洁光弥着，白鹤回翔色并浮。
还是原平通冥鉴，凌空皓魄朗山头。

石硖凉风

石硖崎岖古道延，凉风吹嘘小亭边。
山头曲径邻般若，溪口回飙御冷然。
过客披襟忘溽暑，游人落帽豁金天。
英才欲上青云路，任假扶摇在眼前。

玉屏拱秀

平展倪迂一幅屏，回环玉轴已成形。
横排月下参差白，倒影波中续断青。

秀毓高岗占秀气，文摛丹嶂显文星。
郭家取族依云母，永奠鸿基爱地灵。

峻壁飞泉

照山堪作玉屏依，更有泉从石上飞。
峭壁淋澌疑瀑布，悬崖喷沫亚垂巩。
息深只为源头远，泽普还因地脉肥。
岩谷至今流乳窦，任人挹注澈灵机。

三河曲水

河源远溯接天潢，仁里周环润泽长。
波折几曾输九曲，涟漪还足赛三湘。
鱼吹细浪纹多绉，鹍化洪涛影异常。
更得羣贤修禊事，回渊万古任流觞。

双尖晚霞

峯夹双尖漏日华，山头反照散晴霞。
光余赤帔轩轩举，影剩红绡渐渐斜。
夕秀辉煌封石室，暮烟闪烁煮胡麻。
西巘瑞霭澄天半，蔚处长摛笔底花。

云峰积雪

高峰隐隐插云霄，竞秀还缘瑞雪飘。
固为北风寒自霰，竟同西岭冷难消。
翠微虚白银花积，碧落晶莹玉叶摇。
皎洁照山长见赏，幽人素履辟尘嚣。

普寺晨钟

忽闻午夜有钟鸣，普寺遗来醒众生。
七宝庄严开觉路，大千世界警宵声。
蒲牢永吼通三昧，佛国长号报五更。
响震村居瞻曙色，兆人都莫负黎明。

西溪红叶

遥知青女爱殷红，绛叶偏翻望宇同。
东墅丹林悬灿烂，西溪锦浪暎玲珑。
拟将凤翥凌霄汉，并作龙飞趁晚风。
好景眼前堪拾得，停车闲憩兴无穷。

龟岭松声

突兀龟山横北郭，乔松苍翠吼方村。
风梳午夜声多韵，籁振高柯响更繁。
陡觉龙吟云里过，俨闻虎啸岭头喧。
赏音何必陶宏景，入耳咸知契不烦。

注：照山，在今张家弄村南。“照山十景诗”原载《萧山郭氏宗谱》（民国20年重修，敬爱堂珍藏）卷首。作者许肇基，萧山桃源人，与张家弄郭氏是姻亲。清乾隆三十八年许肇基曾为郭氏宗谱作《贞女郭母顾太君序》，以此推断当是清中叶人士。

独山八景

轶名

老子仙庙

仙炉九转宝丹成，紫气红霞绕地生。
剑佩锵锵真气肃，康衢济济物华明。
龙降虎伏风云集，鬼泣神惊宇宙清。
事迹到今犹未已，青牛涉远与谁评。

大桥书声

洙泗源流一派生，咿唔相接尽豪英。
春风昼永琅琅响，夜雨更深秩秩鸣。
得意忘言殊有觉，诵言知味亦无声。
何人复立相如志，题柱仍看验马荣。

山峰石笋

地骨钟灵阖户开，石峰透起一声雷。
昂藏头角凌空出，老大根枝着实来。
四面奇峰皆拱向，一拳怪石独崔嵬。
往来多少登临者，思古伤今感钓台。

玉溪清泉

渊泉混混出龙门，派衍溪川势吐吞。
月漾波心金镜跃，风来水面碧澜翻。
盈科不失平生信，彻底会无一点浑。
知是本深流必远，永年润泽任吾孙。

百亩春耕

百亩田中事业多，农家生意要如何。
时平东作皆于耜，望在西成共纳禾。
布谷催人言聒聒，妻孥馌饷笑呵呵。
栉风沐雨虽辛苦，试庆沔乡载满箩。

独山晚眺

独峰绝顶耸眉梢，四顾山原景物遥。
樵担拖薪来墅坞，鱼舟罢钓泊塘坳。
牛羊巷口寻归路，鸟鹊枝头认旧巢。
眼底风情皆自得，不知月色已平桥。

古老君庙

昔日函关紫气来，青牛行迹驻山隈。
经传道德垂名教，步让谦光遵美裁。
秀毓千秋明世泽，灵钟万古赞三才。
尼山媲圣高山仰，随地钦崇寰宇开。

郭巨古宅

乡名孝悌昔时传，里号旌贤续世绵。
卜宅须知仁厚好，移居只向朴醇安。
纷华多入时人眼，淡泊常存上古天。

青史标名埋子事，郭公美宅自当尘。

注：原载《萧山长潭孙氏宗谱》（民国丁卯年重修，敦本堂珍藏）卷一。

述怀六十赋（四选二）

周易藻

一

误谪红尘六十年，如霜须发两皤然。
椿灵未妥终衔恨，出茁频摧每暗怜。
幸有缥缃承手泽，愧难弓冶接心传。
峥嵘头角今何似，此子应呼不像贤。

二

廿年羁旅滞杭州，又复天涯汗漫游。
五上公车均报罢，两辞司铎矢潜修。
文章误我虚名盛，衡鉴及人实求实。
自愧此生才识短，一无建树展新猷。

注：周易藻，详见本志《人物》卷。原载《马谷周氏宗谱》（民国癸酉年（1933）重修，爱莲堂珍藏）卷四。民国12年（1923）9月，周易藻年届花甲，写下《述怀六十赋》四章。

山花集

陈　商

竹

无河无海有潮声，个个虚怀却有情。
破垠向天有翠帜，俯腰对地慕坚贞。
雪压群山惊向铎，暑风脱箬护儿孙。
粉身碎骨成筒纸，学得精神有几种。

兰

不为王者出山林，只为尘寰有夙情。
岂学牡丹呈媚骨，也胜梅蕊傲西冷。
有香须在风中觅，追迹还向谷底寻。
若将风流谢时节，柴门丽缶养春心。

粽箬

翩翩龙船逐水浮，汀流楚江赛群舟。
高风不乞投来食，怀赋岂听带笑歌。
五月原来多风雨，百年曲直有沉浮。
泽边生息防饥岁，不为端阳看逝波。

苦菜

苦菜从来名不传，傍溪伴石自相安。
因悯饥肠常带苦，漫看红绿齿生酸。。
牛羊厌瘠连根踩，野鸟无心哂笑看。
而今久不近杯箸，应念当年锅灶寒。

注：陈商（1924.4～1996.7），字曾喜，方溪村顶山自然村人。

云石风采录

陈　商

之一　云门寺

云门有路可登攀，鸟语花香不一般。
石级千阶通霄汉，重岚直上小群山。
老寺尚留红紫荆，新门幼木矗松杉。
俯首风轻云隙处，平添楼阁是人间。

之二　石牛山

卧垄耕余傍月眠，不管华屋弃甘甜。
雨雪煎熬炼铁骨，春风煦拂有新颜。
上岭疑身进八陈，返山灵犀伏云边。
天公巧将精神合，启示愚公苦应先。

之三　大瀑水

千丈坑顶有孤村，绕涧环崖茶树深。
雾里云间呼女伴，青灯长夜炒龙井。
生囡砍柴胜壮士，有子难婚山苦深。
今朝喜报新树建，却动深沉恋土情。

过萧山

郭汉城

列列新房树树烟，六街三市尽喧阗。
已无儿时凄苦事，屈指归来五十年。

注：郭汉城，详见本志《人物》编。本诗是作者1988年回乡时探亲时所作。

第三节　民歌　谜语　歌词

民歌

有囡许到大湖头，鱼腥虾蟹不断头。
老公睏在脚后头，毛纸当枕头。

（三头村大湖头自然村）

人人都说钱财好，人人钱财少不了。
钱财本是身外物，为人莫把钱财贪。
邻居贪财多是非，亲戚贪财断往来。
朋友贪财断绝交，兄弟贪财不同胞。
男人贪财坐牢房，女人贪财身体伤。
做官贪财罢官职，皇帝贪财乱朝纲。

（半山村“贪财谣”）

一点雨，一个泡，潘山塘坞落倒灶。

何家桥,三个小鬼喊的喳喳叫,上董还有白米粜。

（上董村顺口溜）

一颗星,叮玲玲。
两颗星,挂油瓶。
油瓶油,好炒豆。
豆子香,挂辣椒。
辣椒辣,叫裁缝。
裁缝手脚慢,叫泥水。
泥水会打墙,蚂蚁会拆墙……

大麦管管,小麦管管。
大麦田里有大老虎,小麦田里有小老虎。
河清寺里有个老太婆,给我做个呜嘟嘟。

咿呀磨,天龙做大磨。
大鸟吃大麦,小鸟吃小麦,花花鸟吃荞麦。

月亮弯弯,弯过西山。
西山一间庙,庙里一口井。
井里一只碗,碗里一条蛇。
蛇头上开花,尾巴上结籽。

（佛山村儿歌）

冬瓜,冬瓜,两头开花。
一口气话十八个冬瓜。
一个冬瓜,两个冬瓜,三个冬瓜,四个冬瓜……十八个冬瓜。
十八个冬瓜、十七个冬瓜……两个冬瓜,一个冬瓜。

（南山村饶口令）

千年怪石卧峰巅,头角峥嵘势俨然。
纵使牛郎鞭石起,餐风吸露共长天。

（枫桥村“石牛诗”）

笑口常开,青春常在。
遇事不恼,长生不老。
笑一笑,十年少。
起的早,睡的好。
七八饱,常跑跑。
多笑笑,莫烦恼。
天天忙,永不老。
吃饭先喝汤,永远没灾殃。

吃的慌，咽的急，伤了胃伤了肠。
人愿长寿安，要减夜来餐。
晚餐少吃一口，晚上舒服一宿。
青菜可口，疾病逃走。
朝食二片姜，犹如人参汤。
吃饭带点糠，成年保健康，五谷杂粮壮身体。
饱不洗身，饥不洗澡。
饭后百步走，活到九十九。
饭后三百步，不用进药铺。
千金难买老来瘦。
不求虚肿，但求壮实。
裤带愈长，寿命愈短。
运动好比灵芝草，何必苦把仙方找。
人怕不动，脑怕不用。
练练力出，缩缩病出。
早起做早操，一天精神好。
不靠医不靠药，天天劳动最见效。

（半山村“长寿谚”）

一杯酒敬天，二杯酒敬地，三杯酒敬鲁班先师。
择得吉时良辰，建造万年楼房。
文曲星照应，鲁班先师到堂。
墨斗拿在手，金丝夹两头。
一线弹的荣华富贵，二线弹的子孙满堂；
三线弹的三元及第，四线弹的四时顺当。
金斧劈掉十年灾，银锯锯去万年害。
玉凿凿出通天河，仙刨刨出元宝来。
手拿金索缚梁头，财神菩萨坐高头。
再用银索缚梁尾，日后门前造牌楼。
手举千斤锤，发得天门开。
三元及第，四季发财，五子登科，八仙过海，
请问东家：要富还是要贵？
（东家答：都要。）
那个富贵双全，千秋万代万万年。
斧劈金鸡喉，热血朝下流。
鸡血滴梁头，代代出王侯。
鸡血滴梁尾，子孙穿朝衣。
金鸡落地，大吉大利，金鸡笑开口。
上梁时辰到，紫薇星高照，大家放鞭炮。

（半山村“抛梁歌”）

闹新房来闹新房，新娘房里好嫁妆。

两边金箱和玉笼,中间摆好八宝床。
八宝床上铺棉被,床上挂起珠罗帐。
龙凤枕头配成对,鸳鸯夫妻结成双。
良辰美酒在佳偶,来年定生好儿郎。
新郎新娘慢上床,我们特来闹新房。

(半山村"闹新房歌")

头王向我衔口银,我口衔胭脂见分明。
二王问我手把手,我手捧元宝拜观音。
三王问我打狗棒,我有桑条挂在身。
四王问我四季灯,我有油灯长明照路程。
五王问我五谷瓶,我有五谷满旧藤。
六王问我钥匙袋,我有招魂布袋背在身。
七王问我家务事,我掼掉家务管自身。
八王问我坟墓地,我有亲男亲女来作坟。
九王问我桥水路,我有长幡把路行。
十王问我回山牌,我有儿子媳妇送过金桥银桥荷花淀。

(半山村"丧歌")

正月半,家家户户看红灯。
二月二,煎饼炒黄儿。
三月三,清明上坟家家忙。
四月四,杀只鸡儿请灶司。
五月五,插艾裹粽过端午。
六月六,家家户户晒衣服。
七月半,家家户户祭祖宗。
八月半,中秋月饼香喷喷。
十月半,粮食归仓满囤囤。
十一月,冬至祭祀念佛堂。
十二月,杀猪做糕迎新春。

(半山村"岁时习俗歌")

长工再做几月中?长工再做正月中。
新剃头皮光咚咚,新浆大衫硬龙龙。
新打包裹去上工,半升三合吼处通。
一心思想做长工,一走走到半路中,碰到一位好弟兄。
东家请我三杯长工酒,好比深山画眉入鸟笼。

长工再做几月中?长工再做二月中。
清明锣鼓闹咚咚,大小婆娘都去看,
我长工背把锄头落园中。
……

长工再做几月中？长工再做四月中。
挑担黄秧软松松，一直挑到田头种。
手捏黄秧翻屯屯，左手掌来右手种。
一种种到晏昼时，腰酸背痛望烟囱。
东家姆母良心凶，一甲稻草塞烟囱。
别人烟囱翻蓬蓬，我个东家烟囱勿翻蓬。

长工再做几月中？长工再做五月中。
夏至杨梅满山红，我长工两只背脊挑得红咚咚。
四亲八眷都送完，地屑子杨梅给我一酒盅。

长工再做几月中？长工再做六月中。
肩背水车迎老龙，上昼车水下昼耘。
东家先生良心凶，撑把凉伞荡田中。
上爿望到下爿转，田荒地白骂长工。
东家先生勿用话来勿用骂，三日前头要你雇短工。

长工再做几月中？长工再做七月中。
十只稻桶九搬空，满担谷担挑勿动。
满碗猪肉不敢动，吃吃鳓鲞造桥洞。
无油干菜咬勿动，舂盐豆腐像水冲。
霉菜部头两头空，搭水鸡蛋抖抖动。
家家户户祭祖宗，我做长工在田中，背把泥锹抢田塍。

长工再做几月中？长工再做八月中。
手拿割子快如风，上爿割到下爿转，十双脚箩九双空。
满满谷担请长工，满碗猪肉不敢动。
红麸鲞头弄一弄，东家姆姆翻脸孔。

长工再做几月中？长工再做九月中。
重阳老酒香烘烘，好个老酒东家吃，
羼水白酒请长工。

……
长工再做几月中？长工再做十一月中。
东家姆姆叫我去披葱，十个手指九个红。
隔壁婆婆借个铜火熜，给我手指弄一弄。
东家姆姆“着着”铜火熜，
一赶赶到道地中，
长工实在坐乌笼。

长工再做几月中？长工再做十二月中。

十只粪坑挑到九只空。
东家先生给我来算工，一年只算二百六十工。
二条年糕四个粽，半斤猪肉红登登。
路上碰到黑心人，你拿年糕我拿粽。
半斤猪肉对半分，拿到屋里请祖宗。
长工做了一年冬，没给小儿小囡吃一顿。

（张家弄村民谣“老长工”）

谜语

竹将军把守边关，木丞相捍卫皇城；
李闯王千军窜京，崇桢帝吊杀梅山。
（谜底：做砻）
竹打城墙一寸高，城里兵马木老老；
穿了白袍都逃出，穿了黄袍都捉牢。
（谜底：米筛筛米）
一座磐石真稀奇，路途遥遥而不远；
雷声隆隆而不雨，雪花飘飘而不寒。
（谜底：推石磨磨粉）
白蛇娘娘吐青烟，吓煞许仙实可恋；
若要许仙还阳来，白蛇早早归西天。
（谜底：旧时蚊香）
小小亭子有一幢，庙顶屋脊一座桥；
五个和尚来过桥，海龙大王吹横萧。
（谜底：老式尿壶）
五脏水晶造，全身铁皮色；
身外冰冰冷，肚内热度高。
（谜底：铁管热水瓶）
一口能吞二泉三江四海五湖水，
孤胆敢入十方百姓千家万户门。
（谜底：热水瓶）

（上董村“谜语”）

像铜板大的一块铁，
打了二把钳子，八把割子；
打好后，还有像铜板大的一块铁。
（谜底：蟹）
蒋介石兵败将亡，何应钦无可奈何；
白崇喜杀头去心，李宗仁断子绝孙。
（谜底：“葆”字）
远看一个人，近看人上人；
大人压小人，一共十五人。
（谜底：伞）

看上去像个娘，叫起来是个爹；
越看越像娘，越叫越是爹。
（谜底：“毋”字）
头尖身细白如银，论称没有半毫分；
眼睛长在屁股上，光认衣裳不认人。
（谜底：针）

（枫桥村“谜语”）

歌词

抗日阵亡将士歌
诸位战士，为国为民，今日壮烈牺牲。
旗牌山下，碧草滋兴，山乌号兮悲鸣。
今日光景，何其丧神，普天哀哭同声。
白骨虽枯，河山完整，往前请拜墓铭。

注：歌词作者陈商，歌曲作者顾秀文，歌名为编者所加。1940 年 2 月 17 日，国民政府一九二师在云石狼岭，伏击一股向金华方向进犯的侵华日军，经激战一九二师有将士 21 名将士牺牲，安葬在沈村旗牌山上。每年清明，戴村一带师生扫墓时，唱这首歌曲。

戴花的村庄
——戴村镇之歌
钱建隆
一行白鹭飘飞　几叠瀑布轻盈
我的戴村　戴一头花雨纷纷
梦中老街　画里仙境
响天竹风　歌绕云门
好风水里好风景　好风景里好风情

戴花的村庄　水墨山乡
我为你　留住鸟语花香
好山好水好风光
美了这一方

三清新茶有约　十里花溪有韵
我的戴村　戴一片春色融融
空谷平湖　仙女来迎
烟雨山庄　祥和宁静
好风水里好风景　好风景里好风情

戴花的村庄　水墨山乡
我为你　守护生态长廊
好茶好客好风尚
美了这一方

第四节　民间传说

女娲殿传说

位于萧山西南的原云石乡，山清水秀，古木渗天，风光旖旎。在群山环抱中，海拔600多米的狮山顶上，有座古代建筑遗址——女娲殿。

远古时候，宁绍平原居住着越族。从晚更新世起，经历了星轮虫（10万年前）、假轮虫（4万多年前）和卷转虫（1.2万年左右）三次海进，海进猖獗时候，会稽山、龙门山支脉上部山体出露海面，狮山丫口成了海岸口。第三次海进（卷转虫）高峰时（6000年前），萧山一片浅海，海岸线到达石牛山、云门寺山麓，先民被迫退居深山老林，生存艰难，精神困惑。海进使自然环境恶化，给人类带来不幸。人类与自然抗争的漫长过程中，积淀了深厚的古代文化，涌现女娲止水、共工理水、大禹治水等系列神话传说，其中女娲是中国古代第一位治水神明。可以认为，女娲神话传说产生在海进时期。海进是涌现女娲神话传说的社会根基。

云石之地多山，山多石，石多色。境内有船坞山、石牛山、云门寺山等群山起伏，峰峦叠嶂，岩石盘踞。仅带有石字的古地名有：石牛山（村）、外（里）石板溪（溪、村）、响石桥（溪、村）和桐岩山庄（狮山村）及云石乡等多处。云石，乡以石名，石以云冠。云石又名云彩石、五彩石，即五色石，因此云石是女娲神话传说中采五色石之处。

女娲殿建于狮山石崖上，阳面叫常石，阴面叫锣石。据说原有三进平屋，早已无存，唯有三阶平台石驳坎在草芥中隐约可觅。

桐岩山庄，位于狮山丫口，依筑于峰峦山谷，山溪穿庄而泄成布，又名大瀑水，即狮山村，全村已迁移山下七都溪畔。原村地处高山峻岭，山路九曲十八盘，系古村落，历史悠久，女娲殿的建造与守护需要，终久繁衍而成。

萧山先人为尊崇女娲的炼石补天、止淫治水的壮举，在当时特定的人文历史及地理环境背景下，在狮山顶上建造了女娲殿，是附近地区唯一的女娲纪念地。视女娲为水神加以奉祀，保佑风调雨顺、国泰民安，历代盛行，香火不绝。

（原载陈志富著《萧山水利史》）

锣石对常石

在海拔600多米的戴村镇青山村狮山顶上，有一座“女娲殿”的遗址，该殿建于何年，毁于何时无从考证，但发生在该处的一件山界纠纷案且在民间广为流传。

相传在很久以前，富阳天浪门有一姓赵人家，有一女子，婚嫁给萧山七都顾家作儿媳。当时人少地多，土地不值铜钿，赵家父母把在女娲殿左右的荒山荒地及夹山里一带毛竹山，一并作为嫁产嫁给了顾家男方。

自从赵氏女出嫁后，经过了漫长岁月，赵家子孙繁衍生息，人口逐渐兴旺，此时思量起靠山靠地的重要。面对当时赵氏女的嫁产，山地界线没有划清，因此，顾、赵两家在山地界线上经常争执不休，甚至到了反目为仇的地步。为了争得土地所有权，顾、赵两家只好各自向本县县衙投递诉状，请求两县县官给予解决。

萧、富两县县官，为了圆满解决好这场山地界线纠纷案，通过多次协商，想出了一个奇特的处理办法，确定双方县官同时从各县衙出发，到达那地点相会，就作为萧富山地定界线。在过去，没有先进的交通工具，县官出衙全靠脚夫用轿抬。由于县官身体较胖，加上轿杠又长又软，山路崎岖，竹木丛生，抬走起来，拐弯抹角，东斜西歪，进两步退一脚，行程相当缓慢。顾家人为了多得些地产，动出了一个乖脑筋，认为他们用轿抬，我们何不用肩背。主意一出，马上就招来了十几个身强力壮的小伙子，像接力跑一样，任凭溪沟坎畦，拐弯抹角，行走起来快步如飞。萧山县官虽然没有象坐轿舒服，但为了地方多争得一些土地也只好暂时受屈。到得两县官相会时,刚好在女娲殿阴面叫锣石、阳面叫常石的地方,故一次断定以锣石对常石为界。从此,“锣石对常石”就成了萧山、富阳两县的山地界线,顾、赵两家就各自在石塔上请人凿了“顾、赵”字样,以传示后人。

传说归传说,但至今在女娲殿的石塔上还留有“顾、赵”字样的凿刻痕迹,你如有兴趣的话,不妨到那里去考证一番,也可尝尝轿抬肩背的滋味。

(青山村提供)

三清殿传说

“三清殿”位于戴村镇青山村境内海拔659米的石牛山上。相传在南宋时候,石牛山村有位叫沈三清的农民,吃住在山庄,长期饮服石牛山高山茶而长生不老,升为神仙。至今在石牛山岗铜盘顶的石塔上,还留有其升天时的脚印。沈三清深居高山,能采药治病,有妙手回春的好本领。他爱护百姓,为民着想,扬善除恶,使方圆百里田地丰收,百姓安乐。后人为了纪念他的功德,称其为“三清帝”,并在海拔600多米的石牛山“田螺厣”地段建造了“三清殿”。“三清殿”分前中后三殿,约千余平方米,殿内有“三清帝”等佛像50余樽。兴盛时住过300和尚,香火之盛,闻名遐迩。为了方便百姓进山佛事,从石牛山村村尾开始,筑有石阶,逶迤至山巅,拾级而上,路长5里之多。

大约在800年前,一日浙江巡抚大人的女儿由丫环陪同进此殿烧香拜佛,不料被一个恶棍和尚关进了地隐子没有出来。丫环们回去以后,禀报大人,巡抚大人得悉此事,怒火万丈,当即下令,并派兵把“三清殿”烧为灰烬。

1925年,石牛山村有个名叫沈沛福的大槽户牵头募捐,在上海、杭州、苏州、富阳、诸暨、萧山等地有关人士的捐助下,在离“三清殿”1千米之下的半山腰重建“三清殿”,故当地百姓称之为“新三清殿”。当时建有5间正殿,约200平方米及200平方米左右的辅房。由于资金不足,后大殿只竖了4根大石柱,无法建造。整个“三清殿”占地700平方米,在殿内重塑“三清帝”等佛像50余樽。从此又香火不断,每逢农历三月初三和九月初九,都要做三天三夜大道场,届时,上海、苏州、杭州、富阳等地的数千名香客云集此地,吃在山上,玩在山上,乐在山上,十分热闹。可惜在“文化大革命”期间,殿内佛像被全部捣毁。从此,殿庑失修,成了畜牧场。到1981年,石牛山村又一农民沈云先牵头募捐筹资,再次修缮了殿庑,在殿内奉祀了玉清、太清、上清三位真人,他们是太上老君李耳的化身——“老子一气化三清”。在殿北供奉着吕纯阳祖师,还有观音大士等大小佛像24樽,至今还保留完好。每年农历三月初三和九月初九,香客们络绎不绝地聚集拢来,方圆百里的百姓在佛像前求得国泰民安,风调雨顺。

(青山村提供)

马谷村传说

元朝末年,各地农民纷纷起来造反。庚青岭脚下有一个人,姓宋,他力大无穷,本事勿小,人们叫他千秋太子。千秋太子也想竖旗造反,可没有人跟他一起商量,一起动手,反造不起来。这一日夜头,千秋太子困在床上想心事,忽然看见一只老鼠来搬米坛盖,搬搬勿动,搬搬勿动,这只老鼠就走了。过了一会,这只老鼠一下子领来了四、五只老鼠,几只老鼠一着力,米坛盖搬开了,老鼠都钻进米坛偷米吃。千秋太子一看一想,从中悟出了道理:自己一个人坐屋里想造反,谁也不会晓得的,不如走出去,找朋友一起商量,一起出主意,主意一定,千秋太子困勿住了,他披衣起身就出了门,连夜找知心朋友商量竖旗造反的大事。

在朋友的帮助下,千秋太子很快就开始招兵。四面八方来应征的小伙子很多,千秋太子就叫他们拖毛竹上山,能一人拖两枝的就留下。一招二招,人招了不少,他就在其中挑几个人才出众的作为将军。兵有了,将也有了,就是缺马,没有马怎能打仗呀!千秋太子和几个将士急得团团转,他们焚香祈求天地,要上苍佑助!就在这一日夜头,千秋太子做了个梦,梦见观音大士指着山上的竹说:“起兵之日,只要将毛竹劈开,马就会从里面跳出来。”千秋太子一觉醒来,马上告诉将士,赶快做好起兵的准备,到竖旗起兵的那一天,将士们上山劈竹,果然从里面跳出许多马来。千秋太子骑上马带着部队离开家乡杀元军去了。据说后来与朱元璋的部队会合,成为一支主力军。这个千秋太子劈竹起兵的地方叫做“马谷村”。

(原载《中国民间文学集成·萧山市故事歌谣谚语卷》)

碛堰山传说

有一年,秋收时节,一连几天几夜大雨,浦阳江水涨满了,溢出江面,流遍了村庄田野,眼看着到手的稻谷要被大水冲走,老百姓急得团团转。老人们一起商量,只要凿通碛堰山,让水顺顺当当地流向钱塘江,浦阳江下游的田地就有救了。几个村的父老集中出主意,几十个村的百姓有钱出钱,有力出力,冒着雨来到碛堰山。大家凿石的凿石,挖土的挖土,一连忙乎了几天几夜,碛堰山一动也不动。原来,碛堰山是座活山,凿掉的岩石会重新长出来,挑掉的泥土会重新长满。老百姓傻了眼,大家跪在地上求老天爷。就在这时候,来了一位老爷爷,他对大家说:“快回村去杀黄狗,把狗血倒在碛堰山上,就可以凿通了。”

大家回村杀了许多狗,几个村的人家都端着黄狗血来到碛堰山下。果然,浦阳江的水也平稳了,山上的石头也松动了,泥土也开始往下掉,百姓们连忙又动手凿山开江,又过了几天几夜,山快要开通了,中间还有一块大岩石。忽然,天边打下一个响雷,一下子打开了山中间的大岩。碛堰山开通了,浦阳江水哗哗地流入钱塘江,浦阳江下游的田地都保住了。

(原载《中国民间文学集成·萧山市故事歌谣谚语卷》)

鹿鸣纸传说

很早很早的时候,萧山南片山区有不少人家置有槽产,每年用嫩毛竹作原料做成一种黄纸,当地人称霉头纸,这种纸卖不出好价钿。

有一年,西北风刮得呼呼响,有两个外来的抄纸师傅,平时辛辛苦苦,省吃俭用,要想多积些钱回去,日日夜夜抄纸抄到半夜里。

有一日夜头,一个抄纸师傅冻得手脚发麻,走不回屋里,就钻进晒纸的焙弄里去暖热暖热。那晓得,焙弄里闷热,他身子亏,一下子昏倒在地。不知过了多少时候,他迷迷糊糊地感到脸上热烘烘,痒兮兮的。又感到有一个毛茸茸的东西塞进他的嘴马,他翻身坐起,只见一只黄鹿“叽叽叽”叫着跑走了。这个抄纸师傅吃了鹿茸以后,顿时感到精神气爽。此后,这只黄鹿每到半夜就来叫:“叽叽叽”,好象在劝抄纸师傅:“歇歇歇。”抄纸师傅每听到黄鹿叫,就停活休息,这样一连两年,这位抄纸师傅连伤风咳嗽都没有。

一天,东家来问抄纸师傅,为啥这两年身体有介健。抄纸师傅就把黄鹿的事一五一十告诉了东家。东家听了,一拍大腿说:“鹿下山鸣叫,是吉祥之兆。我们应该把霉头纸改名为‘鹿鸣纸’。”说来也怪,自从定名“鹿鸣纸”以后,销路大开,价钿也越来越好。

(原载《中国民间文学集成·萧山市故事歌谣谚语卷》)

丁村传说

建基丁村的丁姓祖先,名文靖。老家在山东省临淄县。在唐朝光化年间(898～900),官封淮南节度使。当时黄巢起义,朝野震惊。义旗所到之处,唐朝官史逃官弃印,以避锋芒。丁文靖也避乱弃官,携带家眷,迁徙来此。原在门前山居住,他有十个儿子,只有六个成家,分成“寿”字六房。他感到门前山地方狭小,地处山麓,子孙众多,难以发展。想下山另觅平原之处,成家立业。那时,他虔信堪舆阴阳一套。说什么:“丙丁属火,只有水能克火,要在银杏树下建村,必能发族。”(意思是丁就是南方丙丁火;银杏,银与壬谐音,就是北方壬癸水;水能克火,必定兴旺)他在门前远望,只见四周尽是低洼之地,积水茫茫,惟有中间一地隆起,又有银杏一株,于是就在那里建房定居,就是现在的丁村。村中那株银杏,依然存在,一千多年来,饱经沧桑,还是干粗荫出,枝盛叶茂,好象是一位历史老人昂踞村中。

文靖公定居丁村之后,以丁村为中心,村东叫东厢,村西叫西园,村南门前山,村北是后宅。成为想象中的一个规模巨大的庄园。

后来，子孙繁衍，丁口万人，各房又析居他村，寿二房迁到石板溪，寿三房派生到后宅，寿六房徙居沙河口丁家湾，寿四房分居到萧山丁家庄和沙地一带。后来萧山丁家庄的上三房，又迁入墙头。形成了一句俗话："无丁不成村。"也可以说明丁氏宗族的旺盛了。迄今已垂传四十八世，约有一千零八十多年的历史。

（原载《戴村公社地名录》，1981 年 5 月，内部资料）

"碰着我还要遁"

从前，大湖头村有一饱学之士，因屡试不中，自觉得怀才不遇。无奈手无缚鸡之力，衣食无着，整天穿一件土布长衫，夹一把纸伞，穿村走巷，替人占卜看风水，自称风水先生，以度生计。

一日，从村北小路出发，经鲤鱼头，大坟头沿山迤逦而行，不过半个时辰便到上董村中。

上董村，一条鹅卵石小道穿村而过，两边居民大都面向村道而筑。该风水先生经过一农户时，看到大门口廊下坐着一位中年妇女怀抱着一婴孩，双眉紧锁，一副愁眉苦脸模样。再抬头一望，发现楼上堂窗内挂着火腿一只，风水先生看在眼中，仍踱步往北而去。

穿过上董村，过元盘庵便是观音桥，风水先生此时已酿成一计，折身返回，来到上董村那位农妇面前，对农妇说道："大嫂可好？"农妇因怀中小孩有恙，又无钱求医心急如焚，便说："人都急死了，……"遂向风水先生述说了缘由，风水先生乘机道："那让我给你们看看屋内有否祸水。"农妇正在疑心生鬼，经风水先生这么一说，便欣然同意。风水先生进得屋内，装模作样地东张张西望望，从里到外，又从楼下望到楼上。来到楼上，见火腿就挂在堂窗内桁条下，就急急下楼告诉农妇说："不好了，你家出了一个妖怪，它附在你儿子身上了，如不立即捉掉妖怪，你儿子将有生命之忧。"农妇听了，吓出一身冷汗，连连向风水先生请求捉妖，以保儿子平安康复。风水先生将农妇叫到楼上，指着那火腿说："这只火腿已有几年了吧？"农妇说："这只火腿确实已有一些年份，因舍不得吃，所以一直挂在这里。"风水先生就神秘兮兮地告诉农妇："这只火腿因年深日久，已成妖怪了，如果要除去妖怪，我不妨一试。"农妇忙说谢谢。

风水先生拿出夹在腋下雨伞当作宝剑，上下左右舞动，口中念念有词，一会儿，便将火腿取下拎在手中，向农妇告辞而去。农妇不胜感激，又抱着孩子坐在大门外廊下，等丈夫从田里劳作归来，以便将喜讯告诉丈夫。此时已近中午，丈夫从田间回来，农妇连忙向丈夫诉说了刚才风水先生帮助捉妖之事，丈夫一听，心里起了疑心，怕是那只宝贝火腿被人骗了，向老婆问清方向后，拔脚就去追赶风水先生。

风水先生拎着火腿穿过上董畈到与大湖头交界的小山嘴一大坟头，心中暗喜，略施小计便得火腿，美滋滋地往家里赶来。不经意间，他回头一望，见有一壮汉正在上董畈里朝他急急追来，心想，不好了，定是那农妇的丈夫追来了。眉头一皱又生一计，见路边有一棵碗口粗的松树，一人高处刚好有一枝桠，他便将火腿挂在松树桠档上，拿起雨伞，装腔作势地挥向火腿，嘴里大呼小叫："你这妖怪，碰着我还要遁！你这妖怪，碰着我还要遁！……"这一场戏演得惟妙惟肖，全被赶来的汉子看在眼里，渐渐疑虑消去了，脚步放慢了，最后转身回上董而去。风水先生取下火腿，神态恢复如常，回家去了。

"碰着我还要遁"已作为口头禅流传至今；把火腿脚爪称为"妖怪"亦流传至今。

（三头村大湖头自然村提供）

田螺厣传说

相传清朝道光年间，大湖头村任氏已传至十六世至十七世。当时，村中求得功名者众多，仅十七世的有肇麟、肇琛、肇祺、肇封等人加官晋爵，外出走马上任。他们虽不登显赫之位，曾也辉煌一时。其中肇封公出生清朝同治年间，钦加五品，理东南苑电报局总办，为诸公中最高官阶。传说大湖村官运亨通，乃发於一祖坟。

该坟位置在大湖头村西何家湾山顶，此山顶一滩平漾，面积约 100 平米，俗称天鹅孵蛋。其中间处筑有一座土坟包，方圆不过数丈，并不显大。由于未见生廓门面，故不知该坟朝向，只是在坟之东西，距坟约十米处，有一块直径丈余的圆形岩石。此岩石四周与地面相平，中间微微凸起。据一风水先生指点迷津，曰此乃发坟一座，虽然其貌不扬，却是一颗沿出的田螺，坟包乃田螺身，东面岩石即厣也。一经点明，真是惟妙惟肖，活脱脱一颗沿出的田螺，坟中故人的后代官运亨通，均源於此坟。

既然明白了发迹之源，显赫门庭岂能让其默默无闻，为光宗耀祖，感谢祖上恩德，便动工修缮这一祖坟。这时忘却的是田螺怕石灰的常理。

由于用石灰等建材修了祖坟，结果大祸降临，这颗沿出的田螺被石灰药煞了，风水被破坏。一旦风水破坏，官运被阻断，族人在任上的官员纷纷落职，且丁口日益稀少。至民国时期，大湖头村中基本上找不到官府遗址，他们唯一的一户后人在解放初期迁居安吉，唯一的一座官邸——“源源墙门”也在岁月中消失了。

百年月日沧桑，“田螺厣”的“田螺”湮没在何家湾岗上，“厣”的遗迹仍在荒草之中。

（三头村大湖头自然村提供）

元宝岙传说

很久以前，凌桥村一个十二、三岁少年，与后郑村一个壮年人一起到蒲坞山舍基弯斫柴。不到一个时辰，壮年人已斫好了，就对少年说“回去吧”。当时少年还没有斫好，叫壮年人等一会。少年赶快斫，斫着斫着，碰到一棵芦杆，由于刀钝用力过猛，将芦杆连根拔起，突然从地底下滚出一块金灿灿沉甸甸的元宝来。少年觉得很奇怪，连忙拿给壮年人看，壮年人一看知道是个好东西，趁少年不注意时，把东西藏进自己腰间的脚布里，还随意捡了身边的石头说：“这又不是值钱的东西”，说着将石头抛掷柴丛里。

少年很生气，执意要壮年人找回来，壮年人拗不过小青年，故意装模作样的寻找一遍，结果没找到，俩人就回家了。回到家中，少年把山上斫柴时滚出元宝的经过跟家人说了。家人听了觉得可能是金元宝，就立刻来到壮年人家中要东西，壮年人执意说没有，双方发生冲突。为了解决矛盾，弄清事情真相，双方召集人员去舍基弯实地察看。现场原状未曾动过，滚出元宝的洼涵依然存在，底部是无棱角的长园形，而且壁周形状整齐，土密光滑，确似一只元宝放过的模型，根据地洼函测算，金元宝至少有一百两重。在事实面前，壮年人不得不承认独吞金元宝的事，他办了几桌酒以了结此事。

消息传开以后，全村男女老少都纷纷上舍基弯挖金元宝，结果一无所得，就这样舍基弯被人们叫着顺口改为元宝岙了。

后来传闻，壮年人托他人将金元宝去兑换现款，他人以诈骗恐吓等手段，将所兑之款大部分吞没。

（南三村溪河自然村提供）

云门寺传说

在云石乡南端的云门山上，有一座气势宏伟的古庙宇——云门寺。它坐西朝东，占地近十亩，寺西殿门前保留着一口古井，即使大旱，也从不干涸。这里曾是佛门的一处念佛诵经的胜地。

相传明朝初年，有一个叫贺獐的行脚僧人从绍兴云游到此，他肩挑经担，沿着崎岖山路，寻觅着念佛诵经之地。当他登上云门山头时，只见群山环抱，云海翻滚，清风徐徐，泉水清澈，马上产生了搭篷安身的念头。几天过后，贺獐越发觉得此地清静幽雅，就把随身带来的母亲的遗骸葬于狮子山下，作出了长期居住的打算。他一方面念佛诵经，一方面又下山化缘，募资营造寺宇。经过多年的努力，一座寺宇终于建成，因贺獐原先在绍兴云门寺出家为了表达眷念之情，他给寺宇取名为“云门寺”。此后，云门寺殿宇不断增修，规模不断扩大，盛时僧人多达120余人，香火之旺远近闻名。昔时，每逢农历六月十九，山下村民还抬着寺内观音大士的塑像下山出巡求雨。

如今，从云石南坞村或戴村镇马谷村均可沿着石阶逶迤至山巅，峰回路转，便可在丛林深处见到云门寺。站在寺门前，四方村落尽收眼底；极目远眺，可见如练的钱江，似虹的大桥。

（唐海祥、杨炳芳原载1998年6月27日《萧山日报》）

石牛山传说

在萧山南片云石乡与富阳市交界的地方，有座海拔659米的巍峨大山——石牛山。这座山的右首略下垂，像是俯首取食的牛头，左首陡然下落，又似悠然下垂的牛尾，形象确似一头石牛。关于石牛山的来历，与一个动人传说有关。

很久很久以前，云石发生了一场前所未有的大旱，水潭干涸，田地龟裂，禾苗枯死，很多人被干旱夺去了生命。人间惨不忍睹的情景，感动了上天的神牛，瞒着玉帝偷偷地下凡来，要拯救苦难的人们。它驾云赶到东海，吸饱了水后来到灾区，把肚中的水“哗哗”吐泻出来，一趟又一趟浇灌了大小池塘、水潭溪沟，山绿了，田野绿了，旱灾解除了。人们欢呼雀跃，神牛满意地回到天庭。

不料，这件事被玉帝知道了，立即命令雷神处死不守天规、擅自下凡的神牛。神牛知道要遭惩罚，急忙驾云逃跑。雷神紧追不舍，一逃一追，来到云石山冈上空。神牛眼见要被抓住，急中生智，借着一片竹林的隐蔽，化作一头石牛卧于山冈，但这瞒不过雷神的眼睛，它一声大吼，双锤一晃，“轰隆”一声巨响，神牛的头被砸碎，从此，无头牛永远卧在它曾经救过灾的这片山冈上。

后人为纪念神牛的功德，就把这座高山取名为“石牛山”。

［根据《石牛卧山冈》（原载《萧山日报》1998 年 4 月 24 日，凌溪老人讲述，祝灿章整理）和《石牛山名的来历》（原载 1998 年 5 月 30 日《萧山日报》，作者唐海祥、杨炳芳）两文整理。］

狮山茶传说

相传在清朝，浦阳江畔有一个卖鲞的小贩，沿路叫卖来到了狮山村。一位善良的老婆婆见小贩汗流浃背的样子，招呼他坐一下，还为他沏了一碗茶。这位卖鲞小贩喝下茶后，马上汗收热消，顿觉心旷神怡。他接连喝了几碗，越喝越有瘾，直到回家的路上，还咂着嘴，回味着刚才的醇香。

回到家后，小贩泡了一壶自家的茶，可怎么也品不出刚才的味道，他越品越想再喝狮山茶，正当他寻思着怎样才能再喝到狮山茶时，小贩的女儿走了进来，他突然眼睛一亮，生出了主意，不几天，小贩就托媒人把家里的这个独生女儿嫁到了狮山村。

小贩的女儿嫁到狮山村后，一双小脚适应不了高低不平的山路，更别说上山采茶砍柴了，她对父亲的怨恨也因此与日俱增。一天，小贩借看望女儿的名义，再次来到狮山村，女儿见父亲到来，只管烧水泡茶，见他小碗不过瘾，又换大碗，还不停地劝他多喝点。眼看时过晌午，小贩的肚子已饿得咕咕直叫，见女儿仍在烧水，丝毫没有上灶做饭的动静，小贩禁不住上前问道：“阿囡，为啥还不做饭？”女儿头也不抬，顾自添柴烧水，许久，从眼眶里滴下两颗泪珠，幽怨地说：“阿爹，你不是说狮山村水好、茶好？今天来了，我怎能不让你吃个饱，喝个够？”小贩听罢，脸上出现了羞色。

狮山村常年云雾缭绕，清泉甘美。由于这一带生物链未遭破坏，又无工业污染，所产茶叶至今仍然保持着味醇茶香的品质。

如今，云石乡政府已与浙江省旅游局签署了协议，拟在这里兴建“中国云石生态旅游山庄”，狮山茶也必将随着中外游客的到来而声名远播。

（唐海祥、杨炳芳　原载 1998 年 5 月 16 日《萧山日报》）

第六章　体　育

旧时，戴村民众温饱尚未解决，开展体育运动无从谈起。虽然民间有一些习武者，但为数不多，他们习武或为考武科举，或出于长途挑运防止货物被抢而自保之需。至于奕棋、登山等运动，实是有闲阶层的专利。中华人民共和国成立后，戴村民间体育运动有了广泛开展的可能。20 世纪 50 ~ 60 年代，篮球运动在各村逐步开展，数十年来此项运动深受青年农民喜欢，一代代人乐此不疲，至今篮球运动依然是戴村的传统优势体育项目。改革开放后，农民物质生活得到极大改善，开展各种体育运动的愿望更加强烈。镇党委、政府十分重视农民体育运动的开展，镇（乡）文化站积极组织、举办各种适宜农民开展的体育运动和体育比赛，每年重要节日安排体育比赛成了惯例。在新农村建设活动中，各村都新辟健身场所，添置健身器材，组织村民开展全民健身活动。镇（乡）还组织体育代表队，积极参加区（市、县）举办的全区（市、县）性体育比赛；或发起举办邀请别地、别系统参加的体育比赛；或应邀参加别地、别系统举办的体育比赛，活跃了群众的文化体育生活。

从 50 年代起，镇内各中、小学校，按教育大纲实施体育教育。贯彻《中小学体育工作暂行规定（试行草案）》，开展“两课”（每周两节体育课）、“两操”（每天广播操和眼保健操）、“两活动”（课间活动和课外活动）。80 年代年起，按照县教育局统一部署，各中、小学开展实施《国家体育锻炼标准》“达标”验收活动，以及预防近视眼发病率的学生视力检查，学校体育教育得到进一步重视和规范。为加强学校体育教育，镇内学校注重引进、培养年轻体育教师，添置、改善学校体育场所和体育设施，开展学校特色体育项目。积极组队参加全区（市、县）中、小学体育运动会和其他各项体育比赛，在历届全区（市、县）中、小学运动会上，戴村学生取得了较好成绩，创造了一批纪录。学校体育教育和体育锻炼的开展，使得中、小学学生体魄更加健壮，六中历年来还为大中专院校提供了一批体育专业合格新生。

第一节　群众体育

群众体育在戴村有广泛的基础，中华人民共和国成立后，尤其是中共十一届三中全会后，农村形势发生了天翻地覆的变化，绝大多数农民群众渴望能够开展丰富多彩的群众性体育运动。镇党委、政府顺应潮流，适时组织农民开展各种体育活动。原云石乡文化站自 20 世纪 80 年代开始，3 月的风筝比赛，“五一”的象棋比赛，“十一”的篮球比赛，春节的乒乓球比赛等赛事成为惯例，直到并入戴村镇为止。农村干部也十分重视体育工作，积极建造水泥灯光篮球场，健身场点，羽毛球场，乒乓室，棋牌室，台球等体育设施成了村干部“为官一届，造福一方”的必办事宜。1999 年，平山村由党、团支部发起集资，由 27 人捐人民币 5 万元，新建水泥灯光球场一个。在新农村建设中，村村建立了乒乓球室、棋牌室，有的村甚至建造几个球场、多个健身场点。青山村明堂自然村、南三村下方自然村，分别投入 5 万多元购置健身器材各 30 件，建起了较大规模的公园。青山村先后建起 4 个水泥篮球场，其中 3 个为灯光球场，建起 2 个健身场点；明堂片、南坞片、石牛山片、狮山片和私营企业成立 5 支球队。三头村有 2 个水泥灯光球场，3 个健身场点；东风村有 2 个篮球场，3 个健身场点；顾家溪村有 2 个篮球场，其中 2005 年村委会大楼前建起 1 个灯光球场。顾家溪村篮球队在戴村久负盛名，该村还有羽毛球场、棋牌室、台球室、乒乓球室等。这些体育设施为全民健身运动的开展奠定了物质基础，为体育爱好者开展体育运动创造了条件。

1989 年 11 月，市人民政府命名云石乡为萧山市第一批市级体育先进乡。

至 2008 年，全镇 22 个村中 17 个村建有 29 个篮球场，18 个村建有 27 个健身场点。全镇有篮球队 17

支,乒乓球队 22 支,象棋队 15 支。

2008 年戴村镇各村体育设施情况

表 13 – 6 – 1

村　别	篮球场(个)	乒乓球台(张)	棋牌室(张)	台球场(张)	健身苑、点(件)
骆家山村	–	–	4	–	12
尖山下村	1	1	4	1	20
方溪村	3	3	8	1	24
顾家溪村	2	1	4	1	12
枫桥村	2	–	4	–	24
青山村	4	2	8	1	42
沈村村	1	1	8	1	30
佛山村	–	–	4	–	12
半山村	–	–	4	–	–
马谷村	1	1	4	1	24
八都村	2	1	4	1	40
三头村	2	1	8	–	36
南三村	1	1	4	–	30
戴村村	2		4	–	16
上董村	1	1	4	–	24
大石盖村	1		4	–	28
石马头村	1	1	4	–	–
河杨湖村	2		4	–	32
张家弄村	1		4	–	–
东风村	2	1	8	–	36
郁家山下村	1	1	4	–	24
永富村	2	1	4	–	24
合　计	32	17	108	7	490

说明:资料来自镇档案室

球类运动

篮球是戴村群众性体育运动的传统项目。20 世纪 50 年代初,篮球运动在戴村逐渐展开。当时沈村、顾家溪等村成立了“青峰队”“东平队”等农民篮球队。青峰队由沈村的沈百学、沈斗芳、沈浩根、沈吾铨、沈仁铨、沈金权、沈益民等队员组成,队长沈百学;东平队以顾家溪村的顾寿法、顾大光、顾仲光、顾华光、顾害怕、顾有法和东平小学的董志庄、傅官兴老师等队员组成,队长顾寿法。后来扩展到其他一些村,篮球运动逐步得到普及。60年代,篮球比赛在戴村已成为一项主要的农民体育比赛项目。当时云石公社共16个大队,其中沈村、明堂、南坞、前进、胜利、勤工、金星、顶山、光明、征山、增丰、新农大队等12个大队成立了篮球队。全社性的篮球比赛每年举行1~2次。戴村公社的丁村、墙头、麦园、后宅、马谷等大队的篮球队,经常到云石公社的沈村、顾家溪等村进行比赛,切磋球艺,增进了彼此的了解和友谊。1965年,张家弄大队团支部筹集资金,在村东"后道地"建造篮球场,青年人经常举行比赛,直到80年代篮球场被毁。70年代初,云石公社多数大队因地制宜建起沙泥坪篮球场,上山砍来木头做成球架。沈村大队第一个建起了灯光篮球场,用毛竹当灯柱,"小太阳"一照,球场亮如白昼,让球迷们在晚上也过足了球瘾。1991年,尖山下村先后建造篮球场2个,团支部成立了篮球队。90年代后,不少村建起灯光篮球场。2001年张家弄村委会在东池沿拆屋后的废址上,新建一个灯光球场,便于让年轻人开展篮球运动。

镇文化站经常利用各种节日,举行由村、企业参加的各种篮球比赛。青山村、沈村、永富村、顾家溪村的篮球队自从50年代以来一直是戴村镇的篮球主力队伍,队员换了一代又一代,代代相传。顾家溪村篮球队在在首届戴村镇全民运动会上,获得篮球赛冠军。每到傍晚或农闲时候,各村球场上总有人在打球,村民围着看热闹。1985年9月30日~10月2日,为庆祝国庆36周年,云石文化站在云石初中和明堂村球场举行篮球友谊赛,全乡8支球队参赛,明堂、杭钢、勤工3队分别获得1~3名。1986年5月4日~5日,为欢度"五一"节、"五四"节,云石乡组织村及企事业单位9支球队在乡政府球场和乡绸厂两个球场举行篮球友谊赛,明堂队、教工队、乡电缆线厂队分获1~3名。1989年9月29日~10月1日,云石乡举行庆国庆40周年篮球邀请赛,11支队参加,乡灶具厂队获得冠军、教工队获得亚军。1990年元旦,由云石乡办伞厂出资赞助,举行篮球邀请赛,明堂村、乡办灶具厂、乡伞厂、乡办建筑队等6支队参加。1992年9月27~29日为庆国庆,云石乡在尖山下浪潮公司球场举行全乡篮球友谊赛,6支球队参赛。1995年9月30日~10月1日,云石乡组织"光缆杯"篮球邀请赛,6支球队参赛,明堂队、沈村队、乡机关队分别获1~3名。2005年3月1日,镇文化站以云石片篮球爱好者为主,成立戴村镇"响天竹风"篮球俱乐部,制订章程和活动计划,第一批骨干队员18人参加。篮球俱乐部成立后,经常参加各种比赛。

镇文化站还经常组织镇乡篮球队参加上级举办的篮球比赛或兄弟单位邀请赛。1986年9月29~30日,云石乡篮球队在径游下定村参加径游乡篮球邀请赛,萧山、诸暨等地多支球队参赛,云石乡队获得第3名。1987年戴村区举行全区乡镇机关国庆篮球友谊赛,云石乡机关篮球队获得第一名。是年9月28~29日,戴村镇、云石、永兴乡篮球队参加戴村区工办举行的篮球友谊赛,全区10个球队参赛,云石队获第1名。1990年10月18日,云石乡篮球队与杭二棉篮球队在云石乡政府球场举行友谊赛。1991年5月16日,以云石乡篮球队为主组成的戴村区篮球队与诸暨大西区篮球队友谊赛。同年5月17日,云石乡机关队与萧山市级机关队举行篮球友谊赛。1994年9月,云石乡文化站发起组织原戴村区各镇乡机关干部篮球邀请赛,5个镇乡机关篮球队全部参加友谊赛。后来,每年国庆节5个镇乡抽签轮流举办这个赛事,一直坚持到2002年。这一活动的开展对活跃机关文体生活,增进兄弟镇乡机关的友谊和了解,起到了积极的作用。

"永昌杯"篮球邀请赛　(资料图片)

在镇文化站的组织指导下,各村也积极举办篮球邀请赛。1999年元旦,由顶山村发起组织沈村、明堂村等8支篮球队参加，在顶山球场举行邀请赛。1999年国庆，平山村组织本乡的华东钢构、增丰村等8支球队在平山村球场举行邀请赛。2001年9月30日～10月2日，是云石乡与戴村镇合并后由明堂村邀请、镇文化站指导的一次全镇性体育赛事，共6支球队参赛，沈村队、六中队、镇教工队分别获1～3名。2006年元旦，永富村发起"永富杯"篮球邀请赛。2007年1月1～2日，为促进并村后原自然村之间友谊，青山村组织一次"和谐杯"篮球邀请赛，有明堂、石牛山、南坞、狮山4个自然村和九龙队(私营企业)共5支球队参赛，这是戴村镇规模最大的一次村级篮球赛事。2008年国庆节，顾家溪村邀请城厢镇、红山农场、萧山交通公司举行篮球友谊赛。

乒乓球运动在戴村也有群众基础。50～60年代，由于条件差，戴村、云石、永兴的乒乓球爱好者只能用门板当球桌，木板制成球拍，中间二块砖头一根竹竿当球网，仍玩得十分有趣。改革开放后，农民物质生活条件改善，乒乓球运动得到进一步开展，有组织的比赛增多。元旦、春节、国庆等节日，戴村、云石、永兴3乡镇往往把乒乓球比赛作为节日文体活动的内容之一。1981年春节，云石公社举办乒乓球男女单打赛，8个大队和单位的30名乒乓球爱好者参加。1982年10月3日，戴村公社举行乒乓球邀请赛，云石、许贤、永兴3个公社接受邀请参赛，云石队派出沈百兴、沈正义、沈祖兴3名选手，以3战3捷获得团体冠军。1985年2月20日，云石乡举行迎新春男子乒乓球友谊赛，36名来自各村及企事业单位的选手参加角逐，潘妙法、顾国平、沈祖兴获得1～3名。1991年春节云石乡举行男女乒乓球友谊赛，40多名选手参赛。男子组李会增、沈建成、吴兴耀和陈乐明获得1～3名；女子组沈小妹、钟益萍获1～2名。1995年1月26日，云石乡举行迎新春男子乒乓球友谊赛，沈村队、中学队、顶山队分别获团体1～3名；胡百仁、陈相如、沈金昌和沈建成获男子单打1～3名。

20世纪80年代后，台球活动在戴村农村悄然兴起，台球桌遍布各村，一些村还出现台球桌有偿使用，年轻人劳动之余乐此不疲。1987年9月30日，云石乡举行庆国庆台球赛，来自全乡各村、企事业单位的30多名选手参赛。佛山的钟纪华、明堂的沈国昌、沈村的沈观华分别获1～3名。1995年5月3日，云石乡团委和文化站举行全乡台球比赛，30多名台球爱好者参加，南坞村、石牛山村获团体前2名；沈云秋、顾文波、沈观华和沈燕江获单打前3名。

棋类运动

象棋、军棋、西瓜棋等老少皆宜的棋类活动，因不受时间、设施等条件限制，广受戴村老百姓的推崇。爱好者们利用工作之余开展棋艺交流，陶冶情操，活跃文化生活。尤其是象棋，在戴村有广泛群众基础，亦不乏民间高手。如青山村沈旭忠、沈一元，顾家溪村的顾正明，沈村的沈观贤，半山村的李国安，戴村村的贾仁法等，不仅自己爱好，还经常与乡邻切磋交流，为棋类活动在戴村的开展作出了积极贡献。

20世纪80年代后，有组织的象棋比赛多了起来，当时戴村、云石、永兴3镇乡(公社)的文化站将象棋比赛列入镇乡文体活动重要内容，逢年过节更是象棋比赛不断。1981年春节，云石公社在公社中心学校举行象棋擂台赛，10个大队和单位的数十名象棋爱好者参赛，由曾获过公社象棋冠军的田乃江摆擂台。1982年国庆节，戴村、云石、永兴3个公社分别举办象棋等比赛。1985年10月1日，为庆祝国庆36周年，云石乡文化站举行中国象棋友谊赛。田国良、陈如水获成年组1、2名，顾正明、沈银校获青年组1、2名。1989年9月30日，由云石乡邮电所赞助，乡机关象棋队与当时号称"象棋村"的勤工村举行庆国庆象棋团体对抗赛。1990年10月16日，云石乡机关象棋队与戴村粮管所象棋队举行友谊赛。

戴村、云石、永兴3镇乡还积极参加全县(市、区)及当时的戴村区等上级举办的象棋比赛。1987年云石乡在戴村区象棋团体赛中获得第2名。1988年参加了戴村区机关干部象棋赛，获全区团体第2名。1999年参加萧山市老年人运动会象棋赛，沈村村的沈焕林获个人第3名。2004年在全区老年运动会上，戴村镇参加象棋等6个项目的比赛活动，获得象棋团体第五名。2006年4月30日，镇文化站举行庆"五一"中国象棋友谊赛，数十人参加，田乃江、施棋良、田国良获1～3名；

运动会

镇文化站从实际出发,举办各种农民运动会。1983 年 10 月 1 日,云石公社举行庆国庆农民田径运动会,比赛项目有跳高、跳远和三级跳远、跑步,来自 9 个大队的 80 多名运动员参加激烈角逐。枫树大队的朱国伟获男子跳高第 1 名;枫树大队的袁妙金获男子跳远第 1 名;平山大队的俞国平获男子 100 米、400 米和三级跳远第 1 名;沈村大队的沈正兴获男子 200 米第 1 名;响石桥大队的沈召兴获男子 800 米、1500 米第 1 名。公社绸厂的蒋华娟获女子 100 米第 1 名;佛山大队的洪小娟获女子 200 米第 1 名;佛山大队的洪亚娟获女子 400 米第 1 名;沈村大队的沈海燕获女子跳高第 1 名;佛山大队的洪亚娟获女子跳远第 1 名。1991 年 5 月 2 日,为纪念"五四"青年节,贯彻全民健身纲要,云石乡团委、文化站在云石公路组织了一次距离为 5000 米的"云峰杯"火炬接力赛。沈村、云中、乡电缆线厂、乡漆包线厂、乡灶具厂、明堂村、南坞村、佛山村、平山村、尖山下村、响石桥村、乡沙发厂 12 支队伍计 70 余人参加比赛,云石初中队、沈村队、电缆线厂队获得 1～3 名。

镇文化站积极组队,参加萧山区(市)全民运动会等上级组织的综合运动会,虽由于经济实力等原因参加的项目少,还是取得了较好成绩。1994 年 4 月,云石乡文化站组织一行 12 人参加萧山市田径运动会,沈飞获女子 100 米第 2 名,沈亚飞获女子跳高第 3 名,顾华杰获男子 100 米第 4 名,沈飞、沈碧云、邵海燕、沈亚飞获女子 4×100 第 3 名,沈灿明获男子铁饼第 2 名。在 1998 年 9 月在萧山市第 13 届全运会女子拔河赛中,云石乡女子拔河队获得第 3 名。2002 年 9 月在萧山区第 14 届全运会上,戴村镇女子拔河队获得拔河第 3 名,男子篮球赛获第 8 名。2004 年 6 月,在萧山区首届民营企业运动会上,戴村镇的中球冠队派出 40 名运动员,参加投篮、象棋、飞镖、乒乓球、拔河、射击、自行车慢骑、田径等 8 个项目比赛,获得团体总分第 2 名。2005 年,在杭州市首届民营企业运动会上,中球冠队代表萧山区参加男女混合拔河赛中,获得第一名。2006 年 9 月 25 日,戴村镇组队参加萧山区第十五届全运会,男子篮球队获得铜牌,为戴村镇男子篮球队参加历届区全运会最好成绩。

其他运动

镇文化站每年利用节假日,组织放风筝、拔河、射击、桥牌等各种适宜农村开展的体育比赛活动。1987 年 1 月 29 日,云石乡文化站在乡政府操场举行迎新春气枪射击赛,各村、企事业单位 80 余人参赛。1989 年 2 月 13～15 日,云石乡文化站在萧山农垦大楼举行"云石杯"桥牌邀请赛,资金由尖山下造纸厂和乡煤气用具厂赞助。杭汽、杭氧、杭州工具总厂、杭二棉、杭发、杭州化工学校、萧山工商银行、杭州标准件厂、萧山副食品公司、云石乡队等参加比赛,云石乡队获第 6 名。

1990 年 3 月 15 日,在南坞茶园举行云石乡首届风筝大赛,来自各村的 60 多名风筝爱好者提着自制的各式风筝参赛。石牛山村沈如龙的蜈蚣风筝获一等奖,云石初中沈亚飞的燕子风筝、小学郭红燕的蝴蝶风筝获二等奖;南坞沈小凯的衣服风筝等多人获三等奖。此后,于 1993 年 3 月、1995 年 4 月、1998 年 3 月、1999 年 4 月、2000 年 3 月、2001 年 3 月共举行举行了七届风筝比赛。在 1993 年 3 月 10 日云石乡第二届风筝比赛中,100 余人提着 100 余只各式风筝参加比赛,为历届比赛参赛人数最多的一次。

1990 年 5 月 3 日,云石乡有关村、企业举行纪念"五四"青年节拔河友谊赛,来自全乡的 10 支队伍参加。1991 年正月初一,云石乡举行自行车慢骑赛和一分钟投篮赛,50 多人参赛。1997 年 3 月 6 日,云石乡举行庆"三八"女子拔河赛,20 支队 200 余名选手参赛。乡电缆线厂队、增丰村队、尖山下村队分别获 1～3 名。2000 年 12 月 28 日,云石乡举行迎接新世纪男女混合拔河比赛,来自全乡各村、企事业单位的 20 支队参加比赛。沈村村队、平山村队、佛山村队获得 1～3 名。

2005 年 5 月 28 日,为纪念《中华人民共和国全民健身纲要》颁布十周年,浙江省属机关文体协会《禧玛诺杯》自行车比赛在云石生态旅游区进行,镇文化站予以积极配合。比赛从尖山下村原浪潮公司大门口开始至云石度假山庄。100 多辆自行车翻山越岭,你追我赶。省、市、区电视台、报纸作了报道。2006 年 4 月

30 日，戴村镇文化站举行庆“五一”飞镖友谊赛，百余名男女运动员参加。倪涛峰、周海波、顾建勇获男子组 1 ~ 3 名；沈木兰、邵小英、俞肖旦获女子组 1 ~ 3 名。

第二节　全民运动会

2003 年 8 月 20 日 ~ 9 月 25 日，戴村镇举行首届全民运动会暨文化艺术节。各村、企事业单位共 77 支代表队参加，其中村和中心社区 52 支，企业 15 支，事业单位 10 支，共计 5000 余人次参加比赛和表演。

全民运动会设体育比赛项目 8 个：中国象棋、飞镖、男子篮球、乒乓球、“送公粮”、拔河、田径、环镇跑，分行政村和系统 2 个组进行。其中飞镖、乒乓球、“送公粮”、田径赛分为男子组和女子组。中国象棋、乒乓球只取个人名次，不比团体成绩。篮球只设男子篮球赛。拔河是男女混编，6 男 4 女共 10 名运动员组成一个队。“送公粮”是六七十年代根据劳动生产创作的趣味体育比赛项目，每队 2 男 2 女，全程 56 米，在 14 米处放方头扁担一根，“稻谷”2 袋（男重 80 公斤，女重 50 公斤）。要求运动员自扎甩头，挑着“稻谷”绕过 28 米处的立竿，再返回起点，中途散担结、掉“粮”袋、碰立竿、扁担落肩均不计成绩。以谁先到终点时间最短者名次列前。田径设跳高、跳远、铅球、100 米、200 米、400 米、800 米、4 × 100 米、男子 3000 米、女子 1500 米等小项，计入田径团体名次。环镇跑每队 10 人，号称千人跑，从工人路第六人民医院门口集队，经凌溪路、人民路、闻戴路，进入六中大门，全程约 2000 米。

全运会男子跳远比赛　　（2003 年 9 月摄　资料图片）

行政村组获得团体总分第 1 名的是沈村村代表队，第 2 名明堂村代表队，第 3 名下方村代表队。系统组获得团体总分第 1 名的是萧山第六高级中学代表队，第 2 名戴村镇中小学教工代表队，第 3 名浙江华东钢业集团有限公司代表队。获得全民运动会组织奖的，有行政村组的沈村代表队和系统组的萧山第六高级中学代表队等 7 个单位。获得体育道德风尚奖的，有行政村组何童埠村代表队和系统组杭州蓝达工艺制品有限公司代表队等 7 个单位。

第三节　学校体育

体育教育

民国时期，小学无专职体育教师和体育设施，体育课形同虚设，只设唱游课，组织学生唱歌和简单的体育游戏。

中华人民共和国成立后，镇内各中、小学按照德智体全面发展要求，均设体育课。1952 年，贯彻毛泽东主席“发展体育运动，增强人民体质”的方针，体育教育在各学校进一步得到重视。1953 年，根据“身体好、学习好、工作好”的三好要求，确立体育在各学校的地位，各村小均有运动场地。

1954 ~ 1955 年，各学校推行第一套少年儿童广播体操，每天早晨或课间一次，每套广播操约 8 ~ 10 分钟。1956 年，实施国家《中小学体育教育大纲（试行草案）》，改进体育课堂教育和课外、校外体育活动。各中心学校推行“准备劳动与卫国体育”(简称“劳卫制”)。“文化大革命”期间,学校体育课改为军体课,正常的体育教育遭受不同程度破坏。

1979年起,镇内各学校贯彻《中小学体育工作暂行规定(试行草案)》,开展“两课”(每周两节体育课)、“两操”(每天广播操和眼保健操)、“两活动”(课间活动和课外活动)。1982年起,按照县教育局统一部署,各中、小学开展实施《国家体育锻炼标准》“达标”验收活动,以及预防近视眼发病率的学生视力检查,学校体育教育得到进一步重视和规范。

1983年起,镇内各学校除正常体育课外,抓好田径重点项目的教育和培训,各完中、初中、中心小学还举办校内田径运动会,选拔优秀的学生组成校田径代表队,参加全县(市、区)的田径比赛。在历届萧山县中小学田径运动会上,戴村运动员取得较好名次,涮新一批田径项目纪录。

1985年秋开始,实施浙江省编中小学体育课本。体育教师备好课上好课,按县教育局对体育课的质量标准抓好体育课的质量。[①] 1996学年开始,全镇各级中、小学校广大师生抓住实施“素质教育”,进一步深入开展以体育“达标”为内容的群众性体育活动,体育活动内容更丰富、形式更多样,展示了素质教育过程中的体育教育得到了较好落实,教育效果改善,使之学生的体育“达标”出现新的成绩。

2000学年,戴村各中、小学实施《国家体育锻炼标准》,仍保持良好发展势头。2003年年初开始,为贯彻国务院《关于深化教育改革全面推进素质教育的决定》,落实《全日制义务教育小学(1~6年级)、中学体育与健康(7~9年级)课程标准》,将2003~2005年学校体育工作分别定位为“新课程理论学习年”“实施课程标准年”和“实施学生体质健康标准年”。2004年9月起在全镇初中、小学起始年级正式实施新课程标准,进行学校体育课程改革。

2005年,是戴村各学校体育十·五规划中最后一年,以贯彻“健康第一”为指导思想,促进学生全面发展为目标,结合学校体育教育的实际,各中小学体育教育的理念更新,质量更高。是年,重点以体育教研组建设为抓手,认真贯彻《体育教研组规范建设细则》为目标,进一步提升教师素质,使许多教师朝着“人格有魅力,专业有实力,教学有活力”争做一名优秀体育教师的方向发展。重视体育学科的研究和实践,重视体育课程改革和创新,出现了一批教学思想新、教学方法好、教学过程优、教学质量高并深受学生喜爱的体育课教学实例和理论案例。

2008年,高中与初中各年级每周体育课2节、课外体育活动1次,每天课间活动1次、眼保健操上下午各1次;小学体育课每周2~3节,每天课间大活动1次25分钟、眼保健操3次。

戴村中、小学生身体素质提高,还出了一批体育人才。萧山六中(原名戴村中学)在历年体育高考中,为

---

① 当时县教育局对体育课的质量标准是:

一.教学任务订得全面、准确、具体、扼要,符合教学大纲的要求和学生的实际情况。通过教学实践完成了课堂教学任务。

二.教学组织工作做得好。课的结构合理,各部分和每项教材分配的时间合适;教材的安排符合学生的实际,有利于学生掌握教材及锻炼身体;教学的组织形式恰当,有利于教学任务完成和场地器材的充分利用;教师运用口令和调动队伍熟练、合理、时间节省。

三.教师能发挥主导作用,能调动学生学习的自觉性和积极性,能发挥小组长的作用。能按男女生、体质强弱、运动技术的好差具体情况分类指导、区别对待。

四.教法运用得好。课中采用的教法符合课的任务、教材特点和学生情况;对学生可能产生的错误动作能做到预防,对已产生的错误动作能采取有效措施及时纠正;教师能熟练运用各种基本教学方法、讲解生动形象、简明扼要,各种示范运用正确、熟练。

五.运动量与练习密度掌握得好。全课运动量变化符合有机体变化的规律,练习密度不低于20%,不高于40%,能掌握在28%~35%之间,正常指数为1.5~1.8,运动曲线高峰在基本部分后段出现。教师能根据课的具体情况,采取有效措施调节课的运动量和密度。

六.思想教育工作做得好。课堂常规能贯彻教学始终,教师能结合教学内容,对学生进行政治思想教育,能严格、合理地要求学生,针对性强、方法正确。

大专院校体育专业输送合格新生。1990 年，戴村中学章也男被杭州大学体育系特招。1993 年，戴村中学洪锡明被杭州大学体育系（上线代培）录取，沈壮明被杭师院体育系录取。1994 年，戴村中学的韩红英（女）被浙师大体育系（委培）录取，李国栋被杭师院体育系录取。1995 年体育高考，六中章国刚被杭州师院录取，陈伟刚被杭州师院（往届生）录取。1996 年体育高考，萧山六中戴凯强被杭教院录取。1997 年体育高考，萧山六中考生邵灿生被杭大录取，俞哲锋被杭师院录取。1998 年体育高考，萧山六中考生陈华波被杭师院体育本科录取。1999 年体育高考，萧山六中考生张建锋、夏叶被杭师院录取。2000 年体育高考，萧山六中考生马飞云被北京体院录取，考生陈红良被浙江师大录取。2001 年萧山六中培养和输送体育人才 10 名。2002 年体育高考，萧山六中考生俞琦、陈凯中被温州师院录取，吴柳丹被宁波大学录取，瞿金杰被绍兴文理院录取，顾赵栋被浙师大录取。2004 年体育高考，萧山六中录取 24 人，其中第一批重点本科 3 人，第二、三批本科 6 人，第四批专科 15 人。2005 年体育高考录取情况，萧山六中录取 8 人，其中第一批重点本科 1 人，第二、三批本科 4 人，第四批专科 3 人。

体育师资

20 世纪 50 年代，除中心小学配有个别体育教师外，一般小学的体育课由班主任兼课，体育教育质量不高。60 年代，湘湖师范、杭州大学等体育专修科毕业生陆续分配到中小学担任体育教师，镇内体育师资队伍逐渐形成。“文化大革命”期间，体育师资队伍受到摧残，一些体育教师改行。1978 年后，大专院校体育专业毕业生到校任教增多，体育师资队伍加强。

1986 年 12 月，县体育教育、教学征文评选，共收到 41 篇体育论文，经县中小学体育教研大组成员及有关领导的评选，戴村镇小戴建荣《戴村区体育现状的调查研究》获一等奖。

1989 年，萧山市学校体育教育、教学论文评选中，戴村区的何海桥、戴建荣撰写的《戴村区体育发展战略的探究》获二等奖。戴村中学朱苗昌的《关于背越式跳高的教学尝试》获三等奖。云石初中王梓林的《不规则跑道的规划与设计》获三等奖。

2000 年，在萧山市第六届学校体育教育、教学论文评选中，戴村镇中心小学蒋建红老师的《创新教育在学校体育中的实践与研究》获二等奖。2000 年，永兴小学教师陈华其被评为 2000 年萧山市学校课余运动训练优秀教练员。2000 年，戴村小学蒋建红、云石小学顾旭沣，获 2000 年萧山市小学体育教师教学基本功演练考核优胜奖。

2001 年以开展“教学年”系列活动为载体，在全镇中、小学体育教师中举行体育《说课与上课》评优活动、体育《教案》检查评优活动、体育优质课教学展示和体育教学专题报告会活动、青年体育教师教学基本功培训考核活动。通过系列教学活动，涌现出了一批教学思想新、教学方法好、教学过程优、教学质量高并深受学生喜爱的体育课教学实例。2001 年，戴村镇小教师蒋建红获萧山市体育与保健课《教案》检查和评比优秀奖。

2002 年，云石初中邹庆林、云石小学邵雅飞、永兴小学方海云老师被评为萧山区学校课余运动训练优秀教练员。永兴小学姚笛、杨建华撰写的《因地制宜，普及提高——利用农村地理优势开展定向运动的研究》，获 2002 年萧山区中、小学第十五届专题研究论文评选体育学科论文一等奖。萧山六中陈伟刚的《关于高中女生体育兴趣及能力培养的研究》，获萧山区第七届学校体育教育、教学论文评选一等奖；萧山六中沈壮明的《浅析“情感”教育在高中女生中长跑教学中的作用》、云石初中王梓林的《体育教学中的美育实践研究》，获萧山区第七届学校体育教育、教学论文评选二等奖；戴村凌山完小韩柏春的《体育游戏在体育课堂教学中的实践与研究》，获萧山区第七届学校体育教育、教学论文评选三等奖。

2003 年，教育行政主管部门和学校共同为体育教师创设了学习理论、提高专业能力的平台，通过多种途径、方法、培训、指导等形式，使体育教师的敬业精神、专业理论、教学能力有很大的提高，积极投入于体育教育实践之中，在业绩上有很大的创新。全镇中、小学体育“达标”合格率为 99.87%、优秀率为 84.11%，培养和输送体育人才体育高考成绩再创辉煌，体育特长生被高等院校录取，体育教科研工作有更大的收获，涌现出一批优秀体育教育工作者。

2004年，全镇体育老师先后进行了全员培训，组织新课程理论知识学习和考试；确立主、子课题立项研究；开展新课标背景下课堂教学展示，教学研究与探索，优秀教学案例和论文评比，实地和书面调研，骨干成员外出学习，《学校体育教研网》的运行并升级（上英特网）等一系列活动。全镇体育课改工作取得实质性进展，教师专业知识和能力得到提高。是年，萧山六中韩红英、戴村小学郑灿明、云石小学邵雅飞老师，被评为萧山区学校课余运动训练优秀教练员。2004年，萧山区学校体育综合成绩考评，萧山六中位列高中组一组第五，云石初中位列初中C组第七，戴村初中位列初中C组第十一，云石小学位列小学C组第三。

2005年，萧山六中沈壮明参加杭州市第十六届（青少年）运动会担任教练；云石初中邹庆林、戴村小学贺淼中评为体育竞赛各单项比赛成绩优秀者。

2006年，萧山六中有专职体育教师7人，设有体育教研室。戴村初中专职体育教师4人；云石初中专职体育教师1人。戴村小学有专职体育教师4人，永兴小学专职体育教师1人、兼职体育教师2人，云石小学有专职体育教师3人、兼职体育教师2人。所有中、小学专职体育教师，均为大学体育本科毕业。至2008年，体育师资情况基本不变。

体育设施

民国时期，境内小学几乎无体育场地和体育设施。中华人民共和国成立后，境内中、小学体育设施逐步完善。

1983年12月，萧山县文教局对中、小学体育场地进行调查统计，戴村区[①]有学生16157人，1978年以前室内体育场地为3677平方米，室外体育场地54125平方米；1983年室内体育场地为3760平方米，室外体育场地为61789平方米，人均4.46平方米。其中戴村区各公社中心学校有学生3065人，1978年以前室内体育场地740平方米，室外体育场地8328平方米；1983年室内体育场地680平方米，室外体育场地14339平方米，人均4.9平方米。戴村区各完小、村小有学生10038人，1978年以前室内体育场地2909平方米，室外体育场地24664平方米；1983年室内体育场地为2756平方米，室外体育场地为33672平方米，人均3.63平方米。

同年12月，萧山县文教局对全县各完中、重点初中、重点小学体育活动场地统计，戴村中学有学生526人，1978年以前室外体育场地12673平方米；1983年室外体育场地为5338平方米，人均10.15平方米。戴村社小有学生523人，1978年以前室内体育场地为150平方米，室外体育场地1100平方米；1983年室内体育场地为160平方米，室外体育场地为1180平方米，人均2.56平方米。

随着教育事业的发展，境内各中、小学的体育场地和体育设施不断更新、增加和完善。1983年，戴村各学校有篮球场7个、双杠1付、单杠1付、跳箱3只、垫子14块、乒乓台13付、跑表20只、蓝球59个、排球14个、铅球18个、手榴弹92只、拔河绳6根、沙包266只、运动服装127套、运动鞋18双、爬杆3根、沙坑8只。至2006年，萧山六中主要体育设施有篮球场9个、排球场4个、网球场1个、乒乓球桌20张、健美健身训练房2个、双杠6副、单杠6副、爬杆1副、400米标准田径场1个、体育馆1个计7773.64平方米等，其拥有的体育设施达到省一类中学标准；戴村初中主要体育设施有篮球场1个、排球场1个、乒乓球桌1张、250米田径场1个、单杠1副、双杠1副等；云石初中主要体育设施有篮球场1个、排球场1个、羽毛球场1个、乒乓球桌1张、单杠5副、双杠1副、200米田径场1个等；戴村小学主要体育设施有篮球场2个、乒乓球桌1张、180米田径场1个等；云石小学主要体育设施有篮球场1个、排球场1个、乒乓球桌1张、羽毛球场1个等；永兴小学主要体育设施有篮球场2个、排球场1个、乒乓球桌2张、羽毛球场1个、体育室1个70平方米、250米田径场1个等。

① 1992年萧山撤区扩镇并乡前，县（市）教育局对体育设施与部分体育竞赛成绩以区为单位统计。下同。

体育达标

1982年起,戴村各中、小学按照县教育局统一部署,开展实施《国家体育锻炼标准》,接受县教育局、县体委联合"达标"验收审评。

1983年,戴村区中学应达标人数3586人,已达标人数2321人,其中及格级1437人,良好级727人,优秀级157人,达标率为64.7%;乡小应达标人数2071人,已达标人数1864人,其中及格级1082人,良好级389人,优秀级93人,达标率90%;完小应达标人数4615人,已达标人数2799人,其中及格级1698人,良好级844人,优秀级257人,达标率60.7%。是年,据萧山县定点完中、重点初中、乡中心小学体育"达标"统计,戴村中学达标率为68.7%、戴村乡小达标率为96.3%、云石乡小达标率为84%、永兴乡小达标率为80%。

1985年11月下旬至12月中旬,县教育局、体委、卫生防疫站联合组成验收组,分别对全县10所定点完中进行落实体育、卫生两个《暂行规定》的检查验收,戴村中学名列第二。戴村中学被评为1985学年度"达标"先进单位。

1989年,萧山市学校体育卫生两个《暂行规定》检验验收,云石初中、永兴乡校获良好级学校;戴村镇小获萧山市学校体育"达标"先进单位。

1990学年戴村区学校体育达标情况,初中综合得分258.9分,位列全市第五;小学(乡小、完村小)综合得分206.5分,位列第七;戴村中学综合得分259.3分,位列第七。戴村镇中获1990学年萧山市"达标"先进单位。

1991学年,戴村镇中、永兴初中获萧山市学校体育"达标"先进单位。1992学年,戴村镇初中体育"达标"位列萧山市各镇乡学校第二,综合得分为330.8分;戴村镇中心小学位列第十一,综合得分为332.6分;戴村镇村、完小获位列二十,综合得分为263.3分。1994学年,戴村镇初中体育"达标"位列全市第七,综合得分327.8分,戴村镇中心小学位列第二十二,综合得分348.1分,戴村镇村、完小位列第二十八,综合得分306.6分。云石乡初中位列第三,综合得分330.2分,云石乡中心小学位列全市第七,综合得分368分,云石乡村、完小位列第五,综合得分363.9分。萧山六中位列全市高(职)中体育达标第四,综合得分为321.5分。1995学年,戴村镇初中体育达标位列全市各镇乡第七,综合得分331.5分;戴村镇中心小学位列第七,综合得分375.9分;戴村镇村、完小位列第二十六,综合得分344分。云石乡初中位列全市第二十八,综合得分309.8分,云石乡中心小学位列第五,综合得分380.1分,云石乡村、完小位列第六,综合得分371.8分。萧山六中位列全市高(职)中体育达标第六,综合评分316分。是年,戴村小学获萧山市级体育"达标"先进学校称号。

1996学年,戴村镇初中综合得分332.66分,位列全市第十六;戴村镇中心小学综合得分371.65分,位列第十七;戴村镇村、完小综合得分351.06,位列第二十四。云石乡初中综合得分330.24分,位列第二十;云石乡中心小学综合得分382.06分,位列第六;云石乡村、完小综合得分333.03分,位列第十四。1996学年,萧山六中位列全市高(职)中体育"达标"第二,综合得分342.3分。是年,永兴小学、云石小学获萧山市级体育"达标"先进学校。至此,戴村各学校学生体育连续十年"达标"。各学校重视贯彻全面发展的教育方针,在思想上、观念上重视落实体育工作,依靠全体教师培养学生全面发展,使"达标"工作形成群众性、广泛性和经常性的良好势头。

1997学年,戴村镇初中体育"达标"综合得分344.79分,位列全市各镇乡第十九;戴村镇中心小学综合得分385.47分,位列全市第八;戴村镇村、完小综合得分369.79分,位列第十九。云石乡初中综合得分361.88分,位列全市第七;云石乡中心小学综合得分382.38分,位列第十七;云石乡村、完小综合得分380.18分,位列第八。萧山六中位列全市高(职)中体育"达标"第六,综合得分322.62分。是年,经杭州市体委、教委评选,云石初中被评为杭州市级学校体育"达标"先进单位;永兴小学被评为杭州市级学校体育"达标"先进单位。戴村镇中、云石骆村村小被评为萧山市级学校体育"达标"先进单位。

1999学年,经萧山市体委、教委评选,戴村镇中、云石骆村村小被评为萧山市级学校体育"达标"先进单位。2000 学年，云石尖山小学被评为萧山市级体育“达标”先进单位。2001 学年，戴村初中获萧山区级体育“达标”先进单位。2002 学年，云石初中、戴村小学、永兴小学获萧山区级体育“达标”先进单位。2003 学年，戴村小学、云石小学、戴村东平分校、戴村九峰分校获萧山区学校体育“达标”先进单位。2004 学年，戴村镇中、云石初中、云石小学、戴村马鞍分校被评为萧山区学校体育“达标”先进单位。2005 学年，戴村镇小、云石小学被评为萧山区《学生身体素质锻炼标准》(达标)先进单位。至 2008 年，全镇中小学体育达标情况继续在全区处于领先地位。

体育竞技

戴村中、小学在萧山区(县、市)历届中小学田径运动会、体育传统项目定点学校田径对抗赛、中小学“三球”比赛、以及举重、棋类比赛中，取得较好名次。

1985 年 11 月，县教育局、体委联合举行体育传统项目定点学校田径对抗赛，戴村镇小获小学组第六名。1987 年，在全县高中男子田径对抗赛中，戴村中学获第四名。1998 年 11 月 19 日至 21 日，市教育局、市体委联合在市体育场举行全市中小学体育传统项目学校田径对抗赛，戴村中学获完中组第一名、戴村镇中获初中组第二名、戴村镇小获小学组第七名。在萧山市第二届初中、小学体育传统项目田径对抗赛中，云石初中获初中组第七名。

1986 年 7 月，县教育局、体委分别联合举办了小学、初中、高中男女篮球赛，这次比赛共有 27 个男女代表队、324 名运动员参加。戴村镇小获小学男子组第二名，戴村中学获高中女子组第三名。是年 3 月，戴村初中举行第二届春季田径运动会，以后每年召开。1987 年第三届田径运动会后定为每年秋季运动会。

1990 年，萧山市举办小学生篮球赛，戴村小学获小学男子组第三名，小学女子组第四名。是年，戴村小学获萧山市小学生乒乓球赛男子组第七名、女子组第六名。戴村初中获市中学生篮球赛初中女子组第二名、初中男子组第三名。1991 年戴村初中获市中、小学篮球比赛初中女子组第一名；戴村小学获小学男子组第一名。1992 年，戴村中学获由市教育局、市体委联合举行的高(职)中男女篮球赛男子组冠军。1993 年，萧山市中、小学生篮球赛，戴村中学获高(职)中男子组第三名、戴村初中获初中女子组第三名。是年，在萧山市中、小学生“举重、排球、篮球”比赛中，戴村镇中获排球初中女子组第三名，篮球初中女子组第三名。

1995 年，在萧山市中、小学生排球、举重、篮球比赛中，戴村镇获排球初中女子组第五名、举重初中男女组第六名、篮球初中女子组第三名。1996 年，在萧山市中、小学生排球、举重、篮球比赛中，戴村初中获排球初中女子组第二名，永兴初中获举重初中男女组第六名，云石小学获篮球小学男子组第四名。1997 年，在萧山市中、小学生篮球、乒乓球、排球、举重比赛中，云石乡获篮球小学男子组第三名、萧山六中顾云集获乒乓球锦标赛高(职)中男子组第四名、萧山六中金晶获乒乓球锦标赛高(职)中女子组第三名、戴村初中获排球赛初中男子组第三名、戴村镇获举重赛初中男女组第六名。1998 年，在萧山市中小学篮球、乒乓球、排球、举重比赛中，云石小学获蓝球小学男子组第六名，戴村初中获排球初中女子组第一名。是年，在全市高(职)中篮球赛中，萧山六中获普通高中男子 B 组第三名。

2000 年，在全市初中、高(职)中乒乓球比赛中，萧山六中获普高组女子团体第四名、男子团体第六名。是年下半年，萧山六中获萧山市高(职)中篮球赛普通高中男子第六名。2001 年下半年，戴村小学获萧山区小学生“乒乓球”赛男子二组团体第四名。戴村小学获萧山区小学生“三棋”赛国际象棋二组团体第五名。是年，在全区初中、高(职)中乒乓球比赛中，萧山六中分获普高组男、女第六名；云石初中获萧山区中小学乒乓球赛 C 组团体第一名。

2002 年，在萧山区初中生篮球比赛中，云石初中获 C 组男子第三名，戴村初中获 B 组男子第六名。是年，在萧山区初中生排球比赛中，戴村初中获 B 组男子第五名。在萧山区小学生篮球比赛中，云石小学获 C 组男子第四名。在萧山区小学生排球比赛，永兴小学获 C 组男子第四名。在萧山区小学生乒乓球比赛中，云石小学获小学 C 组团体第六名。是年，云石初中获萧山区中小学乒乓球赛 C 组团体第二名；该校获区中小学篮球 C 组团体第三名。是年，萧山六中获萧山区高中生乒乓球比赛高中一组团体第六名。戴村初中获萧山区初中生举重比赛初中 B 组团体第三名。戴村小学获萧山区小学生“三棋”比赛国际象棋 C 组团体第六名。永兴小学获萧山区小学生“三棋”比赛国际象棋 C 组团体第九名、围棋 C 组团体第十名。

2003 年 2 月 27 日，六中派出代表队参加香港国际武术节，这次香港国际武术节有荷兰、新加坡、瑞士、日本、美国、西班牙、俄罗斯、英国、乌克兰、拉托维亚等国家和地区的 149 个代表队、1000 余名运动员参加。六中代表队的 4 名健儿获得：曹华萍四十二式太极拳第五名，章俊杰少年规定拳第三名、朴力第七名，李萧湘自选拳第六名，许波荣、朴刀第六名，少年拳第六名。是年 12 月 28 日萧山六中派出 8 人组成代表队参加 2003 年浙江国际武术大会暨浙江省传统武术比赛，六中代表队参加了 10 个项目，共获个人 6 枚金牌，3 枚银牌和团体（集体棍术）三等奖的好成绩。是年 6 月 3 日，戴村镇中参加区初中生举重比赛，获得团体第四名；10 月 14 日参加区初中生男篮比赛，获得 B 组第五名；10 月 29 日参加区初中生排球比赛，获得 B 组第四名。

2004 年 6 月 3 日戴村镇中参加区初中生举重比赛，获得团体第二名；10 月 14 日参加区初中生排球比赛，获得 C 组第二名；11 月 16 日参加区初中生篮球比赛，获得 C 组第二名；10 月 18 日 9 月份区对体育中考项目增加了游泳考试，学校 66 人参加，63 人获得满分。

2005 年在区初中生举重比赛中，戴村镇中获得团体第二名。是年，在“天明眼镜杯”萧山区高（职）中生篮球、排球赛中，萧山六中获篮球 B 组男子第二名、B 组女子第四名；排球 B 组女子第五名。是年，在“天明眼镜杯”萧山区初中生篮球赛中，戴村初中获 B 组男子第三名，云石初中获 C 组男子第二名、C 组女子第四名。在“天明眼镜杯”萧山区小学生篮球赛中，戴村小学获 B 组男子第一名、B 组女子第二名，云石小学获 C 组男子第五名。在“天明眼镜”杯萧山区初中生排球赛中，戴村初中获 B 组男子第五名。云石初中获萧山区中小学乒乓 C 组团体团体第一名。是年 5 月 14 日～18 日举行的杭州市十六届全运会青少年拳击比赛中，六中获 60 公斤、64 公斤级三个第二名，57 公斤二个第三名，69 公斤级第三名，51 公斤级第三名，60 公斤级第三名，团体总分第三名。是年 5 月 20 日～25 日，在湖南娄底参加华厦“武状元“争霸赛，全国各地有 62 个代表队、763 名运动员参赛，六中代表队获 7 枚金牌、10 枚银牌、7 枚铜牌和团体总分第二名的好成绩。是年 7 月 29 日～8 月 11 日，浙江省第三届武术大会，六中获拳击一金四银，跆拳道获 7 枚金牌 2 枚银牌 2 枚铜牌。散手比赛中获 6 枚金牌 2 枚铜牌，套路比赛中获 7 枚金牌、8 枚银牌、5 枚铜牌和团体总分第一名的好成绩。

2006 年，在萧山区“赛马装饰杯”高中生篮球、排球赛中，萧山六中分获篮球 B 组男子、B 组女子第二名；排球 B 组男子、B 组女子第四名。云石初中获“赛马装饰”杯区初中篮球赛初中 C 组男子第二名、C 组女子第四名，“赛马装饰”杯初中生乒乓球比赛 C 组团体第一名；戴村初中获“赛马装饰”杯初中生排球赛 C 组男子第三名。是年 5 月 19 日在区初中生举重比赛，戴村镇中获得 C 组团体第三名；10 月 12 日参加区初中生排球比赛，该校获得 C 组第三名。

2007 年 5 月 18 日在区初中生举重比赛中，戴村镇中获得初中组 C 组团体第二名；10 月 11 日参加区初中生排球比赛，获得 C 组第六名；11 月 28 日参加区初中生篮球比赛，获得 C 组第五名。是年云石初中获萧山区初中生乒乓球比赛 C 组团体第二名；获萧山区中小学男篮 C 组团体第三名。

2008 年戴村镇中获萧山区初中生举重比赛初中 C 组第二名；萧山区中小学排球赛 C 组第二名；萧山区中小学篮球比赛 C 组第七名。是年，云石初中获萧山区初中生乒乓球比赛 C 组团体第二名。

附录一：

1983～2000 年戴村学生打破萧山中小学田径运动会记录情况

1983 年 5 月 3 日，戴村袁建英打破初中女子组标枪（600 公分）记录，成绩 23.18 米。

1984 年 4 月 15 日，戴村倪中平打破初中男子组标枪记录，成绩 35.90 米，原记录 33.86 米。

1984 年 4 月 15 日，戴村陈芳打破初中女子组 100 米栏记录，成绩 18″8，原记录 19″3。

1985 年 4 月 28 日，戴村倪中平，打破初中男子组铁饼记录，成绩 40.90 米，原记录 39.74 米。

1985 年 4 月 28 日,戴村楼晓峰打破初中男子组 100 米记录,成绩 12″,原记录 12″1。
1985 年 4 月 28 日,戴村钟水平打破女子手榴弹记录,成绩 37.14 米,原记录 36.40 米。
1986 年 5 月 14 日,戴村杨水权打破成年男子组标枪记录,成绩 47.56 米。
1986 年 5 月 14 日,戴村倪中平打破初中男子组铅球(5 公斤)记录,成绩 12.40 米。
1986 年 5 月 14 日,戴村章也男打破初中女子组跳高记录,成绩 1.42 米,。
1986 年 5 月 14 日,戴村陈国祥打破儿童男子组跳远记录,成绩 4.56 米。
1987 年 4 月 16 日,戴村邵力斌打破小学男子组 100 米记录,成绩 13″9,原记录 14″。
1987 年 4 月 16 日,戴村邵力斌打破小学男子组 200 米记录,成绩 28″5,原记录 28″8。
1988 年,戴村章也男,打破初中女子组跳高记录,成绩 1.50 米,原记录 1.43 米。
1991 年 4 月 29 日,戴村章也男打破高中女子跳远记录,成绩 5.47 米,原记录 5.34 米。
1992 年 4 月 20 日,戴村洪小芳打破小学女子甲组 400 米记录,成绩 1′9″2,原记录 1′9″7。
1992 年 4 月 20 日,戴村胡春风打破小学男子甲组手榴弹记录,成绩 50.70 米,原记录 50.08 米。
1992 年 4 月 20 日,戴村洪小芳打破小学女子甲组 800 米记录,成绩 2′37″6,原记录 2′39″。
1993 年 4 月 20 日,戴村蔡周春打破初中男子组铁饼记录,成绩 46.70 米,原记录 44.64 米。
1997 年 4 月 26 日,云石邵灿东打破小学男子甲组手榴弹记录,成绩 55.82 米,原记录 51.48 米。
1997 年 4 月 26 日,云石沈东打破小学男子乙组跳高记录,成绩 1.49 米,原记录 1.48 米。
1999 年 4 月 7 日,云石初中李军打破初中男子 B 组 5000 米记录,成绩 17′58″45,原记录 18′10″14。
2000 年 4 月 6 日,戴村小学卢盈燕打破小学女子二组 1500 米记录,成绩 5′23″9,原记录 5′25″5。
2000 年 4 月 6 日,云石初中沈东打破初中男子三组跳高记录,成绩 1.82 米,原记录 1.81 米。

附二:

1994～2003 年戴村镇学生参加萧山中小学田径运动会成绩

1.1994 年萧山市中小学田径运动会(11 月):
云石中学苏韩红获初中男子乙组 400 米第一名,成绩 53″2。
2.1995 年萧山市中小学田径运动会(4 月):
戴村小学洪东明获小学男子乙组 200 米第一名,成绩 29″8。
戴村小学方伟获小学男子乙组跳远第一名,成绩 4.33 米。
3.1996 年萧山市中小学田径运动会(4 月):
云石中学何英丹获初中女子乙组 100 米第一名,成绩 14″2。
云石小学邵灿东获小学男子甲组手榴弹第一名,成绩 45.90 米。
云石小学沈娜获小学女子乙组 60 米第一名,成绩 8″9。
4.1997 年萧山市中小学田径运动会(4 月):
萧山六中获高中组团体总分第一名。
萧山六中沈建强获高中男子组 5000 米第一名,成绩 17′55″。
萧山六中洪晓芳获高中女子组 1500 米第一名,成绩 5′37″3。
萧山六中于燕华获高中女子组 3000 米第一名,成绩 11′53″4。
云石中学金山丹获初中女子乙组跳高第一名,成绩 1.35 米。
云石小学邵灿东获小学男子甲组跳远第一名,成绩 5.31 米;手榴弹(300 克)第一名,成绩 55.82 米。
云石小学沈东获小学男子乙组跳高第一名,成绩 1.49 米。
戴村小学周金飞获小学女子乙组 200 米第一名,成绩 29″3;400 米第一名,成绩 1′08″。
5.1998 年萧山市中小学田径运动会(4 月):

云石中学金山丹获初中女子组跳高第一名，成绩1.45米。

6.1999年萧山市中小学田径运动会（暨传统校比赛）（4月7～10日）：

萧山六中张军获高中男子组标枪第一名，成绩40.65米。

戴村中学周金飞获初中女子A组400米第一名，成绩1′05″5。

云石初中沈东获初中男子B组跳高第一名，成绩1.78米。

云石初中李军获初中男子B组1500米第一名，成绩4′30″9。

戴村小学丁铁飞获小学男子A组1500米第一名，成绩5′4″9。

7.2000年萧山市中小学田径运动会（暨传统校比赛）（4月6～9日）：

戴村中学周金飞获初中女子一组200米第一名，成绩26″1；400米第一名，成绩1′01″6。

云石初中获初中男子三组4×100米接力第一名，成绩47″4。

云石初中顾伟刚获初中男子三组100米第一名，成绩12″1。

云石初中寿金波获初中男子三组1500米第一名，成绩4′34″1。

云石初中沈东获初中男子三组跳高第一名，成绩1.82米；三级跳远第一名，成绩12.72米。

云石小学沈飞波获小学男子三组100米第一名，成绩13″3。

8.2001年萧山区中小学田径运动会（暨传统校比赛）（4月10～23日）：

萧山六中李琦获高中男子组铅球第一名，成绩11.90米。

云石初中顾伟刚获初中男子三组100米第一名，成绩11″7。

永兴小学郁其江获小学男子三组60米第一名，成绩8″3。

9.2002年萧山区中小学田径运动会（暨传统校比赛）（4月9～12日）：

永兴小学郁其江获小学男子C组60米第一名，成绩8″2；100米第一名，成绩13″。

戴村小学王榧榧获小学女子C组1500米第一名，成绩5′29″2。

戴村小学丁泽萍获小学女子C组铅球第一名，成绩9.26米。

10.2003年“天明眼镜杯”萧山区中小学田径运动会（4月1～4日）：

萧山六中傅建峰获普（职）高一组男子标枪第一名，成绩54.67米。

萧山六中施玲玲获普（职）高一中女子跳远第一名，成绩4.89米；三级跳远第一名，成绩10.73米。

云石初中丁圣获初中男子C组铅球第一名，成绩11.28米。

云石初中朱燕倩获初中女子C组三级跳远第一名，成绩10.22米。

云石小学沈忠杰获小学男子C组跳远第一名，成绩4.88米。

（资料来源：摘自历届萧山区（市、县）“中小学田径运动会秩序册”）

卷十四　社　会

本卷设民政、居民生活、社会保障、姓氏宗祠、风俗、宗教、方言7章，择要予以记述。

第一章　民　政

戴村民政机构设置始于民国时期。中华人民共和国成立后，历届乡（公社）、镇政府都按规定设置民政机构，配备民政工作人员，民政职能日趋完善，各项工作到位。做好拥军优属、复退军人优抚安置工作，逢年过节慰问烈军属成为惯例。做好赈灾救济、对困难户补助、抚恤和社会福利救济。依法开展婚姻登记管理，查处非法婚姻。贯彻殡葬改革，实行遗体火化，按政策开展迁坟平坟等。本章按上述工作内容进行记述。

第一节　机构设置

民国元年（1912）萧山县公署始设民政科，全县民政工作由民政科总署，后机构名称几经变更。民国30年，戴村各乡公所始设民政股，管理乡内民政事务。民国33年设有乡、镇出征抗敌军人家属优待乡会。

1944年沈村乡出征抗敌军人家属优待乡会主任及干事履历表

表14－1－1

姓　名	职务	年龄	学历	履　　历
沈衡春	主任	40	高小毕业	现任本乡乡长
钟关仁	干事	49	中学程度	曾任上洪小学校长
钟庆余	干事	46	中学毕业	现任一、二保联合小学校长
沈汉长	干事	52	中学程度	曾任本乡乡长多年
沈翰臣	干事	48	私塾五年	曾任本保保长二年
沈桂校	干事	31	高小毕业	曾任保长三年
沈养吾	干事	27	中学程度	曾任短期国民小学校长和本乡代理乡长
沈永宏	干事	33	私塾五年	充入第七保甲长

说明：①摘自萧山档案馆民国时期档案资料。
②籍贯均为萧山

中华人民共和国成立初期，县人民政府在各区公所设1名民政助理员协助县民政科处理该区的民政事务。1961年，戴村区设民政助理员，戴村人民公社及长潭、凌溪、振庭、许贤、白墅、马鞍6个管理区，均由一位主任或管理委员兼理民政。各生产大队的民政事务由大队长或副队长负责。20世纪60～70年代，戴村公社名称及区划几经变更，各公社有1名领导分管民政工作，民政具体工作大多由文书兼职，没有配备专职民政工作人员。1984年5月，各乡始设专职民政助理员。

1984年5月撤社设乡后，戴村、云石、永兴三乡始设专职民政助理员。1992年5月永兴乡并入戴村镇，始设民政办公室。

1997年5月，戴村镇成立劳动就业服务站，负责安置退伍军人、待业青年及下岗职工等工作。1998年8月，戴村镇建立劳动就业管理站，负责对企业劳动工作的综合管理。2001年7月，云石乡并入戴村镇。是年,民政办公室更名政法民政办公室。2003年,更名社会综合治理办公室。2005年,称综合治理和民政办公室。至2008年,戴村镇的民政工作,由镇综合治理和民政办公室行使工作职能。

2000年,云石乡获"杭州市村民自治模范乡"称号。

1984年戴村民政线分管领导和工作人员情况

表14－1－2

时　　间	乡　镇	分管领导(人武部长)	民政助理员
1984年5月~1992年5月	永兴乡	沈雪忠　俞纪平	周爱传(兼职) 楼章友　郭校忠
1984年5月~2008年年底	戴村镇	楼才良　杨晋仁　傅国超 方解铨　朱兴林　赵建平	鲍吾成　楼章友　周爱传 陈歧龙　韩士标　傅利明
1984年5月~2001年7月	云石乡	杨晋仁　任经纬　汤长生 邵祝良	孔志明(兼职) 鲍吾成　鲍云芬　董利华

说明:资料由镇民政办提供

第二节　拥军优属

抗日战争时期,国民政府曾给伤亡军人及其家属以抚恤和优待,但其经费由地方自筹,致使伤兵生活无着,流落街头,扰乱社会。民国33年(1944)8月16日上午,戴村区沈村乡征收保民优待金会议在沈村乡乡公所召开,县政府指导员胡子珩致辞说:"本人此次奉命至贵乡,参加征收三十三年保民优待金会议,惟是项经费以出征一丁筹足一千元为标准,作为出征壮丁安家费用途,沈村乡共计壹万元。筹派对象以乡内各殷富户分级筹派,足额册报县府。"会议就保民优待金壹万元应如何分级筹派进行公决,决议由全乡各殷户中派筹,足额册报县府。

中华人民共和国成立初期,萧山县建立支前委员会,戴村人民积极参与相关工作,支援全国解放战争的最后胜利。在抗美援朝战争中,戴村人民以饱满的革命热情,动员子弟踊跃报名参军。1950年10月和1951年9月,戴村两次共有117名青年应征入伍,奔赴朝鲜战场。其中有增丰村的朱建明、石盖村的周早兴、尖山下村的姜云根等。此外,广大老百姓还在当时生活极为困难的情况下捐钱捐物2.61亿元(旧币),为抗美援朝作出了贡献。

1950年,戴村贯彻国家颁布的有关革命军人、革命工作人员、民兵及民工牺牲、病故和伤亡的褒恤条例和优抚条例。分烈士抚恤、牺牲、病故和残废抚恤,乡镇按规定发放抚恤金,并给予一定补助。如志愿军烈士朱建明、丁汝江家属,县人民政府民政局在1952年就各发放大米1000斤和给予代劳的毛骡各1头。朱建明家属还领到小型手摇玉米脱粒机1台。朱建明母亲沈小香、杨芳文烈士父亲杨伟泉等,当他(她)们步入老年后均进入县办的养老院养老,直到送终。丁汝江烈士父亲丁关水,自1952年开始每年领取百余元的抚恤金,至1977年辞世止,他生前曾多次出席省、市、县的烈军属代表大会。

乡、镇政府及所在村(大队)在各个时期对烈属抚恤金发放数额不同。1979年云南边防保卫战中牺牲的前方村烈士方水泉,其父亲方爱法每年领取360元抚恤金,后逐年上升,至2008年领取烈士抚恤金为14000元;1977年在洛阳因公牺牲的溪河村烈士何仁康,其父母领取的抚恤金同样从少到多,至2008年升至14000元。此外,还在春节期间,由乡(镇)村两级每年开展形式多样的拥军优属活动,对烈军属、残疾、退伍、转业军人进行慰问,给他们拜年,这一做法一直延续至今。

20世纪50年代初,各村对有困难的烈军属忙季以支援劳力,帮助代耕,解决他们的实际困难。进入60

年代，对烈属和有困难的军属以工分补贴。如1962年春季征兵（61年冬季已征），丁山村青年陈坤年体检合格后，云石公社人武部长朱漱吾登门动员，了解到陈家老大还在部队，现在老二又要去部队，家里实在无劳力，朱部长和大队领导研究商量后，决定每年由大队补贴陈家1800工分。陈坤年在部队7年，实际享受大队2年补贴工分，因为大哥陈延年复员回家后谢绝大队补贴给他家工分。从60年代至80年代中期，各村（大队）对烈军属的工分补贴很不平衡，确实有困难的，所补贴工分亦高低不一。

1987年，为鼓励青年应征服役，规定凡农村青年尚未安排工作的，退伍后可进镇（乡）办企业工作，城镇待业青年退伍后安排进全民企业单位工作，并给现役军人家属适当的优待金。是年开始，各乡、镇现役军人每年的优待金由乡镇、村共同统筹负担；各村按人口多少来负担摊派该年度的优待金数额，年底统一上缴镇（乡），由镇（乡）民政助理员分发至现役军人家庭。优待金从200～300元开始，逐年提高。进入20世纪90年代，根据"萧山市义务兵的重点优抚对象优抚费社会统筹实施办法"的规定，提高了在边疆海防条件艰苦地区服役的义务费及其家属的优待标准。其中去西藏服役的义务兵其父母各享受1万元养老保险金和优待金1万5千元的待遇。此外，其他地方服役的军属优待金也逐年略有提高。2003年，义务兵家属优待金提高到4300元，2004年起提高到5000元。

平时，乡镇、村（大队）两级还帮助烈军属、复退军人解决一些力所能及的实际困难。1970年5月，戴村大公社一次就安排复员军人袁初春（云石枫树村）等7人去萧山炼铁厂工作，其中云石4人、戴村3人。1971年，云石公社上堡大队丁木根进杭州市印刷厂，沈村沈相如进杭州钢铁厂，戴村中潭村陈汉桥进杭州齿轮箱厂、溪河村卢树祥进河上金属拉丝厂工作。1983年，云石顾永根、陈照富进公社联防队。永兴公社的何远芳、洪金芳、郑明生进公社农机厂，杨传法烈士的弟弟杨传水照顾进萧山树脂厂工作等等。从70年代初至80年代中期，今戴村镇境域被优先照顾进全民、集体及乡办企事业单位的复退军人和烈军属家属人数在150人以上。此外，在审批宅基地、享受最低生活保障金等方面，烈军属在同等条件下也予以优先解决。如征山村青年鲍其良于2003年冬季入伍，镇人武部长赵建平在走访中了解到他家庭经济条件较差，母亲患有精神病无法劳动，还要花去医药费的情况，镇民政办同意该户申办最低生活保障金手续，于2004年按标准领取低保金。同时，村里还优先照顾、上报镇土管部门批给宅基地200平方米，使鲍其良能更好地在部队安心服役。他曾来信表示，一定要以优异的成绩报答党和政府以及家乡人民的关心。

三头村大湖头自然村从50年代初至2007年，共有45人先后应征服役。例如1952年，该村任锡炮参加中国人民志愿军，赴朝参战，屡立战功，光荣负伤致残。这45名复员、退伍、转业军人中，有33人户籍仍在村里参加农业生产，有12人走上了不同工作岗位。村委领导没有忘记这些为保卫祖国作过奉献的人们，每当春节敲锣打鼓对户籍在本村的复退军人进行慰问。

大石盖村石盖自然村自1951年至2007年共有41位青年应征入伍。其中1951年加入志愿军赴朝参战的有周关祥、周灿根、周招兴、周兴顺4位。村（大队）历年重视拥军优属工作，落实军属人家的优抚政策。

张家弄村优抚安置始于50年代初。1952年，云石乡革命烈士杨传法的母亲带着2个儿子由政府安排到张家弄定居，该村为他们安置住房2间，又分给田地，农活由互助组帮工，使他们过上安定的生活。50年代，该村退伍军人郭志松因体弱和子女多生活困难，村里开展"3亩田忙工"活动，逐年给予一定的经济补助。村里先后安排他担任村民兵连长、生产队长、生产排长等职。1958年起到80年代，该村（大队）共安置9名复员军人进厂或单位工作，有7名直接转业到国营企业和机关工作。90年代以后，退伍军人一律安排在乡、村企业工作；自谋职业的给予适当补助。1985年，张家弄村对有困难的现役军人家属给予经济补贴，缺少劳动力的以群众代耕的方式优待；每年春节村委到现役军人家属上门拜年，送去慰问品。1985年后，由镇乡统筹发给现役军人家属每年优待金300元。1992年后发给500元，1995年后发800元。2001年，去西藏服役的军人，政府每年发给2万元的优待金。1990年开始，对参军入伍的青年实行现役军人养老保险金制度，上缴保险金由镇乡统筹按人口分担到各村。其他各村对现役军人、烈军属的优抚政策大致相同。

1999年，戴村镇被萧山市人民政府表彰为"民政工作先进集体"。2003年度，戴村镇被区人民政府、区人武部评为"征兵工作先进单位"。2004年又被评为萧山区级先进优抚单位。

第三节 赈灾救济

戴村镇由山区、半山区和水稻区组成,尤以水稻区面积为多。旧时,由于平原地势低洼,永兴河等水利年久失修,旱涝灾害频繁,百姓流离失所。民国27年(1938)12月2日,《萧山日报》报道,戴村区田地租息救济受灾难民,这也是当地绅士出于道义的赈灾措施。但由于财力和产生的各种弊端,灾民实际受惠不多。民国27年年底至民国28年年初,"萧山县各界征募寒衣御灾救济及十万封慰劳信暨1角运动"中,戴村各方积极响应,捐助钱物。民国30年9月,沈村乡乡长沈导源因稻瘟灾重请求萧山县府救济。其给萧山县县长张云襄的报告称:

"呈为稻瘟灾重,秋收绝望,请求派员履勘,并予设法救济事。查本年早稻早者较佳,因将届收割时,突起稻瘟,不及抢割者,亦颇减收。惟属乡客岁旱魃为患,多未下种,所以尽量以扩充冬耕,只得全稻迟稻。在去冬今春之际,家家户户绝无颗米粒饭,草根树皮,采食尽净。於田禾下种,乡民大都忍饥耕作,播种施肥,尽以家用什物典质作为资本。当时困苦情形,不堪之状。满以秋间丰收,得以请赏宿欠,而稍能温饱。不料迟稻受早稻遗灾,初起时稻叶变黄,待五、八日间,即全株枯槁,蔓延极速,现成满坂萎草,颗粒无望。人心因之非常惶急,日夜不安。如此情形,理合备文呈请。鉴核迅予转呈履勘,并设法救济,实为公便。"

县长张云襄让戴村区区长顾庐三批示"就近初勘,设法救济","遵章办理了也",所谓救济也就不了了之。

民国35年6月18日,沈村乡国民学校校长钟振华向萧山县社会事业救济协会也曾申请旧衣50包,以解决贫寒学生之困难,也未能如愿。

中华人民共和国成立后,戴村镇(乡)积极开展防灾、抗灾、救灾和社会救济等活动,受灾人口大为减少,救济事业有了很大的发展。尤其是几次大规模兴修水利,水旱灾害明显减少,但仍有突发性的自然灾害。1956年8月1日,12级台风过境,山洪暴发、海啸冲击、堤塘缺口,造成大批田地农作物被毁,房屋倒坍、人员受伤,山林受损严重。原长潭乡平山村大墙门头一株数丈高的大枫树亦被拦腰折断(直径30余厘米粗细)。灾后,人民政府及时给予受灾群众不同程度的救济、贷放生产资料款等。

1962年,戴村公社遭受14号台风袭击,冲毁农田80亩、旱地122亩,受淹面积6000亩,造成颗粒无收1208亩。公社设法将32000斤粮食下拨37个生产队,杭州市民政局委派陈洪祥来戴村察看受灾情况。

1977年4月14日,戴村镇遭受12级台风并夹冰雹袭击,不少房屋倒坍,大部分庄稼被毁。县领导率各局、有关部门干部亲临戴村,从多方面支援抗灾救灾工作。救灾物资有红砖、水泥、平瓦、水泥杆、油毡等,帮助受灾群众重建家园,安定生活,恢复生产。1983年4月28日,遭受强冷空气和暴风雨、冰雹的袭击,全镇春粮生产受到很大损失。5月29日又突降暴雨90多毫米,随之山洪暴发,永兴河一带沿岸堤塘出现多处缺口,冲毁良田约百余亩。在县、公社的共同努力下,各村(大队)生产自救,尽快恢复生产。省、市民政部门均给以物资和资金救助。

1986年7月18日,永兴乡遭受龙卷风袭击,倒塌民房14间,其中老房9间、新房5间。老房倒塌的有:河上桥5户6间、东周1户1间、张家弄2户2间。新房倒塌的有西周村1户3间,张家弄1户2间。灾后,受损农户不同程度地受到民政部门的救济。

火灾户也能及时得到民政部门的救济。1987年,永兴乡张家弄村受火灾24户,云石乡骆村受火灾11户;1994年,戴村镇马鞍村因电器电线引发火灾,多户受灾;1997年,戴村镇丁村因用火不慎受灾8户;2002年,尖山下村1户用火不慎,造成7户受灾;2004年,尖山下村农家过火面积300平方米,等等。这些火灾发生后,受灾户都能得到县(市、区)民政部门数量不等的资金救济。

在平常年头,对各村五保户、困难户的补助救济,除照顾基本口粮外,还发放救济款项及棉被、衣服等物资,帮助他们解决困难。

在社会经济不断发展的前提下，戴村还积极开展对外社会救助。1991 年 9 月 17 日，当时许贤乡受大暴雨引发山洪暴发，屋坍人伤，成为萧山的重灾区。戴村镇党委、政府为支援许贤人民，充分发动群众，全镇上下纷纷捐款捐物。1991 年夏，安徽、江苏和本省嘉兴、湖州遭受特大洪灾，戴村人民亦积极捐款捐物。1998 年夏秋间，长江、嫩江、松花江流域发生特大水灾，全镇干部群众、企事业单位积极捐赠钱物，为灾区同胞献爱心。2003 年秋，镇民政办在戴村影剧院举行募捐活动，将所征钱物送往区慈善总会。2006 年 10 月，景宁县发生水灾，戴村将两卡车被服专程送往灾区，以表爱心。

1999 年，戴村镇被萧山市委办公室评为“爱心献功臣行动”先进单位。2004 年，戴村镇被区人民政府评为“民政工作先进集体”。

1986～1990 年抚恤和社会福利救济情况

表 14－1－3　单位：元

乡镇	年份	金额	乡镇	年份	金额	乡镇	年份	金额
戴村镇	1986	12982	云石乡	1986	13982	永兴乡	1986	12516
	1987	17926		1987	24178		1987	18441
	1988	25234		1988	25234		1988	21000
	1989	29985		1989	41490		1989	31696
	1990	31762		1990	46003		1990	30039

说明：资料由镇民政办提供

2003～2004 年戴村镇人民政府对困难户补助情况

表 14－1－4　单位：元

年份	村别	户主姓名	补助原因	金额	年份	村别	户主姓名	补助原因	金额
2003	马谷	周柏康	精神病	4000	2004	陆家村	陆兴根	火灾	2000
	冗里	施国根	胃病	4500		明堂村	沈建红	火灾	2000
	凌桥	卢王英	脑病	3000		明堂村	金庆荣	火灾	1000
	后郑	方月桥	白血病	3000		明堂村	鲍利莲	特困户	2000
	枫树	朱增海	肠病	3000		南坞村	沈　华	特困户	2000
	郁家山下	俞金木	肝病	3000		李家坞	李柏云	特困户	1500
	李家坞	李月兴	肢病	1200		后郑村	方月桥	特困户	2000
	李家坞	李四海	乳病	4000		船山村	孙张兴	特困户	1000
	凌山	俞亦明	胃病	4000		沈村	沈焕吾	特困户	2000
	墙头	丁春友	肝病	2000		后马湖村	何长明	特困户	1000
	墙头	丁伟发	胃病	3500		明堂村	陈桂芹	特困户	600
	沈村	沈焕吾	鼻病	1000		明堂村	李云桥	特困户	2000
	溪河	何校南	精神病	2000		上董村	孙建文	特困户	1000
	狮山	蒋志伟	尿病	3000		麦园村	陈仲贤	特困户	2000
	骆村	姜校红	车祸	3000		凌山村	倪志莲	特困户	2000
	船山	孙张兴	－	1000		凌山村	俞叶民	特困户	2000
2004	李家坞村	李灿明	火灾	2000		张家弄村	郭杏芬	特困户	600
	凌山村	汤纪福	火灾	2000		骆村	姜校洪	特困户	2000

说明：资料由镇民政办提供

2004年戴村镇人民政府“四个一百“工程资助名单

表14－1－5

单位：元

时间	村别	学生姓名	家长姓名	学费	生活费	合　计
上半年	佛山	吴新柯	吴余康	450	500	950
	船山	沈丽丹	李岳香	450	500	950
	勤工	顾流威	沈婉美	450	–	450
	麦园	沈海晓	周新华	900	–	900
	麦园	陈攀龙	陈国建	450	500	950
下半年	佛山	吴新柯	吴余康	450	500	950
	船山	沈丽丹	李岳香	450	500	950
	勤工	顾流威	沈婉美	450	–	450
	麦园	沈海晓	周新华	900	–	900
	增丰	朱成怡	朱仁松	450	–	450

说明：资料由镇民政办提供

2004年下半年萧山区慈善总会“双一百”特困生助学金发放单

表14－1－6

单位：元

镇、街道	村(社区)	姓名	金　额	镇街道	村(社区)	姓　名	金　额
戴村镇	征山村	鲍金杰	3500	戴村镇	骆村村	李春萍	1600
戴村镇	马谷村	周大龙	3500	戴村镇	下方村	丁伟永	1600
戴村镇	佛山村	钟奇娟	3500	戴村镇	南坞村	沈　青	1600
戴村镇	盛家村	周金海	1600				

说明：资料由镇民政办提供

附录：

戴村区长潭乡人民委员会“关于发放台风灾害救济款”的总结

根据县人委及区公所的指示，为了扶植受灾群众迅速恢复生产、安定受灾户的情绪，解决灾民困难，以“生产自救、节约度荒、群众互助、必要时辅于政府救济”的方针，我们在发放救济款前，全体乡干部对上级的文件指示进行学习，明确了做好此次工作是能够密切人民政府和人民群众的关系及安定受灾户生产情绪，支持发展生产的，所以在我们全体干部中引起了对该项工作的重视，并在发放前进行了研究。

一、发放过程

我们首先在各村对受灾户进行摸底调查，内容是：哪几户受灾？受灾户的经济情况怎样？然后在各村召开主要干部会议，在受灾户中排队，分为救济解决、贷款解决和自行解决合作社帮助三大类。分类对象是：吃口多劳力少，自己目前不能解决，今后也很难以解决的为救济解决户；目前一时不能解决，今后会好转的是贷款解决户;目前比较好的,则自己解决,必要时合作社帮助解决一点定为最后一类型户。通过摸底排类型、征求村干部的意见后报乡审查,经上级批准后再召开受灾户会议,说明了人民政府对人民群众的关心,并要大家以安心积极生产来感谢政府的关怀。

二、发放标准

按上级指示办(再加一个根据具体情况)。屋全部被台风吹塌了的是30-35元,最多40元。一般修理的是15元,也有一点受损,但不十分严重的是5元,这是第一批发放对象。第二批发放时,我们考虑到第一批救济户除了自己已解决好的几户外,其余尚有部份确实无法修理的户,又给他们增加救济款,像沈村救济户盛关源:他家屋墙倒塌后据我们估计要修复需120元左右,第一次我们只补助15元,后来看到他确实无法解决所以又补加20元。像这样的户至少有10户,这样发放有否不当希审查。

三、效果与反映

我们在最近进行了一次检查。原云石小乡共发放26户,已在修理和完全修好的是9户,已订购好砖头、瓦片、石灰等材料但未修理的11户,自己房屋已倒塌但不建造租住他人房屋的2户,买口粮吃的3户,领取救济款后不派正式用场而浪费了的1户,是南坞村丁焕金,他拿了救济款后马上老酒一壶吃了,再买小菜等用了2元多。

救济款发放后群众反映良好。南坞村沈阿焕说:人民政府真好,我们屋被台风吹倒马上来看我们,知道我们困难还发给救济款。沈村受灾户盛关源11岁的儿子在沈村街上说:人民政府真正好,房屋吹掉给钞票。

救济款发放后,使平时不十分积极的干部积极了,象沈村村干部郭焕校原来工作不很主动,吞吞吐吐的,现在,他工作起劲了。

四、几点经验及教训

1.发放救济款要有重点。发放后要基本上能解决问题,如果一点点的不会起作用。南坞村的沈兴根,第一批救济他5元钱,因为着实不够,他也想不修理而派其他用场。我们了解到情况后,又发放他20元,他说:第一次的5元钱我想反正也派不了用,所以不打算修屋,现在政府又给我20元,如果再不修理自己也太对不起政府了。不久,他马上将25元救济款去买石灰、砖头修理屋了。

2.救济款发放后如果暂时不派用场,可动员他们存入信用社以防止乱用。坦庄坞村苏云海说:我如果不存入信用社,这几张钞票是不大保得牢的。

3.发放后要进行检查,是否将救济款派正用场?防止乱用。

4.发放前要经群众评议,如发现问题要及时纠正。我们在群众评议方面做得很差,以致有个别户发放不当:沈村王雪尧的屋二间全部倒塌,所以他另外找了间小屋住。我们救济他35元钱,他没有把救济款去修屋,反面将塌坏屋的瓦片卖掉得5.60元钱收入。因此,群众对发放救济款方案反映很大,说他自己有钱还要政府救助,我们得知后,马上将他的35元救济款收回,再发放到其他困难户上去。

长潭乡人民委员会

一九五六年九月十三日

(资料来自区档案馆)

第四节 支援边疆

1959~1960年,根据上级有关指示,萧山县两次动员青年去宁夏回族自治区参加社会主义建设。戴村支宁工作始于1959年春耕播种忙季,广泛开展宣传发动。当时的戴村人民公社(辖长潭、马鞍、凌溪、振庭、白墅等管理区)要求赴宁参加报名的青壮年达9011人,受教育的社员3.6万余人。此时的行动口号是"轰轰烈烈搞生产、欢欢喜喜支宁夏",掀起了一个以生产为中心,支宁为动力的高潮;全公社26500亩旱稻田提前深翻、播种,比往年提早半个节气。支宁工作的整个过程自3月12日至4月初止,历时20余天基本结束。

1959年“五一”劳动节，戴村公社第一批赴宁人员在宁夏回族自治区银川市新城公社副主任和萧山县支宁营营长刘梅青、副营长陈素才的带领下，从杭州火车站出发，踏上去大西北的征程。县委分配戴村名额74人，实际赴宁89人(其中男61、女28)，超额完成20%，这支队伍的人员结构为：青年79人、壮年10人；中共党员8人(沈兴浩、沈汝桥、陈善家、周召根等)、团员20人(卢国范、沈子金、顾妙林、顾浩洲、杨火根、钟木兴、丁家才、周水中、方五传、董介文、韩永信、丁素文、周爱凤、任仁英等)、相等于管理区(小公社)级别的干部4人；全家去的3户(贺校仁、姜芝雅及3岁的儿子贺祖铭，周灿祥、何本仙及4岁的儿子周廷土，张彩娥夫妻俩及儿女一家)，夫妻不同去的3人(戴村公社团委副书记、凌溪管理区团总支书记陈善家为了带头赴边疆，留下妻子和尚未满月的儿子；其次是结婚只有3月的女青年叶银凤和丈夫在萧山建筑公司的吴彩娥)，恋爱对象2对(卢国范、杨有娟和沈子金、俞素英)，夫妻同去的9对(贺校仁、姜芝雅，周灿祥、何本仙，沈凤吾、陈爱香，杨火根、高条姑，李子兴、赵有仙，顾妙林、戴妙珍，张粉娥夫妻等)，随带家属8人(贺祖铭、周廷土、张粉娥家儿女各1人，黄炳源家2女1子等人)。

戴村89名支宁人员组成1个连队，指导员沈兴浩，连长沈汝桥、副连长卢国范，下设班排。整个连队的特点是：出身成份好(贫农84人、中农5人)，身体健康、觉悟高，本人志愿，家庭、邻居和亲友满意，符合县委要求。形成了“赴宁夏、兴高采烈争支边，在原地、猛促生产争上游”的政治氛围。支宁连队经过连日奔波，于1959年5月7日黄昏到达银川市城郊的新城公社芦花台管理区，当地干部群众热情地接待了来自远方的新社员。第二天，远望山顶还积着厚雪的贺兰山、近处一片开阔的黄土地。新的环境使支边人员一时感到有些茫然。他(她)们相互安慰，芦花台管理区发给支边人员每人每月15元生活费，统一在连队集体食堂用膳。后勤、生活均由副连长卢国范负责，他从管理区领回面粉、物资等(后由指导员沈兴浩接任)。连队被临时安置完毕后的任务是：搭建用黄河泥块垒成土墙的简易低平房，就地取材，用杨树丫做椽子，上铺芦垫涂抹泥巴便成屋面，当时的生产劳动由管理区安排，连与连之间相距数十里之遥。农田水渠犹如蜘蛛网状，可见黄河水灌溉之便利。

数月后，在与原籍工作性质、职务等基本对口的情况下，连队小部分人员作了工作调动。连长沈汝桥去芦花台信用社负责管理工作，周爱凤担任会计；周岩生、钟才兴、李子兴去银川面粉厂(碾米)，沈子金、俞素英担任管理区学校教师；贺校仁去银川市蔬菜公司南门批发站，卢国范先后任银川市财贸局统计办公室、蔬菜公司西门批发站主任；陈善家因原籍担任凌溪管理区团总支书记，故抽调任银川市百货公司第五门市部营业员、百货公司人保股负责人事工作；丁家才、丁素文原籍属供销社职工，故在贺兰山下一家商店担任营业员。

宁夏粮食部门为照顾支宁人员的生活，配给50%的大米，其余为面粉、小米、芋艿等。除粮食紧张以外，蔬菜供应也较为困难。1961年，时值国家“三年自然灾害”最为困难之际，支宁人员经受了严峻的考验。商贸一线的人员每天定量只有0.75市斤，而且当地人习惯吃两餐头。根据当年在银川百货公司人保股工作的陈善家回忆：“每天早、晚必须参加学习，9点钟吃第一餐，下午3点半左右为第二餐。”从当天的第二餐到次日的第一餐时间相隔17小时之久，而且每餐定量还不到0.4斤，所以多数支宁人员在这年陆续返乡。担任银川蔬菜公司西门批发站主任的卢国范(原籍永兴河水利工程指挥部工作人员)于1961年4月自愿承担国家暂时困难，单位发给两个月工资(月工资36元)精简回家。陈善家在1962年8月精简回原籍。至今留在宁夏的有：贺校仁、姜芝稚夫妻和儿子贺祖铭等，周岩生全家(周妻属上海支宁青年、银川面粉厂工友)，丁家才全家。

戴村第二批支援宁夏建设的人员和城南公社合并组成一个连队，由县人民委员会委员、县妇联主席李慧斐带领，于1960年4月24日从萧山火车站乘棚车出发，途径7个昼夜到达银川市。第二天，戴村支边青年被分配到宁夏地质局、宁西地质队南山、北山两个工区(镇罗堡镇辖区内)。沈田根、沈海祥、盛善根等去钻机队(钻探铜矿)，也有去装卸队建筑队等部门的。一段时间后，一半人员编入农场，从事农业生产劳动，农产品以供应宁夏地质局为主。

沈田根(共产党员、排长)、盛善根(共产党员)、沈海祥、虞友根、丁有林、郭取祥等均是夫妻俩支边，还有丁小英、周吾龙、朱小仙等人。他们告别父母、妻子、丈夫积极要求赴宁，他们分别来自戴村公社下属管理区的各大队、信用社、供销社、红旗茶场(云石茶场)等单位。如上所述,出于多方原因,他们从 1961 年下半年开始至年底全部返回戴村。沈田根回忆往事时说:"我们那时年青,积极性高,我和爱人在宁夏镇罗堡镇政府登记结婚。在地质钻机队工作工资还是比较高的,每月补贴 60 元。我们部分人员属最后一批,并经批准回原籍,宁西地质队发给下放费 300 元。尽管在宁夏的岁月生活比较艰苦,但回忆起来还是蛮有意思的。"

第五节　婚姻登记

旧时,男女婚配多凭"父母之命,媒妁之言",由双方父母包办,有的甚至指腹为婚。重门当户对,青年男女均无自主权。贫苦人家就将子女给人领养或作童养媳。但无论哪种婚嫁方式,都无婚姻登记的记载,按照乡间习俗举行婚嫁仪式即可。

中华人民共和国成立后,妇女翻身解放,实行男女平等,废除了封建婚姻。1950 年 5 月《中华人民共和国婚姻法》颁布,严格实行新婚姻法,执行婚姻登记。婚姻登记分结婚登记、离婚登记和复婚登记三项,其中以结婚登记一项为最多。1952 年 2 月开始,戴村居民一般在戴村区公所办理婚姻登记。当时登记须有男女双方所在地乡、村证明(工作单位)方可办理。

1953 年,结婚登记改由乡、镇人民政府承办。人民公社化后,结婚登记全部有人民公社管理委员会办理,具体由民政助理员或文书承办。

1961 年,恢复区一级建制,永兴、云石公社除保留婚姻登记的权利外,离婚、复婚登记又归区公所承办。1969 年撤区并社后,戴村、永兴、云石 3 公社的社员均在公社办理婚姻登记手续。

1991 年 10 月起,戴村镇凡要求办理结婚登记手续的男女青年,必须随带身份证或户口簿、双方单位婚姻状况证明书、体检健康证、婚前教育培训班结业证书等证件,方能办理。

2006 年元旦开始,凡结婚登记、离婚和复婚 3 项统一由萧山区民政局办理。至 2008 年不变。

第六节　殡葬改革

民国初期,萧山曾有提倡公墓之议,但未贯彻实施。殡葬旧俗随地建坟,乱占耕地。有钱人活过本命年(旧俗 36 岁称本寿),有的就做生圹、制棺材。生圹有砖砌和泥坯(黄泥加石灰拌匀制成)两种,但待整座坟墓完工就大有讲究。旧时,贫寒之家做不起棺材,人死后只好用旧木板钉拢,草草入土掩埋了事。一般人家,即使能做泥圹,外围最多只用块石堆圆,中间用土垫高成塔型,墓前放置平石供祭祀用。有钱人家建造的是"推开陀手",即在一般墓的基础上,再间隔近 1 米空间,外围用石砌成里外两面平整、宽大的弧形护卫墙,其前面陀手对称,棱角分明,再加墓前宽大的坟道地,彰显出其在阴间具有的豪华气派。因此,四周山上坟冢累累,田头地角墓墩随处可见,甚至房前屋后亦有,致使环境恶化。

1958 年"大跃进"时,发动平坟大会战。这是一次有史以来平坟最多、规模最大、影响最广的运动。戴村镇域在"大跃进"时期大办钢铁而平毁的坟墓数以千计;平坟时发现少数墓穴的被褥等葬品颜色都还十分鲜艳,但为了不影响土地平整规划,这些为时不长的坟墓亦在平毁之列。通过 1958、1959 年两年时间的努力,许多山边、荒野杂地中的乱坟堆得到了整治,改善了环境,扩大了耕地面积,增加了粮食收成。

20 世纪 60 ~ 70 年代,农业学大寨运动时,全镇又平毁坟墓数千穴。平坟中除古墓朽骨就地深埋外,一般骸骨均入坛妥然处理。当时云石公社共 16 个生产大队,在"深挖洞、广积粮"和"备战备荒为人民"指示的号召下,13 个大队参加全县性的围垦大会战,向海涂进军;增丰、永丰、坦庄坞 3 个大队立足本地,向坟堆杂地、溪坑荒滩要粮。社员"年卅日夜不停工,正月初一出早工",铲除坟堆、填平沟壑,改造出"大寨田"200 余亩。各大队改造"大寨田",客观上遏制了良田建坟的旧习。

60年代末，萧山县在北干山兴建火葬场，但广大农村包括戴村土葬旧习难改，故一时无法推广。1971年3月，全县开始实行遗体火化。1983年，根据县人民政府公布的《萧山县殡葬管理若干规定（试行）》精神，今辖内各公社积极推行殡葬改革。1993年起，在增丰、郁家山下两处开辟公墓区8亩、墓穴250穴。1997年6月，戴村镇和云石乡人民政府均发出加强殡葬管理，积极推行殡葬改革的通知，规定自9月20日零时起，破旧立新、移风易俗，开始实行火葬。镇乡建立殡葬管理站，下设殡改办公室。殡改领导小组由镇（乡）长任组长、人武部长任副组长，民政办公室处理日常事务。殡改办公室主要负责对殡葬工作的监督管理，若发现不良苗头，立即组织力量、采取措施、加以纠正，使殡改工作始终能够顺利开展。云石乡坚决贯彻市殡葬改革精神，先后召开村两委、全乡党员干部等会议，在传达市殡葬改革工作会议精神的基础上，提出本乡殡改实施方案。6月5日，乡长俞观潮与各村主任签订殡改责任状。随后成立乡、村两级殡改领导小组，先后6次发表广播电视讲话，宣传车到全乡16个村巡回宣传，营造良好的舆论氛围。该乡沈村村3家正在建造坟墓的农户，经乡领导耐心劝说，主动停建。

戴村镇是全市第三批实行殡葬改革的镇乡之一。1997年5月以来，镇政府与35个行政村签订殡改责任状，建立由村委会主任、治保和妇女主任组成的殡改信息网络，及时掌握情况，作出快速反应。是年10月，前方村村民方某的父亲是二轻企业退休职工，死后按规定要火化，并不得两次棺葬。但家人不听劝阻，其遗体火化后，仍执意将骨灰放入棺材葬入坟墓。戴村镇党委、政府发现这一情况，耐心做工作，于6日上午起棺，工作人员在下山途中，遭方某等人恶言谩骂，并被殴打。因违反《治安管理条例》和《市殡葬管理实施细则》，方某等3人被市公安局依法分别处以15天和7天的拘留。1998年9月20日零时起，戴村全面实施遗体火化。当天，中潭村76岁的贾雅珍老人去世，镇村干部及时上门做子女工作，老人的遗体得以及时火化，一切丧事从简。这是戴村镇实行殡葬改革后遗体火化的第一例。

1998年，云石乡是全市最后一批实行殡葬改革的镇乡之一。为了保证殡葬改革顺利实施，乡十一届三次人代会上作出决定：加大殡葬改革宣传和管理力度，早走一步争主动。该乡利用广播、有线电视、黑板报、宣传车、标语等，加大宣传力度，营造良好殡葬氛围。按规定应火化的死亡人员，全部做到火化，未列入火化的死亡人员，一律深埋、不建坟。乡殡葬改革办公室还对全乡60岁以上的老龄人以村为单位进行登记造册，存档备案，建立乡村两级的联系报告制度，作好9月20日后全面推行殡葬改革的准备。从上年6月起，该乡列入火化的对象，死亡后100%实行火化，一些非火化对象也开始愿意实行遗体火化。是年8月，明堂村一名非火化对象的老人死亡后，遵其个人遗嘱，将遗体实行火化。

1999年，云石乡人民政府结合生态乡建设，发出云政[1999]14号文件《云石乡迁坟、平坟实施方案》的通知，要求在云石溪沿岸及风景旅游区范围内彻底清坟，抓好公墓建设，严格控制殡葬用地。乡党委政府专题召开由16个行政村书记、村主任，各联村干部，政法、民政办公室和乡广播站等人员参加的“云石迁坟、平坟实施方案”工作会议。要求联村干部深入各村，和乡政府有关部门全力以赴支持配合，做好近阶段的平、迁坟工作；村长、书记必须做好亲属、家族的思想工作，做到在要求范围内不留、不漏一穴坟。枫树村党支部书记袁先进率先说服父母，带头炸毁自家花费了近万元做成的生圹，为全村迁、平坟对象做出榜样。征山村、增丰村处理了通往云石山庄公路两旁和其他规定区域内的坟墓，外片的沈村、佛山等村均在规定时间里完成了迁坟、平坟任务。各村还设立深埋点，供平毁、迁移坟墓的遗骸集中深埋。

公　墓　（摄于2011年12月3日）

2003年5月20日，戴村镇人民政府发出戴政[2003]31号文件，出台《戴村镇殡葬管理实施办法》的通知。通知指出，为加强殡葬管理工作力度，推进殡葬改革，促进全镇文明建设，根据《杭州市殡葬管理条例》

《萧山区殡葬管理实施办法》的精神，针对本镇实际及当前殡改工作“还潮”现象，为进一步加强殡改管理工作，杜绝违规现象，特制订完善《戴村镇殡葬管理实施办法》，要求各行政村认真学习，加大宣传力度，严格按照“办法”贯彻执行。镇人民政府多次采用宣传车、横幅标语等形式，加强对殡改工作的宣传。

2004 年，平山村投资 8 万元，在村后 100 余米高处，新建生态公墓 1 处。占地 600 平方米，墓基坐西朝东，前后两排，中间是花坛，村委在墓地南端立公墓落成碑一块。上刻：“老人福地境幽幽，世外桃园呈祥和。一生操持今安息，静视源远永长流。”

1992 ~ 2006 年的 15 年间，戴村镇平均年死亡人数为 287 人。从 1998 年 9 月 20 日零时起，全镇死亡人员遗体全部实行火化，节约土葬建坟用地 40 余亩，节约木材 140 余立方米。

2007 年，镇人民政府在原有公墓基地基础上，又新增墓区面积 36 亩，扩建、改造成生态公墓，其中方溪村公墓 2350 穴、郁家山下村公墓 6150 穴，并对外开放服务。墓区均依山梯档式建造，向阳背山，行间绿化，交通便捷，环境优雅。公墓由镇人民政府管理，收费为双穴 800 元，单穴 600 元。方溪村公墓由丁纪明负责，郁家山下公墓由郁火根负责。从 2008 年 1 月 1 日起，在全镇实行骨灰跟踪管理；投资近 420 万元建成容量达 8000 穴的生态公墓 2 处，一期建成 5200 穴；迁坟平坟顺利完成，治理“三沿五区”范围内坟墓 1553 次。

附录：

戴村镇殡葬管理实施办法

第一条　为加强殡葬管理，推进殡葬改革，保护和节约土地资源，促进社会主义物质文明和精神文明建设，根据《杭州市殡葬管理条例》和其它法规、规章，结合本镇实际，制定本办法。

第二条　本办法适用戴村范围内的所有单位、行政村和个人。

第三条　殡葬管理工作应大力实行火葬，改革土葬，破除封建迷信，移风易俗，提倡文明、节俭办丧事。

第四条　严禁建造建筑性坟墓，严禁非法买卖、转让墓地，禁止占用耕地、山林建坟。

第五条　各行政村应采取有效措施，积极推行丧葬习俗改革，提倡文明、节俭办丧事，反对铺张浪费，并落实专人负责殡改工作。

第六条　有下列行为之一的单位和个人，按照《杭州市殡葬管理条例》和《萧山区殡葬管理实施办法》规定进行处罚。

（一）应当火化的人员死亡后土葬的，由死者原工作单位或户籍所在地村委会责令丧主在七天内自行改土葬为火葬，拒不执行的，由村委会及镇人民政府组织人员采取措施，一切费用由丧主承担，并对丧主处 1000 元以上 5000 元以下罚款。

（二）占用耕地、林地建坟，扩大墓穴占地面积或乱葬乱埋的，由镇民政办会同镇土地管理办责令坟主限期改正，逾期不改正的，由村委会、镇人民政府组织平毁，所用费用由坟主承担，并对坟主处 1000 元以下罚款。

（三）生产（制作）、经营（销售）丧葬迷信用品及棺木和其它土葬用品或未经批准擅自生产、经营丧葬用品的，由工商行政管理部门没收丧葬迷信用品及非法所得，并处 500 元以上 2000 元以下罚款。

（四）殡葬管理机构工作人员和行政村干部徇私舞弊，索贿受贿，滥用职权或出现重大差错造成不良影响的，由有关部门按管理权限对直接责任人员给予行政处分，构成犯罪的由司法机关依法追究刑事责任。

（五）从事封建迷信活动，危害公共利益，损害他人身体健康、骗取财物，在举办丧事中扰乱社会治安，严重影响交通和环境，或拒绝、阻碍殡葬管理人员依法执行公务，侮辱、欧打殡葬管理人员和其他工作人员的，由公安机关依照《中华人民共和国治安管理处罚条例》进行处罚，触犯法律的，由司法机关依法追究刑事责任。

第七条　本办法的具体应用问题由镇民政办负责解释。

戴村镇人民政府

2003 年 5 月 20 日

（资料来自镇档案室）

第二章　居民生活

旧时，戴村民众收入微薄，生活贫困。中华人民共和国成立后，人民生活逐步改善。但在集体经济时期，农民靠单一的工分收入，温饱问题难以解决。山区农民不能利用丰富的自然资源发展多种经营，捧着“金饭碗”讨饭。改革开放后，农民勤劳致富、科技致富、政策致富，家庭收入多元化，收入水平逐年提高，吃穿住行等都在缩小城乡差别，别墅式住房、家庭汽车已很普遍。农民的消费观念也发生根本性变化，从生存消费逐步向享乐消费、教育娱乐消费发展，生活品质进一步提高。

第一节　居民收入

中华人民共和国成立前，戴村的集镇居民主要以小商小贩、摆摊开店、从事手艺等谋生，大多生活贫困。少数店主、作坊主，较普通店员略为殷实，由于规模较小，加之社会动荡，也是早不保夕。

旧时，农民缺少山林、田地等生产资料，长期受封建剥削，生活贫困。例如尖山下村1949年前，全村仅有7亩水田、117亩杂地和1451亩竹山。其中35%的竹林、田地掌握在3户地主、5户工商户手中，占全村总户数75.4%的贫、雇农户只有70亩左右可耕地和372亩竹林，靠山不足，靠田不够，只能到槽户家舂料造纸做短工。南三村下方自然村土改时地主2户、富农1户。地主丁阿坑占有土地30亩～40亩，丁庆雪占有土地30亩；富农丁阿元占有土地25亩。其余是贫农、下中农，许多人家土地不足1亩，单靠种田难以度日，只得做长年打短工，愁吃愁穿，过了今天难过明天。旧时战乱频繁，国民政府抓壮丁、派捐、摊钱粮不断，又因槽主垄断纸行，扣压纸工工资，造成土纸生产极不稳定，多数村民经常失业，生活无着落。山区农民差不多跟尖山下村一样，常年给槽户砟柴烧煀、造纸打工；外畈（稻区）农民为谋生计只得给地主做长工、打短工，或租种田地，秋后交租。而佃农向地主租种田地并非易事，须先请客送礼，请中间人立契约，详细列出面积、租额、交租方式和承租期限等等。租额一般有“二八”“三七”“四六”等好几种计算法，地主不劳而总获大头。平常年景除受地租盘剥外，贫苦农民还要缴纳多种苛捐杂税，民国初年苛捐杂税多达50余种。田赋有地丁、南米两项，后又增加省捐、县特捐。1931年以后，省附加有粮捐、建设附捐、水利费等；县附加有特捐、自治附捐、教育附捐、备荒捐、塘闸捐、小塘捐、保卫团捐，教育经费、军费、治虫费、党务费等项；还有乡公所附加的壮丁费、保民优待金等。同时，奸商趁火打劫，哄抬物价，老百姓只好过着糠菜半年粮的生活，愁吃愁穿。如遇灾荒年景，许多农民无路可走，只好逃荒要饭，甚至卖儿卖女。抗日战争时期，又遭受日本侵略军烧杀、掳掠，不少老百姓逃难安吉、临安等地避居，尤以云石山区出逃者为多。如尖山下村上门自然村当时60户人家，就有42户外出逃荒，占上门村总户数的70%。

中华人民共和国成立后，集镇居民主要以工资收入为生，个体工商户、小商小贩则小本经营自食其力。从20世纪50年代至70年代末，居民月工资在20多元至30多元上下浮动，生活水平提高缓慢。80年代至2006年，集镇居民人均工资收入提高较快，与全区（市、县）集镇居民生活水平提高基本同步。

50年代初，农民分到土地，种“自己”的田积极性高，肚皮吃饱还有余粮。张家弄村农民在土地改革中，每人分到1.3亩水田。有了土地，农民生活就有保障。从50年代中期至80年代初期，农民经济收入及生活来源，主要依靠参加生产队集体劳动的工分收入、分配的口粮、实物以及家庭副业、从事手艺劳动所得，经济来源单一，收入提高不快。云石公社1961年社员人均收入78.42元，1978年人均收入145.00元，17年只增加66.58元。有的年份收入反而下降，如1966年，云石公社人均净收入68.06元，收入最高是船山大队人均净收入98元，最低是胜利大队人均净收入43.60元。1968年，云石公社人均净收入70.80元，收入最高是永丰大队人均净收入104元，最低是前进大队人均净收入35.28元。总之，农民在当时收入增长非常缓慢。张家弄村自合作化运动至1978年，农民靠生产队的工分和实物分配等获取生活来源，其中人均年收入最高为1978年的85元，最低为1971年的60元。1979~1993年，以全社会纯收入计算，最高为1993年的人均收入1244元，最低为1980年的78元。1994~2001年这8年间，村民收入有大幅度的提高，人均年收入为3604.25元，其中2001年高达5076元。2002~2008年，人均收入大幅度上升，其中2003年为6009元，2006年为8080元，2008年为10963元。

1950年~1960年戴村(公社)主要物价情况

表14-2-1　单位:元

年份	供应商品价格							采购商品价格					
	中米(斤)	白粗布(尺)	菜油(斤)	煤油(斤)	火柴(封)	食盐(斤)	水产(斤)	元纸(件)	小海放(件)	毛条(块)	70天稻(斤)	毛竹(斤)	木柴(斤)
1950	0.24	0.285	0.525	0.44	0.20	0.125	0.176	14.40	1.08	0.30	-	0.003	0.003
1951	0.15	0.285	0.525	0.44	0.20	0.125	0.176	14.40	1.80	0.48	0.0715	0.003	0.003
1952	0.115	0.285	0.525	0.44	0.20	0.125	0.176	25.00	4.80	0.48	0.0715	0.008	0.005
1953	0.115	0.285	0.525	0.44	0.20	0.125	0.24	26.60	4.60	0.48	0.0715	0.008	0.005
1954	0.115	0.285	0.525	0.49	0.20	0.125	0.24	24.00	4.60	0.60	0.0715	0.008	0.007
1955	0.115	0.285	0.525	0.49	0.15	0.125	0.24	19.40	4.90	0.64	0.0715	0.010	0.007
1956	0.115	0.285	0.525	0.49	0.15	0.14	0.24	24.20	5.40	0.64	0.0715	0.011	0.008
1957	0.115	0.285	0.605	0.49	0.15	0.14	0.276	24.20	5.90	0.80	0.0715	0.011	0.008
1958	0.115	0.285	0.605	0.49	0.15	0.14	0.276	24.20	5.72	0.80	0.0715	0.0145	0.015
1959	0.115	0.285	0.605	0.49	0.15	0.14	0.30	24.20	5.72	0.95	0.0715	0.0145	0.015
1960	0.115	0.285	0.605	0.49	0.15	0.14	0.312	24.20	5.72	1.05	0.0715	0.0145	0.015

说明：资料来源于戴村人民公社1961年3月统计数据

1950年~1960年戴村(公社)农副产品采购、商品供应情况

表14-2-2

商品类别名称	单位	1959年实际					1960年实际				
		全年总计	其中分季度				全年总计	其中分季度			
			1	2	3	4		1	2	3	4
采购总额	元	1998063	359815	394168	429581	814499	1418177	366940	433940	259895	357402
土纸	斤	11815224	8170024	530821	1092555	2021824	2746562	970923	851493	347533	576613
野生淀粉	斤	141784	6666	-	-	135118	358795	113187	149917	40155	55536
野生纤维	斤	92936	35747	2821	4026	50342	280671	13645	13894	13632	239500
生猪	只	1510	184	353	269	704	901	103	121	475	202

续表 14－2－2

商品类别名称	单位	1959年实际					1960年实际				
		全年总计	其中分季度				全年总计	其中分季度			
			1	2	3	4		1	2	3	4
家禽	只	21230	–	25	13111	8094	21255	3631	957	15167	1500
禽蛋	斤	28935	2382	7537	4489	14527	51196	7519	25338	15656	2683
畜产品	元	7243	1901	2551	549	2242	8382	2771	1261	1239	3111
废品	元	34834	12999	10057	5907	5871	36655	15207	9468	7688	4292
茶叶	担	612	–	–	–	–	633	–	–	–	–
鲜茧	担	316	–	–	–	–	371	–	–	–	–
供应商品总额	元	2238312	526456	517071	511599	683186	2489149	611167	680651	697945	499386
生产资料	元	560890	108947	126311	136671	188961	953304	195755	319859	280672	157018
生活资料	元	1677352	417509	390690	374928	494225	1537706	417212	360792	417334	342368
副食	元	967804	237164	237005	211341	282293	822635	232469	211055	239647	139464
工业品	元	709548	180345	211014	163582	211932	715065	184743	149737	177681	202904
卷烟	条	129773	31839	38219	23082	36633	143215	38795	33985	35123	35312
酒	斤	504351	57488	144776	168187	133900	529915	109437	141263	178526	100689
水产	斤	254920	66472	49779	23845	114824	231795	56102	78692	50027	46974
食油	斤	103353	26147	24453	32932	19821	107156	26143	22902	28913	29198
食盐	斤	474765	101203	110184	105084	158294	507182	80513	139344	75707	211618
棉布	尺	589830	189154	84317	173041	143318	517716	119262	156042	130929	111483
毛巾	块	18375	2681	4038	5749	5907	32442	3943	4956	6843	16700
袜子	双	20674	10985	3395	2525	3769	32999	1569	1445	1215	28770
毛线	斤	612	118	34	–	460	1226	282	–	–	944
卫生衫	件	3639	705	223	49	2662	1841	854	171	55	761
棉毛衫	件	1918	271	95	56	1496	1263	695	110	9	449
汗衫	件	8888	168	7389	1331	–	6675	3	2611	3376	685
煤油	斤	100872	25234	30712	21232	23694	96744	21260	22038	31206	22240
热水瓶	只	1669	712	386	116	455	1834	361	390	261	822
面盆	只	592	101	218	96	177	845	240	137	185	283
口杯	只	708	223	243	102	140	1054	215	381	177	281
胶鞋	双	5778	2238	1180	505	1855	6344	1804	1625	1163	1752
火柴	封	58456	11075	15578	14684	17119	88223	19344	21154	25025	22700
肥皂	条	51339	15505	14338	12343	9153	52072	8488	18888	13227	11469
电池	斤	43069	7277	10113	10817	14862	50383	16684	13455	7484	12760

说明：资料来源于戴村人民公社1961年3月统计数据

工分收入

集体化时期，农民参加劳动每天按事先评定的“底分”记工分，年终结算。上一天工，记工簿上划一直，俗称“一直头”。男劳动力“底分”为10分制、12分制，女劳动力为6分制、7分制，老幼体弱者按实际劳动能力打折评定工分。不到劳动年龄因特殊情况而参加劳动的人，工分就更低。如云石永丰大队1男孩，1968年还只有12岁，因母亲长期患病，家庭经济十分困难，生产队破例同意其参加集体劳动，但当年只能拿3.5分工一天。幸亏生产队收益好，年终决算每10分工有1元多，小男孩每月也能挣10多元钱。

评“底分”有一年一评的，也有一季一评的。永兴、戴村公社有的稻区生产队，工种相对单一，社员评定底分一般一年一次，程序较为简单，主要是对一些半劳动力情况发生变化的作出一些调整。云石公社有的山区大队分为副业组、山林组、农业组等，工种复杂，“底分”每季度评定一次。评底分由个人自报、社员评议、大队审核，一般程序为：以生产小队（或操作组）为单位，由小队长（或操作组长）主持会议，记工员按照花名册报告社员上期所得工分数，然后本人向会议汇报一季度来的政治思想和工作情况，并申报这季度自己认为应该评定的底分数，这项内容称“自报”。“自报”结束后，再由记工员将每个社员的自报底分逐个报请会议评定，称“公议”。若是二级核算（大队为单位核算），虽经过“自报”和“公议”，最终还要通过大队审核。在大队党支部、管委会（革命领导小组）、各生产队（或操作组）负责人会议上，由大队会计宣读每个生产队社员的“公议”底分，对个别有异议的，以重新审核评定为准。“文化大革命”时期，评底分还有“政治分”一项。“四类分子”没有“政治分”，在评定底分时只有向大家汇报思想，接受批判，表示好好改造争取摘帽，劳动报酬明显比别人少。例如永丰大队社员鲍龙夫是位晒纸师傅，手艺和力气都不错，由于带着“四类分子”帽子，别人能评到12分，他只能评9至10分。按当时每10分工1.20元钱决算，每天要少收入0.25元左右。

“大跃进”时期，由于搞“一平二调”、刮“五风”（共产风、浮夸风、强迫命令风、瞎指挥风和不实际的高指标风），以大队为经济核算单位，吃“大锅饭”等原因，严重影响了社员的劳动积极性，社员经济收入很低。有的大队每10分工只值5分钱，甚至在年终结算时还出现倒欠现象。例如，当时由平山大队、增丰大队、永丰大队3队合并而成的跃进生产大队，社员劳动出勤不出力，大队经济效益低下，造成年终决算的工分值还要小于平常的预支金额，出现了“多做多欠、少做少欠、不做不欠”的怪现象。

20世纪70年代初，收益好的生产队到年终决算10分工分有1元多，一般的只有七、八角，差的只三、四角。农民年均收入在100元上下浮动。70年代中期，为了提高劳动效率，凡能够计件的工种，多采用“按件计酬”法。例如云石公社顶山大队人力车拉竹制品等物至戴村收购商店，是先折算重量、后计算件头工分。采用“按件计酬”，这一措施使社员劳动干劲猛增，集体经济稳步发展，1973～1975年间，顶山大队连续3年年终决算每10分为1.52元，成为当时全公社有名的富裕村。其他大队也仿效采用“按件计酬”，方法各有不同。例如，永丰大队直接以每件物品拉至戴村为多少工分；如“四六平”纸每件为1.2分、大笭皮（丈6×丈1）每张为1分等等。永兴公社积堰山大队副业队拉石块的计酬办法为，3吨块石从马鞍石宕运到积堰山塘边，计件为3个工和1.10元人民币，其中男工1个为10分，女工2个各为6分，1男2女共计22分。人民币补贴为男工0.50元，女工各0.30元。

1975年前后，云石顶山大队好些青年每逢月工资预支发出（当时采用按月预发劳动工资、年终结算办法），总要骑着崭新的“永久”或“凤凰”牌自行车出戴村、临浦镇上逛逛。有时自行车长长一排前后数十米，泥石路上发出链条撞击链板“叮叮当当”的清脆声响，令路人羡慕。由于该大队毛竹资源丰富，这些年轻后生又有一手劈薄篾的好手艺，成品供晒谷和建房盖屋面用，所以农户年终收益决算高。在按件计酬政策下，起早落夜，每天能挣好几十分工，值4～5元钱1天，1个多月的劳动工资差不多能够买进一辆自行车，当时绝大多数生产大队社员收入是无法与他们相比的。因此，各大队社员的工分收入极不平衡。云石、戴村、永兴3公社中，云石公社山林资源较为丰富，特别是云石里片几个大队，如船山、光明、顶山、永丰等。这些大队，在山靠山、吃山养山、依靠山林资源积极发展林副业生产，经济效益高，社员工分收入也高，当时山区青年找外畈姑娘结婚成家比较容易。但是，同为云石公社的外片前进大队，由于山林资源贫乏，光靠田里劳动，年终决算始终徘徊在10分工分值只有0.50元左右。

至80年代初，3公社大多数大队的工分收入，每10分工分值仍在1元多至2元上下。

1973年云石公社顶山大队社员陈田松家劳动工分情况

表14-2-3　　单位:分

月份	陈田松	戚芬香	陈月英	陈月兴	其他工分	合计	
						本期	累期
1	331.88	193.68	148.23	127.80	72.34	873.93	873.93
2	168.75	44.10	102.95	42.75	42.67	401.22	1275.15
3	340.35	216.25	185.02	119.85	42.00	903.47	2178.62
4	258.59	223.10	196.13	153.20	141.47	972.66	351.28
5	334.65	196.02	180.00	157.70	53.20	921.57	4072.85
6	360.00	256.67	166.76	162.62	37.75	983.80	5056.65
7	360.00	206.76	197.39	150.00	50.00	964.15	6020.80
8	360.00	217.44	230.00	165.43	171.09	1143.96	7164.76
9	360.00	216.15	225.80	204.77	60.54	1067.26	8232.02
10	360.00	201.85	162.38	160.60	62.15	946.98	9179.00
11	360.00	230.00	178.58	161.74	166.24	1096.56	10275.56
12	360.00	187.20	222.04	172.54	69.25	1011.03	11286.59
合计	3954.22	2389.22	2195.28	1779.00	968.70	11286.59	-

说明:①资料来源于《顶山村志》。

②表中记述1973年顶山大队社员陈田松及妻子、女儿、儿子全家共4人的全年工分。陈田松为全劳力,每工10.5分;妻子女儿为女全劳力,每工6.5分;儿子为半劳力,每工不超过6.5分。"其他工分"指人畜粪肥等。该大队年终决算为每10分工1.52元,该年度陈田松全家工分收入为17155.62元

1975年顶山大队部分工种按件计酬情况

表14-2-4

工种(单位)		定额工分
手工造纸	抄纸(件)	每件(2000张)4.5分
	舂料(件)	每件(2000张)4.5分
	晒纸(件)	每件(2000张)6.8分

续表 14－2－4

工种(单位)		定　额　工　分
上山下山	斫煸镬柴(斤)	远山与近山有别,一般地区 400 斤为 10 分
	挑上山担(斤)	人粪等液体肥 300 斤为 10 分
	挑上山担(斤)	石灰瓦片等建材和粪缸炉灰化肥等固体肥料 400 斤为 10 分
	挑背下山担(斤)	收获的农作物和竹、木类回家带担 500 斤为 10 分
	掘毛竹(斤)	笋竹连蔀头 380 斤为 10 分
竹制品加工	劈笭皮篾(张)	晒谷劈笭每张 1 丈 6 尺 ×1 丈为 10.5 分
	打笭皮(张)	晒谷劈笭每张 1 丈 6 尺 ×1 丈为 7.5 分,一般为女工
	劈土箕篾(件)	每 20 只为 1 件,每件 10 分
	打土箕(件)	每 20 只为 1 件,每件 9 分,男女工都有,以男工为多
	劈筅帚(件)	每 30 把为 1 件,每件 10.5 分,男女工都有,以女工为多
	劈嫩竹篾(爿)	每 400 爿 10 分,后增至每 600 爿为 10 分
	劈老竹篾(爿)	捆造纸原料用,每 600 爿 10 分
拉人力车	拉戴村出担(斤)	运送竹制品土纸等至永兴桥船埠,350 斤为 10 分
	拉戴村进担(斤)	船运至永兴桥埠的造纸原料、农肥等 250 斤为 10 分
	拉临浦出担(斤)	竹木及竹老头、竹梢、黄纸等,250 斤为 10 分
	拉临浦进担(斤)	临浦火车站至顶山的造纸原料、生石灰等 180 斤为 10 分

说明:①资料来源于《顶山村志》。
②表中单位照原

实物分配

农业集体化时期,由生产队或生产大队种植的粮食,按国家征购任务、种子、饲料、储备粮、社员口粮的次序来分配。1955 年实行粮食“三定”(定产、定购、定销),今戴村境属各乡粮食统购亩产量定为:云石 460 斤、马鞍 570 斤、戴村 540 斤、振庭 520 斤、凌溪 520 斤、白墅 570 斤、长潭 378 斤。各生产队再按实际田亩计算出总产量。除留起社员口粮、种子粮、饲料后,其余皆作为国家征购粮任务销售。种子留存,一般情况下留足每亩 20 斤。按照常规,清明前 3 天才开始浸谷子,但“大跃进”时逆客观规律行事,致使不少生产队劳民伤财,每亩种子竟要耗去 100 斤左右的成本。1960 年,上级组织稻区生产队去所前山里王参加现场会,正月十三就开始浸谷种。由于该年春寒严重,尽管采取往秧田内倒热水等措施,但谷子还是烂了一批又一批。饲料分配,一般情况下,每只肉猪留饲料粮 50 斤、母猪 200 斤,牛 20 斤、群鸭每只照顾 1 斤。

社员口粮标准,1958 年山区农民口粮定为 430 斤,至 1979 年提高到 480 斤;稻区一般情况下不低于 500 斤。1965 年 10 月,中共中央《关于稳定农民粮食负担,下功夫做好粮食工作的意见》,调整购销指标,按当年实有人口和前 3 年平均产量计算,口粮水平每人超过 500 斤的,适当增加征购任务,低于 450 斤的则减少征购任务,并 3 年不变。1971 年 8 月 21 日,中央发出《关于继续实行征购任务,一定五年的通知》,要求调整农民粮食负担,正确处理国家、集体、个人三者关系。20 世纪 70～80 年代,社员口粮基本维持在 450～500 斤的水平。

60年代中期后,产量逐步提高,生产队将超产部分粮食除了留足口粮、种子、饲料粮以外,还留起了机动粮,称为“四留”。接着,多数生产队将总产量除完成国家征购任务和做好“四留”工作后的剩余部分粮食,按20%~30%留起了储备粮(有库存现粮和票面储存两种,云石公社从1969年开始留储备粮),其余部分再按社员劳动工分和土肥投入分配到户,并以劳动工分为主。山区生产队在分配超产杂粮时,形式还有按工分、口粮、肥料等等。

山区部分大队(村)主要吃国家供应粮,云石公社里片大队船山、光明、尖山下、狮山、顶山、永丰、增丰、金星、勤工、胜利和戴村公社的马谷、中潭、麦园等队均不同程度的吃一部分国家供应粮,多的由国家供应粮食10来个月,最多的达10个半月,尚短缺部分由各队自产稻谷或杂粮补足。纯山区大队种植的杂粮(六谷、蕃茹、大小麦、毛豆等)除分配社员抵作口粮外,其剩余部分一般按工分、口粮基数和肥料投入三方面综合分配到户。如云石永丰大队,当时分配杂粮均习惯采用劳动工分50%、口粮底分30%、肥料投入20%,碰到收成好的年景,劳动力多的户,光六谷一项就能分到500~600斤。

1961年,云石公社社员人均分到口粮352斤;1966年人均分到口粮458斤,为50年代以来人均口粮首次突破400斤;1972年人均分到口粮524斤,为50年代以来人均口粮首次突破500斤;1978年人均口粮541斤。1968年,张家弄大队人均分配粮食845.66斤,这个数字在戴村全镇是比较高的。

除了口粮分配外,生产队还将集体生产的农副产品分配给社员,如集体鱼塘养殖的鱼,山林队的毛竹、竹笋、茶果,油菜、蚕豆等春花,稻草麦草柴草等等,均按工分分配,作为社员家庭也是一笔收入。

家庭副业

自留地(自留山)种植、家庭畜禽养殖和手艺务工等,是集体化时期社员主要家庭副业。

自留地上种点瓜果蔬菜、番薯土豆等,满足自家需要外,有的人家还能拿到集市卖掉,换点油盐酱醋等开支。山区大队(村)有自留山,种点竹木茶果,也是家庭的重要产出。社员自留地各生产队多少不一,根据各队土地资源和人口多少来确定。20世纪60年代,社员自留地人均近半亩多的队也有,山区地少的只有3~4厘。以后,由于个人建房逐渐增多,集体公益用地、国家征用、乡(镇)人民政府征用和企业用地等原因造成土地逐年减少。如云石征山大队,1968年前人均自留地5厘多,农业学大寨时把部分自留地(24亩)改造成大寨田,社员人均自留地一下子减少到2厘。1996年“两田制”调整时,村两委将所有田地重新丈量,除留起部分农户建房规划用地和村公共用地外,其余均作自留地分给农户,人均有1分多,原因是通过改田造地将许多乱坟堆和坑坑洼洼均改成田地。以后,又由于紫家岭公路建造、大部分农户所建房屋、小企业厂房用地、整治村建设和公墓基地用地,至2006年,征山村大部分农户自留地所剩不多,少部分农户已无自留地。

山区大队(村)的自留山也和全镇农户的自留地一样,根据山林资源和人口多少而定。仍以征山村为例:1983年9月,社员蒋连凤户共6人,由时任县长金其法签署“浙江省萧山县社员自留山使用证”有自留山3亩。2006年9月,换为杭州市萧山区林业局负责人张洪棋、经办人沈迪青盖章的中华人民共和国林权证,其内容更详细。自留山位于:水出平堂1.5亩、响天岭桃树湾1.2亩、丁山祠堂门前0.3亩。主要树种:杂树。林种:用材林,并明确长期使用。该户还有杨家溪沙泥地0.84亩,主要树种:茶树,林种:经济林,林地使用50年。骆村杨金年户3人,有毛竹山6.4亩,树山2.36亩,荒山(疏林山)2.2亩,树山、荒山均系自留山。

有的家庭搞点畜禽养殖。稻区勤劳人家一年养一二头猪出售给公社供销社食品公司,山区养猪条件虽差,但也有少量养殖。70年代,出售一头猪一般毛收入在100元上下。养殖家禽的农户去集市出卖,换回零花钱。1974年,云石永丰大队一户母子俩,儿子所骑的杭州牌自行车就是靠母亲不怕辛苦,以上山采摘野草为主饲料,养大一头猪出售给供销站换回的。

集体化时期,除参加集体生产劳动外,手艺和务工也看作是副业。那时农村泥水、木匠、篾匠、油漆、缝纫五匠,以及外出的临时工、合同工,社办企业做工人员的收入,均应交大队或生产队买工分。手艺师傅工资,60年代每工1.35~1.55元,70年代中期后提高到每工1.85元。80年代初,手艺师傅的工资一下子提高到3.50元至5.00元,80年代中期升至每工15.00元,其中石匠比泥木工等还要高出部分。以手艺师傅每天工资1.55元为例,最少要交1.20元钱买10分工分,其余部分作为工具补贴等费,长期外出的必须整月交钱计工。不交纳的除了社员大会上点名批判外,生产队的稻谷、杂粮、竹木等物一概不能参加分配,有的大队还采用不予出具任何证明等手段,使五匠和外出务工者寸步难行。

60~70年代,在当地做小工一般不收工钱,大多为帮忙助工。因当时社员建房做小工多为伴工,有相互帮助的习俗。山区社员用半个月、20天时间做满全月工分后,就有一段机动时间可自行调节,利用机动时间给人帮忙,虽不收工资,至少能吃点心、茶饭,还有香烟老酒,而且对方还欠下一笔人情债,日后自己办事时对方也会帮忙助工。

收入多元化

1982年实行土地联产承包责任制,戴村、永兴、云石3公社集体工分收入和口粮等实物分配方式结束,农民获得经济收入的渠道增多,收入形式呈多元化。至20世纪80年代末,全镇人均净收入近千元,万元户亦相继出现。90年代初实行"两田制",产业结构调整,土地向专业户倾斜,个私企业、家庭作坊蓬勃发展。家庭经济结构发生变化,大批农业剩余劳动力从山林、大田生产中解放出来,以家庭为单位搞种植、养殖业,办厂、经商、搞运输,或在集体企业务工,或外出打工等,极大地调动了农民的生产积极性。例如,尖山下村在改革开放后大力发展村办企业和个私企业,农民收入增加很快。1978年,该村村民年人均收入120元,而村办企业职工年收入940.5元。1992年,村民年人均收入1812元,村办企业职工年收入2415.4元;村民从村办企业得到的收入占全部总收入的62.7%。1992年,村民共有个人存款15万元。同时,村民福利待遇不断改善。从1984年起,该村对村民实行养老补助金制度。1989年起,实行职工退休制。1997年,戴村信用社有居民储蓄存款5750万元。

改革开放以后,方溪村征山自然村以竹木制品和手工造纸为主要收入的传统经济逐渐萎缩,年轻一代向社会服务行业转移。2006年,征山自然村从事木工、泥工、油漆等行业有20多人,经营范围从本地向杭州、上海、广州等地发展。整个村经济以劳务收入为主,总收入200.42万元,其中劳务收入54.47万元。村民人均收入5710元,原来主导产业林业收入仅占村民总收入15%左右。

至2006年,全镇有个体工商户和私营企业955家,在个私企业务工8969人,外出打工4580人。农民收入方式增多,全镇年人均收入呈大幅上升之势。2008年,全镇农民人均收入10963元,同比增长14.7%。

免税增收

农业税和一些原由农民个人负担的费用,逐渐减免或改由村集体支付,减轻了农民负担,客观上增加了农民收入。从1953年开始至90年代末,农民种田要上缴国家征购粮、农业税,每年冬春要投入兴修水利建设,负担过重。2004年,中共中央发布一号文件后,免除农业税,取消粮食征购任务,长期以来村民负担的每亩56斤稻谷或38~40元的农业税款从此减免,使农民得到了实惠。90年代普及9年制义务教育,农民子女读小学和初中的学杂费减轻。2000年后,还取消上缴集体土地承包金每亩25~30元,仅此一项使全镇农民每年增收40~47万元。不少村农灌费、自来水费、新型农村合作医疗参保费、电视收视费、广播费等,凡是上级向农户收缴的费用(家用电费除外),基本上由村集体支出,上述几项加起来每户每年达200余元,村民个人不必负担。

1955～1978年云石人民公社社员人均收入情况

表14－2－5

年度	社员人均收入(元)	社员人均口粮(斤)	储备粮账面数(斤)	实有储备粮人均(斤)	年度	社员人均收入(元)	社员人均口粮(斤)	储备粮账面数(斤)	实有储备粮人均(斤)
1955	－	475	－	－	1967	69.70	393	－	－
1956	－	465	－	－	1968	70.80	427	－	－
1957	－	455	－	－	1969	－	444	83453	－
1958	－	443	－	－	1970	98.03	432	108449	－
1959	－	478	－	－	1971	109.00	455	87272	－
1960	－	379	－	－	1972	116.00	524	246193	－
1961	78.42	352	－	－	1973	115.00	526	484864	－
1962	118.80	341	－	－	1974	－	496	711006	－
1963	86.00	328	－	－	1975	117.00	490	915019	78
1964	82.00	365	－	－	1976	131.00	514	1088083	87
1965	61.60	342	－	－	1977	133.00	506	1258427	99
1966	68.06	458	－	－	1978	145.00	541	1384928	108

说明：资料来源于镇档案室。表中“斤”为市斤

1985～2000年云石乡农民人均收入等基本情况

表14－2－6

年份	村(个)	人口(人)	人均净收入(元)	工农业总产值(万元)	粮食总产量(吨)	人口自然增长率(‰)
1985	16	12818	472.85	996.81	1296	4.9
1987	16	12819	635	2942	1520	2.7
1988	16	12834	768	4207	1611	4.4
1989	16	12850	777	4043.97	1514	4.3
1990	16	12897	829	8754	1651	7.7
1991	16	12906	903	6809	1704	4.7
1992	16	12857	1078	7902.3	1493	2.17
1993	16	12842	1450	14278	1516	1.94
1994	16	12804	2770	18196	1224	1.87
1995	16	12755	2118	24292	1357	2.51
1996	16	12722	2531	24283	1401	2.9
1997	16	12711	3060	29456	1415	2.76

续表 14－2－6

年份	村(个)	人口(人)	人均净收入(元)	工农业总产值(万元)	粮食总产量(吨)	人口自然增长率(‰)
1998	16	12609	3383	31160	1327	－0.32
1999	16	12470	3726	33934	1234	1.36
2000	16	12354	4166	41239	1280	2.18

说明:资料来源于镇档案室

1992～2000 年戴村镇农民人均收入等基本情况

表 14－2－7

年份	村(个)	人口(人)	人均净收入(元)	工农业总产值(万元)	粮食总产量(吨)	人口自然增长率(‰)
1992	35	26629	1047	10815.10	13681	3.34
1993	35	26587	1244	16977	12575	2.74
1994	35	26623	2794	22817	12916	3.07
1995	35	26683	2382	28651	12492	4.44
1996	35	26772	3090	34964	13515	5.22
1997	35	26749	3678	59696	13124	5.63
1998	35	26559	3982	65603	13085	2.35
1999	35	26334	4405	79731	12344	3.56
2000	35	26217	4808	104116	10665	4.77

说明:资料来源于镇档案室

2001～2008 年戴村镇农村经济基本情况

表 14－2－8

年份	村(个)	参加分配总人口(人)	农村经济总收入(万元)	农民人均收入(元)	粮食总产量(吨)	人口自然增长率(‰)
2001	51	36440	185253	5076	9428	0.42
2002	51	36398	239509	5500	8520	0.32
2003	51	36072	313555	6009	7024	1.29
2004	51	35691	353354	6529	8007	0.72
2005	22	35879	419891	7070	7741	1.01
2006	22	35908	501177	8080	7954	1.98
2007	22	35678	741672	9557	7482	2.30
2008	22	35625	891519	10963	7844	0.95

说明:资料来源于镇档案室

1998～2008年萧山农村合作银行戴村支行各项存贷款情况

表14－2－9　　单元：万元

年份	总存款	总贷款	年份	总存款	总贷款
1998	9487	7723	2004	25146	15491
1999	10451	8454	2005	29033	17034
2000	12178	8302	2006	31408	20709
2001	12437	9068	2007	42815	31216
2002	15864	10524	2008	51439	35488
2003	20527	12755			

说明：资料来自萧山农村合作银行戴村支行

1997～2008年上董村人均收入情况

表14－2－10

年度	参加分配农业户口（人）	村工农业总收入（万元）	村工农业生产总支出（万元）	农业人口净分配总额（万元）	农业人口年分配平均数（元）	比上年增加数（元）
1997	1012	1095	773.76	357.24	3530	－
1998	1010	1144	716.77	427.23	4230	700
1999	1004	1155.52	703.32	452.2	4504	274
2000	1012	1250.59	762.81	487.78	4820	316
2001	1026	1550.5	1019	531.5	5180	360
2002	1036	2575.56	1995.56	580	5598.50	418.5
2003	1030	2577.50	1946.5	631	6126	527.5
2004	1036	2560.10	1871.16	688.94	6650	524
2005	1045	2797.84	2028.2	769.64	7365	715
2006	1032	3077	2230.76	846.24	8200	835
2007	1027	5188	4478	1019	9922	1712
2008	1015	5489	4683	1159	11419	1497

说明：①资料由上董村提供。

②村民收入平均每年以8.9%的比率增长

第二节　居民消费

衣穿

衣服　中华人民共和国成立前，普通老百姓衣着多为土布制作，即农家妇女摇花纺线织成的粗布，家境好的户也有穿“洋布”衣服的。土布制作工艺简单落后，颜色单调，农家衣着、被褥基本都用此青底印花布料。

中华人民共和国成立后，农村妇女开始参加集体劳动，摇花织布的少了。穿衣用布全由国家凭票供应。三年困难时期，国家供应布票很少，无论大人小孩人均只有1.8尺布票，无法满足衣穿起码要求。当时有“三两棉花四两糖，一日三餐薄淋汤”之谣。所以，又有一些妇女设法织布，也有小商贩从外地购进土布，就地贩卖。可以说，在整个集体经济时期，农民常年穿的是补丁满缀的衣服，只有逢年过节或走亲访友时，才穿点象样的衣服。一般家庭，由于无节制生育，多子女现象普遍，生活困难，衣着出现“新阿大、旧阿二、破阿三……”和“新三年、旧三年、补补纳纳又三年”的普遍现象。20世纪70年代中后期，开始使用化纤纺织布，有“的确凉”“哔叽”等衣料，制作款式多为中山装、军便装和两用衫。无论男女，衣衫颜色单调，以灰、兰色为多。该时，女青年婚嫁前往往在聘礼中要向男方提及“的确凉”“哔叽”衣料和毛线等物。

改革开放后，随着中西文化交流的加强及人们生活水平的提高，西式服饰逐渐流行起来，加之模特时装表现和受电视主持人、明星服饰的影响，一些年轻人随即仿效。人们衣着多为西装、领带、茄克、牛仔等，女装更是款式、颜色变化无穷。布料也渐渐考究，至90年代末，纯化纤布已不再穿了，大多用纯棉、毛、麻和合成布料，皮衣羽绒服也成为潮流。进入21世纪，衣着消费幅度更加增大，买布料做衣的少了，直接购买成衣已成趋势。每件(套)成衣的消费支出从几十元、几百元，乃至几千元，名牌时装走俏。不要说机关里的公务员、企业单位的白领群体，即使普通农民亦不再像以往那样穿着“百纳衣”了，平时衣着与逢年过节没有多大差别，大多数家庭均有过剩过时衣服。2006年10月，由镇人民政府、民政办募捐的两卡车旧衣被服送往省内景宁灾区，以表爱心。

鞋袜　旧时，男女老少雨天穿的是箬壳草鞋(草鞋内裹上箬壳)，走路时发出“苦搭死，苦搭死”的声音，只有少数有钱人穿得起皮钉靴。

过去的山里人，习惯于四季穿实绗山袜(用多层白土布缝制，袜底、袜帮牢度仅次于布鞋底，外再穿上箬壳草鞋)，冬春季即使不上山穿山袜的也极为常见。直到现在，少数上年纪的人上山仍然喜欢穿山袜，不同的是草鞋被废橡胶车胎鞋或布条编成的布草鞋所取代。外畈人过去冷天干活多以布袜加草鞋，带水作业的多穿发袜(头发制成)，有保暖防水作用，外再套草鞋。挑脚、抬轿、拉车、赶路，即使在冷天穿赤脚草鞋也常见。20世纪60年代末，少数人干活开始穿球鞋、套鞋。80年代，由于生活水平提高，农村妇女做布鞋的渐少，大部分青年妇女甚至不会做布鞋，人们大多习惯穿皮鞋，下田穿长统靴干活。90年代，连上山斫柴穿球鞋、旅游鞋也属寻常。1972年5月，时任云石增丰大队党支部书记黄火根在“一分为二看自己，继续革命永向前”的发言材料中说：“我长到16岁，冬天还只穿一条白柳条的破单裤，脚上是拖着一双没有后跟的鞋子，这双鞋子还是讨来的……”。光鞋子一类，从解放前的箬壳草鞋，圆口布鞋、蚌壳棉鞋沿变到解放后的搽襻鞋、松紧鞋、棉鞋、保暖鞋、元宝套鞋、球鞋、雨靴、皮鞋、风凉鞋、皮靴、塑料鞋以及款式各异的旅游鞋，拖鞋从木拖(又叫木笃笃)到塑料、海绵、橡胶、棉、麻、皮拖鞋为止。一般人一年四季有各类鞋子八九双，多的达两位数。

饮食

戴村老百姓主食为大米。中华人民共和国成立前，青黄不接时，老百姓靠麦类、大豆补充。山区以六谷、番薯等杂粮凑合,买米要出戴村街。若遇灾荒,只得糠菜抵作半年粮。抗日战争时期,戴村等地米店一度关闭,靠籴米活命的山农只好起半夜打着火把去富阳章村等地挑运。

20世纪50年代初,经过土地改革,农民口粮基本解决,但生活比较艰苦。公社化初期,吃大锅饭,不准农家有炊烟。三年困难时期,有稀粥、菜糊喝已算不错,挖野菜树根极普遍,如苎麻、梧桐树根、狼鸡根、捏捏糊、铁老铃(又叫金刚刺)等用来充饥。1961年前后,永兴积堰山大东坞两个男青年分别以100斤番薯和200斤番薯作聘礼,讨进老婆。那年代,女青年找对象看男家条件好坏的主要标准之一,就是看缸缸甏甏有否粮食存放。

1963年后,粮食产量逐年提高,国家征购任务有所下降,农民口粮问题得到根本上的解决。山区农民由国家粮站供应半年到10个月不等的口粮,其余短缺部分由各队自产杂粮折合稻谷补足。由于生产稳步发展,形势逐年好转,社员收入增加,生活才渐渐富裕起来。特别是改革开放以后,农村万元户开始多起来了。农民手中有钱,嘴巴也开始富足。

戴村老百姓早餐以泡饭、粥类为多,中、晚两餐干饭,并且多烧点菜肴。山区上山作业体力消耗较大,故多习惯于三餐干饭。至90年代,年轻人虽不完全排除在家用早餐,但在饮食店、点心摊以面条、点心类作早餐多了,一些上班族最简单的方式,就是在路边摊上买上几只馒头面包之类匆匆而去。

90年代以后,农家开始讲究菜肴的档次和烹饪质量,菜馆、饭店的许多菜肴逐渐被普通农家所接受,还用上各种调味品。酒桌上早就打破了过去十碗头的老套,丰盛的菜肴五花八门,如:酸菜鱼、葱油鱼、红烧鱼头、红烧带鱼、清蒸江鳗、清汤鱼圆、糖醋排骨、糖醋里脊、肉骨头炖毛豆、清烧排骨、牛肉粉丝、牛排、老鸭煲、野生菌鸡煲、三鲜沙锅,还有农家传统的干菜焐肉、红烧蹄胖、雪菜冬笋,等等。总之,由于生活条件好了,戴村农家平时的餐桌上,与招待来客、逢年过节已经没有多大差别,再也不象过去那样,贫苦人家的"元宝鱼"或鱼尾巴轻易不开筷,起码要到正月半过后才肯吃掉。年货也不必在年脚边采办,市场物质丰富随时可买。

农家喝的酒以自酿的米酒为主,俗称"缸头黄"。茶主要是各种自制的"草青"。改革开放以后,各种中高档酒、各地的名茶也开始进入农家。

60~70年代主要是棒冰、汽水等冷饮。80~90年代,有各种果汁、牛奶等。进入21世纪,饮料品牌更为繁杂,戴村常见的饮料有娃哈哈纯净水、冰红茶、冰绿茶、娃哈哈大爽歪歪、娃哈哈八宝粥、无糖八宝粥、娃哈哈啤儿茶爽、心爽酸酸乳、桂圆莲子、金银花露、活性含氧饮用水,还有光明纯牛奶、密柚茶(调味茶饮料)、红牛(维生素咖啡饮料)、王老吉凉茶(植物饮料)、椰子汁等。

住宅

中华人民共和国成立前,戴村的农民住宅多为穿拼的木结构砖墙或石墙,用料经济,结构简易,以2至3间平房为主。中为堂屋,一侧为卧房,另一侧为灶间,畜舍用披屋,也有住两楼的,但一般均较拥挤。少数穷苦人家还住草舍屋。乡绅富户宅第的营建较为讲究,组成一进至数进的封闭式深宅大院,富丽堂皇。如大石盖村大户人家周廷杨,建有5间2弄走马楼1幢。

中华人民共和国成立初,广大农户还未能顾及建造房屋,至多是修理或建造一些小屋。1958年以后,由于受"左"的思想影响及经济暂时困难,物资极度匮乏,农民建房几乎停顿。20世纪70年代,农民生活开始好转,但各村建房仍不多,所建部分房屋大多是"泥墙屋",即用黄泥、沙、石灰拌和而成的泥土夯实成墙。以平房为主,也有楼房,房梁开始用水泥桁条,竹木椽子均有,上盖土瓦为多,亦有少量平瓦。

改革开放以后,社队企业兴起,经济迅速发展,农民收入增加,家庭积蓄首先投向急需解决的破败、拥挤的住房问题,农村新房逐渐多起来。住房消费是农民家庭的主要支出。80年代至90年代的10年时间里,有50%以上的农民告别破房,迁入新房。有的村几乎全部翻新,不见旧房踪影。新建房屋大多为混合结构的两层楼房,也有少数3层的。普遍使用红砖、钢筋、水泥等新型建材和水泥预制构件,屋顶有传统坡面落水的,也有钢筋混凝土灌浇的新式平顶。随着商品经济的发展,各种新型建材和装饰材料应接不暇。从90年代初起,农户建房一反过去以翻新为主,旧料回用率高的现象,装饰标准日益提高,不少村出现新房向外围不断扩展,老房仍留在村中心,即"空心村"现象。

进入21世纪,建房更向高层次、豪华型发展,小别墅、欧式尖顶洋楼各村随处可见,80%～90%以上农户住上了砖混结构、宽敞明亮的3层楼房。内外装饰依照城市标准考究实用,采用高级大理石、进口花岗岩、光学玻璃、铝合金、瓷砖等新型材料。室内电线嵌入壁梁,灯饰豪华,采光明亮,通风透气。外墙用马赛克、瓷砖或花岗石块贴面,气派非凡。人均居住面积在几十到百余平方米不等。好多户还有单独庭院,形成了农村住宅"高、大、洋"的特色。随着生态镇建设步子的加快,已经富起来的老百姓开始注重环境建设,讲究的庭院种植花草、名贵树木,建鱼池、建秋千架等,屋顶架太阳能热水器,还注重宅外绿化,竹木成荫,把整座宅院建造得鸟语花香、玲珑别致。

尖山下村民住宅随着经济收入的提高而发生变化。40年代末,全村有房屋390间,其中平房54间,多是石墙结构,陈旧破陋。1949年后,个别农户翻造了新屋。至70年代末,全村新建房屋13间,但仍是土砖土瓦,式样陈旧。80年代前后,全村掀起"造房热"。1981～1992年,全村有270家建了新房,占全村396家农户的68.2%,共建有房屋669间,总面积为5.14万平方米。1992年统计,人均居住面积达37.22平方米。新建房屋均为钢筋水泥结构,建有屋顶平台、阳台走廊、砌石花扶栏,有的还设计了月亮洞门、小花园。室内装潢普遍采用大理石、花岗岩、铝合金、玻璃等。

方溪村顶山自然村1949～1965年,建造木结构楼房3户;1965～1972年,建造木结构平房2户;1972～1985年,建造木结构、半土墙楼房15户;1986～1999年,建造砖砌、水泥钢筋混用材料的新式楼房15户:2000～2007年,建造别墅式楼房20多户。

三头村墙头自然村解放初有12户人家住茅草舍,4户租房住,9户人家住平屋。1950年土改时,14户分到没收地主的房屋。60年代开始有人建屋,也只是拼屋、搭猪栏。直到1980年,规划批地建房18户;1985年批地建房25户;1990年批地建房20户。后来每年都有几户人家建房,到2006年,已有95%的人家都造过了房子。起先是沙墙,后来砌砖墙,现建造3楼、4楼,房屋式样不断更新,建筑技术不断提高,房屋越造越宽敞,外墙越造越美观,屋顶上盖有红的、绿的琉璃瓦,有些人家还有A字型建筑,内室装饰豪华,与城里高档住宅不相上下。

顾家溪村村民顾殿飞的房屋,1942年时被侵华日军烧毁,后来一直租住别人房子。1968年与兄弟一起到诸暨拉石灰,起早落夜挖溪沟泥沙,花了九牛二虎之力,搭起3间平房。1990年,拆除平房改建4层楼房,占地面积130平方米,建筑面积520平方米。2007年,小儿子在临浦购买商品房150平方米,大儿子新建3层住宅。

除在当地建造住宅外,不少村民还到城镇购买商品房。马谷村有85户在戴村、临浦、萧山、杭州、上海等地购买商品房与店铺房,户型多在100平方米以上。该村农户在戴村集镇购买商品房36套,占全镇各村在戴村集镇购买商品房之首。2006年,全镇有168户农户建造新房,人均建筑面积57.25平方米左右。

出行

中华人民共和国成立前,农民外出全靠两只脚,运输靠肩挑,根本谈不上有什么交通工具。中华人民共和国建立后,50年代初农家开始自制独轮车、双轮车、钢丝车作为运输工具。50年代只个别人有自行车,如云石沈植民、沈浩荣医生有自行车。1961年,云石公社永丰大队社员鲍柏铨购入永久牌自行车配件,自己组装自行车。1965年以后,少数村里有人购买自行车上路。进入80年代,自行车几乎普及,成为人们代步的主要工具。至1984年,全镇有自行车6598辆。同时,一部分家庭开始购置摩托车和汽车。1983年,云石公社尖山大队邵伟成购入5吨解放牌汽车,雇员搞运输。1986年,永兴乡东周村周伟楠购入桑塔纳私家车,为全镇第一个购买轿车的农户。据尖山下村1992年统计,全村396户,有拖拉机6辆、摩托车10辆、三卡运输车14辆。至20世纪末,农村自行车逐渐减少,各种品牌的助动车、电瓶车等相继出现。进入21世纪,家庭轿车逐年增多。实现村村通公路,通公交车后,出行十分方便。

方溪村顶山自然村,1955～1974年的主要交通工具,是独轮车和双轮车。1970年下半年,购入10吨船

1 只在围垦搞运输。1974 年村里购入拖拉机 1 台，其后私人购入拖拉机多台，搞运输，红白喜事也拉人。1982 年，陈宣荣在村里第一个买微型车；1986 年，又买货车搞运输。1992 年，陈云灿购入 3 吨汽车搞运输。其后有多数农户用三卡搞运输，还有村民购面包车搞短途客运。

三头村墙头自然村，50 年代有 18 辆独轮车。60～90 年代，有双轮车 42 辆，姑娘出嫁自行车，个别用摩托车作嫁妆。至 2006 年，该村摩托车、电瓶车、三轮车达到普及，有大型拖拉机 2 辆、小型拖拉机 4 辆、运输汽车 1 吨至 3 吨 9 辆、5 吨以上 2 辆、小面包车 3 辆、出租车 2 辆、10 万元以上轿车 10 辆。

三头村凌桥头自然村 2006 年有自行车 200 余辆，摩托车 48 辆，三卡 3 辆，轻型卡车 4 辆，电动自行车 51 辆，马达三轮车 5 辆，农用车 2 辆，四轮面包车 15 辆，轿车 8 辆，大型卡车 2 辆。

南山村溪河自然村，2006 年有农户 153 家，拥有轿车、货车、面包车 38 辆，占户数的 24.8%。其中轿车 21 辆，货车 7 辆，面包车 10 辆。

2006 年南三村下方自然村农家自备轿车情况

表 14－2－11

姓名	品牌	姓名	品牌	姓名	品牌
戚友祥	奥迪 A8	吕　标	奇瑞旗云	丁伟柱	桑塔纳
戚友祥	桑塔纳 2000	韩益明	奥迪 A6	丁林虎	雪铁龙
丁金虎	帕桑特	方兴仁	尼桑	丁中华	广本
戚水良	东风雪铁龙	戴珍芳	马士达	丁春平	QQ
丁将德	桑塔纳 2000	戚文华	别克	金岳伟	一汽大众
丁永富	北京现代	丁林平	别克	韩益明	一汽大众
丁伟贤	尼桑				

说明：资料由南三村提供

生活用品

旧时，农家生活用具十分简陋。普通家庭一个缸灶头，锅碗瓢盆一张桌，一张眠床几条凳，只够勉强躺得下坐得起。20 世纪 50 年代，有个热水瓶、闹钟、手电筒、美孚灯的家庭已经是不错了。60 年代中期，戴村农家均用上了电灯照明。70 年代，男婚女嫁追求“三大件”为自行车、手表、缝纫机。80 年代中后期，农家开始装电话，看黑白电视。一些村还开通电话总机室，如尖山下村 1987 年设置了有 100 门容量的电话总机室，专门为滤油纸厂下属车间、办公室和总厂、车间干部住宅电话服务。1983 年 4 月 12 日，戴村公社马谷大队陈富成在家中安装了大队同线电话，是戴村第一部在农家安装的电话，当时报纸配上陈富成接听电话的照片曾予报道。1984 年 2 月 24 日，云石公社明堂大队沈海根安装了云石公社第一部私人住宅电话。是年下半年，永兴乡东周村周伟楠化 4 万元钱从永兴乡总机装入家里和厂里电话机两部。

改革开放后，农民家庭收入增加，消费观念随之更新，一些农家除建屋外，开始购置现代化家电等高档消费品。进入 90 年代后，彩色电视机、电话机、洗衣机、收录两用机、电冰箱、电饭煲等家用电器和消费品，陆续进入村民家庭。2000 年后，空调、电脑、照相机、手机、健身器等也为不少农家所拥有。电话机普及到农家，条件好的家庭主要成员买了手机。据尖山下村 1992 年统计，全村 396 户农户中：有电视机 344 台（其中彩电 77 台）、收录机 162 台、电冰箱 131 台、缝纫机 262 台、洗衣机 22 台、空调 5 台、脱排油烟机 7 台、换气扇 97 台、录像机 4 台、放像机 1 台、照相机 16 架、电风扇 705 台、电话机 122 部。

1950～1960年戴村(公社)社会供应商品情况

表14－2－12

商　品	1950	1951	1952	1953	1954	1955	1956	1957	1958	1959	1960
粮食(担)	22000	26670	41810	41800	61741	70542	52189	48162	36576	33700	29000
棉布(尺)	12300	139500	139941	248310	296090	367618	381244	441570	442598	589830	517716
食油(担)	169	177	199	284	535	559	585	605	774	1033	1072
化学肥料(担)	40	685	1535	1620	2684	3213	3809	3824	5624	2994	3463
农业机具(元)	－	4947	62290	73923	83273	92641	89800	91900	379000	303315	328266
酒(担)	694	805	876	1367	1835	2074	2863	3360	4191	5043	5299
食糖(担)	184	193	199	535	443	293	773	902	1033	696	427
水产品(担)	726	705	864	964	1305	1440	1717	2166	2321	2549	2579
卷烟(条)	30002	37221	42167	50326	55866	57228	60719	72907	96654	129773	143215
毛巾(打)	291	304	307	340	696	462	649	1338	1714	1530	2703
袜子(打)	263	431	652	793	850	874	932	1071	2057	1723	3416
煤油(担)	183	207	350	418	560	642	850	903	1218	12009	967
鞋(双)	180	250	327	698	1283	1491	2169	2751	5900	5778	6744

说明:资料来源于戴村人民公社1961年3月统计数据

文化消费

过去,农民温饱问题没有解决,文化消费无从谈起。20世纪80年代以后,农村文化生活逐渐丰富多彩,农民文化消费逐渐加大,从原来解决吃饱穿暖为主导的温饱型消费,逐渐向以培养子女读书为主的教育消费、提高个人知识积累和生活质量的文化消费,以及休闲、旅游、健身为主导的娱乐消费转变。由于电视机的普及,收看电视成为人们日常最主要的文化生活。农村和集镇有了休闲性娱乐场所,如棋牌室、电子游戏房、网吧、卡拉OK室、舞厅等,成了青年人喜爱的地方。村民晚上唱唱卡拉OK、跳跳舞,也很平常。书法、绘画、读书读报、购买书籍订阅杂志,也是村民的文化享受和追求。有条件想得开的一家子出去旅游,既开眼界丰富业余生活,也提高了文化素养。随着村文化活动室、老年活动室的普遍建立,老年人的文化娱乐样式更加丰富。

戴村农户虽有耕读传家的风尚,但旧时家境贫困,绝大多数人家供子女读书心有余而力不足。50年代初期,村民多子多女的现象普遍存在,生活负担重,供养小孩读书也是一件困难事,普遍只能供到小学毕业,读初中的为数不多。六七十年代,随着教育的普及和农民生活水平逐步提升,子女读到中、小学毕业已很普遍,但读大学的还凤毛麟角。80年代至90年代,农村实现九年制义务教育,普及初中,读高中、中专、大专的逐年增多。考入高中后,子女日常生活费用比较大,尤其是近年来还需电脑、参考资料等教育必需品,一个高中生一年的开支,不会少于1万元,这对农村普通家庭来说,已是不小的数目。进入新世纪,培养子女读大学的已很普遍。如果子女成绩好,读的是一本、二本负担较轻,要是三本、四本,年缴学费在1.5万元以上,加上伙食费及各项费用,一年不少于3万～4万元,以3年计算,一个子女大学毕业,父母需投入10多万元。对许多农民来说,做父母的第一责任就是给子女读书,教育投入是家庭的最长远和最主要的投资,只要子女读得进，让他们都进大专院校，能读研、留学更好。

1950～2008 年，全镇农家培养 2316 名大学生，其中男生 1325 名，女生 991 名。尤其改革开放以来，为国家培养了一批高学历人才，几乎村村出博士和研究生、留学生。尖山下村有博士生 2 人（其中姜春春在西德工作，姜望琪任北大副教授），高级工程师 1 人（姜振华）。方溪村鲍棋铭为西安交大研究生，后赴新加坡读博士，现为高级工程师；丁凯奇毕业于复旦大学物理系，现在中科院就读博士，另有研究生 4 人，清华大学在读 1 人。枫桥村有研究生 2 人。青山村有中国科大研究生 1 人。佛山村有研究生 2 人，其中钟国良在新加坡工作，钟应飞在阿联酋工作。半山村在读博士 1 人（杨毅），硕士研究生 1 人。马谷村陈水明为清华大学副教授。八都村硕士研究生 1 人。三头村任凯在读博士，另有硕士研究生 3 人。南三村在读硕士研究生 1 人。戴村村丁天慧在瑞典留学。大石盖村孙寒桑在日本留学，袁小兴北大毕业生。石马头村周章贵、洪永明、方丹北京大学研究生毕业。张家弄村有博士生、硕士研究生各 1 人。东风村周其伟为留学生，周利忠为西安交大在读博士生，另有研究生 2 人。永富村博士鲍明亮，现在加拿大工作。

1950～2008 年戴村各村大学毕业生情况

表 14－2－13　　单位：人

村别	1950～1959 年	1960～1969 年	1970～1979 年	1980～1989 年	1990～1999 年	2000～2008 年	1950～2008 年		
							总计	男	女
骆家舍	0	0	6	15	40	91	152	80	72
尖山下	0	0	1	5	24	98	128	79	49
方　溪	1	1	6	16	34	126	184	116	68
顾家溪	0	1	0	15	33	97	146	72	74
枫　桥	3	0	0	2	22	83	110	52	58
青　山	3	1	3	8	16	89	120	70	50
沈　村	0	0	5	11	29	76	121	70	51
佛　山	0	0	0	0	15	53	68	38	30
半　山	1	4	3	11	23	96	138	78	60
马　谷	0	0	3	2	5	32	42	19	23
八　都	1	0	1	15	8	63	88	49	39
三　头	1	1	3	9	28	109	151	73	78
南　三	1	2	0	7	18	113	141	75	66
戴　村	6	1	0	2	15	81	105	66	39
上　董	3	4	3	10	12	32	64	46	18
大石盖	4	1	1	1	14	56	77	51	26
石马头	1	1	2	3	7	62	76	49	27
河杨湖	3	2	1	17	27	55	105	60	45

续表 14－2－13　单位:人

村别	1950～1959年	1960～1969年	1970～1979年	1980～1989年	1990～1999年	2000～2008年	1950～2008年		
							总计	男	女
张家弄	1	0	1	5	15	54	76	55	21
郁家山下	1	1	2	1	2	20	27	18	9
东　风	1	3	3	2	6	38	53	29	24
永　富	1	1	3	6	24	109	144	80	64
合　计	32	24	47	163	417	1633	2316	1325	991

说明:根据各村提供资料整理

第三章　生活保障

中华人民共和国成立后,尤其是20世纪80年代以来,戴村逐步完善社会福利制度,建立了城乡居民最低生活保障制度、养老保险制度和村、厂干部退休待遇等规定。对于孤寡老人、困难群众和遭遇突发灾害的家庭,给予社会救助,送去党和政府的温暖。

第一节　城乡居民最低生活保障制度

中华人民共和国成立前,村民遭受灾难,遇到生活困难时,主要依靠家族、亲友间帮助解决,民间亦有少数开明士绅乐善好施,救助困难人家。中华人民共和国成立后,人民政府和镇村集体给困难家庭救济帮助,五保户的生活费用由镇、村两级共同负担。

1996年,萧山市人民政府发布《萧山市城乡居民最低生活保障暂行办法的通知》(萧政发〔96〕184号文件)。戴村镇、云石乡相继召开村主任、会计会议,由两乡镇民政办负责,按照文件精神对全镇困难群体开展调查摸底,凡符合"通知"精神的低保对象,均予以登记造册,发给证件。全镇1997年第四季度就有111户享受城乡居民最低生活保障救助金,在一定程度上保障了困难群体的基本生活。

2003年度,全镇191户、356人享受城乡居民最低生活保障救助金,共发放资金232980元。其中区级负担75%,计174735元;镇负担25%,计58245元。

2003年度戴村镇最低生活保障救助金发放情况(四季度)

表 14－3－1　单位:元

单位	户数	人数	季度金额	区负担75%	镇负担25%	单位	户数	人数	季度金额	区负担75%	镇负担25%
敬老院	12	12	3240.00	2430.00	810.00	墙头村	3	5	960.00	720.00	240.00
船山村	7	17	2340.00	1755.00	585.00	大湖头	2	6	900.00	675.00	225.00

续表 14－3－1

单位	户数	人数	季度金额	区负担 75%	镇负担 25%	单位	户数	人数	季度金额	区负担 75%	镇负担 25%
骆　村	4	11	1290.00	967.50	322.50	凌桥村	2	7	810.00	607.50	202.50
尖山下	3	5	990.00	742.50	247.50	溪河村	7	21	3270.00	2452.50	817.50
顶山村	2	3	690.00	517.50	172.50	戴家山	1	2	600.00	450.00	150.00
征山村	9	13	2670.00	2002.50	667.50	下方村	1	1	300.00	225.00	75.00
增丰村	6	12	1950.00	1462.50	487.50	戴　村	3	5	900.00	675.00	225.00
平山村	2	6	960.00	720.00	240.00	后郑村	5	6	1410.00	1057.50	352.50
勤工村	2	2	420.00	315.00	105.00	陆家村	1	1	300.00	225.00	75.00
枫树村	4	10	960.00	720.00	240.00	孙家村	3	6	930.00	697.50	232.50
响石桥	2	2	510.00	382.50	127.50	石盖村	2	4	1170.00	877.50	292.50
石牛山	3	4	780.00	585.00	195.00	畈里村	2	3	540.00	405.00	135.00
明堂村	2	2	480.00	360.00	120.00	上董村	5	9	1740.00	1305.00	435.00
狮山村	3	5	1080.00	810.00	270.00	石盖坞	1	2	360.00	270.00	90.00
南坞村	5	5	1260.00	945.00	315.00	石马头	8	13	2460.00	1845.00	615.00
沈　村	12	18	3240.00	2430.00	810.00	河上桥	2	5	660.00	495.00	165.00
佛山村	8	22	2790.00	2092.50	697.50	杨家桥	2	7	720.00	540.00	180.00
马谷村	7	11	2130.00	1597.50	532.50	张家弄	5	11	1800.00	1350.00	450.00
中潭村	3	5	900.00	675.00	225.00	后马湖	3	7	1110.00	832.50	277.50
麦园村	3	6	1230.00	922.50	307.50	何童埠	2	4	840.00	630.00	210.00
盛家村	2	6	1050.00	787.50	262.50	西周村	4	4	1200.00	900.00	300.00
前方村	1	1	300.00	225.00	75.00	郁家山下	2	7	900.00	675.00	225.00
丁　村	4	9	1530.00	1147.50	382.50	马鞍村	3	5	960.00	720.00	240.00
凌山村	4	6	1170.00	877.50	292.50	冗里村	4	9	1560.00	1170.00	390.00
后宅村	1	3	450.00	337.50	112.50	积堰山	3	5	1140.00	855.00	285.00
李家坞	4	5	1020.00	765.00	255.00	小　计	76	155	27540.00	20655.00	6885.00
小　计	115	201	35430.00	26572.50	8857.50	合　计	191	356	62970.00	47227.50	15742.50

说明:①本表所列发放资金 62970 元,属 2003 年四季度,其中区级负担 75%,计 47227.50 元;镇级负担 25%,计 15742.50 元。

②2003 年度全年共计发放资金 232980 元,其中区级负担 75%,计 174735 元;镇级负担 25%,计 58245 元。全镇享受生活保障救助金均为农村居民共 191 户、356 人,户均 1219.79 元,人均 654.44 元。

③根据各村提供资料整理。缺东周村资料

2004年度四季度戴村镇最低生活保障救助金发放情况

表14－3－2　单位:元

单位	户数	人数	季度金额	区负担75%	镇负担25%	单位	户数	人数	季度金额	区负担75%	镇负担25%
敬老院	11	11	2893.00	2169.75	723.25	大湖头	4	14	2130.00	1597.50	532.50
船山村	10	25	4800.00	3600.00	1200.00	凌桥村	2	7	810.00	607.50	202.50
骆　村	3	10	1230.00	922.50	307.50	溪河村	8	27	4740.00	3555.00	1185.00
尖山下	4	8	2160.00	1620.00	540.00	戴家山	2	3	870.00	652.50	217.50
顶山村	2	3	930.00	697.50	232.50	下方村	2	4	1020.00	765.00	255.00
征山村	12	18	5790.00	4342.50	1447.50	戴　村	3	5	960.00	720.00	240.00
增丰村	7	15	3390.00	2542.50	847.50	后郑村	5	8	1800.00	1350.00	450.00
平山村	3	7	1320.00	990.00	330.00	陆家村	1	1	360.00	270.00	90.00
勤工村	8	8	3000.00	2250.00	750.00	孙家村	3	5	930.00	697.50	232.50
枫树村	4	8	2400.00	1800.00	600.00	石盖村	3	6	1980.00	1485.00	495.00
响石桥	3	4	1380.00	1035.00	345.00	畈里村	2	3	720.00	540.00	180.00
石牛山	3	3	1260.00	945.00	315.00	石盖坞	1	5	750.00	562.50	187.50
明堂村	6	11	3240.00	2430.00	810.00	上董村	4	6	1620.00	1215.00	405.00
狮山村	3	5	1380.00	1035.00	345.00	后马头	7	12	2670.00	2002.50	667.50
南坞村	7	10	3270.00	2452.50	817.50	杨家桥	2	6	720.00	540.00	180.00
沈村村	13	19	5070.00	3802.50	1267.50	河上桥	1	1	300.00	225.00	75.00
佛山村	8	25	3480.00	2610.00	870.00	张家弄	5	12	2460.00	1845.00	615.00
马谷村	6	10	2160.00	1620.00	540.00	后马湖	3	7	1110.00	832.50	277.50
中潭村	3	5	1260.00	945.00	315.00	何童埠	3	8	1500.00	1125.00	375.00
麦园村	4	7	1980.00	1485.00	495.00	西周村	6	7	2410.00	1807.50	602.50
盛家村	2	6	1050.00	787.50	262.50	郁家山下	2	7	840.00	630.00	210.00
前方村	3	8	1860.00	1395.00	465.00	马鞍村	3	3	1020.00	765.00	255.00
丁　村	5	10	2130.00	1597.50	532.50	冗里村	4	8	1950.00	1462.50	487.50
凌山村	6	15	4050.00	3037.50	1012.50	积堰山	6	7	2490.00	1867.50	622.50
李家坞	5	6	1740.00	1305.00	435.00	居委会	1	1	789.00	591.75	197.25
墙头村	4	6	1620.00	1215.00	405.00	小　计	83	173	36949.00	27711.75	9237.25
小　计	145	263	64843.00	48632.25	16210.75	合　计	228	436	101792.00	76344.00	25448.00

说明:①根据各村提供资料整理。

②2004年度全年共计发放救助资金322259元,比上年度的232980元增加89279元,增加幅度为27.70%。本年度发放的救助资金,其中区级负担75%,计241694.25元;镇级负担25%,计80564.75元。本表所列发放的救助资金101792元,属2004年四季度。

③2004年度全镇享受生活保障救助金的有228户、436人,其中农村居民435人,城镇居民1人;救助金户均1413.42元,人均739.13元

2006 年第四季度戴村镇最低生活保障救助金发放情况

表 14－3－3　　单位:元

单位	户数	人数	季度金额	区负担 75%	镇负担 25%	单位	户数	人数	季度金额	区负担 75%	镇负担 25%
骆家舍	16	48	12090	9067.50	3022.50	戴　村	6	12	3618.00	2713.50	904.50
尖山下	8	20	6768.00	5076.00	1692.00	上董村	2	4	1116.00	837.00	279.00
方溪村	24	47	16485.00	12363.75	4121.25	大石盖	10	18	6564.00	4923.00	1641.00
顾家溪	13	20	6822.00	5116.50	1705.50	石马头	12	24	7260.00	5445.00	1815.00
枫桥村	12	26	9198.00	6898.50	2299.50	河杨湖	6	10	2820.00	2115.00	705.00
青山村	28	59	20520.00	15390.00	5130.00	张家弄	4	11	3444.00	2583.00	861.00
沈　村	12	18	6024.00	4518.00	1506.00	郁家山下	6	14	4428.00	3321.00	1107.00
佛山村	11	37	8595.00	6446.25	2148.75	东风村	11	27	8538.00	6403.50	2134.50
半山村	14	31	9834.00	7375.50	2458.50	永富村	11	22	7608.00	5706.00	1902.00
马谷村	7	12	3648.00	2736.00	912.00	居委会	1	1	840.00	630.00	210.00
八都村	15	31	10014.00	7510.50	2503.50	敬老院	63	63	31752.00	23814.00	7938.00
三头村	13	44	11931.00	8948.25	2982.75						
南三村	11	32	8058.00	6043.50	2014.50	合　计	316	631	207975.00	155981.25	51993.75

说明:①根据各村提供资料整理。缺东周村资料。

②2006 年度全年共计发放资金 813009 元,其中区级负担 75%,计 609756.75 元;镇级负担 25%,计 203252.25 元。本表所列发放资金 207975 元,属 2006 年四季度数。

③2006 年度全镇享受生活保障救助金的 316 户、631 人,户均 2572.81 元,人均 1288.45 元

第二节　社会福利

敬老院

永兴乡敬老院　1985 年,永兴乡投入 2700 元在东周村办起敬老院。是年 5 月 10 日,在永兴乡会堂举行五保老人入院典礼。县民政局副局长陈发随带洗衣机到会祝贺,戴村区委书记王湃松在会上讲话。后投资万余元,乡敬老院易址石马头前山,建有平房 5 间,占地 0.3 亩。院长洪银仙,职工 1 人,最多时住有五保老人 16 人。1992 年,永兴乡敬老院并入戴村镇敬老院。

戴村镇农村五保供养服务中心　　　　（摄于2011年11月23日）

云石乡敬老院　1992年，云石乡投资15万元，在增丰村建成乡敬老院，有10间两层楼。院长黄火根，职工1人，最多时五保老人15人。其中增丰村丁满林夫妇入住敬老院，村集体支付每人每年700元，其余由乡政府支付。2001年，云石乡敬老院并入戴村镇敬老院。

戴村镇敬老院　1985年，戴村镇投资1.5万元，在戴家山上山办起敬老院，建有平房11间，占地0.5亩。院长由时任民政员鲍吾成担任，职工1人，入住五保老人13人。1996年，投资24万元，易地在凌山新建戴村敬老院，有两层楼12间，占地3亩。院长郑雅琴，职工1人，最多时供养五保老人22人。

2004年6月，戴村镇党委、政府投资400万元，把敬老院院址设在黄洞岭，将原永兴中学校区改建成戴村镇敬老院，于年底竣工。当年12月29日，全镇52名孤寡老人搬入戴村镇敬老院新址。敬老院占地10.5亩，建筑面积2600余平方米，有11间3层楼，6间两层楼，其中设房间72个，另有活动室、食堂用辅房等。院长余国祥，副院长郑雅琴，有职工7人。2006年年底，镇敬老院共有五保、孤寡老人59人。

戴村镇敬老院交通便捷，面向黄洞岭水库，西靠永富公路，地处平畴绿野之中，空气清新，环境幽静，极为适合闲居养老。男女职工7人，分担伙食、卫生、老弱病残生活料理、内部保洁等服务。两人一卧房，集体共伙，主食大米，一稀二干，副食采用分食制，小菜荤素搭配，经常调剂品种，务使吃好吃饱。2005年伙食标准为180元/月，2007年210元/月，2008年250元/月，逐年提高标准。四季衣服及时添换，为便于老人外出活动，夏天发给草帽遮阳，室内安装空调，购置电扇，冬天发放大衣、围巾御寒。庭院宽敞，花木扶疏，环境整洁，并配置彩电、广播。同时注重保健工作，对有病老人及时送医服药。2004年起发给每人每月30元的零化钱，2007年提高到每人每月50元（2009年70元和每月医药费50元，服装每年120元的待遇）。

新建造的镇敬老院3年来，五保老人先后逝世19人（死亡人数统计到2008年4月止），年龄最高者92岁。五保老人丧葬事项由其亲属或族人提出合理要求，提供规定范围的墓地，其余收敛遗体、送殡仪馆火化，直至捧盒入土等一切事务均由敬老院办理，真正做到保葬。

敬老院的经费由镇、村二级负担，原规定由村每人每年负担700元，2005年起增至每人每年1200元。结果大多由区、镇两级负担。其中，区民政局2005年负担每人每月263元，2008年313元（2009年增至363元）。每逢重阳、元旦、春节等重要节日，区、镇民政部门及企业界代表等均到院慰问，探望老人，赠予慰问品、慰问金。

2008年年底戴村镇敬老院入住人员情况

表14－3－4

姓　名	户口所在村	性别	年龄（岁）	姓　名	户口所在村	性别	年龄（岁）
杨火文	骆家舍村	男	77	杨海根	南三村	男	61
董芝芬	骆家舍村	女	88	沈长兴	八都村	男	82

续表 14－3－4

姓　名	户口所在村	性别	年龄（岁）	姓　名	户口所在村	性别	年龄（岁）
李阿兴	骆家舍村	男	81	郑银传	戴村村	男	74
杨水成	尖山下村	男	82	董云兴	上董村	男	76
鲍成木	方溪村	男	78	董步云	上董村	男	82
鲍成法	方溪村	男	76	董光金	上董村	男	74
鲍柏成	方溪村	男	81	董幼兴	上董村	男	58
梁桂香	方溪村	女	81	周志芳	大石盖村	男	67
陈观金	方溪村	男	56	骆桂娣	大石盖村	女	66
盛志高	枫桥村	男	75	洪妙根	石马头村	男	78
顾丹凤	枫桥村	女	85	蔡吾忠	石马头村	男	79
金如松	青山村	男	80	何观根	河杨湖村	男	81
沈金林	青山村	男	82	何兰根	河杨湖村	男	74
沈子坤	沈村村	男	79	孙兴英	河杨湖村	女	61
钟引祥	佛山村	男	68	俞水茶	张家弄村	女	55
洪梦昌	佛山村	男	75	杨关和	张家弄村	男	71
丁观兴	半山村	男	64	杨关根	张家弄村	男	81
任芬香	半山村	女	85	倪百美	张家弄村	女	66
李正寿	半山村	男	63	何文烈	东风村	男	77
周作朋	半山村	男	64	郁木兴	永富村	男	72
任水祥	三头村	男	56	张子荣	永富村	男	68
单子千	三头村	男	74	盛关荣	永富村	男	64
戴吾昌	南三村	男	76	徐卫龙	永富村	男	61
何芬芹	南三村	女	76				
陶宪章	南三村	男	86	合　计	48 人		

说明：资料由镇敬老院提供

2008年4月底止戴村镇敬老院死亡人员情况

表14－3－5

姓　名	户口所在村	性别	年龄（岁）	姓　名	户口所在村	性别	年龄（岁）
吴文松	佛山	男	68	徐泉锦	永富	男	70
屠元东	东风	男	81	郑欢根	戴村	男	90
鲍观培	方溪	男	63	陈校根	青山	男	82
周吾兴	东风	男	70	钟月奇	佛山	男	76
陈洪泉	马谷	男	80	何汉根	河杨湖	男	60
汪顺仙	三头	女	77	周成根	东风	男	75
丁阿进	半山	男	87	郭关尧	张家弄	男	74
华和凤	尖山下	女	92	郭浩泉	张家弄	男	92
沈吾康	八都	男	92	洪吾金	石马头	男	83
周兴年	马谷	男	76	陆浩荣	大石盖	男	83
贺长法	永富	男	64	陈之花	顾家溪	女	86

说明：根据各村提供资料整理

五保户

旧社会对孤寡老人的供养，及弃婴、孤儿的收养等，只得到少数开明士绅的救助。也有一些慈善事业，如创办接婴堂、筹措保育经费，建义冢、掩埋遗尸弃骨等，由当地士绅捐款资助。但限于财力，受到救济、收养面很小，苦难者受惠有限。

中华人民共和国建立初期，因无劳动能力而生活发生困难的孤寡老人，受到人民政府和农村合作社的关怀照顾，切实扶持好他们的基本生活。为他们无偿代耕田地，民政部门拨部分粮食、棉被等物资和现金资助等。人民公社化后，鳏、寡、孤、独和残疾人凡生活无依靠者，全由集体给予“五保”供给，即由所在生产队保吃、保穿、保住、保医、保葬的待遇。随着农村经济发展和人民生活水平的改善，对“五保”供给标准逐渐提高，内容日趋完善。每当逢年过节，镇（乡）、村干部总要带些礼品或慰问金前往看望，使这些孤寡老人备受感动，体会到社会的温暖。至2006年年底，全镇共有五保老人59人，均入住敬老院。2008年年底，入住敬老院的五保老人共48人。

残疾人优抚

1992年5月至2007年12月，戴村镇先后召开6次残疾人代表大会。镇第五届残联代表大会以来，镇残联、共青团、妇联、工会等党群团组织以及基层残协组织，为残疾人开展青年志愿服务活动，每年为重度残疾人开展“送清凉”活动，“扶贫助学一帮一”结对子活动。已与45户残疾贫困家庭子女结成扶贫助学对子，最大可能地解决残疾贫困家庭子女就学困难的后顾之忧，每年“六一”儿童节，对全镇40多位特困、残疾家庭子女进行走访看望，累计出资3万余元，给他们送去衣服、书籍、饮料等物品，带去节日的问候和党委、政府对他们的关怀。

1997年5月17日《萧山日报》报道：“戴村镇残疾人安居乐业、生活有人关心、就业有人操心。”报道称戴村镇党委、政府、镇残疾人联合会，把残疾人就业工作作为一项重要工作来抓。全镇已创办镇办、村办福利企业11家，安排183名残疾人就业；发展扶持个体工商户和个私企业31户，种养殖业40余户，使许多残疾人成为财富的创造者，提高了经济地位、家庭地位和社会地位。戴村镇残疾人联合会被杭州市评为创办经济实体先进集体。

2004年开始，对全镇无劳动能力、无生活来源、无生活依靠的“三无”低保、残疾人员（116位），每人每月发放80元的生活补助费，从2004年至2006年3年，累计发放补助款30余万元，以保障他们的基本生活。低保残疾人和重度残疾人定期生活补助173户，年补助金19万余元。据2003年统计，安置残疾人进8家民政福利企业就业，累计人数286人，此后逐年增加。

戴村镇重视发展镇、村社会福利企业，集中安置有劳动能力的残疾人就业，由企业为残疾职工办理养老保险；动员广大残疾人自食其力，大力发展个体经济和第三产业。永富村残疾人张九斤身残志坚，每年饲养菜鸭2万余只，肉猪150余头，年年被萧山市残联评为先进个人。对失去劳动能力的残疾人，镇人民政府每年拨出一定数量的资金进行定期或不定期的生活补助。对生活特别困难的，发动社会力量募捐进行救济。丁村村失去行走能力的残疾人周海助与80岁的老母相依为命，原本生活困难，不幸的是两间楼房和家产又被大火烧毁。镇领导带上慰问金及时上门看望，还发动全镇干部群众捐款捐物，两天时间捐大米300公斤、人民币6000元。

2005年，镇政府为残疾人特困户新建住房8户，使特困残疾人的住房困难问题得到有效缓解。2007年、2008年，又有20户农村住房困难户得到每户2万元的建房救助金。

2004年戴村镇扶贫帮困联系户情况

表14－3－6

村　别	户主姓名	性别	年龄（岁）	家庭人口（人）	困　难　原　因	联系人（单位）
孙家	尹美英	女	12	2	父母双亡，祖母年老，本人读书	赵立明
石马头	洪娜娟	女	44	3	夫病故，子读书，本人打工，女新参加工作	陈仲华
增丰	朱彩凤	女	52	3	本人残，二女读书	汤叶英
张家弄	薛岳凤	女	40	3	夫病故，二女读书	沈国兴
响石桥	金永发	男	51	4	夫妻长病，女儿小学读书	吴浙明
船山	李保祥	男	42	3	本人残，女读书，妻打工	郑望平
上董	董正兴	男	69	3	妻、女智残，本人肢残	赵建平
杨家桥	杨德桥	男	57	3	本人劳力弱，妻智弱，子读书	瞿东望
石盖坞	方何芬	女	50	2	女尿毒症，本人体弱	韩建庆
西周	周水林	男	51	3	夫妻残，子智弱	楼铁明
平山	顾良	男	37	5	父母年老，夫妻有病，子读书	孔志明
狮山	蒋飞	男	20	2	父母病故，祖母有病，本人读书	朱元杰
船山	曹兴福	男	68	3	本人有病，孙子读书	华小平
船山	李水泉	男	49	4	本人有病，二女读书	沈乐娟
增丰	朱关良	男	50	3	事故致残，妻弱，子读书	瞿亚萍
上董	董幼祥	男	43	3	本人精神残，子读书，妻打工	周伟东

续表 14－3－6

村　别	户主姓名	性别	年龄（岁）	家庭人口（人）	困　难　原　因	联系人（单位）
河上桥	洪关法	男	55	4	夫妻言语残，子读书，女新参加工作	叶建华
明堂	鲍利莲	女	45	3	夫病故，子读书，女儿读大学	蒋亦平
沈村	李玉芬	女	41	3	本人打工，夫亡，双胞胎读书	吴立平
枫树	袁湘桥	男	35	4	本人长年有病，子女读书	楼军伟
郁家山下	何秀珍	女	68	3	本人与长子智残，次子弱	田国权
马谷	周明杭	男	15	2	父母双亡，祖母年老，本人读书	华康钙塑
溪河	卢建荣	男	52	4	本人劳力弱，妻智残，子女读书	伟达蚊香
盛家	周金惠	女	20	2	父母双亡，姐妹读书	中原汽变
戴家山	汪伟儿	女	43	3	夫病故，子女读书	小球星儿童用品厂
麦园	陈国建	男	39	2	本人瘫痪，子聋哑	康跃铸造
丁村	周焕助	男	69	2	本人老弱，女读书	金龙锻压
麦园	周新华	女	45	3	夫病故，本人智力弱，二女读书	南方建筑
骆村	曹玉观	女	46	5	本人残疾，子女读书	卫达塑业
张家弄	郭红祥	男	35	3	本人智残，子女读书	南方电镀
凌山	倪志莲	女	43	4	夫亡，本人长年有病，二子女读书	伟峰电子
佛山	吴连兴	男	40	4	夫妻智残，女儿读书	新力机械
尖山下	姜云娟	女	47	3	夫亡，子女读书	家家蚊香
凌山	俞叶民	男	43	5	本人患癌症，子女读书	电子开关
大湖头	高延妹	女	47	4	夫病亡，子女读书	政健车把
大湖头	韦满柳	女	37	3	夫病亡，子女读书	升亮服饰
石马头	周云仙	女	76	4	本人视力弱，二外孙女读书	财税局
何童埠	何国梅	男	46	4	夫妻、儿子智残	工商所
石盖	孙玉兰	女	41	3	夫亡，子女读书	信用社
李家坞	李水平	男	41	2	本人肢体残，女儿读书	派出所
溪河	蔡加平	男	48	5	本人患癌症，妻长年有病，子女读书	财保
中潭	沈益民	男	39	4	本人间歇精神病，妻弱，子读书	人寿
下方	丁吾德	男	45	3	妻智力残，子读书，本人打工	中心辅导学校
杨家桥	郭夏香	女	45	3	本人做小工，长女高中，次女小学	六中
丁村	杨吾美	女	81	2	本人老弱，子智力残	土管所

说明：根据各村提供资料整理

2003 年戴村镇社会福利企业情况

表 14－3－7

单位：人

企业名称	残疾职工	女职工	企业名称	残疾职工	女职工
盛家塑料包装厂	6	3	华成机械厂	29	1
肯特味品厂	11	2	九龙厨具型钢建材制造	41	15
中原汽车变速器厂	42	16	杭州伟达	70	38
钙塑包装厂	31	8			
华东轻钢建材	56	14	合　计	286	97

说明：资料由镇民政办提供

2007 年度戴村镇农村住房困难户救助金发放情况

表 14－3－8

单位：元

村　别	姓　名	省补	市补	区补	镇补	合计	救助方式
枫桥村	余顺照	3800	2000	7000	7000	19800	新建
八都村	沈仁良	3800	2000	7000	7000	19800	置换
河杨湖村	何兰根	3800	2000	7000	7000	19800	置换
佛山村	钟凤庭	3800	2000	7000	7000	19800	新建

说明：资料由镇民政办提供

2008 年度戴村镇农村住房困难户救助金发放情况

表 14－3－9

单位：元

村　别	姓　名	省补	市补	区补	镇补	合计	救助方式
上董	董吾安	3800	2000	7000	7000	19800	新建
尖山下	杨永高	3800	2000	7000	7000	19800	新建
沈村	汪马夫	3800	2000	7000	7000	19800	新建
永富	郁先明	3800	2000	7000	7000	19800	新建
南三	戚雪根	3800	2000	7000	7000	19800	新建
青山	沈观金	3800	2000	7000	7000	19800	置换
三头	方文仙	3800	2000	7000	7000	19800	置换
石马头	傅岳祥	3800	2000	7000	7000	19800	置换
骆家舍	曹宝松	3800	2000	7000	7000	19800	修缮

续表 14-3-9

村　别	姓　名	省补	市补	区补	镇补	合计	救助方式
张家弄	徐永南	3800	2000	7000	7000	19800	新建
戴村	郑建国	3800	2000	7000	7000	19800	置换
顾家溪	顾子潮	3800	2000	7000	7000	19800	置换
方溪	朱水标	3800	2000	7000	7000	19800	新建
大石盖	孙兴权	3800	2000	7000	7000	19800	新建
郁家山下	郁狄红	3800	2000	7000	7000	19800	新建
佛山	洪胜祥	3800	2000	7000	7000	19800	新建

说明:①资料由镇民政办提供。
②镇人民政府后又各补给200元,实际每户住房困难户的救助金为2万元

第三节　养老保险

2000年,为推动戴村镇养老保险工作开展,镇党委下发《关于建立戴村镇社会养老保险扩面工作领导小组的通知》(〔2000〕44号文件)。镇成立养老保险工作领导小组,组长陈兴康,副组长韩建庆、朱新林、瞿东望,组员周伟东、孔中春、陈歧龙、韩士标、郁生康、金文娟。以扩大全镇社会养老保险覆盖面,保障劳动者的合法权益,确保社会稳定,促进全镇经济和社会各项事业的发展。同年,镇人民政府也下发《关于贯彻〈萧山市乡镇企业社会养老保险实施办法〉意见及目标任务的通知》(〔2000〕25号文件)。是年,全镇37家企业率先实行企业职工养老保险制度,参加保险925人,参保率为11%。企业和职工缴纳基本养老保险金的比例,按全省职工平均工资的60%申报缴纳,核定基数为17%,其中企业11%、职工6%。当年补交8年养老保险金的职工在办理退休时,每月可领取养老保险金296元,以后逐步增加。

2001年,镇人民政府决定扩大社会养老保险面,参保对象为戴村镇范围内的所有企业和职工。重点骨干企业职工基数的50%为核定参保任务数;福利企业按萧山民政局[2001]38号文件执行,全部职工均须参保;村办转制企业及个私企业以行政村为单位计算职工总数,并以职工总数的30%核定;其他镇办转制企业以职工基数的40%核定。参保金额基数及比例,以2000年全省平均工资(1035元/月)的60%为基础,企业和职工缴纳养老保险费的比例按核定缴费基数的17%确定,原则上由企业负担其中的9%,职工负担8%。镇党委、政府把社会养老保险扩面工作列入对村的考核范围,村所属的个私企业由各村为主负责抓好落实,镇重点骨干企业、转制企业及福利企业由镇企管办负责落实。

2003年,镇政府对各行政村和企业下达年度社会养老保险金覆盖目标任务。凡经工商行政部门注册登记的各类企业,包括百强企业、"三资"企业、私营企业以及个体工商户,都必须为本单位的全部职工依法办理基本养老保险手续,其参保率均要求达到100%,并按规定缴纳基本养老保险费。参保金额以2002年全省平均工资的60%为基数,企业和职工缴纳养老保险的比例按核定缴费基数的18%确定,原则上由企业负担其中的10%,职工自负8%。镇党委、政府再次把扩面工作列入对村的考核范围,村所属的个私企业由各村为主负责抓好落实,镇重点企业由镇经发办负责落实。劳动保障、财政、地税、工商和司法等部门,将加大社保扩面工作的执法和督查力度,对拒绝为职工办理参保缴费手续的企业,将严格按照有关法律、法规和规章制度进行依法查处,工商部门要将依法参保情况列入年检年审内容,对拒保参保的企业要暂缓年检,以确保全覆盖目标依法顺利推进。

2001～2006 年，戴村镇实际参保情况如下：2001 年，累计参保企业 82 家，参保职工 1738 人，参保率 21%；2002 年，累计参保企业 129 家，参保职工 1848 人，参保率 34%；2003 年，累计参保企业 183 家，参保职工 3650 人，参保率 55%；2004 年，累计参保企业 201 家，参保职工 4600 人，参保率 62%；2005 年，累计参保企业 234 家，参保职工 4693 人，参保率 69%；2006 年，累计参保企业 297 家，参保职工 5181 人，参保率 83%。2007 年，累计参保企业 370 家，参保职工 5802 人，参保率 112%。2008 年，累计参保企业 412 家，参保职工 6059 人，参保率 104.24%。

2003 年戴村镇重点企业职工参加社会保险情况

表 14－3－10　　单位：人

企业名称	职工	已参保	核定尚需参保	企业名称	职工	已参保	核定尚需参保
华东轻钢	188	179	9	家家蚊香	68	15	53
华东钢结构	154	54	100	金龙锻压	45	26	19
华翔型钢	125	91	34	永富电子仪表	16	3	13
球冠实业	127	93	34	永达木业	15	11	4
富时特化工	52	52	0	电子开关	50	25	25
卫士实业	354	206	148	亿达五金	10	6	4
联发电化	506	506	0	勤工五金	31	19	12
华诚机械	60	52	8	金潮酒业	19	10	9
九龙厨具	85	83	2	肯特味品	26	25	1
钙塑包装	80	76	4	纸箱厂	18	12	6
伟峰电子	74	68	6	顺达公司	65	38	27
蓝达工艺	198	146	52	综合开发公司	4	4	0
南方建筑	75	27	48	自来水厂	9	9	0
中原公司	100	79	21	戴中机械厂	23	17	6
华源机械制造	60	56	4	新宇过电压	12	9	3
业新钢结构	65	24	41	晨丰工艺品厂	6	2	4
华康钙塑	123	82	41	金达电子设备	6	4	2
小球星	50	27	23	华发塑化	8	5	3
星诚塑胶	19	15	4	兆达机械	21	14	7
伟达日用化工	120	94	26	升亮服饰	53	3	50
新力机械	64	18	46	江南粉末冶金	50	38	12
南方电镀	120	103	17	冲压模架	64	45	19
康跃铸造	43	25	18				

说明：资料由镇档案室提供

2003年戴村镇各村企业职工参加社会保险情况

表14－3－11　单位:人

村别	企　业	职工	已参保	核定尚需参保
船山	船山腊线厂	8	2	6
尖山下	海佳塑料制品	8	3	5
	双羽塑料五金	8	3	5
	迅达蚊香	11	11	0
	华翔包装	15	9	6
	姜氏热缩	8	4	4
	锦业滤纸	25	6	19
	迪诺卫生用品	12		12
	姜国海纸箱厂	6		6
顶山	新宇竹木	6	1	5
勤工	杰亚通讯器材	5	4	1
	中田厨房设备	8	5	3
	东达印刷厂	8	4	4
征山	华业蚊香	15	10	5
增丰	新鸿机械	26	26	0
平山	校办腊线织绸	30	22	8
	伟珂服装厂	60	16	44
	平山腊线厂	18	12	6
	定时器厂	15	0	15
	金村热缩膜厂	6	0	6
	恒风供氧设备	8	0	8
石牛山	佳吉机械配件	10	6	4
	三明塑料	8	3	5
	五金电器塑料	10	4	6
	塑料五金厂	6	0	6

续表 14－3－11

村别	企　　业	职工	已参保	核定尚需参保
明堂	双杰粉末冶金厂	6	0	6
	火成五金冲压件	10	5	5
	华联制冷设备	15	3	12
	天海工艺伞厂	28	11	17
	海民五金厂	6	0	6
	金龙车辆部件	10	4	6
	提花沙发布	15	3	12
	云峰五金冲压件	8	6	2
	新世纪厨具	20	0	20
沈村	煤气用具	6	4	2
	天峰五金机械	10	4	6
	飞磅塑料制品厂	10	4	6
	恒源包装	8	1	7
	放电管厂	15	11	4
	春光彩印厂	17	7	10
	亿达智能水表	8	3	5
	锦琪热缩塑料	6	3	3
	机械密封件厂	13	3	10
	瑞宏金属制品厂	12	0	12
佛山	云石机械配件厂	25	16	9
	自强静电	25	16	9
	大鹏五金铸造	30	26	4
	三和通讯器材	8	5	3
	云石汽校	5	4	1
	钟鑫包装	27	13	14
	佛山五金铸造	18	11	7
	喷塑五金厂	6	2	4

续表 14－3－11

村别	企　　业	职工	已参保	核定尚需参保
麦园	胜达电磁线厂	8	3	5
	朝阳机械配件	8	5	3
	星源磁电器材	6	0	6
中潭	中潭五金配件	8	5	3
	浦阳煤炭公司	6	0	6
盛家	盛家塑料厂	15	12	3
前方	伟迪电声器材	8	0	8
丁村	丁村五金配件厂	10	0	10
	戴村采石场	10	3	7
后宅	桑田汽车	18	7	11
	灵龙机械	8	2	6
凌山	海达电器	10	7	3
	全顺电器	8	3	5
	德忆粉末冶金	5	3	2
	凌山汽配	6	0	6
	永恒机电	20	0	20
李家坞	李家坞砖瓦厂	20	13	7
	劲发五金厂	8	3	5
	油墨厂	12	4	8
墙头	明华汽车修理厂	3	2	1
	鸿利电子仪器	6	2	4
	金建塑胶	12	6	6
	杭州天成工具	6	0	6
大湖头	金马服饰	8	3	5
	科立数控	10	9	1
	新亚鞋业	8	5	3
	初中车业	12	7	5
	环宇冲压件	18	17	1

续表 14－3－11

村别	企　　业	职工	已参保	核定尚需参保
凌桥	森旺橡塑五金	5	3	2
	节能保温材料	6	0	6
戴家山	华富纸制品厂	7	5	2
	福源型材	6	0	6
下方	永达五金电泳厂	5	4	1
	新达塑料五金	5	2	3
	恒达机械塑胶	18	11	7
	康韬塑胶制品	4	1	3
	雄伟车业	8	0	8
	宏利塑料包装	4	0	4
	政健车把	8	0	8
后郑	联盛包装	8	2	6
戴村	佳禄伞业	33	22	11
	永久五金制品	45	28	17
	郑丽机械	8	6	2
	亿力电器	20	7	13
	中轮机械	12	0	12
	晨山联谊塑料	6	0	6
陆家	兴力不锈钢	8	4	4
	丰盛电子	23	14	9
	五金抛光	10	3	7
	东威不锈钢	6	1	5
	明华电机	12	7	5
畈里	新兴制锁	14	7	7
上董	上董五金厂	8	5	3
	五金冲压件厂	5	5	
	上董砖瓦厂	37	27	10
	名城电动车	8	0	8

续表 14－3－11

村别	企　　业	职工	已参保	核定尚需参保
石盖	新型文体用品	8	0	8
	新世纪羽绒制品	10	0	10
石马头	华丽电磁线厂	8	3	5
	戴兴包装	8	4	4
	戴兴塑胶厂	8	6	2
	金属工艺喷塑厂	6	3	3
	永富液化气	9	5	4
	校办五金厂	6	6	
	金达五金电器	8	5	3
	恒利汽车配件厂	8	2	6
	泰达服装	20	0	20
	新虹链条	6	0	6
	金属构件厂	8	0	8
石盖坞	中兴塑纸包装	8	6	2
	晨峰包装材料	6	0	6
杨家桥	天宇鞋业	6	2	4
	龙发塑料	6	2	4
河上桥	金桥包装	8	6	2
	金成纸箱厂	8	5	3
	建春纸制品	5	5	0
	惠通塑化	10	7	3
	宏达木业	15	10	5
	科海塑胶厂	10	7	3
张家弄	久丰纸箱	14	12	2
	金龙包装	8	0	8
	中兴日用化工厂	6	3	3
	龙达五金机械	8	6	2
何童埠	通达包装	6	0	6

续表 14－3－11

村别	企　　业	职工	已参保	核定尚需参保
西周	科杰卫生用品	10	3	7
	龙达制衣	15	0	15
	文教用品	4	0	4
东周	永兴微电器	8	6	2
	联发电器	6	2	4
	康发五金电器	6	1	5
	秦响纸箱厂	6	0	6
马鞍	永兴塑胶包装	8	2	6
	马鞍石料厂	7	5	2
冗里	佳达五金厂	12	10	2
	新新塑料门窗	8	6	2
	贝贝食品	8	2	6
	荣升塑料制品	6	0	6
积堰山	奋飞包装	6	4	2
	船舶修造厂	5	3	2
	永富塑料制品	6		6
郁家山下	梳棉加工厂	3	3	0
	永大五金机械	6	2	4
	前顺木制品	4	4	0
	兴祥五金厂	4	3	1
	合　　计	5159	3258	1901

说明:资料由镇档案室提供

第四节　村厂干部退休待遇

养老保险　1992 年撤扩并后,戴村镇(永兴乡已并入)和云石乡党委、政府为提高村干部的工作积极性,解除他们的后顾之忧,制定村干部养老保险政策。1993 年,戴村镇为各行政村书记、村长连续任职 3 届以上者办理养老保险,保险标准为每月享受 50 元的退休金,保险金缴纳办法由镇财政和村集体各负担 30%,被保险者本人负担 40%。是年,35 个行政村对照"规定"标准办理了部分村主要干部的养老保险。1994 年,云石乡为村主要干部办理养老保险,享受养老保险的村干部对象是连续担任 2 届以上,任职至少不少于 4 年的书记、村长,保险标准为退休后每月享受 60 元保险金,缴纳保费由村集体负担 40%,乡财政和个人各负担

30%。此后,云石乡和戴村镇分别于2000年、2001年为符合条件的村书记、村主任办理养老保险续保手续(社保),标准以全省职工养老保险额的69%投保,保险金负担的比率与以前相同。

经济补贴　1989年,永兴乡为行政村担任书记、村长(大队长)和支部委员3届以上的退职村老干部实行经济补贴,标准为每月15元,年终由乡财政一次性发放。1993年后,戴村镇、云石乡为行政村和镇、乡企业退职老干部相继落实经济补贴政策,享受补贴的村和企业退休老干部年龄为男60周岁、女55周岁以上,补贴标准戴村镇每月为25元,云石乡每月为30元,均由镇乡财政承担,年终一次性发放。同时,对年满60周岁以上的老党员给予每月10元的生活费补贴。

2003年,镇党委发出《关于调整行政村退职干部经济补贴的若干规定》(〔2003〕2号文件)。统一境内原云石、戴村2个乡镇对退职村、厂(乡镇企业)老干部的经济补贴标准,理顺关系。时间以乡镇撤并为界,2001年7月31日前已退职的各行政村干部,分别按原云石乡、戴村镇政府规定标准执行,镇政府在每年年底一次性发放;2001年8月1日以后退职的村干部按新标准执行。2001年8月1日以后退职的村干部享受对象为连续任职在15年(含15年)以上,年龄为男55周岁,女为50周岁的各行政村两委干部、妇女主任、村会计。凡已享受集体保险、企事业单位(包括机关)退休、退职保险金或其他形式补贴的,不再享受补助。凡符合上述条件的村退职干部,享受标准每人每月60元,由镇财政承担30元,村经济合作社承担30元,每年12月一次性发放。

第四章　姓氏　宗祠

在长期的封建社会,历代有迁居戴村的外来之族。他们在戴村这方土地上与原居民一起生息繁衍,有的蔚为大姓。如丁村丁氏、上董董氏、沈村沈氏等,居住历史悠久,不但是镇内有名大姓,还向四周析居,旧称南乡望族。中华人民共和国成立后,尤其改革开放以来,人口流动加快,外来姓氏增多,呈现“百家姓”繁荣局面,极大地丰富了戴村的姓氏文化。

旧时,戴村的宗姓村落一般都建有宗祠。在以血缘为纽带的宗法社会,宗祠是宗族凝聚力的象征,也是族内祭祖、议事、庆典的场所。中华人民共和国成立后,宗祠大都改作他用。现存的宗祠都已破旧,有几个宗祠还具有一定文物价值。近年来有些宗祠民间自发修复,一些宗祠经过修葺,辟为老年活动室。

第一节　姓氏来源

至2008年年末,戴村居民共有252个姓氏。其中沈、周、陈、丁、郭、洪、顾、李、何、任为人口最多的前10位姓氏,人口数都在千人以上。这些大姓历史上从四面八方迁徙而来,长期定居在此。只有1人的姓氏有干、牛、文、仇、左等68个,为近年婚嫁或迁徙而来。各姓兄弟姐妹作为戴村的主人,共同建设美好家园。现凭宗谱资料,简介部分姓氏来源。

沈姓　公元前11世纪,周文王第十子哺受封于沈邑(今河南汝南县东),其后裔以邑名“沈”为氏。另一说周代楚国公族受封于沈鹿,因以为沈氏;又楚平王时楚庄王曾孙戌任沈邑尹(沈邑在安徽临泉),其后亦以沈为氏。

据《萧邑长潭沈氏宗谱》(民国36年重修,爱存堂珍藏)载,戴村沈氏出自伊洛(今河南洛阳)。南宋初期,伊洛人沈文锡随驾南渡,出任秘书省正字。他的顶头上司是秦桧的养子、秘书少监兼领国史院的秦熺。秦熺作风专断,篡改历史。文锡常常义正词严地与他争辩,不肯低眉俯首。为防不测,文锡公托疾遁居萧之长潭山中,但仍未逃过秦熺所害,他受中伤被贬泉州,客死异乡。文锡公的子孙居住长潭山中,“此地有高山峻岭，深林茂麓，尘鞅隔绝”，“溪可渔，山可樵，土可稼”，他们耕读为生，不求闻达，繁衍成村（今沈村），并向四周析居，如今延至35世（以文锡为第1世）。

至2008年年末，戴村镇有沈氏4061人，主要分布在沈村村705人、青山村1433人、八都村811人、枫桥村241人、骆家舍123人、半山村101人。沈氏占全镇人口10.78%，为戴村镇第一大姓。

周姓　一说为古公亶父率领姬姓部落建立周国，后周武王克商纣，建立周朝，周王族遂以周为氏。一说为周平王少子受封于汝南，当地人称为周家，其后亦以“周”为氏。

戴村周氏为北宋理学家周敦颐后裔，主要分布在马谷村、东风村的东周西周自然村、大石盖村等地，先后从南宋末期至元朝、明朝时期从临浦镇周家湖迁徙而来，其郡望为汝南。“吾族之祖本于周家湖，周家湖之祖本于暨阳南门（今诸暨），而南门之祖本于紫岩盛厚（今诸暨），而盛厚之祖本于河南祥符，而祥符之祖本于营道，而营道之源出于汝南（古县名，今属河南）。”

据《马谷周氏宗谱》（民国癸酉年（1933）重修，爱莲堂珍藏）载，南宋时，周氏先祖文乔公自诸暨南门迁居萧山周家湖。周家湖第7世原实公生3子，长雍一公、次雍二公、季雍三公。雍一公之子演四公自周家湖移居石盖（大石盖村），雍三公之子崇谦公自周家湖移居马谷村，为马谷始祖。“马谷族，始家马谷者自牧公，讳崇谦，乃从远公十九世孙，自周家湖迁此。”马谷周氏有析居本镇丁村、盛家村等自然村。

据《萧山周氏宗谱》（清乾隆四十四年（1779）修辑，爱莲堂珍藏）载，周家湖周氏第12世孙文宗公赘于陶家园陶氏，生4子，二儿子可二公居河之东，四儿子可四公居河之西，后发展为东周、西周村。文宗公为东周、西周之周氏始迁祖。

至2008年年末，戴村镇有周氏2346人，主要分布在大石盖村600人、东风村440人、半山村329人、马谷村314人、八都村165人。周氏占全镇人口6.23%，为第二大姓。

陈姓　据《萧山陈氏宗谱》（民国癸酉年重修，聚星堂珍藏）载，陈氏本虞帝之后，传逮楚相轸封颍川侯于陈，子孙遂以陈为氏，以颍川为郡望。陈氏后人散居各地，其中一支宦居长城下若里，徙阆州（今属四川省）、徙建宁（今属福建省）、义乌之大陈。

明初，有陈氏兴十八公陈潮，字裕泳，与族弟贞廿一公陈士达，从义乌大陈迁居萧山，“其宅近于山麓，层峦叠嶂，环绕如翠屏焉，中有秀坡建宅，聚族名之曰马谷。”（乾隆四十年章宝成撰《马谷陈氏谱序》）子孙在此务农为业，勤俭持家，繁衍成村，尊兴十八公、贞廿一公为马谷陈氏始祖。马谷陈氏第四世金一公（1379～1442），迁居麦园，为麦园始祖。其长子光一公住麦园，次子光二公徙居里石板溪，为里石板溪始祖（另说，里石板溪陈氏从暨阳紫岩乡迁来，始迁祖暨阳紫岩第十二世明一、明二、明三公）。

陈氏另有一支是在明朝末年，从义乌大陈迁来长潭，始祖文二公以竹木手艺为业，后定居袁家山下（今枫桥村）。

至2008年年末，戴村镇有陈氏1858人，分布如下：马谷村463人、方溪村334人、八都村288人、枫桥村137人。陈氏占全镇人口4.93%，为大姓之一。

丁姓　丁姓来历主要有三说。一说公元前11世纪齐太公生丁公伋，子孙以丁为氏；另一说周武王时有丁侯，其后裔以丁为氏；还有一说为宋国大夫宋丁公之后，以谥号为氏。

丁村丁氏，祖籍山东淄博，始祖文靖公丁璞。据《古越萧南丁氏宗谱》（清宣统辛亥年续辑，思本堂珍藏）载，丁璞，谥文靖，世居临淄，实齐侯嫡裔，於季唐光化年间（898～900）仕至淮南节度使。为避黄巢乱，携家徙居萧南凌溪之滨，繁衍生息，后子孙以丁姓命村。至清宣统辛亥年（1911）续修宗谱时，已传35世。后裔多有析居南乡各地。

至2008年年末，戴村镇有丁氏1689人，主要分布在半山村526人、戴村村246人、三头村202人、南山村200人、方溪村134人。丁氏占全镇人口4.49%，为大姓之一。

郭姓　郭姓是从姬姓派生出来的。3000多年前，西周文王姬昌的第4个弟弟叫虢叔，受封在东虢（今河南荥阳东北），称郭公。古代虢、郭同音，虢叔的后代便姓了郭。其中一支，南迁淳安。

戴村郭姓原籍诸暨，主要聚居于张家弄村。南宋建炎中（1127～1130），郭氏绵十八公因避金兵之乱，从淳安迁诸暨花山之马坞。传5世，始祖曾十一公在南宋淳熙年间（1174～1189）从诸暨马坞迁居张家弄村，在这里生息繁衍，耕读相继，后郭氏发族，原住该地的张氏迁居他处。现张家弄村郭氏已传28世。张家弄郭氏有析居本镇河杨湖村，临浦大庄郭家埭村、水埠村，进化镇方山村等。

至2008年年末，戴村镇有郭氏1668人，主要分布在张家弄村1142人、河杨湖村171人、沈村村48人、三头村48人、半山村40人、八都村39人。郭氏占全镇人口4.43%，为大姓之一。

洪姓　洪姓一说为“共氏”所改。商末侯国共城，其子孙以周为氏；又西周有共国，春秋时被卫国所灭，其子孙亦为共氏；后因避仇改为“洪”氏。另一说为“弘”氏所改。唐代初年，为避唐高宗太子李弘的名讳，豫章郡弘氏改为“洪”氏。

据石马头洪氏家谱记载，洪氏远祖为东汉豫章北平都尉恪公。唐朝时，洪氏第37世斌卿公以肃州节度使驻节瓜州（即古敦煌郡，今属甘肃），洪氏遂在瓜州发族。后迁于江西鄱阳湖。南宋建炎三年（1129），洪氏第43世皓公，字光弼，江西鄱阳人，以礼部尚书出使金国，被扣留了15年，不屈。他“抱印符卧起”，大节凛然，回来后，任徽猷阁直学士，朝廷赐宅在杭州葛岭。洪氏49世攀龙公，字秋江，号晋斋，元朝时由葛岭迁居陶唐弄（今属城厢镇西河路）。他的5世孙如本，一作禹本（1378—1457），字至大，再自陶唐弄入赘石马头青龙山五金相为婿，生有六子，石马头住大房、二房、小房，三房析居独山头、四房五房析居本镇上堡洪村、义桥镇下洋桥及富阳渔山。如本公被尊为石马头洪氏始迁祖。民国壬申年（1932）石马头洪氏第7次修谱时，洪氏已传至第71世，从石马头始迁祖算起则传至第19世。

至2008年年末，戴村镇有洪氏1455人。主要分布在石马头村893人、永富村164人、佛山村124人。洪氏占全镇人口3.86%，为大姓之一。

顾姓　关于顾氏来历，一说顾氏之先姓巳，为昆吾氏后，受舜之禅，食采于顾（今河南范县）。夏末，顾被商汤攻灭，子孙遂以地为氏，始姓顾。一说顾氏之先姓姒，为越王句践后裔，西汉初因功被封为顾余侯，子孙留居会稽，后人因其封号第一字“顾”为氏。

三国时，吴郡（治所在今苏州市）人顾雍（168—243），累官至吴尚书令（宰相），封遂乡侯。传第九世，至南朝齐，天台人顾欢，字景怡，7岁便能作《黄雀赋》，齐王赐以尘尾素琴，江南顾氏多尊顾欢为祖。顾欢第十三世孙顾临，北宋时任龙图阁学士。其幼子廷美，迁居常熟（今属江苏）。廷美曾孙顾炳、顾煜、顾焕及曾侄孙顾杉，为避战乱，于南宋祥兴元年（1278），渡过钱塘江各自肇基开族。顾炳，移居今戴村镇上堡洪村定居。顾炳孙顾节干，从洪村析居长潭，地以人传，因名顾家溪。长潭顾氏尊顾炳为始迁祖。顾家溪顾氏有析居本镇方家塘、袁家山下自然村，有迁居杭州、安吉、诸暨、绍兴等地。

至2008年年末，戴村镇有顾氏1380人。主要分布在顾家溪村823人、方溪村244人、枫桥村82人。顾氏占全镇人口3.66%，为大姓之一。

李姓　李姓来历一说商纣时理氏吴伯以直道不容于纣，得罪死，后代为避难改理为李（理、李字古通用）。另一说春秋时哲学家老子因祖辈为理官，遂以理（李）为氏称李耳。

萧山李姓为唐汝阳郡王李琎后裔。唐天复元年（901）十一月，朱温（即后来的梁太祖）进占凤翔（陕西），汝阳郡王李琎的4世孙李庶，行肇八，避难南来，流寓绍兴锦鳞桥。天佑四年（907），李庶次子继宗守父墓，徙居天乐乡胥里（今所前镇李家村大坞自然村）。天乐李氏尊肇八公为始祖，后子孙析居戴村、浦阳、义桥等地。

据《萧山李氏宗谱》（民国戊午年［1918］重修，芳庆堂珍藏）载，骆家舍李氏于宋末元初由天乐乡胥里迁来，始迁祖万五公。见此地“地僻山深，水竹环绕，林木明媚，无异蘭亭”，遂徒居，因骆宾王曾避难于此，故名骆家舍。至民国7年重修家谱时，骆家舍李氏已传20余世。

半山村李家坞自然村李姓，迁自何家桥（今属义桥镇），亦为天乐乡胥里李氏之后。天乐乡胥里李氏十五世字居敬，行礼二，于元末明初辗转何家桥，见此地“长江绕于东湾环如带，石牛屹于西峥嵘可爱，草木丛茂，居民鲜少，有土可以稼，有水可以钓”，遂徙居发族。李家坞原名郑家坞，因李氏从何家桥入赘郑氏为婿，后郑氏渐衰，李姓发族，遂改名李家坞。

至2008年年末，戴村镇有李氏1292人，主要分布在骆家舍村499人、半山村361人、青山村50人、沈村44人。李氏占全镇人口3.43%，为大姓之一。

何姓　何氏本周成王弟唐叔虞之后，受封于韩（今山西河津东北）。公元前230年，韩国被秦国所灭，百姓避难逃到江淮一带，因方言“韩”读音近“何”，字随音变，遂以何为氏。历汉唐至宋，何氏有居诸暨等地。诸暨善溪（一作檀溪）派何氏始祖何仕龙，行万四，南宋德祐间（1275~1276）为成忠郎，率兵抗金，父子双双英勇献身。何仕龙第十一世孙何文业，字德基，行良五，于明永乐年间（1403~1424），“慕萧山之风景，择土地之平旷，遂卜筑于锦山之阳，为铜埠第一始祖。”何童埠何氏第十二世何异兰，字周木，号锦山，乾隆四十年（1775）乙未科武进士，为殿试二甲第一名传胪，任乾清门侍卫，兖州（今山东）总镇。

何童埠何氏第三世何国栋，字廷宰，析居于同邑沃山（今属临浦）；第五世何志茂，字德望，徙居后马湖开族；另有徙居溪河、戴家山、墙头等地。

至2008年年末，戴村镇何氏有1263人。主要分布在东风村453人、河杨湖村339人、南三村125人。何氏占全镇人口3.35%，为大姓之一。

任姓　据《萧山埭湖任氏宗谱》（民国丁亥年重修，怡怡堂珍藏）载，萧邑任氏者，轩辕氏之后裔。南宋建炎初，河南有任公钥者登进士，授左司言，因忤权贵落职，谪山阴县知县，卒于任内。因世乱家贫不能归里，葬于桑盆，子孙守墓而家。至5世，全心公奉父绪衡公柩卜葬于萧邑北干山之阳，其家定居昭明里（今城厢镇）。全心公幼子滨渔公，由昭明徙渔浦，再迁至戴村埭湖（今大湖头），繁衍发族。后从埭湖分支析居墙头村、义桥镇西山村等。大湖头任氏尊任钥为始祖。

至2008年年末，戴村镇有任氏1126人。主要分布在三头村831人，八都村58人、半山村38人。任氏占全镇人口2.99%，为大姓之一。

方姓　方氏出自姬姓。周（姬姓）宣王大臣方叔、名震天下，其子孙遂为方氏。

戴村方氏尊固始（今属河南）籍方纮为第1世。西汉末年，方纮任汝南（今属河南）尹，为避王莽篡权之乱，移居新安郡歙县东乡（今浙江淳安）。传至第30世、晚唐诗人方干，又自东乡隐迹桐庐白云源，后转徙鉴湖梅花岛，笑傲林泉，卒葬斯岛。他是越郡方姓人的始迁祖。32世方教，于北宋太平兴国二年（977）由鉴湖梅花岛迁至诸暨花山白门里。方教后人方度，于南宋淳祐元年（1241）入赘诸暨汤家垫（今属高湖乡），称高湖派。明朝后期，方纮第53世孙方魁，排行富二，自高湖迁至萧山晾网山麓、八都溪畔（今名前方村）安家。后子孙析居方家墩（现名墙头）、后郑。居住方家墩一房方氏因火灾而搬迁到下方。清乾隆年间，方氏从后郑析居本镇石盖坞和河上镇祥利自然村。

至2008年年末，戴村镇有方氏1116人，主要分布在戴村村231人、八都村283人、石马头172人、南山145人。方氏占全镇人口2.96%，为大姓之一。

杨姓　杨氏来历一说西周时，周宣王少子尚父受封于杨邑，号曰杨侯，杨邑为晋国兼并后，其后代以杨为氏。又一说春秋时晋国大夫叔向受封于杨邑，其子伯石以邑名为氏，曰杨石。

戴村杨氏迁自诸暨。明永乐年间（1403~1424），诸暨杨家坞杨忠直公，见尖山下风景秀丽，宜耕宜樵，乐而忘返，遂建宅定居，繁衍发族。明季，尖山下杨氏会九公析居骆家舍发族。今尖山下、骆家舍杨氏，尊杨忠直公为始迁祖。

至2008年年末，戴村镇有杨姓1048人，占全镇总人中的2.8%，是戴村镇大姓之一。主要分布在骆家舍村457人、尖山下村225人、河杨湖村74人。

董姓　董姓来历一说黄帝之裔孙生董父，其后遂为董氏。又一说为周大夫产生有二子，事晋为大史，董督（考察收藏之意）晋典，后代以其官职为“董”姓。

据《萧山党耆董氏宗谱》（民国37年（1948）重修，正明堂珍藏）载，董氏之先出于姬姓，陶唐时有飂叔安者，生董父畜龙，舜命佐禹治水有功，故因字而赐董氏。父生甲，甲生九子，其后分支散居蔓延天下，唯广川派为盛。上董董氏先祖出于广川（古县名，今属河北省）。宋代，广川董仲舒第40世孙董正，字公平，以贤良起为浙江都司事。其子董权，见萧山之党耆里（今上董）青山回环，溪水湍湲，沃土可耕，遂肇基发族，生齿日繁,后村以姓命,唤上董。董权为上董董氏始迁祖,今已传40世。上董为萧邑董氏主要发祥地。元朝至正六年(1346),上董一董氏入赘今河上镇凤坞村,后发族为大姓,已传26世。从上董析居所前镇董家桥、新塘街道董家埭等村的董氏亦枝繁叶茂。

至2008年年末,全镇有董姓844人,主要分布在上董村643人、大石盖24人、东风村23人。

戴姓　戴姓来历,一说周武王克商后,封微子启于河南商丘,建立宋国。春秋时,有宋戴公,谥号为"戴",其后子孙以"戴"为氏。

戴家山戴氏祖居河南谯郡鹿邑。南宋时,戴氏祖先绵公为宋节度使,随驾南渡。当时秦桧议和误国,绵公见机而率兄弟子侄过江隐居萧山西兴。越二世,太初公析居戴家山,后从戴家山析居城厢镇城南后吴。今戴家山戴氏已传32世。

据《萧山凌桥戴氏宗谱》(民国丙子年重修,源远堂珍藏)载,凌桥戴氏自元末明初从浦江马剑迁来,始迁祖戴文昌,字景盛,为马剑戴氏16世孙。后子孙定居于凌桥、下方,已传29世。

至2008年年末,戴村镇有戴氏819人,主要分布在三头村360人,南三村293人。戴氏占全镇人口2.17%,为大姓之一。

郑姓　郑氏出自姬姓。周宣王分封其母弟于郑国(今陕西县以东),后为韩国所灭。其遗族散居,以原国名"郑"为氏。世居湖南荥阳。南宋初,郑氏随宋室南迁,定居本省浦江郑宅、郑家坞等地。

后郑郑氏(今属戴村村)系明成化年间(1465~1487)从浦江郑宅经富阳白鸟来方家(今为后郑)做长工,入赘方姓为婿,后繁衍发族。后郑郑氏分居到戴村、郁家山下等自然村。

至2008年年末,戴村镇有郑氏795人,主要分布在戴村村509人、郁家山下村72人,郑氏占全镇人口2.11%,为大姓之一。

郁姓　郁姓来历一说春秋时鲁国有宰相郁黄(一作郁贡,为郁氏始祖),其后有郁氏。另一说春秋时吴国大夫食采于郁邑,其后以地名"郁"为氏。

郁家山下郁氏为郁黄之后,世居今山东曲阜。至汉朝,郁歆任河南刺史,建宅于黎阳郡(今河南浚县东北)。宋节度使郁绵,护驾南来,先居临安(今杭州市),后因"奸臣秦桧议和误国……遂率昆季子弟隐迹于余杭梁朱"(今作"良渚")。元朝时,郁绵后裔郁明笙经商过萧山燕窝山(今郁家山下),见这里"地势宽平,龙脉峥嵘",便"卜居其麓。不数世,子孙繁盛,便名其山为郁家山",名其村为郁家山下。至明朝初,郁明笙之孙郁义安"迁富邑(今富阳市)城内满家弄"开基发族。同一时期,又有郁氏从郁家山下分支,析居于城厢镇城南的桥头陈村郁家头。郁家山下郁氏尊郁明笙为始迁祖,至1947年第4次修宗谱时,郁氏已延至第19世。

至2008年年末,戴村镇有郁氏789人,主要分布在郁家山下村627人、永富村68人。郁氏占全镇人口2.10%,为大姓之一。

鲍姓　鲍氏出自姒姓。春秋时有位鲍敬叔,是以治水闻名的夏禹后代、杞国的公子。他的儿子鲍叔牙,当了齐国大夫,因为德才兼备,齐桓公准备拜他为相,但鲍叔牙推荐了管仲。桓公为答谢鲍叔牙举贤之功,就把鲍城(今山东历城东部)封给了他。后子孙食邑於鲍城,遂以鲍为姓。

据《萧山长潭鲍氏宗谱》(2005年重修,承启堂珍藏)载,鲍氏发源地在春秋时期的齐国(今山东省一带)。西晋时,山东鲍氏由丹阳(今属江苏)迁入歙县(今属安徽),始迁祖为鲍弘。明朝初期,歙县人鲍元祖,由科第出任余杭县知县,解任后遂居余杭。其弟荣益公始居萧山之渔浦。鲍元祖有5个儿子:懿宗、文显、仁德、全道、继德。懿宗当了新昌县的儒学教谕,任满之后,经过萧山,"因爱萧湘莼鲈之美,遂居萧邑。"数十年后,即明嘉靖间(1522~1566)因倭寇猖獗,兄弟遂各星散。其弟文显、仁德,"因爱尖山耸秀,叠嶂层峦,卓立如天柱,遂卜居焉。"尖山下村的鲍氏聚居地分为上鲍和下鲍。上鲍始迁祖是鲍仁德之子鲍良善;下鲍始迁祖则是鲍文显之子鲍仕华。

鲍懿宗之子鲍钢,因爱长潭外石板溪"山环水绕,霞蔚云蒸,"于明正统间(1436~1449)徙居那里,为外石板溪鲍氏始祖。后又有鲍姓从外石板溪析居戴村、欢潭等地。

至2008年年末,戴村镇有鲍氏771人。主要分布在方溪村244人、尖山下村140人、戴村村108人、永富村51人。鲍氏占全镇人口2.05%,为主要姓氏之一。

姜姓　姜姓是中国最古老的姓氏之一。据《萧山长潭姜氏宗谱》[民国戊子年(1948)重修,赐履堂珍藏]载,姜氏之先肇自神农,其诞生育于姜水,因以姜为姓。西周初,姜子牙辅佐武王灭商有功,封于齐,人称姜太公。汉代,以豪族徙居关中天水(今属甘肃省),故以天水为郡望。

戴村姜氏主要聚居于尖山下村,为蜀汉名将姜维后裔。明洪武年间(1368~1398),姜维后裔聚六公因爱尖山下村"山水之秀,风俗之淳",遂奉迎二亲,自富阳方家墩举家迁来长潭,设馆课徒,后子孙繁衍成村(今尖山下)。尊其父安三公为尖山下村姜氏始迁祖。

至2008年年末,戴村镇有姜氏699人,主要分布地尖山下村474人,占全镇人口1.86%,为大姓之一。

钟姓　春秋时期,宋桓公之曾孙伯宗到晋国做官,被晋国的郤氏所杀害,其子州犁逃奔楚国,居于钟离(今安徽凰阳一带)。其后代以邑为氏,有钟离氏,或简为钟氏。

据《萧山上堡钟氏宗谱》[清同治戊辰年(1868)重修,懋修堂珍藏]记载,

上堡钟氏(今属佛山村)尊春秋时期楚国精于音律的钟子期为远祖。子期后裔迁饶州乐平县(今属江西)。北宋末年,京城开封陷落,枢密副使钟襟"随驾至浙江临安(今杭州),隐于越之萧山临浦(钟家坦)。"明朝初期,钟襟后裔钟世绶"始居上堡",尊其父钟臣英(千七公)为上堡钟氏第1世。上堡钟氏和临浦钟家坦钟氏同属一脉。

至2008年年末,戴村镇有钟氏656人,主要聚居地佛山村有488人。占全镇人口1.74%。

徐姓　相传夏商时有徐国。西周时,周武王仍封徐国君王之子于徐,后徐国被吴国所灭,徐国后代以国名"徐"为氏。

戴村徐氏自南宋起,先后从山东及本省的绍兴、诸暨等地迁入。南宋初,徐氏先祖文明公随宋室南渡,迁居严州建德。元至正元年(1341),有徐氏从建德移居萧山,见冗里(今属永富村)山川秀丽,遂定居发族,至今已传33世。从冗里徐氏析居的有新宅、上蔡徐氏。

至2008年年末,戴村镇有徐氏627人,主要分布地为永富村,有徐氏394人。徐氏占全镇人口1.67%,为主要姓氏之一。

第二节　宗　祠

戴村聚族而居的村落,一般都建有宗祠。宗祠,俗称祠堂,是旧时供奉祖宗牌位和祭祀祖宗的地方,也是宗族议事、修谱、庆典、娱乐的场所。在农耕社会,它是宗族实力与权威的象征,也是凝聚族人耀祖光宗的寄托,因此,往往是村落中规模最恢弘、构造最考究的建筑。与萧山南片其他乡镇的宗祠建筑一样,戴村宗祠多为四合院式,一般前厅后堂,两侧厢房,中为天井。前厅为过道,建有戏台,后堂作寝堂。就建筑语汇而言,宗祠一般五架梁,也有三架梁的,抬梁式或穿榀式。硬山式屋顶,正脊饰瓦神,马头墙与民居无异。明次间为石柱或木柱,支以圆鼓状石础。戏台有的是突出庭院、三面可观的万年台,歇山单檐,画栋雕梁,飞檐流彩。如大湖头宗祠、上董宗祠、张家弄宗祠都建有万年台。戴村宗祠建筑多有精湛木雕构件,轩廊、檐前撑栱及万年台等处,是民间艺匠大显身手之处。凌桥宗祠、大湖头宗祠、顾家溪宗祠等前厅轩廊、月梁、雀替,木雕刀法细腻,以卷草、祥云、回纹为主构成的画面,显得庄重而又不失轻盈,洋溢着古朴气息,是传统建筑文化的传神之笔。

宗祠都有堂号,它集中反映了传统的人文价值取向。马谷周氏尊北宋哲学家周敦颐为先祖,周敦颐有名篇《爱莲说》传世,后裔便以"爱莲"作堂号。上董董氏宗祠正明堂,取"正大光明"之意。麦园陈氏在东汉时有两位先祖以道德为世所称道,当时"太史奏德星,见五百里内当有贤人聚",陈氏宗祠遂称聚星堂。丁村思本堂、石盖陆家积孝堂、凌桥源远堂、顶山孝思堂等堂号,有思念先祖、不忘根本的意思;而外石板溪承启堂、

李家坞衍庆堂、顾家溪承厚堂、上骆家舍芳庆等堂号,则有继往开来、发扬光大意思。

中华人民共和国成立后,戴村宗祠都为村(大队)集体所有,作过学校、办公室、食堂、仓库、厂房等,由于年久失修,有的已倒塌或拆除,幸存下来的大都破败。现择要简介:

三瑞堂 在石马头村,为洪氏宗祠,清代建筑。四合院式,前后三进,面宽12米、纵深38米。前厅3间,其中两间包廊。过一小天井为第二进,内厅较深,旧时为族内议事庆典之所,俗称中祠堂。2006年前厅和二厅经过修葺,辟为村老年活动室。三进俗称上祠堂,已颓败不堪。堂内原有抱联:“瓜州发派流芳远,葛岭分支贻泽长。”该联道出石马头洪氏与瓜州、葛岭的宗派关系,据《萧山洪氏宗谱》载:“洪氏之族,发源于瓜州,一迁于葛岭,再迁于萧邑道塘,至如本公始迁石马头村。”

文盛堂 在郁家山下村,郁氏宗祠,清代建筑,前厅后堂式。至20世纪末已经颓败。

四知堂 在骆家舍村下骆家舍自然村,为杨氏宗祠。民国6年(1917),由槽户杨长生独资建造。现有正堂和前厅各5间,中有一个小天井,面宽15米,纵深15米。新中国成立后作过村小学、大队(村)办公室、队(村)办蚊香厂、塑料厂等。近年作过修葺。

正明堂 为上董村董氏宗祠,始建年代不详。堂号取“正大光明”之意。四合院式,坐西朝东,前后殿各3间,两侧看楼,旧时专供妇女小孩看“年规戏”即社戏等所用。前殿筑有万年台,万年台中短石柱与台面一样高,台板可拆卸。台柱镌楹联:“虞帷锡一姓立传源始源流,自汉自唐自宋代代不乏人”,后大殿原有“大禹风范”匾额一块。后殿靠后虎墙约高1.5米,深1.5米与殿屋同等长的一长排花格子窗,窗内数档步步高木阶梯,原为列祖列宗的木主牌位。1958年做耘田耙时被毁。前厅为清嘉庆年间(1796~1820)遗存,戏台已拆,存八角藻井。2002年经过募修,重建正堂3间,占地面积约500平方米。祠内存嘉庆元年(1796)“上董永锡碑”1通。今宗祠辟为村老年活动室,设一名管理人员。万年台基尚在,需要时,可随时搭台演戏。

世恩堂 在东风村何童埠自然村,始建于清乾隆年间(1736~1795)。原为四合院式,坐西朝东,前厅后堂,两侧厢楼,前厅有伸出庭院的万年台1个。祠宇雕梁画栋,古朴壮观。1953年,拆除前厅及两厢,材料均为建造村小学所用,仅存后堂3间。因年久失修,于2005年拆除后堂,旧址新建3间平屋,作为村老年活动室,仍额“何氏宗庙”匾。

永义堂 在八都村中潭自然村,为沈氏宗祠。始建于清代,民国时期经过修葺。面西,旁临云门溪,两侧青山屏峙。四合院式,面宽20米,纵深27米。前厅后堂各5间,两侧看楼各3间。前厅不像常见宗祠那样设有廊檐,大门一开就是道地。前厅原有戏台,已圮。前厅与后堂之间有深11米的串廊相连。中华人民共和国成立后,宗祠做过学校、仓库等。墙壁留有“文化大革命”时期的宣传标语。今基本完好,改作厂房。中潭沈氏迁自沈村,原与沈村合谱、合祠。至晚清,中潭敬三十八公派自立宗祠,取堂号永义堂,以别于沈村爱存堂;又于民国24年自辑宗谱,不再与沈村同刊。

芳庆堂 在骆家舍村上骆家舍自然村,位于船坞山麓,即今村两委办公楼斜对面。为李氏宗祠,始建于清光绪三十年(1904),1946年倒塌,1948年由当时槽户向村民集资重建。系“三合土”泥墙,木构瓦顶,正堂中间四根方木柱,由一棵大树十字交叉锯成,两侧看楼。初成时,“前后十楹,庙貌焕然”。20世纪50年代后,宗祠先后作过生产大队办公室、村医疗室、队(村)办茶场、竹垫板厂、灯泡厂等。今存正殿5间,两侧厢屋为后来重建。《萧山李氏宗谱》〔民国戊午年(1918)重修,芳庆堂珍藏〕载有《倡建宗祠记》,介绍宗祠始建经过。

孝思堂 在方溪村里顶山自然村,为陈氏宗祠。始建于清道光二十六年(1846),原为四合院式,大门额“陈氏家庙”,大殿设神龛,供陈氏祖宗神主,正中额匾“孝思堂”,左“文魁”匾,右“敦履朴仁”匾。前殿上下山门,正中大门,外设戏台,两侧看楼,大门两侧楷书对联:“二难兢爽源远流长,三恪备封支派浩繁。”现存大殿3间,近年经修葺,其余均拆除。建筑面积370平方米,为砖木结构平屋,面对石板溪,旁有卵石拌黄泥砌筑而成的黄泥桥。民国《萧山县志稿》载:黄泥桥“乾隆元年陈越泉建,旁有社庙。”社庙,即指陈氏家庙。《萧山长潭陈氏宗谱》(2004年重修,孝思堂珍藏)载有记于民国36年的“祠堂清明春分秋分祭祀记”。门额“陈氏家庙”匾为清代遗存,今基本完好。

承启堂　在方溪村外石板溪自然村，为鲍氏宗祠。据鲍氏宗谱记载，鲍氏宗祠始建于清乾隆三十四年（1769），建祠人鲍瑾瑜公。祠基占地面积2.1亩，建筑面积为780平方米，四合院式。前厅宽13米，深8米，左3间为鲍氏宗祠，右3间为鲍瑾瑜公灵寝。中为天井，深6米，天井里有两个小荷花池，中间石桥分开。后堂深9.5米，额"承启堂"匾。宗祠毁于20世纪七、八十年代。

附录一：

承启堂祠内楹联列后并跋

秉活州铎鸣吴兴琴，两地诵清芬，司隸官声今不坠；
分皖北支绍萧南派，万年延似续，参军家世永勿谖。
——葛严撰并书
背蜈山面石溪，庙貌重新俎豆永千年，春霜秋露遵戴礼；
裔交谊汉清望，芳流如昨渊源昭百世，孙绳子振式毛诗。
——山阴陈范撰书
自将军驰誉南北朝，迄胜国龙兴犹是武闱联捷；
忆我祖服官东西浙，觉近人骥展罔非世德作求。
——山阴汤寿潜书
支派遥追上当郡；溪流外绕许贤乡。
——王履咸书并撰
浣水以北浙水以东，历代振家声祖德汪洋同流水；
鼓山在前旗山在后，重光新庙貌宗功巍嶸并高山。
——会稽陶濬宣书
当天演竞争之代，学战有人商战有人，利薮与名场转瞬即开新世界；
由皖江迁徙而来，登科几辈出仕几辈，文经兼武纬回头犹是旧家声。
——湘南王师浑撰
数百载卜宅开基，歌於斯哭於斯聚国族於斯，看鸾社春秋犹见福田皆租种；
十余传累仁积德，父作之子述之曾孙世守之，拜枌乡故老愧无心地授儿耕。
——裔孙宪陶谨撰

光宣间重修宗祠，祠擬千成后缀以楹联，俾表先德而壮观瞻。以后清鼎革，民国肇兴因之中止。今乘修谱爰将作成楹联详列於上，如后起者能续成之，幸甚。

民国六年岁次丁巳季冬月朔裔孙宪陶谨跋

（载原《萧山长潭鲍氏宗谱》卷一，民国6年岁次丁巳仲冬重修，承启堂珍藏）

承厚堂　在顾家溪村，为顾氏宗祠。始建于清康熙四十年（1701），由顾氏先祖瑞森公发起建造。现有建筑为清代遗存，四合院式，前厅后堂各3间，面宽13.5米，纵深23米。前厅廊檐卷篷式，大门两侧"牛腿"造型独特，均有精美木雕。新中国成立后，宗祠作过学校、队（村）办或个体地毯厂、箬帽厂、五金厂等厂房，今基本完好。《萧邑顾氏宗谱》〔民国丁亥年（1947）重修，承厚堂珍藏〕载有《顾氏家庙承厚堂记》，介绍宗祠始建经过。

附录二：

顾氏家庙承厚堂记

生而为英，死而为灵。其生也，有形声之见闻；其死也，无见闻之形声。虽墓分南北，同万物以降升，终茫乎若迷，难免日夜之思寻。故古者设家庙序昭穆，先王之制不忘本也。奉灵爽於庙祧，安魂魄於堂楹，俎豆之蔫禴祀尝蒸，优乎如见，忾乎如闻，然非有志者之董率谁则经营以有成。顾氏家庙遡自焕公，相继而下，历有年数，鳃鳃然欲兴祠宇以成其美者，岂曰无人。乃因循不决世复一世，迟至国朝康熙四十年岁在辛巳，族有瑞森公者奋志自决，邀集族房董事官廿八、鼎四、汝文、天成、显之、庠大诸公，遍告族众各捐工料，择基址於村北，建坦墉松庙西。数月落成，追复遗名曰："承厚堂"，以垂不朽夫。而后左昭右穆，敬所尊而爱所亲，临之在上质之在旁，事死如事生也，事亡如事存也。宗庙巍巍，形容戚戚，可追本可报源。盛哉，先人之灵安然其无恙也，后人与之同者。倘有坍塌，嗣而葺之，庶斯堂之久而不磨也。爰为之歌曰："奏假无言兮形没影藏，德音来括兮阴统乎阳。视放无形兮俨在羹墙，听於无声兮情切徬徨。诚无不格兮克顺克昌，福无不俾兮寿而且康。子孙繁盛兮别其派而分其房，祖功宗德兮有定在以蔫馨香。"

时乾隆四十三年戊戌冬月　邑庠生黄岭俞思任拜撰

（原载《萧山区长潭顾氏宗谱》卷一，民国丁亥年重修，承厚堂珍藏）

怡怡堂　在三头村大湖头自然村中央，为任氏宗祠。始建于清康熙己亥年(1719)，鹤基公出助水字号园地并出资建造祠堂后大厅。乾隆十八年(1753)宪邦、理斋公等乐助扩建祠堂之基，新建前厅及两厢，至此宗祠告竣。原为四合院式，坐北朝南，前后二进各5间，左右厢房各3间，占地面积约1000平方米。前厅两侧包廊，廊檐斗栱有精美木雕，原有万年台一个，鸡笼顶为卷篷螺旋式，台基四周画有二十四孝图。寝堂原挂"怡怡堂"及"文魁""进士"等匾额多块，寝堂屏门格子极为精湛。匾额、寝堂屏门、牛腿木雕、壁画等，均毁于1966年。20世纪70年代初，寝堂、侧厢及万年台毁于火焚，今仅存前厅5间。关于堂名，据《萧山埭湖任氏宗谱》序文载(民国丁亥年重修)：埭湖始迁祖滨渔公兄弟"见义勇为，困穷必恤，白头相对怡怡"，一生乐善好施，乡里仰为楷模。堂名取作好事而怡然自乐意。又，明初萧山儒学训导任原礼在北干山南麓建造别墅，额"怡怡山堂"，任原礼的朋友刘基撰有《怡怡山堂记》。《萧山埭湖任氏宗谱》(民国丁亥年重修，怡怡堂珍藏)载有《埭湖任氏宗祠记》。

衍庆堂　在半山村李家坞自然村，为李氏宗祠。始建于清初，四合院式，横宽19米、纵深28米，前厅后堂各5间，两侧看楼各2间。前厅原两端包廊，开边门，大门正中为戏台。20世纪六七十年代将大门外移与两端包郎齐平，宗祠改作村集体用房。今戏台已拆，但鸡笼顶、台柱牛腿尚存，石圆柱上镌戏台联："此曲只应天上有，斯人莫道世间无。"后堂局部倒塌，已成危房。

宗祠戏台"鸡笼顶"(半山村李家坞)

(2008年9月14日李维松摄)

追远堂　在戴村村后郑自然村，为郑氏宗祠。清代建筑，前后3进，前厅原有戏台，两边看楼。大门额匾"江南第一家"，因为后郑郑氏先祖迁自浦江，所以与浦江郑宅额匾相同，可惜此匾毁于"文化大革命"。寝堂石柱镌楹联："史官不用春秋笔，天子亲书孝义门"。解放后，宗祠作过学校，办过工厂。现前厅与中厅有村民开店，宗祠基本完好。

爱存堂　在沈村下街，为沈氏宗祠，始建时间不详。据《萧邑长潭沈氏宗谱》(民国三十六年重修，爱存堂珍藏)载，现有宗祠(遗构)建成于清道光十年(1830)，抗日战争时期因战乱"宗祠联额损毁，门壁荡然"，"屋漏失修，椽霉栋朽"，遂于抗战胜利后的1946年秋发起重修，1947年夏葳事。沈氏宗祠原为四合院式，面朝东南，前后3进。大门前有两对旗杆石，门前置木栅，大门彩绘门神。横宽20.5米、纵深46.8米,占地面积近1000平方米,建筑面积740多平方米。前厅5间,额“沈氏家庙”匾,此匾被毁于1954年前后。过小天井为中厅,中间3间平房、两端2间为楼房,额匾“爱存堂”,匾额高约1米、宽2米多,两边为“翰林”“贡生”匾,这3块匾均毁于1966年。再过一大天井为后堂,两侧看楼各3间。后堂5间,有28根落地大柱子,厅堂高大轩昂,庄严肃穆。靠后墙阶梯式木档上放有沈氏祖先辈几百块木主牌位,这也在20世纪50年代被毁。山头墙上嵌“祀田碑记”一通。祠内木雕工艺精湛,为东阳木雕工匠之作。可惜均毁于20世纪五六十年代。在集体化时期,宗祠做过生产队农具间、仓库间,办过放花厂、手袜厂、服装厂、漆包线厂、茶厂、五金厂、光缆厂等队(村)办企业。1994年,拆除中厅建起村两委办公楼。2006年,前厅改建为公田庙。今仅存后堂5间,在作厂房。

爱莲堂　在马谷村,为周氏宗祠。位于云门山麓,背山面溪,2进5间,四合院式,面宽18米,纵深27米。20世纪80年代一场火灾,烧掉后堂及侧厢,今仅存前厅5间。前厅卷篷轩廓,月梁撑栱饰木雕,两端包廓,廊壁黑底白线几何图案,较为少见。马谷宗祠始建于清嘉庆二十年(1815),其时周氏迁居马谷已越300余年。尔昌公等“议建宗祠,以妥先灵”。于是“观流泉而卜吉于云门之麓”,合族同建。落成之时,“栋宇翚飞,峰列锦屏,溪环玉带”,甚是壮观。《萧山马谷周氏宗谱》(民国癸酉年重修,爱莲堂珍藏)卷二载有《祠堂记》、祠堂图及家庙楹联9副。关于堂名,马谷周氏尊北宋理学家周敦颐为先祖,周敦颐爱莲花之“出淤泥而不染”,写有名篇《爱莲说》,周氏便以“爱莲”作堂号。

附录三:

爱莲堂记

家礼曰,君子将营宫室,先立祠堂于正寝之东。昉其始自轩辕帝,昇遐臣寮追慕取几杖立庙,于是曾游处皆祠。故古今注谓庙者,貌也,所以仿佛先人之形容也,释名谓先祖形貌所在也。盖以知仁人孝子之心,深木本水源之意,明尊祖敬宗之义,不綦郑重乎言之也哉。马谷周氏自迁龙祖,迄今越三百余载,绵延一线世以愿称文华公崛起,生丈夫子三森然鼎立,孙若曾各傑出冠时,列成均遊庠序者指不胜屈。论时者以为公基开忠厚,方兴未艾云。岁庚午,公重孙尔昌公偕从弟尔成公,率从姪以苍、以琮辈,议建宗祠以妥先灵。礼也用,是相阴阳观流泉,而卜吉于云门之麓焉。计其址尔成公捐十之六,余捐十之四。其资以文华公下老三房为科操会计者,以昭司监督併垫发银钱者以交鸠工庀材,随时监督者以襄仝姪孙诗雅协力赞襄。落成不日,中三楹供奉栗主为神,凭依左右翼拟设家塾,申孝悌之义。门墙屹立,栋宇翚飞,峰列锦屏,溪环玉带,巍乎焕乎郁郁乎佳哉!使其宗人岁时伏腊,序拜列坐,忾闻僾见贡其诚,睦族敦宗明其谊,则文子文孙序贤序事,而宗庙之礼成。粲与周氏姻旧也,溯其世德班班可稽。《易》曰:“积善之家,必有余庆。”行见肯堂肯构踵事增华,所谓孝子不匮永锡尔类者,非欤维时凛如在,而颂孔安者咸彬彬有礼,庶几可以观德矣。余见之不胜色喜,而乐为之记。

嘉庆二十年三月上浣之吉　　姻晚陈　　粲拜撰

(原载《萧山马谷周氏宗谱》卷二,民国癸酉年(1933)重修,爱莲堂珍藏)

敬爱堂　在张家弄村,为郭氏宗祠,建于清康熙四十三年(1704)。几经增修,光绪二十九年(1903)为最后一次修葺和增建,用银洋2300多元,遂成定局。坐北朝南,四合院式,大门外建有高大屏墙。前厅后堂各5间,两侧看楼各2间,前厅有伸出庭院的万年台,台上六角形镂花“鸡笼顶”,建筑精美。后堂有“敬爱堂”、“四世承恩”等匾额多块。1927年年初在宗祠内创办石硖小学。新中国成立后宗祠做过学校、蚕室,70年代初拆掉前厅、两侧看楼和万年台,匾额改作黑板。今存后堂5间,为清代遗构,圆石柱高大挺拔,局部已经残破。

源远堂　在三头村凌桥自然村,坐北朝南,四合院式,面临七都溪。面宽20米,纵深30米,前有占地数百米道地一个。前厅3间,两端包廊,中间为串台,大门额匾“戴氏宗祠”。前厅原有“金殿传胪”“翰林”“拔贡”等匾,前廊有精美木雕狮子8只,大门口旗杆石一对、道地两边吊马石及石栏凳等均已毁圮。后堂5间,深10米,额“源远堂”匾,张挂戴氏远祖戴昭及始迁祖文昌公等画像。存“源远堂”残匾一块、牌坊横额一块,均为清代原物。前厅后堂之间为深10米的青石板天井,两侧看楼各3间。戴氏宗祠始建于清乾隆丙申年(1776),为凌桥戴氏10世孙文彬公所建。关于源远堂堂名来历,戴氏宗谱称文彬公“淳厚好古,辑谱收宗,且深念先人遗泽之长,特以源远颜其堂”。解放后政府借用宗祠作粮库,后落实政策归还村里。“破四旧”时,神龛及所有匾额被毁。80年代祠堂出租给个体户办木器厂至今。2007年5月,祠堂进行了修理,重立“源远堂”匾1块,戴氏祖先画像及戴氏宗祠匾额为诸暨市马剑总祠所赠

聚星堂　在八都村麦园自然村,为陈氏宗祠。始建于清光绪癸巳年(1893),嘉庆戊辰年(1808)时曾与马谷陈氏合建家庙,均称聚星堂。关于堂号,据《萧山马谷陈氏宗谱》载,东汉初太邱长陈仲弓有两个儿子,长元方,次季方,两人俱以道德为世所称。当时,“太史奏德星,见五百里内当有贤人聚”,聚星堂号由此而来。宗祠位于麦园村之左,面北偏西,“峰列锦屏,溪环玉带”,景色佳秀。现有建筑为清代遗存,四合院式,面宽19米、纵深28米,前后厅各5间,两侧看楼各3间,前后厅之间以串堂相连。串堂构建类似中潭宗祠。门前置高踏步,前厅廊檐牛腿及两端墙壁立柱木雕基本完好。前厅原有戏台,1958年拆除。大门口原有匾额一块,上书“陈氏家庙”4个黑底金色大字。寝堂悬挂“聚星堂”匾额,为杭州奎元馆老板陈锡丰赠书。可惜两匾皆毁。20世纪50年代后,宗祠作过学校、生产队会计室、绸厂厂房等。由于年久失修,已成危房。

附四:

聚星堂记

朱子曰:“祖宗虽远,祭祀不可不诚。”凡子子孙孙欲尽祭祀之诚,必先立宗庙序昭穆,而不失其伦焉。故古今注谓庙者貌也,所以仿佛先人之形容也,释名谓先祖形貌所在也。盖以知仁人孝子之心,深木本水源之意,明尊祖敬宗之义,不綦郑重乎言之也哉。麦园陈氏自兴十八公由义乌大陈迁居马谷,推为第一世始祖。逮第四世金一公移居麦园,迄今数百余载矣。其间俊傑出冠、成均游庠、爵秩显荣者不乏其人,论者以为陈氏忠厚开基,方兴未艾。云忆自嘉庆戊辰年,麦园与马谷合建家庙共承祭祀,及至光绪癸巳年,会议本村建造宗祠以妥先灵,礼也。用是相阴阳观流泉,而卜吉於麦园之村左焉。其基系振书公之妻顾氏独自慨助其资,以合族乐输。族长有助,房长有余。监督者振中,司事者振贵、振沄、振庸、振亭、振奎、振国等,协力赞襄,至期月而落成中三楹,供奉栗主为神所凭依焉。楼台屹立,栋宇翚飞,階级平铺,墙垣坚筑。外观峰列锦屏,溪环玉带,苍松挺秀,绿竹参差,巍乎焕乎郁郁乎佳哉,使其宗人岁时伏腊序拜列坐。慨闻爱见尽其诚睦族敦宗明,其谊则文子文孙序贤序事,而宗庙之礼成矣。余与陈氏旧姻也,因见肯堂肯构踵事增华,所谓孝子不匮永锡尔类者,非欤维时凛如在,而颂孔安者咸彬彬有礼,庶几可以观德矣。是岁陈氏望族修葺宗谱,因见宗庙之美,不胜欣喜而为之记。

时维

宣统元年岁次屠维作噩壮月吉旦　国学生周易艮沐手谨撰

(原载《萧山麦园陈氏宗谱》,民国二十二年重修,聚星堂珍藏)

思本堂　为半山村丁村自然村丁氏宗祠,位于“凌溪后山之阳”,三进三间,前有照壁墙门。前进原建有戏台,二进为享堂,三进则是供奉祖宗牌位的寝堂,硬山单檐,梁架粗放,不施雕琢,具明代建筑风格,横宽15米,而纵深则达60多米,占地面积1000余平方米。这种狭长的结构不同于常见宗祠近于正方形四合院式。祠宇右侧有唐末千年古银杏一株,系萧山的银杏王。今屋宇颓败,修缮在逼。据《古越萧南丁氏宗谱》载,丁村“始祖文靖公,相传世居临淄,实齐侯嫡裔,於季唐光化间仕至淮南节度使。避黄巢乱,携家徙居於此”,繁衍生息,已逾千年。至清宣统辛亥年(1911)续修宗谱时,已传35世。该村有丁姓200多人,而析居南乡的丁氏后裔不下数千。明天顺四年(1460)为重修丁氏宗谱作序的魏骥说:“丁氏,邑之望族也。”“传十九世,历

五百余年。宗族子弟数千，且共里连居，烟火相接，时人为之谣曰：'三十六分丁，夜夜户不扃'，尽言其人众力强，无寇盗之患也。"

懋修堂　在佛山村，位于村中心佛山小学旁。四合院式，前厅后堂，今存后堂5间，宽约20米、深8米，为清代遗构，改作厂房。

爱莲堂　座落在大石盖村北端，为石盖周氏宗祠，因石盖村原有周家上祠堂，所以称这个宗祠为周家下祠堂。

始建于清代。坐东朝西，依靠小山脚下，西侧为农田，北端近靠和尚池，南端为村民住宅。宗祠四合院式，前厅后堂各3间，两侧看楼，后堂作祭祖之用，存放历代祖先牌位。前厅建有戏台，顶上装潢考究，装有"鸡龙顶"，戏台后连厢房，作戏班安放道具、化妆之用。中间道地石板铺成，道路出入均为石板大路。旧时每逢元宵节村里举办灯会，龙灯、马灯必在宗祠内迎送，男女老少前来观灯，场景壮观。过年时邀请戏班演社戏，四邻八村的亲朋好友纷纷前来宗祠观看。民国后期复兴乡建立，宗祠成为复兴乡乡公所。土改时，宗祠列为国有资产。1952年，宗祠作为戴村粮管所粮食收购站和仓库（当时仓库员是山东人老泮，后为何家桥村李仁林）。取销粮食定购政策后，粮站仓库由戴村粮管所出卖给石盖村民周汉法，创办新世纪文化用品厂至今。

积孝堂　在大石盖村，为陆家陆氏宗祠，始建于清嘉庆元年（1796）。经咸丰丙辰年（1856）、光绪三十三年（1907）两次修缮。原为四合院式，现存后堂3间两弄，横宽17米、深8.5米，在作翻砂厂用房。所幸《积孝堂》匾一块仍悬挂在后堂正中，基本完好。明间圆石柱刻有对联两副，靠里一副："派系吴江支分富邑，堂前积教德种联芳"；靠外一副："玉树琪花开百世，馨香俎豆永千年"。石柱镌"光绪三十三年"等字样。

永思堂　在八都村前方自然村，为方氏宗祠。前方和溪河方氏同出诸暨，明代迁来戴村发族。清乾隆五年（1740），前方、溪河想分别建宗祠，因堪舆不取溪河之地而取前方，所以两族同建宗祠于前方。

光绪十三年（1887），宗祠被风雨雷电所毁，小修无补，急需重建。时由前方村方小�告族长宏美公，召集各房派协商重建事宜，成立董事会，族人纷纷捐资助工。光绪十四年仲春，在原址动工，越一年告成，宗祠朝向、格局照原不变。正大门上方刻"方氏家庙"四个苍劲大字，两傍侧门额书"入孝"、"出悌"。前厅后殿式，三间二弄，前厅中间戏台，两侧看楼。台前石狮望柱，镌柱联二副，其中一副为："忽尔君臣，忽尔父子，忽尔夫妇昆弟，下台来依然朋友；俄焉商周，俄焉秦汉，俄焉唐宋元明，收场去仍是清朝。"正大殿香火堂摆放栗主神位，上方悬挂"永思堂"匾。柱联有："朝马谷，坐洪溪，山岩毓秀川渎，敬守八条规约；对云门，傍石牛，翠屏水曲山环，祖训耕读传家。"大殿壁画二十四孝图等，牛腿雕刻鹿、蝠、梅、兰、竹等祥兽瑞草，堪称精美。

宗祠内办过前方村小学。20世纪50～60年代，部分改作集体仓库，搞农副业产品加工。70年代后期，前厅、两侧看楼倒塌，当时用钢筋混凝土修补。2002年，正大殿又倒塌，由方望平等发起重修，动员各村各派捐款、捐资，祠堂按原貌修复，旧料利用，拆旧如旧，到年底告成。

第五章　风　俗

戴村风俗是千百年来生活在戴村这方土地上的群众，相沿积久而形成的一种生活模式，它随着社会的进步而逐步演变。俗话说"百里不同俗，十里不同风"。戴村风俗与萧山南片、中片和沙地区风俗同中有异，精彩纷呈，生动地反映了戴村的人文历史和社会生活大观。本章按岁时习俗、礼仪习俗、生产习俗、生活习俗，择其大略予以介绍。镇内少数民族风俗和外来宗教信仰者的风俗，不在记述范围。

随着时代的发展，陋习消衰，新风树立，传统习俗注入新的时代内容，特设"时尚"一节记之。

第一节　岁时习俗

过年

春节，俗称过年，是一年中最隆重的节日。旧时过年，从农历十二月初就开始准备年货，如做年酒、腌腊货、舂年糕、备炒货等。此外，少不了准备年饭米、柴草，及裹粽子、做点心，以及祝福所需的种种东西。年货的多寡优劣，关系到年过得是否体面，也是对一年辛苦劳动的检验，乡人历来十分看重。但旧时百姓生活艰苦，虽尽力为之，仍年货难办，年关难过。旧时债主多于大年卅这天索债，欠债人还不出钱，吓得东躲西藏，以逃过债主的追讨。春节期间，人们谦让有礼。路遇熟人，问安祝福；邻里好友入门，让座待茶，邀席用餐；素有芥蒂之人，互相打个招呼，相逢一笑泯恩怨；乞丐上门，必慷慨施舍；而债主不在正月里索债。

掸尘　十二月二十日前后开始至祝福前这几天，家家大搞卫生，用竹枝扎在竹竿上作"尘帚"，把积在楼板、梁椽等高处的灰尘掸下来，故曰"掸尘"。因"尘"与"陈"谐音，所以掸尘有"除旧布新"的涵义，其用意是要把一切"穷运""晦气"统统扫出门，迎来新年新运气。家家户户不但宅内宅外彻底打扫一番，同时洗涤棉被蚊帐，擦洗桌椅板凳、家具器皿，疏浚明渠暗沟，清理废弃杂物。掸尘用的尘帚，要到"祝福"或除夕夜，才能垫在"元宝"纸下烧掉。过去因房屋老旧容易脏，加上平时没有时间搞卫生，所以集中在年底掸一次尘很必要。如今大多为新房，加上卫生习惯改善，平时家庭卫生状况很好，但村民年终掸尘的习惯依然不变。过年了，屋内屋外干干净净，让人心旷神怡。

送灶　又称谢灶，旧时十二月廿三夜，"送灶司菩萨上天"，各家祭请灶神。祭品主要有素菜、甜汤圆、水果，有的还供一盘麦芽糖，以粘住灶神唇齿，使其在天庭不能言凡间过失。祈求灶神"上天言好事，下界保平安"，然后请灶司神祃出龛，在道地和纸糊元宝一起焚化，放炮仗送行。至除夕吃年夜饭前，将新的灶司神祃贴好置于灶龛，燃香三支，至门外朝天膜拜，接回灶神，在灶台祭请，曰"接灶"。接灶祭品仍然是素菜、甜汤圆。现时戴村住宅条件改善，早先各家设神龛的老式灶台少了，但不少农家送灶接灶的习俗不改，只是送灶程式简化了。

祝福　俗称请年菩萨，一般在腊月择定吉日（开春前），多在夜里，也有后半夜的。由家主操办祭请，女眷须回避。祭请在堂前举行，畅开大门，朝内祭请。八仙桌上用桶盘供全鸡（或全鹅）、条肉一方（或整个猪头），插上四根筷子，缠以鸡（鹅）肚肠，旁边放菜刀一把，两旁放印有"五谷丰登""六畜兴旺"之类吉语的年糕（或特制的小铜锣年糕），一串粽子，一条活鱼，一块方豆腐，一盘盐，一盘糖，一盘倒扣半圆形鸡（鹅）血，水果糕点，长寿面等，统称"福礼"，盘中供品上放红纸方块。点香三支，大红蜡烛一对。跪拜毕，大门外焚太隆元宝，家主敬酒洒地，考究的人家燃放鞭炮。祭请后合家饮酒小酌，俗称"散福"。

年夜饭　年夜饭俗称团圆饭。饭前，各家在堂前张挂先祖遗像，设供品、点香烛。贴春联，贴倒写的大红"福"字。妇女剪贴年纸，即用红纸剪成元宝、喜字之类，简单的则用小张的红纸，贴在家具、农具、门窗、猪栏、谷囤之上，曰"贴红"。年夜饭烧煮必多，以备第二年吃，谓之"隔年饭"。傍晚，"接灶"后，关闭堂前大门，向先祖遗像或牌位祭请，按长幼次第跪拜，酒三巡，焚银锭纸钱，曰"祭祖"。各家燃鞭炮，置火盆於门外，焰高者喜。然后关门点烛（灯），合家吃年夜饭，曰"分岁"。分岁有一家团聚之意，客旅他乡者必设法赶回；因故未归，则留出席位摆放碗筷酒盏，以示团圆。菜肴一般不少于十碗，其中必有一碗"八宝菜"，考究的有甜点"八宝饭"。菜肴可一任享用，唯"元宝鱼"须留待正月半后动箸，以取"吃剩有余"意。无论会不会喝酒，每人必斟酒一盏。小孩忌哭闹，忌打碎碗碟，若筷子掉地须散席后拣，不得提前离席。饭后，长辈给晚辈红包，小孩须将钱放于枕下过夜，曰"压岁"。是夜，室内通宵遍点灯烛，谓之"长命夜"。一家人围灯而坐，或闲聊，或搓牌，至子时以迎新送旧，甚至有达旦不眠者，曰"守岁"。新中国成立后，大年三十老辈人留下的许多规矩逐渐淡化。但吃团圆饭还比较讲究，菜肴比平常丰盛，鱼是少不了的，以图吉利，米饭也不多烧，与过去最大区别是吃完团圆饭，家家户户燃放烟花爆竹，直至深夜。年夜饭后，全家人围着看中央电视台春节文艺晚会，早成为农家过年的重要内容之一。

正月初一　清晨早开门，燃放爆竹，俗称“开门炮仗”。供天地菩萨神祃及汤团、水果等供品，由家主主祭，迎春接福，谓“接神”。在灶司神龛前供汤团3盅、水果3盘，点烛焚香，恭拜，谓“祭灶”。在堂前摆祖宗牌位，挂祖宗画像，陈列供品，点红烛一对，按长幼次第跪拜，敬酒焚锭，谓“家祭”。早餐吃年糕汤团，取“年年高升，合家团圆”意。然后，家主到村坊走一圈，迎接喜神，保佑一年平安，遇熟人作揖恭贺，谓“走喜神方”。家里晚辈对长辈行拜年礼，致祝福语，长辈则答以教诲和祝愿。年内结婚的新娘子去宗祠拜祖。有的举族到宗祠，拜谒列祖列宗，谓“族祭”。“家祭”“族祭”均称祭祖，一般族祭五天，由族中长者专司祭礼，家祭则要到正月十八落灯夜，初二起为清祭，只在堂前供果品点腊烛。有的上坟祭祖，称“上坟年”。傍晚，家家提早吃饭，提早把鸡鸭赶进窝，睡得比平时早，称“腾鸡睡”。谚云：“年三十夜大一岁，正月初一腾鸡睡。”这一天，大人小孩都穿新衣服，不作客。为求一年吉利，正月初一禁忌甚多。如忌喝稀饭，怕日后粮食困难；忌动刀具快口，怕有“凶”；忌扫地、倒垃圾，怕扫掉财气，倒掉运气；忌倒马桶、夜壶，怕亵渎神灵；忌打骂小孩，忌吵架，忌说不吉利话，忌提“死”“穷”“鬼”等。正月十七俗称“头太岁”，民间鬼神祭祀，4盘水果、4盘干果、4盏茶叶、4盏米，书写“太岁菩萨神位”，点烛焚香进行祭请，然后烧元宝并把神位烧掉。

拜年　初二开始，至正月十五止，携礼品走亲戚，俗称“拜年”。一般先外婆家、岳父家，次到姑母、姨母家，再去表亲家等。给长辈的礼品如桂元干、荔枝干、冰糖等，给晚辈的为各种糕点，如长辈已经故世，则带红烛一对。礼品往往用富阳草纸包裹，一头宽，一头尖，形同斧头，上贴红纸，俗称“斧头包”。女婿给岳丈拜年，必备一个“糖包”。拜年不论来的早晏，都需先吃“酒盘点心”，继以丰盛菜肴招待中餐，席间畅谈年岁收成、乡情轶闻，下午吃了点心告辞，主人备礼品回送，称“回货”。对客人送来的礼品不能当场翻看搬动，不能将原物回赠，否则有损礼貌。

元宵

正月十五元宵节，各家祭灶祀祖。傍晚，家家户户吃元宵，取“团团圆圆”意。戴村农村也有正月十四吃炒年糕之俗。先炒甜年糕，然后用青菜、肉丝、冬笋等炒咸年糕，祭祖时还用炒白果、蚕豆等作供品。元宵节又叫灯节，从正月十三开始上灯，称“上灯节”，村里和街市张灯结彩，年岁好时候龙灯、马灯，走村穿巷舞动起来。过去戴村龙灯还去临浦等周边村庄巡盘。马灯用竹篾片扎成，用有色纸条粘贴成马毛，马分头、臀两部分，缚于少年身上，作骑马状，由10多岁少年12－24人组成，扮成各种人物角色，在广场上列阵，由2～4名成人作领阵，变换各种方阵，还有锣鼓队、高照、宝马、背炉子等相配合，非常热闹。正月十五为正灯，灯会进入高潮，其时锣鼓喧天，鞭炮齐鸣，彩灯闪烁。正月十八为落灯夜，至此灯会结束。新中国成立后，一度停止盘龙灯。20世纪80年代以来，戴村镇精心扎制具有鲜明时代感和生活气息的彩灯，参加每年在城厢镇举办的全县（市）性灯会。

清明

清明前后，旧时有开祠堂门祭祖、上坟、做羹饭、吃艾饺青团等俗。聚族而居的村落，清明这天开祠堂门祭典。祭毕，按人头分胙，孩童能分到铜钱和烧饼，读书的孩子能多分，用“祠堂田”、“堂众田”作开支。上坟，即扫墓，在墓前祭祀祖先，上坟须备3荤3素，随带锄头畚箕。在墓地燃烛焚香供祭，烧银锭，跪拜。祭毕，向坟头抛撒供饭、青饺、蚕豆等，然后挑上几担坟泥。也有先挑坟泥，说是给死人理漏，然后祭请，插烛放炮焚烧纸钱，坟上插柏（用白纸或红纸剪成细条，再用竹夹住）。现在为防止山林火烛，除极少数按例外，大部分人家不带火上山，只是插柏挑坟泥算了。凡亡故于上年清明后的新坟，须在清明节前上坟，以求早发，也有“应清明”即清明当天上坟的，妇女要哭新坟。

立夏

立夏有尝新、秤人、小孩忌坐门槛等俗。天气转暖，蚕豆、樱桃、青梅、竹笋上市，故有吃新蚕豆、樱桃、青梅等，人们以尝鲜为乐事。家家户户要炒蚕豆，吃青豆，说是吃了就不会疰夏。还有将呼啸笋带壳煨熟，剥壳后让小孩吃，说可以健脚骨，俗称"脚骨笋"。这一天有称人以验肥瘦的习俗，说能免疰夏。是日，在村口或墙门里挂起一杆大杠秤，秤钩挂一张凳，轮流坐到凳上称体重。小孩坐在大竹篮里称，尤讨人喜爱。这日小孩忌坐门槛，否则影响健康。现时，立夏称人、吃煨笋已经少见，但尝鲜之俗犹存。

端午

农历五月初五谓端午节。清晨起，掸扫庭宇，洒石灰或雄黄水，焚苍术、蒜皮等驱杀蚊蝇。截蒲为剑，割艾为旗插于门户。儿童戴五香药囊，用红、黄、蓝、白、黑五色丝线绞股系儿童臂，称长命缕。用雄黄在小孩额上书"王"字，或以雄黄涂耳孔，以防虫类爬入。家家裹粽子，称端午粽。中午食"五黄"，即黄鱼、黄梅、黄瓜(或枇杷)、黄鳝、雄黄酒(或雄黄豆)。正午，有打烟堆的，谓可避邪祛秽，又有将雄黄酒滴洒在角角落落，谓可驱蛇虫八脚。午后，山村农民有采晒青木香(草药)习俗。儿童服用"排毒散"，夏天可减少疮痈。有些地方演社戏"白蛇传"，村民多有前往观看者。端午的诸多习俗都与驱毒避瘟有关，堪称民间防疫日。现时，戴村不少旧俗已废，但端午裹粽子、吃五黄、挂蒲剑插艾草等还有存在。

夏至

是日祭祖，称"做夏至"。供茶，称夏至茶，又有吃面条之风。谚云："冬至麻团夏至面。"面为农家"杜"做，其时，麦收完毕，农家以新麦磨粉做面；也有将麦粉调糊摊饼，俗称"麦糊"；将麦粉调糊，用筷子夹入锅内，和汤烹煮，俗称"麦夹头"，均有尝新之意。

六月廿三

乡间旧时有六月廿三请灶司菩萨的习俗。是日，每户人家都做汤圆，用素菜祭请灶神，称"灶神半年请"，希望能风调雨顺。

中元节

七月十五为中元节，家家祭祖，俗称做"七月半"。戴村一般在七月十二祭祖，是夜供团子、水果，至次日早上收起。土地庙做目连戏，放大堂焰口，名曰兰盆会。老年妇女在娘家庙宿山烧香。夜晚于路旁焚化纸钱，赈济孤魂野鬼。永兴河桥下踏埠"放湖灯"，用大蚌壳或纸船盛香油，点燃灯芯，放于水中漂流，以超度"淹死鬼"。是夜，小孩不许出门，以免惹"鬼"。新中国成立后，此俗渐废。

七月卅

七月三十日俗传地藏菩萨生日。晚上，家家户户有插棒香的习俗，在天井里摆上方凳，点上香烛，放上一碗清水，祭地藏王菩萨。事后，用清水抹眼，以求眼目清明。这天，外嫁女一般都要来娘家土地庙烧香宿山，至天明回家。

中秋节

农历八月十五为中秋节，又叫"团圆节"。是日，合家备酒菜欢宴，吃月饼，谓"过八月半"。谚云："宁留女一秋，不许过中秋。"旧时回娘家的女儿，须于节前赶回夫家。晚间置几案于庭中，供月饼、水果、老南瓜等，燃香烛以祭月神。新婚夫妇及"毛脚女婿"，携月饼探望岳家。新中国成立后，"祭月"已不多见。随着人民生活水平的提高，中秋佳节聚餐、馈赠月饼风气大盛，近年企事业单位也向职工赠送月饼。女婿给岳父母送月饼外，还有高档烟、酒及营养品。

八月十八

俗称鬼门潮，旧时永兴河两岸民间举行鬼神祭祀。过去钱塘江大潮能直到永兴河，每天下午 3 ~4 时，永兴河里潮水最大，历来有“初一十八潮，天色白茫茫”之谚。

冬至

谚云“冬至大如年”。冬至是一年中的大节，诸多事情皆以冬至为起点。戴村民间以冬至迟早、晴雨占一冬寒暖与年边晴雨，预报天气，用来安排农事和生活。有“冬至月初，石板冰酥；冬至月中，赤裸过冬”；“晴冬至烂年边，落冬至晴过年”之谚。此日白天最短，夜间最长，故又有“困觉要困冬至夜”之说。戴村百姓十分重视冬至这个节气，冬至日，家家祭祖，请五圣菩萨，曰“过冬至”。有的上祖坟作祭，除草去棘，添加新土，焚化纸钱，祭礼不亚于清明，曰“上冬坟”。冬至有吃麻团的风俗，家家以米粉搓团，比汤圆大，入汤煮熟，起锅，拌以炒米粉或黄豆粉，名曰麻团。只要吃过了麻团意味着又过了一年，长大了一岁。

第二节　礼仪习俗

婚嫁

戴村旧式婚嫁，同姓禁忌，表亲不忌，男女双方重视门当户对。从媒妁撮合后，经议婚、过庚、行聘、迎娶、合卺，三朝回门等，有一套繁琐的婚娶礼仪。此所谓“明媒正娶”，婚嫁形式还有童养媳、入赘、调换亲、抢亲、材头亲等。抢亲一种情况是男女方均无钱操办婚礼，办不起“喜酒”，就把聘定的新娘抢来，点一对花烛了事；另一种情况是女方父母暗通信息给男方，让把女儿抢去，免得置办一份嫁妆，所以抢亲实出于贫困和无奈。材头亲，旧时父母死了儿子必须守孝三年，不能赶考做官，不能嫁娶，因此就在父母出丧前，将未婚妻接来完婚，在灵堂上举行婚礼，故俗称“材头亲”。

当时流行的婚嫁习俗为，先由男方托媒向女方提婚，如女方有意，便请亲戚或朋友密访，认为门当户对，由女方出庚贴，送到男方，请卜易人合八字。

男家请庚贴式

庚柬

乾造○年○月○日时建生大吉

女家请庚贴式

庚柬

乾造○年○月○日时建生大吉

坤造○年○月○日时端生大吉

注:资料来源于《顶山村志》。

如能合配,由女方提出条件(定金和礼品),男方同意后,商量定亲时间。定亲之日由男方置办酒席,媒人将定金和礼品送至女方。

男家送礼贴式

敬备雁币不腆之物肃呈
哂纳
姻弟○○○鞠躬

女家收礼后也要写回贴式

愧(心)领
谢
姻弟○○○鞠躬

双方商量挑选好成亲日子,由男方写成帖子送女方家。

男家迎亲贴式

谨订翌日小儿○○亲临
贵府　敬备彩车恭迓
令爱○○于归同行卺礼乞赐
鼎(允)诺
名具正东

女家回贴

小女○○谨遵佳期偕同
令郎于归贵府举行
婚礼
名具正东

注:资料来源于《顶山村志》。

迎亲之日，男女双方各设酒席，喜宴亲朋好友。男方陈设礼堂，发送红灯彩轿至女方。花轿四人抬，轿前4人背红灯，轿后旗锣铳伞。穷苦人家用小轿，就是乌蓬桥。男方到女方接亲，须备红包给师工（厨师）。新娘梳妆后，大哥抱上轿，脚不沾地，意不带走家中福气。由舅舅买火熜带上轿，意旺发。母亲坐楼梯口大哭，到房上翻三片瓦，意无财产。上轿后，吹吹打打迎到男家。小孩子手持火把，在门口放礼炮，谓迎花轿。伴娘引新娘到堂前，撒五谷，拜天地、祖宗、夫妻对拜，谓拜堂。由两位人品好、子孙多而全的老人捧花烛一前一后引新人入洞房。新郎新娘入洞房时，用五只麻袋交接传递垫于脚下，意为传宗接代。有的地方新娘要吃新房中的甘蔗老头，意越老越甜。新人并坐床上，顺流婆婆喂甜汤之后婚礼完成。酒宴开席，长辈列为上席，嫡亲娘舅请坐主席，俗称上横头，其余亲朋友随意就席。喜酒是十碗头，就是8个人一桌吃10碗菜，酒为家酿米酒。入夜闹洞房。第三天新郎新娘回娘家，即三朝回门，又谓望冷。第四天女方兄弟回探，谓望热。

新中国成立后实行"婚姻法"，禁止包办婚姻、买卖婚姻，抢亲、材头亲等旧式婚姻已经绝迹。同姓五代以上不忌，表亲禁忌，男女婚嫁自主，恋爱自由，符合婚龄办理结婚登记，就为合法。但操办婚事尚有旧俗遗风，如行聘、仪盘、过贴、办酒等。新中国成立初，新娘由女友陪伴步行到男方。后来改为自行车、摩托车、拖拉机，近年来用轿车，档次越来越高。到结婚这天，男方发轿车把新娘、舅爷、伴娘及嫁妆一起接来，轿车队伍鱼贯往复，摄像师全过程摄录留念。新娘驾到鞭炮齐鸣，华堂灯火通明，点燃龙凤花烛，摆上喜酒喜果，燃放七彩花筒。新郎把新娘抱入堂，婚礼开始，司仪人吆喝口令："一拜天地，二拜高堂，夫妻双拜！"礼毕，八仙桌上摆放的喜酒、喜果，围观众亲可任意抢夺闹喜。然后绕堂一周，花烛前后护送，进入洞房。喜酒除"文化大革命"期间有段时间不办，破旧立新只分喜糖。近几年来排场越办越大，菜肴越来越丰盛。上菜三、四道后，新郎、新娘先向娘舅敬酒点烟，继而逐一敬向其他亲朋，长辈给新娘送红包贺喜。入夜，亲朋好友循俗"闹洞房"。

丧葬

旧时，人到中年后开始准备三件后事，即制寿衣、做寿材、建生圹。寿衣，为死后穿着、携带的单棉衣服、寿鞋、招魂袋、寿被等。寿被须由出嫁女或侄女做。寿材又叫棺材，棺壁有弧型和方型之别，高头顶板刻"福"或"寿"字，外上红漆。俗言女人有"寿"是男人之"福"，故男人棺材刻"福"字，女人棺材刻"寿"字。寿衣、寿材，须于闰月之年择日制作。生圹的建造最是讲究，其坐落和朝向须请风水先生择定。旧式丧葬礼仪庄重而繁琐，大致为：

送终　老、病者弥留之际子女务必到场，为其揩身、洗脸、洗脚、修剪指甲，问其有何话要说，并呼唤以示挽留，守候床前诀别，谓"送终"。儿女给父母送终视为大孝，在外地的须千方百计赶到。有的死者弥留久长，等见到主要亲人，方瞌然长逝，是谓有福气。人一断气，哭声顿起，焚香点烛。孝子用米筛盛酒菜到一个三叉路口，叩拜后倒掉酒菜，焚烧银绽、元宝，及死者用过的草席、草鞋之类，称"送无常"，又叫"烧盘缠"。"金刚"（亦称"材福先生"）为死者更换寿衣，也有在断气前由亲属更换的，但寿鞋须断气后才能穿。嘴塞"含口钱"，用红纸包经灰和钱币捏于两手。拆除床帐，称"易箦"。丢掉枕头，换用寿枕。亲人给死者在床上调转头足方向，谓此举能加速死者"转世"。脚下点菜油灯一盏，称"长命灯"。

报丧　人死后，要说老了、去了、没有了。迅速派员分头通知亲戚，称"报丧"。无论天晴与否，报丧者都要倒挟"雨伞"（雨伞柄朝前）一把，作为报丧标志。路遇报丧者须主动让路，不要与其说话，据说有晦气。接到噩耗的亲戚，要煮糖氽鸡蛋或泡一杯糖茶招待报丧者。待报丧者走后，将其吃过的碗摔破一只，以除晦气。

守灵　灵堂，也叫孝堂，一般布置在堂前。挂白布幔帏，点白烛，焚安息香。当天傍晚在金刚协助下，长子、幼子分别捧死者头脚，将遗体移挺于帘后棺材盖上，女眷哭送，称"移尸"。若独子，由女婿或孙子捧脚。家族至亲披麻戴孝，戴白布头帕，颈套"牛绳"即白纱苎麻头绳，守候遗体前。守灵不能脱人，女眷断续哭唱，称"哭灵"。亲友接噩耗后，备银锭、库箱、香烛前往灵堂吊唁，用白纸包裹钱币赠送丧家，俗称"白包"，所赠钱币必须单数。吊唁者至丧家门前，守灵女眷须恸哭举哀以示迎接。吊唁者点烛膜拜，有的陪同守灵。入夜，念佛诵经，道士奏乐唱戏，称"坐夜""敲夜"，通宵点"树灯"。若死者死于外乡或死于光天化日之下，则遗体不能进入屋内,须搭棚举行丧事。

入殓　择单日於子夜入棺,称入殓。生肖犯冲者须回避。故灵堂门口斜帖角纸,又叫殃榜,告知与煞神相冲克的生肖等,斜贴大门之上。殓前,长子身穿死者生前外衣,另一人为之撑伞,用米筛盛酒菜,至河江池塘边祭水神,投一枚铜钱,舀水回来,称"买水"。子孙按长幼轮流为死者梳头,每人3遍,依次绕圈。每梳一遍后,用棉线缠绕"羊眼瓶"(即五谷瓶)数圈。取下"含口钱",唯带走手捏之钱币。整理死者寿衣,寿衣须逢单数,不能带衣袋和钮扣。入棺时,鼓乐大作,哭声顿起。长子捧头,小儿子抬脚,金刚将遗体放于棺材正中,不偏不倚。遗体胸前挂"招魂袋",手中握上"打狗棒",用"九灵索"捆缚,然后盖上寿被。入棺后,由道士一名敲磬引领,长子为首,男女长幼依次环棺材走一圈,向遗体诀别。盖棺,插进盖销,棺材移至孝帘前,陈供品燃香烛,中间放"木主",亲属哀哭跪拜。入殓至出殡前,棺下长命灯不熄,亲属轮番守护,僧道念经敲夜。

出丧　一般在入殓后次日上午,起柩前举行"材头祭"。金刚把灵柩抬至村口,进行"路祭"。考究的搭金桥银桥,举行"走仙桥"仪式,道士吹打奏乐,送丧人员上下仙桥3遍,祭拜。起柩时,亲人要拖住灵柩倒拽3下,表示不忍心将遗体抬去埋葬,称"留材"。上路后,最前面一人敲出丧锣,撒纸锭或焚化银锭引领,俗称"引路烧",数人举竹竿白幡,另有素色奠字旗、挽联等仪仗。后面是灵柩。长子捧"木主",次子捧"羊眼瓶",其余子、媳、孙,女、婿和族人戚友紧随,最后道士吹打簇拥。送丧者白衣素服,腰缚草绳,手持竹竿丧杖,人数、仪仗必须单数。

安葬　至墓地,先祭山神土地,再行入圹。一人主祭,送丧者按男女长幼拜别,孝子回礼答谢。入圹时,棺材须放在正中不偏不倚,然后放进"羊眼瓶",封圹。金刚举锄掘头锄土给大媳妇,二锄土给二媳妇,以次类推,媳妇用所披麻袋包土,如获珍宝,唯不给女儿。纸幡、奠旗插于坟头,"哭丧棒"放于坟前,再向四邻旧坟烧纸浇奠,以通"睦邻"。循原路返回,长子捧木主或遗像,眷属在后。至村口路旁,用死者生前用过之床草等燃起烟堆,送丧者须跨过烟堆,以除晦气。抵家后,丧家办酒席招待族人、亲友,俗称吃"豆腐饭"。送丧者回去时,丧家送白毛巾包裹果品等物,称"孝堂果"。

做七　死后每隔七天举行一次祭祀,称"做七",从"头七"直到"七七"为止。"五七"是正七,尤其隆重,主要亲戚眷属须到齐,做羹饭,还请僧道念经拜忏。直系亲属穿的白帮孝鞋,所有送丧人员颈上套的"牛绳",至"五七"祭奠时与佛经一起焚化。"五七"以内,不剃头,不买盐,不吃炒蚕豆。"六七"由出嫁女操办。"七七"过后,除去家中灵堂素设,木主入祠堂,丧事告毕,故又叫"断七"。此后是"百日""周年""三周年""十周年"祭祀。

中华人民共和国成立后,易风移俗,破除迷信,在传统丧葬习俗的基础上,改革简化丧葬礼仪,逐渐用送花圈代替送烛、锭、库箱,以黑纱、袖章、小白花代替披麻戴孝,以开追悼会代替繁琐殡葬旧习,以火葬代替土葬。

喜庆

生育　旧时出嫁女怀头胎后,娘家须于分娩前一月,备贺礼择日送往女婿家,谓"催生"。礼品一般为供产妇食用的红糖、白鲞、火腿、鸡蛋、活鸡、桂园、红枣,以及婴儿衣衫、襁褓、尿布和用于烘尿布的篰笼罩等。忌送鞋,谓不吉利。上贴红纸,以示吉祥。婴儿出生后,须向娘家"报生"。若生男孩,要挑喜酒给主要亲戚家,凡接到喜酒的亲戚须送蛋、糖、面、鸡等补品给产妇,俗称"产妇羹"。产妇自临盆起一个月内,称"坐月子",也叫"做产妇",禁忌颇多。产房须紧闭门窗,称"暗房",闲人免入。产妇头包纱巾,夏天忌煽扇,忌用冷水洗脸。婴儿出生一昼时后,喂以中药"晒癀"少许,谓"放食",然后方可进食奶水。婴儿出生七天内,须用襁褓包裹,扎以带子,称"蜡烛包"。农家有向亲戚或邻居索要强健孩童穿过的旧衣,或索取零星布片纳成"百家衣"之俗,言婴儿穿之长得顺溜。

满月　婴儿满月要办满月酒。若是长子满月,须祀神祭祖。席间,抱婴儿与宾客相见,宾客则馈赠礼物。旧时,多以铜钱一百相赠,俗称"百岁钱",寓长命百岁意。剃满月头时,外婆家须送剃头衣,所剃发型大抵为

“瓦片头”，也有脑后留“鸭屁股”的。剃下之胎发，揉成圆球，装入布囊，挂于帐钩；也有取少量头发埋入墙头葱盆里，言小孩会长得聪明。婴儿首次到外婆家，外婆须送以红蛋、糕点、水果、老母鸡等。老母鸡羽毛染红，鸡颈束红绳，以博吉利。回家后，糕点、水果等“回货”分赠亲邻。

得周　小孩满一周岁，称“得周”。办“得周酒”，用糯米粉做成“得周果”赠送亲友邻里。外婆家送来“得周衣衫”、红鸡蛋等，亲戚亦送礼道贺。祀神祭祖后举行“抓阄”仪式：在桌上摆放士农工商所用器具及玩具等物，任小孩抓取，以先抓到者为日后志趣、前途之象征。得周之日有的还举行“放脚筋”仪式，地上放一截稻草绳，扶小孩跨过，随即斩断草绳。俗言此举孩子一生平安少坎坷。

上学　旧时，孩童多以虚岁7岁入学，取“七巧”意。母亲预制青鞋、布袜、新布帽，唯长袍须是整洁的旧衣，取朴素为读书人本色。父亲购买《百家姓》《千字文》等启蒙书籍，备笔墨纸砚文房四宝。书包系舅父或寄拜娘所赠。是日之晨，孩子拜祖宗后，空腹由父亲携领入塾，取“虚心好学”。入塾，点香烛，拜孔子、魁星、师长，就座翻读，方回家进早餐，待正月十五塾馆正式开课才去读书。早餐须吃红鸡蛋两个，以期学业圆满。先生三餐各家轮流，学费以若干石米麦充当。此俗已废，但尊师重教之风犹存。

上梁　为建房最隆重庆典，须择吉日。主人张贴“立柱正逢黄道日，上梁巧遇紫微星”和“上梁大吉”“紫微拱照”之类对联横批。“照”字下面的四点，只写三点，以忌“火”。前一天，亲朋好友便挑着猪肉、活鱼、鸡或鹅、馒头、糖果香烟等礼品前去庆贺。近年通行送绸缎贺幛，也有送红包的。待时辰一到举行上梁仪式，祭请上梁菩萨。供品有三牲福礼、三素菜、馒头、蒸糕、糖果等，还放一个五谷盘，内盛尺一把、树头一个、镜一面，也有把镜挂在大门口的。盘中之物各地略有不同，有包一枚金戒指、一片梁上锯下的木头、火炭少许、宅基土少许，取“金、木、水、火、土”五行齐全之意。上梁时木匠师傅把包扎在梁上的红布放下，用匠头将正梁榫头敲实，只准敲3下，随即向房屋四周抛扔馒头糖果，称“抛梁”，任围观者争抢。当晚，宴请贺客、工匠、帮工及邻居，称吃上梁酒。近年，农村多建别墅式住房，梁柱为钢筋水泥结构，无需立柱上梁，但仍举行上梁仪式，只是“上梁酒”与“迁居酒”合办为多。

乔迁　须择吉日。房主向亲朋好友发请柬，现时亦有电话告知的。到时亲朋好友前往庆贺，送上贺礼红包，唯族内近亲和邻居不必送礼，多帮工张罗。女主人娘家早一天挑来篮担，大抵猪肉1方、鸡或鹅1只、鱼2条（多为鲤鱼）等三牲福礼，还有馒头、蒸糕、水果、炮仗、“元宝”等祭祀用品，锅碗瓢盆筅帚饭架等全套灶上用具，寓新起炉灶之意。另送竹晾竿2根、晾丫叉2枝、扫帚畚箕各一。进屋多在夜里，族人烧好汤团在新屋等着，待一行人将近，放起鞭炮。男主人在新屋门口扫三下，女主人用畚箕盛，意为扫进金银财帛。进屋吃过糖茶，方可讲话。第二天置晚酒，宴请亲友。此俗20世纪50年代后一度废止，近年又恢复。

寿诞　循俗，生诞庆贺有“过生日”和“做寿”之分。孩童时期，每逢生日换上新衣服，父母给红鸡蛋、糖果等物，谓“过生日”。生日这天教育孩子忌吵闹“闯祸”，忌打骂孩子。成年后，一般不过生日。“做寿”的起始年龄各地不一，一般从50岁开始，逢十做寿，70岁称大寿。做寿比实际年龄须提前一年，谓“做九”，如70大寿在69岁时做。“六十三，鲤鱼穿沙滩”。俗传人到63岁有一道坎，生日那天女儿们买两条鲤鱼，一条放生，一条拿回家烧熟，然后在家中祭祀天地，像鲤鱼穿沙滩，人跳过这道坎，就能长命百岁。逢66岁，出嫁女或侄女须送66块红烧肉，以冲除“六十六，阎王要吃肉”。做寿由儿孙与女婿等发起操办，旧时考究的向亲朋好友发请贴，格式一般有横式和直式两种：

男女通用式

○月○日为家严（慈）○旬正诞
敬治桃觞
恭候
台光
○○率子○同拜

为母寿贴式

家慈设佳辰深蒙厚贶日桃酌
候
光
请
上
○○○拜

注：资料来源于《顶山村志》。

亲朋好友收到请贴后，于生日前一天送礼贺寿，出嫁女或侄女，须请僧道念一堂“寿生经”。第二日为正寿，贺客登堂行礼。宴请的寿酒叫“桃觞”，吃长寿面。以上为旧时富裕人家做寿的铺张排场，普通百姓家大抵由儿孙或女婿买点衣食进献，吃长寿面，全家共饮为贺。

交往

戴村民众日常生活、人际之间讲究礼仪，尤重辈分。晚辈遇见长辈必先尊呼辈份，如“大爷爷”“小伯伯”。遇到熟人，问一声“饭吃过吗？”“到何地去？”。家有客人或邻居串门，要让座、泡茶、敬烟，邀请吃饭，互致问候。端茶、递饭须双手捧送，接茶、接饭须立起双手接捧。敬茶、敬酒者是晚辈，客人用食指在桌上轻轻点几下，以示感谢；是平辈，用食指和中指并起来点几下；是长辈的，用五个指头同时在桌上点几下，意为五体投地。吃菜时，不宜随意先动箸，“主不动，客不行。”在家敬重长辈，吃饭时长辈坐上首，好的菜肴待长辈动筷后才吃，不能把自己喜欢的菜肴移到面前。不能端着饭碗串门，或坐在门槛上吃饭。吃好后，不宜先离座，若有事，要说一声“慢吃，我先走。”新米饭头碗饭盛给长辈吃。路遇年长者、挑担者主动让路，轻担让重担，男人让女人、儿童，健康人让残疾人。拜访他人须事先有约，准时赴会。作客和拜访要坐在客位，坐的姿势要端正，家长从小就教育孩子，“坐有坐相，立有立相，吃有吃相”。一般坐在椅子的四分之三处，身向前倾，不能搁脚、抠鼻。见面时主动问候致安，拉拉家常后，才谈正题。主人谈话时不可随意插嘴打断，不可左顾右盼，坐立不安。告辞时，作揖致谢，请主人留步。尊长或亲友生病，循俗须持补品、水果等前往探视，以示关切。若是手脚跌打损伤，买猪脚爪相送。女眷生病则送红糖、鸡蛋，考究的送老母鸡。劝慰病人安心休养，祝早日康复。如果患绝症，须对患者保密，使其免受绝望之苦。至亲遭受水、火等不测之灾，须前去看望，给以救助。若遭火灾要送“火饭”，菜必用一条鲇鱼。

忌讳

忌讳既是一种民俗信仰，亦是传统礼仪，俗有“入境问禁，入门问讳”之谚。忌讳贯穿日常生活各个领域，表现在行为、语言与文字等方面。现时，一些不合时宜的忌讳日渐消亡淡化，而良好的忌讳体现了乡人的教养和素质。

日常忌讳　旧时，忌直呼长者名字，应叫尊长辈份或职称。忌直呼老年人为“老太公”“老太婆”。作客忌踏主人门槛。忌生人进入产房、蚕室。清晨恶闻鸦噪，出门恶遇僧尼。忌以活鸭送礼，否则有讥人妻不贞之嫌。男人忌戴绿帽，民间以戴绿头巾为妻有外淫之羞。忌将人死直言“死”，应说“老了”“谢世”“呒有哉”。忌直言“拉屎”“拉尿”，宜说“解大手”“解小手”。忌人前放响屁。忌在着过火的地基上建造房屋。忌夜间闻狗哭。忌早饭前谈梦中之事。早餐时饭桌摆的菜盘数要成双，忌单数。忌晚上照镜子。忌女子内裤晒于太阳下。男人忌在女人胯下或裤子下经过。忌赌力、赌食。忌问年老者年龄。老年人身体不适，忌言生病，要讲“不爽快”。忌直言男女性器官，称“阳物”“根”“阴部”“下身”。乘车坐船出门，忌说“破船”“破车”“倒霉”“晦气”等话。渔家、船家食鱼忌翻面，忌说“翻身”，忌把筷子搁于碗上。酒坊内忌食桔子、荸荠等水果。

婚姻生育忌讳　忌同姓结婚。忌夫妻生肖、八字相克，忌媳妇与公婆八字相克。女子忌奶大，否则谓荡妇；女子忌高颧骨、暴牙、肖虎，谓克夫。忌铺床时生肖相克之人在场。忌迎亲时花轿相遇。忌新娘落轿时与婆婆相遇。忌新娘拜堂前足踏夫家地面。忌闹房时寡妇、孕妇及戴孝者在场。忌三朝回门在娘家过夜。忌孕妇同房作爱。忌孕妇吃怪味及形状不雅之物。忌孕妇参与祭祀、婚嫁喜事。忌孕妇动刀剪快口。忌在娘家及别人家做产，忌在床上分娩。忌婴儿未满月到婚丧喜庆之家。忌抱婴儿夜间出行。

丧事忌讳　忌在外病死，忌临终子女不呼唤。忌入殓时生肖相冲者在场。忌入殓时泪水滴在尸体上。忌出丧抬棺材时说“重”。忌丧家穿色彩鲜艳的衣裳。忌坟地风水不好。忌死者穿寿衣数、出殡日子和仪仗、送丧人数、赠送“白包”皆为双数。

节令忌讳　正月初一忌扫地、喝汤、倒垃圾、淘米、挑水、动刀剪，忌杀生，忌打骂人，忌打破碗盏，忌未食而开口说话，忌晚睡。忌新年索债。过年忌说杀鸡，言“活鸡”，忌说打碎碗盏，言“岁岁平”，忌说不吉利话。忌清明戴帽。忌立夏坐门槛。忌男人拜月。忌冬至日讲不吉利话或打骂孩子。忌出嫁女元宵节、中秋节、年卅在娘家过夜。

取名

乳名　旧时戴村婴儿多起乳名。乳名亦称小名，幼年在家呼唤，成人后一般不再用。乳名一以孩子排行名命，按孩子出生先后，依次叫“阿大”“阿二”“佬三”等。二将学名前一字换成“阿”字，如把“兴昌”叫做“阿昌”，把“淑琴”唤作“阿琴”等，表示爱称。三以婴儿出生时体重名之，如“七斤”“八斤”等。四以生肖或其他低贱动物命名，俗谓低贱动物小孩名之能免遭暗算；又云穷人孩子命贱，取贱名而得以顺利长大。例如，婴儿肖虎、狗、兔，就叫“阿虎”“大狗”“小兔”，也有叫“阿毛(猫)”“阿糯(猪)”等。有的村“阿毛”好几个，就以某些特征来区别，如“大头阿毛”。

学名　俗称“大名”，也叫“书名”，系儿童入学时由家长或老师所取，多含寓意而涉及甚广。方法有以五行取名：若金、木、水、火、土五行有缺，即在取名时给以补上，如“龙鑫”“张根”“海昌”“炳发”“土兴”等；以宗族辈份取名：旧时宗族有世系字母，用以明确辈份排行，辈份之字常用来取名；以希冀取名多用吉祥字，如：“永昌”“祥兴”“长发”“炳贵”等，或期望某些方面有发展，如“耀祖”“崇文”等，或盼子心切，将女孩取名“来娣”“招娣”等；以事取名：孩子出身时，适逢值得纪念的大事，即以此取名，如“建国”“国庆”等；以出生时令取名，如“兰珍”“菊芬”“梅珏”等。现今，有的男孩跟父姓，女孩跟母姓，也有的父姓加母姓再取一单名，作为孩子的姓名。

称谓

族戚称谓　(见本卷《方言》章)

社会称谓　同志：原为革命志士相互称谓。中华人民共和国成立后，初对革命干部的称呼，后发展为人际之间一般称谓，20世纪五六十年代使用尤为普遍。师傅：原对学徒传授某种技艺的手工业者之尊称。七八十年代后，一度广泛使用，以示尊敬。先生：旧时对塾师、学校教师之称谓，从事丹青、打卦、吹牌、郎中、账房、朝奉、厨师、道士、算命、风水等职业者亦称先生。80年代后，对成年男子多有称先生者，亦有妻子称丈夫为先生的。老师:原为学生对教师的尊称。随着教师社会地位提高,80 年代后知识分子和白领阶层中有互称对方"老师"的,以示尊敬。小姐:旧时富贵大家未婚女子的称呼,民国以后则成为年轻女子的尊称。五六十年代使用较少,一般带贬义。80 年代后,使用较为普遍,含尊敬意。但也有称从事色情服务和不健康职业的女子为小姐,含贬义。老板:俗称私营业主。90 年代起,"老板"称谓使用面很广,超出私营业主范围,陌生人为礼貌起见亦称对方老板,类似唤"师傅"。姓加职务(职称):一般下级对上级,或陌生人对有职务(职称)者的称呼。如,"王书记""张厂长""李工程师"等。为示亲昵,亦有"姓加职务(职称)简称"的,但多系行政职务者。如,王局长昵称"王局",金镇长昵称"金镇"等。领导:人际关系中新出现的称谓,被叫者不一定担任领导职务。如到机关事业单位办事,叫办事员为"领导",似乎一下子拉近了距离。

第三节　生产习俗

戴村人向来以农为主业,兼及林、牧、副、商贸、匠作等多种生计。他们为生存而劳作,为温饱而奔波,积淀了丰厚而多彩的生产习俗。山区农民上山干活,身边没带纸笔,养成了独特的用竹木记账的习俗,即用竹木小棒搭成罗马文字样式记帐。比方:‖ ×(248),川久(369)等。

农作

耕制　山区为旱作区,只少量种植水稻,主要种大小麦、玉米、高粱、番薯等粮食作物,也种植竹、木、茶、果、棉花、苎麻等经济作物。

肥料　旧时主要使用土杂肥,如积人畜禽等粪便、草木灰、垃圾、捻河泥、斫青草、稻草还田、播种紫云英(俗称草籽)等。冷水田、硬板田常施石灰作肥料。

水稻　过去水稻区一年两熟制,一熟春花,包括大麦、小麦、蚕豆、油菜等,一熟中稻或晚稻。20 世纪 50 年代后,水稻区由单季稻改为双季稻,变成春花——早稻——晚稻一年三熟制。旧时种田靠天吃饭,农民脸朝泥土背朝天,终年辛劳。种稻主要有耕田、插秧、耘田、收割等工序,施肥、排灌视水稻长势和天气而定。

耕田:冬闲时节耕田,称冬耕。深翻裸露的泥土,经霜雪冰冻,既能冻死钻入地里过冬的害虫,开春后泥块又容易酥化,故谚云:"田要冬耕,儿子要亲生。"耕田靠牛,过去没有牛的人家,只得用铁耙翻掘。用木犁耕田,一天可耕二三亩。犁头、犁壁、犁脚为铁铸件,其余如犁冲等为木件,牛轭套在牛肩上在前牵引,耕者在后右手扶犁,左手执鞭,发出"吁!吁!"之声即命前行,"哗!哗!"则暂停。50 年代出现过双轮双铧犁,须用 2 头牛牵拉,但翻土高低、深浅不匀,两牛配肩困难,不久即废弃。农民戏称:"双轮双铧犁,小牛看见笑嘻嘻,老牛看见流眼泪。"70 年代后手扶拖拉机广为使用。冬耕田开春后须灌水养田,经耙、滚、耖几道生活,皆用牛拉专门的工具操作,辅以铁耙手工,使泥土变得软而平整,方可种植。

播种:清明前 3 天浸秧谷籽,先焚香烧纸,祭"五谷神"。撒谷籽时,在田头请"田公田婆",田塍上插香,供肉一方,酒一盏,饭一碗,以祀苗好秧壮。秧田须精心翻、耙、滚,用秧耥耥平,一畦畦宽约丈余。撒种后,灌入浅水。田头多立几个头戴破笠帽、手持小竹竿的草人,以驱吓麻雀等鸟类。

插秧:当年首次插秧称"开秧门"。因拔秧时,左右两手拔起之小秧把,需捆扎成大把,交叉合拢口俗称"秧门"。插秧时解开秧把草,"缺口"便无,故称"开秧门"。开秧门象征一年农事开端,须择吉日良辰下田,祭请田公田婆。主妇将汤团挑至田头作点心,汤团熟而大,象征年岁大熟。插秧时解下的秧把草不能乱丢,应放在自己种的一埭里踩入泥中。若秧不够,向邻近要秧时不能用手交接,先丢在田里再捡取。因"秧""殃"谐音,恪守"插秧不递秧"之古训。为避免插歪,拉一根细秧绳。从左往右一埭埭插,每埭 6 株,两脚中间 2 株,左右两侧各 2 株,故旧时戏称务农为"摸 6 株头"。插秧能手不必拉绳,两脚交替后退,插得又快又直,谚云:"木匠师傅独只眼,不如种田师傅的屁眼。"插秧上岸时,如手中秧苗有剩,就密密地全插在田塍边,俗称"多秧",可供耘田时补缺株,亦预祝粮食多收。秧插好后,称"关秧门"。

耘田:又叫中耕除草,一般耘3遍。过去水田多蚂蝗,挽裤跪耘最易受蚂蝗叮咬,耘田人随带一节内盛盐卤或烟油的竹管,将叮咬在腿上的蚂蝗丢入竹管消杀之。第一遍,在秧苗返青后耘,主要将稻陇中高低不平泥块推平捏碎。第二遍耘,主要除草。有的田块板结,多长密密的地毛草,就先浅水用耥耙在稻陇间推拉,既松土又除草,然后满水跪耘,拔除夹杂在稻棵中的稗草等。第三遍称"趟田",放干水耘。此时稻叶长高易触及眼睛,就套一个竹编的"耘田趟"护面。耘好后,在稻田里挖十字沟,即将一行稻禾连土挖起,左右交错放于两边空行,用以排水,表明稻田上岸了。此后适时浅灌、施肥、治虫。

收割:新谷登场,须选定吉日,以辛卯日为佳。从右往左用镰刀一埭埭割,稻秆两把交错一堆,整齐地放在割稻人右侧。多为田间打粒,一人捧稻,两人打稻。捧稻多为老人小孩,将割好的稻一边一把交与打稻人。打稻须青壮年,一人一边,一上一下扬手甩打,发出有节奏的"砰!砰!"声。20世纪60年代后,农村普遍使用打稻机,初时用脚踏,后逐渐改为电动。

大小麦　为主要春花品种,各地皆有种植。大麦立夏熟,小麦小满熟,大麦比小麦早收半月。旧时若弟先于兄婚娶,人以"大麦不割割小麦"之谚相讥。大小麦习惯于点插,一般在晚稻收割后耕田做畦,敲实畦边,耙平畦面,点穴撒种盖灰(肥),旬日即破土而出。也在旱地、山地播种。冬天,须撬麦泥防冻,又能防来春倒伏。麦子收割后,一捆捆穗朝下根朝上,用冲杠挑回门前道地打粒。戴村人喜做新麦馒头祭祖,烧麦糊、麦夹头尝新,也有用麦饼经发酵做甜酱。女人截上半段大麦草杆,剥壳,漂以淘米水催白,用来编织扇子,缀上绣花扇心,自用或赠人。姑娘们把精心编织的扇子,悄悄地赠送心上人。麦收后的田里,能捋一种叫"鹅噎煞"的草籽,可作枕头心。麦收,喻示农忙开始,乡村弥漫着蓬勃生机。

渔猎

过去农家池塘、河湾均养鱼,也有在永兴河捕捞,大都以渔为副。内河鱼类以鲢、鳙、草、鲤四大家鱼为主,还有鲫鱼、鲶鱼、土步、黑鱼等。外江鱼类则有鲈鱼、鲥鱼、白条、鲻鱼、江鳗等。捕捞方式有撒网、拉网、放罾、放游丝、放弹钓、鸬鹚船、车塘鱼等。另有半为休闲,半为鱼虾的放虾笼、捉河蟹、钓黄鳝、打鳖、叉鱼、钓鱼等。20世纪80年代后,出现专业养殖户,始挖掘鱼塘大宗养鱼,继则发展到养鳖、养虾等特种养殖。现时,野生鱼类日渐减少,传统捕捞方式已很少见。

撒(拉)网　为常见的捕鱼方式。撒网,又叫旋网。网用苎麻线织成,酱以猪血防烂。上端设活动纲可伸缩,网身上小下大逐渐展开呈喇叭形,网口挂若干锡锤,底部尺余网圈朝上,以兜牢撒住之鱼。撒时,一人坐于船尾划桨,选择合适撒网位置;一人立于船头,将网和盘成圈的网绳挽于手臂,另一手拉住绳头,反方向旋转身体,乘势用力将网撒出。片刻,鱼网下沉,小船倒划,起网收鱼。渔民平时在外江野河捕鱼,年边在池塘捉年鱼,都用这种方法。拉网,即大牵网。网长数十丈,高可两丈,上下各以粗绳相串作拉索,下沉锡锤,上浮竹筒,常用于冬季在养殖的大池或河湾捕捞。拉时,将网在岸边张开,两端各七八名壮汉,用力慢慢把网从鱼塘的一边拉向另一边。网的两端靠岸处,各有一人穿长统发袜趟在水里,用竹竿别住网角免使鱼儿逃走。边走边牵索收网,网圈越来越小。将近池岸时鱼儿上窜下跳,一片沸腾,渔民则满怀喜悦地用海兜把鱼一条条捞进竹箩。

放罾　有船罾、扳罾、手罾之分,多于桃花水汛前后在永兴河捕捞。船罾使用方头木船,船头竖一根可升降的木杆,张挂两根弯竹交错撑开的大网。桅杆上系以麻绳,装上辘轳,一头连接船头木杆,一头固定在船尾。两人轮流操作,一人管撑船,一人拉网捕鱼。放下绳子,鱼网入水,渔民在船头抽烟静候,估计游鱼入内即收网。拉罾时用长绳将网拖出水面,用长杆海兜捞取网住之鱼。扳罾的网架和捕捞方式,与船罾大致相同,其区别仅在于扳罾固定在岸边,网更大,支撑的木杆或毛竹更高,捕捞的是内河中的活水鱼。手罾,俗称"槃",一面开口,三面有网帮连结长方形网底,用两根细竹竿弹开作骨架。捕时,沿岸边浅水处趟水慢行,一手提罾,一手握短竹竿,将罾轻轻放于水中,开口一面朝岸边,划动竹竿,驱赶鱼虾入罾,旋即提而取之。

车塘鱼　通常在年底,用龙骨水车将池塘之水车干,起塘捉年鱼,顺便清淤。大的池塘需几辆水车同时车水,三踏蹬、两踏蹬齐出动,日夜不停,轮班作业。有时丈二水车够不着池底,下面还得装八尺水车盘翻。

水将干时，鱼儿在塘中起跳挣扎，一片沸腾。围观者指指点点，乐不可支。捉鱼人把箩筐放在塘里，从浅滩往池底捉鱼，将捉起的鱼一条条放入箩筐。

叉鱼　用5至7根尖端锋利、锉有倒钩的钢针扎成鱼叉，插入竹竿一头固定，另一头拴细绳紧握，“岸边潜鱼，掷鐲取之。”（《越谚》）一般于夏秋鱼儿浮头或“养清”时叉之，俗忌叉带领幼鱼的大鱼。

狩猎　过去戴村山民当年第一次上山斫柴或打猎，必随带元宝祭请山公山婆。猎人经常动用快口、火器，容易伤人或被猛兽所伤，所以最崇敬山神，要祀求山神护佑。平时上山干活，脚穿山袜箬壳草鞋，腰别勾刀，顺便带上鸟枪、火铳、镗叉之类猎具，身后跟一只猎狗。若遇野兔、野鸡等飞禽走兽，稍带着收获之。但不打三春鸟，不打大肚兽，不做断子绝孙的缺德事。入冬，有人操起猎枪狩猎，竹狗、老角麂、獾猪、狐狸等，都是捕获对象。打到老角麂可谓皆大欢喜，循俗须用老角麂之头祭请山公山婆，祭请在后门口而不能在堂前。野猪糟蹋庄稼，又很凶猛，“伤枪野猪比虎凶”，须数人合力围猎。猎狗是重要帮手，既能发现目标让猎人围歼，又能追捕打伤的野兽。此外，在野兽出没之处，用挖陷阱、设弹夹、布网笼等弶的方法捉捕。20世纪八九十年代后，市民增强了野生动物保护意识，政府亦加强民间枪枝收缴管理，狩猎已成往事。

运输

过去，搬运主要靠挑、抬、背，沿江活水码头多有以挑、抬、背出大力的脚夫。小车拉、小船撑已属先进。即便拉车撑船也非常辛苦，谚云：“人生三大苦，撑船、打铁、磨豆腐。”

挑　收割稻子挑谷，施肥浇菜挑粪，生活饮用挑水，筑塘固坝挑土，斫草伐木挑柴，砌墙修房挑砖……举凡农家生产生活的许多事情，都离不开肩挑。挑，需用竹箩、畚箕、木桶等工具，更离不开扁担。扁担有竹木之分。木扁担用檀木等韧性极好的硬木削制，两头微翘，并铆上铁钉便于挂索。竹扁担式样很多，挑谷等重物的，用经年老竹篰头劈削。挑水挑畚箕担的，竹杆稍细。挑较轻担子的，扁担两头用火烧过，捆扎弯转作钩，俗称“钩子扁担”或“翘头扁担”，挑起来上下颤动，甚为美观舒服，适宜走长路。象“催生”挑篮担、迎亲挑松柏长青担，就用这种扁担。一个合格的农民，家中往往备有多根不同用途的扁担。农民上山，见有合适竹木的，顺便采伐回家，待雨天或农闲，精心制作扁担，好的扁担简直象一件艺术品。戴村农民挑重担时爱用“跺柱”。因此，挑重物的扁担，需在扁担的前半部分箍一活动索套，用细绳固定在扁担近末端处。挑重担时“跺柱”撬在挑担下并搁在另一肩上，以将重量分散到另一肩膀。中途小憩，则用“跺柱”顶在索套上撑住扁担，前头货物悬空，后头货物着地。这样，继续挑时站起来较为省力。考究的“跺柱”着地一端包上铁跺，称“铁端跺柱”，既好看又好使。过去生产队挑公粮，一溜长长的几十担谷，拄着跺柱，唱着号子，浩浩荡荡，甚是壮观。男孩子长到挑得动二百多斤的满箩稻谷，方被视作“大人”。因此，半大的孩子跃跃欲试，而家长总是竭力劝阻，生怕伤肩挫腰，日后留下病根。挑柴草、挑麦捆，则用两头尖的“冲杠”又叫“柴杠”，直接插进柴草麦捆里挑。

抬　两人或两人以上，而以两人为多。两人以上抬重物须用串杠。两人抬重物时，前者身子略向后靠，后者身子略向前冲，两人肩与肩之间一根短短的抬杠，刚好呈“A”字型。这样，抬起来省力，力气大的能抬得动千斤重物。抬时，两人“哼唷！”“荷唷！”唱着号子，脚步交替前行，很有节奏，否则就会闪腰扭脚伤身子。也有抬平杠的。喊法各地也不同。往船里抬重物，两块跳板并排搁在船舷，抬起来一颤一颤地，最见功力。

背　主要背米袋谷袋，俗称“背袋头”，大抵路途较短，如进库、装船等。背树背毛竹下山，根据力气大小和技术高低，背的多少大不相同。尤其背毛竹，几根扎成一捆，两捆再参差错落扎成一大捆，肩背在前一小捆篰头处，将竹稍长长地拖在山坡滑行，靠的是巧力，能背下平地上无法背得动的毛竹。

推（拉）车　戴村山区过去靠独轮车装运货物。这种车只有一个木轮子，外圈钉上橡皮之类，嵌在木条制成的车架中，故名独轮车。轮子两边的框架装货，横断面状如去掉两短划的“北”字。车子后面设有两根外翘的把手，形同羊角，所以又叫羊角车。在把手与车轮连接的车肚，设有可开启的木箱，供推车人放置携带的零物。两边所装货重量须大致相等，以防侧斜。若送病人或小孩，则另一边须放置份量相当的货物或石头持平。两车把之间扎一根麻筋编织的中间扁平两端略细的带子，背在肩上，两手握把。推时，上身保持平直，两腿呈外八字,腰和臀不断左右扭动。这种车不受道路宽窄之限,能装数百斤货物,推车人既要有力气,又要有驾车掌握平衡的能力。另有一种双轮车,拉货时把带轴的车轮架到铁皮车框下即可。双轮车装得起货,拉起来更省力,但道路要求比独轮车高。

撑船　过去百姓出行、运货多靠舟楫。船只种类、式样很多,按用途分,有航船、埠船、渡船、河泥船、运粮船、粪船等;按动力分,有手划船、摇橹船、风篷船、挂桨船等;按船篷分,有乌篷船、袒口船等。撑船,是水乡农民基本功之一,很小就开始学。埠船,用来载货搭客的日间班船,在永兴河下游至浦阳江航行,有固定航线,沿途停靠若干埠头。船身小巧,一般3个船舱,设有船篷。前舱、中舱乘客载货,后舱为船夫摇橹、搭铺、烧饭之处。若遇逆风,须拉纤助橹。旧时永兴河上游浅水处可撑竹排运货。竹排用8至10根大小粗细相同的毛竹并排串联而成,竹稍处用火燎软使之弯曲。撑时,一人立于排尾用竹杆掌握方向,顺水而下。若逆水而上,须前后两人撑行。这种竹排能运数百斤至上千斤货物。

副业

养蚕　俗称看蚕。蚕户多种植桑树以备采叶自用。早年蚕种大都来自嵊县,年前上门订购,次年发送蚕户,大抵一户一张。蚕籽呈正圆形,横到五六个格子。主要看春蚕,夏、秋蚕较少。清明前夕焐籽催青,幼蚕稍长即须分匾,层层叠于蚕架。蚕眠称"幼",从出种到头幼、二幼、三幼、大幼,直至上簇作茧,历时月余。夏蚕、秋蚕蚕种不必买,自家拣好的春茧里钻出的蛾娘即能孵育。秋蚕最难养,须关闭门窗,驱赶蚊蝇,勤搞卫生,谨防成批死亡。成茧时须争分夺秒,久了蛹会变蛾,蚕户全家出动,昼夜伺候,还要请人帮忙,故谚云"抢丝夺麦"。蚕茧一般售给茧行,但不如自家缫丝收益好。蚕户多有缫丝灶和缫丝车,缫出的生丝客商上门收购。养蚕有不少禁忌,俗称蚕禁。养蚕季节,农家互不来往,禁止闲人进入蚕室。近期见过死人、进过产房的人,不准进蚕室,虽家人亲属亦不例外,谓避免冲克蚕神,其实也有防止传染蚕病,保障蚕宝宝健康成长之意。养蚕期间,说话也有禁忌。因蚂蚁会爬上蚕匾咬蚕,故蚕在匾里吃桑叶不能说"爬",要说"行"。忌说"僵""四""亮"等辞,"僵""四"其音不吉利,所以蚕四眠要称"大幼",以求蚕事平安。蚕农大都祭请蚕神,俗称"请蚕花菩萨",一般祭祀两次,第一次在出苗之后、头眠之前,祈求蚕苗生长顺利;第二次在成蚕"上山"之时,祈求蚕茧丰收。戴村蚕户旧时到许贤蚕花庙参加二月初二举行的"蚕花庙会",进香祀神,俗称"轧蚕花"。

养猪　过去戴村农家大都养猪,多的一年养两头。上半年买进猪苗,到年边即可出栏。条件好的人家杀年猪自用,条件差的留下头、脚、内脏等,白肉大部出售,用作家庭开支。少数农户专养母猪,培育猪苗赚钱。为使养猪顺利,请年菩萨后,要请猪栏菩萨。还用红纸写上"六畜兴旺"等字,贴于猪栏旁边。买猪苗时,要从母猪窝中带来一把稻草,叫"顺溜草",以求小猪生长平安、健壮。猪有疾,在猪背剪三刀鬃毛,以求康复。猪出栏销售或宰杀时,主妇手拿饲猪杓,在猪栏边"罗、罗、罗"地呼唤,以唤回"魂灵"。堂前、灶头,屋后搭个草舍,都可设栏圈养。猪食料"两头精,中间粗",即小猪和出栏前一个月左右的大猪,要喂麸皮、番薯、豆腐渣等精饲料,使其长得壮、多出肉;半大的猪以杂草、番薯藤、谷糠等粗食为主,便于长骨架。山区少数乡村有放养习惯,一任猪们满村满野觅食,但猪粪流失,又不卫生。圈养猪的猪栏里,需经常铺垫稻草、草木灰等,既让猪起居舒服,又能囤积肥料,每隔两月起栏出粪一次。猪粪是上好的农家肥,一栏猪能出数千斤肥料,所以20世纪六七十年代,强调"猪多肥多,肥多粮多",生产队鼓励养猪,猪粪按质记工分,年终兑付,并参加土肥投售的增产粮分配。那时养猪有指令性任务,生猪须出售给供销社,有的地方称为"爱国猪"。出售一头120斤以上的生猪,奖售50斤精饲料粮。生产队落实饲料地,猪饲料列为粮食"三定"指标内。八九十年代后,由专业大户规模养猪,农家零星饲养已很少见。

饲禽　过去戴村农村家家养鸡,多则十几只,少则五六只。农家习惯于放养,它们活动在房前屋后,竹园树丛,山脚地头,能吃到青草和各种昆虫,形成抗病力强、个体高大等特点。循俗,2个月内小雄鸡适时阉割,能促进生长,经后期"囤肥",足可长到四五公斤,俗称"红毛大鐓鸡",可作请年菩萨的"福礼"。一只母鸡相当于农家的一个小聚宝盆,平时生蛋当菜,必要时换点油盐酱醋,新女婿来了烧糖氽蛋,孙子、外孙生日染红鸡蛋相赠，派的用场很多。长到1公斤左右的仔鸡，雄未开啼，母未下蛋，配以黄芪、当归等中药，整只炖酥，是乡人的传统食补佳品。男孩青春发育期，当家男人农忙出大力气前夕，母亲或妻子必用仔鸡给滋补身体。养鸭的人家不多，养几只鸭娘生生蛋，白天任其在池塘中觅食。养鹅比养鸭的人家多，一般一年两期，即清明鹅和年鹅。清明前后青草多，是放鹅的最佳时节。鹅贪吃，长得快，两个月左右即可宰杀。谚云："会吃会拉，六十天好卖。"年鹅以喂养为主，能长到四五公斤。雄鹅见生人昂脖喊叫，甚至咬人，好象狗一样管家，所以俗呼"白狗"。小鹅和临近年关的大鹅，白色羽毛上常染以"洋红"，以图吉彩。

扎扫帚　戴村山区农家会扎竹扫帚。霜降后，用钩梢刀钩下毛竹梢，此时的竹椏枝扎成扫帚不会虫蛀。毛竹梢晒白后，削下枝椏作掰丝，选取竹稍竿作扫帚柄。竹竿下端不齐节，下端齐节的帚柄叫关门节，俗传用关门节扫帚柄会打死人。但空竹筒不宜过长，过长则易开裂。扫帚柄削好后，顺着留下的粗椏斜削一刀，让帚柄上端出现空筒。扎帚前的掰丝和燎丝，是一把扫帚质量好坏的关键。枝椏掰成一根根长约60厘米的带叶竹枝，用箬壳丝缚成小把，称"毛丝"，经火燎成"光丝"方能扎帚。燎丝是项技术活，燎丝者把毛丝放在火墩上反复翻动，让其均匀受燎，燎至叶黄而不焦时，趁热搓揉成又软又韧、散着淡淡竹香的光丝。下一道工序叫并丝，把一斤半光丝按一定比例，分成5股，分别叫头丝、二丝、三丝、四丝、尾丝。拿来削好的帚柄、浸涨的仔竹篾，就可以缚扎扫帚了。先将头丝尾端插入帚柄上端的空竹筒中，缚结后用力下揿，使头丝上翘。然后将仔竹篾别在帚柄的椏枝上，连枝紧扎3匝。二丝扎2匝、三丝扎1匝，四丝、尾丝扎数匝，直至扫帚蔀头。将剩余的篾头在三、四、尾股的间隙穿花打结，使四丝、尾丝后仰。扫帚蔀头处再打进一个木楔，并用利刃将蔀头切平。最后一道工序斩丝，斩成大刀式或肉斧式，一把结实、耐用、漂亮的扫帚就扎成了。

搓绳　过去，农民多有利用早夜、雨雪天气搓绳者，所搓的稻草绳和麻绳等，主要满足自家生产生活需要。20世纪五六十年代，摇绳机、踏绳机代替了手搓，出绳快，又减轻了劳动量。除满足自家需要，还出售给供销社，成为一桩副业收入。踏绳将上好的晚稻草用少量清水喷湿，一人坐在机上，上下踩踏踏板作动力，双手不间断地向两侧状如小喇叭的口子添加稻草，踏好的绳子随着转动的轴心绕而成圈。也有摇绳的，须两人操作。一人坐在长凳上，摇动凳端的摇索架；一人立于对面，用摇手转轴处的铁钩钩住浸湿的麻皮或稻草，随摇手的转动而添加麻皮或稻草，摇而成绳。

做草鞋　过去农家大都会做草鞋，主要满足自家所需。农民无论下田还是上山，一年到头大部分时间穿草鞋，有的农民出远门还带上几双草鞋以备替换，草鞋需求量很大，所以闲暇时间须自做。除了自用，也有出售的，一些小贩专门上门收购草鞋。如半山村的凌山，原先做草鞋在戴村地区较有名气。做法是取上好晚稻草，喷水，木槌轻击致软。做时，坐在草鞋床上，以数股细草绳作经，草绳一头扣在草鞋凳的顶勾上，一头绷在腰间，以搓过的单股稻草为纬，不断添加稻草，用力扣紧，便做成大小不同的草鞋。用箬壳丝做成箬壳丝草鞋，可以防水当雨鞋；若加进些破布条，穿起来柔软舒适而且牢固。

纺纱织布　旧时戴村妇女都会纺纱织布，主要用来满足一家人衣着所需，有的也拿到集市出售，换取柴米油盐。纺纱也叫摇花，先是把棉花制成花条，通过摇车摇成线。为了使布质量好，棉线要用麦粉浆，浆好的线做经纱。接下来是制轴、上布。制轴也就是用原始工具，经了眼、经爬头、经畅等竹杆木架搭起操作台，用3人操作，将篗子上的经线，轮成长度相等、根数符合要求的联合两个组成部分，然后穿扣、打绞、上机、穿棕、定轴。最后才是织布。织布先得制纬纱，也叫纱驼纡，用制好的纱驼纡装在梭上，一个人坐在布机板上，双脚上下踩动布机升降板，使经纱依次分离调换，双手左右推动织梭，使纬纱同经纱结合，逐步增加，积根为寸，由寸变尺，织成布匹。通过组合方法也能织成柳条等图案。

商贸

集市　有集贸市场、专业市场、庙会集市、物资交流会等几种。过去戴村、凌桥、沈村、顾家溪等大的村庄有集贸市场，自发形成，沿街席地而摆，俗称"露天市场"，也有设在桥头的"桥头市场"。主要自产自销农副产品等，一般黎明赶集，近午而散。在集贸市场基础上发展形成的较有特色的专业市场。如土布、土纸市，竹木市等等。20世纪五六十年代，戴村、云石一带举行物资交流会，有时春秋两期，来自临浦、河上、浦阳、义桥等邻近乡镇及邻县富阳的供销社、土特产公司，在交流会上设专柜专铺，带来大量农民所需的生产资料和生活用品，同时收购农副产品。不少农民亦摆摊做生意。交流会以销售生产资料、生活用品、农副产品为主，融商贸交易和文化娱乐于一炉，引来了曲艺杂要、绍兴莲花落、越剧、绍剧的演出，人流物流两旺。有的扶老携幼举家赴会，不唯购物，亦为“赶热闹”。“文化大革命”时期一度停办，70 年代末逐渐恢复。物资交流会是农民的盛大节日，至今不衰。

店肆　商店取名多用吉利字眼，以求生意兴隆。常见的字有泰、茂、隆、盛、发、裕、顺、富、源、大、久、万等。例如：戴村老街万盛南货、源盛南货、培生堂药店等。有的商店取名，为体现店主的处世理念和做人追求，常用和、诚、信、正、元、乾、祥、济、善、仁等字眼。如戴村协和南货，同馀泰布店等。有的店名反映了经营项目和行业特点，茶食店用“一品斋”“稻香村”；旅馆取“悦来”“嘉乐”；照相馆用“青春”“华美”；鞋店“足千里”；帽店“冠乐”有的商店用店主的姓名作店名，或用姓加一吉祥字眼组成，例如戴村丁荣兴南锦店等。中华人民共和国成立后，店名带有明显时代特征。50 年代，常见店名前缀“公私合营”，或地名直截了当加经营范围。六七十年代，“东风”“红卫”“立新”“大众”等店名最为多见。新时期店名在继承传统店名文化基础上，推陈出新，五彩缤纷。

招牌与幌子　店家爱用招牌与幌子宣传店铺历史、经营特色等，以兜揽生意，招徕顾客。常见招牌：南货店有“闽广圆糖”“南北果品”；酒店有“太白遗风”“陈年老酒”；布庄有“湖绉南绸”“湖广云纱”；药店有“参茸饮片”“丸散膏药”；茶店有“唇齿留香”“清肺润心”；饭馆有“山珍海鲜”“南北风味”等。常见幌子：有的直接书写“药”“酒”“当”“烟”等字，以旗子牌标挑出；有的字画结合，药店画一大膏药，眼睛店画副大眼镜，上书相应字号；有的张挂实物，如酒店挂葫芦，剪刀店挂一把大剪刀等。有的当铺、酱园、牙科诊所的墙壁上，书写硕大的“当”“酱”“牙”等字，使人远远地一看便知。有的店家悬挂“童叟无欺”“百年老店”“货真价实”等匾额，既是玄耀，亦为承诺。

开张　旧时商店开张第一天，供财神，燃爆竹，接贺联，赏乞丐，择吉时挂扁额。亲朋好友馈送贺礼，主人办“开店酒”。开头几个顾客用红纸包少许钱币购物，店家为图吉利半送半卖，俗称“买红包”。开业 3～5 天，商品打折优惠。现时，无论商店、工厂开业，还是新项目奠基，庆贺更见隆重。发请柬，送花篮、赠红包，匾画相贺。优惠促销，更是花样繁多。

营业　店铺一般于端午、中秋、除夕三节收账（卖年货除外），腊月二十四封账。正月初二至初四商店开业半天，中饭后关店。初五正式开市，各业商店晚上聚餐，店员称“杀头酒”，因为饭后店家要决定人员去留。旧式买卖中核账要唱核，如到南货店买南货，店员要一件件报数核定总价，买者没有异议方向账房付款。卖猪肉的屠户一手提秤称肉，口中高唱几斤几两几钱，几元几角几分，算得分毫不差，唱得抑扬顿挫。米行交易大宗买卖，由“样台师傅”说价格。他经一看、二抓、三嗑，能说出稻谷的干湿度和大米出饭率，说得山客水客都服贴，俗称“一口价”。还有不用语言用暗号讨价还价，方法是用手指捏七、勾九，俗称“打七头”。

茶店　过去戴村、沈村等集市开有茶店。茶客大都是客商和本地名流，他们品尝各式茶点，边听大书边谈生意。也有只供吃茶聊天的小茶馆，开在小街小弄，一般以店主人姓名作店名，店面狭小，设施简陋，光顾者大抵小镇平民和近郊农民。若身边缺钱，可以赊账，记在墙上的“水板”，下次再还。茶是碗头茶，现泡。茶叶通常为炒青、大茶婆、红茶等，茶汁浓，香气淡而舒坦，价钱便宜。这种小茶店客人，以海阔天空聊天灵市面为乐。

换糖担　又叫兑糖担，以麦芽糖、小百货换取鸡毛鸭毛、甲鱼壳、破布头等废品，很受农村妇女和孩子的喜欢。换糖担上层一头放一板麦芽糖，另一头的木格里放置针头线脑、儿童玩具、日用小百等物，下层则盛放收购的废品。他们走村穿巷，一边摇晃货郎鼓，或敲击两块铜片，一边吆喝：“鸡毛鸭毛—换糖！”“有银锭灰、腊烛油、鸡肫皮，牙膏壳落破布头—都好换！”“有洋钉、洋火、洋碱，纽扣、顶针、铅笔刀—快换哉！”20 世纪 80 年代后，换糖担逐渐消失。

挑担生意　另有不少做挑担生意的小贩，穿村过巷叫卖做生意，有本地的，也有来自邻近乡镇和外县的。如：豆腐担、瓜秧担、铜匠担，卖“倒笃菜”、萝卜干的。还有剃头担、拔牙齿的“大雨伞”、阉鸡阉猪师傅、做皮蛋、锉镰刀、补碗、“缸沙马桶沙”等。算命瞎子一手用小竹竿探路,一手“丁丁笃”“丁丁笃”敲击金属,听到这种声音,有人便请其上门“算命测字”。这类挑担生意20世纪80年代后已不多见。

手艺

主要有木匠、篁(篾)匠、石匠、箍桶师傅、泥水师傅等几大类,还有雕花、寿材、白铁、铜匠、铁匠、制秤、裁缝、酿酒、油漆、穿棕绷、补缸补甏等工匠,统称“八作师傅”。学手艺须拜师,往往拜手艺高、名望好的老师傅为师;收徒也要看孩子是否聪明伶俐能吃若。进门先拜财神,后拜业师,有的立契约,并有人作保,然后向业师进献枣子、红糖等礼物,以表敬意。学手艺很苦,除了干重活粗活,还要服侍师傅,有的师傅还打骂学徒。期限3年,没有工资,衣穿自理,做工时膳食由东家供给,3年期满须办满师酒。满师后,一般须继续跟师傅帮工4年,拿一半工资,称“半作”。所以旧有“三年徒弟,四年半作”之说。

木匠有大木和细木之分,大木以营建房屋为主,细木主要做桌椅板凳、箱柜床橱等家具,少数师傅大细木皆会。婚娶之家和需做较多家具的,一般请木匠师傅到家做。木材自备,按日付工钱,供三饭两点心,俗称“五餐头”。做少量家具的,有到木匠作坊“定做”,按件付酬。有的木匠农忙时务农,农闲时做工;有的专业木匠开有木作坊,平时在店里做,下半年多被请到客户家做。

箍桶师傅,俗称圆木师傅,能箍脚桶、水桶、饭桶、桶盘、菱桶、马桶、粪桶、蜂桶等。越剧《九斤姑娘》里说的“有底无盖桶”(豆腐桶)、“有盖无底桶”(锅盖)。现时,传统的木桶被塑料制品等新材料所取代,但农村新娘出嫁,被称作“子孙桶”的马桶、脚桶却是不能少的。

篁匠,即竹匠,除专职外,山区多有能编织和修理各类竹制品农户。编织的生产用具有晒谷的晒箕、“统匾”,囤谷的“笭皮”,谷筛,谷箩、畚箕、蚕匾、鱼篓、虾笼等等。生活器具有淘箩,饭篮、腰子篮、烧香篮、礼品篮,米筛、夹筛,做点心的团箕,还有竹席、竹榻等等。云石多竹,村人喜欢各种竹制品,篁匠师傅便有了施展才华的天地。一把篾刀,能将毛竹劈得一片片薄如蝉翼,劈到最后须用牙齿咬着帮忙。灵巧的双手,可以在造型各异的竹编器具上,编织各种图案花纹,简直是精美工艺品。

兜会 旧时家中办事缺钱,为了不招致高利贷折磨,民间有一种兜会的方法集资解决困难。兜会的发起人就是急需用钱者,他走门串户同亲戚朋友协商,叫他们每户来一“脚”即一股,通常自己不算,共10户。数额根据各家经济状况和用户所需而商定,如果50元一脚,一个会合起来就是500元。循俗,第一次会给发起人使用。这一天,发起人要办饭给其他会主吃,表示感谢。第二次在下个月的初一或月半,用骰子摇,点数多的得会(有时也有协商的),除新的得主外每户包括第一次得主各拿出50元。以后每月定时摇会,摇10个月每户轮流一遍,10户人家都积聚了一笔可观的钞票,又不用付息,公平合理。

第四节 生活习俗

家庭

旧时,戴村崇尚大家庭制,以数世同堂为荣。父母兄弟、男女长幼,几代人住在一起,同食共作,认为是门庭兴旺之气象。这种大家庭辈份等级森严,父亲权威最高,男人地位高于女人,妇女不得上桌陪客,女儿一般不载入家谱。由辈份最高的男子掌握家庭经济、家务支配和管教后代之权。大家庭受族长管束,族长为本族辈份最高、声望最著者,具有统领全族的权势,负责宗谱的修纂、族规的解释和执行、族内大事的处置等。中华人民共和国成立后,家长的宗法地位被取消。家庭人口减少,规模趋小。结婚后兄弟一般分家自立,也有与父母分开居住的。循俗,分家由娘舅主持,邀请亲友长辈参加,分割财产,议立契约。谚云:“积谷防饥,养儿防老。”旧时,老人赡养由子孙负责,出嫁女没有赡养义务。兄弟分家时,商定赡养事宜,倘仅兄弟二人,各认其一,兄弟众多平均负担生活费用,甚至议定日后丧葬责任等。中华人民共和国成立后,赡养老人仍然以儿孙为主，有的出嫁女也给予一定帮助。20 世纪八九十年代后，随着农村集体经济发展，一些村逐步建立养老金制度，但儿女仍然承担着赡养老人的主要义务。

衣饰

衣　旧时，无论男女老幼，衣色以青、蓝、灰、黑为主，贫困者多用土布，富家亦有绫罗绸缎。日常所穿便服，式样多为圆直领、布纽扣，衣襟由左掩右之大襟长衫。逢年过节或红白喜事，一般外加马褂，即“长袍马褂”，以示庄重。农人、“八作师傅”劳作时，着对襟衫或短袄，腰系白色土织“大脚布”。女性一般穿齐膝、齐臀大襟衫，老年女性外出时系深色布裙。无论男女裤子均无门襟，裤管肥大，穿裤时腰围须叠起团拢，系以布带，故称“团裆裤”。20 世纪 50 至 70 年代，男子衣式流行中山装、列宁装，女子时兴穿对襟翻领衫和连衣裙等。质料和颜色仍以土布染成青、蓝、灰、黑为主，也有“洋布”。60 年代末流行化纤面料，又叫“的确良”，70 年代“涤卡”视作高档衣料风靡一时。“辫子红绸扎，身穿尼龙格，搭襻鞋子红洋袜”，算是农家姑娘时髦打扮。“文化大革命”期间，青年男女以军装为时尚。“场面上人草绿色，土老百姓灰黑色”是这个年代的衣着特色。80 年代起，服装发生“革命性”变化，无论面料、款式、颜色，琳琅满目，层出不穷，虽普通百姓亦西装、茄克，难凭衣着判别职业身份。服装的功用由历来的遮体、御寒，逐步偏重于时尚和个性化。用料除传统的丝绸、毛料外，皮革、化纤织物亦看好，棉织品一度“返朴归真”，以“全棉”为高档。色彩、款式日益多样，制作工厂化，以成衣销售为主，价廉物美，丰富多彩，告别了过去自裁自缝服装的习俗。90 年代起，时尚一族追求高档、名牌、进口服装。乡村中西装革履的男子，靓装斗艳的妇女到处可见。

帽　一类是劳动用的遮阳草帽和下雨防淋的竹编棕丝箬壳帽。遮阳草帽系农妇用麦草编织，有大沿小沿之分。箬壳帽又叫笠帽，用竹篾编成，里外两层，中间夹以箬壳和棕丝，是 20 世纪六七十年代农家必备的雨具。小箬壳帽顶端尖尖的呈圆锥状，往往配蓑衣，供雨天劳动用。旧时买不起雨伞，用大箬壳帽出门遮风雨。另一类是保暖用的帽子，男子大多戴绒帽、狐皮帽、碗托帽，有身份的人在一些礼仪场合戴铜盆帽，一般村民戴罗宋帽。老年男子冬天戴猢狲帽，老年妇女戴包帽、焐头套帽，以及各式绒线帽，儿童有虎头帽、西瓜皮帽等。猢狲帽用羊绒制成，平时帽沿上翻，若遇风雪天气，放下帽沿，满脸遮住，只留眼睛、嘴巴两处小孔，状如猴子，故名。包帽用绸缎或平绒缝制，无顶，帽额缀以饰物，主要包住太阳穴、耳朵和前额，90 年代后已少见。五六十年代，春秋季节戴鸭舌帽、八角帽，冬季戴有护脖与护耳的“大头帽”。60 年代军帽一度看好。现时，除劳动戴草帽外，平常戴帽者较少。出门旅游戴太阳帽、运动帽，孩童和女子有戴绒帽、呢帽的，隆冬天气则戴风雪帽、皮帽等。

鞋　旧时山区农民穿箬壳草鞋，外出劳动一般穿草鞋加山袜。稻区则穿蒲鞋或草鞋，冬天穿用头发纺织的发袜，暖和又不沾水。草鞋农家一般用稻草自己编织，一双只能穿几天，为耐穿，也有用碎布条编成。有条件的雨雪天穿钉靴，钉靴用牛皮制作，鞋底钉上密密的泡状铁钉，既防湿又防滑。50 年代初，夏天流行木拖鞋，以后发展为塑料拖鞋。60 年代以前，不分男女平时主要穿布鞋。春、夏、秋三季，多为玄色、圆头、圆口的低帮夹鞋，俗称单鞋，冬季则穿蚌壳棉鞋。鞋底以破布叠纳，夹以布衬箬壳底样，用苎麻线密缝，鞋帮用糨糊将鞋面与“布百”黏结。缝合后，以楦头敲实定型。制作布鞋费时费力，平时舍不得穿，等到过年才穿新鞋。做布鞋是旧时女子必会的生活，姑娘相亲时要为未婚夫及公婆做布鞋，以示心灵手巧。六七十年代，流行手工制作“解放鞋”和“松紧鞋”，前者为扁头、方口布夹鞋，后者鞋背呈鸭舌状，用宽紧带连接鞋口。八九十年代后，塑料“风凉皮鞋”、回力球鞋一度时髦。穿皮鞋、工艺鞋、旅游鞋较为普遍，而且向高档、新颖发展。但一些上年纪的人，出于习惯还是喜欢穿布鞋和球鞋。

大脚布　简称脚布，有的地方叫垫肩。即一块宽二尺余、长四五尺的土织白布（俗称杜布），有的两端织有黑色格子以为装饰，是旧时村民劳动必随身携带的“万能布”。其用途广泛：挑担抬杠，可以束腰，可以垫肩；洗浴洗脚，可揩可围；劳动时候可以遮风挡雨，围在腰间能防止泥水溅脏衣服，可以揩汗；劳动间隙小憩，铺在地上可坐可躺；采摘果蔬，可以包裹，等等。老人死后入殓时，“金刚”用新的大脚布束住死者腰部放入棺材，俗谓年青人用此大脚布束腰，挑重担不会闪腰，视为珍稀之物而抢着要。进入 20 世纪九十年代，村民使用大脚布已不多见，只少数年长者仍备有此物。

饰物　旧时，一般女人除传统的耳环、戒指外，基本别无饰物。即使有金银耳环、戒指什么的，也只是新婚时戴一戴，以后就珍藏在箱子底下。贫困人家妇女甚至一点金器都没有。20世纪60年代“横扫四旧”时，饰物被当作“四旧”禁止佩带，有的还遭查抄。儿童饰物一般用来避邪趋吉，如手镯、脚镯、项圈、长命锁、生肖等物，以银质为主，也有玉器。“文化大革命”时期，人们以佩戴伟人像章为时尚。80年代后，女人饰物从金银耳环、戒指，发展到各种名贵材料制作的项链、手镯、耳坠和各式头饰，款式繁多，价格昂贵。青年人结婚仪式上，常有新郎新娘交换戒指作信物一项。90年代后，中年男子戴金戒指的也多起来。一些个体老板，戴挂粗大的金项链、金手链，炫耀过市。

发式　旧时，男子发式主要有平顶、冲顶、光头、西发等。村民以平顶、光头为主。男孩多为稻蓬头，也叫瓦爿头。稻蓬头有前稻蓬、后稻蓬之别，即前头顶心留一块，或后发脚留一块。有的父母为儿子养得顺利，特剃桃子五分头，长一根小辫子。未婚姑娘梳辫子，小姑娘多梳2支辫子，俗称羊角辫，大姑娘扎辫，额前留“流海”即前口发。已婚妇女大多为盘香头，也有梳蓬头的，即将头发用发夹卷起夹牢，俗称棒棒头，也叫高台炮。老年妇女直接向后梳成一髻，俗称田螺头，也叫牛屎头。20世纪五六十年代，男青年多为西发，中老年则平顶为多。女孩多为半月亮式，或养辫子，爱漂亮者用红绿绸缎扎蓬。中年妇女大多为“一刀齐”。80年代，男青年通行“大包头”，留鬓发，女子流行烫发。90年代后，男子多为游泳式西发；女子为波浪式、菊花头，烫发已少见。时尚女子不但浓装艳抹，还将乌黑头发染成金黄色、棕红色，冒充“洋妞”。

饮食

主食　主食以大米为主，辅以杂粮，一日三餐。旧时粮食紧缺，多数人家三餐难以保证。中华人民共和国成立后，农闲时一干二稀（早晚吃粥，中午吃饭），农忙时二干一稀（即早餐吃粥或泡饭，中餐晚餐吃干饭），上下午增加点心。煮饭一般用籼米、粳米，提前淘米使之发涨，饭成必留“饭娘”，即将煮成的白米饭留取一部分，待下餐煮饭时铺在大米上，以提高出饭率。除祀神祭祖待客外，盛饭时先盛锅内表层的饭。家庭主妇将“新鲜米饭”往往盛给出力大做重活的当家男人。作客时如若先盛锅心的“新鲜米饭”，会被视作不识相，没教养。山区人家稻米不多，辅以番薯、南瓜、六谷等杂粮。粮食紧缺时期，即便番薯丝饭、六谷糊、箸夹头、“瓜菜代”“草籽糊”等，当主食亦不能充足。20世纪90年代后随着生活质量的提高，农家早餐也丰富多彩，有馒头、面条、油条、豆浆等。但出于生活习惯，不少人早餐仍习惯于煮“泡饭”。现时，主食大米选用晚粳米，早米基本不吃。主食结构由“吃饱型”逐渐转变为“吃好型”“营养型”，肉、禽、鱼、蛋、奶的分量增加，饭量减少，虽体力劳动者也不再用“大海碗”吃饭。间或吃点番薯、玉米、老南瓜，反而受青睐。村民“下馆子”不再是稀奇事，逢年过节亲朋好友在宾馆饭店聚餐成为一种新的时尚。

菜肴　农家蔬菜向以自己种植为主。中华人民共和国成立后，自留地基本能解决蔬菜需求。家庭养有少量鸡鸭，一为下蛋自用，二为过年、待客之需。旧时普通百姓吃鱼吃虾很稀罕。平时小孩捉点小鱼小虾，耕田时拣点泥鳅黄鳝，为解馋之荤腥。吃猪肉更是难得，平时无钱买，杀得起年猪的人家很少。杀了年猪的，除了卖掉一半，另一半腌、腊、酱，作为第二年的主要荤菜。乡民崇尚节俭，习惯于制作能放得较久的“长和饭”，故有腌、霉、晒的传统菜系。一到秋冬季节，各家都加工储藏腌菜，如腌白菜、腌芥菜等。有的自制甜酱，作为家常菜。若有来客，以自种的蔬菜为主，条件好的少量买一点荤腥。平时鱼肉很少吃，只有过年过节、祀神祭祖时才能吃一点。六七十年代，猪肉凭票限量供应，农忙季节设法购买一点猪肉。食油紧缺，又为着省柴省时间，因此炒菜很少，一般家庭习惯于把蔬菜蒸着吃，挑点猪油算是好了。蒸菜之法，即在饭镬上放一竹编饭架，上置菜碗，若菜碗多，再在碗上叠一饭架放碗，罩以木制高镬盖，或竹制蒸笼套盖，饭熟菜也熟，省时省柴。80年代以后，由传统的饭架上蒸菜为主，逐步变为炒菜为主，炒煎炸熘，各显神通；菜肴由传统的霉干菜等当家“长和饭”，逐步转为荤蔬菜为主。“无荤不吃饭”已很普遍，鱼、肉、鸡、鸭、蛋，已是百姓家庭餐桌上的家常菜。90年代后，吃菜讲究色、香、味，讲究营养搭配，从看好吃荤菜，变得更看好吃时鲜蔬菜了，菜肴趋向清淡。传统家常菜肴有：腌芥菜煎豆腐，乌干菜蒸肉，清蒸鲫鱼，力畚笃蛋，斩碎精肉蒸蛋，腌白菜蒸团笋片，雪里蕻烧鱼，韭芽炒鸭蛋，千张烧肉，干菜蔀头汤，还有饭焐茄子、饭焐萝卜等，冬天还流行吃狗肉。传统节庆菜肴，如红白喜事、生诞寿酒、上梁进屋等，置办筵席须上“十碗头”，大抵鸡鸭鱼肉菜之类，泥鳅、黄鳝、乌鱼等视为低贱之物，不在“十碗头”之列，但现时办酒反视为美味佳肴。

点心　一类是在两顿正餐之间供以少量食品，如麦饼、面条、老南瓜、番薯、糕团、麦糊烧、箸夹头、蛋炒饭等，用以充饥、酬工、待客。象农忙季节当家男人在田间劳动，或家里请八作师傅做工，就要供家常点心。客人临门点心较为考究，农村一般现做糯米汤团或水磨饼，丈母娘给新女婿烧的点心是桂元糖汆鸡蛋；过年待客，吃的点心是酒盘、圆团之类。另一类点心是过年过节或为祀神祭祖而制作的传统糕点小吃，如粽子、年糕、麻团、清明饺、油炸巧果、重阳糕、豆瓣糕、麻片等。清明饺制作：米粉“打浆头”揉和，分一白一青两段，青的须加入适量艾青或经生石灰镪过的苎麻叶揉成。用芝麻拌糖、咸菜炒笋丝等作甜、咸之馅，做成果团，甜果平顶，咸果尖顶，以便识别。咸馅之果一般做成饺状，卷口，名清明饺。巧果制作：以麦粉加糖，揉成薄片或纽瓣形，汆入油锅，略黄，迅速捞起，食之香脆可口，因多于农历七月初七炸制，供祭牛郎织女，故又名巧果，取巧意。豆瓣糕：新麦蚕豆上市后，将麦粉拌入鲜豆瓣，揉韧，制成块状蒸熟，清香诱人。麦糊烧：将小麦粉加水加葱盐，搅拌成糊状，待锅内油沸倒入少许麦糊，摊成碗口大的薄饼，适时翻烤，卷而食之。箸夹头：也叫麦夹头，将麦粉调成面糊，搅拌，使之粘柔适度，以筷子一一夹入沸汤中煮成，故名箸夹头，汤水中可加佐料，食之有味。麻片：番薯去皮煮烂，加入适量芝麻或桔皮，搅匀呈糊状，将抽屉底朝天，铺干净纱布，取番薯糊扣在纱布上，刮平，晒干，剪成片块，储入老酒坛，用温火加砂子慢炒，略黄即可，入口香甜脆爽，戴村农家一般备作春节待客。八九十年代，城乡副食品丰富多彩，各种糕饼糖果琳琅满目，然而传统糕点小吃魅力依旧，成为乡人追思以往岁月的蛊惑。

饮料　民性多爱酒，尤喜绍兴黄酒或烧酒，过年时家酿糯米酒。烧酒，又叫白酒，乡间家酿者颇多，以所用原料分，有糟烧、麦烧、六谷烧、粟头烧、番薯烧等。糟烧，又叫“滴烧”，用黄酒糟为原料，经蒸烧而提取蒸馏酒，出酒率较低，口感上佳。乡俗离不开酒，红白喜事、年节大庆、祀神祭祖、上梁进屋、做寿考学，皆办酒席；有朋自远方来，必沽酒举杯；遇不顺心事体，小酌解闷；冬天撑船下水，喝几口白酒。然而过去条件有限，喝酒并不容易，办酒更加困难。“粮不够，水来凑”，家酿酒缸里多加些水，以便多出酒。20世纪60年代初开始，由于受自然灾害严重影响，物资匮乏，城乡居民买酒需凭票限量供应。80年代后，吃酒已不成问题，而且家庭吃酒趋于瓶装化。20世纪90年代后，喜饮酒精含量低度的酒类。葡萄酒开始受青睐，说有活血养颜降压等功能。啤酒成为大众饮料。妇女儿童，喝点可乐、雪碧陪同。

戴村历来产茶，尤以三清茶著称，乡人用茶亦较讲究，尤其喜欢绿茶。来客必先泡茶，这是乡人的待客之道。客人喝上几口清茶，心情舒畅、疲劳解除，倍感主人友情。有的地方茶中加糖，以示客气。春节期间，茶中加金桔或橄榄，称元宝茶，寓团结幸福意。若被雨淋，俗以生姜红糖煎茶祛湿。请年菩萨，除12盏酒和12盏饭，还有12盏清明茶叶。正月初一请天地菩萨，在八仙桌上放置3盏清明茶叶。男女青年结婚，堂前八仙桌上放置3盏清明茶叶。这些酒盅里的茶叶，都不冲泡。清明茶叶，寓生机盎然、万芽齐发、繁荣昌盛之意，也是乡人爱茶的一种体现。旧时戴村乡间多有茶亭，夏天施茶行善，方便路人。农户家庭饲养的鸡、鹅、鸭等，如食了含有农药的谷物、蔬菜等食物，村民便将一小把撮干茶喂进家禽嘴里，用以中和、解除肫里的毒素。乡人对茶叶储藏讲究密封、遮光、防潮。一是将茶叶直接灌入茶镴瓶（锡罐）内储藏，茶镴瓶是从前姑娘嫁妆中一件重要的器具。二是在甏或坛的底层放置生石灰或木炭，盖上一层纸作隔离层，将茶叶分成2两左右的小包，放置隔离层之上，茶叶内如有潮份，便被石灰或木炭吸收，以保持茶叶干燥。有了家用电器以后，人们就将小包装茶叶放置冰箱冷冻库冰冻。还有人将茶叶灌入啤酒瓶、可乐瓶等颜色绿色、深暗的容器，密封保管。过去泡“碗头茶”较少，夏季往往泡一壶茶全家共用，谁口渴了，倒一碗喝，称“口燥茶”。隔夜茶视同馊饭，忌吃。出畈做生活，带一壶茶到田头，所用茶叶大抵“老茶婆”。80年代后，家庭用茶壶已很少见，要吃就一人泡一杯茶。一些大村开设茶店，老人时常进店喝茶，谈天说地，论古道今。各种座谈会、茶话会，都离不开茶叶。茶水，是人们沟通思想、交流感情、商谈工作、团结和谐的润滑剂。90年代后，喝茶更为讲究，视“明前茶”“雨前茶”为馈赠佳品。茶店增多，内供点心果品，成了休闲、会客、交友、谈生意的好去处。下田干活，大多带上矿泉水，但少数老农仍喜欢拎茶壶，说茶水煞渴。各村老年活动室由村里出资，免费供应茶水。一杯茶水，体现了尊老爱老的良好社会风尚。

饮用水　旧时，村民以溪、泉、井、池塘之水饮用。稻区村落傍水而居，用水较为方便，村中大都有池塘，淘米、洗菜、洗衣裳都在这里。挑去的池水，倒入水缸，漂以明矾，经沉淀方能烧茶煮饭，井水则直接饮用。雨季，住“四檐齐”墙门的人家，待下过几场雨之后，用水缸接“檐头水”（又叫天落水）饮用。山区主要饮用溪水、井水。依山而居的人家，将对劈开的毛竹爿去节，引来溪水到自家水缸，是为山村一景。20世纪90年代后，不少村镇建起自来水厂。随着萧山南片自来水厂的建成使用，村民全部用上自来水。

居住

村落格局　戴村的村落大都历史悠久，村民以一姓为主，聚族而居，村落规模较大。村址大抵由风水先生择定，那些土地开阔肥沃，水网密布，浅山低坡之处，饮水、灌溉、耕作、交通都比较便利，有利农业生产，方便生活起居，是村落的首选之地。安全也是选择村址的重要因素，为抵御水旱自然灾害，躲避兵匪和外族势力侵扰，一些村落建在地势较高地方，三面或两面环水，一路出入；另有不少建在青山环峙的山坞，村舍依山而筑，沿山溪次第展开，参差错落，一条大路由高而低通往外界，这类村名大都带“坞”字。水乡、平畴地区村落或依水而筑，或沿大道次第展开，于随意中现出一定规矩。石砌河坎，建有石阶河埠。无论哪种村庄，村内都有一条主干道，若干支道小巷与之配套，有的大村还形成街市。有完善的用水系统，池塘、井泉、山潭、溪流，各得其所，有的挖人工渠道，将溪河之水引入村内，谓“活水穿村”。河渠与大路或平行或交叉，建起石板小桥，真个是小桥流水人家。聚族而居的村落一般都建有宗祠，村口、桥头、大树下、墙门头，放置石凳，构成简易休闲场所。有的村口建有“风水埂”，上植树木，以关锁地气，抵御风灾。离村较远的地方建有土地庙、关帝庙等，以求神佑。总之，它们是一个个功能齐全，相对独立闭锁，在农耕社会能够生存发展的自然村落。20世纪八九十年代后，由于新农村建设的发展，古村落变成新旧参半，古朴中透着现代气息。一些原先各自独立的村落现已相连成片，难分界线。

住房样式　戴村的老式民房接近徽派建筑，多为二层砖木结构，粉墙黛瓦。样式有四合院（即四檐齐）、三合院、敞开式三种。四合院一般前厅后堂，两侧厢房，廊檐回环，中为石板天井，形成四水归堂，寓意家族团结，子孙兴旺。正屋明间称堂前，是旧时祭祀祖宗、操办红白喜事的场所。多五开间，也有七开间和小巧玲珑三开间。气派一点四合院有石壁萧墙，台门豪华，门额讲究，石雕、砖雕、木雕构建精美，宅主多为官宦或富绅。三合院一般正屋3间，厢屋2间，前砌照墙，中开大门，内有小天井。最常见的是面对大路小巷、无拘无束的“敞开式”房屋，有楼房也有平房，多为五间二弄、三间二弄，中为厅堂，前有廊檐，两端包廊。也有包廊只包一头俗称“钥匙头”的，一般只有2间。少数贫困人家也有住草舍的。村民住房由平房和二层楼房、砖瓦混凝土二层半楼房、联建式三层楼房，到单户别墅式四至五层楼房，经历五代住房变迁，俨然分不清农村还是城市。

建房　旧时民间建造房屋，先请风水先生选择宅基。一般民宅多从方便生活、有利生产出发，选在背山、面水、向阳、避风之处。然后，根据当家人生辰八字，决定房屋朝向、破土日期和时辰。房屋朝向不宜正东或正南，要有几分偏。动土之日，须请土地菩萨，用锄头锄几下，焚烧元宝，祭毕动工，生肖相冲的人要回避。旧时建房颇多避忌，如破土时妇女须回避，忌门对门、门对弄。动土开工之日，在门前悬挂米筛、蓑衣、镜子、剪刀等物，或贴八卦图，书写“姜太公在此百无禁忌”纸条，以镇凶煞。20世纪七八十年代后农村建房，宅基地须严格审批，定点建造，容不得择址，但房屋朝向、动工日期等，乡民仍有讲究。建房户砖、木、石等建筑材料省吃俭用，及早准备。山区农家就地取材，以黄泥、砂石、石灰“三合一”夯土为墙，外涮石灰，上覆瓦片筑成，俗称泥墙屋。除木匠、泥水师傅须付工钱，一般杂工只供酒饭点心，不付工钱。杂工有两种情况，一是事先商定日后对方造屋等需要还工，称作“伴工”。二是亲友义务助工，循俗，亲友建房应当送礼，或既送礼又帮工。八九十年代后，建筑材料向钢筋、水泥、花冈岩、铝合金发展，杂工也以付工资为主，建房工地插一面国旗，随着楼层升高，国旗亦在脚手架上升高，直到房屋落成，国旗仍插在屋顶。建房工地插国旗，成为农村新风俗。

器用

灶具　旧时戴村乡间住户皆建柴草灶。打灶须择日。大户砌三眼灶，一般人家多为两眼灶，人口少的穷苦人家则建独眼灶，又叫缸灶头。独眼灶低矮，不设烟囱。大灶高可及腰，设有烟囱。灶角椭圆，灶沿嵌入木条护围，内外两侧砌有灶沟，灶沟尽头置“水陔洞”，可将洗涮废水排出屋外。外锅较小，供日常使用；里锅多为“尺八锅”，最大为2尺多等大锅，为年节、来客，或烧粽子、煮猪头用。两锅中间嵌汤罐。碗柜靠壁，水缸放灶边，形成一定格局。灶顶悬镬坩架，放置大小镬坩、饭架。灶壁高隆，上建灶台，可放香烛供品，顶端设灶君神龛并安放神码。灶肚上面通烟囱，有灰仓可积灰烬。20世纪七八十年代后，灶具随着燃能结构的变化进行了几次重大变革：“80年代省柴灶，90年代煤气灶”，并设有排油烟机、换气扇等脱排烟设备，有的家庭还添置电饭煲、微波炉。但农家仍建有柴草灶，平时备而不用，过年过节或城里的子女回家来团聚时才烧，盖因柴草灶烧的饭特别香，为一些上年纪的人所留恋。

厨具　又叫灶头用具，有镬、汤罐、镬坩、饭架、蒸笼、镬戗、铜勺、菜刀、砧板、淘箩、筅帚、盐罐、油瓶、火掭、火撬、水缸、水桶、菜柜、筷箸筒、篾罩等。镬，即铁锅，按大小分，有淘锅、二尺二镬、二尺镬、尺八镬、尺五镬、尺二镬等。在炉子上炒菜用瓢镬，无翻沿，镬边设两只牛耳朵作抓手，后来都用带一根捏手柄的镬子。汤罐，黄铜或生铁制成，以炊事余热温水备用。镬盖，即锅盖，杉木制作，有高镬盖、平镬盖之分。平镬盖与锅沿盖平，不能蒸菜。高镬盖有帮沿，上小下大，如敞口木桶倒置，越剧《九斤姑娘》中“有盖无底桶”即指此，可置饭架蒸菜。饭架，竹编，根据锅的大小有不同尺寸，煮饭时放于米水之上，架菜而蒸，里头镬可架两层饭架蒸菜，开锅时饭菜皆熟。铜勺，状如半球，装短柄，以舀汤罐和水缸之水。火掭，一头有手柄、一头成“y”状的小铁杆，送柴草入灶膛、翻拨柴草用。水缸，置于灶前，沉淀江河池塘之水以供食用。篾罩，毛竹编成，上张纱布，罩在剩菜剩饭上防苍蝇。

餐饮具　盛饭所用的有饭篮、饭锡锅、饭桶、铜瓢等。饭篮，细篾编织，有环有盖，造型优美，可挑饭至田头食用，夏日亦可将剩饭挂于篮中通风防馊。饭桶，圆型、腰子型木质容器，有盖，两侧木耳朵，外漆红漆，民间有戏称光会吃饭不会干活的人为“饭桶”。吃饭所用的有碗、碟、盘、暖锅、筷、瓢羹等。碗有海碗、大碗、高脚碗、汤碗等。盘按用场有大中小各式圆盘和腰子盘。饮酒喝茶用的有酒盅、茶盅、锡酒壶、茶壶、焖碗、癞斯壶、串筒等。焖碗，瓷质茶碗，有盖和托盘。癞斯壶，凸肚小圆陶器，形如大茶壶，有嘴与穿绳拎环，农家上山出畈随身携带茶水所用，因外壳粗糙如癞蛤蟆，故名。串筒为温酒之器，锡酒壶为筛酒之物。此外，还有桶盘，有方圆两型，端菜端饭用方桶盘，祝福时用圆桶盘，盛全鸡、全鹅、猪头等。20世纪七八十年代后，各种瓷、陶、金属餐具精致丰富，美观实用，逐渐替代原有餐具。

灯具　旧时乡民所用灯具主要是菜油灯和蜡烛。菜油灯由油盏和灯架组成，菜油盛于油盏，油盏置于灯架，灯架用铜、锡、铁或瓷器制成，造型多样，一般呈立柱状。菜油浸以棉线或灯芯，点燃即可，但灯火昏暗如豆，稍久灯芯结块。蜡烛插于祭祀用的烛台上，即可照明。为节约，往往用祭祀所剩的蜡烛头，或专供照明的小蜡烛。清末民初煤油传入，始用煤油灯，俗称“洋油灯”，有摆灯、壁灯式样。初铜制，无罩，后改进为玻璃品，加灯罩，设灯芯阀可调节亮度，光度比煤油灯亮，称“美孚灯”，这种灯一直用到20世纪60年代初。夜间出门用灯笼，50年代后主要用手电筒。夜间抗洪或其他作业，点松柴灯，或用竹片篾丝扎成火把。五六十年代，喜庆、丧事、演戏、开大会等，点汽灯照明。汽灯用金属作灯架，设玻璃灯罩，以煤油为燃料，须打气喷油，又叫汽油灯，时属高档灯具。

卧室用具　床铺有苏州架、八脚眠床、踏步床等。苏州架即单人床。八脚眠床为大床，简易的由两张四脚床拼成，考究的精雕细刻，式样很多。两端及里面围以一尺多高的镂空雕花板，正面两侧及床眉雕以人物、花鸟图案，置有床顶，可挂蚊帐，床内架搁板，放置衣物。床帮可架床板，上铺眠床草，或嵌入棕棚，铺篾席或草席。一般农家还备有竹榻，有大小之别，架在长凳上即可，夏夜可搬到道地上乘凉用。住草舍和平房的人家，床前铺一快二尺多宽木板，俗称“踏脚板”，就寝时放置鞋子。八脚眠床是男女结婚必备之物，夫妻享用终生，有的传之数代。踏步床有“半踏步”和“全踏步”两种。“全踏步”像一间雕花镶玉的小房间，精美豪华,只少数富豪家庭才有。床内设有搁层、抽屉,可放置马桶箱、四仙桌,功能齐全。“半踏步”略小,能放置马桶箱,没有“全踏步”精美。卧室用具还有马桶、马桶箱、夜壶、床头柜或小茶几、箱子、箱柜、蚊帐架等。

其他用具 桌有八仙桌、四仙桌、三斗桌、二斗桌、小板桌、长条桌等。凳有骨排凳、长凳、烧火凳、小凳、椅子、靠背凳、太师椅等。梳洗掸扫用具有梳妆台、面盆、面盆架、大小脚桶、扫帚、掸帚等。纳凉取暖用具有麦草扇、芭蕉扇、竹榻、火熜、火钵、铜手炉、烘篰笼罩等。儿童坐具有火囤、坐车等。度量用具有扛秤、提秤、铜盘秤、尺、斗、升箩等。缝纫用具有引线(尼线)、线板、顶针、剪刀、熨斗、烙铁、楦头、篇篮等。雨具有纸伞、油布伞、笠帽、蓑衣、等。

娱乐

成人娱乐 看戏文,为旧时主要娱乐方式,多在农闲、庙会、过年时候。尤其聚族而居的大村,每年总要演上几台,所需经费主要由各家捐集。一般在祠堂、庙宇的万年台,也有临时用稻桶翻转上面铺门板搭成的“草台”演出。大到绍兴大班,小到“草台班”、“鹦歌班”,演员均吃各家派饭。有演一台的,也有日夜连演数天的。小孩早早地搬着凳子到场上占好位子,脚头勤快的青壮年到处赶看,年老者被亲戚接去观看。其时摊贩云集,人山人海,村民杀鸡沽酒待客。

斗牌,有打扑克、扣“车马炮”、搓麻将、推牌九、打五关、掷骰子等,扑克又有小二、梭哈、接龙、诃乌龟等多种打法。

弈棋,有西瓜棋、十字棋、象棋、围棋等。西瓜棋、十字棋无需专门棋盘棋子,只要在地上或者纸上画个棋盘就行,棋子是两种形状相似的石子,也可以是两种不同颜色的扣子,常为田间地头所下,孩子们也喜欢玩。西瓜棋盘画一个状如西瓜的圆形,十字交叉,然后再在十字交叉四端划四个半圆形,中间交叉处画小圆。双方各执6子,划拳定先后,每次1子沿线走1步。如3子连成1圈,围住对方1子,令对方没有退路,则可吃1子,以一方吃光为输。

此外,有养鸟、斗蟋蟀、养狗饲猫,舞龙灯马灯、走高跷,上茶店,串门聊天,冬晒太阳夏乘凉,讲“大头天话”等。

儿童游戏 男孩常玩的游戏有滚铁环、劈水漂、打弹子、敲铜板、拍洋片、鞭陀螺、射弹弓、拨小棒、跳马、抬轿、转风车、射水箭、击铜钱、游泳、爬树、骑牛背、放野火、做泥菩萨、打虎跳、翻筋斗等。女孩常玩的游戏有捉石子、跳绳、绷花线、踢毽子等。男女孩一起玩的游戏有造房子、摸乌蒙、放鹞、办家家、跳绳、拍皮球、装大花脸、抬轿、拜堂、寻躲躲、揩油、点罗罗、“清兵”捉强盗、老鹰叼小鸡等。当然地区不同,游戏玩法也略有区别。

保健

乡人历来重视环境卫生,美化绿化家园。早先村村有大树,不少村的风水埂上,古树森森,环境幽雅。清明前后,插柳种树较为普遍。女儿出嫁,必随迎亲队伍挑去松柏一对栽种,意为松柏长青。常见的树种有樟、松、柏、杨、柳、楝、冬青、梧桐等,还有桔、李、梅、香泡等水果,唯屋前不种桃树,谓“阴气”太重,于家不利。村内公共场所、道路两旁的卫生也讲究。年老村民天蒙蒙亮扛着长脚畚箕拿着锄头,沿路拾粪,既图肥料,亦为卫生。旧时乡间路边粪坑林立,不雅观不卫生,20世纪八九十年代后,别墅式住宅多起来,加之各村普遍建起公共厕所,改变了陋习。

居家卫生也很重视,除正月初一和冬至外,早晚打扫家室地面。尤其重视堂前及庭院、道地的卫生,每日早晨必先打扫,以示体面。端午节用艾烟熏室,以驱虫豸。梅雨季节过后,将衣服、棉被等置于烈日下摊晒,驱除潮气,俗谓“晒蒸”。夏日傍晚,农家常在道地上用豆荚壳、麦草等“打烟堆”,用烟驱蚊。年前,家家掸尘,搞一次室内卫生大扫除。平时不吃馊饭,不吃隔夜茶,不喝凉水,剩菜必煮后再吃。

过去个人卫生限于条件不很讲究,一般冬天不洗澡,只揩身。夏天男子在江河池塘洗澡,妇女不准下水,只能在房内用大脚盆洗。每年下河洗澡的时间,以楝树花谢为标志,谚云:“楝树花开,洗浴买棺材;楝树花谢，一日洗到夜。”男子剃头间隔一个月左右，以节省开支。没有零钱剃头的，讲好了可挂账到年底结算。妇女多为互相剪发，很少上剃头店的。不论男女，过年前都要理一次发，俗称剃过年头，既为卫生，又有将各种晦气、邪恶赶走之意。夏日中暑，俗称“发痧”，民间土法在颈背用手扭痧，用瓢刮痧，很有效验。脚腕扭伤，砸碎黄山籽加面粉拌烧酒，用纱布包裹，隔夜即能将瘀血吊出。皮肤小出血，常用门档灰、香灰敷之。生疮化脓，摘取“野甜菜”即车前子叶，揉出汁水贴于伤口。幼儿出天花、发水痘，须头包红布以告知邻家小孩忌避。鱼骨鲠喉，喝醋化之。

骆家舍等山村民众有浸药酒保健的习俗。上山采掘野生的草药，如杜仲、红木香、活血笼等，将其清洗干净，晾晒，切成段状，然后浸泡入白酒中。浸泡20天到30天，药酒就成了。每天小饮药酒，一日两次，具有滋补强身和一定的医疗作用。

第五节　时　尚

在新旧交替过程中，社会生活里时尚的东西层出不穷。时尚属于人类行为文化模式的范畴。有的时尚如过眼烟云，稍纵即逝；有的时尚经过时间的沉淀，显示出其积极意义，留在我们社会生活中。因此，时尚可看作习俗的变动形态，而习俗则是时尚的固定形态。

读书接送　小学生念书天天由家长接送，或父母用自行车、摩托车将孩子带到学校门口，也有汽车接送的，或由隔代长辈专事接送。上学、放学辰光，学校门口人满为患，交通拥挤。接送孩子主要出于安全考虑，怕孩子路上出意外，怕孩子贪玩等。甚至考上大学的，虽已是强壮小伙子、出挑大姑娘，不管路途远近去大学报到，皆由家长陪同。

同学聚会　进入20世纪80年代，各种同学会多了起来。先是“老三届”，他们经过十年“文化大革命”和“上山下乡”磨砺，特别珍惜那份同学情义，于是老同学相约相聚，互诉衷肠。后发展到各个年代、大中小学各个学段毕业同学聚会。世纪之交，正如一首歌中所唱的，那些“80年代新一代”，刚好过了20年，便忙不叠地“我们来相会”。

吉庆点歌　每逢生日、寿诞、婚庆、升学、参军、中奖、开业等喜事，或“三八节”“情人节”“儿童节”“母亲节”“教师节”“重阳节”“圣诞节”等节日，在电视上给亲友点首歌，写一句祝福话，以示庆贺。萧山电视台专门开设《点播》栏目，以满足各界需要，黄金时段每首收费38元，至今乐此不疲。

购买吉祥　20世纪80年代以后，受南方开放城市影响，乡人装电话、买手机、安汽车牌号，乃至购买住宅的楼幢楼层，喜欢追求吉祥数字。最受欢迎的是“8”和“6”，最避忌的是“4”。“8”谐音“发”，寓意兴旺发达、发财致富；“6”取“六六大顺”意；而“4”则谐音“死”，以为不祥。汽车牌号中若有“168”“088”“0588”视为大吉，前者意“一路发”，后者意“汽车一动（你）就发”。这类吉祥数字“僧多粥少”，一度“按质论价”，买卖双方皆大欢喜。

车队迎亲　迎亲方式发生变化。乡村20世纪60年代有用自行车、70年代拖拉机、80年代摩托车迎娶新娘的。90年代后，用轿车迎亲，长长的一溜车队，再加摄像拍照，好不气派。车牌号码被贴上“百年好合”“永结同心”之类的金字红纸，其中不乏公车私用者。近年也有返朴归真，放着私家高级轿车不用，有的新娘偏偏爱坐老式花轿，尝一尝“大姑娘坐花轿——第一回”的滋味。

婚纱留影　20世纪80年代后，新婚夫妇拍婚纱照以为时髦。新郎西装革履，新娘白色拖地纱裙，经描眉涂唇一番，请专业摄影师拍摄婚纱照。有到影楼衬景前拍摄，有到风景名胜实地拍摄，其间亦更换服饰，由摄影师摆布设计各种姿势，一一拍摄下。婚纱照多为套照，选择其中最佳者为标准婚照，放大装入镜框挂于新房，其余则制成精美影集保存。90年代后，中老年夫妇在纪念结婚二十周年、三十周年、乃至四五十周年（银婚、金婚）时，补拍婚纱照的不在少数。他们没能赶上新时代，有的夫妻连半身并排合照都没拍过一张，于是借婚庆纪念补拍婚纱照。

棋牌消闲　下棋、打扑克、搓麻将，是村民普遍喜欢的传统休闲娱乐方式。随着人口日趋老龄化，乡村都建立老年活动室，供老年朋友消遣。有的在村头巷尾下棋或打牌，围观者甚众。各类棋牌室应运而生，内设自动麻将机，供应茶水点心，按时计费，有的附设床位，供漏夜鏖战者小憩。亲朋好友间搓麻将、玩扑克"小搞搞"来点刺激是有的，也有少数滑入赌博的泥淖。

卡拉 OK　20 世纪 90 年代初，戴村镇上一些宾馆饭店的餐厅包厢，时兴安装卡拉 OK，筵未开席，先点唱金曲，放开嗓门来他一首。三杯过后，或互相争抢，或假意谦让，一个接一个地，以歌助兴，以酒助兴。一些单位的会议室，家庭的小客厅也装上卡拉 OK，开会或学习前先唱几首，来客了宾主同唱同乐。聪明人抓住商机，办起卡拉 OK 多功能厅，经营商业性演唱，有的内设舞池，载歌载舞，好不惬意。卡拉 OK 风行一时，镇村不失时机加以引导，举办各种类型卡拉 OK 演唱比赛。进入新世纪，唱卡拉 OK 的渐见稀少，营业性 KTV 生意逐渐红火。

晨跑夜走　随着物质生活水平的提高，健身成为村民追求生活质量的新时尚。太极拳、木兰拳、扇子舞、交谊舞、气功、腰鼓、舞龙、划船、棋牌等等，健身形式很多。每当晨光初现，集镇广场上和村文化中心一簇簇一群群，都有人在十分投入地晨练。而早晨跑步、晚上走路者不在少数。

美容美发　美容化妆进入寻常百姓生活。描眉、粉面、涂唇、养颜、护肤、面膜、除皱、祛斑、美发、焗油、染发、染指甲、纹眼线、割双眼皮，乃至隆胸、丰乳、洁齿、装假睫毛等渐成时尚。美容美发业陡然兴起，化妆品商店应有尽有打扮入时的发廊小姐倚门招揽生意，其中不乏"打性擦边球"的。

洗脚敲背　兴起于 20 世纪 90 年代，一种时尚休闲保健方式，生意红火。光顾者多为大小老板、职场人士，也有想得开的普通百姓。大抵酒足饭饱后，有人作东去"放松一下"。

养狗种花　饲养宠物渐成时尚，养猫、养鸟、养乌龟、养金鱼的人多了起来，养狗尤其风靡。每当早晚，一些村民手牵心爱的狗遛达，怡然自乐。冬天给狗穿上御寒背心，发情期给狗穿上"贞操裤"，以防"性侵犯"。宠物狗的种类很多，常见中低档西洋狗，也有少数名贵犬。专门出售宠物和提供配套服务的宠物店应运而生，生意兴隆。农村养狗从看家护院，发展到休闲娱乐，养西洋狗的也多了起来。村民阳台上大抵有几盆花卉，宅前屋后种花种草的亦不在少数。

茄克走俏　20 世纪 80 年代末 90 年代初，村民以穿皮茄克为时髦。无论男女老少，冬天大都穿一件皮茄克。或黑色，或棕色，而以黑色为多；或拉练，或纽扣，而以拉练居多；或皮领，或毛领，而以皮领为多。还式样翻新，出现轻便猎装，豪华皮大衣等，皮大衣的毛领延伸到前胸腰间。皮茄克一窝蜂现象，到 90 年代末趋淡。

佳品滋补　进入 20 世纪八九十年代，各种滋补品大行其道。双宝素、龟鳖丸、三勒浆、脑黄金、蜂之乳胶囊、青春宝、红桃 k 补血剂、孕宝、肾宝、太太口服液、雪尔补血，还有名目繁多的男女性保健品……你方唱罢我登场，各领风骚。拜访亲友、探望病人、孝敬长辈、托人办事，通行送点保健佳品。有人出于长寿、美容、保健需要，长服常换。也有人凑凑热闹，似乎对保健品究竟有多少保健功用并不介意，看重的只是新颖时尚。保健品市场鱼龙混杂，良莠难辨，商家还在不断推陈出新，方兴未艾。

电话拜年　信息革命悄然来到身边。20 世纪 80 年代末 90 年代初，风行腰佩"BP 机"，"有事呼我！"是那时一句时髦话。与此同时，"大哥大"出尽风头。初为电话听筒般大的长方体，又大又笨，装在特制的皮包里夺人眼球，且价格不菲，"手拿大哥大，必定是款爷"。后来体积越来越小，功能越来越多，价钱越来越便宜，更新换代越来越快，近几年，普通百姓人家几乎每户都有，连不少小学生也拥有了小灵通。电话经过八九十年代交付昂贵的初装费和长时间排队候装的阵痛，到世纪之交几乎普及城乡，有的家庭安装不止一部。楼上楼下互打电话，千里之外问个吉祥。除夕钟声一响，忙给亲朋好友打个电话，发条短信："新年好！"电话拜年别有一番温馨。

学开汽车　进入 20 世纪 90 年代，学开汽车蔚然成风。初出以谋职为主，运输市场放开后，农村青年若掌握驾驶技能，就扩大了就业范围，所以学驾车的人排成长队。90 年代后期，尽管驾校办了很多，学车依旧爆满，但学车目的已发生变化，随着购买私车的人越来越多，学开汽车主要出于自驾所需，尽管有的暂时尚未买车。

窗户防盗 安装防盗窗的始作俑者,或许出于盗贼的防不胜防。此举虽属无奈,却很管用,化钱也省,买个安全,所以村民纷纷仿效。初用钢筋,外涂防锈漆,后发展到用不锈钢;初紧扣窗户沿,后往外突出占据不小空间,下可放花盆,上能晾衣服。现在治安状况大为好转,而装防盗窗之风依旧。装防盗窗似乎已超出防盗之本意,而成为一种心理防范。

居室装潢 早些年村民的愿望是能够住上楼房,哪顾得装潢不装潢,四徒白壁,明线开关,老式自来水龙头,已是很知足了。20 世纪 90 年代后大多住上楼房,讲究起居室舒适漂亮、豪华时尚来,室内装潢应运而生。初贴墙纸、墙布、喷涂料、装围板,再吊顶、喷聚胶漆、敲墙壁做家具、铺花岗岩、贴磁砖,后索性换上自己买的电线、电灯、自来水管、抽水马桶等,装潢所用材料越来越新颖高级。买了新房若不装潢,似乎毛坯一个不能住。

超市购物 20 世纪 90 年代后,传统柜台式购物的百货商店,光顾者日渐稀少,经营萧条,而新出现的超市人气旺盛,生意兴隆。装潢豪华的大超市还在不断面市,其连琐店下伸到镇村,再后完全取代了前者。超市购物成为村民生活的新内容,节假日、晚饭后举家到超市,推着小车大包小包往里装。超市货架的开放,商品的丰富,挑选的自由,价格的实惠,等等,都受到村民欢迎。一些人不购物也爱逛逛超市,以获取商品信息,兼作休闲消遣。

第六节　新兴节日

元旦

1 月 1 日,一年之始故称元旦。机关、学校及企事业单位升国旗,张挂庆祝横幅。按国家规定是日放假一天,庆贺新年,戴村农村还有许多青年将婚姻喜期定在元旦。

三八国际劳动妇女节

1909 年 3 月 8 日,美国芝加哥女工为争取自由平等而举行罢工和示威游行。次年 8 月,在丹麦哥本哈根召开的第二次国际社会主义妇女代表会议上,议定以每年 3 月 8 日为世界妇女团结斗争日。中国妇女于 1924 年在广州召开第一次群众性的“三八”纪念大会。中华人民共和国成立后,中央人民政府政务院于 1949 年 12 月,规定 3 月 8 日为妇女节。

是日,戴村镇机关、企事业单位妇女放假一天,也有组织妇女到外地旅游观光。节前,召开各界妇女座谈会,宣传保障妇女合法权益,开展创“五好家庭”活动,评比和表彰“三八红旗手”等。少数农村家庭妇女是日由丈夫多做家务。

五一国际劳动节

1886 年 5 月 1 日,美国芝加哥 20 万工人举行大罢工,要求实现 8 小时工作制。1889 年 7 月,在巴黎召开的第二国际成立大会上,5 月 1 日被定为国际劳动节。中国工人阶级第一次纪念国际劳动节是在 1920 年,是年五月一日北京、上海、广州等地工人举行集会和示威游行。中华人民共和国成立后,中央人民政府政务院于 1949 年 12 月规定 5 月 1 日为劳动节,放假 1 天。1999 年改为放假 2 天,2000 年又改为“五一长假”有七天假期(含调休日)。戴村机关、事业单位享受国家法定假期,工厂企业逢节分发劳保纪念品,也适当放假。农村青年喜欢在五一节订婚或举行结婚仪式。

五四青年节

1919 年 5 月 4 日,北京学生示威游行,抗议巴黎和会承认日本接管德国侵占中国山东的各种特权的无理决定,得到全国范围的响应。后定每年 5 月 4 日为青年节。青年们于这一日开展各种纪念会报告会,组织"为人民服务"做好事,外出旅游观光,共青团组织新团员举行入团仪式等。

母亲节

每年 5 月份第二个星期日为母亲节。是日,戴村镇儿女们向母亲赠送礼品表示慰问,让母亲少干家务,出嫁女儿回娘家探望母亲等。

护士节

5 月 12 日为"护士节"。戴村镇自 1993 年首届护士节起,每年于节日由各医院、卫生院领导组织护士开座谈会,探讨护理工作,征求改革意见,评比先进等,并向护士们分发节日奖金和礼品。同时选派优秀护士参加市(区)卫生局组织的"护理大比武"活动,用开展各种业务竞赛来过好自己的节日。

六一国际儿童节

1949 年 11 月,国际民主妇女联合会在莫斯科举行会议,决定每年 6 月 1 日为国际儿童节。中国中央人民政府政务院于同年 12 月规定,6 月 1 日为儿童节。是日,镇各幼儿园、学校组织文艺节目演出,分赠文具、玩具、糖果。长辈于节前也给孩子买衣服、玩具、文具、食品等。

教师节

1939 年国民政府教育部规定,于农历 8 月 27 日孔子诞辰日为"教师节",但旧时并没有尊重教师。1985 年,全国人大常委会规定每年 9 月 10 日为教师节。是年,戴村举行首届教师节。以后每年于教师节这一天,镇政府召集幼儿园、中小学教师开大会庆祝,表彰"园丁奖"获得者,并拨出专款予以奖励,给 30 年教龄以上的老教师颁发荣誉证书。慰问老教师、退休教师、生病的教师。各个学校、幼儿园也召开座谈会、评奖会等,向教师赠送礼品或奖金,表彰优秀教师和劳动模范,

老人节

1987 年,浙江省定于每年农历九月初九日为"老人节"。九月初九旧称重九,寓有对老人尊重之意。戴村机关、团体、企事业单位,每年于是日组织老年人(包括离退休人员)就近登山,赠送纪念品,登门慰问高龄老人和镇敬老院的孤寡老人,向他们送钱送物。节日之夜,镇文化中心举行文艺演出,请老人观看。老人节前,评选敬老养老、热心为老人服务的先进单位和个人,予以表扬奖励,通过广播、电视广为宣传。是日,儿孙也有为长辈赠送礼品、加几个菜喝两杯的。

国庆节

1949 年 10 月 1 日中华人民共和国成立,每年 10 月 1 日为"国庆节",全国放假 2 天。1999 年建国 50 周年大庆,国务院特规定放假 3 天。每年是日,戴村机关、学校、企事业单位升国旗、挂横幅、贴标语、悬宫灯,有些单位还用松柏搭彩棚,还出黑板报国庆专刊、组织文艺演出等。镇政府组织机关干部、企事业单位行政人员、中小学教师代表等,于 10 月 1 日上午举行升旗仪式。机关、学校及企事业单位节前给职工分发奖金、纪念品。放假的职工尤其是教师,有利用黄金周外出旅游的。青年男女喜于此日举行婚礼。新生的婴儿有取名为"国庆"的。

圣诞节

12 月 25 日圣诞节,原为基督教信徒纪念耶稣诞生的节日。近年受外来文化和城市的影响,戴村农村也有圣诞节气氛,年轻人尤为兴奋。如有唱圣诞歌、向亲友互报佳音、化妆成“圣诞老人”向孩子们抛赠糖果礼品等等活动。商家乘机推波助澜,大做圣诞节生意。

第六章　宗　教

戴村镇现有佛教、道教和基督教三大教派。佛教和道教,在境内流传历史悠久,基督教为民国时期传入境内。这三大教派在戴村都有合法的宗教活动场所,有一批经宗教管理部门登记在册的信徒,他们在党和政府宗教政策指引下,传播宗教文化,开展正常宗教活动。

第一节　佛　教

上董村东晋—南朝越窑窑址采集到的壶、罐、砚、灯盏、碗、盘、盏、钵等青瓷器上,有不少以佛教荷花莲瓣纹作为主要装饰图案,而且手法相当成熟,可见当时佛教已经影响和深入这里人们的生活。南朝梁大同年间(535 ~ 545)始建的白墅寺(今圮),表明佛教在戴村境内正式开始流传。白墅寺鼎盛时期寺僧百十,常去四乡募化,在永兴河上建造“和尚桥”,后村以桥名,足见其影响之大。唐天祐十六年建成的和庆寺(今圮),也是境内比较早的佛教寺院。位于云门山巅的古刹云门寺,是戴村现存最早的佛教寺院。云门寺属佛教禅宗支脉曹洞宗一派,历史上它对推动戴村甚至萧山的佛教文化传播都起过重要作用,如今是经宗教管理部门批准的戴村境内唯一的正式佛教寺院,为萧山区佛教协会团体会员单位。坐落在骆家舍村的白云庵、半山村的松隐庵等寺庙(详见本志卷十三第二章《文物古迹》),也是民间佛教活动场所。戴村信奉佛教的群众比较多,他们为散居在家的居士,主要在观音菩萨、地藏菩萨等佛诞之日,到云门寺等佛教寺庙参加香会,诵经念佛,求生净土。民国 17 年(1928)沈村农民协会许多秘密会议在和庆寺举行,并破除迷信把寺里的佛像捣毁。中华人民共和国成立后,佛事等迷信活动被禁止,寺庙中泥塑菩萨大多被毁,和尚尼姑还俗自食其力。20 世纪 80 年代以来,在政府宗教主管部门和佛教协会的正确引导下,民间佛事活动重新恢复和兴起,一些寺庙得以修复。佛教协会给云门寺派出了住僧,主持日常宗教活动。

寺庙简介:

云门寺　详见本志十三卷第二章“文物古迹”。

上董庙　在上董村庙山,又称主福山庙,旧为七都土地庙,是整个七都的土地总庙。坐北朝南,前后 2 进,建筑面积 400 平方米。山门额书“主福山庙”,镌有抱联。前后殿各 3 间,各有石柱 22 根,中柱圆,边柱方,柱上镌捐建人姓名,为晚清重建时所立。前殿门口方石柱刻有抱联:“前有上胜后有下洋斯庙别开一局,西南多山东北多水惟王永保七都。”内殿供奉“孔大明王”。后殿供奉观世音菩萨。主福山庙的前身是“南殿保国资化威胜王庙”。明嘉靖《萧山县志》载:为后汉乾祐元年(948),吴越王钱元瓘(钱鏐之七子)所建。今所供孔大明王,即钱鏐立庙黄山西殿的“孔大夫”。志称“隋大业中,有孔大夫者,为陈果仁裨将,讨东阳贼娄世翰,降之,立庙黄山。”历史上西殿和南殿供奉的二王,都与钱鏐封神建殿庙、重视水利建设有关。上董土地庙联云“西南多山东北多水惟王永保七都”,道出了其中缘由。清道光年间黄山西殿重修,将已圮南殿供奉的“保国资化威胜王”一起供奉在西殿,故称黄山西南殿。清代上董村重修南殿时,将南殿更改今名,并尊黄山西殿之孔大明王为土地,说明南殿与西殿的历史缘源。1993 年,由董培兴老人发起再次修葺,有 158 人

次(单位)赞助,立有赞助碑记:"七都社稷,保我黎民。蹉跎岁月,破损不堪,再不修,塑将废墟。依靠万众乐助,庙佛依旧,凡人民币满50元者名刻丰碑。为善必昌,百世留芳。(下面具捐款者名字数额)"2005年秋,董仁芳出资万余元,独浇制庙前小广场。

白墅寺(遗址)　在河杨湖村之河上桥自然村,坐落在石硖山北一幽坞中。白墅寺已有1400多年历史,清郭伦在《石硖村记》云:"白墅,不知始何名,梁平北将军白敏之别墅也。梁大同间,敏与魏人战于淮上,丧其元。武帝赐金元以葬。当时,武帝好佛,敏子中书郎白珩奏以墅为寺,而祀父于其别宫,此寺之所由始也。"敏子舍宅为寺,初名净土院。唐会昌间(841~846)废,咸通九年(868)重建,宋大中祥符元年(1008)改额"白墅寺"。后历经修葺,至20世纪60年代被拆除。原有3间2进,侧屋各4间。正殿很深,供奉如来佛、观音等佛像,还有一尊骑白马的威武将军像,便是白敏。遗址仅存3根倒伏的方石柱,一方一圆2口古井及1水潭。2006年有信士在原址建起简易寺宇3间。历史上白墅寺构制恢宏,寺僧众多,香火旺盛。寺僧常去四乡募化,为方便出入,在永兴河上建造一座桥,俗称"和尚桥"。后村以桥名,谐音河上桥。北宋太平兴国三年(978),萧山县有孝悌乡白墅里建制。1951年戴村区以寺名乡,增设"白墅乡",1958年曾设"白墅管理区"。历史上许多名人雅士到过白墅寺。例如:明代进士、湖广按察使倪朝宾,与白墅寺和寺僧结下不解之缘。他写有五律《白墅寺》:"蛇径穿丹嶂,龙宫锁白云。山空无剥啄,野趣有耕耘。古树秋涛落,新篁绿竹纷。老僧飞锡去,惆怅对斜□。"

和庆寺(遗址)　在沈村,坐落在风景幽雅的谢坞山麓。始建于唐代,为丁村丁氏始祖丁璞建,历经重修,久废。据县志载,唐天祐二年(905),丁文靖公舍基而建,初名龙门院。宋祥符中(1008~1016)赐今额。南宋建炎间(1127~1130)毁。元至正间(1341~1367)重建。清乾隆二十一年(1756)又一次重修。年长者回忆,民国16年(1927)和庆寺尚存,3进各5间。1928年开始局部倒塌,当时沈村农民协会许多秘密会议在此举行,他们还破除迷信把寺里的佛像捣毁,倒塌的殿宇木料当柴出售给槽户,为农民协会筹划资金。新中国成立后,寺基一度开垦为土地,1958年遗址办起牧场。

第二节　道　教

道教在戴村民间流传比佛教早,影响更为深远。早在远古时期,云石狮山就有女娲传说,存有女娲殿遗址。在萧山宗教局批准的现有开放、保留和暂时保留的戴村6处寺庙中,就有5处为道教活动场所,即建于后汉乾祐元年(948)的上董庙,建于明代的惜谷庙、五王庙,建于清代的祖师庙,还有始建年代不详的三清殿。这5处道教活动场所作为团体会员单位,参加了萧山区道教协会。境内三头村的关帝庙、尖山下村的杨老相公庙、枫桥村的老庙和响石桥庙、沈村的公田庙、半山村的鸳鸯庙、张家弄村的石硖庙、郁家山下村的花女庙(详见本志卷十三第二章《文物古迹》),建于明末清初祀奉胡公大帝的上胜庙(遗址)等,均为民间道教活动场所。旧时不少村里都有土地庙,土地庙一般供奉英雄神、自然神等,因而也属道教范畴。但戴村民间信奉佛道合一,仙佛同供,所以许多寺庙其实很难分别究竟是道教还是佛教。道士为散居在家的正一派道士,主要在民间从事忏会、道场,以超度亡灵,或到白事人家唱夜、做七、做周年等。信教群众于神诞之日到寺庙参加庙会、宿山等,或于重要节日举行祭祀活动。如七月十五中元节,举行兰盆会,由道士放大堂焰口。旧时每年九月初九,由道士在珠山道院设坛拜九皇忏,以祈太平等。2006年9月,戴村镇青山村明堂自然村的沈岳军、戴村村的周永华为萧山首届道教协会个人会员(首届道教协会个人会员共32名),沈岳军任道教协会理事。镇内另有若干道士和道友。

寺庙简介:

三清殿　在青山村海拔659米的石牛山上。相传南宋时,有位叫沈三清的农民,长期住在石牛山,采得深山百药,凭妙手回春之术,乐为四乡百姓治病。后人为纪念他的功德,便在石牛山上建起一座三清殿,内供三清帝塑像。鼎盛时期,有殿宇3进,僧人数十。由于年久失修,至民国14年(1925),村民沈沛福发起募捐,在原址下面约1公里的翠竹环抱的山腰,新建三清殿,殿宇5间,辅房若干,建筑面积约400平方米。1981年,石牛山村农民沈云先发起募捐,修缮殿宇。历史上三清殿闻名遐迩,香火极盛。农历三月初三、九月初九,要做3天3夜大道场。每逢清明时节,来自富阳、诸暨乃至杭州、上海的香客云集于此,十分热闹。三清殿大门朝东,门口悬"三清殿"匾额。殿内奉祀玉清、上清、太清三真人①。三清殿门口蹲伏一头石青牛,它是李耳的座骑。殿北祀奉吕纯阳祖师,即"八仙"中吕洞宾。殿联云:"纯正济世方是道,阳光普及渡众生",大殿檐下两对牛腿木雕精美,均为道教中人物故事。

惜谷庙　在石马头村,位于村前谢山谷,原名惜谷殿,始建于明末清初。现建筑为20世纪80年代初重修,改今额。关于惜谷庙的来历有个传说。明朝,义桥一带出了位名叫潘世恩的人,人称潘公老爹,他虽家庭殷富,却十分节俭,尤以节约粮食著称。割稻时节,他总要亲自拾取稻穗,积谷防饥。他还让佣人在各家的"水陔洞"口接一个淘箩,将涮锅淘米冲掉的米粒饭粒搜集起来,以备救荒之用。当时江南大饥,饿殍遍地,惟独戴村、义桥一带无人饿死,全仗潘公老爹将平日所积的粮食赈济灾民。潘公老爹死后,乡亲们感念他的恩德,立庙祀奉,因其生前珍惜粮食,故名惜谷庙。惜谷庙原有上、下大殿、山门等建筑,供奉潘公老爹即惜谷神、大佛等神像,是萧山南片的著名寺庙,历来香火旺盛。抗日战争时期,旧萧山县法院迁驻此地办公。抗战胜利后,庙宇一度作为国民政府戴村区区公所临时所在地。20世纪50年代初,庙内办学校、吸血虫病防治院等。1961年2月拆除大殿,木料用于建造乡政府办公楼。后庙址建起畜牧场。1998年由信女胡素琴等发起重修,经累年复建,现有惜谷殿、上大殿、玉皇殿等,难得的是山门和部分山墙为清代遗存。庙内有古井一口,水质甘冽清澈,四季不涸。

祖师庙　坐落在枫桥村响石桥自然村,位于省级森林公园石牛山麓。相传古时候石牛山上曾住过一位名叫沈三清的老人,四乡行医,惠泽百姓。后世建庙塑像,尊其为"清忠祖师",故名祖师庙。祖师庙始建于清雍正年间(1723~1735),原址在珠山顶上,又名珠山道院、九叙道坛。有殿宇3间,翠竹相护,黄竹为屏,内设坐、行祖师神像2尊。因年久失修,于清光绪三十四年(1908)移址于珠山之麓紧靠七都要道新建祖师庙,占地1500平方米,四合院式,庙门朝北,门前原立九联灯杆1根,每逢农历八月三十日晚,9盏联灯齐明,设坛拜九皇忏。膜拜九天九夜,以祈太平,直到九月初九下午皇忏结束,祭天化榜时才将联灯收藏,来年再用。每年春节、端午、中秋、冬至,进香者络绎不绝,祀求惠佑乡里,国泰民安。新中国成立后,庙宇住过农户。1999年村民沈水泉为首募资7万元,经过整修,重开佛光。庙宇保持清代建筑风格,镌额"珠山道院",正殿5间,两厢各3间。正殿仍塑祖师坐、行神像2尊,东殿观音大士,西殿西罗沙神。联云:"石牛巍巍仰瞻三清法界,云门飞峙俯瞰九叙道坛。"

五王庙　在戴村村,面永兴河。现有建筑10间,分东岳殿、五王殿、朱天殿等,供东岳大帝、五王菩萨等神像。农历三月廿八,以及五月半、八月初八、九月初八等日,庙内均举行佛事。五王庙始建于明代,相传先有东岳殿,后建五王庙。原为四合院式,前殿戏台、看楼,戏台上书"通古今"3字。庙前有文昌阁、古张干石桥,庙旁建过路凉亭和石板大道,与庙宇构成一体。解放后,庙宇作过粮仓。20世纪50年代永兴河兴修水利,拆除石桥,堤坝往庙基内移。1971~1972年拆除文昌阁。文昌阁六角二层,木雕"鲤鱼跳龙门"等美仑美奂,传说月明风清之夜,那鲤鱼便会跳到河里戏水。后木雕被盗,抗日战争时期,戴村老街皆毁于日军战火,惟藏有"鲤鱼跳龙门"木雕的那个墙门逃过一劫,据说得益于木雕的护佑。五王庙为十方土地庙。旧时戴家山庙(戴村镇戴家山村)、里庵坞庙(义桥镇塘坞村)、花女庙(戴村镇郁家山下村)、水埠庙(临浦镇浦南)4庙所供五王菩萨,皆由戴村五王庙分支出去。

---

① 张岱《夜航船》载:"玉清,元始天尊;上清,玉宸道君,即灵宝天尊;太清,混元老君,即道德天尊。"

第三节　基督教

基督教于20世纪30年代初传入戴村镇。当时,美国传教士罗加敦夫妇、英国传教士汉福恩等4名外国牧师,先后从义桥、闻堰基督教堂来马谷村传教。传教地点在马谷村陈以升家,外国牧师隔一、两礼拜来马谷村传教,起初参加礼拜的由陈以升等六七人。后来,参加人员逐渐发展到二三十人,范围扩大到沈村、尖山下村,以及河上镇祥里童村等地。抗日战争时期义桥基督教堂被毁,马谷教点的宗教活动一度停止。抗战胜利后至新中国成立初期,信教群众恢复宗教活动,时断时续做礼拜。60年代初以后,教会活动基本停歇。

1978年,临浦基督教堂恢复宗教活动,戴村信教群众赶到临浦教堂参加礼拜。80年代初,除原有的信教群众外,又增加少量新成员,最多时30多人,马谷、中潭、麦园、前方、响石桥、骆家舍、尖山下、方家塘、沈村、杨家桥等村都有人参加。由于当时交通不便,经临浦教堂同意,从1990年开始戴村片信教群众从临浦教堂分出,开始在凌桥村俞全尧家做礼拜。两年多后,改到戴村村洪婉文家做礼拜,此时信教群众发展到40多人。此后,做礼拜地点又改到杨家桥村杨子强家、河上桥村倪志文家等地。由于没有教堂,信教群众深感开展正常宗教活动之不便。经多年筹划和有关方面批准,1997年在杨家桥村购得地基,建起福音堂,从此戴村基督教信群在福音堂做礼拜。1998年3月,经萧山市宗教局批准[宗场证字(丁)0107020号],福音堂为萧山市戴村镇基督教杨家桥聚会点,负责人方吾金。现任负责人赵慧月,登记在册的信教群众500多人,经常参加做礼拜的150多人。前来讲道的有临浦基督教堂、谢家基督教堂有关人士等。

教堂简介:

戴村福音堂　在河杨湖村杨家桥自然村。投资35万元,于1997年5月6日动工建造,当年10月1日竣工,建起教堂4间、办公室2间、食堂1间,建筑面积300多平方米,占地面积1亩。教堂额"戴村福音堂",经批准为戴村镇基督教杨家桥聚会点。

第七章　方　言

戴村方言与萧山南片地区方言基本相同,但稍加辨识,与同为南片的河上、楼塔等镇在个别词语上尚有明显区别。由于毗邻富阳,一些村受富阳话影响较大。本章设语音词汇、民谚、新民谚3节,例举常用词汇和民谚,以展示戴村方言的特色。

第一节　语音词汇

倷　你们
伢　我们
侬　你
伊　他
卯　次
槱(pào)　称物一次为一槱
沰　粘状物单位,如:一沰痰
籴(dí)　籴米,买粮

偃(yǎn)　疮痂
钿　钱
衲　尿布
裥　衣服上打的摺子
礅(kān)　堤岸,河岸
焐(wù)　保暖。肉、菜和饭同煮
煨(wēi)　火灰中烤东西
摢(háo)　以容器量物
焖　延长时间,使东西完全熟透
攽(bān)　给
痕(fǎn)　胃不适,呕吐感
张　望,看望
撸(lú)　轻摸
囥(kàng)　藏
啨　叹词,伤感,惋惜,悔恨等
幽　声音小,小声说话
呛　咳嗽
讴(ōu)　呼唤,歌唱
烦　唠叨
作　捣乱,寻事。多指小孩淘气
匍(pú)　身体下蹲
睏　睡觉
吮(shǔn)　用嘴唇吸
扨　捕捉
掸(dǎn)　拂,除去
拗　折断
殿(zhēn)　敲击,使实
搪　涂抹
抲(toú)　拿
搛(jiān)　用筷子夹
撩(liáo)　伸手往高处取物
褪(tuì)　用热水脱去畜禽毛羽
搣(miè)　用指捻
掷(zhī)　刺
挦(xiǎn)　用细丝触物
剺(lí)　用刀划
揿(qìn)　用手紧按
掇(duō)　双手端物
躽(yǎn)　比量长度
滗(bì)　把固体物中的液体沥出来
捞(laò)　理,抹去
挢(jiǎo)　用杆在固定物上撬动另一样东西

搦(liǔ)　掺和糊状物。如六谷糊
抚(ào)　用匙或直接用手喂东西
康(kāng)　架空,把柴禾起来
歛(liǎn)　手端物,如歛菜碗
熯(hàn)　蒸。在饭架上熯东西
挎(kuà)　长度单位。拇指和中指张开距离为一挎
庹(tuǒ)　长度单位,两臂横伸长为一庹
鲎(xiū)　彩虹
箍(kòu)　桶箍
箳　箩筐
甏　长圆形坛子
弶(jiàng)　捕鼠雀的工具
条　桌子
砻(lóng)　去掉稻谷壳的木制器具
掫(où)　硬送或硬卖
督　竖立,督直
氽(tǔn)　漂浮。如:油氽花生米
潽(pù)　水液沸溢
煝(mèi)　燃而有烟无焰
炾(wǔ)　火熄
烊(yáng)　熔化。溶化
瘪(xī)　低劣。差
俏(qiào)　俊美。畅销
腾　不识好歹
皮　顽皮
活澍(féng)　十分肮脏
腌　食物中放适量食盐。如:腌菜
段　量。一段东西,一段人(云石山里称谓较多)
抠(kōu)　小气,过分精算
倭(ò)　不好,不理想
横　蛮不讲理
牮(jiàn)　屋斜使正
觼(jué)　牛角顶人触物
鞔(mán)　鞋帮上蒙布
轩(xuàn)　称物秤杆向上斜
嘈　肚子饿
塘　堤坝。以防水患所筑
绗　一种缝衣的方法,把棉衣内的花絮固定
啧　用嘴唇吮之,少量,品尝
馊　食物初变质,开始有酸气
囡　女儿
满月　婴儿生下满一个月

得周　婴儿生下满一周岁
带身　怀孕
七子　人死后每七天举行一次祭悼,共七次
上昼　上午
下昼　下午
晏昼　中午
夜快　傍晚
后日　后天
七朝　婴儿生下第七天
人中　人体上唇正中纵形凹沟
寒毛　毫毛
胴疘　肛门
借手　左手
顺手　右手
痒肉　痒
怪肌　痒
打涕　打喷嚏
呵鼾　哈欠
眠鼾　睡着时粗重的呼吸,打呼噜的声音
靥梦　恶梦,梦中受惊或感受压不适
疰夏　逢夏如病,食欲减退、不适
刮积　痢疾
抽筋　痉挛
噎抖　噎
流火　丝虫病患者,下肢粗肿
风块　荨麻症或皮肤过敏
发背　背疽
蛇缠　带状疱疹
损病　肺结核
兜风　逆风
阵头　阵雨
雾露　雾
天河　银河
豁闪　闪电
落雨　下雨
腾头　不识好歹者
叉头　蛮不讲理,无事生非者
前路　隐谓:那个人
料作　通称材料,也有指人的
靥子　不识好歹,容易上当的人
瘟孙　吃了亏,反被人看不起
撮空　做事不着边际,不踏实,扑空

洋盘　欲时髦
当值　服侍
着港　到手,得到
失撇　失手,失利
温暾　微温
腻心　恶心
乐胃　舒服、惬意
挖打　合算、占便宜、折扣
柔糯　柔软、绵糯
豪燥　赶快、赶紧
眼热　眼红、羡慕
嫌憎　挑剔、不满意
发靥　有趣、乐趣、天真
煞渴　干脆、过瘾、满足
社头　兜会发起人,主持人
总甲　地保,凡事都要管
万难　极不容易
日头　太阳
时光　时候,“辰光”
日脚　日子
上昵　昨天
后昵　后天
前昵　前天
店王　旧时店主人
师工　厨师
木驼　愚笨者
还杯　往来、报复
何(he)西　什么
话把　话柄
照么　于是
吵孽　吵架
嗯扭　没有
出傥　举止大方
齐整　漂亮、美丽
清脱　干净
埭湖　地方
喝口　漱口
下底　下面
修筑　收拾
稻地　门前空地
傢生　泛指器具
煞刻　蛮配胃口、干脆、刺激

掏摇　指办红白喜事的耗费
发探　脸部浮肿
蹬食　食多而不消化
太爷爷　曾祖父
太太　曾祖以上之长辈
婄姆　妈妈，娘、母亲
连襟　姐妹丈夫之互称
俩老嬷　夫妻俩
叔滨婄　妯娌
贰婚头　丧偶再嫁的男女
爷爷　祖父
娘娘　祖母
阿侄　侄子
侄囡　侄女
娘舅　舅父
娘妗　舅母
舅佬　妻子的兄弟
填房　继妻
人客　客人
嬷嬷　女佣、保姆
店倌　商店营业员
堂倌　茶倌、饭店、旅社的服务员
行贩　小商人
孤孀　寡妇
贱坯　坏种（骂人话）
葛浪头　这个地方
升箩　粮食量具
团箕　圆形竹制晒箦
板筛　圆形竹制筛具
圆箦　圆形竹制大箦
搭筛　舂米后筛出粮粞的筛具
纱筛　筛粉用的小筛具
白篮　竹制容器，盛放粮食用
淘箩　淘米用的竹制器具
火筒　竹筒，烧火用（火熄时用来吹风）
钉靴　牛皮制作，底有铁钉能防滑
山袜　棉布多层制作的长统厚袜，供上山劳动穿用
发袜　头发编织的厚袜，保暖
套鞋　胶鞋。旧时套在鞋外面穿，故有套鞋之称
蒲鞋　蒲草编成的鞋
河船　农用无蓬木船
耜头　锄头

山子　山锄
割子　带齿锯的小镰刀
介橱　菜橱。有竹制和木制两种，现也有不锈钢制成的
鹰架　造屋打墙用的架手架
砚瓦　砚台
海兜　捕捞鱼的网兜
游丝　围堵鱼群的丝网
廪(ling)皮　粗大竹席，晒粮食用
泥刀　亦叫砖刀，泥水匠工具
泥格　泥水匠用
提子　(吊提)液体量具
蒲墩　蒲团
柴杠　两头尖的竹杠，挑柴用
笣掠　搂柴草秸的竹制工具
蓑衣　棕制雨具
笠帽　用箬叶和油纸等制成的雨帽，也可防日晒
菱桶　椭圆形大桶，用来采菱或捕鱼
弹钓　竹制渔具，鱼吞饵即被弹捉
兜网　一种渔具，两端各系竹杆
犁轭　置于牛颈上的曲木，用于牵引耕田
铴(tang)头　竹制成T形的平田工具
草苫(shan)　稻草编在竹片上成帘状，用来盖草屋用
捣臼　石臼，舂米用
舂子　舂米工具
料勺　粪勺
坐车　放置婴孩的坐具
火桶　旧时放立婴孩的木桶，下可放火盆取暖
火钳　烧火工具
苕帚　芦苇等制成的小扫帚
籰(yue)子　纺纱绕线的工具
壳盏　盒子
薄刀　菜刀
黄货　金子或金饰品
地脚　地点
间架　房屋的纵横面积
食祭　吃的詈语
卖相　外貌
靠傍　依靠
叫名　虚岁
毛团　约略、估计
嵌板　肯定，一定
冤绷　勉强

原旧　仍旧
值钿　钟爱、疼爱
倒担　存货全都卖光
倒灶　倒楣，倒闭
抵桩　准备，有打算
作孽　作恶，小孩子淘气
虔心　恭敬而有诚意
顺溜　顺利
转缸　白菜腌入缸后改日再踏实
花奅（pào）　鲜艳花俏
货　好东西
脊令　服装整洁，动作利落，蛮精干
回话　拒绝，辞退
拗梢　敲诈、冤枉人
调头　调动款项、借款
调排　作弄
仇寇　仇恨、怨仇
切头　暗示或暗语
搡话　故说反话（不满意）
造话　谎话
闹热　热闹
气力　力气
吃相　举止神态
宿山　终夜在庙中诵经念佛
开言　装神弄鬼者开口说话
坐夜　人死后夜里祭悼，亲人守护遗体
逃生　私生（子女）
团笋　冬笋
青果　橄榄
白果　银杏果
贰粟　玉米、六谷
蒲子　瓠子
薸薸　浮萍
薀草　水草
草花　紫云英
毛豆　黄豆
菜蕻　蔬菜的新茎
汇钞　付款
阿大　店经理（也称老大）
长年　长工
忙月　季节工
短工　临时工

脚班　搬运工人
江司　江海运业者
行郎　婚娶喜事之行役者
材福　丧事行役者(金刚)
堕贫　堕民
伴送　堕民妻
小唱　堕民善奏乐唱戏者
廪匠　竹篾匠
长毛　太平军(含贬义)
北佬　恶人。旧指军阀孙传芳军队
馆子　饮食店
混堂　澡堂
油车　榨油作坊
杜布　土布
叉袋　麻袋
埲尘　灰尘
墩磉　柱下石
砖　盖在椽子上面,瓦片底下的薄砖
镴箔　锡箔
夏布　苎麻纱织的布
乌烟　鸦片
绢帕　手帕
弄堂　户屋之间的小巷
底骨　做鞋用箬壳剪成的鞋样
苏头　流苏下垂的穗子
灶瞎　灶下堆柴烧火处
搁栅　楼板下面的横木
抬梁　用来托住柱子的横木
缝埭　缝隙
老衣　寿衣
央沟　阴沟
煤头　引火用的细长纸卷
冻瘃　冻疮
香油　菜油、麻油
镬焦　锅巴
石花　石花草熬煮成半胶状食品
蠓斯　似蚊而小夏秋极多
灶鸡　蟑螂
斗鸡　蟋蟀
麻吊　麻雀
刺猬(xu)　刺猬
鸡娘　母鸡

白狗　鹅
曲蟮　蚯蚓
田鸡　青蛙
鹁鸽　鸽子
湖羊　绵羊
蛇蚤　跳蚤
土步　一种似鲈动作迟钝的鱼
时件　鸡鸭等内脏
坐臀　猪后腿上部隆起的肉
槽头　猪颈部的肉
醉方　一种腐乳,因制作时用酒
臭方　臭乳腐
太方　大块的乳腐
浇头　加在碗面上的精致菜肴
麻糍　全糯米制成的糕点
糊涂　粮食磨粉煮成糊状
碗脚　剩菜饭
讲摊头　说话
讲破话　诽谤人
脚碰脚　很接近
木佬佬　不少数量,很多
黄昏宵　火星
天亮宵　金星
鬼头风　旋风
七簇星　北斗星
扁担星　牛郎星
犁轭星　织女星
夏场里　夏天
秋罡里　秋天
小倌人　男孩,未婚男青年
小毛头　婴孩
太堂砖　大方砖
双开砖　可以分成两块的薄砖
刀口砖　两边有厚薄,形如刀口的砖
踏步档　石级或楼梯级
地窨子　地窖
单壁墙　用单砖侧砌成的墙壁
七石缸　最大容积的水缸
银镗箍　棺材上的铜、铁环
定盘星　秤杆上的第一颗准星
钱鞘马　钱褡,可搭于肩或系于腰
蜡烛包　包裹婴儿的褥包

斧头包　拜年礼包,包扎似斧头
水陔洞　灶面排水洞
枪篱笆　篱笆
水汪凼　积水坑
臭心头　狐臭
饭饮汤　米汤
栗壳色　栗色。一种颜色
单丝袋　麻丝编织的袋,不紧密
鸡食盆　木制喂鸡盆,下端盆状,上部栅栏形
火牵棒　铁制拨火棒,亦指挑拨是非者
摺叠桌　一种桌脚可摺叠的桌子
开伙仓　生火做饭,指新打场面
吃喷头　受责备
吃马肉　挨骂
挏差使　要别人办事
翻别十　提出反对意见,澄清是非,一见高低
靠牌头　倚仗靠山
七打八　一般情况,每每,往往
真虎丘　货物真实可靠,或为节骨眼
外插花　额外收入或支出
造鹿台　讥建筑工程大或进展缓慢
欺上手　仗势欺人,看不起他人
轧苗头　察言观色
还典头　说明事情的起因原由
背末梢　最后一个,肯为他人帮忙
兜头寸　互相交换信息情况
吃生活　受处罚,轧脚
门份帐　份内之事
勿入调　指人顽劣。不正经,不规矩
慌兮兮　害怕的样子
节剥节　勉强度日。不宽余
木肤肤　麻木,反应迟钝
扣擦扣　勉强企及。十分紧凑
茄花色　喻不正规,不规范
水胖臭　水浸发霉的气味
奶花香　婴儿身上特有的气味
羊臊气　膻气
豆腐饭　丧事饭
惹风骚　淘气者(多指小孩无事生非)
上横头　大堂上座的尊位
下横头　大堂下座的卑位
齐头数　整数

箬鳎鱼　比目鱼
元宝鱼　油煎鲤鱼在盘中头尾翘起形似元宝
水胖蛇　无毒水蛇
犁头镵　眼镜蛇
懒惰坡　蝮蛇
四脚蛇　晰蜴
火蠊虫　萤火虫
臭屁虫　斑蝥
胡子闹　蝉
螺蛳青　青鱼
美孚灯　美孚洋行发明的煤油灯
并汤桶　旧时女人洗澡用的桶
筷竹桶　筷筒
缸灶头　甏形陶灶
黄南瓜　甏形陶灶，色黄
在行(háng)人　内行人，明事理的人
熟视人　熟人
哭粥猫　孩童善哭者
活彻头　对离夫转嫁者的贬称
十三点　讥人神经不正常
破脚骨　耍无赖敲诈人者
小娘生　妾的孩子
书踱头　书呆子
拖油瓶　蔑称再嫁后带去的前夫子女
麻油佬　马屁鬼
爹养佬　喻人没有出息
甯头货　强横者，喻为出风头者
蜡烛哥　笑人癞痢头
借手佬　左撇子
自掏伙　与自己一伙
半吊子　一知半解，略懂而非内行
一楠伙　质量好坏不分的货色
交字佬　隐语：十
川字佬　隐语：三
稻桶佬　隐语：四
青山绿　隐语：水
掼锣槌　紧要关头突然不干（要挟）
扯钝　(gui)纠缠
做嬉客　闲逛
办人家　小孩模仿成人烧饭做菜
打圆场　从中斡旋化解矛盾
卖小座　特别优待

打人阵　打架
吃豆腐　占人便宜
刨黄瓜　诈人钱财
豁翎子　暗示
灵市面　打听市价或新闻
塞后手　行贿
做人家　节俭
牛褡膊　大蚂蟥
蜒蜒螺　蜗牛
白莆枣　生枣
毛栗果　带刺壳的栗子
倒笃蛆　孑孓
界树郎　天牛
癞蛤蟆　蟾蜍
奶子草　蒲公英
烂人藤　律草
洋芋艿　马铃薯
长毛草　稂
狗尾草　莠
官司草　车前子
路路通　枫香树果
菜蔀头　菜根的上部分
牛稻草　不结实的稻
前看发　刘海
馋口水　唾液
酒蔫塘　脸上酒窝
脚踝头　膝盖
开雪眼　下雪时云隙偶见阳光
乌风冻　冬季阴冷不见阳光
秋拉柴　秋雨绵绵
暂靠子　暂时,蛮难得
秤管糖　一种圆形的长糖
夜快边　傍晚
晚昼头　下午
后息来　后来
葛佬官　这个人
聊荡坯　败家子
埂出头　逞强好胜的人,推翻人家的决定
贱骆驼　一定要打骂才收场的人,或不识抬举者
篰底鸭　懦弱者或被压制者
打秋风　乘势占便宜
捺格套　怎么样,有时有挑衅意

一眼眼　一点点
近起眼　近视眼,或斥人短视
糊达达　澍糟糟,相当不干净
浮喃喃　不正经。洋嬉嬉
谴煞煞　女子行为轻佻
坍坍落　无所顾忌或不注意仪表
白潦潦　脸无血色,身体欠佳
葛埭户　这个地方
雨雪粮　储备粮
廊下头　屋檐下
坐起间　家里客堂,接待处
做所婄　分娩,坐月子
忒蚕猫　精神萎靡不振的人
汪得鬼　屈死鬼,枉的鬼
铜洋钿　好看不中用,不值钱
瞎三话四　瞎说,胡说八道
挑是贩非　挑拨是非
好听白话　尽说好话,无实际行动
罚愿吐咒　发誓
哭作乌拉　一副哭丧脸
眯花眼笑　满脸笑容
莫知莫骨　麻木,信息不灵,毫无知觉
奇出怪样　奇怪模样
奇出百果　十分稀奇稀奇古怪
气乎脑糟　生气、不耐烦
踢脚板倒　十分忙乱
来煞不及　迫不及待
做着勿着　估且试试看
是介光景　差不多,很接近
市目秤当　适当,大概
七中八当　比上不足,比下有余
藤条百韧　极韧,也指人难缠
藤筋狗韧　非常韧,纠缠不休
出惊大怪　突然,使人受惊讶
犟头倔脑　倔强,不顺从
总甲嬷嬷　喜欢管闲事,什么事都要管
田公田婄　不上档次。形容位卑
山神土地　喻地位低卑
无星杠秤　心不在焉
随和里党　很随和,很识相
寒毛凛凛　形容很害怕
抹落面孔　翻脸不认人

牛吃薄荷 辩不出味道
现成白话 冠冕堂皇的废话
半落勿接 事情还没有完成就停止或放弃
攒拢成堆 积少成多
结丝罗网 蜘蛛
槿树笆条 木槿
十个百早 很早以前
五荒六月 农历五、六月间,一般不择日办事
三日两头 表示经常性
一时三刻 急不可待,突然之间
大天白亮 天已大亮,大白天
样样百式 各式各样
陈年百古 遥远时代,时久
吃两头水 两边讨好敷衍
活跌八撞 来煞勿及
空心汤团 承诺未兑现
疯脚贼烂 一种病
黄五皂绿 谎报
背事踢沓 过时,不时髦
眼花乌暗 晕眩
火宅道士 喻行为莽撞者
鳗吃湖虾 实力相差悬殊
面熟陌生 似曾相识
揠卖情销 凭情面硬推销
揠赊逼讨 硬卖后逼着要款
敲钉转脚 非常牢靠
牵丝攀藤 拉扯纠缠
候分候数 刚合标准
扣分扣数 按照要求来规定长短尺寸
十拆九伤 喻不团结就会影响大局
斤角两 斤斤计较
青皮寡血 气色不好
偷营盘营 偷偷摸摸
零仔苟碎 零零碎碎
四方的角 方方正正
雪白荸嫩 白嫩
梗青滴绿 鲜绿
簇括全新 崭新挺括
推来绷去 拉拉扯扯,互相推诿
抚肩搭背 二人亲密状,手势,习惯
绢光滴滑 十分光滑
绢光滑塌 很光滑,什么也没有

精光滑塌　很光滑,也喻虽很精明但什么事也没办或一点积蓄也没有
墨黑铁塔　非常黑
乌致野对　胡弄,不讲道理
油脂夹脑　油腻腻
石骨老硬　很坚硬
棺材棺头　骂老年人
白铜元宝　好看不中用
穿湿棉袄　喻难以脱卸,责任背牢
倒背钱筒　喻钱财只出不进
恨棒打人　迁怒于不相干者
卖盐出蛆　时运不好
唱相骂本　彼此对骂
时值估价　以当时行情来计价钱
三卯为定　三次为限
帅七帅八　胡扯
十五十六　思路不清
八抬八搀　多人侍候。很多人扛一样东西
越有越精　越富有越小气
搅七廿三　纠缠不休
造话三千　乱说谎
七老八十　老态龙钟
老三老四　摆老资格,不谦逊
造孽倒起　撒谎,搬是非
冻九焐四　秋天少穿衣,春天多穿衣
三对六面　当着双方和证人讲清问题
一带两便　借机会做好另一件事
三夹斗丙　多种因素凑合在一起
乌数八帐　因事多,搞不清楚,胸中无数
一遢括子　全部包括在内
一卯过举　就这一次
三勿相信　偏不相信
十人九传　众人称道赞扬的人多
正样百经　正正经经,确确实实
瀚到八处　漫到处处,外处都是
一心之路　一心一意
勿三勿四　不伦不类
七撞八跌　跌跌撞撞
踏脚踏空　走路很不平稳
头大兴哄　自以为了不起
同行嫉妒　同行业互相妒忌
恶狗远避　避开恶人
大头落地　基本完成

死蟹一只　无计可施,没有办法
本山有余　自己过得去还有余
嫡刮世亲　直系,嫡亲
火烛郎当　用火不注意安全
凑着算数　凑多少算多少,随多随少
大反山东　闹翻天
笃定泰山　有依靠,满有把握
埭头笔直　诸事顺妥,条件优越
打复雷阵　第二次聚众报复
船通水活　正常运作
蹩直脚埭　奔跑追赶
屁股敷油　坐不住
偷牛拔桩　拔桩者被当偷牛贼
条条直直　井井有序,挺括平直
条条埭埭　有条不紊
乌大菱壳　游游荡荡的人
着野糊槽　粗鲁乱来,举止不文明
踱头踱脑　傻里傻气
乌风猛暴　天色阴暗的暴风骤雨
条条太太　富裕,安逸
头筋脑胀　喻不舒服,头脑疲倦,烦恼
大路人情　用不着自己掏钱财,却能讨好他人
熟勿知礼　由于熟悉就不注意礼节
麻鸟噪雪　冬季麻雀聚集鼓噪是下雪的预兆
悬空八只脚　不着边际,没有基础
空壳大少爷　实无资财而想摆阔气的人
陈年挖臭屁　说早已过去的事
老虎嗒蝴蝶　喻量小,与需求差距太大,不过瘾
一推六二五　完全推得干干净净
四四一十六　呆板,教条,不灵活
无念大悲咒　撮空
无亲无挂碍　浑身不搭界,毫无牵挂
铁将军把门　大门上锁
顺水余牛屎　因势利导,随大流
踏破蚂蚁窠　喻极多,遍地都是

第二节　民　谚

正月动雷雷赶雪,二月动雷雨不歇,三月动雷晒得麦头瘪。
正月里夜雨好,二月里夜雨宝,三月里夜雨草。
春分无雨病人稀。

春季卯时雷，白天大雨随。
冬冷勿算冷，春冷冻杀(weng)
正月种芥，长路放债。
三月三，梅子尝咸淡。
头茶勿摘，二茶勿发。
清明见荚，立夏好摘(蚕豆)。
吃过清明饭，天晴落雨要出畈。
三九月乱穿衣。
勿吃端午粽，寒衣勿可送；吃了端午粽，还要冻三冻。
二八南风连夜雨。
四季南风四季晴，只怕南风起响声。
千日晴勿厌，一日就落厌。
春霜勿露白，露白要赤脚。
石牛山戴帽，西江塘发摇。
抽筋抽脉，难过二月八。
正月灯，二月鹞，三月放个断线鹞。
春分秋分，昼夜相平。
春雾百花香，夏雾猛太阳，秋雾凉风冬雾雪。
季季东风季季晴，只怕东风起响声。
东风急溜溜，难过五更头。
早西晚东风，晒煞老长工。
雨打立夏，无水洗耙。
小满不满，芒种不管。(意小满节宜雨)
梅里三埭鲎，拔起黄秧种赤豆。
鸡勿进窝，大雨滂沱；烟勿出屋，雨声笃笃。
猫睡脸朝天，连日雨绵绵。
鲎低日头高，落雨要讨饶。
雾在山腰，雨在今朝。
朝霞不出门，晚霞行千里。
东北风，雨祖宗；东南风，燥松松。
夏雨隔牛背，秋雨隔灰堆。
南闪火门开，北闪有雨来。
东闪西闪，晒杀泥鳅黄鳝。
小暑动雷，倒做黄梅。
天怕黄亮，人怕鼓胀。
明月照烂地，明朝落勿及。
东鲎日头西鲎雨。
夏至有风三伏热。
夏至杨梅满山红，小暑杨梅要出虫。
伏里十日秋，秋里十日伏。
处暑根头摸，一把烂泥一把谷。
八月大，菜卖缚；八月小，菜晏讨。

七月秋风起，嬉客见高低。
六月盖被，有谷无米。
大旱勿过七月半。
六月无太婆，十月无破箩。
重阳无雨一冬晴。
大暑耘田，勿如坐坐吃烟。
秋分勿出头，割来喂黄牛。
田怕秋里旱，人怕老来苦。
做要做夏至日，睏要睏冬至夜。
月半十六两头红。
楝树花开，走路要打眠鼾；楝树花谢，溾浴溾到夜。
处署荞麦白露菜。
有稻呒稻，霜降一齐倒。
日没胭脂红，明朝无雨也有风。
天上鲤鱼斑，明朝晒谷勿用翻。
早看东南，夜看西北；西北明，来日晴。
天亮落雨甭带伞。
久晴大雾必阴，久阴大雾必晴。
远山看得清，落雨就要停。
六月六，猫狗要溾浴。
上昼薄薄云，下昼晒煞人。
日晕三更雨，夜晕午时风。
月亮穿蓑衣，有雨落勿及。
鲎高日头低，明朝落勿及。
白露身勿露，露了要吃苦。
早立秋，凉飕飕；暮立秋，热到头。
秋分晴到底，砻糠会变米。
白露白茫茫，无被勿上床。
早夜风凉，晴到重阳。
堂灯月亮，及勿来蒙蒙天亮。
甲寅乙卯晴，四十九日满天星。
种菜勿用问，勤浇多上粪。
八月八，蚊虫大如鸭；
九月九，蚊虫叮捣臼；
十月十，蚊虫死到横直直。
（北斗星）七直，八歪，九斜头。
田要冬耕，儿子要亲生。
稻芽一只角，麦芽剩只壳。
有菜三分粮，无菜饿断肠。
削断麦根，磨断磨心。
麦熟一时，稻熟一夜。
大麦带青割，小麦摇铃割。

种稻早勿如养稻老；有稻无稻，霜降齐倒。
九月十二晴，皮匠老婆要嫁人；九月十二落，皮匠老婆好吃肉。
出门看天色，进门看脸色。
盐缸还潮，阴雨难逃。
早雷勿过晏，晏雷勿出畈。
十八日樱桃旺。
千年勿大黄杨木。
菖蒲花，难得开。
桃三李四杏五年，枣树当年就还钱。
冬至西南百日阴，半晴半雨到清明。
豆勿下在冬里，麦勿下在雪里。
河泥田，鳓鲞饭。
荒苍蝇，熟蚊虫。
清脱冬至邋遢年，邋遢冬至清脱年。
年里锹泥盖棉被，年外锹泥到到礼。
落雪还是烊雪冷。
三遭浓霜抵遭雪。
雪等雪，坐坐吃。
冬雪是个宝，春雪是把刀。
人无力脸黄，田无力苗黄。
九月种油，吃油勿愁；十月种油，勿够老婆搽头；若要油菜油，田里好养鳅。
冬麦要压，越压越发。
初三初四鹅毛月；初八廿三半夜月；月半十六正团圆；十七八，杀只鸭；十八九，坐顿酒；二十唵唵，月亮爬起二更头；廿五六，月亮爬起煮早粥。
一斗米，三斤肉，毛鸡肉价钿。
男人败，起屋卖；女人败，养鸡卖。
（养鹅）会吃会撒，六十日好卖。
浑水摸浑鱼，清淀掬螺蛳。
桥下鲫鱼滑唧唧，呒有家生只好歇。
矮脚鸡娘勤生蛋。
春鳑鲏，夏箬鳎。
鱼长三伏猪长秋。
六月里做牛做马，十二月里舂糕做酒。
斫柴换酒吃，白坏狗气力。
节剥节，做来吃。
污泥萝卜，剥一截，吃一截。
孝顺囡，勿如近菜园。
在行人打堆，苦头吃呆。
十包九勿净，烧茶供点心。
外行夹生手，堕贫放焰口。
天下三大苦：摇船、打铁、磨豆腐。
勿经师公手，弄来酱胖臭。

黄昏做，五更破。
晴天理漏，落雨照旧。
春瞎子，夏郎中，秋皮匠，冬裁缝。
木匠屋里无凳坐，卖花娘子水梳头。
木匠无法，洋钉一只；泥水无法，石灰一搭。
前半夜想想自己，后半夜想想别人。
人比人，比煞人；命比命，气成病。
强盗发善心，松树出毛笋。
勿怕别人看勿起，只怕自己勿争气。
宁可做过，勿可错过。
山阴勿管，会稽勿收。
路靠走，店靠守。
有货勿愁贫，无货愁煞人。
木匠进门烧勿及，泥水进门挑勿及。
将军难免阵上亡；瞎子难免水汪荡；瓦罐难免井上破；嬉赌难免剥衣裳。
好货勿贱，贱货勿好。
只有买错，呒有卖错。
打也来，骂也来，蚀本生意做勿来。
我要你的趁钱，你要我的本钱。
一千赊，勿如八百现。
一分铜钿一分货。
一只手算盘，一只手如意。
生意活动做，棺材劈开卖。
盘缠乌龟鳖价钱。
搬空地头，塞坍街头。
卖头还是添头多。
开了眼睛撒尿出。
酱油铜钿勿买醋。
上昼挑柴卖，下昼买柴烧。
店大欺客，客大欺店。
店多拢市，市大拢店。
说真方，卖假药。
一两黄金四两福。
一个铜钿逼杀英雄汉。
天大官司，磨大银子。
会挣会用风流子，挣用苦恼子。
有福之人六月嬉。
冷在风里，穷在债里，气在歪理。
有理无理，全在众人嘴里。
吃力勿讨好，黄胖舂年糕。
有钿做钿着，无钿做命着。
床头有石谷，死了有人哭。

只要银子多,牌坊抬过河。
铜钿眼里翻筋斗。
身边无铜铜,走路像瘟虫。
孤老头个钱财,叫花子个性命。
推牢扳牢,老梢抓牢。
小钿勿去,大钿勿来。
小钿眼勿开,大钿运勿来。
算盘精通,米桶精空。
大话三千三,南瓜当晏饭。
坐得正,立得正,何怕和尚尼姑共板凳。
宁可明枪交战,勿可暗箭伤人。
爹有娘有要自有,自有还要囥顺手。
冷在风里,穷在债里。
有借有还,再借勿难。
勿怕讨债个凶,只怕欠债个穷。
人情大如债,饭镬拎去卖。
东借琉璃油,西借蜡烛头。
堂前敲锣鼓,堂下喝菜卤。
八个油瓶七个盖。
满碗饭好吃,满口话难说。
一代亲,二代表,三代出青草。
小时外婆家,大来丈母家。
朋友千个少,冤家半个多。
宁可买勿值,勿可买吃食。
有钿勿置懊恼产。
只可救苦,勿可救赌。
大懒使小懒,小懒使门槛。
勿吃勿愿动,吃饱打瞌。
一日省一口,一年省一斗。
口吃饭,肚思量。
会挣勿如会省。
吃勿穷,穿勿穷,计算勿着一世穷。
麻鸟要留三日雨雪粮。
缸底省勿如缸面省。
开门七件事:柴米油盐酱醋茶。
薄粥灌大肚,荒年自吃苦。
好记性勿如烂笔头。
烧香要烧三宝殿,好事要做眼面前。
一道里货,一甏里醋。
坛口好堵,人口难塞。
好吃勿过鱼和肉,好看勿过红和绿
有鱼有肉,勿算委屈。

乌干菜,白米饭,神仙看见要下凡。
清明勿晒背,六月要懊悔。
七尺眠床八尺被。
萝卜白菜,各有所爱。
廿年媳妇廿年婆,廿年后头做太婆。
辛苦铜钿快活用。
牛吃稻草马吃谷,各自修来各自福。
顺风锣好敲,顶风船难撑。
渡过钱塘江,丢掉讨饭棒。
夜饭少吃口,活到九十九。
早饭饱,晏饭好,夜饭少。
两厢情愿,好结亲眷。
三烧勿如一焐。
借来壶瓶赊来酒。
湖羊尾巴太油醮,青壳螺蛳剁屁眼。老板鲫鱼精肉嵌,黄芽韭菜炒鸭蛋。
剁螺蛳过酒,强盗来了勿肯走。
一尺布遮勿来风,一两酒浑身暖烘烘。
臭腐乳过冷饭,一煞两掼。
只要有情有义,勿怕无柴无米。
酒在肚里,事在心里。
办酒容易请酒难。
面孔老老,肚皮饱饱。
高勿攀,低勿就,弄到头来吃苦头。
后生挣病本,老来挣老本。
祸从口出,病从口入。
一勿赌吃,二勿赌力。
朋友妻,不可嬉。
爱吃勿毒,火炼蛇当鳗吃。
吃饭防噎,走路防跌。
贪嘴坏命,食饱伤心。
吃运看头发,快活看指甲。
游过三江六码头,吃过爨桶热老酒。
要快勿得慢,螺蛳夹豆饭。
长年儿子忙月爹,短工师傅太爷爷。
外头敲铜锣,屋里喝菜卤。
打天打地亲兄弟,煮粥煮饭家里米。
吃苦不记苦,到老无结果。
省吃餐餐有,省穿件件新。
若要小儿安,常带三分饥和寒。
有嘴话别人,呒嘴犯自身。
本山有余,何用落山抄化。
和尚勿挣道士钿。

一分本事一分钿，十分本事挑私盐。
邻舍好，三官保。
新阿大，旧阿二，破阿三，补阿四。
（破鞋）托底换帮，前后打掌。
有屋住千间，呒屋住半间。
造屋千间，夜眠七尺。
日里半生世，夜里半生世。
凉亭虽好，不是长久之地。
日图三餐，夜图一宿。
贼偷勿算，火着一半，人命全完。
三世修来住朝南屋。
三间楼屋朝东南，十亩田地一个园，两个儿子一个囡，外加一只河泥船。
金窠银窠，勿如自家草窠。
夫妻长淡淡，咸菜长下饭。
螺蛳壳里做道场。
天勿打吃饭人。
宠狗爬灶，宠子不孝。
一个女人一面锣，两个女人一台戏，三个女人一群鸭。
一人囥，千人寻。
若要俏，穿得少。
敬田得谷，敬老得福。
半升米打听长安价。
远来和尚念好佛。
迟来和尚吃厚粥。
迟落渡船先上岸。
牛头落水，牛尾巴拉勿牢。
功名要去求，生意要会兜。
有力气，挑烂泥，有本钱，做生意。
晴天带伞，肚饱带饭。
老人嘴闲，小人手闲。
七十勿留宿，八十勿留餐。
千钿难买自中意。
衙门吃饭一蓬烟，生意吃饭六十年，种田吃饭万万年。
小伙子，三斗三升火。
和尚靠佛力，老来靠饭力。
动嘴三分饱，爱吃三分补。
吃食无效，看田里壅料。
牙痛勿是病，痛起来痛煞人。
心惶勿定，起课算命。
宁可吃个开心粥，勿可吃个愁眉饭。
跌落勿悔气，摭来勿运气。
铜钿银子难买命。

勿话一肚皮气,话话两肚皮气。
好愁勿愁,愁个六月里呒有日头。
草药一味,气煞名医。
癞子多药方。
民以食为天,吃饭第一件。
勿伤老鼠勿伤猫。
捏捏怕捏杀,放放怕放弃。
只愁天亮勿愁夜。
(灯)前照一,后照七。
饭焐萝卜地人参。
吃饭不忘种田人。
只有懒人,呒有懒地。
人算勿如天算。
小雪割菜大雪腌,冬至开缸吃过年。
穷灶瞎,富水缸。
运气好,甮起早。
倒霉勿拣日脚。
生意不如手艺,手艺不如种地。
来个强盗去个贼。
文官笔头动动,武官杀得披败陋风。
三请诸葛亮,四请太娘娘。
一朝天子一朝臣,朝朝天子出奸臣。
只有状元学生,呒有状元先生。
只有场里状元,呒有场外状元。
赶考个秀才,上阵个兵。
三年勿来考,考场出青草。
依勒官法要打煞,依勒佛法要饿煞。
乐能解百病,酒不消真愁。
早酒早烟,少活十年。
做做做勿煞,气气要气煞。
做官,看旁边人个样。
酒色财气,杀身四忌。
吃食拣挑,人象蛇蚤。
头大官坯,脚大牛坯,手大贼坯。
阎王好见,小鬼难当。
皇帝勿急太监急。
阎罗大王只怕对面嘴。
豆腐水做,阎罗大王鬼做。
请神容易送神难。
吃官饭,打官鼓,官鼓破,无人补。
豆腐薄刀,两面光淌。
前世不修,臭腐乳过酒。

八十三岁学跌打。
三分相貌七分扮，癞子也能扮小旦。
三块板，两道缝。
千丈红烛难照后。
丈八台灯，难照自身。
快刀难削自个柄。
千层单，万层单，勿如棉花薄薄摊。
扫地扫壁角，抹桌抹四角。
人老脚先衰。
睡前冲冲脚，胜过吃补药。
单丝勿成线，独木勿成林。
双拳难敌四手。
亲帮亲，邻帮邻，田鸡帮堕贫。
拳头打出外，手臂弯进里。
正鬼立门枋，野鬼坐神堂。
游方僧赶出当家人。
看看勿像样，弄出弯花样。
被勿蒙头，延年益寿。
讲讲笑笑散散心，勿讲勿笑要成病。
三角钿烤螯都是头。
救急好救，救穷难救。
送佛到西天，好人做到底。
一勿打和尚，二勿打黄胖，三勿打妇道。
相骂无好言，相打无好拳。
你有来言，我有去语。
人越斗越生，鸡越斗越熟。
摆着和尚骂贼秃。
若要好，大做小。
镬里勿滚，汤罐里先滚。
强盗头上下网巾。
棕榈树下种芥菜。
山东人吃麦冬。
冬瓜对落豆棚上。
烂田里滚捣臼。
出头椽子先烂。
宁可给在行人背旗，勿可给瘟孙挂帅。
隔壁麻糍当夜饭。
会算吃肉，算吃粥。
和尚杀人，光头抵命。
红萝卜上在蜡烛帐上。
柴米夫妻，酒肉朋友。
冷灰里爆出热栗子。

丈姆姆姆看女婿,越看越欢喜。
一张眠床勿出两样人。
覅看我屋里个妻,就看我身上个衣。
荒年好置产,自产留勿牢。
瘟孙买年货,在行人走潦路。
吃要人少,做要人多。
老鹰飞过拔根毛。
夫妻无隔夜之仇。
有打有骂有值钿。
亲上加亲,恶断狗筋。
好汉勿提当年勇。
光棍哭爹娘,越哭越凄凉。
对面相照是面镜,邻舍隔壁是杆秤。
六个月大,六个月小。
宽咻咻,二石九;急溜溜,三石缺一斗。
裁缝师傅勿落布,一世勿得过。
自道好,牛稻草。
说话蛮好听,棺材毛竹钉。
白鲞会游,火腿会走。
嘴里话,脚里拖。
日里话到夜里,菩萨来冬庙里。
夜里话得停停当,明朝爬起立门枋。
锣勿敲勿响,灯勿拨勿亮。
铜钿银子短,人情面孔长。
宽咻咻,扖泥鳅。
行得春风有夏雨。
吃家饭,屙野屎。
吃一家,管一家,走出门外讲破话。
各人各爱,大姑娘欢喜驼背。
劈柴看绺,讨老婆看舅。
生意做勿着一时,老婆讨勿着一世。
生意要兜,婚姻要求。
自做媒人自敲锣。
家花哪有野花香,可惜野花勿久长。
外婆家,饭淘箩;丈人家,鸡蛋窠。
讨个媳妇,卖个儿子。
夫妻恩爱,讨饭勿悔。
少年夫妻老来伴。
嫁出个囡,泼出个水。
廿年媳妇廿年婆,再过廿年做太婆。
话起娘家,脚踏风车。
千年勿断娘家路。

只有拣日娶亲，呒有拣日嫁囡。
三世修来同船渡，十世修来共枕眠。
亲兄弟，明算账。
儿子撞腰，吃饭讨绕。
外甥大如天皇。
癞头儿子自个好。
光棍活神仙，一把雨伞到天边，生起病来叫皇天。
老虎头上拍苍蝇。
千孝勿如一顺。
父债子讨，夫债妻还。
爹娘就是灵山佛，何用灵山拜观音。
败子回头金不换。
唧里呱啦是个佛，闷声勿响是个贼。
眼花绿花，猫拖酱瓜。
事宽得圆，性急生囡。
上轿穿耳朵，临时抱佛脚。
肚痛埋怨灶司。
日里白话，夜里黑话。
天上翻筋斗，地上着实。
小时候读书放鹞，大起来挑脚抬轿，到老来住凉亭破庙。
冷粥冷饭好吃，冷言冷语难听。
千丈麻绳总有一结。
柴拖箬跌落怕头打开。
矮子，烂田，长稻草，高稻桶，外加乌风冻。
瘟鸡，死鸭，臭酱油，外加陈醋酸老酒。
天上晓得一半，地上晓得全盘。
戏法人人会变，各自巧妙不同。
看看勿值钿，学学两三年。
三勿像，四样生。
绣花枕头稻草芯，聪明面孔笨脑筋。
人靠良心树靠根。
凹砧板，钝薄刀。
火到猪头烂，钿到事情办。
运气来，推勿开，讨来老婆带胎来。
馒头吃到豆沙边。
饭店门前摆粥摊。
钱塘江里撒泡尿。
花花轿子人抬人。
兄弟相打看娘面。
吃了五谷想六谷，做了皇帝想登仙。
马屁拍在马脚骨上。
闲事勿管，饭吃三碗。

狗拖羊肠,越拖越长。
便宜哈哈笑,吃亏当鬼叫。
黄牛角,水牛角,各归各。
小布衫,里脱出。
你有一章经,我有定盘星。
少吃多滋味,多吃坏肚皮。
贪小失大,吃白食要落夜。
小鬼打堆,苦头吃呆。
狗对茅坑罚愿。
鬼迷张天师,有法无处施。
瞎子嚼舌头,亮子吃苦头。
新亲吃麻团,老亲旋团团。
年三十夜吃一顿,正月初一穿一身。
求爹爹,拜娘娘。
多头门,多头风;多扇窗,多条缝。
磨盘压头勿得知重,灯草打人勿得知轻。
死皇帝勿如活老鼠。
人急悬梁,狗急跳墙。
先下手为强,后下手遭殃。
天下十八省,麻油最通行。
好事勿出门,恶事传千里。
敬酒勿吃吃罚酒,花轿勿坐坐猪笳。
河水鬼骗上岸。
村村有大树,畈畈有糊田。
长了人中,短了鼻头。
一淘里个货,一甏里个醋。
人心难测,鸭肫难剥。
生煞个心,钉煞个秤。
三拢成堆,四拢成党。
只有中意,呒有做意。
一客气,两客气。
一日做客三日饱。
吃人一口,还人一斗。
亲眷盘还盘,邻舍碗扑碗。
衣裳新个好,朋友旧个好。
步生勿如步熟。
生了人头吃人饭。
砻糠搓绳起头难。
乍(bao)吃馒头三口生。
船到桥门自会直。
老鼠跳进糠箩里,一场欢喜一场空。
用得着是个宝,用勿着是根草。

男有刚强，女有烈性。
好人入好道，坏人入坏道。
老鼠跳进谷仓里。
心直口快，菩萨阁拜。
佛争一炉香，人争一口气。
热眼好瞒，冷眼难瞒。
人比人，比煞人。
自家没饭吃，嫌憎人家戗镬焦。
大人话错话话过，小人话错打屁股。
县官勿如现管。
拳师碰到蛮仔，打出屎水。
猜贼勿到，贼到门前打虎跳。
眼睛一霎，老鸡娘变鸭。
田鸡要性命，水蛇要肚饱。
鸡皮贴勿牢鹅皮。
天作有雨，人作有祸。
挖出道理，屙出良心。
使心用心，反害自身。
门角落里屙屎，总要天亮。
刀里勿死，死在篾里。
跷子赶到，市面散掉。
长年碰着闰月。
勿听老人言，吃苦在眼前。
茅坑石头做勿来灶梁石。
扶勿起个阿斗。
杀人勿怕血腥气。
老虎嘴里夺食。
吃了砒霜药老虎。
寒天吃冷水，滴滴在心头。
连连讨饶，半边乌焦。
馄饨勿掐破，汁水勿流出。
生看见，熟呒份。
五马翻六羊，大炮改鸟枪。
一代压一代，老鼠拖牌位。
斧头吃凿子，凿子吃木头。
三三四四剥头牛，勿如独自剥只狗。
单丝袋盛芝麻，盛进还是漏出多。
熬气勿熬财，戏文做两台。
尾巴翘起屋檐高。
白墨先生看告示。
看看墨黑，摸摸天平。
果子越传越少，闲话越传越多。

宁可隔一村，勿可隔一户。
老鹰勿吃窝里食。
砻糠里打勿出油。
半斤八两，黄鱼水鲞。
又有龙灯又有会，还有马灯来凑队。
两爹儿子坐监牢，牢过又牢。
上昼磨斧头，下昼撒尿看日头。
一家勿知一家事，和尚勿知在家事。
千日胡琴百日箫，讨饭胡琴一黄昏。
一只碗勿响，两只碗叮当。
宁可种花，勿可种刺。
脱毛老鸡娘假充童子鸡。
借手算盘顺手笔。
铜锣一声响，坐拢一桌生。
黄鼠狼跟黄瓜。
师父领进门，修行在自身。
关公门前使大刀。
搬起石头压自个脚。
死狗避勿过热汤。
老虎勿怪怪山。
鞋走湿再赤脚。
气数十八代，老鼠拖牌位。
湿手捏干面粉。
踏着尾巴就掉头。
呆子掘荸荠。
好猫管三家。
毛鸡肉价钱。
瞎漆皮灯笼。
有货勿愁贫。
讨饭走大路。
冷口哺热食。
十里吼早晏。
恶人囥臭货。
水火勿留情。
癞子讨娇娇。
和气勿蚀本。
落水三分净。
眼勿见为净。
身长力勿亏。
小人吼假病。
三早抵一工。
马快贼出身。

强盗审官司。
生米成熟饭,生蚕做硬茧。
白吃嫌憎淡。
藕断丝勿断。
托老鼠管蚕。
小狗落粪坑。
百货中百客。
猫当老虎抲。
前客让后客。
一礼还一礼。
好日多风雨。
同船合一命。
笨贼偷捣臼。
鳖咬死蛇头。
礼多人勿怪。
有理打太婆。
好花开墙外,好笋出笆外。
火着掇摇车。
恶人先告状。
黄牛钻狗洞。
斤鸡马蹄鳖。
生鲜熟补。
拼死吃河豚。
人在人情在。
牛瘦骨勿瘦。
猫多不禁鼠。
破钵头抲鱼。
木排上带信。
春寒多雨水。
三年两头闰。
春无三日晴。
夜雷十日雨。
梅里三浇芋。
三寸头难过。
狗头上套箍。
丫头做嬷嬷。
苍蝇带豆壳。
狮子大开口。
大脚疯搔痒。
砻糠里榨油。

第三节　新民谚

楼上楼下,电灯电话。
屋前屋后,汽车包车。
承包到户,承包到劳,承包到“老”。
村看村,户看户,社员看干部,干部看支部。
菜饼调化肥,吃亏当便宜。
养猪不赚钱,回头看看田。
耕田勿用牛,点灯勿用油,舂米勿用臼,吃饭勿用愁。
坐坐种田,日日过年。
日日游杭州,夜夜在床头。
有收无收在于种,多收少收在于管。
吃饭像高山扒土,出工像犯人解府,收工像要去救火,自留地里像武松打虎。
干部吹牛皮,社员饿肚皮;干部出风头,社员吃苦头。
上有政策,下有对策。
公事公办,敲钟吃饭。
工分三千五,是个倒挂户。
台上一分钟,台下十年功。
种子年年选,产量逐年高。
草子种三年,坏田变好田。
季节沓一沓,产量差一百。
人误地一时,地误人一年。
鱼塘挖得深,养鱼产量增。
国强政稳,官清民安。
民心是杆秤,民心不可欺。
喊破嗓子,不如做出样子。
“农垦五十八”,身长一尺八,要打二十八,高产八百八,出米七折八。
上面错一线,下面错一片。
政策多变,民心不定。
一等二靠三落空,一想二做三成功。
补漏靠天晴,读书趁年轻。

卷十五　人　物

戴村历史悠久，文化积淀深厚，名人较多，《二十五史》之《南史》就载有郭世通和郭原平传。根据生不列传的原则，列入本专志人物传的有郭世通、郭原平、丁璞、郁崑、郭伦、永春和尚、沈廷杰、钟阿马、沈步蟾、周易藻、喻守真、郑振庭、沈佩兰、郭连潮、李汝安、陈商、许迈永共17人。

人物简介的收录标准为戴村籍，地方干部为区（市、县）以上和省级以上劳动模范；军队干部团级以上及一等功获得者；各类科技人员为正高职称获得者及优秀企业家。根据以上标准，入选本节的人物有：郭汉城、方永耀、董士元、金雅成、周志虹、丁培然、沈吾泉、陈文焕、郑星斋、陈惠中、陈士祥、陈尔庄、郑吾珍、余文熊、沈定国、顾正光、俞吾尧、谭吾源、姜望琪、任水才、洪兴木、陈吾锋、何冯林、朱仁昌、郑琳、姜志坑、洪骏、黄观仁、洪松法、沈东明、顾培龙、任文达、陈水明共35人。按生年前后排列。

人物录收录建国初期至人民公社化期间戴村籍乡、公社正职领导，人民公社化后部委办局乡镇正职领导干部，中高级技术人员，萧山区（县、市）党代会代表，区（县、市）级以上人民代表大会代表与政协委员和区（县、市）级以上优秀党员名单。

第一章　人物传

郭世通　郭原平

郭世通，南朝宋会稽永兴（今杭州萧山戴村人）。生而母亡，事父及后母至孝。年十四父亡，家贫，卖佣养继母。尝在山阴买物误收一千钱，当时不觉，后追送归还钱主。仁厚之风，化于乡邻，文帝时改其所居“独枫里”为“孝行里”。

郭原平，南朝宋时人，字长泰，郭世通子。家贫，为人佣赁养母。若家无粮，则竟日不食，须取工值买粮与父母同食。照看父病，整年衣不解带，不尝盐菜。父亡，自营墓室。每于市卖物，才收半钱；见人牵船过埭，则停船相助。会稽太守蔡兴宗以私米馈赠，坚辞不受。与人居处几十年，未尝见其喜怒之色。后废帝元徽元年（473）卒。

两人《宋书》和《南史》均有载（《宋书》之郭世道，《南史》作郭世通）。

附一：《宋书·郭世道传》

郭世道，会稽永兴人也。生而失母，父更娶，世道事父及后母，孝道淳备。年十四，又丧父，居丧过礼，殆不胜丧。家贫，无产业，佣力以养继母。妇生一男，夫妻共议曰：“勤身供养，力犹不足，若养此兒，则所费者大。”乃垂泣瘗之。母亡，负土成坟，亲戚咸共赙助，微有所受。葬毕，佣赁倍还先直。服除后，哀戚思慕，终身如丧者，以为追远之思，无时去心，故未尝释衣帽。仁厚之风，行于乡党，邻村小大，莫有呼其名者。尝与人共于山阴市货物，误得一千钱，当时不觉，分背方悟。请其伴求以此钱追还本主，伴大笑不答。世道以己钱充数送还之，钱主惊叹，以半直与世道，世道委之而去。

元嘉四年，遣大使巡行天下，散骑常侍袁愉表其淳行，太祖嘉之，敕郡榜表闾门，蠲其税调，改所居独枫里为孝行焉。太守孟顗察孝廉，不就。

（《宋书》卷九十一　列传第五十一　“孝义”）

附二：《宋书·郭原平传》

子原平，字长泰，又禀至行，养亲必己力。性闲木功，佣赁以给供养。性谦虚，每为人作匠，取散夫价。主人设食，原平自以家贫，父母不办有肴味，唯飧盐饭而已。若家或无食，则虚中竟日，义不独饱；要须日暮作毕，受直归家，于里中买籴，然后举爨。父抱笃疾弥年，原平衣不解带，口不尝盐菜者，跨积寒暑；又未尝睡卧。父亡，哭踊恸绝，数日方苏。以为奉终之义，情礼所毕，营圹凶功，不欲假人。本虽智巧，而不解作墓，乃访邑中有营墓者，助人运力，经时展勤，久乃闲练。又自卖十夫，以供众费。窀穸之事，俭而当礼，性无术学，因心自然。葬毕，诣所买主，执役无懈，与诸奴分务。每让逸取劳，主人不忍使，每遣之，原平服勤，未曾暂替。所余私夫，佣赁养母，有余聚以自赎。本性智巧，既学构冢，尤善其事，每至吉岁，求者盈门。原平所赴，必自贫始，既取贱价，又以夫日助之。父丧既终，自起两间小屋，以为祠堂。每至节岁烝尝，于此数日中，哀思，绝饮粥。父服除后，不复食鱼肉。于母前，示有所啖，在私室，未曾妄尝，自此迄终，三十余载。高阳许瑶之居在永兴，罢建安郡丞还家，以绵一斤遗原平。原平不受，送而复反者前后数十。瑶之乃自往曰："今岁过寒，而建安绵好，以此奉尊上下耳。"原平乃拜而受之。及母终，毁瘠弥甚，仅乃免丧。墓前有数十亩田，不属原平，每至农月，耕者恒裸袒，原平不欲使人慢其坟墓，乃贩质家赀，贵买此田。三农之月，辄束带垂泣，躬自耕垦。

每出市卖物，人问几钱，裁言其半，如此积时，邑人皆共识悉，辄加本价与之，彼此相让，欲买者稍稍减价，要使微贱，然后取直。居宅下湿，绕宅为沟，以通淤水。宅上种少竹，春月夜有盗其笋者，原平偶起见之，盗者奔走坠沟。原平自以不能广施，至使此人颠沛，乃于所植竹处沟上立小桥，令足通行，又采笋置篱外。邻曲惭愧，无复取者。

太祖崩，原平号哭致恸，日食麦料一枚，如此五日。人或问之曰："谁非王民，何独如此?"原平泣而答曰："吾家见异先朝，蒙褒赞之赏，不能报恩，私心感恸耳。"

又以种瓜为业。世祖大明七年大旱，瓜渎不复通船，县官刘僧秀愍其穷老，下渎水与之。原平曰："普天大旱，百姓俱困，岂可减溉田之水，以通运瓜之船。"乃步从他道往钱唐货卖。每行来，见人牵埭未过，辄迅楫助之；己自引船，不假旁力。若自船已渡，后人未及，常停住须待，以此为常。尝于县南郭凤埭助人引船，遇有相斗者，为吏所录，闻者逃散，唯原平独住。吏执以送县，县令新到，未相谙悉，将加严罚。原平解衣就罪，义无一言。左右小大咸稽颡请救，然后得免。由来不谒官长，自此以后，乃修民敬。

太守王僧郎察孝廉，不就。太守蔡兴宗临郡，深加贵异，以私米馈原平及山阴朱百年妻，教曰："秩年之贶，著自国书，饩贫之典，有闻甲令。况高柴穷老，莱妇屯暮者哉。永兴郭原平世禀孝德，洞业储灵，深仁绝操，追风旷古，栖贞处约，华耇方严。山阴朱百年道终物表，妻孔耋齿孀居，窭迫残日，钦风抚事，嗟慨满怀。可以帐下米，各饷百斛。"原平固让频烦，誓死不受。人或问曰："府君嘉君淳行，愍君贫老，故加此赡，岂宜必辞。"原平曰："府君若以吾义行邪，则无一介之善，不可滥荷此赐。若以其贫老邪，耋齿甚多，屡空比室，非吾一人而已。"终不肯纳。百年妻亦辞不受。

会稽贵重望计及望孝，盛族出身，不减秘、著。太宗泰始七年，兴宗欲举山阴孔仲智长子为望计，原平次息为望孝。仲智会土高门，原平一邦至行，欲以相敌。会太宗别敕用人，故二选并寝。泰豫元年，兴宗征还京师，表其殊行，宜举拔显选，以劝风俗。举为太学博士。会兴宗薨，事不行。明年，元徽元年，卒于家。原平少长交物，无忤辞于人，与其居处者数十年，未尝见喜愠之色。三子一弟，并有门行。长子伯林，举孝廉，次子灵馥，儒林祭酒，皆不就。

（《宋书》卷九十一　列传第五十一　"孝义"）

丁　璞

丁璞，字良玉，谥文靖，世居山东临淄。仕至淮南节度使，唐光化年间（898～900），因避战乱，由山东临淄徙越萧山许孝乡（今戴村），成为戴村丁村丁氏始祖。据丁氏宗谱载，天祐年间（904～907）遇东京游僧茂宗，在凌溪之畔筑一庵，名庆寿，留茂宗住，僧言盛境有胜地，苍峰高耸，诸山来拱，龙虎环围，颇无失漏，千载不朽。璞慨然请里人张居仁易范氏地建龙门院，后赐额和庆。现和庆寺已圮。丁死后墓原在丁家山乌石塔朝阳山坡，毁于20世纪60年代初大搞农田建设。为防破坏，墓碑被丁氏后裔藏于水池中，近年取出。惜年久驳蚀，部分字迹模糊。

郁　崑

郁崑（约1839—1880），字漱山，萧山城厢镇桥下达人。祖籍戴村镇郁家山下村。清咸丰九年（1859）举人，同治十年（1871）辛未科梁耀枢榜进士第三人，授翰林院编修。同治十二年（1873），任顺天乡试同考官。

光绪二年(1876),典试广东,为广东乡试副考官。时称得士。光绪五年(1879),任湖北学政,职授翰林院侍读。因染疾早逝。

郁昆为政清廉,待人宽厚。到广东任上时,当地士绅为他设宴洗尘,他滴酒不沾,只要了几块腐乳下饭。善于遣词做文章,风格隽永、飘逸。擅书法,藏书万卷,手书的《金炉策楷》,由商务印书馆拓印行世,流行较广。

郭　伦

郭伦,字幼山。戴村镇张家弄村人。清乾隆二十一年(1756)举人。其祖郭栋系明末诸生,著有《晋书摘谬》。伦幼即以己意考其是非得失,稍长就将《晋书》取来删简、修正,历15年而写成《晋记》一书,纠正了唐房玄龄等所编《晋书》中的错误。还著有《幼山诗集》和《萧山赋》。《萧山赋》描述了萧山境内的自然环境和人文概况,举凡萧山的山川形势、田园农事、飞禽走兽、草木花果等,都有生动而详细的描述。

永春和尚

永春和尚(1830—1908),号柳溪,浙江台州人。原是石匠,会武功,精医术,尤精伤科。有一次,他打死了一名横行乡里的恶棍,受到究办。于是,他削发为僧,游走于绍兴、萧山乡间,替人治病。清同治九年(1870),他寄寓戴村凌溪北岸的静修庵,为村民接骨上臼,治疗跌打损伤。对求诊者悉心医治,疗效奇特,且又怜贫恤老,凡家境困难者不收诊金,少收药费。所积医资,用于修葺静修庵。他还在庵前建茶亭,设普济茶汤会以施茶。置田十余亩,以垂久远。其医术在萧绍一带享有盛名。民国《萧山县志稿》卷二十一人物有载。

沈廷杰

沈廷杰(1865—1921),字翔郛,别署"云石山樵",萧山区戴村镇沈村人。因家境贫穷,少年时外出谋生。光绪七年(1881)开始从教,先后在富阳、孝丰等地开办私塾,曾讲学于杭州紫阳书院、求是书院等。其间,曾参与康有为、梁启超的维新运动,力倡新学。

辛亥革命后,受浙江都督汤寿潜之邀,为都督府秘书。民国3年(1914)出任镇海知县。当时县内赌风盛行,社会不宁,沈廷杰亲自下堂,杖责参赌者,尤其对豪绅聚赌严加追究,一度名声大振。但终因阻力重重,任期半年即辞职。此后,谋事未果,旋回杭州隐居。民国10年病逝于杭州。著作有《云石山房诗抄》等。

钟阿马

钟阿马(1894—1930),萧山戴村镇上堡村人。家境贫困,自小随父在槽户(土纸作坊)做工。民国16年(1927)3月,中共萧山地方组织建立。县委派瞿缦云到上堡、沈村一带开辟工作,发动群众,筹建农民协会。钟阿马在同瞿缦云的接触中,受到革命教育。同年秋,钟阿马加入中国共产党,不久任上堡村党支部书记。

民国17年(1928),为了保卫农民协会,有效地开展斗争,钟阿马以党员为核心,成立"铁血团",任团长,提出"减租减息,有饭大家吃","锄强扶弱、互相帮助"的口号。"铁血团"成立后,钟阿马带领他们宣传党的政策,动员群众联合起来,使得在骆家舍、戴村、义桥一带三十多里范围内的群众受到党的宣传和影响。农民协会、"铁血团"相继成立后,钟阿马就领导农民协会员开展保卫自身利益的斗争,实行"二五"减租"三七五"交租,废除对分,倒四六和包租;废除高利贷,实行借贷还本不付息,受到贫苦农民的拥护。上堡村以钟礼仁为首的地主、槽户,组织"保产联合会",与农民协会对抗。钟阿马带领农民协会教训了钟礼仁,"保产联合会"也随之垮台。

民国17年秋,县委召开党代表会议,钟阿马当选为县委委员。会上,县委决定把上堡、沈村一带作为斗争的中心区域。会后,沈村、丁村的农民协会,也以党员为核心成立"铁血团"。沈村、丁村和上堡三村联成一片,共推钟阿马为总指挥。同年冬,钟阿马等党员领导"铁血团"和当地群众一起进行"砍竹暴动"。民国

18年4月,地主钟麟传等向国民党政府控告,要求按"反革命治罪法"逮捕治罪。4月19日夜,浙江省保安队和萧山县警察大队70余人赴上堡兜剿。由于钟阿马已有所闻,率"铁血团"携带土枪、板枪退至乌龟石山山庄。军警在上堡扑空后,即由钟麟传家人作向导分两路上山,包围了山庄。钟阿马指挥"铁血团"奋力抵抗,终因寡不敌众,钟阿马、钟马潮等十人被捕,丁关田当场牺牲。

钟阿马被捕后关押在萧山县监狱。同年4月省委机关遭破坏,搜出萧山县委领导人名单,萧山县委即遭破坏,钟阿马也由萧山监狱转押浙江陆军监狱。在各种酷刑面前,他始终坚贞不屈。后经浙江高等法院审理,被判刑十年。判刑后,钟阿马在狱中党支部领导下,坚持狱中斗争。民国19年(1930)8月30日,钟阿马在临浦峙山脚下惨遭国民党政府杀害。

沈步蟾

沈步蟾(1891—1934),萧山区戴村镇沈村人,沈廷杰之子。青年时毕业于杭州高等学堂。

1927年3月,中共萧山县委派祝庆祥、吴绍通等到南乡开辟工作,介绍上堡村钟阿马、钟庆余等人入党。7月,沈与沈水良等人同时入党。后,沈步蟾、沈水良等17名党员建立了沈村党支部,同时与上堡村党支部一道并肩战斗。

1927年秋,沈步蟾邀请地下党员、时任中共萧山县委委员的葛化龙来校任教。在葛的领导下,沈村很快建立了农民协会,受到了广大贫苦农民的热烈拥护。

1929年4月,上堡"铁血团"被国民党镇压,6月,中共萧山县委再次遭到破坏,县委委员陈效生、葛化龙等被捕,沈村党支部主要成员分散到各地隐蔽,沈步蟾应余姚县长廖岂平邀请到余姚工作。因葛化龙身份暴露,国民党萧山县委具文到余姚,沈因之而被监押。后因查不到证据而得到释放。

沈步蟾为人豪爽,乐善好施。他见到老百姓生活无着,毅然将他父亲的藏书一万余册全部出卖,分送给生活无着的贫苦人家。

沈于1934年10月,病死于杭州,是年44岁。死后葬于萧山北干山,1980年迁葬于戴村沈村吊洞沙山。

周易藻

周易藻(1864—1936),字芹生,号璐琴,晚年号遁叟,萧山戴村丁村人,居城厢镇大弄口。清光绪十五年(1889)乙丑科举人。此后四次赴京会试,都因迟到而"额满见遗"。吏部授"内阁中书"空闲,至江苏候补知县。因不堪目睹官场风气,数月即回。后应翰林院侍读讲学士唐春卿邀请,回浙披阅乡试考卷。他先后出任萧山县劝学所总董、萧山县立高等小学校长。

周氏编有《萧山湘湖志》8卷及《萧山湘湖续志》1卷。为编写《萧山湘湖志》,他筑"辛庐"于湘湖边,每日"驾一叶扁舟,浏览湘湖,穷幽探隐,日夕始返。夜则检索水利诸书,摘录历年卷宗,参互考订",历6月竣稿。该书涉及湘湖沿革、湘湖的碑记和艺文、湖贤事迹、湘湖题咏、湘湖古迹等内容,是迄今国人编纂的内容最为丰富的湘湖志书。

喻守真

喻守真(1897—1949),名璞,萧山戴村镇杨家桥村人。民国6年(1917)毕业于浙江省立第一中学,后到母校临浦小学任教,后在杭州当家庭教师。民国14年,考取上海中华书局,任编辑。以编写中小学教科书为主,亦参与《辞海》编辑工作。抗战时,曾任上海沪江大学教授,后又去杭州某家钱庄充当会计。

毕生从文,擅长注释。其所注释的著作很多,主要有《瞻山楼诗文集》16卷、《怀玉馆杂笔》4卷、《文章体例》《诗经童话》《孟子童话》《晏子春秋童话》《注释学生尺牍》《外国地理表解》等。尤以注释的《唐诗三百首详析》闻名,以考证审慎,表达扼要,文字流畅,受读者好评。该书于民国37年印行后,印册超百万。

郑振庭

郑振庭(1927—1949),萧山戴村镇戴村村人。家境贫苦,当过学徒。民国36年(1947),投身革命,参加中国共产党领导的武装组织——金萧支队。同年加入中国共产党。

民国37年初,党组织调派郑振庭到河上区开展革命活动。他带领武工组出没于楼塔、戴村一带进行武装斗争。8月28日,金萧支队攻打敌戴村警察所,缴获枪枝弹药和电话总机一架;次年初又烧毁敌粮仓1座。这两次战斗,郑振庭奋力配合。1949年5月,萧山解放,郑振庭任戴村区复兴乡(今属戴村镇)乡长。当时,该乡常遭土匪吴小水部袭击,尤其是匪部情报员柴国民,作恶多端,民愤极大。郑振庭机智勇敢,擒获柴匪,为民除害。

1949年8月13日夜,郑振庭在上董村工作,遭土匪突然袭击,郑振庭及文书蔡琳同时被捕,在村北园盘庵前同遭杀害。

郑振庭烈士墓　（摄于2011年12月13日）

沈佩兰

沈佩兰(1903—1954),女,萧山戴村镇沈村人。9岁读书,聪慧好学。18岁嫁至朱村桥乡塘坞村。塘坞村地处偏僻,村里文盲居多。沈佩兰在家开设私塾,免费招收贫苦孩子20余人入学。后至孝丰为家塾教师。民国23年(1934),塘坞村建立小学,她又回村任教。

民国29年2月,日本侵略军进犯浙赣铁路沿线,国民党192师119团扼守朱村桥猫头山和云石廊岭等地。是月17日,与日军交战,日军退守塘坞,设指挥部于沈家中。119团随即包围塘坞,双方相持。此时,沈佩兰见119团因敌情不明受阻,即侨装出封锁线,向119团报告日军指挥部地点和火力点。119团遂迅速发起进攻,毙敌200余人,她的住宅也被炮火所毁。日军前锋得悉后续部队被歼,当即缩回萧山。

为褒扬沈佩兰,国民党中央政府还颁发于右任所书"国而忘家"匾额一块,浙江省振济会特从优拨给奖恤金600元。是年三四月间,《东南日报》《大公报》《扫荡报》均予以报道。

民国30年9月,沈佩兰去武义难童教养团工作,曾回萧山抢救难童。民国32年夏,教养团停办,沈全家辗转兰溪、江山一带,生活极为艰苦,旋回萧山。抗战胜利后,借资到杭州闸口开设"元昌"柴炭行。中华人民共和国建立后,沈佩兰返塘坞小学主持教务。1954年病逝。

郭连潮

郭连潮(1915—1985),戴村镇张家弄村人。1935年在杭州东南日报馆做工,同年参加新四军,1938年加入中国共产党。1949年,解放军渡江南下时任中国人民解放军第20军某团参谋长。杭州解放后,任杭州市军管会副处长,1952年任浙江省公路管理局副局长、局长、浙江省交通厅副厅长;1954年任抚顺龙凤煤矿矿长、局长;1965年任西南煤矿指挥部总指挥、中共六盘水地区常委。

李汝安

李汝安(1909—1993),义桥镇何家桥人。李字伤科12代传人。李字伤科始于明朝崇祯年间,于清初正式挂牌开业。其父李钦堂为李字伤科第11代传人。李钦堂临诊时,其夫人侍诊左右,李随时指点传授。李钦堂逝世后,其夫人将医术转传给李汝安。他牢记母亲教诲,勤学苦练,把继承、发展祖业视为己业。1920年,李汝安随母行医,应邀出诊,上山采药。在母亲的精心培养下,李汝安长进较快。

1956年,李汝安参加许贤联合诊所,1958年10月调入戴村公社中心保健院(现区第六人民医院、中医骨伤科医院前身),并先后应邀到朱村桥诊所、许贤诊所、凌桥塘上诊所等门诊。经过几十年的临床实践与不断探索,使李氏伤科发展到空前的境地,形成了“四个一”的骨伤科医疗特色,即有一套牵、拉、折、顶、抖的正骨梳筋办法;有一个独特的祖传中药秘方;有一副服治骨伤的祖传末药和一张精制的治伤膏药。对跌打损伤、骨折脱臼、陈伤风痛等骨伤科疾病很有疗效。

李氏骨伤科,重在手法,兼用药治,疗效卓著,名播萧山、诸暨、绍兴、富阳等地区及江浙一带,求治者甚众。李汝安的精湛的正骨之术,独到的理伤经验,良好的医德备受百姓赞扬。1959 年,李汝安被评为萧山十大名医,成为浙江省著名的中医骨伤科名家。

李汝安清廉正直,崇尚医德,治学严谨,务求实,并广收弟子,桃李满园,精英辈出。其弟子滕大庆、周壮秋、蒋梦麟、余金良、汤寅初、陈如江、金杰等弟子都已成名医。

今中医骨伤科医院内,竖有李汝安半身铜像,供人瞻仰。

陈　商

陈商(1924—1996),又名菁之,字曾喜。戴村镇方溪村(顶山自然村)人。

陈商出身于书香门弟,父陈学乾毕业于浙江第一师范,民国时期曾任甘肃省康县、成县、静宁县县长。

陈商毕业于诸暨次坞中学,1940 年考入浙江省战时青年报务团,投入抗战洪流,后任云和县省政府军粮站干事,因征粮派夫触犯地方豪绅利益,被免职。回家后,在河上加入抗日宣传队,编印《萧山青年》,宣传抗日。抗战胜利后,因生计去福州谋职,屡屡在福州《环城报》《中央日报》《南方日报》发表文章,揭露时弊,抨击当局的倒行逆施行为。

后回乡在沈村小学任教,并创办《大地周刊》,发表文章,讽刺、抨击时政,有力地推动了萧山的革命浪潮,由于反动当局的阻挠,周刊出 12 期即停刊。陈商躲过了反动当局的抓捕,毅然参加了金萧支队,并于 1948 年 5 月参加中国共产党。

1948 年 8、9 月间参加了金萧支队袭击戴村警察所的战斗,同年 10 月,参加与国民党自卫中队的遭遇战。在回师云石途中,不幸受伤,在云石养伤 40 多天,归队后转战诸暨、浦江、富阳等地,并多次立功。1949 年 11 月后,历任中共萧富区区委书记、区长、武工队队长、诸暨土改队队长。1952 后调金华十里坪农场任管教。

1956 年,被错划为右派,遣返回家;“文化大革命”期间被戴上“反革命”帽子,并被判处管制 3 年。1982 年政法部门撤销对他管制 3 年的判决;1984 年,金华十里坪劳改农场撤销了对他开除公职的错误处理;1985 年,诸暨县对其的处理,作了调查,确认处理错误,对他重新作出“对敌斗争坚决勇敢,政治历史清白”的决定,恢复了他的党籍,党龄从 1947 年算起,同时办了离休手续。

陈商故居　(摄于 2007 年 10 月 11 日)

许迈永

许迈永(1959—2011.7),男,戴村镇戴村村人。1959 年 2 月生,1977 年 9 月参加工作,1981 年 7 月湘师大专班毕业后到朝晖初中任教。1984 年 4 月加入中国共产党,6 月任萧山县城厢镇副镇长,后历任县委宣传部副部长、县卫生局党委书记、市委办公室主任、市委政研室主任、中共萧山市委常委、组织部部长、副市长。1995 年 3 月至 1997 年 12 月,在浙江省委党校领导干部经济学专业本科班学习。1996 年 5 月同时兼杭州钱江外商合资投资区江南管委会党工委委员、副主任。1997 年 7 月任杭州(香港)实业有限公司总经理。1997 年 8 月至 1999 年 4 月,在澳大利亚梅铎大学工商管理专业研究生班学习。2002 年 6 月任中共杭州市西湖区副书记、区政府党组书记、代区长。后历任中共杭州市西湖区区委副书记、区政府党组书记、代区长，杭州之江国家旅游度假区党工委副书记、管委会主任，中共杭州市西湖区区委副书记、区政府党组书记、区长，杭州之江国家旅游度假区党工委副书记、管委会主任。2005年2月，同时兼任杭州西溪湿地公园管委会第一副主任。2006年4月，任中共杭州市委委员、中共西湖区区委书记、杭州之江国家旅游度假区党工委书记，杭州西溪湿地公园管委会主任。2008年4月，任中共杭州市委委员，杭州市政府党组成员、副市长。

许自1995年5月至2009年4月，利用职务便利先后多次收受、索取浙江坤和建设集团股份有限公司董事长李宝库等14人款物共计折合人民币14529.11万余元。1998年年底、2000年年底，利用担任金港公司董事长的职务便利，侵吞国有资产共计人民币5359.44万余元。此外，2003年至2008年，许迈永还滥用职权，使其隐名持股40%的杭州伟量机电五金置业有限公司低价获取土地。

许迈永的行为已构成受贿罪、贪污罪和滥用职权罪。其中受贿数额特别巨大，且具有索贿情节，情节特别严重，社会危害性极大。被依法判决死刑，于2011年7月19日执行死刑。

第二章　人物简介

郭汉城

郭汉城（1917—　　）戴村镇张家弄村人。1926年入戴村小学读书。1934年入浙江大学代办浙江省立杭州农业职业学校读书。1937年抗日战争爆发，离开家乡。1938年到陕甘宁边区，入陕北公学学习。1939年赴敌后抗日根据地晋察冀边区，入华北联合大学社会科学部学习，同年毕业，在敌后从事抗战教育工作。1949年中华人民共和国成立后，任察哈尔省文教厅文化处副处长。1951年文教分开，任察哈尔省文化局副局长兼察哈尔省文学艺术界联合会主任。后察哈尔省建制撤销，1953年调华北行政区行政委员会文化局艺术处任副处长。1954年华北行政区撤销，调中国戏曲研究院，任剧目研究室主任、中国戏曲研究学院戏曲研究所所长。“文化大革命”中被审查，下放干校。1973年回到北京。历任中国艺术研究院副院长、党委副书记，国务院学位委员会学科评议组成员，中国戏剧家协会副主席，中国戏曲学会副会长，《中国戏剧》主编，文化部振兴京昆艺术指导委员会副主任等职。1988年离休，现任中国艺术研究院研究员、中国戏剧家协会顾问、中国戏曲学会顾问等。

主要著述有：《戏曲剧目论集》，上海文艺出版社1981年出版；《中国戏曲通史》（与张庚联合主编），中国戏剧出版社1980年4月出版；《中国戏曲通论》（与张庚联合主编），上海文艺出版社1989年出版；《郭汉城文集》（四卷），中国戏剧出版社2004年出版；《当代戏曲发展轨迹》，中国戏剧出版社2008年出版；《谈汉诗词钞》，文化艺术出版社2009年出版。以及主编《中国戏曲经典、精品》（10卷本），山东教育出版社1990年出版，并参与《中国大百科全书戏曲、曲艺卷》《中国戏曲志》等编辑工作。2002年获中国文联、中国剧协“中国戏剧奖”。2009年获中国剧协“中国剧奖”“终身成就奖”。

郭汉城现住北京。

方永耀

方永耀（1927.11—　　），戴村镇石马头石盖坞人。

1935年在原籍读书，1943年在杭州绸布庄当学徒，1944年起任小学教员、校长。

1949年5月，在萧山城厢镇参加中国人民解放军二十一军，任军《拂晓报》见习记者，从事舟山前线采访活动，1951年起任编辑干事，荣立四等功3次。1953年3月在朝鲜前线采访，撰写《筑起地下长城》3篇，均在《拂晓报》发表。1954年转业，曾任物价员，宣教干事等职。

1956年考入山东大学中文系汉语文学专业，1960年毕业任山东省文联理论干事。“文化大革命”中受到冲击,被遣送农场劳动,1973年被彻底平反。

1974年12月任山东泰安师范专科学校中文系教员,1978年任讲师职务,1983年5月晋升副教授,1993年5月晋升教授。

1984年7月参加九三学社,任九三学社泰安市委委员,连任两届,九三学社泰安师专支社主任委员。1986年6月加入中国共产党。

撰写并发表有关古典文学的论文40余篇。《关于王维的山水诗——与萧涤非先生商榷》,载《文史哲》1962年第2期。《伟大诗人杜甫在山东的活动》,载《山东文学》1962年第5期。《不应把左思列入贾谧的"二十四友"之中》,载《东岳论丛》1982年第1期。《亦读〈三都赋〉何时写成》,载《山东师大学报》(社会科学版)1986年第6期。《感人肺腑的骈文杰作——读丘迟人与陈伯之书》,载《名作欣赏》1980年第2期。《西晋杰出的文学家左思及其作品》,载《齐鲁学刊》1985年第3期等。

1994年离休,现住山东省泰安市。

董士元

董士元(1930.10—　　)戴村镇上董村人。

1946年就读于萧山简易师范,在校期间因受进步思想影响,联合蔡琳、施关绥等8位同学,成立"淬砺友谊会",任会长。秘密组织阅读进步书籍、刊物,出刊物"淬砺通讯",抨击当局的黑暗统治和传播人民解放军胜利进军等消息。1949年1月,"淬励友谊会"同学秘密到云石山区,寻找正在山区活动的"金萧支队",坚决要求参加革命武装,在中共河上区委书记陈商的说服下,仍回萧山坚持斗争,将"淬砺友谊会"改名为"中共河上区委萧山简师淬砺友谊会"。用写贴标语、散发传单、收集情报迎接萧山解放。1949年5月5日下午2时,随陈商率领的金萧支队武工队进入萧山县城城厢镇,3时许与人民解放放军21军先遣队胜利会师,萧山解放。

1949年5月在戴村区参加工作,同年10月入团,任工作队员、统计干事;1952年2月至1953年1月在省委党校、绍兴镇反干校、萧山干校学习,任干事股长、班主任。1950年9月加入中国共产党。

1953年1月至1965年2月在萧山工作,历任干部干事、区委书记、县农工部副部长、县委调研室主任等职。

1965年2月至1978年4月在上虞任中共上虞县委副书记("文化大革命"期间受审查)。

1978年4月至1990年3月在诸暨,任诸暨县委副书记,县革委会副主任、县长,县人大常委会主任。

1991年8月离休,回萧山定居。

金雅成

金雅成(1931.1—　　),笔名亚成,戴村镇青山村人。大专文化。1950年10月参加工作。先后在中国人民救济总会杭州分会、中共杭州市上城区委、杭州市计划委员会、杭州市物价局等单位工作。历任机要秘书、党组成员、处长、办公室主任、副局长等职。1949年加入共青团,1955年5月加入中国共产党,曾任支部书记、总支委员、党委委员、杭州市政协委员。

金雅成从小酷爱书画艺术,勤于钻研,擅长草书、花鸟,现为国家人事部艺术家学部委员会一级书画艺术委员、教授,一级美术师。其作品在国内外经常展出,多次获一、二、三等奖和金、银奖,第五届国际书画作品展览书法金奖、全国美术书画民间工艺大展中获国画特别金奖。其传略和作品入选《世界华人文学艺术界名人录》等30多部大型辞书和专集。荣获国际书画艺术家和中华书画艺术名人等荣誉。现任浙江大草书法艺术研究会会长、中华当代书画研究会名誉会长兼艺术评定委员会顾问。被中原书画研究院、山东省当代艺术院、河南省中国画院、北京神州书画研究院等聘为名誉会长、艺术顾问。

丁渭然

丁渭然(1931.4—　　),戴村镇戴村村人,中共党员。

1954年毕业于浙江农学院茶学系(现浙江大学茶学系),毕业后响应党的号召到边疆云南工作。1954年至1957年在云南省农业厅工作。1957年又调云南省农科院茶叶研究所工作。1964年,中华人民共和国派遣中国农业考察团赴阿尔及利亚进行考察,丁渭然任副团长,后又担任茶树试种专家组组长。1969年11月回国,继续在茶科所从事茶叶科技工作。1973年调到云南农业大学,协助赵有威、张芳赐筹建茶桑果系,是年茶学专业开始招生。由他主持编著的地方教材《茶树栽培学》,1989年被云南省农学会评为优秀科普一等奖。随后的几年里他组织、编写教材多部,撰写论文数十篇。1992年10月被认定为教授资格。

丁渭然曾任过云南农业大学园艺系主任,并承担云南茶叶学会副理事长兼秘书长,云南农学会副秘书长,中国茶叶学会理事等社会兼职工作。由于工作成绩突出,1986年获省农学会表彰,1989年获云南农业大学教书育人先进个人荣誉,同年被云南省科学技术协会评为省级学会优秀兼职干部,1990年被评为云南农业大学优秀思想政治工作者。1991年9月退休。

周志虹

周志虹(1932.2—　　),原名周志宏,学名翥鸿,戴村镇石盖村人,中共党员。1945年2月考入杭州蕙兰中学读书。1949年6月考入杭州市青年干部学校学习。同年9月由杭州市青年干部学校分配到湖州市做青年团工作。1951年6月到吴兴县双林镇任团委书记,1953年12月调中共吴兴县委机关工作。1957年任吴兴县含山乡党委书记。1973年2月任吴兴县农机化办公室主任、农机局局长,1982年1月任湖州市副市长。1983年11月任中共湖州市城区副书记、书记、人大常委会主任;1988年11月任中共湖州市委老干部局局长。1992年4月离休。

丁培然

丁培然(1932.2—　　)戴村镇戴村村人。

1951年夏毕业于省立杭州高级中学,同年考入上海同济大学机械系。1952年调入上海交通大学,同年调入北京俄专留学预备部学习。1953年夏到前苏联列宁格勒加里宁工学院动力系内燃机专业学习。1957年3月加入中国共产党。1959年3月回国授工程师,补授硕士学位。1959年调入国营河南柴油机厂(407厂)设计科工作,任设计组长、副科长。1969年调入国营前进机械厂(405厂)工作,授工程师、高级工程师职称,任设计科长、总工程师职务。1983年调入四川省第六机械工业局工作,同年5月成立重庆船舶工业公司,任经理(副厅、局级)。1988年授教授级高工职称、任重庆市政协委员、中国造船工程学会常务理事。1991年调入杭州船舶工业学校任副校长(副厅、局级)。1994年退休。

沈吾泉

沈吾泉(1935—　　)戴村镇八都村人。

童年在本乡学校读书,少年去萧山县城做工。1949年参加剿匪反霸斗争。1950年调绍兴专署干部学校学习,后长期在萧山区、乡、镇和县直机关工作。1955年加入中国共产党。历任区政治教导员,乡中心学校校长,中共萧山县委宣传部干事、副部长,县立中学革委会主任,镇党委书记,县人保组、办事组副组长,县委办公室副主任、主任,中共萧山县委委员,县人大常委会副主任。

1988年调省工作,任浙江省农村政策研究室副主任,中共浙江省委、省政府农村工作办公室副主任。

陈文焕

陈文焕(1935.12—　　),戴村镇方溪村人。

1948 年在杭州做学徒,1954 年参加中国人民解放军,在海军东海舰队服役,1958 年 5 月转业到上海航道局工作,1959 年经上海港监考试取得海船 1600 吨以上船泊驾驶资格,分别在海航轮等担任三副、二副、大副、船长等职;1968 年任中国第一条万吨级挖泥船船长,并负责监造劲松、险峰轮,1970 年任劲松轮船长。1972 年调上海航道局长江口工程处任副主任,党总支副书记,1973 年任航道局党委常委,1978 年任航标测量处航锋一号轮船长,1983 年任交通部上海海上安全监督局 B－21 轮船长,1989 年经交通部专业技术职称评审委员会考核评审,取得船泊高级技术职称资格证书,任上海海上安全监督局高级船长(副教授级)。1970 年被上海港务局授予学习标兵称号,先进事迹在上海《文汇报》报导,同年被选为上海市第四次党代会代表。1995 年退休。

郑星斋

郑星斋(1935.12—　　),戴村镇戴村村(后郑)人。中共党员,高级工程师。

1957 年 9 月,在杭州市第一中学高中毕业考入北京石油学院机械专业学习(后改学无线电专业),大学本科毕业后,于 1962 年 9 月—1967 年 12 月在大庆油田地质指挥所及大庆研究院工作,其间,参加过国家第三次原子弹试验,获得三等功。其中 1964 ~ 1965 年,研制成功电子计算机与电网模型联合使用装置,为大庆油田初期开发发挥了重要作用。1967 年 12 月 ~ 1973 年 3 月,在胜利油田测井公司工作,其间为引进美国石油测井设备,两次赴美国培训学习,在科研工作中,多项成果获得油田奖励,并获得国家三等发明奖一次,授予石油工业部劳动模范及国务院全国劳动模范称号。曾当选为第五届山东省人大代表。由于在工程技术事业中为国家做出突出贡献,国家给予政府特殊津贴。1995 年 10 月退休于胜利油田。

陈惠中

陈惠中(1937.11—　　),戴村镇马谷村人,中共党员,教授,特约终生研究员。

1962 年毕业于浙江医学院及中国医学科学院防原医学专业班。1962 ~ 1981 年,在北京军事医学科学院防原医学研究所从事防原医学研究。多次参加中国核试验现场生物效应研究工作及核后处理辐射防护、核事故医学观察工作,撰写保密归档论文 20 余篇,研制小剂量升白非标制剂一个。1982 年调至南京海军医学高等专科学校任教,从事三防教学及辐射营养学研究,发表各级论文 20 余篇,研制治疗支气管哮喘的中药非标制剂一个,获军队科技成果三、四等奖四项,为国家级医学特殊贡献奖参与者。后一直笔耕不停,共参与十余本大型医学专科书的编写。与爱人陆健敏教授为主已出版发行医学科普书 45 本。被第四届全国营养学会评为先进科普作家称号,两次被解放军总后勤部评为先进老干部。1993 年退休。

陈士祥

陈士祥(1937.12—　　),曾名陈士荣,男,戴村镇方溪村顶山人。解放军 101 医院主管药师,卫技 6 级,文职 3 级。

陈士祥于 1957 年 1 月参加中国人民解放军 27 军 80 师,同年 2 月起在师卫生教导队学习,1958 年 2 月任 80 师医院卫生员;1959 年 1 月任师医院药房调剂员;1960 年 11 月任师医院药房司药;1961 年 12 月任 27 军高炮团卫生队司药;1962 年 6 月任 27 军 695 野战医院司药;1971 年 4 月任 695 野战医院二所药剂室主任;1984 年 2 月任南京军区后勤部制药站主任;1987 年任解放军 101 医院药局主管药师;1998 年 12 月被评定为技术 6 级、文职 3 级(享受师级待遇)。

陈士祥在 1962 年东南沿海紧急战备中,在 695 野战医院荣立三等功一次。1964 年参加全军技术大比武(野战条件下的大输液配制的研究),获军区一等奖,并荣立三等功。1979 年在 695 野战医院参加云南边防保卫战中荣立三等功,并出席广州军区和南京军区庆功大会。为此云石乡为陈士祥召开庆功大会,1996 年在 101 医院研制新型输液瓶专用滴酸泵获国家专利,获军区科技进步三等奖。

2009 年 9 月退休。

陈尔庄

陈尔庄(1938.2—　　),曾用名陈雅富,戴村镇八都村(麦元)人,中共党员。

1959年9月,考入宁波师范学校中文系学习,1960年5月,抽调到宁波地委政策研究室工作。1962年调上虞县整编精简办公室工作,1965年起,在上虞县计委、县委组织部、上虞县百官镇工作。1984年,任上虞县委组织部副部长。1987年调任嵊县县委副书记。1990~1998年8月,任上虞市第四届、第五届政协主席。1989年10月被中共浙江省委评为省优秀党务工作者。1999年4月退休。

郑吾珍

郑吾珍(1938.3—　　),女,戴村镇戴村村人。1954年加入中国共产党,1958年7月进萧山钢铁厂工作,1960年12月调入萧山瓷厂工作,历任瓷厂团委书记、党支部委员、厂党委副书记、工会主席。1980年9月转为国家干部。1977年开始连续当选为浙江省第五届、第六届、第七届人民代表大会代表;1982年任萧山县总工会副主席(编制仍在瓷厂),同年获杭州市劳动模范和浙江省劳动模范;1983年荣获全国“三八”红旗手称号;1984年又获杭州市劳动模范。1993年10月退休。

余文熊

余文熊(1938.10—　　),戴村镇半山村人。

1952年7月毕业于丁村小学,1952年9月在海宁中学读书,1958年9月在杭州大学读书,1962年7月至2006年12月在浙江师范大学工作。1989年12月任浙江省数学会理事,同年晋升教授,任数学系副主任。1990年在湖南宁乡县召开的中国数学会普及工作委员会会议上作为发起人之一,决定次年举办全国小学数学奥林匹克竞赛,以使数学事业后继有人。

沈定国

沈定国(1939—　　),戴村镇青山村人。1939年生于杭州,1957~1962年就读于北京大学医疗系,1962年至2002年在解放军总医院工作,2003年至今,在西安高新医院神经科任职。1984年在日本国立神经科学研究所Hedio Sugifa教授领导的肌营养不良部任访问学者。1986年在美国洛杉矶USC大学WKEngel领导的神经肌肉病中心、1990年在美国Columbia - Presbyterian Medical Center、1997年在美国Pennsylvania大学、Johns Hopkins大学研修。1990年任教授,1992年任博士生导师,1984年起任中华神经病学学会肌电图及临床神经生理学学组副组长,1991年中华神经病学学会神经肌肉病学组成立后任组长,国际肌营养不良协会的创始人之一,国际Charcot - Marrie - Tooth协会顾问委员会理事,亚洲、大洋洲肌病中心理事,亚洲、大洋洲IVIG顾问委员会理事,1992年被人事部授予有突出贡献的中青年专家,承担国家自然科学基金6个项目,先后获得国家级科技进步二等奖4项,主编及参编专著10部,发表论文百余篇。

顾正光

顾正光(1942.8—　　)戴村镇顾家溪村人。

1956年在浙江萧山二中读书,1962年在上海交通大学读书。1968年8月至1972年5月在辽宁锦西化工厂任技术员。1972年5月任浙江萧山树脂厂技术员,1980年10月任浙江萧山树脂厂副厂长。1984年6月任浙江萧山二轻总公司技术科科长兼萧山轻工设计研究所所长。1980年6月当选为萧山县七届人大常委,连任5届(至十一届);1992年4月当选为萧山市九届政协副主席;1993年4月当选为萧山市人大常委会副主任。1998年8月退休。

俞吾尧

俞吾尧(1943.7—　　),戴村镇石马头村石盖坞人。

1958 年起在萧山县戴村中学读书。1961 年 6 月参加中国人民解放军,历任舟嵊要塞区战士、班长、排长、团司令部参谋、军作战处参谋。1971 年 8 月,部队退伍至杭州幸福丝织厂任政工组干事、宣传科负责人。1978 年 3 月调至中共杭州市委组织部,任干事、干部二科副科长、科长、二部二处处长。1991 年 9 月,调任杭州市人事局副局长、党组成员。1995 年 1 月,任杭州市人事局党组副书记、副局长、市机构编制委员会副主任兼办公室主任。1995 年 7 月,任杭州市人事局局长、党组书记兼编制委员会办公室主任。2002 年 6 月,任杭州市人事局巡视员。

谭吾源

谭吾源(1946.7—　　),戴村镇永富村人。

1965 年 9 月在浙江医科大学医疗系读书,1971 年 7 月在浙江军区农场带薪劳动锻炼,1971 年 12 月在浙江省第五地质大队工作,1978 年 4 月在浙江医科大学附属第一医院进修,1981 年 10 月调入萧山第一人民医院。曾任内一、内二、急诊、内分泌科主任、大内科主任、医院学术管理委员会委员、医疗质量管理委员会委员等职。1987 年 12 月升主治医师,1994 年 10 月升副主任医师,2001 年 12 月升主任医师,兼职教授。1983 年获萧山县人民政府科技进步三等奖,1993 年获萧山市优秀论文一等奖,2000 年获萧山区优秀论文三等奖。1988 年 6 月加入中国农工民主党,1995 年任农工民主党萧山医院支部主委,1997 年 6 月任农工民主党萧山总支部副主委,2002 年 6 月任农工民主党萧山区总支部第三届主委。萧山区第十、十一届政协委员、常委。曾五次出席欧洲糖尿病联盟学术会议,参加和组织全国 1994 年糖尿病普查工作,是萧山内分泌学科的创始人,首个在萧山开展内分泌糖尿病学科科研工作,在国内具有较高的知名度和学术成就。

姜望琪

姜望琪(1949.10—　　),1949 年 10 月出生于杭州,祖籍萧山戴村镇尖山下村。中共党员。北京大学外语学院英语系教授、博士生导师,中国功能语言学研究会常务理事,中国语用学研究会常务理事。

1956 ~ 1962 年在杭州候潮路小学读书,1962 年秋入杭州第五中学初中部,1965 年升入高中部。1969 年 6 月赴黑龙江集县,在生产建设兵团 3 师 28 团 4 连务农。1971 年入北京大学西语系英语专业学习,1974 年毕业后留校任教。1975 年开始在西语系联合国资料组从事翻译工作,受到朱光潜等著名学者的指导。1977 年赴英国留学,1980 年获英国利兹大学语言学硕士学位。1989 年 8 月晋升副教授,2001 年 8 月晋升教授,2002 年被聘为博士生导师。

著述有:《语用学——理论及应用》(英文),2000 年由北京大学出版社出版。《当代语用学》,2003 年由北京大学出版社出版,获 2004 年北京市精品教材称号。1987 年,与胡壮麟教授合编《语言学教程》,由北京大学出版社出版,获国家教委优秀教材一等奖。2001 年 7 月《语言学教程》修订版(英文)由北京大学出版社出版。2002 年 8 月《语言学教程》第 3 版由北京大学出版社出版。

2002 年,与胡壮麟教授合编《语言学高级教材》(英文),由北京大学出版社出版。并先后在《外语教学与研究》《外国语》《中国外语》《语言学研究》《南开语言学刊》《同济大学学报》(社会科学版)《外国语言文学》《解放军外国语学院学报》《外语研究》等刊物发表论文、译文 40 多篇。

任水才

任水才(1951.6—　　),戴村镇三头村人。

1975 年 8 月杭州师范学校毕业后,分配到浙江湘湖师范任数学教师,1979 年在杭州大学数学系进修。1980 年 9 月起,历任浙江湘湖师范学校总务处副主任、主任,政教处主任、党委副书记、工会主席、副校长等职。1998 年 7 月,浙江教育学院政治和思想品德教育专业毕业。2002 年杭州电大湘湖校区工作,任工会副主席、校区管委副主任，党支部书记、副校长等职。2001 年被评为中专高级讲师，2003 年 11 月转评为副教授，2008 年 11 月被评为教授。

任水才主要从事毛泽东思想、邓小平理论和“三个代表”重要思想的教育和对马克思主义中国化、马克思主义哲学、思想政治教育的研究。作为杭州电大毛泽东思想、邓小平理论和“三个代表”重要思想概论课程的负责人，该课程在 2005 年 10 月被评为杭州市大学生政治思想理论课首批精品课程。

主要著述有《邓小平党内民主思想研究》，中国社会科学出版社出版；主持完成浙江省哲学社会科学规划课题 1 项、浙江省远程教育学会规划课题 1 项，主编高校教材 1 部，公开发表论文 40 余篇，其中《德育的多元合力与张力》获杭州市人民政府颁发的第十三届社会科学优秀成果三等奖。

洪兴木

洪兴木(1952.6—　　)，男，戴村镇石马头村人。大学本科学历，副师职助理员，大校军衔。

洪兴木于 1972 年 12 月参加中国人民解放军，在总后勤部 232 部队勤务连任战士、班长；1974 年 12 月在 59160 部队警通连任司务长；1977 年 2 月任 59160 部队军需处正连职管理员；1980 年 12 月任总后勤部管理局一管处军需科副营职管理员；1983 年 9 月在北京工商大学工商管理专业(本科)脱产学习；1986 年 12 月，任总后勤部管理局一管处军需科正营职助理员(少校)；1990 年 12 月任总后勤部管理局军需处副团职助理员(中校)；1993 年在中央党校学习(在职本科)；1994 年 1 月任总后勤部管理局军需处正团职主任(中校)；同年 2 月任成都军区 35108 部队副部长(中校)；1995 年 2 月任总后勤部丰台管理处副处长(上校)；1996 年 9 月在后勤指挥学院军需管理函授本科；1997 年 12 月任总后勤部管理局二管处副师职助理员、副处长(大校)；2004 年 1 月任总后勤部管理局 63 号院管理处处长(大校)。

2007 年 11 月在总后勤部司令部管理保障局退休。

洪兴木在部队服役期间，曾荣立三等功四次，学雷锋积极分子一次。

陈吾锋

陈吾锋(1954.2—　　)，戴村镇马谷村人。

1972 年 8 月高中毕业后，在云石初中任体育和物理教师，1972 年 12 月参加中国人民解放军，1975 年 9 月被部队以优秀骨干选拔到四川大学代培，任班团支部书记，1978 年大学本科毕业后分配到天津后勤技术装备研究院卫生装备研究所工作，任研究实习员(技术 12 级)；1983 年 9 月调解放军总后勤部师以上干部读书班任文化教研室教员；1986 年 9 月调中国人民解放军总后勤部油料部油料检测中心任助理工程师；至 2003 年由技术 9 级升至技术 6 级工程师(副师级)。在总后勤部油料部油料检测中心工作期间，对全军油料管理、储存、检测做了大量工作，节约了大量人力、物力、资金，并多次起草和修订全军油料管理方面的规章制度，为军队现代化建设作出了贡献。1992 年获 BLY－10 多用途石油产品低温性能测试仪军队科技进步四等奖，1994 年 RPS－1 喷射蒸气法实际胶质测定仪获军队科技进步四等奖等 5 项；参与全军编辑全军大专院校统编教材《军队油料化验》。2004 年，因全军简减整编、机关干部年轻化的需要而内退。为发挥石油化工专长，仍任中国化工节能技术协会能源审计部主任。

何冯林

何冯林(1954.3—　　)，戴村镇河杨湖村(后马湖)人。

1972 年 12 月应征入伍。1973 年 1 月～1974 年 12 月在 6538 部队服役。1975 年 1 月～1978 年 1 月在解放军后勤工程学院读书。1978 年 1 月～1985 年 9 月在后勤工程学院任教员。1985 年 9 月～1996 年 8 月在后勤工程学院任学员队副教导员、教导员、副队长、队长等职。1996 年 8 月转业前任学员大队正团职上校大队长。1996 年 10 月～2007 年 9 月任萧山区农业局党委副书记、纪委书记。2007 年 10 月起任萧山区物价局副局长、发改局党委委员。曾立“三等功”二次，1987 年曾参加云南边防保卫战。

朱仁昌

朱仁昌(1958.5—　　),戴村镇方溪村(增丰)人,中共党员。

1976年应征入伍,1981年毕业于南京陆军学校,历任班长、排长、副指导员等职。1985年参加老山地区云南边防保卫战,带领全排出色地完成上级交给的战斗任务,尤其是在攻打某高地战斗中,担任主攻排排长任务,在多次身负重伤的情况下,继续指挥战斗,勇猛冲杀,在短时间内打退了敌人7次反扑,为整个战斗的胜利作出重要贡献。1985年7月陆军某师政治部授予一等功荣誉,同年秋浙江省人民政府授予"一等功臣"荣誉匾。1987年12月,转业到萧山财政局。

郑　琳

郑琳(1958.9—　　),戴村镇戴村村(后郑)人。

1976年2月~1978年8月,应征入伍后在第二炮兵工程建筑某团任战士。1978年9月~1981年7月,在第二炮兵技术学院学习。1981年8月至1983年10月,在第二炮兵第五十二基地某团任技术员。1983年11月~1987年10月,在第二炮兵第五十二基地器材库炸药室一站任技术员。1987年11月~1994年1月,在第二炮兵第五十二基地某团技术装备处任技术员、工程师、副处长、处长等职。1994年2月~1995年3月,在第二炮兵第五十二基地某团任参谋长,1995年4月起任第二炮兵第五十二基地某团团长。于1988年、1998年、2001年三次荣立三等功。

蒋金梁

蒋金梁(1958.12—　　),男,汉族,研究生学历,杭州市萧山区戴村镇青山村(狮山自然村)人。1979年12月参加工作,1980年11月加入中国共产党。

历任楼塔公社管委会副主任,大同坞乡党委副书记、乡长,大桥乡党委书记、人大主席,戴村镇党委书记、人大主席,城厢镇党委副书记、镇长。2001年7月起,任萧山区副区长。2007年1月起,任萧山区委常委、副区长。2012年2月起,任萧山区政协副主席。

姜志坑

姜志坑(1959—　　),戴村镇尖山下村人。

1967年7月萧山第六中学毕业,1981年7月杭州卫生学校医士毕业,1994年浙江中医药大学中医专业毕业。现任萧山第六人民医院副院长、党支部书记;2005年11月起先后兼任浙江中医药大学副教授、教授。

出版的专著有《李汝安骨伤经验与特色》,上海科技出版社2003年出版;编写全国高等中医院校创新教材《中医临床概论》。发表的学术论文有:《中西医结合治疗输尿管结石64例分析》《中西医结合治疗缺血性脑梗死50例临术观察》《金钱对座合计治疗胆石临床与实验研究》等十余篇;先后在全国各级杂志发表。完成的科技成果有:主持《金钱对座合计对实验性胆石症利胆溶石作用的实验研究》获2007年浙江省中医药科技创新三等奖。《李汝安骨伤经验与特色》的整理与研究,获杭州市萧山区2006年科技进步三等奖。

洪　骏

洪骏(1960.10—　　),男,戴村镇石马头村人,中共党员,大学本科学历,现任中国人民解放军东海舰队猎护舰某支队支队长,大校军衔。

1969年9月在上海市普陀区武宁路小学读书。1974年9月在上海市普陀区东新中学读书。1979年9月在海军大连舰艇学院学习。1983年9月在海军护卫舰第八大队512舰任航海长。1986年7月在海军护卫舰第八大队司令部任舰海业务长。1987年9月在海军广州舰艇学院舰长班学习。1988年9月任海军护卫舰某大队511舰副舰长。1992年8月任海军护卫舰某大队511舰舰长。1996年3月任海军护卫舰某大队司令部参谋长。1997 年 3 月任海军护卫舰某大队正团职教练舰长兼副大队长和参谋长。2000 年 3 月任海军上海基地勤务船大队大队长。2004 年 3 月任海军驱逐舰某支队副师职教练舰长。2005 年 3 月任陆军第一集团军装甲某师副师长。2006 年 4 月任海军猎护舰某支队支队长。

黄观仁

黄观仁(1961.9—　　),戴村镇半山村人。1983 年 8 月西安交通大学电子工程系电子计算机专业毕业,分配到浙江省地质科学研究所工作。1985 年 3 月调入浙江省电子技术研究所工作,任研究室主任、所副总工程师、所总工程师,研究项目获浙江省政府科技进步三等奖;1995 年 12 月任浙江省乐清市副市长,被评为省十佳优秀科技副县市长。现任浙江省电子产品检验所所长、浙江省软件测评中心主任。

洪松法

洪松法(1963.10—　　),男,1963 年 10 月出生,戴村镇石马头村人。研究生、双学士、工程师。1979 年 12 月参加工作,1984 年 10 月加入中国共产党。历任萧山县城乡建筑公司技术员、副经理,浙江乡镇工业学校教务主任,萧山市城乡建设综合开发总公司书记(副总经理)、总经理,萧山市建设局党委委员、副局长,萧山市政府办公室副主任,萧山区(市)政府办公室党组成员、副主任,萧山区城厢街道党工委副书记、主任,萧山临江工业园区党委书记、副主任,萧山临江工业园区党工委书记、管委会副主任。2006 年 12 月,任中共杭州市萧山区委常委、临江工业园区党工委书记、管委会副主任、主任,杭州萧山临江工业园区(杭州临江新城)党工委书记、管委会主任。2011 年 11 月,任中共杭州市萧山区委常委、区政府党组副书记。2012 年 2 月,任中共杭州市萧山区委常委,区政府党组副书记、副区长。

沈东明

沈东明(1963.10—　　),戴村镇青山村人。中共党员、大学本科学历,高级经济师,浙江华东钢业集团董事长兼党委书记,萧山区劳动模范,萧山区十佳青年企业家。

1984 年进云石乡农技站工作。1993 年,担任该乡明堂村杭州装饰材料总厂萧山分厂厂长。时,该厂亏损高达 120 万元。他挑起了这副重担,走上艰苦创业之路。经过几年的努力拼搏,在沈东明的带领下,依靠全体员工的共同努力,企业形成了以轻钢建材为主体的,包括钢结构制造与安装和彩钢夹芯板、蚊香为主导产品的集团公司,集团拥有 5 家全资公司。2001 年实现全镇第一家产值超亿元的梦想,从此进入了萧山区百强企业行列。2005 ~ 2007 年被评为杭州市百强企业。2007 年度,集团总资产达 9.14 亿元,实现销售 16.92亿元,上缴税金 3000 万元,从业员工 1000 余人。

沈东明致富思源,反哺社会,积极投身各种慈善活动和社会公益事业。2000 年至 2007 年,他已为扶贫帮困、助学、慈善和公益性捐款累计达 350 万元。中央、省、市、区领导多次亲临华东集团视察,《人民日报》对沈东明坚持科学发展观、改革创新、锐意进取,一心一意为社会作贡献,为人民谋福祉的精神作了专题报道。几年来,沈东明先后被评为浙江省中小型企业优秀经营者、萧山区社会主义事业建设者、萧山区第一届关爱职工依靠职工办企业优秀厂长经理,并当选为萧山区人大代表。

顾培龙

顾培龙(1964.9—　　),戴村镇顾家溪村人。中共党员。浙江农业大学农学专业毕业,中央党校研究生毕业,曾任浙江农业大学教师、中共浙江省委组织部干部、浙江省环保局办公室副主任、浙江省奉化市副市长,国家辐射环境监测中心主任。现任浙江省固体废物监督管理中心主任。

任文达

任文达(1965.10—　　),戴村镇三头村人。大学本科学历,在读硕士研究生。现任中球冠集团有限公司董事长兼总裁，高级经济师。

改革开放以后，任文达自筹资金创办杭金加油站，历经20余年的艰苦拼搏，发展成为杭州乃至长三角地区著名的民营企业，如今集团拥有31家分公司，20.5亿元资产。2005～2009年企业连续5年列为全国民营企业500强，2009年位列186位。

中球冠集团是一家以从事石油化工、生态休闲、房地产、投资等产业的综合性商贸企业，公司先后荣获“中国民营石油行业社会公益事业特殊贡献奖”“中国民营石油行业消费者信得过单位”“中国民营企业自主创新优秀企业”“浙江省诚信企业”等荣誉。

作为创办企业的成功人士，任文达具有强烈的社会责任感，近几年来，各类捐款1000万元，直接资助教育经费达300万元。在创业历程中，任文达个人也获得不少荣誉，从1999年以来先后获得“萧山市新长征突击手”“萧山市劳动模范”“杭州市再就业优秀个人”“杭州市优秀社会主义建设者”等称号。同时任文达还担任了众多的社会职务：萧山区第十、第十一届政协委员、杭州市第八、第九届政协委员，全国工商联石油商会副会长、浙江省工商联石油商会常务副会长、浙江省企业发展研究会特邀会长、萧山区第八届工商联副会长等职。

陈水明

陈水明（1968.3—　　），戴村镇马谷村人，博士、清华大学电机系教授、博导。

1990年7月、1993年3月在浙江大学电机工程学系获工学学士和工学硕士学位。1997年2月在清华大学电机工程与应用电子技术系获工学博士学位，后留校任教。其间，于2000年3～9月在香港理工大学从事访问研究，于2002年10月～2003年9月在加拿大艾伯塔大学从事博士后工作一年。曾赴美国、日本等地参加国际学术会议多次。主持或参加了数十项横向课题的研究工作。获电力部科技进步三等奖一项、山东省科技进步三等奖两项、西北电网科技进步特等奖一项、华东电网科技进步一等奖、四川省科技进步三等奖一项。兼有“全国雷电灾害防御行业标准化技术委员会副主任委员”“美国电气电子工程师学会IEEE高级会员”“国家财政评标专家”等社会职务多个。负责和参加了多项国际、国家标准的编写。

第三章　人物录

第一节　戴村革命烈士名录

表15－3－1

姓　名	性别	出生时间	家庭地址	参加革命时间	牺牲时间	牺牲地点	牺牲时职务	备注
钟阿马	男	1894	佛山村	1927	1930.8	临浦峙山下	中共萧山县委委员	
丁周法	男	1906	方溪增丰	1944	1945.5	安吉上洞黄	炊事员	
杨芳文	男	1922.1	尖山下村	1945	1945.12	江苏高邮	战士	
傅雪根	男	1916.3	佛山村	1945	1946	江苏海安	班长	

续表 15-3-1

姓　名	性别	出生时间	家庭地址	参加革命时间	牺牲时间	牺牲地点	牺牲时职务	备注
郑振庭	男	1927	戴村村	1947.3	1949.8	上董	乡长	
杨传法	男	1928.11	张家弄村	1949	1950.1	萧山	县三大队班长	
朱建明	男	1931	方溪增丰	1951.7	1951.11	朝鲜	副班长	又名朱建民立三等功一次
周早法	男	1916	石盖村	1949.1	1951.11	朝鲜	排长	
沈浩中	男	1926	沈村	1949	1952.7	嘉兴	班长	
姜云根	男	1934	尖山下村	1948	1952.9	朝鲜	战士	
盛　军	男	1952	八都前方村	1969.9	1973.2	上海	排长	
何仁康	男	1958.12	南三村溪河	1976.3	1977.10	洛阳	副班长	

第二节　乡镇正职以上人员名录

新中国成立初期至人民公社化期间戴村籍乡、公社正职领导人名录

表 15-3-2

姓　名	性别	出生地	生卒年月	曾任职务	任职时间
郭富源	男	张家弄	1907.4~1982.7	白墅乡支书，石门、戴村乡长	1950.10~1955.5
洪先根	男	石马头	1912~1977	戴村乡支书、乡长，白马乡总支副书记	1952.6~1956.9
沈仁根	男	沈村	1915~1997	长潭乡乡长	1951.3~1951.7
沈关兴	男	青山	1917.11~1999.11	云石乡乡长、副乡长	1951.7~1952.9
袁泉浩	男	枫桥	1918.1~1971	马鞍乡乡长、白墅乡农会主任	1950.3~1952.7
顾柏金	男	顾家溪	1919~1979	复兴乡乡长	1950.10~1951.10
朱士川	男	方溪村	1921~2008	长潭乡乡长	1949.5~1949.10
施吾潮	男	永富村	1924~1964	马鞍乡乡长	1954.6~1954.9
鲁阿吾	男	永富村	1924~1980	马鞍管理区总支书记，朱村桥公社副主任	1958.10~1962.6
蔡宪荣	男	大石盖村	1924~1993	振庭乡乡长	1954.11~1956.6

续表 15－3－2

姓　名	性别	出生地	生卒年月	曾任职务	任职时间
郁观兴	男	郁家山下村	1925～1988	马鞍乡乡长、总支书记、白马乡乡长	1954.9～1958.9
邵水增	男	尖山下村	1925.7～1990.5	云峰乡负责人、长潭管理区总支书记、许贤公社副主任	1957.12～1965.11
顾厚章	男	方溪村	1925～2000.4	长潭乡乡长	1949.10～1949.11
屠桥生	男	青山村	1925～	长潭管理区主任	1958.10～1961.5
盛关生	男	永富村	1926～1963	长潭乡乡长、浦南公社副主任	1949.12～1963
邵观水	男	尖山下村	1926.2～1992.12	云峰、长潭乡乡长，许贤、长潭副乡长	1953.1～1957.11
倪郁校	男	石马头	1926.3～1993.11	白墅乡乡长、复兴乡农会主任	1950.10～1955.7
丁灿田	男	半山村	1928～1976	马鞍、云石乡乡长，马鞍乡农会主任	1951.3～1954.6
董浩千	男	东风村	1928～1994	白墅乡支书、副乡长	1954.3～1958.9
周凤庭	男	半山村	1928～1995	马鞍乡乡长	1952.3～1952.8
施春潮	男	永富村	1928～2001.3	马鞍管理区主任	1959.1～1961.5
任志安	男	三头村	1928.3～2005.2	许贤乡乡长、长潭管理区总支书记、戴村公社副主任	1954.11～1965.10
丁渭祥	男	方溪村	1928～	长潭管理区总支书记、云石公社主任	1959.2～1965.7
周才法	男	半山村	1929～2006	戴村、凌溪乡乡长，许贤、云峰副乡长	1950.3～1958.10
郁阿槐	男	郁家山下村	1930～1983	白墅管理区总支书记	1958.10～1961.9
戚吾水	男	南三村	1930.3～	马鞍管理区总支书记、戴村公社主任	1959.12～1962.9
沈水良	男	青山村	1930.7～	云石、长潭乡乡长	1954.11～1957.8
方吾津	男	八都村	1930.10～	凌溪乡支书、副乡长	1953.3～1955.12
郑关法	男	戴村村	1931～	白马乡乡长	1956.4～1957.9
何庄根	男	河杨湖村	1931.12～	白墅管理区主任	1959.1～1961.9
董云仙	女	上董村	1933.7～	云峰乡乡长，复兴、白马副乡长	1950.10～1958.3

人民公社化后戴村籍部委办局、乡镇正职领导干部名录

表 15－3－3

姓　名	性别	出生地	生卒年月	任　　职
丁志根	男	半山村后宅	1921.5～2005.2	1953 年 4 月参加工作，1955 年 4 月任戴村乡党支部书记，1956 年 9 月任白墅乡党总支书记（其中：1956.9～1957.7 为书记，1957.7～1958.10 为副书记），1958 年 10 月任浦阳江公社党委副书记，1960 年 2 月任戴村公社管委副主任，1961 年 9 月任永兴公社管委会主任，1977 年 10 月任戴村公社党委副书记、革委会副主任。1982 年 12 月退休。
方志瑞	男	南三村下方	1923～	1954 年 9 月任戴村乡乡长，1956 年 10 月任戴村乡党总支书记，1959 年 7 月任戴村公社管委会副主任，1960 年 2 月任戴村公社党委副书记，1961 年 9 月任戴村公社党委副书记，1962 年 9 月任戴村公社管委会主任，1963 年 8 月任许贤公社管委会主任，1966 年 3 月任大桥公社管委会主任，1968 年 3 月任大桥公社革委会主任，1977 年 10 月任河上公社党委副书记、革委会副主任，1979 年 3 月起任革委会主任。1980 年退休。
戴梦尧	男	三头村凌桥头	1924～1994	1950 年 10 月任凌溪乡副乡长，1951 年 3 月至 1951 年 10 月任乡长，1954 年 4 月任戴村区副区长，1955 年 8 月任坎山区区长，1958 年 8 月任建设乡党总支书记，1958 年 10 月任坎山公社管委会主任，1961 年 9 月任衙前公社党委书记，1964 年 3 月任大桥公社党委书记，1965 年 2 月任县贫农、下中农协会副主席，1966 年 5 月当选县人民委员会委员（六届），1970 年 4 月任闻堰公社党委书记、革委会主任（其中 1969.2～1977.5 革委会主任），1977 年 7 月任县贫农、下中农协会副主席，后调任萧山农校校长。1989 年退休。
陈吾善	男	马谷村人	1925～1985	1953 年 3 月任凌溪乡乡长，1956 年任戴村供销合作社理事会主任，1958 年 10 月任戴村公社党委副书记，1959 年 5 月任戴村公社管委会主任，1961 年 9 月任戴村公社党委书记，1971 年 2 月任云石公社党委书记、革委会主任（1971 年 4 月当选革委会主任），1977 年 12 月任进化公社党委书记、革委会主任（其中革委主任任期至 1979 年 3 月）。
洪吾林	男	石马头村人	1925～1998	1951 年任石马头村农会主任，1953 年参加工作，曾任戴村区青年干事等职，1957 年 2 月任建设乡党总支第一书记，1959 年 12 月任戴村公社党委副书记，1961 年 9 月任浦南公社党委书记，1971 年任永兴公社党委委员。1981 年病退。

续表 15-3-3

姓　名	性别	出生地	生卒年月	任　　职
董吾传	男	上董村	1925.10～1992.7	1954年4月任振庭乡乡长,1956年7月任振庭乡党总支书记,1958年10月任戴村公社振庭管理区总支书记、戴村公社管委会副主任,1961年9月任朱村桥公社党委书记,1971年2月任朱村桥公社党委书记、革委会主任。1980年2月退休。
陈培金	男	马谷村	1925～	1958年参加工作,1958年10月任戴村公社凌溪管理区主任,1961年9月任戴村公社管委副主任、公社党委委员,1968年3月任戴村公社党委委员、公社革命委员会副主任,1977年10月任戴村公社党委委员、公社管委会副主任。1982年退休。
洪叶根	男	石马头村	1925.12～	1947年3月在杭州恒和油行做工,1950年3月任石马头村农会主任,1950年12月任振庭乡农会主任,1951年任振庭乡乡长,1952年8月任戴村区农会、生产干事,1954年11月参加中国共产党,任戴村区副区长,1955年12月任中共戴村区委委员、副区长,1957年8月任白马乡总支书记,1958年12月任戴村区炼铁厂党委副书记,1959年3月任戴村公社党委副书记,1961年10月任河上区委委员、河上区区长,1965年12月在余杭县参加社会主义教育运动,任社教队组长、队长、队委书记,1967年2月任瓜沥区委委员、副区长,1968年8月任六里桥公社革委会主任,1969年2月任瓜沥公社党委书记,1971年1月任进化公社党委书记,1972年5月任径游公社党委书记,1978年12月至1981年7月任戴村公社党委书记。1981年7月退休。
郭吾根	男	张家弄	1926.7～1969.1	1951年6月任白墅乡乡长,1953年3月任许贤乡党支部代理书记,1957年1月任许贤乡党总支第一书记,1958年10月任戴村公社许贤管理区第一书记,1959年3月任戴村公社党委副书记,1960年1月任戴村公社党委书记(1963年2月后不是党员)。
邵兴安	男	尖山下村	1929～2008.10	1952年11月参加工作,任云石乡副乡长,1953年11月任云石乡乡长,1954年6月任长潭乡党支部书记、党总支副书记,1956年12月任白马乡党总支副书记,1959年9月任闻堰镇镇长,1961年9月任云石公社党委副书记,1968年调任欢潭公社党委任副书记,1972年调浦南公社工作,1983年在浦南公社退休。
顾正泉	男	方溪村方家塘	1930.2～1999.2	1950年7月任马鞍乡农会主任,1951年3月任振庭乡副乡长,1959年12月任县商业局副局长,1961年9月任来苏公社党委书记,1969年2月任城南公社革委会主任,1970年12月至1972年3月任楼塔公社革委会副主任主持工作,1972年3月任楼塔公社党委书记、革委会主任(革委会主任至1974年1月)。

续表 15－3－3

姓　名	性别	出生地	生卒年月	任　　职
戴宗贵	男	三头村凌桥头	1930～	1950年3月任振庭乡乡长,1954年6月任中共戴村区委副书记,1956年6月任戴村区委书记,1958年10月任戴村公社党委书记,1960年4月任城东公社党委书记,1961年4月任蜀山区委副书记(其中1962年8月至1965年6月主持工作),1966年4月任瓜沥区委副书记、瓜沥区区长,1972年5月任萧山种畜场党支部书记、场长,1978年6月调县农业局工作,1981年6月在县农业局退休。
沈兴祥	男	青山村石牛山	1930.10～	1953年参加工作,1954年任戴村区团总支书记,1959年11月任戴村公社长潭管理区党总支书记,1959年12月任戴村公社党委副书记,1961年9月任朱村桥公社管委副主任,1962年6月任戴村公社党委副书记,1965年11月任戴村公社管委会主任,1968年3月任戴村公社革委会主任,1980年2月任朱村桥公社党委副书记、革委会副主任(其中1980.3～1981.9革委会副主任)。1982年退休。
郭顺铭	男	张家弄村	1931～2005	1958年任党山公社第一管理区党总支书记,1959年4月任党山公社长沙管理区党总支书记、管理区副主任,1961年9月任长沙公社管委会副主任,1977年10月任城南公社党委会副书记、革委会主任,1979年9月至1984年2月任城南公社党委书记。1992年退休。
任善泉	男	三头村大湖头	1931.10～	1955年10月任新坝乡乡长,1950年3月任夹灶乡党委副书记,1960年3月任萧山机械修配厂党总支副书记,1965年11月任楼塔公社党委书记,1970年4月任河上公社党委书记,1970年12月至1977年6月任河上公社革委会主任,1977年6月任许贤公社党委书记、革委会主任(其中1977.6～1979.3任革委会主任),1973～1983任中共戴村区委委员,1984年1月任戴村区调研员,1991年3月当选萧山市第十届人大二次会议主席团成员。1992年2月退休。
田仕根	男	枫桥村坦庄坞	1932～2007	1954年6月任云石乡党支部书记,1956年4月任长潭乡党总支书记,1958年10月任戴村公社管委会主任,1959年5月任戴村公社管委会副主任,1961年9月任云石公社管委会副主任,1966年6月调杭州钢铁厂工作,任运输大队大队长,1979年调萧山县教育局工作,任校办企业公司经理。1982年病退。

续表 15－3－3

姓　名	性别	出生地	生卒年月	任　　职
戴企华	男	三头村凌桥	1933～	1956年10月任萧山县农业银行副行长,1957年2月任城北区副区长(主持工作),1958年10月任城北公社管委会主任,1968年3月任萧山县种畜场革委会主任,1979年4月任长河公社党委副书记,1980年2月任长河公社党委书记,1983年1月任浙江印染整理总厂党委书记、厂长,1987年8月任萧山汽配厂党委书记。1995年退休。
郭校忠	男	张家弄村	1932.11～	1951年5月任云石乡农会主任,1956年10月任萧山县税务局副局长,1957年1月任河上区副区长,1958年2月任紫霞乡党总支书记,1958年10月任河上公社管委会副主任,1963年10月任径游公社党委副书记,1981年8月任永兴公社党委副书记,1984年2月任永兴乡党委委员,1989年在永兴乡主管民政工作。1992年12月退休。
董乃雄	男	上董村	1933～2007.6	1950年参加工作,1958年10月任戴村公社管委会副主任兼凌溪管理区党总支书记,1961年9月任许贤公社管委会主任,1963年8月任戴村公社管委会主任,1965年11月任瓜沥镇党委副书记,1968年3月调红垦农场、萧山第二农垦场工作,参加江南丝织厂(后为毛纺总厂)筹建工作。1992年退休。
洪介眉	男	石马头村人	1933～2009.1	1957年2月任河庄乡党委第一书记,1958年10月任瓜沥公社管委会副主任,兼乐园管理区党总支书记,1961年9月任河庄公社党委书记,1970年4月任宁围公社党委书记、革委会主任,1976年2月任义盛公社党委书记、革委会主任,1978年4月任义蓬区副区长,1979年9月任瓜沥区委副书记、区长。1993年退休。
沈满根	男	青山村南坞	1933～	1953年参加中国人民解放军,任副指导员,1957年退伍。1958年10月任戴村公社长潭管理区党总支副书记,1977年10月任云石公社党委书记,同年12月任云石公社革委会主任,1980年12月至1983年2月任云石公社党委副书记、管委会主任,1983年2月至1984年2月任党委副书记主持工作,1984年2月调萧山县林场工作。1994年10月退休。

续表 15－3－3

姓　名	性别	出生地	生卒年月	任　　职
周金法	男	东风村东周	1935～2006	1954年参加中国人民解放军,历任班长、排长,1963年转业,任戴村区人武干事,1963年11月任永兴公社党委委员、人武部长,1969年2月任浦南公社党委委员、人武部长,1971年3月任永兴公社党委委员、人武部长,1977年12月任楼塔公社党委副书记主持工作,1978年4月至1980年2月为党委书记(其中1978年1月兼任公社革委会主任)。1980年2月任朱村桥公社党委书记,1984年2月,举家迁入红垦农场,任红垦农场工业科长、党支部书记。1997年退休。
沈家乐	男	八都村中潭	1935.10～	1953年3月入伍,1956年5月入党,历任中国人民银行戴村营业所副主任,城北公社办公室主任,县打击投机倒把办公室党支部书记,中共萧山县委办公室秘书,1984年7月任萧山县档案科科长、馆长,兼任萧山县志办公室副主任,1990年11月任萧山市档案局局长,1996年2月退休。
韩吾松	男	永富村马鞍	1937.3～	1956年3月参加工作,在张家弄小学、戴村区校任教师,1957年9月在戴村第二中心小学任教师,1958年9月在萧山师范专科学校读书,任湘师团委副书记,1959年9月在戴村社小任教导主任,1960年6月在共青团萧山县委工作,任团县委常委,1968年在县五七干校劳动,1969年8月在县革委会政工组工作,1977年11月在中共萧山县委组织部工作,1982年1月在县委组织部工作,任县级机关党委委员,1986年2月任中共城厢镇委书记、中共萧山市委八届、九届委员、萧山市七届、八届政协委员。1992年5月任城厢镇人大主席团常务主席,1993年3月任市委党史研究室主任。1997年4月退休。
郑吾法	男	戴村后郑村	1939.1～	1954年参加工作,1986年1月任萧山市委宣传部副部长、市党史资料征集研究委员会副主任,1985年5月任市整党办公室副主任,1987年3月任市委宣传部副部长、党史资料征集委员会副主任,1988年1月任市委宣传部副部长、党史研究室副主任,1990年3月当选中共萧山市九次代表大会主席团成员,1990年8月当选市文联主席、党组书记,1994年1月任市委宣传部副部长,兼关心下一代工作委员会副主任,并继续当选市文联主席、党组书记,1994年11月任市委党校书记。1999年2月退休。
周辂臣	男	大石盖村	1939～	1958年参加工作,曾任戴村公社、朱村桥公社文书,戴村区公所财粮助理。1969年任义桥公社工业组组长,公社管委会委员等职,1983年2月任中共戴村区委委员,1984年12月至1988年5月,任戴村区副区长,1988年5月,任乡镇工业局党委委员、副局长,1994年8月,任浙江省乡镇工业学校(正处级)党支部书记、校长。1999年5月退休。

续表 15－3－3

姓　名	性别	出生地	生卒年月	任　　职
方妙仁	男	南三村下方	1942.12～	1965年参加工作,1977年10月任大桥公社党委副书记、革委会副主任,1980年7月任大桥公社管委会副主任,1981年9月任戴村公社管委会主任,同年任公社党委副书记主持工作,1982年任戴村公社党委书记,1992年5月任云石乡人大主席,1994年1月任云石乡人大常务主席。2002年12月退休。
方荣根	男	南三村下方	1944.2～	1963年7月毕业于浙江省湘湖师范学校,由组织分配至余杭县百丈镇小学任教,1965年12月参加中国人民解放军,在北京部队服役。1970年2月复员到余杭县新华书店工作,任党支部副书记、副经理。1981年2月调回萧山县新华书店工作,任党支部书记、经理。1987年1月调任临浦镇党委书记。1990年11月任萧山市文化广播电视局副局长。1997年1月任文化体育局副局长。2004年3月退休。
卢渭康	男	南三村溪河	1944.4～	1961年8月参加中国人民解放军,历任班长、排长、副指导员、军组织干事、副团长等职,1984年2月转业。1984年6月任萧山县纪律检查委员会常委,1986年1月任市人民检察院党组成员,1987年5月任检察院党组副书记,1988年1月任市人民检察院党组副书记、副检察长,1990年2月至2000年6月任市纪律检查委员会副书记,1995年9月至1998年4月任市监察局局长。2000年6月任市土地管理局调研员。2004年5月退休。
沈观兴	男	青山村石牛山	1945.6～	1965年12月在中国人民解放军空军航空部队服役,历任战士、学员、无线电员、无线电师、无线电分队长、副指导员、指导员、机务大队副政委、政委、团副政委等职。1986年1月转业,任萧山市人民检察院党组成员、副检察长,1994年1月任萧山市政法委员会委员、市检察院党组副书记、副检察长,1996年7月任市司法局党组书记、局长至1998年4月。2005年退休。
卢国强	男	南三村溪河	1945.8～	1964年12月参加中国人民解放军任班长,1971年3月退伍,1971年8月参加工作,1977年8月任楼塔公社党委委员、人武部长,1982年5月任戴村公社党委委员、人武部长,1989年10月任大桥乡党委副书记,1990年3月任大桥乡人大主席,1992年5月任河上镇党委委员,1995年2月任许贤乡人大常务主席,1996年2月任许贤乡人大主席,1999年3月任戴村镇正局级调研员。2006年退休。

续表 15－3－3

姓　名	性别	出生地	生卒年月	任　　职
胡锦甫	男	三头村	1947.6～	1965年在余杭县参加社教,1968年4月参加中国人民解放军,历任排长、连副指导员、师政治部干事、师直警卫连指导员等职,1980年12月转业任中共杭州市拱墅区政治委员会办公室主任、区政治委员会副书记,1986年9月在杭州市委党校学习获大专审判专业文凭,1998年任杭州市拱墅区民政局局长、党委书记,2002年离岗退养。2007年8月退休。
盛小龙	男	永富村马安	1947.8～	1968年9月在东方红公社红旗小学任教,1969年5月在义桥公社马安中心小学任教,1970年5月县红代会工作人员,1977年9月任团县委工作人员、团县委委员,1979年7月任县人事局工作人员,1982年10月县(市)委组织部工作人员,先后任干部组副组长、办公室主任、干部科科长、部委成员,1997年9月任萧山市委委员、市委直属机关党的工作委员会书记,2000年9月任萧山日报社党组书记,2003年4月任萧山区建设局正局级调研员。2007年10月退休。
郭水其	男	张家弄	1950～	1969年参加中国人民解放军,任团教务部副部长,1998年转业,任上海市静安区国资监党委副书记、办公室主任、区纪律检查委员会主任等职。现任上海市静安区司法局党委书记。
顾子法	男	顾家溪	1950.5～	1988年9月任萧山市总工会常委,1993年10月起任总工会副主席、党组成员,连任三届至2005年,1994年1月当选市十二届人大常委会委员。2005年为总工会正处级调研员。
韩宇明	男	戴村村	1950.7～	1979年参加工作,1984年2月任许贤公社党委副书记、乡长,1988年6月任朱村桥乡党委书记,1991年3月任朱村桥乡人大主席,1992年5月任许贤乡党委书记,1993年3月任许贤乡人大主席,同时当选萧山市十一届人大主席团成员,1995年3月任萧山市人大财经工作办公室副主任,1998年3月任萧山市人大财经办公室主任,2005年10月任萧山区财政税务局正处级调研员。
姜仁法	男	尖山下村	1950.12～	1971年参加中国人民解放军,1975年退伍,1977年6月任许贤公社党委副书记、革委会副主任,1980年7月任许贤公社管委会副主任,1984年10月任岩山乡乡长,1988年1月任岩山乡党委副书记,1989年10月任岩山乡党委副书记、乡长,1991年3月任楼塔镇党委书记、人大主席,1992年5月任许贤乡人大主席,1993年3月任市财税局戴村税务所党支部书记,1995年任市地方税务局稽查局副局长、财税干校校长、蓝天宾馆总经理,2003年任萧山兴达租赁公司总经理。

续表 15-3-3

姓　名	性别	出生地	生卒年月	任　职
倪仁利	男	石马头	1951.4～	1969年参加中国人民解放军,1972年转业任永兴公社电影放映员,1978年参加工作,1979年10月任朱村桥乡党委副书记,1990年3月任朱村桥乡人大主席,1991年8月任朱村桥乡乡长,1992年5月任云石乡党委副书记、纪委书记,1995年2月任云石乡乡长,1996年1月任楼塔镇党委副书记,1996年2月任楼塔镇镇长,1999年1月任河上镇人大主席,2007年4月任城厢镇北干街道办事处正处级调研员。
郁晓兔	男	郁家山下村	1951.10～	1971年12月入伍参加工作,1981年8月任河上镇党委副书记、管委会主任,1985年4月任河上乡乡长,1986年12月任戴村镇党委书记,1990年3月任戴村镇人大主席,1992年5月任城厢镇石岩办事处党工委副书记、办事处主任,1995年12月任城厢镇裘江办事处党工委书记,1998年9月任城厢镇裘江办事处主任,1999年1月任城厢镇正处级调研员。
沈国兴	男	方溪村方家塘	1952.1～	1970年12月参加中国人民解放军,1976年3月转业参加工作,1984年3月任朱村桥乡副乡长,1989年10月任戴村镇副镇长,1991年9月任戴村镇党委副书记、镇长。1992年5月任许贤乡党委副书记、副乡长,1996年2月任云石乡人大主席,1999年1月任云石乡人大副主席,2002年任戴村镇人大副主席,2006年任城厢镇正处级调研员。
郭松兴	男	张家弄村	1953.1～	1972年10月参加工作,1984年1月任临浦区委副书记、临浦区副区长,1984年12月在党校学习,1987年1月任中共临浦区委副书记,1989年2月任临浦区副区长,1991年8月任市政府办公室副主任、商检、海关筹建办主任,1994年1月任市政府办公室主任,1995年1月任市体制改革委员会党组成员,1997年8月任市体改委副主任,2001年11月任经济发展局党委委员、副局长,2003年5月任城乡一体化办公室党组书记、常务副主任。
丁宝根	男	丁村	1953.12～	1978年3月任戴村公社广播站编辑、戴村公社团委副书记,1979年11月在萧山县革委会办公室工作。1980年4月在萧山县工业交通办公室委员会,历任科员、副科长、科长,兼萧山县联运指挥部副指挥、联运办主任等职。1990年任萧山市经委副主任、副书记,1996年8月任萧山市经委副主任、副书记兼萧山市国营工业总公司总经理。1997年12月任市经委副书记、副主任,2001年任经发局副书记、副局长,2004年至2008年3月任经发局党委书记,2008年3月任调研员。

续表 15－3－3

姓　名	性别	出生地	生卒年月	任　　职
鲍庆和	男	方溪村征山	1954.11～	曾任杭州市公安局交通处行政科长、浙江省公安厅交警总队财务装备科科长、省公安厅交警总队副总队长,省交通管理局副局长,省公安厅安邦护卫公司董事、副总经理等职,现任浙江省见义勇为基金会副会长,省公安厅身份证制证中心副主任。
戚友根	男	南三村下方	1956.6～	1974年12月参加中国人民解放军,在舟嵊部队服役,曾任班长、排长、副指导员、指导员、师政治部干事、后勤部参谋,1979年7月首届南京陆军指挥系毕业,1986年1月宁波大学语言文学专业毕业。1987年12月任萧山市人事局科员、办公室主任,1995年12月任城厢镇党委委员、副书记、纪检委书记、工会主席,2001年7月任萧山蜀山街道党工委副书记、办事处主任,2003年4月任萧山区民政局党委委员、副局长。
丁国才	男	方溪村	1956.10～	1974年12月在青岛潜艇学院学习,1975年在海军东海舰队潜艇支队工作,1979年8月在青岛海军潜艇学院七九级常规潜艇艇长班学习,1981年9月任海军东海舰队潜艇支队275潜艇副艇长,1985年12月任海军东海舰队潜艇支队274艇艇长,1988年6月任海军东海舰队潜艇支队司令部作训处长,1994年11月转业。任杭州市政府机关管理局秘书处副处长,1997年12月任杭州市政府综合办公大楼管理处处长,2002年10月任杭州市人民政府大楼管理处长,2003年8月任杭州市政协办公厅副主任。
卢建庭	男	南三村溪河	1957.3～	1976年2月参加中国人民解放军,曾任代理排长,1981年12月退伍,1983年1月参加工作。1993年2月任楼塔公社党委委员,1994年6月任楼塔镇人武部长,1998年9月任楼塔镇党委副书记、纪检委书记,2001年任楼塔镇党委副书记,2003年5月任萧山区信访局副局长,2007年9月任区城市管理综合行政执法局党委副书记、纪检委书记。
郭　亮	男	戴村老街	1958.1～	1981年8月在临浦镇中学任教,历任副校长、校长等,1993年4月在萧山教育局任办公室主任,1995年1月在萧山市人大任教工委副主任、办公室副主任,1997年2月在萧山市文化局、体委任副局长、副主任,2000年6月在萧山市委党校任党委书记、副校长,2007年4月在萧山区教育局任党委书记。 担任中学校长五年中有8次在全国、市、县级大会介绍学校管理工作经验,学校管理工作经验在全国、省级报刊发表、介绍,主编过书《古代汉语基础》、《中级古代汉语》、《语文知识辞典》等,参编过书籍《下水集》等,均由国家出版社出版,在《江南》等刊物发表文艺作品,语文教学文章数十篇。

续表 15-3-3

姓　名	性别	出生地	生卒年月	任　　职
郭伟林	男	张家弄	1958.10～	1979年12月任许贤公社团委书记,1988年11月任戴村镇党委委员,1992年5月任河上镇党委委员,1992年12月任楼塔镇党委副书记、纪委书记,1995年12月任河上镇党委副书记、纪委书记,1998年3月任戴村镇党委副书记、镇长,2001年7月任城厢镇北干街道党工委副书记、办事处主任,2004年2月任钱江新城管委会副主任,2005年1月任区建设局党委委员、副局长。2006年8月调区经济发展局。
任文祥	男	三头村墙头	1962.7～	1982年11月参加工作,1984年9月任楼塔镇副镇长,1989年2月任永兴乡党委副书记,1989年12月任永兴乡乡长,1992年5月任许贤乡党委副书记、纪委书记,1996年1月任所前镇党委委员,1999年1月任所前镇副镇长,2006年8月任萧山区经济技术开发区国土规划建设局副局长。
杨　国	男	骆家舍	1963.1～	1979年9月在云石乡兽医站工作,1984年5月任云石乡团委书记,1986年1月任大桥乡团委书记,1991年5月任戴村区团委书记,1992年6月任楼塔镇副镇长,1996年1月任戴村镇党政办公室主任,1998年8月任戴村镇纪委副书记,2001年7月任城厢镇北干街道办事处副主任,2002年8月任城厢镇北干街道党工委副书记,2006年9月任义桥镇人大主席。
方　伟	男	石马头村	1963～	1988年9月任萧山市团委副书记,1992年2月任共青团萧山市委党组成员,1993年4月当选萧山市第十一届人大常委会委员,1994年1月任萧山公路段党支部书记、段长,市交通局党委委员,1995年1月任交通局副局长,1996年7月任市交通局党委副书记、局长,1998年4月任市建设局党委副书记、局长,2006年1月任浙江新农都实业有限公司董事长。
沈迪云	男	八都村	1963.10～	1984年9月,考入杭州市法律学校学习。1986年7月,毕业后到萧山县司法局工作,先后任干事、副科长、科长等职。1999年7月,任萧山市地方志编纂委员会办公室副主任。2001年11月,任萧山区委党史研究室、区地方志编纂委员会办公室副主任。2005年1月,任萧山区委党史研究室、区地方志编纂委员会办公室主任。在任期间,负责主持开展《萧山市志》的编修工作;主编历年《萧山年鉴》,每年均由浙江人民出版社出版,记述萧山每年经济、政治、文化和社会等方面的实情;主编《萧山市志》(简本),方志出版社2001年11月出版。还主编《抗日战争在萧山》(中共党史出版社2005年7月出版)、《萧山改革开放三十年纪事》(上海远东出版社2008年12月出版)、《中国共产党萧山历史》(1949～1978)(中共党史出版社2009年9月出版)等。著有《家庭律师》(浙江人民出版社出版),此书获杭州市人民政府优秀社科成果二等奖。

续表 15－3－3

姓　名	性别	出生地	生卒年月	任　　职
顾大飞	男	顾家溪	1963.11～	1985 年 11 月参加工作,1990 年 4 月任河上镇党委委员、副镇长,1995 年 2 月任河上镇党委副书记、纪委书记,1995 年 12 月任楼塔镇党委副书记、纪委书记,1997 年 9 月任楼塔镇党委书记,1999 年 1 月任楼塔镇党委书记、人大主席,2003 年 4 月任所前镇党委书记、人大主席,2006 年 1 月任区建设局党委副书记、局长。
姜国法	男	尖山下	1963.12～	1958 年 4 月参加工作。1990 年 8 月加入中国共产党。省委党校研究生学历。 1994 年月起任萧山市衙前镇党委副书记、纪委书记,新街镇党委副书记、纪委书记;2001 年 7 月起任益农镇党委副书记、镇长;2003 年 7 月起任党山镇党委书记、人大主任;2006 年 12 月起任萧山区委办公室主任、区委委员。
洪秀兰	女	石马头	1959.12～	1982 年 11 月在河上镇政府工作,任镇妇联主席,1986 年 8 月在中共杭州市委党校干部专修班学习,1988 年 7 月任河上镇党委委员,1989 年 7 月调萧山区审计局任科员,同年 11 月调任中共萧山区纪委任办公室副主任、宣教室主任、常委、副书记、监察局副局长、局长等职。2001 年 11 月调任萧山区环境保护局任局长。2006 年 2 月调任萧山区科学技术局党组书记。
韩铁民	男	南三村溪河	1961.5～	1979 年 12 月在云石乡政府工作,1984 年 3 月在萧山戴村区公所工作,1985 年 3 月在萧山区农调队工作,1992 年 10 月在萧山区统计局、国家统计局萧山调查队工作。历任萧山区统计局科长、副局长、副书记、国家统计局萧山调查队队长。
何亚明	男	河杨湖村 (后马湖)	1963.1～	1984 年 8 月－1994 年 7 月在浙江衢县林业局工作,1994 年 7 月—1998 年 4 月在浙江衢县石梁镇政府工作,任副镇长。1998 年 4 月—2006 年 6 月在衢州市衢江区林业局工作,任副局长。2006 年 6 月—2008 年 7 月在衢州市衢江区上方镇工作,任镇党委书记。2008 年 7 月起在衢州市国土资源局衢江分局工作,任党委书记、局长。
郑五松	男	戴村村 (后郑)	1935.2～	1955 年 12 月应征入伍,在防空军华东军事学校学习,后转某师某团教导队学习,1957 年 1 月分配到高炮某团,历任班长、副排长等职。1965 年 1 月到高炮某师某团一连任连长,1966 年 4 月任营长。1968 年 4 月参加援越抗美战争,1969 年 3 月回国,1971 年 7 月调团司令部,任参谋长、团党委委员、常委等职。1974 年 12 月转业到杭州发电设备厂工作。1987 年月病退。

第三节　中高级技术人员名录

戴村镇高级技术人员名录

表 15－3－4

姓　名	性别	出生年月	出生地	工作单位	职称	获得时间
郑锦良	男	1937.1	戴村村	机械部上海汽轮机锅炉研究所	高级工程师	1988.6
郭汉城	男	1917	张家弄村	中国艺术研究院	研究员	1988
郑星斋	男	1935.10	戴村村后郑	山东胜利油田	高级工程师	1988.9
郑子祥	男	1936.10	戴村街道	萧山第三中等职业学校	高级教师	1988.11
丁培然	男	1932.2	戴村村	杭州船舶工业学校	教授级高级工程师	1988.12
陈文焕	男	1935.12	方溪村	上海海上安全监督局	高级船长(副教授级)	1989.5
余文熊	男	1938.10	半山村	浙江师范大学	教授	1989
丁锦校	男	1934.12	戴村村	浙江省机械设备成套局	高级工程师	1989.12
沈定国	男	1939	青山村	陕西西安高新医院	教授	1990
方永耀	男	1927.12	石马头村	山东泰安师范专科学校	教授	1993
丁安甫	男	1936.2	戴村村	杭州市西湖区农业局农技站	高级农艺师	1993.11
洪观其	男	1958.3	石马头村	中国电子进出口总公司	高级会计师	1993.12
陈惠中	男	1937.11	马谷村	南京海军医学高等专科学校	教授文职6级	1994.1
丁渭然	男	1931.4	戴村村	云南农业大学	教授	1994.5
周关琪	男	1944.7	大石盖村	萧山第二高级中学	高级教师	1994.11
丁观富	男	1949.4	南三村下方	萧山第五高级中学	高级教师	1994.11
沈壮雷	男	1944	青山村	杭州市上城区人民医院	副主任中医师	1995.9
陈胜良	男	1963.8	马谷村	萧山第五高级中学	高级教师	1995.12 正 2007.12
盛吾城	男	1945.12	八都村	浙江乡镇工业学校	高级教师	1996.12

续表 15－3－4

姓　名	性别	出生年月	出生地	工作单位	职称	获得时间
洪铁钢	男	1953.9	石马头村	浙江卫士集团公司	高级经济师	1997
陈水明	男	1968.3	马谷村	北京清华大学电机系	教授、博导	1997.2
郭鹤鸣	男	1948.7	河杨湖杨家桥	萧山朝晖初级中学	高级教师	1997.12
陈如江	男	1945.10	马谷村	萧山区中医院	副主任中医师	1998.1
周解秋	男	1946.8	半山村	萧山区宁围初级中学	中学高级教师	1999.11
周壮秋	男	1941.1	半山村	萧山区盈丰卫生院	副主任医师	2001.02
任水才	男	1951.6	三头村 大湖头村	杭州电大湘湖校区	高级讲师	2001.11
谭吾源	男	1946.7	永富村	萧山第一人民医院	主任医师	2001.12
周炳春	男	1963.7	半山村	杭州萧山南方建筑工程有限公司	高级工程师	2001
何柏华	男	1953.8	南三村溪河	浙江省邮政公司	高级经济师	2002
胡学兴	男	1963.4	河上镇紫东村	戴村镇初级中学	中学高级教师	2003
陈吾锋	男	1954.2	马谷村	中国化工技术协会	技术六级	2003.12
鲍国珍	女	1965.7	永富村	杭州市湘湖公证处	二级公证员	2004.11
沈东明	男	1963.10	青山村	浙江华东钢业集团有限公司	高级经济师	2005.01
沈伟根	男	1956.7	青山村	浙江华东钢业集团有限公司	高级经济师	2005.01
徐利松	男	1967.2	丽水	云石初级初中	高级教师	2005.12
钟兴华	男	1956.2	佛山村	杭州蓝达工艺制品有限公司	高级经营师	2006.06
方红明	男		八都村前方	萧山第五医院	副主任医师	2006.10
姜志坑	男	1959	尖山下村	萧山第六人民医院	主任医师	2001.11 副主任医师，2007.11 主任医师
俞银木	男	1967.10	石马头村	云石初级中学	高级教师	2007.12
俞关树	男	1957.4	河上镇泉水坞	戴村镇初级中学	中学高级教师	2007

续表 15－3－4

姓　名	性别	出生年月	出生地	工作单位	职称	获得时间
王中华	男	1969.9	江西	戴村镇初级中学	中学高级教师	2008
金雅成	男	1931.1	青山村	杭州市物价局	教授	

戴村镇中级技术人员名录

表 15－3－5

姓　名	性别	出生年月	工　作　单　位	职　称	获得时间
郭雁平	男	1944.6	杭州萧山南方建筑工程有限公司	工程师	1984
何友坤	男	1942.1	云石初级中学(退休)(死亡)	中教一级	1986
喻克安	男	1941.7	云石初级中学(退休)	中教一级	1986
洪纪根	男	1947.8	浙江卫士集团公司	工程师	1986
张维仲	男	1968.6	浙江卫士集团公司	经济师	1988
沈月辉	男	1949.8	萧山云石农业综发展公司	农艺师	1988.3
李开放	男	1942.12	云石初级中学(退休)	中教一级	1988.3
李会增	男	1956.11	云石初级中学	中教一级	1988.6
傅肖虹	男	1942.2	云石初级中学(退休)	中教一级	1988.6
王梓林	男	1946.12	云石初级中学(退休)	中教一级	1988.6
余玉华	女	1959.4	永兴小学	小学高级教师	1988.6
孙建中	男	1968.4	浙江卫士集团公司	工程师	1989
郭生豪	男	1956.3	杭州蓝达工艺制品有限公司	工程师	1989
李仁贤	男	1953.8	云石初级中学	中教一级	1989.12
丁嘉昌	男	1944.12	南昌飞机制造公司	工程师	1993.6
袁云山	男	1954.2	云石初级中学	中教一级	1993.11
吴建民	男	1955.1	戴村镇成人文化技术学校	小学高级教师	1993.12
李　力	女	1970.3	浙江华东钢业集团有限公司	会计师	1993.6
顾宏根	男	1952.7	戴村镇人民政府	馆员	1995
来银法	男	1954.1	戴村镇成人文化技术学校	中学一级教师	1995

说明:小学高级教师相当于中学一级教师,故列入本名录。

续表 15－3－5

姓　名	性别	出生年月	工　作　单　位	职　称	获得时间
姜妙和	男	1964.6	云石初级中学	中教一级	1995
尹长根	男	1954.9	戴村镇人民政府	会计师	1995.6
郭妙金	男	1946.11	永兴小学	小学高级教师	1995.8
顾纪川	男	1966.12	云石初级中学	中教一级	1995.12
顾利荣	男	1948.6	杭州蓝达工艺制品有限公司	会计师	1995.12
章成铨	男	1953.12	永兴小学	小学高级教师	1995.12
顾春根	男	1969.6	永兴小学	小学高级教师	1995.12
郁圣康	男	1949.8	杭州华诚机械有限公司	经济师	1996
游向东	男	1971.4	杭州蓝达工艺制品有限公司	工程师	1996.12
姜燕飞	男	1973.7	云石初级中学	中教一级	1996.12
邵小英	女	1964.1	云石初级中学	中教一级	1996.12
章海运	男	1966.11	杭州蓝达工艺制品有限公司	工程师	1996.12
余玉芳	女	1956.8	云石初级中学	中教一级	1996.12
沈　江	男	1969.7	云石初级中学	中教一级	1996.12
施兴杨	男	1956.12	杭州华诚机械有限公司	工程师	1997
孙越信	男	1954.11	戴村镇人民政府	农艺师	1997
吴立强	男	1970.11	永兴小学	小学高级教师	1997.8
童燕萍	女	1971.2	永兴小学	小学高级教师	1997.1
李尧祥	男	1956.5	戴村镇人民政府	工程师	1997.12
丁建英	女	1974.1	永兴小学	小学高级教师	1997.12
姚　笛	男	1973.7	永兴小学	小学高级教师	1997.12
瞿亚飞	女	1974.12	永兴小学	小学高级教师	1998
陈解忠	男	1955.5	戴村镇人民政府	工程师	1998
丁金仁	男	1954.1	戴村镇人民政府	工程师	1998
沈佳平	男	1968.7	戴村镇成人文化技术学校	小学高级教师	1998
沈兴根	男	1958.4	戴村镇人民政府	经济师	1998
杨　芬	女	1977.5	戴村镇人民政府	经济师	1998.5
方海云	男	1975.1	永兴小学	小学高级教师	1998.9
陈　瑛	女	1976.7	永兴小学	小学高级教师	1998.1
杨　杰	男	1975.12	永兴小学	小学高级教师	1998.12

续表 15-3-5

姓　名	性别	出生年月	工　作　单　位	职　称	获得时间
杨建华	男	1975.9	永兴小学	小学高级教师	1998.12
俞文娟	女	1968.3	云石初级中学	中教一级	1998.12
於建明	男	1959.2	杭州萧山南方建筑工程有限公司	工程师	1998.12
沈壮巨	男	1966.3	浙江华东钢结构制造有限公司	工程师	1998.12
章佳红	女	1973.1	永兴小学	小学高级教师	1999
何国英	女	1974.5	云石初级中学	中教一级	1999
黄金德	男	1969.8	云石初级中学	中教一级	1999.11
任妙良	男	1964.1	杭州萧山南方建筑工程有限公司	经济师	1999.12
何维中	男	1953.2	杭州萧山南方建筑工程有限公司	工程师	1999.12
方连明	男	1963.9	杭州萧山南方建筑工程有限公司	工程师	1999.12
丁金良	男	1963.5	杭州萧山南方建筑工程有限公司	工程师	1999.12
董马恩	男	1955.4	杭州萧山南方建筑工程有限公司	工程师	1999.12
周吾成	男	1952.7	杭州萧山南方建筑工程有限公司	工程师	2000
吴严明	男	1974.9	杭州萧山南方建筑工程有限公司	工程师	2000
邵梦权	男	1954.8	浙江华东钢结构制造有限公司	工程师	2000
徐校中	男	1953.2	杭州萧山南方建筑工程有限公司	工程师	2000
沈迪青	男	1960.6	戴村镇人民政府	工程师	2000.1
沈成正	男	1954.8	戴村镇人民政府	工程师	2000.8
吴利萍	女	1962.12	戴村镇人民政府	编辑	2000.12
朱伟瑜	男	1966.4	戴村镇初级中学	中学一级	2000.12
钱吾潮	男	1953.4	戴村镇初级中学	中学一级	2000.12
郑　鸿	男	1967.1	戴村镇初级中学	中学一级	2001
韩贤坤	男	1962.4	戴村镇初级中学	中学一级	2001
陈忠贤	男	1968.9	戴村镇初级中学	中学一级	2001
郁云翔	男	1974.11	戴村镇初级中学	中学一级	2001.9
丁东元	男	1965.2	戴村镇初级中学	中学一级	2001.12
陶靖宇	女	1975.2	戴村镇初级中学	中学一级	2001.12
孙新苗	男	1978.1	戴村镇初级中学	中学一级	2001.12
陈水云	男	1950.3	戴村镇初级中学	中学一级	2001.12
沈吾成	男	1950.9	戴村镇初级中学	中学一级	2001.12

续表 15－3－5

姓　名	性别	出生年月	工　作　单　位	职　称	获得时间
洪土校	男	1951.12	戴村镇初级中学	中学一级	2001.12
吴秀娟	女	1964.1	戴村镇初级中学	中学一级	2002.9
丁建荣	男	1966.5	戴村镇初级中学	中学一级	2002.11
郑东方	男	1966.8	戴村镇初级中学	中学一级	2002.11
吕一军	男	1971.1	戴村镇初级中学	中学一级	2002.11
郑妙芳	女	1973.1	戴村镇初级中学	中学一级	2002.12
洪锡明	男	1974.11	戴村镇初级中学	中学一级	2002.12
倪国祥	男	1972.3	戴村镇初级中学	中学一级	2003.11
武志成	男	1971.8	戴村镇初级中学	中学一级	2003.11
张强刚	男	1973.5	戴村镇初级中学	中学一级	2003.11
何赣湘	男	1973.6	戴村镇初级中学	中学一级	2003.11
余朵艳	女	1971.7	戴村镇初级中学	中学一级	2003.11
任华芳	女	1974.2	戴村镇初级中学	中学一级	2003.11
瞿延洁	女	973.1	戴村镇初级中学	中学一级	2003.11
胡　峻	男	1974.11	戴村镇初级中学	中学一级	2003.11
金玉芹	女	1950.4	戴村镇初级中学(退休)	中学一级	2004
郭志安	男	1942.11	戴村镇初级中学(退休)	中学一级	2004.9
汤纪祥	男	1946.12	戴村镇初级中学(退休)	中学一级	2004.9
周豪放	男	1948.1	戴村镇初级中学(退休)	中学一级	2004.1
杨家友	男	1948.9	戴村镇初级中学(退休)	中学一级	2004.11
董祖荫	男	1932.1	戴村镇初级中学(退休)	中学一级	2004.11
董建荣	男	1934.5	戴村镇初级中学(退休)	中学一级	2004.11
何久兴	男	1938.4	戴村镇初级中学(退休)	中学一级	2004.11
陈士英	男	1939.12	戴村镇初级中学(退休)	中学一级	2004.11
丁旭平	男	1948.11	戴村镇初级中学(退休)	中学一级	2004.11
任文兴	男	1949.5	戴村镇初级中学(退休)	中学一级	2004.12
顾望仙	女	1942.1	云石小学(退休)	小学高级教师	2005
顾幼文	女	1947.7	云石小学(退休)	小学高级教师	2005
杨渭庆	男	1946.3	云石小学(退休)	小学高级教师	2005.3
盛华欣	男	1944.7	云石小学(退休)	小学高级教师	2005.11
沈月娥	女	1950.12	云石小学(退休)	小学高级教师	2005.11

续表 15－3－5

姓　名	性别	出生年月	工　作　单　位	职　称	获得时间
徐妙珍	女	1950.11	云石小学(退休)	小学高级教师	2005.11
顾长胜	男	1944.3	云石小学(退休)	小学高级教师	2005.12
蒋月华	女	1948.4	云石小学(退休)	小学高级教师	2005.12
顾美芳	女	1945.5	云石小学(退休)	小学高级教师	2006
沈士江	男	1943.9	云石小学(退休)	小学高级教师	2006
朱　亚	女	1950.12	云石小学(退休)	小学高级教师	2006
傅海兴	男	1937.2	云石小学(退休)	小学高级教师	2006
来匡权	男	1936.1	云石小学(退休)	小学高级教师	2006
金水英	女	1954.5	云石小学(退休)	小学高级教师	2006
丁火明	男	1963.3	云石小学	小学高级教师	2006
顾永飞	男	1950.4	云石小学	小学高级教师	2006
顾伟民	男	1955.6	云石小学	小学高级教师	2006
蒋利法	男	1953.7	云石小学	小学高级教师	2006
沈妙根	男	1956.5	云石小学	小学高级教师	2006
吴星耀	男	1962.3	云石小学	小学高级教师	2006
丁灿祥	男	1960.6	云石小学	小学高级教师	2006.3
蒋仁良	男	1960.3	云石小学	小学高级教师	2006.5
顾晓虹	女	1966.11	云石小学	小学高级教师	2006.9
沈　勇	男	1969.4	云石小学	小学高级教师	2006.9
罗爱武	女	1970.1	云石小学	小学高级教师	2006.11
沈孟华	男	1963.6	云石小学	小学高级教师	2006.11
丁利英	女	1960.4	云石小学	小学高级教师	2006.11
洪芬娣	女	1964.1	云石小学	小学高级教师	2007
陈春霞	女	1976.2	云石小学	小学高级教师	2007
沈国玲	女	1973.5	云石小学	小学高级教师	2007
李夏娟	女	1961.5	云石小学	小学高级教师	2008
陈娟英	女	1964.9	云石小学	小学高级教师	2008.11
沈　辽	男	1975.8	云石小学	小学高级教师	2008.12

第四节 县级以上劳动模范名录

表 15－3－6

姓 名	性别	单 位	劳模称号	获得时间	职 别
顾成香	女	尖山下	萧山县护林模范	1952	农民
周校炳	男	大石盖	萧山县劳动模范	1955	农民
郭吾根	男	张家弄	华东地区水利模范	1956	许贤乡总支书记
洪吾祥	男	石马头	萧山县劳动模范	1958	农民
洪水林	男	石马头	浙江省劳动模范	1959	温州盐务局干部
周校炳	男	大石盖	杭州市劳动模范	1959	农民
来甫贤	男	马谷村	浙江省农业劳动模范	1962、1963、1964	马谷村原党支部书记
郑星斋	男	山东胜利油田	全国劳动模范	1979.9	
郑星斋	男	山东胜利油田	石油战线劳动模范	1979 年度	
郑吾珍	女	杭州萧山瓷厂	杭州市劳动模范	1982.9	
郑吾珍	女	杭州萧山瓷厂	浙江省劳动模范	1982.9	
郑吾珍	女	杭州萧山瓷厂	杭州市劳动模范	1984.4	
方阿浩	男	戴村村	浙江省劳动模范	1985	杭州钢铁厂职工
汤继新	男	萧山电子开关厂	萧山市工业劳模	1985	厂长
鲍利云	男	永兴建筑工程队	萧山市工业劳模	1985	队长
沈纪才	男	沈村服装厂	萧山市工业劳模	1985	厂长
汤长贵	男	戴村农机厂	萧山市工业劳模	1985	厂长
戴志樵	男	戴村中学机械厂	萧山市工业劳动模范	1985	厂长
汤长贵	男	萧山汽车总成厂	萧山市工业劳动模范	1988	厂长
顾正光	男	萧山二轻总公司	萧山市工业劳动模范	1989	科长
郭志良	男	戴村粮管所	萧山市工业劳动模范	1989	所长
郭 亮	男	临浦镇初级中学	杭州市劳动模范	1991	校长
沈静良	男	沈村村	杭州市劳动模范	1991	村主任
周更春	男	半山村	杭州市工业劳动模范	1991	
沈静良	男	沈村村	杭州市劳动模范	1993	村主任
沈静良	男	沈村经济合作社	萧山市劳动模范	1993	社长

续表 15－3－6

姓　名	性别	单　　位	劳模称号	获得时间	职　　别
戴吾潮	男	戴家山村	萧山市劳动模范	1993	村主任
邵伟成	男	浪潮实业公司	萧山市劳动模范	1994	总经理
沈静良	男	沈村村	杭州市劳动模范	1995	村主任
鲍永甫	男	尖山下村	萧山市劳动模范	1995	村主任
邵伟成	男	浪潮实业公司	萧山市劳动模范	1995	总经理
郑公达	男	后郑村	萧山市劳动模范	1995	村主任
俞灿和	男	萧山电化总厂	萧山区劳动模范	1996	厂长
戴吾水	男	戴家山村	萧山市劳动模范	1998	书记
李水增	男	骆家舍村	萧山市劳动模范	1998	书记
钟兴华	男	萧山市工艺金属浸型厂	萧山市劳动模范	1998	车间主任
喻华康	男	杭州华康钙塑包装公司	萧山区劳动模范	1998	总经理
任文达	男	杭州球冠实业公司	萧山市劳动模范	2000	总经理
洪金传	男	石马头村	萧山市劳动模范	2000	书记
沈观兴	男	杭州华东钢构	杭州市劳动模范	2001	书记
沈伟根	男	华东钢业集团	杭州市劳动模范	2002	科长
沈东明	男	杭州华东钢结构有限公司	萧山区劳动模范	2002	董事长
沈月辉	男	萧山云石综合发展公司	萧山区劳动模范	2002	经理
沈伟根	男	华东钢业集团	浙江省劳动模范	2004	科长
倪建萍	女	杭州富时特化工有限公司	萧山区劳动模范	2004	主任
沈贤法	男	杭州九龙厨具型钢建材有限公司	萧山区劳动模范	2004	董事长
何邦井	男	杭州富时特化工有限公司	萧山区劳动模范	2006	总经理
顾国权	男	浙江华东轻钢建材有限公司	萧山区劳动模范	2006	科长
徐仁兴	男	沈村村	萧山区劳动模范	2006	书记
孙建忠	男	浙江卫士集团	萧山区劳动模范	2006	副总经理
沈观兴	男	浙江华东钢业集团	萧山区劳动模范	2007	书记
韩雪芳	女	戴村镇小	萧山区劳动模范	2008	教师
金　杰	男	萧山区中医骨伤科医院	萧山区劳动模范	2008	院长
喻华康	男	杭州华康钙塑包装有限公司	萧山区劳动模范	2008	董事长
孙建忠	男	浙江卫士集团有限公司	萧山区劳动模范	2008	副总经理

第五节　县以上重要会议代表 政协委员名录

戴村籍萧山区(县、市)党代会代表名录

表 15－3－7

届　次	时　间	代　表　姓　名
萧山第一次党代会	1956.6.2～5	沈琴仙(女)　郁关训　顾锐铣　吴松朝　李见林　沈关洪　田士根　任阿文　戚吾水　何樟根　郭临深(女)　丁志根
萧山第二次党代会	1959.10.28～31	董士元　沈吾泉　戴宗贵　洪叶根　郭文化(女)　陈培金　戚吾水　倪照香(女)　郭吾根　陈吾善　钟凤浩　顾锐铣　鲁阿吾　丁志根　沈兴祥
萧山第三次党代会	1963.1.18～21	董士元　陈吾善　郭临深(女)　来富贤　陈成兴　沈琴仙(女)　何樟根　董吾传　洪吾林
萧山第四次党代会	1966.4.20～26	沈火高　黄火根　陈成兴　盛阿芬(女)　郁锡根　田阿凤(女)　郭仁青　董吾传　任秀康　董生宝　来甫贤　丁岳仙(女)　戚吾水　陈吾善
萧山第五次党代会	1970.9.16～19	顾正泉　任善泉　方志瑞　陈吾善　沈满根　汤长芳　方小堂　蔡宪荣　陈成兴　沈田根　丁水兴　戚吾水　丁志忠　沈琴仙(女)　来甫贤　董郎成　丁吾传　钟凤飞　方吾根　杨仁庆　郭招观(女)
萧山第六次党代会	1977.9.25～28	周金法　周胜彪　郑吾伦　周伯林　郭招观(女)　郭临深(女)　洪叶根　顾金尧　顾维珍(女)　李建林　丁水兴　沈满根　洪吾法　洪金祥　喻坑先　沈凤英(女)
萧山第七次党代会	1984.6.10～13	沈吾仙(女)　陈宪法　方妙仁　丁国相　顾子林　郭招观(女)　喻云兴　郭吾华(女)
萧山第八次党代会	1987.3.24～27	徐仁兴　郁晓兔　丁海标　戴永珍(女)　陈妙金　陶昔岳　方荣根
萧山第九次党代会	1990.3.6～10	杨兴华　陈宪法　顾望仙(女)　戚吾海　郁晓兔　盛吾成
萧山第十次党代会	1993.3.7～10	蒋金梁　徐金妹(女)　戴裕鑑　丁国相　钟观升　王银法

续表 15－3－7

届　次	时　间	代　表　姓　名
萧山第十一次党代会	1998.1.9～12	丁宝根　洪秀兰　顾大飞　蒋金梁　郑法根 施兴杨　盛绍儿　瞿亚文(女)　沈文龙　周桂凤(女) 郭伟林　姜国法　郁晓兔　卢渭康　盛小龙 沈观兴　方荣根　郭　亮　周铬臣　方　伟
萧山第十二次党代会	2003.1	顾大飞　卢建廷　陈宪法　董汉华　周炜楠 蒋金梁　杨　国　郭　亮　丁宝根　盛小龙 盛绍儿
萧山第十三次党代会	2006.12	顾乐平　徐仁兴　韩益明　郁月芳(女)　沈观兴 蒋金梁　姜国法　郭　亮　沈迪云　洪秀兰(女) 郭松兴　丁宝根　洪松法

戴村籍区(县、市)级以上人民代表大会代表名录

表 15－3－8

届　次	时　间	代　表　姓　名
全国第五届人代会	1978～1983	郑星斋
浙江省第五届人代会	1977～1983	郑吾珍
浙江省第六届人代会	1983～1988	郑吾珍
浙江省第七届人代会	1988～1993	郑吾珍
杭州市第六届人代会	1981.12～1987.5	陈善家　顾又多　钱满香(女)
杭州市第八届人代会	1992.5～1997.3	郑仲良
杭州市第十届人代会	2002.4～2007.4	洪松法　任妙良
杭州市第十一届人代会	2007.4～	任妙良
萧山县第一届各界人民代表会议①	1950.3～1952.1	田青林　董锡锟　胡世昌　胡鑑清　盛关顺 戴仁堂　郭胜元　周阿吾　孙吾言　傅阿传 金志恩　蒋张达　沈吾庆　沈子月　沈省吾 沈爱贞　郁锦泉②　沈关兴③
萧山县第二届各界人民代表会议④	1952.8～1954.7	洪吾祥　杨炳海　田土根　丁志根　任妙法 陈吾善　郭忠水　顾锐铣　施春潮　郁观兴 郭锦芳　周阿康⑤　戴梦尧　沈菊花 郭林生　沈雪花　邵吾花　董元彪
萧山县第一届人代会⑥	1954.7～1956.12	孙厚傅　汪仁仙(女)　来甫贤　陈吾善　郁观兴 施春潮　周炳然　郭忠绥　田士根　吴松朝 沈菊花(女)　顾锐铣　郭富源　郭临深(女)　方吾仁

续表 15-3-8

届 次	时 间	代 表 姓 名
萧山县第二届人代会	1956.12~1958.5	周吾兴 蔡宪荣 俞火根 沈菊花(女) 沈吾根 陈关水 蒋绍源 洪吾祥 蔡彦才 郁志明 周瑞发 周象琢 王阿三 来甫贤 戴启发 丁安清
萧山县第三届人代会	1958.5~1962.9	汪仁仙(女) 任志安 任素芬(女) 来甫贤 郑子才 陈关水 顾陈香(女) 朱爱花(女) 洪吾祥 蔡彦才 郁官兴
萧山县第四届人代会	1962.9~1963.12	洪叶根 戚吾水 余吾祥 汪顺仙(女) 来甫贤 丁志根 施沛根 丁渭祥 李鉴林 顾成香(女) 沈金良 董乃荣 周阿康 洪善海
萧山县第五届人代会	1963.12~1966.5	董乃荣 汪顺仙(女) 俞吾水 郑子才 洪叶根 丁渭祥 顾成香(女) 李鉴林 顾友桥 方子才 丁志根 施沛根 洪吾花(女)
萧山县第六届人代会	1966.5 始⑦	沈兴祥 卢兴德 孙满姑(女) 陈迪友 戴梦尧 钟凤飞 姜林章 沈彩香(女) 韩瑞香 韩仁根 余吾水 戴宗贵
萧山县第七届人代会	1980.6~1984.11	戴吾木 戴企法 陈善家 董芬珍(女) 沈瑞富 徐顺兴 陈成兴 丁水兴 顾又多 郭子灿 倪仁香(女) 周荣法 洪秀明 顾正光 周壮秋 沈吾泉 洪介眉
萧山县第八届人代会	1984.11~1987.4	郑法根 沈仙嶙 董望弟 韩宇明 徐仁兴 鲍永甫 吴秀华(女) 韩樟兴 许菊娟(女) 周荣法 郁晓兔 蒋金梁 周壮秋 沈吾泉 顾正光
萧山县第九届人代会	1987.4~1990.4	韩宇明 任又根 杨美珍(女) 何国良 徐金妹(女) 郑子祥 丁小祥 鲍永甫 吴秀华(女) 姜仁法 顾正光 沈吾泉
萧山市第十届人代会	1990.4~1993.3	顾正光 任文祥 施志芹(女) 蔡亚金 汤长贵 丁百凡 蒋金梁 沈利华(女) 顾仲文 姜仁法 沈云龙 任善泉 许迈永
萧山市第十一届人代会	1993.3~1998.2	方妙仁 钟伟民 鲍永甫 韩宇明 许迈永 汤长贵 施志芹(女) 何国良 丁百凡 沈云龙 郭 亮 郁晓兔 方 伟 顾正光 顾子法
萧山市第十二届人代会	1998.2~2003.3	倪仁利 顾子法 蒋金梁 周吾春 郁妙根 任妙良 沈国兴 鲍永甫 钟兴华 卢国强 沈云龙 顾正光
萧山区第十三届人代会	2003.3~2007.2	沈国兴 沈东明 沈伟芳 沈云龙 郭伟林 洪松法 戚友根 钟兴华 徐仁兴 汤祖晓 韩益民 韩宇明 洪金传 楼红维 顾大飞 顾子法 倪仁利
萧山区第十四届人代会	2007.2~	任妙良 沈建达 汤祖晓 周国校 沈东明 钟兴华 沈伟芳 杨 国

说明:①④萧山县各界人民代表会议共召开两届,第一届召开7次会议,第二届召开5次会议。现将戴村籍参加这两届多次会议的代表综合列入。

②在1950年10月15日至19日召开的萧山县第一届各界人民代表会议第二次会议上，时任马鞍乡农会委员、姚家山下村（六联村）农会主任的郁锦泉当选为萧山县各界人民代表会议常务委员会委员。

③沈关兴在1951年4月2日至16日召开的萧山县各界人民代表会议上当选为常委。

⑤周阿康在1953年12月5日召开的萧山县第二届各界人民代表会议第五次会议上当选为常委。

⑥县第一届人民代表大会，共举行3次会议。第三次会议代表由于绍兴县安昌区及所属的12个乡划归萧山，萧山县进化区的3个乡划归绍兴县，河上区的3个乡划归诸暨县而代表有所变动。这里将戴村籍参加县第一届人民代表大会多次会议，代表综合在一起。

⑦后因“文化大革命”而中断

戴村籍区（县、市）级以上政协委员名录

表15-3-9

届　别	时　　间	戴村籍委员
政协杭州市第八届委员会		任文达
政协杭州市第九届委员会		任文达
政协萧山县第一届委员会	1956.4.6～9	胡庆生
政协萧山县第二届委员会	1959.12.23～26	胡庆生　钱奕正
政协萧山县第三届委员会	1962.9.27～10.5	胡庆生　钱奕正
政协萧山县第四届委员会	1966.5.6～10	胡庆生　钱奕正
政协萧山县第五届委员会	1980.6.25～30	胡庆生　郑吾珍
政协萧山县第六届委员会	1984.11.1～9	沈壮雷　郑吾珍
政协萧山县第七届委员会	1987.4.17～24	郑吾法　韩吾松　沈云龙　郑吾珍
政协萧山市第八届委员会	1990.3.31～4.7	韩吾松　郑吾法　顾正光　冯虎儿
政协萧山市第九届委员会	1993.3.29～4.4	何连安　卢渭康　郑吾法　丁宝根　冯虎儿　周铬臣　沈观兴　顾正光
政协萧山市第十届委员会	1998.2.24～3.1	卢渭康　谭吾源　冯虎儿　洪先法　郭　亮　郭伟林　丁宝根　任文达　陈锦昌
政协萧山市第十一届委员会	2003.3.1～5	谭吾源　任文达　丁宝根　洪先法　郭　亮　卢建庭　杨　国　陈锦昌
政协萧山市第十二届委员会	2007.2.3～7	丁宝根　洪先法　郭亮　任文达

第六节　区（县、市）级优秀党员名录

1981年度

陈善加	丁田金	陈成兴	方志瑞	戴企发	沈仁岳（女）
边善标	任先法	顾永根	徐仁兴	沈万钻	钟观铭
丁水兴	杨荣华	顾望仙（女）	何关兴	郭吾金	郁志明

洪吾祥　　郭连英(女)

1982 年度

郑法根　　陈善家　　戴企法　　戴官德　　徐仁兴　　陈宪法
顾望仙(女)　　喻坑先　　郁志明　　郭连英(女)

1983 年度

厉国荣　　陈观培　　顾华光　　徐仁兴　　沈云兴　　陈宪法
戚仙尧　　任先法　　丁国相　　徐银康　　方永康　　喻坑先

1984 年度

洪招兴　　周豪放　　喻坑先　　沈绍如　　郑吾江　　陈善家
卢兴德　　郑柏乔　　戴吾水　　顾华光　　蒋松芹　　顾望仙(女)
沈维龙

1985 年度

喻坑先　　周宜金　　周豪放　　顾仲义　　丁水兴　　顾利云
顾华光　　金乃芳　　杨仁青　　丁国相　　周象康　　戚先尧
张东方

1986 年度

洪国良　　陶昔岳　　姜毛宁　　周豪放　　田仕根　　邵伟成
杨小风　　沈吾仙　　黄妙根　　丁海标　　戚吾海　　丁国相
金乃芳　　周胜彪　　方松兴　　郭雪林

1987 年度

方利仁　　姜仁法　　陈善家　　周胜彪　　陆妙兴　　丁海标
方雪中　　钟观升　　杨文娟(女)　　郑望平　　顾仲文　　鲍永甫
陶昔岳　　鲍利云　　施志芹(女)　　金吾根

1988 年度

施志芹(女)　　钟观千　　金乃芳　　方顺根

1989 年度

施志芹(女)　　周炜楠　　沈军民　　钟凤飞　　任周然　　李国军
郭志良　　陈尔庄

1990 年度

周炜楠　　陶昔岳　　施志芹(女)　　周友法　　卢建廷　　来妙水
戴吾水　　郁晓兔　　陈宪法　　鲍永甫　　丁纪焕　　盛吾成
方荣根

1991 年度

卢国强	任周然	戴吾水	李观良	沈军民	沈玲华
徐水祥	倪仁香（女）	施志芹（女）	周炜楠	何运芳	卢渭康
郭土顺					

1992 年度

蒋金梁	周炜楠	戴吾水	任周然	汤继新	汤长贵
戴裕鑑	韩宇明	郭　亮	倪仁利	鲍永甫	李水增
郑吾法	郭土顺				

1993 年度

杨　国	任周然	郭祖贤	陈妙根	施志芹（女）	徐金妹（女）
郑百桥	戴裕鑑	韩宇明	鲍永甫	徐仁兴	郭　亮

1994 年度

卢国强	蒋金梁	施志芹（女）	汤长贵	董培睦	钟观富
周利春	周友法	周象康	鲍永甫	李水增	沈静良
屠桥生	沈妙根				

1995 年度

杨兴华	施志芹（女）	孙正明	周友法	汤长贵	蒋妙兴
施兴扬	周豪放	任经伟	邵伟成	徐仁兴	李水增
盛小龙	沈观兴	周辂臣	郑吾法		

1996 年度

郁晓兔	蒋金梁	徐银康	施志芹（女）	何兴安	孙正明
郭叶娟（女）	盛绍儿	汤长贵	李水增	俞国泉	钟观甫
沈观兴	洪松法	王银法			

1997 年度

方利仁	周国校	鲍金成	何兴安	沈柏鲁	戴吾水
李来兴	洪先法	盛绍儿	周吾春	鲍永甫	丁水兴
沈东明	钟兴华	钟观富	周辂臣		

1998 年度

戚友根	任妙良	周炜楠	陈康	陈法根	施志芹（女）
戴吾水	盛绍儿	洪先法	周建法	鲍永甫	沈文龙
钟建方	沈东明	郭　亮			

1999 年度

沈妙祥	郑法根	郁荣根	洪先法	洪金根	任文弘

洪金传　周炜楠　盛绍儿

2000 年度

沈柏鲁　任妙良　韩益明　周炜楠　郁荣根　洪金根
洪先法　戴培华

2001 年度

丁水兴　陈宪法　沈吾康　沈妙祥　任妙良　郑法根
郁荣根　喻建红　周吾春　汤长贵　盛绍儿　洪先法
沈东明　郭志安　来传顺

2002 年度

李水增　丁水兴　钟立祥　沈伯鲁　李国林　陈明华
戚友祥　郭明祥　钱　浩　施志芹（女）　盛绍儿　沈伟根
洪先法

2003 年度

郁月芳（女）　何百明　沈观兴　沈伟根

2004 年度

杨金年　顾永根　俞国全　沈柏鲁　任文泓　周吾春

2005 年度

顾乐平　韩益明　俞永康　任妙良　姜妙和　钟兴华

2006 年度

俞国全　韩益明　许晓明　周国校　钟兴华

2007 年度

丁森强（杭州市级）　周国校　钟兴华　俞国全　任妙良
李尧祥　朱伟瑜

2008 年度

俞银木　郁月芳　俞国全　许晓明　任妙良　沈东明

卷十六　文　献

戴村丰富的宗谱文献，载有宗观族规、乡情佚事、地名古迹、历史风貌等，具有一定史料价值和人文意义。戴村是革命老区，又是浙江省生态镇，在争创过程中的申报、规划、批复、命名等各种文件，也是宝贵的资料。本卷特设“宗谱文选”、“文件选”两章，以备所需者查用。

第一章　宗谱文选

第一节　谱序选

萧山丁氏宗谱原序

魏　骥

尝闻木有千枝万柯而畅茂条达者，由其根本盛大，历年多居土深也；水有千派万流而浩荡汪洋者，由其原委渊源长，百川合流多也。人之宗姓绵绵子孙繁盛，岂不由祖宗积德多历年数也哉。丁氏邑之望族也，试观一世祖仕唐谥文靖；二世重器擢南台御史；三世上珪为国子司业；四世立任同安主簿；五世宾居监铁使；六世翊拜翰林承旨，概可见矣。

及观遗翰所载，凌溪后山之阳，有祠堂，有祭田，仪节制度，一一如先人之式，子孙世守而不失。历五代之末，簪缨蝉联，常若晋王谢；家藏赢余，常若吴猗顿；瓜瓞绵绵，常若汉荀陈，益可见矣。至元季之乱，干戈扰攘，属族睽离，丁京之妻吴氏暨女仁奴为贼所执，义不受辱，母子骂贼遇害，祠堂、居舍悉遭焚毁。三十年间崎岖乱离，几至灭亡。及我太祖高皇帝一定区宇，始复其业，众具吴氏仁奴之事，名士大夫各赋诗文以表节，概立双烈祠以祀之。然文靖以下履历、阶秩、讳字及配，皆依十世孙德进所纂系略，其遗文多不可得，但文靖公於唐天禧三年乙丑，以钱四万缗购范氏地建龙门寺。宋大中祥符间赐额和庆，明道三年三月廿六日，公之孙上珪记其事。绍兴十七年孟秋望日，公之九世孙天民，复题其碑阴，仅存若此，其幸存者犹有上珪墨勅一德进系略，文靖诸公以下像并赞，与名人诗文数什尚在，犹可因旧以辑录。今年春，文靖公孙绰必裕者与余至姻，且友持谱及状请余序之。予维谱之关於世教大矣，谱不明则宗姓无据，亲疎无辨，尊卑名分俱失，未至服穷亲尽或分异，闾巷相见如途人，因以求附圣贤之后，欲赘世家之裔以誇人，若此者视宗祖为何如人，将何以教子孙笃恩爱、知礼义哉？

尝考丁氏出自齐侯吕伋子孙以王父谥为氏，其后如丁复佐汉，丁鸿论定五经罄赀置书，子孙贵显丁顗也，刻木为母事如生存丁兰也，是皆名姓彰彰者也。今必裕不敢远引，姑以文靖公始，自文靖公至必裕一十九世，历五百余年。宗族子弟数千，且共里连居，烟火相接。时人为之谣曰：“三十六分丁，夜夜户不扃”。盖言其人众力强无寇盗之患也，是犹木之根深土固，水之源远流长，岂浅浅根源易拔易湮者可论乎。后虽无大为时用者，有如云叟不仕於元，清风高节，人所敬仰。其子孙敦尚礼义不事繁华，服农服贾以给衣食。其地多山，縻竹为楮钱可贸易，货财渔猎可供祭祀，宾客其墓则马谷、张村、后山、上弯、兔沙、照山合葬。无暴露水火之苦，其墓田则每岁宗族轮流，立至诚明。敏年行踰众者主之无遗亡，不祀之失若此者，咸祖宗积累之功，宜子孙之得以乐其乐，而利其利也。今谱系是修，则亲疎有辨，尊卑有序，苟自乐自利视骨肉如途人，徒为宗派之具亦无所取，必裕尝念曰同姓，虽有服穷亲尽之远初，皆由於宗祖所出於饥寒者，思所以赒之，自尊而卑，由亲而疎，饱煖安居，皆得以遂乐利之愿斯可也。不特此耳，又如祠堂未修，墓田未增，吴氏仁奴贞烈未显。宗族子弟无所见用於时，祖宗拳拳者在是，子孙视效者在是，尔当尽心劝率宗族修祠堂、增墓田、悉吴氏仁奴之事闻於朝，俾得载诸青史，千载不磨。召宗族子弟延师儒课训经史，使得以登庸科甲致君泽民。如是则上得以慰答数百载祖宗贻谋垂裕之意，幽而无愧也；则下有以兴起宗人数千指取法感激之念，明而无忝也，孝子仁孙舍必裕其谁与尚其勖诸。是为序。

旹

天顺四年岁在庚辰春三月之吉

天官归老南齐一叟同邑魏骥仲房书

原载《古越萧南丁氏宗谱》卷一,清宣统辛亥年续辑,思本堂珍藏

重辑宗谱弁言

周易藻

慨自嬴秦以降垂三千年,世变之亟,於今为烈。束孔孟之书而弗观,废君父之伦而不讲,道德隳,廉耻丧,邪说鼎沸,正理梏亡,祸及於坛庙鬼神,害甚於猛兽洪水。父子若楚越,遑论昆季;夫妻若陌路,遑论宗族,穷其弊,势不至人禽混合。重见太古榛狉之旧俗不止,然则操何术以挽之。曰:天地曚瞀,世界混茫,砥柱狂澜,谈何容易。当此伦纪绝续之交,而犹作一髮千钧之想。孟子曰:"人人亲其亲,长其长,而天下平。"此实探本之论也,故虽明知戾於时,亦甘冒不韪而厉行之。非所以存硕果预蒙泉欤?我周氏宗谱,自光绪壬寅重辑,相距已三十有二年。今春二月二日,族长诗槐公,诹吉告庙,将有续修之举,推余监其事,余谓:"得毋悖甚。"宗人曰:"不然,潮之激荡也易平,火之焱爻也旋熄。俟河之清,人寿几何。且夷氛炽张,沧桑屡易。过此不辑,微特迁徙死亡末由稽索,即生卒、婚嫁,亦将瞢如,事宜速进,讵待踌躇。"余乃敬披旧帙,凡列祖列宗之著作图像,前次所遗阙者,则搜罗以补之,羣昭羣穆之传讚行略,今时所增益者,则编次以殿之。黾勉从公,三越月而稿脱,忆昔三十年前,余从先大夫后,祗承厥事,今以一身而两承其乏,不可谓非祖宗眷顾之厚也。嗟嗟,处坏法乱纪之时,而讲敬宗收族之谊,是犹南辕北辙,背道而驰,有不予人以诟病哉。然丁此维新之世,而犹有余等一二旧人,执铅椠校丹黄,焦心劳思,纂辑排比,俾谱牒之学,得以绵延于不坠,亦未始非世道人心之一助也。故不揣谫陋,而为之序。

中华民国二十二年岁次癸酉六月

十六世孙易藻谨撰

原载《萧山马谷周氏宗谱》卷一,民国癸酉年重修,爱莲堂珍藏

第二节　家规 族规选

邵氏家规

凡先世所遗家范、谱例、训诫编集於左,俾族中子孙合规览随事遵守,必体力行,毋得轻忽以冒违犯教令之愆。

祠堂子孙报本敬先为始,须立三间,撩垣四周,务以坚朴,中奉先世神主,必宜春秋二祀,其仪式并朱子家礼。

子孙入祠庙者,当整衣冠,即始祖考在前,不得嬉笑亵语,不得疾步晨昏,皆当致恭退。

祭田数十亩,当以载稽谱内,其租专充祭祀之费,子孙永远保守,虽先祠庙及其祖墓亦为然也,切不谓出鬻者,以大孝论之。

先世坟茔年远而有平塌浅露者,宜培土益之,更立石碑,载刻葬者名氏,勿致湮灭难考。近有来龙及祖墓始遗旧址所载,竹林乔木不得砍斫,各处祖址庵宇更宜葺治,度已有家礼可法,其诸处茔塚岁节子孙须亲展。

立家之道凡率子姪者,不可过刚,不可过柔,次识厥中。凡子弟须随长者轮去州邑,谏达世故,庶无闇昧不识事机之患。若过六十者当自保,缓不宜轻出。

婚嫁必择温良有家法者,不可苟慕富贵,以亏择配之义。其豪强者逆乱於世,有恶疾者毋得与议。

训男,家之废兴係乎人之所为耳,诚能孝友行於家仁恕施著事与,凡害一念天理之公者皆所不为,则家之

所由兴矣。至若逆理横行以乱常，利己妨人而不顾与，凡僻僻邪耻靡所不为，则家之所由废矣。天理昭昭，各宜省察。

训女，家之和否，系乎妇人所为耳。诚能奉顺舅姑而不逆，敬承夫子而无违与夫，温柔以处妯娌，慈惠以逮下人，此家之所以和也。至若纵浮狎以乱闺门，鼓是非以间骨肉，与夫倚势而凌善柔，刻财而肥私室，此家之所以不和也，为妇人者可不谨哉。

诸妇必要安祥，恭敬奉舅姑，恩爱供丈夫，礼义待姊妹，和睦于妯娌，然无故不出中堂，夜行以灯，无灯则止。如有淫狎即宜屏放，若有妒忌长舌姑训之，训之不悛则责之，责之不悛则出之。

子孙当竭力以事尊长，尊长者亦宜慈爱，不可过於忿怒，使人所以容身，恐非教养之道。若子弟有过，反复谕戒之，其不得已，会众笞之，以示取辱，切宜戒之。

父母或有数子，不可偏爱一人。若有所偏而兄弟则不和矣，后日相妒之祸由此而始，岂可偏乎？使为子者能顺父母之志，顺从偏爱，毫无介意，岂不养志之子乎？

兄弟同受父母一气而生，骨肉之亲也。今人不明义礼，悖逆天性德，虽同胞情如吴越居，虽同室跡似路人，岂是兄弟之义也乎。能知古人之言，自相警戒重义轻财，视兄弟如己身，则兄弟宁有不睦者乎？

兄弟和顺自有其道。一要正闺门而无乱德；二要不听妻子間言；三要明白财产；四要时常酒食相会以通情；五要不可合子其子；六要无猜忌以生嫉妒。凡此数者，得其大略，能尽之者，使谓之和矣。

耕读二事，人家不可不备。古云：有田不耕，仓廪虚；有书不教，子孙愚。仓廪虚兮岁月乏，子孙愚兮礼义疎。不耕不教是乃父兄之过耳。以此言之，则父兄当知。所以教而子弟当知所以学，若教而不严，学而不勤，则亦为人无益于是矣。

游手好闲赌閗之事，子孙须当禁绝，不可苟为。必须紧农业，暇则读书，以明理义，本分生理纔无危辱，古人朝耕暮读出作入息，后世当以为鑑。若不务农，又不求仕，百艺之中随宜为便，子孙知之。

为人之行以孝为先。孝乃百行之原也，一孝不立，百行虽善，无足称矣。为子不孝得罪於天，祔福自招不能立世，后世不昌，总有子孙亦必忤逆以报矣，故为子者岂不慎哉。

徇情持势而悖逆宗枝必致于死，不服其丧葬、不送主灵、不入祠谱、不书其名，盖作恶受行也。一至於此何为悖逆而不学为尺子，苟一伦不到即为缺，不得称为全人，故君子之学必求其备而已矣。

娶妻无嗣者，按律四十无子当娶妾。正娶无子宜书姓，侧室有子亦书，妾媵有子不书姓氏，只於子名下书曰某氏，以子不得绝母也。

吾宗之姓氏继续而无嗣之者，则必又为相亲，昭穆之继，切不以外氏入其宗枝，恐有混淆我叶慎其紊宗之患，后宜慎之。

家业之盛难如升天，当以俭素，是纯是粹，唯酒馔器之扑子孙不可别造，以败家业。

内外所有秤斗，当宜中平，不可私置两般，以贻天谴。

吾家之祖世称孝义，邵氏散居所习所行，无非积善之事，子孙当宜谅之。不可妄律威福，自负豪强侵凌人财，以祖宗之德，累违者以不孝也，为宜论之。

宗人实同一无所生，彼病则我病，彼辱则我辱，理势然也。子孙当委曲庇覆，勿使失所规。以愚昧之蠢怀忿徒牒课计其心，使后裔察之，亦不可恃势凌轹以忝厥祖，更於饮食际揆，其贫而不给之者艰志笃力。载稽一条，以赐后议之。

宗族之无后者，立春秋之祭，先祭毕，令子弟亦当设当附祭之。

宗人若出之当深恻，悯其果无衾絮者，量力而资用之。

子孙毋习吏胥，毋为僧道，毋狎屠暨，以坏乱心术。当时以仁义二字铭心，庶或有戒。

奉先人之外，一应道释巫觋不可尊崇，是葬祭之后，前无表显荐超于世情，乃洩先人之恶孽，愈为子弟之不孝也，观欺者细加详之。

诸妇亲族，有为僧道者不得往来。

凡用农工饮食宜量之，不可菲薄工价，须务分明。欲得其力不得其心，切勿令其诽怨。

子孙当以和待乡里，宁使我容人，毋使人容我。不可先懆忽，人心之若累相逼，进退不已者，当理宜道之。

子孙习於无端異类之事，非在四民之内，及一应违於礼法之事，族长度其不可容，会众坐罚悛之，不遵者，则会众通笞之。

卑幼不得抵抗尊长。一日之长皆是，出言不逊制行悖戾者，故诲之，不悛者，则通笞之。

子孙不得修建異端寺宇，粧塑土木形像。

女子年及八岁者不得随母到外家馀，虽至亲之家，亦不得往来，违者重罚其母。

子孙以理财物为务者，若沉迷酒色，妄肆费用，以致亏陷家业，兴私置私积者，以不孝论之。

丧礼久费多，或於释老之说，今皆绝之其仪式，并道朱子家礼。

子孙不得目睹非礼之书。其一清戏淫亵慢之语者，即焚毁之，妖咒之属并同。

棋牌双陆及养虫鸟之类，皆足以蛊心惑志废事，败家之子孙，一切绝之。

子孙年未二十者，不可饮酒。壮者虽许少饮，不宜沉酣杯。喧奴皷舞不顾尊长，违者罪之。若奉延宾客，唯务诚懿，不必强人以酒。

大抵国家有史书，羣县有誌书，巨姓有谱牒，其礼一也。近世谱牒芜至本体，或憑人逞篆隶以装册叶，或随人仗丹青以图像形，以者评之其能尽，尽书而形画图也。又有一等作谱者，将存世之辈传至名下，下文附谱中以弄愚盲，不惟人既未亡后行未见未可传也，而且於纂修之意者，以斯谱之例，如史如誌，若世存未尽之事另编，名曰存录。

编大要敬遵其旧，而凡后所未及者增之；讹者正之，冗者去之，其濁则互用司马氏、欧阳氏、眉山氏。

程子曰："宗法废，谱牒尚有遗风，谱牒废，人皆不知来处，世光百半之家骨肉无统，虽至亲亦如途人矣。"

深山董氏曰："吾闻之传曰：'先祖有善而弗知，曰不明知，而弗传曰不仁，此谱之所由作也。'"

欧阳修曰："族之为族也，尚有聚而有别姓之为言生也，本其所自生氏之为言示也，示其所自分姓统氏分之制变，而支派日已紊矣，大宗小宗之法废，而族属日已疏矣，是不变者，累数千百年而子孙动，且万计赐者冒者、更者、别者，复纷纷交错其愈，盖难明则复日，谱牒之辨殷焉。"

黄山谷氏曰："世之有氏为族者，惟有谱以识其所从出，考其所自分世日益远族日益繁，必至於不相雄繫，而昭穆之辨淆矣。"

吕本中曰："国无国之道，而后国乱，家无家之道，而后家乱，故《礼》《乐》纲纪者国之道也，宗法、谱牒者家之道也。"

苏老泉曰："太上立德，其次立言，其次立功。谱牒者立言之一，讳也。"又曰："人家三代不修谱，则同小人矣。"

王荆公曰："余闻苏老泉论谱牒，谓可知者续之，不可知者阙之，此语极有病。凡人不生於空桑，岂无宗祖可知者，固可续矣，其不可知者宁敢阙乎？必夜而思旦，而求叅互考订，如孔子殡於五父之衢，必无不得苟安。於不知而阙之，其为不孝莫大焉。"

北溪陈氏曰："谱牒者，人生之根本也，根本无据，则见属模授谊，他人祖谓他人父，不几於郭崇韬拜子仪之墓者，同贻议於千古耶。"

梅严黄氏曰："作谱不过为祖宗重焉，人知重乎祖宗，则所存惟仁非仁，弗存所行惟义非义。弗行何也，恐得罪於祖宗也。"

默齐游氏曰："宗法废壤士君子无他，以致其亲睦之意，独有谱一事犹能合宗族而收其流散，是以前辈多留心焉。"

原载《萧山长潭邵氏宗谱》卷一，民国戊午年重修，安乐堂珍藏

鲍氏家规二十四条

正伦次

正家之道，首惇伦次。子孝父慈，兄良弟悌。夫妇有别，长幼有礼。《书》曰五品，《记》曰十义。读贤书

所学何事,下逮奴僕慈畜庄。莅有序则和,和气致瑞,慎勿乖舛,为厥家累。

均恩义

恩过妨义,义过妨恩,为家长者,持以平均。汉万石君,寡过敬身,举家孝谨,僮僕訢訢,崔氏孝芬,绝无私缗,诸妇化之,相爱相亲。能戒偏喜,能戒偏瞋,一门雍睦,风俗还湻。

笃父子

父道曰慈,子道曰孝。慈非姑息,义方是教。孝在顺从,守身尤要。昔有韦贤,乔梓显耀,惟是明经,置身廊庙。五桂三槐,历有名效。人子扬名,显亲赠诰。罔报之恩,万分一报。

厚兄弟

人有兄弟,连气分形。幼依亲膝,蔼然同情。长听妇人,渐致乖争。昔汉薛包,分财最平。弟子破产,辙复合并。亦越杨津,昆季显荣,饮食坐起,听命於兄。前贤是法,无忝所生。

别夫妇

易首乾坤,诗始关雎。厘降妫汭,首载虞书。礼别男女,外内異居。六经之教,咸谨於初。父亲醮子,宗事承余。必戒毋命,何如无别。无义与物,无殊执挚,章别内助,非虚。

和妯娌

划有钟琰,姒娣相爱,不以父荣,稍形骄态。王祥继母,使妇劳惫,弟妇甚贤,均劳相代。昆季之隙,多由阃内,言语乖离,遂成分背。妯娌和谐,一门永赖,九世同居,亦复何礙。

严阃范

内则之教,阃范为先。深宫固门,内外辨焉。谋无自擅,事不独专。纵有才智,辅佐淵然。职主衣服,礼薦豆籩。昔鲁敬姜,纺绩终年,康子往见,闵门而言。分别有礼,孔子称贤。

理男教

日体常圆,月体则缺。阳卦皆连,阴卦中折。男先乎女,刚柔自别。正位乎外,庶无失节。文王雝肃,化及后妃,虽有妇德,亦感光仪。少君桓氏,司隶於归,奉君子教,尽礼庭闱。

厚宗族

宗族蕃衍,固有亲疎,祖宗视之,岂有殊乎?广置义田,赈乏恤无。刱立义学,风以诗书。昔范希文,官至开府,曰不恤宗,无颜见祖。吴中义庄,今犹近古,欲析源流,敬观宗谱。

睦邻里

邻有老者,当敬事之。邻有孤者,当抚事之。邻有善良,当仰企之。邻有贫穷,当厚施之。蓝田吕氏,尝立卿约,善相规劝,过相攻错。礼以相交,谋以相度,闾里之间,欣然有讬。

重道义

维皇降衷,天道之常。仁义礼智,人性之纲。有生伊始,正大直方。物欲交蔽,乃汨其行。小学之方,灑扫应对。入孝出恭,动无或悖。穷理修身,斯学之大。业广德崇,心安身泰。

正心术

心术之正,在毋自欺。哲人知几,诚之於思。志士励行,守之於为。顺理则裕,从欲惟危。昔王沂公,及第最早,自言其志,不在温饱。司马温公,无他谬巧,平生所为,可对人道。

辅公论

俗有公非,亦有公是,人心所同,是即天理。汉之党錮,不与为耻。宋道学禁,徙为訾毁。恶恶欲短,善善宜长,褒讥有理,化恶为良。惟彼遗直,如王彦方,克持公论,望重一乡。

正士风

见善从之,闻义则服。温柔孝弟,毋骄恃力。志毋虚邪,行必正直。游居有常,必就有德。颜免整齐,中心必式。夙兴夜寝,衣带必饬。朝益暮习,小心翼翼。一此不懈,是为学则。

谨官箴

居官之道,曰清慎勤。清如刘宠,钱映波纹,亦越赵抃,琴鹤流芬。贵而能贫,今古希闻。慎如石奋,路马必轼。子建继之，循谨率职。勤如陶侃，朝暮运甓，常惜分阴，堪为楷式。

忘私怨

德无不报，怨有不雠，况属私憎，何堪效尤。豁达大度，过而不留，待之以恕，心逸日休。有人於此，待我横逆，自反於心，勿遽相责。心苟无瑕，与人无隙，一朝之患，水消雾释。

勤生理

民生在勤，勤则不匮。劳力者义，劳心者智。或读经史，博闻强记。或效轮般，敬执艺事；或务稼穑，役毯匕（原稿少一字）；或营货殖，连骑结驷。卫代檀篇，借以励志。早作夜思，以义为利。

谨非为

人能为善，贻父母福，耀祖荣宗，增光九族。一为不善，贻父母辱，远忝祖宗，负惭面目。显蹈非为，人责堪悲。亏心暗室，鬼神难欺。偶交匪类，祸亦及之。儆戒於始，终身自持。

处饶裕

前圣有言，制节谨度。满而不溢，可长守富。高明之家，鲜崇清素。渐染矜夸，日益骄固。惟彼良图，深藏若虚，席丰履厚，遂忘其初。慎乃俭德，谦抑自居。所其无逸，永保赢余。

处因约

贫贱尤戚，玉汝於成。德慧术智，恒由此生。饭疏饮水，处困而亨。操瓢与箪，金石歌声。非义之利，视如敝屣。守彼澹泊，终以明志。昔有濂溪，春风和气。令寻孔颜，所乐何事。

谨保守

出入相友，守望相助。自古乡邻，竞相保护。易谨重门，礼祥司寤。思患之方，防之於豫。凡異色人，屏使远去。僧道九流，概用严距。既昏便息，管鑰必固。慢藏海盗，大易可悟。

安本分

本分如何，无庸取多，但因现在，永矢勿过。身处幼界，敬长是宜；身居贫约，勤苦莫辞。营情外慕，将荒本务。心毋越思，言毋趨附。素位而行，无入不贞。艮止之义，易象彰明。

崇俭约

温公为儿，不爱珍奇，另以美服，輙羞弃之。咬得叶根，百事之源。嗜慾既淡，天理常存。李沆治第，湫隘贻讥。日传子孙，不事侈肆。先正居官，自奉清寒。俭而奢易，奢反俭难。

守廉节

物非吾有，一毫莫苟。毋为威惕，毋为利诱。虽遇万钟，非义勿受。凡厥有为，必先有守。暮夜无知，终以自欺。官尚廉洁，贪墨非宜。衡门泌水，土亦如之。卓然自立，作圣之基。

家训十则

敦孝悌

孝弟之德通於神明，光於四海经有明训。盖父母生身之恩，劬劳罔极故生，当竭力以奉养歿，当尽诚以葬祭，此皆本之血性者也。被羔羊跪足乌乌反哺，禽兽亦知报本焉。至於兄弟乃同气天亲，何可伤乎？古云：兄弟如手足，妻子如衣服，衣服破时可补，手足断时难续，式好无尤最为天伦乐事。出门则尊长，高年尤当敬礼，各循卑幼之分。若於孝悌有亏，罚所难加理必除名。

勉忠爱

民生於三事之如一盖，言君亲师也。君有成我之恩，在下宜早完国课，以全急公之义。若幸登仕版，尤当为国恤民勤劳王事，职有大小效忠惟一。不幸而临大节则尽忠报国，慎贯苟贪禄位。若一旦身名俱败，何所容於天地间哉。良臣忠臣本无分也，亦听时会之适逢而已。

重节义

夫为妻纲作法宜先，男子近世不闻旌扬义夫。虽属缺典，然鸳钗甫断鸾镜方亏，顿谋重巹风何薄也。其有得子断絃能不再娶，谱内备加褒扬，以俟旌典。至于妇女守贞，从一而终，实钟天地之正气，整风化之大原。

如三十内守志，百年冰霜无玷者，族当公举呈报，以沐恩褒荣奖。

励言行

言为坊行为有不可苟也，故出言要顺人心，恐恶言以折福，舌上龙泉可不惧乎？行事须循天理，恐刻薄以伤厚道，诡僻以悖正经，衣冠禽兽可无戒乎？孔子云："言忠信则心口如一矣，行笃敬则内外不欺矣，蛮貊可通何忧州里或。"

务勤俭

古人云：一寸光阴一寸金。又云：晨起三朝当一工，士农工商均不可习怠偷安也。至一家用度，当量入以为出，节流与开源并重。除奉亲设祭款宾贯蹈俭不中礼之讥，其余概从节啬中。饮食则菜汤粝饭可以充饥，衣服则麻衫裙布可以蔽体，居处则心安而茅屋便稳器皿，则朴素而浑坚适用节冠。婚丧祭亦当称家有无，但稍留赢余，便可备凶荒而资积蓄矣。

端士习

士乐四民之首，凡敦伦维风整躬率物则效在焉，况乎先器识而后文章贵养重也。故处则为名儒，出则为名臣，方能无愧士品。即或北门忧贫，亦宜伐檀自矢，芸牕励志青云在念慎贯。恃文才以傲世，托衿带以护身，爰鼎怀璧，尚其熟读卧碑乎?!

专农业

食为生人之本，农乃生榖之原。自古教养并重，播穀之命不后司徒，所以公卿大夫禄取代耕之义，贵贱上下家无不佃之田，古今之通义也。吾族世守读耕开某农事，愿弗兢趨逐末，但当勤力垦艺，带星出入，寒暑弗辍，则东作终有西成之庆矣。

娴工商

本业在农，然三时之暇或手艺，或经营农末，原相资也。但工必居肆商必守廛，切勿二三其心，朝暮迁业，则既有职事复有常业，可以资生计，可以复恒心，两全之道也。

敬祖先

事死如生，事亡如存。萃祖考既涣之精神，伸子孙追慕之孝思者，惟此祠庙以妥之，奠享以侑之耳，故《易》、《书》、《诗》、《礼》、《春秋》，诸经无不慎重详悉於祀事也。凡我子孙每逢元旦、岁除及二分、二至，须三日前齐沐，灑扫拂拭神厨主。祐祭之日洁具牲醴，整肃衣冠，虔诚拜叅。至颁胙饮福，各循伦序，以敦齿让。贯得呌嚣失仪，以乱俎豆。公私一体遵行，忌辰家祭亦然。

训子孙

中下之人盖由教养而善，若姑息而少义，方世俗所由多败类也。然教道必先读书，读书则明理，教亦易入，终免躍治跳梁之忧，但不可徒务虚名，贤父兄严师傅，谨饬勤课方能有成。否则饰名沽誉，酿成衿傲之熊，终至不士不业，放逸惰懒非以成之，适以害之也。有等贫家亦当勉力训读，使之知书识字，稍习礼仪，遇事亦能握笔，庶不等於马牛而襟裙乎?!

原载《萧山卢氏宗谱》卷一，2005 年重修，积庆堂珍藏

第三节　碑文选

孝悌乡茅村筑塘碑记

赐进士出身承德郎南京工部虞衡、清理司主事张试

惟萧建邑，襟江带海。淫雨浃旬，则滔天为患。恒赖仁贤，功成保障。若孝悌乡（原文称许孝，承康熙丈册之误）在邑南隅，与富阳、诸暨接壤，其上流诸水，自沙河而洩，抵麻溪闸以入江，旧称沃壤，取税额与腴田等。成化间，郡守戴公经理属邑水利，睹江流汩没低洼诸河，遂开蹟堰，而塞麻溪。沙河之水不通于江，沙涂

壅淤。岁久,河口浅隘。暨阳二邑千溪万壑,横流无归,灌入乡之茅村畈,千顷膏腴,荡然巨浸,秋成颖秀,雨不终宵,浊潦淹渍,悉枯槁萎。如时或共庆丰穰,而是乡独告无收,谁信之哉?夫劳瘁三时,仅禾数亩,民敖敖无望,老稚逃亡不知凡几?矧山僻穷乡,远离城邑,仁人君子虽有不忍,非无见闻所及。孰覃恩施,节陈台臬事下所司,率寝格不举今。邑侯王公湓(侯,名一乾,字元卿,别号养初,登辛未进士第,江右太和之宦裔)明见万里,惠先无告。众爰复以筑堤捍水议呈公,恻然曰:“吾当救此一方。”简委待缺,巡检谢成名躬历兹土,计亩以分塘。有强不从者,有怠不赴者,有废弃不欲者,不强之来,即以其田与筑堤之主,每田一亩工费银五钱。计高一丈五尺,面阔十尺,基广五十尺,周围一千四百一十七丈二尺。始工于万历甲戌冬季,毕于乙亥仲夏,阅五月始克告成,得利田九百三十六亩,掘毁田四十七亩五分八厘,粮差均派圩田之内。人力既竭,天心默顺,是岁秋大稔,收获倍常,举欣欣然有喜色而相告曰:数十余年而见有此,非我父母俯顺群情,安从得之?感恩无既,图立石通衢,垂诸不朽。介丁生鸣春征言于余,且告之故,余惟天地有自然之利,人终天地之功,所以君子行政,贵因民之利而利之。兹茅村之土,因天地之所利者,乃荒秽芜没,人工弗修也。今侯因此民之已有而举以利之,是盖裁成辅相以终天地之功,惠出不费,而弘厚下之泽顾不伟与?余不佞敢缘众情,识其略云。

万历四年丙子冬十月日,萧山县县丞王嘉宾、主簿胡元学、典史蒋思泽,乡民丁珊、何粹、姚珊、丁本令道、丁敬道、姚相、丁太同立。

原载民国《萧山县志稿》卷三十一 《艺文.金石》

戴村信义堂施材公所碑记

汤寿潜

立斯堂以远眺浩渺乎,平畴奥衍,村落万家,襟山带河,烟云弥际。翼翼然有斯堂之据乎,孝悌之中极也。盖乡称孝悌,里号旌贤。世道原平,传自刘宋。盼凌溪之清漪,郭凤何居;溯瓜渎之长流,独枫安在。然其乡风俗之厚,人心之古,善人君子,到今勿绝殆其遗欤。顾相其地势,南连河上,逾佳山而可走浦江;北接凰桐,航渔浦而可通吴;汇东十余里,即是山阴道上;西十余里,近接富春滩头。是以熙来攘往之徒,辘而至,而沿途流丐,每有病死。嘻!如是之人,亦父母所生,天地所养。既生为流民,一旦作古,安有亲戚友朋之可赖。若未得棺殓而瘗埋之,将暴骸沙砾,势不至于狐狸食之,腐蠼嘬之不止。而君子一视同仁,能忍心耶?孙君葵仙,承其父志,久施松棺。苦于力所不逮,于岁之丙戌,因朱君幸生捐金,为首遂倡斯社。更有陶君祖培、何君景福、丁君葆生、韩君旭堂等,联为同志。由是远方富宦,以及过客,皆解囊而慨助。无如不数年而孙君卒,同志等即于戴村凌溪之下流,东距瓜渎不下数百武,就孙君所购地以建斯堂,越明年成。是时百工俱毕,门庑堂室,黝垩丹漆,焕然可观。落成有日,夫额其堂曰“信义者”,仍孙君之旧也,非称美耳。其意曰信实也,义宜也,合之即实事求是之义。夫事莫患于妄为,苟实事而求是焉。创始可,守成亦可,是孙君之意。夫是为记。

清光绪二十六年庚子秋立。

原载民国《萧山县志稿》卷三十三 《艺文诗文抄》

第四节 杂 记

孝悌乡记

清·郭廷木

萧邑八、九都之间,乡名孝悌,夫人而知之矣。而究其所以得名者,则又莫识其由然。

余考先世孝子公,讳世通,一作道,与子讳原平者,世居郭墓山麓独枫里。当宋太祖、世祖、太宗时,并以孝行名于世,其事实具载府邑志中。元嘉四年,散骑常侍袁愉巡行天下,车甫下浙,即奉勅表其淳行,改独枫里为孝行里,而因以孝悌名其乡焉。后太守孟顗涖任会稽,嘉世通孝行,察为孝廉,毅然不就。大明六年,太守王僧朗，以原平世禀孝德一邦，至行察孝廉，复不就。蔡兴宗临郡，深加贵异，馈原平私米百斛，又不受。泰豫元年，兴宗还京师，表其殊行，奏为太学博士，长子伯林为孝廉，次子灵馥为儒林祭酒，皆不就。

余尝登郭墓之巅，按其形势循次以望，欲求孝子负土成坟之事，而故迹竟无在者，盖历世为已久矣。顾其时束带亲耕，埋儿给母，以及仁爱之风宣于州郡，乡邻小大莫不称为孝子，而不敢呼其名者。乡人至今犹缕缕述之口颊，而悠然於山高水长之间。

是固孝子之洞业，储灵深仁厚德所致也。夫人无智愚贤不肖，谁不欲见称于宗族乡党？然而只父恭兄之子，或旷世而未之一见者，盖以孝悌之实，难其人也。世通公、原平公生千三百年以上，历一十四朝以前，仰止高山而郭墓之称如昔，孝悌之号犹传，岂非地以人传、人以德重，而其实有不可没也哉。

原载《萧山郭氏宗谱》卷首

石峡村记

郭伦

石峡在萧山之南，山之小者也。有石于溪之浒，若蛙若鲤若冠，磊磊磷磷，或特或群，而山临其上，故名。石峡之旁无巨姓，郭氏最久而著，故称郭氏曰石峡。自村而望石峡，其南山也。南山之外耸立而削傲者，曰郭母峰。世传郭璞葬母之山也，或曰刘宋孝子原平之母葬焉。北曰白墅，始不知何名，梁平北将军白敏之别墅也。梁大同时，敏与魏人战淮上，丧其元，武帝赐金元以葬。当是时，武帝好佛，敏子中书郎白珩，奏以墅为寺，而祀父于其别宫，此寺之所由始也。敏亦石峡人，今子孙秏矣。其西尾溪首湖如伏者，龟山也。东曰横山。西之远山，曰云门、曰石牛、曰九峰。而东则宋诸王陵寝，山阴之清化诸山也。村居石峡之北，而郭氏世其地者五百余年。水曰盘溪，自村西来，环其族，汇于南，凡八九曲而东。其田肥衍，水有菱鱼之饶，人务农桑，俗俭啬。国初，山寇俶扰村落，邱墟土地芜斥。今则里屋鳞次，隙地皆毛，朝飱夕粥，涂歌巷谣，熙熙乐太平之化也。余家村之东北隅，门系一小舟，每天清月朗，与诸弟辈泛棹南湖历村，前后四顾。南北东西行山如故，而盛衰兴废之感，怦怦不能去悲。夫石峡，特天地间一块土石耳，石亦何足轻重，而余独区区于此者。盖自秦汉以来，姓其土庐其澳者何止一人。代禅代更，而今为郭氏行，更历数千百年，又乌知余为石峡人也。

原载民国《萧山县志稿》卷三十三《艺文·诗文抄》

铜埠地名记

何琦

有客问於余曰：盛族以铜埠名，於义何居？予应之曰：铜埠之名由来旧矣。有可得而言者，盖余族地滨江浒，素号水乡。昔碛堰未凿之先，乌伤、麻溪二水合流於余地，由余地出渔浦，径赴钱塘，抵龛山、踰海门而去。商贾往来，帆经楫纬，悉自予地泊焉，埠之得名实昉於此。旧址有染店园之名，在锦山之北麓，今为余之基宅焉。然则昔固市厘之所也，予始祖良五公自暨阳徙居於此。实有明永乐之年，公由兹土发祥，庄以殷富，积有赀财，迄今犹有富户。山糧长田二处，是其遗迹也。自嘉靖间，凿通碛堰，继而筑坝麻溪，而乌伤之水直抵渔浦，商贾航艘顺流而下，不复经予地。而予地亦渐淤塞成膏壤，然潮汐月犹至焉，夫先人钓遊之所桑梓在也。溯典者贵勿忘其祖，岂以予生聚之乡而敢勿稽其说欤。问者唯唯而退，予时亦纪诸管云。

十三世孙琦识

原载《萧山何氏宗谱》卷二，清同治甲戌年修辑，世恩堂珍藏

平山小学记

士江

有清末造废科举，兴学校，吾族先进炳耀封山和甫琳、甫兆、雅安、春生诸公，於光绪三十四年联名呈请县署，创设养正蒙学堂。以璜谿公书室“水竹居”为校址，以惠文户田产作基金，其不敷之数由各负责者筹垫弥

补。延师教授，惨淡经营，辛劳备至。旋以炳耀和甫琳、甫兆、雅安、春生诸公先后谢世，益以经费支绌，无力维持而中辍。民国十七年冬，兴办学校之风大盛，关增、永增、李增兄弟承其父世清公遗命，以鹭棲塘竹园一方助作校基，并以公产杨树湾山地变价作校舍建筑费，族人秀品、福顺、福明、封山、濂甫、骥才、士珍、士春、永增、士江等皆参与其事，不期年而校舍落成，招生开学。骥才、士春、国光、荫乔先后任校长，其经常费除惠文户田产外，益以祠产夹山女娲殿山地拨充之。兹将校舍平面图及校产名目绘列於下。

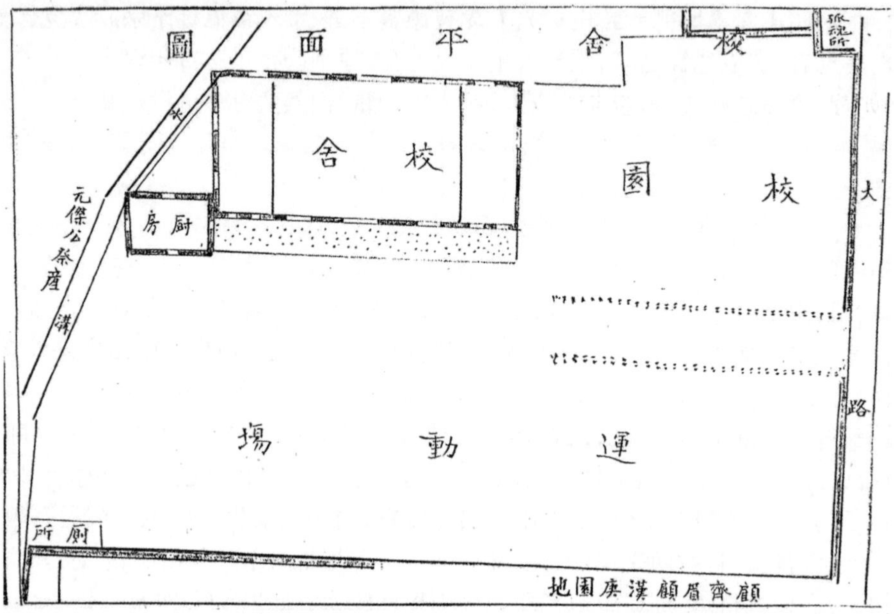

原载《萧山长潭顾氏宗谱》卷一，民国丁亥年重修，承厚堂珍藏

日寇流窜记略

民国二十六年七月七日，日军在河北省宛平县芦沟桥向我驻军挑衅，於是旷古未有之第二次世界大战之抗战序幕即随之开始，不期月而战火遍燃全国。八月十三日，淞沪保卫战起，九月间吾族琳甫公四子士权壮烈阵亡於罗店。盖时权任陆军第十一师六十五团机一连长，实为吾族抗战牺牲之第一人，於二十七年入忠烈祠（祠在萧山小南门头）。十二月间，杭垣沦陷，敌我隔江而对峙者二年。至二十九年一月二十二日，日军冒雪偷渡钱塘江，袭攻吾萧县城，於是南岸被占，而浙东受蹂躏矣。是年阴历正月初七，敌军由浦阳、富春两江之会口元宝沙登陆，我一九二师拒於塘坞，一九零师拒於严家坂。是时，塘坞有沈佩兰者，弱女子也，挺身为国军响导，请炮兵轰其宅，以歼匿藏之敌军，其公而忘私之精神，殊足称也。乡长沈汉长及保甲长等，率领民众奋勇自贾输粮送弹以助战，凡三数日，敌不支溃退，俘获甚众。一九二师胡师长以塘坞之役，得民众合作而取胜，恒念我乡不置。九月初旬，敌分数路攻浙东，十四日，我军十六师、六十二师、七十九师与敌战於富阳小源，不利而退。十五日，敌由小源越响铁岭窜至吾乡，宿方家塘、沈村等处。翌晨放火杀人，倍极凶残，响铁岭、杨家溪、外石溪、方家塘、顾家溪、盛家溪、汪家山下等村落民房被毁者至数百家之多。吾族顾顺昌顾姜氏敌捕为响导，竟不屈而死，亦云烈矣。三十一年五月间，敌企图贯通浙赣线，又扰吾乡，越黄皮湾向诸暨进攻，宿尖山下，备受蹂躏，乡民之被迫为挑夫而不返者甚众。是年九月间，敌设堡垒於羊角尖、石马头、潘山，为浙赣、浦阳之水陆外防，吾乡从此愈感威胁矣。三十四年七月间，新四军进取河上镇，以县政府在也，敌亦适至，双方混战，敌追踪、寻觅在吾乡往返达三日。八月十五日，敌向盟军投降，吾国艰苦抗战八年至斯卒获胜利矣。兹将吾族殉难、被灾及服役者详载於后，以励来兹。

殉职殉难者：

士权：陆军第十一师六十五团机一连连长，民国二十六年九月於江苏罗店阵亡；

玉卿:第十集团军军部牒报员,殉难於南京;

松兴:应征编入国军,於南昌会战时阵亡;

振华:民国二十九年九月十四日,於富阳朱家村被难;

关喜:民国二十九年九月十四日,於富阳双溪坞被难;

顺昌:民国二十九年九月十六日,拒敌带路不屈被难;

德五十三子芬公妻姜氏:民国二十九年九月十六日,拒敌焚屋被难;

土生:萧山县自卫队士,民国三十四年七月於河上店黄统岭阵亡。

应征及自动投军抗敌者:

寿根、阿发、文言、志樵、伯言、庆云、永年、普良、兴良、四才、寿祺、庆林、柏墉、焕春、海云、枚生、天佑、水铨、连根、有根、松庆、关海、新法、妙林、柏金、乐山、关铨、浩金、士清、小康、传兴、国法、贤卿、荣根、午亭、浩先、嘉卿、子樵、雪林、甫林、观富、荣卿、裕仙、锡根

荫乔:中央陆军军官学校毕业,战时任第三战区长官司令部参谋;

配宇:中央陆军军官学校毕业,战时任陆军新四十六师司令部参谋;

醒宇:战时充青年军二零八师队士;

国祥:战时在第十后方医院服务;

永增:战时任陆军一九二师特党部少校干事;

亚光:战时任陆军独立重迫击炮兵营第一连特务长;

国光:战时任陆军独立重迫击炮兵营中尉文书;

屋房被焚者:

骥才、文元、沛泉、宝泉、杨昌、九龄、玉泉、静安、葆安、钦安、少卿、士江、士仙、小和、阿才、满福、德福、德裕、德渭、阿传、海生、纪源、纪泉、纪发、永铨、士良、汝清、雪坤、毛头、锡岩、永清等住宅八十余间、财物不能计数。

原载《萧山长潭顾氏宗谱》卷一,民国丁亥年重修,承厚堂珍藏

第二章　文件选

第一节　有关革命老区文件

关于要求批准云石乡佛山村为革命老根据地的报告

萧民〔1986〕60号

萧山县人民政府:

根据云石乡人民政府七月二十日报告,对该乡佛山村(原名上堡村,下同)要求批准为革命老根据地,经我局审查,意见如下:

一九二七年二月,上堡村造纸工人在杭州市总工会指导下,成立了“上堡造纸工会”。同年“四·一二”政变后,中共萧山地下党负责人瞿缦云等人在临浦、戴村地区积极从事革命活动。期间在云石乡佛山村、沈村先后发展钟阿马、沈步云等十余人为党员,分别建立了党支部,由钟阿马任中共上堡村党支部书记。同年秋,党组织发动农民成立了“上堡村农民协会”,一方面进行减租减息。议定三七、四六减租,借款还本不还息,一面张贴标语,开展宣传,波及义桥、村桥、戴村、大桥诸乡、村。因此,遭到地主土豪钟礼仁等的仇视,他

联络了戴村墙头村单银生、云石顶山村陈定灿等地主土豪,成立了"保产联合会",同农民协会相对抗。钟阿马以党员为核心,组建了农民武装组织"铁血团",自任团长。随即逮捕了地主钟礼仁,与之斗争,从而冲垮了"保产联合会",斗争取得胜利。

一九二八年夏,钟阿马、沈步云等同志出席了在朱家塔召开的中共萧山县代表大会,听取了六大决议的传达。会上,钟阿马被选为中共萧山县委委员。其时地主土豪钟礼仁、钟麟俦不甘心"保产联合会"的失败,秘密向国民党萧山县政府、浙江省政府告发。反动当局于一九二九年三月,派省保安队和萧山县警察大队近百人,在地方土豪指引人,分两路包围了铁血团活动基地乌龟山庄,进行武装镇压。钟阿马等领导铁血团用土枪、长矛同反动军警奋起激战,终因寡不敌众,难以取胜。在突围时,钟阿马、钟马潮等三人为了掩护铁血团员冲出包围圈而遭敌人逮捕,关押在浙江陆军监狱。反动政府以"意图颠覆国民党而暴动执行重要任务"的罪名,判处钟阿马十年徒刑,继而又于一九三〇年八月将钟阿马杀害在临浦寺山脚。由此,云石乡上堡、沈村等地革命暂趋低潮。

为此,根据省民政厅浙民函〔84〕61 号文件规定:第二次国内革命战争根据地的划定标准;曾经有党的组织,建立了工农政权,进行了武装斗争,坚持半年以上时间的条件。我们认为云石乡佛山村于一九二七年"四·一二"政变后建立党支部,成立了农民协会,开展了减租减息运动,并组织起工农武装"铁血团",同地主土豪进行了武装斗争,历时两年,完全符合上述条件,应予批准。特此转呈县人民政府批复。

萧山县民政局

1986 年 8 月 16 日

关于要求申批沈村为革命根据地村的报告

1927 年春后,吴绍道等到南乡开辟工作,我村先后有 17 人参加了中国共产党,成立了我乡第一个党支部。在党的领导下,团结劳苦大众成立了"沈村农民协会",与上堡党支部所领导的上堡农民协会一道并肩战斗,抗租减息斗地主,受到劳苦人民的热烈拥护和支持。后因上堡党支部,我村党支部同时遭到敌人破坏,革命暂时失败了。但她的革命精神却给后辈人开拓了一条继续革命的道路。

为了激励后人,写好村史等事项,为此,特报申"解放前沈村革命史"材料,要求县委核查我村革命历史,同意批准我村为"革命老根据地村"为盼。(附"解放前沈村革命史材料")

此致

特呈

中共萧山县委员会

申报单位:云石乡沈村党支部

1986 年 10 月

关于同意将你县云石乡佛山村、沈村定为革命老区的批复

杭民〔1987〕局字第 137 号

萧山县人民政府:

你县萧政〔1987〕35 号文收悉,经审核,认为云石乡的佛山、沈村符合省民政厅关于划定革命老区的规定。为此,同意将佛山村、沈村为革命老区。此复。

杭州市民政局

1987 年 5 月 26 日

转发杭州市民政局关于同意云石乡佛山村、沈村定为革命老区的批复

萧民〔1987〕52 号

云石乡人民政府:

现将杭州市民政局,杭民〔87〕局字第 137 号,批准你乡佛山村、沈村为革命老区的文件,转发给你们。请告佛山、沈村两村民委员会和烈士后裔。

萧山县民政局

1987 年 6 月 4 日

关于将云石乡定为革命老区乡的报告

萧民〔1988〕75 号

萧山市人民政府:

云石乡地处边缘山区,与富阳交界,全乡现有行政村 16 个、3607 户、12696 人。在第二次国内革命战争时期,即 1927 年 4 月至 1930 年 8 月,云石乡农民在我地下党——中共萧山县委建立后不久,并在其领导下,广泛开展了农民革命斗争,是继我市衙前农民运动之后又一次农民革命斗争。

1927 年 3 月,中共萧山地下县委派瞿缨云同志等去云石乡开展革命工作,在该乡地下党员葛化龙、方慧民同志的紧密配合下,迅速发展了钟阿马、沈炳坤等 60 余名农民参加党的组织,并在沈村等 3 个大村建立了党支部。随后又以沈村为核心,纷纷成立了农民协会。全乡包括在 10 个行政村的 500 余名农民参加了协会。在党的领导下依靠农民协会的力量,又紧接着建立了全乡农民武装组织"铁血团",分别由上堡村钟阿马、沈村沈步云、沈步善,顾家溪村民顾云卿、钟马潮为领导,购置土枪、梭标、马刀等武器,开展了轰轰烈烈的二五减租、抗租减息,组织造纸工人罢工,扣押地主恶霸阿沛、陈马清、钟礼仁等,没收地主小奶子稻谷(100 石)、砸捣戴村米行,进行面对面的反剥削反压迫反封建的斗争,从各方面沉重地打击了地主恶霸和不法奸商的反动势力。当时农民协会和铁血团提出的"打倒地主恶霸"、"打倒土豪劣绅"、"实行减租减息"和"实行世界大同"等口号波及各地,影响深远。

云石乡人民在党和农民协会的领导下,开展了轰轰烈烈的革命斗争,为时达 3 年多,准备夺取政权,成为萧山南区的革命中心,有力地打击和动摇了反动势力,因此引起国民党政府的极端仇恨,在 1929 年 8 月间遭到了浙江省保安队和萧山警察局的血腥镇压,县委委员农民协会和铁血团的领导骨干钟阿马等被捕和杀害,党组织和农民协会受到破坏,被迫解散,革命转入低潮。

解放后,党和政府对革命老区十分关心,从政治上、经济上予以大力支持,去年根据乡政府要求并报经杭州市民政局批准将该乡的佛山、沈村定为革命老区村。现经进一步调查了解核实,当时云石乡革命根据地沈村、上堡和顾家溪 3 个大村即为现在 10 个行政村(佛山、沈村、南坞、明堂、石牛山、响石桥、枫树、勤工、平山、增丰)实际占目前云石乡 16 个行政村的 62.5%,人口占全乡的 65.6%。按照省民政厅〔84〕61 号文件规定精神,云石乡人民政府为此上报要求定为革命老区乡,我们认为符合条件,可以上报省民政府厅审批。该乡若定为革命老区乡后,在扶持上应该予以必要的优惠措施。特此报告,请审定。

萧山市民政局

1988 年 7 月 16 日

关于要求将我市云石乡定为革命老区乡的请示

萧政〔1988〕163 号

杭州市民政局:

云石乡地处我市南部边缘山区,西与富阳接壤。全乡现有 16 个行政村,3607 户,12696 人。

在第二次国内革命战争时期,1927 年 4 月至 1930 年 8 月间,云石乡农民在中共萧山县委领导下,广泛开展了农民革命斗争,是继我市衙前农民运动之后又一次农民革命斗争。1927 年 3 月,中共萧山地方党部

成立后,派党员瞿缦云等同志等去云石乡开展革命工作。他们在该乡地下党员葛化龙、方慧民同志的紧密配合下,迅速发展了钟阿马、沈炳坤等60余名农民入党,并在沈村等3个大村分别建立了党支部。随后又以沈村为核心,先后成立了农民协会,全乡有会员500余人。随着斗争发展,各村又相继建立了农民武装组织"铁血团",上堡村的钟阿马、沈村的沈步云和沈步善,顾家溪的顾云卿和钟马潮分任各村"铁血团"的领导,购置土枪、梭标、马刀等武器,开展了轰轰烈烈的"二五"减租、抗租减息,组织造纸工人罢工,扣押地主恶霸,没收地主"小奶子"的稻谷、砸捣戴村米行等各种反封建剥削和压迫的斗争,沉重地打击了地主恶霸和不法奸商的反动势力。当时农民协会和铁血团提出的"打倒地主恶霸"、"打倒土豪劣绅"、"实行减租减息"和"实行世界大同"等口号波及全县各地,影响深远。

云石乡人民长达三年多的革命斗争,引起了国民党政府的震动和仇恨。1929年8月间,浙江省保安队和萧山警察局对铁血团进行了血腥镇压,县委委员、农民协会和铁血团的领导骨干钟阿马等被捕,接着被枪杀,党组织和农民协会遭到破坏,革命转入低潮。

解放后,党和政府对革命老区十分关心,从政治上、经济上予以大力支持。去年经杭州市民政局批准,已将该乡的佛山村(原上堡村)、沈村定为革命老区村。现经进一步调查核实,当时云石乡革命根据地沈村、上堡和顾家溪3个大村的地域包括现在的佛山、沈村、南坞、明堂、石牛山、响石桥、枫树、勤工、平山、增丰等10个行政村,实际地域占目前云石的62.5%,该地域人口占目前全乡人口的65.6%。根据省民政厅〔1988〕61号文件关于第二次国内革命战争根据地的划定标准,我们认为,云石乡符合定为革命老区乡的条件。特此请示,请予审定。

萧山市人民政府
1988年11月7日

关于要求将我市云石乡南坞、明堂村等8个行政村定为革命老区村的请示

萧政〔1989〕42号

杭州市民政局:

云石乡地处边缘山区,西与富阳接壤。全乡现有16个行政村,3607户、12696人。其中南坞、明堂、石牛山、响石桥、枫树、勤工、平山、增丰等8个行政村现有1678户,5672人。

在第二次国内革命战争时期的1927年4月至1930年8月间,云石乡农民在中共萧山县委领导下,广泛开展了农民革命斗争,是继我市衙前农民运动之后又一次农民革命斗争。

1927年3月,中共萧山地方党部成立后,派党员瞿缦云等同志去云石乡开展革命工作,他们在该乡地下党员葛化龙、方慧民同志的紧密配合下,迅速发展了钟阿马、沈炳坤等60余名农民入党,并在沈村等3个大村分别建立了党支部。随后又以沈村为核心,先后成立了农民协会,全乡会员有500余人。随着斗争发展,各村又相继建立了农民武装组织"铁血团",上堡村的钟阿马、沈村的沈步云和沈步善,顾家溪的顾云卿和钟马潮分任各村"铁血团"的领导,购置土枪、梭标、马刀等武器,开展了轰轰烈烈的二五减租、抗租减息,组织造纸工人罢工,扣押地主恶霸,没收地主"小奶子"稻谷,砸捣戴村米行等各种反封建剥削和压迫的斗争,沉重地打击了地主恶霸和不法奸商的反动势力。当时农民协会和铁血团提出的"打倒地主恶霸"、"打倒土豪劣绅"、"实行减租减息"和"实行世界大同"等口号波及全县各地,影响深远。

云石乡人民长达三年多的革命斗争,引起了国民党政府的震动和仇恨。1929年8月间,浙江省保安队和萧山警察局对铁血团进行了血腥镇压,县委委员、农民协会和铁血团的领导骨干钟阿马等被捕,接着被枪杀,党组织和农民协会遭到破坏,革命转入低潮。

解放后,党和政府对革命老区十分关心,从政治上、经济上予以大力支持。1987年经杭州市民政局批准,已将该乡的佛山村(原上堡村)、沈村定为革命老区村。现经进一步调查核实,当时云石乡革命根据地上堡、沈村和顾家溪3个大村的地域包括现在的佛山、沈村、南坞、明堂、石牛山、响石桥、枫树、勤工、平山、增丰等10个行政村。根据省民政厅〔1988〕61号文件关于第二次国内革命战争根据地的划定标准,我们认为,其余的南坞、明堂等8个行政村也可以定为革命老区村。特此请示，请予审批。如蒙批准，请在批复的同时，转报上级，将我市云石乡定为革命老区乡。

萧山市人民政府

1989年3月27日

关于同意将南坞村等8个村定为革命老区村的批复

杭民〔1989〕局字第066号

萧山市人民政府：

你府萧政〔1989〕42号“关于要求将我市云石乡南坞、明堂等8个行政村定为革命老区村的请示”悉，经审核，同意将云石乡的南坞、明堂、石牛山、响石桥、枫树、勤工、平山、增丰等8个行政村定为革命老区村。

杭州市民政局

1989年4月11日

转发杭州市民政局“关于同意将南坞等8个行政村定为革命老区村的批复”的通知

萧民〔1989〕38号

云石乡人民政府：

现将杭州市民政局杭民〔1989〕局字第066号文件，“于同意将南坞等8个行政村定为革命老区村的批复”转发你乡，并请告知南坞、明堂、石牛山、响石桥、枫树、勤工、平山、增丰等村民委员会和广大村民。

萧山市民政局

1999年4月26日

关于同意划定云石乡为革命老根据地乡的批复

杭民〔1989〕局字第144号

萧山市人民政府：

你市萧政办〔1989〕163号《关于要求将云石乡定为革命老区的请示》收悉，经上报浙江省民政厅核准，同意将云石乡划定为革命老根据地乡。

杭州市民政局

1989年9月16日

关于划定云石乡为革命老根据地乡的通知

萧政〔1989〕147号

云石乡人民政府：

据杭州市民政局杭民〔89〕局字第144号文批复，经上报省民政厅核准，同意将云石乡划定为革命老根据地乡。

望你们动员全乡人民，继续发扬革命传统，把老区建设得更加美好。

萧山市人民政府

1989年10月12日

第二节　有关生态建设文件

关于命名 2005 年度省级生态乡镇的决定

浙生态办发〔2006〕1 号

各设区市生态办：

根据各有关乡镇人民政府申请和设区市生态办初审意见，经浙江生态省建设工作领导小组办公室审定，决定授予萧山区戴村镇等 68 镇（乡）“省级生态乡镇”的称号。

希望被命名的乡镇认真总结经验，继续巩固创建工作成果，按照科学发展观的要求，紧密结合社会主义新农村建设，全面加强农村生态环境保护各项工作，为实现全面建设小康社会的宏伟目标作出新的贡献。

附件：2005 年度省级生态镇（乡）名单

浙江生态省建设工作领导小组办公室

二〇〇六年四月二十日

杭州市萧山区人民政府关于戴村生态镇建设规划的批复

萧政发〔2005〕25 号

戴村镇人民政府：

你镇《关于要求批准实施戴村生态镇建设规划的请示》悉。根据萧山生态区建设要求，结合戴村镇实际，经区政府研究同意，现将有关意见批复如下：

一、原则同意此生态镇建设规划。

二、规划范围：规划范围为戴村镇行政区域内，面积 62.8 平方公里。

三、规划期限：近期到 2007 年，远期到 2020 年。

四、要求。你镇要根据城镇总体规划和生态镇建设规划要求，加强各项规划的衔接，加快细化生态镇建设规划，加紧组织实施。要突出重点、难点，加强投入，加快生态基础设施建设。区级有关部门要进一步加强帮助指导，共同推进戴村生态镇建设。

杭州市萧山区人民政府

二〇〇五年二月二十五日

关于成立戴村镇创建省级生态镇领导小组的通知

戴政府（2004）9 号

各行政村、企事业单位：

为进一步改善戴村镇生态环境，切实推进戴村经济可持续发展，经镇政府研究决定，开展创建省生态镇活动，并成立戴村镇创建省级生态镇领导小组，以加强对这项工作领导。成员组成如下：

组　长：陈仲华

副组长：瞿东望、韩建庆、楼铁明、孔志明、朱元杰

组　员：周伟东、华小平、田国权、沈乐娟

领导小组下设办公室：

主　任：孔志明

成　员：周伟东、华小平、田国权、沈乐娟、王文正、田国良、陈解忠、

钟卫良、李国军、周建法、洪国荣、李尧祥

办公室下设戴村镇生态镇建设规划编制组：

组　长：孔志明

副组长：沈乐娟、田国权、周伟东、华小平

成　员：王文正、陈解忠、钟卫良、周建法、洪国荣、李尧祥

戴村镇人民政府

2004 年 3 月 1 日

抄送：区府办、区创模指挥部、区环保局、镇班子成员、各办公室

萧山区戴村镇生态镇建设规划①

（2004～2020）

建设单位：戴村镇人民政府

编制单位：浙江大学环境与资源学院

2004 年 11 月

目　录

① 由于本规划文字较长，故对和《戴村镇志》内容重复的略去，其余作适当删简。

2.1.4 土壤情况
2.1.5 自然资源
2.2 社会经济基础
2.2.1 农业
2.2.2 工业
2.3 基础设施
2.3.1 生活条件
2.3.2 城镇建设
2.4 生态环境质量
2.4.1 环境质量现状
2.4.2 工业污染
2.4.3 农业农村面源污染
第三章　生态镇规划建设优劣势
3.1 优势
3.1.1 区位优势
3.1.2 资源优势
3.1.3 产业发展优势
3.1.4 区域经济优势
3.1.5 基础设施优势
3.1.6 政策优势
3.2 劣势
3.2.1 经济发展相对落后
3.2.2 产业结构不够合理
3.2.3 山林多,耕地资源匮乏
3.2.4 旅游资源没有得到充分的保护和开发
3.2.5 生态意识比较淡薄
3.2.6 生态投入较少
3.2.7 工业污染治理不够
第四章　规划目标和指标体系
4.1 生态镇建设的总体目标
4.2 生态镇建设的分期目标
4.3 生态镇建设的指标体系
4.4 生态镇建设的主要差距和可行性分析
4.4.1 现状
4.4.2 可行性分析
第五章　生态功能分区及总体布局
5.1 生态功能区划分
5.2 生态功能区布局
5.2.1 生态保育区
5.2.2 生态控制区
5.2.3 生态重建区
5.3 生态区宏观生态控制政策

5.3.1 生态保育区
5.3.2 生态控制区
5.3.3 生态重建区
第六章　重点生态建设领域
6.1 生态经济建设
6.1.1 生态农业建设
6.1.1.1 建设目标
6.1.1.2 建设措施
6.1.2 生态工业建设
6.1.2.1 建设目标
6.1.2.2 建设措施
6.1.3 生态旅游建设
6.1.3.1 建设目标
6.1.3.2 建设措施
6.2 生态环境保护与建设
6.2.1 土地资源保护与建设
6.2.1.1 土地资源的利用现状
6.2.1.2 建设措施
6.2.2 水资源的保护与建设
6.2.2.1 水资源利用现状
6.2.2.2 建设措施
6.2.3 森林资源保护与建设
6.2.3.1 森林资源的利用现状
6.2.3.2 建设措施
6.2.4 矿产资源的保护与建设
6.2.4.1 矿产资源的利用现状
6.2.4.2 建设措施
6.3 生态人居建设
6.3.1 生态镇中心区建设
6.3.1.1 建设目标
6.3.1.2 建设措施
6.3.2 生态示范村建设
6.3.2.1 建设目标
6.3.2.2 建设措施
6.4 生态文化建设
6.4.1 建设目标
6.4.2 建设措施
第七章　戴村镇生态建设的重点工程
7.1 污水处理工程
7.2 垃圾和废弃物处理工程
7.3 面源污染控制工程
7.4 水土保持工程

前　言

戴村镇坐落于杭州市钱塘江南岸、萧山区西南部，是萧山区的一个重要城镇，该镇经济社会事业发展迅速，先后被评为杭州市小康乡镇、省教育强镇、省级社会治安综合治理先进镇。拥有丰富的人文景观、生态景观和自然景观资源。该镇属于亚热带季风湿润气候类型，四季分明，雨量充沛。境内工业较为发达、物产丰富、环境优美，具有山区、平原、水域等丰富的地形景观，物种资源、植被类型及其景观格局丰富，具备生态建设坚实的经济基础。

近年来，生态建设已成为全球的一个热点，“环境与发展”已成为国际、国内广受关注的时代主题。健康生存与可持续发展是时代的主旋律，保护和改善生态环境已成为各国人民的共识。如何在发展经济的同时，保护并改善生态环境是摆在我们面前急需解决的一项重要任务，也是我国21世纪社会经济发展的重要战略需求。党中央、国务院一贯高度重视生态环境建设与生态环境保护，将生态文明建设纳入了全面建设小康社会的四大目标之一。国家环保总局也适时提出了开展生态省、生态市及生态县建设的战略任务。近年来我国的不少城市已提出要建设生态城市的设想，并积极采取步骤加以实施。所有这些无不表明，生态城市建设已发展成为当今中国城市发展的主流，并在一步步向我们走来，一场前所未有的“生态城市”热潮正席卷21世纪的中国，形成一道独特的壮观景象。在此背景下，浙江省委、省政府提出了“绿色浙江”的发展战略，进一步明确了建设浙江省的战略任务，并依据本省（市）自身特点制定了相应的指标体系和建设目标，着手组织制定了生态省（市）建设规划。

戴村镇党委、镇政府紧跟时代的步伐，在充分分析了戴村镇自然资源的特点、当今市场形势、广大民众的生态意识的基础上，广泛听取各管理部门、各企业和当地民众对镇生态建设的意见和建议，做出了以发展新型工业及生态旅游为核心，以戴村镇的资源优势为基础，建设生态镇的重要决策，实现建立一个生态良性循环、社会经济全面、健康发展的环境优美小镇的目标。

戴村镇是一个生态、经济社会共同耦合构成的复杂的复合系统，这就决定了生态镇建设工作是一项系统工程，必须从整体上加以考虑，才能有效的保护生态环境，合理地促进经济、社会的发展和进步。如果缺乏科学的规划作指导，生态环境局部破坏和潜在恶化的危险最终将影响到社会经济的正常发展。所以及时编制戴村镇生态规划，科学指导戴村镇的经济建设与生态环境保护与建设工作，对于从整体上保护戴村镇的生态环境，实现可持续发展战略具有极其重要和深远的历史意义。

鉴于此，在浙江大学环境与资源学院和戴村镇党委和人民政府的共同努力下，以生态学原理为指针，以生态环境和自然环境为取向，将自然环境与经济开发有机结合，在对该区域内的自然资源及其现状和发展趋势进行评估的基础上，编制了《戴村生态镇建设规划》，以期最大限度地实现生态建设的潜在价值，把生态建设所产生的消极影响降低到最低程度，达到社会效益、经济效益、生态效益的高度统一。

第一章　总　论（略）

第二章　自然和社会经济资源状况（略）

第三章　生态镇规划建设优劣势（略）

第四章　规划目标和指标体系

4.1　生态镇建设的总体目标

以发展新型工业及生态旅游为建设中心，以生态环境改善、生态产业发展、生态文化建设为主线，努力创造一个经济发展生态型、资源保障效益型、环境支撑稳定型、社会文明先进型的“生态旅游名镇、特色经济强镇、休闲旅游度假胜地”。立足戴村实际，坚持可持续发展思想，以新型工业和生态旅游业的发展为重心，以提高人们生活质量为根本目的，以生态经济理念与产业结构、布局调整相结合，以自然资源恢复与经济、生态效益最大发挥相结合，以生态环境保护与工农业污染控制相结合，以景观安全格局构建与生态文化、生态人居建设相结合构筑戴村新形象。

4.2　生态镇建设的分期目标

近期（2004－2007）：

全部经济指标、社会指标和主要环境指标到2007年基本达到或超过杭州生态乡镇建设指标要求。

根据萧山区所定的近期指标，做到经济总量不断上升、产业结构趋向合理、不断优化产业结构、逐渐完善产业生态化、不断加强自然资源恢复和保护、环境质量明显提高、初步构建好生态文明和生态人居。

中期（2008－2012）：

经济、社会、环境各项指标全面达到或超过杭州生态乡镇建设指标要求。

继续深化产业结构和布局调整、进一步加强基础设施建设和环境综合整治、深入开展生态文化和生态人居建设、不断摸索自然资源保护与合理开发利用，取得经济发展、社会经济发展、社会进步和生态环境改善的阶段性成果。在经济增长、社会进步、资源稳定、环境改善几项指标上有较大的突破。

杭州生态乡镇建设指标(试行)

表 16－1

考核内容	指标名称	达标阶段标准	2003 现状	2007 目标	2012 目标
环境质量	(1)环境空气质量	达到环境规划要求	二级	二级	二级
	(2)地表水环境质量	达到环境规划要求	达标	达标	达标
	(3)声环境质量	达到环境规划要求	达标	达标	达标
	(4)土壤环境质量	Ⅲ类或优于Ⅲ类	Ⅲ类	Ⅲ类	Ⅲ类
社会经济	(5)农民年人均纯收入(元/年)	>4500	6009	9184	13940
	(6)城镇居民人均可支配收入(元/年)	>8000	12000	18000	25000
	(7)人口自然增长率‰	符合国家和地方政策			
	(8)环保投资占 GDP 比例(%)	≥1.5	0.5	1.5	≥1.5
	(9)公众对环境的满意程度(%)	≥90	70	90	90
乡镇基础设施建设	(10)村镇饮用水卫生合格率(%)集镇自来水供水普及率(%)	≥90	99	100	100
		≥98	100	100	100
	(11)卫生厕所普及率(%)生活污水处理率(%)城镇卫生厕所建设与管理	≥75	35	75	80
		≥70	35	70	80
		达到国家卫生镇有关标准	不达标	达标	达标
	(12)主要道路硬化铺装率	≥90	85	95	100
	(13)生活垃圾无害化处理率(%)	100	50	80	100
	(14)城镇绿化覆盖率(%)人均公共绿地面积(m^2)主要道路绿化普及率	≥20	12	20	≥20
		≥11	6	11	≥11
		≥95	80	95	≥95
	(15)公共设施完善程度	完善	基本完善	完善	完善
污染控制	(16)工业污染源治理达标率(%)	100	55	100	100
	(17)乡镇工业集中率(%)	≥50	30	50	60
	(18)秸秆综合利用率(%)	≥95	85	95	≥95
	(19)规模化畜禽养殖场粪便资源化率(%)规模化畜禽养殖场污水排放达标率(%)	≥90	60	90	≥90
		≥90	40	90	≥90

续表 16－1

考核内容	指标名称	达标阶段标准	2003 现状	2007 目标	2012 目标
污染控制	(20)化肥施用强度(折纯,公斤/公顷)	<250	320	<250	<250
	(21)农林病虫害综合防治率(%)	≥90	70	90	≥90
	(22)农用薄膜回收率(%)	≥90	50	90	≥90
	(23)农药使用强度(折纯,公斤/公顷)主要农产品农药残留合格率(%)	<2.5	2.5	2.4	2.3
		≥95	85	95	≥95
农村与区域生态环境保护	(24)受保护基本农田面积(%)	≥90	90	≥90	≥90
	(25)主要农产品中有机及绿色食品比重(%)	≥20	5	20	≥20
	(26)森林覆盖率(%)	丘陵≥40	57	58	60
	(27)矿山生态恢复治理率(%)	达到规划要求	基本达标	达标	达标
	(28)水土流失治理率(%)	≥70	60	70	80
	(29)清洁能源普及率(%)	≥70	80	100	100

远期(2013－2020):

在全面达到生态镇指标基础上,进一步巩固、完善和提高杭州生态乡镇建设各项指标要求。

以生态镇建设中期阶段成果为动力,继续实施以保护生态环境为重点,生态工业牵动、绿色产业和外向型经济带动、科学技术推动和基础设施建设先行的发展战略。到2020年,通过全镇人民的共同奋斗,依照保护与发展并重原则,建成社会经济和自然环境协调发展的经济高效、环境优美、居住舒适、具有鲜明特色的现代化生态区。

4.3　**生态镇建设的指标体系**

按杭州生态乡镇建设指标(试行)的要求,共有30项指标。但由于戴村镇山林面积占土地总面积的73.9%,不属平原地区,因此根据其实际情况,减少了农田林网率(%只考核平原地区)这个指标。将指标按近、中期目标量化,列于表4－1。

1. 经济发展目标

通过生态建设,充分发挥戴村镇地处杭州市萧山区西南部的地理优势,强化农业产业结构调整以及工业引导及布局优化,创建特色工业园区,形成高科技企业积聚地,合理利用森林资源、水资源、土地资源及旅游资源,依靠科技进步,强化集约经营和块状布局,开发建设旅游景点,发展生态旅游,同时进行房地产开发,增加经济系统的调节功能,促进区域经济持续、快速、健康发展,提升第三产业在国民生产总值中的比重,形成良性循环的经济运行机制,率先基本实现现代化。

2. 社会事业发展目标

规划期内,加快人口集聚,提高人口素质,积极发展教育、文化和科研事业,完善医疗卫生保健和社会保障体系,促进社会全面提高,具体目标见表16－2。

社会事业发展目标一览表

表 16－2

目标内容	近期	中期
人口自然增长率(‰)	3	3
城镇化水平(%)	42	60
万人拥有专业技术人员	150	300
适龄青年受高等教育比重(%)	15	30
成人识字率(%)	90	100
万人拥有卫生技术人员	10	15
社会和医疗覆盖率	80 以上	95 以上
农民人均收入(元)	9184	13940
享受一项以上社会保障人口比重(%)	90 以上	100

3. 城镇建设目标

遵循萧山发展格局的定位，规划以城镇为核心、中心村为支点、规划的交通网络为依托，选择了“二条发展轴，六条拓展轴”的空间发展轴线体系。

戴村镇以临浦为核心，要加快基础设施建设和产业发展，增强其集聚功能。戴村镇选择规模较大、基础条件较好的大湖头村、石码头村、石盖村、增丰村四个村为中心村，完善中心村基础设施，改善农村居民的生产生活环境。推进城镇体系建设。二条发展轴：以东西向的戴村——云石公路及南北向闻戴公路为依托的经济、产业、城镇分布的联系周边乡镇的发展轴。六条拓展轴：指六条镇域乡道为依托的发展轴。

建立便捷的城乡空间运行网络和信息流通网络，加快城镇化进程，完善镇域各级基础设施和社会服务配套设施，提高城镇绿地率及绿化覆盖率，改善城乡居民生产、生活环境，具体目标见在 16－3。

城镇建设发展目标

表 16－3

目　标　内　容	近期	中期
人均建设用地面积(平方米)	100	93.93
人均居住用地(平方米)	27.28	31.86
人均道路面积(平方米)	12.09	12.6
人均公共绿地(平方米)	9	11
人均生活用水量(升/人·日)	200	180
电话普及率(部/百人)	30	45
燃气普及率(%)	100	100
广播、有线电视覆盖率(%)	100	100

4. 环境目标

合理开发利用资源，保护生态环境，严格执行相应国家标准，近期控制住环境污染严重化、扩散化趋势，远期大气环境基本控制在国家二级标准，水域环境质量在国家 IV 类标准以内，噪声控制符合国家城镇区域环境质量标准。至规划末期,镇区人均公共绿地不低于11.0平方米,城镇废水、废气、固体废弃物处理率达到100%。

4.4 生态镇建设的主要差距和可行性分析

4.4.1 现状(略)

4.4.2 可达性分析

根据戴村镇环境质量、社会经济、乡镇基础设施建设、污染控制和农村与区域生态环境保护五大类指标对到2012年戴村镇生态镇达标的可行性进行分析如下:

环境质量

镇域内的环境要素质量中,除声环境、大气环境和土壤环境质量已达到建设目标外,水环境质量尚存在一定的差距。镇政府只要切实实施可持续发展战略,深入领会中央提倡的科学发展观的含义,协调好经济发展、资源开发和环境保护的相互关系,加大用于生态环境保护的投资力度,镇的环境质量应该能在整体上得到逐步改善。

社会经济发展

人均收入　2003年戴村镇农民人均收入已达6009元,按2003年年增长率9.2%计,到2012年农民人均收入可达13000元以上,可以超过省制定的≥11000元的目标,城镇居民人均可支配收入12000元,按2003年年增长率9.2%计,到2012年城镇居民人均可支配收入可达25000元以上,可超过省制定的≥24000元的目标。

人口自然增长率　随着计划生育政策的深入人心,镇域内的人口自然增长率已完全控制在规定的指标内,只要镇、村两级抓计划生育的政策和措施不放松,这项指标是完全可以达到的。

环保投资占可支配资金的比例　环保投资所占的比例均很低,要达标有一定的难度。但随着企业规模的扩大、工业企业入园率的提高和广大业主对环保意识的增强,环保投资必将逐步提高,力争到2012年达到1.2%的比例。

公众对环境的满意程度　随着戴村生态镇的建设,环保投资的增加,环保知识的宣传和教育,以及人们环保意识的增强,加大强力度改善环境,这项指标是容易达到的。

村镇基础设施

村镇饮用水合格率和集镇自来水普及率　目前已基本达标,只要加强管理和维护,完全可以达标。

卫生厕所普及率、城镇卫生厕所建设与管理、主要道路硬化铺装率、城镇绿化覆盖率、主要道路绿化普及率、公共设施完善程度在镇、村两级的共同努力下,通过创建优美乡镇活动,结合在浙江省农村开展的“千村示范、万村整治”工程,推进了农村“改水、改厕、改卫、改殡”和“绿化、净化、美化”工作,初步形成环境优美,设施比较齐全的生态村庄,推进了城乡一体化进程。只要进一步加大投入、宣传和管理的力度,是可以完全达标的。

生活污水处理率　镇域内目前生活污水处理率较低,只有35%。按镇发展规划,2004年将进行生活污水处理示范点工程建设,并积极在离镇区及离截污管网较远的村庄推广,在离镇区及离截污管网较近的村庄结合城乡一体化建设规划,做好污水截污管网,并入区域截污管网,送集中污水处理厂处理,使全镇的生活污水处理率能达到70%的要求。

生活垃圾无害化处理率　镇现有的垃圾填埋场占地11亩,预计2005年达到设计容量。按镇发展规划,2004年前将新立项建设垃圾填埋场,将会在一定程度上缓解生活垃圾无害化处理的矛盾,并在村一级建一批垃圾中转站,将村内生活垃圾收集集中后,送往戴村镇垃圾填埋场集中处理。将本镇不能处理的垃圾集中运往萧山区南片的垃圾处理中心集中处理,使本镇的生活垃圾能达到100%的无害化处理要求。

建成区人均公共绿地面积　目前为6平方米,要达到11平方米,对已建成的老区要扩大绿地面积已有相当的难度,但对于新的居民区和作为房地产开发的新建商住小区,可适当提高绿化面积的要求,以弥补老区的不足,使总体上达到人均公共绿地面积的要求。

污染控制

工业污染治理达标率　目前的达标率为55%,离100%的达标率仍有一定的差距。这与目前镇里的工业企业分布较为分散有关,随着集中率的上升、企业环保投资力度的增加和环保部门管理力度的加大,工业污染源排放稳定达标率可望达到100%。

乡镇工业集中率　目前入园率非常低;离入园率50%的差距很大。随着工业化进程的推进和镇工业功能区以及杭州市高新技术开发区南部配套园区的建成,以及废弃物处置的环保要求的进一步提高,部分老企业在技术改造和企业规模扩大的过程中,将会考虑搬迁进入园区,工业企业的入园率将有所提高。

农村农业面源污染控制　目前镇域内农村农业面源污染的控制中农药使用强度已满足了达标的要求,其中秸秆综合利用率未达到指标要求,今后将禁止焚烧农作物秸秆,推行秸秆还田,将各种秸秆经堆肥还田,增加土壤肥力,提高秸秆综合利用率;化肥在镇域内施用强度较高,今后要加强宣传教育,推广秸杆还田,鼓励农民增施有机肥,根据作物需肥规律和土壤的施肥品种和施肥量,确定不同时期、不同作物和不同土壤的施肥品种和施肥量,降低化肥的使用量,提高化肥利用律,减轻化肥流失对生态环境和土壤的污染;规模化养殖场的畜禽粪便资源化率和污水排放率目前还偏低,这一方面与业主的环保意识不强有关,另一方面主要是现阶段尚缺少一种经济、高效的处理技术、工艺及相关的成套设备,随着科技的进步和业主环保投入的增加,政府可考虑支持企业办有机复合肥厂,可望逐渐达到90%的处理率;农用薄膜目前在镇域内回收率偏低,随着村民环保意识的增强将提高农用薄膜的回收率;对复种指数高、经济效益高的作物(竹笋、杉木、茶叶、蔬菜等)的农林病虫害防治目前仍主要依靠农药,利用生物、物理和化学相结合的综合防治措施的不多,今后要贯彻“预防为主、综合防治”方针,及时预报作物的病虫害情况,及时更新村植保员的知识体系,适应都市农业的需求,同时实施以虫治虫,以菌治菌、以虫治草、以菌治草的生物综合防治;大力推广和使用生物农药,逐步提高生物农药的使用率,这一现象也可望得到逐步改善。

区域生态环境保护

受保护的基本农田面积　目前镇域内的受基本保护农田的面积已达到91%以上,超过了90%的要求。只要镇政府在发展工业生产的同时,仍能时刻不忘对基本农田的保护,可以保证这一指标的持续达标。

主要农产品中有机及绿色食品比重　在今后一段时间内,可进行一次摸底调查,在此基础上,划定进行有机及绿色食品的基地,并通过加强管理和农业生产全过程的质量控制,可望在镇域内生产出合符标准的有机及绿色食品。

森林覆盖率　镇域内的森林覆盖率已达到57%以上,超过了40%的要求。只要按照萧山生态区建设规划中做美南部的要求和戴村生态镇的发展要求,加强对森林资源的管理和维护,可以保证这一指标的持续达标。

清洁能源普及率　调整农户的能源结构,提倡使用清洁能源,淘汰柴灶,推广使用太阳能热水器及燃气热水器,使全镇域内的清洁能源普及率能达到100%的要求。

水土流失治理率　镇域内的初期水土保持工程已完成,今后继续积极开展以保护和改善生态环境为中心,以治理水土流失为重点,以建设秀美山川为目标的水土保持工作,可望使镇域内的水土流失治理率达到规划要求。

矿山生态恢复治理率　严格执行《中华人民共和国矿产资源保护法》中有关限采、禁采的规定,贯彻落实“谁破坏、谁治理”的方针,加快对矿山生态环境的修复,提高矿山生态恢复的治理率。

第五章　生态功能分区及总体布局

5.1 生态功能区划分

戴村镇生态功能区划根据浙江生态省建设领导小组办公室及杭州市环境保护科学研究院对生态村镇生态功能的定位，以及戴村镇在萧山区生态功能分区的定位，将戴村镇生态系统共划分三个生态区，即生态保育区、生态控制区和生态重建区。各区面积分别占镇域总面积的61.08%，31.26%和7.66%。生态保育区现有土地利用结构特征以林地为主，占该区面积的76.53%，其次是农业用地（包括耕地和园地）占8.83%；生态控制区以农业用地为主，占该区面积的43.23%；生态重建区中城镇用地的比例占该区面积的31.4%，同时含有25.68%的农业用地，和作为未来城市发展用地和生态隔离带用地43.23%。

5.2 生态功能区布局

5.2.1 生态保育区

划分为二级区，主要有：

饮用水源保护区：是基于景观服务功能，以水源保护和水源涵养功能而划定的区域。

生态景观保护区：是基于景观服务功能，以水土保持功能和维护山水特色而划定的区域。

生态公益林区：是基于景观服务功能，以水源涵养功能为主面划定的区域。

1. 范围

主要是该镇域西南部丘陵地区。包括骆村（含船山）、顶山（含狮山、增山）、平山（含增丰）、枫树（含勤工）、响石桥、石牛山、马谷（含中潭、麦园）、戴家山、河上桥（含杨家桥）、张家弄、盛家、前方、后宅（含丁村）、凌山（墙头）、李家坞、下方村、后马湖、何童埠（含东周、西周）、郁家山下、积堰山及冗里，人口在0.8－1.5万人。

2. 生态功能

本区的生态服务功能以生物多样性保护、水源涵养、水土保持为主导，辅助生态功能为生态景观、生态经济林、小气候调节、观光旅游和人居环境。

3. 发展方向

保育景观生态功能，发展生态经济林、山地生态农业、休闲旅游、生态人居，加强饮用水源保护区，保持生物多样性。

5.2.2 生态控制区

进一步划分为二级区，主要有：

农业发展区：依据有关法律划定的永久性农业用地，土地利用方式不能变更，但允许人类进行必要地改造的经营性景观。

生态经济林发展区：在现有规模的基础上，通过高产、优质品种的引进和改造，进一步发展茶叶、桑园、果树和苗木生产，以增加农民收入。

1. 范围

基本上在该镇域的东北部平原地区。包括马安、东周、佛山、丁村、沈村、冗里。人口为0.15－1.0万。

2. 生态功能

该区主要起缓冲作用，原则上以保护为主，适度地、有选择地进行生态经济和城镇建设活动。生态服务功能以水土保持、环境净化为主，辅助功能是发展生态工业、生态农业、人居环境。

3. 发展方向

发挥区域经济特色，调整产业结构、积极发展生态工业、生态农业，控制工业污染，加强水资源保护，加快现代化乡镇建设。

5.2.3 生态重建区

进一步划分为二级区，主要有：

镇中心区:指经过几十年开发已经形成一定规模的镇中心区域,人类活动十分剧烈,以人工生态系统为主。

开发建设区:指城建规划用地中用于各种开发目的而设定的区域,主要是镇工业功能区和上一级政府划定的工业开发区。

未来发展区:指城建规划用地中未利用的土地,基于开发利用中的生态保护问题而划定的区域。

1. 范围

即戴村中心镇区,集镇规划范围是12个行政村,人口大于1.0万,为镇域政治、经济、文化、商业中心,是城镇体系结构的主体,是未来镇域人口的主要聚居地。在集镇规划及工业功能区规划内的行政村均为该区范围。镇域主要职能是以工贸相结合的现代化城镇。

2. 生态功能

本区生态脆弱,以土壤侵蚀和城市污染破坏为主,生态服务功能以休闲娱乐、水源涵养为主导,辅助生态功能为生态景观功能。

3. 发展方向

加快资源加工型工业的发展进程,加大城镇环境综合整治力度,强化基础设施建设,突出中心区的集聚功能,开发保护好旅游和历史文化遗迹,建设生态人居环境,发展城镇生态文化,建成资源加工型工业发达城镇,配套服务功能完善、社会文明、生态环境优美的山水小城镇。

5.3 生态区宏观生态控制政策

依据各生态区的结构和功能特征,制定相应的生态控制政策。

5.3.1 生态保育区

生态保育区在维持戴村镇生态支持系统中具有重要的地位,需要加以重点保护。该区域宏观控制原则是:

对划定的重点保护区域(生态人文景观保护区、生态公益林、饮用水水源涵养林等),严格执行国家和地方的法规和有关规范标准;禁止有损生态系统的一切开发活动,包括设立污染型企业,侵占和开山取石采土等,已被破坏的应限期恢复;对区内已有工矿企业和集中居民点应逐步搬迁,并对破坏的生态系统进行修复。

有计划有针对性地建立水源保护区、生态保护区、自然公园。

对划定的一般保护区(除上述两类保护区以外的山林地),以生态保护为主,适当发展经济,但必须限制城镇发展规模,禁止污染型工业的发展;区内资源以保护为主,适度开发利用,保持资源的持续利用。

5.3.2 生态控制区

生态控制原则如下:

区域开发要适度控制,严格执行"先规划、后开发"的建设方针,严格控制村庄建设用地的开发。

严格控制该区的人口发展规模,积极引导和调整该区内的产业结构,发展生态型产业,杜绝污染严重、能耗大的企业在该区落户。

对村庄建设规划用地区域,要注意新区建设生态环境标准与生态化趋势相符合,内部绿地建设应与广域绿地融为一体。

严禁开挖山体,破坏环境,在山脚、陡坡等周围进行重点绿化。

5.3.3 生态重建区

该区域宏观控制原则如下:

保持适度的人口密度,控制各类用地比例,保持合理的区域建筑密度和建筑容积率。

加强城镇景观建设,强调城镇人工生态与自然生态的协调发展,合理配置公共绿地。

加强环境功能区划,严格执行环境质量标准和污染物排放控制标准。

第六章 重点生态建设领域

6.1 生态经济建设

6.1.1 生态农业建设(略)

6.1.1.1 建设目标

以戴村镇在萧山区农业发展布局和定位,构筑特色化的空间布局,建设“都市型、科技型、开放型、生态型、规模型”的现代农业。

以戴村镇现有农产品生产为对象,通过一系列的科学手段及措施,转变现有的农产品生产基地为生态产品生产基地,多开发各种生态产品、绿色产品。根据本地特点,戴村镇农业在加强基础设施基础上按以下几方面加以拓展,以建设现代化农业园区为根本目标:一是林特基地建设,开发以水果林为主的经济林;二是水产基地建设,开发以养殖珍珠蚌、甲鱼等为主;三是发展蔬菜苗木为主的基地,种植多种大棚蔬菜和花卉为主;四是建设畜禽养殖基地,养殖各种家禽,生猪等;五是发展农业企业,农业企业主要以生产、加工、销售本地区农产品为主,现有的杭州永达木业有限公司和萧山云石农业综合发展公司,是区级农业龙头企业。杭州永达木业有限公司主要生产各类包装箱,萧山云石农业综合发展公司主要经营茶叶,生产的“三清茶”茶叶2003年获浙江省优质农产品银奖,杭州市十大名牌绿茶,此外,还有许多镇级农业生产企业,主要加工生产小笋干、竹木制品、香菇等农产品。

6.1.1.2 建设措施

1. 发展绿色产品

(1)建设绿色产品基地(略)

(2)推行绿色农产品质量认证,树立品牌效应(略)

2. 农业加工园区建设

一是抓投入。想方设法吸引各种力量,特别是引导工商企业投资兴办加工企业,加大技改投入,提高加工企业档次和水平。争取主导产业都有相应龙头企业来支撑,避免在生产上出现大起大落。重点抓好茶叶、苗木、竹制品、蔬菜、水果、板栗等农产品新上项目,加大投入,抓紧实施,争取尽快投产。

二是建设园区。积极创造条件,创办农业加工园区,实行要素集聚。根据本镇各村的特点,重点建设现代化农业园区,要像办工业功能区那样抓好规划,制订政策,招商引资,快上项目,重视和支持农业园区建设。

三是上规模。和区内其他类似企业联手,合作联办的方式建设绿色农产品基地。

3. 林特产业和生态保护区建设

综合治理山、水、田、路。重点抓好木材林、毛竹笋竹两用林和名特优新经济林,提高蚌珠品种规格和质量,创品牌效应,发挥森林在生态系统中的主导作用年,努力实现萧山南部地区生态、经济型的“绿色屏障”的建设目标。同时,充分发挥优越的农业生态条件,进一步发展农业生态旅游业,促进经济的快速发展。

4. 加强农业技术推广

(1)肥料

科学合理施用化肥;加强肥料监督管理;全面推广有机肥使用;无论使用何种有机肥,均应进行堆制处理。

(2)病虫害综合防治技术

加大宣传,进行技术培训,合理使用农药;规范农药经营市场,安全使用农药;利用现代生物防治技术;利用农业防治技术;利用物理及机械防治技术和其它病虫害综合防治方法。

(3)养殖业污染控制措施

积极推行规模化养殖;控制发展,合理布局,划分畜禽养殖禁养区;落实行动方案,控制畜禽养殖污染;①尽快规划禁养区,在禁养区内各类畜禽养殖要全部关停转迁。在实施关、停、并、转、迁前,污染物排放要符合《畜禽养殖业污染物排放标准》;②禁养区内严禁新建、扩建各类畜禽养殖场;③非禁养区畜禽养殖场必须符合城镇规划和功能区划的要求，合理布局，不得在城镇规划区内新建、扩建畜禽养殖场，规模化畜禽养殖场界周围的卫生防护应控制在2公里以上；④非禁养区各类畜禽养殖场要落实污染防治措施，排放的污染物须符合《畜禽养殖业污染物排放标准》，并符合总量控制要求；⑤通过建立畜禽养殖小区或规模化畜禽养殖场，把农户散养的畜禽养殖逐步集中，合理规划，使畜禽养殖规模现周围种植面积相配套，保证消纳畜禽养殖粪便；⑥规范百禽养殖场的建设和管理。

6.1.2 生态工业建设

戴村镇乡镇工业起步较早，在其发展的初级阶段，乡镇工业表现出强大的生命力，并为戴村镇的经济社会发展带来活力。但在迅速发展、取得巨大成就的同时，也暴露出一系列问题，例如产业结构不合理，基础工业薄弱，组织结构小而全、小而散，造成资源浪费。企业结构层次低，设备和技术水平落后，以及资源耗费大、产品档次低、发展资金不足、经济效益不高等，不仅使乡镇企业在激烈的市场竞争中处于不利地位，而且制约了地区经济的进一步发展。在空间上，乡镇工业的发展则呈现“村村点火、处处冒烟”的格局；企业数量多，布局过于分散，单个企业规模小，但工业用地总量比例偏高，是农村地区建设用地不合理的主要表现形式之一。

戴村镇受萧山经济技术开发区辐射，工业基础扎实，机械五金、塑料制品、轻工服装产业已形成一定的规模。组建工业功能区，营造良好的投资环境，将有利于吸引国内外客商和周边地区更多的专业人才来园区落户，成为发展戴村经济新的增长点；有利于企业集团化、规模化的推进，产生人才、信息资源、先进设备、先进技术等方面的聚集效益；有利于产业的改造升级和高技术的发展，提供产品、技术、销售等方面的园区示范作用；有利于提高全镇工业企业的整体素质和参与国内外市场竞争能力，为戴村第二次创业提供舞台；还将带动人流、物流、信息流向城镇聚集，推行城镇商贸、运输、服务业、信息业等传统和新兴第三产业的发展，实现、城镇生产力的跨越式发展，使城镇融资渠道更为广阔，从而推动备项基础设施建设，加快城镇化步伐。

6.1.2.1 建设目标

以戴村镇在萧山区工业发展中的布局和定位，通过“区块整合、企业集聚、南污东迁，东污连线”来构筑产业的集聚发展，并以污染集中处理、优势集约体现的制造业基地、高科技企业积聚地和特色的工业园区来进行戴村镇的工业布局与建设。

以经济发达的杭州大都市圈为背景，以强劲发展的萧山经济开发区为依托，以区域经营体制活跃的集体、个体经济为基础，面向海内外投资商，为具有绿色生产环境的大中型企业、为具有良好产品结构的特色企业提供具有良好生态环境和投资渠道的创业和发展平台，起到各种体制经济新一轮发展的有力助推器作用，作为具有高新技术的特色工业孵化器，同时作为戴村城镇工业升级和城镇化工程的重要载体，实现“居民城镇化、产业园区化”的城镇发展战略。镇内设工业功能区一个，功能区规划面积2.14平方公里，现有入区企业30家，是戴村工业经济发展的重要平台。

根据浙江省经济贸易委员会制定的《浙江省当前重点行业、重点产品投资导向目录》，确定在本工业功能区以区域特色产业为基础，以制度创新和技术创新为动力，以龙头骨干企业为主导，结合产业结构调整和城市化发展，充分发挥园区的特色优势和集聚效应，提高产品档次，提升产业层次，以吸引高科技含量、高附加值产品的企业为目的，对园区进行开发、建设、发展。

6.1.2.2 建设措施

1. 企业的调整与提高；2. 生态转型；3. 以ISO14000为契机，引入清洁生产和循环经济理念，不断提高生态工业区的品位；4. 具体措施：

1）进入工业功能区的工业类别为一类、二类工业，严禁具有严重污染的三类工业进入工业功能区。

2）利用戴闻公路的自然分隔，将工业功能区划分为两片，戴闻公路以东为东区，戴闻公路以西为西区。

3）与城镇总体规划相结合，在东区的南部规划为一类工业用地。

4）地块的划分应尽可能保证用地地块的规整性，以提高土地的利用率。进入工业功能区的独立企业用地规模建议不宜小于25亩，对于较小用地规模的入驻企业，可采用建造或租用标准厂房形式进行生产。

5）对于缝纫、电子等一类工业用地，因其生产厂房的通用性较强，可采用标准厂房形式，以成片开发为原则，形成标准厂房区，有利于形成良好的工业功能区形象，不得交替、无序建设。

6）对入园企业的出入口及厂前区建议在方案设计过程中进行严格审查，对相邻企业建议其厂前区结合在一起，共同形成良好的企业形象，同时有利于提高工业功能区整体品位和档次。

7）对园区必须有规划地进行绿化，美化园区形象，改善投资环境。

8）基础设施及其他的配套设施也必须科学化、合理化。

6.1.3 生态旅游建设

戴村镇的生态旅游建设有着得天独厚的自然条件。正在开发中的中国浙江生态旅游度假区“云石山庄”、狮山度假山庄、省级石牛山森林公园、月亮弯休闲度假山庄、青翠秀丽的七都溪小流域以及很多名胜古迹位于其境内。境内还有很多名胜古迹，比如：石牛山、狮山、响天岭水库、天狮飞瀑、上董青瓷窑址、女娲庙遗址、三清殿、云门寺、钟阿马烈士墓、狮山村等。

6.1.3.1 建设目标

戴村镇位于萧山区南部，配合萧山做美南部的区域发展规划，按照“有所为，有所不为”的发展思路，突出人居环境、生态旅游、都市农业和高新技术产业的发展与建设，积极发展生态旅游业。以现有设施资源为基础，以云石自然环境为依托，针对目前兴起的生态旅游和休闲度假市场，进行综合开发利用，将其建成独具特色的适合周末度假、会议、疗养和娱乐休闲，配套设施齐全的省级生态旅游区。

根据戴村镇旅游资源特点，云石生态旅游区的建设为镇生态旅游建设的重点，根据其资源特色、功能设置与市场定位，在总体规划布局上确立“一个中心，七大功能分区”的格局。一个中心即“戴闻公路以西云石山庄旅游服务区”，“七大功能分区”为“月亮弯”、“李家坞”、“云门寺”、“杨家坞”、“石牛山”、“佛山”和“上董窑址”。

在近中期，要力争把生态旅游产业培育成为戴村镇新的经济增长点，到2012年旅游业总产值相当于全镇GDP的10%左右。

6.1.3.2 建设措施

1.强化生态旅游的可持续意识；2.开展生态旅游项目的多样性；3.完善生态旅游配套服务；4.加强生态旅游的宣传力度；5.加强人才与技术培训；6.发挥科学普及与环境教育方面的优势；7.加强旅游环境保护；8.加大生态旅游保护的资金投入。

6.2 生态环境保护与建设

6.2.1 土地资源保护与建设

6.2.1.1 土地资源的利用现状

目前戴村镇土地利用中存在的主要问题是（1）建设占用耕地与保护耕地的矛盾十分突出。各类建设项目占用大量优质耕地资源；（2）土地流转机制难于建立，不合理利用土地现象较为突出；（3）耕地后备资源十分缺乏，今后增加土地主要通过土地整理旧宅基地复垦等方式进行，但由于投资大、资金短缺，使耕地总量动态平衡具有一定难度。

6.2.1.2 建设措施

戴村镇后备土地资源不足，因此一方面要严格控制建设用地侵占耕地，另一方面要通过复垦整理补充耕地，保持耕地总量的动态平衡。

（1）严格建设用地审批程序，控制耕地转为非耕地

切实保护耕地，严格控制耕地转为非耕地，实行占用耕地补偿制度和基本农田保护制度。严格建设用地审批程序，在建设项目可行性研究报告评审阶段，土地管理部门就要进行预审，凡不符合土地管理法规和建设用地有关规定的建设项目，都不得批准用地，项目不得开工建设。

实行占用耕地与开发复垦挂钩政策。非农业建设批准占用耕地的，按照“占多少，垦多少”的原则，由占用耕地的单位负责开垦与所占耕地数量和质量相当的耕地。没有条件开垦或者开垦的耕地不符合要求的按

规定交纳耕地开垦费。

(2)开展土地复垦整理

继续开展农用地整理工作。整理的耕地达到田成方、渠相连、路相通、林成网、灌得进、排得出、生态环境良好、适于机械操作、具备规划经营条件的标准农田要求,使制约农业生产的因子基本消除。

6.2.2 水资源的保护与建设

6.2.2.1 水资源利用现状

戴村河谷冲积孔隙潜水水量丰富,水质好,长期以来是该区乡村生活用水水源,开采系数已达到1.6,戴村孔隙潜水区已属严重超采区。戴村地下水水质能达到Ⅲ类或优于Ⅲ类标准,基本未受到污染。戴村镇水资源的利用方式:

(1)供给保护区周边村落居民日常生活,这一部分主要消耗地下水。

(2)供给周边村民灌溉农田、果园,这一部分主要消耗地表水。

(3)供进入保护区进行生态旅游的游客观赏,这一部分基本上不消耗水资源。

6.6.2.2 建设措施

1. 污水处理和环境保护

对污水处理要求非常严格,规定城乡生活污水、工业废水、城市和公路承接的污水不准直接排入河道或渗入地下:对城乡居民生活用水及污水主要经过沉淀、过滤、氧化、经生物与化学处理后的沉淀物再行浓缩、干燥变成肥料。对于工业废水必须经严格化学处理除去有毒元素和重金属后才可送入排水管网。

2. 节水灌溉与能源利用

除农田推广节水灌溉技术外,采用屋顶节水,也很普遍,95%以上的建筑物均在屋檐下设置集水槽。再由排水管汇入地下排水管网,也可用于浇灌花木。

3. 水土保持与生态环境

(1)继续加大各类法律法规的宣传和执行力度。

(2)大力开展封山育林活动,充分发挥森林涵养水源、保持水土、消洪补枯功能。

(3)积极鼓励周边农民退耕还林、还草,降低农业生产过程中带来的水损耗,而且还可避免农药、化肥等引起的水体污染。

(4)“兴利避害”,合理的开发利用水资源,发挥水资源可持续利用功能。

6.2.3 森林资源保护与建设

6.2.3.1 森林资源的利用现状

1. 现状

建国后,当地政府发动群众造林绿化、封山育林,截止1997年绿化造林533公顷,封山育林733公顷,目前森林覆盖率达到57%,累计投放劳力45万工,投资250万元,其中国家补助50万元,群众自筹200万元。

初期水土保持工程完成,森林木材蓄积量达到55万M3,土壤植被覆盖85%,对防止水土流失、涵养水源、调节气候、净化空气,改善自然生态环境,生物的繁衍增殖起到显著的作用。

根据当地的气候和地形地貌条件,按山体的海拔高度,宜林区域可分为:

1)300~500米以上属寒凉层,大于10℃年平均积温<4500℃,80%保证率积温<4300℃,多年平均气温10.5℃,极端最低气温—18℃—17℃,无霜期220天左右,年平均降水量1650mm,以红黄壤土亚类为主,酸碱度4.8%,表土有机质含量1.5%,全磷0.2%,全氮0.263%。该层土壤瘠薄,气温偏低,宜种植马尾松、杉木、柳杉为主。

2)海拔300－100M,气温略高,年平均气温12.5℃,一月最低气温0.6℃,极端最低气温－16.5℃,无霜期230~240天,10℃平均积温4800℃,年平均降水量1600mm,土层以黄壤土为主,有机质含量2%,全氮含量0.18%,全磷0.015%,酸碱性5.65%,属中高性地陡坡,土层较厚宜种植毛竹,部分土层较瘠薄坡地种植马尾松、杉木或硬阔林等用材林,缓坡宜发展茶、青梅、杨梅、桃、梨、板栗等经济林。

2. 存在问题

1）林地用地面积不足：在总林地面积中疏林占 280 多公顷占 8.35%，开垦山地 361 公顷占 1.078%，荒山 22 公顷，四旁杂地没有充分利用。

2）林业用地结构不合理：毛竹用地占 43%，用材林占 37.34%，经济林仅占 6.21%。还有薪炭林 213 公顷占 6.36%。

3）地类树种布局须调整：高山陡坡种植用材林，保持水土涵养水源。中高山、缓坡发展毛竹，近山低山、四旁杂地开发经济林，发展优势，树立拳头产品，提高经济效益。

6.2.3.2 建设措施

1. 封山、植树、造林

按分类经营原则，规划总面积 3353 公顷，其中封山 490 公顷，抚育 1584 公顷，造林 436 公顷。

（1）封山对现有固定的 213 公顷薪炭林进行调整，全部改种用材林，实行封山育林，使改种的幼林和林下的灌木充分生长，形成以针阔混交林为主的次生群落，达到涵养水源保持水土，蓄积木材的目的。

（2）抚育。对缺乏管理长势较差的经济林进行松土、除草、施肥、修枝整形、防治病虫害和防旱灌溉，控制林分密度，使果木、毛竹得到应有的养分，以提高产量。

（3）造林。除 2.55 公顷裸岩山不能植树造林，还有 29.16 公顷开垦山坡地发展经济林，村边、路边、河边、沟渠边宜开发经济林观赏花木。经济林以竹笋、青梅、桃子、板栗、葡萄等品种。争取三至五年时间绿化治理达到森林覆盖率 85%，有林面积达到 2821 公顷，其中用材林 1266 公顷，防护林 50 公顷，经济林 1504 公顷。

2. 经济林木开发

围绕“云石生态旅游区”的建设，调整林业种植结构，合理搭配品种，开发创收林业，根据土壤分类，扩大茶叶种植面积，增加茶叶产量，进一步宣传“三清茶”名牌，扩大其在国内外的影响，在现有茶叶产量的基础上增加种植，扩大产量；选择优良品种，发展优质水果，达到产量 50 万 kg，效益 125 万元。

3. 开发利用毛竹资源

流域内现有毛竹面积 1443 公顷，占总林地面积的 43%，开发利用充裕的毛竹资源，探索毛竹的深加工路子，为旅游事业服务；扩大笋竹的种植面积，加工笋食品的制作，开拓劳动力出路，增加农民的收入。

4. 森林病虫害防治

森林病虫害是我镇林业生态环境建设与保护的主要灾害。大规模的林业生态环境建设工程往往带来一些不可预测的生物灾害，必须把预防工作放在第一位进行全盘考虑。所以，我们必须从森林可持续利用和实施林业可持续发展的战略高度来认识森林病虫害预防工作的极端重要性，并采取一系列的相关对策和保障措施，才能保证森林病虫害防治工作顺利开展。具体措施如下：

（1）加强领导、强化宣传，明确责任；（2）加强预测预报，完善森防预测预报网络；（3）推广应用新技术，实施综合治理；（4）加强植物检疫，严防检疫性有害生物的传播蔓延；（5）建立资金筹集机制。

5. 森林防火

具体措施如下：

（1）加强林火监测，减少森林火灾损失：

①要加强森林火灾中、短期的预测预报；②要加大林火卫星监测的密度，提高卫星监测林火的准确率；③对春节、清明等节假日森林火灾多发时段、重要地段，要组织力量加强对“地面、山头、空中”的立体监测，强化地面巡逻，实行全方位控制火源，真正做到早发现、早报告；④要抓紧森林消防队伍建设，不断适应组织群众扑火难、效率低、消耗大又十分危险的实际，做到早出动、早扑灭，达到“打早、打小、打了”的目标。

（2）加强营林措施，进行营林防火。

在森林生态体系和林业产业体系建设中，应大力营造阔叶林和经济型生态公益林，加快对针叶林的改造，增加阔叶林、针阔混交林、经济林和竹林的面积。积极开展各种营林措施，减少林内的可燃物载量，降低森林的可燃程度，提高森林自身的防火效能。同时应利用植物自身的防火功能，积极开展生物防火林带的建设，充分发挥生物防火林带在森林防火中的作用。

(3)积极开展科学森林防火，提高森林防火的科技水平

要强化“四网二化”(即预测预报网、了望观测网、林火阻隔网、通讯指挥网和林火机具化、队伍专业化)的建设，在科学森林消防试点的基础上，因地制宜地开展科学森林防火，充分利用“3S”(GPS、GRS、RS)技术、林火视频监控技术、林火卫星监测技术、现代化信息通信技术构建各级森林防火指挥体系、林火监测网络及预测预报体系，提升森林消防的科技含量，提高森林防火的科技水平。

6.2.4 矿产资源的保护与建设

6.2.4.1 矿产资源的利用现状

戴村镇在萧山生态区矿产资源利用中的现状如下：

(1)规划开采区

戴村丁村建筑石料开采区。戴村丁村建筑石料开采区三面环山，开采区面积1.17平方公里，开采矿种为流纹质凝灰岩，石质较好，资源储量在17000万吨以上。该区规划形成年生产规模在80万吨以上的萧山南片建筑石料基地，主要供应戴村、楼塔、河上等镇。

戴村石盖建筑石料开采区。位于戴村石盖山一带，开采区面积约1.5平方公里，开采矿种为下奥陶统印诸埠组角砾状灰岩和硅泥质灰岩，是理想的油路路面石料。资源储量在11000万吨以上。该区应进一步发挥浙江登峰交通集团所属南方道路建材有限公司作为龙头企业的优势，在生产规模、产品质量、科技含量等方面上的档次，形成系列化油路路面石料生产供应基地。

(2)规划禁采区

云石禁采区。位于戴村镇原云石乡一带，面积约25平方公里，根据国土资源部整顿和规范矿产资源管理秩序的部署，全部关闭。规划近期做好闭坑矿山的复绿工作。

6.2.4.2 建设措施

(1)加强矿产资源综合利用

坚持资源开发与节约并重，把节约放在首位，资源利用率，使有限的资源得到充分、合理利用。矿山“三率”(开采回采率、采矿贫化率和选矿回收率)指标要在原有基础上在提高1~2个百分点。依靠科技进步，提高综合利用整体水平。结合实际，重点是抓好建筑石料开采的分级使用和尾矿砂利用。

(2)加强矿山生态环境保护

在采矿权审批过程中，从严审查有关环境污染防治、森林资源保护、水土保持、植被复绿等方面的措施和方案，对资料不全、措施不力或方案不妥者，不予审批或不予上报。严格执行有关限采、禁采的规定。贯彻落实“谁破坏、谁治理”的方针，对矿山企业实行“治理备用金”制度。

6.3 生态人居建设

6.3.1 生态镇中心区建设

6.3.1.1 建设目标

1. 总体布局

一个城镇中心区(包括行政、文体中心和中心绿地)，三片居住小区，一片工业区，由两纵两横的道路为骨架的方格网道路系统和两园三带的绿地系统，将各功能区连结成一个有机整体。

规划通过镇政府往西北位移，结合老地方加油广场的建设，在其北面布置居民游憩广场、行政办公、文体娱乐等用地，在南面结合中心绿地布置商贸金融等公共设施用地，形成全镇综合性的中心。

三片居住小区：在城镇中心区东西两侧各建一个居住小区，并在规划远期结合永兴河两侧的绿化整治，在其东面建一个高档别墅区。

一片工业区：在镇区北部布置一个工业区，主要是未来企业的集中地。

两纵两横的主干路网结构：两纵即闻戴公路镇区段和规划30米宽的青春路；两横即恒达路(暂名)和世

纪路。

两园三带的绿地系统："两园"指的是城镇中心区的中心绿地和在镇区西部结合中小学布置的一块公共绿地；"三带"指的是永兴两侧宽10～30米不等的滨水绿带、闻戴公路两侧的防护景观带和03省道两侧的防护景观绿带。

2. 创建生态居民区

作为杭州大都市的后花园，未来杭州的居住区，应创建环境舒适优美、管理规范有序、服务设施配套、人际关系和谐、社会治安良好的生态居民区。

在规划、建设与管理时，始终贯穿以人为本的理念，包括小区内建筑物的采光通风、绿化、服务设施、道路等各个方面，并利用依据最小需求原则来消除或减少废物，对于不可避免产生的废弃物，则将其循环再生利用。除此之外，加强居民之间的交往，使区内的居民在共同的物质设施上能够有共同的社会生活联系，推进社区"一体化"，形成人与人之间团结和谐的友爱关系，是创造生态社区的另一个重要方面。在规划建设的小区中可以进行生态社区的建设管理方面的实践，创造"精品工程"，提高"住在戴村"的知名度。

戴村镇城镇发展形态为：依托旧城，在空间上向西北拓展，主要向北拓展，与北部的工业配套园区紧密衔接，各功能协调发展的团状形态。

6.3.1.2 建设措施

1. 加强各类污染的防治

(1)防治水污染

严格控制生活污水的排放，未达到排放达标率的生活污水一律不准排出。严格控制产生工业废水的重污染项目进入规划区，一些轻污染企业应按城镇总体规划要求合理布点，确保工业污染达标率为100%。

(2)防治大气污染

镇区以改造炉、灶为中心，巩固和扩大烟尘控制区，远期整个规划区范围建烟尘控制区。近远期建成机动车辆尾气监测系统，尾气达标率不低于60%；以拖拉机为代表的柴油机车不准进入镇区主要街道。提高路面硬化率，镇区街道不裸露地面，控制进入镇区的车速并在主要入城口设置机动车清洗场，以减少二次扬尘。改变燃料结构，大力发展电、天然气等清洁能源，逐步减少居民燃煤比重，改变目前多种燃料混烧的状况。

(3)控制噪声污染

制定有关环境噪声防治管理办法，环保、交通、公安分工负责，实施噪声防治管理办法。重点控制交通噪声污染，车辆进入镇区严禁鸣喇叭，以文教、居住、商业为主地段禁鸣喇叭，过境噪声大的卡车、拖拉机在镇区进行路段行驶范围控制，对交通干道两侧均要设置防护噪声的隔离绿化带。凡产生噪声的项目，均执行"三同时"的规定。

(4)防治固体废弃物污染

工业废渣和生活垃圾等城镇垃圾的管理办法，防止废渣和垃圾污染。

2. 实施城镇景观建设

(1)规划目标

戴村镇的城镇空间景观规划应从维护城镇、区域的自然生态环境平衡、健全与良性循环入手，建设一个融自然山水、人文景观于一体的优美城镇空间景观，满足人们对城镇美观、气氛、空间等精神性需求。

(2)规划措施

根据戴村镇的地貌特征及城镇布局形态，构造"四点三轴两区"的城镇空间景观体系。规划戴村镇主要景观点有：

标志性景观点：结合老地方加油中心建设，形成全镇城镇空间景观体系中的标志性景观点；

入口景观点：结合闻戴公路及03省道，在镇东、镇南入口处各设一景观点。

特色景观点：根据规划，人民路将成为戴村镇的商业步行街，应建成充分体现戴村镇历史和现代建筑特色的景观点。

现代景观点:结合镇政府建设,形成集办公、文娱、广场于一体,反映现代城镇景观的景观点。

二条景观轴为:

永兴河自然景观轴:规划应结合永兴河河道整治、环境治理及绿化等,以"绿"为主线,布置一些小游园、活动角等,形成优美的横贯城镇的综合性景观走廊和生态环境走廊,并与外部田园风光紧密相连。

城镇人文景观轴:包括闻戴公路景观轴及03省道景观轴。在两条过境公路穿越镇区处结合绿化,通过整体规划,合理布置城镇各功能设施,形成体现城镇现代风格的景观轴线。

规划戴村镇主要有以下四类功能景观区:

中心景观区:由镇政府、老地方加油广场及其它公共设施形成中心景观区,建筑以高层、低密度、大尺度为主,体现建筑风格,色彩丰富,创造优美、热闹、繁荣的中心景观,展示现代化城镇风貌。

居住景观区:城东、城西建成现代景观区,老城体现传统居住风貌,两者相得益彰,协调有序。现代居住区以组团或小区为基本单元进行综合设计,多层公寓与少量独立式别墅建筑及绿地穿插布置,建筑色彩柔和,风格协调,营造优美、安全、温馨的生活气息。

市场景观区:以青春路、世纪路为主,形成市场商贸区,繁荣,热闹、生机勃勃的商贸气氛,建筑色彩鲜明,立面变化丰富,其人来车往、交易踊跃的商业景象。

工业景观区:西北工业小区片形成现代工业景观区,表现高效、有序、整洁、现代的景观,建筑形体简洁明快。

3. 城镇绿化建设

(1)规划目标

从提高城镇形象和城镇品位出发,尽快改变戴村镇现状绿化水平较低的状况,加大公共绿地和绿化建设力度,使城镇绿地系统与城镇总体布局有机结合,创造具有现代气息的山水城镇,形成良好的居民生活、生产、游憩环境。

(2)规划措施

规划形成"二园三轴"的点线面相结合的网状绿地系统。

"二园"指的是二处镇级公共绿地,一处位于老地方广场,于其政府前,是全镇综合性公园;二处位于城东居住区内,结合居住区建设一片区公园,其它公共绿地主要指宽度8米以上的滨河绿地,可集中建设几处儿童活动角、老人活动中心及其它小游园,总面积19.52万平方米。

"三轴"指的是:闻戴公路两侧各20米的防护绿带,03省道两侧各15米形成的防护绿化及永兴河两侧宽度10~30米不等的滨河绿化带。

4. 其它工程建设

在生态镇建设过程中,要保证基础设施的建设,给水工程、排水工程、供电工程、通信工程、燃气工程等配套设施要齐全。

饮水工程:规划由萧山区南片自来水厂对戴村镇进行集中供水。

排水工程:规划在镇区北端,永兴河下游建一污水处理站,主要收集戴村镇的污水。

供电工程:规划期内建一110KV的永兴变电所作为戴村镇电源。

通信工程:建成网点布局合理,业务种类齐全,技术设备先进的现代化智能通信网。

燃气工程:规划期内气源仍采用液化气。随着经济发展及城镇建设水平的提高,远期逐步向管道供应过渡。规划储配站按照城镇用气量在原址扩建,同时,储配站规模还应考虑镇区外服务区域内的其它居民用气。

6.3.2 生态示范村建设

积极发展农村生态型村镇。按照布局合理、设计科学、风格独特的要求,全面规划农村居民点建设,逐步使农村居民每户拥有一处适用、卫生、美观的庭院。结合农村居民点改造,加大改水、改厕力度,提倡家畜和家禽圈养,推行生活垃圾集中堆放,生活污水定点排放,改善农村居住卫生环境。允许农村群众在庭院周边拥有一定生产用地,大力发展庭院经济,绿化、美化居住环境,增加农民收入。加快农村电网的建设与改造,因地制宜发展液化气、沼气、太阳能等清洁能源,逐步减少煤、柴的使用,保护村生态环境。

结合在浙江省农村开展的"千村示范 万村整治"工程,推进农村"改水,改厕、改卫、改殡"和"绿化、净化、美化"工作,推行现代文明,建立农村新风尚,形成环境优美,设施比较齐全的生态村庄,推进城乡一体化。根据全镇各地各个产业的特点,从不同资源优势和生产基础条件出发,按照示范点各具特色、涵盖各个生态功能区的原则,全镇拟建设35个农村示范村。

6.3.2.1 建设目标

1. 主要目标

全镇拟建设35个生态村示范村。扎实开展"千村整治、百村示范"活动,以示范村建设带动农村经济社会全面进步,促进农村经济社会的跨越式发展,实现经济繁荣、环境优美、班子健全、民主文明的新农村建设目标。

2. 建设标准

设立经济建设、村庄建设、组织建设、文化建设、民主法制建设五项指标体系。全面小康示范村是指五项指标全面达标的村;单项先进村是指其中一项达标的村。其标准是:

1. 经济建设

要经济结构更趋合理,农民收入不断增加,集体经济日益壮大,实现户富村强。人均农村经济总收入和农民人均纯收入达到基本实现农业和农村现代化省定标准。

2. 村庄建设

通过"千村整治,百村示范"工程,组织实施经市建设规划部门批准的新村建设规划,使新村整洁美观,达到"五化"标准:(1)道路硬化;(2)路灯亮化;(3)卫生洁化;(4)环境优化;(5)家庭美化。

3. 组织建设

村党支部建设达到"五强支部"标准。(1)核心强。村党支部核心作用发挥明显;村党支部和村委会职责明确,关系顺畅,团结共事,形成合力;村级配套组织健全。(2)素质强。村级班子有"双带"致富能力,村干部每人至少掌握一门农村实用技术;村级班子成员廉洁自律,无违法违纪行为发生,村级班子在群众中有较高的信任度和满意率。(3)管理强。党支部活动正常,村务、财务公开,村级各项制度比较规范健全,并有效落实;重视党员教育、管理和发展,两年内至少发展一名新党员,广大党员能较好地发挥先锋模范作用。(4)服务强。村民代表、办厂能人、科技和营销示范户的积极性得到有效调动,村级班子积极搞好为农服务,引导农民学科技、做营销、打品牌、拓市场,推动发展个私经济、效益农业和第三产业。(5)实力强。村支部通过多种途经,积极发展村级集体经济和农户经济,农村经济总收入、农民人均纯收入、人均集体经济可支配资金名列前茅。

4. 文化建设

(1)积极贯彻公民道德建设纲要,广泛开展社会公德、家庭美德教育,村民基本养成与现代化相适应的公德意识、卫生习惯。青少年普遍接受高标准九年制义务教育。大力开展科普活动,组织新世纪农民培训工程,建立科普示范基地,树立科技示范户,村民科技致富能力强,村民整体素质得到明显提高。(2)村风朴实文明,诚实守信,勤奋上进,尊老爱幼,家庭和睦,邻里团结,无赌博和封建迷信活动,无婚丧事大操大办和乱建坟墓现象。(3)全面深化"少生优生,富裕文明,健康幸福"的新家庭计划活动,营造社会主义新型婚育文化,实行人口与计划生育村(居)民自治,无计划外生育。(4)村内建有黑板报、宣传窗等文化宣传阵地,有线广播电视入户率80%以上;有公共文化、体育和休闲活动场所,有一支相对稳定的文体队伍,有1~2个富有特色的文体品牌项目,经常组织文明、健康、有益的群众文化体育活动。

5. 民主法制建设

(1)依法保障村民的选举权和被选举权,按照法定程序和方式选举或罢免村委会干部、村民小组长。

(2)党支部、村委会应充分发扬民主,建立法律咨询制度,重大决策一般由两委会提出,党员大会讨论,召开民情恳谈会广泛征求村民意见,最后由村民代表会议决议的程序作出。(3)依法制订村民自治章程,积极开展普法活动,有义务法制宣传员,落实社会治安综合治理各项措施,村民遵纪守法,社会治安稳定,无重大刑事、治安案件和群体性上访事件。(4)建立并坚持村务公开、财务公开和村干部离任审计制度,开展群众评议活动。切实保障村民大会或村民代表会议的权利,充分发挥他们的作用。萧山区级以上示范村、先进村在区级示范村中择优推荐。

6.3.2.2 建设措施

建立公开、公平、公正的竞争机制。统一标准,年度考评,实行以奖代补激励政策,以鼓励各村积极参与争创活动。

1. 加强组织领导

2. 加大政策扶持力度

(1)凡列入生态示范村培育计划的村,镇政府要进行优惠补助。(2)区、镇级有关部门用于农村土地整理,标准农田建设、农业综合开发、农防堤建设、道路桥梁、文化卫生、绿化生态村建设等项目向列入示范村培育计划的村重点倾斜。(3)金融部门要制订手续简便的信贷方法,加大对生态示范村建设的资金投放力度。(4)城建部门对列入生态示范村培育计划的村,实行免费规划设计。

3. 建立挂钩联系制度

4. 讲究创建方法

6.4 生态文化建设

6.4.1 建设目标

从老百姓的文化道德修养、生活方式和消费观念等方面人手,通过宣传、教育等一系列手段,在戴村镇全面建立以崇尚自然、保护环境、促进资源永续利用为基本特征的生态价值观、伦理道德观、生产发展观和生活方式与消费理念,使人与自然和谐共进、协调发展的观念深入人心,提高群众生态环境保护与建设的自觉性,真正带动生态镇建设,建成绿色学校1家,实施“绿色居民区”创建工程。

6.4.2 建设措施

1. 充分挖掘和保护生态镇的优秀文化资源

戴村镇应大力挖掘历史文化资源,弘扬不同历史时期的文化精髓;保护一批典型的历史建筑风貌。

锤炼戴村镇人民的精神素质,提高市民的文化品位,形成名副其实的先进文化氛围。设立镇图书馆、增加图书数量,向公众开放图书馆;在互联网上建立戴村镇文化网站,及时更新,介绍镇的经济、社会、环境发展情况。

2. 健全生态决策机制、建立生态政府

建立法律约束机制:(1)根据戴村镇实际情况和未来发展目标,细化质量标准和资源保护法规;(2)提高环保部门监督执法权力,与工商管理卫生监督部门联动执法,对排污单位进行监督管理,赋予这些部门同等的处罚权力;(3)以法律的形式保障公众的知情权、监督权、索赔权和议事权。

发展经济激励机制:(1)在考核社会发展经济绩效和审批新建项目时,将资源、环境成本逐步纳入经济核算当中,体现资源与环境容量使用的代际公平原则;(2)利用经济手段激励企业在战略规划中首先考虑环境友好的产品,在生产过程中选择清洁生产工艺。

运用社会制衡机制:(1)信息公开机制。开辟多种渠道,公布环境信息使公众了解真实情况。(2)成立生态文化建设领导小组,负责全镇生态文化建设的研究部署、组织协调、检查督促、考核评议工作。就生态文化建设的具体内容和目标协调各相关部门,防止因部门管理脱钩造成生态文化建设步调不一致。

建立与完善环境与经济发展综合决策机制。推行环境发展,生态合理的行政管理和决策方法,严格执行生态环境影响评价制度,重大决策行动实行听证会制度,通过媒介向公众实事求是地通报情况,征求意见,实现决策的民主化与科学化。

充分发挥新闻媒体的作用，将生态文化建设的信息通过新闻媒体通报，宣传和教育，褒扬生态文化建设的先进事例，对有悖于生态文明的不良现象予以曝光批评，使新闻媒体能起到舆论监督的作用。

建立有效的信息反馈机制。建立公众信息和意见的反馈渠道和机制，使人民群众的意见能及时反馈到政府和有关部门并使有关结果能迅速通达到人民群众，做到上情下达，下情上传。实现信息双向交流，有助于人民群众提高生态文化建设的责任感和参与意识。

推行生态文化建设，政府要起表率作用。生态政府建设主要包括下列内容：(1)大力推行生态办公，树立生态政府形象，建设符合ISOl4001国际环境管理体系的戴村镇政府。日常办公活动中的诸多行为都要遵守“Reduce(减少)”、“Reuse(再使用)”及“Recyc1e—(回收)”的3R行为准则。通过绿色办公的推行，大大提高各级政府公务人员的环保意识和普及环保行为，使之成为一种绿色时尚。

3. 建设企业生态文化

推广ISO14000认证和清洁生产工艺。在全镇范围内、重点在工业功能区，开展企业ISO14000标准认证工作，以规范企业生产行为；提高企业综合环境管理水平。同时，政府要制定相应的经济激励政策鼓励企业的环境友好行为。

劳动安全防护。(1)即使是小企业也要制定安全规章制度，要求所有员工必须严格遵守。(2)在企业任何地点、任何岗位工作的职工，都有责任发现企业安全隐患，为改善安全条件献计献策.(3)对员工进行职业安全培训。(4)采取适当措施，严格监控各种事故隐患。

工厂安全和危险防护。(1)设计技术设备时，充分保证操作安全；(2)选择危害和风险最小的生产工艺；(3)精心维护工艺设备，严格按照操作程序使用，定期检查维修；(4)采取相应的安全技术措施，保证正确处理各种事故，防止出现严重后果；(5)随着技术发展，对现有设施进行必要的改造。

与职工和公众的沟通。(1)定期向员工和公众通报当前在安全和环境保护方面的进展情况；(2)与职工和社区居民对话，严肃对待他们关注的问题，讨论制定企业的环境和安全目标；(3)向社区居民普及相关的安全防护知识和紧急事故的急救措施。

产品安全管理。(1)在产品的运输、贮藏、处理、使用和弃置的各个环节，需要向分销商、客户提供必要的信息和建议，保证产品的整个生命周期都出于安全的状态。(2)积极开发和推广对环境无害的新产品，并从保护自然资源的角度出发，鼓励产品以及包装材料的回收再利用。

建立企业生态文化的教育和培训制度，培养员工的生态意识和建立良好的行为规范。

树立生态企业模范，为企业进行生态文化形象设计。在企业形象策划、产品开发、商标设计、广告发布等商务活动中体现企业对生态保护方面的重视，在企业建筑设计上体现生态理念，注重节水、节能、节约原材料和采用环保涂料；在办公用品、交通工具的选择上提倡使用绿色产品；在产品包装等方面提倡适度包装，减少不必要的包装废物的产生。

4. 提高管理者和公众的生态意识

1)重视党政管理人员的生态教育

2)提高决策者、企业家的生态环境综合决策能力

3)开展镇民的生态环境教育

4)创建生态环境教育主题公园

5)开展农民生态环境教育

6)倡导建设绿色学校

7)利用各种媒体宣传生态镇建设

加快文化设施建设，繁荣文化市场；加强生态道德建设；加强生态消费观念；加强生态技术创新。优化生产模式，大力倡导清洁生产模式。强化技术创新观念，以提供坚实的生态发展基础和能力，大力发展生态技术创新领域。

(1)利用多渠道、多形式加强宣传，提高人们的环境保护意识和生态意识。

(2)加强对各级干部和技术人员进行生态环境保护知识及技术的培训,建设一支强大的生态文化宣传队伍和实践队伍,领导全镇的生态建设。

(3)制定生态文明行为规范,加强生态文明观的教育。

第七章　戴村镇生态建设的重点工程

目前,戴村镇生态环境质量和社会经济发展已具一定的优势,在生态产业方面已有一定的基础,按照生态镇建设标准从事生产经营的思路,坚持以强化环境管理,优化生态环境为核心,面向市场,因地制宜,突出特色,建设茶叶、粮食、蔬菜、林果、花木、畜牧、水产养殖等七大生态农产品生产基地,提高农业经济质量和水平为基础;壮大生态食品加工业和城镇高科技生态工业,优化工业结构为关键;发展生态旅游业,拓宽三产服务领域为重点;建立新世纪农民培训中心,提高全民生态意识为根本,确保全镇生态效益、社会效益、经济效益协调发展。

为了能够确实实现生态建设目标,‘在起步阶段应重点进行如下的建设工程。

7.1 污水处理工程

1. 污水管网建设工程

目前戴村镇镇区污水排放系统不完善,采用雨污合流,污水就近排入镇区河道内,造成水环境的严重恶化,影响城镇居民的生活和环境卫生。规划(补充)新建和改建排水管网,与东部污水管网配套连接,采取雨污分流。雨水由雨水管收集后,就近排入溪流;工业有害污水以及其他单位有害污水,必须按照国家环境保护法的要求“谁污染,谁治理”,达到排放标准后,方可有偿地(根据总量)排入水体或者城镇污水管网统一处理;生活污水、养殖场废水应尽可能排入工业污水处理厂,提高污水中氮磷比例,减少工业污水处理厂所加营养成分,还可以减少面源排放。为了配合污水处理厂的建设,规划在起步阶段,即2005年前完成建成区雨污分流管网系统的建设,雨水灌渠采用盖板沟渠或暗管形式,就近排入河道;污水统一采用暗管或者暗渠收集。

对靠近镇区及离截污管网较近的小城镇及村庄结合城乡一体化建设规划,做好污水截污管网,并入区域截污管网,集中送污水处理厂处理。

对其它人口比较集中的村庄,在近期截污管网还没有的情况下,以村庄为单位尽量做好清污分流,雨污分流,因地制宜建设污水处理、大型厌氧沼气化粪池、生活污水地埋式处理设施等,并尽量做好污水回用,一水多用,减少水污染源。对地处偏僻,但周边生态环境敏感度较高的地区,要以生态村建设为契机,推广简便、实用的家庭式或小型污水处理设施。

对养殖业特别是该镇众多养猪场污水,能就近接入区域截污管网的应固、液分离后接管,其它大型养猪场应配套完善的污水处理设施并结合农用、渔业用,小型养猪场则与周边村庄结成联合体经简易消解后用于农肥,开发无公害农产品。

2. 生活污水处理示范点工程建设

按镇发展规划,在离镇区及离截污管网较近的村庄结合城乡一体化建设规划,做好污水截污管网,并入区域截污管网,送往南片污水集中处理厂处理;在离镇区及离截污管网较远的村庄,综合考虑人口集中区域和戴村镇的地形、水系特征等,计划2004年在东周村先修建一个生活污水处理示范点,预备投资50万元,在年底前完成。

生活污水经过污水处理系统之后,要通过环境监测系统监测,达到一定的水质排放标准方可循环利用,提高水的利用率。处理后的污水水质稳定,大多灌溉水稻或果园,或将其排入灌排渠道,稀释后再灌溉农作物。污水中分离出来的污泥经脱水、浓缩和改良后,运至农田作肥料。

2005－2007年在各村积极推广生活污水处理示范点的建设。到2007年,70%以上的行政村建有污水处理站,中远期根据发展情况巩固、完善、提高农村生活污水处理的建设工程。

7.2 垃圾和废弃物处理工程

1. 垃圾处理工程

戴村镇生活垃圾处理规划应服从萧山区的生活垃圾处理规划。建立镇、村二级收集处理网络，在每个居民小区设分类垃圾箱，镇中心区设二个环卫站，每天有垃圾清运车负责将城镇居民区垃圾收集到环卫站或中转站，再由专车运送至垃圾填埋场。工业废渣等危险固体废弃物统一送至专门的危险废物处理场。村庄的垃圾也逐步实施集中分类收集，经中转站运到镇垃圾填埋场集中处理，然后将不能处理的垃圾集中运往萧山区南片的垃圾处理中心集中处理。以"无害化、减量化、资源化"为目标，走可持续发展的道路，坚持综合处理的方针，以"堆肥为主，焚烧为辅，结合卫生填埋"即"资源化是发展方向，减量化是必然要求，无害化是处理的前提"为处理戴村镇生活垃圾的指导思想。

在垃圾分类收集的基础上，实现可堆肥垃圾经堆肥处理后制成肥料回用于农业；可焚烧、高热值垃圾经焚烧后用于热能利用；难以利用又对环境无大害的垃圾卫生填埋，从而形成一体化的垃圾处理系统，达到处理垃圾的最佳效果。堆肥处理采用动态好氧发酵技术或采用厌氧消化技术；焚烧处理采用配套的、具有链排炉排、流化床式或回转窑式的小型焚烧炉；垃圾填埋场要有完善填埋场的防渗设施、垃圾渗滤液的净化设施，还配备较完善的地下水收集系统、污水收集系统、环境监测系统等，以及填埋后封顶场地的生态恢复工程等。

2. 垃圾填埋场建设

现有垃圾填埋场占地 11 亩，预期在 2005 年达到设计容量，需另建一个垃圾填埋场，考虑到今后村的垃圾也将通过中转站集中到镇的垃圾填埋场集中处理，设计容量应适当放大。计划 2004 年新建一个垃圾填埋场，预备投资 200 万元，2005 年完成。特别是注重防渗和垃圾沥滤液的处理设施，加强周边绿化，在填埋场周围种植抗性乔灌木绿化隔离带，树种可选用抗 CH4 能力强的乡土植物。

7.3 面源污染控制工程

1. 生态养殖场示范工程建设

戴村镇的畜禽养殖主要是小规模分散饲养，不仅经济效益低，而且污染面大，难以治理。畜禽养殖场粪肥是主要的污染源，目前，养殖场粪肥只有极小部分经过无害化处理，绝大多数未经处理而直接排放，对环境造成严重影响。为了控制畜禽养殖造成的污染，必须对其进行调查和评价，合理规划生产布局，并将其纳入环境保护规划中。

农户应根据当地自然条件和自身优势，本着有利于生产、方便管理、防止污染的原则，因地制宜选择畜禽饲养种类，对于分散居住的农户，要重点建设一批"猪—沼—果"、"猪—沼—菜"设施，就地消化由畜禽养殖造成的污染，积极发展庭院经济，使之变废为宝发挥积极的作用；对农户集中并具有一定规模的畜禽养殖场的自然村，可由政府统一规划或农户自愿结合集中建设畜禽厩舍，共同投资粪便处理设施，发展生态养殖业。推广农业清洁生产和废物综合利用技术，建设畜禽粪便处理工程，提高畜禽粪便的资源化和综合利用，进行示范工程建设。

在 2005 年前逐步将分散的养殖户集中，实行有废弃物资源化综合利用的规模化养殖，对畜禽养殖废弃物进行沼气发酵，沼液和沼渣用作肥料，沼气供居民生活用能。或者利用畜禽废弃物进行蚯蚓养殖，养殖的蚯蚓可开发蛋白产品，蚓粪则是很好的有机肥。认真按《畜禽养殖污染防治管理办法》和《畜禽养殖业污染防治技术规范》开展畜禽养殖业污染整治，对目前现有的饲养户，首先对畜禽粪尿、污水进行干湿分离，将畜尿、污水等进行沼气化工程或厌氧处理，通过管网进行收集，再经灌渠灌溉农田或回溉水果种植地；对畜禽粪等便开展综合利用，采取生物或机械处理措施，生产加工有机、有机无机复合肥料或肥料半成品，可进行渔业养殖、蚯蚓养殖或外运出售，部分可作菌类生产的基料，剩余部分可暂集中堆放，发酵后作肥料回归农田，实现畜禽粪便的无害化处理、资源化利用。走集中养殖，分户管理，切实治污的路子，形成"种－养－沼－种"的循环经济的模式，把畜禽养殖业、水果种植业、水产养殖业等有机结合起来，构建生态产业链，发展生态农业。在规划建设期内建成 1－2 座规模化和生态养殖场和一座利用畜禽粪便生产有机复合肥厂。

2. 低废高效施肥技术推广工程

针对不合理施肥引起的农田氮、磷等养分随地表径流排入水体造成流域水质恶化的问题，拟根据试验示范区的土壤肥力水平和主栽作物水稻、小麦和蔬菜等的需肥规律，以养分循环利用为核心，以生活垃圾等有机废弃物处理制成的有机肥为基础，配以无机 N、P、K 缓释肥（CA 肥料），并辅以叶面肥，结合作物营养诊断技术，形成农田少废高效集成施肥技术。

农田不合理施肥引发的面源污染主要是由于施肥投入农田的养分与作物所需的养分之间不平衡所致，这种不平衡可分为静态不平衡与动态不平衡，前者表现在养分投入总量超过作物所需量，后者表现在肥料养分释放曲线与作物养分需求曲线不吻合，普通化肥或复合肥的养分释放高峰往往早于作物养分需求高峰。就规划区而言，这两种不平衡的结果就使得大部分多余的可溶性养分随地表径流向农田系统外的水系排放。由此可见，要控制农田不合理施肥引发的面源污染，关键在于控制肥料养分的投入量和采用肥料养分释放规律与作物养分需求规律最为接近的缓释肥料和熟化的有机肥料。为此，本集成施肥技术围绕既保证供给作物正常生长发育所需的营养要求，又力求减少因施肥不平衡导致的 N、P 等养分随地表径流排放的目标，在全面调查规划区土壤肥力水平和当地不同作物施肥水平与产量水平的基础上，根据平衡配方施肥原理，确定基肥用量和品种；基肥选用以生活垃圾、人畜粪便和作物秸秆等经特定工艺处理制成的熟化有机肥和新开发的无机 N、P、K 缓释肥（CA 肥料），避免施用速溶性的 N、P、K 化肥；为克服气候条件等环境因素对土壤养分矿化和肥料养分释放速度的影响，在作物生育过程中运用作物营养诊断技术，明确作物的营养丰缺状况，必要时通过喷施叶面肥予以调控。最终，在实现作物高产优质的同时，使养分最大限度地在农田系统内循环利用，进而减少向农田系统外的排放。同时推行秸秆还田、科学施肥、增施有机肥。禁止焚烧农作物秸秆，将各种秸秆经堆肥还田，增加土壤肥力，或者作为饲料饲养禽畜，鼓励畜禽规模化、集约化养殖，努力实现种养平衡。推广农灌回用及薄露灌溉、喷灌、滴灌技术，做到节约用水，减少农业废水排放量，降低农药化肥的使用量，使全镇农田化肥施用强度保持在 250 公斤/公顷。

7.4 水土保持工程

1. 水土保持工程

据调查，全区水土流失较轻微，但局部地区不容乐观，在南部低山丘陵区，以水力侵蚀为主要侵蚀类型的水土流失较普遍，其中戴村镇流失面积超过 10 平方公里，属水土流失重点防治区中的重点治理区。水土流失导致土地退化，生物生产力下降，并造成库塘、河道淤塞，加剧水旱灾害。

现有水土保持的工作存在的主要问题有：

（1）水土保持法制建设相对滞后，执法机构不健全，影响了水土保持工作的开展。

（2）人为活动造成的水土流失比较严重，尤其是开发建设造成的水土流失尚未得到有效控制。

（3）山区陡坡种植现象依然存在，疏林地因林木结构不合理，植被覆盖率低等导致水土流失普遍存在。

今后，戴村镇水土保持工作以保护和改善生态环境为中心，以治理水土流失为重点，以建设秀美山川为目标，突出预防保护，坚持以小流域为单元，采取工程、生物、农耕三大措施科学布局，山、水、田、林、路综合治理。针对水土流失，水土保持的综合治理对策有以下几方面：

（1）坡耕地退耕：对坡度大于 25°的坡耕地实行应全部退耕还林，改造为生态公益林，适当发展经济林，既治理水土流失，又增加土地的利用效益。造林时，禁止全坡开垦造林方式，采用鱼鳞坑或窄梯田整地措施，可有效减轻径流的冲刷，提高保土、蓄水能力，改良土壤的结构。

（2）采用水土保持耕作法：如梯田耕作、等高耕作等，通过修筑田坎，截短坡长，减少坡度，减轻径流冲刷，从而达到保持水土的目的。

（3）增加植被覆盖率：主要采用封山育林措施提高疏林地的植被覆盖率，改善森林结构，增加森林的水源涵养能力，减少水土流失；对坡耕地可采用间作、套种、混播和合理密植等措施延长植被覆盖的时间，减轻水土流失。

（4）营造水土保持林：对现状水土流失较严重的疏林地、荒山，根据其地形、土壤、气候等条件，合理确定造林种类和方式，科学配置树种结构，坚固水土保持效益和经济效益，既发挥林木涵养水源、改善环境、保持水土的作用，又促进当地林业经济的发展。

(5)推行水土保持重点工程:选择水土流失较严重的小流域推行水土保持重点治理工程,以此促进全区水土保持工作的全面开展,引导山区、丘陵区群众科学治山、增加收入、改善环境,实现经济与生态环境的协调发展。

近期规划退耕还林面积0.15km2,营造水保林0.1km2,经济林0.08km2,坡耕地改梯田面积0.02km2,封山育林面积4.31km2。

近期规划治理投劳在坡耕地改梯田1875工日,封山育林12930工日,营造水保林4050工日,经济林4800工日,共折资28.4万元。

2.七都溪小流域综合治理工程

七都溪小流域综合治理是关系到戴村镇山区人民开发山区,发展经济,提高人民生活水平的一项工程。随着云石旅游区的开发,七都溪小流域的治理更显得迫切。七都溪小流域综合治理实行工程、生物措施并举,治理、开发、管理、经营一体化。

近期规划退耕还林面积0.17 km2,营造水保林0.23 km2,经济林0.10 km2,坡耕地改梯田面积0.31 km2,封山育林面积11.29 km2。

适当拓宽狭口至堤距35~40m,同时降低堰坝,固定堤岸,防洪标准达到10年一遇,土石方总工程量为土方50万m3,石方10万m3。

7.5 村镇环境综合整治工程

结合在浙江省农村开展的"千村示范、万村整治"工程,推进村镇"改水、改厕、改卫、改殡"和"绿化、净化、美化"工作,形成环境优美,设施比较齐全的生态村庄,推进城乡一体化进程。

2004年:兴建污水处理站1个,垃圾填埋场1个;

2004~2007年:以点带面推广污水处理站的建设;

2005年:戴村村、溪河村、后郑村.、凌桥村、大湖头村、新区的马安村和佛山村7个村建设污水处理站;

2006年:尖山下村、顶山村、征山村、上董村、畈里村、孙家村、陆家村、下方村、老村改造的马安村和佛山村10村建设污水处理站;

2007年:增丰村、勤工村、枫树村、响石桥村、明堂村、狮山村、南坞村、沈村村、麦园村、丁村村、后宅村、凌山村、李家坞村、墙头村、石盖村、石马头村、西周村、戴家山村、郁家山村、平山村20村建设污水处理站;

2007年,完成35个农村示范村建设,70%以上的行政村达到生态村建设目标,中远期根据发展情况巩固、完善、提高农村生活污水处理的建设工程。

7.6 生态工业建设工程

完善工业功能区的基础设施:包括功能区内的道路、污水、雨水管网、污水处理厂、绿化及集中供气、供热工程。功能区内统一的环保设施和管理体系,从机制上有利于对工业污染的控制,避免个别企业对环境的不负责任行为引起的环境危害。从经济环境分析,通过功能区的建设更增强了企业的竞争和合作,有利于品牌产品的形成和规模化经济效益的实现,同时,也增强了区域对各种投资的吸引力。

7.7 中长期重点建设工程

生态旅游工程

继续完善生态旅游区的各项设施和优化景区植被系统,保护景区良好的生态环境,进行云石生态旅游开发工程,积极开展狮山旅游开发项目、李家坞、佛山开发项目、生态农业旅游项目等的建设。

生态工业工程

引导企业进行废弃物性质的分析与废弃物资源化利用,逐步建立良性的循环经济体系。

生态林业工程

继续进行封山育林和林相改造的工程;推广立体养殖生态经济林体系;完善绿色有机林果产品产销一体化市场运作体系;继续加强矿山利用地的生态恢复与山体生态保护。

生态农业工程

推广生态农业工程示范的成果经验，总结教训，深化生态农业经济的发展；强化现代设施农业产品结构的调整，培育强势特色农业经济；推广农业废弃物综合利用的新技术和新经验，减少对环境的压力。推广生态养殖场的成功经验和低废高效施肥技术，推进农业面源污染的控制力度。

环境建设工程

继续完善城镇污水管网系统，进行污水处理厂二期工程的建设；完善垃圾分类收集与资源化处理技术的配套；继续进行城镇及廊道绿化工程的建设和产业布局及结构的调整，使戴村镇的环境更美、经济更强、人民生活更加舒适、安心。

7.8 其他建设工程

除了以上的重点建设工程以外，还需要进行一系列其他工程，如小流域治理、防洪工程、生态农业工程、道路建设工程以及旅游景点建设工程等。具体工程内容见表16－4。

戴村镇生态建设重点工程清单

表16－4

项目类别	项目名称	建设内容	投资（万元）	资金来源	实施年限	责任单位
环境建设工程	农村污水处理设施的建设	对农村居民点的生活污水进行沼气化粪池处理，尽量生态化农田回用	1000	自筹、政府投资、环保贷款	2007	镇政府、村委会负责，建设局、环保局协助
	城镇污水管网系统建设工程	建设完善戴村镇雨污分流的排水管网系统	350	自筹、政府财政投入，环保贷款	2006	镇政府负责，建设局、环保局协助
环境建设工程	污水处理厂建设	近期2000吨/日	200	自筹、政府立项，环保贷款	2007	镇政府负责，建设局、环保局协助
	饮用水源保护与治理工程	除了在加强非点源污染控制外，配合南片水厂，要对镇域内的水库及河流进行疏浚等工程化处理，使水质得到改善	1000	政府立项	2007	镇政府 建设局 环保局
	垃圾收集清运系统	集镇垃圾中转站和环卫站等设施的建设	50	政府投资、环保贷款	2007	镇政府
	垃圾卫生填埋场建设工程	新建垃圾填埋场，特别是防渗和垃圾沥滤液的处理等	200	政府财政、环保贷款	2005	镇政府
	绿化工程	包括建设中油绿化公园、世纪大道绿化工程等	1000	政府财政、环保贷款	2005	镇政府
	村镇环境综合整治工程	“改水、改厕、改卫、改殡”和“绿化、净化、美化”工程	2000	村镇筹资	2007	镇政府

续表 16－4

项目类别	项目名称	建设内容	投资(万元)	资金来源	实施年限	责任单位
生态工业建设工程	工业功能区的基础设施建设	园区内的道路建设、给排水管网、污水处理站、园区绿化	500	自筹、贷款、政策倾斜	2007	镇政府
	清洁生产示范工程	选择一到两家典型的企业进行清洁生产技术工程示范获取推广经验	50	政府立项、企业投入	2006	镇政府 经发局 环保局
	工业污染治工程	要求镇域内的所有工业企业“三废”100%达标排放	1000	企业投入、贷款、政策倾斜	2007	镇政府 经发局 环保局
	企业内部的绿化美化工程	逐步对镇域内的企业实施厂区内绿化和美化工程，以每家企业投资10万元计	2500	企业自筹，政策倾斜	2007	企业
	老企业技术改造与搬迁入园工程	对资源消耗大、产污率高的企业进行技术改造，有条件的企业逐步搬迁入园	2500	企业自筹、贷款、政策倾斜	2007	镇政府
企业生态林业建设工程	封山育林和退耕还林工程	对坡度大于25度的陡坡地进行封山育林，以开发的土地要进行退耕还林	50	政府补贴、自筹等	2007	镇政府 农业局
	经济林生产的标准化建设工程	强化果品品种改良，建立规范的种子种苗基地，对特色的中华名果进行生产规范、产品规格和品质的标准化	50	自筹、政府补贴	2007	镇政府 农业局
	无公害、绿色有机食品基地建设工程	引进绿色生态型病虫害防治技术，推广低废高效施肥技术，组织绿色有机农产品贸易公司和技术培训等	150	自筹、贷款、政府补贴	2007	镇政府 农业局
	立体养殖生态示范工程建设	选择适当的果林区，进行果树与家禽养殖结合的生态工程示范	50	政府立项	2007	镇政府 农业局
	矿山生态恢复工程	对已利用的矿山废弃地和正在开发的采矿点进行有计划、有步骤的生态恢复	50	政府招标、采矿企业投资	2007	镇政府 国土局 环保局
生态农业工程	种养加一体化生态工程示范	选择一至两个示范点，开展种植、养殖、加工、销售一体化综合生态园区建设，发展农业生态循环经济	50	自筹、政府立项	2007	镇政府 农业局
	特色农业园区建设工程	利用高新技术发展设施农业示范工程，种植高价值的大棚蔬菜、反季节蔬菜、花卉等	50	投资、自筹	2006	镇政府 农业局 经发局
	生态农业示范工程	在一些水产养殖区推广“果基鱼塘”生态工程；植稻区进行“稻鱼”“稻－鸭”等农业生态示范工程	50	政府立项，企业自筹	2007	镇政府 农业局
	秸杆综合利用工程示范	进行秸秆还田新技术和秸秆新用途的研究与示范	50	政府立项	2007	镇政府 农业局

续表 16－4

项目类别	项目名称	建设内容	投资（万元）	资金来源	实施年限	责任单位
农业面源污染	生态养殖场示范工程	统一规划，集中饲养，推广科学养殖技术，建设生态养殖场，提高养殖效益，积极推广以村为单位的养殖区，实行防疫、污染治理一体化，特别是太湖上游地区	50	自筹、政府立项	2007	镇政府 农业局 环保局
	低废高效施肥技术示范工程	选择典型的农田和水体连接区进行新型施肥技术的工程示范，推广低废高效施肥技术	20	自筹、政府立项	2007	镇政府 农业局
生态旅游工程	云石生态旅游开发工程	景点规划与设计；旅游道路建设工程（包括停车场建设），2006 年前完成云石线改道工程；景点卫生设施建设工程（垃圾收集运转和生态化公共厕所的建设完善）；旅游综合服务设施建设工程（包括旅游宾馆、特色旅游商品、景点文化和摄影）等	20000	招商引资、自筹、贷款	2012	镇政府 旅游局 建设局 经发局
	狮山旅游开发项目	以建设度假山庄为主，带动局部的房地产开发和建设	10000	企业投资、贷款、自筹	2007	镇政府 旅游局
	李家坞、佛山开发项目	以休闲度假为主，吸引周边城市居民来此进行休闲度假	10000	企业投资、贷款	2008	镇政府 旅游局
	生态农业旅游项目开发	以卫士集团为龙头，组合其它企业并引进外部资金，逐步开展系列农业生态旅游开发项目	1000	企业投资、贷款、自筹	2005	镇政府 旅游局 农业局
水利工程	防洪、水利工程	加固防洪堤，提高其防洪标准，改善用水条件，减少水土流失量，改善饮用水	100	政府投资、自筹	2007	镇政府 水利局
	水库建设	10 座标准水库建设	300	政府投资、自筹	2006	镇政府 水利局
流域综合治理	镇域内溪流综合治理	包括清溪、砌滩、拓宽、护岸套脚、新建水库、营造防护林、工程勘测设计等	100	政府投资、自筹和投资	2012	镇政府 水利局 农业局
生态文化建设	居民文化素质的提高、文化教育和科技培训，生态文化的传播工程，科技普及示范工程；绿色学校、绿色社区和绿色企业文化建设		30	政府立项	2007	镇政府 旅游局 文化局
合计			54500			

第八章　费用效益分析

8.1 经费渠道

生态镇建设是一个复杂的系统工程，9 大类 32 个项目 5.45 亿元投资，涉及到镇、村的各级、各部门和各行业，需要上级领导和部门的大力支持，也需要全体镇民的大力协作。为此，我们要充分发挥各自优势，走出去，请进来，利用多渠道、多形式、多内容的资金组织方式，上下争取、横向联系、招商引资，要以自筹为主，政府支持为辅，积极引进和利用内、外资，多渠道筹措项目启动资金和建设资金。

8.2 经费概算

项目计划总投资5.45亿元。

8.3 效益分析

建设生态镇是戴村3.8万人民的必然追求，也是全镇人民的根本利益和时代需要。戴村镇政府立足镇情、强化环境保护国策，把握可持续发展战略，提出建设生态镇的宏伟目标，这不仅对戴村镇的自然生态、经济生态、社会生态复合系统得到良性循环，环境、经济、社会效益协调发展，而且对两个文明建设和区域生态环境改善有着深远的历史意义。

8.3.1 生态环境效益

通过生态镇的建设，使生态系统结构得到优化，各产业布局更趋合理，以无公害蔬菜和有机食品生产为标志的生态农业、以生态旅游为特色的第三产业和以清洁型生产为标志的生态工业，将有力推动和带动其他各项事业建设；继续保持现有的高森林覆盖率，并有计划地对林木层次进行改进，这对涵养水源、水土保持、净化大气、降低噪声、防灾减灾（水旱灾害）、生物多样性保护将起到很大作用，饮用水水质将明显得到提高；生态环境也将随着绿化率的提高、污水和生活垃圾的有效处置而得到全面改善。由于环境质量的提高，为生态旅游进一步提供了良好的资源基础。

8.3.2 经济效益

生态镇建设项目的分步实施，将会逐步体现其巨大的经济效益。以2003年为起点，按年均增幅10%计算，到2012年全镇GDP达到12亿元，农民人均收入可望达到13000元以上；到2012年，一、二、三产业结构得到进一步合理优化，特别是生态农业和生态旅游项目建成后，每年可以创造大量的旅游收入，带动整个区域经济的可持续发展，第三产业比重将提高到40%以上，各项产业效益将大幅度提高，全镇的经济运行将步入健康快速发展的轨道。

8.3.3 社会效益

到2012年，随着生态环境质量明显改善、经济水平较大提高，科技、文化、教育、社会医疗保险、住房条件等人民物质文化生活的提高，必将使精神文明建设具备良好的基础，农民素质也必定有较大的提高，一个“青山绿水民殷富、安居乐业人文明”的生态名镇必将实现。

第九章　规划实施与保障措施

要实现以上提出的生态镇建设目标，必须有资金、管理、法制和技术四个方面的保障。

9.1 资金保障

9.1.1 资金筹措

（一）加大生态镇建设的投入，统筹运用政府专项资金

各部门要切实增加对生态环境保护与建设的投入，将生态建设资金列入本部门预算。根据生态镇建设的需要，通过全镇财政投入的增加，引导全社会扩大对生态环境保护与建设的投入。统筹安排新建、扩建、改建项目的环境污染治理资金，加大对土地、水、森林、矿产资源建设及环境保护与监测等项目的投资力度。调整财政投入结构和投入方式，充分发挥公共财政在生态建设和环境保护方面的引导作用，采取建立政府引导资金、政府投资的股权收益适度让利、公益性项目财政补助等政策措施，使社会资本对生态建设投入能取得合理回报，推动生态建设和环保项目的社会化运作。

完善生态建设资金管理体制，统筹运用预算内外投入生态环境领域的资金。合理利用萧山区内生态环境保护资金、农田基本建设资金、生态公益林补助资金、水土流失治理资金、万里河道整治与小流域治理资金

等专项资金的使用要与戴村生态镇建设结合起来,对重点生态项目实行倾斜,合理安排使用,提高资金使用效益。

(二)建立和完善多元化的投融资渠道

为保证规划建设的顺利实施,除争取国家、省及市政府及区政府有关部门的大力支持外,必须要坚持改革思路、用市场化的手段,建立多元化的投融资机制,鼓励和支持社会资金投向生态镇建设。积极支持生态项目申请银行信贷、设备租赁融资和国家专项资金,发行企业债券和上市融资。政府通过财政贴息补助、延长项目经营权期限等政策,鼓励不同经济成分和各类投资主体,以独资、合资、承包、租赁、拍卖、股份制、股份合作制、BOT等不同形式参与生态镇建设。探索经营生态项目的企业将特许经营权,污水和垃圾处理收费权、林地、矿山使用权。制定和完善各种经济优惠政策,积极引导和鼓励企业和民众将资金投入到生态建设中来,对有利于生态镇建设的项目,给予必要的鼓励和支持,对企业进行的技术改造和升级活动,在资金筹措方面采取一些灵活措施。为吸纳民间资金用于生态区建设,可以采取彩票、债券等形式来筹集资金。

(三)加大对外开放和合作的力度,积极争取外资

进一步加大萧山戴村镇对外开放的力度,加大与国内外政府、公司和企业的交往和合作,积极争取国内和国外资金,不仅可以缓解资金不足,也可以引进国内外先进的经济建设和管理思想、方法和经验。同时,向中国、向世界宣传萧山戴村镇,扩大萧山戴村镇在国内及国际舞台上的影响力和知名度。

(四)积极推进生态建设和环保项目的市场化、产业化进程

将一些具有一定公益性质的收费,在一定期限内转化为经营性收入,推进垃圾、污水集中处理和环保设施运营的市场化运作。组建一批具有一定规模的环境污染治理公司,提供污染治理的社会化、专业化服务。进一步探索和推广水权转让、排污权交易、矿业招标拍卖、旅游资源有偿使用等办法,充分发挥市场机制在资源配置中的作用。

9.1.2 资金利用保障

(一)建立生态镇建设基金

建立生态建设基金,政府部门每年在财政预算中,安排一定的资金外,应进一步扩大资金来源,充实生态建设基金。企业也要安排一定的资金,投入到有关的产业发展和技术更新中去。同时通过自筹,社会投入的方式筹集一定的资金,投入生态建设中。对生态建设基金的使用,要进行严格的审计和监督,做到专款专用,防止挪用。在生态建设基金中要明确一部分用于重要生态功能保护区和省级自然保护区的建设和管理。

(二)加强资金的监管力度

为了保证生态经济、生态社会和生态环境建设所需资金,需要建立有效的资金监管制度,并将制度落实到实处。这个制度包括资金的来源、资金使用的申请和审核、资金使用过程的监督、资金使用效率的审核与检查、失误的责任追究等等。

9.2 管理措施

9.2.1 建立健全管理体系

作为一项政府行为,戴村镇生态建设需要政府的高度重视和宏观调控。因此,首先要建立生态建设领导小组,由镇党委和政府主要领导任组长,生态建设领导小组应包括镇内各职能部门的主要领导,主要任务与职责是全面负责生态建设规划,对社会各种力量参与生态建设的行为从宏观上进行调控和引导,监督规划的实施。并设领导小组办公室,负责组织人才培训计划和技术交流的实施,负责有关会议的筹备工作,搜集、整理有关生态建设的各种技术资料、数据、文件、影象等,并建立文件档案库,组织、实施、协调生态建设工作的检查、项目竣工验收和鉴定工作。戴村镇生态建设规划的实施主要由戴村镇政府承担。

同时成立生态建设顾问小组,负责有关技术、法规、标准等问题的咨询、指导,作好生态建设领导小组的参谋,参与生态建设的检查、验收和鉴定工作。把生态建设目标和工程纳入镇、村政府行政首长任期目标责任制。

9.2.2 加强规划实施的宏观引导、行政干预和协调

为确保规划项目落到实处,规划必须落实到每个职能部门。落实的内容包括人员、资金、地点、建设模式、分区开发等方面。每一个专题规划要根据不同时期的目标配以相应的工程项目,对已选定并立项通过的工程项目,要严格按规划执行,不得随意变更规划内容,组织好监督和检查工作,争取建设目标的如期实现。职能部门包括戴村镇各职能部门和各村以及集体单位。把生态建设项目的年度完成情况作为有关部门及基层单位工作业绩的重要考核内容,根据考核业绩实行奖惩。抓好生态示范村和示范点的建设工作、推动生态示范区建设的顺利进行。

9.3 政策法规保障

9.3.1 政策措施

要制定有利于戴村镇生态建设的有效政策。鼓励生态环保性产品的生产和资源的多级循环利用工程,禁止乱砍滥伐森林植被和随意开山采石和在山上建造各种建筑,严格限制污染性企业进入戴村镇。所有建设项目的废水、废气和固体废弃物必须经过严格的处理达到规划目标要求的环境标准排放,鼓励建立生化性废物还田肥土的处理工程。

9.3.2 法规措施

生态建设必须以国家有关法律、法规和规章制度为根本依据,严格执行国家有关环保、森林、土地、水土保持、水资源等有关法律法规,同时根据戴村镇的具体情况建立相应的监督制度,保障生态示范区建设的长期性、稳定性和连续性。

9.3.3 加强环境教育和法制法规观念

广泛开展环境保护与生态建设的法律、法规宣传和生态教育,动员全体居民参与戴村镇的生态建设。大力宣传发展生态农业、生态旅游和生态加工业等可持续发展战略的意义。改善能源结构和居住环境,造林绿化,保护水资源(节约用水、控制水污染),保护大气环境。加强环境保护法、森林法和资源保护法等的宣传教育。通过社会的共同努力,不断提高公众的知识、才智、生产技术和生态环境意识,以保障社会经济的持续发展和公众素质的提高。依靠科技进步,加强与外界的交流和合作,吸取生态建设的先进经验。

9.4 技术支持

在生态镇建设中,利用地理位置上邻近杭州的优势,加强与大专院校和科研院所的联系,充分应用现代高科技技术,加快对传统产业的技术改造,并积极引进资源低消耗、低污染、高效益的企业进入工业功能区,以起示范带头作用。在管理上引进利用快速发展的计算机技术,开发研制一套"生态镇建设管理专家决策系统"。该系统在 GIS 支持下,利用现代遥感技术,通过各种生态示范区建设规划中的数学模型,快速、动态、图形化地显示生态示范区建设、管理、决策所需要的各种信息功能,对建设规划、管理提供快速、科学的决策参考,以尽量做到客观、科学,最大限度地避免各种人为因素导致的决策失误。

附:

戴村萧山之最

1.由南朝梁史学家沈约修于齐永明五年至六年间(487—488)的《宋书》,将戴村人郭世通、郭原平两人载入该书的人物传。这是萧山历史上最早被载入《二十四史》的人物。

2.1928 年春,上堡村钟阿马组织了一支以共产党员为核心的农民抗暴武装力量"铁血团",并亲自担任团长,成为萧山历史上第一支农民革命武装力量。

3.1949 年 8 月 12 日,复兴乡乡长郑振庭被土匪杀害。为纪念革命烈士,萧山县人民政府将郑振庭担任过乡长的复兴乡改名为振庭乡,郑振庭牺牲地元盘庵附近的上董小学改名为振庭小学。为萧山第一个用烈士名字命名的乡、学校。

4. 1958 年，墙头村妇女汪顺仙由于冲破常规，敢作敢为，大胆用双轮双铧犁耕田，被萧山县委发出号召成为学习的榜样，她的事迹被杭州滑稽剧团、上海滑稽剧团编成剧本，在萧山、杭州、上海等地演出，成为萧山第一个被搬上舞台的女人。

5. 1973 年，戴村、永兴两公社成立农村电影放映队，为萧山第一个使用 16 毫米放映机的农村电影放映队。

6. 1983 年 4 月 12 日，戴村公社马谷大队陈富成安装了私人住宅电话，系萧山县农村第一部私人电话机，。

7. 1988 年，全县乡镇卫生院第一幢职工宿舍在戴村人民路开工建造。

8. 1989 年，尖山下村投资 12 万元，建起地面卫星接收站，免费给村民安装 400 余只筒圈喇叭，成为萧山第一个共缆传输村。

9. 1991 年 8 月 20 日开始建造的云石桥，为萧山市第一座新型独柱悬臂梁板斜桥。

10. 1993 年 9 月，由洪雅英主编的《尖山下村志》列入浙江省乡村社会研究丛书，为萧山解放以来的第一部村志。

11. 1993 年 11 月底，云石全乡 16 个行政村及所有企事业单位全部开通广播电视共缆传输，安装有线电视用户 2400 多户，成为萧山市第一个普及有线电视的镇乡。

12. 1994 年，萧山第二化工塑料厂（戴村镇办企业），成功拍买了原“萧山树脂厂”，开创了萧山全市乡镇企业兼并国营企业之先河。

13. 1995 年，后宅村 42 户农户安装了固定电话，被称为“萧山第一电话村”。

14. 1999 年，云石乡中心小学开设了生态教育课程，成为萧山市第一个在中小学学生中开展生态教育课程的乡镇。《蓝天、碧水总相伴》是全市第一本自编自写的具有乡土气息的生态读本。

15. 1999 年 11 月 6 日，云石生态乡通过省级验收，成为萧山市第一个生态示范区。

16. 2003 年，戴村镇工业园区 1000 吨级的污水处理厂竣工并开机，为萧山区首个乡镇级污水处理厂。

17. 2004 年完成的《萧山区戴村镇生态建设规划》，是萧山区第一个通过专家评审并得到区政府批准的生态建设规划。

18. 2004 年，戴村镇东周村电化教育中心投入使用。这是萧山区首个村级电化教育中心，《萧山日报》于 2004 年 2 月 14 日给予报道。

19. 2005 年，一期投资 150 多万元的戴村镇生态垃圾填埋场，通过省、市有关部门专家的评审，于是年 10 月底投入使用。该填埋场为萧山全区第一个集镇生态垃圾填埋场。

20. 2006 年 1 月 25 日，萧山中医骨伤科医院在省内首家通过二级甲等中医骨伤科医院评审。

21. 2006 年，戴村镇被批准为萧山全区首个“省级生态镇”。

22. 2006 年 8 月，戴尖公路改建工程的重点项目凌山桥建设工程，采用现浇连续箱梁技术，这在萧山区乡公路桥梁施工中尚属首次运用。

23. 2007 年，戴村镇获全区首批“全国环境优美镇”称号。

24. 戴村镇拥有萧山四大最高资源，即：最高的山、最高的茶叶基地、最高的村落、最高的水库。骆家舍的船坞山海拔 744 米，为萧山区海拔最高的山；石牛山、狮山、小黄岭、云门寺等茶叶基地为萧山最高的茶叶基地；骆家舍村是萧山海拔最高的村落；响天岭水库是萧山最高的水库。

25. 萧山全区 564 棵古树，戴村镇丁村的千年古银杏是“百树之王”。

26. 在海拔 600 多米的狮山上，有座古代建筑遗址——女娲殿。纪念女娲的地方，萧山仅此一处。

编 后 记

盛世修志,是中华民族的优良传统,2007 年 5 月,戴村镇党委、政府决定编纂《戴村镇志》,并于 5 月 17 日联合下发了戴委办〔2007〕19 号文件,成立《戴村镇志》编纂委员会,由汤卫任主任、赵建芳任副主任,沈彩燕、俞万昌、来惠民、沈阳、韩建庆、吴浙明、莫万根、孙世祥、虞传德、郑望平、瞿东望、楼铁明、朱淼水为委员。编纂委员会下设办公室,赵建芳兼任办公室主任,华小平、何礼达为副主任,办公室成员由管青松、叶建华、田国权、楼军伟、瞿水校、杨芬、蒋叶平、沈乐娟、陈妙金、莫成行、洪文根、洪利明等同志组成。翌月招聘编纂人员,决定由何礼达、鲍金成、鲍银法三位同志担任。聘请朱淼水老师任主编,并确定纲目、制订具体工作计划,7 月初正式开始工作。10 月,朱淼水老师因身体状况等原因提出辞聘主编,征得领导同意,于 2008 年 4 月另行聘请陈志根、李维松两位老师任主编,同时重新修定纲目,调整有关具体内容。陈志根负责卷一、二、五、六、七、十、十五、十六及概述、大事记编纂;李维松负责卷三、四、八、九、十一、十二、十三、十四的编纂。

由于戴村镇历史悠久,行政区划撤并频繁,档案资料遗失十分严重,给镇志修编带来很大难度。为了取得详实资料,编纂人员进行广泛的调查,除了频繁去档案馆、图书馆、博物馆等单位外,还跑遍了全镇每个自然村和各企事业单位,许多内容无档案资料,只有想方设法追寻知情人士。戴村又是原戴村区委、区公所所在地,萧山区(县、市)级机关驻戴村派出机构较多,而且由于机构改革,有些单位逐渐撤离戴村,不少新的单位又逐渐设立,这对承前启后,反映戴村整体情况带来难度,尤其是已从戴村撤离的单位,收集资料就更难了,必须多次去临浦、萧山等有关上级单位调查、采访。

2010 年,根据戴村镇改革发展的实际情况,镇党委、政府决定,下限年份从原定的 2006 年下延至 2008 年。这样每卷都必须做好增加内容的衔接,工作量相应增加。是年 2 月,编纂人员鲍银法同志辞聘离岗,3 月,聘请郑祖江同志到编纂办公室工作。是年下半年,编纂人员鲍金成同志身体不好,年底开始请病假,于 2011 年 10 月病故,自此直至成稿,除主编老师外,编纂人员只有两人。

《戴村镇志》在采访、编纂过程中,得到了萧山区人民政府地方志办公室、萧山区档案馆、萧山区图书馆、萧山区博物馆、萧山区交通运输局、萧山区农机水利局等单位的大力支持,尤其是得到区人民政府地方志办公室主任沈迪云的悉心指导。萧山气象局办公室主任谢国军、浙江省区域地质大队高工朱佩璋先生为本志撰写了有关内容;还得到朱淼水、韩浩祖、彭乃文、韩赞中、韩永标、郁乐平、许信民、沈巨华、陈解忠等先生的真诚帮助;得到在戴村工作过的老干部、老同志、各村(社区)、企事业单位的领导和在外地工作的戴村籍有识之士的热心支持与帮助。尤其是镇党委、政府对镇志编纂工作的重视,极大地激励了编纂人员的工作热情。在此,向上述单位和个人一并表示衷心的感谢!

《戴村镇志》即将付梓,编纂人员虽然尽了最大努力,但由于戴村历史悠久,行政区划撤并频繁,内容涉及面广,历史资料匮乏,加上编者学识浅薄,难免存在疏漏、不当之处,敬请领导和读者不吝赐教。

《戴村镇志》编纂委员会办公室

2013 年 10 月

图书在版编目(CIP)数据

戴村镇志/《戴村镇志》编纂委员会编. —北京:
方志出版社,2014.7
ISBN 978-7-5144-1356-4

Ⅰ.①戴… Ⅱ.①戴… Ⅲ.①乡镇—地方志—杭州市
Ⅳ.①K295.55

中国版本图书馆CIP数据核字(2014)第207207号

戴村镇志

编　　者:《戴村镇志》编纂委员会
责任编辑:王笃银

出 版 人:冀祥德
出 版 者:方志出版社
地址　北京市朝阳区潘家园东里9号(国家方志馆4层)
邮编　100021
网址　http://www.fzph.org
发　　行:方志出版社发行中心
(010)67110500
经　　销:各地新华书店
印　　刷:杭州艺文报刊印务有限公司

开　　本:889mm×1194mm　1/16
印　　张:65.25
字　　数:2031千字
版　　次:2014年7月第1版　2014年7月第1次印刷
印　　数:00001~11000册

ISBN 978-7-5144-1356-4/K·1106　**定价:**400.00元